U0604139

困學紀聞

全校本（修訂版）

上

[宋] 王應麟 著
[清] 翁元圻 等注
欒保羣 田松青 呂宗力 校點

上海古籍出版社

齋養新録》，趙翼之《陔餘叢考》，陳澧之《東塾讀書記》等等，每多引爲矩矱，頗見遺風。專事《困學紀聞》董理者，順治間即有劉孔中、周亮工之選鈔，康熙間復有閻若璩、何焯二家之箋注，乾隆初則有全祖望之三箋，嘉慶、道光間，更有萬希槐、翁元圻二家之《集證》、《集注》，迄於晚清又有重臣張之洞之獎許，後先相承，代有傳人。其間，全祖望不惟三箋《困學紀聞》，而且結撰《深寧學案》，闡幽表微，弘揚先賢，在厚齋先生學術傳衍中，乃一尤可注意之大事。

全祖望，字紹衣，號謝山，亦浙東鄞縣人。生於康熙四十四年（一七〇五年），卒於乾隆二十年（一七五五年），得年僅五十一歲。謝山秉性亢直，中年失官之後，絶意宦情，潛心經史，留意鄉邦文獻，表彰一方先賢，有「深寧、東發（黄震）以後一人」之譽。厚齋先生學行，乃謝山一生尤爲經意表彰者。

乾隆二年，謝山由京中南歸未久，喜聞榆莢邨王氏存有厚齋先生畫像，欣然專程拜謁，撰文紀念。文中重申先前所撰《同谷三先生書院記》之見，認爲「先生之學，私淑東萊而兼綜建安、江右、永嘉之傳」。從而確立厚齋兼取諸家、綜羅文獻、獨得吕學之大宗的歷史地位。於厚齋先生之生平大節，謝山《宋王尚書畫像記》一文，尤有掃除榛莽之篤論。據稱：「顧所當發明者有二，其一則《宋史》之書法也。先生於德祐之末，拜疏出關，此與曾淵子輩之潛竄者不同。先生既不與軍師之任，國事已去，而所言不用，不去何待？必俟元師入城，親見百官署名降表之辱乎？試觀先生在兩制時，晨夕所草詞命，猶思挽既涣之人心，讀之令人淚下，則先生非肯恝然而去者。今與淵子輩同書曰『遁』，妄矣。其一則明儒所議先生入元曾爲山長一節也。先生應元人山長之請，史傳、家傳、志乘諸傳皆無之，不知其何所出。然即令曾應之，則山長非命官，無所屈也。箕子且應武王之訪，而況山長乎？予謂先生之拜疏而歸，蓋與馬丞相碧梧同科，即爲山長，亦與家參政之教授同科，而先生之大節，如青天白日，不可揜也。」（全祖望《鮚埼亭集外編》卷十九）

有鑒於《困學紀聞》閻、何二家箋釋之未爲盡善，乾隆六年秋冬間，謝山旅居揚州，取二家箋釋合訂，删繁就簡，補闕正訛，復增三百餘條，成《困學紀聞三箋》。翌年二月，謝山撰序記云：「深寧王先生《文集》百二十卷，今世不可得見，其存者《玉海》部帙最鉅，尚有附刻於《玉海》後者十餘種，而碎金所萃，則爲《困學紀聞》。顧其援引書籍奥博，難以猝得其來歷，太原閻徵君潛丘嘗爲之箋，已而長洲何學士義門又補之。……予學殖荒落，豈敢與前輩争入室操戈之勝，況莫爲之前，予亦未能成此箋也。……是書雖經三箋，然闕如者尚多有之，又安知海内博物君子不有如三劉者乎？予日望之矣。」（同上書卷二十五《困學紀聞三箋序》）

謝山之學，博及四部，經史詞章，在在當行。乾隆七年四月，曾與甬上同好結真率社，賦詩吟咏，唱和抒懷。十月，謝山彙詩社諸友佳構於一集，題爲《句餘土音》。其中載有一己所撰《王尚書汲古堂》詩一首。詩題之下，謝山有小注云：「尚書之父温州，善教子，理宗嘗書『汲古傳忠』

四字，又書『竹林』二字賜之，遂以名堂。」該詩既述厚齋先生之爲人爲學，亦載王氏一門興衰，撫今追昔，儼若詩史。謹過録如後：「竹林沈沈天宇碧，汲古傳忠垂御筆。其中孕出雙靈鳥（原注：尚書與弟應鳳同日生），接翅飛來文五色。長公尤克昌其家，文獻淵涵包八極。浙東學統溯明招（原注：吕祖謙），西山（原注：真德秀）東澗（原注：湯漢）遞正席。爰以大宗集大成，區區詞科乃餘力。棱棱風節遭殘宋，大聲疾呼終何益。從此扃户畢殘年，日聞空堂三太息。可憐《困學紀》中語，此志倔强固猶昔。商山四皓魯兩生，不以坑儒盡耆德。浮丘高堂濟南叟，不以焚書絶遺籍。石奮家風在躬行，不以崇詐泯舊澤（原注：此語尚書載之《困學紀聞》，又見《桃源戴氏族譜序》）。天留碩果繫孤陽，由來霜雪不能食。莫謂兹堂僅百弓，足爲故國扶殘脉。遺文百卷歸羽陵，學案文案都剥蝕。流傳少作詞科書，猶爲弇陋資典册（原注：尚書學術，世徒以淹博視之，其實則餘緒也）。孫枝一綫日就衰，錦里門庭減顔色。只有東壁光曈曈，夜墮堂前震木石。」（《句餘土音》卷上）

憑藉多年究心厚齋先生學行的積累，全謝山纂修《深寧學案》已然條件具備，只待得一恰當之實現時機。據董秉純輯《全謝山年譜》記：「（乾隆）十一年丙寅，先生四十二歲，仍録《耆舊詩》，兼修南雷黄氏《宋儒學案》。」可見此一時機的到來，乃在乾隆十一年。又據該譜續記，迄於乾隆二十年逝世，謝山南北奔走，除董理《水經注》之外，幾乎無年不在《宋元學案》的續修之中。由此又可認定，《深寧學案》當結撰於此數年間。

《深寧學案》見於今本《宋元學案》卷八十五。依黄宗羲、百家父子未竟舊稿，厚齋先生僅存小傳一篇，附載於《真西山學案》。後經謝山增定，始獨立而出，自成一卷，題爲《深寧學案》。一如學案體史籍定例，《深寧學案》卷首爲序録，總評案主學術云：「四明之學多陸氏，深寧之父亦師史獨善以接陸學。而深寧紹其家訓，又從王子文以接朱氏，從樓迂齋以接吕氏。又嘗與湯東澗遊，東澗亦兼治朱、吕、陸之學者也。和齊斟酌，不名一師。《宋史》但夸其辭業之盛，予之微嫌於深寧者，正以其辭科習氣未盡耳。若區區以其《玉海》之少作爲足盡其底藴，陋矣。述《深寧學案》。」繼之則爲案主小傳，大體删節《宋史》本傳而成，直書其事，簡核有法，所增「入元不出」四字，不没大節，洵稱實録。隨後即是案主學術資料選編，凡二種，一爲《深寧文集》，一爲《困學紀聞》。前者僅九條，而後者則至百餘條之多。道光間，謝山遺稿經王梓材、馮雲濠二人整理，《深寧學案》中所録《困學紀聞》語，尚存六十五條。

《深寧學案》選録之《困學紀聞》語，皆出全謝山先生手，案主之爲學旨趣，棱棱風節，憑以足見大體。惟書稿本屬蠅頭小楷，未經整理，謝山賫志而殁，遺稿輾轉傳鈔，迭經衆手，難免魯魚豕亥，錯簡誤植。往日讀《深寧學案》，每遇疑似，則取道光間翁元圻先生集注本《困學紀聞》校閲。逐一比勘，則見今本《學案》間有删節失當，句讀偶疏處。

晚清張之洞著《書目答問》，於《困學紀聞》諸多版本之中，獨舉二部以示後學，一爲萬希槐《七箋集證》，一爲翁元圻《集注》。《答問》及稍後范希曾先生之《補正》，皆尤爲推重翁氏《集注》本，認爲：「此注更勝《七箋》本。」前賢甘苦之言，信然可據。近日，欣悉欒保羣、田松青、吕宗力三位先生整理翁元圻集注本《困學紀聞》蕆事，行將送請上海古籍出版社付梓，謹以陋文附之驥尾，既誌祝賀，亦敬請三位先生並方家大雅賜教。

陳祖武 謹識

二〇〇八年四月五日

於京東潘家園

校點説明

錢賓四先生在《中國近三百年學術史》引論中，以爲治近代學術當自宋始。清初碩儒孫夏峰、黄梨洲、李二曲、王船山、顧亭林等無不寢饋於宋學，此後李恕谷、方望溪、李穆堂、全謝山等皆於宋學有甚深契詣。至漢學既興，而諸家漢學之高下淺深，亦往往視其得於宋學之高下淺深。王應麟生當宋末，氣節既高，學問尤稱富贍，所著《困學紀聞》二十卷，言經義雖以朱子爲宗，而實廣取博采，尤重史學，正如全祖望所云，「先生之學，私淑東萊（吕祖謙）而兼綜建安、江右、永嘉之傳」。此中自有鼎革之後的家國之痛及深切反思，故視爲對兩宋學術的某種總結亦無不可。此書雖自元至明遞有刻本，但其要旨真正爲學者所注目，則自顧炎武始。顧氏名著《日知録》不僅在體例文格上受《困學紀聞》很大影響，最重要的是在寄亡國之痛於學術，從而探究「聖賢六經之旨，國家治亂之源，生民根本之際」這一方面更多受王伯厚的啓發。至於《困學紀聞》之博學，雖然相比之下近於支末，但顧炎武以纂輯綜理而開闊掘深，遂成考據專門，對後來清代的漢學形成更至關重要。故將《困學紀聞》視爲遥開清代學術之先河，實不爲過。

然《困學紀聞》一書文字簡奥，向稱難讀，故自閻若璩以下，多有箋注。陳祖武先生在前言中已經列舉，兹不贅言。至乾嘉間，餘姚翁元圻綜輯諸家箋注，並博搜群籍，窮其事原，以數十年之功，成《困學紀聞注》，堪與同時成書之嘉定黄汝成《日知録集釋》並稱名編。特别需要指出的是，《困學紀聞》涉獵廣博，而翁注一一詮注，對於今天的廣大讀者來説，不啻是中華學術的入門讀本，稱之爲國學小百科也不算大過的。以下，我們就校點整理的情況作一簡要説明。

壹　底本

此次校點，我們以清道光五年餘姚翁氏守富堂刻本《困學紀聞注》爲底本，我們簡稱爲「原本」。

貳　《困學紀聞》正文

王應麟《困學紀聞》成書於元初，而付梓則在王氏逝世三十年後的元泰定二年（一三二五年）。此本世稱「慶元路儒學刻本」。民國時，此本收入《四部叢刊》，影印面世。我們簡稱爲「元刊本」。

清初閻若璩據此本重校並加箋，爲當時最善之本，翁元圻注《困學紀聞》，即以此爲底本，書中稱「閻本」或「閻校」者是。閻本對元刊本多有匡正，但也間有據意妄改之處。所以我們在校點《困學紀聞》原文時，即用元刊本重校，閻本誤改的，我們據元刊本恢復，與較重要的異同并在脚注中加以説明。若原本注文中已有「元板作××」之類校語者，我們則不再出校記。

叁　各家注釋

翁元圻注本的注釋大致分如下幾個部分：

一、王應麟自注。一律標以【原注】，以小字夾注排於正文中。

二、閻若璩注。主要見於閻本，翁元圻既以閻本爲底本，對閻本中的閻注已經全部收録，同時，翁氏又據何焯箋校本補入一部分閻注。在本書中，閻注一律標以【閻按】。

三、何焯與全祖望注。清初，何焯在閻本的基礎上加以校箋，世稱「二箋本」。至乾隆時，全祖望又對「二箋本」補充注評，世稱「三箋本」。據翁氏《凡例》稱，「卷中於閻氏、全氏語皆全録，何氏注有與閻氏同者，則存閻而删何」。我們據嘉慶十二年（丁卯）友益齋的《校訂困學紀聞三箋》（此即翁氏所采用的「三箋本」，我們亦簡稱爲「三箋本」）對何、全二家注進行校勘，細檢全書，發現翁氏於全氏注也間有重要遺漏（如卷三「薄伐玁狁」條全氏有「深寧此説有感於燕雲之爲禍烈也」），這些我們都在脚注中作了説明。本書中對此二家箋注標以【何云】、【全云】。

四、方樸山、程易田、方心醇、屠繼序四家注。翁氏所用的「三箋本」即前述友益齋的《校訂困學紀聞三箋》，除閻、何、全三家外，又收有方樸山、程易田二家注，故友益齋本扉頁又標以「五家注」。實際上「三箋本」中還兼收方心醇、屠繼序二家評注。所以翁氏在《凡例》中説：「三箋本兼載方樸山、程易田、方心醇、屠繼序諸公之説，雖不全録，亦標明姓氏。」本書標以【方樸山云】、【程易田云】、【方心醇云】、【繼序按】。其中引方心醇注實僅三條。

五、萬希槐《集證》。嘉慶間，萬希槐編成《校訂困學紀聞集證》，翁氏從中録取約三百餘條，標以【萬氏集證】或【集證】。

六、翁元圻箋注。翁注從性質上可以分爲以下兩類：

一類是徵引故實，兼加考據，並采擷自顧炎武以至錢大昕、惠棟等前輩學者，以及翁氏師友的學術成果，一般置於正文之末，以【元圻案】爲標識。翁氏於《凡例》中云：「總注於後者，加『元圻案』以別之，仍於上加一『○』。」由於我們已將所有【元圻案】都另行起排，故將原刻本中的「元圻案」前的「○」一律予以删除。另外，原刻本翁氏的箋注中多用空格以表示對王氏原文各内容的箋注，我們爲醒眉目，一律將空格改爲「◎」。

另一類是注明王氏原文中引文的出處以及一些插補性的小注，還有校勘文字，一般置於正文之内排以小字夾注，以「案」爲標識或無任何標識。關於插補性的小注，需要舉例説明一下。其中有的是指出所引書籍的章目，如：

《周官·春官》

《春秋傳》昭公十二年

《史記·五帝本紀》索隱

王輔嗣《復·彖傳》注以寂然至無爲《復》

或者是補足原文的文句，如：

《序録》云：或曰河間獻王開獻書之路，時有李氏上五篇

其中的小字即是翁注，其創例很有特色。

如果此類注文可與上下文連讀，我們一般在注文後不加句號（見前例）；如注文只是注明上文的出處，且與下文語意不相連，我們則於注文最後加以句號。如：

「制官刑」則「具訓蒙士」，《伊訓》。

另外，翁氏也多有對王氏原注及閻氏、何氏等人的箋注作補注，對於這類情況，我們一律用「〇」加以間隔，如：

劉向説上宜興辟雍，設庠序。【原注】未作而罷。○見《禮樂志》。

【閻按】主司爲張佖。○注已見前「小學」。

翁元圻的集注分量很大，占據全書篇幅一半以上，體大思精，窮搜博取，爲後世讀者提供了無上方便之門。爲了更方便讀者閱讀，凡是翁注中所引典籍，我們一般都標以引號。當然，翁注引文並不都是原文照抄，很多是原著的節略或檃括，對於這類引文，我們一般也都標以引號。但在注文中也偶有錯簡、誤引、失注之處，對這些問題我們均補改於注脚中。所有翁注中的引文，凡是我們能找到原書的，就加以校勘。凡引文與原著文字有異同但意思上無出入的，即不作校改；如引文有明顯的訛誤及倒、脱、衍之處，我們校改時原文標以（××），校改文字標以〔××〕，一般不另出校記。如果其間文字異同及節略檃括與原著文意有出入，我們則在脚注的校記中加以説明。另，翁氏注文遇重出時，於後出者只注明「×卷××頁」（原刻本頁數）；爲方便讀者翻檢，我們都以脚注形式注明「見×卷『××』條」及該條所在頁碼。

另外要説明的是，古籍的標點風格很難强求一律，特别是一些書名號，古人往往節略數字，或者隨文即興，如「南、北二《史》」「《隋》、《唐志》」、「《公羊》文公九年《傳》」等，我們僅以便於讀者閱讀爲準，很難用現在的規範要求了。而對於「孔疏」、「毛傳」之類，一般不加書名號，但易引起誤解時就加上，這從體例上看似不一致，但對讀者并無妨礙，請讀者鑒諒。

由於我們學殖淺薄，加上部分王氏原文及諸人箋注中所引書籍不易查找，我們在校點時自然會出現一些錯誤，敬請讀者方家多加指正。

校點者

二〇〇八年八月

《困學紀聞》總目

欽定四庫全書總目 子部雜家類

《困學紀聞》二十卷，宋王應麟撰。應麟有《周易鄭康成注》，已著録。是編乃其劄記考證之文，凡説經八卷，天道、地理、諸子二卷，考史六卷，評詩文三卷，雜識一卷。卷首有《自序》云「幼承義方，晚遇囏屯。炳燭之明，用志不分」云云，蓋成於入元之後也。應麟博洽多聞，在宋代罕其倫比。雖淵源亦出朱子，然書中辨正朱子語誤數條，如《論語注》「不舍晝夜」「舍」字之音，《孟子注》「曹交曹君之弟」及謂《大戴禮》爲鄭康成注之類，皆考證是非，不相阿附，不肯如元胡炳文諸人堅持門户，亦不至如明楊慎、陳耀文，國朝毛奇齡諸人肆相攻擊。蓋學問既深，意氣自平，能知漢、唐諸儒，本本原原，具有根柢，未可妄詆以空言，又知洛、閩諸儒，亦非全無心得，未可概視爲弇陋，故能兼收并取，絶無黨同伐異之私，所考率切實可據，良有由也。元時嘗有刻本，牟應龍、袁桷各爲之序。卷端題語，尚鈎摹應麟手書。藏弆之家，以爲珍笈。此本乃國朝閻若璩、何焯所校，各有評注，多足與應麟之説相發明。今仍從刊本，附於各條之下，以相參證。若璩考證之功，十倍於焯，然若璩不薄視應麟，焯則動以「詞科之學」輕相詬厲。考應麟博極羣書，著述至六百餘卷，焯所聞見，恐未能望其津涯，未免輕於立論，是即不及若璩之一徵。以其拾遺補罅，一知半解，亦或可采，故仍並存之，不加芟薙焉。

元刊本困學紀聞牟應龍序①

宋咸淳間，厚齋先生尚書王公以博學雄文聞於時，兩制訓辭，爾雅深厚，嘆而服者，皆曰非先生不能作；奇傳異書，賾微隱奥，疑而問者，皆曰非先生不能知。晚歲飛遯，未嘗一日去書不觀。頗聞著述甚富，恨未之見也。忽其子昌世[一]書來曰：「吾父平生書最多，惟《困學紀聞》尤切於爲學者。今以其書視子，幸爲序所以作之之意，置諸篇端。」蓋九經諸子之旨趣，歷代史傳之事要，制度名物之原委，以至宗工鉅儒之詩文議論，皆後學所當知者。公作爲是書，各以類聚，考訂評論，皆出己意，發前人之所未發，辭約而明，理融而達，該邃淵綜，非讀書萬卷，何以能之？連日夜披閱，目力爲廢，不意垂盡之年，獲睹希世之珍。序引固非晚陋所敢當，然先祖光禄[二]與公之父吏部[三]同年

① 原本作「困學紀聞原序」。

進士，[四]先父大理[五]與公同朝者三，相得益歡，事分之厚，不並它人。況昭父閉門讀父書，求己志，又予所深敬者。是用承命而不辭，托名於不朽焉，觀者毋以爲僭。

至治二年秋八月壬辰隆山[六]牟應龍謹識。

[一]【閻按】宋德祐丙子，昌世甫十歲，則此時年五十六。

[二]【閻按】《元史·牟應龍傳》：祖子才，仕宋，贈光禄大夫，謚清忠。

[三]【閻按】《宋史·王應麟傳》：「父撝，曾知徽州，民稱爲清白太守。」

[四]【閻按】《宋史·牟子才傳》：「嘉定十六年進士。」則撝亦癸未年登第。

[五]【閻按】《牟應龍傳》：「父巘，爲大理少卿。」

[六]【閻按】《牟應龍傳》：「先世蜀之井研人，後徙居吴興，學者因其所自，號曰隆山先生。」

【全云】按，深寧先生曾祖安道，武經大夫，保信軍承宣使。始自浚儀，定居於鄞，蓋扈從南渡者也。祖晞亮，朝散大夫。父撝，嘉定癸未進士，朝請大夫、尚書吏部郎中，兼國史院編修、實録院檢討官，兼崇政院説書。弟應鳳，同日生，亦登宏詞科，太常博士。子昌世，字昭甫，以任受承務郎階，未及受官，國亡。昌世子厚孫，字遂初，亦有學行，嘗爲教官。次寧孫。

【又云】黄文獻公作昭甫墓誌，述其辭徵辟之言曰：「士之大節，嗣守爲難，願讀父書，求己志，以畢此生，不願乎外。」

【又云】昌世卒於泰定四年，年六十一。閻氏以爲是年五十六歲者，是也。是書雕成於泰定二年，昌世旋卒。

元刊本困學紀聞袁桷序

世之爲學，非止於辭章而已也。不明乎理，曷能以窮夫道德性命之藴？理至而辭不達，玆其爲害也大矣，是故先儒有憂之。且夫子之言有曰：「興於詩，立於禮，成於樂。」其品節備具，見於《禮》之經解。夫事不獨不足以盡天下之智，物不窮不足以推天下之用。考於史册，求其精粗得失之要，非卓然有識者不能也，若是其殆得之矣。在《易》之居業，則曰修辭立誠，而畜德懿德，必在乎聞見之廣，旁曲通譬。是則經史之外，立凡舉例，屈指不能以遽盡也。揚雄氏作《法言》，其亦有取夫是。後千餘年，禮部尚書王先生出，知濂洛之學淑於吾徒之功至溥，然簡便日趨，偷薄固陋，瞠目拱手，面牆背芒，滔滔相承，恬不以爲恥。於是爲《困學紀聞》二十卷，具[一]訓以警，原其旨要，揚雄氏之志也。先生年未五十，諸經皆有説，晚歲悉焚棄，而獨成是書。其語淵奧精實，非紬繹玩味不能解。下世三十年，[二]肅政司副使燕山馬速忽公、僉事保定孫公楫濟川，分治慶元，振興儒學，始命入梓。桷遊公門最久，官翰苑時，欲悉以所著書進於朝廷，因循不果。今也二公謂桷知先生事最詳，俾首爲序，庸書作書之本旨，亦以厲夫後之學者。先生諱應麟，字伯厚，自號深寧居士。

泰定二年冬十月門人翰林侍講學士奉政大夫知制誥同修國史袁桷敘[三]

[一]案「具」字，閻本誤作「其」。

[二]【閻按】《王應麟傳》「後二十年卒」，則卒當於元成宗元貞二年丙申，下至泰定二年乙丑整三十年。○方回序《小學紺珠》，在元大德庚子，自稱「回年七十四」。公長回六歲，是王氏生於嘉定十四年辛巳。

[三]【閻按】《元史·袁桷傳》：「至治元年，遷侍講學士。泰定初辭歸。四年卒，年六十一。謚文清。」敘蓋作於慶元路家居時。

【何云】袁公於學蓋無所得者，以《法言》況此書，亦不類。

【全云】清容絶不知學，其爲史静清作墓誌，竟不言其紹朱子之統；其論東發先生，亦但稱其清節而已。今其集中亦有説經文字，則裝點其固陋耳。其實清容依附正獻、正肅，以爲先型，又受業深寧門下，而以彌甥得登静清之堂，乃懵然於此，可惜也。

【元圻案】錢氏大昕《潛研堂集·王厚齋生卒年月考》云：閻説厚齋生於辛巳歲，卒於丙申歲，年七十有六。今考《延祐四明志·人物傳》，厚齋年七十四，而陳本堂祭厚齋文，首稱「柔兆涒灘之歲孟冬甲辰」，其文亦云「余八十三，公七十四」，則厚齋卒於元貞丙申，年七十四，信矣。

推其生年，當在嘉定十六年癸未，非辛巳歲也。本堂祭文又有「季夏聞訃」之語，則厚齋之卒在是年六月。◎袁清容《挽伯厚先生詩》云：「秋水孕雙蓮，英英吐異芬。詞章納雲夢，禮樂訂河汾。丹詔三軍泣，清名四海聞。西峰傾落日，乘鶴叩蒼雲。」「晚歲艱難意，衡門老病身。蜀山迷望帝，楚澤痛靈均。皮弁終辭召，深衣晚任真。蓋棺今已定，千載有遺民。」「燕説經生濫，齊諧學究輕。微言空有意，獨拍已無聲。墨澤雞林貴，青氈虎觀榮。新銘前進士，幽抱付誰明。」「再世登龍舊，淵源可再窺。西山遺正緒，東澗結冥知。腹笥名空在，眉梨壽竟違。重歌妾薄命，寒淚滴塵瓻。」

閻校本困學紀聞閻詠序

康熙戊午、己未間，家大人應博學鴻詞之薦入都，時宇内名宿麟集，而家大人以博物治聞，精於考據經史，獨爲諸君所推重，過從質疑，殆無虛日。或有問説部書最便觀者誰第一？家大人曰：「其宋王尚書《困學紀聞》乎？近常熟顧仲恭以《演繁露》並稱，非其倫也。」由是海内始知尊尚此書。其後家大人返里門，遠近從遊者各以此書來請丹黄，大人皆應之不厭。然其本特萬曆間刻者，不如詠家所藏應元路本，出尚書兩孫厚孫、寧孫手，最勝。大人自壯至老，手自校讎，不啻五六過，訛者正之，遺者補之。常謂詠曰：「苟無訛可正，無遺可補，天下之能事畢矣。雖古人撰著，臻此亦難。」歲丁丑，大人間遊江陰，從一故家得斷爛鈔本以歸，較多二十七條。其辭簡而義精，非尚書萬萬不能爲也。又檢王子充序《水經》，歷引尚書言，有云「江水東逕永安宫南」一五十一字，刊本、鈔本都失去。因知子充當日所見本尤完善，亟爲增入，嘆惋者累日。其用心之勤如此。詠以端憂多暇，請鳩工授梓，大人復自矻矻者彌月，乃手之而喜曰：「續古人之慧命，啓來學之博聞，其在斯乎！夫校定書籍故非易，自劉向、揚雄方稱此職，世豈有其人哉！要事求有據，不敢憑臆以決，亦可矣。小子紀其緣起，庶以正世之君子。」詠遂拜而書之。

康熙三十七年，歲在戊寅，六月望日，男詠謹識。

困學紀聞題識

幼承義方晚遇囏屯炳燭之明用志不分　困而學之庶自別于下民開卷有得述爲紀聞深寧叟識

幼承義方，晚遇囏屯。炳燭之明，用志不分。困而學之，庶自別於下民。開卷有得，述爲《紀聞》。

深寧叟識

右三十八字乃尚書親筆，常熟毛黼季扆以視徵君，且曰：「盍摹勒諸卷首？」徵君欣然如其請。蓋徵君曾兩遣人至鄞縣訪其裔孫，求行狀、墓銘、神道碑，以補《宋史》列傳之略，不可得。又欲繪其遺像，亦不可得。今存其手迹，猶前志也。閻詠臨并記。

【元圻案】全謝山《宋尚書王伯厚先生畫像記》云：「同學葛君巽亭爲予言，榆筴邨王氏有先生像。亟喜，往請而觀之。鬚眉惆悵，端居不樂，其當杜門謝客之際乎？」惜不令百詩見之也。

三箋本困學紀聞全祖望序

深寧先生文集百二十卷，今世不可得見。其存者，《玉海》部帙最巨，尚有附刻於《玉海》之後者十餘種，而碎金所萃，則爲《困學紀聞》。顧其援引書籍奥博，難以猝得其來歷，太原閻徵君潛丘嘗爲之箋，已而長洲何學士義門又補之。斯二箋者，世宗憲皇帝居潛藩，皆嘗充乙夜之覽。近年祁門馬氏以閻本開雕，而間采何説以附之，桐鄉汪氏又以何本開雕，誠後學之津梁也。潛丘詳於考索，其於是書最所致意。然筆舌冗漫，不能抉其精要，時挾偏乖之見，如力攻《古文尚書》，乃其平日得意之作，顧何必嘵嘵攙入此箋之内，無乃不知所以裁之耶？義門則簡核，而欲高自標置，晚年妄思論學，遂謂是書尚不免詞科人習氣，不知己之批尾家當，尚有流露此箋，未經洗滌者。歲在辛酉，予客江都，寓寮無事，取二本合訂之，冗者删簡，而未盡者則申其説，其未及考索者補之，而駁正其紕繆者，又得三百餘條。江西萬丈孺廬見之嗟賞，以爲在二家之上。

予學殖荒落，豈敢與先輩争入室操戈之勝，況莫爲之前，予亦未能成此箋也。胡身之謂小顔釋班史，彈射數十家無完膚，而三劉所以正小顔者正復不少。是書雖經三箋，然闕如者尚多有之，又安知海内博物君子不有如三劉者乎？予日望之矣。

乾隆壬戌二月既望後學全祖望撰。

翁注困學紀聞胡敬序

姚江翁太常鳳西先生，性嗜學不倦，而於宋王厚齋尚書《困學紀聞》尤篤好之，嘗輯閻、何、全諸家之説，益以己所心得，爲之注。自通籍以至膴仕，敷政之暇，丹槧未嘗一日去手。歸田後，復與同鄉老宿往復商訂，始付諸梓。爲文凡八十五萬言，可謂集大成矣。敬弱歲亦嘗留意是編，家貧既鮮藏書，又厚齋所讀書今多不傳，其所稱述之人，非皆有專傳專集可以按録稽者，蓄疑於心，積數十年無所質正。得觀先生書，而嚮之蓄疑不決者乃涣然冰釋、砉然理解也。卷帙既富，竟月讀始一周。其淹貫成一家言，則李善之注《文選》也。其疏證之旁見側出，足與原書相輔而行，則裴松之之注《三國志》也。凡厚齋所引之書與其人，靡不觸類引伸，核其本文，詳其貫履。於書之已佚姓氏之就湮者，則博采墜簡零篇，力索冥搜，期於必獲。於諸説之不全不備、踳駮抵牾者，則下己意補之正之。辭旨和平，不務攻擊，是真能爲厚齋之學者也，是真能讀厚齋所讀之書者也。厚齋之書，由博而約，擇之精，著書之體宜然也。先生之書，由約而博，語之詳，注書之體宜然也。厚齋積數十年之功，成是書以霑溉後人。先生積數十年之功，注是書以表章絶學，豈直是書功臣，即謂厚齋復生可也。敬讜陋，何足以知先生，惟是嚮所蓄疑，藉以解釋，師資在是，難已於言，用敢附名青雲，以誌向往之意云。

道光六年秋七月朔日錢塘胡敬謹序。

翁注困學紀聞黄徵乂敍

古人學古入官，而入官之後仍不忘學，仕優則學尚矣。顧有儒林之學，有文苑之學，一則主乎理學經術，一則主乎詞章典故，學之者宜何從？然窮其源流，究其義藴，二者非竟判然也。鳳西先生歇歷中外，垂四十年，宦轍所莅，宣上德，抒下情，而暇則説禮樂而敦詩書，仍儒者風。購書至萬餘卷，卿雲輪囷，覆護其上，燕寢公餘，手卷不釋，而其生平所最注意者，則尤在王氏《困學紀聞》一書。王氏蓋得朱門、真氏之淵源者也。是書非博物君子不能作，亦非博物君子不能注，况注於三箋及萬氏《集證》後也。乃博覽羣籍，見於是書有足證明闡發者，輒手録，爲之條分件繫，如肉貫弗。約計各門增輯，無慮二千餘條。其用功專且久，而所得若是，是豈疏闊夫政事而與經生争衡哉！唯其優也。乂嘗借其書而觀之，讀一書則如讀無數未見之書，通一義則足通無數未聞之義。前人以儒林而兼文苑，後人以文苑而追儒林，其有功於先哲而餉遺乎士林也，豈徒爲文藝家所取資，饜飫栝腹、組織華蟲已耶！鳳西以經術飾吏治，所至政舉而民不擾，本乎才而實恃乎學也。因優而學，因學而仕愈優也，庶幾古之才全而學純者歟？是用諗乎世之學而仕者。

道光五年八月望日姻愚弟黄徵乂敍。

翁元圻自序①

王厚齋先生《紀聞》一書，蓋晚年所著也。先生博極羣書，入元後寓居甬上，足迹不下樓者幾三十年，益沈潛先儒之説而貫通之。於漢、唐則取其核，於兩宋則取其純，不主一説，不名一家，而實集諸儒之大成。顧徵引浩博，猝難探其本源，雖以閻潛丘、何義門、全謝山三先生之淵雅，尚未盡詳其出處，蓋由宋人著述不能盡傳故也。元圻幼嗜此書，通籍後備官禮曹，嘗質疑於中表邵二雲先生。先生教之曰：「閻、何、全之評注，略舉大意，引而不發。子盍詳注之，使覽者不必翻閲四庫書而瞭然於胸中乎？」余對曰：「此非盡讀厚齋所讀之書者不能也。以元圻之淺陋，曷足以任此！」先生曰：「子姑詳其所可詳，其未詳者，安知不有好學者更詳之乎？」余諾之，而未敢必

① 「翁元圻自序」五字，原本無，爲校點者所加。

其成也。丁未之冬，揀發雲南，從此移黔移楚，未嘗不攜此書自隨，偶有所得，即細書於簡端。顧行篋所貯，卷帙無多，兼簿書鮮暇，不能專心從事，然簡端已無餘地。因另録而編次之，凡三易稿，而仍多未盡。庚辰四月，改官京秩，因得借書於收藏家，稍有增補。旋自京旋里，就正於蕭山王穀塍同年，又詳數十條。穀塍力勸付梓，自念用心數十年，不忍棄之敝簏，因刻之，存於家塾。惜二雲先生墓木已拱，不及删其繁而補其缺，以至於無遺憾也。

道光五年春三月，翁元圻自識於佚老之巢，時年七十有五。

翁注困學紀聞凡例

一、是書有太原閻百詩先生、長洲何義門先生、鄞縣全謝山先生評注，久已刊行。卷中於閻氏、全氏語皆全録，何氏注有與閻氏同者，則存閻而删何，以省煩瀆。

一、閻注標「閻按」，何注標「何云」，從其舊也。全注則於首一條標「三箋本全云」，以後所云「全氏」，皆「三箋」所載也。其全氏另有所釋而不載於「三箋」者，另標出處，以清眉目。

一、三箋本兼載方樸山、程易田、方心醇、屠繼序諸公之説，雖不全録，亦標明姓氏。

一、近刻有黄岡萬氏《集證》，卷中亦多采録，仍一一標明，不敢掠美。

一、元圻自注，見於句下者，加「案」字以别之，總注於後者，加「元圻案」以别之，仍於上加一「○」[①]。或於自注後更引他人之説者，亦加「○」以别之。

一、徵引之書，不能不删節字句，然有删字，無增字，不敢妄竄古書也。

一、是書就正於同志，如歸安葉中丞紹楏、江西周孝廉邵蓮、正定王刺史定柱、上虞王孝廉煦，間有論説，亦一一附載，仍標明姓氏。

一、元圻仲兄名元堂，字緒昌，號静軒，長余四歲。幼從之學，嘗講授是書，有所論説。不幸困於場屋，年僅四十四而卒。今附載口授之語數則，以識鴒原之感。

① 因本書在校點時，將「元圻案」文字全部另行起排，故原本中加在「元圻案」三字之上的「○」全部予以删除。詳見本書校點説明。

目録

①「大戴禮」，正文作「大戴禮記」。

① 「左氏傳」，正文作「左氏」。
② 「公羊傳」，正文作「公羊」。
③ 「穀梁傳」，正文作「穀梁」。

---

① 「歷代」二字，原本無，據正文補。

② 本卷目録中「漢河渠考」、「歷代田制考」、「漕運考」、「兩漢崇儒考」原本皆無「考」字，據正文補。

卷一

易

【元圻案】宋鄭畊老曰：「《周易》，二萬四千二百七字。」◎晁氏《讀書附志》曰：「《石經周易》十卷，經、注六萬六千八百四十四字。」

危者使平，易者使傾，《易》之道也。處憂患而求安平者，其惟危懼乎？故《乾》以惕无咎，《震》以恐致福。

【元圻案】「《震》以恐致福」，乃宋張魏公《紫巖易傳》語，見《泰》九三《象辭》。◎唐開元初，禮部侍郎張廷珪上疏曰「臣聞古有多難興王、殷憂啓聖者，皆以事危則志鋭，情迫則思深，故能自下登高，轉禍爲福」云云。其知《易》者乎？

「修辭立其誠。」①修其内則爲誠，修其外則爲巧言。《易》以辭爲重，《上繫》終於「默而成之」，養其誠也。《下繫》終於六「辭」，驗其誠不誠也。辭非止言語，今之「文」，古所謂「辭」也。

【三箋全云】「《易》以辭爲重」，語意微有病。

【元圻案】宋吕成公《東萊易説》曰：「辭之所發，貴乎誠敬，修於外而不信於内，此乃巧言令色。」◎宋朱氏震《漢上易傳》曰：「《上繫》終於『默而成之，不言而信』，《下繫》終於六『辭』，語默一也。」◎朱子《答鞏豐》曰：「修辭豈作文之謂哉！設若盡如《文言》之本旨，則猶恐此事在『忠信』、『進德』之後，而未可以遽及。若如或者詩賦之所咏嘆，則恐其於『乾乾夕惕』之意又益遠而不相似也。」厚齋「今文古辭」之語，似與朱子意未合。魏鶴山《師友雅言》：「迂叟有言：今人所謂文，古人所謂辭也。古之所謂文，觀乎天文以察時變，觀乎人文以化成天下，豈詞章之謂哉！」厚齋語實本於温公。

履霜戒於未然，月幾望戒於將然。《易》貴未然之防，至於幾，則危矣。

【元圻案】邵子《觀物外篇下》：「《復》次《剥》，明治生於亂乎？《姤》次《夬》，明亂生於

---

①《易·乾》九三《文言》。

治乎？時哉時哉，未有剥而不復，未有(姤)〔夬〕而不(夬)〔姤〕者也。防乎其防，邦家之光，子孫其昌。是以聖人貴未然之防，是謂《易》之大綱。」◎司馬温公《易説》曰：「履霜堅冰，君子攘惡於未芽，杜禍於未萌。」◎楊龜山《易説》曰：「月遡日以爲明者也，望則與日敵，故幾望則不可過。」

「潛龍以不見成德」，管寧所以箴邴原也；全身以待時，杜襲所以戒繁欽也。《易》曰：「括囊无咎无譽。」

【元圻案】《三國志・魏・管寧傳》注：《傅子》曰：「邴原性剛直，清議以格物。寧謂原曰：『潛龍以不見成德。言非其時，皆招禍之道也。』」又《杜襲傳》：「襲避亂荆州，劉表待以賓禮。同郡繁欽，數見奇於表。襲喻之曰：『吾所以與子俱來者，徒欲龍蟠幽藪，待時鳳翔，豈謂劉牧當爲撥亂之主，而規長者委身哉！子見能不已，非吾徒也。吾其與子絶矣。』」◎呂成公《史説》曰：「處危亂之際，正不可露圭角。邴原於干戈擾攘之區，乃一一欲以清議格之，自然招禍。此不知與時消息之理。《坤》之『六四』：『括囊无咎无譽。』六四處危疑之地，與六五無相得之義，正當如囊之括其口，更無一毫露出。若有分毫露出，只是招怨。」

「貞者元之本。」周公曰：「冬日之閉凍也不固，則春夏之長草木也不茂。」**【原注】**見《韓非・解老》。可以發明貞固之説。

【元圻案】宋真西山《大學衍義》曰：「閫者闢之基，貞者元之本。」◎《四庫全書目録·子部·法家類》：「《韓子》二十卷。周韓非撰，凡五十五篇。其注不知何人作。」

《乾》初九，《復》也。「潛龍勿用」，即「閉關」之義。《坤》初六，《姤》也。「履霜堅冰至」，即「女壯」之戒。

【元圻案】唐李鼎祚《周易集解·乾》初九注：「干寶曰：陽在初九，十一月之時，自《復》來也。」又《坤》初六注：「干寶曰：陰氣在初五月之時，自《姤》來也。」◎宋沈括《夢溪筆談》曰：「江南人鄭夬爲一書談《易》，其間一説曰：《乾》、《坤》，大父母也。《姤》、《復》，小父母也。」◎邵子《八卦正位圖》曰：「《乾》、《坤》，大父母也，故能生八卦；《姤》、《復》，小父母也，故能生六十四卦。」

《淮南·人間訓》云：「《易》曰『潛龍勿用』者，言時之不可以行也。故『君子終日乾乾，夕惕若厲，无咎。』『終日乾乾』，以陽動也；『夕惕若厲』，以陰息也。因日以動，因夜以息，惟有道者能行之。」[二]以陰、陽言日、夕，《易》説所未及。

[二]案《人間訓》云：「今霜降而樹穀，冰泮而求獲，欲其食則難矣。《易》曰『潛龍勿用』云云。」

【閻按】「君子終日乾乾」爲句，「夕惕若」爲句，「厲无咎」爲句，證以下文「言雖危无咎」，益驗句讀斷宜如此。不意《淮南子》誤讀「厲」聯上，至王輔嗣猶然。今朱子《本義》正之。

【何云】以惕爲息，最爲淺陋，先儒所以不之取。宏辭人説經，徒欲誇多鬭靡耳。

【全云】據首條云「《乾》以惕无咎，《震》以恐致福」，亦非以惕爲息者，特有取其陰陽日夕之説耳。

【又云】漢人皆以「厲」字連上，無異讀者，如張竦、班固、張衡文，不一而足，是必田何以來句法如此，不止《淮南》也。但朱子更定，於義爲協。

【方樸山云】《書》有「怵惕爲厲」之句，從「厲」字絕，亦有説。

【元圻案】王弼注曰：「終日乾乾，至於夕惕，猶若厲也。」孔穎達正義曰：「夕惕者，謂至向夕之時，猶懷憂惕，此卦九三所居之處，實有危厲。又《文言》云『雖危无咎』，是實有危也。據其上下文勢，『若』字宜爲語辭。諸儒並以『若』爲『如』，如似有厲，是實無厲也，理恐未然。」蓋唐人已疑之矣。◎《欽定四庫全書總目·子部·雜家類》：「《淮南子》二十一卷。漢淮南王劉安撰。《漢書·藝文志》『雜家』：『《淮南》内二十一篇，外三十三篇。』師古注曰：『内篇論道，外篇雜説。』今所存者二十一篇，蓋内篇也。」

蔡澤謂：「《易》曰『亢龍有悔』，此言上而不能下，信而不能詘，往而不能自反者也。」亦善言《易》矣。澤相秦數月而歸相印，非苟知之。《賈誼書·容經篇》云：「亢龍

往而不能反，故《易》曰『有悔』；潛龍入而不能出，故《易》曰『勿用』。龍之神也，其惟蜚龍乎？」[一]

[一] 案下文云：「能與細細，能與巨巨，能與高高，能與下下，吾故曰龍變無常，能幽能章。」

【全云】蔡澤安知《易》？澤以傾危之口，乘范雎之急而奪之位，是其進不以正也。居位無所建白，是其存不以正也。不過巧於自全，未久即歸相印耳。夷考澤之生平，蓋以蘇、張之術始，以黃、老之術終。然於蘇、張則已黠，於黃、老則尚粗。

【又云】賈生「潛龍入而不能出」之説，非也。潛蓋其時爲之。

【元圻案】《史記·蔡澤列傳》：「澤説范雎，引《易》曰『亢龍有悔』云云。應侯因謝病免相。昭王新悅蔡澤計畫，遂拜爲秦相，東收周室。澤相秦數月，人或惡之。懼誅，乃謝病歸相印，號爲綱成君。」◎《漢書·藝文志》「儒家」：「《賈誼》五十八篇。」◎《四庫全書總目·子部·儒家類》：「《新書》十卷。漢賈誼撰。《崇文總目》云：『本七十二篇，劉向定爲五十八篇。』」◎深寧《通鑑答問》曰：「范雎鑒於穰侯主眷既衰，亟思變計，蔡澤倨見而不怒，聞『成功者去』之言，翻然謝事，棄富貴如脱屣也。澤也激辭譎説，攘相印而得之，然心邪而論正，其自謀亦以爲雎謀也。澤克踐其言，纔數月而免歸，見險能止，居寵知退，其全身非幸也。蚹負而躓，蝸升而枯，彼蔀家覆餗者，曾二蟲之無知。張華、李德裕之才，猶失於不早退，吾非取范、蔡也。」觀此，則深寧非竟許蔡澤以知《易》也。◎唐李鼎祚《周易集解》一：「崔憬曰：『君子韜光待時，故曰勿用。』干寶曰：

『此文王在羑里之爻也。雖有聖明之德，未被時用，故曰勿用。』」故全氏以賈生之言爲非。

《越絶》引《易》進退存亡之言曰：「進有退之義，存有亡之幾，得有喪之理。」案，見《外傳・計倪篇》。陸宣公《收復河中後請罷兵狀》云：「喪者得之理，得者喪之端。」[一]其語本此。

[一]下文云：「故晉勝鄢陵，范燮祈死；吴克勁越，夫差啓殃。」

【元圻案】宋吴侍《珍珠船》曰：「《越絶書》。《崇文總目》云：『子貢撰。或曰子胥撰。』陳氏《書録解題》云：『不知撰人名氏。其書雜記吴越事，下至秦漢，直至建武二十八年，蓋戰國後人所爲，而後人又附益之者。』予按篇末敍，則草創《越絶》者，爲會稽袁康，而潤色之者，乃同郡吴平耳。」明田藝蘅《留青日札》曰：「篇末敍云：『以去爲姓，得衣乃成，厥名有米，覆之以庚。以口爲姓，承之以天，楚相屈原，與之同名。』是紀其姓與名也。『禹來東征，死葬其疆，文辭屬定，自於邦賢。』是紀其地也。」◎《四庫全書總目・史部・載記類》：「《越絶書》十五卷。漢袁康撰，其友吴平同定。按王充《論衡・按書篇》曰：『東番鄒伯奇，臨淮袁太伯、袁文術，會稽吴君高、周長生之輩，位雖不至公卿，誠能知之囊橐、文雅之英雄也。觀伯奇之《元思》，太伯之《易章句》，文術之箴銘，君高之《越紐録》，長生之《洞曆》，劉子政、揚子雲不能過也。』所謂吴君高，殆即平字；所謂《越紐録》，殆即此書歟？」◎唐房玄齡《諫征遼東表》全用「進有退之義」三語，見《唐書》本傳。《文苑英華》載此表，三「有」字俱作「者」字。◎《紫巖易傳》曰：「進有退之道，存有亡之理，得有喪之幾。」蓋亦取於《越絶》。◎《唐書·陸贄傳》：「贄字敬輿，蘇州嘉興人。貞元八年，以中書侍郎同中書門下平章事。班宏判度支，卒官。帝用裴延齡，贄上書極諫，貶忠州別駕。順宗立，召還，未至，卒。謚曰宣。」

《坤》之六五，程子以爲「羿、莽、媧、武非常之變」。干寶之説曰：「柔居尊位，若成、昭之主，周、霍之臣也。百官總己，專斷萬機，雖情體信順，而貌近僭疑。言必忠信，行必篤敬，然後可以取信於神明，無尤於四海。」[一]愚謂此説爲長。

[一] 案，干寶説見唐李鼎祚《周易集解》「坤六五爻」注。

【元圻案】《伊川易傳》：「陰者，臣道也，婦道也。臣居尊位，羿、莽是也，猶可言也；婦居尊位，女媧氏、武氏是也，非常之變，不可言也。故有黄裳之戒而不盡言也。」◎宋邵博《聞見後録》曰：「女媧不見於書，果有煉石補天之事，亦非變也。」◎周密曰：「伊川不滿宣仁，故云爾。毛伯玉《易傳》非之曰：『臣子於君父，皆陰也，羿、莽是已，何必以女媧、武氏當之？』」◎《晉書·干寶傳》：「寶字令升，新蔡人。平杜弢有功，賜爵關内侯。」◎朱竹垞《經義考》：「干寶《周易注》。《隋志》十卷。佚，今止存一卷。《鹽邑志林》載之。」

《乾》、《坤》之次《屯》，曰「建侯」。封建與天地並立。一旅復夏，共和存周，封建之效也。匹夫亡秦，五胡覆晉，郡縣之失也。

【何云】晉室八王樹兵，非不封建也；終收琅邪渡江之效，則失中有得。

【全云】封建兼有得失，郡縣亦然。如唐以藩鎮而亡，宋以削除藩鎮而亦亡也。典午封建之初，原無先王之規制，致其後日尋干戈；而平吴以來，遂盡削郡縣武備，則天子之勢反弱，此於封建、郡縣直兩失之。何説謬。

【元圻案】皇甫謐《帝王世紀》：「帝羿有窮氏，帝嚳以上，世掌射正，封於鉏。及夏之衰，自鉏遷於窮石，因夏民以代夏政。帝相徙於商丘，依同姓諸侯斟尋。羿不修民事而信寒浞，浞殺羿，襲有窮之號，因羿之室，生奡及豷。使奡帥師滅斟灌、斟尋，殺夏帝相。」◎哀公元年①《左傳》：「后緡方娠，歸於有仍，生少康焉，爲仍牧正。澆使椒求之，逃奔有虞。虞思於是妻之以二姚，而邑諸綸。有田一成，有衆一旅，以收夏衆，遂滅過、戈，復禹之績。」◎《史記·周本紀》：「召公、周公二相行政，號曰共和。共和十四年，厲王死於彘。太子静長於召公之家，二相乃共立之，是爲宣王。二相輔之，諸侯復宗周。」◎《魯連子》：「衛州共城縣，本周共伯之國也。共伯名和，好行仁義，諸侯賢之。厲王奔彘，諸侯奉和以行天子事，號曰共和元年。」◎《吕氏春秋·開春論》：「共

① 「元年」，原本作「二年」，據《春秋左氏傳》改。

伯和修其行，好仁賢，而海内皆以來爲稽矣。」◎《竹書紀年》：「厲王十三年，共伯和攝行天子事。」◎馬氏《繹史》曰：「《莊子》稱『共伯得乎共首』，亦指此也。諸書多言共伯和，《史記》言周、召共政，未知孰是。」◎賈誼《過秦論》：「秦以區區之地，致萬乘之權，一夫作難而七廟隳。」◎《史記·陳涉世家》：「勝雖已死，其所置遣王侯將相竟亡秦。」◎《晉書·載記》：前趙劉淵匈奴，後趙石勒羯，前燕慕容皝鮮卑，前秦苻洪氐，後秦姚萇羌，爲五胡。◎《漢書·地理志》：「秦以周制微弱，終爲諸侯所喪，故不立尺土之封，分天下爲郡縣。」

古者君臣之際，分嚴而情通。「上天下澤，《履》」，其分嚴也；「山上有澤，《咸》」，其情通也。不嚴則爲《未濟》之三陽失位，不通則爲《否》之「天下無邦」。

【元圻案】宋樓氏鑰《攻媿集》二十五《論通下情疏》曰：「臣聞天尊地卑，乾坤定矣。然天不以高爲貴，而以下濟爲光明，在《易》坤上乾下，卦反爲《泰》，其《彖》曰：『天地交而萬物通也，上下交而其志同也。』乾上坤下，卦反爲《否》，其《彖》曰：『天地不交而萬物不通也，上下不交而天下無邦也。』此皆聖人之深意也。故古之君子，分甚嚴而道則同，勢甚尊而情則通。」◎宋何坦《西疇常言》曰：「分嚴則尊卑貴賤不逾，情通則是非利害易達。」

《陰符經》云：「天地之道浸，故陰陽勝。」[一]愚嘗讀《易》之《臨》曰「剛浸而長」，《遯》曰「浸而長也」，自《臨》而長爲《泰》，自《遯》而長爲《否》，浸者漸也，聖人之戒深矣。

［一］案，此「勝」字與「吉凶者，貞勝者也」「勝」字同義。

【元圻案】《朱子語類》：「天地間一陰一陽，如環無端，便是相勝的道理。《陰符經》說『天地之道浸，故陰陽勝』，『浸』字最下得好。天地不陡頓，恁地陰陽勝？」◎《四庫全書總目・子部・道家類》：「《陰符經》一卷。舊本題黄帝撰，太公、范蠡、鬼谷子、張良、諸葛亮、李筌六家注。又《考異》一卷，朱子撰。《陰符經》出於唐李筌，晁公武《讀書志》引黄庭堅跋，定爲筌所僞托，朱子亦以爲然。」◎宋李氏椿爲吏部侍郎，上書孝宗曰：「《臨》剛浸而長，將《泰》之時也；《遯》小浸而長，將《否》之時也。不言柔，不與其長也。」

「繫於苞桑」①，三柔在下而戒之也。「繫於金柅」②，一柔方進而止之也。

【元圻案】《否》三陰在下，《姤》一陰初生。◎《否》九五程傳：「五以陽剛中正之德居尊位，故能休息天下之《否》。以循（至）〔致〕於《泰》，猶未離乎《否》也，故有『其亡』之戒。桑之爲物，

①《易・否》。
②《易・姤》。

其根深固；苞謂叢生者，其固尤甚。聖人之戒深矣。」《姤》初六傳曰：「《姤》，陰始生而將長之卦，制之當於其微而未盛之時。柅，止車之物，金爲之，堅强之至也。止之以金柅，而又繫之使不得進，則陽剛貞正之道吉也。」

《蒙》之剛中，「二」也，占而求之曰「初筮」；《比》之剛中，「五」也，占而從之曰「原筮」。

【元圻案】宋游氏酢《易説》：「《蒙》之『初筮』者，致一以有求；《比》之『原筮』者，再思以有擇。」

「童蒙」應於「二」之剛，則吉，養之早也。「童觀」遠於「五」之剛，則吝，見之小也。

【元圻案】《周易集解·蒙·象辭》注，虞翻曰：「童蒙謂五。」又六五《爻辭》注，虞翻曰：「《艮》爲童蒙，處貴承上，有應於二，動而成《巽》，故吉。」◎《觀》初六《象辭》王弼注：「失位處下，最遠朝美，无所鑑見，故曰童觀。處大觀之時而童觀，趣順而已。小人爲之，无可咎責，君子爲之，鄙吝之道。」◎楊龜山《易説》：「《蒙》，以養正聖功也者。正以蒙養之，則不失赤子之心矣。」◎程傳《觀》初六：「以陰柔之質，居遠於陽，是以觀見者淺近，如童稚然，故曰童觀。」

信君子者治之原。《隨》之九五曰：「孚於嘉，吉。」信小人者亂之機，《兑》之九五曰：「孚於剥，有厲。」

【元圻案】《漢書·楚元王傳》：劉更生上封事曰：「正臣進者，治之表也；正臣陷者，亂之機也。」

「鳴謙」則吉，「鳴豫」則凶。鳴者，心聲之發也。「未知獲戾於上下」，《湯誥》。鳴謙者歟？「二三子亦姑謀樂」，哀公五年《左傳》。鳴豫者歟？

【元圻案】《謙》六二程傳：「二以柔居中，是爲謙德，積於中，故發於外，見於聲音顏色，故曰鳴謙。」又《豫》初六傳：「初六以陰柔居下，四，豫之主也，而應之，是不中正之小人處豫，而爲上所寵。其志意滿極，不勝其豫，至發於聲音，輕淺如是，必至於凶也。」◎吕東萊《易説》曰：「鳴謙，是謙之發於聲音者也，然而謙之鳴，當觀其所發處。其發也出於真心，則吉；使其不出於真心，而發於聲音笑貌，則有凶。」又曰：「鳴豫一爻，備極小人之情狀。小人一得意於上，便志得意滿，《易傳》『輕淺』兩字最好。」◎楊誠齋《易傳》《豫》初六傳曰：「鳴謙則吉，鳴豫則凶何？謙可鳴也，豫不可鳴也。」

柔而剛則能遷善，剛而柔則能順理。《復》之六三，柔而不中，勉爲初之剛而屢失，故頻復。《巽》之九三，剛而不中，勉爲初之柔而屢失，故頻巽。

【元圻案】宋藍田吕氏曰：「《復》之六三，陷衆陰之中而未遠於陽，不得已而求復，故（致）〔至〕[①]於頻復。《巽》之九三，以陽居陽，主於高亢，而爲陰柔之所乘，不得已而卑巽，故至於頻巽。」

《小畜》上九，「月幾望」則凶，陰亢陽也。〔一〕《歸妹》六五，「月幾望」則吉，陰應陽也。《中孚》六四，「月幾望」則无咎，陰從陽也。曰「幾」者，戒其將盈，陰盈則陽消矣。

〔一〕案，《御纂周易折中》引此條，作「陰疑陽也」。諸本作「亢」者誤。「幾望」，尚不至於亢也。

【元圻案】《小畜》上九程傳：「月望則與日敵矣。幾望，言其盛將敵也，不已，則將盛於陽而凶矣。」《歸妹》六五傳曰：「六五居尊，下應於二。」◎《中孚》六四朱子《本義》曰：「六四居陰，得正位，近於君，爲月幾望之象。馬匹，謂初與己匹，四乃絶之，而上信於五，故爲馬匹亡之象。占者如是則无咎也。」

《同人》之初曰「出門」，《隨》之初曰「出門」，謹於出門之初，則不苟同，不詭隨。

---

① 據《大易集義粹言》卷六十一改。

【元圻案】晉羊祜曰：「委質事人，復何容易！」①其知「出門」之義乎！

冥於《豫》而勉其「有渝」，開遷善之門也。冥於《升》而勉其「不息」，回進善之機也。

【元圻案】《豫》上六程傳：「耽肆於豫，昏迷而不知反，故冥豫以成。苟能有渝，則无可咎。聖人發此義，所以勸遷善也。故不言豫之凶，專言渝之无咎。」又《升》上六傳：「求升不已之心，有時而用於貞正，而當不息之事，則爲宜矣。」

「大蹇朋來」②，進君子之真朋也。「渙其羣」③，退小人之僞朋也。【原注】泰言「朋」，否言「羣」。

【元圻案】歐陽公《朋黨論》曰：「小人之所好者利禄也，所貪者財貨也。當其同利之時，暫相黨引以爲朋者，僞也。君子則不然，所守者道義，所行者忠信，所惜者名節。以之修身，則同道

① 見《晉書·羊祜傳》。
② 《易·蹇》。
③ 《易·渙》。

而相益，以之事國，則同心而共濟，此君子之朋也。故爲人君者，但當退小人之僞朋，用君子之真朋，則天下治矣。」

君子進而衆賢聚，故《復》「朋來无咎」。衆賢盛而君子安，故《解》「朋至斯孚」。君子之志行而小人之心服，故《豫》「勿疑，朋盍簪」。

《易》言「密雲不雨」者二。《小畜》終於「既雨」者，陽之極爲陰也。《小過》終於「已亢」者，陰之極爲陽也。【原注】畜極則通，過極則亢。

【元圻案】原注乃王弼注語。

「謹乃儉德，惟懷永圖」①，〔一〕故「甘節，吉」②。「盜言孔甘，亂是用餤」，《小雅·巧言》。故「甘臨，无攸利」③。

---

①《書·太甲上》。

②《易·節》。

③《易·臨》。

［一］案，「慎」作「謹」，避孝宗諱。

【元圻案】宋耿氏南仲曰：「《節》之九五，以中正爲甘，則吉。《臨》之六三，以不正爲甘，則无攸利。」

「不義而富且貴，於我如浮云」①，故曰「舍車而徒，義弗乘也」②。「萬鍾則不辨禮義而受之，萬鍾於我何加焉」③，故曰「自求口實，觀其自養也」。

【元圻案】《賁》初九《象傳》郭氏雍曰：「初九以賤自居，『舍車而徒』，所謂窮不失義者矣。」《頤·象傳》：「自求口實，觀其自養也。」《朱子語類》曰：「只是説君子之所養，養浩然之氣模樣。」

召平、董公、四皓、魯兩生之流，士不以秦而賤也。伏生、浮丘伯之徒，經不以秦而亡也。萬石君之家，俗不以秦而壞也。《剥》之終曰「碩果不食」，陽非陰之所能剥。

①《論語·述而》。
②《易·賁》。
③《孟子·告子上》。

【閻按】召平有三，此必指爲蕭相國客者，但秦時封東陵侯，非士也。伏生下浮丘伯上，宜增高堂生，高堂生亦秦之博士。

【全云】東郭先生、梁石君、蓋公，齊士也；甘公，楚士也；孔甲、田何、毛亨、高堂生、顏芝，皆秦人，而張蒼嘗仕秦。

【又云】此深寧有感於身世之言。據《袁清容集》言，深寧當元初，嘗爲俗吏所窘，其時甬上故公相家子弟皆不免於折辱，惟杜門用晦而已。久之，始有稍稍致敬於深寧者。會修學宮，求深寧作記，然深寧杜門如故也。「士不以秦賤，經不以秦亡，俗不以秦壞」，言雖壯而心則痛。考深寧序《桃源世譜》，已有此數語。

【元圻案】《史記·蕭相國世家》：「上已聞淮陰侯誅，使使拜丞相何爲相國，益封五千户。諸君皆賀，召平獨弔。召平者，故秦東陵侯，秦破，爲布衣，貧，種瓜於長安城東，瓜美，故世俗謂之東陵瓜，從召平以爲名也。」◎《漢書·高帝紀》：「董公説漢王曰：『臣聞「順德者昌，逆德者亡」，「兵出無名，事故不成」。「名其爲賊，敵乃可服。」項羽爲無道，放殺其主，天下之賊也。夫仁不以勇，義不以力，三軍之衆，爲之素服，以告之諸侯，爲此東伐，四海之内，莫不仰德。此三王之舉也。』漢王曰：『善。非夫子無所聞。』於是漢王爲義帝發喪。」◎《史記·留侯世家》：「上從擊布軍歸，疾益甚，愈欲易太子。及燕，置酒，太子侍，四人從太子，年皆八十有餘，鬚眉皓白，衣冠甚偉。上怪之，問曰：『彼何人者？』四人各言姓名，曰東園公、角里先生、綺里季、夏黃公。上乃大驚，曰：『吾求公數歲，公避逃我，今公何自從我兒遊乎？』」◎《後漢書・鄭康成傳》「南山四皓」注：「鬚眉皓白，故言皓。」◎《史記・叔孫通列傳》：「通使徵魯諸生三十餘人。魯有兩生者不肯行，曰：『公所事且十主，皆面諛以得親貴。今天下初定，死者未葬，傷者未起，又欲起禮樂。禮樂所由起，積德百年而後可興也。吾不忍爲公所爲。』」又《儒林列傳》：「伏生，濟南人也。故爲秦博士。孝文帝時，欲求能治《尚書》者，天下無有，乃聞伏生能治，欲召之。是時伏生年九十餘，老不能行，乃詔太常使掌故晁錯往受之。」《集解》張晏曰：「伏生名勝，伏氏碑云。」《索隱》：「《〔漢〕紀（年）》云：字子賤。」◎《漢書・楚元王傳》：「楚元王交少時嘗與魯穆生、白生、申公俱受《詩》於浮丘伯。伯者，孫卿門人也。」注，服虔曰：「浮丘伯，秦時儒生。」◎《史記・萬石列傳》：「萬石君名奮，其父趙人也，姓石氏，趙亡，徙居溫。奮長子建，次子甲，次子乙，次子慶，皆以馴行孝謹，官皆至二千石。於是景帝曰：『石君及四子皆二千石，人臣尊寵，皆集其門。』號奮爲『萬石君』。萬石君家以孝謹聞乎郡國，雖齊魯諸儒質行，皆自以爲不及也。」◎閻云「召平有三」：一見《史記・齊悼惠王世家》，爲齊相；一見《項羽本紀》，廣陵人，爲陳王徇廣陵。◎《漢書・儒林傳》：「漢興，魯高堂生傳《士禮》十七篇。」

下陽舉而虢亡，《左傳》僖公二（十五）年。虎牢城而鄭懼，襄公二（十九）年。西河失而魏蹙，大峴度而燕危，故曰「設險以守其國」①。狄患攘而民怨結，宗藩弱而戚黨顓，柄臣揃而宦寺恣，寇叛平而方鎮强，故曰「思患而豫防之」②。

【全云】姜維棄③漢樂諸城，而魏得平行入蜀；梁武帝不守采石，而臺城坐困；周德威失榆關，而契丹取營、平；金人過獨松，而笑宋之無備，一也。

【元圻案】《史記·商君列傳》：「魏惠王兵數破於齊、秦，國内空，日以削，恐，乃使使割河西之地獻於秦以和，而魏遂去安邑，徙都大梁。」◎《晉書·載記·慕容超傳》：「劉裕帥師將討之，超引見羣臣，議拒王師。公孫五樓曰：『吴兵輕果，所利在戰，宜據大峴，使不得入。』超不從。王師次東莞，超遣步騎五萬，進據臨朐。俄而王師度峴，超懼。」◎顧祖禹《讀史方輿紀要·山東一》：「穆陵關，在青州府臨朐縣東南百有五里大峴山上，一名破車峴，其左右有長城、書案二嶺，峻狹，僅容一軌，故爲齊南天險。」◎周宣王服犬戎，平淮夷，北伐玁狁，南征蠻荆，以成中興之功。其後敗於姜氏之戎。料民太原，不納仲山甫之諫，於是《沔水》、《祈父》、《白駒》、《黄鳥》、《我行其野》諸篇怨刺興矣。◎漢景帝時，晁錯創削地之議，以致七國之叛，誅夷削奪，宗室日微。至武

① 《易·坎》。
② 《易·既濟》。
③ 「棄」，原本作「守」，據三箋本改。

帝時，齊以有罪除，淮南、衡山以謀反誅。觀中山靖王聞樂之對，知景、武二帝之於一本亦少恩矣。其後田蚡驕侈於元鼎之間，諸霍恣肆於元鳳之際，至王氏顓政，而漢祚中移，戚黨之禍烈焉。◎後漢和帝用鈎盾令鄭衆誅竇憲，而宦豎始封侯。順帝以中黄門孫程等定策繼統，誅閻顯，而宦官侯者十九人。桓帝以中常侍單超等誅梁冀，而侯者五人。至靈帝時，中常侍曹節等擅殺三公，張讓等劫遷太后，漢遂以亡。◎唐代宗時，成德李寶臣、魏博田承嗣、相衛薛嵩、盧龍李懷仙，收安史餘黨，各擁勁卒數萬，治兵完城，自署將吏，不供貢賦，與山南東道梁崇義、李正己皆結爲昏姻，互相表裏。朝廷專事姑息，不能復制。

《復》曰「朋來」，所以致泰；《泰》曰「朋亡」，所以保泰。

【何云】兩「朋」字異義。

【元圻案】唐仲友《帝王經世圖譜》卷二：「《復》欲『朋來』，慮其無助也；《泰》欲『朋亡』，慮其絶物也。朋來所以爲泰，朋亡所以保泰。」◎《蹇》之「朋（亡）〔來〕」，與《復》之「朋」同義。

陽大陰小而言「陰陽」，闔而闢也；朔先晦後而言「晦朔」，終而始也。

【元圻案】《繫辭傳》曰：「一闔一闢，謂之變。」《蠱·彖傳》曰：「終則有始，天行也。」此《復》之所以次《剥》也，此《匪風》、《下泉》所以居變風之終也。

《爾雅》:「小罍謂之坎」,《釋器》。「大琴謂之離」。《釋樂》。萬物之象,無非《易》也。

【閻按】又有「轡首謂之革」,「康謂之蠱」,「和樂謂之節」。

【元圻案】閻注上二句《釋器》文,下一句《釋樂》文。

《易》之終始皆陽也,始於《乾》之初九,終於《未濟》之上九。

《易》於《蠱》「終則有始」,於《剥》「消息盈虛」,於《復》「反復其道」,皆曰「天行也」。然則無與於人事歟?曰:聖人以天自處,扶陽抑陰,盡人事以回天運,而天在我矣。

【元圻案】「無平不陂,無往不復」,天道之必至者也。周公於《泰》之「九三」,勖以艱貞,扶陽抑陰,以天自處也。「于食有福」,則天運在我矣。

言行可以欺於人,而不可以欺於家,故《家人》之《象》曰:「君子以言有物而行有恒。」

【元圻案】《東萊易説》曰:「夫言之無物,猶可以欺外,至於在家之人,則必究其實。行之無常,猶可以飾一時,至於在家之久,則必暴露。」

《復》之初即《乾》之元，「碩果不食」則生矣，《復》之所謂仁也。《乾》爲木果，在春爲仁，[一]發生也，在冬爲幹，歸根也，終而復始。

［一］案，此「仁」爲果中之仁。

【元圻案】邵子曰：「木結實而種之，又成是木而結是實，木非舊木也，此木之神不二也，此實生生之理也。」◎元董真卿《周易會通·剥》上九載丘氏曰：「果中有核，實也，核中有仁，仁也，仁則生矣。此自剥而復也。」

張子曰：「《易》爲君子謀，不爲小人謀。」《正蒙·大易篇》文。朱子謂「聖人作《易》，示人以吉凶，言『利貞』，不言『利不貞』，言『貞吉』，不言『不貞吉』，言『利禦寇』，不言『利爲寇』也。」

【全云】爲君子謀，亦正所以爲小人謀。

【元圻案】《正蒙·大易篇》：「《易》爲君子謀，不爲小人謀，故撰德於卦。雖爻有小(人)〔大〕，及繫辭其爻，必諭之以君子之義。」◎《左傳》(僖)〔昭〕二十年：「南蒯之將叛也，筮之，遇《坤》之《比》，曰『黄裳元吉』。以爲大吉也，示子服惠伯曰：『欲有事，何如？』惠伯曰：『吾嘗學此矣。忠信之事則可，不然必敗。』」即張子「不爲小人謀」之意。◎宋李氏衡《周易義海撮要·雜論字例》云：「貞者，皆專固之稱，不可獨訓以正。或專一固守而獲吉，或不知通變，不當固守之，則凶。」◎《易》言「大貞凶」者一，「貞凶」者五，「貞厲」者六，「貞吝」者三。或遇非其時，或處非其位，本有致凶、致厲、致吝之道，故雖貞亦然。《否》之《象》「不利君子貞」，言君子道消也。《蠱》九二「不可貞」，以幹母之蠱，當巽以入之，不可堅貞也。《恒》之六五「貞，夫子凶」，以柔乃婦人之德，不可常也。《節·彖》「不可貞」，爲節過苦，傷於刻薄，物所不堪也。《小過》九四「勿用永貞」，言當隨時之宜，不可固守也。[1]◎《朱子語類》曰：「《易》中亦有時而爲小人謀，如『包承，小人吉，大人否，亨』，言小人當否之時，能包承君子，則吉。」◎明章楓山懋曰：「《易》不爲小人謀，特不爲之謀爲小人之事爾。小人而欲爲君子，《易》固未始不爲之謀也。」

聞之前修曰：「中庸、誠、敬，自有乾坤，即具此理。《乾》九二言『龍德正中，庸言之信，庸行之謹，閑邪存其誠』，《坤》六二[2]言『敬以直内』。」

【元圻案】魏鶴山《簡州四先生祠堂記》曰：「一日，有講授於學官者曰：『伊洛之學，以中庸爲宗，以誠、敬爲教者也。』僕聞之瞿然曰：『吁！自有乾坤，即具此理，而謂伊洛云乎哉？』」

---

① 此段節略《周易義海撮要》之文。

② 「六二」，原本無，據元刊本補。

《乾》九二言『龍德正中，庸言之信，庸行之謹，閑邪存其誠』，《坤》六二言『敬以直内』，然則中庸、誠、敬，是乃天地自然之則，古今至實之理，帝王所以扶世立極，聖賢所以明德新民，無不由之者。」◎朱氏震《漢上易傳》曰：「《乾》九二之動，龍德正中者也。庸者，中之用也。顔子擇乎中庸而勿失之，夫子告之以爲邦，九二君德故也。」馮氏椅《厚齋易學》曰：「《易》者，理學之宗，而《乾》、《坤》二卦又易學之宗也。子思、孟子言誠者天之道，先儒謂誠、敬者聖學之源，皆本於此。」李氏舜臣曰：「《乾》九二言誠，《坤》六二言敬，誠、敬者，《乾》、《坤》之别也，先儒誠敬之學起於此。《乾》九二言仁，《坤》六二言義，仁義者，陰陽之辨也，先儒論仁義之用取諸此。」三説皆在鶴山之前。

「《復》以自知」[①]，必自知，然後見天地之心。有不善未嘗不知，自知之明也。

【元圻案】《周易集解》虞翻曰：「有不善未嘗不知，故自知也。」◎《朱子語類》曰：「今人只知知之未嘗復行爲難，不知有不善未嘗不知是難處。」◎程伊川曰：「顔子有不善未嘗不知，知之至也。知之至，故未嘗復行。他人復行，知之不至也。」

① 《易·繫辭下》。

「致命遂志」①，「命可致而志不可奪」；〔二〕「行法俟命」②，命可俟③而法不可變。

〔二〕案，此何妥語，見《周易義海撮要》。

「下學而上達」④，故《大畜》上九「何天之衢，亨」。

魏相以《易》相漢，能上陰陽之奏，而不能防戚宦之萌，不知「繫於金柅」之戒也。匡衡以《詩》相漢，能陳《關雎》之義，而不能止奄寺之惡，不知「昏椓靡共」⑤之戒也。經術雖明，奚益焉！

【方樸山云】以魏相與匡衡並論，可云不膠者卓矣。

【全云】魏相與匡衡不同科，魏相有得有失，至附和奄黨之匡衡，則無足道矣。然魏相原未能以《易》相漢。

①《易·困》。
②《孟子·盡心下》：「君子行法，以俟命而已矣。」
③「俟」，元刊本作「制」。
④《論語·憲問》。
⑤《詩·大雅·召旻》。

【元圻案】《漢書·魏相傳》：「相字弱翁，少學《易》。宣帝即位，徵相入爲大司農。於是韋賢以老病免，相代爲丞相。數表采《易陰陽》及《明堂（位）月令》奏之。」戚宦，蓋指諸霍、弘恭、石顯之屬。又《匡衡傳》：「衡字稚圭。好學，諸儒爲之語曰：『無説《詩》，匡鼎來。匡説《詩》，解人頤。』建昭三年，代韋玄成爲丞相。成帝即位，衡上書戒妃匹，勸經學威儀之則，曰：『孔子論《詩》，以《關雎》爲始。言太上者民之父母，后夫人之行，不侔乎天地，則無以奉神靈之統而理萬物之宜』云云。初，元帝時，中書令石顯用事，自前相韋玄成及衡，皆畏顯，不敢失其意。」◎楊龜山《易説》曰：「繫於金柅，蓋於未壯而止之使勿行也。」◎《詩·召旻》毛傳：「椓，天椓也。」箋：「昏、椓，皆奄人也。昏，其官名也。椓，椓毀其陰者也。王遠賢者而近任刑奄之人，無肯共其職事者。」

五陽之盛而一陰生，[一]是以聖人謹於微。齊桓公七年始霸，十四年陳完奔齊，亡齊者已至矣。漢宣帝甘露三年匈奴來朝，而王政君已在太子宫。唐太宗以武德丙戌即位，而武氏已生於前二年。我藝祖受命之二年，女真來貢，而宣和之禍乃作於女真。張芸叟曰：「《易》者極深而研幾，當潛而勿用之時，必知有亢，當履霜之時，必知有戰。」

[一] 謂「天風姤」。

【閻按】劉元城器之，夏至日與門人論陰陽消長之理，以爲物禁太盛者，衰之始也。門人因曰：「漢宣帝甘露三年，呼韓邪單于稽侯狦來朝，此漢極盛時也，是年王政君得幸於皇太子，生帝鷔於甲觀畫堂，爲世嫡皇孫，爲新室代漢之兆，此正夏至生一陰之時。」元城曰：「然。」王氏此條純從劉元城論來。

【元圻案】馬永卿《元城語録》：「先生曰：『今日夏至。』僕對曰：『然。』先生曰：『天道遠矣，六陽至此而極，萬物繁鮮，可謂盛矣。然一陰已生於九地之下，他日天地沍寒，肅殺萬物，蓋從今日始。正如齊自太公以來，無盛於桓公之時，桓公七年始霸而會諸侯，至十四年，陳公子完來奔，是年歲在己酉，而不知有齊國者由此人也。又經三己酉，至齊簡公之四年，歲在庚申，田常弒其君，遂專齊國，後二年，楚滅陳。自己酉至庚申一百九十(三)〔二〕年，其事始驗。』僕因對曰：『某觀漢宣帝時事，正與先生之言合。甘露三年，呼韓邪單于稽侯狦來朝，此漢極盛時也。是年王政君得幸於皇太子，生成帝於甲觀畫室，爲世適皇孫，此新室代漢之兆也。豈不如夏至一陰生之類乎？』先生曰：『是則然矣。然漢再受命，已見於景帝生長沙定王發之時，則其朕兆固已久矣。』」◎《容齋隨筆》十五：「秦始皇并六國，一天下，東游會稽，度浙江，侈然謂子孫帝王萬世之固，不知項羽已縱觀其旁，劉季起喟然之嘆於咸陽矣。曹操芟夷羣雄，遂定海内，日夜窺伺龜鼎，不知司馬懿已入幕府矣。梁武帝殺東昏侯，覆齊祚，而侯景以是年生於漠北。唐太宗殺建成、元吉，遂登天位，而武氏已生於并州。宣宗之世，無故而復河隴，戎狄既衰，藩鎮順命，而朱温生矣。

是豈智力謀慮所可爲哉！」◎魯莊公九年，齊桓公立。《左傳》莊公十五年：「春，復會焉，齊始霸也。」莊公二十二年：「陳公子完與顓孫奔齊，齊侯使敬仲爲卿。」◎《漢書·孝元皇后傳》：「皇太子所愛幸（史）〔司馬〕良娣病且死，太子悲恚發病，忽忽不樂。久之，宣帝乃令皇后擇後宫家人子可以娱侍太子者，政君與在其中。見丙殿，得御幸，有身。甘露三年，生成帝，爲世適皇孫。元帝崩，太子立，是爲孝成皇帝，尊皇后爲皇太后，以鳳爲大司馬大將軍，領尚書事。」案：鳳是政君同母弟，王氏之盛自鳳始。◎《通鑑·唐紀》太宗貞觀十一年：「十一月，上幸懷州還。故荆州都督武士彠女，年十四，上聞其美，召入後宫，爲才人。」案，武氏生於武德七年甲申，太宗以丙戌即位，至十一年丁酉入宫，正十四歲，是生於即位之前二年也。◎宋李氏燾《續通鑑長編》二太祖建隆二年：「八月辛亥，女真國遣温圖剌來貢名馬。」◎晉以太康元年平吴，而前一年劉淵爲左部帥。◎張芸叟，名舜民，自號浮休居士，又號矴齋，邠州人。中進士第。坐元祐黨籍，謫商州。復集賢殿修撰。事迹具《宋史》本傳。所著筆記名《畫墁録》，詩文名《畫墁集》。◎《通考》載《畫墁集》一百卷，《奏議》十卷，久已散佚。《四庫全書》從《永樂大典》中蒐輯，僅得八卷，内七、八兩卷則《郴行録》也。其詩文蓋十不存一。此條所引語不見今集。

《易》言「積善」曰家，《大學》言「興仁」、「興讓」曰家，家可以不正乎！

世之治也，君子以直勝小人之邪。《易》曰：「田獲三狐得黄矢。」世之亂也，小人以狡勝君子之介。《詩》曰：「有兔爰爰，雉離于羅。」

【元圻案】《東萊易説》曰：「《解》之爲卦有四陰，六五一爻是君位，其餘三爻皆是小人。今田獲三狐，是盡去其三小人。小人盡去，則中直之道得。」◎《逸齋詩補傳》曰：「兔狡而難取，雉介而易斃。兔則爰爰而自得，雉則憂網羅之多。君子不樂其生，自比於雉也。」

《易》者象也。木上有水爲《井》，以木巽火爲《鼎》，上止下動爲《頤》，頤中有物爲《噬嗑》，《小過》有飛鳥之象焉。餘卦可以類求。王輔嗣「忘象」之説，蒙莊緒餘爾。

【元圻案】王弼《周易略例·明象》曰：「言者所以明象，得象而忘言；象者所以存意，得意而忘象。猶蹄者所以在兔，得兔而忘蹄，筌者所以在魚，得魚而忘筌也。然則言者象之蹄也，象者意之筌也。是故存言者，非得象者也；存象者，非得意者也。象生於意而存象焉，則所存者乃非其象也；言生於象而存言焉，則所存者乃非其言也。然則忘象者，乃得意者也；忘言者，乃得象者也。得意在忘象，得象在忘言。」◎宋王氏炎《讀易筆記·自序》曰：「王弼棄象不論，後人樂其説之簡且便也，故漢儒之學盡廢，而弼注獨行。然木上有水爲《井》，以木巽火爲《鼎》，上止下動爲《頤》，頤中有物爲《噬嗑》。此四卦，雖弼不能削去其象也。弼之言曰：『筌所以在魚，得魚而忘筌；蹄所以在兔，得兔而忘蹄。言者象之筌也，象者意之蹄也。』捨筌蹄無以得魚兔，則捨象求意，弼亦自知其不可。而猥曰『義苟在健，何必《乾》始爲馬；類苟在順，何必《坤》始爲牛』。是未得魚兔，先棄筌蹄之説也。」◎宋郭氏雍《傳家易説·自序》曰：「《易》之爲書，其（道）〔意〕其詞，皆由象出，未有忘象而知《易》者。」◎《莊子·外物篇》：「筌者所以在魚，得魚而忘筌；蹄者所以在兔，得兔而忘蹄。言者所以在意，得意而忘言。吾安得忘言之人而與之言哉！」又《讓王篇》：「道之真以治身，其緒餘以爲國家，其土苴以治天下。」◎《三國志·魏·鍾會傳》：「初，會弱冠，與山陽王弼並知名。弼好論儒道，注《易》及《老子（注）》。弼字輔嗣。」

《左傳》疏引《易》云：「伏羲作十言之教，曰乾、坤、震、巽、坎、離、艮、兑、消、息。」朱子發[一]以爲鄭康成之語。[二]愚謂「正其本而萬物理」，「失之豪釐，差以千里」，見於《易緯通卦驗》，漢儒皆謂之《易》。則此所謂《易》云者，蓋緯書也。

［一］【全云】漢上先生朱震。

［二］案《漢上易傳》引之，謂是鄭《六藝論》之文，羅泌《路史·後紀》注亦云。

【何云】「差之豪釐，謬以千里」，見於董子之論，在緯書未作以前，即經解亦非哀、平以後書也。

【全云】緯書萌芽於春秋、戰國之間，秦穆公、趙簡子紀夢二册，其始也。降至始皇之際，則有「亡秦者胡」之説，故《隋志》云：「漢儒習於緯書，惟孔安國、毛公、王璜諸人以爲妖妄。」然則奚至哀、平之際始出乎？張衡謂「劉向校《七略》，尚無讖緯」，不知此係秘學，不在羣書之列。

【元圻案】《左傳》定公四年正義曰：「古者一字與二字並爲一言。《易》云『伏羲作十言之教曰』云云，乾、坤雖是(一)〔二〕字，亦一出口乃得言之，故謂之一言，今則一字爲一言，三字以上爲一句。」◎《大戴禮·禮察篇》、《保傅篇》《小戴記·經解》、《賈子·胎教雜事》、《太史公自序》、《説苑·建本篇》、《漢書·東方朔傳》，皆引《易》曰「正其本」三句，其文小有異同。惟《文選》任彦昇《竟陵文宣王行狀》「聽受一謬，差以千里」句，李善注引《乾鑿度》文，與此條所引正同。◎《後漢書·王充王符仲長統傳論》注引「差以毫釐，失之千里」，亦云《易緯》。◎宋陳振孫《直齋書録解題·易類》：「《漢上易》十一卷，《叢説》一卷。翰林學士荆門朱震子發撰。」

鄭康成《詩箋》多改字，其注《易》亦然。如「包蒙」，謂「包當作彪，文也」；[一]《泰》「包荒」，謂「荒讀爲康，虚也」；《大畜》「豶豕之牙」，謂「牙讀爲互」；[二]《大過》「枯楊生荑」，謂「枯音姑，无姑山榆」；[三]《晉》「錫馬蕃庶」讀爲「藩遮」，謂「藩遮，禽也」；[四]《解》「百果草木皆甲宅」，「皆」讀如「解」，[五]「解謂坼，呼皮曰甲，根曰宅」；[六]《困》「劓刖」當爲「倪仉」；[七]《萃》「一握爲笑」，「握」讀爲「夫三爲屋」之「屋」；[八]《繫辭》「道濟天下」，「道」當作「導」，「言天下之至賾」，「賾」當爲「動」；《説卦》「爲乾卦」，「乾」當爲「幹」。[九]其説多鑿。鄭學今亡傳，《釋文》及《正義》間見之。

［一］案今本鄭注，兩「包」字俱作「苞」。

［二］鄭注「互」作「牙」。

［三］鄭注：「荑木更生，謂山榆之實。」

［四］以上俱見陸氏《經典釋文》。◎國朝惠氏棟《九經古義》曰：「《管子·侈靡篇》云：『六畜遮育，五穀遮熟。』則『蕃遮』猶『蕃育』也。」

［五］【閻按】王氏集《鄭注周易》云：「解，皆讀如人倦之解。」

［六］見《文選·蜀都賦》注。◎《九經古義》曰：「古文宅作垞，與坼相似，故誤作坼。馬、鄭皆從古文，非改坼爲宅也。」又引《釋文》云：「馬、陸坼作宅，云根也。」

［七］《釋文》荀、王肅本「劓刖」作「臲卼」，云不安貌。鄭云當作「倪伌」。

［八］此條當在「困劓刖」之前。「夫三爲屋」，《周禮·小司徒》「考夫屋」注文。

［九］以上俱見《釋文》。

【元圻案】鄭注《周易》異字，俱見於厚齋所輯《鄭注》中，其厚齋所遺而惠氏棟所增輯者，附録於此：《屯》「君子以經論」①，謂「論撰書禮樂，施政事」；《蒙》「擊蒙」，鄭作「繫蒙」；《師》

① 「論」，今本《易》作「綸」。

「王三錫命」，鄭作「賜命」。以上俱見《釋文》。《（小畜）〔履〕》「視履考祥」①晁氏《會通》引鄭注云：「履道之終，考正詳備。」《豐》「日中則昃」，「昃」作「仄」，見《公羊疏》。「麗澤兑」，「麗」作「離」，云「猶併也」；《小過》「已上也」，「上」作「尚」，云「庶幾也」；《説卦》「震爲龍」，「龍」讀爲「尨」，「取日出時色雜也」，見《漢上易》。《巽》「爲繩直，爲工」，「工」作「墨」，俱見晁氏。「兑爲羊，羊作陽，云此陽謂養無家女行賃炊爨也，今時有之，賤於妾也。」見《漢上易》，晁氏同。◎《小雅·賓之初筵》「酌彼康爵」，箋云：「康，虚也。」《大雅·召旻》「我居圉卒荒」，箋云：「荒，虚也。」是康、荒二字皆有虚義，不知鄭何以於「包荒」獨改讀爲康。

《書序》：〔一〕「八卦之説，謂之『八索』，求其義也。」而賈逵以爲「八王之法」，張平子以爲「《周禮》八議之刑」。索，空也，空設之。〔二〕唯馬融以爲八卦。杜預但云「古書名」，蓋孔安國《書序》猶未行也。愚按，《國語》史伯曰「平八索以成人」，韋昭注謂「八體以應八卦也，〔三〕謂《乾》爲首，《坤》爲腹，《震》爲足，《巽》爲股，《離》爲目，《兑》爲口，《坎》爲耳，《艮》爲手」，此足以證孔、馬之説。

〔一〕漢孔安國作。

---

① 據《增補鄭氏周易》卷上改。

〔二〕【全云】《尚書正義》以「九丘」爲《周禮》，蓋亦類此。

〔三〕【全云】「八索」亦未必是八體。

【元圻案】（《左傳》昭公十二年正義曰）①孔安國《尚書序》云：「伏犧、神農、黄帝之書，謂之《三墳》，言大道也。少昊、顓頊、高辛、唐、虞之書，謂之《五典》，言常道也。八卦之説，謂之《八索》，求其義也。九州之志，謂之《九丘》，丘，聚也，言九州所有，土地所生，風氣所宜，皆聚此書也。」〔《左傳》昭公十二年正義〕：「賈逵云：『《三墳》，三王之書；《五典》，五帝之典；《八索》，八王之法；《九丘》，九州亡國之戒。』延篤言：『張平子説《三墳》、《三禮》，禮爲人防。《爾雅》曰：「墳，大防也。」《書》曰：「誰能典朕《三禮》。」《三禮》，天、地、人之禮也。《五典》，五帝之常道也。《八索》，周禮八議之刑。索，空，空設之。《九丘》，《周禮》之九刑。丘，空也，亦空設之。』馬融説：『《三墳》，三氣，陰陽始生，天、地、人之氣也。《五典》，五行也。《八索》，八卦。《九丘》，九州之數也。』此諸家者，各以意言，無正驗，杜所不信，故云『皆古書名』耳。」◎孔安國，《漢書》無傳，《儒林傳》曰：「孔氏有《古文尚書》，孔安國以今文讀之，因以起〔其〕家《逸書》，得十餘篇，遭巫蠱，未立於學官。」◎《隋書·經籍志》：「東晉豫章内史梅賾，始得安國之《傳》，奏之，時又闕《舜典》一篇。齊建武中，吴姚方興於大桁市得其書，奏上，比馬、鄭所注多二十八字，於是始立國學。」

① 「《左傳》昭公十二年正義曰」爲錯簡，今移至下文「賈逵云」上。

◎賈逵，字景伯，扶風平陵人。張平子，名衡，南陽西鄂人。馬融，字季長，扶風茂陵人。《後漢書》皆有傳。杜預字元凱，京兆杜陵人，《晉書》有傳。韋昭字弘嗣，吴郡雲陽人，《三國志》本傳「昭」作「曜」，注云「史爲晉諱改之」。

《易》正義云：「伏犧制卦，文王繫辭，孔子作《十翼》。」[一]朱子《本義》謂《繫辭》本文王、周公所作之辭，繫於卦爻之下者，上《繫》、下《繫》乃孔子所述《繫辭》之傳也。《彖》即文王所繫之辭。《象》者，卦之上下兩象及兩象之六爻，周公所繫之辭也。《彖象上下傳》者，孔子釋經之辭也。[二]愚按，《釋文》云：「王肅本作『繫辭上傳』，訖於《雜卦》，皆有『傳』字。」《本義》從之。《漢·儒林傳敍》云：「孔子晚而好《易》，讀之韋編三絶，而爲之傳。」王肅本是也。

［一］案，見卷首《論卦辭爻辭誰作》。

［二］案，《易》正義曰：「《周易繫辭》，凡有二説，一説所以《卦辭》、《爻辭》並是文王所作。知者案《繫辭》云：『《易》之興也，其於中古乎？作《易》者其有憂患乎？』又曰：『《易》之興也，其當殷之末世，周之盛德邪？當文王與紂之事邪？』又《乾鑿度》云：『垂皇策者犧，卦道演德者文，成命者孔。』準此諸文，伏犧制卦，文王繫辭，孔子作《十翼》。《易》歷三聖，只謂此也。故史遷云：『文王囚而演《易》。』即是『作《易》者其有憂患乎』。鄭學之徒，並依此説也。二以爲驗《爻辭》多是文王後事。

案《升卦》六四『王用亨於岐山』，武王克殷之後，始追號文王爲王，若《爻辭》是文王所制，不應云『王用亨於岐山』。又《明夷》六五『箕子之明夷』，武王觀兵之後，箕子始被囚奴，文王不宜豫言『箕子之明夷』。又《既濟》九五『東鄰殺牛不如西鄰之禴祭』，説者皆云西鄰謂文王，東鄰謂紂。文、(王)〔武〕之時，紂尚南面，豈容自言己德受福勝殷，又欲抗君之國，遂言東西相鄰而已。又《左傳》韓宣子適魯，見《易象》，云『吾乃知周公之德』，周公被流言之謗，亦得爲憂患也。驗此諸説，以爲《卦辭》文王，《爻辭》周公，馬融、陸績等並同此説。今依而用之。」又《繫辭》正義曰：「謂之《繫辭》者，取繫屬之義。聖人繫屬此辭於卦、爻之下，則上下二篇經辭是也。夫子本作《十翼》，申説上下二篇經文。《繫辭》條貫義理，別自爲卷。總曰《繫辭》，分爲上下二篇。」

【何云】揚子雲《解難》云：「伏犧氏之作《易》也，綿絡天地，經以八卦。文王附六爻，孔子錯其象而彖其辭。」似與正義及朱子之説異。顔師古《儒林傳注》亦云：「《傳》謂《彖》、《象》、《繫辭》、《文言》、《説卦》之屬。」

【元圻案】宋晁氏《郡齋讀書志》一：「《周易正義》十四卷。唐國子祭酒孔穎達等撰。序稱王弼之學，獨冠古今。以弼爲本，采諸説附益之。」又：「《經典釋文》三十卷。唐陸德明撰。釋《易》、《書》、《詩》、《三禮》、《三傳》、《孝經》、《論語》、《爾雅》、《老》、《莊》，頗載古文及諸家同異。德明蓋博極羣書也。」◎《三國志·魏·王肅傳》：「肅字子雍。善賈、馬之學，而不好鄭氏。采會同異，爲《尚書》、《詩》、《論語》、《三禮》、《左傳》解，及撰定父朗所作《易傳》，皆列於學官。」

阮逸云：「《易》著人事，皆舉[一]商、周。『帝乙歸妹』、『高宗伐鬼方』、『箕子之明夷』，商事也；『密雲不雨，自我西郊』、『王用亨於岐山』，周事也。」朱子發云：「《革》存乎湯、武，《明夷》存乎文王、箕子，《復》存乎顔氏之子，故曰『存乎其人』。」見《漢上易·繫辭傳上》。朱文公《語録》謂：「疑皆帝乙、高宗、箕子占得此爻。」

[一]案，朱竹垞《經義考》引阮逸説，「舉」作「主」。

【全云】解「存乎其人」句，頗附會。

【元圻案】《書録解題·經部·易類》：「《易筌》六卷。太常丞建安阮逸天隱撰。」《易筌》今佚，此條見宋李衡《周易義海撮要·泰》「六五」。

《明夷》之《象》曰文王、箕子者，《易》、《洪範》道統在焉。「用晦」，所以明道也。象、數相爲經緯，皆演於商之季世。

【全云】「用晦所以明道」，微有語疵，易爲小人藉口。

【元圻案】晦，地象；明，日象。「用晦」所以象地也。外晦而内明，所以象日也。

桓譚《新論》云：「《連山》八萬言，《歸藏》四千三百言。」夏《易》詳而商《易》簡。未詳所據。

【元圻案】《後漢書·桓譚傳》：「譚字君山，沛國相人。哀、平間爲郎。世祖即位，拜議郎給事中。著書言當世事，二十九篇，號曰《新論》。上書獻之，世祖善焉。」◎《新論》已佚，此二語見《太平御覽》六百八。《經義考》引之，并以「夏《易》詳而商《易》簡」爲桓氏之言，似誤。

孔子卜得《賁》。孔子曰：「不吉。」子貢曰：「夫《賁》亦好矣，何謂不吉乎？」孔子曰：「夫白而白，黑而黑，夫《賁》又何好乎？」【原注】《呂氏春秋》：「賁，色不純也。」

【何云】何用蔓引？

【元圻案】此條紀《呂氏春秋·慎行論·壹行篇》之文。原注「賁色不純也」五字，乃高誘注語。◎《說苑·反質篇》：「孔子卦得《賁》，喟然仰而嘆息，意不平。子張進，舉手而問曰：『師聞《賁》者吉卦，而嘆之乎？』孔子曰：『賁非正色也，是以嘆之。』」蓋一事而傳之者異。

苕谿劉氏《上殿論用君子小人劄子》云：「《夬》以五君子決一小人，不曰『小人道消』，而曰『道憂』，蓋上下交而志同，如《泰》之時，然後小人之道不行。若以五君子臨一小人，徒能使之憂而已。惟其有憂，則將圖之無不至矣。」愚謂「小人道消」，嘉祐是也；「小人道憂」，元祐是也。

【全云】劉一止，字行簡。

【元圻案】宋王得臣《麈史》載李翱《易銓》云：「自古小人在上，最爲難去，蓋得位得權，而勢不能摇奪。以四凶尚歷堯至舜而後能去。嘗玩《易》之《夬》，一陰在上，五陽並進，以剛決柔，宜若易然。然爻辭俱險而肆，蓋小人在上，故繇辭曰『剛長乃終』是也。」與劉氏之説可以參看。◎嘉祐，仁宗三十四年改元。時文潞公、富鄭公、韓魏公同平章事，趙清獻爲殿中侍御史，包孝肅副樞密，司馬温公知諫院，歐陽公參知政事，衆正盈廷，羣邪屏迹，小人道消之象。元祐，哲宗初元。魏鶴山《奏疏》①曰：「哲宗踐阼，崇慶垂簾，於是司馬光、文彦博、吕公著在相位，吕大防、韓維、劉摯、范純仁在政府，鮮于侁、孫覺、蘇轍、梁燾、范祖禹、朱光庭、傅堯俞、吕陶爲臺諫，蘇軾在翰苑，范百禄、曾肇、劉攽在詞掖，而經筵講讀官則傅堯俞、韓維、范祖禹、趙彦。若崇政殿説書則程頤，召而不至則范鎮也。史官則陸佃、黄庭堅。自餘此類，不可殫記。」又曰：「紹聖親政之後，首相章（子）厚，繼以李清臣、鄧温伯、蔡卞、曾布登二府，而司馬以下諸賢，死者追責，生者貶竄。於是熙、豐之政事盡復，元祐之黨人皆黜。」②◎方司馬文正當國之日，惇、京方假紹述之説以

① 宋魏了翁《論除授之間公聽並觀如元祐用人》。
② 宋魏了翁《貼黄》。

惑人主，假朋黨之名以傾正人，小人道憂之象。惟其有憂，則將圖之無不止矣。此《夬》之《彖辭》所以有「有厲」之戒，而《姤》之所以次《夬》也。◎吕成公《己丑課程》曰：「《小畜》九二『牽復，吉』，《易傳》云：『二五皆陽剛，爲陰所畜，俱欲上復。陽之復，其勢必强。二以處中，故雖强於進，亦不至於剛。』元祐諸賢似當深體此義。」◎《四庫全書總目·别集類》：「《苕溪集》五十五卷。宋劉一止撰。一止字行簡，湖州歸安人。宣和三年進士。紹興初召試，除秘書省校書郎。以敷文閣直學士致仕。事迹具《宋史》本傳。」

《井》之九三，荆公解云：「『求王明』，孔子所謂『異乎人之求』也。君子之於君也，以不求求之；其於民也，以不取取之；其於天也，以不禱禱之；其於命也，以不知知之。《井》之道，無求也，以不求求之而已。」文意精妙，諸儒所不及。

【何云】是亦輔嗣清言之儔也。

【全云】何氏以爲此特「輔嗣清言之儔」，尚未盡。其實荆公學術，略具於此。所謂「以不求求之」者，即其初年屢徵不赴之術也；「以不取取之」者，即其「不加賦而國用足」之説也；「以不禱禱之」者，一變而遂爲「天變不足畏」之妄談矣。豈特清言也已哉！

【又云】荆公作《易解》而不列於三經，其後承其學者有耿南仲、龔原諸家。然南軒頗有取於荆公之説。

【元圻案】宋晁公武《郡齋讀書志》一：「王介甫《易義》二十卷，龔原《注易》二十卷，耿南仲《注易》二十卷。王介甫三經義皆頒學宫，獨《易解》自謂少作未善，不專以取士。故紹聖後復有龔原、耿南仲注《易》，三書偕行於場屋。」◎荆公《易解》，今佚，此條見《易義海撮要》。

王輔嗣《復·彖傳》注以「寂然至無」爲《復》，又《復·大象》注云：「冬至，陰之復；夏至，陽之復。」蘇子美辨其非。[一] 愚謂先儒云「至静之中有動之端」，所以見天地之心，與「寂然至無」之説異矣。「冬至陰之復」，蓋如周子《太極圖説》「利貞誠」之復，就歸處言之。荆公曰：「陽以進爲復，初九是也；陰以退爲復，六二、六三、六四是也。」

[一]【何云】子美《復辨》一篇，出於程子之前，其聰明非尋常才士所及。

【元圻案】王弼《復·彖傳》注曰：「復者，反本之謂也。天地以本爲心者也。凡動息則静，静非對動者也；語息則默，默非對語者也。然則天地雖大，富有萬物，雷動風行，運化萬變，寂然至無，是其本矣。故動息地中，乃天地之心見也。」《復·大象》正義曰：「復爲反本，静爲動本。冬至一陽生，是陽動用而陰復於静也；夏至一陰生，是陰動用而陽復於静也。」◎蘇子美《復辨》曰：「《復》，其見天地之心乎？王弼解云：『復者，反本之謂。天地以本爲心，寂然至無，是其本也，故動息地中，乃天地之心見矣。』予竊惑焉。夫復也者，以一陽始生而得名也。《彖》曰『剛反』，又曰『剛長』，安得謂寂然至無耶？安得謂動息耶？《象》曰『雷在地中』。雷者陽物也，動物也，今在地中，則是有陽動之象也。輔嗣昧舉卦之體，乃以寂然至無爲《復》，斯失之矣。又云『冬至陰之復，夏至陽之復』，何冬夏陰陽之不辨耶？」◎元胡氏一桂《易本義附録纂注》引《朱子語録》：「鄭兄問『程傳云先儒皆以静見天地之心』，因舉王輔嗣『寂然至無乃天地之心』，曰：『他説元是亂説，若静處説無，不知下面一畫作甚麽。』又：『程子以動之端乃天地之心。動乃心之發處，何故云天地之心？』曰：『此須就卦上看，上《坤》下《震》，坤是静，震是動，十月純坤當貞之時，萬物收斂，寂然無蹤迹，到此一陽復生，便是動。然不直下動字，卻云動之端，端又從此起，雖動而物未生，未到大動處，凡發生萬物，都從這裏起，豈不是天地之心？』」◎荆公説見《周易義海撮要·復》六二。◎蘇子美，名舜欽，參知政事易簡之孫。舉進士，官至大理評事、集賢校理。《宋史》有傳。歐陽公序其集曰：「子美之齒少於予，而予學古文反在其後。」

薛氏曰：「《易》以初爻爲七日者，舉前卦而云也。《復》之『七日來復』，《震》『既濟之七日得』，皆舉初爻。」

【元圻案】此薛温其之説也，見《易義海撮要·震》六二。◎朱竹垞《經義考》曰：「薛氏温其易義散見《周易義海》，其釋皆引唐事以爲之證，當屬宋初人。」

葉少藴謂：「凡《易》見於有爲者，皆言『用』。用之者何？體也。而《易》不以

體對用，故別而論之曰：《易》無體。」晁景迂曰：「體用本乎釋氏。」[一]

[一]【閻按】景迂名説之，即後所云晁以道也。

【全云】李二曲嘗暢此論。

【元圻案】溧陽周孝廉《柄中書·李中孚答顧寧人論體用二字書後》曰：「李中孚集中有《答顧亭林》三書，謂『體』、『用』二字，出於佛經。亭林遺書辨之云：『《易》曰：「陰陽合德而剛柔有體。」又曰：「顯諸仁，藏諸用，此天地之體用也。」《記》曰：「禮時爲大，順次之，體〔又〕次之。」又曰：「降興上下之神而凝，是精粗之體。」又曰：「無體之禮，上下和同。」有子曰：「禮之用，和爲貴。」此人事之體用也。經傳之文，言體用者多矣，未有對舉爲言者爾。彼之竊我，非我藉彼，不得援儒而入於墨。』李答書云：『經傳之文，拈體或不及用，語用則遺夫體，初未嘗兼舉並稱，如内外、本末，形影之不相離。有之，實自佛書盧惠能始。其解《金剛經》，以爲金者性之體，剛者性之用。又見於所説《法寶壇經》。既而禪宗咸主其説，雖以吾儒賢者，亦習見習聞，藉以立論解書，不復察其淵源所自矣。』又云：『體用二字，相連並稱，不但六經之所未有，即《十三經注疏》亦未有也。以之解經作傳，始於朱子。一見於「未發節」，再見於「費隱一貫忠恕章」，其《文集》、《語類》所載，尤不一而足。』又云：『朱子弱冠，未受學延平時，嘗從僧謙開善遊，以故蚤聞其説。』愚按，體用本乎釋氏，晁以道已有此言，而未明指其所本。今李氏云爾，不知《易》曰『乾元亨利貞』，孔疏：『天者定體之名，乾者體用之稱，故《説卦》云「乾，健也」。言天之體，以健爲用。』《繫辭》曰『鼓萬物而不與聖人同憂』，韓康伯注：『聖人雖體道以爲用，不能全無以爲體。』此非體用兼舉見於注疏者乎？孔疏姑置勿論，康伯晉人，在惠能之前。自注：惠能，初唐人。是體用本出儒書，彼之竊我，信有徵已。以之解經，亦不始於朱子。《二程遺書》云：『上天之載，無聲無臭，其體則謂之易，其理則謂之道，其用則謂之神。』此明道之言也。又云：『忠恕一以貫之，忠者體，恕者用，大本達道也。』又云：『心一也，有指體而言者，有指用而言者。』又云：『浩然之氣，是集義所生者。既生得此氣，語其體則與道合，語其用則莫不是義。』此伊川之言也。至『體用一源，顯微無間』，則見伊川《易傳序》中。伊川生平不看雜書，大儒立言闡道，固不必有所本，即云有本，亦本於《易》注，斷非本於其所不讀之佛書。伊川之學，三傳而爲李延平，延平與其友羅博文書云：『元晦潛心於學，今漸能融釋於日用處，一意下工夫。若於此漸熟，則體用合矣。』是延平教人，亦標此二字。朱子近師延平，遠宗伊洛，全體大用，提唱發揮，可以知其淵源所自矣。今不考《易》注之文，以爲出於惠能，又不考程子之言，以爲聞之謙開善，亭林雖再三往復，而引據未詳，其説卒詘而不得伸。余病其張異學之幟，而滋後世之疑也，是以摭而論之。」◎厚齋此條引葉、晁之説而未有折衷，蓋未信以爲然也。嘉慶壬申在黔，於狄觀察夢松處得見周燭齋此説，因詳録之，以補厚齋未申之旨。◎葉夢得，字少蘊，吴縣人。清臣之孫。紹聖四年進士。高宗朝除尚書右丞，江東安撫使，知建康府，行宫留守。居吴興弁山，自號石林居士。◎《經義考》引《晁氏世譜》曰：「説之一字伯，以元豐五年進士，累官徽猷閣待制。生平慕司馬公之爲人，自號景迂生。」◎李二曲，名顒，字中孚，盩厔人。康熙己未薦舉鴻詞，以年老不赴。四十二年，聖祖仁皇帝西巡，召中孚入見。中孚以衰老，遣子慎言詣行在陳情，以所著《二曲集》及《反身録》奏進。御書「操志高潔」四字以獎之。

利貞者，性情也。王輔嗣注：「不性其情，何能久行其正？」程子《顔子好學論》「性其情」之語本此。

【元圻案】伊川《顔子所好何學論》曰：「覺者約其情，始合於中。正其心，養其性，故曰性其情。愚者則不知制之，縱其情而至於邪僻，梏其性而亡之，故曰情其性。」時伊川始冠，遊太學，胡安定以是試諸生，得此論，大驚異之，即請相見，遂以爲學職。◎唐李習之著《復性書》三篇，其首篇曰：「性與情不相（先）〔無〕也。雖然，無性則情無所生矣。是情由性而生，情不自情，因性而情，性不自性，由情而明。性者，天之命也，聖人得之而不惑者也；情者，性之動也，百姓溺之而不能知其本者也。」以「復性」名篇，亦即「性其情」之意。

「君子道盛，小人自化。故舜、湯舉皋、伊而不仁者遠。」案，此朱子《答陳文蔚》語。玉泉喻氏[一]云：「《泰》『小人道消』，非消小人也，化小人爲君子也。」

[一]【全云】名樗，字子才，龜山弟子。

【元圻案】全氏《經史問答》曰：「此言似新而實戾經旨。小人道消是化小人而爲君子，然則君子道消是化君子爲小人也？可以知其説之訛矣。須知小人或可化而爲君子，君子必不化而爲小人，不如舊説之爲妥。」◎邵子《觀物内篇》曰：「唐堯之世非無小人也，是難其爲小人也，故雖有四凶，不敢肆其惡。殷紂之世非無君子也，是難其爲君子，故雖有三仁，不能遂其善。」◎《經義考》：「喻氏樗《易義》，今佚。王圻曰：祥符人，建炎進士。」◎同年蕭山王穀睦宗炎曰：「玉泉喻氏之説，見程迥《周易古占法》二。」

《泰》初九「拔茅茹，以其彙，征吉。」《本義》云：「郭璞《洞林》讀至『彙』字絶句，下卦放此。」愚按正義曰：「『以其彙』者，彙，類也，以類相從。『征吉』者，征，行也。上《坤》而順，下應於《乾》，已去則納，故征行則吉。」亦以「彙」字絶句。《泰》之「征吉」，引其類以有爲；《否》之「貞吉」，絜其身以有待。

【元圻案】唐李鼎祚《周易集解》引虞翻曰：「彙，類也，初應四，故拔茅茹以彙。」《洞林》、《正義》蓋皆本於仲翔。◎《晉書·郭璞傳》：「璞字景純，河東聞喜人。撰前後筮驗六十餘事，名爲《洞林》。」◎唐仲友《帝王經世圖譜》卷二：「《泰》不拔茅，則君子無繼，無以保泰。《否》不拔茅，則君子將盡於小人，無以傾否。拔茅於初九，引其類而有爲，故曰志在外也。拔茅於初六，愛其身以有待，故曰志在君也。」

儉德避難，朱子《本義》謂「收斂其德，不形於外」。【原注】申屠蟠以之。〔一〕

〔一〕【全云】原注是正文。

【元圻案】《後漢書·申屠蟠傳》：「蟠字子龍，陳留外黄人。先是，范滂等非訐朝政，自公卿以下皆折節下之。太學生爭慕其風，以爲文學將興，處士復用。蟠獨嘆曰：『昔戰國之世，處士横議，列國之主，至爲擁篲先驅，卒有阬儒焚書之禍，今之謂矣。』乃絶迹於梁、碭之間，因樹爲屋，自同傭人。居二年，滂等果罹黨錮，蟠確然免於疑論。」

《泰》之三，無往不復，陽之極也，而《否》將萌。《否》之四，有命无咎，陽之復也，而《泰》將至。

【元圻案】宋項氏安世《周易玩辭》曰：「《泰》雖極治，以命亂而成《否》。《否》雖極亂，以有命而成《泰》。」

一許敬宗在文館，唐爲武氏矣。一楊畏居言路，元祐爲紹聖矣。「羸豕」之孚①，

①《易·姤》：「羸豕孚蹢躅。」

「左腹」之入①，可不戒哉！

【元圻案】《唐書·姦臣傳》：「許敬宗，杭州新城人。高宗即位，復官爲弘文館學士。帝將立武昭儀，大臣切諫，而敬宗陰揣帝私，即妄言曰：『田舍子賸獲十斛麥，尚欲更故婦。天子富有四海，立一后，謂之不可，何哉？』帝意遂定。」◎宋高斯《得恥堂存稾·經筵進講》云：「楊畏一來，元祐變爲紹聖。」◎《續通鑑綱目》哲宗元祐八年：「楊畏上疏言：『神宗更立法制，以垂萬世，乞賜講求，以成繼述之道。』帝即召對，詢以先朝故臣孰可召用者。畏遂列上章惇、安燾、吕惠卿、鄧潤甫、李清臣等行義，各加品題，且言神宗所以建立法度之意，與王安石學術之美，乞召章惇爲相。帝深納之，復惇、惠卿官。劉安世諫以爲不可，出知成德軍。吕大防、范祖禹、范純仁相繼罷斥。紹聖元年，鄧潤甫首陳武王能廣文王之聲，成王能嗣武王之道，以開紹述，故改元紹聖。」◎《姤》初六王弼注：「羸豕，謂牝豕也。羣豕之中，豭强而牝弱，謂之羸豕。孚，猶務躁也。」◎程傳：「羸弱之豕，其心在乎蹢躅。蹢躅，猶跳躍也。陰微而在下，可謂羸矣，然其中心嘗在乎消陽也。」又《明夷》六四傳：「小人之事君，未有由顯明以道合者也，必以隱僻之道，自結於上。右，當用，故爲明顯之所；左，不當用，故爲隱僻之所。四由隱僻之道深入其君，故云『入於左腹』。」◎高宗之立武氏，始於李世勣，成

① 《易·明夷》：「入於左腹。」

者也。

於許敬宗。元祐之爲紹聖，始於楊畏，成於鄧潤甫。李、許，逢君之惡者也；楊、鄧，長君之惡

家聲之隤，隴西以爲愧；城角之缺，新平以爲恥。清議所以維持風俗也。清議廢，風俗壞，則有毀宗澤而譽張邦昌者，有貶張浚而褒秦檜者。觀民風設教，居賢德善俗，可不謹哉！

【閻按】《通鑑》晉孝武帝太元九年：「初，新平人殺其郡將，秦王堅缺其城角以恥之，新平民望，深以爲病，欲立忠義以雪之。」《晉書·載記》「民」作「酋」，「病」作「慚」，則此「新平以爲恥」，「恥」似當作「慚」。蓋恥屬苻堅，慚屬新平人也。新平，今之邠州。

【元圻案】《史記·李將軍列傳》：「李將軍廣者，隴西成紀人也。廣子三人，曰當户、椒、敢。當户有遺腹子名陵，善射，愛士卒。降匈奴，而隴西之士居門下者，皆用爲恥焉。」◎《漢書·司馬遷傳》：遷《報任安書》曰：「陵即生降，隤其家聲。」◎晉傅休奕《舉清遠疏》云：「魏文慕通達，而天下賤守節，其後綱維不攝，而虛無放誕之論盈於朝野，使天下無復清議。」◎宋劉時舉《續編年資治通鑑》一：「高宗建炎元年七月，東京留守宗澤上表諫東南巡幸，又請回鑾汴京。不報。澤每疏奏，上以付中書省，黄潛善、汪伯彦以爲狂。」◎趙與旹《賓退録》謂孫覿作吴幵墓誌，極論屈體求金之是，倡言復讎之非。又作《韓忠武墓誌》，極詆岳飛。作《万俟卨墓誌》，極表其殺飛一

事，尤顛倒悖謬。①◎汪藻《爲張邦昌雪罪表》云：「孔子從佛肸之召，本爲尊周；紀信乘漢王之車，蓋將誑楚。」◎周紫芝《太倉稊米集》有《高宗中興頌》，歸美秦檜，稱爲元臣良弼。張嵲《紹興復古頌》用意亦然。◎朱子《張魏公行狀》云：「臺臣王珉、徐嘉輩，有所彈劾，語必及公，謂公國賊，必欲殺之。」◎宗澤字汝霖，婺州義烏人。張邦昌僭位，上書言宜亟行天討，興復社稷。高宗即位，陳興復大計。金人聞其名，常尊憚之，稱爲「宗爺爺」。汪、黄輩譖澤懷異圖，召拜門下侍郎，憂憤，疽發於背。臨卒，猶大呼「過河」者三。謚忠簡。◎張邦昌，東光人。欽宗即位，拜太宰。力主和議。京師陷，邦昌受金人册寶，即僞位，僭號大楚。

齊德衰於召陵，[一]晉志怠於蕭魚；淮平而异、鑄用，潞定而歸真惑。《易》曰：「日中則昃。」《玄》曰：「月闕其摶，不如開明於西。」

[一]【閻按】當作「葵丘」。

【全云】「以此衆戰，誰能禦之？以此攻城，何城不克？」已有震而矜之意，深寧之語不錯。

【元圻案】召陵之會在魯僖公四年，葵丘之會在僖公九年。鄭康成謂：「葵丘之會，桓德極

---

① 按，趙與旹所論孫覿事見於《賓退録》卷十，而此段文字爲《四庫總目提要》評孫覿《鴻慶居士集》語，不見於今本《賓退録》。

而將衰。」◎蕭魚之會在襄公十一年，鄭人賂晉而悼公受之。◎朱子《通鑑綱目》唐憲宗元和十二年：「十月，李愬夜襲蔡州，擒吴元濟，淮西平。上浸驕侈。判度支皇甫鎛、鹽鐵使程异曉其意，數進羨餘，由是有寵。」十三年：「七月，以皇甫鎛、程异同平章事。」又武宗會昌四年：「八月，邢、洺、磁三州降，潞人聞之大懼，郭誼與王協謀，使人説劉稹以兵授誼，束身歸朝，稹許之。誼遂殺稹，遣使奉表降。是年三月，以趙歸真爲道門教授先生。」◎《太玄·中》次六：「月闕其摶，不如開明於西。」晉范望注：「生明於西，日以就盛，到十六毁。圓於東方，故不如開明於西也。」◎《漢書·揚雄傳》：「雄以爲經莫大於《易》，故作《太玄》。」

「制官刑」則「具訓蒙士」，《伊訓》。「無彝酒」則「誥教小子」。《酒誥》。《易》曰：「童牛之梏。」《記》曰：「禁於未發之謂豫。」

龜靈而焦，雉文而翳，是以「衣錦尚絅」①；蘭薰而摧，玉剛而折，是以「危行言

①《中庸》：「《詩》曰『衣錦尚絅』，惡其文之著也。」

孫」①。此「白賁」、「素履」所以无咎②。

【元圻案】黄山谷詩：「龜以靈故焦，雉以文故翳。」◎《藝文類聚》顔延之《祭屈原文》：「蘭薫而摧，玉縝則折。」

知止而後有定，故觀身於《艮》。惻隱之心，仁之端也，故觀心於《復》。

惟進賢可以正君，故公仲進牛畜、欣、越，而歌者之田止；孔明進攸之、禕、允，而宮府之體一。惟正己可以格君，故管仲有三歸，不能諫六嬖之惑；魏相因許伯，不能遏弘、石之惡。《泰》曰「拔茅」，《漸》曰「進以正」。

【何云】滿朝皆霍氏之私人，欲不因許伯，得乎？中書置自武帝，不可以病弱翁也。此等盲論，只可任致堂輩不討論者爲之耳。

【全云】欲發霍氏弑君之罪，故因許伯，此不甚爲弱翁病，是也。謂中書置自武帝，則先朝敝政，獨不可更革乎？弱翁固是賢相，然不能防弘、石之惡，究屬美中之瑕。

① 見《論語·憲問》。

② 見《易·賁》、《履》。

【元圻案】《史記·趙世家》：「趙烈侯好音，謂相國公仲連曰：『鄭歌者槍、石二人，吾賜之田萬畝。』公仲曰：『諾。』不與。番吾君自代來，謂公仲曰：『公仲相趙四年，亦有進士乎？』公仲曰：『未也。』番吾君曰：『牛畜、荀欣、徐越皆可。』公仲乃進三人。牛畜侍烈侯以仁義，約以王道，烈侯逌然。明日，荀欣侍以選練舉賢，任官使能。明日，徐越侍以節財儉用，察度功德，所與無不允。君説。烈侯謂公仲曰：『歌者之田且止。』」◎《三國志·諸葛亮傳》：「建興五年，率諸軍北駐漢中。臨發，上疏曰：『宮中府中，俱爲一體，陟罰臧否，不宜異同。侍中郭攸之、費禕、董允等，此皆良實，志慮忠純，是以先帝簡拔，以遺陛下。愚以爲宮中之事，事無大小，悉以咨之，然後施行。』」◎《史記·管晏列傳》正義曰：「三歸，三姓女也。婦人謂嫁曰歸。」◎僖公十七年《左傳》：「齊侯好内，多内寵，内嬖如夫人者六人。」◎《漢書·魏相傳》：「霍光薨，上思其功德，以其子禹爲右將軍，兄子樂平侯山復領尚書事。相因平恩侯許伯奏封事。又故事，諸上書者皆爲二封，署其一曰副，領尚書者先發副封，所言不善，屏去不奏。相復因許伯白，去副封以防壅蔽。」◎許伯，名廣漢。《外戚傳》：「孝宣許皇后，元帝母也。父廣漢，少時爲昌邑王郎，從武帝上甘泉，誤取它郎鞍以被其馬，發覺，吏劾從行而盜，當死，有詔募下蠶室，後爲宦者丞。」◎弘恭、石顯，宣帝時宦官。注見前十一頁①。◎宋薛士龍《都堂審察札子》曰：「公仲連，賢相也，不以正義咈君之

① 見卷一「魏相以易相漢」條注（頁二六）。

心。番吾君，善謀也，乃以賢賢易君之虚。公仲用人如己，烈侯改過不吝，賢矣哉！」◎袁絜齋《管仲器小論》曰：「管仲經營霸業，八年而後成，蓋亦勤矣。然功業甫定，而其心侈然，娶三姓女，官事不攝，臺門反坫，用國君禮。己爲奢淫若是，又安能止其君之縱欲乎！」

《乾·文言》曰：「寬以居之。」朱子謂：「心廣而道積。」程子《易·小畜》傳曰：「止則聚矣。」吕成公謂：「心散則道不積，充拓收斂，當兩進其功。」

【元圻案】《朱子語類》：「人之爲心，不可迫促也。善之來無窮，而吾心受之有餘地方好。若只著得一善，第二般來，又未便容得，如此，無緣心廣而道積也。」◎《張子》曰：「心大則百物皆通，心小則百物皆病。必寬以居之，則吾之所以學聚問辨者，常見其與心爲一矣。」◎吕成公，名祖謙，字伯恭，謚曰成。

丹書敬義之訓，夫子於《坤》六二《文言》發之。「孟子以『集義』爲本，程子以『居敬』爲先。」案，此二句亦南軒《答李（敬）〔季〕修》語。張宣公《答李（敬）〔季〕修書》謂：「工夫並進，相須而相成也。」

【元圻案】《大戴禮·武王踐阼篇》：太公道丹書之言曰：「敬勝怠者吉，怠勝敬者滅；義勝欲者從，欲勝義者凶。」◎朱子答黄營曰：「敬而無義，則做出事來便錯了。只義而無敬，則無本何以爲義？」◎《龜山語録》曰：「敬與義本無二，所主者敬，而義則自此出焉，故有内外之辨。其實義亦敬也。故孟子之言義，曰：行吾敬而已。」觀此則孟子、程子非有二意。◎張宣公名栻，字敬夫，學者稱南軒先生，謚曰宣。

「《艮》者，限也，限立而内外不越。天命限之，内也不可出；人欲限之，外也不可入。」郭沖晦云。[一]

[一]【閻按】沖晦，郭雍所賜號。

【全云】此條出《白羊問答》。

【又云】郭雍，字子和。父忠孝，號兼山，程子門人。

【元圻案】《宋史·隱逸傳》：「郭雍，字子和。其先洛陽人。傳其父忠孝學。居峽州，放浪長楊山谷間，號白雲先生。乾道中，旌召不起，賜號沖晦處士。後更封頤正先生。」◎《四庫全書總目》載郭雍《傳家易説》十一卷，與《宋志》合。今聚珍版本無此一條。郭子和又著《卦辭旨要》。《經義考》引此條於《卦辭旨要》之下，蓋原書已佚也。◎《朱子語類》：「吴伯豐問兼山所得於程門者，云：『艮内外皆止，是内止天理，外止人欲。又如門限然，在外者不得入，在内者不得出，此意如何？』」蓋兼山有是言，而子和述之。

「《小畜》(上)[一]〔下〕體《乾》,《復》上體《坤》,乾坤相應,故《小畜》初九『復自道』,九二『牽復,吉』,與《復》六四『中行獨復』,六五『敦復无悔』,義甚相類。『牽復』中『不自失』,『敦復』中以『自考』,二、五皆得中故也。」澹庵云。

[一] 案「上」當作「下」,諸本皆誤。

【全云】胡忠簡公銓,字邦衡。

【元圻案】《書録解題》載《澹庵易傳拾遺》十卷,大概宗主程氏,而時出新意。李泰發爲之序。今《四庫全書》不著録。《經義考》云佚,而引此條於後,蓋即《拾遺》之説也。◎胡澹庵,名銓,廬陵人。建炎二年進士。抗疏詆和議,謫吉陽軍。孝宗即位,召還,以資政殿學士致仕。謚忠簡。《宋史》有傳。

「同人於野」①,公之大也。「艮其背」②,止之至也。皆見於《彖》,明一卦之義也。里克之中立,鄧析之兩可,終於邪而已。故《隨》之六二曰:「弗兼與也。」

【全云】宋建中靖國之説所以致亂。

【元圻案】程傳曰:「人之所隨,得正則遠邪,從非則失是,無兩從之理。二苟係初,則失五

①《易·同人》。
②《易·艮》。

矣，弗能兼與也。所以戒人從正，當專一也。」◎《晉語》：「優施曰：『君既許驪姬殺太子而立奚齊，謀既成矣。』里克曰：『吾秉君以殺太子，吾不忍，通復故交，吾不敢，中立其免乎？』」◎《列子·力命篇》：「鄧析操兩可之説，設無窮之辭。當子産執政，作《竹刑》，鄭國用之。數難子産之治，子産屈之。子産執而戮之，俄而誅之。」

「虚美熏心」，[一]秦亂之萌；「浮文妨要」，[二]晉衰之兆。故《賁》受之以《剥》。

[一]【閻按】路温舒語。

[二]【閻按】王羲之語。

【元圻案】《漢書·路温舒傳》：上疏曰：「虚美熏心，實禍蔽塞，此乃秦之所以亡天下也。」◎《晉書·謝安傳》：「安與王羲之登冶城，悠然遐想，有高世之志。羲之謂曰：『夏禹勤王，手足胼胝；文王旰食，日不暇給。今四郊多壘，宜思自效，而虚談廢務，浮文妨要，恐非所宜。』」

廉恥，國之脉也。廉恥泯則國從之，是以楚瓦好賄郢城危，晉盈求貨霸業衰，秦賂讒牧遷爲虜，漢金間增垓敗羽。利之覆邦，可畏哉！《大學》之末，七篇之始，[一]所以正人心、塞亂原也。在《益》之《屯》曰：「莫益之，或擊之。」

[一]謂《孟子》。

【萬氏集證曰】「晉盈」當作「晉寅」。《左傳》定公四年：合諸侯於召陵，荀寅求貨於蔡侯，不得，遂辭蔡侯。晉由是失諸侯。晉寅即謂荀寅也。若欒黶之子欒盈，荀罃之子荀盈，均無求貨事。

【元圻案】《左傳》定公三年：「蔡昭侯爲兩珮與兩裘，以如楚，獻一珮一裘於昭王，蔡侯亦服其一。子常欲之，弗與，三年止之。唐成公如楚，有兩肅霜馬，子常欲之，弗與，亦三年止之。冬，蔡侯、吴子、唐子伐楚，五戰及郢。」子常，即囊瓦之字。◎《戰國策》：「李牧數（敗）〔破〕走秦軍，王翦惡之，乃多與趙王寵臣郭開等金，使爲反間，曰：『李牧、司馬尚欲與秦反趙。』趙王使趙葱及顔聚代將，殺李牧。」《史記·李牧傳》：「王翦因急擊趙，大破殺趙葱，虜趙王遷，遂滅趙。」◎《史記·陳丞相世家》：「陳平曰：『項王骨鯁之臣亞（夫）〔父〕、鍾離眛、龍且、周殷之屬，不過數人耳。大王誠能出捐數萬斤金，行反間，項王爲人意忌信讒，必内相誅。』漢王乃出黄金四萬斤，與陳平，縱反間於楚軍，項王果意不信鍾離眛等。亞（夫）〔父〕乞骸骨歸。」◎《項羽本紀》：「亞（夫）〔父〕者，范增也。」「項王軍壁垓下，兵少食盡，漢軍及諸侯兵圍之數重。」又《孟子列傳》：「與萬章之徒序《詩》、《書》，述仲尼之意，作《孟子》七篇。」◎程傳：「利者，衆人所同欲也，專欲益己，其害大矣。故夫子曰『放於利而行，多怨』，孟子謂『先利則不奪不饜』，聖賢之深戒也。『上九』以剛而求益之極，衆人所共惡，故無益之者，而或擊之。」◎余友上虞王汾原煦曰：「《益》，《震》下《巽》上，《屯》，《震》下《坎》上，《益》第六爻變爲《益》之《屯》，則占本卦上六爻辭。」

「翰音登於天」，無實之名也，殷浩、房琯以之。

【全云】殷浩與房琯有別。

【元圻案】《漢上易·中孚·上九傳》曰：「巽爲雞鳥之類，聲聞於天者鶴也。雞無是實，虚聲聞於上，雖登於天，須臾則反，其可長乎？」◎《晉書·殷浩傳》：「浩字深源，陳郡長平人也。識度清遠，弱冠有美名，三府辟，皆不就。於時擬之管、葛。朝廷欲遂蕩平關河，以浩爲中軍將軍、假節、都督揚豫徐兖青五州軍事。既至許昌，會張遇反，謝尚又敗績，浩還壽陽。後復進軍，次山桑，而姚襄反，浩懼，棄輜重，退保譙城。」「史臣曰：浩清徽雅量，衆議攸歸，及其入處國鈞，未有嘉謀善政；出總戎律，惟聞蹙國喪師。是知風流異貞固之才，談論非奇正之要。違方易任，以致播遷，悲夫！」◎《唐書·房琯傳》：「琯字次律，河南人。玄宗狩蜀，拜同平章事，奉册靈武，見肅宗，辭吐華暢，帝爲改容。琯既有重名，帝傾意待之。琯請自將平賊。詔琯持節招討西京，得自擇參佐。次便橋，遇賊陳濤斜，大敗，殺卒四萬。」

君子無斯須不學也，黄霸之受《尚書》，趙岐之注《孟子》，皆在患難顛沛中，況優遊暇豫之時乎？《易》曰：「困而不失其所亨。」

【元圻案】《漢書·循吏傳》：「黄霸，字次公，淮陽陽夏人。爲廷尉，繫獄，當死，霸因從勝受《尚書》。」《夏侯勝傳》：「勝、霸既久繫，霸欲從勝受經，勝辭以罪死。霸曰：『朝聞道，夕死可矣。』勝善其言，遂授之。繫再更冬，講論不怠。」◎《後漢書·趙岐傳》：「岐字邠卿，京兆長陵人。初名嘉。生於御史臺，因字臺卿。後避難，故自改名字，示不(亡)〔忘〕本土也。著《孟子章句》、《三輔決録》。」◎趙岐《孟子題辭》：「余困吝之中，精神遐漂，靡所濟集，聊欲係志於翰墨，得以亂思遺老也。儒家惟有《孟子》閎遠微妙，緼奥難見，於是乃述己所聞，證以經傳，爲之章句，具載本文，章别其旨，分爲上下，凡十四卷。」◎李泰發以論和議忤秦檜，謫嶺南，自號讀易老人，著《讀易詳説》。嘗爲胡邦衡《易解》序曰：「昔遷貶之士，率多怨懟感憤。邦衡流落瘴鄉，而玩意三畫，可謂困而不失其所亨，非聞道者能之乎？」◎《後漢書·崔駰傳》：「駰子瑗，以事繫東(都)〔郡〕發干獄。獄掾善爲《禮》，瑗閒考訊時，輒問以《禮》説。其專心好學，雖顛沛必如是。」

《連山》首《艮》，艮，萬物之所終始也。八風始於不周，卦氣始於《中孚》，冬至爲曆元，黄鍾爲律本。北方終陰而始陽，故謂之朔方。《太玄》紀日於牛宿，紀氣於中首，而以罔、冥爲元，艮之終始萬物也。虞仲翔云：「萬物成始《乾》甲，成終《坤》癸。《艮》東北，是甲癸之間。」見《周易集解》。沙隨程氏[二]云：「醫家《難經》爲《百刻圖》，一歲陰陽升降，會於立春，一日陰陽昏曉，會於艮時。此説與《易》合。」又云：「北方之氣，至陰而陽生焉。《彖》曰：『習坎，重險也。』於物爲龜爲蛇，於方爲朔爲北，於《太玄》配罔與冥，所以八純卦中，獨冠以習。」

［一一］【全云】沙隨先生迥，字可久。

【元圻案】程沙隨《周易古占法》卷一：「《乾坤六爻新圖說》曰：《連山》首《艮》，《歸藏》首《坤》。今《乾》初在艮位，《坤》初在坤位，三《易》無異致也。夫《明夷》之《謙》，『初九』變也。《左氏》載卜楚丘之言，以爲(日一)〔旦〕之日。古人以寅配初，其來尚矣。醫家《難經》爲《百刻圖》云云。」◎「北方之氣至陰而陽生焉」一條，見《周易古占法》卷二。◎《周禮·春官·太卜》：「掌三《易》之法。一曰《連山》。」注：「杜子春云：《連山》，宓戲。」疏曰：「《連山易》，其卦以純艮爲首。艮爲山，山上山下，是名《連山》。」《易正義》鄭康成云：「夏曰《連山》，象山之出雲，連連不絕。」◎《史記·律書》：「不周風居西北，廣莫風居北方，條風居東北，明庶風居東方，清明風居東南，景風居南方，涼風居西南，閶闔風居西方。」◎按《易緯通卦驗》、《春秋緯考異郵》、《淮南·天文訓》、《地形訓》、《白虎通》，劉熙《釋名》，言八風皆先條風，惟《左傳》隱五年正義引服虔說，始不周風，與《史記》同。◎孔穎達《易疏》「七日來復」云：「《易稽覽圖》：『卦氣起《中孚》。』故《離》、《坎》、《震》、《兑》，各主一方，其餘六十卦，卦有六爻，爻別主一日，凡主三百六十日。餘有五日四分日之一〔者〕，每日分爲八十分，五日分爲四百分，〔四分〕日之一又(分)爲二十分，是四百二十分。六十卦分之，六七四十二卦，別各得七分，每卦得六日七分也。」《易緯是類謀》曰：「冬至日在《坎》，春分日在《震》，夏至日在《離》，秋分日在《兑》。四正之卦，卦有六爻，爻主一氣。」◎《漢上易》載李溉《卦氣圖》：「《坎》初六冬至，九二小寒，六三大寒，六四立春，九五雨水，上六驚蟄。《中孚》主蚯蚓結，鹿角解，在冬至、小寒之間。」◎《漢書·律曆志上》：「黄帝制十二筒以聽鳳之鳴，其雄鳴六，雌鳴亦六，此黄鍾之宫，而皆可以生之，是爲律本。」◎《春秋繁露》：「陰陽終始，天之道終而復始，故北方者，天之所始終也。」◎李巡曰：「萬物盡於北方，蘇而復生，故曰朔方。」◎《京房易傳》：「《坎》，牛宿從位降戊子。」◎《太玄》八十一首第一首曰「中」，范望注曰：「象《中孚》卦。中者冬至之節，日起牛宿一度，斗建子，律應黄鍾。夏之十一月，萬物萌芽於黄宫之中，故首曰中。」◎《玄文》曰：「罔直蒙酋冥。罔，北方也，冬也，未有形也。直，東方也，春也，質而未有文也。蒙，南方也，夏也，物之修長也，皆可得而載也。酋，西方也，秋也，物皆成象而就也。有形則復於無形，故曰冥。」范望注：「五者太玄之德，萬物因以生長，四方以名。北爲萬物之終始，故冥罔重也。罔，無；冥，昧也。」◎司馬温公《説玄》曰：「《易》有元、亨、利、貞，《玄》有罔、直、蒙、酋、冥。」◎惠氏棟《易漢學》曰：「仲翔之意，《艮》本東北之卦，而消於丙，當在南方。《乾》十五日也，《坤》三十日也。《艮》在中，距《乾》、《坤》皆八日。甲東癸北，故云《艮》東北，甲癸之間。」◎《漢上易·太玄準易圖説》曰：「律曆之元，始於冬至，卦氣起於《中孚》。其書本於夏后氏之《連山》，而《連山》則首《艮》。所以首《艮》者，八風始於不周，實居西北之方，七宿之次，是爲東壁、營室。東壁者，辟生氣而東之，營室者，營陽氣而産之，於辰爲亥，於律爲應鍾，於時爲立冬。此顓頊之曆所以首十月也。漢巴郡洛下閎，運算轉曆，推步晷刻，以太初元年十一月甲子夜半冬至而名節會，察寒暑，定清濁，起五部違氣初分數，然後陰陽離合之道行焉。然洛下閎能知曆法而止，揚子雲通敏叡達，極陰陽之數，不惟知其法，而又知其意。故《太玄》之作，與《太初》相應，而兼該乎顓頊之曆，發明《連山》之旨，以準《周易》，爲八十一卦。」王氏此條，似取於朱子發之説。◎《三國志・吴・虞翻傳》：「翻字仲翔，會稽餘姚人。翻與孔融書，并示以所著《易注》。融答書曰：『聞延陵之理樂，睹吾子之治《易》，乃知東南之美者，非徒會稽之竹箭也。』」◎程沙隨，睢陽人。《浙江通志》稱爲寧陵人。靖康之亂，徙居餘姚。著《易章句》十卷，《周易外編》一卷，《古易考》一卷，《古易占法》一卷。◎《書録解題・醫家類》：「《難經》二卷。渤海秦越人撰。《漢志》但有扁鵲《内外經》，《隋志》始有《難經》，《唐志》始題秦越人。」

日月爲《易》，一奇一耦，陰陽之象也。王介甫《詩説》云：「彼曰『七月』、『九月』，此曰『一之日』、『二之日』，何也？陽生矣則言日，陰生矣則言月。[一]與《易・臨》『至於八月有凶』，《復》『七日來復』同意。四月正陽也，秀葽言月，何也？以言陰生也。陰始於四月，生於五月，而於四月言陰生者，氣之先至者也。」李子思[二]云：「《復》剛長，以日云者，幸其至之速。《臨》陽消，以月云者，幸其消之遲。」沙隨程氏云：「陽極於九，而少陰生於八，陰之義配月。陰極於六，而少陽復於七，陽之義配日。」

[一]【何云】此説精審有味。朱子謂變月言日者，是月之日也。則詩人何必屢變其辭哉！

〔二〕【全云】名舜臣。

【集證】《參同契》：「《坎》戊月精，《離》己日光，日月爲《易》，剛柔相當。」《説文》：「秘書説：『日月爲《易》，象陰陽也。』」惠氏曰：「虞翻《易注》引《參同契》，亦云『字從日下月』，《説文》所謂『秘書』者，《參同契》之類也。」

【元圻案】晁氏《讀書志》：「《新經毛詩義》二十卷。熙寧中置經義局，撰三經義，皆本王安石説。《毛詩》，先命王雱訓其辭，復命安石訓其義，書成，以賜太學，布之天下，以取士云。」◎《淮南·時則訓》「孟夏之月，螻蟈鳴」，高誘注：「四月陰氣始動於下，故鳴。」◎介甫《詩義》已佚，散見於《李黄毛詩集解》中。按《七月篇》黄實夫曰：「先儒以一之日爲用周正，因謂周公以月記夏，以日記周。不知所謂日者，特以一陽之復，故以日言之，豈謂周正乎？」其説與介甫合而不引介甫説，何也？◎《漢上易·七日來復圖説》：王洙曰：「《復》初體《震》，《震》居少陽，其數七，復則君子道長，因慶之也。慶在乎始，其言速，故稱日。」蓋用褚氏、莊氏「變月言日者欲見陽長欲速」，大同而小異。◎李子思，名舜臣，隆州井研人。《宋史》有傳。《書録解題》載其所著《易本傳》三十三卷。《經義考》云已佚。

一卦變六十四，六十四卦變四千九十有六。六爻不變與六爻皆變者，其別各六十有四；一爻變與五爻變者，其別各三百八十有四；二爻變與四爻變者，其別各九百有六十；三爻變者，其別一千二百有八十。朱子發謂：「《需》『利用恒』者，

《需》之《恒》也。《蒙》六五「順以巽」者，《蒙》之《觀》也。《乾》九四「乾道乃革」者，《乾》之《小畜》也。《小畜》之中又有《離》、《兑》，故曰《革》。是謂天下之至變。」案，此《漢上易·需·初九傳》文。張真父謂：「《易》無所不變，《蒙》曰『困蒙』，《小畜》曰『復自道』，又曰『牽復』，《履》曰『夬履』，《離》曰『履錯然』，《歸妹》曰『跛能履』，《泰》曰『帝乙歸妹』，《臨》曰『咸臨』，《咸》曰『執其隨』，《艮》曰『不拯其隨』，《噬嗑》曰『頤中有物』，《睽》曰『厥宗噬膚』，《損》曰『勿損益之』，又曰『或益之』，《夬》曰『壯於前趾』，又曰『壯於頄』，《遯》曰『執之用黄牛之革』，《鼎》曰『鼎耳革』，《兑》曰『孚於剥』，《未濟》曰『震用伐鬼方』，皆有卦變之象。《小畜》以一陽爲復，《兑》以一陰爲剥，變之變者也。六十有四，相錯而不相亂。」張文饒[一]謂：「《臨》之初、二，皆曰『咸臨』，有《咸》象也，《咸》之用，在《兑》之説也。《履》之九五曰『夬履』，有《夬》象也，《夬》與《履》，《乾》、《兑》相易之卦也。」

[一]【全云】名行成。

【元圻案】錢塘厲氏鶚《宋詩紀事》曰：「張震，字真父，號無隱居士，蜀之益寧人。慶元中知湖州，除福建提刑。」◎《四庫全書總目·術數類》：「宋張行成《皇極經世索隱》二卷，《觀物外篇衍義》九卷，《易通變》四十卷，俱從《永樂大典》録出。行成字文饒，臨邛人，始末不甚可考。《玉海》稱乾道二年六月，以行成進《易》可采，除直徽猷閣。」

《臨》所謂「八月」，其説有三：一云自丑至申爲《否》，一云自子至未爲《遯》，一云自寅至酉爲《觀》。《本義》兼取《遯》、《觀》二説。《復》所謂「七日」，其説有三，一謂卦氣起《中孚》，六日七分之後爲《復》，一謂過《坤》六位，至《復》爲七日，一謂自五月《姤》一陰生，至十一月一陽生。《本義》取「自《姤》至《復》」之説。

【元圻案】《周易集解》五：「案《臨》，十二月卦也。自建丑之月至建申之月，凡歷八月，則成《否》也。」◎《易正義》曰：「《臨》爲建丑之月，從建丑至於八月建申之時，三陰既盛，三陽方退，小人道長，君子道消，故八月有凶也。」◎《集解》虞翻曰：「《臨》消於《遯》，六月卦也，於周爲八月，故至於八月有凶。」又鄭康成曰：「《臨》自周二月用事訖，其七月至八月而《遯》卦受之。」◎《易正義》何氏云：「從建子陽生，至建未爲八月。」朱子發曰：「王昭素、胡旦從之。」◎《易正義》褚氏云：「自建寅至建酉爲八月。」◎《朱子語録》：「問：『《臨》卦至於八月有兩説：前説自《復》一陽之月，至《遯》二陰之月，陰長陽遯之時；後説自《泰》至《觀》，《觀》，二陽在上，四陰在下，與《臨》相反，亦陰長陽消之時。二説孰長？』先生曰：『前説是周正八月，後説是夏正八月，恐文王作卦辭時，只用周正紀之，未可知也。』」◎王弼注：「陽氣始剥盡，至來復時凡七日。」正義曰：「《易稽覽圖》云：『卦氣起《中孚》。』故《離》、《坎》、《震》、《兑》，各主其一方，其餘六十卦，卦有六爻，爻别主一日，凡主三百六十日，餘有五日四分日之一，每卦得六日七分。《剥》卦陽氣之盡，在九月之末，十月當純坤用事，《坤》卦有六日七分，《坤》卦之盡，則《復》卦陽來，是從《剥》盡至陽氣來復，隔《坤》之一卦，六日七分，舉成數言之，故輔嗣言凡七日也。」◎《易正義序》：「康成曰：建亥之月，純陰用事，至建子之月，陽氣始生。隔此純陰一卦，卦主六日七分，舉其成數言之，而云七日來復。」◎《漢上易·七日來復圖說》曰：「兩漢諸儒皆用六日七分之說，故孔穎達述而明之。」又曰：「九月，《剥》也，有《艮》，有《既濟》，有《噬嗑》，有《大過》，凡五卦而後成《坤》。十月，《坤》卦也，有《未濟》，有《蹇》，有《頤》，有《中孚》，凡五卦而後成《復》。大綱而言，則《剥》九月，《坤》十月，《復》十一月，故京房曰『《剥》、《復》相去三十日』。別而言之，《復》主冬至，冬至中氣起於《中孚》，自《中孚》之後，七日而復，故曰七日來復。」又曰：「以消息言之，自立冬十月節，至大雪十一月節，《坤》至《復》卦，凡歷七爻。以卦氣言之，自冬至十一月中氣，卦（氣）起《中孚》，至《復》卦，凡歷七日。」案：孔疏似并二説爲一，至朱子發乃分明，厚齋蓋據以爲說。◎《周易集解》侯果曰：「五月天行至午，陽復而陰生也。十一月天行至子，陰復而陽生也。凡歷七月，故曰七日來復。」◎《漢上易·卦氣圖說》：先儒褚氏、莊氏云：「五月一陰生，至十一月一陽生，凡七月。而云七日者，欲見陽長須速，故變月言日。」

《易·賁·象傳》正義云：「四月純陽，陰在其中，而靡草死。十月純陰，陽在其中，而薺麥生。」《漢和帝紀》：「有司奏，以爲夏至則微陰起，靡草死，可以決小事。」與《月令》不同。張文饒曰：「陽雖生於子，實兆於亥，故十月薺麥生。陰雖生於午，實兆於巳，故四月靡草死。」【原注】《參同契》：「二月榆死，八月麥生。」○見「卯酉刑德章」。

罪。』臣賢案：五月一陰爻生，可以言微陰起，今《月令》云孟夏，乃是純陽之月，此言夏至，與《月令》不同。」◎董仲舒《雨雹對》曰：「建巳之月爲純陽，不容都無復陰也，但是陽家用事，陽氣之極耳。薺麥枯，由陰殺之也。建亥之月爲純陰，不容都無復陽也，但是陰家用事，陰氣之極耳。薺麥始生，由陽升也。其尤者，葶藶死於盛夏，款冬花於嚴冬，水極陰而有温泉，火至陽而有涼焰。故知陰不得無陽，陽不容都無陰也。」

【元圻案】《後漢書·和帝紀》注曰：「《月令》：『孟夏之月，靡草死，麥秋至，斷薄刑，決小

「初六，履霜，陰始凝也。」見於《魏·文帝紀》注，太史丞許芝引《易傳》之言。沙隨程氏、朱文公皆從之。【原注】郭京本無「初六」字。

【元圻案】項氏安世《周易玩辭》曰：「程子以此句『堅冰』二字爲衍文。安世按：《魏書》曹丕時許芝奏云『《易傳》曰：「初六，履霜，陰始凝也。」』則是時猶未有此二字，明後人妄加也。郭京、徐氏本皆無此二字。」◎《讀書志》：「《周易舉正》三卷。唐郭京撰。京嘗任蘇州司户。序稱京家藏王弼、韓康伯手札《周易》本及石經，校正一百三十五處、二百七十三字。蓋以繇象相證，有闕漏處，可推而知，托云得王、韓手札與石經耳。」

龜山曰：「子見南子，『包承』者也，此大人處否而亨之道。」朱文公謂非所以爲訓，「若使大人處否而包承小人，以得亨利，則亦不足以爲大人矣。」

【全云】聖人非道廣之太丘。

【元圻案】楊龜山《易説》曰：「上下不交，而小人道長極矣，故包承之吉，若子見南子是也。其爲言曰：『予所否者，天厭之。』則其見南子也，是豈得已哉。此大人處否而亨之道。」◎《朱子語類》曰：「龜山以『包承小人』爲一句，言否之世當包承那小人，如此卻不成句。龜山之意，蓋欲解洗他從蔡京父子之失也。」◎龜山先生名時，字中立，將樂人。受業程子，著《易説》。熙寧九年進士。高宗朝官工部侍郎。謚文靖。

《頤》初九，王輔嗣注云：「安身莫若不競，修己莫若自保。守道則福至，求禄則辱來。」至哉斯言，可書諸紳。

【閻按】宋李孟傳亦嘗取斯四言誡其子孫①云。

「病從口入，禍從口出。」傅玄《口銘》也。《頤》「慎言語，節飲食」，正義用其語。

①「誡其子孫」，原本作「戒其子」，據三箋本補改。

【集證】《太平御覽》三百六十七傅子《口銘》云：「神以感通，心由口宣。福生有兆，禍來有端。情莫多妄，口莫多言。蟻穴潰河，溜沈傾山。病從口入，禍從口出。存亡之機，闔闢之術。口與心謀，安危之源。樞機之發，榮辱存焉。」◎《朱子語類》：「或曰：諺有『禍從口出，病從口入』，甚好。曰：此語前輩曾用以解《頤》之象。」◎《晉書·傅玄傳》：「玄字休奕，北地泥陽人。武帝時爲司隸校尉，貴游懾服，臺閣生風。謚曰剛。」

「聖人教人，用《蒙》而不用《復》。蓋《復》者，去其不善而復於善之謂也。若《蒙》，則無不善亦未有所失也。」周南仲云。

【何云】好語而無味，各因其時與其人，則《蒙》、《復》兼施也。

【全云】南仲謂人能養之於《蒙》，則無須乎《復》耳。此古人《胎教》與《少儀》之説，若不得已而用《復》，是兼施矣。何説滯。

【元圻案】劉屏山《聖傳論》曰：「學《易》者必有門户，《復》卦，《易》之門户也。入室者必自户始，學《易》者必自《復》始，得是者其惟顔氏乎？」觀此，知南仲之説失之過高。◎周南，字南仲，吴郡人。淳熙庚戌進士，官至秘書省正字。著《周氏山房集》。

「趾所以行，輔所以言。艮其趾，雖行猶不行也；艮其輔，雖言猶不言也。故能時行時止，動静不失其時，其道光明。」馮當可[一]云。【原注】《艮》六四「艮其身」，《象》以躬解之，偃背爲躬，見背而不見面。朱文公詩云「反躬艮其背」，止其所不見，止於至善也。

[一]【何云】名時行。

【元圻案】「反躬艮其背」，朱子《感興詩》句也。「止其所不見」，本程子語。◎《經義考》：「馮氏當可《易論》三卷，佚。程迥曰：『蜀人馮時行，字當可，號縉雲先生。』朱子曰：『馮當可，字時行。』」◎馮椅《厚齋易學》間引當可之説。

「帝乙歸妹」，子夏傳謂湯之歸妹也。京房載湯嫁妹之辭曰：「無以天子之尊而乘諸侯，無以天子之富而驕諸侯。陰之從陽，女之順夫，本天地之義也。往事爾夫，必以禮義。」[一]荀爽對策，引「帝乙歸妹」，言「湯以娶禮歸其妹於諸侯也」。張説《鄎國公主銘》亦云：「帝唐降女，天乙歸妹。」[二]若《左傳》哀公九年筮遇《泰》之《需》，曰：「微子啓，帝乙之元子也。」虞翻亦云「紂父」。見《周易集解》。二説不同，《正義》皆略之。

[一]案，《漢上易傳》以帝乙爲湯，亦以前二説爲證。

[二]【何云】燕公文，不足據以證經。

【繼序按】《易乾鑿度》以《易》之「帝乙」爲成湯，鄭康成引以注《禮記·檀弓》。

【又按】《白虎通·姓名章》亦同。

【元圻案】馮椅《易學》曰：「商君有三乙，成湯爲天乙，一也；祖乙圮於耿，二也；自成湯至於帝乙，乃微子之父，三也。今湯嫁妹之辭，見漢京房傳，則非微子之父明矣。」◎《書録解題》曰：「《隋》、《唐志》有《子夏易傳》三卷，陸德明、李鼎祚亦時稱引。考《漢志》初無此書。孫坦《周易析藴》言：此漢杜子夏也。」◎《後漢書·荀爽傳》：「爽字慈明，一名諝。延禧九年拜郎中，對策陳便宜」云云。注曰：「紂父名帝乙，此文以帝乙爲湯，湯名天乙也。」◎《唐書·張説傳》：「説字道濟，或字説之，洛陽人。玄宗召爲中書令，封燕國公。謚曰文貞。」◎《郎國公主銘》載《唐文粹》。◎《周易集解》：「《九家易》曰：『五者，帝位。《震·象》稱乙，是爲帝乙。』虞翻又曰：『《震》爲帝，《坤》爲乙。』」宋沈作喆《寓簡》曰：「帝乙歸妹者，言人君之德與帝者相甲乙，故能正人倫。」又與諸説不同。

「《離》言『明兩作』，《坎》言『水洊至』。起而上者作也，趨而下者至也。」此陸農師之説，朱文公《語類》取之。

【全云】陶山陸佃，字農師。荆公之弟子，而放翁之祖也。

【元圻案】《陶山集》九《八卦解上》：「起而上者作也，推而下者至也。火炎上，水潤下，故《離》言『明兩作』，《坎》言『水洊至』。兩物相差爲二，二物相敵爲兩。於《離》言『兩作』者，以重明相繼而作於上也。文於象形，鳥飛而下爲至，於會意，水洊而至爲洊。於《坎》言『洊至』者，以重險相繼而存於下故也。」◎康成注：「作，起也。」藍田吕氏曰：「水之走下，繼至而不絶。」與農師之説合。◎陸佃，越州山陰人。熙寧三年擢甲科，累官吏部尚書。著《陶山集》，已佚。《四庫全書》從《永樂大典》録出，次爲十六卷。

范諤昌《證墜簡》：「《震・象辭》脱『不喪匕鬯』四字」，程子取之；「《漸》上九疑『陸』字誤」，胡安定取之。

【全云】范諤昌，宋初隱士。劉牧之《易》本於諤昌，諤昌之《易》得於种放。

【方樸山云】以「陸」爲「逵」，謂於協韻可也，注逵爲雲路，則可疑。

【集證】惠定宇曰：「按《御覽》一百六十六載王肅注云：『有靈而尊者莫若於天，有靈而貴者莫若於王，有聲而畏者莫若於雷，有政而嚴者莫若於侯。是以天子當乾，諸侯用震，地不過一同，雷不過百里，政行百里，則匕鬯不喪。祭祀，國家大事，不喪，宗廟安矣。』范諤昌、王昭素謂《象辭》『出』上脱『不喪匕鬯』四字。按王肅注，當如二人之説。」◎《讀書志》一：「《證墜簡》一卷。天禧中毗陵從事建溪范諤昌撰。其書酷類郭京《易舉正》。如《震卦・象辭》内云脱『不喪匕鬯』四字，程正叔取之；《漸》上（六）〔九〕疑『陸』字誤，胡翼之取之。自謂其學出於湓浦李處約、廬山許堅。」

【元圻案】《經義考》：范諤昌《證墜簡》一卷，佚。◎《漢上易圖説》：「《河圖》，劉牧傳於范諤昌，諤昌傳於許堅，堅傳於李溉，溉傳於种放，放傳於陳摶。」◎胡瑗，字翼之，泰州如皋人。仁宗朝，以布衣召拜校書郎。爲湖州學官。學者稱安定先生。著《易傳》十卷。晁公武曰：「或云門人倪天隱所纂，非其自著也。」

《釋文》[一]引《子夏傳》云：「地得水而柔，水得地而流，故曰比。」《周禮·夏官·大司馬》疏謂：「坤爲土，坎爲水，水得土而流，土得水而柔。」是水土和合，故象先王建萬國，親諸侯。

[一]【全云】陸德明作。

【元圻案】《周易集解》引《子夏傳》作「地得水而柔，水得土而流」。今本《子夏傳》作「地藏水而澤，水得地而安」。◎《讀書志》一：「《周禮疏》四十卷。唐賈公彦撰。公彦，洺州人。永徽中仕至太學博士。今并爲十二卷。」

《釋文》引鄭注異字，然《内則》注「明夷睇於左股」，猶有所遺。

【元圻案】《内則》：「跛倚睇視。」注：「睇，傾視也。《易》曰『明夷睇於左股』。」正義曰：「『明夷睇於左股』者，是《明夷》六二爻辭。彼注云：『旁視爲睇。六二辰在酉，酉在西方。又下體《離》，離爲目；九三體在《震》，震，東方；九三又在辰，辰得巽氣爲股。此謂六二有明德，欲承九三，故云睇於左股。』引之者，證睇爲旁視也。」按《釋文》：「『夷於左股』，釋云：夷如字，子夏作睇，鄭、陸同。云旁視曰睇，亦作眱。」是未嘗遺也，豈深寧所見之本與今不同耶？

「朋盍簪」，簪，疾也。王弼注。至侯果始有冠簪之訓。晁景迂云：「古者禮冠①，未有簪名。」

【閻按】杜詩「盍簪喧櫪馬」，近杜注號爲詳博，皆未知其從侯果來者。侯果説見李鼎祚《周易集解》。

【元圻案】《集解》侯果曰：「朋從大合，若以簪篸之固括也。」又引虞翻曰：「盍，合也。坤爲盍。戠，聚會也。戠，舊讀作撍。」王弼注：「盍，合也。簪，疾也。」朱子《本義》從虞、王之説。程傳、郭兼山、楊龜山俱從侯説。《義海撮要》載劉牧曰：「簪所以固冠而總髮。冠之危，賴簪以固之，猶君之危賴臣以安之。」則遵用侯説自牧始。◎朱新仲《猗覺寮雜記》云：「古冠有笄，不謂之簪。簪，後人所名。」◎程沙隨《周易古占法》二：「『朋盍簪』。王弼曰：『簪，疾也。』陸希聲本作『捷』，所以爲疾。晁以道云『古冠服無簪』，故迴於《豫》傳占法中辨之，即弁服之笄也。」◎

①「禮冠」，原作「冠禮」，晁氏原文諸本並作「禮冠」，據改。

明何氏楷《周易訂詁》曰：「《鹽鐵論》『神禹治水，遺簪不顧』，非簪而何？」◎晁説之説，見《易規》「訓詁」條。

《説苑》：[一]周公戒伯禽曰：「《易》曰：『有一道，大足以守天下，中足以守國家，小足以守其身，謙之謂也。』」孔子曰：「《易》曰：『不損而益之，故損；自損而終，故益。』」見《敬慎篇》。今《易》無此言。又泄冶曰：「《易》曰：『夫「君子居其室」云云，君子之所以動天地，可不慎乎！天地動而萬物變化。』」見《君道篇》。今《易》無末一句。然泄冶在夫子之前，而引《易大傳》之言，殆非也。

[一]【全云】劉向作。

【元圻案】《説苑·君道篇》：「陳靈公行僻而言失。泄冶曰：『陳其亡矣。吾驟諫君，君不吾聽，而愈失威儀。夫上之化下，猶風靡草，東風則草靡而西，西風則草靡而東。是故人君之動，不可不慎也。夫樹曲木者，惡得直景？人君不直其行，不敬其言者，未有能保帝王之號，垂顯令之名者也。《易》曰「夫君子居其室，出其言善」云云。』靈公聞之，以泄冶爲妖言而殺之，後果弑於徵舒。」

《鹽鐵論·遵道篇》文學引《易》曰：「小人處盛位，雖高必崩。不盈其道，不恒其德，而能以善終身，未之有也。是以初登於天，後入於地。」《説文·目部》「相」字注引

《易》曰：「地可觀者，莫可觀於木。」今《易》無之。疑《易傳》及《易緯》。

【元圻案】《漢書·藝文志》「桓寬《鹽鐵論》六十篇」，師古曰：「寬字次公，汝南人也。孝昭帝時，丞相、御史與諸賢良文學論鹽鐵事，寬撰次之。」◎《讀書志》一：「《説文解字》十五卷。漢許慎纂，李陽冰刊定，僞唐徐鉉再是正之，又增加其闕字。」◎錢氏大昕《養新録》曰：「地可觀者，莫可觀於木。殆是釋《觀》卦名義。巽上坤下，木在地上之象，其卦爲《觀》。於文木旁目爲相，相亦觀也。」

後漢魯恭《上鄧太后奏議》引《易》曰：「『潛龍勿用』，言十一月、十二月陽氣潛藏，未得用事，雖煦嘘萬物，養其根荄，而猶盛陰在上，地凍水冰，陽氣否隔，閉而成冬。故曰『履霜堅冰，陰始凝也。馴致其道，至堅冰也。』言五月微陰始起，至十一月堅冰至也。」又云：「《易》十(二)〔一〕月『君子以議獄緩死』」，[二]又《諫盛夏斷獄疏》云：「案《易》五月《姤》用事，經曰『后以施令誥四方』，言君以夏至之日，施命令止四方行者，所以助微陰也。」又《諫擊匈奴疏》引《易》曰「『有孚盈缶，終來有它吉』，言甘雨滿我之缶，誠來有我而吉已。」趙温曰：「於《易》，一爲過，再爲涉，三而弗改，滅其頂，凶。」漢儒説《易》，可以參考。

[二] 案章懷注曰：「《易·中孚·象辭》。《稽覽圖·中孚》十二月卦也。」何本、三箋本皆作「十一

月」。案《卦氣圖》，《坤》，十月卦，至十一月《復》，中隔《未濟》、《蹇》、《頤》、《中孚》四卦，則《中孚》正是十一月卦，當從之。

【元圻案】《後漢書·魯恭傳》：「恭字仲康，扶風平陵人。其先出於魯頃公，爲楚所滅，遷於下邑，因氏焉。永元十二年，代呂蓋爲司徒。」諸疏俱載本傳。◎趙溫，字子柔。獻帝西遷，代楊彪爲司空。附見《後漢書·趙典傳》。溫，典之子也。◎《三國志·董卓傳》注引《獻帝起居注》：趙溫與李傕書曰：「公前屠陷王城，曾不改悟，而復欲輔乘輿於黄白城，此誠老夫所不解也。於《易》，一爲過」云云。

王肅注《易》十卷，今不傳。其注「噬乾胏，得金矢」曰：「四體離陰卦，骨之象。骨在乾肉①，脯之象。金矢所以獲野禽，故食之反得金矢。君子於味必思其毒，於利必備其難。」見《太平御覽》。

【閻按】《宋史·藝文志》「易類」有王肅傳十一卷。

【元圻案】王肅説見《御覽》八百六十二卷。◎唐徐堅《初學記》二十六《脯類》引王肅此注，「離陰」作「純陰」，「故食之」作「以食之」。◎《易》王肅注，《隋》、《唐志》、《宋史》、《經典釋

① 「骨在乾肉」，原本作「骨有乾肉」，據元刊本、三箋本改。《太平御覽》卷八六二正作「骨在乾肉」。

文·敍録》皆著録。肅，朗之子也。《三國志》與父朗同傳。陸德明曰：「肅字子(邕)〔雍〕，東海蘭陵人，魏衛將軍、太常、蘭陵景侯。又注《尚書》、《禮容服》、《論語》、《孔子家語》，述《毛詩注》，作《聖證論》難鄭康成。」◎《書録解題·類書類》：「《太平御覽》一千卷。翰林學士扈蒙等撰，以前代《修文御覽》、《藝文類聚》、《文思博要》及諸書參詳，條次修纂。本號《太平總類》。太平興國二年受詔，八年書成，改名《御覽》。」

《漢·郊祀志》引「西鄰之禴祭」，顔師古注：「瀹煮新菜以祭。」蓋以「禴」爲「瀹」。王輔嗣云：「禴，祭之薄者也。沼沚之毛，蘋蘩之菜，可羞於鬼神。」亦與顔注同。[一]鄭康成謂：「禴，夏祭之名。」

[一]【何云】顔即承輔嗣説，何用蔓引炫博，必應劭、伏儼之徒，乃兩漢經師緒言，可舉以參考耳。【元圻案】鄭注見《釋文》。◎《集解》虞翻曰：「禴，夏祭也。」◎《周禮·大宗伯》：「以禴夏享先王。」《詩》毛傳亦謂夏曰禴，《爾雅》作「夏礿」，《禮記》注皇氏曰：「礿，薄也。」◎程傳、横渠《易説》、郭氏《傳家易説》、《漢上易傳》俱從王輔嗣説，朱子《本義》略之。

《離》九三，蔡伯静[一]解云：「『鼓缶而歌』，當衰[二]而樂也。『大耋之嗟』，當衰[三]而哀也。盛衰之道，天之常也。君子之心，順其常而已。不樂則哀，皆爲其動心而失其常者，故凶。」此説長於古注。

［一］【何云】名淵，西山長子。
［二］《經義考》引之，「衰」作「哀」。
［三］《經義考》「衰」作「樂」。

【何云】張子云：「悲哀暮故爲樂，不爲則復嗟年景之不足，明正將老，離過於中，故哀樂之不常其德。」伯靜之說，蓋本於此。

【元圻案】蔡淵，字伯靜，號節齋，建安人。西山先生之長子，有《周易經傳訓解》四卷，《易象意言》一卷。◎會稽茹先生敦和《讀易日札》曰：「『不鼓缶而歌，則大耋之嗟』，所謂『今我不樂，逝者其耋』是也，則以『日昃之離』故也。」

《京氏易》，「剥牀以簠」謂祭器。見《釋文》。澹庵云：「《易》於《剥》、《坎》，取象簠簋，以精意寓焉。」

「上天下澤，《履》」，此《易》之言禮。「雷出地奮，《豫》」，此《易》之言樂。呂成公之説，見《東萊易説》。本於《漢書敍傳》「上天下澤，春雷奮作，先王觀象，爰制禮樂」。

【元圻案】《太玄》：「樂。陽始出奧，舒疊得以和淖，物咸喜樂。」注曰：「象《豫》卦。」「禮：陰在下而陽在上，上下正體，物與有禮。」注曰：「象《履》卦。」此又孟堅之所本也。◎崑山徐氏乾學曰：「《東萊易説》非有成書，乃先生平時講説所及，而門人記録之者。」

「涣其羣」，蘇明允《仲兄字文甫説》云：「羣者，聖人所欲涣以一天下者也。」《本義》取之，謂程傳有所不及。

【元圻案】程傳曰：「方《涣》之時，用剛，則不能使之懷附；用柔，則不足以爲之依歸。四以巽順之正道，輔剛中正之君，君臣同功，所以能濟涣也。天下涣散，而能使之羣聚，可謂大善之吉也。」◎《朱子語録》：「老蘇云：『《涣》之六四曰：「涣其羣，元吉。」夫羣者，聖人之所欲涣以混一天下者也。』此説雖程傳有所不及。如程傳之説，則是『羣其涣』，非『涣其羣』也。蓋當人心涣散之時，各相朋黨，不能混一，惟六四能涣小人之私羣，成天下之公道，此所以元吉也。」

充善端於「蒙泉」之始，絶惡念於「履霜」之萌。

《坊記》曰：「不耕獲，不菑畬，凶。」《荀子·非相篇》曰：「括囊无咎无譽，腐儒之謂也。」《左氏傳》襄九年穆姜以「元、亨、利、貞」爲《隨》之四德。爲是説者，其未見《彖》、《象》、《文言》歟？

【元圻案】《漢書·藝文志》「儒家」：「《孫卿子》三十三篇。名況，趙人。爲齊稷下祭酒。有列傳。」師古曰：「本曰荀卿，避宣帝諱，故曰孫卿。」

《易緯坤鑿度》注云：「虞世南曰：『不讀《易》，不可爲宰相。』」注者未詳其人，亦天下名言也。

【元圻案】《四庫全書總目·易類》：「《乾坤鑿度》二卷。《隋》、《唐志》、《崇文總目》皆未著録。至宋元祐間始出。《紹興續書目》有蒼頡注《鑿度》二卷，後以鄭氏所注《乾鑿度》有别本單行，故亦稱此爲《巛鑿度》。」◎注文曰：「後漢王鳳舉曰：『不讀《易經》者不得登朝，須《道》、《德》二經與宰相剥敕批。』魏亦如此。至唐虞世南舉曰：『不讀《易》，不可爲宰相。』」

「乾乾」、「夬夬」皆九三，重剛也。「謙謙」初六，居下卦之下也，「坎坎」六三，居重險之閒也，「蹇蹇」六二，陰居陰也。

諸卦之爻，皆及卦名，《坤》、《小畜》、《泰》、《大畜》、《既濟》六爻悉無之。

八卦之象，又有六焉。《巽》曰木；《坎》曰雲，曰泉，曰雨；《離》曰明，曰電。

【元圻案】此專指大象之取象而言，如《屯》，震下坎上，而《象》曰「雲雷屯」；《蒙》，坎下艮上，而《象》曰「山下出泉」；《噬嗑》，震下離上，而《象》曰「雷電噬嗑」；《大過》，巽下兑上，而《象》曰「澤滅木」；《離》之《象》曰「明兩作」；《晉》，坤下離上，而《象》曰「明出地上」；《解》，坎下震上，而《象》曰「天地解而雷雨作」。◎《革·彖傳》曰：「《革》水火相息。」《漢上傳》曰：「《兑》澤《離》火，而《彖》曰水火，何也？曰：《坎》、《兑》一也，澤者水所鍾，無水則無澤矣。《坎》上爲雲，下爲雨。上爲雲者澤之氣也，下爲雨則澤萬物也。故《屯》、《需》之《坎》爲雲，《小畜》之《兑》亦爲雲。《坎》爲川，《大畜》之《兑》亦爲川。《坎》爲水，《革》、《兑》亦爲水。又《兑》爲金，金者水之母，此水所以周流而不窮乎？《坎》陽《兑》陰，陰陽二端，其理則一，知此始可言象矣。」◎余友正定王椒園定柱曰：「『《大畜》之《兑》亦爲川』，『大畜』疑當是『大過』。『上六，過涉』，即涉川之義。」

《曾子·天圓篇》：「火日外景，金水内景。」薛士龍[一]詩云：「嘗聞曾子書，金火中外明。圓方遞含施，二景參黄庭。」[二]愚按《周髀》云：「日猶火，月猶水。火則外光，水則含景。」其説本於《易》之《坎》、《離》。《坎》内陽外陰，故爲水、爲月；《離》内陰外陽，故爲火、爲日。

[一]【全云】名季宣，號艮齋。

[二]案，此詩題曰《還返釋言》。

【元圻案】《淮南子·天文訓》：「天道曰圓，地道曰方。方者主幽，圓者主明。明者吐氣者也，是故火日外景；幽者含氣者也，是故水月内景。」與《天圓篇》説同。◎《張子正蒙·參兩篇》：「火日外光，能直而施。金水内光，能辟而受。」注：「火日，陰質也，故内暗而外光；金水，陽質也，故外暗而内明。」◎《讀書志》云：「《曾子》二卷。考其書已見於《大戴禮》。漢有《禮經》七十篇，《后氏戴氏記》百三十一篇，七十子後學者所記。是時未有大、小《戴》之分，不知《曾子》在其中與否也。」◎薛季宣，永嘉人。曾知常州，故或稱薛常州。著《浪語集》三十五卷。《四庫全書》著録。◎陳振孫曰：「《周髀》者，蓋天之書也。稱周公受之商高，而以句股爲術，故曰周髀。」

《繫辭》正義云：「韓氏親受業於王弼，承王弼之旨，故引『弼云』以證成其義。」愚考王弼終於魏正始十年，韓康伯，東晉簡文帝引爲談客，事見《晉書·韓伯傳》。二人不同時，相去甚遠，謂之「親受業」，誤矣。

【何云】晁公武《讀書志》亦承《正義》之誤。

【又云】郭京亦爲此言。

【又云】《晉書》本傳不言其注《繫辭》，惟《隋書·經籍志》及陸氏《釋文》載之。

【閻按】韓康伯名伯，潁川長社人，殷浩之外甥也。官太常。《晉書》有傳。◎嘗謂唐李嘉祐詩「輔嗣外孫還解易，惠連羣從總能詩」，王輔嗣年二十四卒，無子絶嗣，見《三國志》。晉張湛雖稱輔嗣女壻趙季子家有《列子》，未聞季子之子能明《易》以傳其學，此必殷浩外甥之誤記。蓋詩人多不契勘，或曰：安知其不別有所據？余笑而不敢答。

【元圻案】《三國志》王弼見《魏·鍾會傳》注引何劭《弼傳》曰：「正始十年秋，遇癘疾，亡，年二十四，無子，絶嗣。」◎魏主芳正始十年己巳，晉簡文帝元年辛未，相去一百二十三年。◎《世説新語》三：殷中軍云：「康伯未得我牙後慧。」注：《浩別傳》曰：「浩善《老》、《易》，能清言。康伯，浩甥也，甚愛之。」

程子伊川《答張閎中書》言《易》，謂「得其義，則象數在其中」，朱子《答鄭子上問》以爲「先見象數，方説得理，不然事無實證，則虛理易差」。愚嘗觀顔延之《庭誥》[一]云：「馬、陸得其象數，取之於物；荀、王舉其正宗，得之於心。」[二]其説以荀、王爲長。李泰發亦謂「一行明數而不知其義，管輅明象而不通其理」。蓋自輔嗣之學行，而象數之説隱。然義理、象數，一以貫之，乃爲盡善。故李鼎祚獨宗康成之學，朱子發兼取程、邵之説。

[一]案本傳：「《庭誥》者，施於閨庭之內，謂不遠也。」

[二]【何云】馬、陸，當指馬融、陸績，荀則荀爽也。

【全云】荀爽亦象數之學，何説恐誤。考《隋志》，於王弼《易》下附注：魏散騎常侍荀煇

《易》十卷。意者近王弼之學，故附之。顏氏所指，或是煇耶？

【元圻案】顏延之，字延年，琅邪臨沂人。《宋書》有傳。本傳録《庭誥》，節此數語不載。《太平御覽》六百八卷引之曰：「馬、陸得其象數而失其成理，荀、王舉其正宗而略其象數。四家之見，雖各爲所志，總而論之，情理出於微明，氣數生於形分。然則荀、王得之於心，馬、陸取之於物，其(無)〔蕪〕惡迄可知矣。」◎李泰發，名光，上虞人。謚莊簡。自號讀易老人。著《讀易詳説》。《宋史》有傳。◎一行，唐時僧也。精於曆數。其説見《唐書·曆志》、《天文志》。《唐書》有傳。晁説之曰：「唐一行專明大衍之數，蓍以七備，卦以八用。」◎《三國志·管輅傳》：「輅字公明，平原人。」注引《輅別傳》曰：「及成人，明《周易》，仰觀風角占相之道，無不精微。」◎唐李鼎祚《周易集解自敍》曰「刊輔嗣之野文，補康成之逸象」，蓋發明漢學者也。◎朱子發《進易傳表》曰：「馬、鄭、荀、虞，説雖不同，要之去象數之源猶未遠也。王弼盡去舊説，雜之以老、莊之言，於是儒者專尚文辭，不復推原《大傳》，天人之道，分裂而不合。臣以程頤《易傳》爲宗，和會雍、載之論，上采漢、魏、吳、晉、元魏，下逮有唐及今，包括異同，補苴罅漏，庶幾道離而復合。」◎晁説之曰：「《易》雜老、莊，而專明人事，自王弼始。江左祖尚玄虛，弼學始盛。然晉專立鄭學，宋元嘉王、鄭兩立，顏延之爲祭酒，而黜鄭置王。」

馮當可謂：「王輔嗣蔽於虛無，而《易》與人事疏；伊川專於治亂，而《易》與天道遠。」又謂：「近有伊川，然後《易》與世故通，而王氏之説爲可廢。[一]然伊川往往舍畫求《易》，故時有不合，又不會通一卦之體，以觀其全，[二]每求之爻辭離散之間，故其誤十猶五六。」晁子止[三]爲《易廣傳》，當可答書曰：「判渾全之體，使後學無以致其思，非傳遠之道。」

[一]【全云】輔嗣疵纇誠有之，然未嘗不近人事，未可廢也。

[二]【全云】《誠齋易傳》亦然。

[三]【閻按】晁子止名公武，即撰《晁氏讀書志》者。

【元圻案】《書録解題》：「《昭德易詁訓傳》十八卷。敷文閣直學士清豐晁公武子止撰，乾道中上之。其議論精博，不主一家，然亦略於象數。沖之叔用，其父也。」◎《經義考》：「《詁訓傳》一名《易廣傳》，佚。」

吕元鈞云：「求於八卦之先而牽於數，故謂《坎》、《離》先天地；得於六爻之後而惑乎氣，故謂卦氣起《中孚》。」

【元圻案】《四庫全書總目·别集類》：「《浄德集》三十八卷。宋吕陶撰。陶字元鈞，號浄德，成都人。皇祐中進士，熙寧間復登制科。事迹具《宋史》本傳。《宋志》載陶集六十卷，久無傳本。今就《永樂大典》采掇裒輯，分爲三十八卷。」案今本第十五卷載《易論》上中下三篇，此條所引，其中篇之文也。◎《周易義海撮要》亦載其全篇。

伏羲之《易》，當以圖觀，文王以後始有書。艾軒[一]云：「《易》不畫，《詩》不歌，無悟入處。」案，此三句見林希逸《艾軒集序》。誠齋[二]云：「卦者其名，畫者非卦也，此伏羲氏初製之字也。」愚按，《易緯乾鑿度》以八卦之畫爲古文天、地、風、山、水、火、雷、澤字。

[一]【閻按】艾軒，林光朝號。

[二]【閻按】誠齋，楊萬里號。

【何云】恐未必然。觀《左傳》既列卦象，又舉卦名可見。

【元圻案】誠齋語見所作《劉文郁周易宏綱序》。《誠齋易傳》一：「☰、☷，古之天、地字也。曷由知之？由坎、離知之。偃之爲☵、☲，立之爲水、火。若雷、風、山、澤之字亦然。故《漢書》坤字作巛。八字立而聲畫不可勝窮矣，豈待鳥迹哉？後代草書『天』字作互，即☰也。」◎今本《乾鑿度》無「以八卦之畫爲古文」之文，文見《乾坤鑿度》上卷。◎項氏安世《家說·說經篇》曰：「《說文》益字從水從皿，以水注皿，故謂之益。以此推之，坎卦☵，即水字也。初作八卦之時，乾、坤、坎、離、震、兌、艮、巽必皆以三畫爲字，今巛尚爲坤，☵尚爲水，餘可知矣。」◎《左傳正義》曰：「今書有畫卦者，當是後之學者，自恐不識，私畫以備忘。然則卦象非《左氏》本文也。」◎林文軒，名光朝，字謙之，莆田人。謚文節。牟子才《艾軒謚議》曰：「平生未嘗著書，惟於《易》、《書》、《詩》、《禮》精通默識，間爲章句，口授學者。」◎李舜臣《隆山易本傳自序》曰：「《易》起於畫，捨畫無以見《易》。」

上《繫》七爻，起於《中孚》「鳴鶴在陰」；下《繫》十一爻，起於《咸》「憧憧往來」。《卦氣圖》[一]自《復》至《咸》凡三十卦。八十八陽、九十二陰，自《姤》至《中孚》亦三十卦。八十八陰、九十二陽，《咸》至《姤》凡六日七分，《中孚》至《復》亦六日七分，[二]陰陽自然之數也。

[一]案，李溉《卦氣圖》見《漢上易》。朱子發曰：「其説源於《易緯》。」

[二]《乾》，四月卦也，至五月《姤》，中隔《大有》、《家人》、《井》、《咸》四卦。《坤》，十月卦也，至十一月《復》，中隔《未濟》、《蹇》、《頤》、《中孚》四卦，并《乾》、《坤》計之，每卦得六日七分。

【全云】卦氣之説，起於漢儒，《十翼》未必遂有此義。

龜山曰：「《乾》、《坤》兩卦，聖人釋其義於後，是解《易》之法。」沙隨曰：「《乾》、《坤》，《易》之門，《文言》於《乾》，四致意焉，《坤》則一而已。舉《乾》、《坤》之義，則他卦可知。上《繫》解七爻，下《繫》解十一爻，大略類《文言》，學者可以三隅反。」

【元圻案】《龜山語録》：或勸解《易》。曰：「某嘗觀聖人言《易》，便覺措辭不得。只如《乾》、《坤》兩卦，聖人嘗釋其義於後，是則解《易》之法也。《乾》之『初九，潛龍勿用』，釋云『陽在下也』，又曰『龍德而隱者也』，又曰『下也』，又曰『陽氣潛藏』，又曰『隱而未見，行而未成』，此一爻耳，反覆推明，至五變其説然後已。今之説者，其於他卦能如是推明乎？若不能爾，則一爻之義只可用之一事，其於《繫辭》發明卦義尚多，故某嘗謂説《易》須彷佛聖人之意，然後可以下筆。」

「何以守位曰人」，《釋文》云：「王肅、卞伯玉、桓玄、明僧紹作『仁』。」《釋文》。今本乃從桓玄，誤矣。《本義》作「人」，云「吕氏從古，蓋所謂『非衆罔與守邦』。」

【元圻案】《文公易説》：「『守位曰仁』，《釋文》『仁』作『人』。伯恭常欲擔當此，以爲當從《釋文》。」◎蔡邕《釋誨》曰：「蓋聞聖人之大寳曰位，故以仁守位，以財聚人。」《周易集解》「泰大象」注引虞翻曰：「坤富稱財，守位以人，聚人以財。」然則漢魏以前，從「仁」從「人」，傳本互異耳。◎《隋書·經籍志》：晉桓玄、宋卞伯玉俱有《周易繫辭》注。今佚。◎《釋文敍録》：桓玄，字敬道，譙國龍亢人。僞楚皇帝。卞伯玉，濟陰人，宋東陽太守、黄門郎。明僧紹，字承烈，平原人。國子博士，徵不起。並注《繫辭》。《經義考》云俱佚。

筮法，依七、八、九、六之爻而記之。古用木畫地。《少牢》云：「卦者在左坐，卦以木。」《特牲》云：「卒筮，寫卦。筮者執以示主人。」【原注】卦者主畫地識爻，六爻備，乃以方版寫之。「今則用錢，以三少爲重錢，九也；三多爲交錢，六也；兩多一少爲單錢，七也；兩少一多爲拆錢，八也。」見《儀[一]禮》疏。

[一]【閻按】「儀」當作「士冠」。

【元圻案】《項氏家説》(一)[二]：「今占家以三錢擲之，兩背一面爲拆，此即兩少一多，少陰爻也；兩面一背爲單，此即兩多一少，少陽爻也；俱面者爲交，交者拆之，此即三多，爲老陰爻也；俱背者爲重，重者單之，此即三少，爲老陽爻也。蓋以錢代蓍，一錢當一揲。」◎錢氏《養新録》曰：「賈公彦疏本於北齊黄慶、隋李孟悊二家，是則齊、隋與唐初皆已用錢，重、交、單、拆之名，與今不異。但古人先揲蓍，而後以錢記之，其後術者漸趨簡易，但擲錢得數，不更揲蓍。」◎朱子《與郭沖晦書》：「三多三少之説，雖不經見，然其實以一約四，以奇爲少，以偶爲多而已。九、八者，兩其四也，陰之偶也，故謂之多；五、四者，一其四也，陽之奇也，故謂之少。奇陽體圓，其法徑一圍三而用其全，故少之數三；偶陰體方，其法徑一圍四而用其半，故多之數二。」

《易》者，數之原也。《屯》「十年乃字」，《需》「三人」，《訟》「三百户」、[一]「三褫」，《師》「三錫」，《比》「三驅」，《同人》「三歲」，[二]《蠱》「先甲後甲三日」，[三]《臨》「八月」，《復》「七日」、「十年」，《頤》「十年」，《坎》「簋貳」、「三歲」，《晉》「三接」，

《明夷》「三日不食」，《睽》「二女一車」，《解》「三狐」，《損》「貳簋」、「三人」、「一人」、「十朋」，《益》「十朋」，《夬》「五剛」，《萃》「一握」，《困》「三歲」，《革》「三就」，《震》「七日」，《漸》「三歲」，《豐》「三歲」，《旅》「一矢」，《巽》「先庚後庚[四]三日」、「三品」，《既濟》「七日」、[五]「三年」，《未濟》「三年」。其數例總釋於《乾鑿度》。如「月幾望」、「巳日乃孚」，皆陰陽氣數之變。

[一] 案，今本《乾坤鑿度》作「户三百」。

[二] 今本多「高陵」二字。

[三] 今本作「蠱三日甲」。

[四] 今本無「先庚後庚」四字。

[五] 今本無「七日」二字。

【閻按】王氏云數亦多遺，如《乾》「萬物」、「六位」、「六龍」、「萬國」、「四德」、「四時」，《坤》「萬物」「一朝一夕」、「四支」，《蒙》「再三瀆」，《師》「萬邦」，《比》「萬國」，《泰》「萬物」，《否》「萬物」，《謙》「萬民」，《豫》「四時」，《觀》「四時」，《无妄》「萬物」，《頤》「萬物」、「萬民」，《離》「百穀」、「四方」，《咸》「二氣」、「萬物」，《恒》「四時」、「萬物」、「從一」，《明夷》「四國」，《睽》「萬物」，《解》「百果」，《姤》「四方」，《萃》「萬物」，《革》「二女」、「四時」，《震》「百里」、「九陵」，《歸妹》「萬物」，《節》「四時」。亦有誤，「三品」置於「先庚後庚三日」之下是也。

【元圻案】王氏此條，悉述《乾坤鑿度》之文，閻氏謂有遺誤，蓋《易緯》七種，今《四庫全書》從《永樂大典》録出校刊，閻氏不及見也。又案《乾坤鑿度》此則標目曰《總釋二十九卦數例》，注曰：「其間有數無數，假象假物。」今王氏所述止二十八卦。案《鑿度》原文，「《頤》十年」下有「《剥》」字，注曰「九月陽盡」，王氏未載，所以卦數不符。

卦具四德者七，《乾》、《坤》、《屯》、《隨》、《臨》、《无妄》、《革》也。惟《乾》不言所利。

【元圻案】此條述《乾卦·文言》正義之文。◎張氏舜民《畫墁集》五《易論》曰：「卦具四德者有七：《乾》、《坤》、《屯》、《隨》、《臨》、《无妄》、《革》也。《坤》之『利牝馬』，《屯》之『利建侯』，至於諸卦，各因其德，唯《乾》不言所利。孔子曰：『《乾》始能以美利利天下。不言所利，大矣哉。』以言天之道無所不利也。」◎蔡氏淵《易象意言》曰：「《乾》、《坤》、《屯》、《隨》、《臨》、《无妄》、《革》，皆有『元亨利貞』，《乾》主造化全體，無所不備，《坤》承《乾》以成化，故加『牝馬』字，其餘卦則或主一時、或主一事而已。」

遏惡揚善，所以順天休命。内君子外小人，所以財成天地之道。

《乾》、《坤》既位，人居其中。《屯》以「建侯」作之君，《蒙》以「養正」作之師。

【集證】引元胡炳文《本義通釋》曰：「有天地即有君師，《乾》、《坤》之後，繼以《屯》，主《震》之一陽，而曰『利建侯』，君道也。又繼以《蒙》，主《坎》之一陽，而曰『童蒙求我』，師道也。君師之道，皆利於貞。」

《大畜》爲學，《賁》爲文。「能止健」而後可以爲學，「文明以止」而後可以爲文。止者，篤實而已。不以篤實爲本，則學不足以成德，文不足以明理。

【元圻案】程傳曰：「《大畜》在人，爲學術道德，充積於内，乃所畜之大也。」藍田吕氏曰：「《賁》，致飾以文也。」《兼山易説》曰：「健，天德也。能止天德，其畜大矣。」《龜山易説》曰：「文明而麗乎止，卦之所以爲《賁》也。」《漢上易傳》曰：「《艮》爲山，篤實也。」

《易》立乎其中，體也；《易》行乎其中，用也。朱子謂：「行以造化言，立以卦位言。」

【元圻案】朱子《答連嵩卿書》曰：「天地設位，而《易》行乎其中，以造化言之也；《乾》《坤》成列，而《易》立乎其中，以卦位言之也。」◎蔡氏淵《易象意言》曰：「《乾》《坤》成列，而《易》立乎其中，是言太極具於形器之中也。天地設位，而《易》行乎其中，是言太極在形器之中，復動而生物也。」

《旅》初六「斯其所取災」，王輔嗣注云：「爲斯賤之役。」唐郭京[一]謂「斯」合作「㢡」。愚按《後漢·左雄傳》「職斯禄薄」注云：「斯，賤也。」不必改「㢡」字。

[一]【全云】郭氏京著《周易舉正》。

【元圻案】王定柱曰：「㢡當同廝養之廝，與本卦『童僕』義同，非泛訓爲賤也。以㢡爲訓，於『其所』二字文義不甚可通，當從語助爲長。」案《旅》六二「得童僕貞」，《九家易》曰：「初者卑賤，二得履之，故得童僕。」則「斯」似當作賤義。然陸績解「初六」曰「斯其所取災也」，則語助之訓，亦已古矣。◎郭京《周易舉正》新、舊《唐書》皆不著録，惟見於《崇文總目》。《書録解題》於「宋咸易補注」條下，稱咸得此書於歐陽修，是天聖、慶曆間乃行於世。《文獻通考》云：「李燾以京爲開元後人。」

「城復於隍，其命亂也」。湯伯紀[一]云：「亂，如『疾病則亂』之『亂』。」愚謂唐玄宗極熾而豐，泰之極也，以李林甫、楊國忠爲周、召，以安禄山、哥舒翰爲方、虎，非「命亂」而何！

[一]【全云】東澗先生湯漢。

【元圻案】韓昌黎《平淮西碑》云：「至於玄宗，受報收功，極熾而豐。」◎司馬温公《稽古録》十五：「論曰：明皇再清内難，開元之初，海内富庶，四夷賓服，浸淫於貞觀之風矣。及天寶以降，自以功成治定，無復後艱，志欲既滿，侈心乃生。以娱樂爲良謀，以聲色爲急務，以李林甫、楊國忠爲周、召，以安禄山、哥舒翰爲方、虎。一旦變生所忽，乘輿播蕩，生民塗地，安之不可恃，治之不可保如此。」◎《唐書·姦臣傳》：「林甫，長平肅王叔良曾孫。林甫善刺上意。時帝春秋高，重接對大臣，及得林甫，任之不疑。自是深居燕適，沉蠱衽席，主德衰矣。」又《外戚傳》：「楊國忠，太真妃之從祖兄。李林甫死，遂拜右相。便佞，專循帝嗜欲，不顧天下成敗。」又《逆臣傳》：「安禄山，營州柳城胡也。本姓康，隨母嫁安延偃，乃冒姓安，更名禄山。李林甫嫌儒臣以戰功進，尊寵間己，乃請顓用蕃將，故帝寵禄山益牢，羣議不能軋。卒亂天下，林甫啓之也。」又《哥舒翰傳》：「哥舒翰，其先蓋突（厥）〔騎施〕酋長哥舒部之裔。安禄山反，拜太子先鋒兵馬元帥，守潼關，戰敗，火拔歸仁執以降賊。京師震動，由是天子西幸。」◎湯漢，字伯紀，饒州安仁人。官端明殿學士。謚文清。

《漢·郊祀志》：「劉向引《易大傳》曰：『誣神者殃及三世。』」愚按《大戴禮·本命篇》「誣鬼神者罪及二世」，《易大傳》豈即此篇歟？

【閻按】凡書引《易》爲今《周易》所無者，顔師古曰：「蓋易家之别説者。」豈得謂即《大戴禮記》？

【元圻案】《本命篇》：「大罪有五：逆天地者罪及五世，誣文、武者罪及四世，逆人倫者罪及三世，誣鬼神者罪及二世，殺人者罪止其身。故大罪有五，殺人爲下。」◎宋李心傳《丙子學易編》曰：「《司馬談論六（經）〔家〕要旨》，引『天下殊塗而同歸，一致而百慮』，謂之《易大傳》。此今《繫辭下傳》中語也。故相承以《繫辭》爲《大傳》。然劉向封事引《易大傳》曰『誣神者殃及三世』，此豈《繫辭傳》中語乎？意者秦、漢諸儒自爲《易大傳》，如伏生《尚書大傳》之比，其間引《繫辭》之文，而談不考詳，誤以爲《大傳》耳。亦猶『差之毫釐，謬以千里』，本《易緯》之文，而漢儒所引，乃冠以『易曰』二字，鹵莽類此，要不足據也。」

《説卦·釋文》引荀爽《九家集解》，得八卦逸象三十有一。〔一〕《隋》、《唐志》「十卷」，唯《釋文序録》列①九家名氏，云：「不知何人所集，稱荀爽者，以爲主故也。其序有荀爽、京房、馬融、鄭玄、宋衷、虞翻、陸績、姚信、翟子玄，爲《易義注》，內又有張氏、朱氏，並不詳何人。」荀悦《漢紀》云：「馬融著《易解》，頗生異説。〔二〕爽著《易傳》，據爻象承應、陰陽變化之義，以十篇之文解説經意。由是兗、豫言《易》者，咸傳荀氏學。」〔三〕今其説見於李鼎祚《集解》。若「乾升於坤曰雲行，坤降於乾曰雨施」，「雲行雨

①「列」，原本作「引」，據元刊本改。

施天下平也」注。「乾起坎而終於離，坤起離而終於坎。離、坎者，乾、坤之家而陰陽之府，故曰大明終始」，「大明終始」注。皆諸儒所未發。

［一］朱子《本義》取之。

［二］案，《漢紀》此下有「及臣悦叔父故司徒」八字。

［三］【何云】荀悦《漢紀》約班《書》爲之，又無「自敍」二字，蓋誤。

【全云】此在荀《紀》河平三年有此數語，何氏讀荀《紀》不審，而反以此爲誤。

【元圻案】《釋文敍録》：荀爽九家《集注》十卷，又京房《章句》十二卷。京房，字君明，東郡頓丘人。魏郡太守馬融《傳》十卷。馬融字季長，茂陵人。南郡太守議郎荀爽注十卷。荀爽，字慈明，官至司空。宋衷注九卷。宋衷，字仲子，南陽章陵人。後漢荆州五等從事陸績述十三卷。績字公紀，吴郡吴人。後漢偏將軍、鬱林太守姚信注十卷。姚信，字德祐，《七録》云字元直，吴興人。吴太常卿翟子玄，不詳何人，爲《易義》。◎《三國志·陸績傳》注載《姚信集·請褒績女鬱生爲義姑表》一篇。◎翟子玄《易義》，《隋》、《唐志》皆不著録。◎《經義考》十：「陸德明謂《九家易》内有張氏、朱氏，不詳何人。按《釋文》載有張倫本，未審即其人否。」又曰：「李鼎祚《集解》引諸家《易》中，有朱仰之，疑即其人。」◎《四庫全書總目·易類》：「《周易集解》十七卷，唐李鼎祚撰。鼎祚，《唐書》無傳。惟據序末結銜，知其官爲秘書省著作郎。據袁桷《清容居士集》載，資州有鼎祚讀書臺，知爲資州人耳。所采凡子夏、孟喜、焦贛、京房、馬融、荀爽、鄭康成、劉表、何晏、宋衷、虞翻、陸績、干寶、王肅、王弼、姚信、王廙、張璠、向秀、王凱沖、侯果、蜀才、翟玄、韓康伯、劉巘、何妥、崔憬、沈驎士、盧氏、崔覲、伏曼容、孔穎達、姚規、朱仰之、蔡景君等三十五家之説。」◎陳振孫曰：「凡隋、唐以前易家諸書逸不傳者，賴此猶見其一二，而所取於荀、虞者尤多。」

王昭素謂：《序卦》云「《離》者麗也」，「麗必有所感，故受之以《咸》。咸者感也」凡十四字，晁以道《古易》取此三句增入正文，謂後人妄有上、下經之辯。[一]吴仁傑亦從王、晁之論。沙隨程氏按《繫辭》曰：「二篇之策，從韓康伯本。」張文饒[二]云：「《序卦》上經不言《乾》、《坤》，下經不言《咸》者，天地人物之本必藏諸用也。」朱新仲[三]謂：「《一行易纂》引孟喜《序卦》曰：『陰陽養萬物，必訟而成之；君臣養萬民，亦訟而成之。』然則《序卦》亦雜以經師之言歟？」

[一]案，晁以道《録古周易自序》曰：「如古者竹簡重大，以經爲二篇，今又何必以二篇成帙哉！」

[二]【何云】名行成。

[三]【何云】名希真。

【集證曰】名翌。希真乃朱敦儒之名。

【元圻案】此亦沙隨《易古占法》下引新仲之語。◎吴仁傑《兩漢刊誤補遺》十稱：「荀爽《傳》：『夫婦，人倫之始，故文王作《易》，上經首《乾》、《坤》，下經首《咸》、《常》。』仁傑按：王昭素謂《易序卦》云『離者麗也』，諸本此下更有『麗必有所感，故受之以《咸》，咸者感也』凡十四字，晁以道舍人《古易》取此三句增入正文，謂後人妄有上、下《經》之辯，故例省云。按《荀卿書》曰：『《易》之《咸》，見夫婦。』故《序卦》始言天地，而不言《乾》、《坤》。此言夫婦而不言《咸》，蓋昭然已見，不必申言之也。仁傑編次《古易》十二篇，於《序卦》正文止從其舊。」王氏此條，似據此爲説。然云「仁傑亦從王、晁之論」，何也？《書録解題》載吴仁傑《古周易》十二卷，其篇第以《彖傳》、《象傳》、《繫辭傳》、上下《説卦》、上中下《文言》、《序卦》、《雜卦》并上下經爲十二篇，其不從王、晁，實有明證。萬氏《集證》謂「亦從」疑作「不從」，或「亦」、「不」字相近而誤也。仁傑稱晁以道「謂後人妄有上、下經之辯」，據《書録解題》載，以道《古周易》八卷，《卦爻》一，《彖》二，《象》三，《文言》四，《繫辭》五，《説卦》六，《序卦》七，《雜卦》八，稱《卦》、《彖》各爲一卷，是經不分上下，與仁傑之説合。而晁公武《讀書志》又稱其「先詹事公以道《古周易》十二卷，依漢田何本，分《易經》上下，并《十翼》，通爲十二篇」，並無取「麗必有所感」十四字增入正文之文。公武述其家學，不應舛誤如此，當考。◎宋釋文瑩《玉壺清話》云：「王昭素，酸棗人。學古純直。李穆師之，薦於朝。太宗召至便殿，賜坐，講《乾》卦至『九五飛龍在天』，奏曰：『此爻正當陛下今日之事。』引喻該證，微含箴補。賜國子博士。上問治世養身之術，對曰：『治世莫若愛民，養身無非寡欲。』」◎《讀書志》一：「王昭素《易論》三十三卷，以注疏異同，互相詰難，蔽以己意。」◎《經義考》引《崑山縣志》：「吴仁傑，字斗南，一字南英。其先洛陽人，居崑山。博洽經史，講學朱子之門。登淳熙進士。歷羅田令、國子學録。自號蟲隱。」◎《玉海》三十六：「舊史：一行撰《大衍論》三卷。《中興書目》：《一行易傳》十二卷。」◎《漢書·儒林傳》：「孟喜，字長卿，東海蘭陵人也。從田王孫受《易》。」◎朱翌，字新仲，號灊山居士。政和間進士。南渡後居桐廬。爲中書舍人。卜居鄞。自號省事老人。有《灊山集》。◎朱敦儒，字希真，洛陽人。即十（九）〔八〕卷中所載作《小盡行》者①。

劉夢得《辨易九六論》曰：「董生言本畢中和，中和本其師，師之學本一行。」朱文公曰：「畢氏揲法，視疏義爲詳。柳子厚詆夢得膚末於學，誤矣。」

【閻按】子厚謂董生膚末於學，非詆夢得。

【何云】雖視義疏爲詳，然亦非有別傳，據孔氏而詳之耳。柳譏之，非過也。

【元圻案】劉禹錫《與董生辨易九六論》曰：「《乾》之爻皆九，而《坤》六，何也？世之儒者皆曰：『吾聞諸孔穎達云，陽尊，得兼乎陰，陰不得兼乎陽也。』他日與董生言及《易》。生曰：『吾聞諸畢中和云，舉老而稱也。』因舉揲蓍變之所遇多少，以明老陰老陽之數，以明二篇之策，復取《左傳》、《國語》昔人之筮以爲證。」◎柳宗元《與劉夢得書》曰：「見《與董生論周易九六》，

---

① 見第十八卷「朱希真避地廣中」條。

義取老而變，以爲畢中和承一行僧得此説，異孔穎達疏，而以爲新奇。彼畢子、董子何膚末於學，而遽云云也，都不知一行僧承韓氏、孔氏説，而果以爲新奇，不亦可笑矣哉。韓氏注《乾》之策二百一十有六，曰《乾》一爻三十有六策，則是取其過揲四分而九也；《坤》之策一百四十有四，曰《坤》一爻二十四策，則是取其過揲四分而六也。孔穎達等作《正義》，論『九六』有二義，其一者曰陽得兼陰，陰不得兼陽，其二者曰老陽數九，老陰數六。二者皆變用《周易》，以變者占。鄭康成注《易》，亦稱以變者占，故云九六也，所以老陽九、老陰六者，九過揲得老陽，六過揲得老陰，此具在《正義·乾篇》中。周簡子之説亦若此，而又詳備。何畢子、董子之不視其書，而妄以口承之也！」◎朱子《答程泰之書》曰：「畢氏揲法，視疏義爲詳。柳子厚詆夢得以爲膚末於學者，誤矣。畢論三揲，皆挂一正合四營之義，惟以三揲之挂扐分措於三指間爲小誤。然於其大數，亦不差也。其言餘一益三之屬，乃夢得立文太簡之誤，使讀者疑其不出於自然而出於人意耳。」

《古易》五家：吕微仲、晁以道、睢陽王氏、東萊吕氏、九江周燔。又有程迥、吴仁傑二家。而洪興祖以一行所纂《古子夏傳》爲正，以諸書附著其下，爲《考異釋疑》。

【全云】一行所纂，非舊本明矣，但未知與張弧本若何。

【元圻案】《書録解題》一：「《周易古經》十二卷。丞相汲郡吕大防微仲所録上下經，並録《爻辭》、《彖》、《象》，隨經分上下，共爲六卷，上下《繫辭》二卷，《文言》、《説》、《序》、《雜卦》各一卷。又《古易》十二卷，出翰林學士睢陽王洙原叔家，上下經惟載《爻辭》，外《卦辭》一，《彖辭》二，《大象》三，《小象》四，《文言》五，上《繫》六，下《繫》七，《説卦》八，《序卦》九，《雜卦》十。葉石林以爲此即《藝文志》所謂『《古易》十二篇』者也。」案：《隋》、《唐志》皆無「古易」之目，當亦是後人依倣録之耳。又《古易》十二卷，《音訓》二卷，著作郎東萊吕祖謙伯恭所定，篇次與汲郡吕氏同，《音訓》則其門人王莘叟筆受。朱晦庵刻之於臨漳、會稽，益以程氏是正文字及晁氏説。其所著《本義》，據此本也。又《古易考》一卷，沙隨程迥撰，闕《序》、《雜卦》。又《古周易》十二卷，國子録吴郡吴仁傑斗南所録，以爻爲《繫辭》，今之《繫辭》爲《説卦》。其言《十翼》，謂《彖傳》、《象傳》、《繫辭傳》、上下《説卦》、上中下《文言》、《序卦》、《雜卦》，並上下經爲十二篇。案：漢世傳《易》者，施、孟、梁丘、京、費，費最晚出，東京馬、鄭皆傳之。其合《彖》、《象》、《文言》於經，蓋自康成。輔嗣以來，展轉相傳，學者遂不識古文本經。凡此諸家所録，雖頗有同異，大較經自爲經，傳自爲傳，而於傳之中，《彖》、《象》、《文言》亦各不相混，稍復古人之舊，宜並存之。又有九江周燔所次，附見吴氏書篇末，視諸本爲無據。◎《玉海》三十六《續書目》云：「洪興祖謂漢以來諸儒各有師承。唐陸德明著《音義》，兼存别本。諸儒各以所見去取。今以一行所纂《古子夏傳》爲正，而以諸書附著其下，爲《易古經考異釋疑》一卷。」◎宋税氏與權《校正古周易序》曰：「吕汲公元豐壬戌，昉刻《周易古經》十二篇於成都學宫。晁景迂生，建中靖國辛巳并爲八篇，號《古周易》，繕寫而藏於家。巽巖李文簡公，紹興辛未，謂北學各有師授，經名從吕，篇第從晁，而重刻之。逮淳熙壬寅，朱文公表出東萊《古文周易經傳音訓》，謂《古易》自晁生始。豈二公或不見汲公蜀本歟？然成公則議晁生并上下經爲非，而文公《本義》則篇第與汲公脗合。」◎邵公濟《聞見後録》云：「予家藏大父手寫《百源易》，實《古易》也。百源在蘇門山下，康節讀《易》之地。舊秘閣亦有本。」據此二説，則《古易》又有邵、李二家。◎洪興祖，字慶善，丹陽人。政和中登上舍第。南渡後，歷知真州、饒州。忤秦檜，編管昭州。《宋史》入《儒林傳》。◎唐劉肅《大唐新語》：「沙門一行，俗姓張，名遂，郯公公瑾之曾孫。年少出家，以聰敏學行見重於代。」

經説多依托，《易》爲甚。《子夏傳》，張弧作也。[一]《關子明傳》，阮逸作也。[二]《麻衣正易》，戴師愈作也。[三]

[一]【何云】本景迂語。

[二]【何云】本後山語。

[三]【何云】本之朱子。

【元圻案】晁以道《傳易堂記》曰：「今號爲《子夏易》者，《崇文總目》亦斥其非是，而不知其所作之人。予知其爲唐張弧之《易》也。」◎《四庫全書總目》一：「按唐以前所謂子夏傳已爲僞本，晁説之又稱爲張弧之《易》，是唐時又一僞本。朱彝尊《經義考》證以陸德明、李鼎祚、王應麟所引，皆今本所無。然則今本又出僞托，不但非子夏書，亦並非張弧書矣。」◎陳師道《後山叢談》、何薳《春渚紀聞》、邵博《聞見後録》皆云阮逸嘗以僞撰《關子明易傳》稾示蘇老泉。◎《朱子語類》：〔邵〕浩問：『李壽翁最好《麻衣易》，與《關子明易》如何？』先生曰：『偶然兩書皆是僞書。《關子明易》是阮逸僞作，《陳無己集》中説得分明。《麻衣易》乃是南康戴主簿作。』」◎師愈之名，見朱子《再跋麻衣易説後》。◎《書録解題》一：「《正易心法》一卷。舊稱麻衣道者授希夷先生。崇寧間，廬山隱者李潛得之，凡四十二章。」◎《麻衣易》有戴師愈跋。師愈字孔文。◎關子明，名朗，河東人。◎阮逸，字天隱，建陽人。安定先生門人。天聖五年進士。皇祐中，與胡安定同典樂事，遷尚書屯田員外郎。

《越絶外傳·枕中第十六》：范子曰：「道生氣，氣生陰，陰生陽。」愚謂「先陰後陽」即《歸藏》先《坤》之義，闔而闢，静而動也。

【元圻案】《禮記·禮運》：「觀殷道，吾得坤乾焉。」正義曰：「殷《易》以《坤》爲首。」《周禮》：「太卜掌《三易》之法，一曰《連山》，二曰《歸藏》，三曰《周易》。」注，杜子春云：「《歸藏》以《坤》爲首，坤爲地，故萬物莫不歸而藏於其中，故名《歸藏》也。」◎魏鶴山曰：「《周易》備三易之義。闔户謂之《坤》，即《歸藏》；終萬物，始萬物，莫盛乎《艮》，即《連山》。」

《鄭志》：張逸問《贊》云：「我先師棘下生，何時人？」答云：「齊田氏時。善學者所會處也，齊人號之棘下生，無常人也。」愚案康成有《易贊》，所謂《贊》云者，《易贊》也。棘下，即稷下也。劉向《别録》：「談説之士會於稷門下。」

【閻按】魯亦有棘下，爲城内地名，見《左傳》定公八年。《水經注》竟認「亦儒者之所萃焉」，恐誤。

【元圻案】《水經注》「淄水又東過利縣東」注云：「系水傍城北流，徑陽門西，水次有故封處，所謂齊之稷下也。齊宣王喜文學遊説之士，鄒衍、淳于髡、田駢、接子、慎到之徒七十六人，皆賜列第，爲上大夫，不治而論議。劉向《别録》以稷爲齊城門名也。談説之士期會於稷門下，故曰稷下也。《鄭志》張逸問云云。余按《左傳》昭公二十二年，莒子如齊，盟於稷門之外。漢以叔孫通爲博士，號稷嗣君。《史記音義》曰：『欲以繼蹤齊稷下之風矣。』然棘下又是魯城内地名。《左傳》定公八年，陽虎劫公伐孟氏，入自上東門，戰於南門之内，又戰於棘下者也。蓋亦儒者之所萃焉，故張逸疑而發問，康成釋而辯之。」◎《四庫全書簡明目録·五經總義類》：「《鄭志》三卷，《補遺》一卷。魏鄭小同撰。小同，鄭玄之孫也。玄没之後，門人述其問答爲八篇，小同編次爲十一卷。原本久佚，此亦好古者從諸書輯綴，以存鄭學之崖略者也。」◎《易正義》論易之三名曰：「《易緯乾鑿度》云：『易一名而含三義，所謂易也，變易也，不易也。』又云：『易者其德也，變易者其氣也，不易者其位也。』鄭玄依此義作《易贊》。」◎今本《鄭志》上載《書贊》云：「我先師棘下生，安國亦好此學」云云。又「張逸問《贊》云『我先師棘下生何人』云云」，《水經注》引此條，作「張逸問《書贊》」云。今厚齋以爲《易贊》，必有所據，俟考。

《京氏易·積算法》引夫子曰：「八卦因伏羲，暨於神農，重乎八純。聖理玄微，易道難究。迄乎西伯父子，研理窮通，上下囊括，推爻考象，配卦世應，加乎星宿，局於六十四所，二十四氣，分天地之數，定人倫之理，驗日月之行，尋五行之端。災祥進退，莫不因茲而兆矣。故考天地日月星辰山川草木蟲魚鳥獸之情狀，運氣生死休咎，不可執一隅，故曰《易》含萬象。」[一]又引孔子云：「易有四易，一世二世爲地易，三世四世爲人易，五世六世[二]爲天易，遊魂歸魂爲鬼易。」[三]此占候之學，決非孔子之言也。張文饒言「四易」又異於是：「易有四，體一用三。伏羲《先天》，體也；《連山》天易，《歸藏》地易，《周易》人易，用也。」

[一]案，惠氏棟《易漢學》四引此條曰：「如京說，則今占法所謂納甲、世應、遊歸、六親六神之說，皆始於西伯父子也。此條今《京氏易傳》無之，見《困學紀聞》。」

[二]惠氏棟曰：「八純俗作六世，誤。」○案，《項氏家說》一作「五世及八純爲天易」。

[三]陸績《易說》引孔子曰，與此辭同。

【全云】文饒之言亦無據。桓譚所云先天、中天、後天三易尚不可信，況晚出譚後之謬語云。

【元圻案】①《四庫書簡明目録・術數類》：「《京氏易傳》三卷。漢京房撰。房傳焦氏之學，故言術數者稱焦京，而房之推衍災祥，更甚於延壽。其書凡十四種，今佚十三，惟此書以近正得傳。今世錢卜之法，實出於此。」◎魏鶴山《師友雅言》曰：「吾鄉觀物先生張行成文饒，頗得易數之詳，有《通變》、《經世》、《述〔衍〕》、《翼玄》、《玄包》、《通靈》②等凡七書。」

京氏謂「二至四爲互體，三至五爲約象」。《儀禮疏》云：「二至四，三至五，兩體交互，各成一卦，先儒謂之互體。」

【全云】深寧於集《鄭氏易注》，發明互體最精。

【集證】王氏《康成易注序》：「康成學《費氏易》，爲注九卷，多論互體。以互體求《易》，《左氏》以來有之。凡卦爻，二至四，三至五，兩體交互，各成一卦，是謂一卦含四卦，《繫辭》謂之中爻，所謂八卦相盪，六爻相雜，唯其時物，雜物撰德是也。惟《乾》、《坤》無互體，蓋純乎陽、純乎陰也。餘六子之卦皆有互體，《坎》之六畫，其互體含《艮》、《震》，而《艮》、《震》之互體亦含《坎》；《離》之六畫，其互體含《兑》、《巽》，而《兑》、《巽》之互體亦含《離》。三陽卦之體，互自

①「元圻案」，原本無，據文例補。

②《鶴山集》卷一百九作《通變》、《經世》、《述衍》、《翼玄》、《通靈》。

相含，三陰卦之體，亦互自相含也。王弼尚名理，譏互體，然注《睽·六二》曰：『始雖受困，終獲剛助，《睽》自初至五成《困》。』此用互體也。弼注《比·六四》之類，或用康成之説。鍾會著論，力排互體，而荀顗難之。」

【元圻案】《日知録》曰：「《晉書》荀顗嘗難鍾會《易》無互體，見稱於世，其文不傳。」◎此條所引《儀禮疏》，今本無，而莊二十二年《左傳正義》有之。

《説卦》虞翻曰：「《乾》、《坤》五貴三賤，故定位。《艮》、《兑》同氣相求，故通氣。《震》、《巽》同聲相應，故相薄。《坎》戊《離》巳，月三十日一會於壬，故不相射。《坤》消從午至亥，故順。《乾》息從子至巳，故逆。」見李氏《集解》。蓋用納甲卦氣之説。

【元圻案】《京氏易傳》：「陰從午，陽從子，子午分行，子左行，午右行。」◎納甲卦氣之説，《項氏家説》言之最詳，文多不録。

「初九，潛龍」，辭也。有九則有六，變也。「潛龍」，象也。「勿用」，占也。輔漢卿[一]謂：「《易》須識辭、變、象、占四字。」【原注】項氏曰：「不稱『乾馬』而稱『震龍』，震，動也，《乾》之動自《震》始。」

[一]【全云】輔廣，朱子弟子。

【元圻案】魏鶴山《答丁大監黼書》曰：「曾親聞輔漢卿廣之説《易》，須是識得辭、變、象、占四字。如『初九潛龍』云云，此辭也；有九則有六，此變也；『潛龍』即象；『勿用』即占。人謂《本義》專主占筮者，此未識先生之意。」◎原注引項説，見項氏安世《周易玩辭》一。◎項氏《周易玩辭自序》曰：「《易》之道四，其實則二，象與辭是也。變則象之進退也，占則辭之吉凶也。不知其象，何以知其變？不通其辭，何以決其占？」

陽爲大，陰爲小。《大畜》、《小畜》，《大過》、《小過》，取陰陽爲義。

【元圻案】《朱子語録》：「陽爲大，陰爲小。《大過》、《小過》之類，皆是以陰陽而言。」◎宋蔡氏淵《易象意言》曰：「凡卦中陽爲大，陰爲小，陽利君子，陰利小人。《大畜》、《小畜》，《大過》、《小過》，皆取陰陽爲義。」又曰：「《小畜》者，《巽》畜《乾》也；《大畜》者，《艮》畜《乾》也。《巽》之主柔爻也，《艮》之主剛爻也。故《小畜》主四，柔畜剛也；《大畜》主上，剛畜剛也。」又曰：「大者爲陽，巽下兑上，則兩陰包四陽，陽數過焉，故曰《大過》。小者爲陰，艮下震上，則四陰包兩陽，陰數過焉，故曰《小過》。」

六爻有得有失，唯《謙》三吉三利，《家人》一爻悔亡，五爻皆吉。

【元圻案】元曾氏道傳《易學（通變）〔變通〕》曰：「《乾》六爻不言吉，無往而非吉也。初九處之以勿用，即初九之吉，上九處之無悔，即上九之吉。二之見五，五之飛，三、四之无咎，皆然。蓋位或過於中，而聖人處之則無不中；位或失於正，而聖人處之則無不正。所謂『剛健中正，純粹精』者，吉有大於此乎？」

《漢書·敍傳》「六世耽耽，其欲浟浟」，【原注】音滌。注：「《頤》六四爻辭，浟浟，欲利之貌。今《易》作『逐逐』。」子夏傳作「攸攸」。顏注以「浟浟」爲欲利，輔嗣以「逐逐」爲尚實，其義不同。

【集證】《釋文》：「逐逐，如字，敦實也。子夏傳作『攸攸』。」《志林》云：「攸當爲逐。蘇林音迪。荀作『悠悠』，劉作『跾跾』，云遠也。《說文》：跾，音式六反。」

【元圻案】今本子夏傳亦作「逐逐」。◎王弼《易注》：「其欲逐逐，尚敦實也。」

上蔡謝子爲《晁以道傳易堂記後序》，言：「安樂邵先生《皇極經世》之學，師承頗異。安樂之父，昔於廬山解后文恭胡公，從隱者老浮圖遊。隱者曰：『胡子世福甚厚，當秉國政；邵子仕雖不耦，學業必傳。』因同授《易》書。」上蔡之文今不傳，僅載於張栻《書文恭集後》。康節之父伊川丈人，名古，字天叟。

【元圻案】《四庫書》《胡文恭集》四十卷，從《永樂大典》裒録，無張栻《書後》，文蓋已佚矣。

◎胡文恭公，名宿，字武平，常州晉陵人。天聖二年進士，歷官樞密副使。以太子少師致仕。文恭，其謚也。《宋史》有傳。◎朱子《上蔡語録後序》曰：「先生名良佐，字顯道，學於程夫子昆弟之門，篤志力行，於從游諸公間所見最爲超越。」◎晁氏《讀書志》曰：「邵古《周易解》五卷。古，康節之父也。世本范陽。治平初，卒於洛，年九十七。其學先正音文云。」

邵子《觀物外篇》曰：「天地之氣運，北而南則治，南而北則亂。亂久則復北而南矣。」張文饒《觀物外篇衍義》謂：「《先天圖》圖在邵子《皇極經世》。自《泰》歷《蠱》而至《否》，自《否》歷《隨》而至《泰》，即南北之運數也。」《聞見録》載邵子之言曰：「天下將治，地氣自北而南，將亂，自南而北。」蓋爲聞杜鵑聲①[一]也。陳忠肅謂重南輕北，分裂有萌，則以人事知之。

[一]「聲」，閻本作「發」。

【方樸山云】以陰陽言。

【全云】忠肅之説恐未然。是時章、蔡、曾皆南人，故重南是其私意。然不必以南人用而遂致分裂也。前此寇萊公以北人重北，亦是私意。若王文正竟謂南人不可作相，則唐之陸象先、陸贄

① 「聲」，元刊本作「發」。

非南人乎？

【元圻案】晁氏《讀書志·易類》：「邵康節《皇極經世》十二卷，又有《觀物篇》繫於後。其子伯温解。」陳氏振孫曰：「《觀物外篇》，康節門人張峄子望記其平生之言，雖十纔一二，而足以發明成書者多，故名《外篇》。峄登進士第，仕爲太常寺主簿。」◎《聞見録》曰：「嘉祐末，康節行洛陽天津橋，忽聞杜宇之聲，嘆曰：『北方無此物，異哉。不及十年，其有江南人以文字亂天下者乎！』客曰：『聞杜鵑何以知之？』康節曰：『天下將治』云云。」[①]◎《聞見前録》二十卷，邵伯温子文撰。康節子也。南渡後，官至利路轉運副使。《宋史》入《儒林傳》。◎陳忠肅，名瓘，字瑩中，沙縣人。元豐二年進士。徽宗朝歷右司諫，權給事中。紹興中賜謚忠肅。彈蔡京疏曰：「絶滅史學，一似王衍，重南輕北，分裂有萌。」

歐陽公以《河圖》、《洛書》爲怪妄。東坡云：「著於《易》，見於《論語》，不可誣也。」語見《東坡易傳》。南豐云：「以非所習見，則果於以爲不然，是以天地萬物之變爲可盡於耳目之所及，亦可謂過矣。」蘇、曾皆歐陽公門人，而論議不苟同如此。

【元圻案】歐陽公《廖氏文集序》曰：「秦焚書，六經中絶。漢興，蓋久而後出，諸儒因得措

① 按，此節實出自《古今事文類聚後集》卷四十四，與《聞見録》本文頗有異同。

異說於其間。如《河圖》、《洛書》，其怪妄之尤甚者。」◎曾子固《洪範傳》曰：「其曰『天乃錫禹《洪範》九疇』，蓋《易》亦曰『洛出書』，然而世或以爲不然。原其說之所以如此者，以非其耳目之所習見也。天地之大，萬物之衆，不待非常之智，而知其變之不可盡也；人之耳目之所及，亦不待非常之智，而知其不能遠也。彼以非其所習見，則果於以爲不然，是以天地萬物之變爲可盡於耳目之所及，亦可謂過矣。爲是說者，不獨蔽於《洪範》之錫禹，至鳳凰、麒麟、玄鳥生民之見於經者，亦且以爲不然。執小而量大，用一而齊萬，信臆決而疑經，不知其不可，亦可謂惑矣。」◎蘇子由撰《東坡墓誌》曰：「嘉祐二年，歐陽文忠公考試禮部進士。梅聖（愈）〔俞〕時與其事，得公《論刑賞》，以示文忠。文忠驚喜，以爲異人，欲以冠多士，疑曾子固所爲，子固，文忠門下士也，乃寘公第二。復以春秋對義居第一。」◎蘇詩王注：「子固名鞏，南豐人。嘉祐二年，永叔知貢舉，子固兄弟四人同登科。」

迂齋[一]講《易》，謂「伏羲未作《易》之前，天下之人心無非易；伏羲既作《易》之後，天下之萬事無非易。」又《策問》謂：「种明逸以易學名，而其後世衡至師道累葉爲名將。郭逵以將帥顯，而其後兼山、[二]白雲[三]皆明《易》。蓋《易》之爲書，兵法盡備，其理一也。」愚聞之先君云。

[一]【閻按】迂齋，樓昉號。

【全云】昉，東萊弟子。

〔二〕【閻按】兼山，郭忠孝號。

〔三〕【閻按】白雲，郭雍號。

【閻按】王氏《玉海·易》云：「有未畫之易，易之理；有既畫之易，易之書。」◎唐薛仁貴亦有《周易新注本義》十四卷。

【何云】前語蹈空，後語卑狹。

【全云】丁寬及身爲名將，何須至种、郭而始悟。

【元圻案】种明逸，名放，洛陽人，自號雲溪醉侯。康節之《易》，出於李之才，之才受之穆修，修受之种放，放受之陳摶。世衡字仲平，放兄子。知環州，專以信結諸羌。子古、諤、診，皆有將材，號曰「三种」。世衡幼子誼，知蘭州，莅軍嚴整，每戰未嘗負。諤子朴，朴弟師道，字彝叔，少從張子學。金人南下，加檢校少保、靖難軍節度使。聞命即行，趨汴水南，徑逼敵營。金人斂遊騎，守牟駝岡，增壘自衛。建炎中，追謚忠憲。弟師中，字端儒。與金兵戰於榆次，死之。師中老成持重，時稱名將。謚莊愍。◎郭逵，字仲通。開封人。治平二年，以檢校太保領陝西宣撫使，判渭州。討平番部黨令征等。郭忠孝，字立之，逵之子。受《易》、《中庸》於伊川。著《易説》。號兼山先生。郭雍，字子和，忠孝之子，著《傳家易説》。◎薛仁貴《周易新注本義》，《唐·藝文志》著録。今佚。諸家亦無引用其説者。◎《漢書·儒林傳》：「丁寬，字子襄，梁人。從田何受《易》。學成，寬東歸。何謂門人曰：『《易》以東矣。』景帝時，寬爲梁孝王將軍，距吴楚，號丁將軍。作《易説》三萬言，訓故舉大誼而已。」

知識欲高明，故效天；操履貴篤實，故法地。

【元圻案】此真西山《書潁齋記》中語。◎《横渠易説》：「智極高，故效天；禮著實處，故法地。」◎《朱子語類》：「知識貴乎高明，踐履貴乎著實。」又曰：「知識高，便是象天；所行實，便是法地。」

晁景迂述郭敏修之言曰：「所以生生者，智水不可不崇，而禮火則卑之，此卦之所以《既濟》也。」【原注】養生之説，陰升陽降。

《史記》春申君説秦昭王，引《易》曰：「狐涉水，濡其尾。」〔一〕此言始之易終之難也。今《易·未濟》曰：「小狐汔濟濡其尾。」

〔一〕《戰國策》作「狐濡其尾」。

【元圻案】《史記·春申君列傳》：「春申君者，楚人也，名歇，姓黄氏。遊學博聞。事楚頃襄王。頃襄王以爲辯，使於秦，上書説秦昭王云云。」

「高宗伐鬼方。」《後漢・西羌傳》：「武丁征西羌鬼方，三年乃克。」《竹書紀年》：「武丁三十五年，周王季伐西落鬼戎。」然則鬼方即鬼戎與？《詩・殷武》「奮伐荆楚」，朱子《集傳》云：「《易》曰『高宗伐鬼方，三年克之』，蓋謂此。」愚按《大戴禮・帝繫篇》「陸終氏娶於鬼方氏」，《楚世家》「陸終生子六人，六曰季連，芈姓，楚其後也」，可以證《集傳》之説。

【全云】漢人以鬼方爲西戎，則非荆楚也。即如《楚世家》以季連爲鬼方之所自出，豈得遽襲其號？朱子之説似誤。

【元圻案】《竹書紀年》：「武丁三十二年，伐鬼方，次於荆。三十四年，王師克鬼方。又武乙三十五年，周公季歷伐西落鬼戎。」此條作武丁三十五年，疑誤二事爲一。◎《史記・殷本紀》：「祖己嘉武丁之以祥雉爲德，立其廟爲高宗。」◎《詩小序》：「《殷武》，祀高宗也。」傳：「殷武，殷王武丁也。」◎《晉書・束晳傳》：「咸和七年，汲縣人發魏襄王冢，得古書七十五卷，中有《竹書紀年》十(二)〔三〕篇。」①今本二卷，梁沈約注。◎《水經注》二十二：「《世本》曰：陸終娶於鬼方氏之妹，謂之女隤，是生六子。」

《未濟》「三陽失位」，程子得之成都隱者。朱子謂：「《火珠林》已有，蓋伊川未

① 此節與《晉書》原文有異，似轉引自《四庫總目》者。

曾看雜書。」

【元圻案】宋朱鑑輯《文公易説》曰：「伊川説《未濟》，男之窮也，爲三陽失位，以爲斯義也得之成都隱者。張欽夫説：伊川之在涪也，一日讀《易》，有刳①桶人以此問伊川，伊川不能答。其人云：『三陽失位。』故伊川記之。不知此語《火珠林》已有，蓋伊川未曾看雜書，所以被他説動了。」◎《朱子語類》：「《火珠林》，猶是漢人遺法。」◎《書録解題·卜筮類》：「《火珠林》一卷。無名氏。今賣卜擲錢占卦盡用此書。」

虞翻夢吞三爻而通《易》，陸希聲夢三聖人而捨象數作傳。然翻未知「言有序」②之戒，希聲未知「比之匪人」③之訓，踐履與《易》相違。

【閻按】《陸希聲傳》見《唐書》百十六，《陸質傳》見《唐書》百六十八，各爲一人。希聲雖有「在位無所輕重」之文，不似質黨韋執誼。此云「比之匪人」，似認陸希聲爲陸質，不知一侍憲宗於東宮，一相昭宗者。

①「刳」，《四庫》本《文公易説》作「箍」。
②《易·艮》。
③《易·比》。

【全云】翻雖狂直，不失爲貞士，不似希聲由宦官而進用。

【又云】閻注誤。希聲事不載《唐書》本傳，别見《楊文公談苑》及葉石林《避暑録話》。蓋希聲嘗授僧䛒音辯。光書法，後䛒光以書供奉得幸，希聲因祈使援己，贈以詩，有云「筆底龍蛇似有神，天池風雨變逡巡。寄言昔日不龜手，應念當時洴澼人。」䛒光遂以其名達於中貴，因得召用，深寧所謂「比之匪人」也。豈得以陸質黨韋執誼，而疑深寧訛質爲希聲耶？

【元圻案】《三國志·吴·虞翻傳》注，《别傳》曰：「翻初立《易注》，奏上，曰：『臣郡吏陳桃，夢臣與道士相遇，放髪被鹿裘，布易六爻，撓其三以飲臣。臣乞盡吞之，道士言：「易道在天，三爻足矣。」豈臣受命，應當知經。』」又傳曰：「〔孫〕權與張昭論仙，翻指昭曰：『彼皆死人而論神仙，世豈有仙人也？』權積怒非一，遂徙翻交州。」◎陸希聲《易傳自序》曰：「予在乾符初任右拾遺，歲暮端居，夢在大河陽，曠野數百里，有三人偃卧東首，各長數丈。有告者曰：上伏羲，中文王，下孔子也。三聖皆無言。意中甚愕，寤而震悸，伏而思之：河與天通，圖之自來，三聖衡列，乾之象也。天道無言，示人以象，天將以易道畀予乎？由是考覈少小以來所集諸家注説，貫以自得之理，著《易傳》十篇。」◎《唐書·陸希聲傳》：「希聲通《易》、《春秋》、《老子》。昭宗召爲給事中，拜户部侍郎、同中書門下平章事。在位無所輕重。謚曰文。」《陸質傳》：「質素善韋執誼，方執誼附叔文，竊威柄，用其力召爲給事中。憲宗爲太子，詔侍讀。質本名淳，避太子名，故改。執誼懼太子怒己專，故以質侍東宫，陰伺意解釋左右之。」◎晁説之以道《易規》曰：「虞翻夢吞三爻而通《易》，陸希聲夢三聖人而捨彖象作傳。意夫二子者，可與言伏羲之《易》也。翻乃蔽於互體旁通，希聲不出王輔嗣之藩籬，惜哉！」◎葉夢得《避暑録話》上：「陸希聲所隱君陽山，或曰頤山，在宜興湖洑。今金沙寺，其故宅也。方閑居時，内供奉僧䛒光以善書得幸，嘗從希聲授筆法，祈使援己，乃以詩寄之云云。䛒光即以名達貴倖，乃得召。䛒光事亦見《楊文公談苑》。國初去唐未遠，猶有所傳聞，文公之言宜信。」

張緒云「何平叔不解《易》中七事」，伏曼容云「何晏疑《易》中九事」。愚謂晏以《老》、《莊》談《易》，係小子觀朵頤，所不解者豈止七事哉。【原注】以義理解《易》，自王弼始。何晏非弼比也。清談亡晉，衍也，非弼也。范甯以王弼、何晏並言，過矣。

【何云】平叔自言不解《易》九事，見《管輅别傳》，皆陰陽之占。

【元圻案】《南齊書·張緒傳》：「緒字思曼，吴郡吴人也。長於《周易》，見宗一時。常云：『何平叔所不解《易》中七事，諸卦中所有時義，是其一也。』」◎《梁書·伏曼容傳》：「曼容字公儀，平昌安丘人。少篤學，善《老》、《易》，倜儻好大言，常云：『何晏疑《易》中九事，以吾觀之，晏了不學也。』」◎《三國志·曹爽傳》：「南陽何晏、鄧颺，明帝以其浮華，皆抑黜之。及爽秉政，乃復進敍，任爲腹心。晏等共分割洛陽、野王典農部桑田數百頃，及壞湯沐地以爲産業，承勢竊取官物。晏，何進孫也，少以才秀知名，好《老》、《莊》言，作《道德論注》。晏字平叔。」◎

《晉書·范甯傳》：「甯字武子。時以浮虛相扇，儒雅日替，甯以爲其源始於王弼、何晏，二人之罪深於桀、紂，乃著論曰：『王、何蔑棄典文，不遵禮度，遊辭浮説，波蕩後生，遂令仁義幽淪，儒雅蒙塵，禮壞樂崩，中原傾覆。古之所謂言僞而辯、行僻而堅，其斯人之徒歟！』」《王衍傳》：「衍字夷甫。總角嘗造山濤，濤嗟嘆良久，既去，目而送之曰：『何物老嫗，生寧馨兒。然誤天下蒼生者，未必非此人也！』衍妙善玄言，唯談《老》、《莊》爲事。朝野翕然，謂之『一世龍門』矣。矜高浮誕，遂成風俗焉。累遷太尉。洛陽爲石勒所破。勒呼王公與語，衍因勸勒稱尊號。勒使人夜排牆填殺之。衍將死，顧而言曰：『嗚呼，吾曹雖不如古人，向若不祖尚浮虛，戮力以匡天下，猶可不至今日。』」

「上坎爲雲，下坎爲雨」，虞翻之説也，案，見《周易集解·乾·彖傳》注。郭子和從之。【原注】坎在上爲雲，故云雷屯，坎在下爲雨，故雷雨作解。○原注即郭雍《傳家易説》中語。「女子貞不字」，謂許嫁笄而字，耿氏[一]之説也，朱文公從之。

[一]【何云】南仲。

【元圻案】耿南仲，字希道，開封人。欽宗時尚書左丞、門下侍郎。《宋史》有傳。◎《經義考》：「耿氏南仲《易解義》十卷，存。」◎《説文》：「字，乳也。」虞仲翔解作妊娠，程傳從之。葉給事紹楏云。◎正定王定柱曰：「『女子貞不字』，連貞字爲文，當從笄而字之訓爲長。」

《咸》之感無心，感以虚也；《兑》之説無言，説以誠也。堯之「於變時雍」①，孔子之「綏來動和」②，其感至矣。文王靈臺之樂，宣王《雲漢》之憂，[一]其説深矣。

[一]【閻按】初刊本作「喜」。

德非日新，不足以言盛。義非入神，不足以言精。

《館閣書目》：「《周易元包》十卷，唐衛元嵩撰。」今按楊楫序[一]云：「元嵩，益州成都人。明陰陽曆算。獻策後周，賜爵持節蜀郡公。武帝尊禮，不敢臣之。」《北史·藝術傳》：「蜀郡衛元嵩，好言將來事，不信釋教，嘗上疏極論之。」[二]《書目》以爲唐人，誤矣。

[一]序作於徽宗政和元年，結銜稱奉議郎、知漢州什邡縣事。

[二]【全云】據《隋書·經籍志》，則元嵩沙門也，而不信釋教，異矣。

【元圻案】《書録解題·易類》：「《元包》十卷。唐衛元嵩撰，秘書少監蘇源明傳，四門助教趙郡李江注。其書以八卦爲八篇，先坤次乾，次兑、艮、離、坎、巽、震。」又《目録類》：「《中興館閣書

①《書·堯典》。

②《論語·子張》：「綏之斯來，動之斯和。」

目》三十卷。秘書監臨海陳騤叔進等撰。淳熙五年上之。大凡著録四萬四千四百八十六卷。」◎張行成《元包數總義》曰：「揚子雲《太玄》，其法本於《易緯卦氣圖》。衛先生《元包》，其法合於《火珠林》。《卦氣圖》之用出於孟喜《章句》，《火珠林》之用出於京房。」◎唐李江《衛氏元包序》曰：「包者，藏也。言善惡是非、吉凶得失皆藏乎其書也。六《五經》而四《三易》，雖《太玄》莫之與京。」◎《經義考》二百七〔十〕載釋道宣曰：「衛元嵩，本河東人。遠祖從宦，遂家於蜀。梁末爲僧，佯狂放蕩。周氏平蜀，因爾入關。」

揚雄《覈靈賦》曰：「《大易》之始，河序龍馬，洛貢龜書。」劉牧謂《河圖》、《洛書》同出於伏羲之世。

【何云】《子雲傳》本自序，止於四賦，《覈靈》或出依托，何足據，乃欲持以斷此等大公案耶？

【元圻案】《覈靈賦》語，見《文選》陸倕《石闕銘》注。◎晁氏《讀書志》：「《劉長民易》十五卷。皇朝劉牧撰。仁宗時，言數者皆宗之。田況爲序。又《鈎隱圖》三卷，劉牧撰。皆《易》之數也。凡四十八圖，並遺事九。有歐陽永叔序，而其文殊不類。」◎《漢書·揚雄傳》：「雄字子雲，蜀郡成都人也。嘗好辭賦。先是，蜀有司馬相如，作賦甚宏麗温雅，雄心壯之，每作賦，常擬之以爲式。《贊》曰：雄之自序云爾。」◎《禮緯含文嘉》曰：「伏羲德洽上下，天應以鳥獸文章，地應以《河圖》、《洛書》。」此劉牧之説所本。

曾子固爲《徐復傳》云：「康定中，仁宗命講《易》《乾》、《坤》、《既濟》、《未濟》，又問今歲直何卦，西兵欲出如何。復對：『歲直《小過》，而太一守中宮，兵宜內不宜外。』仁宗嘉其言。與林瑀同修《周易會元紀》。」今考侍講林瑀上《會元紀》，推帝王即位，必遇辟卦，而真宗乃得卿卦。每開説，皆諂諛之辭，緣飾以陰陽。賈昌朝奏瑀所學不經，不宜備顧問，遂絀之。復與瑀同修不經之書，不可謂知《易》也。《荀子·大略篇》曰：「善爲《易》者不占。」

【元圻案】曾子固《徐復傳》曰：「復字希顔，興化軍莆田人。博學，於書無所不讀。」又曰：「歲餘，固求東歸，仁宗禮以束帛，賜號沖晦處士。因家杭州，以《周易》、《太玄》授學者。」◎葉石林曰：「萬松嶺，復故居也。」◎宋王偁《東都事略》曰：「復字復之，與郭京同召對，問以天時人事，復舉京房易卦，推今年所配年月日時當《小過》，剛失位而不中，宜在强君德。」◎李燾《長編》一百三十一仁宗慶曆元年：「四月，建州布衣徐復，賜號沖晦處士。復初舉進士不中，退而學《易》，自筮，知無禄，遂亡進取意，遊淮、浙間。范仲淹過潤州，見復，問曰：『今以卦衍占之，四方無異變乎？』復對：『西方當用兵。』推其日月，後無少差。於是與郭京俱召見。帝問天時人事。對曰：『以京房易卦推之，今年所配年月日，當《小過》也。剛失位而不中，其在强君德乎？』帝問變故與前世何若。對曰：『如唐德宗居奉天時。』帝驚曰：『何至此！』復曰：『雖然，君德不同。德宗好功利，欲以兵伏天下，其德與凶運會，故奔走失國，僅乃能免。陛下恭儉仁恕，不難屈己容納。西羌之變，起自元昊，陛下不得已應之。時與德宗同，而德與之異，卦氣雖不祥，無他也，不久定矣。』帝稱善。」又一百三十五仁宗慶曆二年：「二月，太常博士天章閣侍講林瑀落職，通判饒州。先是，瑀奉詔撰《周易天人會元紀》，其説用天子即位年月日辰，占所直卦，以推吉凶。且言自古帝王即位，必直《乾》卦，若漢高祖及太祖皇帝皆是也。書成，上之。及是，瑀又言：『上即位，其卦直《需》，其《象》曰：「雲上於天，需，君子以飲食燕樂。」臣願陛下頻出宴遊，極水陸玩好之美，則合卦體、當天心矣。』上駭其言。賈昌朝劾奏：『瑀儒士，不師聖人之言，專挾邪説，罔上聽，不宜在經筵。』上乃謂輔臣曰：『人臣雖有材學，若過爲巧僞，終涉形迹。』遂罷絀瑀。」◎王介甫《賈魏公碑》曰：「公諱昌朝，字子明，姓賈氏，開封人。天禧元年召試，同進士出身。節度鳳翔，加僕射、鳳翔尹，進封魏國公。謚曰文元。」◎《經義考·易類》：「徐氏復、林氏瑀等《周易會元紀》，佚。《閩書》：『瑀，莆田人。舉天聖二年進士。』」

「介於石」[①]，古文作「砎」。晉孔坦書曰：「砎石之易悟。」

【何云】《説文》下引《易》作「砎」。

【元圻案】《釋文》：「古文作砎。鄭：古八反，云謂磨玠也。馬作扴，云觸小石聲。」◎《晉

①《易·豫》。

書・孔坦傳》：「坦字君平。咸康元年，石聰寇歷陽。王導爲大司馬，討之，請坦爲司馬。會石聰遣使請降。坦與聰書曰：『知將軍忿疾醜類，翻然同舉。承問欣豫，慶若在己。何知幾之先覺，砎石之易悟哉！』」又《桓温傳》：「砎如石焉，所以成務。」◎《朱子語類》云：「介於石，言兩石相磨擊而出火之意。」蓋從古文作「砎」，讀爲戛。《本義》云「其介如石」，則從侯果「假如堅石不可移變」之説。◎《説文》無「砎」字，何注《説文》當是《釋文》之誤。

《坤》曰「早辯」，《解》曰「夙吉」。治之於未亂，爲之於未有。在周子謂之「幾」，在張子謂之「豫」。

【元圻案】周子《通書・誠幾德篇》：「誠無爲幾善惡。」◎張子《正蒙・神化篇》：「精義入神，事豫吾內，求利吾外。」◎周子字茂叔，春陵人。知南康軍。酷愛廬阜，買田其旁，築室以居，號曰濂溪。二程子師之。◎張子字子厚，長安人。學古力行，篤學好禮，爲關中人士所宗，所謂横渠先生者也。

程子《易傳》，晚始授門人。止齋[一]《春秋後傳》亦曰：「此身後之書。」劉道原[二]謂：「柳芳《唐曆》本皆不同，由芳書未成而傳之故也。」

[一]**【閻按】**止齋，陳傅良號。

【全云】陳傅良，字君舉。

【閻按】《晉書·孫盛傳》：「著《晉陽秋》，咸稱良史，諸子私改之。盛初寫兩定本，寄慕容儁。後孝武帝博求異聞，始於遼東得之，以相考校，多有不同，書遂兩存。」《太平寰宇記》：「高句麗國書籍中有《晉陽秋》。」安得今日有人向彼國購得乎？

〔二〕【全云】名恕。

【元圻案】楊龜山《程子易傳跋》曰：「伊川先生著《易傳》，未及成書而先生得疾，將啓手足，以其書授門人張繹。未幾繹卒。政和之初，予友謝顯道得其書，示予，乃始校定，去其重複，逾年而始完。」◎樓攻媿《止齋春秋後傳序》曰：「《春秋後傳》、《左氏章指》二書，故中書舍人止齋陳公傅良之所著也。鑰從止齋遊，雖不得執經其門，嘗深叩之。同在西掖時，始以《隱公後傳》數篇相示，爲道《春秋》之所以作，《左氏》之所以有功於經者，其説卓然。未幾去國，而鑰亦歸。朋友之來，必以此書爲問，雖親炙之者跪以請，則曰：『此某身後之書也。』既不幸卒於嘉泰三年，而此書始出於笥中。」◎司馬温公《劉道原十國紀年序》曰：「道原好著書，其成者《十國紀年》四十二卷，包羲至周厲王《疑年譜》、共和至熙寧《年略譜》各一卷，《資治通鑑外紀》十卷，餘皆未成，亦未以傳人，曰：『今柳芳《唐曆》本皆不同，由芳書未成而傳之故也。』期於瞑目然後傳。」◎劉道原，筠州人，涣子。舉進士，官秘書丞。與司馬温公同修《資治通鑑》。◎《唐書·柳芳傳》：「芳字仲敷，蒲州河東人。開元末擢進士第，直史館。坐事徙黔中。時高力士亦貶巫州，因從力士質開元、天寶及禁中事，倣編年法爲《唐曆》四十篇，頗有異聞。」◎范甯《穀梁傳敍》曰：「君子之於《春秋》，没身而已矣。」亦此意。

《易緯辨終備》曰：「煌煌之燿，《乾》爲之綱。合凝之類，《坤》握其方。雄雌呿吟，六節摇通。萬物孳甲，日營始東。」六節蓋謂六子。日營始東，《震》也。

【三箋方心醰粹然云】呿，音區，張口也。

【元圻案】《四庫全書總目·易類》「《易緯辨終備》，一作《辨中備》，馬氏《經籍志》稱爲鄭康成注，而著録者一卷，今《永樂大典》所載僅寥寥數十言，已非完本。」

東坡曰：「《左氏》論《易》，唯南蒯、穆姜之事爲近正。」【原注】知莊子曰：「師出以律，有律以如己也。」杜預注：「法行則人從法，法敗①則法從人。」亦格言也。

【元圻案】南蒯事見昭公十二年，穆姜事見襄公九年。知莊子語見宣公十二年。

天地未嘗一日無陽，亦未嘗一日無君子，故十月爲陽，純坤稱龍。朱子曰：

①「敗」，原本作「微」，據元刊本改。《左傳》杜注正作「敗」。

「《復》之一陽，是《坤》卦積來，一日生一分，至十一月一陽始成。」

【元圻案】《漢上易·坤·文言》「陰疑於陽必戰節」傳：「十月純坤用事，而稱龍者，天地未嘗一日而無陽，亦未嘗一日而無君子。爲其純陰，嫌於無陽也，故稱龍也。」◎《詩·采薇》「歲亦陽止」，箋云：「十月爲陽，時坤用事，嫌於無陽，故以名此月爲陽。」◎《朱子語類》：「《剥》盡爲《坤》，《復》則一陽生也。《復》之一陽，不是頓然便生，乃是自《坤》中積來。且一月三十日以復之，一陽分作三十分，從小雪後，一日生一分，則十一月半一陽始成也。」

《困》九五曰：「利用祭祀。」李公晦謂：「明雖困於人，而幽可感於神。豈不以人不能知而鬼神獨知之乎？」【原注】愚謂孔子云「知我者其天乎」，韓子云「惟乖於時，乃與天通」，不求人知而求天知，處困之道也。

【元圻案】真西山《讀書記》三十三載李公晦《困齋説》曰：「《困》之爲卦，二、五皆剛而得中，爲賢人君子成德於内之象，而外爲三陰所掩，蓄而不獲施，言而不見信，可謂困矣。然『遯世无悶，不見是而无悶』，其身可屈，而其志不可奪，安於義命，頽乎其處順也。然明雖困於人，而幽可感於神。卦爻它皆無所利，而獨利祭祀，豈不以人不能知而鬼神獨知之乎？」◎韓文公語見《送窮文》。◎《經義考》九十四李方子《禹貢解》下引《邵武府志》曰：「李方子，字公晦，光澤人。朱子高弟。自號果齋。嘉定七年進士第三。寶慶二年，真德秀、袁甫取所著《禹貢解》以進，特授朝奉郎。」

《坎》之六四曰：「樽酒，簋貳，用缶。」在險之時，用禮之薄。[一]它爻之言酒者三：《需》九五「需於酒食」，《困》九二「困於酒食」，《未濟》上九「有孚於飲酒」，卦皆有《坎》。文王、周公以《酒誥》戒，其象見於《易》，其言詳於《書》。三爻皆陽，剛制之意也。

[一] 説本朱子。

【元圻案】謝疊山《易説》曰：「《坎》爲水，爲險，爲毒水之險。毒者酒也。」

「莧陸夬夬」①。項氏《玩辭》曰：「莧音丸，山羊也。陸，其所行之路也，猶『鴻漸於陸』之『陸』。兑爲羊，在上卦有山羊之象。」愚按，《説文·艸部》②「莧③，山羊細角也，从兔足，苜聲，讀若丸。『寬』字从此。」徐鍇按：「《本草注》：莧羊似麢，羊角，有文，俗作羱。」

【元圻案】宋羅泌《路史後紀》注引《孟喜章句》曰：「莧陸，獸名。夬有兑，兑爲羊也。」《周

---

① 《易·夬》。

② 按，「莧」字見《説文解字·艸部》，「莧」字見《説文解字·莧部》。翁注誤。

③ 「莧」，原本作「莧」，據元刊本改。《説文解字》正作「莧」。

易集解》引虞翻曰：「莧，『夫子莞爾而笑』之『莞』。」◎《爾雅・釋獸》：「羱，大羊。」郭注：「羱似羊而大，角圓鋭，好在山崖間。」又「羱如羊」注：「羱羊，似吴羊而大，角橢，出西方。」◎《四庫全書總目・易類》：「《周易玩辭》六卷。宋項安世撰。安世字平甫，松陽人。事迹具《宋史》本傳。」又《小學類》：「《説文繫傳》四十卷。南唐徐鍇傳。鍇字楚金，廣陵人。官至右内史舍人。宋兵下江南，卒於圍城之中。事迹具《南唐書》本傳。」

「聖人不以位爲樂也。」董子語。在《易》謂之「虎尾」，在《書》謂之「朽索」、「深淵」。

「先甲」、「先庚」。吴祕注《法言》云：「《周禮》『治象，挾日而斂之』，鄭司農云：『從甲至癸，謂之挾日。是以《易》稱「先甲三日」、「先庚三日」，皆爲申命令之義。獨取甲、庚者，以甲木主仁，示其寛令也；庚金主義，示其嚴令也。』」

【元圻案】吴祕《法言注》，今佚，其説見於司馬温公《法言集注》。◎《周禮・天官》注作「從甲至甲，謂之挾日」，正義曰：「從甲至甲謂之挾日，凡十日者，破諸家從甲至癸謂之挾日通也。若從甲至癸，仍有癸日，不得通挾，故以從甲至甲言之。」◎鄭康成《周禮注序》曰：「世祖以來，大中大夫鄭少贛，名興，及子大司農仲師，名衆，皆作《周禮解詁》。」◎《周易義海撮要》：陸希聲曰：「甲者，德政也。《蠱》以四德創制，彖言其正曰『先甲』『後甲』，所以原始要終也。庚者，刑政也。《巽》以小亨申命，故爻言其變曰『先庚』『後庚』，所以信而審之也。甲，出也；庚，更也。以庚變甲，天之道也。先後三日，使知其意、審其令也。」

程子謂「學《易》先看王弼」。余謂輔嗣之注，學者不可忽也。於《乾》九三曰：「《乾》三以處下卦之上，故免亢龍之悔。《坤》三以處下卦之上，故免龍戰之災。」上九[一]曰：「夫以剛健而居人之首，則物之所不與也；以柔順而爲不正，則佞邪之道也。故『乾吉』在無首，『坤利』在永貞。」於《文言》曰：「進物之速者，義不若利；存物之終者，利不及義。」又曰：「文王『明夷』，則主可知矣；仲尼『旅人』，則國可知矣。」又曰：「不性其情，何能久行其正？」於《坤》曰：「方而又剛，柔而又圓，求安難矣。」初六曰：「陰之爲道，本於卑弱而後積著者也，故取『履霜』以明其始。陽之爲物，非基於始以至於著者也，故以『出處』明之，則以初爲潛。」於《小畜》上九曰：「《大畜》者，畜之極也。畜而不已，畜極則通，是以其畜之盛在於四、五，至於上九，道乃大行。《小畜》積極而後乃能畜，是以四、五可以進，而上九說征之輻。」於《大有》六五曰：「不私於物，物亦公焉；不疑於物，物亦誠焉。」於《豫》初六曰：「樂過則淫，志窮則凶，豫何可鳴？」於《觀》上九曰：「觀我生，自觀其道者[二]也；

觀其生，爲民所觀者也。」於《賁》六五曰：「賁於束帛，丘園乃落；賁於丘園，帛乃戔戔。用莫過儉，泰而能約，故必吝焉乃得終吉也。」於《復》曰：「凡動息則靜，靜非對動者也。語息則默，默非對語者也。」於《頤》初九曰：「安身莫若不競，修己莫若自保。守道則福至，求禄則辱來。」於《家人》初九曰：「凡教在初而法在始。家瀆而後嚴之，志變而後治之，則悔矣。」九三曰：「行與其慢，寧過乎恭；家與其瀆，寧過乎嚴。」上九曰：「凡物以猛爲本者，則患在寡恩；以愛爲本者，則患在寡威。故《家人》之道，尚威嚴也。」於《睽》上九曰：「見豕負塗，甚可穢也；見鬼盈車，吁可怪也。先張之弧，將攻害也；後説之弧，睽怪通也。往不失時，睽疑亡也。貴於遇雨，和陰陽也。陰陽既和，羣疑亡也。」於《蹇》初六曰：「處難之始，居止之初，獨見前識。睹險而止，以待其時，知矣哉。」於《萃》之《象》曰：「聚而無防，則衆生心。」[三]於《漸》上九曰：「進取高潔，不累於位，無物可以屈其心而亂其志。峨峨清遠，[四]儀可貴也。」於《中孚》上九曰：「飛音者，音飛而實不從之謂也。」於《小過》六五曰：「《小畜》尚往而亨，則不雨也；《小過》陽不上交，亦不雨也。」

[一]當作「用九」。

[二]今汲古閣本脱「者」字。

[三]今汲古閣本作「心生」。

〔四〕案，唐史徵《周易口訣義》引作「峨峨清奇」。

【何云】程傳中所取輔嗣之義甚多，厚齋則但就其格言録之。

【方樸山云】程子不論象，不論卦變，皆弼説也。

【元圻案】程子《與金堂謝湜書》謂：「《易》當先讀王弼、胡瑗、王安石三家。」

《乾》稱父，【原注】純陽。《坤》稱母，【原注】①純陰。《震》長男，【原注】陽在初。《巽》長女，【原注】陰在初。《坎》中男，【原注】陽在中。《離》中女，【原注】陰在中。《艮》少男，【原注】陽在末。《兑》少女。【原注】陰在末。

「知之崇，必欲其效天；義之精，必欲其入神。」

【元圻案】此真西山《孝友堂記》文語。

《蒙》之養正，察乎微；《頤》之養正，先乎近。

【元圻案】真西山爲（甫）〔莆〕田王實之作《養正堂記》曰：「《蒙》之爲義，取物之稚而言。泉

---

①「原注」二字，原本缺標，據全書體例補。以下同。

之涓涓，始出於山，其流未達。在人，則善端之萌，有動於中，不可以不養也。養之以正，天理於是乎周流，一有間之，其不壅閼焉寡矣。此學者作聖之功，終身由之，而不可斯須舍者。若《頤》之爲義，在天地則養萬物，在聖人則養賢以及萬民，功用至博大也。而象獨以言語飲食爲言，蓋已得其養，然後可推以及人，未有不先成吾身而能達之天下者也。白圭有詩，南容復之，金人有銘，孔門識之，可不謹乎？三爵之過，猶爲非禮，萬錢之奉，適以賈禍，可不節乎？即二卦而言，則《蒙》之養也，察乎微，《頤》之養也，先乎近。始於學，終於成德，則微者著矣；修之身，被之萬物，則近者遠矣。」

《家人》卦辭曰：「利女貞。」男正易，女正難。二《南》之詩，以化行閨門爲極致。上九之《象》曰：「反身之謂也。」身正則家正矣。

【元圻案】谷永曰：「未有閨門治而天下亂者也。」◎郭氏《傳家易說》曰：「齊家自夫婦始，故舜觀厥刑於二女，文王刑於寡妻至於兄弟，然則『利女貞』者，又家道之本也。」

《蒙》之初曰「發」，《家人》之初曰「閑」。《顏氏家訓》：「教兒嬰孩，教婦初來。」

【元圻案】顏氏語見《教子篇》。司馬温公《家訓》用之。◎楊誠齋《易·家人·初九傳》：「婦訓始至，子訓始稚。」蓋本於此。◎《北齊書·顏之推傳》：「之推，字介，琅邪臨沂人也。除黄門侍郎。齊亡入周。大象末御史上士。隋開皇中，太子召爲學士。撰《家訓》二十篇。」陳直齋曰：「古今家訓，以此爲祖。」

【何云】 劉屏山云：「愚夫昧《易》，才士口《易》，賢人玩《易》，聖人忘《易》。」凡無得於心而摭其辭，皆「口易」也，非獨能言而不能行之謂，此卷其諸「口易」乎？

【全云】 何氏之言，足以警世之讀《易》者。然深寧此卷，當分别觀之。其中有反復於陰陽消長治亂之故者，是有得於上下千古，而感慨於身世以出之者也，安得謂之「口易」乎？其中有無當於大義者，則置之可耳。何氏篤信其師傳之《易》，以彼其師，果能行耶？果有得於心耶？前輩未可輕議也。①

【元圻案】《書録解題》：「《屏山集》二十卷。通判興化軍崇安劉子翬彦沖撰。父韐，兄子羽。子翬以蔭入仕。朱文公，其門人也。」◎何氏所引屏山語，在《聖傳論》第七篇。

己未冬日，謁曹侍郎秋岳先生於集福精舍。先生教之曰：「宋説家之書，莫如洪容齋、王伯厚爲優。然《困學紀聞》條理尤爲秩然，不可以不亟讀也。」退而謹識於硯匣。至丙寅，遊山陽，乃於書肆中得之。沾溉之益，良非一二可竟，南北奔走，亦未嘗不偕也。丙戌春，爲故友閻百詩先生校此書，付之開雕，因加重閲，記諸第一卷之尾。何焯書。

---

① 「全云」一段原置本卷之末，因此段全係針對何氏「口易」之刺而發，故移於此。

卷二

書

【元圻案】鄭畊老曰：「《尚書》今古文合二萬五千八百字。」◎晁氏《讀書附志》曰：「《石經尚書》十三卷，經、注并序八萬一千九百四十四字。」

《周官·春官》「外史掌三皇五帝之書」，《春秋傳》昭公十二年所謂「《三墳》、《五典》」是也。前賢謂「皋、夔、稷、契有何書可讀？」理實未然。黄帝、顓頊之道在《丹書》，武王所以端絻東面而受於師尚父也。少皞氏之紀官，夫子所以見郯子而學焉也。[一]孰謂無書可讀哉？

[一]案，見昭公十七年《左傳》。杜預注曰：「於是仲尼年二十八。」

【全云】趙清獻之言，不過一時以之折荆公耳。

【元圻案】宋邵氏博《聞見後録》曰：「王荆公初參政事，下視廟堂如無人。一日争新法，怒目視諸公曰：『君輩坐不讀書耳。』趙清獻同參政事，獨折之曰：『君言失矣。如皋、夔、稷、契之時，有何書可讀？』荆公默然。」◎《大戴禮記·武王踐阼篇》：「武王踐阼三日，召師尚父而問焉，曰：『黄帝、顓頊之道存乎？』尚父曰：『在《丹書》。王欲聞之，則齋矣。』三日，王端絻，師尚父亦端絻，奉書而入，負屏而立。王下堂南面而立。師尚父曰：『先王之道不北面。』王行西折而南，東面而立，師尚父西面。道書之言曰：『敬勝怠者吉，怠勝敬者滅。義勝欲者從，欲勝義者凶。凡事不强則枉，弗敬則不正。枉者滅廢，敬者萬世。藏之約，行之行，可以爲子孫常者，此言之謂也。』」◎昔人謂：「趙清獻何不曰『孔光、張禹何嘗不讀書』乎？」

《吕氏春秋·序意》曰：「嘗得學黄帝之所以誨顓頊矣：『爰有大圜在上，大矩在下，汝能法之，爲民父母。』」不韋《十二紀》成於秦八年，歲在涒灘，上古之書猶存，前聖傳道之淵源猶可考也。

【元圻案】《大戴禮·帝繫篇》：「少典産軒轅，是爲黄帝。黄帝産昌意，昌意産高陽，是謂帝顓頊。」◎《吕覽·序意篇》曰：「維秦八年，歲在涒灘。」高誘注：「八年，秦始皇即位之八年也，歲在申，名涒灘。」◎是時尚未有挾書之禁。◎高誘注《吕氏春秋》，序曰：「吕不韋者，濮陽人也。始皇帝尊爲相國。不韋乃集儒生，使著其所聞，爲《十二紀》、《八覽》、《六論》、《訓解》各十餘萬言，備天地萬物古今之事，名爲《吕氏春秋》。」

《書大傳[一]・虞傳》有《九共篇》，引《書》曰：「予辯下土，使民平平，使民無傲。」《殷傳》有《帝告篇》，引《書》曰：「施章乃服，明上下。」豈伏生亦見《古文逸篇》邪？《大傳》之《序》有《嘉禾》、《揜誥》，今本闕焉。《隋志》有《逸篇》二卷，出齊、梁之間，似孔壁中《書》殘缺者。唐有三卷，徐邈注。鄭漁仲[二]謂：「《書》逸篇，仲尼之時已無矣。」《校讎略》。恐未然。

[一]【全云】伏生作。

[二]【全云】夾漈先生鄭樵，字漁仲。

【元圻案】鄭康成《尚書大傳注序》曰：「伏生至孝文時年且百歲，歐陽生、張生從學焉。伏生終後，數子各論所聞，以己意彌縫其闕，別作章句，又特撰其大義，因經屬指，名之曰傳。劉向校書，得而上之，凡四十一篇。」◎《四庫全書總目・書類・附録》：「《尚書大傳》四卷，《補遺》一卷。舊本題漢伏勝撰。勝所傳二十八篇，無《泰誓》，而此書有《泰誓傳》。又《九共》、《帝告》、《嘉禾》、《揜誥》，皆《逸書》，而此《書》亦皆有傳。蓋伏生畢世業《書》，不容二十八篇之外全不記憶，特舉其有完篇者傳於世，其零章斷句，則偶然附記於《傳》中，亦事理所有，固不足以爲異矣。」◎《隋書・經籍志》：「《尚書逸篇》二卷。出於齊、梁之間，考其篇目，似孔壁中《書》之殘缺者，故附《尚書》之末。」◎《唐書・藝文志》「書類」：「徐邈注《逸篇》三卷。」◎鄭氏樵《通志・校讎略・秦不絶儒學論》第二篇：「《詩》有六亡篇，乃六笙詩，本無辭。《書》有逸篇，仲尼之時已無矣，皆不因秦火。」◎劉原父《七經小傳》曰：「《九共》當作《九丘》，古文『丘』作『亚』，與『共』相近，故誤傳以爲『共』耳。《九丘》者，即所謂《八索》、《九丘》也。」①◎伏生名勝，字子賤。見《後漢書·伏湛傳》。湛，其九世孫也。

漢初去聖未遠，帝王遺書猶有存者。《賈誼書·修政語》引黄帝曰：「道若川谷之水，其出無已，其行無止。」顓頊曰：「至道不可過也，至義不可易也。功莫美②於去惡而爲善，罪莫大於去善而爲惡。故非吾善善而已也，善緣善也；非惡惡而已也，惡緣惡也。吾日慎一日。」帝嚳曰：「緣巧者之事而學爲巧，行仁者之操而與爲仁也，故節仁之器以修其財，[一]而身專其美矣。德莫高於博愛人，而政莫高於博利人，故政莫大於信，治莫大於仁。吾慎此而已矣。」帝堯曰：「吾[二]存心於先古，加志於窮民，痛萬姓之罹罪，憂衆生之不遂也。故一民或飢，曰此我飢之也；一民或寒，曰此我寒之也；一民有罪，曰此我陷之也。」[三]帝舜曰：「吾盡吾敬而以事吾上，故見謂忠焉；吾盡吾敬以接吾敵，故見謂信焉；吾盡吾敬以使吾下，故見謂仁焉。吾取

---

① 此句中「丘」字，原本均作異體字「亚」。

② 「美」，原本作「大」，據元刊本改。賈誼《新書》正作「美」。

之以敬也，吾得之以敬也。」「大禹諸侯會，則問於諸侯曰：『諸侯以寡人爲驕乎？』朔日[四]朝，則問於士曰：『諸大夫以寡人爲汰乎？』」又曰：「民無食也，則我弗能使也。功成而不利於民，我弗能勸也。」湯曰：「學聖王之道者，譬其如日；靜思而獨居，[五]譬其若火。舍學聖之道而靜居獨思，譬其若去日之明於庭，而就火之光於室也，可以小見而不可以大知。得賢而舉①之，得賢而與之，譬其若登山乎？得不肖而舉之，得不肖而與之，譬其若下淵乎？是以明君慎其舉，而君子慎與。」又曰：「藥食嘗於卑，然後至於貴；藥言獻於貴，然後聞於卑。[六]求道者不以目而以心，取道不以手而以耳。致道者以言，入道者以忠，積道者以信，樹道者以人。」又引周文王、武王、成王問粥子，武王問王子旦、師尚父。《淮南·人間訓》引《堯戒》曰：「戰戰慄慄，日慎一日，人莫蹪於山而蹪於垤。」[七]此帝王大訓之存於漢者。若高帝能除挾書之律，蕭相國能收秦博士官之書，則倚相所讀者必不墜矣。幸而緒言尚在，知者鮮焉，好古之士盍𤭛繹於斯？

[一]案「財」，今本《賈誼書》作「躬」。

[二]吾，《説苑》作「堯」。

① 「舉」，元刊本作「學」。按《新書》作「舉」。

［三］《説苑·君道篇》載此，以爲河間獻王之言。

［四］今本《賈誼書》「日」下有「士」字。

［五］《説苑》作「静居獨思」。

［六］以上四句亦見《説苑·君道篇》。

［七］黄帝《巾几銘》曰：「予居民上，摇摇恐夕不至朝，惕惕恐朝不及夕。兢兢慄慄，日慎一日。人莫躓於山而躓於垤。」與此戒略同。

【何云】皆似戰國諸子之語。若上古之書，必更簡質。

【元圻案】《史記·楚世家》：「周文王之時，季連之苗裔曰鬻熊，鬻熊子事文王，早卒。」◎《漢書·藝文志》「道家」：「《鬻子》二十二篇。名熊，爲周師，自文王以下問焉。周封爲楚始祖。」◎《修政語》下篇：粥子對文王曰：「君子將入其職，則其於民也，旭旭然如日之始出也。既入其職，暯暯然如日之正中。既去其職，暗暗然如日之已入。將入而旭，旭者，義先聞也；既入而暯，暯者，民保其福也；既去而暗，暗者，民失其教也。」對武王曰：「和可以守，而嚴可以守，而嚴不若和之固也。和可以攻，而嚴可以攻，而嚴不若和之得也。和可以戰，而嚴可以戰，而嚴不若和之勝也。」對成王曰：「興國之道，君思善則行之，君聞善則行之，君知善則行之。」又曰：「爲人下者敬而肅，爲人上者恭而仁。爲人君者敬士愛民，以終其身。」又曰：「治國之道，上忠於主，而中敬其士，而下愛其民。」又曰：「聞道志而藏之，知道善而行之，上人矣。聞道而弗取藏也，知道而弗取行也，則謂之下人也。」又成王曰：「寡人聞之，聖王在上位，使民富且壽。富可爲也，壽不在天乎？」鬻子曰：「聖王在上位，則天下不死軍兵之事，故諸侯不私相攻，而民不私相鬭鬩，不私相煞也，則民免於一死而得一生矣。君積於道而吏積於德，而民積於用力，故婦爲其所衣，丈夫爲其所食，則民無凍餒，免於二死而得二生矣。君積於仁而吏積於愛，而民積於順，則刑罰廢，而民無夭遏之誅，免於三死而得三生矣。使民有時而用之有節，則民無厲疾，免於四死而得四生矣。故夫富且壽者，聖王之功也。」又王子旦對武王曰：「凡有治心者，必修之以道，而與之以敬，然後能以成也。凡有戰心者，必修之以政，而興之以義，然後能以勝也。凡有攻心者，必結之以約，而諭之以信，然後能以得也。凡有守心者，必固之以和，而諭之以愛，然後能有存也。」又師尚父曰：「天下非一家之有也，有道者之有也。故夫天下者，唯有道者理之，唯有道者紀之，唯有道者使之，唯有道者宜處而久之。故守天下者非以道，則弗得而長也。」◎吕成公《大事記》曰：「秦始皇三十四年，所燒者天下之書，博士官所職固自若也。蕭何獨收圖籍而遺此，惜哉。」◎宋蕭森《希通録》曰：「李斯曰：『非博士官所職，天下敢有藏《詩》、《書》、百家語者，皆詣守尉雜燒之。』則是天下之書雖焚，而博士官猶有存者。惜乎入關收圖籍而不及此，竟爲楚人一炬耳。」◎《漢書·惠帝紀》：「三年，除挾書律。」注，應劭曰：「挾，藏也。」張晏曰：「秦律：敢有挾書者族。」又《蕭何傳》：「沛公至咸陽，何獨先入，收秦丞相、御史律令圖書，藏之。」又《藝文志》「儒家」：「《賈誼》五十八篇。」

墨子南使衛，載書甚多。弦唐子見而怪之。墨子曰：「昔周公旦朝讀書百篇，夕見七十二士。相天下猶如此，吾安敢廢此也？」【原注】今本闕。《墨子》七十一篇，今止十三篇。「外史掌三皇五帝之書」，「《大訓》在西序」①，「讀書百篇」，謂此類也。

【閻按】今《墨子》七十一篇，止闕其八。「墨子南使衛」之文，現載《貴義篇》。此云止十三篇，與陳氏《書録解題》合。

【何云】聞之前輩，七十一篇者出於《道藏》。

【元圻案】《漢書·藝文志》：「《墨子》七十一篇。名翟，爲宋大夫，在孔子後。」《隋書》、新、舊《唐書》、《宋志》，皆作十五卷，惟《通志·藝文略》又別出三卷者一本，蓋即陳氏《書録》所載止存十三篇之本。《郡齋讀書志》：「《墨子》五十卷，七十一篇，以貴儉、兼愛、尊賢、右鬼、非命、尚同爲説」云。是宋時亦有完本，厚齋未之見也。

《釋文序録》云：「《尚書》之字，本爲隸古。既是隸寫古文，則不全爲古字。今宋、齊舊本及徐、李等音所有古字，蓋亦無幾。穿鑿之徒，務欲立異，依傍字部，改變經文。」以上見《序録·條例》。然則今所傳《古文尚書》，未必皆孔安國之本。[一]《宋

①《書·顧命》。

景文筆記》云：「楊備得《古文尚書釋文》，讀之大喜，書訊刺字，皆用古文。」按國史《藝文志》「唐孝明寫以今字，藏其舊本。開寶〔二〕五年，别定今文音義。咸平〔三〕（三）〔二〕①年，孫奭請摹印《古文音義》，與新定《釋文》並行。」今亦不傳。然漢至唐所謂古文者，孔安國以隸存古，非科斗書也。今有《古文尚書》，吕微仲得本於宋次道、王仲至家。【原注】郭忠恕定《古文尚書》并《釋文》。今本豈忠恕所定歟？宣和六年詔《洪範》復從舊文，以「陂」爲「頗」，然監本未嘗復舊也。

〔一〕案《隋書·經籍志》：「後漢扶風杜林傳《古文尚書》，同郡賈逵作訓，馬融作傳，鄭玄爲注。然其所傳唯二十九篇，又雜以今文，非孔舊本。」

〔二〕宋太祖九年改元開寶。

〔三〕宋真宗初元。

【閻按】「隸古定」乃是一行科斗書，一行真書。孔穎達所謂「就古文體而從隸定之，存古爲可慕，以隸爲可識，故曰『隸古』」也。

【元圻案】《漢書·藝文志》：「《古文尚書》者，出孔子壁中。武帝末，魯恭王壞孔子宅，欲以廣其宮，而得《古文尚書》及《禮記》、《論語》、《孝經》，凡數十篇，皆古字也。」◎《隋書·經

① 據元刊本改。

籍志》：「孔安國以今文校之，得二十五篇，其《泰誓》與河内女子所獻不同。又濟南伏生所誦有五篇相合，安國遂依古文開其篇第，以隸古字寫之，合成五十八篇。其餘篇簡錯亂，不可復讀，遂送之官府。安國又爲五十八篇作傳。」又：「梁有《尚書音》五卷，孔安國、鄭康成、李軌、徐邈等撰。」◎陸德明曰：「漢人不作音，後人所托。」◎《唐書・藝文志》：「《今文尚書》十四卷，開元十四年，玄宗以《洪範》『無偏無頗』聲不協，詔改爲『無偏無陂』。天寶三載，又詔集賢學士衛包改古文從今文。」◎馬端臨《通考・經籍考》：「漢之所謂古文者，科斗書，今文者，隸書也。唐之所謂古文者，隸書也，今文者，世所通用之俗字也。」◎《玉海》三十七：「唐陸德明《釋文》用古文，後周顯德六年，郭忠恕定古文刻板。太祖命判國子監周惟簡等重修。開寶五年二月，詔翰林學士李昉校定，上之，詔名《開寶新定尚書釋文》。咸平二年十月乙丑，孫奭請摹印《古文尚書音義》，與《新定釋文》並行，從之。天聖八年九月十二日，雕《新定釋文》。」◎《書録解題・雜家類》：「《宋景文筆記》一卷。翰林學士宋祁子京撰。」◎祁謚景文。◎楊備，字修之，億之弟。慶曆中爲尚書虞部員外郎，分司南京。◎孫奭，字宗古，博平人。太宗端拱中九經及第。仁宗時官至兵部侍郎、龍圖閣學士。◎晁氏《讀書志》：「《古文尚書》，孔安國以隸古定，自漢迄唐，行於學官。明皇改從今文，由是古文遂絶。陸德明獨存其一二於《釋文》。呂大防得本於宋次道、王仲至家，以校《釋文》，雖小有異同，而大體相類。」◎呂大防，字微仲，藍田人。皇祐初擢進士第。哲宗時拜尚書右丞，封汲郡公，進尚書左僕射兼門下侍郎。謚正愍。◎宋敏求，字次道，綬子。賜進士第，官龍圖閣學士。◎王欽臣，字仲至，洙之子。文潞公薦試學士院，賜進士及第。官集賢待制。◎《後漢書・劉陶傳》：「明《尚書》。推三家《尚書》及古文，是正文字〔三〕〔七〕百餘事，名曰《中文尚書》。」◎《東都事略》：「郭忠恕，字恕先，洛陽人。太宗召爲國子監主簿，令刊定歷代字書，所定《古文尚書》并《釋文》，並行於世。」

吴才老《書裨傳・考異》云：「伏氏口傳與經傳所引，有文異而有益於經，有文異而無益於經，有文異而音同，有文異而義同。」才老所述者今不復著。「以閏月定四時成歲」，古文「定」作「正」，開元誤作「定」。【原注】晁景迂云。〔一〕「舜讓於德，弗嗣」，班固《典引》作「不台」。【原注】《史記・自序》：「唐堯遜位，虞舜不台。」〔二〕「在治忽」，今文作「采政忽」，《史記・夏本紀》作「來始滑」，《漢書・律曆志》作「七始咏」。「忽」又或作「曶」。【原注】鄭康成曰：「笏也。」〔三〕《大傳・大誥》曰「民儀有十夫」。【原注】王莽作《大誥》，曰「民獻儀九萬夫」，蓋本於此。又《康誥》曰「惟乃丕顯考文王，克明俊德」，今無「俊」字。《伊訓》「惟元祀十有二月乙丑」，《漢・曆志》作「惟太甲元年十有二月乙丑朔」。【原注】是朔旦冬至之歲。○注語亦《曆志》本文。「高宗亮陰」，《禮記・喪服四制》作「諒闇」，【原注】注讀爲「梁鶕」。《漢・五行志》作「涼陰」，〔四〕《大傳》作「梁闇」。〔五〕「予若觀火」，《周禮注》謂「今燕俗，名湯熱爲觀」。見《夏官・司爟》。《微子》「我其發出狂」，《史記・宋世家》「狂」

作「往」，注引鄭康成曰：「我其起作出往也。」此裴駰集解文。《君奭》「天難諶」，《王莽傳》作「天應棐諶」。[六]「欽明文思安安」，《考靈耀》作「晏晏」，【原注】鄭氏注：「寬容覆載謂之晏。」馮衍《顯志賦》：「思唐虞之晏晏。」第五倫上書：「體晏晏之姿。」[七]《無逸》「肆高宗之享國，五十有九年」，石經曰「肆高宗之饗國百年」，[八]漢杜欽亦曰「高宗享百年之壽」。見《漢書》本傳。[九]「費誓」，《説文》作「粊誓」，《史記》作「肹」，《大傳》作「鮮」。[一〇]「度作刑以詰四方」，《周禮·大司寇》注云「度作詳刑」。「哀矜折獄」，《漢·于定國傳》作「哀鰥哲獄」。【原注】《大傳》：「哀矜哲獄。」「折民惟刑」，《漢·刑法志》作「悊民」。「天齊於民，俾我一日」，楊賜《封事》作「假我一日」，【原注】賜通《桓君章句》，即《歐陽尚書》。劉愷引「上刑挾輕，下刑挾重」。《説文》：「顧畏於民嵒，多言也。」【原注】尼輒切。

[一]【閻按】「開元」當作「天寶」，後並同。

[二]案《後漢書·班固傳》：「固作《典引篇》，述敍漢德。其辭曰：『欽若上下，恭揖羣后，正位度宗，有于德不台淵穆之讓，靡號師矢敦奮撝之容。』」注：「典謂《堯典》，引，猶續也。漢承堯後，故述漢德，以續《堯典》。《前書》曰『舜讓于德不台』，《音義》曰：『台讀曰嗣。』」

[三]《史記索隱》曰：「《古文尚書》『在治忽』，今文作『采政忽』，先儒各隨字改之。今此云『來始滑』，於義無取。蓋來、采字相近，滑、忽聲相亂，始又與治相似，因誤爲『來始滑』，今依今文音『采政忽』。《集解》曰：『《尚書》『滑』字作『曶』，音忽。鄭玄曰：『曶者，臣見君所秉，書思對命者也。』』」

◎宋薛季宣《書古文訓》作「圣亂㫚」。

［四］師古注：「涼，信也；陰，默也。言居哀信默，三年不言也。涼讀曰諒。一説：涼陰，謂居喪之廬也，謂三年處於廬中，不言。涼音力羊反。」

［五］康成注：「闇讀如鶕，鶕謂廬也。」

［六］師古注：「天所應輔，惟在有誠。」

［七］《後漢書·馮衍傳》注引《尚書考靈耀》曰：「放勛，欽明文思晏晏。」《第五倫傳》注引《考靈耀》曰：「堯文塞晏晏。」《陳寵傳》注引《考靈耀》曰：「堯聰明文塞晏晏。」文多不同。劉熙《釋名》曰：「安，晏也。」然則文異而義同。

［八］宋洪适《隸釋》載蔡邕石經殘碑。

［九］【閻按】《漢·五行志》、《劉向傳》皆云「高宗百年」。

［一〇］【閻按】一作獮。○《史記·魯世家》集解：徐廣曰：「一作鮮，一作獮。」

【元圻案】《尚書大傳》曰：「樂者，人性之所自有也。故聖王巡十有二州，觀其風俗，習其性情，因論十有二俗，定以六律五聲，八音七始，著其素。」康成注曰：「七始：黄鍾、太蔟、大吕、南吕、姑洗、應鍾、蕤賓也。」與《漢·律曆志》曰「七者，天地四時人之始也」其義不同。◎《漢書·翟方進傳》：「方進少子義。王莽居攝，義心惡之，舉兵。莽於是依《周書》作《大誥》，曰：『粤其聞日，宗室之儁有四百人，民獻儀九萬夫。』」注，孟康曰：「民之儀表，謂賢者。」◎惠氏棟

《九經古義》曰：「《費誓》，《説文》云：『《周書》有《粊誓》，从米，北聲。』《廣韻》作粊，從米，比聲，云魯東郊地名。此據孔氏本言之，則知古文本作粊，裴駰謂《尚書》作粊，字之誤也。鄭氏注《周禮·雍氏》、《禮記·曾子問》，皆引作粊誓。」◎楊賜，震之孫，秉之子。《後漢書》本傳：「賜字伯獻，靈帝當受學，詔太傅三公選通《尚書》桓君《章句》、宿有重名者，三公舉楊賜，乃侍講於華光殿中。熹平元年，青蛇見御坐，賜上封事，引《尚書》曰：『天齊乎人，假我一日。』」注云：「天意欲整齊於人，必假於君也。今《尚書》文『假』作『俾』。俾，使也，義亦通。」◎《釋文敍録》：「《尚書》，伏生授千乘歐陽生，生授倪寬，寬以授歐陽生之子。歐陽氏世傳業，至曾孫高作《尚書章句》，爲歐陽氏學。濟南林尊受《尚書》於歐陽高，以授平當，當授朱普。沛國桓榮受《尚書》於朱普。」◎《後漢書·劉愷傳》：「愷字伯豫。安帝初，清和相叔孫光坐臧抵罪，遂增錮二世，愷獨以爲『《春秋》之義，「善善及子孫，惡惡止其身」，所以進人於善也。《尚書》曰：「上刑挾輕，下刑挾重。」』」注：「今《尚書·吕刑篇》曰：『上刑適輕下服，下刑適重上服。』謂二罪俱發，原其本情，須有虧減，故言適輕適重。此言『挾輕挾重』，意亦不殊，但與今《尚書》不同耳。」

【萬氏集證曰】今本《説文》「嵒」字凡兩見，一《品部》「嵒」下云：「多言也。从品相連。《春秋傳》曰『次嵒北』，讀與聶同，見輒切。」一《山部》「嵒」下云：「山巖也，从山品，讀若吟。」徐鉉曰：「從品，象巖厓連屬之形，五咸切。」皆不引《書》「顧畏於民嵒」句。惟《石部》「碞」下云：「磛嵒也，从石品。《周書》曰『畏於民碞』。讀與巖同。」王氏所引似誤，不然，所見本異也。

【元圻案】《書録解題・書類》：「《書裨傳》十三卷。太常卿建安吴棫才老撰。首卷舉要曰《總説》，曰《書序》，曰《君辨》，曰《臣辨》，曰《考異》，曰《詁訓》，曰《差互》，曰《孔傳》，凡八篇。考據詳博。」《經義考》云：「未見。」又引王明清曰：「吴棫，舒州人。」《閩書》作建安人。◎後有「民之疾苦」條，引《書》作「民碞」，則此條作「嵒」，蓋傳刻之誤。

《書》始二《典》，猶《詩》之首二《南》。取費、秦之《誓》，猶《詩》之有《魯頌》。

【元圻案】吕成公曰：「二《典》如《易》之有《乾》、《坤》。」

《大傳》説《堯典》，謂之《唐傳》，則伏生不以是爲《虞書》。

【閻按】《説文》引「五品不愻」，亦曰《唐書》。其時《舜典》合於《堯典》内。

【三箋程易田云】案《説文》引《堯典》八條，《舜典》十一條，《皋陶謨》一條，《益稷》十三條，只一條作《尚書》，一條作《周書》，轉寫誤也，餘三十條並作《虞書》。然則「五品不愻」一條作《唐書》者，孤證也，不可援之以爲論説。

【集證】引顧寧人《日知録》曰：「古時有《堯典》，無《舜典》，有《夏書》，無《虞書》。《孟子》引『放勳乃殂落』，謂之《堯典》，則《序》之別爲《舜典》者非矣。《左傳》莊八年引『皋陶邁種德』，僖二十四年引『地平天成』，二十七年引『賦納以言』，文七年引『戒之用休』，襄五年引『成允成功』，二十一年、二十三年兩引『念茲在茲』，二十六年引『與其殺不辜，寧失不經』，哀六年引『允出茲在茲』，十(六)〔八〕年引『官占惟先蔽志』，《國語》周内史過引『衆非元后何戴，后非衆罔與守邦』，皆謂之《夏書》，則後之目爲《虞書》者贅矣。」

【元圻案】《大傳》自《九共》以下題曰《虞傳》，此《舜典》合於《堯典》之一證，《日知録》之説辯矣。然孔穎達《書正義》曰：「莊八年《左傳》引《夏書》曰『皋陶邁種德』云云，皆在《大禹謨》、《皋陶謨》。當云《虞書》，而云《夏書》者，以事關禹，故引爲《夏書》。若《洪範》以爲《周書》，以箕子至周，商人所陳，〔而傳引之〕即曰《商書》也。」今據此以《洪範》爲《商書》可乎？況《大傳》自「放勳」以下題曰《唐傳》，《九共》以下別題曰《虞傳》，《禹貢》以下別題曰《夏傳》，其總題則俱曰《虞夏傳》。馬季長、鄭康成、王子雍、《別録》題皆作《虞書》，漢魏相傳，未可輕議。

《夏小正》《大戴禮記》。、《月令》《禮記》。、《時訓》《逸周書》。詳矣，而《堯典》「命羲和」以數十言盡之。《天官書》《史記》。、《天文志》《漢書》。詳矣，而《舜典》「璣衡」以一言盡之。敘事當以《書》爲法。【原注】《堯典》以「日中」、「宵中」爲春、秋之別，《月令》兩言「日夜分」，無春、秋之異。

【元圻案】鄭漁仲《六經奥論》曰：「《月令》之記四時，不如《堯典》，至記日夜分，亦不及《堯典》。《堯典》以『日中』『宵中』四字記之，自有春、秋之別。《月令》則兩言『日夜分』，而不知孰爲春，孰爲秋。」◎曾子固作《王囘文集序》曰：「敍事莫如《書》，其在《堯典》，述命羲和，宅土測日，晷星候氣，揆民緩急，兼蠻夷鳥獸，其材成輔相，備三才萬物之理，以治百官，授萬民，興衆功，可謂博矣，然其言不過數十。其於《舜典》則曰『在璿璣玉衡，以齊七政』。蓋堯之時觀天以曆象，至舜又察之以璣衡，聖人之法，至後世益備矣。曰『七』者，則日月五星，曰『政』者，則羲和之所治無不在焉。其體至大，蓋一言而盡，可謂微矣。其言微，故學者所不得不盡心；能盡心，然後能自得之也。」

《堯典》「日月星辰」，孔注謂「星，四方中星；辰，日月所會」；《益稷》「日月星辰」謂「日月星爲三辰」。[一]五禮一也，孔注於《舜典》以爲吉、凶、軍、賓、嘉，於《臯陶謨》則曰公、侯、伯、子、男五等之禮。[二]

[一]【全云】當主前説爲是。

[二]【全云】亦前説爲是。

【元圻案】《堯典》正義曰：「『四方中星』者，二十八宿布在四方，隨天轉運，更互在南方，每月各有中者。《月令》每月昏旦推舉一星之中。『辰，日月所會』者，昭七年《左傳》士文伯對晉侯之辭也。日行遲，月行疾，每月之朔，月行及日而與之會。其必在宿分，二十八宿是日月所會之處。辰，時也，集會有時，故謂之辰。日月所會與四方中星，俱是二十八宿。舉其人目所見，以星言之，論其日月所會，以辰言之，其實一物，故星、辰共文。」◎《益稷謨》正義曰：「《周禮·大宗伯》云『實柴，祀日月星辰』，鄭玄云：『星，謂五緯也。辰，日月所會十二次也。』鄭以遍祭天之諸神，十二次亦當祭之，故令星與辰別。(以)〔此〕云畫之於衣，日月合宿之辰，非有形容可畫。且《左傳》云三辰即日月星也。」◎《皋陶謨》正義曰：「王肅云：『五禮，謂王、公、卿、大夫、士。』鄭玄云：『五禮，天子也，諸侯也，卿大夫也，士也，庶人也。』此無文可據，各以意説耳。」

《史記·五帝本紀索隱》云：「春言東作，夏言南爲，[一]皆是耕作營爲勸農之事。孔安國强讀爲『訛』字，雖訓化，[二]解釋紆回。」【原注】今《史記》作「南訛」。

[一]《索隱》云：「爲，依字讀。」

[二]《爾雅·釋言》：「訛，化也。」

【元圻案】孔傳：「訛，化也。掌夏之官，平敍南方化育之事。」◎惠氏棟《九經古義》曰：「譌與訛，古字通。《毛詩·無羊》曰『或寢或訛』，《韓詩》作『譌』。《説文》引《詩》云『民之譌言』，今《正月詩》作『訛』。《無羊》傳云：『訛，動也。』薛夫子云：『譌，覺也。』《正月》箋又訓訛爲僞，僞亦與訛通。故《王莽傳》又作『南僞』，《古文尚書》作『僞』也。《索隱》作『爲』者，古『僞』字皆省文作『爲』，見古文《春秋左氏傳》。但此經『訛』字當與『僞』別。《淮南·天文訓》曰『歲大旱，禾不爲』，高誘曰：『爲，成也。禾成於夏，故云南爲。』《索隱》本是也。」案《爾雅·釋訓》：

「作，造爲也。」《詩・王風・兔爰》「尚無造」，毛傳：「造，僞也。」《大雅・思齊》「小子有造」，毛傳：「造，爲也。」《索隱》蓋本《爾雅》。◎《唐書・藝文志》：「司馬貞《史記索隱》三十卷。開元（閏）〔潤〕州別駕。」

《周禮・天官・縫人》注引《書》曰「分命和仲，度西曰桺穀。」〔一〕虞翻云：「鄭玄所注《尚書》，古篆『丣』字，反以爲『昧』。古大篆『丣』字讀當爲『桺』。古桺、丣同字，而以爲『昧』。」〔二〕裴松之謂翻言爲然。

〔一〕案正義曰：「是濟南伏生《書》。」

〔二〕見《三國志・虞翻傳》注。案注文無「古篆丣字反以爲昧」八字。

【元圻案】裴松之曰：「翻云『古大篆「丣」字讀當言「桺」，古丣、桺同字』，竊謂翻言爲然。故劉、留、聊、柳同用此字，以從聲故也。」◎《尚書大傳》：「秋祀柳穀，華山貢兩伯之樂焉。」康成注曰：「八月西巡守，祭柳穀之氣於華山。柳，聚也，齊人語。」◎宋沈作喆《寓簡》：「柳穀，柳之言聚也。分命和仲，典治西方之政，而收聚百穀也。度音宅。古文『度』與『宅』相近而誤。」◎惠氏《九經古義》曰：「《今文尚書》云：『度西曰柳穀。』伏生《書傳》云：『秋祀柳穀。』康成云：『柳，聚也。』賈公彦曰：『柳者，諸色所聚，日將没，其色赤，兼有餘色，故云柳穀。』今鄭注《尚書》從古文作『昧谷』，故虞仲翔奏鄭解《尚書》違失事目云云。」◎《史記・五帝本紀》作「昧谷」，《索隱》曰：「徐廣云：『一作柳，柳亦日入處地名。』」《堯典》正義曰：「夏侯等《書》昧谷曰柳谷。」◎《說文·卯部》：「卯，冒也。二月萬物冒地而出，象開門之形，故二月爲天門。」《酉部》：「丣，古文酉，从卯。卯爲春門，萬物已出；酉爲秋門，萬物已入。一，(閈)〔閉〕門象也。」卯，莫飽切；丣，與久切。段氏玉裁曰：「壁中《古文尚書》作『昧谷』，鄭注《尚書》依之，《今文尚書》作『柳穀』，鄭注《周禮》取之，今文、古文斷難合一者也。鄭本不誤，而仲翔誤會，謂其改『丣』爲『昧』。」

「宅嵎夷」，《釋文》云：「《尚書考靈耀》及《史記》作『禺銕』。」今按《史記·堯本紀》「居郁夷」，正義：「郁音隅。」《夏本紀》「嵎夷既略」，《索隱》云：「《今文尚書》及《帝命驗》並作『禺鐵』。」【原注】古「夷」字。薛氏曰：「今登州之地。」

【元圻案】宋毛居正《六經正誤》二：「銕，古鐵字也。《說文》『嵎』字下注云『嵎鐵』，蓋峓誤爲銕，銕轉爲鐵也。」◎《釋文》馬云：「嵎，海隅也。夷，萊夷也。」孔安國傳：「東表之地稱嵎夷。」正義曰：「《禹貢》青州云『嵎夷既略』，青州在東，界外之畔爲表，故云『東表之地稱嵎夷』也。」◎薛氏季宣《書古文訓》三：「隅夷，海隅諸夷，《虞書》『暘谷』之地，今登州也。」◎《唐書·藝文志》：「張守節《史記正義》三十卷。」

「四岳」，孔注云：「即上羲和四子，分掌四岳之諸侯。」按《周語》太子晉曰：

「共之從孫四岳，佐禹胙國，命爲侯伯，賜姓曰姜，氏曰有吕。」《左傳》「許，太岳之胤也」，杜氏注謂：「太岳，神農之後，堯四岳也。」隱公十一年。當從《周語》之説。【原注】迂齋云：「申、吕、齊、許，皆四岳之後。堯讓許由，亦其一也。」

【閻按】韋昭《國語注》：「共工，諸侯，炎帝之後，姜姓也。當顓頊之衰，則四岳爲共工從孫，亦神農之後，復何疑。」

【何云】迂齋説是。

【元圻案】《周語》韋昭注：「共，共工也。姜，四岳之先，炎帝之姓也。至四岳有德，帝復賜之祖姓，使紹炎帝之後。吕以國爲氏。」◎《周語》又曰：「申、吕雖衰，齊、許猶在。」注：「申、吕，四岳之後，商、周之世或封於申，齊、許其族也。」◎宋葉大慶《愛日齋叢抄》樓暘叔云：「從來人説莊周盡是寓言，卻不曾深考。如堯讓許由，依舊是有此人。蓋申、吕、齊、許，皆四岳之後，許由其一也。以當時咨四岳觀之，則堯有讓許由之事，但周之言不無文飾過當處。」

「五典克從」，孔安國傳本於《左氏》，程子解本於《孟子》。《左氏》言五教，不及君臣、夫婦、朋友，「天敍有典」，而遺其三焉。唯《孟子》得之。

【元圻案】《舜典》正義曰：「文十八年《左傳》曰：『舜臣堯，舉八元，使布五教於四方，父義，母慈，兄友，弟恭，子孝。』以此知五典是五常之教。」◎《伊川書説》：「五典，謂父子有親，君臣有義，夫婦有別，長幼有序，朋友有信。言長幼，則兄弟尊卑備矣；言朋友，則鄉黨賓客備矣。孔氏謂父義、母慈、兄友、弟恭、子孝，烏能盡人倫哉！夫婦，人倫之本，夫婦正而後父子親，而遺之，可乎？《孟子》云：『堯使契爲司徒，教以人倫。』五者人倫大典，豈舜有以易之乎？」◎《漢書·王莽傳》「五教是輔」，顔師古注亦從《左傳》。◎宋林氏之奇《尚書全解》曰：「《左氏傳》與《孟子》論五典，皆本於《舜典》，而其文不同。竊謂《左傳》之言不如《孟子》之説爲盡。契爲司徒，教天下以人倫，而君臣之義，夫婦之別，朋友之信，豈有忽而不教者哉！」◎《書大傳》曰「五作十道，孝力爲右」，注：「五作，五教也。十道，謂君令、臣共、父慈、子孝、兄愛、弟敬、姑慈、婦聽。」而不及朋友。◎《漢書·藝文志》：「《古文尚書》者，出孔子壁中。武帝末，魯共王壞孔子宅，欲以廣其宮，而得《古文尚書》及《禮記》、《論語》、《孝經》凡數十篇，皆古字也。共王往入其宅，聞鼓琴瑟鍾磬之音，於是懼，乃止不壞。孔安國者，孔子後也，悉得其書，以考二十九篇，得多十六篇。安國獻之。遭巫蠱事，未列於學官。」◎晁氏《讀書志》卷一上：「《伊川書説》一卷。程正叔之門人記其師所談，四十餘篇。」

程子謂：「共、兜之徒，及舜登庸之始，側陋之人，顧居其上，此凶亂之人所不能堪，故其惡顯而舜誅之。」[一]韓非曰：「堯欲傳天下於舜，鯀諫，共工又諫，曰：『孰以天下而傳之於匹夫乎？』堯不聽。」此可以證程子之説。【原注】韓非謂堯誅共、鯀，非也。

[一]【何云】程子崇政殿説書之召，司馬、呂薦之者，殆聖矣。既出，而爲當時巍科盛名之士所

嫉。此説其有爲言之與？

時文識見。

【全云】程子此説，未必因蘇、孔諸公而發。且洛、蜀之争，互有是非，何氏過推伊川，尚不脱

【元圻案】程子説，林少穎《尚書全解》引之。◎韓非説，見《外儲説右上》。又曰：「堯不聽，舉兵而誅鯀於羽山之郊，誅共工於幽州之都。」◎《吕氏春秋·行論篇》：「堯以天下讓舜。鯀爲諸侯，怒於堯曰：『得天之道者爲帝，得地之道者爲三公。今我得地之道，而不以我爲三公。』以堯爲失論，欲得三公。怒甚猛獸，欲以爲亂。比獸之角，能以爲城；舉其尾，能以爲旌。召之不來，仿佯於野以患帝。舜於是殛之於羽山。」◎宋王偁《東都事略》：「程子，字正叔。哲宗即位，司馬光、吕公著上其行事於朝，授汝州團練推官、西京國子監教授。力辭。又以爲秘書郎，召至京師，除崇政殿説書。紹聖中，黨論興，坐貶官。」

范蜀公《正書》曰：「舜之五刑，流也，官也，教也，贖也，賊也。『流宥五刑』者，舜制五流，以宥三苗之劓、刵、剕、宫、大辟也。」《皇王大紀》[一]之説本諸此，而以墨、劓、剕、宫、大辟爲賊刑之科目。

[一]【全云】胡五峯作。

【元圻案】《史記·堯本紀》「流宥五刑」，《集解》馬融曰：「流，放；宥，寬也。一曰幼少，二

曰老（髦）〔耄〕，三曰惷愚。五刑：墨、劓、剕、宮、大辟。」◎《書·舜典》孔傳：「宥，寬也。以流放之法寬五刑。」范蜀公之説，實本於孔氏。◎《皇王大紀》十九論曰：「《虞書》曰：『象以典刑，鞭作官刑，朴作教刑，金作贖刑，怙終賊刑。』此乃帝王正五刑也。又曰『流宥五刑』，五刑有服，五服三就，五流有宅，五宅三居，是此正五刑，皆有流宥之法也。墨、劓、剕、宮、大辟，賊刑之科目也。後世止以是爲五刑，故肉刑一廢，遂不可復，非不可復也，不行帝王正五刑，而專以賊刑當天下之罪，慘莫甚焉。」◎汪氏應辰《題范蜀公集》曰：「《正書》所得止一卷，今分爲二。司馬温公論《正書》，其間有云『舜無焚廩浚井之事』，今書無之。」◎《宋史·藝文志》「儒家」：「范鎮《正書》一卷。」◎《東都事略》：「范鎮，字景仁，成都華陽人。舉進士，禮部奏名第一。歷官端明殿學士。封蜀郡公，謚忠文。」◎《書録解題·史部·編年類》：「《皇王大紀》八十卷。胡宏撰。述三皇五帝至周赧王。前二卷自盤古至帝嚳，年不可考信，姑載其事而已。自堯以後，用《皇極經世曆》，起甲辰，始著年紀。博采經傳，時有論説，自成一家之言。」

《書序》「帝釐下土方，設居方」，《釋文》云：「『下土』絶句。一讀至『方』字絶句。」《商頌》「禹敷下土方，外大國是疆」，朱文公亦以「方」字絶句，云「《楚辭·天問》『禹降省下土方』，蓋用此語。」然《書序》已有此讀矣。

【元圻案】《書序》：「帝釐下土方，設居方，别生分類，作《汨作》、《九共》九篇、《槀飫》。」

孔傳言：「舜理四方，諸侯各設其官，居其方。」似以「方」字絶句。孔疏云：「帝舜治理下土，諸侯爲各於其方置設其官，居其所在之方而統治之。」遂以「方」字連下句讀。朱子《書序説》「方設居方，逐方各設其居方之道」又從孔疏，何也？◎《商頌·長發》孔疏曰：「往者唐堯之末，有大水芒芒然。有大禹者，敷廣下土，以正四方。京師之外，大國於是畫其疆境，令使中國廣大均平。」以「方」字屬下句，至朱子《集傳》始正其讀。

鄭康成讀《舜典》云：「『舜生三十』，謂生三十年；『登庸二十』，謂歷試二十年。」

【元圻案】《舜典》：「舜生三十徵庸，三十在位，五十載陟方乃死。」孔傳「舜三十徵庸，三十在位，服喪三年，其一在三十之數，爲天子五十年，凡壽百一十二歲。」正義：「鄭讀此經云：『舜生三十，謂生三十年也；登庸二十，謂歷試二十年；在位五十載，陟方乃死，謂攝位至死爲五十年。舜年一百歲也。』《史記》云：『舜年三十堯舉用之，年五十攝行天子事。年五十八堯崩，年六十一而踐天子位，三十九年崩』。」皆謬耳。」◎《帝王世紀》：「舜以堯之二十一年甲子生，三十一年甲午徵用，七十一年壬午即真。百歲癸卯南征，崩於鳴條。」與《史記》、康成合。

《大禹謨》言「念哉」者二，《益稷》言「念哉」者一，皆禹告舜之辭。心者治之本，心斯須不存，治忽分焉。「恭惟千載心，秋月照寒水。」於此見之。

【元圻案】朱子《感興詩》曰：「放勛始欽明，南面亦恭己。大哉精一傳，萬世立人紀。猗與嘆日躋，穆穆歌敬止。戒嫠光武烈，待旦起周禮。恭惟千載心，秋月照寒水。魯叟何常師，删述存聖軌。」

皋陶曰：「彰厥有常，吉哉。」周公曰：「庶常吉士。」召公曰：「吉士吉人。」帝王用人之法，一言以蔽之，曰「吉」。舜所舉曰「元」曰「愷」，吉德之實也；所去曰「凶」，吉德之反也。議論相傳，氣脉相續，在春秋時謂之「善人」，在西漢時謂之「長者」。惟吉則仁，所謂「元者，善之長」，爲天地立心者也。

【何云】可作人字説耳。

【元圻案】文十八年《左傳》：「舜臣堯，舉八愷、八元，流四凶族。」正義：「愷，和也，言其和於物也。元，善也，言其善於事也。」《傳》又曰：「孝敬忠信爲吉德，盗賊藏姦爲凶德。」◎成十五年《左傳》：「晉三郤害伯宗。韓獻子曰：『郤氏其不免乎？善人，天地之紀也，而驟絶之，不亡何待？』」◎《漢書·高帝紀》：「懷王與諸將約，先入定關中者王之。諸老將皆曰：『項羽爲人慓悍禍賊，所過無不殘滅，不如更遣長者扶義而西。項羽不可遣，獨沛公素寬大長者。』卒不許羽，而遣沛公。」◎《大雅·卷阿之篇》曰：「藹藹王多吉士。」又曰：「藹藹王多吉人。」逸齋《詩補傳》曰：「召公進戒曰：『求賢足矣，必曰吉士、吉人，何也？周公作《立政》以告成王，亦曰其勿以憸人，其惟吉士。蓋憸利之人，常近於薄；吉善之士，常近於厚。人主用人，必求吉善之士而信任之，誠足以壽風俗之脉，爲國家之福也。』」◎宋葛洪《涉史隨筆·立政終篇》又曰：「其惟克用常人。常人者，吉士之通稱。其於國也，猶食之穀粟，衣之布帛，不可一日而無者也。」◎《韓詩外傳》楚有善相人者，説莊王以吉人吉臣吉主之説，蓋亦本之於《書》。◎長者之稱，疑始於《韓非子》「厚重自尊，謂之長者」。

「儆戒無虞」①，絜齋〔一〕解云：「治安之時，危亂之萌已兆。漢宣帝渭上之朝，是年元后生成帝，新都篡漢已兆於極盛之日矣。【注】見卷一「五陽之盛而一陰生」條下。無虞豈可不儆戒？」愚謂(凶)〔匈〕奴衰而女戎興，倚伏果可畏哉。又解「七旬有苗格」云：「舜耕歷山之時，祇見厥父，惟知己之有罪而不見父之爲頑，所以底豫。及其征苗也，自省未嘗有過，而惟見苗民之作慝，所以逆命。至班師之後，誕敷文德，無異負罪引慝之心而遂格焉。滿損謙益，捷於影響，人心豈可以自滿哉！」愚謂仲虺之誥成湯，召公之訓武王，戒其滿而自矜也。齊桓服楚，魏武得荆州，唐莊宗取汴，皆以滿失之。

① 《書·大禹謨》。下「七旬有苗格」同。

［一一］【閻按】絜齋，袁燮號。

【元圻案】絜齋解「七旬有苗格」一條，元王與之《書纂傳》引之。◎《三國志·魏武帝紀》：「建安十三年，秋七月，公南征劉表。八月，表卒，其子琮代屯襄陽。公到新野，琮遂降。」《孫權傳》：「是時曹公新得表衆，形勢甚盛，諸議者多勸權迎之，惟瑜、肅執拒之議，意與權同。瑜、普爲左右督，遇於赤壁，大破曹公軍。」注《江表傳》載曹公與權書曰：「近者奉辭伐罪，旌麾南指，劉琮束手。今治水軍八十萬衆，方與將軍會獵於吴。」權得書，以示羣臣，莫不嚮震失色。◎歐陽公《五代史·唐莊宗本紀》：同光元年，十月，滅梁，復汴州爲宣武軍。十二月，畋於伊闕。二年，二月，求唐宦者。九月，幸郭崇韜第。十一月，畋於伊闕。十二月，及皇后幸張全義第。三年，聚鞠射雁射鴨，不一書矣。◎《書録解題》：「《絜齋家塾書鈔》十卷。其子喬、崇、謙録其家庭所聞，至《君奭》而止。今本作十二卷。」《經義考》云未見。《四庫全書》著録。◎真西山《絜齋行狀》曰：「燮字和叔，慶元府鄞縣人。淳熙進士，官至太中大夫，爵自鄞縣男再進爲伯。學者稱曰絜齋先生。」

「九德」①，知人之法；「三俊」②，用人之法。

① 見《書·皋陶謨》。

② 見《書·立政》。

【元圻案】《東萊書説》曰：「自皋陶以九德告禹，夏后蓋世守以爲知人之法。」◎真西山曰：「渾全而無弊，然後爲成德，此知人之法也。」◎宋黄氏度《書説》曰：「『三有俊』，辨論後來之俊，可居此三宅者也。『克即俊』，就其所論定，無不可登用也。」◎《書·立政》蔡氏《集傳》：吴氏曰：「此書戒成王以任用賢才之道。」

禹之告舜曰：「安汝止。」①盡天理而無人欲，得至善而止也。尹之告太甲曰：「欽厥止。」②去人欲而復天理，求至善而止也。

【元圻案】真西山《大學衍義》曰：「文王之『宅厥心』，即大禹所謂『安汝止』也。」

《虞書》作服，天子自日月而下十二章。鄭康成注《周禮·春官·司服》謂：「周以日月星辰畫於旌旗，而冕服九章。」注《禮記·郊特牲》「祭之日，王被衮以象天」，謂：「有日月星辰之章，此魯禮也。」二《禮》之説，自相背馳。魯秉周禮，周、魯之禮其有異乎？

① 見《書·益稷》。
② 《書·太甲》。

【元圻案】《書·益稷》孔傳：「天子服日月而下，諸侯自龍衮而下至黼黻，士服藻火，大夫加粉米。」正義曰：「天子服日月而下，則三辰畫之於衣服，又畫於旌旗也。《周禮·司服》云：『享先王則衮冕。』衮者卷也，言龍首卷然，以衮爲名，則所畫自龍以下，無日月星也。《郊特牲》云：『祭之日，王被衮冕，以象天也。』又曰：『龍章而設日月，以象天也。』鄭玄云：『謂有日月星辰之章，設日月畫於衣服旌旗也。』據此，《記》文衮冕之服亦畫日月。鄭注《禮記》言《郊特牲》所云，謂魯禮也。要其文稱『王被服衮冕』，非魯事也。或當二代，天子衣上亦畫三辰，自龍章爲首，而使衮統名耳。」◎林之奇《書解》曰：「舜觀古人之象，畫日月星辰山龍華蟲於衣，繡宗彝藻火粉米黼黻於裳，以彰天子之盛德，能備此十二物也。歷代之制，莫不皆然。説者謂周登三辰於旗，服惟九章，何其異也？蓋不過據《左氏》三辰旂旗之文。《左氏》謂『旗有三辰』，何嘗謂衣無三辰耶？況又謂上公九章，而王服亦九章，何周公制禮，乃至於無別與？此云『祭之日，王被衮以象天，則十二章備』，鄭氏謂『有日月星辰之章，此魯禮也』，夫被衮以象天，周制固然，何魯之足云？豈有周制止九章，魯乃加以十二之禮乎？」◎宋劉彝《中義》曰：「康成泥《司常》職『日月爲常』之文，遂謂周人以日月星辰畫於旂旗，而冕服止九章，非也。交龍爲旂，周之衣不去其龍，熊虎爲旗，周之裳不去其虎，何獨日月爲常，而去其衣服之日月星辰乎？」

《古文尚書》及《説文》「璪火黺黺黼黻」，艾軒曰：「黺黺黼黻，當各爲一物。璪當爲玉璪之璪。璪，圜物也，意其爲璪之狀，而以火旁飾之，火因物而後見耳。《考工記》謂『火以圜』，得非指璪火爲一物乎？鄭司農謂爲圜形似火，此爲近之。希冕，謂黺𪓋黼黻皆從黹，同謂之希冕。陸德明『希』與『黹』同，蓋有由來也。」

【元圻案】《書·益稷》：「予欲觀古人之象，日、月、星辰、山、龍、華蟲，作會；宗彝、藻、火、粉米、黼、黻，絺繡，以五采彰施於五色，作服，汝明。」孔傳：「日月星爲三辰，華象草，華蟲，雉也。畫三辰山龍華蟲於衣服旌旗。會，五采也，以五采成此畫焉。宗廟彝樽，亦以山龍華蟲爲飾。藻，水草有文者，火爲火字，粉若粟冰，米若聚米，黼若斧形，黻爲兩己相背。」此孔注天子之服十二章也。孔以宗彝爲宗廟彝樽，不在章數，故以粉米爲二物，方足十二之數。鄭康成注《周禮》，以宗彝爲虎蜼。賈疏云：「宗彝者，據周之彝尊，有虎彝蜼彝，因於前代，則虞時有蜼彝虎彝可知。若然，宗彝是宗廟彝尊，非蟲獸之號，而言宗彝者，以虎蜼畫於宗彝，則因號虎蜼爲宗彝，其實是虎蜼也。但虎蜼同在於彝，故此亦并爲一章也。」案鄭以宗彝爲十二章之一，故並粉米爲一章，林艾軒謂黺𪓋黼黻當各爲一物，蓋從孔傳。◎《說文·王部》：「璪，玉飾如水藻之文。从玉，喿聲。《虞書》曰『璪火黺米』。」◎《禮記·玉藻·釋文》：「本又作璪，音早。」◎《考工記》「火以圜」注，鄭司農云：「爲圜形，似火。玄謂形如半環然，在裳。」◎《春官·司服》「祭社稷五祀，則希冕」，鄭注：「希讀爲絺，或作黹，字之誤也。」◎《說文·黹部》有黺字，無𪓋字。《玉篇·黹部》亦無𪓋字。「黺」字注云：「黺，絑也。」◎《天官》「辨方正位」句下正義曰：「鄭司農者，鄭衆，字仲師。但《周禮》

之內，康成所存注者有三家，司農之外又有杜子春、〔鄭大夫〕。鄭大夫者，鄭少贛。二鄭皆康成之先，故言官不言名字。」◎林艾軒，名光朝，字謙之，莆田人。事迹具《宋史·儒林傳》。

「鳥獸蹌蹌」①，馬融以爲筍虡。《七經小傳》〔一〕用其説。《書禆傳》以「鳳凰來儀」爲簫聲之和，艾軒亦曰「制器尚象」。

〔一〕【全云】劉原父作。

【元圻案】陸氏《釋文》：「鳥獸，孔以爲自舞也；馬云：鳥獸，筍簴也。」◎劉原父《書小傳》曰：「古者制樂，皆有所法，或法於鳥，或法於獸。其聲清揚而短聞者，皆法之鳥也；其聲宏濁而遠聞者，皆法之獸也。則此言笙鏞之器，各得其法而盡其聲，則鳥獸蹌蹌然也。」◎《經義考·書類》：「馬氏融《尚書注》，《隋志》十一卷，佚。」◎《書録解題》三：「《七經小傳》三卷。劉敞撰。前世經學，大抵祖述注疏，其以〔己〕意言經，著書行世，自敞創之。惟《春秋》既有成書，《詩》、〔《書》〕、三《禮》、《論語》見之《小傳》。又《公羊》、《左氏》、《國語》三則附焉，故曰七經。」

古文「箾磬」，今文作「簫」，【原注】左氏曰：「《韶箾》，舜樂名也。」諸儒誤以簫管解之。

① 《書·益稷》。

【元圻案】此蔡氏《尚書集傳》文。◎林氏《尚書全解》六：「謂之簫韶者，孔氏曰：『言簫以見細器之備。』其説不然，而説者又謂簫者不齊之管，其聲清而細，以象鳳凰之聲，故奏之而鳳凰來儀。其説亦不然。案《古文尚書》『簫』字從竹從削，箾，舞者所執之物。簫與箾音雖同，而義實異，《説文》於『管簫』之『簫』注云：『參差管』；而從竹從削之『箾』注云：『舜樂名《箾韶》。』延陵季札觀周樂，見舞《韶箾》者，其字從竹從削之『箾』。以是知箾韶二字，蓋舜樂之總名也。今文作管簫之簫，故諸儒皆曲爲之説。」

《説文》「奡，嫚也」，引《虞書》「若丹朱奡」、《論語》「奡蕩舟」。按《書》有「罔水行舟」之語，則「奡蕩舟」者，恐即謂丹朱。

【閻按】羿、奡並舉，篡夏之賊臣也。丹朱未聞凶終，比擬不當。

【何云】下云「俱不得其死」，則不可云即丹朱也。

【集證】按宋吴仁傑《兩漢刊誤補遺》曰：「陶唐、夏后，各有一羿。二人俱嘗爲射官，又皆不得其死。而奡亦非所謂澆者，奡在禹、稷之前，與堯時羿並世。澆則寒浞因有窮后羿之室而生者也。《書》稱『毋若丹朱傲，惟慢遊是好，傲虐是作，罔水行舟，朋淫於家』，按此文上云『丹朱傲』，下又云『傲虐』，傲雖凶德，一言足以盡之，何至申言之乎？陸德明《音義》於『丹朱傲』云：『字又作奡。』乃知丹朱、奡爲兩人名。『朋淫』云者，指此兩人言之。南宮括言『奡蕩舟』，則罔水行舟之事是已。羿在禹前，故禹舉之以戒舜。」此説近是。

《古文》「天明畏，自我民明畏」，《今文》下「畏」字作「威」。蓋衛包所改，當從古。

【元圻案】《唐書·藝文志》：「《今文尚書》十(二)〔三〕卷，玄宗詔集賢學士衛包改古文從今文。」◎《大禹謨·釋文》：「『畏』如字，徐邈音威，馬融本作『威』。」據此則非衛包所改矣。◎《漢書·五行志》「威用六極」作「畏用」，《谷永傳》同。林少穎曰：「《古文書》畏、威二字通用，其義一也。」

「若稽古」稱堯、舜、禹三聖，而臯陶與焉。舜以天下遜禹，禹獨推臯陶。孟子論道之正傳，亦曰「若禹、臯陶則見而知之」，又曰「舜以不得禹、臯陶爲己憂」，子夏亦曰「舜舉臯陶」。觀於《謨》而見臯陶之學之粹也。

【閻按】舜以天下讓禹，禹獨推臯陶。此自出魏、晉間晚出《書·大禹謨》，余有辨，見《尚書古文疏證》卷四第五十七條。

【何云】臯陶之學之粹，不以亦有「若稽古」之文而見也。

【元圻案】《大戴禮·王言篇》：「昔者舜左禹而右臯陶，不下席而天下治。」伏生《書大傳》、劉向《説苑·君道篇》亦云。◎宋時瀾《增修東萊書説》曰：「虞廷之臣，獨臯陶稱『若稽古』，史臣將以是推皋陶而附之於三聖人之列。皋陶與禹分位，相去不遠，皆亞聖也。」

蠻夷猾夏，明刑治之而有餘；四夷交侵，征伐制之而不足。虞、周之德，天淵矣。

【全云】《史記》不作《兵書》，寓之於《律書》中。《漢書》不作《兵志》，寓之於《刑志》中。舜舞干羽而有苗格，則知以甲兵爲大刑，尚非聖人意也。世衰，治兵且不足，何況於律，又何況於刑？故《史記》所見是第一義，《漢書》所見是第二義。然爲三代以後人言之，則遠矣。

【元圻案】《漢書·匈奴傳》：「懿王時，王室遂衰，戎狄交侵，暴虐中國，中國被其害。」《後漢書·西羌傳》：「穆王西征犬戎，遷戎於太原。夷王衰弱，荒服不朝，乃命虢公率六師，伐太原之戎，至於俞泉。宣王遣兵伐太原戎，不克。」

《淮南子·主術訓》曰：「皋陶瘖而爲大理。」此猶「夔一足」之説也。皋陶陳謨賡歌，謂之瘖，可乎？司馬公《慨獄謠》詩云：「法官由來少和泰，皋陶之面如削瓜。」然《荀子·非相》之言，亦未必然。

【元圻案】《淮南》之言，本於《文子·精誠篇》。瘖作喑。◎《風俗通·正失篇》：「俗説夔一足而用專精，故能調暢於音樂。謹案《呂氏春秋》：『魯哀公問於孔子曰：「樂正夔一足，信乎？」孔子曰：「昔者舜以夔爲樂正，重黎又薦能爲音者，舜曰：夫樂，天地之精，得失之節，故惟聖人爲能和樂之本，夔能和之，平天下，若夔，一足矣。故曰夔一足，非一足行。」』」◎《荀子·非相篇》：「臯陶之狀，色如削瓜。」楊倞注云：「如削皮之瓜，青緑色。」◎《白虎通》：「聖人皆有異表。《禮説》曰：禹耳三漏，是謂大通；臯陶馬喙，是謂至誠。」◎《抱朴子·外篇·博喻》：「臯陶喑而與辨者同功，晉野瞽而與離朱齊明。」又云：「咎繇面如蒙倛，伊尹形若槁骸。」◎《侯鯖録》曰：「司馬公言行俱高，然亦每有謔語，嘗作詩曰：由來法官少和泰，臯陶之狀如削瓜。」

《史記·秦本紀》「大費佐舜，調馴鳥獸，是爲柏翳」，《索隱》云：「《尚書》謂之伯益。」而《陳杞世家》謂「伯翳之後封爲秦，垂、益、夔、龍，其後不知所封，不見也」，則伯翳非伯益矣。《水經注》卷十九：「偃師九山有《百蟲將軍顯靈碑》，云將軍姓伊氏，諱益，字隤敳，帝高陽之第二子伯益者也。」【原注】黄度文叔《書説》「益即隤敳」，本於此。

【閻按】伯益即伯翳，辨非二人，莫妙於金仁山前編。王氏與仁山同時，居址亦近，或未及見其論著乎？

【全云】金仁山之言亦未確。

【集證】金仁山《通鑑前編》曰：「伯益即伯翳，秦聲以入爲去，故謂益爲翳也。字有四聲，古多轉用，如益之爲翳，契之爲卨，臯之爲咎，君牙之爲君雅是也。此古聲之通用也。有同音而異文者，如陶之爲繇，垂之爲倕，鯀之爲鮌，虺之爲偪，紂之爲受，冏之爲奰是也，此古字之通用也。太史公見《書》、《孟子》之言益也，則《五帝本紀》言益；見《秦紀》之爲翳也，則《秦本紀》從翳，蓋疑而未決也。疑而未決，故於《陳杞世家》之末又言『垂、益、夔、龍，不知所封』，則遂謬矣。胡不合二書而思之乎？夫《秦紀》不燒，太史公所據以紀秦者也。《秦紀》所謂佐禹治水，豈非《書》所謂『隨山刊木』暨『益奏庶鮮食』者乎？所謂『馴服鳥獸』，豈非《書》所謂『益作朕虞若予上下鳥獸』者乎？其事同，其聲同，而獨以二書字異，乃析一人而二之，可謂誤矣。唐、虞功臣，獨四岳不名耳，而姜姓則見於書傳甚明也。其餘未有無名者，夫豈別有伯翳，其功如此，而反不見於《書》，又豈有馴服鳥獸者孰加於伯益，雖朱虎熊羆亦以類見，果又伯翳才績如此，而《書》反不及乎？夫以伯翳不得爲伯益，則卨不得爲契，咎繇不得爲皋陶，倕不得爲垂，鮌不得爲鯀，他如仲偪不得爲仲虺，受不得爲紂，羿不得爲冏，君雅不得爲君牙乎？《史記》本紀、世家及《總敍》之謬，如此者多，而羅氏《路史》因之，直以益、翳爲二人，又以柏翳爲皋陶之子，則嬴、郾、李三姓無辨矣。且楚人滅六之時，秦方盛於西，徐延於東，趙基於晉，使柏翳果皋陶之子，臧文仲安得云皋陶不祀乎？又以益爲高陽氏之才子隤敳，至夏啓時，則二百有餘歲矣，夫堯老而舜攝，舜耄期而薦禹，豈有禹且老而薦二百歲之益，以爲身後之計乎？其非事實，不可以不辨。」

【元圻案】《漢書·地理志》：「秦之先曰柏益，出自帝顓頊。堯時佐禹治水，爲舜朕虞，養育鳥獸，賜姓嬴，歷夏、殷爲諸侯。」《古今人表》列隤敳、柏益於上中，而不列柏翳，足以證金氏之說。

◎《欽定四庫全書簡明目録》七：「《水經注》四十卷。《水經》舊題桑欽撰，然證以書中地理，實三國時人，其注則後魏酈道元作。」◎《書録解題》二：「《書説》七卷。禮部尚書會稽黃度文叔撰。度篤學窮經，老而不倦。」

《鄭語》史伯曰：「姜，伯夷之後也。伯夷，能禮於神以佐堯者也。」注謂「四岳之族」。《大戴禮·誥志篇》虞史伯夷曰：「明，孟也；幽，幼也。」【原注】《史記·曆書》引之，而其文小異。「虞、夏之曆」，爲「昔自在古曆」；「百草權輿，瑞雉無釋」，爲「百草奮興，秭鳺先滜」。

【閻按】《尚書》伯夷典舜三禮，未聞佐堯，且齊，四岳之後，茲又以爲伯夷後，將齊有二祖乎？

【全云】四岳既爲伯夷之族，則非二祖也。閻説何憒憒。

【方樸山云】愚按《吕刑》有言「皇帝」，孔傳皆云「帝堯」，康成以「皇帝哀矜」爲説顓頊，「皇帝清問」乃説堯事，未有指爲舜者，指爲舜者，自蔡氏一家言耳。孔傳於「乃命三后，恤功於民，伯夷降典，折民惟刑」一節，直注云「堯命三君」，正與《國語》脗合。潛丘考之不詳。

【元圻案】林少穎《尚書全解》：「伯夷，臣名，其氏族則不可知。先儒引鄭語云：『姜，伯夷之後。』此説不可信。且《國語》既以姜姓爲四岳之後矣，而又以爲伯夷之後，其説自相戾。韋昭遂謂即四岳，且經云『咨四岳，有能典朕三禮，僉曰伯夷』，豈四岳以是自薦也？揆之人情，決不如此。」閻氏此注，蓋本於此。◎《誥志篇》：「虞史伯夷曰：『明，孟也；幽，幼也；明幽，雌雄也。雌雄迭興，而順至正之統也。日歸於西，起明於東，月歸於東，起明於西。虞夏之曆，建正於孟春，於時冰泮發蟄，百草權輿，瑞雉無釋。』」《史記·曆書》：「昔自在古曆，建正作於孟春。於時冰泮發蟄，百草奮興，秭鳺先滜。物乃歲具，生於東，次順四時，卒於冬分。時雞三號，(卒)〔平〕明。撫十二〔月〕節，卒於丑。日月成，故明也。明者，孟也；幽者，幼也；幽明者，雌雄也。雌雄代興，而順至正之統也。」與《大戴》之文不同。

《呂氏春秋·察傳篇》云：「舜欲以樂傳教於天下，乃令重黎舉夔於草莽之中而進之，舜以爲樂正。」【原注】《呂刑》「乃命重黎」，即羲和也。《楚語》「堯育重黎之後」，重黎舉夔見於此。

【方樸山云】先儒謂重黎即羲和，又謂羲和即四岳，則《呂氏春秋》所云重黎舉夔，即四岳舉夔耳。

【元圻案】《堯典》正義曰：「異世重黎，號同人別。顓頊命重司天，黎司地，羲氏掌天，和氏掌地，其實重、黎、羲、和通掌之也。」又孔傳曰：「四岳即上羲和之四子。」

漢董賢册文，言「允執其中」，蕭咸謂此堯禪舜之文，非三公故事，班固筆之於史矣。而固紀竇憲之功，曰「納於大麓，惟清緝熙」，其諛甚於董賢之册。當憲氣焰方張，有議欲拜之伏稱萬歲者，微韓稜正色，則無君之惡肆矣。此固所以文姦言而無忌憚也。倪正父駁「昆命元龜」之制，有以也夫。

【閻按】「昆命元龜」，乃史彌遠拜右相制詞。倪思時知福州，讀之駭嘆，以爲用舜禹揖遜文，請貼改。

【何云】倪語非也。蘇子瞻《富公神道碑》有「重華協明」之語，亦將以爲罪歟？

【方樸山云】以此爲坊，後世猶有來宗道祭崔呈秀之母，稱「在天之靈」者。

【全云】「重華協明」，尚是泛言其德，「昆命」則巽位矣。且觀人當於其素。富公，君子也；蘇公，亦君子也。其行文本無他意，無可致疑。若寶慶大臣，即不至萌無君之心，而諂之者不異班固之於竇憲矣。時草制者爲陳晦，又史氏之私人也。何氏以倪語爲非，强爲之辨，豈知深寧於此固有深慨也夫。

【又云】宋初趙中令制詞亦有此語，陳晦據以絀倪思之説。以史氏之勢，而倪敢論之，其直節自不可殁。

【元圻案】《漢書·佞幸傳》：「董賢爲大司馬衛將軍册曰：『建爾於公，以爲漢輔。往悉爾心，匡正庶事，允執其中。』蕭咸，望之子也。賢父恭欲與結昏姻。咸曰：『董公大司馬册，乃堯禪舜之文，非三公故事，長老見者，莫不心懼。此豈家人子所能堪耶！』」◎《後漢書·竇憲傳》：「憲與北單于戰於稽落山，大破之，降者二十餘萬人。憲、秉遂登燕然山，去塞三千餘里，刻石勒功，紀漢功德，令班固作銘。」◎《文選》班孟堅《封燕然山銘序》云：「車騎將軍竇憲，寅亮聖皇，登翼王室，納於大麓，惟清緝熙。」◎《後漢書·韓稜傳》：「帝西祀園陵，詔憲與車駕會長安。憲至，尚書以下議欲拜之，伏稱萬歲。韓稜正色曰：『夫上交不諂，下交不黷，禮無人臣稱萬歲之制。』議者皆慚而止。」◎宋周密《齊東野語》曰：「嘉定初元，史忠（定）〔獻〕彌遠拜右丞相，相麻，翰林權直陳晦之筆也，有『昆命元龜，使宅百揆』之語。時倪文節思知福州，即具申朝省，謂『「昆命元龜」，此乃舜、禹揖遜之語，見於《大禹謨》，非僻書也。據《漢書》董賢册文云「允執其中」，蕭咸謂此乃堯禪舜之文，非三公故事。今「昆命元龜」，與「允執其中」何異？竊見曩之詞臣，以「聖之清，聖之和」褒譽韓侂胄，以「有文事，有武備」褒譽蘇師旦，然亦未敢用人臣不當用之語。乞行貼麻。』時陳晦已除侍御史，遂具奏之，其詞內云：『茲方艱於論相，顧無異於象賢。「昆命元龜，使宅百揆」，此蓋演述陛下卜相之意甚明，而思乃以爲人臣不當用之語。臣觀《尚書》所稱「師錫帝曰虞舜」與「乃言底可績」者，其上下文顯是揖遜授受之語。而孫近行趙鼎制曰「亶由師錫之公」，蔣芾行洪适制云「用符師錫之公」，陳誠之行沈該制云「言皆可績，僉曰汝諧」，從《大禹謨》之文。今以本朝宰相制詞考之，吕夷簡制曰「或（形）〔營〕求方獲，或枚卜乃從」，富弼制曰「遂膺枚卜，實契具瞻」，王欽若制曰「廟堂虛位，龜筮協謀」，曾公亮制曰「拂龜而見祥，端扆而定制，稽用師言之錫，進居台路之元」，陳執中制曰「考嘉績而惟茂，質枚卜以僉同」，趙鼎制曰「龜弗克違，既驗詢謀之協」，陳康伯制曰「詢於僉言，蔽自朕志」，無非用《大禹謨》此一段中語。此類甚多，不敢盡述。唐人作韋見素相制曰「爾惟不矜，朕志先定」，本朝蘇軾草范純仁詔亦曰「蔽自朕志」，文彥博詔亦曰：「朕命不再」。至於「歷試諸艱」，蓋堯、舜事。軾於吕大防、胡宗愈詔，屢用「歷試」二字，然臣不敢援此爲例，恐未是「命龜」

的證。國初，趙普拜相，制曰「詢於元龜，歷選羣后」。又有甚的切者，唐裴度拜相，制曰「人具爾瞻，天方賚予，昆命元龜，爰立作相」云云。古人舉事無大小，未嘗不命龜，如《洪範》、《周禮》、《左傳》，皆可考也。今思乃以董賢册文爲比，以聖上同之漢哀云云。』繼得旨：『陳晦援證明白，無罪可待。倪思輕侮朝廷，肆言誣罔，可特降兩官。』其後文節作《辨析》一狀甚詳。」◎《顔氏家訓·文章篇》：「蔡邕《楊秉碑》云：『統大麓之重藩。』潘尼《贈盧景宣詩》云：『九五思飛龍。』孫楚《王驃騎誄》云：『奄忽登遐。』陸機《父誄》云：『億兆宅心，敦敍百揆。』《姊誄》云：『倪天之和。』今爲此言，則朝廷之罪人也。」◎倪思，字正甫，湖州人。謚文節。《宋史》有傳。

五行，《大禹謨》以相克爲次，《洪範》以生數爲次。案，此《大禹謨》正義之文。五德，鄒衍以相勝爲義，劉向以相生爲義。[一]

[一] 此唐封演《聞見録》之説，《續博物志》説同。

【元圻案】王氏《六經天文編》引馬氏曰：「水火木金土，天地生五行之序也。木火土金水，五行相生之序也。水火金木土，五行相克之序也。天地之生五行也以數，其相生也以氣，其相克也以形。」◎《漢書·郊祀志》「自齊威、宣時，騶子之徒論著終始五德之運」，注，如淳曰：「今其書有《五德終始》。五德各以所勝爲行。秦謂周爲火德，滅火者水，故自謂水德。」又《贊》曰：「孝武之世，兒寬、司馬遷等，從臣誼之言，服色度數，遂順黃德。彼以五德之傳從所不勝，秦在水德，故謂漢據土而克之。劉向父子以爲帝出乎《震》，故包犧氏始受木德，其後以母傳子，自神農、黃帝下歷唐虞三代，而漢得火焉。」

「柔而立」①，無立爲懦；「柔惠且直」，《大雅·崧高》。不直爲諂。「柔嘉維則」，《大雅·烝民》。失其則，非嘉也。

【何云】亦是《字説》，而較「吉字」一條爲勝。

【元圻案】呂氏《讀詩記》：「『柔嘉維則』，不過其則也。過其則斯爲弱，不得謂之柔嘉矣。」

《賈誼書·君道篇》引《書》曰：「大道亶亶，其去身不遠。人皆有之，舜獨以之。」此《逸書》也。

【元圻案】《賈誼書》注見一卷第三頁②。

《禹貢釋文》：「《周公職録》云：『黃帝受命，風后受圖，割地布九州。』」《隋》、

① 《書·皋陶謨》。
② 見卷一「蔡澤謂易」條注（頁五）。

《唐志》無此書。《太平御覽》一百五十七引《太一式占》、《周公城名録》有此三句。夾漈《通志·藝文略》：「《周公城名録》一卷。城、職字相似，恐傳寫之誤。」【原注】《世説》注云：「推《周公城録》，冶城宜是金陵本里。」《抱朴子·内篇·登涉》引《周公城名録》。

【集證曰】原注所引，當是《世説·言語門》「王右軍、謝太傅登冶城」注，今闕。◎《抱朴子·内篇·登涉》引《城名録》曰：「天下分野，災之所及，可避不可禳。居宅亦然，山岳亦爾也。」

《大傳》二曰：「歌《大化》、《大訓》、《六府》、《九原》而夏道興。」注謂四章皆歌禹之功。所謂「九德惟敍」、「九德之歌」，於此猶可考。

【集證曰】金仁山《通鑑前編·尚書虞夏傳》云：「『惟十有四祀，還歸二年，而廟中苟有歌《大化》、《大訓》、《六府》、《九原》而夏道興。』按此《九功之歌》也。《大訓》、《大化》，其三事之歌，與九功之歌舊矣。禹言於帝，比音而樂之。後世守之，以爲禹樂，《騷》所謂『啓《九辯》與《九歌》』是也。《周官》『《九德》之歌、《九韶》之舞』，以享人鬼，蓋兼用虞、夏之樂，而説者以《九歌》爲《韶樂》，誤矣。」

《説文·日部》「旻」字下引《虞書》曰：「仁閔覆下，[一]則稱旻天。」蓋《虞書》説也。

[一]何本作「仁覆閔下」。

【元圻案】《詩·王風·黍離》毛傳：「元氣廣大，則稱昊天。仁覆閔下，則稱旻天。自上降鑒，則稱上天。據遠視之蒼蒼然，則稱蒼天。」疏曰：「以經傳言天，其號不一，故因蒼天而總釋之。當有成文，不知出何書。」又曰：「玄之聞也：秋氣或生或殺，故以旻下言之。」◎《玉篇》、《廣韻》亦作「仁覆閔下」，故何本從之。然王氏既引《説文》，則當從《説文》。今從閣本。

「豫州，滎波既豬」，《古文》云「滎嶓既都」。《職方氏》「豫州，其浸波溠」，鄭注云「波讀爲播」。《禹貢》曰「滎播既都」，賈公彦疏云「《禹貢》有播水，無波。」然則漢、唐《書》本皆作「滎播」也。【原注】《史記·夏本紀》作播，音波。

【全云】波水出霍陽，見《水經注·穀水篇》。

【元圻案】《禹貢》孔傳曰：「滎澤波水，已成遏豬。」正義曰：「沇水入河而溢爲滎。滎是澤名，洪水之時，此澤水大，動成波浪。鄭云：今塞爲平地，滎陽民猶謂其處爲滎澤。馬、鄭、王本皆作『滎播』。」孔氏以「滎、波爲一水」。◎蔡氏《書集傳》曰：「《周職方》：『豫州，其川滎洛，其浸波溠。』《爾雅》云：『水自洛出爲波。』《山海經》曰：『婁涿之山，陂水出其陰，北流注於穀〔水〕。』」孔氏以爲一水，非也。◎《書録解題》云：「《周禮疏》五十卷。唐賈公彦撰。《廣川藏書志》云：『公彦此疏，據陳邵《異同評》及沈重《義疏》爲之。』」

《史記·夏本紀》引《禹貢》「二百里任國」，【原注】《書》「男邦」，孔注：「男，任也，任王者事。音壬。」王莽封王氏女皆爲任。【原注】注：「任，充也，男服之義，男亦任也。」「男」、「任」二字蓋通用。

【元圻案】惠氏《九經古義》曰：「《白虎通》引《書》云：『侯甸任衛作國伯』，今《酒誥》作『男』，古男與南通，皆訓爲任。《外傳·周語》曰『鄭伯南也』，先鄭司農注云：『南謂子男。』《左傳》昭十三年子産曰『鄭伯男也』，賈侍中云：『男當爲南，謂南面之君。』王肅《家語》亦載子産語，云：『男、南古字通用。』《白虎通》又云：『南之爲言，任也。』《今文尚書》皆以任爲南，太史公以訓詁易經文，故亦爲任。」◎《大戴禮·本命篇》、蔡邕《獨斷》皆曰：「男者，任也。」《禮記·王制》正義引《春秋元命包》：「男者，任也，任功立業也。」《尚書大傳》：「南方者何也，任方也。任方者，物之方任。」是男、任、南三字轉相爲訓也。

「揚州，沿於江海，達於淮泗」。東坡《書傳》云：「吴王夫差闕溝通水，而江始有入淮之道。禹時則無之。」愚按吴之通水有二焉，《左氏傳》哀九年：「吴城邗溝通江淮。」【原注】注云：「今廣陵韓江。」此自江入淮之道也。《吴語》「夫差起師北征，闕爲深溝於商魯之間，北屬之沂，西屬之濟，以會晉公午於黄池」，《左氏傳》哀十三年「會黄池」，【原注】注云：「陳留封丘縣南有黄亭，近濟水。」此自淮入汴之道也。[一]

[一]【閻按】此句從初刊本增補。

【元圻案】《禹貢》孔傳曰：「沿江入海，自海入淮，自淮入泗。」◎「韓江」，今本《左傳》杜注作「邗江」。◎宋樂史《寰宇記》一：「開封府封丘縣。黄池，在西南七里，東南三里。按《春秋》哀公十三年，會晉侯、吴子於黄池，吴、晉争長。」又一百二十三：「揚州江都縣合瀆渠，在縣東二百里。本吴掘邗溝以通江淮之水路。昔吴王夫差將伐齊，北霸中國，自廣陵城東南築邗城，城下掘深溝，謂之邗江，亦曰邗溝，自江東北入射陽湖，今謂之山陽溝。」◎東坡《書傳》十三卷。晁氏《讀書志》曰：「熙寧以後，專用王氏之説進退多士，此書駁異其説爲多。」

百川東注，弱水獨西，故《洪範》弱爲六極①。　弱與柔異，柔如漢文帝，弱如元帝。

【全云】亦不因其獨西而爲「極」。

【元圻案】「弱水既西」正義：「衆水皆東，此水獨西。」蔡氏《書傳》：柳子厚曰：「西海之山有水焉，散涣無力，不能負芥，投之則委靡墊没，及底而後止，故名曰弱。《地志》云在張掖删丹縣。」◎林氏《尚書全解》引王安石曰：「惡者小人之剛也，弱者小人之柔也。」◎《漢書·文帝紀贊》曰：「南越尉佗自立爲帝，召貴佗兄弟，以德懷之，佗遂稱臣。與匈奴結和親，後而背約入盜，令邊備守，不發兵深入，恐煩百姓。吴王詐病不朝，賜以几杖。羣臣袁盎等諫雖切，常假借納用焉。張武等受賂金錢，覺，更加賞賜，以愧其心。專務以德化民，是以海内殷富，興於禮義。」又

①《書·洪範》：「六極：一曰凶、短、折，二曰疾，三曰憂，四曰貧，五曰惡，六曰弱。」

《元帝紀贊》：「上牽制文義，優遊不斷，孝宣之業衰焉。」

「過九江，至於東陵」，曾彦和[一]謂「東陵，今之巴陵。」余按，《史記·禹本紀》正義岳州有巴陵，蓋是東陵。曾説本此。

［一］【全云】曾旼。

【元圻案】宋毛晃《禹貢指南》曰：「胡秘監旦、晁參政説之，皆以九江爲洞庭，以巴陵爲東陵。《水經》：『東陵地在廬江金蘭縣西北，江水又東迤北，會於彭蠡澤。』又曰：『江水又東，左得青林口，即水出廬江之東陵鄉。江夏有西陵縣，故此言東。』一説：巴陵與夷陵相爲東西，夷陵一曰西陵，則巴陵爲東陵可知。」◎《宋史·藝文志》：「曾旼等《尚書〔講〕義》三十卷。」今《四庫書》不著於録。◎朱子曰：「曾彦和《書説》精博，其解《禹貢》，林少穎、吴才老甚取之。」

「朔南暨」爲句，下云「聲教訖於四海」，《史記》注本如此①。

【何云】此本之鄭康成。

【元圻案】《史記·夏本紀》集解於「朔南暨」下引鄭玄曰：「朔，北方。」是以「暨」字截句

①「史記注本如此」六字，元刊本爲小注。

也。◎孔傳以「朔南暨聲教」爲句。疏引鄭玄曰：「南北不言所至，容逾之。」◎「《史記》注本如此」六字，何本作小注，今從閣本。

《説苑·政理篇》子貢曰：「禹與有扈氏戰，三陳而不服，禹於是修教一年，而有扈氏請服。」《莊子·人間世》謂「禹攻有扈，國爲虚厲」，皆與《書》異。《楚辭·天問》云：「該秉季德，厥父是臧。胡終斃於有扈，牧夫牛羊。」又云：「有扈牧豎，云何而逢？擊牀先出，其命何從？」古事茫昧，不可考矣。《呂氏春秋·仲春紀·先己篇》曰：「夏后相與有扈戰於甘澤，而不勝，六卿請復之，夏后相曰：『不可，吾地不淺，吾民不寡，戰而不勝，是吾德薄而不[一]教不善也。』於是乎處不重席，食不貳味，琴瑟不張，鐘鼓不修，子女不飭，親親長長，尊賢使能，期年而有扈氏服。」愚謂伐扈戰甘者，夏后啓也，誤以爲相。然其事可以補《夏書》之闕。[二]

[一] 案，今本《呂覽》無「不」字。

[二] 【何云】既非實録，何闕之補？

【元圻案】《書序》曰：「啓與有扈戰於甘之野，作《甘誓》。」《釋文》：「扈，音户。有扈，國名，與夏同姓。案京兆鄠縣，即有扈之國也。」◎《淮南·齊俗訓》曰：「有扈氏爲義而亡，知義而不知宜也。」高誘注：「有扈，夏啓之庶兄，以堯、舜與賢，禹獨與子，故伐啓，啓亡之。」◎《墨子·明鬼篇》曰:「嘗上觀乎《夏書》,《禹誓》曰『大戰於甘』。」《吕氏春秋·召類篇》曰:「禹攻曹、魏、屈驁、有扈,以行其教。」蓋《說苑》之說所本。◎朱子《楚辭集注》曰:「該,恐是『啓』字。季,少也。斃,戰而疲弊也。啓少能秉德,爲禹所善,何有扈不服,終疲其力而戰於甘,以滅其國,廢其後人爲牧豎,而後得安其位乎?」◎王逸注:「啓攻有扈之時,親於其牀上擊而殺之。言有扈牀上何以遇啓而喪其命,出而無所從乎?」◎《吕氏春秋·先己篇》高誘注:「《傳》曰『啓伐有扈』,《書》曰『大戰於甘,乃命六卿』云云。」畢秋帆沅校勘本載孫氏星衍之言曰:「如果爲相,注不應但據啓事爲證。考《御覽》八十二帝啓事中,引此作『夏后伯啓』,乃知今本誤也。然《困學紀聞》亦引作『夏后相』,則南宋本已誤矣。」盧氏文弨曰:「伯,古多作柏,後人疑爲相,因並誤删啓字。」◎曾子固《校上說苑序》曰:「劉向所著《說苑》二十篇,《崇文總目》云今存者五篇。臣從士大夫問得之者十有三篇,與舊爲十八篇,而敍其篇目。」

《甘誓》「予則孥戮汝」,孔傳謂「辱及汝子」。《王莽傳》作「奴」,顏師古注謂:「戮之以爲奴也。《泰誓》曰『囚奴正士』,豈及子之謂乎?」

【元圻案】顏師古《匡謬正俗》曰:「《商書·湯誓》云:『予則奴戮汝。』孔安國傳云:『古之用刑,父子兄弟,罪不相及,今云奴戮,權以脅之,使勿犯也。』案孥戮者,或以爲奴,或加刑戮,無有所赦耳。此非孥子之孥,猶《周書·泰誓》稱『囚奴正士』,亦謂或囚或奴也,豈得復言并子俱囚也。又班固《漢書·季布傳》云：『及至困〔九〕〔阨〕奴僇苟活。』蓋引《商書》之言以爲折衷矣。」◎元吳氏澄《書纂言》二謂：「『予則孥戮汝』，與上文辭意不屬，或有脱簡，或是下篇《湯誓》之文重出在此。」

蔡邕《銘論》：「殷湯有《甘誓》之勒。」

【元圻案】此條疑有闕文，或是前《説苑》「子貢曰」條小注。◎《太平御覽》五百九十蔡邕《銘論》曰：「黄帝有巾几之法，孔甲有盤杅之誡，殷湯有《甘誓》之勒，𩞈鼎有丕顯之銘。」

《五子之歌》，其二章皆述禹之訓。〔二〕蔡氏《集傳》：「自『予視天下』以後，謂『予』，五子自稱也。」然「予臨兆民」之語，恐非五子自稱。

〔二〕案正義云：「其一曰『皇祖有訓』，其二曰『訓有之』，是述大禹之戒也。」

【元圻案】蔡《傳》又以「萬姓仇予」之「予」，謂指太康。林少穎曰：「陳博士云：『夫所以「曷歸」者，太康也，而五子則曰「予懷之悲」；虐民而民仇之者太康也，而五子則曰「萬姓仇予」。所宜憂，所宜愧，皆在太康，而五子任之以爲己事者，蓋仁人之於兄弟，親愛之而已矣。有邦則同其安樂，失邦則同其危辱，其危也可憂，其辱也可愧，五子之於太康可謂有仁人之心矣。』此言深得詩人之旨，其説亦勝蔡傳。」

《周語》單穆公引《夏書》曰：「關石龢均，王府則有。」韋昭注云：「《逸書》也。關，門關之征也。石，今之斛也。言征賦調均，則王之府藏常有也。一曰：『關，衡也。』時未見《古文》，故云《逸書》。左思《魏都賦》『關石之所和鈞，財賦之所底慎』，蓋亦用韋説。李善引賈逵《國語注》曰：「關，通也。」孔安國謂金鐵曰石，未詳。

【元圻案】均，《尚書》作「鈞」。林氏《尚書全解》十二：「五權之法，二十四銖爲兩，十六兩爲斤，三十斤爲鈞，四鈞爲石。是鈞與石，又五權之最重也。關，通也。和，平也。關通其石，和平其鈞，守此法度，與天下共守之而不敢失也。」後之説《書》者皆從之。◎朱子《或問》：潘子善問曰：「『關石和鈞』，恐只是鈞石之名，如《周禮》嘉量之類。」曰：「恐是。」◎《釋文序録》曰：「《古文尚書》者，孔惠之所藏也。魯共王壞孔子舊宅，於壁中得之，并《論語》、《孝經》，皆科斗文字。博士孔安國，字子國，孔子十二世孫，受詔爲傳，值武帝末巫蠱事起，不獲奏上，藏之私家。江左中興，元帝時，豫章内史梅賾，字仲真，汝南人，奏上孔傳，學徒遂盛。」◎蔡氏《集傳》曰：「《五子之歌》，《今文》無，《古文》有。」◎《隋書·經籍志》：「《春秋外傳國語》二十二卷，韋昭注。」◎《三國志·吴·韋曜傳》：「曜字弘嗣，吴郡雲陽人也。孫皓時爲侍中。」注：「曜本名昭，史爲晉諱改之。」◎李善《文選注》：臧榮緒《晉書》曰：「左思，字太沖，齊國人。少博覽文史，作《三都賦》，構思十稔，門庭藩溷，皆著紙筆，偶得一句即疏之。徵爲秘書，賦成，張華見而咨嗟，都邑豪貴，競相傳寫。」◎《唐書·文藝傳》：「李邕，揚州江都人。父善，有雅行，淹貫古今，不能屬辭，故人號『書簏』。顯慶中，累擢崇賢(觀)〔館〕直學士兼沛王侍讀。爲《文選注》，敷析淵洽，傳其業，號『文選學』。」

《左氏昭(十)〔元〕年傳》「夏有觀、扈」，《漢·地理志》東郡有畔觀縣，【原注】今開德府觀城。《楚語》士亹曰：「堯有丹朱，舜有商均，啓有五觀，湯有太甲，文王有管、蔡。是五王者，皆元德也，而有姦子。」韋昭注謂：「五觀，啓子，太康昆弟也。觀，洛汭之地。」《書序》曰：「太康失國，昆弟五人須於洛汭。」《水經注》九亦云：「太康弟曰五觀。」愚謂五子述大禹之戒作歌，仁義之人，其言藹如也，豈朱、均、管、蔡之比？韋氏說非也。

【元圻案】全謝山《經史問答》二：「以有扈氏與觀並稱，見於《春秋內傳》；以朱、均、管、蔡並稱，見於《外傳》。而東郡之縣名畔觀，則其不良，亦復何說？唯是以五觀遂指爲太康之五弟，而因指洛汭之地爲觀，則古人亦已疑之。厚齋曰：『五子述大禹之戒，仁義之言藹如也，豈若世所云乎？』但厚齋亦但以《尚書》詰之，而即韋、酈之說，其自相悖者，未盡抉也。夫東郡之畔觀，非洛汭也。觀既爲侯國，則五觀者五國乎，抑一國乎？五國則不聚於一方，一國則不可以容五子。況五觀據國以逆王命，又何須於洛汭之栖栖也。是按之地與事而不合者也。蓋五觀特國名，猶之三朡，今以太康之弟適有五，而以配之，則誣矣。然《內傳》尚無此語，《外傳》始以爲夏殷之姦子。夫以追隨太康之弟而反曰姦，曰畔，則必其從羿而後可矣。蓋嘗讀《續漢書郡國志》曰『衛，故觀國，姚姓』，乃恍然曰：畔觀，非夏之宗室也，而況以爲太康之同母乎！是足以輔厚齋之説者也。」愚謂《左傳》「夏有觀扈」，杜注止云「觀國，今頓丘衛縣」，並不言爲啓子。且趙孟舉三苗、姚、邳、徐、奄，皆指畔國而言，見諸侯之向背不常，以諷楚之免叔孫耳，不應於叛國之中，忽雜以姦子。今證以全氏之説，信矣。然《外傳》以五觀與朱、均、管、蔡並言，而明曰「五王皆有姦子」，則韋注未可全非也。竊謂《内傳》之觀、扈是二國名，《外傳》之五觀是啓子，而非作歌以述大禹之戒者也。案《竹書紀年》，帝啓十一年，放王季子武觀於西河，武觀以西河畔，彭伯壽帥師征西河，武觀來歸，則即《楚語》之五觀也。然《竹書》曰王季子武觀，明是一人，不得爲五。或武、五聲相近而誤，否則以其爲季子而以五繫之歟？《書》曰「母弟」，則必有不同母者，其武觀是歟？或武觀是五子之一，必來歸之後，能率德改行，如太甲之悔過也。

《史記》「湯始居亳，從先王居，作《帝誥》」，《索隱》云：「一作俈。從先王居，故作《帝俈》。」

【元圻案】《史記正義》：「《括地志》云：今宋州穀熟縣西南三十五里南亳故城，即南亳，湯都也。」◎《書序》「俈」作「告」。孔傳曰：「契父帝嚳，都亳，湯自商丘遷，故曰『從先王居』。」◎惠氏《九經古義》曰：「告，古文誥。《尚書大傳·殷傳》有《帝告篇》，引《書》曰：『施章乃服明上下』，此《逸書》之猶存者。《索隱》據孔氏傳以爲帝俈，別無所見。」◎案《説文·言部》：「誥，告也。」《告部》：「嚳，急告之甚也。」《史記・三代世表》「帝嚳」作「帝俈」。《玉篇・収部》：「𢍘，古文告。」

《史記》：「湯征諸侯，葛伯不祀，湯始伐之。湯曰：『予有言：人視水見形，視民知治不。』伊尹曰：『明哉！言能聽，道乃進。君國子民，爲善者皆在王官。勉哉！[一]勉哉！』[二]湯曰：『汝不能敬命，予大罰殛之，無有攸赦。』作《湯征》。」豈孔壁逸篇，太史公亦見之乎？後有《補湯征》者，[三]蓋未之考。

［一］【閻按】脱「勉哉」二字。

［二］二字從何本補。

［三］【何云】白居易。

【閻按】《補湯征》乃白居易文，載《尚書古文疏證》卷五第七十二條。

【元圻案】白樂天《補湯征》，其略曰：「湯若曰：惟葛伯虐於民，慢於神，惟社稷宗廟，罔克尊奉，暨山川鬼神，亦靡禋祀。予畀厥牛羊，乃既於盜食。予佑厥稼穡，乃困於仇餉。吁，廢於祀，神震怒，肆於虐，民離心。頃繩契以降，暨於百代，神怒民叛而不顛隮者，匪我攸聞。小子履以涼德欽奉天威，肇征有葛，咨爾有衆，克濟厥功。」◎金仁山曰：「《史》載《湯征》之辭不類，蓋非《湯征》之舊也。」

「辰弗集於房」①。《大衍曆議》云：「新曆仲康五年癸巳歲，九月庚戌朔，日蝕在房二度。」見《唐書·曆志》。按《皇極經世》十二仲康元年壬戌，征羲和。五年丙寅，與曆不同。

【閻按】以《授時》、《時憲》二曆推算，仲康即位，歲在壬戌，乃五月丁亥朔日食，非季秋月朔也。食在東井，亦非房宿。在位十三年中，惟四年九月壬辰朔日有食之，卻與經文「肇位四海」不合。且食在氐末度，亦非房宿。總之，此出魏晉間晚出《書·胤征篇》。

【元圻案】《胤征篇》孔傳曰：「辰，日月所會。房，所舍之次。集，合也。不合，即日食可知。」◎《通鑑前編》：「按虞劆以季秋日食爲仲康元年，而唐傅仁均等新曆，以爲仲康五年癸巳之歲，九月庚戌朔，日食在房二度。夫以曆術求之，則魯曆、殷曆、周曆已自不同，憑此以求，豈無抵忤？故以曆較之《經世》紀年，夏、殷之年盈縮者二十有八歲焉。蓋曆家之説有歲差之法，久近各殊。新曆以五十一年而差一度，虞劆以百八十有六年而差一度，盈縮之原，其大致蓋由於此。今從新曆，則仲康五年歲非癸巳，從虞劆，則合於《經世》之年。且以經言之，則五年之説於經不同，而元年之説於經肇位之義爲合，今從之，以『辰弗集房』繫於元年之下。」◎《書録解題·易類》：「《皇極經世》十二卷。處士河南邵雍堯夫撰。」◎《唐書·藝文志》：「僧一行《開元大衍

① 《書·胤征》。

曆》一卷，又《曆議》十卷。」

君子之去留，國之存亡繫焉。故《夏書》終於《汝鳩》、《汝方》，《商書》終於《微子》。

【全云】深寧於德祐之末，抗疏，即出國門，其亦有感而言此乎？

【元圻案】《書序》：「伊尹去亳適夏，既醜有夏，復歸於亳。入自北門，乃遇汝鳩、汝方。作《汝鳩》、《汝方》。」孔傳：「鳩、方二人，湯賢臣，言所以醜夏而還之意。」◎宋羅泌《路史》曰：「《商書》終於《微子之命》，而《夏書》終於《汝鳩》、《汝方》，言賢人君子之去就，社稷存亡之所繫也。」◎謝枋得《詩傳注疏·白駒篇》説曰：「《夏書》終於《汝鳩》、《汝方》，《商書》終於《微子》，賢人盡去，則宗社隨之，此詩人之所憂也。」

《湯誓》「予則孥戮汝，罔有攸赦」，孔安國以爲：「古之用刑，父子兄弟罪不相及，今云者，權以脅之，使勿犯。」[一]《酒誥》「予其殺」，安國以爲「擇罪重者而殺之」。呂居仁[二]謂安國能明聖人未盡之意，實有大功於聖人者。

[一]案，與《甘誓傳》異。

[二]【全云】呂文靖公本中，字居仁，好問之子。

【元圻案】文靖乃呂夷簡謚，全注誤。

鄭康成注《禹貢》「九河」云：「齊桓公塞之，同爲一。」《詩·周頌·般之篇》正義云：「不知所出何書。」愚按《書·禹貢》正義引《春秋緯寶乾圖》云：「移河爲界，在齊呂，填閼八流以自廣。」鄭蓋據此文。案，此「九河既道」正義文。九峯蔡氏《書集傳》曰：「曲防，齊之所禁，塞河非桓公所爲也。」

【閻按】《尚書中候》亦云：「齊桓之霸，遏八流以自廣。」蔡《傳》謂非桓公之所爲，亦是尋好話頭，其實葵丘五命，特以約束諸侯，躬自犯者多矣，奚有於河？

【元圻案】《水經》：「河水又東北過黎陽縣南。」注引鄭康成曰：「齊桓霸世，塞廣田居，同爲一河。」其文稍異。

鄭康成《書》注間見於疏義，如「作服十二章」、「州十二師」，孔注皆所不及。

【元圻案】林氏《尚書全解》曰：「十二章，説者不同，當以鄭氏之説爲正。其説以爲華蟲，雉也；宗彝，虎蜼也；粉米，白米也；絺讀爲黹，紩也。畫以爲繪，紩以爲繡，畫與紩皆有六。日也，月也，星辰也，山也，龍也，華蟲也，此六章者，畫以爲繪，施之於衣。宗彝也，藻也，火也，粉米也，黼也，黻也，此六章者，紩以爲繡，施之於裳。此有虞氏之十二章也。大勝孔氏之説。蓋孔氏之説其失有二：以『日、月、星辰、山、龍、華蟲，作會宗彝』爲句，而曰五采成此畫焉，宗廟彝尊亦以山龍華蟲爲飾。據此，經云『予欲觀古人之象』，而以『五采章施於五色，作服汝明』結之於後，則是此言專爲作服而云爾，豈於其中雜入宗廟之彝尊者哉！此其失一也。又曰：『絺，葛之精者。』凡葛非可繡之物，自古未聞有以爲裳。唐孔氏云：『暑月則染絺爲纁而繡之，以爲祭服。』豈暑月染葛爲服，而冬月則棄而不用耶？此其失二也。而又以『華蟲』爲二物，『粉米』爲二物，其説考之制度，皆齟齬而不合，不若鄭氏之説爲善。」又曰：「『州十有二師』者，孔、鄭之説不同。孔氏以爲一州用三萬人功，九州二十七萬庸。薛氏云：『《大司馬法》二千五百人爲師，此蓋兵制也，禹之治水，豈故用此師也哉？』以是知孔氏之説爲不可用。鄭氏云：每州立十二諸侯爲之師，以佐牧也。此則正與下文『外薄四海，咸建五長』相應，其説爲長。」王氏此條，蓋從林説。今案：少穎之説尚有未盡核者。孔氏所數十二章，與鄭不同者惟宗彝、粉米耳，孔以「宗彝」爲宗廟彝尊，故分「粉米」爲二物，以足十二章之數，至於「華蟲」，孔傳云「華象草，華蟲，雉也」，正義云「草木雖皆有華，而草華爲美，故云『華象草，華蟲雉也』，雉五色，象草華也。」據正義之文，孔特以草華象雉之文采耳。若孔氏既以「華蟲」爲二物，又以「粉米」爲二物，則十三章矣。

《呂氏春秋·有始覽·諭大篇》引《夏書》曰：「天子之德廣運，乃聖[一]乃神，乃武乃文。」《商書》曰：「五世之廟，可以觀怪；萬夫之長，可以生謀。」又《恃君覽·驕恣篇》

曰：「仲虺有言曰：諸侯之德，能自爲取師者王，能自爲取友者存，其所擇而莫如己者亡。」又《孝行覽》曰：「刑三百，罪莫重於不孝。」《慎大覽》「《周書》曰：『若臨深淵，若履薄冰。』」〔一〕其舛異如此。

〔一〕今本《呂覽》無「乃聖」字。

【元圻案】宋洪邁《容齋四筆》五：「《呂氏春秋·諭大篇》引《夏書》曰：『天子之德廣運，〔乃聖〕乃神，乃武乃文。』又引《商書》曰：『五世之廟，可以觀怪；萬夫之長，可以生謀。』高誘注皆曰『《逸書》也。廟者鬼神之所在，五世久遠，故於其所觀魅物之怪異也。』予謂呂不韋作書時，秦未有《詩》《書》之禁，何因所引訛謬如此；高誘注文怪異之説，一何不典之甚邪？又《孝行覽》亦引《商書》曰：『刑三百，罪莫重於不孝。』今安得有此文？亦與《孝經》不合。又引《周書》曰：『若臨深淵，若履薄冰。』注云：『《周書》，周文公所作。』尤妄也。又以『普天之下，莫非王土，率土之濱，莫非王臣』爲舜作詩，『子惠思我，褰裳涉洧。子不我思，豈無他士』爲子産答叔向之詩。不知是時《國風》、《雅》、《頌》何所定也。甯戚飯牛歌，高誘注全引《碩鼠》三章，尤爲可笑。」◎《荀子·堯問篇》云：「其在中蘬之言曰：『諸侯自爲得師者王，得友者霸，得疑者存，自爲謀而莫己若者亡。』」又與《呂覽》不同。◎又《容齋續筆》十一：「唐楊倞注《荀子》，乃元和十三年，然《臣道篇》所引《書》『從命而不拂，微諫而不倦。爲上則明，爲下則遜』，注以爲《伊訓篇》。今元無此語。《致士篇》所引『義刑義殺，勿庸以即，汝惟曰未有順事』，注以爲《康誥》，而不言其有不同。」

《仲虺之誥》，言仁之始也；《湯誥》，言性之始也；《太甲》，言誠之始也；《説命》，言學之始也，皆見於《商書》。[一]「自古在昔，先民有作。温恭朝夕，執事有恪，先聖王之傳恭也」，[二]亦見於《商頌》。孔子之傳有自來矣。

[一] 案朱竹垞曰：「四篇皆《古文》。」

[二] 以上五句引《魯語》閔馬父之言。

【何云】 必以孔子爲出於家學者，真宏詞人語。

【方樸山云】 契爲司徒，教以人倫，故言教者商爲備。

【元圻案】 真西山曰：「《虞書》好生之德，安民則惠，即仁也，而未有仁之名。至是而名始著。」又曰：「開萬世性學之源，自成湯始。」又曰：「敬、仁、誠並言，始見於此。三者，堯、舜、禹之正傳也。」又曰：「『學』之一字，前此未經見也。高宗與説始言之，遂開萬古聖學之源。」◎朱子曰：「經籍古人言『學』字，自《説命》始有。」◎吕成公《雜説》云：「孫悌最切，便是堯之允恭，舜之温恭，禹、湯、文、武皆然。《詩》曰：『自古在昔，先民有作。温恭朝夕，執事有恪。』傳曰：『古先聖王之傳恭如此。』言古而曰『在昔』，言人而曰『先民』，『傳恭』二字最好，如堯以是傳之舜。」

《孟子》云：「伊尹萊朱。」注：「萊朱，亦湯賢臣。一曰：仲虺是也。」《春秋傳》曰：「仲虺居薛，爲湯左相。」是則伊尹爲右相。趙岐《孟子注》。《唐·宰相世系表》：「仲虺爲湯左相，臣扈、祖己皆其冑裔也。」【原注】未詳所據。

【全云】原注四字是正文。

【集證】按《唐書·宰相世系表》：「黄帝孫顓頊少子陽，封於任。十二世孫奚仲爲夏車正，禹封爲薛侯，奚仲遷於邳。十二世孫仲虺復居薛，爲湯左相。臣扈、祖己皆其冑裔也。」

孔安國謂湯始改正朔，鄭康成謂自古改正朔。葉少藴云：「《甘誓》已言三正，則子、丑、寅疊以爲正者，尚矣。」【原注】「爰革夏正」，林少穎謂：「革正之事，古未嘗有，蓋始於湯，而武王因之。」

【元圻案】《舜典》「正月上日」，正義曰：「鄭康成以爲：帝王易代，莫不改正。堯正建丑，舜正建子，此時未改堯正，故曰『正月上日』，即位，乃改堯正，故云『月正元日』，故以異文。先儒王肅等以爲惟殷、周改正，易民視聽，自夏已上，皆以建寅爲正。此篇二文不同，史異文耳，孔意亦然。」◎《春秋》隱元年正義曰：「鄭康成依據緯候，以『正朔三而改』，自古皆相變，如孔安國以自古皆用建寅爲正，唯殷革夏正而用建丑，周革殷命而用建子。杜無明説，未知所從。」◎《英華》四百六十三《武后改正朔制》曰：「伏羲、高陽、有周皆以建子之月爲正，神農、少昊、陶唐、有殷皆以建丑之月爲正，軒轅、高辛、夏后、漢氏皆以建寅之月爲正。今推三統之正，國家得天統，當以建子之月爲正。宜以永昌元年十有一月爲載初元年，正月十有二月改臘月，來年正月改爲一月。」◎《書録解題》：「《石林書傳》十卷。尚書左丞吴郡葉夢得少藴撰。」《四庫全書》不著於録，蓋已佚。林少穎之説見《尚書全解》十六。

《漢·律曆志》引《伊訓》「伊尹祀於先王，誕資有牧方明」，説者謂祀先王於方明。朱文公《語類》曰：「『方』當作『乃』，即所謂『乃明言烈祖之成德』。」

【閻按】此亦有辨，見《尚書古文疏證》卷一第六條。

【元圻案】《律曆志》下：「《伊訓篇》曰：『惟太甲元年十有二月乙丑朔，伊尹祀於先王，誕資有牧方明。』言雖有成湯、太丁、外丙之服，以冬至越茀祀先王於方明。」注，如淳曰：「《覲禮》：『諸侯覲天子，爲壇十有二尋，加方明於其上。』」◎《儀禮·覲禮》：「諸侯覲於天子，爲宫方三百步，四門，壇十有二尋，深四尺，加方明於其上。方明者，木也，方四尺，設六色，東方青，南方赤，西方白，北方黑，上玄，下黄。」鄭注：「方明者，上下四方神明之象也。上下四方之神者，所謂神明也，會同而盟，神明監之，則謂之天之司盟有象者，猶宗廟之有主乎？」

鄭康成云：「祖乙居耿，後奢侈逾禮，土地迫近，山川嘗圮焉。至陽甲立，盤庚爲之臣，乃謀徙居湯舊都。」見《盤庚》正義。上篇是盤庚爲臣時事，中篇、下篇是盤庚爲君時事。正義以爲「謬妄」。《書裨傳》云：「鄭，大儒，必有所據而言。」

【全云】康成時亦有無據之言。

【元圻案】《盤庚序》正義曰：「此以君名名篇，必是爲君時事，而鄭玄以爲上篇是盤庚爲臣時事，何得專輒謬妄也。」◎金仁山亦曰：「鄭氏當必有據，至謂上篇作於陽甲之世，則誤耳。」◎《殷本紀》云：「帝盤庚崩，弟小辛立，殷復衰。百姓思盤庚，乃作《盤庚》三篇。」又與康成説異。

《書序》「祖乙圮於耿」，孔氏注云：「圮於相，遷於耿。」[一]《殷本紀》謂祖乙遷於邢。[二]《皇極經世》十二「祖乙踐位，圮於耿，徙居邢」，蓋從《史記》。[三]以《書序》考之，孔氏以「圮於耿」爲「圮於相」，恐未通。蘇氏《書傳》[四]云：「祖乙圮於耿，盤庚不得不遷。」以《經世》紀年考之，祖乙以乙未踐位，後有祖辛、沃甲、祖丁、南庚、陽甲，而後盤庚立。【原注】祖乙曾孫。[五]盤庚之立以己亥，自祖乙踐位至此一百二十五年。若謂民蕩析離居，因耿之圮，不應如是之久也。當闕所疑。

[一]案正義曰：「河亶甲居相，祖乙即亶甲之子，故以爲圮於相地，乃遷都於耿。」

[二]《索隱》云：「邢音耿。近代本亦作『耿』。今河東皮氏縣有耿鄉。」

[三]據此，則《索隱》「邢音耿」之説非。

［四］【全云】坡公作。

［五］《史記·殷本紀》，祖辛是祖乙之子，沃甲是祖辛之弟，祖丁是祖辛之子，南庚是沃甲之子，陽甲、盤庚俱祖丁之子，雖傳七君，實止四代，故盤庚是祖乙曾孫。

【元圻案】《書序》：「仲丁遷於囂，作《仲丁》。河亶甲居相，作《河亶甲》。祖乙圮於耿，作《祖乙》。」孔傳：「圮於相，遷於耿。」正義曰：「古人之言，雖尚要約，皆使言足其文，令人曉解。若圮於相，遷居於耿，經言『圮於耿』，太不辭乎？且亶甲居於相，祖乙居耿，今爲水所毁，更遷他處，故言毁於耿耳，非既毁乃遷耿也。《盤庚》云：『不常厥邑，於今五邦。』及其數之，惟有亳、囂、相、耿四處而已。知此既毁於耿，更遷一處，又自彼處而遷於殷耳。《殷本紀》云：『祖乙遷於邢。』馬遷所爲説耳。《汲冢古文》云盤庚自奄遷於殷者，蓋祖乙圮於耿，遷於奄，盤庚自奄遷於殷，亳、囂、相、耿，與此奄五邦者，此蓋不經之書，未可依信也。」◎林氏《尚書全解》十八：案序曰：「盤庚五遷，將治亳殷，是自湯至於盤庚之遷，並而數之，方及五遷。今此言『不常厥邑，於今五邦』，則是盤庚之前所遷者既有五邦矣。考之前序，但有亳、囂、相、耿之四邦，若並數盤庚之遷以爲五邦，則不惟其文勢不應如此，而又所遷者乃復歸於亳，謂之五遷則可，謂之五邦則不可。故太史公謂祖乙遷於邢，而《汲冢紀年》亦謂祖乙遷於奄，此皆與文相戾，不可爲據。意仲丁至於盤庚更有一遷，而史家失之。」◎愚案《釋文》曰：「馬云：五邦，謂商丘、亳、囂、相、耿也。」五邦並商丘數之，亦足以備一解。而康成謂「祖乙又去相居耿，而國爲水所毁，修德以禦之，不復徙」，亦與序文止言

「圮於耿」合。◎《皇極經世》十二：「乙未，商王河亶甲崩，子祖乙踐位。圮於耿，徙居邢，生賢，爲相。甲寅，祖乙崩，子祖辛踐位。庚午，祖辛崩，弟沃甲立。乙未，沃甲崩，國亂，兄祖丁立。丁卯，祖丁崩，國亂，沃甲之子南庚立。癸巳，南庚崩，國亂，祖丁之子陽甲立，諸侯不朝。己亥，陽甲崩，弟盤庚立。五遷復歸於亳，改號曰殷。」《史記》以祖丁爲祖辛之子，《經世》紀年以祖丁爲沃甲之兄，則與祖辛爲兄弟，世次不合。

盤庚之遷也，曰「天其永我命於兹新邑」。消息盈虚之運，哲王其知之矣。唐朱朴議遷都，以觀天地興衰爲言，謂關中文物奢侈皆極焉，已盛而衰，難可興也，[一]而以襄、鄧爲建都極選。陳同父上書孝廟，亦謂「錢塘山川之氣發泄無餘」，而以荆襄爲進取之機，其言與朴略同。朴不足道也，豈亦有聞於氣運之説乎？

[一]「也」，何本作「矣」。

【何云】陳同甫而用，亦朱朴矣。◎李尋亦有此議，其後光武果都洛陽。◎此等議論，非不亹亹可聽，然如畫餅之不可噉也。宏辭人華而不實，專尚新奇，大約類此。

【全云】李尋無此議，乃翼奉也，何氏誤。

【又云】唐經黄巢、朱玟之亂，安得尚有奢侈文物？朱朴之言，華言耳。其時趙匡凝在襄陽，貢賦於諸道中爲恭順，故昭宗常欲往依之，朱朴特逢迎而爲此説，非有關於氣運也。襄鄧之可都，則昔人常言之。即南宋初，李忠定亦建此議，不止同甫也。

【又云】陳亮無實際，其始有不見曾覿之勇，可謂賢矣。然而垂老試策，遂言不必一月四朝，以爲京邑之美觀，附和光宗不朝重華之惡，則喪其生平矣。使其見用，直是朱朴，何氏之言諒哉。

【元圻案】《唐書·朱朴傳》：「朴，襄州襄陽人。以三史舉。上書言當世事，議遷都曰：『古王者不常厥居，皆觀天地興衰，隨時制事。關中文物資貨，奢侈僭僞皆極焉。襄、鄧形勝之地，沃衍之墟，此建都之極選。』不報。朴爲人木强，無他能。所善方士許巖士得幸，言朴有經濟才，擢左諫議，同平章事，人人大驚。」◎宋范晞文《對牀夜話》云：「龍川陳氏亮，字同甫，天下士也。奏書孝宗，謂『錢塘一隅，本不足以容萬乘鎮壓，且五十年山川之氣，發泄無餘，請移都建業，且建行宮於武昌，以用荆襄，以制中原。』上韙其議。」葉紹翁《四朝聞見録》云：「宰臣王淮沮之，不復召見。」

《大傳》二引《盤庚》「若德明哉，湯任父言卑應言」，皆《古文》所無。

《論語》「予小子履，敢用玄牡，敢昭告於皇皇后帝。」孔安國注云：「《墨子》引《湯誓》，其辭若此。」疏云：「《尚書·湯誓》無此文，而《湯誥》有之，又與此小異。惟《墨子》引《湯誓》，其辭與此正同。」

【閻按】辯見《尚書古文疏證》卷二第十九條。

【元圻案】《墨子·兼愛下篇》：「湯曰：『惟予小子履，敢用玄牡，告於上天后曰：今天大旱，即當朕身。履未知得罪於上下，有善不敢蔽，有罪不敢赦，簡在帝心，萬方有罪，即當朕身，朕身有罪，無及萬方。』」案《墨子》引「湯曰」，無「誓」字。且其文曰「今天大旱」，下云「不憚以身爲犧牲」，是湯禱雨之辭，非誓衆之辭矣。惟《國語》内史過引《湯誓》云「余一人有罪，無以萬夫，萬夫有罪，在予一人」，其辭相類，孔氏遂并以《墨子》爲引《湯誓》與？◎孔安國《論語注》，《漢書》不著録，《隋志》云有《古論語》，與《古文尚書》同出，章句頗省，與《魯論》不異，唯分《子張》爲二篇，故有二十一篇。孔安國爲之傳，然亦不著於録。《釋文序録》曰：「何晏集孔安國、包咸、周氏、馬氏、鄭康成、陳羣、王肅、周生烈之説，并下己意爲《集解》。」此條所引孔注，即《集解》所載也。

「爾惟德罔小，萬邦惟慶；爾惟不德罔大，墜厥宗。」①漢昭烈曰：「勿以惡小而爲之，勿以善小而不爲。」蓋得此意。

【元圻案】《三國志·蜀先主傳》：「章武三年，夏四月癸巳，先主殂於永安宫。謚曰(照)〔昭〕烈皇帝。」注云：「《諸葛亮集》載先主遺詔敕後主曰：『朕初疾，但下痢耳，後轉雜他病，殆不自濟。人五十不稱夭，年已六十有餘，何所復恨？但以卿兄弟爲念。射君到，説丞相嘆卿智量，甚大

①《書·伊訓》。

增修，過於所望，審能如此，吾復何憂。勉之，勉之。勿以惡小而爲之，勿以善小而不爲。惟賢惟德，能服於人。汝父德薄，勿效之。』」

桑穀之祥，太戊問伊陟。《韓詩外傳》以爲「穀生湯之廷，三日而大拱，[一]湯問伊尹」，誤也。《漢・五行志》劉向以爲「殷道既衰，高宗承敝而起，怠於政事，故桑穀之異見」，又誤也。《書大傳》謂「武丁之時，先王道虧，刑罰犯，桑穀俱生於朝，武丁問諸祖已」，劉向蓋襲《大傳》之誤。

[一]【閻按】《呂氏春秋》亦同。

【閻按】《説苑》記於太戊世，又記於武丁世。

【元圻案】《書序》：「伊陟相太戊，亳有祥，桑穀共生於朝。伊陟贊於巫咸，作《咸乂》四篇。」孔傳：「伊陟，伊尹子。太戊，沃丁弟之子。祥，妖怪。二木合生，七日大拱，不恭之罰。贊，告也。巫咸，臣名。皆亡。」◎《韓詩外傳》三：「有殷之時，穀生湯之廷，三日而大拱。湯問伊尹曰：『何物也？』對曰：『穀樹也。穀之出，澤野物也，今生天子之廷，殆不吉也。臣聞妖者禍之先，祥者福之先。見妖而爲善，即禍不至；見祥而爲不善，則福不臻。』湯乃齋戒静處，夙興夜寐，弔死問疾，赦過振窮，七日而穀亡。」◎《漢書・五行志下》：「《書序》曰：『伊陟相太戊，亳有祥，桑穀共生。』劉向以爲殷道既衰，高宗承敝而起，盡涼陰之哀，天下應之。既獲顯榮，怠於政事，國將危亡，故桑穀之異見。」師古注曰：「據今《尚書》及諸傳記，桑穀自太戊時生，涼陰乃高宗之事。而此云桑穀即高宗時出，其説與《尚書大傳》不同，未詳其義也。」◎《吕氏春秋》記湯事，見《仲夏紀·制樂篇》，其辭與《韓詩外傳》略同，惟「伊尹曰」爲「卜者曰」耳。《説苑》記太戊事，見《君道篇》，又記武丁事，曰：「高宗者，武丁也，高而宗之，故號高宗。成湯之後，先王道缺，刑法違犯，桑穀俱生乎朝。」又《敬慎篇》引孔子曰「殷王武丁之時，先王道缺，刑法弛」云云，與《大傳》略同。◎《書大傳》：「《高宗之訓》。湯之後，武丁之前，王道不振，桑穀俱生於朝，七日而大拱。武丁召其相而問焉。其相曰：『吾雖知之，吾不能言也。』問諸祖己，曰：『桑穀，野草也，野草生於朝，亡乎？』武丁側身修行，思先王之政，興滅國，繼絶世，舉逸民，明養老之禮。諸侯重譯來朝者六國。」案今本無「先王道虧刑法犯」七字，而《説苑》有之。厚齋或誤記爲《大傳》歟？

「説築傅巖之野。」[1]吴氏《裨傳》、蔡氏《集傳》以「築」爲「居」。愚按《孟子》曰「傅説舉於版築之間」，當從古注。【原注】傅巖在陝州平陸縣北。

【元圻案】孔傳曰：「傅氏之巖，在虞、虢之界，通道所經，有澗水壞道，常使刑人築護此道。説賢而隱，代胥靡築之以供食。」◎《史記·殷本紀》「説爲胥靡築於傅險」，正義曰：「《（地理）〔括

① 《書·説命》。

地」志》：『傅險即傅説版築所隱之處，窟名聖人窟，在今陝州河北縣北七里，即虞虢之界。又有傅説祠。』」◎《墨子》：「傅説衣褐帶索，傭築於傅巖。」《説苑·雜言篇》：「傅説負壤土，釋版築，而立佐天子。」《後漢書·張衡傳》「委臿築而據文軒」注：「謂傅説也。」《崔駰傳》：「或以役夫發夢於王公。」皆與《孟子》合。◎《通志·殷紀》：「按築者，築室也。依巖築室，其隱者與？懷才抱道，應時而起，非徒役也。」吴氏、蔡氏之説，蓋本於漁仲。

《魯語》展禽曰：「上甲微，能帥契者也，商人報焉。」《孔叢子·論書篇》引《書》曰：「維高宗報上甲微。」蓋《逸書》也。

【閻按】《孔叢子》真僞書，朱子所謂白撰出，所引《書》乃襲展禽語耳。

【元圻案】《史記·殷本紀》：「契子昭明，昭明子相土，相土子昌若，昌若子曹圉，曹圉子冥，冥子振，振子微。」《索隱》：皇甫謐曰：「微字上甲，其母以甲日生故也。商生子以日名，自微始。」◎《竹書紀年》：「武丁十二年，報上甲微。」◎《四庫全書目録·子部》：「《孔叢子》三卷。舊本題陳勝博士孔鮒撰。凡二十一篇。末爲《連叢子》上下二篇，題孔臧撰。皆依托也。然《隋志》著録，其來已久。」

學，立志而後成，遜志而後得。立志剛也，遜志柔也。

「西伯戡黎。」孔注云：「文王貌雖事紂，内秉王心。」豈知文王之心哉！文王之德之純，心與貌異乎？

【全云】司馬遷嘗問《尚書》於孔安國，西伯陰行善事之説蓋本於此。

【元圻案】林少穎曰：「文王之所以爲至德者，惟其未嘗有欲王之心也。使其内秉王心而陽率諸侯以事紂，則其與曹操、司馬懿果何以異哉！」◎孔傳云：「文王率諸侯以事紂，内秉王心。」孔疏云：「貌雖事紂，内秉王心。」此條所引，乃唐孔氏語，「孔注」當作「孔疏」。◎宋薛氏季宣《書古文訓》曰：「西伯，武王也，舊説以爲文王。《説苑》膠鬲謂武王爲西伯，武王亦嘗爲商伯也。《書序》『殷始咎周，周人乘黎』，蓋商人咎周之不伐紂，故武王有乘黎之舉。《泰誓》『觀政』之語，謂乘黎也。《詩》稱『密人不共，敢拒大邦，侵阮徂共』，故文王侵自阮疆，繼以伐崇之事，而無戡黎之説。《書》次《微子》於《戡黎》之後，《戡黎》之序，有『始咎周』之語。紂既可伐，則非文王時矣。呂東萊、王文叔《書説》亦以西伯爲武王。」

「西伯既戡黎，祖伊恐。」商都朝歌，黎在上黨壺關，乃河朔險要之地。朝歌之西境密邇王畿，黎亡則商震矣。故武王渡孟津，莫之或禦。周以商墟封衛，狄人迫逐黎侯，衛爲方伯連率，不能救，而《式微》、《旄丘》之詩作。脣亡齒寒，衛終爲狄所滅。衛之亡，猶商之亡也。秦拔上黨而韓、趙危，唐平澤潞而三鎮服，形勢其可忽哉！

【全云】以是知平原君之受馮亭，非利令智昏也，太史公以成敗論人耳。長平之敗在易帥，然非平原之過。

【元圻案】《西伯戡黎》正義曰：「黎國，漢之上黨郡壺關所治黎亭是也。紂都朝歌，王圻千里。黎在朝歌之西。」◎《詩序》：「《式微》，黎侯寓於衛，其臣勸以歸也。《旄丘》，責衛伯也。狄人追逐黎侯，黎侯寓於衛。衛不能修方伯連率之職，黎之臣子以責於衛也。」◎《春秋》閔公二年：「十有二月，狄入衛。」◎《史記·白起列傳》：「昭王四十七年，秦使左庶長王齕攻韓，取上黨。四十八年十月，秦復定上黨郡。秦分軍爲三，王齕攻皮牢，拔之，司馬梗定太原，韓、趙恐。」◎《唐書·李德裕傳》：「澤潞劉從諫死，其從子稹擅留事，以邀節度。德裕曰：『澤潞内地，非河朔比，捨而不討，無以示四方。請使近臣明告以「澤潞命帥，不得視三鎮，今朕欲誅稹，其各以兵會」。』乃以李回持節諭王元逵、何弘敬，皆聽命。」◎《通鑑·唐紀》武宗會昌三年：「秋七月，上遣刑部侍郎兼御史中丞李回宣慰河北三鎮，令幽州乘秋早平回鶻鎮，魏早平澤潞。李回至河朔，何弘敬、王元逵、張仲武皆具櫜鞬郊迎，立於道左，不敢令人控馬，讓制使先行。自兵興以來，未之有也。」

《泰誓》，古文作「大誓」，孔氏注：「大會以誓衆。」晁氏曰：「開元間，衛包定今文，始作『泰』。或以文泰爲說，真燕書哉！」【原注】或說謂新經以「泰」爲「否泰」之「泰」，紂時上下不交，天下無邦，武王大會諸侯往伐，以傾紂之否。非經意也。《大誓》與《大誥》同。【原注】音泰者非。

【元圻案】林少穎曰：「篇名用『否泰』之『泰』，未必是古文如此，或意其出於唐天寶中一時之所定也。」◎惠氏《九經古義》曰：「顧彪《古文尚書義疏》云：『泰者，大之極也，猶如天子之子曰太子，天子之卿曰太宰。此會中之大，故稱《泰誓》。』彪字仲文，隋煬帝時爲秘書學士。當時已改爲『泰』，非始於衛包。」◎案，正義曰：「經云『大會於孟津』，知名曰《泰誓》者，其大會以誓衆也。」是初唐時亦作「泰」。◎《經義考》：「晁氏公武《尚書訓詁傳》、《宋志》四十六卷，佚。」

「雖有周親，不如仁人。」① 孔安國注《論語》言：「雖有管、蔡爲周親，不如箕子、微子之仁人。」與注《尚書》異。【原注】《書傳》云：「紂至親雖多，不如周家之少仁人。」朱文公《集注》從《書傳》。

【閻按】辯亦見《古文尚書疏證》第二卷第十九條。

《論語·釋文》「予有亂十人」，[一]《左傳》襄公二十八年叔孫穆子亦曰「武王有亂十人」。[二]劉原父謂子無臣母之理，婦人蓋邑姜也。[三]然本無「臣」字，舊説不必改。

①《書·泰誓中》。

［一］下云「本或作亂臣十人」，非。

［二］【閻按】今《左傳》有「臣」字。○案昭公二十四年，萇弘引《大誓》曰：「予有亂臣十人，同心同德。」亦有「臣」字。

［三］閻本脱「也」字。

【元圻案】《泰誓中》正義曰：「《論語》引此云『予有亂臣十人』，而孔子論之，『有一婦人焉』。故先儒鄭玄等皆以十人爲文母、周公、太公、召公、畢公、榮公、太顛、閎夭、散宜生、南宫括也。」◎劉原父《七經小傳》曰：「子無臣母之理。或云古文無『臣』字，如此則不成文。武王即位，已八十餘，未知文母猶存否。以義推之，蓋邑姜，必非文母。」◎朱子《論語注》、蔡氏《尚書傳》皆從劉原父之説。林少穎曰：「劉原父謂子無臣母之理，誠是也，而以邑姜爲亂臣，亦恐此理不然。然孔子所謂婦人者，世既久遠，蓋不可必其爲何人矣。蓋經無明文，闕其所疑可也。」◎陽湖趙氏翼《陔餘叢考》四：「《北史·齊后妃傳論》：『神武肇興齊業，武明追蹤周亂。』武明即神武妻婁氏也。則以亂臣爲邑姜，唐人已有此解。」

《左氏僖公五年傳》云「太伯不從」，《楚辭·天問》云「叔旦不嘉」，與夷、齊之心一也。此武所以「未盡善」。

【元圻案】《楚辭·天問》：「到擊紂躬，叔旦不嘉。」王逸注云：「旦，周公名也。嘉，善也。

言武王始至孟津，八百諸侯不期而到，皆曰紂可伐也。白魚入於王舟，羣臣咸曰：『休哉。』周公曰：『雖休勿休。』故曰『叔旦不嘉』也。」洪興祖《補注》云：「武王東伐，至於河上，雨甚雷疾。周公旦進曰：『天不佑周矣。意者吾君德行未備，百姓疾怨邪，故天降吾災，請還師。』太公曰：『不可。』《天對》云：『頸紂黄鉞，旦孰喜之。』余謂武王之事，太公佐之，伯夷諫之。佐之者以救天下之溺，諫之者以懲萬世之亂。武未盡善，叔旦不嘉，其意一也。」◎《天對》，柳子厚所作。

《武成》「式商容閭」，正義引《帝王世紀》[一]云：「商容及殷民觀周軍之入，見畢公至，殷民曰：『是吾新君也。』容曰：『非也。視其爲人，嚴乎將有急色。』故君子臨事而懼。見太公至，民曰：『是吾新君也。』容曰：『非也。視其爲人，虎據而鷹趾，當敵將衆，威怒自倍，見利即前，不顧其後。』故君子臨衆，果於進退。見周公至，民曰：『是吾新君也。』容曰：『非也。視其爲人，忻忻休休，志在除賊，是非天子，則周之相國也。』故聖人臨衆[二]知之。見武王至，民曰：『是吾新君也。』容曰：『然。聖人爲海内討惡，見惡不怒，見善不喜，顔色相副。是以知之。』」愚按《韓詩外傳》[三]云：「商容嘗執羽籥，馮於馬徒，欲以伐紂而不能，遂去，伏於太行。及武王克殷，立爲天子，欲以爲三公。商容辭曰：『吾嘗馮於馬徒，欲以伐紂而不能，愚也；不争而隱，無勇也。愚且無勇，不足以備乎三公。』固辭不受命。君子聞之曰：『商容可謂内省而不誣能矣。君子哉！去素餐遠矣。』」《史記·樂毅列傳》燕王遺樂閒書曰：「紂之時，商容不達，身祇辱焉，以冀其變。」《樂記》：「釋箕子之囚，使之行商容而復其位。」鄭注乃謂「使箕子視商禮樂之官，賢者所處，皆令反其居。」蓋康成不見古文《武成》，故以「容」爲「禮樂」。張良云「武王入殷，表商容閭」，語見《史記·留侯世家》。《史記·周紀》云「表商容之閭」，皆與《書》合。

［一］【全云】皇甫謐作。

［二］案，《世紀》原文「臨衆」下有「不惡而嚴，是以」六字。王氏引從《正義》，脱文應補入。

【元圻案】全謝山《經史問答》二：「問：商容之言行，孔疏引《帝王世紀》一條，是其言；厚齋引《韓詩外傳》一條，是其行。然《世紀》似可信，《外傳》似不可信。答：善哉，去取之審也。夫商容仕於殷朝而欲伐紂，是何舉動，豈止於愚！又謂『不争而隱，是無勇』，蓋七國荒唐之徒所爲説，故早已見於燕王貽樂閒書中。要之不足信。商容不仕於周，自是伯夷一流。韓嬰之言，適以汙之，厚齋先生亦不審耳；孔疏但引《世紀》，正有斟酌也。」◎《樂記》正義曰：「容爲禮樂，故云『視商禮樂之官』，知容爲禮樂者。《漢書·儒林傳》云：『孝文時，徐生善爲容。』是善禮樂者謂之容也。而《武成篇》『式商容閭』，則商容人名，鄭不見古文，故爲禮樂也。」◎愚案康成雖不見《古文》，而《大傳》其所注也。伏生明云「表商容之閭」，不應於注《禮》有異。鄭以箕子爲周陳《洪範》，而商容則但云「式閭表閭」，蓋高蹈遠引，武王不得而使之也，故隨文爲義。正義前一説得之。

◎《晉書・皇甫謐傳》：「謐字士安，幼名静，安定朝那人。漢太尉嵩之曾孫也。有高尚之志，以著述爲務。自號玄晏先生。撰《帝王世紀》、《年曆》、《高士》、《逸士》等傳、《玄晏春秋》。」

顔師古《刊謬正俗》云：「《武成序》『往伐歸獸』，當依『嘼』字。《費誓序》『東郊不閞』，案《説文》及《古今字詁》，閞，古『闢』字，闢訓開，故孔氏釋云『東郊不開』，不得徑讀闢爲開。」愚按《古文尚書》，師古之説是也。【原注】虞翻謂「分北三苗」，「北」，古「别」字。

【元圻案】《匡謬正俗》二：「《武成序》『往伐歸嘼』，徐仙民音嘼爲始售反。按《武成》當篇云『歸馬於華山之陽，放牛於桃林之野』，此與《序》意相承。又《説文解字》云：『嘼，犍也。』《字林》『嘼，音火又反。獸字從嘼從犬。』斯則六畜之字，本自作嘼，於後始借『養』字爲耳。且嘼、獸類屬不同，嘼者人之所養，獸是山澤所育。故《爾雅》論牛馬羊豕則在《釋畜》，論麋鹿虎豹即在《釋獸》，較然可知。當依嘼字本音讀之，不得以作『獸』一邊，便謂古文省簡，即呼爲獸。」又曰：「《費誓序》『東郊不閞』，孔安國注云：『徐戎、淮夷並起，爲寇於東，故東郊不閞。』徐仙民音開。按《〔釋〕〔説〕文解字》及張揖《古今字詁》，閞，古開字；閞，古闢字。但闢既訓開，故孔氏釋『東郊不開』爾。不得徑讀闢爲開。」◎惠氏《九經古義》：「案《説文》，《虞書》『闢四門』，『闢』作『閞』，从門从𠬞。此經『閞』字亦當從《説文》作『閞』。唐石經作『閞』者，衛包改从今文也。宋以來直作開字，非也。」◎虞翻説見《三國志》本傳注。◎《唐書·儒學傳》：「顏師古，字籀，琅邪臨沂人。祖之推，自高齊入周，終隋黄門郎，遂居關中。師古官秘書監，弘文館學士，謚曰戴。其所注《漢書》、《急就章》大顯於時。永徽三年，子揚廷表上師古所撰《匡謬正俗》八篇。」◎《匡謬》作《刊謬》，避宋太祖諱也。

《大傳》：「《洪範》曰：『不叶於極，不罹於咎，毋侮矜寡，而畏高明。』」《史記·宋世家》亦云「毋侮鰥寡」。

【元圻案】今本《大傳》無「《洪範》曰不叶於極」四句，近刻《大傳補遺》、《續補遺》亦未之及。

《周禮·春官·太卜》注引《洪範》：「曰雨，曰濟，曰圛，曰蟊，曰尅。」《詩》「齊子豈弟」箋：「《古文尚書》以弟爲圛。」正義云「《洪範稽疑》論卜兆有五曰圛，注云：『圛者，色澤光明。』蓋古文作『悌』，今文作『圛』。賈逵以今文校之，定以爲圛；鄭依賈氏所奏。」【原注】《説文》引《書》「圛圛升雲，半有半無」。今按「圛」即《洪範》「曰驛」，其下乃注文。

《古文尚書》「曰沄，曰圛」，與《周禮注》同。

【三箋繼序按】《説文·口部》引《商書》，與《毛詩箋》、《周禮注》同。蓋許慎本從賈逵受古學，康成治《尚書》，亦淵源於衛、賈、馬，故皆依賈氏所奏也。自丁度《集韻》誤删「曰」字，似「圛圛升雲」爲一句，「半有半無」爲一句，而《容齋隨筆》、《文獻通考》等書遂以當《尚書》逸句，非也。

【元圻案】惠氏《九經古義》〔曰〕：「(案)『曰驛』，《傳》云『氣落驛不連屬』。〔案〕驛，古文作『悌』，今文作『圛』。《史記》作『涕』，涕即悌也。古書篆字作立心，與水相近，讀者失之，故誤从水。見鄭氏《易注》。太史公從孔安國問，多得古文之説，故作悌，後人轉讀，遂爲涕也。《説文》曰：『圛，讀若驛。』今《尚書》作『驛』，是又襲今文而失之。」《司馬相如傳》：「昆蟲闓懌。」闓懌，猶愷悌也。亦發明之意。◎《後漢書・賈逵傳》：「逵字景伯，扶風平陵人。詔令撰《歐陽大小夏侯尚書古今同異》，逵集爲三卷。」

《詩・小雅・小旻》：「或聖或否，或哲或謀，或肅或艾。」《莊子・天運篇》：「天有六極五常，帝王順之則治，逆之則凶。九洛之事，治成德備。」皆爲《洪範》之學。

【元圻案】《小旻》正義曰：「毛『五事』皆準《尚書》爲説，故箋引『書曰』以證之。」◎朱子《詩集傳》曰：「爲此詩者，亦傳箕子之學也與？」又曰：「荆公解『聰明文思』，牽合《洪範》五事，卻是穿鑿。如《小旻》詩云『國雖靡止，或聖或否，民雖靡膴，或哲或謀，或肅或艾』，卻合《洪範》五事。」

曾子固《熙寧轉對》奏疏曰：「《洪範》所以和同天人之際，使之無間，而要其所以爲始者，思也。《大學》所以誠意正心修身治其國家天下，而要其所以爲始者，致其知也。正其本者，在得之於心而已；得之於心者，其術非他，學焉而已矣。古之人自可欲之善而充之，至於不可知之神；自十五之學，而積之至於從心、不逾矩，豈他道哉，由是而已矣。」二程子以前告君未有及此者。

【閻按】真西山言：「韓愈、李翱舉《大學》之說，見其《原道》、《復性篇》，而立朝議論，曾弗之及。」余謂自曾子固始及之。

【元圻案】西山之說，見所作《大學衍義序》。

《韓非·有度篇》謂先王之法曰：「臣毋或作威，毋或作利，從王之指；無[一]或作惡，從王之路。」蓋述《洪範》之言而失之也。

[一]【全云】「無」亦當作「毋」。

【元圻案】惠氏《九經古義》曰：「《尚書》『無有作好，遵王之道；無有作惡，遵王之路』，《呂覽》引之，兩『有』字均作『或』。高誘曰：『或，有也。』古『有』字皆作『或』。《商書》『殷其弗或亂正』，『四方多士言時乃或言爾攸居』，傳皆云『或，有也』。鄭康成注《論語》亦云『或之言有也』。《韓非子》曰：『無或作利』云云，文雖異，然皆以『或』爲『有』。韓、呂皆在未焚書之前，必有所據。王伯厚以爲述《洪範》而失之，未盡然也。」愚案，王氏所謂「失之」者，不僅在「或」「有」

二字之不同，是以不及《吕覽》，惠氏似未會其意。

「天命有德」，「天討有罪」①，故無作好惡；「惟天聰明，惟聖時憲」②，故無作聰明。以天之德，行天之權，故「惟辟作福、威」③。

司馬彪注《莊子》，云箕子名胥餘。【原注】《史記正義》「《尸子》云」。

【元圻案】陸德明《莊子釋文·大宗師篇》：「箕子胥餘。司馬云：『胥餘，箕子名也。見《尸子》。』崔同。」又曰：「箕子胥餘，漆身爲厲，被髮佯狂。或云：《尸子》曰比干也，胥餘其名。」◎又《敍録》曰：「司馬彪注，二十一卷五十二篇。彪字紹統，河内人，晉秘書監。」◎王氏所引《史記正義》見《鄒陽傳》。

「巢伯來朝」，注云「南方之遠國」，正義謂南巢。李杞解曰：「成湯放桀於南巢，

① 《書·皋陶謨》。
② 《書·説命》。
③ 《書·洪範》：「惟辟作福，惟辟作威。」

巢人納之。意者終商之世，義不朝商乎？誠如是，亦足以見巢之忠，商之盛德矣。商亡而周興，於是巢始來朝。」其説美矣，然無所據。

【集證曰】《黄氏日抄》云：「蔣榮甫謂其伯父尚書嘗聞前輩言：亳者，啓同姓之國，見堯、舜皆與賢，而啓乃繼禹，亳不服，一戰於甘，自是終夏之四百年不臣夏。至湯伐夏，而後亳來臣於商，故作《臣亳》之書。成湯放桀於南巢，巢國不義之，終商六百年不來朝，至武王伐商而後巢伯來朝於周，故作《旅巢命》之書。是説也，嘗於經筵奏先皇帝理宗云。」錢時《融堂書解》亦云：「夏桀（走）保（走）三朡，湯伐之，遂奔南巢。南巢要險之地，恃其遠險，始不服，而今來朝，故特命之。」

【元圻案】《書序》：「巢伯來朝，芮伯作《旅巢命》。」◎《水經》二十九：「沔水又東北出居巢縣南。」注云：「古巢國也。湯伐桀，桀奔南巢，即巢澤也。《尚書》周有『巢伯來朝』，《春秋》文公十二年『夏，楚人圍巢』。」巢，羣舒國也，舒叛，故圍之。」◎《春秋》「楚人圍巢」，注：「廬江六縣有居巢城，是即南巢也。」◎李杞，字子材，號謙齋。著《謙齋書解》。朱竹垞云未見。◎李子材、黄東發、錢子是，皆同時人，未知其説之孰爲後先也。

《金縢》之書，其異説有二焉。《魯世家》云：「周公卒後，秋未獲，暴風雷雨，禾盡偃，大木盡拔。周國大恐，成王與大夫朝服，以開金縢書。」《梅福傳》云：「昔成王以諸侯禮葬周公，而皇天動威，雷風著災。」此皆《尚書大傳》之説，蓋伏生不見《古文》故也。《蒙恬傳》云：「成王有病，甚殆，公旦自揃其爪，以沈於河，乃書而藏之記府。及王能治國，有賊臣言周公欲爲亂。周公走而奔於楚。成王觀於記府，得周公沈書，乃流涕曰：『孰謂周公旦欲爲亂乎！』」此又以武王有疾爲成王。《索隱》曰「不知出何書」。[一]《魯世家》亦與《恬傳》同。譙周云：「秦既燔書，時人欲言金縢之事，失其本末。」[二]南軒曰：「至誠可以回造化，若金縢策祝之辭，則不無妄傳者。」

[一]【閻按】「不知出何書」，《索隱》指恬引，故曰「過可振而諫可覺」，言非指成王事。王氏亦微讀錯。

[二]譙周語亦《索隱》所引。

【何云】「南軒曰」以下，當自爲一條。

【全云】只是一條，何説非。

【元圻案】《漢書·梅福傳》注：「《尚書大傳》曰：『周公疾，曰：「吾死必葬於成周，示天下臣於成王也。」周公死，天乃雷雨以風，禾盡偃，大木斯拔。國恐，王與大夫開金縢之書，執書以泣曰：「周公勤勞王家，予幼人弗及知。」乃不葬之於成周而葬之於畢，示天下不敢臣。』」案此條今本《大傳》佚。盧學士文弨采師古注以補遺。◎《史記·魯世家》載金縢事於武王時，又載揃爪事於成王時。◎《後漢書·周舉傳》：「昔周公攝天子事，及薨，成王欲以公禮葬之，天爲(變動)〔動變〕。及更葬以天子之禮，即有反風之應。」注引《洪範·五(事)〔行〕傳》曰：「周公死，成王不圖大禮，故天大雷雨，禾偃，木拔。及成王瘖金縢之策，改周公之葬，尊以王禮，申命魯公郊，而天立反風雨，禾稼復起。」案章懷所引《五行傳》之文，亦今本《大傳》所無。雅雨堂《大傳補遺》、抱經堂《續補遺》均未采入。◎《三國志·蜀·譙周傳》：「周字允南，巴西西充國人也。耽古篤學。爲中散大夫。凡所著述，撰定《法訓》、《五經論》、《古史考》之屬百餘篇。」◎張南軒《答俞秀才問》曰：「周公欲代武王之死，只是渾全一個誠意。至誠可以回造化，有是理也。若夫金縢冊祝之辭，則不無妄傳者。意者金縢之事則有之，而冊祝之辭則不傳矣。」

「我之弗辟」①，朱文公謂當從鄭氏，以「辟」爲「避」。

【閻按】《詩集傳》乃謂「居東」爲東征，「罪人始得」爲「得而誅之」，何與？

【元圻案】孔傳：「辟，法也。」正義曰：「《釋詁》文。鄭玄以爲管、蔡流言，即避居東都。」◎《釋文》：「馬、鄭音避，謂避居東都。」◎《史記·魯世家》：「管、蔡流言，周公乃告太公、召公曰：『我之所以弗辟，而攝行政者，恐天下畔周，無以告我先王。』」《正義》：「辟音避。」馬、鄭之音，蓋本於太史公。◎朱子《與蔡仲默沈書》曰：「弗辟之說，只從鄭氏爲是。向董叔重書亦辯此一條，一時信筆答之，謂當從古注說。後來思之不然，是時三叔方流言於國，周公處兄弟骨肉之

① 《書·金縢》。

間，豈應以片言半語，便遽然興師以誅之？聖人氣象，大不如此。又成王方疑周公，周公固不應不請而自誅之。若請之王，王亦未必見從，當時事勢，亦未必然。」◎宋項氏安世《家説》曰：「孔氏謂『辟者，行法也』，信然，則周公誅謗以滅口，豈所以自明於天下哉！鄭氏謂『辟』讀爲『避』，『居東』則避之也。予嘗反復本文，則鄭説爲是。」

《武成》「惟九年，大統未集」。《通鑑外紀》引《尚書大傳》云「文王受命一年，斷虞、芮之質」，《帝王世紀》「文王即位四十二年，歲在鶉火，更爲受命之元年」，[一]《周書·文傳》「文王受命九年，時惟莫春，在鎬，[二]召太子發」。按《史記》秦惠王十四年更爲元年，《汲冢紀年》魏惠成王三十六年改元，稱「一年」，或有因於古也。

［一］案《世紀》之説，《史記·周本紀》正義引之。

［二］今本《周書》作「鄗」。

【閻按】「九年大統未集」，即受命改元之妄説也。辯見《古文尚書疏證》卷二第二十條。

【元圻案】《武成》正義曰：「文王斷虞、芮之訟，諸侯歸之，改稱元年，至九年而卒，故云大業未就也。文王既未稱王，而得輒改元年者，諸侯自於其國各稱元年，是已之所稱，容或中年得改矣。《汲冢竹書》魏惠王有後元年，漢初文帝二元，景帝三元，此必有因於古也。」◎《竹書紀年》：「帝辛三十三年，王錫命西伯得專征伐。」沈約注云：「文王受命九年，大統未集，蓋得專征伐，受命自此年始。」又帝辛四十一年，書「西伯昌薨」，與《武成》九年之數合，蔡傳從之，足證文王無改元之事矣。且《紀年》於帝辛之四十二年分注云「周武王元年」，《逸周書·柔武解》「維王元祀」注云「此文王卒之明年」，《大開武解》云「惟王一祀」，是武王即位改元，無因文王之年之説也。◎文王受命改元之説，歐陽公《泰誓論》辯之最詳。◎《項氏家説》曰：「説者以此爲文王受命之九年，非也。《史記·周本紀》、《太公》、《周公世家》皆言武王即位九年，乃觀兵於盟津，明此即武王之九年也。時已十一年矣，何以謂之九年？古者天子諸侯，皆除喪之後始即政事之位，通初喪數之，爲十一年，但數即位之年，則九年耳。」項氏直以爲武王之九年，亦足以備一解。◎《書録解題》四：「《通鑑外紀》十卷，《目録》三卷。秘書丞高安劉恕道原撰。司馬公修歷代君臣事迹，辟恕爲屬。嘗謂《史記》不及包犧、神農，今歷代書不及威烈之前，欲爲《前紀》，而本朝爲《後紀》。將俟書成，請於公。會道原病廢，絶意《後紀》，乃改《前紀》爲《外紀》云。」◎《四庫全書總目·别史類》：「《逸周書》十卷。舊本題曰《汲冢周書》，考《隋》、《唐志》，俱稱此書以晉太康二年得於魏安釐王冢中，然《晉書·武帝紀》及《荀勗》、《束皙傳》載汲郡人不準所得竹書七十五篇，具有篇名，無所謂《周書》。杜預《春秋集解後序》載汲冢諸書，亦不列《周書》之目，是《周書》不出汲冢也。考《漢書·藝文志》先有《周書》七十一篇，今本比班氏所紀惟少一篇。陳振孫《書録》稱凡七十篇，敍一篇在其末，京口刊本始以序散入諸篇，數仍七十有一，與《漢志》合。」又《編年類》「《竹書紀年》二卷。」案《晉書·束晳傳》：「晉咸和七年，汲縣人發魏襄王冢，得古書七十五卷，中有《竹書紀年》十三篇。」今世所行題沈約注，亦與《隋志》相符。然反覆推勘，似非汲冢原書。

文公賞雍季，以義而不以謀；襄子賞高共，以禮而不以功，故曰「崇德報功」①。

【元圻案】《呂氏春秋·孝行覽》：「昔晉文公將與楚人戰於城濮，召咎犯而問曰：『楚衆我寡，奈何而可？』咎犯對曰：『臣聞繁禮之君，不足於文；繁戰之君，不足於詐。君亦詐之而已。』文公以告雍季，雍季曰：『竭澤而漁，豈不獲得？而明年無魚；焚藪而田，豈不獲得？而明年無獸。詐僞之道，雖今偷可，後將無復，非長術也。』文公用咎犯之言，而敗楚人於城濮。反而爲賞，雍季在上。左右諫曰：『城濮之功，咎犯之謀也。君用其言而賞後其身，或者不可乎！』文公曰：『雍季之言，百世之利也；咎犯之言，一時之務也。焉有以一時之務先百世之利者乎？』」◎《淮南子·人間訓》：「夫咎犯戰勝城濮，而雍季無尺寸之功，然而雍季先賞而咎犯後存者，其言有貴者也。故義者天下之所貴也。」案雍季之事，亦見《韓非子·晉文篇》、《説苑·權謀篇》。◎《史記·趙世家》：「趙滅智氏，襄子行賞，高共爲上。張孟同曰：『晉陽之難，惟共無功。』襄子曰：『方晉陽急，羣臣皆懈，惟共不敢失人臣禮，是以先之。』」

① 《書·武成》。

「若爾三王，是有丕子之責於天」①。《史記·魯世家》以「丕」爲「負」，《索隱》引鄭玄曰：「丕讀曰負。」[一]隗囂移檄曰：「庶無負子之責。」見《後漢書》本傳。蓋本此。[二]晁以道解「丕子之責」如史傳中「責其侍子」之「責」，蓋云上帝責三王之侍子，指武王也。

[一]下云此爲「負」者，謂三王負上天之責。

[二]「本此」，謂本《史記》。

【元圻案】《朱子語録》云：「有丕子之責於天，只有晁以道説得甚好。他解『丕子之責』，如史傳『責其侍子』之責，蓋云上帝責三王之侍子，侍子指武王也。上帝責其來侍左右，故周公乞代其死，云以旦代某之身。」◎《書》正義引康成云：「丕讀曰不。愛子孫曰子。元孫遇疾，若汝不救，是將有不愛子孫之過，爲天所責。」《釋文》：「丕，鄭音不。」與《索隱》所引鄭説異，豈康成固有二説與？

「唐叔得禾，成王命唐叔以餽周公於東土，作《餽禾》。」②[一]《史記·周本紀》以

① 《書·金縢》。

② 《史記·魯世家》。

「歸」爲「餽」。二字通用，見《論語》。

[一]今本《書序》「餽」字俱作「歸」。

【元圻案】《論語》「咏而歸」、「歸孔子豚」，陸氏《釋文》並云「鄭本作『饋』，魯讀饋爲歸，今從古」。◎《説文·食部》「餽」亦作「饋」。

三監，孔氏謂管、蔡、商。《大誥序》孔傳。《漢·地理志》：「殷畿内爲三國，邶、鄘、衛是也。邶，封武庚；鄘，管叔尹之；衛，蔡叔尹之，以監殷民。」[一]唯鄭康成以三監爲管、蔡、霍。蘇氏《書傳》從孔説，林氏《全解》、蔡氏傳從鄭説。三亳，孔氏謂亳人之歸文王者三，所爲之立監。《立政篇》孔傳。康成云：「湯舊都之民服文王者，分爲三邑，其長居險，故言阪尹，蓋東成皋，南轘轅，西降谷也。」皇甫謐以蒙爲北亳，穀熟爲南亳，偃師爲西亳。[二]林氏從鄭説，呂氏《東萊書説》[三]從皇甫説。【原注】《詩譜》以三叔爲三監。孫毓云：「三監當有霍叔。鄭義爲長。」

[一]案《詩》正義曰：「王肅、服虔皆依《志》爲説。」

[二]二説俱見《書》正義。

[三]【閻按】「呂氏」下當從前增「蔡氏」。

【全云】三山林之奇，字少穎，呂成公師也。

【元圻案】康成邶鄘衛《詩譜》：「庶殷頑民，被紂化日久，未可以建諸侯，乃三分其地，置三監，使管叔、蔡叔、霍叔尹而教之。」◎《逸周書·作雒解》：「武王克殷，乃立王子禄父，俾守商祀。建管叔於東，建蔡叔、霍叔於殷，俾監殷臣。」《帝王世紀》云：「自殷都以東爲衛，管叔監之，殷都以西爲鄘，蔡叔監之，殷都以北爲邶，霍叔監之。」與康成説合。薛氏季宣《書古文訓》、黄氏度《書説》亦從康成。◎三亳，康成以阪尹即三亳之一。皇甫謐曰：「阪，險也，言夷微盧之衆及三亳之地，與夫阪險之地，爲之尹者，無不得人也。」薛氏《書古文訓》曰：「阪，周之西界，隴阪也。」黄氏《書説》曰：「阪，險也。三亳皆平地，井法最詳，而其險阻則不以井法治之，所謂山澤之農也。尹，長也。」《東萊書説》、《蔡氏書傳》並曰「阪，未詳」，皆不以阪尹爲三亳之一。林氏《全解·立政篇》引皇甫説於前，引鄭説於後，云：「唐孔氏以爲古書亡滅，既無要證，未知誰得。此言最爲近古。」《盤庚上篇》亦引皇甫、鄭二説，云「鄭説可信」。◎「原注」引孫毓之説，見《詩》正義。

「民獻有十夫，予翼」，「亦惟十人，迪知上帝命。」[1]周公以賢人卜天意。史失其名，不獨「魯兩生」也。

【方樸山云】《書》正義云：「十人史無姓名，直是在彼逆地，知彼必敗，棄而歸周。周公喜其

①《書·大誥》。

來降，舉以告衆，謂之爲賢，未必是大賢也。」此可釋王氏之疑。

【元圻案】《大誥》正義曰：「將伐叛而賢者即來，言人事先應也。」◎林氏《全解》曰：「此十夫者，周公得之而其喜如此，必非瑣瑣者，惜其名氏不見於後世。揚雄曰：『昔者齊魯有大臣，史失其名，(某)〔其〕於十夫亦云。』」◎程泰之《演繁露》八：「《史記·管蔡世家》太史公曰：『管蔡作亂，天下皆疑，惟同母弟成叔、聃季之屬十人爲輔拂，是以諸侯凡十家，故因附之《世家》。』夫此十人者，即《大誥》之謂『民獻十夫』者耶？」◎元陳氏櫟《書集傳纂疏》曰：「十夫，馬融以爲十亂，非也。十亂周公在中，不應自言。又有婦人焉，亦不可以稱夫。」

《周書·作雒》曰：「俾康叔宇於殷，俾中旄父宇於東。」注云：「東謂衛、殷、邶、鄘。」[一]《詩譜》：「自紂城而北謂之邶，南謂之鄘，東謂之衛。」康叔宇於殷，即衛也。注以殷爲邶、鄘，非是。殷地在周之東，故曰東征。邶、鄘、衛皆東也。《康誥》曰：「在茲東土。」中旄父，其邶、鄘之一歟？【原注】《顧命》有南宮毛。

[一]案，今本《周書》注在上文「建管叔於東」句下。又注曰：「康叔代霍叔，中旄父代管叔。」

《法言》謂：「《酒誥》之篇俄空焉。」《問神篇》。愚按《酒誥》古、今文皆有之，豈揚子未之見歟？《藝文志》云：「劉向以中古文校歐陽、大小夏侯三家經文，《酒誥》脱簡一。」而《大傳》引《酒誥》曰：「王曰：封，唯曰若圭璧。」今無此句，豈即脱簡歟？

【閻按】揚雄謂「《酒誥》之篇俄空」，此自雄校書時《酒誥》全亡，與劉向時《酒誥》僅脱一簡不同。一簡者，一行也。《酒誥》一行二十五字，與《召誥》一行二十二字又不同。詳余《尚書古文疏證》胡朏明説。

【全云】向、雄相去幾時？閻説非。

【元圻案】《法言·問神篇》曰：「昔之説《書》者序以百，而《酒誥》之篇俄空焉，今亡夫。」◎《漢書·藝文志》「儒家」：「揚雄所序三十八篇，《太玄》十九，《法言》十三，《樂》四，《箴》二。」◎《揚雄傳》曰：「傳莫大於《論語》，作《法言》。」◎《藝文志》「書類」：「《歐陽章句》三十一卷，大、小《夏侯章句》各二十九卷。」又曰：「劉向以中古文校歐陽、大小夏侯三家經文，《酒誥》脱簡一，《召誥》脱簡二。率簡二十五字者，脱亦二十五字，簡二十二字者，脱亦二十二字。」◎陸氏《釋文序録》：「歐陽高作《尚書章句》，爲歐陽氏學。夏侯勝受詔撰《尚書説》，號爲大夏侯氏學。夏侯建師事夏侯勝及歐陽高，又從五經諸儒問與《尚書》相出入者，牽引以次章句，爲小夏侯氏學。」◎劉向，字子政，本名更生。成帝以向爲中壘校尉。《漢書》有傳。

「矧惟若疇圻父薄違，農父若保，宏父定辟」。荆公以「違」、「保」、「辟」絶句，[一]朱文公以爲夐出諸儒之表。《洛誥》「復子明辟」，荆公謂：「周公得卜，復命於

成王也。」[二]漢儒「居攝還政」之説於是一洗矣。山谷《和張文潛贈晁無咎》詩云：「荆公六藝學，妙處端不朽。」信夫。[三]

[一]案《小雅·祈父箋》引《書》曰：「若疇祈父」，知古文以「父」字絶句也。朱子《詩傳》引《酒誥》曰「祈父薄違」，從荆公。

[二]此二説，楊慈湖《五誥解》從之。

[三]何本作「信矣」。

【元圻案】《朱子語録》：「人言荆公穿鑿，只是好處，亦須還他。且如『矧惟若疇』止『定辟』，古注从『父』字絶句，荆公從『違』、『保』、『辟』絶句，夐出諸儒之表。」◎林氏《尚書全解·酒誥篇》：「先儒以『若疇』繫於『圻父』，言君所順疇；『薄違』繫於『農父』，言迫回萬民；『若保』繫於『宏父』，言當順安之。不如王氏以『若疇』爲汝之疇匹，而於其下先舉其官名，而後陳其所任之職也。蓋君之於臣，若股肱元首，一體相須，故三卿皆其疇匹也。『薄違』者，言司(徒)(馬)之迫逐違命者也。『農夫若保』，言司徒教民稼穡以順安之也。『宏父定辟』，言司(徒)(空)闢地居民而定其法也。」又《洛誥篇》：「漢孔氏曰：『復子明辟，言我復還明君之政於子。』王氏破先儒之説，可謂明君臣之大分，而有功於名教也。王氏之説曰：『復』如復逆之復，成王命周公往營成周，周公得卜，復命於成王，謂成王爲『子』者，親之也，謂成王爲『明辟』者，尊之也。」◎葉少蘊曰：「周公踐天子位以治天下，初無經見，獨《明堂位》云爾。《明堂位》，非出吾夫子也。蓋武王崩，周公以冢宰攝政，非攝其位。」◎《書録解題》：「《書義》十三卷。侍講臨川王雱元澤撰，其父王安石序之。雱蓋述其父之學。王氏『三經義』，此其一也。」

「厥或告曰：『羣飲。』汝勿佚，盡執拘以歸於周，予其殺。」①無隱張氏以爲：「此告者之詞云爾。勸汝執而盡殺之也，汝當思之曰：『是商之諸臣，化紂爲淫湎者，而可遽殺乎？亦姑惟教之而已。若不教而使陷於罪，是亦我殺之也。』周公戒康叔皆止殺之詞，奈何以爲勸哉！」愚謂此説得忠厚之意。

【元圻案】東坡謂《大誥》、《康誥》、《酒誥》、《梓材》四篇之文，反覆丁寧，以殺爲戒，以不殺爲德，故周有天下八百餘年。後之王者以不殺享國，以好殺殃其身及其子孫者多矣，而世主不以爲監，小人又或附會六經，醞釀鐫鑿以勸之殺。悲夫殆哉！」◎《經義考》：「張震《尚書小傳》，未見。董鼎曰：震字真父。」

《梓材》曰：「以厥庶民暨厥臣，達大家。」周封建諸侯，與大家巨室共守之，以爲社稷之鎮。「九兩」所謂「宗，以族得民」。《公劉》之雅，所謂「君之宗之」。此封建

①《書·酒誥》。

之根本也。魯之封有六族焉，衛之封有七族焉，唐之封有九宗五正焉，俱見定公四年《左傳》。皆所以繫人心，維國勢。不特諸侯爲然，周公作《皇門》之書曰：「維其有大門宗子，茂揚肅德，勤王國王家，乃方求論擇元聖。武夫羞於王所，咸獻言助王恭明祀，敷明刑，用能承天嘏命。先人神祇報職用休，俾嗣在厥家，[一]萬子孫用末被先王之靈光。」[二]然則王室之不壞，繄大門宗子是賴。自封建之法廢，國如木之無根，其亡也忽焉。然古者世臣必有家學，内有師保氏之教，外有外庶子之訓。國子之賢者，命之導訓諸侯，若魯孝公是也。使惇惠者教之，文敏者道之，果敢者諗之，鎮静者修之，若晉公族大夫是也，教行而俗美，然後托以安危存亡之寄，而國有與立矣。

[一]閻本校云：「厥家」，元板作「王家」。

[二]此引《逸周書·皇門解》，節删字句。

【全云】此有慨於宋宗室之不振。

【又云】晉無公族，以卿子弟爲之，是以有三卿之禍。

【元圻案】「大家」，孔傳謂「卿、大夫及都家也」，正義：「都家，卿大夫所得邑，又公邑而大夫所治亦是。」《周禮》有都官之家。《周禮·大宰職》「九兩」注：「兩，猶耦也，所以協耦萬民。」宗，繼别爲大宗以收族者。◎《周語》：「宣王欲得國子之能導訓諸侯者，樊穆仲曰：『魯侯孝。肅恭神明而敬事耉老；賦事行刑，必(明)〔問〕於(道)〔遺〕訓而咨於故實。』王曰：『然則能訓治其民矣。』乃命魯孝公於夷宮。」◎《晉語》：「欒伯請公族大夫。公曰：『荀家惇惠，荀會文敏，黶也果敢，無忌鎮靖，使兹四人者爲之。夫膏粱之性難正也，故使惇惠者教之』云云。」◎宋陳氏傅良曰：「殷民七族，實封康叔。懷姓九宗，實封唐叔。蓋世族大家，禮法足以齊其家，恩義足以帥其族，正有國者所以爲治也。漢高帝都關中，徙齊諸田，楚昭、屈，武帝以六條詔察，首以强宗爲言。陵夷至於五代之亂，元魏分析蔭户，而先王以族得民之意，散而不可復收矣。」

商之澤深矣，周既翦商，歷三紀而民思商不衰。考之《周書》，《梓材》謂之「迷民」，《召誥》謂之「讎民」，不敢有忿疾之心焉，蓋皆商之忠臣義士也。至《畢命》始謂之「頑民」，[一]然猶曰「邦之安危，惟兹殷士」，兢兢不敢忽也。孔子删《詩》，存邶、鄘於《風》，繫商於《頌》。吁，商之澤深矣！

[一]【何云】「讎民」，《釋文》字或作「醻」，如孔傳乃與「百君子」文義相屬，以爲指頑民，恐非。

【元圻案】《召誥》經文「予小臣敢以王之讎民百君子」，傳曰：「我小臣，謙辭。敢以王之匹民百君子，治民者非一人，言民在下，自上匹之。」正義曰：「讎訓爲匹。百者舉其成數，言治民者非一人。嫌匹爲齊等，故云民在下，自上匹之。」

【何云】《詩》、《書》之義，又自不同。

【全云】厓山未平時，元人以告變之章，大捕四明遺老，以爲欲迎二王，深寧所以唏嘘而言此。

【元圻案】《東萊書説》曰：「頑民，人之所忿疾也。周公以王命誥，首呼之曰『爾殷多士』，撫摩勞來之意見於言表，略無忿嫉之氣，亦可以見聖人之心矣。」

《召誥》正義引《周書·月令》云「三日粤朏」。《漢·律曆志》引《古文·月采篇》曰「三日曰朏」，顔注謂説月之光采。愚以《書正義》考之，「采」字疑當作「令」。

【方樸山云】《魯語》有「少采夕月」之文，「采」字不必疑。

【元圻案】朱子亦云是「令」字之誤。◎《國語》：「少采夕月，與太史、司載糾虔天刑。」韋昭注曰：「或云少采，黼衣也。昭謂朝日以五采，則夕月其三采與？」◎宋史繩祖《學齋佔嗶》曰：「余作《補亡月采篇》，辨日月隨天左旋。」

婁敬曰：「成王即位，周公營成周，以爲此天下中，有德則易以王，無德則易以亡。」見《史記》本傳。《吕氏春秋·恃君覽·長利篇》南宫括曰：「成王定成周，其辭曰：『惟予一人，營居於成周。惟予一人，有善易得而見也，有不善易得而誅也。』」《説苑·至公篇》南宫邊子曰：「昔周成王之卜居成周也，其命龜曰：『予一人兼有天下，辟就百姓，敢無中土乎？使予有罪，則四方伐之，無難得也。』」三説大意略同。

【全云】此説非也。周公營成周，不過爲諸侯朝會之地，未嘗令成王徙都之也。果如《吕覽》、

《説苑》云云，則「王公設險」之言皆贅矣。

【元圻案】林氏《尚書全解・召誥篇》曰：「夫人之愛其子孫，天下之常情也。先王之奄有天下，以傳之子孫，固宜綿綿延延，於萬年而不絶。雖其子孫之賢不肖，歷祚之長短，不可得而必然，其創業垂統，深根固蒂，爲不可拔之勢以遺之者，未嘗不盡也。乃謂周公之心，苟其無德，則欲其易以亡，必無此理。」愚謂林説誠然。聖人惟望其子孫之賢，不計其傳祚之長短。子孫而賢，自有無疆之休；子孫而不賢，堯舜且以天下與人矣。婁敬又曰：「凡居此者，欲令務以德致人，不欲阻險令後世驕奢。」卻能見周、召二公公天下之意。

「周公爲師，召公爲保。」此《君奭篇序》文。鄭康成不見《周官》之篇，以「師」、「保」爲《周禮》「師氏」、「保氏」，大夫之職。此《君奭序》正義文。○【原注】「師氏」「保氏」注亦引《書序》云：「聖賢兼此官。」[一]《禮記・文王世子》注：「大司成司徒之屬，師氏也。」兩注自不同。[二]

[一]【閻按】《周官》出晚出《書》二十五篇内，康成何由得見？其實《周官》從《漢・百官公卿表》來。

[二]【何云】大司成當爲宗伯之屬，大司樂，成樂之一終也。

【元圻案】《釋文》「馬云：保氏、師氏，皆大夫官。」◎《大戴記》、《賈誼書》言師、傅、保，與《周官》合。

「有若散宜生」①。孔氏傳云：「散氏，宜生名。」愚按《漢書·古今人表》：「女皇堯妃，散宜氏女。」在「上中」。當以散宜爲氏。

【閻按】《大戴禮記·帝繫篇》：「堯娶於散宜氏之子，謂之女皇。」

《多方》：「越惟有胥伯小大多正。」[一]《大傳》云：「古者十稅一。多於十稅一，謂之大桀、小桀；少於十稅一，謂之大貊、小貊。王者十一而稅，而頌聲作矣。故《書》曰『越惟有胥賦小大多政。』」古、今文之異如此。

[一] 案孔傳曰：「於惟有相長事，小大衆正官之人。」正義曰：「胥，相也。伯，長也。顧氏以相長事即小大衆正官之人也。」

《無逸》，《大傳》作《毋逸》。毋者禁止之辭，其義尤切。

【元圻案】惠氏《九經古義》曰：「《儀禮·士昏禮》云『夙夜毋違命』，注云：『古文毋作無。』《史記》從古文，故亦作『無逸』。毋與無，古今字，非有兩義。」

① 《書·君奭》。

《無逸》，中宗、高宗、祖甲、文王之享國，以在位言。《吕刑》「穆王享國百年」，以壽數言。

【元圻案】劉歆曰：「太戊爲中宗，武丁爲高宗。」◎《吕刑正義》曰：「《周本紀》云：『穆王即位，春秋已五十矣。』《無逸篇》言殷之三王及文王享國若干年者，皆謂在位之年，此言享國百年，乃從生年而數，言其長壽也。」

祖甲，孔安國、王肅云：「湯孫太甲也。」[一]馬融、鄭玄云：「武丁子帝甲也。」[二]《書正義》以鄭爲妄。《史記正義》按《帝王年代曆》，帝甲十六年，太甲三十三年，明王、孔説是。王肅云：「先中宗，後祖甲，先盛德，後有過。」[三]蔡氏《書傳》從鄭説，謂非太甲。按邵子《經世書》，高宗五十九年，祖庚七年，祖甲三十三年，世次、歷年皆與《書》合，亦不以太甲爲祖甲。

[一]案，王肅説見正義，《東坡書傳》、林少穎《尚書全解》、《東萊書説》、真西山《大學衍義》從之。

[二]馬融説見《史記·魯世家》正義，薛季宣《書古文訓》從之。

[三]【何云】曲爲之説。○案，王肅説亦見《魯世家》正義。◎孔傳云：「此以德優劣、立年多少爲先後，故祖甲在下。」與王肅説合。故先儒疑肅竊見孔傳也。

【何云】邵子《經世書》豈足爲據而妄引之乎！

【閻按】蔡傳謂祖甲非太甲，尤快在據下文「周公言自殷王中宗及高宗及祖甲及我周文王」，「及」云者，因其先後次第而枚舉之辭也。則祖甲之非太甲也明甚。

【元圻案】《無逸》正義曰：「鄭云：祖甲，武丁子帝甲也。有兄祖庚，賢，武丁欲廢兄立弟，祖甲以此爲不義，逃於人間，故云久爲小人。案《殷本紀》云：『武丁崩，子祖庚立。祖庚崩，弟祖甲立，淫亂，殷道復衰。』《國語》說殷事云：『帝甲亂之，七世而殞。』寧當舉之以戒無逸？祖庚之賢，誰所傳說？武丁廢子，事出何書？妄造此語，是負武丁而誣祖甲也。」◎《史記·魯世家索隱》曰：「《紀年》，太甲唯得十二年。此云祖甲享國三十三年，知祖甲是帝甲明也。」◎元陳氏師凱《書蔡傳旁通》曰：「考之經文，則『祖甲享國』下即云『自是厥後立王，生則逸』，又云『亦罔或克壽』，既以祖甲爲太甲，則中宗、高宗皆太甲後人，安得云『生則逸』、『罔或壽』耶？」

《無逸》多言「不敢」，《孝經》亦多言「不敢」。[一]堯、舜之兢業，曾子之戰兢，皆所以存此心也。

[一]言「不敢」者九。

【元圻案】董子《對策》曰：「故堯兢兢，日行其道，而舜業業，日致其孝。」◎《項氏家說》十《自警雜說》曰：「兢兢，堯也；業業，舜也；孜孜，禹也；慄慄，湯也；翼翼，文王也。一經之義，總挈於此五句，此百聖相傳之心法。」又曰：「不泄邇，不忘遠，武王也；仰而思之，夜以繼日，幸而得之，坐以待旦，周公也；發憤忘食，樂以忘憂，不知老之將至，孔子也；既竭吾才，欲罷不能，顔子也；死而後已，曾子也；不可須臾離，子思也；有終身之憂，孟子也。（八）〔三〕聖四賢，垂範如此，學者舍是將安師乎？」

「天命自度」①，天與我一。「自作元命」②，我與天一。

民之疾苦常在目，故曰「顧畏於民嵒」③；天之監臨常在目，故曰「顧諟天之明命」④。

【元圻案】據此則本卷第七條引《説文》「顧畏於民嵒」，作「嵒」，乃傳刻之誤。

① 《書·無逸》。
② 《書·吕刑》。
③ 《書·召誥》。
④ 《書·太甲》。

「文王罔攸兼於庶言，庶獄庶慎」①。司馬公《知人論》曰：「人君急於知人，緩於知事。」愚謂漢宣帝綜核名實，非不明也，而不能知弘、石之姦；唐宣宗抉擿細微，非不察也，而不能知令狐綯之佞，明於小而闇於大也。故堯、舜之知，不遍物而急先務。

【元圻案】《荀子》曰：「王道治近不治遠，治明不治幽，治一不治二。」◎《漢書·左雄傳》：「宣帝興於側陋，綜核名實，知時所病。拜刺史守相，輒親見問，考察言行，信賞必罰。」又《蕭望之傳》：「初宣帝不甚重儒術，任用法律，而中書宦官用事，中書令弘恭、石顯久典樞機。」◎《資治通鑑·唐紀》宣宗九年：「上聰察强記，宫中廝役給灑掃者，皆能識其姓名，才性所任，呼召使令，無差誤者。度支奏漬汙帛，誤書『漬』爲『清』，樞密承旨孫隱中謂上不之見，輒足成之。及中書覆入，上怒，推按擅改章奏者，罰謫之。」◎《唐書·令狐綯傳》：「綯字子直，舉進士。宣宗時同中書門下平章事，輔政十年。」◎《通鑑》：「宣宗十三年崩，令狐綯執政歲久，忌勝己者，中外側目。」

觀《蔡仲之命》，知周所以興；觀中山靖王之對，知漢所以亡。周公弔二叔之不咸，方且封建親戚，以蕃屏周；見僖公二十四年《左傳》。漢懲七國之難，抑損諸侯，以成外戚之篡。心有公私之殊，而國之興亡決焉。

①《書·立政》。

【元圻案】《漢書・景十三王傳》：「中山王，名勝。孝景前三年立。建元三年來朝，天子置酒，勝聞樂而泣。問其故，對曰：『羣臣非有葭莩之親，鴻毛之重，羣居黨議，朋友相爲，使夫宗室擯卻，骨肉冰釋。斯伯奇所以流離，比干所以横分也。』卒謚靖。」◎《景帝紀》：三年「春正月，吴王濞、膠西王卬、楚王戊、趙王遂、濟南王辟光、菑川王賢、膠東王雄渠皆舉兵反。」又《諸侯王表序》曰：「景遭七國之難，抑損諸侯，減黜其官。武有衡山、淮南之謀。作左官之律，設附益之法，諸侯惟得衣食税租，不與政事。至於哀、平之際，皆繼體苗裔，親屬疏遠。是故王莽知漢中外殫微，本末俱弱，亡所忌憚，生其姦心。」

君陳，蓋周公之子，伯禽弟。見《坊記》注，它無所考。《傳》有凡、將、邢、茅、胙、祭，見僖公二十四年《左傳》。豈君陳其一人歟？凡伯、祭公謀父皆周公之裔，世有人焉，家學之傳遠矣。

【閻按】《禮記》疏引鄭康成《詩譜》曰：「元子伯禽，封魯；次子君陳，世守采地。」今《詩譜》無「伯禽」「君陳」字。

【全云】《漢書・王莽傳》謂周公之子七人，蓋合魯與凡、將諸國則七人也。不知王官之世襲周公者，在七人之外，是或即君陳之裔。蘇氏疑君陳非周公子，或云特如君奭、君牙之類。然周公之子八人則無疑矣。

【又云】宣王中興，輔之者亦周公也。宰孔亦有識見。

【元圻案】林氏《尚書全解》曰：「君陳，漢孔氏但曰臣名。康成注《坊記》曰：『君陳，蓋周公之子，伯禽弟也。』案《左傳》有周公黑肩、周公閱、周公忌父、周公楚。蓋周公之子，伯禽則封於魯，繼世爲諸侯。又其一子，則食采於畿内，繼世爲王朝之臣。康成謂伯禽弟，意者蓋指此也。蘇氏、陳少南俱以鄭氏爲非，而陳少南爲詳，謂周公命康叔，成王命蔡仲，父子之苗裔，見於告戒之辭，如是之審，況周公叔父，有大勳勞於成王，今命其子以繼父事，何無懿親之語，若言他人然？決無是理也。」

「命君陳分正東郊、成周。」此《君陳篇序》文。鄭注：「周之近郊五十里，今河南、洛陽相去則然。」鄭以目驗知之。【原注】《儀禮》疏。

【閻按】地理之學，莫妙於目驗。趙充國固言「百聞不如一見」，康成《戒子書》「吾嘗遊學周、秦之都，往來兗、豫之域」者也。

【元圻案】鄭注見《聘禮》。

「爾乃順之於外，曰『斯謀斯猷，惟我后之德』」①。先儒謂成王失言，蓋將順其

①《書·君陳》。

美。善則稱君，固事君之法，然君不可以是告其臣。「順」之一字，其弊爲諛。有善歸主，李斯所以亡秦也，曾是以爲良顯乎？闇愎之君誦斯言，則歸過求名之疑不可解矣。承弼昭事，稱文武而不及成王，其有以夫。

【閻按】《尚書古文疏證》云：《君陳》此六語引於《坊記》，安知當日非大小臣工相告誡之辭，未必爲君告臣。只緣晚出《書》作成王語氣，成王之冤於是且千餘年矣。試看下文取證《大誓》六語爲人子之言，則取證《君陳》亦必爲人臣之言例可知。詳卷二第二十七條。

【全云】此六語果有疵，不可謂非成王之失言也。若遂以此爲古文作僞之證，則又過矣。潛丘力攻《古文尚書》爲僞，余未敢信。

【繼序按】《禮記·坊記》、《春秋繁露》皆引此文，則真古文矣。《爾雅·釋詁》云：「順，陳也。」即此「順之於外」之順。不讀《爾雅》，不明《尚書》此文；不讀《尚書》，亦不明《爾雅》所釋。◎又按：僞孔傳云「順行於外」，暗與《爾雅》合。而《孝經》注以「順而行之」訓「將順」，則將順與諛絶不同。推之《禮記·王制》「順先王《詩》、《書》、《禮》、《樂》以造士」，亦可作「陳」字解。

【元圻案】蔡氏《尚書集傳》引葛氏曰：「成王殆失斯言矣。欲其臣善則稱君，人臣之細行也。然君既有是言，至於有過，則將使誰執哉？禹聞善言則拜，湯改過不吝，端不爲此言矣。嗚呼，此其所以爲成王歟？」陳氏櫟《書集傳纂疏》引呂氏曰：「王舉君陳前日之善也，平昔謀猷入告，及既施行，澹然不有，前日尚忘己之善而歸之君，今日豈忘人之善而欲出於己？」又引真氏曰：

「善則稱君，含美從王，此義人臣自處者所當知。君以是語臣，則不可也。漢高稱李斯善則稱君，而王衛尉亦非之。王之名不著，然其言足爲萬世法。吕氏亦回護之辭耳。」

推誠以待士，則欒氏之勇，亦子之勇；事見襄公二十一年《左傳》。用賢以及民，則田單之善，亦王之善。故曰：「有容，德乃大。」

【元圻案】《戰國策》：「齊襄王立，田單相之。過菑水，有老人涉菑而寒，單解裘而衣之。襄王惡之，曰：『田單之施，將欲以取我國乎？』巖下有貫珠者，曰：『王不如因以爲己善。單有是善而王嘉之，單之善亦王之善已。』王曰：『善。』乃賜單牛酒。」◎衛靈公曰：「宛春之言，寡人行之，大夫之善，寡人之善也，庸非德乎？」亦所以不喪之一端也。

史伯論周之敝曰「去和而取同」，與晏子之論齊、事見昭公二十年《左傳》。子思之論衛一也。西漢之亡，亦以羣臣同聲，故曰「庶言同則繹」①。

【全云】孔光、劉歆之同，豈真同哉！王舜且以此憂悸而死。總之小人之同，本不可謂之同，所謂瓦合者也。

①《書·君陳》。

【元圻案】《(周)〔鄭〕語》史伯曰：「今王去和而取同，夫和實生物，同則不繼。以它平它謂之和，故能豐長而物生之。若以同裨同，盡乃棄矣。」◎《孔叢子・抗志篇》：「衛君言計是非，而羣臣和者如出一口。子思曰：『人主自臧，則衆謀不進。事是而臧之，猶卻衆謀，況和非以長乎？』」◎《漢書・孫寶傳》：「平帝立，會越嶲郡上黃龍游江中。孔光、馬宮等咸稱莽功德比周公，宜告祠宗廟。寶曰：『周公上聖，召公大賢，尚猶不相說，著於經典，兩不相損。今風雨不時，百姓不足，每有一事，羣臣同聲，得無非其(善)〔美〕者。』」◎《君陳》孔傳曰：「衆言同，則陳而布之，禁其專。」薛氏《書古文訓》曰：「衆言同乎爾者，爾當繹而後行，不可苟也。」蔡傳謂：「衆論既同，則又紬繹而深思之而後行也。」其義各異，王氏蓋從蔡傳。

《周官》：「諸侯各朝於方岳，大明黜陟。」黜陟明而後封建定。柳子宗元《封建論》謂「天子不得變其君」，[一]殆未考周制也。

[一]【何云】得變之時少矣，然而古之聖人，初不欲以天下自私其子孫也。

【元圻案】柳子厚《封建論》曰：「周之事迹，斷可見矣。列侯驕盈，黷貨事戎，大凡亂國多，理國寡，侯伯不得變其政，天子不得變其君，私土子人者百不有一，失在於制，不在於政，周事然也。」

「康王釋喪服而被袞冕，且受黃朱圭幣之獻。諸儒以爲禮之變，蘇氏以爲失禮。」

案，以上潘子善問辭。朱文公答謂：「天子諸侯之禮，與士庶人不同，故孟子有『吾未之學』之語。如《伊訓》『元祀十二月朔，奉嗣王祇見厥祖』，固不可用凶服矣。漢、唐即位行册禮，君臣亦皆吉服，追述先帝之命，以告嗣君。〔一〕蓋易世傳授，國之大事，當嚴其禮也。」〔二〕蔡氏《書傳》取蘇氏而不用文公之説。愚觀孝宗初上太上帝后尊號，有欲俟欽宗服除奉册者，林黄中議：「唐憲宗上順宗册，在德宗服中，謂行禮無害，第備樂而不作可也。」〔三〕劉韶美〔四〕議曰：「唐自武德〔五〕以來，皆用易月之制，既葬之後，謂之無服。羣臣上尊號，亦多在即位之年，與本朝事體大相遠也。」觀韶美之言，則文公《語録》所云「漢唐册禮」，乃一時答問，未爲定説也。

〔一〕朱子自注云：「《韓文外集·順宗實録》中有此事可考。」

〔二〕下云：「而王侯以國爲家，雖先君之喪，猶以爲己私服也。五代以來，此禮不講，則始終之際，殊草草矣。」

〔三〕**【何云】**尤得之。

〔四〕**【閻案】**韶美名儀鳳，普州人，時官禮部員外郎。

〔五〕高（宗）〔祖〕年號。

【何云】《朱子語録》特恥其説發自蘇氏耳。

【閻按】蘇氏之説非是。羅敦仁《尚書是正》正之曰：「案禮，三年之喪，越紼而行事者有四，郊其一也。夫郊必衮冕大裘，則三年之喪，既成服，亦有時釋之而即吉矣。受顧命，見諸侯，獨不可以冕服乎？嗟乎，謂三年之喪既成服釋之而即吉，無時而可，而勢不行也。於是乎以日易月之制起，謂之權制。不忍數刻之嫌，而安終身之痛，不知其可也。君子以是知刪《書》録《顧命》之意深也。」

【元圻案】《東坡書傳》曰：「(武)〔成〕王崩，未葬，君臣皆冕服，禮歟？曰：非禮也。謂之變禮可乎？曰：不可。禮變於不得已，嫂非溺，終不援也。三年之喪，既成服，釋之而即吉，無時而可者。曰成王顧命，不可以不傳，既傳，不可以喪服受也。曰：何爲其不可也？孔子曰：『將冠，子未及期日，而有齊衰大功之喪，則因喪服而冠。』冠，吉禮也，猶可以喪服行之。受顧命，見諸侯，獨不可以喪服乎？太保使太史奉册，授王於次，諸侯入哭於路寢，而見王於次，王喪服受教戒諫，哭踊答拜。聖人復起，不易斯言矣。」◎陳氏《書集傳纂疏》引陳氏傅良曰：「釋冕反喪服，東坡疑之，惜疑之而不加察也。召、畢皆盛德，又老於更事，豈不知禮？蓋身見周公以叔父之親，擁輔太子，而流言之變，起於兄弟，非周公之忠誠，社稷岌岌乎殆哉矣。故於康王之立，特爲非常之禮，迎之南門，衛之干戈，奉之册書，被之冕服，而又率諸侯北面朝之，以與天下共立新君，使曉然知定向而無疑，其意遠矣。蓋自秦漢而下，授受成於宮闈之曖昧，而擁立出於一人之予奪，禍天下國家不少，然後知二公之老練，坐鎮安危之機，送往事居，中外無間，未易以泥常論也。」◎韓文公《順宗實録》：「貞元二十一年，癸巳，德宗崩。丙申，上即位太極殿。册曰：『維貞元二十一年，歲次乙酉，正月辛未朔，(三十二)〔二十三〕日癸巳，皇帝若曰』云云。二十四日，宣遺詔，上縗服見百寮。癸卯，朝百寮於紫宸門。」◎《宋史·劉儀鳳傳》：「孝宗受禪，議上光堯壽聖尊號册寶。有欲俟欽宗服除者，太常博士林栗謂服中不必避。儀鳳獨上議，乞候終制。議雖是其言，竟用栗議。」◎林黄中，名栗，福清人。《宋史》有傳。

《史記·周紀》：「康王命作策畢公分居里，成周郊。」《書序》缺「公」字。

【元圻案】孔傳以「畢」字斷句。正義曰：「康王命史官作册書，命畢公，使畢公分别民之居里，令善惡有異，於成周之邑成定東周之郊境。」

《畢命》一篇，以風俗爲本。殷民既化，其效見於東遷之後。盟向之民，不肯歸鄭；事見桓公七年《左傳》。陽樊之民，不肯從晉。事見僖公二十五年《左傳》。及其末也，周民東亡而不肯事秦，王化之入人深矣。[一]唐賈至議取士以安史之亂爲鑑，謂：「先王之道消，則小人之道長；小人之道長，則亂臣賊子生焉。蓋國之存亡在風俗，『四維不張』[二]而秦曆促，『恥尚失所』[三]而晉祚覆。」至其知本之言哉！

[一]【全云】豈特春秋之世，至七國時，上黨之民猶不肯入秦。

[二]【閻按】賈誼語。

[三]【閻按】干寶語。

【元圻案】吕成公《左傳説》云："盟向之民，不忍輕棄周而服鄭；陽樊温原之民，亦不忍輕棄周而服晉，以此見周之德澤結民深處，不肯捨周服諸侯如此。"◎《史記·周本紀》："王赧五十九年，秦昭王攻西周。西周君犇秦，盡獻其邑三十六。秦受其獻，歸其君於周。周君、王赧卒，周民遂東亡。"◎《唐文粹》二十八賈至《議楊綰條奏貢舉疏》曰："今試學者以帖字爲精通，而不窮旨義；考文者以聲病爲是非，而務擇浮豔。上失其源，而下襲其流，乘流波蕩，不知所止，先王之道莫能行也。夫先王之道消，則小人之道長；小人之道長，則亂臣賊子由是生焉。臣弑其君，子弑其父，非一朝一夕之故，其所由來者漸矣。漸者何？謂忠信之陵頽，恥尚之失所，末學之馳騁，儒道之不舉，四者皆由取士之失也。"又曰："近者趨仕靡然向風，致使禄山一呼，而四海震蕩，思明再亂，而十年不復。向使禮讓之道弘，仁義之風著，則忠臣孝子比屋可封，逆節不得而萌也。"◎賈至，字幼鄰，洛陽人。曾之子，《唐書》有傳。肅宗寶應二年，楊綰上《條奏貢舉疏》，詔諸司通議。李棲筠、賈至、嚴武並是綰議，即此疏也。

周之興也，商民後革，百年化之而不足；周之衰也，衛風先變，一日移之而有餘。

【元圻案】《畢命》曰："毖殷頑民，遷於洛邑，密邇王室，式化厥訓。既歷三紀，世變風移，四方無虞，予一人以寧。"正義曰："十二年曰紀，父子曰世。"◎鄭康成邶鄘衛《詩譜》曰："以殷餘民，封康叔於衛。七世之頃侯，當周夷王時，衛國政衰，衛風先變。"

「雖收放心，閑之維艱」①，孟子「求放心」之説也。「繩愆糾繆，格其非心」②，孟子「格君心」之説也。

衛石碏以義厲一國，事見隱公四年《左傳》。而甯武子、蘧伯玉之類萃焉；晉趙衰以遜化一國，事見僖公二十七年《左傳》。而知莊子、范文子之賢繼焉。故曰「樹之風聲」③。

【元圻案】吕成公《左氏傳説》一：「衛之亂，石碏以身徇國，定亂討賊，維持社稷。而其後有史鰌、蘧瑗之徒出來，故季札有『衛多君子』之言，發源蓋始於此。」又卷（三）（四）：「晉國人材之盛，皆出於狐、趙。初使狐偃將上軍，則讓於狐毛而佐之；命趙衰爲卿，則讓於欒枝、先軫。及先軫死，復使先且居將中軍，又佐之。至臼季見冀缺於田野之間，其夫婦敬相待如賓。以此見非特朝廷如此相遜，而田野之間亦莫不皆然，一國皆有推賢讓能之風，趙衰、狐偃倡之也。直至（景）（悼）公時，范宣子讓，其下皆讓，其波流之及，直至如此，晉之霸業，所以長久。」◎唐薛登上疏曰：「冀缺以禮讓升朝，則晉人知禮；文翁以儒林奬俗，則蜀士多賢。」亦此意。

---

①《書·畢命》。
②《書·冏命》。
③《書·畢命》。

齊太史之守官，事見襄公二十四年《左傳》。尚父之德遠矣；魯宗人之守禮，事見哀公二十四年《左傳》。周孔[一]之澤深矣。故曰：「惟德惟義，時乃大訓。」①

［一］【閻案】「孔」當作「公」。

「皇帝」始見於《吕刑》。趙岐注《孟子》[一]引《甫刑》曰：「帝清問下民。」無「皇」字，然岐以帝爲「天」，則非。[二]

［一］【何云】在「盡信書」下。

［二］【閻按】盧六以引孔傳「君帝，帝堯也」，以證非「皇」字。

【元圻案】「盧六以」云云，閻本「孔傳」誤作「孔疏」。何本脱「君」字，衍「云」字，今校正。◎《墨子·尚（質）〔賢〕篇中》：「先王之書，《吕刑》道之曰：『皇帝清問下民，有辭有苗』。」亦作「皇帝」。

兵以恭行天罰，謂之「天吏」②；刑以具嚴天威，謂之「天牧」③。

①《書·畢命》。
②《書·胤征》。
③《書·吕刑》。

《中說·問易篇》薛收曰：「古人作元命，其能至乎？」阮逸注云：「《元命包》，《易》書也。」愚按：《春秋緯》有《元命包》，《易》書有《元包》。薛收蓋謂「自作元命」，其言見於《呂刑》，阮注誤矣。

【元圻案】《書録解題》九：「《中說注》十卷。太常丞阮逸天隱撰。」

張子韶[一]《書說》於《君牙》、《冏命》、《文侯之命》，其言峻厲激發，讀之使人憤慨，其有感於靖康之變乎？胡文定《春秋傳》，於夫椒之事亦致意焉。朱子《詩傳》，其說《王風·揚之水》亦然。

[一]【全云】張文忠公九成，字子韶，號無垢。

【元圻案】《横浦集·冏命論》曰：「余觀《君牙》、《伯冏》之篇，亦虛心於治道矣。穆王，其父昭王溺死於漢水，略無恢復之志，而馳騖四方，與兩篇之言絶不相似。然而余三復兩篇，見其慇懃惻怛，有足以感動人者，何也？曰：德宗何人哉，有陸贄作奉天詔書，遂使山東父老爲之泣下。則夫二篇之命，亦必當時仁人君子，憫穆王之無志，故修辭立誠，以勸厲於臣下也。或曰：安知非出於穆王之自爲耶？曰：穆王無志如此，以五十之年，乃即尊位，而乃不以父恥爲念，區區如兒輩務夸馬力，奔走四方，此不才之主也，安得有此至誠之言！」《文侯之命論》曰：「以史考之，是平王因申侯殺其父而得立也。嗚呼，尚忍言之耶！使平王知有父子，方且痛傷求死之不給，肯爲殺父者所立乎？使平王權以濟事，方且枕戈嘗膽，以報父仇，肯命文侯而無一言以及幽王，略無傷痛之辭，何也？豈初造國家，未能勝之，故爲此畏懼，將以有待耶？而在位五十年，略無設施，是特不孝之子而已。孔子存之①，蓋以著平王之罪，與《胤征》同也。」◎《春秋》定公十四年：「五月，於越敗吴子檇李。吴子光卒。」胡傳曰：「定公五年，於越入吴，至是敗吴於檇李。會黄池之歲，越又入吴。悉書於史。哀之元年，吴子敗越，棲勾踐於會稽之上，而史策不書，疑仲尼削之也。吴子光卒，夫差使人立於庭，苟出入，必謂己曰：『而忘越王之殺而父乎？』則對曰：『唯，不敢忘。』三年乃報越。然則夫椒之戰，復父讎也，非報怨也。《春秋》削而不書，以爲常事也，其旨微矣。」◎《揚之水》朱子《集傳》曰：「申侯與犬戎攻宗周而殺幽王，則平王與其臣庶不共戴天之讎也。今平王知其立己爲有德，而不知其弑父爲可怨，至使復讎討賊之師，反爲報施酬恩之舉，則其忘親逆理而得罪於天已甚矣。嗚呼，《詩》亡而後《春秋》作，其不以此也哉！」◎史氏浩《書講議》説《文侯之命》，亦極美宣王之勤政復讎，而傷平王之無志恢復。◎袁氏燮《經筵毛詩講義·式微篇》，稱太王、勾踐轉弱爲强，而貶黎侯無奮發之心，《揚之水篇》謂平王柔弱爲可憐，皆援古以諷也。◎張子韶作《書傳統論》，自《堯典》至《秦誓》，各爲論一篇，載《横浦集》中。◎胡氏安國，字康侯，建安人。謚文定。著《春秋傳》三十卷。其書於高宗時奏進，多藉以托諷

① 此「存之」者，指《揚之水》之篇，翁氏删略中間數語，以致不接。

時事。

子夏問「金革之事無辟」，孔子曰：「吾聞諸老聃曰：『昔者魯公伯禽有爲爲之也。』」①鄭注云：「有徐戎作難，喪，卒哭而征之，急王事也。征之，作《粊誓》。」《禮記·曾子問》注。後世起復者，皆以伯禽藉口。嘗考《書·多方》「王來自奄」，孔注云：「周公歸政之明年，淮夷奄又叛。魯征淮夷，作《費誓》。」《魯世家》：「伯禽即位之後，有管、蔡等反，淮夷、徐戎並興。於是伯禽率師伐之於肸，作《肸誓》。」據此，則伯禽征淮、徐，在周公未没之時，非居喪即戎也。《左傳》僖公三十三年「殽之役，晉始墨」，若伯禽行之，則晉不言「始」矣。《禮記》②之言，恐非謂《費誓》也。

【閻按】孔穎達疏《禮記》：「伯禽卒哭者，爲母喪也。時周公猶在。」

【元圻案】費，《史記》作「肸」，今閻、何本俱作「肹」。《説文》無「肹」字，誤也。今據《史記》改作「肸」。◎《曾子問》正義曰：「周公致仕之後，成王即位之時，周公猶在。則此伯禽卒哭者，爲母喪也。」

---

① 見《禮記·曾子問》。

② 「禮記」，元刊本作「記禮」。

魏觴諸侯於范臺，魯共公舉觴擇言，以酒、味、色、臺池爲戒。漢高帝圍魯，諸儒尚講誦習禮樂，弦歌之音不絕。見《史記·儒林傳》。周公、伯禽之化。歷戰國、秦、楚猶一日也。

【元圻案】《戰國策》：「梁王魏嬰觴諸侯於范臺。酒酣，魯君避席擇言曰：『主君之尊，儀狄之酒也；主君之味，易牙之調也；左白臺而右閭須，南威之美也；前夾林而後蘭臺，强臺之樂也。有一於此，足以亡其國。主君兼此四者，可無戒與？』」鮑彪注曰：「觀魯君之所稱説，則周孔之澤深矣。」◎《史記·項羽本紀》：「項羽自立爲西楚霸王，王九郡，都彭城。」又曰：「項羽已死，楚地皆降漢，獨魯不下，爲其守禮義，爲主死節。乃持項王頭示魯，魯父兄乃降。」

周益公《文苑英華後序》謂：「《文苑英華》賦多用『員來』，非讀《秦誓》正義，安知今之『云』字乃『員』之省文。」〔一〕愚按《漢書》韋孟《諫詩》，顔師古注引《秦誓》「雖則員然」。【原注】古文作「員」。

〔一〕《秦誓》「若弗云來」，正義：「員，即云也。」

【何云】「員來」，恐是「鼎來」之誤，更以《英華》考。

【集證】惠氏《九經古義》四：「正義『員即云』，是《尚書》本作『云』，衛包改古文始從

『員』。《詩·出其東門》云『聊樂我員』，《釋文》曰：『員，本作云。』『正月云昏姻』，孔云『本又作員』。《商頌》『景員維河』，鄭箋云：『員，古文作云。』言古文以員爲云也。」

《文心雕龍·宗經篇》云：「書標七觀。」孔子曰：「六《誓》可以觀義，五《誥》可以觀仁，《甫刑》可以觀誡，《洪範》可以觀度，《禹貢》可以觀事，《臯陶謨》可以觀治，《堯典》可以觀美。」見《大傳》。【原注】《孔叢子》云：「《帝典》觀美，《大禹謨》、《禹貢》觀事，《臯陶謨》、《益稷》觀政，《泰誓》觀義。」此其略異者。

【集證】引《大傳説略》孔子曰：「《堯典》可以觀美，《禹貢》可以觀事，《咎繇》可以觀治，《洪範》可以觀度，六《誓》可以觀義，五《誥》可以觀仁，《甫刑》可以觀誡。」此條所引語句前後與今本《大傳》不同，與《太平御覽》所引卻合。

【元圻案】《梁書·文學傳》：「劉勰，字彦和，東莞莒人。篤志好學。除東宫通事舍人。撰《文心雕龍》五十篇，論古今文體，引而次之。」

春秋時，郤缺之言「九功《九歌》」，文公七年《左傳》。穆姜之言「元亨利貞」，襄公九年《左傳》。子服惠伯之言「黄裳元吉」，昭公十二年《左傳》。叔向之言「昊天有成命」，單穆公之言「《旱鹿》」，俱見《周語》下。叔孫穆子之言「《鹿鳴》之三」，襄公四年《左傳》。又見《魯語》下。成鱄之言「《皇矣》之雅」，昭公二十八年《左傳》。閔馬父之言「商《那》之頌」，《魯語》下。左史倚相之言「《懿》戒」，《楚語》上。觀射父之言「重、黎」，《楚語》下。白公子張之言「《説命》」，《楚語》上。其有功於經學，在漢儒訓故之先。蓋自遲任、史佚以來，統緒相承，氣脉未嘗絶也。

【元圻案】《周語》韋昭注：「《旱鹿》，《詩》作『麓』，古字通。」◎遲任，見《商書·盤庚》。史佚，見《左傳》、《國語》。《説苑》載成王問政於尹逸。馬氏《繹史》曰：「尹逸即史逸，亦曰史佚。」

《顏氏家訓》云《王粲集》中難鄭玄《尚書》事，今僅見於唐元行沖《釋疑》。

【原注】王粲曰：「世稱伊、洛以東，淮、漢以北，康成一人而已。咸言先儒多闕，鄭氏道備，粲竊嗟怪。因求所學，得《尚書》注，退思其意，意皆盡矣，所疑猶未諭焉。」凡有二篇。《館閣書目》：《粲集》八卷，詩賦論議垂六十篇。

【何云】觀仲宣之難康成，則建安才子尚有意於經學也。

【元圻案】《顏氏家訓·勉學篇》曰：「吾初適鄴，與博陵崔文彦交遊，嘗説《王粲集》中難鄭玄《尚書》事。崔轉爲諸儒道之，始將發口，懸見排蹙。云：『文集止有詩賦銘誄，豈當論經書事乎？且先儒之中，未聞有王粲也。』崔笑而退，竟不以《粲集》示之。」◎元行沖《釋疑》曰：「子雍規玄數十百件，守鄭學者，時有中郎馬昭，上書以爲肅繆。」又曰：「自此之後，唯推鄭公。王粲稱

『伊、洛以東，淮、漢之北，一人而已，莫不宗焉。咸云先儒多闕，鄭氏道備。粲竊嗟怪，因求其學，得《尚書注》。退而思之，以盡其意，意皆盡矣，所疑之者，猶未喻焉。』凡有兩卷，列於其集。又王肅改鄭六十八條，張融覈之，將定臧否。融稱玄注泉深廣博，兩漢四百餘年，未有偉於玄者。然二郊之祭，殊天之祀，此玄誤也。其如皇天祖所自出之帝，亦玄慮之失也。」◎《唐書·儒學傳》：「元澹，字行沖，以字顯。初，魏光乘請用魏徵《類禮》，帝命行沖與諸儒集議。作疏，上於官，留中不出。行沖疑諸儒間己，因著論自辯，名曰《釋疑》。」◎《隋·經籍志》：「王粲《尚書釋問》四卷。」《唐·藝文志》云：「王粲問，田瓊、韓益正。」

「官師相規」①，注謂「官衆」。《左傳》襄公十五年「官師從單靖公」，注：「天子官師，非卿也。」《漢·賈誼傳》「官師小吏」，注云：「一官之長。」愚謂漢注得之，周官皆有師。

【元圻案】如《天官》甸師、追師，《地官》族師之類。余友王汾原煦曰：「《祭法》『適士二廟，官師一廟』，是官師又下於適士也。」

---

①《書·胤征》。

王景文[一]謂「文章根本在六經」。張安國[二]欲記《考古圖》，曰：「宜用《顧命》。」遊廬山，序所歷，曰：「當用《禹貢》。」[三]

[一]【全云】名質。

[二]【全云】名伯玉①。

[三]【何云】王景文語當考，《宋書》本傳無之，疑是「宋」字。

【元圻案】王景文《爲張安國集序》曰：「『文章之根本，皆在六經，非惟義理也。而其機杼物采，規模制度，無不備具者。』語未卒，公出《考古圖》，其品百二十有八，曰：『是當爲記，於經乎何取？』某曰：『宜用《顧命》。』公拊掌變色曰：『吾得之，吾得之。』歲丁亥，追遊廬山之間，訖事，將裒其所歷序之。公曰：『何以？』某曰：『當用《禹貢》。』公益動。」◎王景文，名質，興國人。紹興三十年進士。《宋史》本傳稱其博通經史，善屬文。與張孝祥父子游，深見器重。質著《雪山集》四十卷。」今存十六卷。《四庫書》從《永樂大典》録出。◎張安國，名孝祥，歷陽烏江人。紹興二十四年廷試，高宗親擢爲第一。《宋史》有傳。安國著《于湖集》四十卷。」《四庫全書》著録。◎義門疑王景文爲宋景文，謝山誤以張安國爲張伯玉，皆因未見《雪山集》中《于湖集序》也。張伯玉即蔡絛《鐵圍山叢談》所稱張端公，仁廟朝人也。名重當時，號張百杯，又曰張百篇，言一飲

---

①「伯玉」，三箋本作「孝祥」。

酒百杯，一掃詩百篇也。字公達，不字安國，建安人。范文正公舉以應賢良方正能直言極諫科。嘉祐中爲御史。

伊尹之始終，《書序》備矣。陸士衡《豪士賦序》「伊生抱明，允以嬰戮」，蓋惑於《汲冢紀年》之妄説也。皇甫謐云「伊尹百有餘歲」，應劭云「周公年九十九」，王充《論衡·氣壽篇》云「召公百八十」，故趙岐注《孟子》「殀壽不貳」云：「壽若召公。」

【元圻案】《書序》曰：「沃丁既葬伊尹於亳，咎單遂訓伊尹事，作《沃丁》。」正義曰：皇甫謐云：「沃丁八年，伊尹卒，年百有餘歲。」◎《水經注·泗水》「又東過沛縣東」句注，皇甫謐云：「伊尹年百餘歲而卒，大霧三日，沃丁葬以天子之禮，親自臨喪，以報大德焉。」◎《竹書紀年》：「太甲七年，王潛出自桐，殺伊尹。」沈約注謂此文後世所加。◎《論衡·氣壽篇》：「周公，武王之弟也，兄弟相差不過十年。武王崩，周公居攝，七年，復政，退老，出入百歲矣。邵公，周公之兄也，至康王之時尚爲太保，出入百有餘歲矣。傳稱老子二百餘歲，邵公百八十。」◎《文選注》王隱《晉書》曰：「陸機，字士衡，吴郡人也。吴平，太尉楊駿辟爲祭酒。成都王穎以機爲司馬，參大將軍軍事。」《晉書·陸機傳》曰：「齊王冏矜功自伐，機惡之，作《豪士賦》以刺。」◎《後漢書·應劭傳》：「劭，字仲遠。撰《風俗通》，以辯物類名號，識時俗嫌疑。文雖不典，後世服其洽聞。」又《王充傳》：「充字仲任，會稽上虞人也。著《論衡》八十五篇二十餘萬言。釋物類同異，正時俗嫌疑。」

《呂氏春秋·孝行覽》云：「《商書》曰『刑三百，罪莫重於不孝』」，注：「商湯所制法也。」【原注】三百，商之刑，三千，周之刑，其繁簡可見。

《周禮·大司馬》注引《書》曰：「前師乃鼓鼖譟。」疏謂《書傳》説武王伐紂時事。【原注】二《禮》疏引《書傳略説》，皆《書大傳》也。

【元圻案】《大傳·太誓》：「惟丙午，王還師，前師乃鼓鼖譟，師乃慆前歌後舞。」注：「鼖音符。」

《洪範》「五者來備」，《史記·宋世家》云「五是[一]來備」。荀爽謂之「五韙」，李雲謂之「五氏」，[二]傳習之差如此，近於郢書燕説矣。

[一]【閻按】今本仍「者」字。

[二]【何云】「韙」其義，「氏」其音，當爲「是」也。

【集證曰】惠氏《九經古義》引此條云云：「棟案經文曰『時，五者來備』，時，是也，言是五者皆備至也。孔氏以『曰時』二字屬上句，與漢儒所受《尚書》異讀，後人遂以『五是』爲傳習之訛，非也。『是』又作『氏』者，《覲禮》『太史是右』注云：『古文「是」爲「氏」。』《曲禮》曰『五官之長曰伯，是職』，方注云：『「是」或爲「氏」。』《漢書》云『造父後有非子，至玄孫，氏爲莊公。』小顏曰：『「氏」與「是」同，古通用字。』上經云『立時人爲卜筮』，此云『（是）〔時〕五者來備』，皆訓爲是。」

【元圻案】《後漢書·荀爽傳》：對策曰：「嘉瑞降天，吉符出地，五韙咸備，各以其敍。」注：「韙，是也。」又《李雲傳》：「雲字行祖，甘陵人。延禧二年，露布上書曰：『皇后天下，母德配坤，靈得其人，則五氏來備。』」注：「『是』與『氏』古字通用。」

土氣爲風，水氣爲雨，〔一〕箕屬東方木，克土，土爲妃，故好風。畢屬西方金，克木，木爲妃，故好雨。此鄭康成説也。吳仁傑謂「《易》以《坎》爲水，北方之卦」，又云「雨以潤之，則雨屬水」。《漢志》：「軫星亦好雨。」

〔一〕案，「水」字宜作「木」字。

【閻按】《漢·天文志》及《史·天官書》並云「軫爲車，主風」，蓋軫，車之象，與《巽》同位，爲風車動行疾似之，無「好雨」之説。云「好雨」者，蔡傳也，蔡傳詎足信歟？

【元圻案】《洪範》正義：「鄭云：雨，木氣也，春始施生，故木氣爲雨。暘，金氣也，秋物成而堅，故金氣爲暘。燠，火氣也；寒，水氣也；風，土氣也。凡氣非風不行，猶金、木、水、火非土不處，故知土氣爲風。」又「鄭云：『箕星好風』者，箕，東方木宿，風，中央土氣，木克土爲妻，從妻所好，故好風也。『畢星好雨』者，畢，西方金宿，雨，東方木氣，金克木爲妻，從妻所好，故好雨也。」◎《漢·天文志》曰：「《巽》在東南，爲風，其星軫也。月去中道，移而東北入箕，若東南入軫，則多風。西方爲雨，月失中道，移而西入畢，則多雨。」無「軫星好雨」之文，不知蔡傳何以云。《漢志》「軫星亦好雨」，或「雨」字爲「風」字之誤。◎吴仁傑，字斗南，一字南英，崑山人。講學朱子之門。登淳熙進士。歷羅田令、國子學録。所著有《洪範辨圖》一卷。《經義考》云未見。

「五福」[1]不言貴而言富。先王之制，貴者始富，賤者不富也。

【閻按】先師吴太易先生問余：「五福無貴，子知其説乎？」對曰：「未也。」先生曰：「蓋福乃人生受享之物。古者有一命則有一命之責任，寒者與衣，飢者與食，凡不獲其所者與安，是以終身處乎憂患之域，而不遑暇。其在位也，如肩重負，其去位也，如釋重負，豈若後世之貴者以位爲恣睢乎？故五福中不得有貴。」此論甚精。

【萬氏集證】載游氏《禮記解》曰：「五福不言貴而言富，蓋三代之法，貴者始富，言富則知貴，所謂禄以馭其富也。貧富貴賤，離而爲四，起於後世，不能制爵禄之失。」

---

① 《書·洪範》。

【元圻案】曾子固《洪範傳》曰：「福極者，人君所以考己之得失於民。福言攸好德，則致民於善可知也。極言惡弱，則致民於不善可知也。視此以嚮威者，人君之事，未有攸好德而非可貴者也，未有惡弱而非可賤者也。故攸好德則錫之福，謂貴之所以勸天下之人，使協於中，固已見之皇極矣。於皇極言之者，固所以勉人，於福極不言之者，攸好德與惡弱之在乎民，則考吾之得失者盡矣。貴賤非考吾之得失者也。」◎孔氏武仲《五福論》曰：「貴者，所以嚴天下之分也。五福者，聖人所以與天下之民共也。均其勢，亢其等，使天下之民皆貴，可乎哉？此貴所以不錫於民也。」◎元陳氏《書集傳纂疏》：「王氏曰：福極不言貴賤者，貴賤有常分，使皆慕貴而不欲賤，則淩犯篡竊，何有終極。」「又顧氏臨曰：不言貴，雖以嚴分，然貴未必爲福，賤未必爲極，故桀、紂貴爲天子，而不得其死，顔回、原憲，到今稱之。」◎以上諸説所見不同，而皆有至理，可見先聖垂訓，如天地之無不覆載，後人尋味之而不能窮其際也。故備録之。

趙岐注《孟子》，不見《古文》，以「其助上帝寵之」①斷句。又「我武惟揚」②注

① 《孟子·梁惠王上》：「惟曰其助上帝，寵之四方。」

② 《孟子·滕文公下》。

云：「《古尚書》百二十篇之時《大誓》也。」又「帝使其子九男二女」[1]注云：「《堯典》曰『釐降二女』，不見『九男』，孟子時《尚書》凡百二十篇。《逸書》有《舜典》之敘，亡失其文，孟子諸所言舜事，皆《堯典》及《逸書》所載。」又「不及貢，以政接於有庳」[2]，謂皆《逸篇》之辭。【原注】又引《書》「禹拜讜言」。

【閻按】説見《尚書古文疏證》卷二第十八條。

【元圻案】今本趙注「讜言」仍作「善言」，蓋後人所改。◎《尚書緯》曰：「孔子求書，得黄帝玄孫帝魁之書，迄於秦穆公，凡三千二百四十篇。斷遠取近，定可爲世法者百二十篇，以百二篇爲《尚書》，十八篇爲《中候》。」故趙邠卿謂《古尚書》百二十篇也。案《漢書·儒林傳》云：「《百兩篇》者，出東萊張霸，分析合二十九篇以爲數十，又采《左傳》、《書序》爲作首尾，凡百二篇。篇或數簡，文意淺陋。成帝時劉向校之，非是。後遂黜其書。」緯書出於東漢，蓋因張霸之《百兩篇》，遂附會其説曰：「孔子删書，定取百二十篇，以百二篇爲《尚書》，十八篇爲《中候》也。」然則孟子之時，《尚書》未必果有百二十篇矣。

① 《孟子·萬章上》。
② 《孟子·萬章上》。

「葛伯仇餉」①，非孟子詳述其事，則異説不勝其繁矣。【原注】孟子之時，古書猶可考，今有不可强通者。

《易乾鑿度》曰：「《易》之『帝乙』爲成湯，《書》之『帝乙』六世王，名同不害以明功。」【原注】帝乙，湯玄孫之孫也。按《史記》，湯至帝乙二十九王，謂「六世王」，未詳。唐陳正節曰：「殷自成湯至帝乙十二君，其父子世六易。」謂「十二君」，亦未詳。

【閻按】康成注《禮記》，引《易説》末句作「天之錫命，疏可同名」，孔疏以帝乙即祖乙，正湯之六世孫，但未見《尚書》。

【元圻案】《易緯乾鑿度》：「孔子曰：自成湯至帝乙，帝乙，湯玄孫之孫也。帝乙則湯，殷録質，以生日爲名，順天性也。玄孫五世之末，外恩絶矣，同日以乙，天之錫命，疏可同名。湯以乙生嫁妹，本天地之義，順陰陽之道，以正夫婦。夫婦正則王教興。《易》之『帝乙』爲湯」云云。◎《唐書·儒學傳》：「陳正節，潁川人。」語見本傳。

林少穎《書説》，至《洛誥》而終。吕成公《書説》，自《洛誥》而始。【原注】朱子

---

① 見《孟子·滕文公下》引《書》曰。

曰：「蘇氏傷於簡，林氏傷於繁，王氏傷於鑿，吕氏傷於巧，然其間盡有好處。」

【全云】成公爲少穎弟子，其書蓋以續師説。

【元圻案】《四庫全書目録・書類》：「林之奇《尚書全解》四十卷。其孫〔畊〕後序稱：『脱稿之初，爲門人吕祖謙持去。畊得建安余氏所刻完本，始知麻沙所刻，自《洛誥》以下皆僞續也。』然之奇初稿爲祖謙持去，則祖謙必見完書，何以《東萊書説》始於《洛誥》以下，云續之奇之書，〔毋〕乃畊又有所增修，托之乃祖歟？」又吕祖謙《書説》三十五卷，其門人時瀾所增修也。原書始《洛誥》，終《秦誓》，其《召誥》以前則門人雜記之語，瀾始删潤其文，成二十二卷，又編定原書爲十三卷，合成是編。蓋之奇受學於吕居仁，祖謙又受學於之奇，本以終始其師説爲一家之學，而瀾之所續，則又終始祖謙一人之説也。◎陳氏《書録解題》謂祖謙慮不克終篇，故自《秦誓》以上逆爲之説，然亦僅能至《洛誥》而止。

制治於未亂，保邦於未危。《泰》之極，則「城復於隍」；《既濟》之極，則「濡其首」。不於其未，而於其既，則無及矣。

伊尹以「辯言亂政」戒其君，盤庚以「度乃口」告其民。商俗利口，其敝久矣。邵子《觀物内篇》七曰：「天下將治，則人必尚行；天下將亂，則人必尚言。」[一]周公訓成王「勿以憸人」，所以反商之敝也。張釋之諫文帝超遷嗇夫，所以監秦之失也。《周官》曰「無以利口」，《冏命》曰「無以巧言」，此周之家法；將相功臣，少文多質，安静之吏，悃愊無華，此漢之家法。

［一］又曰：「尚行，則篤實之風行焉；尚言，則詭譎之風行焉。」

【何云】意本蘇傳。

【全云】此漢文、景時家法，武帝以後則一變矣。試讀《史》、《漢》文景兩朝列傳，如張蒼、申屠嘉、周亞夫、竇嬰，皆少文多質，循吏則文翁亦安静者。自是以後，人才日出，漢治日衰矣。

【元圻案】《史記·張釋之列傳》：「上問上林尉諸禽獸簿，十餘問，尉左右視，不能對。虎圈嗇夫從旁代尉對甚悉，乃詔釋之拜嗇夫爲上林令。釋之久之前曰：『陛下以絳侯周勃何如人也？』上曰：『長者也。』又復問：『東陽侯張相如何如人也？』上復曰：『長者。』釋之曰：『此兩人言事，曾不能出口，豈學此嗇夫喋喋利口捷給哉？今陛下以口辯而超遷之，臣恐天下隨風靡靡，争爲口辯而無其實。』」又《周勃世家》：「勃爲人木强敦厚，高帝以爲可屬大事。勃不好文學，每召諸生説士，東鄉坐而責之：『趣爲我語！』其椎少文如此。」◎《後漢書·章帝紀》：元和二年詔曰：「安静之吏，悃愊無華，日計不足，月計有餘。」注：《説文》曰：「悃愊，至誠也。」

「恭在貌，敬在心」，《書·洪範》正義之説也。「中心爲忠」，「如心爲恕」，《詩·關雎》

序》、《春秋》桓公六年《左傳》正義之説也。

堯、舜之世，名臣止任一事；仲尼之門，高弟皆爲一科。故曰：「無求備於一夫。」①「强恕而行」②，忍也，原憲之「克、伐、怨、欲不行焉」③也；〔二〕一視同仁，容也，顔子之「克己復禮，天下歸仁」④也。【原注】忍言事，容言德，習忍則至於容。

〔二〕【何云】以原憲爲强恕，讀伊洛書太滅裂。厚齋固博雅，其不免於俟子之隔壁聽與？

【何云】牽合不成理。有忍有容，申上無忿疾於頑之意，非謂學之次第也。

【元圻案】《東萊書説·君陳篇》曰：「易動而輕發者，常敗事，故必有忍，然後能濟。忍固可以有濟，然猶有堅制力蓄之意焉。至於有容，則宏裕寬綽，恢恢乎有餘地矣，德之所以大也。忍言事，容言德，淺深固有間，進乎此者，亦有序也。」◎元王氏天與《尚書纂傳》引林氏曰：「强恕而行者，忍也，人與己猶二也。一視同仁者，容也，己與物渾渾乎爲一矣。」

①《書·君陳》。
②《孟子·盡心上》。
③《論語·憲問》。
④《論語·顔淵》。

「式和民則」①，「順帝之則」②，「有物有則」③，「動作禮義威儀之則」④，皆天理之自然，有一定之成法。聖賢傳心之學，唯一「則」字。

【元圻案】真西山《大學衍義》曰：「古人謂規、矩、準、繩、衡爲五則者，以方圓、平直、輕重皆天〔地〕〔然〕一定之法故也。若爲人而不能全乎爲人之理，是失其所以爲人之則，而非人矣。」

「若農服田，力穡乃亦有秋」⑤，故「民生在勤則不匱」。晉欒書語，見宣公十二年《左傳》。

「先知稼穡之艱難，乃逸」⑥，故「君子能勞則有繼」。公父文伯之母敬姜語，見《魯語》〔上〕〔下〕。

「乃命三后」⑦。先儒曰：「人心不正則入於夷狄[一]禽獸，雖有土不得而居，雖有

---

① 《書·君牙》。
② 《詩·大雅·皇矣》。
③ 《詩·大雅·烝民》。
④ 《左傳》成公十三年。
⑤ 《書·盤庚》上。
⑥ 《書·無逸》。
⑦ 《書·呂刑》。

穀不得而食，故先伯夷而後及禹、稷。」此説得孔子「去食」①、孟子「正人心」②之意。《小雅》盡廢，其禍烈於洚水；四維不張，其害憯於阻饑。

［一］閻本無此三字。

【元圻案】《吕刑》：「乃命三后，恤功於民。伯夷降典，折民惟刑；禹平水土，主名山川；稷降播種，農殖嘉穀。三后成功。」《東萊書説》曰：「自不知本者觀之，平水土，降播種，當在所急，而伯夷之降典，若緩而不切。然抑不知人心不正，將相胥而入於夷狄禽獸，雖有土安得而居，雖有穀安得而食諸？穆王首述伯夷之典，先其本也。」

《周禮·司刑》五刑之屬二千五百，穆王雖多五百章，而輕刑增，重刑減。班固以《周禮》爲中典，《甫刑》爲重典，非也。

【元圻案】《吕刑》正義曰：「《周禮》『司刑掌五刑之法，以麗萬民之罪。墨罪五百，劓罪五百，宫罪五百，刵罪五百，殺罪五百。』五刑惟有二千五百，此經『五刑之屬三千』，案刑數乃多於《周禮》，而言變〔重〕從輕者。《周禮》五刑皆有五百，此則輕刑少而重刑多，此經墨、劓皆千，

①《論語·顔淵》。
②《孟子·滕文公下》。

剕刑五百，宮刑三百，大辟二百，輕刑多而重刑少。變周用夏，是則改重從輕也。」◎《漢書·刑法志》：「昔周之法，建三典以刑邦國，詰四方，所謂刑平邦用中典者也。周道既衰，穆王眊荒，命甫侯度時作刑，以詰四方，所謂刑亂邦用重典者也。」◎案孔氏正義之説，林少穎、吕成公、蔡氏《集傳》皆從之。

舜、皋陶曰「欽」曰「中」①，蘇公曰「敬」曰「中」②，此心法之要也。《吕刑》言「敬」者七，言「中」者十，所謂「惟克天德」，在此二字。

【元圻案】《東萊書説》曰：「五刑，天所以左右斯民，而司刑者代天行罰，作配在下，奈何其不敬哉！」又曰：「中者，《吕刑》之綱領也。苗民罔是中者也，皋陶明是中者也，穆王之告司政典獄，勉是中者也。」

禹有典則，貽厥子孫，而有盤遊無度者；湯(有)〔以〕③義禮，垂裕後昆，而有顛覆

---

① 見《書·大禹謨》。
② 見《書·立政》。
③ 據元刊本改。

典刑者，是以知嗣德之難也。宋武帝留葛燈籠、麻繩拂[一]於陰室，[二]唐太宗留柞木梳、黑角篦於寢宫，[三]作法於儉，其敝猶侈，況以侈示後乎？

[一]閣本云「繩拂」，元板作「蠅拂」。

[二]案，事見《通鑑·宋武帝紀》大明七年。

[三]事見唐郭湜《高力士傳》。

【集證】按《容齋續筆》十四：「帝王創業垂統，規以節儉，貽訓子孫，必其繼世象賢而後可以循其教，不然，正足取侮笑耳。宋孝武大治宫室，壞高祖所居陰室，於其處起玉燭殿，與羣臣觀之。牀頭有土障，上挂葛燈籠、麻蠅拂。侍中袁顗因盛稱高祖儉素之德。上不答，獨曰：『田舍翁得此以爲過矣。』唐高力士於太宗陵寢宫，見梳箱一，柞木梳一，黑角篦一，草根刷子一，嘆曰：『先帝親正皇極，以致升平，隨身服用，唯留此物，將欲傳示子孫，永存節儉。』具以奏聞。明皇詣陵至寢宫，問所留示者何在。力士捧跪上，上跪奉肅敬，如不可勝，曰：『夜光之珠，垂棘之璧，將何以逾此。』即命史官書之典册。是時明皇履位未久，厲精爲治，故見太宗故物，而惕然有感。及侈心一動，窮天下之力不足以副其求，尚何有於此哉！宋孝武不足責也，若齊高帝、周武帝、陳高祖、隋文帝，皆有儉德，而東昏、天元、叔寶、煬帝之淫侈浮於桀、紂，又不可以語此云。」

因岱柴而封禪，因時巡而逸遊，因《洛書》而崇飾符瑞，因建極而雜糅正邪，因享多儀而立享上之說。塞忠諫謂之浮言，錮君子謂之朋比，慘礉少恩曰威克厥愛，違衆妄動曰惟克果斷。其甚焉者，丕之奪漢，托之舜、禹；衍之篡齊，托之湯、武；邵陵、海西之廢，托之伊尹；新都之攝，臨湖之變，托之周公。侮聖言以文姦慝，豈經之過哉！

【元圻案】《三國志·魏文帝紀》注：「《魏氏春秋》曰：帝升壇禪畢，顧謂羣臣曰：『舜、禹之事，吾知之矣！』」◎《通鑑·梁紀》武帝天監元年：「既禪位，顔見遠不食而卒。上聞之曰：『我自應天從人，何預天下士大夫事，而顔見遠乃至於此！』」◎《三國志·魏·齊王芳紀》：「嘉平六年九月，司馬景王將謀廢帝，以聞太后，遣芳歸藩於齊。」注：「是日，羣臣議曰：『昔伊尹放太甲以寧殷，霍光廢昌邑以安漢，今日之事，亦唯公命。』景王曰：『諸君所以望師者重，師安所避之？』」及晉受禪，封齊王爲邵陵公。◎《晉書·郄超傳》：「超謂桓溫曰：『明公既居重任，若不能行廢立大事，爲伊、霍之舉者，不足鎮壓四海，震服宇内。』溫深納其言。」又《帝奕紀》：「太和六年，溫内諷太后以伊霍之舉，廢奕爲東海王，後降封爲海西縣公。」◎《漢書·王莽傳》：「永始元年，封爲新都侯。元始五年，平帝崩，世絶。選宣帝玄孫中最幼廣戚侯子嬰，年二歲，托以爲卜相最吉。太后下詔，令安漢公居攝踐祚，如周公故事。」◎《唐書·房玄齡傳》：「隱太子謀害秦王，首謀，謂長孫無忌曰：『今嫌隙已成，禍機將發，莫若遵周公之事。』無忌韙之，入白秦王。」又《隱太子傳》：「武德九年六月四日，秦王入朝，建成、元吉至臨湖殿，覺變遽回。秦王隨呼之。元(成)〔吉〕惶悚，引弓三射，不能彀。王一箭斃建成，再中元吉。」

蘇綽《大誥》，近於莽矣，《太玄·更》之「次五」所謂「童牛角馬，不今不古」者歟？

蘇威五教，綽之遺風也。

【何云】《大誥》之作，度越六代，不可毁也。

【全云】何氏過推蘇綽，未免永嘉一輩人議論。

【元圻案】《周書·蘇綽傳》：「綽字令綽，武功人，魏侍中則之九世孫也。自有晉之季，文章競爲浮華，遂成風俗。太祖欲革其弊，因魏帝祭廟，羣臣畢至，乃命爲《大誥》，奏行之。自此之後，文章皆依此體。」◎《漢書·王莽傳》：「居攝二年，東(都)〔郡〕太守翟義立劉信爲天子，移檄郡國。莽晝夜抱孺子，告禱郊廟，放《大誥》作策，諭以當反政孺子之意。」◎揚雄《太玄·更·次五·測》曰：「童牛角馬，變天常也。」范望注曰：「馬童牛角，是其常也。不合於今，不合於古，利用革矣。」◎《北史·蘇綽傳》：「綽子威，字無畏。隋文帝令持節，巡撫江南。江表自晉已來，刑法疏緩，代族貴賤，不相陵越。平陳之後，牧人者盡改變之，無長幼悉使誦五教。威加以煩鄙之辭，百姓嗟怨。」◎宋王氏安國曰：「文帝患文章浮薄，使蘇綽爲《大誥》以勸，而卒能變一時士大夫之制作。」故義門云爾。

《史記·秦紀》：「繆公三十三年，敗於殽。三十六年，自茅津渡河，乃誓於軍，申思『不用蹇叔、百里傒之謀，令後世以記余過』。君子聞之，皆爲垂涕，曰：『嗟乎秦繆公之與人周也，卒得孟明之慶。』」《書序》云「敗崤歸，作《誓》」，與《史》不同。邵子謂：「修夫聖者，秦穆之謂也。」[一]穆公是霸者第一，悔過自誓之言，幾於王道，此聖人所以録於《書》末。

[一]《皇極經世·觀物外篇》四，注云：「秦穆改過自誓，得聖之事而已。」

【全云】以秦穆之悔過爲真乎，則彭衙之窮兵何也？若謂自茅津以後作《誓》，是謬爲悔過之言，以鳴得意也。康節竟爲舊説所欺，不知聖人録之以垂戒耳。

【元圻案】林少穎曰：「穆公雖終不能踐其言，而其一時悔過自艾之意，誠合夫帝王之用心。與其潔也，不保其往也，其《秦誓》之謂乎？」◎《春秋》僖公三十三年：「晉人及姜戎，敗秦師於崤。」胡傳曰：「《書序》專取穆公悔過，主於勸善，其辭恕。《春秋》備書秦、晉用兵之失，兼於懲惡，其法嚴。故人晉君而以狄視秦也。」

《大傳略説》：「太子年十八曰孟侯，於四方諸侯來朝，迎於郊者，問其所不知。」[一]唐册太子文云：「盡謙恭於齒胄，審方俗於迎郊。」愚謂「孟侯」見《康誥》，謂諸侯之長，蓋方伯也。《大傳》説非。

[一]康成注：「孟，迎也。」

【元圻案】唐高宗永徽七年，正月，册代王弘爲皇太子，文云：「盡謙恭於齒胄，審方俗於迎郊。

春禮冬詩，趨庭靡懈；三善六德，勉志無愆。」◎《文苑英華》載《册皇太子文》云：「朕聞王者神器，天之大業，震百里而崇孟侯，照四方而建元子。」又史祥《答隋太子廣書》云：「川澤之大，汙潦攸歸；松柏之高，葛蘿斯托。微心眷眷，孟侯所知也。」皆以「孟侯」爲太子。◎《康誥》正義曰：「鄭依《略説》，以太子十八爲孟侯，而呼成王，既禮制無文，義理駢曲，豈周公自許天子，以王爲孟侯？皆不可信也。」◎《漢書·地理志》：「三監畔，周公誅之，盡以其地封弟康叔，號曰孟侯，以夾輔周室。」◎《詩地理考》：「衛伯。鄭氏曰：康叔之封爵稱侯，今曰伯者，時爲州伯也。」

《漢·藝文志》：「《周書》七十一篇。劉向云：『周時誥誓號令，蓋孔子所論百篇之餘。』」《隋》、《唐志》繫之《汲冢》，然汲冢得竹簡書在晉咸寧[一]五年，而兩漢已有《周書》矣。[二]太史公引《克殷》、《度邑》，[三]鄭康成注《周禮·秋官·大行人》云「《周書·王會》備焉」，注《儀禮·鄉射禮》云「《周書·王會》『北唐以閭』」，許叔重《説文·羽部》「翰」字引《逸周書》「大翰若翬雉」，[四]又《豕部》「貗」字引「貗有爪而不敢以撅」，[五]馬融注《論語》「鑽燧改火」引《周書·月令》，[六]皆在漢世。杜元凱解《左傳》時，《汲冢書》未出也。[七]「千里百縣」，哀公二年。「轡之柔矣」，襄公二十六年。皆以《周書》爲據，則此書非始出於汲冢也。按《晉·束晳傳》，太康二年，汲郡得竹書七十五篇，其目不言《周書》。【原注】《紀》云咸寧五年，《左傳後序》云太康元年，當考。《左傳》杜預《春秋傳後序》

正義引王隱《晉書》云：「《竹書》七十五卷，六十八卷有名題，七卷不可名題。」其目録亦無《周書》。然則繫《周書》於《汲冢》，其誤明矣。

〔一〕晉武帝年號。

〔二〕【何云】此條實佳，然何與經事？當入考史。

〔三〕案《史記·周本紀》武王射紂事，本《周書·克殷解》；望商邑不寐事，本《周書·度邑解》。

〔四〕今本《王會》作「文翰者若皋雉」。

〔五〕今本《周祝解》「爪」作「蚤」。

〔六〕原缺，今本補。

〔七〕杜注已成，而《汲冢書》始出，詳自撰《左傳後序》。

【閻按】王氏云「當考」，余因徧考同①一《束晳傳》，王隱撰者曰太康元年，房喬修者曰太康二年，互異已如此。當以當日目擊者之言爲據。《晉武帝紀》本《起居注》，杜預爲《左傳後序》，皆其所目擊者也。冢蓋發於咸寧五年冬十月，官輒聞知。明年，太康改元，三月，吴平，預始得知。又二年，始見其書，故序曰：「初藏在秘府，余晚獲見之。」此與情事頗得。

【元圻案】《晉書·束晳傳》：「晳字廣微，漢疏廣之後。王莽末，廣曾孫孟達避難，因去『疏』

---

①「同」，原本無，據三箋本補。

之『足』，遂改姓焉。初，太康二年，汲郡人不準盜發魏襄王墓，或言安釐王冢，得竹書數十車。其《紀年》十三篇，記夏以來至周幽王爲犬戎所滅，以事接之，三家分，仍述魏事至安釐王之二十年。蓋魏國之史書。其《易經》二篇，與《周易》上下經同。《易繇陰陽卦》二篇，與《周易》略同，《繇辭》則異。《卦下易經》一篇，似《説卦》而異。《公孫段》二篇，公孫段與邵陟論《易》。《國語》三篇，言楚、晉事。《名》三篇，似《禮記》，又似《爾雅》、《論語》。《師春》一篇，書《左傳》諸卜筮，『師春』似是造書者姓名也。《瑣語》十一篇，諸國卜夢妖怪相書也。《梁丘藏》一篇，先敍魏之世數，次言丘藏金玉事。《繳書》二篇，論弋射法。《生封》[二]（一）篇，帝王所封。《大曆》二篇，鄒子談天類也。《穆天子傳》五篇，言周穆王遊行四海，見帝臺、西王母。《圖詩》一篇，畫贊之屬也。又雜書十九篇：《周食田法》、《周書》、《論楚事》、《周穆王美人盛姬死事》。大凡七十五篇，七篇簡書折壞，不識名題。暫在著作，得觀竹書，隨疑分釋，皆有義證。」◎杜預《春秋傳後序》曰：「太康元年，吴寇始平，余自江陵還襄陽，解甲休兵，乃申抒舊意，修成《春秋釋例》及《經傳集解》訖。會汲郡汲縣有發其界内舊冢者，大得古書，皆簡編科斗文字，藏在秘府。余晚得見之，所記大凡七十五卷，多雜碎怪妄，不可訓知。《周易》及《紀年》最爲分曉。」◎王氏此條，本李巽巖《逸周書考》。

《書大傳·禹貢》載四海、河江、五湖、鉅野、鉅定、濟中、孟諸、隆谷、大都[一]之貢物，此禹時也。《周書·王會》載伊尹爲四方獻令，此湯時也。《王會》載八方會同，各以其職來獻。自稷慎以下，其贄物二十一；[二]自義渠以下，其贄物二十；[三]自高夷以下，其贄物十四；[四]自權扶以下，其贄物九，[五]此成王時也。愚謂《旅獒》之訓曰：「畢獻方物，惟服食器用珍異之貢。」恐非三代之制。

[一]案康成注：「隆」讀如「厖降」之「降」，或作函谷，今河南穀城西關山也。大都，明都。

[二]孔晁注：「稷慎，肅慎也。」

[三]注：「義渠，西戎國。」

[四]注：「高夷，東北夷，高句驪。」

[五]注：「權扶，南蠻也。」

《王會》曰：「堂下之右，唐公、虞公南面立焉。堂下之左，殷公、夏公立焉。」唐公、虞公，《樂記》所謂祝陳也。殷公、夏公，《樂記》所謂杞宋也。然則《郊特牲》云「尊賢不過①二代」，其説非矣。

【方樸山云】先儒謂三恪不如二王之後，故《郊特牲》云。

①「過」，原本作「及」，據元刊本改。《郊特牲》原文正作「過」。

【元圻案】《郊特牲》鄭注云：「二或爲三。」正義曰：「案《異義》：『《公羊》説，存二王之後，所以通夫三統之義；《左氏》説，周家封夏、殷二王之後，以爲上公，封黄帝、堯、舜之後，謂之三恪。』鄭云：『二王之後，命使郊天，祭其始祖。受命之王，自行其正朔服色。』」

《周書·史記篇》「穆王召左史戎夫，取遂事之要戒」，[一]言皮氏、華氏、夏后、殷商、有虞氏、平林、質沙、三苗、扈氏、義渠、平州、林氏、曲集、有巢、有鄶、共工、上衡氏、南氏、有果氏、畢程氏、陽氏、穀平、阪泉、縣宗、玄都、西夏、績陽、有洛之亡。【原注】國名多傳記所未見。

[一] 案孔晁注：「戎夫，左史名；遂，成也。集取要戒之言。」

【元圻案】《竹書紀年》：「帝不降三十五年，殷滅皮氏。」◎《路史·國名紀》：「華氏，《六韜》作（辛）〔莘〕氏。」又按《九域志》，平林在隨縣東北，即《詩》「會伐平林」，《後漢》「平林盜起」。又質沙，帝魁所伐，《世本》之夙沙也。後有夙氏、夙沙氏、宿沙氏。◎《紀年》：「武乙三十年，周師伐義渠，乃獲其君以歸。」◎《路史·國名紀》：「義渠。春秋之義渠戎，秦昭滅之，爲北地。今慶州。」「平州。《盟會圖疏》：平州在汾州介休西。」「有林。《六韜》：林氏國出《騶經》，與葛鼠近。預云中牟林亭，非。」「曲集。今符陽郡有集，云萬山所集。《六韜》作西譙，州氏伐之。」◎《路史·前紀》「有巢」注云：「或以爲夏、商之間，特起於一方者，蓋上古有巢氏之後。」「有鄶，考之《潛夫論》，即祝融後也。今鄶城。《六韜》曰會氏。」①南氏，《世本》有男氏，《潛夫論》作南，《周書》之有南也。有果，今果州。畢程，《長安志》引《孟子》「文王卒於畢程」，《吕覽》十八「武王常窮於畢程」。陽氏，夫國以陽名者多矣，如陝有上陽、下陽，晉、魯、鄧、越皆有東陽、南陽，難可悉數。穀平，一作平氏。阪泉，姜姓，其後蚩尤强霸，今懷戎涿鹿城東一里阪泉是。縣宗，《六韜》作懸原。◎《紀年》：「帝舜四十年，玄都氏來朝，獻寶玉。」◎《路史·國名紀》：「玄都，少昊氏。《諸侯外傳》云：玄都氏，黎國，或謂重黎，非也。」西夏，今鄂，故大夏有夏水、漢水也。

《周書·大聚篇》：「若冬日之陽，夏日之陰，不召而民自來。」亦見《文子·精誠篇》。張文潛《代范樞密祭司馬公文》「冬陽夏冰，赴者争先」，蓋本於此。

【閻按】《淮南·主術訓》亦云：「冬日之陽，夏日之陰，萬物歸之，而莫使之然。」

《周書·謚法》：「惟三月既生魄，周公旦、太師望相嗣王發，既賦憲，受臚於牧之野。將葬，乃制作謚。」今所傳《周書》云：「維周公旦、太公望開嗣王業，建功於牧之野。終葬，乃制謚。」與《六家謚法》所載不同。【原注】蓋今本缺誤。《文心雕龍》云「賦憲之

① 「有鄶」云云，見《路史·國名紀》。

謚」，出於此。◎呂成公《策問》：「旦以文名，奭以康名，閎夭以尊顯。」閎夭謚當考。

【元圻案】《玉海》五十四：「《編定六家謚法》二十卷，判太常范鎮、同判寺周沆等撰。取周公《春秋廣謚》、沈約、賀琛及扈蒙六家，別其同異，去其重複，刊謬補缺，集爲一書。」◎呂成公《策問》，今本集不載。

《文心雕龍·銘箴篇》：「夏、商二《箴》，餘句頗存。」《夏箴》見《周書·文傳》，《商箴》見《呂氏春秋·名類篇》。

【集證】按《文傳》引《夏箴》曰：「中不容利，民乃外次。」又：「小人無兼年之食，遇天饑，妻子非其有也。大夫無兼年之食，遇天饑，臣妾輿馬非其有也。」◎《名類篇》引《商箴》曰：「天降災布祥，并有其職。」

【元圻案】盧氏文弨曰：「《御覽》三十五引『小人無兼年之食』數語，作《夏歸藏》，誤。《墨子·七患篇》引《周書》曰『國無三年之食者，國非其國也；家無三年之食者，子非其子也。』胡廣《百官箴敍》曰『墨子著書，稱《夏箴》之辭』，即謂此也。」◎《呂覽》十三，二曰《名類》。舊注云：「一作《應同》。」畢氏校本曰：「《名類》乃卷二十《召類》之訛，今即以《應同》名篇。」

《周書·小開武篇》：周公曰：「在我文考，順道九紀：一辰以紀日，二宿以紀月，三日以紀德，四月以紀刑，五春以紀生，六夏以紀長，七秋以紀殺，八冬以紀藏，九歲以紀終。」「九紀」與《洪範》「五紀」相表裏。《文選》任彦昇《宣德皇后令》曰：「不改參辰而九星仰止。」注引《周書》：「王曰：『余不知九星之光。』周公曰：『星、辰、日、月、四時、歲，是謂九星。』」九星即九紀也。

【元圻案】《小開武篇》曰：「在我文考，順明三極。」又曰：「三極：一維天九星，二維地九州，三維人四（左）〔佐〕。」孔晁注：「九星，四方及五星也。」是本篇之「九星」、「九紀」當有分別。盧氏文弨曰：「《文選》三十六所云乃『九紀』也。孔以經緯釋『九星』，甚當。」

任章引《周書》曰：「將欲敗之，必姑輔之；將欲取之，必姑與之。」【原注】《戰國策》。蕭何引《周書》曰：「天與不取，反受其咎。」見《漢書》本傳。此豈蘇秦所讀《周書·陰符》者歟？[一]老氏之言，范蠡、張良之謀，皆出於此。【原注】朱子曰：「老子爲柱下史，故見此書。」

[一]【閻按】《戰國策》、《太公陰符》之謀。

【閻按】《蘇秦傳》引《周書》曰：「綿綿不絶，蔓蔓奈何。毫釐不伐，將用斧柯。前慮不定，後有大患，將奈之何。」其真出《陰符》可知。

【元圻案】《道德經·微明章》：「將欲翕之，必固張之；將欲弱之，必固强之；將欲廢之，必固興之；將欲奪之，必固與之。」◎《史記·越王勾踐世家》：「吴王請成，勾踐欲許之。范蠡曰：

『會稽之事，天以越賜吳，吳不取。今天以吳賜越，越其可逆天乎？且夫天與不取，反受其咎。「伐柯者其則不遠」，君亡會稽之厄乎？』」◎《史記・項羽本紀》：「項王乃與漢約，中分天下，項王引兵解而東歸。漢欲西歸，張良、陳平説曰：『漢有天下太半，而諸侯皆附之。楚兵罷食盡，此天亡楚之時也，不如因其機而遂取之。今釋而弗擊，此所謂「養虎自遺患」也。』」

《三墳》書無傳，宓犧唯《易》存，而商高所云「周天曆度」，【原注】《周髀》。《管子》所云「造六峜以迎陰陽」者，不復見。【原注】《管子・輕重戊篇》：「虙戲作①，造六峜以迎陰陽，作九九之數以合天道，而天下化之。周人之王，循六峜，行陰陽。」「峜」字未詳。許行爲神農之言，晁錯述神農之教，列子稱黄帝之書，陰陽五行、兵法醫方，皆托之農、黄，而大道隱矣。今有山、氣、形之書，謂之《連山》、《歸藏》、《坤乾》，元豐中毛漸得之西京。或云：「張天覺得之比陽民家，非古也。」【原注】《列子》引《黄帝書》，即《老子・谷神不死章》。

【閻按】王元美云：「峜，當讀如計，以『企』有『跂』音也。」辛文子號計研，漢碑作「峜研」，亦可證。

【元圻案】《周髀》曰：「昔者周公問於商高，曰：『古者包犧立周天曆度，夫天不可階而升，

---

①「作」，原本無，據元刊本補。《管子》原書有「作」字。

地不可尺寸而度，請問數安從出？』商高曰：『數之法出於圓方。圓出於方，方出於矩，矩出於九九八十一。故折矩以爲句廣三，股修四，徑隅五。既方之外，半其一矩，環而共盤，得成三四五。兩矩共長二十有五，是謂積矩。故禹之所以治天下者，此數之所生也。』」◎《漢書·食貨志》鼂錯上疏引《神農之教》曰：「有石城十仞，湯池百步，帶甲百萬而無粟，弗能守也。」◎《列子·天瑞篇》：「《黄帝書》曰：『谷神不死，是謂玄牝。玄牝之門，是謂天地之根。綿綿若存，用之不勤。』」（篇）①「《黄帝書》曰：『形動不生，形而生影；聲動不生，聲而生響；無動不生，無而生有。』」◎《漢書·藝文志》「陰陽家」：「《黄帝泰素》二十篇。」師古曰：「劉向《别録》云：或言韓諸公子之所作也。言陰陽五行，以爲黄帝之道也，故曰《泰素》。」「兵陰陽家」：「《神農兵法》一篇，《黄帝》十六篇，圖三卷。」「五行家」：「《黄帝陰陽》二十五卷，《神農大幽五行》二十七卷。」「醫家」：「《黄帝内經》十八卷，《外經》三十九卷。」「經方家」：「《神農黄帝食禁》七卷。」◎《玉海》三十七：「《中興書目》：《三墳》之目，見於孔序，《漢志》不載。元豐中，毛漸奉使西京，得之。其書以山、氣、形爲别，山墳謂之《連山》，氣墳《歸藏》，形墳《坤乾》，與先儒言三《易》異。」◎鼂氏《讀書志》曰：「《古三墳書》。張天覺言得之於比陽民家，《墳》皆古文，而傳乃隸書。《七略》、《隋志》皆無之。世以爲張天覺僞撰。」◎程子曰：「孔子討論《墳》、《典》，斷自唐、

---

① 原本作「□□篇」，「篇」上二字刮去，因下引文亦屬《天瑞篇》，而「篇」字誤留。

虞以下。使誠有所謂羲、農之書，乃後世稱述當時之事，失其義理，如許行所謂《神農之言》，及陰陽、醫方稱黄帝之説爾。」◎《隋書·經籍志》「天文家」：「《周髀》一卷，趙嬰注。又一卷，甄鸞重述。《周髀圖》一卷。」◎《四庫全書總目·子部·天文算法類》：「《周髀算經》二卷。是書内稱周髀長八尺，夏至之日晷一尺六寸。蓋髀者，股也，於周地立八尺之表，以爲股，其影爲勾，故曰《周髀》。其首章周公與商高問答，實勾股之鼻祖。」◎鄭漁仲曰：「三皇太古書，亦謂之《三墳》，一曰《山墳》，二曰《氣墳》，三曰《形墳》。天皇伏犧氏本《山墳》而作《易》，曰《連山》；人皇神農氏本《氣墳》而作《易》，曰《歸藏》；地皇黄帝氏本《形墳》而作《易》，曰《坤乾》。」

「有言遜於汝志」①，《艮》之「不拯其隨」也。「惟學遜志」②，《謙》之「卑以自牧」也。遜一也，而善惡異。君體剛而用柔，臣體柔而用剛。君不遜志，則爲唐德宗之强明；臣而遜言，則爲梁丘據之苟同。

【元圻案】《洪範》「高明柔克」，孔傳曰：「喻臣當執剛以正君，君亦當執柔以納臣。」◎《唐書·德宗紀》：「贊曰：德宗猜忌刻薄，以强明自任，恥見屈於正論，而忘受欺於姦諛。」

① 《書·太甲》。
② 《書·説命下》。

「周人乘黎，祖伊恐。」[一]商受能如《震》上六之「畏鄰戒」，則无咎矣。蜀漢之亡也，吴華覈詣宫門上表曰：「成都不守，社稷傾覆，臣以草芥，竊懷不寧。陛下至仁，必垂哀悼，臣不勝忡悵之情，謹拜表以聞。」吁！華覈亦吴之祖伊歟？

[一]案，此《西伯戡黎序》文。

【元圻案】《三國志·吴·華覈傳》：「覈字永光，吴郡武進人也。以文學入爲秘府郎，遷中書丞。蜀爲魏所并，覈詣宫門發表曰：『間聞陸抗表至，成都不守，臣主播越，社稷傾覆。昔衛爲翟所滅，而桓公存之。今道里長遠，不可救振，臣以草芥，竊懷不寧』云云。」

學古入官，然後能議事以制。伯夷以禮折民，見《吕刑》。漢儒以《春秋》決獄。[二]子産曰：「學而後入政，未聞以政學者也。」見襄公三十一年《左傳》。荀卿始爲「法後王」之説，李斯師之，謂「諸生不師今而學古」。太史公亦惑於流俗之見，《六國表》云：「傳曰『法後王』，何也？以其近己而俗變相類，議卑而易行也。」文帝謂「卑之無甚高論」，宣帝謂「俗儒好是古非今」，秦既亡，而李斯之言猶行也。孟子曰：「爲政不因先王之道，可謂智乎？」

［一一］注詳第六卷①。

【閻按】嘗謂三代以下之天下，非孟子治之，乃荀卿治之。何則？孟子法先王，荀卿法後王，只觀《文獻通考序》，發端便引《荀子》曰：「欲觀聖王之迹，則於其粲然者矣，後王是也。」明太祖序其《大誥》，亦曰：「俗儒多是古非今，姦吏常舞文弄法。」滔滔者豈非皆李斯之徒也乎！

【元圻案】《荀子·非相篇》曰：「文久而息，節族久而絶，守法數之有司極禮而褫。故曰：欲觀聖王之迹，則於其粲然者矣，後王是也。彼後王者，天下之君也；舍後王而道上古，譬之是猶舍己之君而事人之君也。」◎《史記·李斯列傳》：「斯，楚上蔡人。從荀卿學帝王之術。秦并天下，以斯爲丞相。上書曰：『古者天下散亂，莫能相一，是以諸侯並作，語皆道古以害今，飾虚言以亂實，人善其所私學，以非上所建立。臣請諸有文學百家語者，蠲除去之。』始皇可其議，收去《詩》、《書》、百家之語以愚百姓，使天下無以古非今。」◎又《張釋之列傳》：「釋之補謁者，朝畢，因首言便宜事。帝曰：『卑之無甚高論，令今可施行也。』釋之言秦漢之間事，秦所以失而漢所以興者。文帝稱善。」◎《漢書·元帝紀》：「帝爲太子，柔仁好儒。宣帝曰：『漢家自有制度，本以霸王道雜之。且俗儒不達時務，好是古非今，使人眩於名實，何足委任？』」◎劉原父《草進唐書遷秩制》亦云：「古之爲國者，法後王，爲其近於己，制度文物可觀故也。」

① 見卷六「董仲舒春秋決獄」條注(頁七五四)。

舜之「克艱」①，文之「無逸」②，心也。後之勤政者，事爲而已。

「勿以憸人」，《立政》之戒也。《爻辭》周公所作，《師》之「上六」、《既濟》之「九三」，皆曰「小人勿用」。

《左氏傳》引《商書》曰：「沈漸③剛克，高明柔克。」文公五年。《洪範》言「惟十有三祀」，箕子不忘商也，故謂之《商書》。陶淵明於義熙後，但書甲子，亦箕子之志也。陳咸用漢臘亦然。

【元圻案】《洪範》孔傳：「商曰祀，箕子稱祀，不忘本。」正義曰：「『商曰祀，周曰年』，《釋天》文，此《周書》也。《泰誓》稱『年』，此獨稱『祀』，故解之『箕子稱祀，不忘本也』。此篇箕子所作，箕子商人，故傳記引此篇者皆云《商書》。」◎《南史·隱逸傳》：「陶潛，字淵明，或云字深明，名元亮。尋陽柴桑人，晉大司馬侃之曾孫也。弱年薄宦，不絜去就之迹。自以曾祖晉世宰輔，恥

①《書·大禹謨》。
②《書·無逸》。
③「漸」，原本作「潛」，據元刊本改。《左傳》正作「漸」。

復屈身後代。自宋武帝王業漸隆，不復肯仕。所著文章皆題其年月，義熙以前明書晉代年號，自永初以來，唯云甲子而已。」◎《後漢書·陳寵傳》：「寵，曾祖咸，成、哀間爲尚書。莽篡位，召咸爲掌寇大夫，謝病不肯應。三子參、豐、欽，皆在位，乃悉令解官歸。閉門不出入，猶用漢家祖臘。人問其故，曰：『我先人豈知王氏臘乎？』」

「既獲仁人」①，武所以克商也。「養民以致賢人」，興漢在於一言；「延攬英雄，務悦民心」，復漢在於一言。

【元圻案】《漢書·蕭何傳》：「漢王謀攻項羽，何諫曰：『夫能詘於一人之下，而信於萬乘之上者，湯、武是也。臣願大王王漢中，養其民以致賢人，收用巴蜀，還定三秦，天下可圖也。』」◎《後漢書·鄧禹傳》：「光武安集河北，禹進説曰：『於今之計，莫如延攬英雄，務悦民心，立高祖之業，救萬民之命，以公而慮，天下不足定也。』」

張文饒曰：「堯之曆象，蓋天法也；舜之璣衡，渾天法也。」

【何云】此説恐是臆斷。

① 《書·武成》。

【集證】按王氏《六經天文編》卷上引張氏曰：「蓋天之法，如繪像止得其半；渾天之法，如塑像能得其全。堯之曆象日星，蓋天法也，舜之璿璣玉衡，渾天法也。渾法密於蓋天，創意者尚略，述作者愈詳也。」

李仁父《宰相年表序》曰：「孔氏序三代之書，其稱相者，獨伊尹、伊陟、傅説、周公、召公、畢公六人耳。」

【閻按】《書序》傅説無「相」字，孔傳有之耳。

【元圻案】錢氏大昕曰：「李燾，字仁甫，有《歷代宰相年表》三十三卷、《尚書百篇圖》一卷。」

「爾尚蓋前人之愆，惟忠惟孝」①，若沈勁之於充，張嵊之於稷，李湛之於義府，可謂能蓋愆矣。

【全云】孫則若李敬（義）〔業〕之於勣。

【元圻案】真西山《論語集編》「父在觀其志章」：「沈充，叛臣也，其子勁以死節著。李義府，姦臣也，其子湛以忠義聞。若勁與湛，可謂能蓋其父之愆矣。」◎《晉書·沈充傳》：「充知

①《書·祭仲之命》。

王敦有不臣之心，因進邪説，遂相朋構。及敗歸吴興，誤入其故將吴儒家，儒遂殺之。」充子勁，見《忠義傳》：「勁以五百人守洛陽，爲慕容恪所執，遂遇害。」◎《梁書·張稷傳》：「時東昏淫虐，義師圍城已久。稷乃使直（閣）〔閤〕張齊害東昏於含德殿。遣范雲、裴長穆等使石頭城詣高祖，以功封江安縣侯。」子嵊別傳：「嵊爲吴興太守。侯景圍京城。賊行臺劉神茂遣使説嵊降，嵊斬其使。爲神茂所敗，執以送景，刑之於都市。賊平，謚曰忠貞子。」◎《唐書·李義府傳》：「武昭儀方有寵，上欲立爲后，畏宰相議，未有以發。義府叩閤上表，請廢后立昭儀。帝悦，召見。武后立，進爵爲侯。後流巂州，以憤恚死。子湛，誅二張，統禁兵。后顧謂曰：『我待爾父子不薄，亦預是耶！』」

刑止於五，而《秋官·條狼氏》「誓馭曰車轘」。〔一〕此春秋時嘗有之，〔二〕至秦用之，豈成周之法哉！

〔一〕鄭注：杜子春曰：「條，當讀爲滌除之滌。」

〔二〕【何云】春秋時周禮未改，愈可徵《周官》非僞書。但非常重典，故不在五刑之内，惟弑逆之賊乃偶一用之耳。

「烹魚煩則碎，治民煩則亂」，〔一〕故以「叢脞」①爲戒。器久不用則蠹，政不常修則壞，〔二〕故以「屢省」②爲戒。多事非也，不事事亦非也。

〔一〕此《毛詩》「誰能烹魚」傳文，「亂」作「散」。

〔二〕【集證】東坡曰：「器久不用而蟲生之，謂之蠱。天下久安無爲而弊生之，謂之蠱。」

「皋陶曰『殺之』三，堯曰『宥之』三。」蘇氏雖以意言之，考之《書》：「明於五刑，以弼五教」③，皋陶所執之法也；「與其殺不辜，寧失不經」④，舜所操之權也。皋陶執法於下，而舜以其權濟於上，劉頌所謂「君臣之分，各有所司」。《王制》曰：「王三又然後制刑。」【原注】「又」與「宥」同。則蘇氏之言，亦有所本。

【元圻案】陸放翁《老學庵筆記》：「東坡省試《刑賞忠厚之至論》，有云：『皋陶爲士，將殺人，皋陶曰「殺之」三，堯曰「宥之」三。』梅聖俞爲小試官，得之以示歐陽公。公曰：『此出何書？』聖俞曰：『何須出處？』公以爲皆偶忘之，然亦大稱賞。及揭榜，見東坡姓名，曰：『此郎必

---

①《書・益稷》。

②《書・益稷》。

③《書・皋陶謨》。

④《書・皋陶謨》。

有所據。』及謁謝，首問之。東坡曰：『何須出處？』與聖俞語合。公賞其豪邁，太息不已。」◎《晉書·劉頌傳》：「頌字子雅，廣陵人。」又《刑法志》：「頌爲三公尚書，上疏曰：『君臣之分，各有所司。法欲必奉，故令主者平文；理有窮塞，故使大臣釋滯；事有時宜，故人主制權。』」

「格於皇天」①，「格其非心」②，皆誠意感通而極其至。事君如事天。

「玩物喪志」③，志爲物所役也。李文饒《通犀帶賦》曰：「美服珍玩，近於禍機。虞公滅而垂棘返，[一]壯武殘而龍劍飛。先(后)〔哲〕④所以聞義則服，防患則微。經侯⑤委珮而去，[二]宣子辭環以歸。」[三]此可以爲玩物之戒。

---

①《書·君奭》。

②《書·冏命》。

③《書·旅獒》。

④據元刊本改。

⑤「經侯」，原本作「昭侯」。按閻若璩校本即作「昭侯」，並有校語云「昭侯，元板作經侯」，顯爲閻氏以意改換。而翁氏遂沿閻本，並於小注中云「事見定公四年《左傳》」，是以爲蔡昭侯事，大誤。按「經侯委珮」事見《説苑》卷二十：經侯帶環珮劍玉見魏太子，自炫其寶，魏太子則以賢人爲國之寶，經侯遂默然，解珮玉而去。李德裕《一品集·通犀帶賦》原文正作「經侯」。今據元刊本改回。

［一］事見僖公二年、五年《左傳》。

［二］事見定公四年《左傳》。

［三］事見昭公十六年《左傳》。

【元圻案】《穀梁》僖公二年《傳》曰：「獻公亡虢五年而後舉虞，荀息牽馬操璧而前曰：『璧則猶是也，而馬齒加長矣。』」◎晉雷次宗《豫章記》曰：「吴未亡，恒有紫氣見牛斗之間。張華聞雷孔章妙達緯象，乃要宿，屏人問。孔章具言精在豫章豐城。遂以孔章爲豐城令，至縣，掘得玉匣，長八尺，開之，得二劍。孔章乃留其一，匣而進之。後張華遇害，此劍飛入襄城水中。」《文選》注引臧榮緒《晉書》曰：「張華封壯武郡公，遷司空，爲趙王倫所害。」

「好問則裕」①，謂聞見廣而德有餘也。《中庸》曰：「舜好問。」「博學之」，必「審問之」②；「學以聚之」，必「問以辨之」③；「敏而好學」，必「不恥下問」④。老子亦云：「知而好問者聖，勇而好問者勝。」

①《書·仲虺之誥》。

②《禮記·中庸》。

③《易·乾》。

④《論語·公冶長》。

【閻按】問曰「切問」，曰「審問」，曰「下問」，曰「亟問」，曰「無宿問」。◎余嘗集陶弘景、皇甫謐爲柱聯曰：「一事不知，以爲深恥；遭人而問，少有寧日。」亦可見其志云。

【元圻案】老子語見《文子·自然篇》。◎《荀子·大略篇》：「無留善，無宿問。」

舜咨十二牧，終於「難任人」①；命九官，終於「堲讒説」②。孔子答爲邦之問，終於「遠佞人」③，一也。

南豐序《南齊書》曰：「唐、虞爲二《典》者，所記豈獨其迹邪，并與其深微之意而傳之。」又曰：「方是時，豈特任政者皆天下之士哉，蓋執簡操筆而隨者，亦皆聖人之徒也。」[一]後山[二]《黄樓銘序》云：「昔之詩人，歌其政事，則并其道德而傳之。」朱文公《詩·破斧》傳云：「當是之時，雖披堅執鋭之人，亦皆能以周公之心爲心，而不自爲一身一家之計，蓋亦莫非聖人之徒也。」皆用南豐文法。

---

①《書·舜典》。
②俱見《書·舜典》。
③《論語·衛靈公》。

〔一一〕案子固説，林氏《尚書全解》引之，謂「曾舍人此言可謂善觀二《典》矣」。

〔一二〕【閻按】後山，陳師道號。

【元圻案】《陳後山集》十七《黄樓銘序》曰：「熙寧十年，河決澶州，彭城當其衝，守臣蘇某築二防於南門之外，以安危疑。明年元豐正月，制誥諭意臣某，乃作黄樓於東門，具刻明詔，使其客陳師道以爲之銘。師道伏惟吕尚、南仲，內撫百姓，外平諸侯，詩美文武；尹吉甫、召虎南伐淮夷，北伐玁狁，功歌宣王。君能使人以盡其才，臣能有功以報其上，古之義也。又惟感而通之者道也，行而化之者德也，制法明教者政也，治人成功者事也。昔之詩人，歌其政事，則并其道德而傳之。後王有作，可舉而行。顧臣之愚，何與於此。」◎後山門人魏衍爲《後山集記》曰：「先生諱師道，字履常，一字無已。彭城人。年十六，謁南豐先生曾公鞏，曾大器之，遂業於門。元祐初，蘇公軾與侍從列薦，乃官之。元符三年，除秘書省正字。」

虞之《賡歌》，夏《五子之歌》，此《三百篇》之權輿也。《洪範》「無偏無陂」至「歸其有極」，蔡氏《書集傳》謂此章蓋《詩》之體，使人吟咏而得其情性，與《周禮》「太師教以六詩」同一機。《伊訓》以「三風十愆」訓太甲，自「聖謨洋洋」而下，亦叶其音，蓋欲日誦是訓，如衛武公之《抑》戒也。故曰：「《詩》可以興。」

【元圻案】林氏《尚書全解》：「《詩大序》曰：『治世之音安以樂，亂世之音怨以怒，亡國之音哀以思。』雖其詳見於《三百篇》，原其所由起，實本於虞、夏之世。舜與皋陶《賡歌》，言『元首股肱』，資以成治，其言『安以樂』，蓋所謂治世之音也。太康失邦，五子述大禹之戒以作歌，其言『怨以怒』，蓋所謂亂世之音也。此二聲歌雖載於《書》，實《詩》之淵源也。」

「擊石拊石，百獸率舞」，凡兩言之①，或謂脱簡重出。[一]《東觀漢記》王阜爲重泉令，鸞鳥集學宮，[二]阜擊磬而舞，況舜樂所感乎？

[一]案林少穎曰：「薛氏、劉氏皆以爲《益稷》脱簡重出。」

[二]【閻按】東漢有「學宮」字，此其一。

【全云】「《東觀漢記》」以下疑另爲一條。

【方樸山云】《舜典》「夔曰」數語，斷非脱重，蓋匪自言其功，乃自任其事也。必若有疑，寧疑《益稷篇》，不當疑《舜典》，以《益稷篇》上文已有「夔曰」，不應重贅「夔曰」也。然總非脱誤，宋人以後人文法律古人，故云爾。

【元圻案】劉原父《七經小傳》上謂：「《舜典》之末衍一簡也，何以知之？方舜之命二十二人，莫不讓者，惟夔、龍爲否，則亦已矣，又自贊其能，夔必不爲也。且爾時始命典樂，不應遂已有

① 分見《書》之《舜典》及《益稷》二篇。

『百獸率舞』之事，是今日適越而昔至也。」◎《東觀漢記·列傳十三》：「王阜，字世公。蜀郡人。補重泉令，吏民向化，鸞集於學宫。阜使五官掾長沙疊爲張雅樂，擊磬，鳥舉足垂翼，應聲而舞，翾翔復上縣庭屋，十餘日乃去。」◎《四庫全書簡明目録·別史類》：「《東觀漢記》二十四卷。是書於漢明帝創修後，遞有增續，至熹平中乃成書。《隋志》題劉珍撰，蓋失其實。原本一百四十三卷，久已散佚。今以《永樂大典》所載補葺，勒爲二十四卷。」◎常璩《華陽國志·序(意)〔志〕》曰：「德政：益州太守王阜，字世公，成都人。」

湯之《誥》曰：「惟皇上帝，降衷於下民。」武之《誓》曰：「惟人萬物之靈。」劉子所謂「天地之中」①，子思所謂「天命之謂性」，孟子所謂「性善」，淵源遠矣。

【全云】「靈」字稍淺。

《文侯之命》「其歸視爾師，寧爾邦」，此《覲禮》所謂「伯父無事，歸寧乃邦」，古者待諸侯之禮如此。平王能存西周禮文之舊，而不能雪君父之讎恥，豈知禮之本乎？

【元圻案】《儀禮·覲禮》：「擯者謁諸天子，天子辭於侯氏，曰：『伯父無事，歸寧乃邦。』侯

---

① 見《左傳》成十三年。

氏再拜稽首，出，自屏南適門西。」◎《史記·周本紀》：「幽王嬖褒姒，生子伯服，幽王欲廢太子。太子母申侯女，申侯怒，與繒、西犬戎攻幽王，遂殺幽王。於是諸侯乃即申侯而共立故太子宜臼，是爲平王。」◎《東萊書說》曰：「嗚呼，周之所以終於東周者，蓋於此章見之。平王東遷之初，大仇未報，王略未復，正君臣坐薪嘗膽之時也。奔亡之餘，僅得苟安，乃君臣釋然，遽自以爲足，曰『父義和，其歸視爾師，寧爾邦』，兵已罷矣；曰『用賚爾秬鬯、彤弓』，功已報矣；曰『柔遠能邇，康惠小民』，教之平世之政，軍旅不復講矣；曰『簡恤爾都，用成爾顯德』，勉之以本邦之治，王室無復事矣。嗚呼，周之君臣如此，周其終於東乎！」

「洪舒於民」①，古文作「洪荼」。薛氏季宣《書古文訓》曰：「大爲民荼毒也。」

【元圻案】《禮記·玉藻》：「天子搢珽方正於天下也。諸侯荼，前詘後直，讓於天子也。」鄭注：「荼，讀如『舒遲』之『舒』。」《荀子·大略篇》「諸侯御荼」，楊倞注：「荼，古舒字。」《史記·建元以來侯者年表》「荆荼是懲」，《索隱》曰：「荼音舒。」又《儒林傳》「董仲舒弟子呂步舒」，徐廣曰：「舒，一作荼，亦音舒。」是荼與舒通。王氏存薛說，蓋以廣異義耳。

①《書·多方》。

「宅西曰昧谷」①，虞翻謂當爲「柳谷」。【原注】《周禮》注：「度西曰柳穀。」○見《天官·縫人》。魏明帝時，張掖柳谷口水溢涌，寶石負圖，即其地也。

【閻按】《隋·地理志》「張掖郡張掖縣」注曰：「有大柳谷，今爲甘州衛。」

【元圻案】虞翻説見本卷正文②。◎《三國志·魏明帝紀》青龍三年注引《魏氏春秋》曰：「是歲張掖郡刪丹縣金山玄川溢涌，寶石負圖，狀象靈龜。」《搜神記》曰：「魏之初興也，張掖之柳谷，有開石焉。」《漢晉春秋》曰：「氐池縣大柳谷口夜激波涌溢，其聲如雷，曉而有蒼石立水中，長一丈六尺，其文曰『大討曹』。帝惡其『討』也，使鑿去爲『計』，以蒼石窒之。至晉初，其文愈明。」

周之盛也，内諸侯爲伯，爲周、召、畢公之任；周之衰也，外諸侯爲伯，爲齊、晉之霸。三公行二伯之職，以統諸侯，則伯者安得而竊王命？

【元圻案】《曲禮》曰「五官之長曰伯」，鄭注：「五官之長，謂爲三公者。《周禮》『九命作伯』，二伯，分主東西者。」《春秋傳》曰：「自陝以東，周公主之，自陝以西，召公主之。」◎衛

① 《書·堯典》。

② 見本卷「周禮注引書曰」條（頁一五七）。

湜《禮記集説》引吕與叔曰：「唐虞建官，内有百揆四岳，外有州牧侯伯。《王制》所謂『八州』『八伯』，即唐、虞之州牧也。雖周亦謂之牧，大宰所謂『建其牧』，《周官》所謂『六卿分職，以倡九牧』是也。八伯各以其屬屬於天子之老，二人分天下以爲左右，謂之二伯，二伯即唐、虞之四岳也。」愚案：二伯以董正九牧，九牧以董正諸侯，推而至於東夷北狄西戎南蠻，莫不選其賢者以爲之長，而聽命於牧伯焉。大小有序，内外相維，若綱之在綱，若輻之共轂，内憂外患，何從而生哉！

真文忠公曰：「命一也，恃焉而弗修，賊乎天者也；安焉而弗求，樂乎天者也。此聖狂所以異。『我生不有命在天』①，『得之不得曰有命』②，一爲獨夫之言，一爲聖人之言。」

【元圻案】此條皆真西山《送張元顯序》中語。「真文忠公曰」五字，宜移在前。◎真文忠公，名德秀，字景元，更字希元。浦城人。學者稱西山先生。

① 《書·西伯戡黎》。
② 《孟子·萬章上》。

聖王畏天畏民。人有畏心，然後敬心生。謂天不足畏，民不足畏，爲桀、紂、秦、隋。

詹元善[一]曰：「『惟皇上帝，降衷於下民。若有恒性，克綏厥猷惟后。』①此即『天命之謂性。率性之謂道，修道之謂教』②也。人能知此，則知觀書之要，而無穿鑿之患矣。」【原注】吕成公已有此説。

[一]【全云】名體仁，朱子弟子。

【元圻案】成公之説，見《東萊書説》。真氏《大學衍義》取之。◎詹元善，浦城人。少從朱子學。以存誠慎獨爲主。真西山早從之遊，嘗問居官莅民之法，告曰：「盡心則無愧，平心則無偏。」

「治梁及岐」③，若從古注，則雍州山距冀州甚遠，壺口、太原不相涉。晁以道用《水經注》，以爲吕梁、狐岐。

① 見《書·湯誥》。
② 見《禮記·中庸》。
③ 《書·禹貢》。

【閻按】余此仍遵古注，以爲聖經之變例。且梁山與壺口，止隔一河耳，不得謂甚遠。

【元圻案】《禹貢》孔傳：「梁、岐在雍州，從東循山治水而西。」◎《史記·夏本紀》注引鄭康成曰：「梁山在左馮（翼）〔翊〕夏陽。」《詩正義》二引鄭康成曰：「岐山在右扶風美陽西北。」《漢書·地理志》與康成説同。蘇東坡、葉少藴、吕東萊《書説》皆從古注。◎王氏天與《書纂傳》引晁氏曰：「梁山，吕梁也，在今石州離石縣東北。《爾雅》云：『梁山，晉望也。』則是冀州之山。若以爲雍州之梁山，則當爲秦望，而去冀遠矣。《春秋》成五年『梁山崩』，《左氏》、《穀梁》皆以爲晉山，則亦吕梁也。岐山，狐岐山也，在今汾州介休縣。《山海經》云『狐岐之山，勝水所出，流至於汾』，則岐山亦冀州山，若以爲雍州之岐山，則與冀相去絶遠矣。」朱子曰：「晁説爲是。」◎《水經注》三：「河水又左得湳水口，水出西河郡美稷縣，東（北）〔南〕流。湳水又東流，入於河。河水左合一水，出善無縣故城西南八十里。其水西流，歷於吕梁之山，而爲吕梁洪。（其山）昔吕梁未闢，河出孟門之上，蓋大禹所闢以通河也。司馬彪曰：吕梁在離石縣西。至是乃爲河之巨險，即吕梁矣。」◎《水經（注）》四「河水又南出龍門口，汾水從東來注之」，注曰：「昔者，大禹導河積石，疏決梁山，謂斯處也，即《經》所謂龍門矣。《魏土地記》曰：梁山北有龍門山，大禹所鑿，通孟津河口，廣八十步。巖際鐫迹，遺功尚存。」◎《水經注》六：「汾水南與平〔河〕水合，水出平陽縣西壺口山，《尚書》所謂壺口治梁及岐也。其水東逕狐谷亭北，春秋時，狄侵晉取狐廚者也。」又曰：「文水又東南流與勝水合，水西出狐岐之山。」◎《四庫全書總目·史部地理類二》：「《水經注》

四十卷。後魏酈道元撰。道元字善長，范陽人。自晉以來，注《水經》者凡二家。郭璞注三卷，杜佑作《通典》時猶見之。今惟道元所注存。《水經》作者，《唐書》題曰桑欽。然班固嘗引欽説，與此經文異。道元注亦引欽所作《地理志》，不曰《水經》。觀其『涪水』條中，稱廣漢已爲廣魏，則決非漢時；『鍾水』條中稱晉寧仍曰魏寧，則未及晉代。推尋文句，大抵三國時人。今既得道元原序，知並無桑欽之文，則據以削去舊題，亦庶幾闕疑之義云。」

卷三

詩

【元圻案】鄭畊老曰：「《毛詩》三萬九千二百二十四字。」◎晁氏《讀書附志》曰：「《石經毛詩》二十卷，經、注一十四萬六千七百字。」

《經典序録》：「河間人大毛公爲《詩故訓傳》。一云魯人。」【原注】失其名。《初學記》二十一：「荀卿授魯國毛亨，作《詁訓傳》，以授趙國毛萇。時人謂亨爲大毛公，萇爲小毛公。」【原注】大毛公之名唯見於此。正義云：「《儒林傳》：『毛公，趙人。』」不言其名。《後漢書》：「趙人毛萇。」《序録》亦云「名長」。今《後漢書》作「萇」，此小毛公也。程子《明道遺書》曰：「毛萇最得聖賢之意。」

【元圻案】鄭氏《詩譜》曰：「魯人大毛公爲《詩故訓傳》於其家。河間獻王得而獻之，以小毛公爲博士。」◎陸璣《詩草木鳥獸蟲魚疏》曰：「孔子删《詩》授卜商。卜商爲之序，以授魯人曾申，申授魏人李克，克授魯人孟仲子，仲子授根牟子，根牟子授趙人荀卿，卿授魯國毛亨，毛亨作《訓詁傳》，以授趙國毛萇。時人謂亨爲大毛公，萇爲小毛公。」《初學記》之説似本於此。◎《經義考》卷一百《毛氏萇詩傳》下引葉夢得曰：「漢武帝時，《毛詩》始出，自以源流出於子夏。今觀其書，所釋《鴟鴞》與《金縢》合，釋《北山》、《烝民》與《孟子》合，釋《昊天有成命》與《國語》合，釋《碩人》、《清人》、《皇矣》、《黄鳥》與《左氏》合，而序《由庚》六篇與《儀禮》合。當毛公時，《左氏傳》未出，《孟子》、《國語》、《儀禮》未甚行，而毛公之説先與之合，不謂之源流於子夏，可乎？」此説可以釋程子之意。◎《書録解題·類書類》：「《初學記》三十卷。唐集賢院學士長城徐堅元固撰。」

徐整云：「子夏授高行子。」即《詩序》及《孟子》所謂「高子」也。以《絲衣》「繹賓尸」爲「靈星之尸」，以《小弁》爲「小人之詩」，則已失其義矣。趙岐《孟子注》云：「高子，齊人。」【原注】謂「禹之聲尚文王之聲」，亦高子也。

【何云】但通其訓詁，而不辨義理之是非，漢儒之爲《詩》，皆「高子」也。

【全云】何説過矣，程子何以稱毛公哉？

【元圻案】陸德明《經典釋文序録》曰：「徐整云：子夏授高行子，高行子授薛倉子，薛倉子授帛妙子，帛妙子授河間人大毛公。大毛公爲《詩故訓傳》於其家，以授趙人小毛公。」又曰：

「整，字文操，豫章人。吴太常卿。」◎《詩序》：「《絲衣》，繹賓尸也。高子曰：靈星之尸也。」正義曰：「高子者，不知何人。公孫丑稱高子之言以問孟子，則高子與孟子同時。趙岐以爲齊人，此言高子，則彼是也。」◎《李（王）〔黄〕毛詩集解》三十九：李迂仲曰：「《絲衣》之詩，繹祭之樂歌也。高子謂祭靈星。據繹祭行於廟門之外，豈復祭靈星耶？高子與孟子同時。《小弁》，乃孝子之詩也，而高子以爲小人之詩。若高子者，非惟失之於《小弁》，抑亦失之於《絲衣》矣。竊謂靈星之祠，無所經見，惟漢高祖《郊祀志》云『親詔御史，令天下立靈星祠』，注張晏云『龍星左角曰天田，則農祥也，星見而祭之』，高子所謂『靈星之尸』，豈謂此耶？大抵高子之學，失之固陋，其見於《孟子》有二，一則公孫丑所言是也，其二謂『禹之聲尚文王之聲』。」◎余兄静軒先生曰：「《淮南子·主術訓》：『君人之道，其猶靈星之尸也，儼然玄默，而吉祥受福。』蓋本於高子。」◎朱竹垞《經義考》卷一百《書齊魯韓三家詩後》曰：「『定之方中』注，仲梁子曰：『初立楚宫也。』正義：『《鄭志》答張逸問曰：仲梁子魯人，當六國時。』又『維天之命』注，孟仲子曰：『大哉天命之無極，而美周之禮也。』趙岐云：『孟仲子，孟子之從昆弟。』則魯之説《詩》者，不始於浮丘伯也。《絲衣》序：高子曰：『靈星之尸也。』趙岐注《孟子》，以爲齊人，則齊之説《詩》者不始於轅固生也。」

《序録》：「子夏傳曾申，申傳李克。」《讀詩記》[二]引陸璣《草木疏》，以曾申爲申公，以克爲剋，皆誤。

［一二］【全云】東萊先生作。

【元圻案】《釋文序録》曰：「一云子夏傳曾申，申傳魏人李克，克傳魯人孟仲子，孟仲子傳根牟子，根牟子傳趙人孫卿子，孫卿子傳魯人大毛公。」◎吕成公《讀詩記·論訓詁傳授》引陸璣《草木疏》曰：「子夏傳魯人申公，申公傳魏人李克，李克傳魯人孟仲子，孟仲子傳趙人孫卿，孫卿傳魯人大毛公，大毛公傳小毛公。」◎《漢書·儒林傳》「申公少與楚元王交，並傳其太子戊」，安得親受《詩》於子夏？其誤顯然。《三箋》屠繼序謂：「《讀詩記》所引自可信，今本陸〔璣〕《草木疏》後附《四家詩源流》，則割裂正史《儒林傳》及《釋文序録》爲之，不知出何人手。」其語誠然。然以《讀詩記》引之爲可信，則偏矣。◎《四庫全書總目·詩類》：「《吕氏家塾讀詩記》三十二卷。宋吕祖謙撰。其説以《小序》爲主。陳振孫稱其博采諸家，存其名氏，先列訓詁，後陳文義，翦裁貫串，如出一手。魏了翁《後序》稱其能得詩人躬自厚而薄責於人之旨。」◎又：「《毛詩草木鳥獸蟲魚疏》二卷。吴陸璣撰。《釋文序録》云：『字元恪，吴郡人。吴太子中庶子、烏程令。』末附《四家詩源流》，而《毛詩》特詳。《困學紀聞》譏其誤以曾申爲申公，王柏《詩疑》亦詆其所敍與《經典釋文》不合。」

《詩》「六義」，三經三緯，鄭氏注《周禮》「六詩」及孔氏正義，其説尚矣，朱子《集傳》從之。而程子語呂與叔謂「《詩》之六體，隨篇求之，有兼備者，有偏得一二者。」[一]《讀詩記》一謂「《風》非無雅，《雅》非無頌。蓋因鄭箋豳雅、豳頌之説。然朱子《大田篇》傳疑《楚茨》至《大田》四篇爲「豳雅」，《良耜篇》傳。《思文》、《臣工》、《噫嘻》、《豐年》、《載芟》、《良耜》等篇爲「豳頌」，亦未知是否也。【原注】呂成公云：「豳雅、頌恐逸。」

[一] 案程子説，呂成公《詩説拾遺》引之。

【元圻案】《周禮·春官》：「太師教六詩，曰風，曰賦，曰比，曰興，曰雅，曰頌。」注：「風言賢聖治道之遺化也。賦之言鋪，直鋪陳今之政教善惡。比見今之失，不敢斥言，取比類以言之。興見今之美，嫌於媚諛，取善事以喻勸之。雅，正也，言今之正者，以爲後世法。頌之言誦也，容也，誦今之德，廣以美之。」孔穎達《詩大序》正義曰：「六義次第如此者，以《詩》之四始，以風爲先，故曰風。風之所用，以賦、比、興爲之辭，故於風之下即次賦、比、興，然後次以雅、頌。雅、〔頌〕亦以賦、比、興爲之。既見賦、比、興於風之下，明雅、頌亦同之。」◎朱子曰：「太師之教國子，必使之以是六者，三經而三緯之，則凡《詩》之節奏指歸，皆將不待講説，而直可吟咏以得之矣。三經是風、雅、頌，是做詩的骨子，賦、比、興卻是裏面横串的，故謂之三緯。」◎《讀詩記》一「論六義」：「張氏曰：『今一詩之中，蓋兼有風、雅、頌之意，賦、比、興亦然。』呂氏曰：『詩舉有此六義，得風之體多者爲《國風》，得雅之體多者爲《大、小雅》，得頌之體多者爲《頌》。《風》非無雅，《雅》非無頌也。』董氏曰：『《崧高》既列於《大雅》，然其詩曰「其風肆好」，又言「吉甫作誦」。』」◎《豳風·七月》箋以「殆及公子同歸」以上爲《豳風》，「以介眉壽」以上爲《豳雅》，「萬壽無疆」以上爲《豳頌》。正義曰：「《春官·籥章》云：『仲春晝，擊土鼓，吹豳詩，以迎暑。仲秋夜迎寒氣，亦如之。凡國祈年於田祖，吹豳雅，擊土鼓，以樂田畯。國祭蜡，則吹豳頌，以息老物。』以《周禮》用爲樂章，《詩》中必有其事，此詩題曰《豳風》，明此篇之中當具有風、雅、頌也。」◎《欽定詩經傳説彙纂》：「案鄭康成箋豳詩以應豳籥。孔穎達疏之曰：『述其政教之始，則爲《豳風》；述其政教之中，則爲《豳雅》；述其政教之成，則爲《豳頌》。』此漢、唐相傳之説，而程子亦以爲然也。至宋而解《詩》者衆，或謂既曰雅、頌，當非《七月》之詩，蓋若九夏亡之矣；或謂以《七月》全篇，隨其音節吹之，以合於風、雅、頌；或謂《楚茨》等篇是豳之雅，《思文》等篇是豳之頌。朱子謂數説皆通，而未敢必也。間嘗考之，《楚茨》專言廟祭，《甫田》有祈雨之文，似有合矣。然《周禮》言『歈豳雅，擊土鼓』，而不言有琴瑟之樂。《大田》詞主報賽，非以言祈。至《思文》爲配天，《臣工》爲戒田官，《噫嘻》爲成王後詩，惟《豐年》、《載芟》、《良耜》止言農事，可以通用。然在《周頌》，無文以證其爲豳。朱子既無定論，則鄭箋引《周禮》以解豳詩，似尚爲近古。況《周禮》出於西漢，鄭氏一門，具有師承，其説或非無本也。」◎《四庫全書總目·經部·詩類》：「《毛詩正義》四十卷。漢毛亨傳，鄭玄箋，唐孔穎達疏。鄭氏發明毛義，自命曰箋。《博物志》曰：『毛公嘗爲北海郡守，康成是此郡人，故以爲敬推。』張華所言，蓋以爲『公府用記，郡將用箋』之意。然康成生於漢末，乃修敬於四百年前之太守，殊無所取。案《説文》曰：『箋，表識書也。』鄭氏《六藝論》曰：『注《詩》宗毛爲主，毛義若隱略，則更表明，如有不同，即下己意，使可識別。』然則康成特因毛傳而表識其旁，如今人之箋記，積而成帙，故謂之箋，無庸別爲曲説也。」

《逸詩》篇名若《貍首》、【原注】《射義》。《驪駒》、【原注】《大戴禮》、《漢書》注。《祈招》、【原注】《左傳》。○見昭公十二年。《轡之柔矣》，【原注】《左傳》、《周書》。皆有其辭，唯《采薺》、【原注】《周禮》。《河水》、《新宫》、《茅鴟》、【原注】《左傳》。《鳩飛》【原注】《國語》。無辭。或謂《河水》，《沔水》也；《新宫》，《斯干》也；《鳩飛》，《小宛》也。周子醇《樂府拾遺》曰：「孔子删《詩》，有全篇删者，《驪駒》是也；有删兩句者，『月離於畢，俾滂沱矣』；月離於箕，風揚沙矣』是也；有删一句者，『素以爲絢兮』是也。」愚考之《周禮·大宗伯》疏引《春秋緯》云「月離於箕，風揚沙」，非詩也；「素以爲絢兮」，朱文公謂《碩人》詩四章而章皆七句，不應此章獨多一句，蓋不可知其何詩，然則非删一句也。若全篇之删，亦不止《驪駒》。【原注】《論語》「唐棣之華」之類。

【元圻案】《禮記·射義》：「諸侯以《貍首》爲節。故《詩》曰：『曾孫侯氏，四正具舉。大夫君子，凡以庶士，小大莫處，御於君所。以燕以射，則燕則譽。』」◎《周禮·春官·鐘師》：「諸侯奏《貍首》。」◎《大戴記·投壺》：「命弦者曰：請奏《貍首》。」◎鄭康成《周南召南譜》曰：「今無

《貍首》，周諸侯並僭而去之，孔子録詩不得也。」◎《漢書·儒林傳》：「詔徵王式爲博士時，博士共持酒肉勞王式。江公嫉式，謂鼓吹諸生曰：『歌《驪駒》。』王式曰：『聞之於師：客歌《驪駒》，主人歌《客毋庸歸》。今君爲主人，日尚早，未可也。』」注，服虔曰：「《大戴禮》篇。客欲去，歌之。」文穎曰：「其辭曰『驪駒在門，僕夫具存。驪駒在路，僕夫整駕』。」◎襄公二十六年《左傳》「國子賦《轡之柔矣》」，注云：「《逸詩》。見《周書》。取寬政以安諸侯，若柔轡之御剛馬。」◎《周書·太子晉解》：「王子曰：『汝不爲夫詩，《詩》云：馬之剛矣，轡之柔矣。馬亦不剛，轡亦不柔。志氣麃麃，取予不疑。』」◎《周禮·春官·樂師》「教樂儀，行以《肆夏》，趨以《采薺》」，注，鄭司農曰：「《采薺》、《肆夏》，皆樂名。或曰皆《逸詩》。」又《夏官·大馭》「凡馭路，行以《肆夏》，趨以《采薺》。」◎襄公二十八年《左傳》「使工爲之誦《茅鴟》」，注：「《逸詩》名，刺不敬之詩。」又昭公二十五年「賦《新宮》」，正義曰：「康成曰：《新宮》，《小雅》逸篇也，辭義皆亡。」◎《儀禮·燕禮》「下管《新宮》」，注：「《小雅》逸篇。」又《大射儀》「乃管《新宮》三終」。◎僖公二十三年《左傳》「公子賦《河水》」，注：「《河水》，《逸詩》。義取河水朝宗於海，海喻秦。」◎《晉語》「秦伯賦《鳩飛》」，韋昭注：「《鳩飛》，《小宛》之首章也。」又「公子賦《河水》」，韋昭注：「河當作沔，字相似，誤也。」◎朱子《斯干》集傳曰：「或曰：《儀禮》『下管《新宮》』，《春秋傳》『宋元公賦《新宮》』，恐即此詩。然亦未有明證。」◎《周禮·大宗伯》注：「風師，箕也；雨師，畢也。」正義曰：「《春秋緯》云『月離於箕，風揚沙』，故知風師箕也。《詩》云『月離於畢，俾滂沱矣』，是雨師畢也。」◎歐陽公曰：「刪詩云者，非止全篇删去，或篇删其章，章删其句，句删其字。如『唐棣之華，偏其反而。豈不爾思，室是遠而』，此《小雅·常棣》之詩。夫子謂其以室爲遠，害於兄弟之義，故篇删其章也。『衣錦尚絅，文之著也』，此《鄘風·君子偕老》之詩，夫子謂其盡飾之過，恐其流而不返，故章删其句也。『誰能秉國成，不自爲政，卒勞百姓』，此《小雅·節南山》之詩，夫子以『能』字爲意之害，故句删其字也。」◎《禮記·檀弓》：原壤歌曰：「貍首之斑然，執女手之卷然。」陸氏佃曰：「此其《貍首》之詩歟？其所謂『大小莫處，御於君所』，其詩中間之詞歟？『執女手之卷然』，蓋上之所以接下，『御於君所』，蓋下之所以事上。」◎丘光庭《兼明書》有補《新宫》三章，《茅鴟》四章。◎《逸周書·世俘解》：「籥人奏，武王入，進萬獻《明明》，三終，奏《崇（尚）〔禹〕》、《生開》，三終。」孔晁注：「《明明》、《崇（尚）〔禹〕》、《生開》，皆詩篇名。」案：此三篇，不知其爲《逸詩》耶？抑夫子所删也？

近世説《詩》者，以《關雎》爲畢公作，謂得之張超，或謂得之蔡邕，未詳所出。

【元圻案】宋范氏處義《逸齋詩補傳》曰：「《關雎》咏太姒之德，爲文王風化之始，而韓、齊、魯三家皆以爲康王政衰之詩。故司馬遷、劉向、揚雄、范蔚宗並祖其説。近世説《詩》者，以《關雎》爲畢公作，謂得之張超，或謂得之蔡邕。畢公爲康王大臣，盡規固其職也，而張超、蔡邕皆漢儒，多見古書，必有所據。然則《關雎》雖作於康王之時，乃畢公追咏文王太姒之事，以爲規諫，故孔子定爲一經之首。」◎惠氏《九經古義》引王氏此條云云，「案《藝文類聚》三十五卷，載張超

《誚青衣賦》云：『周漸將衰，康王晏起。畢公喟然，深思古道，感彼《關雎》，德不雙侶，但願周公，妃以窈窕，防微消漸，諷諭君父。孔氏大之，列冠篇首。』《古文苑》云：『蔡伯喈作《青衣賦》，志蕩詞淫，故張子並作此以規之。』邕賦亦載集中，無畢公作《關雎》語。」◎《後漢書·文苑傳》：「張超，字子並，河間鄚人。有文才，又善草書。」

鶴林吴氏[一]論《詩》曰：「興之體，足以感發人之善心。[二]毛氏自《關雎》而下，總百六十篇，首繫之興：《風》七十，《小雅》四十，《大雅》四，《頌》二。注曰『興也』，而比、賦不稱焉。蓋謂賦直而興微，比顯而興隱也。」朱氏又於其間增補十九篇，而摘其不合於興者四十八條，且曰：「《關雎》，興詩也，而兼於比；《緑衣》，比詩也，而兼於興；《頍弁》一詩，而比、興、賦兼之。」則析義愈精矣。李仲蒙曰：「敘物以言情，謂之賦，情物盡也；索物以托情，謂之比，情附物也；觸物以起情，謂之興，物動情也。」【原注】《文心雕龍》曰：「毛公述傳，獨標興體，以比顯而興隱。」鶴林之言本於此。

[一]【全云】名泳。

[二]【何云】凡詩皆足以感發人之善心，何獨興之一體也。蓋必誤會「興於詩」之義而妄云者。

【閻按】《淮南·泰族訓》：「《關雎》興於鳥，而君子美之，爲其雌雄之不乖居也。《鹿鳴》興於獸，君子大之，取其見食而相呼也。」安與毛萇同時。

【元圻案】朱氏《經義考》：「吴氏《詩本義補遺》，《宋志》：『一卷，佚。』《困學紀聞》載鶴林吴氏論《詩》云云。吴氏，未詳其名。其書出於朱子《集傳》之前，未審即《宋志》所載《本義補遺》否也？」◎全謝山曰：吴氏「名泳」。案《宋史》列傳一百八十二：「吴泳，字叔永，潼川人。嘉定二年進士，仕至起居舍人，兼直學士院，權刑部尚書，終寶章閣學士，知泉州。所著有《鶴林集》。」然則其人在朱子之後。《詩本義補遺》非其所著也。◎胡致堂《與李叔易書》曰：「學《詩》者必分其義，如賦、比、興，古今論者多矣，唯河南李仲蒙之説最善。其言曰：『敍物以言情，謂之賦，情盡物也；索物以托情，謂之比，情附物者也；觸物以起情，謂之興，物動情者也。故物有剛柔緩急、榮悴得失之不齊，則詩人之情性亦各有所寓。非先辨乎物，則不足以考情性。情性可考，然後可以明禮義而觀乎詩矣。』舊見叔易要見此説，故録以奉呈。」◎葉石林《避暑録話》下：「李育，字仲蒙，吴人。馮當世榜第四人登第。能爲詩，性高簡，故官不甚顯，亦少知之者。」

太史公《十二諸侯年表序》云：「周道缺而《關雎》作。」艾軒《與趙子直書》謂「三家説《詩》，各有師承。今齊、韓之《詩》①，字與義多不同。毛公爲趙人，未必不出於《韓詩》。太史公所引，乃一家之説。《古文尚書》與子長並出，今所引非古文，如『祖

① 「詩」，原本作「説」，據元刊本改。

飢』、『惟刑之謐』，當有來處，非口傳之失也。」【原注】晁景迂曰：「齊、魯、韓三家，以《關雎》、《葛覃》、《卷耳》、《鵲巢》、《采（繁）〔蘩〕》、《采蘋》、《騶虞》、《鹿鳴》、《四牡》、《皇皇者華》之類，皆爲康王詩，《王風》爲魯詩。」薛士龍曰：「《關雎》作刺之説，是賦其詩者。」

【閻按】太史公從孔安國問《尚書》故，遷書載《堯典》、《禹貢》、《洪範》、《微子》、《金縢》諸篇，多古文説。見《漢書·儒林傳》。

【全云】毛公《詩》出荀子，荀子趙人，毛公魯人，而韓嬰乃燕人也，毛公何藉《韓詩》哉！艾軒説謬。

【元圻案】《釋文序録》曰：「漢魯人申公，受《詩》於浮丘伯，號曰《魯詩》。齊人轅固生作《詩傳》，號《齊詩》。燕人韓嬰，推詩之意作《内》、《外傳》，號曰《韓詩》。」◎《漢書·儒林傳》：「孔氏有古文《尚書》，孔安國以今文字讀之，因以起〔其〕家逸《書》，得十餘篇，蓋《尚書》兹多於是矣。安國授都尉朝，司馬遷亦從安國問故。遷書載《堯典》、《禹貢》、《洪範》、《微子》、《金縢》諸篇，多古文説。」◎《史記·五帝本紀》「黎民始飢」，《集解》徐廣曰：「《今文尚書》作『祖飢』。祖，始也。」「惟刑之静哉」，徐廣曰：「今文云『惟刑之謐哉』。《爾雅》曰『謐，静也』。」◎歐陽公曰：「《關雎》，齊、魯、韓三家皆以爲康王政衰之詩。」《前漢·杜欽傳》曰：「佩玉晏鳴，《關雎》刺之。」瓚曰：「此《魯詩》也。」後漢明帝詔曰：「昔應門失守，《關雎》刺世。」注：「薛君《韓詩章句》曰：「人君退朝，后妃御見有度，應門擊柝，鼓人上堂。今内傾於色，故咏《關雎》、説淑女以刺時。」

◎鄭漁仲《六經奥論》云：「齊、魯、韓三家之《詩》，皆以《關雎》爲康王政衰之詩。揚雄曰：『周康之時，《關雎》作於上。』楊賜曰：『康王晏起，《關雎》見幾而作。』太史公曰：『周道衰，詩人本之衽席而《關雎》作。』范蔚宗曰：『康王晚朝，《關雎》作諷。』《薛氏章句》謂：『《關雎》咏淑女以刺時。』皆謂作於周衰之文。」◎薛士龍《浪語集》二十四《答何商霖書》曰：「來教謂《詩》之作起於教化之衰，所引康王晏朝，將以爲據。《魯詩》所道，可盡信哉！求詩名於禮經，非後世之作也。又安知《關雎》作刺之説非賦其詩者乎？」

艾軒謂：「《詩》之萌芽，自楚人發之，故云江漢之域，《詩》一變而爲《楚辭》，屈原爲之唱。是文章鼓吹，多出於楚也。」

【全云】附會。不謂艾軒亦作此囈語。

【元圻案】《通志·昆蟲草木略序》曰：「周爲河洛，召爲雍岐。河洛之南瀕江，雍岐之南瀕漢。江、漢之間，二南之地，《詩》之所起在於此。屈、宋以來，騷人墨客多生江漢，故仲尼以二南之地爲作《詩》之始。」◎《史記·屈原列傳》：「屈原者，名平，楚之同姓也。爲楚懷王左徒。上官大夫讒之，王怒而疏屈平。屈平憂愁幽思而作《離騷》。《離騷》者，猶離憂也。《國風》好色而不淫，《小雅》怨誹而不亂。若《離騷》者，可謂兼之矣。屈原既死之後，楚有宋玉、唐勒、景差之徒者，皆好辭而以賦見稱；然皆祖屈原之從容辭令，終莫敢直諫。」◎艾軒《與宋提舉書》曰：「周召以南之國，如江漢、汝墳，小國何數，其風土所有之詩，并見之《二南》，則《詩》之萌芽，楚人爲得之，又一變而爲《離騷》耳。」與此條所引意同而辭異。

《周南》之詩曰「公侯干城」，曰「王室如燬」，當文王與紂之事，於君臣之分嚴矣。此周之所以爲至德。

【元圻案】朱子曰：「《兔罝》之詩，極其尊稱，不過曰公侯而已，亦文王未嘗稱王之一驗也。」◎王氏安石曰：「《汝墳》前二章篤於夫婦之仁，後一章篤於君臣之義。」◎王氏《詩地理考》引段氏曰：「周民猶知商之爲王室，文王之心可見矣。」

朱子《詩傳》云：「舊説扶風雍縣南有召亭，[一]今雍縣析爲岐山、天興兩縣，未知召亭的在何縣。」[二]愚按《史記正義》引《括地志》：「召亭在岐山縣西南。」

[一]案，此《左傳》莊公二十七年正義引《釋例》及陸氏《釋文》之説。

[二]「縣」，何本作「國」。

【閻按】岐州岐山縣西南十里召亭者，文王時召公食采邑。絳州垣縣召亭者，春秋時召公食采邑。召亭有二。

【元圻案】鄭康成《周南召南譜》正義曰：「春秋時，周公、召公別於東都受采，存本周、召之名，非復岐周之地。《晉書地道記》『河東郡垣縣有召亭，周則未聞，今爲召州』是也。」◎《唐書·藝文志》「正史類」：「張守節《史記正義》三十卷。」又「地理類」：「《括地志》五百五十卷。」又：「《序略》五卷，魏王泰命著作郎蕭德言，秘書郎顧允，記室參軍蔣亞卿，功曹參軍謝偃、蘇勗撰。」

横渠《策問》云：「湖州學興，竊意遺聲寓之塤籥，因擇取《二南》、《小雅》數十篇，使學者朝夕咏歌。今其聲無傳焉。」[一]朱子《儀禮通解》有《風雅十二詩譜》，乃趙彦肅[二]所傳，云即開元遺聲也。

[一] 案，今《張子全書》不載此《策問》。

[二] 字子欽，號復齋。

【元圻案】《吕氏讀詩記》一吕和叔《寄劉凡伯壽書》曰：「某近與鄉人講鄉飲鄉射之禮，惟恐鄉樂章節不明，雖傳得胡安定所定《雅音譜》，有《周南》、《召南》、《小雅》十數篇，而猶闕《由庚》、《由儀》、《崇丘》、《南陔》、《白華》、《華黍》、《騶虞》七篇。」◎朱子《儀禮經傳通解》十四《詩樂》：「《十二詩譜》：雅詩六：《鹿鳴》、《四牡》、《皇華》、《魚麗》、《嘉魚》、《南山有臺》，黄鍾，清宫，俗呼正宫；風詩六：《關雎》、《葛覃》、《卷耳》、《鵲巢》、《采蘩》、《采蘋》，無射，清商，俗呼越調。」朱子曰：「唐開元鄉飲酒禮，其所奏樂，有此十二篇之目，而其聲今亦莫得聞矣。此譜乃趙彥肅所傳，云即開元遺聲也。古聲亡滅已久，不知當時工師何所考而爲此也。竊疑古樂有倡有嘆，倡者發歌句也，和者繼其聲也。詩詞之外，應更有疊字散聲，以嘆發其趣。故漢、晉之間，舊曲既失其傳，則其詞雖存而世莫能補，爲此故也。若但如此譜，直以一聲叶一字，則古詩篇篇可歌，無復樂崩之嘆矣。夫豈然哉！又其以清聲爲調，似非古法。然古聲既不可考，則姑存之，以見聲歌之彷彿，俟知樂者考其得失云。」◎《四庫全書總目》二十二《經部·禮類四》：「《儀禮經傳通解》三十七卷，續二十九卷。宋朱子撰。初名《儀禮集傳集注》。朱子《乞修三禮札子》所云『以《儀禮》爲經，而取《禮記》及諸經史雜書所載，有及於禮者，皆以附於本經之下，具列注疏諸儒之説，略有端緒』，即是書也。其劄子竟不果上。晚年修葺，乃更定今名。」案今本卷數與《書録解題》所載不同，蓋直齋止載朱子本書，今本所續二十九卷，則黄榦、楊復增修也。◎趙彥肅，字子欽，號復齋。太祖之後。嘗舉進士，歷官寧海軍節度推官。著《復齋易説》六卷。

《詩》正義曰：「《儀禮》歌《召南》三篇，越《草蟲》而取《采蘋》，蓋《采蘋》舊在《草蟲》之前。」曹氏[一]《詩説》謂：「《齊詩》先《采蘋》而後《草蟲》。」

[一]【全云】曹侍講放齋，名粹中。李莊簡公壻。

【元圻案】鄭《詩譜序》正義曰：「《儀禮·鄉飲酒》工歌《鹿鳴》、《四牡》、《皇皇者華》，笙《由庚》；歌《南有嘉魚》，笙《崇丘》；歌《南山有臺》，笙《由儀》。合樂《〔周南〕·關雎》、《葛覃》、《卷耳》，《召南·鵲巢》、《采蘩》、《采蘋》。燕禮用樂，與《鄉飲酒》文同。」又曰：「《儀禮》歌《召南》三篇，越《草蟲》而取《采蘋》，蓋《采蘋》舊在《草蟲》之前，孔子以後簡札始倒，或者《草蟲》有憂心之言，故不用爲常樂耳。」◎《經義考》：「曹氏粹中《放齋詩説》，《宋志》三十卷，未見。《紀聞》引曹氏《説詩》三條，皆其説也。」◎曹粹中，字純老，定海人。所著《詩説》，今《四庫書目》不著於録，蓋已佚矣。

馬永卿問劉元城曰：「《王·黍離》在《邶》、《鄘》、《衛》之後，且天子可在諸侯後乎？」曰：「非諸侯也。周既滅商，分畿内爲三國，邶、鄘、衛是也。序《詩》者以其地本商之畿内，故在《王·黍離》上。」

【何云】亦是曲説。

【全云】馬永卿，名大年，劉忠定弟子。

【元圻案】此條是紀馬永卿所著《嬾真子》第四卷中語。張南軒曰：「《詩》固有次敍，然不可斷例。惟《二南》之後，次《衛》，《衛》後《王》，此有意。若非以《衛》分之，則《王》無異於正風也。其他不必次。」◎程子以諸國之風先後各有義，言之最詳，以文多不録。

「《新序·節士篇》云：『衛宣公子壽，閔其兄伋之見害，作憂思之詩，《黍離》是也。』

《魯詩》出於浮丘伯，以授楚元王交，劉向乃交之孫，其説蓋本《魯詩》。然《黍離》，《王風》之首，恐不可以爲《衛詩》也。」[一]《韓詩》云：「《黍離》，伯封作。」陳思王植《令禽惡鳥論》曰：「昔尹吉甫信後妻之讒，而殺孝子伯奇。其弟伯封，求而不得，作《黍離》之詩。」其《韓詩》之説歟？伯封事唯見於此。

[一]【全云】是因《王風》次《衛》，誤以《王》之首章爲《衛》之卒章，而謬撰此説者。

【元圻案】「不可以爲《衛詩》」以上皆《逸齋詩補傳》之文。◎《漢書·楚元王傳》：「楚元王交，字游，高祖同父少弟也。好書，多材藝。少時嘗與魯穆生、白生、申公俱受《詩》於浮丘伯。伯者，孫卿門人也。元王好《詩》，諸子皆讀《詩》，申公始爲《詩》傳，號『魯詩』。元王亦次之《詩》傳，號曰『元王詩』。元王子富，富子辟彊，辟彊子德。向，字子政，本名更生，以父德任爲郎。」◎曾子固曰：「劉向所集次《新序》三十篇，《録》一篇，隋唐之世尚爲全書，今可見者十篇而已。」◎《太平御覽》四百六十九：《韓詩》：「《黍離》，伯封作。離離，黍貌也。詩人求亡不得，憂懣不識於物，視彼黍離離然。憂甚之時，(又)[反]以爲稷之苗，乃自知憂之甚也。」◎《藝文類聚》二十四魏陳思王曹植《令禽惡鳥論》曰：「國人有以伯勞生獻者，王召見之。侍臣曰：『世同惡伯勞之鳴，敢問何謂也？』王曰：『昔尹吉甫用後妻之讒，煞孝子伯奇。吉甫後悟，追傷伯奇，出游於田，見鳥鳴於桑，其聲噭然。吉甫動念曰：「伯奇乎？」鳥乃撫翼，其音尤切。吉甫乃顧曰：「伯勞乎？是吾子，棲吾輿，非吾子，飛勿居。」鳥尋聲而棲於蓋。吉甫遂射煞後妻以謝之。故俗惡伯勞之鳴，言所鳴之家必有尸也。此好事者附名爲之説，而今普傳惡之，其實否也。』」案，此文無「其弟伯封」以下十三字。《太平御覽》九百二十三載此論有之。◎《文選》陸士衡《君子行》注：《説苑》曰：「王國君前母子伯奇，後母子伯封，兄弟相愛。後母欲其子爲太子，言王曰：『伯奇好妾。』王上臺視之，後母取蜂，除其毒而置衣領之中，往過伯奇。奇往視袖中，殺蜂。王見，讓伯奇。伯奇出，使者就袖中有死蜂，使者白王。王見蜂，追之，已自投河中。」又馬融《長笛賦》注：《琴操》曰：「尹吉甫，周上卿人也。有子伯奇，伯奇母死，更娶後妻，生伯邦。乃譖伯奇於吉甫曰：『見妾有美色，然有欲心。』吉甫曰：『伯奇爲人慈仁，豈有此也！』妻曰：『使置妾空居中，君登樓而察之。』後妻知伯奇仁孝，乃取毒蜂緣衣領，伯奇前持之。於是吉甫大怒，放伯奇於野。宣王出遊，吉甫從。伯奇乃作歌，感之於宣王。宣王曰：『此放子辭。』吉甫乃收伯奇，射殺後妻。」「伯邦」當是「伯封」之誤。

南豐謂：「《列女傳》稱《詩·芣苢》、《柏舟》、《大車》之類，與今序《詩》者之説尤乖異。」《式微》一篇，又謂二人之作。

【元圻案】曾子固《列女傳目録序》曰：「劉向所敍《列女傳》凡八篇，事具《漢書·向列傳》。向以謂王政必自内始，故列古女善惡所以致興亡者，以戒天子。此向述作之大意也。向號博極羣書，而此傳稱『《芣苢》、《柏舟》』云云，豈其所取者博，故不能無失與？」◎《列女傳》曰：「蔡人之妻者，宋人之女也。既嫁於蔡，而夫有惡疾。其母將改嫁之，女曰：『夫不幸，乃妾之不幸也，奈何去之？適人之道，一與之醮，終身不改。且采采芣苢之草，雖其臭惡，猶始於捋采之，終於懷擷之，況夫婦乎？』乃作《芣苢》之詩。」又：「衛宣夫人者，齊侯之女也。嫁於衛，至城門而衛君死。保母曰：『可以還矣。』女不聽，遂入持三年之喪。畢，弟請曰：『衛小國也，不容二庖，願請同庖。』夫人曰：『唯夫婦同庖。』終不聽，乃作詩曰：『我心非石，不可轉也。我心非席，不可卷也。』」又：「楚伐息，破之，虜其君，使守門將納息夫人於宮。楚王出遊，息夫人出見息君，曰：『人生要一死而已，何至自苦，妾無須臾之日而忘君也，終不以身更二醮。生離於地上，豈如死并於地下哉！』乃作詩曰：『穀則異室，死則同穴。謂予不信，有如皦日。』遂自殺。」又：「黎莊公之夫人，既往而不同欲。其傅母憐其失意，謂夫人曰：『夫婦之道，有義則合，無義則去。今不得意，胡不去乎？』乃作詩曰：『式微式微，胡不歸。』夫人曰：『婦人之義，一而已矣。彼雖不吾以，吾可以離於婦道乎？』乃作詩曰：『微君之故，胡爲乎中露。』」◎項氏安世《家説》四：「按《列女傳》，《芣苢》，蔡人之妻作也。《行露》，申人之女作也。女稼於酆，夫禮不備，持義不往也。《邶·柏舟》，衛宣公夫人作也。《式微》，黎莊公夫人作也。《碩人》，莊姜傅母作也。莊姜操行衰惰，而母救之也。《大車》，息夫人作也。劉向父(子)〔祖〕世受《魯詩》，故其作《列女傳》所載如此。去古既遠，獨《毛詩》存，《韓詩》猶有《外傳》及薛君《章句》，齊、魯二家不復可識。因此亦略見魯學之一二，故備録之，以顯今毛氏《序》〔非〕必皆古之國史本文矣。」

韓文公爲《施士丐銘》曰：「先生明毛、鄭《詩》，通《春秋左氏傳》，善講説。朝之賢士大夫從而執經考疑者繼於門。」《唐語林》云：「劉禹錫與韓、柳詣士丐，聽説《詩》，曰：『《甘棠》「勿拜」，如人身[一]之拜，小低屈也。「勿拜」則不止「勿翦」，言召伯漸遠，人思不可及。』」《讀詩記·甘棠》董氏引士丐説。

[一] 案，《讀詩記》引之無「身」字。

【全云】唐人詩説無傳者，今世只存成伯璵《指説》數紙耳。

【元圻案】《唐語林》曰：「劉禹錫與柳八、韓七詣施士丐，聽《毛詩》。説『維鵜在梁』，梁人取魚之梁也，言鵜自合求魚，不合於人梁上取其魚，譬之人自無善事，攘人之美者，如鵜在人之梁。毛注失之。又説山無草木曰『岵』，所以言『陟彼岵兮』，言無可(岵)〔怙〕也。以岵之無草木，故以譬之。又説《甘棠》之詩，『勿翦勿拜』，拜如人身之拜，小低屈也。上言勿翦，終言勿拜，明召伯漸遠，人思不可得也。《毛詩》『拜』猶『伐』，非也。」◎程泰之《演繁露》六：「翦者斷也，勿拜則不止勿翦，且不敢屈其枝而垂之，敬之至也。」◎《四庫全書總目·小説類》：「《唐語林》八卷。宋王讜撰。《書録解題》云長安王讜正甫，《郡齋讀書志》云未詳撰人。讜之名不見史傳。是書雖倣《世説》，而所記典章故實、嘉言懿行，多與正史相發明。」◎韓文公《銘》曰：「士丐，官太學博士。」其字未詳。◎《讀詩記》三，引王氏曰「拜謂屈之而已」，作正文，復引董氏曰：「施士丐曰：『拜如人之拜，小低屈也。』」作小注。

周有《房中》之樂，《燕禮》注謂「弦歌，《周南》、《召南》之詩」。漢《安世房中樂》，唐山夫人所作。魏繆襲謂《安世歌》「神來燕享，永受厥福」，無有《二南》后妃風化天下之言。謂《房中》爲后妃之歌，恐失其意。《通典》一百四十五《樂五》：「平調、清調、瑟調皆周《房中》之遺聲。」[一]

[一]下云：「漢代謂之三調。」

【元圻案】王肅曰：「自《關雎》至《芣苢》，后妃房中之樂。」◎鄭氏《周南召南譜》曰：「《周南》、《召南》爲風之正經，周公作樂，用之鄉人焉，用之邦國焉。或謂之《房中之樂》者，女史歌之故耳。」◎《漢書·禮樂志》：「房中祠樂，高祖唐山夫人所作也。周有《房中之樂》，至秦名爲《壽人》。孝惠二年，使樂府令夏侯寬備其簫管，更名曰《安世樂》。」◎「神來燕享」，《禮樂志》作「神來燕娭」。師古曰：「娭，戲也，言庶幾神來燕戲，聽此樂也。」◎《宋書·樂志》曰：「魏侍中繆襲奏：『《安世哥》本漢世哥名。今詩哥非往世之文，則宜改變。案《周禮》注云：《安世樂》，猶周《房中之樂》也。是以往昔議者，以《房中》哥后妃之德，所以風天下，正夫婦，宜改《安世》之名曰《正始之樂》。自魏國初建，故侍中王粲所作登哥《安世詩》，專以思咏神靈及説神靈監享之意，無有《二南》后妃風化天下之言。今思維往者謂《房中》爲后妃之哥者，恐失其意。方祭祀娱神，登堂哥先祖功德，下堂哥咏燕享，無事哥后妃之化也。自宜依其事以名其樂哥，改《安世哥》曰《享神哥》。』奏可。」◎《三國志·魏·劉劭傳》：「劭同時東海繆襲，亦有才學，多所述敍，官至尚書、光禄勳。」注:《文章志》曰:「襲字熙伯。」◎《唐書·杜佑傳》:「佑字君卿,京兆萬年人。建中十九年,拜檢校司空、同中書門下平章事。謚曰安簡。先是,劉秩摭百家,侔周六官法,爲《政典》三十五篇,房琯稱才過劉向。佑以爲未盡,因廣其缺,參益新禮,爲二百篇,自號《通典》。」

《白虎通·諫諍篇》:「妻得諫夫者,夫婦榮恥共之。《詩》云:『相鼠有體,人而無禮;人而無禮,胡不遄死。』此妻諫夫之詩也。」亦齊、魯、韓之説與?

【元圻案】《漢書·班彪傳》:「彪字叔皮,扶風安陵人也。子固,字孟堅。天子會諸(侯)〔儒〕講論五經,作《白虎通德論》,令固撰集其事。」

《韓詩外傳》二:「高子問於孟子曰:『夫嫁娶者,非己所自親也,衛女何以得編於《詩》也?』孟子曰:『有衛女之志則可,無衛女之志則怠。若伊尹於太甲,有伊尹之志則可,無伊尹之志則篡。』」

【元圻案】下文曰:「夫道二,常之謂經,變之謂權。夫衛女行中道,慮中聖,權如之何?《詩》曰:『既不我嘉,不能旋反。視(我)〔爾〕不臧,我思不遠。』」◎《孟子》「小弁章」趙岐注云:「高子,齊人。」「尹士章」注云:「高子,齊人,孟子弟子。」是有兩高子也。此高子當即孟子弟子,非前十七條所稱「高行子」也。◎《漢書·儒林傳》:「韓嬰,燕人。孝文時博士。推詩人之意,作

《内》、《外傳》數萬言，頗與齊、魯殊，然歸一也。」《經典序録》曰：「今《内傳》已亡，存者《外傳》十卷而已。」明王弇州曰：「《外傳》引《詩》以證事，非引事以明《詩》。」

晁景迂《詩序論》云：「序《騶虞》，王道成也，風其爲雅歟？序《魚麗》，可以告神明，雅其爲頌歟？」《解頤新語》云：「文王之風，終於《騶虞》，《序》以爲王道成，則近於雅矣。文、武之雅，終於《魚麗》，《序》以爲可告神明，則近於頌矣。」【原注】濦水李氏曰：「《小雅》雖言政，猶有風之體。《大雅》之正，幾於頌矣。」

【元圻案】《宋史·藝文志一》：「范處義《解頤新語》十四卷。」《經義考》云佚。處義，金華人。紹興中登張孝祥榜進士。◎此條所引《解頤新語》之説，見於《逸齋詩補傳》第十六卷中。案《四庫全書總目》十五：「《詩補傳》三十卷。舊本題曰逸齋撰，不著名氏。朱彝尊《經義考》云：『《宋志》有范處義《詩補傳》三十卷，卷數與逸齋本相符。明朱睦㮮《聚樂堂書目》直書處義名，當有證據』云云，則此書爲處義所作，逸齋蓋其自號也。」今讀王氏所引《解頤》語，互見於《補傳》中，益可證爲處義一人之作矣。◎《書録解題》十七《别集類》：「《濦水集》四十卷。集英殿修撰長安李復履中撰。元豐三年進士，博學有氣節。」◎《經義考》一百十九：「晁氏説之《詩(之)序論》一卷，存。」

歐陽公《詩本義·定風雅頌解》曰：「霸者興，變風息焉。然《詩》止於陳靈，在桓、文之後。」

【元圻案】鄭氏《詩譜序》曰：「五霸之末，上無天子，下無方伯。善者誰賞？惡者誰罰？紀綱絶矣。故孔子録懿王、夷王時詩，訖於陳靈公淫亂之事，謂之『變風』、『變雅』。」正義曰：「懿王時詩，《齊風》是也。夷王時詩，《邶風》是也。陳靈公，魯宣公十年爲其臣夏徵舒所殺。變風《齊》、《邶》爲先，《陳》最在後，變雅則處其間，故鄭舉其始終也。」

「八能之士」，見《易緯通卦驗》：「或調黄鍾，或調六律，或調五音，或調五聲，或調五行，或調律曆，或調陰陽，或調正德所行。」[一]「大夫九能」，見《毛詩·定之方中》傳：「建邦能命龜，田能施命，作器能銘，使能造命，升高能賦，師旅能誓，山川能説，喪紀能誄，祭祀能語。君子能此九者，可謂有德音，可以爲大夫。」

[一] 今本《通卦驗》作「或調黄鍾，或調六律，或調五聲，或調五行，或調律曆，或調陰陽，政德所行」，與此文互異。惟《禮記·月令》正義所引與此條同。

【元圻案】《月令·仲夏之月》正義曰：「調黄鍾者，縣黄鍾於子，其以大小之差，展其聲。調六律者，六律管陽也，又有六吕爲之合，管有長短，吹之以調樂器之聲。調五音者，金爲鍾，革爲鼓，石爲磬，竹爲管，絲爲弦，皆有聲，變舒疾也。匏也，木也，土也，不言調者，聲少變，故不調。調五聲者，宮、商、角、徵、羽聲弦殺緩急。凡黄鍾六律之聲，五音之動，與神靈之氣通，人君聽之，可以察己之得失，而知羣臣賢否。調五行者，五行謂五英。調律曆者，律曆謂六莖也。調陰陽者，謂《雲門》、《咸池》。調正德所行者，謂之《大韶》、《大夏》、《大濩》、《大武》。」◎《鄘·定之方中》正義曰：「『建邦能命龜』者，命龜以遷，取吉之意。若《少牢》史述曰：『假爾大筮有常，孝孫某來日丁亥，用薦歲事於皇祖伯某，以某妃配某氏，尚饗。』《士喪》卜曰：『哀子某，卜葬其父某甫。考降，無有近悔。』如此之類也。建邦亦言某事以命龜，但辭亡也。『田能施命』者，謂於田獵而能施教命以設誓，若《士師職》云『三曰禁，用諸田役』，注云『禁，則軍禮曰無干車，無自後射其類』也。《大司馬職》云『斬牲以左右徇陳，曰：不用命者斬之』是也。田所以習戰，故施命以戒衆也。『作器能銘』者，謂既作器，能爲其銘，若栗氏爲量，其銘曰『時文思索，允臻其極，嘉量既成，以觀四國，永啓厥後，茲器維則』是也。《大戴禮》説武王盤盂几杖皆有銘，此其存者也。銘者名也，所以因其器名而書以爲戒也。『使能造命』者，謂隨前事應機，造其辭命以對。若屈完之對齊侯，國佐之對晉師，君無常辭也。『升高能賦』者，謂升高有所見，能爲詩賦其形狀，鋪陳其事勢也。『師旅能誓』者，謂將帥能誓戒之，若鐵之戰趙鞅誓軍之類。『山川能説』者，謂行過山川，能説其形勢而陳述其狀。《鄭志》：『張逸問：傳曰「山川能説」，何謂？答曰：兩讀。或云説者，説其形勢；或云述者，述其古事。』則鄭爲兩讀，以義俱通故也。『喪紀能誄』者，謂於喪紀之事，能累列其行，爲文辭以作謚，若子囊之誄楚恭之類。故《曾子問》注云『誄，累也。累列生時行迹以作謚』是也。『祭祀能語』者，謂於祭祀能祝告鬼神而爲言語，若荀偃禱河，蒯聵禱祖之類是也。」

《定之方中》傳引仲梁子[一]曰：「初立楚宮也。」《鄭志》卷上：「張逸問：『仲梁子何時人？』答曰：『仲梁子，先師魯人。[二]當六國時，在毛公前。』」【原注】正義：「春秋時，魯有仲梁懷，故言魯人。」《韓非子·顯學篇》「八儒」有仲良氏之儒。陶淵明《羣輔録》云：「仲梁氏傳樂爲道，以和陰陽，爲移風易俗之儒。」【原注】史失其名。

[一]案，仲梁子，亦見《檀弓》。

[二]《四庫全書提要》曰：「今本《鄭志》『先師』之下多一『云』字，方見先師非指仲梁子。」

【元圻案】《韓非子·顯學篇》曰：「世之顯學，儒、墨也。儒之所至，孔某也。墨之所至，墨翟也。自孔子之死也，有子張之儒，有子思之儒，有顔氏之儒，有孟氏之儒，有漆雕氏之儒，有仲梁氏之儒，有孫氏之儒，有樂正氏之儒。自墨子之死也，有相里氏之墨，有相夫氏之墨，有鄧陵氏之墨。故孔、墨之後，儒分爲八，墨分爲三，取舍相反不同，而皆自謂真孔、墨，孔、墨不可復生，將誰使定後世之學乎？」◎《羣輔録》八儒即本《韓非子》，惟「孫氏」作「公孫氏」。

劉孝孫爲《毛詩正論》，演毛之簡，破鄭之怪。李邦直亦謂：「毛之説簡而深，此河間獻王所以高其學也。」鄭之釋繁塞而多失。鄭學長於《禮》，以《禮》訓《詩》，是案迹而議性情也。「緑衣」，以爲褖；「不諫亦入」，以爲入宗廟；「庭燎」，以爲不設雞人之官，此類不可悉舉。

【閻按】林艾軒亦嘗曰：「鄭康成以三《禮》之學箋傳古詩，難與論言外之旨矣。」

【元圻案】宋章俊卿《羣書考索》別集《經籍門》載李清臣《詩論》曰：「鄭氏之學長於《禮》而深於經制。夫詩，性情也；禮，形迹也。彼以《禮》訓《詩》，是案迹以求性情也。此其所以繁塞而多失者與？《緑衣》之詩，鄭氏以爲褖；『不諫亦入』，鄭以爲入於宗廟；『狼跋』狀周公安閒自得於讒疑之中，故有『公孫碩膚，赤舄几几』之句，而鄭謂之公遜；『庭燎』見宣王有怠政之漸，而鄭以爲不設雞人之官。諸類此者，不可悉舉。」◎《漢書·藝文志》：「毛公之學，自謂子夏所傳，而河間獻王好之。」◎《邶風·緑衣小序》箋：「『緑』當爲『褖』，(故作褖)〔今〕轉作『緑』，字之誤也。」《大雅·思齊》箋：「文王之祀於宗廟，助祭有孝悌之行而不能諫諍者，亦得入。」《小雅·(廷)〔庭〕燎》箋：「王有雞人之官，凡國事爲期，則告之以時，王不正其官而問夜早晚。」◎《宋史·藝文志一》：「劉孝孫《毛詩正論》十卷。」朱竹垞曰佚。◎歐陽公《詩本義·賓之初筵論》：「鄭氏長於禮學，其以禮家之説，曲爲附會，詩人之意本未必然。」◎李邦直，名清臣，大名人。官門下侍郎。《書録解題》載《淇水集》八十卷。歐陽公愛其文，以比東坡。◎閻注所引林艾軒之説，林希逸作《嚴華谷詩緝序》引之。

艾軒《與陳體仁書》云：「讀《風》詩不解《芣苢》，讀《雅》詩不解《鶴鳴》，此爲無得於《詩》者。」傳至樂讀《詩》至《鴛鴦》之二章，因悟比興之體。

【元圻案】朱子《傅公行狀》曰：「公諱自得，字安道，濟州濟源人。中年讀《詩》至《鴛鴦》之二章，因悟比興之體。間爲子弟論説，多得詩人本意。」◎《宋史·藝文志》：「傅自得《至樂集》四十卷。」

江漢之女，不可犯以非禮，可以見周俗之美。范滂之母，勉其子以名節，可以見漢俗之美。

【元圻案】《周南·漢廣序》正義曰：「作《漢廣》詩者，言廣德所及也。言文王之道，初致《桃夭》、《芣苢》之化，今被於南國，美化行於江漢之域，故男無思犯禮，女求而不可得，此由德廣所及然也。」◎《後漢書·黨錮傳》：「范滂，字孟博。爲清詔使，登車攬轡，慨然有澄清天下之志。建寧二年，大誅黨人，詔下急捕滂等。即自詣縣獄。其母就與之訣曰：『汝今得與李、杜齊名，死亦何恨！既有令名，復求壽考，可兼得乎？』滂跪受教。」

《大雅》之變，作於大臣，召穆公、衛武公之類是也。《小雅》之變，作於羣臣，家父、孟子之類是也。《風》之變也，匹夫匹婦皆得以風刺，清議在下，而世道益降矣。

【何云】此條可爲「天下有道，則庶人不議」之證。

【元圻案】《大雅小序》：「《民勞》，召穆公刺厲王也。《板》，凡伯刺厲王也。」箋：「凡伯，周公之亂也。入爲王卿士。」「《蕩》，召穆公傷周室大壞也。《抑》，衛武公刺厲王，亦以自警也。《桑柔》，芮伯刺厲王也。」箋：「芮伯，畿内諸侯，王卿士也。」《小雅小序》：「《節南山》，家父刺幽王也。」箋：「家父字，周大夫也。」「《巷伯》，刺幽王也，寺人傷於讒，故作是詩。」箋：「巷伯，奄官，寺人，内小臣也。巷伯與寺人之官相近。讒人譖寺人，寺人又傷其將及巷伯，故以名篇。」◎經云寺人孟子作爲此詩。

騶虞、騶吾、騶牙，一物也，聲相近而字異。《解頤新語》既以「虞」爲「虞人」，又謂「文王以騶牙名囿」，蓋惑於異説。《魯詩傳》曰：「梁騶，天子之田。」見《後漢》注，與《賈誼書》同，不必以「騶牙」爲證。

【全云】「牙」字古與「互」通，蓋因「虞」通「吾」，因「吾」通「互」，因「互」通「牙」，仍作「互」音讀耳。

【元圻案】《後漢書·班固傳》「制同乎梁騶」，注，《魯詩傳》曰：「古有梁騶，梁騶，天子之田也。」《文選·魏都賦》注引《魯詩傳》作「梁騶，天子獵之田曲也。」賈誼《新書·禮篇》：「騶者，天子之囿也。虞者，囿之司獸者也。」◎《山海經》：「林氏國有珍獸，大若虎，五采畢具，尾長於身，名曰騶吾。乘之日行千里。」郭璞贊曰：「怪獸五采，尾參於身。矯足千里，儵忽若神。是謂騶虞，《詩》嘆其仁。」◎《史記·東方朔傳》：「遠方當來歸義，而騶牙先見其齒，前後若一，齊等無牙，故謂之騶牙。」◎劉芳《詩義疏》曰：「騶虞或作吾。」又曰：「史之説有得獸而不知其名者，東方朔識之，曰：『此所謂騶牙者也。』則漢武時嘗有獸號騶牙者矣。古者音聲之假借，以牙爲吾，故朔所謂騶牙，則《詩》所謂騶虞者爾。」

《射義》：「天子以騶虞爲節。樂官備也。」鄭康成注云：「于嗟乎，《騶虞》，嘆仁人也。」《周禮·大司樂》疏引韓、魯説：「騶虞，天子掌鳥獸官。」其説與《射義》合。《文選》李陵《與蘇武詩》注引《琴操》曰：「《騶虞》，邵國之女所作也。古者役不逾時，不失嘉會。」《墨子·三辨篇》曰：「成王因先王之樂，命曰《騶吾》。」豈即《詩·騶虞》歟？

【全云】此屬上，是一條誤分爲二。

【元圻案】《周禮·春官·鍾師》「凡射，王奏《騶虞》」注，鄭司農云：「騶虞，聖獸。」正義曰：「按《異義》，今《詩》韓、魯説：騶虞，天子掌鳥獸官。古《毛詩》説：騶虞，義獸，白質黑文，食自死之肉，不食生物。人君有至信之德則應之。」

《大戴禮·投壺》云：「凡《雅》二十六篇，其八篇可歌，歌《鹿鳴》、《貍首》、《鵲巢》、《采蘩》、《采蘋》、《伐檀》、《白駒》、《騶虞》。八篇廢不可歌，七篇《商》、《齊》可歌也，三篇間歌。」《上林賦》「揜羣雅」，張揖注云：「《詩》，《小雅》之材七十四人，

《大雅》之材三十一人。」[一] 愚謂：八篇可歌者，唯《鹿鳴》、《白駒》在《小雅》，《貍首》今亡。鄭氏以爲《射義》所引「曾孫侯氏」之詩，餘皆風也，而亦謂之雅，豈風亦有雅歟？劉氏原父《七經小傳》：「或曰《貍首》，《鵲巢》也，篆文似之。」此有《貍首》，又有《鵲巢》，則「或説」非矣。張揖言二《雅》①之材，未知所出。

[一] 案，此據《漢書·司馬相如傳》注。《文選·上林賦》注「三十」作「二十」，誤。

【閻按】《小雅》除笙詩，自《鹿鳴》至《何草不黄》凡七十四篇，《大雅》自《文王》至《召旻》凡三十一篇，故曰「《小雅》之材七十四人，大雅之材三十一人」，以篇數言也，未知然否。

【程易田云】聞之金輔之曰：「尋《大戴》原文間歌下有『《史辟》、《史義》、《史見》、《史童》、《史謗》、《史賓》、《拾聲》、《叡挾》』十六字，蓋可歌者《鹿鳴》以下八篇，廢不可歌者七篇，《商》、《齊》可歌三篇，間歌《史辟》以下八篇，所謂凡雅二十六篇也。」厚齋似未審其句讀。

【繼序按】文當云：「八篇廢不可歌：《史辟》、《史義》、《史見》、《史童》、《史謗》、《史賓》、《拾聲》、《叡挾》；七篇《商》、《齊》可歌也；三篇間歌也。」合二十六篇之數。蓋《大戴記·投壺》後半篇與《帝繫篇》如表如譜，旁行斜上，而《投壺》分上下二格，上爲泰射，下爲投壺。凡雅二十六篇云云分在下格，有綱有目，子目字多，溢在後行，當「三篇間歌」句下，元本以絲聯之，傳

①「二」，原本作「大」，據元刊本改。

寫脱去「七篇可歌」。三篇間歌皆有子目，間歌《魚麗》、《南有嘉魚》、《南山有臺》，可以意想，皆脱去耳。

【又按】《伐檀》，即《小雅·伐木》也。意三家必有作「伐檀丁丁」者，《杜夔傳》《琴操》，仍其異文耳。

【元圻案】《大戴禮·投壺》原文，與王氏所引同，惟「三篇間歌」之下，尚有「史辟史義」云云十六字，即程氏所引是也。◎《四庫全書》校本云：「案『史辟』以下八篇之名，當接於『八篇廢不可歌』句下，訛舛在後，故屠氏據以正讀。」◎朱竹垞曰：「揖之言以一篇爲一人。」◎鄭《譜·鹿鳴之什》正義曰：「《周禮》小司徒職云五人爲伍。五人謂之伍，則十人謂之什也，故《左傳》曰『以什共車必克』。然則什伍者，部別聚居之名。《風》及商、魯《頌》以當國爲别，詩少可同卷，而《雅》、《頌》篇數既多，不可混并，故分其積篇，每十爲卷，即以卷首之篇爲什長，卷中之篇皆統焉。」案卷首之篇命之爲什長，則所統之篇即可謂之十人。張揖之以一篇爲一人，亦此意歟？◎張揖，字稚讓，清河人。魏太和中官博士，著《埤蒼》、《廣雅》、《古今字詁》，今惟《廣雅》存。

《無衣》非美晉，蓋閔周也。自僖王命曲沃伯爲晉侯，而篡臣無所忌。威烈王之命晉大夫，襲僖之迹也。有曲沃之命，則有三大夫之命，出爾反爾也。

【何云】曲沃以庶孽而奸大宗，三大夫則以庶姓賊臣篡竊六百餘年之建國，又豈得並論哉！

【全云】深寧此説，亦本朱子。

【元圻案】《詩序》：「《無衣》，美晉武公也。」朱子《辯説》曰：「此詩若非武公自作，以述其賂王請命之意，則詩人所作，以著其事而隱刺之耳。《序》乃以爲美之，吾恐其獎姦誨盜，而非所以爲教也。」◎《史記·晉世家》：「曲沃武公伐晉侯緡，滅之，盡以其寶器賂獻於周釐王。命曲沃武公爲晉君，列爲諸侯，於是盡并晉地而有之。武公稱者，先晉穆侯曾孫也，曲沃桓叔孫也。桓叔者，始封曲沃。武公，莊伯子也。自桓叔初封曲沃以至武公滅晉，凡六十七歲，而卒代晉爲諸侯。」又《周本紀》：「威烈王二十三年，九鼎震，命韓、趙、魏爲諸侯。」◎朱子《綱目》：「威烈王二十三年，初命大夫魏斯、趙籍、韓虔爲諸侯。」◎王氏《通鑑答問》曰：「有魯桓之命，而後有曲沃之命。有曲沃之命，然後有韓、趙、魏之命。王無天，諸侯無王，大夫無君，其所由來者漸矣。」◎武公，晉穆侯之曾孫也。晉侯緡，穆侯曾孫之孫也。武侯尚忍於晉侯緡，則三大夫何有於晉君俱酒哉！出爾反爾之戒深矣。

「詩亡，然後《春秋》作。」胡文定《春秋傳》謂自《黍離》降爲《國風》，天下不復有《雅》。《春秋》作於隱公，適當《雅》亡之後。【原注】《孟子集注》同。〔一〕呂成公謂「蓋指筆削《春秋》之時，非謂《春秋》之所始也。詩既亡，則人情不止於禮義，天下無復公好惡，《春秋》所以不得不作歟？」艾軒《與趙子直書》曰：「文中子《關朗篇》以爲：『詩者，民之情性。人之情性不應亡。』使孟子復出，必從斯言。」

［一］【全云】此主「變風終陳靈」之説。

【何云】采詩之官廢，則詩亡也，不得以王疑孟。

【閻按】沈約曰「歌咏所興，宜自生民始也」，則鄭康成「詩之興也，諒不於上皇之世」之説非。文中子曰：「詩者，民之情性也。情性能亡乎？」則邵康節「自從删後更無詩」之説非。

【全云】上皇之世，六義未備，不得以沈疑鄭。

【元圻案】《詩大序》曰：「變風發乎情，止乎禮義。發乎情，民之性也；止乎禮義，先王之澤也。」◎楊龜山先生《經説》曰：「春秋之時，詩非盡亡。《黍離》降爲《國風》，則《雅》之詩亡矣。《雅》亡而無政，《春秋》所爲作也。詩亡適在平王之終，而隱公之始，《春秋》所以始隱。」此胡文定之説所本。◎歐陽公曰：「王通謂『諸侯不貢詩，天子不采風，樂官不達雅頌，國史不明正變，非民之不作也。詩出於民之（性情）〔情性〕，（性情）〔情性〕能亡哉？職詩者之罪也。』通之言幾於聖人之心矣。」①◎沈約語見《宋書·謝靈運傳論》。康成語見《詩譜序》。

《泉水》云：「出宿於干，飲餞於言。」説《詩》者未詳其地。《隋·地理志》邢州内

①《定風雅頌解》。

丘縣有干言山。【原注】李公緒記云：「柏人縣有干山、言山。柏人，邢州堯山縣。」[一]《魯頌》「徂來之松」，《後漢》注：「兗州博城縣有徂來山。」【原注】一名尤來。「新甫之柏」，傳注不言山之所在，唯《後魏·地形志六》：「魯郡汶陽縣有新甫山。」【原注】《通典》：「漢汶陽故城，在兗州泗水縣東南。」太史公《史記·自序》聞之董生曰「《詩》記山川谿谷，禽獸草木」，則山川不可不考也。

[一]【集證】李説見《太平御覽》四十五。

【何云】此王氏《詩地理考》所由作。

【集證】《詩地理考》：「《地理志》：『東郡有發干縣。』曹氏曰：『即此所謂干。』《郡國志》：『東郡衛國有干城，故發干縣，今開德府觀城。』《水經注》：『泜水又東南經干言山。』唐孔氏曰：『干、泲在郊，則言禰，蓋近在國外。衛女所嫁國適衛之道所經見，故思之。』又《元和郡縣志》：『徂來山，亦曰尤來山，在兗州乾封縣。』今奉符縣。《水經》汶水條注：『《鄒山記》曰：徂來山在兗州梁父、奉高、博城三縣界，今猶有美松。赤眉樊崇保此山，自號尤來三老。』又《九域志》：『襲慶府有新甫山。』」◎又按：今直隸順德府唐山縣，漢之柏人縣。西北有堯山。山東東昌府堂邑縣西南有發干廢縣。山東泰安府泰安縣，宋之奉符縣。泰安府新泰縣西北有宮山，本名新甫山。

【元圻案】《隋書·地理志中》：「襄國郡，開皇十六年置邢州，内丘有干言山。」◎王氏《詩地理考》五卷，今附刻於《玉海》中。

檜有疾恣之詩。《周語》富辰曰：「檜①之亡，由叔妘。」

【元圻案】《詩序》：「《隰有長楚》，疾恣也。國人疾其君之淫恣，而思無情欲者也。」◎《周語》「檜」作「鄶」。注：「鄶，妘姓之國。叔妘，同姓之女，爲鄶夫人。唐尚書云：『亦鄭武公滅之，不由女亡也。』昭謂：《公羊傳》曰：『先鄭伯有善乎鄶公者，通於夫人，以取其國。』此之謂也。」

《豳風》於十月云「曰爲改歲」，言農事之畢也。《祭義》於三月云「歲既單矣」，言蠶事之畢也。農、桑一歲之大務，故皆以歲言之。

【元圻案】曹氏粹中曰：「或曰：夏曰歲，歲星行一周也；周曰年，取禾一熟也。此時豳人用夏正，而於十月則言改歲者，蓋其俗素以禾熟記歲功之成，故歲雖未終，而謂之改歲也。」◎《祭義》鄭注：「歲單三月，月盡之後也。言歲者，蠶，歲之大功，事畢於此也。」

《七月》箋、傳言「豳土晚寒」者三。箋一，傳二。孫毓云：「寒鄉率早寒，北方是也。熱鄉乃晚寒，南方是也。毛傳言『晚寒』者，豳土寒多，雖晚猶寒，非謂寒來晚也。」

①「檜」，元刊本、三箋本作「鄶」。

【元圻案】寒鄉寒來早，則寒去必晚。故孫毓云「雖晚猶寒」，正得毛傳之意。正義擬於《鄭志》「晚寒亦晚温」之語，引毓説而非之，以爲非是寒來早，明是寒來晚，故温亦晚也。王氏特取孫毓之説，蓋所以破正義之墨守也。◎《隋志》：「《毛詩異同評》十卷。孫毓撰。長沙太守。」◎《釋文序録》曰：「晉豫州刺史孫毓，字休朗，北海平昌人。爲《詩評》，評毛、鄭、王肅三家同異，朋於王。」

「《鄭志》十一卷，魏侍中鄭小同撰。」此《隋書·經籍志》文。《詩·七月》正義：「《吴志》：孫皓問《月令》季夏火星中。答曰：『日永星火，舉中而言，非心星也。』是鄭以『日永星火』與心星别。」今按康成答問，蓋《鄭志》所載孫皓，乃康成弟子後人，因孫皓名氏，遂改《鄭志》爲《吴志》。康成不與吴孫皓同時，《吴志》亦無此語。

【全云】小同，鄭康成孫。

【元圻案】「七月流火」傳：「火，大火也。」箋云：「大火者，寒暑之候也。火星中而寒暑退。」正義曰：「昭三年《左傳》張趯曰：『火星中而寒暑退。』服虔云：『火，大火，心也。』《吴志》：『孫皓問《月令》季夏火星中，前受東方之體，「體」當作「禮」，即謂《月令》也。盡以謂火星季夏中心也，不知夏至中星名。答曰：日永星火，此謂大火也。大火次名，東方之次有壽星、大火、析木，三者大火爲中，故尚書云舉中以言焉。季夏火中，猶謂指心火也。如此言中，則日永星火，謂大火之次，非心星也。』是鄭言日永星火，大火之次，與此火之心星别。」◎《四庫全書總目·五經總義類》：「《鄭志》三卷，《補遺》一卷。案《隋志》：『《鄭志》十一卷，魏侍中鄭小同撰。《鄭記》六卷，鄭玄弟子撰。』《後漢書》鄭玄本傳則稱『門生相與撰玄答弟子，依《論語》作《鄭志》八篇。』劉知幾《史通》亦稱『弟子追論師説及應答，謂之《鄭志》。分受門徒，各述師言，更不問答，謂之《鄭記》。』其説不同。然范蔚宗去漢未遠，其説當必有徵。《隋志》根據《七録》，亦阮孝緒等所考定，斷無移甲入乙之事。疑追録之者諸弟子，編次成帙者則小同也。此本三卷，莫考其出自誰氏。」◎康成本傳：「建安元年，自徐州還高密，以書戒子益恩曰：『萍浮南北，復歸邦鄉。入此歲來，已七十矣。』五年春，夢孔子告之曰：『起，起，今年歲在辰，來年歲在巳。』既寤，以讖合之，知命當終。其年六月卒，年七十四。」獻帝建安元年，歲在丙子，五年，歲在庚辰，故合庚辰之讖。吴亡於孫皓，在晉武帝太康元年庚子。五年甲辰，皓死於洛陽，時年四十二，當生於漢後主延熙六年癸亥，距康成之卒四十年。◎成十二年《左傳》正義亦引鄭答孫皓問，不云《吴志》，則《七月》正義作《吴志》，是傳刻之誤。

「熠燿宵行」①傳云：「熠燿，燐也。」[一]朱子謂：「熠燿，明不定貌。宵行，蟲名，如蠶，夜行，[二]有光如螢。」其説本董氏。《説文·火部》引《詩》「熠燿宵行」：「燿，盛光也。」末章云「倉庚于飛，熠燿其羽」，其義一也。

---

①《詩·豳風·東山》。

［一］又云：「燐，螢火也。」

［二］《集傳》「夜行」下有「喉下」二字。

【元圻案】《朱子詩傳遺説》：「余正甫曰：宵行自是夜光之蟲，夜行於地。熠燿，言其光耳，非螢也。」◎《東山》箋云：「熠燿其羽，羽鮮明也。」正義曰：「王肅云：倉庚羽翼鮮明，以喻嫁者之盛飾。『熠燿』字同而訓異，故朱子明其不然。◎呂氏《讀詩記》十六引董氏曰：「熠燿自是一種，蓋蟲也，夜行地上，如蠶，而喉下明如螢，故曰宵行。」朱子蓋取董氏之説而不盡從。◎《書録解題》二：「《廣川詩故》四十卷。董逌撰。其説兼取三家，不專毛、鄭。其所援引諸家文義與毛氏異者，亦足以廣見聞，續微絶。」《經義考》云佚。

《七月》見王業之難，亦見王道之易。孟子以農桑言王道，周公之心也。

【元圻案】《詩序》曰：「《七月》，陳王業也。周公遭變，故陳后稷先公風化之所由，致王業之艱難也。」◎班孟堅曰：「《豳詩》言農桑衣食之本甚備。」

《風》終於周公，《雅》終於《召旻》。有周、召之臣，則變者可以復於正。

【元圻案】陳止齋曰：「《風》之終繫之《豳》，《雅》之終繼之《召旻》，豈非化之衰者，必思聖人而正之與？」◎《逸齋詩補傳》曰：「《國風》終於美周公，二《雅》終於思召公。聖人删詩，蓋傷衰亂之極，非周、召不能救也。」

子擊好《晨風》、《黍離》，而慈父感悟。周磐誦《汝墳》卒章，而爲親從仕。王裒讀《蓼莪》而三復流涕，裴安祖講《鹿鳴》而兄弟同食。[一]可謂興於《詩》矣。李柟和伯，亦自言「吾於《詩·甫田》悟進學，《衡門》識處世。」【原注】和伯弟樗，迂仲。呂成公所謂二李伯仲也。此可爲學詩之法。

[一]【何云】《北史》。

【閻按】《北史·裴安祖傳》：年八九歲，就師講《詩》，至《鹿鳴》篇，語諸兒曰：「鹿得食相呼，而況人乎！」自此未曾獨食。

【元圻案】《說苑·奉使篇》：「魏文侯封太子擊中山。三年，舍人趙倉唐緤北犬奉晨鳧，獻於文侯。文侯召倉唐而見之曰：『子之君何業？』曰：『業《詩》。』文侯曰：『於《詩》何好？』曰：『好《晨風》、《黍離》。』文侯自讀《晨風》曰：『鴥彼晨風，鬱彼北林。未見君子，憂心欽欽。如何如何，忘我實多。』曰：『子之君以我亡之乎？』倉唐曰：『不敢，時思耳。』文侯復讀《黍離》曰：『彼黍離離，彼稷之苗。行邁靡靡，中心搖搖。知我者謂我心憂，不知我者謂我何求。悠悠倉天，此何人哉！』曰：『子之君怨乎？』倉唐曰：『不敢，時思耳。』文侯乃出少子摯封中山，而復太子擊。』」◎《後漢書·周磐傳》：「磐字堅伯。居貧養母，儉薄不充。嘗誦《詩》至《汝墳》之卒章，乃解韋帶，就孝廉之舉。」◎《晉書·孝友傳》：「王裒，字偉(先)〔元〕。痛父死非命，隱居教授。讀《詩》至『哀哀父母，生我劬勞』，未嘗不三復流涕，門人受業者並廢《蓼莪》之詩。」◎林少穎作《李和伯行狀》曰：「公讀書務求有益於吾心者，而不爲空言。每謂吾於《甫田》得爲學之道，吾於《衡門》得處世之方。」◎《小雅·甫田》之詩曰「或耘或耔，黍稷薿薿」，傳曰：「治其禾稼，功至力盡，則薿薿然而茂盛。」夫學殖也，不殖將落，服田力穡，乃亦有秋，故可以悟進學。《衡門》之詩曰：「衡門之下，可以棲遲。泌之洋洋，可以樂飢。豈其食魚，必河之魴。豈其娶妻，必齊之姜。」夫知足則不辱，知止則不殆，故可以識處世。◎吕成公《祭林少穎文》曰：「昔我伯父西垣公，躬受中原文獻之傳，載而之南，先生與二李伯仲實來定師生之分。」

太史公《史記·十二諸侯年表序》謂：「仁義陵遲，《鹿鳴》刺焉。」蔡邕《琴操》：「《鹿鳴》，周大臣所作也。王道衰，大臣知賢者幽隱，彈弦風諫。」案，見《文選》十八嵇叔夜《琴賦》注。漢太樂食舉十三曲，一曰《鹿鳴》。〔一〕杜夔傳舊雅樂四曲，一曰《鹿鳴》，二曰《騶虞》，三曰《伐檀》，四曰《文王》，皆古聲辭。《琴操》曰：「古琴有詩歌五曲，曰《鹿鳴》、《伐檀》、《騶虞》、《鵲巢》、《白駒》。」見《太平御覽》五百七十八。蔡邕《琴賦》云：「《鹿鳴》三章。」《鹿鳴》在《宵雅》之首，馬、蔡以爲風刺，蓋齊、魯、韓三家之説，猶《關雎》刺時作諷也。【原注】吕元鈞謂「陳古以諷非」，謂二詩作於衰周。

[一]《通典·樂六》："漢享宴食，舉樂十三曲。"又《樂七》："《鹿鳴》以下十二曲名，食舉樂。"

【全云】原注呂氏説，與蔡氏説合。

【又云】太史公問《古文尚書》於孔安國，安國亦爲《魯詩》學者也，則太史公所傳當是《魯詩》。中郎寫石經用《魯詩》，則中郎所傳亦是《魯詩》。

【元圻案】《晉書·樂志上》："魏武平荆州，獲漢雅樂郎杜夔，能識舊法，使創定雅樂。"又曰："杜夔傳舊雅樂四曲"云云。◎《三國志·方伎傳》："杜夔，字公良，河南人。"◎《藝文類聚》四十四蔡邕《琴賦》曰："繁弦既抑，雅韻乃揚。仲尼思歸，《鹿鳴》三章。梁甫悲吟，周公越裳。青雀西飛，别鶴東翔。飲馬長城，楚曲明光。楚姬遺嘆，雞鳴高桑。"◎《逸齋詩補傳·詩篇目論》曰："《鹿鳴》，文武治内之政。孔子自衛反魯，《雅》、《頌》各得其所，不應以刺詩冠《小雅》篇首。就如馬、蔡之説，其殆《關雎》之類，雖作於文王之後，實則文王之事也。孔子讀《鹿鳴》，見君臣之有禮，則非刺詩明矣。"

「宵雅肄三」，《麗澤論説》以爲「夜誦」，此門人記録之失。《讀詩記》取鄭、董二子以「宵」爲「小」，則夜誦之説非矣。

【何云】《麗澤論説》亦東萊緒言。

【元圻案】吕成公《禮記説》曰："舊説『宵』爲『小』，大抵經書字不當改。宵乃是夜，何故夜誦？蓋夜間從容無事，諷誦吟咏，善端良心，油然而生。此『宵雅肄三』之意。」故門人録於《麗澤論説》中與？《讀詩記》十七「鹿鳴之什」下引《學記》曰「宵雅肄三，官其始也」，鄭氏曰：「宵之言小也。肄，習也。習《小雅》之三，謂《鹿鳴》、《四牡》、《皇皇者華》也。」董氏曰：「古者宵、小同，故謂小人爲宵人。」◎《四庫全書總目·子部儒家類》：「《麗澤論説集録》十卷。宋吕祖謙門人雜録其師之説也。前有祖謙從子喬年題記，稱先君嘗所裒輯，不可以不傳。喬年，祖謙弟祖儉之子。」

劉原父曰：「《南陔》以下六篇，有聲無詩，故云『笙』不云『歌』。有其義，亡其辭，非亡失之亡，乃『無』也。」朱子《詩集傳》謂：「古經篇題之下必有譜焉，如《投壺》魯、薛鼓之節而亡之。」【原注】《儀禮疏》曰：「堂上歌者不亡，堂下笙者即亡。」〔一〕

〔一〕【集證曰】《鄉飲酒禮》疏。

【元圻案】《詩序》：「《南陔》，孝子相戒以養也。《白華》，孝子之絜白也。《華黍》，時和歲豐，宜黍稷也。《由庚》，萬物得由其道也。《崇丘》，萬物得極其高大也。《由儀》，萬物之生，各得其宜也。有其義而亡其辭。」箋云：「孔子論《詩》，《雅》、《頌》各得其所，時俱在耳。遭戰國及秦之世而亡之，其義則與衆篇之義合編，故存。至毛公爲《詁訓傳》，乃分衆篇之義，各置於其篇端云。」◎劉原父讀「亡」爲「無」。董氏逌《廣川詩故》、李氏樗《詩解》、黄氏震《日抄》皆從之。

張子則謂：「既無詩，安得有此篇名？必是有其辭，所以亡者，良由施之於笙，非若詩之可習。」嚴氏粲《詩緝》從之。朱子《集傳》謂：「鄉飲酒禮、燕禮曰笙，曰樂，曰奏，而不言歌，則有聲而無辭明矣。」遂爲定論。◎元劉氏瑾《詩傳通釋》曰：「魯鼓、薛鼓之節，其譜見《禮記・投壺篇》末，蓋魯、薛二國投壺燕射擊鼓之節也。其圓者擊鼙，方者擊鼓，其節不同，亦皆有聲而無詞也。」

《詩》「芑」有三：「薄言采芑」，《小雅・采芑》毛傳。菜也；[一]「豐水有芑」，《大雅・文王有聲》毛傳。草也；「維糜維芑」，[二]白粱粟也。[三]《禮記・表記》引「豐水有芑」，鄭氏注：「芑，枸檵也。」「杞」有三：「無折我樹杞」，[四]柳屬也；[五]「南山有杞」、「在彼杞棘」，梓杞也；[六]「集於苞杞」、「言采其杞」、「隰有杞桋」，枸檵也。[七]「荼」有三：「誰謂荼苦」，苦菜也；[八]「有女如荼」，茅秀也；[九]「以薅荼蓼」，陸草也。[一〇]

[一] 案陸璣《草木疏》曰：「薄言采芑。芑菜似苦菜也。莖青白色，摘其葉，有白汁出。脆可生食，亦可蒸爲茹。」

[二]《大雅・生民》毛傳：「芑，白苗也。」

[三]《爾雅・釋草》：「芑，白苗。」注：「今之白粱粟。」正義：「《大雅・生民》云『維糜維芑』。」◎《說文》：「芑，白苗嘉穀。」

［四］《鄭風·將仲子》毛傳：「杞，木名也。」正義曰：「《四月傳》云：『杞，枸檵。』此直云木名，則與彼別也。」

［五］陸璣《草木疏》云：「杞，柳屬也。生水傍。樹如柳，葉粗，白色，理微赤，故今人以爲車轂。」

［六］此二詩毛、鄭無説。

［七］《小雅·四月》毛傳文。◎嚴華谷《詩緝》：「《詩》有三『杞』：《將仲子》『無折我樹杞』，柳屬也；《南山有臺》『南山有杞』，《湛露》『在彼杞棘』，山木也；此詩『集於苞杞』，《北山》『言采其杞』，《四月》『隰有杞桋』，枸杞也。」

［八］毛傳文。陸璣《草木疏》：「誰謂荼苦。荼，苦（采）〔菜〕，生山田及澤中，得霜甜脆而美。《内則》云『濡豚包苦用苦菜』是也。」

［九］《鄭·出其東門》毛傳：「荼，英荼也，言女皆喪服。」箋云：「荼，茅秀，物之輕者，飛行無常。」《釋文》「秀」或作「莠」，音同。劉昌宗《周禮音》：「莠音酉。」正義曰：「《釋草》有荼苦菜，又有荼委葉。《邶風》『誰謂荼苦』，即苦菜也。《周頌》『以薅荼蓼』，即委葉也。鄭於《地官》『掌荼』注及『既夕』注，與此箋皆云：『荼，茅秀。』然則此言『如荼』，乃言茅草秀出之穗，非彼二種荼草也。言荼英荼者，《六月》云『白旆央央』，是白貌，茅之秀者，其穗色白，言女皆喪服，色如荼然。《吴語》『吴王夫差於黄池之會，陳兵以脅晉，萬人爲方陳，皆白常、白旗、素甲、白羽之矰，望之如荼。』韋昭云：『荼，茅秀。』亦以白色爲如荼，與此《傳》意同。」

〔一〇〕《周頌》正義曰：「王肅云：『荼，陸穢蓼，水草。』然則所由田有原有隰，故並舉水陸穢草。」○嚴氏《詩緝》曰：「《邶風》『誰謂荼苦』，《唐·采苓》云『采苦采苦』，《綿》『堇荼如飴』，皆苦菜也。《良耜》『以薅荼蓼』之荼，萎葉也。《鄭·出其東門》『有女如荼』，英荼也。《鴟鴞》『予所捋荼』，傳云『萑苕』，疏云『藡之秀穗』，亦英荼之類。」

「薄伐玁狁，至於太原。」①《後漢·西羌傳》：「穆王西征犬戎，遷戎於太原。夷王衰弱，荒服不朝，乃命虢公率六師伐太原，而戎至於俞泉。②〔一一〕宣王遣兵伐太原戎，不克。」蓋自穆王遷戎於太原，而太原爲戎狄之居，宣王僅能驅之出竟而已。其後料民太原，而戎患益深，驪山之禍，已兆於此。其端自穆王遷戎始，西周之亡，猶西晉也。【原注】籍談曰：「晉居深山，戎狄之與鄰，而遠於王室，王靈不及，拜戎不暇。」太原，晉地。○籍談語見昭公十五年《左傳》。書此以補詩説之遺。

〔一一〕案夷王，穆王之孫。穆王征犬戎在三十五年，夷王伐太原戎在三年。

① 《詩·小雅·六月》。

② 此句有誤。按《後漢書》原文爲「乃命虢公率六師伐太原之戎至於俞泉」，應於「戎」字斷句，則至於俞泉者乃虢公，王氏改「之」爲「而」，遂成太原之戎至於俞泉。

【全云】深寧此説有感於燕雲之爲禍烈也。①

【元圻案】《史記·匈奴傳》:「匈奴,其先祖夏后氏之苗裔也,曰淳維。唐、虞以上有山戎、獫狁、葷粥。」集解:晉灼曰:「堯時曰葷粥,周曰獫狁,秦曰匈奴。」◎《後漢·西羌傳》:「穆王時,戎狄不貢,王乃西征犬戎,獲其五王,又得四白鹿,四白狼,王遂遷戎於太原。夷王衰弱,荒服不朝,乃命虢公率六師伐太原之戎,至於俞泉,獲馬千匹。厲王無道,戎狄寇掠,乃入犬丘,殺秦仲之族。王命伐戎,不克。及宣王立四年,使秦仲伐戎,爲戎所殺。王乃召秦仲子莊公,與兵七千人伐戎,破之,由是少卻。後二十七年,王遣兵伐太原戎,不克。」◎《史記·匈奴傳》:「周幽王用寵姬褒姒之故,與申侯有郤。申侯怒,而與犬戎共攻殺周幽王於驪山之下。」◎「料民太原」,注詳後「考之《周語》」條。◎西晉之亡,由成都王穎表匈奴左賢王劉淵監五部軍事將兵在鄴始。江統《徙戎論》可謂先見。

《史記·周紀》:「懿王之時,王室遂衰,詩人作刺。」《漢·匈奴傳》:「懿王時,王室遂衰,戎狄交侵,暴虐中國。中國被其苦,詩人始作,疾而歌之,曰:『靡室靡家,獫狁之故』;『豈不日戒,獫狁孔棘』。」注云:「《小雅·采薇》之詩也。」《古今人表》「懿王時詩作」[二]注:「政道既衰,怨刺之詩始作。」然則《采薇》爲懿王之詩矣。【原

① 「全云」一段,原本無,據三箋本補。

注】《史記·匈奴傳》不云懿王。《詩譜序》：「懿王始受譖，烹齊哀公。夷王失禮之後，邶不尊賢。」正義謂：「變風之作，齊、衛爲先，齊哀公當懿王，衛頃公當夷王，故先言此也。」

愚謂《采薇》正雅，當從毛氏，若變風，則始於懿王。

［一］閻本校云：元板作「懿王堅詩作」。①

【元圻案】《詩序》：「《采薇》，遣戍役也。文王之時，西有昆夷之患，北有玁狁之難，以天子之命，命將率，遣戍役，以守衛中國，故歌《采薇》以遣之。」正義引皇甫謐《帝王世紀》曰：「文王受命四年，昆夷氏侵周，一日三至周之東門。文王閉門修德而不與戰。」《尚書傳》『四年伐昆夷』注云：『犬夷，昆夷也。』」◎《周禮》正義引伏生《書大傳》曰：「文王受命四年，伐昆夷。《采薇》，爲伐昆夷而作。」◎朱子《集傳》：「此遣戍役之詩，蓋無由證其爲文王也。」◎《逸齋詩補傳》曰：「班氏謂懿王時重歌此詩以勞士卒耳。」◎《史記·齊世家》：「哀公時，紀侯譖之周，周烹哀公而立其弟静，是爲胡公。」◎《詩譜序》正義曰：「莊四年《公羊傳》曰：『齊哀公烹乎周，紀侯譖之。』徐廣以爲周夷王烹之。鄭知懿王者，以《齊世家》云『周烹哀公而立其弟靖爲胡公』，當夷王之時，哀公母弟山殺胡公，則胡公之立在夷王前矣。受譖烹人，是衰闇之主。《周本紀》云：『懿王立，王室遂衰，詩人作刺。』是周衰自懿王始，明懿王受譖矣。《本紀》言『詩人作刺』，得不以懿王之時

① 按，據《漢書·古今人表》，閻本校是。如此則其句應斷作「懿王堅。詩作」。

《雞鳴》之詩作乎？《衛世家》云：『貞伯卒，子頃侯立。頃侯厚賂周夷王，命爲衛侯。』是衛頃公當夷王時。《郊特牲》云：『《覲禮》：天子不下堂而見諸侯。下堂而見諸侯，天子之失禮也。由夷王以下。』是夷王身失禮也。《柏舟》言仁而不遇，是邶不尊賢也。」

《史記·匈奴傳》：「周襄王與戎狄伐鄭，戎狄逐襄王，於是戎狄或居於陸渾，東至於衛，侵盜暴虐中國。中國疾之，故詩人歌之曰：『戎狄是膺』，《魯頌》。『薄伐獫狁，至於太原』，《六月》。『出車[一]彭彭』，『城彼朔方』。」《出車》。《漢·匈奴傳》則曰：「宣王興師命將，以征伐之。詩人美大其功，曰：『薄伐獫狁，至於太原』，『出車彭彭，城彼朔方』。」以《六月》爲宣王詩，是也。以《魯頌》、《六月》、《出車》爲襄王詩，以《出車》爲宣王詩，而《史》、《漢》又不同，皆未詳。

[一]今本《史記》作「輿」，閣本亦作「輿」。

【元圻案】《史記·匈奴傳》：「初，周襄王欲伐鄭，欲娶戎狄女爲后，與戎狄兵共伐鄭。已而出狄后，狄后怨，而襄王後母曰惠后，有子子帶，欲立之。於是惠后與狄后、子帶爲內應，開戎狄，戎狄以故得入，破逐襄王，而立子帶。於是戎狄或居於陸渾」云云。◎《詩序》：「《出車》，勞還卒也。不言爲何王之詩。」「王命南仲，往城于方」，毛傳曰：「王，殷王也。南仲，文王之屬。」故是篇《詩序》正義謂文王所遣伐玁狁西戎之將帥，以四年春行，五年春反，述其行事之苦，以慰勞之。朱子止從《序》

說：「《六月》詩，序宣王北伐也。」朱傳同。◎《魯頌·閟宫序》：「頌僖公能復周公之宇也。」

《文王》之詩曰：「文王孫子，本支百世。凡周之士，不顯亦世。」此周所以興也。宣王之後爲幽王，《斯干》之祥，《黍離》之萌也。太師皇父之後爲皇父卿士，尹吉甫之後爲尹氏太師，蹶父之後爲蹶維趣馬，申伯之後爲申侯，則與犬戎滅宗周矣。君臣皆弗克紹，周焉得不替乎！

【元圻案】《後漢書·左雄傳》：「褒豔用權，七子黨進。」注：「七子皆褒姒之黨，謂皇父爲卿士，仲允爲膳夫，家伯爲宰，番爲司徒，蹶爲趣馬，棸爲内史，楀爲師氏也。」◎項氏安世曰：「幽王時爲亂者，皆宣王時故家。率犬戎以攻幽王者，《崧高》之申伯也；爲趣馬以亂朝者，《韓奕》之蹶父也；爲卿士而貪殘擅政，爲太師而迷民誤國者，《常（父）〔武〕》之皇父、尹氏也。」

「吉甫作誦」①，美詩以名著者也。「家父作誦，以究王訩」②，「寺人孟子，作爲此

① 《詩·大雅·崧高》。
② 《詩·小雅·節南山》。

詩」①，刺詩以名著者也。爲吉甫易，爲家父、孟子難。

【元圻案】《節南山》正義曰：「詩人之情不一，或微加諷諭，或指斥愆咎，或隱匿姓名，或自顯官氏。此家父盡忠竭誠，不憚誅罰，故自載字焉。寺人孟子亦此類也。」◎魏了翁《跋黄尚書子由與任千載逢詩》曰：「《節》之詩，尹氏以太師秉國鈞，方茂惡怨正，莫敢戲談。周大夫既誦言之，而其（亂）〔辭〕曰：『家父作誦，以究王（酗）〔訩〕。』《巷伯》之詩，彼譖人者，方幡幡其詞，好好其容，寺人既深詆之，而其（亂）〔辭〕曰：『寺人孟子，作爲此詩。』《詩》中譏刺之詩，率多微婉辭義，隱匿姓名，至於自狀其人，甘於抵冒忌諱，如此類絶少。以其時考之，此何時也，而是理卒不可泯。」

「皇父孔聖」，自謂聖也。[一]「具曰予聖」，《小雅·正月》毛傳。君臣俱自謂聖也。自聖者，亂亡之原。光武詔上書者不得言「聖」，大哉言乎！

[一]《小雅·十月之交》毛傳曰：「皇父自謂甚聖。」

【元圻案】《後漢書·光武紀》：建武七年，詔曰：「百僚各上封事，無有所諱，其上書者，不得言聖。」◎宋崔氏鷗《唐明皇論》曰：「開元、天寶之間，羣臣至六上尊號，諛亦甚矣，而明皇受而不

①《詩·小雅·巷伯》。

辭，蓋將自以爲聖歟？其播越流離，至於亡國，非不幸也。聖矣夫，光武之爲君也，詔天下上書不得言『聖』。明矣哉，顯宗之爲君也，曰『先帝詔書禁人言聖，自今有過稱虛譽，尚書宜抑而不省』，示不爲諂子嗤也。」◎錢氏大昕《養新録》曰：「王安石與子雱，皆以經術進。當時頌美者多以爲周孔，或曰孔孟。范鏜爲太學正，獻詩云：『文章雙孔子，術業兩周公。』安石大喜曰：『此人知我父子。』雱死，安石題其祠堂云：『斯文實有寄，天豈偶生才。一日鳳鳥去，千秋梁木摧。』是真以孔聖比其子矣。安石在相位，行新法，舉朝交争。安石有詩云：『衆人紛紛何足競，是非吾喜非吾病。頌聲交作莽豈賢，四國流言旦猶聖。』是亦以聖自許也。《小雅》之詩曰『皇父孔聖』，又曰『具曰予聖』，古來迷國罔上之臣，先後一轍」云云。王氏此條，或亦有感於安石之事歟？

「既克有定，靡人弗勝」，言天之勝人也。「藐藐昊天，無不克鞏」，言天之終定也。申包胥曰「人衆者勝天」，人曷嘗能勝天哉，天定有遲速耳。《詩》所以明天理也，故不云人勝天。

【全云】厚齋惓惓包胥，其即鄭所南盼望陳丞相自占城至之意耳。

【元圻案】《小雅·正月》「民今方殆，視天夢夢。既克有定，靡人弗勝」，朱子傳曰：「民今方危殆，疾痛號訴於天，而視天反夢夢然，若無意於分别善惡者。然此特値其未定之時，及其既定，則未有不爲天所勝者也。申包胥曰：『人衆則勝天，天定亦能勝人。』疑出於此。」◎《大雅·瞻卬》「藐藐昊天，無不克鞏」，朱子傳曰：「惟天高遠，雖若無意於物，然其功用，神明不測，雖危亂之極，無不能鞏固之者。」◎《史記·伍子胥傳》：「伍子胥掘楚平王之墓。申包胥使人謂子胥曰：『子之報讎，其已甚乎！吾聞之，人衆者勝天，天定亦能勝人。今子故平王之臣，親北面而事之，今至於僇死人，此豈其無天道之極乎！』」◎蘇子由《詩傳》曰：「方其未定也，何所不至。及其既定，人未有不爲天所勝者。申包胥曰：『人定則勝天，天定亦能勝人。』而《老子》所謂『天網恢恢，疏而不失』。不然，天豈有所憎而禍之耶？適當其未定故耳。」◎《逸齋詩補傳》曰：「視天夢夢，若無所見。非無所見，特以天未定，故未勝人耳，定則能勝之矣。」

「凡百君子，各敬爾身。胡不相畏，不畏於天？」①荆公謂：「世雖昏亂，君子不可以爲惡，自敬故也，畏人故也，畏天故也。」〔二〕愚謂《詩》云「周宗既滅」，哀痛深矣，猶以敬畏相戒。聖賢心學，守而勿失，中夏雖亡，而義理未嘗亡，世道雖壞，而本心未嘗壞，君子修身以俟命而已。

〔二〕案荆公之説，吕成公《讀詩記》取之。

【閻按】王氏二十年杜門不出，概見於此。

---

①《詩·小雅·雨無正》。

【全云】「三不足畏」之説，何以與斯言相反？

【元圻案】《書録解題》二：「《新經詩義》三十卷。王安石撰，亦三經義之一也。皆雱訓其辭，而安石釋其義。」

「豈不欲往，畏我友朋」①，畏人也；「胡不相畏，不畏於天」，畏天也。不畏人則「亦云可使，怨及朋友」②，畏天則「神之聽之，介爾景福」③。

鄭用三良未可間，衛多君子未有患，季梁忠謀强敵畏，汲直守節亂萌弭。《詩》曰：「無競維人，四方其訓之。」④正先諫誅嬴運促，李雲忠隕漢宗覆，章華罹僇陳業隳，昭圖嬰禍唐鼎移。《詩》云：「曾是莫聽，大命以傾。」⑤【何云】章華，見《南史·傅縡傳》後。

① 莊公二十二年《左傳》引《詩》。
② 《詩·小雅·雨無正》。
③ 《詩·小雅·小明》。
④ 《詩·大雅·抑》。
⑤ 《詩·大雅·蕩》。

【元圻案】僖公七年《左傳》：「鄭有叔詹、堵叔、師叔，三良爲政，未可間也。」又襄公二十九年：「吴公子札適衛，説蘧瑗、史狗、史鰌、公子荆、公叔發、公子朝，曰：『衛多君子，未有患也。』」又桓公六年：「楚武王侵隨，鬬伯比曰：『少師侈，請羸師以張之。』熊率且比曰：『季良在，何益！』」◎《漢書·賈捐之傳》：「置之争臣則汲直。」注：「汲黯方直，故世謂之汲直。」《汲黯傳》：「黯字長孺，濮陽人也。淮南王謀反，憚黯，曰：『黯好直諫，守節死義。至説公孫弘等，如發蒙耳。』」又《京房傳》：「昔秦時趙高用事，有正先者，非刺高而死，高威自此成，故秦之亂，正先趣之。」注：「正先，秦博士。」◎《後漢書·李雲傳》：「雲字行祖，甘陵人也。桓帝延熹二年，誅梁冀，而中常侍單超等五人皆以誅冀功封列侯。雲露布上書曰：『梁冀雖持權專擅，虐流天下，今以罪行誅，猶召豪奴搤殺之耳。而猥封謀臣萬户以上，高祖聞之，得無見非？西北列將，得無解體？』帝震怒，逮雲，死獄中。」◎《南史·傅縡傳》：「時有吴興章華，字仲宗。後主時，除太市令。禎明初，上書極諫，其略曰：『陛下溺於嬖寵，惑於酒色。老臣宿將，棄之草莽；諂佞讒邪，升之朝廷。今疆埸日蹙，隋軍壓境，陛下如不改弦易轍，臣見麋鹿復遊於姑蘇矣。』後主大怒，即日斬之。」◎《唐書·僖宗紀》：「中和元年，七月，田令孜殺左拾遺孟昭圖。」又《宦者·田令孜傳》：「孟昭圖上疏曰：『昨昔黄頭亂，火照前殿，陛下惟與令孜閉城自守，不召宰相，不謀羣臣。且天下者，高祖、太宗之天下，非北司之天下；陛下固九州天子，非北司天子。北司豈悉忠於南司？廷臣豈無用於敕使？』疏入，令孜匿不奏，矯詔貶昭圖嘉州司户參軍，使人沉於蟆頤津。」◎錢易《南部新書》巳集：「孟昭圖爲田令孜矯詔沉蜀江，裴相徹有詩弔之曰：『一章何罪死何名，投水惟君與屈平。從此蜀江煙月夜，杜鵑應作兩般聲。』」

君子在下位，猶足以美風俗，漢之清議是也。小人在下位，猶足以壞風俗，晉之放曠是也。《詩》云：「君子是則是效。」①

【元圻案】《後漢書·陳寔傳論》曰：「漢自中世以下，閹豎擅恣，故士遂以遁身矯潔放言爲高。士有不談此者，則芸夫牧豎已叫呼之矣。故時政彌惛，而其風愈往。唯陳先生行成乎身而道訓天下，所以聲教廢於上，而風俗清乎下也。」◎《世説新語》一，注，王隱《晉書》曰：「魏末阮籍嗜酒荒放，露頭散髮，裸袒箕踞。其後貴遊子弟阮瞻、王澄、謝鯤、胡母輔之之徒，皆祖述於籍。去巾幘，脱衣服，露醜惡，同禽獸，甚者名之爲通，次者名之爲達也。」

「巧言如簧，顔之厚矣」②，羞惡之心未亡也；「不愧於人，不畏於天」③，無羞惡之心矣。天人一也，不愧則不畏。

① 《詩·小雅·鹿鳴》。
② 《詩·小雅·巧言》。
③ 《詩·小雅·何人斯》。

【閻按】高忠憲有言：「君子一點畏心，至王安石滅盡；一點恥心，至馮道滅盡。」

【元圻案】黄梨洲先生《明儒學案》：「高攀龍，字存之，别號景逸，常州之無錫人。萬曆己丑進士，官左都御史。以東林邪黨逮先生，書遺疏，自沉止水。崇禎初，贈太子少保、兵部尚書，謚忠憲。」◎《五代史·馮道傳》：「道事四姓十君，益以舊德自處，自號長樂老。著書數百言，陳己更事四姓及契丹所得階勳官爵以爲榮。」

《車攻》「東有甫草」，鄭箋云：「鄭有甫田。」謂圃田，鄭藪也。止齋《周禮説》云：「《詩》不以圃田繫鄭。」愚謂宣王封弟友於鄭，在畿内。咸林【原注】今華州鄭縣。圃田澤，《左氏》謂之原圃，【原注】在今開封之中牟。宣王時非鄭地，《小雅》安得繫於鄭乎？《爾雅·釋地》「鄭有圃田」，蓋指東遷後之鄭言之。

【閻按】《詩集傳》：「宣王時未有鄭國，圃田澤屬東都畿内，故往田。」余謂《前漢志》中牟縣圃田澤在西縣，有筦叔邑。筦叔爲畿外諸侯，則此澤亦畿外地可知。古者川浸澤藪，名在職方，不隸諸侯之版。謂圃田爲筦叔之封，非也；謂實在東都畿内者，恐亦非也。

【元圻案】《詩序》：「《車攻》，宣王復古也。宣王能内修政事，外攘夷狄，復文武之竟土，修車馬，備器械，復會諸侯於東都，因田獵而選車徒焉。」「東有甫草」，傳曰：「甫，大也。」箋曰：「甫草，甫田之草也。鄭有圃田。」《釋文》曰：「甫，毛如字，大也。鄭音補，謂圃田，鄭藪也。」正義曰：「以下云『搏獸於敖』，敖是地名，則甫草亦是地名，不宜爲大，故易之。『鄭有圃田』，《釋地》文也。宣王時未有鄭國，圃田在東都畿内，故宣王得往田焉。」◎《史記·鄭世家》：「鄭桓公友者，周厲王少子，而宣王庶弟也。宣王二十二年，友始封於鄭。」◎鄭《譜》：「初，宣王封母弟友於宗周畿内咸林之地，今京兆鄭縣是其都也。」◎僖三十三年《左傳》「鄭之有原圃」，杜注以爲「圃田澤」。◎邵氏《爾雅正義》曰：「『鄭有圃田』，當云『周有圃田』。今云『鄭』者，《爾雅》不成於一人之手，或七十子之徒據東周疆域，改『周』爲『鄭』。」◎止齋，陳傅良號。《宋史》有傳。《書録解題》二：「《周禮説》三卷。中書舍人永嘉陳傅良君舉撰。」

《詩小傳》云：「《詩》有夏正，無周正。《七月》陳王業，《六月》北伐，《十月之交》刺純陰用事而日食。『四月維夏，六月徂暑』，言暑之極，其至皆夏正也，而獨謂《十月之交》爲周正，可乎？漢曆幽王無八月朔食，而唐曆則有之，識者疑其傅會而爲此也。」[一]愚按正義謂「校之無術」，而《大衍曆·日蝕議》云：「虞劆以曆推之，在幽王六年。」見《唐書·曆志下》。虞劆造梁《大同曆》，非始於唐也。鄭箋謂「周之十月，夏之八月」，故曆家因之。孫莘老[二]解《春秋》用鄭説，謂：「八月秋之分，日食秋分，而詩人醜之，安得曰分至不爲災也？」蘇子由、陳少南[三]皆以十月爲陽月，朱文公從之。《宋書·禮志》載魏史官之言曰：「黄帝、顓頊、夏、殷、周、魯六曆，皆無推日蝕法，但有考課疏密而已。」【原注】《大衍曆議》云：「黄初已來，治曆者始課日蝕疏密，及張子信而益詳。」嘗考《通鑑》、《皇極經世》，秦始皇八年歲在壬戌，《吕氏春秋·序意篇》云「維秦八年，歲在涒灘」，【原注】申。曆有二年之差。後之算曆者，於夏之「辰弗集房」，周之「十月之交」，皆欲以術推之，亦已疏矣。〔四〕沈存中云：「日食正陽之月，先儒止謂四月，非也。正謂四月，陽謂十月。」①子由《詩説》與存中同。

〔一〕案，今劉氏《七經小傳》無此文，而王氏《六經天文編》上引此爲張行成之言。案劉原父《救日論》曰：「幽王之詩曰『十月之交，朔月辛卯。日有食之，亦孔之醜。』周之十月，則二分矣，安在其不爲災歟？」其説與此條所引正相反，當從《天文編》作張行成之説。《讀詩記》引之，亦作什方張氏。

〔二〕【全云】孫學士覺，安定人。

〔三〕【全云】陳侍郎鵬飛。

〔四〕【何云】「辰弗集於房」，《大衍曆》作仲康即位之五年癸巳，〔距辛巳三千四百八年〕，九月庚戌朔，泛交二十六日五千四百二十一分入食限。見《元史·曆志》。〔距辛巳三千四百八年〕②或言《古文尚書》不可信，以今西法推之不合者。庚辰在保定，質之武進楊道昇先生，以推《大衍》、《授時》二

① 《夢溪筆談》卷三。
② 「距辛巳……八年」，爲錯簡，已移前文「五年癸巳」之下。

曆，皆合，録之左方：　辛巳至戊辰三百四十七年。　戊辰爲元，上推仲康五年癸巳建戌月，辰弗集房，距年三千七百五十五，算中積一百三十七萬一千四百八十四日四一八九六二七七五。　冬至癸酉日九日六七四七九四二。　四五閏餘十八日七九八六一二〇七七一乙。　天正十一月朔甲寅日五十〇日八七六一八二一六七八九。　交三日二八七〇六六五九七八九。　九月朔庚戌日四十六日一八二乙〇一二八五五九。　入蝕限交泛二十六日四七〇七七六七八二五九。　在陰曆交前九度半强。

【閻按】嘗以曆上推周幽王六年乙丑歲，十月建酉，朔日辛卯辰時，正得日食。非惟虞劆，即唐道士傅仁均、僧一行，亦步得是日日食。乃知康成精於曆學。本傳稱其「始通《三統曆》」，注有《乾象曆》」，抑嘆經解有不可盡拘以理者，此類是也。孔穎達疏：「漢世通儒，未有以曆考此辛卯日食者，不知康成考之，方作箋云：東州名儒，豈欺我哉！」◎又嘗以曆上推始皇八年壬戌歲，是年秋恰有甲子朔，與《吕覽》「秦八年秋甲子朔」之文合，則「歲在涒灘」當作「歲在淹茂」爲是，不然，必以涒灘，則「維秦六年秋」無「甲子朔」矣。王氏似未諳曆法。

【元圻案】《十月之交》箋云：「周之十月，夏之八月也。日辰之義，日爲君，辰爲臣。辛，金也，卯，木也，又以卯侵辛，故甚惡之。」正義曰：「《詩》之言月，皆據夏時，而此知周十月、夏八月者，《推度災》曰：『十月之交，氣之相交，周之十月，夏之八月。』緯雖不可盡信，其言主以釋此，故據之以爲周十月焉。」又曰：「此八月即秋分之時也。《左傳》曰：『二至二分，日有食之，不爲災。』是亦分月而云孔醜者。日太陽之精，至尊之物，不宜有所侵，侵之則爲異。《左傳》曰：『唯正月朔，曆未作，日有食之，於是乎有用幣於社，伐鼓於朝，其餘則否。』以正月爲夏之四月，純陽用事，而日又爲陽，於時最盛，尤不宜爲陰所侵，故爲最重，而特用鼓幣也。杜預云：『日月動物，雖行度有大量，不能不少有盈縮，故有雖交會而不食者，或有頻交而食者，唯正陽之月，君子忌之。』」又曰：「古之曆書亡矣，今世有周曆、魯曆者，蓋漢初爲之。其交無遲速盈縮、考日食之法。是以漢世通儒，未有以曆考此辛卯日食者。而王基獨云以曆校之，自共和以來，當幽王世，無周十月，夏八月，辛卯交會，欲以此會爲共和之前。其在共和之前則信矣，而校之無術。」◎朱子《集傳》引蘇氏曰：「日食，天變之大者也。然正陽之月，古尤忌之。夏之四月爲純陽，故謂之正月；十月純陰，疑其無陽，故謂之陽月。純陽而食，陽弱之甚也；純陰而食，陰壯之甚也。」◎《唐書・曆志下》：「夏后氏四百三十二年，日卻差五度。太康十二年戊子歲冬至，應在女十一度。《書》曰：『乃季秋月朔，辰弗集於房。』劉炫曰：『房，所舍之次也。集，會也。會，合也。不合則日蝕可知。或以房爲房星，知不然者，且日之所在正可推而知之。君子慎疑，寧當以日在之宿爲文？近代善曆者，推仲康時九月合朔，已在房星北矣。』」◎沈存中《夢溪筆談》曰：「先儒以日食正陽之月，止謂四月，不然也。正、陽乃兩事，正謂四月，陽謂十月。『日月陽止』是也。《詩》有『正月繁霜』、『十月之交，朔日辛卯，日有食之，亦孔之醜』，二者先王之所惡也。」◎《漢書・藝文志》「曆譜」：「《黄帝五家》三十三卷。《顓頊曆》二十一卷。《夏殷周魯曆》十四卷。」◎《唐書・藝文志》「曆算類」：「虞𠠎《大同曆》一卷。」◎宋孫覺，字莘老，高郵人。擢進士第。官至御史中丞。《宋史・藝文志》載覺《春秋經解》十五卷，《春秋學纂》十二卷，《春秋經社要義》六卷。今惟《春秋經解》十二卷刊入《通志堂經解》。◎《書録解題》二：「《詩解集傳》二十卷。門下侍郎眉山蘇轍子由撰，於序止存其首一言，餘皆删去。」又：「《詩解》二十卷，陳鵬飛撰。不解商、魯二《頌》，以爲《商頌》當闕而《魯頌》可廢。」◎葉水心曰：「少南諱鵬飛，温州永嘉人。其於經不爲章句之學。晚而始得仕，用之未及，而斥逐以死。」◎沈括，字存中，錢塘人。嘉祐八年進士。熙寧中，官至翰林學士、龍圖閣待制。事迹附載《宋史·沈遘傳》中。著《夢溪筆談》二十六卷。夢溪，存中居潤州之别業也。

元城《語録》謂：「《韓詩》有《雨無極篇》，序云：『《雨無極》，正大夫刺幽王也。』篇首多『雨無其極，傷我稼穡』八字。」朱子《集傳》曰：「第一、二章皆十句，增之則長短不齊。又此詩正大夫離居之後，暬御之臣所作。其曰『正大夫刺幽王』者，非是。」《解頤新語》亦云：「《韓詩》世罕有，其書或出於好事者之傅會。」

【元圻案】范處義《解頤新語》，已佚，此二語見《逸齋詩補傳》十八。其言曰：「説者多取《韓詩》爲證，謂名《雨無》，正大夫刺幽王也。篇首多『雨無其極』二句。竊意《韓詩》世罕有，其書或出好事者之附會。正大夫乃詩中之語，故欲以正大夫合之。據今序之文，以求詩人之言，亦可見非所以爲政之意，且與前篇『弗躬弗親，不自爲政』之語相應，不必立異也。」◎通志堂刊本

「謂名《雨無極》」句脱去「極」字，當補。

《鹽鐵論·未通篇》引「《詩》曰：『方叔元老，克壯其猶』，故商師若烏，周師若荼。」

蓋謂商用少而周用老也。

【閻按】今本作「商茶」、「周烏」。

【全云】亦屬附會。

【元圻案】《鹽鐵論·未通篇》：「御史曰：『古者，十五入太學，與小役；二十冠而成人，與戎事；五十以上，血脉溢剛，曰艾壯。《詩》曰：「方叔元老，克壯其猶。」故商師若荼，周師若烏。』」注云：「荼，苦菜也。烏，燕烏也，白項而羣飛者也。」愚案：若烏若荼，蓋以物色之黑白喻人髮也。此注以白項烏比周師之老，似矣，然烏之白在項而不在首，故稱人之髮黑者曰烏鬢，曰烏雲。若以苦菜比商師之少，更非其類。《鄭風》「有女如荼」箋：「荼，茅秀也。」正義曰：「毛之秀者，其穗白色。」則以荼喻老，以烏喻少，皆合。王氏此條，可正今本《鹽鐵論》之誤。◎《四庫全書總目·子部儒家類》：「《鹽鐵論》十二卷。漢桓寬撰。寬字次公，汝南人。昭帝始元六年，詔郡國舉賢良文學之士，問以民所疾苦，皆請罷鹽鐵榷酤。與御史大夫桑弘羊等建議，相詰難。寬集其所論爲書，凡六十篇。後罷榷酤，而鹽鐵則如舊。故寬作是書，惟以『鹽鐵』爲名，蓋惜其議不盡行也。明華亭張之象爲之注。」

《小弁》，趙岐《孟子注》謂伯奇之詩：「伯奇仁人，而父虐之，故作《小弁》之詩，曰『何辜於天』，親親而悲怨之辭也。」[一]又謂《鴟鴞》之篇刺邠君。[二]蓋漢儒言《詩》多異説。《論衡·書虚篇》亦云：「伯奇放流，首髮早白。《詩》云『惟憂用老』。」

[一]【全云】此乃《韓詩》，與《黍離》之説合。

[二]【全云】邠君即指成王，誤以爲刺耳。

【元圻案】《孟子》「仁則榮章」趙岐注云：「言此鴟鴞小鳥，猶尚知及天未陰雨，而取桑根之皮以纏綿牖户。刺邠君不如此鳥。」◎《逸齋詩補傳·論篇目》曰：「《小弁》之序曰：『太子之傅作。是時太子宜臼見棄，故有是詩。』而趙岐釋《孟子》，乃以爲伯奇之詩。中山王劉勝亦以爲伯奇，蓋皆指吉甫之子伯奇也。案《詩》曰：『踧踧周道，鞫爲茂草。我心憂傷，惄焉如擣。』蓋憂周室之將亡，真太子體國之言。若吉甫之子，安得被棄而憂周室？則趙岐、劉勝之説非矣。」◎《後漢書·王充傳》：「充字仲任，會稽上虞人也。好論説。著《論衡》八十五篇，二十餘萬言。」

《韓詩》：「『菿彼甫田』，菿，卓也。」《爾雅·釋詁》：「菿，大也。」郭璞注云：「菿，義未聞。」豈未見《韓詩》故耶？【原注】疏引《韓詩》。

【元圻案】《釋文》：「《甫田》『倬彼』，陟角反。明貌。《韓詩》作菿，音同。云菿，卓也。」◎余友奉新周邵蓮曰：「《説文》有『菿』字，無『菿』字。《玉篇》菿、菿兩收。菿字注云：『都角反，《韓詩》「葪彼甫田」，毛作倬。』葪字注云：『豬效反，捕魚具也，與罩同。』是葪當从艸，从竹者誤。」

《大東》「維北有斗」。或以爲南斗，或以爲北斗。朱子《集傳》兼取二說。

【元圻案】《小雅·大東》正義曰：「言『南箕北斗』者，按二十八宿連四方爲名者，唯箕、斗、井、壁四星而已。壁在室之外院，箕在南，則壁在室東，故稱東壁。鄭稱參傍有玉井，則井星在參東，故稱東井。推此則箕、斗並在南方之時，箕在南而斗在北，故言南箕北斗也。」◎董氏《廣川詩故》曰：「斗，四星爲斗，三星爲柄。」◎朱子《集傳》曰：「箕、斗二星以夏秋之間見於南方。云北斗者，以其在箕之北也。或曰：北斗常見不隱者。南斗柄固在西，若北斗而西柄，則亦秋時也。」

《吕氏春秋·孝行覽·慎人篇》謂舜自爲詩曰：「普天之下，莫非王土。率土之濱，莫非王臣。」疑與咸丘蒙同一說，而托之於舜。

【元圻案】《吕覽·慎人篇》曰：「舜之耕漁，其賢不肖與爲天子同。其未遇時也，以其徒屬堀地〔財〕，取水利，編蒲葦，結罘網，手足胼胝不居，然後免於凍餒之患。其遇時也，登爲天子，賢士歸之，萬民譽之，丈夫女子，振振殷殷，無不戴說。舜自爲詩曰：『普天之下，莫非王土；率土之濱，莫非王臣。』所以見盡有之也。盡有之，賢非加也；盡無之，賢非損也，時使然也。」

袁孝政釋《劉子》曰：「魏武公信讒，詩刺之曰：『營營青蠅，止於藩。豈弟君子，無信讒言。』」《傷讒篇》文。此《小雅》也，謂之《魏詩》，可乎？

【元圻案】《逸齋詩補傳・論篇目》曰：「袁孝政釋《劉子》云云，今據魏自有國風，若果爲《魏詩》，聖人删詩，《雅》、《頌》各得其所，豈容以《風》爲《雅》？袁氏亦豈惑於齊、魯、韓三家之説乎？」◎《四庫全書總目・子部・雜家類》：「《劉子》十卷。《隋志》不著録，《唐志》作梁劉勰撰。陳振孫、晁公武據唐播州録事參軍袁孝政序，作北齊劉晝撰。陳氏載其序曰：『晝傷己不遇，天下陵遲，播遷江表，故作此書。時人莫知，謂爲劉勰、劉歆、劉孝標作云云。』不知所據何書，故陳氏以爲終不知晝爲何代人。惟北齊劉晝，字孔昭，渤海阜城人，名見《北史・儒林傳》，然未嘗播遷江表，與孝政之序不符。」

朱子《詩傳》：「《采菽》，天子所以答《魚藻》也。《黍苗》，宣王時美召穆公之詩。皆非刺詩。」愚按《國語・晉語・文公在翟篇》注：「《采菽》，王賜諸侯命服之樂也。《黍苗》，道召伯述職，勞來諸侯也。」韋昭已有是説。

【元圻案】《詩序》：「《采菽》，刺幽王也。侮慢諸侯，諸侯來朝，不能錫命以禮數，徵會之而無信義。君子見微而思古焉。《黍苗》，刺幽王也。不能膏潤天下，卿士不能行召伯之職焉。」◎《晉語・文公在翟篇》：「明日燕，秦伯賦《采菽》，子餘使公子降拜。秦伯降辭。子餘曰：『君以天子之命服命重耳，重耳敢有安志，敢不降拜？』」子餘使公子賦《黍苗》。子餘曰：『重耳之卬君也，若黍苗之卬陰雨也。若君實庇蔭膏澤之，使能成嘉穀，薦在宗廟，君之力也。』」韋昭注：「《采菽》（三）〔五〕章屬《小雅》，王賜諸侯命服之樂也。其首章曰：『君子來朝，何（以）〔錫〕予之。雖無予之，路車乘馬。』《黍苗》亦《小雅》，道邵伯述職，勞來諸侯也。其詩曰：『芃芃黍苗，陰雨膏之。悠悠南行，邵伯勞之。』」

鄭康成先通《韓詩》，故注二《禮》，與箋《詩》異。〔一〕如「先君之思，以勖寡人」爲定姜之詩，「生甫及申」爲仲山甫、申伯，又「不濡其翼」、「維禹敶之」、「上天之載」、「匪革其猶」、「汭泦之即」、「至於湯齊」是也。注《禮記》與注《易》異，如「東鄰」、「西鄰」是也。

〔一〕【閻按】二《禮》謂《周禮》、《禮記》。

【閻按】康成注《易》，「東鄰」爲日出東方象，「西鄰」月出西方象。見王氏《集周易鄭注》。

【元圻案】《後漢書·康成傳》云：「先從張恭祖受《韓詩》。」◎《禮記·坊記》注：「『先君之思，以勖寡人』，此衛夫人定姜之詩也。定姜無子，立庶子衎，是爲獻公。獻公無禮於定姜，定姜言獻公當思先君定公，以孝於寡人。」《釋文》云：「此是《魯詩》。」正義曰：「《邶風·燕燕》之篇，衛莊姜送歸妾之詩。鄭又以爲衛定公夫人定姜之詩。按《鄭志》答炅模云：『注《記》時執就盧君，後得《毛詩》，乃改之。』凡注與《詩》不同皆倣此。」◎《孔子閒居》鄭注見後第七條正文①。正義曰：「按《詩·崧高》之篇，甫侯及申伯，甫侯，謂呂侯也。穆王之時，訓夏贖刑，謂呂侯與申伯俱出伯夷之後，掌四岳之事。又《詩》稱仲山甫之賢，與《嵩高》『生甫及申』全別。此云仲山甫者，按《鄭志》注《禮》在先，未得《毛詩傳》，然則此注在前，故以甫爲仲山甫。在後箋《詩》，乃得毛傳，知甫侯、申伯同出伯夷之後，故與《禮》別也。」◎《表記》注：「鵜，鵜胡，汙澤也。汙澤善居泥水之中，在魚梁以不濡〔汙〕其翼爲才。」正義曰：「言凡鳥居水中，必濡濕其翼。今鵜胡獨能不濡，故爲才。按《詩》注云：『鵜鳥在梁，可謂不濡其翼乎？』言必濡其翼也。與此乖者，注《禮》在前，注《詩》在後，故不同也。」◎《周禮·地官》「稍人」注云：「甸，讀與『維禹敶之』之『敶』同。」正義曰：「《毛詩》云『維禹甸之』，不爲『敶』者，鄭先通《韓詩》，此據《韓詩》而言。」◎《禮記·中庸》注：「『上天之載』，『載』讀曰『栽』，謂生物也。」《大雅·文王篇》毛傳：「載，事也。」◎《禮器》注：「革，急也，猶道也。」正義曰：「《文王有聲》之詩，革作棘，猶作欲，字異義同。」◎《周禮·夏官》「職方氏」注：「汭在豳地。《詩·大雅·公劉》曰『汭泦之即』。」正義曰：「按彼毛傳云：『芮，水厓也。』箋云：『芮之言内也，水之内曰隩，水之外曰鞫，就澗水之内外而居。』與此義違者，按《詩》上云『夾其皇澗，遡其過澗』，故以芮鞫爲外内。今爲水名者，蓋周公制禮之時，以汭爲

---

① 見本卷「禮記孔子閒居」條（頁三八三）。

水名，汭即皇澗，名曰汭耳。猶《禹貢》太（獄）〔嶽〕，至周爲霍山也。」◎《孔子閒居》注：「《詩》讀『湯齊』爲『湯躋』。躋，升也。」正義曰：「《詩·長發》本注，言天（命帝）〔帝命〕此殷家世世不違，至於成湯，乃與天心齊。此《記》注，意與《詩》注稍殊。」《商頌·長發》「至於湯齊」，傳云「湯與天心齊」，箋云「至於湯而當天心」。《經》又曰「聖敬日躋」，傳云「躋，升也」，箋云「聖敬之德日新」。《釋文》曰：「鄭注《禮》讀上爲『湯躋』，讀此爲『湯齊』。齊，莊也。」◎《坊記》注：「東鄰，謂紂國中也，西鄰，謂文王國中也。此辭在《既濟》。」正義曰：「鄭注《既濟·九五》曰：『互體爲《坎》也，又互體爲《離》，《離》爲日，《坎》爲月。日出東方，東鄰象也；月出西方，西鄰象也。』與此文異。」◎錢氏大昕曰：惠定宇云：「鄭箋宗毛，然亦有從韓、魯説者。如《唐風》『素衣朱襮』，以繡黼爲綃黼，《十月之交》爲厲王詩，《皇矣》『侵阮徂共』爲三國名，皆從《魯詩》。《衡門》『可以樂飢』，以樂爲瘵；《十月之交》『抑此皇父』，抑讀爲意；《思齊》『古之人無斁』，斁作擇；《泮水》『狄彼東南』，狄作鬄，皆《韓詩》也。」

「亂離瘼矣，爰其適歸」，[一]新經義云：「亂出乎上，而受患常在下。及其極也，乃適歸乎其所出矣。」噫，宣、靖之際，[二]其言驗矣。而兆亂者誰歟？言與行違，心與迹異，荆舒之謂也。

[一]《小雅·四月》，「爰」當作「奚」。

〔二〕宣和，徽宗年號；靖康，欽宗年號。

【全云】王荆公用意氣則有之，言行心迹不至歧而爲二也。章、蔡之致亂，不可竟以罪荆公。

【元圻案】朱子《楚辭後語》謂：「安石致位宰相，流毒四海，而其言與生平行事心術，無毫髮肖。夫子所以有『於予改是』之嘆。」◎王安石初封舒國公，元豐三年，改封荆。崇寧中追封舒王。

單穆公曰：「旱麓之榛楛殖，故君子得以易樂干禄焉。若夫山林匱竭，林鹿散亡，藪澤肆既，君子將險哀之不暇，而何易樂之有焉！」《周語》。誦「險哀」二字，此文中子所以有「帝省其山」之嘆也。「天地變化，草木蕃」①，況賢者而不樂其生乎？「天地閉，賢人隱」，況草木而得遂其性乎？

【元圻案】《大雅·旱麓》：「瞻彼旱麓，榛楛濟濟。豈弟君子，干禄豈弟。」毛傳：「干，求也。言陰陽和，山藪殖，故君子得以干禄樂易。」正義曰：「《周語》引此一章，乃云夫『旱麓之榛楛殖』云云。毛依此文爲義。」◎《中説·立命篇》：「遼東之役，天下治船。子曰：『林麓盡矣。帝省其山，其將何辭以對？』」

① 與下句俱見《易·坤·文言》。

「旱麓」①，毛氏云：「旱，山名也。」曹氏[一]：「按《漢・地理志》，漢中南鄭縣有旱山，沱水所出，[二]東北入漢。」旱山在梁州之境，與漢廣相近，故取以興焉。

[一] 名粹中，著《詩說》。

[二]【閻按】沱本作「池」，即「沱」字。

【元圻案】王氏《詩地理考》曰：「《九域志》：『興元府有旱山。』《寰宇記》：『在南鄭縣西南二十里。』，《周地圖記》云：『山上有雲即雨。』」◎嚴氏粲《詩緝》曰：「毛氏以旱爲山名，不知山之所在。或取《漢・地理志》漢中郡南鄭縣之旱山以實之。詩人托興皆取其在境内者，何獨遠取漢中之旱山乎？闕其所不知可也。」王氏以嚴説爲不然，故曰「與漢廣相近」以正之。

「鼉鳴如鼓」，新經之説也。《解頤新語》取之，鑿矣。

【集證】陸佃《埤雅・釋魚》：「《詩》曰『鼉鼓逢逢』，先儒以爲鼉皮堅厚，取以冒鼓。蓋鼉鼓非特有取於皮，亦其鼓聲逢逢然象鼉之鳴，故謂之鼉鼓也。《(臨)〔晉〕安海物記》：『鼉宵鳴如桴鼓。』今江淮之間，謂鼉鳴爲鼉鼓。」佃，安石之客也，故訓鼉鼓從王氏説。

【元圻案】《大雅・靈臺篇》毛傳：「鼉，魚屬。」正義曰：「其皮堅，可以冒鼓。《月令》注亦云

① 《詩・大雅》有《旱麓》篇。

鼉皮可以冒鼓也。」◎《逸齋詩補傳》二十三：「鼉，水畜也。樂作於辟廱，鼉聞之而亦樂，逢逢然和鳴以應之。」又是一義。

《賈誼書·容經篇》：「諺云：『君子重襲，小人無由入。正人十倍，邪辟無由來。』古之人其謹於所近乎？《詩》曰：『芃芃棫樸，薪之槱之。濟濟辟王，左右趣之。』[①]此言左右日以善趣也。」此即選左右之説。爰延亦云：「善人同處則日聞嘉訓，惡人從遊則日生邪情。」

【元圻案】《新書·保傅篇》：「太子之善，在於蚤諭教與選左右。」《大戴禮·保傅篇》文同，惟「太子」作「天子」。◎《後漢書·爰延傳》：「延字季平，陳留外黄人也。徵拜大鴻臚。上封事曰：『臣聞之，帝左右者，所以咨政德也。故周公戒成王曰「其朋其朋」，言慎所與也，善人同處』云云。」

「維申及甫，維周之翰。」[②]申、甫之地，爲形勢控扼之要。「甫」即「吕」也。《吕

① 《詩·大雅·棫樸》。
② 《詩·大雅·崧高》。

刑》一曰《甫刑》。史伯曰：「當成周者，南有申、呂。」見《鄭語》。《左氏傳》成公七年：「楚子重請申、呂以爲賞田。申公巫臣曰：『不可，此申、呂所以邑也，是以爲賦，以御北方。』」蓋楚得申、呂而始强，兹所以爲周室之屏翰歟？《漢·地理志》：「南陽宛縣，申伯國。」《詩》、《書》及《左氏》注不言呂國所在。《史記·齊世家》正義引《括地志》云：「故呂城，在鄧州南陽縣西。」徐廣云：「呂在宛縣。」《水經注》亦謂「宛西呂城，四岳受封。」然則申、呂，漢之宛縣也。高帝入關，光武起兵，皆先取宛，其形勢可見。李忠定曰：「天下形勢，關中爲上，襄、鄧次之。」【原注】《輿地廣記》云：「蔡州新蔡，古呂國。」今按新蔡之地屬蔡，未嘗屬楚，子重不當請爲賞田，則呂國在宛明矣。

【閻按】《括地志》：「故申城在鄧州南陽縣北三十里。故呂城在鄧州南(城)〔陽〕縣西四十里。」故班固曰：「宛縣，申伯國。」徐廣曰：「呂在宛縣。」《詩集傳》以申在今鄧州信陽軍之境，亦非。

【元圻案】《尚書·呂刑》孔傳：「後爲甫侯，故稱《甫刑》。」正義曰：「《禮記》、《書傳》引此篇之言，多稱爲《甫刑》，故傳解之。」◎《唐·宰相世系表》：「呂氏出自姜姓。至周穆王，呂侯入爲司寇，宣王世改『呂』爲『甫』。」《水經·淯水注》：「梅溪又徑宛西呂城東。」《史記》曰：「呂尚先祖爲四岳，佐禹治水有功。虞夏之際，受封於呂，故因氏爲呂尚也。」◎《漢書·高帝紀》：「秦三年，六月，略南陽郡，南陽守走，保城守宛。沛公引兵過宛西。張良諫曰：『沛公雖欲急入關，秦兵尚衆，距險。今不下宛，宛從後擊，强秦在前，此危道也。』於是沛公乃夜引軍從他道還，偃旗鼓，遲明，圍宛城三匝。」◎《後漢書·光武紀》：「莽地皇三年，光武與李通從弟軼起於宛。更始元年，正月，伯升破王莽納言將軍嚴尤、秩宗將軍陳茂於淯陽，進圍宛城。」◎王氏《詩地理考》引林氏曰：「漢與楚相持，常出武關，收兵宛、葉間。光武起南陽，以宛首事。申即宛也。」◎李忠定，名綱，字伯紀，邵武人，祖徙無錫。登政和進士。事迹具《宋史》本傳。高宗即位，拜尚書右僕射、中書侍郎。如姚崇疏上十事，王氏所引，其「巡幸事」中語也。又言：「臣嘗議巡幸，今縱未能行上策，當且適襄鄧，示不忘故都，以繫天下之心。夫南陽光武所興，西鄰關陝，可以召將士；東達江淮，可以運穀粟；南通荆湖巴蜀，可以取財貨；北距三都，可以遣救援。」

《禮記·孔子閒居》：「《詩》曰：『維嶽降神，生甫及申。』」鄭康成注言：「周道將興，五嶽爲之生賢輔佐仲山甫及申伯，爲周之幹臣。」【原注】正義云：「按《鄭志》，注《禮》在先，未得毛傳。」愚謂：仲山甫，猶《儀禮》所謂「伯某甫」也。《周語》云「樊仲山父」，蓋「甫」與「父」同。若以仲山甫爲「甫」，則尹吉甫、蹶父、皇父、程伯休父，亦可以言「甫」矣。近世説《詩》者乃取此而舍箋、傳，愛奇之過也。【原注】《權德輿集》云：「魯獻公仲子曰山甫，入輔於周，食采於樊。」

【閻按】《漢·杜欽傳》：「仲山甫，異姓之臣，就封於齊。」注云「《韓詩》」，康成其出此乎？

【元圻案】《詩・烝民》「肅肅王命，仲山甫將之」，毛傳：「仲山甫，樊侯也。」正義曰：「言仲山甫是樊國之君，爵爲侯而字仲山甫也。」《六月》「文武吉甫，萬邦爲憲」傳：「吉甫，尹吉甫也。」《韓奕》「蹶父之子」傳：「蹶父，卿士也。」《常武》「南仲太祖，太師皇父」箋：「南仲，文王時武臣也。宣王命大將，乃用其以南仲爲太祖者，今太師皇父是也。」「王謂尹氏，命程伯休父」正義曰：「《楚語》云：『重、黎氏世敍天地，其在周，程伯休父其後也。』韋昭云：『程國伯爵，休父名也。』按父宜是字，而昭以爲名，未能審之。」◎《崧高》箋：「申，申伯也；甫，甫侯也。」正義曰：「《孔子閒居》注以甫爲仲山甫。按《外傳》稱樊仲山甫，則是樊國之君，必不得與申伯同爲岳神所生。注《禮》之時，未詳《詩》意故耳。」◎《序》云：「《崧高》，美宣王也。天下復平，能建國親諸侯，褒賞申伯焉。」故《詩》之稱「申伯」者十四，申、甫並稱者惟首章耳。朱新仲《猗覺寮雜記》謂：「甫侯乃穆王時人，去宣王時甚遠，觀《烝民》一篇專美山甫，則《崧高》所美爲山甫不疑。」東萊呂氏、實夫黄氏皆以康成遠取「訓夏贖刑」之甫侯爲非，而黄氏謂申、甫皆宣王時賢諸侯，甫雖不見於經，以文考之，蓋當如此。朱子《集傳》謂甫是宣王時人，作《吕刑》者之子孫。皆不從鄭箋之説。李迂仲據《史記》言：「太公望，其先祖掌四岳，佐禹有功，虞夏之際，或封於吕，或封之申。《周語》曰『齊、許、申、吕』，皆姜姓也。至於甫侯，即穆王時『訓夏贖刑』者是也。蓋皆出於四岳之後，故連言之，言崧高之山，其大極矣，在穆王時，則生甫侯，在宣王時，則生申伯。」此説是也。詩人之美其人者，多推本其先祖之德，如「南仲太祖，太師皇父」是也。甫、申皆四岳之後，《詩》言「維岳降神，生甫及申」，由先以及其後，言能世濟其美也。又言「維申及甫，維周之翰」，由後以及其先，言能繩其祖武也。若申、甫爲同時之人，何以下獨美申伯，而不復更及甫之一語乎？

《左氏傳》昭公二十六年曰：「諸侯釋位，以閒王政。宣王有志而後效官。」《雲漢》之序曰：「内有撥亂之志，非立志，何以成中興之功？」

【何云】宋之孝宗，豈伊無志哉，惑於羣小偷惰之言，志不定故也。

【元圻案】《大雅·雲漢序》曰：「仍叔美宣王也。宣王承厲王之烈，内有撥亂之志，遇災而懼，側身修行，欲銷去之。」◎後唐之莊宗，能繫燕父子以組，函梁君臣之首，入太廟而告成功，亦以能立志故也。及志得意滿，而漸不克終矣。

宣王晏起，姜后請愆，則《庭燎》之箴，始勤終怠可見矣。殺其臣杜伯而非其罪，則《沔水》之規，讒言其興可見矣。

【元圻案】《後漢書·皇后紀》：「康王晚朝，《關雎》作諷。宣王晏起，姜氏請愆。」注，《列女傳》曰：「周宣王姜后，齊(后)〔侯〕之女也。宣王嘗夜卧晏起，后夫人不出房。姜后既出，乃脱簪珥，待罪於永巷，使傅母通言於王曰：『妾不才，淫心見矣，至使君王失禮而晏起，以見君王樂色忘德。敢請罪，惟君王之命。』王曰：『寡人之過，夫人何辜？』遂勤政事，成中興之名焉。」◎《小雅·庭燎序》："美宣王也，因以箴之。"《逸齋補傳》十七："《庭燎》首章以夜未央而問，次章以夜未艾而問，卒章以夜鄉晨而問，則宣王怠意已見，視朝漸晚矣。至煩賢妃脱簪待罪，詩人之規，信於蓍龜也。"◎《周語》内史過曰："周之興也，鸑鷟鳴於岐山；其衰也，杜伯射王於鄗。"韋昭注："杜國伯爵，陶唐氏之後。《周春秋》曰：宣王殺杜伯而不辜，後三年，宣王田於圃，日中，杜伯起於道左，衣朱衣、朱冠，操朱弓、朱矢，射王中心，折脊而死。"◎《説苑·立節篇》："左儒友於杜伯，皆臣周宣王，宣王將殺杜伯而非其罪也，左儒争之於王，九復而王弗許。"◎《墨子·明鬼篇》載杜伯事，與韋注所引《周春秋》其辭略同，疑皆非其實也。唯《説苑》爲近正。◎《小雅·沔水序》："規宣王也。"《逸齋補傳》十七："卒章有讒言其興之戒，必宣王頗惑讒言，不親諸侯，故近臣規之也。"

《祈父》傳謂："宣王之末，司馬職廢，羌戎爲敗。"按《通鑑外紀》："三十三年，王伐太原戎，不克。三十八年，王伐條戎、奔戎，王師敗績。三十九年，戰於千畝，王師敗績於姜氏之戎。四十一年，王征申戎，破之。""轉予於卹"①，蓋謂此四役也。

①《詩·小雅·祈父》。

【全云】此二條乃亭林顧氏《日知録》中論宣王所本。①

【元圻案】《祈父》正義曰：「《周語》云：『宣王三十九年，戰於千畝，王師敗績於姜氏之戎。』故言姜戎爲敗。《常父》美宣王命程伯休父爲大司馬，則休父賢者也。言職廢者，蓋休父卒後，他人爲之，其人不賢，故職廢也。」◎《後漢書·西羌傳》：「宣王二十七年，王遣兵伐太原戎，不克。後五年，王伐條戎、奔戎，王師敗績。後二年，晉人敗北戎於汾隰，戎人滅姜侯之邑。明年，王征申戎，破之。」年分與《外紀》不符。

「尹氏不平」，[一]此幽王所以亡。《春秋》於平王之末書「尹氏卒」，隱公三年。見權臣之繼世也。於景王之後書「尹氏立王子朝」，昭公二十三年。見權臣之危國也。《詩》之所刺，《春秋》之所譏，以此坊民，猶有五侯擅漢、三馬食曹之禍。

[一]《節南山》：「赫赫尹氏，不平謂何。」

【元圻案】隱公三年《公羊傳》曰：「其稱尹氏何？貶。曷爲貶？譏世卿，世卿非禮也。」◎《漢書·元后傳》：「成帝河平二年，上悉封舅譚爲平阿侯，商成都侯，立紅陽侯，根曲陽侯，逢時高平侯。五人同日封，故世謂之五侯。」司徒掾班彪曰：「王莽之興，由孝元后，歷漢四世，爲天下母，

---

① 按，應指《日知録》卷三「大原」條。

饗國六十餘載，羣弟世權，更持國柄，五將十侯，卒成新都。」◎《晉書・宣帝紀》：「魏武察帝有雄豪之志，聞有狼顧相，乃召使前行，令反顧，面正向後而身不動。又嘗夢三馬同食一槽，甚惡焉。」

「好讒慝暗昧」，「近頑童窮固」矣。商之「咈其耇長」③，吴之「播棄黎老」，與亂同事也。「召彼故老，訊之占夢」①，於是「即我御事，罔或耆壽俊在厥服」②矣。

【元圻案】《小雅・正月》箋云：「君臣在朝，侮慢元老，召之不問政事，但問占夢，不尚道德，而信徵祥之甚。」◎《（周）〔鄭〕語》史伯曰：「今王棄高明昭顯，而好讒慝暗昧；惡犀角豐盈，而近頑童窮固。」◎《吴語》：「吴王還自伐齊，申胥曰：『昔吾先王世有輔弼之臣，以能遂疑計惡，以不陷於大難。今王播棄黎老，而孩童焉比謀。』」

宣三十年，有兔舞於鎬京，而赫赫宗周有寖微之象矣。幽二年，三川竭，岐山崩，而陵谷易處，有將亡之形矣。匪降自天，職競由人，致此者人也，豈天所爲哉！

① 《詩・小雅・正月》。
② 《書・文侯之命》。
③ 《書・商書・微子》。

【元圻案】有兔舞於鎬京，見《竹書紀年》。◎《周語》：「幽王三年，西周三川皆震。伯陽父曰：『周將亡矣。』又是歲也，三川竭，岐山崩。」《史記》作「幽王二年」。◎《小雅·十月之交》「下民之(虐)〔孽〕，匪降自天，噂沓背憎，職競由人」，朱子《集傳》曰：「言所以致變異者，由小人用事於外，而嬖妾蠱惑王心於内以爲之主故也。」

《裳裳者華》，興賢者功臣之子孫，世臣與國升降者也。王朝則周、召二公夾輔王室；家父、仍叔，二雅舊人，歷汾王之亂、平王之遷猶在也。〔一〕侯國則翼之九宗，遂之四氏，與封建之法相維持。彼漢之彧、羣，魏之荀、何，江左之淵、儉，唐季之崔、柳，豈世臣之謂乎！

〔一〕【何云】正義謂：「《詩》家父、仍叔與見《春秋》桓公年者，年月長遠，並應別人。」

【閻按】孔穎達辨「《詩》家父、仍叔與見《春秋》桓公年間者，年月長遠，並應別人」。然王氏亦指其後人言。

【元圻案】《小雅·裳裳者華序》云：「刺幽王也。古之仕者世禄，小人在位，則讒諂並進，棄賢者之類，絶功臣之世焉。」《節南山序》云：「家父刺幽王也。」正義曰：「桓七年，天王使家父來求車。桓十五年，上距幽王之初則八十五年矣。古人以父爲字，或累世同之，未必是一人也。《雲漢序》云『仍叔』，箋引桓五年『仍叔之子來聘』。春秋時趙氏世稱孟，智氏世稱伯，仍氏或亦世字叔也。自桓五年上距宣王之卒七十六歲。引之以證仍叔是周大夫耳，未必是一人也。」◎《大雅·韓奕》「韓侯娶妻，汾王之甥」，箋云：「汾王，厲王也。厲王卒於彘，彘在汾水之上，故時人因以號之。」◎隱公六年《左傳》「翼九宗五正」，注：「翼，晉舊都也，唐叔受封，受懷姓九宗，職官五正，遂世爲晉强家。九宗，一姓爲九族也。」◎莊公十七年《左傳》：「遂因氏、頜氏、工婁氏、須遂氏，饗齊戍，醉而殺之。」注：「四族，遂之强宗。」◎荀彧、陳羣，注見後「召公是似」條①。◎《晉書·荀顗傳》：「顗字景倩。魏太尉彧之第六子也。魏時累遷侍中，賜爵關内侯。高貴鄉公立，顗言於景帝曰：『今上踐阼，權道非常，宜速遣使宣德四方，且察外志。』武帝踐阼，進爵爲公。」◎何曾，字穎考。父夔，魏太僕、陽武亭侯。曾少襲爵。武帝襲王位，以曾爲晉丞相，加侍中，與裴秀、王沈等勸進。◎《南齊書·褚淵傳》：「淵字彦回。父湛之，尚宋武帝女。淵復尚文帝女。齊臺建，淵白太祖，引何曾自魏司徒爲晉丞相，求爲齊官。太祖謙讓不許。」又《王儉傳》：「儉字仲寶。祖曇首，宋右光禄。父僧綽，金紫光禄大夫。儉數歲襲爵豫章侯，拜受茅土。太祖爲太尉，引爲長史。時大典將行，儉爲佐命，禮儀詔策，皆出於儉。褚淵唯爲禪詔文，使儉參治之。」◎《唐書·姦臣傳》：「崔胤，字垂休，宰相慎由子也。胤素善朱全忠，委心結之。天復元年，全忠已取河中，進逼同、華。中尉韓全誨以胤與全忠善，恐導之翦除君側，乃白罷政事，未及免，倉卒挾帝幸鳳翔。胤怨帝見廢，不肯從，召全忠以兵迎天子，胤出居華州。

① 見頁四二〇。

全忠引兵還屯河中，胤迎謁渭橋，奉觴爲全忠壽，自歌以酬酒。全忠雖據河南，顧强諸侯相持，未敢決移國。及胤間内隙，與相結，得梯其禍，取朝權以成强大，終亡天下。」又：「柳璨，字炤之，公綽族孫也。以諫議大夫同中書門下平章事。朱全忠圖篡弑，宿衛士皆汴人，璨一厚結之，脅哀帝曰：『人望歸元帥矣，陛下宜揖讓以授終。』璨請自行，進拜司空，爲册禮使，即日進道。」

「執我仇仇，亦不我力」，周所以替也。「雖不能用，吾慭寘之於耳」，楚所以亂也。「君且休矣，吾將思之」，漢所以微也。

【元圻案】《小雅·正月》傳曰：「仇仇，猶謷謷也。」箋云：「王既得我，執留我，其禮待我，謷然亦不問我在位之功力。言其有貪賢之名，無用賢之實。」◎《爾雅·釋訓》：「仇仇，敖敖，傲也。」注皆「傲慢賢者」。◎《楚語》：「靈王虐，白公子張驟諫。王病之，曰：『子復語。不穀雖不能用，吾慭置之於耳。』對曰：『賴君之用也，故言。不然，巴浦之犀、犛、兕、象，其可盡乎，其又以規爲瑱也？』遂趨而退，乃有乾谿之亂。」◎《漢書·楚元王傳》：「成帝無繼嗣，政由王氏出。災異寖甚。〔劉〕向遂上封事極諫。天子召見向，嘆息悲傷其意，謂曰：『君且休矣，吾將思之。』」

「擇三有事，亶侯多藏」，貪墨之臣爲蝨賊。「小東大東，杼柚其空」，聚斂之臣爲斧斤。《文侯之命》所謂「殄資澤於下民」也。是時虢石父好利用事，而皇父以卿士爲羣邪之宗。

【何云】此皆感嘆公田之事。

【全云】宋之弊政，始於趙與訔、岳珂之聚斂，繼而爲史宅之、趙汝楳之履畝，又繼而爲賈似道之公田，深寧所以浩嘆也。何説未備。

【元圻案】《小雅·十月之交》傳曰：「擇三有事，有司，國之三卿，信維貪淫多藏之人。」箋云：「作都立三卿，皆取聚斂之人，言不知厭也。」◎《小雅·大東》箋云：「小也，大也，謂賦斂之多少也。小亦於東，大亦於東，言其政偏，失砥矢之道也。」◎《史記·周本紀》：「幽王以虢石父爲卿用事，國人皆怨。石父爲人佞巧，善諛好利。」◎《十月之交》，經曰：「皇父卿士，番維司徒。家伯(家)〔維〕宰，仲允膳夫。聚子内史，蹶維趣馬。楀維師氏，豔妻煽方處。」箋云：「皇父、家伯、仲允皆字，番、聚、蹶、楀皆氏。六人之中，雖官有尊卑，權寵相連，朋黨於朝，皇父則爲之端首，兼擅衆職，故但目以卿士云。」

「神之聽之，終和且平」，《小雅·伐木》。朋友之信，可質於神明。[一]「神之聽之，式穀以女」，[二]正直之道，無愧於幽隱。

[一] 案程子曰：「鳥鳴嚶嚶，以物情興朋友之好，視鳥如是，豈人而不求友乎？朋友之信久不渝，可質於神明。」

〔二二〕《小雅·小明》。上句云「靖共爾位，正直是與」。

楊泉《物理論》曰：「稻、粱、菽各二十種，爲六十；蔬、果之實助穀各二十，凡爲百穀。故《詩》曰『播厥百穀』。」

【元圻案】《隋書·經籍志》「儒家」：「梁有《楊子物理論》十六卷，晉徵士楊泉撰。」◎《物理論》，今佚，此文見《太平御覽》八百三十七。

《詩大、小雅譜》引傳曰：「文王基之，武王鑿之，周公内之。」疏云：「未知此傳在何書。」

【全云】漢儒引緯書，有《易傳》、《書傳》之稱，則此亦其類，非三家《詩傳》也。

【元圻案】正義曰：「此傳以作室爲喻也。言周國之興，譬如爲室，文王始造其基，武王鑿其榱棟，周公内而架之，乃成爲室。猶言文王受命，武王因之得伐紂，定天下，周公致太平，制禮作樂以成之。《大雅》十八篇，《小雅》十二篇，爲正經。凡書非正經者謂之傳。未知此《傳》在何書也。」◎《讀詩記》十七：「按屈原《離騷》謂之經，自宋玉《九辯》以下，皆謂之傳。以此例考之，《鹿鳴》以下，《小雅》之經也，《六月》以下，《小雅》之傳也；《文王》以下，《大雅》之經也，《民勞》以下，《大雅》之傳也。孔氏謂『凡書非正經者謂之傳』，善矣。又謂『未知此《傳》在何書』，則非也。」◎《北史》魏李彪《求復舊職表》曰：「《記》曰『善迹者欲人繼其行，善歌者欲人繼其聲』，故《傳》曰：『文王基之，周公成之。』」

三代之禮有損益，而所因者，未之有改也。以《公劉》之詩考之：「君之宗之」，宗法始於此；「其軍三單」，軍制始於此；「徹田爲糧」，徹法始於此。《周禮》有自來矣。

【元圻案】《大雅·公劉》傳曰：「爲之君，爲之大宗也。」朱子《集傳》曰：「宗，尊也，主也。嫡子孫主祭祀，而族人尊之以爲主也。」李氏樗曰：「《周禮》宗子有五：大宗子一，小宗子四，別子爲祖，繼別爲宗。百世不遷者，大宗也。繼禰之宗，繼祖之宗，繼曾祖之宗，繼高祖之宗，五世則遷者，小宗也。皆所以主祭祀而統族人。」◎箋云：「大國之制三軍，以其餘卒爲羨。單者，無羨卒也。」正義曰：「《地官·小司徒》云：凡起徒役，無過家一人，以其餘爲羨。羨謂家之副丁也。今言其軍三單，則是軍而無副，故稱單也。」又箋云：「什一而稅謂之徹。」正義曰：「徹乃周之稅法。公劉夏時諸侯而言徹者，以其俱是什一，其名可以相通也。大國三軍，亦是周制，而謂公劉之時已作三軍者，以三代損益，事多相因。」◎《逸齋詩補傳》：「正君臣之位以統率於上，立大宗之法以相維於下，蓋古者建國必立宗，疑始於此。立大軍之制以治兵，爲徹田十一之法以儲糧，凡周家軍制、徹法，皆始於此也。」

「咨女殷商」①，猶賈山之借秦爲諭也。周公戒成王：「無若殷王受。」②又曰：「宜鑑於殷，駿命不易。」③人君常聞危亡之言，則可保其安存矣。

【元圻案】《逸齋詩補傳》：「『蕩蕩上帝。』自二章以下，皆設言商之過，猶後世借秦爲諭也。」◎《漢書·賈山傳》：「山，潁川人也。孝文時言治亂之道，借秦爲諭，名曰《至言》。」

「靡哲不愚」④，司空圖之耐辱也；「善人載尸」⑤，裴度之晚節也。

【元圻案】《大雅·抑》傳：「國無道則愚。」箋云：「王政暴虐，賢者皆（洋）〔佯〕愚，不爲容貌，如不肖然。」◎《大雅·板》箋云：「王方行酷虐之威，賢人君子則如尸矣，不復言語。」◎《唐書·卓行傳》：「司空圖，字表聖，河中虞鄉人。咸通末擢進士。昭宗在華，召拜兵部侍郎，以足疾固自乞。圖本居中條山王官谷，遂隱不出。作亭名休休。作文以見志。自號耐辱居士。其言詭激不常，以免當時禍災云。」又《裴度傳》：「度字中立，河東聞喜人。貞元初擢進士第。文宗時

① 《詩·大雅·蕩》。
② 《書·無逸》。
③ 《詩·大雅·文王》。
④ 《詩·大雅·抑》。
⑤ 《詩·大雅·板》。

進司徒、平章軍國重事。時閹豎擅威，天子擁虛器，搢紳道喪。度不復有經濟意，乃治第東都集賢里午橋，作別墅，號緑野堂。與白居易、劉禹錫爲文章，把酒窮晝夜相歡，不問人間事。」◎王安石曰：「善人載尸，畏禍故也。」

孔子於《烝民》加四字而意自明；於《緡蠻》曰：「於止知其所止，可以人而不如鳥乎？」此説《詩》之法。韓子於《菁菁者莪》屑屑訓釋，蓋少作也。晚歲引《詩》，言「老成人重於典刑」，簡而當矣。

【何云】若庸人，不得不申重反覆，非少作故。

【全云】既庸人矣，何必與申重反覆以求一遇？

【元圻案】《昌黎集·上宰相書》曰：「《詩》之序曰：『菁菁者莪，樂育材也。君子能長育人材，則天下喜樂之矣。』其詩曰：『菁菁者莪，在彼中阿。既見君子，樂且有儀。』説者曰：菁菁者，盛也。莪，微草也。阿，大陵也。言君子之長育人材，若大陵之長育微草，能使之菁菁然盛也。『既見君子，樂且有儀』云者，天下美之之辭也。其三章曰：『既見君子，錫我百朋。』説者曰：百朋，多之之辭也，言君子既長育人材，又當爵命之，賜之厚禄，以寵貴之云爾。其卒章曰：『汎汎楊舟，載沈載浮，既見君子，我心則休。』説者曰：載，載也。沈浮者，物也。言君子之於人材，無所不取，若舟之於物，浮沈皆載之云爾。『既見君子，我心則休』云者，言若此，則天下之心美之也。君子之於人也，既長育之，又當爵命寵貴之，而於其才無所遺焉。」案《年譜》，公時年二十八。又《論孔戣致仕狀》曰：「七十求退，人臣之常禮，若有德及氣力尚强，則君優而留之，不必年過七十，盡許致事也。《詩》曰：『雖無老成人，尚有典刑。』此言老成人重於典刑，不可不惜而留也。」公時年五十六。◎邵氏博《聞見後録》曰：「退之於文，不全用《詩》、《書》之言，如《田弘正先廟碑》曰：『昔者魯僖公能遵其祖伯禽之烈，周天子實命其史臣克，作爲《駉》、《駜》、《泮》、《閟》之詩，使聲於其廟，以假魯靈。』其用《詩》之法如此。如《上宰相書》，解釋『菁菁者莪』二百餘字，蓋少作也。」◎《讀詩記》一引謝氏曰：「明道先生善言《詩》，未嘗章解句釋，但優遊玩味，吟哦上下，使人有得處。曰：『「瞻彼（洛矣）〔日月〕，悠悠我思。道之云遠，曷云能來？」思之切矣。「百爾君子，不知德行，不忮不求，何用不臧。」歸於正也。』」只兩言而意已盡矣，足以推廣王氏之説。

考之《周語》，立魯公子戲，則仲山甫諫；料民太原，則仲山甫又諫。然聽之藐藐也。當時公卿，唯虢文公諫不籍千畝，而他無聞焉。此詩人所以有「愛莫助之」之嘆。

【元圻案】《周語》：「魯武公以括與戲見王，王立戲。樊仲山甫諫曰：『天子立諸侯而建其少，是教逆也。若魯從之而諸侯效之，王命將有所壅，若不從而誅之，是自誅王命也。』王卒立之。」又：「宣王既喪南國之師，乃料民於太原。仲山甫諫曰：『不謂其少而大料之，是示少而惡事也。

臨政示少，諸侯避之。治民惡事，無以賦令。』王卒料之。」又：「宣王即位，不籍千畝。虢文公諫曰：『民之大事在農。膳夫、農正陳籍禮，太史贊王，王耕一墢，班三之，庶人終於千畝。民用莫不震動，恪恭於農功。今天子欲修先王之緒而棄其大功，匱神乏祀而困民之財，將何以求福用民？』王弗聽。」◎《大雅·烝民》「愛莫助之」，箋云：「愛，惜也。仲山甫能獨舉此德而行之，惜乎莫能助之者。」

「溥彼韓城，燕師所完」，鄭箋以「燕」爲燕安。王肅云：「今涿郡方城縣有韓侯城。【原注】見《水經注》。燕，北燕國。」愚謂《詩》云「奄受北國」，肅説爲長。

【閻按】「韓侯入覲」，「入」字便知韓國不在畿内，遠與北燕爲鄰。肅説果長。

【元圻案】《大雅·韓奕》箋云：「溥，大也。燕，安也。大矣彼韓國之城，乃古平安時衆民之所築完。」◎《水經注》十二：「聖水又東南逕韓城東。《詩·韓奕篇》：『溥彼韓城，燕師所完。』鄭玄曰：『周封韓侯，居韓城，爲侯伯。爲獫夷所逼，稍稍東遷也。』王肅曰：『今涿郡方城縣有韓侯城。』」◎鄭康成以韓國在同州韓城縣，則去北燕二千餘里，必無遠役燕民往城之理，故以燕爲燕安，不以燕爲燕國。惟王子雍以韓城在涿郡方城縣，則與燕爲近，則燕即北燕也，不必迂其説爲燕安矣。李迂仲、黄實夫從鄭氏，曹氏《詩説》、《逸齋補傳》、朱子《集傳》從王氏。◎《釋文》：「燕，王肅、孫毓並烏賢反，云北燕國。」

「韓侯出祖，出宿於屠。」毛氏曰：「屠，地名。」不言所在。潏水李氏以爲同州䣝谷。今按《説文·邑部》「䣝」有左馮翊郃陽亭，【原注】同都切。馮翊即同州也。潏水之言信矣。

【元圻案】朱子《集傳》：「屠，地名。或曰即杜也。」◎金壇段玉裁曰：「屠、䣝，古今字。顧氏祖禹《讀史方輿紀要》作荼谷渡，云在今陝西同州府郃陽縣東河西故城南。」

自宣王褒申伯，而申侯終以召戎禍，猶可以爲萬世法乎？外戚秉政，未或不亡。漢亡於王莽、何進，晉亡於賈謐，唐幾亡於楊國忠，石晉亡於馮玉。

《漢·恩澤侯表》曰：「帝舅，緣《大雅》申伯之意。後之寵外戚者，率以是藉口。」

【何云】庾亮有賢名，然終致蘇峻之亂。

【全云】曹操篡漢，而伏完死難。司馬氏篡魏，而張緝死難。蕭道成篡宋，而王蘊死難。楊堅以外戚篡周，而尉遲迥亦以外戚死難。外戚非必皆不賢也。漢之吕、霍、上官不可用矣，而竇嬰則名臣，王商、馮野王、傅喜三人，元、成、哀若能大用之，可無王氏之禍。要之在知人耳。然深寧則有感於賈妃而言。

【元圻案】《漢書·恩澤侯表》注，應劭曰：「申伯，周宣王元舅也，爲邑於謝。後世欲光寵外親者，緣申伯之恩，援此以爲諭也。」◎《後漢書·何進傳》：「進異母女弟(道)〔選〕入掖庭，靈帝立爲皇后。皇子辯即位，何太后臨朝，進輔政。素知中官天下所疾，兼忿蹇碩圖己，陰規誅之，遂召前將軍董卓屯關中上林苑。」◎《晉書・賈充傳》：「充無嗣，謐母賈午，充少女也，父韓壽。謐好學有才思，既爲充嗣，繼佐命之後，賈后賈充女專恣，謐權過人主。及遷侍中，專掌禁內，遂與后成謀，誣陷太子。」◎案晉亡於賈謐，謂西晉也，當有「西」字。◎《唐書・外戚傳》：「楊國忠，太真妃之從祖兄，拜右相。安祿山方有寵，總重兵於邊，偃蹇不奉法。國忠知終不出己下，又恃內援，獨暴發反狀。國忠寡謀矜躁，謂祿山跋扈不足圖，故激怒之，使必反，以取信於帝。」◎《五代史・雜傳》：「馮玉，定州人。晉出帝納玉姊爲后。玉以后戚，遷樞密使、中書侍郎、同中書門下平章事。是時出帝童昏，馮皇后用事，軍國大事，一決於玉。四方賄賂，積貲鉅萬。」◎《晉書・庾亮傳》：「亮字元規。明穆皇后之兄也。明帝即位，以爲中書監。亮上書讓曰：『臣於陛下，后之兄也。婚媾之私，羣情之所不能免，是以疏附則信，姻進則疑。疑積於百姓之心，則禍成於重闈之內矣。』受遺詔，輔幼主。太后臨朝，政事一決於亮。蘇峻多納亡命，亮知峻必爲禍亂，徵爲大司農。舉朝謂之不可，温嶠亦累書止之，皆不納。峻遂與祖約俱舉兵反。」

「盜言孔甘，寇攘式內」，[一]皆孟子所謂民賊也。有民賊則賊民興。漢傅燮曰：「天下之禍，不由於外，皆興於內。」唐裴度曰：「欲平賊，當先清朝廷。」真文忠公曰：「內有衣冠之盜，而後外有干戈之盜。」

[一]案《大雅・蕩》箋云：「寇盜攘竊爲姦宄者，而王信之，使用事於內。」

【元圻案】《後漢書・傅燮傳》：「燮，字南容，北地靈川人也。爲護軍司馬，與皇甫嵩俱討賊張角。燮素疾中官，既行，因上疏云云。」◎《資治通鑑・唐紀》穆宗長慶元年：「裴度討王庭湊。元稹以度先達重望，恐其復有功大用，妨己進取，故度所奏畫軍事，多與魏弘簡從中沮壞之。度乃上表，以爲逆豎搆亂，震驚山東，姦臣作朋，撓敗國政。陛下欲掃蕩幽鎮，先宜肅清朝廷。」◎《鹽鐵論》文學曰：「諸侯好利則大夫鄙，大夫鄙則士貪，士貪則庶人盜，是開利孔爲民罪梯者也。」

「大師維垣」，鄭箋以爲「三公」，王介甫以爲「大衆」，朱子《集傳》從王説。

【元圻案】《大雅・板》之七章「大師維垣」，箋云：「大師，三公也。」朱子《集傳》曰：「師衆。」吕成公《讀詩記》引王氏曰：「大師，大衆也。」◎鄭以「大師」爲三公，故讀大爲泰。吕從介甫爲大衆，則大當依本音，而亦音泰，似誤。《集傳》無音，蓋讀如字。

《維天之命》傳引孟仲子曰：「大哉天命之無極，而美周之禮也。」《詩譜》云：「子思論《詩》『於穆不已』，孟仲子曰『於穆不似』。」【原注】仲子，子思之弟子。《閟宫》傳引孟仲子曰：「是禖宫也。」《序録》云：「子夏傳曾申，申傳魏人李克，克傳魯人孟仲子。」【原注】《孟子》注：「孟仲子，孟子之從昆弟，學於孟子者。」豈名氏之同歟？

【全云】孟子事子思，已云時世闊絶，况孟仲子乎？

【元圻案】《周頌·維天之命》正義曰：「《孟子》云：『齊王以孟子辭病，使人問〔疾〕。醫來，孟仲子對。』趙岐云：『孟仲子，孟子從昆弟，學於孟子者也。』《譜》云：『孟仲子者，子思弟子，蓋與孟子共事子思，後學於孟子，著書論《詩》，毛氏取以爲説。』又云：『子思論《詩》「於穆不已」，仲子曰「於穆不似」。』此傳雖引仲子之言，而文無不似之義，蓋取其所説而不從其讀。」

《筆談》云：「『彼徂矣岐，有夷之行』，《朱浮傳》作『彼岨者岐，有夷之行』。」今按《後漢·朱浮傳》無此語。《西南夷傳》：「朱輔上疏曰：『《詩》云「彼徂者岐，有夷之行」。』」注引《韓詩》薛君傳曰：「『徂，往也。』」蓋誤以朱輔爲朱浮，〔一〕亦無「岨」字。

〔一〕案，《李黄集解》引《筆談》而未正其誤。

【元圻案】《夢溪筆談》十四謂：「書之闕誤，有可見於他書者，如《詩》『天夭是椓』，《後漢·蔡邕傳》作『天天是加』，與『速速方穀』爲對。又『彼岨矣岐』云云。」◎《後漢書·莋都夷傳》：益州刺史朱輔上疏曰：「臣聞《詩》云：『彼徂者岐，有夷之行。』傳曰：『岐道雖僻，而人不遠。』」注：「《韓詩》薛君傳曰：『徂，往也。夷，易也。行，道也。彼百姓歸文王者，皆曰岐有易道，可往歸矣。易道，謂仁義之道而易行，故岐道險阻而人不難。』」◎「彼徂矣岐，有夷之行」，《毛詩》作徂。箋云：「後之往者，又以岐邦之君有佼易之道故也。」以「矣」字絶句，《集傳》「徂」作「岨」。朱子曰：「沈括云：《後漢書·西南夷傳》作『彼岨者岐』。今按彼書『岨』但作『徂』，而引《韓詩》薛君《章句》，亦但訓爲往，獨『矣』正作『者』，如沈氏説。然其注末復云『岐雖阻僻』，則似又有岨意。韓子亦云『彼岐有岨』，疑或别有所據，故今從之，而定讀『岐』字絶句。」◎《書録解題·小説類》：「《夢溪筆談》二十六卷。沈括存中撰。序云：『退居絶過從，所與談者惟筆硯而已。』」

歐陽公《詩本義·時世論》曰：「《昊天有成命》『二后受之，成王不敢康。』所謂『二后』者，文、武也，則『成王』者，成王也，當是康王以後之詩。《執競》：『不顯成康。』所謂『成康』者，成王、康王也，當是昭王已後之詩。《噫嘻》曰『噫嘻成王』者，亦成王也。」范蜀公《正書》曰：「《昊天有成命》言文、武受天命以有天下，而成王不敢以逸豫爲也。此揚雄所謂『康王之時，頌聲作於下』。『自彼成康，奄有四方』，祀武王而述成、康，見子孫之善繼也。班孟堅《兩都賦序》文曰：『成、康没而頌聲寢』，言自成、康之後不復有見於《頌》也。」朱子《集傳》與歐、范之説合。

【元圻案】《周頌·昊天有成命》箋云：「有成命者，言周自后稷之生而已有天命也。文王、武王受其業，施行道德，成此王功，不敢自安逸。」◎《執競》傳：「不顯乎其成大功而安之。」《噫嘻》傳：「成王，成是王事也。」◎《欽定詩經傳説彙纂》：「案《昊天有成命》詩，自古序以至漢唐諸儒，皆以爲郊祀天地之樂歌。文、武受天命，成其爲王業。其詩作在周公、成王之世。宋諸儒亦遵其說，惟歐陽修以《昊天有成命》之『成王』，《執競》之『成康』，《噫嘻》之『成王』，謂成王誦、康王釗也。朱子初亦從毛、鄭之詁，後定《集傳》，援《國語》從歐說，以爲祭成王之詩。蓋依經爲解，辭無紆曲。後儒遵之者固衆，而豎議以申《序》說者亦不少。其意謂周公制禮作樂，《頌》之用於郊廟爲大，孔子删詩，《雅》、《頌》得所，既以《頌》爲周公所作，不應有康、昭以後之詩。若康、昭之詩，次於《我將》、《時邁》及《思文》、《大武》之前，似非得所。且禋祀大典，文王何得無詩？一疑也。《國語》叔向引詩，朱子作成王誦解，亦可，然《國語》載穆叔聘晉，樂及《鹿鳴》而後拜，晉侯使人問焉，對曰：『先樂金奏《肆夏》、《繁》、《遏》、《渠》，天子所以饗元侯也，故不敢拜。』呂叔玉云：『《繁》、《遏》，《執競》也。』朱子取呂說，載於《集傳》。若從《國語》叔向之告，以《昊天》章爲康王之詩，則《國語》穆叔之對，稱《執競》爲先王饗元侯所用，又不可爲昭王以後詩矣。二疑也。然要皆未識朱子虛公之心爾。《頌》首《集傳》云『《周頌》三十一篇，多周公所定』，則即鄭箋據《周禮》以詮《詩》之說也。又云『亦或有成王以後之詩』，夫據經文以解《詩》，而猶曰『或』曰『疑』者，朱子何嘗蔑視古昔哉！宋黃震曰：『古注、晦庵凡二說，在學者詳之是矣。』又案：朱子初注《執競》詩曰：「武王持其自强不息之心，故其功烈之盛，天下莫得而競。此其所以成大功而安之。」見於呂祖謙《讀詩記》中。後從歐陽修之說而定《集傳》，始闢毛、鄭。

《昊天有成命》：「二(侯)〔后〕受之，成王不敢康。」朱子《集傳》引：「《國語》叔向曰：『是道成王之德也。成王能明文昭、定武烈者也。』其爲祀成王之詩無疑。」愚觀《賈誼書·禮容語》引叔向曰：「『二后』，文王、武王。『成王』者，武王之子、文王之孫也。文王有大德而功未就，武王有大功而治未成，及成王承嗣，仁以臨民，故稱『昊天』焉。」其義尤明。

【元圻案】《讀詩記·昊天有成命》引朱氏曰：「天將祚周，以天下既有(服)〔成〕命矣，文、武受之，將成其王業，不敢康寧，夙夜積德，以爲受命之基者，至深遠矣。」朱子初亦從舊說。◎又引蘇氏曰：「此詩有『成王不敢康』，而《執競》有『不顯成康』，世或以爲此言成王誦、康王釗也。然則《周頌》有康王子孫之詩矣。周公制禮，禮之所及，樂必從之，樂之所及，詩必從之，故《頌》之施於禮樂者備矣，後世無容易也。且《詩》曰『成王不敢康，夙夜基命宥密』，又曰『自彼成康，奄有四方』，非自成康始也。」

歐陽公《詩論》：「古今諸儒謂『來牟』爲麥者，更無他書所見，直用二《頌》毛、鄭之說。來牟爲麥，始出於毛、鄭，而二家所據，乃臆度僞《大誓》不可知之言。」愚按：劉向《封事》引「飴我釐麰」，「釐麰，麥也，始自天降」。見《漢書》本傳。《文選》班孟堅《典引》注引《韓詩》「貽我嘉𪌉」，「薛君曰：𪌉，大麥也。」毛、鄭之説，未可以爲非。

【原注】毛氏傳：「牟，麥也。」鄭箋：「赤烏以牟麥俱來。」《廣雅》始以爲「來，小麥；牟，大麥」。以劉向說參考，當

從古注。

【何云】「來」字即「麥」字之半，歐陽公不識字耶？

【又云】《説文》云：「周所受瑞麥來麰，一來二縫，象芒束之形。天所來也，故爲行來之來。《詩》曰：『貽我來麰。』」與毛、鄭合。

【元圻案】《周頌·思文》傳「牟麥」箋云：「武王渡孟津，白魚躍入於舟，出涘以燎。後五日，火流爲烏，五至，以穀俱來。此謂『貽我來牟』。」正義曰：「『武王渡孟津』至『以穀俱來』，皆《尚書》文。」◎惠氏《九經古義》：「案鄭槑卿後漢中庶子。《字指》麰字從䴵。徐仙民讀與來同。」◎歐陽公《詩本義》十二論曰：「《思文》曰『貽我來牟』，《臣工》又曰『於皇來牟』。毛以牟爲麥。牟者，百穀中一穀爾。自漢以前，已有此名，故《孟子》亦言麰麥。然言麰又言麥，則明非一物，蓋麥類也。古今諸儒謂來牟爲麥云云，其可信哉！《爾雅·釋草》載《詩》所有諸穀之名甚多，而獨無『來謂之來牟』，是毛公之前説《詩》者，不以來牟爲麥可知矣。」

陳少南不取《魯頌》，然「思無邪」一言亦在所去乎？

【全云】不取《魯頌》，亦非無義。

【元圻案】晁氏《讀書志》一：「《陳氏詩解》二十卷，皇朝陳鵬飛少南撰。」◎《書録解題》謂少南不解商、魯二《頌》，以爲《商頌》當闕，而《魯頌》可廢。◎《陳氏詩解》，今《四庫書》不著於録,《經義考》云未見。

《晉姜鼎銘》曰:「保其孫子,三壽是利。」《魯頌》「三壽作朋」,蓋古語也。先儒以爲「三卿」,恐非。

【集證】《宣和博古圖》:「『保其孫子,三壽是利』,三壽者,與詩人言『三壽作朋』同意。蓋晉姜觀其始,特保我子孫,而外之三卿,亦冀壽考也。」

【元圻案】《閟宮》傳:「壽,考也。」箋云:「三壽,三卿也。」正義曰:「老者尊稱,天〔下〕〔子〕謂父事之者爲三老,公卿大夫謂其家臣之長〔者〕稱室老,諸侯之國立三卿,故知三壽即三卿也。」◎張平子《東京賦》:「降至尊以訓恭,送迎拜乎三壽。」薛綜注:「三壽,三老也。」◎《逸齋詩補傳》二十七:「三壽,謂大國三卿。或曰:三壽,謂上中下,上壽百二十,中壽百歲,下壽八十。魯人頌僖公與三壽之人爲朋也。」◎朱子《集傳》曰:「三壽,未詳。鄭氏曰三卿也。或曰願公壽與岡、陵等而爲三也。」

商、周之《頌》,皆以告神明。太史公《史記·樂書》曰:「成王作頌,推己懲艾,悲彼家難。」至《魯頌》始爲溢美之言。所謂「善頌」、「善禱」者,非商、周之體也。後世作頌,效魯而近諛,又下矣。

【元圻案】《詩大序》曰：「頌者，美盛德之形容，以其成功告於神明者也。」◎《毛詩李黄集解》四十一：李迂仲曰：「王氏曰：『《周頌》之辭約，約所以爲嚴，所美盛德故也。《魯頌》之辭侈，侈所以爲誇，德不足故也。』此説盡之矣。自古人君常患德之不足，不患名之不揚。使無其德而求其名，則雖爲美辭以誇示天下，天下後世其誰信之乎！」

或謂文之繁簡，視世之文質，然商質而周文，《商頌》繁而《周頌》簡，文不可以一體觀也。

《法言·學行篇》曰：「正考甫常睎尹吉甫矣，公子奚斯常睎正考甫矣。」司馬公注《揚子》，謂：「正考甫作《商頌》，奚斯作《閟宫》之詩，故云然。」愚按《史記·宋世家》：「襄公之時，修仁行義，欲與盟主。其大夫正考甫美之，故追道契、湯、高宗，殷所以興，作《商頌》。」[一]注云：「《韓詩章句》美襄公。」裴駰《集解》。[二]《樂記》：「温良而能斷者，宜歌商。」鄭康成注謂「商、宋詩」，蓋用《韓詩》説也。考之《左傳》，正考甫佐戴、武、宣，《世本》：正考甫生孔父嘉，爲宋司馬華督殺之，而絶其世。皆在襄公之前，安得作頌於襄公之時乎？[三]《後漢·曹褒傳》「奚斯頌魯，考甫咏殷」，注引《韓詩》「新廟奕奕，奚斯所作」，「薛君傳云：是詩公子奚斯所作」，「正考甫，孔子之先也，作《商頌》十二篇」。《詩正義》云：「奚斯作新廟，而漢世文人班固、王延壽謂

《魯頌》奚斯作，謬矣。」然揚子之言，皆本《韓詩》，時《毛詩》未行也。【原注】薛漢世習《韓詩》，父子以章句著名。《馮衍傳》注引「薛夫子《韓詩章句》」，即漢也。

［一］【全云】襄公最不道，何足頌乎？

［二］今本《史記》作「修行仁義，欲爲盟主」。

［三］案，宋穆公七年始入《春秋》。穆公，宣公之弟，歷殤、莊、桓，始及襄公。孔父嘉見殺在魯桓公二年，是年殤公被弒，莊公立。襄公即位在魯僖公十年。

【何云】魏文帝呼薛夏爲薛君，然《魏略》不言其傳《詩》，定指薛漢也。

【閻按】此止辨《商頌》非正考甫作，何不引《魯語》「昔正考父校商之名頌十二篇於周大師，以《那》爲首」，益見非考甫作。

【元圻案】鄭康成《魯頌譜》曰：「季孫行父請命於周，而〔史克〕作其頌。」正義曰：「文六年，行父始見於經；十八年，史克名見於傳。《駉》序云：『史克作是頌。』廣言作頌，不指《駉篇》，則四篇皆史克所作。《閟宮》云：『新廟奕奕，奚斯所作。』自言奚斯作新廟耳。而漢世文人班固、王延壽之等，謂《魯頌》是奚斯作之，謬矣。故王肅云：『當文公時，魯賢臣季孫請於周，而令史克作頌四篇以祀。』」◎《商頌譜》曰：「湯、中宗、高宗有受命、中興之功，時有作詩頌之者。武王伐紂，封微子啓爲宋公。七世至戴公時，當宣王大夫正考甫者校商之名頌十二篇於太師，以《那》爲首，歸以祀其先王。孔子録《詩》之時，則得五篇而已。」◎班固《兩都賦》序：「皋陶歌虞，奚斯頌魯，同見采於孔氏，列於詩書。」◎王延壽《魯靈光殿賦》序：「奚斯頌僖，歌其路寢。」◎漢時毛傳未行，故多異説。司馬貞《史記索隱》、洪氏《容齋續筆》、《毛詩李黄集解》皆有辨正，其説與《詩正義》略同。◎《三國志·魏·王肅傳》注，《魏略》曰：「薛夏，字宣聲。黄初中爲秘書丞，帝每與夏推論書傳，未嘗不終日也。每呼之而不名，謂之薛君。」◎惠氏《九經古義》曰：「薛君爲《韓詩章句》，世謂淮陽薛漢撰，而不知爲薛夫子也。薛夫子名方丘，字夫子，廣德曾孫，漢之父也。見《唐書·宰相世系表》。」◎《後漢書·儒林傳》：「薛漢，字公子。淮陽人。世習《韓詩》，父子以章句著名。當世言《詩》者推漢爲長。」范蔚宗不著漢父名字，蓋猶馬班《史》、《漢》皆父子述作，而成書於子也。《後漢書》注、《文選》注或引薛夫子，或引薛君，蓋稱薛君者皆漢説，稱薛夫子者則方丘説耳。◎周益公《二老堂詩話》下：「學者謂《閟宫》，但曰『奕奕新廟，奚斯所作』，而無作頌之文，遂疑揚子爲誤。以予觀之，奚斯既以公命作廟，又自陳詩歸美其君，故八章之中，上自姜嫄、后稷，下逮魯公魯侯，備極稱頌。至末章，始言作廟之功，亦不爲過。只如《崧高》詩，亦云『其詩孔碩，其風肆好』，是吉甫固嘗自稱美，何獨於奚斯而疑之？揚子之言，必有所據。」

「《長發》，大禘」，《商頌》毛傳。箋云：「郊祭天也。」「《雝》，禘大祖」，《周頌》毛傳。箋云：「大祭也，大於四時而小於祫。」鄭康成以祭天爲禘，與宗廟大祭同名。《春秋纂例》趙子已辨其失矣。王肅以禘、祫爲一祭，亦非也。禘與祫異，祫則太祖東嚮，毁廟及羣廟之主，昭南穆北，合食於太祖。禘則祖之所自出者，東嚮，惟以祖配之。今混禘於祫，宗廟有祫無禘。

【元圻案】《長發序》正義曰：「《祭法》云：『殷人禘嚳而郊冥。』注云：『禘謂冬至祭天於圜丘。』則圜丘之祭，名爲禘也。」◎《雝序》正義曰：「《鄭志》云：『禘，大祭，天人共之。』禘既大祭，而小於祫者，以四時之外，特爲此祭，大於四時，故云大祭。但此大祭五年再爲，一則合聚祭之，一則各就其廟，故以合祭爲祫，就廟爲禘。禘尚大祭，祫大可知。」◎《春秋纂例》曰：「閔公二年，吉禘於莊公。鄭康成注《祭法》云：『禘謂配祭昊天上帝於圜丘也。』蓋見《祭法》所説文在郊上，謂爲郊之最大者，故爲此説爾。《祭法》所論禘、郊、祖、宗者，謂六廟之外，永世不絶者，有此四種爾。禘之所及最遠，故先言之。又云『祖之〔所〕自出，謂感生帝靈威仰也』。此何妖妄之甚！此文出自纖緯，始於哀平間，僞書也。」◎《文獻通考》：「代宗寶應元年，太常卿杜鴻漸等言：『禘者，冬至祭天於圜丘，周人配以遠祖高祖，非始封之君不得爲太祖以配天。而太祖景皇帝受封於唐，即殷之契、周之后稷也。請以太祖配享。』諫議大夫黎幹以爲『禘者宗廟之祭，非祭天，而太祖非受命之君，不宜作配』，爲十詰十難以(排)〔非〕之。」是禘之爲祭天祭宗廟，唐時猶聚訟也。宋衛湜《禮記集説》於《祭法》首節列鄭注於前，次及孔氏、熊氏，皆從鄭學者也。次及王荆公十二家之説於後，皆從王肅之説者也。朱子注《論語》，禘之説亦從趙伯循。◎本朝惠氏棟著《明堂大道録》，禘説專明鄭義。◎《書録解題》三：「《春秋集傳纂例》十卷，《辨疑》七卷，唐給事中吴郡陸質撰。初，潤州丹陽主簿趙郡啖助叔佐明《春秋》，傳洋州刺史河東趙匡伯循。質從助及伯循傳其學，助考三《傳》，舍短取長，又集前賢注釋，補以己意，爲《集傳》、《集注》，又撮其綱目爲《統例》。助卒，質與其子異，繕録以詣伯循，請損益焉。質隨而纂會之。」

范甯《穀梁序》：「孔子就太師正《雅》、《頌》，因魯史修《春秋》，列《黍離》於《國風》，齊王德於邦君，明其不能復《雅》，政化不足以被羣后也。」然《左傳》襄二十九年，季札觀樂於魯，已爲之歌《王》矣。孔子至哀十一年始自衛反魯，樂正，《雅》《頌》得所，則降《王》於《國風》，非孔子也。

【元圻案】哀公十一年《左傳》：「孔文子之將攻太叔也，訪於仲尼。仲尼曰：『胡簋之事，則嘗聞之矣；甲兵之事，未之聞也。』魯人以幣召之，乃歸。」◎《晉書·范汪傳》：「子甯，字武子，以《春秋穀梁氏》未有善釋，遂沈思積年，爲之《集解》，爲世所重。」

《隰有萇楚》箋云：「人少而端慤，則長大無情欲。」胡邦衡解《學記》取之。

【元圻案】《玉海》三十九：「胡銓《禮記傳》，十八卷。」《經義考》云佚。今《四庫全書》亦不著録。◎衛湜《集説·學記》「大學之法」節，載廬陵胡氏曰：「《易·蒙卦·初六》『發蒙』，則知未發猶童蒙之初也，其志不分，防之宜早。康衡曰：『謹防其端，禁於未然。』《詩傳》：『人少而端慤，長大無情欲。』十有五而志於學，三年而通一經，三十而五經立，此皆學之時。不陵節，若學《詩》學《禮》之次。」

《吕氏春秋》：「甯戚飯牛，居車下，望桓公而悲，擊牛角疾歌。」高誘注以爲歌《碩鼠》，不知何所據。【原注】《三齊記》載甯戚歌，所謂「南山矸，白石爛」者是也。

【元圻案】《吕氏春秋·離俗覽·舉難篇》：「甯戚欲干齊桓公，窮困無以自進，於是爲商旅，將任車以至齊，暮宿於郭門之外。桓公郊迎客，夜開門，辟任車，爝火甚盛，從者甚衆。甯戚飯牛車下，望桓公而悲，擊牛角疾歌。桓公聞之，曰：『異哉！之歌者非常人也！』命後車載之。」注云：「歌《碩鼠》也，其詩曰：『碩鼠碩鼠，無食我黍』云云。」畢氏沅校本載孫云：「《後漢書·馬融傳》注引《説苑》曰：『甯戚飯牛於康衢，擊車輻而歌《碩鼠》。』與此正合。梁仲子云：今《説苑·善説篇》云：『甯戚飯牛康衢，擊車輻而歌顧見，桓公得之霸也。』以上下文義求之，『顧見』當是『碩鼠』之誤。」盧云：「案《史記·鄒陽傳》集解引應劭曰：『齊桓公夜出迎客，而甯戚疾擊其牛角，商歌曰：「南山矸，白石爛，生不遭堯與舜禪。短布單衣適至骭，從昏飯牛薄夜半，長夜曼曼何時旦？」』此歌出《三齊記》。《藝文類聚》又載一篇云：『滄浪之水白石粲，中有鯉魚長尺半。轂布單衣裁至骭，清早飯牛至夜半。黄犢上阪且休息，吾將舍汝相齊國。』李善注《文選》成公子安《嘯賦》又載一篇，云：『出東門兮厲石班，上有松柏(清)〔青〕且蘭。粗布衣兮緼縷，時不遇兮堯舜主。

牛兮努力食細草，大臣在爾側，我當與爾適楚國。』三歌真贋雖不可知，合之亦自成章法。」

「四月秀葽」，諸儒不詳其名，唯《説文·艸部》「葽」引劉向説，以爲苦葽。曹氏以《爾雅》、《本草》證之，知其爲遠志。

【元圻案】《爾雅·釋草》「葽繞蕀蒬」注：「今遠志也。似麻黄，赤華，葉鋭而黄其上。謂之小草。《廣雅》云。」邵氏正義：「葽繞一名蕀蒬。《説文》云：『蒬，蕀蒬。』《繫傳》謂即遠志是也。《説文》又云：『葽，艸也。《詩》曰「四月秀葽」。劉向説此味苦，苦葽（也）。』此《説文》别釋秀葽之義。或遂謂《詩》言秀葽，即今遠志，非也。《本草》云：『遠志，一名蕀菀，一名葽繞，一名細草。』陶注云狀似麻黄而青。《圖經》云：『遠志生泰山及冤句山谷。』今河、陝、京西州郡亦有之。」據此則曹氏之説非。

董氏[一]舉侯包言「衛武公作《抑》詩，使人日誦於其側」。朱子謂不知此出在何處。愚考侯包之説見於《詩·大雅·（卬）〔抑〕》正義。《隋·經籍志》：「《韓詩翼要》十卷，侯包撰。」然則包學《韓詩》者也。

[一]【全云】廣川董逌。

【元圻案】《大雅·抑》正義曰：「《楚語》云：『昔衛武公年九十有五矣，猶箴儆於國曰：

「自卿以下至於師長，苟在朝者，無謂我耄而捨我。」於是乎作《懿》以自儆。』韋昭云：『昭謂《懿》詩，《大雅・抑》之篇也。抑讀曰懿。』《毛詩序》曰：『《抑》，衛武公刺厲王，亦以自警。』如昭之言，武公年耄始作《抑》詩。按《史記・衛世家》，武公者僖侯之子，共伯之弟，以宣王三十六年即位，則厲王之世，武公時爲諸侯之(世)〔庶〕子耳。未爲國君，未有職事，善惡無豫於物，不應作詩刺王。必是後世乃作追刺之耳。正經美詩，有後王時作以追美前王者，則刺詩何獨不可後王時作而追刺前王乎？侯包亦云：『衛武公刺王室，亦以自戒。行年九十有五，猶使人日誦是詩而不離於其側。』其意亦取《楚語》爲説，與韋昭小異。」◎朱子《詩集傳》曰：「董氏曰『侯包言武公行年九十有五，猶使人日誦是詩而不離於其側』，然則《序》説爲刺厲王者誤矣。」◎董逌《廣川詩故》，注見前十五頁①。

《秦詩》「在其板屋」。西戎地寒，故以板爲屋。張宣公《南岳唱酬序》云：「方廣寺皆板屋，問老宿，云：『用瓦輒爲冰雪凍裂。』自此如高臺、上封皆然。」【原注】《漢・地理志》：天水隴西民以板爲屋。以南岳觀之，非獨西陲也。

【閻按】高臺、上封皆寺名，並見朱子詩。又案《南史・隱逸傳》，「南岳鄧先生郁，隱居衡山極

① 見本卷「熠燿宵行傳云」條注（頁三四七）。

峻之嶺，立小板屋兩間」，是南岳上之有板屋舊矣。

【元圻案】《地理志》云：「天水、隴西，山多林木，民以板爲屋。」故《秦詩》「在其板屋」，《小戎》正義引之，蓋從其義。◎朱子《方廣板屋》詩曰：「秀木千章倒，層甍萬瓦差。悄無人似玉，空咏《小戎》詩。」亦取山多林木之意。又有《自方廣過高臺次敬夫韻》、《至上封用擇之韻》、《贈上封諸老》詩。

「唐棣之華」、「維常之華」協「車」字，「黍稷方華」協「塗」字，「隰有荷華」協「且」字。曹氏謂「華」當作「雩」，音「敷」，蓋古「車」本音「居」。《易》曰「睽孤見豕負塗，載鬼一車」，「來徐徐，困於金車」，其音皆然。至《説文》有「尺遮」之音，乃自漢而轉其聲。愚按《何彼穠矣》、《釋文》或云：「古讀『華』爲『敷』，與『居』爲韻。後放此。」朱文公《集傳》並著二音，而以音「敷」爲先。

【集證】引顧氏《唐韻正》曰：「華，古音敷。《易》『枯楊生華，老婦得其士夫』，『睽孤見豕負塗，載鬼一車』，『來徐徐，困於金車』，其音皆然。《爾雅》：『華，荂也。』注：『今江東呼華爲荂，荂音敷。』陸德明曰：『古讀華如敷，不獨江東也。』今十虞部有『荂』字。西漢時司馬相如《上林賦》華與沙叶，音娑。東方朔《誡子詩》華與和、多叶，始入歌韻。至《説文》又有尺遮之音。陸氏《釋文》引韋昭云：『古皆尺遮反，至後漢始有居音。』非也。」

【元圻案】《朱子詩傳遺説》曰：「叶韻恐當以頭一韻爲準，且如『華』字叶音敷，如『有女同車』是第一句，則第二句『顔如舜華』當讀作『旉』，然後與下文『佩玉瓊琚』、『洵美且都』皆叶。至如『何彼穠矣，唐棣之華』，是第一韻則當依本音讀，而下文『王姬之車』卻當作尺奢反，如此方是。今只從吴才老舊説，不能又創得此例。然《楚辭》『紛余既有此内美兮，又重之以修能』，能音耐，然後下文『紉秋蘭以爲佩』叶。若能字只從本音，則佩字遂無音，如此則又未可以頭一韻爲定也。」

「野有蔓草，零露漙兮①。有美一人，清揚婉兮」，漙音團。[一]《集傳》叶上兗反。顔氏《正俗》云[二]：「案呂氏[三]《字林》作⿱雨專，上兗反。訓云露貌，音與婉類。」

[一]《釋文》「漙」本亦作「團」，徒端反。

[二]【全云】顔之推作。

[三]【全云】呂忱。

【元圻案】顔師古《匡謬正俗》一：「《鄭詩》『野有蔓草，零露漙兮。有美一人，清揚婉兮』，《詩》古本有水旁作專字者，亦有單作專字者。後人輒改爲之。漙字讀爲團圓之漙。按呂氏《字林》雨下作專，訓云露貌，音上兗反。此字本作⿱雨專，或作漙耳。單作專者，古字從省，又上兗之音，與婉相

①「兮」，原本作「矣」，據元刊本、三箋本改。

類，益知吕氏之説可依，本非團義矣。下云『零露瀼瀼』，豈復亦論其從横之貌乎？」◎顔書本名《匡謬正俗》，王氏單舉《正俗》，避宋諱也。謝山先生云「顔之推作」，蓋因《顔氏家訓》有《音辭篇》，多辨音韻，遂誤以師古爲之推耳。◎《隋書·經籍志》「小學類」：「《字林》七卷，晉弦令吕忱撰。」

「藝麻如之何，衡從其畝」。顔氏云：「《禮》『今也衡縫』，衡即横也，不勞借音。徐氏『音横』，失之矣。」

【元圻案】此亦《匡謬正俗》之説。見卷一。◎《齊風·南山篇》，《釋文》：「衡音横，亦作横字。又一音如字，衡即訓爲横。《韓詩》云：『東西耕曰横。』」正義曰：「衡，古横字也。」◎《檀弓》鄭注：「衡，讀爲横。」◎徐邈，字仙民，東莞人。東晉中書侍郎、太子前衛率。著《毛詩音》。《晉書》有傳。鄭漁仲曰：「徐音雖亡，然陸音多本於此。」

《干旄》四馬，至於「五之」、「六之」，猶《緇衣》之「改爲」也。《權輿》「四簋」，至於「每食不飽」，猶醴酒之不設也。君子之去就，於其心，不於其禮。

【何云】「五之」、「六之」，鄭箋皆以爲見之數。

【元圻案】程子《詩説》曰：「馬四，至於五、六，馬之益多，見其禮之益加也。」◎朱子《秦風·權輿·集傳》引《漢書·楚元王傳》曰：「元王敬禮申公、白生、穆生。穆生不嗜酒，元王每置酒，常爲穆生設醴。及王戊即位，常設，後忘設焉。穆生退曰：『可以逝矣！醴酒不設，王之意怠，不去，楚人將鉗我於市。』申公、白生强起之曰：『獨不念先王之德歟？今王一旦失小禮，何足至此！』穆生曰：『先王之所以禮吾三人者，爲道之存也；今而忽之，是忘道也。忘道之人，胡可與久處！豈爲區區之禮哉！』遂謝病去。」亦此《詩》之意也。輔氏廣曰：「引穆生之事爲證者，推原詩人之心，蓋本於此。不然，則其所計者，不過區區於安居餔歠之事而已，恐非賢者之志也。」

營謝、戍申，其篤於母家一也。一美焉，一刺焉，宣王親親，平王忘讎也。

【全云】營謝本不足美，美宣王之詩蓋多溢詞，故此等城作皆歸揚扢之中。

【元圻案】朱子《王風·揚之水·集傳》曰：「申侯與犬戎攻宗周而弑幽王，則申侯者，王法所必誅，而平王與其臣庶不共戴天之讎也。今平王知有母而不知有父，知其立己爲有德，而不知其弑父爲可怨，至使復讎討賊之師，反爲報施酬恩之舉，則其忘親逆理，而得罪於天已甚矣。」◎《毛詩李黄集解》八：李迂仲曰：「以公存心，則如《采薇》，詩人美之；以私存心，則如《揚之水》刺之。其遣戍則同，而其美刺則不同也。」

《孝經》言卿大夫之孝曰：「非先王之法服不敢服，非先王之法言不敢道，非先王之德行不敢行。」孟子謂曹交曰：「服堯之服，誦堯之言，行堯之行。」聖賢之訓，皆以服在言行之前，蓋服之不衷，則言必不忠信，行必不篤敬。《中庸》修身，亦先以「齊[①]明盛服」。《都人士》之「狐裘黄黄」，所以「出言有章，行歸於周」也。

【元圻案】《毛詩李黄集解》二十九：李迂仲曰：「古之士有美行，其所衣之服，則狐裘也，而狐裘之色黄黄然。論其容貌，則足以稱其裘之黄也。其容貌則不改，出言語則有文章，所行之行則有忠信，此下民所望而爲則效也。夫『狐裘黄黄』，則是『非先王之法服不敢服』；『出言有章』，則是『非先王之法言不敢言』；『行歸於周』，則是『非先王之德行不敢行』。惟其如此，此民之所以取法也。」又曰：「古者衣冠不正，朋友之罪。則是衣服之不正，古人以爲甚恥，蓋所以壞其德者，不在大也。『席不正不坐』，則以席之不正，而坐者必其心之不正也。『割不正不食』，則以其割之不正，而食者亦以其心之不正也。今衣服之無常者，亦以德行之無常也。」

「召公是似」[②]、「南仲大祖」[③]，世濟其美也。逵有充，超叛鑒，蘇文忠慨焉。[二]彧附曹，羣忘漢，朱文公悕焉。

① 「齊」，原本作「齋」，據元刊本、三箋本改。
② 《詩·大雅·江漢》。
③ 《詩·大雅·常武》。

[一一]【閻按】「鑒」，似宜作「愔」尤切。東坡以愔平聲字，遂不用耳。

【元圻案】《三國志·魏·賈逵傳》：「逵字梁道，河東襄陵人也。拜諫議大夫。太祖崩，鄢陵侯彰來赴，問逵先王璽綬所在。逵正色曰：『太子在鄴，國有儲副。先王璽綬，非君侯所宜問也。』」◎《晉書·賈充傳》：「充字公閭。父逵。高貴鄉公之攻相府也，充率衆拒戰。軍將敗，成濟謂充曰：『今日之事如何？』充曰：『公等養汝，正擬今日。』濟於是抽戈犯蹕。」又《郗鑒傳》：「鑒字道徽。高平金鄉人。嘗謂王敦曰：『丈夫既絜身北面，義同在三，豈可偷生屈節，靦顏天壤耶？苟道數終極，固當存亡以之耳。』及蘇峻、祖約反，進鑒爲司空。奉詔流涕，登壇慷慨，三軍爭爲用命。子愔，字方回。性至孝，徵拜司空，固辭不起。子超，桓温懷不軌，欲立霸王之基，超爲之謀。超雖實黨桓氏，以愔忠於王室，不令知之。」◎《三國志·魏·荀彧傳》：「彧字文若，潁川潁陰人。祖父淑，字季和，朗陵令，當漢（桓順）〔順、桓〕之間，知名當世。父緄，濟南相。叔父爽，司空。彧從太祖，太祖大悦，曰：『吾之子房也。』」又《陳羣傳》：「羣字長文，潁川許昌人也。祖父寔，父紀，叔父諶，皆有盛名。羣參丞相軍事。魏國既建，遷爲御史中丞。文帝踐阼，徙尚書令。」◎東坡《戲作賈梁道》詩曰：「嵇紹似康爲有子，郗超叛鑒是無孫。如今更恨賈梁道，不殺公閭殺子元。」◎朱子《聚星堂畫贊》曰：「彧乃附曹，羣亦忘漢。嗣守之難，古今共嘆。」

「敬之，羣臣進戒嗣王。」《周頌·敬之》小序。《荀子》云：「天子即位，上卿進曰：『能除患則爲福。』中卿進曰：『先事慮事，先患慮患。』下卿進曰：『敬戒無怠。』」羣臣進戒始以敬，三卿授策終以敬，此心學之原也。伊尹訓太甲曰：「祇厥身。」召、畢告康王曰：「今王敬之哉。」皆以此爲告君第一義。

【元圻案】《荀子·大略篇》：「天子即位，上卿進曰：『如之何憂之長也？能除患則爲福，不能除患則爲賊。』授天子一策。中卿進曰：『配天而有下土者，先事慮事，先患慮患。先事慮事謂之接，接則事優成；先患慮患謂之豫，豫則禍不生。事至而後慮者謂之後，後則事不舉；患至而後慮者謂之困，困則禍不可禦。』授天子二策。下卿進曰：『敬戒無怠。慶者在堂，弔者在閭。禍與福鄰，不知其門。豫哉！豫哉！萬民望之！』授天子三策。」注：「策，編竹爲之，後易之以玉焉。」

◎《毛詩李黄集解》三十九：黄實夫曰：「書之所載，皆帝王爲治之法，曰『其汝克敬德』，曰『敬哉有土』，曰『惟敬五刑』，曰『敬授人時』。敬之一辭，君臣言之不能自已，誠以天下治亂之基，皆在一念之敬與不敬也。堯之所以兢兢，舜之所以業業，禹之所以孜孜，湯之所以汲汲，文王之所以亹亹，皆自其敬心之所發耳。《曲禮》論安民之道而先之以『毋不敬』，《中庸》之所謂『篤恭』，皆敬之充也。《大學》之所謂『正心誠意』者，此敬之本也。爲人君者，試以是思之。」

葉氏云：「漢世文章未有引《詩序》者。魏黄初四年詔云：『《曹詩》刺遠君子，近小人。』蓋《詩序》至此始行。」

【全云】《毛詩》蓋於是始列學官也。陳氏《魏志》失紀。

【元圻案】《曹風·候人序》曰：「刺近小人也。共公遠君子而近小人焉。」◎《三國志·魏·文帝紀》：「黄初四年，夏五月，有鵜鶘鳥集靈芝池，詔曰：『此詩人所謂汙澤也。《曹詩》「刺恭公遠君子而近小人」，今豈有賢智之士處於下位乎？否則斯鳥何爲至？其博舉天下俊德茂才、獨行君子，以答曹人之刺。』」◎石林葉氏曰：「世人疑《詩序》非衛宏所爲，此殊不然。使宏鑿空爲之乎？雖孔子亦不能。使宏誦師説爲之，則雖宏有餘矣。且宏《詩序》有專取諸書之文而爲之者，有雜取諸書所説而重複互見者，有委曲宛轉附經而成其書者。《序》果非宏之所作乎？漢世文章未有引《詩序》者云云。」石林之説，朱竹垞《經義考》亦引之。惠定宇《九經古義》引之，作鄭漁仲。◎錢氏大昕《養新録》一，謂：「《紀聞》引葉氏云云，近儒陳啓源始非之，云：『司馬相如《難蜀父老》云「王事未有不始憂勤而終逸樂」，此《魚麗序》也；班固《東京賦》「德廣所及」，此《漢廣序》也。一當武帝時，一當明帝時，可謂非漢世乎？』吾友惠定宇亦云：『《左傳》襄廿九年「此之謂夏聲」，服虔《解誼》云：「秦仲始有車馬禮樂之好，侍御之臣，戎車四牡，田狩之事，與諸夏同風，故曰『夏聲』。」又蔡邕《獨斷》載《周頌》卅一章盡録《詩序》，自《清廟》至《般》，一字不異，何得云至黄初始行於世耶？』愚又考《孟子》説《北山》之詩云：『勞於王事，而不得養父母。』即《小序》説也。唯《小序》在《孟子》之前，故《孟子》得引之。漢儒謂子夏所作，殆非誣矣。」◎董氏曰：「《緇衣》，公孫尼子作也。其書曰：『長民者衣服不貳，從容有常，以齊其民，則民德壹。』即《都人士》小序文。《詩序》蓋雜出於古之遺言也。」◎陳啓源，字長發，吴江人。著《毛詩稽古編》。

朱子《詩序辯説》多取鄭漁仲《詩辯妄》。艾軒《與趙子直書》謂：「歐陽公《詩本義》不當謂之《本義》。古人旨意精粹，何嘗如此費辭。」

【全云】厚齋蓋亦不取鄭漁仲之學。愚按漁仲最多武斷。

【元圻案】《書録解題》二：「《詩序辯説》一卷，朱子撰。以大、小《序》自爲一編，而辯其是非。」又：「《夾漈詩傳》二十卷，《辯妄》六卷，鄭樵撰。『辯妄』者，專指毛、鄭之失。」◎《經義考》云未見，今《四庫全書》亦不著録。◎《通考》載樵《自序》，略曰：「《毛詩》自鄭氏既箋之後，學者篤信康成，故此書專行，三家遂廢。今學者只憑毛氏，且以《序》爲子夏所作，更不敢擬議。蓋事無兩造之辭，則獄有偏聽之惑。今作《詩辯妄》六卷，可以見其得失。」◎《黄氏日抄》曰：「雪山王質、夾漈鄭樵，始皆(法)〔去〕《序》言《詩》，晦庵先生因鄭公之説，盡去美刺，探求古始，其説頗驚俗，雖東萊不能無疑焉。」◎歐陽公《本義·詩譜補亡後序》曰：「昔者聖人已没，六經之道，幾熄於戰國而焚於秦。自漢以來，收拾亡逸，發明遺義，而正其訛謬，得以粗備，傳於今者，豈止一人之力哉！後之學者，因迹前世之所傳，而較其得失，或有之矣。若使徒抱焚餘殘脱之經，倀倀於去聖人千百年後，不見先儒中間之説，而欲特立一家之學者，果有能哉？吾未之信也。先儒之論，苟非詳其終始而牴牾，質諸聖人而悖理害經之甚，有不得已而後改易者，何以徒爲異論以相訾也？」◎林艾軒《與趙子直書》曰：「《詩本義》，初得之如洗滌腸胃，讀之三載，覺有未穩處」云云。又一書駁《本義》《關雎》、《樛木》、《兔罝》、《麟趾》諸解，辨難甚力。

《唐志》：「《毛詩草木蟲魚圖》二十卷，開成中，文宗命集賢院修撰並繪物象。學士楊嗣復、張次宗上之。」按《名賢畫録》：「太和中，文宗好古重道，以晉明帝朝，衛協畫《毛詩圖》，草木鳥獸、古賢君臣之像，不得其真，召程修己圖之。皆據經定名，任意采掇，由是冠冕之製，生植之姿，遠無不詳，幽無不顯。」然則所圖非止草木蟲魚也。【原注】《隋志》：梁有《毛詩古賢聖圖》二卷。

【元圻案】宋郭若虚《圖畫見聞志》一：「文宗太和二年，自撰集《尚書》中君臣事迹，命畫工圖於太液亭，朝夕觀覽。」則《毛詩圖》之有古聖賢，同一意也。◎南齊謝赫《古畫品録》：「第一品：晉衛協。古畫之略，至協始精，六法之中，殆爲兼善。」「第五品：晉明帝，雖略於形色，頗得神氣。」◎夏文彦《圖繪寶鑑》二：「唐程修己，冀州人。時周昉任越州長史，修己師事之，盡得其畫人物口授之妙。」◎杜荀鶴《松窗雜記》：「開元中有程修己者，以善畫得進謁玄宗。修己始以孝廉籍召入，故不甚以畫者流視之。」

格物之學，莫近於《詩》。關關之雎，摯有別也；[一]呦呦之鹿，食相呼也。[二]德如鳲鳩，言均一也；[三]德如羔羊，取純潔也；[四]仁如騶虞，不嗜殺也。[五]鴛鴦在梁，得所止也；[六]桑扈啄粟，失其性也。[七]倉庚，陽之候也；鳴鵙，陰之兆也。[八]蒹葭露霜，變也；[九]桃蟲拚飛，化也。[一〇]「鶴鳴於九臯，聲聞於野」，誠不可揜也；[一一]「鳶飛戾天，魚躍於淵」，道無不在也。[一二]「南有喬木」，正女之操也；[一三]「隰有荷華」，君子之德也。[一四]「匪鱣匪鮪」，避危難也；[一五]「匪兕匪虎」，慨勞役也。[一六]《蓼莪》、《常棣》，知孝友也；[一七]《蘩蘋》、《行葦》，見忠信也。[一八]《葛屨》褊而《羔裘》怠也，[一九]《蟋蟀》儉而《蜉蝣》奢也。[二〇]「爰有樹檀，其下維穀」，美必有惡也；[二一]「周原膴膴，堇荼如飴」，惡可爲美也。[二二]黍以爲稷，心眩於視也；[二三]蠅以爲雞，心惑於聽也。[二四]「緑竹猗猗」，文章著也；[二五]「皎皎白駒」，賢人隱也。[二六]「贈以芍藥」，「貽我握椒」，芳馨之辱也；[二七]「焉得諼草」，「言采其蝱」，憂思之深也。[二八]「柞棫斯拔」，「侯薪侯蒸」，盛衰之象也；[二九]「鳳凰于飛」，「雉離於羅」，治亂之符也。[三〇]《相鼠》、《碩鼠》，疾惡也；[三一]《采葛》、《采苓》，傷讒也。[三二]引而伸之，觸類而長之，有多識之益也。[三三]

[一]案《周南·關雎》毛傳：「雎鳩，王雎也。鳥摯而有別。」

[二]《小雅·鹿鳴》毛傳：「鹿得蓱，呦呦然鳴而相呼。」

[三]《曹風·鳲鳩》毛傳：「鳲鳩之養其子，朝從上下，暮從下上，平均如一。」

[四]《逸齋詩補傳》二：「裘之必用羔，既取羔羊之德；絲必用素，亦取潔白之義也。」

[五]《召南·騶虞序》：「仁如騶虞，則王道成也。」毛傳：「騶虞，義獸，白虎黑文，不食生物，有至信之德則應之。」

[六]《小雅·鴛鴦》箋：「梁，石絶水之梁。鴛鴦休息於梁，明王之時，人不驚駭，自若無恐懼。」

[七]《小雅·小宛》毛傳：「桑扈，竊脂也。」箋：「竊脂肉食，今無肉而循場啄粟，失其天性，不能以自活。」

[八]《豳風·七月》毛傳：「倉庚，離黄也。鵙，伯勞也。」箋：「陽，温也。温而倉庚又鳴，可蠶之候也。伯勞鳴，將寒之候也。五月則鳴，豳地晚寒，鳥物之候，從其氣焉。」正義：「陳思王《惡鳥論》曰：伯勞以五月鳴，應陰氣之動。」

[九]《秦風·蒹葭》毛傳：「蒹葭，葭蘆也。白露凝戾爲霜，然後歲事成。」

[一〇]《周頌·小毖》毛傳：「桃蟲，鷦也。鳥之始小終大者。」正義：「陸璣《疏》云：今鷦鷯是也。微小於黄雀，其雛化而爲雕，故俗語鷦鷯生雕。」◎朱子《集傳》：「拚，飛貌。」

[一一]朱子《集傳》語。

[一二]義本《中庸》。

[一三]《周南·漢廣》毛傳：「南方之木美。喬，上竦也。」正義：「木以高其枝葉，人無休息者；

女由持其潔清，人無求思者。」

［一四］《鄭風・山有扶蘇》箋：「荷華生於隰，喻忽置美德者於下位。」◎《毛詩李黄集解》十：黄實夫曰：「山有扶蘇，亦有橋松；隰有荷華，亦有游龍。以見國人未嘗無君子，亦未嘗無小人，在人君能辨之耳。」

［一五］《小雅・四月》箋：「非鶉鳶能高飛，非鱣鮪能處淵，皆驚駭辟害耳。」

［一六］《小雅・何草不黄》箋：「兕虎，比戰士也。」正義：「言我此役人，若是野獸，可常在外，今非是兕，非是虎，何爲久不得歸，循彼空野之中乎？」

［一七］《小雅・蓼莪序》：「刺幽王也。民人勞苦，孝子不得終養爾。」蘇子由《詩傳》曰：「莪蘿可食而蒿不可食，譬如生子者將賴其養也。幽王之世，孝子行役而遭喪，哀其父母生己之勞，而終不得養，如采莪者之得蒿也。」◎《小雅・常棣序》：「燕兄弟也。」毛傳：「常棣，棣也。」箋：「承華者曰鄂，不當作柎。柎，鄂足也。」◎《毛詩李黄集解》：李迂仲曰：「楊龜山爲國子祭酒，嘗論此詩，以爲常棣上承而下覆，華則覆萼，萼則承華，兄弟之和睦當如此也。」

［一八］《召南・采蘩》毛傳：「蘩，皤蒿也。公侯夫人執蘩菜以助祭，神饗德與信，不求備焉。」又《采蘋》毛傳：「蘋，大蓱也。」箋：「蘋之言賓也，藻之言澡也。婦人之行尚柔順，自潔清，故取名以爲戒。」◎《大雅・行葦序》：「行葦，忠厚也。周家忠厚，仁及草木。」◎隱三年《左傳》：「《風》有《采蘩》、《采蘋》，《雅》有《行葦》、《泂酌》，昭忠信也。」

[一一九]《魏風・葛屨序》：「刺褊也。魏地狹隘，其民機巧趨利，其君儉嗇褊急，而無德以將之。」◎《檜風・羔裘序》：「大夫以道去其君也。國小而迫，君不用道，好潔其衣服，逍遥遊燕，而不能自强於政治。」

[一二〇]《唐風・蟋蟀序》：「刺晉僖公也。儉不中禮，故作是詩以閔之。」◎《曹風・蜉蝣序》：「刺奢也。昭公國小而迫，好奢而任小人。」毛傳：「蜉蝣，渠略也，朝生夕死。」

[一二一]《小雅・鶴鳴》毛傳：「穀，惡木也。」正義：「以上檀蘀類之，取其上善下惡。」陸璣《疏》云：「幽州人謂之穀桑，荆揚人謂之穀，中州人謂之楮。殷中宗時，桑穀共生是也。」

[一二二]《大雅・綿》箋：「廣平曰原。周之原地在岐山之南，膴膴然肥美。其所生之菜，雖有性苦者，甘如飴也。」

[一二三]《王風・黍離》，李迂仲曰：「《説文》：黍，稷屬而黑者也。王氏曰：視稷而謂之黍者，憂而惛也。」◎《逸齋補傳》六：「憂思亂於中，則瞻視眩於外。閔周室者，黍稷不分，念父母者，莪蒿莫辨，此《黍離》、《蓼莪》所爲作也。」

[一二四]《齊風・雞鳴》正義：「常禮以雞鳴而起，今夫人之在君所，心常警懼，但恐傷晚，故以蠅聲爲雞鳴。」

[一二五]《衛風・淇澳序》：「美武公之德也，有文章，又能聽其規諫，以禮自防。」

[一二六]《小雅・白駒》毛傳：「宣王之末，不能用賢，賢者有乘白駒而去者。」

［二七］《鄭風·溱洧》毛傳：「芍藥，香草。」《陳風·東門之枌》毛傳：「椒，芬香也。」◎男女相會戲謔，以此爲贈貽，故曰「芳馨之辱」。

［二八］《衛風·伯兮》毛傳：「諼草，令人忘憂。」嚴氏粲曰：「我欲植之以銷憂，今我思伯，至於心病，恐非諼草所能療也。」◎《鄘風·載馳》毛傳：「蝱，貝母也。」朱子《集傳》曰：「將欲升高望遠，以抒憂想之情。言采其蝱，以療鬱結之疾。」

［二九］《大雅·綿》「柞棫拔矣」箋：「柞，櫟也。棫，白桵也。」《皇矣》「柞棫斯拔」箋：「天既顧文王，乃和其國之風雨，使其山樹木茂盛，言非徒養其民人而已。」◎朱子《綿·集傳》：「拔，挺拔而生，不拳曲蒙密也。」◎《小雅·無羊》「以薪以蒸」箋：「粗曰薪，細曰蒸。」《正月》「侯薪侯蒸」箋：「侯，維也。林中大木之處，而維有薪蒸爾。喻朝廷宜有賢者，而但聚小人。」正義：「薪蒸，柴樵之名。」

［三〇］《大雅·卷阿》箋：「鳳凰往飛，翽翽然，亦與衆鳥集於所止。衆鳥慕鳳凰而來，喻賢者所在，羣士皆慕而往仕也。因時鳳凰至，因以喻焉。」◎《王風·兔爰》，《逸齋詩補傳》六謂「兔狡而難取，以喻背叛之諸侯。雉介而易斃，周之君子自喻也。兔則爰爰而自得，雉則憂網羅之多，故不樂其生者，自比於雉也。」

［三一］《衛風·相鼠序》：「刺無禮也。」◎《魏風·碩鼠序》：「刺重斂也。國人刺其君貪，而畏人若大鼠也。」

［三二］《王風·采葛序》：「懼讒也。」毛傳：「葛所以爲絺綌也。事雖小，一日不見於君，憂懼於

讒矣。」◎《唐風·采苓序》：「刺晉獻公也。獻公好聽讒焉。」毛傳：「苓，大苦也。采苓，細事也。首陽，幽辟也。細事喻小行也，幽辟喻無徵也。」

［三三］【何云】絶佳賦。

誦《詩》三百，「不能專對」，「不足以一獻」，《禮記·禮器》文。皆誦言而忘味者也。自賜、商之後，言《詩》莫若孟子。其述孔子之言，以爲知道者二：《鴟鴞》、《烝民》是也。如《靈臺》、《皇矣》、《北山》、《雲漢》、《小弁》、《凱風》，深得詩人之心，以意逆志，一言而盡説《詩》之要。學《詩》必自《孟子》始。

【元圻案】歐陽公《詩本義·麟之趾》論曰：「孟子去《詩》世近，而最善言《詩》。推其所説《詩》義，與今《序》意多同。」◎宋周紫芝《毛詩講義自序》曰：「孔子聖人，明乎《詩》之道者也。子夏、子貢則學乎孔子，而明乎《詩》之義者也。孟子則與孔子同道，而明乎《詩》之志者也。孟子曰：『説《詩》者不以文害辭，不以辭害志，以意逆志，是爲得之。』觀『周餘黎民，靡有孑遺』之詩，則知詩人之意在憫旱魃之爲虐而已，果黎民之無遺也哉！非略其辭以求其志，則未有不以辭害志者。故曰：惟孟子能知《詩》之志也。」

申、毛之詩，皆出於荀卿子，而《韓詩外傳》多述荀書。今考其言，「采采卷耳」，

「鳲鳩在桑」、「不敢暴虎，不敢馮河」，得《風》、《雅》之旨，而引逸《詩》尤多，其孔筆所刪歟？

【元圻案】《漢書·楚元王傳》：「元王少時，嘗與魯穆生、白生、申公，俱受《詩》於浮丘伯。伯者孫卿門人也。」師古注：「孫卿，姓荀名況，漢以避宣帝諱，改之曰孫。」◎《荀子·解蔽篇》：「《詩》云：『采采卷耳，不盈頃筐。』頃筐，易滿也，卷耳，易得也，然而不可以貳周行。」楊倞注：「采易得之物，實易滿之器，以懷人寘周行之心貳之，則不能滿，況乎難得之正道，而可以他術貳之乎？」《勸學篇》：「目不兩視而明，耳不兩聽而聰。螣蛇無足而飛，梧鼠五技而窮。《詩》曰：『鳲鳩在桑，其子七兮。淑人君子，其儀一兮。其儀一兮，心如結兮。』故君子結於一也。」《臣道篇》：「仁者必敬人。凡人非賢則案不肖也。人賢而不敬，則是禽獸也；人不肖而不敬，則是狎虎也。禽獸則亂，狎虎則危，災及其身矣。《詩》曰：『不敢暴虎，不敢馮河。人知其一，莫知其它。戰戰兢兢，如臨深淵，如履薄冰。』此之謂也。」◎《王霸篇》引《詩》曰：「如雪霜之將將，如日月之光明。」《天論篇》引《詩》：「何恤人之言兮。」《臣道篇》引《詩》：「國有大命，不可以告人，妨其躬身。」《解蔽篇》引《詩》：「鳳凰秋秋，其翼若干，其聲若簫。有鳳有凰，樂帝之心。」又引《詩》：「墨以爲明，狐狸而蒼。」《正名篇》引《詩》：「長夜漫（漫）〔兮〕，永思騫兮。大古之不慢兮，禮義之不愆兮，何恤人之言兮。」《法行篇》引《詩》：「涓涓源水，不雝不塞。轂已破碎，乃大其輻。事已敗矣，乃重太息。」注云皆《逸詩》。◎《王霸篇》「如日月之光明」句下有「爲之則存，不爲之則亡」，厚齋《詩考》并引之，以爲《逸詩》，蓋傳刻者誤入注「逸詩」二字於「日月」句下也。當從《詩考》。

《法言·淵騫篇》曰：「守儒：轅固、申公。」二子無愧於言《詩》矣。王式以《三百五篇》諫，亦其次也。彼説《詩》「解頤」者，能無愧乎！

【全云】申公同門，穆生其最高者也。王式之徒有薛廣德，廣德之徒有龔舍，而《齊詩》有蕭望之、師丹，而《韓詩》亦有王式，皆足以雪匡衡之恥者也。

【元圻案】三箋本誤載謝山之説於前一條之下，今改正。◎《漢書·儒林傳》：「轅固，齊人也。以治《詩》孝景時爲博士。竇太后好《老子》書，召問固。固曰：『此家人言耳。』太后怒曰：『安得司空城旦書乎！』」又：「申公，魯人也。事浮丘伯受《詩》。武帝迎申公，問治亂之事。對曰：『爲治不在多言，顧力行何如耳。』是時，上方好文辭，見申公對，默然。」又《王式傳》：「式，字(思翁)〔翁思〕，東平新桃人也。式爲昌邑王師。昭帝崩，昌邑王嗣立，以行淫亂廢。治事使者責問曰：『師何以無諫書？』式對曰：『臣以《三百五篇》朝夕授王，至於忠臣孝子之篇，未嘗不爲王反復誦之也；至於危亡失道之君，未嘗不流涕爲王深陳之也。臣以《三百五篇》諫，是以亡諫書。』」◎《匡衡傳》：「諸儒爲之語曰：『無説《詩》，匡鼎來；匡(説)〔語〕《詩》，解人頤。』衡代韋玄成爲丞相。元帝時，中書令石顯用事，衡畏顯，不敢失其意。」

《草木鳥獸蟲魚疏》，陸璣字元恪所撰，非陸機也。機本不治《詩》，今應以璣爲正。」◎【元圻案】《經義考》載《崇文總目》云：「世或以璣爲機，非也。」《書録解題》云：「其書引郭璞注《爾雅》，則當在郭之後，亦未必吴時人也。」《四庫全書總目》十五：「案書中所引《爾雅注》，僅及漢犍爲文學樊光，實無一字涉郭璞，不知陳氏何以云然。」

「鄭氏《詩譜》，徐整暢，太叔裘隱。」【原注】見《釋文敘録》。《隋志》：「太叔求及劉炫注。」《古今書録》云「徐正陽注」。《館閣書目》謂注者爲太叔求，而不考《敘録》。徐正陽疑即徐整，誤以整爲正，暢爲陽也。【原注】整字文操，吴太常卿。

【閻按】「徐整暢，太叔裘隱」，謂整既暢演，而裘隱括之也。

【集證】《隋志》：「《毛詩譜》三卷，吴太常卿徐整撰。」◎《玉海》三十八《國史志》云：「《詩譜》，世傳大叔求注，不在秘府。《經典釋文敘録》所稱『徐整暢，大叔裘隱』，蓋謂整既暢演，而裘隱括之。『求』字訛也。」

《詩緯含神霧》曰：「集微揆著，上統元皇，下序四始，羅列五際。」又曰：「《詩》者，天地之心，君德之（主）〔祖〕，百福之宗，萬物之户也。」《推度災》曰：「建四始、五際而八節通。」以上俱見《太平御覽》六百九。[一二]《氾歷樞》曰：「午亥之際爲革命，卯酉之際爲改正。辰在天門，出入(聽候)〔候聽〕。卯，天保也；酉，祈父也；午，采芑也；亥，大明也。大明在亥，水始也；四牡在寅，木始也；嘉魚在巳，火始也；鴻雁在申，金始也。」以上見《詩大序》正義。翼奉學《齊詩》，聞五際之要《十月之交篇》。郎顗曰：「四始之缺，五際之厄。」五際本於《齊詩》，四始與《毛詩序》異，蓋習聞其說而失之也。

[一二]宋均注曰：「集微揆著，若綿綿瓜瓞。人之初生，揆其如是，必將至著，有天下也。」

【三箋本附程瑶田云】王氏言四始五際，引據未審。《詩緯氾歷樞》之言五際也，見《詩序》「是謂四始，《詩》之至也」下。孔氏正義云：「鄭(於)〔作〕《六藝論》引《春秋緯演孔圖》云《詩》含五際六情者，鄭以《汎歷樞》云『午亥之際爲革命，卯酉之際爲改正。辰在天門，出入聽候。卯，天保也；酉，祈父也；午，采芑也；亥，大明也。』然則亥爲革命，一際也；亥又爲天門，出入聽候，二際也；卯爲陰陽交際，三際也；午爲陽謝陰興，四際也；酉爲陰盛陽微，五際也。」孔氏此釋，頗能說五際之義。然緯言「辰在天門」，今曰「亥爲天門」，疑不能明。及考《後漢書·郎顗傳》：「順帝時災異屢見，公車徵顗。顗條便宜七事。其第七事中引《詩氾歷樞》曰：『卯酉爲革政，午亥爲革命，神在天門，出入聽候。』言神在戌亥司候。」宋均注云：「神陽氣，君象也。天門戌亥之間，乾所據也。」據此始與孔氏所釋相應。今孔疏所引《詩緯》，恐後人據轉寫訛本而改之。吾疑王氏所采已是(僞)〔訛〕本，故不引孔氏亥爲天門云云，以亥之與辰兩不相應，而不知其「辰」爲

「神」字之訛也。「卯爲改正」，亦當爲「革正」之訛，《郎顗傳》所説甚明，而宋均之注尤顯。又按《河圖括地象》「西北爲天門」，楊炯《少姨廟碑》「崑崙西北之地，天門也」，亦可與「天門乾所據」之説相發明。且《翼奉傳》注，孟康曰：「《韓詩外傳》云：五際，卯酉午戌亥也，陰陽終始際會之歲，於卯酉午亥外加戌以定之。」是又與「天門戌亥」之説脗合。又五際推演。據《氾歷樞》曰：「凡推其數，皆從亥之仲起，此天地所定位。陰陽氣周而復始，萬物死而復蘇，大統之始，故王命一節爲之十歲也。」言之甚鑿鑿。然其法未經講習，終難了然。而應劭之注《翼奉傳》，則又以君臣、父子、兄弟、夫婦、朋友爲五際，是又不承取《詩緯》之義，至《詩緯》以卯酉午亥配《天保》、《祈父》、《采芑》、《大明》四詩，終亦疑不能明也。

【瑶田又按】《詩序》之言四始，指謂《國風》、《小雅》、《大雅》、《頌》。箋以爲王道興衰之所由，而《詩緯》則謂亥水始、寅木始、巳火始，申金始，亦淺近無深義。又配以《大明》、《四牡》、《嘉魚》、《鴻雁》諸篇，夫固有所受之，度亦不關至要。吾疑作詩時不當與十二子相應，則毛氏之説允矣。至章懷太子注《郎顗傳》，云四始謂《關雎》爲《國風》之始，《鹿鳴》爲《小雅》之始，《文王》爲《大雅》之始，《清廟》爲《頌》之始，又以四詩之首篇爲始，義亦淺近，不若《詩序》「王道興衰所由」之義爲精深也。◎瑶田又按：讖緯家言，康成説經多引用之。此亦一藝，其來有自，故推演頗有徵驗，未可盡非之。然而儒者之道，先難後獲，責效望報，非所敢知。苟其通經致用，其爲明效大驗，可勝言哉。郎顗所謂「四始之缺，五際之厄」，其咎歸於不求賢則逆天違人，而災眚降、化不行也。因舉黄瓊、李固，言若還瓊徵固，任以時政，則可垂景光而致休祥。然則災異屢見，雖曰天運，豈非人事哉！

【繼序按】程説甚覈，但十二支可云十二子，亦可云十二辰，只言「辰」，則嫌於「辰巳」之「辰」耳。《韓詩外傳》，當改《内傳》。

【元圻案】《漢書·翼奉傳》：「奉字少君，東海下邳人也。奉上封事曰：『臣竊學《齊詩》，聞五際之要《十月之交》篇，知日蝕、地震之效昭然可明，猶巢居知風，穴處知雨，亦不足多，適所習耳。』」◎《後漢書·郎顗傳》：「顗字雅光，北海安丘人也。順帝時，災異屢見，顗詣闕拜章曰：『夫求賢者，上以承天，下以爲人。不用之，則逆天統，違人望。逆天統則災眚降，違人望則化不行。災眚降則下吁嗟，化不行則君道虧。四始之缺，五際之戹，其咎（如）〔由〕此。』」◎《詩大序》：「是謂四始，《詩》之至也。」箋云：「始者，王道興衰之所由。」正義曰：「四始者，鄭答張逸問云：『《風》也，《小雅》也，《大雅》也，《頌》也，此四者，人君行之則爲興，廢之則爲衰。』」

曹氏《論詩》云：「詩之作本於人情，自生民以來則然：太始天皇之策，包犧罔罟之章，葛天之八闋，康衢之民謡。」愚按《素問·天元紀大論》：鬼臾區曰：「積考太始《天元册文》曰：太虚寥廓，肇基化元。萬物資始，五運終天。布氣真靈，總統坤元。九星懸朗，七曜周旋。曰陰曰陽，曰柔曰剛。幽顯既位，寒暑弛張。生生化化，品物咸章。」蓋古詩之體始於此。然伊川謂《素問》出於戰國之末。

【閻按】鄒平馬公驌曰：「上古文字簡略，而世傳《素問》灝煩數萬言，知非軒后之舊矣。然精微奥博，語多至道，其亦緩、和、摯、扁之流依托以立言者乎？」

【何云】「太虛寥廓」以下，直似東漢人語。

【元圻案】《隋書·樂志》：「伊耆有葦籥之音，伏羲有網罟之咏。」◎《通鑑外紀》：「太昊作荒樂，歌扶徠，咏網罟，以鎮天下之人，命曰立基。」◎《吕氏春秋·仲夏紀·古樂篇》：「昔葛天氏之樂，三人操牛尾，投足以歌八闋：一曰載民，二曰玄鳥，三曰遂草木，四曰奮五穀，五曰敬天常，六曰(建)〔達〕帝功，七曰依地德，八曰總禽獸之極。」◎《列子·仲尼篇》：「堯微服遊於康衢，聞童謡云：『立我烝民，莫匪爾極。不識不知，順帝之則。』」◎《四庫全書總目》一百三：「《黄帝素問》二十四卷。唐王冰注。《漢志》載《黄帝内經》十八篇，無《素問》之名。後漢張機《傷寒論》引之，始稱《素問》。晉皇甫謐《甲乙經序》稱《針經》九卷，《素問》九卷，與《漢志》『十八篇』之數合，則《素問》之名起於漢晉間矣，故《隋志》始著録也。然《隋志》所載止八卷，全元起所注已闕其第七。冰爲寶應間人，乃自謂得舊藏之本，補足此卷。宋林億等校正，謂《天元紀大論》以下卷帙獨多，與餘篇絶不相通，疑即張機《傷寒論序》所稱《陰陽大論》之文，冰取以補所亡之卷，理或然也。」

《文粹》二十六李行修《請置詩學博士書》云：「劉迅説《詩》三千言，言《詩》者尚之。」

今考迅作《六説》，以繼《六經》，自「孔氏」至「考亂」，凡八十九章，取漢史詔書及羣臣奏議以擬《尚書》，又取《房中歌》至《後庭鬭百草》、《臨春樂》、《少年子》之類凡一百四十二篇，以擬雅章，又取《巴渝歌》、《白頭吟》、《折楊柳》至《談容娘》，以比《國風》之流。然文中子嘗續經矣。朱子《雜著·文中子續經説》謂：「高、文、武、宣之制，豈有『精一執中』之傳？曹、劉、顔、謝之詩，豈有『物則秉彝』之訓？」況迅乎！

【元圻案】唐李行修《請置詩學博士書》云：「《書》殘於古、今，（論）《〔詩〕》失於齊、魯。漢有毛萇、鄭康成，師道可觀。逮聖朝劉迅者，説《詩》三千言，近代言《詩》者尚之。」◎「房中樂」，注見本卷①。◎《（唐）〔隋〕書·樂志》：「隋煬帝不解音律，大製豔（曲）〔篇〕，令樂正白明達造新聲《萬歲樂》、《藏鈎樂》、《七夕相逢樂》、《投壺樂》、《玉女行觴》、《神仙〔留〕客》、《鬭百草》、《泛龍舟》、《還舊宫》、《長樂花》等曲。」◎《陳書·後主張貴妃傳》：「史臣曰：後主每引賓客對貴妃等遊宴，則使諸貴人及女學士與狎客共賦新詩，采其尤豔麗者以爲曲詞，被以新聲。其曲有《玉樹後庭花》、《臨春樂》等，皆美妃嬪之容色也。」◎《李太白集》古樂府有《少年子》一篇。元蕭士贇補注云：「《樂府遺聲》遊俠二十一曲，有《少年子》。」◎國初王琦輯注云：「郭茂倩《樂府詩集》以《少年行》、《少年子》皆入雜曲歌辭中。」齊王融、梁吴均皆有《少年子》。太白樂府有

① 見本卷「周有房中之樂」條注（頁三三〇）。

《折楊柳》，王琦注：「《文獻通考》：鼓角横吹十五曲中有《折楊柳》。」◎《晉書·樂志》：「漢高祖自(巴)〔蜀〕、漢將定三秦，閬中范因率賨人以從，爲前鋒。高祖樂其猛鋭，數觀其舞，後使樂人習之。閬中有渝水，故名曰《巴渝舞》。」◎《西京雜記》：「司馬相如將聘茂陵女爲妾，卓文君作《白頭吟》以自絶，相如乃止。」唐吴兢《樂府古題要解》以爲古詞，一説司馬相如云云，與《雜記》同。◎唐崔令欽《教坊記》：「《踏謡娘》，以其且步且歌，故謂之踏謡，或呼爲《談容娘》。」◎劉迅，知幾第五子。《唐書》本傳：「迅字捷卿。歷京兆功曹參軍事。迅續《詩》、《書》、《春秋》、《禮》、《樂》五説。書成，語人曰：『天下滔滔，知我者希。』終不以示人云。」◎唐李肇《國史補》：「劉迅著《六説》以探聖人之旨，唯《易説》不成，行於代者五篇而已。識者服其精當。」◎《中説·禮樂篇》：「程元問《六經》之致。子曰：『續《書》，以存漢晉之實；續《詩》，以辨六代之俗；修《玄經》，以斷南北之疑；讚《易》道，以申先師之旨；正禮樂，以旌後王之説。』」◎李行修，長慶中官殿中侍御史、左司員外郎。◎《朱子文集》六十七《王氏續經説》曰：「今其遺編，雖不可見，然考之《中説》，而得其大略。則彼之贊《易》，是豈足以知先天後天之相爲體用？而高、文、武、宣之制，是豈有『精一執中』之傳？曹、劉、沈、謝之詩，是豈有『物則秉彝』之訓？叔孫通、公孫述、曹褒、荀(勉)〔勖〕之禮樂，又孰與伯夷、后夔、周公之懿？至於宋魏以來，一南一北，校功度德，蓋未有以相君臣也。則其天命人心之向背，統(序)〔緒〕繼承之偏正，亦何足論！而欲攘臂其間，奪彼予此，以自列於孔子之《春秋》哉！」

艾軒《策問》曰：「九德、九夏，《雅》、《頌》之流也。《貍首》，風也。豳之《雅》、《頌》，猶《魯頌》也。」薛士龍曰：「《詩》之音律，猶《易》之象數。」

【閻按】《貍首》逸《詩》，果載《射義篇》内，則似二《雅》體，非《風》也。詳《尚書古文疏證》卷五第八十條。

【何云】是二者，蓋亦無害乎其不知也，況强以臆説求之，終亦不知而作而已。

【元圻案】《林艾軒集·策問》曰：「九德之歌，九夏之奏，《貍首》之節，與夫《豳雅》、《豳頌》，皆曉然見之於經，而求之《三百篇》之中，無有也。如九德、九夏，則《雅》、《頌》之流也。《貍首》，則《風》也，豳之《雅》、《頌》，猶《魯頌》也。然豳一國之事，不應有所謂雅者。周公之所載，仲尼獨缺而不取者，又何耶？」◎薛士龍《浪語集·答何商霖第三書》曰：「《詩》家之音律，猶《易》之象數。聖人於《易》稱君子之道四，則《詩》之聲又未可以一偏取。孔子固嘗弦歌合樂，亦不爲無取於辭。」

説《詩》者謂宋襄公作䡇鐘之樂。按《博古圖》有宋公成䡇鐘。《大晟樂書》：「應天得六鐘，篆其帶曰莖鐘。詔謂『獲英莖之器，於受命之邦。』」此姦諛傅會之言，宋公成亦非襄公，用以説《詩》，陋矣。

【集證】《博古圖》録䡇鐘六器銘文：「略無小異，皆曰『宋公成之䡇鐘』。考歷代之樂，顓帝曰『六莖』，誙與莖通，則誙鐘者，是爲顓帝之樂。宋，商之系，二王之後，得用天子禮樂，則歷代之樂章固當有之，蓋此鐘特其一樂之名耳。宋自微子有國，二十世而有共公固成，又一世而有平公成，又七世而有剔公成，則所謂宋公成者，不知其爲誰也。惟太祖有天下，實起睢陽，故國號大宋。是六鐘既出於宋地，而銘文又有曰宋公成，則其於受命之邦出爲太平之符者，正其時歟？由是作樂之初，特詔大晟府取是爲式，遂成有宋一代之樂。」

【元圻案】宋陳均《皇朝編年備要》二十七：「徽宗崇寧四年，八月，大晟樂成。大觀初，頒新樂於天下。先是，端州忽上銅器□□，驗款識，乃宋成公之時物。而端州，上興王之地，故詔文有曰『獲英莖之器，於受命之邦』。」◎《史記·宋世家》：「襄公名兹甫。」◎陳氏《書録解題·目録類》：「《宣和博古圖》三十卷。宣和殿所藏古器物，圖其形象，而記其名物，録其款識。」又《音樂類》：「《大晟樂書》二十卷。大中大夫開封劉炳子蒙撰。大晟者，本方士魏漢津妄出新意，以裕陵指節定尺律，傅會『身爲度』之説。炳爲大司樂，精爲緣飾。」

《大學》「止於至善」，引《詩》者五；「齊家」引《詩》者三。朱子謂「咏嘆淫液，其味深長，最宜潛玩」。《中庸》末章凡八引《詩》。朱子謂「『衣錦尚絅』至『不顯惟德』，始學成德之序也。『不大聲以色』至『無聲無臭』，贊不顯之德也。反復示人，至深切矣。」《孝經》引《詩》十，引《書》一。張子韶云：「多與《詩》、《書》意不相類，直取聖人之意而用之。是《六經》與聖人合，非聖人合《六經》也。或引或否，卷舒自然，非先考《詩》、《書》而後立意也。《六經》即聖人之心，隨其所用，皆切事理。此用經之法。」

【閻按】邵文莊《寶言》：「《中庸》『尚絅章』，猶樂章之亂，蓋一篇之總要也。」

【全云】陸文安公所云「《六經》皆我注脚」之語，斯之謂也。觀深寧所言而後知其不足駴。

【元圻案】陸象山《語録》曰：「《論語》中多有無頭柄的説話，如『知及之』、『仁不能守之』之類，不知所及所守者何事；如『學而時習之』，不知時習者何事，非學有本領，未易讀也。苟學有本領，則知之所及者及此也，仁之所守者守此也，時習之習習此也，説者説此，樂者樂此，如高屋之上建瓴水矣。學苟知本，《六經》皆我注脚。」◎張子韶，名九成。著《孝經解》四卷，《宋史·藝文志》著録，《書録解題》云一卷。

束皙《補亡詩》「循彼南陔」，釋曰：「陔，隴也。」《羣經音辯》云：「《序》曰：『孝子相戒以養。』『陔』當訓戒。《鄉飲酒》、《燕禮》：『賓醉而出，奏《陔夏》。』鄭氏注：『陔之言戒也。』以陔爲節，明無失禮，與《詩序》義協。」愚按《春官·樂師》鄭司農注：「今時行禮於大學，罷出，以鼓陔爲節。」

【全云】相戒以養之説精矣，然何以云南戒？其義難通，則恐束氏亦有所本。

【元圻案】《文選》十九束廣微《補亡詩》六首，一曰《南陔》，李善注：「《聲類》曰：陔，隴也。」◎五臣注呂向云：「南方養萬物之方，此以戒養，故取以爲名。」據此可釋謝山「南戒」之疑。◎束晳，《晉書》有傳。《文選·補亡詩》注，《晉書》曰：「束晳，字廣微，平陽陽平人也。嘗覽古《詩》，惜其不備，故作詩以補之。」◎《書録解題·經解類》：「《羣經音辯》七卷。丞相真定賈昌朝子明撰。」◎《世説新語》三：「夏侯湛作《周詩》以示潘安仁。」注：湛集載其敍曰：「《周詩》者，《南陔》、《白華》、《華黍》、《由庚》、《崇丘》、《由儀》六篇，有其義而亡其辭，故云《周詩》也。其詩曰：既殷斯虔，仰説洪恩。夕定辰省，奉侍朝昏。宵中告退，雞鳴在門。孳孳恭誨，夙夜是敦。」然則補亡不止束晳也，湛與晳俱晉武帝時人。

《荀子》曰「善爲《詩》者不説」，程子之「優遊玩味，吟哦上下」也。董子曰「詩無達詁」，孟子之「不以文害辭，不以辭害志」也。

【元圻案】《荀子·大略篇》：「善爲《詩》者不説，善爲《易》者不占，善爲《禮》者不相，其心同也。」◎董子《繁露·精華篇》：「所聞《詩》無達詁，《易》無達占，《春秋》無達辭。」《説苑·奉使篇》：「傳曰：《詩》無通詁，《易》無通占，《春秋》無通辭。」

曹子建表：「忍垢苟全，則犯詩人胡顔之譏。」《詩》無此句。李善引《毛詩》

曰：「何顏而不速死也。」今《相鼠》注無之。

【元圻案】《文選》二十曹子建《上責躬應詔詩表》曰：「竊感《相鼠》之篇，無禮遄死之義，形影相弔，五情愧赧。以罪棄生，則違古賢夕改之勸；忍垢苟全，則犯詩人胡顏之譏。」李善注云：「即上『胡不遄死』之義。」明非別有「胡顏」之句也。又云「《毛詩》謂何顏而不速死也」，蓋釋《毛詩》「胡不遄死」之意，非謂毛傳有此文也。善注引《毛詩》經傳甚多，引經則有「《詩》曰」、有「《毛詩》曰」，引傳則有「毛萇曰」、「毛萇《詩傳》曰」，今此獨作「《毛詩》謂」，謂者，繹其意也，言詩人之意，無禮而不速死，則有靦面目耳。

《說文敘》云：「其稱《詩》毛氏者，皆古文也。」以今《詩》考之，其文多異。「得此䶂鼀」爲蟾蠩，「碩大且㜤」爲重頤，皆《韓詩》之說也。

【集證】《說文·黽部》「鼀」下：「䶂鼀，詹諸也。《詩》曰『得此䶂鼀』，言其行鼀鼀。鼀，式支切。」《女部》「㜤」下云：「㜤，含怒也。一曰難知也。《詩》曰『碩大且㜤』，五感切。」

【元圻案】王氏《詩考》：「燕韓嬰作《內、外傳》數萬言，頗與齊、魯間殊。」又曰：「《新臺》『得此戚施』，薛君曰：『戚施，蟾蜍，喻醜惡。』《澤陂》『碩大且㜤』，薛君曰：『㜤，重頤也。五檢反。』並見《太平御覽》。」一見九百四十九卷，一見三百六十八卷。

蔡邕《正交論》云：「周德始衰，《頌》聲既寢，《伐木》有『鳥鳴』之刺。」是以《正雅》爲刺也。

【全云】亦是《魯詩》。

【元圻案】《後漢書·朱穆傳》：「穆字公叔。作《崇厚論》，云：『虚華盛而忠信微，刻薄稠而純篤稀。蓋《谷風》有「棄予」之嘆，《伐木》有「鳥鳴」之悲矣！』」論曰：「朱穆志抑朋遊之私，遂著《絶交》之論。蔡邕以爲穆貞而孤，又作《正交論》以廣其志。」注：「邕論略曰：『古之交者，其義敦以正，其誓信以固。逮(夫)〔至〕周德始衰，《頌》聲即寢，《伐木》有「鳥鳴」之刺，《谷風》有「棄予」之怨，其所由來，政之缺也。』」邕之以《伐木》爲刺詩，實本於朱穆。

春秋時，諸侯急攻戰而緩教化，其留意學校者，唯魯僖公能修泮宫，衛文公敬教勸學，它無聞焉。鄭有《子衿》「城闕」之刺，子産僅能不毁鄉校而已。

【元圻案】《魯頌·泮水》序曰：「頌僖公能修泮宫也。」◎《鄭風·子衿》序曰：「刺學校廢也。」◎其三章曰「佻兮達兮，在城闕兮。」◎襄公三十一年《左傳》曰：「鄭人遊於鄉校，以論執政。然明謂子産曰：『毁鄉校，何如？』子産曰：『何爲？夫人朝夕退而游焉，以議執政之善否。其所惡者，吾則改之。是吾師也，若之何毁之？』」

吴才老《詩叶韻補音序》曰：「《詩》音舊有九家，唐陸德明[一]定爲一家之學。開元中修五經文字，「我心慘慘」爲懆，【原注】七到反。「伐鼓淵淵」爲鼝，【原注】於巾反。皆與《釋文》異。乃知德明之學，當時亦未必盡用。」

[一]原文此下有「以己見」三字。

【元圻案】陸德明《經典釋文自序》曰：「夫書音之作，作者多矣。漢魏迄今，遺文可見。或專出己意，或祖述舊音，各師成心，製作如面。加以楚夏聲異，南北語殊，是非信其所聞，輕重因其所習。後學鑽仰，罕逢指要。遂因暇景，救其不逮，研精六籍，采摭九流，搜訪異同，校之《蒼》、《雅》等音，合爲撰集五典、《孝經》、《論語》及《老》、《莊》、《爾雅》等音，合爲三十卷。」◎《敍録》曰：「爲《詩》音者九人：鄭康成、徐邈、蔡氏、孔氏、阮侃、王肅、江惇、干寶、李軌。」◎《四庫全書總目·經部小學類》：「《韻補》五卷。宋吴棫撰。棫字才老。《書録解題·詩類》載棫《毛詩補音》十卷，注曰：『棫别有《韻補》一書，不專爲《詩》作。今補音已亡，惟此書存。』」◎武夷徐蕆爲《韻補序》曰：「才老與蕆同里，有連，其祖後家同安。才老登宣和六年進士，嘗召試館職，不就。除太常丞。忤時宰，斥通判泉州。」◎《書録解題》三《經解類》：「《五經文字》三卷。唐國子司業張參撰。大曆中，刻石長安太學。」

「取蕭祭脂」，曰「其香始升」①。「爲酒爲醴」，曰「有飶其香」②。古所謂香者如此。韋彤《五禮精義》云：「祭祀用香，今古之禮，並無其文。《隋志》曰：『梁天監初，何佟之議鬱鬯蕭光，所以達神，與其用香，其義一也。』[一]考之殊無依據，開元、開寶禮不用。」

[一]案《隋書·禮樂志一》：「梁天監四年，何佟之曰：『南郊明堂用沈香，取本天之質，陽所宜也。北郊用上和香，以地與人親，宜加雜馥。』」無此條所引數語。

【元圻案】《宋史·禮志一》：「凡常祀，天地宗廟，皆内降御封香。凡祈告，亦内出香。遂爲定制。嘉祐中，裴煜請：『大祀悉降御封香，中、小祀供太府香。』元符元年，左司員外郎曾旼言：『周人以氣臭事神，近世易之以香。按何佟之議，以爲南郊、明堂用沈香，本天之質，陽所宜也；北郊用上和香，以地與人親，宜加雜馥。今令文北極天皇而下皆用濕香，至於衆星之位，香不復設，恐於義未盡。』於是每陛各設香。」◎《長編》三百十七神宗元豐四年：「十月，詳定禮文，所言宗廟之有祼鬯焫蕭，則與祭天燔柴、祭地瘞血同意。蓋先王以爲通德馨於神明。近代有上香之制，頗爲不經。按韋彤《五禮精義》曰：『祭祀用香，今古之禮，並無其文。《隋志》云：「梁天監初，

① 《詩·大雅·生民》。
② 《詩·周頌·載芟》。

何佟之議鬱鬯蕭光，所以達神，與其用香，其義一也。」上古禮樸，未有此制。』今請南郊、明堂用沈香，氣自然至天，示恭合質陽之氣。北郊請用上和香，地道親近，雜芳可也。臣等考之，殊無依據。今且崇祀宗廟明堂，器服牲幣一因古典，至於上香，乃襲佟之議。如曰上香亦裸鬯焫蕭之比，則今既上香，而又裸焫，求之古義已重複，況開元、開寶禮亦不用乎！」注云：「從違當考。」據厚齋此條，似議而未從也。◎《唐書·藝文志》「禮類」：「韋彤《五禮精義》十卷。」又「儀注類」：「《開元禮》一百五十卷。開元中，張説請修貞觀、永徽五禮爲《開元禮》。命蕭嵩總之。」◎《書録解題·禮注類》：「《開寶通禮》二百卷。開寶四年，命劉温叟等以《開元禮》重加損益，以成此書。」◎《梁書·儒林傳》：「何佟之，字士威，廬江灊人。少好三《禮》。時太尉王儉爲儒宗，頗相推重。高祖踐阼，以佟之爲尚書左丞。是時百度草創，佟之依《禮》定議，多所裨益。」◎《唐書·儒學傳》：「韋彤，京兆人。彤名治《禮》，德宗時爲太常博士。」

「誕后稷之穡，有相之道。」①疏云：「種之必好，似有神助。」《吕氏春秋·士容論·任地篇》：「后稷曰：『子能使子之野盡爲泠風乎？六尺之耜，所以成畝也；其博八寸，所以成甽也；耨柄尺，此其度也；其耨六寸，所以間稼也。』」漢趙過曰：「后

① 《詩·大雅·生民》。

稷始甽田。」

【元圻案】《任地篇》注曰：「泠風，和風，所以成穀也。」又曰：「耜六尺，其刃廣八寸。古者以耜耕，廣六尺爲畞，三①尺爲甽，遼西之人謂之埒也。」◎畢氏沅曰：「《周禮》『廣尺深尺曰甽』，此云三尺，黄東發謂於正文不合。其言曰『耜者今之犁，廣六尺，旋轉以耕土，其塊彼此相向，亦廣六尺，而成一疄，此之謂畞②。而百步爲畞，總畞之四圍總名。「其博八寸，所以成甽」者，犁頭之刃，逐塊隨刃而起，其長竟畞，其起而空之處與刃同其闊，此之謂甽。』案此所云，則與《周禮》相近。埒，字書無考。」◎《漢書·食貨志》：「趙過爲搜粟都尉。過能爲代田，一畞三甽。歲代處，故曰代田，古法也。后稷始甽田，以二耜爲耦，廣尺、深尺曰甽，長終畞。一畞三甽，一夫三百甽，而播種於甽中。苗生葉以上，稍耨隴草，因隤其土以附苗根。」

「興雨祈祈」，雨欲徐徐則入土。《鹽鐵論·水旱篇》云：「周公太平之時，雨不破塊，旬而一雨，雨必以夜。」

【集證曰】《西京雜記》載董仲舒《雨雹對》：「太平之世，風不鳴條，開甲散萌而已；雨不破

① 「三」，一本作「五」。參見陳奇猷《吕氏春秋新校釋》（上海古籍出版社版）。

② 「畞」，清王念孫校改爲「步」。參見陳奇猷《吕氏春秋新校釋》（上海古籍出版社版）。

塊，潤葉津莖而已。」

【元圻案】《小雅·大田》傳曰：「祈祈，徐也。」箋云：「古者陰陽和，風雨時，其來徐徐然而不暴疾。」

「以按徂旅」①，《孟子》作「以遏徂莒」。《韓非》云：「文王克莒。」

【元圻案】《韓非子·二難篇》：「文王侵孟，克莒，舉酆，三舉事而紂惡之。文王乃懼，請入洛西之地，以請解炮烙之刑。」◎毛傳以阮、徂、共爲三國，又以旅爲地名。鄭以旅爲兵衆。以《孟子》證之，則毛義爲長。《孟子正義》曰：「春秋魯隱公二年，書莒子盟於密，則莒者密之近地。」

「夏屋渠渠」箋云：「設禮食大具，其意勤勤。」正義王肅云：「大屋。」崔駰《七依》說宮室之美，云「夏屋渠渠」。《文選·靈光殿賦》注引《七依》作「蘧蘧」。〔二〕《檀弓》「見若覆夏屋者矣」，注：「夏屋，今之門廡，其形旁廣而卑。」正義：「殷人以來，始屋四阿；夏家之屋，唯兩下而已，無四阿，如漢之門廡。」【原注】鄭康成於《詩》、《禮》注異如此。

① 《詩·大雅·皇矣》。

［一］李善注：「高也。」

【元圻案】《秦風·權輿》傳曰：「夏，大也。」箋云：「屋，具也。渠渠，猶勤勤也。言人君始於我，厚設禮食大具以食我，其意勤勤然。」正義曰：「夏，大，《釋詁》文。屋，具，《釋言》文。案崔駰《七依》説宮室之美云：『夏屋渠渠。』王肅云：『屋則立之於先君，食則受之於今君，故居大屋而食無餘。』義似可通。鄭不然者，始則大具，今終則無餘，猶下章始則四簋，今則不飽，皆説飲食之事，不得言屋宅也。」◎《法言》云：「震風凌雨，然後知夏屋之爲帡幪也。」後人以「夏屋」爲屋宇，蓋本於揚子雲。◎《後漢書·崔駰傳》：「駰字亭伯。涿郡安平人也。少遊太學，與班固、傅毅齊名。著詩、賦、銘、頌、書、記、表、《七依》、《婚禮結言》、《達旨》、《酒警》合二十一篇。」◎《文選》十一王文考《靈光殿賦序》曰：「魯靈光殿者，蓋景帝程姬之子，恭王餘之所立也。初恭王始都下國，好治宮室，遂因魯僖基兆而營焉。」◎《後漢書·文苑傳上》：「王逸，字叔師，南郡宜城人也。子延壽，字文考。有雋才，游魯，作《靈光殿賦》。」

文王之治，由身及家，《風》始於《關雎》，《雅》始於《大明》，而《思齊》又《關雎》之始也。《家人》之「九五」曰：「王假有家。」【原注】「不顯亦臨」，謹獨者齊家之本，故《家人》之吉，在於反身。

【何云】此説從南豐《列女傳序》中來。

【元圻案】《大雅》第二篇《大明序》：「文王有明德，故天復命武王也。」又《思齊序》：「文王所以聖也。」正義曰：「作《思齊》詩者，言文王所以得聖，由其賢母所生。文王自天性當聖，聖亦由母大賢。故歌咏其母，言文王之聖有所以而然也。」◎曾子固《列女傳目録序》曰：「古之君子，未嘗不以身化也，故《家人》之義，歸於反身，二《南》之業，本於文王。夫豈自外至哉！世皆知文王之所以興，能得内助，而不知所以然者，蓋本於文王之躬化，故内則后妃有《關雎》之行，外則羣臣有二《南》之美，與之相成。」◎文中子曰：「予讀《大明》之詩，而知人之求配，不可不慎擇也。蓋雖大聖賢而配非其人，所生之子，必不能全類其父。《詩》稱文武之興，各本其母，而言有旨哉。」

衛武公自警曰：「慎爾出話，敬爾威儀，無不柔嘉。」①古之君子，剛中而柔外。「仲山甫之德，柔嘉維則」②，隨會「柔而不犯」③。韓文公爲《王仲舒銘》曰：「氣鋭而堅，又剛以嚴，哲人之常。與其友處，順若婦女，何德之光。」

①《詩·大雅·抑》。
②《詩·大雅·烝民》。
③《左傳》文公十三年。

「爾土宇昄章」，必曰「俾爾彌爾性」①。務廣地而不務廣德者，人君之深戒也。「不務德而勤遠略」，齊之霸所以衰。僖公九年《左傳》。「狄之廣莫，於晉爲都」，晉之亂所以萌。莊公二十八年《左傳》。

【全云】晉雖世有赤翟、白翟、中山之禍，然不因此而亡國，深寧特有慨於宋室耳。

【元圻案】《三略》：「務廣地者荒，務廣德者强。」

風俗，世道之元氣也。觀《葛生》之詩，堯之遺風變爲北方之强矣；觀《駟驖》、《小戎》之詩，文、武好善之民變爲山西之勇猛矣。晉、秦以是强於諸侯。然晉之分爲三，秦之二世而亡，風俗使然也。是以先王之爲治，威强不足而德義有餘。商之季也，有故家遺俗焉；周之衰也，懷其舊俗焉。

【元圻案】《唐風·葛生序》：「刺晉獻公也。好攻戰則國人多喪矣。」◎鄭氏《詩譜》：「唐者，帝堯舊都之地。今日太原晉陽，是堯始居此，後乃遷河東平陽。」◎《秦風·駟驖序》：「美襄公也。始命有田狩之事、園囿之樂焉。」《小戎序》：「美襄公也。備其兵甲，以討西戎。西戎方强，而征伐不休，國人則矜其車甲，婦人能閔其君子焉。」◎《詩譜》：「秦者，隴西谷名。於《禹

①《詩·大雅·卷阿》。

貢》近雍州鳥鼠之山。」又曰：「秦仲之孫襄公，平王之初，興兵討西戎以救周。平王東遷王城，乃以岐豐之地賜之，始列爲諸侯。」◎《史記·晉世家》：「哀公四年，趙襄子、韓康子、魏桓子共殺知伯，盡并其地。十八年，哀公卒，子幽公柳立。幽公之時，晉畏，反朝韓、趙、魏之君，獨有絳、曲沃，餘皆入三晉。」又《秦始皇本紀》：「始皇崩於沙丘，胡亥襲位爲二世皇帝。元年七月，戍卒陳勝等反。二世齋於望夷宫，趙高與其婿閻樂、其弟趙成謀立公子嬰，二世自殺。」◎賈誼曰：「秦爲天子，二世而亡。」◎《詩大序》：「國史明乎得失之迹，傷人倫之廢，哀刑政之苛，吟咏性情，以風其上，達於事變，而懷其舊俗者也。」

「皇皇后帝，皇祖后稷。」魯以稷配天，周之東遷，始僭禮矣。夫子以爲周公之衰，而史克何美焉？齊百庭燎，晉請王章，習以爲常，禮樂安得不自大夫出乎？

【元圻案】《魯頌·閟宫》箋：「皇皇后帝，謂天也。成王以周公功大，魯郊祭天，亦配之以后稷。」◎《禮記·禮運》：「孔子曰：『魯之郊禘，非禮也，周公其衰矣。』」衛氏《集説》引蔣氏君實曰：「前輩爲之説曰：『魯不得用天子禮樂，是成王過賜，而伯禽受之非也。』夫以伯禽受之爲非，而成王之時，禮典未壞，固應有是用之之事乎？識者又從而爲之説曰：『賜非成王，是周之末王賜之也。』昔者魯惠公使宰請郊廟之禮於天子，天子使史角往止之。使成王之時而魯已郊，則惠公奚請？惠公之請，殆由平王以下也。是説然矣。自今言之，聖人觀周道而傷幽厲，論郊禘而衰周公，則重祭賜魯，豈盛時賢君事？其出於衰世天子諸侯無疑也。」◎《魯頌譜》曰：「僖公當周惠王、襄王時，而遵伯禽之法，復魯舊制，國人美之。季孫行父請命於周而作其頌。」正義曰：「《駉頌·序》云『史克作是頌』，廣言作頌，不指《駉篇》。」◎《禮記·郊特牲》：「庭燎之百，由齊桓公始也。」注：「僭天子也。庭燎之差，公蓋五十，侯、伯、子、男皆三十。」正義曰：「庭燎者，謂於庭中設火以照燎來朝之臣。」又曰：「此數出《大戴禮》。皇氏云：『作百炬列於庭也。』或云：『百炬共一束也。』」◎僖公二十五年《左傳》：「晉侯朝王，王饗醴命之宥。請(隊)〔隧〕，弗許，曰：『王章也。未有代德而有二王，亦叔父之所惡也。』」

朱子發曰：「《詩》全篇削去者二千六百九十四篇，如《貍首》、《曾孫》之類是也。篇中刪章者，如『唐棣之華，偏其反而，豈不爾思，室是遠而』之類是也。章中刪句者，如『巧笑倩兮，美目盼兮，[一]素以爲絢兮』是也。句中刪字者，如『誰能秉國成，不自爲政，卒勞百姓』是也。」

[一]【何云】今石經《論》、《孟》乃宋人所補。「盼」訛爲「盻」，然宋板《四書集注》已改正。

【閻按】此必無之事。

【全云】深寧開卷不取「月離於畢」、「素以爲絢」爲孔子所刪之說，則朱子發之論亦非其所取。此條必尚有辯正之說，而今失之。

【又云】李淇水亦嘗有此説，見《象山集》。

【元圻案】朱子發之説，本於歐陽公。◎孔穎達曰：「經傳所引諸《詩》，見在者多，亡失者少，不容孔子十去其九。」◎朱子曰：「當時史官收詩時，已各有編次，但經孔子時已經散失，故孔子重新整理一番，未見得删與不删。」◎水心葉氏曰：「《論語》稱『詩三百』，本謂古人已具之詩，不應指其自删者言之。然則《詩》不因孔氏而後删矣。」◎李淇水即清臣也。其説見陸象山《語録》上。

止齋《答黄文叔書》曰：「《國風》作而《二南》之正變。邶、鄘、曹、鄶，特微國也，而《國風》以之終始。蓋邶、鄘自别於衛，而諸侯浸①無統紀，及其厭亂思治，追懷先王先公之世，[一]有如曹、鄶然，君子以爲是《二南》之可復。世無周公，誰能正之？是故以《豳》終。」

[一] 案，原文此下有「匪風下泉」四字。

【閻按】吕東萊於《詩》一説，朱子於《詩》又一説，故各解「思無邪」之旨，前輩謂之未了公案。王魯齋出，則謂「《詩》非聖人之原本」。余頗然其説。新安方回曰：「蓋嘗以上二説，就内翰

① 「浸」，元刊本作「侵」。

尚書王公應麟一商略之。」今王氏《詩》説如此，是亦未敢舍而從魯齋也。因識於此。

【元圻案】《詩譜》：「邶、鄘、衛者，商紂畿内方千里之地。武王伐紂，以其京師封紂子武庚爲殷後，乃三分其地，置三監，使管叔、蔡叔、霍叔尹之。三監導武庚叛，成王既黜殷命，殺武庚，復伐三監，更於此三國建諸侯，以殷餘民封康叔於衛，使爲之長。後世子孫，稍并彼二國，混而名之。七世至頃侯，當周夷王時，衛國政衰，變風始作。故作者各有所傷，從其國本而異之爲邶、鄘、衛之詩焉。」◎《鄶風》終於《匪風》，《序》曰：「思周道也。」《曹風》終於《下泉》，《序》曰：「思治也。」

卷四

周禮

【元圻案】鄭畊老曰："《周禮》四萬五千八百六字。"◎晁氏《讀書附志》曰："石經《周禮》十二卷，經、注一十六萬三千一百單三字。"

漢河間獻王得《周官》，而武帝謂"末世瀆亂不驗之書"，唯唐太宗夜讀之，以爲"真聖作"，曰："不井田，不封建，而欲行周公之道，不可得也。"人君知此經者，太宗而已。[一]劉歆始用之，[二]蘇綽再用之，[三]王安石三用之，[四]經之蠹也。[五]唯文中子《中説·魏相篇》曰："如有用我，執此以往。"程伯子《告吕與叔》曰："必有《關雎》、《麟趾》之意，然後可以行《周官》之法度。"儒者知此經者，王、程二子而已。

[一]【何云】太宗語出於《文中子》第十卷，王福畤所録，未可以爲信也。"不封建"下尚有"不肉刑"三字。

［二］案，王莽之王田、市易是也。

［三］《後周書·太祖本紀》：「魏恭帝三年，初，太祖以漢魏官繁，思革前弊，大統中，乃命蘇綽、盧辯依周制改創其事，尋亦置六卿官。然爲撰次未成，衆務猶歸臺閣，至是乃命行之。」

［四］宋神宗之青苗、均輸是也。

［五］【何云】唐之立法，皆本蘇綽，不得目爲「經之蠹」。

【全云】案唐太宗鋭意封建，有世襲刺史之命，則福時之言未必妄。雖然，貞觀之治稍可觀，而以言乎先王《雎》、《麟》之意何有？無論其父子兄弟事，即如侯君集、張亮反側於廟堂之間，而謂其能封建乎？太子承乾與魏王泰傾奪於嫡庶之際，而謂其能封建乎？衛公、鄂公俱遭讒，李君羡以疑似死，即魏文貞公亦不保始終，而謂其能封建乎？然則太宗亦未必能真知此經也。

【又云】何氏以蘇綽能開貞觀之治，其實唐之治法，亦不盡本於綽也。

【元圻案】王福時録唐太宗與房、魏論禮樂事，曰：太宗召房、杜及魏俱入。上曰：「朕夜讀《周禮》，真聖作也。首篇云：『惟王建國，辨方正位，體國經野，設官分職，以爲人極。』誠哉深乎！」良久，謂徵曰：「朕思之，不井田，不封建，不肉刑而欲行周公之道，不可得也。」◎《漢書·景十三王傳》：「河間獻王德，以孝景前二年立，修學好古，實事求是。從民得善書，必爲好寫與之，留其真，加金帛賜以招之。所得皆先秦舊書，《周官》、《尚書》、《禮記》、《孟子》、《老子》之屬。」◎唐賈公彦《序周禮廢興》曰：「《周禮》起於成帝、劉歆，而成於鄭玄，附離之者大半。故林孝存以爲武帝知《周官》末世瀆亂不驗之書，故作十論七難以排棄之。何休亦以爲六國陰謀之書。唯有鄭玄遍覽羣經，知《周禮》乃周公致太平之迹，故能答林碩之論難，使《周禮》義得條通。」◎鄭氏樵《六經奥論·周禮辨》曰：「《周禮》，或謂文王治岐之制，或謂成周理財之書，或謂戰國陰謀之書，或謂漢儒附會之説，或謂末世瀆亂不驗之書，紛紜之説，無所折衷。予謂非聖人之智不及此，惟見其所傳不一，故武帝視爲末世瀆亂不驗之書，而不知好也。自成帝時，雖著《七略》，終漢迄唐，竟不置學官博士。文中子居家，未嘗廢《周禮》，太宗讀《周禮》，謂真聖作，其深知《周禮》者歟？若夫後世用《周禮》，王莽敗於前，荆公敗於後，此非《周禮》不可行，而不善用周禮者之過也。」◎《朱子語類》：「北周宇文泰及蘇綽有意復古，官制頗詳盡，如租調庸、府兵之類，皆是蘇綽之制。」故義門云「唐之立法，皆本蘇綽」爾。◎葉水心《序黄文度周禮五官説》曰：「《周官》既晚出，而劉歆遽行之，大壞矣，蘇綽又壞矣，王安石又壞矣。」

《漢志》謂之《周官經》，[一]《序録》云：「劉歆始建立《周官經》，以爲《周禮》。」意者《周禮》之名昉此乎？然《後漢書》云：「鄭衆傳《周官經》，後馬融作《周官傳》，授鄭玄，玄作《周官注》。」案，此《儒林·董鈞傳》文。猶未以《周禮》名也。《隋志》自馬融注已下始曰《周官禮》。【原注】《隋志》：「《三禮目録》一卷，鄭玄撰。」今見於《釋文》。

[一]【閻按】《河間獻王傳》亦曰《周官》。

【閻按】鄭康成《序》云："「世祖以來，通人達士鄭氏父子、衛宏、賈逵、馬季長皆作《周禮解詁》。」《周禮》之名，已見於此。賈公彦曰："「以設位言之謂之《周官》，以制作言之謂之《周禮》。」

【程易田云】案康成注，開章第一條《天官·冢宰》「惟王建國」下，即云「周公居攝，而作六典之職，謂之《周禮》」，《冬官》鄭《目録》云："「古《周禮》六篇畢矣。古《周禮》六篇者，天子所專秉以治天下，諸侯不得用焉。」康成序又云「世祖以來，通人達士皆作《周禮解詁》」。然則王氏謂未以《周禮》名者，言其時但稱《周官經》、《周官傳》、《周官注》，尚未以《周禮》名其書也，今六篇第目曰「天官」、「地官」云云，但稱官者是也。

【集證曰】《後漢·盧植傳》："「植上書曰："『臣前以《周禮》諸經，發起秕繆，爲之解詁。』」《鄭康成傳》："「所著有《答臨孝存周禮難》。」荀悦云："「劉歆以《周官》六篇爲《周禮》，王莽時奏以爲經，置博士。」

【元圻案】《漢書·藝文志》："「《周官經》六篇，王莽時劉歆置博士。」師古曰："「即今之《周官禮》也。」◎《隋書·經籍志》："「《周官禮》十二卷，馬融注。」又自鄭康成以下十三家，皆曰《周官禮》。◎鄭康成序云："「大中大夫鄭少贛，名興，及子大司農仲師，名衆，故議郎衛次仲、侍中賈景伯、南郡太守馬季長，皆作《周官解詁》。」◎葉夢得《春秋考》二："「《周官》太宰以六典佐王治邦國，此先王待五服諸侯之法也。其爲之，必有其目矣。須句之滅，成風猶能爲僖公言『崇明祀，保小寡，爲周禮』；而襄王避子頹之難，出居於鄭，卜偃勸晉文公，以爲『周禮未改』，吾然後知周公之典，其所以爲天下者大焉。今之《周禮》，蓋《周官》，非周禮，惜乎先王之六典不得而見矣。」蓋因其始但名《周官經》而爲此說。

五峯胡氏《皇王大紀》十九云：「《周官》司徒掌邦教，敷五典，司空掌邦土，居四民。世傳《周禮》闕《冬官》，未嘗闕也，乃冬官事屬之地官。」程泰之[一]云：「五官各有羨數，天官六十三，地官七十八，春官七十，夏官六十九，秋官六十六，蓋斷簡失次。取羨數，[二]凡百工之事歸之冬官，其數乃周。」俞庭椿[三]爲《復古編》，亦云：「《司空》之篇，雜出於五官之屬。」九峯蔡氏云：「周公方條治事之官，而未及師保之職，《冬官》亦闕，首末未備，周公未成之書也。」

［一］【全云】程文簡公大昌。

［二］【何云】羨數凡四十六。

［三］【全云】字壽翁，象山弟子。

【閻按】古者三公多係兼官，惟六卿是實職。《周禮》蓋載其實職者也。其中有三公云何，孤云何，皆六卿職之所及，亦莫或遺。蔡氏說頗傅會。

【元圻案】俞氏《復古編自序》曰：「《周禮·司空》之篇，反覆之經，質之於《書》，驗之於《王制》，皆有可以(足)〔是〕正者。而《司空》之篇，實雜出於五官之屬，且因司空之復，而五官之詭誤亦遂可以類考，誠有犂然當於人心者。」◎《四庫全書總目・禮類一》：「《周禮復古編》一卷。宋俞庭椿撰。庭椿字壽翁，臨川人。乾通八年進士，官古田令。是書《宋志》作三卷，今本一卷。復古之説，始於庭椿，厥後丘葵、吴澄皆襲其繆，説《周禮》者遂有『冬官不亡』之一派。」◎鄭樵《通志》引孫處之言曰：「周公居攝六年之後，書成歸豐，而實未嘗行。惟其未經行，故僅述大略，俟其臨事而損益之。故建都之制不與《召誥》、《洛誥》合，封國之制不與《武成》、《孟子》合，設官之制不與《周官》合，九畿之制不與《禹貢》合。」蔡氏以爲周公未成之書，蓋本於此。◎胡宏，字仁仲，號五峯。崇安人。文定公安國季子。◎蔡沈，字仲默，號九峯，建陽人。西山先生子，受業朱子之門。

《考工記》，或以爲先秦書，而《禮記正義》云：「孝文時求得《周官》，不見《冬官》一篇，乃使博士作《考工記》補之。」馬融云：「孝武開獻書之路，《周官》出於山巖屋壁。」《漢書》謂河間獻王得之，非孝文時也。《序録》云：「或曰河間獻王開獻書之路，時有李氏上五篇，失《事官》一篇，取《考工記》補之。」《六藝論》[一]云：「壁中得六篇，誤矣。齊文惠太子鎮雍州，有盜發楚王冢，獲竹簡書，青絲編簡，廣數分，長二尺。有得十餘簡以示王僧虔，僧虔曰：『是科斗書《考工記》，《周官》所闕文也。』」事見《南齊書・文惠太子傳》。漢時科斗書已廢，則《記》非博士所作也。易氏[二]云：「《考工記》非周書也。言周人上輿，而有梓匠之制；言周人明堂，而有世室、重屋之制；言溝洫澮川，非遂人之制；言旂旗旟旐，非大司馬、司常、巾車之制，眡周典大不類。」[三]

[一]【全云】鄭康成作。

[二]【全云】山齋易氏祓，字元章。

[三]【閻按】科斗書漢世盛行，且著之功令，見《漢·藝文志》「蕭何草律」云云。

【元圻案】《禮記》篇首正義曰：「《六藝論》云《周官》壁中所得六篇。《漢書》説河間獻王開獻書之路，得《周官》，有五篇，失《冬官》一篇，乃購千金不得，取《考工記》以補其闕。《漢書》云得五篇，《六藝論》云得其六篇，其文不同，未知孰是。」《周禮》鄭氏《目録》「《冬官·考工記》第六」注曰：「《司空》之篇亡，漢興，購求千金不得。此前世識其事者，記録以備大數。」疏曰：「《冬官》一篇，其亡已久，有人尊集舊典，録此三十工，以爲《考工記》。雖不知其人，又不知作在何日，要之在於秦前。是以得遭秦滅焚典籍，韋氏、裘氏等闕也。」◎《漢書·藝文志》曰：「周衰，樂尤微眇。六國之君，魏文侯最爲好古。孝文時，得其樂人竇公，獻其書，乃《周官·大宗伯》之《大司樂》章也。」如其時《周官》未出，安知其爲《大司樂》章乎？◎《後漢書·儒林傳》云「孔安國所獻《禮》古經五十六篇及《周官經》六篇」，又與《禮正義》、《漢書》之説不同。◎宋王與之《周禮訂義》第七十卷：「夫《考工記》之可以補《周官》者，非三十工之制有合周之遺法也，獨《考工》之序，其議論有源委，足以發明聖經之秘，此所以取而爲補亡之書也。如舍此而索於制度之末，則論周人上輿，奚及乎上梓、上匠之制；論周人明堂，奚取乎世室、重屋之制；言溝洫澮川，非遂人之制也；言旂旗旟旐，非司馬、司常、巾車之制也。其他纖悉，有不可盡信者，概以爲周家之制度，豈其然乎？」此説本於易氏。◎《宋志》：「易祓《周禮總義》三十六卷。」趙希弁《讀書附志》作三十卷。《經義考》云未見。今《四庫全書》從《永樂大典》録出。◎《南宋館閣續録》載：「易祓，字彦章，潭州寧鄉人。」周密《齊東野語》謂祓「諂事蘇師旦，由司業躐擢左司諫」，其人不足道也。◎《漢書·藝文志》：「《周官》保氏掌養國子，教之六書，謂象形、象事、象意、象聲、轉注、假借，造字之本也。漢興，蕭何草律，亦著其法，又以六體試之。六體者，古文、奇字、篆書、隸書、繆篆、蟲書。」《後漢書·盧植傳》：植上書曰：「古文科斗，近於爲實，而厭抑流俗，降在小學，中興以來，通儒達士班固、賈逵、鄭興父子，並敦悦之。」是科斗書至東京猶行也。《古文尚書》，孔安國以隸古定，是一行科斗書，一行真書。孔穎達謂「就古文體而從隸定之，存古爲可慕，以隸爲可識」。然則其時之識科斗書者蓋亦僅矣。

《禮器》「經禮三百」，鄭氏注謂：「即《周禮》三百六十官。」《漢·藝文志》「禮經三百」，[二]臣瓚注云：「《周禮》三百，是官名也。禮經謂冠、昏、吉、凶。」蓋以《儀禮》爲經禮也。朱子從瓚説，謂《周禮》乃設官分職之書，禮典在其中，而非專爲禮設也。

〔一〕案注，韋昭曰：「《周禮》三百六十官也。三百舉成數。」

【元圻案】《禮記》正義曰：「《周禮》見於經籍，其名異者，見有七處。案《孝經説》云『經禮三百』，一也；《禮器》云『經禮三百』，二也；《中庸》云『禮儀三百』，三也；《春秋説》云『禮經三百』，四也；《禮説》云『有正經三百』，五也；《周官外題》爲《周禮》，六也；《漢書·藝文志》云『《周官經》六篇』，七也。」◎朱子曰：「近世括蒼葉夢得曰：經禮，制之凡也；曲禮，文之目也。」諸儒之説，瓚與葉氏爲長。

鄭康成釋經，以緯書亂之，以臆説汩之，而聖人之微指晦焉。徐氏《微言》謂：「鄭注誤有三。《王制》，漢儒之書，今以釋《周禮》，其誤一。〔一〕《司馬法》，兵制也，今以證田制，其誤二。〔二〕漢官制皆襲秦，今引漢官以比周官，小宰乃漢御史大夫之職，謂小宰如今御史中丞，如此之類，其誤三。」鶴山〔三〕《瀘州贍軍田記》謂：「以末世弊法釋三代令典，如以漢算擬邦賦，以莽制擬國服。」止齋《夏休井田譜序》謂：「以《周禮》爲非聖人之書者，以説之者之過也。」

〔一〕【何云】以《王制》爲孝文時博士作者，盧子幹一家之説。以《史記·封禪書索隱》所載劉向《七録》云「文帝所造書，有《本制》、《服制》篇」者參觀，則非今《禮記》中《王制》也明矣。

【方樸山云】案鄭氏每以《周禮》駁《王制》，謂《王制》爲殷禮，何曾以釋《周官》？徐氏妄説。

［二］【方樸山云】古兵、農不分。

［三］【全云】魏文靖了翁，字華父。

【全云】鶴山同時傅琴山之説，與此略同。琴山名伯魯，象山弟子。

【元圻案】宋王氏炎曰：「康成之釋訓，可謂有功於《周禮》。然六官制度以康成而傳，亦以康成而晦。一則以緯書汨之，一則以臆説參之，是以學者不得不疑。」◎《經義考》：「徐氏筠《周禮微言》。《宋志》十卷，未見。《江西通志》：『徐筠，字國堅，清江人。得之子。蚤歲擢第，知金州。』《續中興書目》：『徐筠學《周官》於陳傅良，記所口授，成書十卷，自謂聞於傅良，曰：《周禮》綱領有三：養君德，正紀綱，均國勢。鄭氏注誤有三』云云。」◎《禮記·王制》正義曰：「《王制》之作，蓋在秦漢之際。知者案下文云『有正聽之』，鄭云『漢有正平（承）〔丞〕，秦所置』，又有『古者以周尺』之言，『今以周尺』之語，則知是周亡之後也。秦昭王亡周，故鄭答臨碩云：『孟子當赧王之時，《王制》之作，復在其後。』盧植云：『漢孝文皇帝令博士諸生作此《王制》之書。』」◎《漢書·藝文志》：「《軍禮：《司馬法》百五十篇。」◎《宋志》：「《魏了翁《周禮折衷》二卷，《周禮要義》三十卷。陳傅良《周禮説》一卷。」趙希弁《讀書附志》：「陳傅良《周禮説》三卷，舊刊於《止齋文集》中，曹叔遠別爲一書而刻之，且爲之（之）説。」案以上三書，今《四庫書》皆不著録。

張禹以《論語》文其諛，［一］劉歆以《周官》文其姦，猶以《詩》、《禮》發冢也。禹不足以玷《論語》，而以歆訾《周禮》，可乎？【原注】西山曰：「歆之王田，安石之泉府，直竊其一二以自蓋爾。」

［一一］【方樸山云】未見的據。

【元圻案】《漢書·張禹傳》：「永初、元延之間，吏民多上書言災異王氏專政所致。上意頗然之，乃至禹第，辟左右，因用吏民所言示禹。禹自見年老，子孫弱，又與曲陽侯不平，恐爲所怨，謂上曰：『災變之意，深遠難見，故聖人罕言命，不語怪神。』上雅信愛禹，由此不疑王氏。」◎《通鑑》：「王莽始建國(三)〔二〕年，國師公劉秀言：『周有泉府之官，收不售，與欲得，即《易》所謂「理財正辭，禁民爲非」者也。』莽乃下詔曰：『《周禮》有賒貸，《樂語》有五均，傳記各有筦焉。今開賒貸、張五均、設諸筦者，所以齊衆庶，抑兼并也。』遂於長安及洛陽、邯鄲、臨菑、宛、成都立五均司市、錢府官。司市常以四時仲月定物上中下之賈，各爲其市平。民賣五穀、布帛、絲綿之物不售者，均官考驗，用其本賈取之。又民有乏絶欲賒貸者，錢府予之，每月百錢取息三錢。又以《周官》稅民，凡田不耕爲不殖，出三夫之稅；城郭中宅不樹藝者爲不毛，出三夫之布；民浮游無事，出夫布一疋；其不能出布者冗作，縣官衣食之。諸取金、銀、連、錫、鳥、獸、魚、鱉於山林、水澤及畜牧者，嬪婦桑蠶、織紝、紡績、補縫，工匠、醫、巫、卜、祝及他商販，賈人，皆各自占所爲，於其所在之縣官，除其本，計其利十分之，而以其一爲貢。」案《通鑑》此文，本《漢·食貨志》而有所增删。◎《莊子·外物篇》：「儒以《詩》《禮》發冢。」◎《漢書·食貨志》：「莽更名天下田曰王田，奴婢曰私屬，皆不得賣買。其男口不盈八，而田過一井者，分餘田予九族、鄰里、鄉黨。」◎原注引西山語，見所作《王與之周禮訂義序》。

易氏《總義》云：「府史胥徒，《通典·職官一》總言其爲六萬三千六百七十五人。」愚考之《通典》，周六萬三千六百七十五員，內二千六百四十三人，[一]外諸侯國官六萬一千三十二人。[二]此乃官數，非謂府史胥徒也。

〔一〕【閻按】《文獻通考》云此數未知何據，據《周禮》當作二萬五千二百六十五人。

〔二〕【閻按】《通考》又云：「此據《王制》，殷時天下諸侯官數則合。」

嬪御、奄寺、飲食、酒漿、衣服、次舍、器用、貨賄，皆領於冢宰；冕弁、車旗、宗祝、巫史、卜筮、瞽侑，皆領於宗伯。此周公相成王，格心輔德之法。周之興也，滕侯爲卜正，呂伋爲虎賁氏，侍御僕從，罔非正人，左右攜僕，庶常吉士。及其衰也，昏椓靡共，婦寺階亂，膳夫內史，趣馬師氏，締交於嬖寵，瑣瑣姻亞，私人之子，竊位於王朝。至秦而大臣不得議近臣矣，至漢而中朝得以詘外朝矣，至唐而北司是信、南司無用矣，由周公之典廢也。間有詰責幸臣如申屠嘉，奏劾常侍如楊秉，宮中府中爲一體[一]如諸葛武侯，可謂知宰相之職者。唐太宗責房玄齡以「北門營繕，何預君事」，豈善讀

《周禮》者哉！[二]我朝趙普於一熏籠之造，亦制以有司之法；李沆於後宫之立，奏以臣沆不可；[三]趙鼎於内苑移竹，責宦者罷其役，庶幾古大臣之風矣。五峯乃謂周公不當治成王燕私之事，殆未之思也。

[一]【方樸山云】此一語説盡《周官》。

[二]【全云】此説是。

[三]【閻按】宜增一事曰：「文彦博於疾勢增損，責宦者必以報。」

【元圻案】朱子曰：「古人立法，無所不有。天下有此一事，他便立此一官。且如女巫之職，掌宫中巫祝之事，凡宫中祈祝，皆在此人，如此便無後世巫蠱之事矣。」◎《史記·李斯列傳》：「李斯上書言趙高之短。二世已前信趙高，恐李斯殺之，乃私告趙高。高曰：『丞相所患者獨高，高已死，丞相即欲爲田常所爲。』於是二世曰：『其以李斯屬郎中令趙高案治！』」◎《漢書·佞幸傳》：「元帝以石顯久典事，中人無外黨，精專可信任，遂委以政。事無大小，因顯白決，貴幸傾朝，百僚皆敬事顯。」◎《唐書·劉蕡傳》：「文宗即位，宦人握兵權，横制海内，號曰『北司』。蕡對策，極言其禍，曰：『今分外官、中官之員，立南司、北司之局，或犯禁於南則亡命於北，或正刑於外則破律於中，法出多門，人無所措。』」◎《漢書·申屠嘉傳》：「孝文時，鄧通方愛幸。嘉入朝，而通居上旁，有怠慢之禮。嘉奏事畢，因言曰：『陛下幸愛羣臣則富貴之，至於朝廷之禮，不可以不肅！』上曰：『君勿言，吾私之。』罷朝，坐府中，嘉爲檄召通詣丞相府。通恐，入言上。上曰：

『汝（弟）〔第〕往，吾今使人召若。』通至丞相府，免冠，徒跣，頓首謝。嘉責曰：『夫朝廷者，高皇帝之朝廷也，通小臣，戲殿上，大不敬，當斬。』通頓首，首盡出血，不解。上度丞相已困通，使使持節召通，而謝丞相。」◎《後漢書·楊秉傳》：「桓帝五年，代劉矩爲太尉。中常侍侯覽弟參爲益州刺史，累有臧罪，暴虐一州。秉劾奏參，檻車徵詣廷尉。參自殺。秉因奏覽及中常侍具瑗：『宜亟屏斥，投畀有虎。』帝不得已，竟免覽官，而削瑗國。」◎《三國志·蜀·諸葛亮傳》：「亮上疏曰：『宮中府中，俱爲一體，陟罰臧否，不宜異同。』」◎《通鑑·唐紀》太宗貞觀十（六）〔五〕年：「房玄齡、高士廉遇少府少監竇德素於路，問：『北門近何營繕？』德素奏之。上怒，讓玄齡等曰：『君但知南牙政事，北門小營繕，何預君事！』玄齡等拜謝。」案太宗詔「太子用庫物，有司勿爲限制」，蓋誤認《周禮》「世子不會」之説與？魏鄭公於房玄齡之見責而謝也，「進曰：『玄齡爲陛下股肱耳目，於中外事豈有不應知者！使所營是，則當助成之；非，則當請罷之。不知何罪而責，亦何罪而謝也！』」可謂深知宰相之職，何於太子取物之詔而不聞諫諍也？其後張元素雖以用物過度諫止太子，已無及矣。◎《劉元城語録》：「太祖嘗令後苑作熏籠，數日不至，責怒，左右對以事下尚書省，本部、本曹、本局，本局覆奏，得旨，依方製造，乃進御。太祖怒曰：『誰做這般條貫來約束我？』曰：『可問宰相。』普至，對曰：『此自來條貫，不爲陛下設，乃爲陛下子孫設。後世若非禮製造奢侈之物，經諸處行遣，必有臺諫理會，此條貫深意也。』太祖大喜曰：『此條貫極妙。無熏籠是小事。』後法壞，自御前直下後苑作，更不經由朝廷，至今爲例。」◎宋呂氏《雜記》下：「李文靖沆爲相時，真廟嘗夜遣使，持手詔問：『欲以某氏爲貴妃，如何？』文靖對使者引燭焚詔，口附奏曰：『但道沆以爲不可。』其事遂寢。」◎《東都事略·文彦博傳》：「仁宗御殿，疾暴作，扶入禁中。二府俟於殿閣，召内侍史志聰等問起居狀。對曰：『禁中事嚴密，不敢泄。』彦博怒叱之曰：『上暴疾，繫國安危，惟爾曹得出入禁闥，不令宰相知天子起居，欲何爲邪！自今疾勢稍有增損，必白。』」◎王明清《揮麈餘話》一：「紹興中，趙元鎮爲左相。入朝，見自外移竹栽入内。奏事畢，亟往視之，方興工於隙地。元鎮詢誰主其事，曰：『内侍（王）〔黄〕彦節也。』元鎮即呼彦節，詬責之曰：『頃歲艮岳花石之擾，皆出汝曹，今將復蹈前轍邪？』勒令罷役。彦節以聞，翌日元鎮奏事畢，喻之曰：『前日偶見禁中有空地，因令植竹數十竿，非欲以爲苑囿。然卿能防微杜漸如此，可謂盡忠。爾後儻有似此等事，勿憚，以警朕之不逮也。』」◎胡五峯《皇王大紀》十九論曰：「陳平爲相，尚不肯任廷尉、内史之事，況周公（成）〔承〕文、武之德，相成王爲太師，乃（席）〔廣〕置宫闕猥褻衣服飲食技藝之官以爲屬，必不然矣。」◎朱子《答潘恭叔書》曰：「《周禮》冢宰一官，兼領王之膳服嬪御，此最是設官者之深意。蓋天下之事，無重於此。而胡氏乃痛詆之，以爲周公不當治成王燕私之事，誤矣。」

李泰伯[一]案，《盱江集·周官致太平論·内治第二》曰：「内宰用大夫、士、世婦。每宫卿二人，皆分命賢臣，以參檢内事。」【原注】漢世皇后詹事，以二千石爲之，猶有成周遺意。

［一］【全云】盱江先生李覯。

【元圻案】《天官·内宰》：「下大夫二人，上士四人，中士八人。」王氏《訂義》引吕成公曰：「天子理陽道，后治陰德，風化並行，故贊治之官皆曰宰。内宰屬之太宰，意其治家之道亦權衡審訂於大臣，格心之所自出與？」◎《春官·世婦》：「每宫卿二人，下大夫二人，中士二人。」注：「世婦，后宫官也。王后六宫，漢始大長秋、詹事、中少府、太僕亦用中士八人。」◎《後漢書·宦者傳論》曰：「漢興，仍襲秦制，置中常侍官。然亦引用士人，以參其選。中興之初，宦官悉用閹人。」◎宋鄭伯謙《太平興國書》曰：「漢大長秋爲后卿，蓋内宰之意。」又曰：「前漢大長秋，士大夫也，猶可以節制後宫。成帝敕許后減省用度，后上書辨論，恐官吏以詔書繩之，猶有周家氣象。後漢雖改用宦官，而宫中財用尚付之有司。章、和以後，不復領於外朝。及隋置殿中監，唐置内諸司（使），凡天子服食器用，一切付之奄人，大臣不敢問，則成周設官之意無復存者矣。」◎王與之曰：「南城李氏覯，字泰伯，有《周禮致太平論》。」

《漢·食貨志》：「太公爲周立九府圜法。」顔師古注：「《周官》太府、玉府、内府、外府皆《天官》之屬。、泉府《地官》。、天府《春官》。、職内、職金《秋官》。、職幣《天官》。，皆掌財幣之官，故曰九府。」［二］愚按《爾雅·釋地》「醫無閭之珣玗琪，會稽之竹箭，梁山之犀象，華山之金石，霍山之珠玉，崑崙之璆琳琅玕，幽都之筋角，斥山之文皮，岱岳之五穀魚鹽，是謂九府。」[二]五峯胡氏《皇王大紀》武王十九年所述與《爾雅》同，而繼之曰：「尚父立圜法，輕重以銖，通九府之貨。」又按《史記·管晏列傳》「吾讀管氏《輕重》、《九府》」，劉向《别録》曰「《九府書》，民間無有」，裴駰《集解》引。《索隱》謂其書論鑄錢之輕重，《鹽鐵論·輕重篇》文學曰「管仲設九府，徼山海」，《通典》亦云「太公立九府之貨」。[三]然則九府，太公立之，管仲設之，其名列於《爾雅》，蓋即管氏書也。《大紀》之説得之，顔注恐非。【原注】《曲禮》「天子之六府」，亦與《大禹謨》之「六府」異。

[一]東坡《對策》從顔注。

[二]《淮南·墬形訓》引《爾雅》「五穀」下多「桑麻」二字。

[三]案《通典》無此句，惟《食貨門·錢幣上》有「太公立九府圜法」句，又《錢幣下》：孝明帝熙平初，尚書令任城王澄上言有「太公立九府之法」句，則「之貨」二字當作「圜法」，或作「之法」。

【何云】「九府」當如顔注。

【集證】引宋張淏《雲谷雜記》曰：「《漢·食貨志》：『太公爲周立九府圜法。』李奇曰：『圜即錢也。』顔師古曰：『此非也。《周官》太府、玉府、内府、外府、泉府、天府、職内、職金、職幣，皆掌財幣之官，故云九府。圜謂均而通之也。』今以《周官》考之，天府掌寶器，實春官之屬，初無預於貨財之事。而職内、職歲、職幣、職金四者，在《周官》皆爲掌財之官。今師古乃略去職歲，以三者附太府等爲九，牽强特甚。況太公立法之時，《周官》尚未建也。師古之不審亦甚矣。又太公爲周立法之後，退而復行於齊，至管仲時其法猶存，故仲著書有《九府》之篇，且齊猶用之，則九府非周官決矣。《爾雅》有九府云云。予意太公所謂九府者，即此爾。蓋九府所産不同，故作圜法，用金錢貨帛以均通之。此説於理頗近，不然，則九府不過自爲掌財之一司耳，亦不足容異説也。予又得師古所作賢良策問，有云九府之名，欲知其九意。師古亦自疑其未安，因策賢良，故以此詢之，惜未見所答云何。漢《鹽鐵論》云：文學曰：『以心計策國用，構諸侯，參以酒榷，咸陽、孔僅增以鹽鐵，江充等各以鋒鋭，通利末之事析秋毫，可謂無間矣，非特管仲設九府，徼山海也。』詳此，則九府非周官又一證。」

【元圻案】趙希弁《讀書附志》云：「五峯先生所述皇帝王霸之事，自堯以上，六閼逢無紀。堯之初載，迄於赧王乙巳，二千有三十年，貫通經典，采摭史傳，又因事而爲之論，所以述去取之原，釋疑似之惑者至矣。」◎《通典》「九府」之名亦從《漢書》顔注。

「九嬪」①注引孔子曰「日者天之明，月者地之理」，《孝經援神契》之言也。何休《公羊傳序》引孔子有云「吾志在《春秋》，行在《孝經》」，《孝經鉤命決》之言也。漢儒以緯書孔子所作。【原注】康成注《中庸》亦引孔子曰：「吾志在《春秋》，行在《孝經》。」

①《周禮·天官》。

【何云】緯書中固亦有孔子緒言在焉。

【全云】聖人緒言，存於緯書者甚多，如典禮逸文、律曆積算，尤可取，惜以妖妄之語揜之。

【元圻案】「九嬪」注：「孔子云：日者天之明，月者地之理。陰契制，故月上屬爲天使，婦從夫，放月紀。」疏曰：「『孔子云』以下者，《孝經援神契》文，但彼是孔子所作，故言『孔子云』也。云『日者天之明』者，本合在天，云『月者地之理』者，本合在地，今以陽尊而陰卑，月乃爲天契制所使，故云『陰契制，上屬爲天使』。是以月上屬於天，隨日而行。云『婦從夫，放月紀』者，解后已下就燕寢而御之意。」◎《公羊傳序》正義曰：「案《孝經鉤命決》云：孔子在庶，德無所施，功無所就，志在《春秋》，行在《孝經》是也。」

「宮伯掌王宮之士、庶子」①。[一]漢諸侯子入宿衛，齊王之弟章是也；入京師受業，楚王之子郢客是也。其制猶古。

[一]案鄭注：「王宮之士，謂王宮中諸吏之適子也。庶子，其支庶也。」

【元圻案】《漢書·高五王傳》：「齊悼惠王肥，其母高祖微時外婦也。高祖六年立，十三年薨。哀王襄，孝惠六年嗣立。哀王弟章入宿衛於漢，高祖封爲朱虛侯。」又《楚元王傳》：「楚元

①《周禮·天官》。

王交，高祖同父少弟也。高后時浮丘伯在長安，元王遣子郢客，與申公俱卒業。」

奄止於上士，抑其權也。[一]唐太宗詔内侍省不立三品官，不任以事，然内侍並列於六省，開奄①尹與政之階，與周典統於冢宰異矣。

[一]案《(春)〔天〕官》「内小臣，奄上士四人」注：「奄稱士者異其賢也。」○東萊吕氏曰：「奄位極於上士，先王防患之意蓋微。」

【元圻案】《唐書·宦者傳序》曰：「太宗詔内侍省不立三品官，以内侍爲之長，階第四，不任以事，惟門閤守禦、廷内埽除、稟食而已。」◎六省曰尚書省、門下省、中書省、秘書省、殿中省、内侍省。詳《唐書·百官志》。

「八則」，「禮俗以馭其民」。[二]吕微仲謂「庶民可參之以俗，士以上專用禮」，此説非也。《大傳》：「百志成，故禮俗刑。」吕成公謂：「禮、俗不可分爲兩事，制而用之謂之禮，習而安之謂之俗。若禮自禮，俗自俗，不可謂之禮俗。」

[二]案《天官》：太宰「以八則治都鄙」，「六曰禮俗，以馭其民。」注：「禮俗，昏姻喪紀，舊所

---

①「奄」，原本作「閹」，據元刊本改。

行也。」

【元圻案】《周禮訂義》一引龜山楊氏曰：「五方之民皆有性，其安居、和味、宜服、利用、備器不可推移，先王修禮以節其性，因之以達其志，通其欲，爲節文道之，使成俗也。以是馭之，故無殊俗。」◎案《地官》司徒之十二教：「一曰以祀禮教敬，二曰以陽禮教讓，三曰以陰禮教親，四曰以樂禮教和，五曰以儀辨等，六曰以俗教安」，似分禮俗爲兩事。然曰「以俗教安」，則所以教之者，亦惟以禮而已。王昭禹《周禮詳解》曰：「凡習而安焉之謂俗，先王亦各因其所宜而教之使安焉，則民各從其所願而無苟且幸免之意，偷薄之患無自作矣。」◎吕大防，字微仲，京兆藍田人。相哲宗，謚正愍。

王之膳服雖不會，而九式有羞服之式，冢宰所均節也。[一]待王之膳服，不過以關市之賦，[二]則其用簡矣。

[一]案《天官·太宰》「以九式均節財用」，「四曰羞服之式」。鄭注：「式謂財用之節度。」

[二]《天官·大府》：「關市之賦，以待王之膳服。」

【全云】唐人誤會「世子不會」之説，而啓承乾之僭越。吾故曰：「唐太宗非能知《周禮》者。」

【元圻案】楊龜山《與胡康侯第八書》曰：「惟王及后、世子不會，特膳服之類而已。有不如式，雖有司不會，冢宰得以式論之矣。世儒以爲至尊不可以法數制之，非正論也。」◎止齋陳氏曰：「古者關幾而不廛，市廛而不征，其歲入視地賦至薄也，至不常獲也。以富有四海，而一人之奉，特居經費之九一，又取其至薄者，不常獲者，如是足矣。」◎東萊吕氏曰：「膳服雖不會，要不出關市之賦而已。」◎易氏祓《周禮總義》曰：「經言不會者五：裘與皮事，惟王不會；服與飲酒膳禽之不會，則后與焉；膳則世子亦不會。」又曰：「古者關市雖有征，然凶荒札喪則關門無征，而作布非常賦也。以之待膳服，足以見先（生）〔王〕薄於自奉。」

司徒掌教不言財，司馬掌政不言兵。鄉遂、九畿，兵、財在其中。井田、封建，足食、足兵之本也。《周官》之法不行，無善教善政，於是憂財用、畏夷狄矣。

【全云】古人原不言理財，本常賦而範以定式故也。《大學》言「生財」，以賦式之禮壞也。古人原不言治兵，農即兵也。《論語》言「足兵」，《孟子》言「制梃以撻秦、楚之堅甲利兵」，以軍禮壞也。

【元圻案】王與之《周禮訂義》二十六引陳君舉曰：「地官掌教，所謂教官者，師氏、保氏、司諫、訓人、司教、鼓人，不過六七而已。謂之教典，何也？先王教民自經界始，八八爲井，五五爲軍，市有奠居，里有聯比，無非習民於正，而寓之於道德之意，俾之分定而慮不易，事同而心臧，生厚而德優，易直而敦龐，以服從上令，是爲教典。」吕伯恭曰：「生養便是教，既富能教，資富能訓，使他衣食足，各保其生，方教以君臣父子夫婦長幼之義。」又四十七引孫偉夫曰：「夏官不曰掌邦兵，而曰掌邦政，政修則兵可不試。」陳及之曰：「班固《漢志》謂天子畿方千里，提封百萬井，定出賦六十四萬井，兵車萬乘。一井之田，八家耕之，統計六十四萬井之田，爲五百一十二萬夫，耕者五百一十二萬家。以此夫家之衆而供萬乘之賦，蓋七家賦一兵，則是甸出七十五人，亦七家賦一兵，如《司馬法》之言。列國之賦，皆同此數。」

鄉有軍制，無田制；遂有田制，無軍制。【原注】疏云：「鄭注互見其義。」

【元圻案】《遂人》疏曰：「《小司徒》注云：『鄉之田制與遂同。』《鄉之制與遂同。』此遂之軍法，追胥起役，如彼六鄉，互見其義，明彼此皆有也。但彼此雖相如，細論之，仍有稍異，以其六鄉上劑致民，六遂下劑致甿，六鄉上地無萊，六遂上地有萊，是其稍異也。」◎王氏《詳説》曰：「六鄉所言伍、兩、卒、旅、師、軍，詳於軍制；六遂所言遂、溝、洫、澮、川，詳於田制。然軍旅未始無田，田制亦未始無軍，要之互文見義也。」

大司徒「建邦國，以土圭土其地」。[一]匠人建國，「晝參諸日中之景，夜考之極星」。《考工記》文。《詩·定之方中》傳云：「度日出日入，以知東西；南視定，北準極，以正南北。」愚按《晏子春秋·內篇·雜下》：「景公新成柏寢之室，使師開鼓琴。師開左撫宮，右彈商，曰：『室夕，東方之聲薄，西方之聲揚。』公召大匠曰：『室何爲夕？』

之臣乎！』樞星即極星也。公劉居豳，「既景迺岡」，然則尚矣。

大匠曰：『立室以宮矩爲之。』於是召司空，[二]曰：『立宮以城矩爲之。』明日，晏子朝，公曰：『先君太公以營丘之封立宮，[三]何爲夕？』對曰：『古之立國，南望南斗，北戴樞星，彼安有朝夕哉？而以今之夕者，周之建國，國之西方，以尊周也。』公曰：『古

［一］案注：「土其地，猶言度其地。」

［二］原文此下有「曰立宮何爲夕，司空」八字。

［三］本書作「城」。

【全云】古人無《葬經》而有《宅經》。此説最爲不易。詳見《胡仲子集》。

【元圻案】《考工記》「匠人」注：「日中之景，最短者也。極星謂北辰。」疏曰：「《大司徒》云：『日至之景，尺有五寸。』以其在上臨下，故最短也。」《爾雅》云：「北極謂之北辰。」◎《詩·定之方中》傳：「定，營室也。方中，昏正四方。」箋：「定昏中而正，謂小雪時。」正義曰：「此度日出日入，謂度其影也。其術則《匠人》云：『水地以縣，置槷以縣，視以影。爲規，識日出之影與日入之影，晝參諸日中之影，夜考之極星，以正朝夕。』注云：『於四角立植而縣以水，望其高下。高下既定，乃爲位而平地。於所平之地中央，樹八尺之臬，以縣正之。視之以其影，將以正四方也。日出日入之影，其端則東西正也。又爲規以識之者，爲其難審也。自日出而畫其影端，以至日入既，則爲規。測影兩端之内，規之，規之交乃審也。度兩交之間，中屈之以指臬，則南北正也。

日中之影，最短者也。極星，謂北辰也。』是揆日瞻星，以正東西南北之事也。如《匠人》注，度日出日入之影，不假於視定、視極，而東西南北皆知之。此傳度日出入，以知東西，視定、極以正南北者。《考工》之文止言以正朝夕，無正南北之語，故規影之下别言『考之極星』，是視極乃南北正矣。但鄭因屈横度之繩，即可以知南北，故細言之，與此不爲乖也。惟傳言『南視定』者，鄭意不然。何者？以《匠人》云『晝參諸日中之影』，不言以定星參之。經、傳未有以定星正南北者，故上箋以定爲記時，異於傳也。」◎孫編修星衍《晏子音義》載王侍御念孫之説曰：「『夕』與『邪』，語之轉也。《吕氏春秋·明理篇》：『是正坐於夕室也，其所謂正乃不正矣。』高誘注：『言其室邪不正，徒正其坐也。』夕又有西義。《周禮》：『凡行人之儀，不朝不夕。』鄭氏注：『不正東鄉，不正西鄉。』故云『國之西方，以尊周也』。」◎《大雅》：「篤公劉。既景迺岡，相其陰陽，觀其流泉。」箋云：「既以日景定其經界，於山之脊觀相其陰陽寒煖所宜，流泉浸潤所及，皆爲利民富國。」

蔡邕《明堂論》曰：「王居明堂之禮，南門稱門，西門稱闈。故《周官》有門闈之學，師氏教以三德，守王門；保氏教以六藝，守王闈。然則師氏居東門、南門，保氏居西門、北門也。」案，此論見《後漢書·祭祀志》中卷。朱子《大學章句序》「王宫有學」，蓋謂此。魯孝公之爲公子，嘗入京師爲國子，〔二〕人稱其孝，宣王命之導訓諸侯。他書言國子者，唯《周語》焉。

［一］注見卷二四十六頁①。「魯孝公」下另是一條，舊本誤屬上文。

【全云】「魯孝公」

【元圻案】《地官》師氏「以三德教國子，居虎門之左，使其屬帥四夷之隸，各以其兵服守王之門外。」保氏「養國子以道，乃教之六藝，使其屬守王闈。」注：「國子，公卿大夫之子弟。虎門，路寢門也。門外，中門之外。闈，宫中之巷門。」疏曰：「師氏守中門外，保氏守王闈門。」◎《爾雅·釋宫》：「宫中之門謂之闈。」邵氏正義曰：「劉昭所述，以門與闈散文言之耳，對文言之，則闈爲小門。故《後漢書》注引《爾雅》作『宫中小門謂之闈』。《左氏》哀十四年《傳》云：『攻闈與大門。』是闈爲小門，别於大門也。」◎陶淵明列魯孝公於《孝傳》。

《師氏》「三德」，朱子《周禮三德説》曰：「至德以爲道本，明道先生以之。敏德以爲行本，司馬温公以之。孝德以知逆惡，趙無愧、徐仲車之徒以之。」［一］

［一］案「以之」，朱子集皆作「是已」。

【閻按】趙無愧，名君錫，洛陽人。事父良規至孝絶類。徐仲車，歷官神宗、哲宗朝。見《宋史》列傳第四十六。

① 見卷二「梓材曰」條注（頁二三二）。

《牧誓》、《顧命》皆言「師氏」。《雲漢》之傳曰：「年穀不登，則師氏弛其兵。」《文王世子》「大司成」，注以爲師氏。而「棫維師氏」，以刺匪其人。「九兩」，「師以賢得民」，注謂「諸侯師氏」，言賢者以身教也。后妃亦有之，《葛覃》云：「言告師氏。」

【元圻案】《禮記·文王世子》鄭注：「大司成，司徒之屬師氏也。」正義曰：「以其掌教，故知爲司徒之屬。以後言父師司成。《書傳》大夫爲父師，師氏爲大夫，故知爲師氏。」◎《天官·（冢）太宰》：「以九兩繫邦國之民，三曰師，以賢得民。」鄭注：「師，諸侯師氏，有德行以教民者。」◎東萊呂氏曰「師言賢而不言道，身即道也」，故王氏曰「以身教」。◎《詩·周南·葛覃》毛傳：「師，女師也。古者女師教以婦德、婦言、婦容、婦功。」◎《穀梁傳》宋伯姬曰：「婦人之義，傅母、保母不在，宵不下堂。」則后妃兼有保傅矣。

《保氏》「九數」，鄭司農云：「今有重差、夕桀、句股。」《釋文》：「夕音的。此二字非鄭注。」[一] 愚按「少儀」正義引鄭司農云：「今有重差、句股。」馬融、干寶等更云「今有夕桀，各爲二篇，未知所出。」則「夕桀」二字，後人附益，非鄭注信矣。劉徽《九章算經序》云：「包犧氏始畫八卦，作九九之術，以合六爻之變。黃帝建《曆紀》，協律呂。隸首作數。周公制禮有九數。九數之流，則《九章》是矣。漢張蒼、耿壽昌皆善算，因舊文刪補，故校其目，與古或異，而所論多近語。」

［一一］案錢氏《養新録》曰：「夕桀，未詳何義，疑是『互乘』之誤。」

【元圻案】《地官・保氏》注，鄭司農云：「九數：方田、粟米、差分、少廣、商功、均輸、方程、贏不足、旁要。今有重差、夕桀、句股也。」疏曰：「方田以下，皆依《九章算術》而言。云『今有重差、夕桀、句股』者，此漢法增之。馬氏注以爲『今有重差、夕桀，夕桀亦是算術之名』，與鄭異。案今《九章》以句股替旁要，則旁要，句股之類也。」◎《禮記・少儀》正義曰：「『今有重差、句股』者，鄭司農指漢時，云今世於九數之内有重差、句股二篇，其重差即與舊數差分一也。去舊數旁要，而以句股替之，爲漢之九數，即今之《九章》也。先師馬融、干寶等云『今有夕桀，各爲二篇』，未知所出。」◎晉劉徽《九章算術注序》曰：「在昔包犧氏始畫八卦，以通神明之德，以類萬物之情，作九九之術，以合六爻之變。暨於黃帝，神而化之，引而伸之，於是建《曆紀》，協律吕，用稽道原。然後兩儀四象，精微之氣，可得而效焉。紀稱隸首作數，其詳未之聞也。按周公制禮而有九數，九數之流，則《九章》是矣。往者暴秦焚書，經術散壞，自時厥後，漢北平侯張蒼、大司農中丞耿壽昌，皆以善算命世。蒼等因舊史之遺殘，各稱删補，故校其目，則與古或異，而所論者多近語也。徽幼習《九章》，長再詳覽，觀陰陽之割裂，總算術之根源，探賾之暇，遂悟其意。是以敢竭頑魯，爲之作注。」◎《四庫全書總目・天文算法類》：「《九章算術》九卷。按《九章算術》，蓋《周禮》保氏之遺法，不知何人所傳。《永樂大典》引《古今事通》曰：『王孝通言周公制禮，有《九章》之名，其理幽而微，其形秘而約。張蒼删補殘缺，校其條目，頗與古術不同』云云。舊本有注，題曰劉徽所作。考《晉書》，稱魏景元四年劉徽注《九章》。然注中所云晉武庫銅斛，則徽入晉之後又有增損矣。又有注釋，題曰李淳風所作。」又：「《海島算經》一卷，晉劉徽撰，唐李淳風等奉詔注。據劉徽序《九章算術》有云『徽尋九數，有重差之名。凡望極高，測絶深，而兼知其遠者，必用重差。輒造《重差》，并爲注解，以究古人之意，綴於句股之下。』據此，則徽之書本名《重差》，初無『海島』之目，亦但附於句股之下，不別爲書。故《隋志》《九章算術》增爲十卷，蓋以《九章》九卷，合此而爲十也。」案二書皆從《永樂大典》輯録。◎《漢書·張蒼傳》：「蒼，陽武人也。自秦時爲柱下御史，明習天下圖書、計籍，又善用算律曆，故令蒼以列侯居相府，領主郡國上計者。」又《食貨志》：「大司農中丞耿壽昌，以善爲算能商功利，得幸於上。」

里宰「以歲時合耦於耡」，《地官》。注云：「耡者，里宰治處也。若今街彈之室，於此合耦，使相佐助。」疏謂「漢時在街置室，檢彈一里之民」。《金石録》有中平〔二〕二年正月《都鄉正街彈碑》，在昆陽城中。案，以上皆黄山谷《雜著》語①。趙明誠失於考《禮》注，而酈氏注《水經》，洪氏《隸釋》皆以「街」爲「衛」，又誤矣。《漢·食貨志》言古

①《四庫》本《山谷集》别集卷六題作《雜論》，文字略異。

制云：「春將出民，里胥平旦坐於右塾，鄰長坐於左塾，畢出然後歸，夕亦如之。」里胥之「塾」，其即里宰所謂「耡」者歟？

［一］後漢靈帝十七年改元中平。

【元圻案】《金石録》十八：「《都鄉正街彈碑》，在昆陽城中，文字磨滅，不可考究。其歲月略可見，蓋中平二年正月。而其額題《都鄉正街彈碑》，不知其何碑也。」◎《水經注》二十九：「比水注澧水，徑平氏縣故城。城内有《南陽都鄉正衛彈勸碑》。」又三十一：「淯水又東徑魯陽縣故城南，城即劉累之故邑也。有《南陽都鄉正衛爲碑》。」◎《隸釋》十五：「《水經注》魯陽縣有《南陽都鄉正衛爲碑》，平氏縣有《南陽都鄉正衛彈勸碑》，此則其一也，趙氏誤認衛爲街，遂云莫曉其爲何碑。」◎《逸周書·大聚解》：「飲食相約，興彈相庸。」抱經堂校本引趙云：「功作則互相勸是興，游惰則互相糾是彈。」惠云：「漢時尚有街彈之室，蓋取則於古。」◎《書録解題·譜牒類》：「《金石録》三十卷。東武趙明誠德甫撰。明誠，宰相挺之之子。」◎《四庫全書總目·目録類》：「《隸釋》二十七卷。宋洪适撰。适字景伯，皓之長子。紹興壬戌中博學宏詞科。官至尚書左僕射、同中書門下平章事，謚文惠。」

「庖人」《天官》。注：「青州之蟹胥。」【原注】《釋文》「胥，息徐反」，劉音素《字林》「先於反。蟹醬也。」《集韻》：「蝑、蟹醢，四夜切。」【原注】當從《集韻》。「籩人」《天官》。注：「鱐者，析乾之，出東海。」陸廣微《吴地記》云：「闔閭思海魚，而難於生致，治生魚，鹽漬而日乾之，故名爲鮝。」【原注】讀如想。

【全云】周時蟹蝑尚青州，而漢時則以吾鄉之奉化者爲尚，漢律所載鮚醬是也。亦見《説文》。至今吾鄉尚有山名鮚䲅。鮝則以天台者爲貴。二物皆浙東典故。

【元圻案】《書録解題·小學類》：「《字林》五卷。晉帹令吕忱撰，太乙山僧雲勝注。其書集《説文》之漏略者，凡五篇。又《景祐集韻》十卷，直史館宋祁、鄭戩等修定。學士丁度、李淑典領字訓，皆本《説文》，《説文》所無，則引他書。」又《地理類》：「《吴地記》一卷，唐陸廣微撰。郡人也，多記古吴國事。」

《管子·地員篇》：「九州之土，爲九十物。每土有常①，而物有次。羣土之長，是唯五粟。次曰五沃，次曰五位，次曰五蘟，[一]次曰五壤，次曰五浮，凡上土三十物，種十二物。中土曰五怷，[二]次曰五纑，次曰五壏，[三]次曰五剽，次曰五沙，次曰五塥，[四]凡中土三十物，種十二物。下土曰五猶，次曰五弡，[五]次曰五殖，次曰五觳，[六]次曰五鳧，次曰五桀，凡下土三十物，種十二物。凡土物九十，其種三十六。」按《大

① 「每土有常」，今本《管子》作「每州有常」。

司徒》：「以土會之法，辨五地之物生；以土宜之法，辨十二壤之物而知其種。」此篇亦古制之存者。《河圖》[七]謂：「東南神州曰晨土，[八]正南卬州曰深土，[九]西南戎州曰滔土，正西弇州曰開土，[一〇]正中冀州曰白土，[一一]西北柱州曰肥土，[一二]北方玄州曰成土，[一三]東北咸州曰隱土，[一四]正東揚州曰信土。」[一五]

[一]案《玉篇》：「蘟，於謹切。」

[二]注：「怷，密也。」《正字通》音朮。

[三]《玉篇》：「音檻。强壏堅大。」《廣韻》：「堅土也。」

[四]《正字通》音革。

[五]五弡之狀如鼠肝。

[六]《唐韻》音斛。

[七]【全云】漢時所傳《河圖》，皆係方輿之書，宋人始撰爲五行生成之用。

[八]《淮南·墬形訓》作「農土」。

[九]《淮南》作「次州曰沃土」。

[一〇]《淮南》作「并土」。

[一一]《淮南》作「中土」。

[一二]《淮南》作「台州」。

［一三］《淮南》作「濟州」。

［一四］《淮南》作「薄州」。

［一五］《淮南》作「申土」。

【元圻案】陳振孫曰：「《漢志》《管子》八十六篇，列於道家。《隋》、《唐志》著之法家之首。今篇數與《漢志》合。」①◎《河圖》之説，見《後漢書·張衡傳》注。

《地員篇》：「凡草土之道，各有穀造。或高或下，各有草土。葉下於𧄼，［一］𧄼下於莧，莧下於蒲，蒲下於葦，葦下於雚，［二］雚下於蔞，蔞下於荓，［三］荓下於蕭，蕭下於薜，薜下於萑，萑下於茅。凡彼草物，有十二衰。」【原注】𧄼即鬱也，「衰」謂草上下相重次也。按《周官》有「草人」，此豈其遺制歟？

［一］《集韻》：「音鬱，芳草也。」

［二］《唐韻》音貫。《爾雅·釋草》：「雚，芄蘭。」

［三］《集韻》音牽。

【元圻案】《管子注》，舊題房玄齡。晁公武以爲尹知章所托。考《唐書·藝文志》著録有尹

① 見《直齋書録解題》卷十《管子》解題。

知章而無房玄齡，知後人改題也。《舊唐書》：「知章，絳州翼城人。睿宗時官國子博士。有《孝經注》、《老子注》。」

土圭度地之法：景一寸，地差千里；一分，地差百里。王畿千里，以寸爲法；五等諸侯之地，以分爲法。尺有五寸者，一萬五千里之景也。天地相去三萬里。以上《大司徒》正義文。嘗考《隋》、《唐志》：「宋文帝元嘉十九年，測於交州，何承天謂六百里差一寸。後魏宣武帝永平元年，測於洛陽，信都芳謂二百五十里差一寸。」然宋之於陽城，魏之於金陵，皆踰度，未可據也。唐開元十二年，植表浚儀，大率五百二十六里二百七十步差二寸餘，遂以舊説千里一寸爲妄。【原注】王朴曰：「陽城乃在洛之東偏，開元得浚儀之岳臺，應南北弦，居地之中。」司馬公《日景圖》云：「日行黃道，每歲有差，地中當隨而轉移。故周在洛邑，漢在潁川陽城，唐在汴州浚儀。」潏水李氏云：「周於陽城測景，説者謂地形西北高，東南下。極星在北，斗亦在北。極星乃天之中也，天之中則地之中。」

【元圻案】《隋書·天文志上》：「《考靈曜》、《周髀》、張衡《靈憲》及鄭玄注《周官》並云『日景於地，千里而差一寸』。案宋元嘉十九年壬午，使使往交州測影。夏至之日，影出表南三寸二分。何承天遥取陽城，云夏至一尺五寸。計陽城去交州，路當萬里，而影實差一尺八寸二分，是六百里而差一寸也。又梁大同中，二至所測，以八尺表率取之，夏至當一尺一寸七分强。後魏信都芳注《周髀四術》，稱永平元年戊子，當梁天監之七年，見洛陽測影，又見公孫崇集諸朝士共觀秘書影，同是夏至日，其中影皆長一尺五寸八分。以此推之，金陵去洛，南北略當千里，而影差四寸，則二百五十里而影差一寸也。況人路迂回，山川登降，方於鳥道，所校彌多，則千里之言，未足依也。」◎《唐書·天文志一》：「開元十二年，太史監南宫説擇河南平地，設水準繩墨植表而以引度之，自滑臺始白馬，夏至之晷，尺五寸七分。又南百九十八里百七十九步，得浚儀岳臺，晷尺五寸三分。又南百六十七里二百八十一步，得扶溝，晷尺四寸四分。又南百六十里百一十步，至上蔡武津，晷尺三寸六分半。大率五百二十六里二百七十步，晷差二寸餘。而舊説『王畿千里，影差一寸』，妄矣。」◎《五代史·司天考一》：「周世宗詔端明殿學士王朴撰定。歲餘，朴奏曰：『古者植圭於陽城，以其近洛也。蓋尚慊其中，乃在洛之東偏。開元十二年，遣使天下候影，南距林邑，北距横野，中得浚儀之岳臺，應南北弦，居地之中。』」◎《大司徒》鄭注：「鄭司農云：土圭之長，尺有五寸。以夏至之日，立八尺之表，其景適與土圭等，謂之地中，今潁川陽城地爲然。」◎《宋書·何承天傳》：「承天，東海郯人也。五歲失父。母徐氏，廣之姊也，聰明博學。承天幼漸訓義，儒史百家，莫不該覽。先是，《禮論》有八百卷，承天删減并合，以類相從，凡三百卷。又考定《元嘉曆》。」◎《魏書·張淵傳》：「時有河間信都芳，字王琳，好學，善天文算數。」

「諸公之地，方五百里」①，與《武成》、《孟子》之言不合。子産曰「列國一同」，襄二十五年《左傳》。《孟子》亦曰「魯方百里」，《明堂位》乃云「魯方七百里」。或謂《周官》、《明堂位》兼附庸而言。《職方氏》疏云：「無功，縱是公爵，惟守百里地，謂若虞公、虢公，舊是殷之公，至周仍守百里國，以無功故也。」愚按《左氏傳》僖公五年「虞仲，大王之昭也；虢仲、虢叔，王季之穆也」，皆周所封，謂「舊是殷之公」，誤矣。

【全云】「殷之公」，當是虞公、夏公，「虢」字乃「夏」字之訛。虞公固非虞仲之虞也。

【元圻案】《大司徒》：「凡建邦國，以土圭土其地而制其域。諸公之地，封疆方五百里，其食者半。」鄭司農云：「其食者半，公所食租税得其半耳。其半皆附庸小國也，屬天子。」◎《周禮訂義》：「陳及之曰：『王介甫以爲《孟子》據實封言之，《周官》則兼附庸言之也。其説是矣，而辨未詳。夫諸侯之得附庸，必其有大功者也。春秋時，自齊、晉之外，魯有邾、鄫，鄭有費、滑，宋有蕭、滕，凡陳、衛等盟會，大國皆統屬諸小國。』愚按此説以《孟子》、《王制》指實封之地，《周官》兼山川附庸言之。鄭司農、陸農師、吕東萊皆同。」

「歲終，正治而致事」，注：「上其計簿。」疏云：「漢時考吏，謂之計吏。」今按

① 《周禮·地官·大司徒》。

《説苑·政理篇》「晏子治東阿，三年，景公召而數之。明年上計，景公迎而賀之」，[一]《韓子·外儲説》「西門豹爲鄴令，居期年上計，君收其璽」，《新序·雜事二》「魏文侯東陽上計，錢布十倍」，《史記·范雎列傳》「秦昭王召王稽，拜爲河東守，三歲不上計」，然則春秋、戰國時已有上計，非始於漢。

[一]晏子治東阿事亦見《晏子》，而無「明年上計」句。

【元圻案】《大司徒》「歲終，則令教官正治而致事」，注：「正治，明處其文書。致事，上其計簿。」疏：「漢時考吏謂之計吏。計吏，據其使人也，此言計簿，據其文書也。」◎太宰之職：「歲終，則令百官府各正其治，受其會。三歲，則大計羣吏之治而誅賞之。」注：「會，大計也。」

朱文公《答王南卿》曰：「讀曹公、杜牧《孫子》，見其所論車乘人數，諸儒皆所未言。唯蔡季通每論此事，以考《周禮》軍制皆合。」愚按《孫子·作戰篇》「凡用兵之法，馳車千駟，革車千乘，帶甲十萬」，曹公注：「馳車，輕車也。」杜牧注：「輕車，戰車也。古者車戰，革車、輜車，重車也，載器械財貨衣裝。《司馬法》曰：『一車甲士三人，步卒七十二人，炊家子十人，固守衣裝五人，廐養五人，樵汲五人。輕車七十五人，重車二十五人。』故二乘兼一百人爲一隊。舉十萬之衆，革車千乘。校其費用支計，則百萬之衆，皆可知也。」[二]《左氏傳》宣公十二年：「乙卯，楚師軍於邲。丙辰，楚重至於邲。」吕成公謂：「凡戰，兵車在前，輜重常在兵車之後。楚重次日乃至，後一日，故無鈔擊之患。」[二]唐説齋云：「儒者謂甸出七十五人，不知實出百人，其七十五人戰車也，其二十五人重車也。」

[一]案「《司馬法》」云云，亦杜牧注所引。

[二]【何云】輜重雖在兵車之後，然不相離也。邲之役，車馳卒奔，以乘晉軍，故昏軍於邲，及明，重車乃至。謂必後一日者非也。去大軍稍遠，則鈔擊彌易也。

【全云】輜重有隨車而行者，有相繼接應者，亦不可泥。

【元圻案】《孫子》一卷，周孫武撰。考《史記·孫子列傳》，載武之書十三篇，而《漢書·藝文志》乃載《孫子兵法》八十二篇，圖九卷。杜牧謂武書本數十萬言，皆曹操削其繁劇，筆其精粹，以成此書。然《史記》稱十三篇，在《漢志》以前，不得以後來附益者爲本書，牧之言固未可以爲據也。又《司馬法》一卷，舊題齊司馬穰苴撰。今考《史記·穰苴列傳》，稱齊威王使大夫追論古者司馬兵法，而附穰苴於其中，因號曰《司馬穰苴兵法》。然則是書乃齊國諸臣所追輯。隋、唐諸志皆以爲穰苴之所自撰者，非也。◎吕成公《左氏傳説》六：「邲之戰，楚既敗晉，以乙卯日敗，丙辰，楚重方至，以此知輜重常後一日到。蓋楚之軍甚有法，輜重不過後正軍一日，若與正軍大相遠時，便有邀擊之患；大過近時，重兵才亂，便亂了正軍。」◎唐仲友《帝王經世圖譜》十二《兵車攻守之圖》，注曰：「四閭爲族。攻車一乘，七十五人，車士三人，步卒七十二人；四兩爲卒，守車一乘，二十五人。二車合百人。載兵謂之兵車，以戰謂之攻車。載任器謂之重車，亦謂之守車。」◎《經義考》：「唐氏仲友《説齋六經解》一百五十卷，《九經發題》一卷，佚。《先民録》：『唐仲友，字與政，金華人。登紹興辛未進士，復中宏詞科。知台州，抑姦扶弱，發粟賑饑，創中津浮橋以濟涉，政聲卓然。俄爲同官高文虎所忌，譖諸倉使，屢疏劾之歸。益肆力於經史百家，以究其業。』」◎案倉使，謂朱子也，劾仲友疏，具載《大全集》中。

古者步百爲畝，[一]古之百畝，爲今四十一畝一百六十步，古之一井，爲今三百七十五畝。竇儼曰：「小畝步百，周之制也。中畝二百四十，漢之制也。大畝三百六十，齊之制也。今所用者，漢之中畝。」[二]《鹽鐵論·未通篇》御史曰：「古者制田，百步爲畝。先帝哀憐百姓，制田二百四十步而一畝。」《通典》謂：「商鞅佐秦，以爲地利不盡，更以二百四十步爲畝。」二説不同。

[一] 案《司馬法》：「六尺爲步，步百爲畝，畝百爲夫，夫三爲屋，屋三爲井。井方一里，是爲九夫。」

[二] 竇説《玉海·食貨門》亦載之。

【何云】意者鞅但行之西陲，漢乃遍於天下。

【元圻案】程子曰：「古之百畝，止當今之四十畝。今之百畝，當古之二百五十畝。」◎商鞅以二百四十步爲畝，《通典》無此文。《玉海·食貨·田制》引《唐·突厥傳》：「杜佑謂周制步百爲畝，畝百給一夫。商鞅佐秦，以爲地利不盡，更以二百四十步爲畝，百畝給一夫。」◎《通典·食貨·田制下》：「大唐開元二十五年，令田廣一步、長二百四十步爲畝，百畝爲頃。」自注曰：「自秦漢以降，即二百四十步爲畝，非獨始於國家，蓋具令文耳。」然則竇儼之言，亦只據漢令文而云然，非必以二百四十步不始於秦也。◎《東都事略·竇儼傳》：「儼字望之。幼能屬文。周廣順初，拜中書舍人。顯德四年，儼上疏言：『累朝以來，屢下詔書，聽民多種廣耕，止輸舊稅。及其既種，則有司履畝而增之，故民皆疑懼，而田不加闢。』」

《禹貢》之田九等，蔿掩別楚地亦九等，《孟子》、《王制》爲五等，而《周官》止三等。解者謂《大司徒》不易、一易、再易三等，都鄙之制也；《小司徒》上、下、中地三等，六鄉之制也；《遂人》上、中、下地三等，有萊者，六遂之制也；《大司馬》上、中、下地三等，諸侯之制也。

【元圻案】此三山鄭氏諤《周禮全解》之説。◎襄二十五年《左傳》：「蔿掩書土田，度山林，鳩藪澤，辨京陵，表淳鹵，數疆潦，規偃豬，町原防，牧隰皋，井衍沃。」杜注：「度量山林之材，以供國用。鳩，聚也，聚成藪澤，使民不得焚燎壞之，欲以備田獵之處。辨，別也，絶高曰京，大阜曰陵，別之以爲冢墓之地。淳鹵，埆薄之地，表異輕其賦稅。疆界有流潦者，計數減其租入。偃豬下濕之地，規度其受水多少。廣平曰原，防，堤也，堤防閑地，不得方正如井田，别爲小頃町。隰皋，水涯下濕，爲芻牧之地。衍沃，平美之地，則如《周禮》制以爲井田。」◎《王制》：「制農田百畝。百畝之分，上農夫食九人」云云，與《孟子》同。鄭注：「田之肥墝有五等，收入不同。」又正義曰：「案《周禮》地有九等，故《司徒》『上地家七人，中地家六人，下地家五人』，注云：『自二人以至於十人，爲九等，一家男女七人以上，則授之以上地，所養者衆也。五人以下則授之以下地，所養者寡也。止以七人、六人、五人爲率者，舉中而言。』以此推之，下地之上家四人，下地之中家三人，下地之下家二人。即上地之上家十人，上地之中家九人，上地之下家八人。是有九等。案《大司徒》『不易之地家百畝，一易之地家二百畝，再易之地家三百畝』，地惟有三等者，《大司徒》言其大綱，其實不易、一易、再易各爲三等，則九等也。」

《遂人》「治野」，乃鄉遂公邑之制；《匠人》「溝洫」，乃采地之制。鄭康成云：「周制，畿内用夏之貢法，稅夫無公田；邦國用殷之助法，制公田不稅夫。」朱文公《語類》亦云：「溝洫以十爲數，井田以九爲數，井田、溝洫決不可合。而永嘉諸儒[一]欲混爲一。康成注分爲二，是也。」愚按李泰伯《平土書》第二十云：「周畿内及天下諸侯一用貢法。」[二]蓋泰伯已與康成異矣，非始於永嘉諸儒也。劉氏《中義》[三]以《匠人》溝洫求合乎《遂人》治野之制，謂《遂人》言積數，《匠人》言方法，然《周禮》、

《考工》各爲一書。易氏謂：「《匠人》，前代之制。」

［一］【全云】薛艮齋、陳止齋輩。

［二］税夫無公田也。

［三］【全云】劉彝，字執中，安定弟子。

【元圻案】《地官·遂人》：「凡治野，夫間有遂，遂上有徑；十夫有溝，溝上有畛；百夫有洫，洫上有涂；千夫有澮，澮上有道；萬夫有川，川上有路，以達於畿。」《考工記》：「匠人爲溝洫。九夫爲井，井間廣四尺，深四尺，謂之溝；方十里爲成，成間廣八尺，深八尺，謂之洫；方百里爲同，同間廣二尋，深二仞，謂之澮。」鄭注：「此畿内采地之制。采地制井田，異於鄉遂及公邑。以《載師職》及《司馬法》論之，周制畿内用夏之貢法，税夫無公田；以《詩》、《春秋》、《論語》、《孟子》論之，周制，邦國用殷之助法，制公田，不税夫。貢者，自治其所受田，貢其税穀。莇者，借民之力以治公田，又使收斂焉。畿内用貢法者，鄉遂及公邑之吏，旦夕從民事，爲其促之以公，使不得恤其私。邦國用莇法者，諸侯專一國之政，爲其貪暴，税民無藝。周之畿内，税有重輕。諸侯謂之徹者，通其率以什一爲正。《孟子》云：『野九夫而税一，國中什一。』是邦國亦異内外之法耳。」◎《周禮訂義》二十五：「陳及之曰：『周制井田之法，通行於天下，安有内外之異哉！《遂人》言十夫有溝，以一直度之也。凡十夫之田，田首必有一溝以瀉水。以方度之，則方一里之地，所容者九夫，其間廣四尺、深四尺者謂之溝，則方一里之内凡四溝矣。兩旁各一溝，中間二溝。《遂人》云

「百夫有洫」，是百夫之地相連屬，而同以一洫瀉水。以方度之，則方十里之成，所容者九百夫，其間廣八尺、深八尺謂之洫，則方十里之内凡四洫矣。兩旁各一洫，中間二洫。至於澮亦然。若川，則非人力所能爲，故《匠人》不爲川，而云「兩山之間必有川焉」。《遂人》「萬夫有川」，亦大約言之耳。大概則徑水瀉於溝，溝水瀉於洫，洫水瀉於澮，澮水瀉於川，其縱横因地勢之便利。《遂人》、《匠人》以大意言之。《遂人》以長言之，故曰「以達於畿」，《匠人》以方言之，故止一同耳。』陳君舉曰：『溝洫之制，無鄉、遂、采地之異。《遂人》言夫者，指實地言之，山林川澤不在其數。《匠人》以里言者，溝洫咸在其中，所以用里數也。』薛士龍曰：『《遂人》言十夫有溝，以旁加言之也。《匠人》以九夫爲井，井間謂之溝，以實數言之也。』愚案：《遂人》自十夫起數，《匠人》自九夫起數。井田之法，惟九夫共井，未有十夫共者。此鄭氏所以謂《遂人》法與《匠人》不同也。必欲合其説，宜以大約計之，不可拘也。《遂人》所謂『夫間有遂』，即《匠人》廣二尺深二尺之遂也。《遂人》『十夫爲溝』，即《匠人》『九夫爲井，井間廣四尺、深四尺』之溝也。《匠人》謂九夫，而《遂人》乃云十夫者，遂、溝以十夫之地約之耳。而《匠人》『方十里爲成，成間廣八尺、深八尺謂之洫』，計一成之地，乃是百井，九百夫之地，方有洫。而《遂人》言『百夫有洫』，蓋止言百夫之田始共一洫。而『成間有洫』，則總一成之内，九百夫之田，凡九洫矣。《匠人》言『百里爲同，同間廣二尋、深二仞謂之澮』，計一同之地，乃是萬井，九萬夫之地，而《遂人》言『千夫爲澮』，蓋止言千夫之田始共一澮。而『同間有澮』，則總一同九萬夫之田，凡九十澮矣。人力所爲，止於澮，此外則自然之川，故

《遂人》『萬夫有川』，而《匠人》一同九萬夫之外，亦曰『專達於川』。要知一同之内，自澮而達者已有川矣。此皆以大約言之。」◎陳氏祥道曰：「《遂人》所言者積數也，《匠人》所言者方法也。積數則計其所有者言之，方法則積其所圍之内者名之，其實一制也。」蓋與劉執中之説同。◎易氏祓《周禮總義》曰：「《遂人》井田之法，乃成周開方之數。若《匠人》言井間之溝爲一里，十倍之而爲十里之洫，又〔十〕倍之而爲百里之澮，特言其一面之長者而已。蓋《匠人》方十里之洫，是一面各十井，以開方而論，則方十里者爲方一里者百，是洫爲百井，乃九百夫之地，果何與於《遂人》百夫之洫？《匠人》言方（五）百里之澮，是每一面爲百井，以開方而論，則方百里者爲方十里者百，是澮爲萬井，乃萬夫之地，果何與於《遂人》千夫之澮？鄭氏疑之而不得其説，故曰：『此畿内采地之制。』其説無所依據，或者欲以《匠人》溝洫求合乎《遂人》治野之制。若必欲以一面而牽合其數，則十夫之溝爲一里之井，十倍之爲十里之成，又十倍之爲百里之同。以是推之，自百里之同而至兩山之川，得無太遼絶乎？以是知《匠人》溝洫，不可拘以成周之法，或出於（商）夏〔商〕之制，未可知也。何以明之？通十爲成，成十爲終，終十爲同，文王、《司馬法》爲商末之制，則有合乎十里百里之説。《益稷》之書曰『濬畎澮，距川』，是自然之川，則有合乎兩山之間之説。知此則《匠人》爲前代之制，《遂人》爲成周之制明矣。」

禹「盡力乎溝洫」，「濬畎澮，距川」。《遂人》五溝五涂之制，因於古也。以水佐耕者豐，稻人掌之；以水佐守者固，司險掌之。自鄉遂之法弛，子駟爲田洫而喪田者以爲怨，襄十年《左傳》。子産作封洫而伍田疇以爲謗。襄三十年《左傳》。晉欲使齊盡東其畝，而戎車是利，成二年《左傳》。甚而兩周爭東西之流。至商鞅決裂阡陌，吕政決通川防，古制蕩然矣。古者内爲田廬，外爲溝洫，在《易》之《師》。寓兵於農，伏險於順，取下《坎》上《坤》之象。溝洫之成，自禹至周，非一人之力；溝洫之壞，自周衰至秦，非一日之積。先儒謂：「井田壞而戎馬入中國，如入無人之境。」悲夫！

【何本載閻云】陳龍揚亦言：「自溝洫廢而長城興。」

【元圻案】「遂人溝涂」，注已見上。疏曰：「五溝所以通水入川，五涂所以通道入都及國城也。」◎《地官·稻人》：「掌稼下地。以瀦畜水，以防止水，以溝蕩水，以遂均水，以列舍水，以澮寫水。」◎《夏官·司險》：「設國之五溝、五涂，而樹之林，以爲阻固，皆有守禁。」注：「五溝，遂、溝、洫、澮、川也。五涂，徑、畛、涂、道、路也。」◎《史記·商君列傳》：「鞅爲田開阡陌封疆而賦税平。」又《蔡澤傳》：蔡澤曰：「商君決裂阡陌，以静生民之業而一其俗。」又《秦始皇本紀》：「三十二年，刻碣石門，其辭曰：『皇帝奮威，德并諸侯，初一泰平。墮壞城郭，決通川防，夷去險阻。』」又《周本紀》：「王赧時，東西周分治，王赧徙都西周。」◎《戰國策》：「東周欲爲稻，西周不下水，東周患之。蘇子謂東周君曰：『臣請使西周下水可乎？』」◎朱氏《漢上易傳·師大象傳》：「或曰：隱至險於大順，伏師旅於民衆，井田之法也。」◎《漢書·食貨志上》：「周室既衰，暴君汙吏慢其經界。陵夷至於戰國，李悝爲魏文侯作盡地(利)〔力〕之教，國以富强。及秦孝公用商君，壞井田，開阡陌，王制遂滅。」◎胡子《知言》五：「制井田，所以制侯國也。制侯國，所以制王畿也。王畿安强，萬國親附，四夷雖虎猛狼貪，安得肆其欲而逞其志乎！」

人耦、牛耦，鄭氏注「合耦」並言之。疏謂「周時未有牛耦耕，至漢趙過始教民牛耕。」今考《山海經》：「后稷之孫叔均始作牛耕。」見《海内經》。周益公云：「孔子有『犂牛』之言，[二]冉耕亦字伯牛，《賈誼書·春秋篇》、《新序·刺奢篇》載鄒穆公曰『百姓飽牛而耕』，《月令》季冬『出土牛』，示農耕早晚，何待趙過？過特教人耦犂，費省而功倍爾。」

〔二〕【集證】皇侃《論語疏》：「犂，耕犂也。」

【元圻案】《地官·里宰》「以歲時合耦於耡」，注：「《考工記》曰：『耜廣五寸，二耜爲耦。』此言兩人相助耦而耕也。季冬之《月(令)》：『命農師計耦耕事，修耒耜，具田器。』是其歲時與？今鄭云合人耦，則牛耦可知也。」疏曰：「周時未有牛耦耕，至漢時，搜粟都尉趙過始教民牛耕。今鄭云合牛耦可知者，或周末兼有牛耦，至漢趙過乃絶人耦，專以牛耦，故鄭兼云焉。」◎《漢書·食貨志上》：「武帝末年，以趙過爲搜粟都尉。用耦犂，二牛三人，一歲之收常過縵田畮一斛以上，善者倍之。」◎後魏賈思勰《齊民要術序》曰：「趙過始爲牛耕，實勝耒耜之利。」◎周益公《泰和曾氏農器譜序》曰：「《山海經》曰：『后稷之孫叔均始作牛耕。』世以爲起於三代。厥後王弼傳《易》，以爲稼穡之資。宋景文公闢之曰：『古者牛惟服車，《書》「肇牽車牛」，《易》「服牛乘馬」。漢趙過始教牛耕，蓋本賈勰《齊民要術》。』予謂輔嗣固失矣，賈氏、景文亦未爲得也。竊疑牛耕起於春秋之間，故孔子有犂牛之言，而弟子冉耕亦字伯牛，彼《禮記·月令》季冬『出土牛』示農耕早晚，賈誼《新書》、劉向《新序》俱載鄒穆公曰『百姓飽牛而耕，暴背而耘』，大率在秦漢之際，何待趙過云云。」◎《四庫全書總目·小説家類》：「《山海經》十八卷。晉郭璞注。卷首有劉秀校，上奏稱爲伯益所作。案《山海經》之名始見《史記·大宛傳》，而未言爲何人所作。《列子》稱『大禹行而見之，伯益知而名之，夷堅聞而志之』，似乎即指此書，而不言其名《山海經》。王充《論衡·別通篇》曰：『禹主行水，益主記異物，海外山表，無所不至。以所見聞作《山海經》。』《吴越春秋》所説亦同。惟《隋·經籍志》云：『蕭何得秦圖書，後又得《山海經》，相傳夏禹所記。』其文稍異。然似皆因《列子》之説推而衍之。觀書中載夏啓、周文及秦漢長沙、象郡、餘暨、下嶲諸地名，斷不作於三代以上，殆周秦間人所述，而後來好異者又附益之。」◎周益公，名必大，字子充，一字洪道，江西廬陵人。孝宗時拜右丞相。光宗立，封益國公。謚文忠。自號平園老叟。《宋史》有傳。

盬鹽，引池而化，《山海經》「盬販之澤」，《穆天子傳》「至於盬」，晉郇瑕氏之地，而猗頓用是起者也。散鹽，煮水而成，《夏書》青州之貢，《職方》幽州之利，齊之渠展，燕之遼東，而宿沙初作者也。形鹽，掘①地以出之，周公閱所云「鹽虎形」也。飴鹽，於戎以取之，伊尹所云「和之美」者，大夏之鹽也。後周四鹽之政倣此。古者川澤之饒，與民共之，自《海王》之篇，祈②望之守，作俑於齊，至漢二十倍於古。考之《漢志》，鹽官三十有五，[一]唐有鹽之縣一百五。[二]本朝鹽所出者十二路，爲池二，[三]爲監七，爲場二十二，[四]爲井六百有九，[五]法益詳而利無遺矣。

[一]【全云】《隋書》只載河東、張掖、西海三池，隆山、巴東、金山、蜀四池，餘不見。○案，今《漢志》所載實三十有六。

[二]詳《唐書·地理志》。

[三]【全云】即解州之二池，而西夏鹽州四池、靈州七池、會州一池不與焉。契丹亦有鹽池。

[四]【全云】實止十六場，蓋合六倉言之。

[五]【閻按】《玉海》作井八百二十二。

【全云】據《會要》作井七百五十五。

【全云】鹽鹽，宋時謂之顆鹽；散鹽，宋時謂之末鹽。或煮海，或煮井，而《會要》以煮鹻者亦

①「掘」，元刊本作「物」。

②「祈」，原本作「祁」，據元刊本改。

與焉。其實煮鹻是掘地以出者。形鹽，非散鹽也，自生鹵地，故曰形。又有出於崖者，生於木者，生於石者，皆形也。飴鹽，宋時無之，蓋取諸外國者。

【元圻案】《天官・鹽人》：「祭祀，共其苦鹽、散鹽。賓客，共其形鹽、散鹽。王之膳羞，共飴鹽。」注：「杜子春讀苦爲盬，謂出鹽直用不湅治。鄭司農云：散鹽湅治者。玄謂散鹽，鬻水爲鹽。形鹽，鹽之似虎形。飴鹽，鹽之恬者，今戎鹽有焉。」疏曰：「『杜讀苦爲盬』者，鹽鹹非苦，故破苦爲盬，見今海（防）〔傍〕出鹽之處謂之盬。戎鹽，即石鹽是也。」◎《説文・鹽部》：「盬。河東鹽池，袤五十一里，廣七里，周百十六里。」◎《山海經》：「景山南望，鹽販之澤。」郭注：「即解縣鹽池也。」◎《穆天子傳》六：「乙酉，天子西絶鈃（蹬）〔隥〕，乃遂西南，戊子，至於盬。」郭注：「盬池，今在河東解縣。」◎成公六年《左傳》：「郇瑕氏之地，沃饒而近盬。」杜注：「猗氏縣鹽池是也。」◎《史記・貨殖列傳序》：「猗頓用盬鹽起。」◎《禹貢》：「海岱惟青州，厥貢鹽、絺。」◎《夏官・職方氏》：「東北曰幽州，其利魚、鹽。」◎《管子・輕重甲篇》：「齊有渠展之鹽，燕有遼東之煮。」◎《魯連子》：「古善漁者，宿沙瞿子。」又曰：「宿沙瞿子，善煮鹽，使煮漬沙，雖十宿沙不能得也。」◎《説文》：「鹽，鹹也。古者宿沙初作煮海鹽。」◎《天官・籩人》：「朝事之籩，其實麷、蕡、白、黑、形鹽。」注，鄭司農曰：「築鹽以爲虎形，謂之形鹽，故《春秋傳》曰『鹽虎形』。玄謂形鹽，鹽之似虎者。」◎僖公三十年《左傳》：「王使周公閱來聘，饗有昌歜、白、黑、形鹽。辭曰：『國君，文足昭也，武可畏也，則有備物之饗以象其德。薦〔五味，羞〕嘉穀，鹽虎形，以獻其功。吾何以堪之？』」◎《呂氏春秋·本味篇》：「伊尹曰：『和之美者，陽樸之薑，招搖之桂，越駱之菌，鱣鮪之醢，大夏之鹽。』」注：「大夏，澤名。」◎《通典·食貨十》：「後周文帝霸政之初，置掌鹽之政，一曰散鹽，煮海以成之；二曰盬鹽，引池以化之；三曰形鹽，物地以出之；四曰飴鹽，於戎以取之。」《隋書·食貨志》「物地」作「掘地」。◎《管子·海王篇》：「桓公問於管子曰：『吾何以爲國？』對曰：『惟官山海爲可耳。』桓公曰：『何謂官山海？』對曰：『海王之國，謹正鹽筴。』」◎昭公二十年《左傳》：「晏子曰：『海之鹽蜃，祈望守之。』」注：「祈望，官名也。」正義曰：「海是水之大神，有時祈望祭之，因以祈望爲主海之官也。山澤之利，當與民共之，言公立此官，使之守掌，專山澤之利，不與民共。」◎《漢書·食貨志上》：「田租口賦，鹽鐵之利，二十倍於古。」◎《玉海》一百八十一：「國朝鹽四種，一曰末鹽，海鹽也；其次顆鹽，解州鹽澤及晉絳潞澤所出；又次井鹽，鑿井取之；又次崖鹽，生土崖之間。」故全云「宋以盬鹽爲顆鹽，散鹽爲末鹽」。案王溥《唐會要》八十八：「貞元十六年，史牟奏澤、潞、鄭等州多食末鹽，請一切禁斷。元和六年，盧坦奏河中兩(地)〔池〕顆鹽，敕文只許於京畿、鳳翔、陝虢、河中、澤潞、河南、許汝等十五州界内糶貨云云」。則顆鹽末鹽之名不始於宋。◎《四庫全書總目·小説類》：「《穆天子傳》六卷。晉郭璞注。按《束皙傳》云：太康二年，汲郡人不準盜發魏襄王墓，得竹書《穆天子傳》五篇。《列子·周穆王篇》所載與此傳相出入。蓋當時流俗有此記載，故列禦寇得捃摭其文耳。」◎《水經注》三十三：「王隱《晉書地道記》曰：入湯口四十里，有石，煮以爲鹽。石大者如升，小者如拳，煮之水竭，鹽成。」豈即全氏所謂「生於石」者歟？

「玩物喪志」，召公以爲戒①。凡式貢之餘財，以共玩好之用，恐非周公之典。《無逸》曰：「惟正之供。」

【元圻案】胡氏《皇王大紀》十九論曰：「四方貢賦，各有定制，無非王者之財，不可有公私之異。大府乃以式貢之餘，供玩好之用，不幾於唐李之君受裴延齡之欺罔乎？玉府乃有王〔之〕金玉玩好兵器，不幾如漢桓靈私置庫者乎？内府乃有四方（之）金玉齒革良貨賄之獻，而共王之好賜予，不幾於李唐之君受四方羨餘之輕侮者乎？」

《外府》注：「泉始蓋一品，周景王鑄大泉而有二品。」韋昭注《周語》曰：「單穆公云：『古者有母平子、子權母而行。』然則二品之來，古而然矣。」

【元圻案】《天官·外府》：「掌邦布之（出入）〔入出〕。」注：「布，泉也。其藏曰泉，其行曰布。泉始蓋一品，周景王鑄大泉，而有二品。後數變易，不復識本制。至漢惟有五銖久行。王莽改貨而異作泉布，多至十品。」正義曰：「『周景王』以下並《漢書·食貨志》文。」◎《周語》：

① 《書·旅獒》。

「周景王將鑄大錢。單穆公曰：『不可。古者民患輕，則爲之作重幣以行之，於是乎有母權子而行。若不堪重，則多作輕而行之，亦不廢重，於是乎有子權母而行。』」韋昭注：「重曰母，輕曰子，以子貿物，物輕則子獨行，物重則以母權而行之。以重者貿其貴，以輕者貿其賤。子權母者，母不足則以子平而行之。」又曰：「鄭後司農說《周禮》云：『錢始蓋一品，周景王鑄大錢而有二品。』單穆公云：『古者有母平子、子權母而行。』然則二品之來，古而然矣。鄭君省之不熟耳。」

古者以射、御爲藝。孔子曰：「執射乎？執御乎？」《詩》曰：「叔善射忌，又良御忌。」「四黄既駕，兩驂不猗」，御之善也；「不失其馳，舍矢如破」，射之善也。學射者多矣。造父之師泰豆氏，[一]尹需之習秋駕，[二]皆學御者也。《說苑·說叢篇》謂「御者使人恭，射者使人端」，[三]亦正心修身之法。

[一]案《列子·湯問篇》：「造父之師曰泰豆氏。造父之始從習御也，執禮甚卑，泰豆三年不告。造父執禮愈謹。」○《吕氏春秋·有始覽·聽言篇》：「造父始習於大豆。」

[二]《淮南子·道應訓》：「尹需學御，三年而無得。私自苦痛，常寢想之。夜乃夢受秋駕於其師。」注：「秋駕，善御之術。」《吕氏春秋·博志篇》與此文同，「尹需」作「尹儒」。

[三]【閻按】《淮南·說山訓》：「射者使人端，釣者使人恭。」

【閻按】朱子言：「六藝之射，猶略見《鄉射》、《大射篇》，御法則廢不可考矣。」余每讀其言而三嘆之。鄭司農注云：「五馭曰鳴和鸞，逐水曲，過君表，舞交衢，逐禽左。」惟漢時猶流傳此名目，恐後并名亦不能詳，惜哉！

【元圻案】樓攻媿《答楊敬仲論詩解》曰：「『車攻不失其馳，舍矢如破。』蘇黄門曰：『四黄既駕，兩驂不猗，御者之善也。不失其馳，舍矢如破，射者之善也。蓋不善射者，必待御者爲之詭遇，則獲，故王良爲之範，則嬖奚不能獲一。惟御者不失其馳，而舍矢如破，方見射者之善。不惟此詩意明，《孟子》一段亦皆焕然。』」◎《地官·保氏》正義：「『鳴和鸞』者，和在式，鸞在衡。《韓詩》云：『升車則馬動，馬動則鸞鳴，鸞鳴則和應。』先鄭依此而言。『逐水曲』者，馭車隨逐水勢之屈曲而不墜水也。『過君表』者，若《車攻》詩毛傳云『褐纏旃以爲門，裘纏質以爲槸，間容握，驅而入，轚則不得入。』《春秋》昭八年《穀梁傳》亦云『艾蘭以爲防，置旃以爲轅門，以葛覆質以爲槷，流旁握，御轚者不得入』是也。『舞交衢』者，衢，道也，謂御車在交道，車旋應於舞節也。『逐禽左』者，謂御驅逆之車，逆驅禽獸使左，當人君以射之。君自左射，故《車攻》毛傳云：『自左膘而射之，達於右腢，爲上殺』是也。」

「貨賄用璽節」，注：「今之印章也。」[一]《司市》注云：「如今斗檢封。」[二]《職金》云：「楬而璽之。」[三]《左傳》襄二十九年：「季武子使公冶問璽書，追而與之。」《戰國策》：「欲璽者段干子也。」蔡邕《獨斷》云：「古者尊卑共用之。」衛宏云：「秦以來天子爲璽，又獨以玉爲之，臣下莫敢用。」唐又改璽爲寶。【原注】《五代史》臣曰：「國以玉璽爲傳授神器，遂古無聞。」《運斗樞》曰：「舜爲天子，黄龍負璽。」《世本》曰：「魯昭公始作璽。」

[一] 案《地官·掌節》疏曰：「節已下，周法無文，故皆以漢法況之。」

[二] 疏曰：「漢法，斗檢封，其形方，上有封檢，其内有書。」

[三]《秋官·職金》注：「楬書其數量以著其物也。璽者，印也。既楬書揃其數量，又以印封之。」疏曰：「楬，即今之版書。揃，即今記録文書。謂以版記録量數，爲後易分别故也。」

【何云】季武子使公冶問，在襄公二十九年，而謂昭公始作璽，可乎？

【元圻案】蔡邕《獨斷》曰：「璽者，印也。印者，信也。天子璽以玉螭虎紐，古者尊卑共之。《月令》曰：『固封璽。』《春秋左氏傳》曰：『魯襄公在楚，武子使公冶問璽書，追而與之。』此諸侯大夫印稱璽者也。衛宏曰：『秦以前民皆以金玉爲印，龍虎紐，唯其所好。』然則秦以來天子獨以印稱璽，又獨以玉，羣臣莫敢用也。」◎《唐書·玄宗紀》：「開元六年十一月，改傳國璽曰寶。」◎《後漢書·蔡邕傳》：「邕字伯喈，陳留圉人也。初平元年，拜左中郎將。所著《獨斷》、《勸學》、《釋誨》、《敍樂》、《女訓》凡百四篇，傳於世。」

《司門》「正其貨賄」，正者，禁其淫侈而歸於正也。注讀爲「征」，非是。

【元圻案】《地官·司門》：「幾出入不物者，正其貨賄。」注：「正讀爲征，征稅也。」◎《周禮訂義》：「案『正』，故書爲正，如中度、中數、中量，皆正也。不物者，既於出入之際而察之，則貨皆可得而正矣。王昭禹曰：『不物有所幾，而後害者亡，靡者微。貨賄有所正而後亡者有，利者阜。』」

迹人，[一]春秋末，宋猶有是官。《左氏》哀十四年《傳》：「迹人來告曰：『逢澤有介麋焉。』」

［一］地官之屬。注：「迹之言迹，知禽獸處。」

「司禄闕」。《地官》文。《孟子》云：「諸侯惡其害己也，而皆去其籍。」趙氏注：「今《周禮》司禄之官無其職，是諸侯皆去之，故不復存。」

【閻按】欲以此補《集注》，爲以經解經。

【元圻案】《晁氏客語》云：「吕晦叔謂王荆公曰：『周室班爵禄，諸侯惡其害己也，而皆去其籍，故司禄之官闕。』」

《槁人》注：「今司徒府中有百官朝會之殿。」後漢《蔡邕集》所載「百官會府公殿下」者也。古天子之堂未名曰殿。《説苑·反質篇》：「魏文侯御廩災，素服辟正殿五日。」《莊子·説劍》云：「入殿門不趨。」蓋戰國始有是名。《燕禮》注：「當東霤者，人君爲殿屋也。」疏謂「漢時殿屋四向流水」，舉漢以況周。然《漢·黄霸傳》「先上殿」，注謂「丞相所坐屋」。古者屋之高嚴，通呼爲殿，不必宫中也。

【元圻案】《地官·槀人》：「掌共外内朝冗食者之食。」注：「外朝，司寇斷獄弊訟之朝也。今司徒府中有百官朝會之殿，云天子與丞相舊决大事焉。」◎宋葉大慶《考古質疑》：「唐徐堅《初學記》引《蒼頡篇》曰：『殿，大堂也。』商周以前，其名不載。《史記·始皇紀》始曰『作前殿』。《石林燕語》謂『初未有稱殿，皆起於秦』者，其本於堅之所記而云乎？大慶續見高承《事物紀原》云：『《禮記》與《白虎通》俱曰「天子之堂」，《史記》「秦始皇作朝宫，渭南先作前殿阿房」，《商君書》有言「天子之殿」，則是秦自孝公已然矣。』大慶考之《通鑑外紀》：『晉平公布蒺藜於殿下，師曠刺足，曰：「五鼎之具不當亨藜藿，人主堂殿不當生蒺藜。」齊景公怒有罪者，縛至置殿下。』《家語》：『楚王將游荆臺，司馬期諫，王怒之，令尹子西賀於殿下。』又：『齊有一足鳥，下止於殿前，景公使問孔子。』又《史記》：『楚莊王欲以棺椁葬馬，優孟入殿門，仰天大哭。』諸書殿之名已見於春秋戰國，不始於秦也。況《六韜·五將篇》『太公曰：凡國有難，君避正殿。命將曰：社稷安危，一在將軍。』此其來也遠矣。」又曰：「《漢書》『梁王立謂傅相不以仁義輔翼大臣，皆尚苛刻，宫殿之裏，毫氂過失，亡不暴陳。』而魯恭王靈光巋然，議者不以爲僭制，則人臣之堂，亦謂之殿矣。（《藝文類聚》：「宮闕名曰」）①蕭何、曹參、韓信並有殿。《太平寰宇記》河南道鄆州須城縣有東平憲王蒼之殿。是知兩漢時不以殿爲僭也。至《魏・張遼傳》文帝爲起殿舍，又特與遼母作殿。齊高帝爲齊公，以石頭城爲其世子宮，王儉引靈光殿例，以聽事爲崇光殿，外齋爲宣德殿。即是而觀，唐以前上下猶稱殿也。至唐則不然，觀師古注《漢書》，辭意可見矣。」◎程大昌《演繁露》十五：「顔師古《漢書・黄霸傳》注曰：『古者屋之高嚴，通呼爲殿，不必宮中。』然《董賢傳》『將作大匠爲賢起大第，重殿洞門』，師古注曰：『殿有前後，僭天子制也。』則不更以殿爲高屋矣。豈以殿之重復者乃爲天子禮耶？不然，（何以）語皆出顔，而二傳異釋也？鄭司農釋《周禮》『朝士所掌外朝』曰：『今司徒府有天子以下大會殿，亦古之外朝也。』按漢宮典儀，司徒府與蒼龍闕對，則亦不在禁中。諸家謂古外朝在路門之外，其地亦與古應也，則是殿也，雖立於司徒府，非司徒可得而有也。」

《大宗伯》疏：《星備》云：「五星初起牽牛。歲星一日行十二分度之一，十二歲而周天。熒惑日行三十三分度之一，三十三歲而周天。鎮星日行二十八分度之一，二十八歲而周天。太白日行八分度之一，八歲而周天。辰星日行一度，一歲而周

① 按《藝文類聚》卷六十二略曰「漢宮闕名曰長安有臨華飛雲昭陽等殿」云云，無「蕭何、曹參、韓信並有殿」之類文字，翁氏引《考古質疑》，既删去漢宮闕名云云，則不應復存《藝文類聚》書名。

天。」《馮相氏》疏：《星備》云：「明王在上，則日月五星皆乘黄道。」《保章氏》疏：《星備》云：「五星更王相休廢，其色不同。王則光芒，相則内實，休則光芒無角，不動摇，廢則少光，色順四時，其國皆當也。」《星備》之書，僅見於此。《隋》、《唐志》皆不著録。

【集證】按隋五行家有《易三備》三卷。鄭樵曰：「上備言天文，中備卜筮，下備地理。」疑《星備》即《上備》中子目也。

【元圻案】《馮相氏》疏引《星備》之下，有「又云：『《黄(道)〔帝〕占》(日)〔曰〕①：天道有三，黄道者，日月五星所乘。』問曰：『按鄭《駁異義》云，《三光考靈曜書》云：「日道出於列宿之外，萬有餘里。」謂五星則差在其内，何謂與日同乘黄道？』又問曰：『日何得在婁、角、牽牛、東井乎？』答曰：『黄道數寬廣，雖差在内，猶不離黄道，或可以上下爲内外』」一節。《保章氏》疏有「又云：『立春，歲星王七十二日，其色有白光，芒角，土王三月十八日，其色黄而大，休則圓，廢則内虚。立夏，熒惑王七十二日，色赤角黄，土王六月十八日，其色黄而大。立秋，太白王七十二日，光芒無角，土王九月十八日，其色黄而大。立冬，(晨)〔辰〕星王七十二日，其色白芒角，土王十二月十八日，其色黄而大。星當王相，不芒角，其邦大弱，强國取地。大弱，失國亡土也』」一節，似亦《星備》之文。

①「黄道占日」，當爲「黄帝占曰」之誤，今據《周禮注疏》卷二十六改。

周五禮之别三十有六，[一]唐五禮之儀一百五十有二。《唐志》《禮樂志一》云：「自梁以來，始以當時所行，傅於《周官》五禮之名，各立一家之學。」

［一］案《大宗伯》注：「吉禮之别十有二，凶禮之别有五，賓禮之别有八，軍禮之别有五，嘉禮之别有六。」

【元圻案】《唐六典》四：「凡五禮之儀一百五十有二：一曰吉禮，其儀五十有五；二曰賓禮，其儀有六；三曰軍禮，其儀二十有三；四曰嘉禮，其儀有五十；五曰凶禮，其儀一十有八。」◎《唐書·禮樂志一》：「唐初，即用隋禮。太宗時，房玄齡等因之，增爲《吉禮》六十一篇，《賓禮》四篇，《軍禮》二十篇，《嘉禮》四十二篇，《凶禮》十一篇，是爲《貞觀禮》。高宗又詔長孫無忌等增之爲一百三十卷，是爲《顯慶禮》。玄宗開元十四年，通事舍人王喦，疏請删去《禮記》舊文而益以今事。張説以爲《禮記》不刊之書，去聖久遠，不可改易，而《貞觀》、《顯慶禮》儀注前後不同，宜加折衷。乃詔徐堅、李鋭、施敬本撰述，未就而鋭卒，蕭嵩代鋭爲學士，奏起居舍人王仲丘撰定，爲一百五十卷，是爲《大唐開元禮》。由是唐之五禮之文始備，而後世用之，雖時小有損益，不能過也。」

「九磬之舞」注云：「當爲大磬。」[一]愚謂九磬之名尚矣，不必改字。按《説苑·修文篇》，「孔子至齊郭門之外，遇一嬰兒，挈一壺相與俱行，其視精，其心正，其行端。孔子謂御曰：『趣驅之，趣驅之，韶樂方作。』孔子至彼，聞韶，三月不知肉味。」

齊景公作《徵招》、《角招》，蓋舜樂之存者。劉原父云：「《九招》者九名，予識其三焉，祈、徵、角之謂也。」《公是先生弟子記》文。《山海經》：「夏后開得《九辯》、《九歌》以下，始歌《九招》於大穆之野。」見《大荒西經》。《帝王世紀》：「啓升后十年舞《九韶》。」【原注】《竹書》曰：「夏后開儛《九韶》。」《史記·五帝本紀》：「禹乃興《九招》之樂。」《索隱》曰：「即舜樂《簫韶》九成。」艾軒謂：「『勸之以九歌』，即《九招》之樂。」《吕氏春秋·仲夏紀·古樂篇》：「帝嚳命咸黑作爲舞[二]聲，歌《九招》、《六列》、《六英》。帝舜令質修《九招》、《六列》、《六英》，以明帝德。」高誘注：「招、英、列，皆樂名也。」然則《九招》作於帝嚳之時，舜修而用之。【原注】秦唯《韶》、《武》①二樂存。

[一]案《春官·大司樂》疏云：「九磬讀當爲大韶者，上六樂無《九韶》，而有《大韶》，故破從《大韶》也。」

[二]【閻按】「舞」字宜衍。

【閻按】《後漢·孔僖傳》：「章帝幸闕里，祠孔子，作六代之樂。」疑此時安得備此樂？蓋秦得天下，唯餘《韶》、《武》耳。後讀《玉海》載《劉子·文武篇》「漢祖海内大定，以文止戈，召鄒魯儒生而制禮儀，修六代之樂，朝諸侯於咸陽」，則闕里所作樂，其漢祖之所遺與？抑出於誇飾而史

① 「武」，原本誤作「舞」，據元刊本改。

家沿之也？

【何云】按此説不足信，當據《漢志》。

【元圻案】《莊子·至樂篇》：「昔者海鳥止於魯郊，魯侯御而觴之於廟，奏《九韶》以爲樂。」陸氏《釋文》：「《九韶》，舜樂名。」◎《淮南子·原道訓》：「耳聽《九韶》、《六瑩》。」高誘注：「《九韶》，舜樂。」◎《漢書·禮樂志》：「高祖廟奏《(盛)〔武〕德》、《文始》、《五行》之舞。《文始舞》者，本舜《招舞》也，高祖六年更名曰《文始》。《五行舞》者，本周舞也，秦始皇〔三〕〔二〕十六年更名曰《五行》。」◎《宋書·樂志一》：「周存六代之樂，至秦唯餘《韶》、《武》而已。始皇改周舞曰《五行》，漢高祖改《韶舞》曰《文始》，以示不相襲也。」

班固《律曆志》述劉歆之言，以律爲下生，呂爲上生。〔一〕鄭康成以黄鍾三律爲下生，以蕤賓三律爲上生。〔二〕梁武帝《鍾律緯》謂：「班固夾鍾、中呂過於無調，鄭康成有升陽而無降陽。」〔三〕陳用之《禮書》謂「自子午以左皆上生，子午以右皆下生」，以鄭説爲是。張文饒《翼玄》曰：「十二月之律以候月，六十日之律以候日。月律當一下一上，依次而生；日律當用蕤賓重上生。司馬遷、劉歆之法，月律也；呂不韋、〔四〕淮南、〔五〕京房〔六〕之法，日律也。《晉志》取司馬而非淮南，〔七〕梁武是京房而非班固，皆非通論。〔八〕

［一］案《漢書·律曆志》："律呂唱和，以育生成化，歌奏用焉。指顧取象，然後陰陽萬物靡不條鬯該成。故以成之數忖該之積，如法爲一寸，則黄鍾之長也。參分損一，下生林鍾。參分林鍾益一，上生太族。參分太族損一，下生南呂。參分南呂益一，上生姑洗。參分姑洗損一，下生應鍾。參分應鍾益一，上生蕤賓。參分蕤賓損一，下生大呂。參分大呂益一，上生夷則。參分夷則損一，下生夾鍾。參分夾鍾益一，上生亡射。參分亡射損一，下生中呂。陰陽相生，自黄鍾始而左旋，八八爲伍。"注，張晏曰："黄鍾長九寸，以二乘九得十八，以三除之，得林鍾六寸。其法率如此，當算乃解。"晉灼曰："蔡邕《律曆記》『凡陽生陰曰下，陰生陽曰上』也。"

［二］《大司樂》注："天宫夾鍾，陰聲，其相生從陽數，其陽無射。無射上生中呂，中呂與地宫同位，不用也。中(宫)〔呂〕上生黄鍾，黄鍾下生林鍾，林鍾地宫，又不用。林鍾上生大蔟，大蔟下生南呂，南呂與無射同位，又不用。南呂上生姑洗。地宫林鍾，林鍾上生大蔟，大蔟下生南呂，南呂上生姑洗。人宫黄鍾，黄鍾下生林鍾，林鍾地宫，又辟之。林鍾上生大蔟，大蔟下生南呂，南呂與天宫之陽同位，又辟之。南呂上生姑洗，姑洗南呂之合，又辟之。姑洗下生應鍾，應鍾上生蕤賓，蕤賓地宫林鍾之陽也，又辟之。蕤賓上生大呂。"疏曰："凡言不用者卑之，凡言辟之者尊之。"

［三］《隋書·律曆志上》：梁武帝作《鍾律緯》，論前代得失。其略云："案律呂，京、馬、鄭、蔡，至蕤賓，並上生大呂；而班固《律曆志》，至蕤賓，仍以次下生。若從班義，夾鍾唯長三寸七分有奇，律若過促，則夾鍾之聲成一調，中呂復去調半，是過於無調。仲春孟夏，正相長養，其氣緩，不容短促。求

聲索實，班義爲乖。鄭玄又以陰陽六位，次第相生。若如玄義，陰陽相逐生者，止是升陽，其降陽復將何寄？就筮數而論，乾主甲壬而左行，坤主乙癸而右行，故陰陽得有升降之義。陰陽從行者，真性也，六位升降者，象數也。今鄭乃執象數以配真性，故言比而理窮。云九六相生，了不釋十二氣所以相通，鄭之不思，亦已明矣。」

［四］《呂氏春秋·季夏紀·音律篇》：「大聖至理之世，天地之氣，合而生風。日至則月鐘其風，以生十二律。仲冬日短至，則生黄鐘。季冬生大呂。孟春生太蔟。仲春生夾鐘。季春生姑洗。孟夏生仲呂。仲夏日長至。則生蕤賓。季夏生林鐘。孟秋生夷則。仲秋生南呂。季秋生無射。孟冬生應鐘。天地之風氣正，則十二律定矣。」

［五］《天文訓》：「黄鍾爲宫，宫者，音之君也。故黄鍾位子，其數八十一，主十一月。下生林鍾。林鍾之數五十四，主六月，上生太蔟。太蔟之數七十二，主正月，下生南吕。南吕之數四十八，主八月，上生姑洗。姑洗之數六十四，主三月，下生應鍾。應鍾之數四十二，主十月，上生蕤賓。蕤賓之數五十七，主五月，上生大吕。大吕之數七十六，主十二月，下生夷則。夷則之數五十一，主七月，上生夾鍾。夾鍾之數六十八，主二月，下生無射。無射之數四十五，主九月，上生仲吕。仲吕之數六十，主四月，極不生。」

［六］《後漢書·律曆志》：「元帝時郎中京房知五聲之音、六律之數。上使韋玄成問，房對：『受學焦延壽。六十律相生之法：以上生下，皆三生二；以下生上，皆三生四。陽下生陰，陰上生陽，終於

中吕，而十二律畢矣。中吕上生執始，執始下生去滅，上下相生，終於南事，六十律畢矣。』」○《晉志》云：「《續漢志》具載其六十律準度數，其相生之次，與《吕覽》、《淮南》同。」

［七］《晉書·律曆志上》：「在六律爲陽，則當位自得而下生陰，在六吕爲陰，則得其衡而上生於陽，推算之術無重上生之法也。所謂律取妻，吕生子，陰陽升降，律吕之大經。而遷又言十二律之長，今依淮南九九之數，則蕤賓爲重上。又言五音相生，而以宫生角，角生商，商生徵，徵生羽，羽生宫。求其(利)［理］用，罔見通途。」

［八］《隋書·律曆志》：「梁武帝《鍾律緯》：『案京房六十，準依法推，乃自無差。房妙盡陰陽，其當有以，若非深理難求，便是傳者不習。』」

【元圻案】①《夢溪筆談》：「《漢志》『陰陽相生，自黄鍾始而左旋，八八爲伍』。八八爲伍者，謂一上生與一下生相間，如此，則自大吕以後，律數皆差，須自蕤賓再上生，方得本數。此八八爲伍之誤也。或曰：律無上生吕之理，但當下生而用獨倍。二説皆通。」◎《玉海》三十六：「張行成撰《翼玄》十二篇。」◎《四庫全書總目·禮類》：「《禮書》一百五十卷，宋陳祥道撰。祥道字用之，福州人。李廌《師友談記》稱其元祐七年進《禮圖》、《儀禮注》，除館閣校勘。用爲太常博士。《宋史》則作官至秘書省正字。祥道，王安石客，故多排斥舊説。晁公武、

---

①「元圻案」，原本無，據文例補。

陳振孫皆稱其精博。」

大卜「三兆」，「其頌皆千有二百」。夏后鑄鼎，繇曰：「逢逢白雲，一南一北，一西一東。九鼎既成，遷於三國。」懿氏占曰：「鳳凰于飛，和鳴鏘鏘。有嬀之後，將育於姜。」莊公二十二年《左傳》。成季卜曰：「間於兩社，爲公室輔。」閔公二年。驪姬繇曰：「專之渝，攘公之羭，一薰一蕕，十年尚猶有臭。」（莊）〔僖〕公（二十八）〔四〕年。衛侯繇曰：「如魚竀尾，衡流而方羊裔焉。」（襄）〔哀〕公十七年。漢文兆曰：「大横庚庚，余爲天王，夏啓以光。」皆龜繇也。

【閻按】漏《齊世家》西伯卜曰：「所獲非龍非彲非虎非羆，所獲霸王之輔。」《晉語》史蘇卜曰：「挾以銜骨，齒牙爲猾，戎夏交捽。」《漢·元后傳》晉史卜曰：「陰爲陽雄，土火相乘，故有沙麓崩後六百四十五年，宜有聖女興。」襄十年孫文子卜曰：「兆如山陵，有夫出征，而喪其雄。」哀九年史龜曰：「是謂沈陽，可以興兵，利以伐姜，不利子商。」

【元圻案】《春官》：「大卜掌三兆之法，一曰玉兆，二曰瓦兆，三曰原兆。其經兆之體，皆百有二十，其頌皆千有二百。」疏：「頌者，卦繇之辭。」◎《墨子·耕柱篇》：「昔者夏后開采金於山川，而陶鑄之於昆吾；是使翁難乙卜於目若之龜，（龜）曰：『鼎成三足而方，不炊而自烹，不舉而自臧，不遷而自行。以祭於昆吾之墟，上鄉！』乙又言兆之由曰：『饗矣！逢逢白雲』云云。」◎

《史記·文帝本紀》：「高后八年，大臣謀召立代王，丞相陳平等使人迎代王。代王報太后，計之，猶與未定。卜之龜卦，兆得大横，占曰：『大横庚庚』云云。」◎沈存中《夢溪筆談》七：「古之卜者，皆有繇辭。《周禮》：『三兆，其頌皆千有二百。』如『鳳凰于飛，和鳴鏘鏘』，『間於兩社，爲公室輔』，『專之渝，攘公之羭，一薰一蕕，十年尚猶有臭』，『如魚竀尾，衡流而方羊，裔焉，大國滅之，將亡，闔門塞竇，乃自後踰』，『大横庚庚，予爲天王，夏啓以光』之類是也。今此書亡矣。漢人尚視其體，今人雖視其體，而專以五行爲主，三代舊術，莫有傳者。」

卜師「四兆」，鄭氏鍔以理推之，謂：「方兆，占四方之事也，漢武帝發易占，知神馬從西北來；事見《史記·大宛列傳》。功兆，占立功之事也，楚司馬子魚卜戰令龜；事見昭十七年《左傳》。義兆，占行義之事也，惠伯曰『忠信之事則可』；事見昭十二年《左傳》。弓兆，有射意，後世有覆射之法。」

【元圻案】《春官》：「卜師掌開龜之四兆，一曰方兆，二曰功兆，三曰義兆，四曰弓兆。」注：「方、功、義、弓之名未聞。」◎《周禮訂義》四十二載鄭鍔曰：「方兆者，占四方之事，漢武帝發易占，知神馬從西北來，非占四方之事乎？功兆者，占立功之事，楚司馬子魚卜戰，令龜曰『魴也，以其屬死之，楚師繼之，尚大克之，吉』，非立功之事乎？義兆者，占行義之事，南蒯筮得『黄裳元吉』，惠伯曰『忠信之事則可，不然必敗』，非占行義之事乎？弓兆者，弓有射意，故後世有（覆射）

〔射覆〕之法，東方朔射守宫有『跂跂緣壁』之語，非爲（覆射）〔射覆〕之事乎？」又載薛士龍曰：「以意推之，麗於形者方也，謂之方兆，則言其上下陰陽之勢。以力興造者功也，謂之功兆，則言廢興成敗之理。度其宜者義也，謂之義兆，則言其吉凶禍福之宜。能弛張者弓也，謂之弓兆，則言曲折長短之象。」◎《宋史·藝文志》：「鄭鍔《周禮解義》二十二卷。」今《四庫全書》不著於録。

龜人「六龜」，《易》「十朋之龜」，【原注】《爾雅》十「龜」。《唐六典》辨龜九類五色，依四時用之。

【元圻案】《春官》：「龜人掌六龜之屬，各有名物。天龜曰靈屬，地龜曰繹屬，東龜曰果屬，西龜曰雷屬，南龜曰獵屬，北龜曰若屬，各以其方之色與其體辨之。」◎劉執中《中義》曰：「命名以其形，則經以其形之相類者爲之屬與？《易》稱『錫以十朋之龜』，《爾雅·釋魚》曰神龜、靈龜、攝龜、寶龜、文龜、筮龜、山龜、澤龜、水龜、火龜，以爲十朋，豈亦其屬哉？」◎《唐六典》十四：「太卜令掌卜筮之法，以占邦家動用之事。一曰龜，二曰兆，三曰易，四曰式。凡龜占，辨龜之九類五色，依四時而用之。」注：「一曰石龜，二曰泉龜，三曰蔡龜，四曰江龜，五曰洛龜，六曰海龜，七曰河龜，八曰淮龜，九曰旱龜。春用青靈，夏用赤靈，秋用白靈，冬用黑靈，四季之月用黄靈。」又曰：「欲知龜神，骨白如銀。欲知龜聖，看龜千里徑正。欲知龜志，看龜十字。分四時所灼之體而用之，春灼後左足，夏灼前左足，秋灼前右足，冬灼後右足。」◎《史記·龜策列傳》褚先生曰：「記曰：能得名龜者財物歸之，家必大富。一曰北斗龜，二曰南辰龜，三曰五星龜，四曰八風龜，五曰二十八宿龜，六曰日月龜，七曰九州龜，八曰玉龜。」

《列子·周穆王篇》「夢有六候」，與《占夢》同，「噩」作「蘁」。東坡曰：「高宗言夢，文王、武王言夢，孔子亦言夢。其情性治，其夢不亂。」西山曰：「正夢不緣感而得，餘皆感也。」

【元圻案】《春官·占夢》：「占六夢之吉凶。一曰正夢，二曰噩夢，三曰思夢，四曰寤夢，五曰喜夢，六曰懼夢。」◎東坡《夢齋銘序》：「至人無夢。或曰高宗、武王、孔子皆言夢，佛亦夢，夢不異覺，覺不異夢，夢即是覺，覺即是夢，此其所以無夢也歟？」◎真西山《劉誠伯字説》曰：「正夢不緣感而得，餘皆感也。感者何？中有動焉之謂也。其動也有真有妄，夢亦隨之。」◎《容齋（隨）〔續〕筆》十五：「高宗夢得説，周文王夢帝與九齡，武王伐紂，夢叶朕卜，宣王考牧，牧人有熊羆虺蛇之夢，召彼故老，訊之占夢。《左傳》所書尤多。孔子夢坐奠於兩楹。」

大祝「九祭」，「九曰共祭」，注云：「共猶授也，王祭食，宰夫授祭。《孝經説》曰：『共綏執授。』」疏云：「《孝經説》，《孝經緯》文。共綏執授，謂將綏祭之時，共此綏祭以授尸。」愚謂：疏謂綏祭，非也。《後漢·禮儀志》注：「《孝經援神契》曰：

『尊三老者，父象也。謁者奉几，安車軟輪，供綏執授。』宋均曰：『供綏，三老就車，天子親執綏授之。』」永平二年養老詔亦有「安車軟輪，供綏執授」之語，見《後漢書·明帝紀》。蓋取《孝經緯》。

【元圻案】《儀禮·少牢饋食禮》：「上佐食取四敦黍稷，下佐食取牢一切肺，以授上佐食。上佐食以綏祭。」注：「綏或作挼，挼讀爲墮。」《士虞禮》：「祝命佐食墮祭。」注：「下祭曰墮。今文墮爲綏，《特牲》、《少牢》或爲羞，失古正矣。」疏曰：「鄭不從綏與羞之義也。」賈氏以共綏爲綏祭，蓋據《少牢》爲説，故王氏援《孝經緯》、《漢書》以正之。

鄭司農《大祝》注「肅𢷎」：「但俯下手，今時撎是也。」[一]項氏《安世家説》五云：「古之拜如今之揖，折腰而已。介胄之士不拜，故以肅爲禮，以其不可折腰也。其儀特斂手向身，微作曲勢，此正今時婦人揖禮也。漢時婦人之拜不過如此。或謂自唐武氏始尊婦人，不令拜伏，誤矣。周天元令婦人拜天臺，作男子拜，則雖虜俗，婦人亦不作男子拜也。《内則》尚右手者，言斂手右向，非若今用手按膝作跪也。男之尚左亦然。」【原注】今考太祖問趙普拜禮：「何以男子跪而婦人不跪？」普問王貽孫，對曰：「古詩『長跪問故夫』，婦人亦跪也。唐武后時婦人始拜而不跪。」普問所出，對曰：「唐張建章《渤海記》備言之。」

[一]注又曰：「介者不拜，故曰『爲事故，敢肅使者』。」疏：「按《儀禮·鄉飲酒》，賓客入門，有

撎入門之法。推手曰揖，引手曰撎。成十六年，晉楚戰於鄢陵，楚子使工尹襄問郤至以弓。郤至見客，免胄承命。又云『不敢拜命』，注云：『介者不拜。』又云『君命之辱，爲事故，敢肅使者，三肅使者而退』，是軍中有肅拜法。」

【閻按】嘗共胡朏明讀此條，舉劉熙《釋名》云「拜於婦人爲扶，自袖扶而上下也」，證漢婦人之拜。朏明爲解頤。◎朱子曰：「古者婦人首飾盛多，如副笄六珈之類，自難以俯伏地上。」此解爲正確。又辨「樂府只説『長跪問故夫』，不曾説『伏拜』，引者亦非。」余謂婦人拜之重者，莫過昏禮之扱地拜。扱地拜，以手至地，猶首不至手。首至手，則《書》所謂「拜手」，《大祝》所謂「空首」矣。婦人無此等。

【元圻案】王貽孫，字象賢。溥之子。對趙普語見葉夢得《石林燕語》、釋文瑩《玉壺清話》。

「眡祲掌十煇《釋文》：「煇」音「運」。之法」，占日旁之氣也。二鄭解，其同者六，其異者四。「太卜掌三夢之法」，「其經運十，其别九十」，謂占夢之正法有十也，一運而九變，十運而九十變。[一]注以「經運」爲「十煇」。先儒謂日之煇光。夢之變通，其占不同，不當改「運」爲「煇」。

[一]此鄭剛中《解義》文，見《訂義》。

【元圻案】《春官》：「眡祲掌十煇之法，以觀妖祥，辨吉凶。一曰祲，二曰象，三曰鑴，四曰監，五曰闇，六曰瞢，七曰彌，八曰敘，九曰隮，十曰想。」注：「故書『彌』作『迷』，『隮』作『資』。鄭司農云：『祲，陰陽氣相侵也。象者，如赤烏也。鑴，謂日旁氣四面反鄉如煇也。監，雲氣臨日也。闇，日月食也。瞢，日月瞢瞢無光也。彌者，白虹彌天也。敘者，雲有次敘，如山在日上也。隮者，升氣也。想者，煇光也。』玄謂『鑴』讀如『童子佩鑴』之鑴，謂日旁氣刺日也。監，冠珥也。彌，氣貫日也。隮，虹也。《詩》云『朝隮於西』。想，雜氣有似可形想。」疏：「此經上事，先鄭皆解之，後鄭從其六，不從其四。」◎鄭剛中《解義》曰：「案二鄭解十煇之説，其同者六，其異者四。」◎《春官·大卜》：「掌三夢之法，一曰致夢，二曰觭夢，三曰咸陟。其經運十，其別九十。」◎鄭注云：「運或爲緷，當爲煇，是眡祲所掌十煇也。王者於天，日也。夜有夢，則晝視日旁之氣，以占其吉凶。凡所占者十煇，每煇九變。此術今亡。」◎王氏安石曰：「占夢以歲時日月占六夢之吉凶。」則此所謂「經運」，蓋歲時日月星辰之運。

太史「正歲年以序事」，注：「中數曰歲，朔數曰年。」中數三百六十五日四分日之一，朔數三百五十四日。《漢·曆志》曰：「閏所以正中朔也。」[一]或謂周以建子爲正，而四時之事有用夏正建寅者。用建寅則謂之歲，用建子則謂之年。【原注】《洪範》正義：從冬至及明年冬至爲一歲。

[一] 案賈公彦曰：「中朔大小不齊，不置閏則中氣入後月。」

【元圻案】《春官·太史》疏：「一年之内有二十四氣，正月立春節，雨水中，至十二月小寒節，大寒中，皆節氣在前，中氣在後。節氣一名朔氣，朔氣在晦則後月閏，中氣在朔則前月閏。節氣有入前月法，中氣無入前月法。中氣帀則爲歲，朔氣帀則爲年。假令十二月中氣在晦，則閏十二月，十六日得後正月立春節，此即『朔數曰年』。至後年正月一日，得啓蟄中，此中氣帀。此即是『中數曰歲』。」◎「周以建子爲正」以下皆鄭剛中《解義》文，見《訂義》。案鄭注《小宰》「正歲」云謂「夏之正月」，則剛中亦本之康成也。◎侯官林樾亭喬蔭《三禮陳數求義》云：「《春官·太史》『正歲年以序事』，蓋歲即夏正，年即周正，二者並用以序事。事有當從正朔者，則用周正以尊時王之典；有宜從正歲者，則用夏正以協天運之宜。三統可以建子建丑，而言歲必以建寅爲正。時王之朔，則不謂之正，而謂之年矣。歲以太歲所在得名，由今歲寅月之中氣，數至來歲寅月中氣，凡三百六十五日四分日之一，而十(三)〔二月〕中氣一周，是謂中數。年以正朔得名，由今年正月之朔，數至來年正月之朔，凡三百五十四日，而十二月朔一周，是謂朔數。年、歲之分，以數術言之，爲中朔之數，以典則言之，爲夏周之正，注特據其一耳。」◎林樾亭先生，余甲午鄉試座師，香海先生之兄也。兄弟同登福建乙酉科鄉試。

馮相氏冬夏「致日」、春秋「致月」，注：「冬至，日在牽牛，景丈三尺。夏至，日在東井，景尺五寸。此長短之極。春分日在婁，秋分日在角，而月弦於牽牛、東井。」《左氏昭公二十一年傳》：「日月之行，分同道也，至相過也。」正義云：「春分，朔則日在婁，望則月在角。秋分，朔在角，望在婁。婁、角天之中道，故晝夜等。冬至，朔則日在斗，望則月在井。夏至，朔在井，望在斗。斗、井南北，故晝夜長短極。」冬至，古日在牽牛，今在斗。鄭注與孔疏異，曆法歲差也。

【元圻案】《訂義》引陸農師《禮記解》曰：「黃道北至東井，南至牽牛，東至角，西至婁。夏至，日在東井而北近極，則晷短，而表景尺五寸。冬至，日在牽牛而南遠極，則晷長，而表景丈三尺。春分日在婁，秋分日在角，而中於極星，則晷中，而表景七尺三寸。此四時致日之法也。月之九行，在東西南北，有青白赤黑之道各二，而出於黃道之旁。立春、春分，月循行青道，而春分上弦在東井。〔立秋、秋分，月行白道；〕立冬、冬至，北旋黑道；立夏、夏至，南旋赤道。古之致月，不在立而常在二分，不在二分之望而常在弦者，以月入八日與不盡八日，得陰陽之正平故也。」

《保章氏》「星土」，按《乙巳占》〔一〕論十二次云：「北方之宿主吳、越，火午之辰在周邦。」天度均列而分野殊别，一次所主，或亘萬里，跨數州，或於寰内不布一郡。《國語》「歲在鶉火，有周之分野」，今豐鄗當秦宿，而周分隸豫州，理實難詳。至如熒惑守心，宋景禳其咎；實沈爲祟，晉侯受其殃，事驗時有相應。賈公彦謂：「吳、越在南，齊、魯在東，今歲星或北或西，不依國地所在，此受封之日，歲星所在之辰，國屬焉故也。」或云[二]十二次可言者一，其惟析木乎？【原注】尾、箕艮維燕，可以言東北。

[一]【全云】李淳風作。

[二]【集證】《六經天文編》引之，爲陳傅良之言。

【閻按】《保章氏》星土之説，康成尚襲舊聞，然亦直至唐浮圖一行始闡發無遺。見《唐·天文志》。余欲取以補鄭注之不逮。

【元圻案】《春官·保章氏》：「以星土辨九州之地，所封封域，皆有分星，以觀妖祥。」注：「星土，星所主土也。其書亡矣。今其存可言者，十二次之分也。星紀，吴、越也；玄枵，齊也；娵訾，衛也；降婁，魯也；大梁，趙也；實沈，晉也；鶉首，秦也；鶉火，周也；鶉尾，楚也；壽星，鄭也；大火，宋也；析木，燕也。」◎《唐·天文志》：「夫雲漢自坤抵艮爲地紀，北斗自乾攜巽爲天綱，其分野與帝車相直，皆五帝墟也。究咸池之政而在乾維内者，降婁也，故爲少昊之墟。叶北宫之政而在乾維外者，陬訾也，故爲顓頊之墟。成攝提之政而在巽維内者，壽星也，故爲太昊之墟。布太微之政而在巽維外者，鶉尾也，故爲列山氏之墟。得四海中承太階之政者，軒轅也，故爲有熊氏之墟。木、金得天地之微氣，其神治於季月；水、火得天地之章氣，其神治於孟月。故章道存乎至，微道存乎終，皆陰陽變化之際也。斗杓謂之外廷，陽精之所布也；斗魁謂之會府，陽精之所復也。杓以治外，故鶉尾爲南方負海之國；魁以治内，故陬訾爲中州四戰之國。其餘列舍，在雲漢之陰者八，爲負海之國，在雲漢之陽者四，爲四戰之國。降婁、玄枵以負東海，其神主於岱宗，歲星位焉。星紀、鶉尾以負南海，其神主於衡山，熒惑位焉。鶉首、實沈〔以負西海〕，其神主於華山，太白位焉。大梁、析木以負北海，其神主於恒山，辰星位焉。鶉火、大火、壽星、豕韋爲中州，其神主於嵩丘，鎮星位焉。近代諸儒言星土者，或以州，或以國。虞、夏、秦、漢，郡國廢置不同。周之興也，王畿千里，及其衰也，僅得河南七縣。今又天下一統，而直以鶉火爲周分，則疆埸舛矣。」◎《書録解題・曆象類》：「《乙巳占》十卷。唐太史令岐陽李淳風撰。起算上元乙巳，故以名焉。」

「十有二歲」，《春官・保章氏》。注：「歲星爲陽，右行於天，太歲爲陰，左行於地，十二歲而小周。」潏水云：「歲星在天，歲陰在地。《天官書》曰：『歲陰在攝提格，歲星在星紀；歲陰在單閼，歲星在玄枵。』自嘉祐丁酉，驗之多差，近年尤甚。歲星常先月餘，近年以來常先一百二十餘日。」愚考《大衍曆議》曰：「歲星自商、周迄春秋之季，率百二十餘年而超一次。戰國後其行寖急，至漢尚微差，及哀、平間餘勢乃盡，更八十四年而超一次。」見《唐書・曆律志・五星議》。三山陳氏[一]謂：「如《左氏》之説，則寅而在卯，午而在亥。如《史記》之説，則寅而在丑，辰而在亥。以次推之，皆不同。」《汲冢・師春》謂：「歲星每歲而成一分，積百四十四年而滿本數，則爲超辰之限。」

[一]【全云】即陳用之。

【元圻案】《馮相氏》疏曰：「云『歲，謂太歲，歲星與日同次之月，斗所建之辰』者，此太歲在地，與天上歲星相應而行。歲星爲陽，右行於天，一歲移一辰，又分前辰爲一百三十四分而侵一分，則一百四十四年跳一辰，十二辰帀，則總有千七百二十八年，十二跳辰帀。以此而計之，十二歲一小周，謂一年移一辰故也。千七百二十八年一大周，十二跳帀故也。太歲左行於地，一與歲星跳辰年數同。」◎《師春》，《汲冢書》七十五篇之一也。杜預《春秋左氏傳後序》云：「《師春》一卷，則純集《左氏傳》卜筮事。」

外史「達書名」，鄭康成謂：「古曰名，今曰字。」【原注】字者，滋也。《聘禮》記云：「百名以上書於策，不及百名書於方。」[一]王文公云：「文者，奇偶剛柔，雜比以相承，如天地之文，故謂之文。字者，始於一而生於無窮，如母之字子，故謂之字。」[二]夾漈謂：「獨體爲文，合體爲字。主類爲母，從類爲子。六書：象形、指事，文也；會意、諧聲、轉注，字也；假借者，文與字也。」[三]「諧聲與五書同出，五書尚義，諧聲尚聲。」「《說文》形也，以母統子；《廣韻》聲也，以子該母。」「字書，眼學；韻書，耳學。」[四]《中庸或問》曰：「司徒教民，書居其一。外史達書名於四方，大行人又九歲一諭焉。其制度之詳如此。秦以小篆、隸書爲法，而周制始改。」

[一]原注即賈疏文。

[二]【全云】此引荆公《字説》。

〔三〕【何云】叔重既曰「説文」，又曰「解字」，文字二義，鄭最分曉。

〔四〕【全云】此引漁仲《象類書》。

【集證】《説文敘》：「倉頡之初作書，蓋依類象形，故謂之文。其後形聲相益，故謂之字。文者物象之本，字者孳乳而生。」《意林》引王嬰《古今通論》云：「倉頡造書，形立謂之文，聲具謂之字。」李登云：「物相雜故曰文，文相滋故曰字。」

《鎛師》注引《春秋傳》「賓將趨」，今《左傳》作「掫」。昭公二十年。《環人》注引「御下擁馬」，今作「兩」。宣公十二年。《職方氏》注引《國語》「閩芊蠻矣」，今作「蠻芊」。

【集證】《左傳》昭二十年「賓將掫主人辭」，《春官·鎛師》注、《夏官·掌固》注皆引作「賓將趨」。按掫、趨古字通。襄二十五年「陪臣干掫」，《史記·齊太公世家》作「陪臣爭趨」。宣十二年「御下兩馬」，《夏官·環人》注引作「御下擁馬」。按《左傳釋文》徐邈云：「兩或作擁，皆力掌反。」《周禮釋文》：「擁音兩，又音亮。」是兩、擁字通也。《鄭語》「蠻芊蠻矣」，《職方氏》注引作「閩芊蠻矣」。按《周禮釋文》：「閩，《漢書音義》服虔音近蠻。」

「司爟」，〔一〕鄭司農引《鄹子》，與《論語》馬融引《周書·月令》同。【原注】春取榆柳之火，夏取棗杏，季夏取桑柘，秋取柞楢，冬取槐檀。〔二〕王劭曰：「《周官》四時變火以救時疾，火不數變，疾必興。聖人作法，豈徒然也。晉時有以洛陽火度江者，代代事之，相續不滅，火色變青。」《東漢・禮儀志》：「日夏至，浚井改水；日冬至，鑽燧改火。」【原注】改水唯見於此。

［一］《夏官》：「司爟掌行火之政令。四時變國火，以救時疾。」

［二］案，《司爟》疏先鄭引《鄹子》書，《論語》注引《周書》。不同者，《鄹子》書出於《周書》，其義是一，故各引其一言。

【全云】《管子・幼官篇》亦有改水事。

【元圻案】唐劉餗《隋唐嘉話》：「江寧縣寺有晉長明燈，歲久火色變青而不熱。隋文平陳，已訝其古。至今猶存。」◎林艾軒《資中行》「且説金陵佛屋何年燈，晉分隋張猶青熒」，用此事也。◎《隋書・王劭傳》：「劭字君懋，太原晉陽人也。高祖起爲員外散騎侍郎。劭以古有鑽燧改火之法，於是上表請變火」云云。◎《管子・禁藏篇》：「當春三月，鑽燧易火，抒井易水。」◎宋彭叔夏《文苑英華辨證》曰：「『雍畤舉爟火』。《史記》、《漢書》作『權火』，而張晏注『權（火）音爟（火）』，《周禮》有『司爟』，許氏《説文》『舉火曰爟』，司馬氏《史記索隱》作『爟火』。孟康注《漢書》云『狀如井絜皋』，如淳曰『權，舉也』。」

水有疏導，火有出納，山林金錫之地，皆爲之厲禁，時而用之，先王財成輔相之妙也。《鹽鐵論·通有篇》大夫曰：「五行東方木，而丹章[一]有金銅之山；南方火，而交趾有大海之川；西方金，而蜀隴有名材之林；北方水，而幽都有積沙之地。此天地所以均有無、通萬物也。」《管子·地數篇》：「出銅之山四百六十七，出鐵之山三千六百九。」《唐六典》：「天下水泉三億三萬三千五百五十有九。」

［一］【閻按】丹謂丹揚，章謂鄣郡。

【全云】丹章謂丹揚、豫章，閻氏謂鄣郡，非也。

【元圻案】《唐六典》七《水部》：「郎中、員外郎掌天下川澤陂池之政令，以導達溝洫，堰決河渠，凡舟楫灌溉之利，咸總而舉之。凡天下水泉三億三萬三千五百五十有九。其在遐荒絶域，殆不可得而知矣。」

漏刻之法，晝夜百刻。[一]易氏祓云：「十二時，每時八刻二十分，每刻六十分。」王昭禹[二]云：「寅、申、巳、亥、子、午、卯、酉八時，各八刻；辰、戌、丑、未四時，各九刻。」愚謂易氏之説與古法合。《司寤氏》「掌夜時」，注謂「夜晚早，若今甲、乙至戊」，疏云「甲、乙則早時，戊、亥則晚時」。愚按衛宏《漢舊儀》「中黄門持五夜，甲、乙、丙、丁、戊夜，今謂之五更。」疏以「戊」爲「戌」，誤矣。馬融以昏明爲限，鄭康成以日出入爲限，有五刻之差。《史記正義》文。蔡邕以星見爲夜，日入後三刻，日出前三刻，皆屬晝。《月令》正義文。鄭與蔡校一刻。王伯照云：「晝夜長短，以岳臺爲定。九服之地，與岳臺不同，則易箭之日，亦皆少差。」

〔一〕《夏官·挈壺氏》注：「漏之箭，晝夜共百刻。」

〔二〕【全云】字光遠，荆公弟子。

【元圻案】《文選》注，衛宏《漢舊儀》曰：「晝夜漏起，省中用火，中黄門持五夜。」◎《初學記·漏刻門》：「衛宏《漢舊儀》曰：『五夜，甲夜、乙夜、丙夜、丁夜、戊夜也。』又梁《漏刻經》云：『至冬至，晝漏四十五刻。冬至之後，日長，九日加一刻。以至夏至，晝漏六十五刻。夏至之後，日短，九日減一刻。或秦之遺法，漢代施用。』邯鄲〔綽〕《五經析疑》曰：『漢制，又以先冬至三日晝，冬至後三日晝，漏四十五刻，夜五十五刻。先夏至三日晝，夏至後三日晝，漏六十五刻。』《元嘉起居注》曰：『以日出入定晝夜。冬至晝四十刻，夏至夜亦宜四十刻。夏至晝六十刻，冬至夜亦宜六十刻。春秋分晝夜各五十刻，今減夜限，日出前、日入後昏明際各二刻半，以益晝。夏至晝六十五刻，冬至晝四十五刻，二分晝五十五刻而已。』」◎《堯典》正義：「天之晝夜以日出入爲分，人之晝夜以昏明爲限。日未出前二刻半爲明，日入後二刻半爲昏，損夜五刻以裨於晝，則晝多於夜，復校五刻。」◎岳珂《九經三傳沿革例》曰：「《秋官·司寤氏》『掌夜時』注：『夜時，謂夜晚早，若今甲、乙至戊。』疏又以『甲、乙則早時，戊、亥則晚時』實其説。獨蜀本作『戊』字。竊謂戊字爲是，而疏則因傳寫之訛而曲爲之説爾。注意正指甲夜、乙夜至戊夜也。」◎王昭禹《周禮詳解》四十卷。陳振孫曰：「未詳何等人。其學皆宗王氏新説。王與之作《周禮訂義》，編類姓氏世次，列於龜山楊氏之後，曰字光遠，當爲徽、欽時人。」◎《玉海》十一：「《書目》：紹興初，太常博士王普撰《官曆刻漏圖》一卷并序，言百刻分十二辰，晝夜長短以岳臺爲定。九服之地，冬夏至晝夜刻數，或與岳臺不同，則二十四氣前後易箭之日，亦皆少差。」◎伯照蓋即王普之字。

「職方氏」，漢樊毅《修西岳廟記》作「識方氏」。《史通·内篇·尚書家》云：「《周書·職方》之言，與《周官》無異。」

【元圻案】歐陽公《集古録·後漢樊毅華岳碑》云：「泰華之山，削成四方，其高五千仞，廣十里。《周禮·識方氏》：華謂之西岳，祭視三公者，以能興雲雨，産萬物，通精氣，有益於人，則祀之。」跋尾云：「其字畫頗完，惟以《周禮·職方氏》爲『識方氏』，其字畫分明，非訛闕，疑當時《周禮》之學自如此，蓋『識』、『誌』其義皆通也。」◎《周書·職方解》注：「此在《周官·大司馬》下篇，穆王使有司抄出之，欲時省焉。」◎趙明誠《金石録跋尾》六：「余按袁逢《華岳碑》亦引《職方氏》，乃用『識』字，蓋漢人簡質，字相近者，輒假借用之，初無意義耳。」◎《史通·内篇》一：「又有《周書》者，與《尚書》相類，即孔氏刊約百篇之外，凡爲七十一章。上自文、武，下終靈、景，甚有明允篤誠，典雅高義，時亦有淺末恒説，滓穢相參，殆似後之好事者所增益也。至若《職方》之言，與《周官》無異，《時訓》之説，與《月令》多同。斯百王之正書，《五經》之别録者也。」

「兗州，其浸盧維」，[一]注云：「當爲①雷雍，字誤也。」顔師古《漢書·地理志》注曰：「盧水在濟北盧縣。」《説文·水部》「濰」字：「濰水出瑯邪箕屋山，東入海，徐州浸。」《夏書》：「濰、淄其道。」鄭讀非也。

[一]【閻按】《周禮》作「盧」，此從《漢·地理志》。○案，《逸周書》、石經亦作盧。

【集證】按今山東濟南府長清縣西有廢盧縣，盧水所出也。維水出今山東沂州府莒州西北九十里箕屋山，即濰山也。東流徑諸城縣，西折而北，至萊州府昌邑縣東北五十里入海。

【元圻案】康成以《禹貢》無盧維，故引《禹貢》「雷夏既澤，(雍)〔灉〕、沮會同」以證「盧維」爲字之誤。◎《水經》：「濰水出瑯邪箕縣濰山，又北過平昌縣東，又北過高密縣西，又北過淳于縣東，又東北過都昌縣東，又東北入於海。」注：「濰水導源濰山。許慎、吕忱云：『濰水出箕屋山。』《淮南子》曰：『濰水出覆舟山。』蓋廣異名也。」◎黄氏度《五官説》曰：「《水經注》：『盧水出密州諸城縣盧山，即久台水也。西北入濰。』杜佑《通典》：『盧水在濟陽盧縣，因水而名。』盧縣今屬東平府，非盧水所經，其説誤。」

王有三朝，一曰治朝，在路門之外，宰夫、司士掌之；[二]二曰燕朝，在路門之内，

①「爲」，原本作「作」，據元刊本改。

大僕掌之；[二]三曰外朝，在皋門之內，庫門之外，朝士掌之。【原注】內朝二，外朝一。[三]《唐六典》：「承天門，古之外朝；太極殿，古之中朝；兩儀殿，古之內朝。」

[一]案《天官・太宰》：「王視治朝，則贊聽治。」注：「治朝在路門外，羣臣治事之朝。」◎「宰夫之職，掌治朝之法。」◎《夏官・司士》：「正朝儀之位，辨其貴賤之等。」注：「此王日視朝於路門外之位。」

[二]《夏官・大僕》：「王視燕朝，則正位。」注：「燕朝，朝於路寢之庭，王圖宗人之嘉事，則燕朝。」◎《秋官・朝士》注：「周天子、諸侯皆有三朝，外朝一，內朝二。內朝之在路寢門內者，或謂之燕朝。」

[三]《秋官・朝士》「掌建邦外朝之法」注：「外朝在庫門之外，皋門之內。今司徒府有天子以下大會殿，亦古之外朝哉。」

【閻按】此則蔡氏《書傳》「外朝在路門外，內朝在應門之內」之說，全非。

【元圻案】《唐六典》七：「宮城南面三門。中曰承天，若元正、冬至大陳設燕會，赦過宥罪，除舊布新，受萬國之朝貢，四夷之賓客，則御承天門以聽政。」注：「蓋古之外朝也。」「其北曰太極門，其內曰太極殿，朔望則坐而視朝焉。」注：「蓋古之中朝也。」「又北曰兩儀門，其內曰兩儀殿，常日聽政而視事焉。」注：「蓋古之內朝也。」◎晁氏《讀書志・職官類》：「《唐六典》三十卷。唐玄宗撰，李林甫、張說等注。以三公、三師、三省、九司、五監、十二衛等，列其職司官佐，敘以品秩，擬《周禮》六官云。蓋唐極治之書也。」

鄭康成因《左氏》「三辰旂旗」之文，謂王與公同服九章之衮。《春官·司服》注。考之經，無所見。《司服》云：「公自衮冕而下，如王之服。」則衮冕而上之章，日月星辰也。冕十二旒，取法天數，豈「同服九章」，無君臣之別哉！《郊特牲》「王被衮以象天」，注謂「有日月星辰之章」，此魯禮也，豈有周服九章而魯乃服十二章者乎？·漢明帝采《周官》、《禮記》、《尚書·皋陶篇》，乘輿服從歐陽氏説，備十二章，得古制矣。

【元圻案】《後漢書·輿服志》：「孝明皇帝永平二年，初詔有司采《周官》、《禮記》、《尚書·（益稷）〔皋陶〕篇》，乘輿服從歐陽氏説，公卿以下從大小夏侯氏説。」◎此時康成之説猶未出也。秦郊祀之服皆以袀玄。漢承秦，故至孝明始用東平王蒼之議，初服旒冕，衣裳玄上纁下，乘輿備文日月星辰十二章。其以粉米爲二物，宗彝爲宗廟彝樽，蓋從安國《書傳》。

「五刑之法」，疏謂宮刑至隋乃赦。崔浩《漢律序》：「文帝除肉刑，而宮不易。」《書·呂刑》正義：「隋開皇之初，始除宮刑。」按《通鑑》西魏大統十三年「三月，除宮刑」，非隋也。

【閻按】宮刑西魏雖除，而於時土宇分裂，北齊天統五年猶有應宮刑者之詔，不似隋開皇元年永行停止。詳見《尚書古文疏證》卷四第六十三條。

【元圻案】惠氏《九經古義》：「『司刑』注，鄭司農云：『漢孝文帝十三年除肉刑。』疏云：『所赦者唯赦墨、劓與刖三者，其宮刑至隋乃赦也。』《尚書正義》曰：『漢除肉刑，除墨、劓耳，宮刑猶在，大隋開皇之初始除男子宮刑，婦人猶閉於宮。』崔浩《漢律序》曰：『文帝除肉刑而宮不易。』張斐《律注》云：『以淫亂人族序，故不易也。』棟案：《漢書》晁錯對策曰：『除去陰刑。』張晏曰：『宮刑也。』則漢文亦除宮刑矣。或後仍復之。賈、孔之説，蓋本崔、張。」愚案《漢·刑法志》文帝詔曰「今法有肉刑三」，注，孟康曰：「黥、劓二，刖左右趾合一，凡三也。」詔又曰：「其除肉刑，有以易之。」丞相張蒼等請定律曰：「諸當完者，完爲城旦舂。當黥者，髡鉗爲城旦舂。當劓者，笞三百。當斬左止者，笞五百。當斬右止，及殺人先自告，及吏坐受賕枉法，守縣官財物而即盜之，已論命復有笞罪者，皆棄市。」詔既不及宮刑，而議亦不言所以易之，此不除宮刑之明證。又司馬遷下蠶室，後漢安帝永初中，陳寵子忠疏請除蠶室刑，則崔浩之言爲可據也。

孫君孚[一]《談圃》謂：「《周官》贊牛耳。荆公言取其順聽，不知牛有耳而無竅，本以鼻聽。有人引一牛與荆公辯。」[二]今按荆公《周禮義》云：「牛耳，尸盟者所執。」[三]無順聽之説，蓋荆公聞而知之[四]。

[一]【閻按】君孚名升，高郵人。坐元祐黨籍謫。

〔二〕又云：「《詩》『誰謂鼠無牙』，荆公謂鼠實無牙，不知鼠實有牙。」

〔三〕【閻按】「尸盟者所執」五字用鄭注。

〔四〕【方樸山云】「知之」當作「改之」。

【繼序案】以《埤雅》證之，則引牛與荆公辨者，乃陸農師也。「順聽」之説，本之孔仲達《禮記正義》，如何肯改。今王氏《訂義》、陳氏《集説》尚載荆公原文，厚齋但就一處覽之，故以爲無其説耳。

【元圻案】陸農師《埤雅》三：「戎右曰：『贊牛耳桃茢。』牛耳無竅，以鼻聽也，盟者聽於人神，故執牛耳，正以不聽爲戒。焦氏《易林》曰：『牛龍耳聵。』蓋龍亦聾者也。先儒以爲面牛鼓簧，爲聾故也。世之學者，以爲坤牛取順，蓋知其一而已。」◎鄭鍔曰：「牛牲至順，用牛耳者，取其順從以聽命也。」◎張世南《游宦紀聞》三：「予友人胡子震，嘗謂予曰牛以鼻聽。蓋聞之先輩餘論，而莫知所本。一日觀庖丁解牛首，割至耳，果窒塞無孔，始信其言之不妄。」◎《書録解題·小説類》：「《孫公談圃》三卷，臨江劉延世録孫升君孚所談。升，元祐中中書舍人，坐黨謫汀州。」◎蔡絛《鐵圍山叢談》：「王元澤奉詔爲三經義，時王丞相介甫爲之提舉，《詩》、《書》蓋多元澤及諸門弟子手，《周禮新義》實丞相親爲之筆削者。」

《萍氏》「幾酒」，猶妹土之誥也，禹惡旨酒。《易·未濟》之終，以「濡首」爲戒，曷嘗導民以飲而罔其利哉！初榷酒酤，書於《漢武紀》，〔一〕其流害萬世，甚於魯之「初稅畝」。

［一一］天漢三年春二月，初榷酒酤。

【元圻案】《秋官·萍氏》「幾酒」注：「苛察沽買過多及非時者。」疏：「時，謂若《酒誥》『惟祀茲酒』，又鄉飲酒及昏娶爲酒食以召鄉黨僚友，是其時也。」◎東萊呂氏曰：「周公作《酒誥》，其刑之重，恐人沈湎浸漬，傷德敗性。至於《周官》之禁酒，皆此意。及漢文帝爲酒酺，景帝以歲旱禁民酺酒，蓋恐耗靡米穀，民食不足，此猶有重本抑末之意。及弘羊建榷酒之利，設心大不同，不過私家不敢擅利，公家卻自專其利耳。古者惟恐人飲酒，至後來惟恐人不飲酒。」

《大戴記十二·朝事篇》取《周官·典命》、《大行人》。朱子《儀禮經傳》以爲《朝事》義。

【元圻案】《朝事篇》：「古者天子之官有典命官，掌諸侯之儀；大行人，掌諸侯之儀，以等其爵。故貴賤有別，尊卑有序，上下有差也。」「朝事」義在《儀禮經傳通解·王朝禮一》之下篇中，多取《朝事篇》之文。◎《書録解題》：「《大戴禮》十三卷。漢信都王太傅梁戴德延君、九江太守聖次君，皆受禮於后蒼，所謂《大》、《小戴禮》者也。今《小戴》四十九篇行於世，而《大戴》之書所存止此。《公符篇》全録漢昭帝冠辭，則書殆後人好事者采獲諸書爲之。」◎又：「《古禮經傳通解》二十三卷，《集傳集注》十四卷。朱子撰。以古十七篇爲主，而取《大》、《小戴禮》及他書傳所載繫於禮者附入之，二十三卷已成書，缺《書數》一篇，其十四卷草定，未删改。」

《考工記》「貉逾汶則死」，先儒以汶爲魯之汶水。《列子釋文》云：「按《史記》汶與嶓同，謂汶江也。今江邊人云『狐不渡江』。《説文》：『貉，狐類也。』逾越大水，則傷本性。」

【元圻案】《列子·湯問篇·釋文》曰：「《周禮》『貉逾汶則死』，鄭玄云：『汶水在魯城北。』先儒相因，以爲魯之汶水。皆大誤也。案《史記》汶與嶓同，武中切，謂汶江也，非音問之汶。案《山海經》『大江出汶山』，郭云『東南徑蜀郡，東北徑巴東、江夏，至廣陵入海。』《韓詩外傳》云『昔者江出於汶山，其始也足以濫觴』是也。又《楚詞》云『隱汶山之清江』，固可明矣。且《列子》與《周禮》通言水土性異，則遷移有傷，故舉四瀆以言之。案今魯之汶水，闊不逾數十步，源不過二百里，揭厲皆渡，斯須往還，豈狐貉暫遊，生死頓隔矣。《説文》云：『貉，狐類也。』皆生長丘陵旱地。今江邊人云『狐不渡江』，是明逾大水則傷本性遂致死者也。」◎《史記·夏本紀》：「汶、嶓既藝。」《集解》鄭玄曰：「《地理志》，岷山在蜀郡。」◎又曰：「汶山導江。」◎《水經》：「岷山在蜀郡氐道縣，大江所出。」注：「汶山即瀆山也。水曰瀆水矣，又謂之汶。」◎《列子釋文》二卷，唐當塗縣丞殷敬順撰。近時興化任先生大椿得之於淮陰淮瀆廟中，別爲專刻。又取古今本之異同，標其崖略，附於書後。

「有虞氏上陶」。《考工記》文。舜陶河濱，器不苦窳。周陶正猶以虞閼父爲之。

【方樸山云】按《考工記》賈釋云「此據升爲帝時所尚，不得取陶於河濱解也」，則王氏此説公彦已先駁之。

【元圻案】《史記·五帝本紀》：「舜陶河濱，河濱器不苦窳。」◎《韓非子》：「東夷之陶者，器苦窳，舜往陶焉，期年而器牢。」◎襄二十五年《左傳》：「子産曰：『昔虞閼父爲周陶正，以服事我先王。我先王賴其利器用，與其神明之後，庸以元女大姬配胡公而封諸陳，以備三恪。』」◎鄭注：「舜至質，貴陶器，甒，大瓦棺是也。」疏：「《喪禮》兩甒醴酒。《明堂位》云：『泰，有虞氏之尊也。』《檀弓》云『有虞瓦棺』是也。」

「周人上輿」。《考工記》文。《中庸或問》：「軌者車之轍迹，輿之廣六尺六寸，其轍迹在地者，相距之間，廣狹如一，無有遠邇，莫不齊同。至秦，然後車以六尺爲度。

《輪人》注：「掣，讀爲『紛容掣參』之『掣』。」疏云：「今檢未得。」愚謂即《上林賦》「紛溶箾蔘」。

【集證】《日知録》：「《上林賦》字作『箾』，音簫。宋玉《九辯》：『萷櫹槮之可哀兮，形銷鑠而瘀傷。』張衡《西京賦》：『櫹爽櫹槮。』即此異文。」

《冶氏》注：「鋋，讀如『麥秀鋋』之『鋋』。」《表記》注：「移，讀如『禾汜移』之『移』。」六字未知出何書，疏不釋其義，或者《農書》所載歟？【原注】移，昌氏反。

潏水云：「㮚氏爲量。鄭玄以『方尺積千寸』，此乃《九章》米粟法。」某家舊有一古銅敦，乃周成王時物。甘人侵扈，命正人出師復扈邦，賜有功師氏，而數亦皆備。

【元圻案】《考工記》：「㮚氏爲量。量之以爲鬴，深尺，内方尺而圜其外，其實一鬴。」注：「鬴，六斗四升也。鬴十則鍾。方尺，積千寸。於今粟米法，少二升八寸一分升之二十二。其數必容鬴。」

嘉量之銘，[一]祭侯之辭，[二]皆極文章之妙。而《梓人》筍虡之制，文法奇古，有飛動之狀。蓋精於道者，兼物物而後能制器。《莊子·達生篇》謂梓慶削木爲鐻，鐻成，見者驚猶鬼神，以天合天，道與藝俱化，豈物物刻雕之哉！

[一]其銘曰：「時文思索，允臻其極。嘉量既成，以觀四國。永啓厥後，兹器維則。」

[二]注見下。

【元圻案】《考工記》曰：「百工之事，皆聖人之作也。」《繫辭傳》曰：「備物致用，立成器以爲天下利，莫大乎聖人。」

《大戴記十二·投壺篇》云：「嗟爾不定〔一〕侯，爲爾不朝於王所。故亢而射，女强食。食爾曾孫侯氏百福。」此祭侯之辭也，與《梓人》同而略異。【原注】萇弘設射不來。不來者，諸侯之不來朝者也。〔二〕侯者，射埰也，因祭寓意，以爲諸侯之戒。

〔一〕【何本載閻云】《大戴記》作「寧」。

〔二〕案，此注引《漢書·郊祀志》文。

【元圻案】《梓人》祭侯之辭曰：「惟若寧侯，毋或若女不寧侯，不屬於王所。故抗而射女，强飲强食，詒女曾孫諸侯百福。」◎《白虎通》引《禮·射祝》曰：「嗟爾不寧侯，爾不朝於王所，故(抗)〔亢〕而射爾。」蓋據《大戴記》。

《司儀》秋官之屬。「問君」，「君問大夫」，「君勞客」，注云：「問君曰：『君不恙乎？』對曰：『使臣之來，寡君命臣於庭。』問大夫曰：『二三子不恙乎？』對曰：『寡君命使臣於庭，二三子皆在。』勞客曰：『道路悠遠，客甚勞。』勞介則曰：『二三子甚勞。』」疏云：「問君曰」已下。「未知所出何文，或云是孔子聘問之辭，亦未得其實。」愚按《說苑·奉使篇》：「魏太子擊封中山，遣倉唐〔一〕使於文侯。文侯召倉唐，見之曰：『擊無恙乎？』倉唐曰：『唯唯。』如是者三，乃曰：『君出太子而封之國，君名之，非禮也。』文侯怵然變容，問曰：『子之君無恙乎？』倉唐曰：『臣來時拜送書於庭。』」鄭氏所述，蓋古禮也。【原注】《大行人》注亦云「問不恙」。

[二]【閻按】《説苑》：「太子擊舍人趙倉唐。」「趙」字似不宜脱。

【元圻案】《説苑・奉使篇》：「魏文侯封太子擊於中山，三年，舍人趙倉唐願奉使。乃遣之。文侯召而見之，曰：『擊無恙乎？』云云。文侯顧指左右曰：『子之君長孰與是？』倉唐曰：『禮，擬人必於其倫。諸侯無偶，無以擬之。』曰：『長大孰與寡人？』倉唐曰：『君賜之外府之裘，則能勝之；賜之斥帶，則不更其造。』」趙倉唐事亦見《韓詩外傳》。◎惠氏《周禮古義》：「王伯厚曰『《司儀》「問君」』云云。棟案襄廿七年《春秋傳》曰：『仲尼使舉是禮也，以爲多文辭。』服虔云：『以其多文辭，故特舉而用之，後世謂之孔氏聘辭。』此書漢時猶存，故鄭引之，或説非無據也。」

《周禮》，劉向未校之前有古文，校後爲今文。古、今不同。鄭據今文注，故云「故書」。朱子曰：「八法、八則、三易、三兆之類，各有書。『屬民讀法』，其法不可知，『如戰之陳』，其陳法不可見矣。」

【何云】「朱子」以下，自爲一條。

【元圻案】《天官・太宰》「以九貢致邦國之用，二曰嬪貢。」注：「嬪，故書作賓。」疏云：「言『故書』者，鄭注《周禮》時有數本，劉向未校之前，或在山巖石室有古文，考校後爲今文。古、今不同，鄭據今文注，故云『故書作賓』。」◎《釋文》：「鄭《六藝論》云：『後得孔氏壁中，河間獻王

《古文禮》五十六篇，《記》百三十一篇，《周禮》六篇。』」

《冥氏》注，鄭司農云：「讀爲『冥氏《春秋》』之『冥』」。按《漢書·儒林傳》，「冥都傳顏氏《春秋》之學」。疏謂「若《晏子春秋》、《呂氏春秋》之類。」非也。

【元圻案】《漢·儒林傳》：「顏安樂，字公孫，魯國薛人。疏廣授瑯邪筦路，貢禹授泰山冥都，都爲丞相史。都與路又事顏安樂，故顏氏復有筦、冥之學。」師古曰：「冥，音莫零反。」◎惠氏《周禮古義》：「《秋官·冥氏》注，王伯厚云云，案《夏本紀》：禹姒姓，後有冥氏。」

王肅《聖證論》譏短鄭康成，謂：「天體無二，郊、丘爲一，禘是五年大祭先祖，非圜丘及郊。祖功宗德，是不毁之名，非配食明堂。」皆有功於禮學，先儒韙之。《聖證論》今不傳，正義僅見一二。《唐·禮志三》①曰：「讖緯亂經，鄭玄主其說。『以禋祀祀昊天上帝』，此天也，玄以爲天皇大帝者，北辰耀魄寶也。『兆五帝於四郊』，此五行精氣之神也，玄以爲靈威仰、赤熛怒、含樞紐、白招拒、汁光紀者，五天也。由是有六天之說。顯慶[一]二年，禮部尚書許敬宗與禮官議：『六天出緯書。南郊、圜丘一也，玄以爲

① 《唐·禮志》，即《新唐書·禮樂志》。

二。郊及明堂祭天，而玄以爲祭太微五帝。「啓蟄而郊，郊而後耕」，而玄謂周祭感帝靈威仰，配以后稷，因而祈穀。皆繆論也。』」以上皆見《唐書·〔禮〕樂志三》。

〔一〕高宗七年改元顯慶。

【元圻案】《禮記·郊特牲》正義：「先儒説郊，其義有二。案《聖證論》以天體無二，郊即圜丘，圜丘即郊。鄭氏以爲天有六天，丘、郊各異。今具載鄭義，兼以王氏難鄭氏，謂天有六天，天爲至極之尊，其體只應是一。而鄭氏以爲六者，指其尊極清虚之體，其實是一；論其五時生育之功，其别有五，以五配一，故爲六天。據其在上之體謂之天，天以體稱；因其生育之功謂之帝，帝以德稱。而賈逵、馬融、王肅之等以五帝非天，唯用《家語》之文，謂太皞、炎帝、黄帝五人帝之屬。」◎《祭法》：「有虞氏禘黄帝而郊嚳，祖顓頊而宗堯。」鄭注：「此禘謂祭昊天於圜丘也。祭上帝於南郊，曰郊；祭五帝五神於明堂，曰祖宗。」正義：「案《聖證論》：『以此禘黄帝，是宗廟五年祭之名，故《小記》云「王者禘其祖之所自出，以其祖配之」，謂虞氏之祖出自黄帝，以祖顓頊配黄帝而祭，故云以其祖配之。』肅又以祖、宗爲祖有功，宗有德，其廟不毁。肅又以郊與圜丘是一。故肅難鄭云：『案《易》「帝出乎震」，「震，東方」，生萬物之初，故王者制之，初以木德王天下，非謂木精之所生。五帝皆黄帝之子孫，各改號代變，而以五行爲次焉，何太微之精所生乎？又郊祭，鄭注「祭感生帝，唯祭一帝耳」，《郊特牲》何得云「郊之祭大報天而主日」？又天唯一而已，何得有六？又《家語》云：「季康子問五帝。孔子曰：天有五行，木、火、金、水及土，分四時化育，以成萬物。其神謂之五帝。」是五帝之佐也，猶三公輔王。三公可得稱王輔，不得稱天王；五帝可得稱天佐，不得稱上天。而鄭以五帝爲靈威仰之屬，非也。鄭以圜丘祭昊天最爲首禮，周人立后稷廟，不立嚳廟，是周人尊嚳不若后稷。及文、武以嚳配至重之天，何輕重顛倒之失所？郊則圜丘，圜丘則郊，猶王城之内與京師，異名而同處。』又王肅、孔晁云：『虞、夏出黄帝，殷、周出帝嚳，《祭法》四代禘此二帝，上下相證之明文也。《詩》云「天命玄鳥」，「履帝武敏歆」，自是正義，非讖緯之妖説。』此皆王肅難，大略如此。」又云：「《春秋緯》：紫微宫爲大帝。」又云：「北極耀魄寶。」又云：「太微宫有五帝坐星，青帝曰靈威仰，赤帝曰赤熛怒，白帝曰白招拒，黑帝曰汁光紀，黄帝曰含樞紐。」◎陳氏汲《周禮辨疑》曰：「鄭氏惑六經緯書，由是有六天之説，後世莫能廢。至唐許敬宗始立論非之。近世學者亦知其誕。」◎《三國志·魏·王肅傳》：「時樂安孫叔然（授）〔受〕學鄭玄之門（人）。肅集《聖證論》以譏短玄，叔然駁而釋之。」◎《隋書·經籍志》：「《聖證論》十二卷，王肅撰。」

古未有筆，以書刀刻字於方策，謂之削。魯爲詩書之國，故《考工記》以魯之削爲良。

【何云】筆則筆，削則削，當是既書而後削。

【全云】筆削之削非此削，何説非。

如偃月，必不宜於刻也。」

【元圻案】《初學記》：「《尚書中候》曰：『玄龜負圖出，周公援筆，以時文寫之。』《曲禮》云：『史載筆，士載言。』此則秦之前已有筆矣。蓋諸國或未之名，而秦獨得其名，蒙恬更爲之損益耳。故《説文》曰：『筆所以書也。楚謂之聿，吴謂之不律，燕謂之拂，秦謂之筆是也。』」◎余友王煦曰：「古人以筆點桼而書，誤則以刀削去之，非謂筆即削也。《左傳》『宋向戌以賞示子罕，賞，書也。子罕削而投之』，是其證。又《考工記》『築氏爲削，長尺博寸，合六而成規』，按其形製，略如偃月，必不宜於刻也。」

沙隨程氏曰：「《禹貢》冀州之北，不可①畫五服之地。《周官》雍州之西，不可畫九畿之地。」

《師氏》：「使其屬帥四夷之隸，各以其兵服守王之門外。」《司隸》：「帥四翟之隸，使皆服其邦服，執其邦兵，守王宮。」唐太宗擒頡利，其酋長帶刀宿衛，亦古制也。然（頡）〔結〕社率之變，幾至危殆。蓋先王德化之盛，非太宗所能及。慕冠帶百蠻之名，而不虞後患，《孟子》曰：「以力服人者，非心服也。」

①「不可」，原本作「可以」，據元刊本改。

【元圻案】《通鑑》唐太宗貞觀四年：「李靖襲破突厥於陰山。頡利可汗遁走，張寶相擒突厥頡利以獻。上御樓受俘，館之太僕，以突利爲順州都督，頡利爲右衛大將軍，其餘拜官有差。後突利之弟結社率入朝爲中郎將，久不進秩。會上幸九成宮，結社率陰遣種人夜犯御營。折衝孫武開率衆擊斬之。」

《遂師》「抱磿」，音歷。《史記》樂毅書：「故鼎反乎磿室。」徐廣注：「磿，歷也。」《戰國策·燕》、《新序·雜事第三》作「歷室」，蓋古字通用。

【元圻案】惠氏《周禮古義》：「《遂師》『及窆，抱磿』，注云：『磿者，適歷執綍者名也。』疏云：『天子千人，分布六綍之上。分布稀疏得所，名爲適磿。』棟謂磿當作秝，《說文》：『秝，稀疏適也，讀若歷。』稀疏適均，故謂之適歷。」◎《史記·樂毅傳索隱》：「磿室，亦宮名。《戰國策》作『歷室』也。」◎《戰國策·燕九》韋昭注：「凡鼎以占休咎故，歸之律歷之室。」

《太史》「大師抱天時」，注云：「大出師，則太史主抱式，以知天時。」《史記·日者傳》「旋式正棊」，[一]《唐六典》「太卜令三式曰：雷公、太一、六壬。其局以楓木爲天，棗心爲地。」六壬之說，許叔重曰：「水者，準也。」《水部》注文。生數一，成數五，以水數配之，爲六壬也。遁甲者，推六甲之陰而隱遁也，本黃帝、風后之術。孤虛者，一畫爲孤，無畫爲虛，二畫爲實，以六十甲子定四方，占其孤、虛、實而向背之。【原注】《吳越春秋》計硯曰：「孤、虛，謂天門地户也。」

［一］【集證】《索隱》曰：「式之形上圓象天，下方象地，用之則轉天綱，加地之辰，故云旋式。棊者，筮之狀。正棊，蓋謂卜以作卦。」

【集證】《漢志》「五行家」：「《泰一陰陽》二十三卷。《風后孤虛》二十卷。」◎《隋志》「五行類」：「《遯甲孤虛記》一卷，伍子胥撰。」◎《唐志》「五行類」：「《雷公式經》一卷。《六壬式經雜占》九卷。」◎《後漢・方術傳》注：「遁甲，推六甲之陰而隱遁也。孤虛者，孤謂六甲之孤辰，若甲子旬中，戌亥無，爲孤，對孤爲虛。」又《趙彥傳》：「彥爲宗資陳孤虛之法以討賊。」

【元圻案】《唐六典》十四：「太卜令掌卜筮之法。凡式占，辨三式之同異，凡用式之法。」注：「一曰雷公式，二曰太乙式，並禁私家畜，三曰六壬式，士庶通用之。《周禮》『太史抱天時』，鄭司農云：『抱式以知天時也。』今其局以楓木爲天，棗心爲地。」◎同年王穀睦宗炎曰：「《左傳》襄十八年，董叔曰：『天道多在西北，南師不時必無功。』《孟子・公孫丑下》：『夫環而攻之，必有得天時者矣。』皆『出師抱天時』之證。得時失時，以式所加之辰言。杜《左傳》注「不時」，謂觸歲月者，術家所謂衝太歲、犯月破也。趙岐注《孟子》，以天時爲時日、干支、五行、孤虛、王相之屬，則宜言浹辰，不言環攻矣。」

鄭剛忠名諤。[一]《解義》，如「冕服九章」，[二]「授田三等」，[三]「治兵大閱，旗物之互建」，[四]「六鄉六遂，師都之異名」，[五]「陰陽之祀，有用牲之疑」，[六]「九畿之國，有朝貢之惑」，[七]「豆區鍾釜，有多少之差」，[八]「世室重屋，非明堂之制」，[九]皆辯明使有條理。

[一]【全云】「忠」當作「中」。

[二]【元圻案】王與之《周禮訂義》：《春官·司服》引鄭鍔曰：「王之吉服九：自大裘至玄冕，冕服六；自韋弁至冠弁，弁服三。總而言之，皆曰吉服。」「大裘不謂之羔裘，而謂之大裘者，惟天體爲甚大，故以名。凡冕之制，版廣八寸，長倍之，前員後方，後仰前俛。」「衮冕，衮之爲言卷也。畫升降二龍。衮服自龍始，其章九，不用十二章享之，何耶？蓋凡奉祭之服，從尸之所服，周之先王，追王也，其尸服衮，故服衮以享之。」「鷩冕無山龍，自華蟲以下，以爲章，則曰華蟲，以名服，則曰鷩冕。蓋章取其五色之著，冕即實以名之也。」「毳冕，虎蜼二物，不可以偏言，以其皆毛物，故因名曰毳。」「希冕，惟有粉、米、黼黻三章，其章爲罕，故其字用希，本又作『絺』字。粉、米兩物，共爲一章，言粉其米以爲章。黻，取其兩己相背之形，有萬物分辨之義。」「韋弁服者，爵弁也。康成引《左氏》『韎韋之跗』注爲證。韎者，赤色，以赤色之韋爲弁，亦服赤色之衣裳。」「皮弁服，用白鹿皮以爲弁，言皮則其毛存也。鹿之爲物，能求其類，以是爲服，見君臣類聚之意。」「冠弁服，不言韋，不言皮，但曰冠。蓋承皮弁之下，以皮爲

冠也。服則與服皮弁之服同，皮弁白布衣，冠弁緇布衣，此其別也。冠弁服者，康成以爲委貌，即玄冠也。以形言曰委貌，以色言曰玄冠。」

[三]《小司徒職》引鄭鍔曰：「説者謂受田有九等之法，此以七、五、六爲三等者，蓋因中以寄明上下之義。余以爲此言六鄉受地之法，學禮者見《遂人》『頒田里』，自『上地，夫一廛，田百畝』，至『餘夫亦如之』，乃謂六鄉受田之法與六遂同，特因中以寄明上下之義。殊不知經之所載，自王畿之鄉、遂、都、鄙，至於諸侯之邦國，凡授田之法，自有四節。《大司徒》言『不易之地家百畝，一易之地家二百畝，再易之地家三百畝』，此一節也。《小司徒》言『上地，家七人，可任也者家三人；中地，家六人，可任也者二家五人；下地，家五人，可任也者家二人』，此又一節也。《遂人》言『上地，夫一廛，田百畝，萊五十畝，餘夫亦如之；中地，夫一廛，田百畝，萊百畝，餘夫亦如之；下地，夫一廛，田百畝，萊二百畝，餘夫亦如之』，此又一節也。《大司馬》言『上地，食者三之二，其民可用者家三人；中地，食者半，其民可用者二家五人；下地，食者三之一，其民可用者家二人』，此又一節也。即是四節考之，《大司徒》言都鄙之制，《小司徒》言六鄉之制，《遂人》言六遂之制，《大司馬》言諸侯國之制。何以明之？《司徒》言凡造都鄙，而繼以不易、一易、再易之地，其爲都鄙之制明矣。《小司徒》言上地、中地、下地之制，不與遂同，又不與都、鄙、大司馬同，非六鄉田制而何？何則？上地當食十人、九人、八人，中地當食七人、六人，下地當食五人，此固常法也。六鄉在內，不及十人、九人，但家有七人，則授以上地，家有六人，則授以中地，家有五人，則授以下地。所以然者，將以强內故也。若六遂所授，則不可與鄉同，故別言之

曰：上地，夫一廛，田百畝；中地，夫一廛，田百畝；下地，夫一廛，田百畝，見其如常法而已。然又有萊五十畝、萊百畝、萊二百畝，不與鄉同。則以遂地遠而瘠，授之萊，乃所以饒遠而已。又以爵位考之，鄉大夫爵與遂大夫同，鄉師爵與遂師同，小司徒爵與遂人同，遂人掌授遂田，則小司徒掌授鄉田矣。《遂人》言六遂之制，則《小司徒》所言爲六鄉授田之制，何疑之有？若夫外造都鄙，則大司徒事，故都鄙之田於《大司徒》言之。施政職於九畿之外，而令其軍賦則大司馬事，故邦國之田於《大司馬》言之。以是觀之，謂因中以寄明上下之義者，妄説也。」

［四］《春官·司常》引鄭鍔曰：「軍旅之中，所以一人之目者，旗物也。《春官》之司常，與《夏官》之大司馬，或頒之，或辨之，職雖不同，所以一軍旅之目則一而已。然王與諸侯或建或載，不出乎太常與旂，至於旜，則孤卿建之矣，師都又載之；物則大夫士建之矣，鄉遂又載之；旗則師都載之矣，軍（旅）〔吏〕又載之；旟則州里建之矣，百官又載之；旐則都鄙建之矣，郊野又載之。變易不常，何以一人之目耶？余以爲司常所頒者，冬之大閱也，司馬所辨者，秋之治兵也。秋冬所教各不同，則旗物所用宜不一。蓋兵事多變，應變不一，則教之之術不可以不多變。故秋而治兵，用旗物則異乎冬；冬而大閱，用旗物則異乎秋。使民於秋已知其一，於冬又知其一，秋冬所用各不同，而民之所習亦不一。有旗物建於上，有徽識被於身，旗物不同，則徽識不同，仰視其旗，俯觀其徽，雖百戰而不亂，奚患其不知所從乎？」又曰：「秋冬異教，則旗物異用。凡有職於軍中者，可以互建。今也所建所載之官，更互不一，其説果可考乎？余以爲，凡教民者，欲其易知耳。軍吏也，孤卿也，師都也，三者不同名，考其實則皆孤

卿而已。平日爲孤卿，有事則命爲軍將，所謂軍將者，非軍吏乎？在朝爲孤卿，食采皆在師都，所謂師都者非孤卿乎？孤卿可以謂之軍吏，又可以謂之師都，故所互建者旗也，旜也，所迭載者亦旗也，旜也。或曰軍吏，或曰師都，不過皆孤卿耳。人習知其孤卿，豈不易知哉。鄉遂也，大夫士也，百官也，州里也，四者不同名，考其實皆大夫士而已。判而言之則曰大夫曰士，合而言之則曰百官。鄉則有州，遂則有里，曰鄉遂者，總名也，曰州里者，各舉其一以名之，其實則鄉遂也。鄉遂州里之官，皆大夫士爲之，爲大夫士者，乃所謂官也。故所互建者物也，旟也，所迭載者亦物也，旟也。或曰鄉遂，或曰州里，或曰百官，不過皆大夫士耳。人習知其爲大夫士，豈不易知哉。郊里也，縣鄙也，二者不同名，考其實，則皆公邑之吏而已。鄉遂餘地，與夫封王子弟之餘地，謂之公邑，亦謂之閒田。自其地言之，名曰郊野，自天子使吏治之，名曰縣鄙。夫公邑閒田之地，既名郊野，又名縣鄙，何也？蓋是田邑也，有在六遂之縣者，有在采地之縣者，康成所謂『一百里爲州，四百里爲縣』者，謂此地爾。故所互建者旐也，所迭載者亦旐也。或曰郊野，或曰縣鄙，不過皆公邑之吏耳。人習知其公邑之吏，豈不易知哉。且夫《周禮》王畿之内，官吏之衆，大抵有三節。曰朝廷之孤卿耳，鄉遂之士大夫耳，公邑閒田之羣吏耳。民於每歲治兵大閱之時，見聞習熟，安其教訓，一旦有軍事，仰視其旗雖異，其人易識，安得不如子弟之衛父兄，手足之捍頭目耶！」

［五］《大司馬》總論引鄭鍔曰：「成周法制，如織之有經。《司常》之大閱，王也，諸侯也，孤卿也，大夫士也，不言可知。若所謂師都者，都鄙之長耳；所謂州里者，六鄉之吏耳；所謂縣鄙者，六遂之吏

耳。何以謂師都爲都鄙之長？蓋四百里之小都，五百里之大都，皆衆所聚也。自其有先君之主言之，曰都；自其人民爲甚衆言之，曰師，則師都者非六鄉、六遂大夫明矣。何以州里爲六鄉之吏？蓋一鄉者，五州之積，里者，即民所居之稱。州長言大，考州里鄉師言，受州里之役要，皆指六鄉言之，則州里非遂之官明矣。何以謂縣(都)〔鄙〕爲六遂之吏？蓋一遂者五縣之積，遂有縣正，有鄙師，故通縣鄙稱之。遂爲縣鄙，猶稱州里知其爲鄉也，則縣鄙非鄉之官又明矣。」

［六］《地官·牧人》「凡陽祀用騂牲毛之，陰祀用黝牲毛之」，引鄭鍔曰：「祭祀用物，必有其由。其一以禮神，其一以祀神。祀神之物從其類，故陽騂而陰黝；禮神之物象其功，故天蒼而地黄。《大宗伯》言其禮神者，故以禮言；《牧人》言其祀神者，故以祀言。禮經之文，本無牴牾也。説者疑《禮記·祭法》言『燔柴於泰壇，祭天；瘞埋於泰折，祭地』，其牲則俱用騂犢，又與此用騂用黝之文不合。余以爲此乃爲禮學者之過。經之文曰『燔柴於泰壇，祭天也；瘞埋於泰折，祭地也』，其下乃云『用騂犢，埋少牢於泰昭，祭時也。』康成失其句讀，以『用騂犢』之文連上讀，其説曰：『地陰祀用黝牲，與天俱用犢，連言爾。』安有天地異位，騂黝異色，而於經文只連言耶？注疏之學，此類多矣。」

［七］《秋官·大行人》引鄭鍔曰：「《太宰》以九貢致邦國之用，《司會》以九貢之法致邦國之財用。王朝所以仰給者，諸侯之貢爲多。若一歲來者，始貢祀物，二歲來者，始貢嬪物，以至六歲來者，始貢貨物，則王朝所須無時而可具。又況《小行人》令諸侯春入貢，爲每歲之常，安有如此之希闊乎？先儒謂九州諸侯，依服數來朝，因有貢物，與《大宰》九貢及《小行人》春入貢别。彼二者是歲之常貢

也。余以爲先王制貢之法，初無異也，顧讀經者不深考耳。竊謂此行人言見與貢自是二事，非聯之也。侯服，歲一見也，其所常貢則祀物；甸服，二歲一見也，其所常貢則嬪物；男服，三歲一見也，其所常貢則器物；采服，四歲一見也，其所常貢則服物；衛服，五歲一見也，其所常貢則材物。朝見固有歲數之不同，若貢物，則是其服每歲之常，安可以爲來朝始有貢乎？見者自其君之親來，貢則每歲或遣使而入耳。説者合而爲一，茲所以紛紛也。」

［八］《考工記·旊人》引鄭鍔曰：「考諸家説，豆、區、鍾、釜，數皆不同，蓋始於經無爲豆之法。《梓人》言一獻而三酬，則一豆矣。以爵一升，觚三升考之，則一豆當容十升，字當爲斗，與此所謂豆，蓋不同。此所謂豆乃俎豆之豆，經只言『豆實三而成觳』，不言豆之所容。而康成以爲豆實四升者，蓋用《爾雅》之文，以謂匊二升，二匊爲豆，故曰豆四升也。然則此豆容四升，以之爲觳，則觳容一斗二升矣，不可以爲豆、區、鍾、釜之法。先王之爲鍾釜之法必不同。俎豆之豆，所容爲醢。説者之異同，蓋不考其詳爾。」

［九］《匠人》「夏后氏世室，殷人重屋，周人明堂」，引鄭鍔曰：「周繼夏商之後，制度加倍，然亦因二代制作而增廣之。記者欲言周人明堂之制，故并述三代宮室之制，以見其來之有漸。」

【元圻案】①《經義考》一百二十三：「鄭鍔《周禮解義》二十卷。《中興藝文志》：『《周禮》

① 「元圻案」，原本無，據文例補。

一經，説者多穿鑿。淳熙中，鄭鍔爲《解義》，詳制度，明經旨，學者宗其書。』」今《四庫書》不著録。鄭剛中《周禮説》，王與之《訂義》所采獨多。與之字次點，樂清人。淳祐初，趙汝騰進其書於朝，補一官。終泗州通判，卒年九十七。

古者國有閒田，田有餘夫，夫有閒民，民有羨卒，不盡其財力也。[一]至秦而自實田，[二]至漢而覈墾田，[三]至隋而閲丁口，[四]至唐而括逃户隱田，[五]於是財殫力盡，民無樂生之心矣。

[一]【閻按】楚子重爲政，猶曰「大户已責」；晉尹鐸爲晉陽，猶曰「(寬)〔損〕其户數」，則《周官》可知矣。

[二]案《史記·始皇本紀》：「三十一年，使黔首自實田。」

[三]《後漢·光武紀》：「建武十五年，六月，詔下州郡，檢覈墾田頃畝及户口年紀。」

[四]《隋書·食貨志》：「高祖令州縣大索貌閲，户口不實者，正長遠配，而又開相糾之科。大功已下，兼令析籍，各爲户頭，以防容隱。」

[五]《唐書·玄宗紀》：「開元九年，正月，括田。」《通鑑·玄宗紀》：「二月，以宇文融充使括逃户及籍外田。」◎《唐書·宇文融傳》：「時户版刓隱，人去本籍，詭脱繇賦，豪弱相并。融由御史陳便宜，請校天下籍，收匿户羨田。以融爲覆田勸農使，諸道收没户八十萬，田稱是。」

取士之制，其塗有三：諸侯三年一貢士，侯國之士也；鄉大夫興賢能，王畿之士也；大司樂教國子，國之貴遊子弟也。

【元圻案】《禮記·射義》：「古者天子之制，諸侯歲獻貢士於天子，天子試之射宫。」注：「三歲而貢士。舊説云：大國三人，次國二人，小國一人。」疏：「經『貢士』之文，繫『歲獻』之下，恐每歲貢士，故云『三歲而貢士』也。又知三歲者，案《書傳》云：『古者諸侯之於天子也，三歲一貢士，一適謂之好德，再適謂之賢賢，三適謂之有功。』」

漆林之征二十而五，漆以飾器用而已。舜造漆器，羣臣咸諫，防奢靡之原也。種漆成林，重其征，所以抑末而返樸也。

【元圻案】鄭剛中《解義》曰：「漆之爲物，特爲器用之飾。舜造漆器，羣臣咸諫，懼用漆而至金玉，富民之道，可不禁其奢乎？植至於成林，則奢意無極，特重其征，非不仁也。」◎舜造漆器事，見《韓非子》、《説苑》。◎王明清《揮塵録》：太學生劉希範上書曰：「唐太宗嘗怪舜作漆器，禹雕其俎，諫者數十不止。褚遂良謂：『諫者救其(原)〔源〕，不使得開横流，則無復事矣。』當今庶政之行，雖曰盡善，事之若漆器雕俎者尚多也。乃以非大政事而不言，是不以舜、禹事其君也。」深得防微杜漸之意。

卷五

儀禮

【元圻案】閻氏曰：「《儀禮》五萬六千六百二十四字。」

《三禮義宗》[一]云：「《儀禮》十七篇，吉禮三、凶禮四、賓禮三、嘉禮七，軍禮皆亡。」《禮器》注：「《曲禮》，謂今禮也。」即指《儀禮》。而《儀禮》疏云：「亦名《曲禮》。」【原注】晉荀崧亦云。朱文公從《漢書·藝文志》臣瓚注，謂《儀禮》乃經禮也。《曲禮》皆微文小節，如今《曲禮》、《少儀》、《内則》、《玉藻》、《弟子職》，所謂「威儀三千」也。《逸禮·中霤》在《月令》注疏。《奔喪》、《投壺》，《釋文》引鄭氏云：「實《曲禮》之正篇。」又《遷廟》、《釁廟》，見《大戴記》，可補《經禮》之闕。

[一]【全云】崔靈恩作。

【全云】草廬所輯《儀禮》逸經十八篇。蓋本於此。

【元圻案】《經義考》引崔靈恩曰：「《儀禮》者，周公所制。吉禮惟得臣禮三篇，凶禮得四篇。上自天子，下自庶人，其禮同等。餘三篇皆臣禮。賓禮惟存三篇，軍禮亡失，嘉禮得七篇。」◎《禮器》：「《經禮》三百，《曲禮》三千，其致一也。」注：「《經禮》謂《周禮》也，《周禮》六篇，其官有三百六十。曲猶事也，事禮謂今禮也。禮篇多亡，本數未聞，其中事儀三千。」◎《儀禮疏》一：「《儀禮》，一部之大名。亦名《曲禮》者，見行事有屈曲。故有二名也。」◎《宋書·禮志一》：「太興初，議置《周官》、《禮記》鄭氏博士。太常荀崧上書曰：『《儀禮》一經，所謂曲禮，鄭玄於《禮》特明，皆有證據，宜置鄭《儀禮》博士。』」◎《月令》：「孟春，其祀户，祭先脾。」注：「凡祭五祀於廟，用特牲，有主有尸，皆先設席於奥。祀户之禮，南面設主於户内之西，乃制脾及腎爲俎，奠於主北。又設盛於俎西，祭黍稷、祭肉、祭醴，皆三。祭肉，脾一，腎再，既祭，徹之，更陳鼎俎，設饌於筵前，迎尸，略(於)〔如〕祭宗廟之儀。」又：「孟夏，其祀竈，祭先肺。」注：「祀竈之禮，先席於門之奥，東面設主於竈陘，乃制肺及心肝爲俎，奠於主西。又設盛於俎南，亦祭黍三，祭肺、心、肝各一，祭醴(二)〔三〕。亦既祭徹之，更陳鼎俎，設饌於筵前。迎尸如祀户之禮。」又：「孟秋，其祀門，祭先肝。」注：「祀門之禮，北面設主於門左樞，乃制肝及肺心爲俎，奠於主南。又設盛於俎東，其他皆如祭竈之禮。」又：「孟冬，其祀行，祭先腎。」注：「祀行之禮，北面設主於軷上，乃制腎及脾爲俎，奠於主南。又設盛於俎東、祭肉、腎一、脾再，其他皆如祀門之禮。」疏云：「皆《中霤禮》文。」又：「中央土，其祀中霤，祭先心。」注：「中霤，猶中室也。土主中央，而神在室。古者複穴，是以名室爲霤云。祀中霤之禮，設主於牖下，乃制心及肺肝爲俎，其祭肉，心肺肝各一，他皆如祀户之禮。」「祀中霤」以下，亦當是《中霤禮》文，疏不注者，以本祀中霤，不言可知也。◎朱子曰：「今按《禮經》威儀，劉向作《經禮》、《曲禮》，而《中庸》以《禮經》爲《禮儀》。鄭玄等皆曰《經禮》即《周禮》，《曲禮》即今《儀禮》。臣瓚曰：『《周禮》三百，特官名耳。《經禮》謂冠、昏、吉、凶。』蓋以《儀禮》爲《經禮》也。而近世括蒼葉夢得曰：『經禮，制之凡也；曲禮，文之目也。先王之世，二者蓋皆有書，藏於有司，祭祀、朝覲、會同，則太史執之以莅事。小史讀之以喻衆，而鄉大夫受之以教萬民，保氏掌之以教國子者，亦此書也。』愚意禮篇三名，禮器爲勝，諸儒之説，瓚、葉爲長。蓋《周禮》乃制治立法、設官分職之書，而非專爲禮設也。至於《儀禮》，則其中冠、昏、喪、祭、燕、射、朝、聘，自爲《經禮》大目，亦不容專以《曲禮》名之也。又嘗考之《經禮》，固今之《儀禮》，其存者十七篇，而其逸見於他書者，猶有《投壺》、《奔喪》、《遷廟》等篇。其不可見者，又有古經增多三十九篇。而《明堂》、《陰陽》、《王史氏記》數十篇，及河間獻王所輯禮樂古事多至五百餘篇，儻或猶有逸在其間者。大率且以春官所領五禮之目約之，則其初固當有三百餘篇亡疑矣。所謂《曲禮》，則皆禮之微文小節，如今《曲禮》、《少儀》、《内則》、《玉藻》、《弟子職》篇所記事親事長、起居飲食、容貌辭氣之法，制器備物、宗廟宫室、衣冠車旂之等，凡所以行乎《經禮》之中者，其篇之全數雖不可知，然條而析之，亦應不下三千有餘矣。」◎《梁書·儒林·崔靈恩傳》：「靈恩，清河武城人也。遍通五經，尤精三《禮》、三《傳》，制《三禮義宗》四十七卷。」《書録解題》作三十卷，蓋是書宋末猶存也。◎《晉書·荀崧傳》：「字景猷，潁川臨潁人。太尉彧之玄孫也。元帝踐阼，徵拜尚書僕射，與刁協共定中興禮儀。」◎元吴氏澄纂《儀禮逸經》八篇，一《投壺禮》，二《奔喪禮》，三《公冠禮》，四《諸侯遷廟禮》，五《諸侯釁廟禮》，六《中霤禮》，七《禘於太廟禮》，八《王居明堂禮》。自識云：「其二取之《小戴記》，其三取之《大戴記》，其三取之鄭氏注。」又纂《儀禮傳》十篇：《冠義》、《昏義》、《士相見義》、《鄉飲酒義》、《鄉射義》、《燕義》、《大射義》、《聘義》、《公食大夫義》、《朝事義》。◎《漢書·河間獻王傳》：「獻王所得書皆古文先秦舊書，《周官》、《尚書》、《禮》、《禮記》。」《周官》不稱「禮」，明是設官分職之書，安得謂之《經禮》？師古注曰：「《禮》者，《禮經》也。《禮記》者，諸儒記禮之説也。」據此，則《儀禮》之爲《經禮》明矣。

韓文公《讀儀禮》謂：「考於今，無所用。」愚謂天秩有禮，小大由之，冠昏喪祭，必於是稽焉。文公大儒，猶以爲無所用，毋怪乎冠禮之行，不非鄭尹而快①孫子也。

【全云】「無所用」者，以其委曲細瑣諸節目耳，非謂冠昏喪祭大綱也。

【元圻案】韓文公《讀儀禮》曰：「余嘗苦《儀禮》難讀，又其行於今者蓋寡，沿襲不同，復之無由，考之於今，誠無所用之。然文王、周公之法度粗在於是。孔子曰『吾從周』，謂其文章之盛

---

①「快」，原本作「怪」，據元刊本改。

也。古書之存者希矣，百氏雜家尚有可取，況聖人之制度耶？於是掇其大要，奇辭奧旨著於篇，學者可觀焉。惜乎吾不及其時，揖讓進退於其間。嗚呼盛哉。」觀此則「於今無所用」之言，蓋文公之微辭耳。鄭漁仲曰：「安得善讀《儀禮》如韓文公者，與之論《儀禮》哉！」◎柳宗元《與韋中立論師道書》：「古者重冠禮，將以責成人之道，是聖人所尤用心者也。數百年來，人不復行。近有孫昌胤者，獨發憤行之，既成禮，明日造朝，至外廷，薦笏言於卿士曰：『某子冠畢。』應之者咸憮然。京兆尹鄭叔則怫然曳笏卻立曰：『何預我耶！』廷中皆大笑。天下不以非鄭尹而（怪）〔快〕孫子，何哉？獨爲所不爲也。」

《藝文志》謂之《禮古經》，未有《儀禮》之名。張淳[一]云：「疑後漢學者見十七篇中有儀有禮，遂合而名之。」此張忠甫《儀禮識誤序》文。孔壁古文多三十九篇，康成不注，遂無傳焉。【原注】注謂古文作某者，即十七篇古文也。《論衡》以爲宣帝時河内女子壞老屋得佚《禮》，恐非。[二]《天子巡狩禮》、王氏《漢藝文志考證》二自注云：「《内宰》注。」《朝貢禮》、《聘禮》注。《王居明堂禮》、《月令》、《禮器》注。《烝嘗禮》、《射人》注。《朝事儀》，《覲禮》注。見於《三禮注》，《學禮》，見於賈誼書，《新書·保傅篇》。《古大明堂》之禮，見於蔡邕論，《中郎集·明堂月令論》。雖寂寥片言，斷圭碎璧，猶可寶也。

[一]【全云】張忠甫淳，永嘉諸儒之一。

［二］案《經典釋文敍録》曰：「《古禮經》五十六篇，蒼后蒼傳十七篇，所餘三十九篇，以付書館，名爲《逸禮》。」

【閻按】孔壁古文《禮》三十九篇，讀《隋·牛弘傳》始知書亡於隋以前，故《隋·經籍志》無其目。◎《朝事儀》見《大戴禮記》卷十二，非逸經也。◎賈誼引《學禮》，本《禮記·保傅篇》；古大明堂之禮，蔡邕明言《禮記》，皆非逸經。

【元圻案】《漢書·藝文志》「禮家」：「《禮古經》五十六卷，《經》(七十)〔十七〕①篇，后氏、戴氏。《記》百三十一篇，七十子後學者所記也。《明堂陰陽》三十三篇，古明堂之遺事。《王史氏》二十一篇。」◎阮孝緒《七録》曰：「古經出魯淹中。其書周宗伯所掌，五禮威儀之事有五十六篇，無敢傳者。後博士侍其生得十七篇，鄭注，今之《儀禮》是也。餘篇皆亡。」◎《後漢書·鄭玄傳》：「凡所(著)〔注〕《周易》、《尚書》、《毛詩》、《儀禮》、《禮記》、《論語》、《孝經》。」《儀禮》之名，始見於此。◎《漢書·劉歆傳》：《移讓太常博士書》曰：「魯共王壞孔子宅，欲以爲宮，而得古文於壞壁之中，《逸禮》有三十九。天漢之(末)〔後〕，孔安國獻之。」◎《朱子語類》：「魯共王得《古文儀禮》五十六篇，其中十七篇與高堂生所傳同，鄭康成注此十七篇，多舉『古文作某』，則是當時亦見此壁中之書，不知如何只解此十七篇，而三十九篇不解，竟無聞焉。」◎《周禮·天

① 「七十」，中華書局校點本《漢書》校改作「十七」，今據改。

官·内宰》「出其度、量、淳、制」，注：「故書淳爲敦，杜子春讀敦爲純，純謂幅廣也，制謂匹長。玄謂純制，《天子巡（守）〔狩〕禮》所云『制幣丈八尺，純四䏧』與？」◎《儀禮·聘禮》「釋幣制」注：「《朝貢禮》云：『純，四只。制，丈八尺。』」◎《月令》「孟春，迎春於東郊」注：「《王居明堂禮》曰：『出十五里迎歲。』」仲春「祀高禖」注：「帶以弓韣，禮之禖下，其子必得天材。」季春「命國難」注：「季春出疫於郊，以禳春氣。」仲夏「毋休於都」注：「毋宿於國。」仲秋「天子乃難」注：「仲秋，九門磔禳，以發陳氣，禦止疾疫。」仲秋「穿竇窖」注：「仲秋農隙，民畢入於室，曰『時煞將至，毋罹其災』。」又「水始涸」注：「季秋除道致梁，以利農也。」仲冬「農有不收藏積聚，馬牛畜獸有放佚者，取之不詰」注：「孟冬之月，命農畢積聚，繫牧牛馬。」季冬「命樂師大吹而罷」注：「季冬命國爲酒，以合三族，君子說，小人樂。」《禮器》「曾子曰周禮其猶醵與」注：「仲秋，乃命國醵。」以上鄭注所引，皆《王居明堂禮》文。◎《周禮·夏官·射人》「祭祀則贊射牲」注：「《烝嘗》之禮，有射豕者。」◎《儀禮·覲禮》「天子拜日於東門之外」注：「《朝事儀》曰：『天子冕而執鎮圭，尺有二寸，繅藉尺有二寸，搢大圭，乘大輅，建大常十有二旒，繁纓十有二就，貳車十有二乘，帥諸侯而朝日於東郊，所以教尊尊也。』」◎賈誼《新書·保傅篇》：「《學禮》曰：『帝入東學，上親而貴仁，則親疏有序而恩相及矣。帝入南學，上齒而貴信，則長幼有差而民不誣矣。帝入西學，上賢而貴德，則聖智在位而功不遺矣。帝入北學，上貴而尊爵，則貴賤有等而下不踰矣。帝入太學，承師問道，退習而考於太傅，太傅罰其不則而匡其不及，則德智長而治道得矣。』」◎蔡邕《明堂月令論》曰：「《禮記》古《大明堂之禮》曰：『膳夫是相禮，日中出南闈，見九侯，反問於相。日側出西闈，視五國之事。日入出北闈，視帝節猷。』」◎案閻氏《古文尚書疏證》第二十一篇曰：「漢興，高堂生傳《禮》十七篇，孔壁所出多三十九篇，謂之《逸禮》。平帝時，王莽立之。旋廢，猶相傳至東漢。鄭康成注《三禮》曾引之，凡二十五條，爲篇名者八。吴草廬《逸經》八篇，僅及其三」云云。今將前注未及者附載於此。《春官·司巫》注：「《中霤禮》曰：『以功布爲道布，屬於几。』」《秋官·士師》注：「《軍禮》曰：『無干車，無自後射。』」亦見《大司馬》「有司表貉誓民」注。《儀禮·少牢饋食禮》注：「《禘於太廟禮》曰：『日用丁亥。』」《禮記·奔喪篇》注：「逸《奔喪禮》説不及殯日，於又哭猶括髮，即位不袒。告事畢者，五哭而不復哭也。」又曰：「哭父族與母黨於廟，妻之黨於寢，朋友於寢門外，壹哭而已，不踊。」又曰：「凡拜吉喪，皆尚左手。」又曰：「無服祖，免爲位者，唯嫂與叔。凡爲男子服，其婦人降而無服者麻。」◎《四庫全書總目》二十：「《儀禮識誤》三卷。宋張淳撰。淳字忠甫，永嘉人。是書久無傳本，故《經義考》以爲已佚。今從《永樂大典》綴録成編。惟缺《鄉射》、《大射》二篇。」◎《隋書·牛弘傳》：《修立明堂議》曰：「劉向《别録》及馬宫、蔡邕等所見，當時有《古文明堂禮》、《王居明堂禮》、《明堂圖》、《明堂大圖》、《明堂陰陽》、《太山通義》、《魏文侯孝經傳》等，並説古明堂之事。其書皆亡，莫得而正。」

《六藝論》「五傳弟子」，謂高堂生之學，蕭奮、孟卿、后蒼、戴德、戴聖也。

【全云】康成所注是戴聖。

【元圻案】《禮記》篇首正義曰：「《周禮》、《儀禮》是《禮記》之書，自漢以後各有傳授。鄭君《六藝論》云：『案《漢書·藝文志》、《儒林傳》云，傳《禮》者十三家，唯高堂生及五傳弟子戴德、戴聖名在也。』又案《儒林傳》云：『漢興，高堂生傳《禮》十七篇，而魯徐生善爲容。孝文時，徐生以容爲禮官大夫。瑕丘蕭奮以禮至淮陽太守。孟卿，東海人，事蕭奮，以授戴德、戴聖。』《六藝論》云『五傳弟子』者，熊氏云：『則高堂生、蕭奮、孟卿、后蒼及戴德、戴聖爲五也。』此所傳皆《儀禮》也。」◎《釋文敘録》曰：「蕭奮授東海孟卿，卿授同郡后蒼，蒼授聞人通漢及梁戴德、戴聖，沛慶普。」自注云：「孟卿，孟喜父。戴德，字延君，號大戴，信都太守。聖字次君，號小戴，以博士論石渠，至九江太守。」

《士冠禮》注：「今之未冠笄者，著卷幘，頍象之所生。滕、薛名蔮爲頍。」【原注】簂，古内反。《續漢輿服志》：「蔮，簪珥。」《集韻》有簂、幗，無蔮字。疏云：「卷幘之類。」[一]《隸釋·武榮碑》云「闕幘」。

[一]案，《玉篇》亦有簂、幗，無蔮字。

【元圻案】《武榮碑》：「君諱榮，治《魯詩經》韋君章句，闕幘傳講。」《釋》云：「闕幘者，未冠幘之稱。」◎《後漢·輿服志下》：「古者有冠無幘。其戴也，加首有頍，所以安物。故《詩》曰

『有頍者弁』，此之謂也。秦後稍稍作顔題，名之曰幘。幘者，賾也，頭首嚴賾也。至孝文乃高顔題，續之爲耳，崇其巾爲屋，合後施收，貴賤皆服之。文者長耳，武者短耳。未冠童子幘無屋者，示未成人也。」

「兄弟畢袗玄」，《士冠禮》。注：「袗，同也。古文袗爲均。」疏云：「當讀如《左傳》僖五年『均服振振』。」[一]按《後漢·輿服志》秦「郊祀之服皆以袀玄」，[二]蓋「袀」字誤爲「袗」。《釋文》之忍反，亦誤。

[一]案，今汲古閣注疏本脱「當讀如《左傳》」句，近刻仿宋本亦無此九字。

[二]阮芸臺《儀禮校勘記》曰：「《説文》無『袀』字，均之爲袀，猶玄之爲袨，皆俗字也。」

【集證】惠氏《九經古義》：「袗玄，即漢之袀玄。司馬彪《輿服志》云：『郊祀之服，皆以袀玄。』《淮南子》云：『尸祝袀袨。』高誘曰：『袀，純服，袨，墨齋衣也。』篆書袗與袀相似，古文作均，故《左傳》云『均服振振』。祭服上下皆玄，故謂之袀玄。戎事上下同服，故謂之均服。」

【元圻案】「均服振振」，《漢書·五行志》引作「袀服」。

《士冠禮》有「醮用酒」，注以爲「用舊俗」。《士喪禮》云「商祝、夏祝」，則禮之兼夏、殷者。

【元圻案】《士冠禮》疏曰：「上文適子冠於阼，三加訖一醴於客位是周（位）〔法〕。今云『若不醴，則醮用酒』，非周法，故知先王法矣。故鄭云『若不醴，謂國有舊俗可行，聖人用焉，不改舊也』，云『聖人』者，即周公制此《儀禮》，用舊俗，則夏、殷之禮是也。」◎《儀禮》篇首疏曰：「《儀禮》不言周者，欲兼有異代之法，故此篇有『醮用酒』，《燕禮》云『諸公』，《士喪禮》云『商祝、夏祝』，是兼夏、殷，故不言周。」

「二十爲字，未呼伯仲，至五十乃加而呼之」，此《儀禮》賈疏也。「二十已有『伯某甫』，仲、叔、季。雖云伯仲，皆配『某甫』而言，至五十直呼伯仲」，此《禮記·檀弓》孔疏也。朱文公曰：「疑孔疏是。石林[一]謂五十爲大夫，去『某甫』，言伯仲而冠以氏，如南仲、榮叔、南季之類。然仲山甫、尹吉甫皆卿士，亦以字爲重。」

［一］【閻按】石林，葉夢得號。

【元圻案】《士冠禮》：「伯某甫，仲、叔、季，唯其所當。」疏：「殷質，二十爲字之時，兼伯、仲、叔、季呼之；周文，二十爲字之時，未呼伯、仲，至五十乃加而呼之。故《檀弓》云『五十以伯仲』，周道也。」◎《朱子語録》曰：「古者初冠而字，便曰『伯某父』、『仲某父』。五十稱伯仲，除下兩字。今人不敢斥尊者，呼爲『幾丈』之類。今看《儀禮》賈疏，卻云『既冠之時，權以此三字加之，實未嘗稱，到五十始稱此三字。』某初疑其不然，取《禮記》看孔疏中，正如前説。疑孔疏是。」

◎《檀弓》：「幼名，冠字，五十以伯仲，死謚，周道也。」石林葉氏曰：「或言《士冠禮》『既冠而字曰伯某甫』，則固已稱（仲伯）〔伯仲〕，何待於五十？疑《檀弓》之誤。此不然，始冠而字者，伯、仲皆在上，此但以其序次之，所以爲字者在下某甫也，如伯牛、仲弓、叔肸、季友之類是也。至於五十爲大夫，尊其爲『某甫』者，則去之，故但言伯、仲，而冠之以氏，伯仲皆在下，如召伯、南仲、榮叔、南季之類是也。《檀弓》言伯、仲者，非加之伯、仲也，去其爲『某甫』者而言伯、仲耳。孔子諸弟子相字，未有以伯、仲在下者，蓋皆不爲大夫也。然孔子雖爲大司寇，而但稱仲尼，哀公誄之曰尼父。仲山甫、尹吉甫，皆周之卿士，而山甫、吉甫猶通稱，或者亦以爲重歟？」◎案葉氏夢得有《禮記解》，今佚，此説見於宋衛湜《禮記集説》中。

冠辭「令月吉日」、「吉月令辰」，互見其言①。案，此引賈疏之文。《論語》「迅雷風烈」，《九歌》「吉日兮辰良」，相錯成文。

【元圻案】《士冠禮》：「始加，祝曰：『令月吉日，始加元服，棄爾幼志，順爾成德。壽考惟祺，介爾景福。』再加，曰：『吉月令辰，乃申爾服。敬爾威儀，淑慎爾德，眉壽萬年，永受胡福。』三加，曰：『以歲之正，以月之令，咸加爾服。兄弟具在，以成厥德。黄耇無疆，受天之慶。』醴辭

① 「言」，原本作「文」，據元刊本改。賈疏本正作「言」。

曰：『甘醴惟厚，嘉薦令芳。拜受祭之，以定爾祥。承天之休，壽考不忘。』醮辭曰：『旨酒既清，嘉薦亶時。始加元服，兄弟具來。孝友時格，永乃保之。』再醮，曰：『旨酒既湑，嘉薦伊脯。乃申爾服，禮儀有序。祭此嘉爵，承天之祜。』三醮，曰：『旨酒令芳，籩豆有楚。咸加爾服，肴升折俎。承天之慶，受福無疆。』字辭曰：『禮儀既備，令月吉日，昭告爾字。爰字孔嘉，髦士攸宜。宜之於假，永受保之。』」◎宋陳善《捫虱新語》：「《楚辭》以『吉日』對『辰良』，以『蕙殽蒸』對『奠桂酒』。存中云：『此是古人錯綜其語以爲矯健故耳。』」

《士昏禮·目録》「日入三商爲昏」，疏云：「商謂商量，是漏刻之名。故《三光靈曜》[一]亦日入三刻爲昏，不盡爲明。按馬氏云：日未出、日没後皆二刻半，前後共五刻。今云三商者，據整數而言，其實二刻半也。」以上皆賈疏文。《詩·齊風·東方未明》正義云：「《尚書緯》謂刻爲商。」夏文莊[二]《蓮華漏銘》：「五夜持宵，三商定夕。」蓋取此。【原注】蘇子美亦云：「三商而眠，高舂而起。」

[一] 案惠氏《古義》曰：「《三光靈耀》，當作《考靈耀》。」

[二]【全云】夏竦。

【閻按】《淮南·天文訓》：「日至於淵隅，是謂高舂。」高舂乃戌時，似誤認。

【元圻案】《士昏禮第二》疏曰：「鄭《目録》云：『士娶妻之禮，以昏爲期，因而名焉。必以昏者，陽往而陰來，日入三商爲昏。昏於五禮屬嘉禮。』」◎蘇子美《答韓持國書》曰：「三商而眠，高舂而起。静院明窗之下，羅列圖史琴尊以自娱。」◎夏竦，字子喬，江州德安人。景德三年舉賢良方正。官至同中書門下平章事，謚文莊。著《文莊集》三十六卷。

《鄉飲酒》疏曰：「卿①大夫飲酒，[一]尚德也。黨正飲酒，尚齒也。」公是劉氏[二]曰：「謀賓介於先生，尚德也。旅酬以齒，老者異秩，尚年也。大夫爲僎，坐於賓東，尚爵也。」

[一]案，今注疏本「卿」作「鄉」。

[二]【全云】劉敞，原父。

【元圻案】「主人就先生而謀賓介」疏：「鄭引《孟子》『天下有達尊三』者，證鄉大夫飲酒是尚德也，黨正飲酒尊長尚齒也。」◎《公是先生弟子記》曰：「或問鄉飲酒之禮。劉子曰：所尚三，德也，年也，爵也。俎豆之事，則人知之矣。敢問三者兼乎？曰：然。如何？曰：謀賓介於先生，尚德也；旅酬以齒，老者異秩，尚年也；大夫爲僎，坐於賓東，尚爵也。三者天下之達尊也。」◎《鄉飲酒禮第四》疏曰：「凡鄉飲酒之禮，其名有四：案此賓賢能謂之鄉飲酒，一也；又案《鄉

①「卿」，元刊本作「鄉」。

飲酒義》云『六十者坐，五十者立侍』，是黨正飲酒，亦謂之鄉飲酒，二也；鄉射，州長習射於州序，先行鄉飲酒，亦謂之鄉飲酒，三也；案《鄉飲酒義》又有卿大夫士飲國中賢者，用鄉飲酒，四也。」阮氏《校勘記》曰：「卿大夫，《通解》、《要義》、楊氏俱作『鄉』者，非。」◎《禮記·鄉飲酒義》：「鄉人、士、君子尊於房户之間，賓主共之也。」鄭注：「鄉人，鄉大夫也。士，州長、黨正也。君子，卿、大夫也。卿、大夫飲國中賢者，亦用此禮也。」陸氏《釋文》：「卿，去京反。」王氏此條可以正今本作「鄉大夫飲酒」之誤。◎歐陽公《劉集賢墓誌》曰：「公諱敞，字仲原父，姓劉氏。世爲吉州臨江人。舉慶曆六年進士，官終集賢院學士。」◎葉石林曰：「原父以博學通經自許。弟貢父次其集。私謚曰公是先生。」

《鄉射禮》「設豐」，《燕禮》「有豐」，注：「豐形似豆而卑。」《三禮圖》云：「罰爵，作人形。豐，國名也，坐酒亡國，戴盂戒酒。」崔駰《酒箴》：「豐侯沈酒①，荷罌負缶，自戮於世，圖形戒後。」李尤《豐侯銘》：「豐侯醉亂，乃象其形。」

【元圻案】《鄉射禮》注：「設豐所以承其爵也。豐形蓋似豆而卑。」疏曰：「《燕禮》『君尊有豐』注曰：『似豆，卑而大。』彼承尊，故言大。此承爵，不言大，或小耳。」◎聶氏《三禮圖

① 「酒」，原本作「湎」，據元刊本改。按《酒箴》本作「酒」。

說》曰：「舊圖引《制度》云：『射罰爵之豐作人形。豐，國名。其君坐酒亡國，載杅以爲戒。』張鎰引《鄉射設豐》注云：『豐制蓋象豆而卑。』鄭注《燕禮》義同《制度》之説，何所據乎？且聖人一獻之禮，賓主百拜。此其所〔以〕備酒禍也，豈獨於射事而以亡國之豐爲戒哉！恐非也。」◎《書録解題》：「《三禮圖》二十卷。國子司業、太常博士河南聶崇義撰。自周顯德中受詔，至建隆二年奏之，蓋用舊圖六本參定，故題集注。」◎《後漢書·崔駰傳》「駰字亭伯，涿郡安平人。博學有偉才，與班固、傅毅同時齊名。」又《文苑傳》：「李尤，字伯仁，廣漢洛人也。少以文章顯。和帝時，賈逵薦尤有相如、揚雄之風。」◎此條所引崔、李箴銘，見《太平御覽》七百六十二。

《燕禮》疏「四向流水曰東霤」，《考工記》之「四阿」，《上林賦》之「四注」也。兩下屋曰東榮，《檀弓》之夏屋也。【原注】《士冠禮》注：「周制自卿大夫以下，其室爲夏屋。」

【元圻案】《燕禮》：「設洗篚於阼東南，當東霤。」疏曰：「云『當東霤者，人君爲殿屋也』，漢時殿屋四向流水，故舉漢以況周。言東霤明亦有西霤。對士大夫言東榮，兩下屋也。」◎宋李氏如圭《儀禮集釋》曰：「霤，屋檐滴水處也。殿屋四向流水，所謂四阿，故有東霤。大夫以下無東霤，洗當東榮耳。」◎《考工記》：「殷人重屋，堂修七尋，堂崇三尺，四阿重(周)〔屋〕。」◎司馬相如《上林賦》：「高廊四注，重坐曲閣。」

夏侯勝善説禮服，謂《禮》之喪服也。師古注云爾。蕭望之以禮服授皇太子，則漢世不以喪服爲諱也。唐之姦臣以凶事非臣子所宜言，去《國卹》一篇，而凶禮居五禮之末。五服如父在爲母、叔嫂之類，率意輕改，皆不達禮意者。五服制度附於令，自後唐始。【原注】見《五代史·馬縞傳》。

【閻按】己未、庚申在京師，與汪鈍翁論喪禮不合，鈍翁詆余曰：「聞渠有嚴親在，柰何喋喋與人言喪禮！豫凶事，非禮也。」余對以此條。徐原一宫贊曰：「於史有徵矣，於經亦有徵乎？君其思之。」余退而思，得二事，曰：「《雜記》曾申問於曾子曰：『哭父母有常聲乎？』申，曾子次子也。《檀弓》『子張死，曾子有母之喪，齊衰而往哭之。』案昔者孔子没，他日子張尚存，見《孟子》；子張死，而是時曾子方有母喪，則孔子在時，曾子母在堂可知也。既在堂，胡忍以喪禮相往復若《曾子問》者乎？」宫贊擊節曰：「雖百喙亦不能解矣。」◎《舊唐書·禮儀志》：高宗顯慶二年，長孫無忌奏：「今律疏有舅報甥服。」則五服制度附於令，不自後唐始，《五代史》記誤。

【元圻案】《漢書·夏侯勝傳》：「勝字長公，東平人。爲學精熟，所問非一師。善説禮服。」◎《蕭望之傳》：「望之字長倩，東海蘭陵人。從夏侯勝問《論語》、禮服。爲太傅，以《論語》、禮服授皇太子。」◎柳子厚《裴瑾崇豐二陵集禮後序》云：「自開元制禮，大臣諱避去《國卹章》，而山陵之禮遂無所執。世之不學者，乃妄取預凶事之説，而大典闕焉。」◎《唐書·禮樂志》五曰凶禮：「《周禮》五禮，二曰凶禮。唐初，徙其次第五，而李義府、許敬宗以爲凶事非臣子所宜言，由是天子凶禮闕焉。至國有大故，則皆臨時采掇附比以從事，事已，則諱而不傳。」◎《五代史·雜傳》：「馬縞，不知其世家。唐莊宗時，權判太常卿。縞言：『緦麻喪紀，所以別親疏，辨嫌疑。《禮》，叔嫂無服，推而遠之也。唐太宗時有司議爲兄之妻服小功五月，今有司給假爲大功九月，非是。』廢帝下其議，太常博士段顒議：『嫂服給假以大功者，令文也，令與禮異者非一，而喪服之不同者五。《禮》，姨舅皆服小功，令皆大功。妻父母壻外甥皆服緦，令皆小功。禮、令之不可同如此。』劉昫等議曰：『令於喪服無正文，而嫂服給大功假，乃假寧附令，而敕無年月，請凡喪服皆以《開元禮》爲定，下太常具五服制度，附於令。』令有五服，自縞始也。」◎《通典·禮四十九》：「周制，父在爲母周，屈也。大唐前上元元年，武太后上表曰：『父在爲母服止一周，雖心喪三年，服由尊降。竊謂子之於母，慈愛特深，三年在懷，理宜崇報。今請父在爲母終三年之服。』詔依行焉。垂拱初，始編入格。」又《禮五十二》：「周制，嫂叔不相爲服。貞觀十四年，太宗謂侍臣曰：『同爨尚有緦麻之恩，而嫂叔無服，宜集學者詳議。』侍中魏徵等議曰：『嫂叔之不服，蓋推而遠之也。《禮》，繼父同居，則爲之周，未嘗同居，則不爲服。又從母之夫，舅之妻，二人不相爲服。或曰同爨緦，然則繼父之徒，並非骨肉，服重由乎同爨，恩輕在乎異居。嫂叔譬同居之繼父，方他人之同爨，情義之深淺，寧可同日哉。謹按嫂叔舊無服，今請小功五月。』報制可。」◎元行沖《父在爲母及舅姨嫂叔服議》：「父在爲母，罷職，齊周，而心喪三年，謂之尊厭者，則情申而禮殺也。今若舍尊厭之重，虧嚴父之義，略純素之嫌，貽非聖之責，則事不師古，有傷名教矣。」又云：「嫂叔不服，遠嫌疑也。若引同爨之緦，以忘推遠之迹，既乖前聖，亦謂難從。」蓋議而不從也。

《宋·何承天傳》云：「先是《禮論》有八百卷，承天删減并合爲三百卷。」又王儉別鈔《條目》爲三十卷，[二]梁孔子祛續一百五十卷，隋《江都集禮》亦撮《禮論》爲之。朱文公謂：「六朝人多精於《禮》，當時專門名家有此學，朝廷有禮事，用此等人議之。唐時猶有此意。」潘徽《江都集禮序》曰：「明堂曲臺之記，南宫東觀之説，鄭、王、徐、賀之答，崔、譙、何、庾之論，簡牒雖盈，菁華蓋鮮。」杜之松借王無功《家禮問》、《喪禮新義》，無功條答之。又借王儉《禮論》，則謂：「往於處士程融處曾見此本。觀其制作，動多自我，周、孔規模，十不存一。」今諸儒所著皆不傳，蓋禮學之廢久矣。

[二]【閻按】《南史·王儉傳》作「十三」。○何本、三箋本亦作「十三」。

【元圻案】何承天，注見四卷十七頁①。◎《南史·王儉傳》：「儉字仲寶。何承天《禮論》三百卷，儉抄爲八帙，别抄《條目》爲十三卷。朝儀舊典，晉、宋來施行故事，撰次諳憶，無遺漏者。齊武帝五年，開府儀同三司。卒年三十八，謚文憲。」◎《梁書·儒林傳》：「孔子祛，會稽山陰人，續何承天《集禮論》一百五十卷。」◎《南史·儒林傳》文同。◎《隋書·文學傳》：「潘徽，字伯彦。吴郡

① 見卷四「土圭度地之法」條注（頁四九二）。

人也。晉王廣引爲揚州博士，令與諸儒撰《江都集禮》一部。令徽作序云云，名曰《江都集禮》，凡十二帙一百二十卷。」◎《唐文粹》八十一杜之松《答王績書》曰：「蒙借家禮，今見披尋，微而精，簡而備，誠經傳之典略，閨庭之要訓也。其《喪禮新義》，頗有所疑，謹用條問，具如別帖。」又王績答書曰：「枉帖垂問《家禮》、《喪服新義》五道，度情振理，探幽洞微，誠非野人所敢酬析。但先人遺旨，頗曾恭習。謹因還使，條申如左。又於楊方奉口處分借王儉《禮論》，門庭所蓄，先無此書，往於處士程融處曾見此本。觀其制作，動多自我，周、孔規模，十不存一，恐不足以塵大雅君子之視聽也。」◎《唐書·隱逸傳》：「王績，字無功，絳州龍門人。兄通，隋末大儒也。績大業中舉孝悌廉潔，授秘書省正字。求爲六合丞，解去。著書自號東皋子。杜之松，故人也，爲刺史，請績講禮，答曰：『吾不能揖讓邦君門，談糟粕，棄醇醪也。』」◎《日知録》〔四六〕：「宋元嘉末，徵隱士雷次宗詣京邑，築室於鍾山西巖下，爲皇太子諸王講《喪服經》。齊初，何佟之爲國子助教，爲諸王講《喪服》。陳後主在東宮，引王元規爲學士，親授《禮記》、《左傳》、《喪服》等義。魏孝文帝親爲羣臣講《喪服》於清徽堂。而《梁書》言始興王憺，昭明太子命諸臣共議，從明山賓、朱异之言，以慕悼之辭宜終服月。」自注：「梁、陳、北齊各有皇帝、皇后、太子、王侯已下喪禮之書，謂之《凶儀》。」

《禮》特牲不言牢。《楚語》「天子舉以太牢」注：「牛、羊、豕也。」「卿舉以少牢」注：「羊、豕。」《漢·昭紀》「祠以中牢」注：「中牢即少牢，謂羊、豕也。」【原注】唐《牛羊日曆》，牛僧孺、楊虞卿有「太牢筆，少牢口」之語。然太牢非止於牛，少牢非止於羊也。

【何云】《大戴禮·天圓篇》：「諸侯之祭，牲牛，曰太牢；大夫之祭，牲羊，曰少牢；士之祭，牲特豕，曰饋食。」此則《牛羊日曆》所由名也。

【元圻案】《書録解題·傳記類》：「《牛羊日曆》一卷，唐劉軻撰。牛指僧孺，羊謂虞卿、漢公也，是不孫甚矣。」◎《唐書·牛僧孺傳》：「僧孺字思黯。奇章公弘之裔。工屬文。同中書門下平章事。」◎《楊虞卿傳》：「虞卿字師臯，弘農人。李宗閔、牛僧孺輔政，引爲給事中。虞卿佞柔，善諧麗權倖，倚爲姦利。以口語軒輊事機，故時號黨魁。」◎漢公，虞卿之弟。

歐陽公自云「平生何嘗讀《儀禮》」，而濮議爲言者所詆。高抑崇[一]於鄉飲考《儀禮》不詳，而朱文公譏之。禮學不可不講也。

[一]【全云】高憲敏公閌，龜山弟子。

【閻按】《蘇氏談訓》曰：「歐陽公不甚留意《禮經》，嘗與祖父説濮議，云『修平生何嘗讀《儀禮》，偶一日至子弟書院中，几案有之，因取讀。見「爲人後者爲其父母齊衰杖期」云云，與修意合，由是破諸異議』，自謂得之多矣。」然則濮議正從《儀禮》得來，昔未讀，今知之耳。王氏語誤。但《儀禮》在「不杖期」條内，歐公云「杖」，亦誤。

【元圻案】《續通鑑》英宗治平二年：「詔議崇奉濮安懿王典禮。初，知諫院司馬光以帝必將追隆所生，嘗因奏事，言『漢宣帝爲孝昭後，終不追尊衛太子、史皇孫，光武上繼元帝，亦不追尊鉅鹿南頓君，此萬世法也。』既而韓琦等言禮不忘本，濮安懿王德盛位隆，所宜尊禮。司馬光議以爲『宜準先朝封贈期親尊屬故事，尊以高官大國』。王珪議：『濮王於仁宗爲兄，於皇帝宜稱皇伯而不名。歐陽修引《喪服大記》，以爲「爲人後者，爲其父母，降，服三年爲期，而不没父母之名，以見服可降而名不可没也。」若本生之親，改稱皇伯，歷考前世，皆無典據，進封大國，則又禮無加爵之道。』范鎮、吕誨、范純仁、吕大防以爲王珪議是，劾修『首開邪議，妄引經據，陷陛下於過舉』。」◎朱子曰：「紹興初行鄉飲酒禮，其儀乃是高抑崇撰，如何不看《儀禮》，只將《禮記·鄉飲酒義》做這文字，是貽笑千古者也。」◎《朱子文集》八十四有《行鄉飲酒禮告先聖文》，云：「一昨朝廷行鄉飲酒之禮，而縣之有司，奉行不謹，容節謬亂，儀矩闕疏，甚不足以稱明天子舉遺興禮之意」云云，蓋謂此也。

「布八十縷爲一升」，鄭謂「升當作登。登，成也。」《喪服篇》「冠六升」注文。[二] 吴仁傑《兩漢刊誤補遺》曰：「今織具曰筬，以成之多少爲布之精粗，大率四十齒爲一成，而兩縷共一齒。」正合康成之説。【原注】衰三升，其粗者。緦布冠三十升，其細者。

[二] 疏曰：「云『布八十縷爲升』者，此無正文，師師相傳言之，是以今亦云八十縷謂之宗，宗即古之升也。」

【元圻案】《爾雅·釋詁下》:「登,成也。登,陞也。」邵氏正義曰:「陞當作升。」

《聘禮》注「君行一,臣行二」,疏謂出《齊語》。今按此晏子之言,見《韓詩外傳》:「衛孫文子聘魯,公登亦登。叔孫穆子曰:『子不後寡君一等。』」

【閻按】《韓詩外傳》:「晏子聘魯,上堂則趨,授玉則跪。既退,孔子問焉。晏子對曰:『夫(二)〔上〕堂之禮,君行一,臣行二。今君行疾,臣敢不趨乎?今君之受幣也卑,臣敢不跪乎?』孔子曰:『善,禮中又有禮。』」至衛孫文子聘魯,乃又一義,王氏引亦非。

【集證曰】《左傳》襄七年:孫文子聘魯,「公登亦登」。正義曰:「《聘禮》:『公迎賓於大門內,及廟門,公揖入,立於中庭,納賓。賓(又)〔入〕,三揖,至於階,三讓,公升二等。』鄭玄云:『先賓升二等,亦欲君行一,臣行二。言君先升二等,然後臣始升一等。是禮,登階,臣當後君一等。』」按《左傳》正義已引「君行一,臣行二」,以證孫文子事。

【元圻案】《晏子春秋·內篇·雜下》:「晏子聘魯,仲尼使門弟子往觀之。子貢反報曰:『孰謂晏子習於禮乎?夫《禮》曰「登階不歷,堂上不趨,授玉不跪」,今晏子皆反此。』晏子退,見仲尼,曰:『嬰聞兩楹之間,君臣有位焉,君行其一,臣行其二。君之來遬,是以登階歷;堂上趨,以及位也。君授玉卑,故跪以下之。』」◎《朱子語類》曰:「君行步,闊而遲,臣行步,狹而疾。故君行一步而臣行兩步,蓋不敢同君之行而踐其迹也。《國語》齊君晏子行,子貢怪之,問孔子君臣交際之禮一段，説得甚分曉。」

「皮樹」，注云「獸名」。張鎰《三禮圖》云：「皮樹，人面獸形。」【原注】它書未見。

【元圻案】《儀禮》十三《鄉射禮》：「君國中射，則皮樹中。」注：「皮樹，獸名。今文皮樹爲繁豎。」◎《經義考·通禮一》：「張氏鎰《三禮圖》，《唐志》九卷。佚。《舊唐書》：張鎰爲亳州刺史，撰《三禮圖》九卷。」

《詩》、《禮》相爲表裏。《賓之初筵》、《行葦》可以見《大射儀》；《楚茨》可以見《少牢饋食禮》。

【元圻案】《小雅·賓之初筵篇》：「大侯既抗，弓矢斯張。」傳：「有燕射之禮。」箋：「將祭而射，謂之大射。」正義曰：「毛以此篇爲燕射，鄭則爲大射，因辨禮射之數，言已不同之意也，故云『射禮有三：有大射，有賓射，有燕射』。大射者，將祭擇士於射官。賓射者，謂諸侯來朝，與之射於朝。燕射者，因燕賓客，即與射於寢。」《大雅·行葦篇》：「敦弓既堅，四鍭既鈞。舍矢既均，序賓以賢。」箋：「周之先王將養老，先與羣臣行射禮，以擇其可與者以爲賓。」正義曰：「禮稱將祭而射，謂之大射。養老與祭相類，而亦射以擇賓，則亦爲大射。禮射、燕射，皆無擇士之義。故知此射必大射也。」《小雅·楚茨篇》「以妥以侑」，傳：「妥，安坐也。侑，勸也。」朱子《集傳》：「《禮》曰『詔妥尸』，蓋祭祀筮族人之子爲尸，既奠迎之，使處神坐而拜以安之也。侑，勸也，恐尸或未飽，祝侑之曰『皇尸未實』也。」◎《呂氏讀詩記》二十二引《少牢饋食禮》：「尸升筵，祝，主人皆拜，妥尸，尸答拜，遂坐。尸告飽，祝侑曰：皇尸未實，侑。尸又食，告飽。主人不言拜侑。」◎案鄭注：「實，猶飽也。」

《燕禮》：「公與客燕，曰：『寡君有不腆之酒，以請吾子之與寡君須臾焉。使某也以請。』對曰：『寡君，君之私也。君無所辱賜於使臣，臣敢辭？』」春秋辭命之美，有自來矣。①

《覲禮》：「諸侯覲於天子，爲宮方三百步，四門，壇十二尋，深四尺，加方明於其上。」陳宣帝太建十年，立方明壇於婁湖，以始興王叔陵爲王官伯，臨盟百官。此與蘇綽之「六官」、蘇威之「五教」何以異？【原注】《傳》曰：「不協而盟，無故而盟百官，不幾於戲乎！」

【元圻案】《陳書·宣帝紀》：「十年，九月乙巳，立方明壇於婁湖。戊申，以中衛將軍、揚州刺史始興王叔陵兼王宮伯臨盟。甲寅，輿駕幸婁湖臨誓。乙卯，分遣大使以盟誓班下四方，上下相警戒也。」◎「王宮伯」，《南史》作「王官伯」。王汾原曰：「《左傳》單子爲王官伯。」◎《通鑑·梁

① 「春秋辭命之美，有自來矣」，元刊本爲小注。

紀》敬帝紹泰元年：「初，魏太師泰以漢魏官繁，命蘇綽及尚書令盧辯，依《周禮》更定六官。」又《陳紀》文帝天嘉二年：「周王班太祖所述六官之法。」◎《北史·蘇綽傳》：「綽字令綽，武功人。周大行臺左丞，參典機密。子威，字無畏。隋尚書右僕射。江表自晉以來，刑法疏緩，代族貴賤，不相陵越。平陳之後，牧人者盡改變之，無長幼悉使誦《五教》。威加以煩鄙之辭，百姓嗟怨。」

《士相見義》[一]曰：「古者非其君不仕，非其師不學，非其人不友，非其大夫不見。」

[一]【何云】劉原父補。

【閻按】《士相見義》劉敞補亡，朱子《儀禮經傳通解》取之。

【元圻案】《公是集》載《公食大夫義》、《士相見義》二篇。

「鄉先生」，謂父師、少師，教於閭塾也。古者仕焉而已者，歸教於閭里。《書大傳》謂之「父師」、「少師」，《白虎通》謂之「右師」、「左師」。

【元圻案】《士冠禮》「遂以贄見於鄉大夫、鄉先生」，注：「鄉先生，鄉中老人爲卿大夫致仕者。」疏：「此即《鄉飲酒》與《鄉射禮》『先生』，及《書傳》『父師』皆一也。先生亦有士之少師，鄭不言者，經云鄉大夫不言士，故先生亦略不言士，其實皆當有士也。」◎《書大傳略説》：「大夫士七十致仕，退老歸其鄉里，大夫爲父師，士爲少師。新穀已入，耰鉏已藏，祈樂已入，歲事既畢，餘子皆入學。十五始入小學，見小節，踐小義。十八入大學，見大節，踐大義。距冬至四十五日始出學，傳農事，上老平明坐於右塾，庶老坐於左塾，餘子畢出，然後皆歸。夕亦如之。鄭注：上老，父師也；庶老，少師也。」◎《後漢書·班固傳》：「天子會諸儒講論五經，作《白虎通德論》，令固撰集其事。」注：「章帝建初四年，詔諸王諸儒會白虎觀，講議五經同異。」◎《白虎通·辟雍篇》：「古之教民者，里皆有師。里中之老有道德者爲里右師，其次爲左師。」

庠爲鄉學，有堂有室。序爲州學，有堂無室。有室則四分其堂，去一以爲室，故淺。無室則全得其四分以爲堂，故深。

【元圻案】《鄉射禮》「豫則鉤楹內，堂則由楹外」，注曰：「鉤楹，繞楹而東也。序無室，可以深也。周立四代之學於國，而又以有虞氏之(序)〔庠〕爲鄉學。《鄉飲酒義》曰『主人迎賓於庠門外』是也。庠之制，有堂有室也。今言豫者，謂州學也。讀如『成周宣榭災』之榭。凡屋無室曰榭。」疏曰：「云『序無室，可以深也』者，據立州序而言。云『庠之制，有堂有室也』者，則此篇曰『堂則由楹外』是也。《論語》云：『由也升堂矣，未入於室。』室堂相將，有室必有堂。言此者，見庠則室堂俱有，對榭則有堂無室也。」◎《玉海》一百六十一「宮室門」：「古者爲堂，自半已前，虛之爲堂，半已後，實之爲室。」

禮記

【閻按】壬子夏，讀唐司業李元瓘上言：「明經所習，務在出身，咸以《禮記》文少，人皆競讀。」《禮記》在唐試士爲大經，何以文反少？曾遍問之人不得，質諸書末由，蓄疑義者二十九載。今八月朔，晨起，讀《唐書·選舉志》云：「《禮記》、《春秋左氏傳》爲大經，《詩》、《周禮》、《儀禮》爲中經，《易》、《尚書》、《春秋公羊傳》、《穀梁傳》爲小經。通二經者，大經、小經各一，若中經二；通三經者，大經、中經、小經各一；通五經者，大經皆通，餘經各一。」不覺洞然，曰：唐制通五經，固讀大經，即凡通二經、三經，亦必讀一大經。《禮記》大經，僅九萬餘字，《左氏傳》一十九萬餘字，誰肯舍九萬餘字之經而誦習十九萬餘字者乎？參以同時楊瑒奏「今之明經，習《左氏》者十無二三」，正合。所謂《禮記》文少者，特較少於《左傳》耳。爲之快絶，附識於此。

【元圻案】鄭畊老曰：「《禮記》九萬九千二十字。」◎唐李元瓘《請令貢舉人習周禮等經疏》曰：「今明經所習，務在出身，咸以《禮記》文少，人皆諳讀。《周禮》、《儀禮》、《公羊》、《穀梁》歷代宗習，今兩監及州縣以獨學無友，四經殆絶。」◎殷侑《請試三傳奏》曰：「《左傳》卷軸文字，比《禮記》多較一倍，《公羊》、《穀梁》比《周易》、《尚書》多較五倍，是以國朝舊制，明經若大經、中經能習一《傳》，即放冬集。然明經爲《傳》者猶十不一二。今明經一例冬集，人之常情，趨少就易，三《傳》無復學者。」《禮記》字少於《左傳》，唐人已明言之。

《魏徵傳》曰：「以《小戴禮》綜彙不倫，更作《類禮》二十篇，數年而成。太宗美其書，録寘內府。」《藝文志》云「《次禮記》二十卷」。《舊史·魏徵傳》謂「采先儒訓注，擇善從之」。《諫録》[一]載詔曰：「以類相從，別爲篇第，并更注解，文義粲然。」[二]《會要》云「爲五十篇，合二十卷」。【原注】傳以卷爲篇。[三]《元行沖傳》：「開元中，魏光乘【原注】《集賢注記》，魏哲。請用《類禮》列於經，命行沖與諸儒集義作疏，將立之學，乃采獲刊綴爲五十篇。張説言：『戴聖所録，向已千載，與經並立，不可罷。[四]魏孫炎始因舊書，擿類相比，有如鈔撮，諸儒共非之。至徵更加整次，乃爲訓注，恐不可用。』帝然之，書留中不出。行沖著《釋疑》，曰：『鄭學有孫炎，雖扶鄭義，乃易前編。條例支分，箴石間起。馬伷增革，向逾百篇；葉遵删修，僅全十二。[五]魏氏采衆説之精簡，刊正芟礱。』」【原注】《集賢注記》：張説曰：「孫炎始改舊本，以類相比，徵因炎舊書，整比爲注。」[六]朱文公惜徵書之不復見，[七]此張説文人不通經之過也。[八]行沖謂：「章句之士，疑於知新，果於仍故。[九]比及百年，當有明哲君子，恨不與吾同世者。」觀文公之書，則行沖之論信矣。【原注】《隋志》：「《禮記》三十卷，魏孫炎注。」

[一]【何云】《諫録》，王方慶所集。

[二]按，元翟思忠《魏鄭公諫續録》亦載此詔，其詞同。

［三］【何云】《諫録》作二帙二十卷。

［四］【方樸山云】請列於禮，則《戴記》廢矣。此議原舛，燕公駁之有見。但《類禮》不傳，亦可惜耳。

［五］案下文云：「魏公病羣言之錯雜，紬衆説之精深。經文不同，未敢刊正。注理睽誤，寧不芟礱。成畢上聞，太宗嘉賞，賚縑千匹。」

［六］案，魏氏「采衆説之精簡」二句，非《釋疑》原文，乃從《新唐書·元行沖傳》删節之語。

［七］【方樸山云】此《儀禮經傳》之所以作也。

［八］【何云】不妨兩行。若以新廢舊，惡乎可哉。燕公未爲非。

［九］案《釋疑》原文：「章句之士，堅持昔言，特嫌知新，欲仍舊貫。」此從《新唐書》本傳。

【閻按】《詩》除韓、毛外，又有《葉詩》二十卷，宋葉遵注，即行沖所云葉遵也。

【元圻案】《唐會要》三十六：「貞觀十四年，五月，詔以特進魏徵所撰《類禮》賜皇太子及諸王，并藏本於秘府。初，徵以《禮經》遭秦滅學，戴聖編之，條流不次，乃删其所説，以類相從，爲五十篇，合二十卷。上善之，賜物一千段。」◎張説《駁行用魏徵類禮表》云：「今之《禮記》，是前漢戴德、戴聖所編録，已向千年，著爲經解，不可刊削。至魏孫炎始改舊本，以類相比，有同抄書，先儒所非，竟不行用。貞觀中，魏徵因孫炎所修，更加整比，兼爲之注，先朝雖厚加賞賜，其書亦竟不行。今行沖等解徵所注，勒成一家，然與先儒第乖，章句隔絶，若欲行用，竊恐未可。」◎《釋文敍録》曰：「戴德删古《禮》二百四篇爲八十八篇，謂之《大戴禮》，戴聖删《大戴禮》爲四十九篇，是爲《小戴禮》。」又：「《禮記》孫炎注二十九卷。字叔然，樂安人。魏秘書監徵，不就。業遵注二十卷，字長儒，燕人，宋奉朝請。」◎《唐志》作「葉遵」。◎《唐書·儒學傳下》：「元澹，字行沖，以字顯，後魏常山王素（蓮）〔連〕之後。封常山縣公。」又《藝文志·禮類》：司馬伷《周官寧朔新書》八卷，又《禮記寧朔新書》二十卷，並王懋約注。◎《書録解題·典故類》：「《魏鄭公諫録》五卷。唐尚書吏部郎中瑯琊王綝撰。綝字方慶，以字行。所録魏公進諫奏對之語，又名《魏文貞公故事》。」又「《唐會要》一百卷。司空、平章事晉陽王溥撰。初，唐德宗時，蘇冕撰四十卷，武宗朝崔鉉續四十卷，至是溥又采宣宗以降故事，共成百卷。」又《職官類》「《集賢注記》三卷。唐集賢院學士京兆韋（陟）〔述〕撰。敍置院始末、學士名氏及院中故事。」◎朱子《偶讀漫記》曰：「魏徵以《小戴禮》綜彙不倫，更作《類禮》二十篇。今此書不復見，甚可惜也。」

「道德仁義，非禮不成」，至「是以君子恭敬、撙節、退讓以明禮」，見賈誼《新書·禮篇》。劉原父謂：「『若夫坐如尸，立如齊』，乃《大戴記·曾子事父母篇》之辭，『若夫』二字，失於删去。」〔二〕然則《曲禮》之所采摭，非一書也。

〔一〕【何云】鄭注以「若夫」爲讀。

【閻按】《大戴禮記》「若夫坐如尸，立如齊」之上，曰「孝子唯巧變，故父母安之」。語精。

【元圻案】鄭注：「若夫，言欲爲丈夫也。《春秋傳》『是謂我非夫』。」◎劉原父《七經小傳》：

「案曾子曰：『孝子唯巧變，故父母安之。若夫坐如尸，立如齊，弗訊不言，言必齊色。此成人之善者也，未得爲人子之道也。』疑《曲禮》本取曾子之言，而誤留『若夫』。不然，則全脱一簡，失『弗訊』以下十五字。」◎朱子《答潘恭叔》曰：「《曲禮》雜取諸書精要之語，集以成編，雖大意相似，而文不連屬。如首章四句，乃《曲禮》古經之言，『敖不可長』以下四句，不知是何書語，又自爲一節，皆禁戒之辭也。『賢者』以下六句，又當别是一書。『臨財毋苟得』以下六句，又是一書，亦禁戒之辭。『若夫坐如尸，立如齊』，劉原父以爲『此乃《大戴記·曾子事父母篇》之辭，「若夫」二字，失於删去。鄭氏乃謂此二句爲丈夫之事，其説誤矣』，此説得之。『禮從宜，使從俗』，當又是一書。」

「恒言不稱老」①。漢胡廣年已八十，繼母在堂，言不稱老。

【元圻案】《後漢書·胡廣傳》：「廣字伯始，南郡華容人也。靈帝立，與太傅陳蕃參録尚書事。年已八十，而心力克壯。繼母在堂，朝夕瞻省，傍無几杖，言不稱老。」注：「《禮記》曰：『夫爲人子者，恒言不稱老。』」◎《曲禮》正義曰：「老是尊稱，稱老是己自尊，大非孝子卑退之情。子若自稱老，則感動其親，故舜年五十而慕是也。」

①《禮記·曲禮》。

「賜果於君前，其有核者懷其核」①。《説苑·奉使篇》：「晏子曰：『賜人主前者，瓜桃不削，橘柚不剖。』」漢桓榮，詔賜奇果，舉手捧之以拜。

【元圻案】《後漢書·桓榮傳》：「榮字春卿，沛郡龍亢人也。習《歐陽尚書》。車駕幸太學，會諸博士論難於前，榮被服儒衣，温恭有藴藉。後榮入會庭中，詔賜奇果，受者皆懷之，榮獨舉手捧之以拜。帝笑指之曰：『此真儒生也。』以是愈見敬厚。」

「儗人必於其倫」②。《説苑·奉使篇》：「魏文侯封子擊中山。倉唐奉使，文侯顧指左右曰：『子之君長孰與是？』倉唐曰：『儗人必於其倫。諸侯無偶，無所儗之。』曰：『長大孰與寡人？』倉唐曰：『君賜之外府之裘，則能勝之；賜之斥帶，則不更其造。』」

【何云】魏之文若是，子夏西河之化歟？

【全云】子夏若用於魏，其文豈勵爾哉！

【元圻案】鄭注曰：「儗，猶比也。倫，猶類也。比大夫當以大夫，比士當以士，不以其類，則

---

①《禮記·曲禮》。

②《禮記·曲禮》。

有所褻。」

《列女傳》：「孟母曰：『《禮》，將入門，問孰存，所以致敬也。將上堂，聲必揚，所以戒人也。將入户，視必下。恐見人過也。』」今《曲禮》闕二句。[二]《孟子》曰：「放飯流歠，而問無齒決。」亦本於《曲禮》。

[二]「將入門，問孰存」二句，《禮記》作「將適舍，求毋固」。

【元圻案】《漢書·劉向傳》：「向以爲王教由内及外，自近者始。故采取《詩》、《書》所載賢妃貞婦，興國顯家可法則，及孽嬖亂亡者，序次爲《列女傳》，凡八篇。」

「在醜夷不争」①。唐沈季詮事母孝，未嘗與人争。皆以爲怯。季詮曰：「吾怯乎？爲人子者，可遺憂於親乎哉！」

【元圻案】《唐書·孝友傳》：「沈季詮，字子平，洪州豫章人。少孤，事母孝云云。貞觀中，侍母渡江，遇暴風，母溺死。季詮號呼投江中，少選，持母臂浮出水上。」

①《禮記·曲禮》。

古者王司敬民，豈有「獻民虜」①？田以井授，豈有「獻田宅」？無總於貨寶，豈有「受珠玉」？記《禮》者，周之末造也。

【元圻案】正義曰：「古者田宅悉爲官所賦，本不屬民，或有重勳，爲君上所賜，故得有獻。」呂氏大臨《禮記解》曰：「鄭伯假許田，《春秋》譏之。此必周衰變禮，即采地授之君公，傳之先祖，亦非己可擅與人者。一說如郈成子分宅以居之〔之〕類，其曰獻者，假人使如有之也。此說則得之。」

「張拱」，出《曲禮》注。【原注】「室中不翔」注：「行而張拱曰翔。」「葉拱」，出《書大傳》。【原注】「子夏葉拱而進」，又《家語》「師襄子辟席葉拱而對」。注：「兩手薄其心。」

【元圻案】今本《書大傳》無「葉拱」語。盧氏《雅雨堂大傳補遺》曰：「『魏文侯問子夏，子夏乃遷延而退。』見《文選》四十四。」盧氏文弨《考異》曰：「《困學紀聞》引《大傳》作『子夏葉拱而進』。」

「君子欠伸」一章②，余在經筵進講，謂「君以自強不息爲剛，臣以陳善閉邪爲敬。

---

①《禮記·曲禮》。下二句同。

②《禮記·曲禮》。

講經理，討古今，有夜分日昃而不倦者。上無厭斁之心，下無顧望之意，是故學以聚之而德益進，問以辯之而理益明」，蓋因以規諷云。

【閻按】王氏在經筵，爲度宗咸淳元年：乙丑，值人日，雪，帝問有何故事，以唐李嶠、李乂等應制詩對。因奏「春雪過多，民生飢寒，方寸仁愛，宜謹感召」。

古以車戰，春秋時鄭、晉有徒兵，而騎兵蓋始於戰國之初。《曲禮》「前有車騎」，《六韜》言「騎戰」，其書當出於周末。[一]然《左氏傳》「左師展將以昭公乘馬而歸」，昭公二十五年。《公羊傳》「齊、魯相遇，以鞍爲几」，昭公二十五年。已有騎之漸。

[一]案正義曰：「古人不騎馬，經典無言騎者。今言騎，是周末時禮。」

【閻按】程大昌《雍録》云：「古皆乘車，今古公亶父曰『走馬』，恐此時或已變乘爲騎，蓋避狄之遽，不暇駕車。」余嘗戲題其端曰：「當時有姜女同行，豈天立厥配，亦善騎馬耶？」按《樂師》云：「行以《肆夏》，趨以《采薺》，車亦如之。」注：「王行於大寢之中，則奏《肆夏》詩爲節，趨於朝廷之上，則奏《采薺》詩爲節。行緩而趨疾，故車之疾徐，亦以二詩爲節也。」《釋名》「疾行曰趨，疾趨曰走」，車既可謂之趨，則亦可謂之走。

【何云】焯謂「來朝走馬」，或參西戎之俗。

【元圻案】衛氏《禮記集說》載陸氏佃曰：「古稱黃帝以車戰，蚩尤以騎戰，又齊、魯相遇，以鞍爲几，則軍之有騎尚矣。」胡氏銓曰：「春秋時，左師展以昭公乘馬而歸，此騎之漸。此言騎，知《禮記》出周末漢世。」

《曲禮》、《禮器》、《内則》，疏引「《隱義》云」。按《隋志》：「《禮記音義隱》一卷，射[一]氏撰。」【原注】又《音義隱》七卷。

［一］【閻按】今本作「謝」。○《隋志》注：「梁有射慈、射貞《禮記音》各一卷，亡。」

【元圻案】《唐書·藝文志》：「射慈《小戴禮記音》二卷。」◎《釋文序録》：「射慈，字孝宗，彭城人。吴中書侍郎，《齊三傳禮記音》一卷。」案「齊三傳」三字疑有誤，萬氏《集證》引之作「齊王傳」。◎《經義考》引《册府元龜》：「射慈，字孝宗，爲中書侍郎。撰《喪服變除圖》五卷，《禮記音》一卷。」又「《禮記隱》。《唐志》二十六卷。按陸氏《釋文》每引《禮記隱義》，如云『樂浪人呼容十二石者爲鼓』，『齊人以相絞訐爲掉磬』，『腱筋之大者』，『魚須文竹，以魚須飾文竹之邊』，『佚之爲移也』，『符長，符謂甘露醴泉之屬，長謂麟鳳五靈之屬』。考《隋志》不載，惟《唐志》有《禮記隱》二十六卷，疑其脱去『義』字，即是書也。孔氏《禮疏》亦引之。」◎案王氏謂《禮疏》所引《隱義》，即《經義考》所摘數條也。據王氏似以此即射氏之文，竹垞以射氏書名《音義隱》，而孔疏及《釋文》所引曰《隱義》，故疑爲《唐志》《禮記隱》之説而脱去「義」字。案《隋志》又有《禮記音義隱》七卷，無名氏，而王氏自注并及之，則王氏亦不能必其爲射氏之文也。◎《禮器》疏無引《隱義》之文，王氏偶誤。

《檀弓》載申生辭於狐突曰：「伯氏不出而圖吾君。」澹庵胡氏謂：「狐突事晉未嘗去，此云不出，記《禮》者誤。」[一]愚考《晉語》「申生敗翟於稷桑而反，讒言益起，狐突杜門不出。申生使猛足言於狐突，曰：『伯氏不出，奈吾君何？』」胡氏蓋未考此，非《記》之誤也。

[一]案，此蓋胡氏銓《禮記傳》之説，見於衛湜《禮記集説》。

【元圻案】《玉海》三十九：「胡銓《禮記傳》十八卷。」

《檀弓》筆力，《左氏》不逮也，於申生、杜蕢【原注】《傳》作「屠蒯」。二事見之。致堂胡氏曰：「檀弓，曾子門人，其文與《中庸》之文有似《論語》。子思、檀弓，皆纂修《論語》之人也。」

【閻按】康成謂撰定《論語》者，仲弓、游、夏等，非檀弓。

【元圻案】《檀弓》正義曰：「案鄭《目録》云：『名曰《檀弓》者，以其記人善於禮，故著姓名以顯之。今山陽有檀氏。』此檀弓在六國之時，知者，以仲梁子是六國時人，此篇載仲梁子，故知也。」◎《釋文》：「檀弓，魯人。」

《家語・終記》云：「泰山其頽，則吾將安仰？梁木其壞，吾將安仗？喆人其萎，吾將安放？」《檀弓》無「吾將安仗」四字。或謂廬陵劉美中[二]家古本《禮記》，「梁木①其壞」之下有「則吾將安仗」五字，蓋與《家語》同。

[二] 名才邵，字美中。

【元圻案】《欽定禮記義疏》謝枋得曰：「劉尚書美中家藏《禮記》，『梁木其壞』下有『則吾將安仗』五字。今案《家語》及高麗本皆有此五字，應從之。」◎羅大經《鶴林玉露》亦云爾。

九嶷山在零陵，而云舜葬蒼梧者，文穎曰：「九嶷半在蒼梧，半在零陵。」

【元圻案】《漢書・武帝紀》：「元封五年冬，行南巡狩，望祀虞舜於九嶷。」注，應劭曰：「舜葬蒼梧。九嶷，山名，今在零陵營道。」文穎曰：「九嶷山，半在蒼梧，半在零陵。」師古曰：「文説是也。」

曾子之子元、申，子張之子申祥，子游之子言思，皆見《檀弓》。

【閻按】言思爲申祥妻之昆弟，則子張與子游兒女姻家也。

① 「木」，原本作「本」，據元刊本改。《禮記・檀弓上》正作「木」。

【元圻案】《檀弓》：「曾子寢疾，病。曾元、曾申坐於足。」鄭注：「元、申，曾參之子。」又「子張病，召申祥而語之。」鄭注：「申祥，子張子。」又「曾子曰：『子思之哭嫂也爲位。申祥之哭言思也亦然。』」鄭注：「言思，子游之子，申祥妻之昆弟。」

《春秋繁露》言爵五等，其分土與《王制》、《孟子》同。又云「附庸：字者方三十里，名者方二十里，人氏者方十五里。」蓋公羊家之説。

【元圻案】《繁露·爵國篇》：「《春秋》曰『荆』，《傳》曰：『氏不若人，人不若名，名不若字。』凡四等，命曰附庸，三代共之。然則其地列奈何？曰：天子邦圻千里，公、侯百里，伯七十里，子、男五十里，附庸：字者云云。」◎《春秋》莊公十年「荆敗蔡師於莘」，《公羊傳》曰：「荆者何？州名也。州不若國，國不若氏，氏不若人，人不若名，名不若字，字不若子。」疏：「『州不若國』，言荆不如言楚。『國不若氏』，言楚不如言潞氏、甲氏。『氏不若人』，言潞氏不如言楚人。『人不若名』，言楚人不若言介葛盧。『名不若字』，言介葛盧不如言邾婁儀父。『字不若子』，言邾婁儀父不如言楚子、吴子。」◎《四庫全書總目·春秋類附録》：「《春秋繁露》十七卷。漢董仲舒撰。『繁』或作『蕃』，蓋古字相通。其立名之義不可解。《中興館閣書目》謂：『繁露，冕之所垂有聯貫之象，《春秋》比事屬辭，立名或取諸此。』亦以意爲説也。」

《王制》注：「小城曰附庸。」庸，古墉字。王莽曰「附城」，蓋以庸爲城也。[一]

[一]「王莽曰」以下十一字，閣本作小注，今從何本。①

【集證】《大雅·崧高》「因是謝人，以作爾庸」，毛傳：「庸，城也。」《王制》正義曰：「庸，城也。謂小國之城，不能自通，以其國事附於大國，故曰附庸。此不能五十里，故爲小國之城。若《詩》『崇墉言言』，及《易》『公用射隼於高墉之上』，是大國之城亦名墉也。」

【元圻案】《漢書·王莽傳上》：「『臣請諸將帥當受爵邑者爵五等，地四等。』奏可。於是封者高爲侯、伯，次爲子、男，當賜爵關内侯者更名曰附城。」◎《項氏家説》曰：「王莽封諸侯，置附城，則漢人蓋以城解庸也。古文『庸』即『墉』字，後人加『土』以别之。不成國者謂之附城，猶今言枝郡爲屬城也。」

馬融云：「東西爲廣，南北爲輪。」《王制》：「南北兩近一遥，東西兩遥一近。」是南北長，東西短。

【閻按】皇氏云：「近者言不滿千里，遠者言不啻千里。」熊氏則以「近者謂過千里，遥者謂不滿千里」。此云長短，用熊氏説。◎漢地東西九千三百二里，南北萬三千三百六十八里。隋東

① 元刊本亦作小注。

西九千三百里，南北萬四千八百一十五里。唐東西九千五百一十一里，南北一萬六千九百三十八里。宋東西六千四百八十五里，南北萬一千六百二十里。元東南所至，不下漢、唐，而西北則過之，有難以里數限者。皆南北長、東西短也。

【元圻案】王氏此條是《周官·大司徒》賈疏文，閻氏所引皇氏、熊氏說，是《王制》正義文。《周官》賈疏從熊説，《禮記》孔疏、陳祥道《禮記講義》、方慤《禮記解》、陳澔《集説》、鄭鍔《周禮解》從皇説。◎應鏞《禮記纂義》曰：「自秦而上，西北袤而東南蹙；自秦而下，東南展而西北縮。古今之疆理，天地之大運，中外①之消長，大略可見。」

范蜀公曰：「周兼用十寸、八寸爲尺，漢專用十寸爲尺。」

【元圻案】《續通鑑長編》一百七十二仁宗皇祐四年：「六月，祠部員外郎、直秘閣判吏部南曹范鎮上書曰：『按《周禮》鬴法，方尺，圓其外，深尺，容六斗四升。方尺者，八寸之尺也；深尺者，十寸之尺也。何以知尺有十寸、八寸之别？按《周禮》「璧羨度尺，好三寸，以爲度」，璧羨之制，長十寸，廣八寸，同謂之度尺。既以爲尺，則八寸、十寸俱爲尺矣。又《王制》云：「古者以周尺八尺爲步，今以周尺六尺四寸爲步。」八尺者，八寸之尺也；六尺四寸者，十寸之尺也。同謂之

①「中外」，據《禮記集説》引應氏曰，原作「中國夷狄」。

周者，是周用八寸、十寸尺明矣。』」◎王穀睉曰：「蔡元定《律呂新書》以十寸之尺起度，則十尺爲丈，十丈爲引；八寸之尺起度，則八尺爲尋，倍尋爲常。」

《夏小正》曰：「正月啓蟄。」《月令》：「孟春蟄蟲始振，仲春始雨水。」注云：「漢始以驚蟄爲正月中，雨水爲二月節。」《左傳》桓公五年「啓蟄而郊」，【原注】建寅之月。正義云：「太初[一]以後，更改氣名，以雨水爲正月中，驚蟄爲二月節，迄今不改。」【原注】改「啓」爲「驚」，蓋避景帝諱。《周書·時訓》：「雨水之日，獺祭魚。驚蟄之日，桃始華。」《易通卦驗》：「先雨水，次驚蟄。」此漢太初後曆也。《月令》正義云：「劉歆作《三統曆》改之。」又按《三統曆》：「穀雨三月節，清明中。」見《後漢書·律曆志》。而《時訓》、《通卦驗》清明在穀雨之前，與今曆同。然則二書皆作於劉歆之後，《時訓》非周公書明矣。[二]是以朱子集《儀禮》，取《夏小正》而不取《時訓》。馬融注《論語》，謂《周書·月令》有「更火」之文，其篇今亡。[三]

[一] 漢武帝三十七年改元太初。

[二]【閻按】《三統曆》以武王元年三月二日庚申驚蟄。三月者，建寅之月，與《左氏》「啓蟄而郊」月數同。◎《時訓解》雖未必周公書，而先雨水後驚蟄，則是傳寫人以後之節次上改古曆耳。

[三]【何云】《上林賦》張揖注引《月令》云「命榜人」，蓋《周書·月令》之文。

【元圻案】《通卦驗》：「雨水，凍冰釋，猛風至，獺祭魚，鶬鷃鳴，蝙蝠出。驚蟄，雷候，雁北。春分，明庶風至，雷雨行，桃始花，日月同道。」◎《月令》正義：「漢始以驚蟄爲正月中，雨水爲二月節。〔前〕漢末以雨水爲正月中，驚蟄爲二月節。是劉歆作《三統曆》改之也。案《三統曆》：『正月節立春，雨水中。二月節驚蟄，春分中。三月節穀雨，清明中。』案《通卦驗》及今曆，唯以清明爲三月節，穀雨爲三月中，餘皆同。」◎熊朋來《經説》，祝子經云：「驚蟄本在雨水之前，《考工記》注『冒鼓，以啓蟄之日』曰：『孟春中氣也。』唐一行改在雨水之後。《太玄卦氣》亦以驚蟄在雨水前。舊圖於『雨水』下注云：『律夾鍾。』今雨水在驚蟄前，未知劉歆所改，抑亦一行所改也。觀《太玄卦氣》舊説，疑劉歆欲改而未能，至後人始以其書改之。」◎元吴氏萊《二十四氣論》：「天一生水，人物之生，皆始於水。春屬木，木生於水。今曆立春後繼以雨水，宜也。《卦氣》正月爲泰，天氣下降，當爲雨水；二月大壯，雷在天上，當爲驚蟄。今曆先雨水而後驚蟄，亦宜也。」◎王氏此條，與《齊東野語》辨證略同。

《周書序》：「周公辨二十四氣之應，以明天時，作《時訓》。」唐《大衍曆議》七十二候，原於周公《時訓》，《月令》雖頗有增益，然先後之次則同。自後魏始載於曆，乃依《易軌》所傳，不合經義，今改從古。案，見《唐書·曆志》第十七上。【原注】李業興以來，迄《麟德曆》凡七家，皆以雞始乳爲立春初候，東風解凍爲次候，與《周書》相校，二十餘日。一行改從古義。〔一〕《漢上易・卦氣圖說》云：「《夏小正》具十二月而無中氣，有候應而無日數。《時訓》乃五日爲候，三候爲氣，六十日爲節。二書詳略雖異，大要則同。《易通卦驗》所記氣候，比之《時訓》晚者二十有四，早者三，當以《時訓》爲定。故揚子雲《太玄》二十四氣，關子明論七十二候，皆以《時訓》。」〔二〕

〔一〕【集證曰】《元史・曆志》：後魏李業興造《正光曆》，北齊宋景業造《天保曆》，後周甄鸞造《天和曆》，隋張賓造《開皇曆》，張胄造《大業曆》，唐傅仁均造《戊寅曆》，李淳風造《麟德曆》，凡七家。

【又云】今曆家謂某月無中氣者，國家當有凶衰之應，然則《時訓》未作以前將何如耶？

【全云】中氣不至，非謂曆本上無中氣也，蓋失其氣耳。何說謬。

〔二〕【何云】「訓」下有脱字。

【元圻案】《周書・周月解》：「春三月中氣，雨水、春分、穀雨；夏三月中氣，小滿、夏至、大暑；秋三月中氣，處暑、秋分、霜降；冬三月中氣，小雪、冬至、大寒。閏無中氣，斗柄指兩辰之間。」◎《時訓解》：「立春之日，東風解凍；又五日，蟄蟲始振；又五日，魚上冰。」是五日爲候也。三候即爲氣，自立春之日至清明六十日，凡十二候，即爲節。◎《漢上易・卦氣圖說》亦止於「皆以《時訓》」，非此條有闕文也。

《時訓》、《月令》七十二候，雁凡四見：「孟春，鴻雁來」，《夏小正》曰「雁北鄉」，《吕氏春秋》、《淮南·時則訓》曰「候雁北」；【原注】《月令》注：「今《月令》『鴻』皆爲『候』，而不言『北』，蓋『來』字本『北』字，康成時猶未誤，故曰『雁自南方來，將北反其居』，其後傳寫者因『仲秋鴻雁來』，誤以『北』爲『來』。」[一]「仲秋，鴻雁來」，《吕氏》、《淮南》曰「候雁來」；「季秋，鴻雁來賓，爵入大水爲蛤」，[二]《小正》曰「九月，遰鴻雁」，《吕氏》、《淮南》曰「候雁來」，高誘、許叔重注以「候雁來」爲句；【原注】賓爵，老爵也，棲宿人堂宇之間，有似賓客，故曰賓爵。○此《吕覽》高誘注文。「季冬，雁北鄉」，《小正》在正月，《易》說在二月。【原注】正義謂「節氣有早晚」。

[一]案正義曰：「今《月令》『鴻』皆爲『候』者，但《月令》出有先後，入《禮記》者爲古，不入《禮記》者爲今，則《吕氏春秋》是也，『鴻』字皆爲『候』也。」

[二]《時訓》作「化爲蛤」，與《淮南》同，《吕覽》無「化」字。

【元圻案】《四庫全書總目·子部雜家類》：「《淮南子》，陳振孫謂：『今本題許慎注，而詳序文，即是高誘，殆不可曉。』然《隋》、《唐》、《宋志》皆許氏、高氏二注並列。陸德明《莊子釋文》引《淮南子》注稱許慎，李善《文選注》、殷敬順《列子釋文》引《淮南子注》，或稱高誘，或稱許慎，是原有二注之明證。後慎注散佚，傳刻者誤以誘注題慎名也。」高誘，《後漢書》無傳，其《淮南子注自序》云：「自誘之少，從故侍中同縣盧君，受其句讀。建安十年，乃得思先師之訓，爲之注解。」陳振孫曰：「盧君者，植也。」則誘乃漢末人。《後漢·許慎傳》稱：「慎少博學經籍，馬融常推敬之。」則許慎在高誘之前數十年。使慎先有《淮南子注》，誘序何云「睹時人少爲《淮南》者，懼遂陵遲」乎？《許慎傳》只言撰《五經異義》、《説文解字》傳於世，或慎本無注，而後人誤以誘注爲慎注歟？然《吕覽》之爲高誘注，古無二説。今《吕覽》注明以「賓」字連下讀，而《淮南》注則又曰「雁以仲秋先至者爲主，後至者爲賓」，不應互異如此。殊不可解。◎《月令》正義曰：「雁北鄉，有早有晚，早者則此月北鄉，晚者二月乃北鄉，故《易》説云：『二月驚蟄，候雁北鄉。』」◎《夏小正》「雁北鄉」，先言「雁」而後言「鄉」者何也？見雁而後數其鄉也。鄉者何也？鄉其居也。雁以北方爲居，何以謂之居？生且長焉爾。「九月，遰鴻雁」，先言「遰」而後言「鴻雁」，何也？見遰而後數之，則鴻雁也。何不謂南鄉也？曰非其居也，故不謂南鄉。記鴻雁之遰也，如不記其鄉何也？曰鴻不必當《小正》之遰者也。宋傅氏崧卿注：「遰，音遞。」案《唐韻》，迢遰，去也，避也。」◎《欽定禮記義疏》：「雁非中國之鳥也。《月令》記雁爲詳，以生於陰而能從陽，非中國而知有中國，故重之，重之故詳之。『十二月，雁北鄉』，則七月雁南鄉可知。鄉之，未啓行也。『正月，鴻雁歸』，啓行，未至北也。『八月，鴻雁來』，啓行，未至南也。九月，則若賓之至矣。『九月來賓』，則三月至其鄉可知。而詳於南，其所見也；略於北，其所不見也。於南曰來，曰來賓，客之也，以雁固非中國之鳥也。爵亦號嘉賓。高氏賓爵之訓，不爲無據，而春秋孟仲皆言鴻雁來，則詞複，不若來賓之義正。」◎楊升庵曰：「鴻雁之鳥，木落南翔，冰泮北徂，知時之鳥也。然其行有先後，『八月，鴻雁來』，乃大雁也，雁之父母。『九月，鴻雁來賓』，小雁也，雁之子也。『十二月，雁北鄉』，亦大雁，雁之父母。『正月，候雁北』，亦小雁，雁之子也。此説出晉之干寶，宋人述之，以爲的論。」案《吕覽·季秋紀》「候雁來」，高誘注：「是月候時之雁，從北方來南之彭蠡。蓋以八月來者，其父母也，其子羽翼稺弱，未能及之，於是月來過周雒也。」然則干寶之説本於高誘。

「魚上冰」，《夏小正》曰「魚陟負冰」。【原注】陟，升也。負冰云者，言解蟄也。○案，此《夏小正》戴氏傳文。《淮南》曰：「魚上負冰。」【原注】注：「鯉魚應陽而動，上負冰也。」[一]《鹽石新論》宋吴仁傑撰。謂「《小戴》去一『負』字，於文爲闕。」然《時訓》與《月令》同，《吕氏春秋》亦無負字。

[一]【程易田曰】《淮南》原注「魚」上無「鯉」字。○高誘《吕覽·孟春紀》注：「魚，鯉、鮒之屬也。」

「仲冬，虎始交。」《易通卦驗》云「小寒」。「季冬，鵲始巢。」《詩推度災》云「復之日」。「雉雊雞乳。」《通卦驗》云「立春」。皆以節氣有早晚也。

【元圻案】《月令·季冬》正義：「『鵲始巢』者，此據晚者，若早者，十一月始巢。故《詩緯推度災》云『復之日，鵲始巢』是也。『雉雊雞乳』者，《易通卦驗》云『雉雊雞乳，在立春節』，與此同，以立春在此月也。《通卦驗》又云：『小寒虎始交，豺祭獸。』此季冬不言者，文不具也。若節氣晚則季冬虎交，若節氣早則在仲冬，故仲冬虎始交。」◎楊升庵曰：「予見王冰注《素問》，亦引吕《令》七十二候，與今世行《吕氏春秋》及曆中所載不同。如『桃始華』爲『小桃華』，『雷乃發聲』下有『芍藥榮』，『田鼠化爲鴽』下有『牡丹華』，『王瓜生』作『赤箭生』，『苦菜秀』作『吴葵華』，『麥秋至』作『小暑至』，『半夏生』下有『木槿榮』，『蟄蟲壞户』下有『景天華』。惟《易通卦驗》亦載節候，而其書今亡，類書所引，若『條風至而楊柳津』，『景風至而博勞鳴，蝦蟇無聲』，『涼風至而鶴鳴』，『閶闔風至而蜻蜓吟』，『日至而泉躍，泉躍即水泉動也』，可考古今節候之異同，備録於此。」

《月令》正義：「穹天，虞氏所説，不知其名。」按《天文録》云：「虞昺作《穹天論》。」[一]《晉·天文志》云：「虞聳立《穹天論》。」聳、昺，皆虞翻子也。虞喜《安天論》云：「族祖河間立《穹天》。」聳爲河間相，然則非昺也。

[一]《隋書·經籍志》：「《梁天文録》三十卷，祖暅撰。」

【閻按】《三國志·虞翻傳》：「聳，第六子；昺，第八子也。」

【元圻案】《月令》正義曰：「凡説天地形狀之殊有六等，一曰蓋天，二曰渾天，三曰宣夜，四曰昕天，昕讀曰軒，是吴時姚信所説；五曰穹天，云穹隆在上，虞氏所説，不知其名也；六曰安天，是晉虞喜所論。」◎《宋書·天文志》：「晉成帝咸康中，虞喜造《安天論》。喜族祖河間太守聳又立《穹天論》，云：『天形穹隆，當如雞子幕，其際周接四海之表，浮乎元氣之上。』」◎《太平御覽》二：虞喜《安天論》曰：「言天體者三家，渾、蓋之説具存，而宣夜之法絶滅，有意續之而未遑也。近見姚元道造《昕天論》，又睹族祖河間相立《穹天論》，鄙意多嫌。喜以爲天確乎在上，有常安之形，地魄焉在下，有居静之體，當相覆冒，方則俱方，圓則俱圓，無方圓不同之義也。」◎《虞翻傳》注，《會稽典録》曰：「聳，字世龍，翻第六子。在吴，歷清官；入晉，除河間相。昺，字子文，翻第八子。吴尚書侍中。晉在濟陰，抑强扶弱，甚著威風。」◎《晉書·儒林傳》：「虞喜，字仲寧，會稽餘姚人。專心經傳，兼覽讖緯，乃著《安天論》，以難渾、蓋。」◎唐盧肇《海潮賦序》：「六曰穹天。」自注云：「虞聳作。」

「宿離不貸。」蔡邕曰：「宿，日所在；離，月所歷。」

【元圻案】衛氏《禮記集説》：山陰陸氏佃曰：「宿離不貸。蔡邕曰：『宿者，日所在也；離，月所歷。』歷非一度處之詞也。曆象以初爲常而已，其測驗與時盈縮，有變存焉。」◎鄭注：「離，讀如儷偶之儷。謂其屬馮相氏、保章氏，掌天文者，相與宿偶，當審候伺，不得過差也。」唐丘光庭《兼明書》非之曰：「不顧經文，妄爲穿鑿。諸儒亦鮮從鄭義者。」◎顔師古《匡謬正俗》曰：「按《易》之《離卦·彖辭》曰：『日月麗乎天，百穀草木麗乎土。』今云『宿離不貸』，宿即星辰，離則日月，蓋覆上言星辰日月耳，更無别義，居然可曉，何爲改『離』作『儷』？若然者，『離卦』亦可以變爲『麗卦』乎？」

「地氣上騰」注：「《農書》曰：『土上[一]冒橛，陳根可拔，耕者急發。』」正義云：「《氾勝之書》也。」[二]唐中和節進《農書》。按《會要》，乃武后所撰《兆人本業記》三卷。呂温進表云：「書凡十二[三]篇。」《館閣書目》云：「載農俗四時種蒔之法，凡八十事。」

[一]案，今本作「土長」，《國語》注作「春土」。

[二]正義曰：「《農書》九家，百十四篇：《神農》二十篇，《野老》十七，《宰氏》十七，《董安國》十六，《尹都尉》十四，《趙氏》五，《氾勝之》十八，《王氏》六，《蔡葵》一篇。此所引，先師謂《氾勝之書》也。氾音凡，成帝時爲議郎，教田三輔。先置橛以候土，土長冒橛，則陳根朽爛，可拔而去之，耕者急速開發其地也。」

[三]案，《呂温集》作「二十」。

【閻按】氾勝之，漢成帝時爲議郎，使教田三輔，有好田者師之，書十八篇。

【元圻案】閻注是《漢書·藝文志》文。◎《唐會要》二十九：「貞元五年，正月敕：四序嘉辰，歷代增置，漢崇上巳，晉紀重陽。或説禳除，雖因舊俗，與衆宴樂，誠洽當時。朕以春方發生，候維仲月，勾萌畢達，天地同和，俾其昭蘇，宜助暢茂。自今以二月一日爲中和節，請令《玉海·食貨門》引《會要》，「請令」上有「李泌」二字。文武百寮，以是日進《農書》。」「六年二月，百官以中和節宴於曲江亭上，賦詩以錫。其年以中和節始令百官進太后所撰《兆人本業記》三卷。」◎《唐書·呂温傳》載《代百寮進農書表》①云：「伏準故事，每年二月一日，以農務方興，令百寮具則天大聖皇后所删定《兆人本業記》，奉進者」云云。案《會要》於貞元五年正月書「敕百寮於二月一日進《農書》」，又於六年二月書「始令百官進太后所撰《兆人本業記》」，似是兩事，而吕温表則似一事。蓋武后所撰《本業記》，本删定農家諸書而成，意者貞元五年所進農書是氾勝之等所作，六年所進則《兆人本業記》，故《會要》書曰「始令百官進太后所撰《兆人本業記》」歟？然則書雖兩書，而勸農之意則一也。故吕温表曰：「宏我政本，實惟農書。」◎吕温，河中人，字和叔，一字化光，渭之子。從陸贄治《春秋》，梁肅爲文章。《唐書》附入《渭傳》。有《吕衡州集》十卷，劉禹錫爲之敍。

《月令》「冬祀行」，《淮南·時則訓》「冬祀井」，《太玄數》云「冬爲井」，《唐月令》「冬祀井而不祀行。」

【元圻案】《太玄數》第十一：「一六爲水，爲北方，爲冬。帝顓頊，神玄冥，星從其位。類爲介，爲鬼，爲祠，爲廟，爲井。」◎《大傳·鴻範五行傳》：「仲冬之月，御玄堂正室，牲先腎，設主於井，索祀於坎正。」◎《吕氏春秋·仲冬紀》高誘注：「行，門内地也，冬守在内，故祠之。一作井，

① 兩《唐書》均無此表，當是《吕衡州集》之誤。

水給人，冬水王，故祀之。」◎《欽定禮記義疏》「揚雄、蔡邕、劉安，皆謂冬祀井。蓋井水竈火，皆功在養人，而夏火冬水，亦於義爲合。行即井也，《易》曰『往來井井』，蓋祀井於汲道之旁，故云行歟？若行道之神，出祖則祭之，無常時，不當列於五祀中也。」◎楊氏慎曰：「井即行也。蓋行，井間道也。古者八家同井，由家而至井，井有八道，八家所行也，故井之爲字有八口角。井甃亦八角，祭井即祭行也。《月令》與《時訓》互言之，非有異也。」◎王穀睟曰：「唐石經《禮記》第一即《御删定月令》，十月之節，其祀行。《開元禮》，明堂五時讀令，冬月皆祀行。《唐六典》『祠部郎中』條下，冬享太廟，兼祭行。」◎《唐·藝文志》「禮類」：「《御刊定禮記月令》一卷，集賢院學士李林甫等注解。」

鷹化爲鳩，陰爲陽所化；爵化爲蛤，陽爲陰所化。堇荼如飴，惡變而美；荃蕙爲茅，美變而惡。

【元圻案】《禮記集説》：嚴陵方氏慤曰：「鷹好殺而擊以秋，鼠好貪而出以夜，皆陰類也。鳩、鴽，皆陽類也。卯、辰者，陽之中，故仲春則鷹化爲鳩，季春則田鼠化爲鴽。蓋陰爲陽所化，〔物理如此〕。爵乳子而集以春，雉求雌而雊以朝，皆陽類也。蛤、蜃，皆陰類也。戌、亥者，陰之極也，故季秋則爵入大水爲蛤，孟冬則雉入大水爲蜃。蓋陽爲陰所化，物理如此。」◎《詩·大雅·綿》「堇荼如飴」箋：「周之原地在岐山之南，膴膴然肥美，其所生菜，雖有性苦者，甘如飴也。」◎《離騷》「荃蕙化而爲茅」注：「失其本性也。以言君子更爲小人，忠信更爲佞僞也。」

《曲禮》，隋王劭勘晉宋古本，皆無「稷曰明粢」一句，立八疑十二證，以爲無此一句。[二]

[二]案，此《曲禮》正義文。

【集證】惠氏《九經古義》曰：「王劭勘晉宋古本，皆無『稷曰明粢』一句。案《周禮·大祝》『六號』，『五曰齍號』，注：『齍號，爲黍稷皆有名號也。』《曲禮》曰『黍曰薌合，粱曰薌萁，稻曰嘉蔬。』此注所引，獨無『稷曰明粢』一句，當在十二證之一也。又獻帝《宗廟祝嘏辭》所薦『一元大武，柔毛剛鬣，商祭明視，香合嘉蔬，鹹鹺豐本』，而不及明粢。又蔡邕《獨斷》載祭宗廟禮牲之別名及祭號等，皆與《曲禮》同，獨無『稷曰明粢』一句。」

【元圻案】《隋書·王劭傳》：「劭字君懋。太原晉陽人。秘書少監。采摘經史謬誤，爲《讀書記》三十卷，時人服其精博。」◎陸氏《釋文·禮記音義一》：「稷曰明粢。音咨。一本作『明粱』。古本無此句。」◎衛湜《禮記集説》十四引項氏安世曰：「古本無『稷曰明粢』一句，或與黍同號耳。」

公孫弘云：「好問近乎知。」今《中庸》作「好學」。①

① 元刊本此條與上條連寫。

【閻按】《宋·袁燮傳》：入對寧宗：「臣昨勸陛下勤於好問，而聖訓有曰：『問則明。』」

【元圻案】惠氏《九經古義》：「《説苑·建本篇》云：『《中庸》曰：「好問近乎智。」』《漢書》公孫弘上書引《禮記》，亦云『好問』，師古曰：『疑則問之，故成其智。』」

【集證曰】《後漢·馮衍杜密傳》注引《禮》並作「好問近乎知」。

《王制》：「太史典禮，執簡記，奉諱惡。」《保傅傳》[一]謂：「不知日月之時節，不知先王之諱與大國之惡，不知風雨雷電之眚，太史之任也。」愚謂人君所諱言者，災異之變，所惡聞者，危亡之事，太史奉書以告君，召穆公所謂史獻書者也。

[一]《大戴記》篇名。

【元圻案】《王制》鄭注：「簡記，策書也。諱，先王名。惡，忌日，若子卯。」◎胡氏銓《禮記解》曰：「諱惡，謂人主所諱言而惡聞者，賈山云『人主惡聞其過』是也，故下云受諫。」◎賈誼《新書·傅職篇》作「不知日月之不時節與國之大忌」。

《曾子問》於變禮無不講，《天圓篇》[一]言天地萬物之理。曾子之學，博而約者也。

[一]《大戴記》篇名。

【閻按】此有謂「曾子之學專用心於内」者，然歟？

【全云】講變禮，言天地萬物之理，豈用心於外耶？是告子義外之説也。閻説謬。

《禮運》，致堂胡氏云子游作。吕成公謂「蜡賓之嘆，前輩疑之，以爲非孔子語。『不獨親其親、子其子』，而以堯、舜、禹、湯爲『小康』，是老聃、墨氏之論。」朱文公《答吕伯恭書》謂：「程子論堯、舜事業，非聖人不能，三王之事，大賢可爲，恐亦微有此意。但記中分裂太甚，幾以帝、王爲有二道，則有病。」

【元圻案】吕成公《與朱子書》曰：「胡文定《春秋傳》多拈出《禮運》『天下爲公』意思。蜡賓之嘆，自昔前輩共疑之，以爲非孔子語，蓋『不獨親其親、子其子』，而以堯、舜、禹、湯爲『小康』，真是老聃、墨氏之論。胡氏乃屢言《春秋》有意於天下爲公之世，此乃綱領本原，不容有差，不知嘗致思否。」◎王穀睉曰：「《禮運》正義曰：『自「大道之行也」至「是謂大同」，爲明五帝時事。自「今大道既隱」至「是謂小康」，爲明三代俊英之事。』故朱子謂『分裂太甚』。」◎魏鶴山《師友雅言》曰：「嘗疑『不獨親其親、子其子』近乎『兼愛』，朱文公亦以爲然。及見横渠説『惟不獨親其親、子其子，故知能親親而子子』，與《孟子》『老幼及人』同意，不費詞而義足。」

《夏時》、《坤乾》，何以見夏、殷之禮？《易象》、《魯春秋》，何以見周禮？此三代損益大綱領也，學者宜切磋究之。

【元圻案】《禮運》：「言偃復問曰：『夫子之極言禮也，可得而聞與？』孔子曰：『我欲觀夏道，是故之杞，而不足徵也，吾得《夏時》焉。我欲觀殷道，是故之宋，而不足徵也，吾得《坤乾》焉。《坤乾》之義，《夏時》之等，吾以是觀之。』」◎衛湜《集説》五十四，金華應氏鏞曰：「觀其義與等者，聖人之觀異乎他人之觀也。夫上天下澤，所以爲禮，而《坤乾》之書，顧以《坤》爲首者，有其義也。陰陽循環，更相爲始，而夏時必以寅爲首者，有其等也。玩《乾》、《坤》之自下而上，則知禮之交際者無不通，且又有卑法地之意焉。玩四時之自始而終，則知禮之秩序者不可紊，且又有無窮之象焉。」◎昭公二年《左傳》：「晉侯使韓宣子來聘，觀書於太史氏，見《易象》與《魯春秋》，曰：『周禮盡在魯矣。』」杜注：「《春秋》遵周公之典以序事，故曰周禮在魯。」◎方氏慤《禮記解》：「《易》之所見者象，禮之所形者器。《繫辭》曰『以制器者尚其象』，則觀《易》固可以知禮矣。」◎《史記·太史公自序》：「故《春秋》者，禮義之大宗也。」

《白虎通·性情篇》云：「《禮運記》曰：『六情，所以扶成五性也。』【原注】今《禮運》無此語。五性，仁、義、禮、智、信。」[一]韓子愈《原性》與此合。

[一]【何云】三代、兩漢之書所以可重。

【元圻案】真西山《讀書記》二：「《白虎通論》曰：『五常者何？仁、義、禮、智、信也。六情者何？喜、怒、哀、樂、愛、惡，所以扶成五性也。性所以五何？人本含五行氣而生，故内有五藏。五藏：肝仁，肺義，心禮，腎智，脾信也。』五性之名，始見於此。韓子《原性》曰：『性也者，與生俱生者也。情也者，接於物而生者也。性之品有上中下三，其所以爲性者五，曰仁、禮、信、義、智。情之品有上中下三，其所以爲情者七，曰喜、怒、哀、懼、愛、惡、欲。』」

人者，天地之心也。仁，人心也。人而不仁，則天地之心不立矣。爲天地立心，仁也。

【元圻案】《禮運》：「故仁者，天地之心也，五行之端也。」正義：「王肅曰：『人於天地之間，如五藏之有心矣。』人乃生之最靈，其心五藏之最聖也。」◎真西山《讀書記》七：「程子曰：『心，生道也。』乃是得天地之心以生，生物便是天地之心。」

《内則》：「桑弧、蓬矢六，射天地四方。」賈誼《新書·胎教篇》：「懸弧之禮，東方之弧以梧，下云：春木也。南方之弧以柳，夏木也。中央之弧以桑，中央之木也。西方之弧以棘，秋木也。北方之弧以棗。冬木也。五弧五分矢，東、南、中央、西、北皆三射。其四弧餘二分矢，懸諸國四通門之左。中央之弧餘二分矢，懸諸社稷門之左。」《内則》，國君世子之禮；《新書》，王太子之禮也。

【元圻案】《内則》「國君世子生」云云，故曰「世子之禮」。《新書》「青史氏之記曰：古者胎教之道，王后有身」云云，故曰「太子之禮」。

「上帝降衷於民」，《内則》①「后王命冢宰，降德於民」。降德，所以全所降之衷也。「元后作民父母」，而「作之師」②；冢宰建六典，而教典屬焉③。故曰「周公師保萬民」④。此君相之職也。二《南》之化，以身教；《内則》之篇，以言教。

【全云】二《南》是道德，《内則》是齊禮。

【集證】朱子曰：「《周禮》太宰掌建邦之六典，而二曰教典，則教民雖司徒之分職，而冢宰無所不統，故以其重者言之。」

「養老」，在《家語》則孔子之對哀公。在《書大傳》則春子之對宣王。記《禮》者兼取之。《王制》、《内則》。宣王問於春子[一]曰：「寡人欲行孝弟之義，爲之有道乎？」

① 「惟皇上帝，降衷於下民」，見於《書·湯誥》，下「后王命冢宰」句爲《内則》文。
② 見《書·泰誓》。
③ 見《周禮·天官·冢宰》。
④ 《書·君陳》。

春子曰：「昔者衛聞之樂正子曰：『文王之治岐也』云云。」《吕氏春秋·恃君覽·驕恣篇》：「春居問於齊宣王曰：『今王爲太室，羣臣莫敢諫，敢問王爲有臣乎？』王曰：『爲無。』春居曰：『臣請辟矣。』趨而出。王曰：『春子春子，反，何諫寡人之晚也！』」此即《大傳》所謂春子，但其名不同。【原注】《大傳》名衛，《吕氏春秋》名居。

[一] 案，今本《大傳》作「子春」。

【元圻案】《家語》：孔子曰：「虞、夏、殷、周，天下之盛王也，未有遺年者焉。高年者，貴於天下也久矣，次於事親，是故朝廷同爵而尚齒。七十杖於朝，君問則席；八十則不仕朝，君問則就之，而悌達乎朝廷矣。其行也，肩而不並，不錯則隨，班白者不以其任於道路，而悌達乎道路矣。居鄉以齒，而老窮不匱，强不犯弱，衆不犯寡，而悌達乎州巷矣。古之道，五十不爲甸役，頒禽隆之長者，而悌達乎蒐狩矣。軍旅什伍同爵則尚齒，而悌達乎軍旅矣。」◎《大傳略説》：「宣王問於子春曰：『寡人欲行孝弟之義，爲之有道乎？』子春曰：『昔者衛聞之樂正子曰：文王之治岐也，五十者杖於家，六十者杖於鄉，七十者杖於朝，注：朝當爲國。見君揖杖。「揖」當爲「去」。八十者杖於朝，見君揖杖。揖，挾也。君曰：「趣見客毋俟朝。」以朝乘車輲輪御爲僕，送至於家，而孝弟之義，達於諸侯。九十杖而朝，見君建杖。君曰：「趣見毋俟朝。」以朝車送之舍。天子重鄉養，卜筮巫醫御於前，祝饐祝鯁以食，乘車輲胥與就膳徹，送至於家。君如有欲問，明日就其室以珍從，而孝弟之義達於四海。此文王之治岐也。』」◎《新序·刺奢篇》亦載春居諫齊宣王爲太室事，與《吕覽》同。春居作香居，蓋因字相近而誤。

「蒙以養正」①，罔不在厥初生。古者能食能言而教之，自天子至庶人一也。《慎子》曰：「昔者天子手能衣而宰夫設服，足能行而相者導進，口能言而行人稱辭，故無失言失禮也。」《慎子》語見《太平御覽》七十六。《淮南·主術訓》、魏文帝《成王論》、袁宏《後漢紀論》皆用其語。《通鑑·宋紀》文帝元嘉元年裴子野論：「古者人君養子，能言而師授之辭，能行而傅相之禮。」亦本於此。【原注】《淮南》云：「心知規而師傅諭導，耳能聽而執正進諫。」魏文帝云：「相者導儀。」袁宏云：「身能衣。」今《慎子》存者五篇，其三十七篇亡，此在亡篇。

【元圻案】《內則》：「子能食，食則教以右手。能言，男唯女俞。」◎《太平御覽》八十九引魏文帝《周成漢昭論》云：「口能言則行人稱辭，足能履則相者導儀。」◎袁宏《後漢紀·安帝紀論》曰：「昔王侯身能衣而宰夫設服，足能行而相者導儀，口能言而行人稱辭。」◎《四庫全書總目·子部雜家類》：「《慎子》一卷。周慎到撰。趙人。其書《漢志》作四十二篇，《唐志》作十卷，《崇文總目》作三十七篇，《書録解題》則稱麻沙刻本凡五篇，已非全書。此本雖亦分五篇，而文多

① 《易·蒙》。

删削，又非陳振孫之所見。蓋明人掇拾殘賸，重爲編次。」◎《晉書・文苑傳》：「袁宏，字彦伯。自吏部郎出爲東陽郡。撰《後漢紀》三十卷。」◎《梁書・裴子野傳》：「子野字幾(元)〔原〕。河東聞喜人。曾祖松之，祖駰。齊永明末，沈約所撰《宋書》既行，子野更删撰爲《宋略》二十卷。約見而嘆曰：『吾弗逮也。』」

「六年，教數與方名。」數者，一至十也。方名，《漢志》所謂五方也。「九年，教數日。」《漢志》所謂六甲也。「十年，學書計。」六書、九數也；計者，數之詳，百千萬億也。《漢志》六甲、五方、書計，皆以八歲學之，與此不同。

【元圻案】《内則》注：「方名，東西。數日，朔望與六甲也。」◎《漢書・食貨志上》：「八歲入小學，學六甲五方書計之事。」注，蘇林曰：「五方之異書，如今秘書學外國書也。」臣瓚曰：「辨五方之名及書藝也。」師古曰：「瓚説是也。」◎衛氏《集説》七十二，嚴陵方氏曰：「書即《周官・保氏》所謂『六書』也。計即所謂『九數』也。」慶源輔氏廣曰：「六年教數，一至十也。十年學計，百千萬億也。計者，數之總也。」

「四十始仕，道合則服從，不可則去。」《内則》文。古之人，自其始仕，去就已輕。「色斯舉矣」①，去之速也；「翔而後集」，就之遲也。故曰：「以道事君，不可則止。」②

【元圻案】真西山曰：「『色斯舉矣』，去之速也。衛靈公問陳而孔子行，魯受女樂而孔子去，「即此義也」。『翔而後集』者，就之遲也。伊尹俟湯三聘而後幡然以起，太公、伯夷聞文王善養老而後出。後世如漢穆生以楚王戊不設醴而去，諸葛武侯必待先主三顧而後從之，皆有得乎此者也。」

孟母曰：「婦人之禮，精五飯，羃酒漿，養舅姑，縫衣裳而已。」案，此劉向《列女傳》文。程子之母誦古詩曰：「女人不夜出，夜出秉明燭。」[一]唐時有不識廳屏，而言笑不聞於鄰者，其習聞《內則》之訓歟？

[一]見《伊川文集·上谷郡君家傳》。郡君姓侯氏，程子之母也。

張彥遠云：「鄭玄未辯樝梨。」按《內則》注：「樝，梨之不臧者。」[二]謂之未辯可乎？

---

① 與下句俱見《論語·鄉黨》。

② 《論語·先進》。

［一］案樝，何本、三箋本作椇，《釋文》椇音矩。◎明王象晉《羣芳譜》曰：「樝與椇同，又作查。《本草》云：『酢澀而多渣，故謂之樝。』」

【閻按】謂鄭公不識樝，乃陶弘景。

【三箋本載何云】樝是今之山查，非梨之不臧者，故謂其未辯耳。

【元圻案】陸氏《釋文》：「樝，側加反，字亦作查。」◎《本草》注，陶弘景曰：「禮：樝梨鑽之。謂鑽去其核也。鄭玄不識，以爲梨之不臧者。」◎《説文》：「樝，似梨而酢。」故康成云梨之不臧者。《宋景文筆記》乃謂「今樝與梨絶不相類，恐鄭所指，非今樝也」，何也？◎《唐·宰相世系表》：彦遠乃弘靖之孫，官祠部員外郎。著《法書要録》十卷，末載畫譜。郭若虚《圖畫見聞志》、晁氏《讀書志》稱其字曰愛賓。◎《續世説》：「張敷從彭城還，傅亮下船與別，張不起，授手著船户外。傅遂不執手，熟視張面，云：『查故是梨中不臧者。』便去。」按《南史·張敷傳》：「敷，小名樝。父邵，小名梨。文帝戲之曰：『樝何如梨？』敷答曰：『梨是百果之宗，樝何敢望之？』」故傅亮云然。此皆本康成之説，陶弘景不知何以云然。

《玉藻》「士練帶，率，下辟」句注：「士以下皆禪，不合而縿［二］積，如今作幧頭爲之也。」【原注】幧，七消反。《後漢》向栩「著絳綃頭」，注：「字當作『幧』。古詩《陌上桑》云：『少年見羅敷，脱巾著幧頭。』《儀禮》注：『如今著幓頭，自項中而前交額上，卻繞髻也。』」

〔一〕《釋文》：繂音律。

【元圻案】《後漢書·獨行傳》：「向栩，字甫興，河内朝歌人，向長之後。少爲書生，性卓詭不倫。好被髮，著絳綃頭。」◎「字當作幧」以下皆章懷注文也。

【萬氏集證曰】幧，《説文》云：「斂髮也。」又通作綃。《釋名》云：「綃頭，綃，鈔也，鈔髮使上從也。」《類篇》云：「或作幓。」《儀禮·喪服》注：「如今著幓頭也。」又通作帩。《晉書·五行志》：「大元中，不復著帩頭。」

紫，間色也，孔子惡其奪朱。周衰，諸侯服紫。《玉藻》云：「玄冠紫緌，自魯桓公始。」《管子》云：「齊桓公好服紫衣，齊人尚之，五素易一紫。」鄭康成以紫緌爲宋王者之後服，賈逵、杜預以紫衣爲君服，皆周衰之制也。

【閻按】五素易一紫，故蘇代書曰：「齊紫敗素也，而賈十倍。」

【元圻案】《玉藻》正義：「鄭疑紫（綏）〔緌〕『僭宋』者，以祭周公用八牲，乘大路，是魯用殷禮，故疑紫（綏）〔緌〕『僭宋後』也。」◎衛湜《禮記集説》七十四引馬氏晞孟曰：「紅紫碧緑，在所不爲，而紫尤君子所惡。魯桓公以爲冠（綏）〔緌〕，豈禮也哉！鄭氏以僭宋王之後，其説無據，不可用也。」◎哀十七年《左傳》「良夫紫衣狐裘」注：「紫衣，君服。」正義曰：「賈逵云然，杜從之。

紫衣爲君服，禮無明文，要此云『紫衣』，良夫不得服之。《玉藻》云：『玄冠紫（緌）〔緌〕，自魯桓公始也。』鄭康成云：『蓋僭宋王者之後服也。』《管子》稱齊桓公好服紫衣，齊人尚之，五素而易一紫。孔子云：『惡紫之奪朱。』蓋當時人主好服紫衣，則臣不得僭，故言『紫衣君服』也。」◎閻氏引蘇代語見《戰國策》。

「皮弁以日視朝。」《玉藻》文。沙隨程氏云：「皮弁視朝，明目達聰。若黈纊塞耳，前旒蔽明，乃祀天大裘而冕，專誠絜也。」

【元圻案】衛氏《禮記集説》沙隨程氏曰：「先儒相傳謂前旒蔽明，黈纊塞聰，亦習之誤。此獨祭祀之衮冕爲然，欲其專精神以饗神也。若視朝則皮弁服，何旒、纊之有哉！」與此條所引意同而文異。

《明堂位》：成王命魯公「祀周公以天子之禮樂」。《春秋意林》[一]曰：「魯之有天子禮樂，殆周之末王賜之，非成王也。魯惠公使宰讓請郊廟之禮於天子，天子使史角往，惠公止之。其後在魯，實始爲墨翟之學。使成王之世魯已郊矣，則惠公奚請？惠公之請也，殆由平王以下乎？」惠公事見《呂氏春秋·仲春紀·當染篇》。公是[二]始發此論，博而篤矣。石林、[三]止齋[四]皆因之。

［一］【全云】劉原父作。

［二］【閻按】公是，即前劉原父。

［三］葉夢得號。

［四］陳傅良號。

【元圻案】劉氏《春秋意林》上：「大雩，説者皆曰成王康周公，故賜魯以天子之禮樂，祀上帝，禘文王。吾未知其然。成王者，周之盛王也，其亦謹於禮矣。禮之有天子、諸侯之别，自伏羲以來未之有改也，成王其惑歟？然則魯之有天子禮樂，殆周之末王賜之」云云。◎葉氏《春秋傳》十一：「僖公三十一年，夏四月，四卜郊，不從，乃免牲。葉子曰：周公有勳勞於天下，故成王賜魯以重祭，使得用天子禮樂，内祭則禘也，外祭則郊也。此記禮者之言也。夫成王賢君也，立國之道，孰大於禮樂？周公雖有勳勞，可以人臣而僭天子之制乎？聞之吕不韋之書曰：此平王之末造，惠公請於周而假寵於周公。」◎陳氏《春秋後傳》五：「僖公四卜郊。《傳》曰：諸侯之有郊禘，東遷之僭禮也。故曰：秦襄公始作西畤，祠白帝，僭端見矣。位在藩臣，而臚於郊祀，君子懼焉。則平王以前未有也。魯之郊禘，惠公請之也。」自注：「記禮者以爲魯禮皆成王賜之，以康周公。案衛祝鮀之言曰：『周公相王室以尹天下，於周爲睦，分魯以大路、大旂，夏后氏之璜，封父之繁弱，殷民六族，以昭周公之德。分之土田陪敦，祝、宗、卜、史，備物、典策，官司、彝器。』則成王命魯，不過如此。隱公考仲子之宫，問羽數於衆仲。周公閲來聘，饗有昌歜、白黑形鹽，周公以爲備物，辭不敢受。衛甯武子來聘，宴之，賦《湛露》及《彤弓》，武子不答賦，曰：『諸侯朝正於王，於是乎賦《湛露》；諸侯敵王所愾而獻其功，於是乎賜之彤弓。陪臣其敢干大禮以自取戾？』假如《明堂位》之言，得用郊禘兼四代器服，官祝鮀不應不及。況魯行天子之禮久矣，則羽數何以始問於隱公？昌歜、形鹽以之饗天子之上公，安用固辭？《湛露》、《彤弓》，甯武子何以不答，且致譏焉？於以見魯僭未久，上自天子之宰，至於兄弟之國之卿，苟有識者，皆云魯遜謝，而魯人並無一語及於成王之賜以自解乎？」◎伊川程子曰：「成王之賜，伯禽之受，皆非也。以愚觀之，成王未必賜，伯禽未必受，蓋魯人僭用天子禮樂耳。」◎橫渠張子以爲成王之意不敢臣周公，故以二王之後待魯，而命以禮樂，特伯禽不當受。馬氏《通考》謂：「此説得之。《明堂位》首言『命魯公世世祀周公以天子之禮樂』，又云『季夏六月，以禘禮祀周公於太廟，牲用白牡犧象』云云。即此二言觀之，可見當時止許用郊禘之禮樂以祀周公，未嘗許其遂行郊禘之禮。」亦可以備一解。◎《書録解題》：《春秋傳》十卷，《權衡》十七卷，《意林》一卷，《説例》一卷，清江劉敞原父撰。又《春秋傳》十二卷，《考》十三卷，《讞》三十卷，葉夢得撰。又《止齋春秋後傳》十二卷，《左氏章指》三十卷，陳傅良撰。

「魯公之廟，文世室也。武公之廟，武世室也。」① 按《春秋》成公六年「立武宮」，

①《禮記·明堂位》。

武公非始封之君，毁已久而復立，蓋僭用天子文、武二祧之禮。《春秋》之所譏，而《記》以爲禮乎？

【閻按】「季文子以鞌之功立武宫」，《左氏》明文。

【元圻案】《明堂位》鄭注：「此二廟象周有文王、武王之廟也。世室者，不毁之名也。魯公，伯禽也。武公，伯禽之玄孫也，名敖。」◎《公羊傳》：「武宫者何？武公之宫也。立者何？立者不宜立也。」《穀梁傳》亦以爲不宜立。◎陸淳曰：「《左氏》云：『季文子以鞌之功立武宫，非禮也。聽於人以救其難，不可以立武。立武由己，非由人也。』啖子曰：『《傳》意以爲武軍之宫，如楚子所立者，非也。』劉原父曰：『丘明以武宫爲武軍，杜氏知其謬妄，因復曰：既立武軍，又作先君武公之宫。』二説皆非是。」◎衛氏《禮記集説》卷八十：新安王氏曰：「季氏立已毁之廟有二。煬公之廟，毁而復立，煬公以弟繼兄者也。武公之廟，毁而復立，武公舍長立少者也。二者皆季氏有不臣之心，《春秋》書『立武宫』、『立煬宫』以罪季氏。鄭不考其故，乃曰『世室者，不毁之廟』，比之於武之世室，亦甚乖《春秋》之旨矣。」

《魯世家》：「伯禽之孫濆，弑幽公而自立。」周昭王之十四年也，諸侯篡弑之禍自此始。《記》謂「君臣未嘗相弑」，不亦誣乎！太史公《魯世家贊》曰：「揖讓之禮則從矣，行事何其戾也。」

【元圻案】《明堂位》鄭注：「春秋時，魯三君弑；又士之有誄，由莊公始；婦人髽而弔，始於臺駘。云『君臣未嘗相弑，政俗未嘗相變』，亦近誣矣。」◎《禮記集説》第八十：石林葉氏曰：「《禮記》雖出漢儒，其言未必盡實。然桓、宣之弑，不應滅裂不知至此。吾嘗證《吕覽》以周賜周公得用天子禮樂，爲在平王之世魯惠公之所請。以是質之，則《明堂位》之作宜在桓公之前，正當惠、隱之際，魯初得周公之賜，故記《禮》者因緝而載之，所以不及弑事。」◎案《明堂位》果作於惠、隱之際，則桓、宣之弑誠在後，而幽公之弑已在前，乃曰「未嘗相弑」，仍失之誣。王氏所以不舉桓、宣之事以證也。

孔子曰：「魯之郊禘，非禮也。周公其衰矣。」《春秋》屢書，以譏其僭，又書「新作南門」、僖公二十年。「新作雉門」及「兩觀」，定公二年。皆僭王制也。若以王禮爲當用，則如泮宫、閟宫，《春秋》不書矣。

【元圻案】林少穎曰：「經書郊九，或因卜不吉，或因牲死傷，先儒止罪其屢卜與養牲之不謹，不知聖人乃惡其非禮之大，未暇及此瑣瑣也。漢儒不知道者，但見《春秋》書魯祭祀多天子禮，始妄設周賜之説，雖周郊以冬至，魯郊以啓蟄，天子四望，魯三望，似乎稍降，但竊郊望之名，已有罪矣。予謂《春秋》正以有故而不郊爲幸，無故而郊爲罪也。泰山不享季氏之旅，曾上帝而享魯之郊乎？至三卜四卜五卜不從，可見天心之不享也。《春秋》書『乃不郊』、『乃免牲』，其深矣乎，其微矣乎！」

《少儀》「朝廷曰退」，進不可貪也；「燕遊曰歸」，樂不可極也。

【元圻案】陸農師《蔡州召還上殿劄子》：「《記》曰：『朝廷曰退，燕遊曰歸。』燕遊有出而無歸，則縱；朝廷有進而無退，則爭。」◎衛氏《禮記集説》八十六陳氏祥道曰：「朝廷曰退，寵榮之地，人所競進，君子之道雖行而猶請退也。燕遊之事，人所樂爲，而忘本者衆，故曰歸者，不忘反其本也。」

《學記》以「發慮憲」爲第一義，謂所發之志慮合於法式也。[一]「一年視離經辨志」，一年者，學之始；辨云者，分別其心所趨嚮也。[二]慮之所發必謹，志之所趨必辨；爲善不爲利，爲己不爲人；爲君子儒，不爲小人儒：此學之本也。能辨志，然後能繼志，故曰「士先志」。

[一] 鄭注：「憲，法也，言發計慮當擬度於法式也。」

[二] 鄭注：「離經，斷句絶也。辨志，謂別其心意所趨向也。」

【元圻案】衛氏《集説》八十八：慶源輔氏曰：「發慮憲，謂所發之志慮合乎法式。」朱子曰：「辨志者，自能分別其心所趨向，如爲善爲利，爲君子爲小人也。」

「畿内爲學二，爲序十有二，爲庠三百。諸侯之國半之。」王無咎字補之。之言也，陸務觀取焉。天子、諸侯有君師之職，公卿有師保之義，里居有父師、少師之教。

【集證】載陸務觀《紹興府修學記》：「周盛時，天子所都，既並建四代之學，而又黨有庠，遂有序。畿内六鄉，鄉有黨，百五十六遂，遂有鄙，如黨之數。遂、序、黨、庠，蓋互見之，則是千里之内爲序十有二，爲庠三百，何其盛也！」

【元圻案】《書録解題》：「《王直講集》十五卷。天台縣令南城王无咎補之撰。无咎，嘉祐二年進士，曾鞏之妹夫。從王安石遊最久，將用爲國子學官，未及而卒。王介甫誌其墓曰：『君寡合，常閉門治書，唯與予言莫逆。』」

《列子·湯問篇》云：「古詩言：『良弓之子，必先爲箕；良冶之子，必先爲裘。』」張湛注云：「學者必先攻其所易，然後能成其所難。」

【元圻案】《學記》：「良冶之子，必學爲裘。良弓之子，必學爲箕。始駕馬者反之，車在馬前。」鄭注：「學者亦須先教小事如操縵之屬，然後示其業，則道易成也。」《記》又曰：「善問者如攻堅木，先其易者，後其節目，及其久也，相説以解。」湛注蓋本於此。◎《書録解題·道家類》：「《列子》八卷。鄭人列禦寇撰。穆公時人。注，晉光禄勳張湛處度撰。《釋文》二卷，唐當塗縣丞殷敬順撰。」

文子曰：「人生而靜，天之性也；感物而動，性之害也；物至而應，智之動也。智與物接，而好憎生焉。好憎成形，而智怵於外，不能反己，而天理滅矣。」此《文子·道原篇》文。與《樂記》相出入，古之遺言歟？致堂云：「《樂記》，子貢作。」

【閻按】文子明於「人生而靜」，上繫以「老子曰」，蓋古有是言，而老子傳之，記禮者亦傳之，非必有取於老也。◎《樂記》載子夏、魏文侯問答，爲文侯二十五年事。是時子夏年一百有八歲，子貢尚存乎？

【何云】張守節謂公孫尼子者猶有所受。

【元圻案】《四庫全書總目·道家類》：「《文子》十二卷。案《漢志》，道家《文子》九篇，注曰：『老子弟子，與孔子並時，而稱周平王問，似依托者也。』《隋志》：「《文子》十二篇。」《史記·貨殖傳》有范蠡師計然語，又因裴駰有「計然姓辛，字文子，其先晉國公子」語，北魏李暹作《文子注》，遂以計然、文子合爲一人。案馬總《意林》列《文子》十二卷，注曰：「周平王時人，師老君。」又列《范子》十三卷，注曰：「計然者，葵丘濮上人。姓辛，名文子。」其書皆范蠡問而計然答，是截然兩人兩書，更無疑義。◎陳振孫曰：「默希子注《文子》，以文子爲計然之字，不可考信。柳子厚亦辨其爲駁書，而亦頗有取焉。默希子，晁公武以爲唐徐靈府自號。」◎《史記》注，徐廣曰：「計然，范蠡師，名研。」◎《史記·孔子弟子列傳》：「子貢少孔子三十一歲。子夏少孔子四十四歲。」故閻氏云然。

「大學之教也，時教必有正業。」《學記》文。朱子曰：「古者唯習《詩》、《書》、《禮》、《樂》，如《易》，則掌於太卜，《春秋》則掌於史官，學者兼通之，不是正業。」子思曰：「夫子之教，必始於《詩》、《書》而終於《禮》、《樂》，雜説不與焉。」

【閻按】吴文正謂：「《易》者，占筮之繇辭，《春秋》者，侯國之史記。自夫子贊《易》、修《春秋》後，學者始以《易》、《春秋》合先王教士之四術而爲六經。」余亦謂《孔子世家》「孔子以《詩》、《書》、《禮》、《樂》教，弟子蓋三千焉」，此遵樂正之常法。至及門高第，方授以《易》、《春秋》，故曰「身通六藝者七十有二人」。六藝乃六經，非《周官》之所云六藝也。

【元圻案】子思語見《孔叢子·雜訓篇》。

「天理」二字始見於《樂記》，如孟子「性善」、「養氣」，前聖所未發也。

【元圻案】《樂記》：「人生而静，天之性也；感於物而動，性之欲也。物至知知，然後好惡形焉。好惡無節於内，知誘於外，不能反躬，天理滅矣。」程子曰：「天理云者，百理俱備，元無少欠。」

《史記·樂書》引《樂記》，而注兼存王肅説。《通典》引《大傳》，亦取肅注。肅字子雍，《魏志》有傳。【原注】《集説》以肅爲元魏人，誤也。有兩王肅，在元魏者字恭懿，不以經學名。

【閻按】《北史》王肅與劉芳合傳。肅嘗執芳手曰：「吾少來留意三《禮》，在南諸儒，亟共討論。今聞卿釋，頓祛平生之惑。」非不知經，特不及劉石經之精贍耳。

【元圻案】《書録解題》：「《禮記集説》一百六十卷。直秘閣崑山衛湜正叔集諸家説，自注疏而下爲一書，著其姓氏。」◎《集説》前載所引姓氏有元魏王氏肅，而不及子雍。◎《北史》列傳：「王肅，字恭懿，琅邪臨沂人也。少聰辯，涉獵經史。父奂，及兄弟並爲齊武帝所殺。自建業來奔。進位開府儀同三司，封昌國侯，尋都督淮南諸軍事。卒年三十八。謚宣簡。」◎《史記·樂書》注引王肅《樂記注》六十四條，《通典》五十五引王肅《大傳注》一條，七十五引四條。

「禮主其減」①，《史記·樂書》作「禮主其謙」。【原注】王肅曰：「自謙損也。」[一]「禮有報而樂有反」，鄭注：「『報』讀爲『褒』。」孫炎曰：「報，謂禮尚往來，以勸進之。」[二]「石聲磬」，鄭注：「『磬』當爲『罄』。」《樂書》作「石聲硜【原注】口鼎反。硜以立別」。【原注】《史記正義》：「《樂記》，公孫尼子次撰。」

[一]案，肅又曰：「禮自減省，所以進德修業也。」

[二]王、孫二説俱見《史記·樂書》集解。

①《禮記·樂記》。

【集證】按《説文》："減，損也。"王肅云："謙，自謙損也。"是"減"與"謙"皆有損義。《周禮·春官》太祝職"九撵"，八曰"褒撵"，注云："褒讀爲報。報拜，再拜是也。"是"報"與"褒"通也。《説文》："硜，古文磬。"何晏注《論語》"硜硜"云："此硜硜者，謂此磬聲也。"是"磬"與"硜"通也。

【元圻案】《漢書·藝文志》"儒家"："《公孫尼子》二十八篇。七十子之弟子。"◎《隋書·樂志》："《樂記》取《公孫尼子》。"

《南風》之詩出《尸子》及《家語》，鄭氏注《樂記》云："其辭未聞。"

【元圻案】鄭注《南風》："長養之風也，言父母之長養已，其辭未聞也。"正義曰："如鄭此言，則非《詩·凱風》之篇也。熊氏以爲《凱風》，非矣。按《聖證論》引《尸子》及《家語》難鄭云：『昔者舜彈五弦之琴，其辭曰："南風之薰矣，可以解吾民之愠兮。南風之時矣，可以阜吾民之財兮。"鄭云"未聞"，失其義也。』今按馬昭云：『《家語》王肅所增加，非鄭所見。』又《尸子》雜説，不可取證聖經，故言『未聞』也。"◎《尸子·綽子篇》："舜曰：『南風之薰兮，可以解吾民之愠兮。』"《文選·琴賦》注引《尸子》曰："舜作五弦之琴以歌《南風》：『南風之薰兮，可以解吾民之愠。』"均無"南風之時"二句。惟《家語·辨樂篇》有之。◎《漢書·藝文志》"雜家"："《尸子》二十篇。名佼，魯人。秦相商君師之。"◎《四庫全書目録》"儒家"："《孔子家語》

二十一卷。魏王肅注。」《家語》雖名見《漢志》，而書則久佚。今本蓋即王肅所依托，以攻駁鄭學。馬昭諸儒已論之詳矣。◎《琴操》、《通典》一百四十五引《帝王世紀》，俱載《南風》之詩，與《家語》同。

艾軒曰：「五音十二律，古也。舜彈五弦之琴以歌《南風》，是琴之全體具五音也。琴之有少宫、少商，則不復有琴；樂之有少宫、少徵，則不復有樂，以繁脆噍殺之調皆生於二變也。」

【全云】古旋宫法不用二變，詳見梨洲黄氏《律吕精義》。

【元圻案】《詩名物疏》：「琴有五弦，文王增二弦曰少宫、少商。」◎《唐書·楊收傳》：「時有安涚問樂意，收曰：『漢章帝時，太常丞鮑業始旋十二宫，以某律爲宫，某律爲商，某律爲角，某律爲徵，某律爲羽，某律少宫，某律少徵，亦曰「變」，曰「比」。一均成則五聲爲之節奏，此旋宫也。』」◎《左傳》昭公二十年，晏子有七音、六律之論，注：「武王伐紂，自午及子凡七日。王因此以數合之，以聲昭之，故以七同其數，以律和其聲，謂之七音。」正義曰：「賈逵注《周語》云：周有七音，謂七律，(爲)〔謂〕七器音也，黄鍾爲宫，太蔟爲商，姑洗爲角，林鍾爲徵，南吕爲羽，應鍾爲變宫，蕤賓爲變徵。是五音以外，更加變宫、變徵爲七音也。」然則樂之有七音，由來久矣。

三老、五更。按《列子·黄帝篇》云：「禾生子伯宿於田更商丘開之舍。」更，亦老之稱也。

【全云】《月令章句》以「更」爲「叟」，觀於田更之説，則不必改字也。

【元圻案】殷敬順《列子釋文》「田更」作「田叟」，西口切。張湛注：「『更』當作『叟』。」横渠張子曰：「『更』疑爲『叟』。」萬氏《集證》引蔡邕《問答》云：「三老五更，子獨曰五叟，何也？曰：字誤也。叟，長老之稱，其字與『更』相似，書者轉誤，遂以爲『更』。『嫂』字女旁，『瘦』字从『叟』，今皆以爲『更』矣。立字法者不以形聲，何得以爲字？以嫂、瘦推之，知是『更』爲『叟』也。」

《雜記》「里尹主之」注，《王度記》曰：「百户爲里，里一尹，其禄如庶人在官者。」正義：「按《别録》，《王度記》似齊宣王時淳于髠等所説也。」

【元圻案】《王度記》，《白虎通》、《公羊傳疏》、《周禮正義》皆引之，《曲禮下》正義引作《大戴禮·王度記》，《雜記》正義又云「似淳于髠等所説」，其説互異。案《漢書·藝文志》，《王度記》不著於録，而《後漢·輿服志上》注引作《逸禮》。《王度記》疑是《大戴禮》中之逸篇也。

孔子曰：「少連、大連善居喪。東夷之子也。」《雜記》文。唐扶餘璋之子義慈，號海東曾子」，頡利之子疊羅支，其母後至，不敢嘗品肉。孰謂夷無人哉！

【元圻案】《衛氏集説》一百三引馬氏晞孟曰：「《論語》謂柳下惠、少連『言中倫，行中慮』。少連之行可與柳下惠爲徒，則豈特如孟獻子之流加人一等而已哉！」◎《唐書・東夷傳》：「百濟，扶餘别種也。武德四年，王扶餘璋卒①，册其子義慈爲柱國，紹王。義慈事親孝，與兄弟友，時號『海東曾子』。」又《突厥傳》：「頡利子疊羅支，有至性，既舍京師，諸婦得品供，羅支預焉。其母最後至，不得給，羅支不敢嘗品肉。帝聞，嘆曰：『天稟仁孝，詎限華夷哉！』厚賜之，遂給母肉。」

《祭法》「王爲羣姓立七祀，曰司命，曰中霤，曰國門，曰國行，曰泰厲，曰户，曰竈。」注：「司命主督察三命。」疏引《孝經援神契》謂「命有三科，有受命以保慶，有遭命以謫暴，有隨命以督行。」[一]《孟子・盡心章》趙岐注云：「命有三名：行善得善曰受命，行善得惡曰遭命，行惡得惡曰隨命。」孫子荆詩：「三命皆有極。」皆本《援神契》。

[一] 案疏又曰：「受命謂年壽也。遭命謂行善而遇凶也。隨命謂隨其善惡而報之。」

【全云】行善得惡，豈可云「遭命以謫暴」乎？當有誤文。

① 按《新唐書・東夷傳》，武德四年，扶餘璋遣使獻果下馬，自是數朝貢。璋之死乃在太宗貞觀十五年，此處節略失當，誤置璋死在武德四年。

【集證】《白虎通·壽命篇》：「命有三科以記驗：有壽命以保(慶)〔度〕，有遭命以遇暴，有隨命以應行。」《論衡·命義篇》：「傳曰：『説命有三，一曰正命，二曰隨命，三曰遭命。』正命，謂本稟之自得吉也。性然骨善，故不假操行以求福而吉自至，故曰正命。隨命者，戮力操行而吉福至，縱情施欲而凶禍到，故曰隨命。遭命者，行善得惡，非所冀望，逢遭於外而得凶禍，故曰遭命。」

【元圻案】《文選》注，臧榮緒《晉書》曰：「孫楚，字子荆，太原人也。征西扶風王駿，與楚舊好，起爲參軍、馮翊太守。」此詩在「祖餞類」。

《祭義》曰「術省之」。賈山《至言》：「術追厥功。」〔二〕「術」與「述」同。

〔二〕師古注：「術」亦作「述」。

【集證】《毛詩》「報我不述」，《韓詩》作「術」。《墨子·非命篇》「窮人術之」。「術」與「述」同。

【元圻案】《祭義》鄭注：「術當爲述，聲之誤也。」正義：「術，述也；省，視也。循述而省視之，反復不忘，此孝子思念親之至也。」◎《漢書·賈山傳》：「山，潁川人。孝文時言治亂之道，借秦爲諭，名曰《至言》。」◎熊朋來《經説》：「《學記》『術有序』注云：『術當爲述，聲之誤也。』《月令》『審端徑術』，則本注直云《周禮》作『遂』。愚按遂、術古字通用。《春秋》文十二年『秦伯使術來聘』，《公羊》作『遂』。《(咀)〔詛〕楚文》『遂取吾邊城』，『遂』字書作『述』。術字從行，述字從辵，皆人所經行之地，術、述亦同義也。」

《孔悝鼎銘》：「六月丁亥，公假於太廟。」注謂「以夏之孟夏禘祭」。正義：「哀十五年冬，蒯聵得國。十六年六月，衛侯飲孔悝酒而逐之。此云六月命之者，蓋命後即逐之也。」愚按《通鑑外紀目録》，是年六月丁未朔，則無丁亥，當闕疑。裴松之曰：「孔悝之銘，行是人非。」

【元圻案】《書録解題·史部·編年類》：「《通鑑外紀》十卷，《目録》三卷。秘書丞高安劉恕道原撰。」◎《宋書·裴松之傳》：「字世期，河東聞喜人。上使注陳壽《三國志》。既成，上善之，曰：『此爲不朽矣。』」

《經解》以《詩》爲首。《七略》、《藝文志》、阮孝緒《七録》，用《易》居前。王儉《七志》，《孝經》爲初。

【全云】今世著録皆從阮氏例，以時世之先後次之也。

【元圻案】《釋文序録》曰：「《禮記·經解》之説，以《詩》爲首。《七略》、《藝文志》所記，用《易》居前。阮孝緒《七録》亦同此次。而王儉《七志》，《孝經》爲初。」◎《大戴禮》：「衛將軍文子問於子貢曰：『吾聞夫子之教也，先以《詩》。』」◎《漢書·劉歆傳》：「歆字子駿。河平中，受詔與父向領校秘書。向死，卒父前業。歆乃集六藝羣書，種别爲《七略》。語在《藝文志》。」◎《梁書·處士傳》：「阮孝緒，字士宗。陳留尉氏人也。年十三，遍通《五經》。屏居一室，非定省未嘗出户。所著《七録》等書二百五十卷，行於世。」◎《南齊書·王儉傳》：「儉字仲寶，瑯琊臨沂人也。祖曇首，父僧綽。儉上表求校墳籍，依《七略》撰《七志》四十卷，又撰定《元徽四部書目》。」

《坊記》引《論語》曰：「三年無改於父之道。」《論語》成於夫子之門人，則《記》所謂「子云」者，非夫子之言也。

【集證】程子曰：「《坊記》不知何人所作，觀其引『《論語》曰』，則不可以爲孔子之言。漢儒如賈誼、董仲舒所言，蓋得此篇之意，或者其所作也。」

《坊記》注引《孟子》曰：「舜年五十而不失其孺子之心。」今本云「五十而慕」。康成注《禮》，必有所據。

孔子曰：「國家有道，其言足以治；國家無道，其默足以容。」蓋銅鍉伯華之行也。【原注】《大戴禮》、《家語》。[一]曾子曰：「孝子之事親也，居易以俟命，不興險[二]行以僥倖。」[三]《中庸》之言本此。

[一]【閻按】《大戴禮記》作「桐提」，此從《家語》。

［二］《大戴禮》、《曾子》「險」俱作「儉」。

［三］案，見《大戴禮記》、《曾子・本孝篇》。

【元圻案】阮芸臺《曾子注釋》曰：「臧鏞堂云：『儉與險通。左襄廿九年《傳》「險而易行」，《史記・吴世家》作「儉」。』元按：《困學紀聞》引之作『險』。康成《中庸》注：『險，傾危也。』」

「仁者人也」①注：「人也，讀如相人偶之『人』，以人意相存問之言。」朱文公問呂成公：「『相人偶』，此句不知出於何書？疏中亦不説破。」**【原注】**呂答未見，當考。《禮記集説》削此二句。［一］《周禮・夏官・弁師》注：「璂，讀如薄借綦之綦。」《考工記》注：「轐，讀如旃僕之僕。」疏皆以爲未聞。

［一］案朱子書又曰：「所謂人意相存問者，卻是説得書義有意思也。」

【閻按】鄭注《大射儀》「揖，以耦」曰：「言以者，耦之事成於此，意相人耦也。」《聘禮》「每曲揖」曰：「以相人耦爲敬也。」《公食大夫禮》「賓入三揖」曰：「相人耦。」賈公彦疏亦屢曰「以人意相存耦」。

【全云】「薄借綦」，當是「不借綦」之誤。

---

① 《禮記・中庸》、《表記》。

【集證】《表記》「仁者人也」注：「人也，謂施以人恩也。《春秋傳》曰：『執未有言舍之者，此其言舍之(者)何？人也。』」正義云：「施人以恩，謂意相愛偶人也。引《春秋傳》者，成十六年《公羊傳》文。《傳》稱欲人愛此行父，故特言『舍之』。引之者，證人是人偶相存愛之義也。」定宇惠氏曰：「《老子道德經》『如嬰兒之未孩』，河上公注云：『如小兒未能答偶人時也。』」◎又曰：《丹鉛總録》：「《周禮》疏云『薄借』之語，未聞。按《古今注》云：『草履名不借。漢文帝履不借以臨朝。』宋詩：『遊山雙不借，取水一軍持。』」按《儀禮·喪服》「繩菲」注：「今時不借也。」疏云：「周時人謂之屨子，夏時人謂之菲，漢時謂之不借。」又按《説文·系部》「綥」字説云：「綥，帛蒼艾色。《詩》曰『縞衣綥巾』。未嫁女所服。一曰不借。綥，渠之切。」或从綦。升庵之説不爲無據。

【元圻案】劉熙《釋名》三：「齊人謂韋屨曰扉。扉，皮也，以皮作之。不借，言賤，易有，宜各自蓄之，不假借人也。」◎錢氏《養新録》四：「《説文·人部》：『偶，桐人也。』桐當作相。《中庸》「仁者人也」，康成讀如相人偶之人，此其證也。鮑彪注《戰國策》全據《説文》爲訓。其注《齊策》，亦云『偶相人也』。是鮑所見《説文》猶作『相』也。」

「期之喪，達乎大夫。」① 呂與叔[二]之説詳矣。朱文公《答潘子善書》謂「古人貴貴之

①《禮記·中庸》。

義」。然亦是周公制禮以後方如此。故《檀弓》又云：「古者不降，上下各以其親。」

［一］【全云】藍田吕大臨，汲公之弟，横渠弟子。

【元圻案】《禮記集説》一百二十九：藍田吕氏曰：「『期之喪，達乎大夫』者，期之喪有二：有正統之期，爲祖父母是也；有旁親之期，爲世父母、叔父母、衆子昆弟、昆弟之子是也。正統之期，雖天子諸侯莫敢降；旁親之期，天子諸侯絶服，而大夫降，所謂尊不同，故或絶或降也。大夫雖降，猶服大功，不如天子諸侯之絶服，故曰『期之喪，達乎大夫』也。如旁親之期，亦爲大夫，則大夫亦不降，所謂『尊同，則服其親之服』也。諸侯雖絶服旁親，尊同亦不降，所謂不臣者猶服，如始封之君不臣諸父昆弟，封君之子不臣諸父而臣昆弟是也。」

「大經」、「大本」，注：「大經，《春秋》也；大本，《孝經》也。」蓋泥於緯書「志在《春秋》，行在《孝經》」之言，其説疏矣。

「衣錦尚絅」①，《書大傳》作「尚蘔」。注：「蘔，讀爲絅，或爲絺。」

【元圻案】今本《大傳》無此文。盧氏文弨《書大傳續補遺》云：「《碩人》詩曰『衣錦尚蘔』，

① 《禮記·中庸》。

見《説文》。」案今本《説文·艸部》無「蘏」字，《糸部》「絅」字注「急引也」，亦不引《詩》「尚絅」。《林部》「檾」：「枲屬，从𤇾省聲。《詩》曰『衣錦檾衣』。」又《衣部》「褧」：「檾也。《詩》曰『衣錦褧衣』，示反古也。」皆不作「蘏」，不知盧氏何以云然。

朱文公《答項平父書》云：「子思以來，教人之法，惟以尊德性、道問學兩事爲用力之要。子静[一]所説專是尊德性事，而某平日所論，問學上多。所以爲彼學者，多持守可觀，而看義理不細。[二]而某自覺於爲己爲人，多不得力，今當反身用力，去短集長，庶幾不墮一邊。」即此書觀之，文公未嘗不取陸氏之所長也。《太極》之書，豈好辨哉！

[一]陸九淵之字。

[二]【全云】蓋指吾鄉楊文元、袁正獻、舒文靖、沈端憲及端憲弟子季文一輩。

【元圻案】朱子《答陸象山論無極書》略曰：「老氏之言有無，以有無爲二。周子之言有無，以有無爲一。更請子細著眼，未可容易譏評也。無極而太極，如曰無爲之無，非謂别有一物也。非如皇極、民極之有方，可以形象，而但有此理之至極耳。」又云：「如有未然，則我日斯邁而月斯征，各遵所聞、各行所知亦可矣，無復可望其必同也。」

徐彦伯《樞機論》曰：「中庸鏤其心，左階[一]銘其背。」「中庸鏤心」未詳所出，

但有服膺之語。[二]

[一]【閻按】今《家語》作「右階」。

[二]【閻按】鏤心即服膺。彦伯澀體，芻狗爲「卉人」，竹馬爲「篠驂」，大抵如是。

【元圻案】《文苑英華》七百四十五，徐彦伯《樞機論》曰：「言語者，君子之樞機也。得之者江海比鄰，失之者肝（腸）〔膽〕楚越。故中庸鏤其心，右階銘其背。」◎《唐書·徐彦伯傳》：「彦伯，兖州瑕丘人，名洪，以字顯。始武后時大獄興，王公卿士以語言爲酷吏所引，死徙不可計，彦伯著《樞機論》以爲戒。」◎《全唐詩話》：「徐彦伯爲文，多變易求新，以鳳閣爲鵷閣，龍門爲虬户，金谷爲銑溪，玉山爲瓊岳，竹馬爲篠驂，月兔爲魄兔，（後）〔進〕（士）效之，謂之澀體。」

《樂記》：「倒載干戈，包之以虎皮，名曰建櫜。」字或作「建皋」。服虔引以解《左傳》「蒙皋比」。

【元圻案】《左傳》莊公十年：「蒙皋比而先犯之。」杜注：「皋比，虎皮。」正義曰：「僖《傳》稱『胥臣蒙馬以虎皮』，今事與彼同，知皋比是虎皮也。《樂記》云：『倒載干戈，包之以虎皮，名之曰建櫜。』鄭以爲甲兵之衣曰櫜。櫜，韜也，而其字或作建皋，故服虔引以解此。」

《緇衣》：「葉公之《顧命》曰：『毋以小謀敗大作，毋以嬖御人疾莊后，毋以嬖御士疾莊士大夫、卿、士。』」《周書·祭公篇》：「公曰：『汝無以嬖御固莊后，汝無以小謀敗大作，汝無以嬖御士疾大夫、卿、士，汝無以家相亂王室而莫恤其外。』」【原注】葉公當作「祭公」，疑記《禮》者之誤。

【全云】「原注」十二字乃正文。

【集證】《九經古義》：「『葉公之《顧命》』，注云：『楚縣公葉公子高也，臨死遺書曰《顧命》。』棟案：其辭有莊后、大夫、卿、士，非葉公之言也。此《周書》祭公謀父之辭。穆王時，祭公疾，不瘳。王曰：『公其告予懿德。』祭公拜手稽首曰：『嗚呼天子！女無以』云云。祭公將歿而作此篇，故謂之《顧命》。其事亦見汲郡古文。」又曰：「此傳寫之誤，非傳《禮》之誤。二《禮》如《明堂位》、《文王官人》皆采自《周書》。」

《深衣》「方領」。朱文公謂「衣領之交，自有如矩之象。續衽鈎邊者，連續裳旁，無前後幅之縫。左右交鈎，即爲鈎邊，非有別布一幅裁之如鈎而綴於裳旁也。」康成注：「鈎邊，若今曲裾。」文公晚歲去曲裾之制而不用。愚以漢史考之：朱勃之衣方領，見《後漢書·馬援傳》。謂之古制可也；江充之衣曲裾，見《漢書》本傳。謂之古制可乎？此文公所以改司馬公之説。

【元圻案】正義曰：「稱深衣者，以餘服則上衣下裳不相連，此深衣衣裳相連，被體深邃，故謂之『深衣』。」◎方氏慤曰：「經曰：有虞氏『深衣而養老』，《傳》曰：『庶人服短褐深衣』，則自天子至於庶人皆服之也。」◎衛氏《集説》一百四十五：涑水司馬氏曰：「按《漢書》江充『衣紗縠襌衣，曲裾後垂交輸』，如淳曰：『交輸，割正幅，使一頭狹若燕尾，垂之兩旁，見於後，是《禮》深衣「續衽鉤邊」。賈逵謂之「圭」。』蘇林曰：『交輸，如今新婦袍之袿全幅繒角割，名曰交輸裁也。』《釋名》曰：『婦人上服曰袿，其下垂者上廣下狹如刀圭也。』然則別有鉤邊，不在裳十二幅之數，亦斜割使一端闊一端狹，以闊者在上，狹者在下，交映垂之如燕尾，有鉤曲裁其旁邊，綴於裳之右旁，以掩不相連之處。」案此説與朱子異。◎温公又曰：「《後漢·馬援傳》『朱勃衣方領，能矩步』，注引《前書》音義曰：『頸下施衿領正方，學者之服也。』如此似於頸下別施一衿，映所交領，使之方正。今朝服有方心曲領，以白羅爲之，方二寸許，綴於圜領之上，以繫於頸後結之，或者袷之遺像歟？《後漢·儒林傳》曰：『服方領習矩步者，委蛇乎其中。』注：『方領，直領也。』《春秋傳》叔向曰：『衣有襘。』杜曰：『襘，領會也，工外反。』《曲禮》曰：『視不上於袷。』鄭曰：『袷，交領也。』然則領之交會處自方，即謂袷，疑更無他物。今且從之，以就簡易。」

《大戴記·投壺篇》末云：「弓既平張，四侯且良。決拾有常，既順乃讓。乃揖乃讓，乃隮其堂。乃節其行，既志乃張。射夫命射，射者之聲。御車之旌，既獲卒莫。」此命射之辭也。

【元圻案】《四庫全書》本「御車之旌」作「獲者之旌」。◎宋熊氏朋來《經説》二：「《貍首》之詩，古人以爲射節。《小戴·射義》所記詩曰：『曾孫侯氏，四正具舉。大夫君子，凡以庶士，小大莫處，御於君所。以燕以射，則燕則譽。』此《貍首》之詩也。《大戴·投壺篇》所記，上章本同，而前一句『曾孫侯氏』爲數句隔斷，恐『泰射張侯』等語本以解説侯氏，因亂入正文爾。下文又换韻曰『弓既平張，四侯具良』云云，此亦《貍首》之詩也。首章必有『貍首』二字，故以名其詩。此必第二(章)(第)三章也。《貍首》之詩，不幸逸於詩家，幸而略傳於禮家，《小戴》得其一章，而《大戴》尤詳。」

哀公之問，非切問也，故孔子於問舜冠則不對，於問儒服則不知。

【何云】而《史記》乃以商羊、楛矢爲言，豈不陋哉！

【元圻案】《家語·好生篇》：「哀公問於孔子曰：『昔者舜冠何冠乎？』孔子不對。公曰：『寡人有問於子而子無言，何也？』對曰：『以君之問不先其大者，故方思所以爲對。』」亦見《荀子·哀公篇》，楊倞注云：「哀公不問舜德，徒問其冠，故不對也。」◎衛氏《集説》一百四十七：陸氏佃曰：「某不知儒服，猶問舜冠，不對也。」

《儒行》言「自立」者二，言「特立」者一，言「特立獨行」者一。人所以參天地者，其要在此。「如有所立卓爾」①，[一]顏子言之。「立天下之正位，先立乎其大者」②，孟子言之。

[一]【何云】「如有所立」，又別一義。宏詞人誇多，故誤引也。

【全云】「如有所立卓爾」，深寧蓋以爲卓然自立之謂，不主舊説。何氏譏其誤引，非也。

《大學》之「親民」當爲「新」，[一]猶《金縢》之「新迎」當爲「親」也，[二]皆傳寫之誤。

[一]案伊川程子曰：「『親』當作『新』，言既自明其德，而使人用此道以自新也。」

[二]《釋文》：「新迎，馬本作親迎。」

【元圻案】朱子《大學或問》曰：「『親民』云者，以文義推之則無理。『新民』云者，以傳文考之則有據。」

古之人文以達意，非有意於傳也。《湯盤銘》以《大學》傳，《虞人箴》、襄公四年。

① 見《論語·子罕》。
② 見《孟子·滕文公下》。

《祈招詩》、昭公十二年。《讒鼎銘》昭公三年。以《左氏》傳，楚狂《滄浪之歌》以孔、孟氏之書傳。

【元圻案】《東萊博議·衛禮至爲銘篇》曰：「天下不見湯之盤，而能誦『日新』之銘者，托於《大學》也。天下不見周之量，而能誦『文思』之銘者，托於《周官》也。」

「知止而后有定」①，《章句》云：「志有定向。」《或問》云：「事事物物皆有定理。」其説似不同，當以《章句》爲正。

【元圻案】余兄静軒先生曰：「《大學大全》載新安陳氏曰：『《章句》云：「知止則志有定向」，此云「事物皆有定理」，合二説其義方備。』能知所止，則此心光明，見得事物皆有定理，而志方有定向。」

子罕卻玉，《左傳》襄十五年。韓起辭環，昭公十六年。有無窮之名；季氏之璵璠，定公五年。向魋之夏璜，哀公十四年。有無窮之惡。故曰：「惟善以爲寶。」②

①《禮記·大學》。
②《禮記·大學》。

《鄉飲酒義》「立三賓以象三光」，注：「三光，三大辰也。天之政教，出於大辰焉。」《公羊傳》：「大火、【原注】心。伐、【原注】參。北辰【原注】北極。爲大辰。」漢文帝詔：「上以累三光之明。」顔注：「謂日、月、星。」見《漢書·文帝紀》。

【集證】《鄉飲酒》正義曰：「昭十七年，『有星孛於大辰』。《公羊》云：『大辰者何？大火也。北辰亦爲大辰。』故《爾雅》云：『大辰，房、心、尾也。』大火謂之大辰，北極謂之大辰，是『三大辰』也。」◎方愨《禮記解》從顔氏《漢書注》，則既曰「設介僎以象日月」，又曰「立三賓以象三光」，於義爲複。

《春秋》宣公十五年正義引《辨名記》云：「倍人曰茂，十人曰選，倍選曰儁，千人曰英，倍英曰賢，萬人曰桀，倍桀曰聖。」《禮記·月令·孟夏之月》正義引之，以爲蔡氏。《白虎通·聖人篇》引《禮別名記》曰：「五人曰茂，十人曰選，百人曰俊，千人曰英，倍英曰賢，萬人曰桀，萬桀曰聖。」蓋《禮記》逸篇也。

《後漢》崔琦對梁冀曰：「將使玄黄改色、馬鹿易形乎？」注言「馬鹿」而不言「玄黄」。按《禮器》「或素或青，夏造殷因」，注云：「變白黑言素青者，秦二世時，趙高欲作亂，或以青爲黑，黑爲黄，民言從之，至今語猶存也。」琦所謂「玄黄改色」，即此事也。

【何云】此條自當入「考史」。

【元圻案】《後漢書·文苑傳》：「崔琦，字子瑋。涿郡安平人。梁冀聞其才，請與交，琦數引古今成敗以戒之，乃作《外戚箴》。冀曰：『君何激刺之過乎？』琦對曰：『將軍累世台輔，不能結納賢良，以救禍敗，反欲鉗塞士口，杜蔽主聽聰，將使玄黃改色、馬鹿易形乎？』」

《荀子·大略篇》引《聘禮志》曰：「『幣厚則傷德，財侈則殄禮。』禮云禮云，玉帛云乎哉！」此即《聘義》所謂「輕財重禮」也。

【閻按】《聘禮記》：「多貨則傷於德，幣美則沒禮。」《荀子》所引自本此，於《聘義》無涉。

【集證】《大略篇》引《聘禮志》，楊倞注云：「志，記也。」是《聘禮志》即《聘禮記》也。《聘義》云云，亦即「多貨傷德，幣美沒禮」下義疏。

《後漢·東夷傳》：「徐夷率九夷以伐宗周，西至河上。穆王畏其方熾，乃分東方諸侯，命徐偃王主之。」《檀弓》載徐容居之對曰：「昔我先君駒王西討，濟於河。」然則駒王即偃王歟？濟河即所謂「西至河上」也？

【元圻案】鄭注：「駒王，徐先君僭號，容居，其子孫也。」

《易乾鑿度》：「水爲信，土爲知。」《中庸》注：「水神則信，土神則知。」服氏注《左傳》：「土爲信。」朱文公《孟子》「人皆有不忍人之心」章注謂：「信猶五行之土，服說是也。」

【全云】「貞固，足以幹事」，是知中兼信；「睿作聖」，是信中兼知。理足以互備。

【元圻案】《乾鑿度》：「孔子曰：夫萬物始出於《震》。震，東方之卦也，陽氣始生，受形之道也，故東方爲仁。成於《離》。《離》，南方之卦也，陽得正於上，陰得正於下，尊卑之象、定禮之序也，故南方爲禮。入於《兑》。《兑》，西方之卦也，陰用事而萬事得其宜，義之理也，故西方爲義。漸於《坎》。《坎》，北方之卦也，陰氣形盛，陽氣含閉，信之類也，故北方爲信。夫四方之義，統於中央，故乾坤艮巽，位在四維，中央所以繩四方行也，智之決也，故中央爲智。」◎「天命之謂性」，正義皇氏云：「『水神則信』，冬主閉藏，充實不虚，水有内明，不欺於物，信亦不虚詐也。云『土神則知』者，金、木、水、火，土無所不載，土所含義者多，亦所含者衆，故云『土神則知』。」◎岳（琦）〔珂〕《九經三傳沿革例》曰：「《中庸》『天命之謂性』注，木、金、火、水、土之神，水神宜曰知，土神宜曰信，乃誤以信爲水神，知爲土神。而疏義又從而附會之，亦不敢改。今按《乾鑿度》云：水、土二行，兼信與知。」◎《易·文言》正義引《乾鑿度》文同。

《儒行》云：「其過失可微辨，而不可面數也。」子路喜聞過，善人能受盡言。如諱人之面數，則面諛之人至，而曾子不當三數子夏矣。事見《檀弓》。以是爲剛毅，焉得剛？故程子[一]謂「游説之士所爲誇大之説」。

[一] 案《程氏遺書》第十七，伊川。

【元圻案】《禮記集説》一百四十七：呂氏大臨曰：「『其過失可微辨，而不可面數也』，此一句疑尚氣好勝之言，於義理有所未合也。所貴於儒者，以見義必爲，聞過而改也，何謂『可微辨而不可面數』？待人可矣，自待則不可也。子路聞過則喜，孔子幸人之知過，成湯改過不吝。推是心也，苟有過失，雖怒罵且將受之，況面數乎！」

方慤解《王制》云：「爵欲正其名，故官必特置；禄欲省其費，故職或兼掌。」愚嘗聞淳熙[一]中，或言秦檜當國時，遴於除授，一人或兼數職，未嘗廢事，又可省縣官用度，於是要官多不補。御史中丞蔣繼周論之曰：「往者權臣用事，專進私黨，廣斥異己，故朝列多闕。今獨何取此？朝臣俸禄有限，其省幾何？而遺才乏事，上下交病，且一官治數司而收其廩，裴延齡用以欺唐德宗也。」以是觀之，則兼職省費，豈王者之制乎！

[一]【閻按】孝宗在位十二年，甲午改元。

【元圻案】《唐書·裴延齡傳》：「延齡，河中河東人。德宗擢延齡司農少卿。嘗請斂財以實府，帝曰：『安得而實之？』延齡曰：『開元、天寶間，户口繁息，百司務殷，官且有缺者，比兵興，户不半在，今一官治數司足矣。請後官闕不即補，收其廩以實帑簿。』」◎《經義考》一百四十一：「方氏慤《禮記解》，《通考》二十卷。陳振孫曰：『政和三年表進，自爲之序，以王氏父子《禮記》獨無解義，乃取所撰三經義及《字説》申而明之，著爲此解。』《浙江通志》：『方慤，字性夫，桐廬人。注《禮記解》。政和八年進士，仕至禮部侍郎。』」◎又一百四十二：「蔣氏繼周《禮記大義》七卷，佚。《括蒼彙記》：『蔣繼周，字世修，青田人。紹興甲戌進士，歷館職二十年，仕至御史中丞、禮部尚書。卒贈太師，謚文恭。』」

《周官》「上公九命」，《王制》「有加則賜，不過九命」。伏生《大傳》謂：「諸侯三年一貢士，一適謂之好德，再適謂之賢賢，三適謂之有功。有功者，天子一賜以車服弓矢，再賜以秬鬯，三賜以虎賁百人，號曰命諸侯。」此言三賜而已。《漢武紀》元朔元年有司奏議，曰：「古者諸侯貢士，壹適謂之好德，再適謂之賢賢，三適謂之有功，乃加九錫。」「九錫」始見於此，遂爲篡臣竊國之資，自王莽始。《禮緯含文嘉》有「九錫」之説，亦起哀、平間。飾經文姦以覆邦家，漢儒之罪大矣。

【集證曰】《韓詩外傳》八：「傳曰：諸侯之有德，天子錫之。一錫車馬，再錫衣服，三錫虎賁，四錫樂器，五錫納陛，六錫朱户，七錫弓矢，八錫鈇鉞，九錫秬鬯。」緯書起哀、平間，而韓嬰文帝時爲博士，已有九錫之説。

【元圻案】《後漢書·荀彧傳》注：「《禮含文嘉》曰：『九錫，一曰車馬，二曰衣服，三曰樂器，四曰朱户，五曰納陛，六曰虎賁百人，七曰斧鉞，八曰弓矢，九曰秬鬯，謂之九錫。錫，與也，九錫皆如其德。』」

《表記》「殷人先罰而後賞」，漢武帝建元元年《賢良策問》謂「殷人執五刑以督姦」，皆言殷政之嚴也。《書》曰「代虐以寬」，《詩》曰「敷政優優」，豈尚嚴哉！

「仁右道左」，仁對道而言。張宣公《答吴晦叔書》以爲言「周流運用處。右爲陽，而用之所行也；左爲陰，而體之所存也」。

【元圻案】《表記》：「仁者右也，道者左也。」鄭注：「右也，左也，言相須而成也。」

「國君沐粱，大夫沐稷，士沐粱。」①司馬公曰：「禮别嫌明微。大夫貴近於君，故推而遠之，以防僭逼之端。士賤，遠於君，雖與之同物，無所嫌也。」

① 見《禮記·喪大記》。

【元圻案】《禮器》「君子之於禮，有順而摭也」，正義曰：「摭，猶拾取也。謂若君沐粱，大夫沐稷，士用粱，士卑不嫌，是拾君之禮而用之也。」◎《長編》一百九十七仁宗嘉祐七年：「冬十月，時學士院新定後宫封贈父祖制度，皇后與妃皆及三代。諫官司馬光等上言：『大禮之所謹，在於尊卑之分，別嫌明微，故國君沐粱，大夫沐稷，士沐粱。蓋以大夫貴近於君云云，無所嫌也。皇后敵體至尊，母儀四海，六宫之内，無與等夷。妃品秩雖貴，而皇后猶爲女君，今封贈之典混而爲一，臣實懼焉。』」

「善教者使人繼其志。」①弟子累其師，李斯、韓非之於荀卿也；弟子賢於師，盧植、鄭玄之於馬融也。

【元圻案】《史記·老莊申韓列傳》：「非爲人口吃，不能道説，而善著書。與李斯俱事荀卿。」◎《後漢書·馬融傳》：「融，字季長，扶風人。有俊才。坐高堂，施絳帳，前授生徒，後列女樂。鄭康成、盧植皆其弟子。」

《曲禮》：「刑不上大夫。」《家語·五刑解》：「冉有問刑不上於大夫，孔子曰：『凡治君子，以禮御其心，所以屬之以廉恥之節也。』」其言與賈誼書同〔一〕而加詳焉。

① 見《禮記·學記》。

誼蓋述夫子之言也。《秋官·條狼氏》誓大夫曰鞭，恐非周公之法。

［一］案《新書·階級篇》：「故古者禮不及庶人，刑不至君子，所以厲寵臣之節也。」

【元圻案】王氏《周禮詳説》曰：「刑不上大夫，此云『鞭五百』，王氏以爲誓其大夫之屬。」

《文子·精誠篇》曰：「聖人不慚於影，君子慎其獨也。」《劉子·慎獨篇》曰：「獨立不慚影，獨寢不愧衾。」【原注】高彦先《謹獨銘》曰：「其出户如見賓，其入虚如有人。其行無愧於影，其寢無愧於衾。」四句並見《劉子》。

【集證曰】《晏子·外篇》云：「嬰聞之君子：獨立不慚於影，獨寢不慚於魂。」是又《劉子》所本。

【元圻案】《劉子》，注見卷三三十一頁。① ◎《朱子文集》七十九《漳州州學高東溪祠記》：「臨漳有東溪先生高公者，名登，字彦先。靖康間遊太學，與陳公少陽伏闕拜疏，以誅六賊，留种、李爲請。用事者欲兵之，不爲動也。紹興初，召至政事堂，與宰相秦檜論不合，去爲静江府古縣令，有異政。」◎《書録解題》：「《高東溪集》十二卷。今所存詩文，僅數十頁而已。」厚齋所引之銘尚存集中。其序曰：「靖康初，高子以少故去賢關，僦居景德僧寺，兀兀終日，咄咄書空。因揭『慎獨』顔間，爲之銘云：『其出户如見賓云云，請事斯語，無怠厥終。』」

① 見卷三「袁孝政釋劉子」條注（頁三七五）。

《大學章句》「咏嘆淫液」，[一]刊本誤爲「淫泆」。

[一]【集證曰】四字本《樂記》。

《月令》言「來歲」者二：季秋爲「來歲受朔日」，秦正建亥也；季冬「待來歲之宜」，夏正建寅也。【原注】《月令》作於秦，雖用夏時，猶存秦制。《淮南·時則訓》與《月令》同。漢太初以前猶以十月爲歲首。

【元圻案】「季秋之月，合諸侯制百縣，爲來歲受朔日」，鄭注：「秦以建亥之月爲歲首，於是歲終，使諸侯及鄉遂之官受此法焉。」◎「季冬之月，飭國典，論時令，以待來歲之宜。」鄭注：「《周禮》以正月爲之建寅而縣之。今用此月，則所因於夏殷也。」

《理道要訣》[一]云：「周人尚以手摶食，故《記》云『共飯不澤手』，蓋弊俗漸改未盡。今夷狄及海南諸國、五嶺外人，皆以手摶食，豈若用匕筯乎？三代之制祭立尸，自秦則廢。後魏文成時高允獻書云：『祭尸久廢，今俗父母亡，取狀貌類者爲尸，敗化黷禮，請釐革。』又周、隋《蠻夷傳》：『巴、梁間爲尸以祭。』今郴、道州人祭祀，迎同姓伴神以享。則立尸之遺法，乃本夷狄風俗，至周未改耳。以人殉葬，至周方革，猶未能絶。【原注】秦穆公、魏顆之父、陳乾昔。今戎狄尚有之，中華久絶矣。」

[一]【全云】杜佑作。

【閻按】立尸乃古法，外裔猶存耳。

【何云】讀《曾子問》，乃知君卿之論立尸誠謬。《朱子語類》亦以君卿爲非，乃不引經以折之，何哉？

【元圻案】《唐書·藝文志》「子部·雜家類」：杜佑《理道要訣》十卷。《書録解題·雜家類》：「《理道要訣》十卷。唐宰相杜佑撰。凡三十三篇，皆設問答之詞。末二卷記古今異制。蓋於《通典》中撮要，以便人主觀覽。」

《少儀》：「頴，警枕也。」鄭注文。謂之頴者，頴然警悟也。司馬文正公以圓木爲警枕，少睡則枕轉而覺，乃起讀書。

【集證】范祖禹《司馬温公布衾銘》曰：「公一室蕭然，圖書盈几案，竟日静坐，泊如也。又以圓木爲警枕，少睡則枕轉而覺，乃起讀書。」◎馬氏叢書樓校本：「頴」，元板作「頴」。

「舜葬蒼梧之野」①。〔二〕薛氏季宣曰：「孟子以爲『卒於鳴條』，《吕氏春秋·孟冬紀·安死篇》『舜葬於紀』。蒼梧山，在海州界，近莒之紀城。鳴條亭，在陳留之平丘。」

① 見《禮記·檀弓》。

今考《九域志》，海州東海縣有蒼梧山。[二]

[一]案「之」，閻本作「山」，誤，今從何本。

[二]【閻按】海州蒼梧山即《山海經》之郁州，無舜葬於此之説。

【集證】高誘《吕覽·安死篇》注曰：「傳曰『舜葬蒼梧九疑之山』，此云於紀市。九疑山下亦有紀。」

【元圻案】畢氏沅曰：「《墨子》云舜葬南己之市，《御覽》五百五十五作『南紀』，引《尸子》作『南己』。案《路史》注云紀即冀，故紀后爲冀后。今河東皮氏東北有冀亭，冀子國也。鳴條在安邑西北，其地相近。《記》謂舜葬蒼梧，《皇覽》謂在零陵營浦縣，尤失之。梁伯子云：《困學紀聞》五引薛氏，言蒼梧在海州界，近莒之紀城，亦非。」◎《書録解題·地理類》：「《元豐九域志》十卷。知制誥丹陽王存正仲、集賢校理南豐曾肇子開、官制所檢討邯鄲李德芻等删定。總二十三路、四京、十府、二百四十二州、三十七軍、四監、一千一百三十五縣。」

《儒行》言儒之異十有七條，程子以爲非孔子之言。[一]胡氏謂：「游、夏門人所爲，其文章殆與荀卿相類。」

[一]案《二程粹言》：「子曰：《禮記》之文多謬誤者，《儒行》、《經解》非聖人之言也。夏后氏郊鯀之篇，皆未可據也。」

古者無一民不學也，二十五家爲閭，閭同一巷，巷有門，門有兩塾。上老坐於右塾，爲右師；庶老坐於左塾，爲左師。出入則里胥坐右塾，鄰長坐左塾，察其長幼揖遜之序。新穀已入，餘子皆入學，距冬至四十五日始出學，所謂家有塾也。[一]聞之先儒曰：「先王之時，其人則四民也，其居則六鄉、三采、五比、四閭也，其田則一井、二牧、三屋、九夫也，其官則三吏、六聯、五侯、九伯也，其教則五典、十義、六德、六行也，其學則五禮、六樂、五射、六[二]馭、六書、九數也。少而習焉，其心安焉。[三]正歲孟月之吉，黨正社禜之會，讀法飲射，無非教也。[四]弟子之職，攝衣、沃盥、執帚、播灑、饌饋、陳膳、執燭、奉席，無非學也。[五]漢猶①有三老，掌教化父兄之教，子弟之率。[六]餘論未泯，清議在鄉黨，而廉恥興焉。經學有師法，而義理明焉。」吁，古道何時而復乎！

[一]【集證曰】此段約《尚書大傳》、《漢書·食貨志》、《白虎通》之文。

[二]【閻按】「六」當作「五」。

[三]【閻按】「先王之時」至「其心安焉」，皆魏華父《瀘州學記》之文。「其田」以下，「其官」以上，有「其食則九穀、六畜、五牲、三犧也，其服則九文、六采、五服、五章也」二句，王氏節去猶可。獨原

①「猶」，原本無，據元刊本補。

文「其教則五事、五典」，由人身而人倫，最妙，易作「五典、十義」，「十義」出《禮運》，即「父子有親、君臣有義」等也，不與五典複乎？惜不及其時而問之。

【何云】焯按：恐王氏所見者初本，傳於今者則華父又自改定也。

〔四〕【集證】此約《周官》之文。

〔五〕【集證曰】《管子·弟子職第五十九》：「攝衣共盥，先生乃作。沃盥徹盥，汎拚正席。先生將食，弟子饌饋。攝衽盥漱，跪坐而饋。置醬饋食，陳膳毋悖。〔堂上〕播灑，室中握手。執箕膺揲，厥中有帚。入户而立，其儀不忒。執帚下箕，倚於户側。昏將舉火，執燭隅坐。敬奉枕席，問所何趾。」

〔六〕案《漢書·司馬相如傳》：「父兄之教不先，子弟之率不謹，寡廉鮮恥而俗不長厚也。」

「絜矩」，學者之事也。「從心所欲而不逾矩」，聖人之事也。

【何云】非，牽合此章所學者大學之道。

【全云】矩固無二，然平天下之大道，豈可僅以學者之强恕當之？尚未圓融。

「孔子射於矍相之圃」①。吕與叔曰：「孔子温良恭讓，其於鄉黨似不能言，未聞

①見《禮記·射義》。

拒人如是之甚。疑不出於聖人，特門人弟子逆料聖人之意而爲此説。將以推尊聖人，而不知非聖人之所當言。」【原注】此言可以厲浮薄之俗，故表而出之。

【元圻案】晁公武曰：「《芸閣禮記解》十卷。吕大臨與叔撰。與叔師事程正叔，禮學甚精博。」①《經義考》云未見。《四庫全書》亦未著録，蓋已佚矣。衛氏《禮記集説·射義篇》引藍田吕氏曰：「孔子於鄉黨，恂恂如也，互鄉難與言也，猶與其進。陽虎勸之仕，則諾之。以温良恭儉讓之德行於天下，未聞拒人如是之甚也。孟子曰：『仲尼不爲已甚者。』故矍相之事，疑不出聖人。聖人没，門人弟子欲阿所好而爲此説，將以推尊聖人而或不知其德，雖逆料聖人之意或及於是，而不知非聖人之所當言。如《記》稱孔子曰『我戰則克，祭則受福』，固孔子之事也，而謂孔子言之，則非也。」

大戴禮記

【元圻案】《四庫書簡明目録》二：「《大戴禮記》十三卷。漢戴德撰，周盧辯注。戴德書爲戴聖删削之餘，凡八十五篇，《隋志》所録已佚其四十七篇，盧辯注亦僅存八卷。」

---

①《郡齋讀書志·禮類》。

《大戴禮》《哀公問》、《投壺》二篇與《小戴》無甚異。《禮察》篇首與《經解》同。《曾子大孝篇》與《祭義》相似，而《曾子書》十篇皆在焉。《勸學》、《禮三本》見於《荀子》。《保傅篇》，則《賈誼書》之《保傅》、《傅職》、《胎教》、《容經》四篇也，《漢書》謂之《保傅傳》。

【元圻案】宋韓元吉《大戴禮記序》云：「漢興，得先儒所記禮書，凡二百四篇。戴德删之爲八十五篇，謂之《大戴禮》。戴聖又删德之書爲四十九篇，謂之《小戴禮》。今立之學官者，《小戴》書也。然《大戴》篇始三十九，終八十一，當爲四十三篇，中間缺者四篇，而重出者一篇，其上不見者猶三十八篇，復不能合於八十五篇之數，豈但當爲八十一邪？其缺者或既逸，其不見者抑聖所不取者也？然《哀公問》、《投壺》二篇與《小戴書》無甚異，《禮察篇》與《經解》亦同，《曾子大孝篇》與《祭義》相似，則聖已取之篇，豈其文無所删者也？《勸學》、《禮三本》見於《荀卿子》，至取舍之説及《保傅》，則見於賈誼疏，間與經、子同者尚多有。」

《大戴禮》盧辯注，非鄭氏。朱文公引《明堂篇》「鄭氏注云『法龜文』」，未考《北史》也。

【閻按】《盧辯傳》：「辯字景宣，以《大戴禮》未有解詁，乃注之。」

【元圻案】《四庫全書總目·經部·禮類附録》：「《大戴禮》十三卷。案朱子引《明堂篇》鄭氏注云『法龜文』，殆以注歸之康成。考内徵引有康成、譙周、孫炎、宋均、王肅、范甯、郭象諸人，下逮魏晉之儒。《困學紀聞》指爲盧辯注。據《周書》，辯字景宣，官尚書右僕射。以《大戴禮》未有解詁，乃注之。其兄景裕謂曰：『昔侍中注《小戴》，今爾注《大戴》，庶纘前修矣。』王氏之言，信而有徵。」◎《明堂篇》者，先儒於《盛德篇》「明堂者古有之也」以下，别出爲《明堂篇》也。其文曰「明堂凡九室」，又曰「二九四七五三六一八」，注：「《記》用九室，謂法龜文，故取此數以明其制也。」◎《朱子文集》八十四《書河圖洛書後》曰：「世傳一至九數者爲《河圖》，一至十數者爲《洛書》。考之於古，正是相反而置之，予於《啓蒙》辨之詳矣。讀《大戴禮》又得一證，其《明堂篇》有『二九四七五三六一八』之語，而鄭氏注云：『法龜文也。』然則漢人固以此九數者爲《洛書》矣。」

《易本命篇》與《家語·執轡篇》同，但《家語》謂子夏問於孔子，孔子曰：「然。吾昔聞老聃，亦如汝之言。」子夏曰：「商聞《山書》曰」云云。《大戴》以「子曰」冠其首，疑此篇子夏所著，而大戴取以爲《記》。

【元圻案】《易本命篇》自「夫易之生人，禽獸萬物昆蟲各有以生」至篇終，皆以爲夫子之言。而《家語》則作「子夏問於孔子曰，商聞易之生人」至「晝生者類父，夜生者類母」，皆子夏之言。而多「是以至陰主牝，至陽主牡，敢問其然乎」三句。又加「孔子曰，然吾昔聞〔諸〕老聃，亦如汝之言」十四字。下接「子夏曰商聞山書曰，地東西爲緯，南北爲經」，至「王者動必以道，静必以道静」，皆子夏述《山書》之言，而多「必順理以奉天地之性，而不害其所生，謂之仁聖焉」三句。而下又有「子夏言終而退，子貢進曰，商之論也何如，孔子曰，汝謂何也，對曰，微則微矣，然非治世之待也，孔子曰，然，各其所能」一段。

《踐阼篇》載武王十七銘。《後漢・朱穆傳》注引《太公陰謀》：「武王《衣之銘》曰：『桑蠶苦，女工難，得新捐故後必寒。』《鏡銘》曰：『以鏡自照見形容，以人自照見吉凶。』《觴銘》曰：『樂極則悲，沈湎致非，社稷爲危。』」《崔駰傳》注引《太公金匱》：「武王曰：『吾欲造起居之誡，隨之以身。』几之書曰：『安無忘危，存無忘亡，熟惟二者，必後無凶。』」〔二〕杖之書曰：『輔人無苟，扶人无咎。』」《太平御覽》諸書引《太公陰謀》：「筆之書曰：『毫毛茂茂，陷水可脱，陷文不活。』」《太平御覽》六百五。箠之書曰：『馬不可極，民不可劇。馬極則蹪，民劇則敗。』」《御覽》三百五十九。又引《金匱》：「其《冠銘》曰：『寵以著首，將身不正，遺爲德咎。』書履曰：『行必慮正，無懷僥倖。』書劍曰：『常以服兵而行道德，行則福，廢則覆。』書車曰：『自致者急，載人者緩。取欲無度，自致而反。』書鏡曰：『以鏡自照，則知吉凶。』」以上五銘並載《御覽》五百九十。門之書曰：『敬遇賓客，貴賤無二。』」《御覽》百八十三。户之書曰：『出畏之，入懼之。』」《御覽》百八十四。牖之書曰：『闚望審，且念所得，可思所忘。』」《御覽》百八十八。鑰之書曰：『昏謹守，深察訛。』《御覽》百八十四。硯之書曰：『石墨相著而黑，邪心讒言，無得汙白。』《御覽》六百五。書鋒曰：『忍之須臾，乃全汝軀。』書刀曰：『刀利磑磑，無爲汝開。』並載王氏《踐阼篇集解》，《選》注云出《六韜》。書井曰：『原泉滑滑，連旱則絶。取事有常，賦斂有節。』」《御覽》百八十九。蔡邕《銘論》謂：「武王踐阼，咨於太師，作席几、楹杖、器械之銘十有八章。」[二]參考《金匱》、《陰謀》之書，則不止於十八章矣。書於篇後，俾好古者有考。[三]

[一]【集證】《几銘》，《文選·封禪文》注引作《太公陰謀》。

[二]案《蔡中郎集·銘論》曰：「春秋之論銘也，曰：天子令德，諸侯言時計功，大夫稱伐。昔肅慎納貢，銘之楛矢，所謂天子令德也。黄帝有巾几之法，孔甲有盤杅之誡，殷湯有《甘誓》之勤，毚鼎有丕顯之銘。武王踐阼，咨於太師，作席几楹杖器械之銘十有八章。周廟金人，緘口書背，銘之以慎言，亦所以勸導人主勖於令德者也。」

[三]【閻按】「書於篇後」，謂《踐阼篇》也。王氏嘗集解《踐阼篇》。

【元圻案】王氏自書《集解·踐阼篇》後曰：「有周盛時，《大訓》在西序，《河圖》在東序，三皇五帝之書，外史掌之，丹書蓋前聖傳心要典也。《學記》正義謂赤雀所銜丹書，乃《尚書帝命驗》，讖緯不經之言，君子無取焉。武王銘十有七章，蔡邕以爲十八章，豈有闕文與？《大戴禮》有盧辯注，今列於前。鄭康成〔所引〕、黄太史所書，考其文之異者，又采諸儒之説爲集解。《金匱》、《陰謀》載武王銘書，附著於末。」◎《踐阼篇》載武王席前左端之銘曰：「安樂必敬。」前右端之銘曰：「無行可悔。」後左端之銘曰：「一反一側，亦不可以忘。」後右端之銘曰：「所監不遠，視邇所代。」《机之銘》曰：「皇皇惟敬，口生呞，口戕口。」《鑑之銘》曰：「見爾前，慮爾後。」《盥槃之銘》曰：「與其溺於人也，寧溺於淵。溺於淵，猶可游也；溺於人，不可救也。」《楹之銘》曰：「毋曰胡殘，其禍將然。毋曰胡害，其禍將大。毋曰胡傷，其禍將長。」《杖之銘》曰：「惡乎危於忿疐，惡乎失道於嗜慾，惡乎相忘於富貴。」《帶之銘》曰：「火滅修容，慎戒必恭，恭則壽。」《履屨之銘》曰：「慎之勞，勞則富。」《觴豆之銘》曰：「食自杖，食自杖，戒之憍，憍則逃。」《户之銘》曰：「夫名難得而易失，無懃弗志，而曰我知之乎？無懃弗及，而曰我杖之乎？擾阻以泥之，若風將至，必先搖搖，雖有聖人，不能爲謀也。」《牖之銘》曰：「隨天之時，以地之財，敬祀皇天，敬以先時。」《劍之銘》曰：「帶之以爲服，動必行德。行德則興，倍德則崩。」《弓之銘》曰：「屈伸之義，廢興之行，無忘自過。」《矛之銘》曰：「造矛造矛，少間弗忍，終身之羞。予一人所聞，以戒後世子孫。」◎《金匱》、《陰謀》，《漢志》不著録。《隋志》「兵家」：《太公陰謀》一卷，《太公金匱》二卷。

「武王東面而立，師尚父西面道丹書之言」。此《踐阼篇》文。皇氏曰：「王在賓位，師尚父在主位，此王廷之位。若尋常師徒之教，則師東面，弟子西面，與此異。」

【閻按】古弟子北面。郭隗曰：「北面拘指逡巡而退以求臣，則師傅之材至矣。」一曰：「詘指而事之，北面而受學，則百己者至」。

【集證】皇氏説見《禮記·學記》正義。

山谷以太公所誦《丹書》及武王銘，書於坐之左右，以爲息黥補劓之方。朱文公亦求程可久寫《武王踐阼》一篇，以爲左右觀省之戒。【原注】《儀禮經傳》刪「且臣聞之」至「必及其世」。《大學或問》因湯《盤銘》及武王之銘。

【集證曰】《玉海》三十九：「紹熙五年，閏十月戊子，朱子侍講《大學》，至《盤銘》『日新』，因論武王有《丹書》一篇，皆人主憂勤警戒之意。上曰：『近有人進此書。』蓋黄庭堅所書也。」

【元圻案】《黄山谷集·題太公丹書後》曰：「右太公所誦《丹書》之言，故武王惕若恐懼，書以爲戒，於所起居服用皆勒銘如是。余從事於俗甚漫，意行不忌。晚而待罪太史，觀禮書得此銘，以鑑小人之影，去道遠矣，乃書於坐之左右，以爲息黥補劓之方。晁子曰：『秦人之炙，亦吾嗜也，書以遺我。』故書。」◎《莊子·内篇·大宗師》：「意而子曰：夫無莊之失其美，據梁之失其力，黄帝之亡其知，皆在爐錘之間耳。庸詎知夫造物者之不息我黥而補我劓，使我乘成以隨先生耶？」◎《朱子文集》有《求程可久寫踐阼篇書》。

《大戴記》之《夏小正》，《管子》之《弟子職》，《孔叢子》之《小爾雅》，古書之存者，三子之力也。

【元圻案】《書録解題·時令類》：「《夏小正傳》四卷。漢戴德傳，給事中山陰傅崧卿注。此書本在《大戴禮》，鄭康成注《禮運》『夏時』曰：『夏四時之書也。其存者有《小正》。』後人於《大戴禮》鈔出别行。」◎《漢書·藝文志》「孝經家」：「《弟子職》一篇。」應劭曰：「管仲所作。」◎《朱子語類》：「《弟子職》一篇若不在《管子》中，亦亡矣。此或是他存得古人的，或是他自作，俱未可知。竊疑是他作内政時，士之子常爲士，因作此以教之。」◎《書録解題·小學類》：「《小爾雅》一卷。漢有此書，亦不著名氏。《唐志》有李軌《解》一卷。今《館閣書目》云孔鮒撰，蓋《孔叢子》第十一篇也。曰《廣詁》、《廣言》、《廣訓》、《廣義》、《廣名》、《廣服》、《廣器》、《廣物》、《廣鳥》、《廣獸》，凡十章，又《度》、《量》、《衡》爲十三章。當時好事者抄出别行。」

《誥志篇》孔子曰：「古之治天下者必聖人。聖人有國，則日月不食，星辰不孛。」慈湖[一]謂：「堯、舜、禹之時，歷年多無日食。至太康失邦，始日食。曆家謂日月薄食可以術推者，衰世之術也，而亦不能一一皆中。一行歸之君德，頗與孔子之言合。一行之術精矣，而有此論，則誠不可委之數。」

[一]【閻按】慈湖，楊簡號。

【元圻案】此條全録《慈湖集·家記》中語。《記》又云：「胡康侯於《春秋》誤解日食，（殊）

〔殆〕未讀《大戴記》。孔子斯言，世罕誦習，故表而出之。」◎《唐書·曆志》第十七下：一行《日食議》曰：「古之太平，日不蝕，星不孛，蓋有之矣。若過至未分，月或變行而避之。或五星潛在日下，禦侮而救之。或涉交數淺，或在陽曆，陽盛陰微則不蝕。或德之休明，而有小眚焉，則天爲之隱，雖交而不蝕。此四者，皆德教之所由生也。四序之中，分同道，至相過，交而有蝕，則天道之常。如劉歆、賈逵，皆近古大儒，豈不知軌道所交、朔望同術哉？以日食非常，故闕而不論。黄初以來，治曆者始課日蝕疏密，及張子信而益詳。劉焯、張胄玄之徒自負其術，謂日月皆可以密率求，是專於紀曆者也。」

《説苑·建本篇》引子思曰：「學所以益才也，礪所以致刃也。吾嘗幽處而深思，不若學之速；吾嘗跂而望，不若登高之博見。故順風而呼，聲不加疾，而聞者衆；登丘而招，臂不加長，而見者遠。故魚乘於水，鳥乘於風，草木乘於時。」與《大戴禮》、《荀子·勸學篇》略同。《隋》、《唐志》「小學類」又有蔡邕《勸學篇》一卷，《易·晉》九四正義引之云：「鼫鼠五能，不成一伎術。」【原注】晉蔡謨讀《爾雅》不熟，幾爲《勸學》死，謂《勸學篇》也。《荀子》「梧鼠」，《大戴》云「鼫鼠」；「蟹六跪二螯」，《大戴》云①「二螯八足」。

①「云」，原本無，據元刊本補。

【元圻案】《大戴禮·勸學篇》：「孔子曰：『吾嘗終日思矣，不如須臾之所學；吾嘗跂而望之，不如升高而博見也。升高而招，非臂之長也，而見者遠；順風而呼，非聲加疾也，而聞者著。假車馬者，非利足也，而致千里；假舟楫者，非能水也，而絕江海。君子之性非異也，而善假於物也。』」《荀子·勸學篇》文與此同。◎《晉》九四正義曰：「『晉如鼫鼠，无所守也』者，蔡邕《勸學篇》云：『鼫鼠五能，不成一伎。』王注曰：『能飛不能過屋，能緣不能窮木，能游不能度谷，能穴不能掩身，能走不能先人。』」阮氏《校勘記》云「不成一伎王」，按盧文弨云：「《顏氏家訓》作『不成技術』，知『王』字誤也。」◎《荀子·勸學》云：「蟹六跪而二螯，非蛇蟺之穴無可寄托者，用心躁也。」注：「跪，足也。《韓子》以刖足爲刖跪。螯，蟹首上如鉞者。許叔重《說文》云：『蟹六足二聱也。』」謝金圃師校刊《荀子》案曰：「《說文》有『二敖八足』，《大戴禮》亦同此，正文及注『六』字疑皆『八』字之誤。《勸學》又云『螣蛇無足而飛，梧鼠五技而窮』，注：梧鼠當爲鼫鼠，蓋本誤爲『鼯』字，傳寫又誤爲『梧』耳。技，才能也，言技能雖多，而不能如螣蛇專一，故窮。五技，謂能飛不能過屋云云，即《晉》六四正義所引之辭也。」◎《大戴禮·勸學》云：「蟹二螯八足，非蛇蛆之穴而無所寄托者，用心躁也。」又曰：「螣蛇無足而騰，鼫鼠五技而窮。」◎《晉書·蔡謨傳》：「謨字道明，陳留考城人也。康帝時徵拜司徒。謨初渡江，見彭蜞，大喜曰：『蟹有八足，加以二螯。』令烹之。既食，吐下委頓，方知非蟹。後詣謝尚而說之，尚曰：『卿讀《爾雅》不熟，幾爲《勸學》死。』」

《曾子》曰：「與君子游，如長日加益而不自知也。」《曾子·疾病篇》文。董仲舒之言本於此。「行其所聞，則廣大矣。」亦《疾病篇》文。仲舒云：「行其所知，則光大矣。」

【元圻案】《漢書·董仲舒傳》對策曰：「積善在身，猶長日加益而人不知也。積惡在身，猶火之銷膏而人不見也。」又曰：「尊其所聞，則高明矣。行其所知，則光大矣。」

《曾子制言》曰：「良賈深藏如虚，君子有盛教如無。」與《史記》老子之言略同。

【元圻案】《史記·老莊申韓列傳》：老子曰：「吾聞之：良賈深藏若虚，君子盛德，容貌若愚。」

《公（符）〔冠〕篇》載《孝昭冠辭》，其后氏曲臺所記歟？【原注】《後漢·禮儀志》注引《博物記》云。《迎日辭》，亦見《尚書大傳》。【原注】三句與《洛誥》同。

【方樸山云】按《大戴禮》是「公冠」，非「公符」，見《儀禮·士冠禮》賈釋甚明。今本「符」字因字形相近而誤刻耳。此書潛丘勘之，義門校之，而於此等處略不是正，何耶？

【元圻案】《大戴禮·公冠篇》：「陛下摛顯先帝之光耀，以承皇天嘉禄，欽順仲春之吉日，遵並大道邠或，秉集萬福之休靈，始加昭明之元服，推遠稚（兒）〔免〕之幼志，崇積文武之寵德，肅勤高祖清廟。六合之内靡不息，陛下永永，與天無極。孝昭冠辭。」案此四字題上文，以别於《成王冠辭》。◎《後漢・禮儀志》注引《博物記》《孝昭冠辭》曰：「陛下擿顯先帝之光耀，以承皇天之嘉禄，欽奉仲春之吉辰，普遵大道之郊域，秉率百福之休靈，始加昭明之元服，推遠沖孺之幼志，蘊積文武之就德，肅勤高祖之清廟。六合之内，靡不蒙德，永永與天無極。」◎《公冠篇》：「維某年某月上日，明光於上下，勤施於四方，旁作穆穆，維予一人。某敬拜迎於郊。」注：「古者帝王以正月朝聘，率有司迎日於東郊也。」◎《尚書大傳略説》：「迎日之辭與《公冠篇》同。」◎《漢書・儒林傳》曰：「后蒼説《禮》數萬言，號曰《曲臺記》。以授大小戴。」注，服虔曰：「在曲臺校書著記，因以爲名。」

《哀公問五義》[一]云：「穆穆純純，其莫之能循。」《荀子》云：「繆繆肫肫，其事不可循。」蓋古字通用。楊倞云：「繆當爲膠，肫與訰同。」非也。

[一] 案，《四庫全書》《大戴禮》校本案：「儀，各本訛作『義』，今據《荀子・哀公篇》『人有五儀』訂正。」據此，「義」當作「儀」。

【集證曰】《禮記大傳》「序以昭繆」注：「繆，讀若穆。」《史記・魯世家》「太公、召公乃繆卜」注，徐廣曰：「古書穆字多作繆。」是穆、繆古字通也。《儀禮・士昏禮》「肫髀不升」注：「肫，全也。」《釋文》音純。《詩・召南》「白茅純束」箋：「純讀曰屯。」是純、肫古字通也。

【元圻案】《荀子・哀公篇》楊倞注：「繆當爲膠，相加之貌。《莊子》云：『膠膠擾擾。』肫與訰同，雜亂之貌。《爾雅》云：『訰訰，亂也。』言聖人治萬物錯雜，膠膠訰訰然，而衆人不能循其事。」

賈誼「審取捨」之言，見《禮察篇》。

【元圻案】《漢書·賈誼傳》：上疏曰：「爲人主計者，莫如先審取舍。取舍之極定於内，而安危之萌應於外矣。」

《四代篇》引《詩》云：「東有開明，【原注】避景帝諱也。於時雞三號，以興庶虞。庶虞動，[一]蜚征作。嗇民執功，百草咸淳。」【原注】庶虞，蓋山虞澤虞之屬。馬融《廣成頌》用「飛征」。

[一] 案，《四庫全書》《大戴禮》校本案：「各本重『庶虞』二字。」

【全云】以下六條小注，俱係正文。

【元圻案】《周禮·地官》：「山虞掌山林之政令，澤虞掌澤國之政令。」◎《後漢書·馬融傳》：「融以爲文武之道，聖賢不墜，五才之用，無或可廢。元初二年，上《廣成頌》以諷諫。其辭曰：『摯斂九藪之動物，繯橐四野之飛征，鳩之乎兹囿之中。』注：『飛征，飛走也。』」

《虞戴德篇》：「昔商老彭及仲傀，[二]政之教大夫，官之教士，技之教庶人。」【原注】仲傀當考。

〔一一〕今本作「仲傀」。

【元圻案】仲虺，《史記·殷本紀》作仲䴀，《荀子·堯問》作中蘬，石經《仲虺之誥》作仲傀。《楊子》注：「中蘬與仲虺同，湯左相。」◎《四庫全書》校《大戴記》云：「仲傀即仲虺。」

《小辨篇》：子曰：「綴學之徒，安知忠信？」【原注】劉歆書「綴學之士」，本此。

【元圻案】《漢書·楚元王傳》：「歆《移讓太常博士書》曰：『往者綴學之士，不思廢絶之闕，苟因陋就寡，分文析字，煩言碎辭。』」◎班固《典引》亦曰「綴學立制」。

「傳言以象，反舌皆至。」①【原注】象者，象胥，舌人之官也。

【集證曰】《周語》：「坐諸門外，而使舌人體委與之。」注：「舌人，象胥之官也。」◎《吕覽·爲欲篇》：「蠻夷反舌。」注：「夷語與中國相反，故曰反舌。」

【元圻案】《周禮·秋官》：「象胥，掌蠻夷閩貉戎狄之國，使掌傳王之言而論説焉。」「《爾雅》以觀於古，足以辨言矣」，注謂「依於《雅》、《頌》」。【原注】張揖云：「即《爾

① 見《大戴禮記·小辨》。

雅》也。」《爾雅》之名，始見於此。

【元圻案】張揖《上廣雅表》曰：「昔在周公，制禮以導天下，著《爾雅》一篇，以釋其義。傳於後孠，歷載五百。墳典散零，唯《爾雅》恒存。」◎《禮·三朝記》：「哀公曰：『寡人欲學《小辨》以觀於政，其可乎？』孔子曰：『《爾雅》以觀於古，足以辨言矣。』」◎晁氏《讀書志·小學類》：「《博雅》十卷。隋曹憲撰。魏張揖嘗采《蒼雅》文爲書，名曰《廣雅》。憲因揖之説，附以音解，避煬帝諱，乃更之爲『博』云。」

《保傅篇》：靈公殺泄冶，而鄧元去陳以族從。【原注】鄧元事唯見於此，當考。

【閻按】鄧元事亦見賈誼《新書》卷之十。

【何云】焯謂此不必注，前固云即《賈誼書》之四篇矣。

【集證曰】鄧元事，一見《韓詩外傳》七，一見《説苑·尊賢篇》。《外傳》云：「紂殺王子比干，箕子被發佯狂；陳靈公殺泄冶，鄧元去陳以族從。自此之後，殷并於周，陳亡於楚，以其殺比干、泄冶而失箕子、鄧元也。」《説苑》語與《大戴》略同。

《文王官人篇》：〔二〕「其少不諷誦，其壯不論議，其老不教誨，亦可謂無業之人矣。」【原注】此言可以儆學者。

［一］【閻按】當作《曾子立事》。

【閻按】《荀子》引孔子曰：「少而不學，長無能也；老而不教，死無思也。是故君子少思長則學，老思死則教。」余幾一日百誦之。

傅氏《夏小正序》：「鄭注《月令》，引《小正》者八。」［一］今按《月令》「孟冬講武」注引《夏小正》「十一月王狩」，凡引《小正》者九。【原注】《詩·七月》箋引《小正》者一。［二］朱子發曰：「《夏小正》具十二月而無中氣，有候應而無日數。至《時訓》乃五日爲候，三候爲氣，六十日爲節。豈《時訓》因《小正》而加詳歟？」

［一］【集證曰】正月啓蟄，魚陟負冰，農率均田。二月丁亥，萬舞入學。三月妾子始蠶，執養宫事。四月王萯莠。五月啓灌藍蓼。六月鷹始摯。九月丹鳥羞白鳥。

［二］【集證曰】四月王萯莠。○案原注九字，何校本亦作正文，今從閻本。

【元圻案】《四庫全書總目·禮類附録》：「《夏小正戴氏傳》四卷。宋傅崧卿撰。崧卿字子駿，山陰人。官至給事中。仿杜預編次《左氏春秋》之例，列正文於前，而列傳於下，每月各爲一篇，而附以注釋。」◎朱子發《漢上易·書李溉卦氣圖後》曰：「二十四氣，七十二候，見於周公之《時訓》。吕不韋取以爲《月令》焉。其上則見於《夏小正》。夏建寅，故其書始於正月；周建子，而授民時，巡狩，承享，皆用夏正，故其書始於立春。《夏小正》具十二月而無中氣，有候應而無日數。至於《時訓》，乃五日爲候，三候爲氣，六十日爲節。二書詳略雖異，其大要則同，豈《時訓》因《小正》而加詳歟？」

《孔子三朝》七篇。《藝文志》注：「孔子對魯哀公語也。三朝見公，故曰三朝。」此師古注文。《大戴禮記》《千乘》、《四代》、《虞戴德》、《誥志》、《小辨》、《用兵》、《少閒》，凡七篇。

【集證曰】《漢志考·劉向别録》云：「孔子見魯哀公問政，比三朝，退而爲此記。凡七篇，並入《大戴禮》。《史記》、兩《漢書》、《文選》注所引謂之《三朝記》，《爾雅》疏張揖引《禮·三朝記》，皆此書也。」

【元圻案】王氏著《漢藝文志考》。

樂

【元圻案】《經義考》一百六十七：「《樂經》，《隋志》四卷，佚。《漢書·王莽傳》：『元始三年，立《樂經》。』應劭曰：『周室陵遲，禮崩樂壞，重遭暴秦，遂以闕亡。』按《周官》成均之法，所以教國子，樂德、樂語、樂舞三者而已。樂德則《舜典》命夔教胄子數言已括其要，樂語則《三百篇》可被弦歌者是，樂舞則鏗鏘鼓舞之節，不可以爲經。樂之有經，大約存其綱領。然則《大司樂》一章，即《樂經》可知矣。《樂記》從而暢言之，無異《冠禮》之有義，《喪服》之有傳，即謂《樂經》於今具存可也。」

《樂緯動聲儀》：「顓頊之樂曰《五莖》，帝嚳之樂曰《六英》。」[一]《漢·樂志》、《白虎通·禮樂篇》云「《六莖》、《五英》」，《帝王世紀》「高陽作《五英》，高辛作《六莖》」，[二]《列子·周穆王篇》張湛注以《六瑩》爲帝嚳樂，《淮南子·原道訓》注以《六瑩》爲顓頊樂。《通鑑外紀》云：「《漢志》、《世紀》放六樂撰其名，故多異。」

[一]【集證曰】引見《文選·魏都賦》注、《春官·大司樂》疏。○案，《文選》傅毅《舞賦》亦引之。

[二]《大戴禮·帝繫篇》：「昌意産高陽，是爲帝顓頊。蟜極産高辛，是爲帝嚳。」

【元圻案】《通鑑外紀》一：「《孝經鈎命決》云：『伏犧樂曰《立基》，神農曰《下謀》，祝融曰《屬續》。』《帝系譜》云：『伏犧樂曰《扶來》，神農曰《扶持》。』《帝王世紀》云：『少皡樂曰《九淵》。』《樂緯》云：『顓頊樂曰《五莖》，帝嚳曰《六英》。』《漢·禮樂志》云：『顓頊作《六莖》，帝嚳作《五英》。』皆緯書、《帝系》諸譜。《漢志》、《世紀》放六樂撰其名，故多差異，非本稱也。」◎宋均《釋言》云：「《六英》者，能爲天地四方六合之英。而《五莖》者，能爲五行之道立根莖。」

徐景安《樂章文譜》曰：「五音合數，而樂未成文。案旋宫以明均律，迭生二變，方協七音。乃以變徵之聲，循環正徵，復以變宫之律，回演清宫。其變徵以變字爲文，其變宫以均字爲譜。唯清之一字，生自正宫，倍應聲同，終歸一律。」[一]陳晉之[二]《樂書》謂：「二變四清，樂之蠹也。四清之名，起於鍾磬二八之文；二變之名，起於六十律旋宫之言，非古制也。」[三]朱文公《答廖子晦書》曰：「半律，《通典》謂之子聲，此是古法。但後人失之，而唯存黄鍾、大吕、太蔟、夾鍾四律，有四清聲，即半聲是也。變宫、變徵始見於《國語》注。[四]《後漢志》乃十二律之本聲，自宫而下六變七變而得之者，非清聲也。凡十二律皆有二變，一律之内通五聲，合爲七均。祖孝孫、王朴之樂皆同。所以有八十四調者，每律各添二聲而得之也。」【原注】正聲是全律之聲，如黄鍾九寸是也。子聲是半律之聲，如黄鍾四寸半是也。宫與羽，角與徵，相去獨遠，故於其間製變宫、變徵二聲。[五]

《仁宗實録》敍皇祐新樂云：「古者黄鍾爲萬事根本，故尺量權衡皆起於黄鍾。至晉、隋間，累黍爲尺，而以制律，容受卒不能合。及平陳，得古樂，遂用之。唐興，因其聲以制樂，其器雖無法，而其聲猶不失於古。王朴始用尺定律，而聲與器皆失之。太祖患其聲高，特減一律，至是又減半律。然太常樂比唐之聲猶高五律，比今燕樂高三律，失之於以尺而生律也。」其言皆見於范蜀公《樂書》，《實録》蓋蜀公之筆也。[六]房庶言以律生尺，蜀公謂黄帝之法也。司馬公謂：「胡、李[七]之律生於尺，房庶之律生於量，皆難以定是非。」[八]蔡季通謂：「律、度、量、衡，言蓋有序，若以尺寸求之，是律生於度；若以累黍爲之，是律生於量，皆非也。」故自爲律吹之而得其聲。【原注】蜀公父名度，故以「度量」爲「尺量」。然《實録》不宜避私諱。

［一］案《唐書·藝文志》：「徐景安《歷代樂儀》三十卷。」《玉海》一百五引《中興書目新纂》：「《樂書》，唐協律郎徐景安撰，一名《歷代樂儀》，共三十篇。自一至十述聲律器譜，自十一至三十述祀樂之儀。」《樂章文譜》，其二十篇之目也。其詞曰：「樂章者，聲詩也。章明其情，而詩言其志。文譜，樂句也。文以形聲，而句以局言。」◎《唐書·禮樂志》：「祖孝孫以十二月旋相爲六十聲、八十四調。其法，因五音生二變，因變徵爲正徵，因變宮爲清宮。七音起黃鍾，終南吕，迭爲綱紀。黃鍾之律，管長九寸，王於中宮土。半之，四寸五分，與清宮合，五音之首也。加以二變，循環無間。故一宮、二商、三角、四變徵、五徵、六羽、七變宮，其聲繇濁至清爲一均。」◎《唐會要》：「《周禮》旋宮之義，絶亡已久，莫能知之。一朝復古，自孝孫始。」

［二］【全云】陳暘，祥道弟。

［三］案《四庫全書總目·經部·樂類》：「《樂書》二百卷。宋陳暘撰。暘字晉叔，閩清人。紹聖中登制科，官禮部侍郎。事迹具《宋史》本傳。此書引據浩博，辨論精審。惟辨二變、四清二條，實爲紕繆。自古論『四清』者，以民臣相避以爲尊卑立説，本屬附會。暘則曰：『黃鍾至夾鍾四清聲，以附正聲之次。』其意蓋（爲）〔謂〕夷則至應鍾四宮而設。既謂黃鍾至夾鍾爲清，又謂夷則至應鍾而設，

是兩『四清』也。不知每均必具五聲，夷則一均以〔夷〕、南(無)、無、應爲次，而闕角聲，必須黃鍾清爲角。南呂一均以南、無、應爲次，而闕羽、角二聲，必須黃清爲羽，太清爲角。以調而論，則謂夷、南、無、應四律，以聲而言，則爲黃、大、太、夾四清，非有二也。其不用正聲而用清聲者，樂之高下以漸，無驟高驟下之理。以夷則一均言之，如用夷、南、無、應四正律，則其聲以次而高。而忽用黃鍾正律，雖同在一均，而高下不協，故必以黃清協之也。暘引李照十二鍾之説，殊爲舛誤。又論『二變』曰：『五聲者，樂之指拇也。二變者，五聲之駢枝也。五聲可益爲七音，則五星、五行、五常亦可益而七之乎？二變之説始於《尚書》，而蔓衍於《左傳》、《國語》、《書傳》、《漢志》。是不知《書》之「在治忽」，有「五聲」而無「七始」。《國語》之「七同」，有四宮而無徵也。《左氏》爲七音之説，蓋八音耳。八音以土爲主，而七音非土不和。故《書》之《益稷》、《禮》之《樂記》，其言八者皆虚其一，猶大衍虚其一也』云云。不知『二變』之生，由於高下之次。蔡元定相去二律則音節遠之説最有根據。若不究其理之所由然，而但以數相較，則七較之五而多其二者，將十二較之五而亦多其七，是音不得有其七，而律亦不得有其十二乎？且『五聲』、『二變』，有管律弦度之不同。半太蔟與正黃鍾應，半夾鍾與正大呂應。此理尤爲暘所不知也。」

〔四〕《周語·王將鑄無射篇》注：「黃鍾爲宮，太蔟爲商，姑洗爲角，林鍾爲徵，南呂爲羽，應鍾爲變宮，蕤賓爲變徵。」

〔五〕案《通典·樂三》：「鳧氏爲鍾，以律計，自倍半，半者準半正聲之半，以爲十二子律，制爲十二子聲。比正聲爲倍，則以正聲於子聲爲倍，以正聲比子聲，則子聲爲半。」歐陽公《五代史·周臣傳》：「王朴，字文伯，東平人也。世宗顯德（二）〔六〕年，遷樞密使，詔朴考正雅樂，朴以謂十二律管互吹，難得其真，乃依京房爲律準，以九尺之弦十三，依管長短寸分設柱，用七聲爲均，樂成而和。」◎《玉海》一百五：「《會要》：顯德六年，正月，王朴上疏曰：『梁、唐、晉、漢，僅有七聲，作黄鍾之宫一調，其餘八十三調於是泯絶。宜示《古今樂録》，令臣討論。』遂作律準，十三弦用七聲爲均，均有七調，聲有十二均，合八十四調。所補雅樂旋宫八十四調并所定尺，所吹黄鍾管，所作律準，並上進。」◎原注「正聲」云云，乃朱子《答張仁叔》語，見《文集》五十八。

〔六〕《書録解題·起居注類》：「《仁宗實録》二百卷。學士華陽王珪禹玉、范鎮景仁，知制誥常山宋敏求次道撰，宰臣韓琦提舉。」

〔七〕【全云】胡瑗、李照。

〔八〕《宋史·藝文志》：「范鎮《新定樂法》一卷。又房庶《補亡樂書總要》三卷。」◎《書録解題·音樂類》：「《景祐樂府奏議》一卷，《皇祐樂府奏議》一卷。殿中丞致仕胡瑗翼之撰。《景祐廣樂記》八十卷，翰林院侍講學士馮元等撰。景祐元年，判太常寺燕肅建言：鍾律不調，欲以王朴律準更加考詳。詔宋祁與集賢校理李照共領其事。照言朴律太高，比之古樂約高五律，遂欲改定大樂，制管鑄鍾，并引聶冠卿爲檢討官。又詔元等修撰《樂書》，爲一代之典。三年七月，書成。然未幾照樂廢不用。」《四庫全書總目·經部·樂類》：「《皇祐新樂圖記》三卷。宋阮逸、胡瑗奉敕撰。仁宗景祐三年二月，以李照樂穿鑿，特詔較定鍾律。考初置局時，逸、瑗與房庶等皆驛召預議。詔命諸家各作鍾律以獻，而持論互異。司馬光主逸、瑗之説，范鎮則主房庶之説，往反争議，卒不能相一。」◎《司馬温公傳家集·與范景仁第四書》曰：「古律既亡，胡、李之律生於尺，房庶之律生於量，皆難以定是非。光爲景仁言之熟矣，今不復云。權量雖聖人所重，又須更審法度，修廢官，然後政行於四方，恐未可專恃以爲治也。」又附載景仁答書曰：「以律生度，黄帝之法也。以尺生律，蔡邕及魏以來諸儒之誤也。」

【元圻案】《四庫全書總目·樂類》：「《律吕新書》二卷。宋蔡元定撰。元定字季通，建陽人。慶元中，坐黨禁，流道州，卒。事迹具《宋史·道學傳》。朱子序謂先求聲氣之元，而因律以生尺，則尤所謂卓然者。」

《淮南子·天文訓》云：「律以當辰，音以當日。一律而生五音，十二律而爲六十音。因而六之，故三百六十音以當一歲之日。」京房六十律，錢樂之三百六十律，本於此。

【繼序按】錢樂之三百六十律，何承天、劉焯已譏之。而萬寶常爲百四十四律，歐陽之秀申其説曰：「百四十四律爲之體，或變之，又得二百一十六，爲之用。」仍錢樂之法也。杜佑十二變律，蔡季通六變律，亦皆從京房六十律得來。

【元圻案】《後漢書·律曆志上》：「元帝時，郎中京房知五聲之音，六律之數。上使韋玄成試問房於樂府。房對：『受學故小黃令焦延壽。六十律相生之法：以上生下，皆三生二；以下生上，皆三生四，陽下生陰，陰上生陽，終於中呂，而十二律畢矣。中呂上生執始，執始下生去滅，上下相生，終於南事，而六十律畢矣。十二律之變至於六十，猶八卦之變至於六十四也。宓犧作《易》，紀陰陽之初，以爲律法。建日冬至之聲，以黃鍾爲宮，太蔟商，姑洗角，林鍾（祉）〔徵〕，南呂羽，應鍾變宮，蕤賓變（祉）〔徵〕。此聲氣之元，五音之正也。故各統一日。其餘以次運行，當日者各自爲宮，而商（祉）〔徵〕（之）〔以〕類從焉。』」◎《隋書·音樂志》：「宋元嘉中，太史錢樂之因京房南事之餘，引而伸之，更爲三百律，終於安運，長四寸四分有奇。總合舊爲三百六十律，日當一管。自黃鍾終於壯進，一百五十律，皆三分損一以下生。自依行終於億兆，二百九律，皆三分益一以上生。唯安運一律爲終，不生。」

《考工記·磬氏》疏：「按《樂》云：『磬前長三律，二尺七寸。後長二律，尺八寸。』」朱文公問蔡季通：「不知所謂『《樂》云』者是何書？今考《三禮圖》，以爲《樂經》。」[一]《書大傳》亦引《樂》曰：「舟張辟雍，鶬鶬相從。」漢元始平帝年號。四年立《樂經》。見《王莽傳上》。《續漢志》鮑鄴引《樂經》，今其書無傳。

[一]【集證】案《三禮圖》引《樂經》與《磬氏》疏「《樂》云」語同。

【閻按】王充《論衡》：「陽成子長作《樂經》。」

【全云】《樂經》王莽所立，作《尚書大傳》者豈及見之？其即河間獻王所輯之《雅樂》，伏生爲博士時嘗見而引之耳。河間之樂，存肄樂官而不御。成帝時，王禹、宋曅等世傳其學，能説其義，則必有其書矣。王莽時乃遂輯以爲經。

【集證】按《論衡・超奇篇》：「陽成子長作《樂經》，揚子雲作《太玄經》。」《對作篇》：「陽成子張作《樂》，揚子雲造《玄》。」子張即子長也。

【元圻案】《大傳・咎繇謨傳》：「作《大唐》之歌，其樂曰：『舟張辟雍，鶬鶬相從。八風回回，鳳凰喈喈。』」◎《後漢・律曆志上》注：《薛瑩書》曰：「上以太常樂丞鮑鄴等上樂事，下車騎將軍馬防。防奏言：『建初二年七月，鄴上言：「王者飲食，必道須四時五味，故有食舉之樂，所以順天地，養神明，求福應也。今樂官但有太蔟，皆不應月律。可作十二月均，各應其月氣，乃能感天地，和氣宜應。明帝始令靈臺六律候，而未設其門。《樂經》曰十二月行之，所以宣氣豐物也。月開斗建之門，而奏歌其律。誠宜施行。願與待詔嚴崇及能作樂器者共作治。」』」◎《四庫全書・樂類總説》曰：「沈約云：樂經亡於秦，考諸古籍，惟《禮記・經解》有樂教之文，伏生《尚書大傳》引『辟雝舟張』四語，亦謂之《樂》，然他書均不云有《樂經》。大抵《樂》之綱目具於《禮》，其歌詞具於《詩》，其鏗鏘鼓舞則傳在伶官。漢初制氏所記，蓋其遺譜，非別有一經爲聖人手定也。」又注曰：「《隋志》，《樂經》四卷，蓋元始四年王莽所立。賈公彦《考工記・磬氏》疏所稱『《樂》曰』，當即莽書，非古樂經也。」

晉戴邈上表曰：「上之所好，下必有過之者焉。是故雙劍之節崇，而飛白之俗成；挾琴之容飾，而赴曲之和作。」蓋用阮籍《樂論》之語。【原注】《樂論》云：「吳有雙劍之節，趙有挾琴之容。」

【元圻案】《晉書·戴邈傳》：「邈字望之，少好樂，尤精漢史。永嘉中，凡百草創，學校未立，邈上疏云云。」又《阮籍傳》：「籍字嗣宗，陳留尉氏人也。高貴鄉公即位，封關内侯，徙散騎常侍。籍本有濟世志，屬魏晉之際，天下多故，名士少有全者，籍由是不與世事，遂酣飲爲常。」◎《樂論》本傳不載，見《白帖·樂類》。◎《太平御覽》五百六十五引《樂論》曰：「江淮以南，其民好教；漳汝之間，其民好奔。吳有雙劍之節，趙有挾琴之容。氣發於中，聲傳於耳，手足飛揚，不覺其駭也。」

樂名，周以「夏」，宋以「永」，梁以「雅」，周、隋以「夏」，唐以「和」，本朝以「安」。

【元圻案】《通典》一百四十二：「周享神諸樂多以『夏』名，宋以『永』爲名，梁以『雅』爲名，後周亦以『夏』爲名，隋氏因之。今國家多以『和』爲名。」◎《周禮·春官·鍾師》：「凡樂事，以鍾鼓奏九夏：《王夏》、《肆夏》、《昭夏》、《納夏》、《章夏》、《齊夏》、《族夏》、《祴夏》、《驁夏》。」◎《宋書·樂志一》：「左僕射建平王宏議：『祠廟迎神，奏《肆夏》。皇帝入廟門，奏《永至》。皇帝詣東壁，奏登哥。初獻，〔奏〕《凱容》、《宣烈》之舞。終獻，奏《永安》。送神奏

《肆夏》。』詔可。」◎《隋書・音樂志上》：「梁天監元年，國樂以『雅』爲稱。『雅者，正也。』止乎十二，則天數也。衆官出入，奏《俊雅》，取《禮記》『司徒論選士之（序）〔秀〕者而升之學，曰俊士』也。皇帝出入，奏《皇雅》，取《詩》『皇矣上帝，臨下有赫』也。皇太子出入，奏《胤雅》，取『君子萬年，永錫爾胤』也。王公出入，奏《寅雅》，取《尚書・周官》『（三）〔二〕公弘化，寅亮天地』也。上壽酒，奏《介雅》，取《詩》『君子萬年，介爾景福』也。食舉，奏《需雅》，取《易》『雲上於天，需，君子以飲食宴樂』也。撤饌，奏《雍雅》，取《禮記》『大饗客出以《雍》撤』也。牲出入，奏《滌雅》，取《禮記》『帝牛必在滌三月』也。薦毛血，奏《牷雅》，取《左氏傳》『牲牷肥腯』也。降神及迎送，奏《諴雅》，取《尚書》『至諴感神』也。皇帝飲福酒，奏《獻雅》，取《禮記・祭統》『尸飲五，〔君〕洗玉爵獻卿』。今之福酒，亦古獻之義也。燎埋俱奏《禋雅》，取《周禮・大宗伯》『以禋（禮）〔祀〕祀昊天上帝』也。其辭並沈約所制。」又《音樂志中》：「周建德二年十月，六代樂成。朝會則皇帝出入，奏《皇夏》。皇太子出入，奏《肆夏》。王公出入，奏《驁夏》。五等諸侯正日獻玉帛，奏《納夏》。〔宴〕族人，奏《族夏》。食舉，奏《深夏》。」又《音樂志下》：「開皇中，牛弘等議：『《周禮》，王出，奏《王夏》，尸出，奏《肆夏》。叔孫通法，迎神奏《嘉至》。今亦隨事立名。皇帝入出，皆奏《皇夏》。羣官入出，皆奏《肆夏》。食舉上壽，奏《需夏》。迎、送神，奏《昭夏》。薦獻郊廟，奏《諴夏》。宴饗殿上，奏登歌。并文舞武舞，合爲八曲。』仁壽元年，奇章公弘等創製雅樂歌辭。其祀圓丘，皇帝入，至版位定，奏《昭夏》之樂，以降天神。升壇，奏《皇夏》之樂。受玉帛，登歌，奏《昭夏》之樂。皇帝降南陛，詣罍洗，洗爵訖，升壇，並奏《皇夏》。初升壇，俎入，奏《昭夏》之樂。皇帝初獻，奏《諴夏》之樂。皇帝既獻，作文舞之舞。皇帝飲福酒，作《需夏》之樂。皇帝反爵於坫，還本位，奏《皇夏》之樂。武舞出，作《肆夏》之樂。送神，作《昭夏》之樂。就燎位，還大次，並奏《皇夏》。」◎《唐書·禮樂志十一》：「開元定禮，始復遵用祖孝孫《十二和》，其著於禮者：一曰《豫和》，以降天神。二曰《順和》，以降地祇。三曰《永和》，以降人鬼。四曰《肅和》，登歌以奠玉帛。五曰《雍和》，凡祭祀以入俎，又以徹豆。六曰《壽和》，以酌獻、飲福。七曰《太和》，以爲行節。八曰《舒和》，以出入二舞。九曰《昭和》，皇帝、皇太子以舉酒。十曰《休和》，皇帝以飯，以肅拜三老。十一曰《正和》，皇后受册以行。十二曰《承和》，皇太子在其宫，有會以行。」◎《通典·樂二》：「開元中，又造三和樂，共十五和。《祴和》，王公升殿，會訖，下階履行則奏。《豐和》，享先農則奏。《宣和》，孔宣父、齊太公廟奏之。」◎《玉海》一百五：「《會要》：建隆元年竇儼上言：改樂十二順爲十二安，蓋取『治世之音安以樂』之義。祭天爲《高安》，祭地爲《静安》，宗廟爲《理安》，天地宗廟登歌爲《嘉安》，皇帝臨軒爲《隆安》，王公出入爲《正安》，皇帝食飲爲《和安》，皇帝受朝、皇后入宫爲《順安》，皇太子軒垂出入爲《良安》，正冬朝會爲《永安》，郊廟俎入爲《豐安》，祭享酌獻、飲福受胙爲《禧安》，〔祭〕文宣王、武成王同用《永安》，藉田先農用《静安》。」

傅玄《琴賦》：[一]「齊桓曰號鍾，楚莊曰繞梁，相如曰燋尾，伯喈曰緑綺。」《宋書·樂志》曰：「世云燋尾伯喈琴，以傅氏言之，非伯喈也。」[二]今按《蔡邕傳》注引《琴賦序》：「相如緑綺，蔡邕焦尾。」《宋志》恐誤。

[一] 案，據《玉海》一百十，「賦」字下當有「序」字，疑刊本脱去。

[二] 《宋書·樂志一》：「八音，五曰絲。絲，琴、瑟也。齊桓曰號鍾，楚莊曰繞梁，相如曰燋尾，伯喈曰緑綺，事出傅玄《琴賦》。世云燋尾是伯喈琴，《伯喈傳》亦云爾。以傅氏言之，則非伯喈也。」

【何云】此唐人改《琴賦》以就傳，非《宋志》誤。

【元圻案】《晉書·傅玄傳》：「玄字休奕，北地泥陽人也。博學，善屬文，解鍾律。武帝爲晉王，以玄爲散騎常侍。及受禪，進爵爲鶉觚子。卒，謚曰剛。」◎《後漢書·蔡邕傳》：「邕字伯喈，陳留圉人也。少博學，好辭章、數術、天文，妙操音律。吴人有燒桐以爨者，邕聞火烈之聲，知其良木，因請而裁爲琴，果有美音，而其尾猶焦，故時人名曰『焦尾琴』焉。」章懷注：「傅玄《琴賦序》曰：『齊桓公有鳴琴曰號鍾，楚莊有鳴琴曰繞梁，司馬相如緑綺，蔡邕有焦尾，皆名器也。』」《文選》張載《擬四愁詩》李善注引傅玄《琴賦序》與《蔡邕傳》注同。又《搜神記》曰：「吴人有燒桐以爨者，蔡邕聞其爆聲，曰：『此良桐也。』因請之，削以爲琴，而燒不盡，因名『燋尾琴』。有殊聲焉。」又《初學記·樂部·琴類》梁元帝《纂要》曰：「古琴名有清角、鳴廉、修況、藍脅、號鍾、自鳴、空中繞梁、緑綺、注：司馬相如琴。燋尾。注：蔡邕琴。」是燋尾之屬伯喈，顯有明證。王氏引章懷注以證《宋志》之誤，而義門謂唐人改《琴賦》以就傳，似誤會。

嵇叔夜《琴賦》：「曲引所宜，則《廣陵》、《止息》。」李善注：應璩《與劉孔才書》曰：「聽《廣陵》之清散。」傅玄《琴賦》曰：「馬融覃思於《止息》。」明古有此曲。[一]韓皋謂：「嵇康爲是曲，當晉、魏之際，以魏文武大臣敗散於廣陵始；晉雖暴興，終止息於此。」今以《選》注考之，《廣陵散》、《止息》皆古曲，非叔夜始撰也。【原注】魏揚州刺史治壽春，亦非廣陵。顧況《廣陵散記》云：「曲有《日宮散》、《月宮散》、《歸云引》、《華岳引》。」然則「散」猶「引」也，敗散之説非矣。

[一]【全云】《通考》有《廣陵止息譜》。○案李善注：「《廣陵》等曲今並存，未詳所起。」又曰：「引應及傅者，明古有此曲，轉以相證耳，非嵇康之言出於此也。」

【元圻案】韓皋《廣陵散解》云：「妙哉嵇生之爲此曲也，其當魏、晉之際乎！其音商，主秋聲，秋也者，天將搖落肅殺，其歲之晏乎！又晉乘金運，商，金聲也，所以知魏云季而晉將代也。慢其商弦而與宮同音，是知臣奪君之義也，此所以知司馬氏將篡也。王淩謀立荆王彪，毌丘儉、文欽、諸葛誕相繼爲揚州都督，咸有匡復魏室之謀，皆爲司马懿父子所殺。叔夜以揚州故廣陵之地，彼四人者皆魏室文武大臣，咸敗散於廣陵，故名其曲爲《廣陵散》也。《止息》者，晉雖暴興，終止息於此也。叔夜撰此，將貽後代之知音者，且避魏晉之禍，所以托之鬼神也。」◎顧況《王氏廣陵散記》云：「衆樂，琴之臣妾也。《廣陵散》，曲之師長也。琅邪王淹兄女未笄，忽彈此曲，不從地出，不從天降，如有宗師存焉。中散没而王女生，其間寂寥五六百年」云云。◎《夢溪筆談·音樂一》亦引韓皋之説而辨之曰：「『散』自是曲名，如操、弄、序、引之類。」◎宋何薳《春渚紀聞》八：「韓皋初不詳考，漢魏時揚州刺史治壽春，廣陵自屬徐州，至隋、唐乃屬揚州耳。又劉潛《琴議》稱杜夔妙於《廣陵散》，嵇中散就其子猛求得此聲。按夔在漢爲雅樂郎，魏武平荆州，得夔甚喜，因令論製樂事。在夔已妙此曲，則慢商之聲似不因廣陵興復之舉不成而製曲明矣。」◎《魏氏春秋》止云「康臨刑援琴而鼓，既而嘆曰：『雅音於是絶矣！』惟《嵇康别傳》稱康臨終之言曰：「袁孝尼嘗從吾學《廣陵散》，吾每靳固之不與，《廣陵散》於今絶矣。」韓皋遂曲爲之解。◎《魏氏春秋》、《别傳》之説俱見《三國志》二十一《王粲傳》注。◎韓皋字仲聞，太傅滉子。穆宗以舊恩加檢校尚書右僕射。《唐書》本傳稱其生知音律。

「銅山西崩，靈鐘東應。」《世説》注引東方朔、樊英事。《樂纂》又謂：「晉人有銅澡盤自鳴，張茂先曰：『此器與洛陽鐘聲諧，宫中撞鐘，故鳴。』」

【集證】按《世説·文學門》注，《東方朔傳》曰：「孝武帝時，未央宫前殿鐘無故自鳴，三日三夜不止。詔問東方朔，朔曰：『臣聞銅者山之子，山者銅之母，子母相感，山恐有崩弛者，故鐘先鳴。』後五日，南郡太守上書言山崩，延袤二十餘里。」《樊英别傳》曰：「漢順帝時，殿下鐘鳴，問英，對曰：『蜀岷山崩。山於銅爲母，母崩子鳴，非聖朝災。』後蜀果上〔言〕山崩，日月相應。」又云「魏時殿前鐘忽鳴，張華曰蜀銅山崩」①，此説與東方朔、樊英事相類，而人各不同。◎《太平御覽》五百六十五《樂纂》：「昔晉有銅澡盤自鳴。張茂先曰：『此器與洛陽鐘聲諧，宫中撞鐘，故鳴。若以鑢之音殊，其鳴可止。』後果如其言。」◎此事亦見劉敬叔《異苑》。

《朱子語録》云：「《漢·禮樂志》劉歆説樂處亦好。」《漢志》無劉歆説樂，此記録之誤。《近思續録》亦誤取之。【原注】隋牛弘引劉歆《鍾律書》，出《風俗通》。

【元圻案】《隋書·牛弘傳》：「弘字里仁，安定鶉觚人也。開皇九年，詔改定雅樂。弘上議曰：『劉歆《鍾律書》云：「春宫秋律，百卉必雕。秋宫春律，萬物必榮。夏宫冬律，雨雹必降。冬宫夏律，雷必發聲。」』」◎弘所引劉歆語，與《風俗通·聲音篇》同。

周無射之鐘，至隋乃毁；〔一〕唐顯慶〔二〕之輅，至本朝猶存。物之壽亦有數邪？

〔一〕【何云】詳見《春秋正義》。

① 「又云」以下見於《異苑》，非《世説》注文。

［二］高宗七年丙辰改元。

【集證】昭二十一年《左傳》正義：「景王無射之鐘，在王城鑄之，敬王居洛陽，蓋移就之也。秦滅周，其鐘徙於長安，歷漢、魏、晉，常在長安。及劉裕滅姚泓，移於江東，歷宋、齊、梁、陳，鐘猶在。東魏使魏收聘梁，收作《聘遊賦》云『珍是淫器，無射在懸』是也。開皇九年平陳，又徙於西京，置太常寺，時人悉得見之。至十五年敕毀之。」

【元圻案】沈括《夢溪筆談》：「大駕玉輅，唐高宗時造，至今進御。自唐至今，凡三至泰山登封，其他巡幸，莫記其數。穩利堅久，歷世不能窺其法。世傳有神物護之。」

徐氏之禮，善盤辟之容而不能明其本；制氏之樂，紀鏗鏘之聲而不能言其義。漢世所謂禮樂者，叔孫通之儀，李延年之律爾。禮缺而樂遂亡，徐氏之容，制氏之聲，亦不復傳矣。

【元圻案】《史記·儒林列傳》：「禮自孔子時其經不具。今獨有士禮，高堂生能言之。而魯徐生善爲容。孝文帝時，徐生以容爲禮官。」◎《漢書·禮樂志》：「漢興，樂家有制氏，以雅樂聲律世世在太樂官，但能紀其鏗鏘鼓舞，而不能言其義。」◎《公是先生弟子記》：劉子謂楊翼曰：「鼓舞鏗鏘，吾不知其異於樂也，然而不知其義者，是制氏之樂也。折還進退，吾不知其異於禮也，然而不知其理者，是徐氏之禮也。」◎《史記·叔孫通傳》：「叔孫通曰：『五帝異樂，三王不同禮。禮者，因時世人情爲之。臣願頗采古禮與秦儀雜就之。』上曰：『可試爲之，令易知，度吾所能行爲之。』」◎又《佞幸傳》：「李延年善歌，爲變新聲，而上方興天地祠，欲造樂詩歌弦之。延年善承意，弦次初詩。佩二千石印，號協聲律，甚貴幸。」

夏侯太初《辯樂論》：「伏羲有網罟之歌，神農有豐年之咏，黃帝有龍衮之頌。」元次山《補樂歌》有《網罟》、《豐年》二篇。《文心雕龍·章句篇》云：「二言肇於黃世，《竹彈》之謡是也。」【原注】《竹彈歌》見《吴越春秋》。

【元圻案】《魏志·夏侯玄傳》：「玄字太初。」◎《太平御覽》五百七十一引《辯樂論》曰：「伏羲氏因時興利，教民田(魚)〔漁〕，天下歸之，時則有《網罟》之歌。神農繼之，教民食穀，時則有《豐年》之咏。黃帝備物，始垂衣裳，時則有《龍衮》之頌。」◎《唐文粹》元結《補樂歌十篇》：「《網罟》，伏羲氏之樂歌也，其義蓋稱伏羲能易人取禽獸之勞。『吾人苦兮水深深，網罟設兮水不深。吾人苦兮山幽幽，網罟設兮山不幽。』《豐年》，神農氏之樂歌也，其義蓋稱神農教人種植之功。『猗太帝兮其智如神，分草實兮濟我生人。猗太帝兮其功如天，均四時兮成我豐年。』」◎《隋書·經籍志》「雜史類」：「《吴越春秋》十二卷，趙曄撰。」◎《吴越春秋·勾踐陰謀外傳》：「陳音曰：『臣聞弩生於弓，弓生於彈，彈起古之孝子。古者人民樸質，死則裹以白茅，投於中野。孝子不忍見父母爲禽獸所食，故作彈以守之。故歌曰「斷竹續竹，飛土逐宍」之謂也。』」

韓文公《琴操》十首。琴有十二操，不取《水仙》、《壞陵》二操。

【元圻案】《初學記·樂部·琴類》：《琴操》曰：「古琴曲有十二操。一曰《將歸操》，孔子所作。孔子之趙，聞殺竇鳴犢而作此曲。二曰《猗蘭操》，孔子所作，傷不逢時。三曰《龜山操》，孔子作。季桓子受齊女樂，孔子欲諫不得，退而望魯龜山，作曲喻季氏若龜山之蔽魯。四曰《越裳操》，周公所作。五曰《拘幽操》，文王拘羑里作此曲。六曰《岐山操》，周人爲文王所作。七曰《履霜操》，尹吉甫子伯奇無罪見逐，自傷作此曲。八曰《朝飛操》，牧犢子所作。七十無妻，見雉朝飛，感而作此曲。九曰《别鶴操》，商陵牧子娶妻，五年無子，父母欲嫁之，其妻聞之，中夜悲嘯，牧子感之作此曲。十曰《殘形操》，曾子夢一狸，不見其首而作曲。十一曰《水仙操》，十二曰《壞陵操》，並伯牙所作。」

【集證】按《通志·樂略》：「十二操，韓愈取十操，以爲文王、周公、孔子、曾子、伯奇、牧犢子所作，則聖賢之事也，故取之。《水仙》、《壞陵》二操，皆伯牙作，則工伎之爲也，故削之。」

范蜀公《議樂》曰：「秬一稃二米，今秬黍皆一米。」楊次公[一]非之曰：「《爾雅》：『秬，黑黍。秠，一稃二米。』案，此《釋草》文。其種異。以爲必得秠然後制律，未之前聞也。」【原注】晁子止曰：「縱黍爲之則尺長，律管容黍爲有餘，王朴是也。横黍爲之則尺短，律管容黍爲不足，胡瑗是也。」

〔一一〕【全云】楊傑。

【元圻案】《玉海》一百五：「皇祐四年，范鎮上書曰：『樂者和氣也。發和氣者聲音，而聲音生於無形。古人以有形之物傳其法，有形者，秬黍也，律也，尺也，龠、鬴、斛、筭、數、權、衡、鐘、磬也。十者必相合，然後爲得。今皆相戾。許慎云：「秠一稃二米。」今秬黍一米。俟真黍至，然後爲樂。』」又：「楊傑言『鎮有元祐新定樂法，與樂局所議不同。竊緣其樂先經仁宗制作，後經神考睿斷，奏之郊廟朝廷久矣，不可用鎮一家之説而遽改。』遂撰成《元祐樂議》七篇。」其第二篇議秬秠。◎楊傑字次公，無爲軍人。嘉祐四年進士。元祐中歷禮部員外郎，出知潤州。除兩浙提點刑獄。著《無爲集》。◎原注引晁子止語，見《讀書志》房庶《補亡樂書》下。

《新唐書·樂志》多取劉貺《太樂令壁記》。

【元圻案】《唐書·劉子玄傳》：「子貺，爲太樂令。貺字惠卿。好學，多所通解。子玄卒，有詔訪其後，擢起居郎，歷右拾遺。」◎《文獻通考·經籍考十三》：「《太樂令壁記》，《崇文總目》：唐協律郎劉貺撰。分樂元、正樂、四夷樂，合三篇。

《吕才傳》云：「製尺八，凡十二枚，長短不同，與律諧契。」尺八，樂器之名，【原注】見《摭言》、《逸史》。《仙隱傳》：「房介然善吹竹笛，名曰尺八。」

【元圻案】《唐書·吕才傳》：「才，博州清平人。貞觀時，祖孝孫增損樂律，與音家王長通、白明達更質難，不能決。太宗詔舉善音者，温彦博白才天悟絶人。王珪、魏徵盛稱才製尺八云云。即召才直弘文館，參論樂事。」

【集證】《容齋四筆》十五：「唐盧肇爲歙州刺史。會客於江亭，請目前取一事爲酒令，尾有樂器之名。肇令曰：『遥望漁舟，不闊尺八。』有姚巖傑者飲酒一器，凭欄嘔噦，須臾即席還令曰：『凭欄一吐，已覺空喉。』此語載於《摭言》。又《逸史》云：開元末，一狂僧往終南回回寺。一老僧令於空房内取尺八來，乃玉笛也，謂曰：『汝主在寺，以愛吹尺八，謫在人間，此常吹者也。汝當回，可將此付汝主。』僧進於玄宗，特取吹之，宛是先所御者。孫夷中《仙隱傳》：房介然專吹竹笛，名曰尺八。將死，預將管打破，告諸人曰：『可以同將就壙。』亦謂此云。尺八之爲樂名，今不復有。《吕才傳》云云，尺八之所出，見於此，無由曉其形製也。《爾雅·釋樂》亦不載。」

《文子·精誠篇》曰：「聽其音則知其風，觀其樂即知其俗，見其俗即知其化。」與《樂記》意同①。

① 「與樂記意同」五字，元刊本作小注。

《呂氏春秋》：「齊之衰也，作爲大呂。」即《樂毅書》所云「大呂陳於元英」者。

【集證】按《晏子春秋·諫下篇》：「齊（桓）〔景〕公泰呂成，謂晏子曰『吾欲與夫子燕』云云。」泰呂即大呂也。

【元圻案】《呂覽·仲夏紀·侈樂篇》高誘注：「大呂，陰律十二月也。」畢氏沅曰：「此注非也。《貴直論》『無使齊之大呂陳之廷』，注云：『齊之鍾律也。』」案《史記索隱》云：「大呂，齊鍾名。」《史記·樂毅傳》樂毅《報燕惠王書》曰：「齊器設於寧臺，大呂陳於元英，故鼎反乎磿室，薊丘之植植於汶篁，自五伯以來，功未有及先王者也。」

孔子鼓瑟，有鼠出游，狸微行造焉，獲而不得，而曾子以爲有貪狼之志。[一]客有彈琴，見螳螂方向鳴蟬，惟恐螳螂之失也，而蔡邕以爲有殺心。二事相類。

[一]【何云】事見《韓詩外傳》。

【元圻案】《韓詩外傳》七：「孔子鼓瑟，曾子、子貢側門而聽。曲終，曾子曰：『夫子瑟聲殆有貪狼之志，邪辟之行，何其不仁，趨利之甚！』子貢以曾子之言告。子曰：『參其習知音矣。鄉者某鼓瑟，有鼠出游，狸見於屋梁，微行造焉，而避，厭目曲脊，求而不得，某以瑟淫其音。參以某爲貪狼邪辟，不亦宜乎！』」◎《藝文類聚·琴類》：華嶠《漢書》曰：「初，蔡邕在陳留，鄰人有以酒召邕者。比往，客有彈琴於屏，邕至門潛聽之，曰：『以樂召我而有殺心，何也？』遂反。將命者告主人以蔡君至門而去。邕素爲鄉邦所宗，主人遂自追問其故。邕具以告，彈琴者曰：『我向見螳蜋方向鳴蟬，蟬將去而〔未〕飛，螳蜋爲之一前一卻，吾心聳然，唯恐螳蜋之失蟬也。此豈爲殺心而形於聲者乎？』邕笑曰：『此足以當之矣。』」

《琴操》曰：「聶政父爲韓王治劍，不成，王殺之。時政未生，及長，入太山，遇仙人，學鼓琴。七年，琴成入韓。」見《太平御覽》三百四十二。豈韓有兩聶政與？〔一〕

〔一〕【閻按】《琴操》多不足辯。

【元圻案】《隋書·經籍志》「樂類」：「《琴操》三卷，晉廣陵相孔衍撰。」◎聶政，其一見《戰國策》、《史記·刺客傳》。

范蜀公曰：「清聲不見於經，唯《小胥》注云：『鐘磬者編次之，二八十六枚，而在一簴，謂之堵。』至唐又有十二清聲，其聲愈高。國朝舊有四清聲，置而弗用。至劉几用之，與鄭、衛無異。」〔二〕今考皇祐二年，王堯臣等言：「準正聲之半，以爲十二子聲之鐘，故有正聲、子聲各十二。」子聲即清聲也。唐制以十六爲小架，二十四爲大架。今太常鐘垂十六。〔三〕舊傳正聲之外有黄鍾至夾鍾四清聲，又樂工所陳自磬、簫、琴、籥、巢笙五器本有清聲，塤、篪、竽、筑、瑟五器本無清聲。【原注】劉几用四清聲，未可以爲非。

［一］案，此范蜀公《樂議》論鐘之文。◎《玉海》一百五：元豐三年五月，詔秘書監劉几乘驛赴詳定禮文所議樂。六月，同判太常王存乞召范鎮與几參考得失，從之。二十一日，命知禮院楊傑同議大樂，從劉几請也。」

［二］錢氏大昕曰：宋人避諱，改宫縣爲宫架。其云鐘垂十六，亦改縣爲垂也。

【全云】原注是正文。

【又云】劉几言樂律主於人聲，不以尺度求合，此爲正論。

【元圻案】歐陽公誌王堯臣墓曰：「公諱堯臣，字伯庸，應天虞城人也。天聖五年舉進士第一。嘉祐元年拜户部侍郎、參知政事。謚曰文安。」

西山先生曰：「禮中有樂，樂中有禮。朱文公謂『嚴而泰，案西山自注云：此即禮中有樂。和而節』。此即樂中有禮。禮勝則離，以其太嚴，須用有樂；樂勝則流，以其太和，須用有禮。」

【元圻案】此條皆真西山答問禮樂語。

致堂胡氏曰：「禮、樂之書，其不知者，指《周官》、《戴記》爲禮經，指《樂記》爲樂經。其知者曰：『禮、樂無全書。』此考之未深者。孔子曰：『吾自衛反魯，然後樂正，雅、頌各得其所。』是《詩》與樂相須，不可謂樂無書。《樂記》則子夏所述也。〔一〕至於禮，夫子欲爲一書而不果成，夏杞、殷宋之嘆是也。」

〔一〕【閻按】此又以《樂記》子夏作。

【全云】致堂前以爲子貢作者，恐是傳寫之訛。

魯雖賜以天子之禮樂，其實與天子固有隆殺也。樂有夷、蠻而無戎、狄也，門有雉、庫而無皋、應也。尊用四代之尊，而爵無虞氏之爵也；俎用四代之俎，而豆無虞氏之豆也。其後魯公僭天子之制，三家僭魯公之制，陪臣僭三家之制。然魯有郊廟之禮，始於惠公之請，在平王東遷之後。【原注】説見前。

【閻按】《小戴禮記》原無《明堂位》，只緣馬融增入，遂紛紛至今。

【元圻案】《明堂位》：「《昧》，東夷之樂也。《任》，南蠻之樂也。」正義曰：「唯言夷、蠻，則戎、狄可知。或云：正樂既不得六代，故蠻夷唯與二方也。」《禮記集説》：嚴陵方氏曰：「夷樂有東南而無西北，亦隆殺之義也。」◎《明堂位》：「太廟，天子明堂。庫門，天子皋門。雉門，天子應門。」正義曰：「此一經明魯門及廟制。周公太廟，制似天子明堂。魯之庫門，制似天子皋門。魯之雉門，制似天子應門。制度高大如天子，不必事事皆同也。」《禮記集説》清江劉氏曰：「《明堂位》所言蓋魯用王禮，故門制同王門而名不同也。」◎《明堂位》：「泰，有虞氏之尊也。

山罍，夏后氏之尊也。著，殷尊也。犧象，周尊也。爵，夏后氏以琖，殷以斝，周以爵。」又曰：「俎，有虞氏以梡，夏后氏以嶡，殷以椇，周以房俎。夏后氏以楬豆，殷玉豆，周獻豆。」又曰：「是以魯君，孟春乘大路，載弧韣；旂十有二旒，日月之章；祀帝於郊，配以后稷。」◎嚴陵方氏曰：「《周官·司常》：『日月爲常，交龍爲旂。』此言日月之章，謂之載常可也，乃謂之載旂者，《大司馬》『天子載常，諸侯載旂』，魯公以諸侯而用天子之禮，故雖有日月之章，而止謂之旂。此亦隆殺之微意也。」又經曰「牲用白牡」，長樂陳氏曰：「以天子之禮禘於廟，而牲用白牡者，異乎《周官·牧人》所謂『陽祀用騂牲』，《書》言『文王騂牛一』者也。蓋以周公之勳勞，不必有於天下，故推而上之，以同乎王。然無以别之，則不足以辨君臣之分。《詩》曰『周公皇祖，白牡騂剛』，乃其意也。」◎《欽定禮記義疏》曰：「《大戴禮》、《逸周書》俱有《明堂篇》，而文迥别。《大戴》言營建之制，《小戴》删之，此篇取《逸周書》略加删改，以爲周公生踐天子位，建不世之功，殁用天子禮樂，故魯以侯國而用王禮。殊不知周公輔王以踐阼，未嘗自踐阼也。此必周末魯陋儒爲之。或以爲馬融所增，但鄭親受業馬氏而不言，孔疏言於《别録》屬《明堂陰陽》，是劉向前已有此篇，或原《小戴》收入者。」

《鄉飲酒》：「升歌三終，【原注】《鹿鳴》、《四牡》、《皇皇者華》。笙入三終，【原注】《南陔》、《白華》、《華黍》。閒歌三終，【原注】歌《魚麗》，笙《由庚》，歌《南有嘉魚》，笙《崇丘》，歌《南山有臺》，笙《由儀》。合樂三終。」【原注】《周南》《關雎》、《葛覃》、《卷耳》，《召南》《鵲巢》、《采蘩》、《采蘋》。《周南》、《召南》，《燕禮》謂之鄉樂，[一]亦曰房中之樂。大射，歌《鹿鳴》三終，【原注】《鹿鳴》、《四牡》、《皇皇者華》。管《新宮》三終，【原注】其篇亡。笙詩無辭，則管詩亦無辭。【原注】《左傳》：「宋公享昭子，賦《新宮》。」則《新宮》有辭。

[一]【閻按】《周禮·磬師》謂之燕樂。

困學紀聞

全校本（修訂版）

中

[宋] 王應麟 著
[清] 翁元圻 等注
欒保羣 田松青 呂宗力 校點

卷六

春秋

【元圻案】李氏燾作《謝疇春秋古經序》曰：「司馬遷言『《春秋》文成數萬』，張晏曰：『《春秋》才萬八千字，誤也。』今細數之，更缺一千四百二十八字。」◎《春秋說題辭》曰：「孔子作《春秋》一萬八千字。」是張晏所本。

《春秋》之法，韓文公「謹嚴」二字盡之；學《春秋》之法，呂成公「切近」二字盡之。

【元圻案】韓退之《進學解》：「周誥殷盤，佶屈聱牙，《春秋》謹嚴，《左氏》浮誇，《易》奇而法，《詩》正而葩。」◎程子曰：「禮一失則爲夷狄，再失則爲禽獸。聖人恐人之入於禽獸也，故《春秋》之法，中國而用夷禮則夷之。韓愈言《春秋》謹嚴，深得其旨。」◎呂成公《左氏傳説》十八：「（論）〔看〕楚史皇之言半正半邪，初間與子常説『楚人惡子而好司馬』數句，便是李林甫、盧杞一等人。子常欲奔，史皇曰：『安求其事，難而逃之，將何所入？子必死之。』到得子常不用他言，出奔鄭，〔他〕便自死於軍。後面一段，便是張巡、顔杲卿一等人。於是知大段姦僞底人，尚自知恥畏義，這個人平日不會克私意於愛憎勝負之間，消磨未盡，前面教子常奪司馬之功，致於亡楚，看他後面死於軍，本是個知恥畏義底人。緣他愛憎勝負之間不曾克私意，論其罪，考其實，與李林甫、盧杞罪一等，可爲學者深戒。何況未有史皇之畏義，於愛憎勝負安得不十分消磨？學〔者〕須是切近看這般事，方會長進。」

《詩》亡然後《春秋》作。《詩》、《春秋》相表裏，《詩》之所刺，《春秋》之所貶也。《小雅》盡廢，有宣王焉，《春秋》可以無作也。《王風》不復《雅》，君子絶望於平王矣，然《雅》亡而《風》未亡，清議蓋凜凜焉。《擊鼓》之詩，以從孫子仲爲怨，則亂賊之黨猶未盛也。《無衣》之詩，待天子之命然後安，則篡奪之惡猶有懼也。更齊、宋、晉、秦之伯，未嘗無詩，禮義之維持人心如此。魯有《頌》而周益衰，變風終於陳靈而《詩》遂亡。夏南之亂，諸侯不討而楚討之，中國爲無人矣，《春秋》所爲作與？

【何云】精義先儒所未逮。

【全云】此亦是儒者之言，聖人未必即是此意。魯莊公忘父讎，與齊爲婚，尚何責於諸侯之不討夏南？

【元圻案】《衛風小序》：「《擊鼓》，怨州吁也。衛州吁用兵暴亂，使公孫文仲將而平陳與宋，國人怨其勇而無禮也。」◎《公是先生弟子記》：「《無衣》之詩，其惠足以得民，其智足以使臣，其力足以兼國，然而不自安也，待天子之命然後安。」◎鄭康成《詩譜序》曰：「孔子録懿王、夷王時詩，訖於陳靈公淫亂之事，謂之變風、變雅。」正義曰：「陳靈公，魯宣公十年爲其臣夏徵舒所弑。變風齊、邶爲先，陳最在後，變雅則處其間，故鄭舉其終始也。」◎宣公十年，陳夏徵舒弑其君平國，十一年，楚人殺陳夏徵舒。孫氏復《春秋發微》曰：「言楚人者，與楚討也。徵舒弑君，天子不能誅，諸侯不能討，而楚人能之，故孔子與楚討也。」胡氏《傳》曰：「其稱楚人殺夏徵舒，諸夏之罪自見矣。」◎汪氏師韓《韓門綴學》一：「王迹熄而《詩》亡，趙氏以《頌》聲不作爲亡，朱子以無《雅》爲亡。考范甯《穀梁傳集解序》曰：『就太師而正《雅》、《頌》，因魯史而作《春秋》，列《黍離》於《國風》，齊王德於邦君。所以明其不能復《雅》，政化不足以被羣后也。』陸德明謂『平王東遷，政遂微弱，《詩》不能復《雅》，下列稱《風》。』孔穎達謂『王爵雖在，政教纔行於畿内，化之所及，與諸侯相似也。《風》、《雅》繫政廣狹，王爵雖尊，猶以政狹入《風》。』然則降王於《國風》而《雅》亡，其説固不自朱子始矣。然雖無《雅》，猶有《風》也，且政衰何以謂之『迹熄』乎？呂成公謂『《雅》亡而《風》未亡，清議猶凜凜焉，變風終於陳靈而《詩》遂亡』。陸清獻嘗取其説而言之不詳。余於近代儒者得數説焉。桐城方氏中履《古今釋疑》曰：『大一統之禮，莫大乎巡狩述職之典。今周衰矣，天子不巡狩，故曰迹熄。不巡狩則太史不采風獻俗，不采國風則《詩》亡矣，

《春秋》所以作也。』安溪李文貞公曰：『畿内之地，亦有風謡，雖兩周盛時，豈能無《風》？王朝卿士賢人，閔時念亂，雖既東之後，豈盡無《雅》？只可以正變分治亂，不可以《風》、《雅》分盛衰也。觀二《南》體製，不進於《頌》，東遷後猶有《魯頌》，況《雅》乎？然西周不見所謂《風》，東京亦無復《雅》者，意畿内醇美之詩，悉附於二《南》以爲正風，而衰亂之音則别爲《王風》以爲變。至《雅》之無東，則序《詩》者失之也。今觀所謂「平王之孫，齊侯之子」，「赫赫宗周，褒姒滅之」，「周宗既滅」，「今也日蹙國百里」，明是王畿有正風，東遷有變雅之證。況《風詩》是王者命太史采陳而行賞罰之典，於《春秋》所取之義尤切，奈何專以無《雅》爲《詩》亡？』常熟嚴氏虞惇《讀詩質疑》曰：『《詩》何以作？爲王迹作也。文、武、成、康之盛無論矣，幽、厲失道，板蕩無章，然而流風遺澤故在也。東遷而後，齊、晉主盟，猶戴共主；方漢雖横，尚貢包茅。忠臣義士抒憤懣之詞，思婦勞人陳危苦之語，雖非一軌於正，然猶羣知有王迹未熄，《詩》未亡也。桓、文既没，中國無霸。於是郲鄏大鼎，狡啓於荆尸；潙汭遺封，下夷於九縣。雖有志士仁人無所施，忠言讜論無所用，迹既熄，《詩》既亡矣。《詩》以刺譏諷諫，存王迹於未湮；《春秋》以筆削褒誅，扶王迹於已墜。《春秋》所以繼《詩》亡而作，《詩》不亡，《春秋》不作可也。蓋自楚莊入陳殺徵舒，而夫子删《詩》止此矣，是之謂《詩》亡。』又顧氏《日知録》曰：『邶、鄘、衛、王，列國之名，其始於成、康之世乎？惟周王撫萬邦，巡侯甸，而太師陳詩以觀民風。其采於商之故都者則繫之《邶》、《鄘》、《衛》，其采於東都者則繫之《王》。《王》亦周初太師之本名。其采於列國者，則各繫之其國。至驪山之禍，先王之詩率已闕軼，而孔子所録者皆平王以後之詩，此變風所由名也。詩雖變，而太師之本名則不敢變，此十二國之所以猶存其舊也。』又曰：『《二南》也，《豳》也，《大、小雅》也，皆西周之詩也，至於幽王而止。惟《何彼穠矣》爲平王以後之詩。其餘十二國《風》，則東周之詩也。「王者之迹熄而詩亡」，西周之詩亡也。詩亡而列國之事迹不可得而見，於是晉之《乘》、楚之《檮杌》、魯之《春秋》出焉，是之謂「詩亡然後《春秋》作」也。《周頌》，西周之詩也。《魯頌》，東周之詩也。成、康之世，魯豈無詩，而今亦已亡矣。故曰詩亡，列國之詩亡也。其作於天子之邦者，以《雅》以《南》，以《豳》以《頌》，則固未嘗亡也。』此論雖與諸説互異，而足以互相證明。」

「春王正月」，程氏傳曰：「周正月，非春也，假天時以立義耳。」胡氏傳曰：「以夏時冠月，垂法後世；以周正紀事，示無其位不敢自專。」朱文公謂：「以《書》考之，凡書月皆不著時。疑古史記事例如此。至孔子作《春秋》，然後以天時加王月，以明上奉天時、下正王朔之義。而加『春』於建子之月，則行夏時之義，亦在其中。」案，以上朱子《答張南軒書》。「以程子『假天時以立義』考之，則是夫子作《春秋》時，特加此四字以繫年，見行夏時之意。如胡氏之説，則周亦未嘗改月，而夫子特以夏正建寅之月爲歲首，月下所書之事是周正建子月事，自是之後，月與事常差兩月，恐聖人制作不如是錯亂無章也。劉質夫説，似亦以『春』字爲夫子所加，但魯史謂之《春秋》，似元有此字。」[二]石林葉氏[二]考《左傳》祭足取麥，穀鄧來朝，以爲《經》、《傳》所記有例差兩月者，是《經》用周正而《傳》取國史，有自用夏正者，失於更改也。[三]陳氏《後傳》[四]曰：「以夏時冠周月，則魯史也。夫子修《春秋》，每孟月書時，以見魯史，每正月書王，以存周正，蓋尊周而罪魯也。」張氏[五]《集傳》曰：「周官布治，言正月之吉，此周正也，而以夏正爲正歲。《詩·七月》言月皆夏時，而以周正爲『一之日』，可見兼存之法。」[六]沙隨程氏曰：「周正之春，包子、丑、寅月。」吕成公《講義》於「春」字略焉，蓋闕疑之意。

［一］朱子《答林擇之書》云：「三代正朔，以『元祀十有二月』考之，則商人但以建丑之月爲歲首，而不改月號。以《孟子》『七八月』、『十一月』、『十二月』之説考之，則周人以建子之月爲歲首，而不改時。以《書》『一月戊午』、『厥四月哉生明』之類考之，則古史例不書時。以程子『假天時以立義』考之」云云。◎又朱子《答胡平一》曰：「凡此之類，反覆推説，儘有可通，亦儘有可難。雖嘗遍問前輩，亦未有決然不可移之説。竊謂與其求必通而陷於鑿，似不若闕之之爲愈。」見《文集》五十八。

［二］【全云】葉夢得著《春秋三種》。

［三］劉原父曰：「穀鄧，《經》書『夏朝』，《傳》云『春朝』。此《傳》所據者以夏正記事也。」石林之説蓋本於此。

［四］【全云】止齋作。

［五］【全云】清江張洽，朱子弟子。

［六］朱子《答吴晦叔書》曰：「《詩》中月數又似不曾改，如『四月維夏』、『六月徂暑』之類，故某向者疑其並行也。」

【閻按】《春秋》，魯史記之名，孔子前已然。年有四時，不可遍舉四字以爲書號，故交錯互舉，取「春秋」二字耳，此豈《春秋》特筆哉！

【元圻案】石林《春秋考》已佚。《四庫全書》從《永樂大典》裒輯得十之七八。其《統論二》云：「《左氏》記事，大抵先《經》一時。如隱書『冬，宋人取長葛』，《左氏》以爲秋。桓書『夏，穀伯綏來朝，鄧侯吾離來朝』，《左氏》以爲春。僖五年『春，晉侯殺申生』，《左氏》記於四年十二月。十年『正月，晉里克弑卓及荀息』，《左氏》記於九年十一月等。疑皆從舊史之文，舊史之序時，亦皆本於夏正。蓋既以正歲爲歲始，則時有不得亂，時不得亂，則月亦不得易。《春秋》所以易之者，蓋編年以繫事，而正朔王法之所謹，不得不本周正也。」◎陳止齋《春秋後傳·隱元年春王正月傳》曰：「魯謂之《春秋》者，其書法以四時冠月也。以夏時冠周月，非周之舊典也。西周之史，言時皆夏時也，言月皆周月也。言時皆夏時，於《周官》見之。季春出火，非周三月；季秋納火，非周九月；仲夏斬陰木，非周五月；仲冬斬陽木，非周十一月之類。言月皆周月，於《書》見之。《康誥》三月，《召誥》二月，不言夏；《洛誥》十二月，不言春；《多方》五月，《畢命》六月，不言秋；《伊訓》十二月，不言冬之類。未有以夏時冠周月者也。惟《詩》以夏正數月，至《豳風》於周正月則變文，謂之『一之日』。以夏時冠周月，則魯史也」云云。◎張氏洽《春秋集傳·春王正月傳》曰：「按胡氏以爲商、周雖改正朔，而實未嘗改月，故有『夏時冠周月』之説。今按周人改月之證，見於《書》傳，坦然明甚。但以當時兼存夏正，故於《經》、《傳》之間互見迭出，後人因此或迷而不覺，至胡氏又惑於《商書》之説，臆決而爲此言耳。其實非也。何以言之？《周官》於布治言『正月之吉』，此周正也，而以夏正爲正歲，所謂『正歲十有二月令斬冰』，此其證之尤章明者。又如『七月流火』、『九月授衣』，此夏正也，而以周之正月爲『一之日』。觀此二者，可以見其兼存之驗矣。其兼存之何也？周人雖以天統改用建子，而以夏數之得天，故未嘗廢，而於因事當用之時每存之也。」◎《書録解題·春秋類》：「《春秋傳》二卷，伊川程子撰。」又「《春秋傳》三十卷，《通例》一卷，《通旨》一卷，徽猷閣待制建安胡安國康侯撰。」又「《春秋傳》十二卷，劉絢質夫撰，二程門人，其師亟稱之。」◎劉質夫《春秋傳》、程沙隨《春秋傳》、張洽《春秋集傳》，《經義考》皆云已佚。唯張洽《集傳》余近得抄本，共二十六卷，内缺十八至二十、二十三至二十六七卷。◎洽字元德，清江人。嘉定初進士。歷官著作佐郎。卒謚文憲。

胡文定[一]《春秋傳》曰：「元，即仁也。仁，人心也。」龜山《與胡康侯第六書》謂「其説似太支離，恐改元初無此意」。【原注】東萊《集解》亦不取。

[一] 胡安國謚文定。

【全云】文定之説固腐甚，然頗淵源於《漢志》。

【元圻案】葉石林《春秋傳》曰：「《易》曰：『元者，善之長也。』君子體仁足以長人，未有始即位而不求其爲仁者也。故不曰『一年』而曰『元年』。」與胡傳意同。◎董子《對策》曰：「一者，萬物之所從始也。元者，辭之所謂大也。謂一爲元者，視大始而欲正本也。」羅氏泌《路史餘論》曰：「大哉乾元，萬物資始，此天之所爲用也。至哉坤元，萬物資生，此地之所爲用也。然則稱元者，直欲其奉元以養物而成德，亦所以示正本謹始而已矣。」蓋從董子。◎《漢書·律曆志一》：「元典曆始曰元。傳曰：『元，善之長也。』共養三德爲善。又曰：『元，體之長也。』合三體而爲之原，故曰元。」

隱元年有「正月」，後十年皆無「正月」。陸淳《春秋集傳微旨》卷二曰：「元年有『正』，言隱當立而不行即位之禮。十年無『正』，譏隱合居其位而不正以貽禍。」

【元圻案】《書録解題》：「《春秋集傳纂例》十卷，《辨疑》七卷。唐給事中吳郡陸質伯淳撰。初，潤州丹陽主簿趙郡啖助叔佐明《春秋》，傳洋州刺史河東趙匡伯循，質從助及伯循傳其學。質本名淳，避憲宗諱改焉。」◎隱十一年《穀梁傳》曰：「隱十年無正，隱不自正也。元年有正，所以正隱也。」陸氏之説本此。葉石林傳曰：「隱何以不書即位？將以治隱也。隱受國於惠公，則正，私其志而欲以讓桓，則不正。其必曰是桓之位而非吾之所得居也，故書正月以見正，不書即位以治其不正。不書，非不即位也，以爲有其位而不能居，是以没之以正其志也。」其説亦本《穀梁》。

《春秋》書「侵」者才五十八，[二]而書「伐」者至於二百一十三。蘇氏謂「三《傳》侵伐之例非正也，有隙曰侵，有辭曰伐」。愚謂《孟子》曰：「春秋無義戰。」非皆有辭而伐也。

[二]【閻按】胡傳以爲侵六十。

【元圻案】莊二十九年《左傳》曰：「凡師有鐘鼓曰伐，無曰侵，輕曰襲。」莊十年《公羊傳》曰：「觕者曰侵，精者曰伐。」隱五年《穀梁傳》曰：「苞人民敺牛馬曰侵，斬樹木壞宮室曰伐。」《東萊春秋集解》取陸質《纂例》趙子曰「凡師稱罪致討曰伐，無名行師曰侵」之説，王晳《春秋皇綱論·侵伐取滅篇》亦取之。石林葉氏傳曰：「聲其罪而討曰伐，伐備鐘鼓。不聲其罪而直討曰侵，侵密聲有鐘鼓而不作。罪大則伐，小則侵。賊賢害民則伐之，負固不服則侵之。大司馬之法也。天子在上，諸侯不得擅相討。春秋之世，征伐自諸侯出，雖無適而不爲僭，然其名則竊取之矣。」蓋兼取《左氏》、趙氏之説，似與《孟子》意合。◎《書録解題》：「《春秋集傳》十二卷。蘇轍撰。專本《左氏》，不得已乃取二《傳》、啖、趙，蓋以一時談經者不復信史，或失事實故也。」

《金石録》：「鼎銘有云：『王格大室即立。』按古器物銘，凡言『即立』，或言

『立中庭』，[一]皆當讀爲『位』。蓋古字假借，其説見鄭氏注《儀禮》。秦泰山刻石猶如此。」[二]愚按《周禮·小宗伯》掌建國之神位，[三]故書「位」作「立」。鄭司農云：「立讀爲位。古者『立』『位』同字。古文《春秋經》『公即位』爲『公即立』。」蓋古字通用。[四]《詛楚文》[五]「變輸盟剌」即「渝」字。朱文公引以證《公》、《穀》「鄭人來輸平」即《左氏》「渝平」也。【原注】胡文定謂以物求平，恐未必然。

[一]案「立中庭」，諸本皆作「中立庭」，今從閻本。

[二]案，此皆趙明誠《古鼎銘跋尾》文，在《金石録》卷十二。

[三]此下疑脱「鄭氏注」三字。

[四]正義曰：「古文《春秋》者，《漢·藝文志》云《春秋》古經十二卷，是此古文經所藏之書。文帝除挾書之律，此本然後行於世，故稱古文。」

[五]歐陽公《集古録》：「秦《祀巫咸文》，一作《秦誓文》，今流俗謂之《詛楚文》。」

【元圻案】惠氏《九經古義》：「《聘禮》：『及廟門，公揖入，立於中庭。』棟案：立讀爲位。《史記·周本紀》云：『武王既入，立於社南。』今《周書·克殷解》文也。案其文云：『王入，即位於社。』是『立』字當作『位』也。古鐘鼎文如《周毛父敦銘》及《盄和鐘銘》『立』字，釋者皆訓爲『位』。又《周邞敦銘》云『毛伯内門立中庭』，《周戠敦銘》云『蘇公入右戠立中庭北鄉』，韋弘嗣、許叔重皆云『列中庭之左右曰位』，明『立』字亦當作『位』，釋者仍訓爲本字，非也。」◎

《朱子語類》：「『鄭人來渝平。』渝，變也。蓋魯先與宋好，鄭人卻(未)〔來〕渝平，謂變渝舊盟以從新好也。《公》、《穀》作『輸平』，胡文定謂『以物求平也』，恐不然。但言輸則渝之意自在其中，如秦《詛楚文》云『變輸盟刺』，若字義則是如此，其意則只是渝字也。」◎《詛楚文》見《古文苑》一。其文曰：「楚王熊相，庸回無道。淫邪甚亂，宣侈競從，變渝盟刺。」韓元吉校本云：「渝，《石〔考〕》作輸。」◎「變渝盟刺」，刺字不可解。東坡《詛楚文詩》王注載《詛楚文》作「變渝盟制」，當從之。

《史記·孔子世家》：「文辭有可與人共者，至於爲《春秋》，筆則筆，削則削，子夏之徒不能贊一辭。」〔一〕曹子建《與楊德祖書》：見《文選》四十二。「昔尼父之文辭與人通流，至於制《春秋》，游、夏之徒乃不能措一辭。」李善注引《史記》曰：「子游、子夏之徒不能贊一辭。」今本無「子游」二字。

〔一〕案程子《春秋傳序》曰：「辭不待贊也，言不能與於斯耳。」

【元圻案】《孝經鉤命決》曰：「孔子在庶，德無所施，功無所就，志在《春秋》，行在《孝經》，以《春秋》屬商，《孝經》屬參。」《文選》曹攄《思友人詩》注引《論語崇爵讖》曰：「子夏共操仲尼微言，以當素王。」俱不及子游。惟《春秋説題辭》曰：「孔子作《春秋》一萬八千字，九月而書成，以授游、夏，游、夏之徒不能改一字」，與《文選》引《史記》同。

《公羊》疏：「按閔因敍云『昔孔子制《春秋》之義，使子夏等十四人求周史記，得百二十國寶書。』」【原注】今經止有五十餘國。通戎、夷、宿、潞之屬，僅有六十。[一] 莊七年《傳》云：「《不修春秋》曰『雨星不及地尺而復』，君子修之，曰『星霣如雨』。」何氏曰：「《不修春秋》，謂史記也。古者謂史記爲《春秋》。」劉原父謂何休以《不修春秋》、百二十國寶書》、《三禮春秋》，[二] 朱文公謂「一書不傳，不得深探①聖人筆削之意」。

[一]【閻按】墨子曰：「吾見百國《春秋》。」

[二]【閻按】「三禮」二字疑不可曉，反覆窮思，似是「修爲」二字。質諸《公羊傳疏》，頗合。因自笑曰：「邢邵言日思誤書，更是一適。」

【全云】「三禮」二字當是「三注」，謂其稿累易而成。○案《公羊傳》首疏實作「修爲」，則閻氏之説爲有據。

【元圻案】《經義考》：「閔氏因《春秋敍》，佚。按閔因，未詳何時人，徐氏《公羊傳疏》引之。『孔子得百二十國寶書』，其《敍》中之言也。考《春秋緯》《感精符》、《考異郵》、《説題辭》咸有此文，而徐氏獨據其《敍》，或出於緯書之前，未可定也。」◎徐彦疏曰：「周史而言寶書者，寶者，保也，以其可世世傳保以爲戒也。又問曰：若然，《公羊》之義，據百二十國寶書以作《春

① 「深探」，原本無，據元刊本補。宋朱熹《偶讀謾記》正作「不得深探聖人筆削之意」。

秋》，今經止有五十餘國，通戎、夷、宿、潞之屬僅有六十，何言百二十國乎？答曰：其初求也，實得百二十國史，但有極美可以訓世，有極惡可以戒俗者取之，若不可爲法者，皆棄而不録，是以止得六十國也。」◎《史通·六家篇》曰：「《汲冢瑣語》記太丁時事，爲《夏殷春秋》。又有《晉春秋》，記獻公十七年事。《國語》云：『晉羊舌肸習於《春秋》。』《左傳》昭二年，晉韓宣子來聘，見《魯春秋》。斯則《春秋》之目，事匪一家。又按《竹書紀年》，其所記事皆與《魯春秋》同。孟子曰：『晉之《乘》，楚之《檮杌》，而魯謂之《春秋》，其實一也。』然則《乘》與《紀年》、《檮杌》，其皆《春秋》之别名者乎！故《墨子》曰『吾見百國春秋』，蓋皆指此也。」◎朱子《偶讀漫記》云：「劉原父嘗病何休以《不修春秋百二十國寶書》、《三禮春秋》，而予反病二書之不傳，不得深探聖人筆削之意也。」◎《隋書·經籍志》：「《春秋公羊解詁》十一卷。漢諫議大夫何休注。」◎《書録解題》：「《春秋公羊傳疏》三十卷。不著撰人名氏，《唐志》亦不載。《廣川藏書志》云『世傳徐彦撰』，不知何據。然亦不能知其定出何代，意其在貞元、長慶後也。景德中，侍講邢昺校定傳之。」◎《經義考》曰：「《公羊傳》有《不修春秋》，則魯之《春秋》也。周、燕、齊、宋皆有《春秋》，載在《墨子》，合以《晉乘》、《楚檮杌》，鄭志《百國春秋》之名，僅存其八而已。」

王介甫《答韓求仁問春秋》曰：「此經比他經尤難，蓋三《傳》不足信也。」尹和靜云：「介甫不解《春秋》，以其難之也。廢《春秋》，非其意。」朱文公《書臨漳所刊四經後》亦曰：「《春秋》義例，時亦窺其一二大者，而終不能自信於心，故未嘗敢措一辭。」

【全云】祁寬所輯《和靖語録》，海陵周茂振謂荆公妒孫莘老之言不可復加，而遂詆爲「斷爛朝報」，乃屬刻辭。今觀和靖此語，可以釋然。

【元圻案】《臨川集·答韓求仁書》曰：「至於《春秋》三《傳》，既不足信，故於諸經尤爲難知。辱問皆不果答，亦冀有以亮之。」◎周茂振《跋孫莘老春秋經解》曰：「先君傳《春秋》於先生，嘗言荆公初欲傳《春秋》，而莘老之書已出，忌之，遂詆聖經曰『斷爛朝報』也。」◎《經義考》一百八十一：「王氏安石《左氏解》一卷。存。林希逸曰：『尹和靖言介甫未嘗廢《春秋》，廢《春秋》以爲「斷爛朝報」，皆後來無忌憚者托介甫之言也。韓玉汝有子宗文，上介甫書，請《六經》之旨。介甫皆答之，獨於《春秋》曰：「此經比他經尤難，蓋三《傳》皆不足信也。」和靖去介甫未遠，其言如此。』」◎楊龜山作《孫莘老春秋經解序》曰：「熙寧之初，崇儒尊經，訓迪多士，以爲三《傳》異同，無所考正，於《六經》尤爲難知，故《春秋》不列於學官，非廢而不用也。」◎陸農師《答崔子方書》曰：「荆公不爲《春秋》，蓋嘗聞之矣。公曰：『三經所以造士，《春秋》非造士之書也。學者求經，當自近者始。學得《詩》然後學《書》，學得《書》然後學《禮》，三者備，《春秋》其通矣。故《詩》、《書》、執禮，子所雅言，《春秋》罕言以此。』」

鶴山《李明復春秋集義序》曰：「《春秋》由懼而作，書成而亂賊懼。亂賊蓋陷溺之深者，而猶懼焉，則人性固不相遠也。」其説本於吕成公《講義》。

【元圻案】《經義考》：「吕氏祖謙《春秋講義》一卷。存。黄震曰：『成公《講義》，亦少年之作，但不至如《博議》之太刻耳。』」◎汪藻作《張根春秋指南序》：「彼亂臣賊子者，豈曉然知道理之人哉！一見《春秋》而知懼焉，非懼聖人之書也，懼天下是非之公也。」

書「尹氏卒」，[一]此尹氏立王子朝之始也。昭公二十三年。書「齊崔氏出奔衛」，宣公十年。此崔杼弑其君之始也。襄公二十五年。比事觀之，履霜堅冰之戒明矣。聖人絶惡於未萌，必謹其微。

[一]案，隱公三年《左傳》作「君氏」，此從《公》、《穀》。

【何云】迂遠無當。

【元圻案】《公羊》隱三年《傳》：「其稱尹氏何？貶。曷爲貶？譏世卿，非禮也。」注：「尹氏世立王子朝，齊崔氏世弑其君。」◎王氏此條，元程端學《春秋本義》引之。◎石林《春秋傳》曰：「『尹氏卒』，貶世卿也。春秋之世，内諸侯之嗣有如尹氏者，其後卒以擅立君；諸侯之大夫世爵有如齊崔氏者，其後卒以弑君。故尹卒以氏書，崔杼出奔以氏書，以爲是世卿者所爲，故各因其事一見法焉。」

薛士龍《春秋旨要序》謂：「先王之制，諸侯無史，天子有外史，掌四方之志，而職於周之太史。隱之時，始更《魯曆》[一]而爲魯史，諸侯之有史，其周之衰乎！《費誓》、《秦誓》列於《周書》，《甘棠》、《韓奕》編之《南》、《雅》，烏在諸侯之有史也！《晉乘》始於殤叔，秦史作於文公，[二]王室之微，諸侯之力政焉耳。」文在《浪語集》卷三十。止齋《後傳》因之。朱文公《語録》以爲「諸侯若無史，外史何所稽考而爲史？古人生子則閭史書之，見《禮記·内則》。閭尚有史，況一國乎？」【原注】愚謂《酒誥》曰「矧太史友、内史友」，則諸侯有史矣。

［一］案《魯曆》，《書録解題》作《周曆》。

［二］《史記·秦本紀》：「文公十三年，初有史以紀事，民多化者。」

【閻按】成王封伯禽，有史，有典策，《春秋》之制也。

【元圻案】陳氏傅良《春王正月傳》曰：「古者諸侯無私史。有邦國之志，則小史掌之，而藏周室。魯人所謂『周人御書』，晉人所謂『辛有之二子董之，晉於是有董史』者也。是故《費誓》繫於《周書》，漢、汝、江、沱，至於譚大夫下國之詩，皆編入於《南》、《雅》。自三史作，而國自爲史矣。」自注：「本常州先生薛氏。」◎楊氏簡《春秋解自敍》：「吕氏大圭《春秋或問》亦從薛常州説。」◎《隋書·經籍志》云：「古者天子諸侯，必有國史，以紀言行。夏殷以上，左史記言，右史記事，周則太史、小史、内史、外史分掌其事，而諸侯之國亦置史官。」◎《書録解題》：「《春秋經解》

十二卷，《指要》二卷。知常州永嘉薛季宣士龍撰。其序專言諸侯無史。季宣博學通儒，不事科舉。陳止齋師事之。」◎黄氏仲炎《春秋通説》一：「荀悦亦云：古者天子諸侯有事，必告於廟，廟有二史。」

《春秋》日食三十六，有甲乙者三十四，曆家推驗精者不過二十六，【原注】有日朔者二十六，以周曆考之，朔日失二十五，魯曆校之，又失十三。唐一行得二十七，【原注】朔差者半。本朝衛朴得三十五，獨莊十八年三月，古今算不入食法。

【閻按】《春秋》三十六日食。有誤五爲三者，莊公十八年、僖公十二年是；有誤三爲二者，文公元年是；有誤十爲七者，宣公八年是；有誤九爲六者，昭公十七年是；有以後月作前月，不應閏而閏先時者，隱公三年、桓公三年、十七年、莊公二十五年、三十年是；有以前月作後月，應閏而不閏後時者，宣公十七年、成公十七年、襄公十五年、二十七年、昭公十五年、定公十二年是。至僖公十五年五月之交，宜在四月，然乃亥時月食，非日食，何誤至此！蓋史失其官，閏餘乖次，從古未有過於春秋之世，則難信亦未有過《春秋》之書者也。◎衛朴以莊公十八年三月獨不入食法，不知法推是歲五月壬子朔申時日食。《元史》郭守敬曰：「蓋誤五爲三是也。」詳見余《潛丘劄記》。

【元圻案】《夢溪筆談》十八：「淮南人衛朴，精於曆術，一行之流也。《春秋》日食三十六，諸曆通驗，密者不過得二十六，唯一行得二十七，朴乃得三十五，唯莊公十八年一蝕，今古算皆不入蝕法，疑前史誤耳。自夏仲康五年癸巳歲至(咸)〔熙〕寧六年癸丑，凡三千二百一年，書傳所載日蝕凡四百七十五。衆曆考驗，雖各有得失，而朴所得爲多。」

漢日食五十三，後漢七十二，唐九十三。曆法：一百七十三日有餘一交會。案，此隱公三年正義文。然《春秋》隱元年至哀二十七年，凡三千一百五十四月，唯三十七食，是雖交而不食也。襄二十一年九月、十月，二十四年七月、八月，頻食，是頻交而食也。

【原注】漢高帝三年十月、十一月亦頻食。

【閻按】比月頻食，此理所絶無者。曆家如姜岌、一行皆言之鑿鑿，不必西法爲然。余嘗意襄公二十一年、二十四年之前之後，必有某公某年，爲冬十月庚辰朔日有食之者，又有爲八月癸巳朔日有食之者，脱其簡於彼，而錯其簡於此，事固有之，理或一解。秦雲九頗以爲然。

【元圻案】隱公三年《左傳》注：「日月動物，雖行度有大量，不能不小有盈縮，故有雖交會而不食者，或有頻交而食者。」正義曰：「戰國及秦，曆紀全差，漢來漸候天時，始造其術。劉歆《三統》以爲五月二十三分月之二十而日一食，空得食日而不得加時。漢末會稽都尉劉洪作《乾象曆》，始推月行遲疾，求日食加時。後代修之，漸益詳密。今爲曆者，推步日食，莫不符合，但無頻月食法。故漢興以來，殆將千歲，爲曆者，皆一百七十三日有餘而始一交會，未有頻月食者。今頻月而食，乃是正經，不可謂之錯誤也。注不能定，故未之言。」又襄二十四年《左傳》正義：劉炫曰：「漢末以來八百餘載，考其注記，都無頻月日食之事，計天道轉運，古今一也。但其字則變古爲篆，改篆爲隸，書則縑以代簡，紙以代縑，傳寫致誤，失其本真也。」

西疇崔氏[一]曰：「《春秋》桓四年、七年無秋、冬，定十四年無冬，桓十七年[二]書『夏五』而闕其月，莊二十二年書『夏五月』而闕其事，僖二十八年書『壬申』而不繫之月，桓十年書『五月』而不繫之夏，昭十二年書『十二月』而不繫之冬。『郭公』、『仲孫忌』與凡日食而不繫朔與日者，皆闕也。」

[一]【全云】涪陵崔子方彦直。

[二]案「十七」當作「十四」，閻、何本俱誤作「七」。

【元圻案】桓公四年杜注：「國史之記，必書年以集此公之事，書首時以成此年之歲，故《春秋》有空時而無事者。今不書秋、冬首月，史闕文。他皆放此。」◎宋趙氏鵬飛《春秋經筌》：「桓四年、七年無秋、冬，闕文也。何休附會，以爲桓無王，故貶去二時，此妄説也。十二公之中，惟桓一公最多闕文：五年春正月甲戌之下闕事；并甲戌、己丑，書陳侯鮑卒；十二年十一月，一月之中兩書丙戌；十四年夏五，闕月；十月日食，闕日。」◎《書録解題》：「《春秋經解》十六卷，《本例例要》一卷。涪陵崔子方彦直撰。紹聖中，罷《春秋》取士，子方三上書乞復之，不報。遂不應進士舉。黄山谷稱之曰：『六合有佳士，曰崔彦直，其人不游諸公。』然則其賢而有守可知矣。」◎

《經義考》：「崔氏《經解》，佚，《本例例要》，存。」◎案今本題曰「《西疇居士春秋本例》」，共二十卷。《書録》作一卷，誤也。王氏所引不見於《本例》，蓋《經解》之文。◎西疇之説，元程端學《春秋本義》引之。

《孟子題辭》：[一]「仲尼有云：『我欲托之空言，不如載之行事之深切著明也。』」《太史公自序》：「聞之董生曰：『子曰：「我欲載之空言，不如見之行事之深切著明也。」』」[二]正義云：「此《春秋緯》文。」愚謂緯書起哀、平間，董生時未有之，蓋爲緯書者述此語耳。

[一] 案，趙岐作。

[二]《春秋繁露・俞序篇》：「孔子曰：『吾因其行事而加乎王心焉，以爲見之空言，不如行事博深切明。』」

【元圻案】《隋書・經籍志》：「《孟子》十四卷，趙岐注。」《後漢書・趙岐傳》：「岐字邠卿，京兆長陵人。初名嘉，生於御史臺，因字臺卿。多所述作。著《孟子章句》、《三輔決録》，傳於時。」◎程子曰：「《詩》、《書》，載道之文。《春秋》，聖人之用。五經之有《春秋》，猶法律之有斷例也。律令惟言其法，至斷例則始見法之用。《詩》、《書》如藥方，《春秋》如用藥治病。聖人之用，全在此書，故曰『不如見之行事之深切而著明』。」

「公矢魚於棠」。[一]朱文公《語類》曰：「據《傳》曰『則君不射』，是以弓矢射之，如漢武親射蛟江中之類。按《淮南·時則訓》『季冬命漁師始漁，天子親往射魚』，則《左氏》陳魚之説非矣。」

[一]案隱公五年，《公》、《穀》經文俱作「觀魚」，此從《左傳》。

【全云】《左氏》之陳魚則竭澤，《淮南》之射魚則取其大者，畢竟不同。至其云「則君不射」之「射」，恐是不射其利耳。

【元圻案】《漢書·武帝紀》：「元封五年，冬，行南巡狩，至於盛唐，望祀虞舜於九嶷。登灊天柱山，自尋陽浮江，親射蛟江中，獲之。」◎葉石林《春秋考》五：「古者，祭必親射牲，故各因四時之田而取之。臧僖伯始言春蒐、夏苗、秋獮、冬狩，皆於農隙以講武事，末言鳥獸之肉不登於俎，皮革齒牙、骨角毛羽不登於器。則『公不射』，射之爲言，蓋矢也。豈隱公本以觀魚，不因於狩，而假射牲以爲之名乎？則觀正當爲矢，不當言陳。」◎黄氏仲炎《春秋通説》一：「後世如秦始皇幸瑯琊，候大魚出〔而〕射之，漢武帝射蛟江中，皆魯隱之爲也。」◎朱竹垞曰：「俞成，宋慶曆中著《螢雪叢談》，謂以『矢』爲『觀』非也，引《周禮》『矢其魚鱉而食之』，直作射解。」

《春秋》正月書「王」者九十二，二月書「王」者二十有三，三月書「王」者一十九。【原注】元年，不以有事無事，皆書「王」。何休謂：「二月、三月皆有『王』者，以存二王之後。」【原注】二月，殷之正月；三月，夏之正月。先儒以爲妄。

【元圻案】孫氏復《春秋尊王發微·隱公三年春王二月説》曰：「羣公之年，正月書『王』者九十二，二月書『王』者二十，三月書『王』者一十七。《春秋》之法，唯元年不以有事無事皆書『王正月』，餘年事在正月，則書『正月』，事在二月，則書『二月』，事在三月，則書『三月』。」王氏與孫氏之説互異，以書「王」之月總數計之，王氏共得一百三十四，孫氏共得一百二十九。今《春秋經》《公》、《穀》止於哀公十四年，書「王」之月共得一百三十二，《左氏》終於哀公十六年，十五、十六兩年皆書「春王正月」，恰得一百三十四，與王氏總數合。蓋通志堂所刊《尊王發微》文有脱誤，可藉以校正。◎伊川《程子經説》：「事在二月，則書『二月』，事在三月，則書『三月』，無事則書時書首月。」◎隱公三年《公羊傳》注：「二月、三月皆有『王』者，二月，殷之正月，三月，夏之正月也。王者存二代之後，使統其正朔，所以尊先聖，通三統。」◎《左傳》隱公元年正義曰：「服虔亦云『孔子作《春秋》，於春每月書王，以統三王之正』。謂周室之臣民，尊夏、殷之舊主，每月書王，敬奉前代，揆之人情，未見其可。杞、宋不奉周正，周人悉尊夏、殷，則是重過去而忽當今，尊〔亡〕國而慢時主，其爲顛倒，不亦甚乎！」

「紀侯大去其國。」莊公四年。陳齊之〔一〕謂：「聖人蓋生名之。〔二〕大，名也，若漢欒大是也。」愚按以大爲紀侯之名，本劉質夫説①。

〔二〕【全云】字長方，王信伯弟子。

〔三〕案《記》曰：「諸侯失地，名。」

【何云】國滅身竄，故從卒例，亦復近理。◎質夫名絢，程門弟子。

【元圻案】《史記·封禪書》：「欒成侯上書言欒大。欒大，膠東莒人。故嘗與文成將軍同師。」◎《漢書·漢武帝紀》：「今遣博士大等六人，分循行天下。」師古曰：「褚大也。」◎《儒林傳》有蘭陵褚大。◎《經義考》：「陳氏長方《春秋傳》，佚。張衵曰：長方字齊之，其先長樂人，居吴中步里。紹興間，以進士終江陰軍教授。」◎胡氏寧曰：「伊川先生以大者紀侯之名，罪其不能死社稷也。」◎吕氏《集解》：常山劉氏曰：「大者，紀侯之名也。生名之，著失地也。」

魯哀公問仲尼曰：「《春秋》之記曰：『冬十二月，賨霜不殺菽。』何爲記此？」仲尼對曰：「此言可以殺而不殺也。夫宜殺而不殺，桃李冬實。天失道，草木猶犯干之，而況於人君乎？」此《韓非書》所載也。此《内儲説上篇》文。以《魯論》「焉用殺」之言觀之，恐非夫子之言也，法家者流托聖言以文其峭刻耳。胡文定公《春秋傳》取之，

---

①「説」，原本無，據元刊本補。

未詳其意。

【何云】夫所謂「焉用殺」者，蓋以上失其道，蚩蚩之民罹於刑辟，或非其罪，當以教化先之，非縱舍姦慝，宜殺而不殺也。舜攝位而四凶伏其辜，孔子攝相七日而誅少正卯。殺一人而生千萬人，何嘗非惟辟作威之道？而迂儒以法家稱引故疑之乎？

【又云】非之言自不足據。

【元圻案】《公羊》經文：僖公三十三年「十二月，隕霜不殺草」，《左傳》、《穀梁傳》皆作「十月」。定公元年「十月，霣霜殺菽」，三《傳》同。今《韓非子》云「冬十二月，霣霜不殺菽」，合二事而一之，足證其說之無稽。

沙隨《春秋例目》云：『有蜮』，莊十八年。或考隸古《春秋》作『有蟘』。《爾雅》：『食葉蟘，音特。』」【原注】《爾雅》：「蜚，蠦蜰。」郭璞注：「蜰，①即負盤，臭蟲。」劉歆曰「負蠜」，誤矣。江休復《雜志》：「唐彥猷有舊本《山海經》，說『蜚處淵則涸，行木則枯』，疑《春秋》所書即此物。若是負蠜，不當云有，謂之多可也。」

【元圻案】《呂氏春秋·任地篇》：「又無螟蜮。」高誘注：「蜮或作螣。食心曰螟，食葉曰蜮。

① 「郭璞注蜰」，原本無，據元刊本補。

兖州謂蜮爲螣，音相近也。」◎邵學士晉涵《爾雅·釋蟲正義》曰：「《説文》云：『蟦，蟲食苗葉者。』《左傳疏》引李巡云：『食禾葉者。言其假貸無厭，故曰蟦也。』蟦通作螣。《月令》云：『仲夏行冬令，百螣時起。』鄭注：『螣，蝗之屬。』是蜮、蟦、螣一也。劉歆《春秋傳》以爲非中國之獸，未詳所據。」又曰：「蜚，又名負盤。《廣雅》云：『負蠜，蟅也。』孔穎達云：『《本草》曰蜚，厲蟲也。』然則蜚是臭惡之蟲，害人衣物，故《左氏傳》曰：『有蜚不爲災，亦不書也。』《春秋》經傳皆云『有蜚』，則此蟲一名蜚，一名蠦蜰，而舍人、李巡皆云蜚蠦一名蜰，非也。此蟲一名負盤，《漢書》及《左傳注》多作『負蠜』，以此下有草蟲負蠜，故相涉誤耳。今案《説文》亦云『蜚，臭蟲，負蠜也』，是蜚亦有負蠜之名也。」◎《漢書·五行志》：「蜚，劉歆以爲負蠜也。性不食穀，食穀爲災，介蟲之孽。」◎《山海經·東山經》曰：「太山有獸焉，其狀如牛而白首，一目而蛇尾，其名曰蜚。行水則竭，行草則死，見則天下大疫。」◎《經義考》：「程氏迥《春秋顯微例目》、《宋志》一卷，佚。」

郎顗謂：「魯僖遭旱，修政自敕，時雨自降。」然《春秋》於僖公初書「雨」，已而書「雩」，已而書「大旱」，公之德衰矣。

【閻按】《晉·袁甫傳》：「《公羊》有言，魯僖甚悦，故致旱。」此何休注也。

【元圻案】《後漢書·郎顗傳》：「顗字雅光，北海安丘人也。陽嘉二年，顗詣闕拜章，帝使對尚書。顗對曰：『魯僖遭旱，修政自敕，下鍾鼓之懸，休繕治之官，雖則不寧，而時雨自降。』」注：

「《春秋考異郵》曰：『僖公三年，春夏不雨，於是僖公憂閔，玄服避舍，釋更徭之逋，罷軍寇之誅，去苛刻峻文慘毒之教，所蠲浮令四十五事。雨大澍也。』」◎僖三年「六月雨」，《穀梁傳》曰：「雨云者，喜雨也。喜雨者，有志乎民者也。」僖十一年，「秋八月，大雩。」十三年，「秋九月，大雩。」二十一年，「夏，大旱。」《公羊傳》曰：「何以書？記災也。」《穀梁傳》曰：「雩，得雨曰雩，不得雨曰旱。」◎黄氏仲炎曰：「富公弼告神宗曰：『願陛下不以今日得雨爲喜，更以累年災異爲憂。』此可以言《春秋》矣。」

名不可不謹也。《春秋》或名以勸善，或名以懲惡，衮鉞一時，薰蕕千載。東漢豪傑恥不得豫黨錮，慕其流芳也。我朝鐫工之微，不肯附名黨碑，懼其播惡也。名教立而榮辱公，其轉移風俗之機乎！

【閻按】鐫工安民，李仁甫《長編》作李姓，非。余親至西安碑林中①辨之。

【集證】《邵氏聞見前録》：「常安民，以鐫字爲業。崇寧二年，蔡京又自書元祐姦黨爲大碑，頒於郡縣，令刻石。安民當鐫字，辭曰：『民愚人，固不知立碑之意，但如司馬相公者，海内稱其正直，今謂之姦邪，民不忍刻也。』府官怒，欲加之罪。民泣曰：『被役不敢辭，乞免鐫「安民」

① 「碑林中」，原本作「中碑林」，據三箋本改。

二字於石末，恐得罪後世。』聞者愧之。」◎王明清《揮麈録》：「九江碑工李仲寧，刻字甚工，黄太史題其居曰『琢玉坊』。崇寧初，詔郡國刊元祐黨碑姓名，呼使仲寧。仲寧曰：『小人家舊貧窶，止因開蘇内翰、黄學士詞翰，遂至飽暖。今日以爲姦，不忍下手。』議之者曰：『賢哉，士大夫之所不及也！』」

【元圻案】《後漢書・皇甫規傳》：「規字威明，安定朝那人也。拜度遼將軍。及黨事大起，天下名賢多見染逮。規雖爲名將，素譽不高，自以西州豪傑，恥不得豫，乃先自上言：『臣前薦故大司農張奂，是附黨也。又臣昔論輸左校時，太學生張鳳等上書訟臣，是爲黨人所附也。臣宜坐之。』朝廷知而不問。」

「公如京師」，成十三年。非禮也。晉、楚可以言「如」，京師不可以言「如」，於是朝覲之禮廢矣。

【何云】精義。

【元圻案】成十三年杜注：「伐秦，道過京師，因朝王。」◎胡氏傳曰：「如京師，見諸侯之慢也，因會伐而行矣。」◎張氏洽《集注》曰：「《春秋》以諸侯事周之禮久闕，而因行於伐秦之役，若没而不書，是盡廢其僅存之禮也，若書以爲『朝於京師』，則是舉百年之墜典，亦非其實也，故書『如京師』而不言『朝』，以見其行禮之不專。」◎趙氏鵬飛《經筌》曰：「凡諸侯相朝，皆書『如』，如『公如晉』、『如齊』，皆朝也。不曰『朝』而曰『如』，尊天子也。唯朝王則曰朝，『公朝於王所』是也。尊内則曰朝，『滕、薛來朝』是也。」

仲子之賵，宰書其名；成風之賵，王不書天。正三綱也。公羊氏乃有「母以子貴」之説，謂之知《春秋》之義，可乎？漢章帝不以尊號加於賈貴人，晉明帝不以尊號加於荀豫章君，猶近古也。

【元圻案】隱元年《經》：「天王使宰咺來歸惠公仲子之賵。」程子曰：「春秋之時，嫡妾僭亂，聖人尤謹其名分。仲子繫惠公而言，故正其名，不曰夫人，曰惠公仲子，謂惠公之仲子，妾稱也。以夫人之禮賵人之妾，不天亂倫之甚也。然《春秋》之始，天王之義未見，故不可去天而名咺，以見其不王。王臣雖微不名，況於宰乎！」◎文五年《經》：「王使榮叔歸含且賵。」程子曰：「天王成妾母爲夫人，亂倫之甚，失天理矣。不稱天，義已明；稱叔，存禮也。」◎劉原甫曰：「一則名其宰而見貶，一則去其天以示譏。」◎隱公元年《公羊傳》曰：「隱長又賢，何以不宜立？立嫡以長不以賢，立子以貴不以長。桓何以貴？母貴也。母貴則子何以貴？子以母貴，母以子貴。」◎《後漢書·皇后紀》：「賈貴人，南陽人。建武末選入太子宮。中元二年生肅宗，而顯宗以爲貴人。帝既爲太后所養，專以馬氏爲外家，故貴人不登極位，賈氏親族無受寵榮者。及太后崩，乃策書加貴人王赤綬，安車一駟，永巷宮人二百。」◎《晉書·后妃傳》：「豫章君荀氏，元帝宮人也，生明帝。明帝即位，封建安君。至成帝咸康元年，始別立廟於京都。」

「齊侯、衛侯胥命於蒲。」桓三年。《荀子》曰：「《春秋》善胥命。」程子、胡文定皆善之。劉原父《春秋傳》以爲「自相命，非正也」。止齋《春秋後傳》亦以爲「相推長也。於是齊僖稱小伯，黎之臣子亦以方伯責衛宣」。[一]愚謂齊、衛胥命，此霸①者之始。其末也，齊、魏會於徐州以相王。[二]霜凝冰堅，其來漸矣。

[一]下云「桓文之事，其所由來者漸矣」。止齋自注本薛氏。

[二]事見《史記·魏世家》襄王元年。注，徐廣曰：「徐，今薛縣。」

【全云】春秋之末，撓霸局者亦齊、衛也。於是齊景思更霸，而牽率衛靈以伐晉。

【元圻案】王氏此條本《朱子語類》問於張洽之說。◎《荀子·大略篇》：「不足於（言）〔行〕者說過，不足於信者誠言。故《春秋》善胥命，而《詩》非屢盟，其心一也。」◎桓公三年《公羊傳》：「胥命者何？相命也。何言乎相命？近正也。此其爲近正奈何？古者不盟，結言而退。」◎程子、胡傳皆善其不盟詛，與《公羊》、《荀子》同。◎劉氏敞傳曰：「胥命者何？相命也。何言乎相命？古者有方伯，有州牧，有卒正，有連率，命於天子，正也。諸侯（有）〔自〕相命，非正也。齊，

①「霸」，原本作「伯」，據元刊本改。

太公之後，東州之侯也。衛，康叔之後，北州之侯也。」又《意林》曰：「時齊僖公自以爲小伯，而狄人追逐黎侯，黎之臣子亦以方伯、連率之職責衛宣公。故此胥命者，以方伯之事自相命也。」◎張氏洽《春秋集傳》曰：「蒲之胥命，正齊桓非命伯而專征之權輿，《春秋》謹書之，志王命不行，列國授霸，從此階也。下逮戰國，諸侯欲稱王，則齊、魏會於笠澤以相王，秦昭王欲稱帝，則使人致東帝於齊，僭竊交私，百準一揆，故知胥命者，《春秋》謹霸政擅命之始也。」◎《朱子語類》：「自相命而至於相王，自相王而至於相帝，勢必如此。」◎《國語》：「及平王末，而晉、秦、齊、楚代興，秦景、襄於是乎取周土，晉文侯於是乎定天子，齊莊、僖於是乎稱小伯，楚蚡冒於是乎始啓濮。」◎《旄丘詩序》：「狄人追逐，黎侯寓於衛。衛不能修方伯、連率之職，黎之臣子以責於衛也。」

書「郊」九，皆卜不吉。僖三十一年、成十年、襄七年、十一年。失時，成十七年九月、定十五年五月、哀元年四月。牛災，宣三年、成七年。則書之。書「大雩」二十一，皆在午、未、申之月。桓五年秋、僖十一年秋八月、十三年秋九月、成三年秋、七年秋、襄五年秋、八年秋九月、十六年秋、十七年九月、二十八年秋八月、昭三年八月、六年秋九月、八年秋、十六年九月、二十四年秋八月、二十五年秋七月上辛大雩，季辛以雩，定元年九月、七年秋、是年九月、十二年秋。建巳之雩，常事不書。

【元圻案】胡傳：楊子曰：「天子之制，諸侯庸節，節莫差於僭，僭莫重於祭，祭莫重於地，地莫重於天。諸侯而祭天，其僭極矣。聖人於《春秋》，欲削而不存，則無以志其失，爲後世戒，悉書之乎，則歲事之常，有不勝書者。是故因禮之變而書於策，或以卜，或以時，或以望，或以牲，或以牛，於變之中又有變焉者，悉書其事。」◎桓五年「秋，大雩」。《左傳》：「書，不時也。凡祀，啓蟄而郊，龍見而雩，始殺而嘗，閉蟄而烝。過則書。」杜注：「龍見建巳之月。」◎程子曰：「大雩，歲之常祀，不能皆書也，故因其非時則書之。遇旱災，則非時而雩，書之，所以見其非禮，且志旱也。」

三書「蒐」於昭公之時，兵權在大夫。[一]再書「蒐」於定公之時，兵權在陪臣。[二]

[一] 昭八年蒐於紅，十一年大蒐於比蒲，二十二年大蒐於昌間。

[二] 定十三年、十四年大蒐於比蒲。

【元圻案】劉氏敞《春秋傳》曰：「曷爲不言公？公不得與於蒐爾。公曷爲不得與於蒐？三家者專魯而分之，政令出焉，公民食焉爾。」◎家鉉翁《詳說》：「蒐，軍政也。魯自宿意如盜竊兵柄，舉國中丘甸卒乘，皆爲己之私有，昭公不能君，以是故也。今意如死，陽虎繼亂，三家之勢少戢，正魯君可以有爲之日，而定公庸且弱，苟安目前，而不能爲魯國深長慮，兵柄可收而不能收，公室自是無復興之望矣。」

定公六月即位，而於春夏書元年。隱元年。正義謂：「漢、魏以來，雖於秋冬改元，史於春夏即以元年冠之，因於古也。」《通鑑》漢建安二十五年之初，漢尚未亡，即以爲魏黄初元年。朱文公謂：「奪漢太速，與魏太遽，非《春秋》存陳之意。」

【何云】是時昭公既薨，不書元年，則遂無君矣。故定雖未即位，而先以元年繫之，又《春秋》之變例也。漢、魏之事，惟光武建武之元以六月即位，可從此例。以更始失政，天下亟望有君故也。若延康、黄初之予奪，《春秋》之罪人也。

【全云】温公亦非奪漢與魏，只是要書法一例，其實書法何嘗不可變通。

【元圻案】朱子《與吕成公書》曰：「温公舊例，〔年號〕皆以後改者爲正，此殊未安。如漢建安二十五年之初，漢尚未亡，今便作魏黄初元年，奪漢太速，與魏太遽，大非《春秋》存陳之意，恐不可以爲法。」◎昭公九年《公羊傳》：「陳已滅矣，其言陳火何？存陳也。」《穀梁傳》：「火不志，此何以志？閔陳而存之也。」◎《書録解題·編年類》：「《資治通鑑》二百九十四卷，《目録》三十卷。丞相温公河内司馬光撰。初，光嘗約戰國至秦二世，如《左傳》體，爲志八卷，以進。〔神〕〔英〕宗悦之，遂命論次歷代君臣事迹，起周威烈，迄乎五代，就秘閣置局。神宗御製序，賜名《資治通鑑》。」

《春秋》三書「孛」，文十四年，昭十七年，哀十三年。而昭十七年「有星孛於大辰，中須曰：『彗所以除舊布新也。』」《史記·天官書》劉更生封事云：「《春秋》彗星三見。」則彗、孛一也。《晏子春秋》：「齊景公睹彗星，使伯常騫禳之。晏子曰：『孛又將出，彗星之出，庸何懼乎？』」則孛之爲變，甚於彗矣。【原注】齊有彗星，見於《傳》而

《經》不書。

【何云】《經》不書，益見彗小於孛矣。

【集證】《漢文紀》：「有長星出於東方。」文穎曰：「彗、孛、長三星，其形象小異。孛星光芒短，其光四出蓬蓬孛孛也。彗星光芒長，參參如掃彗。長星光芒有一直指，或竟天，或十丈，或一丈二丈，無常也。」

【元圻案】《後漢書·天文志上》：「孛之爲言，猶有所傷害，有所妨蔽，所以除穢而布新也。」注：「《晏子春秋》曰：『齊景公睹彗星，使伯常騫禳之。晏子曰：「不可。此天教也。日月之氣，風雨不時，彗星之出，天爲民之亂見之。」』又一曰：『景公見彗星出而泣，晏子問之。公曰：「寡人聞之，彗星出，其所向之國君當之。今彗星出而向吾國，我是以悲。」晏子曰：「君之行義（固應）〔回邪〕，無德於國。穿陂池，則欲其深以廣也，爲臺榭，則欲其高且大也。賦斂攝奪，誅戮如仇讎。自是觀之，孛又將出。彗星之出，庸何懼乎？」』果如晏子之言，孛之與彗，相似匪同。」◎《史記·齊世家》亦載晏子之語，「孛」作「茀」。◎今本《晏子春秋·内篇·諫上》：「景公睹彗星，召伯常騫，使禳去之。晏子曰：『此天教也。彗星之出，天爲民之亂見之，故詔之妖祥，以戒不敬。今君若設文而受諫，謁聖賢人，雖不去彗，星將自亡。今君嗜酒而并於樂，政不飾而寬於小人，近讒好優，惡文而疏聖賢人，何暇在彗？茀又將見矣。』」又《外篇》記彗見者二，其文皆與《後漢書》所引《晏子》不同。王氏此條據章懷注。

星孛東方，哀十三年冬。在於越入吴之後；哀十三年夏。彗見西方，《史記·六國表》秦孝公元年。在衛鞅入秦之前。天之示人著矣。

【元圻案】《綱目》：周顯王八年，「彗星見西方，衛公孫鞅入秦。」

齊桓之將興也，恒星不見，星隕如雨；晉文之將興也，沙鹿崩。自是諸侯無王矣。晉三大夫之命爲侯也，九鼎震。自是大夫無君矣。人事之感，天地爲之變動，故董子《對策》曰：「天人相與之際，甚可畏也。」

【元圻案】吕氏《集解》：「莊七年，恒星不見云云。襄陵許氏曰：『王運將終，而霸統方起之祥也。』又僖十四年沙鹿崩，許氏曰：『恒星不見，星隕如雨，齊桓之祥也。沙鹿崩，晉文之祥也。齊桓將興而天文墮，晉文將興而地理決，王道之革也。』」◎《史記·周本紀》：「威烈王二十三年，九鼎震，命韓、趙、魏爲諸侯。」

晉自武、獻以來，以詐力强其國，故《傳》曰「晉人虎狼也」，文十三年。「晉人無信」，僖二十三年。「晉所以霸，師武臣力也」。宣十二年。《春秋》書「晉人納捷菑於邾，弗克納」，「晉士匄帥師侵齊至穀，聞齊侯卒，乃還」，此《孟子》所謂「彼善於此」者，君子與之。義理之在人心，不可泯也。《剥》之「上九」，一陽尚存。《春秋》之作，見人心之猶可正也。

【元圻案】文十四年《公羊傳》曰：「『非吾力不能納也，義實不爾克也。』引師而去之，故君子大其弗克納也。」◎陸氏《微旨中》：趙氏曰：「『弗克納』，言失之於初，而得之於末也。淳聞於師曰：『據三《傳》之説，晉師皆有名氏，則必非微者矣。書曰人，何也？曰廢置諸侯，王者之事。人臣專之，罪莫大焉。夫子善其聞義能徙，故爲之諱也。』」◎襄十九《左傳》：「聞喪而還，禮也。」《公羊傳》：「大其不伐喪也。」

列國之變，極於吳、越。通吳以疲楚者，晉也；[一]通越以撓吳者，楚也。[二]《春秋》於是終焉。唐以南詔攻吐蕃，而唐之亡以南詔。本朝以女真滅契丹，而中原之亡以女真。女真之將亡也，吾國又不監宣和而用夾攻之策，不知《春秋》之義也。

[一] 成七年巫臣之爲也。

[二] 事詳《國語》。

【全云】端平之禍，不在夾攻，而在妄取三京。或云元人志在盡吞天下，即無入洛之師，未必不觀釁而動。曰：果爾，則雖不夾攻，而元於滅金之後，亦自加兵於宋。況女真之讎，必無不報之理。

【元圻案】《左傳》成七年：「巫臣請使於吳，晉侯許之。吳子壽夢説之。乃通吳於晉。吳始伐楚，伐巢，伐徐。子重奔命。」◎《吳語》：「楚申包胥使於越，越王勾踐問焉，曰：『吳國爲不道，求殘我社稷宗廟，以爲平原，弗使血食。吾欲與之徼天之衷，請問戰奚以而可？』包胥曰：『夫戰，知爲始，仁次之，勇次之。』越王曰：『諾。』乃召五大夫，曰：『王孫包胥，既命孤矣。』」◎《通鑑·唐紀》德宗貞元四年：「吐蕃發兵，將寇（四）〔西〕川，亦發雲南兵。雲南内雖附唐，外未敢叛吐蕃，亦發兵屯於瀘北。韋皋知雲南計方猶豫，乃爲書遺雲南王，敍其叛吐蕃歸化之誠，使東蠻轉致吐蕃。吐蕃始疑雲南，遣兵屯會川，以塞雲南趣蜀之路。雲南怒，引兵歸國。由是雲南與吐蕃大相猜阻，歸唐之志益堅。吐蕃失雲南之助，兵勢始弱矣。貞元十年，異牟尋襲擊吐蕃，大破之，取十六城，遣使來獻捷，請復南詔號。」宣宗大中十三年：「南詔酋龍稱皇帝，國號大理，遣兵陷播州。懿宗咸通元年，南詔攻邕州，陷之。四年陷交趾。五年寇嶲州，寇邕州。十年陷嘉州。十一年攻成都。」◎岳珂《桯史》九：「宣和將伐燕，用其降人馬植之謀，由登萊航海以使於女真，約盡取遼地而分之，子女玉帛歸女真，土地歸我。」◎《續通鑑》徽宗宣和九年：「金主遣李善慶女真散睹持國書來修好。詔蔡京等諭以夾攻遼之意。七年，遼亡。欽宗靖康元年，金師陷京城。又理宗紹定五年，時與蒙古兵合圍汴京。蒙古再遣王檝來（京湖）議夾攻金，〔京湖安撫制置使〕史嵩之以聞。朝臣皆以爲可遂復讎之舉，獨趙范不喜，曰：『宣和海上之盟，厥初甚堅，迄以取禍，不可不鑑。』帝不從，命嵩之報使許之。」◎明張溥《書馮琦〈宋史紀事本末·三京之復〉後》曰：「遼爲宋敵，金爲宋仇。敵者，可以存可以亡者也；仇者可以亡不可以存者也。八陵之辱，二帝之慘，懷而不報者百餘年矣，會有可乘，雖死不顧。必欲鑑宣和之海上，而忘靖康之北狩，凡爲臣子，其誰堪之！故滅金之役，正也；三京之復，亦正也。其復而不果者，失在進之太速，守之不固，非盡始謀者過也。」

邢有狄難，已遷於夷儀，三國之師城邢，俾反其國都，故列三國稱師，以著其功。僖元年。淮夷病杞，方伯不能斥逐蠻夷，使杞人安其都邑，乃城緣陵使遷，故書諸侯而不列序。僖十四年。狄入衛，逾年，齊侯方城楚丘以處文公，故但書「城楚丘」而不著其城之者，僖二年。書愈略者，功愈降也。沙隨程氏云。

【元圻案】《春秋》僖公元年：「春，齊師、宋師、曹伯次於聶北，救邢。夏六月，邢遷於夷儀。齊師、宋師、曹師城邢。」僖十四年：「春，諸侯城緣陵。」《傳》：「諸侯城緣陵而遷杞焉。不書其人，有闕也。」正義曰：「元年齊師、宋師、曹師城邢，《傳》稱：『具邢器用而遷之，師無私焉。』故具列三國之師，詳其文以美之也。今此總云『諸侯』，不具書其所城之人，爲其有闕也。故總言諸侯以譏之。」◎僖二年：「春王正月，城楚丘。」胡傳：「桓公帥諸侯城之而封衛也，不數桓公，不與諸侯專封也。」◎呂氏《集解》曰：「先儒以謂諸侯之義，不得專封。夫所謂專封者，以此地畀此人也，則謂之專封，固不可也。如同時諸侯有相滅亡，天子不能令，方伯不能救，天下諸侯力能救而復之，則是蹈仁而踐義也。而以是爲專封，是嫂溺援之以手而以爲罪也。」析義最精。◎《經義考》：「程氏迥《春秋傳》、《宋志》二十卷，佚。」

齊桓之霸，自盟於幽莊十六年。至會於淮，僖十七年。凡十有二會。而孔子稱「九合諸侯」。[一]劉氏《意林》曰：「始於幽，終於淮，合者九。」崔氏曰：「道其不以兵車而已。莊十六年，九國盟於幽。二十七年，五國又盟於幽。僖元年，六國會於檉。二年，四國盟於貫。五年，八國會王世子於首止。七年，五國盟於甯母。八年，王人與七國會於洮。九年，宰周公與七國會於葵丘。十三年，七國會於鹹。凡九合諸侯也。牡丘之盟、僖十五年。陽穀之會、僖二年。淮之會，蓋有兵車矣。」[二]胡氏《通旨》曰：「桓公霸四十二年，會盟凡二十有一。獨稱九合，舉衣裳之會爾。」《穀梁傳》：「衣裳之會十有一。」《論語》疏謂「不取北杏及陽穀爲九」。《史記》：「兵車之會三，乘車之會六。」其説不同。朱文公謂：「九，《春秋傳》作『糾』，展喜犒師之詞云爾。」[三]李氏韶《世紀·序晉伯文紀》云：「桓公會不踰三川，盟不加王人；[四]文公會畿内，盟子虎矣。[五]桓公寧不得鄭，不納子華，事見僖七年《左傳》。懼其奬臣抑君；文公則爲元咺執衛侯矣。事見僖二十八年《經》、《傳》。此夫子所以有正譎之辨。」

[一]【繼序按】周、秦、漢、魏，以「九合諸侯」對「一匡天下」者數十處，《大戴記》并有「再爲義王」句，《管子》又有「三匡天子」句。證之《周語》又云「一合諸侯」者，又證之《左傳》有云「再合諸侯」、「三合大夫」者，知與富辰所云「糾合宗族」，展喜所云「糾合諸侯」不同也。但《管子》、《國語》云「乘車之會三」，《史記》云「乘車之會六」，《穀梁傳》云「衣裳之會十有一」，均與《論語》參差。而

鄭康成、韋昭、范甯、顔師古、陸德明、司馬貞亦各以意説。

［二］【繼序按】洮、鹹是兵車，《穀梁傳》有明文，陽穀是衣裳，范甯注有明文。西疇失考。○案崔西疇此説，《黄氏日抄》九引之。

［三］【方樸山云】若以「九」爲「糾」，則未可概曰「不以兵車」矣。況九、糾通用，他亦無證。

【繼序按】《莊子》「禹九雜天下之川」，九、糾亦有通用者。故朱子注《楚辭》，亦破「九」爲「糾」。

【集證曰】《論語釋文》：「《史記》云：『兵車之會三，乘車之會六。』《穀梁傳》云：『衣裳之會十一。』范甯注云：『十三年會北杏，又會柯。十四年會鄄。十五年又會鄄。十六年會幽。二十七年又會幽。僖元年會檉。二年會貫。三年會陽穀。五年會首止。七年會甯母。凡十一會。鄭不取北杏及陽穀，爲九也。』」槐按今本《穀梁注》「十三年」下無「又會柯」，有「僖九年會葵丘」。皇、邢疏所引皆同。胡氏《通旨》因之。然鄭康成注《論語》，亦有柯無葵丘，則《釋文》所引范甯注當有所本。

［四］案《國語》：「西周三川皆震。」注：「涇、渭、汭也。」◎僖公五年《經》：「夏，公及齊侯、宋公、陳侯、衛侯、鄭伯、許男、曹伯會王世子於首止。秋八月，諸侯盟於首止。」注：「間無異事，復稱諸侯者，王世子不盟故也。王之世子，尊與王同。齊桓行霸，翼戴天子，尊崇王室，故殊貴世子。」◎宋高氏閌《集注》曰：「此復舉諸侯者，尊王世子，不敢與之盟也。會者，辨上下之禮，修和好之道，而王世子與焉，猶之可也。盟者，以不相信也，若王世子亦與焉，則是以所不信者加之王世子，與約束諸侯無

異，故齊侯不敢盟世子，而與諸侯自盟。諸侯自盟，所以定世子也。」◎「僖公八年，公會王人、齊侯、宋公、衛侯、許男、曹伯、陳世子款盟於洮。」《公羊傳》曰：「王人者何，微者也。曷爲序乎諸侯之上？先王命也。」

［五］僖公二十八年《傳》：「王子虎盟諸侯於王庭。」二十九年《經》：「會王人、晉人、宋人、齊人、陳人、蔡人、秦人，盟於翟泉。」注：「翟泉，今洛陽城内大倉西南池水也。」程子曰：「晉文連年會盟，皆在王畿之側，而此盟復迫王城，又與王人盟，强逼甚矣。故諱『公』，諸侯貶稱『人』，惡之大也。」

【元圻案】《經義考》：「胡氏寧《春秋通旨》，《宋志》一卷，未見。吴萊《後序》曰：『胡氏《正傳》三十卷，《傳》外又有總貫條例、證據史傳之文二百餘章，子寧集之，名曰《春秋通旨》。』◎李琪《春秋王霸列國世紀編自序》：「琪少竊妄意，敘東周十有四王之統，合齊、晉十有三伯之目，舉諸侯數十大國之系，皆世爲之紀。不失全經之文，略備各代之實。猶子韶爲之補續其未成。」黄虞稷曰：「琪字孟開，吴郡人。仕國子司業。書成於嘉定辛未。」

《春秋繁露》曰：「《春秋》甚幽而明，無傳而著。」此《竹林篇》文。又曰：「《易》無達吉，［一］《詩》無達詁，《春秋》無達例。」［二］陸農師稱之。又曰：「不由其道而勝，不如由其道而敗。」此《俞序篇》文。攻媿［三］謂「真得夫子心法」。

［一］**【何云】**「吉」疑作「占」。

【集證】按《説苑·奉使篇》引《傳》曰：「《詩》無通故，《易》無通吉，《春秋》無通義。」如《説苑》所引，則仍當作「達吉」。

［二］【閻按】今《繁露》「例」兩作「辭」。

［三］【閻按】攻媿，樓鑰號。

【元圻案】陸農師《答崔子方書》曰：「夫經一而足，《春秋》之傳，不係舊史存否（何如）（可知）。若聖人作經，又待魯史而傳，是二而足也。故曰『《春秋》甚幽而明，無傳而著』。其設方立例，不可以一方求，亦不可以多方得。譬如天文森布，一衡一縮，各有條理，久視而益明。《易》曰：『化而裁之存乎變，推而行之存乎通，神而明之，存乎其人。』豈獨《易》也哉！故曰『《詩》無達詁，《易》無達吉，《春秋》無達例』，要在變而通之耳。」◎樓攻媿《繁露後序》曰：「仲舒對策爲古今第一。余竊謂惟仁人之對曰：『正其誼不謀其利，明其道不計其功。』又有言曰：『不由其道而勝，不如由其道而敗。』此類非一，是皆真得吾夫子之心法，蓋深於《春秋》者也。」◎《春秋繁露》，注見卷五十八頁①。

董仲舒《春秋決獄》，其書今不傳。《太平御覽》載二事，其一引《春秋》許止進

① 見卷五「春秋繁露言爵五等」條注（頁六〇四）。

藥，其一引夫人歸於齊。《通典》載一事，引《春秋》之義「父爲子隱」。應劭謂「仲舒作《春秋決獄》二百三十二①事」，【原注】《隋》、《唐志》十卷。②［一］今僅見三事而已。［二］御史中丞衆議薛況之罪，孔季彦斷梁人之獄，［三］皆以《春秋》合於經誼。終軍之詰徐偃，則論正而心刻矣。呂步舒使治淮南獄，窮驗其事，蓋仲舒弟子不知其師書者也。公孫弘以《春秋》之義繩臣下，見《漢書·刑法志》。張湯請博士弟子治《尚書》、《春秋》，補廷尉史，見本傳。是以《春秋》爲司空城旦書也。胡文定公曰：「《春秋》立法謹嚴，而宅心忠恕。」斯言足以正漢儒之失。【原注】《鹽鐵論》：文學曰：「呂步舒弄口而見戮。」［四］

［一］案，應劭語見《後漢書》本傳及《晉書·刑法志》。

［二］【閻按】《藝文類聚》亦載一事。

［三］【集證】按《北堂書鈔·聽訟門》引《孔叢子》：「梁人娶後妻，後妻殺夫，其子又殺之。孔季彦過梁，梁相曰：『此子當以大逆論。』季彦曰：『昔文姜與弒魯桓，《春秋》去其姜氏，絶不爲親，禮也。且手殺重於知情，是子宜以非司寇而擅殺當之。』」

［四］【閻按】「文學」當作「丞相史」。

---

① ［二］，原本作［三］，據元刊本改。

② 按，此指《春秋決獄》著録爲十卷。

【元圻案】《太平御覽》六百四十載董仲舒《決獄》曰：「甲〔父〕乙與丙争言相鬭，丙以佩刀刺乙，甲即以杖擊丙，誤傷乙，甲當何論？或曰：毆父也，當梟首。論曰：臣愚以父子至親也，聞其鬭莫不有怵(悵)〔惕〕之心，扶(伏)〔杖〕而救之，非所以欲詬父也。《春秋》之義，許止父病，進藥於其父而卒，君子原心，赦而不誅。甲非律所謂毆父，不當坐。」◎案「甲乙與丙」，「甲」下疑脱「父」字。◎又曰：「甲夫乙將船，會海盛風，船没溺流，死亡不得葬。四月，甲母丙即嫁甲，欲皆何論？或曰：甲夫死未葬，法無許嫁，以私爲人妻，當棄市。議曰：臣愚以爲《春秋》之義，言夫人歸於齊，言夫死無男，有更嫁之道也。婦人無專制擅恣之行，聽從爲順，嫁之者歸也，甲又尊者所嫁，無淫之心，非私爲人妻也。明於決事，皆無罪名，不當坐。」◎《通典》六十九《養兄弟子爲後，後自生子議》云：「東晉成帝咸和五年，散騎侍郎賀(僑)〔喬〕妻于氏上表云：『董仲舒時有疑獄，曰：甲無子，拾道旁棄兒乙，養之以爲子。及乙長，有罪殺人，以狀語甲，甲藏匿乙，甲當何論？仲舒斷曰：「甲無子振活養乙，雖非所生，誰與子之？《詩》云：『螟蛉有子，蜾蠃負之。』《春秋》之義：『父爲子隱。』甲宜匿乙。詔不當坐。」又一事曰：「甲有子乙，以乞丙，乙後長大，而丙所成育。甲因酒色謂乙曰：『汝是吾子。』乙怒杖甲二十。甲以乙本是其子，不勝其忿，自告縣官。仲舒斷之曰：『甲能生乙，不能長育，以乞丙，於義已絶矣，雖杖甲，不應坐。』」』」◎案《通典》本二事，厚齋因同爲于氏所引，故以爲一事也，否則傳刻時誤二爲一，并誤四爲三也。◎《漢書·薛宣傳》：「哀帝初，博士申咸給事中，毁宣不供養行喪服，不宜列朝省。宣子況數聞其語，賕客楊明，欲令創咸面目，使不居位。會司隸缺，況恐咸爲之，遂令明遮斫咸宮門外，斷鼻脣，身八創。事下有司，御史中丞衆等奏況：『疑咸受修言修，宣之弟。以毁謗宣。〔況〕知咸給事中，恐爲司隸舉奏宣，而公令明迫切宮闕，要遮創戮近臣，不與凡民忿怒爭鬭者同。臣聞敬近臣，爲近主也。禮，下公門，式路馬，君畜産且猶敬之。《春秋》之義，意惡功遂，不免於誅，上浸之源不可長也，況首爲惡，明手傷，功意俱惡，皆大不敬。明當以重論，及況皆棄市。』廷尉直以爲：『律曰：「鬭以刃傷人，完爲城旦，其賊加罪一等，與謀者同罪。」傳曰：「遇人不以義而見疻者，與痏人之罪鈞，惡不直也。」咸厚善修，而數稱宣惡，不可爲直。況以故傷咸，計謀已定，後聞置司隸，因前謀而趣明，非以恐咸爲司隸故造謀也。本争私變，雖於掖門外傷咸道中，與凡民争鬭無異。今以況爲首惡，明手傷爲大不敬，公私無差。《春秋》之義，原心定罪。原況以父見謗發忿怒，無它大惡。陷死刑，恐非法意。明當以賊傷人不直，況與謀者皆爵減完爲城旦。』上以問公卿議臣。丞相光、大司空師丹以中丞議是，自將軍以下至博士、議郎皆是廷尉。況竟減罪一等，徙敦煌。」又《終軍傳》：「元鼎中，博士徐偃使行風俗。偃矯制，使膠東、魯國鼓鑄鹽鐵，還，奏事。張湯劾偃矯制大害，法至死。偃以爲《春秋》之義，大夫出疆，有可以安社稷，存萬民，顓之可也。有詔下軍問狀，軍詰偃曰：『古者諸侯，國異俗分，百里不通，時有聘會之事，安危之勢，呼吸成變，故有不受辭造命顓己之宜。今天下爲一，萬里同風，故《春秋》「王者無外」。偃巡封域之中，稱以出疆，何也？且鹽鐵，郡有餘臧，正二國廢，國家不足以爲利害，而以安社稷、存萬民爲辭，何也？』又詰偃：『膠東南近琅邪，北接北海，魯國西枕泰山，東有東海，受其鹽鐵。偃度四郡口數、田地，率其用器食鹽，不足以并給二郡邪？將勢宜有餘，而吏不能也？何以言之？偃矯制而鼓鑄者，欲及春耕種贍民器也。今魯國之鼓，當先具其備，至秋乃能舉火。此言與實反者非？偃已前三奏，無詔，不惟所爲不許，而直矯作威福，以從民望，干名采譽，此(聖明)〔明聖〕所必加誅也。「枉尺直尋」，孟子稱其不可；今所犯罪重，所就者小，偃自予必死而爲之邪？將幸誅不加，欲以采名也？』偃窮詘服。」◎《漢書·五行志》：「使仲舒弟子呂步舒持斧鉞治淮南獄，以《春秋》顓斷於外，不請。」又《董仲舒傳》：「先是遼東高廟、長陵高園殿災，仲舒居家，推説其意，草稾未上。主父偃候仲舒，私見，嫉之，竊其書而奏焉。上召視諸儒，仲舒弟子呂步舒不知其師書，以爲大愚。於是下仲舒吏。」◎《史記·酷吏·張湯傳》：「湯決大獄，欲傅古義，乃請博士弟子治《尚書》、《春秋》，補廷尉史。」◎《史記·儒林傳》：「竇太后好《老子書》，召轅固生問《老子書》。固曰：『此是家人言耳。』太后怒曰：『安得司空城旦書乎？』」注，徐廣曰：「司空，主刑徒之官也。」駰案《漢書音義》曰：「道家以儒法爲急，比之於律令。」◎《禮·月令》正義引《鄭志》：「獄，夏曰鈞臺，殷曰羑里，周曰圜土，秦曰囹圄，漢曰若盧，魏曰司空。」◎《説文》：「獄，司空也。」◎蕭山王紹蘭曰：「《白孔六帖》引《決獄》二事，其一：甲爲武庫卒，盜强弩弦，一時與弩異處，當何罪？論曰：兵所居，比司馬，闌入者髡。重武備，責精兵也。弩蘖機郭弦軸異處，盜之不至，盜武庫兵陳。論曰：大車無輗，小車無軏，何以行之？甲盜武庫兵，當棄市乎？以上二論皆或説。曰：此下仲舒所斷。『雖與弩異處，不得弦，不可謂弩，矢射不中，與無矢同，不入與無鏃同。律曰：此邊鄙兵所贓直百錢者，當坐棄市。』其一：君獵得麑，使大夫持以歸。道見其母隨而鳴，感而縱之。君慍，議罪未定，君病，恐死，欲托孤幼，乃覺之曰：『大夫其仁乎？遇麑以仁，況人乎？』乃釋之，以爲子傅。於議何如？仲舒曰：『君子不麛不卵，大夫不諫，使持歸，非也。然而中感母恩，難廢君命，縱之可也。』然則《春秋決獄》，宋時猶有六事可考，厚齋何以但云二事乎？」又曰：「朱竹垞《經義考》亦云：『《藝文類聚》有引《決獄》君獵得麑一事。』今考《類聚》卷六十六，是引《韓子》孟孫獵得麑事，非引《決獄》。蓋朱、閻俱誤記《六帖》爲《類聚》耳。」◎案《經義考》：「董子《春秋決事》十六篇。《漢志》作《公羊治獄》，《七録》作《春秋斷獄》，新、舊《唐書》作《春秋決獄》，《崇文總目》作《春秋決事比》。」

劉原父深於《春秋》，然議郭后祔廟，引《春秋》「禘於太廟，用致夫人」：「致者不宜致也，且古者不二嫡，當許其號而不許其禮。」張洞非之曰：「按《左氏》，哀姜之惡，所不忍道，而二《傳》有非嫡之辭。敞議非是。」然則稽經議禮，難矣哉！

【元圻案】僖八年：「禘於太廟，用致夫人。」《左傳》以夫人爲哀姜，《公羊》以爲齊之媵女先至，脅公使立爲夫人者，《穀梁》以爲言夫人而不以姓氏，非夫人也，立妾之辭也。◎李仁甫《長編》一百九十仁宗嘉祐四年：「八月，知制誥劉敞言：『伏聞禮官倡議，欲祔郭氏於廟，臣竊惑之。

昔《春秋》之義，夫人不薨於寢，不赴於同，不反哭於廟，則不言夫人，不稱小君。郭后之廢，雖無大罪，然亦既廢矣。及其追復也，許其號而不許其禮，且二十餘年。今一旦欲以嫡后之儀致之於廟，恐其未安於《春秋》也。「禘於太廟，用致夫人。」致者不宜致也，不宜致者以其不薨於寢、不祔於姑也。古者不二嫡，則萬世之後，宗廟之禮，豈臣子所能擅輕重哉。』禮官張洞駁議曰：『郭氏正位中宫，母儀天下，無大過惡。陛下閔其偶失謙恭，旋復位號，位號既復，則謚册祔廟，安得並停？況引《春秋》「禘於太廟，用致夫人」之例，據《左氏》則哀姜之惡所不忍道，考二《傳》之説，復有非嫡之文，以證本朝之事，恐非其當。若曰「不薨於寢，不祔於姑」，則郭后之没，不得其所，責當歸於朝廷，死者何罪，而始儷宸極，終不廟食耶？』」◎張洞，師事劉子望、孫明復。見石守道《上范文正公書》。周益公《跋歐陽公與張洞書》曰：「洞字仲通，開封人。晁无咎《雞肋集》有傳：任潁州推官，文忠實爲守，甚重之。官至工部郎中。」

桓以許田賂鄭，桓元年。宣以濟西田賂齊，宣元年。身爲不義，而以賂免。取宋郜鼎，桓二年。納莒僕寶玉，文十八年《左傳》。人欲横流，天理滅矣。末流之敝，貨范鞅而昭公不入矣，昭二十七年。竊寶弓而盜臣肆行矣，定八年。受女樂而孔子遂去矣，三叛人以邑來，襄二十一年，邾庶其。昭五年，莒牟夷。三十一年，黑肱。知利而不知義矣。《孟子》是以有「不奪不饜」之戒。

【元圻案】《吕氏春秋集解》：襄陵許氏曰：「桓公既弑，以許田賂鄭，宣公既弑，以濟西田賂齊。夫負不義於天下，則所藉以行者惟利而已。是以桓、宣之計，若出一軌。」◎桓二年胡氏傳曰：「弑逆之賊，不能致討，而受其賂器，置於太廟，以明示百官，是教之習爲夷狄禽獸之行也。公子牙、慶父、仲遂、意如之惡，又何誅焉。」

「公如京師」者一，成十三年。「朝王所」者二，[一]「卿大夫如京師」者五，僖三十年，文元年、八年，宣九年，襄二十四年。其簡如是。而朝聘於大國，史不絕書。[二]尊卑之分不明，强弱之力是視，記《禮》者以魯爲有道之國，道焉在哉！

[一]案，俱在僖二十八年。時晉文以城濮之戰勝楚，襄王勞文公於踐土，已而狩於河陽也。

[二]【集證】公如齊十一①，晉二十，楚二，大夫聘列國五十六。

【元圻案】《禮記·明堂位》：「是故魯，王禮也，天下傳之久矣。天下以爲有道之國。」◎王使來聘者八：隱七年凡伯，九年南季，桓四年渠伯糾，五年仍叔之子，八年家父，莊二十三年祭叔，僖三十年周公，宣十年王季子。又錫命者三，賵葬者四，歸脤者一。◎宋羅大經《鶴林玉露》二：「春秋之時，天王之使交馳於列國，而列國之君如京師者絕少。夫子謹而書之，固以正列國之罪，而端本澄源之意，其致責於天王者尤深矣。唐之藩鎮，猶春秋之諸侯也。杜陵詩云：『諸侯春不

①「十一」，原本作「十二」，據《集證》嘉慶刻本改。

貢，使者日相望。』蓋與《春秋》同一筆。」◎隱三年《公羊傳》何休注云「時天王崩，魯隱往奔喪」，而不見於《經》。按隱公果有奔喪之舉，《春秋》必大書而特書之，不知何休何據而云然。

衛人立晉，隱四年。不稱公子者，宣公淫亂，此狄入衛之兆也。居中國，去人倫，變華而狄，以滅其國，東徙渡河，終不復還舊封。《詩》以《鶉之奔奔》在《定之方中》之前，其戒深矣。故於晉始立名之。

【何云】此論甚嚴，恐亦未必允也。竊意州吁與晉，其母皆賤，故不稱公子。

【全云】晉烝庶母於未立之前，其不稱公子宜矣。

【元圻案】朱子《詩集傳》：「衛本都河北朝歌之東，淇水之北，百泉之南，其後不知何時并得邶、鄘之地。至懿公爲狄所滅，戴公東徙渡河，野處漕邑，文公又徙居楚丘。」◎閔二年「狄入衛」，胡氏傳曰：「衛，北州大國，狄何以能入乎？臣昔嘗謂河南劉奕曰：『史氏記繁而志寡，如班固載諸王淫亂事，盡削之可也。』奕曰：『必若此言，仲尼删《詩》，如《牆有茨》、《鶉之奔奔》、《桑中》諸篇，何以録於《國風》而不削乎？』臣不能答。後以問楊時，〔時〕曰：『此載衛爲狄所滅之因也，故在《定之方中》之前。因是考於歷代，凡淫亂者，未有不至於殺身敗家而亡其國者。』」◎宋高氏閌《春秋集注》曰：「晉，桓公之弟，先公之子，於次當立。《春秋》不與其立，而去其公子，以明先君之子孫，苟不由天子之命，皆不可立也。蓋《春秋》別嫌明微，以晉有可立之理，故聖人特於疑似之間，而發明不當立之義。」亦足以備一解。

書「狄入衛」，閔二年。書「楚子入陳」，宣十一年。不忍諸夏見滅於夷狄，故稱「入」焉。書「吴入郢」，定四年。楚昭出奔，猶有君也，申包胥求救，猶有臣也，故不言「楚」。書「於越入吴」，哀十三年。國無人焉，如升虚邑，故言「吴」。

【何云】其意蓋深痛乎伯顔之入臨安也，然於《春秋》之旨亦密。

【元圻案】書「吴入州來」，其懲子重、子反之讒慝貪惏以致禍乎？書「楚人入鄆」，其懲莒之城惡而不爲備乎？

禮樂自天子出，而「獻六羽」焉；非天子不制度，而「税畝」焉，故皆書曰「初」。〔一〕《史記·表》於秦書「初立西畤」、「初租禾」、「初爲賦」，取法乎《春秋》。

〔一〕葉夢得傳曰：「初，謹始也。」

【元圻案】隱公五年「初獻六羽」，《公羊傳》曰：「譏初僭諸公也。天子八佾，諸公六，諸侯四。天子三公稱公，王者之後稱公，其餘大國稱侯，小國稱伯、子、男。」◎劉氏敞《權衡》曰：「魯隱公以前，蓋未嘗舞六佾於羣公之廟，今立仲子廟，又當下羣公，疑於所舞，故問衆仲也。衆仲不知諸侯名位不同，禮亦異數，因天子八佾，遂兼稱諸侯六佾，致魯僭諸公之禮也。此《春秋》所以書其『初』也。」◎宣公十五年，「初稅畝」，杜注：「公田之法，十取其一，今又履其餘畝，復十收其一。」◎《史記·十二諸侯年表》：「秦襄公八年，初立西時，祠白帝。」《六國表》：「秦簡公七年，初（禾）租〔禾〕。」「秦孝公十四年，初爲賦。」

陳同甫《春秋屬辭》：「『公會戎於潛』、『公及戎盟於唐』，隱二年、桓二年。曰：聖人不與戎狄①共中國，故中國不與戎狄共禮文。『齊侯使其弟年來聘』、隱七年、桓三年。『鄭伯使其弟語來盟』，桓十四年。曰：諸侯以國事爲家事，聖人以國事爲王事。『鄭世子忽復歸於鄭』、桓十五年。『許叔入於許』，桓十五年。曰：不能大復國於諸侯，則力不足以君國；不能公復國於諸侯，則義不足以有國。『公如齊納幣』、莊二十二年。『大夫宗婦覿用幣』，莊二十四年。曰：父子之大義，不以夫婦而遂廢；〔一〕夫婦之常禮，不以强弱而有加。『鄭伯逃歸不盟』、僖五年。『鄭伯乞盟』，僖八年。曰：去就不裁於大義，則舉動無異於匹夫。〔二〕『宋公會於盂』、『戰於泓』，僖二十一年、二十二年。曰：與夷狄②共中國者，必不能與夷狄爭中國。〔三〕『盟於翟泉』，僖二十九年。『晉人、秦人圍鄭』，僖三十年。曰：鋭

① 「戎狄」，原本作「蠻貊」，據元刊本改。下同。

② 「夷狄」，原本作「蠻貊」，據元刊本改。下三「夷狄」同。

於合諸侯者，必有時而惰；工於假大義者，必有時而拙。[四]『狄圍衛，衛遷於帝丘』，僖三十一年。『衛人侵狄，衛人及狄盟』，僖三十二年。曰：避夷狄之兵，以見小國之無策；要夷狄之好，以見中國之無霸。[五]『遂城虎牢』、襄二年。『戍鄭虎牢』，襄十年。曰：公其險於天下，所以大霸者制敵之策；[六]歸其險於一國，所以成霸者服叛之功。[七]『城杞』、襄二十九年。『城成周』，昭二十三年。曰：大夫之於諸侯不自嫌，[八]則列國之於王室何以辨？」[九]其發明經旨，簡而當。

［一］案杜預注：「公不使卿而親納幣，母喪未再期而圖昏，非禮也。」

［二］僖五年《左傳》正義：「《釋例》曰：『國君而逃師棄盟，違其典儀，棄其章服，羣臣不知其謀，社稷不保其安，此與匹夫逃竄無異，故例在上曰逃。』」

［三］《公羊》僖二十一年《傳》：「宋公與楚子期以乘車之會，公子目夷諫曰：『楚，夷國也，强而無義，請君以兵車之會往。』宋公曰：『不可。吾與之約以乘車之會，自我爲之，自我墮之，不可。』終以乘車之會往，楚人果伏兵車，執宋公以伐宋。」◎胡傳：「夫盟主者，所以合天下之諸侯，攘夷狄、尊王室者也。宋公欲繼齊桓之烈，而與楚盟會，豈攘夷狄、尊王室之義乎？」

［四］晉文翟泉之會，尋踐土之盟，且謀伐鄭也。鄭上年會温朝王，今一不預盟，即加之兵，晉、秦同役而不同心，卒不能得志於鄭也。

［五］胡傳：「衛爲狄所滅，東徙渡河，齊桓公攘夷狄封之。而衛國忘亡，今又爲狄所圍。〔其遷

於帝丘」，避狄難也。而中國衰微，夷狄强盛，衛侯不能自强於政治，晉文無卻四夷、安諸夏之功，莫不見矣。」

［六］陸氏《春秋集傳微旨》卷下：「淳聞於師曰：諸侯之大夫，取他國之邑，相與而城之，非正也。城虎牢以安中國，息征伐，故聖人許之，而不繫之於鄭也。」

［七］蘇氏轍《集解》曰：「諸侯既（成）〔城〕虎牢，非鄭地矣，而繫之鄭，諸侯將服鄭而歸之，故致其意也。」

［八］城杞之役，合十一國之大夫。

［九］《穀梁傳》：「天子微，故諸侯之大夫相率而城之。」◎胡傳：「不曰城京師，而曰城成周，與列國等矣。」

【元圻案】葉水心《書龍川集後》曰：「《同甫集》有《春秋屬辭》三卷，放今世經義破題，乃昔人連珠、急就之比，而寄意尤深邃。」。

《晉語》司馬侯曰：「羊舌肸習於《春秋》。」《楚語》申叔時曰：「教之《春秋》。」皆在孔子前，所謂《乘》、《檮杌》也。魯之《春秋》，韓起所見，昭二年《左傳》。《公羊傳》所云「不修《春秋》」也。

【方樸山云】《左傳正義》周禮釋言之備矣。

【元圻案】《杜預春秋序正義》：「按《外傳》申叔時、司馬侯乃是晉、楚之人，其言皆云『春秋』，不言『乘』與『檮杌』。然則『春秋』是其大名，晉、楚私立別號。」

康節邵子學於李挺之，[一]先視以陸淳[二]《春秋》，欲以表儀五經。既可語《五經》大旨，則授《易》終焉。此學自《春秋》而始也。橫渠張子謂「非理明義精，殆未可學」，說見《性理拾遺》。朱子謂「《春秋》乃學者最後事」。此學至《春秋》而終也。

[一]【全云】李之才，穆修弟子。

[二]【全云】陸伯淳，啖助弟子。

【元圻案】柳宗元《陸文通墓表》：「吳郡陸先生質，與其師友天水啖助，洎趙匡，能知聖人之旨。故《春秋》之言，及是而光明。著《春秋集注》十篇，《辨疑》七篇，《微旨》二篇。」◎真西山《讀書記·春秋要指》：「張子曰：《春秋》之書，在古無有，乃仲尼所自作，惟孟子爲能知之。非理明義精，殆未可學。先儒未及此而治之，故其說多鑿。」◎朱子《答魏元履書》曰：「《春秋》，前輩以爲此學者最後一段事，蓋非理明義精，則止是較得失，考同異，心緒轉雜，與讀史傳、摭故實無以異。」

孫明復[一]《春秋總論》曰：「《周禮》『九命作伯』，得專征諸侯，《孟子》所謂『五霸』者，伯也。」李泰伯《常語》司馬公《迂書》皆用此說，《通鑑》謂「王[二]霸無異道」①，先儒非之。愚按「五伯」見《左傳》成二年，杜氏注云：「夏伯昆吾，商伯大彭、豕韋，周伯齊桓、晉文。」[三]以「霸」爲「伯」可也，而非《孟子》，則過矣。[四]邵子於五霸取秦穆、晉文、齊桓、楚莊。

[一]【全云】泰山先生孫復。

[二]案「王」，閻本誤作「五」，今從何本。

[三]《國語》史伯曰：「昆吾爲夏伯矣，大彭、豕韋爲商伯矣。」

[四]温公「疑孟」曰：「堯、舜、湯、武之於仁義也，皆性得而身行之也，五霸則强焉而已。假者，文具而實不從之謂也。文具而實不從，其國家且不可保，况能霸乎？雖久假而不歸，猶非其有也。」

【閻按】杜注「五伯」，本服虔來，見《毛詩》疏。

【全云】②此三代之五伯也。

【集證】按應劭《風俗通》：「五霸，夏昆吾，商大彭、豕韋，周齊桓、晉文。」趙岐注《孟子》「五霸」，謂齊桓、晉文、秦繆、宋襄、楚莊。師古《漢書》注《異姓諸侯王表》「五伯」，則從杜預、應劭之説，《同姓諸侯王表》則又云：「齊桓、宋襄、晉文、秦繆、吴夫差。」《白虎通》並存二説，其後

① 詳見《通鑑·漢紀》宣帝甘露元年「臣光曰」。

② 「全云」，原本無，据三箋本補。

一説謂齊桓、晉文、秦繆、楚莊、吴闔閭。顧寧人謂言三代之五伯，當如杜氏之説，言春秋之五伯，當如趙氏之説，列越王勾踐而去宋襄。

【元圻案】李氏覯《盱江集》卷三十二《常語下》：「或問：自漢以來，孰王孰霸？曰：天子也，安得霸哉！自王以上，天子號也。帝亦稱皇，王亦稱帝。霸，諸侯號也，霸之爲言伯也，所以長諸侯也，豈天子所得爲哉！」◎司馬温公《迂書》曰：「合天下而君之之謂王。王者必立三公，三公分天下而治之，曰二伯，一公處乎内，皆王官也。周衰，二伯之職廢，齊桓、晉文糾合諸侯，以尊天子，天子因命之爲侯伯，修舊職也。伯之語轉而爲霸，霸之名自是興。自孟、荀氏而下皆曰：由王道而王，由伯道而霸。道豈有二哉？得之有淺深，成功有小大耳。」◎《讀史管見》①卷二：「漢宣帝甘露元年，帝曰：『漢家自有制度，本以霸王道雜之。』司馬氏曰：『王霸無異道。三代之隆，禮樂、征伐自天子出，則謂之王。天子微弱，諸侯有能尊王室者，則謂之霸。皆本仁祖義，任賢使能，顧名位有尊卑，德澤有深淺耳，非若黑白、甘苦之相反也。』王道霸雜，正猶美玉之與碔砆，不可同年而語也。仲尼之徒無道桓文之事，今乃斷然著論，謂王霸同途，豈《春秋》之旨哉！」◎朱子《綱目》取胡氏之説。◎邵子《觀物外篇下》：「秦穆公有功於周，能遷善改過，爲霸者之最。晉文侯世世勤王，遷平王於洛，次之。齊桓公九合諸侯，不以兵車，又次之。楚莊强大，又次之。宋

① 「讀史管見」上應補入「宋胡寅」字樣。

襄公雖霸而力微，會諸侯而爲楚所執，不足論也。」◎《四庫全書總目·春秋類》：「宋孫復《春秋尊王發微》十二卷。考《中興書目》別有復《春秋總論》三卷，今佚。」

錫桓公命，莊元年。葬成風，文五年。王不書「天」。[一]桓四年、七年去「秋」「冬」二時，[二]此天法也。不書即位，名天子之宰，貶諸侯，討大夫，此王法也。孟子謂「天子之事」，邵子謂「盡性之書」，胡文定謂「傳心之要典」也。

[一]案陸淳《纂例》：啖助曰：「不稱天王，寵篡弑以瀆三綱也。與葬成風，引爲夫人，使妾並嫡無以異，故其文一施之。」◎《黄氏日抄》八：「孫氏曰：『不書天者，脱之。』愚謂孫説是也，豈有貶天子（禮）〔理〕。」

[二]《公羊傳》桓四年何休注云：「去二時者，桓公無王而行，天子不能誅，故爲貶。」又桓七年注云：「去二時者，桓公以火攻人君，故貶。」◎《左傳》杜注以爲史闕文。他放此。胡傳、吕氏《集解》、朱子皆從杜注。

【元圻案】邵子《觀物外篇下》：「《春秋》皆因事而褒貶，豈容人特立私意哉！人但知聖人之筆削爲天下之至公，不知聖人之所以爲公也。如因牛傷則知魯之僭郊，因初獻六羽則知舊僭八佾，因新作雉門則知舊無雉門，（豈孔）〔皆非〕聖人有意於其間。故曰《春秋》盡性之書也。」◎胡文定《春秋傳序》：「《春秋》乃史外傳心之要典，於以反身，日加修省，及其既久，積善成德，上下與天地同流，自家型國，措之天下。」

明天理，正人倫，莫深切於《春秋》。三忠臣書「及」，[一]而爲義者勸焉；三叛人書名，[二]而不義者懼焉。書克段、隱元年。許止昭十九年。而孝弟行矣，書仲子、成風而綱常立矣。[三]書郜鼎、桓二年。衛寶[四]而義利辨矣，書遇於清、[五]會於稷，[六]而亂賊之黨沮矣。

[一]【何云】三忠臣書「及」，嘉其能與君共存亡也。○案桓二年宋孔父、莊十二年宋仇牧、僖十年晉荀息。◎伊川《經説》：「人臣死君難，書『及』以著其節。」

[二]注見前。①

[三]注見前。②

[四]莊六年，「齊人來歸衛俘。」《黄氏日抄》曰：「齊人主兵伐衛，故分俘獲於諸侯。『俘』，三《傳》皆作『寶』，諸儒多從之。胡氏援『俘厥寶玉』爲説。合以經文爲正。」

[五]隱四年《左傳》：「公與宋公爲會。未及期，衛人來告亂。夏，公及宋公遇於清。」清之遇，不能討州吁弑君之罪，而宋公反聽州吁之言，合陳、蔡、魯、衛以伐鄭，故書以示貶。

---

① 見頁七六〇「三叛人以邑來」下注。

② 見頁七四一「仲子之賵」條注。

［六］桓二年，「公會齊侯、陳侯、鄭伯於稷。」陳氏傅良《後傳》曰：「會未有言其所爲者，其曰成宋亂，弑君之禍接迹於天下，於是焉始也。向也合五國之君、大夫以定州吁，而州吁訖於討；今也合四國之君以立華督，督遂相宋莊。弑君之禍接迹於天下，四君爲之也。」

宣之於仲遂，定之於意如，以私勞忘大誼，不若叔孫昭子遠矣。晉文公以定襄王而請隧，王弗許，曰「班先王之大物以賞私德」，又曰「余敢以私勞變前之大章！」事在僖公二十五年。亦見《周語》。真文忠《文章正宗》以此篇爲首，其有感於寶慶之臣乎？［一］懔懔焉《春秋》之法也。

［一］【閻按】寶慶，理宗初即位，乙酉改元。「之臣」，謂史彌遠①。【元圻案】《左傳》文十八年：「文公二妃敬嬴生宣公。敬嬴嬖而私事襄仲。宣公長而屬諸襄仲。冬十月，仲殺惡及視而立宣公。」杜注：「惡，太子；視，其母弟。」◎定公元年：「夏，叔孫成子逆公之喪於乾侯。公子宋先入。戊辰，公即位。」◎宋即定公、昭公之弟，季孫意如立之。◎昭公四年：「叔孫卒。牛立昭子而相之。」五年：「昭子即位，朝其家衆，曰：『豎牛禍叔孫氏，使亂大從，殺嫡立庶。必速殺之。』豎牛懼，奔齊。孟、仲〔之〕子殺諸塞關之外。」◎史彌遠，字同叔，浩

---

① 「謂史彌遠」，三箋本作「何云」。

之子。嘉定元年，拜右丞相兼樞密使。寧宗太子詢薨，復立宗室貴和爲皇子。寧宗崩，廢貴和擁立理宗，皆彌遠主之，朝廷初不預聞也。寶慶六年，改封魯國公，拜太傅，加爵會稽郡王。獨相理宗九年，擅權用事，耑任憸壬。◎《書録解題·總集類》：「《文章正宗》二十卷。參知政事真德秀希元撰。自序云：『以明義理、切世用爲主，其體本乎古而旨近乎經者，然後取焉。否則辭雖工亦不録。其目凡四，曰辭命，曰議論，曰敍事，曰詩賦。』」

「晉陽以叛」書，聖筆嚴矣。公羊氏乃謂「逐君側之惡」，《穀梁》亦云「以地正國」。漢之亂賊，晉之强臣，唐之悍將，假此名以稱亂，甚於《詩》、《禮》發冢者也。

【元圻案】 定十三年《經》：「晉趙鞅入於晉陽以叛。」又曰：「晉趙鞅歸於晉。」《公羊傳》曰：「此叛也，其言歸何？以地正國也。其以地正國奈何？晉趙鞅取晉陽之甲以逐荀寅與士吉射。荀寅與士吉射者，曷爲者也？君側之惡人也。此逐君側之惡人，曷爲以叛言之？無君命也。」《穀梁傳》曰：「此叛也，其以歸言之何也？貴其以地反也。貴其以地反，則是大利也？非大利也，許悔過也。許悔過，則何以言叛也？以地正國也。以地正國則何以言叛？其入無君命也。」◎胡氏傳曰：「趙鞅之入拒范中行也，而直書曰『叛』，何也？人臣專土，與君爲市，則是篡弑之階。堅冰之戒，豈無以有己之義乎？後世大臣，有困於讒間，遷延居外，不敢釋兵卒以憂死者，亦未明人臣之義故爾。故直書『入於晉陽以叛』。入者，不順之辭；叛者，不赦之罪。」

平王之遷，戎爲之也；[一]襄王之出，狄爲之也。僖二十四年。《春秋》之筆，戎爲先，狄次之。其末也，淮夷列諸侯之會，昭四年。天下之變極矣。

[一] 注見卷三①。

「《春秋》以道名分」，[一]其特書，皆三綱之大者：曰「成宋亂」，[二]以宋督弗討而貨賂是取也；曰「宋災故」，[三]以蔡般弗討而細故是恤也；曰「用致夫人」，以嫡妾無辨而宗廟之禮亂也；曰「大夫盟」，[四]以君弱臣强而福威之柄移也。吁，其嚴乎！

[一]《莊子》語。邵子曰：「《春秋》爲君弱臣强而作，故謂之名分之書。」

[二] 桓公二年稷之會。

[三] 襄公三十年澶淵之會。

[四] 襄公十六年溴梁之會。

【元圻案】劉敞《春秋傳》：「會者，講禮正刑一德紀天下也。蔡侯弑其君而不討，宋災而謀之，微矣。」◎僖八年，「秋七月，禘於太廟，用致夫人。」《公羊傳》曰：「用者何？用者不宜用也。致者何？致者不宜致也。禘用致夫人，非禮也。夫人何以不稱姜氏？貶。曷爲貶？譏以妾爲妻

① 見卷三「風俗世道之元氣」條注（頁四五四）。

也。其言以妾爲妻奈何？蓋脅於齊媵女之先至者也。」

沈既濟書中宗曰「帝在房陵」，孫之翰、范淳夫用其例，《春秋》「公在乾侯」之比也。沙隨程氏謂：「三子不以敬王之例書『居』，而引諸侯之在他國者，其考《春秋》而未熟者歟？」[一]朱文公詩，以爲范太史受説伊川，然既濟之議，乃其始也。

[一]【何云】沙隨之引例可謂精審。其曰「帝在東宮」者，於文義尤有礙。又作史必從實録，嗣聖紀元，僅一月耳。今自甲申以至甲辰皆冠以嗣聖，凡二十年，是又采孫氏《西齋録》之僻論，而以無爲有，孔子修《春秋》當不若是也。

【閻按】初，吳兢撰國史，爲《則天本紀》，次高宗下。既濟奏議，以爲「則天皇后進以强有，退非德讓，史臣追書，當稱爲太后，不宜曰上。中宗雖降居藩邸，而體元繼代，本吾君也，宜稱皇帝，不宜曰廬陵王。睿宗在景龍前，天命未集，假臨大寶，於誼無名，宜曰相王，未容曰帝。且則天改周正朔，立七廟，天命革矣。今以周厠唐，列爲帝紀，考於禮經，是謂亂名。中宗嗣位在太后前，而敘年製紀反居其下，方之躋僖公，是謂不智。昔漢高后稱制，獨有王諸呂爲負漢約，無遷鼎革命事。時孝惠已殁，子非劉氏，不紀呂后，尚誰與哉？議者猶謂不可。況中宗以始年即位，季年復祚，雖尊名中奪，而天命未改，足以首事表年，何所拘閡而列爲二紀？魯昭公之出，《春秋》歲書其居曰『公在乾侯』，君在，雖失位不敢廢也。請省《天后紀》合《中宗紀》，每歲首必書孝和在所，以統之曰『皇帝在房陵，太后行某事，改某制』，《紀》稱中宗而事述太后，名不失正，禮不違常矣。夫正名所以尊王室，書法所以觀後嗣。且太后遺制，自去帝號，及孝和上謚，開元册命，而后之名不易。今祔陵配廟，皆以后禮，而獨承統於帝，是有司不時，正失先旨。若后姓氏名諱、才藝智略、崩葬日月，宜入《皇后傳》，題其篇曰『則天順聖武皇后』云。」議不行。今《唐書》則《帝紀》、《后傳》兩收則天，殆亦參用其説焉。

【元圻案】閻氏所引，即《唐書》沈既濟本傳文。傳稱既濟蘇州吴人，不載其字。◎孫氏甫《唐史論斷》上：論曰：「武后僭竊位號，唐史臣修實録、撰國史者，皆爲立紀，繫后事於帝王之年，列僞國於有唐之史，名體大亂，史法大失矣。後史臣沈既濟奏議曰：『中宗以始年登大位，季年復大業，雖尊名中奪，而天命未改，足以首事』云云。此得《春秋》之法，足正唐史之失也。故從其議，書武后事於《中宗紀》中。武后改元，俱是妄作，今起嗣聖，繼以景龍，武后所改，但存其名，備證他事，而不以表年焉，所以崇帝統而黜僭號也。」◎范氏祖禹《唐鑑》七：「昔季氏出其君，魯無君者八年，《春秋》每歲必書公之所在，及其居乾侯也，正月必書曰『公在乾侯』，不與季氏之專國也。自司馬遷作《吕后本紀》，後之爲史者因之，故唐史亦列武后於《本紀》，其於紀事之體則實矣，《春秋》之法則未周也。故臣復繫嗣聖之年，黜武氏之號，以爲母后禍亂之戒，竊取《春秋》之義，雖獲罪於君子而不辭也。」◎中宗即位，稱嗣聖元年。二年，武后遷帝於房州。《唐鑑》自三年至十四年，正月皆書「帝在房州」，十五年復立帝爲太子，十六年至二十一年，皆書「帝在東宮」，故義門云「有礙」。◎《項氏家説》：程迥可久曰：「《春秋》書王在畿内曰『居於狄泉』，出王畿曰『出居於鄭』，諸侯在境内曰『公居於鄆』，出境曰『公在乾侯』。《唐鑑》用《春秋》書法，中宗則宜曰『帝居房陵』，不宜曰『在』。」◎葉石林《春秋考》十五：「昭公在鄆曰『居於鄆』，在乾侯曰『在乾侯』，居之與在，别内外也。居者據而有之之辭，則在者止焉於是之辭。鄆雖小，我猶居之，則在上而尊矣。乾侯寓於他人之境，國君而至此，亦不足以敵矣。」此足以證沙隨之説。◎《書録解題·史部·編年類》：「《唐史論斷》三卷。天章閣待制陽翟孫甫之翰撰。甫以《唐書》繁重遺略，多失體法，乃修爲唐史，用編年體，自康定元年逮嘉祐元年，成七十五卷，爲論九十二首。甫殁，朝廷取其書留禁中。今惟諸論存焉。」又：「《唐鑑》十二卷。翰林學士成都范祖禹淳父撰。祖禹修《通鑑》，分主唐史。元祐初上此書，考其治亂興廢之由，爲三百六篇。」

大雩、大閲、大蒐、肆大眚，凡以「大」言者，天子之禮也，書魯之僭。《月令》曰：「大雩帝。」天子雩上帝，諸侯雩山川，經書「大雩」二十有一，非禮也。賈逵云：「言大，别山川之雩。」【原注】諸侯雩上帝，於是季氏旅泰山矣。

【元圻案】孫氏《尊王發微》：「『桓六年，大閲。』大蒐，謂天子田。『莊二十二年，肆大眚。』《書》稱『眚災肆赦』，《易》曰『赦過宥罪』，此天子之事也。」◎莊四年胡傳：「凡大閲、大雩、大蒐而謂之『大』者，譏其僭也。」◎宋趙鵬飛《春秋經筌》：「周冬教大閲，罄三軍盡舉而閲之，所以必於仲冬。今六月耕耨之時，其能無妨於農乎？聖人書之，以著其非時。説者以大閲爲僭天子之禮，愚謂大之爲僭，惟大雩爲然，大閱，閱兵之名，與治兵何異？莊公治兵以爲常，而桓公大閱以爲僭，何邪？」又曰：「肆，赦也；眚，過也。赦大過也。或者以爲僭天子，故書『大』，若然，則當書曰『大肆眚』矣，安得曰『肆大眚』邪？」◎伊川程子曰：「大眚而肆之，其失可知。凡赦，何嘗及得善人？諸葛在蜀，十年不赦，審此爾。無僭天子之説。然則趙氏之説爲可從。」

湨梁之盟，大夫無君；申之會，諸侯皆狄。春秋之大變也。有雞澤之盟，而後有湨梁之盟；有宋之盟，而後有申之會。君臣、夷夏之分，謹其微而已。

【程易田云】此條與《左傳》異，而大夫無君之義，則《公》、《穀》言之綦詳。《公羊傳》曰：「諸侯皆在，言大夫盟，遍刺天下之大夫視君若贅旒然。」《穀梁傳》曰：「諸侯在而不曰諸侯之大夫，大夫不臣也。」《漢書·五行志》論災異亦詳及之，曰：「至於襄公、晉侯爲湨梁之會，天下大夫皆奪君政。」又曰：「襄公十六年，『五月甲子，地震』。劉向以爲，先是雞澤之會，諸侯盟，大夫又盟。是歲三月，諸侯爲湨梁之會，而大夫獨相與盟。五月，地震矣。」其言天戒與時政相應如此。故《穀梁傳》曰：「諸侯盟，又大夫相與私盟，是大夫張也。」宋之盟在襄公二十七年，申之會在昭公四年。《左傳》於楚有褒無貶，惟胡氏傳曰：「天下之大變也。於湨梁無君臣之分，於宋而無夷夏之辨。」又曰：「申之會不殊淮夷者，以在會諸侯皆爲夷狄之行，王法所當斥。」持論極有關係，王氏説蓋本此。◎又按何休注《公羊傳》曰：「楚子主會行義，故君子不殊其類，所以順楚而病中國。」故廬陵李氏曰：「胡氏不殊淮夷，説本何休。」但休以爲能行仁義，爲齊誅慶封，與胡氏異。瑤田謂何氏貶中寓褒，云「順楚病中國」，語意深微，論古不爲無所見，而胡氏所見者大矣。

【元圻案】孫氏《尊王發微》：「襄公三年雞澤之會，叔孫豹及諸侯之大夫盟，言諸侯之大夫。十六年溴梁之會，直曰大夫盟，不言諸侯之大夫者，雞澤之會，諸侯始失政也。至於溴梁之會，則又甚矣。溴梁之會，政在大夫也，不言諸侯之大夫者，大夫無諸侯故也。」又曰：「中國自宋之會，政在大夫，諸侯不見者十年。昭四年書『楚子、蔡侯、陳侯、鄭伯、許男、徐子、滕子、頓子、胡子、沈子、小邾子、宋世子佐淮夷會於申』者，(威)〔桓〕、文既死，中國不振，制在夷狄故也。」

諸侯之主盟，自齊桓始也。北杏、鄄之會，魯不至，及幽之盟而始會焉，則魯不亟於從霸也。夷狄之主盟，自楚靈始也。申之會，魯不至，及薳啓疆之召，而後如楚焉，事見昭七年《左傳》。則魯不亟於從狄也。故曰：「魯一變，至於道。」

【全云】此亦未審情事之言。齊襄殺魯桓，而魯莊尚從之，安在齊桓之霸而反不從乎？特以乾時、長勺、乘丘之怨未平，故勿遽耳。以楚師伐齊取穀，魯僖從楚在從晉之先，安在其不急於從狄？申之會，特畏晉不至耳。

【元圻案】陳氏止齋《春秋後傳》：「莊十年，齊師、宋師次於郎，桓公所甚汲汲者魯也。苟不得魯，不可以合諸侯。宿師於郎，將以詘魯爾。而北杏之會不至，鄄會不至，則猶未得志於魯也。不苟於從齊，是人心猶有周也；不苟於從楚，是人心猶有晉也。魯一變，至於道，孔子所以有志於魯也。」◎《左傳》成四年，欲求成於楚而叛晉，若非季文子「非我族類」之言，則魯之從楚久矣。

幽王之尹氏，不能世吉甫之賢，而秉國不平，西周所以夷於列國也。景王之尹氏，又世太師之惡，而私立王子朝①，東周所以降於戰國也。

【元圻案】隱公三年，「夏四月辛卯，尹氏卒。」胡傳曰：「尹氏，天子大夫，世執朝權，爲周亂階。家父所刺『秉國之均，不平謂何』者是也。因其告喪，與立子朝，以朝奔楚，皆以氏書者，志世卿非禮，爲後鑑也。」

魯，秉禮之國也，大夫不止僭諸侯而旅泰山，以《雍》徹，僭天子矣；陪臣不止僭大夫而竊寶弓，祀先公，見定八年《經》、《傳》。僭諸侯矣。

①「王子朝」，元刊本作「子朝」。

左氏

【元圻案】鄭畊老曰：「《春秋左氏傳》一十九萬六千八百四十五字。」◎此合經文計之。

三《傳》皆有得於《經》而有失焉。「《左氏》善於禮，[一]《公羊》善於讖，《穀梁》善於經」，鄭康成之言也。此《六藝論》之文。「《左氏》豔而富，其失也巫；《穀梁》清而婉，其失也短；《公羊》辯而裁，其失也俗」，范武子之言也。此范甯《穀梁傳集解自序》文。「《左氏》之義有三長，二《傳》之義有五短」，劉知幾之言也。此《史通·申左篇》文。「《左氏》拘於赴告，《公羊》牽於讖緯，《穀梁》窘於日月」，劉原父之言也。[二]「《左氏》失之淺，《公羊》失之險，《穀梁》失之迂」，崔伯直之言也。[三]「《左氏》之失專而縱，《公羊》之失雜而拘，《穀梁》不縱不拘而失之隨」，晁以道之言也。此晁景迂《三傳說》。「事莫備於《左氏》，例莫明於《公羊》，義莫精於《穀梁》；或失之誣，[四]或失之亂，或失之鑿」，胡文定之言也。[五]「《左氏》傳事不傳義，是以詳於史而事未必實；《公羊》、《穀梁》傳義不傳事，是以詳於《經》而義未必當，」葉少蘊之言也。此葉夢得《春秋傳自序》文。「《左氏》史學，事詳而理差；《公》、《穀》經學，理精而事誤，」朱文公之言也。[六]學者取其長，舍其短，庶乎得聖人之心矣。啖、趙以後，憑私臆決，甚而閣束三

《傳》，[七]是猶入室而不由户也。

[一]【何云】《左氏》言禮多誤。

[二]原父語檢《公是集》及《春秋傳權衡》、《意林》皆不載，當考。

[三]案，崔伯直《春秋經解》十六卷，《本例例要》一卷，注見本卷十頁①。今惟《例要》刊入《通志堂經解》中。「《左氏》失之淺」三句，《例要》中無此文。

[四]【何云】「誣」，亦當爲「巫」。

[五]胡文定又曰：「《左氏》敍事見本末，《公羊》、《穀梁》辭辯而義精。學《經》以《傳》爲案，則當閲《左氏》，玩辭以義爲主，則當習《公》、《穀》。」

[六]朱子曰：「《左氏》是史學，《公》、《穀》是經學。史學者，記得事卻詳，於道理上便差。經學者，於義理上有功，然記事多誤。」又曰：「《左氏》曾見國史，考事頗精，只是不知大義。《公》、《穀》考事甚疏，然義理卻精。二人乃是經生，往往不曾見國史。」◎吕氏大圭曰：「《左氏》熟於事，《公》、《穀》深於理。蓋《左氏》曾見國史，而《公》、《穀》乃經生也。」

【全云】《公》、《穀》理亦未盡精。

[七]韓文公《贈玉川子詩》曰：「春秋三傳束高閣，獨抱遺經究終始。」

---

①見本卷「薛士龍春秋旨要序」條注（頁七二九）。

【方樸山云】「啖、趙以後」云云，宋景文之言。

呂成公《左氏續説》謂《左氏》有三病：周鄭交質，不明君臣之義，一也；以人事傅會災祥，二也；記管、晏之事則善，説聖人之事則陋，三也。王介甫疑左氏爲六國時人者十一事。【原注】介甫《左氏解》一卷，其序謂「爲《春秋》學餘二十年」。《館閣書目》以爲依托。

【元圻案】呂成公《春秋左氏傳續説綱領》：「《左氏》只有三般病，除卻此三病，便十分好。所謂三病者，左氏生於春秋時，爲習俗所移，不明君臣大義，視周室如列國，如記周鄭交質，此一病也。又好以人事附會災祥，夫禮儀動作，古人固是於此見人吉凶，亦豈專係於此，此二病也。記管晏之事則盡精神，纔説聖人便無氣象，此三病也。」◎《書録解題·春秋類》：「《左氏解》。專辨左氏，爲韓、魏、趙殺智伯事去孔子六七十年，決非丘明。」①◎葉石林《春秋考》三：「《春秋》終於哀十四年，而孔子卒。《傳》終二十七年，後孔子卒十三年。辭及韓、魏、知伯、趙襄子之事，而名魯悼公、楚惠王。夫以《春秋》爲《經》而續之，知孔子者固不敢爲是矣。以年考之，楚惠王卒去孔子

① 按《書録解題·春秋類》「《左氏解》」下原文爲：「專辨左氏爲六國時人，其明驗十有一事。題王安石撰，實非也。」而此處「韓魏趙殺智伯事去孔子六七十年，決非丘明」十八字原見於《朱子語類》，不在《書録解題》中。

四十七年，魯悼公卒去孔子四十八年，趙襄子卒去孔子五十三年；察其辭，僅以哀公孫于越盡其一世之事，爲《經》終，泛及後事，趙襄子爲最遠，而非止於襄子。不知左氏後襄子復幾何時，豈有與孔子同時，非弟子而如是其久者乎？以左氏爲丘明，自司馬遷失之也。唐趙氏雖疑之，而不能必其説。今考其書，雜見於秦孝公以後事甚多。以予觀之，殆戰國周秦之間人無疑也。」◎鄭漁仲《六經奧論》四：「啖助曰：『《論語》所引丘明，乃史佚、遲任之類。左氏集諸國史以釋《春秋》，後人謂左氏爲丘明，非也。』趙匡曰：『公、穀皆左氏之後人，不知師資幾世。左丘明乃孔子以前賢人，而左氏不知出於何代。』今以《左氏傳》質之，則知其非丘明也。《左氏》終紀韓、魏、知伯之事，又舉趙襄子之謚，若以爲丘明，自獲麟至襄子卒已八十年矣。使丘明與孔子同時，不應孔子既没七十有八年之後，丘明猶能著書。此左氏爲六國人，明驗一也。《左氏》『戰於麻隧，秦師敗績，獲不更女父』，又云『秦庶長鮑、庶長武帥師及晉師戰於櫟』，秦至孝公時立賞級之爵，乃有不更、庶長之號，明驗二也。《左氏》云：『虞不臘矣。』秦至惠王十二年初臘，明驗三也。《左氏》師承鄒衍之説而稱帝王子孫，案齊威王時，鄒衍推五德終始之運，明驗四也。《左氏》言分星皆凖堪輿，案韓、魏分晉之後，而堪輿十二次始於趙分曰大梁之語，明驗五也。《左氏》云『左師展將以公乘馬而歸』，案三代時有車戰無騎兵，惟蘇秦合從六國，始有『車千乘』、『騎萬匹』之語，明驗六也。《左氏》序吕相絶秦，聲子説齊，其爲雄辯狙詐，(真)〔直〕遊説之士，捭闔之辭，明驗七也。《左氏》之書序晉、楚事最詳，如楚『師熸』、『猶拾瀋』等語，則左氏爲楚人，明驗八也。據此八節，可以知左氏非丘明，是爲六國時人，無可疑者。或問伊川曰：『左氏是丘明否？』曰：『《傳》無丘明字，故不可考。』真知言歟！」◎王介甫《左氏解》，今不傳，荆公集亦無此序。其所疑十一事不可得聞矣。故兼取石林、漁仲之説，以見其大概。

漢武帝好《公羊》，宣帝善《穀梁》，皆立學官。《左氏》嘗立而復廢，賈逵以爲明劉氏之爲堯後，始得立。不以學之是非，而以時之好惡，末哉，漢儒之言經也！

【閻按】賈逵雖明劉氏爲堯後，止令逵選高才生二十人，教以《左氏》，與簡紙經傳各一通，未嘗立學官。立學官乃光武因陳元之言，然旋立旋廢。

【全云】得立學官，在曹魏正始中。

【元圻案】《漢書·儒林傳》：「武帝時，瑕丘江公與董仲舒並。仲舒通《五經》，能持論。江公吶於口，上使與仲舒語，不如仲舒。而丞相公孫弘本爲《公羊》學，比輯其義，卒用董生。於是上因尊《公羊》家，詔太子受，由是《公羊》大興。太子既通《公羊》，復私問《穀梁》而善之。宣帝即位，聞衛太子好《穀梁》，以問韋賢、夏侯勝及史高，皆魯人也，言《穀梁》本魯學，《公羊氏》乃齊學，宜興《穀梁》。時蔡千秋爲郎，召與《公羊》家並説，上善《穀梁》説，擢千秋爲諫議大夫。」◎《左傳》文十三年正義：「《傳》説處秦爲劉氏，尋討上下，其文不類，深疑此句或非本旨，蓋以爲漢室初興，損棄古學，《左氏》不顯於世，先儒無以自申，劉氏從秦從魏，其源本出劉累，插注此辭，以媚於世。明帝時，賈逵上疏云：『《五經》皆無證圖讖明劉氏之爲堯後者，而《左氏》獨有明文。』竊謂前世藉此以求道通，故後引之以爲證耳。」◎《隋書·經籍志一》：「《左氏》，漢初出張蒼之家，本無傳者。文帝時，賈誼爲訓詁，授趙人貫公。劉歆考正，欲立於學，諸儒莫應。建武中，韓歆請立而未行。陳元又上書訟之。乃以李封爲左氏博士。封卒，遂罷。其後賈逵、服虔並爲訓解。至魏，遂行於世。」

「八世之後，莫之與京」，莊二十二年。其田氏篡齊之後之言乎？「公侯子孫，必復其始」，閔元年。其三卿分晉之後之言乎？「其處者爲劉氏」，文十三年。其漢儒欲立《左氏》者所附益乎？皆非《左氏》之舊也。[一]新都之篡，以沙麓崩爲祥；釋氏之熾，以恒星不見爲證。蓋有作俑者矣。

[一]【何云】以「處者爲劉氏」爲後儒所附益者，孔氏正義已劇論之。若使爲劉歆輩所附益，則班固去歆不遠，肯著之《高帝紀》乎？

【元圻案】呂成公《左傳說》二：「《左氏》所載敬仲、畢萬之言，蓋左氏之生適當戰國之初，田、魏始興，故誇誣其祖，以神下民。當時民無有知者。左氏惑於流俗之見，故亦從而書之。」◎宋董逌《廣川書跋·慶都碑》：「劉焯嘗謂《左氏》稱『在夏爲陶唐氏，其處者爲劉氏』，非魯史本文，乃漢儒欲其傳，特爲此語，以漢出堯後。」◎《漢書·元后傳》：「孝元皇后，王莽之姑也。莽自謂黃帝之後，黃帝八世生虞舜，以嬀爲姓。至周武王封舜後嬀滿於陳，十三世生完。完字敬仲，奔齊，姓田氏。十一世，田和有齊國，(三)〔二〕世稱王，至王建爲秦所滅。項羽封建孫安爲濟北王。至漢興，安失國，齊人謂之『王家』，因以爲氏。安孫遂生賀，字翁孺。徙魏元城委粟里。元城建公曰：『昔春秋沙麓崩，晉史卜之，曰：「陰爲陽雄，土火相乘，故有沙麓崩。後六百四十五年，宜有聖女興。其齊田乎。」今王翁孺徙，正值其地，日月當之。元城郭東有五鹿之虚，即沙鹿地也。後八十年，當有貴女興天下』云。」◎《文選》王巾《頭陀寺碑》曰：「周魯二莊，親昭夜景之鑑。」注：顧微《吴縣記》曰：「佛法未詳其始，而典籍亦無聞焉。魯莊七年，夜明，佛生之日也。」《左氏傳》曰：「莊公七年，〔四月〕辛卯夜，恒星不見，夜明也。」《瑞應經》曰：「到四月八日夜明星出時，佛從右脅墮地，即行七步。」

正義云：「和帝元興十一年，鄭興父子奏上《左氏》，始得立學，遂行於世。至章帝時，賈逵上《春秋大義》四十條。」〔一〕愚嘗考和帝元興止一年，安得有十一年？一誤也。鄭興子衆，終於章帝建初八年，不及和帝時，二誤也。〔二〕章帝之子爲和帝，後先①失序，三誤也。《釋文序録》亦云「元興十一年」，皆非也。

① 「後先」，元刊本作「先後」。

[一] 案，此《杜預春秋序》正義文，下云「以詆《公羊》、《穀梁》，又與《左氏》作《長義》」。

[二]《後漢書·鄭衆傳》：「章帝建初六年，代鄧彪爲大司農。八年，卒官。」

【元圻案】正義曰：「劉歆欲建立《左氏春秋》，諸儒博士或不肯置對，歆因移書於太常博士，責讓之。和帝元興十一年，鄭興父子及歆創通大義，奏上《左氏》。」案《前漢書·王莽傳》，歆以地皇四年自殺，安得於和帝時與鄭興父子奏上《左氏》耶？《鄭興傳》：「興善《左氏傳》。天鳳中，從劉歆講正大義。」爲得其實。新莽六年改元天鳳，十二年改元地皇。◎《後漢書·興、衆傳》亦不書奏上《左氏》事。

「優而柔之，使自求之」，《大戴禮》孔子之言也。[一] 東方曼倩《客難》、杜元凱《左氏傳序》皆用之。

[一] 案《杜預春秋序》正義云：「《大戴禮·子張問入官》(學)之篇有此文也。」

【元圻案】《漢書·東方朔傳》：「朔字曼倩，平原厭次人也。著論，設客難己，用位卑以自慰諭。」論中用《大戴禮》語，顏氏不注所出。

老泉《謚論》云：「婦人有謚，自周景王穆后始。」[一] 愚按魯惠公聲子已有謚，[二] 在春秋之初。

［一］案穆后，見昭十五年《傳》。

［二］《左傳》首章正義曰：「《謚法》：不生其國曰聲。」

【閻按】文姜亦不從夫謚。金仁山謂：「特謚爲文也，計必有秀慧之質、晨雊之才者。」

【方心醇云】哀姜、成風、敬嬴皆不從夫謚。文姜没於莊公時，以子謚母，恐未必如所云也。

【元圻案】《四庫全書總目·史部·政書類》：「《謚法》四卷。宋蘇洵撰。自周公《謚法》以後，歷代言謚者有劉熙、來奥、沈約、賀琛、王彦威、蘇冕、扈蒙之書，然皆雜糅附益，不爲典要。至洵奉詔編定《六家謚法》，乃取《春秋廣謚》及諸家之本，删訂考證，以成是書。後鄭樵《通志·謚略》大都因此書而增補之。」◎《謚論》又曰：「匹夫有謚，自東漢之隱者始。宦者有謚，自東漢之孫程始。蠻夷有謚，自東漢之莎車始。」◎《路史·論謚法》曰：「夫婦人之典，周三后其著者也。而穆王之盛姬亦有哀淑人之謚，見於《穆天子傳》。匹夫之典，夷、齊其著者也。而齊之黔婁，已謚曰康，見於《高士傳》，其來久矣。」

衆仲對羽數，服、杜之説不同。服虔云：「天子八八，至士二八。」則當①每佾八人。杜預云：「天子六十四人，至士四人。」［一］則人數如其佾數。宋太常傅隆以杜預

①「當」，元刊本無。

爲非，謂「八音克諧，然後成樂，故必以八人爲列。〔二〕降殺以兩，減其二列耳。預以爲一列，又減二人，至士止餘四人，豈復成樂？」傅隆語見《宋書·樂志一》。劉原父《春秋權衡》一謂：「士無舞，特牲、少牢皆士禮，無用樂舞之儀。」

〔一〕案隱五年正義曰：「何休説如此。服虔以『用六』爲六八四十八，大夫『四』爲四八三十二，士『二』爲二八十六。杜以爲舞勢宜方，行列既減，即每行人數亦宜減，故同何説。」

〔二〕【何云】韋昭《國語注》云：「八人爲佾，備八音也。」

【閻按】今本《宋書·樂志》「故必以八人爲列」，「人」誤作「八」，「列」誤作「例」。王氏所見本尚古。

【元圻案】范甯《穀梁傳注》：「佾之言列，八人爲列。」◎《通典·樂五》引蔡邕《月令章句》曰：「天子八佾，諸侯六，大夫四，士二。佾，舞列也，每佾八人。」又《樂七》：「宋文帝元嘉十四年，太常博士傅崇①議：『夫舞者，所以節八音也。八音克諧，然後成樂。故樂必以八人爲列，自天子至士，降殺以兩。兩者，減其二列耳。杜以謂一列又減二人，至士止餘四人，豈復成樂？按服虔注《左傳》云：「天子八八，諸侯六八，大夫四八，士二八。」其（議）〔義〕甚允。春秋鄭伯納晉悼公女樂二八，晉以一八賜魏絳，此樂以八人爲列之證也。若如議者唯天子有八，則鄭應納晉二六，晉應賜絳

① 傅崇，即《宋書·樂志》之傅隆。

一六也。』」◎《呂氏春秋·先識覽·察微篇》曰：「禘於襄公之廟也，舞者二人。」高誘注：「禮，天子八佾，諸侯六佾，六佾者四十八人。」◎朱子《論語》「八佾」注，雖兼載服、杜之説，而意主服氏。

石碏曰「陳桓公方有寵於王」，《公羊傳》公子翬恐若其言聞乎桓，於是謂桓曰：「吾爲子口隱矣。」俱見隱四年。《荀子·堯問篇》：周公曰「成王之爲叔父」，《穆天子傳》亦云「穆滿」，皆生而稱謚，紀事之失也。

【閻按】顧寧人歷引生而稱謚，及《魯語》鮑國謂子叔聲伯曰：「子何辭苦成叔之邑。」以成爲謚。不知下文稱「苦成氏」，《晉語》稱「苦成叔子」，《左傳》「苦成叔傲，甯殖曰：『苦成家其亡乎！』」則成非謚，蓋亦邑名。

【集證】《日知録》二十三：「《漢書·張敖傳》：『呂后數言張王以魯元，故不宜有此。』劉攽曰：『史家記事，或有如此追言謚者。』《史記》貫高與張敖言，謂帝爲『高祖』。《公羊傳》：『公子翬與桓公言：「吾爲子口隱矣。」』皆此類。傳記中如《國語》、《國策》、《史記》、《荀子》、《呂氏春秋》、《淮南子》、《説苑》諸書，多是生時稱謚，皆後人追爲之辭也。自東京以下即無此語，文益謹而格益卑矣。」

【元圻案】《穆天子傳》六卷，注見卷四二十五頁①。

① 見卷四「盬鹽引池而化」條注（頁五〇五）。

富辰言周公封建親戚，凡二十六國。僖二十四年。成鱄言：「武王兄弟之國十有五人，姬姓之國四十人。」【原注】《史記》云：「文、武、成、康所封數百，而同姓五十五。」與此同。［一］《荀子·儒效篇》謂：「周公立七十一國，姬姓獨居五十三人。」《漢·諸侯王表》謂：「周封國八百，同姓五十有餘。」後漢章和［二］元年詔謂：「周之爵封千有八百，姬姓居半。」詔載《皇陵質王延傳》。當以成鱄之言爲正。皇甫謐亦云：「武王伐紂之年，夏四月乙卯，祀於周廟，將率之士皆封，諸侯國四百人，兄弟之國十五人，同姓之國四十人。」

［一］案，成鱄語見昭二十八年，《史記》語見《漢興以來諸侯年表序》。「文武」，《史記》作「武王」。

［二］章帝十二年改元章和。

【閻按】富辰首舉國名，皆文王之子，武王之弟，明十六人，何以言成鱄十五人當爲正？

【元圻案】王氏謂以成鱄之言爲正，蓋指封建親戚不止二十六國耳，故廣引《荀子》、《史記》、《漢表》以證。閻氏似誤規。

宋人請猛獲於衛，衛人欲勿與。石祁子曰：「天下之惡一也。」莊十二年。名臣之言，可訓萬世。蓋祁子之學識，見於不沐浴佩玉之時。事見《檀弓》。衛多君子，淵源有自來矣。

原繁曰：「臣無二心，天之制也。」莊十四年。此天下名言，萬世爲臣之大法。《西山讀書記》取之。《博議》貶繁，恐未爲篤論。

【全云】此有感於留、王之輩。

【元圻案】《博議》曰：「原繁自莊公之世用事於朝，歷忽、亹、儀、突之變，國四易主，入則事之，出則舍之，視立君如傳舍。觀原繁對厲公之辭曰：『苟主社稷，國内之民，其誰不爲臣？』信如是説，則苟據君位者，皆無所擇，篡亦君也，僭亦君也，盜亦君也，讎亦君也。爲臣者皆操此心，則人君將安所恃乎？甚矣繁之姦也。」據此，繁之爲人，原有可議，節取其言可也。◎《書録解題》：「《左氏博議》二十卷。吕祖謙撰。方授徒時所作。自敍曰：『《春秋》經旨，概不敢僭議，而枝辭贅喻，則舉子所資課試也。』」◎《西山讀書記·君臣篇》於《左傳》取荀息、狐突、解揚、箴尹之言，而未及原繁，當更考。①

鄭伯謂燭之武曰：「若鄭亡，子亦有不利焉。」僖三十年。觀《魏受禪碑》、載《三國·魏文帝紀》注。《唐六臣傳》，《五代史》。利菑而樂亡者有矣。

【元圻案】六臣，張文蔚、蘇循、楊涉、張策、薛貽矩、趙光逢也。◎歐陽修《五代史》曰：「予

---

① 按《西山讀書記》卷三十三《處生死》篇有「原繁以爲臣無二心」之語。

嘗至繁城，讀《魏受禪碑》，見漢之羣臣稱魏功德，而大書深刻，自列其姓名，以誇耀於世。又讀《梁實録》，見文蔚等所爲如此，未嘗不爲之流涕也。夫以國予人而自誇耀，及遂相之，此非小人，孰能爲也！」◎宋帝㬎德祐二年八月，以王積翁爲福建招討使。十一月，王積翁叛降元。先是，積翁棄南劍州行都，遣人納款於元，至是元軍侵福(安)〔州〕，積翁爲内應，遂與王剛中同降。留夢炎，宋之狀元宰相，喪心仕虜。文天祥留燕，王積翁請釋爲道士，留夢炎不可，曰：「天祥出，復號召江南，置吾等於何地！」天祥遂遇害。張天如曰：「宋之逆賊，前莫惡於劉整，後莫醜於夢炎。」非苟論也。王氏此二條皆有感而發。

君之於民亦曰忠，季梁云①：「上思利民，忠也。」桓六年。子之於親亦曰慈，《内則》云：「慈以旨甘。」聖賢言忠，不顓於事君，爲人謀必忠，於朋友必忠告，事親必忠養。《内則》。以善教人，以利及民，無適非忠也。

【元圻案】董子《繁露》亦曰：「教以愛，使以忠。」◎真西山《劉氏傳忠録後序》曰：「聖賢之言忠，不顓於事君。爲人謀必忠也，於朋友必忠告也，事親必忠養也。至於以善教人，以利愛民，無適而非忠也。」

① 「梁云」，原本作「良曰」，據元刊本改。

《素問》：「立端於始，表正於中，推餘於終，而天度畢矣。」注謂：「立首氣於初節之日，示斗建於月半之辰，退餘閏於相望之後。」此可以發明《左氏》「正時」文元年。之義。

【何云】 回回曆有閏日而無閏月，似本之此。

【元圻案】《素問·六節藏象論》曰：「日行一度，月行十三度而有奇焉。故大小月三百六十五日而成歲，積氣餘而盈閏矣。立端於始，表正於中，推餘於終，而天度畢矣。」注：「端，首也。始，初也。表，彰示也。正，斗建也。中，月半也。推，退位也。言立首氣於初節之日，示斗建於月半之辰，退餘閏於相望之後。是以閏之前則氣不及月，閏之後則月不及氣。故常月之制，建初立中，閏月之紀，無初無中，縱曆有之，皆他月節氣也。故曆無云某候某閏月節閏月中也。」◎《素問》注，見後卷九第十四頁①。

《通鑑外紀目録》云：「杜預《長曆》[一]既違五歲再閏，又非歸餘於終，但據《春秋》經傳，考日辰朔晦，前後甲子不合，則置一閏，非曆也。」《春秋分記》[二]云：「《長曆》於隱元年正月朔則辛巳，二年則乙亥。諸曆之正皆建子，而預之正獨建丑焉。日

① 見卷九「素問太始天元册文」條注(頁一一一八)。

有不在其月，則改易閏餘，强以求合。故閏月相距，近則十餘月，遠或七十餘月。」劉義叟起漢元以來爲《長曆》，《通鑑目録》用之。

［一］案王隱《晉書》曰：「杜預著《春秋長曆》，至老乃成。摯虞賞之。」《經義考》云已佚，今《四庫書》從《永樂大典》裒集成書。

［二］【全云】程公説作。

【閻按】《春秋長曆論》止有言「當順天以求合，非爲合以驗天」二語是。

【集證】《大衍曆議》：「列國之曆，不可以一術齊矣。而《長曆》日子不在其月，則改易閏餘，欲以求合。故閏月相距，近則十餘月，遠或七十餘月，此杜預所甚繆也。夫合朔先天，則《經》書日蝕以糾之。中氣後天，則《傳》書南至以明之。其在晦、二日，則原乎定朔以得之。列國之曆或殊，則稽於六家之術以知之。此四者，皆治曆之大端，而預所未曉也。」

【元圻案】文（五）（元）年正義曰：「春秋之世，曆法錯失。杜惟勘經傳上下日月以爲《長曆》，若日月同者，則數年不置閏。若日月不同，須置閏乃同者，則未滿二十二月頻置閏，所以異於常曆。《釋例》云『據經傳微旨，考日辰晦朔，以相發明，爲經傳《長曆》，未必得天，蓋春秋當時之曆也』。」據杜此言，正是爲合以驗天，非順天以求合也。◎《通鑑外紀》注見卷五四十一頁①。《四

①見卷五「孔悝鼎銘」條（頁六四五）。

庫全書·别史類提要》曰：「恕是書摭周威烈王以前事迹爲《外紀》，又著《目録》，年經事緯，上列閏朔天象，下列《外紀》之卷數，悉與司馬光《通鑑目録》例同。」◎《書録解題》三：「《春秋分記》九十卷。邛州教授眉山程公説伯剛撰。以《春秋》經傳仿司馬遷書，爲年表、世譜、曆、天文、五行、地理、禮樂、征伐、官制諸書，自周、魯而下及小國夷狄皆彙次之。時有所論發明，成一家之學。公説積學苦志，早年登科，值逆曦之亂，憂憤以死，年纔三十七。」◎《經義考》云未見，今《四庫書》著録。◎劉羲叟，字壯輿，恕之子①。陳振孫曰：「司馬公《通鑑目録》仿《史記年表》，年經國緯，用劉羲叟《長曆》氣朔，而撮新書精要散於其中。」

「王貳於虢」、桓五年。「王叛王孫蘇」，宣十六年。曰「貳」曰「叛」，於君臣之義失矣，不可以訓。《通鑑·周紀三》赧王元年書「燕叛齊」，而《大事記》非之；[一]書「蜀漢寇魏」，[二]而《綱目》非之；書「晉寇梁」，[三]而《讀史管見》非之。況天子之於臣乎！

[一]【方樸山曰】《公羊傳》「昭公將弑季氏」亦類此，然《孟子》明書「燕人叛」。【全云】温公於陳霸先之攻王琳，亦失書法。○案《大事記·解題四》：「《通鑑》書『燕人叛齊』，燕之於齊，非叛也。遂人殺齊戍，《春秋》書曰『齊人殲於遂』，不謂之叛也。孟子非作史，其曰

① 按《宋史·儒林傳》有《劉羲叟傳》，云字仲更，澤州人。此云爲劉恕之子，不知何據。

『燕人叛』，特因用齊人之語耳。」

［二］《通鑑·魏紀四》明帝太和五年：「二月，漢丞相亮帥諸軍入寇，圍祁山。」又「明帝青龍二年，二月，亮悉大衆十萬，由斜谷入寇。」

［三］《通鑑·後梁紀》太祖開平元年：「十二月，晉兵寇洺州。」

【全云】《左氏》之失極多。其無君臣之辨，亦不止此。如「王使王孫蘇訟於晉」，及「晉人討萇弘」之類。

【元圻案】《通鑑綱目》十五，漢後主建興八年《發明》曰：「諸葛孔明，左右昭烈，爲漢討賊，聲大義於天下。功雖不就，名則正矣。《通鑑》於孔明伐魏之舉，反以入寇書之，則是以討賊之人名之爲賊耳。《綱目》於魏兵犯境，書之爲寇，然後名正言順，而正僞之辨始明，固非好爲立異也。正前人之未正，卒歸之是，亦所以更相發明云爾。」◎《讀史管見》二十七《後梁紀》：「司馬氏自以正閏之際，非所敢知，然蜀魏分據，則書諸葛亮入寇，是以魏爲正矣。梁、晉交争，而書晉兵寇洺州，是以梁爲正矣。《孟子》曰：『今天下地醜德齊，莫能相尚。』先主、武侯，縱不爲興復漢室，其人品高賢，固自冠冕三國，乃以曹氏壓之。若河東雖出蕃夷，然忠功義烈，蓋唐末第一流，而又顯然斥爲梁寇。地雖數倍，德則不倫，是以成敗論事，而不要義理之實，豈所以訓哉！然則如何？以兩下相殺書梁晉之事，以北伐魏賊紀蜀兵之出，然後當於人心矣。」◎洪景盧《容齋三筆》：「『王叛王孫蘇』，杜氏曰：『叛者，不與也。』夫以君之（與）貳於虢』，杜氏謂『不復專任鄭伯也』。

〔於〕臣而言貳與叛，豈理也哉！『晉平戎於王，單襄公如晉拜成，劉康公徼戎，將伐之。叔服曰：背盟而欺大國，不義。』晉范吉射、趙鞅交兵，『劉氏、范氏世爲昏姻。萇弘事劉文公，故周與范氏。趙鞅以爲討。』夫以天子之使出聘侯國而言『拜成』，謂周於晉爲『欺大國』，諸侯之卿跋扈於天子而言『討』，皆於名分爲不正。其他如晉邢侯殺叔魚，叔魚兄叔向數其惡而尸諸市，其於兄弟之誼爲刻篤矣，而托仲尼之語云『殺親益榮』，杜氏又謂『榮名益已』，以弟陳尸爲兄榮，尤爲失也。」◎《書録解題》四：「《大事記》十二卷，《解題》十二卷，《通釋》一卷。呂祖謙撰。自敬王三十九年以下采《左氏傳》、歷代史、《皇極經世》、《通鑑》、《稽古録》，輯而廣之，及漢征和三年而止。《解題》者，略具本末，或附以己意，多所發明。《通釋》者，經典綱要，孔孟格言，以及歷代名儒大議論。」又「《讀史管見》三十卷。禮部侍郎胡寅明仲撰。以《通鑑》事實而義少，故爲此書。議論宏偉嚴正，間有感於時事。其於熙、豐以來，接於紹興權姦之禍，尤寓意焉。」

晉假道於虞，曰：「冀爲不道，入自顛軨，伐鄍三門。」杜氏以冀亭爲冀國。〔一〕嘗考之《東漢·西羌傳》「渭首有冀戎」，《史記》云秦武公伐而縣之，漢天水郡之冀縣也。〔二〕入顛軨者，蓋冀戎。【原注】前此虢公敗犬戎於渭汭，蓋亦渭首之戎，但秦之縣冀，在晉假道於虞之前，蓋其餘種也。晉自有冀邑。【原注】冀缺爲卿，復與之冀。

〔一〕案僖二年杜注：「冀，國名。平陽皮氏縣東北有冀亭。」

［二］《秦本紀》：「武公十年，伐邽戎、冀戎，初縣之。」集解：「《地理志》隴西有上邽縣。應劭曰：『即邽戎邑也。』冀縣屬天水郡。」

【閻按】杜注：「冀，即晉之冀亭。」最是。王氏以爲漢縣，則今伏羌縣也，距虞千有餘里。

【元圻案】《後漢書·郡國志》：「河東郡大陽，有虞城。有下陽城。有顛軨坂。皮氏有冀亭。」◎《水經·河水》「又經大陽縣南」注：「《地理志》曰：『北虢也。』孔安國傳『傳説隱於虞、虢之間』，即此地。傅巖東北十餘里，即巔軨坂，《左傳》所謂『入自巔軨』者也。《穆天子傳》：『南登於薄山（窴）〔寘〕軨之隥，乃宿於虞』是也。」又：「砥柱山，亦謂之三門矣。山在虢城東北，大陽城東也。」◎《路史·國名紀三》：「冀并於晉，郄芮封之。漢之碕縣，今隸晉，有冀亭，在皮氏東北。《傳》云『冀爲不道』者。」據此三説，則閻氏説是也。◎《路史·國名紀四》：「冥，鄍也。陝之平陸東北二十里有鄍城，冀伐之者。」

子犯曰：「民未知禮，未生其共。」僖二十七年。「生」之一字，與《樂記》「易直子諒之心，油然生矣」，《孟子》「樂則生矣」之「生」同。温公省試《民受天地之中以生論》，以生爲活，其説以爲民受天地之中則能活也。朱文公謂此説好。

【元圻案】温公論，今《傳家集》不載。

楚箴曰：「民生在勤。」宣十二年。「生」如「生於憂患」之「生」，蓋心生生不窮。勤則生矣，生則烏可已也；怠焉則放，放則死矣。故公父文伯之母曰：「民勞則思，思則善心生。」

【全云】「思則善心生」，此「生」字稍别。

古者以德爲才，十六才子是也。見文十八年。如狄之酆舒，見宣十五年。晉之智伯，[一]齊之盆成括，見《孟子》。以才稱者，古所謂「不才子」也。

[一]《晉語》：「荀瑶有五賢而甚不仁。」瑶即智伯也。

【元圻案】范淳父《唐鑑》曰：「周公制禮作樂，孔子以爲才。然則古之所謂才者，兼德行而言也。後世之所謂才者，辯給以禦人，詭詐以用兵，僻邪險詖，趨利就事，是以天下多亂，職斯人之用於世也。」◎謝疊山曰：「唐虞以上無才德之分。如皋陶九德，皆才也；舜舉元愷之才，皆德也。」

禹，鯀之子也。史克於鯀曰「世濟其凶」，而於禹曰「世濟其美」。論其世，則鯀非美也。於此見立言之難。

【方樸山云】正義已言之。

【元圻案】文十八年正義曰：「史克方欲盛談美惡，説事必當增甚。故其言美惡有太過之辭。禹則鯀之子也，説禹則云『世濟其美』，説鯀則云『世濟其凶』。明其餘亦有太過，非其實也。」

「貴而能貧」，案，鄭伯張語，見襄二十二年。張文節、[一]司馬公有焉。「能賤而有恥」，晉郤缺語，見文十三年。劉道原、陳無己有焉。[二]

[一]【全云】知白。○案知白，字用晦，滄州清池人。在相位，以盛滿爲戒。謚文節。

[二]【閻按】「富而能臣」，見定十三年。注：「能執臣禮。」

【元圻案】司馬温公《訓儉》曰：「張文節爲相，自奉養如爲河陽掌書記時。所親或規之曰：『公今受俸不少，而自奉若此，外人頗有公孫布被之譏。』公嘆曰：『人之常情由儉入奢易，由奢入儉難。吾今日之俸，豈能常有？身豈能常存？一旦異於今日，家人習奢已久，不能頓儉，必致失所。豈若吾居位去位，身在身亡，常如一日乎？』」◎蘇子瞻《司馬温公行狀》曰：「公不事生産，買第洛中，僅庇風雨。有田三頃，喪其夫人，質田以葬。惡衣菲食，以終其身。」◎司馬温公《劉道原十國紀年序》曰：「道原家貧，至無以給旨甘，一毫不妄取於人。其自洛陽南歸也，時已十月，無寒具。光以衣襪一二事及舊貂褥贐之，固辭，强與之。行及潁州，悉封而返之於光，而不受於他人可知矣。父涣，字凝之。歐陽永叔作《廬山高》以美之。」◎王偁《東都事略》：「陳師道，字無己，徐州彭城人。元祐中，蘇軾、傅堯俞、孫覺薦於朝。爲徐州教授，除秘書省正字。家素貧，自罷歸彭城，或累日不炊，妻子愠見，不恤也。」

楚有夏州，[一]以夏變夷。衛有戎州，哀十七年。以夷變夏。

[一]案宣十一年杜注：「示討夏氏所獲也。」

【閻按】楚復封陳，鄉取一人焉以歸，謂之夏州。夏，氏也。

【何云】夏州，蓋志夏徵舒之伐也，而豈用夏之謂乎？戎州，或其地故有戎焉，未可因其名而罪衛。蒯聵固云我姬也，何戎之爲？

【全云】深寧特有感言之耳。秦有夏聲，不必謂其變西戎之俗。

《管子·大（正）〔匡〕篇》：[二]「管仲曰：『君會其君臣父子，則可以加政矣。』公曰：『會之道奈何？』曰：『諸侯毋專立妾以爲妻，毋專殺大臣，毋國勞，毋專予禄士庶人，毋專棄妻，毋曲隄，毋貯粟，毋禁材①。行此卒歲，則始可以罰矣。』君乃布之於諸侯，諸侯許諾，受而行之。」《孟子》所謂「五禁」，略見於此。吕成公曰：「如内政之類，桓公於五命之戒，亦未免有所犯，故《左氏》隱而不書，使後世不知桓公躬言之而

① 「材」，原本作「林」，據元刊本改。按今本《管子·大匡》正作「材」。

躬自蹈之也。」《説苑·反質篇》：「晉文公合諸侯而盟曰：『無以美妾疑妻，無以聲樂妨政，無以姦情害公，無以貨利示下。』」亦五禁之意，傳記不載。

〔一〕案《唐書·藝文志》「丙部法家類」：「尹知章注《管子》三十卷。」◎「大正」原作「大匡」，避宋太祖諱作「正」。

「趙衰以壺飱從徑，餒而弗食，故使處原。」僖二十五年。《韓非子·外儲説左下》曰：「晉文公出亡，箕鄭挈壺餐而從，迷而失道，與公相失，餓而不敢食。及文公反國，曰：『輕忍饑餒之患，而必全壺餐，是將不以原叛。』乃舉以爲原令。」此即趙衰事也。

杜預解《傳》云：「諸侯諒闇，國事皆用吉禮。」文元年。《議太子服》云：「高宗無服喪之文，唯稱不言而已。」案，事見《晉書·禮志中》。飾經舞禮，不可以訓。

【全云】凡諸侯諒闇，或天子有大慶，則用吉禮。謂國事用吉，謬矣。預之見黜於從祀，未爲過也。

【元圻案】隱元年正義曰：「《晉書·杜預傳》云：太始十年，元皇后崩，依漢、魏舊制，既葬，帝及羣臣皆除服。疑皇太子亦應除否？預以爲『古者天子諸侯三年之喪，始服齊斬，既葬，除喪服，諒闇以居，心喪終制，不與士庶同禮。』預又作議曰：『周景王有后、世子之喪，既葬，除喪而宴樂。晉叔向譏之曰：「三年之喪，雖貴遂服，禮也。王雖不遂，宴樂以早。」此亦天子喪事見於古也。稱高宗不言喪服三年，而云亮陰三年，此釋服心喪之文也。譏景王，不譏其除喪，而譏其宴樂早，則既葬應除，而違諒闇之節也。』」案，今《晉書·杜預傳》無此文，《禮志》有之，文亦小異。

伯宗伐潞，曰：「後之人，或者將敬奉德義，以事神人，而申固其命，若之何待之？」宣十五年。樂毅伐齊，曰：「待彼悔前之非，改過恤下而撫其民，則難慮也。」羊祜伐吳，曰：「若更立令主，雖有百萬之衆，長江未可窺也。」此皆兵家權謀，惟恐人之遷善，豈所謂以善養人者哉！

【集證】按《通鑑》晉王濬上疏曰：「孫皓荒淫凶逆，宜速征伐。若皓死，更立賢主，則强敵也。」與羊祜語同。

【元圻案】《通鑑·周紀四》赧王三十一年：「燕王以樂毅爲上將軍，伐齊。樂毅曰：『齊王伐功矜能，謀不逮下，廢黜賢良，信任諂諛，政令戾虐，百姓怨懟。今軍皆破亡，若因而乘之，其民必叛。（君）〔若〕不遂乘之，待彼悔前之非』云云。」◎又《晉紀二》武帝咸寧四年：「帝遣張華就羊祜問伐吳籌策。祜曰：『孫皓暴虐已甚，於今可不戰而克。若皓不幸而没，吴人更立令主』云云。」◎《晏子春秋》：「景公欲伐魯。晏子曰：『不可。魯好義而民戴之，伯禽之治存焉。不若修德而待其君之亂也。其君離上怨其下，然後伐之，則義厚而利多。』」亦與伯宗等同意。◎《泰誓》曰：「時者不可失。」似亦有此意。此先儒所以致疑於古文也。周世宗謂南唐使臣鍾謨曰：「歸語汝主，可及吾時完城郭，繕甲兵，據守要害，爲子孫計。」庶幾盛德之言矣。

「西陸朝覿」，其説有三：服氏謂「春分奎晨見東方」，杜氏謂「三月奎朝見」，鄭氏謂「四月昴朝見」。《爾雅》：「西陸，昴也。」《釋天》文。劉炫云：「鄭爲近之。」《詩》「三星在天」，其説有二：毛氏以爲「參，十月始見」，鄭氏以爲「心，三月見東方」。朱文公《詩傳》從鄭説。

【元圻案】昭四年正義曰：「《傳》言『西陸朝覿』，於《傳》之文，未知何宿覿也。服虔以爲『二月日在婁四度。春分之中，奎始朝見東方，以是時出冰。《月令》「仲春，天子乃獻羔啓冰」是也』。服虔又以此言『出之』，即是仲春啓冰，故爲此説。案：下句再言其藏、其出，覆此藏、出之文，言『其出之也，朝之禄位，賓食喪祭，於是乎用之』，即是班冰之事，非初啓也。安得以『出之』爲啓冰也？如鄭玄答其弟子孫皓問云：『西陸朝覿，謂四月立夏之時。《周禮》夏班冰是也。』與杜説異，（禮）〔理〕亦通也。劉炫云：『春分奎星已見，杜（注）〔以〕夏三月仍云「奎始朝見」，非其義也。杜、鄭及服三説，鄭爲近之。』」◎《唐風·綢繆篇》毛傳：「三星，參也。在天，始見東方也。三星在天，可以嫁娶矣。」箋云：「三星，心也。心有尊卑，夫婦父子之象，又爲二月之合宿，故嫁娶者以爲候焉。昏而火星不見，嫁娶之時也。今乃見其在天，則三月之末，四月之中，見於東方矣，故云『不得其時』。」正義曰：「《漢書·天文志》云『參，白虎宿三星』。毛以秋冬爲婚時，故云『三星在天，可以嫁娶』。王肅云：『謂十月也。』《孝經援神契》云：『心，三星中獨明。』是心亦三星也。《天文志》云：『心爲明堂也。大星天王，前後星子屬。』」◎《毛詩李黄集解》：李迂仲曰：「鄭以仲春昏而火星不見，嫁娶之時也。今已見在天，非其時爾，故詩人舉其昏姻失時而刺之，故曰『三星在天』。然三星一名大火。歐以爲參、火皆三星，則知鄭説爲得矣。以其所見之月，候嫁娶早晚爲有理，此言是也。若以三星爲心星，見失嫁娶之時，則下文『今夕何夕，見此良人』，文意相屬也。夫仲春之月，心星未見，至三月、四月則見而在東方。《左氏》曰『火出於夏爲三月』，《周官》『季春出火』，言三月之時已失其時矣，況於在隅在户乎？在隅則四月之末，五月之中，在户則五月之末，六月之中。《月令》『仲夏之月，昏心中』①是也。」

游

「季氏有嘉樹，韓宣子譽之。」服虔云：「譽，游也，宣子游其樹下。夏諺曰：『一游一譽，爲諸侯度。』」【原注】《孟子》注引「苑宣子豫焉」，「苑」字誤。

【集證】按「譽」，通作「豫」。王元長《曲水詩序》「優游暇豫」，李善注引《孫子兵法》曰：「人效死而上能用之，雖優游暇譽，令猶行也。」

① 按《月令》，仲夏之月昏亢中，季夏之月昏心中。疑此「仲夏」或爲「季夏」之誤。

【元圻案】服説見昭二年正義。◎趙岐注見《孟子》「雪宫章」。◎杜注：「譽其好也。」正義曰：「若是游其樹下，宣子本自無言，武子何以輒對？故杜以爲譽其美好也。」

宋伯姬，先儒謂婦人之伯夷。[一]《左氏》謂「女而不婦」，襄三十年。非也。陸淳又以爲「非可繼可傳之道」。胡文定譏之，謂以此卜其貪生惜死，不知命矣。愚謂淳黨叔文而不羞，由其不知命也。

[一]案《程氏遺書》二十二下：「問：獨宋共姬書首尾最詳，何故？曰：賢伯姬，故詳録之。昔胡先生嘗説伯姬是婦人中伯夷，爲其不下堂而死也。」◎吕氏《春秋集解》：高郵孫氏曰：「伯姬之行，蓋婦人之伯夷也。」

【元圻案】劉氏敞《春秋權衡》六：「如共姬之守禮死義，不求生以害生，亦可免矣，反謂之不婦乎？《易》曰：『恒其德，貞，婦人吉。』共姬恒之矣，所謂婦也。」◎陸淳《春秋集傳微旨》下：「淳聞於師曰：『聖人之教，爲可傳也，爲可繼也。伯姬之行，曠代而無一人，非可傳可繼之道。經文既無褒異，當從《左氏》之説。』」◎胡傳：「《易》曰：『恒其德，貞，婦人吉。』而或以爲共姬女而不婦，非也。女德不貞，婦道不明，能全其節，守死不回，見於春秋者，宋伯姬耳。聖人冠以夫謚，書於《春秋》曰『葬宋共姬』，以著其賢聲，勵天下之婦道也。」◎劉向《列女傳》曰：「伯姬者，魯宣公之女，成公之妹也。既嫁於恭公，七年，恭公卒，伯姬寡。至平公時，伯姬嘗遇夜失火。左右曰：『夫人少避火。』伯姬曰：『婦人之義，保傅不俱，夜不下堂。』保母至矣，傅母未至也，左右曰：『夫人少避火。』伯姬曰：『婦人之義，傅母不至，夜不可下堂，越義求生，不如守義而死。』遂逮於火而死。」所記較三《傳》爲詳。◎陳振孫曰：「陸質，本名淳，以避憲宗諱改焉。梁陸澄七世孫。仕通顯。黨王叔文。侍憲宗東宮，會卒，不及貶。」

衛侯賜北宮喜謚曰貞子，賜析朱鉏謚曰成子，昭二十年。是人臣生而謚也。[一]魏明帝，有司奏帝制作興治，爲魏烈祖，是人君生而謚也。

[一]【何云】杜氏注云：「皆未死而賜謚及墓田，《傳》終而言之。」近得不全宋槧本，作「皆死而賜謚及墓田，《傳》終言之」，少「未」字，而義尤協，意尤明，似勝王氏所據之本。

【又云】蓋出於湯自云「吾武甚矣」。

【閻按】孫盛謂此當年而逆制祖宗，未終而豫自尊顯是也。◎何屺瞻告余：「頃得宋槧本不全《左傳》，恰有昭二十年衛侯賜北宮喜事，杜注云：『皆死而賜謚及墓田，《傳》終言之。』較近刻少『未』字，而字意尤明，義尤協，似勝王氏所據之本。王氏本與吾輩今日同。」余擊節曰：「若果未死賜謚，是豫凶事，非禮也。杜當以爲譏，不應云『終言之』。一字之增，何啻霄壤，宋槧本真寶也。」

【方樸山云】死而賜謚，常事耳，何以書？且文承戊辰殺宣姜之下，宛似一時之事。義門云云，猶疑未可依據。

【元圻案】若賜謚與殺宣姜爲一時事，則注不應曰「《傳》終言之」。◎《三國·魏明帝紀》：「景初元年，有司奏武皇帝撥亂反正，爲魏太祖，樂用《武始》之舞。文皇帝應天受命，爲魏高祖，樂用《咸熙》之舞。帝制作興治，爲魏烈祖，樂用《章武》之舞。三祖之廟，萬世不毁。」注，孫盛曰：「夫謚以表行，廟以存容，皆於既没然後著焉，未有當年而逆制祖宗，未終而豫自尊顯。昔華樂以厚斂致譏，周人以豫凶違禮，魏之羣司，於是乎失正。」

蔡墨曰：「國有豢龍氏，有御龍氏。」昭二十九年。後漢有侍御史擾龍宗，豈其苗裔歟？

【集證】《三國志·董卓傳》注，《英雄記》曰：「卓欲震威，侍御史擾龍宗詣卓白事，不解劍，立撾殺之。」《通志·氏族略四》引《風俗通》云：「陶唐氏之後有劉累學擾龍，事夏孔甲，賜氏曰御龍氏、擾龍氏。劉累之後，漢有侍御史擾龍羣。」

甯殖愧諸侯之策，襄二十年。賈充憂謚傳，其惡不可掩也，是以知「可欲之謂善」①。

①《孟子·盡心下》。

【元圻案】《晉書·賈充傳》：「模字思範，深爲充所信愛。充年衰，疾劇，恒憂己謚傳。模曰：『是非久自見，不可掩也。』」模是賈充從子。

《左氏》曰：「先二子鳴。」襄二十一年。《莊子》曰：「子以堅白鳴。」見《德充符》。昌黎《送東野序》言「鳴」字本於此。

人生求富，而子文逃之；富，人之所欲，而晏子弗受，襄二十八年。庶幾乎無欲矣。

【元圻案】《楚語》：「成王每出子文之禄，必逃，王止而後復。人謂子文曰：『人生求富，而子逃之，何也？』對曰：『夫從政者，以庇民也。民多曠者，而我取富焉，是勤民以自封也，死無日矣。我逃死，非逃富也。』」

僑不以防怨爲善，而怨自弭，[一]故僑與鄭俱昌。斯以分過爲忠，而過益彰，故斯與秦俱亡。

[一]案，蓋指襄三十一年不毁鄉校，昭四年作丘賦事。

【元圻案】《史記·蕭相國世家》：「上曰：『吾聞李斯相秦皇帝，有善歸主，有惡自與。今相國多受賈豎金，而爲民請吾苑，以自媚於民，故繫治之。』王衛尉曰：『秦以不聞其過亡天下，李斯之分過，又何足法哉！』」

《韓非》曰：「宋君失刑而子罕用之，故宋君見劫。」案，語見《二柄篇》。李斯曰：「司城子罕相宋，身行刑罰，以威行之，期年遂劫其君。」語見《史記·李斯列傳》。愚按：襄九年，宋「樂喜爲司城以爲政」，即子罕也。《左氏》載其言行，[一]《檀弓》亦稱之，[二]賢大夫也。《宋世家》無子罕劫君之事，非、斯乃與田常並言，不亦誣乎！[三]《戰國策》謂忠臣令誹在己，譽在上，宋君奪民時以爲臺，而民非之，子罕釋相爲司空，民非子罕而善其君。此即《左氏》分謗之事。見襄十七年。司城，宋之司空也。[四]宋無兩子罕，則非、斯之言妄矣。《史記》鄒陽曰：「宋信子罕之計而囚墨翟。」見本傳。《漢書》作「子冉」。文穎注以子冉爲子罕，皆所未詳。

[一] 襄十五年、十七年《傳》載子罕事，皆賢之。

[二]《檀弓》載子罕哭陽門介夫事。

[三]《左傳》襄六年子罕逐子蕩，不言其奉君命，豈因此而誣其專刑乎？

[四]《左傳》桓六年「宋以武公廢司空」。注：「武公名司空，廢爲司城。」

【閻按】《韓非子·外儲説右下》兩載司城子罕：「謂宋君曰：『慶賞賜與，民之所喜也，君自行之；殺戮誅（伐）〔罰〕，民之所惡也，臣請當之。』宋君曰：『諾。』處期年，子罕殺宋君而奪政。」

與田常事宛似，自屬誣罔。然王氏竟未讀此。

【元圻案】《吕氏春秋·異寶篇》：「宋之野人，耕而得玉，獻之司城子罕，子罕不受。野人請曰：『此野人之寶也，願相國爲之賜而受之也。』子罕曰：『子以玉爲寶，我以不受爲寶。』故宋國之長者曰：『子罕非無寶也，所寶者異也。』」◎又《召類篇》曰：「孔子曰：『夫修之於廟堂之上，而折衝乎千里之外者，其司城子罕之謂乎！』宋在三大萬乘之間，子罕之時，無所相侵，邊境四益，相平公、元公、景公以終其身，其唯仁且節歟？」◎《史記索隱》曰：「《左氏》司城子罕姓樂名喜，乃宋之賢臣也。」◎《韓非子》言子罕必與田氏俱，《説疑篇》曰：「齊田恒、宋子罕、魯季孫意如、晉僑如、衛子南、鄭太宰欣、楚白公、周單荼、燕子之，此九人者之爲其臣也，皆朋黨比周以事其君，隱正道而行私曲。」又曰：「田成子取齊，司城子罕取宋。」《外儲説右下》兩載司城子罕，亦兩及田常。李斯蓋踵其説耳。《韓詩外傳》、《説苑》稱子罕專政去君，與《韓非子》略同。◎近仁和梁氏玉繩曰：「戰國時，宋亦有昭公，其時亦有子罕，逐君擅政，如《韓非子》、《韓詩外傳》、《淮南》、《説苑》諸書所説耳。」

臧文仲「廢六關」。文二年。《家語·顔回篇》云「置六關」，注謂「文仲置關以稅行者，故爲不仁。」

【何云】置之爲廢，猶治之爲亂，香之爲臭。古人用字多如此。

【元圻案】宣八年《公羊傳》「去其有聲者，廢其無聲者」，注：「廢，置也，置者不去也。」

氣志有交勝之理，治亂有可易之道，故君相不可以言命。多福自我求，哲命自我貽，故聖賢可以言天。天者，理而已。以萇弘爲違天，定元年。是人臣不當扶顛持危也。以楚克有陳爲天道，昭九年。是夷狄可以猾夏亂華也。【原注】趙氏震揆曰：「《左氏》之害義，未有甚於記女寬之論萇弘也。自昔聖賢未嘗以天廢人。殷既錯天命，王子則曰：『自靖自獻。』周天命不又，大夫則曰：『黽勉從事。』治亂安危，天之天也；危持顛扶，人之天也。以忠臣孝子爲違天，則亂臣賊子爲順天矣，而可哉！」

【元圻案】全氏《經史問答》曰：「《左氏》喜言前知，故於萇弘之死，求其先兆而不得，則以此當之。其説在《外傳》爲尤詳，然可謂誣妄之至。假如其言，則是人臣當國事將去，必袖手旁觀，方有合於明哲保身之旨，而知其不可而爲之者皆有天殃，宇宙更無可支拄之理。成敗論人之悖，一至於此！唐柳子厚、吕化光、牛思黯已非之矣。」◎柳子厚《弔萇弘文》曰：「豈成城以誇功矣，哀清廟之將殘。嫉彪子之肆誕兮，彌皇覽以爲謾。」吕温《古東周城銘序》曰：「萇弘城成周，晉女叔寬曰：『天之所壞，不可支也。萇弘違天，必受其咎。』《左氏》明徵以爲世規，俾持顛之臣，沮其勝氣，非所以勵尊王、垂大順也。」牛僧孺《訟忠》云：「萇弘之城成周也，晉女叔寬謂弘違天不免也。《國語》衛彪傒又云：『長叔支天，有咎也。支天壞，違天也。人道補天，反常也。誘人城周，誑人也。』左丘明皆然其言。若是則帝王不務爲政，而務稱天命；下不務竭忠，而務別興衰矣。

必謂天壞不支，自古無中興之君乎？衰運不輔，自古無持危之臣乎？」◎《宋史・藝文志》：「趙震揆《春秋類論》四十卷。」朱竹垞《經義考》云：「佚。按王氏《困學紀聞》載趙氏《類論》一條云云」。即原注所引是也。其趙氏爵里，竹垞亦不詳載，蓋已無可考。

劉文公合諸侯於召陵。及皋鼬，將長蔡於衛。衛侯使祝佗私於萇弘，乃長衛侯於盟。定四年。考之《春秋》，是年三月會於召陵，蔡侯已在衛侯之上矣。五月盟於皋鼬，不序諸侯。《經》無「長衛」之文，《傳》未足信也。

【閻按】盟與會不同，盟較會之次爲重。《傳》固云「乃長衛侯於盟」，非會也。會在召陵，蔡在衛上；盟在皋鼬，衛則在蔡上。異地復異事，王氏於此析猶未精。

【全云】宋、虢二盟，皆是楚先於晉，而《經》仍以晉先楚，蓋亦晉長於會，而楚長於盟，故宋公兼享晉、楚之大夫，仍是趙孟爲客，可證也。《左氏》以爲先「有信」，則妄矣。

【方樸山云】閻按得之。

【元圻案】僖二十八年《經》正義曰：「會之班次，以國大小爲序。及其盟也，王官臨之，異姓爲後，故載書之次與會異也。定四年召陵之會，《傳》稱『祝佗言於萇弘曰：「踐土之盟，衛成公不在。夷叔，其母弟也，猶先蔡。」萇弘說，告劉子，乃長衛侯於盟。』如彼《傳》文，則踐土、召陵二盟，衛皆先蔡。而《經》書諸國之序，二會皆蔡在衛先者。《釋例》曰：『周之宗盟，異姓爲後。故踐土載書，齊、宋雖大，降於鄭、衛。斥周而言，止謂王官之宰臨盟者也。其餘雜盟，未必皆然。踐土、召陵二會，蔡在衛上，時國次之。至盟乃正其高下者，敬恭明神，本其始也。』」閻氏之説本此。

《韓詩外傳》第八卷：「受命者必以其祖命之。孔子爲魯司寇，命之曰：『宋公之子弗甫何孫魯孔丘①，命爾爲司寇。』」【原注】古重世族，故命必以祖。

【元圻案】《常武》之詩曰：「王命卿士，南仲太祖，太師皇父。」亦此意。

《文選·補亡詩》：「蕩蕩夷庚。」[一]李善注：「夷，常也。」引毛傳。《辯亡論》：「旋皇輿於夷庚。」[二]注引繁欽《辨惑》：「吴人以船楫爲輿馬，以巨海爲夷庚。庚者，藏車之所。」[三]愚按《左傳》成十八年「披其地以塞夷庚」，正義謂「平道也」。二字出於此，《選》注誤。

[一]案，李善注引王隱《晉書》曰：「束晳，字廣微。嘗覽古《詩》，惜其不備，故作詩以補之。」

[二]李善注，孫盛曰：「陸機著《辯亡論》，辯吴之所以亡也。」◎論有上下二篇，語見上篇。

[三]注又引臧榮緒《晉書》曰：「司徒王謐議曰：夷庚未入，皇輿旋館。」

①「丘」，原本作「某」，據元刊本改。案《韓詩外傳》本作「丘」。

【集證】按李周翰《補亡詩注》：「夷，平也。蕩蕩平道，萬物從之而生也。」吕延濟《辯亡論注》：「皇輿，帝車也。夷，平；庚，道也。」五臣注與《左傳正義》同。

齊伐晉，「入孟門」。襄二十三年。孟門山在慈州文城縣。林成己《春秋論》謂孟門即孟津，誤矣。晉裴秀客京相璠撰《春秋土地名》，其説多見於《水經注》。

【閻按】胡朏明曰：「唐文城縣，即今山西平陽府吉州。此孟門則近朝歌。杜注以爲晉隘道，非也。文城，河中之石槽山也。余《禹貢錐指》『冀州壺口』下辨甚詳。」

【集證】《史記·齊太公世家》：「上太行，入孟門。」《索隱》曰：「孟門山，在朝歌東北。」◎《隋志》：「《春秋土地名》三卷。晉裴秀客京相璠等撰。」《唐志》同。《水經》第十六「穀水」條注：「京相璠，與裴司空季彦修晉輿地圖，作《春秋土地名》。」

匠慶謂季文子曰：「子爲正卿，而小君之喪不成，不終君也。君長，誰受其咎？」襄四年。吕文靖[一]於李辰妃之喪，其意本於此。

[一]【全云】吕申公夷簡。

【元圻案】李辰妃，仁宗生母也。王鞏《聞見近録》曰：「李太后薨，未發喪，將以妃禮葬之。執政對，吕文靖留身，曰：『昨夕聞有宫嬪薨。』章獻皇后即引仁宗起，過屏後，獨坐簾下，曰：『相公欲間諜人家子母耶?』文靖曰:『陛下爲劉氏血食計,則早正典禮。』后默不語,遂遷於皇儀殿,以后禮葬之。及章獻上仙,間言不入者,文靖力也。」又曰:「仁宗初撤簾聽政,一日遽出,詣奉(仙)〔先〕寺,發李[太]后棺。視之,其顔如生。上慟而後改卜,由是羣疑悉亡。」

衛「公叔發」,見襄二十九年。注謂公叔文子。《論語》孔注作「公孫拔」。《集注》云「公孫枝」,蓋傳寫之誤。

【閻按】鄭氏注《檀弓》亦云「名拔,或作發」。

【集證】按《後漢·吴良傳》注亦引作「公孫枝」。

【元圻案】錢氏《養新録》曰:「予嘗見倪士毅《四書輯説》,載朱文公《論語注》曰:『公叔文子,衛大夫公孫拔也。』又引吴氏桂曰:『拔,皮八反,俗本作枝,誤。』乃知今所行《集注》本非考亭之舊。」厚齋所見,亦是誤本。

《史記》:仲尼弟子「顔高,字子驕。」見《仲尼弟子列傳》。定八年《傳》:「公侵齊,門於陽州。士皆坐列,曰:『顔高之弓六鈞。』皆取而傳觀之。陽州人出,顔高奪人弱弓,籍丘子鉏擊之,與一人俱斃。」豈即斯人與?《家語·弟子解》作「顔刻」。《孔子世家》云:「過匡,顔刻爲僕。」古者文武同方,冉有用矛,樊遲爲右;哀十一年。有若與微虎之宵攻，哀八年。則顏高以挽强名，無足怪也。

【集證】《顏氏家訓·誡兵篇》：「顏氏之先，本乎鄒、魯。仲尼門徒，升堂者七十有二，顏氏居八人焉。春秋之世，顏高、顏息、顏羽之徒，皆一鬭夫爾。」據此，顏黄門不以《春秋》之顏高爲仲尼弟子之顏高也。

【元圻案】全氏《經史問答》六：「厚齋考古最核，獨此條稍未審。孔門之顏高，少孔子五十歲，見於《家語》，然則生於定公之八年。陽州之役，蓋别是一顏高也。《史記》、《家語》之年多不可信。惟是不問其生之年，但以其死，定公八年斃陽州，而何以十四年尚能御孔子以過匡？」

攻媿跋語用「飛矢在上，行人在下」，迂齋引熙寧八年舊弼韓、富、文三公之對。愚考《春秋釋例》曰：「使以行言，言以接事，信令之要，於是乎在。舉不以怒，則刑不濫；刑不濫，則兩國之情得通。兵有不交而解者，皆行人之動也。是以雖飛矢在上，走驛在下。」【原注】見正義。○襄十一年。攻媿之言本此。【原注】嘉熙庚子，愚試胄闈，王圖南發策，亦用此二語。[一]

[一]【閻按】王氏淳祐元年辛丑進士，前一年爲嘉熙四年庚子，故猶試國子監也。

【元圻案】樓氏鑰《攻媿集·書魏丞相奉使事實》曰：「隆興二年，金以兵壓境。右丞相壽春魏公時在淮東宣諭司議幕，召對，授使節。敵勢方張，事變叵測，所謂飛矢在上，行人在下，而公握節抗議，動中事機，氣勁詞直，要約遂定。迄今三十年，邊境晏然，厥功茂矣。」◎《續通鑑長編》二百六十二熙寧八年：「四月，蕭禧之再來。上賜韓琦、富弼、文彦博、曾公亮手詔，問以待遇之要，禦備之方。弼言：『臣歷觀春秋洎戰國時，諸侯兩兵已合，飛矢在上，走使在下，其間辨説解釋，遂各交綏而退，卻復盟好者，比比皆是。』」◎蕭禧，契丹使臣來請地界者。

《釋例》終篇云：「稱『凡』者五十，其別四十有九。蓋以『母弟』二凡，其義不異故也。」《隋志》有《春秋五十凡義疏》二卷。

【元圻案】《書録解題》：「《春秋釋例》十五卷。杜預撰。預既爲《集解》，別集諸例及地名、譜第、歷數，相與爲部，凡四十部。唐劉蕡爲之序。」◎《春秋釋例》久佚，《四庫全書》從《永樂大典》録出。案《提要》曰：「是書以《經》之條貫必出於《傳》，《傳》之義例統歸於『凡』。《左傳》稱『凡』者五十，其別四十有九，皆周公之垂法，史書之舊章，仲尼因而修之，以成一經之通體。諸稱書、不書、先書、故書、不言、不稱、書曰之類，皆所以起新緒，發大義，謂之變例。亦有舊史所不書，適合仲尼之意者，仲尼即以爲義。非互相比較，則褒貶不明，故別集諸例及地名、譜第、歷數，相與爲部。先列經傳數條，以包通其餘，而傳所述之凡繫焉，更以已事申之，名曰《釋例》。」◎此條所引，亦見杜預《春秋序》正義。◎宣十七年《左傳》：「凡太子之母弟，公在曰公子，不在曰弟。凡稱弟，皆母弟也。」正義曰：「此例再言『凡』者，前『凡』明稱母弟之人，適子及妾子之等；後『凡』明書稱弟者皆母弟之義。」◎馬氏《繹史》九十九《春秋雜記總論》曰：「《春秋》書法，有典策之舊禮，全經之通例，《傳》所稱『發凡五十』是也。有一事之變例，特起之新義，《傳》所謂書、不書、稱、不稱、言、不言、先書、追書、故書、書曰之類，二百八十有五是也。《經》有例而《傳》無凡者多矣，又不止五十也。」又曰：「聖人之作《春秋》也，有依凡之例，有違凡之例，有魯史之例，有參酌衆國之例，有二百餘年之例，有一時一事特起之例，有人所共見之例，有大義違疑，聖心獨斷之例」云云。分晰最爲精審，文多不能全載。

魏絳曰：「靡自有鬲氏，收二國之燼，以滅浞而立少康。」襄四年。杜氏謂：「靡，夏遺臣事羿者。」真文忠辯之曰：「靡忠於王室如此，考其本末，乃事相，非羿也。豈有夏之忠臣而肯事羿者哉！」張宣公曰：「若靡，可謂忠之盛者矣！」

【閻按】靡於后羿被殺後始奔有鬲氏，故曰曾事羿。注非無因。

【全云】夷羿雖篡，帝相仍居商丘，浞篡羿又二十年，始弒。靡前此仍事相，至此始奔有鬲。凡《竹書》所言，皆不足信，而此條較《左氏》爲核，以其情事當如此也。若相在而靡已事羿，尚得爲忠乎？閻説非也。然閻亦專據《左氏》而誤耳。

【方樸山云】常山顔杲卿，初亦迎禄山，衣紫袍，後乃倡義，亦何嫌也。

【元圻案】《帝王世紀》曰：「初，夏之貴臣曰靡，事羿。羿死，逃於有鬲氏，收斟尋二國餘燼，殺寒浞，立少康。」與杜注同。◎張南軒《答李叔文書》曰：「邵康節《皇極經世》以寒浞滅相係於壬寅，少康克復舊物乃在癸未，凡四十一年。方少康在繈褓，而夏之臣靡，固有滅寒浞而立之之心，經營許久，乃遂其志。若靡者，可謂忠之盛者矣！」

師曠「驟歌北風，又歌南風」。襄十八年。服氏注：「北風，無射、夾鍾以北；南風，姑洗、南呂以南。律是候氣之管，氣則風也。」

【元圻案】服注云云，見《周禮》二十三正義，「無射夾鍾」作「夾鍾無射」。襄十八年杜注：「歌者，吹律以咏八風。南風音微，故曰『不競』也。師曠唯歌南、北風者，聽晉、楚之强弱。」正義曰：「律呂雖有十二，其風有八。八風者，乾風不周，坎風廣莫，艮風調，震風明庶，巽風清明，離風景，坤風涼，兑風閶闔。八方之風，風別先有音曲，總吹律呂，以咏八方音曲。今師曠以律呂歌南風音曲，南風音微，不與律聲相應，故云『不競』。服虔以爲卯酉以北律呂爲北風，以南爲南風。與杜八風義違。」蓋即指《周禮》疏所引之説也。《周禮》疏但曰「注云」，不著名氏，厚齋因《左傳》正義而知爲服氏注。

「讒鼎之銘」。昭三年。服氏注：「疾讒之鼎，《明堂位》所云『崇鼎』是也。」一云：「讒，地名。禹鑄九鼎於甘讒之地，故曰讒鼎。」正義謂二説無據。愚考《韓子·説林》曰：「齊伐魯，索讒鼎，魯以其贋往。齊人曰：『贋也。』魯人曰：『真也。』齊曰：『使樂正子春來，吾將聽子。』」見《説林下篇》。《新序》、《呂氏春秋》皆曰「岑鼎」。〔一〕二字音相近。然則讒鼎，魯鼎也。《明堂位》「魯有崇鼎」，服注不爲無據。

〔一〕《新序·節士篇》、《呂覽·季秋紀·審己篇》紀岑鼎事，與《説林》略同，惟「樂正子春」作「柳下惠」。

【繼序按】《廣韻》冬、侵二部，古音相通，故崇、讒、岑可轉寫。其收「崇」入東部，收「讒」入咸者，誤也。

謂之「鄭志」，以明兄弟之倫；謂之「宋志」，以正君臣之分。

【元圻案】隱元年《左傳》：「書曰：『鄭伯克段於鄢。』段不弟，故不言弟；如二君，故曰『克』；稱『鄭伯』，譏失教也；謂之鄭志，不言出奔，難之也。」◎襄元年《左傳》：「春己亥，圍宋彭城。非宋地，追書也。於是爲宋討魚石，故稱宋，且不登叛人也，謂之宋志。」杜注：「成十八年，楚取彭城以封魚石，故曰『非宋地』。夫子治《春秋》，追書繫之宋。登，成也。不與其專邑叛君，故使彭城還繫宋。」

「宋人取長葛」，隱六年。《經》以爲冬，《傳》以爲秋。劉原父謂：「《左氏》雜取諸侯史策，有用夏正者，有用周正者。」

【元圻案】原父説見《春秋權衡》。◎朱子《跋李少膺脞説》：「石林葉氏考《左傳》所記祭足取麥、穀鄧來朝〔三〕〔一〕事，以爲《經》、《傳》所記，有例差兩月者，是《經》用周正，而《傳》取國史，直自用夏正者，失於更改也。」◎《日知録》四：「隱公三年，夏四月，鄭祭足帥師取温之麥，秋又取成周之禾。若以爲周正，則麥禾皆未熟。四年秋，諸侯之師敗鄭徒兵，取其禾而還。亦在九月之上，是夏正六月，禾亦未熟。注云：『取者，蓋芟踐之。』終是可疑。按《傳》中雜取三正，多有錯誤。《左氏》雖發其例於隱之元年，曰『春王周正月』，而間有失於改定者。文多事繁，固著書之君子所不能免也。」

《公羊》疏：「《左氏》先著竹帛，故漢時謂之古學。《公羊》漢世乃興，故謂之今學。〔一〕是以《五經異義》云〔二〕：『古者，《春秋左氏》説；今者，《春秋公羊》説』。鄭衆作《長義》十九條十七事，論《公羊》之短，《左氏》之長。賈逵作《長義》四十條，云《公羊》理短，《左氏》理長。」以上俱見何休《公羊傳序文》正義。魏鍾繇謂：「《左氏》爲太官，《公羊》爲賣餅家。」

〔一〕【何云】以其中經古文，故謂之古學。公羊家已行於世，以今文教授，故謂之今學。楊氏疏謬矣。

〔二〕【全云】許叔重作。

【元圻案】《後漢書·儒林傳》：「許慎以《五經》傳説臧否不同，於是撰爲《五經異義》。」又

《鄭興傳》：「子衆，字仲師。年十二，從父受《左氏春秋》。作《春秋删》十九篇。」又《賈逵傳》：「字景伯。尤明《左氏傳》、《國語》，爲之《解詁》五十一篇，上疏獻之。肅宗立，特好《古文尚書》、《左氏傳》，詔逵入講。帝善逵説，使出《左氏傳》大義長於二《傳》〔者〕。逵於是具條奏之曰：『臣謹擿出《左氏》三十事尤著明者，斯皆君臣之正義，父子之紀綱。其餘同《公羊》者什有七八。至如祭仲、紀季、伍子胥、叔術之屬，《左氏》義深於君父，《公羊》多任於權變，其相殊絶，固以甚遠。』」◎《三國志・魏・裴潛傳》注，《魏略》：「嚴幹特善《春秋公羊》，司隸鍾繇不好《公羊》而好《左氏》，謂《左氏》爲太官，而謂《公羊》爲賣餅家，故數與幹辯析長短。」◎《隋書・經籍志一》：「《春秋左氏長經》二十卷。漢侍中賈逵章句。」

【集證】按「太官」，《北堂書抄》引《魏略》作「太官廚」。

權載之[一]問《左氏》云「夏五之闕」、桓十四年。「《艮》八之占」，襄九年。名對也。

[一]【全云】文公德輿字。

【元圻案】《唐書・權德輿傳》：「字載之。未冠，以文章稱諸儒間。德宗聞其材，召爲太常博士。自太常卿拜爲禮部尚書、同中書門下平章事。謚曰文。」◎《四庫全書目録》：「《權文公集》十卷。」◎《試明經策問》曰：「夏五之闕，雖繫月而何嫌；《艮》八之占，於兼山爲何義。」◎襄九年《傳》注曰：「《連山》、《歸藏》，二《易》皆以七八爲占，故言遇《艮》之八。」正義曰：「遇八，謂《艮》之第二爻不變者是也。」

史趙曰：「自幕至於瞽瞍，無違命，舜重之以明德，寘德於遂。」昭八年。《魯語》：「幕，能帥顓頊者也，有虞氏報焉。」韋昭注云：「幕，舜之後，虞思也，爲夏諸侯。」《鄭語》：「虞幕，能聽協風，以成樂物生者也。」注亦以爲「舜後虞思」。按《左氏》，則幕在瞽瞍之先，非虞思也。

【閻按】金仁山《前編》亦辨舜出於虞幕，祖顓頊，不祖黄帝之説頗悉。

【元圻案】金仁山《前編》曰：「考之於《書》曰『嬪於虞』，是虞者，有國之稱也。參之《國語》史伯之言曰：『成天地之大功者，其子孫未嘗不章，虞、夏、商、周是也。虞幕能聽協風，以成樂物生者也；夏禹能平水土，以品處庶類者也；商契能和合五教，以保於百姓者也；周棄能播殖穀蔬，以衣食民人者也。其後皆爲王公侯伯。』夫以虞幕並稷契而言，則幕爲有功始封之君，虞爲有國之號，而舜所自出以王天下者也。考之《左氏》史趙之言曰：『自幕至於瞽瞍，無違命，舜重之以明德。』夫自幕至於瞽瞍，則非自黄帝、昌意、顓頊、窮蟬、敬康、勾望、橋牛以至瞽瞍也。」◎《楊升庵集》：「羅泌云：嘗見漢劉耽所書《吕梁碑》，序虞舜之世曰：舜祖幕，〔幕〕生窮蟬，窮蟬生敬康，敬康生喬牛，喬牛生瞽瞍。質之《史記》蓋同。」

「穆有塗山之會」，昭四年。注：「在壽春東北。」《説文·山部》：「嵞，會稽山。一曰：九江當嵞也。民以辛壬癸甲嫁娶。」按《漢·地理志》「九江郡當塗」，應劭注：「禹所娶塗山。侯國。有禹虚。」蘇鶚《演義》謂宣州當塗，誤也。東晉以淮南當塗流民寓居於湖，僑立當塗縣以治之。唐屬宣州。〔二〕漢之當塗乃今濠州鍾離也。

〔二〕【集證】《唐志》：「宣州宣城郡：當塗。武德三年以縣置南豫州，八年州廢，來屬。」

【元圻案】吴仁傑《兩漢刊誤補遺》十①《滕撫傳》「徐鳳築城於當塗山中」注：「今宣州當塗縣山。蘇鶚《演義》云塗山有四：一會稽，二渝州，三濠州，四嵞山國，禹娶之，今宣州當塗也。仁傑按《書正義》引《左傳解》云：『塗山在壽春縣。』則禹娶嵞山，非宣之當塗縣，隸太平州。按《圖經》無所謂塗山者，則四塗山之説亦自不審。范蔚宗自於《郡國志》『當塗』注云：『徐鳳反於此。』章懷太子不悟，何也？蘇文忠《濠州七絶》有《塗山詩》云：『樵蘇已入黄能廟，烏鵲猶朝禹會村。』自注云：『下有禹廟，山前有禹會村。』」又云：「仁傑按有兩當塗縣：一在九江一在宣州。九江之當塗，以塗山得名，故城在，唐屬濠州是也。宣之當塗，則晉成帝時，以當塗流人過江，在於湖者，僑立爲當塗縣，大業十年屬宣州是也。宣之當塗，晉成帝始置，東都固未之有。」

① 按，引文今在卷九。

季平子卒，「陽虎將以璵璠斂，仲梁懷弗與。」定五年。《呂氏春秋》云：「孔子徑庭而趨，歷級而上，曰：『以寶玉收，譬之猶暴骸中原也。』」〔二〕《說文·玉部》「璠」字注云：「孔子曰：『美哉璵璠，遠而望之，奐若也；近而視之，瑟若也。一則理勝，二則乎勝。』」《初學記·玉類》引《逸論語》曰：「璠璵，魯之寶玉也。」【原注】下與《說文》同。其即季孫之事歟？

〔二〕案《呂覽·孟冬紀·安死篇》：「魯季孫有喪，孔子往弔之。入門而左，從客也。主人以璵璠收，孔子徑庭而趨」云云。高誘注：「喪，季平子意如之喪也。」

范武子之德，本於「家事治」。襄二十七年。宣子不能守家法，乃縱女祁之惡，信子鞅之讒，錮逐欒盈，幾危晉國，襄二十一年。忝厥祖矣。再傳而吉射亡，定公十三年。宜哉！

【元圻案】《孝經》曰：「〔居〕家〔事〕理，故治可移於官。」

「子，周公之孫也，多饗大利，猶思不義」，哀十五年。子贛之責公孫成也。劉歆亦少愧哉！

【全云】此爲趙孟傳輩殺袁鏞以降元而發。

【元圻案】全注三箋本入於上條之下，恐誤，今改入本條。◎厚齋《挽袁進士鏞》詩云：「天柱不可折，柱折勢莫撐。九鼎不可覆，鼎覆人莫扛。袁公烈丈夫，獨立東南方。欲以一己力，代國相頡頏。適遭宋祚移，恥爲不義戕。奮然抱志起，誓欲掃欃槍。拔劍突前麾，手回日月光。賊勢愈猖獗，山摧失忠良。嗚呼絶倫志，不得騁才長。妻孥悉從溺，枯骨誰爲襄。忠烈動天地，遊魂爲國殤。山水倍堪悲，抱恨徹穹蒼。穹蒼幸一息，庶幾紀星霜。西風白楊路，哀猿號崇岡。解劍挂墓柏，泣下沾衣裳。惜哉時不利，抽毫述悲傷。」此詩載《甬上耆舊詩》第二卷。

「猶秉周禮」，閔元年。「齊猶有禮」，僖三十三年。觀「猶」之一字，則禮廢久矣。

吕向注《雪賦》[一]曰：「隱公之時，大雪平地一尺，是歲大熟，爲豐年。桓公之時，平地廣一丈，以爲陽傷陰盛之證。」按《左氏》於隱公云「平地尺爲大雪」，不言是歲大熟；桓公事無所據，其説妄矣。桓八年冬十月，雨雪。建酉之月而雪，未聞其廣一丈也。

[一]《文選》謝惠連《雪賦》曰：「盈尺則呈瑞於豐年，袤丈則表沴於陰德。」

【元圻案】《書録解〔題〕·總集類》：「《六臣文選》六十卷。唐工部侍郎吕延祚，開元六年表上，號《五臣集注》。五臣者，常山尉吕延濟，都水使者劉承祖男良，處士張銑、吕向、李周翰也。以李善注惟引事，不説意義，故復爲此注。後人並與李善原注合爲一書，名《六臣注》。」

柳子《晉問》：「魏絳之言：『近寶則公室乃貧。』」按《左傳》成六年，此乃韓獻子之言。

【閻按】東坡《石鐘山記》「魏獻子之歌鐘也」，「獻」當作「莊」。

【何云】詩文中誤用事，有自誤者，有因古人之誤而亦誤者。如《晉問》作魏絳，乃出《水經注》，非不記《左傳》，故以示博，此又一例也。

【方樸山云】朱子注《論語》「夏瑚商璉」，亦因舊注，非不知與《明堂位》戾也。

【繼序按】包、鄭注《論語》，賈、服、杜注《左傳》，皆云「夏曰瑚」。

【元圻案】《水經》六「澮水」下注曰：「《春秋》成公六年：晉景公謀去故絳，欲居郇瑕。韓獻子曰：『土薄水淺，不如新田有汾、澮以流其惡。』遂居新田。」◎《四庫全書》校本案：原本及近刻「六年」訛作「元年」，晉「景公」訛作「悼公」，「韓獻子」訛作「魏獻子」，今據《左傳》改正。若如義門所云，豈韓之訛作魏，唐時本已然與？◎晁無咎嘗取《晉問》以續《楚辭》，曰：「枚乘《七發》，蓋以微諷吳王濞毋反，《晉問》亦七，蓋效《七發》以諷時君薄事役而隆道實云。」

劉勰《辨騷》：「班固以爲羿、澆、二姚與《左氏》不合。」洪慶善曰：「《離騷》用羿、澆等事，正與《左氏》合。孟堅所云，謂劉安說耳。」

【元圻案】《楚辭》卷一《離騷經王逸序》注：班固《離騷經章句序》云：「昔在孝武，博覽古文。淮南王安敍《離騷傳》，以《國風》好色而不淫，《小雅》怨誹而不亂，若《離騷》者，可謂兼之。蟬蛻濁穢之中，浮游塵埃之外，皭然泥而不滓。推此志，雖與日月争光可也。斯論似過其真。又說五子以失家巷，謂五子胥也。及至羿、澆、少康二姚、有娀佚女，皆以所識，有所增損，然猶未得其正也。故博采經書傳記本文，以爲之解。」◎《文心雕龍·辨騷篇》曰：「昔漢武愛《騷》，而淮南作傳，以爲《國風》好色而不淫，《小雅》怨誹而不亂，若《離騷》者，可謂兼之。班固以爲露才揚己，忿懟沉江，羿、澆、二姚，與《左氏》不合，崑崙、玄圃，非經義所載。」◎《書録解題·楚辭類》：「《楚辭》十七卷。漢護都水使者、光禄大夫劉向集，後漢校書郎南郡王逸叔師注，知饒州曲阿洪興祖慶善補注。逸之注雖未能盡善，而自淮南王安以下爲訓傳者，今不復存，其目僅見於《隋》、《唐志》，獨逸注幸而尚傳，興祖從而補之，於是訓詁名物詳矣。」◎此條所引洪慶善語，見《楚辭》卷一《辨騷》注。

《列子》載「隨會知政，羣盜奔秦」，「趙襄子勝翟，有憂色」，皆格言也。而謂隨會時有趙文子，又謂孔子聞襄子之言，其先後差繆。凡諸子紀事，若此者衆。[一]《說苑·善說篇》載祁奚救叔向，以欒盈爲欒達，[二]范宣子爲范桓子，皆誤。

[一]【方樸山云】了此則不必辨矣。

[二]【閻按】《史記》「欒盈」作「欒逞」，避惠帝諱也。「欒達」二字乃「欒逞」傳寫之訛，非《說

苑》本然，王氏偶未契勘及此。

【何云】蓋得之傳聞，不見史册故耳。

【元圻案】《列子·説符篇》：「晉國苦盜，有郄雍者，能視盜之貌，察其眉睫之間而得其情。晉侯使視盜，千百無遺一焉。晉侯喜，告趙文子。文子曰：『吾君恃伺察而得盜，盜不盡矣，且郄雍不得其死焉。』俄而羣盜謀曰：『吾所窮者郄雍也。』遂共盜而殘之。晉侯聞之大駭，立召文子而告之曰：『果如子言，郄雍死矣。然取盜何方？』文子曰：『周諺有言：「察見淵魚者不祥，智料隱慝者有殃。」且君欲無盜，莫若舉賢而任之；（而）〔使〕教明於上，化行於下，民有恥心，則何盜之爲？』於是用隨會知政，而羣盜奔秦。」又：「趙襄子使新穉穆子攻翟，勝之，取左人、中人；使遽人來謁之。襄子方食而有憂色。左右曰：『一朝而兩城下，此人之所喜也；今君有憂色，何也？』襄子曰：『夫江河之大也，不過三日；飄風暴雨不終朝，日中不須臾。今趙氏之德行無所施於積，一朝而兩城下，亡其及我哉！』孔子聞之曰：『趙氏其昌乎！夫憂所以爲昌也，喜者所以爲亡也。勝非其難者也。賢主以此持勝，故其福及後世。齊、楚、吴、越皆嘗勝矣，然卒取亡焉，不達乎持勝也。唯有道之主爲能持勝。』」◎士會繼趙盾爲政，在晉景公七年；趙文子乃盾之曾孫，相去幾八十年。孔子卒於周敬王四十一年，元王元年趙襄子始立。

《考古編》謂：「歐陽公論二帝三王世次差舛，發端於杜佑《通典》。」〔一〕按《釋例》，《世族譜》已有此疑，則發端乃杜預也。

［一］案，今本《考古編》無此語。

【閻按】曹魏時，博士張融難王肅，亦以五帝非黃帝子孫相續次者，又前於預。

【元圻案】《通典》四十二《吉禮》「夏后氏禘黃帝而郊鯀」注：「司馬遷《五帝本紀》云舜則黃帝九代孫，嚳之曾孫，禹，帝玄孫，計不合如此之差懸，恐馬遷之誤。」◎歐陽公《帝王世次圖序》曰：「遷所作《本紀》，出於《大戴禮》、《世本》諸書，今因其説圖而考之。堯、舜、夏、商、周同出於黃帝。堯之崩也，下傳其四世孫舜；舜之崩也，復上傳其四世祖禹；而舜、禹皆壽百歲。稷、契於高辛爲子，乃同父異母之兄弟。今以其世次而下之：湯與王季同世，湯下傳十六世而爲紂王，季下傳一世而爲文王，二世而爲武王，是文王以十五世祖臣事十五世孫紂，而武王以十四世祖伐十四世孫而代之王，何其謬哉！」◎文十八年正義：「《世族譜》取《史記》之説，又從而譏之云：『按鯀則舜之五世從祖父也，而及舜共爲堯臣；堯則舜之三從高祖，而妻其女。此《史記》之可疑者。』」◎案今本《世族譜》無此文。◎《四庫全書總目·子部·雜家類》：「《考古編》十卷。宋程大昌撰。論經義異同，史傳謬誤，多所訂證。」

雍熙中［二］校九經，史館有宋臧榮緒、梁岑之敬所校《左傳》，諸儒引以爲證。孔維謂不可。按據杜鎬引貞觀敕，以經籍訛舛，由五胡之亂，學士多南遷，中國經術浸微，今並以六朝舊本爲證，持以詰維。維不能對。【原注】見《談苑》。[二] 太平興國[三]中校《漢書》，安德裕取《西域傳》山川名號字之古者，改附近人集語。錢熙謂人曰：「予於此書，特經師授，皆有訓説，豈可胸臆塗竄，以合詞章？」【原注】見晏元獻公書。○案，此晏殊《答樞密范給事書》。見《宋文鑑》一百十二。 觀鎬、熙之言，則經史校讎不可以臆見定也。

[一] 太宗九年改元雍熙。

[二]【全云】楊文公億作。

[三] 太宗初元年號。

【閻按】齊武帝賜晉安王子懋以杜預手所定《左傳》，梁蕭琛得三輔相傳班固真本《漢書》，此二書當更奇。

【何云】自靖康亂後，北學益衰。

【元圻案】《書録解題·小説家類》：「《談苑》十五卷。丞相宋庠公序所録楊文公億言論。初，文公里人黄鑑從公游，纂其異聞奇説，名《南陽談藪》。宋公删其重複，分爲二十一門，改曰《談苑》。」◎《南齊書·高逸傳》：「臧榮緒，東莞莒人也。惇愛五經，謂人曰：『昔吕尚奉《丹書》，武王致齋降位，李、釋教誡，並有禮敬之儀。』因甄明至道，乃著《拜五經序論》。嘗以宣尼生庚子日，陳《五經》拜之。自號『被褐先生』。」傳言「太祖爲揚州，徵榮緒爲主簿，不到」，蓋宋人而隱於齊者，故王氏仍以宋係之。◎《陳書·文學傳》：「岑之敬，字思禮，南陽棘陽人也。年十六，策《春秋左氏》、制旨《孝經》義，擢爲高第。」◎《南齊書·武十七王傳》：「晉安王子懋，字雲昌，世祖第七子也。撰《春秋例苑》三十卷。世祖曰：『知汝常以讀書在心，足爲深欣也。』賜杜預手所定《左傳》及《古今善言》。」◎《梁書》：「蕭琛，字彦瑜，蘭陵人。始琛在宣城，有北僧南度，惟賫一（萌）〔葫〕蘆，中有《漢書序傳》。僧曰：『三輔舊老相傳，以爲班固真本。』琛固求得之，其書多有異今者。」◎孔維，字爲則，開封雍丘人。九經及第。淳化初，官工部侍郎，受詔校《五經疏義》。◎杜鎬，字文周，無錫人。博貫經史。舉明經，解褐集賢校理。歷官工、禮二部侍郎。◎安德裕，字益之，一字師皋，河南人。開寶三年登甲科。至道中知睦州，還判太府寺。◎錢熙，字大雅，泉州南安人。善屬文，李昉深加賞重，爲之延譽，令與子宗諤遊，遂登甲科。

前輩學識，日新日進。東坡《咏三良》，其和淵明者，與在鳳翔時所作[一]議論夐殊。呂成公《博議》論公孫敖二子，及《續説》則謂「宗子有君道」，趙宣子使臾駢送賈季帑，則謂「古人風俗尚厚，《博議》非是」。可以見進德修業之功。

[一]【何云】鳳翔所作本之康成。

【集證】魏慶之《詩人玉屑》：「昔之咏三良詩，有王仲宣、曹子建、陶淵明、柳子厚，曾無一語辨其非是者。惟坡公和陶云：『殺身故有道，大節要不虧。君爲社稷死，我則同其歸。顧命有治亂，臣子得從違。魏顆真孝愛，三良安足希。』審如是言，則三良不能無罪。東坡一篇，冠絶千古。

苕溪漁隱云：『東坡《秦穆公墓》詩意全與《和三良》詩意相反，蓋是少年時議論如此，至其晚年，所見益高，超人意表。此揚雄所以悔少作也。』」

【元圻案】《文選》曹植《三良詩》：「秦穆先下世，三良皆自殘。」王粲《咏史詩》：「臨殁要之死，焉得不相隨。」注：「劉德《漢書》注曰：《黄鳥》之詩，刺秦穆公要之從死。」◎《秦風·黄鳥序》：「《黄鳥》，哀三良也。國人刺穆公以人從死而作是詩也。」箋云：「從死，自殺以從死。」東坡《咏秦穆公墓》云：「昔公生不誅孟明，豈有死之日而忍用其良，乃知三子殉公意，亦如齊之二子從田横。」蓋從自殺之説。◎《四庫全書總目》：「《春秋左氏傳續説》十二卷。宋呂祖謙撰。是編繼《左氏傳説》而作，以補所未及，故謂之《續説》。久無傳本，今見於《永樂大典》者，以傳文次第排比之，猶可成帙。其中如臾駢送狐射姑之帑，孟獻子愛公孫敖二子兩條，俱以《博議》所言爲非是，則是書當成於晚年矣。」◎呂成公《左氏傳續説》卷五文六年，「盡具其帑與器用財賄」條云：「《左氏》詳書之者，蓋見得纖悉周盡。向《博議》論趙宣子特地遣臾駢送狐射姑之帑，全不是。蓋古人風俗尚厚，卻不如此。」又卷六文十六年「孟獻子愛穆伯二子」條云：「獻子告季文子，亦已信之矣。二子皆死，亦自愧不安而死。孟獻子正是宗子，宗子有君道。《博議》所論此事非是。」

齊、晉、楚之霸，皆先服鄭；范雎、李斯之謀，皆先攻韓。蓋虎牢之險，天下之樞也。在虢曰制，在鄭曰虎牢，在韓曰成皋。虢叔恃險而鄭取之，鄭不能守而韓滅之，韓又不監而秦并之，秦之亡也，漢、楚爭之。在德不在險，佳兵者好還，信夫！

【閻按】《戰國策》：「三晉既破智氏，將分其地。段規曰：『分地必取成皋。』韓王曰：『成皋，石溜之地也，無所用之。』段規曰：『不然。臣聞百里之厚而動千里之權者，地利也。王用臣言，則韓必取鄭矣。』王曰：『善。』果取成皋。」是成皋不待鄭亡而久入晉矣。

【元圻案】莊公二十七年爲齊桓之十九年，「同盟於幽，陳、鄭服也。」僖公二十九年，晉文公盟諸侯於翟泉，「謀伐鄭也」。文公十四年爲楚莊王之二年，「同盟於新城，從於楚者服」。注：「從楚者陳、鄭、宋。」◎《戰國策》：「范睢曰：『秦、韓之地形，相錯如繡。秦之有韓，若木之有蠹，人之病心腹。天下有變，爲秦害者，莫大於韓。』王曰：『寡人欲收韓，韓不聽，爲之奈何？』范睢曰：『舉兵而攻滎陽，則成皋之路不通。北斬太行之道，則上黨之兵不下。一舉而攻宜陽，則其國斷而爲三。韓見必亡，焉得不聽？韓聽，而霸事可成也。』」◎《史記・始皇本紀》：「李斯因說秦王，請先取韓以恐他國，於是使斯下韓。」◎范睢曰：「今韓、魏，中國之處而天下之樞也。」① ◎《漢書・地理志》：「成皋，故虎牢，亦名制，《左傳》所謂巖邑也。」正義：「《括地志》云：『成皋故縣在洛州汜水縣西南。』」汜音似。◎《鄭語》：史伯謂鄭桓公曰：「子男之國，虢、鄶爲大。虢叔恃

① 見《史記・范睢蔡澤列傳》。

勢，鄶仲恃險。君若以周難之故，而寄帑與賄焉，不敢不許。周亂而弊，是驕而貪，必將背君，君若以成周之衆，奉辭伐罪，無不克矣。」◎《史記・韓世家》：「哀侯二年，滅鄭，因徙都鄭。」◎《秦始皇本紀》：「十七年，内史騰攻韓，得韓王安，盡納其地，以其地爲郡。」◎《項羽本紀》：「漢之四年，項王進兵圍(城)〔成〕臯。漢王逃。楚遂拔成臯。項王乃自東擊彭越。漢王則引兵渡河，復取成臯。」◎《吴起傳》：「武侯浮西河而下，中流，顧而謂吴起曰：『美哉山河之固，此魏國之寶也！』起對曰：『在德不在險。』」◎《老子》曰：「以道佐人主者，不以兵强天下，其事好還。」又曰：「夫佳兵者不祥，物或惡之。」

欲治國者先齊家，家之不齊，莫甚於魯、衛，觀《詩》可見已。衛不足言也，魯自括、戲之争，而桓、宣皆篡兄矣；自文姜之亂，而哀姜襲其迹矣；自成風事季友，哀姜、成風事，俱見閔二年。而敬嬴事襄仲矣。〔一〕家法不修，故曰：「魯、衛之政，兄弟也。」然衛多君子，魯無君子者，斯焉取斯，風化猶孅也。畏清議者，亦曰：「何以見魯、衛之士？」哀十四年。政治雖濁，風俗不衰，與漢之東都同。

〔一〕【何云】内言不逾閾，成風聞季友之繇而事之，非家法也。然宋儒不察文義，遂使與共仲通於哀姜同科，則誣古良臣矣。襄仲雖有弑君之大惡，亦非烝於敬嬴也。

【全云】厚齋亦未嘗指爲烝淫也。

【元圻案】《邶風》《雄雉》、《匏有苦葉》、《新臺》，《鄘風》《鶉奔》，《序》皆以爲刺宣公、宣姜也。《齊風》《敝笱》、《載馳》、《猗嗟》，《序》以爲刺文姜、齊襄、魯莊也。◎《史記·魯世家》：「武公九年，與長子括、少子戲西朝周宣王。王立戲爲魯太子。武公歸而卒，戲立，是爲懿公。九年，懿公兄括之子伯御，與魯人攻弒懿公，而立伯御爲君。伯御即位十一年，周宣王伐魯，殺其君伯御，立稱，是爲孝公。」◎隱十一年，羽父請殺桓公，將以求太宰。公曰：「爲其少故也，吾將授之矣。」羽父懼，反譖公於桓公而請弒之。文公十八年，文公二妃敬嬴生宣公，敬嬴嬖而私事襄仲。(襄)〔宣〕公長而屬諸襄仲，仲殺惡及視而立宣公。

「周人以諱事神，名終將諱之」。[一]《曲禮》注云：「生者不相辟名。衛侯名惡，大夫有石惡，君臣同名，《春秋》不非。」[二]《理道要訣》①云：「自古至商，子孫不諱祖父之名。周制方諱。」【原注】夷狄皆無諱。漢宣帝三年詔曰：「古天子之名，難知而易諱也。其更諱詢。」則生而稱諱矣。[三]《博議》謂：「名子者當爲孫地。」出《顏氏家訓·風操篇》。

[一] 案，桓六年。正義曰：「自殷以往，未有諱法，諱始於周。」

① 三箋本於此下有注：「【全云】杜祁公衍作。」應補入。

【方樸山云】「以諱事神，名終將諱之。」《釋文》從「名」字句絶。

［二］昭七年，「衛侯惡卒。」《穀梁傳》曰：「鄉曰衛齊惡，今曰衛侯惡，此何爲君臣同名也？君子不奪人名，不奪人親之所名，重其所以來也。」疏曰：「其並存者則不諱，若卒哭而後，無容得斥君名，蓋捨名而稱字耳。」

［三］【何云】生而稱諱，自漢宣始。

【閻按】孔疏引熊氏曰：「『石』字誤，當作『名』字。蓋大夫有名惡者，謂齊惡，非石惡也。」

《河圖》曰：「崑山出五色流水，其白水入中國，名爲河。」［一］故晉文公投璧於河，曰「有如白水」。僖二十四年。

［一］【集證】引見《後漢·張衡傳》注。

【何云】此不足憑，宏詞人俗習如此。

【三箋載閻云】「崑」字下當有「崙」字。「有如白水」即「有如皎日」也。

【集證】《御覽》六十一引《山海經》曰：「崑崙山縱横萬里，高萬一千里。去嵩山五萬里。有青河、白河、赤河、黑河環其墟。其白水出東北，取曲向東南流，爲中國河。百里一小曲，千里一大曲。」

狐偃曰：「求諸侯莫如勤王。」僖二十五年。荀彧以此勸曹操迎獻帝，【原注】彧之言曰：「晉文公納周襄王，而諸侯景從。」○案，荀彧語見《通鑑》漢獻建安元年。豈誠於爲義者？故曰「譎而不正」。《淮南》之書謂晉文「得之乎閨内，失之乎境外」，《繆稱訓》。非也。辰嬴之事，僖二十三年。閨内之法安在哉！《詩》如①《衛風・木瓜》，猶美齊桓，而《唐風》不録晉文，亦以是夫。

【元圻案】《詩序》：「《木瓜》，美齊桓公也。衛有狄人之敗，桓公救而封之。衛人欲厚報之，而作是詩也。」◎宋王晳《春秋皇綱論》：「齊桓之定太子也，不欲使惠王廢嫡庶之正，是其本志。故仲尼謂之『一正天下』，首止之會是也。晉文公之迎襄王也，藉以求諸侯信義之名，非其至誠，而狐偃勸以繼文之業，王城之師是也。以其不本尊王之義，故謂之『譎而不正』。」

介子推曰：「身將隱，焉用文之？」僖二十四年。君子之潛也，名不可得聞。先儒謂召平高於四皓，[一]中屠蟠賢於郭泰。

[一]【何云】召平嘗事秦，晚年失侯，爲漢相客，惡得賢？○案「召平高於四皓」，乃朱子語。

【集證】按《廣韻・十六蒸》「應」字下云：「漢有應曜，隱於淮陽山中，與四皓俱徵，曜獨不至。時人語曰：『南山四皓，不如淮陽一老。』應劭，其八代孫也。」召平當以應曜易之。

①「如」，元刊本作「於」。

【元圻案】胡致堂《讀史管見》五：「議者以郭泰、申屠蟠不罹黨錮之禍，比肩而譽之。愚謂有道固賢矣，而名在八顧，未若蟠之以不見成德也。及董卓擅朝，收召名士，蔡邕、荀爽、陳紀、韓融皆畏卓暴戾，無敢不至，而蟠獨從容高卧，竟以不屈。其用晦如愚，風度高且遠矣。」

邵子《觀物内篇》四曰：「修夫聖者，秦穆之謂也。」蓋取其悔過自誓。胡文定謂文四年「見伐不報，始能踐自誓之言矣」。《尸子》稱「穆公明於聽獄，斷刑之日，揖士大夫曰：『寡人不敏，[一]使民入於刑，寡人與有戾焉。二三子各據爾官，無使民困於刑。』」[二]此雖大禹之泣辜無以過。以此坊民，猶有立威於棄灰者。

[一]《北堂書鈔》「不敏」下有「教不至」三字。

[二]【集證】引見《御覽》六百三十六。

【閻按】嘗謂秦穆公曰：「其君實惡，其民何罪？」楚共王曰：「其自爲謀也，則過矣。其爲吾先君謀也，則忠。」大哉二君之言，可爲萬世法！

【元圻案】《尸子》注見卷五「南風之詩」條①。◎《説苑》：「禹出見罪人，下車問而泣之。」◎《吳越春秋》：「南到計於蒼梧，而見縛人。禹拊其背而哭曰：『天下有道，民不罹辜。天下無

① 頁六四〇。

道，罪及善人。此吾德薄不能化民證也。』」◎《韓非子》：「仲尼説隕霜，而殷法刑棄灰。」《説苑》：「秦法棄灰於道者刑。」

楚之興也，篳路藍縷，宣十二年。其衰也，翠被豹舄。昭十二年。國家之興衰，視其儉侈而已。

【全云】此有感於南宋湖山之華綺。

欒王鮒毀叔向，襄二十一年。以平公不好賢也；梁丘據不毀晏子，以景公好賢也。二臣皆從君者，易地則皆然。【原注】劉貢父詩云。《顧子》曰：「昔梁丘據之諫景公也於房，晏嬰之諫景公也於朝。然晏嬰之忠著於竹素，梁丘之佞於今不絶。」【原注】顧夷《義訓》，《唐志》在「儒家」。[一] 梁丘據豈能諫景公哉？斯言繆矣。

[一]【集證】引見《御覽》四百五十七。

【全云】梁丘據果能諫於房，亦何佞之有？

【集證】《隋志》「儒家」：「《顧子》十卷。晉揚州主簿顧夷撰。亡。」

【元圻案】近刻《三劉文集》，《公非集》只存詩四首，《公是集》有雜詩一首，云：「齊有梁丘據，晉有欒王鮒。據能愛晏嬰，鮒能讒叔譽。二臣變兩朝，事君爲悦豫。景有尚賢志，據逆以爲助。平失宥善心，鮒乃速其去。毋以據爲賢，易地則同趣。」或本貢父詩而誤入原父集中。近得《四庫全書》所輯《公是集》，五言古詩多至十二卷，獨不載是詩，其爲貢父作無疑。

或求名而不得，如向戌欲以弭兵爲名，而宋之盟其名不列焉。襄二十七年。或欲蓋而名章，如趙盾僞出奔，宣二年。〔一〕崔杼殺太史，襄二十五年。將以蓋弒君之惡，而其惡益著焉。推此類言之，可見謹嚴之法。求名非謂齊豹，名章不止三叛也。

〔一〕胡傳：「是盾僞出，而實與聞乎故也。」

【元圻案】杜預《春秋序》曰：「懲惡而勸善，求名而亡，欲蓋而章。書齊豹『盜』，三叛人名之類是也。」正義曰：「齊豹，衛國之卿，《春秋》之例，卿皆書其名氏，齊豹忿衛侯之兄，起而殺之，欲求不畏强禦之名，《春秋》抑之，書曰『盜』。盜者，賤人有罪之稱也。邾庶其、黑肱、莒牟夷三人，皆小國之臣，並非命卿，其名於例不合見經，竊地出奔，求食而已，不欲求其名聞，故書其名，使惡名不滅。」

孫郃論「春秋無賢臣」，蓋諸侯不知有王，其臣不能正君以尊王室。此孟子所以卑管、晏也。

【全云】孫郃，唐末拾遺，吾鄉前輩也。《春秋無賢臣論》，以見當時藩府諸臣之無心王室。

【集證】晁氏《讀書志》四：「孫郃《文纂》一卷。唐孫郃，字希韓，四明人。乾寧四年進士。

好荀、孟、揚之書，慕韓愈。舊四十卷。」《浙江志》：「孫郃，奉化人。唐末爲左拾遺。朱温篡唐，著《春秋無賢臣論》一卷，即超然肥遯。著書紀年，悉用甲子，以示不臣之義。」

【元圻案】 孫郃《春秋無賢臣論》曰：「陪臣於諸侯，君父也；諸侯於周王，亦君父也；陪臣於周，義猶大父也。今春秋陪臣張公室，侵王室，弱周以强諸侯，是弱祖而强父；佐諸侯而敵周，是佐父而敵祖。遂使姬周削弱，祀號而已。桓、文雖以爲霸，何能正之？反有封禪請隧之僭；管晏雖有其功，何能諫之？而有反坫毁孔之惡。於是風教大壞，海内焚如，人不堪命，何耶？無賢臣也。」

周之替也，自原伯魯之不説學；昭十八年。秦之亡也，自子楚之不習誦。

【元圻案】 吕成公《大事記》：「周赧王五十八年，十二月，秦質子異人逃歸。《解題》曰：按《戰國策》，異人至，不韋使楚服而見。王后説其狀，高其智，曰：『吾楚人也。』而自子之，乃變其名曰『楚』。王使子誦，子曰：『少棄捐在外，嘗無師傅所教學，不習於誦。』王罷之。秦之焚書，蓋兆於此。」◎隋高祖素不説學，亦二世而亡。

史墨對趙簡子曰：「天生季氏，以貳魯侯。」又曰：「君臣無常位，自古已然。」昭三十二年。簡子在晉，猶季氏在魯也。史墨之對，其何悖哉！張睢陽責尹子奇曰：「未識人倫，焉知天道！」[一]

［二］【閻按】張睢陽語以前，惟郭璞嘗遇顏含，欲爲之筮。含曰：「年在天，位在人。修己而天不與者，命也；守道而人不知者，性也。自有性命，無勞蓍龜。」皆理學精言。◎尹子奇，按《通鑑》當作令狐潮。

【元圻案】《通鑑·唐紀》肅宗至德元載：「令狐潮圍張巡於雍丘，巡使郎將雷萬春於城上與潮相聞。賊弩射之，面中六矢而不動。潮疑其木人，使諜問之，乃大驚，遥謂巡曰：『向見雷將軍，方知足下軍令矣，然其如天道何！』巡謂之曰：『君未識人倫，焉知天道！』」◎張睢陽詩曰：「不辨風云色，安知天地心。」忠義之至，乃欲以人勝天。

「今天或者大警晉也」，宣十二年士伯之言。畏而能自修者也。「雖晉之强，能違天乎！」宣十五年伯宗之言。怠而不自强者也。

叔向曰：「楚辟我衷，若何效辟？」昭六年。［一］王魏公之於寇萊公曰：「不可學他不是。」

［一］杜注：「辟，邪也。衷，正也。」

【集證】朱子《名臣言行録》引《龜山語録》云：「王魏公在中書，寇公在密院。中書偶倒用了印，寇公須（鉤）〔勾〕吏人行遣。他日樞密亦用倒了印，中書吏人呈覆，亦欲行遣。公問吏人：

『汝等且道，密院當初行遣倒用印者是否？』曰：『不是。』公曰：『既是不是，不可學他不是。』」

公山不狃曰：「君子違，不適讎國。所托也則隱。」哀八年。斯言也，蓋有聞於君子矣。背君父以覆宗國者，不狃之罪人也。

【全云】斯言也，爲吕文焕、劉整、范文虎諸人言之。

【元圻案】張天如《書〈宋史紀事本末·文謝之死〉後》曰：「景定以來，劉整以瀘州叛，吕文焕以襄陽叛，陳奕以貴州叛，吕師夔以江州叛，范文虎以安慶叛。數人者皆宋大將，賈似道所親厚也。金城湯池，社稷所寄，一朝反戈，魚羊食人，入寇招叛，爲虜前驅。吕文福、昝萬壽紛起效尤，亂莫制矣。」

齊人歌曰：「唯其儒書，以爲二國憂。」哀二十一年。春秋之季，已輕儒矣。至戰國，而淳于髡有「賢者無益」之譏，秦昭王有「儒無益」之問，末流極於李斯。

【元圻案】《荀子·儒效篇》：「秦昭王問孫卿子曰：『儒無益於人之國？』孫卿子曰：『儒者，法先王，隆禮義，謹乎臣子而致貴其上者也。』」

申包胥似張子房，天下士也。楚破矣，請秦師以卻吴；定四年。韓亡矣，借漢兵以滅秦，其相似一也。入郢之讎未報，則使越，爲之謀以滅吴；【原注】見《吴語》。韓王成之讎未報，則從漢，爲之謀以滅項，其相似二也。楚君既入而逃賞，定五年。漢業既成而謝事，其相似三也。自夏靡之後，忠之盛者，二子而已。然楚國復興，[一]而韓祀不續，天也，子房之志則伸矣。我思古人，唯漢諸葛武侯可以繼之。「鞠躬盡力，死而後已」，[二]其志一也。若梁之王琳、唐之張承業，功雖不就，抑可以爲次矣，不當以功之成否論。吁！春秋亡國五十二，未見其人也。遂之四氏，僅能殲齊戍。其亡而復存者，唯一包胥，豈不難哉！太史公傳伍員而不傳包胥，非所以勸忠也。《戰國策》：楚莫敖子華曰：「昔吴與楚戰於柏舉，三戰入郢。棼冒勃蘇贏糧潛行，上峥山，逾深谿，蹠穿膝暴，七日而薄秦朝。鶴[三]立不轉，晝吟宵哭，七日不得告，水漿無入口。秦遂出革車千乘，卒萬人，屬之子滿【原注】《左氏》作「蒲」。與子虎，下塞以東，與吴人戰於濁水，[四]大敗之。」棼冒勃蘇即申包胥也，豈棼冒之裔，楚之同姓歟？[五]《淮南·修務訓》云：「申包胥贏糧跣走，[六]跋涉谷行，上峭山，赴深谿，游川水，犯津關，躐蒙籠，蹷沙石，蹠達膝曾繭重胝，七日七夜，至於秦庭。鶴跱而不食，晝吟宵哭，面若死灰，顔色黴墨，涕液交集，以見秦王。」亦與子華之言同。所謂「莫敖大心深入吴軍而死」，[七]以《左氏》考之，即左司馬戌也。見定四年。戌者，葉公諸梁之父也。諸梁定白公之亂，不有其功而老於葉。事見哀十六年。其聞包胥之風而師法之歟？

〔一〕案周敬王十五年，楚昭復國，歷十三君至負芻，而爲秦所滅，計二百八十三年。

〔二〕此即武侯《後出師表》語，見《三國志》本傳注。

〔三〕【何云】閣校作「雀」，疑善本「雀」字之誤。

〔四〕【全云】楚無濁水，疑是馮水，字相近而誤。

〔五〕嘉定錢氏大昕曰：「棼」者「楚」之訛，「冒」者「昌」之訛，即古文「申」字。「勃蘇」與「包胥」聲相近。◎鮑彪《戰國策注》曰：「定四年，以爲申包胥。」吴師道《補注》曰：「棼冒即蚡冒。勃蘇、包胥聲相近。」

〔六〕走，疑當作「足」。

〔七〕《修務訓》：「吴與楚戰，莫囂大心撫其御之手曰：『今日距强敵，犯白刃，蒙矢石，戰而身死，卒勝民治，全我社稷，可以庶幾乎？』遂入不返。」

【元圻案】張良大父、父五世相韓。秦滅韓，良悉以家財求客刺秦王，爲韓報仇。後從沛公西入武關，説以破秦之策。事詳《史記·項羽本紀》、《留侯世家》。◎《新序》：「昭王復國，而賞始於包胥。包胥曰：『輔君安國，非爲身也；救急除害，非爲名也。功成而受賞，是賣勇也。』遂逃賞，終身不見。」◎《史記·留侯世家》：「留侯乃稱曰：『家世相韓，及韓滅，不愛萬金之資，爲韓報讎强秦，天下振動。今以三寸舌爲帝者師，此布衣之極，於良足矣。願棄人間事，從赤松子游耳。』乃學辟穀，道引輕身。」◎《北齊書·王琳傳》：「琳字子珩，會稽山陰人也。梁元爲魏圍逼，琳赴援，師次長沙，知魏平江陵，已立梁王詧，乃爲梁元舉哀，三軍縞素。陳霸先推立敬帝，以侍中司空徵。琳不從命。陳武帝遣將侯安都、周文育等誅琳，乃受梁禪。逆戰於沌口，禽安都、文育。初，魏克江陵之時，永嘉王莊年甫七歲，逃匿人家，琳迎還湘中。及敬帝立，出質於齊，請納莊爲梁王。文宣遣兵援送，拜琳爲梁丞相。琳乃遣兄子叔寶赴鄴，奉莊纂梁祚於郢州。及陳霸先即位，琳乃輔莊次於濡須口。陳遣吴明徹襲湓城。琳遣巴陵太守任忠大敗之。屬陳氏結好於齊，使琳更聽後圖。陳將吴明徹進兵圍之，城陷被執，殺之。琳故吏朱瑒致書陳尚書徐陵，求琳首，曰：『梁故建寧公琳，當亂離之辰，總方伯之任，輕躬殉主，以身許國，徒藴包胥之念，終遘萇弘之眚。』」

◎《五代史·宦者傳》：「張承業，字繼（先）〔元〕。唐僖宗時宦者也。晉王病且革，以莊宗屬承業曰：『以亞子累公等。』莊宗常兄事承業，軍國之事，皆委承業，承業亦盡心不懈。天祐十八年，莊宗已諾諸將即皇帝位。承業方卧病，聞之，自太原肩輿至魏，諫曰：『大王父子與梁血戰三十年，本欲雪國家之讎，而復唐之社稷。今元凶未滅，而遽以尊名自居，非王父子之初心，且失天下望，不可。』莊宗謝曰：『此諸將之所欲也。』承業曰：『不然，梁，唐、晉之仇賊，而天下所共惡也。今王誠能爲天下去大惡，復列聖之深讎，然後求唐後而立之。使唐之子孫在，孰敢當之？使唐無子孫，天下之士，誰可與王争者？臣，唐家一老奴耳，誠願見大王之成功，然後退身田舍，使百官送出洛東門，而令路人指而嘆曰「此本朝敕使，先王時監軍也」，豈不臣主俱榮哉？』莊宗不聽。承業乃仰天大哭曰：『吾王自取之！誤老奴矣。』不食而卒。」◎班孟堅《古今人表》有申包胥，而無棼冒勃蘇，是一人也。乃於「中下」列沈尹戌，復於「中中」列莫敖大心，則以一人爲二人矣。

邾文公之知命，文十三年。楚昭王之知天道，哀六年。惠王之知志，哀十八年。其所知有在於卜祝史巫之外者。裨竈言鄭之將火，或中或否，子産謂「焉知天道」；昭十八年。梓慎言魯之將水，昭子曰旱也，秋大旱，如昭子之言，昭二十四年。亦非知天者也。故「聖人以人占天」。[一]

[一]【何云】《揚子》語。

【元圻案】《法言·五百篇》：「或問：『聖人占天乎？』曰：『占天地。』『若此，則史也何異？』曰：『史以天占人，聖人以人占天。』」◎《吕氏春秋·制樂篇》：「宋景公時，熒惑在心。子韋曰：『禍當於君。雖然，可移於相。』公曰：『相，所與治國家者也，而移死焉，不祥。』子韋曰：『可移於民。』公曰：『民死，寡人將誰爲君乎？寧獨死。』子韋曰：『可移於歲。』公曰：『歲害則民饑，民饑必死。爲人君而殺其民以自活也，其誰以我爲君乎？是寡人之命固盡已，子無復言矣。』子韋曰：『君有至德之言三，天必三賞君。』是夕熒惑果徙三舍。」與邾文公之知命相類。◎《文選》張衡《思玄賦》曰：「慎竈顯以言天兮，占水火而妄訊。」

鉏麑之於趙宣子，宣二年。沐謙之於司馬楚之，誠敬之感人至矣。商君載甲操戟，李林甫重關複壁，不亦愚乎！

【何云】如費禕者又可戒也。

【元圻案】《魏書·司馬楚之傳》：「楚之，晉宣帝弟馗之八世孫。劉裕立，楚之規欲報復。劉裕深憚之，遣刺客沐謙害楚之。楚之待謙甚厚。謙夜詐疾，知楚之必自來，因欲殺之。楚之聞謙病，果自齎湯藥往省之。謙感其意，乃出匕首於席下，以狀告，遂委身以事之。其推誠信物，皆此類也。」◎《史記·商君列傳》：「趙良曰：『君之出也，後車十乘，從車載甲，多力而駢脅者爲驂乘，持矛而操闟戟者旁車而趨。此一物不具，君固不出。』」◎《唐書·姦臣傳》：「林甫自見結怨者衆，憂刺客竊發，其出入，廣騶騎，先驅百步，傳呼呵衛，金吾爲清道，公卿辟易趨走。所居重關複壁，絡板甃石，一夕再徙，家人亦莫知也。」◎《三國志·蜀·費禕傳》：「禕字文偉。延熙十五年，命禕開府。十六年歲首大會，魏降人郭循在坐。禕歡飲沈醉，爲循手刃所害。」

《春秋》書災異，不書祥瑞，所以訓寅畏、防怠忽也。災異，古史官之職。[一]隕石六鷁，宋襄以問周内史。僖十六年。有雲夾日，楚昭以問周太史。哀六年。在漢則太史公掌天官，張衡爲日官。我朝舊制，太史局隸秘書。凡天文失度，三館皆知之。淳熙[二]中，熒惑入斗，同修國史李燾，類次漢元鼎至宣和四十五事以進。熒惑犯氐，秘書丞蔣繼周言：「氐者邸也，驛傳宜備非常。」不淹旬，都進奏院災。蓋每有星變，館吏以片紙録報，故得因事獻言。自景定[三]後，枋臣[四]欲抹殺災異，三館遂不復知。甲子，[五]彗星宫中見之，乃下求言之詔，則蒙蔽可見。壬申，[六]地生毛，明年失襄陽。災異其可忽哉！爲人臣不知《春秋》之義，其禍天下極矣，叔輒所以哭日食也。

[一]【何云】《周官》馮相氏、保章氏敍於太史、小史之後，内史、外史之前，則其職之相關可知矣。

[二] 孝宗在位十二年改元淳熙。

[三]【閻按】理宗在位三十六年庚申改元。

[四]【閻按】枋臣謂賈似道。

[五]【閻按】景定五年。

[六]【閻按】度宗咸淳八年。

【閻按】馬貴與言：「古太史所職掌者，察天文，記時政，蓋合占候記載之事以一人司之。故其時象緯有變，而紀録無遺。」

【元圻案】《史記·太史公自序》曰：「太史公既掌天官，不治民。」◎《後漢書·張衡傳》：「衡字平子，南陽西鄂人也。安帝雅聞衡善術學，公車特徵拜郎中，再遷爲太史令。設客問，作《應間》以見其志，云：『有間余者曰：吾子性德體道，篤信安仁，約己博藝，無堅不鑽，以思世路，斯何遠矣！曩滯日官，今又原之。』」注：「日官，史官也。《左傳》曰：『天子有日官。』」◎《宋史·李燾傳》：「燾字仁甫，眉州丹稜人。淳熙十年，太史言十一月朔，日當食心八分。燾（係）〔條〕上古今日食是月者三十四事，奏曰：『心，天王位，其分爲宋。十一月於卦爲《復》，方潛陽時，陰氣乘之，故比他食爲重，非小人害政，即敵人窺中國。』」◎《玉海》三《天文書下》：「淳熙十年，上憂熒惑嘗入斗，李燾言天道遠，惟正人事，可以弭災。類次漢元鼎至宣和四十五事以進。」此當是一事，而傳之者互異。

宋襄求諸侯而敗於泓，僖二十二年。楚靈卜得天下而辱於乾溪。昭十三年。《淮南子·詮言訓》曰：「侯而求霸者必失其侯，霸而求王者必喪其霸。」

臧孫於魯曰：「國有人焉。」襄二十三年。師慧於宋曰：「必無人焉。」襄十五年。襄仲於秦曰：「不有君子，其能國乎？」文十二年。有士五人，晉文所以霸也；昭十三年。有太叔儀，有母弟鱄，衛獻所以入也；襄十四年。有趙孟，有伯瑕，有史趙、師曠，有叔向、女齊，晉所以未可媮也。襄三十年。曰「子無謂秦無人」，文十三年。曰「無善人，則國從之」，襄二十六年。國之存亡輕重，視其人之有無而已。〔一〕舜有臣五人，武王有亂臣十人，殷有三仁，周有八士。之人也，始可謂之有。虞有宫之奇，項有范增，不能有其有矣。〔二〕魏之窺吴，則曰「彼有人焉」；賈生言天下倒懸，則曰「猶爲國有人乎？」〔三〕

此皆以人爲盛衰也。

[一] 案東方朔曰：「得士者强，失士者亡。」梅福曰：「得士則重，失士則輕。」

[二]《史記·高祖本紀》：「子房、蕭何、韓信，此三人者，皆人傑也。吾能用之，此吾所以取天下也。項羽有一范增而不能用，此其所以爲我擒也。」

[三] 賈生之語，見《漢書》本傳《陳政事疏》。

【何云】以賈生之言終之，深傷時無王導、謝安耳。

【元圻案】《容齋隨筆》十三：「《傳》曰：『不有君子，其能國乎？』古之爲國，言辭抑揚，率以有人無人爲輕重。晉以詐取士會於秦，繞朝曰：『子無謂秦無人，我謀適不用也。』楚子反曰：『以區區之宋，猶有不欺人之臣，可以楚而無乎？』宋受鄭賂，鄭師慧曰：『宋必無人。』魯盟臧紇之罪，紇曰：『國有人焉。』賈誼論匈奴之嫚侮，曰：『倒懸如此，莫之能解，猶爲國有人乎？』後之人不能及此，然知敵之不可犯，猶曰『彼有人焉，未可圖也』。一士重於九鼎，豈不信然！」

隱公之大夫多不氏，猶可言未命也。宋昭公之大夫多不名，則説者不一矣。

【元圻案】宋王晳《春秋皇綱論·卿書名氏篇》：「隱公之卿多不氏，蓋隱公以庶長自嫌，若同於攝，故所用之卿亦不正命，皆去族以别之。《傳》曰：『隱不爵命大夫。』此説是也。」◎僖二十五年，「宋殺其大夫。」《左氏》無傳。杜注曰：「其事未聞。於例爲大夫無罪，故不稱名。」

《公羊傳》曰：「宋三世無大夫，三世内娶也。」《穀梁傳》曰：「其不稱名姓，以其在祖之位，尊之也。」文七年，「宋人殺其大夫。」《左傳》曰：「不稱名，衆也，且言非其罪也。」《公羊傳》曰：「何以不名？宋三世無大夫，三世内娶也。」《穀梁傳》曰：「稱人以殺，誅有罪也。」文八年，「宋殺其大夫司馬，宋司城來奔。」《左傳》曰：「司馬握節以死，故書以官。司(馬)〔城〕蕩意諸來奔，效節於府人而出。亦書以官，皆貴之也。」正義曰：「死者不稱名，無罪故也。」《公羊傳》曰：「司馬者何？司城者何？皆官舉也。曷爲皆官舉？宋三世無大夫，三世内娶也。」《穀梁傳》曰：「司馬，官也；司城，官也。其以官稱，無君之辭也。」◎三《傳》之説，已不同如此。至宋儒或各從一《傳》，或各自爲説，不可殫述矣。王氏論而不斷，蓋闕疑之意。

《春秋》誅亂臣賊子，《左氏》謂「稱君，君無道也」，宣四年。《穀梁》謂「稱國以弑其君，君惡甚矣」。成十八年。安定先生曰：「是啓亂臣賊子之言也，其爲害教大矣。」

【元圻案】宣公四年，「夏六月乙酉，鄭公子歸生弑其君夷。」《傳》曰：「凡弑君，稱君，君無道也；稱臣，臣之罪也。」杜注：「稱君，謂唯書君名而稱國以弑，言衆所共絶也。稱臣者，謂書弑者之名以示來世。」◎成公十八年，「正月庚申，晉弑其君州蒲。」《穀梁傳》曰：「稱國以弑其君，君惡甚矣。」疏曰：「於此發傳者，以州蒲二年之間殺四大夫，故於此發惡例也。」

宗人釁夏之守禮，哀二十四年。聖人遺化也。後世犯葵丘之禁者多矣，漢之劉輔，魏之棧潛，我朝之鄒浩，守經據古，其有魯宗人之風乎！

【閻按】劉輔諫成帝不宜立趙倢伃爲后，棧潛諫文帝不宜立郭貴嬪爲后。

【元圻案】《漢書·劉輔傳》：「輔，河間宗室也。成帝欲立趙倢伃爲皇后。輔上書，謂『觸情縱欲，傾於卑賤之女，欲以母天下，惑莫大焉。語曰：「腐木不可以爲柱，卑人不可以爲主。」天人之所不予，必有禍而無福。』」◎《三國志·魏·后妃傳》：「文德郭皇后，太祖爲魏王時，得入東宮。太子即王位，后爲夫人，及踐阼，爲貴嬪。甄后之死，由后之寵也。黄初三年，文帝欲立爲后，中郎棧潛上書曰：『《春秋》書「宗人釁夏」，云「無以妾爲夫人之禮」。齊桓誓命於葵丘，亦曰「無以妾爲妻」。若因愛登后，使賤人暴貴，臣恐後世下陵上替，開張非度，亂自上起也。』」◎《東都事略》：「鄒浩，字志完，常州晉陵人也。舉進士，除右正言。時章惇用事，既已廢孟后，遂立劉氏爲皇后。浩上疏曰：『仁宗皇后郭氏，與美人尚氏争寵致罪。仁祖廢后，並斥美人，選於貴族，而立慈聖光獻，所以遠嫌爲萬世法也。孟氏果與賢妃争寵而致罪，則並斥美人，以示至公，固有仁宗故事存焉。乞追停策禮，别選賢族。』」

夫差之報越，定四年。其志壯矣。燕昭報齊似之，取其大節而略其成敗可也。慕容盛之討蘭汗，其言曰：「免不同天之責。凡在臣民，皆得明目當世。」君子猶有取焉，況吴乎！

【全云】此爲天水諸宗子言之。

【元圻案】《戰國策》：「燕昭王收破燕後即位，卑身厚幣，以招賢者，欲將報讎。往見郭隗先生，爲築宮而師之。樂毅自魏往，鄒衍自齊往，劇辛自趙往，士爭湊燕。燕王弔死問生，與百姓同其甘苦。二十八年，國殷富，士卒樂佚輕戰。於是以樂毅爲上將軍，伐齊。齊兵敗，閔王出走。」◎《晉書·載記·慕容盛傳》：「盛，寶之庶長子也。寶爲蘭汗所殺。盛馳進赴哀。汗妻乙氏泣涕請盛，汗亦哀之，遣其子穆迎盛，舍之宫内。盛潛結大謀。會穆討蘭難等斬之，大饗將士，汗、穆皆醉。盛夜因如廁，袒而逾牆，入於東宫，與李旱等誅穆，衆皆踴躍，進攻汗，斬之。」《通鑑·晉紀》安帝隆安二年載慕容盛告廟令曰：「賴五祖之休，文武之力，宗廟社稷，幽而復顯。不獨孤以眇眇之身免不同天之責，凡在臣民，皆得明目當世。」◎慕容盛之言《晉書》不載，而《通鑑》載之，故曰「君子有取」。

周之大寶鎮，《河圖》、《大訓》列焉。見《尚書·顧命》。《易象》在魯，《三墳》、《五典》在楚，周不能有其寶矣。然而老聃之禮，萇弘之樂，文獻猶存。[一]及王子朝以典籍奔楚，[二]於是觀射父、倚相[三]皆誦古訓，以華其國，以得典籍故也。區區一鼎，與懷璧同，其能國乎？

〔一〕【何云】此指趙復、姚樞、許衡之徒言之。

〔二〕【閻按】奔楚，在魯昭公二十六年，事在倚相之後。

〔三〕【何云】左史倚相，子朝以前人。

【閻按】楚昭王失國，猶賴蒙穀入大宫，負雞次之典，以浮於江，逃於雲夢中。昭王反，蒙穀獻典，五官得法，而百姓大治，非典籍之力乎！

【元圻案】《家語》：「南宫敬叔與俱之周。問禮於老聃，問樂於萇弘，歷郊社之所，考明堂之則，察廟朝之制。孔子喟然曰：『吾乃今知周公之聖，與周之所以王也。』」◎蒙穀事見《戰國策》。

古之謀國者，知彼知己，如良醫察脉，如善奕觀棋，德刑、政事、典禮不易。「楚自克庸以來」，此晉臣之知楚也。宣十二年。「晉君類能而使之」，此楚臣之知晉也。襄九年。皆以紀綱風俗知之。楚自邲之後，宣十二年。晉自蕭魚之後，襄十一年。精神景象非昔矣。

【元圻案】呂成公《左傳説》：「宣公十二年，晉、楚戰於邲，晉師敗績。楚莊既勝晉，不肯築京觀，此不敢自居功之意。既伐陳，因申叔之言即封之。既入鄭，因其君有禮，復封其地，退然不敢自滿。引《詩》、《書》之言，宛有儒者氣象。及其過周，問鼎之輕重，遽然陵轢天子。聘齊不假道於宋，聘晉不假道於鄭，而又陵辱諸侯。所謂儒者氣象已不（後）〔復〕見。」又：「襄九年，秦景公使士雅乞師於楚，將以伐晉。楚子許之，子囊止之。子囊歷數晉國之德政，自任賢使能，至於工賈皂隸，政事本末，無不備知，如親立於晉朝。此一段，當以邲之戰參看。當時楚莊王方强，如晉士會、范武子，雖晉之臣，而能歷數楚國之德刑政事、卒乘軍旅之事，如親立楚之朝。晉、楚兩强國所以兩立百有餘年者，蓋其國各有腹心之臣，互觀兩國之政，表裏洞見，不敢輕略，故如此。一盛一衰，一治一亂，其腹心骨髓，一一見得，是以晉、楚之霸業各至於百年。」又曰：「晉悼公之霸，至蕭魚之會，霸業成就，與齊桓、晉文同。悼公自即位以來，許多工夫積累，到三駕而楚不敢與争，此悼公一時之盛處。然雖盛於蕭魚，亦衰於蕭魚。君臣之間，志得意滿，且以樂賞魏絳，言『八年之中，九合諸侯，如樂之和，無所不諧』。其君之驕可見。如戚之會，范宣子假羽毛於齊。齊人有之已僭耳，悼公不能正其罪，今宣子假而私有之，以大夫而僭天子之禮，則其臣之驕亦可知，而悼公之衰墮亦可見。霸業日衰，不無自也。」◎王氏此條，似隱括吕成公諸説。

請討陳恒之年，《春秋》終焉。夫子之請討也，將以見之行事。請討不從，然後托之空言。

【閻按】馬公驌告余曰：「使孔子請討而得也，《經》大書曰：『齊陳恒弑其君壬。公伐齊，殺陳恒。』《春秋》二百餘年一大快也。請而不得，《春秋》可以絶筆矣。《春秋》之作，以亂臣賊子之故；其不作，亦以亂臣賊子之故哉。」

杜氏注云：「仲尼之徒，皆忠於魯國。」見哀十五年。《史記·仲尼弟子列傳》載夫子之言曰：「夫魯，父母之國。國危如此，二三子何爲莫出？」此夫子之訓也。

【全云】然則深寧之拜疏出關，豈得已哉！《宋史》不知本末，書之曰「遯」，使與曾淵子輩同科，當改正。

仲子有文在手，曰「爲魯夫人」。隱元年。成季、昭三十二年。唐叔昭元年。有文在手，曰「友」曰「虞」。正義云：「石經古文『虞』作『㐺』，『魯』作『⿱止衣』。手文容或似之。『友』及『夫人』當有似之者。」

【閻按】吾鄉張文潛生而有文在手曰「耒」，故以爲名而字文潛。陸務觀云。

【元圻案】歐陽公《集古録》載楊南仲韓城鼎銘，釋文「魯」古作「⿱止衣」，與《説文》合，而董逌《廣川書跋》云：「劉炫謂有文在手爲魯，疑不得若此。其後得古文⿱止凶字，傳模既久，又改爲⿱止衣字。李陽冰以文當如図，蓋爲魯也。秘閣有銅尊銘作図公，諸儒不能考定，以爲啚者，非也。以古文考之，以図爲魯，在漢猶然。」

《藝文志》：「《春秋虞氏微傳》二篇。」[一]按劉向《别録》云：「虞卿作《抄撮》九卷，授荀卿。卿授張蒼。」引見杜預《春秋序》正義。然則張蒼師荀卿者也。《左氏傳》漢初出蒼家，〔二〕亦有功於斯文矣。浮丘伯亦荀卿門人，申公事之受《詩》，是爲《魯詩》。《經典序録》：「根牟子傳趙人荀卿子，荀卿子傳魯人大毛公，是爲《毛詩》。」荀卿之門有三人焉，李斯、韓非不能玷其學也。【原注】《毛詩傳》以平平爲辯治，又以五十矢爲束，皆與《荀子》同。

〔一〕案《史記·十二諸侯年表序》：「趙孝成王時，其相虞卿上采《春秋》，下觀近世，亦著八篇，爲《虞氏春秋》。」

〔二〕許氏《説文解字序》：「北平侯張蒼獻《左氏春秋傳》書。」

【全云】張蒼本傳言蒼無所不通，恐或過情，然要其多學可知。且賈太傅出其門，則亦偉矣。

【又云】尚有高賢如穆生。又《鹽鐵論》有苞丘子尤高。

【繼序按】苞丘子即浮丘伯。

【元圻案】《史記·老子韓非列傳》：「韓非者，韓之諸公子也。喜刑名法術之學，與李斯俱事荀卿。」◎《荀子·儒效篇》：「分不亂於上，能不窮於下，治辯之極也。《詩》曰：『平平左右，亦是率從。』是言上下之交不相亂也。」楊倞注：「《詩·小雅·采菽》之篇，毛云『平平，辯治也。』」《議兵篇》：「負服矢五十个。」◎惠氏《九經古義》五：「『采采卷耳，不盈頃筐』，傳云：『頃筐，易盈之器也。』《荀卿子》引此詩，亦云『頃筐，易滿也；卷耳，易得也。』然而不以貳周行。《大雅·行葦》云『敦弓既堅。』傳云：『天子敦弓，敦與彫古今字。』《荀卿子》云：『天子彫弓，諸侯彤弓。』正義以天子彤弓爲事不經見，非也。」

御孫曰：「儉，德之共也；侈，惡之大也。」莊二十四年。古之格君心者，必以儉。董仲舒《對策》乃謂「儉非聖人之中制」，公孫弘亦云「人主病不廣大」，舒、弘正邪雖殊，而啓武帝之侈心則一。

【何云】董子乃言「不可無制度文章」，與弘言殊也。

【元圻案】《史記·公孫弘列傳》：「弘爲人恢奇多聞，嘗稱以爲人主病不廣大，人臣病不節儉。」◎余兄静軒先生曰：「國奢則示之以儉，國儉則示之以禮。」

伯宗好直言而不容於晉，成十五年。國武子好盡言而不容於齊，成十八年。小人衆而君子獨也。漢士習於諂諛，而以汲長孺爲戇，[一]朱游爲狂。晉士習於曠達，而以卞望之爲鄙。君子之所守，不以習俗移也。

[一]【全云】以爲戇猶可，且以爲忮。

【元圻案】《史記·汲鄭列傳》：「汲黯，字長孺，濮陽人也。天子方招文學儒者，上曰：『吾欲』云云，黯對曰：『陛下内多欲而外施仁義，奈何欲效唐虞之治乎！』上默然，怒，變色而罷朝。謂左右曰：『甚矣，汲黯之戇也！』」◎《漢書·朱雲傳》：「雲字游，魯人也。上書求見，公卿在前。雲曰：『臣願賜上方劍，斬佞臣一人以厲其餘。』上問：『誰也？』對曰：『安昌侯張禹。』上大怒，曰：『小臣居下訕上，廷辱師傅，罪死不赦。』御史將雲下，左將軍辛慶忌叩頭殿下曰：『此臣素著狂直於世。使其言是，不可誅；其言非，固當容之。』」◎《晉書・卞壼傳》：「壼字望之，濟陰冤句人也。阮孚每謂之曰：『卿恒無閑泰，常如含瓦石，不亦勞乎？』壼曰：『諸君以道德恢弘，風流相尚，執鄙吝者，非壼而誰！』」

列國大夫之無君，晉爲之也。會於戚而不討孫林父，會於夷儀而不討崔杼，會於適歷而不討季孫意如，君臣之義不明，而大夫簒奪之禍晉自及矣。《晉語》：趙宣子曰：「大哉天地，其次君臣。」然宣子能言之而躬自犯之。

【元圻案】襄十（五）〔四〕年《經》書「衛侯出奔齊」，杜注：「諸侯之策，書孫甯逐衛侯。」《左傳》：「晉侯問衛故於中行獻子。對曰：『不如因而定之，衛有君矣。』冬，會於戚，謀定衛也。」◎襄二十五年《經》書「崔杼弑其君光，公會晉侯某某於夷儀」。吕氏《春秋集解》：泰山孫氏曰：「齊人弑莊公以求成，逆之大者。晉侯不能即而討之，以定齊國之亂，曷以宗諸侯？宜乎大夫日熾，自是卒不可制也。」◎昭三十一年《經》書「季孫意如會晉荀躒於適歷」。唐陸淳《春秋集傳微旨》下：「淳聞於師曰：意如，逐君之臣也。晉不罪之，而反與爲會。晉侯之爲盟主可見矣，荀躒之爲人臣可知矣。」◎《史記・晉世家》：「靜公二年，魏武侯、韓哀侯、趙敬侯，滅晉後而三分其地。静公遷爲家人，晉絶不祀。」◎趙宣子，趙盾之字也。宣二年，《經》書「趙盾弑其君夷皋」。

寺人披之斬袪，僖二十四年。芋尹無宇之斷旌，昭七年。其讎一也。披請見而晉文讓之，無宇執人於宮而楚靈赦之，楚靈之量優於晉文矣。〔一〕漢高帝之赦季布，魏武帝之免梁鵠，吴景帝之遺李衡，皆有君人之量。〔二〕

〔一〕【方樸山云】晉文聞披言，亦遽見之矣。此論未公。

〔二〕【全云】一是英雄，一是姦雄，一是中主之寬大者。

【元圻案】《史記·季布列傳》：「朱家謂滕公曰：『季布何大罪，而上求之急也？』滕公曰：『布數爲項羽窘上，故必欲得之。』朱家曰：『臣各爲其主，項氏臣可盡誅邪？』滕公待間，果言如朱家指。上乃赦季布。」◎《三國志·魏武紀》注，衛恒《四體書勢序》曰：「梁鵠以攻書至選部尚書。於是公欲爲洛陽令，鵠以爲北部尉。鵠後依劉表。及荆州平，公募求鵠，鵠懼，自縛詣門，署軍假司馬。」◎《三國志·吴·孫休傳》：「休，權第六子。權薨，休弟亮承統，徙休於丹(陽)〔楊〕郡。太守李衡數以事侵休。亮廢，孫綝迎休。御正殿，大赦，改元。詔曰：『丹(陽)〔楊〕太守李衡，以往事之嫌，自拘有司。夫射鈎斬袪，在君爲君，遣衡還郡，勿令自疑。』」休謚景帝。

楚伍參曰：「晉之從政者新。」宣十二年。謂荀林父也。士彌牟曰：「晉之從政者新。」定元年。謂范鞅也。一以喪師，敗於邲。一以失諸侯。定四年。《書》曰：「人惟求舊。」

【閻按】謂荀林父新從政，在本月。范鞅新從政，僅十日。「新」字奇確。

【何云】「新」謂任未久，非驟居執政之謂。

【元圻案】吕成公《左傳説》六：「宣公十二年，晉楚戰於邲。説曰：荀林父以晉之名臣，統元帥之權，而不能制一先縠者，蓋新進之徒，威德未孚於人，故如此。楚嬖人伍參謂晉之從政者新，論林父最切當。大抵賢才處事，或至敗事者，未必其才之不足，處事之不審，特其素望之未熟於人，以至敗事。古之人所以四十而仕，五十而爲大夫，蓋欲使涵養積習，威望在人已熟，然後可以從政。若是養之無素，驟居人上，鮮有不敗事者。」

以近事爲鑑，則其言易入，申叔豫以子南戒薳子馮是也。襄二十二年。告君亦然。樊噲諫高帝曰：「獨不見趙高之事乎？」爰盎諫文帝曰：「獨不見人彘乎？」

【元圻案】《史記·樊噲列傳》：「高祖嘗病甚，惡見人。噲乃排闥直入。上獨枕一宦者卧。噲見上流涕曰：『陛下病甚，大臣震恐，不見臣等計事，顧獨與一宦者絶乎？且陛下獨不見趙高之事乎？』帝笑而起。」又《袁盎列傳》：「上幸上林，皇后、慎夫人從。其在禁中，常同席坐。及坐，布席，袁盎引卻慎夫人坐。慎夫人怒，不肯坐。上亦怒。盎曰：『妾主豈可與同坐哉！陛下所以爲慎夫人，適所以禍之。陛下獨不見「人彘」乎？』上説，召語慎夫人。賜盎金五十斤。」◎賈誼《陳政事疏》曰：「臣竊迹前事。」賈山《至言》曰：「臣不敢以久遠諭，願借秦以爲喻。」亦此意。

劉炫謂《國語》非丘明作。【原注】《傳》言鄢陵之敗，苗賁皇之爲。《楚語》云雍子之爲，與《傳》不同。傅玄云：「《國語》非丘明作，有一事而二文不同。」○案，劉炫語見襄二十六年正義，傅玄語見哀十三年正義。[一]葉少藴云：「古有左氏、左丘氏。太史公稱『左丘失明，厥有《國語》』。見《漢書》本傳。今《春秋傳》作『左氏』，而《國語》爲『左丘氏』，則不得爲一家，文體亦自不同，其非一家書明甚。左氏，【原注】王荆公以爲六國時人。蓋左史之後，以官氏者。」朱文公謂：「左氏乃左史倚相之後，故其書説楚事爲詳。」【原注】鄭漁仲云：「左氏世爲楚史。」[二]司馬公謂左氏欲傳《春秋》，先作《國語》，《國語》之文不及《傳》之精也。

[一]【方樸山云】《左傳》哀（元）〔公〕元年秋載吴師在陳，楚大夫皆懼，惟子西曰：「二三子恤不相睦，無患吴矣。」於《楚語》，則以懼吴爲子西語，「無患吴」爲藍尹亹之言，此亦互異之一。

【繼序按】《傳》言鄢陵之敗，《晉語》作苗棼皇，與《左傳》同，《楚語》異。又按：晉惠公卒，《左傳》在九月，《國語》在十月。納公子重耳，《左傳》在明年正月，《國語》在是年十二月。又按：《棠棣》詩，《左傳》云召穆公作，《國語》云周文公。哀十三年黄池之會，《吴語》作「吴公先（插）〔歃〕」，

《左傳》則「先晉人」。

〔二〕鄭漁仲語見所著《春秋地名譜自述》。

【閻按】黄楚望書出，極辨以左氏爲楚人之非，蓋均載晉、楚之事，辭意間多與晉而抑楚是也。

【繼序按】《漢志》有《公羊外傳》、《穀梁外傳》。

【元圻案】韋昭《國語解敍》：「孔子發憤於舊史，垂法於素王。左丘明因聖言以攄意，托王義以流藻。其明識高遠，雅思未盡，故復采録前世穆王以來，下訖魯悼、智伯之誅，以爲《國語》。其文不主於經，故號曰《外傳》。」◎葉少藴《春秋統論》三：「司馬遷、班固以丘明爲名，則左爲氏矣。然遷復言『左丘失明，厥有《國語》』。按《姓譜》有左氏、左丘氏。遷以左丘爲氏，則《傳》安得名左氏耶？」

臧文仲以玉磬告糴於齊，見《魯語》。《容齋三筆·書博古圖》謂《左傳》無玉磬之説，非也。

【元圻案】《書録解題·雜家類》：「《容齋隨筆》、《續筆》、《三筆》、《四筆》各十六卷，《五筆》十卷。翰林學士鄱陽洪邁景盧撰。每編皆有小序。《五筆》未成書。」◎《三筆》十三《再書博古圖》曰：「予讀《博古圖》，其謬妄不可殫舉。當政和、宣和間，蔡京爲政，禁士大夫不得讀史，而《春秋》三《傳》真束高閣，故其所引用絶爲乖盾。周雲雷磬曰：『春秋魯饑，臧文仲以玉磬告糴於齊。』按《經》所書，但云臧孫辰告糴於齊，《左傳》亦無玉磬之説。」◎《國語》四：「魯莊公時，臧文仲以鬯圭玉磬如齊告糴。」

《晉語》：伯宗索士庇州犁，得畢陽。[一]及欒弗忌之難，諸大夫害伯宗，畢陽實送州犁於荆。畢陽之孫豫讓，見《戰國策》「晉畢陽之孫」章。祖孫皆以義烈著，所謂「是以似之」者。太史公不書於傳，故表而出之。

[一]案韋昭注：「索，求也。庇，覆也。州犁，伯宗子伯州犁也。」

【集證】吴師道《戰國策注》：「豫讓，義士也。史遷列之《刺客》，而蘇氏《古史》亦謂之非賢，失之矣。」朱子《綱目》附見於「三晉始命」之下，則以其事在前，不得特書以表之爾。《大事記解題》略見而記不書，未知吕子之旨。

《晉語》：知宣子將以瑶爲後，知果曰：「不如宵也。」弗聽。知果别族於太史，爲輔氏。【原注】《通鑑》取此。《戰國策》「知伯師趙韓魏」章：張孟談因朝智伯而出，遇智過轅門之外。智過入見智伯，曰：「二主殆將有變。」智過言之不聽，出更其姓爲輔氏。【原注】《韓非子》同，云更其族。[一]智過，即智果也。[二]二説之先後不同。

[一]案《韓非子·十過篇》載智過事。

〔二二〕【全云】《通鑑》以事屬郄疵。

【集證】《古今人表》知過繫於趙襄子之後，從《戰國策》也。師古曰：「知過即知果。」

【元圻案】《國語》作「知果」，《國策》作「智過」，當云「智過，即知果也」。閻、何本皆作「智過，即智果也」。蓋仍顔師古之誤。

《楚語》：伍舉曰：「德義不行，則邇者騷離，而遠者距違。」【原注】注：「騷，愁也；離，畔也。」伍舉所謂「騷離」，屈平所謂「離騷」，皆楚言也。揚雄爲《畔牢愁》，與《楚語》注合。

【元圻案】《史記·屈原列傳》：「屈原者，名平，楚之同姓也。憂愁幽思，而作《離騷》。離騷者，猶離憂也。」◎《漢書·揚雄傳》：「又怪屈原文過相如，至不容，作《離騷》，自投江而死。以爲遇不遇命也，何必湛身哉！乃作書，往往摭《離騷》文而反之，自岷山投諸江流以弔屈原，名曰《反離騷》；又旁《離騷》作重一篇，名曰《廣騷》；又旁《惜誦》以下至《懷沙》一卷，名曰《畔牢愁》。」注，李奇曰：「畔，離也；牢，聊也。與君相離愁而無聊也。」

《皇王大紀》：「景王二年，【原注】襄三十年。楚公子圍至晉。晉趙武子鞅鳴玉以相。」按《楚語》：「王孫圉聘於晉，定公饗之，趙簡子鳴玉以相。」蓋楚昭王時，鞅者，武之孫也。今以王孫圉爲公子圍，以鞅爲武之子，皆誤。

【元圻案】《皇王大紀》五十五：「景王二年，冬，楚王遣使聘於諸侯。公子圍至晉。晉趙武子鞅鳴玉以相。晉侯曰：『白珩，楚之寶也。』圉應曰：『楚有觀射父者，能作訓辭，以令於諸侯；有左史倚相者，朝夕獻善敗於寡君，使無忘先王之業；有藪曰雲連徒洲，金木竹箭之所生，皮革羽毛之所出，以備軍賦，是則楚之寶矣。』鞅有慚色。」◎《皇王大紀》，注見二十二頁①。

古者，「孫以王父字爲氏」。成十五年《公羊傳》文。子產，子國之子，《國語》謂公孫成子，《左傳》謂公孫僑。【原注】子產之子，始爲國氏。致堂作《子產傳》，曰「國僑」，非也。

【閻按】子產之子，《左傳》謂之國參。

【集證】《左傳》魯公子彄，或云字子臧，子臧孫達。公子尾，字施父，子施伯。見《齊語》。鄭子然，子國之弟，其子然丹。是皆以父之字爲氏者。又按《文心雕龍·才略篇》：「國僑以修辭扞鄭。」《舊唐書·高宗本紀》：「顯慶二年，遣使祭鄭大夫國僑。」《徐彥伯傳》：「存其家邦，國僑之言也。」《薛登傳》：「子皮讓國僑。」《史通·模擬篇》云：「《左傳》前稱子產，則次見國僑。」唐以前皆稱子產爲國僑也。

① 見卷二「范蜀公正書」條注（頁一六一）。

【元圻案】昭四年，子産作丘賦。渾罕曰：「國氏其先亡乎？」隱五年正義：「僖伯名彄，字子臧。《世本》云『孝公之子』。諸侯之子稱公子，公子之子稱公孫。公孫之子不得祖諸侯，乃以王父之字爲氏。計僖伯之孫始得以臧爲氏，今於僖伯之上已加臧者，蓋以僖伯是臧氏之祖，傳家追言之也。」《後漢書·王充王符仲長統傳論》：「國子流遺愛之體。」王當《春秋臣傳》：「子産，鄭卿公孫僑也。一字子美，氏曰國。」

《鄭語》「依、畴、歷、莘」。《史記·鄭世家注》「莘」作「華」。《水經注》：「黄水徑華城西。史伯曰：『華，君之土也。』韋昭曰：華，國名。秦白起攻魏，拔華陽。司馬彪曰：華陽，在密縣。」[二]《括地志》：「華陽城在鄭州管城縣南。」可以證今本之誤。【原注】按下文「前華後河」，則上文當作「華」。

[二]案，此《水經》二十二「洧水又東過鄭縣南」注文。

【閻按】此證致精。朱鬱儀反以酈注「華」字誤，誤矣。

【何云】明道本「前華後河」，正作「華」。

【方樸山云】據今本《國語》，「華」字雖俱作「莘」字，然其上云「若克二邑」，韋昭注：「二邑虢、鄶」；其下云「鄢、蔽、補、丹、依、畴、歷、莘，君之土也」，注云「言克虢、鄶，則此八邑皆可得也」；下又云「若前莘後河，左洛右濟」，注云「莘，莘國也」。按此上下注語，則兩「莘」字明是兩地，一爲邑，一爲國，不得合并。且其注「莘」字係於「前莘後河」句下，而又云「莘，莘國也」，與酈氏所引亦不同。酈氏改竄韋注，割截《國語》，以兩爲一，而王氏從之。愚亦有疑。

【集證】鄭氏《詩譜》引史伯作「依、⿰目柔、歷、華」，《太平御覽》一百五十九「州郡部」引《鄭語》亦作「依、⿰目柔、歷、華」。今河南開〔封〕府鄭州，周爲管叔封邑，後爲鄭國。漢置中牟縣，隋置管城縣。華陽城，在今鄭州南。

【元圻案】《史記·鄭世家》「虢、鄶果獻十邑」注，虞翻曰：「十邑謂虢、鄶、鄢、蔽、補、丹、依、⿰目柔、歷、華也。」《索隱》曰：《國語》云：「太史伯曰：『若克二邑，鄢、蔽、補、丹、依、⿰目柔、歷、華，君之土也。』」可知《國語》古本「華」不作「莘」矣。

《晉語》竇犨對趙簡子曰：「君子哀無人，不哀無賄；哀無德，不哀無寵；哀名之不令，不哀年之不登。」味其言，見其賢矣。《史記·孔子世家》：孔子將西見趙簡子，聞竇鳴犢之死，臨河而嘆。《索隱》云：「鳴犢，犨字。」《通鑑外紀》於周敬王二十八年書「簡子殺鳴犢」，三十年書「竇犨對簡子」，誤也。

【集證】《容齋四筆》：「《漢書·劉輔傳》：『谷永等上書曰：趙簡子殺其大夫鳴犢，孔子臨河而嘆。』顏師古曰：『《戰國策》説二人姓名云「鳴犢、鐸犨」，而《史記》、《古今人表》並以爲鳴犢、竇犨，蓋鐸、犢及竇，其聲相近，故有不同耳。』余按今本《史記·孔子世家》乃以爲竇鳴犢、舜華。《説苑·權謀篇》云：『晉有澤鳴、犢犨。』其不同如此。」【元圻案】《索隱》云：「鳴犢，犨字。」《孔子世家》作「竇鳴犢、舜華」，是以鳴犢、竇犨爲一人也。師古《劉輔傳》注云：「今永等指舉殺鳴犢一人，不論竇犨。」是以爲二人。而班氏《古今人表》「中上」亦列鳴犢、竇犨爲二。《外紀》蓋從班氏。

江端禮[一]嘗病柳子厚作《非國語》，乃作《非非國語》。東坡見之，曰：「久有意爲此書，不謂君先之也。」然子厚非《國語》而其文多以《國語》爲法。

[一]【集證云】字季恭。

【閻按】東坡《續楚語論》，即東坡《非非國語》。

【集證】《唐志》：「柳宗元《非國語》二卷。」

【元圻案】柳子厚《與吕温論非國語書》曰：「嘗讀《國語》，病其文勝而言厖，好怪以反倫，其道舛逆。而學者以其文也，咸嗜閲焉，至比《六經》，是聖人之道翳也。余勇不自制，以〔當〕後世之訕怒，乃黜其不臧，究世之謬，凡爲六十七篇，命之曰《非國語》。」◎《經義考》二百九：「江氏端禮《非非國語》。佚。」又「劉氏章《非非國語》。佚。黄瑜曰：『劉章有文名，病王充作《刺孟》，柳子厚作《非國語》，乃作《刺刺孟》、《非非國語》。江端禮、虞槃亦作《非非國語》，是《非非國語》有三書也。』又「曾氏于乾《非非國語》一卷。佚。」案此則《非非國語》有四。◎宋徐度

《卻掃編》曰：「張嵲舍人言柳子厚平生爲文章，專學《國語》，讀之既精，因得掇拾其差失，著論以非之。」◎江端禮，臨川人，劉原父之甥也。弟端本，詩入江西宗派。

古以一句爲一言。《左氏傳》：「子大叔九言。」定四年。《論語》：「一言蔽之曰：思無邪。」秦、漢以來，乃有句稱。今以一字爲一言，如五言、六言、七言詩之類，非也。

【閻按】《戰國策》「臣請三言而已矣，益一言，臣請烹」，是古以一字爲一言不爲非。又按盧六以曰：「《論語》子貢問：『有一言而可以終身行之者乎？』子曰：『其恕乎？』」亦以一字爲一言，是《論語》已有兩例也。

【元圻案】東方朔自謂十六學《詩》、《書》，誦二十二萬言，十九學孫、吳《兵法》，亦誦二十二萬言，似亦以一字爲一言也。

史墨曰：「越得歲而吳伐之，必受其凶。」杜牧注《孫子》曰：「歲爲善星，不福無道；火爲罰星，不罰有德。」嘉定中，[一]日官言五福太一臨吳分，真文忠公《除江東漕朝辭劄子》奏：「漢之肇造，以寬仁得民，而不在五星之聚井；[二]晉之卻敵，以將相有人，而不在歲星之臨吳。」

[一]【閻按】寧宗在位十四年戊辰。

［二］《漢書·高紀》：「元年，冬十月，五星聚於東井。」

吴伐越。【元圻案】《孫子·計篇》曰：「天者，陰陽寒暑時制也。」杜牧注：「《左傳》昭三十二年：夏，吴伐越。史墨曰：『不及四十年，越其有吴乎？越得歲而吴伐之，必受其凶。』注曰：『存亡之數，不過三紀。歲星三周三十六歲，故曰不及四十年也。此年歲在星紀。星紀，吴分也。歲星所在，其國有福。吴先用兵，故反受其殃。』哀二十二年，越滅吴，至此三十八歲也。夫吴越之君，德均勢敵。闔閭興師，志於吞滅，非爲拯民，故歲星福越而禍吴。秦之殘酷，天下誅之，上合天意，故歲星禍秦而祚漢。熒惑，罰星也。宋景公出一善言，熒惑移三舍而延二十七年。以此推之，歲爲善星，不福無道，火爲罰星，不罰有德。」◎《書録解題·兵書類》：「注《孫子》二卷。唐中書舍人杜牧之撰。」

子産鑄刑書，昭六年。趙鞅、荀寅鑄刑鼎，昭二十九年。至鄧析竹刑，則書於竹簡矣。定九年。然《甫刑》云：「明啓《刑書》。」其來已久。《漢·杜周傳》「不循三尺法」，注謂「以三尺竹簡書法律也」。朱博亦云：「奉三尺律令以從事。」《鹽鐵論·詔聖篇》乃云：「二尺四寸之律，古今一也。」蓋律書以二尺四寸簡，舉其大數，謂之三尺。曹褒《新禮》寫以二尺四寸簡。漢禮與律令同録，其制一也。

【集證】《漢·禮樂志》：「叔孫通所撰《禮儀》，與律令同録，藏於理官。」

【元圻案】《漢書·朱博傳》：「博字子元。杜陵人。遷琅邪太守。文學儒吏，時有奏記稱説云云。博見謂曰：『如太守漢吏，奉三尺律令以從事耳，亡奈生所言聖人道何也！』又曰：『廷尉治郡斷獄以來，且二十年，亦獨耳剽日久，三尺律令，人事出其中。』」◎《後漢書·曹褒傳》：「褒字叔通，魯國薛人。次序禮事，依準舊典，雜以五經、讖記之文，撰次天子至於庶人冠婚吉凶終始制度，以爲百五十篇，寫以二尺四寸簡。奏上。會和帝即位，褒乃爲作章句，帝遂以《新禮》二篇冠。」

趙襄子曰：「以能忍恥，庶無害趙宗乎？」哀二十七年。《説苑·談叢》云：「能忍恥者安，能忍辱者存。」呂居仁謂：「『忍詬』二字，古之格言，學者可以詳思而致力。」

【閻按】《呂覽》尹鐸謂趙簡子曰：「敦顏而上色者忍醜。」◎嘗戲謂韓信屈於市之少年，步騭屈於郡之豪族，何淮陰人偏能忍辱耶？亦一異。

【何云】杜有道妻嚴氏，與有道從子預書云：「忍辱至三公。」

【方樸山云】陸遜亦云「能忍辱負重」。

【全云】「忍辱」二字，亦當别白。杜婦之言，易流於馮道。

【元圻案】屈子《離騷》：「屈心而抑志兮，忍垢而攘尤。」

「内有疑妻之妾，此宫亂也；庶有疑室之子，此家亂也；朝有疑相之臣，此國亂也。」此《管子·(短語)君臣下篇》文。管子之言，即辛伯之諗周桓公也。桓十八年。然管子能言之，而不能格齊桓之心。

朱子《語類》曰：「《左氏》之失，在以成敗論人。」愚嘗觀蔡邕《獨斷》引王仲任曰：「君子無幸而有不幸，小人有幸而無不幸。」[一]韓文公《與衛中行書》謂「君子得禍爲不幸，而小人得禍爲常；君子得福爲常，而小人得福爲不幸」，亦仲任之意。斯言可以正《左氏》之失。

[一]【閻按】與《論衡》不同，王氏所擇精矣。○案《論衡·幸偶篇》：「孔子曰：『君子有不幸而無有幸，小人有幸而無不幸。』」

宋人享趙文子，叔向爲介，司馬置折俎，禮也。仲尼使舉是禮也，以爲多文辭。襄二十七年。服虔云：「以其多文辭，故特舉而用之。後世謂之『孔氏聘辭』，以孔氏有其辭，故《傳》不復載也。」正義謂：「孔氏聘辭，不知事何所出？」

【元圻案】惠氏《九經古義》八：「《司儀》：問君，客再拜對。君問大夫，客對，君勞客，客再拜，稽首。」注云：「問君曰：君不恙乎？對曰：使臣之來，寡君命臣於庭。問大夫曰：二三子不恙乎？對曰：寡君命使臣於庭，二三子皆在。勞客曰：道路悠遠，客甚勞。勞介則曰：二三子甚勞。王伯厚曰：此亦見《説苑》。鄭氏所述，蓋古禮也。賈疏云：『未知所出何文，或云是孔子聘問之辭。』棟案：襄廿七年《春秋傳》曰：『仲尼使舉是禮也，以爲多文辭。』服虔云：『以其多文辭，故特舉而用之，後世謂之「孔氏聘辭」。』此書漢時猶存，故鄭引之，或説非無據也。」

「是謂一終，一星終也。」襄九年。今俗語云「一匝」。[一]《淮南子・詮言訓》：「以數雜之壽，憂天下之亂，猶憂河①水之少，泣而益之也。」【原注】《文子》②作「數集」。[二]注：「雜，匝也。人生子，從子至亥爲一匝。」【原注】俗語出於此。

[一] 匝，閣本作「帀」。

[二]【集證】今本《符言篇》作「數算」，《白帖》引作「數集」。

【集證】今本高誘注無「人生子」三字。《呂氏春秋・圜通篇》：「天道之圜也，精氣一上一下，圜周復雜，無所稽留。」高誘注：「雜，猶匝也。」《廣韻・二十七合》「雜」字下注云：「雜，匝也，集也。」

① 「河」，原本作「洪」，據元刊本改。《淮南子》本文正作「河」。
② 「文子」，原本作「朱子」，據元刊本改。

或以益爲臯陶之子。《列女傳》：「睪子生五歲而贊禹。」曹大家注：「臯陶之子伯益也。」【原注】李邕爲《李思訓碑》，云：「睪子贊禹，甘生相秦。」「睪」與「臯」同。林少穎謂：「伯益即伯翳，其後爲秦。臧文仲聞六、蓼滅，曰：『臯陶、庭堅不祀忽諸。』文公五年。使臯陶猶有後於秦，則文仲之言不若此之甚也。」【原注】《列子》：「夷堅聞而志之。」服虔注：「即庭堅也。」

【閻按】伯益爲臯陶之子，亦見高誘注《呂氏春秋》及鄭氏《詩譜》、陸德明《音義》。詳《古文尚書疏證》卷四第五十八條。

【元圻案】林少穎《尚書全解》三：「或以益爲臯陶之子，是未必然。伯益即伯翳也，其後爲秦，在春秋之時，浸以强盛。使伯益果臯陶之子，則秦乃臯陶之後，而臧文仲聞六與蓼滅，曰：『臯陶、庭堅不祀忽諸，德之不建，民之無援，哀哉！』使臯陶猶有後於秦，則文仲之言不若是之甚也。案《史記》云：『帝禹立而舉臯陶薦之，且授政焉。卒，封臯陶之後於六，或在許。而後舉益，任之政。』以是觀之，則益與臯陶不得爲一族也明矣。」◎《漢書·藝文志》「儒家類」載「劉向所序六十七篇」，注曰：「《新序》、《説苑》、《世説》、《列女傳頌圖》也。」◎《隋書·經籍志》「雜傳類」：「《列女傳》十五卷，劉向撰，曹大家注。」

嫠不恤緯，昭(三)〔二〕十四年。齊女有禮。成二年。漆室女憂君，況委質爲臣者乎？

【原注】《列女傳》魯漆室女。《韓詩外傳》云：「魯監門之女嬰。」◎莒婦投紡，復其夫之讎，而不知有①君，與不恤緯者異矣。

【何云】婦以夫爲天。②

【集證】《列女傳》：「魯漆室邑之女，過時未適人。當穆公時，君老，太子幼。女倚柱而嘯，旁人聞之，心莫不慘者。鄰婦從之遊，謂曰：『何哭之悲？子欲嫁乎？吾爲子求偶。』漆室女曰：『嗟乎！吾憂魯君老而太子少也。』」◎《韓詩外傳》二：「魯監門之女嬰相從績，中夜而泣涕。其偶曰：『何爲而泣也？』嬰曰：『吾聞衛世子不肖，所以泣也。』」

【元圻案】莒婦投紡事，見《左傳》昭十九年。

漢世祖罷郡國都尉，[一]晉武帝去州郡武備，其害皆見於後。唐穆宗之銷兵，則不崇朝而變生焉。故曰：「誰能去兵？」③

[一]【何云】讀《後漢書》，深以此爲光武之失，不謂厚齋固言之，須詳爲注釋本末。

①「有」，原本作「其」，据元刊本改。

②三箋本此注下又有：「【全云】此條亦有感而言。」應補入。

③見《左傳》襄二十七年。

【何云】厚齋蓋傷宋初防節鎮尾大之禍，削其兵權，卒也外患疊乘，莫之能禦也。

【集證】《唐·蕭俛傳》：「穆宗初，兩河底定，俛與段文昌當國，謂四方無虞，勸帝密詔天下鎮兵，十之，歲限一爲逃、死，不補，謂之銷兵。既而籍卒逋亡，無生業，聚爲盜賊。會朱克融、王庭湊亂燕、趙，一日悉收用之。朝廷調兵不充，乃募市人烏合，戰輒北，遂復失河北。」

【元圻案】《後漢書·百官志五》：「每屬國置都尉一人，比二千石，典兵禁，備盜賊。武帝又置三輔都尉各一人。邊郡置農都尉。又中興建武六年，省諸郡都尉，并職太守，無都試之役。」劉昭補注：「《古今注》曰：『六年八月，省都尉官。』應劭曰：『每有劇賊，郡臨時置都尉，事訖罷之。』」又應劭《漢官》曰：「蓋天生五材，民並用之，廢一不可，誰能去兵？兵之設尚矣。自郡國罷材官騎士之後，官無警備，實啓寇心。一方有難，三面救之，一切取辦，黔首囂然。不及講其射御，用其戒誓，一旦驅之以即强敵，猶鳩鵲捕鷹鸇，豚羊弋豺虎，是以每戰常負，王旅不振。張角懷妖僞，遐邇摇蕩，八州並發，煙炎絳天，牧守梟裂，流血成川。爾乃遠徵三邊殊俗之兵，非我族類，忿鷙縱横，多僵良善，以爲己功。哀夫民氓遷流之咎，見出在兹，不教而戰，是謂棄之，迹其禍敗，豈虚也哉！」又劉昭注曰：「晉太康之初，武帝詔曰：『上古及中代，或置州牧，或置刺史，置監御史，皆總綱紀，而不賦政，治民之事，任之諸侯郡守。昔漢末四海分崩，因以吴、蜀自擅，自是刺史内親民事，外領兵馬，一時之宜爾。今賴宗廟之靈，士大夫之力，江表平定，合之爲一，當韜戢干戈，與天下休息。諸州無事者罷其兵，刺（州）〔史〕分職，皆如漢氏故事。』」

劉知幾《史通·書志後論》曰：「能言吾祖，郯子見師，昭十七年。不識其先，籍談取誚。」昭十五年。鄧名世曰：「春秋時善論姓氏者，魯有衆仲，見隱五年。晉有胥臣，【原注】見《晉語》。〔一〕鄭有行人子羽，見襄三十一年。皆能探討本源，自炎黄而下，如指諸掌。」

【原注】鄭漁仲曰：「《世本》、《公子譜》二書，皆本《左傳》。」〔二〕

〔一〕案《晉語四》：「司空季子言黄帝之子二十五人」云云。韋昭注：「季子，晉大夫胥臣臼季也。後爲司空。」

〔二〕【何云】觀漁仲此論，則《世本》雖亡，未嘗亡也。

【全云】《公子譜》尚存，《世本》不可得，但觀諸書所引，亦不盡合於《左傳》。《公子譜》出杜預手。

【集證】《玉海》四十一：「紹興四年，鄧名世上《春秋四譜》一卷，以《經》、《傳》、《國語》參合援據，爲《國譜》、《年譜》、《地譜》、《人譜》，《辨論譜説》一卷。三月二十五日引見，九月六日賜出身，充史館校勘。」◎《隋·經籍志》：「《春秋公子譜》一卷，吴楊藴撰。《小公子譜》六卷，晉杜預撰。」

【元圻案】今本鄧名世《栟櫚集》，明正德時所刊，不載此條所引之語，或即《春秋四譜序文》中句也。

子皮曰：「君子務知大者遠者，小人務知小者近者。」襄三十一年。程子伊川謂：「君子之志，所慮者豈止一身，直慮及天下千萬世；小人之慮，一朝之忿，不遑恤其身。」見《程氏遺書》十。

「莊公寤生」。隱元年。《風俗通》云：「俗説兒墮地，未能開目視者，謂之寤生。」

【閻按】《周書·寤儆解》：「王曰：『今朕寤有商驚予。』」注云：「言夢爲紂所伐，故驚。」《史記解》：「王召左司戎夫曰：『今夕朕寤，遂事驚予。』」參以《説文》「寤，晝見而夜夢也」，則莊公寤生，乃夢中所生，解較直捷。

【全云】寤生者，牾生也。諸説皆以意爲之（不知古字本通）。

【元圻案】《太平御覽》三百六十一：《風俗通》曰：「俗説兒墮地，未能開目視者，謂之寤生。舉寤生子妨父母。謹按：《左傳》『鄭莊公寤生，驚姜氏，因名寤生』，武公老終天年，姜氏亦然，安有妨其父母乎？」◎余友曲阜桂未谷馥曰：崔鴻《南燕録》：「晉咸康二年，公孫夫人晝寢，生慕容德。左右以告，方（寢）〔寤〕而起。慕容皝曰：『此兒易生似鄭莊公，長必有大德。』遂以德爲名。」《三十國春秋》：「前秦蒲洪父懷歸於部落小帥，其母姜氏，因寤産洪，驚悸而寤。」余初疑寤當作牾，謂倒産。及得二事，不敢復執前説矣。

黄池之會，王孫雒曰：「必會而先之。」見《吴語》。吴、晉争先，雒之謀也，然不能救吴之亡。故《吕氏春秋·仲春紀·當染篇》曰：「吴王夫差染於王孫雒、太宰嚭。」然則雒亦嚭之流耳。

【閻按】何屺瞻傳明道二年刊《國語》，正作「王孫雒」，與王氏當日所引本同。今流俗本盡作「雄」。

【何云】案明道二年所刊《國語》亦作「雒」。

晉有四姬，鄭子産有男女辨姓之言。昭元年。考之《穆天子傳》，穆王有盛姬。蓋周禮之壞，自王朝始，諸侯何誅焉？

【全云】《穆天子傳》不足據。穆王尚不應至此。

【元圻案】《穆天子傳》：「盛姬，姬姓也，盛伯之子也。天子賜之上姬之長，是曰盛門。」又曰：「天子舍於澤中，盛(姻)〔姬〕告病，天子憐之。」◎《列子》：「周穆王西巡狩，道有工人偃師，獻所造能倡者。王視之，趨步俯仰，信人也，與盛姬内御並觀之。」

叔向習《春秋》，爲平公之傳，[一]而不能諫四姬之惑，何也？曰：正己則可以格君心之非。叔向娶於申公巫臣氏，違母之訓而從君之命。昭二十七年。無諸己而後非諸人，自反而不縮，其能正君乎？先儒有言：「寡欲之臣，然後可以言王佐。」

[一]案《晉語》：「司馬侯曰：羊舌肸習於《春秋》。乃召叔向，使傅太子彪。」彪即平公之名。

【全云】叔向晚節尤衰。平丘之會，其辭無理甚矣。

【元圻案】胡子《知言》曰：「寡欲之君，然後可與言王道；無欲之臣，然後可以言王佐。」

季武子曰：「有叔向、女齊以師保其君。」襄三十年。公室之卑，私言於晏嬰，昭三年。杞田之治，僅及於侵小。襄二十九年。師保固如是乎？

【全云】叔向爲趙文子傳言於宋，是六卿之所用者，安能當師保之任？

魯用田賦。仲尼曰：「有周公之典在。」哀十一年。晉鑄刑鼎，仲尼曰：「晉國將守唐叔之所受法度。」昭二十九年。周公之典，唐叔之法度，魯、晉所以立國也。是以漢循高祖之法則治，梅福語，見《漢書》本傳。唐變太宗之制則亂。【原注】夏有「典則」，商云「成憲」，周云「舊章」。

【元圻案】紹定六年，十一月，召魏了翁爲華文閣待制。了翁上章論十事，乞復舊典，以彰新化：「一復三省之典以重六卿，二復二府之典以集衆議，三復都堂之典以重省府，四復侍從之典以來忠告，五復經筵之典以熙聖學，六復臺諫之典以公黜陟，七復制誥之典以謹命令，八復聽言之典以通下情，九復三衙之典以强主威，十復制閫之典以黜私意。」故王氏云爾。

古也有志，克己復禮，仁也。昭十二年。或謂克己復禮，古人所傳，非出於仲尼。致堂曰：「夫子以克己復禮爲仁，非指克己復禮即仁也。胥臣曰：『出門如賓，承事如祭，仁之則也。』僖三十二年。蓋左氏粗聞闕里緒言，每每引用，而輒有更易。穆姜於《隨》舉《文言》，亦此類。」

【閻按】亦有辯，見《尚書古文疏證》卷五第七十六條。

【集證】惠氏棟曰：「《論語》『視其所以，觀其所由，察其所安』，見《逸周書·官人解》、《大戴·文王官人篇》。『參分天下有其二』，見《逸周書·程典解》。『己所不欲，勿施於人』，《管子》以爲古語，見《小問篇》。聖人言『述而不作』，推此言之，聖人豈空作哉！但經傳散佚，不能一一舉之耳。」

《晉語》：欒氏之臣辛俞曰：「三世仕家君之，再世以下主之。」【原注】注：大夫稱主。優施謂里克妻曰：「主孟啗我。」【原注】注：大夫之妻稱主。《左傳》醫和謂趙孟曰：「主是謂矣。」昭元年。魏戊曰：「主以不賄聞於諸侯。」昭二十八年。此大夫稱主也。[二]齊侯使高張來唁公，稱「主君」。子家子曰：「齊卑君矣。」昭二十九年。主君，大夫之稱也。《史記·甘茂傳》：樂羊拔中山，魏文侯示之謗書。樂羊曰：「此非臣之功也，主君之力也。」《戰國策》：梁王魏嬰觴諸侯於范臺，魯君曰：「主君之尊，儀狄之酒也；主君之味，易牙之調也。」魏以大夫爲諸侯，故猶稱主君。

［一一］【閻按】盧六以曰：《魯語》「以歜之家，而主猶績，懼於季孫之怒也。」此子稱母亦稱主也。

【閻按】《周禮》「主以利得民」，注云：「主謂公卿大夫。」是大夫稱主，周之制也。

【全云】閻説附會。

【又云】魏以主君爲稱，未必如深寧之言，蓋世降而名稱變耳。

【集證】《禮記·坊記》注：「大夫有臣者，稱之曰主。《周禮》曰：『主友之讎，視從父昆弟。』」正義曰：「此據臣下自稱己大夫之君，但得言主，不得稱君。若他人泛例言之，大夫有采地者，亦得稱君，故《喪服》云『爲其君布帶繩屨』，傳言『君，謂有采地者』也；若通而言之，諸侯亦稱主，《曲禮》『執主器』，謂君也。大夫自相命亦稱主，《左傳》晉士匄謂荀偃『事吴敢不如事主』是也。稱大夫之妻亦得曰『主』，《魯語》『季孫問於公父文伯之母曰：主亦有以語肥乎』是也。」

卷七

公羊

【元圻案】閻氏曰：《公羊傳》四萬四千七十五字。

漢武尊公羊家，而董仲舒爲儒者宗。「正誼不謀利，明道不計功」，[一]二言得夫子心法。太史公聞之董生者，又深得綱領之正。嘗考公羊氏之《傳》，所謂讖緯之文，與黜周王魯之説，非《公羊》之言也。蘇氏謂：「何休，《公羊》之罪人。」晁氏謂：「休負公羊之學。」五始、三科、九旨、七等、六輔、二類、七缺，皆出於何氏，其《墨守》不攻而破矣。

［一］案，此董子對膠西王語，見《漢書》本傳。《繁露》作「正其道不謀其利，修其理不急其功」。

【全云】西京公羊之學，江都最著。江都之言，《五行志》最多，亦不甚醇。至何休則愈妄矣。

【元圻案】《漢書·儒林傳》：「瑕丘江公受《穀梁春秋》及《詩》於魯申公。上使與仲舒議，不如仲舒。而丞相公孫弘本爲公羊學，於是上因尊公羊家，詔太子受《公羊春秋》，由是《公羊》大興。」又《五行志》：「董仲舒治《公羊春秋》，始推陰陽，爲儒者宗。」◎太史公《史記自敍》：「余聞之董生曰：『孔子知言之不用，道之不行也，是非二百四十二年之中，以爲天下儀表，貶天子，退諸侯，討大夫，以達王事而已矣。』夫《春秋》上明三王之道，下辯人事之紀，别嫌疑，明是非，定猶豫，善善惡惡，賢賢賤不肖，存亡國，繼絶世，補弊起廢，王道之大者也。」◎《公羊春秋》哀十四年「西狩獲麟」，何休注：「夫子素按圖録，知庶姓劉季當代周，見薪采者獲麟，知爲其出，何者？麟者，木精。薪采者，庶人燃火之意，此赤帝將代周居其位，故麟爲薪采者所執。西狩獲之者，從東方王於西也，東卯西金象也。言獲者，兵戈文也：言漢姓卯金刀，以兵得天下。」疏云：「蓋見《中候》云：卯金刀帝出，復堯之常。」又注曰：「得麟之後，天下血書魯端門，曰：『趨作法，孔聖没，周姬亡，彗東出，秦政起，胡破術，書記散，孔不絶。』子夏明日往視之，血書飛爲赤烏，化爲白書，署曰《演孔圖》，中有作圖制法之狀。孔子仰推天命，俯察時變，卻觀未來，預解無窮，知漢當繼大亂之後，故作撥亂之法以授之。」疏云：「《演孔圖》文也。」又第一卷「隱公第一」下疏云：「問曰：《公羊》以魯隱公爲受命王，黜周爲二王後。案《長義》云：『隱公人臣而虛稱以王，周天子見在上而黜公侯，是非正名而言順也。』答曰：《孝經》説云：『孔子曰：「《春秋》屬商，《孝經》屬參。」』然則其微似之語獨傳子夏，子夏傳與公羊氏，五世乃至漢胡母生、董仲舒，推演其文，然後世人乃聞此言矣。』《春秋》藉位於魯，以托王義，隱公之爵不進稱王，周王之號不退稱爲公，何以爲不正名、不順言乎？」◎《書録解題》三謂《公羊（訓）（解）詁傳》「其書多引讖緯，其所謂黜周王魯、變周文從殷質之類，《公羊》皆無明文，蓋爲其學者相承有此説也。」疏又曰：「何氏作《文謚例》云『三科九旨者，新周故宋，以《春秋》當新王』，此一科三旨也；又云『所見異辭，所聞異辭，所傳聞異辭』，二科六旨也；又『内其國而外諸夏，内諸夏而外夷狄』，是三科九旨也。」「五始者，元年、春、王、正月、公即位是也。七等者，州、國、氏、人、名、字、子是也。六輔者，公輔天子，卿輔公，大夫輔卿，士輔大夫，京師輔君，諸夏輔京師是也。二類者，人事與災異是也。七缺者，惠公妃匹不正，隱、桓之禍生，是爲夫之道缺也；文姜淫而害夫，爲婦之道缺也；大夫無罪而致戮，爲君之道缺也；臣而害上，爲臣之道缺也；『晉侯殺其世子申生』，『宋公殺其世子痤』，是爲父之道缺也；『楚世子商臣弑其君髡』，『蔡世子般弑其君固』，是爲子之道缺也；桓八年『正月，已卯，烝』，桓十四年八月『乙亥，嘗』，僖三十一年『夏，四月，四卜郊不從，乃免牲，猶三望』，郊祀不修，周公之禮缺，是爲七缺也矣。」◎莊十年《公羊傳》曰：「州不若國，國不若氏，氏不若人，人不若名，名不若字，字不若子。」◎《後漢書·鄭玄傳》：「時任城何休好《公羊》學，遂著《公羊墨守》、《左氏膏肓》、《穀梁廢疾》。康成乃發《墨守》，鍼《膏肓》，起《廢疾》。休見而嘆曰：『康成入我室，操我戈，以伐我乎？』」◎蘇東坡曰：「三《傳》迂誕奇怪之説，《公羊》爲多，而何休又從而附成之。」①◎晁説之曰：「何休

① 見蘇軾《論春秋變周之文》。

特負於公羊之學。三科、九旨、七等、六輔、二類、七缺之説，何紛紛也！既曰『據百〔二〕十〔二〕國寶書』，而又謂『三世異辭』，何邪？」①◎吕大圭曰：「范甯，《穀梁》之忠臣；何休，《公羊》之罪人。」②◎《晉書·王接傳》：「接嘗謂：何休志通《公羊》，而往往還爲《公羊》疾病。」◎《四庫全書總目》：「《春秋公羊傳注疏》二十八卷。公羊壽傳，何休解詁，唐徐彦疏。按《漢書·藝文志》『《公羊傳》十一卷』，班固自注曰：『公羊子齊人。』顔師古注曰：『名高。』徐彦疏引戴宏序曰：『子夏傳與公羊高，高傳其子平，平傳其子地，地傳其子敢，敢傳其子壽。至漢景帝時，壽乃與齊人胡母子都著於竹帛。』何休之注亦同。今觀傳中有『子沈子曰』、『子司馬子曰』、『子女子曰』、『子北宫子曰』，又有『高子曰』、『魯子曰』，蓋皆傳授之經師，不盡出於公羊子。定公九年《傳》『正棺於兩楹之間』二句，《穀梁傳》引之，直稱沈子，不稱公羊，是并其不著姓氏者亦不盡出公羊子，且并有『公羊子曰』，尤不出於高之明證。知《傳》確爲壽撰，而胡母子都助成之。舊本首著高名，蓋未審也。」◎《後漢書·儒林傳下》：「何休，字邵公，任城樊人也。休爲人質樸訥口，而雅有心思。精研六經，世儒無及者。太傅陳蕃辟之，與參政事。蕃敗，休坐廢錮。乃作《公羊解詁》。」

---

① 見晁説之《三傳説》。

② 見吕大圭《春秋五論》之五。

《筆談》[一]曰：「《史記·年表》：『平王東遷三年，魯惠公即位。』《纂例》隱公下注云：『惠公三年，平王東遷。』不知啖、趙得於何書？」《鹽石新論》以爲：「啖、趙所云出何休《公羊音訓》，當作『平王東遷三年，惠公立』，此休一時記録之誤。」安定謂：「平王東遷，孝公之三十七年也。明年，惠公立。[二]《春秋》不始於孝公、惠公者，不忍遽絶之，猶有所待焉。歷孝逾惠，莫能中興，於是絶之，所以始於隱公也。」

[一]【全云】沈括作。

[二]《綱目》、《前編》從之。

【元圻案】《夢溪筆談》十四：「按《史記·年表》，周平王東遷三年，魯惠公方即位。則《春秋》當始惠公，而始隱，故諸儒之論紛然，(入)〔乃〕《春秋》開卷第一義也。惟啖、趙都不解始隱之義，學者常疑之。唯於《纂例》隱公下注八字云：『惠公三年，平王東遷。』若爾，則《春秋》自合始隱，更無可論，此啖、趙所以不論也。然與《史記》不同，不知啖、趙得於何書？」◎《唐書·啖助傳》：「助字叔佐，爲《春秋集傳》，復攝其綱條爲《例統》。」◎《經義考》一百七十六載趙氏匡《春秋闡微》、《纂類》、《義統》十卷。章拱之曰：「趙氏集啖氏《統例》、《集注》二書及己説可以例舉者，爲《闡微》、《義統》十二卷，第三、第四亡逸。」

漢以《春秋》決事，如雋不疑引「蒯聵違命出奔，輒拒而不納，《春秋》是之」；

蕭望之引「士匄侵齊，聞齊侯卒，引師而還。君子大其不伐喪」；丞相御史議封馮奉世，引「大夫出疆，有可以安國家，顓之可也」，皆本《公羊》。雖於經旨有得有失，然不失制事之宜。至於嚴助以《春秋》對，乃引「天王出居於鄭，不能事母，故絶之」，其謬甚矣。

【元圻案】《漢書·雋不疑傳》：「始元五年，有一男子詣北闕，自謂衛太子。詔使公卿將軍中二千石雜識視。莫敢發言。不疑後到，叱從吏收縛。或曰：『是非未可知，且安之。』不疑曰：『諸君何患於衛太子。昔衛蒯聵違命出奔，輒拒而不納，《春秋》是之。衛太子得罪先帝，亡不即死，今來自詣，此罪人也。』遂送詔獄。」◎《公羊傳》（定）〔哀〕公（二）〔三〕年：「齊國夏曷爲與衛石曼姑帥師圍戚？伯討也。此其爲伯討奈何？曼姑受命乎靈公而立輒。以曼姑之義，爲固可以拒之也。」◎《漢書·蕭望之傳》：「五鳳中，匈奴大亂。議者多曰匈奴爲害日久，可因其壞亂舉兵滅之。詔問望之計策，對曰：『《春秋》晉士匄帥師侵齊，聞齊侯卒，引師而還，君子大其不伐喪。前單于慕化鄉善，遣使請求和親，海内欣然。未終奉約，不幸爲賊臣所殺，今而伐之，是乘亂而幸災也。』」師古曰：「《春秋公羊傳》襄十九年，齊侯環卒，『晉士匄帥師侵齊，至穀，聞齊侯卒，乃還。還者何？善辭也，大其不伐喪也。』」◎又《馮奉世傳》：「莎車遣使揚言北道諸國已屬匈奴矣，於是攻劫南道，與歃血畔漢。奉世以爲不亟擊之則莎車日强，必危西域。遂以節諭告諸國，因發其兵進擊。莎車王自殺，傳首長安。下議封奉世。丞相、將軍皆曰：『《春秋》之義，大夫出疆，有可以安國，顓之可也。奉世功效尤著，宜加爵士之賞。』」◎《公羊傳》莊十九年：「公子結媵陳人之婦於鄄，遂及齊侯、宋公盟。大夫無遂事，此其言遂何？聘禮，大夫受命，不受辭。出竟有可以安社稷利國家者，則專之可也。」◎《漢書·嚴助傳》：「助拜爲會稽太守。數年，不聞問。賜書曰：『君厭承明之廬，勞侍從之事，懷故土，出爲郡吏。間者，（缺）〔闊〕焉久不聞問，具以《春秋》對，毋以蘇秦從横。』助恐，上書謝稱：『《春秋》天王出居於鄭，不能事母，故絶之。臣事君，猶子事父母也，臣助當伏誅。陛下不忍加誅，願奉三年計最。』」◎《公羊傳》僖二十四年：「天王出居於鄭。王者無外，此其言出何？不能乎母也。」注：「不能事母，罪〔莫〕大於不孝，故絶之言出也。」

《左氏》載曹劌問戰，莊十年。諫觀社，莊二十三年。藹然儒者之言。《公羊》乃有盟柯之事，太史公遂以曹沬列刺客之首。此戰國之風，春秋初未有此習也。【原注】《穀梁》柯盟曹劌，《公羊》作曹子。然則沬即劌也。〔一〕此游士之虚語。而燕丹之用荆軻，欲以齊桓待秦政，不亦愚乎！

〔一〕【閻按】盧六以曰：《索隱》云：沬宜音劌，沬、劌聲相近而字異耳。

【元圻案】《公羊傳》莊十三年：「公會齊侯盟於柯。莊公升壇，曹子手劍而從之。管子曰：『君何求乎？』曹子曰：『城壞壓竟，君不圖與？』管子曰：『然則君將何求？』曹子曰：『願請汶陽之田。』管子顧曰：『君許諾。』桓公曰：『諾。』曹子請盟，桓公下與之盟。」◎《戰國策》：「燕太子丹質於秦，亡歸。見秦且滅六國，兵已臨易水，恐其禍至。太子丹患之，謂荆軻曰：『誠得劫秦王，使悉反諸侯之侵地，若曹沫之與齊桓，則善矣；則不可，因而刺殺之。』荆軻至秦，奉樊於期頭函，而秦武陽奉地圖匣，以次進，至陛。秦王發圖，圖窮而匕首見。因左手把秦王之袖，而右手持匕首揕之。未至身，秦王驚，自引而起，袖絶。拔劍以擊荆軻，斷其左股。荆軻廢。」

「九世猶可以復讎乎？雖百世可也。」莊四年。漢武用此義伐匈奴，儒者多以《公羊》之説爲非。然朱子序《戊午[一]讜議》[二]曰：「有天下者，承萬世無疆之統，則亦有萬世必報之讎。」吁，何止百世哉！

[一]【閻按】高宗紹興八年。

[二] 魏光履敍次。

【元圻案】莊公四年，「紀侯大去其國。」《公羊傳》曰：「爲齊襄諱也。《春秋》爲賢者諱，何賢乎襄公？復讎也。何讎爾？遠祖也。齊哀公亨於周，紀侯譖之。遠祖者幾世乎？九世矣。九世猶可以復讎乎？雖百世可也。」◎《漢書·匈奴傳》：「漢既誅大宛，威震外國，天子意欲遂困胡，乃下詔曰：『高皇帝遺朕平城之憂，高后時單于書絶悖逆。昔齊襄公復九世之讎，《春秋》大之。』是歲，太初四年也。」◎《周禮·調人》疏：「《禮記·曲禮》正義引許慎《異義》曰：『《公羊》説復百世之讎，《古周禮》説復讎可盡五世之内，五世之外，施之於己則無義，施之於彼則無罪。所復者，〔惟〕謂殺者之身，乃在被殺者子孫，可盡五世得復之。』」謹案：魯桓公爲齊襄公所殺，定公是魯桓公九世孫，孔子相定公，與齊會於夾谷，是不復百世之讎也。

「臣不討賊，非臣也；子不復讎，非子也。」「讎者無時焉可與通。」此三言者，君臣父子、天典民彝係焉。公羊子大有功於聖經。

【元圻案】隱公十一年，「冬十有一月壬辰，公薨。」《傳》：「何以不書葬？隱之也。何隱爾？弑也。弑則何以不書葬？《春秋》君弑賊不討，不書葬，以爲無臣子也。子沈子曰：『君弑，臣不討賊』云云」。◎莊四年，「冬，公及齊人狩於郜。」《傳》：「公曷爲與微者狩？齊侯也。齊侯則其稱人何？諱與讎狩也。讎者無時焉可與通，通則爲大譏。」◎此二條，皆有感於高宗之忘讎也。

以祭仲廢君爲行權，范甯已譏其失矣。孟子曰：「有伊尹之志則可。」若祭仲者，董卓、司馬師、孫綝、桓温之徒也，其可褒乎！

【元圻案】桓公十一年，「九月，宋人執鄭祭仲。」《傳》：「祭仲者何？鄭相也。何以不名？賢也。何賢乎祭仲？以爲知權也。其爲知權奈何？古者鄭國處於留。先鄭伯有善於鄶公者，通乎夫人以取其國，而遷鄭焉，而野留。莊公死已葬，祭仲將往省於留，塗出於宋，宋人執之，謂之曰：『爲我出忽而立突。』祭仲不從其言，則君必死，國必亡；從其言，則君可以生易死，國可以存易亡。少遼緩之，則突可故出，而忽可故反，是不可得則病，然後有鄭國。古人之有權者，祭仲之權是也。」◎范甯《穀梁傳序》：「《公羊》以祭仲廢君爲行權，是神器可得而闚也。」◎董卓廢漢靈帝爲弘農王，司馬師廢魏主芳爲齊王，孫綝廢吳主亮爲會稽王，桓温廢晉帝奕爲東海王。

「葵丘之會，桓公震而矜之。」安定謂：「前則致王世子於首止，今又致宰周公於葵丘，其心盈亦甚矣。《穀梁》以爲美，非美也。孟子以爲盛，有激而云。」

【何云】盛桓公，正所以夷五伯也。

【元圻案】僖九年《傳》：「葵丘之會，桓公震而矜之，叛者九國。震之者何？猶曰振振然。矜之者何？猶曰莫我若也。」◎僖九年，「九月戊辰，諸侯盟於葵丘。」《穀梁傳》：「桓盟不日，此何以日？美之也。爲見天子之禁，故備之也。葵丘之會，陳牲而不殺，讀書加於牲上，壹明天子之禁，曰：毋雍泉，毋訖糴，毋易樹子，毋以妾爲妻，毋使婦人與國事。」

以衛石惡爲惡人。劉原父非之曰：「董賢可謂賢乎？」又以仲孫何忌爲「譏二名」，新莽之制其出於此歟？東漢之士，猶無二名者。

【閻按】《野客叢書》：「《後漢》傳如蘇不韋字公先，王延壽字文考，謝夷吾字堯卿，郭延年字公游，此分明知其爲二名者，安得謂絶無？第尚沿王莽之禁，寥寥耳。」

【元圻案】襄二十七年，「豹及諸侯之大夫盟於宋。」《傳》：「曷爲再言豹？殆諸侯也。曷爲殆諸侯？爲衛石惡在是也，曰惡人之徒在是矣。」◎劉氏《春秋權衡》十二：「此乃一事再見者，前目而後凡耳。何謂殆諸侯乎？假令衛石惡實惡人者，何至能變亂諸侯之盟乎？衛比諸侯，亦小國耳，何至諸侯遂危懼之乎？皆事之不然者。且石惡，名爾，行未必惡也。謂名惡者行惡，名善者則行善矣，董賢可謂賢乎？」◎定六年，「季孫斯、仲孫忌帥師圍運。」《傳》：「此仲孫何忌也，曷爲謂之仲孫忌？譏二名。二名非禮也。」注：「爲其難諱也。一字爲名，令難言而易諱，所以表臣子之敬，不逼下也。」◎《漢書·匈奴傳》：「莽奏上令中國不得有二名，因使使者以風單于，宜上書慕化，爲一名，漢必加厚賞。單于從之。」◎《禮記·曲禮》正義引許慎《異義》：「《公羊》說譏二名，謂二字作名，若魏曼多也。《左氏》說二名者，楚公子棄疾弑其君，即位之後，改爲熊居，是爲二名。謹案：文武賢臣有散宜生、蘇忿生，則《公羊》之說非也，從《左氏》說。」

「用致夫人」，《公羊》以爲姜氏，譏以妾爲妻也。董仲舒謂成風，先儒取之。仲舒說經，蓋不泥於《公羊》也。晉江虨曰：「厭屈私情，所以上嚴祖考。」曾謂周禮在魯，其臣無一江虨乎？

【元圻案】僖八年《傳》：「夫人何以不稱姜氏？貶。曷爲貶？譏以妾爲妻也。其言以妾爲妻奈何？蓋脅於齊媵女之先至者也。」◎宋張洽《春秋集注》曰：「《穀梁傳》言夫人而不以氏姓，立妾之辭也。劉向以爲成風，而啖、趙皆從之。范甯謂欲尊其母，實卑其母。此言得《春秋》之旨。」◎《晉書·禮志中》：「興寧元年，哀帝章皇太妃薨，帝欲服重。江彪啓：『先王制禮，應在緦服。』詔欲降期，彪又啓：『厭屈私情，所以上嚴祖考。』於是制緦麻三月。」◎董子治《公羊春秋》，其説具在《繁露》，亦見於《漢書·五行志》。考《志》曰：「釐公二十年五月，西宫災，《穀梁》以爲愍公宫也，以謚言之，則若疏，故謂之西宫。劉向以爲釐公立妾母爲夫人，以入宗廟，故天災愍宫，若曰：去其卑而親者，將害宗廟之正禮。董仲舒以爲釐娶於楚，而齊媵之，脅公使立以爲夫人。西宫者，小寢，夫人之居也，若曰：妾何爲居此宫！誅去之意也。」據此則仲舒實主《公羊》之説；而以夫人爲成風，乃劉子政之説也。故范甯《穀梁注》亦引作劉向。厚齋先生以此説屬之董子，不知見何書，當考。

「晉人執宋仲幾於京師。仲幾之罪何？不蓑城也。」注云：「若今以草衣城是也。」定元年。《漢·五行志》：董仲舒以爲「宋中幾亡尊天子之心，而不衰城」。顔注云：「衰城，謂以差次受功賦也。」按《左氏傳》：「遲速衰序，於是焉在。」昭三十(一)〔二〕年。又云：「宋仲幾不受功」，定元年。「蓑」字當從《漢志》作「衰」，【原注】音初爲反，衰，差也。與《左氏》合。

【方樸山云】《公羊釋文》云：「蓑，一或作衰，一或音初危反。」此即《漢志》之説，然「不衰城」頗費解。

公羊子，齊人，其傳《春秋》多齊言。登來、[一]化我、[二]樵之、[三]漱浣、[四]筍將、[五]踴爲、[六]詐戰、[七]往黨、[八]往殆、[九]於諸、[一〇]累、[一一]怴[一二]如、[一三]昉、[一四]棓、[一五]脰[一六]之類是也。鄭康成，北海人，其注三《禮》多齊言。麴麩曰媒，[一七]疾爲戚，[一八]麋爲獐，[一九]漚曰湊，[二〇]椎爲終葵，[二一]手足掔爲骹，[二二]全菹爲芋，[二三]祭爲墮，[二四]題肩爲擊征，[二五]滑曰瀡，[二六]相絞訐爲掉磬，[二七]無髮爲禿楬，[二八]穅爲相，[二九]殷聲如衣，[三〇]祈之言是[三一]之類是也。方言之異如此，則《書》之詰誓其可强通哉！

[一]【閻按】見隱五年。○案《傳》曰：「公曷爲遠而觀魚？登來之也。」注：「登，讀言得來。得來之者，齊人語也。齊人名求得爲得來，作登來者，其言大而急，由口授也。」

[二] 按桓六年，「行過無禮謂之化」，則「我」字非齊語。◎《傳》曰：「曷爲謂之寔來？慢之也。曷爲慢之？化我也。」注：「行過無禮謂之化，齊人語也。」「化我」字亦見哀六年《傳》。

[三] 案，見桓七年。◎《經》「焚咸丘」，《傳》曰：「焚之者何？樵之也。」注：「樵，薪也。以樵燒之故，因謂之樵之，齊人語也。」

[四] 案，見莊三十一年。◎《經》「築臺於郎」，《傳》曰：「何以書？譏。何譏爾？臨民之所漱浣也。」注：「無垢加功曰漱，去垢曰浣，齊人語也。」

[五] 案，文十五年，齊、魯名竹箯曰筍，不與下「將」字連。◎《傳》曰：「脅物而歸之，筍將而來

也。」注：「筍者，竹箯，一名編輿，齊、魯以此名之曰筍。將，送也。」

［六］案，僖十年。踊，豫也，不與下「爲」字連。◎《傳》曰：「晉之不言出入者，踊爲文公諱也。」注：「踊，豫也，齊人語，若關西言渾矣。」

［七］案，僖三十三年。詐，卒也，不與下「戰」字連。◎《傳》曰：「詐戰不日，此何以日？盡也。」注：「據不言敗績，外詐戰文也。詐，卒也。齊人語。」

【方樸山云】詐戰即乍戰。

［八］案，文十三年。黨，所也，不與上「往」字連。◎《經》：「公及晉侯盟，還自晉。鄭伯會公於斐。」《傳》曰：「還者何？善辭也。何善爾？往黨，衛侯會公於沓，至得與晉侯盟。反黨，鄭伯會公於斐，故善之也。」注：「黨，所也。所，猶(是)〔時〕，齊人語也。」

［九］案，襄五年。殆，疑，不與上「往」字連。◎《傳》曰：「莒將滅之，故相與往殆乎晉也。」注：「殆，疑。疑讞於晉，齊人語。」

［一〇］案，見哀六年。◎《傳》曰：「陳乞使人迎陽生於諸其家。」注：「於諸，寘也，齊人語也。」

［一一］案，見桓二年。◎《傳》曰：「及者何？累也。」注：「累，累從君而死，齊人語。」

［一二］案，見桓五年。◎《經》「正月甲戌己丑，陳侯鮑卒。」《傳》曰：「曷爲以二日卒之？怴也。」《釋文》：「怴，呼述反，狂也。齊人語。」

［一三］案，見隱元年。《傳》曰：「母欲立之，已殺之，如勿與而已矣。」注：「如，即不如，齊人語。」

［一四］案，見隱二年。◎《傳》曰：「始滅，昉於此乎？」注：「昉，適也，齊人語。」疏：「胡母生齊人，故知之。若《鄭譜》云『然則《詩》之道放於此乎』之類。」

［一五］案，見成二年。◎《傳》曰：「踊於棓而闚客。」注：「凡無高下有絶，加躡板曰棓，齊人語。」

［一六］案，見莊十二年。◎《傳》曰：「萬怒搏閔公，絶其脰。」注：「脰，(脛)〔頸〕也，齊人語。」

［一七］案，見《媒氏》。◎《地官·媒氏》注：「媒之言謀也，謀合異類，使之和成者。今齊人名麴麩曰媒。

［一八］案，見《考工記》。◎《考工記》：「不微至，無以爲戚速也。」注：「齊人有名疾爲戚者。」

［一九］案，見《畫繪》。◎《考工記》：「畫繪之事，山以章。」注：『章，讀爲獐。獐，山物也。齊人謂麇爲獐。」

［二〇］案，見《㡛氏》。◎《考工記·㡛氏》：「湅絲以涚水漚其絲。」注：「漚，漸也。楚人曰漚，齊人曰涹。」

［二一］案，《玉人》，當作「終葵爲椎」。◎《考工記·玉人》：「大圭長三尺，杼上，終葵首。」注：「終葵，椎也。爲椎於其杼上，明無所屈也。」《疏》云：「『終葵，椎也』者，齊人謂椎爲終葵，故云終葵，椎也。」

［二二］案，見《弓人》。◎《考工記·弓人》：「今夫茭解中有變焉，故校。」注：「茭讀如『齊人名手足掔爲骹』之骹。」疏：「時齊人有名手足節掔間爲茭，取弓隈與簫角相接，名茭也。」

［二三］案，見《士喪禮》。◎《儀禮·士喪禮》：「其實葵菹芋，嬴醢。」注：「齊人或名全菹爲芋。」疏云：「《周禮·醢人》注云：『細切爲齏，全物若牒爲菹。』若然，凡菹者，全物不得芋名。此云齊人名全菹爲芋者，菹法舊短四寸者全之，若長於四寸者，亦切之，則葵長者自然切乃爲菹。但喪中之菹葵，雖長而不切，取齊人全菹爲芋之解也。」

［二四］案，見《士虞禮》。◎《士虞禮》：「祝命佐食墮祭。」注：「下祭曰墮，猶言墮下也。齊、魯之間，謂祭爲墮。」

［二五］案，見《月令》。◎《月令》：「季冬之月，征鳥厲疾。」注：「征鳥，題肩也。齊人謂之擊征，或名曰鷹。」

［二六］案，見《内則》。◎《内則》：「堇、荁、枌、榆、免、薧、滫、瀡以滑之。」注：「秦人溲曰滫，齊人滑曰瀡也。」

［二七］案，見《内則》。◎《内則》：「舅姑若使介婦，毋敢敵耦於冢婦。」注：「雖有勤勞，不敢掉磬。」《釋文隱義》云：「齊人以相絞訐爲掉磬。」崔云：「北海人以相激爲掉磬也。」

［二八］案，見《明堂位》。◎《明堂位》：「夏后氏以楬豆。」注：「楬，無異物之飾也。齊人謂無髮爲禿楬。」

［二九］案，見《樂記》。◎《樂記》：「弦匏笙簧，會守拊鼓。」注：「拊者，以韋爲表，裝之以糠。糠，一名相，因以名焉，今齊或謂糠爲相。」疏云：「相，即拊也。所以輔相於樂，故謂拊爲相也。」

〔三〇〕案，見《中庸》。◎《中庸》：「壹戎衣而有天下。」注：「衣讀如『殷』，聲之誤也。齊人言殷聲如『衣』。今姓有衣者，殷之冑與？」

〔三一〕案，見《緇衣》。◎《緇衣》：「夏日暑雨，小民惟曰怨。資冬祈寒，小民亦惟曰怨。」注：「資，當爲至，齊魯之語，聲之誤也。祈之言『是』也，齊西偏之語也。」

【閻按】王氏引何休注爲齊語者，已見上矣，猶有遺者。莊四年「怒」，莊二十年「瘠」，莊二十四年「僂」，莊二十八年「伐又伐」，宣八年「廢」，宣十八年「墠」，昭二十一年「因諸」，皆齊人語也。◎《三禮》注遺者尤多。《司尊彝》云「獻讀爲摩莎之莎，齊語。」

【又云】「齊人命浩酒曰滌。」《圉師》云：「齊人言鈇質之椹。」《蟈氏》云曰：「齊魯間謂鼃爲蟈。」《考工記》云：「齊人之言終古猶言常也。」《廬人》云：「齊人謂斧柯柄爲椑。」《士冠禮》云：「齊人名蒨爲韎韐。」《聘禮》云：「萊陽之間，刈稻聚把有名爲筥者。」《檀弓》云：「居讀爲姬姓之姬，齊、魯間語助也。」《禮器》云：「齊人所善曰麃。」《内則》云：「齊人呼佩巾爲紛。」又云：「紀、莒之間，名諸爲濫。」

【又云】「東海鰫魚，有骨名乙，在目旁。」《樂記》云：「齊語稱裂爲殈。」《雜記》云：「齊人呼卷爲武。」《喪大記》云：「齊人謂棺索爲緘繩。」《緇衣》云：「資當爲至，齊、魯之語。」

【元圻案】莊四年《傳》：「今紀無罪，此非怒與？」注：「怒，遷怒，齊人語也。」莊二十年《傳》：「大災者何？大瘠也。」注：「瘠，病也，齊人語也。」莊二十四年《經》：「八月丁丑，夫人姜氏入。」《傳》：「其言入何？難也。其言日何？難也。其難奈何？夫人不僂，不可使入，與公有約，然後入。」注：「僂，疾也，齊人語。夫人稽留，不肯疾順公，不可使即入。公至後，與公約定乃入，故爲難辭也。」莊二十八年《傳》：「《春秋》伐者爲客，伐者爲主。」注：「伐人者爲客，讀伐長言之，齊人語也。」又《傳》：「伐者爲主。」注：「見伐者爲主，讀伐短言之，齊人語也。」宣八年《傳》：「去其有聲者，廢其無聲者。」注：「廢，置也。置者，不去也，齊人語。」宣十八年《傳》：「墠帷。」注：「掃地而祭曰墠，今齊俗名之云爾。」昭二十一年《傳》：「宋南里者何？若曰因諸者然。」注：「因諸者，齊故刑人之地。公羊子，齊人，故以齊喻也。」疏：「舊説云即《博物志》云『周曰囹圄，齊曰因諸』是也。」◎《周禮·春官·司尊彝》：「鬱齊獻酌，凡酒修酌。」注：「獻，讀爲摩莎之莎，齊語，聲之誤也。修，讀如滌濯之滌。滌酌，以水和而泲，今齊人命浩酒曰滌。」《夏官·圉師》：「射則充椹質。」注：「杜子春讀椹爲齊人言鈇椹之椹。椹質，所射者習射處。」《秋官·蟈氏》：「掌去鼃黽。」注：「齊魯之間謂鼃爲蟈。」《考工記》：「輪已崇，則人不能登也。輪已庳，則於馬終古登阤也。」注：「齊人之言終古猶言常也。」《廬人》：「句兵椑。」注：「椑讀爲鼓鼙之鼙。齊人謂柯斧柄爲椑，則椑，隋圜也。」◎《儀禮·士冠禮》：「爵弁服，纁裳，純衣，緇帶，韎韐。」注：「韎韐，緼韍也。士緼韍而幽衡，合韋爲之。士染以茅蒐，因以名焉。今齊人名蒨爲韎韐。」《聘禮》：「四秉曰筥。」注：「此秉謂刈禾盈手之秉也。筥，穧名也，若今萊陽之間，刈稻聚把，有名曰筥者。」◎《禮記·檀弓》：「何居。」注：「居，讀爲姬姓之姬，齊魯之間語助也。」《禮器》：「君子〔曰〕：祭祀不祈，不麾蚤。」注：「麾之言快也。祭有時，不以先之爲快也。齊人所善曰麾。」疏云：「蚤謂先時也。」《釋文》：「齊人謂快爲麾。」《内則》：「左佩紛帨。」注：「紛帨，拭物之佩巾也，今齊人有言紛者。」又：「或以酏爲醴，黍酏，漿，水，醷，濫。〔酒〕：清、白。羞：糗餌、粉酏。」注：「以諸和水也。以《周禮》六飲校之，則濫，涼也。紀、莒之間，名諸爲濫。」又：「魚去乙。」注：「乙，魚體中害人者名也，今東海鰫魚有骨名乙，在目旁，狀如篆乙，食之鯁人，不可出。」《樂記》：「卵生者不殈。」注：「殈，裂也，今齊人語有殈者。」《雜記》：「委武，玄、縞而後蕤。」注：「委武，冠卷也。秦人曰委，齊人曰武。」疏云：「委、武皆冠卷也。秦人呼卷爲委，齊人呼卷爲武也。」《喪大記》：「君封以衡，大夫、士以咸。」注：「今齊人謂棺索爲緘繩，咸，或爲緘。」

文公二年，「公子遂如齊納幣」。譏喪娶也。娶在三年之外，則何譏乎喪娶？三年之内不圖婚娶者，大吉也，非常吉也。其爲吉者主於己，以爲有人心焉者，則宜於此焉變矣。〔二〕公羊子之言，天理民彝之正也。《左氏》以爲禮，以爲孝，其害教最甚。杜氏謂：「諒闇既終，嘉好之事，通於外内。」其悖理又甚焉。《中庸》曰：「三年之喪，達乎天子。」《孟子》曰：「三年之喪，自天子達於庶人。」左、杜而忘諸乎？杜預在晉，議太子之服，謂：「周公不言高宗服喪三年，而云諒闇，此服心喪之文也。」叔向不譏景王除喪，而譏其宴樂已早，明既葬應除，而違諒闇之節也。」司馬公以爲「巧飾經傳，以附人情」。【原注】預但知春秋衰世之禮，而未知先王制禮之本也。《公羊》長於《左氏》，此其一端也。

［一］案《春秋繁露·玉杯篇》：「按《經》文公乃四十一月（乃）〔方〕娶。娶時無喪，何以謂之喪娶？納幣之月在喪分，故謂之喪娶也。」

【元圻案】范甯《穀梁傳敍》：「《左氏》以文公納幣爲用禮，是居喪可得而婚也。」◎杜預議服，見《晉書·禮志》。《通鑑·晉武紀》泰始（九）〔十〕年：「八月，葬元皇后於峻陽陵。帝及羣臣除喪即吉，博士陳逵議，以爲：『今時所行，漢帝權制；太子無有國事，自宜終服。』杜預議云云。又曰：『子之於禮，存諸内而已。禮非玉帛之謂，喪豈衰麻之謂乎！』」臣光曰：「規矩主於方圓，然庸工無規矩，則方圓不可得而制也；衰麻主於哀戚，然庸人無衰麻，則哀戚不可得而勉也。杜預巧飾經傳，以附人情，辯則辯矣，臣謂不若陳逵之言質略而敦實也。」

穀梁

【元圻案】閻氏曰：「《穀梁傳》四萬一千五百十二字。」

《穀梁傳序》：「凡《傳》以通《經》爲主，《經》以必當爲理。夫至當無二，而三《傳》殊説，庸得不棄其所滯，擇善而從乎？」晉范甯作。《孝經序》襲其語。

【元圻案】唐明皇帝《孝經序》：「《傳》以通《經》爲義，義以必當爲主。至當歸一，精義無二，安得不翦其繁蕪而撮其樞要也。」◎《四庫全書總目》：「《春秋穀梁傳注疏》二十卷。晉范甯集解，唐楊士勛疏。士勛疏稱：穀梁子名俶，字元始，一名赤，受經於子夏，爲經作傳。」

桓五年《傳》：「鄭，同姓之國也，在乎冀州。」注：「冀州則近京師。」按鄭之始封，在今京兆，其地屬雍州。東遷之後，徙新鄭，在今河南，其地屬豫州。謂「近京師」則可，謂在冀州則非。或曰：冀州，中州也。《淮南子·墬形訓》：「正中冀州曰中土。」

【閻按】《墬形訓》：「少室、太室在冀州。」《泰族訓》：「周既失道，則以天下之大畏於冀州。」又「中土」，高誘注曰「冀州」。皆足爲證。

【集證】《日知録》：「古者天子常居冀州，後人遂以冀州爲中國之號。《楚辭·九歌》：『覽冀州兮有餘。』《淮南子》：『(有)〔女〕媧氏殺黑龍以濟冀州。』《路史》云：『中國總謂之冀州。』《穀梁傳》曰：『鄭，同姓之國也，在乎冀州。』」按《穀梁疏》引鄒衍書云：「九州之内，名曰赤縣。赤縣之畿，從冀州而起。」故後王雖不都冀州，亦得以冀州言之。

【元圻案】中土之稱冀州，猶今之稱京師爲長安，京尹爲京兆尹也；但只可用之於辭章耳。◎《釋文》云：「鄭本京兆鄭縣，爲雍州之域。後徙河南新鄭，爲豫州之境。冀在兩河之間，非鄭都也。麋氏云：韓侯滅鄭。韓都冀州，故以目鄭。」

秦自殽之敗，即楚，見呂相絶秦，故《穀梁》曰：「秦之爲狄，自殽之戰始。」僖三十三年。止齋陳氏傅良。曰：「楚之伯，秦之力也。自滅庸以後，秦爲楚役。」

【閻按】僖二十五年，秦囚楚申公鬭克以歸。三十三年，有殽之敗，使鬭克歸楚求成。此秦、楚修好之始事也。

【元圻案】陳止齋《春秋後傳》五：僖三十三年，晉人及姜戎敗秦師於殽。《傳》曰：「外相敗不書，此何以書？惡晉也。晉之霸，秦有力焉。自城濮以來，無役不從也。文公未葬，襄公墨衰，及姜戎要秦師於殽，敗之。秦、晉之搆怨自此始，更三君交兵無虚歲，曾不十年，晉遂不競而楚霸。是故外會師而不及，特書及，而晉侯貶稱人。晉不競而楚霸，秦亦與有力焉耳。」◎文公十六年，《經》書「楚人、秦人、巴人滅庸」。

伯宗攘輩者之善，穀梁子非之。[一]董公遮説漢王，注已見前①。趙涉遮説條侯，繫天下興亡安危之大幾，用其言而不用其人，何哉？

[一]案成五年《傳》：「孔子曰：伯尊其無績乎？攘善也。」注：「取輩者之言而行之，非己之功。」◎余友王汾原煦曰：「無績，無後也。《爾雅》云：『績，繼也。』後伯尊子州（黎）〔犁〕犇楚，州犁

① 見卷一「召平董公」條注（頁一七）。

孫嚭犇吴，是其證。」

【何云】李文饒平澤潞，頗采用杜牧之説，而反出之於黄州。

【全云】高宗航海，劉相如力勸張浚迎敵，蓋董公之亞，而其後相如亦蜚遯。

【元圻案】《漢書·周亞夫傳》：「東擊吴楚。至霸上，趙涉遮説亞夫曰：『吴王知將軍且行，必置間人於殽黽阸陿之間。將軍何不從此右去，走藍田。出武關，抵洛陽，直入武庫。諸侯聞之，以爲將軍從天而下也。』太尉如其計。」

隱九年，俠卒。俠者，所俠也。[一]所氏見於史者，漢有所忠，【原注】《食貨》、《郊祀志》、《石慶》、《司馬相如傳》。後漢有所輔。【原注】《獨行·劉茂傳》。《風俗通》：「所姓，宋大夫華所事之後。」《後漢·劉茂傳》注引之。魯有所氏，非但出於宋也。然無駭、翬、挾、柔、溺、宛，先儒謂大夫未爵命於天子，不氏。[二]則俠之氏爲所，非也。

[一]案范甯注：「俠，名也，所其氏。」疏：徐邈引尹更始云：「所者俠之氏，麋信以爲所非氏，所，謂斥也。」

[二]此孫覺尊王發微之説。呂氏《集解》襄陵許氏曰：「凡大夫未爵命於天子，不氏。春秋之初，尚謹此也。無駭、翬、挾、柔、溺及宛之見隱、桓、莊篇是也。」

【集證】史游《急就篇》：「所不侵。」師古注云：「所所，斫木聲也。古有虞衡之官，因主伐木，遂以爲氏。」又《通志·氏族略》亦云：「所者，伐木聲。本虞衡主伐木之官，聞聲以爲氏。」

【元圻案】宋有所淑，熙寧間人。鄭虎臣緝《吴郡文粹》，載所淑《常熟縣新建順民倉記》。

《公羊傳》於襄二十一年云：「十有一月庚子，孔子生。」《穀梁傳》於二十〔一〕年十月云：「庚子，孔子生。」二十一年，賈逵注《經》云：「此年仲尼生。」昭二十四年，服虔載賈逵語云：「仲尼時年三十五。」定以孔子爲襄二十一年生也。《孔子世家》云：「魯襄公二十二年生。」杜注從《史記》。案，以上皆襄三十一年《左傳》正義文。臧榮緒以宣尼生庚子日，陳《五經》拜之。然以年則《公》、《穀》、《史記》有一年之差，以月則《公》、《穀》有一月之差。今不可考。

【閻按】王氏後宋景濂有《孔子生卒歲月辨》一篇，生主《公》、《穀》歲己酉，卒主《左氏》歲壬戌，相距則七十四年，與曆所傳孔子年七十三者不合。辭雖辯，實不通曆法。近黄太沖以曆上推，斷生於襄公二十二年建酉之月二十七日庚子，與羅泌《路史》脗合。余亦推以曆，嘆爲定論。

【元圻案】《南史·隱逸傳》：「臧榮緒，東莞莒人也。隱居京口教授。齊高帝爲揚州刺史，徵爲主簿，不到。惇愛《五經》，謂人曰：『昔吕尚奉《丹書》，武王致齋降位，李、釋教誡，並有敬禮之儀，因甄明至道。』乃著《拜五經序論》。常以宣尼庚子日生，其日陳《五經》拜之。自號披褐先生。」

侯國不守典禮，而使宰咺①歸賵；[一]侯國不共貢職，而使石尚歸脤。[二]《經》書天王以是始終，蓋傷周而嘆魯也。《穀梁》謂石尚欲書《春秋》，曾是以爲禮乎？

[一]【何云】隱元年。

[二]【何云】定十四年。

【元圻案】劉氏敞《春秋權衡》十七：「定公十四年，天王使石尚來歸脤。《穀梁》曰：『尚欲書《春秋》，諫曰：「久矣！周之不行禮於魯也。請行脤。」』不知石尚欲書孔子之《春秋》乎？魯國之《春秋》乎？若孔子之《春秋》也，孔子是時未作《春秋》，石尚安得書？如魯國之《春秋》，王人至則書之矣，何足以爲榮邪？是殆不然。」

《文中子》謂范甯有志於《春秋》，徵聖經而詰衆《傳》，蓋杜預屈《經》以申《傳》，何休引緯以汩《經》，唯甯之學最善。

【全云】六朝清言成俗，甯獨能罪王、何以救世道，真儒也。

【集證】晁公武曰：「三《傳》之學，《穀梁》所得最多。諸家之解，范甯之論最善。」《日知録》：「宋黄震言：『杜預注《左氏》獨主《左氏》，何休注《公羊》獨主《公羊》，惟范甯不私於

① 「咺」，原本作「喧」，據元刊本改。

《穀梁》，而公言三家之失。』今考《集解》中糾傳文者得六事：莊九年，『公伐齊，納糾』，《傳解》云：『惡内之言，《傳》或失之。』僖元年，『公子友帥師，敗莒師於麗，獲莒挐』，《傳解》云：『季友令德之人，豈當舍三軍之整，佻身獨鬭，以決勝負者哉！』僖十四年，『季姬及繒子遇於防』，《傳解》云：『《左氏傳》近合人情。』襄十一年，『作三軍』，《傳解》云：『《周禮》、《司馬法》：「王六軍，大國三軍，次國二軍，小國一軍。」總云諸侯一軍，非制也。』昭十一年，『楚子虔誘蔡侯般，殺之於申』，《傳解》云：『般，弒父之賊，人倫所不容，王誅所必加。禮，凡在官者殺無赦，豈得惡楚子殺般乎？』哀二年，『晉趙鞅納衛世子蒯聵於戚』，《傳解》云：『《經》稱蒯聵爲世子，則靈公不命輒審矣。此矛楯之喻也。』皆能糾正《傳》文之失。」

【元圻案】《中説·天地篇》：「子謂陳壽有志於史，依大義而削異端。范甯有志於《春秋》，徵聖經而詰衆《傳》。」

《穀梁》言大侵之禮，與《毛詩·雲漢》傳略同；言蒐狩之禮，與《毛詩·車攻》傳相合。此古禮之存者。

【元圻案】襄二十四年《傳》：「大侵之禮，君食不兼味，臺榭不塗。弛候，廷道不除。百官布而不制，鬼神禱而不祀。此大侵之禮也。」《小雅·雲漢》傳：「歲凶，年穀不登，則趣馬不秣，師氏弛其兵，馳道不除，祭祀不縣，膳夫徹膳，左右布而不修，大夫不食粱，士飲酒不樂。」正義曰：「此當先有成文，故《傳》引之。左右，總謂諸臣。不修者，無所修作。《穀梁傳》曰：『百官布而不制』是也。馳道不除者，《曲禮》注云：『爲妨民取蔬食也。』《穀梁傳》亦云『道不除』。言祭祀不縣，則有事但不縣樂。《穀梁傳》又曰：『禱而不祀。』然則此云祭者，正謂祈禱〔之〕祭，不用樂也。徹膳者，天子日食太牢，今減損之也。《穀梁》云：『君食不兼味。』」◎昭八年《傳》：「因蒐狩以習用武事，禮之大者也。艾蘭以爲防，置旃以爲轅門，以葛覆質以爲槷，流旁握，御轚者，不得入。車軌塵，馬候蹄，揜禽旅，御者不失其馳，然後射者能中。過防弗逐，不從奔之道也。面傷不獻，不成禽不獻。禽雖多，天子取三十焉，其餘與士衆，以習射於射宮。射而中，田不得禽則得禽。田得禽而射不中，則不得禽。是以知古之貴仁義而賤勇力也。」◎《小雅·車攻》傳：「田者，大芟草以爲防，或舍其中。褐纏旃以爲門，裘纏質以爲槷，閒容握，驅而入，轚則不得入。左者之左，右者之右，然後焚而射焉。」正義曰：「《穀梁傳》曰：『艾蘭以爲防。以葛覆質以爲槷。』與此不同。」毛傳又曰：「一曰乾豆，二曰賓客，三曰充君之庖，故自左膘而射之，達於右腢，爲上殺。射右耳本，次之。射左(脾)〔髀〕，達於右䯚，爲下殺。面傷不獻，踐毛不獻，不成禽不獻。禽雖多，擇取三十焉，其餘以與大夫、士，以習射於澤宮。田雖得禽，射不中不得取禽。田雖不得禽，射中則得取禽。古者以辭讓取，不以勇力取。」正義曰：「此有成文，《書傳》、《穀梁傳》與此略同。」

《左傳》正義云：「漢代古學不行，明帝集諸學士作《白虎通義》，因《穀梁》之文爲之説曰：『王者諸侯所以田獵何？爲苗除害，上以共宗廟，下以簡集士衆也。春謂之田何？春，歲之本，舉本名而言之也。夏謂之苗何？擇其懷任者也。秋謂之蒐何？蒐索肥者也。冬謂之狩何？守地而取之也。四時之田總名爲田何？爲田除害也。』」案，見隱五年。今《白虎通義》十卷無此語，豈亦有逸篇歟？然章帝會諸儒於白虎觀，正義謂明帝，亦誤。

【元圻案】袁宏《後漢紀》：「章帝建初四年，是秋詔諸儒會白虎觀，議五經同異，曰《白虎通》。」◎《四庫全書總目·子部雜家類二》：「《白虎通義》四卷。《隋志》載《白虎通》六卷，不著撰人。《唐志》始題班固之名。《崇文總目》載《白虎通德論》十卷。陳振孫《書録解題》亦作十卷。今本僅分四卷。朱翌《猗覺寮雜記》稱《荀子》注引《白虎通》『天子之馬』六句，今本無之。則轉輾傳寫，或亦有所脱佚。」◎近陽湖莊氏有輯《白虎通闕文》。

某，或作「厶」，出《穀梁注》「鄧，厶地」。

【集證】《老學庵筆記》：「今人書『某』爲『厶』，皆以爲俗從簡便，其實古『某』字也。《穀梁》桓二年『蔡侯、鄭伯會於鄧』，范甯注云：『鄧，厶地。』陸氏《釋文》曰：『不知其國，故云厶地。本又作某。』」

穀梁子，或以爲名赤，或以爲名俶。[一]秦孝公時人。今按《傳》載《尸子》之語，尸佼與商鞅同時，故以穀梁子爲秦孝公時人。然不可考。【原注】《漢書》但云「魯學」。

［一］【何云】小顔《藝文志注》云「名喜」。

【閻按】名赤，見《風俗通》；名俶，字元始，見阮孝緒《七録》。趙氏《損益義》云然。盧六以云宜補入。

【集證】晁氏《志》：「應劭《風俗通》稱穀梁子名赤，子夏弟子。糜信則以爲秦孝公同時人。阮孝緒則以爲俶，字元始。皆未詳也。」又按《論衡·案書篇》又云穀梁寘，是穀梁子有四名也。然名赤始自桓君山《新論》，説最先，後人多從之。

論語

【元圻案】鄭畊老曰：「《論語》一萬三千七百字。」

或問：「《論語》首篇之次章，即述有子之言，而有子、曾子獨以子稱，何也？」曰：「程子謂此書成於有子、曾子之門人也。」［一］曰：「柳子名宗元，著《論語辨》二篇。其上篇謂孔子之没，諸弟子以有子爲似夫子，立而師之，其後不能對諸子之問，乃叱避而退，則固常有師①之號，是以稱子。其説非歟？」曰：「非也，此太史公采雜説之謬。〔二〕宋子京、蘇子由辨之矣。《孟子》謂子夏、子張、子游以有若似聖人，欲以所事孔子事之。朱子云：蓋其言行氣象有似之者，如《檀弓》所記子游謂『有若之言似夫子』之類是也，豈謂貌之似哉！」〔三〕曰：「有子不列於四科，其人品何如？」曰：「宰我、子貢、有若，智足以知聖人，此《孟子》之言也。蓋在言語之科，宰我、子貢之流亞也。」曰：「有子之言，可得聞與？」曰：「『盍徹』之對，『出類拔萃』之語，見於《論》、《孟》。而《論語》首篇所載凡三章，曰『孝弟』，曰『禮』，曰『信恭』，尤其精要之言也。其論『晏子焉知禮』，則《檀弓》述之矣。《荀子·解蔽篇》云：『有子惡卧而焠掌。』可以見其苦學。」曰：「朱子謂有子重厚和易，其然與？」曰：「吴伐魯，微虎欲宵攻王舍，有若與焉，可謂勇於爲義矣，非但重厚和易而已也。」曰：「有子、曾子並稱，然斯道之傳，唯曾子得之。子思、孟子之學，曾子之學也，而有子之學無傳焉，何歟？」曰：「曾子守約而力行，有子知之而已，智足以知聖人，而未能力行也。《家語·弟子解》稱其『强識好古道』，其視以魯得之者有閒矣。」曰：「學者學有子，可乎？」曰：「孝弟務本，此入道之門，積德之基，學聖人之學莫先焉。未能服行斯言，

①「固常有師」，元刊本作「固有常師」。

而欲淩高厲空，造一貫忠恕之域，吾見其自大而無得也。學曾子者，當自有子『孝弟』[1]之言始。」曰：「《檀弓》記有子之言，皆可信乎？」曰：「王無咎嘗辨之矣。若語子游欲去喪之踊，孺子䵚之喪，哀公欲設撥以問若，若對以爲可，皆非也。唯《論語》所載爲是。」

［一］案羅豫章先生集《二程語録》：「伊川曰：『《論語》，曾子、有子弟子論譔。所以知者，唯曾子、有子不名。』」

［二］《史記·仲尼弟子列傳》：「孔子既没，有若狀似孔子，弟子相與共立爲師。他日，弟子進問曰：『商瞿年長無子，孔子曰：「無憂，瞿年四十後當有五丈夫子。」已而果然。敢問夫子何以知之？』有若默然無以應。弟子起曰：『有子避之，此非子之座也！』」

［三］趙岐《孟子注》謂有若之貌似孔子。此三子者，思孔子而不可復見，故欲尊有若以作聖人，朝夕奉事之禮如事孔子，以慰思也。」

【閻按】嘗讀此條，因悟有若不可屈兩廡，當於廟庭上廣而爲十二哲。德行有三人焉：閔子騫、冉伯牛、仲弓；言語亦三人焉：宰我、子貢、有若；政事亦三人焉：冉有、季路、公西華；文學亦三人焉：子游、子張、子夏。或曰：公西華政事之才，實並由、求，既聞命矣。而子張之列文學

① 「孝弟」，原本作「弟子」，據元刊本改。

也，何居？余曰：子夏、子游、子張皆有聖人之一體。他日子夏、子游、子張以有若似聖人，皆《孟子》言也。前以《孟子》斷升有若，則此以《孟子》斷屬文學，於子張也何疑？

【元圻案】《四庫全書總目・經部四書類》：「《論語拾遺》一卷，宋蘇轍撰。前有自序，稱少年爲《論語略解》。其兄軾謫黄州時，撰《論語説》，取所解十之二三。大觀丁亥間，居潁川，與其孫籀等講《論語》，因取軾説之未安者，重爲此書。」◎《書録解題・别集類》：「《王直講集》十五卷。天台縣令南城王無咎補之撰。無咎，嘉祐二年進士，曾鞏之妹夫，從王安石游最久。」

《春秋》文二年正義云：「哀公問主於宰我。案古《論語》及孔、鄭皆以爲社主，張、包、周等並爲廟主。」今本作「問社」。《集解》用孔氏説，凡建邦立社，各以其土所宜之木，何晏《集解》。亦不言社主。然正義必有據。

【元圻案】魏何晏《論語集解敘》曰：「《魯論語》二十篇，《齊論語》二十二篇。魯恭王時，嘗欲以孔子宅爲宫，壞得《古文論語》二十一篇。安昌侯張禹本受《魯論》，兼講齊説，善者從之，號爲『張侯論』，爲世所貴。苞氏、周氏《章句》出焉。《古論》唯博士孔安國爲之訓説，而世不傳。漢末，大司農鄭玄就《魯論》篇章考之《齊》、《古》，以爲之注。」梁皇侃義疏曰：「苞氏，苞咸也。周氏，不悉其名也。」◎苞咸，《後漢書・儒林傳》作包咸。◎皇侃疏曰：「鄭《論》本云問主也。」

【集證】按公羊文二年《傳》：「虞主用桑，練主用栗。」注云：「期年練祭，理虞主於兩階之間，易以栗也。夏后氏以松，殷人以柏，周人以栗。」疏云：「出《論語》。而鄭氏注云『謂社主』，正以古文《論語》『哀公問社於宰我』故也，今文《論語》無『社』字，是以何氏以爲廟主耳。」據此，則唐時今文《論語》作「問主」。又按《釋文》云：「問社，如字。鄭本作『主』，云：主，田主，謂社。」則《春秋》正義社主之説不爲無據。

張衡《思玄賦》：「匪仁里其焉宅兮，匪義迹其焉追。」注引《論語》：「里仁爲美。宅不處仁，焉得知？」里、宅，皆居也。[一]石林[二]云：「以『擇』爲『宅』，則里猶宅也。蓋古文云然。今以『宅』爲『擇』，而謂里爲所居，乃鄭氏訓解，而何晏從之。當以古文爲正。」致堂云：「里，居也。居仁如里，安仁者也。」[三]

[一]【集證】《後漢·張衡傳》注、《文選》注並同。

[二]案《經義考》載此條，「石林」下有「《論語釋言》」四字。

[三]【全云】致堂説未穩。

【元圻案】何晏《集解》引康成曰：「里者民之所居也。居於仁者之里，是爲善也。」◎劉敞《七經小傳》曰：「里，猶居也，言人爲身謀居，惟居於仁爲美。」◎《書録解題》：「《論語釋言》十卷，葉夢得少藴撰。《致堂論語詳説》二十卷，禮部侍郎建安胡寅明仲撰，文定之子也。」◎《九經古義》：「按《釋名》：『宅，擇也。』擇吉而營之，是宅有擇義，或古文作『宅』，訓爲擇，亦通。《孟子》亦作擇。趙岐云：『揀擇不處仁爲不智。』」

商爲「起予」①，理明辭達也；回非「助我」②，默識心通也。

《説苑·善説篇》：「管仲築三歸之臺，以自傷於民。」《集注》取之。

【元圻案】何晏《集解》：「苞氏曰：三歸者，娶三姓女也。婦人謂嫁爲歸。」◎趙順孫《纂疏》：「或問三歸之爲臺名，曰《説苑》謂管仲築三歸之臺，而《韓非》亦曰『桓公使管仲有三歸之家』，是其證也。曰：舊説婦人謂嫁曰歸。三歸云者，一娶三姓而備九女，如諸侯之制也。且雖臺名，安知不以處是人而名之乎？曰：若此則爲僭上失禮，與塞門反坫同科矣。今夫子但以爲不儉，則亦但爲極臺觀之侈，而未至於僭也。」③

「舉直錯諸枉」，「舉枉錯諸直」④。孫季和〔一〕謂：「舉直而加之枉之上，則民服，

---

① 《論語·八佾》：子曰：「起予者商也。」

② 《論語·先進》：子曰：「回也，非助我者也，於吾言無所不説。」

③ 此節所引本出朱熹《四書或問》，而《論語纂疏》引之。

④ 《論語·爲政》。

枉固服於直也；舉枉而加之直之上，則民不服，直固非枉之所能服也。」【原注】若諸家解，何用加二「諸」字。

［一一］【全云】餘姚燭湖先生孫應時，象山弟子。

【閻按】此尤與子夏「舜有天下，選於衆，舉皋陶」，不言錯四凶引證合。

【集證】《經義考》：「孫應時《論語説》，今佚，僅存説『舉直錯諸枉』一條於《困學紀聞》。」

【元圻案】《四庫全書總目·别集類》：「《燭湖集》二十卷，附編二卷。宋孫應時撰。應時字季和，自號燭湖居士。餘姚人。登淳熙乙未進士。知常熟縣，移判邵武軍。考楊簡作《應時壙志》及張淏《會稽續志》，均稱其紹熙初嘗應蜀帥丘崈辟，預料吴曦逆謀，其言果驗。」

王景文云：「孔子見起證而知其末，故曰：『其或繼周者，雖百世可知也。』孟子見進證而知其極，故曰：『千歲之日至①，可坐而致也。』邵氏見困證而知其窮，故曰：『苟有命世之人，雖民如夷狄，三變而帝道可舉。惜時無百年之世，世無百年之人，時難人難，不其然乎！』」【原注】邵子之言見《觀物篇》。

【元圻案】王質，字景文。紹興三十年進士。官至樞密院編修。出通判荆南府，改吉州。著

① 「至」，元刊本無。

《雪山集》。王阮序其集曰：「聽其論古，如讀酈道元《水經注》，名川支川，貫穿周匝，無有間斷。」其集久佚，今本從《永樂大典》録出，分爲十六卷。而此條所引，不載集中。

「默而識之」①，朱子謂不言而存諸心。「屢空」②，不取虚中之説，恐學者流於異端也。

【元圻案】何晏《集解》：「言回『庶幾』聖道，雖數空匱而樂在其中矣。一曰：屢，猶每也；空，猶虚中也。」朱子《集注》取其前説。

申棖，鄭康成云：「蓋孔子弟子申續。《史記》云：『申棠，字周。』《家語》云：『申續，字周。』」以上《論語釋文》之文。今《史記·仲尼弟子列傳》以「棠」爲「黨」，《家語·弟子解》以「續」爲「績」，傳寫之訛也。後漢《王政碑》云：「有羔羊之絜，無申棠之欲。」見宋洪适《隸續》。亦以「棖」爲「棠」。則申棠、申棖一人爾。唐開元封申黨召陵伯，又封申棖魯伯。[一]本朝祥符封棖文登侯，又封黨淄川侯，[二]俱列從祀。黨即棠也，一人而爲二人，失於詳考《論語釋文》也。《史記·仲尼弟子列傳索隱》謂《文翁圖》有申棖、申

① 《論語·述而》。
② 《論語·先進》。

棠，[三]今所傳《禮殿圖》有申黨，無申棖。

[一]案《通鑑·唐玄宗紀》開元二十七年：「八月，追謚孔子爲文宣王，追贈弟子皆爲公侯伯。」注只載申黨而不及申棖。

[二]明薛應旂《宋元通鑑·宋真宗紀》祥符二年：「五月，追封孔子弟子顔回爲兗國公，閔損以下九人爲郡公，曾參以下六十二人爲侯，命文臣爲贊。」

[三]今本《史記》作「堂」。

【闇按】至明嘉靖始存棖去黨，以合《論語》。◎末行「申棠」，元板作「申堂」。

【集證】《隸續·郎中王政碑》：「有羔羊之絜，無申棠之欲。」盤洲云：「鄭司農注《魯論》『申棖』：『蓋孔子弟子申續。』《家語》：『申續，字周。』《史記》：『申棠，字周。』此碑所用，有自來矣。」◎又按：「棖」與「堂」通。《詩》：「子之昌兮，俟我乎堂兮。」箋云：『「堂」當爲「棖」。』「堂」又與「棠」通。《魯峻碑》：「棠棠忠惠，令德孔爍。」義作「堂堂」。

【元圻案】明世宗時，從張璁之議，始改稱孔子爲至聖先師，并罷弟子公侯伯爵，稱先賢，左丘明以下稱先儒。申棖、申黨，存棖去黨。

甘羅曰：「項橐七歲爲孔子師。」案，見《戰國策》、《史記·甘羅列傳》、《淮南子》。[一]董仲舒《對策》：「此亡異於達巷黨人，不學而自知。」孟康注：「『人』，項橐也。」見《漢書·董仲舒傳》。《隸釋》載《逢盛碑》，以爲「后橐」。[二]孟康之説，未知所出。《論語注疏》無之。

[一]《漢書·古今人表》獨不列項橐。

[二]【集證】童子逢盛碑，漢靈帝光和四年立，文曰：「才亞后橐，當爲師楷。」洪氏曰：「《趙廣漢傳》『缿筩』之缿音項。后、缿偏旁相類，缿有項音，故借后爲缿，又借缿爲項也。」《淮南·修務訓》、《論衡·實知篇》皆作項托。《新序·雜事五》：「秦項橐，七歲爲聖人師。」又以項橐爲秦人。皮日休《文藪·雜著》云「無項托」。

【元圻案】《文選》顏延之《皇太子釋奠詩》注引嵇康《高士傳》：「孔子問項橐曰：『居何在？』曰：『萬流屋。』」注曰：「言與萬物同流匹也。」

「師摯之始」①，鄭康成謂「魯太師之名」。案，見何晏《集解》。「太師②摯適齊」，孔安國以爲魯哀公時人，[一]康成以爲周平王時人。[二]班固《禮樂志》謂「殷紂作淫聲，樂官師瞽抱其器而犇散，或適諸侯，或入河海。」[三]《古今人表》列太師摯以下八人

① 《論語·泰伯》。

② 「太師」，原本作「太史」，據元刊本改。《論語·微子》正作「太師」。

於紂時。吴斗南[四]云：「按《商本紀》，紂世抱樂器而犇者，太師疵、少師彊也，《人表》亦列此二人於師摯八人之後，[五]誤合兩事爲一。」[六]石林云：「司馬遷論周厲王事曰：『師摯見之矣。』」[七]則師摯，厲王時人也。諸説不同，横渠《正蒙》從孔安國注。[八]

［一］《集解》「太師摯適齊章」注，孔安國曰：「亞，次也，次飯樂師也。摯干，其名也。魯哀公時，禮毀樂崩，樂人皆去。」

［二］《漢書·古今人表》「太師摯」等八人注，師古曰：「八人皆紂時奔走分散而去。鄭玄以爲周平王時人，非也。」

［三］董仲舒曰：「殷紂逆天暴物，殺戮賢智，守職之人，皆奔走逃亡，入於河海。」班氏之説，蓋本於此。

［四］【全云】朱子弟子。

［五］八人在紂時列「上」。下二人，武王時列「上中」。

［六］吴説見《兩漢刊誤補遺》第四卷「樂師」條。

［七］《史記·十二諸侯年表序》：「太史公讀春秋曆譜諜，至周厲王，未嘗不廢書而嘆也。曰：『嗚呼，師摯見之矣！』」

［八］【何云】洋洋盈耳，蓋所謂吾猶及見之者也。當以孔注爲正。

「考其所爲，觀其所由，察其所安。」①亦見《大戴禮·文王官人篇》。

【集證】按《逸周書·官人解》「考其所爲，觀其所由」，無「察其所安」句。

「老彭」②，鄭注云：「老聃、彭祖。」[一]龜山《答胡迪功》曰：「老氏以自然爲宗，謂之不作可也。」朱文公《答汪尚書》曰：「以《曾子問》言禮證之，述而不作，信而好古，皆可見。蓋聃，周之史官，掌國之典籍、三皇五帝之書，故能述古事而信好之。如《五千言》，或古有是語而傳之。《列子·天瑞篇》引《黄帝書》即『谷神不死章』也。聃雖知禮，謂行之反以多事，故欲滅絶之。《禮運》『謀用是作，兵由是起』，亦有是意。」致堂《讀史管見》卷十曰：「仲尼問禮，或以證舊聞，[二]或以[三]絶滅禮樂③之故振而作之。使於問答之際有啓發，非以爲師也。」

[一]【何云】老聃之生，在彭祖之後，不應反居其上，故朱子定從包咸之説。○案，《禮記·曾子問》鄭注：「老聃，古壽考者之號也，與孔子同時。」正義曰：「鄭注《論語》云：『老聃，周之太史。』」

① 《論語·爲政》。
② 《論語·述而》。
③ 「禮樂」，原刊本作「禮學」。

◎何晏《論語集解》：「包曰：『老彭，殷賢大夫，好述古事。』」正義曰：「老彭，即《莊子》所謂彭祖也。李云：『名鏗，堯臣，封於彭城。歷虞、夏至商，年七百歲。』《世本》云：『姓籛名鏗，在商爲守藏史，在周爲柱下史，年八百歲。籛音翦。一云即老子也。』王弼云：『老是老聃，彭是彭祖。』」◎陸德明《論語釋文》：「包云：『老彭，殷賢大夫也。』案《大戴禮》云：『商老彭是也。』鄭云：『老，老聃；彭，彭祖。』」◎《大戴記·虞戴德篇》：「昔商老彭及仲傀。」◎朱子《論語集注》從包氏、《大戴禮》。

［二］案，本文「聞」字下尚有「或以析疑似」五字。

［三］「以」字下有「老子」兩字。

【集證】楊升庵《丹鉛總録》：「慎按佛經《三教論》曰：《五千文》者，容成所説，老子爲尹談，蓋述而不作。又按《莊子》引容成氏曰：『除日無歲，無外無内。』則容成氏固有書矣。老子述而不作，此其明證。」

【元圻案】吕氏希哲《雜記》上：「老子曰：『古之善爲道者，非以明民，將以愚之。』《記》曰：『明明德於天下。』老子曰：『報怨以德。』孔子曰：『以直報怨，以德報德。』老子曰：『知不知上，不知知病。』孔子曰：『知之爲知之，不知爲不知。』蓋孔子未嘗師老子也。」

王無咎云：「鹿邑之外，有互鄉城，邑人相傳謂互鄉童子見孔子者，此處也。前代因立互鄉縣，其城猶存。」【原注】鹿邑屬亳縣。

【閻按】《宋·地理志》，亳縣當作亳州。

【集證】鹿邑縣，今屬河南歸德府。

「不舍晝夜」①，《釋文》：「舍，音捨。」《集注》亦云「上聲」，而《楚辭辨證》云：「洪引顔師古曰：『舍，止息也。』屋舍、次舍皆此義。《論語》『不舍晝夜』，謂曉夕不息耳。今人或音捨者，非是。」《辨證》乃朱子晚歲之書，當從之。

【元圻案】梁皇侃義疏：「川流迅邁，未嘗停止。」與朱子此説合。◎宋洪興祖，字慶善。丹陽人。政和中登上舍第。事迹具《宋史·儒林傳》。著《楚辭補注》十七卷。◎《四庫全書總目·楚辭類》：「《楚辭集注》八卷，《辨證》二卷，《後語》六卷，宋朱子撰。以後漢王逸《章句》及洪興祖《補注》二書詳於訓詁，未得意旨，乃隱括舊編，定爲此本。其訂正舊注之謬誤者，别爲《辨證》二卷。◎周密《齊東野語》記紹熙内禪事曰：『趙汝愚永州安置，至衡州而卒。朱子爲之注《離騷》以寄意焉。』」◎此條明胡爌《拾遺録》襲爲己説。

龐涓、孫臏同學兵法，蘇秦、張儀同學從衡，李斯、韓非同學刑名，始也朋而終也

①《論語·子罕》。

仇。故曰：「小人同而不和」，「比而不周」。①

【元圻案】《史記·孫吴列傳》：「孫臏嘗與龐涓俱學兵法。涓事魏爲將軍，自以能不及孫臏，乃陰使召臏至，斷其兩足而黥之。齊使者竊載與之齊。齊田忌進孫子於威王，遂以爲師。魏與趙攻韓，韓告急於齊。齊使田忌將而往，孫子度其行，暮當至馬陵，伏兵。龐涓果至，齊軍萬弩俱發，龐涓自剄。」◎《張儀列傳》：「儀，魏人也。始嘗與蘇秦俱事鬼谷先生學術。蘇秦自以不及張儀。太史公曰：夫張儀之行事甚於蘇秦，然世惡蘇秦者，以其先死，而儀振暴其短以扶其説，成其衡道。」◎《韓非列傳》：「喜刑名法術之學，與李斯俱事荀卿。非使秦，秦王悦之，未信用。李斯、姚賈毁之，下吏治非。李斯使人遺非藥，使自殺。」

思欲近，近則精；慮欲遠，遠則周。

「四教」以文爲先②，自博而約；「四科」以文爲後③，自本而末。

① 「小人同而不和」在《論語·子路》，「比而不周」在《論語·爲政》。
② 文、行、忠、信。見《論語·述而》。
③ 德行、言語、政事、文學。見《論語·先進》。

互鄉童子則進之，開其善也；闕黨童子則抑之，勉其學也。

草廬一言而定三分之業，一言之興邦也；夕陽亭一言而召五胡之禍，一言之喪邦也①。

【全云】董公一言遂興漢，李勣一言幾亡唐。

【元圻案】《三國志·蜀·諸葛亮傳》：「先主詣亮，凡三往，乃見。亮曰：『今操已擁百萬之衆，挾天子以令諸侯，此誠不可與爭鋒。孫權據有江東，已歷三世，國險而民附，賢能爲之用，此可與爲援而不可圖也。荆州北據漢、沔，利盡南海，東連吴會，西通巴、蜀，此用武之國，而其主不能守，此殆天所以資將軍，將軍豈有意乎？益州險塞，沃野千里，天府之土，高祖因之以成帝業。劉璋闇弱，民殷國富而不知存恤，智能之士思得明君。將軍既帝室之胄，信義著於四海，總攬英雄，思賢如渴，若跨有荆、益，外結好孫權，内修政理；天下有變，則命上將將荆州之軍以向宛、洛，將軍身率益州之衆以出秦川，百姓孰敢不簞食壺漿以迎將軍者乎？誠如是，則霸業可成，漢室可興矣。』」◎《晉書·賈充傳》：「侍中任愷進説，請充鎮關中。充既出外，自以爲失職，深銜任愷，計無所從。將之鎮，百僚餞於夕陽亭，荀勖私焉。充以憂告，勖曰：『是行也，辭之實難，獨有結婚太

① 一言興邦、喪邦，見《論語·子路》。

子，不頓駕而自留矣。』」◎邵子《西晉吟》：「禍在夕陽亭一語。」

唐太宗文學館學士，許敬宗與焉；裴晉公淮西賓佐，李宗閔與焉。以是知佞人之難遠①。

【元圻案】《舊唐書·太宗紀》：「高祖武德四年，太宗擒竇建德，王世充降。海內漸平，太宗乃鋭意經籍，開文學館，以杜如晦等十有八人爲學士，與之討論經義。」◎《唐書·褚亮傳》：「太宗作文學館，以杜如晦、房玄齡、于志寧、蘇世長、薛收、褚亮、姚思廉、陸德明、孔穎達、李玄道、李守素、虞世南、蔡允恭、顔相時、許敬宗、薛元敬、蓋文達、蘇勖，並以本官爲學士。天下慕向，謂之『登瀛洲』。」又《姦臣傳·許敬宗》：「高宗將立武昭儀，大臣切諫，而敬宗陰揣帝私，即妄言曰：『田舍子賸穫十斛麥，尚欲更故婦。天子富有四海，立一后，謂之不可，何哉？』帝意遂定。」◎《舊唐書·憲宗紀》：「元和十二年，秋七月，以裴度充淮西宣慰處置使。以司勳員外郎李正封、都官員外郎馮宿、禮部員外郎李宗閔皆兼御史，爲判官書記，從度出征。」又《李宗閔傳》：「宗閔字損之。宗室鄭王元懿之後。裴度出征吴元濟，奏宗閔爲彰義軍觀察判官。」◎《唐書·李宗閔傳》：「宗閔性機警，始有當世令名。初爲裴度引拔，後度薦李德裕可爲相，宗閔遂與爲怨。韓愈爲作

①《論語·衛靈公》：「遠佞人。」

《南山》、《猛虎行》視之。而宗閔崇私黨，薰熾中外，卒以大敗。」

尹和静云：「君臣，以義合者也。故君使臣以禮，則臣事君以忠。」①東澗〔一〕謂：「如言『父慈子孝』，加一『則』字，失本義矣。」

〔一〕【閻按】東澗，湯漢號。

【元圻案】《宋志》：「尹焞《論語解》十卷，《又説》一卷。」《經義考》云未見。◎尹氏之説，朱子《集注》取之。或問尹氏之説，朱子曰：「尹氏之説，則爲君而言之爾。若爲臣而言，則君之使臣，雖不以禮，而臣之事君亦豈可以不忠也哉！」◎皇侃《論語義疏》曰：「君能使臣得禮，則臣事君必盡忠也。」尹氏之説蓋本此。◎湯東澗名漢，字伯紀，安仁人。度宗時官刑部侍郎，以端明殿學士致仕。謚文清。

「以能問於不能，以多問於寡，有若無，實若虛，犯而不校」②，顏子和風慶雲之氣象也。「富貴不能淫，貧賤不能移，威武不能屈」，孟子泰山巖巖之氣象也。

---

① 《論語·八佾》：「君使臣以禮，臣事君以忠。」

② 《論語·泰伯》。

【元圻案】《程氏遺書》謂：「孔子元氣也，顔子春生也，孟子并秋殺盡見。仲尼天地也，顔子和風慶雲也，孟子泰山巖巖之氣象也。」

「麻冕，禮也；今也純，儉。」①鄭注：「純，黑繒也，側基反。」而《釋文》以鄭爲下音，今讀者從上音如字，非也。按《儀禮·士冠禮》疏，古「緇」、「紂」二字並行，「緇布」之「緇」，本字不誤。「紂帛」之「紂」多誤爲純。《周禮·地官·媒氏》「純帛」注：「純，實緇字。古緇以『才』爲聲。」【原注】《釋文》：「純，側基反。依字從糸才。」《詩·行露箋》：「紂帛。」《釋文》云：「紂音緇，依字糸旁才。後人以才爲屯，因作純。」又《豐》詩箋云：「士妻紂衣。」《儀禮》「純衣」，《釋文》無音，亦非也。《集解》：「純，絲也。」取《説文》。

【集證】《説文·糸部》「純」字下云：「絲也，从糸屯聲。《論語》『今也純，儉』，常倫切。」《祭統》「以供純服」，正義：「凡言純者，其義有二。一糸旁才，是古之緇字，二是糸旁屯，是純字。但書文相亂，雖是緇字，並皆作純。鄭氏所注，於絲理可知於色不明者，即讀爲緇，即《論語》云『今也純，儉』，及此『純服』，皆讀爲黑色。若衣色見絲文不明者，讀純以爲絲也。」

【元圻案】《釋文》：「純，順倫反，絲也。鄭作側基反，黑繒也。」

①《論語·子罕》。

「君子不以紺緅飾」①，孔氏注：「一入曰緅。」案，見何晏《集解》。石林云：「《考工記》『三入爲纁，五入爲緅，七入爲緇』，緅在纁、緇之間。《爾雅》『一入爲縓』，《釋器》文，今本「入」作「染」。《禮·檀弓》『練衣黄裏，縓緣』，《儀禮·喪服》『練冠，麻衣縓緣』，蓋孔氏誤以緅爲縓，則緅不可爲近喪服。」以上蓋葉夢得《論語釋言》之文。《集注》謂「緅，絳色，以飾練服」，亦用孔注。【原注】正義曰：「『一入爲緅』，未知出何書。又云『三年練以緅飾衣』，似讀緅爲縓。」當以石林之説爲正。

【元圻案】《爾雅》「一染謂之縓」，郭注：「今之紅也。」「再染謂之赬」注：「淺赤。」「三染謂之纁」注：「纁，絳也。」《考工記》：「三入爲纁，五入爲緅。」鄭注云：「染纁者三入而成，又再染以黑則爲緅。」是不得爲近喪服也。今孔注云「一入爲緅」，皇侃疏云：「緅者，淺絳色。」夫三染爲纁，纁是絳色，五入爲緅，則近於緇，不得謂之淺絳色矣。孔注又云：「緅者，三年練以緅飾衣。」今《檀弓》及《喪服》皆曰「縓緣」而不曰「緅緣」，是孔注誤以「縓」爲「緅」，故厚齋以石林爲正。

馬融注《論語》云：「所因，謂②三綱五常。」見《集解》。《大學衍義》謂「『三綱』之

①《論語·鄉黨》。
②謂字原本闕，據元刊本補。

説，始見於《白虎通》。」愚按《谷永傳》云：「勤三綱之嚴。」《太玄·永·次五》云：「三綱得於中極，天永厥福。」其説尚矣。《禮記》正義引《禮緯含文嘉》有「三綱」之言，然緯書亦起於西漢之末。

【元圻案】《白虎通·三綱六紀篇》：「三綱者何？謂君臣、父子、夫婦也。六紀，謂諸父、兄弟、族人、諸舅、師長、朋友也。綱者，張也；紀者，理也。」又曰：「三綱法天、地、人，六紀法六合。」◎《漢書·谷永傳》：「永字子雲，長安人也。元延元年，爲北地太守。時災異尤數，永當之官，上使衛尉淳于長受永所欲言，永對云云。」師古曰：「三綱，君臣、父子、夫婦也。」◎《漢書·揚雄傳》：「雄以爲經莫大於《易》，故作《太玄》。」《永》次五：「三綱得乎中極，天永厥福。」范望注：「五爲君位，君臣、父子、夫婦正則三綱得。綱舉則得其正，故爲中極。極得其中，故天長其福也。」◎《樂記》正義引《禮緯含文嘉》曰：「君爲臣綱，父爲子綱，夫爲妻綱。」與《白虎通》同。

《太平御覽》八百四十九引《莊子》曰：「孔子病，子貢出卜。孔子曰：『子待也。吾坐席不敢先，居處若齊，飲食若祭，吾卜之久矣。』」「子路請禱」①，可以參觀。

① 《論語·述而》。

「仁者静」①。孔安國云：「無欲故静。」【原注】與《太極圖説》同。

【何云】周子蓋用其語爾。其云「日進故動」，亦名理也。

【元圻案】「日進故動」，包咸語，俱見《集解》。今本皇侃義疏作「自進故動」，疏云：「智者何故如水耶？政自欲動進其識，故云智者動也。」邢疏作「日進」。

石林解「執禮」②云：「猶執射、執御之執。《記》曰：『秋學禮，執禮者詔之。』蓋古者謂持禮書以治人者，皆曰『執』。《周官·太史》：『大祭祀，宿之日，讀禮書。祭之日，執書以次位常。凡射事，執其禮事。』此禮之見於書者也。」解「《雅》、《頌》各得其所」③云：「季札觀魯樂，以《小雅》爲周德之衰，《大雅》爲文王之德。《小雅》皆變雅，《大雅》皆正雅。楚莊王言武王克商，作《頌》，以《時邁》爲首，而《武》次之，《賚》爲第三，《桓》爲第六，以所作爲先後。[一]以此考之，《雅》以正變爲大小，《頌》以所作爲先後者，《詩》未删之序也。論政事之廢興，而以所陳者爲大小，推功德之形

①《論語·雍也》。
②《論語·述而》。
③《論語·子罕》。

容，而以所告者爲先後者，删《詩》之序也。」其説可以補注義之遺。

［二］案宣十二年《左傳》注：「三、六之數，與今《詩·頌》篇次不同，蓋楚樂歌之次第。」正義曰：「今《頌》篇次，《桓》第八，《賚》第九也。」

【方樸山云】此解善矣。然季札觀樂，《國風》之次亦異今序，夫子何獨不言，而以《雅》、《頌》爲得所？竊意上文言「樂正」，此言《雅》、《頌》，非指《詩》篇，乃指樂音耳。《樂記》云：「人不耐無樂，樂不耐無形，形而不爲道不耐無亂。先王恥其亂，故制《雅》、《頌》之聲以道之，使其聲足樂而不流，使其文足論而不息。」此正「得其所」之義。《史記·孔子世家》亦云：「三百五篇，孔子皆弦歌之，以求合《韶》、《武》、《雅》、《頌》之音也。」

【元圻案】皇侃疏曰：「孔子以魯哀公十一年從衛還魯，而删《詩》、《書》，定《禮》、《樂》。故樂音得正，所以《雅》、《頌》之詩各得其所也。」《雅》、《頌》是《詩》義之美者，美者既正則餘者正，亦可知也。實兼賅石林、樸山二氏之説。而《國風》之次得所，亦在其中矣。◎《宋史·藝文志》：「葉夢得《論語釋言》」。朱氏《經義考》云未見，而附載前釋「以宅爲擇」及此條於後，豈其説之僅存者歟？

《吕氏春秋·仲冬紀·當務篇》：「楚有直躬者，其父竊羊而謁之上。上執而將誅之，直躬者請代之。將誅矣，告吏曰：『父竊羊而謁之，不亦信乎！父誅而代之，不亦孝乎！信且孝而誅之，國將有不誅者乎！』荆王聞之，乃不誅也。孔子聞之，曰：『異哉，直躬之爲信也，一父而載取名焉！故直躬之信，不若無信。』」此即葉公所云①也。

【原注】致堂曰：「直躬，猶曰『正己』，而《吕氏春秋》以爲人姓名，妄也。」

【何云】屬「者」字於下，則《吕覽》未始以爲人姓名，致堂自誤也。

【全云】《廣韻》以直躬爲人名，未必不因《吕覽》而誤，何氏亦考之未審。

【集證】《淮南子·泛論訓》：「直躬，其父攘羊而子證之。」高誘注：「直躬，楚葉縣人也。躬蓋名，其人必素以直稱者，故稱直躬。」陸德明《論語釋文》：「直躬，鄭康成本作『弓』，云『直人名弓』。」

周生烈子云：「舜嘗駕五龍以騰唐衢，武嘗服九駁以馳文塗，此上御也。」《太平御覽》八十一引之。謂五臣、九臣②。

【元圻案】何晏《集解敍》：「近故司空陳羣、太常王肅、博士周生烈皆爲《義説》。」邢疏：

① 《論語·子路》：「葉公語孔子曰：『吾黨有直躬者，其父攘羊，而子證之。』」

② 《論語·泰伯》：「舜有臣五人而天下治。武王曰：『予有亂臣十人。』孔子曰：『才難，不其然乎？唐虞之際，于斯爲盛。有婦人焉，九人而已。』」

「周生烈，燉煌人，《七録》云：『字文逸，本姓唐，魏博士、侍中。』」

【集證】按《意林》引周生烈子四條，自序云：「張角敗後，天下潰亂，哀苦之間，故著此書，以堯、舜作幹植，仲尼作師誡云。」又按《抱朴子》云：「舜駕五龍，漢致六翮。」柳熾《弔夷齊文》云：「五刃不礪於武庫，九駿伏轅於文塗。」皆本於此。

《文子》曰：「人皆以無用害有用，故知不博而日不足。以博奕之日問道，聞見深矣。」此《文子·符言篇》文。可以發明「無所用心」①之戒。【原注】言無所用心之害，非以博奕爲賢也。讀此章者，當以韋昭之論、陶侃之言參觀。

【集證】《吴志·韋曜傳》：「時蔡穎亦在東宫，性好博弈，太子和以爲無益，命曜論之。其略云：『所志不出一枰之上，所務不過方罫之間。技非六藝，用非經國，而空妨日廢業，終無補益。是何異設木而擊之，置石而投之哉！』」《晉書·陶侃傳》：「常語人曰：『大禹聖者，乃惜寸陰，至於衆人，當惜分陰，豈可逸遊荒醉！』諸參佐或以談戲廢事者，乃命取酒器、蒱博之具，悉投之於江，吏將則加鞭朴。」

① 《論語·陽貨》。

曹操《祭橋玄文》曰：「仲尼稱『不如顔淵』。」注引《論語》「孔子謂子貢：『吾與汝俱不如也。』」按包氏解云：「吾與女俱不如。」

【何云】操又云：「夏侯淵虎步關右，所向無前。孔子所謂『吾與爾俱弗如也』。」

【元圻案】《後漢書·橋玄傳》：「玄字公祖。梁國睢陽人也。操常感其知己。經過玄墓，輒悽愴致祭奠。自爲文曰：『操以幼年，逮升堂室，特以頑質，見納君子。增榮益觀，皆由奬勖，猶仲尼稱不如顔淵，李生厚嘆賈復。士死知己，懷此無忘。』」◎《九經古義》十六：「『吾與女弗如也。』《論衡·問孔篇》引云：『吾與女俱不如也。』陳耀文曰：『《鄭玄别傳》：玄從馬融學，季長謂盧子幹曰：吾與女皆不如也。』」

「周有八士」，包氏注云：「四乳生八子。」包注見《集解》。其説本董仲舒《春秋繁露》，【原注】記四産得八男，皆君子雄俊，此天所以興周國。○案，注語即節取《繁露·郊祭篇》文。《周書·武寤篇》[一]「尹氏八士」，注云：「武王賢臣。」《晉語》「文王詢八虞」，韋昭注引賈逵云：「周八士，皆在虞官。」以仲舒「興周」之言考之，當在文、武時。

[一]【閻按】當作《和寤解》。

【閻按】楊升庵以《周書·克殷解》「命南宫忽振鹿臺之財」爲即「仲忽」，「命南宫百達遷九鼎」即「伯達」，《君奭》「有若南宫适」即「伯适」，則八士者，南宫氏也。康成注成王時人者近之。

亦一解。◎《魏書·靈徵志》：「高祖延興三年，秀容郡婦人一産四男，四産十六男。」《後山叢談》：「郯城民妻有二十一子，而雙生者七。」較八士更多三乳。

【集證】邢疏云：「鄭玄以爲成王時，劉向、馬融皆以爲宣王。」陶潛《羣輔録》云：「周八士，見《論語》。賈逵以爲文王時。」《漢·古今人表》載周八士在「中上」，列成叔武、霍叔處之前。二人皆文王之子，則謂在文、武時，其説似允。

東坡解「孟莊子之孝」①爲獻子。石林謂：「以獻子爲穆伯之子，以惠叔爲惠伯，讀《左氏》不精，二者皆誤。」【原注】致堂取蘇説，而不辨其誤。

【閻按】穆伯即公孫敖，乃孟獻子之祖。獻子父文伯，名穀，叔服所謂「穀也食子」者。惠叔名難，公孫敖次子，叔服所謂「難也收子」者。至惠伯爲叔仲氏，父公孫兹，祖叔牙，與惠叔係從祖昆弟，小功服，非一人也。

【集證】魯有兩惠伯，一叔仲惠伯，與惠叔爲從祖昆弟。一子服惠伯，名椒，孟獻子之孫，於惠叔爲從曾孫。

【元圻案】陳氏《書録》：「東坡《論語傳》十卷。」《文獻通考》作《論語解》。《四庫全書》不

① 《論語·子張》。

著録。

《吕氏春秋·不苟論》曰：「孔丘①、墨翟晝日諷誦習業，夜親見文王、周公旦而問焉。」注引《論語》「夢見周公」。【原注】孔、墨並稱，始於戰國之士，其流及於漢儒，雖韓退之亦不免。

「逸民」各論其行，而不及朱張。或曰：「其行與孔子同，故不復論也。」《釋文》引王弼注：「朱張，字子弓。荀卿以比孔子。」

【何云】孔子云：「我則異於是。」謂與逸民異也，安得朱張乃同乎？輔嗣注尤無稽。

【集證】《隋志》：「《論語釋疑》三卷，王弼撰。」《荀子·非相篇》、《非十二子篇》、《儒效篇》皆以仲尼、子弓並言。注云：「子弓，蓋仲弓也。言子者，著其爲師也。」楊倞注《荀》，不以子弓爲朱張。

【元圻案】皇侃疏：「王弼曰：『朱張，字子弓。荀卿以比孔子。今序六人而闕朱張者，明取舍與己合同也。』」

①「孔丘」，原本作「孔某」，據元刊本改。

「虞仲、夷逸，隱居放言。」①包氏注：「放，置也，不復言世務。」見何晏《集解》。介之推曰：「言，身之文也。身將隱，焉用文之？」見《左傳》僖二十四年。《中庸》曰：「其默足以容。」古注亦有味。

諡。《論語》邢昺疏：「案《春秋少陽篇》：伯夷姓墨，名允，字公信。伯，長也；夷，諡。叔齊名智，字公達。伯夷之弟，齊亦諡也。」《少陽篇》未詳何書。【原注】真宗問陳彭年：「墨允、墨智何人？」彭年曰：「伯夷、叔齊也。」上問：「見何書？」曰：「《春秋少陽》。」夷齊之父名初，字子朝。[一]胡明仲曰：「《少陽篇》以夷齊爲伯叔之諡，彼已去國，隱居終身，尚誰爲之節惠哉？[二]蓋如伯達、仲忽，亦名而已矣。」

[一]案，陳彭年事見《道山清話》。◎《少陽篇》，《漢》、《隋》、《唐志》不著録。

[二]《禮·表記》：「子曰：『先王諡以尊名，節以壹惠，恥名之浮於行也。』」

【元圻案】《論語》「不念舊惡章」皇侃疏：「孤竹之國，是殷湯正月三日丙寅日所封，其子孫相傳，至夷齊之父也。父姓墨台，名初，字子朝。伯夷名允，字公信。叔齊名致，字公達。伯夷大而庶，叔齊小而正。父薨，兄弟相讓，不復立也。」皇疏不言出於《少陽篇》，亦不以夷、齊爲諡。又

① 《論語·微子》。

云姓墨台，叔齊名致，皆不與邢疏同。邢疏蓋據陸氏《釋文》。◎《史記·伯夷列傳》：「其傳曰：伯夷、叔齊，孤竹君之二子也。」《索隱》曰：「『其傳』，蓋《韓詩外傳》及《呂氏春秋》也。其傳云孤竹君，是殷湯三月丙寅日所封云云。」其文略與皇侃疏同。◎元陶宗儀《輟耕録》載「吾衍《閒居録》云：『孤竹君姓墨，音眉，名台初，音怡，見《孔叢子》注。中子名伯遼，見周曇《咏史詩》注。伯當作仲。』若如吾説，則夷、齊是名，非謚矣。」◎《經義考》：「胡氏寅《論語詳説》，未見。」

沮、溺、荷蓧之行，雖未能合乎中，陳仲子之操，雖未能充其類，然唯孔、孟可以議之。斯人清風遠韻，如鸞鵠之高翔，玉雪之不汙，視[一]世俗徇利亡恥、饕榮苟得者，猶腐鼠糞壤也。小人無忌憚，自以爲中庸，而逸民清士乃在譏評之列，學者其審諸！

[一] 視，閣本作「眎」。

【全云】此言亦必有感於當時之爲孔光、馮道者。

【元圻案】趙順孫《論語纂疏》引三山黄氏榦曰：「接輿、沮、溺、丈人，此四人者，若律以聖人之中道，則誠不爲無病，然味其言，觀其容止，以想見其爲人，清風高節，猶使人起敬起慕，恨不得識其面而端拜之。彼於聖人，猶有所不滿於心如此，則其視世之貪利慕禄而不知止者，真不啻若犬彘，求欲爲之奴隸而不可得也。是亦豈非當世之賢而特立者歟！惟夫子然後可以議其不合於聖人之道，未至於夫子者，皆未可以妄議也。貪利慕禄之徒，求以自便其私，亦借四子而詆之，欲以見其不可以不仕，多見其不知量也。」厚齋之説似本於此。

《吕氏春秋》云：「子路揜雉，得而復釋之。」[一]蓋因「子路共之」①而爲此説。朱文公《集注》引晁、劉兩説，「共」字當爲「拱執」之義。

[一]【集證】《季秋紀·審己篇》注云：「所得者小，不欲夭物，故復釋之。」

【元圻案】邢疏以「共」爲供具，晁氏説之依石經「嗅」作「戞」，謂雉鳴。劉氏勉之依《爾雅》「嗅」作「臭」，古闃反，謂張兩翅，則共字當爲拱執之義。朱子疑此章有闕文，故兼采其説，而未決所從。張南軒從邢説。蔡氏《集説》：「節謂共，拱手也，『嗅』疑作『嘆』。子路聞夫子『時哉』之言，拱手而起敬，感雉之去就得時，所以三嘆而作也。未敢輕於改經，故闕之。」

上蔡云：「聖人語常而不語怪，語德而不語力，語治而不語亂，語人而不語神。」本王無咎之説。

【元圻案】陳氏《書録》：「謝氏《論語解》十卷。上蔡謝良佐顯道撰。」《經義考》云未見。今《四庫書》亦不著録。

① 《論語·鄉黨》。「共」，原本作「拱」，據元刊本改。《論語》原文本作「共」。

陸務觀《跋呂靖門銘》云：「一言可以終身行之者，其『恕』乎！此聖門一字銘也。《詩》三百，一言以蔽之，曰『思無邪』。此聖門三字銘也。」

「爲力不同科。」[①]馬融解云：「力役有上中下三科。」【原注】五峯謂此説是。

【何云】五峯誤矣。「不主皮」句當作何解？

【元圻案】馬融説見何晏《集解》。◎陳氏《書録》四：「《五峯論語指南》一卷，監南岳廟胡宏仁仲撰，詳論黄祖舜、沈大廉之説。宏，文定之季子也。」◎《經義考》云未見。今《四庫書》亦不著録。

「譬諸草木，區以别矣。」[②]五峯曰：「草木生於粟粒之萌，及其長大，根莖華實雖淩雲蔽日，據山蟠地，從初具乎一萌之内，而未嘗自外增益之也。」【原注】用《樂記》「區萌」字，音勾。朱文公曰：「林少穎亦説與黄祖舜如此。」

【集證】《玉海》四十一：「紹興三十二年，刑部侍郎兼侍講黄祖舜進《論語解義》。」

① 《論語·八佾》。
② 《論語·子張》。

【元圻案】五峯語見《五峯集》卷五,《論語指南》評黄祖舜繼道、沈大廉元簡之說。

《漢·藝文志》「小道可觀」,《蔡邕傳》「致遠則泥」,以子夏之言爲孔子。《唐·孔穎達傳》「以能問於不能」,以曾子之言爲孔子。

【元圻案】《漢書·藝文志》:「小説家者流,蓋出於稗官。街談巷語,道聽塗説者之所造也。孔子曰:『雖小道,必有可觀者焉,致遠恐泥,是以君子弗爲也。』然亦弗滅也。」《後漢書·蔡邕傳》:「上封事曰:『小能小善,雖有可觀,孔子以爲致遠則泥。』」◎顔師古《東平思王傳》注引「小道可觀」,亦以爲孔子語。◎《唐書·孔穎達傳》:「穎達字仲達,冀州衡水人。太宗平洛,授文學館記室。貞觀初,封曲阜縣男。帝問:『孔子稱「以能問於不能」,何謂也?』對曰:『此聖人教人謙耳。』」◎邵博《聞見後録》七:「蔡邕以『致遠恐泥』爲孔子之言,李固以『其進鋭者其退速』爲老子之言,皆引用之誤。」

「卞莊子之勇」。《或問》云:「事見《新序》。」愚按《荀子·大略篇》「齊人欲伐魯,忌卞莊子,不敢過卞」,此可見其有勇也。

【全云】東方朔上奏牘云:「以卞莊子爲衛尉。」

【集證】《新序·義勇篇》:「卞莊子好勇,養母,戰而三北。交遊非之,國君辱之。及母死三年，齊與魯戰，莊子請從，見魯將軍曰：『昔與母處，是以三北，今母死，請塞責。』遂赴敵，獲一甲首而獻之，曰：『此塞一北。』又入，獲一甲首而獻之，曰：『此塞再北。』又入，獲一甲首而獻之，曰：『此塞三北。』」又按《韓詩外傳》載卞莊子事，與《新序》同。

《史記·伯夷傳》正義首陽山有五。顏師古注《漢書》云：「伯夷歌『登彼西山』，當以隴西爲是。」石曼卿詩曰：「恥生湯武干戈日，寧死唐虞揖讓區。」謂首陽在河東蒲坂，乃舜都也。余嘗考之《曾子書》，以爲「夷、齊死於濟、澮之間，其仁成名於天下」，又云「二子居河、濟之間」，則曼卿謂首陽在蒲，爲得其實。【原注】澮，水名。《左氏》所謂「汾澮」。

【元圻案】《王貢兩龔鮑傳》注，師古曰：「馬融云首陽山在河東蒲坂華山之北，河曲之中。高誘則云在洛陽東北。阮籍《詠懷詩》亦以爲然。今此二山並有夷齊祠耳。而曹大家注《通幽賦》，云隴西首陽縣是也。今隴西亦有首陽山。許慎又云首陽山在遼西。諸説不同，致有疑惑。而伯夷歌云『登彼西山』，則當隴西者爲近是也。」◎石曼卿《首陽詩》云：「遜國同來訪聖謨，適逢爭國誓師徒。恥生湯武干戈日，寧死唐虞揖讓區。大義充身安是餓，清魂有所未應無。始終天地亡前後，名骨雖雙此行孤。」自注云：「夷、齊在孟津諫伐紂，而死於首陽。其山在蒲，蒲乃舜都也。」◎《大戴禮·曾子制言中》：「昔者伯夷、叔齊死於溝、澮之間，其仁成名於天下。夫二子者，居河、濟之間，非有土地之厚、貨粟之富也。」今本「濟澮」作「溝澮」。案下有「河濟」之文，則上不應復出「濟澮」，蓋王氏所見本誤。余同年丁小山杰曰：「宋諱亦避『溝』字，或厚齋有意改之。」◎歐陽公《石曼卿墓表》：「曼卿諱延年，姓石氏。家於宋州之宋城。讀書不治章句，獨慕古人奇節偉行、非常之功。其爲文章勁健，稱其奇氣。」◎陳氏《書録》二十載《石曼卿歌詩集》一卷。

水，一也，孔子觀之而明道體之無息，孟子觀之而明爲學之有本。荀子《成相篇》亦云：「水至平，端不傾，心術如此象聖人。」其觀於水也，亦亞於孔、孟矣。於此見格物之學。

【何云】錯會卻「格」字。

【全云】以此證格物，亦隔一層。

【元圻案】董子《山川頌》謂水似力，似持平，似察，似智，似知命，似善化，似勇，似武，似有德。

呂成公讀《論語》「躬自厚而薄責於人」，遂終身無暴怒。見《朱子語録》。絜齋見象山讀《康誥》有感悟，反己切責，若無所容。前輩切己省察如此。

【元圻案】魏鶴山作《呂成公讀詩記後序》，稱其能得詩人「躬自厚而薄責於人」之旨。成公於夫子一言，蓋奉以終身矣。◎宋袁燮，字和叔，慶元府鄞縣人。絜齋，其自號也。受業於陸象山之門。登進士第，歷官寶文閣直學士。謚正獻。《宋史》有傳。

孔庭之教曰《詩》、《禮》。子思曰：「夫子之教，必始於《詩》、《書》而終於《禮》、《樂》，雜説不與焉。」[一]《荀子·勸學》亦曰：「其數則始乎誦經，終乎讀《禮》；其義則始乎爲士，終乎爲聖人。」【原注】經，謂《詩》、《書》。

[一] 案《孔叢子·雜訓》：「子上雜所習請於子思。子思曰：『先人有訓焉：學必由聖，所以致其材也；厲必由砥，所以致其刃也。故夫子之教』云云。」

【元圻案】原注四字即楊倞注文。

四勿、九思，皆以視爲先。見弓以爲蛇，見寢石以爲伏虎，視汩其心也；閔周者黍稷不分，念親者莪蒿莫辨，心惑其視也。吴筠《心目論》以「動神者心，亂心者目」。《陰符經》：「心生於物，死於物，機在目。」蔡季通釋其義曰：「老子曰：『不見可欲，使心不亂。』西方論六根、六識，必先曰眼、曰色，均是意也。」

【集證】《宋志》：「吴筠《心目論》一卷。」◎《般若經》：「六根者，謂眼、耳、鼻、舌、身、意根。六塵者，謂色、聲、香、味、觸、法也。眼見爲色塵，耳聞爲聲塵，鼻齅爲香塵，舌嘗爲味塵，身染爲觸塵，意著爲法塵。合爲十二處也。復次六識者本自一心，遍由六根門頭而成六識，謂從見爲眼識，從聞爲耳識，從齅爲鼻識，從嘗爲舌識，從染爲身識，從分別爲意識。如是根、塵、識三事，合爲十八界。若如實知自性皆空，是爲能學六根、六塵、六識。

【元圻案】伊川曰：「人之視最先，非禮而視，則所謂開目便錯了。」◎《風俗通》：「予之祖父(彬)〔郴〕爲汲令，見主簿杜宣，賜酒。時壁上有懸弩，照於杯，形如蛇。宣畏惡之，然不敢不飲，其日胸腹痛切，攻治不愈。後於故處設酒，杯中故復有蛇，因謂宣：『此壁上弩影耳。』宣遂解。」◎《史記・李將軍列傳》：「廣出獵，見草中石，以爲虎而射之，中石没鏃。視之，石也。因復更射之，終不能復入石。」◎《詩・王風》：「彼黍離離，彼稷之苗。」《小序》：「閔宗周也。」《小雅》：「蓼蓼者莪，匪莪伊蒿。」《小序》：「孝子不得終養也。」◎吴筠《心目論》云：「動(人)〔神〕者心，亂心者目，失真離本，莫甚於兹。故假心目而發論，庶幾遺滯清神而已。」◎《陰符經》一卷，傳爲黄帝所作。唐李筌稱於嵩山石室得之。晁氏《讀書志》定爲筌所僞托。朱子以其時有精語，非有道者不能作，嘗考定其文。

古者士傳言諫，其言責與公卿大夫等。及世之衰，公卿大夫不言而士言之，於是有欲毁鄉校者，有謂「處士横議」者。不知三代之盛，士亦有言責也。[一]夫子曰：「天下有道，庶人不議。」而不及士，其指微矣。【原注】乙酉二月，夢前宰輔以太學所上書求余跋語，夢中作此，寤而識之。

[一]【何云】三代之士，在後世則一命之小臣也。方爲秀民，而以言責自任，是侵官矣。此漢、宋太學諸生析理不精，過乎中而不自知。

【閻按】乙酉爲元世祖二十二年，宋亡已九載，猶感夢如是，與韋孟夢争王室何異？

【何云】「前宰輔」，似謂陳宜中。

【全云】陳宜中在太學，嘗上書攻史嵩之。

「非帷裳，必殺之」①。鄭康成云：「帷裳，謂朝祭之服，其制正幅如帷。『非帷裳』者，謂深衣，[一]削其幅，縫齊倍要。」見《春秋正義》。【原注】《集解》不取《集注》，用鄭説。

[一]【何云】《集注》用「其餘若」三字，尤該括。

【集證】《爾雅·釋器》：「裳削幅謂之纀。」注：「削殺其幅，深衣之裳。」又按鄭説「齊倍要」，取《玉藻》「縫齊倍要」之文。《集注》復取《深衣》「要縫半下」之文，意更完備。

【元圻案】《集解》引王肅曰：「衣必有殺縫，唯帷裳無殺也。」與鄭義不背。故皇侃即引鄭注以釋之云：「帷裳，謂朝祭之服，其制正幅如帷也。非者謂餘衣也，殺之者削其幅，使縫齊倍腰者也。」鄭注亦見《左傳》昭元年正義。

①《論語·鄉黨》。

孔門弟子，唯言偃吴人，而澹臺滅明南游至江。《史記·仲尼弟子列傳》。《史記正義》：「蘇州南五里有澹臺湖。」[一]《儒林傳》：「澹臺子羽居楚。」

[一] 又云「湖北有澹臺」。

【元圻案】《水經注》二十二引《土地名》云：「今泰山南武城縣有澹臺子羽冢，縣人也。」

韓非曰：「季孫相魯，子路爲郈令。魯以五月起衆爲長溝。子路以其私秩粟爲漿飯，要作溝者於五父之衢而飡[一]之。孔子聞之，使子貢往覆其飯，擊毀其器，曰：『魯君有民，子奚爲乃飡之？』言未卒而季孫使者至，讓曰：『肥也起民而使之，先生使弟子令徒役而飡之，將奪肥之民耶？』孔子駕而去魯。」此《外儲説右上篇》文。此雖與《論語》、《史記》不同，然亦夫子去魯之一事也。【原注】考《左氏傳》，郈，叔孫之邑也。

[一]「飡」，閻本作「餐」，下同。

【全云】此不足據，然王氏小注，已知其非矣，蓋既爲叔孫氏邑，則季孫何預焉？

【集證】按《水經·濟水注》：「濮水又東，逕蒲城北，故衛之蒲邑，孔子將(至)〔之〕衛，子路出於蒲者也。」引《韓子》曰：「魯以仲夏起長溝，子路爲蒲宰，以私粟饋衆。孔子使子貢毀其器焉。」據此，則子路爲蒲宰，非郈也。然考《北堂書鈔·縣令類》引《韓子》，亦作「子路爲郈令」，則訛「蒲」爲「郈」，唐時已然。

申屠嘉不受私謁，則可以折幸臣；董仲舒正身率下，則可以事驕王；魏相以廉正，霍氏不能誣；袁安、任隗以素行，竇氏無以害。故曰：「其身正，不令而行。」「苟正其身矣，於從政乎何有？」①

【全云】申屠嘉事見《袁盎傳》，魏相事見《霍光傳》。

【元圻案】《漢書·申屠嘉傳》：「嘉，梁人也。爲丞相，廉直，門不受私謁。是時，太中大夫鄧通方愛幸。嘉入朝，而通居上旁，有怠慢之禮。嘉因言曰：『陛下幸愛羣臣則富貴之，至於朝廷之禮，不可以不肅！』上曰：『君勿言，吾私之。』罷朝坐府中，嘉爲檄召通。通至，免冠，徒跣，頓首謝嘉。嘉坐自如，弗爲禮。」又《董仲舒傳》：「天子以仲舒爲江都相，事易王。易王，帝兄，素驕，好勇。仲舒以禮義匡正，王敬重焉。膠西王，亦上兄也，尤縱恣。〔公孫〕弘乃言於上曰：『獨董仲舒可使相膠西王。』膠西王聞仲舒大儒，善待之。凡相兩國，輒事驕王，正身以率下，數上疏諫争，教令國中，所居而治。」又《霍光傳》：「光薨。會魏大夫爲丞相，數燕見言事。時，霍山自若領尚書，上令吏民得奏封事，不關尚書，於是霍氏甚惡之。顯及禹、山、雲自見日侵削，數相對啼泣，自怨。山曰：『今丞相用事。縣官信之，盡變易大將軍時法令。』顯曰：『丞相數言我家，獨無罪乎？』山曰：『丞相廉正，安得罪？』」◎《後漢書·袁安傳》：「憲、景等日益横，盡樹其親黨賓

① 《論語·子路》。

客於名都大郡，皆賦斂吏人，更相賂遺。安與任隗舉奏，竇氏大恨。然安、隗素行高，亦未有以害之。」◎《漢書・袁盎傳》：「盎告歸，道逢丞相申屠嘉，下車拜謁，丞相從車上謝。盎還，媿其吏，乃之丞相舍上謁，求見丞相。丞相良久乃見。」謝山謂申屠嘉事見《袁盎傳》，蓋指此也。案傳又云：「盎説以文帝止輦受言，嘉乃再拜，引盎入坐，爲上客。」盎未嘗爲嘉折也。故注仍引嘉本傳。

君子不因小人而求福，孔子之於彌子也；不因小人而避禍，叔向之於樂王鮒也。事見《左傳》。朱博之黨丁、傅，福可求乎？賈捐之之諂石顯，禍可避乎？故曰：「不知命，無以爲君子。」①

【元圻案】《呂氏春秋・慎大覽・貴因篇》：「孔子道彌子瑕見釐夫人，因也。」《淮南子・泰族訓》：「孔子欲行王道，東西南北，七十説而無所偶，故因衛夫人、彌子瑕而欲通其道。」此皆戰國策士誣聖之言，故孟子辭而闢之。◎《漢書・朱博傳》贊曰：「博馳騁進取，不(師)〔思〕道德，已亡可言。又見孝成之世，委任大臣，假借用權。世主已更，好惡異前，復附丁、傅，稱順孔鄉。事發見詰，遂陷誣罔，辭窮情得，仰藥飲鴆。」◎又《賈捐之傳》：「時石顯用事，捐之數短顯，以故不得官。而長安令楊興，新以材能得幸，與捐之相善。曰：『顯鼎貴，上信用之。今欲進，第從我計，且

① 《論語・堯曰》。

與合意，即得入矣。』捐之即與興共爲薦顯，又共爲薦興。石顯聞之，白之上。乃下興、捐之獄。捐之竟坐棄市。」

朱子以無垢[一]爲雜學。《論語集注》獨取「審富貴，安貧賤」之語。

[一]【閻按】無垢，張九成號。

【元圻案】朱子《雜學辨》辨無垢《中庸解》云：「無垢本佛語，而張公子韶之別號也。張公以佛語釋儒書，其迹尤著，故正其名如此。」◎《論語》「富與貴章」《集注》：「不以其道得之，謂不當得而得之。然於富貴則不處，於貧賤則不去，君子之審富貴而安貧賤也如此。」《語類》云：「張子韶說審富貴而安貧賤，極好。」◎《書錄解題》三：「張九成《論語解》二十卷，《孟子解》十四卷。」◎《四庫全書》載其《孟子傳》二十九卷。《論語解》不著錄。據朱子辨，則尚有《中庸解》也。《提要》曰：「九成，其先開封人，徙居錢塘。紹興二年進士第一人，授鎮東軍僉判。歷宗正少卿，兼侍講，權刑部侍郎。忤秦檜，謫居南安軍。檜死，起知溫州。謚文忠。事迹具《宋史》本傳。」

陳仲猷曰：「『逝者如斯夫』，道體無窮，借水以明之。『鳶飛戾天，魚躍於淵』，道體無不在，借鳶魚以明之。」葉仲圭曰：「出入無時，莫知其鄉，常人之心也；寂然不動，感而遂通，聖人之心也。聖人之心豈常人之所無哉，昏與明異而已矣。」仲猷、仲圭皆余同年。

【全云】「仲猷仲圭」八字係小注，宜雙行寫。

王充云：「『浴乎沂』，涉沂水也；『風乎舞雩』，風，歌也。」仲長統云：「諷於舞雩之下。」愚謂[一]以「風」爲「諷」，則與「咏而歸」一意矣，當從舊説。

[一]閻本脱「謂」字。

【集證】《論衡·明雩篇》：「『浴乎沂』，涉沂也，象龍之從水出也。『風乎舞雩』，風，歌也。『咏而饋』，咏歌饋祭也。」◎《後漢·仲長統傳》：「諷於舞雩之下，咏歸高堂之上。」注引《論語》。◎《兩漢刊誤補遺》十：「浴乎沂，風乎舞雩。説者以爲風乾身，時尚寒，安得風乾身乎？充説與統合，包氏諸家讀如本字，誤矣。」

【元圻案】《集解》：「包氏曰：『浴於沂水之上，風涼於舞雩之下，歌咏先王之道，歸夫子之門也。』」吴斗南因仲長統之語而證以《論衡》，王氏此條蓋舉而正之。

上蔡《論語解》引元澤【原注】王元澤。[一]云：「教之化民也深於命，民之效上也捷於令。」本《史記》趙良之言。【原注】《商君傳》。

［一］案元澤名雱，安石之子。

【全云】王元澤《論語注》，嘗以龔原之請頒學宫。

【元圻案】《經義考》二百十三：「王氏雱《論語口義通考》十卷，佚。陸游曰：『元澤之殁，詔求遺書，荆公視篋中，得《論語、孟子解》，皆細書於策之四旁，遂以上之。然亦非成書也。』」又二百十四：「謝氏良佐《論語解》、《宋志》十卷。未見。」

【何云】出獻公，孫林父、甯殖偕爲之；弑剽而獻公復入，則甯喜一人之爲，然亦殖之遺謀也。《集注》：「蘧伯玉於孫林父、甯殖放弑之謀，不對而出。」按《左氏傳》，甯殖當爲甯喜。

【閻按】孫叔敖爲令尹於楚莊十六年癸亥，後七年莊王即卒。叔敖死莊王時，必無三相三去之事。

《史記·循吏傳》：「孫叔敖三得相而不喜，三去相而不悔。」與令尹子文之事相類，恐是一事。

【元圻案】《淮南·道應訓》亦云：「昔孫叔敖三得令尹無喜志，三去令尹無憂色。」皆本於《莊子·山木篇》、《吕氏春秋·恃君覽·知分篇》。

范伯崇曰：「温故而不知新，雖能讀墳、典、索、丘，足以爲史，而不足以爲師。」

【集證】朱子《答范伯崇》云：「此論甚佳。」

【全云】亦説得粗。

《劉子·謹獨篇》曰：「顔回不以夜浴改容。」《顔氏家訓·勉學篇》曰：「曾子七十乃學，名聞天下。」皆未詳所出。[一]《家語·弟子解》「曾參少孔子四十六歲」，非老而學者。

[一]【集證】劉晝《新論》：「蘧瑗不以昏行變節，顔回不以夜浴改容。」又按宋祁《筆記》：「曾子年七十文學始就，乃能著書。」非老而學也，然所出則未詳。

【元圻案】《劉子》十卷，注見卷三第三十一頁①。劉晝，字孔昭。渤海阜城人。見《北史·儒林傳》。

蘧伯玉，《史記》謂「孔子所嚴事」，不當在弟子列。《禮殿圖》有之，而唐、宋皆錫封從享。公伯寮，非孔子弟子，乃季氏之黨，致堂胡氏之説當矣。《家語》不列其名

① 見卷三「袁孝政釋劉子」條注（頁三七五）。

氏，蓋自《史記》失之。《家語》有縣亶，字子象，《史記索隱》以爲縣豐，唐、宋封爵皆不及焉。《禮記·檀弓》有縣子，豈其人與？［一］

［一］【閻按】《檀弓》明著縣子之名曰瑣。

【全云】晉有縣氏，《檀弓》有縣子，《左氏》有縣賁父。若仲尼弟子，乃鄡亶，非縣氏也。鄡即鄵字，故一作鄵亶，蓋以地爲氏者。

【繼序按】《史記》有鄡亶，而無縣亶。

【集證】《史記·弟子傳》有公伯僚，字子周。正義曰：「《家語》有申繚子（譙）周。《古史考》云：『〔疑〕公伯僚是讒愬之人，孔子不責，而云命。非弟子之流也。』」《家語·弟子解》有縣亶，字子象。《索隱》作縣豐。《廣韻》注作縣亶父，魯人。《史記》無之。或云即《史記》之鄡單也。

柳子厚《與太學諸生書》曰：「仲尼吾黨狂狷，南郭獻譏。」按《荀子·法行篇》：「南郭惠子問於子貢曰：『夫子之門何其雜也？』」【原注】非以狂狷爲譏。［一］

［一］【全云】六字係正文。

【集證】《荀子》：「南郭惠子問於子貢曰：『夫子之門，何其雜也？』子貢曰：『君子正身以俟，欲來者不距，欲去者不止。且夫良醫之門多病人，檃栝之側多枉木，是以雜也。』」又按《尚書大傳略説》作東郭子思，《説苑·雜言篇》作東郭子惠，其辭略同。

「無可無不可」[①]，致堂《讀史管見》謂：「以五字成文。聖人從容中道，無所偏倚。世之通儻不泥者，纔足謂之『無不可』爾。馬援以此稱高帝，亦稔於常談。

【閻按】元稹亦稱杜子美詩爲「無可無不可」。

【元圻案】《後漢書·馬援傳》：「援字文淵，扶風茂陵人。隗囂問以京師得失，援曰：『前到朝廷，上引見數十，才明勇略，非人敵也。』囂曰：『卿謂何如高帝？』援曰：『不如也。高帝無可無不可；今上好吏事，動如節度，又不喜飲酒。』囂不懌，曰：『如卿言，反復勝邪？』」

夫子之割之席，曾子之簀，一於正而已。論學則曰「正心」，論政則曰「正身」。

【元圻案】曾子易簀事見《檀弓》。

「善人吾不得而見之矣，得見有恒者，斯可矣。」[②]善人，周公所謂吉士也；有恒，周公所謂常人也。

① 《論語·微子》。
② 《論語·述而》。

微生高，《漢·古今人表》作「尾生高」。【原注】蓋即《莊子》所謂尾生。東方朔曰：「信若尾生。」然尾生之信非信也。

【集證】《莊子·盜跖篇》「尾生」，《釋文》云：「一本作微生。」《戰國策》作尾生。高誘注以爲魯人。又按《尚書》「鳥獸孳尾」，《史記·五帝紀》作「字微」，《釋名》云：「尾，微也。承春之末，稍微殺也。」是微、尾二字古通。

【元圻案】《人表》尾生高列「中中」。師古曰：「即微生高。」

鄭校周之本，以《齊》、《古》讀正，凡五十事。【原注】《釋文》。

【集證】《釋文》載《魯》讀云：「『傳不習乎』，鄭注云：《魯》讀『傳』爲『專』，今從《古》。」「『治其賦』，鄭云軍賦。梁武云《魯論》作『傅』。」「『崔子』，《魯論》讀『崔』爲『高』。」「『無誨』，《魯》讀爲『悔』。」「『學易』，《魯》讀『易』爲『亦』。」「『正唯』，《魯》讀『正』爲『誠』。」「『蕩蕩』，《魯》讀『坦蕩』爲『坦湯』。」「『冕衣裳者』，鄭本作『弁』，云：『《魯》讀「弁」爲「絻」。今從《古》。』《鄉黨篇》同。」「『下如授』，《魯》讀『下』爲『趨』。」「『瓜祭』，《魯》讀『瓜』爲『必』。」「『鄉人儺』，《魯》讀爲『獻』。」「『賜生』，《魯》讀『生』爲『牲』。」「『車中不内顧』，《魯》讀『車中内顧』。」「『仍舊』，《魯》讀『仍』爲『仁』。」「『詠而歸』，鄭本作『饋』，《魯》讀『饋』爲『歸』。」「『折獄』，《魯》讀『折』爲『制』。」「『小慧』，《魯》讀『慧』爲『惠』。」「『謂之躁』，《魯》讀『躁』爲『傲』。」「『歸孔子豚』，鄭本作『饋』，

《魯》讀爲『歸』。」「『矜也廉』，《魯》讀『廉』爲『貶』。」「『天何言哉』，《魯》讀『天』爲『夫』。」「『而室』，《魯》讀『窒』爲『室』。」「『殆而』，《魯》讀『期』。」「『斯已矣，今之從政者殆不知命，無以爲君子也。』《魯論》無此(篇)〔章〕，今皆從《古》。」又按《論衡》云：「仕宦爲吏，亦得高官將相長吏，猶吾大夫高子也，安能別之。」揚雄《將作大匠箴》云：「或作長府，而閔子不仁。」皆從《魯》讀也。

【元圻案】何晏《集解敘》：「《魯論》二十篇，太子太傅夏侯勝、前將軍蕭望之、丞相韋賢及子玄成等傳之。《齊論語》二十二篇，琅琊王卿及膠東庸生、昌邑中尉王吉皆以教授之。《古文論語》凡二十一篇，唯博士孔安國爲之訓説，而世不傳。安昌侯張禹本受《魯論》，兼講《齊》説，善者從之，號曰『張侯論』。苞氏、周氏《章句》出焉。漢末，大司農鄭玄就《魯論》篇章考之《齊》、《古》，以爲之注。」

陳自明[一]以「子見南子」爲「南蒯」。以《傳》考之，昭公十二年南蒯叛，孔子年方二十有二，子路少孔子九歲，年方十三，其説鑿而不通矣。

[一]【集證】名晦，紹熙元年辭科。

【集證】按《晉書·夏統傳》：「子路見夏南，憤恚而忼愾。」又誤以南子爲夏南。

聖人「毋必」，而《鄉黨》言「必」者十有五，[一]記必爲之事也。其傳《易》曰：

「積善之家，必有餘慶；積不善之家，必有餘殃。」「陰疑於陽，必戰。」「小人勿用，必亂邦也。」著必然之理也。

［一］【閻云】「五」當作「七」。何本作「七」。

【全云】不必如此牽合分析。

孔門受道，唯顏、曾、子貢。【原注】太史公稱「子貢一出，存魯，亂齊，破吴，强晉，伯越」，是以戰國説客視子貢也。又列於《貨殖傳》，以《論語》一言而斷其終身，可乎？子貢聞「一以貫之」之傳，與曾子同，貨殖何足以疵之？

【集證】《史通·雜説上》：「太史公述《儒林》，則不取游、夏之文學，著《循吏》，則不言冉有、季路之政事，至於《貨殖》爲傳，獨以子貢居先。成人之美，不其缺如。」

「過則勿憚改」，「非禮勿視，非禮勿聽，非禮勿言，非禮勿動」，「己所不欲，勿施於人」，「勿欺也」，皆斷以「勿」。蓋去惡不力，則爲善不勇。

孔門獨顏子爲好學，所問曰「爲仁」，曰「爲邦」，成己成物，體用本末備矣。

「唐棣」與「常棣」不同。致堂謂『偏其反而』即《詩·常棣篇》，孔子删而不取」，恐誤。

【元圻案】《爾雅·釋木》「唐棣，栘」，郭注：「今白栘也，似白楊，江東呼夫栘。」「常棣，棣」，郭注：「今關西有棣樹，子如櫻桃，可食。」邵學士正義：「《詩疏》引舍人云：唐棣一名栘，唐棣與常棣異。」而《詩考》引《韓詩序》云：「夫栘燕兄弟，閔管蔡之失道也。」《藝文類聚》引《三家詩》云：「夫栘之華，萼不煒煒。」誤以唐棣爲常棣。《兼明書》引孔氏《論語解》：「唐棣，棣也。」又誤以常棣爲唐棣也。邢疏、郭注無「今白栘也」四字，邵氏據《詩疏》補之。

闕黨之童，遊聖門者也，夫子抑其躁，是以知心之易放。[一]互鄉之童，難與言者也，夫子與其進，是以知習之可移。

[一]【何云】心易放句，尚非本病。

孝經

【元圻案】鄭畊老曰：「《孝經》一千九百三字。」◎桓譚曰：「古《孝經》千八百七十二字，今異者四百餘字。」

《孝經序》「六家異同」，今考《經典序録》有孔、鄭、王、劉、韋[一]五家，而無虞翻注。【原注】有虞槃佑，東晉處士也。[二]

[一]【全云】孔安國、鄭康成、王肅、劉炫、韋昭。

[二]【全云】見《隋志》：「晉虞槃佑《孝經注》一卷。」

【元圻案】唐明皇《御製孝經序》曰：「韋昭、王肅，先儒之領袖；虞翻、劉邵，抑又次焉。劉炫明安國之本，陸澄譏康成之注，在理或當，何必求人？今特舉六家之異同，會五經之旨趣，約文敷暢，義則昭然，分注錯經，理亦條貫。」正義曰：「六家，即韋昭、王肅、虞翻、劉邵、劉炫、陸澄也。」

致堂謂：「《孝經》非曾子所自爲也。曾子問孝於仲尼，退而與門弟子言之，門弟子類而成書。」晁子止《讀書志》謂：「何休稱子曰『吾志在《春秋》，行在《孝經》』，則孔子自著也。今首章云『仲尼居』，則非孔子所著矣。當是曾子弟子所爲書。」馮氏曰：「子思作《中庸》，追述其祖之語乃稱字，是書當成於子思之手。」

【全云】馮氏説混。

【元圻案】錢氏大昕曰：「馮椅有《古孝經輯注》一卷。」◎《孝經序正義》曰：「按劉炫《述義》，其略曰：『炫謂孔子自作《孝經》，本非曾參請（義）〔業〕而對也。』假使獨與參言，言畢，參自集録，豈宜稱師字者？」

《古文孝經》，《漢志》、《書序》謂出孔壁，而許沖上其父《説文》，曰「孝昭帝時魯國三老所獻」，其説不同。

【元圻案】《漢書·藝文志》：「《孝經》，漢興，長孫氏、博士江翁、少府后蒼、諫大夫翼奉、安昌侯張禹傳之，各自名家。經文皆同，唯孔氏壁中古文爲異。」◎孔安國《尚書序》：「魯共王好治宫室，壞孔子舊宅以廣其居，於壁中得先人所藏虞、夏、商、周之書，及《左傳》、《論語》、《孝經》，皆科斗文字。」◎許沖上其父《説文》，曰：「慎又學《孝經》孔氏古文説。《古文孝經》者，孝昭帝時魯國三老所獻，建武時給事中議郎衛宏所校，皆口傳。」

「當不義，則子不可不争於父」。《孟子》云：「父子之間不責善。」荆公謂：「當不義則争之，非責善也。」晁子止《讀書志》乃謂「介甫阿其所好」。蓋子止守景迂之學，以《孟子》爲疑，非篤論也。朱文公於《孟子集注》取荆公之説。

【元圻案】晁氏《讀書志》：「《孝經解》一卷。王安石介甫撰。《經》云：『當不義，則子不可不諍於父。』而《孟子》猥曰『父子之間不責善』，夫豈然哉！今介甫因謂『當不義則諍之，非責善也』，噫，不爲不義，即善矣。阿其所好，以巧慧侮聖人之言，君子疾夫！」◎《四庫全書總目·目録類》：「《郡齋讀書志》四卷，《後志》二卷。宋晁公武撰。公武字子止，鉅野人，沖之之子。官至敷文閣直學士、臨安少尹。」又《儒家類》：「《儒言》一卷。晁説之撰。説之字以道。少慕司馬光之爲人，光晚號迂叟，因自號景迂。元豐五年進士。建炎初，擢徽猷閣待制。高宗惡其作書非《孟子》，勒令致仕。」

「是何言與」，司馬公解云：「言之不通也。」范太史説，誤以「言之不通也」五字爲經文，古、今文皆無，朱文公集所載《刊誤》亦無之。【原注】近世所傳《刊誤》以五字入經文，非也。

【元圻案】《四庫全書總目·孝經類》：「《古文孝經指解》一卷。不著編輯者名氏。以宋司馬光、范祖禹之説合爲一編。案《宋中興藝文志》曰：『自唐明皇時，議者排毁古文，以「閨門」一章爲鄙俗，而古文遂廢。至司馬光始取古文爲《指解》。』又范祖禹《進孝經（説）劄子》曰：『仁宗朝，司馬光在館閣，爲《古文指解》，表上之。臣妄以所見，又爲之説。』《書録解題》載光書、祖禹書各一卷。胡爌《拾遺録》嘗譏祖禹所説以光注『言之不通也』句誤爲經文。今證以朱子《刊誤》，爌説信然。」又：「朱子《孝經刊誤》一卷，取《古文孝經》分爲經一章、傳十四章，删舊文二百二十三字。」

《孝經》鄭氏注，陸德明云：「與康成注《五經》不同。」今按康成有「六天」之說，見《禮記·郊特牲》正義。而《孝經注》云：「上帝，天之別名。」見《史記·封禪書》集解。故陸澄謂「不與注書相類」。

【元圻案】《經典序録》：「世所行鄭注，相承以爲鄭玄。按《鄭志》及中經簿，無，〔唯〕中朝穆帝集講《孝經》，云以鄭玄爲主。檢《孝經注》，與康成注《五經》不同，未詳是非。」案《書録解題》載康成《孝經注》一卷。陳振孫曰：「世傳秦火之後，河間人顔芝得《孝經》藏之，以獻河間王，今十八章是也。相承云康成作注，而《鄭志目録》不載，故先儒並疑之。及唐開元中，詔議孔、鄭二家。劉知幾以爲宜行孔廢鄭，諸儒非之，卒行鄭學。周顯德中，新羅獻《別序孝經》，即鄭注者，而《崇文總目》以爲咸平中日本國僧奝然所獻，未詳孰是。乾道中，熊克子復從袁樞機仲得之，刻於京口學宮。」◎《南齊書·陸澄傳》：「澄字彦淵，吴郡吴人也。時國學置鄭玄《孝經》。澄與王儉書曰：『世有一《孝經》，題爲鄭玄注，觀其用辭，不與注書相類。案玄自序所注衆書，亦無《孝經》。』」◎《孝經序》正義曰：「晉穆帝永和十一年，及孝武太元元年，再聚羣臣，共論經義。有荀昶者，撰集《孝經》諸説，始以鄭氏爲宗。晉永和以來，多有異論。陸澄以爲非玄所著，請不載於秘省。王儉不依其請，遂得見傳。」◎蕭山王穀畻曰：「《孝經》鄭注，久佚。武進臧鏞堂輯録爲一卷。日本國岡田，字挺之，於其國所傳《羣書治要》中得不完本，亦輯爲一卷。臨海洪頤煊復采《釋文》、邢疏爲《補證》一卷。凡三本，鮑氏廷博並刻於《知不足齋叢書》第二十一集。」又曰：「《聖治章》『宗祀文王於明堂，以配上帝』。鄭注：『上帝，天之別名也。』臧鏞堂按正義曰：『禮無二尊，既以后稷配郊天，不可又以文王配之。五帝，天之别名也。因享明堂而以文王配之。』大致本鄭注。」

《荀子》述孔子之言曰：「昔萬乘之國，有争臣四人，則封疆不削；千乘之國，有争臣三人，則社稷不危；百乘之國，有争臣二人，則宗廟不輟。父有争子，不行無禮；士有争友，不爲不義。」[一]與《孝經》稍異。

[一]案，今本《荀子·子道篇》「百乘之國」，「國」作「家」，「不輟」作「不毁」。◎《家語·三恕篇》「四人」作「七人」，「三人」作「五人」，「二人」作「三人」。

彭忠肅[二]公以「致敬」、「致樂」、「致憂」、「致哀」、「致嚴」裒集格言，爲《五致録》。司馬公《家範》亦以「五致」類事，忠肅之言①本於此。

[二]【閻按】忠肅名龜年，字子壽。清江人。嘗從朱子質疑。《五致録》，見《宋史》本傳。

【元圻案】樓攻媿《彭忠肅神道碑》曰：「公丁内艱，執喪盡禮。以『致敬』、『致樂』、『致憂』、『致哀』、『致嚴』裒集格言，類爲一書，名《五致録》。」◎《四庫全書總目·儒家類》：「《家

①「言」，元刊本作「書」。

範》十卷。宋司馬光撰。首載《周易・家人》卦辭及節録《大學》、《孝經》、《堯典》、《詩・思齊篇》語，以爲全書之序。其後自『治家』至『乳母』，凡十九篇，皆雜采史事可爲法則者，亦間有光所論説。」

《國史志》云：「《孝經》孔安國傳，古二十二章，有《閨門篇》爲世所疑。鄭氏注今十八章，相承言康成作，《鄭志目録》不載，通儒皆驗其非。開元中，孝明纂諸説自注，以奪二家。然尚不知鄭氏之爲小同。」[一]

[一] 據《玉海》四十一，此條乃全録《國史志》之文。

【閻按】鄭氏乃小同，注《孝經》非康成也，説頗有徵。

【元圻案】《唐會要》：「開元七年，詔曰：『《孝經》德教所先，頃來獨宗鄭氏，孔氏遺旨，今則無聞。其令儒官詳定所長，令明經者習讀。』劉知幾議曰：『今俗所傳《孝經》，題曰「鄭注」，皆云即康成，而魏、晉之朝無有此説。有荀茂祖者，撰集《孝經》諸説，始以鄭氏爲宗。自齊、梁以來，多有異議。陸澄以爲非玄所注，請不藏於秘省，而王儉不依其請，遂得見傳。然《孝經》非玄所(著)〔注〕，其驗十有二條云云。行孔廢鄭，於義爲允。』司馬貞議曰：『《今文孝經》是河間王所得顔芝本，劉向定爲一十八章。其注相承云是鄭玄所注，而《鄭志》及《目録》等不載，往賢共疑焉，惟荀昶、范蔚宗以爲鄭注。其《古文》二十二章，元出孔壁，先是安國作傳，緣遭巫蠱，代未之行。近儒妄作此傳，假稱孔氏，又僞作《閨門》一章。其文云：「閨門之內，具禮矣乎。嚴兄妻子臣妾，繇百姓徒役也。」是比妻子於徒役，文句凡鄙，不合經典。又分《庶人章》從「故自天子」已下別爲一章，仍加「子曰」二字，然「故」者連上之詞，即爲章首，不合言「故」。是古文既亡，後人妄（間）〔開〕此等數章，以應二十二章之數。今議者欲取殘經缺傳而廢鄭注，理實未可。請鄭注與孔傳依舊俱行。』」◎《唐志》：「鄭氏《孝經注》一卷。」《經義考》云未見。又附載劉肅曰：「梁載言《十道志》解南城山，引《後漢書》云：『鄭玄遭黃巾之難，客於徐州。』今有《孝經序》，相承云鄭氏所作，蓋康成胤孫所爲也。」◎程大昌《演繁露》十八：「玄宗開元中，親注《孝經》并製序，八分書之，立於國學，以層樓覆之。」自注云「秦再思《洛中記異》」。◎《後漢書·鄭玄傳》：「玄子益恩，有遺腹子。玄以其手文似己，名之曰『小同』。」

王去非云：「學者學乎孝，教者教乎孝，故皆從孝字。」【原注】慈湖〔一〕、蒙齋〔二〕謂古「孝」字只是「學」字。愚按《古文韻》：「學」字，古《老子》作「斈」；「教」字①，郭昭卿《字指》作「斈」。

〔一〕【何云】楊簡。

①「教字」，原本無，據元刊本補。

［二］【何云】袁甫。

【全云】袁正肅公甫，字廣微，號蒙齋。正獻之子。

【集證】《隋志》：「《雜字指》一卷，後漢太子中庶子郭顯卿撰。」

【元圻案】《説文》：「斈，效也，从子爻聲。」郭忠恕《汗簡》云出《字指》。◎嘉定錢氏大昕《養新録》曰：「王伯厚引王去非云云，又引慈湖、蒙齋説，古『孝』字只是『學』字。案古文『學』作『斈』，斈从爻，孝从老，判然兩字，不可傅會爲一。」◎王去非，名遂，一字穎叔，金壇人。嘉泰二年進士。理宗時權工部尚書。謚正肅。

「不敢毀傷」至「不敢失於臣妾」，言「不敢」者九。《管子·勢篇》曰：「賢者行於不敢，而立於不能。」《詩》於文王、仲山甫皆曰「小心翼翼」。

「求忠臣，必於孝子之門。」《孝經緯》之言也。【原注】見《東漢·韋彪傳》注。

【元圻案】《孝經·廣揚名章》孔傳：「能孝於親，則必能忠於君矣。求忠臣，必於孝子之門也。」鄭注：「欲求忠臣，出於孝子之門，故可移於君。」

劉盛不好讀書，唯讀《孝經》、《論語》，曰：「誦此能行足矣，安用多誦而不行乎？」[一]蘇綽戒子威云：「讀《孝經》一卷，足以立身治國，何用多爲？」愚謂梁元帝之萬卷，不如盛、綽之一言。學不知要，猶不學也。

[一] 案匡衡亦曰：「《論語》、《孝經》，聖人言行之要，宜究其意。」

【何云】 蘇威屈膝於王世充，虧體辱親也至矣，安能讀此一卷書哉！

【元圻案】《通鑑·晉紀》懷帝永嘉四年：「漢安昌王盛少不好讀書，惟讀《孝經》、《論語》」云云。胡氏《讀史管見》曰：「劉盛，匈奴耳，所嗜好乃爾，又知行之爲要，言之無益，與中國專門名家、講誦談説而不能行者，一何遼哉！」◎《隋書·儒林傳》：「何妥，性勁急，有口才，好是非人物。時納言蘇威嘗言於上曰：『臣先人每誡臣云：唯讀《孝經》一卷，足可立身治國，何用多爲！』妥曰：『蘇威所學，非止《孝經》。厥父若信有此言，威不從訓，是其不孝。若無此言，面欺陛下，是其不誠。』」又《蘇威傳》：「大唐秦王平王充，威請謁見，稱老病不能拜起。王遣人數之曰：『公見李密、王充皆拜伏舞蹈，今既老病，無勞相見也。』」

范太史[一]《孝經説》曰：「能事親則能事神。」真文忠公《守泉州勸孝文》曰：「侍郎王公**【原注】**蓋梅溪也。見人禮塔，呼而告之曰：『汝有在家佛，何不供養？』」蓋謂人能奉親，即是奉佛。

[一] **【全云】** 范祖禹，字淳甫，謚正獻。

【元圻案】王十朋，字龜齡，號梅溪。温州樂清人。紹興二十七年進士第一。官龍圖閣學士。謚忠文。事迹具《宋史》本傳。

「嚴父莫大於配天」。《神宗聖訓》云：「周公宗祀，乃在成王之世。成王以文王爲祖，則明堂非以考配明矣。」【原注】自唐代宗用杜鴻漸等議，明堂以考肅宗配上帝，一時誤禮非祀，無豐昵之義。

【元圻案】《玉海》四十九：「起居舍人林虙編集《神宗大猷不訓》，爲一百門二十卷，上之，名《元豐聖訓》。」◎《通鑑·唐紀》代宗廣德二年：「正月，禮儀使杜鴻漸奏：自今祀圓丘方丘，請以太祖配，祈穀以高祖配，大雩以太宗配，明堂以肅宗配。從之。」◎《續資治通鑑長編》二百四十神宗熙寧五年：「十一月，上問：『今明堂乃配先帝，如何？』王安石曰：『此乃誤引「嚴父」之説，故以考配天。夫《孝經》所謂「嚴父」者，以文王爲周公之父，周公能述父事，成父業，得四海歡心，各以職來助，明堂宗祀，得嚴父之道故也。若言宗祀，則自前代已有此禮。』上曰：『周公宗祀，乃在成王之世。成王以文王爲祖，則明堂非以考配明矣。』」

「孝子之事親終矣。」此言喪祭之終，而孝子之心，昊天罔極，未爲孝之終也。曾子戰兢知免，而易簀得正，猶在其後。信乎終之之難也。

【元圻案】樓攻媿《季公古文孝經指解後序》曰：「孝子之事親終矣，止爲喪祭之終，猶未爲孝之終也。若所謂孝之終，與孝無終始之終，蓋謂立身行道，死而後已者也。故雖曾子既啓手足，以其能全而歸之，自以謂知免矣，而易簀一節，猶在其後。蓋大夫之簀，猶非其正也。嗚呼，聖人之言，可謂深切而能有終者，亦豈易易乎！」

卷八

孟子

【元圻案】趙岐《孟子題詞》曰：「七篇，二百六十一章，三萬四千六百八十五字。」《經義考》載陳士元曰：「七篇，二百六十章，實三萬五千四百一十字。趙蓋誤算也。」

《孟子集注序説》引《史記》列傳，以爲「《孟子》之書，孟子自作」。韓子曰：「軻之書非自著。」謂《史記》近是，而《滕文公》首章「道性善」注則曰「門人不能盡記其詞」，又第四章「決汝漢」注曰「記者之誤」。以上皆吴伯豐問語。吴伯豐[一]以問朱文公，文公答曰：「前説是，後兩處失之。」熟讀七篇，觀其筆勢，如鎔鑄而成，非綴緝所就也。

[一]【全云】朱子弟子。○案董真卿曰：「伯豐，名必大，臨江人。」

【元圻案】《風俗通》曰：「孟子去齊，又絶糧於鄒、薛，困殆甚。退與萬章之徒序《詩》、《書》、仲尼之意，作書中外十一篇。」◎韓退之《答張籍書》曰：「孟軻之書，非軻自著，其徒萬章、公孫丑相與記軻所言耳。」◎《朱子語類》：「《論語》多門弟子所集，故言語時有長短不類處。《孟子》疑自著之書，故首尾文字一體，無些子瑕疵，不是自下手，安得如此好？若是門弟子集，則其人亦甚高，不可謂軻死不傳。」◎晁公武曰：「孟子所見諸侯皆稱謚，如齊宣王、梁惠王、襄王、滕定公、文公、魯平公是也。夫死然後有謚，軻著書時所見諸侯不應皆死。故予以愈言爲然。」

趙氏《孟子章指》[一]引《論語》曰：「力行近仁。」誤以《中庸》爲《論語》。無垢《孝經解》，誤以「臨深履薄」爲衛武公之詩。致堂《無逸傳》誤以「不解於位」爲《洞酌》。【原注】吴才老《書裨傳·臣辯》誤以晉侯重耳爲申生，誠齋《易傳後序》誤以韓宣子爲季札。

[一]【何云】「章指」二字，始於邠卿。

【元圻案】趙注「滕文公爲世子章」《章指》曰：「言人上當則聖人，秉仁行義，高山景行，庶幾不倦。《論語》曰『力行近仁』，蓋不虚云。」◎楊誠齋《易傳後序》曰：「(季札)〔韓起〕①聘魯，見《易傳》而喜，曰：『周禮盡在魯矣。』札之所見者，羲、文之《易》而已，未見夫子之《易》也。見羲、文之《易》，其喜已如此，使見夫子之《易》，其喜又當何如哉！」◎《後漢書·趙岐傳》：「岐字邠卿，京兆長陵人。初名嘉，生於御史臺，因字臺卿。後避難，故自改名字，示不忘故土也。著《孟子章句》。」

① 據《誠齋集》，「季札」應是「韓起」之誤，方合厚齋注文之「誤以韓宣子爲季札」。

◎《書録解題》：「《孝經解》一卷，張九成撰。」又：「《書裨傳》，吴棫撰。」又：「《誠齋易傳》，楊萬里撰。」◎案無垢《孝經解》、吴才老《書裨傳》、致堂《無逸傳》，今《四庫書》皆不著録，蓋已佚矣。

《文選》陳孔璋《爲曹洪書》云：「有子勝斐然之志。」注引《墨子》曰：「二三子復於子墨子曰：『告子勝仁。』子墨子曰：『未必然也。告子爲仁，猶跂[一]以爲長，偃[二]以爲廣，不可久也。』」勝蓋告子之名，豈即《孟子》所謂告子歟？

[一]《墨子·公孟篇》作「跋」。

[二]《墨子》作「隱」。

【全云】古注以浩生不害爲告子，固謬，然告子名勝，亦别無所見。

【元圻案】全氏《經史問答》曰：「告子名不害，見趙注，亦見《國策》注。而《文選》引《墨子》則又曰『告子勝』。或有二名，否則其一爲字也。」

《文選注》引「《孟子》曰：『墨子兼愛，摩頂致於踵。』趙岐曰：『致，至也。』」今本作「放踵」①。【原注】注無「致至也」三字。

①《孟子·盡心上》。

【何云】孫宣公作《音義》時，所見之本已作「放踵」。

【元圻案】《文選》任彥昇《彈曹景宗文》注引「《孟子》曰：『墨子兼愛，摩頂放踵。』趙岐曰：『放，至也。』」正與《孟子》作「放踵」合。又江文通《上建平王書》注引《孟子》作「致於踵」，「劉熙曰：『致，至也。』」王氏此條若據任彥昇文注，則「致，至也」，與原注不合，若據江文通書注，則注作劉熙而非趙岐。或王氏所見之本互異歟？劉孝標《廣絶交論》云：「摩頂至踵。」李善無注。◎《隋志》「儒家」有劉熙《孟子注》七卷。

《元和郡縣志》十：「齊雪宮故趾，在青州臨淄縣東北六里。《晏子春秋》所謂『齊侯見晏子於雪宮』。」①

【閻按】今《晏子春秋》無李吉甫所引語。

【何云】焯按此則《晏子春秋》非完書矣。

【元圻案】《文選·雪賦》注引劉熙云：「雪宮，離宮之名也。」◎《四庫全書總目·地理類》：「《元和郡縣志》四十卷。唐李吉甫撰。吉甫字弘憲，趙州人。官至中書侍郎、同中書門下平章事。謚(文)〔忠〕懿。前有吉甫原序，稱起京兆府，盡隴右道，凡四十七鎮，成四十卷。輿記圖經之存於

①《孟子·梁惠王下》：「齊宣王見孟子於雪宮。」

今者，惟此書爲最古。」

《孟子》「以齊王，由反手也」[①]，趙岐注謂「譏管、晏不勉其君以王業」。「文王望道而未之見」，注謂「殷禄未盡，尚有賢臣，道未得至。」王無咎非之曰：「岐名通《孟子》，而實汨之。」

【元圻案】太史公曰：「管仲，世所謂賢臣，然孔子小之。豈以爲周道衰微，桓公既賢，而不勉之至王，乃稱霸哉！」趙邠卿注似本於此。◎王安石《王補之墓誌》曰：「君南城人，諱無咎，字補之。嘉祐二年進士。嘗棄天台縣令，以與予共學。」

「琴張」[②]，注謂「子張善鼓琴」，蓋未知《左傳》有琴張。

【元圻案】昭二十年正義曰：「琴張，賈逵、鄭衆皆以爲子張，即顓孫師。服虔云：《七十子傳》，子張少孔子四十餘歲，孔子是時四十，知未有子張。賈、鄭之説，不知所出。」◎《孟子》正義曰：「《家語》有衛人琴牢，字張，則此與《左傳》所謂琴張者，琴牢而已，非所謂子張善鼓琴也。」◎

① 《孟子·公孫丑上》。
② 《孟子·盡心下》。

《集注》從孫宣公。又曰：「子桑户死，琴張臨其喪而歌。事見《莊子》。」◎邵氏晉涵《南江札記》曰：「趙注所據者，賈、鄭之説也。王氏譏趙氏不知《左傳》有琴張，豈知趙氏正用《左傳》哉！」

「周公思兼三王，以施四事」①，注云：「四事，禹、湯、文、武所行事也。」而伏生《大傳》云：「周公兼思三王之道，以施於春秋冬夏②。」其説陋矣。

【元圻案】今本《大傳》無此文。雅雨堂本引此條以補遺。

滕定公、文公。按趙氏注：《古紀》、《世本》滕國有考公麋、元公弘，即定公、文公也。《世本》今無傳，此可備參考。

【元圻案】趙岐「滕文公爲世子」注曰：「《古紀》、《世本》滕國有考公麋，與文公之父定公相直；其子元公弘，與文公相直。似後世避諱，改『考公』爲『定公』；以元公行文德，故謂之文公也。」◎班固謂：「司馬遷據《左氏》、《國語》，采《世本》、《戰國策》，述《楚漢春秋》，接其後事，訖於大漢。」《藝文志》「春秋家」：「《世本》十五篇。古史官記黄帝以來訖春秋時諸侯大夫。」

① 《孟子·離婁下》。

② 「春秋冬夏」，原本作「春夏秋冬」，據元刊本改。

則《世本》之亡，在漢以後。

「《志》曰『喪祭從先祖』」①，注引《周禮・小史》「掌邦國之志」。愚謂「邦國之志」若「周志」、「史佚之志」、鄭書、楚書、秦記之類。

【全云】即《乘》、《檮杌》之類。

【元圻案】正義曰：「鄭司農云：『志，謂記也。』《春秋傳》所謂《周志》，《國語》所謂《鄭志》之屬也。」

《孟子疏》謂「齊王悦南郭先生吹竽，喜鄒忌鼓琴，安知與衆樂樂。」愚考之《史記》，騶忌以鼓琴見齊威王，非宣王也。唯南郭處士吹竽，乃宣王時，見《韓非・内儲説》。

【元圻案】《史記・孟子荀卿列傳》：「齊有三騶子，其前騶忌，以鼓琴干威王，因及國政，爲成侯而受相印。」又《老莊申韓列傳》：「韓非者，韓之諸公子也。喜刑名法術之學，而其歸本於黄老。非爲人口（訖）〔吃〕，不能道説，而善著書。作《孤憤》、《五蠹》、《内外儲》、《説林》、《説難》

① 《孟子・滕文公上》。

十餘萬言。」◎《韓非·内儲説上》：「齊宣王使人吹竽，必三百人。南郭處士請爲王吹竽，宣王説之，廩食以數百人。宣王死，湣王立，好一一聽之，處士逃。」

《説苑·政理篇》：「景差相鄭，鄭人有冬涉水者，出而脛寒。後景差過之，下陪乘而載之，覆以上衽。叔向聞之曰：『景子爲人國相，豈不固哉！吾聞良吏居之三月而溝渠修，十月而津梁成，六畜且不濡足，而況人乎？』」此即《孟子》所言子産以乘輿濟人之事也①。叔向之時，鄭無景差，當以《孟子》爲正。

【元圻案】《水經注》二十六引《戰國策》曰：「田單爲齊相，過淄水。有老人涉淄而出，不能行，坐沙中。單乃解裘於斯水之上也。」事亦相類。

「曾西」②，注以爲曾子之孫，《集注》因之。《經典序録》：「曾申，字子西，曾參之子。子夏以《詩》傳曾申。左丘明作《傳》以授曾申。【原注】曾西之學，於此可考。[一] 楚鬭宜申，見《左傳》僖二十六年。公子申，見《左傳》哀六年。皆字子西，則曾西之爲曾申無疑。[二]

① 見《離婁下》。
② 《孟子·公孫丑上》。

［一］案杜預《春秋敍》疏：「劉向《别録》云：左丘明授曾申。」

［二］【閻按】此足正《集注》之誤。以齊桓爲兄，亦然。

【元圻案】《檀弓》云：「穆公之母卒，使人問於曾子。」鄭注：「曾子，曾參之子，名申。」《序録》蓋本康成。

郅惲曰：「孟軻以强其君之所不能爲忠，量其君之所不能爲賊。」與今《孟子》語小異。

【元圻案】《後漢書·郅惲傳》：「惲字君章。汝南西平人也。太守歐陽歙請爲功曹。鄭敬素與惲厚，見其言忤歙，相招去，曰：『道不同者不相爲謀，吾不能忍見子有不容君之危，盍去之乎！』惲曰：『孟軻云云。惲業已强之矣。障君於朝，既有其直，而不死職，罪也。』」

傳農事。上老平明坐於右塾，庶老坐於左塾，餘子畢出，然後歸。夕亦如之。餘子皆云：「歲事既畢，餘子皆入學。十五入小學，十八入大學。距冬至四十五日，始出學，「謹庠序之教，申之以孝悌之義，頒白者不負戴於道路矣。」①愚按《書大傳·略説》

① 《孟子·梁惠王下》。

入，父之齒隨行，兄之齒雁行。朋友不相逾。輕任并重任分，頒白不提挈。出入皆如之，此之謂造士。」《漢書·食貨志》云：「春將出民，里胥平旦坐於右塾，鄰長坐於左塾云云。入者必持薪樵，輕重相分，斑白不提挈。」孝悌之義，當以是觀之。

「棄禮捐恥」，[一]秦所以敗；「恥尚失所」，[二]晉所以替。恥之於人大矣。

[一]【閻按】賈誼語。○案，見《漢書》本傳：「棄禮義，捐廉恥，日甚，可謂月異而歲不同(失)〔矣〕。」

[二]【閻按】干寶語。○案，見《晉書》本傳。《晉紀總論》曰：「晉之創基立本，異於先代。又加之以朝寡純德之士，(卿)〔鄉〕乏不二之老，風俗淫僻，恥尚失所。」

陳蕃諫校獵曰：「齊景公欲觀於海，放乎琅邪。晏子爲陳百姓惡聞旌旗輿馬之音，舉首嚬眉之感，景公爲之不行。」此以《孟子》二章爲一章。①

【全云】《管子》又以觀海爲桓公事。

【元圻案】《後漢書·陳蕃傳》：「蕃字仲舉，汝南平輿人也。延熹六年，車駕幸廣城校獵，蕃

---

① 二事俱見《梁惠王下》。

上疏諫云云。書奏不納。」

梁惠王「西喪地於秦七百里」①。濬水李氏曰：「初，北地郡屬魏，後盡爲秦并，喪於秦不止七百里也。」

【閻按】魏無北地郡，當作上郡。正義云：「今鄜、綏等州也。」《秦本紀》：「惠文君十年，魏納上郡十五縣。」即《魏世家》「襄王七年，盡入上郡於秦」，事在孟子適梁後八年。當梁惠王語時，地止喪七百里，仍是實録。

【全云】濬水蓋亦主《竹書》云然。

《法言·修身篇》引《孟子》曰：「夫有意而不至者有矣，未有無意而至者也。」今《孟子》無此語，其在《外書》歟？

【元圻案】趙岐《孟子題辭》：「孟子退而論集所與高(弟)〔第〕弟子公孫丑、萬章之徒，難疑答問，又自撰其法度之言，著書七篇。又有《外書》四篇，《性善》、《辯文》、《説孝經》、《爲正》，其文不能弘深，不與《内篇》似，似非《孟子》本真，後世依放而托之者也。」◎《漢·藝文志》「《孟子》十一篇」，蓋并《外

---

①《孟子·梁惠王上》。

篇》訏之。◎宋宋咸注《法言》，序曰：「《法言》者，蓋時有請問，子雲用聖人之法以應答之也。」◎《修身篇》：「或問『仁、義、禮、智、信之用』。曰：『仁，宅也；義，路也；禮，服也；智，燭也；信，符也。處宅，由路，正服，明燭，執符，君子不動，動斯得矣。有意哉！《孟子》曰云云』」注：「有意，謂志於道。」

周子静【原注】端朝。爲學官。小司成襲蓋卿以「守氣不如守約」命題。子静曰：「『氣』不與『約』字對，兩『守』字著略點。晦翁注甚明，豈可破句讀《孟子》？」

【全云】永嘉周子静，官至侍郎。即慶元六君子之一。襲蓋卿，南軒弟子。

【元圻案】《朱子語類》：「今人把『守氣不如守約』命做題目，此不成題目。氣是實物，約是半虛半實字，對不得。守約只是所守之約。言北宫黝之守氣，不似孟施舍守氣之約。孟施舍之守氣，又不如曾子所守之約也。」◎葉紹翁《四朝聞見録·甲集》：「趙忠定橫遭遷謫，去國之日，天爲雨血。京城人以盆盎貯之，殷殷然。太學諸生上封事，叩麗正甚急。侂胄欲斬其爲首者，寧皇只從聽讀。當時同銜上者六人，世號爲『六君子』，曰周端朝、張道、徐範、蔣傳、林仲(鱗)〔麟〕、楊宏中，皆并出，惟周受禍略備。」◎周端朝，字子静，永嘉人。從朱子學。嘉定進士。官至刑部侍郎。謚文忠。◎元董真卿曰：「襲蓋卿，字夢錫，衡陽人。」

《尸子》引孔子曰：「誦詩讀書，與古人居。」案，見馬總《意林》。《金樓子》曰：「曾生謂：『誦詩讀書，與古人居；讀書誦詩，與古人期。』」《孟子》：「頌其詩，讀其書，不知其人，可乎？」①斯言亦有所本。

【何云】宏詞人陋習。

【全云】何説無謂。

【元圻案】《四庫書簡明目録·雜家類》：「《金樓子》六卷。梁孝元皇帝撰。原本十五篇，久已散佚，今從《永樂大典》録出，尚存十四篇。所徵引者，多周秦古書，非今所及見。」◎第十四篇《自序》曰：「余年十四，苦眼疾沉痼，比來轉暗，不復能自讀書。三十六年來，恒令左右唱之。曾生所謂云云。茲言是也。」

命不可委，故《孟子》言「立命」②；心不可委，故南軒以陶淵明「委心」③之言爲非。

【方樸山云】淵明原不講學。

①《萬章下》。
②《盡心上》。
③見《歸去來辭》。

仁曰仁術，儒曰儒術，術即道也。申不害以術治韓，晁錯言「術數」，〔一〕公孫弘謂「智者術之原」，君子始惡乎術矣。故學者當擇術。

〔一〕【何云】六字閻按抄本補。①

【元圻案】《史記·老莊申韓列傳》：「申不害學術以干韓昭侯，用爲相。内修政教，外應諸侯，十五年，終申子之身，國治兵强，無侵韓者。」◎《漢書·晁錯傳》：「錯上書言：人主之所以尊顯功名，揚於萬世之後者，以知術數也。」又《公孫弘傳》：「弘對策曰：『智者術之原也。擅殺生之柄，通壅塞之途，權輕重之數，論得失之道，使遠近情僞必見於上，謂之術。』」◎《朱子語類》曰：「術字本非不好底事，只緣後來把做變詐看了，便道是不好。卻不知天下事有難處，須着個巧的道理方得。」

致堂曰：「楊朱與老聃同時，墨翟又在前，宗師大禹，而晏嬰學之。以爲楊、墨出於師商，考之不詳甚矣。」朱文公曰：「莊周之學，出於老子，韓子始謂子夏之後有田子方，子方之後流而爲莊周。此退之《送王秀才序》文。以其書之稱子方者考之，則子方之學子夏，周之學子方者，皆不可見。」愚謂觀此二説，則異端之學，非孔門弟子傳流之差也。

① 按元刊本此條與閻校本文字相同，何氏所云不詳所指。

【閻按】《史記・儒林傳序》：「如田子方、段干木、吴起、禽滑釐之屬，皆受業於子夏之倫。」故曰子夏之學有田子方。子方侍坐魏文侯，自稱其師曰東郭順子，爲真人，爲天人，正莊周所宗尚者，安得謂非其傳流？昌黎語皆有本。

【元圻案】《列子・（楊朱第七）（黄帝第二）》：「楊朱南之沛，老聃西遊於秦，邀於郊。至梁而遇老子。」殷敬順《釋文》曰：「楊朱，或云字子居，戰國時人。後於墨子。」陸德明云：「楊戎字子居。」恐子居非楊朱也。◎《史記・孟子荀卿列傳》：「墨翟，宋之大夫，善守禦，爲節用。或曰並孔子時，或曰在其後。」愚按《墨子・親上篇》及越王勾踐、吴起，則《史記》在孔子後之説近是。又《淮南子》：「墨子學儒者之業，受孔子之術，以爲其禮煩擾而不説，厚葬靡財而貧民，服傷生而害事，故背周道而用夏政。」亦「在後」之一證。◎《史記・老莊傳》：「莊子者，蒙人也，名周。其學無所不窺，然其要本歸於《老子》之言。」◎案《吕氏春秋・當染篇》又謂：「田子方學於子貢，段干木學於子夏，吴起學於曾子。」◎韓子衍其空文，朱子徵其實事，故立論不同。

《莊子・內篇・養生主》曰：「爲善無近名，爲惡無近刑，緣督以爲經。」[一]又《外篇・山木》曰：「將處夫材與不材之間。」此子莫之「執中」①也。

① 見《孟子・盡心上》。

［二］案郭象注曰：「忘善惡而居中，任萬物之自爲。」

楊之學似老，墨之學似佛。【原注】楊朱書唯見於《列子》。

【元圻案】此條是述胡致堂論「王、何之罪深於桀、紂」，語見《讀史管見》八。◎道家之清淨取諸老，佛家之慈悲取諸墨。

董仲舒云：「以仁治人，以義治我。」劉原父云：「仁字從『人』，義字從『我』，豈造文之意邪？」以上是江鄰幾《雜志》語。愚謂告子「仁内義外」之説，孟子非之。若以人、我分仁、義，是仁外義内，其流爲「兼愛」、「爲我」矣。

【何云】言各有當，董子不過謂自治宜嚴，人不求備耳。

【全云】深寧之説，誠亦防附會如荆公者。

【又云】董子之言，疵纇甚多，不止於此，如謂「設誠於内而致行之」，誠亦豈待設耶？是外鑠矣。太支離。

【元圻案】《春秋繁露·仁義法篇》：「春秋之所治，人與我也；所以治人與我者，仁與義也；以仁安人，以義正我。故仁之爲言人也，義之爲言我也。」又曰：「愛在人，謂之仁，義在我，謂之義；仁主人，義主我也。故曰：仁者，人也，義者，我也。」又曰：「以仁治人，以義治我。躬自厚而薄責於人，此之謂也。」

《孟子》引費惠公之言，謂小國之君也。春秋時，費爲魯季氏之邑。《史記·楚世家》有鄒、費、郯、邳，蓋戰國時以邑爲國，意者魯季氏之僭歟？

【閻按】《吕氏春秋》亦有「以滕、費則勞，以鄒、魯則逸」，爲《日知録》所遺。

【集證】閻氏《四書釋地續》：《齊乘》云：「費城在費縣西北二十里。魯季氏邑。王伯厚據《楚世家》有鄒、費、郯、邳，意戰國時魯季氏以邑爲國，而僭稱公。同時有金仁(仁)山注《孟子》，與之不謀而合，亦以爲季孫氏僭，引《曾子書》有『費君』、『費子』之稱。余更考之，《吕氏春秋·慎勢篇》言『以滕、費則勞，以鄒、魯則逸』，《説苑·尊賢篇》言『魯人攻鄪，曾子辭於鄪君。鄪君曰：寡人之於先生也』，《魯世家》言悼公時三桓勝，魯如小侯，卑於三桓之家，《六國表》並同。則爲季氏之强僭，以私邑爲國號，殆無復疑。」

「仁，人心也」，「求其放心」①，此孟子直指本心處。但禪學有體無用。

【何云】乃指仁之爲本心，非直指本心爲仁也。

①《孟子·告子上》。

【全云】蓋以時文家當辨聖學耳。

「曹交」①，注謂曹君之弟。按《左傳》哀公八年，宋滅曹。至孟子時，曹亡久矣。曹交蓋以國爲氏者。

【閻按】曹亡久矣，余有辯，見《四書釋地續》。

【集證】載《釋地續》説曰：「楚簡王十四年，越滅郯。後八十四年，楚滅越，郯實爲楚所有。乃頃襄王十八年，有鄒、費、郯、邳，則郯繫重封者。薛，任姓，雖未知爲誰所滅，而齊湣王三年以封田嬰。故《紀年》稱薛子嬰來朝。其子文，《戰國策》、〔《史記》〕並稱薛公，後中立爲諸侯，無所屬。非薛滅之後復有薛乎？又中山，本鮮虞國，一滅於魏文侯十七年癸酉，再滅於趙惠文王三年乙丑，相距百一十三年。中雖未詳何年復國，要中山之後有中山，載《世家》、《列傳》者斑斑也。安知曹滅於宋在春秋哀八年，下到孟子居鄒時，已一百七十餘年，不更有國於曹者？交爲其介弟，觀其言，願因鄒君假館舍，儼然滕更挾貴之風。故趙岐以爲曹君之弟，朱子從之，非無謂也。」

老泉《三子知聖人汙論》，誤以「汙」字爲句。趙岐謂「孟子知其言太過，故貶謂

---

①《孟子·告子下》。

之『汙下』」。亦非孟子之意。

【閻按】何屺瞻曰：「今刊本趙注非全文。《僞疏》每章之首，總舉大意，其語多協韻者，皆割趙注爲之。毛斧季從真定梁氏借得宋槧本影鈔者具在，安得好古之士重刊以復趙注之舊也？」聞所未聞。

【元圻案】《容齋隨筆》（十）〔五〕：「趙岐注云：三人之智，足以識聖人汙下也。言三人雖小汙不平，亦不至阿其所好而空譽之。詳其文意，足以識『聖人』是一句，『汙下也』自是一節，蓋以『下』訓『汙』也。而老蘇先生乃作一句讀，故作《三子知聖人汙論》，謂三子之智不足以及聖人高深幽絶之境，徒得其下焉耳。此説竊謂不然。程伊川云：『有若等自能知夫子之道，假使汙下，必不爲阿好而言。』其説正與趙氏合。」◎趙注全文，今曲阜孔繼涵、安丘韓岱雲皆有刊本。

《史記·六國表》注，皇甫謐曰：「孟子稱禹生石紐，西夷人也。」此張守節正義所引。今無此語。

【元圻案】《晉書·皇甫謐傳》：「謐字士安，幼名静，安定朝那人。自號元晏先生。撰《帝王世紀年曆》、《高士》、《逸士》、《列女》等傳，《元晏春秋》，並重於世。」

孟子字未聞。〔一〕《孔叢子·雜訓篇》云「子車」。注：「一作子居。居貧坎軻，故名軻，字子居。亦稱字子輿。」疑皆附會。【原注】《聖證論》云：「《子思書》、《孔叢子》有孟子居，即是軻也。《傅子》云孟子輿。」

［一］【何云】趙氏《題辭》云然。

【元圻案】《漢書·藝文志》「儒家」：「《孟子》十一篇。名軻，鄒人，子思弟子，有《列傳》。」師古曰：「《聖證論》云軻字子車，而此志無字，未詳其所得。」◎《文選》劉孝標《辨命論》李善注，引《傅子》云：「昔仲尼既没，仲弓之徒追論夫子之言，謂之《論語》。其後鄒之君子孟子輿，擬其體著七篇，謂之《孟子》。」◎宋莊綽《雞肋編》曰：「趙岐謂孟子字則未聞，而李瀚注《蒙求》，引《史記》云字子輿。今觀《史記》，則未嘗有。劉孝標云『子輿困臧倉之訴』，五臣注爲孟軻（是）〔字〕也。」◎唐林寶《姓纂》曰：「孟子字子展。」◎《孔叢子》，《漢志》不著録，《隋志》「論語家」有「《孔叢子》七卷，陳勝博士孔鮒撰。」陳振孫謂：「《孔光傳》孔子八世孫鮒，魏相順之子，而其書記鮒之没，安得以爲鮒撰？」《朱子語類》以爲文氣軟弱，不似西漢文字。蓋其後人集先世遺文而成之者。◎《三國志·魏·王肅傳》：「肅善賈、馬之學，而不好鄭氏，集《聖證論》以譏短玄。」◎《晉書·傅玄傳》：「玄字休奕，北地人。撰論經國九流及三史故事，評斷得失，名爲《傅子》，爲内、外、中篇，凡數十萬言。」案今只存一卷。

《孟子》正義云：「唐林謹思《續孟子書》二卷，謂《孟子》七篇，非軻自著，乃弟子共記其言。」與韓文公之説同。

【全云】林謹思書今尚存，陋甚。然謹思死節，其人足重。

【元圻案】《四庫全書總目·儒家類》：「《續孟子》二卷。唐林慎思撰。慎思字虔中，長樂人。咸通十年進士。守萬年縣令。黄巢之亂，抗節不屈死。《崇文總目》載慎思之言曰：『《孟子》七篇，非軻自著書，而弟子共記其言，不能盡軻意。』因傳其説，演而續之。」「慎」作「謹」，避宋諱也。

《正義序》云「孫奭」，《崇文總目》、《館閣書目》、《讀書志》[一]皆無之。朱文公謂：「邵武士人作，不解名物制度，其書不似疏。」

[一]案，晁氏《志》止載孫奭《孟子音義》二卷。

【何云】《僞疏》直取宣公《音義》之序，稍竄數語，豈有爲之正義，體大力艱，反僅同附贅者乎？其人蓋兔園塾師之下者。議論多依附王氏新學，熙寧以後人也。◎今刊本趙岐注，非全文。《僞疏》每章之首，總舉大意，其語多協韻者，皆割絶趙注爲之。毛斧季從真定梁相公借得宋槧本影鈔者具在，安得一好古之士，重刊以復趙氏之舊也！

【方樸山云】宋槧本亦有脱誤，如「不動心章」脱去經文「曰不同道」四字，并趙注十四字亦無之。余又從義門所藏小字板補正。

【又云】真定梁氏所藏，是北宋槧本，今在侍郎王公之樞家。其本篇有篇序，章有章指，即義門云《僞疏》所割者也。諸經注亦往往與今刊本異。余在京師，曾於同年王虛舟處閲之，得以校正訛繆。

【元圻案】《書録解題》三：「《孟子音義》二卷。龍圖閣學士侍讀博平孫奭宗古撰。舊有張鎰、丁公著爲之音，俱未精當。奭方奉詔校定，撰集《正義》，遂討論音釋，疏其疑滯，備其闕遺。」又載《孟子正義》十四卷，孫奭撰，蓋不辨其僞也。◎《朱子語録》：「《孟子疏》，乃邵武士人假作。蔡季通識其人。其書全不是疏體，不曾解出名物制度，只纏繞趙岐之説耳。」◎近日阮芸臺中丞仿宋板《十三經》重刻於豫章，趙氏《孟子注》遂復還舊觀。

《吕氏春秋·離俗覽·上德篇》：「舜行德三年而三苗服。孔子聞之，曰：『通乎德之情，則孟門、太行不爲險矣。』故曰：德之速，疾乎以郵傳命。」此可以證《孟子》引孔子之言。

【元圻案】高誘注：「孟門、太行之險也。太行塞在河内野王之北，上黨關也。」畢氏校云：「『之險也』，疑是『皆險地』。」

墨之治喪以薄。《宋書·禮志》引《尸子》：「禹治水，爲《喪法》曰：桐棺三寸，制喪三日。」蓋墨家托於禹也。

【元圻案】《墨子》曰：「禹葬會稽，桐棺三寸，葛以繃之。」◎《宋書・禮志五》：「案《尸子》，禹治水，爲《喪法》，曰：毁必杖，哀必三年。是則水不救也。故使死於陵者葬於陵，死於澤者葬於澤。桐棺三寸，制喪三日。」《集證》謂《韓非・顯學篇》云：「墨者之葬也，冬日冬服，夏日夏服，桐棺三寸，服喪三月。」高誘《淮南注》云：「三月之喪，是夏后氏之禮也。」「三日」當作「三月」。

好樂，好勇，好貨色，[一]齊宣王所以不能用孟子也。文帝好清靜，故不能用賈誼；武帝好紛更，故不能用汲黯。

[一]【閻按】「好樂」，當讀如「悦樂」之「樂」。「莊暴」此章，惟「鼓樂」之「樂」讀如字。宋陳善《捫虱新話》實云。詳見余《潛丘劄記》。

【元圻案】《史記・賈誼列傳》：「賈誼以爲，漢興至孝文二十餘年，天下和洽，而固當改正朔，易服色，法制度，定官名，興禮樂，乃悉草具其事儀法，色尚黄，數用五，爲官名，悉更秦之法。孝文初即位，謙讓未遑也。」又《汲黯列傳》：「黯學黄老之言，好清静。漢方征匈奴，招懷四夷。黯務少事，乘上間，嘗言與胡和親，無起兵。上方向儒術，尊公孫弘。及事益多，吏民巧弄。上分别文法，湯等數奏決讞以幸。而黯常毁儒，面觸弘等。」

「上有好者，下必甚焉」①。光武封一卓茂，而節義之俗成；太宗誅一德儒，而諫争之門闢。信乎如風之偃草也！

【閻按】晉傅玄疏言：「魏武好法術，而天下貴刑名；魏文慕通達，而天下賤守節。」霸國且然，況大一統之君哉！

【元圻案】《後漢書·卓茂傳》：「字子康，南陽宛人。哀平間爲密令。數年，教化大行，道不拾遺。遷京(都)〔部〕丞。王莽居攝，以病免歸。上即位，先訪求茂，茂時年八十餘。詔曰：『夫名冠天下，當受天下重賞。今以茂爲太傅，封褒德侯。』」◎范忠文《唐鑑》一：「高祖擊西河郡，執郡丞高德儒。世民數之曰：『汝指野鳥爲鸞，以欺人主，取高官。吾興義兵，正爲誅佞人耳。』臣祖禹曰：太宗始起兵而戮一佞人，民知所好惡矣。如是，則誰不欲爲忠而不爲佞？」

不仁而得天下，未之有也。秦皇以不仁得之矣，二世而失，猶不得也。

【何云】即《集注》中語。

【元圻案】錢氏大昕曰：「秦始皇二十六年庚辰，始并天下。至二世元年壬辰，陳涉起兵，計混一者廑十二年，較之王莽尤促。」

① 《孟子·滕文公上》。

「惟尹躬暨湯，咸有一德，克享天心。」① 故湯曰「天吏」②，尹曰「天民」③。孟子，學伊尹者也。[一]「當今之世，舍我其誰也！」④ 是亦聖之任。

[一]【全云】孟子只是伊尹一路上人，若顔子，便近乎時。韓子氣象近孟。

【閻云】案孟子自云學孔子。

【元圻案】此注閻本不載，而何本載之，疑本義門語，而何本誤作閻也。

「仁在乎熟之而已矣。」⑤ 子路，未熟之五穀；管仲，已熟之荑稗；楊、墨，五穀之螟螣。

【元圻案】吕成公《孟子説》曰：「子路所學，乃聖門根本之學，若使成就，豈管仲之所能及？管仲之功雖成，不過是功利之學。蓋管仲如已熟之荑稗，子路如未熟之五穀。」

① 《書·咸有一德》。
② 《孟子·公孫丑上》。
③ 《孟子·萬章上》、《萬章下》。
④ 《孟子·公孫丑下》。
⑤ 《孟子·告子上》。

照乘之珠，和氏之璧，戰國之君以爲寶，故曰「諸侯之寶三」①。

【元圻案】《史記·田敬仲世家》：「梁惠王與齊威王田於郊。惠王問曰：『王亦有寶乎？』威王曰：『若寡人國小，尚有徑寸之珠，照車前後各十二乘者十枚。』」◎《戰國策》：「周有砥，宋有結緑，梁有懸黎，楚有和璞，此四寶者，天下名器。」◎《史記·藺相如傳》：「和氏璧，天下所共傳寶也。」

董公未説漢王之前，以强弱角勝負，所謂爲「天吏」，則可以伐燕，於楚、漢見之。以燕伐燕也。三軍縞素之後，則爲天吏矣。仁義之言，齊、梁以爲迂闊者，董公一言而漢、楚之興亡決焉，注見上卷②。可謂豪傑之士。

【閻按】董公之言，賴《漢書》始得聞。

【元圻案】《史記·高帝本紀》但云「董公遮説漢王以義帝死」，故《漢書·高帝紀》：「二年，至洛陽，新城三老董公遮説漢王曰：『臣聞「順德者昌，逆德者亡」，「兵出無名，事故不成」云云。』於是漢王爲義帝發喪，兵皆縞素。」

① 《孟子·盡心下》。

② 見卷一「召平董公」條注（頁一七），不在卷七。

弱而不可輕者，民也。古先哲王曰「敬民」，曰「畏民」。石守道[一]謂「湯以七十里亡夏，文王以百里亡商，陳勝以匹夫亡秦，民可不畏乎！」故曰「民爲貴」。①【原注】太史公以陳涉與湯、武並言，涉豈能爲湯、武哉？蓋楚、漢間豪傑之餘論也。

[一]【全云】徂徠先生石介，孫泰山弟子。

【閻按】趙威后對齊使者言：「苟無歲，何有民？苟無民，何有君？」戰國時猶有此高論。

【元圻案】歐陽公《石介墓誌》曰：「徂徠先生姓石氏，名介，字守道，兗州奉符人也。舉進士甲科，召入國子監直講。作《慶曆聖德詩》，以褒貶大臣，分別邪正。太山孫明復曰：『子禍始於此矣。』明復，先生之師友也。」◎石守道《對策》曰：「民之叛也，雖以百里，雖以匹夫，猶能亡國。湯以七十里亡夏，文王以百里亡商，陳勝以匹夫亡秦是也。《書》曰：『可畏非民？』」

「善推其所爲」②，此心之充拓也；「求其放心」，此心之收斂也。致堂曰：「心無理不該。去③而不能推，則視之不見，聽之不聞，痒痾疾痛之不知；存而善推，則

①《孟子·盡心下》。
②《孟子·梁惠王上》。
③「去」，原本作「亡」，據元刊本改。

潛天地，撫四海，致千歲之日至，知百世之損益。」此言充拓之功也。西山曰：「心一而已，由義理而發，無以害之，可使與天地參；由形氣而發，無以檢之，至於違禽獸不遠。」此言收斂之功也。不闔則無闢，不涵養則不能推廣。

【元圻案】致堂之所謂「存」，即《易》之「寂然不動」也。西山之所謂「發」，即「感而遂通天下之故」也。朱子曰：「人之一心，在外者要收入來，在內者要推出去。《孟子》一部書，無非此意。」西山曰：「收之使入者，大本之所以立；推之使出者，達道之所以行。」

「守孰爲大？守身爲大。」①有猷有爲矣，必曰有守；「不虧其義」矣，必曰「不更其守」。[一]何德將嘆習曰：「入時愈深，則趨正愈遠。」以守身爲法，以入時爲戒，可謂士矣。

[一]「不虧其義」，「不更其守」，《禮記·儒行》語。

「行一不義，殺一不辜，而得天下，皆不爲也。」②諸葛武侯謂「漢賊不兩立」，[一]其

①《孟子·離婁上》。

②《孟子·公孫丑上》。

義正矣。然取劉璋之事，可謂義乎？

［一］《出師表》曰：「漢賊不兩立，王業不偏安。」

【閻按】朱子曰：「三代而下，以義爲之，只有一個諸葛孔明。郭汾陽功名愈大而心愈小。易傳及諸葛，次及汾陽。」

【全云】昭烈不取劉璋，則益州必歸曹氏，其取之宜也。但其失有二，始之不宜以同盟之言欺孫權，使其後有索還荆州之事；繼之不應與劉璋結好而反攻之。若毅然取之，不妨辭吴軍獨上也，亦不妨聲劉璋之昏亂而討之也。

【元圻案】《通鑑·漢紀》獻帝建安十六年：「三月，操遣鍾繇討張魯。十二月，法正説劉璋曰：『曹公兵無敵於天下，若因張魯之資以取蜀，誰能禦之！劉豫州善用兵。若使之討魯，魯必破矣。魯破則益州强，曹公雖來，無能爲也。』璋然之，遣正迎備。備入益州，璋增備兵，使擊張魯。備北到葭萌。十七年十二月，曹操攻孫權，權呼備自救。備貽璋書，求益兵及資糧，璋但許兵四千，其餘僅及其半。張松書與備曰：『今大事垂立，如何釋之去乎！』松兄肅發其謀。於是璋收斬松，敕關戍諸將文書皆勿復與備關通。備怒，勒兵進據涪城。璋遣劉璝等拒備，皆敗。劉璝與璋子循退守雒城，備進軍圍之。十九年四月，雒城潰，進圍成都。諸葛亮引兵來會。備使（雍簡）〔簡雍〕入説劉璋出降。備領益州牧。」◎袁絜齋《孔明論》曰：「劉璋本以好逆，而乃爲譎計以取其國。璋固漢賊也，孔明爲漢除殘，雖誅之可也。然既與之合矣，而又襲之，得無虧於信乎？」◎宋陳長方謂：「劉先主滅劉璋取蜀，爲行不義，殺不辜，故不能有天下。」

「君子可欺以其方，難罔以非其道。」①日無再中之理，而新垣平言之；日無漸長之理，而袁充言之。漢文、隋文皆以是改元。漢文悟平之詐，而隋文終受充之欺。此存亡之判與？

【閻按】漢文帝改後元元年，隋文帝改仁壽元年。

【元圻案】《史記·封禪書》：「趙人新垣平以望氣見上，言『臣候日再中』。居頃之，日卻復中。於是始更以十七年爲元年。」又曰：「人有上書告新垣平所言神氣事皆詐也。下平吏治，誅夷新垣平。」◎《通鑑·隋紀》文帝開皇二十年：「太史令袁充表稱：『隋興以後，晝日漸長。開皇元年，冬至之景長一丈二尺七寸二分；自爾漸短，至十七年，短於舊三寸七分。日去極近則景短而日長，去極遠則景長而日短；行內道則去極近，行外道則去極遠。謹按《元命包》曰：「日月出內道，璇璣得其常。」《京房別對》曰：「太平，日行上道；升平，行次道；霸代，行下道。」伏惟大隋啓運，上感乾元，景短日長，振古希有。』上謂百官曰：『景長之慶，天之祐也。今太子新立，當須改元，宜取日長之意以爲年號。』自後百工作役，並加程課，以日長故也。丁匠苦之。仁壽元

① 《孟子·萬章上》。

年，春正月，大赦天下，改元。」◎《隋書·袁充傳》：「充見上雅信符應，因希旨進曰：『比觀玄象，皇太子當廢。』上然之。」後果廢太子勇而立晉王廣，卒亡天下，是其受充之欺，不特改元之小失也。

「夫道一而已矣。」[①]爲善而雜於利者，非善也；爲儒而雜於異端者，非儒也。

【元圻案】爲善而意在求名，即是利；爲儒不務實踐，即是異端。

堯「使契爲司徒，教以人倫。」學「所以明人倫。」[②]舜「察於人倫」[③]。「居中國，去人倫，無君子，如之何其可也。」[④]孟子道性善，稱堯、舜，莫大於人倫。此正人心之本原也。

《晏子春秋》曰：「有賢而不知，一不祥；知而不用，二不祥；用而不任，三不祥。」

①《孟子·滕文公上》。

② 以上《孟子·滕文公上》。

③《孟子·離婁下》。

④《孟子·告子下》。

見《内篇·諫下》。《孟子》謂:「言無實不祥,不祥之實,蔽賢者當之。」[①]蓋古有此言也。

孺子「滄浪」之歌[②],亦見於《楚辭·漁父》。考之《禹貢》,漢水東爲滄浪之水,則此歌楚聲也。《文子·上德篇》亦云:「混混之水濁,可以濯吾足乎;泠泠之水清,可以濯吾纓乎。」

【元圻案】葉石林《避暑録話》下:「《禹貢》導漾水,東流爲漢,又東爲滄浪之水。滄浪,地名,非水名也。孔氏謂漢水别流在荆州者,《孟子》記孺子之歌,所謂『滄浪之水可以濯纓』者,《楚辭》亦載之,此正楚人之辭。」◎酈道元曰:「余按《尚書·禹貢》,言導漾水,東流爲漢,又東爲滄浪之水。」不言「過」而言「爲」者,明非他水決入也。蓋漢、沔自下有滄浪,通稱耳,纏絡鄢郢,地連紀、(郡)〔都〕,咸楚都矣。漁父歌之,不違水地。

「無恒産而有恒心者,惟士爲能」[③],古之士所以異於民也。蘇秦無二頃田,而奔

① 《離婁下》。
② 《離婁上》。
③ 《孟子·梁惠王上》。

走游説，[一]豈所謂士乎哉！水心葉氏[二]云：「周衰，不復取士。孔孟不以其不取而不教也，孔孟之徒不以其不取而不學也，道在焉故也。」

[一] 案《史記·蘇秦列傳》：秦喟然嘆曰：「使我有負郭田二頃，吾豈能佩六國相印乎？」

[二]【全云】龍泉葉適，東萊弟子。

【全云】此亦因賤儒之世，而鼓勵弟子耳。

【元圻案】水心語見所作《信州重修學記》。

「不得志，修身見於世。」①上蔡謝子曰：「天下皆亂而己獨治，不害爲太平。」蜀士楊肩吾曰：「天下雖不治平，而吾國未嘗不治且平者，岐周是也。一國雖不治平，而吾家未嘗不治且平者，曾、閔是也。一家雖不治平，而吾身吾心未嘗不治且平者，舜與周公是也。」【原注】《文子·符言篇》亦云：「不憂天下之亂而樂其身治者，可與言道矣。」

【全云】《文子》之語稍有病。

《鹽鐵論·論儒篇》文學引《孟子》曰：「居今之朝，不易其俗，而成千乘之勢，不能

① 《孟子·盡心上》。

一朝居也。」又《孝養篇》文學云：「今之士，今之大夫，皆罪人也。」[一]又《制權篇》大夫云：「王者與人同，而如彼者，居使然也。」與今本不同。

[一]【閻按】《鹽鐵論》「皆罪人也」下有「皆逢其意以順其惡」句，不宜漏。

【元圻案】程大昌《考古編》七：「《孝經》曰：『富貴不離其身，然後能保其社稷。』後漢詔引其語，除去『不』字，或疑東漢近古，其語近是。今觀《鹽鐵論》文學所引《孟子》，乃曰『居今之朝，不易其俗，而成千乘之勢，不能一朝居』，與今《孟子》文意皆大異。蓋當時借其語爲證，或不盡循其故，不可便謂《鹽鐵論》爲漢語，而非今《孟子》之傳也。」◎《漢書·藝文志》「儒家」：「桓寬《鹽鐵論》六十篇。」師古曰：「寬字次公，汝南人也。孝昭帝時，丞相、御史與諸賢良文學論鹽鐵事，寬撰次之。」

民心之得失，此興亡之大幾也。林少穎云：「民之思漢，則王莽不能脅之使忘①；民之忘漢，則先主不能强之使思。」唐與政[一]云：「民心思漢，王郎假之而有餘；民心去漢，孔明扶之而不足。」

[一]【閻按】與政，宋唐說齋之字，名仲友。金華人。

①「忘」，原本作「亡」，據元刊本改。

【全云】江陵之行，荆楚從之者至十餘萬人；祁山之出，隴右響應，非民心去之也。天命之移，民亦無如之何。

【元圻案】《漢書·王昌傳》：「昌一名郎，詐稱成帝子子輿。李育、張參等共立郎。以百姓思漢，故詐稱之，以從人望。」◎《通鑑·漢紀》淮陽王更始元年：「故趙繆王子林，素任俠於趙、魏間。王莽時，長安中有自稱成帝子子輿者，莽殺之。邯鄲卜者王郎，緣是詐稱真子輿，林等信之，立爲天子。分遣將帥徇下幽、冀，移檄州郡，趙國以北、遼東以西皆望風響應。」◎《四庫全書總目·類書類》：「《帝王經世圖譜》十六卷。宋唐仲友撰。仲友紹興中登進士第，復中宏詞科。後守台州，與朱子相忤，爲朱子所論，故《宋史》不爲立傳。其與朱子相軋，蓋以陳亮之誣搆。觀周密《齊東野語》所載『唐、朱交奏始末』一條，『台妓嚴蕊』一條，事迹甚明，未可以是病仲友也。」

《論語》終於《堯曰篇》，《孟子》終於「堯、舜、湯、文、孔子」，而《荀子》亦終《堯問》，其意一也。

【元圻案】揚子雲《法言》終以《孝至篇》，亦及堯、舜、夏、殷、周、孔子。其以《孝至》名篇，蓋以「堯、舜之道，孝弟而已矣」，孔子曰「吾志在《孝經》」，自謂得與於斯道之傳，與《荀子》一也。然何解於語焉不精、擇焉不詳哉？

「利與善之間」①，君子必審擇而明辨焉。此天理人欲之幾，善惡正邪之分界也，孟子之言公。「不夷不惠，可否之間」，[一]「材與不材之間」，[二]揚、莊之言私。

[一]案《法言·淵騫篇》：「或問：子蜀人也，有李仲元者，是夷、惠之徒與？曰：不夷不惠，可否之間也。」

[二]《莊子·山木篇》語，注別見②。

「若將終身焉」，窮不失義；「若固有之」③，達不離道。能處窮，斯能處達。

「養心莫善於寡欲」④，注云：「欲，利也。」趙注。雖非本指，「廉者招福，濁者速禍」，亦名言也。道家者流，謂丹經萬卷，不如守一。愚謂不如《孟子》之七字。不養其心而言養生，所謂「舍爾靈龜，觀我朵頤」也。

【閻按】真西山疏亦云：「臣竊謂仙經萬卷，不若誦《無逸》之一篇；道家千言，豈如玩靜壽

---

① 《孟子·盡心上》。
② 注見本書卷十八「庚子西佳月明作哲」條注（見一九七八）。
③ 與上引俱見《孟子·盡心下》。
④ 《孟子·盡心下》。

之兩語。」

【集證】《宋史·皇甫坦傳》：「召問以長生久視之術。坦曰：『先禁諸欲，勿令放逸，丹經萬卷，不如守一。』」

《呂氏春秋·開春論·愛類篇》云：「《神農之教》曰：『士有當年而不耕者，則天下或受其飢矣；女有當年而不績者，則天下或受其寒矣。』故身親耕，妻親績，所以見致民利也。」《管子·揆度篇》引《神農之數》，《文子·上義篇》亦引《神農之法》，此即許行所爲《神農之言》歟？《漢·藝文志》「農家」有《神農》二十篇，劉向《别録》云：「疑李悝、商君所説。」

【集證】按《漢藝文志考》：「《孟子》『有爲神農之言者許行』，《食貨志》晁錯引《神農之教》曰『有石城十仞，湯池百步，帶甲百萬，而亡粟，弗能守也』，《管子》引《神農之數》曰『一穀不登，減一穀，穀之法什倍。二穀不登，減二穀，穀之法再什倍』，《呂氏春秋》、《氾勝之書》引《神農之教》，《劉子》、《文子》引《神農之法》。《淮南子》曰：『世俗之人，多尊古而賤今，故爲道者必托之於神農、黄帝而後入説。』」

【元圻案】《藝文志考》即厚齋所著，今附刊於《玉海》之後。賈誼疏引「一夫不耕，或受之飢，一女不織，或受之寒」，但曰「古人之言」，非必出於神農可知。

孔子、孟子皆不之秦，荀子嘗入秦而譏其無儒。孔子順曰：「秦爲不義，義所不入。」其志如魯仲連。

【閻按】嘗謂人知齊威王之朝周，而不知後有趙肅侯之朝天子；知魯仲連義不帝秦，不知先有孔子順義不入秦。

【元圻案】《荀子·强國篇》：「佚而治，約而詳，不煩而功，治之至也，秦類之矣。然而縣之以王者之功名，則倜倜然其不及遠矣。是何也？則其殆無儒耶！」◎子順，孔子七世孫，《史記》作子慎。《孔叢子·論勢篇》：「子順相魏，陳大計輒不用。人謂子順曰：『子其行乎？』答曰：『吾將行，如之山東，山東之國將并於秦。秦爲不義，義所不入。』遂寢於家。」◎《史記·魯仲連列傳》：「秦兵圍邯鄲，趙王恐。魏王使客將軍新垣衍謂趙王曰：『趙誠發使尊秦昭王爲帝，秦必罷兵。』魯仲連適游趙，見新垣衍曰：『彼秦者，棄禮義而上首功之國也，權使其士，虜使其民。彼肆然而爲帝，過而爲政於天下，則連有蹈東海而死耳。』」◎《通鑑·周紀》烈王六年：「齊威王來朝，天下以此益賢威王。」◎《史記·趙世家》：「肅侯四年，朝天子。」

句容有盜，改置社稷而盜止。下邳多盜，遷社稷於南山之上，盜亦衰息。見陳後山《談叢》。岳州田鼠害稼，雍明遠曰：「迎貓之祭不修也。」命祭之，鼠隨以斃。見《范蜀公集》。《孟子》有「變置社稷」，《禮記》有「八蜡」，孰謂古制不可行於今乎？

【元圻案】陳後山《談叢》卷三：「葉表爲句容令，縣有盜，改置社稷而盜止。下邳故多盜，近歲遷社稷於南山之上，盜亦衰息。」◎《禮記·郊特牲》：「八蜡以祀四方。」注：「先嗇一也，司嗇二也，農三也，郵表畷四也，貓虎五也，坊六也，水庸七也，昆蟲八也。」◎《四庫全書簡明目録·子部小説類》：「《後山談叢》四卷。宋陳師道撰。所記皆宋代雜事。」◎范蜀公，東坡爲作墓誌，稱著《諫垣集》十卷、《奏議》二卷。考陳氏《書録解題》，止載《奏議》二卷。今《四庫書目》并《奏議》亦不著録，豈二書俱散佚耶？

「求在我者」，盡性於己；「求在外者」①，聽命於天。李成季曰：「與其有[一]求於人，曷若無欲於己？與其使人可賤，不若以賤自安。」呂居仁亦以見人有求爲非。

[一] 案，閻本脱「有」字。

【閻按】魏冰叔亦言：「能無求者，天不能賤。」

【元圻案】李成季《上劉莘老書》曰：「夫犯分而進，不若知守而退；使人可賤，不若以賤自安。往時數月未嘗一走門下者，其志亦如此而已。」◎朱子《李伯玉墓誌》曰：「公諱縝，字伯玉，濟州巨野人。贈太子少傅景山之曾孫，贈少師瑑之孫，贈太師邴之嗣子也。自少傅之第四子

① 以上二語俱見《孟子·盡心上》。

樂静先生諱昭玘者，文甚高，而廉静樂道，不求人知。嘗誦其先訓曰：『與其有求於人，曷若無欲於己？與其使人可賤，不若以賤自安。』」厚齋所引成季語，蓋據朱子之文。◎樓攻媿《益陽縣丞趙伯攄墓誌》曰：「公嘗教子弟曰：仕宦盡其在我，不可苟求妄進。與其有求於人，不若無欲於己；與其取賤於人，不若以賤自安。」蓋趙伯攄述成季之言也。◎《書録解題·别集類》：「《樂静集》三十卷。起居舍人鉅野李昭玘成季撰。元豐二年甲科。所居有樂静堂，故以名集。其姪邴漢老爲書其後。」

「宿於晝」①，《水經注》二十六云：「澅[一]水出時水，東去臨淄城十八里，所謂澅中也。俗以澅水爲宿留水，以孟子三宿出澅。」【原注】或云當作「畫」。《後漢》「耿弇進軍畫中」，《史記》「畫邑人王蠋」，《通鑑》作「晝邑」。

[一]【閻按】今本《水經注》作「澅」。

【元圻案】宋邢凱《坦齋通編》曰：「晝當作畫，字之誤也。《史記·田單傳》『聞畫邑人王蠋賢』，劉熙注：『畫音獲，齊西南近邑也。』《後漢》『耿弇討張步，進軍畫中，遂攻臨淄，拔之』，即此可證。」◎周密《齊東野語》以爲高郵老儒黄彦利爲此説。未知與邢凱孰爲後先。

①《孟子·公孫丑下》。又「晝」字，元刊本作「畫」。

「以刃與政，有以異乎？」①邵子之論秦曰：「殺人之多，不必以刃。謂天下之人無生路可趨也。」

【元圻案】邵子《觀物内篇》八：「古今之時則異也，而民好生惡死之心不異也。自古殺人之多，未有如秦之甚，天下安有不厭之者乎？殺人之多，不必以刃，謂天下之人無生路可趨也，而況以刃多殺天下之人乎？」

「商鞅富强之術，誘三晉之民，力耕於内，而使秦民應敵於外。」〔一〕使梁王用孟子之言，施仁政於民，秦焉得誘之？仁勝不仁，如春融冰泮，故曰「仁者無敵」②。

〔一〕【閻按】「商鞅」四句出杜氏《通典》，爲君卿語。

【何云】所謂仁義未嘗不利也。

【集證】《通典·食貨門》：「秦孝公任商鞅，以三晉地狹人貧，秦地廣人寡，故草不盡墾，地利不盡出。於是誘三晉之人，利其田宅，復三代無知兵之事，而務本於内，而使秦人應敵於外。故廢井田，制阡陌，任其所耕，不限多少，數年之間，國富兵强。」

① 《孟子·梁惠王上》。
② 《孟子·梁惠王上》。

「蓋大夫王驩」①。漢泰山郡蓋縣故城，在沂州沂水縣西北。

【集證】《漢·地理志》：「泰山郡蓋縣。臨樂(于)〔子〕山，洙水所出，西北至蓋入池水。又沂水南至下邳入泗。」《續漢郡國志》：「泰山郡蓋縣，沂水所出。」◎按今山東沂州府沂水縣西北有廢蓋城。《四書釋地》「蓋大夫王驩」與「陳仲子兄戴蓋祿」之「蓋」同音，《集注》卻於前云「齊下邑」，後云「陳氏食采邑」。當是一蓋，以半爲王朝之下邑，王驩治之，以半爲卿族之私邑，陳氏世有之。然則當時蓋亦大矣。

趙氏《春秋論》曰：「『五伯者，三王之罪人』，謂其三代而春秋之也，齊桓其作俑也。『今之諸侯，五伯之罪人』，謂其春秋而戰國之也，晉定其作俑也。『今之大夫，今之諸侯之罪人』，謂其戰國而七國之也，晉之韓、趙、魏其作俑也。」

【元圻案】哀公十三年，「公會晉侯及吴子於黄池。」《公羊傳》：「其言及吴子何？會兩伯之辭也。」是時晉定不振，中國無伯，强侵弱，衆暴寡，諸侯恣行，並爲戰國。◎三代之所以爲春秋，以政自諸侯出也。春秋之所以爲戰國，以政自大夫出也。

① 《孟子·公孫丑下》。

止齋曰：「人多言常平出漢耿中丞，顔師古以壽昌爲『權』道。豈知常平蓋古法？孟子言『狗彘食人食而不知檢，塗有餓莩莩，閻本從《漢志》作芰。而不知發』，今文作『檢』，班氏《食貨志》作『斂』是也。」夫豐歲不斂，飢歲不發，豈所謂無常平乎？

【閻按】古雖豐穰，未有以人食供狗彘者。「狗彘食人食」二語，即下章「庖有肥肉」四語意，《集注》所謂「厚斂於民以養禽獸」耳，殊不必泥班志。

【何云】班志引《孟子》，固謂壽昌之法有所自來。止齋蓋即據《傳贊》駁顔注耳。

【元圻案】陳止齋《與王德修書》曰：「今多言常平出漢耿中丞，顔秘書且以爲權道。不知常平乃（古）法《周官·司稼》所謂『以年之上下出斂法』，出則減價糶，斂則增價糴，是非常平乎？《孟子》亦曰：『狗彘食人食』云云，《食貨志》作『斂』是也。」◎羅大經《鶴林玉露》十三：「惠民之法莫善於常平。司馬温公曰：『此三代聖人之法，非李悝、耿壽昌所能爲也。』陳止齋曰云云。其辭與厚齋所引同。由此言之，三代之時無常平之名，而有常平之政，特廢於衰周耳。」◎《漢書·食貨志上》：「耿壽昌白令邊郡皆築倉，以穀賤時增其價而糴，以利農，穀貴時減價而糶，名曰常平倉。民便之。」「贊曰：《孟子》非『狗彘食人之食不知斂，野有餓芰而弗知發』。故管氏之輕重，李悝之平糴，弘羊均輸，壽昌常平，亦有從徠。」◎義門云：「止齋據《傳贊》駁顔注。」「傳」字疑衍，或當作「志贊」。

陳烈[一]讀「求其放心」而悟曰：「我心不曾收，如何記書？」遂閉門静坐，不讀書百餘日，以收放心，然後讀書，遂一覽無遺。【原注】古人之讀書如此。

[一]【全云】字季慈。

【元圻案】陳烈事見《朱子語類》。◎吕氏希哲《雜記》卷上：「福唐有陳烈季甫、周希孟公闢、鄭穆閎中、陳襄述古，窮經苦節，以古人相期，故當時有『四先生』之號。章望之表民作《四賢傳》，行於世。又其友人劉彝執中，方佐胡安定先生興學校於蘇湖間。及其歸也，鄉人謂之『五先生』。」◎葉石林《燕語》十謂：「陳烈尤爲蔡君謨所知，嘗與歐陽文忠公共薦於朝，由是知名。」

「若民則無恒産，因無恒心」，《孟子》言戰國之民也。周之盛時，以井牧授田，以鄉遂設教。「攸介攸止，烝我髦士」①，士亦田野之秀民也。不惟士有常心，民亦有常心矣。故曰「文武興而民好善」②。

---

①《詩·小雅·甫田》。

② 見《孟子·告子上》。

小學

《爾雅·釋獸》注：「漢武帝時得豹文鼮鼠，孝廉郎終軍知之，賜絹百匹。」《文選》注引《竇氏家傳》，[一]以爲竇攸，世祖詔諸侯子弟從攸受《爾雅》。二説不同。

[一] 案，《文選》任彦昇《表鼮鼠事》注引《三輔決録》。今王氏言《文選》引《竇氏家傳》，當更查。

【全云】《水經注·穀水篇》：「世祖得鼮鼠於靈臺。」

【元圻案】宋王楙《野客叢書》曰：「郭璞注《爾雅》，謂豹文鼮鼠，終軍知之。其後如崔偓佺、劉士玄之徒皆從其説。僕考前漢諸書，不聞終軍有此事。讀後漢《竇氏家傳》，光武宴百寮於雲臺，得豹文之鼠，問羣臣，莫知之，惟竇攸曰：『此鼮鼠也。』詔問所出，曰：『見《爾雅》。』驗之果然，賜絹百匹，詔公卿子弟就攸學《爾雅》。是以徐陵謝啓曰：『雖賈逵之頌神雀，竇攸之對鼮鼠，方其寵錫，獨有光前。』得非即此事而誤以爲終軍乎？摯虞《三輔決録》亦謂竇攸。」◎國朝武進臧氏琳《經義雜記》一：「識鼮鼠者，《爾雅》郭注以爲終軍。案《廣韻》、《藝文類聚》、《太平御覽》並引《竇氏家傳》，以爲竇攸。李善注《文選》，任彦昇《爲蕭揚州作薦士表》引摯虞《三輔決録》，亦作竇攸。又《水經注·穀水》云：『靈臺，漢光武所築。世祖嘗宴於此臺，得廷鼠於臺上。』案《漢書·終軍傳》無辨豹鼠事，諸書皆言竇攸，而郭氏屬之終軍，蓋傳聞之誤。《玉篇》承襲其説。又《説文·鼠部》云：『鼨，豹文鼠也，』則讀『鼨鼠豹文』爲句，『鼮鼠』屬下，與此異。」◎《玉篇·鼠部》：「鼮，鼠名。漢武帝時有此鼠，文如豹。終軍識之，賜絹百匹。」

《爾雅》：「西至於邠國，謂之四極。」朱文公曰：「邠國近在秦隴，非絶遠之地。」愚按《説文·水部》引《爾雅》曰：「西至汃國，謂四極。汃，西極之水也。」【原注】府巾切。

【元圻案】《爾雅·釋地》：「東至於泰遠，西至於邠國，南至於濮鈆，北至於祝栗，謂之四極。」注：「皆四方極遠之國。」

《爾雅·釋詁》疏：「按《尸子·廣澤[一]篇》云：『墨子貴兼，孔子貴公，皇子貴衷，田子貴均，列子貴虚，料子貴别，囿其學之相非也，數世矣而[二]已，皆弇於私也。天、帝、皇、后、辟、公、弘、廓、閎、溥、介、純、夏、幠、冢、晊、昄①，皆大也，十有餘名而實一也。若使兼、公、虚、均、衷、平、易、别囿一實，則無相非也。』[三]《仁意篇》述太平之事云：『燭於玉燭，飲於醴泉，暢於永風。春爲青陽，夏爲朱明，秋爲白藏，冬爲玄英。

① 「溥、介、純、夏、幠、冢、晊、昄」，元刊本作「博、介、忳、夏、幠、蒙、曊、昄」。

四氣[四]和，正光照，[五]此之謂玉燭。甘雨時降，萬物以嘉，高者不少，下者不多，此之謂醴泉。其風春爲發生，夏爲長嬴，秋爲方盛，冬爲安静，[六]四氣和爲通正，此之謂永風。』」見《釋天》。

[一]「澤」同「釋」。

[二]【何云】疑脱一「不」字。

[三]郭注：「《尸子》曰『此皆大，有十餘名而同一實』，故邢疏引之。」

[四]今本「氣」作「時」。

[五]閻本云：元板作「四氣和爲光正」①。

[六]《太平御覽》十九引《尸子》作「秋爲收成，冬爲安寧」，與《爾雅》本文同。

【何云】此從閻校，更考善本。

【元圻案】疏又引《君治篇》云：「舜南面而治天下，天下太平，燭於玉燭，息於永風，食於膏火，飲於醴泉。」◎宋邢昺《爾雅疏敘》云：「爲注者，〔犍爲文學〕、劉歆、樊光、李巡、孫炎，雖各名家，猶未詳備。惟郭景純最爲稱首。其爲義疏者，惟俗閒有孫炎、高璉，皆淺近。今奉勑校定，以景純爲主。共其事者，杜鎬而下八人。」

① 元刊本作「四氣和爲正光」。

《爾雅》疏引「舍人云」：「按《經典序録》，《爾雅》有犍爲文學注二卷。」[二]一云：「犍爲郡文學卒史臣舍人，漢武帝時待詔。」

[二]今本作「三卷」。

【全云】其時《爾雅》未甚盛行，漢文雖嘗置博士，不久即罷。乃蜀人有通之者，文翁之化，可謂盛矣。

【集證】按「犍爲文學」，諸書多引作「犍爲舍人」。李善《文選·羽獵賦》「儲積共偫」注引作「郭舍人」，「移珍來享」注引作「犍爲舍人」，即一人也。◎又按犍爲舍人《爾雅注》，賈思勰《齊民要術》引二條，其一「蘄齗爲之定」注，云：「蘄齗，鉏也，一名定。」其一「菥蓂大薺」注，云：「薺有小，故言大薺。」

【元圻案】《齊民要術》二又引舍人《釋草注》：「蘱、芑是伯夷、叔齊所食，首陽山草也。」◎舍人説，《書》、《詩》、《禮》、《春秋》疏，《水經注》，《經典釋文》，《説文繫傳》，《太平御覽》，皆引之。陸璣《毛詩疏》下引文學云：「螟蛉，桑上小青蟲也。」

《白虎通·三綱六紀篇》引《親屬記》，即《爾雅·釋親》也。《通典》：「顔延之曰：『伯叔有父名，則兄弟之子不得稱姪；從母有母名，則姊妹之子不可言甥。且甥、姪唯施於舅、姑耳。』雷次宗曰：『姪字有女，明不及伯叔；甥字有男，見不及從母。』」

案，文見《通典・禮二十八・甥姪名不可施伯叔從母議》。劉共父名珙。刊《二程先生集》，改「姪」爲「猶子」。朱文公《答劉共父書》謂：「古人固不謂兄弟之子爲姪，亦無云猶子者，【原注】記禮者言「猶己之子」。但云兄之子、弟之子。然從俗稱姪，亦無害於義理也。

【閻按】《顔氏家訓》云：「《爾雅》、《喪服經》、《左傳》，姪名雖通男女，並是對姑之稱。晉世以來，始呼叔姪。」余謂《吕氏春秋》「黎丘部有奇鬼焉，喜效人之子姪昆弟之狀」，先秦已稱兄弟之子爲姪，見於此。

【方樸山云】《史記・武安侯列傳》：「蚡未貴，往來侍酒魏其，跪起如子姪。」《漢書》「子姪」作「子姓」。

【元圻案】杜君卿曰：「姪之言實也，甥之言生也。女子雖出，情不自絶，故於兄弟之子稱其情實。男子居内，據自我出，故於姊妹之子言其出生。伯叔本内，不得言實；從母俱出，不得言甥。「甥」字似當作「生」。故謂吾伯叔者，吾謂之兄弟之子，謂吾從母者，吾謂之姊妹之子。」◎朱子《答張欽夫書》曰：「稱姪固未安，稱猶子亦不典。《禮》有從祖、從父之名，則亦當有從子、從孫之目。以此爲稱，似稍穩當。」又曰：「《爾雅》云：『女子謂兄弟之子爲姪。』注引《左氏》『姪其從姑』以釋之，而反覆考尋，終不言男子謂兄弟之子爲何也。以《漢書》考之，二疏乃今世所謂叔姪，而傳以父子稱之，則是古人直謂之子，雖漢人猶然也。蓋古人淳質，不以爲嫌。降及後世，則必有以爲不可不辨者，於是假其所以自名於姑者而稱焉，雖非古制，然亦得别嫌明微之意。而伯父、

（伯）叔（父）與夫所謂姑者，又皆吾父之同氣也，亦何害於親親之義哉。猶子，出於《檀弓》之文，而彼文止爲喪服兄弟之子與子同，故曰『兄弟之子，猶子也』，與下文『嫂叔之無服也，姑姊妹之薄也』之文同耳。猶即如也，其義繫於上文，不可殊絶明矣。若單稱之，即與世俗歇後之語無異。若平居假借稱之，猶之可也，豈可指爲親屬之定名乎？」◎《通典》，注見卷三第十頁①。◎《四庫全書（總目）·總集類》：「《二程文集》十三卷。此本出自胡安國家，劉珙、張栻嘗刻之長沙。安國於原文頗有改削。珙等所刻，以安國爲主，朱子深以爲不可，以書抵珙及栻，辯之甚力。」

「傅，負版。」《釋蟲》文。郭璞注：「未詳。」即柳子所爲作《蝜蝂傳》者也。【原注】《西京賦》「戎葵懷羊」，《爾雅》「蔨懷羊」，璞亦曰「未詳」。

【元圻案】邵氏《爾雅正義》曰：「《傳》一名負版。柳宗元《蝜蝂傳》云：『蝜蝂者，善負小蟲也，行遇物輒持取，昂其首，負之背，逾重，雖困劇不止也。其背甚澀，物積因不散，卒躓仆不能起。人或憐之，爲去其負，苟能行，又持取如故。又好上高，極其力不止，至墜地死。』案宗元所説似寓言，然負重之蟲，所在有之，特未聞有負版之名耳。《玉篇》云：『蝂，螙蝜也。』，則當云『傅負一名蝂』。又《釋草》正義：「蔨，一名懷羊。《西京賦》云『戎葵懷羊』。其形狀未聞。《玉篇》『蔨』作『瘬』。」

① 見卷三「周有房中之樂」條注（頁三三〇）。

陸璣爲《詩草木疏》，劉杳爲《離騷草木疏》，[一]王方慶有《園庭草木疏》，[二]李文饒有《山居草木記》。[三]君子所以貴乎多識也。然《爾雅》不釋「蘇菽」，字書不見「梖檵」，學者恥一物之不知，其可忽諸！

[一]見《隋書·經籍志》「集部」，《唐志》入「楚辭類」。

[二]見《唐書·藝文志》「農家」，志云二十一卷。

[三]【集證】《通志·藝文略》：「《平泉山居草木記》一卷，唐李德裕撰。」◎文饒，德裕之字。

【閻按】「蘇菽」，璞注雖云「未聞」，其實《爾雅》以「菽」釋「蘇」，菽即上文之蘈藪，璞注「今蘩蔞，或曰雞腸草」是也。王氏千慮，亦有一失。

【元圻案】邵氏《正義》：「案《玉篇》：『菽，蘇，子菜。』而蘈藪亦名滋菜，是一物也。」「梖，《集韻》、《類篇》並忍止切。亦作梗。木梗，蓋即食物之木耳也。」◎「《山海經》：『單狐之山多機木。』郭注：『似榆，可燒以糞田。』楊用修以爲即檵也。《益部方物記》：『民家樹檵，不三年，材可倍常。』杜詩：『飽聞檵木三年大。』蘇詩：『檵木三年已足燒。』」《毛詩鳥獸草木蟲魚疏》二卷，陸璣撰。注見卷三第三頁①。◎《梁書·文學傳》：「劉杳，字士深，平原人也。少好學，博綜羣書。沈約、任昉以下，每有遺忘，皆訪問焉。多所著述，撰《離騷草木疏》一卷。」

①見卷三「序録子夏傳曾申」條注（頁三一一）。

「檟，苦荼。」《釋木》文。注：「樹小如梔子，冬生，葉可煮作羹飲。今呼早采者爲荼，晚取者爲茗。一名荈。蜀人名之苦荼。」《説文》：「茗，荼芽也。」東坡《問大冶長老乞桃花茶栽》詩：「周詩記苦荼，茗飲出近世。」

【閻按】《三國志·韋曜傳》：「曜初見禮異，或密賜荼荈以當酒。」荼事見史始此。

【元圻案】邵氏《正義》曰：「《釋文》云荼，《埤蒼》作㯅，今蜀人以作飲。音真加反。茗之類。案《晏子春秋》有『茗菜』之文，然無以定其爲即今茗飲。漢人有『陽羨買荼』之語，則西漢已尚茗飲。」

《急就篇》注：「牡蒙，一名黄昏。」後山詩「黄昏湯」，疑即此也。

【元圻案】《四庫全書簡明目録·小學類》：「《急就篇》四卷。漢史游撰，或稱《急就章》。故其字謂之章草，凡三十四章。其字略以類從，而不立門目。文詞古雅，始終無一複字。隋曹壽以下，注者不一，今惟顔師古之注存。」◎《急就章》二十四：「牡蒙，甘草，菀，藜蘆。」師古注：「牡蒙一名黄昏。」厚齋補曰：「《本草》：『吴名白功草，楚名王孫，齊名長孫，一名黄孫，一名海孫，一名蔓延。』《藥對》有『牡蒙』，此一物。」◎宋張世南《游宦紀聞》曰：「後山贈二蘇公詩，末云『如大醫王治膏肓，外證已解中尚强。探囊一試黄昏湯，一洗十年新學腸。』任子淵注云：『《圖經本草》曰：合歡，夜合也，一名合昏。韋宙《獨行方》：胸中甲錯，是爲肺癰。黄昏湯主之。』其説最爲牽合無義。沙隨先生〔云〕：『晚年因閲《本草》「王孫，味苦平無毒，主五藏邪氣。吴名白功草，一名黄昏，生海西川谷。」蓋指當時癖學爲五藏邪氣耳。』取義精深如此。」

終軍之對鼮鼠，盧若虚之辯鼫鼠，江南進士之問天雞，劉原父之識六駮，可謂善讀《爾雅》矣。蔡謨不識彭蜞，人謂「讀《爾雅》不熟」；田敏不知日及，〔二〕學之陋也。

〔二〕【閻按】木槿花朝開暮落，故名日及。不知日及，改爲「白及」，見《宋史·儒林》敏本傳。

【元圻案】終軍事已見前①。◎《唐書·盧藏用傳》：「弟若虚，多才博物。隴西辛怡諫爲職方，有獲異鼠者，豹首虎臆，大如拳。怡諫謂之鼮鼠而賦之。若虚曰：『非也，此許慎所謂鼫鼠，豹文而形小。』一座盡驚。」◎宋鄭文寶《南唐近事》：「後主壬申，張佖知貢舉，試《天雞弄和風》。佖但以《文選》中詩句爲題，未嘗詳究。有進士白云：『《爾雅》「螒，天雞」，「鶾，天雞」，未知孰是？』佖大驚，不能對，亟取《爾雅》檢之。一在《釋蟲》，一在《釋鳥》，果有二，因自失。」◎《爾雅·釋蟲》：「螒，天雞。」郭注：「一名莎雞，又曰樗雞。」《釋鳥》：「鶾，天雞。」郭注：「鶾雞，赤羽。《逸周書》曰：『文鶾若彩雞，成王時蜀人獻之。』」◎《説文》：「翰，天雞，赤羽也。一名鷐風。」◎歐

① 見本卷「爾雅注漢武帝」條注(頁一〇二三)。

陽公《劉原父墓誌》曰：「至和二年，奉使契丹。時順州山中有異獸，如馬而食虎豹，虜人不識，以問公。曰：『此所謂駮也。』爲言其形狀聲音皆是，虜人益嘆服。」◎《爾雅·釋畜》：「駮如馬，倨牙食虎豹。」◎蔡謨事注已見卷五①。◎《爾雅·釋魚》：「螖蠌，小者蟧。」注：「螺屬，見《埤蒼》。或曰即蟚螖也，似蟹而小。」邵氏《正義》曰：「《古今注》云：『蟚螖，小蟹也。生海邊塗泥中，食土。』《嶺表録異》云：『蟚螖，吴人呼爲彭越，蓋語訛也。』」◎《爾雅·釋木》：「椵木槿，櫬木槿。」注：「別二名也。似李樹，花朝生夕隕，可食，或曰日及，亦曰王蒸。」◎劉原父《七經小傳》：「《秦風》『六駮』，毛傳引《爾雅》：『駮如馬。』據陸璣《詩疏》云：『檀木，皮正青，滑澤與繫迷相似。又似駮馬，駮馬梓榆，故里語曰：「斫檀不諦得繫迷，繫迷尚可得駮馬。」』是別有樹名駮，非《爾雅》所云駮也。」王氏云「原父識六駮」，蓋兼指歐陽公本傳及《小傳》二事。◎宋彭叔夏《文苑英華辨證》八：「劉禹錫《傷往賦》『飄日及之蕚』，集作『日反』。按《廣志》：『日及，木槿也。』晉成公綏、潘尼俱有《日及賦》。」◎田敏，淄川鄒平人。歷仕五代，入宋卒。後唐明宗長興三年，較勘雕印九經書籍。其進印板書奏云：「守官膠庠，職司較定。」蓋在梁爲國子司業，在晉爲祭酒時也。

唐玄度《十體書》曰：「周宣王太史籀始變古文，著大篆十五篇。秦焚《詩》、

① 見卷五「説苑引子思」條注（頁六七八）。

《書》，唯《易》與史篇得全。逮王莽亂，此篇亡失，建武中獲九篇。章帝時，王育爲作解説，所不通者十有二三。」按《説文》多引王育説，如《亡部》「天屈西北爲无」，《秃部》「蒼頡出，見秃人伏禾中，因以制字」。

【何云】育之言，大抵多不經。

【元圻案】《宣和書譜》：「唐玄度，不知何許人也。精於小學，作《九經字樣》，又爲《十體書》，曰古文，曰大篆，曰小篆，曰八分，曰飛白，曰薤葉，曰垂針，曰垂露，曰鳥書，曰連珠。」◎《書録解題·經解類》：「《九經字樣》一卷。唐沔王友、翰林待詔唐玄度撰。補張參之所不載，開成中上之。」唐文宗太和十年改元開成。

《説文敍》：「《尉律》試八體。【原注】大篆、小篆、刻符、蟲書、摹印、署書、殳書、隸書。亡新使甄豐等改定古文，時有六書。」【原注】古文、奇字、篆書、佐書、繆篆、鳥蟲書。佐即隸也。《書》孔安國《尚書序》正義亦云：「秦有八體，亡新六書。」【原注】去大篆、刻符、殳書、署書，加古文、奇字。《藝文志》謂「漢興，蕭何草律，著其法，曰：『太史試學童，以六體試之。』」【原注】古文、奇字、篆書、隸書、繆書、蟲書。律即《尉律》[一]也。六體非漢興之法，當從《説文敍》改「六」爲「八」。[二]

[一]《尉律》，漢律篇名。

[二]【閻按】《説文序》「漢興試八體」，「八」字實誤，辯見余《潛丘劄記》。

【程易田云】《説文序》言「周有六書。秦并天下，李斯奏同文，乃改省史籀作小篆，以别大篆。又初有隸書，自爾秦有八體。漢興，有《尉律》以八體試之者，即承用秦八體。然則漢初蕭何但草律，未定書體之數。及亡新居攝，使甄豐等校文書，自以爲應制作，始有六體。」許氏敍之綦詳，安得漢興便以六體試學童耶？《藝文志》「試用六體」，自是班氏之誤。然《漢志》已列六體之目，亦不得從《説文敍》改「六」爲「八」也。

【元圻案】唐張懷瓘《書斷》曰：「古文者，黄帝史蒼頡所造也。籀文者，周太史史籀之所作也。甄豐定六書，『二曰奇字』是也，其迹有《石鼓文》存焉。隸書，秦下邳人程邈所造也。甄豐定六書，『四曰佐書』是也。」◎《魏書·江式傳》：式上表曰：「古史倉頡，别創文字，以代結繩。《周禮》保氏教國子以六書，蓋是史頡之遺法也。及周宣王太史史籀著大篆十五篇，與古文或同或異，時人即謂之籀書。秦丞相李斯作《倉頡篇》，中車府令趙高作《爰歷篇》，太史令胡母敬作《博學篇》，皆取史籀大篆，或頗省改，所謂小篆者也。隸書者，始皇使下杜人程邈附於小篆所作也，以邈徒隸，即謂之隸書。故秦有八體。漢興，有尉律學，以八體試之。亡新居攝，使大司空甄豐校文字之部，頗改定古文。時有六書：一曰古文，孔子壁中書也；二曰奇字，即古文而異者；三曰篆書，云小篆也；四曰佐書，秦隸書；五曰繆篆，所以摹印也；六曰鳥蟲，所以書幡信也。」◎《後漢書·儒林傳》：「許慎，字叔重，汝南召陵人也。慎以《五經》傳説臧否不同，於是撰爲《五經異義》，又作《説文解字》十四篇。」◎慎自敍曰：「今敍篆文，合以古籀，稽譔其説，分别部居。十四篇，五百四十部，九千三百五十三文，重一千一百六十三，解説凡十三萬三千四百四十一字。其建首也，立一於耑，引而伸之，以究萬原，畢終於亥。」

《急就篇》「長樂無極老復丁」，顔氏解爲「蠲其子孫之役」，非也，即《參同契》所謂「老翁復丁壯」。【原注】朱文公詩「自慶樽前老復丁」，《黄庭經》亦有此三字。

【集證】羅願《記急就章後》云：「顔注以慈姓爲祖於宣慈惠和之才子，審姓爲出於審曲而勢者，名忠敬與愛君而必以爲慕趙盾、鬻拳，解距虚即蛩蛩，以『檻車膠』爲膠人之目，謂『老復丁』爲蠲其子孫之役，亦不皆是。」

【元圻案】《書録解題·神仙類》：「《周易參同契》三卷。後漢上虞魏伯陽撰。其書因《易》以言養生，後世言修錬者祖之。」◎《參同契》「二土全功章」：「老翁復丁壯，老嫗成姹女。」又「明辨邪正章」：「能存能亡，長樂無憂。」◎朱子《次亭字韻呈秀野丈兼簡王宰》詩：「人言洞裏春長在，自慶樽前老復丁。」

董彦遠[一]《除正字謝啓》，敍字學，涉獵該洽。[二]其略云：「殘經不悟於郭亡，[三]闕文徒存於夏有。[四]馬不足一者，既失其全；[五]虎多於六者，自乖其數。[六]

書殘武殪，[七]頌亂湯齊。[八]烏寫混淆，[九]魚魯雜糅。[一〇]增河南之邑爲雒，減漢東之國爲隋。[一一]避上則皐不從辛，[一二]絶下則對因去口。[一三]棗合而棘氏微，足省而疏姓絶。[一四]定文於六穗之禾，訓同於導；[一五]分序於八寸之策，執異爲宗。[一六]丁尾亂真，[一七]鈎須失實。[一八]書立書肖，而既謬國名；[一九]爲卷爲端，而遂乖服制。[二〇]篆形誤僞，誰正雲興之祁祁；[二一]隸體散亡，共守(鸞)〔鑾〕聲之鉞鉞。[二二]鎖定銀鐺之名，[二三]車改金根之目。[二四]知一東二縫之爲來，[二五]指二首六身之爲亥。郡章立信，救時惟正於四羊；[二六]國史傳疑，考義共惑於三豕。[二七]傅會作九禾之秀，離析爲三刀之州。[二八]合樂之奏，妄加文武之爲斌；[二九]定經之名，誤合日月之爲易。[三〇]字失部居，改白水真人之兆；[三一]書忘形象，作非衣小兒之謡。[三二]四十八安取於桑？[三三]三十七未足語世。[三四]梁父七十二家，名雖俱在；[三五]《尉律》四十九類，書蓋已亡。[三六]誤存舟二間之爲航，[三七]安識門五日之爲閏？[三八]學者遍觀異書，而求其事之所出，亦多識之一也。彦遠有《古文集類敍》云：「孔安國以隸古易科斗，故漢人不識古字。開元又廢漢隸易以今文，故唐人不識隸古。」【原注】今按《書序》「爲隸古定」，正義謂：「就古文體而從隸以定之，雖隸而猶古，蓋存古則可慕，爲隸則可識。」非謂隸書爲隸古也。

[一]【閻按】彦遠名逌，東平人，徽猷閣待制，即撰《廣川書跋》十卷、《畫跋》六卷者。

[二]【何云】明董斯張《吹景集》所載，與其僚壻閔元衢合疏此啓甚諦，其實亦非異書也。

〔三〕【董疏】莊公二十有四年「郭公」，胡傳曰：「此郭公也，先儒或以爲郭亡。郭亡之説本《新序》。○案《新序·雜事四》：「齊桓公見亡國故城郭氏之墟，問於野人曰：『是爲何墟？』曰：『是爲郭氏之墟。』桓公曰：『郭氏者曷爲墟？』曰：『善善而不能行，惡惡而不去，是以爲墟也。』」◎孫莘老曰：「《管子》載郭亡之迹，蓋亦曰郭自亡耳。」

〔四〕【閔疏】成二年，「衛侵齊，與齊師遇。石子欲還。孫子曰：『不如戰也。』夏，有。」杜注闕文，失新築戰事。

〔五〕【閔疏】《萬石君傳》：「建爲郎中令，書奏事，事下，讀之曰：『誤書「馬」者，與尾當五，今乃四，不足一，上譴死矣。』」

〔六〕【閔疏】《顔氏家訓》：「《後漢書》：『酷吏樊曄爲天水郡守，民歌曰：「寧見乳虎穴，不入冀府寺。」』而江南書本『穴』皆誤作『六』。夫虎豹穴居，事之較者，所以班超云：『不探虎穴，安得虎子？』寧當論其六七乎？」

〔七〕【閔疏】宣六年：「《周書》曰：『殪戎殷。』」殪即壹，衣即殷也。《中庸》「壹戎衣而有天下。」鄭注：「衣讀如殷。齊人言殷聲如衣。」某按「壹戎衣」，《武成》文。《啓》指爲殘，似據《康誥》。

〔八〕【閔疏】《長發》：「至於湯齊。」毛傳：「齊如字。」《禮記·孔子閒居》注：「音躋。」《詩》孔疏言三家《詩》有讀爲躋者。下文「聖敬日躋」，《閒居》「躋」作「齊」，音齋，故曰亂。

〔九〕【閔疏】《海録碎事》：「古詩云：『字經三寫，烏焉成馬。』」則本文「寫」字似有誤。

【董疏】「寫」當作「馬」。

［一〇］【閔疏】張鷟云：「魯之與魚，淄澠莫辨。」《抱朴子》云：「以魚爲魯，以帝爲虎。」

［一一］【閔疏】《事文類聚》：「漢以火行，忌水，故『洛』字去『水』而加『隹』。隋以周、齊不遑寧處，故『隨』字去『辵』而從『隋』。」

［一二］【閔疏】《説文》「辠」字从辛从自，言辠人蹙鼻辛苦之狀。秦以「辠」似「皇」字，改爲「罪」。

［一三］【董疏】古「對」字本從口。《説文》云：「漢文帝以口多非實，改从土。」

［一四］【閔疏】《晉書·束據傳》：「本姓棘，其先避仇改焉。」《束皙傳》：「漢疏廣之後，王莽末，廣曾孫孟達避難，自東海徙居沙鹿山南，因去疏之足，遂改姓焉。」

【何云】「足」當爲「疋」。

［一五］【閔疏】《顏氏家訓》：「《封禪書》：『導一莖六穗於庖，犧雙觡共抵之獸。』此『導』訓擇。光武詔云『非徒有預養導擇之勞』是也。《説文》云：『䆃，禾名。』引《封禪書》爲證，無妨自當有禾名䆃，但非相如所用。禾一莖六穗於庖，豈成文乎？縱强爲此語，則下句當云『麟雙觡共抵之獸』，不得云『犧』也。」某按《史記》載此書，「道」下從「禾」，《漢書》、《文選》俱從「寸」。顏注：「導，擇也。」

［一六］【董疏】《北史·徐遵明傳》：「見鄭玄《論語序》云『書以八寸策』，誤作『八十宗』，因曲

爲之説。其僻也皆如此。」

［一七］【董疏】《莊子》云：「丁子有尾。」李頤注：「夫萬物無定形，形無定稱，在上爲首，在下爲尾。世人謂右行曲波爲尾，今丁、子二字雖左行曲波，亦是尾也。」按《説文》丁字作个，是無尾也，故曰「亂真」。

［一八］【閔疏】《荀子·不苟篇》「鉤有須」，注：「即丁子有尾也。丁之曲者爲鉤，須與尾皆尾類，是同也。」

【董疏】按《説文》：「鉤，曲也。丁之曲者爲鉤。」今鉤曲而丁直，故曰「失實」。

［一九］【閔疏】劉向《戰國策序》：「本文多誤脱爲半字，以『趙』爲『肖』，以『齊』爲『立』。」

［二〇］【董疏】《玉藻》：「龍卷以祭，玄端而朝日於東門之外，聽朔於南門之外。」注：「『卷』或作『衮』。字之誤也。」孔疏：「《禮記》本或作『卷』字，其正經《司服》及《覲禮》皆作『衮』字。故鄭注《王制》云『卷，俗讀，其通則曰衮』是也。」又注：「『端』當爲『冕』，字之誤也。」孔疏：「知『端』當爲『冕』者，以下諸侯皮弁聽朔，朝服視朝，是視朝之服卑於聽朔。今天子皮弁視朝，若玄端聽朔，則是聽朔之服卑於視朝，與諸侯不類。且聽朔大，視朝小，故知『端』當爲『冕』也。」

［二一］【閔疏】《顔氏家訓》：「《詩》云：『有渰萋萋，興雲祁祁。』毛傳：『渰，陰雲貌。萋萋，雲行貌。祁祁，徐貌。』按渰已是陰雲，何勞復云『興雲祁祁』耶？『雲』當爲『雨』，俗寫誤耳。」

【何云】此與篆形無與。

［二二］【閔疏】《説文》：「鉞，車鑾聲。从金戉聲，呼會切。《詩》曰『鑾聲鉞鉞』，俗作『鐬』，以鉞作斧戉之戉，非是。」按今《庭燎》作「噦噦」。

［二三］【閔疏】《顔氏家訓》：「《後漢書》『因司徒崔烈以銀鐺鏁』。銀鐺，大鏁也，世多誤作金銀字。武烈太子亦誤，嘗作詩云：『銀瑣三公脚。』」

【何云】金銀借對，謂定銀爲鋃也。

【又云】新刻已改鋃字。

［二四］【閔疏】《事文類聚》：「退之子昶，性闇劣。爲集賢校理。史傳有『金根車』，悉改『根』字作『銀』字。」

［二五］【閔疏】《説文》：「來，周所受瑞麥來𪎊。」一來二縫，象芒朿之形，天所來也，故爲行來之來。

［二六］【閔疏】《東觀漢記》：「馬援上書：『成皋令印「皋」字爲「白」下「羊」，丞印「四」下「羊」，尉印「白」下「人」，「人」下「羊」。即一縣長吏，印文不同，恐天下不正者多。符印所以爲信也，所宜齊同。』事下大司空，正郡國印章。」

［二七］【閔疏】《家語》：「卜商返衛，見讀史志者云『晉師伐秦三豕渡河。』子夏曰：『非也，己亥耳。』讀史志者問諸晉史，果曰己亥。」

［二八］【閔疏】《事文類聚》：「光武生濟陽縣舍，是歲縣界有嘉禾生，一莖九穗，因名曰秀。晉

王濬爲廣漢太守，夜夢三刀懸於臥室梁上，須臾又夢一刀。主簿李毅曰：『三刀爲州字，又益一刀者，明府其臨益州乎？』果然。」

【董疏】按《説文》秀字從禾從乃，不從九也。州字從川，不從刀也。故曰「傅會」，曰「離析」。

［二九］【閔疏】魏明帝太和初，公卿奏歌以咏德，舞以象事。於文「文武爲斌」，謹製樂舞名章斌之舞。

【董疏】《説文》本作「彬」，文質備也，從文配武，過爲鄙淺，故曰「妄加」。

［三〇］【閔疏】易，蜥易。蝘蜓，守宫也。象形從勿。秘書説「日月爲易，象陰陽也」。徐曰「謂下爲月字也」，見《説文》及《韻補》。

【董疏】吾衍謂：「《説文》引《蒼頡》『易』字象蜴蜥形，蜴蜥善變，則知古人托之以喻其變，不疑也。虞翻曰『日月爲易』，不可從。」

［三一］【閔疏】《光武帝紀》：「王莽篡位，忌惡劉氏，以錢文有金刀，故改爲貨泉。或以貨泉字文爲『白水真人』。」

【董疏】《説文》「泉」字象水流出成川形，不從白，亦不從水也。故曰「字失部居」。

［三二］【閔疏】《朝野僉載》：「裴炎爲中書令，時徐敬業欲反，令駱賓王爲謡曰：『一片火，兩片火，緋衣小兒當殿坐。』教炎莊上小兒誦之，并都下小兒皆唱。炎遂與合謀内應。」又《唐書·裴度

傳》：「張權輿欲傾度，作僞謡云：『非衣小兒坦其腹，天上有口被驅逐。』」據啓「非」字似用張謡，但以儷白不類，惟加「糸」旁，始失「裴」字形象，對又較精。

【董疏】「非」當作「緋」。

〔三三〕【閔疏】《事文類聚》：「蜀何祇夢井中生桑，以問占夢趙直。直曰：『桑非井中之物，會當移植。然桑字「四十」下「八」，壽恐不過此。』祇後至犍爲太守，四十八果卒。」

【董疏】何祇事見《益部耆舊傳》。俗桒字從四十八。按《説文》從叒從木，不從十從八也。故曰「安取於桑」。〇案唐鄭棨《開天傳信記》：「開元末，於弘農古函谷關得寶符，白石赤文，正成桒字。識者解之云：『桒者四十八，所以示聖人御極之數也。』及帝幸蜀之來歲，正四十八年。」

〔三四〕【閔疏】《秦始皇紀》，會稽碑俱四字句，獨「三十有七年」多一字。元申屠駉家藏舊刻「世有七年」，三十爲世，速達反。退之自謂識字，故《孔戣志銘》亦云「孔世世八」，世字世字，俗俱作世。

【董疏】《説文》世字從卅，三十并也，音撤。三十年爲一世，七字從一，世旁作七，似七字，乃從卅而曳長之，不從七也。故曰「未足語世」。

【何云】「三十七」句，閔、董仍無確證。

〔三五〕【閔疏】《漢・郊祀志》：「齊桓公欲封禪，管仲曰：『古者封泰山、禪梁父者七十二家，而夷吾所記者十有二焉。』」

【董疏】桓譚《新論》：「泰山之上有八百餘處，而可識者僅七十有二。」

〔三六〕【閔疏】「尉律」，見《説文敍》。徐鍇曰：「《尉律》，漢律篇名。」

【董疏】《藝文志》：「元始中，徵天下通小學者以百數，各令記字於庭中。揚雄取其有用者，作《訓纂篇》，凡八十九章。」四十九，疑作八十九，未知是否。

〔三七〕【閔疏】《顔氏家訓》：「亙，從二間舟。《詩》云『亙之秬秠』是也。今之隸書轉『舟』爲『日』，何法盛《中興書》乃以舟在二間爲舟航字，誤。」

〔三八〕【閔疏】襄九年，「晉復伐鄭。十二月癸亥，門其三門。閏月戊寅，濟於陰阪。」注：「此年無閏月戊寅，戊寅是十二月二十日，疑『閏』爲『門』字。閏内『王』爲『五』字，『月』爲『日』字。晉攻鄭門，門各五日。癸亥去戊寅十六日，以癸亥始攻，攻輒五日，凡十五日也。」

【閻按】「今按《書序》」一段，似王氏後自較其説者。◎余晚而得董斯張《吹景集》，載與其僚壻閔元衢合疏彦遠此啓，曰：「困學翁所不能詳其出者，吾兩人以數年排鑽力，始語語分疏之，寧非曠世一大快！」余故録之於逐句下。惟見襄十年《傳》者不録。斯張字遐周，元衢字康侯，並烏程人，爲胡朏明鄰邑前輩。朏明嘗稱其學貪奇炫博云。

【何屺瞻云】閔、董果淹雅，其引《海録碎事》、《事文類聚》而不舉本書，微染俗學。與胡傳、《學古編》並後出書。

【全云】王氏引彦遠之序，而未嘗有説，故於小注發之，非自駁其説也，乃駁彦遠耳。閻説非。

【程易田云】「《尉律》四十九類」二句，瑶田按《漢書·刑法志》云：「蕭何攈摭秦法，取其宜於時者作律九章。」《藝文志》云：「蕭何草律，著其法，曰：『太史試學童，能諷書九千字以上，乃得爲史。』」言小學之課載在《尉律》中者，非謂律有九千字也，律蓋九章耳。今曰「《尉律》四十九類」，豈於九章中又析其類爲四十九耶？董疏以揚雄作《訓纂篇》凡八十九章，疑四十九爲八十九之誤。以《訓纂》當《尉律》，其謬甚矣。揚雄《訓纂篇》乃元始中所徵通小學之百餘人，令記於庭中之字，取其有用者而作之，其非《尉律》甚明。《藝文志》載揚雄《訓纂篇》云：「順續《蒼頡》八十九章。」是中有《蒼頡》五十五章以建首，乃以《訓纂》順續之，《訓纂》止三十四章耳。班固又續揚雄作十三章，凡一百二章。據韋昭注，彼時所見一百二章，通名《蒼頡》，分上中下三篇，每篇三十四章。而五十五章之《蒼頡》，則漢閭里書師所合李斯之《蒼頡》、趙高之《爰歷》、胡母敬之《博學》三篇，斷六十字以爲一章者也。凡此皆小學之書，與《尉律》不相涉也。

【集證】《埤雅》：「舄九寫而爲烏，虎三寫而爲帝。」按字書載古諺云：「書經三寫，烏焉成馬。」故閻校作「焉」。據《埤雅》，則仍當作「舄」。「增河南之邑爲雒」，《漢書·地理志》注引《魏略》。「減漢東之國爲隋」，徐鍇《説文繫傳》。「三豕」見《吕覽·察傳篇》。「文武爲斌」見《宋書·樂志》。何祇事見《蜀志·楊洪傳》注。

【元圻案】董彦遠，東平人。王明清《玉照新志》載宋齊愈《獄牘》，稱「司業董逌在坐」，則靖康末官司業也。又《揮麈録》云：「宣和中，蔡居安提舉秘書省。夏日會館職於道山，食瓜，居安令坐上徵瓜事，各疏所憶，每一條食瓜一片。坐客不敢盡言，居安所徵爲優。欲畢，校書郎董彦遠連徵數事，皆所未聞，悉有據依，咸嘆服之。識者謂彦遠必不能安，後數日，果出外。」蓋博洽之士，然丁特起《孤臣泣血録》記其受張邦昌僞命，則其人品殊可議。

宋景文公《乞禁便俗字疏》云：「蕭何自題蒼龍、白虎二闕，後世署書由何始。」《説文·册部》：「扁，署也。从『户册』。户册者，署門户之文也。」

【元圻案】《玉海·小學下》：羊欣《筆陣圖》云：「昔蕭何善篆籀，爲前殿成，有蒼龍、白虎二闕，以題其額。」

夾漈《金石略》云：「《祀巫咸大湫文》，李斯篆。」愚按方氏《跋詛楚文》以爲秦惠文王二十六年，石湖[一]亦謂當惠文王之世，後百餘年東巡泰山刻石，則小篆非出於李斯。

[一]【閻按】石湖，范成大號。

【何云】殆至李斯而後成，遂大行於世。

【集證】董逌《廣川書跋·書詛楚文後》云：「秦自文世有三石。初得《大沈湫文》於（郊）〔岐〕，又得《巫咸文》於渭，最後得《亞駝文》於洛。其辭盡同，惟所用以質於神者，則隨其號以異。書最奇古，間存鍾鼎遺制，亦或雜有秦文，蓋書畫始變者也。」

古器銘云「十有三月」、「十有四月」、〔一〕「十有九月」，云「正月乙子」，或云「丁子」。〔二〕呂與叔《考古圖》謂「嗣王逾年未改元，故以月數」。乙子即甲子，丁子即丙子，世質人淳，取其同類。不然，殆不可考。曾子固謂：「古字皆重出，此文作三者，特二字耳。」

〔一〕【集證】《宣和博古圖·周南宫中鼎銘》云：「惟十有三月，庚寅。」《周雒公緘鼎銘》：「惟十有四月，既死霸。」

〔二〕【集證】呂與叔《考古圖·商兄癸彝》云：「十九月，惟王九祀。」《世昌敦》云：「惟正月乙子，王格於太室。」《商兄癸彝》云：「丁子王錫爵。」

【元圻案】歐陽公《集古録》：「《商雒鼎銘》者，原甫在長安時，得之上雒。其銘云：『惟十有四月，既死霸，王在都下，雒公諴作隮鼎，用追享丁，於皇且考，用氣麋壽，萬年無疆。子子孫孫永寶用。』雒公不知爲何人。原甫謂古丁、寧字通用。而蔡君謨謂『十有四月』者何？原甫亦不能言也。」◎曾子固《跋桂陽周府君碑》云：「以余考之，古字如『亦』作奕、『人』作仌之類，皆重出，如此者甚衆。則此文作三者，特『二』字耳。永叔、原父、君謨皆博識，而亦有所不知，故並見之於此。」◎宋黄長睿《東觀餘論·周史伯碩父鼎説》：「銘之首曰『惟六年八月初吉己子』，以己配子，則於十日剛柔，疑若弗類。然三代鼎彝銘則若此者，甚多有之。《商〔元〕〔兄〕癸彝》文曰『丁子』，《周敦》文曰『乙子』是也。或曰戊與己同類，古尚未分，則所謂己子，乃戊子也。或曰易之五位相得而各有合，以配十日，若甲與己合，古亦未分，則所謂己子，乃甲子也。丁子、乙子，義亦如之。其説未知孰是。」◎董逌《廣川書跋》云：「蓋以剛日柔日相配，而制器之日用剛，以柔配之，用柔，則亦以剛爲之配，五行之用然也。戊己爲土，戊爲土生，己爲土滅，剛日不用，而以己配者，蓋用其剛，必用柔以成之。今術家猶然。在甲子六年正月朔（當）辛未，則八月一日朔當戊子。」◎趙明誠曰：「余嘗考之古人君即位，明年稱元年，蓋無踰年不改元之事。又余所藏《牧敦》銘有云『惟王十年十有三月』，以此知呂氏之説非是。蓋古語有不可曉者，闕之可也。」◎《四庫全書總目·譜録類》：「《考古圖》十卷。宋呂大臨撰。大臨字與叔，藍田人。元祐中官秘書省正（事）（字），事迹附載《宋史·呂大防傳》。圖成於元祐壬申，在《宣和博古圖》之前，而體例謹嚴，不似《博古圖》之附會。」

《毛伯敦》「祝」下一字，劉原父以爲「鄭」，曰「文、武時毛叔鄭也」，[一]而呂與叔以爲「郱」。[二]《簠銘》「中」上一字，歐陽公以爲「張」，曰「宣王時張仲也」，[三]而與叔以爲「弡」。[四]《周姜敦》「伯」下一字，歐陽公以爲「冏」，曰「穆王時伯冏也」，而與叔以爲「百」。[五]古文難考，幾於郢書燕説。

[一]案《集古録·毛伯敦銘》：「原父爲予考按其事云：《史記》『武王克商，毛叔鄭奉明水』，則此銘謂『鄭』者，毛叔鄭也。銘稱『伯』者，爵也。史稱『叔』者，字也。敦乃武王時器也。」

[二]《考古圖·郱敦》：「郱，周大夫也。有功錫命，爲其考作祭器也。」◎趙明誠曰：「今究其點畫，殊不類鄭字。吕氏釋爲郱，皆莫可考。」

[三]《集古録》：「原父歸自長安，以二器遺余。其一曰伯冏之敦，其一曰張仲之匜。二子名見《詩》、《書》。伯冏，周穆王時人。張仲，宣王時人。」

[四]《考古圖》：「弡仲作寶匜。」

[五]【集證】《考古圖》：「『百』下一字爲『首』，即『首』字也。此作『百』，誤。」

【元圻案】宋薛尚功《鼎彝款識釋文》於《毛伯敦》「祝」下一字作「郱」，《簠銘》「中」上一字作「張」，《集古録》並載之。◎趙明誠曰：「吕與叔以偏傍推之，其字從巨不從長，以隸字釋之，當爲『弡』。弡字雖見《玉篇》，然古文與隸書多不合，未知果是否。」◎宋黄長睿《東觀餘論》曰：「弡，音其勿反，原父誤釋爲張字，遂以爲張仲之器。歐陽公從而文之以數百字，蓋失之矣。古器中又有弡伯敦，豈張仲之兄乎？」◎《容齋續筆》云：「燕説出於《韓非子》，曰：『先王有郢書，而後世多燕説。』又引其事曰：『郢人有遺燕相國書，夜書火不明，謂持燭者曰：「舉燭。」已而誤書「舉燭」二字，非書本意也。燕相受書，曰：「舉燭者，尚明也。尚明者，舉賢而用之。」遂以白王。王大説，國以治。治則治矣，非書意也。』」

《博古圖》：「《晉姜鼎銘》『用蘄綽綰眉壽』，《伯碩父鼎銘》『用祈丐百禄眉壽綰綽』，《孟姜敦銘》『綰綽眉壽』。」石湖[一]云：「似是古人祝延常語。」愚謂《漢書・安世房中歌》云：「克綽永福。」顔氏注：「綽，緩也，亦謂延長。」

[一]范文穆公成大，字致能。

【集證】《爾雅・釋詁》：「綽綽爰爰，緩也。」

【元圻案】《東觀餘論・周史伯碩父鼎説》：「祈天永命，俾弗中絶，故曰『綰』。垂裕後昆，俾昌而大，故曰『綽』。與『萬年子孫永寶』同意，皆善禱之辭。」◎《四庫全書總目・譜録類》：「《宣和博古圖》三十卷。按晁公武《讀書志》稱，爲王楚撰，而錢曾《讀書敏求記》稱，元至大中重刻《博古圖》，凡『臣王黼撰』云云都爲削去，殆以人廢書。則是書實王黼撰，『楚』字爲傳寫之訛矣。」

張燕公《謝碑額表》云：「孔篆吴札之墳，秦存展季之壠。」言孔子篆者始見於此。

【元圻案】《集古録》謂：「吴季子墓銘，據張(仲)〔從〕紳記云，舊石堙滅，開元中，玄宗命殷仲容摹搨其書以傳。至大曆中，蕭定又刊於石。按孔子平生未嘗至吴，不得親銘季子之墓。以其名傳之久，故録之。」◎宋劉昌詩《(盧蒲)〔蘆浦〕筆記》六：「京口有十字碑，世傳爲孔子書，曰『嗚呼有吴延陵季子之墓』，而『季』字作⿱罒句。予考篆文皆無之，得曾旼元豐中編《潤(世)〔州〕類集》，乃曰『君子之墓』。後湖居士李仲殊題季子廟詩，亦曰『溪邊君子墓』，始悟爲『君』字，非『季』字也。」◎《戰國策》：「顔斶曰：『昔者秦攻齊，令：有敢去柳下季壟五十步而樵采者，死不赦。』」◎《唐書·張説傳》：「説字道濟，或字説之。其先自范陽徙河南，更爲洛陽人。官中書令，封燕國公。説嘗自爲其父碑，帝爲書其額曰：『嗚呼積善之墓』。」此文即其謝表也。

《金石録》[一]·汲縣太公碑》云：「晉太康二年得竹策之書，其紀年曰『康王六年，齊太公望卒』。參考年數，蓋壽一百一十餘歲。」今按《書·顧命》云「齊侯吕伋」，則成王之末，伋已嗣太公爲齊侯矣。

[一]【全云】趙明誠作。

【何云】《竹書》不可據，大率類此。

【元圻案】周公相成王，而使其子伯禽代就封於魯，或吕伋亦先就封亦未可定。但太公若至康王時始卒，則成王大漸時，正顧命元老，何以無一言一事？是《竹書》固不可信。至太公之年，歸文王時已八十，歷武王、成王，當有百十餘歲。《史記》亦曰：「太公之卒，百有餘年。」◎《書録解題·目録類》：「《金石録》三十卷。東武趙明誠德甫撰。其所藏二千卷，蓋仿歐陽《集古》，而數則倍之。本朝諸家蓄古器物款式，其考訂詳洽如劉原甫、吕與叔、黄長睿多矣，大抵好附會古人名氏。惟此書則不然，好古之通人也。明誠，宰相挺之子，其妻易安居士李氏爲作《後序》，頗可觀。」

潏水李氏云：「古印有文曰『祭尊』，非姓名，乃古之鄉官也。」《説苑》載鄉官又有祭正，〔一〕亦猶祭酒也。

〔一〕【集證】今本《説苑》無。

【元圻案】朱子曰：「閩中人李復，字履中，及識横渠先生。紹聖間爲西邊使者。博記能文，今信州有《潏水集》者，即其文也。」◎《史記·荀卿列傳》：「齊宣王時，荀卿最爲老師。齊尚修列大夫之缺，而荀卿三爲祭酒焉。」注：「禮，食必祭先，必以席中之尊者一人當祭耳。後因以爲官名。故吴王濞爲劉氏祭酒是也。」

秦《詛楚文》作於惠文王之時，所詛者，楚懷王也。懷王遠屈平，邇靳尚，而受商於之欺，致武關之執，非不幸也。然入秦不反，國人憐之如悲親戚，積怨深怒，發於陳、項，而秦亡也忽焉。六國之滅，楚最無罪，反爾好還，天人之理也。南公曰：「楚雖三户，亡秦必楚。」吁，秦詛楚耶？楚詛秦耶？

【閻按】此亦〔具〕見王氏懷抱。

【何云】其有爲言之也。

【全云】陳、項之假名於楚，亦猶異日韓、劉之托名於宋也。

【元圻案】《集古録》：「秦《祀巫咸文》，今流俗謂之《詛楚文》者，以其言楚王熊相之罪也。

《史記·世家》楚自成王以後，王名有熊疑、熊良夫、熊商、熊槐、熊元，而無熊相，詛文言穆公與成王盟好，而後云『倍十八世之詛盟』。則秦自穆公十八世爲惠文王也。又按《秦本紀》與《楚世家》，自楚平王娶婦於秦，其後累世不以兵交。至宣王熊良夫時，秦始侵楚。及惠文王時，與楚懷王熊槐屢相攻伐，則秦所詛者楚懷王也，但《史記》以爲熊槐者，失之爾。槐、相二字相近，蓋轉寫之誤。」◎姚寬《西溪叢語》上：「秦誓文有三本，岐陽告巫咸，朝那告大沈，要册告亞駞。其言述秦穆公與楚成王，遂及熊相背十八世詛盟之罪。以《史記·世家》考之，秦十八世當惠文王，與楚懷王同時，縱横争霸，此詛政爲懷王也。」◎《史記·屈原列傳》：「屈原者，名平，楚之同姓也。爲楚懷王左徒。上官大夫讒之，王怒而疏屈平。又張儀至楚，又因厚幣用事者靳尚，而設詭辨於懷王之寵姬鄭袖，復釋去張儀。」又《楚世家》：「秦欲伐齊，而楚與齊從親。使張儀南見楚王曰：『王閉關而絶齊使，使者從儀西取故秦所分楚商於之地，方六百里。』懷王大説，使勇士宋遺北辱齊王。張儀謂楚將軍曰：『子何不受地？從某至某，廣袤六里。』」又「秦昭王遺楚王書曰：『願與王會武關。』於是往會秦昭王。昭王詐令一將軍伏於武關，號爲秦王。楚王至，遂閉武關，遂與西至咸陽。」又曰：「懷王卒於秦，秦歸其喪於楚。楚人皆憐之，如悲親戚。諸侯由是不直秦。」又《陳涉世家》：「陳三老豪傑皆曰：『將軍伐無道，誅暴秦，復立楚之社稷，功宜爲王。』陳涉乃立爲王，號爲張楚。」《項羽本紀》：「梁乃求楚懷王孫心民間，立以爲楚懷王，從民所望也。」又：「范增曰：『夫秦滅六國，楚最無罪。自懷王入秦不反，楚人憐之至今。故楚南公曰：「楚雖三户，亡秦必楚也。」』」

徐楚金《説文繫傳》有《通釋》案三十卷，以許氏原本十五篇，每篇析而爲二。、《部敍》二卷。、《通論》三卷。、《祛妄》、《類聚》、《錯綜》、《疑義》、《繫述》各一卷。共四十卷。等篇。呂太史[一]謂：「元本斷爛，每行滅去數字，故尤難讀。若得精小學者，以許氏《説文》參繹，恐猶可補也。」今浙東所刊，得本於石林葉氏，蘇魏公本也。[二]

[一]【全云】成公祖謙。

[二]【全云】蘇魏公頌。

【元圻案】《四庫全書總目·小學類》：「《説文繫傳》四十卷。南唐徐鍇撰。鍇字楚金，廣陵人。官至右内史舍人。宋兵下江南，卒於圍城之中。事迹具《南唐書》本傳。此書本出蘇頌所傳，篆文爲監察王聖美、翰林祗候劉允恭所書，卷末題子容者，即頌字也。乾道癸巳，尤袤得於葉夢得家，寫以與李燾。詳見袤跋。」

《説文·鬯部》「爵」字下：「飲器象爵者，取其鳴節節足足也。」《宋·符瑞志》：「鳳凰其鳴，雄曰節節，雌曰足足。」然則爵即鳳凰歟？

【集證】《論衡·講瑞篇》引《禮記·瑞命篇》云：「雄曰鳳，雌曰皇。雄鳴節節，雌鳴足足。」

《宋志》所采，蓋《禮記》佚篇也。

宣和中，陝右人發地，得木簡於甕，字皆章草。檄云：「永初二年，六月丁未朔，廿日丙寅。」朱文公《答吴斗南書》，謂「東漢討羌檄，日辰與《通鑑長曆》不同」，蓋指此也。今考《通鑑目録》，漢安帝永初二年六月乙未朔。【原注】《後漢紀》五月有丙寅，七月有戊辰，恐當以《長曆》爲正。

【何云】「後漢紀」二十字非側注。

【元圻案】黄長睿《東觀餘論》曰：「近歲關右人發地，得古甕，中有東漢時竹簡甚多，往往散亂不可考。獨永初二年討羌符文尚完，皆章草書。其詞云：『永初二年六月丁未朔二十日丙寅，得車騎將軍莫府文書，上郡屬中二千石守丞建義，十月丁未到府，受印綬發夫，討畔羌。急急如律令。』」

《漢·西域傳》：「安息國，書革，旁行爲書記。」顔氏注：「今西方胡國及南方林邑，書皆横行，不直下。」《法苑珠林》云：「造書凡有三人，長名曰梵，其書右行；次曰佉盧，其書左行；少者蒼頡，其書下行。」夾漈《六書略》云：「梵書左旋，其勢向右；華書右旋，其勢向左。」

【集證】按《法苑珠林》：「梵、佉盧，居於天竺，黄史蒼頡，在於中夏。梵、佉取法於净天，蒼頡因華於鳥迹。文畫誠異，傳理則同。」《翻譯名義》：「佉盧風叱，此乃大仙人名。」

【元圻案】《唐書·藝文志》「道家類」：「釋氏玄惲《法苑珠林集》一百卷。玄惲本名道世。」《四庫全書總目·釋家類》：「《法苑珠林》一百二十卷。唐釋道世撰。道世字玄惲，上都西明寺僧。是書成於高宗總章元年，朝散大夫蘭臺侍郎隴西李儼爲之序。」

韓文公《李陽冰科斗書孝經後記》曰：「凡爲文辭，宜略識字。」杜子美《漫成詩》曰：「讀書難字過。」字豈易識哉！李衡《識字説》曰：「讀書須是識字。固有讀書而不識字者，如孔光、張禹、許敬宗、柳宗元，非不讀書，但不識字。孔光不識『進退』字，張禹不識『剛正』字，許敬宗不識『忠孝』字，柳宗元不識『節義』字。」此可爲學者之戒。

【元圻案】《漢書·孔光傳》稱光「經術尤明。凡爲御史大夫、丞相各再。壹爲大司徒、太傅、太師。見王莽威權日盛，憂懼不知所出，而不能堅辭去位。」故曰「不知進退」。《張禹傳》稱禹「經學精習。帝車駕至禹(弟)〔第〕，親問禹以天變。因用吏民所言王氏事示禹。禹自見年老，子孫弱，又與曲陽侯不平，恐爲所怨，則謂：『災變之意，深遠難見，新學小生，亂道誤人，宜無信用。』上由此不疑王氏。」故曰「不識剛正」。◎《唐書·姦臣傳》：「許敬宗幼善屬文。父善心爲宇文化及所殺，敬宗舞蹈求生。又陰揣高宗將立武昭儀，即妄言『天子富有四海，立一后謂之不可，何哉！』帝意遂定。」故曰「不識忠孝」。《柳宗元傳贊》曰：「叔文沾沾小人，竊天下柄。宗元等撓節從之，一僨而不復，宜哉。彼若不附匪人，自勵材猷，不失爲名卿才大夫，惜哉！」故曰「不識節義」。◎李衡，字彦平，號樂庵。紹興二年進士。歷官秘閣修撰。致仕居昆山。其《初成樂庵詩》云：「老子平生百不足，庵成那管食無肉。終朝閉户只讀書，四面開窗都見竹。」可以見其人品矣。

周越《書苑》云：「郭忠恕以爲『小篆散而八分生，八分破而隸書出，隸書悖而行書作，行書狂而草書聖』。以此知隸書乃今真書。」趙明誠謂：「誤以八分爲隸，自歐陽公始。」【原注】庾肩吾云：「隸書，今之正書。」張懷瓘云：「隸書者，程邈造，字皆真正，亦曰真書。」《千文》云：「杜稾鍾隸。」《王羲之傳》：「尤善隸書。」

【何云】隸書似在八分之前，行書似在草書之後。郭氏五季人，未足據也。

【元圻案】趙明誠《金石録跋尾》十二①：「東魏大覺寺碑陰，題『銀青光禄大夫臣韓毅隸書』，蓋今楷字也。庾肩吾曰：『隸書，今之正書也。』張懷瓘《六體書論》亦云：『隸書者，程邈造，字皆真正，亦曰真書。』自唐以前，皆以楷書爲隸，至歐陽公《集古録》誤以八分爲隸書，自是

① 今本在二十一卷。

舉世凡漢時石刻皆目爲漢隸。因覽此碑𣪍自題爲隸書，故志之，以袪來者之惑。」◎《書斷》曰：「八分者，秦羽人上谷王次仲所作也。或云後漢時人。隸書，秦下邽人程邈所造也。」又曰：「八分則小篆之捷，隸亦八分之捷。」則八分似在隸書前。而《書苑》曰：「蔡文姬言割程隸字八分，取二分，割李篆字二分，取八分，於是爲八分書。」則八分似在隸書後。未知孰是。《書斷》又曰：「章草，漢黄門令史游所作也。行書者，後漢潁川劉德升所作也。草書者，後漢徵士張伯英之所造也。」按張芝本以善章草得名，則草書在行書之前無疑。◎郭忠恕，字恕先，洛陽人。著《汗簡》三卷，《佩觿》三卷。東坡爲作小傳，所謂「恕先在焉，呼之欲出」者也。◎《書録解題・藝術類》：「《書品》七卷，梁度支尚書庾肩吾撰。《六體論》一卷，唐昇州司馬張懷瓘撰。《古今法書苑》十卷，主客郎中臨淄周越撰。」

康節邵子之父古，字天叟。[一]定律呂聲音，以正天下音及古今文。謂：「天有陰陽，地有剛柔，律有闢翕，呂有唱和。一陰一陽交，而日月星辰備焉；一剛一柔交，而金木水火備焉；一闢一翕，而平上去入備焉；一唱一和，而開發收閉備焉。律感呂而聲生焉，呂應律而音生焉。」《觀物》之書本於此，謂「闢翕者律天，清濁者呂地。先閉後開者春也，純開者夏也，先開後閉者秋也，冬則閉而無聲。東爲春聲，陽爲夏聲。此見作韻者亦有所至也。銜、凡，冬聲也。」見《觀物外篇下》。[二]橫渠張子曰：「商、角、徵、羽，皆有主，出於脣齒喉舌，獨宫聲全出於口，以兼五聲也。」此《張子全書·理窟》中語。夾漈鄭氏曰：「聲爲經，音爲緯。平、上、去、入，四聲也，其體縱，故爲經；宫、商、角、徵、羽、半徵、半商，七音也，其體横，故爲緯。」

［一］何氏本作「瞍」。

［二］【集證】按《皇極經世》一注，鍾氏過曰：「邵子《經世聲音圖》，天之體數四十，地之體數四十八。天數以日月星辰相因，爲一百六十；地數以水火土石相因，爲一百九十二。於天數内去地之體數四十八，得一百十二，是謂天之用聲；於地數内去天之體數四十，得一百五十二，是謂地之用音。凡日月星辰四象爲聲，水火土石四象爲音。聲有清濁，音有闢翕。遇奇數則聲爲清音，爲闢，遇耦(及)〔聲〕則聲爲濁音，爲翕。聲皆爲律，音皆爲吕。以律唱吕，以吕和律。天之用聲，别以平上去入者一百十二，皆以開發收閉之音和之。地之用音，别以開發收閉者一百五十二，皆以平上去入之聲倡之。」

【元圻案】《通志·藝文略》三十六：「《字母圖》一卷，僧守温撰。切韻之學，起於西域，舊所傳十四字貫一切音，文省而音博，謂之婆羅門書。然猶未也，其後又得三十六字母，而音韻之道始備。中華之韻，只彈四聲，然有聲有音，聲爲經，音爲緯」云云。

七音三十六字母，出於西域，［一］豈所謂「學在四夷」者歟？司馬公以三十六字母總爲三百八十四聲，爲二十圖。夾漈《六書略》五謂：「梵人長於音，所得從聞入；華人長於文，所得從見入。華則一音該一字，梵則一字或貫數音。」【原注】鳩摩羅什曰：「天竺國俗，甚重文制。其宮商體韻，以入管弦爲善。凡覲國王，必有贊德。佛經中偈頌，皆其式也。」

［一］注見上條。

【元圻案】晁氏《讀書志》曰：「切韻者，上字爲切，下字爲韻。其學本出西域。今其法，類本韻字各歸於母，幫、滂、並、明，非、敷、奉、微，脣音也；端、透、定、泥，知、徹、澄、娘，齒音也；曉、匣、影、喻，牙音也；來、日，半齒半舌也。凡三十六，分爲五音，天下之聲總於是矣。切歸本母，韻歸本等者，謂之音和。本等聲盡，汎入別等者，謂之類隔，變也。中國自齊、梁以前，此學未傳，至沈約以後，始以之爲文章，近時始有專門者矣。」◎《四庫全書總目·〔小學〕類》：「《切韻指掌圖》二卷，附檢例一卷。宋司馬光撰。其檢例一卷，則邵光祖所補。光書以三十六字母，科別清濁爲二十圖，首獨韻，次開合韻，每類之中，又以四等多寡爲次。故、高爲獨韻〔之首〕，干、官爲開合韻之首。」◎鄭夾漈《論華梵》曰：「華書制字極密，點畫極多。梵書比之，實相遼邈。故梵有無窮之音，而華有無窮之字。梵則音有妙義而字無文彩，華則字有變通而音無錙銖。梵人長於音，所得從聞入，故曰『此方真教體，清淨在音聞。我昔三菩提，盡從聞中入』，有『目根功德少，耳根功德多』之說。華人長於文，所得從見入，故天下以識字人爲賢智，不識字人爲庸愚。」◎鳩摩羅什，天竺人。見《晉書·藝術傳》。原注所引「天竺國甚重文制」云云，皆本傳文也。

諧聲，六書之一也，聲韻之學尚矣。夾漈《六書略》三謂「五書有窮，諧聲無窮。五書尚義，諧聲尚聲。」《釋文序録》云：「古人音書，止爲譬況之説，[一]孫炎始爲反語。」[二]《考古編》謂「周顒始有翻切」，非也。

[一]案，如鄭康成注經，謂某讀如某某之某。

[二]【閻按】「音書止爲譬況」三句出《顏氏家訓》。

【何云】焯按韋昭《國語注》中間有反音，亦叔然同時人也。

【元圻案】《南齊書·周彥倫傳》：「汝南安城人。入齊，官中書郎兼著作。文惠太子問彥倫：『菜食何物最勝？』答曰：『春初早韭，秋末晚菘。』」又《文學·陸厥傳》：「永明末，盛爲文章。沈約、謝朓、王融以氣類相推，周彥倫善識聲韻。約等文皆用宮商，以平上去入爲四聲，以此制韻，不可增減，世呼爲『永明體』。」不言其始爲翻切也。◎《書録解題·雜家類》：「《考古編》十卷，《續編》十卷。程大昌泰之撰。上自詩書，下及史傳、世俗雜事，有可考者皆筆之。」《四庫書》著録無《續編》。

【集證】引顧氏炎武《音學五書·音論》曰：「按反切之語，自漢以上即已有之。宋沈括謂古語已有二聲合爲一字者，如『不可』爲『叵』，『何不』爲『盍』，『如是』爲『爾』，『而已』爲『耳』，『之乎』爲『諸』。鄭樵謂慢聲爲二，急聲爲一，慢聲爲『者焉』，急聲爲『旃』；慢聲爲『者與』，急聲爲『諸』；慢聲爲『而已』，急聲爲『耳』；慢聲爲『之矣』，急聲爲『只』是也。愚嘗考之經傳，蓋不止此。如『蒺藜』爲『茨』，『瓠盧』爲『壺』，『鞠窮』爲『芎』，『丁寧』爲『鉦』，『僻倪』爲『陴』，『奈何』爲『那』，『和同』爲『降』，『句瀆』爲『穀』，『邾婁』爲『鄒』，『明旌』爲『銘』，『終葵』爲『椎』，『大祭』爲『禘』，『不律』爲『筆』，『蕵蕪』爲『須』，『子居』爲『朱』，『窗籠』爲『聰』，『蠲蝓』爲『鼀』，『卒便』爲『倩』，『令丁』爲『鈴』，『鶻鵃』爲『鳩』，『瘯蠡』爲『痤』，『蔽膝』爲『韠』，『側理』爲『紙』，『扶淇』爲『濰』，『狻猊』爲『獅』。以此推之，反語不始於漢矣。」◎案余兄靜軒曰：「『勃鞮』爲『披』，『勃澥』爲『海』，『卑居』爲『鸒』，『蝃蝀』爲『虹』。又鄭氏《詩箋》：『韎，茅蒐染也。茅蒐，韎聲也。』韋氏《國語注》：『急疾呼茅蒐成韎也。』尤二聲合爲一字之證。」

隋陸法言爲《切韻》五卷，[一]後有郭知玄等九人增加，唐孫愐有《唐韻》，[二]今之《廣韻》則本朝景德、祥符[三]重修。今人以三書爲一，或謂《廣韻》爲《唐韻》，非也。[四]鶴山魏氏云：「《唐韻》於二十八删、二十九山之後，繼以三十先、三十一仙。[五]今平聲分上下，以一先、二僊爲下平之首，不知『先』字蓋自『真』字而來。」愚考徐景安《樂書》，凡宫爲上平，商爲下平，角爲入，徵爲上，羽爲去，則唐時平聲已分上下矣。[六]米元章云：「五聲之音，出於五行，自然之理。沈隱侯[七]只知四聲，求其宫聲不得，乃分平聲爲二。」然後魏江式曰：「晉吕静放李登聲類之法，作《韻集》五卷，宫、商、龣、徵、羽各爲一篇。」見《魏書》本傳。則韻分爲五，始於吕静，非自沈約始也。約答陸厥曰：

「宮商之聲有五，文字之別累萬。以累萬之繁，配五聲之約，高下低昂，非思力所學。」見《南齊書·文學·陸厥傳》。沈存中云：「梵學入中國，其術漸密。」

［一］案《隋志》不著録。《唐·藝文志》「小學類」：「陸慈《切韻》五卷。」◎慈蓋法言之名。

［二］《唐志》五卷。

［三］宋真宗七年甲辰改元景德，十一年戊申改元大中祥符。

［四］【集證】引顧氏《音論》曰：「《切韻》，隋陸法言撰。本劉臻、顔之推、魏淵、盧思道、李若、蕭該、辛德源、薛道衡八人同撰集，唐長孫訥言箋注，郭知玄拾遺緒正，更以朱箋三百字，是十人，今云九人者，長孫訥言但箋注而未增加也。

【元圻案】《書録解題·小學類》：「《廣韻》五卷。隋陸法言撰。開皇初，有劉臻等八人同詣法言，共爲撰集。長孫訥言爲之箋注。唐朝轉有增加，至開元中，陳州司法孫愐著成《唐韻》，本朝陳彭年等重修。」今《四庫全書》校本按：「陸法言本名《切韻》，孫愐修之爲《唐韻》，陳彭年等修之爲《廣韻》。雖相因而作，實各自成書。」

［五］【閻按】曾親見吴彩鸞所書《唐韻》，次第較鶴山亦不合。

［六］案魏鶴山作《吴彩鸞唐韻後序》曰：「是書號《唐韻》，與今世所謂《韻略》，皆後人不知而作者也。然其部敍，於一東下注云『德紅反，濁，滿口聲』，自此至三十四乏皆然。於二十八删、二十九山之後，繼之以三十先、三十一仙。上聲、去聲亦然。聞其聲音之道，區分之方，隱然見於述作之表也。

今之爲韻者，既不載聲調之清濁，而平聲輒分上下，自以一先、二仙爲下平之首，不知『先』字蓋從『真』字而來。學者由之，不知而隨聲雷同，古人造端立意之本失矣。」

［七］隱，沈約之謚。

【何云】「米元章云」以下當自爲一條。

【元圻案】《隋書·經籍志上》：「《聲類》十卷。魏左校令李登撰。《韻集》六卷，晉安復令吕静撰。」◎宋許觀《東齋記事》曰：「古者字未有反切，故訓釋者但曰『讀如某字』而已。至魏孫叔然始作反切，其實出於西域梵學也。宋周彦倫作《四聲切韻》行於時，梁沈約又撰《四聲譜》，以爲『在昔詞人累千歲而不悟，而獨得胸襟，窮其妙旨』，自謂入神之作。繼是若夏侯該《四聲韻略》之類，紛然各自名家矣。至唐孫愐始集爲《唐韻》，諸書遂廢。本朝真宗時，陳彭年與晁迥、戚綸條貢舉事，取《字林韻集》、《韻略》、《字統》及《三蒼》、《爾雅》爲《禮部韻》，凡科場儀範，悉著爲格。又景祐四年，詔國子監以翰林學士丁度修《禮部韻略》頒行。初，賈昌朝言：『舊《韻略》多無訓解，又疑單聲與重疊字不解義理，致舉人詩賦或誤用之。』遂詔度等以唐諸家韻本，刊定其韻窄者凡(三十)〔十三〕處，許令附近通用，單聲及疊出字皆於字下注解之。此蓋今所行《禮部韻》也。」◎《唐書·藝文志》「樂類」：「徐景安《歷代樂儀》三十卷。」今《四庫書》不著録。

《潛虛》以「莧」爲「天」，古文也。見《廣韻》，而《集韻》不載。【原注】《古文韻》莧字，《碧落》文①。

【元圻案】《四庫全書總目·小學類》：「《集韻》十卷。舊本題宋丁度等奉敕撰。考司馬光《切韻指掌圖序》，稱『仁宗皇帝詔翰林學士丁公度、李公淑增崇韻學，自許叔重而降凡數十家，總爲《集韻》，而以賈公昌朝、王公洙爲之屬。治平四年，余得旨繼纂其職，書成上之。嘗因討究之暇，科别清濁爲二十圖』云云。則此書成於司馬光之手，非盡出丁度等也。」◎《書録解題·小學類》：「《前漢古字韻編》五卷。侍郎宣城陳天麟季陵撰，取《漢書》所用古字，以今韻編入之。」又「《景祐集韻》十卷。直史館宋祁、鄭戩等修定，學士丁度、李淑典領。字訓皆本《説文》，《説文》所無，則引他書爲解。」又《儒家類》：「《潛虚》一卷。司馬光撰。言萬物皆祖於虚。《玄》以準《易》，《虚》以準《玄》。」◎《潛虚》曰：「一六置後，二七置前，三八置左，四九置右，通以五十。五行叶序，卬而瞻之，宿躔從度。卬則爲萈，頫則爲墜；卬得五宫，頫得十數。」《釋音》：「萈，古文『天』字。」

《廣韻》言姓氏甚詳，然「充」字有充虞，【原注】見《孟子》。「歸」字有齊歸，【原注】見《左傳》。其遺闕多矣。「賁育」，謂孟賁、夏育也，《廣韻》以賁爲姓，「古有勇士賁育」，謬矣。

---

①《碧落》，即《唐龍興宫碧落碑》。

【閻按】賁氏爲姓者，音肥。

【全云】漢有賁赫。

【元圻案】又有淮南賁生。師古曰：「賁音肥。」見《前〔漢〕書·儒林傳》。◎《寰宇記》：「充國故城在閬中西南九十四里，蓋以國爲姓。」

顔魯公在湖州，集文士，摭古今文字爲《韻海鏡源》三百六十卷，以包荒萬彙，其廣如海，自末尋源，照之如鏡。《崇文總目》僅存十六卷，今不傳。

【閻按】《宋·藝文志》顔真卿《韻海鑑源》亦僅十六卷。「鏡」爲「鑑」，避翼祖嫌名。

【元圻案】《唐書·顔真卿傳》：「元載以爲誹謗，由檢校刑部尚書貶峽州别駕，改吉州司馬，遷撫、湖二州刺史。」又《文藝·蕭穎士傳》：「子存，能文辭。顔真卿在湖州，與存及陸鴻漸等討摭古今韻字所原，作書數百篇。」

《韓非·五蠹》曰：「蒼頡之作書也，自環者謂之私，背私謂之公。」《説文·八部》云：「自營爲厶。」《厶部》：「背厶爲公。」①

① 按，「自營爲厶」句在《説文解字·厶部》，「背厶爲公」句在《説文解字·八部》。

【元圻案】錢氏大昕曰："古音『營』如『環』。"

宋元憲寶翫《佩觿》[一]三篇。蘇文忠每出，必取聲韻音訓文字置篋中。晁以道晚年日課識十五字。

[一]【全云】郭忠恕作。

【元圻案】歐陽公《歸田録》二："宋丞相庠，晚年尤精字學，嘗手校郭忠恕《佩觿》三篇，寶玩之。"◎邵博《聞見後録》二十七："李方叔云：東坡每出，必取聲韻音訓文字，複置行篋中。"◎羅大經《鶴林玉露》十一："西漢諸儒，揚子雲獨稱識字。韓文公云：『凡爲文者，宜略識字。』則識字豈易乎哉！晁景迂晚年日課識十五字，楊誠齋云：『無事好看韻書。』"◎李璧王介甫《平甫歸飲詩》注云："晁景迂晚年嘗語人云：『日課識十五字。』景迂博學多識，未見其比，晚年衰病，尚勤如此，可以爲法也。"◎《書録解題·小學類》："《佩觿》三卷。國子周易博士洛陽郭忠恕恕先撰。觿者，所以解結也。"

夾漈《通志·六書略五》謂："《説文》定五百四十類爲字之母，然母能生而子不能生，誤以子爲母者二百十類。"

【元圻案】下文云："且如《説文》有句類，生拘、生鉤，有卤類，生㮚、生㮚，有半類，生胖、生叛，有業類，生僕、生䑑。據拘當入手類，鈎當入金類，則句爲虛設；臬當入木類，㯢當入米類，則鹵爲虛設；胖當入肉類，叛當入反類，則半爲虛設；僕當入人類，䑑當入臣類，則業爲虛設。蓋句也，鹵也，半也，業也，皆子也，子不能生，是爲虛設。此臣所以去其二百十而取其三百三十也。」

吴孫休自制名字，以命其子。武曌、劉龑因之，[一]皆字書所無。【原注】《梁四公記》亦然。

[一]「因之」，閣本作「及図」。

【元圻案】《三國志·吴·孫休傳》注：《吴録》載休詔曰：「孤今爲四男作名字：太子名𩅦，𩅦音如湖水灣澳之灣，字莔，莔音如迄今之迄。次子名𩃙，𩃙音如兕觥之觥，字弫，弫音如玄礥首之礥。次子名壾，音如草莽之莽，字昷，昷音如舉物之舉。次子名𡥈，𡥈音如褒衣下寬大之褒，字𥏼，𥏼音如有所擁持之擁。此都不與世所用者同，故抄舊文會合作之。」◎《五代史·南漢世家》：「劉龑，初名巖，又更曰陟。九年白龍見南宫三清殿，改元白龍，又更名龑，以應龍見之祥。有胡僧言：『讖書：「滅劉氏者龑也。」』龑乃采《周易》『飛龍在天』之義爲『龑』字，音『儼』，以名焉。」◎《唐書·藝文志》「雜傳記類」：「盧詵《四公記》一卷。一作梁載言。」◎《太平廣記·梁四公記》云：「梁天監中，有蜀闖、䰠杰、𦮃䵹、仉䏰四公謁武帝，帝見之甚悦。」◎《通鑑·唐紀》則天皇后天授元年：「鳳閣侍郎宗秦客，改造『天』、『地』等十二字以獻。」胡三省注：「照爲瞾，天爲𠀑，地爲埊，日爲囸，月爲囝，星爲〇，君爲𠁈，臣爲𢘑，人爲𤯔，載爲𡕀，年爲𠡦，正爲𠙺。」◎裴松之《孫休傳注》曰：「造無況之字，制不典之音，違明詔於前修，垂嗤騃於後代，不亦異乎！」◎《通志·六書略五》：「武后造字圀代國。」

《隋志》以《蒼頡》、《訓纂》、《滂喜》爲《三蒼》，《說文繫傳》以《蒼頡》、《爰歷》、《博學》爲《三蒼》，并《訓纂》爲四篇。

【閻按】《三蒼》之名，以《隋·經籍志》爲定。蓋趙高所作《爰歷篇》，胡母敬作《博學篇》，并於李斯《蒼頡篇》，已久而不復可別識矣。《訓纂》，揚雄作。《滂喜》，賈魴作。

【集證】《玉海》四十四：元魏江式曰：「李斯破大篆爲小篆，造《蒼頡》九章。趙高造《爰歷》六章，胡母敬造《博學》七章。後人分五十五章爲上卷。至哀帝元壽中，揚子雲作《訓纂》，爲中卷。和帝永元中，賈叔郎接記《滂喜》，爲下卷。故稱爲《三蒼》。」

【元圻案】《隋書·經籍志》「六藝經緯類」：「《三蒼》三卷。郭璞注。秦相李斯作《蒼頡篇》，漢揚雄作《訓纂篇》，後漢郎中賈魴作《滂喜篇》，故曰《三蒼》。」《玉海》所引江式語，《魏書》、《北史》本傳不載。唐張彥遠《法書要録》引梁庾元威《論書》云云，正與此文同。◎張懷瓘《書斷》：「昔李斯作《蒼頡篇》，趙高作《爰歷篇》，胡母敬作《博學篇》。漢興，閭里書私合之，總謂《蒼頡篇》，斷六十字爲一章，凡五十五章。至平帝元始中，徵天下通小學者以百數，各令記字於未央庭中。揚雄取其有用者，作《訓纂篇》二十四章，以纂續《蒼頡》也。班固乃復續十三章。和帝永初中，賈魴又撰異字，取固所續而廣之，爲三十四章，用《訓纂》之末字以爲篇目，故曰《滂喜篇》，言滂沱大盛。凡百二十三章，文字備矣。」

《急就篇》第十五章「沐浴揃搣寡合同」。《莊子·外物篇》「眥媙可以休老」，亦作「揃搣」。

【元圻案】顏師古《急就篇注》：「『揃搣』，謂鬋拔眉髮也，蓋去其不齊整者。『寡合同』者，言其妍滿少對偶也。」◎厚齋《急就篇補注》曰：「《莊子·外物篇》『眥媙可以休老』，眥，子斯反，音咨，亦作揃。《三蒼》云：『揃，猶翦也。』媙，亦作搣。《説文字林》云：『批也。』」◎厚齋《補注》，本陸德明《莊子釋文》。

「不」字，本方久反，凡書之「不」字，皆點入聲。「其」字，本音箕，**【原注】**「夜如何其」。凡書之「其」字，皆點平聲。**【原注】**《攻媿集》。

【元圻案】樓大防《攻媿集·歐陽、蘇、（黃）三（家）家詩押韻序》云：「叔祖字元應。於《六經》句讀點法悉有定規，如『不』字，本方久切，凡書之『不』字皆點入聲。『其』字，皆點平聲。惟『夜如何其』則不點，蓋本是以『箕』字而借爲『其』也。」

李瀚《蒙求》，以平聲與上、去、入相間。【原注】近世續《蒙求》者不知此。攻媿云。

【全云】此注是正文。

【元圻案】《四庫全書總目·類書類》：「《蒙求集注》二卷。晉李瀚撰。」瀚始末未詳。考李匡乂《資暇集》，稱宗人瀚作《蒙求》，則亦李勉之族。又《五代史·桑維翰傳》稱：「初李瀚爲翰林學士，好飲而多酒過，晉高祖以爲浮薄。」當即其人也。其注不著撰人名氏。案陳振孫《書録解題》曰：「《補注蒙求》，徐子光撰。」◎晁氏《讀書志》曰：「李瀚纂經傳善惡事實類者，兩兩相比，爲韻語，取《蒙卦》『童蒙求我』之意以名其書。蓋以教學童云。」◎《書録解題·類書類》：「《本朝蒙求》三卷。范鎮撰。《十七史蒙求》一卷，題王先生，不著名氏，或云王令也。」案此二書，蓋即攻媿所云「近世之續《蒙求》者」。

【集證】按《蒙求》共七十五章，章八句，末一章四句。前四十二章以平上、平去、平入相間，後三十三章，以平、上、去、入相間。

經說

「六經」始見於《莊子·天運篇》。【原注】孔子曰：「治《詩》、《書》、《禮》、《樂》、《易》、《春秋》六經。」以《禮》、《樂》、《詩》、《書》、《易》、《春秋》爲六藝，始見於太史公《滑稽列傳》。【原注】孔子曰：「六藝於治，一也。」[一]或云「七經」，【原注】後漢趙典學孔子七經。蜀秦宓謂：「文翁遣相如東受七經。」[二]或以六經、六緯爲「十二經」。【原注】《莊子·天道篇》。或以五經、五緯爲「十經」。【原注】《南史·周續之》。或云「九經」。【原注】《釋文序録》：「《易》、《書》、《詩》、《周禮》、《儀禮》、《禮記》、《春秋》、《孝經》、《論語》。《唐·谷那律傳》「九經庫」，始有「九經」之名。《樂經》既亡，而有「五經」，自漢武立博士始也。[三]邵子《皇極經世》定以《易》、《書》、《詩》、《春秋》爲「四經」，猶春夏秋冬、皇帝王伯。

[一]案下云：「《禮》以節人，《樂》以發和，《書》以道事，《詩》以達意，《易》以神化，《春秋》以道義。」

[二]【全云】七經者，蓋六經之外加《論語》。東漢以後，則加《孝經》而去《樂》。

[三]【全云】景帝已以胡母子都爲《春秋公羊》博士，而董子亦爲博士，則景帝已置二博士矣。

○立五經博士在武帝建元五年。

【閻按】吴文正謂：「經焚於秦，而《易》獨存；經出於漢，而《樂》獨亡。」

【元圻案】《莊子·天道篇》：「孔子西藏書於周室。子路謀曰：『由聞周之徵藏史有老聃者，免而歸居，試往因焉。』往見，而老聃不許，於是繙十二經以説老聃。」陸氏《釋文》：「十二經者，六經加六緯。一説云：《易》上下經並《十翼》爲十二。又一云：《春秋》十二公經也。」◎《南史·周續之傳》：「豫章太守范甯於郡立學，招集生徒。續之年十二，詣甯受業。數年，通五經、五緯，號十經，名冠同門，稱爲顏子。」◎《後漢書・趙典傳》：「典字仲經，蜀郡成都人也。博學經書，弟子自遠方至。」注，《謝承書》曰：「典學孔子七經，《河圖》、《洛書》，靡不貫綜。」◎《三國志・蜀・秦宓傳》：宓與王商書曰：「蜀本無學士，文翁遣相如東受七經，還教吏民，於是蜀學比於齊、魯。」◎《唐書・儒學傳》：「谷那律，魏州昌樂人。淹識羣書，褚遂良嘗稱爲『九經庫』。」◎邵子《觀物内篇》四：「觀春則知《易》之所存乎，觀夏則知《書》之所存乎，觀秋則知《詩》之所存乎，觀冬則知《春秋》之所存乎。」注：「《易》者三皇之事業也，三皇之時如春。《書》者五帝之事業也，五帝之時如夏。《詩》者三王之事業也，三王之時如秋。《春秋》者五伯之事業也，五伯之時如冬。」

《漢・藝文志》云：「六藝之文，《樂》以和神，仁之表也；《詩》以正言，義之用也；《禮》以明體，故無訓；《書》以廣聽，知之術也；《春秋》以斷事，信之符也。五者蓋五常之道，相須而備，而《易》爲之原。」《白虎通・五經篇》云：「有五常之道，故曰《五經》。《樂》仁，《書》義，《禮》禮，《易》智，《詩》信也。」二說不同。然《五經》兼五常之道，不可分也。

【元圻案】《白虎通・五經篇》：「經所以有五何？經，常也。有五常之道，故曰五經。《樂》仁，《書》義，《禮》禮，《易》智，《詩》信也。人情有五性，懷五常，不能自成，是以聖人象天五常之道而明之，以教人成其德也。」

後漢翟酺曰：「文帝始置一經博士。」[一]考之漢史，文帝時申公、[二]韓嬰皆以《詩》爲博士，【原注】所謂《魯詩》、《韓詩》。五經列於學官者，唯《詩》而已。景帝以轅固生[三]爲博士，【原注】所謂《齊詩》。而餘經未立。武帝建元五年春，初置五經博士。見《武帝紀》。《儒林傳贊》曰：「武帝立五經博士，《書》唯有歐陽，《禮》后，《易》楊，《春秋》公羊而已。」立五經而獨舉其四，蓋《詩》已立於文帝時，今并《詩》爲五也。

[一]【閻按】今本作「五」，此云「一」，於事則合，於文則改。

【何云】非改也，今所見者誤本耳。○案《翟酺傳》：「初，酺之爲大匠，上言孝文皇帝，始置五經博士。」章懷注：「武帝建元五年，始置五經博士。文帝之時，未遑庠序之事。酺之此言，未知何據。」豈唐時本已誤「一」爲「五」耶？

[二]【閻按】此出《楚元王傳》。

[三]閻本脱「生」字。

【閻按】《孟子題辭》：「孝文皇帝欲廣遊學之路，《論語》、《孝經》、《孟子》、《爾雅》皆置博士，後罷傳記博士，獨立五經而已。」朱子謂此事在《漢書》無考。余謂劉歆《移太常博士書》云：「孝文皇帝，《尚書》初出屋壁，《詩》始萌芽。天下衆書，往往頗出，皆諸子傳說，猶廣立於學官，爲置博士。」非岐説之所本乎？第史文不備耳。

【全云】據《儒林傳》，則張生、歐陽生並受業於伏生，而張生爲博士，歐陽生未得爲博士也。歐陽生之曾孫高始爲博士。夏侯氏則出張生者。

【元圻案】《漢書·藝文志》：《易》楊氏二篇。名何，字叔元，菑川人。《書》，歐陽《章句》三十一卷，歐陽《説義》二篇，不著其名。案《儒林傳》：「歐陽生，字和伯，千乘人也。事伏生，授倪寬，寬授歐陽生子。世世相傳，至曾孫高子陽、高孫地餘長賓，由是《尚書》世有歐陽氏學。」又《志》曰：「漢興，魯高堂生傳《士禮》十七篇。訖孝宣世，后蒼最明。戴德、戴聖、慶普皆其弟子。」《儒林傳》：「后蒼，字近君，東海郯人也。事夏侯始昌。始昌通《五經》，蒼亦通《詩》、《禮》。」又曰：「蒼説《禮》數萬言，號曰《后氏曲臺記》。」又《志》曰：「《春秋公羊傳》十一卷。公羊子，齊人。」師古曰：「名高。」◎《儒林傳》：「轅固，齊人也。以治《詩》孝景時爲博士。韓嬰，燕人也，孝文時爲博士。」

石經有七。漢熹平則蔡邕，魏正始則邯鄲淳，[一]晉裴頠，唐開成中唐玄度，後蜀孫逢吉等。本朝嘉祐中，楊南仲等。中興，高廟御書。【原注】後蜀石經於高祖、太宗諱皆缺畫，唐之澤深矣。

[一]【全云】正始石經不出邯鄲淳之筆，詳見衛恒《筆勢考》。

【又云】《晉史》則云嵇康所書。

【集證】《玉海》四十三：「紹興十三年，二月，内出御書《左氏春秋》及《史記列傳》宣示館職。六月，内出御書《周易》。既而《尚書》委知臨安府張澄刻石，頒諸州學。十四年，正月，出《尚書》。十月，出《毛詩》。十六年，五月，又出御書《春秋左傳》，又書《論語》、《孟子》，皆刊石立於太學首善閣及大成殿後三禮堂之廊廡。」

【元圻案】《後漢書·蔡邕傳》：「邕以經籍去聖久遠，文字多謬，俗儒穿鑿，疑誤後學，熹平四年，乃與五官中郎將堂谿典，光禄大夫楊賜，諫議大夫馬日磾，議郎張馴、韓說，太史令單颺等，奏求正定《六經》文字。靈帝許之，邕乃自書丹於碑，使工鐫刻，立於太學門外。於是後儒晚學，咸取正焉。」注引《洛陽(紀)〔記〕》「碑有《尚書》、《周易》、《公羊傳》、《禮記》、《論語》」，實五經。◎《晉書·衛恒傳》：「恒善草隸書，爲《四體書勢》，曰：『魏初傳古文者，出於邯鄲淳。恒祖敬侯寫淳《尚書》，後以示淳，而淳不别。至正始中，立三字石經，轉失淳法，因科斗之名，遂效其形。』」◎《魏書·江式傳》：「式上表言：『魏初邯鄲淳特善《倉》、《雅》，許氏《字指》，八體六書，精究閑理。又建三字石經於漢碑之西。』」◎《晉書·裴頠傳》：「頠字逸民，博學稽古。時天下暫寧，頠奏修國學，刻石寫經。」◎國朝萬斯同季野《石經考》云：「觀漢世石經，創始於熹平四年乙卯，告成於光和六年癸亥，實歷九年之久。則當裴公時，昏主尸位，海内大亂，其事之未成可知矣。」愚案《裴頠傳》「奏刻石寫經」，在楊駿既誅之後。駿之誅在永平元年辛亥，頠之被害在永康元年己未，相距九年，内憂外患，迄無寧歲，爲而未成，爲得其實。◎《舊唐書·文宗本紀》：「開成二年，冬十月，宰臣判國子祭酒鄭覃，進《石壁九經》一百六十卷。時上好文，覃遂奏置五經博士，依後漢蔡邕刊碑立於太學，創立《石壁九經》，諸儒校正訛謬。上又令翰林勒字官唐玄度覆校字體。」◎宋范成大《石經始末記》：「按趙清獻公《成都記》，僞蜀相毋昭裔捐俸金，取《九經》琢石於學宫。而或又云毋昭裔依太和舊本，令張德釗書。國朝皇祐中，田元均補刻《公羊》、《穀梁》二傳，然後『十二經』始全。至宣和間，席文獻又刻《孟子書》參焉。《孝經》、《論語》、《爾雅》，廣政廣政，蜀後主僞號。甲辰歲張德釗書，《周易》辛亥歲楊鈞、孫逢吉書，《尚書》周德正書，《周禮》孫朋吉書，《毛詩》、《禮記》、《儀禮》張紹文書，《左氏傳》不志何人書，而詳觀其字畫，亦必爲蜀人所書。」◎萬氏斯同《石經考》載：《宋史·趙克繼傳》：「克繼，秦王廷美曾孫，善楷書，尤工篆隸。仁宗時，詔與朝臣分隸石經。」《謝飶傳》：「飶字不疑。丹陽人。舉進士，爲上元主簿。會國子監立石經，以飶善隸，召爲直講。」《宣和書譜·章友直傳》：「友直字伯益，閩人。工玉箸篆法。嘉祐中，與楊南仲篆石刻於國子監，時人稱之。」《宋史·藝文志》：「《楊南仲石經》七十五卷。」「按宋代石經，不大彰於世，或疑其未必成書。何當時稱述者寥寥耶？」◎歐陽《集古録·韓城鼎銘》載：楊南仲曰：「馮掖有得鼎韓城者，摹其款識於石。樂安公以南仲職典書學，命釋其字。嘉祐壬寅冬十月，太常博士知國子監書學豫章楊南仲識。」◎晁氏《讀書志》云：「後蜀石經，凡孟氏未叛，唐時所刻，於唐諱闕畫，僭位以後則不闕。」

《唐·儒學傳序》：「文宗定《五經》，鑱之石，張參等是正訛文。」按《文粹》七十二劉禹錫《國學新修五經壁記》云：「初，大曆[一]中，名儒張參爲司業，始詳定五經，書於論堂東西廂之壁。」《序》以參爲文宗時，誤矣。參所定乃書於壁，非鑱石也。[二]《舊史·文宗紀》云：「開成二年，十月癸卯，宰臣判祭酒鄭覃進《石壁九經》一百六十卷。」[三]《會要》載是年八月覆定石經字體官唐玄度《狀》：「今所詳覆，多因司業張參五經字爲準。」《藝文志》《唐書》。參有《五經文字》三卷，玄度有《九經字樣》一卷。文宗時是正訛文乃玄度，非參也。

[一] 代宗四年改元。

[二]【閻按】今關中唐時石刻張參《五經文字》具在，南渡後，榷場中無搨本，故厚齋未之見耳。【全云】深寧特謂張參作書時乃刊壁，非鑱石耳，蓋以正《儒學傳序》之謬，非不見陜本也。【又云】宋時石經，貴蜀本而賤陜本，故學宫及儲藏家皆蜀本，不特南渡後榷場無陜本也。【又云】陜本石經有《論語》，無《孟子》。陜本在金時嘗補之，但整完其殘闕，非竟失數經而補之也。陜本原無《孟子》，近日曲沃賈撫軍始補之。【又云】蜀本今難得，予僅見《毛詩》殘闕一本。【繼序按】賈撫軍名漢復，康熙七年事。

[三] 案《舊唐書·鄭覃傳》：「覃，故相珣瑜之子。長於經學，稽古守正。累遷尚書右僕射、同

平章事。開成初，奏起居郎周墀、水部員外郎崔球、監察御史張次宗、禮部員（外）郎（孔）温業等，校定《九經》文字，旋令上石。」

【元圻案】《書録解題·總集類》：「《唐文粹》一百卷。兩浙轉運使合肥姚鉉寶臣撰。鉉，太平興國八年進士第三人。」又《正史類》：「《唐書》二百卷。五代晉宰相涿郡劉昫等撰。」又《典故類》：「《唐會要》一百卷。司空平章事晉陽王溥齊物撰。」又《經解類》：「《五經文字》三卷。唐國子司業張參撰。大曆中刻石長安太學。」◎唐玄度《九經字様序表》曰：「大曆中，司業張參（撰）（掇）衆字之繆，著爲定體，號曰《五經文字》。臣今參詳，頗有條貫，傳寫歲久，或失舊規，今刪補冗漏，一以正之。又於《五經文字》本部之中，采其疑誤舊未載者，撰成《新加九經字様》一卷，凡（七）十六部、四百二十一文。」

《皇覽·冢墓記》曰：「漢明帝時，公卿大夫諸儒八十餘人，論《五經》誤失。符節令宋元上言：『秦昭王與吕不韋好書，皆以書葬。王至尊，不韋久貴，冢皆以黄腸題湊，處地高燥，未壞。臣願發昭王、不韋冢，視未燒《詩》、《書》。』」見《太平御覽》五百六十。愚謂「儒以《詩》、《禮》發冢」，《莊子》譏假經以文姦者爾，乃欲發冢以求《詩》、《書》，漢儒之陋至此！

【閻按】嘗持論此舉未行，秦、漢後遂不獲見六經全文爲終古之恨，頗爲世人所怪。◎昭襄王葬茝陽。《括地志》云在雍州藍田縣西六里。不韋冢，《皇覽》云在河南洛陽北邙道西大冢，是。《魏地形志》云在陽翟縣，恐非。

【元圻案】《史記索隱》曰：「《皇覽》，書名也。記先代冢墓之處，宜皇王之省覽，故曰《皇覽》。是魏人王象、繆襲等所撰。」◎《漢書·霍光傳》注，蘇林曰：「以柏木黄心致累棺外，故曰黄腸。木頭皆内（列）〔向〕，故曰題湊。」◎劉更生《諫成帝起昌陵疏》曰：「秦惠文、武、昭、嚴襄五王，皆大作丘壟，多其瘞藏，咸盡發掘暴露，甚足悲也。」然則昭王冢在西漢時已遭發掘矣，何因明帝時尚有此論？《皇覽》之言，似非實録。閻氏所引《皇覽》語，見《史記》裴駰《集解》。◎《莊子·外物》：「儒以《詩》、《禮》發冢，大儒臚傳曰：『東方作矣，事之（若何）〔何若〕？』小儒曰：『未解裙襦，口中有珠。』」郭象注曰：「《詩》、《禮》者，先王之陳迹也。苟非其人，道不虚行。故夫儒者乃有用之爲姦，則迹不足恃也。」

歐陽文忠公《筆説》云：「安昌侯張禹曰：『書必博見，然後識其真僞。』」當考所出。

【元圻案】歐陽公《筆説》曰：「學書當自成一家，其模仿他人，謂之奴書。安昌侯張禹曰：『書必博見，然後識其真僞。』余實見書之未博者。」◎此條似不當入《經説》。

艾軒云：「日用是根株，文字是注脚。」此即象山「《六經》注我」之意，蓋欲學者於踐履實地用功，不但尋行數墨也。

【元圻案】林艾軒《與楊龜山之孫次山書》曰：「古人之所言，皆求之日用。日用是根株，文字是注脚。須見得日用處，注脚自可曉。」◎《陸象山語録》曰：「學苟知本，《六經》皆我注脚。或問：先生何不著書？曰：《六經》注我，我注《六經》。」

虞溥《厲學》[一]曰：「聖人之道，淡而寡味，故學者不好也。及至期月，所觀彌博，所習彌多，日聞所不聞，日見所不知，然後心開意朗，敬業樂羣，忽然不覺大化之陶己，至道之入神也。學者不患才不及，而患志不立。」任子曰：「學所以治己，教所以治人。不勤學無以爲智，不勤教無以爲仁。」任子語見《太平御覽》六百十三。愚謂此皆天下名言，學者宜書以自儆。

[一]【閻按】《晉・虞溥傳》：「學徒既至，溥乃作誥以獎訓之。」「厲學」當名曰「學誥」。

【方樸山云】此「學而時習之」一章義疏。

【元圻案】《晉書・虞溥傳》：「字允源，高平昌邑人也。除鄱陽内史。大修庠序，廣招學徒，乃作誥以獎訓之云云」。又曰：「積一勺以成江河，累微塵以崇峻極，匪志匪勤，理無由濟也。諸生若絶人間之務，心專親學，累一以貫之，積漸以進之，則亦或遲或速，或先或後耳，何滯而不通，何遠而不至耶！」◎《隋書・經籍志》「道家」：「《任子道論》十卷，魏河東太守任嘏撰。」◎《金樓子・戒子》曰：「任嘏每獻忠言，輒手懷草。自在禁省，歸書不封，何其美乎！」

《文中子・王道篇》言：「聖人述史三焉，《書》、《詩》、《春秋》，三者同出於一。」陸魯望《復友生論文書》謂：「六籍之中，有經有史。《禮》、[一]《詩》、《易》爲經，《書》、《春秋》實史耳。」【原注】禹、皋陶之《賡歌》、《五子之歌》皆載於《書》，則《詩》與《書》一也。《文中子》之言當矣。

[一]《文粹》載此書，無「禮」字。

【元圻案】《唐書・隱逸傳》：「陸龜蒙，字魯望。少高放，通《六經》大義。居松江甫里。時謂江湖散人，或號天隨子、甫里先生。後以高士召，不至。」◎《唐文粹》載其《復友生論文書》曰：「記言記事，參錯前後，曰經曰史，未可定其體也。案經解則悉謂之經，區而別之，則《詩》、《易》爲經，《書》與《春秋》實史耳。」

王微之云：「觀書每得一義，如得一真珠船。」見陸農師詩注。

【元圻案】陸農師佃《和孫勉教授》詩：「仲舒玉杯足瑕纇，中散珠船不光彩。」自注云：「中散，謂王微之。」

古未有板本，好學者患無書。桓譚《新論》謂：「梁子初、楊子林所寫萬卷，至於白首。」[一]南齊沈驎士年過八十，手寫細書，滿數十篋。梁袁峻自寫書課，日五十紙。抱朴子所寫，反覆有字。《金樓子》謂：「細書經、史、《莊》、《老》、《離騷》等六百三十四卷，在巾箱中。」後魏裴漢，借異書，躬自録本，[二]其勤與編蒲緝柳一也。《國史藝文志》：「唐末益州始有墨板，多術數、字學小書。」[三]後唐詔儒臣田敏校《九經》，鏤本於國子監。國初，廣諸義疏音釋，令孔維、邢昺讎定頒布。

[一] 此條所引見《太平御覽》六百十九。

[二]【閻按】《後魏書》無裴漢，當作《後周》。

[三]【閻按】考之《册府元龜》，吴、蜀皆有之。蜀中始有板本《文選》，亦見王明清《揮麈録》。

【元圻案】《後漢書·桓譚傳》：「譚字君山，沛國相人也。初，譚著書言當世行事二十九篇，號曰《新論》，上書獻之，世祖善焉。」◎《南齊書·高逸傳》：「沈驎士，字雲禎，吴興武康人也。好學不倦，遭火，燒書數千卷。驎士年過八十，耳目猶聰明，以火故抄寫，火下細書，復成二三千卷，滿數十篋，時人以爲養身静嘿之所致也。」◎《梁書·文學傳》：「袁峻，字孝高，陳郡陽夏人。好學，家貧無書，每從人假借，必皆抄寫，自課日五十紙，紙數不登，則不休息。」◎晉葛洪《抱朴子·自敍篇》：「抱朴子者，姓葛，名洪，字稚川，丹陽句容人也。遭兵火，先人典籍蕩盡，乃負笈徒步行借，就營田園處，以柴火寫書。常乏紙，每所寫，反覆有字。」◎《金樓子·聚書篇》：「聚得細書《周易》、《尚書》、《周官》、《儀禮》、《禮記》、《毛詩》、《春秋》各一部。又使孔昂寫得《前漢》、《後漢》、《史記》、《三國志》、《晉陽秋》、《莊子》、《老子》、《肘後方》、《離騷》等，合六百三十四卷，悉在一巾箱中，書極精細。」◎《周書·裴寬傳》：「寬弟漢，字仲(賈)〔霄〕。聰敏好學。借人異書，必躬自録本。至於疹疾彌年，亦未嘗釋卷。」◎《宋史·田敏傳》：「敏，鄒平人。後唐天成中，奉詔與馬縞等同校《九經》。」◎《南史·衡陽王傳》：「蕭鈞，字宣禮。高帝第十一子。嘗手寫《五經》，置巾箱中。賀玠問曰：『殿下家自有墳索，何須蠅頭細書？』答曰：『巾箱中有《五經》，檢閱既便，且更手寫，永不忘。』諸王效之，巾箱《五經》自此始。」◎《唐書·柳仲郢傳》：「嘗手鈔《六經》，司馬遷、班固、范蔚宗史皆一鈔，魏晉及南北朝史再鈔，又類所鈔書凡三十篇，號《柳氏自備》。」◎朱子曰：「今人讀書苟簡者，緣書皆有印本多耳。東坡作《李氏山房藏書記》，彼時書猶難得。」

《春秋》正義云：「傅咸爲《七經詩》，王羲之寫。」[一]今按《藝文類聚》、《初學記》載傅咸《周易》、《毛詩》、《周官》、《左傳》、《孝經》、《論語》詩，皆四言，而闕其一。①

① 按，三箋本此句下有小注：「【全云】蓋失其《尚書》之作。」

［一二］案昭二十六年《左傳》「咸黜不端」，正義曰：「諸本『咸』或作『減』。王肅云：『咸，皆也。』傅咸爲《七經詩》，其《左傳詩》有此句。王羲之寫亦作『咸』。杜本當然。」

【集證】《初學記·文學部》載傅咸《周易詩》曰：「卑以自牧，謙尊而光。進德修業，既有典常。暉光日新，照於四方。小人勿用，君子道長。」《毛詩》曰：「無將大車，惟塵冥冥。濟濟多士，文王以寧。明允君子，大猷是經。聿修厥德，令終有俶。勉爾遯思，我言維服。盜言孔甘，其何能淑。讒人罔極，有靦面目。」《周官》曰：「惟王建國，設官分職。進賢興功，取諸易直。除其不蠲，無敢反側。以德詔爵，允臻其極。辨其可任，以告於正。掌其戒禁，治其政令。各修乃職，以聽王命。」《左傳》曰：「事君之禮，敢不盡情。敬奉德義，樹之風聲。昭德塞違，不殞其名。死而利國，以爲己榮。兹心不爽，忠而能力。不爲利諂，古之遺直。咸黜不端，勿使能植。」《孝經》曰：「立身行道，始於事親。上下無怨，不敢惡人。孝無終始，不離其身。三者備矣，以臨其民。以孝事君，不離令名。進思盡忠，不義則爭。匡救其惡，災害不生。孝悌之至，通於神明。」《論語》曰：「守死善道，磨而不磷。直哉史魚，可謂大臣。見危授命，能致其身。克己復禮，學優則仕。富貴在天，爲仁由己。以道事君，死而後已。」

【元圻案】明楊升庵曰：「此乃集句之始。」① ◎《晉書·傅咸傳》：「咸字長虞，北地泥陽人

---

① 見《丹鉛續録》卷九「七經詩集句之始」條。

也。剛簡有大節，風格峻整。好屬文論，潁川庾純常嘆曰：『長虞之文，近乎詩人之作矣。』官司隸校尉。謚曰貞。」

鄭康成注二《禮》，[一]引《易説》、《書説》、《樂説》、《春秋説》、《禮家説》、《孝經説》，皆緯候也。《河》、《洛》、七緯，合爲八十一篇。《河圖》九篇，《洛書》六篇，又别有三十篇。《七經緯》三十六篇，[二]《易緯》：[三]《稽覽圖》、《乾鑿度》、《坤靈圖》、《通卦驗》、《是類謀》、《辨終備》；《書緯》：[四]《璇璣鈐》、《考靈曜》、《刑德放》、《帝命驗》、《運期授》；《詩緯》：[五]《推度災》、《汜歷樞》、《含神務》；《禮緯》：[六]《含文嘉》、《稽命徵》、《斗威儀》；《樂緯》：[七]《動聲儀》、《稽耀嘉》、《汁圖徵》；《孝經緯》：[八]《援神契》、《鈎命決》；《春秋緯》：[九]《演孔圖》、《元命包》、《文耀鈎》、《運斗樞》、《感精符》、《合誠圖》、《考異郵》、《保乾圖》、《漢含孳》、《佑助期》、《握誠圖》、《潛潭巴》、《説題辭》。[一〇]又有《尚書中候》、《論語讖》，在七緯之外。[一一]按李尋有「五經六緯」之言，蓋起於哀、平。[一二]至光武篤信之，諸儒習爲内學。隋焚其書，今唯《易緯》存焉。正義多引讖緯。歐陽公欲取《九經》之疏，删去讖緯之文，使學者不爲怪異之言惑亂，然後經義純一。其言不果行。

[一]【閻按】二《禮》，亦謂《周禮》、《禮記》。

［二］【集證】《隋·經籍志》：「《河圖》九篇，《洛書》六篇，云自黄帝至周文王所授本文。又三十篇，云自初起至於孔子，九聖之所增演，以廣其意。又《七緯》三十六篇，並云孔子所作，合爲八十一篇。」◎《後漢·張衡傳》：「《河》、《洛》、《六藝》，篇録已定。」注引《衡集》上事云：「《河洛》五九，《六藝》四九，謂八十一篇也。」

［三］【何云】凡六。

［四］【何云】凡五。

［五］【何云】凡三。

［六］【何云】凡三。

［七］【何云】凡三。

［八］【何云】凡二。

［九］【何云】凡十三。

［一〇］以上《七經緯》，見《後漢書·方術·樊英傳》注。

［一一］【集證】《太平御覽總目》内又有《書緯·帝驗期》、《禮緯·稽命耀》、《春秋緯·命歷序》、《孝經緯·左方契》、《威嬉拒》等，皆《七緯》所無。

［一二］張衡謂圖讖成於哀、平之際。

【何云】《魏書》：「孝文帝太和元年，春正月戊寅，詔：『圖讖、秘緯及名爲《孔子閉房記》

者，一皆焚之。留者以大辟論。』」至隋而江左之緯書皆盡。

【全云】先乎魏孝文者有秦苻堅。

【元圻案】《漢書·李尋傳》：「尋字子長，平陵人。治《尚書》，好《洪範》災異，又學天文月令陰陽。曲陽侯王根厚遇尋。乃說根曰：『《書》云「天聰明」，蓋言紫宮極樞，通位帝紀，太微四門，廣開大道，五經六緯，尊術顯士』云云。」注，孟康曰：「六緯，五經與樂緯也。」◎《後漢書·張衡傳》：「初，光武善讖，及顯宗、肅宗，因祖述焉。」《桓譚傳》：「譚言讖之非經，帝大怒，曰：『桓譚非聖無法！』」◎《隋書·經籍志》：「宋大明中，始禁圖讖。及高祖受禪，禁之愈切。煬帝即位，乃發使收天下書籍，與讖緯相涉者皆焚之。自是無復其學。」◎《四庫全書》於《永樂大典》中録出《易緯》七種，附於「易類」之後，案曰：「儒者多稱『讖緯』，其實讖是讖，緯是緯，非一類也。讖者詭爲隱語，預決吉凶，《史記·秦本紀》稱盧生奏録圖書之語，是其始也。緯者經之支流，衍及旁義，《史記·自序》引《易》『失之毫釐，差之千里』，《漢書·蓋寬饒傳》引《易》『五帝官天下，三王家天下』，注者均以爲《易緯》之文是也。蓋秦、漢以來，去聖日遠，儒者推闡論說，各自成書，與經原不相比附。如伏生《尚書大傳》，董仲舒《春秋陰陽》，核其文體，即是緯書，特以顯有主名，故不能托諸孔子。其他私相撰述，漸雜以術數之言，既不知作者爲誰，因附會以神其說。迨彌傳彌失，又益以妖妄之辭，遂與讖合類，謂之内學，《河》《洛》之書，謂之『靈篇』。胡應麟亦謂『讖、緯二書雖相表裏，而實不同』，則緯與讖別，前人固已分析之。後人連類而譏，非其實也。」◎

歐陽公《請删正義中讖緯劄子》曰：「唐太宗始詔名儒，撰定《九經》之疏，號爲《正義》。然其所載既博，所擇不精，多引讖緯之書，以相雜亂，怪奇詭僻，所謂非聖之書，異乎正義之名也。臣欲乞特詔名儒學官，悉取《九經》之疏，删去讖緯之文」云云。◎《吕氏雜記》下云：「時執政者不甚主張之，事竟不行。」

朱文公《語類》謂：「五經疏，《周禮》最好，《詩》、《禮記》次之，《書》、《易》爲下。」愚考之《隋志》，王弼《易》，孔安國《書》，至齊、梁始列國學，故諸儒之説不若《詩》、《禮》之詳實。

【閻按】朱子又謂《儀禮》疏「不甚分明」。余謂《左氏》疏雖詳亦略。

【元圻案】《隋書·經籍志》：「《易》，梁、陳鄭玄、王弼二注，列於國學。齊代唯傳鄭義。至隋，王注盛行，鄭學浸微。《書》，孔安國之傳，齊建武中始列國學。梁、陳所講，有孔、鄭二家，齊代唯傳鄭義。至隋，孔、鄭並行，而鄭氏甚微。」

司馬文正公①《論風俗劄子》曰：「新進後生，口傳耳剽，讀《易》未識卦爻，已謂《十

---

①「公」，原本無，據元刊本補。

翼》非孔子之言；讀《禮》未知篇數，已謂《周官》爲戰國之書；讀《詩》未盡《周南》、《召南》，已謂毛、鄭爲章句之學；讀《春秋》未知十二公，已謂三《傳》可束之高閣。」[二]朱文公曰：「近日學者，病在好高。《論語》未問『學而時習』，便說『一貫』；《孟子》未言『梁惠王問利』，便說『盡心』；《易》未看六十四卦，便讀《繫辭》。此皆躐等之病。」

[一]【方樸山云】皇甫持正云：「讀詩未有劉長卿一句，已呼阮籍爲老兵矣；筆語未有駱賓王一字，已罵宋玉爲罪人矣；書字未識偏旁，高談稷、契；讀書未知句度，下視(伏)〔服〕、鄭。」司馬公語意本此。

【何云】温公以記誦言，朱子以爲學言。

【全云】何氏蓋溺於元人道學、儒林之陋，温公豈徒記誦者！

【元圻案】游定夫《與友人帖》曰：「不能博學詳說，而遽欲反約；不能文章，而遽欲聞性與天道，猶之欲立數仞之牆，而浮埃聚沫以爲基。絺兮綌兮而欲温，吸風飲露而欲飽，無是理矣。」

《宋·符瑞志》云：「孔子齋戒向北辰而拜，告備於天曰：『《孝經》四卷，《春秋》、《河》、《洛》凡八十一卷，謹已備矣。』」【原注】見《援神契》。是以聖人爲巫史也。緯書謬妄，而沈約取之，無識甚矣。

【何云】宏詞人乃有此言。

【集證】《太平御覽》五百四十二引《孝經援神契》云：「孔子制作《孝經》，使七十二子向北辰磬折，曾子抱《河》、《洛》事北向，孔子簪縹筆，衣絳單衣，向北辰而拜」云云。

【元圻案】《梁書·沈約傳》：「約字休文，吴興武康人也。博通羣籍，著《宋書》百卷。」

《家語》：「齊太史子餘嘆美孔子云：『天其素王之乎！』」素，空也，言無位而空王之也。董仲舒《對策》云：「見素王之文。」賈逵《春秋序》云：「立素王之法。」鄭玄《六藝論》云：「自號素王。」盧欽《公羊序》云：「制素王之道。」[一]皆因《家語》之言而失其義，[二]所謂郢書燕説也。《莊子·天地篇》云：「玄聖素王之道。」祥符中謚孔子爲「玄聖」，後避聖祖名，改「至聖」。

[一]以上諸説俱見《春秋序》正義。

[二]案正義曰：「彼子餘美孔子之深，原上天之意，故爲此言耳，非是孔子自號爲素王。先儒蓋因此而謬。」

【方樸山云】康成未見《家語》。

自漢儒至於慶曆間，[一]談經者守訓故而不鑿。《七經小傳》出[二]而稍尚新奇矣，至三經義行，視漢儒之學若土梗。[三]古之講經者，執卷而口說，未嘗有講義也。元豐間，[四]陸農師在經筵始進講義。自時厥後，上而經筵，下而學校，皆爲支離曼衍之詞，說者徒以資口耳，聽者不復相問難，道愈散而習愈薄矣！陸務觀曰：「唐及國初，學者不敢議孔安國、鄭康成，況聖人乎！自慶曆後，諸儒發明經旨，非前人所及，然排《繫辭》，[五]毁《周禮》，[六]疑《孟子》，[七]譏《書》之《胤征》、《顧命》，[八]黜《詩》之《序》。[九]不難於議經，況傳注乎！」斯言可以箴談經者之膏肓。

[一] 宋仁宗十九年辛巳改元慶曆。

[二]【何云】劉原父作。

[三]【集證】晁氏《讀書志》：「《七經小傳》三卷，劉敞原甫撰。《七經》者，《毛詩》、《尚書》、《公羊》、《周禮》、《儀禮》、《禮記》、《論語》也。元祐史官謂慶曆前學者尚文辭，多守章句注疏之學，至敞始異諸儒之說。後王安石修《經義》，蓋本於敞。公武觀原甫說『伊尹相湯』、『伐桀升自陑』之類，《經義》多剿取之，史官之言不誣。」

[四] 宋(仁)〔神〕宗十一年戊午改元元豐。

[五]【閻按】謂歐陽公永叔。

[六] 案，謂歐陽永叔，蘇軾、轍。

[七] 案，謂李覯、司馬光。

【方樸山云】甚有鄭友之《藝圃折衷》。

【全云】又有晁説之。○案，實創始於王充之《刺孟》。

［八］案，謂蘇軾。

［九］案，謂晁説之。

【全云】又有鄭樵。

【閻按】《陸佃傳》：「崇政殿説書，進講《周官》，神宗稱善，始命前一夕進稿。」孫游《渭南集》：「按《實録》，元祐五年二月，邇英（殿）閣講畢《無逸篇》，詔詳録所講以進。今後具講義次日别進。」是哲宗又嘗申命之，講義果始農師矣。

【方樸山云】農師自是學者，雖爲王氏學，而遠勝程門。

西山先生《大學衍義後序》謂「有進姦言於經幄者」。嘗以問西山之子仁甫，答云：「講《易·乾》之《文言》『知進退存亡』，爲姦言以罔上。」

【全云】時袁正肅公蒙齋言：其鄉衮老當歸政，於是小人有講「進退存亡」之説而巧留之者。

【元圻案】《真西山集》有《得聖語申省狀》曰：「某奏昨來權臣，皆是欺罔陛下，是時講筵官亦爲欺罔之言。臣記得一日講官講《易》輒爲姦言云云。臣是時深不能平，欲闢之，又恐紛争於陛下之前，有傷事體。」

秦有《誓》而《書》亡；魯有《頌》而《詩》亡；魯郊禘，秦僭畤，[一]而《禮》亡；大夫肆夏，三家雍徹，而《樂》亡。

[一]案《史記·六國表序》：「秦襄公始封爲諸侯，作西畤，用事上帝。」僭端見矣。

【何云】《秦誓》、《魯頌》，孔子存之於經，安得謂《詩》、《書》由此而亡哉！《魯頌》猶可曰孔子魯臣，不容不存，若秦，則何所回互？是未可輕於立論。

【全云】存於經者，正以見《詩》、《書》之由此而亡。

《法言·寡見篇》曰：「古之學者耕且養，三年通一經。」《藝文志》曰：「古之學者耕且養，三年而通一藝。」蓋劉歆《七略》取《法言》之語。

卷九

天道

《三五曆紀》[一]：「天去地九萬里。」見《藝文類聚》一。《淮南子·天文訓》以爲五億萬里。《春秋元命包》：「陽極於九，周天[二]八十一萬里。」《洛書甄曜度》：[三]「一度千九百三十二里。天地相去十七萬八千五百里。」[四]《孝經援神契》：「周天七衡六間，相去萬九千里[五]八百三十三里三分里之一，合十一萬九千里。從内衡以至中衡，中衡以至外衡，各五萬九千五[六]里。」見《太平御覽》一。[七]《關令内傳》：「天地南午北子，相去九千萬里；東卯西酉，亦九千萬里。四隅空相去九千萬里。天去地四十千萬里。天有五億五萬五千五百五十里，地亦如之，各以四海爲脉。」見《太平御覽》二。《論衡·説日篇》：「天行三百六十五度，積凡七十三萬里。天去地六萬餘里。」《靈憲》後漢張衡撰。：「自地至天一億萬六千二百五十里。垂天之晷，薄地之儀，皆千里而差一寸。」[八]《周髀》：「天離地八萬里。冬至之日，雖在外衡，常出極下地上二萬里。」《周禮疏》：

「按《考靈曜》『從上臨下八萬里，天以圓覆，地以方載。』《河圖括地象》：『西北爲天門，東南爲地户。天門無上，地户無下。』[九]極廣長，南北二億三萬一千[一〇]五百里，東西二億三萬三千里。』[一一]《廣雅·釋天》『天圜，南北二億三萬三千五百里七十五步，東西短，減四步。周六億十萬七百里二十五步。從地至天，億一萬六千七百八十七里半。下度地之厚，與天高等。』《天度》云：『東方七宿七十五度，南方七宿百一十二度，西方七宿八十度，北方七宿九十八度四分度之一。四方三百六十五度四分度之一。度二千九百三十二里。二十八宿閒相距，積百七萬九百一十三里，徑三十五萬六千九百七十里。』」以上皆《周禮·大司徒職》正義所引之文。[一二]《月令》正義：「《考靈曜》云：『一度二千九百三十二里千四百六十一分里之三百四十八。』[一三]周天百七萬一千里，是天圓周之里數也。以圍三徑一言之，直徑三十五萬七千里，此二十八宿周回直徑之數也。然二十八宿之外，上下東西各有萬五千里，是爲四遊之極，謂之四表。[一四]據四表之内，并星宿内，總三十八萬七千里。天之中央上下正半之處，一十九萬三千五百里，地在於中，是地去天之數也。』」安定胡先生《周易口義》云：「南樞①入地下三十六度，北樞

①「南樞」，原本作「南極」，下句「北樞」字作「北極」。今據元刊本改。按四庫本胡瑗《周易口義》及《周易義海撮要》所引正作「南樞」、「北樞」。

出地上三十六度，狀如倚①杵，此天形也。[一五]一晝一夜之閒，凡行九十餘萬里。人一呼一吸，謂之一息。一息之閒，天行八十餘里。人之一晝一夜有一萬三千六百餘息，是故一晝一夜而天行九十餘萬里。」[一六]致堂胡氏《讀史管見》謂：「天雖對地而名，未易以智識窺。非地爲[一七]有方所可議之比也。」

[一]案《唐書·藝文志》「雜史類」：「徐整《三五曆紀》二卷。」

[二]「周天」上今本有「故」字。

[三]本文有「凡周天三百六十五度四分度之一」句，不宜漏引。

[四]《後漢書·王符傳》注引《洛書甄曜度》，無「天地相去十七萬八千五百里」十二字。

[五]《太平御覽》無「里」字。

[六]據《周髀》，疑脫一「百」字。

[七]《周髀算經》：「七衡周而六閒，以當六月。節六月爲百八十二日八分日之五。」君卿注：「節六月者，從冬至至夏至日，百八十二日八分日之五，爲半歲。六月節者，謂中氣也，不盡其日也。」又曰：「是故一衡之閒，萬九千八百三十三里三分里之一，即爲百步。」君卿注：「此數夏至、冬至相去十一萬九千里，以六閒除之得矣。法與餘分皆半之。」又曰：「春分、秋分，日在中衡。春分以往，日益

①「倚」，原本作「依」，據元刊本改。

北五萬九千五百里而夏至，秋分以往，日益南五萬九千五百里而冬至。」《周髀音義》：「七衡者，七規也。謂規爲衡者，取其衡運則生規。規者，正圓之謂也。六間，兩衡相去之間也。」

〔八〕《後漢・天文志》注引張衡《靈憲》曰：「八極之維，徑二億三萬二千三百里，南北則短減千里，東西則廣增千里。自地至天，半於八極，則地之深亦如之。通而度之，則是渾已。將覆其數，用重鈎股，懸天之景，薄地之儀，皆移千里而差一寸得之。」與此文不同。王氏所引蓋據《太平御覽》。

〔九〕《周髀》注：「天不足西北，是天門；地不滿東南，是地户。」

〔一〇〕今本《周禮疏》作「三千」。《周髀》注引《括地象》亦云「三千」。

〔一一〕《周髀》注引作「二億二萬三千五百里」。

〔一二〕《廣雅》「天圜」作「天圍闊」。又案「天圍闊」至「天高」等一段，言天度也。「東方七宿」以下，言宿度也。「《天度》云」當作「《宿度》云」，王氏引正義而未正其誤。

〔一三〕【何云】句讀未詳。

【程易田云】「某分里之某」，句讀甚明白，而義門云「句讀未詳」，蓋不知古人紀數命分之句。

〔一四〕《周髀》曰：「欲知北極樞璿周四極，以夏至夜半時，北極南遊所極，冬至夜半時，北遊所極，冬至日加酉之時，西遊所極。」①

---

① 此下應補入「日加卯之時，東遊所極」一句。

［一五］《晉書·天文志上》：「吴時中常侍王蕃傳劉洪《乾象曆》，依其法而制渾儀，立論考度曰：『周天三百六十五度五百八十九分度之百四十五，半覆地上，半覆地下。其二端謂之南極、北極。北極出地三十六度，南極入地三十六度，兩極相去一百八十二度半强。』」

［一六］安定之説，《周易義海撮要》、《朱子語録》釋「天行健」取之。◎元史伯璿《論天地》云：「胡氏云『一息天行八十里』，則萬三千六百息，當有一百八萬八千里。今但云『天行九十餘萬里』，豈一時計算之未審耶？抑後人傳寫之有誤耶？」

［一七］【何云】閣校「地」下無「爲」字。

【元圻案】《隋書·經籍志》「雜傳類」：「《關令内傳》一卷，鬼谷先生撰。」◎《晉書·天文志上》：「《周髀》者，即蓋天之説也。其本庖犧氏立周天曆度，其所傳則周公受於殷商，周人志之，故曰《周髀》。」◎《四庫全書總目·天文算法類》：「《周髀算經》二卷，《音義》一卷。案《隋志》「天文類」首列《周髀》一卷，趙嬰注又一卷。甄鸞重述。是書内稱周髀長八尺，夏至之日晷一尺六寸。蓋髀者，股也，於周地立八尺之表以爲股，其影爲勾，故曰周髀。其首章周公與商高問答，實勾股之鼻祖。舊本題云『漢趙君卿注』，其《自敘》稱爽，蓋即君卿之名。然則《隋志》之趙嬰，殆即趙爽之訛歟？」◎又《小學類》：「《廣雅》十卷。魏張揖撰。揖字稚讓，清河人。太和中官博士。其書因《爾雅》舊目，博采漢儒箋注及《三蒼》、《説文》諸書，以增廣之，於揚雄《方言》亦備載無遺。隋秘書學士曹憲爲之音釋，避煬帝諱，改名《博雅》。故至今二名並稱，實一書也。」◎宋王偁《東都事略》：「胡瑗，字翼之，泰州如皋人。以布衣論樂，拜校書郎。嘉祐中遷太子中允，充天章閣侍講。以太常博士致仕。」

《河圖括地象》云：「天左動，起於牽牛；地右動，起於畢。」見《周禮·大司徒》疏。《尸子》云：「天左舒而起牽牛，地右闢而起畢、昴。」【原注】《爾雅》注：「牽牛、斗者，日月五星之所終始，故謂之星紀。」

【元圻案】《尸子》說見《太平御覽》三十七。郭璞注見《釋天》。邵氏《正義》曰：「《左傳》疏引孫炎云：『星紀，日月五星之所終始也，故謂之星紀。』郭注本孫炎。」《逸周書·周月解》云：「日月俱起於牽牛之初，右回而行，月周天進一次而與日合宿，日行月一次而周天，歷會於十有二辰，終而復始，是謂日月權輿。」《漢書·律曆志》云：「斗綱之端〔連貫營室，織女之紀〕指牽牛之初，以紀日月，故曰星紀。」

楊倞注《荀子》云：「天無實形，地之上空虛者，盡皆天也。」其說本於張湛《列子注》，謂：「自地而上，則皆天矣。故俯仰喘息，未始離天也。」

【元圻案】楊倞注見《荀子·不苟篇》。張湛注見《列子·天瑞篇》。◎陳振孫曰：「楊倞，唐大理評事。張湛，字處度，晉光祿勳。」

《黄帝書》曰：「天在地外，水在天外，水浮天而載地。」[一]又曰：「地在①太虛之中，大氣舉之。」皆見《晉書·天文志上》。道書謂：「風澤洞虛，金剛乘天。」佛書謂：「地輪依水輪，水輪依風輪，風輪依虛空，虛空無所依。」「風澤洞虛」者，風爲風輪，所謂②大氣舉之也；澤爲水輪，所謂浮天載地也。「金剛乘天」者，道家謂之「剛風」，岐伯謂之「大氣」，葛稚川名洪。云「自地而上四千里之外，其氣剛勁」者是也。[二]張湛解《列子·湯問》曰：「太虛無窮，天地有限。」朱文公曰：「天之形雖包於地之外，而其氣常行乎地之中。」則「風輪依虛空」可見矣。

[一]案葛洪釋「渾天」，亦引此三句。

[二]案《抱朴子》：「去地四千里風力猛壯，有剛風世界。」

【元圻案】魏鶴山《師友雅言》：「《黄帝書》云：『地在太虛之中，大氣舉之。』又云：『天在地外，水在天外，表裏皆水。兩儀運轉，乘氣而浮，載水而行。』又曰：『地乘氣載水，氣無涯，水亦無涯。水亦氣也。』二程（與）〔因〕康節論及六合之外，以爲『惟聞之周茂叔』者，恐是此。」◎《文苑英華》八百六十四，顧況《廣陵白沙大雲寺碑》曰：「地輪依水，水輪依火，火輪依風，風輪依

①「在」，原本闕，據元刊本補。

②「謂」，原本誤作「爲」，據元刊本改。

虛空，虛空無所依，佛體也。變佛體爲金色界，地輪是也。金色界中有香水海，水輪是也。香水海水中有光明藏，火輪是也。復有寶林，香花瀰漫，周遍佛土，風輪是也。」◎《四庫全書總目·道家類》：「《抱朴子内外篇》八卷。晉葛洪撰。抱朴子者，洪所自號，因以名書。《内篇》論神仙吐納、符籙尅治之術，《外篇》則論時政得失、人事臧否。」

《三禮義宗》：「天有四和。崑崙之四方，其氣和暖，謂之和。天道左轉，一日一夜，轉過一度。日月左行於天而轉，一日一夜，帀於四和。」愚按《周髀》云：「天地四極四和。」注謂：「四和者，謂之極。子午卯酉，得東西南北之中。」《義宗》之說本此。

【元圻案】《周髀注》：「四和者謂之極。子午卯酉得東西南北之中，天地之所合，四時之所交，風雨之所會，陰陽之所和，然則百物阜安，草木蕃庶，故曰四和。」

《白虎通·日月篇》曰：「日月徑千里。」徐整《長曆》曰：「大星徑百里，中星五十，小星三十。」見《太平御覽》七。晉魯勝《正天論》謂：「以冬至之後，立晷測影，準度日月星。按日、月裁徑百里，無千里。星十里，不百里。」未詳其說。

【元圻案】《晉書·隱逸傳》：「魯勝，字叔時，代郡人也。著《正天論》」云云。◎徐整《長曆》曰：「日月徑千里，周圍三千里，下於天七千里。」◎《顏氏家訓・歸心篇》：「一星之徑，大者百里。」

《月令》正義引《前漢・律曆志》二十八宿之度，不載四分度之一。愚謂《天度》列爲二十八宿，唯斗有餘分。《續漢志》[一]斗二十六，【原注】四分退二。[二]《晉志》斗二十六，【原注】分四百五十五。皆有餘分。唐一行《大衍曆議》謂《太初曆》，「今赤道星度，其遺法也」。《續漢志》黄道度與《前志》不同。賈逵論云：「五紀論日月循黄道，南至牽牛，北至東井，率日日行一度，月行十三度十九分度七。今史官一以赤道爲度，不與日月行同。」見《後漢書・律曆志》。而沈存中[三]《夢溪筆談》八謂「二十八宿度數，皆以赤道爲法，唯黄道度有不全度者。蓋黄道有斜有直，故度數與赤道不(同)〔等〕。」[四]蔡伯静[五]亦謂「曆家欲求日月交會，故以赤道爲起算之法。《月令》正義引赤道度，其以是歟？【原注】《淮南子・天文訓》「箕十一四分一」，與《漢》、《晉志》不同。

[一]【全云】司馬彪作。

[二]案，《後漢書》作「四分退二」。

[三]【全云】長興沈括。

〔四〕「同」，閻本作「等」，誤。①

〔五〕名淵，西山先生長子，朱子門人。

【元圻案】《前漢·律曆志》二十八宿之度：「角十二，亢九，氐十五，房五，心五，尾十八，箕十一，東七十五度；斗二十六，牛八，女十二，虚十，危十七，營室十六，壁九，北九十八度；奎十六，婁十二，胃十四，昴十一，畢十六，觜二，參九，西八十度；井三十三，鬼四，柳十五，星七，張十八，翼十八，軫十七，南百一十二度。」本不載四分度之一，故正義亦不載。◎《後漢·律曆志》：「斗二十四，牛七，女十一，虚十，危十六，室十八，壁十，北方九十六度四分一。奎十七，婁十二，胃十五，昴十二，畢十六，觜三，參八，西方八十三度。井三十，鬼四，柳十四，星七，張十七，翼十九，軫十八，南方百九度。角十三，亢十，氐十六，房五，心五，尾十八，箕十，東方七十七度。右黄道度三百六十五四分一。」與《前志》不同。《晉書·律曆志》從《後志》。◎沈括《夢溪筆談》七：「曆法步歲之法，以冬至斗建所指，至明年冬至所得辰刻衰秒，謂之斗分。故『歲』文從步、從戌。戌者，斗魁所抵也。」◎宋章俊卿《山堂考索》曰：「古人所以注意於斗分之疏密者，日月初躔、星辰之紀也。日月合朔於斗，以紀一歲之星辰。一陽生於此，萬物萌於此，律曆起於此也。」◎《唐書·曆志》僧一行《日度議》曰：「《四分》法雖疏，而先賢謹於天事，其遷革之意，俱有效於當時。故太史公

① 「同」，元刊本作「等」，胡道静《新校正夢溪筆談》亦作「等」，閻本不誤，今改回。

等觀二十八宿疏密，立晷儀，下刻漏，以稽晦朔、分至、躔離、弦望，其赤道遺法，後世無以非之。故雜候清臺，《太初》最密。」◎劉向總六曆，别是非，作《五紀論》。◎《後漢·律曆志》：賈逵論云：「其斗、牽牛、輿鬼，赤道得十五，而黄道得十三度半；行東壁、奎、婁、軫、角、亢，赤道十度，黄道八度；或月行多而日月相去反少，謂之日卻。案黄道值牽牛，出赤道南二十(五)〔四〕度，其直東井、輿鬼，出赤道北(五)〔二十四〕度。赤道者爲中天，去極俱九十〔一〕度，非日月同道，而以(摇)〔遥〕準度日月，失其實行故也。」◎《周髀算經》：「月度疾，日度遲，日月相逐於二十九日、三十日間。日行天七十二周，月行天千一十六周，及合於建星。」◎《山堂考索》曰：「赤道，天度也。黄道，日度也。東漢以前，黄道、赤道之度混而爲一，班《志》之所紀者是也。東漢以後，始分爲二，故赤道之度差多，黄道之度差少，范《志》、一行之所紀者是也。」◎《書録解題·正史類》：「《後漢志》三十卷。晉秘書監河内司馬彪紹統撰，梁剡令平原劉昭宣卿補注。蔚宗本書，未嘗有志，劉昭所注，乃司馬彪《續漢書》之八志爾。序文固云『范志今闕，乃借舊志注以補之』，其與范氏紀傳，自别爲一書。其後紀傳孤行，而志不顯。乾興初，孫奭始建議校勘，但云補亡、補闕，而不著其爲彪書也。」

日右轉，星左轉，約八十年差一度。漢文帝三年甲子，冬至，日在斗二十二度。唐興元[一]元年甲子，冬至，日在斗九度。九百六十一年差十三度。見李肇《國史補》。[二]裴冑問董生云：「(正)〔貞〕觀[三]三年己丑，冬至，日在斗十二度。每六十年餘差一度。此李淳風之説也。漢太初[四]元年丁丑，冬至，日在斗二十度。至慶曆甲申，《崇天曆》冬至，日在斗五度八十四分。每八十五年退一度。【原注】每年不及者一分差。見《武經總要》。歲差之説不同。」賈逵云：「古曆冬至日在建星，即今斗星。見《後漢·律曆志》。《太初曆》冬至日在牽牛初。」何承天《上新曆法表》云：「堯冬至日在須女十度，《太初曆》冬至日在牽牛初四分，《景初曆》在斗二十一。」祖沖之《請改元嘉曆疏》云：「漢初用秦曆，冬至日在牛六度。太初曆日在牛初，《四分法》日在斗二十二。晉姜岌以月蝕，[五]知冬至在斗十七，今參以中星，課以蝕望，冬至日在斗十一。通而計之，未盈百載，所差二度。」以上見《宋書·曆志下》。沈存中云：「《顓帝曆》冬至日宿斗初，今宿斗六度。《堯典》日短星昴，今日短星東壁。」

[一] 德宗五年改元興元。

[二] 案，今本《國史補》三卷中無此條。

[三] 「貞觀」作「正觀」，避宋諱。

[四] 武帝三十七年改元太初。

[五] 案《宋書·志》、《南齊書·祖沖之傳》：「月蝕」下俱有「檢日」二字，當補入。

【元圻案】《前漢·律曆志》注，晉灼曰：「賈逵論《太初曆》冬至日在牽牛初者，牽牛中星也。古曆皆在建星。建星即斗星也。《太初曆》四分法在斗二十六度。史官舊法，冬、夏至常不及《太初曆》五度。《四分法》在斗二十一度，與行事候法天度相應。」◎《夢溪筆談》七：「正月寅，二月卯，謂之建，其説謂斗杓所建。不必用此説。但春爲寅、卯、辰，夏爲巳、午、未，理自當然，不須因斗建也。緣斗建有歲差，蓋古人未有歲差之法。《顓帝曆》：『冬至日宿斗初。』今宿斗六度。古者正月斗建寅，今則正月建丑矣。又歲與歲合，今亦差一辰。《堯典》曰：『日短星昴。』今乃日短星東壁。此皆隨歲差移也。」◎《山堂考索》曰：「歲差之説，有以四十五年差一度者，宋之《大明曆》是也。有以百八十六年差一度者，梁《虞劆曆》是也。有以百八十二年差一度者，梁祖沖之《大同曆》是也。有以八十四年差一度者，唐開元之《大衍曆》是也。虞喜謂五十年差一度，何承天謂百年差一度，皆未得其實。宋朝《紀元曆》以七十八年差一度，最爲密率。」◎《朱子語類》曰：「天行至健，一日一夜一週天，必差過一度。日稍遲一度，月又遲十三度有奇。天只管差過，故曆法亦只管差。堯時昏旦星中於午，《月令》差於未，漢、晉以來又差，今比堯時似差及四分之一。古時冬至日在牽牛，今卻在斗。」◎明王可大《象緯新篇》曰：「漢自鄧平改曆之後，洛下閎謂八十年後當差一度。當時史官考諸上古中星，知《太初曆》已差五度，而閎未究。至晉虞喜始覺其差，乃以天爲天，歲爲歲，立差法以追其變而算之，約以五十年日退一度，然失之太過。宋何承天倍增其數，以百年退一度，而又不及。至劉焯取二家中數，以七十五年爲近之，然亦不甚密。至唐僧一行，乃以《大衍曆》推之，得八十三年而差一度。自唐以來，曆家皆宗其法。然猶未也。至元朝郭守敬算之，約六十六年而差，算已往減一算，算將來加一算，而歲差始爲精密。」◎《四庫全書總目·小説類》：「《唐國史補》三卷。唐李肇撰。

其官尚書左司郎中時所作也。歐陽修作《歸田録》，自稱以是書爲式。」◎晁氏《讀書後志·兵類》：「《武經總要》四十卷。曾公亮、丁度撰。康定中，朝廷恐羣帥昧古今之學，命公亮采古兵法，及本朝計謀方略，凡五年奏御。制度五卷，邊防五卷，故事十五卷，占候五卷。」◎《宋書·何承天傳》：「承天官廷尉，考定《元嘉曆》。」◎《南齊書·祖沖之傳》：「字文遠，范陽薊人也。宋元嘉中用何承天所制曆，比古十一家爲密，沖之以爲尚疏，乃更造新法。永明中遷長水校尉。」

信都芳曰：「渾天覆觀，以《靈憲》爲文；蓋天仰觀，以《周髀》爲法。」劉智謂：「黄帝爲蓋天，顓頊造渾儀。」見《隋書·天文志》。《春秋文曜鉤》謂：「帝堯時，羲和立渾儀。」見《晉書·天文志》。而本朝韓顯符《渾儀法要序》以爲伏羲立渾儀。未詳所出。

【元圻案】《北史·藝術傳》：「信都芳，字玉琳，河間人也。少明算術。著《樂書》、《遁甲經》、《四術周髀宗》。其序曰：『蓋器測影而造，渾器量天而作。渾天覆觀』云云。」◎《晉書·天文志》：「《蔡邕〔所〕謂《周髀》者，即蓋天之説也。《周髀》家云：『天員如張蓋，地方如碁局。天旁轉，如推磨而左行，日月右行，隨天左轉，故日月實東行，而天牽之以西没。』」又曰：「順帝時，張衡制渾象。至吴王蕃依其法而制渾儀，立論考度曰：『前儒舊説，天地之體，狀如鳥卵，天包地外，猶殼之裹黄也；周旋無端，其形渾渾然，故曰渾天也。周天三百六十五度五百八十九分度之百四十五，半覆地上，半在地下。其二端謂之南極、北極。』」◎《開元占經》：「晉劉智論天曰：或問云：『顓頊造渾儀，黄帝爲蓋天。蓋天以天象笠，極在其中，日月以遠近爲晦明。渾儀以天裹地，地載以氣，天以回轉，而日月出入，以爲晦明。二説其誰得之？』劉智曰：『昔者聖王治曆明時，作圓蓋以圖列宿，極在於中，回之以見天象。分三百六十五度四分度之一，以定日數。日行於星紀，轉回右行，故圖規之以爲日行道。欲明其四時所在，故於春也則以青爲道，於夏也則以赤爲道，於秋也則以白爲道，於冬也則以黑爲道，四季之末各十八日，則以黄爲道。蓋圖已定，仰觀雖明，而未可正昏明，分晝夜。故作渾儀以象天體，亦以極爲中，而朱規爲赤遊，周環去極九十一度有奇。考日所行，冬夏去極遠近不同，故復畫爲黄道，夏至去極近，冬至去極遠，二分之際，交於赤道。二道有表裏，以定星宿之進退，爲術乃密。』」◎《宋書·天文志》：徐爰曰：「王蕃云：『渾儀，羲和氏之舊器。』」◎《晉書·劉寔傳》：「寔弟智，字子房，以儒行稱。平原管輅嘗謂人曰：『吾與劉潁川兄弟語，使人神思清發。』」◎《唐書·藝文志》：「劉智《正曆》四卷，薛夏訓。」◎《夢溪筆談》（七）〔八〕：「司天監銅渾儀，景德中曆官韓顯符所造。」◎《玉海》四：「至道中，韓顯符上《渾儀法要》十卷，《序》『伏羲立渾儀』云云。」

《後漢·天文志》：「黄帝始受《河圖》，鬭苞授①規日月星辰之象，〔一〕故星官之

① 按《河圖鬭苞授》爲緯書，此處從王氏文義標點。實際標點應是「黄帝始受《河圖鬭苞授》，規日月星辰之象」。

書自黄帝始。」《隋志》云爾。閼苞似是人名氏，當考。

［二］案，宋羅泌《路史》引此文，「日月」上有「正」字，文義較明。

【全云】《河圖閼苞》恐是緯書名目，故曰「受」。深寧疑爲姓名者非。

【集證】按劉恕《通鑑外紀》：「帝既受《河圖》，得其五要，乃設靈臺，立五官，以敍五事，命鬼臾蓲占星，閼苞授規正日月星辰之象，於是乎有星官之書。命羲和占日，尚儀占月，車區占風。」①閼苞與鬼臾蓲等並稱五官，其爲人名氏可知。或曰：閶苞受，《河圖》篇名，見《文選》石正容《與孫皓書》注，志蓋誤「閶」爲「閼」也。

【元圻案】孫子荆爲石苞《與孫皓書》，注引《河圖閶苞受》曰：「帝感苗裔出應期。」

刻之長短，由日出之蚤晚；景之長短，由日行之南北。【原注】此語蓋出於方氏《禮記解》。

《觀象賦》，後魏張淵撰。【原注】見《後魏書》。《初學記》云宋張鏡，非也。

【方樸山云】唐人避諱耳。

【元圻案】《魏書·藝術傳》：張淵，不知何許人。明占候，曉内外星分。嘗著《觀象賦》，其

① 以上應是《路史》文，《通鑑外紀》無此文。

辭載本傳。賦敘略曰：「歲次析木之津，日在翼星之分，閶闔晨鼓而蕭瑟，流火夕曛以摧頹。乃仰觀太虛，縱目遠覽，遂援管而爲賦。」◎《北史·藝術傳》作張深。《文選》謝莊《月賦》注引之，作張泉。蓋皆避唐高祖諱。

《大象賦》，《唐志》《藝文志》「天文家」謂黃冠子李播撰。李台《集解》：「播，淳風之父也。」今本題楊炯撰，畢懷亮注。《館閣書目》題張衡撰，李淳風注。薛士龍書其後曰：「專本巫咸星贊，旁覽不及《隋書》，時君能致之[一]蘭臺，[二]坐臥渾儀之下，其所論著，何止此耶！」愚觀賦之末曰：「有少微之養寂，無進賢之見譽。恥附耳以求達，方卷舌以幽居。」則爲李播撰無疑矣。播仕隋高祖時，棄官爲道士，時未有《隋志》，非「旁覽不及」也。張衡著《靈憲》，楊炯作《渾天賦》，見《唐文粹》四。後人因以此賦附之，非也。

[一]「之」，閣本作「諸」。

[二]薛集「蘭臺」上有「芸閣」二字。

【元圻案】李播《大象賦》曰：「卷舌列天讒之表，附耳屬天高之隅。天高望氣，天讒備巫。卷舌安其寂(然)〔默〕，附耳矜其諂諛。」又曰：「長(坦)〔垣〕崇司城之備，少微彰處士之懿。」又曰：「虎賁之徵猛士，進賢之訪幽人。」◎《史記·天官書》：「廷藩西有隋星五，曰少微，士大夫。」《索隱》：「宋均云：隋，謂垂下也。」◎《天官書》又曰：「畢爲罕車，其大星旁小星爲附耳。附耳搖動，有讒亂臣在側。」◎《晉書·天文志》：「平道西一星曰進賢，主卿相舉逸才。卷舌一星，在昴北，主口語，以知佞讒也。曲，吉。直而動，天下有口舌之害。」◎《唐書·方伎傳》：「李淳風，岐州雍人。父播，仕隋高唐尉，棄官爲道士，以論撰自見。」◎蕭山王宗炎曰：「『卷舌列天讒之表』，是臚賦列星。其末云：『有少微之養寂，無進賢之見譽。參器府之樂肆，掌貫索之刑書。恥附耳之求達，方卷舌以幽居。且扃扉而絕駟，奈臨河而羨魚。』則其自敍生平。蓋嘗官協律及典獄之職者。」◎薛士龍季宣《書大象賦後》文，見《浪語集》二十七，原文似多脱誤。

《步天歌》，《唐志》《藝文志》「天文家」謂「王希明丹元子」。今本「司天右拾遺内供奉王希明撰，喬令來注」。《二十八舍歌》、《三垣頌》、《五行吟》總爲一卷。鄭漁仲曰：「隋有丹元子，隱者之流也，不知名氏，作《步天歌》，句中有圖，言下見象。王希明纂《漢》、《晉志》釋之。」然則王希明、丹元子蓋二人也。

【元圻案】鄭樵《六經奥論·天文總辨》曰：「《步天歌》，《唐書》以爲王希明作，而實非也。隋有丹元子，隱士之流也，作其歌，没其名。至唐王希明，則引漢、晉二《志》以釋之。是書一出，漢、晉二《志》號爲精天文者，皆未足以盡天文，何也？蓋古今《天文志》徒有星形，而遠近未得其信。如《步天歌》，則句中有圖，言下見象，不知休祥而深知休祥者。」◎《讀書志》曰：「或云王希明自號丹元子。」《書録解題》載：「《聿斯歌》一卷。青蘿山布衣王希明撰，不知何人。」又似未嘗官拾遺供奉。

沈約《宋志》：「五星聚者有三：周將伐殷，聚房；齊桓將霸，聚箕；漢高入秦，聚東井。周、漢以王，齊以霸。」見《天文志》。襄陵許氏[一]謂：「恒星不見，星隕如雨，齊桓之祥也。沙鹿崩，晉文之祥也。桓將興而天文隳，文欲作而地理決，王道之革也。」

[一] 名翰，字崧老。

【全云】果爾，則天固不以爲祥也。

【元圻案】許氏之説，吕本中《春秋集解》取之。注已見卷六第十七頁①。

後漢永建初，[二]李郃上書曰：「趙有尹史，見月生齒齕畢大星，占有兵變。趙君曰：『天下共一畢，知爲何國也？』下史於獄。其後公子牙謀殺君，如史所言。」【原注】《天文志》注：《李氏家書》。按太史公《天官書》：「昔之傳天數者，趙尹皋。」又謂：「皋、唐、

① 見卷六「齊桓之將興」條注（頁七四七）。

甘、石，因時務論其書傳。」尹史，即尹皋[二]也，其占驗僅見於此，《趙世家》不載。

[一] 永建，順帝初元。

[二] 閻本脱下「尹」字。

【何云】五條以抄本補。

【元圻案】《史記·趙世家》無公子牙，考《世家》武靈王立，五國相王，趙獨否，令國人謂己曰君。二十七年，立王子何以爲王，封長子章爲代安陽君。章素侈，心不服其弟所立。公子章即以其徒與田不禮作亂。今稱「趙君」，其即武靈歟？然則「公子牙」或即「公子章」之誤也。◎《後漢書·天文志》注「《古今注》：『永建元年，二月甲午，客星入太微。五月甲子，月入斗。』《李氏家書》曰：『時天有變氣，李郃上書諫』云云。」案袁宏《後漢紀》，順帝永建元年正月，司徒李郃以疾疫策罷，不得有上書事。蓋《家書》傅會之説。◎《後漢書·方術傳》：「李郃，字孟節，漢中南鄭人也。通五經，善河洛風星。元初四年，代袁敞爲司空。北鄉侯立，復爲司徒。郃子固，已見前傳。」◎郃果有上書事，本傳亦不容不載。

星家有甘、石、巫咸三家。[一]太史公《天官書》謂「殷商，巫咸」，考之《書》「伊陟贊於巫咸，作《咸乂》四篇」，《書序》文。又曰：「在太戊，巫咸乂王家。」孔安國云：「巫，氏也。」《君奭》注。馬融謂「殷之巫也」，[二]鄭康成謂「巫官」，孔穎達云：「咸、賢父子並爲大臣，必不世作巫官，言『巫，氏』是也。」俱《咸乂序》正義文。《後漢・天文志》乃云「湯則巫咸」，當以《書》爲正。【原注】《史記正義》：「巫咸，吳人，今蘇州常熟縣西海隅山①上有巫咸、巫賢冢，并識之，以廣異聞。」郭璞《巫咸山賦序》：「巫咸以鴻術爲帝堯之醫。」此又一巫咸也。

［一］案《天官書》集解：徐廣曰：「甘公名德也，本是魯人。」《正義》曰：「《七録》云：戰國時作《天文星占》八卷。」「石申，魏人，戰國時作《天文》八卷也。」

［二］【集證】陸氏《釋文》馬融云：「巫，男巫名。咸，殷之巫也。」

【全云】周以前，巫官非細職，蓋重、黎之流，周以後始賤之。

【集證】郭璞賦載《藝文類聚・地部》。◎《隋志》：「梁有石氏、甘氏《天文占》各八卷，巫咸《五星占》一卷。」◎《日知録》：「據《尚書》及孔傳，則巫咸之爲商賢相明矣。而後之言天官者宗焉，言卜筮者宗焉，言巫鬼者宗焉。言天官則《史記》所謂『殷商，巫咸』是也。言卜筮則《吕氏春秋》所謂『巫咸作筮』是也。言巫鬼則《莊子》所云『巫咸袑曰，來』，《楚辭・離騷》所云『巫咸將夕降兮，懷椒糈而要之』，《史記》所云『巫咸之興自此始』。《索隱》曰：「太史公以巫咸是殷臣，以巫接神，事太戊，使禳桑穀之災，故云然。」②許氏《説文》所云『巫咸初作巫』，又『其死而爲神』，則秦《詛楚文》

①「山」字原本闕，據元刊本補。

②「索隱曰」云云，原本作正文，按在《日知録》中實爲顧氏原注，今變小字以別於正文。

所云『不顯大神巫咸』是也。」

《莊子·大宗師》言：「傅説乘東維，騎箕尾，而比於列星。」古賦有云：「傅説奉中闈之祠。」[一]注云：「傅説一星，在尾北後河中，蓋後宮女巫也。」[二]説爲商良相，豈爲後宮女巫祈子而禱祠哉！此天官之難明者也。

[一]案李播《大象賦》：「天江爲太陰之主，傅説奉中闈之祠。」

[二]今本云「苗爲注」。

【何云】「祠傅説」可對「奉姜嫄」。

【全云】此猶近世以張仲爲司命而主科名之説也。

【元圻案】①◎《通志·天文略一》：「傅説一星，在尾後河中。謹按傅説一星，惟主後宮女巫禱祠求子之事。謂之傅説者，古有傅母，有保母，傅而説者，謂傅母喜之也。今之婦人求子，皆祀婆神，此傅説之義也。偶商之傅説與此同音。諸子百家，更不詳審其義，則曰『傅説騎箕尾而出』，殊不知箕尾專主後宮之事，故有傅説之佐焉。」

① 「元圻案」，原本無，據文例補。

《春秋繁露·天地之行篇》云：「天不剛則列星亂其行，君不堅則邪臣亂其官。故爲天者務剛其氣，爲君者務堅其政。」丁鴻《日食封事》：「天不可以不剛，不剛則三光不明；王不可以不强，不强則宰牧縱横。」其言出於此。

【元圻案】《後漢書·丁鴻傳》：「鴻字孝公，潁川定陵人也。肅宗詔鴻與諸儒論定《五經》同異於北宫白虎觀。時人嘆曰：『殿中無雙丁孝公。』和帝四年，代袁安爲司徒。是時竇太后臨政，憲兄弟各擅威權。鴻因日食上封事。」其辭具載本傳。「書奏，帝以鴻爲太尉，兼衛尉，屯南北宫。於是收竇憲大將軍印綬，憲及諸弟皆自殺。」

元祐末，日食不盡如鉤。[一]元符末，日食正陽之朔。[二]此皆有陰慝見於祲象，志壹之動氣也。

[一]案，《哲宗紀》在元祐九年三月，是年改元紹聖。

[二]在元符三年四月朔，哲宗之十五年也。

元祐七年，三月望，月食既。王巖叟言：「《漢·曆志》①：『月食之既者，率二十三

① 此指《後漢書·律曆志》。

食而復既。』按元豐[一]八年八月望，食之既，今未及二十三食[二]而復既，則是不當既而既也。」愚謂月食之既，猶儆戒如此，況日食乎？

[一] 神宗十一年戊午改元元豐。

[二] 神宗十一年戊午至哲宗元祐七年壬申，凡十五年。

【元圻案】《宋史·王巖叟傳》：「巖叟字彦霖，大(明)〔名〕清平人。仁宗初置明經科，巖叟十八，鄉舉、省試、廷對皆第一。元祐六年，拜樞密直學士、簽書院事。司馬光稱之曰：『吾寒心栗齒，憂在不測，公處之自如，至於再三，或累十數章，必行其言而後已。』」月食之疏，本傳不載，此條可補《宋史》之闕。

《素問》：《太始天元册文》有「九星」之言。①王冰[一]注云：「上古世質人淳，九星垂明，中古道德稍衰，標星藏曜，故星之見者七焉。九星謂天蓬、天芮、天衝、天輔、天禽、天心、天任、天柱、天英，此蓋從標而爲始，遁甲式法，今猶用焉。②」《楚辭》劉向《九嘆》云：「訊九鬿【原注】音祈。與六神。」注：「九鬿，謂北斗九星也。」王

---

① 「素問太始天元册文有九星之言」十三字，元刊本作「醫書《素問》之中，亦嘗有九星之言」。

② 「遁甲式法今猶用焉」八字，元刊本作「所謂九星者此是也」。

逸注。《補注》謂：「北斗七星，輔一星，在第六星旁，又招摇一星，在北斗杓端。《北斗經疏》云：『不止於七，而全於九，加輔、弼二星故也。』」洪興祖補注。[二]與《素問注》不同。《曲禮》「招摇在上」注：「招摇星，在北斗杓端，主指者。」正義引《春秋運斗樞》云：「北斗七星，第一天樞，[三]第二旋，[四]第三機，[五]第四權，第五衡，[六]第六開陽，[七]第七摇光。[八]摇光則招摇也。」《淮南子·時則訓》注：「招摇，斗建也。」《楚辭補注》以招摇在七星之外，恐誤。【原注】徐整《長曆》曰：「北斗七星間相去九千里，皆在日、月下。其二陰星不見者，相去八千里。」

[一]【閻按】「冰」當作「砅」。砅，古「厲」字。

[二]案《宋史·天文志》：「輔星在每六星左，弼星在第七星右。」

[三]《廣雅》「一曰樞」。

[四]《星經》作「璇」。《晉書·天文志》：「二曰天璇。」

[五]《星經》、《晉志》俱作「璣」。

[六]《晉志》：「五曰玉衡。」

[七]《星經》作「闓陽」。

[八]《星經》作「瑶光」。

【閻按】王砅見杜詩，即「我之曾祖姑，爾之高祖母」一首也。砅，肅宗寶應時人，自號啓玄子，首注《素問》八十一篇者。精於醫。《唐人物志》云：「王砅，仕至太僕令。年八十餘，以壽終。」近杜注都遺此。◎〔馬半查云〕①：「《素問》《太始天元册》（問）〔文〕有『九星』之言」，元板作「醫書《素問》之中亦嘗有『九星』之言」，又「從標而爲始」下，元板缺「遁甲式法，今猶用焉」八字，多「所謂九星者此也」七字。

【元圻案】《素問·天元紀大論六十六》：鬼臾區曰：「臣積考《太始天元册》文曰：『太虛寥廓，肇基化元，萬物資始，五運終天。布氣真靈，總統坤元，九星懸朗，七曜周旋。』」〔注曰：〕「九星，上古之時也。上古世質人淳，歸真返樸，九星懸朗，五運齊宣。中古道德稍衰云云，今猶用焉。」◎此條改「懸朗」作「垂明」，避宋諱也。◎《四庫全書總目·醫家類》：「《黄帝素問》二十四卷。唐王砅注。《漢志》載《黄帝内經》十八篇，無《素問》之名。後漢張機《傷寒論》引之，始稱《素問》。晉皇甫謐《甲乙經序》稱《針經》九卷，《素問》九卷，皆爲《内經》，與《漢志》十八篇之數合。冰名見《新唐書·宰相世系表》，稱爲京兆府參軍。晁公武《讀書志》作王砅。杜甫集有《贈重表姪王砅詩》，亦復相合。然《唐》、《宋志》皆作冰，而世傳宋槧本亦作冰字，或公武因杜甫詩而誤？」◎《漢書·天文志》：「北斗七星，用昏建者杓。杓端有兩星：一内爲矛，招摇；一外爲盾，天蜂。」注，孟康曰：「近北斗者招摇，招摇爲天矛。」《石氏星經》：「招摇星在梗河

---

① 「馬半查云」，原本無，據三箋本補。

北，入氐二度，去北辰四十一度。」據此，則洪氏以招摇在七星之外，實有所本。◎錢氏《養新録》十七：「按《説文》無『𩲡』字，當爲『魁』之訛。古書『斗』爲『斤』，與『斤』相似，因誤爲『𩲡』，并讀如祈音，失其義矣。北斗九星，魁居其首，故有九魁之稱。」

王介甫云：「雲，陰中之陽；風，陽中之陰。」朱文公《語類》云：「緯星，陰中之陽；經星，陽中之陰。」按《素問·天元紀大論》：「天有陰陽，地亦有陰陽。故陽中有陰，陰中有陽。」

【元圻案】《素問》曰：「清陽爲天，濁陰爲地。地氣上爲雲，天氣下爲雨。」◎《漢·天文志》：「風，陽中之陰，大臣之象也。」◎《埤雅》：「雲陽而出於陰，風陰而出於陽。」蓋祖荆公之説。◎《周禮·大宗伯》疏：「二十八宿隨天左轉爲經，五星右旋爲緯。」◎《素問·天元紀大論》：「鬼臾區曰：『寒暑燥濕風火，天之陰陽也。三陰三陽，上奉之。木火土金水，地之陰陽也，生長化收藏，下應之。天以陽生陰長，地以陽殺陰藏。天有陰陽，地亦有陰陽』云云。」

顔之推《歸心篇》、《顔氏家訓》之第十六篇。孔毅父[一]《星説》，亦倣屈子《天問》之意。然《天問》不若莊子《天運》之簡妙。巫咸祒之言，不對之對，過柳子《天對》矣。【原注】傅玄《擬天問》，見《太平御覽》。

〔二〕【全云】武仲。

【元圻案】《莊子·天運》曰：「『天其運乎？地其處乎？日月其争於所乎？孰主張是？孰綱維是？孰居無事推而行是？意者其有機緘而不得已邪？意者其運轉而不能自止邪？』巫咸袑曰：『來！吾語女。天有六極五常，帝王順之則治，逆之則凶。九洛之事，治成德備，監照下土，天下(載)〔戴〕之，此謂上皇。』」◎《書録解題》：「《清江三孔集》四十卷。中書舍人新淦孔文仲經父、禮部侍郎武仲常父、户部郎中平仲毅父撰。先聖四十八世孫。黄太史頌當時人才，有曰『二蘇聯璧，三孔分鼎』。」《四庫書》著録。◎柳宗元《天對》，見本集。◎毅父，平仲之字。全注誤。

古詩「黄姑織女時相見」之句，此所云黄姑，即河鼓也，吴音訛而然。〔一〕

〔一〕此條乃宋張邦基《墨莊漫録》語。

【方樸山云】李義山自注其詩，引古詩云：「王姑阿母時相見。」

【全云】黄姑星，牽牛星之别名。《爾雅》以河鼓星爲牽牛，非是。

【集證】《藝文類聚》載古歌云：「東飛伯勞西飛燕，黄姑織女時相見。」

【元圻案】周密《癸辛雜識》：「七夕牛女渡河之事，古今之説多不同。非惟不同，而二星之名莫能定。《荆楚歲時記》云：『黄姑織女時相見。』太白詩云：『黄姑與織女，相去不盈尺。』是皆以牽牛爲黄姑。然李後主詩云：『迢迢牽牛星，杳在河之陽。粲粲黄姑女，耿耿遥相望。』則又以織女爲黄姑，何耶？又《歲時記》又以黄姑即河鼓，《爾雅》則以河鼓爲牽牛。《晉・天文志》云：『河鼓三星，即天鼓也。牽牛六星，天之關〔梁〕，又謂之星紀。』又云：『織女三星，在天紀東端，天女也。』《漢・天文志》又謂：『織女，天之貞女。』其説皆不一。」◎案《爾雅・釋天》：「星紀斗，牽牛也。」又曰：「河鼓謂之牽牛。」邵氏《正義》曰：「此所以别於星紀之牽牛也。」然則《爾雅》蓋謂河鼓亦名牽牛，非以河鼓爲即星紀之牽牛。謝山於此似未詳考。石氏《星經》織女三星、河鼓三星圖皆作鼎足形。或以河鼓爲織女，蓋因星象之似而誤，以河鼓爲牽牛，蓋因不詳審《爾雅》，而誤。河鼓、黄姑，語之轉耳。

《黄帝風經》曰：「調長祥和，天之善[一]風也。折揚奔厲，天之怒風也。」【原注】見《御覽》。[二]**《周官・小祝》：「寧風旱。」**《春官》之屬。**漢代田之法能風與旱。此昌黎所以訟風伯也。**

[一]【集證】《御覽》「善」作「喜」。

[二]案《埤雅》引之，「長」作「暢」，兩「風」字俱作「氣」。

【元圻案】《春官・小祝》：「掌小祭祀，逆時雨，寧風旱。」◎《漢書・食貨志》：「以趙過爲搜粟都尉。過能爲代田，一畮三甽。歲代處，故曰代田，古法也。」又曰：「比盛暑，隴盡而根深，能風與旱，故薿薿而盛也。」◎韓文公《訟風伯》曰：「維兹之旱兮，其誰之由？我知其端兮，風伯是尤。」

《太平御覽》以五色雲列於咎徵。宋景平元年，有雲五色如錦，而徐羨之廢帝。[一]韓魏公五色雲見之事，不見於國史，疑《家傳》之增飾也。

[一]【集證】《宋書·符瑞志》：「少帝即位，景平元年四月，有五色雲見西方。」《御覽》八百七十七《咎徵部》「五色雲」，引《宋書》曰：「前廢帝景平元年，有雲五色如錦。其年五月，司空徐羨之廢帝爲榮陽王。」

【何云】此條從閻氏所得鈔本增。

【元圻案】晁氏《讀書志》：「《韓魏公家傳》十卷。韓忠彦撰，録其父琦平生行事。」◎《家傳》曰：「天聖五年，仁宗初臨軒試進士，琦名在第二。時唱名第一甲方終，太史奏日下有五色雲見。」◎是年第一人王堯臣。

《龍城録》「月落參横」之語，《容齋隨筆》辨其誤。然古樂府《善哉行》云：「月没參横，北斗闌干。親交在門，忘寢與餐。」[一]見《太平御覽》四百十。《龍城録》語本此，而未嘗考參星見之時也。

[一]何本作「滄」。

【何云】元本「龍城」一條不連刻，前空三行。

【全云】《龍城録》托名柳子厚作。

【集證】《書録解題》：「《龍城録》一卷，柳宗元撰。龍城，謂柳州也。羅浮梅花夢事出其中。《唐志》無此書，蓋依托也。」◎《容齋隨筆》十：「今人梅花詩詞，多用『參横』字，蓋出柳子厚《龍城録》所載趙師雄事。然此實妄書，或以爲劉無言所作也。其語云：『東方已白，月落參横。』且以冬半視之，黄昏時參已見於丁，至夜則西没矣，安得將旦而横乎？秦少游詩：『月落參横畫角哀，暗香（浮）〔消〕盡令人老。』承此誤也。唯東坡云：『紛紛初疑月挂樹，耿耿獨與參横昏。』乃爲精當。老杜有『城擁朝來客，天横醉後參』之句，以全篇考之，蓋初秋所作也。」

《天經》，紹興三十年[一]王及甫上。[二]朱文公謂：「類集古今言天者，極爲該備。」

[一]【闇按】高宗在位三十四年庚辰。

[二]【闇按】及甫，同州進士。

【元圻案】《書録解題·曆象類》：「《天經》十九卷。同州進士王及甫撰進。不知何人。」◎《玉海》三云：「詔秘省勘詳，其人洞曉星曆，令與特奏召試。」◎朱子《答蔡伯静書》云：「《天經》論撰甚詳悉，亦甚不易。但回互蓋天頗費力。」

星始則見於辰，終則伏於戌。自辰至戌，正於午，中於未。《堯典》舉四時之正，以午爲中。《月令》舉十二時之中，以未爲中。【原注】以火星論之，以午爲正。故《堯典》言「日永星火，以正仲夏」。以未爲中，故《月令》言「季夏昏火中」。至申爲流，故《詩》曰「七月流火」。以辰爲見，以戌爲伏，故《傳》曰「火見於辰，火伏而蟄者畢」。諸星亦然。《詩·定之方中》亦以十月中於未也。朱子曰：「堯時昏旦星中於午。《月令》差於未，漢、晉以來又差。今比堯時似差及四分之一。」

【元圻案】此條正文及注，皆取鄭樵《六經奧論·中星辨》之文，朱子説則王氏所續。◎鄭氏《中星辨》云：「言天文者，以斗建，以昏中，皆定戌時。如此則《六經》之書，凡言『見』者，見於辰也；凡言『正』者，正於午也；凡言『中』者，中於未也；凡言『流』者，流於申也；凡言『伏』者，伏於戌也。中星之説，雖經傳無明文，要之其説有二。有正於午者謂之中，有中於未者謂之中。《堯典》四仲迭建之星，則以午爲中，《月令》昏旦之星，則以未爲中。以午爲中者，謂人君南面而聽天下，考中星以正四時，故以午爲中。若以論星辰之出没，則又不然。天傾西北，地不滿東南。天勢東南高而西北下，凡星辰之運，始則見於辰，終則伏於戌，自辰至戌，正於午，中於未焉，故以未爲中。且以火星論之，維其以午爲正，故《堯典》言『日永星火，以正仲夏』；維其以未爲中，故《月令》言『季夏昏火中』；維其至申爲流，故《詩》曰『七月流火』；維其以辰爲見，以戌爲伏，故《傳》曰『火見於辰，火伏而後蟄者畢』。不特火星爲然，諸星亦然。如《詩》曰『定之方中』，亦以十月取中於未也。大抵己、午、未皆南方，則以午爲中，辰、巳、午、未、申、酉、戌爲火伏見之始終，則以未爲中，兩言盡之矣。《堯典》則舉四時之正而言之，《月令》則舉十二時之中而言之，此其所以不同也。」

《後魏·天象志序》曰：「班史以日暈五星之屬列《天文志》，薄蝕彗孛之比入《五行説》。七曜一也，而分爲二志。故陸機云『學者所疑』。」

【元圻案】班孟堅《敍傳》曰：「炫炫上天，縣象著明，日月周輝，星辰垂精。降應王政，景以燭形。擧其占應，覽故考新。述《天文志》。《春秋》之占，咎徵是擧。告往知來，王事之表。作《五行志》。」其後後漢、晉、宋、隋、唐諸《書》皆因之。◎《北史·魏收傳》：「收字伯起，小字佛助，鉅鹿下曲陽人也。天保元年，除中書令。二年，詔撰魏史。收於是與房延祐、辛元植、刁柔、裴昂之、高孝幹，專總斟酌，以成《魏書》。衆口諠然，號爲『穢史』。」

凡星皆出辰没戌，故五星爲五辰，十二舍亦爲十二辰。

【元圻案】《夢溪筆談》七：「事以『辰』名者爲多，皆本於『辰巳』之『辰』，今略擧數事。十二支謂之十二辰，一時謂之一辰，一日謂之一辰，日、月、星謂之三辰，北極謂之北辰，大火謂之大辰，五星中有辰星，皆謂之『辰』。今考子丑至戌亥謂之十二辰者，《左傳》云：『日月之會是爲辰。』一歲日月十二會，〔始〕於東方蒼龍角亢之舍，起於辰，故以所首者名之。子丑戌亥〔之月〕既謂之辰，則十二支、十二時皆子丑戌亥，則謂之辰無疑也。一日謂之一辰者，以十二支言也。以十干言之，謂之今日；以十二支言之，謂之今辰，故支干謂之日辰。日月星謂之三辰者，日月星至於辰而畢見，以其所首者名之，故皆謂之辰。』「四時所見有早晚，至辰則四時畢見，故日加辰爲晨，謂日始出之時也。」①

弧與建星非二十八宿，而昏明舉之者，由弧星近井，建星近斗。【原注】《月令》正義。

二十八宿連四方爲名者，唯箕、斗、井、壁四星。【原注】《詩正義》。

【何云】四方唯不言西。

【元圻案】《月令》：「仲春之月，日在奎，昏弧中，旦建星中。」正義曰：「『昏旦中星，皆舉二十八宿。』此云弧星中，建星中者，以弧星近井，建星近斗，度多，星體廣，不可的指，故舉弧建，以定其中也。」◎《史記·天官書》：「南斗爲廟，其北建星。」◎高誘曰：「弧九星近井，建六星在斗上。」皇侃曰：「弧當井之十六度，建當斗之十度，」◎《小雅·大東》正義：「二十八宿連四方爲名者，惟箕、斗、井、壁四星而已。壁者，室之外院；箕在南則壁在室東，故稱東壁。鄭稱參旁有玉井，則井星在參東，故稱東井。推此則箕、斗並在南方之時，箕在南而斗在北，故言南箕、北斗也。」

① 按，最後一節見於《補筆談》。

《唐·天文志》：「咸通[一]中，熒惑、鎮、[二]太白、辰星聚於畢、昴，在趙、魏之分。詔鎮州王景崇被衮冕，軍府稱臣以厭之。」衰世之政，其怪如此，是謂人妖，何以弭變！

[一] 懿宗年號。

[二]《唐志》作「鎮星」。

《月令》凡二儺，[一]一以季春，一以仲秋。鄭康成謂「陰氣右行，季春之中，日行歷昴，陽氣左行；仲秋之月，宿直昴、畢，昴有大陵積尸之氣，氣佚則厲鬼隨而出行。於是索室驅疫以逐之。《王居明堂禮》曰：『季春出疫於郊，以攘春氣。仲秋九門磔攘，以發陳氣，禦止疾疫。』」以上皆鄭注。然則民之疾，係乎日星之行度。古者聖君範圍於上，賢相燮理於下，是爲天地之良醫。皇建有極，五福錫民，莫不壽考且寧。儺所以存愛民之意而已。

[一]《月令》作「難」，《釋文》：「乃多反。」

【元圻案】「季春之月」正義：「天氣左轉，故斗建左行，謂之陽氣，日月右行，日月比天爲陰，故云『陰氣右行』。《元命包》云『大陵主尸』。熊氏引《石氏星經》：『大陵八星，在胃北，主死喪。』」「仲秋之月」正義曰：「天左旋，星辰與斗建循天而行，此月斗建在酉，酉是昴、畢本位，大陵既是積尸，秋時又得陽氣，增益疾病。」◎《呂氏春秋・季春紀》高誘注曰：「命國人儺，索宮中區隅幽闇之處，擊鼓大呼，驅逐不祥，如今之正歲逐除是也。」

《唐・天文志一》：「測景在浚儀岳臺。」按宋次道[一]《東京記》：「宣德門前天街西第一岳臺坊，今祥符縣西九里有岳臺。」《圖經》云：「昔魏主遥事霍山神，築此臺，禱於其上，因以爲名。」

[一]【全云】敏求。

【元圻案】《唐書・天文志一》：「一行作《大衍曆》，詔太史測天下之晷，求其(地)〔土〕中，以爲定數。其議曰：『《周禮・大司徒》：「以土圭之法測土深。日至之景，尺有五寸，謂之地中。」鄭氏以(謂)〔爲〕：「日景於地，千里而差一寸。尺有五寸者，南戴日下萬五千里，地與星辰四游升降於三萬里内，是以半之，得地中，今潁(州)〔川〕陽城是也。」太史監南宫説擇河南(中)〔平〕地，設水準繩墨植表而以引度之，自滑臺始白馬，夏至之晷，尺五寸七分。又南得浚儀岳臺，晷尺五寸三分。』」◎五代時王朴《奏進欽天曆表》云：「古之植圭於陽城者，以其近洛故也，蓋尚慊其中，乃在洛之東偏。開元十二年，遣使天下候影，南距林邑國，北距横野軍，中得浚儀之岳臺，應南北弦，居地之中。皇家建國，定都於梁。今樹圭置箭，測岳臺晷漏，以爲中數。晷漏正，則日之所至，氣之所應得之矣。」◎《玉海》百六十二：「浚儀，祥符二年改祥符。」◎《爾雅・釋山》：「霍山爲南嶽。」郭注：「即天柱山。」◎《漢書・地理志》：「廬江郡灊縣，天柱山在南。」◎《書録解題・地理類》：「《東京記》三卷，龍圖閣直學士宋敏求次道撰。」

曆數

《太初曆》「以前曆上元泰初四千六百一十七歲，至於元封七年，復得閼逢攝提格之歲」。見《漢書・律曆志》。[一]孟康注：「此爲甲寅之歲。」[二]《大事記解題》：「按《通鑑目録》、《皇極經世》『太初元年，歲次丁丑』。當考。」愚按《大衍曆議》云：「《洪範傳》曰：『曆記始於顓頊上元太始閼蒙攝提格之歲，畢陬之月，[三]朔日己巳立春，七曜俱在營室五度。』秦《顓頊曆》元起乙卯，漢《太初曆》元起丁丑，推而上之，皆不值甲寅，猶以日月五緯復得上元本星度，故名①曰閼蒙攝提格之歲，而實非甲寅。」【原注】其説可以補《解題》之遺。

[一]案《爾雅・釋天》：「太歲在甲曰閼逢，太歲在寅曰攝提格。」

[二]《易緯是類謀》云：「攝提招紀。」鄭注云：「攝提招紀，天元甲寅之歲。」◎甲寅自古以爲

---

①「名」，元刊本作「命」。

起曆之元，故《爾雅》紀歲名，不始於子而始於寅。

［三］《爾雅·釋天》：「月在甲曰畢，正月爲陬。」

【全云】原注九字是正文。

【集證】《大衍曆議》載《唐·曆志》、《漢藝文志考》。《後漢志》：「顓頊造曆，元用乙卯。蔡邕論曰：《顓帝曆術》曰：『天元正月己巳朔旦立春，俱以日月起於天廟營室五度。』」

【元圻案】章俊卿《山堂考索》曰：「《史記·曆書》載武帝改《太初曆》之詔曰：『十一月甲子朔旦冬至，其更以元封七年爲太初元年。年名閼逢攝提格，月名畢聚，日得甲子。夜半朔旦冬至。』是以太初元年爲甲寅年也。故《史記·曆術甲子篇》以太初元年爲甲寅。又五年，天漢元年也，爲戊午。又五年，太始元年也，爲壬戌。自此順數周六十餘年，皆以漢家年號紀之，是太初元年爲甲寅曉然矣。又按《東漢志》漢安二年，宗訢等建議，以爲漢興元年，歲在乙未。又四十五年，文帝後元三年也，歲在庚辰。又五十八年，武帝太初元年也，歲在丁丑。今考之《通鑑》編年，與宗訢之議吻合，而劉孝孫勘日度之議，亦曰武帝太初元年丁丑。然則范《志》所謂《太初曆》元用丁丑，即以太初元年爲元也，非推上古之元也。太史公所紀武帝之詔，是推上古之元得甲寅之歲，其歲十一月甲子朔旦冬至，日月如合璧，五星如連珠，故武帝特以太古甲寅歲爲起曆之元也。故曰『其更以元封七年爲太初元年』，猶言以七年爲上古甲寅之歲也。上古太初應合璧連珠之瑞，今以太初紀年，元起丁丑，亦與甲寅同耳，非元封七年即甲寅也。然則太史公《曆術甲子篇》以古初甲寅爲元，順紀六十餘年大餘小餘之數，此其起曆之數，此其起曆之術也。後人不悟太初元年年號(依)〔倣〕古初之意，即以太初、天漢、太始年號分配年名之下者，非也。太史公出於武帝時，安能預知六十年後年號，而先書於歷(術)〔述〕年名之下哉！此必後人增益之，無疑也。唐一行《日度議》引《洪範傳》曰『曆始於顓帝，上元太始，閼逢攝提格之歲，畢聚之月，朔日己巳立春，七曜俱在營室五度』是也。觀此則知『上元太始』猶言上元太初也。《顓帝曆》以甲寅爲元，故漢曆亦以顓帝之元爲元也。又曰：漢《太初曆》元起丁丑，秦《顓帝曆》起乙卯，推而上之，皆不值甲寅。猶以日月五緯復得上元本星度，故命閼逢攝提格之歲，而實非甲寅也。觀此言，則又知《曆書》曰『年名閼逢攝提格』者，以甲子朔旦冬至而爲起曆之元，故命之曰以甲寅云爾，未必日月合璧、五星連珠正當顓帝甲寅年也。劉歆《三統曆》進太初前一世，得五星會庚戌之歲，以爲上元。《顓帝曆》元用乙卯，《洪範傳》云用甲寅，又何也？太史公《曆術甲子篇》有天漢、征和等年號，在劉歆《三統曆譜》則有之，此必後人以此《曆譜》附入太史公《曆術》也。」◎《大事記》，注見卷六第四十一頁①。

《大衍曆議》曰：「《考靈曜》、《命曆序》皆有甲寅元，其所起在《四分曆》〔一〕庚

① 見卷六「王貳於虢」條注（頁七九七）。

申元後百十四歲。緯所載壬子冬至，則其遺術也。」《大衍曆中氣議》，見《唐・曆志》。按《漢志》魯釐公五年，正月辛亥朔旦冬至，殷曆以爲壬子。見《漢書・律曆志》。[二]《隋志》：「《春秋緯命曆序》云：『僖公五年正月壬子朔旦冬至。』」見《隋書・律曆志》。然則緯與殷曆同。故劉洪曰：「《甲寅曆》於孔子時效。」劉洪說，見《後漢・律曆志》。即《命曆序》所謂「孔子修《春秋》用殷曆」也。《晉志》姜岌曰：「考其交會，不與《殷曆》相應。」[三]《春秋分記》[四]曰：「周正皆建子也，今推之曆法，積之氣候，驗之日食，則春秋隱、桓之正皆建丑。莊、閔、僖、文、宣之正，建子及丑者相半。至成、襄、昭、定、哀之正，而後建子，間亦有建亥者。非一代正朔自異尚也，曆亂而不之正也。」

[一] 案《後漢・章帝紀》：「元和二年，春二月甲寅，始用《四分曆》。」

[二]《大衍曆議》：「僖公五年，周曆、漢曆、唐曆皆以辛亥南至。」

[三] 案《晉・律曆志》曰：「後秦姚興時，當孝武太元九年甲申，天水姜岌造《三紀甲子元曆》，其略曰：『《命曆序》曰：孔子爲治《春秋》之故，退修殷之故曆，使其數可傳於後。如是，《春秋》宜用《殷曆》正之。今考其交會，不與《殷曆》相應，以《殷曆》考《春秋》，月朔多不及其日，又以檢《經》，率多一日，《傳》率少一日。』」◎唐一行《日度議》曰：「《命曆序》以爲孔子修《春秋》用殷曆，使其數可傳於後，攷其蝕朔，不與殷曆合。蓋哀平間治甲寅元曆者托之，非古也。」

[四] 宋眉山程公說伯剛撰。

【元圻案】《後漢書・律曆志》注：「《袁山松書》曰：『劉洪，字元卓，泰山蒙陰人。魯王之宗室也。延熹中，以校尉應太史徵，拜郎中。洪善算，與蔡邕共述《律曆記》，考驗天官。及造《乾象術》，十餘年，考驗日月，與象相應。』」◎《春秋分記》，注見卷六第四十頁①。◎孔穎達曰：「古時真曆，遭戰國及秦而亡。漢存黃帝、顓頊、夏、殷、周、魯六曆，雖詳於五紀之論，皆秦、漢之際假托爲之。」

曆有小曆，有大曆。唐曹士蔿《七曜符天曆》，一云《合元萬分曆》，本天竺曆法，以顯慶五年庚申爲曆元，雨水爲歲首，世謂之小曆，行於民間。石晉《調元曆》用之。後周王朴校定大曆，削去符天之學，爲《欽天曆》。

【集證】《五代史・司天考》：「唐建中時，術者曹士蔿始變古法，以顯慶五年爲上元，雨水爲歲首，號《符天曆》。然只行於民間。而馬重績乃用以爲法，遂施於朝廷，賜號《調元曆》。」又《王朴傳》：「周顯德二年，詔王朴校定大曆，乃削去近世流俗之學，以周變率策之數，步日月五星，爲《欽天曆》。」

【元圻案】《書録解題・曆象類》：「《羅計二隱曜立成曆》一卷。稱大中大夫曹士蔿，亦莫知何人，但云起元和元年入曆。」

① 見卷六「通鑑外紀目録云」條注（頁七九五）。

劉晛曰：「曆動而右移，律動而左轉。」

【元圻案】劉晛《大樂令壁記上》：「杜夔，漢世之樂郎，不識旋宫之義。荀(勉)〔勖〕，晉朝之博識，莫知古律之則。曆動而右移，律動而左轉。律以曆合，氣以錯行。金奏隨律而變宫，以宣地靈；登歌與曆而改調，以應天氣。歌奏相命，所以合天地之情也。」◎《唐書・劉知幾傳》：「子晛，字惠卿。好學，多所通解。擢起居郎，歷右拾遺、内供奉。獻《續説苑》十篇。」

劉洪曰：「曆不差不改，不驗不用。未差無以知其失，未驗無以知其是。失然後改之，是然後用之。」[一]李文簡[二]以爲至論。

[一]下云：「此謂允執其中。今誠術未有差錯之謬，恂術未有獨中之異，以無驗改未失，是以檢將來爲(驗)〔是〕者也。」◎見《後漢・律曆志》。

[二]【何云】燾。

【閻按】《李燾傳》：「乾道四年，新曆成，燾引劉洪此論於疏，乞申飭曆官討論。」◎無名氏《宋史全文》：「孝宗乾道四年八月，行《乾道曆》。禮部郎李燾言：『曆久必差，自當改法。曆家精微，莫如《大衍》。《大衍》行於世，亦不過三四十年，後學膚淺，其能行遠乎？抑嘗聞「曆不差不改」云云，此劉洪要言至論也。』」①

---

① 自「無名氏」以下一段注文，疑是翁氏所注，因無所據，姑依原本。

蓂莢謂之曆草。[一]田俅子曰：「堯爲天子，蓂莢生於庭，爲帝成曆。」見《文選》張平子《東京賦》注。而《大戴·明堂篇》謂：「朱草日生一葉，至十五日生十五葉，十六日一葉落，終而復始。」【原注】唐律賦有《朱草合朔》。[二]古有云：「梧桐不生，則九州異。」注謂一葉爲一月，有閏十三葉。【原注】平園《閏月①表》用梧桐之葉十三。[三]

[一]【案】《述異記》：「堯爲仁君，曆草生階。」

[二]《宋書·符瑞志》：「月小則一莢焦而不落，名曰『蓂莢』，一曰『曆莢』。」◎《尚書中候》：「堯即位七十載，朱草生郊。」

[三]【閻按】平園，周必大號。

【集證】《漢志》「墨家」：「《田俅子》三篇。」宋吴淑《事類賦注》：「《遁甲》云：『梧桐不生，則九州異君。』注：梧以知日月正閏，生十二葉，一邊有六葉，從下數一葉爲一月，有閏則十三葉。視葉小者，則知閏何月也。」

納甲之法，朱文公謂今所傳《京房占法》，見於《火珠林》者，是其遺説。《參同契》[一]借以寓行持進退之候。[二]虞翻云：「日月垂天，成八卦象：三日暮，震象月

① 「閏月」，原本無，據元刊本補。

出庚；八日，兑象月見丁；十五日，乾象月盈甲壬；十六日旦，巽象月退辛；二十三日，艮象月消丙；三十日，坤象月滅乙。[三]晦夕朔旦，坎象水流戊；日中，離象火就己。」[四]虞與魏伯陽皆會稽人，其傳蓋有所自。[五]漢上朱氏云：「乾納甲、壬，坤納乙、癸，震納庚，巽納辛，坎納戊，離納己，艮納丙，兑納丁。庚、戊、丙三者得於乾，辛、己、丁三者得於坤。始於甲、乙，終於壬、癸，而天地五十五數具焉。」又有「九天九地之數。乾納甲、壬，坤納乙、癸。自甲至壬，其數九，故曰九天；自乙至癸，其數九，故曰九地。」九天九地之説者，九天之上，六甲子也，九地之下，六癸酉也。

[一]【全云】魏伯陽作。

[二]案朱子《答袁機仲書》曰：「《參同》之書，本不爲明《易》，乃姑借此納甲之法，以寓其行持進退之候。然其所言納甲之法，則今所傳《京房占法》，見於《火珠林》者，是其遺説。沈存中《筆談》解説甚詳，亦自有理。」◎《京房易傳》：「分天地乾坤之象，益之以甲乙壬癸，震巽之象配庚辛，坎離之象配戊己，艮兑之象配丙丁。八卦分陰陽，六位配五行，光明四通，(佼)〔效〕易立節。」

[三]《丹鉛録》引此作「月滅乙癸」。案《參同契》曰：「壬癸配甲乙，乾坤括終始。」則「乙」下當有「癸」字。

[四]見唐李鼎祚《周易集解》，宋朱震《漢上易》、《納甲圖説》。

[五]【全云】魏伯陽居上虞，虞仲翔居餘姚。然考仲翔所説易學，本於孟喜。其初立易注，奏

曰：「臣高祖零陵太守光，治《孟氏易》，曾祖平輿令成，述其業。祖鳳，爲之最密。臣父日南太守歆，受有舊書。」則仲翔之淵源遠矣。京房之師焦延壽，亦傳孟喜之學者也。今以時代考之，伯陽蓋與仲翔祖相輩行。

【全云】《河圖玉版》已有納甲之說。

【又云】納甲之法不盡同。如揚雄、葛洪所言，又異於京房。

【集證】魏伯陽《參同契》「聖人上觀章」：「三日出爲爽，震庚受西方。八日兑受丁，上弦平如繩。十五乾體就，盛滿甲東方。十六轉受統，巽辛見平明。艮直於丙南，下弦二十三。坤乙三十日，東北喪其朋。節盡相禪與，繼體復生龍。壬癸配甲乙，乾坤括始終。」

【元圻案】《夢溪筆談》七：「《易》有納甲之法，未知起於何時。予嘗攷之，可以推見天地胎育之理。乾納甲、壬，坤納乙、癸者，上下包之也。震、巽、坎、離、艮、兑納庚、辛、戊、己、丙、丁者，六子生於乾坤之包中，如物之處胎甲者。乾之初爻交於坤，生震，故震之初爻納子、午；乾之初爻子午故也。中爻交於坤，生坎，初爻納寅、申；震納子午，順傳寅申，陽道順。上爻交於坤，生艮，初爻納辰、戌。亦順傳也。坤之初爻交於乾，生巽，初爻納丑、未；坤之初爻，丑、未故也。中爻交於乾，生離，初爻納卯、酉；巽納丑、未，逆傳卯酉，陰道逆。上爻交乾，生兑，初爻納巳、亥。亦逆傳也。乾坤始於甲乙，則長男、長女乃其次，宜納丙丁；少男、少女居其末，宜納庚、辛。今乃反此者，卦必自下生，先初爻，次中爻，末乃至上爻，此《易》之序，然亦胎育之理也。」

五運六氣，一歲五行主運各七十二日。少陰君火，太陰濕土，少陽相火，陽明燥金，太陽寒水，厥陰風木；而火獨有二。天以六爲節，故氣以六期爲一備。地以五爲制，故運以五歲爲一周。《左氏》昭元年載醫和之言曰：「天有六氣，[一]降生五味。」即《素問》五六之數。《易》、《洪範》、《月令》，其致一也。[二]楊退修謂：「五運六氣，通之者唯王砅。然遷變行度，莫知其始終次序。」程子曰：「氣、運之説，堯、舜時十日一雨，五日一風，始用得。」

[一] 杜注：「謂陰陽風雨晦明也。」

[二]【全云】天五地六，見於《大易》。天六地五，見於《國語》。故《漢志》云「五六天地之中合。」然《左氏》之説又與《素問》微不同。

【集證】沈括《筆談》：「《黄帝素問》有五運六氣。五運者，甲己爲土運，乙庚爲金運，丙辛爲水運，丁壬爲木運，戊癸爲火運也。」

【元圻案】《筆談》七：「六氣，方家以配六神。所謂青龍者，東方厥陰之氣也，其性仁，其神化，其色青，其形長，其蟲鱗。兼是數者，唯龍而青者可以體之，然未必有是物也。其他取象皆如是。唯北方有二，曰玄武，太陽水之氣也；曰騰蛇，少陽相火之氣也。其在於人爲腎，腎亦二，左爲太陽水，右爲少陽相火。火降而息水，水騰而爲雨露，以滋五臟，上下相交，此坎離之交，以爲否泰者也。中央太陰土，爲勾陳，勾陳之配則脾也。」◎《程氏遺書》十九，楊遵道録伊川語曰：「觀

《素問》文字氣象，只是戰國時人作，謂之《三墳》書，則非也。道理卻總是，其間只是氣運使不得。錯不錯未説，就使其法不錯，亦用不得。除是堯、舜『十日一風，五日一雨』，始用得。且如説今年氣運當潦，然有河北潦，江南旱時，此且做各有方氣不同。又卻有一州一縣之中潦旱不同者，怎生定得？」◎《遺書》作「十日一風，五日一雨」，恐是坊本之誤。

朱文公嘗問蔡季通：「十二相屬起於何時？首見何書？」又謂：「以二十八宿之象言之，唯龍與牛爲合，而他皆不類。至於虎，當在西而反居寅，雞爲鳥屬，而反居酉，又舛之甚者。」《韓文考異》：「《毛穎傳》封卯地謂十二物，未見所從來。」愚按：「吉日庚午，既差我馬」，午爲馬之證也；「季冬出土牛」，丑爲牛之證也。蔡邕《月令論》云：「十二辰之會，[一]五時所食者，必家人所畜，丑牛、未羊、戌犬、酉雞、亥豕而已。其餘虎以下，非食也。」《月令》正義云：「雞爲木，羊爲火，牛爲土，犬爲金，豕爲水。但陰陽取象多塗，故午爲馬，酉爲雞，不可一定也。」見《孟春之月》「食麥與羊」正義。十二物，見《論衡·物勢篇》。[二]《説文·巳部》亦謂巳爲蛇象形。

[一] 案蔡邕《月令問答》，「會」作「禽」，當從之。

[二]【閻按】獨不及辰之禽龍。

【集證】《論衡·言毒篇》：「辰爲龍，巳爲蛇。」

【集證】《論衡·物勢篇》：「寅，木也，其禽虎。戌，土也，其禽犬。丑、未，亦土也，丑禽牛，未禽羊。亥，水也，其禽豕。巳，火也，其禽蛇。子亦水也，其禽鼠。午，亦火也，其禽馬。酉，雞也。卯，兔也。申，猴也。」又按《乾鑿度》「孔子曰：復表日角」，鄭注云：「表者，人體之章識也。名復者，初震爻也。震之體在卯，日出於陽，(又)〔爻〕初應在六四，於辰在丑爲牛，牛有角，復人表象。」是丑爲牛之證。《史記·陳世家》：「周太史筮敬仲完卦，得《觀》之《否》。云：『若在異國，必姜姓。』」正義曰：「六四變，此爻是辛未，《觀》上體《巽》，未爲羊，《巽》爲女，女乘羊，故爲姜。」是未爲羊之證。《九家易注》：「《説卦》曰：犬近奎星，蓋戌宿值奎也。」是戌爲犬之證。《易林》《坤》之《震》亦云「三年生狗，以成戌母」。

【元圻案】唐〔張〕彦遠《法書要録》曰：「梁庾元威《論書》：『齊末王融圖古今雜體，有六十四書。湘東王遣韋仲(將)定爲九十一種，謝善勛增其九法，合成百體。内有鼠書、牛書、虎書、兔書、龍書、蛇書、馬書、羊書、猴書、雞書、犬書、豕書，此十二時書也。』」

自帝堯元年甲辰，至宋德祐丙子，[一]凡三千六百三十三年。帝堯而上，六閼逢無紀。致堂《讀史管見》云：「有書契以來，凡幾鴻荒、幾至德矣。《廣雅》自開闢至獲麟，二百七十六萬歲，[二]分爲十紀，蓋茫誕之説。」劉道原恕《疑年譜》謂「大庭至無懷氏無年，而有總數」。堯、舜之年，衆説不同。《三統曆》次夏、商、西周，與《汲冢紀年》

及《商曆》差異，況開闢之初乎？王質景文作《張孝祥于湖集序》云：「渾淪以前，其略見於釋氏之《長含經》。[三]開闢以後，其詳見於邵氏之《皇極經世》。」

［一］【閻按】瀛國公在位二年。

［二］案，此説本緯書《元命包》、《乾鑿度》，見《後漢書·律曆志》。

［三］【何云】此姚秦時妖僧妄造，其可據乎？宏詞人之陋如此！

【集證】《廣雅·釋天》：「天地闢，設人皇以來，至魯哀公十有四年，積二百七十六萬歲，分爲十紀，曰九頭、五龍、攝提、合雒、建通、序命、循蜚、因提、禪通、疏仡。」

【元圻案】《書録解題·史部編年類》：「《疑年譜》一卷，《年略譜》一卷，《雜年號》附。劉恕撰，謂春秋起周平、魯隱，《史記·本紀》自軒轅，列傳首伯夷，《年表》起共和。共和至魯隱其間七十一年，即與春秋相接矣。先儒敍庖犧、女媧，下逮三代，享國之歲，衆説不同。懼後人以疑事爲信，故周厲王以前三千五百一十九年爲《疑年譜》，而共和以下至元祐壬申一千九百一十八年，爲《年略譜》。」◎《隋書·經籍志》佛經總説：「姚萇時，天竺沙门佛陀耶舍譯《长〔阿〕含经》及《四〔分曆〕〔方律〕》。」◎《四庫全書總目·術數類》：「《皇極經世書》十二卷。宋邵子撰。其書以元經會，以會經運，以運經世，起於帝堯甲辰，至後周顯德六年己未。凡興亡治亂之迹，皆以卦象推之。」◎國朝王氏鳴盛曰：「王氏知諸家説開闢之年爲茫誕，豈知堯元年甲辰以下亦茫誕乎？近儒史學，唯萬斯同季野善於稽核，識見獨精，所撰《紀元彙考》斷自共和庚申始。今本亦從此逆溯至唐堯元年甲辰者，乃後人所附益也。」◎案：司馬子長作《史記》，黃帝以來訖共和爲《世表》，共和以後始爲《年表》，爲千古特識。

以十一星行曆推人命貴賤，始於唐貞元初[一]都利術士李彌乾。【原注】《聿斯經》本梵書。[二]程子謂：「三命是律，五星是曆。」晁氏謂：「泠州鳩曰：『武王伐殷，歲在鶉火，月在天駟，日在析木之津，辰在斗柄，星在天黿。』五星之術，其來尚矣。」①

[一]順宗年號，在位止一年。

[二]案，宋劉熙古作《續聿斯經》一卷。

【何云】此推步，非占驗也。

【集證】《唐·藝文志》「曆算類」：「都利《聿斯經》二卷。貞元中都利術士李彌乾傳自西天竺，有璩公者譯其文。」◎《丹鉛録》：「律居陰而治陰，因地主氣也，故曰三命爲律，觀情以律。曆居陽而治陽，因天主事也，故曰五星爲曆，觀性以曆。」

「《定之方中》，公劉之詩，擇地之法也。[一]『我辰安在』，《小弁》。論命之說也。」

---

① 見宋晁公武《郡齋讀書志後志》卷二。

以上引真西山《送吴正叟序》文語。《傳》云：「不利子商。」哀九年《左傳》。則見姓之有五音。《詩·吉日》「維戊」、「庚午」，則見支幹之有吉凶。

［一］案《周書》曰：「別其陰陽之利，相土地之宜，水地之便。」晁錯曰：「相其陰陽之和，嘗其水泉之味，審其土地之宜，觀其草木之饒。」古人之擇地，如此而已。

【全云】「楚宫」、《公劉》二詩，蓋古人建都卜宅，以求陰陽之和，而非《葬經》之可藉口。「我辰安在」，豈是論命？姓有五音，古人有此説，亦不足據。「維戊」「庚午」，特以内外事分剛柔，亦非擇日也。

《五代史·馬重績傳》：「漏刻之法，以中星考晝夜爲一百刻，六十分刻之二十爲一時，時以四刻十分爲正，此自古所用也。」今考《五代會要》，晉天福三年，［一］司天臺奏《漏刻經》云：「晝夜一百刻，分爲十二時，每時有八刻三分之一。六十分爲一刻，一時有八刻二十分。［二］四刻十分爲正前，十分四刻爲正後，二十分中心爲時正。上古以來，皆依此法。」歐陽公作史，於「六十分」之上闕「八刻」二字，不若《會要》之明白。

［一］晉高祖己亥。

［二］【何云】十二時占九十六刻，餘四刻破爲二百二十四分，故各得八刻二十分也。一時凡

五百分。

【閻按】《五代史·馬重績傳》正有「八刻」二字，則王氏所見本不如今本矣。

【元圻案】《明史·天文志》：「西洋之説，命日爲九十六刻，使每時得八刻無奇零，以之布算製器，甚便也。」◎《書録解題·正史類》：「《新五代史》七十四卷。歐陽修撰。其爲説曰：『昔孔子作《春秋》，因亂世而立法。余爲《本紀》以治法而正亂君，諸臣止事一朝曰「某臣傳」，其更事歷代者曰「雜傳」。』尤足以爲世訓。」又《典故類》：「《五代會要》三十卷，王溥撰。」《四庫書》著録。

《數術記遺》云：「世人言三不能比兩，乃云捐悶與四維。」甄鸞注《藝經》曰：「捐悶者，周公作。先布本位，以十二時相從。徐援稱『捐悶是奇兩之術』。」以上皆甄鸞注文。《御覽》引《藝經》作「悁悶」。「三不能比兩」者，孔子所造，布十干於其方，戊己在西南。「四維」，東萊子所造，布十二時四維。

【集證】《太平御覽》七百五十五引《藝經》曰：「悁悶者，先悶本位，以十二時相從。文曰：『同有文章，虎不如龍。豕者何爲，來如兔宮。王孫晝下①，乃造黃鍾。犬往就馬，非類相從。羊奔

①「晝下」，諸書引《藝經》多有異文，難定正訛，不附校。

蛇穴，牛入雞籠。』」四維者，布十二時四維之一。其文曰：「天行星紀，石隨龍淵。風吹羊圈，天門地連。兔居蛇穴，馬到猴邊。雞飛豬鄉，鼠入虎廛。」

【元圻案】《數術記遺》曰：「於太山見劉會稽，問曰：『數有窮乎？』會稽曰：『吾曾游天目山中，見有隱者，世莫知其名，號曰天目先生。余亦以此意問之。先生曰：「世人言三不能比兩，乃云捐悶與四維。數不識三，妄談知十。」』」◎《四庫全書總目·天文算法類》：「《數術記遺》一卷。舊題漢徐岳撰，北周甄鸞注。岳，東萊人，《晉書·律曆志》所稱『吴中書令闞澤受劉洪乾象法於東萊徐岳』者是也。《隋志》具列岳及甄鸞所撰《九章算經》、《七曜術算》等目，而獨無此書之名，至《唐志》始著於録。」◎甄鸞别注云：「劉洪付乾象於東萊徐岳。」

桓譚《新論》曰：「老子謂之玄，揚子謂之太玄。」[一]石林謂：「《太玄》皆《老子》緒餘。老氏道生一，一生二，二生三。[二]三之爲九，故九而九之爲八十一章。[三]《太玄》以一玄爲三方，自是爲九，而積之爲八十一首。」【原注】《金樓子》云：「揚雄有《太玄經》，楊泉有《太元經》。」

[一]案《後漢書·張衡傳》注：「桓譚《新論》曰：『揚雄作《玄書》，以爲玄者，天也，道也。言聖賢制法作事，皆引天道以爲本統，而因附續萬類、王政、人事、法度，故伏羲氏謂之《易》，老子謂之道，孔子謂之元，而揚雄謂之太玄。』」與此所引不同。

［二］此《老子》第四十二章之文，河上公以此爲「道化章」。

［三］《老子》上篇三十七章，下篇四十四章，共八十一章。

【元圻案】《張衡傳》注：「桓譚《新論》曰：『《玄經》三篇，以紀天地人之道，立三體有上中下，如《禹貢》之陳三品。三三而九，因以九九八十一，故爲八十一卦。以四爲數，數從一至四，重累變易，竟八十一而遍，不可損益。以三十五蓍揲之。《玄經》五千餘言，而傳十（三）〔二〕篇也。』」◎《金樓子·雜記篇下》：「桓譚有《新論》，華譚又有《新論》。揚雄有《太玄經》，楊泉又有《太元經》。」◎《隋書·經籍志》「儒家」：「梁有楊子《太元經》十四卷，晉徵士楊泉撰。」

《潛虛》，心學也，以元爲首，心法也。人心其神乎，潛天而天，潛地而地。温公之學，子雲之學也。［一］《先天圖》皆自中起，萬化萬事生乎心，豈惟先天哉！《連山》始《艮》，終而始也；《歸藏》先《坤》，闔而闢也。《易》之《乾》，太極之動也；《玄》之中，一陽之初也。皆心之體，一心正而萬事正，謹始之義在其中矣。邵子曰：「《玄》，其見天地之心乎？」見《觀物外篇》。愚於《虛》亦云。《虛》之元，即《乾》、《坤》之元，即《春秋》之元，［二］一心法之妙也。張文饒《衍義》以養氣釋元，似未盡本旨。

［一］案程子《讀太玄中首》曰：「《中》，陽氣潛萌於黄鍾之宫，信無不在乎中。《養·首一》曰：藏心於淵，美厥靈根。測曰：藏心於淵，神不外也。太息之曰：揚子雲之學已嘗至此地位！」

〔一〕【何云】附會。

【元圻案】晁公武《讀書志》曰：「《潛虛》是五行爲本，五五相乘爲二十五，兩之爲五十首。有氣、體、性、名、行、變、解七圖。然其辭有闕者，蓋未成也。」◎《玉海》三十六：「張行成爲《潛虛衍義》十六卷。」案《四庫全書總目·術數類》載張行成《皇極經世索隱》二卷，《觀物外篇衍義》九卷。行成字文饒，一字子饒，臨邛人。始末不甚可考。《玉海》稱乾道二年六月，以行成進《易》可采，除直徽猷閣。

《管子·幼官篇》：「冬十二始寒盡刑，十二小榆賜予，十二中寒收聚，十二中榆大收，十二寒至靜，〔一〕十二大寒之陰。」〔二〕注云：「陰陽之數，日辰之名。」盤洲〔三〕於閏十一月用中榆立閏，蓋出於此。

〔一〕今本「靜」或作「盡」。

〔二〕【閻按】有「十二大寒終」句，不宜漏。

〔三〕【閻按】盤洲，洪适號。

【元圻案】《四庫全書總目·法家類》：「《管子》二十四卷。舊本題管仲撰。劉恕《通鑑外紀》引《傅子》曰：『管仲之書，過半便是後之好事者所加，乃説管仲死後事。《輕重篇》尤復鄙俗。』」其注舊題房玄齡撰。據晁氏《讀書志》，蓋尹知章作也。◎《幼官篇》曰：春、夏、秋、冬氣十二日一代，春、秋各八，冬、夏各七，通一歲三百六十日，春、秋候平氣中，冬、夏候極氣終而始，中氣常贏，極氣常短。◎周益公《平園續集·洪文惠神道碑》曰：「公諱适，字景伯，初名造，字伯温，一字景温。鄱陽人。相孝宗。謚文惠。罷相後知紹興府、浙東安撫使。自越歸，得負郭地百畝，因列岫雙溪之勝，復置臺榭，引水流觴，種花藝竹，名曰盤洲。有《盤洲集》一百卷。」

《國史志》云：「曆爲算本。治曆之善，積算遠，其驗難而差遲；治曆之不善，積算近，其驗易而差亦速。」

曆元起①於冬至，卦氣起於《中孚》，《豳詩》於十月「曰爲改歲」。周以十一月爲正，蓋本此。【原注】「曰爲改歲」，用周正；「何以卒歲」，乃夏正。

① 「起」，元刊本作「始」。

卷十

地理

【何本載閻云】 萬斯同季野，曩謂余云：「撰《一統志》奚必及人物，人物自有史傳諸書。」予甚駭其説，及近覽《元和郡縣圖志》、《太平寰宇記》，意果不足重在此，一州内或人物無，或僅姓名貫址，即間舉生平，亦寥寥數語，不似《明一統志》誇多泛濫，令人厭觀。乃悟著書自有體要，苟其人其事無關地理，不容闌入。善乎，杜君卿有云：「言地理者，在辨區域，徵因革，知要害，察風土。」李弘憲云：「飾州邦而敍人物，因丘墓而徵鬼神，乃言地理者通弊。至於丘壤山川，攻守利害，反略而不書。」元和宰相之言施於譔述如此。若南軒論「修志不可不載人物，典刑繫焉，世教補焉」，此則儒生之見，以此點綴郡邑志則可，非所論大一統之書、卷帙浩繁者也。

【又云】 地理東至某地若干里，南至某地若干里，西至某地若干里，北至某地若干里，謂之四至。東南到某地若干里，西南到某地若干里，西北到某地若干里，東北到某地若干里，謂之八到。惟杜氏《通典》係刻本，宛然具存，若《元和郡縣志》、《太平寰宇記》繕寫本多訛，或原有不備者矣。

【又云】古書中言地理者，舉東可以該南，舉西可以該北，非若東之與西、南之與北截然不相通也。知此，乃觸處無疑。

【何云】《通典》舉四至，《郡縣志》詳八到，《寰宇記》仍李弘憲之例。

《三禮義宗》引《禹受地記》，王逸注《離騷》引《禹大傳》，豈即太史公所謂《禹本紀》者歟？

【集證】《玉海》五十七：「《三禮義宗·明天地歲祭義》引《禹受地記》云：『崑崙東南五千里之地謂之神州。』」王逸注《離騷》引《禹大傳》曰：「（侑槃）〔洧盤〕之水，出崦嵫之山。」《史記·大宛傳》：「《禹本紀》言『河出崑崙，其高二千五百餘里，日月所相避隱爲光明也。其上有醴泉、瑶池』。自張騫使大夏之後，窮河源，惡睹所謂崑崙者乎？《禹本紀》、《山海經》所有怪物，余不敢言之也。」按《張騫傳》：「天子案古圖書，名河所出山曰崑崙。」《通典》疑所謂「古圖書」即《禹本紀》。

《鹽鐵論·論鄒篇》：「大夫曰：『鄒子推終始之運，謂中國天下八十分之一，名赤縣神州。而分爲九州，絶陵陸不通，〔二〕乃爲一州。有大瀛海圜其外，所謂八極而天下際焉。故秦欲達九州，方瀛海，朝萬國。』文學曰：『鄒衍怪説，熒惑諸侯。秦欲達瀛海而失其州縣。』」愚謂秦皇窮兵胡粤，流毒天下，鄒衍迂誕之説實啓之。異端之害如此。

［一］案，《論鄒篇》以「九」字斷句，下云「川谷阻絶，陵陸不通」。此所引有脱文。

【元圻案】《史記·孟子荀卿列傳》曰：「鄒衍深觀陰陽消息而作怪迂之變，《終始》、《大聖》之篇十餘萬言。其語閎大不經，以爲儒者所謂中國者，於天下乃八十一分居其一分耳。中國名曰赤縣神州。赤縣神州内自有九州，禹之序九州是也，不得爲州數。中國外如赤縣神州者九，乃所謂九州也。於是有裨海環之，人民禽獸莫能相通者，如一區中者，乃爲一州。如此者九，乃有大瀛海環其外，天地之際焉。」◎《史記·秦始皇本紀》：「三十三年，發諸嘗逋亡人、贅壻、賈人略取陸梁地，爲桂林、象郡、南海。西北斥逐匈奴。自榆中並河以東，屬之陰山。又使蒙恬渡河取高闕、陽山、北假中，築亭障以逐戎人。」

《管子·水地篇》曰：「齊之水道躁而復，故其民貪粗而好勇。楚之水淖弱而清，故其民輕果而賊。越之水濁重而洎，故其民愚疾而垢。秦之水泔最而稽，淤滯而雜，故其民貪戾罔而好事。齊、［二］晉之水枯旱而運，淤滯而雜，故其民諂諛而葆詐，巧佞而好利。燕之水萃下而弱，沉滯而雜，故其民愚戇而好貞，輕疾而易死。宋之水輕勁而清，故其民閒易而好正。是以聖人之化世也，其解在水。故水一則人心正，水清則民心易。」此即《漢志》所謂「繫水土之風氣」也。[二] 杜牧《罪言》亦云：「山東之地，程其水土，與河南等常重十三，[三] 故其人沈鷙多材力，重許可，能辛苦。」

[一] 案，閣本無「齊」字。

[二] 案《漢書·地理志下》：「凡民函五常之性，而其剛柔緩急，音聲不同，繫水土之風氣，故謂之風；好惡取舍，動静亡常，隨君上之情欲，故謂之俗。」

[三]《唐書》作「十二三」。

【何本載閻云】 自《周官》屢言天下土地之圖、九州之圖及地圖，圖於地理爲尤切矣。班固撰《地理志》，一則曰「秦地圖」，再則曰「秦地圖書」，故蕭何入咸陽，收丞相御史圖書藏之，帝具知天下阸塞户口多少强弱處，民所疾苦者，以得此圖書也。晉裴秀曰：「周秦地圖秘書殆絶，僅有漢氏及《括地》諸雜圖，粗具形似，不爲精審。」於是作《禹貢地域圖》，今亦不可得見矣。見者元道士朱思本《輿圖》，所謂蓋其平生之志而十年之力者。明人轉相增竄，名以己圖，漸失其本真，獨計里畫方之法猶遵若玉律，愚謂亦自唐賈躭來也。《舊書》云：「其令工人畫《海内華夷圖》一軸，廣三丈，從三丈三尺，率以一寸折成百里。」隋宇文愷曰：「裴秀《輿圖》以二寸爲千里。」

【何云】《元積集》有《進西北地圖》文字，《朱子集》書牘中亦有之。

【元圻案】《唐書·杜佑傳》：「佑子式方，式方子牧。牧字牧之。善屬文，作《罪言》曰：

『生人常病兵，兵祖於山東，羨於天下。不得山東，兵不可死。山東之地，禹畫九土曰冀州；舜以其分太大，離爲幽州，爲并州。程其水土，與河南等，常重十(二三)〔一二〕，故其人沈鷙多材力，重許可，能辛苦。魏晉以下，工機纖雜，意態百出，俗益卑弊，人益脆弱，唯山東敦五種，本兵矢，他不能蕩而自若也。所以兵常當天下。』」◎《晉書·裴秀傳》：「秀字季彦，河東聞喜人也。作《禹貢地域圖》十八篇，其序曰：『制圖之體有六。一曰分率，所以辨廣輪之度也。二曰準望，所以正彼此之體也。三曰道里，所以定所由之數也。四曰高下，五曰方邪，六曰迂直，此三者各因地而(置形)〔制宜〕，所以校夷險之(故)〔異〕也。有圖象而無分率，則無以審遠近之差；有分率而無準望，雖得之於一隅，必失之於他方；有準望〔而無道里，則施於山海絶隔之地，不能以相通；有道里〕而無高下、方邪、迂直之校，則徑路之數必與遠近之實相違，失準望之正矣。』」◎閻氏引裴秀語「漢氏」下當依本文增「《輿圖》」二字。

太史公、班孟堅謂「禹釃二渠以引其河」，一貝丘，一漯川。見《河渠書》、《溝洫志》。李垂《導河書》曰：「東爲漯川者，乃今泉源赤河，北出貝丘者，乃今王莽故瀆。而漢塞宣房所行二渠，蓋獨漯川，其一則漢決之，起觀城，入蒲臺，所謂武河者也。」晁補之《河議》曰：「二渠於《禹貢》無見。[一]禹時河入海，蓋在碣石。」《地理志》：「碣[二]石在北平驪城縣西南。」計勃海北距碣石五百餘里。而河入勃海，蓋漢元光[三]三年河徙東郡所更注也。而言禹時河入勃海，何哉？

〔一〕【閻按】兗州之漯，即「禹廝二渠」之一渠。

〔二〕《漢書》作「揭」。

〔三〕武帝七年改元元光。

【閻按】《齊都賦》「海旁出爲勃」，不獨今天津衛之海名勃，碣石之海亦名勃。或曰：抑別有證乎？余曰：莫妙乎太史公《天官書》「中國山川東北流，其維首在隴蜀，尾没於勃碣」，班固增其文曰「尾没於勃海、碣石」，益明顯矣。

【程易田云】《史記·高祖本紀》：「（濟）〔齊，〕北有勃海之利。」《索隱》曰：「崔浩云：『勃，旁跌也。旁跌出者，横在濟北，故《齊都賦》云海旁出爲勃，名曰勃海郡。』」余謂勃，蓋「旁跌」合聲，緩讀旁跌，急讀則勃也。此人口中自然之聲，初無義，有聲而後義具也。

【集證】《玉海》二十二：「祥符四年，開滑州減水河。五年，秘閣校理李垂上《導河形勝書》三篇，并圖。書目一卷，考古揆今，欲復河之故道，又有《導河形勝計功畢功圖》，今缺。」

【元圻案】《漢書·地理志下》「右北平郡驪（城）〔成〕」注：「大揭石山在縣西南。莽曰揭石。」《溝洫志》：「禹以爲河所從來高，水湍悍，難以行平地，數爲敗，乃釃二渠以引其河，北載之高地，過洚水，至於大陸，播爲九河，同爲逆河，入於勃海。」注，臣瓚以爲「《禹貢》『夾右碣石入於河』，則河入海乃在碣石也。武帝元光三年，河移徙東郡，更注勃海。禹時不注也。」◎欽定《前漢書考證》：「臣齊召南按《尚書》但云『入於海』，《史記·河渠書》始云『入於勃海』，而班固用之，本無差訛。禹河自周定王以後，雖漸遷移不定，而其入海之口總在直沽，至漢猶如故也。《孝武紀》元光三年，『春，河水徙從頓丘東南流入勃海。』其入勃海與禹時不異，所異者改道從頓丘移徙耳。《地理志》於魏郡鄴縣曰：『故大河在東北入海。』於勃海郡成平縣曰虖沱河，民曰徒駭河。此則禹(貢)〔河〕故道也，豈可曰禹時不注勃海乎？使禹河不入勃海，則《史記》於宣房既築，又何以云『道河北行二渠，復禹舊迹』也？瓚説非是。」此説足以釋厚齋之疑。◎《東都事略·李垂傳》：「垂，字舜工。聊城人。由進士第，上《兵制、將制書》。自湖州録事參軍，召爲崇文校勘，累遷修起居注。丁謂惡之，罷知亳州。」又《文藝傳》：「晁補之，字无咎，宗慤之曾孫也。有《雞肋集》一百卷。」

蔡氏《禹貢傳》曰：「鳥鼠，《地志》在隴西郡首陽縣西南，今渭州渭源縣西也。」此以唐之州縣言，若本朝輿地，當云「今熙州渭源堡」。又曰：「朱圉，《地志》在天水郡冀縣南，今秦州大潭縣也。」按《九域志》，[一]建隆三年，秦州置大潭縣，熙寧七年，以大潭隸岷州。見《九域志》卷三。今爲西和州，當云「今西和州大潭縣」。朱文公《詩傳》曰：「秦德公徙雍，今京兆府興平縣。」按《輿地廣記》，[二]鳳翔府天興縣，故雍縣，秦德公所都也。興平乃章邯爲雍王所都之廢丘也。當云「雍，今鳳翔府天興縣」。

［一一］【全云】王存作。

［一二］【全云】歐陽忞作。

【元圻案】《太平寰宇記·隴右道二》：「渭州渭源縣，本漢首陽縣地。後魏改首陽爲渭源縣。」《隴右道一》：「秦州大潭縣，本良恭、大潭兩鎮，皇朝乾德元年合二鎮立大潭縣。朱圉山在縣西，俗名白巖山。」◎《輿地廣記》十五：「皇朝熙寧五年，置渭源堡，屬熙州。有鳥鼠同穴山，今謂之青雀山。」又「岷州大潭縣，皇朝建隆三年，以良恭、大潭二鎮置大潭縣。熙寧六年來屬，有《禹貢》朱圉山。」◎《史記·項羽本紀》：「項王立章邯爲雍王，王咸陽以西，都廢丘。」正義曰：「《括地志》：『犬丘故城，一名廢丘，(古)〔故〕城在雍州始平縣東南十里。』」◎《輿地廣記》十五：「鳳翔府天興縣，故雍縣。秦德公既立，卜居雍，曰：『後世子孫，飲馬於河。』遂都雍。」又十三：「京兆府興平縣，本周犬丘，懿王都之。秦改曰廢丘。漢高帝三年，更名槐里。晉置扶風郡，而改槐里曰始平縣。」◎《書録解題·地理類》：「《元豐九域志》十卷。知制誥丹陽王存正仲、集賢校理曾肇子開、官制所檢討邯鄲李德芻等删定。《輿地廣記》三十八卷。廬陵歐陽忞撰，政和中作。忞爲文忠族孫行，名皆連心字。」

《吕氏春秋》：「禹南至九陽之山，羽人裸民之處，不死之鄉。」此屈子《遠遊》所謂「仍羽人於丹丘兮，留不死之舊鄉。朝濯髮於湯谷兮，夕晞余身兮九陽。」

【集證】《文選》孫綽《天台山賦》：「仍羽人於丹丘兮，尋不死之福庭。」注：「《楚辭》曰：『仍羽人於丹丘兮，留不死之舊鄉。』王逸注曰：『因就衆仙於光明也。丹丘晝夜常明。《山海經》有羽人之國，不死之鄉。』」

【元圻案】《吕氏春秋·慎行論·求人篇》高誘注曰：「南方積陽，陽數極於九，故曰九陽之山也。羽人，鳥喙，背上有羽翼。裸民，不衣衣裳也。鄉，亦國也。」

朱文公謂：「漢之尋陽縣在江北，今之江州，非古九江地。」其説明矣，然漢柴桑縣屬豫章郡，而莽以豫章郡爲九江，柴桑縣爲九江亭，[一]則九江之名，其誤久矣。以九江爲洞庭，本於《水經》，[二]而胡、晁、曾氏因之。[三]

[一]案《漢書·地理志》：「豫章郡，高帝置。莽曰九江。柴桑，莽曰九江亭。」

[二]【集證】《水經》三十五：「江水又東至長沙下雋縣北，澧水、沅水、資水合東流注之。湘水從南來注之。」注：「凡此諸水，皆注於洞庭之陂。」◎《山海經·中山經》：「洞庭之山，帝之二女居之，是常游於江淵。澧沅之風，交瀟湘之淵，是在九江之間。」

[三]【全云】胡旦、晁説之、曾旼。

【元圻案】朱子《九江彭蠡辨》：「若曰古之九江即今之江州，古之敷淺原即今之德安縣，則漢九江郡本在江北，而今所謂江州者，實武昌郡之柴桑縣。後以江北之尋陽并柴桑而立郡，又自江北徙治江南，故江南得有尋陽之名，後又因尋陽而改爲江州，實非古九江地也。唯國初胡秘監旦，近世晁詹事説之，皆以九江爲洞庭，則其援證皆極精博。而鄭漁仲謂『東匯澤爲彭蠡，東爲北江，入於海』十三字爲衍文，亦爲得之。」◎蔡氏傳曰：「九江，今之洞庭也。《水經》言九江在長沙下雋西北，《楚地記》曰：『巴陵瀟湘之淵，在九江之間。』今岳州巴陵縣即楚之巴陵、漢之下雋也，洞庭正在其西北，則洞庭之爲九江審矣。」

《國語注》「姑蔑，今太湖」，當作「大末」。「甬句東，今句章東，海口外洲」，韋昭注。當作「浹口」。蓋傳寫之誤。【原注】唐盧潘引《地理志》「浙江出黟縣南率山，東入海」，今《漢志》云「蠻夷中」。

【集證】《漢·地理志》：「丹陽郡黝縣，漸江水出南蠻夷中，東入海。」師古曰：「黝音伊，字本作黟，其音同。」《續漢郡國志》「會稽郡太末」注：「《左傳》謂姑蔑。」「句章」注：「《山海經》曰：『餘句之山，無草木，多金玉。』郭璞曰：『山在餘姚南，句章北，故二縣因以爲名。』勾踐欲遷吴王於甬東。韋昭曰：縣東洲。」羅願《新安志》：「率山在休寧縣東南四十里，高五十七仞，周二十一里，率水出焉。《寰宇記》引《山海經》『漸江出三天子都，在率東』，蓋此山也。《漢·地理志》云：『浙江出黟縣南率山，東入海。』唐盧潘引此以解《山海經》率山。今《地理志》『率山』乃作『蠻夷中』，不可曉。」槐按：考《御覽》六十五引《地理志》作「南率中」。「率」俗作「㡜」，蓋因形近而誤。

【元圻案】《越語》：「勾踐之地，南至於句無，北至於禦兒，東至於鄞，西至於姑蔑。」韋昭注：「姑蔑，今太湖是也。」◎《左傳》哀六年「見姑蔑之旗」，注：「姑蔑，越地，今東陽太末縣。」《漢書·地理志》：「會稽郡太末。」孟康曰：「太音如闥。」◎韓退之《衢州徐偃王廟碑》：「姑蔑之墟，太末之里。」◎《吴語》：「越王使人告於吴王曰：『王其無死！民生於地上，寓也，其與幾何？寡人其達王於甬句東，夫婦三百，唯王所安，以没王年。』」

《戰國策》：「田單爲棧道木閣，迎齊王與后於城陽山中。」非但蜀有棧閣也。

【閻按】《淮南·本經訓》：「延樓棧道。」即宮室亦有之。

【全云】宮室複道，見《史記》、《漢書》甚多。

【元圻案】《齊策》：「燕人興師而襲齊墟，王走而之城陽之山中。田單敗燕則反齊地，故爲棧道木閣而迎之。」

楚「北有甘魚之口」，鮑氏注疑爲濟陰高魚，非也。《左氏》昭十三年《傳》「次於魚陂」，注云：「竟陵縣城西北有甘魚陂。」

【集證】《水經》二十八：「沔水又東南與楊口合。」注：「竟陵城傍有甘魚陂。《左傳》昭公十三年『次於魚陂』者也。」

【元圻案】《書録解題・雜史類》：「《鮑氏校定戰國策》十卷。尚書郎括蒼鮑彪注。」◎《秦策》：「冷向謂魏冉曰：『楚包九夷，又方千里，南有符離之塞，北有甘魚之口。』」注：「未詳，疑爲濟陰高魚。」元吴師道校注，即引王氏此條以正之。

《大事記解題》：「沈黎郡、汶山郡，《地理志》不載。按《輿地廣記》，漢武帝置郡，既而罷之。」案，見《解題》十二。愚按，《黄霸傳》「入穀沈黎郡」，《後漢・莋都夷傳》：「武帝所開，以爲莋都縣。元鼎〔一〕六年，以爲沈黎郡。至天漢〔二〕四年，并蜀爲西部，置兩都尉，一居旄牛，主徼外夷，一居青衣，主漢人。」《冉駹夷傳》：「武帝所開，元鼎六年以爲汶山郡。至地節〔三〕三年，省并蜀郡，爲北部都尉。靈帝時，復分蜀郡北部爲汶山郡。」【原注】《宣帝紀》：「地節三年十二月，省汶山郡并蜀。」

〔一〕武帝二十五年改元元鼎。

〔二〕武帝四十一年改元天漢。

〔三〕宣帝五年改元地節。

【元圻案】《史記・大宛傳》：「是時漢既滅越，而蜀、西南夷皆震，(諸)〔請〕吏入朝。於是置益州、越巂、牂柯、沈黎、汶山郡，欲地接以前通大夏。」《漢書・武帝紀》：「元鼎六年，定西南夷，以爲武都、牂牁、越嶲、沈黎、文山郡。」班氏以沈黎、汶山二郡旋即省并，故不列於《地理志》。然汶山之省書於《宣帝紀》，沈黎之并不書於《武帝紀》，亦記事之疏漏也。◎歐陽忞《輿地廣記》三十：「黎州，漢屬蜀、越嶲二郡。唐大足元年，置黎州。取古沈黎郡爲名。按沈黎郡，本筰都地，漢武帝開之置郡，既而罷之。又茂州，本冉駹國，漢武帝開其地，置文山郡，尋罷，屬蜀郡。」

荀卿爲蘭陵令。[一]縣在漢屬東海郡，見《漢書·地理志》。今沂州承縣。誠齋《延陵懷古》有《蘭陵令》一章，蓋誤以南蘭陵爲楚之蘭陵也。古靈[二]詩①亦誤。

[一]案《史記·荀卿傳》：「荀卿乃適楚，春申君以爲蘭陵令。」

[二]【閻按】古靈，陳襄號。

【全云】安定弟子。

【閻按】《魏·地形志》：「蘭陵郡蘭陵縣，有荀卿冢。」與《史記》「卒，因葬蘭陵」合。

【全云】疑是淮陰之蘭陵，當再考。

【集證】《晉·地理志》：「元康元年，分東海置蘭陵郡。永嘉之亂，淪没石氏。元帝渡江後，幽、冀諸州流人相率過江淮，帝並僑立郡縣以司牧之。置南東海、南琅邪、南東平、南蘭陵等郡。」

---

①「詩」，元刊本作「字」。

按今山東兗州府嶧縣，漢蘭陵。唐省入承縣，楚之蘭陵也。江蘇常州府武進縣西北有蘭陵廢城，此南蘭陵也。

【元圻案】楊萬里，字廷秀，自號誠齋。吉水人。官至寶謨閣學士致仕。及韓侂胄用事，召之，不至。開禧出師，不食而死。謚文節。事迹具《宋史·儒林傳》。著《誠齋集》一百三十卷。◎《書録解題·別集類中》：「《古靈集》二十五卷。樞密直學士長樂陳襄述古撰。襄在經筵，薦司馬光而下三十三人，皆顯於時。集序，李忠定綱作也。」

文中子父曰「銅川府君」。【原注】隆爲銅川令。[一]阮氏注：「上黨有銅鞮縣。」[二]龔氏[三]注：「隋初置銅川縣，今忻州秀容是。」愚考《隋·地理志》：「定襄[四]郡秀容縣，開皇初置新興郡、銅川縣，十八年置忻州。」龔注是也。

[一] 案司馬温公《文中子補傳》：「隆字伯高。」

[二] 本《漢書·地理志》。

[三] 【何本載閻云】龔氏名鼎臣，明道間人。

[四] 【閻按】當作樓煩，始統秀容。

【集證】《隋·地理志》：「定襄郡，統縣一：大、利。樓煩郡，統縣三：静樂、臨泉、秀容。秀容舊置（泗）〔肆〕州，後（周）〔齊〕又置平寇縣。〔後周〕州徙雁門。開皇初置新興郡、銅川縣。郡尋廢。十年廢平寇縣。十八年置忻州，大業初州廢，又廢銅川。」

【元圻案】《書録解題・儒家類》：「《中説注》十卷。太常丞阮逸天隱撰。」又：「《中説注》十卷。正議大夫淄川龔鼎臣輔之撰。龔自云明道間得唐本於齊州李冠，比阮本改正二百餘處。」◎案：龔注今佚。

《中説》「同州府君」，龔氏本作「司州」，注云：「宋武置司州於虎牢，西魏始改華州爲同。」

【集證】《宋書・州郡志》：「武帝北平關、洛，河南底定，置司州刺史，治虎牢，領河南、滎陽、弘農三郡。」《隋・地理志》：「馮翊郡，後魏置華州，西魏改曰同州。」

【元圻案】《中説・王道篇》：「晉陽穆公之述曰《政大論》八篇，其言帝王之道著矣。同州府君之述曰《政小論》八篇，其言王霸之業盡矣。」◎司馬温公《文中子補傳》：晉陽穆公名(蚪)〔虬〕，(蚪)〔虬〕生彦，官至同州刺史。彦生傑，官至濟州刺史，封安康公，謚曰獻。傑生隆，隆生通。

子夏居西河，在汾州。[一]文中子之教興於河汾。

[一]案《史記・儒林傳》「子夏居西河」，正義曰：「今汾州。」

【閻按】《宋史・地理志》：「汾州治西河縣。」即今更名汾陽縣，非古子夏設教地也。詳見余《博湖掌録》。

【何本載閻云】鄭注《檀弓》「西河」云：「龍門至華陰之地。」《水經》酈注屢言子夏石室，正在其地，與宋汾州無涉。

【集證】《水經》四：「河水南出龍門口，又南，崌谷水注之。」注云：「崌谷側谿山南有石室，西面有兩石室，北面有二石室，皆因阿結牖，連扃接闥，似是棲遊隱學之所。昔子夏教西河，疑即此也。」按《唐・地理志》：「汾州西河縣，本隰城，肅宗上元元年更名。」與子夏西河無涉。張守節誤。

【元圻案】司馬温公《補傳》曰：「晉陽穆公始家河汾之間。」◎《中説・事君篇》：「楊素使謂子曰：『盍仕乎？』子曰：『疏屬之南，汾水之曲，有先人之敝廬在，可以避風雨，有田，可以具饘粥，不願仕也。』」

《漢・地理志》言風俗，多取太史公《貨殖傳》。然太史公語尤奇峻，可以參觀。

《地理志》「南陽郡平氏」：「《禹貢》桐柏大復山，在平氏東南，淮水所出。東南至淮陵[一]入海。」[二]《禹貢集解》云：「淮陵，晉猶存，不知何代廢省。今其地當在楚州界。」愚考《宋・州郡志》：「淮陵郡本淮陵縣。」【原注】漢屬臨淮，後漢屬下邳，晉永寧元年爲淮陵國。[三]《輿地廣記》「淮南東路」：「泗州招信縣，本淮陵縣，漢屬臨淮郡。宋曰睢陵，置濟陰郡。」今按漢、晉有淮陵、睢陵二縣，宋濟陰郡有睢陵縣，而淮陵郡無淮陵縣。蓋宋之睢陵，即漢之淮陵也。【原注】《廣記》：漢睢陵①故城，在淮陽軍下邳縣。《寰宇記》[四]：「古淮陵城在招信縣西北二十五里。」見「河南道十六」。然則《禹貢解》以淮陵在楚州，非也。

[一]【閻按】「陵」似當作「浦」。

[二]案，此班氏自注文。

[三]案，小注亦《宋書・州郡志》文。考之兩漢及晉《志》俱合。

[四]【全云】樂史作。

【集證】《山海經・海内東經》：「淮水出餘山，義鄉西，入海，淮浦北。」《水經》：「淮水又至廣陵淮浦縣入於海。」閻氏謂「淮陵」當作「淮浦」，是也。《經義考》：「傅寅《禹貢集解》二卷，存。」

【元圻案】《書録解題・地理類》：「《太平寰宇記》二百卷。太常博士直史館宜黃樂史子正

---

①「睢陵」，原本作「淮陵」，據元刊本改。《輿地廣記》卷六：「隋開皇初，(淮陽)郡廢，屬下邳。唐省之。漢睢陵縣故城在此。」

撰。起自河南，周於海外，當太宗朝上之。」◎《史記·夏本紀索隱》曰：「桐柏，一名大復山。」◎《漢志》：「淮浦屬臨淮郡。」《後漢志》屬下邳郡。蔡氏傳：「淮入海，在今淮浦。」

《志》謂「齊俗彌侈，織作冰紈綺繡純麗之物，號爲冠帶衣履天下」；[一]「臨淄[二]有服官」。[三]《説苑》：「《墨子》曰：『錦繡絺紵，亂君之所造。其本皆興於齊景公喜奢而忘儉。幸有晏子以儉鐫之，然猶幾不能勝。』」[四]齊俗之侈，蓋自景公始。

[一]案師古注曰：「冰，謂布帛之細，其色鮮潔如冰者也。純，精好也。麗，華靡也。言天下之人冠帶衣履皆仰齊地。」

[二]屬齊郡。

[三]齊三服官，見《漢書·平帝紀》五年詔。

[四]【集證】《説苑·反質篇》引《墨子》，檢今《墨子》無之。疑是《節用》中下兩篇佚文。

【全云】今世織造在江浙蘇杭二府，而東人之技無聞。

【集證】《漢書·元帝紀》：「初元五年，詔罷齊三服官。」注，李斐曰：「齊國舊有三服之官，春獻冠幘縰爲首服，紈素爲冬服，輕綃爲夏服。」師古曰：「縰，即今之方目紗也。紈素，今之絹也。輕綃，今之輕紗也。」

琅邪郡靈門縣壺山，浯水所出。【原注】音吾。元次山名浯溪，亦有所本，非自造此字也。

【集證】《漢・地理志》：「靈門縣有高柰山。壺山，浯水所出。」○今山東莒州西南有靈門廢縣。

【元圻案】程氏大昌《演繁露》十四：「世傳浯溪本無浯字，元結自名之，恐不然也。《說文》『浯水出琅邪靈門縣壺山，東北入濰。從水吾聲。』則浯非結之所自名也。」◎元次山《浯溪銘序》曰：「浯溪，在湘水之南，北匯於湘。愛其勝異，遂家溪畔。溪世無名稱者也，爲自愛之，故名浯溪。」◎《唐書・元結傳》：「後魏常山王遵十五代孫。天寶十二載舉進士，復舉制科。會代宗立，丐侍親歸樊上。作《自釋》曰：結，元子名也，次山，結字也。少居商餘山。著《元子》十篇，故以元子爲稱。」

《溝洫志》：「史起引漳水溉鄴。」出《呂氏春秋・先識覽》，以「賢令」爲「聖令」，「舄鹵」爲「斥鹵」。

【閻按】《河渠書》以引漳水溉鄴爲西門豹。余謂西門豹當魏文侯時，史起當襄王時，皆爲鄴令，皆鑿十二渠利民，故左思《魏都賦》「西門溉其前，史起灌其後」，《括地志》亦云爾。

【元圻案】《漢書・溝洫志》：「民歌之曰：『鄴有賢令兮爲史公，決漳水兮灌鄴旁，（千）〔終〕

古舄鹵兮生稻粱。』」◎《吕覽·先識覽·樂成篇》：「民歌曰：『鄴有聖令，時爲史公。決漳水，灌鄴旁。終古斥鹵，生之稻粱。』」◎《後漢·安帝紀》：「初元二年，修西門豹所分漳水爲支渠，以溉田。」◎《水經》十「濁漳水」注，亦云豹引漳以溉鄴，而《吕覽》謂史起曰：「魏氏之行田也以百畝，鄴獨二百畝，是田惡也。漳水在其旁，而西門豹弗知用，何也？」

《史記·貨殖傳》：「南陽西通武關、鄖關。」正義云：「《地理志》宛西通武關，而無鄖關。『鄖』當作『洵』。洵水上有關，在金州洵陽縣。」愚按《漢志》，漢中郡長利縣有鄖關。長利，今商州上津縣，武關在商洛縣，正義失之。

【集證】今陝西商州東有武關，湖北鄖陽府鄖陽縣西有廢長利縣，鄖關在焉。

古公事獯鬻，而商不與；晉拜戎不暇，昭十五年《左傳》。而周不知。封建之效也。唐以幽鎮扞契丹，及幽鎮亡，而契丹之患始熾，方鎮之效也。郡縣削弱，則夷狄之禍烈矣。

【全云】感燕雲之禍也。

【元圻案】《唐書·地理志》：「河北道鎮州常山郡，幽州范陽郡，皆置大都督府。」《北狄傳》：「契丹，本東胡種。至元魏，自號契丹。臣於突厥。咸通中，部落寖强。光啓時，入寇幽薊。

劉仁恭討之，十年不敢近邊。」◎《五代史·晉·高祖紀》：「天福元年，唐廢帝下詔，削奪石敬瑭官爵，命張敬達等討之。敬瑭求援於契丹。契丹耶律德光入自雁門，與唐兵戰，敬達大敗。敬瑭即位，以幽、涿、薊、檀、順、瀛、漠、蔚、朔、雲、應、新、嬀、儒、武、寰州入於契丹。」◎《宋文鑑》吕氏大鈞《世守邊郡議》曰：「在商之時，古公以皮（弊）〔幣〕珠玉事獯鬻，而商不知。在周之時，晉國拜戎不暇，而周室不與。然則三代禦邊之略，蓋可知矣。」

《九域志》：「滄州有漢武臺。」《唐·太宗紀》：「貞觀十九年，伐高麗，班師，次漢武臺，刻石紀功。」臺餘基三成，燕齊之士爲漢武求仙之處。

【集證】《玉海》一百六十二：「《唐太宗實録》：『貞觀十九年，十月，班師，次漢武臺，餘基三成，傍有祠室塋域。帝顧問侍臣，對曰：「此是燕齊之士爲漢武求仙之處。」其地俯臨大海，長瀾接天，巉巖峻石，奇怪之狀。帝製文刻於石。』」

【元圻案】《史記·封禪書》：「李少君死，天子以爲化去不死，而使黄錘、史寬舒受其方。求蓬萊安期生，莫能得，而海上燕齊怪迂之方士，多更來言神事矣。」

李太白《蜀道難》云：「蠶叢及魚鳧，開國何茫然。爾來四萬八千歲，不與秦塞通人煙。」其説本揚雄《蜀記》。愚謂岷、嶓載於《禹貢》，庸、蜀見於《牧誓》，非至秦始通也。

【全云】《蜀記》本不足據。

【元圻案】《文選》左太沖《蜀都賦》曰：「夫蜀都者，蓋兆基於上世，開國於中古。」劉淵林注：揚雄《蜀王本紀》曰：「蜀王之先，名蠶叢、柏濩、魚鳧、蒲澤、開明。是時人民椎髻左衽，不曉文字，未有禮樂。從開明上到蠶叢，積三萬四千歲。」注又曰：「秦惠王討滅蜀王，封公子通爲蜀侯。惠王二十七年，使張若與張儀築成都城。其後置蜀郡，以李冰爲守。」

《水經》引天下之水百三十七，江、河在焉。[一]酈氏注引枝流一千二百五十二。[二]《通典·州郡四》謂：「晉郭璞注三卷，後魏酈道元注四十卷，皆不詳撰者名氏，不知何代之書。云『濟水過壽張』，則前漢壽良縣光武更名；[三]『又東北過臨濟』，則狄縣安帝更名；[四]『荷[五]水過湖陸』，則湖陵縣章帝更名；[六]『汾水過永安』，則彘縣順帝更名，[七]故知順帝以後纂序也。」愚按《經》云「武侯壘」，又云「魏興安陽縣」，注謂「諸葛武侯所居。魏分漢中，立魏興郡」。並見卷二十七「沔水」條下。[八]又云「改信都從長樂」，則晉太康[九]五年也。然則非後漢人所撰。《隋志》云「郭璞注，而不著撰人」，《舊唐志》云「郭璞撰」。愚謂所載及魏、晉，疑出於璞也。《新唐志》始以爲桑欽，而又云「一作郭璞撰」，蓋疑之也。《經》云「何水又北薄骨律鎮城」，注云「赫連果城也」，乃後魏所置，其酈氏附益歟？[一〇]按《前漢·儒林傳》：「古文《尚書》，塗惲授河南桑欽君長。」晁氏《讀書志》謂「欽，成帝時人」，意者欽爲此書，而後人附益，「如《山海經》禹、益所記，有長沙、零陵、桂陽、諸暨之名，《本草》神農所述，有豫章、朱崖、趙國、常山、奉高、真定、臨淄、馮翊之稱，《爾雅》作於周公，而云『張仲孝友』，《蒼頡篇》造於李斯，而云『漢兼天下』，皆非本文」，顔之推嘗論之矣。[一一]《通典·州郡四》又謂「景純注解疏略，多迂怪」。今郭注不傳。

[一]案，今本《水經》所列僅一百一十六水。

[二]【集證云】見《唐六典》注。

[三]案《漢書·地理志》「東郡壽良」，應劭曰：「世祖叔父名良，故曰壽張。」

[四]《漢志》「千乘郡狄」，應劭曰：「安帝更名曰臨濟。」

[五]《通典》作「菏」。

[六]《漢志》「山陽郡湖陵，莽曰湖陸」，應劭曰：「章帝封東平王（倉）〔蒼〕子爲湖陵侯，更名湖陸。」《後漢·郡國志》：「湖陸，故湖陵，章帝更名。」劉昭注：「《前漢志》王莽改曰湖陸，章帝復其號。」

[七]《漢志》「河東郡彘」，應劭曰：「順帝改曰永安。」

[八]【閻按】王褘《水經序》於「立魏興郡」下有「又云江水又東徑永安宮南，則昭烈托孤於武

侯之地也，又其言北縣名，多曹氏時置，南縣名，多孫氏時置，是又若三國以後人所爲也」一段，似王氏原文，爲今刊本、鈔本所遺，殊可惜，特補於此。

【全云】是歐陽圭齋序文，非王語。

〔九〕晉武帝初元。

〔一〇〕案錢氏大昕曰：「王氏所引武侯壘、永安宫、薄骨律鎮城，皆注之溷入經文者。」

〔一一〕自「如《山海經》」以下，皆《顔氏家訓·書證篇》之文。

【閻按】《漢·地理志》班固自注引桑欽言者七，是欽通地理學，有撰著，故後人以《水經》歸之與？至作郭璞撰，可一言以折曰：璞注《山海經》，引《水經》者八，此豈《經》出璞手哉？

【何云】焯按《地理志》引桑欽言者六，「敦煌郡效穀」下乃小顔注也。《玉海》第二十卷并載之。故閻文亦誤作七。

【又云】歐陽玄功《水經補正序》云：「近代宇文氏以爲經傳相淆者，此説近之也。」

【集證】歐陽玄《補正水經序》：「按《隋志》有兩《水經》，一郭璞注，一酈善長注，然皆不著撰人姓名。唐杜佑作《通典》時，尚見兩書，言郭璞疏略，於酈注無所言。撰人則概未之考也。《舊唐志》始云郭璞作。宋《崇文總目》亦不言撰人爲誰，但云酈注四十卷，亡其五。《新唐志》乃謂『漢桑欽作《水經》』。今人言桑欽者，本此。《崇文總目》作於宋景祐，與《新書志》同時，又未知《新志》何所據以爲説也。余嘗參訂之：説者疑欽爲東漢順帝以後人，以彘一縣疑之也。今經言

『江水東徑永安宫南』，永安宫，昭烈托孤於孔明之地也，今特著於斯，又若因其人而重者，得非蜀漢間人所爲也？不寧惟是也，其言北縣名，多曹氏置，南縣名，多孫氏置，余又未暇一二數也。斯則近代宇文氏以爲經傳相淆者，此説近之也。」

【元圻案】《唐六典》七：「水部郎中員外郎，掌天下川瀆陂池之政令。凡天下水泉三億三萬三千五百五十有九，其江、河自西極達於東溟，中國之大川者也。其餘百三十有五水，是爲中川者也。其千二百五十有二，斯爲小川者也。」注：「桑欽《水經》所引之天下之水百三十七，江、河在焉。酈善長注《水經》，引其枝流一千二百五十二。」◎《四庫全書總目・地理類》：「《水經注》四十卷。後魏酈道元撰。道元字善長，范陽人。官至御史中尉。事迹具《魏書・酷吏傳》。自晉以來，注《水經》者凡二家。郭璞注三卷，今惟道元所注存。道元自序一篇，諸本皆佚，惟《永樂大典》有之。至於經文注語，諸本率多混淆。今考驗舊文，得其端緒，凡水道所經之地，《經》則云『過』，《注》則云『徑』，《經》則統舉都會，《注》則兼及繁碎地名。凡一水之名，《經》則首句標明，後不重舉，《注》則文多旁涉，必重舉其名以更端。凡書内郡縣，《經》則但舉當時之名，《注》則兼考故城之迹。皆尋其義例，一一釐定，各以案語附於下方。又《水經》作者，《唐書》題曰桑欽，然班固嘗引欽説，與此經文異。道元注亦引欽所作《地理志》，不曰《水經》。觀其『涪水』條中稱『廣漢』已爲『廣魏』，則決非漢時；『鍾水』條中稱『晉寧』仍曰『魏寧』，則未及晉代。推尋文句，大抵三國時人。今既得道元原序，知並無桑欽之文，則據以削去舊題，亦庶幾闕疑之義云爾。」

《三輔黄圖》所載「靈金内府」及「天禄閣青藜杖」皆王嘉〔一〕《拾遺記》譎誕之説。程泰之《雍録》謂《黄圖》蓋唐人增續成之。【原注】《水經注》引《黄圖》，今本所無。

〔一〕【全云】字子年，苻秦時人。

【閻按】王氏弟應鳳，字仲儀，有《訂正三輔黄圖》。

【集證】按《水經注》引《黄圖》云「神明臺上有九室」，又「棘門在横門外」，又「柱南京兆主之，柱北馮翊主之，有令丞，各領徒千五百人。橋之北首，壘石水中，故謂之石柱橋也」，又「有船庫官，後改爲縣」，凡四條，皆今本所無。

【元圻案】《拾遺記》：「漢太上皇佩一刀，長三尺，上有銘，其字難識，疑是殷高宗伐鬼方時所作也。上皇遊酆沛山中，有人歐冶鑄。上皇問曰：『此鑄何器？』工者笑而答曰：『爲天子鑄劍。今所鑄鐵鋼礪難成，若得公腰間佩刀，雜而冶之，即成神器，可以克定天下。』上皇則解匕首投於爐中，劍成。工人持授上皇，上皇以賜高祖，佩於身，以殲三猾。及天下已定，吕后藏於寶庫，白氣如雲，出於户外，狀如龍蛇。吕氏改庫名曰靈金藏。惠帝即位，以此庫貯禁兵器，名曰靈金内府也。」又：「劉向校書天禄閣，夜有老人，著黄衣，植青藜杖，登閣而進。見向暗中獨坐誦書，老父乃吹杖端煙燃，因以見向，説開闢以前。向因受五行《洪範》之文。請問姓名，云：『我是太一之精。天帝聞金卯之子有博學者，下而觀焉。』乃出懷中竹牒，有天文地圖之書，『余略授子焉。』至向子歆，從向受其術。」此二事，《三輔黄圖》「庫類」、「閣類」載之，與此文略同，而以高祖劍謂「即佩之以斬白蛇者是也」。◎《四庫全書總目·地理類》：「《三輔黄圖》六卷。不著撰人名氏。晁公武據所引劉昭《續漢志注》定爲梁、陳間人作。程大昌《雍録》則謂晉灼所引《黄圖》多不見於今本，而今本漸臺彪池、高廟元始祭社稷儀，皆明引《舊圖》，知非晉灼之所見。又據改槐里爲興平，事在至德二載，知爲唐肅宗以後人所作。其説較公武爲有據。」又：「《雍録》十卷。宋程大昌撰。是編考訂關中古迹，以《三輔黄圖》、《唐六典》、宋敏求《長安志》、吕大防《長安圖記》及《紹興秘書省圖》諸書，互相考證，於宫殿山水都邑皆有圖有説。」又《小説類》：「《拾遺記》十卷。秦王嘉撰。嘉字子年，隴西安陽人。事迹具《晉書·藝術傳》，故舊本繫之晉代。然嘉實苻秦方士。是時關中雲擾，與典午隔絶久矣，稱晉人者非也。」

《殷芸小説》云：「諸葛武侯躬耕於南陽。」南陽是襄陽墟名，非南陽郡也。

【閻按】南陽爲墟名，出《異苑》，注杜者不甚遵之。

【全云】《漢晉春秋》云：「亮家於南陽之鄧縣，在襄陽城西二十里，曰隆中。」則非墟明矣。

【元圻案】《書録解題·小説類》：「《殷芸小説》十卷。宋殷芸撰。《邯鄲書目》云或題劉餗，非也。其序事止宋初，或稱商芸者，宣祖未祧時避諱也。」◎《隋·經籍志》「雜傳類」：「《異苑》十卷，宋給事劉敬叔撰。」◎《梁書·殷芸傳》：「芸字灌蔬，陳郡長平人。勵精勤學，博洽羣書。歷官秘書監司徒左長史。」

《素問》云[一]：「天不足西北，左寒而右涼；地不滿東南，右熱而左温。」

［一］何本無「云」字。

【元圻案】《書録解題·醫書類》：「《黄帝内經素問》二十四卷。此固出於後人依托，要是醫書之祖也。」此四語見《素問》五《常政大論篇第七十》。

《漢袁良碑》云：「帝御九龍殿，引對飲宴。」《集古録跋》謂：「九龍殿名，惟見於此。」愚按張平子《東京賦》曰：「九龍之内，寔曰嘉德」，注：「九龍，本周時殿名，門上有三銅柱，柱有三龍相糾繞，故曰九龍。嘉德殿在九龍門内。」非但見於此碑也。

【集證】《後漢·楊賜傳》：「光和元年，有虹蜺晝降於嘉德殿前。」注引《洛陽記》：「殿在九龍門内。」

【元圻案】歐陽公《集古録跋尾》：「右《漢袁良碑》，云『君諱良，字卿』，『卿』上一字摩滅，『陳國扶樂人也。』又云『帝御九龍殿，引對飲宴』。九龍殿名惟見於此。」

武后在洛陽，不歸長安。此《通鑑》所載也。張柬之等舉兵，至后所寢長生殿，又遷后於上陽宫，皆在洛陽。程泰之《雍録》乃謂長安宫殿，誤矣。

【集證】《玉海》百六十一：「《唐書·張廷珪傳》：『武后召見長生殿。』此殿在東都。」又一百五十七：「《唐·地理志》：『上陽宮在東都禁苑之東，東接皇城之西南隅。上元中置。』」

【元圻案】《通鑑·唐紀》高宗永徽六年：「十月，立武氏爲皇后，故后王氏、故淑妃蕭氏，並囚於別院。上嘗念之，武后遣人杖王氏及蕭氏各一百，斷去手足，捉酒甕中，曰：『令二嫗骨醉。』數日死，又斬之。武后數見王、蕭爲祟，被髮瀝血，如死時狀。後徙居蓬萊宮，復見之，故多在洛陽，終身不歸長安。」又中宗神龍元年，「正月癸卯，張柬之等迎太子至玄武門，斬關而入。太后在迎仙宮，柬之等斬易之、昌宗於廡下，進至太后所寢長生殿。太后驚起，問曰：『亂者誰耶？』對曰：『張易之、昌宗謀反，臣等奉太子令誅之。』太后見太子曰：『乃汝耶？小子既誅，可還東宮。』彥範進曰：『太子安得更歸？天意人心，久思李氏。願陛下傳位太子，以順天人之望。』乙巳，太后傳位於太子。丁未，太后徙居上陽宮。」◎洛陽本東都，武后居之，改名神都。

馮衍賦云：「皋陶釣於雷澤兮，賴虞舜而後親。」未詳所出。[一]《水經注》「沁水」條引《墨子》曰：「舜漁濩澤。」今《墨子·尚賢篇》曰：「舜漁雷澤，堯得之服澤之陽。」「服」字疑即「濩」字。

［一］案章懷注：「《吕氏春秋》曰：『舜陶於河濱，漁於雷澤。』今言皋陶，未詳。」

【元圻案】《水經注》九：「沁水又南，與濩澤水合，水出濩澤城西白澗嶺下。《墨子》曰：『舜漁濩澤。』應劭曰：『澤在縣西北。又東徑濩澤縣故城南，蓋以澤氏縣也。』」◎《路史·有虞紀》

注：「濩澤在今澤州之陽城。《墨子》言舜漁於此。」◎《後漢書·馮衍傳》：「衍字敬通，京兆杜陵人也。幼有奇才，博通羣書。更始二年，遣鮑永安集北方，衍以計説永，永以衍爲立漢將軍。世祖即位，遣使招永，衍疑不肯降，審知更始已殁，乃罷兵降於河内。帝怨衍等不時至，永以立功任用，以衍爲曲陽令。衍不得志，乃作賦自厲，命其篇曰《顯志》。」

《漢·王嘉傳》：「爲南陵丞。」顔注：「南陵，縣名，屬宣城。」[一]按漢無宣城郡南陵縣，【原注】宣城縣屬丹陽郡。[二]南陵屬京兆，文帝七年置。見《地理志》。顔注不考《地理志》，何邪？

[一] 今本云「屬宣州」。

[二]【何云】貢父云：「南陵，薄太后陵耳。」

【全云】明見《外戚傳》，何必引貢父？

【集證】按《史記·景紀》：「二年，置南陵。」《風俗通·正失篇》：「薄后以孝景二年四月壬子薨，葬南陵。文帝先太后崩。」《地理志》云「文帝七年置」，非也。《三輔黄圖》：「文帝母薄姬葬南陵，在霸陵南，故曰南陵。」

【元圻案】《漢書·王嘉傳》：「嘉字公仲，平陵人也。察廉爲南陵丞。建平三年，代平當爲丞相。」◎《唐書·地理志》：「關内道京兆郡，領縣二十。」無南陵。蓋京兆之南陵，唐時已廢。而江南道宣州宣城郡有南陵，遂據唐時之郡縣以入注，而不考《地志》以致誤。

《禹貢》：「冀州，治梁及岐。」先儒皆以爲雍州之山。晁氏謂：「冀州之呂梁狐岐山也。」蔡氏《集傳》從之。【原注】朱文公曰：「梁山證據不甚明白。」[一]

[一]【閻按】朱子「不甚分明」之言最精。

【元圻案】《地理今釋》：「孔傳：『梁、岐在雍州，今陝西西安府韓城縣西北九十里之梁山，鳳翔府岐山縣東北四十里之岐山也。』蔡傳疑雍州之山不當載於冀州，指今山西汾州府永寧州東北之呂梁山，一名骨脊山爲梁山，汾州府孝義縣西之狐岐山，一名薛頡山者爲岐山。然二山去河甚遠，不得爲河水所經。曾旼云：『壺口梁岐一役也，其施功皆同時，不可分言於二州，故并言於冀。』得此可以釋蔡氏之疑。」◎宋毛晃《禹貢指南》曰：「梁、岐二山在雍州，今於冀州言之者，豈當時河患上及梁、岐乎？禹導底柱則壺口平，而梁、岐自治。因河而言，非以二山爲冀州之地也。」

《賈誼書》曰：「所謂建武關、函谷、臨晉關者，大抵爲備山東諸侯也。」《壹通篇》文。武關在商州商洛，以限南諸侯；[一]函谷在陝州靈寶，以限北諸侯；[二]臨晉在同州朝邑，以限東諸侯。[三]

[一]案，秦昭王詐楚懷王入武關，伏兵截其後，即此。

［二］魏信陵君率五國之兵，乘勝逐秦兵，至函谷關，抑秦兵，秦兵不敢出，即此。

［三］楚漢之際，魏王豹盛兵蒲坂，塞臨晉。韓信陳船欲渡臨晉，即此。

【集證】按武關在今陝西洛南縣，函谷在今河南靈寶縣，臨晉在今陝西朝邑縣。

【元圻案】陳振孫曰：「《賈子書》，《漢志》五十八篇。今書首載《過秦論》，末爲《弔湘賦》，餘皆録《漢書》語，且略節誼本傳於第十一卷中，其非《漢書》所有者，輒淺駁不足觀，決非誼本書也。」

鮑明遠《登大雷岸與妹書》云：「棧石星飯，結荷水宿，旅客貧辛，波路壯闊。」其辭奇麗超絶，翰墨畦徑，可以諷誦。明遠妹令暉有文才，能詩，見鍾嶸《詩品》。［一］大雷在舒州望江縣，［二］《水經注》所謂「大雷口」也。［三］晉有大雷戍，陳置大雷郡。庾亮《報温嶠書》：「無過雷池一步。」【原注】「積雨爲池，謂之雷池。東入於江，爲大雷口。」《元和郡縣志》云。［四］

［一］案《詩品》曰：「鮑令暉歌詩，往往斷絶清巧。擬古尤勝。昭常答武帝云：『臣妹才自亞於左芬，臣才不及太沖爾。』」

［二］【集證】按《隋·地理志》：「同安郡望江縣，陳置大雷郡，開皇十八年改名。」

［三］【集證】《太平御覽》六十五：「《水經》曰：『雷水南經大雷戍，西注大江，謂之大雷口。一

派東南流入江，謂之小雷口也。宋鮑明遠《登大雷岸與妹書》，乃此地。』」

［四］【全云】《元和郡縣志》，李吉甫撰。

【元圻案】《四庫全書總目·別集類》：「《鮑參軍集》十卷。宋鮑照撰。照字明遠，東海人。晁公武《讀書志》作上黨人，蓋誤讀虞炎序中『本上黨人』之語。照或作昭，蓋唐人避武后諱所改。」◎《梁書·鍾嶸傳》：「嶸字仲偉，潁川長社人。選西中郎晉安王記室。嘗品古今五言詩，論其優劣，名爲《詩評》。」《隋書·經籍志·總集類》：「鍾嶸《詩評》三卷，或曰《詩品》。」◎《晉書·庾亮傳》：「亮報嶠書曰：『吾憂西陲過於歷陽，足下無過雷池一步也。』」

余仕於吳郡，［一］嘗見長洲宰，其圃扁曰「茂苑」，蓋取諸《吳都賦》。［二］余曰：「長洲非此地也。」問其故，余曰：「吳王濞都廣陵。《漢·郡國志》：『廣陵郡東陽縣有長洲澤，吳王濞太倉在此。』此《後漢書·續郡國志》文。東陽，今盱眙縣，故枚乘説吳王云『長洲之苑』，服虔以爲『吳苑』，韋昭以爲長洲在吳東，蓋謂廣陵之吳也。」曰：「它有所據乎？」曰：「隋虞綽撰《長洲玉鏡》，蓋煬帝在江都［三］所作也。長洲之名縣，始於唐武后時。」【原注】《元和郡縣志》：「苑在長洲縣西南七十里。」未足據也，當從《郡國志》。

［一］【閻按】仕吳郡，乃淳祐登第初，差監平江百萬東倉也。

［二］案《吳都文粹》載唐方干《茂苑堂詩》、米友仁記。

［三］【閻按】時贈諸葛穎，亦有「參翰長洲苑」之句。

【閻按】萬歲通天元年，析吴縣置長洲，蓋取《越絶書》、《吴越春秋》「走犬長洲」之文以名縣，亦非無其地。

【何本又載閻云】《漢·王莽傳》：「臨淮瓜田儀等爲盜賊，依阻會稽長洲①。」此則與《元和志》所云長洲苑同，指在蘇州者而言，非東陽也。果屬東陽，不得冠以會稽，古人文字密。

【集證】《太平御覽》八百三十一引《吴地記》曰：「長洲在姑蘇南太湖北岸，闔閭所遊獵處也。吴主遣徐詳至魏，魏太祖謂詳曰：『孤比老，願濟横江之津，與孫將軍游姑蘇之上，獵長洲之苑，吾志足矣。』」按此指在蘇者言。

【元圻案】左思《吴都賦》：「造姑蘇之高臺，臨四遠而特建。帶朝夕之濬池，佩長洲之茂苑。」◎《漢書·枚乘傳》：「乘字叔，淮陰人也。爲吴王濞郎中。吴王濞之謀爲逆也，乘奏書諫吴王，不納。乘復説吴王曰：『夫吴有諸侯之位，而實富於天子。夫漢并二十四郡，方輸錯出，其珍怪不如東山之府。轉粟西向，不如海陵之倉。修治上林，雜以離宫，不如長洲之苑。』」注，服虔曰：「吴苑。」韋昭曰：「長洲在吴東。」◎《隋書·文學傳》：「虞綽，字士裕，會稽餘姚人也。晉王廣引爲學士。大業初，奉詔與虞世南、庾自直等撰《長洲玉鏡》等書十餘部。」

① 今本《漢書》作「長州」。

殺胡林，在欒城縣。【原注】唐屬趙州，後屬真定府。《紀異録》云：「林内射殺狐，因以名之。」《續通典》云：「唐天后時襲突厥，羣胡死於此，故以名之。」

【集證】《唐·地理志》：「鎮州常山郡欒城縣，本隸趙州，大曆三年來屬。」◎張舜民《使北記》：「契丹怒晉出帝不稟北命，擅登大寶，自將兵南下，執出帝北歸，於鄴西愁死崗得疾，至欒城殺狐林而崩。愁死崗者，本陳思王不爲文帝所容，於此悲吟，號爲愁思崗，訛爲愁死。殺胡林者，村民林中射殺一狐，因以名之。」

【元圻案】《書録解題·典故類》：「《續通典》二百卷。翰林學士承旨大名宋白太素等撰。」

隋牛弘封奇章公，僧孺其後也。奇章，巴州之縣。梁普通六年置，取縣東八里奇章山爲名。《隋》、《唐志》、《通典》、《九域志》、《輿地廣記》皆云「其章」，誤也。《續通典》作「奇章」。

【全云】《續通典》，宋白作。

【又云】柳公綽呼牛僧孺爲奇章公，以此。

【元圻案】《太平寰宇記》一百三十九：「巴州其章縣，本漢葭萌縣地。梁武帝普通六年置，取縣東八里其章山爲名。其章山一名隆城山。」是《寰宇記》亦誤作「其章」。近刻《輿地廣記》三十二，原闕利州路，據宋刻本補云：「巴州曾口縣其章鎮，本梁置其章縣。熙寧五年省入曾口。

有奇章山。」縣名誤而山名不誤。◎《隋書・牛弘傳》：「弘字里仁，安定鶉觚人。在周襲封臨涇公。開皇初，授秘書監，進爵奇章郡公。」◎《唐書・牛僧孺傳》：「僧孺字思黯。隋奇章公弘之裔。工屬文。第進士。相穆宗。敬宗立，進封奇章郡公。」

諸子

《漢志》：「《曾子》十八篇。」[一]今世所傳，視漢亡八篇矣。[二]十篇見於《大戴禮》。景迂云：「世知讀《曾子》者，殆未見其人也。」朱文公云：「所記雖或甚疏，亦必切於日用躬行之實。」

[一]【何云】疑《曾子》之書已亡，後人采《大戴記》僞爲之。

[二]此晁氏《讀書志》之説。

【元圻案】今本所傳，有宋汪晫編《曾子》一卷，凡十二篇。《四庫全書》著録。晫字處微，績溪人。◎晁氏《讀書志・子部・儒家類》：「《曾子》二卷。《漢・藝文志》『《曾子》十八篇』，《隋志》『《曾子》二卷，目一卷』，《唐志》『《曾子》二卷』，今世傳《曾子》二卷，十篇本也。有題曰『傳紹述本』，豈樊宗師歟？視隋亡目一篇，考其書已見於《大戴禮》。予從父詹事公，嘗病世之人莫不尊事孟子，而知子思《中庸》者蓋寡；知子思《中庸》者雖寡，而知讀《曾子》者殆未見其人也。」◎朱子《書劉子澄所編曾子後》曰：「世傳《曾子書》，獨取《大戴禮》十篇充之。劉清之子澄，集其言行雜見《語》、《孟》他書者，爲《曾子》七篇。曾子之爲人，敦厚質實，而其學專以躬行爲主。是以從之遊者，所聞雖或甚淺，亦不失謹厚修潔之人；所記雖或甚疏，亦必有以切日用躬行之實。」

太史公序《曆書》曰：「律居陰而治陽，曆居陽而治陰。律、曆更相治，閒不容翲忽。」出《曾子·天圓章》。【原注】《曾子》云：「其閒不容髮。」

《通鑑》載「子思言苟變於衛侯」，在安王二十五年。《大事記》云：「去孔子没百有三年。子思逮事孔子，未必至是時尚存。」薛常州[一]亦云：「子思之年，毋乃過於壽考乎？」

[一] 名季宣，字士龍。

【閻按】言苟變事，出《孔叢子》，自不足信。

【元圻案】《孔叢子·居衛篇》：「子思言苟變於衛君曰：『其材可將五百乘。』君曰：『變也嘗爲吏，賦於民而食人二雞子，以故弗用也。』子思曰：『處戰國之世，選爪牙之士，而以二卵棄干城之將，此不可使聞於鄰國也。』」◎《大事記》一：「周威烈王十七年，魯穆公元年。穆公尊事孔伋。解題曰：伋，子思也。《通鑑》載《孔叢子》子思言苟變於衛侯三章於安王二十五年，是歲慎公之三十八年也，去孔子歿百有三年。子思逮事孔子，未必至是時尚存。」◎薛士龍《浪語集》(三)〔二〕十八《策問》：「《孟子題辭》：『孟子學於子思。』《資治通鑑外紀》繆公訪子思之歲，距孔子卒七十有三年。而《周紀》魯繆公薨，子思見衛謹侯，後此又三十有一年，下距孟子見梁惠王之歲凡四十有一年。上下一百四十五年之間，而道學三傳，未足過多，子思之年無乃過於壽考乎？」◎劉道原《通鑑外紀·周紀八》：劉恕曰：「《家語》篇後敍孔子子孫及《孔子世家》，皆云子思年六十二。《孔叢子》有子思與孔子相答問，則孔子時子思已長矣。孔子以周敬王四十一年壬戌卒，至魯穆公三年甲戌，當威烈王之十九年，距孔子卒七十三年，子思蓋九十餘矣。《漢·藝文志》云：『子思，魯穆公師。』《禮記·檀弓》云：『魯穆公問子思舊君反服。』孟子，子思弟子，亦言與魯穆公同時，必不妄，則《家語》、《世家》不當云子思六十二歲。而《孔叢子》云『子思居衛，魯穆公卒』，去此又三十一年，子思蓋百二十餘歲矣。壽考若是，當時莫之稱道，固可疑也。」◎呂、薛之論，實本於此。

《家語·三恕篇》：「《荀子·宥坐篇》謂『孔子觀於魯桓公之廟，有欹器焉』。」《韓詩外傳》三、《說苑·敬慎篇》皆云「觀於周廟，有欹器焉」。《晉·杜預傳》云：「周廟欹器，至漢東京猶在御坐。」當以周廟爲是。

【閻按】《南史·祖沖之傳》亦云：「造欹器，獻竟陵王子良，與周廟不異。」

【集證】按《北齊·魏收傳》亦云：「周廟之人，三緘其口。漏巵在前，欹器留後。俾諸來裔，傳之坐右。」

《皇覽·記陰謀》：「黄帝《金人器銘》：武王問尚父曰：『五帝之誡，可得聞乎？』尚父曰：『黄帝之戒曰：吾之居民上也，摇摇恐夕不至朝，故爲金人，三封其口，曰：古之慎言。』」見《太平御覽》五百九十。按《漢·藝文志》「道家」有《黄帝銘》六篇。蔡邕《銘論》：「黄帝有《巾机》之法。」《皇覽》集於魏文帝時，漢《七略》之書猶存。《金人銘》載《家語·觀周篇》。蓋六篇之一也。

【集證】《三國志·魏·劉邵傳》：「邵，字孔才。黄初中，爲散騎侍郎。受詔集《五經》羣書，以類相從，作《皇覽》。」◎《隋書·經籍志》「雜家」：「《皇覽》一百二十卷，繆卜等撰。」◎《皇王大紀》曰：「黄帝作《輿几之箴》，以警宴安。作《金几之銘》，以戒逸欲。」

胡文定名安國。銘黿山楊公曰：「孰能識車中之狀，意欲施之。」《韓詩外傳》九云：「孔子出衛之東門，逆姑布子卿，曰：『二三子引車避。有人將來，必相我者也。』孔子下步。姑布子卿曰：『羸乎若喪家之狗。』子貢以告，孔子曰：『丘何敢乎？』子貢曰：『何足辭也？』子曰：『汝獨不見夫喪家之狗歟？既斂而椁，布器而祭。顧望無人，意欲施之。上無明王，下無賢方伯，王道衰，政教失，强陵弱，衆暴寡，百姓縱心，莫之綱紀。是人固以丘爲欲當之者也，丘何敢乎？』」①文定蓋用此以比二程。

荀卿《非十二子》，〔一〕《韓詩外傳》四引之，止云十子，而無子思、孟子。〔二〕愚謂荀卿非子思、孟子，蓋其門人如韓非、李斯之流托其師説，以毁聖賢。當以《韓詩》爲正。

〔一〕案，荀卿《非十二子篇》謂它囂、魏牟、陳仲、史鰌、墨翟、宋鈃、慎到、田駢、惠施、鄧析、子思、孟子也。

〔二〕【何云】韓嬰《詩外傳》嘗引《孟子》「求放心」之論，所以止云十子，不盡與荀卿同也。○案，《韓詩》十子有范雎、田文、莊周，而無它囂、陳仲、史鰌，亦不盡同。【元圻案】《法言·君子篇》：「或曰：『荀卿非數家之言，倪也；至於子思、孟軻，詭哉！』吾於荀卿歟，見同門而異户也。」◎賈同《責荀文》亦未能辨晰及此。

① 此段《韓詩外傳》引文中諸「丘」字，原本作「某」，據元刊本改。

荀卿曰：「盜名不如盜貨。田仲、史鰌，不如盜也。」陳仲子猶可議，直哉史魚，以爲盜名，可乎？《非十二子》史鰌與子思、孟軻皆在焉，豈有法仲尼而非三子者乎？

【元圻案】此條非與上條相反，乃所以實非、斯假托之說也。

《楚辭・漁父》：「吾聞之：新沐者必彈冠，新浴者必振衣。安能以身之察察，受物之汶汶者乎！」《荀子・不苟篇》曰：「新浴者振其衣，新沐者彈其冠，人之情也。其誰能以己之僬僬，[一]受人之掝掝者哉！」[二]荀卿適楚，在屈原後，[三]豈用《楚辭》語歟？抑二子皆述古語也？[四]

[一]【閻本云】元板作「潐潐」。

[二]案，今本《荀子》「僬」作「潐」。楊倞注：「潐潐，明察之貌。掝當爲惑，掝掝，惛也。」

[三]屈原卒於楚頃襄王時，春申君以荀卿爲蘭陵令，在考烈王八年。考烈王，頃襄王太子完也。

[四]【何云】曰「吾聞之」，則述古語矣。

【元圻案】《說苑・說叢》亦曰：「新沐者必拭冠，新浴者必振衣。」

《荀子・大略篇》曰：「非其人而教之，齎[一]盜糧、借賊兵也。」獨不知李斯、韓非乎？

［一］楊倞注：「齎，與資同。」

《成相》《荀子》篇名。曰：「禹傅土，平天下，躬親爲民行勞苦。得益、皋陶、横革、直成爲輔。」注云：「横革、直成，未聞。」韓侍郎云：「此論益、皋陶之功，横而不順者革之，直者成之也。」楊倞注文。愚嘗考《吕氏春秋·開春論·求人篇》云：「得陶、化益、真窺、横革、之交五人佐禹，故功績銘乎金石，著於盤盂。」陶即皋陶也，化益即伯益也，真窺即直成也，【原注】「真」與「直」①相類。［二］横革即横革也，皆禹輔佐之名。【原注】之交，未詳。《世本》「化益作井」，宋衷云：「伯益。」

［二］案盧氏文弨曰：「窺，或本是『窺』字，與『成』音近。」

【元圻案】小注引《世本》宋衷語，見陸德明《易·井卦釋文》。

《王霸篇》：「睪牢天下而制之。」《馬融傳》注作「皋牢，猶牢籠也。」

【何云】古人多書皋作睪，一字也。《天官書》「黄澤」作「滜」。

【全云】《世本》「皋夷」作「睪夷」。

① 元刊本「直」下有「字」字。

【集證】楊倞注：「罜牢未詳，罜或作畢，言盡牢籠天下也。《新序》作宰牢。」又按：益爲皋陶之子，《列女傳》作「罜子」。

【元圻案】《列子·天瑞篇》：「罜如殷敬順。」《釋文》：「音皋。」

孟子三見齊王不言事，[一]曰：「我先攻其邪心。」《大略篇》。楊倞注云：「以正色攻去邪心，乃可與言也。」此《莊子·外篇》所謂「正容以悟之，使人之意也消。」

[一]【何云】三見而不言，其亦遠乎人情矣。此腐儒僞撰也。

【全云】不言者事耳，非竟無言也。

《荀子·不苟篇》曰：「千人萬人之情，一人之情是也。」《阿房宮賦》之語本此。

【元圻案】《阿房宮賦》，唐杜牧作。

《勸學篇》「青出之藍」作「青取之於藍」，「聖心循焉」作「備焉」，[一]「玉在山而木潤」作「草木潤」，「君子如嚮矣」作「知[二]嚮矣」。《賦篇》「請占之五泰」作「五帝」。[三]監本未必是，建本未必非，餘不勝紀。【原注】今監本乃唐與政台州所刊，熙寧舊本亦未爲善，當俟詳考。◎「五泰」注云：「五帝也。」監本改爲「五帝」而刪注文。

［一］案，《大戴記》亦作「備」。

［二］何本「知」作「如」。

［三］【何云】非此書幾不復見「五泰」之文矣。

【何云】此校勘者所當知。

【元圻案】《荀子·賦篇》曰：「功立而身廢，事成而家敗。棄其耆老，收其後世。人屬所利，飛鳥所害。臣愚不識，請占之五泰。」楊倞注：「五泰，五帝也。」謝金圃師校曰：「五泰，宋本作『五帝』，無『五泰五帝也』五字注，今從元刻。」與《困學紀聞》合。古音帝字不與敗、世、害韻，五支、六脂之别也。

河間獻王之言，惟見於《説苑》，［一］謂：「堯存心於天下，加志於窮民，痛萬姓之罹罪，憂衆生之不遂也。有一民飢，則曰此我飢之也。有一人寒，則曰此我寒之也。一民有罪，則曰此我陷之也。仁昭而義立，德博而化廣，故不賞而民勸，不罰而民治。先恕而後教，是堯道也。」又曰：「禹稱：『民無食，則我不能使也；功成而不利於人，則我不能勸也。』故疏河以導之，鑿江通於九派，灑五湖而定東海，民亦勞矣，然而不怨苦者，利歸於民也。」見《君道篇》。又曰：「湯稱：『學聖王之道，譬如日焉；静居獨思，譬如火焉。』夫捨學聖王之道，若捨日之光。獨思，若火之明也，可以見小，未可用大知，惟學問可以廣明德慧也。」又曰：「《管子》稱：『倉廩實，知禮節；衣食足，知榮辱。』夫穀者，禮義所以行，而人心所以安也。《尚書》『五福』，以富爲始。子貢問爲政，孔子曰：『富之。既富，乃教之。』此治國之本也。」見《建本篇》。司馬公爲《獻王贊》，謂：「用其德，施其志，帝王之治復還，其必賢於文、景遠矣。」

〔一一〕【何云】獻王之言，亦見《春秋繁露》。

【閻按】欲以河間獻王德，代杜子春祀兩廡，以有功《周禮》爲最先。◎朱子云：「胡氏言使河間獻王爲君，董仲舒爲相，汲黯爲御史大夫，則漢治必盛。某謂如此差除，那裏得來？」◎河間獻王之言，亦見《春秋繁露》，謂：「衣服容貌者，所以説目也；聲言應對者，所以説耳也；好惡去就者，所以説心也。故君子衣服中而容貌恭，則目説矣；言理應對遜，則耳説矣；好仁厚而惡淺薄，就善人而遠僻圖，則心説矣。」

【全云】閻氏謂河間獻王當從祀孔廟，以其有功《周禮》爲最先。予謂獻王豈特有功《周禮》一經哉，以毛萇爲《詩》博士，則《毛詩》之傳，其功也；貫公爲《春秋左氏》博士，則《左氏》之傳，其功也。漢廷未立學官，河間已有博士，其功大矣。至其所集雅樂，武帝存而不御，以致元、成時鄭聲繁興。然王禹、宋曄猶能明其義者，使哀帝能立之學官，《樂》豈亡乎？

【元圻案】《漢書·景十三王傳》：「河間獻王德，以孝景前二年立。修學好古，實事求是。從民得善書，必爲好寫與之，留其真。所得書皆古文先秦舊書，《周禮》、《尚書》、《禮》、《禮記》、《孟子》、《老子》之屬，皆經傳説記，七十子之徒所論。其學舉六藝，立《毛氏詩》、《左氏春秋》博士。

修禮樂，被服儒術，造次必於儒者。武帝時，獻王來朝，獻雅樂，對三雍宫及詔策所問三十餘事。其對推道術而言，得事之中，文約指明。」◎司馬温公《河間獻王贊》曰：「景帝之子，十有四人。栗太子廢，而獻王最長，嚮若遵大義，屬重器，用其德，施其志，必無神仙祠祀之煩，宫室觀遊之費，窮兵黷武之勞，賦役轉輸之敝，宜其仁豐義洽，風移俗變，焕然帝王之治復還，其必賢於文、景遠矣。」

《法言序》舊在卷後，司馬公《集注》始置之篇首。《詩》、《書》之序亦然。

【元圻案】《四庫全書總目·儒家類》：「《法言〈集注〉》十卷。司馬光集注。時惟李軌、柳宗元、宋咸、吴秘之注尚存，故光裒合四家，增以己意，各以其姓别之。舊本十三篇之序列於書後，蓋自《書序》、《詩序》以來，體例如是。宋咸不知《書序》爲僞孔傳所移，《詩序》爲毛公所移，乃謂：『子雲親旨，反列卷末，甚非聖賢之旨。今升之章首，取合經義。』其説殊繆，然光本因而不改，今亦仍之。」

老泉《太玄論》曰：「疑而問，問而辯①，問辯之道也。揚雄之《法言》，辯乎其不足問也，問乎其不足疑也，求聞於後世，而不待其有得，君子無取焉。」東坡《與謝民師書》亦謂《太玄》、《法言》「雕蟲而變其音節，謂之經，可乎？」

① 本條諸「辯」字，原本俱作「辨」，據元刊本改。

【何云】以揚子爲無得，不可也，其言則可以爲監矣。

【全云】文人講道，其語不摯，況欲擬經，益悖矣。

【元圻案】《漢書》揚雄本傳《贊》：「其意欲求文章成名於後世，以爲經莫大於《易》，故作《太玄》；傳莫大於《論語》，作《法言》。」◎《法言·吾子篇》：「或問吾子少而好賦。曰：然，童子雕蟲篆刻。俄而曰：壯夫不爲也。」◎宋咸《注法言序》曰：「柳宗元删定，雖釋一二，而不能盡〔補〕其亡誤。」子厚蓋有取乎《法言》也。

《法言》末篇稱「漢公」，斯言之玷，過於《美新》〔一〕矣。司馬公雖曲爲之辨，然不能滌莽大夫之羞也。

〔一〕揚雄《劇秦美新》文，見《文選》。

【何云】言稱漢公，法不法矣。

【元圻案】《法言·孝至篇》曰：「周公以來，未有漢公之懿也，勤勞則過於阿衡。」◎司馬温公《迂書》謂：「莽自況伊、周，則與之，況黄、虞，則不與也。其志將曰爲伊、周而止，斯可矣；不止而至於篡，伊、周豈然哉！」◎朱子《通鑑綱目》八，於新莽天鳳五年書「莽大夫揚雄死」。

「五兩之綸，半通之銅。」《孝至篇》。注云：「半通，闕。」【原注】今按仲長統《昌言》曰：「身無半通青綸之命。」注：《十三州志》曰：「有秩、嗇夫，得假半章印。」半通，半章也。

【全云】原注是正文。

【元圻案】《後漢書·仲長統傳》：「統字公理，山陽高平人也。少好學，博涉書記，贍於文辭。荀彧聞統名，奇之，舉爲尚書郎。後參曹操軍事。著論名曰《昌言》。」《損益篇》曰：「井田之變，豪人貨殖，館舍布於州郡，田畝連於方國。身無半通青綸之命，而竊三辰龍章之服。」注：「《十三州志》曰：『有秩、嗇夫，得假半章印。』《續漢輿服志》曰：『百石，青紺綸，一采，宛轉繆織，長丈二尺。』《說文》：『綸，青絲綬也。』鄭玄注《禮記》曰：『綸，今有秩、嗇夫所佩也。』」

「美靈根，閉朋牖」，《太玄》之心學也。

【何云】亦《老子》之學。

【集證】《太玄·養》：「初一：藏心於淵，美厥靈根。測曰：藏心於淵，神不外也。」《守》：「初一：閉朋牖，守元有。測曰：閉朋牖，善持有也。」

《中說前述》云：「隋文帝坐太極殿，召見，因奏太平之策十有二焉。」[一]按《唐會要》：「武德元年五月，改隋大興殿爲太極殿。」隋無此名。

[一]案《中說·魏相篇》：「子謁見隋主，一接而陳十二策，編成四卷。」

【元圻案】《唐會要·大内門》："武德元年，五月二十一日，改隋大興殿爲太極殿。"案《帝號門》記"隋義寧二年，五月二十二日，高祖受禪於太極殿"。《唐書·高祖紀》同。義寧二年即武德元年也，豈因受禪之故而先一日改殿名歟？◎唐皮日休《文中子碑》曰："文中子，姓王氏，諱通，字仲淹。生於陳、隋之世，以亂世不仕，退於汾晉。序述六經，敷爲《中説》。有《禮論》二十五篇，《續詩》三百六十篇，《元經》三十一篇，《易贊》七十篇。其高第弟子，有薛收、李靖、魏徵、李勣、杜如晦、房玄齡。惜乎德與命乖，不及見吾唐受命而没。"◎《唐會要》一百卷。宋王溥撰。原本已佚。《四庫全書》從《永樂大典》裒輯成書。

"《詩》失於齊、魯"，當從龔氏本云"《論》失於齊、魯"，謂《論語》也。上文已言"齊、韓、毛、鄭，《詩》之末也"，不當重出。

【元圻案】《中説·天地篇》："《齊》、《韓》、《毛》、《鄭》，《詩》之末也。《大戴》、《小戴》，禮之衰也。《書》殘於《古》、《今》，《詩》失於《齊》、《魯》。"◎唐李行修《請置詩學博士書》云："《書》殘於《古》、《今》，《論》失於《齊》、《魯》。"正用文中子語，可以證龔本之不誤。然其意則"論"爲"論《詩》"也，故其下云"漢有毛、鄭，師道可觀。"

"封禪，秦、漢之侈心。"[一]此河汾篤論也。房、魏學於河汾，[二]而議封禪之禮，不以爲非，安在其爲守師説乎？梁有許懋，而唐無人焉，曾謂房、魏不如懋乎！

[一]案《王道篇》:「封禪之費,非古也,徒以誇天下,其秦、漢之侈心乎?」

[二]唐司空圖《文中子碑》曰:「房、魏數公,皆爲其徒。」

【元圻案】《通鑑·唐紀》太宗貞觀十四年:「十一月,百官復表請封禪。詔許之,更命諸儒詳定儀注,以太常卿韋挺等爲封禪使。十五年,四月,詔以來年二月有事於泰山。五月己酉,有星孛於太微。太史令薛頤上言,未可東封。起居郎褚遂良亦言之。丙辰,詔罷封禪。」◎朱子《綱目》:「先是羣臣再請封禪,上命顔師古議其禮,房玄齡裁定之。」◎范氏祖禹曰:「封禪實自秦始,古未有也。太宗方明,而佞者猶倡其議,獨魏徵以爲時未可,而亦不以爲非也。後議其禮,徵亦與焉。高宗、明皇,遂踵而行之。終唐之世,惟柳宗元以封禪爲非。世俗之惑,可勝嘆焉!」◎《梁書·許懋傳》:「懋字昭哲。高陽新城人。待詔文德省。時有請封會稽、禪國山者,高祖將欲行焉。懋建議曰:『舜柴岱宗,是爲巡狩,而鄭引《孝經緯鉤命決》云「封於泰山,禪於梁父」,此緯書曲說,非盛德事,不可爲法。』上嘉納之。」

龔氏注《中説》,引古語云:「上士閉心,中士閉口,下士閉門。」愚按《楚辭·橘頌》云:「閉心自謹終不過失兮。」王逸注:「閉心,捐欲也。」

【集證】按《説苑·政理篇》:「公儀休相魯。魯君死,左右請閉門。休曰:『止。池淵吾不稅,蒙山吾不賦,苛令吾不布,吾已閉心矣,何閉於門哉!』」

《中說》於文取陸機，於史取陳壽，自魏、晉而下言之也。

【元圻案】《（王道）〔事君〕篇》：「子謂荀悦史乎史乎，謂陸機文乎文乎，皆思過半矣。」又曰：「顔延之、王儉、任昉有君子之心焉，其文約以則。」《天地篇》：「陳壽有志於史，依大義而削異端。范甯有志於《春秋》，徵聖經而詰衆《傳》。」《事君篇》：「子曰：君子哉思王也，其文深以典。」

「記註興而史道誣矣」。〔一〕「註」當作「注」，「記注」謂漢、晉以後起居注之類，虚美隱惡，史無直筆，故曰「誣」。阮逸謂若裴松之註《三國志》，恐非。

〔一〕案《問易篇》：「史道興而經道廢矣，記註興而史道誣矣。是故惡夫異端者。」

【何云】此論不謂厚齋已發之。

【元圻案】《通典·職官三》：「起居。周官有左右史，記其言事，蓋今起居之本。漢武帝有《禁中起居》，後漢馬皇后撰《明帝起居注》，則漢《起居注》在宫中爲女史之任。又王莽時置柱下五史，秩如御史，聽事侍傍，記其言行，此又起居之職。自魏至晉，《起居注》則著作掌之，其後起居皆近侍之臣録記。」◎《左傳》：「晉侯使鞏朔獻捷於周，王辭焉，以鞏伯宴，而私賄之。使相告之曰：『非禮也，勿籍。』」則左右史非實録也久矣。

「張玄素問禮」，見《魏相篇》。注云：「史傳未見。」玄素蒲州人，《唐書》有傳，注以爲未見，非也。

【何云】注最疏略，當時《隋書》、《舊唐書》想民間難得耳。

【元圻案】張玄素，蒲州虞鄉人，傳見《舊唐書》七十五，《新唐書》一百三。《新書》傳稱：「貞觀四年，詔發卒治洛陽宫乾陽殿，且東幸。玄素上書云云。帝顧房玄齡曰：『洛陽朝貢天下中，朕營之，意欲便四方百姓。今玄素言如此，使後必往，雖露坐，庸何苦？』即詔罷役。魏徵聞玄素言，嘆曰：『張公論事，有回天之力，可謂仁人之言哉！』」《舊書》所紀略同。《通鑑》删魏徵語不載。

「戎狄之德，黎民懷之，三才其舍諸？」見《王道篇》。此叔恬之言也。【原注】元魏之君，唯稱孝文，然治家無法，佳兵不已，再傳而遂亂，安在其黎民懷之！

【何云】此論未爲非，周人之先，固自竄於戎狄之間矣。

【全云】原注是正文。

【又云】深寧非以其戎狄而外之也，惜其治之未善耳。何説謬。

【元圻案】《中説·王道篇》：「子述元經皇始之事嘆焉。門人未達。叔恬曰：『夫子之嘆，蓋嘆命矣。《書》云：「天命不於常，惟歸乃有德。」戎狄之德，黎民懷之，三才其舍諸？』子聞之，曰：『凝，爾知命哉！』」◎《魏書·高祖孝文紀》稱帝「聽覽政事，從諫如流。哀矜百姓，恒思所以濟益。（天地）每言人君患於不均，不能推誠御物，苟能均誠，胡越之人亦可親如兄弟。」誠得致治之要。其太子恂之廢也，因恂苦河洛暑熱，與左右謀，召牧馬輕騎奔代。中庶子高悅道諫，手刃之於禁中，罪由自取。孝文常戒恂曰：「字汝元道，所寄不輕。汝當尋名求義，以順吾旨。」其教子亦有方矣。惟好用兵，以致不祥。至其孫孝明帝崩，尔朱榮乃謀廢立。◎司馬温公《文中子補傳》云：「弟凝、績。」叔恬即凝之字。

「文中子遊馬頰之谷，遂至牛首之溪。」龔氏本云：「子遊黄頰之谷，遂至白牛之谿。」《魏相篇》。注云：「王績[一]嘗題詩黄頰山壁。」愚按《負苓者傳》：[二]「文中子講道於白牛之谿。」當從龔本。

[一]字無功，通之弟。

[二]王績作，見《唐文粹》九十九。

【元圻案】《四庫全書（總目）·別集類》：「《東皋子集》三卷。唐王績撰。《唐志》載績集五卷。陳振孫云：其友吕才鳩訪遺文，編成五卷，爲之序。而今本實止三卷。或後人從《文苑英華》、《文粹》諸書中，采績詩文，彙爲此編。」◎王績《負苓者傳》：「文中子講道於白牛之溪，語及《周易》，薛收嘆曰：『不及伏羲氏乎，何詞之多也！』俄而有負苓者皤皤然，委擔而息，曰：『吾子何嘆？』收曰：『伏羲畫卦，而文王繫之，不逮省文矣，以爲文王病也。』負苓者曰：『文王焉病？伏羲氏病甚者也。昔者伏羲氏之未畫卦也，三才其不立乎？四序其不行乎？百物其不生乎？萬象其不森乎？何營營乎而費晝也！』」

仲長子光，《中説》稱之。王無功爲傳云：「著《獨遊頌》及《河渚先生傳》以自喻。文中子比之虞仲、夷逸。」又爲祭文云：「明道若昧，進道若退。鳥飛知還，龍亢靡悔。藏用以密，養正以蒙。不見其始，孰知其終。」

【元圻案】《天地篇》：「薛收問：『仲長子光何人也？』子曰：『天人也。』收曰：『何爲天人乎？』曰：『眇然小乎，所以屬乎人；曠然大乎，(何)獨能成其天。』」《禮樂篇》：「自太伯、虞仲以來，天下鮮避地者也。仲長子光，天隱者也，無往而不適矣。」又：「仲長子光曰：『在險而運奇，不若宅平而無爲。』文中子以爲知言。文中子曰：『其名彌消，其德彌長；其身彌退，其道彌進。此人其知之矣！』」《關朗篇》：「薛收問政於仲長子光。子光曰：『舉一綱，衆目張；弛一機，萬事隳。不知其政也。』收告文中子，子曰：『子光得之矣。』」《周公篇》：「子謂仲長子光曰：『山林可居乎？』曰：『會逢其適也，焉知其可？』子曰：『達人哉，隱居放言也。』」◎《唐書·隱逸傳》：「王績，字無功，絳州龍門人。兄通，隋末大儒也。聚徒河、汾間，仿古作《六經》，又爲《中説》以擬《論語》。不爲諸儒稱道，故事不顯，惟《中説》獨傳。」◎王無功《仲長先生傳》：「先生諱子光，字不曜，自云洛陽人也。開皇末，結庵河渚間，以息身焉。守令至者皆親謁，先生辭以瘖疾，未嘗交語。著《獨遊頌》及《河渚先生傳》以自喻，識者有以知其懸解也。人有請道者，則書「《老》、《易》」二字示之。文中子比之虞仲、夷逸。」◎又《祭仲長（統）〔子光〕文》曰：「明道若昧，進道若退。鳥飛知還，龍亢必悔。嗟嗟夫子，理融其内。不忮不求，無憎無愛。古人有言，微妙玄通。藏用以密，養正以蒙。嗟嗟夫子，允執其中。不見其始，孰知其終」云云。◎「龍亢靡悔」，似當從《集》作「必悔」。

無功《答馮子華書》曰：「吾家三兄生於隋末，傷世擾亂，有道無位，作《汾亭》之操，蓋孔氏《龜山》之流也。吾嘗親受其調，頗謂曲盡。近得裴生琴，更習其操，洋洋乎覺聲品[一]相得。」又曰：「吾往見薛收《白牛谿賦》，韻趣高奇，詞義曠遠，嵯峨蕭瑟，真不可言。壯哉邈乎，揚、班之儔也！[二]高人姚義常謂吾曰：『薛生此文，不可多得。登太行，俯滄溟，高深極矣。』」【原注】可附《中說》注。

[一]「品」，《集》作「器」。

[二] 案楊升庵曰：「此賦今不傳。」

【全云】原注是正文。

【元圻案】《中說·禮樂篇》：「子遊汾亭，坐鼓琴，有舟而釣者過曰：『美哉，在山澤而有廊廟之志。』子驟而鼓《南風》，〔釣者〕曰：『嘻，道利生民，功足濟天下，其有虞氏之心乎？聲存而操變矣。』子遽舍琴，謂門人曰：『情之變聲也如是乎？』起將延之，釣者摇竿鼓枻而逝。遂作《汾亭》之操。」◎《琴操》：「季桓子受女樂，孔子欲諫不得，退而望魯龜山，作《龜山操》，曰：『予欲望魯兮，龜山蔽之。手無斧柯，奈龜山何！』」

李百藥曰「分四聲八病」，按《詩苑類格》沈約曰：「詩病有八：平頭、上尾、蜂腰、鶴膝、大韻、小韻、旁紐、正紐。唯上尾、鶴膝最忌，餘病亦通。」

【元圻案】《中說·天地篇》：「李百藥見子而論詩，子不答。百藥退謂薛收曰：『吾上陳應、劉，下述沈、謝，分四聲八病，剛柔清濁，(久)〔各〕有端緒，音若壎篪，而夫子不應，我其未達與？』」◎《書録解題·文史類》：「《詩苑類格》三卷，李淑撰。」◎《唐書·李百藥傳》：「字重規。定州安平人。隋内史令德林子也。入唐，官散騎常侍，進左庶子、宗正卿，爵爲子。所撰《齊史》行於時。」◎《梁書·沈約傳》：「約字休文，吴興武康人也。撰《四聲譜》。高祖問周捨曰：『何謂四聲？』捨曰：『「天子聖哲」是也。』」◎《南史·陸厥傳》：「時盛爲文章，沈約、謝朓、王融以氣類相推轂，汝南周彦倫善識聲韻。約等文皆用宫商，將平上去入四聲，以此制韻，有平頭、上尾、蜂腰、鶴膝。五字之中，音韻悉異，兩句之内，角徵不同。世呼爲『永明體』。」

【集證】魏慶之《詩人玉屑》：「沈約謂詩病有八：一曰平頭，謂第一第二字不得與第六第七字同聲，如『今日良宴會，讙樂莫具陳』，今、讙皆平聲，日、樂皆入聲。二曰上尾，謂第五字不得與第十字同聲，如『青青河畔草，鬱鬱園中柳』，草、柳皆上聲。三曰蜂腰，謂第二字不得與第五字同聲，如『聞君愛我甘，竊欲自修飾』，君、甘皆平聲，欲、飾皆入聲。四曰鶴膝，謂第五字不得與第十五字同聲，如『客從遠方來，遺我一書札，上言長相思，下言久離别』，來、思皆平聲。五曰大韻，謂如聲、鳴爲韻，上九字不得用驚、傾、平、榮字。六曰小韻，謂除大一字外，九字中不得有兩字同韻，如遥、條不同。七曰旁紐，八曰正紐，謂十字内兩字疊韻爲正紐，若不共一紐，而有雙聲爲旁紐，如流、久爲正紐，流、柳爲旁紐。」

杜淹《文中子世家》：「二子，長福郊，少福時。」龔氏本載前述長子福獎。劉禹錫撰《王質碑》云：「文中子生福祚，福祚生勉，勉生怡，怡生潛。」質，潛之季子，爲諫議大夫、給事中，終宣歙觀察使，《唐書》有傳。福時之子，見於《文藝傳》者勔、勮、勃、助、劼、勸。【原注】「太原府君召三子而教焉」，龔氏注云：「文中子三子，福獎、福祚、福時。」福獎疑即福郊也。書此以補《世家》之闕。

【元圻案】杜淹，字執禮，如晦之叔也。附見《唐書·如晦傳》。◎《新唐書·文藝傳》：「王勃，字子安。兄勔，弟助，皆第進士。助字子功。初，勔、勮、勃皆著才名，故杜易簡稱『三珠樹』。其後助、劼又以文顯。福時少子勸，亦有文。」◎劉禹錫《宣歙池等州都團練觀察處置使宣州刺史王公碑》曰：「常侍諱質，字華卿。姓王氏，自秦、漢以還，世多顯名。由今而上十有一代，名傑，仕元魏爲并州刺史，子孫因家，遂爲太原祁人。并州六代孫，名通，字仲淹，在隋諸儒，唯通能明王道，隱居白牛溪。既没，謚曰文中子。文中生福祚，爲蔡州上蔡主簿。上蔡生勉，舉進士，試賢良，皆上第，仕至河中府寶鼎令。寶鼎即公之曾祖也。祖諱怡，渝州司户參軍。考諱潛，揚州天長縣丞，公其季子也。」◎案《舊唐書》一百九十上《王勃傳》，止附見勮、勔，而不及助、劼、勸三人，又以勔爲勮之兄，與《新唐書》不同。杜淹《文中子世家》并不及勃兄弟，故云「補《世家》之缺」。

王無功《遊北山賦序》[一]云：「余周人也，本家於祁。永嘉之際，扈遷江左，地實儒素，人多高烈。穆公銜建元之恥，歸於洛陽；[二]同州悲永安之事，退居河曲。[三]始則晉陽之開國，終乃安康之受田。」其賦云：「白牛溪裏，岡巒四峙，信兹山之奥域，昔吾兄之所止。許由避地，張超成市。察俗删詩，依經正史。組帶青衿，鏘鏘儗儗。階庭禮樂，生徒杞梓。山似尼丘，泉疑泗涘。」又注云：「此溪之集，門人常以百數。河南董恒、南陽程元、中山賈瓊、河南薛收、太山姚義、太原温彦博、京兆杜淹等十餘人，稱爲俊穎。而姚義慷慨，同儕方之仲由。薛收以理達方莊周。[四]門人多至公輔，而文中之道未行。」以上皆無功自注文。然無功不及房、杜、魏，何哉？[五]鄭毅夫[六]論《中説》之妄，謂：「李德林卒於開皇[七]十二年，通時年八九歲，未有門人，而有德林請見，歸而有憂色，援琴鼓《蕩》之什，門人皆霑襟。[八]關子明[九]太和[一〇]中見魏孝文，如存於開皇間，亦一百二三十歲矣，[一一]而有問禮於子明。[一二]是二者，其妄不疑。」晁氏《讀書志》謂：「薛道衡仁壽二年出襄州，[一三]通仁壽四年始到長安，[一四]其書有『内史薛公見子於長安』，[一五]用此推之，則以房、杜爲門人抑又可知也。」[一六]

［一］文載《文苑英華》九十七。

［二］案司馬温公《文中子補傳》：「六世祖玄則，玄則生焕，焕生虬。齊高帝受宋禪，誅袁粲，虬由是北奔魏。魏孝文帝甚重之，官并州刺史，封晉陽公，謚曰穆。始家河汾之間。」

［三］《中説·周公篇》：「太原府君曰：『温子昇何人也？』子曰：『險人也。智小謀大。永安之事，同州府君常切齒焉。』」

［四］《賦》云：「樹即環林，門成闕里。姚仲由之正色，薛莊周之言理。」

［五］【何云】門徒當以賦注爲據。

［六］【全云】名獅。

［七］隋文帝初元。

［八］【集證】晁氏《讀書志》：「通生於開皇四年，而德林卒以十一年，通適八歲，未有門人。通仁壽四年嘗一到長安，時德林卒已九載矣。」按龍川《文中子引》云：「文中子没於大業十三年，則年三十三。」○案《中説·王道篇》：「子在長安，楊素、蘇夔、李德林〔皆請〕見。子與之言，退而有憂色。門人問子，曰：『素言政而不及化，是天下無禮也；夔言聲而不及雅，是天下無樂也；德林言文而不及理，是天下無文也。吾所以憂也。』門人退，援琴鼓《蕩》之什，門人皆霑襟焉。」◎《隋書·李德林

傳》：「德林字公輔，博陵安平人也。開皇十年出爲湖州刺史，轉懷州刺史，歲餘卒官。」

〔九〕【全云】關朗。

〔一〇〕《魏書·孝文帝紀》：即位七年丁巳，改元太和，當宋順帝昇明元年。

〔一一〕【集證】晁氏《志》云：「自太和丁巳至通生之年甲辰，蓋一百七年矣。」○《中説·關朗篇》：「或問關朗，子曰：『魏之賢人也。孝文没而宣武立，穆公（起）〔死〕，關朗退，魏之不振，有由哉！』」

〔一二〕杜淹《文中子世家》云：「開皇四年，文中子始生。十八年，文中子有四方之志，受書於東海李育，問禮於河東關子明。」

〔一三〕《隋書·薛道衡傳》：「道衡字玄卿，河東汾陰人也。高祖受禪，除内史舍人，後進位上開府。仁壽中，出檢襄州總管。有子五人，收最知名。」

〔一四〕《通鑑·隋文帝紀》仁壽三年：「是歲，龍門王通詣闕，獻《太平十二策》。上不能用，罷歸。」

〔一五〕《中説·禮樂篇》：「内史薛公見子於長安，退謂子收曰：『《河圖》、《洛書》，盡在是矣。往事之，無失也。』」

〔一六〕【何云】《讀書志》亦兼采鄭説。

【元圻案】杜淹《文中子世家》曰：「門人自遠而至，河南董恒、太山姚義、京兆杜淹、趙郡李靖、南陽程元、扶風竇威、河東薛收、中山賈瓊、清河房玄齡、鉅鹿魏徵、太原温彦博、潁川陳叔達等，咸稱師北面，受王佐之道焉。」◎朱子《文中子續經説》曰：「强引唐初文武名臣以爲弟子，是皆福郊、福畤之所爲，而非仲淹之雅意。然推原本始，乃是其平日好高自大之心有以啓之。」

《世説》，其言清以浮，有天下分裂之象。《中説》，其言閎以實，有天下將治之象。

注。【元圻案】《四庫全書總目·小説類》：「《世説新語》三卷。宋臨川王劉義慶撰，梁劉孝標注。義慶事迹具《宋書》。孝標名竣，以字行，事迹具《梁書》。黄伯思《東觀餘論》謂：《世説》之名，肇於劉向，其書已亡，故義慶所集名《世説新書》。段成式《酉陽雜俎》引王敦澡豆事，尚作《世説新書》可證。不知何人改爲《新語》，相沿已久，不能復正矣。」

張巨山[一]《讀管子》曰：「讀《心術》、《白心》、《内業》諸篇，知其功業之所本，然後知世之知《管子》者殊淺也。書多古字，如『況』作『兄』，『釋』作『澤』，此類甚衆。召忽曰：『百歲之後，吾君下世，犯吾君命而廢吾所立，奪吾糾也，雖得天下，吾不生也，兄與我齊國之政也。』而注乃謂『召忽謂管仲爲兄』。《大匡篇》。『澤命不渝』，而注乃以爲『澤恩之命』。《小問篇》。甚陋，不可遍舉。」愚謂《管子》乃尹知章注，今本云房玄齡，非也。

〔一二〕【何云】巨山名嵲。

【閻按】張巨山名嵲，襄陽人，官敷文閣待制，見《宋史》列傳第二百四《文苑》七。

【元圻案】《書録解題》：「《張巨山集》三十卷。嵲爲司勳郎官。金人再取河南，秦相惶恐，上章引伊尹『善無常主』及周任不能者止之文以自解，嵲之筆也。秦德之，遂擢修注掌制。」今《四庫書目》作《紫薇集》，蓋從《宋史·藝文志》。◎《唐書·儒學傳》：「尹知章，絳州翼城人。馬懷素緒定秘書，知章是正文字，於《易》、《老》、《莊》書尤懸解。」◎《管子注》，《唐志》、宋《崇文總目》皆作尹知章，陳氏《書録》作房玄齡。鄭樵《通志》又云：「尹知章注十九卷，房玄齡注二十卷。」晁氏《讀書志》以爲房玄齡注，尹知章所托。今考房、尹本傳皆不載其注《管子》，或亦不出於尹手，未可知也。

《地員篇》云：「管仲之正天下也，其施七尺，【原注】施者，大尺之名。瀆田悉徙，五種無不宜。其立后而手實。」【原注】謂立君以主之，手常握此地之實數。「手實」之名，始見於此。呂惠卿因以行手實之法。蘇文忠論管仲之無後，利不可與民爭也，蓋有激云。

【元圻案】《地員篇》「正」作「匡」，此避宋諱。◎《宋史·呂惠卿傳》：「立手實法，用弟曲陽尉和卿計，制五等丁産簿，使民自上其家之物産，官爲注籍，尺椽寸土，檢括無遺，下至雞豚，亦遍抄之。許告隱匿，賞以貲三分之一，民不勝困。」◎東坡論管仲無後云：「《左氏》云：『管仲之世祀也，宜哉。』謂其有禮也。而管仲之後，不復見於齊者。予讀其書，大抵以魚鹽富齊耳。夫以孔子稱其仁，丘明稱其有禮，然不救其無後，利之不可與民爭也如此。桑弘羊滅族，韋堅、楊慎矜、王涯之徒皆不免於禍，孔循誅死，有以也夫。」① ◎厚齋原注皆《管子》注文，「瀆田悉徙」句下注云：「瀆田，謂穿溝瀆而溉田。悉徙，謂其地每年皆須更易也。」

《傅子》[一]謂《管子書》過半是後之好事者所加，《輕重篇》尤鄙俗。[二]《古史》謂「多申、韓之言，以智欺其民，以術傾鄰國。有不貲之寶，石璧菁茅之謀，見《輕重丁篇》。使管仲信然，何以霸哉！」

[一]【全云】名玄。

[二]案，《傅子》語，劉恕《通鑑外紀》引之。

【元圻案】蘇子由《古史》二十五《管仲傳》曰：「戰國之際，諸子著書，因《管子》之說而益增之。其廢情任法、遠於仁義者，多申、韓之言，非《管子》之正也。至其甚者，言治國則以智欺其民，言治外則以術傾鄰國，於是有不訾之寶、石璧菁茅之謀。使管仲而信然，則天下亦將以欺奪報之，尚何以霸哉！」◎《朱子語類》：「《管子》非仲所著。仲任齊政，事甚多，稍閒，又有三歸之

① 宋蘇軾《評史四十六首·管仲無後》。

溺，決不是閒工夫著書底人。其書老、莊説話亦有之，想只是戰國時人，收拾仲當時行事言語之類著之，并附以他書。」◎葉水心曰：「《管子》非一人之筆，亦非一時之書。其言毛嬙西施、吴王好劍，推之當是春秋末年。」◎《傅子》，晉司隸校尉鶉觚子北地傅玄撰。《隋》、《唐志》皆載《傅子》一百二十卷，《宋志》僅載五卷。傳本久佚。今《四庫書》從《永樂大典》所載編綴，總爲一卷。厚齋此條所引，不載卷中。◎《書録解題·別史類》：「《古史》六十卷。蘇轍撰。因司馬遷之書，上觀《詩》、《書》，下考春秋及秦漢雜録，爲七本紀、十六世家、三十七列傳。」

管仲曰：「決獄折中，臣不如賓胥無，請立爲大理。」《小匡篇》。《吕氏春秋·審分覽·勿躬篇》云：「臣不若弦章。」按《説苑》，弦章在景公時，當以《管子》爲正。

【何云】後方論《説苑》多誤，奈何取以爲證？

【元圻案】《説苑·君道篇》：「晏子没，景公飲諸大夫酒，公射出質，堂上唱善，若出一口，公作色太息。弦章入，公曰：『章，自吾失晏子，於今十有七年，未嘗聞吾過。今射出質，而唱善者若出一口。』弦章曰：『此諸臣之不肖也。』」此王氏所據也。《君道篇》又云：「晏子對景公曰：『昔先君桓公，左右多過，刑罰不中，則弦章侍。』」一篇之中而前後互異，《説苑》果不可據，王氏偶未詳考耳。《新序·雜事篇》又云：「臣不如弦寧。」

黄帝六相，一曰蚩尤。《通鑑外紀》改爲風后。

【元圻案】《管子·五行篇》：「黄帝得六相而天地治，神明至。蚩尤明乎天道，故使爲當時；大常察乎地理，故使爲廩者；奢龍辨乎東方，故使爲土師；祝融辨乎南方，故使爲司徒；大封辨乎西方，故使爲司馬；后土辨乎北方，故使爲李。」《通鑑外紀》引用此文，惟蚩尤改爲風后。◎《史記·五帝紀》：「蚩尤作亂，黄帝禽殺蚩尤。」《帝王世紀》：「黄帝使力牧、神皇討蚩尤氏，擒於涿鹿之野。」《周書》：「黄帝執蚩尤，殺之於中冀。」皆不云爲黄帝相。而風后之名見於《史記》、《帝王世紀》、《論語摘輔象》諸書，故劉道原改之。

《弟子職》，《漢志》附於《孝經》。朱子謂：「疑是作内政時，士之子常爲士，因作此以教之。」

【閻按】馬公驌以爲「蓋古塾師教條，管子之作内政，以教士之子者爾」。

【何云】馬驌云：「管子作内政，用以教士之子者爾。」蓋本朱子語。

【元圻案】《漢書·藝文志》：「《孝經》十一家。《弟子職》一篇。」注，應劭曰：「管仲所作，在《管子書》。」◎《國語》：「管子曰：『今夫士羣萃而州處，閒燕則父與父言義，子與子言孝，其事君者言敬，〔長者言愛〕，（其）幼者言悌。少而習焉，其心安焉，不見異物而遷焉。是故其父兄之教不肅而成，其子弟之學不勞而能。夫是故士之子恒爲士。』」又：「管子曰：『君若欲速得志於天下諸侯，作内政而寄軍令焉。』」

晁景迂云：「王弼注《老子》，知『佳兵者不祥之器』，至於『戰勝，以喪禮處之』，第三十一章。非《老子》之言，不知『常善救人，故無棄人；常善救物，故無棄物』，第二十七章。獨得諸河上公，而古本無有也。傅奕能辯之。」

【元圻案】此晁景迂《跋王弼注老子》語。◎《四庫全書提要》：「晁公武《讀書志》曰：『太史公謂河上丈人通《老子》，再傳而至蓋公，蓋公即齊相曹參師也。而葛洪謂：河上公者，莫知其姓名。漢孝文時，居河之濱。侍郎裴楷言其通《老子》，孝文詣問之，即授素書道經。兩説不同，當從太史公』云云。然《隋志》『道家』載《老子道德經》二卷，河上公注。又載梁有戰國時河上丈人注《老子經》二卷，亡。則兩河上公各一人，兩《老子注》各一書。戰國時河上公書，在隋已亡，今所傳者，實漢河上公書耳。」◎《隋書·經籍志》：「《道德經》二卷。」今存。◎《唐志》傅奕注《老子》二卷。今《四庫書》不著録。◎畢氏沅《道德經考異自序》謂：「所見《老子》注家不下百餘本，其佳者數十本，唯唐傅奕多古字古言，且爲世所希傳。故就其本互相參校」云云。今考第三十一章後引王氏此條，案曰：「今所傳王弼本，獨此章無注，故晁氏云爾。」第二十七章，「聖人常善救人，故人無棄人，常善救物，故物無棄物。」考云：「河上公、王弼作『故無棄人』、『故無棄物』，《淮南子》同奕，然則傅奕不以此文謂非《老子》本書也。」豈晁氏所見奕注，非即畢氏所據之本耶？

《老子》曰：「治人事天，莫若嗇。夫唯嗇是謂早復，早復謂之重積德。」第五十九章。司馬公謂：「不遠而復，不離於德，可以修身。」朱文公謂：「能嗇則不遠而復，重積德者，先已有所積，復養以嗇，是又加積之也。」【原注】王弼注本作「早服」，而注云：「早服，常也。」亦當爲「復」。

方伯謨，文公高弟也。其言曰：「老子之言，蓋有所激者。生於衰周，不得不然。世或黜之，以爲申、韓慘刻，原於《道德》，亦過矣。」又曰：「釋氏，固夷也，至於立志堅決，吾亦有取焉。」似與師説背馳。

【何云】此荆公《莊周論》之唾餘也。

【又云】朱子《與黄直卿手畢》曰：「伯謨不幸，未去時亦安静明了，但可惜後來一向廢學，身後但有詩數篇耳。」則方之所造可見。其安静明了，或得之二氏者也。王氏目爲高弟，蓋據放翁所作墓誌而云。此條亦具載墓誌中。伯謨名士繇，一名伯休，莆田人，移居依朱子於建陽。

【元圻案】何注「一名伯休」四字從閣本增。◎東坡《韓非論》云：「『太史公曰：『申子卑卑，施於名實。韓非引繩墨，切事情，明是非，其慘核少恩，皆原於《道德》之意。』嘗讀而思之，事固有不相謀而相感者，莊、老之後，其禍爲申、韓。」◎陸放翁《方伯藝墓誌》，見《渭南集》三十六。

「生之徒十有三。」第五十章。《韓非・解老》云：「四肢與九竅。」

【集證】《韓非・解老》：「人之身三百六十節，四肢、九竅，其大具也。四肢與九竅十有三者，十有三者之動静盡屬於生焉。屬之謂徒也。」

【元圻案】陳振孫曰：「石林《老子解》從之。」◎宋丘昶《賓朋宴語》曰：「老氏論『生之徒』，『死之徒』，與『動而之死地』者，皆十有三。人多不能曉，曲爲異説。不知正謂其形而言爾。故河上公解以四肢九竅之數當之，不知此説自見《韓非子》。」◎《容齋續筆》九：「《老子》『生之徒十有三，死之徒十有三，人之生，動之死地者十有三。夫何故？以其生生之厚。』王弼注曰：『十有三，猶云十分有三分取其生道，全生之極，十分有三耳；取死之道，全死之極，十分亦有三耳。而民生生之厚，更之無生之地焉。』其説甚淺，且不解釋後一節。唯蘇子由以(爲)〔謂〕『生死之道，以十言之，三者各居其三矣，豈非生死之道九，而不生不死之道一而已乎？《老子》言其九，不言其一，使人自得之，以寄無思無爲之妙。』其論可謂盡矣。」

首章以「有」、「無」字下斷句，自王介甫始。【原注】朱文公謂：「名可名，有名、無名皆一義。常無欲，是説無欲。」

【元圻案】《道德經》第一章：「道可道，非常道，名可名，非常名。無名，天地之始；有名，萬物之母。常無欲以觀其妙；常有欲以觀其徼。」◎晁氏《讀書志·道家類》：「王安石注《老子》二卷。介甫平生最喜《老子》，故解釋最所致意，如『無名天地之始，有名萬物之母。常無欲以觀其妙；常有欲以觀其徼。』皆於『有』、『無』字下斷句，與先儒不同。」◎《朱子語類》：「問：《老子》『道可道章』，或欲以『常無』、『常有』爲句讀，如何？曰：先儒亦有如此做句者，不妥貼。」

「惟無以天下爲者，可以有天下。」[二]此即舜、禹有天下而不與之意。湯、武之征伐，非利天下也。無利天下之心，而與天下同其利，然後可以得天下。

[二]【集證】今本《道德經》無此二語。

【元圻案】《文子·十守篇》：「《老子》曰：『夫所謂聖人者，適情而已。量腹而食，度形而衣，節乎己而貪汙之心無由生也。故能有天下者，必無以天下爲也。』」

「谷神」一章，第六章。養生者宗焉。《春秋繁露·循天之道篇》謂：「養生之大者，在愛氣閑欲以平意。平意以静神，静神以養氣。古之道士有言曰：『將欲無陵，固守一德。』此言神無離形，則氣多内充。」董子亦有得於此。

【元圻案】畢氏《考異》：「陸德明曰：『谷，河上本作浴，云浴養也。』見《釋文》。後漢陳相邊詔建老子碑銘，引亦作『浴神』，是與河上本同。見《隸釋》。馬公驌《繹史》曰：『谷神，《列子》引黃帝語也。』或云五千言古有是語，而老子傳之。《三教論》曰：『五千文者，容成所說，老子爲尹談，蓋述而不作。』按《莊子》引容成氏曰：『除日無歲，無外無內。』則容成氏固有書矣。」

文子者，老子弟子也。【原注】序曰：亦曰計然，姓辛名研，字文子。其書稱平王問道，【原注】老子與孔子同時，又云范蠡師之，其去平王之時遠矣。序謂周平王時人，非也。[一]其言曰：「玉在山而草木潤，珠生淵而岸不枯」，《上德篇》。《荀子·勸學》取之；「譬若積薪燎，後者處上」，《上德篇》。汲黯取之；注見下條。「再實之木，其根必傷」，《符言篇》。明德后取之；[二]「用兵有五，有義兵，有應兵，有忿兵，有貪兵，有驕兵。義兵王，應兵勝，忿兵敗，貪兵死，驕兵滅」，《道德篇》。魏相取之；[三]「臨河欲魚，不如歸而織網」，《上德篇》。董仲舒取之；[四]「孔子無黔突，墨子無暖席」，《自然篇》。班固《答賓戲》、杜甫《同谷縣詩》、韓愈《争臣論》取之；「心欲小，志欲大；智欲圓，行欲方」，《微明篇》。孫思邈取之；[五]「德均則衆者勝寡，力敵則智者制愚」，《上禮篇》。陸抗取之；[六]「欲治之主不世出」，《下德篇》。王吉取之；[七]「寸而度之，至丈必差；銖而解[八]之，至石必過。石稱丈量，徑而寡失」，《上仁篇》。枚乘取之；[九]「山有猛獸，林木爲之不斬；園有螫蟲，葵藿爲之不採；國有賢臣，折衝千里」，《上德篇》。鄭昌取之；[一〇]「文之所加者深，則權之所服者大；

德之所施者博，則威之所制者廣」，《下德篇》。班固《刑法志》取之；「人之將疾，必先厭魚肉之味；國之將亡，必先惡忠臣之語」，《微明篇》。《越絶》、[二]劉子《貴言篇》取之；「乳犬之噬虎，伏雞之搏貍」，《上德篇》。何休注《公羊》莊十二年《傳》。取之。又曰：「士有一定之論，女有不易之行。」《守弱篇》。「同言而信，信在言前；同令而行，誠在令外。」《精誠篇》。「狡兔得而獵犬烹，高鳥盡而良弓藏。」《上德篇》。皆見此書。其見於《列》、《莊》、《淮南子》者，不可縷數。

[一] 案「平王問道」，見今本《道德篇》。

[二]《後漢書·后紀》：「明德皇后馬氏，伏波將軍援女也。明帝崩，后爲皇太后。章帝欲封爵諸舅，太后不聽，曰：『馬氏無軍功，奈何得與陰、郭中興后等耶？富貴之家，禄位重疊，猶再(植)〔實〕之木，其根必傷。』」

[三]《漢書·魏相傳》：「上與趙充國等議，欲因匈奴衰弱，出兵擊其右地，使不得復擾西域。相上書諫曰：『臣聞之，救亂誅暴，謂之義兵，兵義者王；敵加於己，不得已而起者，謂之應兵，兵應者勝；争恨小故，不忍憤怒者，謂之忿兵，兵忿者敗；利人土地貨寶者，謂之貪兵，兵貪者破；恃國家之大，矜民人之衆，欲見威於敵者，謂之驕兵，兵驕者滅：此五者，非但人事，乃天道也。』」

[四]《漢書·董仲舒傳》對策曰：「臨淵羡魚，不如退而結網。」

[五]《唐書·隱逸傳》：「孫思邈，京兆華原人。通百家説，善言《老》、《莊》。孟詵、盧照鄰等師

事之。答照鄰曰：『心爲之君，君尚恭，故欲小。膽爲之將，以果決爲務，故欲大。仁者静，地之象，故欲方。知者動，天之象，故欲圓。』」

［六］《三國志·吴·陸抗傳》：「抗字幼節。抗聞都下政令多闕，上疏曰：『臣聞德均則衆者勝寡，力侔則安者制危，此蓋六國所以兼并於强秦，西楚所以北面於漢高也。』」

［七］《漢書·王吉傳》：「吉字子陽，琅邪臯虞人也。爲諫大夫。上疏言得失曰：『欲治之主不世出，公卿幸得遭遇其時，言聽諫從，然未有建萬世之長策，舉明主於三代之隆者也。』」

［八］「解」，今本《文子》作「稱」。

［九］《漢書·枚乘傳》：「乘字叔。淮陰人也。爲吴王濞郎中。吴王謀逆，乘奏書諫曰：『夫銖銖而稱之，至石必差；寸寸而度之，至丈必過。石稱丈量，徑而寡失』云云。」

［一〇］《漢書·蓋寬饒傳》：「諫大夫鄭昌愍傷寬饒忠直，以言事不當意而爲文吏所挫，上書頌寬饒曰：『臣聞山有猛獸，藜藿爲之不采；國有忠臣，姦邪爲之不起』云云。」

［一一］《德序外傳記》曰：「夫差狂惑，賊殺子胥；勾踐至賢，種曷爲誅？范蠡恐懼，逃於五湖。傳曰：人之將死，惡聞酒肉之味；邦之將亡，惡聞忠臣之氣。」

【元圻案】《漢書·藝文志》「道家」：「《文子》九篇。老子弟子，與孔子並時，而稱周平王問，似依托者也。」◎厚齋《藝文志考》曰：「今本十二篇，《道原》至《上禮》，李暹注，豈暹析之與？晁氏曰：『曹子建表引《文子》，李善注以爲計然。今其書一以《老子》爲宗，略無與范蠡謀議之事。』《唐志》『農家』《范子計然》十五卷，注云：『范蠡問，計然答。』則與《文子》了不同。《北史》蕭大圜曰：『陶朱成術於辛文。』」◎柳子厚曰：「《文子》旨意，皆本《老子》。然考其書，蓋駁書也。其渾而類者少，竊取他書以合之者多。不知人之增益者歟，或者衆爲聚斂，以成其書歟？」

《文子》曰：「虛無因循，常後而不先。譬若積薪燎，後者處上。」《上德篇》。汲長孺學黃老言，故用《文子》之語。顏注云：「積薪之言出《曾子》。」當考。

【元圻案】《漢書·汲黯傳》：「黯字長孺，濮陽人。學黃老言，治吏民好清静，擇丞史任之。」又曰：「始黯列九卿矣，而公孫弘、張湯爲小吏。已而弘至丞相，湯御史大夫。黯見上言曰：『陛下用羣臣如積薪耳，後來者居上。』」

《戰國策》云：「不聞老萊子之教孔子事君乎？示之其齒之堅也，六十而盡相靡也。」《孔叢子·抗志篇》云：「老萊子謂子思曰：『子不見夫齒乎？雖堅剛卒盡相摩，舌柔順，終以不弊。』」《漢·藝文志》：「老萊子與孔子同時。」[一]當從《國策》。

[一]**【閻按】**《史記·老子傳》亦云爾。

【元圻案】厚齋《漢藝文志考》「道家」：「《老萊子》十六篇。《史記》：『老萊子，亦楚人也。著書十五篇，言道家之用，與孔子同時。』《大戴禮》云：『德恭而行信，終日言不在悔尤之内，貧而能樂，蓋老萊子之行也。』」◎《説苑》：「常摐張其口而示老子曰：『吾舌存乎？』老子曰：『然。』『吾齒存乎？』老子曰：『亡。』常摐曰：『子知之乎？』老子曰：『夫舌之存也，豈非以其柔耶？齒之亡也，豈非以其剛耶？』」又以爲老子對常摐之言。

壺丘子林，列子之師也。[一]《吕氏春秋·慎大覽·下賢篇》云「子産相鄭，往見壺丘子林，與其弟子坐，必以年。」[二]然則與子産同時。

[一]案，見《列子·天瑞篇》。《釋文》曰：「司馬彪注《南華真經》云：『名林，鄭人也。』」

[二]下云「是倚其相於門也」。

【元圻案】高誘注：「子産，壺丘子弟子。」◎《列子·仲尼篇》：「子列子既師壺丘子林，友伯昏瞀人。」又《黄帝篇》云：「列子師老商氏。」然則列子有二師也。◎《漢·藝文志》「道家」：「《列子》八篇。名禦寇。先莊子，故莊子稱之。」殷敬順《釋文》：「或名圄寇。」◎厚齋《藝文志考》：「柳宗元曰：『劉向《别録》曰：「列子，鄭穆公時人。」穆公在孔子前幾百歲，《列子書》言子産、鄧析。《史記》「鄭繻公二十四年，鄭殺其相駟子陽。」子陽正與列子同時，是歲魯穆公十年，不知向言魯穆公時，遂誤爲鄭耶？』」王氏自注曰：「或謂鄭繻公字誤爲繆公。」◎宋葉大慶《考古質疑》三曰：「鄭繆公立於魯僖三十二年，薨於魯宣三年，正與魯文公並世。《列子書·楊朱篇》云：『孔子伐木於宋，圍於陳蔡。』夫孔子生於魯襄二十二年，鄭繆公之薨五十五矣，陳蔡之厄孔子六十三歲，統而言之，已一百十八年。列子，繆公時人，必不及知陳蔡之事。況其載魏文侯、子夏之問答，則又後於孔子者也。不特此爾，第二篇載宋康王之事，第四篇載公孫龍之言，是皆戰國時事，上距鄭繆公三百年矣。《莊子·讓王篇》云：『子列子窮，貌有飢色。客有言於鄭子陽曰：「列禦寇，有道之士也。居君之國而窮，君無乃不好士乎？」子陽即令官遺之粟。』觀此，則列子與鄭子陽同時。《史記·鄭世家》：繻公二十五年，殺其相子陽。即周安王四年癸未歲也。然則列子與子陽乃繻公時人。劉向以爲繆公，意者誤以繻爲繆歟？然大慶未敢遽以向爲誤，續見蘇子由《古史·列子傳》，亦引辭粟之事，以爲禦寇與繻公同時；又觀呂東萊《大事記》云安王四年鄭殺其相駟子陽，遂及列禦寇之事，然後因此以自信。」

列子以仕衛爲「嫁於衛」，從一而終，之死靡它，是之謂正。

【何云】《方言》：「嫁，往也。自家而出謂之嫁，由女而出爲嫁。」故上云「國不足」。此條非本義。

【全云】厚齋蓋有爲言之。

【元圻案】《天瑞篇》：「子列子居鄭國四十年，人無識者，國不足，將嫁於衛。」

《列子》言「西方之聖人」、「西極之化人」，佛已聞於中國矣。

【何云】《列子》亦寓言。

【元圻案】《仲尼篇》：「商太宰曰：『孰者爲聖？』孔子曰：『西方之人，有聖者焉。』」《周穆王篇》：「周穆王時，西極之國有化人來。王執化人之袪，騰而上者，中天乃止。暨及化人之宮。」◎石林葉氏曰：「《天瑞》、《黄帝》篇，與佛書相表裏。」

「狐父之盜」。[一]《史記·曹相國世家》正義：「《括地志》：狐父亭在宋州碭山縣東南三十里。」

[一] 案《説符篇》：「東方有人焉，曰爰旌目，將有適也，而餓於道。狐父之盜曰丘，見而下壺飡以餔之。」

東坡欲去《莊子》《盜跖》、《漁父篇》。而邵子《觀物外篇》下謂：「《盜跖》言事之無可奈何者，雖聖人亦莫如之何；《漁父》言事之不可强者，雖聖人亦不可强。」[一]

[一] 案，下云「此言有爲無爲之理，順理則無爲，强則有爲也」。

【全云】邵子之説，高於坡公。

【元圻案】《容齋續筆》十二：「東坡作《莊子祠堂記》，云：『《讓王》、《説劍》皆淺陋不入於道。反覆觀之，得其《寓言》之終曰：「陽子居西遊於秦，遇老子。其往也，舍者將迎其家，公執席，妻執巾櫛，舍者避席，煬者避竈。其反也，與之争席矣。」去其《讓王》、《説劍》、《漁父》、《盜跖》四篇，以合於《列禦寇》之篇，曰：「列禦寇之齊，中道而反，曰：『吾驚焉，吾食於十漿，而五漿先饋。』」然後悟而笑曰：是固一章也。莊子之言未終，而昧者剿之，以入其言爾。』東坡之識見，至矣盡矣。今之莊周書《寓言》第二十七，繼之以《讓王》、《盜跖》、《説劍》、《漁父》，乃至《列禦寇》爲第三十二篇，讀之者可以涣然冰釋也。予按《列子》書第二篇内首載禦寇饋漿事數百言，即綴以楊朱争席一節，正與東坡之旨異世同符，而坡公《記》不及〔此〕，豈非作文時偶忘之乎？」

五峯《與張欽夫第十書》云：「《莊子》之書，世人狹隘執泥者，取其大略，不爲無益。若篤行君子，句句而求，字字而論，則其中無真實妙義，不可推而行也。」愚謂此讀《莊子》之法。【原注】伊川一生不曾看《莊》、《列》。

《韓詩外傳》：「楚成王讀書於殿上，而輪扁在下，作而問曰：『不審主君所讀何書也？』」與《莊子》同而小異。【原注】《漢·古今人表》作「輪邊」。

【元圻案】《韓詩外傳》五：「楚成王讀書於殿上，而輪扁在下，作而問曰：『未審主君所讀何書也？』成王曰：『先聖之書。』輪扁曰：『此真先聖王之糟粕耳，非美者也。』成王曰：『子何以言之？』輪扁曰：『以臣輪言之。夫以規爲圓，矩爲方。此其可付乎子孫者也。若夫合三木而爲一，應乎心，動乎體，其不可得而傳者也。以爲所傳真糟粕耳。故唐虞之法可得而改也，其喻人心，不可及矣。』《詩》云：『上天之載，無聲無臭。』其孰能及之？」◎《莊子·外篇·天道》：「桓公讀書於堂上。輪扁斲輪於堂下，釋椎鑿而上，問桓公曰：『敢問公之所讀者何言邪？』公曰：『聖人之言也。』曰：『聖人在乎？』公曰：『已死矣。』輪扁曰：『是直聖人之糟魄已夫！』桓公曰：『寡人讀書，輪人安得而議乎！有説則可，無説則死。』輪扁曰：『臣也，以臣之事觀之。斲輪，徐則甘而不固，疾則苦而不入，不徐不疾，得之於手而應於心，口不能言，有數存焉於其間。臣不能以喻臣之子，臣之子亦不能受之於臣，是以行年七十而老斲輪。古之人與其不可傳也死矣，然則君之所讀者，古人之糟魄已夫！』」◎《淮南子·道應訓》與《莊子》略同，「糟魄」作「糟粕」。

《大宗師》曰：「道可傳而不可受。」屈子《遠遊》曰：「道可受兮不可傳。」敢問其所以異？曰：「《莊子》所謂傳，傳以心也；屈子所謂受，受以心也。目擊而存，不言而喻，耳受而口傳之，離道遠矣。」

【元圻案】耳受口傳，即道聽塗説。◎王介甫《書洪範傳後》曰：「古之學者，雖問以口，而其傳以心，雖聽以耳，而其受以意。故爲師者不煩，而學者有得也。」厚齋之意，似本於此。

朱文公謂《庚桑楚》一篇皆是禪。

《天運篇》：「孔子見老聃歸，三日不談。弟子問曰：『夫子見老聃，亦將何規哉？』孔子曰：『吾乃今於是乎見龍。龍合而成體，散而成章，乘乎雲氣，而養乎陰陽。予口張而不能嚕，予又何規老聃哉！』」《太平御覽》六百一十七引《莊子》曰云云。孔子曰：「吾與汝處於魯之時，人用意如飛鴻者，吾走狗而逐之；用意如井魚者，吾爲鈎繳以投之。吾今見龍云云，余口張不能嗋，舌出不能縮，又何規哉！」與今本異。

【集證】《文選》夏侯季若《東方朔畫贊》李善注所引，與今本同。

初寮[一]謂：「《莊子》之言風，其辭若與風俱鳴於衆竅，掩卷而坐，猶覺寥寥之逼耳。」

[一]【閻按】初寮，王安中號。

【元圻案】《齊物論》：「南郭子綦曰：『夫大塊噫氣，其名爲風。是唯無作，作則萬竅怒呺，而獨不聞之寥寥乎？山林之畏佳，大木百圍之竅穴，似鼻，似口，似耳，似枅，似圈，似臼，似洼者，似汙者；激者，謞者，叱者，吸者，叫者，譹者，宎者，咬者，前者唱于而隨者唱喁，泠風則小和，飄風則大和，厲風濟則衆竅爲虚。而獨不見之調調、之刁刁乎？』」◎陳振孫曰：王安中，字履道。官尚書左丞。「晁以道爲無極令，安中既第，修邑子禮，自言以新學竊一第爲親榮，非其志也。以道曰：『爲學當謹初，何患不遠到。』安中築室，榜曰『初寮』。其議論聞見，多得於以道。」①

《齊物論》：「女以妄聽之奚。」【原注】張文潛銘商瑶曰：「造物則奚。」句法本此。

【全云】原注是正文。

【元圻案】張文潛《商屯田墓誌》：「公諱瑶，字某，淄川人。景祐元年進士。君少博學，爲文詞豪健。貌魁傑，嚴整不可犯，而平居樂易長者也。銘曰：有淄商公，甚畜不施。時棄其直，則已光輝。彼不人逢，位下固宜。嗇不使年，造物則奚。」

「飾小説以干縣令。」《雜篇・外物》。疏云：「縣，高也。謂求高名令聞。」【原注】有進士程文用此，犯聖祖諱。

【集證】《唐・藝文志》：「道士成玄英注《莊子》三十卷，《疏》十二卷。玄英字子實，（夾）〔陝〕州人。貞觀間召至京師。」

謂惠子曰：「儒、墨、楊、秉，四，與夫子爲五。」《徐無鬼》。《列子・仲尼篇・釋文》：

① 見《直齋書録解題》卷十八《初寮集》解題。

「公孫龍，[一]字子秉。」【原注】秉，謂公孫龍也。

[一]平原君之客。

【元圻案】《列子釋文》，唐殷敬順撰，舊散附於張湛注中，淆亂不可別。興化任大椿芝田於《道藏》中得其原書，遂版行。大椿，乾隆己丑二甲一名進士。官至御史。其官禮部時，與元圻爲忘年交。貧而好學，篤行之士也。

「魯雞固能矣。」注云：「大雞也，今蜀雞。」《爾雅·釋畜》：「雞大者蜀。」韓文公《守戒》曰：「魯雞之不期，蜀雞之不支。」是以蜀雞爲小也，未詳。

【閻按】昌黎熟於《莊》。「蜀」本「越」字。

【元圻案】《庚桑楚》：「庚桑子曰：『奔蜂不能化藿蠋，越雞不能伏鵠卵，魯雞固能矣。雞之與雞，其德非不同也，有能與不能，其才固有巨小也。』」陸氏《釋文》：「越雞，司馬彪、向秀云：小雞也。或云荊雞。」

荆公曰：「古之善事親者，非事其親之謂也，事其心而已矣。」「事其心」，出《人閒世》。

【元圻案】《人閒世》：「仲尼曰：『夫事其親者，不擇地而安之，孝之至也；夫事其君者，不擇事而安之，忠之盛也；自事其心者，哀樂不易施乎前，知其不可奈何而安之若命，德之至也。爲人臣、子者，固有所不得已。行事之情而忘其身，何暇至於悦生而惡死！』」

吕吉甫[一]曰：「聖人之所以駴天下，神人未嘗過而問焉。」此引《外物篇》之文。蓋孔氏與老氏同生於衰周，莊子與孟子俱遊於梁惠，其書之言，未嘗相及，以此而已。

[一]吕惠卿字。

【何云】殊不足取。

【元圻案】《書録解題》：「《莊子義》十卷。參政清源吕惠卿吉甫撰。」◎郭象注：「神人，即聖人也。聖言其外，神言其内。」◎或問朱子：「孟子與莊子同時否？」曰：「莊子後得幾年，然亦不争多。」或云：「《莊子》都不説著孟子一句。」曰：「孟子平生，只在齊、魯、滕、薛、大梁之間，不曾過大梁之南。莊子自是楚人，想見聲聞不相接。」

「以恬養知」者，主静而識益明；「以知養恬」者，致知而本益固。

【元圻案】《外篇·繕性》：「古之治道者，以恬養知；知生而無以知爲也，謂之以知養恬。知與恬交相養，而和理出其性。」

向秀注《莊子》而郭象竊之，郄紹作《晉中興書》而何法盛竊之。二事相類。

【元圻案】《四庫全書·莊子提要》：「郭象，字子元。河南人。《世説新語》曰：『注《莊子》者數十家，莫能究其旨統。向秀於舊注外别爲解義，妙演奇致，大暢玄風，惟《秋水》、《至樂》二篇未竟而秀卒。子幼，其義零落，然頗有别本遷流。象爲人行薄，遂竊以爲己注，乃自注《秋水》、《至樂》二篇，又易《馬蹄》一篇，其餘衆篇，或點定文句而已。其後秀義别本出。故今有向、郭二《莊》，其義一也。』《晉書》象本傳亦采是文。案《秋水篇》『與道大蹇』句，《釋文》云：『蹇，向紀輦反。』則此篇向亦有注。《世説》所云『象自注《秋水》、《至樂》二篇』者，尚未必實録矣。」◎《南史·徐廣傳》：「廣撰《晉紀》。時有高平郗紹，亦作《晉中興書》，以示何法盛。法盛有意圖之，謂紹曰：『卿名位貴達，不復俟此延譽。我寒士，無聞於時，宜以爲惠。』紹不與。至書成，在齋内厨中，法盛詣紹，紹不在，直入竊書。紹無復兼本，於是遂行何書。」

「支離疏鼓筴播精」，《人間世》。《文選》夏侯孝若《東方朔贊》注作「播糈」。

【集證】《莊子釋文》：「播精，如字。一音所，字則當作『數精』。司馬云：簡米曰精。崔云：播精，卜卦占兆也。鼓筴播精，言賣卜。」按《釋文》，「數」字必「糈」字之誤。《山海經》：「去糈用稌米。」注：「糈，祀神之米。」《離騷》：「懷椒糈而要之。」注：「糈，精米，所以享神也。」《説文》云：「齎財卜問曰貶，从貝疋聲，讀若所。」然則「播糈」當作「播貶」。

【元圻案】李善注：「糈，音所。」

郭象注曰：「聖人之在天下，煖然若陽春之自和，故蒙澤者不謝；淒乎若秋霜之自降，故凋落者不怨。」《大宗師》注。李太白《日出入行》云：「草不謝榮於春風，木不怨落於秋天。」其語本此。注又曰：「世有假寐而夢經百年者，則無以明今之百年非假寐之夢者也。」《齊物論》注。邯鄲枕、南柯守之説，皆原此意。幽求子曰：「當其夢時，睹山念木，或志在舟楫，因舟念水，因水念魚。」東坡《夢齋銘》意出於此。

【集證】沈既濟《枕中記》：道士吕翁得神仙術，遊邯鄲道中。遇少年盧生，以囊中枕授之。生枕而夢，一生榮辱備歷，欠伸而寤，黄粱尚未熟也。◎李昌齡《樂善録》：淳于棼晝寢，夢二使引自宅南古槐下，入至一城，榜曰「大槐安國」。王見大悦。出典南柯郡二十年許。及覺，命掘槐下，窮其穴，直上南枝，即南柯郡也。棼大駭，復命掩之。

【元圻案】《晉書·儒林傳》：「杜夷，字行齊，廬江灊人也。少而恬泊，操尚貞素，博覽經籍，閉門教授，徵辟並不就。所著《幽求子》二十篇，行於世。」◎《文子·原道》曰：「天常之道，生成而不有，成化而不宰。萬物恃之而生，莫之知德；恃之而死，莫之知怨。」郭象注本此。◎東坡《夢齋銘》序曰：「人有牧羊而寢者，因羊而念馬，因馬而念車，因車而念蓋，遂夢曲蓋鼓吹，身爲王公。夫牧羊之與王公，亦遠矣，想之所因，豈足怪乎？」銘曰：「我觀世人，生非實中，以寤爲正，以寐爲夢。忽寐所遇，執寤所遭，積執成堅，如丘山高。」

《莊子·天下篇》稱「墨翟、禽滑釐聞其風而悦之」，則滑釐，墨者也。《史記·儒林傳》謂：「田子方、段干木、吴起、禽滑釐之屬，皆受業於子夏之倫，爲王者師。」豈滑釐逃儒而入於墨，亦若吴起之言兵歟？【原注】《説苑·反質篇》載禽滑釐問墨子。

【集證】《墨子·耕柱篇》作「駱滑釐」，《吕氏·當染篇》作「禽滑亚」，《尊師篇》作「禽滑黎」，《列子·楊朱篇》作「禽骨釐」，《古今人表》作「禽屈釐」。

【元圻案】《吕氏春秋·當染篇》：「禽滑亚學於墨子。《列子·湯問釋文》：「滑釐音骨狸，墨翟弟子也。」

庖丁解牛，《養生主》。行其所無事也。《管子·制分篇》云：「屠牛坦朝解九牛而刀可以莫鐵，[一]則刃遊閒也。」賈誼《陳政事疏》云：「解十二牛。」《胡子知言》云：「一目全牛萬隙開。」横渠詩語也。

[一]注：「莫猶削也。」

【元圻案】楊龜山《語録》謂「《莊子·養生主》一篇，《孟子》所謂『行其所無事』。」◎《朱子語類》論庖丁解牛一段，至「恢恢乎其有餘刃」，曰：「理之得名以此，目中所見無全牛曰熟。」◎《胡子知言》云：「知《易》知《春秋》，然後知經綸之業，一目全牛萬隙開也。」◎《書録解題·儒家類》：「《胡子知言》一卷，五峯胡宏仁仲撰。文定公安國之季子，張南軒師之。」

王坦之著《廢莊論》，而其論多用《莊》語。胡文定《春秋綱領》有取於《莊子》之言，其可廢乎？

【元圻案】王坦之，字文度。湛之孫，述之子。《晉書》本傳謂坦之「有風格，尤非時俗放蕩。著《廢莊論》。」論具載本傳。◎胡文定取《莊子》「《春秋》經世先王之志也，聖人議而不辯」、「《春秋》以道名分」之言。◎《朱子語類》舉《天運》「天其運乎」一段，曰：「數語好，是他見得如此，方説到此。其才高如老子。《天下篇》言『《詩》以道志，《書》以道事，《禮》以道行，《樂》以道和，《易》以道陰陽，《春秋》以道名分。』若見不分明，焉敢如此道？」

豫且事有二。《説苑·正諫篇》：「吴王欲從民飲。伍子胥曰：『昔白龍下清泠之淵，化爲魚，豫且射，中目。白龍不化，豫且不射。』」張平子《東京賦》所謂「白龍魚服，見困豫且」者也。[一]《史記·龜策傳》褚先生曰：「宋元王二年，江使神龜使於河，至於泉陽。漁者豫且舉網，得而囚之，置之籠中。夜半，龜來見夢於宋元王。」《莊子·外物篇》所謂「神龜能見夢於元君，而不能避余且之網」者也。[二]

[一]【集證】薛綜注引《説苑》。

［二］【繼序按】豫且，即「漁」之二合聲。

郭象《人間世》注云：「喜懼戰於胸中，固已結冰炭於五藏［一］矣。」韓文公《聽穎師琴詩》：「無以冰炭置我腸。」本於此。

［一］閣本作「臟」。

【何云】方本已云爾。

【元圻案】《四庫全書總目·别集類》：「《韓集舉正》十卷，《外集舉正》一卷。宋方崧卿撰。崧卿莆田人。孝宗時嘗知台州軍事，朱子因是書作《韓文考異》。」

《齊物論》，非欲齊物也，蓋謂物論之難齊也。是非毁譽，一付於物，而我無與焉，則物論齊矣。邵子《放言》詩謂「泥空終日著，齊物到頭争」，恐誤。張文潛曰：「莊周患夫彼是之無窮，而物論之不齊也，而托之於天籟。其言曰：吹萬不同，而使其自已也。此言自以爲至矣，而周固自未離夫萬之一也，曷足以爲是非之定哉？雖然，如周者，亦略税駕矣。」

【元圻案】邵子《觀物外篇》下：「《莊子》齊物，未免乎較量，較量則争，争則不平，不平則不和。無私無爲者，神妙致一之地也，所謂一以貫之，聖人以此洗心，退藏於密。」◎張文潛《柯山集》有《老子論》，此條所引，蓋論《莊子》也。今本《柯山集》從《永樂大典》録出，較舊本多十餘卷，亦不載是篇。①

莊子逸篇

陸德明《敍録》曰：「莊生宏才命世，辭趣華深，正言若反，故莫能暢其弘致。後人增足，漸失其真，故郭子玄云：『一曲之才，妄竄奇説，若《閼奕》、《意修》之首，[一]《危言》、《遊鳧》、《子胥》之篇，凡諸巧雜，十分有二。』[二]《漢書·藝文志》『《莊子》五十二篇』，即司馬彪、孟氏所注是也。言多詭誕，或似《山海經》，或類占夢書，[三]故注者以意去取。其《内篇》衆家並同，自餘或有《外》而無《雜》，唯子玄所注，特會莊生之旨。」【原注】北齊杜弼注《莊子·惠施篇》，今無此篇，亦逸篇也。

[一]【何云】首，猶篇也。

[二]案，《敍録》作「三」，《容齋隨筆》十二引之亦作「三」。

[三]《漢書·藝文志》「雜占」：《黄帝長柳占夢》十一卷，《甘德長柳占夢》二十卷。

【集證】陸氏《序録》：「孟氏注十八卷五十二篇，不詳何人。」《隋志》「司馬彪注十六卷，云本

① 四庫全書本《柯山集》卷三有《劉壯輿是是堂歌》，王氏引文即見其序中。

二十一卷。今闕。」孟氏注，梁有録一卷。◎《北齊書・杜弼傳》：「弼字輔玄。耽好玄理，老而愈篤。又注《莊子・惠施篇》、《易》上下《繫》，名《新注義苑》，並行於世。」◎《史記・老莊列傳》：「《畏累虛》、《亢桑子》之屬，皆空語無事實。《索隱》曰：「《莊子》『畏累虛』，篇名也。」」按今亦無此篇。

【元圻案】《容齋續筆》十三：「《閼奕》、《游鳧》諸篇，今無復存矣。」

閼奕之隸，與殷翼之孫、遏氏之子，三士相與謀，致人於造物，共之元天之上。元天者，其高四見列星。【原注】司馬彪曰：「元天，山名。」

【全云】原注是正文。

【集證】引見《文選》顔延年《車駕幸京口侍遊蒜山詩》注。

遊鳧問雄黃曰：「今逐疫出魅，擊鼓呼噪，何也？」雄黃曰：「黔首多疾，黃帝氏立巫咸，使黔首沐浴齋戒，以通九竅；鳴鼓振鐸，以動其心；勞形趨步，以發陰陽之氣；飲酒茹葱，以通五藏。夫擊鼓呼噪，逐疫出魅鬼，黔首不知，以爲魅祟也。」

【集證】引見《太平御覽》五百三十《禮儀類》。

【元圻案】《史記・秦始皇本紀》：「二十六年，更名民曰黔首。」二字不應見《莊子》。

插桃枝於户，連灰其下，童子入不畏，而鬼畏之，是鬼智不如童子也。

【元圻案】引見《藝文類聚》八十六《果部》上。

童子夜嘯，鬼數若齒。

【集證】引見《御覽》三百九十二《人事部》。

【元圻案】已見《藝文類聚》十九《人部三》。

小巫見大巫，拔茅而棄，[一]此其所以終身弗如。

[一]閣本作「弃」。

【集證】引見《御覽》七百三十五《方術類》。◎《吴志·張紘傳》注，《吴書》曰：「紘見陳琳作《武庫賦》、《應機論》，與琳書深嘆美之。琳答曰：『今景興在此，足下與子布在彼，所謂小巫見大巫，神氣盡矣。』」琳語本此。

【元圻案】《六朝事迹》：「大巫山在溧水縣北四十里，小巫山在縣東北二十五里。」

尹儒學御三年而無所得，夜夢受秋駕。明日往朝師，師曰：「今將教子以秋駕。」

【原注】司馬彪曰：「秋駕，法駕也。」

【全云】原注是正文。

【方樸山云】《淮南子·道應訓》載此較詳。

【元圻案】此條見《文選》王融《曲水詩序》注。又案左思《魏都賦》「理秋御」，善注引《莊子》曰：「尹需學御三年而無所得，夜夢受秋駕於其師。明日往朝其師，其師望而謂之曰：『吾非獨愛其道也，恐子之未可與也。今將教子以秋駕。』」「尹儒」作「尹需」，而文亦增多二十二字，蓋彼注有節文也，當以《魏都賦》注爲正。◎《漢書·禮樂志》師古注：「《莊子》有秋駕之法者，亦言駕馬騰驤，秋秋然也。」◎《淮南》亦作「尹需」。高誘注：「秋駕，善御之術。」

空閲【原注】一作「門」。[一]來風，桐乳致巢，此以其能苦其性者。【原注】司馬彪曰：「門戶孔空，風善從之。桐子似乳，著其葉而生，其葉似箕，鳥喜巢其中也。」

[一]案宋玉賦「空穴來風」，潘岳《悼亡》注引《莊子》亦作「空穴」。

【全云】原注是正文。

【集證】引見《文選》宋玉《風賦》注。

【元圻案】《藝文類聚》八十八載此條，無第三句，注文亦小異，多缺誤。

紼謳所生，必於斥苦。【原注】司馬彪曰：「斥，疏緩也。苦，用力也。引紼所以有謳歌者，爲人用力不齊，故促急之也。」

【全云】原注是正文。

【集證】引見《世説·任誕門》注。

【元圻案】《世説》注引司馬彪注，「斥，疏緩也」之上有「紼引柩索也」五字。◎《酉陽雜俎·砭誤》引司馬彪注曰：「紼，引柩索。謳，挽歌。斥，疏緩。苦，急促。言引紼謳者，爲人用力也。」與《世説》注所引不同。

庚市子肩①之毁王也。

【方樸山云】「王」作「玉」。

【集證】引見《文選》張景陽《七命》注。善又引《淮南子》：「《莊子後解》曰：庚市子，聖人無欲者也。人有争財相鬬者，庚市子毁玉於其間，而鬬者止也。」

孔子病，子貢出卜。孔子曰：「汝待也。吾坐席不敢先，居處若齊，食飲若祭，吾卜之久矣。」

① 「肩」，原本作「堅」，按《繹史》、《文選注》引《莊子》俱作「庚市子肩」，今據元刊本改。

【集證】引見《御覽》八百四十九《飲食部》。

老子見孔子從弟子五人，問曰：「前[一]爲誰？」對曰：「子路，勇且多力。[二]其次子貢，爲智。曾子爲孝。顔回爲仁。子張爲武。」老子嘆曰：「吾聞南方有鳥，名[三]爲鳳凰。之所居也，[四]積石千里，河水出下，鳳鳥居上①。[五]天爲生食，其樹名瓊枝，高百仞，以璆②琳琅玕爲寶。[六]天又爲生離珠，一人三頭，遞起[七]以飼③琅玕。鳳鳥之文，戴聖嬰仁，右賢左智。」[八]

[一]案《藝文》九十載此條，無「前」字。

[二]《藝文》作「子路爲勇」。

[三]《藝文》作「其名爲鳳」。

[四]《藝文》無「鳳」「之」「也」三字。

[五]《藝文》無此八字。

① 「鳳鳥居上」，元刊本作「鳳鳥居止」。按諸書引此逸文，或作「上」，或作「止」，無從確定。

② 「璆」，原本作「球」，據元刊本改。《御覽》正作「璆」。

③ 「飼」，元刊本作「伺」。

［六］《太平御覽》作「實」，《藝文》同。

［七］《藝文》作「遞卧遞起」。

［八］《藝文》作「右智左賢」。

【集證】引見《御覽》九百十五《羽族部》。按《文選》江文通《雜體詩》注引《莊子》云：「老子嘆曰：吾聞南方有鳥，其名曰鳳，居積石千里，河海出下，鳳皇居上。天爲生樹，名瓊枝，高百二十仞，以琳琅爲實。」與此小異。

善卷，堯聞其得道之士，乃北面而師事之。蒲衣八歲，而舜師之。

【元圻案】引見《御覽》四百四《人事部》四十五，「而舜師之」作「而爲舜之師」。

廉者不食不義之食，不噉不義之水。

【集證】引見《御覽》八百四十九《飲食部》。

仲尼讀［一］《春秋》，老聃踞竈觚而聽。【原注】觚，竈額也。

［一］「讀」，今本《太平御覽》作「誤」。

【集證】引見《御覽》一百八十六《居處部》。

【元圻案】原注文亦見《太平御覽》。◎《藝文類聚》八十：《莊子》曰：「仲尼讀書，老聃倚竈觚而聽之，曰：『是何書也？』曰：『《春秋》也。』」◎吾衍《閒居録》曰：「古人穴地爲竈，故席地可憑其觚。」

羊溝之雞，三歲爲株。相者視之，則非良雞也。然而數以勝人者，以狸膏塗其頭。【原注】羊溝，鬭雞處。株，魁(師)〔帥〕也。雞畏狸也。

【集證】引見《御覽》九百一十八《羽族部》。◎《爾雅翼》：「鬭雞私取狸膏塗其頭，輒鬭無敵。此非有厭勝，特是狸能捕雞，異雞聞狸之氣，則畏而走。」◎羊溝亦作陽溝。《爾雅·釋畜》：「雞三尺爲鶤。」郭璞注：「陽溝巨鶤，古之名雞。」

【元圻案】《藝文類聚》九十一載此條，多「莊子謂惠子曰」六字。原注是司馬彪注文，亦見《藝文類聚》。

惠子始與莊子相見，而問乎莊子曰：「今日自以爲見鳳凰，而徒遭燕雀耳。」坐者俱笑。

【元圻案】此條見何書，當考。①

① 按，此條見《太平御覽》卷四百六十六。

豫樟初生，可抓而絶。

【何云】抓，《玉篇》：「古華切，引也，擊也。」

【集證】引見《文選》枚乘《上書諫吴王》注。按《漢書·枚乘傳》：「十圍之木，始生如蘖，足可搔而絶。」

【元圻案】汪藻《浮溪集·種德堂記》：「百圍之木，其始生也，數寸之蘖耳，足可搔而絶，手可擢而拔。」亦作搔。◎《字林》：搔，先牢切。抓，壯交切。

鵲上高城之垝，而巢於高榆之顛。城壞巢折，淩風而起。故君子之居世者，得時則義行，失時則鵲起。

【集證】引見《文選》謝朓《登孫權故城詩》注。◎《顔氏家訓·勉學篇》：「莊生有乘時鵲起之説，故謝朓詩曰：『鵲起登吴臺。』吾有一親表作《七夕詩》云：『今夜吴臺鵲，亦往共填河。』此耳學之過也。」

【元圻案】《藝文類聚》九十二「之垝」句無「之」字，「垝」作「危」，「榆」作「枝」。八十八引《莊子》，與此條所引同。◎《文選》陸士衡《贈馮文熊詩》，注引《莊子》曰：「鵲巢於高榆之顛，巢折，從風而起。」謝朓《登孫權故城詩》注，與此文同。又引司馬彪注曰：「垝，最高危險之處也。」

金鐵蒙以大緤，載六驥之上，則致千里。

【集證】引見《御覽》八百一十三《珍寶部》。

孔子舍於沙丘，見主人曰：「辯士也。」子路曰：「夫子何以識之？」曰：「其口窮踦，其鼻空大，其服博，其睫流，[一]其舉足也高，其踐地也深，鹿與而牛舍。」

[一]【集證】《御覽》作「其服博戲，其睫流僞」。

【集證】引見《御覽》四百六十四《人事部》。

青鵽愛子忘親。【原注】司馬彪曰：「鵽鳥專愛其子，而忘其母也。」

【全云】原注是正文。

【集證】引見《御覽》九百二十三《羽族部》。

【元圻案】《爾雅·釋鳥》：「鵽鳩寇雉。」郭注：「鵽大如鴿，似雌雉，鼠脚無後指，歧尾。爲鳥憨急羣飛。出北方沙漠地。」

聲氏之牛，夜亡而遇夔，止而問焉：「我有四足，動而不善，子一足而超踊，何以然？」夔曰：「以吾一足王於子矣。」

【集證】引見《御覽》八百九十九《獸部》。

市上之人有善戴尊者，累十尊而行。人有與之更者，行道未半，而以其尊顛。【原注】酒尊也。

【集證】引見《御覽》七百六十一《器物部》。

亡羊而得牛，斷指而得頭。

【集證】引見《御覽》三百六十四《人事部》。

羌人死，燔而揚其灰。

【元圻案】引見《太平御覽》七百九十四《四夷部》，今本作「將子曰」，蓋「莊」字之誤。

子張見魯哀公不禮士也，托僕夫而去，曰：「臣聞君好士，故不遠千里而見。君之禮士也，有似葉公子高之好龍：室雕文盡寫以龍，於是天龍下之，窺頭於牖，施尾[二]於堂。葉公見之，棄[三]而還走，[三]失其魂魄，五色無主。是葉公非不好龍也，好夫似龍而非龍也。今君非不好士也，好夫似士而非士者也。」

[一]《選》注作「拖尾」。

[二]閣本作「弃」。

[三]《選》注作「退走」。

【集證】引見《文選》任彦昇《天監三年策秀才文》注。

流脉並作，則爲驚怖。陽氣獨上，則爲癲病。

【集證】引見《御覽》七百三十九《疾病部》。

以十鈞射者，見天而不見雲。以七鈞射者，見鵠而不見鵠。以五鈞射者，見鵠而不見雀。

【集證】引見《藝文類聚·巧藝部》。

函牛之鼎沸，蟻不得措一足焉。【原注】喻聖主之法明，姦至不敢蹈也。

【集證】引見《後漢書》劉陶、邊讓兩傳注。

趙簡子出田，鄭龍爲右。有一野人，簡子曰：「龍下射彼，使無驚吾馬。」三命鄭龍，鄭龍不對。簡子怒。鄭龍曰：「昔吾先君伐衛克曹，退爲踐土之盟，不戮一人。(吾)〔君〕[一]今一朝田，而曰『必爲我殺人』，是虎狼殺人，故將救之。」簡子愀然曰：「不愛其身以活人者，可無從乎？」還車輟田，曰：「人之田也得獸，今吾田也得士。」

[一] 案，「吾」當作「君」。

【集證】引見《御覽》四百五十七《人事部》。

【元圻案】今本《御覽》作「鄭龍曰：昔踐土之盟，不戮一人。虎狼殺人，固將殺之。簡子還車輟田，曰：今吾田也得士。」文多缺誤。

梁君出獵，見白雁羣集。梁君下車，彀弩【原注】一作「弓」。欲射之。道有行者不止，白雁羣駭。梁君怒，欲射行者。其御公孫龍[一]下車撫其心。梁君忿然作色而怒曰：「龍不與其君，而顧與他人，何也？」公孫龍對曰：「昔者齊景公之時，【原注】「齊」一作「宋」。天旱三年，卜之曰：『必以人祠乃雨。』景公下堂頓首曰：『吾所以求雨者，爲民也。今必使吾以人祠乃且雨，寡人將自當之。』言未卒，而天大雨方千里者何？爲有德於天而惠施於民也。今主君以白雁之故而欲射殺人，無異於虎狼。」梁君援其手與上車，歸入郭門，呼萬歲曰：「樂哉今日獵也！人獵皆得禽獸，吾獵獨得善言而歸。」

[一]《新序》作「公孫襲」。

【元圻案】亦見《御覽》四百五十七。《藝文類聚》六十六載此條，文有增減。

人而不學，命之曰視皮。【原注】一作「肉」。學而不行，命之曰輒囊。【原注】輒，繫者也，一作「撮」。

【集證】引見《御覽》六百七《學部》。

【元圻案】《史記·李斯傳》注，《索隱》：「《莊子》及《蘇子》曰：『人而不學，譬之視肉而食。』」或《蘇子》亦有是言也。

秋禽之肥，易牙和之，非不美也。彭祖以爲傷壽，故不食之。

【集證】引見《御覽》八百四十九《飲食部》。

祝牧謂其妻曰：「天下有道，我戴子佩；天下無道，我負子戴。」

【集證】引見《御覽》四百三《人事部》。

【元圻案】今本《御覽》誤入「子思子」之下。

易姓而王，封於泰山、禪於梁父者，七十有二代。其有形兆垠堮勒石，凡千八百餘處。

【集證】引見《後漢·祭祀志》劉昭補注。

槐之生也，入季春，五日而兔目，十日而鼠耳，更旬而始規，二旬而葉成。【原注】鷂爲鸇，鸇爲布穀，布穀爲鷂，此物變也。

【集證】引見《御覽》九百五十四《木部》。

【元圻案】今本《御覽》誤作《淮南子》。《藝文類聚》八十八載《莊子》「槐之生也」云云，無「更旬」二句。

盧敖見若士深目鳶肩。

【集證】引見《御覽》三百六十九《人事部》。

禮若亢鋸之柄。【原注】亢，舉也。禮有所斷割，猶舉鋸之柄以斷物也。

【集證】引見《御覽》七百六十三《器物部》。

【元圻案】注亦見《御覽》。

叔文相莒，三年歸，其母自績。謂母曰：「文相莒三年，有馬千駟，今母猶績，文之所得事，皆將棄之已。」母曰：「吾聞君子不學詩書射御，必有博塞之心；小人不好田作，必有竊盜之心；婦人不好紡績織紝，必有淫泆之行。好學爲福也，猶飛鳥之有羽翼也。」

【集證】引見《御覽》六百七《學部》。

【閻按】余孫名學翼，取此。

漢《七略》所録，若《齊論》之《問王》、《知道》，《孟子》之《外書》四篇，今皆亡傳。《莊子》逸篇十有九，[一]《淮南鴻烈》多襲其語。唐世司馬彪注猶存。《後漢書》、《文選》、《世説》注，《藝文類聚》，《太平御覽》間見之，斷圭碎璧，亦足爲篋櫝之珍。博識君子，或有取焉。

[一]案《漢志》《莊子》五十二篇，今郭象止定爲三十三篇，是逸十有九篇也。

【閻按】漢嚴遵《老子指歸》引《莊子》甚多，皆不見今《莊子書》，其爲逸篇可知。備載之，以補王氏之漏焉。◎任車未虧，僮子行之；及其傾覆也，顛高墮谷，千人不能安。卵之未剖也，一指麾之；及其爲飛鴻也，奮翼淩霄，罾繳不能達也。胎之能乳也，一繩制之；及其爲牡也，羅網不能禁也；虎也執羣獸，食牛馬，劍戟不能難也。故漣滴之流，久久而成江海。小蛇不死，化爲神龍。積微之善，以至吉祥；小惡不止，乃至滅亡。◎我之所以爲我者，豈我也哉。我猶爲身者非身，身之所以爲身者，以我存也。而我之所以爲我者，以有神也。神之所以留我者，道使然也。◎

道之所生，天之所興。始始於不始，生生於不生，存存於不存，亡亡於不亡。◎夫起福生利，成功遂事，備物致用，使人大富。天下奢僭，財貨不足，民人愈醜。福滿山澤，金玉成積，國愈不安。民益少利，飾智相愚，以詐相要。防堤邪淫姦宄之路密，分別同異是非之變衆，則國家昏而政事衰。作方遂伎，雕琢文彩，奇變異怪，以褒有德，以別尊卑，巧故滋起，俊出愈奇。令速賞深，罰峻刑嚴，斲肌膚，斷四支，疏遠不隱，親近不和，罪至夷滅，賞至封侯，天地振慄，盜賊愈多。◎夫飢而倍食，渴而大飲，熱而投水，寒而入火，所苦雖除，其身必死。胸中有瘕不可鑿，喉中有疾不可剥也；蝨蝱著面，不可射也；蟣蝨著身，不可斫也。◎夫日月之出入也同明，人之死生也同形，春秋之分也同利，玄聖之與野人也同容，通者之與閉塞也同事，道士之與赤子也同功。凡此數者，其中異而外同，非有聖人莫之能明。◎夫陰而不陽，萬物不生；陽而不陰，萬物不成。天地之道，始必有終，終必有始。◎夫嬰兒未知，而忠信於仇讎，及其壯大有識，欺紿兄嫂。三軍得意，則下亡虜；窮貉之獸，不避兕虎。其（身）〔事〕非易，事理然也。

【全云】張南漪語予曰：「《道德指歸》前有谷神子序，其曰嚴君平姓莊氏，故稱莊子，班氏避明帝諱，更之爲嚴。然則篇中所稱『莊子』者，皆君平自稱也。故卷首即稱『莊子曰：《老子》之作，上經象天，下經象地』，其發明宗旨幾二百言。此後每設爲問答，必曰『何以言之』、『何以明之』、『何以效之』、『或曰』、『敢問』，而後以『莊子答之』，蓋皆君平自稱之言無疑也。閻潛丘乃以爲莊周逸篇之文，以補王厚齋之漏，何其[illegible]也！其所引亦不完。」南漪之言覈而篤，然余並疑是書乃贋本。

【元圻案】近仁和御史孫志祖《讀書脞録續編》：《困學紀聞》載《莊子》逸篇數十，然未盡也。《穀梁傳》哀二年疏引《莊子》：「楚人賣矛及楯者，見人來買矛，即謂之曰：『此矛無何不徹。』見人來買楯，則又謂之曰：『此楯無何能徹者。』買人曰：『還將爾矛刺爾楯，若何？』」《顔氏家訓·勉學篇》引《莊子》「螝二首」。《文選·吴都賦》注：「有繫謂之縣，無謂之解。」《西征賦》注引「襄公之應目夷，知大體者也」。《難蜀父老》注引「兩祖女浣於白水之上者，禹過之而趨。曰：治天下若何？女曰：股無胈，脛不生毛，顔色烈凍，手足胼胝，何以至是也？」《藝文類聚》二引「陰陽伏於黄泉，陽氣上通於天，陰陽不争故爲霓。玉女投壺，天爲之笑，則電。」又「陽炙陰爲虹」。八引「水静則明，濁則混。水静猶明，而況精神聖人之心静乎？」又引「海水三歲一周，流波相薄，故地動。」八十七引「朽瓜化爲魚，物之變。」九十一引「鷂爲鸇，鸇爲布穀，布穀復爲鷂，此物變也。」《初學記》二十五引「梁麗可以衝城」。司馬彪注：麗，小船也。皆今《莊子》所無。又《南史》何子朗嘗爲《敗家賦》，擬莊周《馬捶》，蓋《馬捶》亦逸篇也。◎愚案《列子·天瑞篇》「生物者不生，化物者不化」，張湛注曰：「《莊子》亦有此文。」并引向秀注。今《莊子》無此文。陸德明《莊子釋文·逍遥遊》「聾者無以與乎鍾鼓之聲」，此下更有「盲者無以與乎眉目之好，夫刖者不自爲假文履」，今《逍遥遊》亦無此二句。◎《天道篇》「水静則明燭鬚眉，平中準，大匠取法焉。水静猶明，而況精神聖人之心静乎」，與《藝文類聚》八所引稍有不同耳，不得竟謂之逸文。若《初學記》所引「梁麗可以衝城」，見在《秋水篇》，孫氏或未詳考。

《太平御覽》九百八十三《香部》引《蘇子》曰：「蘭以芳自燒，膏以明自焫，翠以羽殃身，蚌以珠致破。」蘇秦能爲此言，而不能保其身。《漢書》楚老父之言，本於此。【原注】《文子》引《老子》曰：「鳴鐸以聲自毁，膏燭以明自煎。」

【全云】楚老父之言，見於《龔勝傳》。

【元圻案】《史記·蘇秦列傳》：「秦（詳）〔佯〕爲得罪於燕，而亡走齊。齊宣王以爲客卿。其後齊大夫多與蘇秦争寵者，而使人刺殺秦。」◎《漢書·兩龔傳》「兩龔皆楚人也。勝字君賓，舍字君倩。並著名節，故世謂之楚兩龔。莽既篡國，遣使迎勝，勝不飲食死。有老父來弔，哭甚哀，既而曰：『嗟虖！薰以香自燒，膏以明自銷。龔生竟夭天年，非吾徒也。』遂趨而出，莫知其（謂）〔誰〕。」◎《漢書·藝文志》「縱横家」：「《蘇子》三十一篇。名秦。」

《尸子》曰：「孝己事親，一夜而五起，視衣厚薄、枕之高下也。」見《文選》馬季長《長笛賦》注。〔一〕又曰：「蒲衣生八年①，舜讓以天下。周王太子晉生八年，而服師曠。」見《太平御覽》三百八十五。《漢書》稱孝己，〔二〕《莊子》稱蒲衣子，〔三〕其事見此。【原注】太子晉事見《周書》。

---

①「八年」，原本作「九年」，據元刊本改。《太平御覽》卷三八五正作「八年」。

[一] 案，《北堂書抄》一百二十九引《尸子》作「孝己一夕五起，視衣之厚薄，枕之高卑，愛其親也」。

[二]《漢書·陳平傳》「今有尾生、孝己之行」，如淳注：「孝己，高宗之子，有孝行。」又《武五子傳》「孝己被謗，伯奇(流放)〔放流〕。」◎《文選》馬融《長笛賦》注引《世紀》曰：「孝己母早死，高宗惑後妻之言，放之。」◎《莊子·外物篇》：「人親莫不欲其子之孝，而孝未必愛，故孝己憂而曾參悲。」

[三]《應帝王第七》：「齧缺問於王倪，四問而四不知。齧缺因躍而大喜，行以告蒲衣子。蒲衣子曰：『而乃今知之乎？有虞氏不及泰氏』云云。」

【元圻案】《周書·太子晉解》：「晉平公使叔譽於周見太子晉，而與之言，五稱而(三)〔五〕窮。歸告公曰：『太子晉行年十五，而臣弗能與言。』師曠曰：『請使瞑臣往。』師曠見太子云云。師曠曰：『王子，汝將爲天下宗乎？』」◎《史記·荀卿傳》「楚有尸子」，《集解》引劉向《別録》曰：「楚有尸子，疑謂在蜀。今案《尸子書》，晉人也，名佼，爲二十篇書，凡六萬餘言。」《漢·藝文志》班固自注：「又以佼爲魯人。」《後漢書·呂强傳》注：「《尸子書》二十篇，十九篇陳道德仁義之紀，一篇言九州險阻，水泉所起。」

鄒陽曰：「里名勝母，曾子不入。」《尸子》謂：「孔子至於勝母，暮矣而不宿；過於盜泉，渴矣而不飲，惡其名也。」見《文選》陸士衡《猛虎行》注。

【集證】《水經注》「沂水」條：「盜泉出汴城東北卞山之陰。《尸子》曰：『孔子至於勝母，暮矣而不宿，於盜泉，渴矣而不飲，惡其名也。』故《論語比考讖》曰『水名盜泉，仲尼不漱』，即斯泉矣。」《淮南子》：「曾子至孝，不過勝母；墨子非樂，不入朝歌。」

【元圻案】《漢書·鄒陽傳》：「陽，齊人也。景帝少弟梁〔孝〕王待士，鄒陽之梁。陽爲人有智略，不苟合，羊勝、公孫詭惡之。孝王下陽吏。陽上書曰：『臣聞盛飾入朝者，不以私汙義，底厲名號者，不以利傷行。故里名勝母，曾子不入；邑號朝歌，墨子回車。』」

《尸子》曰：「舜兼愛百姓，務利天下。其田[一]也，荷彼耒耜，耕彼南畝，與四海俱有其利。[二]雷澤也，旱則爲耕者鑿瀆，(狩)〔儉〕①則爲獵者表虎。故有光若日月，天下歸之若父母。」見《太平御覽》八十一。《文心雕龍·祝盟篇》：「舜之祠田云：荷此耒耜，耕彼南畝，四海俱有。」謂之「祠田」，豈他有所據乎？

[一]《太平御覽》有「歷山」二字。

[二]《太平御覽》有「其漁」二字。

①「儉」，原本作「狩」，據元刊本改。《太平御覽》正作「儉」。另，原本「狩」字下有翁注云：「《太平御覽》作『儉』，『儉』與『險』通。」

【元圻案】《梁書·文學傳》：「劉勰，字彦和，東莞莒人。官通事舍人、步兵校尉。撰《文心雕龍》五十篇，論古今文體，引而次之。沈約大重之，謂爲深得文理，常陳諸几案。」

程子，見《家語·致思篇》。子華子，見《莊子·讓王篇》。近有《子華子》之書，謂程本字子華，即孔子傾蓋而語者。後序謂鬼谷子之師。水心[一]銘鞏仲至，[二]所謂《程子》，即此書也。朱文公《讀子華子漫記》謂：「詞艱而理淺，近世巧於模擬者所爲，決非先秦古書。」

[一] 葉適，字正則，水心其號也。

[二]【全云】名豐，東萊弟子。

【集證】《玉海》五十三：「書目：儒家：《子華子》十卷。載劉向《校録》序曰：『向所校讎中外書，《子華子》凡二十四篇，以相校除複重十(三)[四]篇，定著十篇。』又曰：『子華子，程氏，名本，字子華。晉人也。善持論。聚徒著書，自號程子。』」

【元圻案】《莊子·讓王篇》：「韓魏相與争侵地。子華子見昭僖侯，昭僖侯有憂色。」◎朱子曰：「此《子華子》者，計必一能文之士所作。如論《河圖》之二與四抱九而上躋，六與八蹈一而下沈，五居其中，據三持七，巧亦甚矣。惟甚巧，所以知其非古書也。又以《洛書》爲《河圖》，亦仍劉牧之謬。或云王銍性之、姚寬令威多作僞書，二人皆居越中，恐出其手，然又恐非其所能及。觀其書與前後三序，皆一手文字。前一篇托爲劉向，而殊不類向他書。後二篇乃無名氏、歲月，而皆托爲之號，類若世之匿名書者。至其首篇『風輪水樞』之云，正是並緣釋氏之説。其卒章『宗君二祥蒲（璧）〔璧〕』等事，皆剽剥他書，傅會爲説。其自序出處，又與《孔叢子》載子順事略相似。又言有大造於趙宗者，即指程嬰而言。以《左傳》考之，趙朔既死，其家内亂，朔之諸弟，或放或死，而朔之妻乃晉君之女，故武從其母畜於公宫，安得所謂大夫屠岸賈者興兵以滅趙氏，而嬰與杵臼以死衛之哉！且其曰有大造者，又吕相絶秦語，其不足信甚明。」◎晁公武曰：「《藝文志》不録《子華子書》，觀其文辭，近世依托爲之。」◎葉正則《鞏仲至墓銘》曰：「聞於《程子》：『天地之生材，甚愛甚惜，必有慍固之心。蔽賢者違天地所慍固，使之氣沮志奪，怫然而怒，聚爲陰陽之罰，則其人雖大必折，雖炎必撲，荒落而類，圮敗而（辱）〔族〕。』激哉是言也！」◎《日知録》：「《莊子》所云子華子，乃韓昭釐侯時人。按《史記·年表》，韓昭侯元年上距孔子之卒凡二百二十一年，其非孔子所見之程子明甚。」

《韓子·内儲説》謂叔向讒萇弘。按《左傳》哀三年「周人殺萇弘」，叔向之没久矣。

【元圻案】《内儲説下》：「叔向之讒萇弘也，爲萇弘書謂叔向曰：『子爲我謂晉君，所與君期者，時可矣，何不亟以兵來？』因佯遺其書周君之庭。周以萇弘爲賣周也，誅萇弘。」《説苑》記誅萇弘事與《韓非子》略同。

《韓子》曰：「殷之法，刑棄灰於街者。子貢以爲重，問之仲尼。仲尼曰：『知治之道也。』」[一]以商鞅之法爲殷法，又托於仲尼，法家侮聖言至此。

[一]案，見《内儲説上》。又曰：「且夫重法者，人之所惡也，而無棄灰，人之所易也。使人行其所易，而無離所惡，此治之道。」

【集證】劉歆《新序》論：「衛鞅内刻刀鋸之刑，外深斧鉞之誅，步過六尺者有罰，棄灰於道者被刑。一日臨渭而論囚七百餘人，渭水盡赤。」

《五蠹》《韓非子》篇名。曰：「周去秦爲從，朞年而舉；衛離魏爲衡，半歲而亡。是周滅於從，衛亡於衡也。」按《史記》，赧王倍秦，與諸侯約從。衛爲衡之事，未詳。

【方樸山云】衛成而秦帝，從成而楚王。周滅於從，衛亡於衡，正相對望。

【全云】六國盡亡，而衛尚存，《韓子》之言謬矣。

【元圻案】《史記·周本紀》：「赧王五十九年，秦取韓陽城負黍，西周恐，倍秦，與諸侯約從，將天下鋭師出伊闕攻秦。昭王怒，使將軍摎攻西周。西周君奔秦，盡獻其（地）〔邑〕三十六。周君、王赧卒。」

《說疑》《韓非子》篇名。曰：「有扈氏有失度，讙兜氏有孤男，三苗有成駒，桀有侯侈，紂有崇侯虎，晉有優施，此六人者，亡國之臣也。」崇侯、優施事甚著。《古今人表》桀時有雅侈，[一]餘皆闕。《呂氏春秋·仲春紀·當染篇》云：「夏桀染於羊辛、岐踵戎，[二]殷紂染於崇侯、惡來，[三]周厲王染於虢公長父、榮夷終，幽王染於虢公鼓、祭公敦。[四]此四王者，所染不當。」《古今人表》桀時有干辛。[五]榮夷終即榮夷公，虢公鼓即虢石父。【原注】《墨子》云：「夏桀染於干辛、推哆。」

[一]案，在「下中」，今本作「推」。

[二]畢氏沅曰：「《墨子》及《古今人表》、《抱朴子·良規篇》與此書《慎大篇》皆作『干辛』，《說苑·尊賢篇》作『干莘』。岐踵戎，《墨子》諸書多作『推哆』，亦作『推侈』。」

[三]高誘注：「惡來，嬴姓，飛廉之子。」

[四]高誘注：「《傳》曰：榮夷公好專利，而不知大難。」「虢石父，讒諂巧佞之人也，以此教王，其能久乎！」畢氏按：《墨子》作「染於傅公夷、（蔡）〔祭〕公穀」。

[五]在「下中」。

【元圻案】此《墨子·所染篇》文。◎《傅子·矯違篇》：「桀信其佞臣推哆，以殺其正臣關龍逢，而夏以亡。紂信其佞臣惡來，以剖其正臣比干之心，而殷以亡。」◎《史記·周本紀》：「崇侯虎譖西伯於殷紂，帝紂乃囚西伯於羑里。」◎《詩》「以伐崇墉」正義：「崇侯虎導紂爲無道之事，故伐之。」◎《晉語》：「公之優曰施，通於驪姬。姬問焉，曰：『吾欲爲難，安始而可？』優施曰：『必於申生。』是故先施讒於申生。」

《韓子·和氏篇》曰：「商君教秦孝公燔《詩》、《書》而明法令。」愚按《史記·商君傳》不言燔《詩》、《書》。蓋《詩》、《書》之道廢，與李斯之焚之無異也。

【何云】意者商鞅所燔止於國中，至李斯乃流毒天下。

又《和氏篇》云：「吴起教楚悼王損不急之枝官。」注：「謂非要急，若樹之枝也。養樹者必披落其枝，爲政者亦損其閑冗。」宋景文《屬疾》第五首詩：「何言漢樸學，正似楚枝官。」【原注】「枝官」二字，前未有用者。

【元圻案】《四庫全書·韓非子提要》曰：「《韓子注》，不知何人作。考元至元三年何犿本，稱舊有李瓚注，然瓚爲何代人，犿亦未之言。王應麟《玉海》已稱不知誰作，諸書亦別無李瓚注《韓子》之文，不知犿何所據也。」

又《問辨篇》云：「儒服帶劍者衆，而耕戰之士寡；堅白無厚之詞章，而憲令之法息。」愚謂「堅白」，公孫龍之言也；「無厚」，鄧析之言也。

【元圻案】《漢書·藝文志》「名家」：「《公孫子》十四篇。」《列子釋文》：「龍字子秉，趙人。」◎《史記·荀卿傳》：「趙亦有公孫龍，爲堅白同異之辨。」《平原君世家》：「公孫龍善爲堅白之辯，及鄒衍過趙，言至道，乃絀公孫龍。」◎《鄧析子·無厚篇》：「天不能屏勃厲之氣，全夭折之人，使爲善之民必壽，此於民無厚也。凡民有穿窬爲盜者，有詐僞相迷者，此皆生於不足，起於貧窮，而君必執法誅之，此於民無厚也。堯、舜位爲天子，而丹朱、商均爲布衣，此於子無厚也。周公誅管、蔡，此於弟無厚也。」

「漁者持鱣，婦人拾蠶，利之所在，皆爲賁、諸。」《說林下》。呂太史《西漢手筆》曰：「利之所激，深宮之女皆儀、秦也。」文法本此。

【集證】《說苑·說叢》：「蠋欲類蠶，鱓欲類蛇。人見蛇蠋，莫不身灑然；女工修蠶，漁者持鱓，不惡，何也？欲得錢也。」

「叔瞻、宫之奇，[一]亦虞、鄭之扁鵲也。」案，此《韓非·喻老篇》文。後魏崔浩謂：「王猛之經國，苻堅之管仲也；慕容恪之輔少主，慕容暐之霍光也；[二]劉裕之平逆亂，司馬德宗之曹操也。」筆墨畦徑，皆有自來。

[一] 二人俱見《左傳》。

〔二〕此二語，《朱子語類》解「可以托六尺之孤」取之。

【元圻案】《史記·扁鵲傳》：「扁鵲者，勃海郡鄭人也。〔長〕桑（公）〔君〕奇之，悉取其禁方書，盡與扁鵲。忽然不見，殆非人也。扁鵲以其言飲藥三十日，視見垣一方人。以此視病，盡見五藏癥結。」◎《魏書·崔浩傳》：浩字伯淵，清河人也。常授太宗經書。與軍國大謀。浩曰：「臣嘗論近世人物，不敢不上聞。若王猛之治國」云云。◎《通鑑·晉穆帝紀》升平元年：「秦東平王苻堅素有時譽。呂婆樓曰：『僕里舍有王猛，其人謀略不世出，殿下宜請而致之。』堅因招猛，一見如舊友，語及時事，堅大悅，自謂如劉玄德之遇諸葛孔明也。」「堅廢生自立，免左丞程卓官，以王猛代之。舉異材，修廢職，課農桑，恤困窮，禮百神，立學校，旌節義，繼絶世。秦民大悅。」◎又升平三年：「燕主慕容儁寢疾，謂大司馬太原王恪曰：『吾病必不濟。今二方未平，景茂沖幼，國家多難，吾欲效宋宣公，以社稷屬汝，何如？』恪曰：『太子雖幼，勝殘致治之主也。臣實何人，敢干正統！』儁怒曰：『兄弟之間，豈虛飾邪！』恪曰：『陛下若以臣能荷天下之任者，豈不能輔少主乎！』儁喜曰：『汝能爲周公，吾復何憂！』」◎《晉書·德宗紀》：「元興元年，桓玄稱帝，遷帝爲平固王，居之潯陽。三年，下邳守劉裕起京口討玄。玄誅，帝復位。六年，裕滅燕。十三年，滅秦。十四年，裕爲相國、宋公，受九錫命。冬，裕弑帝於東堂。」

「必恃自直之箭，百世無矢；恃自圜之木，千世無輪。」《顯學篇》。劉夢得用此語。

【原注】「恃」作「俟」。

【元圻案】劉夢得《答連州薛郎中論書儀書》曰：「語曰：俟自直之箭，則百世無一矢；俟自圓之木，則千歲無一輪。執矯揉之器者，視之灌叢，無非良材耳。」◎劉夢得，名禹錫。自云系出中山。《唐書》有傳。

鉅、孱之費金璧，西門豹之納璽，戰國之時，官邪賂章，毁譽決於左右之口，於此可見。若阿、即墨之斷者，幾何人哉？【原注】趙之郭開，齊之后勝，皆受秦間金。魏信陵之以毁廢，亦以萬金爲間。三國遂墟矣。

【元圻案】《外儲説左下》：「鉅者，齊之居士；孱者，魏之居士。齊、魏之君聽左右之言，故二子費金璧而求入仕也。」◎又云：「西門豹爲鄴令。左右相與比周而惡之。居期年，上計，君收其璽。豹自請復以治鄴。因急事左右。期年，上計，文侯拜之。豹納璽而去。」◎《史記·田敬仲世家》：「威王召即墨大夫而語之曰：『自子之居即墨也，毁言日至。然吾使人視即墨，田野闢，民人給，官無留事，東方以寧。是子不事吾左右以求譽也。』封之萬家。召阿大夫語曰：『自子之守阿，譽言日聞。然使使視阿，田野不闢，民貧苦。是子以幣厚吾左右以求譽也。』是日，烹阿大夫，及左右嘗譽者并烹之。」◎《戰國策》：「秦使王翦攻趙。趙使李牧、司馬尚禦之。王翦多與趙王寵臣郭開金，使爲反間。趙王使趙葱、顔聚代將，斬李牧，廢司馬尚。王翦大破趙軍，虜趙王遷。」又：「齊君王后死後，后勝相齊，多受秦間金。王使賓客入秦，皆爲變辭，勸王朝秦，不修攻戰之備。」◎《史記·信陵君列傳》：「公子破秦軍於河外，乘勝逐秦軍，至函谷關。秦王患之，乃行金萬斤於魏，求晉鄙客，令毀公子於魏王。魏果使人代公子將。公子自知再以毀廢，乃謝病不朝，與賓客爲長夜飲，四年，竟病酒而卒。」

「人主以二目視一國，一國以萬目視人主。」《外儲説右上》。此名言也。鄭長者之書，見《漢·藝文志》。

【閻按】「人主」二句，見《韓非子》，爲齊宣王之語。宣王聞之鄭長者有言「夫虚静無爲而無見也」，方爲鄭長者語。①王氏《漢藝文志考證》卻合。

【集證】《漢志》「道家」：「《鄭長者》一篇。六國時，先韓子，韓子稱之。」師古曰：「劉向《别録》云鄭人，不知其名。」王氏《志考》曰：「袁淑《真隱傳》：鄭長者，隱德無名，著書一篇，言道家事。韓非稱之。世傳是長者之辭，因以爲名。」

「吏者，民之本綱也。聖人治吏不治民。」《(内)〔外〕儲説右下》。〔一〕斯言不可以韓

① 按《韓非子》原文爲：唐易子對齊宣王「曰：『鄭長者有言曰：夫虚静無爲而無見也。』」

非廢。

〔一〕【何云】人主治三公九卿，三公治臺諫監司，九卿治其屬，監司治其屬。

【閻按】韓謂「搖木者拊其本，張網者引其綱」。

《韓子·難一篇》謂：「趙襄子賞有功者五人，高赫爲賞首。〔一〕仲尼聞之曰：『善賞哉襄子，賞一人而天下爲人臣者莫敢失禮。』」〔二〕事在孔子後，孔鮒已辨其妄。〔三〕然傳記若此者衆。《說苑·尊賢篇》：「周威公問於甯子曰：『取士有道乎？』甯子曰：『楚平王有士，曰楚傒胥丘負客，出亡之晉，晉人用之，是爲城濮之戰。』」城濮在楚成王時，以爲平王，繆矣。【原注】甯子，甯越。〔四〕又《正諫篇》曰：「晉平公好樂，多賦斂，治城郭。有咎犯者，見門大夫以樂見，平公納之。對曰：『臣不能爲樂，臣善隱。』」〔五〕又《權謀篇》曰：「石乞侍坐於屈建。屈建曰：『白公其爲亂乎？』」〔六〕又《尊賢篇》曰：「介子推行年十五而相荆，仲尼聞之，使人往視。」〔七〕又曰：「晉靈公造九層臺，荀息聞之，上書求見，曰：『臣能累十二博棊，加九雞子其上。』」〔八〕按犯、建、子推、息四人事迹，皆在前。劉子政博極羣書，何述紀之誤也？《新序·雜事篇》楚共王逐申侯，〔九〕晉文遇欒武子也，〔一〇〕葉公諸梁問樂王鮒，〔一一〕皆不同時。

〔一〕【閻按】「赫」，《史記》作「共」，《呂氏春秋》作「赦」，《淮南·人間訓》與《韓子》同。

〔二〕案《史記・趙世家》：「三國共滅知氏，共分其地。於是襄子行賞，高共爲上。張孟同曰：『晉陽之難，唯共無功。』襄子曰：『方晉陽急，羣臣皆懈，唯共不敢失人臣禮，是以先之。』」

〔三〕《孔叢子・答問篇》：「昔我先君以哀公十六年四月己丑卒，至二十七年，荀瑶與趙、魏伐鄭。是時夫子卒已十一年矣，而晉四卿皆在也。後悼公十四年，知氏亡，此先後甚遠，而韓非公稱之，曾無怍意。是則世多好事者，皆非之罪也。」◎馬氏《繹史》曰：「知伯之滅去孔子卒二十七年。」

〔四〕《史記・十二諸侯年表》：城濮之戰在楚成王四十年，歷穆、莊、共、康、郟敖、靈，而後平王立。

〔五〕咎犯，晉文公舅。平公，文公之六世孫。

〔六〕屈建，楚共王時人。白公勝，平王之孫。

〔七〕介子推，從晉文公出亡，文公得國，隱而死，不聞有相荆事。其時夫子猶未生也。

〔八〕【集證】《説苑》佚文也，引見《後漢・皇后紀上》注，《文選・魏都賦》、《西征賦》注同。○案靈公，獻公曾孫。荀息於獻公卒後，死里克之難。

〔九〕申侯，成王時人。共王，成王之曾孫。

〔一〇〕武子，欒書也。晉景公十三年，書將中軍。景公，文公之孫。

〔一一〕欒王鮒，見《左傳》襄二十一年。葉公諸梁，見哀十六年。

《韓子·十過篇》云：「趙襄子召延陵生，令將軍車騎先至晉陽。」《戰國策》云「延陵王」，誤也。鮑氏改「王」爲「君」，亦未之考。

【集證】元吳師道本《趙策》直作「延陵君」，不復知鮑氏之改「王」爲「君」矣。

《韓子·内儲説上》云：「吳起欲攻秦小亭，置一石赤菽[一]東門外，令人能徙此於西門外者，賜之上田宅。人争徙之。乃下令曰：『明日攻秦，能先登者，仕之大夫，賜之上田宅。』於是攻之，一朝而拔。」《吕氏春秋·似順論·慎小篇》云：「吳起治西河，欲諭其信於民，夜日置表於南門之外，令於邑中曰：『明日有人能僨南門之外表者，仕長大夫。』明日日晏矣，莫有僨表者。民相謂曰：『此必不信。』有一人曰：『試往僨表，不得賞則已，何傷？』往僨表，來謁吳起。起自見而出，仕之長大夫。自是之後，民信吳起之賞罰。」愚按商鞅入秦，在吳起死後二十一年，徙木予金，事見《史記·商君列傳》。其祖吳起之遺智歟？

[一]何本作「黍」。

【元圻案】《容齋四筆》六：「商鞅變法，恐民不信，乃募民徙三丈之木，而予五十金。有一人徙之，輒予金。乃下令。吳起治西河云云。予謂鞅本魏人，其徙木示信，蓋以效起。」◎《史記·吳起傳》，起之死，在周安王二十一年。二十六年而烈王立，七年而顯王立。顯王八年，爲秦孝公元年，衛鞅入秦。

《説文》「鹽」字部：「古者宿沙[一]初作煮海鹽。」《魯連子》曰：「古善漁者宿沙瞿子，使漁於山，則雖十宿沙子不得一魚焉。」見《太平御覽》九百三十五。又曰：「宿沙瞿子善煮鹽，使煮漬沙，雖十宿沙不能得也。」見《御覽》八百六十五。

[一] 今《説文》作「夙」，古宿、夙通。

【元圻案】《漢書·藝文志》「儒家」：「《魯仲連子》十四篇。」王氏《考》曰：「《隋志》五卷，《録》一卷。《春秋正義》、《史記正義》、《文選》注、《太平御覽》引之。◎《史記·魯仲連列傳》：「魯仲連者，齊人也。好奇偉俶儻之畫策，而不肯仕宦任職，好持高節。」

《鶡冠子·博選篇》用《戰國策》郭隗之言，《王鈇篇》用《齊語》管子之言，不但用賈生《服賦》而已。柳子之辯，其知言哉！

【元圻案】《博選篇》曰：「博選者，以五至爲本者也。故北面而事之，則伯己者至；先趨而後息，先問而後默，則什己者至；人趨己趨，則若己者至；憑几據杖，指麾而使，則廝役者至；樂嗟苦咄，則徒隸之人至矣。故帝者與師處，王者與友處，亡主與其徒處。」◎《戰國策》郭隗對燕昭王曰：「帝者與師處，王者與友處，霸者與臣處，亡國與役處。詘指而事之，北面而受學，則百己者至；先趨而後息，先問而後嘿，則什己者至；人趨己趨，則若己者至；憑几據杖，眄視指使，則廝役之人至；若恣睢奮擊，呴籍叱咄，則徒隸之人至矣。此古服道致士之法也。王誠博選國中之賢者而朝其門下，天下之士必趨於燕矣。」◎《王鈇篇》：「鶡冠子曰：其制邑里都使矔習者，五家爲伍，伍爲之長；十伍爲里，里置有司；四里爲扁，陸佃注：扁當爲甸，後皆放此。扁爲之長；十扁爲鄉，鄉置師；五鄉爲縣，縣有嗇夫治焉；十縣爲郡，有大夫守焉。」◎《齊語》：「管子於是制國，五家爲軌，軌爲之長；十軌爲里，里有司；四里爲連，連爲之長；十連爲鄉，鄉有良人焉。以爲軍令。」◎《世兵篇》：「禍乎福之所倚，福乎禍之所伏。禍與福如糾纏，渾沌錯紛，其狀若一，交解形狀，孰知其則。」又曰：「衆人唯唯，安定禍福？憂喜聚門，吉凶同域。失反爲得，成反爲敗。吴大兵强，夫差以困。越棲會稽，勾踐霸世。達人大觀，乃見其可。」又曰：「至德無師，泛泛乎若不繫之舟，能者以濟，不能者以覆。天不可與謀，地不可與慮。聖人捐物，從理與舍。衆人域域，迫於嗜欲。小知立趨，好惡自懼。誇者死權，自貴矜容。列士徇名，貪夫徇財。至博不給，知時何羞。」◎《賈子·鵩賦》：「禍兮福所倚，福兮禍所伏。憂喜聚門兮，吉凶同域。彼吴强大兮，夫差以敗；越棲會稽兮，勾踐霸世。」又曰：「夫禍之與福兮，何異糾纏。命不可説兮，孰知其極。」又曰：「天不可預慮兮，道不可預謀。遲速有命兮，焉識其時。」又曰：「小智自私兮，賤彼貴我。達人大觀兮，物無不可。貪夫徇財兮，烈士徇名。誇者死權兮，衆庶每生。」又曰：「至人遺物兮，獨與道俱。衆人惑惑兮，好惡積億。」又曰：「其生兮若浮，其死兮若休。澹乎若深淵之静，泛乎若不繫之舟。」◎柳子厚《辯鶡冠子》曰：「余讀賈誼《鵩賦》，嘉其辭，而學者以爲盡出《鶡冠子》。吾意好事者僞爲其書，反用《鵩賦》以文飾之，非誼有所取之決也。太史公《伯夷列傳》稱賈子曰：『貪夫殉財，烈士殉名，誇者死權。』不稱《鶡冠子》。遷號爲博極羣書，假令當時有其書，遷豈不見耶？」◎《書録解題·道家》：「《鶡冠子》三卷，陸佃解。案《漢志》，鶡冠子楚人，居深山，以鶡爲冠。今書十九篇，韓吏部稱十有六篇，故陸謂非其全也。韓公頗道其書，至柳柳州則曰：『淺鄙言也，好事者僞爲其書，反用《鵩賦》以文飾之。』自今考之，柳説爲長。」◎李善注《文選·鵩賦》多用《鶡冠子》。顔師古注《賈誼傳》，略不一及，豈所見與柳子厚同歟？

《戰國秦策》鄭璞之説，亦見《尹文子》。

【元圻案】《尹文子·大道下》：「鄭人謂玉未理者爲璞，周人謂鼠未腊者爲璞。周人懷璞，謂鄭賈曰：『欲買璞乎？』鄭賈曰：『欲之。』出其璞，視之，乃鼠也。」◎《漢志》「名家」：「《尹文子》一篇。説齊宣王。先公孫龍。」師古曰：「劉向云與宋鈃俱遊稷下。」

諺云：「不聰不明，不能爲王；不瞽不聾，不能爲公。」見《慎子》。

【集證】「不聰不明」四句在亡篇中，引見《御覽》四百九十六。

【元圻案】《書録解題·法家》：「《慎子》一卷。趙人慎到撰。《漢志》四十二篇，先申、韓，申、韓稱之。《唐志》十卷，滕輔注。今纔五篇。案莊周、荀卿書皆稱田駢、慎到。到，趙人；駢，齊人。見於《史記·列傳》。

《吴子·初見魏文侯》曰：「承桑氏之君，修德廢武，以滅其國。」柳子《佩韋賦》「桑弘和而郤武兮，涣宗覆而國舉。」桑，謂承桑氏也。【原注】一本改「桑」字爲「乘」，誤。

【元圻案】《漢志》「兵權謀」：「《吴起》四十（六）〔八〕篇。」今存六篇，《説國》、《料敵》、《治兵》、《論將》、《應變》、《勵士》。宋高似孫《子略》謂其尚禮義，明教訓，或有得於《司馬法》者。

程子《伊川遺書》曰：「韓信多多益辦，是分數明。」按《孫子·勢篇》：「治衆如治寡，分數是也。」杜牧注謂：「韓信多多益辦。」

【集證】曹公注：「部曲爲分，什伍爲數。」

【元圻案】《四庫全書總目·兵家類》：「《孫子》一卷。周孫武撰。《漢志》載《孫子兵法》八十二篇，圖九卷。杜牧亦謂武書本數十萬言，皆曹操削其繁剩，筆其精粹，以成此書。然《史記·孫子列傳》稱十三篇，在《漢志》之前，牧之言固未可以爲據也。」◎「多多益辦」，《史記·淮陰侯傳》作「益善」，此從《漢書》。

漢景帝後二年詔曰：「雕文刻鏤，傷農事者也；錦繡纂組，害女紅者也。農事傷，則飢之本也；女紅害，則寒之原也。夫飢寒並至，而能無爲非者，寡矣。」本李克對魏文侯之言。【原注】見《説苑》。○《反質篇》。《藝文志》「儒家」《李克》七篇。

【元圻案】班固自注曰：「子夏弟子，爲魏文侯相。」

《韓子·外儲説左上》謂：「鍾鼎之銘，皆番吾之迹，華山之博也。」蔡邕謂「唯郭有道無愧」。昌黎猶不免諛。白樂天《立碑詩》曰：「豈獨賢者嗤，仍傳後代疑。」

【閻按】番音婆。番吾，趙地名，漢爲蒲吾縣，今之平山縣也。李吉甫言：「周武帝時，除天下碑，唯林宗碑詔特留。」

【何云】此條當入前《韓子》中。

【元圻案】《後漢書·郭太傳》：「字林宗。太原介休人也。或問范滂曰：『郭林宗何如人？』滂曰：『隱不違親，貞不絶俗，天子不得臣，諸侯不得友，吾不知其他。』蔡邕謂盧植曰：『吾爲碑銘多矣，皆有慚德，唯郭有道無愧色耳。』」◎《唐書·劉乂傳》：「劉乂者，〔亦〕一節（之）士。聞韓愈接天下士，步歸之。後以争語不能下賓客，因持愈金數斤去，曰：『此諛墓中人得耳，不若與劉君爲壽。』」

《鬼谷子·午合篇》：「伊尹五就桀，五就湯，然後合於湯。呂尚三入殷朝，三就文王，然後合於文王。」【原注】《孫子·用間篇》當參考。伊、呂聖人之耦，豈詭遇求獲者？此戰國辯士之誣聖賢也。伊尹三聘而起，太公避紂海濱，當取信於《孟子》。

【閻按】王氏竟忘伊尹事出《孟子》。

【元圻案】今本《鬼谷子》作：「伊尹五就湯，五就桀，然後合於湯。呂尚三就文王，三入殷，而不能有所明，然後合於文王。」厚齋此條所引據《太平御覽》。◎《孫子·用間篇》：「昔殷之興也，伊摯在夏；周之興也，呂牙在殷。故惟明君賢將，能以上智爲間者，必成大功。此兵之要，三軍之所恃而動也。」◎《隋書·經籍志》「縱横家」：「《鬼谷子》三卷。皇甫謐注。鬼谷子，周世隱於鬼谷。」新、舊《唐書》作「三卷，蘇秦撰」。柳子厚曰：「漢時劉向、班固録書，無《鬼谷子》。《鬼谷子》後出，而險盭峭薄，恐其妄言亂世，難信。」◎晁氏《讀書志》曰：「《史記》謂鬼谷子，戰國時隱居潁川陽城之鬼谷，因以自號。蘇秦、張儀師之，受縱横之事。尹知章敍謂此書即授儀、秦者。」

尹知章序《鬼谷子》曰：「蘇秦、張儀往事之，受捭闔之術十有二章，復受《轉丸》、《胠篋》[二]三章。然秦、儀用之，裁得温言、酒食、貨財之賜。秦也，儀也，知道未足行，復往見，具言：『所受於師，行之，少有口吻之驗耳。未有傾河填海移山之力，豈可更聞至要，使弟子深見其閫奧乎？』先生曰：『爲子陳言至道。』齋戒擇日而往見，先生乃正席而坐，嚴顏而言，告二子以全身之道。」《文心雕龍·論説篇》云：「《轉丸》騁其巧辭，《飛鉗》伏其精術。」【原注】程子曰：「秦、儀學於鬼谷，其術先揣摩，然後捭闔，捭闔既動，然後用鈎鉗。」

［一］《轉丸》、《胠篋》今亡。

【元圻案】《鬼谷子·捭闔篇》：「捭之者，料其情也；闔之者，結其誠也。」又《飛箝篇》曰：「引鈎箝之辭，飛而箝之。鈎箝之語，其説辭也，乍同乍異。或量能立勢以鈎之，或伺候見嵮而箝之。」◎《周禮·春官·典同》正義：「《鬼谷子》有《飛鉗》、《揣摩》之篇，察是非語，飛而鉗持之。」

蒯通善爲長短説，主父偃學長短從横術，邊通學短長。《史記·田儋傳索隱》云：「《戰國策》亦名《長短書》。」

【全云】唐人趙蕤著《長短經》十卷，侈談王霸機權正變之説，蓋本於此。

【集證】《漢志》「縱横家」：「《蒯子》五篇。《主父偃》二十八篇。」

【元圻案】《漢書·蒯通傳》：「蒯通，范陽人也。通論戰國説士權變，亦自序其説，凡八十一首，號曰《雋永》。」◎《史記·田儋傳》：「太史公曰：蒯通者，善爲長短説，論戰國之權變八十一首。」《索隱》：「言欲令此事長，則長説之。欲令此事短，則短説之：故《戰國策》亦名《短長書》是也。」又《主父偃傳》：「主父偃者，臨淄人也。學長短縱横之術。」又《張湯傳》：「邊通學短長，剛暴强人也。」◎劉向《校戰國策序》曰：「書本號或曰《國策》，或曰《國事》，或曰《短長》，或曰《事語》，或曰《長書》，或曰《修書》。臣向以爲戰國時游士輔所用之國，爲之策謀，宜爲《戰國策》。」◎《漢書·張湯傳》注：「短長術興於六國時，長短其説，隱繆用相激怒也。」又：「蘇秦、張儀之謀，趣彼爲短，歸此爲長，《戰國策》名長短術也。」

鬻熊爲周文王師，著書二十二篇，《漢書·藝文志》。諸子之最先者，今存十四篇。《列子·天瑞篇》引「運轉無已，天地密移」，《力命篇》引語文王曰「自長非所增，自短非所損」。《賈誼書·修政語下》引文王、武王、成王問，皆今書所無。

【元圻案】《史記·楚世家》：「周文王之時，季連之苗裔曰鬻熊子，事文王，早卒。」《漢書》魏相奏記：霍光稱文王見鬻子，年九十餘。①與早卒之説不合。考《漢志》「道家」，《鬻子説》二十二篇，又「小説家」《鬻子説》十九篇。◎《文心雕龍·諸子篇》：「鬻熊知道，而文王咨謀，

①《漢書》無魏相奏記事，事見宋高似孫《子略》，而《四庫全書總目》引之，誤加「漢書載」三字，翁氏轉引《提要》，遂因其誤。

諸子肇始，莫先於斯。」◎唐逢行珪《鬻子序》曰：「鬻子名熊。楚人。周文王之師也。著書二十二篇，名曰《鬻子》。編秩殘缺。依《漢書·藝文志》(雖)〔惟〕有六篇，今此本乃有十四篇，未知孰是。」

《呂氏春秋·審分覽·不二篇》曰：「老聃貴柔，孔子貴仁，墨翟貴廉，關尹貴清，子列子貴虛，陳駢貴齊，[一]楊朱貴己，孫臏貴勢，[二]王廖貴先，兒良貴後。」[三]《荀子·天論》曰：「慎子有見於後，無見於先；[四]老子有見於詘，無見於信；[五]墨子有見於齊，無見於畸；[六]宋子有見於少，無見於多。」[七]墨子有見於齊，兼愛也；陽朱貴己，爲我也。《呂氏》以孔子列於老氏之後，秦無儒故也。

[一] 案高誘注：「陳駢，齊人也。作道書二十五篇。貴齊，齊生死、等古今也。」

[二] 《孫子》有《勢篇》。

[三] 注：「王廖謀兵事，貴先，建策也。兒良作《兵謀》，貴後。」

[四] 楊倞注：「《莊子》論慎到曰『塊不失道』，以其無争先之意，故曰見後而不見先也。」

[五] 注：「其意多以屈爲伸，以柔勝剛，故曰見詘而不見信也。」

[六] 注：「畸，謂不齊也。墨子著書，有《上同》、《兼愛》，是見齊而不見畸也。」

[七] 注：「宋子名鈃，宋人也。下篇云：『宋子以人之情爲欲寡，而皆以己之情爲欲多，爲過

也。』據此説，則是見少而不見多也。」

迂齋云：「《梓人傳》[一]規模從《吕氏春秋》來。」愚按《吕氏·分職篇》云：「使衆能，與衆賢，功名大立於世，不予佐之者，而予其主，其主使之也。譬之若爲宫室，必任巧匠，奚故？曰：『匠不巧則宫室不善。』夫國，重物也，其不善也豈特宫室哉！巧匠爲宫室，爲圓必以規，爲方必以矩，爲平直必以準繩，功已就，不知規矩繩墨而賞匠巧也。巧匠之宫室已成，不知巧匠，而皆曰：『善，此某君某王之宫室也。』」柳子立意本於此。

[一] 柳子厚作。

【元圻案】楊升庵謂：「郭象《莊子注》曰：『工人無爲於刻木，而有爲於運矩。主上無爲於親事，而有爲於用臣。』柳子厚演之爲《梓人傳》。」今案，傳中實兼取其意。

劉向《論起昌陵疏》：「自古及今，未有不亡之國也。」見本傳。本於《吕氏春秋·孟冬紀·安死篇》。

《説苑·權謀篇》：「晉太史屠餘見晉平公之驕，以其國法歸周。周威公見而問焉，曰：『天下之國孰先亡？』對曰：『晉先亡。』居三年，晉果亡。」愚謂平公後三年晉未亡也。是時兩周未分，亦無周威公。〔一〕《呂氏春秋·先識覽》：「晉太史屠黍見晉公之驕。」高誘注以爲「晉出公」，當從《呂覽》。然晉政在大夫久矣，非以驕亡也，屠黍不可爲①知幾。

〔一〕案宋葉大慶《考古質疑》四：「按晉平公以魯昭十年卒。自是年以至春秋之終，又歷七十四年。晉雖衰而未嘗亡也。又周威公乃當考王、威烈王之世，恐所謂晉平公者誤矣。」

【元圻案】《史記·六國表》：「周元王三年，晉出公錯立。定王十三年，晉哀公元年。」《晉世家》：「出公十七年，四卿攻出公，出公奔齊，道死。」當在定王之十二年。《周本紀》：「定王子哀王，哀王弟思王，思王弟考王，相繼立。考王封其弟於河南，是爲桓公。桓公卒，子威公代立。」然則晉出公亦卒於兩周未分以前。

《孔叢子》：「公孫龍臧三耳。」《呂氏春秋》作「藏三牙」。

【何云】「牙」字乃「耳」字，篆文作「㠯」，傳寫之誤。

【集證】《繫辭傳》「藏諸用」，鄭本作「臧」。惠棟云：《說文》無「藏」字，新附有之。《漢書》

①「爲」，元刊本作「謂」。

皆以「臧」爲「藏」。

【元圻案】《孔叢子·公孫龍篇》：「公孫龍言臧三耳，甚辯，析子高弗應。明日（復見）平原君，曰：『疇昔公孫龍之言，信辯也。』答曰：『僕願得又問於君。今爲臧三耳甚難而實非也，謂臧兩耳甚易而實是也，不知君將從易而是者乎，亦從難而非者乎？』平原君弗能應。」《吕氏春秋·審應覽·淫辭篇》作「三牙」。案《吕覽·本味篇》：「堯、舜得伯陽續耳。」畢氏校云：「《尸子》、《韓非子》作『續牙』，皆隸轉失之。」此誤「耳」爲「牙」之證。畢氏於《淫辭篇》校云：「餘姚盧氏作三耳，是也。」但此下又言「馬齒」，則此書似是作「三牙」。

賈誼疏「壹動而五業附」，見《漢書》本傳。《新書》云「五美附」。【原注】見《五美篇》。「業」字當作「美」。

《六韜》曰：「冠雖弊，禮加之於首；履雖新，法踐之於地。」賈誼之言本此。〔一〕《韓非子·外儲說左下》亦云：「冠雖穿弊，必戴於頭；履雖五采，必踐之於地。」黄帝曰：「日中必熭，操刀必割。」見本傳《政事疏》。顔注此語見《六韜·守土篇》。「主上之操也」，亦見《政事疏》。語出《尉繚子》。

〔一〕案誼本傳疏曰：「臣聞之，履雖鮮，不加於枕，冠雖弊，不以苴履。」《新書·階級篇》作「弗以加枕」、「弗以苴履」。

【元圻案】《四庫全書總目·兵家類》：「《六韜》六卷。舊本題周呂望撰。考《莊子》有『金版六弢』，《經典釋文》曰：『司馬彪、崔譔云「《金版六弢》皆《周書》篇名，本又作《六韜》」。』謂太公文、武、虎、豹、龍、犬也。』則戰國之初原有此名，然即以爲太公《六韜》，未知所據。《漢志》『兵家』不著録，惟『儒家』有《周史六弢》六篇，班固自注曰：『惠襄之間，或曰顯王時，或曰孔子問焉。』則《六弢》别爲一書。顔注以今之《六韜》當之，毋亦因陸德明之説而牽合附會歟？」又：「《尉繚子》五卷。周尉繚撰。其人當六國時，不知其本末。《漢志》『雜家』有《尉繚子》二十五篇，『兵形勢家』有《尉繚子》三十一篇。今雜家亡而兵家傳二十四篇。」

《淮南·詮言訓》曰：「禹決江河，因水也；后稷播種樹穀，因地也；湯、武平暴亂，因時也。故天下可得而不可取也，霸王可受而不可求也。」張夫人諫苻堅之言，本於此。

【集證】《晉書·列女傳》：「苻堅將入寇江左，羣臣切諫不從。張氏進曰：『黄帝服牛乘馬，因其性也；禹鑿龍門，決洪河，因水之勢也；后稷之播殖百穀，因地之氣也；湯、武之滅夏、商，因人之欲也。是以有因成，無因敗。』」

《賈誼書·禮篇》云：「德渥澤洽，調和大暢，則天清澈，地富煴，物時熟。」吴斗南謂：「漢《郊祀歌》『后土富媪，昭明三光』，『媪』當作『煴』。」

【元圻案】吴仁傑《兩漢刊誤補遺》四：「『后土富媪』。張晏曰：『坤爲母，故稱媪。』《刊誤》曰：『言「后土富媪」者，由漢以土德也。』仁傑曰：『媪』當作『煴』，字之誤也，見賈誼《新書》。按字書『煴』有二義，一曰煙煴天地合氣也，一曰鬱煙也。富煴以煙煴爲義。『后土富媪，昭明三光』，即《新書》『天清澈，地富煴，物時熟』之意。」

《鹽鐵論·周秦篇》文學曰：「臧文仲治魯，勝盜而自矜。子貢曰：『民將欺，而況民盜乎？』」文仲、子貢不同時，斯言誤矣。

仲長子《昌言》曰：「北方寒，其人壽；南方暑，其人夭。[一]此寒暑之方，驗於人也。均之蠶也，寒而餓之則引日多，温而飽之則引日少。此寒温飢飽之爲修短，驗於物者也。」見《太平御覽》八百二十五。論養生者，盍於此觀之？【原注】韓子蒼《醫説》用此意。《物理論》曰：「道家則尚冷，以草木用冷生。醫家則尚温，以血脉以煖通。」

[一]【閻按】「暑氣多夭，寒氣多壽。」出《淮南·墬形訓》。

【元圻案】《後漢書·仲長統傳》：「統字公理，山陽高平人也。每論説古今及時俗行事，恒發憤嘆息。因著論名曰《昌言》，凡三十四篇，十餘萬言。」◎《物理論》云云，見《藝文類聚·醫類》。

《淮南子·説山訓》曰：「春貸秋賦，民皆欣；春賦秋貸，衆皆怨。得失同，喜怒爲别，其時異也。[一]爲魚德者，非挈而入淵；爲蝯賜者，非負而緣木，縱之其所而已。」[二]亦見《文子·上德篇》。此柳子《種樹郭槖駝傳》之意。

[一]【方樸山云】此狙公賦芧之説。

[二]案《荀子·天論》謂「萬物各得其和以生，各得其養以成」，聖人順其天政，亦此意。

《文子·道德篇》：「聾蟲雖愚，不害其所愛。」注云：「鼈聾無耳。」《淮南子·説林訓》曰：「狂馬不觸木，猘狗不自投於河，雖聾蟲而不自陷，又况人乎！」又曰：「馬，聾蟲也。」注云：「喻無知。」孝皇問王季海曰：「聾字何以從龍從耳？」對曰：「《山海經》龍聽以角，不以耳。」【原注】《山海經》檢此語未見。

【閻按】季海名淮，金華人。孝宗朝丞相。

【集證】《山海經》龍聽以角之説，宋黄東發曾駁之，不知所據何本。張世南《游宦紀聞》引《焦氏易林》云「牛龍耳聵」，《本草注》引《生育論》云「龍耳虧聰，故謂之龍」，亦龍聽不以耳之證。

【元圻案】王淮事見羅大經《鶴林玉露》十三。

《傅子》曰：「人之學者，猶渴而飲河海也。大飲則大盈，小飲則小盈。」見《太平御覽》六百七。伊川作《明道行實》謂：「如羣飲於河，各充其量。」

《抱朴子·論仙篇》：「按董仲舒所撰《李少君家録》。」仲舒儒者，豈肯爲方士家録？蓋依托也。

【元圻案】《抱朴子·内篇·論仙第二》：「按董仲舒所撰《李少君家録》云：少君有不死之方，而家貧，無以市其藥物，故出於漢，以假塗求其財，道成而去。」◎晉葛洪，字稚川，句容人。元帝爲丞相時，辟爲掾。以平賊功賜爵關内侯，遷散騎常侍。自乞爲句漏令，終於羅浮山。事迹具《晉書》本傳。《隋書·經籍志》「道家」：「《抱朴子内篇》二十一卷。」「雜家」：「《抱朴外篇》五十卷。」今本作《内外篇》八卷。◎《史記·封禪書》：「李少君者，故深澤侯舍人，主方。匿其（名）〔年〕，常自謂七十，能使物，卻老。居久之，少君病死。天子以爲化去不死。」

又按《漢禁中起居注》，即《西京雜記》所謂「葛洪家有《漢武帝禁中起居注》一卷」，《漢武故事》二卷」。《通典·職官三》云：「漢武帝有《禁中起居注》，馬后撰《明帝起居注》，則漢起居似在宫中爲女史之任。」荀悦《申鑒》曰：「先帝故事有《起居注》，動静之節，必書焉。」

【閻按】《隋書・經籍志》謂《穆天子傳》體制與今《起居注》正同。蓋周時内史所記，王命之副也。

【何云】明亦有《内起居注》，毛傳所謂「女史彤管」之法也。

【集證】《史通・史官篇》：「古者人君，外朝則有國史，内朝則有女史，内之與外，其任皆同。至漢武帝時有《禁中起居注》，明德馬皇后撰《明帝起居注》。凡斯著述，似出宫中，求其職司，未聞位號。

【元圻案】《抱朴子・論仙》：「按《漢禁中起居注》云，少君之將去也，武帝夢與之共登嵩山，半道，有使者乘龍持節，從雲中下，云：上帝請少君。帝覺，以語左右曰：『如我之夢，少君將舍我去矣。』數日，而少君稱病死。」◎《西京雜記》今本六卷。《舊唐書・經籍志》曰晉葛洪撰。宋黄長睿《東觀餘論》謂：「事皆劉歆所（説）〔記〕，葛稚川采之。其稱『余』者，皆歆本文。」此條所引，今本無此文。◎《漢武故事》，今本一卷。舊稱班固著。晁公武《讀書志》引張柬之《洞冥記跋》，謂出於王儉。◎荀悦，淑之孫。《後漢書》本傳：「悦，字仲豫。獻帝頗好文學，悦侍講禁中。累遷秘書監、侍中。時政移曹氏，悦志在獻替，而謀無所用，乃作《申鑒》五篇。其所論辯，通見政體。」

《祛惑《抱朴子》篇名。篇》：有古强者云：「孔子常勸我讀《易》，云『此良書也，丘①竊好之，韋編三絶，鐵擿三折。』今乃大悟。」《内篇》二十。《史記》世家「韋編三絶」、「鐵擿」，見於此。【原注】擿，一作撾。此方士寓言也。

【集證】《太平御覽》六百十六引《論語比考讖》曰：「孔子讀《易》，韋編三絶，鐵摘三折，漆書三滅。」葛氏蓋本緯書。

魏李蕭遠《運命論》：「張良受黄石之符，誦《三略》之説。」言《三略》者，始見於此。【原注】漢光武詔引《黄石公記》，未有《三略》之名。《含神霧》云：「風后爲黄帝師，又爲禹師。化爲老子，授張良書。」見《史記·留侯世家索隱》。今有《素書》六篇，謂黄石公圯上授子房，世人多以《三略》爲是。荆公《詠張良》詩云：「素書一卷天與之。」

【元圻案】李《運命論》載《文選》。李善注：「《集林》曰：李康，字蕭遠，中山人也。性介立，不能和俗。著《遊山九吟》。魏明帝異其文，遂起家爲尋陽長，政有美績。」又賦注引《黄石公記序》曰：「黄石者，神人也。有《上略》、《中略》、《下略》。」◎《四庫全書總目·兵家類》：「《黄石公三略》三卷。案：黄石公事見《史記》，《三略》之名則始見於《隋書·經籍志》，云『下邳神人撰，成氏注。』唐、宋《藝文志》並同。光武詔引黄石公『柔能制剛，弱能制强』之語，出此書

---

①「丘」，原本作「某」，據元刊本改。

《軍讖》之文。」又：「《素書》一卷。舊本題黄石公撰，宋張商英注。疑即商英所僞撰。」

《太平御覽》十引《鄒子》曰：「朱買臣[一]孜孜修學，不知雨之流粟。」此《鄒子》之書，非戰國之鄒子也。

[一]字翁子，《漢書》有傳。

【何云】買臣流粟，高鳳漂麥。

【元圻案】《後漢書·逸民傳》：「高鳳，字文通，南陽葉人也。少爲書生，家以農畝爲業，而專精誦讀，晝夜不息。妻嘗之田，曝麥於庭，令鳳護雞。時天暴雨，而鳳持竿誦經，不覺潦水流麥。其後遂爲名儒。」

《慎子》曰：「禮從俗，政從上，使從君。國有貴賤之禮，無賢不肖之禮。」【原注】見《初學記·君事類》。[一]《曲禮》曰：「禮從宜，使從俗，言事不可常也，謂禮從俗則非。」

[一]**【集證】**《藝文類聚》引此，下有「有長幼之禮，無勇敢之禮，有親疏之禮，無愛憎之禮」四句。

【元圻案】《史記·孟荀列傳》：「慎到，趙人，著十二論。」

《尸子》曰：「鄭簡公謂子産曰：『飲酒之不樂，鐘鼓之不鳴，寡人之任也。國家之不乂，朝廷之不治，與諸侯交之不得志，子之任也。子無入寡人之樂，寡人無入子之朝。』自是以來，子産治鄭，城門不閉，國無盜賊，道無餓人。孔子曰：『若鄭簡公之好樂，雖抱鐘而朝可也。』」見《太平御覽》五百七十五。愚謂爲邦必「放鄭聲」，此孔子之言也，豈有抱鐘而朝之言哉！程子謂：「未有心蠹，而能用管仲者，於鄭簡公亦云。」

【全云】此倣孟子「行辟人」之意而失之。

【元圻案】賈山《至言》、徐樂《世務書》篇末議論皆主《尸子》之意，皆言治而忘其本者。《晏子春秋》：「景公田於署梁，十有八日而不返。晏子往見公，曰：『國人皆以君安野而不安國，好獸而惡民。』公曰：『何哉？吾爲夫婦獄之不正乎？則泰士子牛存矣；爲社稷宗廟之不享乎？則泰祝子遊存矣；爲諸侯賓客莫之應乎？則行人子羽存矣；爲田野之不闢，倉庫之不實？則申田存焉；爲國家之有餘不足聘乎？則吾子存矣。寡人之有五子，猶心之有四支，心有四支，故心得佚焉。』晏子曰：『心有四支，而心得佚焉，可。得令四支無心十有八日，不亦久乎！』」晏子之言，庶幾知本。

《論衡》，蓋蔡中郎所秘玩。而劉氏《史通·序傳篇》譏之曰：「充自紀述其父祖不肖，爲州閭所鄙，而答以瞽頑舜神，鯀惡禹聖，盛矜於己而厚辱其先，何異證父攘羊，學子名母，名教之罪人也。」葛文康公[一]亦曰：「充刺《孟子》，猶之可也，至詆訾孔子以繫而不食之言爲鄙，以從佛肸、公山之召爲濁，又非其説驂舊館，而惜車於鯉，又謂道不行於中國，豈能行於九夷。[二]若充者，豈足以語聖人之趣哉！」即二説觀之，此書非小疵也。吕南公謂：「充飾小辯以驚俗，蔡邕欲獨傳之，何其謬哉！」

［一］【閻按】文康，名勝仲，字魯卿，丹陽人。見《文苑傳》。

［二］案，俱見《論衡·問孔篇》。

【元圻案】《後漢書·王充傳》：「充字仲任。會稽上虞人也。師事扶風班彪。好博覽而不守章句。著《論衡》八十五篇，二十餘萬言。」注：袁山松《漢書》曰：「充所作《論衡》，中土未有傳者，蔡邕入吴始得之，恒秘玩以爲談助。其後王朗爲會稽太守，又得其書，及還許下，時人稱其才進。或曰：不見異人，當得異書。問之，果以《論衡》之益，由是遂見傳焉。」◎《戰國策》：「宋人有學者，三年反而名其母。其母曰：『子學三年，反而名我，何也？』其子曰：『吾所賢者無過堯、舜，堯、舜，名；吾所大者無大天地，天地，名。今母賢不過堯、舜，母大不過天地，是以名母也。』」◎充本傳注，《抱朴子》曰：「蔡邕得異書，或搜求其帳中隱處，果得《論衡》，抱數卷持去。邕丁寧之曰：『唯我與爾共之，勿廣也。』」◎宋高似孫《子略》曰：「袁山崧《後漢書》載：『充作《論衡》，中土未有傳者，蔡邕入吴始見之，以爲談助。』『談助』之言，可以了此書矣。」◎吕南公，字次儒，南城人。見《宋史·文苑傳》。陳振孫載其熙寧初試禮部不利，會以新經取士，遂罷舉，欲修《三國志》，題其齋曰衮斧，書將成而卒。著《灌園集》三十卷，今存二十卷。

《家語》「問舜冠」，謂魯哀公問[一]孔子，[二]《尚書大傳》以爲成王問周公。[三]

[一]閻本有「於」字。

[二]【集證云】見《好生篇》。《荀子·哀公篇》同。

[三]【集證云】今本《大傳》無。《北堂書鈔》引《書大傳》曰：「成王問周公曰：『舜之冠何如焉？』周公曰：『古之人有冒皮而勾頯然，鳳凰巢其樹，麒麟聚其域也。』」《荀子·哀公篇》注引《尚書大傳》曰：「古之人衣上有冒而句領者。」鄭康成注云：「言在德不在服也。古之人，三皇時也。冒，覆項也。句領，繞頸也。禮正服方領也。」

《子思子》曰：「東户季子之時，道上雁行而不拾遺，餘糧宿諸畝首。」見《初學記》九《帝王部》。「餘糧棲畝」本於此①。

【元圻案】末句閻本作小注。◎《文選》左思《魏都賦》：「餘糧棲畝而弗收，頌聲載路而洋

①「餘糧棲畝本於此」七字，元刊本作小注。

溢。」李善注：「《淮南子》曰：『昔容成氏之時，置餘糧於畝首。』胡廣碑曰：『餘糧棲於畎畝。』◎《淮南·繆稱訓》云：「東户季子之世，道路不拾遺，耒耜餘糧，宿諸畝首。」文與《子思子》略同。高誘注：「東户季子，古之人君。」◎《漢志》「儒家」：「《子思》二十三篇。」晁氏《讀書志》：「《子思子》七卷。」今本一卷，乃宋汪晫編。王氏《漢志考》謂取諸《孔叢子》，蓋即此本。◎此條蓋正王楙《野客叢書》以「餘糧棲畝始於左思」之誤。

劉邵《人物志》曰：「《易》以《咸》[一]爲德，以《謙》爲道。《老子》以『無』爲德，以『虚』爲道。」此《八觀篇》文。愚謂《咸》言「虚」而不言「無」，與老氏異。

[一]案「咸」，今本《人物志》作「感」，誤。

【元圻案】《四庫全書總目·子部·雜家類》：「《人物志》三卷。魏劉邵撰。邵字孔才，邯鄲人。事迹具《三國志》本傳。其注爲劉昞所作。昞字廷明，燉煌人。」◎阮逸序曰：「其述性品之上下，材質之兼偏，考其行事，而約人於中庸之域，誠一家之善志也。」

宋咸注《法言》云：「天地不常泰，亦不常否。聖人不常出，亦不常絶。」

【元圻案】《法言五百篇》「聖人有以擬天地而參諸身乎」，宋咸注：「夫天地之道，或泰而通，或否而塞。泰則萬物阜，否則萬化閼，弗一而常也。夫聖人之道，或存而出，或亡而絶。出則萬化遂，絶則萬化滅，亦弗一而常也。是故天地不常泰云云。」

或問賢，曰：「顔淵、黔婁、四皓、韋玄成。」《法言·重黎篇》。王介甫曰：「出乎顔淵，則聖人矣；出乎韋玄成，則衆人矣。」

【元圻案】《漢志》「道家」：「《黔婁子》四篇。」《高士傳》：「黔婁先生者，齊人也。魯恭公欲以爲相，辭。齊王聘爲卿，又不就。著書四篇，言道家之務。」◎《漢書·韋賢傳》：「賢少子玄成，字少翁。元帝永光中，代于定國爲丞相。守正持重，不及父賢，而文采過之。」

「奔車之上無仲尼，覆舟之下無伯夷。」此《韓非·安危篇》語也。余襄公[一]《謹箴》用之。

［一］【全云】名靖。

【集證】《太平御覽》引殷康《明慎》云：「犇車之上無仲尼，覆舟之下無伯夷。言慎也。」山谷《漫尉詩》云：「覆轍索孤竹，奔車求仲尼。」皆用韓非語。

【元圻案】余靖，字安道。韶州曲江人。起家進士，歷官工部尚書，謚曰襄。事迹具《宋史》本傳。著《武溪集》二十卷。《四庫書》著録。

杜牧《注孫子序》云：「孫武著書數十萬言，魏武削其繁剩，筆其精切，凡十三篇，因注解之。」考之《史記》本傳，闔廬曰：「子之十三篇，吾盡觀之矣。」【原注】非筆削爲十三篇也。

【何云】「非筆削」句，亦正文。

【元圻案】《太平御覽》載魏武帝策曰：「孫子者，齊人也，名武。爲吴王闔閭作兵法一十三篇。試之婦人。卒以爲將，西破强楚，入郢，北威齊、晉。後百歲餘，有孫臏，是武之後也。審計重舉，明畫深圖，不可相誣，而但世人未之深亮訓説，況文繁富，行於世者失其旨要，故撰爲略解焉。」◎《漢·藝文志》「兵權謀」：「《吴孫子兵法》八十二篇，圖九卷。」杜牧《注孫子序》：「武所著書，凡十數萬言。曹魏武帝削其繁剩，筆其精切，凡十三篇，成爲一編。曹自爲序因注解之。然其所爲注解，十不釋一。非曹不能盡注解也，予尋《魏志》，見曹自作兵書十餘萬言，諸將征伐，皆以《新書》從事，意曹自於《新書》馳驟其説，自成一家事業，不欲隨孫武後盡解其書。今《新書》已亡，不可復知，予因取《孫武書》備其注，其曹之所注，亦盡存之，分爲上、中、下三卷。」

《莊子》楚狂之歌，所謂「迷陽」，人皆不曉。胡明仲[一]云：「荆楚有草，叢生修條，四時發穎。春夏之交，花亦繁麗。條之腴者，大如巨擘，剥而食之，其味甘美，野人呼爲迷陽。其膚多刺，故曰『無傷吾行，無傷吾足』。」

［一］【全云】胡致堂寅。

【閻按】問楚中人，亦云不識迷陽草，但有一種花，名刺子，其抽條可食，兒童呼爲陽馬荸。恐即迷陽草。

【元圻案】《莊子·人間世》：「孔子適楚，楚狂接輿遊其門曰：『鳳兮鳳兮，何如德之衰也！來世不可待，往世不可追也。天下有道，聖人成焉；天下無道，聖人生焉。方今之時，僅免刑焉。福輕乎羽，莫之知載；禍重乎地，莫之知避。已乎已乎，臨人以德！殆乎殆乎，畫地而趨！迷陽迷陽，無傷吾行！卻曲卻曲，無傷吾足！』」

卷十一

考史

《戰國策》：「張儀説秦王曰：『世有三亡，而天下得之。』」姚氏《戰國策後序》云：「《韓非子》第一篇《初見秦》文與此同。」鮑氏失於考證。【原注】吕成公《麗澤集》文取此篇。

【元圻案】《韓非子·初見秦王》曰：「臣聞天下陰燕陽魏，連荆固齊，收韓而成從，將西面以與强秦爲難，臣竊笑之。世有三亡，而天下得之，其此之謂乎！臣聞之曰：『以亂攻治者亡，以邪攻正者亡，以逆攻順者亡。』」《戰國策》張儀説秦王文與《韓子》同。鮑彪注云：「此上原有『張儀』字，而所説皆儀死後事。」又曰：「論事深切著明，荀卿不如。秦所以取天下，蓋行其説也。而史失其人，猥以張儀名之，惜哉！」據此，鮑氏知此説之不出於張儀，而不知其出於韓非也，故王氏以爲失考。元吴師道《國策校注》引此條補之曰：「張儀當作韓非。」又《書姚宏序後》曰：「予讀吕子《大事記》引剡川姚宏，知其亦注是書。考近時諸家書録皆不載，後得於一舊士人家，其自序云：『嘗得本於孫朴之子慤。』朴元祐在館中，取曾鞏本，參以蘇頌、錢藻、劉敞所傳，并集賢院新本，上標錢、劉校字。而姚又會萃諸本定之，每篇有異及他書可正者，悉注於下。因高誘注，間有增續。簡質謹重，深得古人論撰之意，大與鮑氏率意竄改者不同。宏，字令聲，待制舜明廷輝之子。爲删定官，忤秦檜，死大理獄。弟寬令威、憲令則，皆顯於時。」◎《四庫全書簡明目録・雜史類》：「《戰國策注》三十(二)〔三〕卷。舊本題高誘注。今考其書，實宋姚宏因誘注殘闕而補之。」又：「《注》十卷，宋鮑彪撰。」又：「《(校)注》十卷，元吴師道撰。取姚宏、鮑彪注參校，而雜引諸書以證之。增所遺者，謂之補；糾所失者，謂之正。」

「鄒忌不如徐公美。」見《齊策》。《新序》云：「齊有田巴先生，行修於外。王聞其賢，聘之，將問政焉。田巴改製新衣，拂飾①冠帶，顧謂其妾，妾曰：『佼。』將出門，問其從者，從者曰：『佼。』過於淄水，自照視，醜惡甚焉。遂見齊王。齊王問政，對曰：『今者大王召臣，臣問妾，妾愛臣，諛臣曰「佼」；問從者，從者畏臣，諛臣曰「佼」。臣至臨淄水而觀，然後知醜惡也。今王察之，齊國治矣。』」[二]與鄒忌之言略同。洪景盧[三]謂：《孟子》所書齊景公問晏子，與《管子・内言・戒篇》相似，蓋傳

① 「飾」，三箋本作「飭」。

記若是者多矣。

［一］【集證】此條《新序》今佚。引見《御覽》三百八十二。

［二］【全云】文敏公邁，盤洲弟。

【元圻案】《容齋三筆》一：「孟子所書『齊景公問於晏子』云云。《管子·內言·戒篇》曰：『威公將東游，問於管仲曰：「我游猶軸轉斛，南至瑯邪。司馬曰：『亦先王之游已。』何謂也？」對曰：「先王之游也，春出原農事之不本者，謂之游；秋出補人之不足者，謂之夕；夫師行而糧食其民者，謂之亡；從樂而不反者，謂之荒。先王有游夕之業於民，無荒亡之行於身。」威公退再拜，命曰寶法。』觀管、晏二子之語，一何相似，豈非傳記所載容有相犯乎？管氏既自爲一書，必不誤，當更考之《晏子春秋》也。」

【集證】今按，《晏子春秋·內篇·問下》與《孟子》同。

「齊負郭之民有狐咺者，正議閔王，斮之檀衢。」見《齊策》。按，《呂氏春秋·貴直論》：「狐援說齊湣王曰：『殷之鼎陳於周之廷，其社蓋於周之屏，其干戚之音在人之遊。亡國之音不得至於廟，亡國之社不得見於天，亡國之器陳於廷，所以爲戒。王必勉之！其無使齊之大呂［一］陳之廷，無使太公之社蓋之屏，無使齊音充人之遊。』」齊王不受。狐援出而哭國五日，［二］其辭曰：『先出也，衣絺紵；後出也，滿囹圄。吾今見民之洋洋然東走，而不知所處。』齊王問吏曰：『哭國之法若何？』吏曰：『斮。』王曰：『行法。』狐援乃言曰：『有人自南方來，鮒入而鯢居，[三]使人之朝爲草而國爲墟。殷有比干，吳有子胥，齊有狐援。已不用若言，又斮之東閭。[四]每斮者以吾參夫二子者乎！』《漢・古今人表》作「狐爰」，在「中下」。注：「即狐咺也。」愚謂殺諍臣者必亡，狐援其洩冶之類乎！

[二]案，《史記索隱》曰：「大吕，齊鐘名。」

[三]《吕覽》作「三日」。

[三]高誘注：「鮒，小魚。鯢，大魚，魚之賊也，啖食小魚。而鯢居人國，喻爲人害。」

[四]《齊策》「斮之檀衢」下又云：「齊孫室子陳舉直言，殺之東閭。」《吕覽》本篇云：「吏陳斧質於東閭。」蓋行刑之所。

【元圻案】洩冶事見《左傳》宣公九年。◎洩冶，臣也；狐咺，民也。咺乃後世韋月將之流，幸則郇模，不幸則歐陽澈。

齊威王封即墨大夫，[一]燕取齊七十餘城，唯莒、即墨不下。田單以即墨破燕。齊王建將入秦，即墨大夫入見，畫臨晉、武關之策，建不聽而亡。吁，何即墨之多君子也！建能聽即墨大夫之謀，則齊可以勝秦矣。國未嘗無士也。

［一一］注見上卷①。

【何云】是故趙襄子曰：「尹鐸之所寬也。」②

【全云】此亦有慨於汪、文諸公策略之不用。

【元圻案】《（齊）〔燕〕策》：「燕昭王以樂毅爲上將軍，與秦、楚、三晉合謀以伐齊。齊兵敗，閔王出走於外。燕兵獨至臨淄，齊城之不下者，唯獨莒、即墨。」◎《史記·田單列傳》：「燕引軍東圍即墨，即墨大夫敗死。城中相與推田單，曰：『安平之戰，田單宗人以鐵籠得全，習兵。』立以爲將軍，以即墨距燕。昭王卒，惠王立，田單縱反間，燕使騎劫代樂毅。單遣使約降，燕軍益懈。擊之，而齊七十餘城皆復爲齊。乃迎襄王於莒，入臨淄而聽政。」◎《齊策》：「齊王建入朝於秦，即墨大夫入見齊王曰：『齊地方數千里，帶甲數十萬。夫三晉之大夫，皆不便秦，而在阿、鄄之間者以百數，王收而與之十萬之衆，使收三晉之故地，即臨晉之關可入矣；鄢、郢大夫，不欲爲秦，而在城南下者百數，王收而與之十萬之師，使收故地，即武關可以入矣。如是，則齊威可立，秦國可亡矣。』齊王不聽，遂入秦。處之〔共〕松柏之間，餓而死。」◎馮琦《宋史紀事本末》：「度宗咸淳十年，京湖制置使汪立信移書賈似道曰：『內（都）〔郡〕何事乎多兵？宜盡出之江干，以實外禦。

① 見卷十「鉅孱之費金璧」條注（頁一二六六）。

② 見《國語·晉語九》。

算兵帳，現兵可七十餘萬人，而沿江之守，則不過七千里。若拒百里而屯，屯有守將，十屯爲府，府有總督，其尤要害處，輒三倍其兵。無事則(屯)〔泛〕舟長淮，往來游徼；有事則東西齊奮，戰守並用。刁斗相聞，餽餉不絶，互相應援，以爲聯絡之(因)〔固〕。選宗室大臣忠良有幹用者，立爲統制，分東西二府以涖，任得其人，率然之勢，此上策也。』似道得書，抵之地。尋中以危法，罷免之。」又：帝㬎德祐元年七月，元主詔伯顔直趨臨安。「八月，文天祥至臨安，上疏言：『宜分境内爲四鎮，建都統居中：以廣西益湖南，而建閫於長沙；以廣東益江西，而建閫於隆興；以福建益江東，而建閫於番陽；以淮西益淮東，而建閫於揚州。責長沙取鄂，隆興取蘄、〔黄〕，番陽取江東，揚州取兩淮。地大力衆，乃足以抗敵，約日齊奮，有進無退，日夜以圖之。彼備多力分，疲於奔命。而吾民之豪傑者，又伺間出於其中。如此則敵不難卻也。』時議以爲迂闊，不報。」

《太平御覽》三百三十一引《戰國策》曰：「吴子問孫武曰：『敵人保山據險，擅利而處，糧食又足，挑之則不出，乘間則侵掠，爲之奈何？』武曰：『分兵守要，謹備勿懈。潛探其情，密候其怠。以利誘之，禁其牧採。久無所得，自然變改。待離其故，奪其所愛。』」[一二]今本無之。

[一二]【何云】陸遜破昭烈於猇亭，微得此意。

【元圻案】《通典》一百五十九《兵十二》載「吴子問孫武曰」云云，與此文同。惟「保山據險」作「保據山險」,「擅利而處」作「常利而處之」,「牧採」作「樵牧」,「故」作「固」,又多「敵據險隘,我能破之也」兩句。◎姚寬《戰國策後序》曰,「正文遺逸引《戰國策》者,司馬貞《索隱》五事:『豫讓擊襄子之衣,衣盡血』;『吕不韋言周凡三十七王』;『白圭爲中山將,亡六城,還拔中山』;『馬犯謂周君』;『馬犯謂梁王,云王病逾作癒字。』。《廣韻》七事①:『晉有大夫芬質音撫文切。、羊千者,著書顯名』;『安陵丑』;『雍門〔周〕』;『中〔山〕大夫藍諸』;『晉有亥唐』;『趙有大夫庳賈音肇,訓門也。』;『齊威王時,有左執法公旗蕃』。《玉篇》一事:『驥仰而噴,鼓鼻也』。《太平御覽》二事:『涸若耶以取銅,破忠②山而出錫』;『廊廟之椽,非一木之枝;先王之法,非一(國)〔士〕之志』。《元和姓纂》一事:引《風俗通》云『晉大夫芸賢』。《春秋後語》二事:『趙武靈王遊大陵,夢處女鼓瑟』;『平原君躄者注云:躄,攣跛之名。』。《後漢·地理志》一事:『東城九門注云:碣石山在縣界。』。《後漢》第八《贊》一事:『廉頗爲人勇鷙而好士』。《藝文類聚》一事:『蘇秦爲楚合從,元戎以鐵爲矢,長八寸,一(努)〔弩〕十矢俱發』。《北堂書鈔》一事:『楚人以弱弓微繳,加歸雁之上者』。徐廣注《史記》一事:『韓兵入西周,〔西周〕令成君辯説秦求救』。

① 「《廣韻》七事」,以下所列芬質、羊千、安陵丑、雍門周、藍諸、亥唐、庳賈、公旗蕃八人,分見《廣韻》芬、羊、陵、門、藍、亥、庳、公字條下,故當謂「八事」。

② 「忠」字,《太平御覽》卷六十七作「堇」,《四庫》本《戰國策校注》作「思」,惜陰軒本作「忠」。

張守節《正義》一事：『碣石九門本有宮室以居』。舊《戰國策》一事：『羅尚見秦王曰，秦四塞之險，利於守，不利於戰』。李善注《文選》一事：『蘇秦説孟嘗君曰：秦四塞之國高誘注云：四面有山關之固，故曰四塞之國也。』。皆今本所無。」①吴師道曰：「此序題姚寬撰，附於姚注本者，皆與宏序同。特疏列逸文加詳。考其歲月則在後，乃知姚氏兄弟皆嘗用意此書。寬所（著）〔注〕者，今未之見。」◎王氏此條，令威獨未之及，故備録姚序，以互相考補云。

「樂閒入趙，燕王以書謝焉。」見《燕策》。《新序》以爲惠王遺樂毅書。

【元圻案】《新序·雜事三》：「田單患樂毅善用兵，欲去之。昭王又賢，不肯聽讒。會昭王死，惠王立，田單使人讒之。惠王使騎劫代樂毅。樂毅去之趙，不歸。田單設詐，大破燕軍，殺騎劫，復收七十餘城。而燕惠王大慚，使人遺樂毅書曰：『寡人不佞，不能奉順君志，故君捐國而去。寡人不肖明矣。敢（竭）〔謁〕其願，而君弗肯聽也，故使使者陳愚志』云云。」◎吴師道《國策補注》曰：「考之毅答惠王書云『今足下使人數之以罪』，而《史》所載惠王讓毅，無數罪之語。前章燕王使人讓毅，且（計）〔謝〕之曰云云，當是此章之首，蓋錯簡也。知《新序》之説爲是。」◎馬氏《繹史》曰：「《史記》、《國策》皆以爲燕王喜與樂閒書。按，二書往復辭旨頗相酬答，當以《新序》爲是。」◎燕

① 以上引文中小字，原本皆爲大字，今據《戰國策後序》改。

王名喜，惠王之曾孫。◎《史記·樂毅傳》：毅奔趙，「後燕王復以其子樂閒爲昌國君」。

《新序》：樂毅書：「君子絶交無惡言，去臣①無惡聲。」

【元圻案】《國策》作「君子（絶交）〔交絶〕，不出惡聲；忠臣去國，不潔其名」。

戰國有兩公孫弘，一在齊，爲孟嘗君見秦昭王②；一在中山，言司馬憙③招大國之威求相④。與漢平津侯爲三。［一］《韓子·説林》云：「公孫弘斷髮而爲越王騎。」是又一人也。

［一］案，《史記·將相年表》：「武帝元朔五年：以公孫弘爲丞相，封平津侯。」

【集證】《容齋四筆》云：「後漢明帝時，有幽州從事公孫弘，交通楚王英，見於《虞延傳》。」又按，晉惠帝時亦有與平津侯同姓名者，爲楚王（偉）〔瑋〕長史，見《晉書·王渾、潘岳、楚王瑋傳》。

【元圻案】《戰國策》：「公孫弘語孟嘗君曰：『君不如使人先觀秦王。意者秦王帝王之主也，君恐不得爲臣，（矣）〔奚〕暇從以難之？意者秦王不肖之主也，君從以難之未晚。』孟嘗君曰：『然，

①「臣」，原本作「國」，據元刊本、三箋本改。
②見《戰國策·齊策四》。
③「憙」，原本作「熹」，據元刊本、三箋本改。《戰國策·中山策》正作「憙」。
④見《戰國策·中山策》。

顧因公往矣。』」又：「司馬(喜)〔憙〕使趙，爲己求相中山，公孫弘隱知之。中山君出，司馬(喜)〔憙〕御，公孫弘參乘。公孫弘曰：『爲人臣招大國之威，以爲己求相於君，何如？』君曰：『吾食其肉，不以分人。』司馬(喜)〔憙〕頓首於軾曰：『臣自知死至矣。』君曰：『何也？』曰：『臣抵罪。』君曰：『行，吾知之矣。』居頃之，趙使來，爲司馬(喜)〔憙〕求相。中山君大疑公孫弘，弘走出。」

《禹貢》正義：鄭康成云：「《戰國策》：『碣石在九門。』」姚宏云：「《戰國策》遺逸，如司馬貞引『馬犯謂周君』、徐廣引『韓兵入西周』、李善引『吕不韋言周三十七王』、歐陽詢引『蘇秦謂元戎以鐵爲矢』、《史記正義》引『九門本有宫室而居』，今本所無。」

【元圻案】姚宏所舉佚文，較姚寬少二十事。其「吕不韋」一事，寬舉《史記索隱》而不及《文選》。《容齋四筆》一謂「《韓非子》、《新序》、《説苑》、《韓詩外傳》、《高士傳》所引用者，多今本所無」。然則寬所舉亦有所遺也。

晏元獻論秦穆公以由余爲賢，用其謀伐戎：「夫臣節有死無貳，戎使由余觀秦，終竭謀慮，滅其舊疆，豈鍾儀操南音，[一]樂毅不謀燕國之意哉！秦穆之致由余而闢戎土也，失君君臣臣之訓矣。」元獻之論有補世教，故録之。

〔一〕事見《左傳》（文）〔成〕公九年。

【元圻案】《史記·秦本紀》：「由余，其先晉人也，亡入戎，能晉言。聞穆公賢，故使由余觀秦。秦以女樂遺戎王，受而説之。由余數諫不聽，遂去降秦。秦用由余謀伐戎王，益國十二，開地千里。」◎閻氏《潛丘劄記》二：「《綱目》：『赧王三十六年，趙王欲使樂毅謀伐燕，毅泣曰：「臣疇昔之事昭王，猶今日之事大王也。若復得罪在他國，終身不敢謀趙之奴隸，況子孫乎！」趙王乃止。』按，《綱目》減省《通鑑》原文，爲識者所不取，此段則原文所無而《綱目》補出者，煞有關係，嘗問諸人，人莫能應。余考之，出《三國志·魏武帝紀》注。」◎《三國志·魏武帝紀》「建安十五年冬，作銅爵台」，注引《魏武故事》載公十二月己亥令曰：「昔樂毅走趙，趙王欲與之圖燕，樂毅伏而垂泣，對曰：『臣事昭王，猶事大王；臣若獲戾，放在他國，没世然後已，不忍謀趙之徒隸，況燕後嗣乎！』孤每讀此書，未嘗不愴然流涕也。」

唐太宗問褚遂良曰「舜造漆器，禹彫其俎」，其事見《韓子·十過篇》：由余對秦穆公曰：「舜作食器，流漆墨其上，國之不服者十三。禹作祭器，墨染其外，朱畫其内，國之不服者三十三。」

【元圻案】《唐書·褚遂良傳》：「遂良字登善，散騎常侍亮子。帝嘗怪：『舜造漆器，禹雕其俎，諫者十餘不止，小物何必爾邪！』遂良曰：『雕琢害力農，纂繡傷女工，奢靡之始，危亡之漸也。

漆器不止，必金爲之，金又不止，必玉爲之，故諫者救其源，不使得開。及夫横流，則無復事矣。』」

薛士龍曰：「齊威之霸，不在阿、即墨之斷，而在毁譽者之刑。」今按，毁譽者乃佞臣周破胡。見《列女傳》。

【閻案】士龍名季宣，永嘉人，即前所謂薛常州也①。「齊威之霸」三語，乃使還言於孝宗，以攻其左右者。

【元圻案】《列女傳》：「虞姬者，名娟之，齊威王之姬也。威王即位，佞臣周破胡專權擅勢。即墨大夫賢，而日毁之；阿大夫不肖，反日譽之。虞姬謂王曰：『破胡，讒佞之臣也，不可不退。』王大悟，封即墨大夫以萬户，烹阿大夫與周破胡，遂收故侵地，齊國大治。」◎薛士龍《浪語集·奉使淮西回上殿第三劄子》曰：「齊威之霸，其機不在阿、即墨大夫之誅賞，而係乎毁譽不公，而齊威之刑賞不行焉，則爲欺者殆無以禁之矣。」◎吕成公《薛常州墓誌銘》曰：「薛季宣，字士龍。除大理寺主簿。虞丞相允文白遣公行淮西，還，曰：『齊威之霸，不在阿、即墨之斷，而在毁譽者之刑。臣觀近政，非無阿、即墨之斷，奈何毁譽之人自若。』上欣然開納。」◎《四庫全書簡明目録·史部·傳記類》：「《古列女傳》七卷，《續傳》一卷。漢劉向撰。《續傳》不知誰作，或曰班昭，

① 「即前所謂薛常州也」句，三箋本無。

或曰項原，皆影附無據也。」

《大事記》周安王十六年「魏以田文爲相」，《解題》曰：「田文與孟嘗君姓名適同而在前。《呂氏春秋·審分覽》作『商文』，所載『吴起問答』，與《史記》略同。」以上皆《解題》文。《西山讀書乙記》謂：「田文，游俠之宗主，以主少國疑自任，未見①其可也。」誤以爲孟嘗君。

【元圻案】《審分覽·執一篇》：「吴起謂商文曰：『事君果有命矣夫！』商文曰：『何謂也？』吴起曰：『治四境之内，成訓教，變習俗，使君臣有義，父子有序。子與我孰賢？』商文曰：『吾不若子。』曰：『今日置質爲臣，其主安重；(明)〔今〕日釋璽辭官，其主安輕。子與我孰賢？』商文曰：『吾不若子。』曰：『士馬成列，馬與人敵，人在馬前，援桴一鼓，使三軍之士樂死若生。子與我孰賢？』商文曰：『吾不若子。』吴起曰：『三者子皆不吾若，而位則在吾上，命也夫事君！』商文曰：『世變主少，羣臣相疑，黔首不定，屬之子乎？屬之我乎？』吴起默然不對，少選曰：『與子。』商文曰：『是吾所以加於子之上矣。』」◎《四庫全書簡明目録》：「宋真德秀《讀書記》六十一卷。原本分甲、乙、丙、丁四集。今惟存甲集三十七卷，皆論天人理氣之奥；乙集二十二

①「未見」，元刊本、三箋本作「未知」。

卷，論虞、夏以來名臣事迹，略倣編年之體。」◎今本止甲集，無乙集。

王逸《注楚辭自序》云：「屈原爲三閭大夫。三閭之職，掌王族三姓，[一]曰昭、屈、景。屈原序其譜屬，率其賢良，以厲國士。」漢興，徙楚昭、屈、景於長陵，以强幹弱支，則三姓至漢初猶盛也。《莊子·庚桑楚》曰：「昭、景也，著戴也；甲氏也，著封也，非一也。」説云：「昭、景、甲三者，皆楚同宗也。」[二]甲氏，其即屈氏歟？秦欲與楚懷王會武關，昭雎、屈平皆諫王無行。襄王自齊歸，齊求東地五百里，昭常請守之，景鯉請西索救於秦，東地復全。三閭之賢者，忠於宗國，所以長久。

[一]【全云】蓋公族大夫之職。

[二]此陸氏《莊子釋文》之文。

【全云】昭奚恤、昭陽亦戰將。

【元圻案】漢徙齊諸田，楚昭、屈、景，燕、趙、韓、魏後實關中，見《漢書·婁敬傳》。昭雎之諫見《史記·楚世家》。屈平之諫見本傳。◎《戰國策》：「楚襄王爲太子之時，質於齊。懷王薨，太子辭於齊王而歸。齊王隘之：『予我東地五百里，乃歸子。』傅慎子曰：『獻之。』太子歸，即位。齊來取地，昭常曰：『不可予也。萬乘者以地大爲萬乘，今去東地五百里，是去戰國之半也。常請守之。』景鯉曰：『楚不能獨守，臣請西索救於秦。』」◎《新序》載屈（盧）〔廬〕不從白公爲亂，亦三間之賢者也。

《陳軫傳》「卞莊子刺虎」，《戰國策》作「管莊子」，《索隱》引《戰國策》作「館莊子」：「館謂逆旅舍。其人字莊子。」

【何云】《論語》稱「卞莊子之勇」，《索隱》所引或傳寫之誤，而注者又妄爲之説歟？

【元圻案】《史記·陳軫傳》：「惠王曰：『今韓、魏相攻，或謂寡人救之便，或曰勿救便，願子爲寡人計之。』陳軫對曰：『亦嘗有以夫卞莊子刺虎聞於王者乎？莊子欲刺虎，館豎子止之，曰：「兩虎方且食牛，食甘必争，争則必鬬，鬬則大者傷，小者死。從傷而刺之，一舉必有雙虎之名。」卞莊子以爲然。』」◎《戰國策》三，陳軫謂楚王曰「王不聞夫管與之説乎？有兩虎諍人而鬬，管莊子將刺之。管與止之曰」云云，蓋以「管與」而並誤以「卞莊子」爲「管莊子」，《索隱》又誤「管」爲「館」也。

晉、楚之争霸在鄭，秦之争天下在韓、魏。林少穎謂：「六國卒并於秦，出於范雎遠交近攻之策。」取韓、魏以執天下之樞也。其遠交也，二十年不加兵於楚，四十年不加兵於齊；其近攻也，今年伐韓，明年伐魏，更出迭入無寧歲。韓、魏折而入於秦，四國所以相繼而亡也。秦取六國，謂之蠶食，蓋蠶之食葉，自近及遠。《古史》云：「范雎自爲身謀，未見有益於秦。」愚謂此策不爲無益，然韓不用韓玘，魏不廢信陵，則國不亡。

【閻按】韓玘亡韓事不經見，僅李斯上書短趙高，云宋子罕劫君，齊田常取國，繼以「信高之志若韓玘爲韓安相也」①。斯與同時，事定有據。而王氏用此亦新矣哉②。

【元圻案】《史記·范雎列傳》：「夫穰侯越韓、魏而攻齊綱、壽，非計也。少出師則不足以傷齊，多出師則害於秦。王不如遠交而近攻，得寸則王之寸，得尺亦王之尺。今夫韓、魏，中國之處而天下之樞也。王其欲霸，必親中國爲天下樞，以威楚、趙。楚强則附趙，趙强則附楚，楚、趙皆附，齊必懼矣。齊懼，必卑辭重幣以事秦。齊附而韓、魏因可虜也。」◎林少穎《史論》曰：「秦之所以能并諸侯者，其實出於遠交近攻之策。是謀也，出於司馬錯，成於范雎。」◎蘇子由《古史》四十九《范雎蔡澤列傳》：蘇子曰：「范雎相秦，其所以利秦者少而害秦者多。以魏冉之專，忘其舊勳而逐之可也；而并逐宣太后，使昭王以子絶母，不已甚乎？及雎任秦事，殺白起而用王稽、鄭安平，使民怨於内，兵折於外，實不若魏冉之一二。以予觀之，范雎、蔡澤自爲身謀取卿相可耳，未

---

① 見《史記·李斯列傳》。原文作：「兼行田常、子罕之逆道而劫陛下之威信，其志若韓玘爲韓安相也。」(後翁注亦引。)閻氏以「信」字下讀。

② 「而王氏」一句，三箋本無。

見有益於秦也。」◎《史記・李斯列傳》：「上書言趙高之短曰：『高有邪佚之志，危反之行，如子罕相宋也；私家之富，若田氏之於齊也。兼行田常、子罕之逆道而劫陛下之威信，其志若韓玘爲韓安相也。』」《索隱》曰：「玘，亦作『起』，並音怡，韓大夫弑其君悼公者。」

周赧王卒於乙巳，明年丙午，秦遷西周公，而東周君猶存也。壬子，秦遷東周君，而周遂不祀。[一]作史者當自丙午至壬子，繫周統於七國之上，[二]乃得《春秋》存陳之義。《大事記》周赧後即繫秦，[三]朱子以爲未當，《綱目》以七國如楚、漢並書之。

[一] 事在秦莊襄王元年。

[二]【何云】自威烈①王後即當與七國平書。

【又云】三晉猶王所命，而齊威朝周，秦、楚、燕②皆故臣也。王雖微弱，可遂與之等夷乎？

[三]【閻按】《通鑑》已然。

【元圻案】《史記・周本紀》：「考王封其弟於河南，是爲桓公，以續周公之官職。桓公卒，子威公代立。威公卒，子惠公代立，乃封其少子於鞏以奉王，號東周惠公。王赧時，東西周分治。

---

① 「烈」，原本作「列」，據三箋本改。

② 「燕」，原本無，據三箋本補。

王赧徙都西周。五十九年，秦攻西周。西周君奔秦，盡獻其邑三十六。秦受其獻，歸其君於周。周君、王赧卒，秦遷西周公於𢈈狐。後七年，秦莊襄王滅東西①周。」◎《通鑑·周紀》終於赧王五十九年乙巳，是歲赧王崩。次年丙午即以《秦紀》繫年，昭襄王之五十二年也。胡三省注曰：「西周既亡，天下莫適爲主。《通鑑》以秦卒并天下，因以昭襄繫年。」◎《大事記》卷五終於周赧王五十九年，卷六終於秦昭王五十二年。《解題》曰：「是歲秦既滅周，故以秦年統諸國。」

七國，齊、魏、趙、韓皆大夫簒，楚爲黄，秦爲吕，唯燕爲舊國，召公之澤遠矣。惠王不用樂毅，太子丹乃用荆軻，其能國乎？

【閻按】楚爲黄者，僅幽王悍。十年，悍卒，而猶立，是爲哀王，仍考烈王所生也。秦長安君亦爾。惜讀史者不能析别之。

【元圻案】《史記·春申君列傳》：「春申君者，楚人也，名歇，姓黄氏。李園求事春申君爲舍人，進其女弟，即幸於春申君。知其有身，李園乃與其女弟謀，承間以説春申君，言之楚王，召入幸之，遂生子男，立爲太子。」《楚世家》：「考烈王卒，子幽王悍立。十年，幽王卒，同母弟猶代立。」《吕不韋列傳》：「安國君中男名子楚，質於趙。吕不韋取邯鄲姬，子楚從不韋飲，見而説之，遂獻

① 「西」，中華書局校點本《史記》校爲衍字。

其姬。姬自匿有身，至大期時，生子政。昭王薨，安國君立，子楚爲太子。秦王立一年，薨，謚爲孝文王。太子〔子〕楚代立，是爲莊襄王。三年，薨，太子政立。」

老泉《權書·强弱篇》謂：「秦之憂在六國，蜀最僻最小，最先取；楚最强，最後取。非其憂在蜀也。」〔一〕愚謂取蜀則楚在掌中矣，白起所以再戰而燒夷陵也。

〔一〕案《史記·秦本紀》：「惠文君後元九年，伐蜀，滅之。」《秦始皇本紀》：「二十四年，王翦、蒙武攻荆，破荆軍，昌平君死。」

【何云】宋之亡也，蜀先破，而襄陽隨之。

【又云】穆公并國二十，而遂霸西戎；惠公取蜀，而秦以益强，富厚，輕諸侯。蓋皆得蠶食之策。齊、楚長遠，故最後取之也。

【元圻案】《史記·楚世家》：「頃襄王二十年，秦將白起拔我西陵。二十一年，白起拔郢，燒先王墓夷陵。」《索隱》曰：「夷陵，陵名，後爲縣，屬南郡。」《平原君列傳》：毛遂曰：「白起，小豎子耳，率數萬之卒，興師以與楚戰，一戰而舉鄢、郢，再戰而燒夷陵，三戰而辱王之先人。」◎林少穎《論秦惠王伐蜀》曰：「用兵之法，攻堅則瑕者堅，攻瑕則堅者瑕。蜀瑕而韓堅，故先蜀而後韓。韓、魏瑕而齊、楚堅，故先韓、魏而後齊、楚。此蓋先瑕而後堅也。瑕者既爲我所有，則堅者果何所恃哉？」與老泉同意。

魯仲連書：「富比乎陶、衛。」延篤注《戰國策》云：「陶朱、公子荆。」王劭云：「魏冉封陶，商君封衛。」今按，商君封於商，非封衛也。

【全云】商君卻有「衛鞅」之稱，王劭亦非無據。

【元圻案】《戰國策》鮑彪注：「陶，穰侯邑。衛自梁襄王後稱君。」吴師道曰：「《索隱》引延篤云『陶朱、公子荆』，非也。王劭曰『魏冉封陶，商君姓衛』，謂此云爾。姚氏亦引之。」今案，《史記·魯仲連傳》王劭注亦作「商君姓衛」。鞅本傳曰：「商君者，衛之諸庶孽公子也，名鞅，姓公孫氏，其祖本姬姓也。」所載姓氏甚明，作「姓衛」皆誤。

李文叔《書戰國策》曰：「爲是説者非難，而載是説者爲不易得。使秦、漢而後，復有爲是説者，必無能載之者矣。」愚謂①董晉之荅回紇、語李懷光，譚[一]忠之説劉總，詞氣雄健，有先秦風，韓、杜二公之筆力，足以發之也。【原注】《董晉行狀》、《燕將録》。

[一]【閻按】《文苑英華》作「談」。

【閻按】《董晉行狀》曰：「先皇帝時，公副李涵使回紇。回紇之人來曰：『唐之復土疆，取回紇力焉。約我爲市，馬既入而歸我賄不足，我於使人乎取之。』涵懼不敢對，視公。公與之言曰：

---

① 「謂」，元刊本、三箋本作「觀」。

『我之復土疆，爾信有力焉。吾非無馬，而與爾爲市，爲賜不既多乎？爾之馬歲至，吾數皮而歸資。邊吏請致詰也，天子念爾有勞，故下詔禁侵犯。諸戎畏我大國之爾與也，莫敢校焉。爾之父子寧而畜馬蕃者，非我誰使之？』於是其衆皆環公拜。李懷光反，公知其謀與朱泚合也，患之，造懷光言曰：『公之功，天下無與敵；公之過，未有聞於人。某至上所，言公之情，上寬明，將無不赦宥焉；乃能爲朱泚臣乎？彼爲臣而背其君，苟得志，於公何有？且公既爲太尉矣，彼雖寵公，何以加此？彼不能事君，能以臣事公乎？公能事彼，而有不能事君乎？彼知天下之怒，朝夕戮死者也，故求其同罪而與之比，公何所利焉？公之敵彼有餘力，不如明告之絶，而起兵襲取之，清宮而迎天子，庶人服而請罪有司，雖有大過，猶將揜焉；如公則誰敢議？』語已，懷光拜曰：『天賜公活懷光之命。』」◎《燕將録》曰：「元和十四年春，趙人獻城十二，冬，誅齊，三分其地。忠因説總曰：『凡天地數窮，合必離，離必合。河北與天下相離六十年矣，此亦數之窮也，必與天下復合。且建中時，朱泚搏天子狩畿甸，李希烈僭於梁，王武俊稱趙，朱滔稱冀，田説稱魏，李納稱齊。郡國往往弄兵者，抵目而視。當此之時，可謂危矣，然天下卒爲無事。自元和已來，劉闢守蜀，棧道劍閣，自以爲子孫世世之地，然甲卒三萬，數月見羈。李錡横大江，撫石頭，全吴之兵，不得一戰，反束帳下。田季安守魏，盧從史守潞，皆天下之精甲，駕趙爲騎，鼎立相視，可謂强矣。然從史繞塹五十里，萬戟自護，身如大醉，忽在檻車。季安死，墳杵未收，家爲逐客。蔡人被重葉之甲，圓三石之弦，持九尺之刃，突前跳後，卒如搏鶚，一可支百者累數萬人，四歲不北二三，可謂堅矣，然夜半大雪，忽失其城。齊人經城數千里，倚渤海，牆太山，塹大河，精甲數億，鈐劍其阸，可爲安矣，然兵折於潭趙，首竿於都市。此皆君之自見，亦非人力所能及，蓋上帝神兵下來誅之耳。今天子巨謀纖計，必平章於大臣，鋪樂張獵，未嘗戴星，俳倡①顛翫之臣，顔澀不展，縮衣節口，以賞戰士。此志豈須臾忘於天下哉！今國兵駸駸北來，趙人已獻城十二，助魏破齊，唯燕未得一日之勞爲子孫壽，後世其能帖帖無事乎！吾深爲君憂之。』總泣且拜，曰：『今幸枉大教，吾心定矣。』」

【何云】韓學《左傳》。

【全云】董晉，庸人耳，韓公爲之點綴生色，本來面目希矣。譚忠則信有策士風。

【元圻案】《唐書·董晉傳》：「晉字混成，河中虞鄉人。貞元九年同中書門下平章事。」贊謂「晉懦弛苟安，滋欲以恩信傾賊；迂暗之人，烏可語功名會哉！」又《藩鎮·劉總傳》：「譚忠，絳人。喜兵，善謀事，蓋健男子云。」◎胡三省於《唐代宗紀》「董晉使回紇」下注云：「此韓愈狀晉之辭，容有溢美。」

秦昭王五十一年滅周，是歲漢高祖生於豐沛。天道之倚伏，可畏哉！【原注】《史記》：「昭王五十一年，赧王卒。」皇甫謐曰：「是歲高祖生。」

---

①「俳倡」，《樊川文集》作「徘徊」，則此二字當下讀。

【閻按】臣瓚以高帝爲漢王年四十二，則生於秦莊襄王四年甲寅，是亦秦亡之歲哉。

【集證】袁文《瓮牖閑評》：「秦始皇初即位，漢高祖以是年生。梁武帝弑東昏侯覆齊祚，而侯景亦以是年生。陰極陽生、陽極陰生之理，詎不信耶？」

【元圻案】秦莊襄王以四年薨，始皇即以是年即位，故袁氏云爾。

秦莊襄王元年，滅東周。三年，始皇立，[一]而伯翳①之秦亦滅。二世元年，廢衛君，是歲諸侯之起者五國，三年而秦亡。然則滅人之國，乃所以自滅也。

[一]【閻按】《秦本紀》爲「四年」。此從《六國表》。

【何云】元滅宋而國亡於瀛國之子，亦可異矣。

【又云】天道有不可誣，非妄爲報應之説。

【元圻案】《史記·秦楚之際月表》「秦二世元年，七月，楚隱王陳涉起兵入秦。八月，武臣始至邯鄲，自立爲趙王。九月，項梁號武信君；齊王田儋始；沛公初起；韓廣自立爲燕王；魏王咎始起」者，七國。此云五國者，蓋以沛公非諸侯後，而項梁初起，亦不假楚號也。

① 「伯翳」，元刊本作「柏翳」。

秦皇欲以一至萬，新莽推三萬六千歲曆紀，宋明帝給三百年期，其愚一也。漢世祖曰：「日復一日，安敢遠期十歲乎？」真帝王之言哉！

【元圻案】《史記·始皇本紀》：制曰：「朕聞太古有號毋謚，中古有號，死而以行爲謚。如此，則子議父，臣議君也，甚無謂，朕弗取焉。自今以來，除謚法。朕爲始皇帝。後世以計數，二世、三世至於萬世，傳之無窮。」◎賈山《至言》：「秦皇帝曰，死而以謚法，是以父子名號有時相襲也，以一至萬，則世世不相復也。故死而號曰『始皇帝』，其次曰『二世皇帝』者，欲以一至萬也。」◎《漢書·王莽傳》：「天鳳六年春，莽見盜賊多，乃令太史推三萬六千歲曆紀，六歲一改元，布天下。」◎《宋書·明帝紀》：「帝末年好鬼神，多忌諱。以南苑借張永，云：『且給三百年，期訖更啓。』其事類皆如此。」◎《後漢書·光武帝紀》：「建武十九年秋，幸南陽，進幸汝南南頓縣舍，復南頓田租。父老叩頭言：『願賜復十年。』帝曰：『天下重器，常恐不任，日復一日，安敢遠期十歲乎？』吏人又言：『陛下實惜之，何言謙也？』帝大笑，復增一歲。」

魏公子退讓，而口不忍獻五城；尹翁歸不私，而不敢見其邑子。是以君子正容以悟之，使人之意也消。

【全云】宋弘之對光武亦其類也①。

【元圻案】《史記·信陵君列傳》：「趙孝成王德公子之矯奪晉鄙兵而存趙，與平原君計，欲以五城封公子。趙王埽除自迎，執主人之禮，引公子就西階。公子側行辭讓，從東階上。自言辠過，以負於魏，無功於趙。趙王侍酒至暮，口不忍獻五城，以公子退讓也。」◎《漢書·尹翁歸傳》：「翁歸字子兄，河東平陽人也。徵拜東海太守，過辭廷尉于定國。定國家在東海，欲屬托邑子兩人，令坐後堂待見。定國與翁歸語終日，不敢見其邑子。既去，定國乃謂邑子曰：『此賢將，汝不任事也，又不可干以私。』」◎宋傅堯俞以陳師道貧，懷金欲饋之，竟不敢出口，事正相類。

箝語燔書，秦欲愚其民而不能愚陳涉；指鹿束蒲，[一]高欲愚其君而不能愚子嬰。

[一]【何云】束蒲爲脯，見《風俗通》。

【集證】《西征賦》：「野蒲變而爲脯，苑鹿化以爲馬。」善注引《風俗通》曰：「秦相趙高指鹿爲馬，束蒲爲脯，二世不覺。」

【元圻案】《漢書·異姓諸侯王表序》：「秦既稱帝，隳城銷刃，箝語燒書。」師古曰：「箝謂箝籋其口，不聽妄言也，即所謂禁耦語者也。」賈誼《過秦論》：「於是廢先王之道，焚百家之言，以

① 見《後漢書·宋弘傳》。

愚黔首。」◎《藝文類聚》引《史記》云：「趙高將爲亂，先設驗，獻蒲以爲脯，惑二世，有言蒲者誅之。」今《史記》無。◎《史記·始皇本紀》：「子嬰與其子二人謀曰：『丞相高殺二世，恐誅，乃詐以義立我。我聞高乃與楚約，滅秦宗室而王關中。今使我齋見廟，此欲因廟中殺我。我稱病不行，丞相必自來，來則殺之。』高果自往，子嬰遂刺殺高於齋宮。」

韋昭《洞曆記》：「紂無道，比干知極諫必死，作《秣馬金闕歌》。」【原注】古歌尚質，必無「秣馬金闕」之語，蓋依托也。[一]

[一]【全云】此條注是正文。

【又云】《洞曆記》本僞作。

【何云】豈有感於己之遇皓與？叢脞至此，書何足傳。

【集證】《吴志·韋曜傳》：「曜因獄吏上辭曰：『昔見世間有古曆注，其所紀載多虛無錯謬。尋按傳記，考合異同，采摭耳目所及，以作《洞曆紀》①，起自庖犧，至於秦、漢，凡爲三卷，當起黄武以來，別作一卷，事尚未成。』」◎此條所引見《御覽》五百七十二。

①「洞曆記」，《三國志·吴志·韋曜傳》作「洞記」。按《洞記》又名《洞曆記》。

賈生《過秦》曰：「秦孝公據殽、函之固。」春秋時，殽、桃林，晉地，非秦有也。

【閻按】孝公非春秋時。

【全云】此言春秋時之秦尚弱耳。

《史記》正誤【原注】《索隱》、《正義》、《史剡》、《通鑑考異》、《古史》、《大事記解題》所考正者皆不著。

【元圻案】張守節《裴氏集解序》注云：「《史記》五十二萬六千五百言。」

《五帝本紀》列黄帝、顓、辛、堯、舜，謂：「孔子所告宰予，儒者或不傳。及《春秋》、《國語》，發明《五帝》、《繫姓》①章矣。《書》缺有間，乃時見於他説。」五峯胡氏曰：「仲尼繫《易》，歷敍制器致用、兼濟生民者，獨稱犧、農、黄帝、堯、舜氏，蓋以是爲五帝也，而顓、辛無聞焉。太史公所載，特形容之虚語爾。」[二]朱子《答吕子約書》曰：「《易大傳》，孔聖之言；八卦，文字之祖。何故遺而不録？」

[二]案，此是胡致堂所作《復州重修伏羲廟記》述其弟五峯語。

① 「五帝」、「繫姓」，元刊本、三箋本作「五德」、「繫姓」。按，《史記》原文作「《五帝德》、《帝繫姓》」。

【元圻案】胡五峯《皇王大紀·五帝紀》：「論曰：包羲、神農、黄帝、堯、舜，是五君有先天地開闢之仁，後天地制作之義。故孔子曰：『包羲氏没，神農氏作；神農氏没，黄帝、堯、舜氏作。』按，黄帝之後，少昊、顓頊、高辛皆嘗帝天下矣，孔子所以越而遺之者，以三君居位僅可持其世而已，未嘗有制作貽萬世故也，則五帝之名實定矣。」◎國朝王氏鳴盛《十七史商榷》曰：「《周禮·春官》『掌三皇五帝之書』，則五帝以前固有三皇矣。僞孔安國《書序》以伏羲、神農、黄帝爲三皇，少昊、顓頊、高辛、堯、舜爲五帝；而《史記》則以黄帝、顓頊、高辛、堯、舜爲五帝，無少昊。考昭公十七年《左傳》『少昊氏鳥名官』，杜預云：『少昊，金天氏，黄帝之子。』疏引《大戴禮·帝繫》云：『黄帝生玄囂。』《史記》云：『黄帝生二子，其一曰玄囂，是爲青陽。』據《世本》及《春秋緯》，皆言青陽即是少皞，黄帝子，代黄帝有天下，號曰『金天氏』。雖《史記》言『青陽降居江水』，與諸書言『有天下』不同，而其爲黄帝之子則同，意者亦如帝摯立而不終，故當統於黄帝爲一代而不得别爲一帝，僞孔説非矣。且《史記》所數五帝，本《大戴禮·五帝德》篇，此孔子之言，豈可不依？又《易·繫辭》以伏羲、神農爲上古，黄帝、堯、舜爲後世聖人，二者顯有區别。然則羲、農爲皇，黄帝等爲帝明甚。《紀聞》引五峯説，大繆。」①◎王禮堂先生據《繫辭》以定三皇五帝，説最精當。然則五帝之數，當以《大戴》、史遷爲正。而不録伏羲、神農，究屬史遷之疏。王符《潛夫論》

①「紀聞」以下八字，《十七史商榷》爲小字注文。

曰：「世傳三皇五帝，多以伏羲、神農爲三皇，其一者或曰燧人，或曰祝融，或曰女媧，其是與非，未可知也。」將何據乎？述其可信者，而闕其可疑者，庶幾得之。

「舜年二十以孝聞，年三十堯舉之，年五十攝行天子事，年六十一代堯踐帝位。踐帝位三十九年。」《書·舜典》正義曰：「舜年六十二爲天子。《大禹謨》『朕宅帝位三十有三載』，乃求禪禹。《孟子》云：『舜薦禹於天十七年。』是在位五十年明矣。《史記》皆謬。」

【元圻案】《書》載：「舜三十徵庸，三十在位，五十載陟方乃死。」計舜年百有十歲。如《史記》則止百歲。◎林氏《尚書全解》曰：「舜居於側微者三十年，歷試二年，居攝二十八年，共爲三十。堯崩，居三年之喪，畢，而後即帝位五十年而崩。《大禹謨》：『朕宅帝位三十有三載。』《孟子》曰：『舜薦禹於天十有七年。』以三十有三載并十有七年，是舜崩之年蓋年百有一十二歲。而『太史公曰』云云，其説特異於經，當以經之言爲證。」按此，舜年當百有十三歲。漢孔氏傳曰：「服喪三年，其一在三十之數。」正義曰：「三年之喪，二十五月而畢，其一即在三十在位之數，惟有二年。是舜年六十二，爲天子〔五十年〕，是舜『凡壽百一十二歲』也。」

《夏本紀》：「太康崩，弟仲康立。仲康崩，子相立。相崩，子少康立。」《左傳》襄四年正義曰：「太康失邦，及少康紹國，尚有百載，乃滅有窮。《本紀》不言羿、浞之事，是遷説之疏。」

【閻按】《左傳》正義與《史記》索隱、正義正同。

【何云】夏統中絶百載，不紀羿、浞，子孫紹復大業，所以可尚也。

【元圻案】《通志·夏紀》按曰：「計太康失邦至少康復夏，蓋百年之間，夏之亂甚矣。少康之功高矣。司馬遷之《紀》不志其事，可謂疏矣。」◎明徐孚遠曰：「史遷時《左傳》未出，不知羿、浞之事，故不著少康之功。」

《殷本紀》：「祖乙遷於邢。」《書·盤庚》正義曰：「鄭玄云：『祖乙去相，居耿，而國爲水所毀，於是修德以禦之，不復徙也。』」

【元圻案】《索隱》曰：「邢音耿，近代本亦作『耿』。今河東皮氏縣有耿鄉。」

「小辛立，殷復衰。百姓思盤庚，乃作《盤庚》三篇。」與《書序》違，非也。

【元圻案】《書序》曰：「盤庚五遷，將治亳殷，民咨胥怨。作《盤庚》三篇。」《史記索隱》曰：「由不見古文也。」

「太甲既立三年，伊尹放之於桐宮。居桐宮三年，悔過反善，伊尹乃迎而授之政」，謂太甲歸亳之歲已爲即位六年，遷説妄也。

【閻按】《孟子》敍太甲，亦兩「三年」字，蓋凡六年而後歸亳，與今孔《書》異。詳《尚書古文疏證》卷四第六十條。

【何云】按，閻説似精核。其實《孟子》兩「三年」字與《史記》不同。《孟子》「伊尹放之於桐三年」，則非既立三年也；云「於桐處仁遷義三年」，即上三年之内以漸悔過遷善，則非先後六年也。雖有兩「三年」字，不當忘其皆有「於桐」字。

【元圻案】三年、六年之説，《書》與《史》不合。竊以理揆之，《孟子》言「太甲顛覆湯之典刑」，伊尹身受顧命，必無遽行放遷之事，故《書》曰「惟嗣王不惠於阿衡」，正義曰：「太甲以元年十二月即位，比至放桐之時，未知凡經幾月。必是伊尹數諫，久而不順，方始放之。」然亦不能因循至三年之久也，故正義以爲「必是二年放之，《序》言『三年復歸』者，謂即位之三年，非在桐宮三年也」。況《太甲中篇》書「惟三祀十有二月朔，伊尹以冕服奉嗣王歸於亳」，其文甚明，義門之辨《孟子》兩「三年」亦最確。

「祖己嘉武丁之以祥雉爲德，立其廟爲高宗，遂作《高宗肜日》及《訓》。」與《書序》相違。

【元圻案】《書序》云：「高宗祭成湯，有飛雉升鼎耳而雊，祖己訓諸王，作《高宗肜日》、《高宗之訓》。」◎金氏履祥曰：「此篇首稱『高宗肜日』，終言『無豐於昵』。高宗，廟號也，似謂高宗之廟；昵，近廟也，似是祖庚繹於高宗之廟。惟《史記》謂此書作於祖庚之時爲得之，而其說又不分明。」

「帝陽甲之時，殷衰。自中丁以來，廢適而更立諸弟子。弟子或争相代立，比九世亂。」《皇王大紀》七《商成湯論》曰：「以其世考之，自沃丁至陽甲，立弟者九世。中丁之名誤也。」

太戊爲太甲之孫。《三代表》云，太戊，小甲弟。則亦是沃丁弟，太甲子。①《書》正義謂「《本紀》、《世表》必有一誤」。

【元圻案】《竹書紀年》：太甲十二年，沃丁十九年，小庚五年，小甲十七年，雍己十二年，而後太戊立。如太戊爲太甲子，則太戊即位之時已五十四五歲矣；又七十五年而陟，則年且百四十

---

① 以上可參見《史記·殷本紀》、《史記·三代世表》及《尚書正義》。《三代世表》原文作：「帝雍己，小甲弟。帝太戊，雍己弟。」故此云「太戊，小甲弟」。

歲。當以《本紀》爲是。

《周本紀》：「不窋末年，夏氏政亂，去稷不務，不窋以失其官而奔戎、狄之間。」《周語》云：「不窋自竄於戎、狄之間。」韋昭云：「不窋去夏而遷於豳。」《詩》正義：「按《公劉》之篇，公劉避亂適豳。公劉者，不窋之孫。」

【閻按】二事：一當太康，一當桀。竄戎、狄者，不窋；遷豳者，公劉。唯韋昭誤以爲一事。

【集證】《詩·大雅·公劉》正義：「按《豳譜》以公劉當太康之時，韋昭之注《國語》，以不窋當太康之時。不窋乃公劉之祖，不應共當一世。夏氏之衰，太康爲始。太康，禹之孫；公劉，不窋之孫①。計不窋疑當太康，公劉應在其後。」《漢書·婁敬傳》：「周之先自后稷，堯封之郃，積德絫善十餘世。公劉避桀居豳。」

「古公有長子曰太伯，次曰虞仲。太姜生季歷。」《左傳》僖五年正義曰：「如《史記》之文，似王季與太伯別母，遷言疏繆。太伯、虞仲避季歷，適荆蠻，若有嫡庶，不須

---

① 「公劉，不窋之孫」，《毛詩正義》原本作「不窋之子」，阮元《校勘記》云：「閩本、明監本、毛本『不』上有『公劉』二字。案，此誤補也，當云『不窋，稷子』，『稷』字誤作『之』耳。」

相避。知其皆同母也。」①

【元圻案】《史記》曰「太姜生少子季歷，季歷娶太任，皆賢婦人，生昌，有聖瑞」，以明太任之克嗣徽音，育此聖子耳；且曰「生少子」，足明先有伯仲。《正義》規遷，似誤。

「詩人道西伯，蓋受命之年稱王而斷虞、芮之訟。」歐陽公《泰誓論》以爲妄説。五峯胡氏《皇王大紀》十曰：「詩人言文王受命，指其至誠動天，得天人之助耳。」李子思曰：「以虞、芮質成之年，爲文王興王業之初則可，而謂文王於是自稱王則不可。」朱文公謂：「《武成》有『惟九年大統未集』之説，若以在位五十年推之，不知九年當從何處數起？」亦未見史遷全不是，歐公全是，不若兩存之。【原注】劉道原曰：「遷不見《古文尚書》，以文王受命七年而崩。孔安國見《武成》篇，故《泰誓傳》曰：『周自虞、芮質厥成，諸侯並附，以爲受命之年，至九年卒②。』劉歆《三統曆》以爲九年。」③

【閻按】「九年大統未集」出孔《書》，辨見《尚書古文疏證》卷二第二十六條。

---

① 此句二「避」字，元刊本、三箋本作「辟」。
② 「至九年卒」，元刊本、三箋本作「至九年文王卒」。
③ 《資治通鑑外紀》卷二。

【元圻案】唐梁肅《受命稱王議》曰：「太史公道『西伯以受命之年稱王，而斷虞、芮之訟，十年而崩。』或謂《大雅序》『文王受命作周』，《泰誓序》『十有一年，武王伐殷』，妄徵二經，以實其說。予謂反經非聖，不可以訓。仲尼美文王之德曰：『三分天下有其二，以服事殷。』又曰：『內文明而外柔順，以蒙大難，文王以之。』未有南面稱王而謂之『服事』，易姓創制而謂之『柔順』。仲尼稱武王之烈曰『湯武革命』，又曰『武王未受命』。未有父受命而子復『革命』，父爲天子，子云『未受』。當武王會孟津也，告諸侯曰：『汝未知天命，未可以誓師也。』曰：『惟我文考大統未集，予小子其承厥志。』孰有王者出征，復俟天命；大統既改，而復云『未集』？《禮大傳》稱：『牧之野，既事而退，柴於上帝，追王太王、王季、文王，改正朔，（書）〔殊〕徽號。』若虞、芮之歲稱王，則不應復云『追王』，王制既行，則不應復云『改物』。是皆反經者也。殷道未絕，紂惡未極，而遂稱王以令天下，則不可謂至德也，此其非聖者也。予以爲《大雅》『作周』之義，蓋承夫積德累仁，爲海內所歸往，武王因之，遂成大業；非謂革命易姓爲『作周』也。《泰誓》紀年，蓋武王、周公追考前文陳王業之盛自虞、芮始，故斷爲受命之歲。仲尼因而序之曰『十有一年，武王伐殷』，非所謂自稱王而爲之數也。」宋諸儒之論，皆本於此。

「武王祭於畢，觀兵盟津。」歐陽公《泰誓論》曰：「《伯夷傳》又載父死不葬之說，皆不可爲信。」程子伊川曰：「觀兵必無此理。今日天命絕，則紂是獨夫，豈容更待三年？」見《遺書》十九。林氏之奇《尚書全解》曰：「漢儒以『觀政』轉爲『觀兵』，而爲周師再舉之說。」

【閻按】「觀政」亦出孔《書》，辨見同上。

【元圻案】劉原父《七經小傳》上：「孔氏曰：『觀兵孟津，以卜諸侯伐紂之心。諸侯僉同，乃退，以示弱。』非也。《詩》云：『匪棘其欲，聿追來孝。』聖人豈有私天下之心哉！觀兵孟津者，所以憚紂也，欲其畏威悔過，反善自修也。如紂遂能改者，武王亦北面事之而已矣。然則進所以警其可畏，退所以待其可改。及其終不畏、終不改，然後取之。此篇稱紂『罔有悛心』云云，足以知武王之退非示弱而襲之明矣。」

「武王追思先聖，乃褒封神農之後於焦，封黃帝之後於薊，[一]封帝堯之後於祝，[二]封帝舜之後於陳。」《禮記·樂記》正義曰：「追思先聖乃封之，與《樂記》『未及下車』義反，當以《記》爲正。」

[一] 今本《史記》作「祝」。

[二] 今本《史記》作「薊」。

【元圻案】《呂氏春秋·慎大覽》：「武王勝殷。入殷，未下輿，命封黃帝之後於鑄，封帝堯之後於黎。」◎《禮記》作「封皇帝之後於薊，封帝堯之後於祝」，正義引《史記》文同，然則今本《史記》「薊」、「祝」二字蓋互易而誤。

【繼序按】大封必於廟，因祭策命，豈可於下車①行之？《樂記》乃甚言其速耳。

「襄王母早死，後母曰惠后，生叔帶。」《左傳》曰：「母弟，俱是惠后所生。」正義曰：「《史記》謬也。」

【元圻案】僖五年正義曰：「二十四年《傳》曰：『不穀不德，得罪於母氏之寵子帶。』書曰「天王出居於鄭」，避母弟之難也。』如彼傳文，則襄王與子帶俱是惠后所生，《史記》謬也。」

「周、召二相行政，號曰共和。」呂成公曰：「《古史》，案《汲冢紀年》：『共伯和干王位，故謚共和。』《左傳》：『王子朝告諸侯曰：「諸侯釋位，以間王政，宣王有志而後效官。」』昭二十六年。推是而言，則厲、宣之間，諸侯有去其位而代王爲政者。《莊子》曰：『共伯得之於丘首。』」②

① 「下車」，三箋本作「車上」。

② 此段「呂成公曰」云云，實皆爲蘇轍《古史》卷五「因以名其年謂之共和凡十四年」一句下之案語。文中未標明案者爲何人。又「共伯得之於丘首」句下原文尚有「則所謂共和者也」一句。

【元圻案】《漢書·古今人表》共伯和在「中上」，師古曰：「共，國名也。伯，爵也。和，共伯之名也。共音恭。而遷史以爲周、召二公行政，號曰『共和』，無所據也。」◎《魯連子》：「衛州共城縣本周共伯之國也，共伯名和，好行仁義，諸侯賢之。周厲王奔於彘，諸侯奉和以行天子事，號曰『共和』元年。十四年，厲王死，共伯使諸侯奉王子靖爲宣王。」①◎《吕氏春秋·開春論》：「共伯和修其行，好賢仁，而海内皆以來爲稽矣。」◎蘇子由《古史·周本紀》：「共伯和者，厲王時之賢諸侯也。諸侯皆往宗焉，因以名其年謂之『共和』，凡十四年。」自注：「按《汲冢》云云。」◎馬氏《繹史》曰：「諸書多言共伯和，《史記》獨言『周、召共政』，未知孰是。」◎陸氏《莊子·讓王篇·釋文》：「共首，本或作丘首。共山在河内共縣西。《魯連子》云：共伯後歸於國，得意共山之首。」

「舜封棄於邰，號曰后稷。」《詩·大雅·生民篇》正義曰：「稷之功成，實在堯世，其封於邰，必是堯之封，故箋、傳皆以爲堯。《本紀》以后稷之號亦起舜時，其言不可信也。」

---

① 見《史記·周本紀》「召公、周公二相行政，號曰『共和』」句《正義》所引。

「武王伐紂，卜龜兆，不吉，羣公皆懼，惟太公强之。」①《書·泰誓中》正義曰：「太公《六韜》云：『卜戰，龜兆焦，筮又不吉。太公曰：「枯骨朽蓍，不踰人矣。」』彼言『不吉』者，《六韜》之書，後人所作。《史記》又采用《六韜》，好事者妄矜太公，非實事也。」

【全云】《書》云「朕夢協朕卜」，則《六韜》之妄明矣。

「穆王即位，春秋已五十矣」，「立五十五年」。《書·呂刑》正義曰：「孔傳云『穆王即位過四十矣』，不知出何書？遷若在孔後，或當各有所據。」

【方樸山云】推此「各有所據」之語，則凡於《書序》違者，不必苦駁矣。

《秦本紀》：「晉獻公虜虞君與其大夫百里奚，以爲秦穆公夫人媵於秦。百里奚亡秦走宛，楚鄙人執之。穆公以五羖羊皮贖之。」范太史②曰：「《商鞅傳》又載趙良之言曰：『五羖大夫，荆之鄙人也。自鬻於秦客，被褐食牛。期年，穆公知之，舉之牛口之下，而加之百姓之上。』《史記》所傳，自相矛盾如此。」朱文公曰：「按《左傳》，

① 此句出《史記·齊太公世家》，非在《周本紀》。
② 即范祖禹。

媵秦穆姬者，乃井伯，非百里奚也。」①

【閻按】《孟子》言百里奚先去虞，自不至爲晉所虜，益知井伯者另一人。且《史》載繆公四年乙丑「迎婦於晉」，《左》則僖五年丙寅「以媵秦穆姬」，亦差一年。

【方樸山云】《史》載趙良之言，不得改之以從己，非矛盾也。

「賜襄公岐以西之地。襄公生文公。於是文公遂收周餘民有之，地至岐，岐以東獻之周。」《詩·秦譜》正義曰：「鄭氏《詩譜》言『横有周西都宗周畿内八百里之地』，則是全得西畿，與《本紀》異。按，終南之山在岐之東南，大夫之戒襄公，已引終南爲喻，則襄公亦得岐東，非唯自岐以西也。如《本紀》之言，文公獻岐東於周，則秦之東境終不過岐。而春秋之時，秦境東至於河，明襄公救周即得之矣。《本紀》之言不可信也。」

【元圻案】秦之列爲諸侯，始於襄公，更一百十九年而穆公立，遂霸西戎。《史記·六國表序》：「太史公讀《秦記》，至犬戎敗幽王，周東徙洛邑，秦襄公始封爲諸侯。及文公逾隴，攘夷狄，尊陳寶，營岐雍之間，而穆公修政，東竟至河，則與齊桓、晉文侯伯侔矣。」可見拓土開疆非一日之積，《史記》未必全非。

① 宋朱熹《四書或問》卷三十四。

《吕后本紀》，夾漈鄭氏曰：「遷遺惠而紀吕，無亦獎盜乎？」

【闇按】《漢書》有《惠帝紀》，帝崩，即紀高后，不紀兩少帝，豈無因。

【何云】「本紀」者，紀其政之所自出，但以例周衰而後，即違反耳。

【集證】《文心雕龍·史傳篇》云：「孝惠委機，吕后攝政，班史立紀，違經失實。何則？庖犧以來，未聞女帝者也。」此夾漈所本。

【元圻案】黄東發《史記抄》曰：「惠帝立七年，名惠帝子者踐阼復二人，史遷皆係之吕后，意者示女后專制之變也。然吕氏盡殺高帝子孫在内者，欲奪天下而歸之吕，大逆無道，漢之賊也，豈止專制而已，而可紀之哉！遷爲漢臣子，特微辭見意爾。」◎漁仲《通志》於《前漢·吕后紀》又謂「漢吕、唐武之后立紀，議者紛紜不已。殊不知紀者，編年之書也。若吕后之紀不立，則八年正朔所系何朝？武后之紀不立，則二十年行事所著何君？不察實義，徒事虚言，史家之大患也」，似與此條所引矛盾。

《樂書》：「得神馬渥洼水中，爲《太一之歌》。後伐大宛，得千里馬，爲歌。中尉汲黯進曰云云①，丞相公孫弘曰：『黯誹謗聖制。』」説齋唐氏曰：「按《漢書·武帝紀》：『元鼎四年秋，馬生渥洼水中。作《天馬之歌》。』『太初四年春，貳師將軍廣

① 「云云」，元刊本、三箋本爲小字。

利斬大宛王首，獲汗血馬來。作《西極天馬之歌》。』而元狩二年春三月，丞相弘薨，則先元鼎四年已八年矣。《汲黯傳》：渾邪王降之歲，汲黯坐法免官，隱田園者數年。至更立五銖錢，復起爲淮陽太守，居淮陽十歲而卒。按，《武紀》昆邪之降在元狩二年，而行五銖錢在五年，又十歲，則元封四年也。其去太初四年尚六年，則汲黯之卒亦久矣。今《樂書》乃云得大宛馬而作《天馬之歌》，汲黯嘗有言而公孫弘又從而譖之，不亦厚誣古人哉！況黯在武帝時，始爲謁者，遷滎陽令，稱疾歸，乃召爲中大夫，又出爲東海太守，又召爲主爵都尉，又公孫弘請徙爲右内史，數歲而免官，又數歲而起爲淮陽太守，則未嘗爲中尉也。假使黯之言在馬生渥洼之年，則弘之死固已久矣。《漢書·司馬遷傳》言《史記》十篇『有録無書』，而注言《樂書》亦亡，則此非遷之作明矣。使遷在當時而乖舛如此，不亦繆乎！」

【元圻案】《史記·汲黯列傳》云「居淮陽，七歲而卒」，與《漢書》「十年」亦不同。◎《漢書·武帝紀》元鼎四年注，李斐曰：「南陽新野有暴利長，當武帝時遭刑，屯田敦煌界，數於此水旁見羣野馬中有奇異者，與凡馬來飲此水①。利長先作土人，持勒靽於水旁。後馬玩習，久之代

---

① 「數於此水旁見羣野馬中有奇異者，與凡馬來飲此水」，中華書局本《漢書》校作「數於此水旁見羣野馬中有奇者，與凡馬異，來飲此水」。

土人持勒靽收得此馬，獻之。欲神異此馬，云從水中出。」蘇林曰：「洼音窐曲之窐。」◎《玉海》四十九「論史門」載唐仲友《兩漢精義》、《唐書精義》，著其目而無卷數。蓋因仲友知台州，爲朱子所劾，當時儒者不甚重其書也。厚齋於《紀聞》取此條，而《通鑑問答》四復依此以答或人「汲黯好直諫」之問，可謂無門户之見矣。

《天官書》「東宮蒼龍」，「南宮朱鳥」，「西宮咸池」，「北宮玄武」。吴氏仁傑《兩漢刊誤補遺》五曰：「蒼龍、朱鳥、玄武各總其方七宿而言；咸池，別一星名，《晉·天文志》所謂『天潢南三星曰咸池』，魚囿者是已，豈所以總西方七宿哉？又列參、白虎於昴、畢之後，何其類例之駁也？」

【元圻案】吴氏又曰：「《隸釋·華山碑》用其説云：『歲在戊午，名曰咸池。』援《志》文證其爲胃、昴、畢三宿，謂歲星以五月與胃、昴、畢晨出東方，而以午年臨其分，故以『咸池』爲名。按，古者謂期爲歲，取歲星行一歲十二年，周而復始也。以《史記》歲星次舍推之，則歲陰在午，歲星居酉，正當胃、昴、畢之分。然歲星又自有超舍之説，《左傳》襄十八年丙午，是年歲在豕韋，則歲星居亥，而當室、壁之分矣。此碑所用歲名，以《史記》歲星次舍言之則可爾。」◎錢氏大昕曰：「《天官書》：咸池曰『天五潢』，又曰『五帝車舍』。古人言咸池者，皆兼五車、天潢、三柱而言，後世臺官析爲數名，僅以三小星當咸池之名，而《史》、《漢》之文不能通矣。《淮南·天文訓》：『斗杓爲小歲，正月建寅，月從左行十二辰；咸池爲太歲，二月建卯，月從右行四仲，終而復始。』斗爲帝車，咸池以五車爲匡衛，皆有運行之象，故指其所建以定四時。洪文惠謂咸池經星，不可離次，周流四仲，當是神耳。若知五車與咸池同一星，則無疑於周流四仲之説矣。史公以紫宫、房心、權衡、咸池、虚危爲天之五官坐位，故舉以領諸方列宿，初不以四獸主四方七宿。參爲白虎，其位在申，不當西方正位，故列於昴、畢之後。虞仲翔説《易》，以坤爲虎，而不取兑爲虎之説，與《史》、《漢》合。」①

《十二諸侯年表》：「敬王四十一年，孔子卒。」「四十三年，敬王崩。」《周本紀》：「敬王崩，子元王立。八年，崩，子定王立。」《六國年表》：「定王元年，《左傳》盡此。」②《左傳》哀公十九年正義曰：「杜《世族譜》云『敬王三十九年，魯哀公十四年，獲麟之歲也。四十二年而敬王崩，敬王子元王十年，《春秋》之傳終矣。』與《史記》不同。《史記》世代年月，事多舛錯，故班固以〔一〕文多抵梧。按《世本》『敬王崩，貞王介立。貞王崩，元王赤立』，宋忠注『引《太史公書》云「元王仁生貞王介」』，與《世

① 《三史拾遺》。
② 「《左傳》盡此」四字爲《集解》引徐廣曰，非《史記》本文。

本》不相應，不知誰是』，則宋忠不能定也。[二]《帝王世紀》敬王三十九年，《春秋經》終。四十四年，敬王崩，子貞定王立。貞定王崩，子元王立。是《世本》與《史記》參差不同。書籍久遠，事多紕繆，杜違《史記》，亦何怪焉？」

［一］疑脱一「爲」字。

［二］**【全云】**《世本》有三：《漢志》「《世本》十五篇」，而《隋志》有《世本王侯大夫譜》二卷，不著作者；又劉向《世本》二卷，宋衷《世本》四卷。則所謂《王侯大夫譜》者，疑即《漢志》之《世本》，蓋古經也。孔疏所見之《世本》，未必即史公所見之《世本》。

【又云】《魏志》、《蜀志》皆作宋忠，《隋志》作宋衷，字仲子，自劉表歸曹操而死於魏諷之難。

【集證】《周本紀》：「敬王崩，子元王仁立。元王八年，崩，子定王介立。」《索隱》曰：「《世本》云『元王赤』，皇甫謐云『貞定王』。考據二文，則是元有二名：一名仁，一名赤也。如《史記》，則元王爲定王父，定王即貞王也；依《世本》，則元王是貞王子。必有一乖誤。然此『定』當爲『貞』字誤耳。豈周有兩定王，代數又非遠也？皇甫謐見此，疑而不決，遂彌縫《史記》、《世本》之錯謬，因謂爲貞定王，未爲得也。」

【元圻案】《漢書·司馬遷傳贊》曰：「其言秦、漢，詳矣。至於采經摭傳，分散數家之事，甚多疏略，或有抵梧。」

《吴世家》以光爲諸樊之子，僚爲夷昧之子。《左傳》昭公二十七年正義曰：「《世本》云：『夷昧及僚，夷昧生光。』服虔云：夷昧生光而廢之。僚者，夷昧之庶兄。夷昧卒，僚代立，故光曰『我王嗣也』。是用《公羊》爲説也。杜言『光，吴王[①]諸樊子』，用《史記》爲説也。班固司馬遷本傳云遷采《世本》爲《史記》，而今之《世本》與遷言不同。《世本》多誤，不足依馮，故杜以《史記》爲正。」

【全云】《世本》若不誤，則劉向不必更作矣。然觀向之《新序》、《説苑》，亦未必不誤也。朱子之時，《世本》尚存，見《語類》。

【元圻案】《公羊》襄二十九年《傳》曰：「謁也、餘祭也、夷昧也，與季子同母者四。季子弱而才，兄弟同欲立之。謁曰：『請無與子而與弟，弟兄迭爲君，而致國乎季子。』故謁也死，餘祭也立；餘祭也死，夷昧也立；夷昧也死，季子使而亡焉，僚者長庶也，即之。闔廬曰：『將從先君之命與，則國宜之季子者也；如不從先君之命與，則我宜立者也。僚焉得爲君乎！』於是使專諸刺僚。」注：「闔廬，謁之長子光。」◎謁即諸樊也，《古今人表》吴遏在「下上」，班固自注云：「壽夢子。」《吴越春秋·吴王壽夢傳》：「吴人立餘昧子州于，號爲吴王僚也。」《王僚使公子光傳》：「光曰：『前君壽夢有子四人，長曰諸樊，則光之父也。』」與《史記》合。

① 「吴王」，原本作「吴子」，據元刊本改。《左傳正義》正作「吴王」。

《傳》言太伯端委，仲雍斷髮。《史記》云，二人皆「文身斷髮，示不可用」。文身斷髮，自避①害耳，遠適荊蠻，則周人不知其處，何以須「示不可用」也？皆遷之謬。②

【原注】石林葉氏曰：「以《春秋傳》考之，斷髮文身蓋仲雍，太伯無與焉。」

【閻按】近益辨《論語》虞仲亦非仲雍，蓋虞仲乃逸民，非繼世有土之君也。

【方樸山云】「示不可用」，此句最善，道聖人心事。

【元圻案】《左傳》哀七年正義曰：「《漢書·地理志》云：越人『文身斷髮，以避蛟龍之害』。應劭曰：『常在水中，故斷其髮，文其身，以象龍子，故不見傷害。』《傳》言『太伯端委』云云。」

「越王滅吳，誅太宰嚭。」③《通鑑外紀·周紀八》曰：「《左傳》哀二十四年『閏月，哀公如越，季孫懼，因太宰嚭而納賂焉』，在吳亡後二年也。嚭入越亦用事，安得吳亡即誅哉！」

【元圻案】呂成公《大事記解題》一：「『周（敬）〔元〕王（四）〔五〕年，越將妻公，季孫肥使因

① 「避」，元刊本作「辟」。
② 此段見《左傳》哀公七年正義。
③ 見《史記·越王句踐世家》。

太宰嚭納賂，乃止。』解題曰：嚭，亡吳者也，句踐不以爲首誅而又寵秩之，其不終霸也宜哉。」◎《吳越春秋·(越伐吳外)(夫差内)傳》：「越王謂太宰嚭曰：『子爲臣不忠無信，亡國滅君。』乃誅嚭並妻子。」《越絶書》吳王占夢，同是《史記》所本。

《宋世家》：「武王克殷，微子肉袒面縛，左牽羊，右把茅。」《書·微子之命》正義曰：「面縛，縛手於後，故口銜其璧，又安得『左牽羊，右把茅』也？」

【方樸山云】説得微子左右遂無一人，可笑莫如此語。

【元圻案】《左傳》僖六年正義説，與《書》正義正同。

《燕世家》：「成王既幼，周公攝政，當國踐阼，召公疑之，作《君奭》。」《書》正義曰：「此篇是致政之後言留輔成王之意，其文甚明，遷妄爲説爾。」

【元圻案】《君奭序》亦言「召公不説」。

《衛世家》：「莊公娶齊女爲夫人，而無子。又娶陳女爲夫人，生子，早死。陳女女娣生完。完母死，莊公命夫人齊女子之。」[一]《詩·邶風·燕燕篇》正義曰：「禮，諸侯不再娶，且莊姜仍在。《左傳》唯言『又娶於陳』，不言爲夫人。《左傳》言莊姜以爲己子，云『完母死』，亦非也。」

［一］下云「立爲太子」。

【全云】《詩》尚有戴嬀大歸之作，然則安在其死也？史公蓋未見《毛傳》。

武公殺兄篡國。［二］呂成公曰：「武公在位五十五年，《國語》又稱『武公年九十有五，猶箴儆於國』，計其初即位，其齒蓋已四十餘矣。使果弑共伯而篡立，則共伯見弑之時，其齒又加長於武公，安得謂之蚤死乎？髦者，子事父母之飾，諸侯既小斂，則脱之。《史記》謂釐侯已葬而共伯自殺，則是時共伯已脱髦矣，《詩》安得猶謂之『髧彼兩髦』乎？是共伯未嘗有見弑之事，武公未嘗有篡弑之惡也。」①

［二］案，《衛世家》：「周宣王四十二年，釐侯卒，太子共伯餘立。共伯弟和有寵於釐侯，多予之賂；和以其賂賂士，以襲攻共伯於墓上，共伯入釐侯羨自殺。衛人因葬之釐侯旁，謚曰共伯，而立和爲衛侯，是爲武公。」

【閻按】東萊此論，亦本之小司馬《索隱》，而援證至爲精詳，王魯齋猶作騎牆之見，何歟？

【何云】此論有功名教，然司馬《索隱》實發其端。

①《呂氏家塾讀詩記》卷五。

【集證】按，《索隱》云：「季札美康叔、武公之德。又《國語》稱『武公年九十五，猶箴誡於國』；又《詩》著衛世子恭伯早卒，不云被殺。若武公殺兄而立，豈可以爲訓而形之於國史乎？蓋太史公采雜説而爲此記耳。」

「初，宣公愛夫人夷姜。」[一]《左傳》桓公十六年正義曰：「烝淫而謂之夫人，謬也。」

[一]夷姜，宣公庶母。

《鄭桓公世家》云「宣王庶弟」，《年表》云「宣王母弟」。《詩·鄭譜》正義曰：「《世家》、《年表》自乖異。」

【元圻案】《詩·鄭譜》正義曰：「僖二十四年《左傳》曰『鄭有厲、宣之親』，以厲王之子，而兼云宣王，明是其母弟也。服虔、杜預皆言『母弟』。」

「虢、鄶果獻十邑，桓公竟國之。」《詩·鄭譜》正義曰：「《詩譜》『武公卒取十邑』，如《世家》，則桓公皆自取十邑。馬遷見《國語》有『史伯爲桓公謀取十邑』之文，不知桓身未得，故傳會爲此説耳。《外傳》云『皆子、男之國，虢、鄶爲大』，則八邑各爲其國，非虢、鄶之地，無由得獻之桓公也。」【原注】《左傳》正義曰：「按《鄭語》，桓公始謀，未取之也；

武公始國，非桓公也；全滅虢、鄶，非獻邑也。遷之言皆謬。」

【閻按】《詩集傳·檜》下亦仍馬遷之訛。

【元圻案】《鄭語》：「桓公問於史伯曰：『王室多故，余懼及焉，何所可以逃死？』對曰：『其濟、洛、河、潁之間乎！是其子、男之國，虢、鄶爲大，虢叔恃勢，鄶仲恃險，是皆有驕侈怠慢之心，而加之以貪冒。君若以周難之故，寄孥與賄焉，必將背君；君若以成周之衆，奉辭伐罪，無不克矣。若克二邑，鄔、蔽、補、丹、依、(柔)〔畭〕、歷、(莘)〔華〕，君之土也。』」公説，乃東寄孥與賄，十邑皆有寄地。」《外傳》不終言桓公取邑之事。《韓非子》：「鄭桓公將欲襲鄶，先問鄶之豪傑、良臣、辯智、果敢之士，盡與其名姓，擇鄶之良田賂之。鄶君以爲内難也，而盡殺其良臣。桓公襲鄶，遂取之。」亦不言有兼取九邑之事。

《齊世家》：「胡公始徙都薄姑。周夷王之時，獻公因徙薄姑都，治臨菑。」

《詩·齊譜》正義曰：「《詩·烝民》云『仲山甫徂齊』，傳曰：『古者諸侯逼隘，則王者遷其邑而定其居①，蓋去薄姑，遷於臨菑。』以爲宣王之時始遷臨菑，與《世家》異。毛公在遷之前，其言當有據。」

---

①「居」，原本作「君」，據元刊本改。《毛詩傳》正作「居」。

【元圻案】胡公，丁公伋之曾孫；獻公，胡公之弟；夷王，宣王之祖。

「頃公十一年，晉初置六卿，賞鞌之功。頃公朝晉，欲尊王晉景公，景公不敢當。」《晉世家》：「景公十二年，齊頃公如晉，欲上尊景公爲王。景公讓不敢。」《左傳》成二年正義曰：「此時天子雖微，諸侯並盛。晉文不敢請隧，楚莊不敢問鼎。又齊弱於晉所較不多，豈爲一戰而勝，便即以王相許？準時度勢，理必不然。『齊侯朝於晉，將授玉』，遷之意所以有此説者，當讀此《傳》『將授玉』以爲『將授王』，遂飾成爲此謬辭耳。」

【集證】按《齊世家》索隱曰：「王劭按：張衡曰『禮，諸侯朝於天子執玉，既授而反之。若諸侯自相朝，則不授玉』。齊頃公戰敗朝晉而授玉，是欲尊晉爲王。」此彌縫史遷之説耳。成三年正義云「凡諸侯相朝，升堂授玉於兩楹之間」，是諸侯相朝未嘗不授玉也。定十五年，「邾隱公來朝，執玉」，將亦尊魯爲王乎？王劭曲説未足據。

《魯世家》：哀公奔越，「國人迎哀公復歸，卒於有山氏」。《左傳》哀二十七年正義曰：「《傳》稱國人施罪於有山氏，不得復歸，而卒於其家也。遷妄耳。」

【元圻案】呂成公《大事記解題》一：「潁濱蘇氏曰：子貢言哀公不没於魯，而《史記》稱哀公自越歸，卒於有山氏。歸於有山氏而不歸國，事未可信也。」

《齊世家》：「周西伯昌與呂尚陰謀修德，以傾商政，其事多兵權與奇計，故後世之言兵及周之陰權，皆宗太公爲本謀。」石林葉氏曰：「其説蓋出《六韜》。夫太公，賢者也。其所用，王術也；其所事，聖人也；則出處必有義，而致君必有道。自墨翟以太公於文王爲忤合，而孫武謂之用間，且以嘗爲文、武將兵，故尚權詐者多並緣自見。」説齋唐氏曰：「三分有二而猶事商，在衆人必以爲失時；三后協心而後道洽，在常情必以爲無功。二聖人信之篤，守之固，至誠惻怛之心，寬厚和平之政，浹於斯民，固結而不可解。此豈矯拂而僞爲？亦出於自然而已。彼太史公曾不知此，乃曰：『周西伯昌囚羑里，歸與呂尚陰謀修德，以傾商政。』又曰：『周公聞伯禽報政遲，乃嘆曰：魯後世其北面事齊矣！』此特戰國變詐之謀，後世苟簡之説，殆非文王之事、周公之言也。遷不能辨其是否，又從而筆之於書，使後人懷欲得之心、務速成之功者，藉此以爲口實，其害豈小哉？」

【元圻案】今本《墨子》無「太公忤合」語，惟《鬼谷子》有《午合篇》。説見上卷①。

① 見卷十「鬼谷子午合篇」條注（頁一一七六）。

《晉世家》：鄂侯郄[一]立六年，當魯隱公五年，卒，子哀侯光立。《詩·唐譜》正義曰：「案《左傳》隱五年：『曲沃莊伯伐翼，翼侯奔隨。秋，王命虢公伐曲沃，而立哀侯於翼。』六年：『翼九宗五正頃父之子嘉父逆晉侯於隨，納諸鄂。晉人謂之鄂侯。』則哀侯之立，鄂侯未卒，《世家》言卒，非也。」

[一] 閻本作「郤」。

「獻公使士蔿盡殺諸公子，而城聚都之，命曰絳。」《詩·唐譜》正義曰：「案《左傳》『士蔿使羣公子盡殺游氏之族，乃城聚而處之』，則城①聚以處羣公子，非晉都也，言命聚曰絳，非也。」

「天子使王子虎命晉侯爲伯。周作《晉文侯命》。」夾漈鄭氏曰：「於時去文侯十有五世，而誤以文侯爲重耳。」

【集證】葉大慶《考古質疑》：「僖公二十八年，襄王命重耳，《左傳》以爲『用平禮』，言用平王享文侯仇之禮以享重耳也。《史記》乃并引『父義和，丕顯文、武』云云，是指義和爲重耳。今以

---

①「城」，原本作「成」，據元刊本、三箋本改。《毛詩正義》正作「城」。

《書序》考之，『平王錫晉文侯秬鬯、圭瓚，作《文侯之命》』，非不明白，《史記》乃牴牾如此！蓋是時孔子百篇之序遭巫蠱事，未立於學官，遷不及見，所以與《書序》之言不同。」

【元圻案】《史記索隱》云：「仇至重耳爲十一代而十三侯。」夾漈曰「於時去文侯十有五世」，與《索隱》不合。而考之《世家》，則自文侯至文公，實十四君，而歷世止六。侯緡爲哀侯之弟，武公與孝侯，獻公與鄂侯，奚齊、君卓、惠公、文公與哀侯，懷公與小子侯，皆兄弟行也。

「申生母，齊桓女也；同母女弟爲秦穆夫人。[一]夷吾母，重耳母女弟也。」《左傳》僖公十五年正義曰：「按《傳》，申生之母本是武公之妾。武公末年，齊桓始立，不得爲齊桓女也。虢射，惠公之舅；[二]狐偃，文公之舅。二母不得爲姊妹也。皆遷之妄。」

[一] 案莊二十八年《左傳》：「晉獻公娶於賈，無子。烝於齊姜，生秦穆夫人及太子申生。」言「及」，則當爲女兄。

[二] 僖十四年正義曰：「《晉語》云：『秦饑，惠公命輸之粟，虢射請勿與，慶鄭請與之。公曰：「非鄭之所知也。」遂不與。秦侵晉，至(虢)[於韓]，公謂慶鄭曰：「寇深矣，奈何？」鄭曰：「非鄭之所知也，君其訊射也。」公曰：「舅所病也。」』是虢射爲惠公之舅也。」

【全云】《左傳》：晉獻公娶二女於戎，生文公者姬姓，故曰大戎狐姬；生惠公者子姓，故曰小戎子。史公蓋因大、小戎之稱，而誤以爲姊妹耳。秦穆夫人亦共世子之姊，非妹也。

「夢天謂武王曰：『余命女生子，名虞。』」《左傳》昭元年正義曰：「邑姜方震而夢，明是邑姜夢矣，安得以爲武王夢也？薄姬之夢龍據其心①，〔二〕燕姞之夢蘭爲己子，〔三〕彼皆夢發②於母，此何以夢發於父？是〔三〕遷之妄。」

〔一〕案，《史記·外戚世家》：「薄姬曰：『昨暮夜妾夢蒼龍據吾腹。』」

〔二〕見《左傳》宣三年。

〔三〕何本「是」作「皆」。

【元圻案】史傳所紀符瑞多傅會之辭，是以司馬公《通鑑》皆削而不書。孔疏謂夢必發於母，則更鑿矣。

《陳世家》：「桓公鮑卒。弟佗，其母蔡女，故蔡人爲佗殺五父及桓公太子免而立佗，是爲厲公。」「太子免之三弟，長者名躍，中曰林，少曰杵臼，與蔡人共殺厲公而立躍，是爲利公。」《詩·陳譜》正義曰：「案《左傳》桓五年：『文公子佗殺太子免而代之。』則是佗自殺免，非蔡人爲佗殺免也。六年：『蔡人殺陳佗。』莊二十二年

---

①「心」，《左傳》昭公元年正義作「身」。

②「夢發」，元刊本、三箋本作「發夢」。

《傳》曰：『陳厲公，蔡出也，故蔡人殺五父而立之。』五父與佗一人，[一]不得云『爲佗殺五父』也。六年，殺佗；十二年，陳侯躍卒，則厲公即是躍。躍既爲厲公，則無復利公矣。[二]既誤以佗爲厲公，又妄稱躍爲利公。《世家》言『佗死而躍立，立五月而卒』，然則躍亦以桓六年卒矣。而《春秋》躍卒在桓十二年，非徒五月，皆《史記》之謬。」《左傳》桓公十二年正義曰：「束晳言『遷分一人以爲兩人，以無爲有』，謂此事也。」

[一] 案桓五年杜注：「佗，桓公弟五父也。」

[二] 桓十二年正義曰：「《世本》本無利公。」

【閻按】《索隱》亦辯其誤，而此援證尤精。

【何云】此事《索隱》亦已辯之。

「舜居嬀汭，其後因姓嬀氏。」《左傳》昭八年正義曰：「《世本》：『舜姓姚氏。』虞思，猶姓姚也。至胡公，周乃賜姓爲嬀。謂胡公之前已姓嬀，妄也。」

【元圻案】《詩譜》正義亦辨之。◎哀元年《左傳》曰：「少康逃奔有虞，虞思於是妻之以二姚。」注：「思，有虞君也。姚，虞姓。」昭八年《左傳》：「史趙曰：『胡公不淫，故周賜之姓，使祀虞帝。』」注：「胡公滿，遂之後也。事周武王，賜姓曰嬀，封諸陳。」《文選》王融《曲水詩序》注引《帝王世紀》曰：「瞽瞍之妻曰握登，生舜於姚墟，故姓姚氏。」◎王莽自稱爲舜後，曰「虞帝之先，受姓曰姚，其在陶唐曰嬀，在周曰陳，在齊曰田」①，蓋不足據。

《楚世家》：「高陽生稱，稱生卷章，卷章生重黎，高辛氏之火正，能光融天下，帝嚳命曰祝融。」《詩·檜譜》正義曰：「《楚語》稱『顓頊命南正重司天以屬神，命火正黎司地以屬民』，則黎爲火正，高陽時也。言高辛者，以重、黎是顓頊命之，歷及高辛，仍爲此職，故二文不同也。黎實祝融，重爲南正，而《楚世家》同以重、黎爲祝融，謬也。」「《世家》又云：『帝嚳誅重黎，而以其弟吳回爲重黎後，復居火正，爲祝融。』《鄭語》以『八姓爲黎後』者，以吳回繫黎之後，復居黎職，故本之黎也。〔一〕《左傳》昭二十九『少皞氏有子曰重，顓頊氏有子曰黎』，《史記》以重黎爲一人，又言『以吳回爲重黎』，皆謬。」

〔一〕案，《鄭語》：「史伯曰：『夫荆，重、黎之後也。夫黎爲高辛氏火正，命之曰祝融。其功大矣。夫成天地之大功者，其子孫未嘗不章。祝融亦能昭顯天地之光明，以生柔嘉材者也，其後八姓於周未有侯伯。』」韋昭注：「八姓，己、董、彭、秃、妘、曹、斟、芈也。」

① 《漢書·王莽傳中》。

【全云】史公推原司馬氏本於重黎而僞[①]誤如此，可謂數典而忘祖。

【元圻案】《書·堯典》正義亦以《史記》爲謬。◎《史記索隱》曰：「重氏、黎氏二官代司天地，重爲木正，黎爲火正。據《左氏》，少昊氏之子曰重，顓頊氏之子曰黎。今以重黎爲一人，乃是顓頊之子孫者，劉氏云『少昊氏之後曰重，顓頊氏之後曰重黎，對彼重則單稱黎，若自言當家則稱重黎。故楚及司馬氏皆重黎之後，非關少昊之重。』」◎《日知録》：「《太史公自序》曰：『重黎氏世序天地，其在周程伯休父其後也。』《晉書·宣帝紀》：『其先出自帝高陽之子重黎。』《宋書》載晉衛瓘等奏云『大晉之德，始自重黎，實佐顓頊』，以重黎爲一人，亦昔人相沿之謬。《索隱》引劉氏，此順非而曲爲之説。」[②]

「蚡冒卒，弟熊達立，是爲楚武王。」《左傳》文公十六年正義曰：「杜注：蚡冒，楚武王父。」不從《史記》。劉炫以《世家》規杜云：「蚡冒是兄，不得爲父。」

【元圻案】馬氏《繹史·楚世系圖》從《史記》。余友王汾原曰：「《傳》云『王毋亦監乎若敖、蚡冒至於文、武』云云，似杜注爲長。」

① 「僞」，疑爲「譌」字之誤。

② 「索隱引劉氏」以下，《日知録》爲小注。

「莊王即位三年，伍舉入諫曰：『願進隱。』」愚按，莊王時有嬖人伍參，其子伍舉在康王時。康王，莊王之孫。《吕氏春秋·審應覽》云：「荆莊王立三年，不聽而好讔。成公賈入諫曰：『願與君王讔。』」《新序·雜事四》云「士慶」，然則非伍舉也。

【元圻案】《史記·滑稽傳》又以爲淳于髡説齊威王。《韓非子·喻老篇》云「楚莊王涖政三年，無令發，無政爲也。右司馬御坐而與王隱」，不著其名。《吴越春秋·王僚使公子光傳》作「伍舉」，與《史記》同。

《燕世家》：「孟軻謂齊王曰：『今伐燕，此文、武之時，不可失也。』」朱文公《集注》曰：「或問：勸齊伐燕，有諸？《史記》蓋傳聞此説之誤。」

《三代世表》，稷、契皆爲帝嚳之子，堯亦帝嚳之子。《左傳》文公十八年正義曰：「《世族譜》取《史記》之説，又從而譏之：『案，鯀則舜之五世從祖父也，而及舜共爲堯臣。堯則舜之三從高祖，而妻其女。此《史記》之可疑者。』」

【何云】五世從祖父而年均者多矣。崇禎時，晉府宗室多有與孝宗同行者，亭林嘗記之。①

① 見《日知録》卷三「九族」條注。

【元圻案】《路史・發揮》曰：「舜非顓頊之後，有數驗。《史》云：『自窮蟬以來，微在庶人。』夫窮蟬既云帝子，何得未幾微爲匹庶？一也。男女辨姓，禮之大經，舜既堯之五世從玄孫，豈得御堯之女？二也。夫源流之最可考者，惟氏姓也。故昔者帝王之姓各有所循，非賜不改。少昊、青陽、高陽、玄囂、高辛之姓，皆累世不易，惟舜之姓非先王之姓。三也。且以所言舜爲堯之從孫，堯乃舜之從祖；堯授天下於從孫，舜受天下於從祖，自其家人，烏得謂之至公而能以天下與人哉！顓頊之傳帝嚳，何以不謂之傳賢？不降之授帝扃，何以不謂之巽位？胡得獨稱堯、舜乎？四也。八元、八愷，帝堯固多用之，然不云堯舉者，以其親也。至舜則非其親而能用，故美其能舉。五也。舜苟堯親，非大相遠也，顧豈不知，而必資夫嶽薦然後舉之，歷試諸艱而後授之？六也。是皆經傳明證顯驗可得信者。」

《杞世家》：其殷後，則初封武庚於殷墟，復以叛而誅之，更命微子爲殷後。〔一〕

《詩・周頌・振鷺序》正義曰：「《書序》《微子之命》，是宋爲殷後，成王始命之。《樂記》武王投殷之後於宋，其實武王之時，始封於宋，未爲殷後也。成王命爲殷後，當爵爲公，地方百里。《史記》以爲成王之時始封微子於宋，與《樂記》又①乖。」

---

①「又」，《毛詩正義》作「文」。

〔一〕案，《杞世家》止云「殷破，周封其後於宋」，此條「殷後初封武庚於殷墟」云云，乃約舉《宋世家》之文，《杞世家》當作《宋世家》。

《管蔡世家》「武王同母兄弟十人」，蔡叔，周公弟也。《左傳》定四年正義曰：「僖二十四年《傳》，富辰言文之昭十六國，蔡在魯上，明以長幼爲次。賈逵等皆言『蔡叔，周公兄』，故杜從之。」

【全云】此郤未必可據。畢公與於十亂之中，毛公亦參牧野之役，而一在康叔之後，一在聃季之後，是富辰之爲錯舉明矣。若據諸家，則管叔亦弟也。

【又云】洪景盧嘗辨之①。

【元圻案】定四年《左傳》「將長蔡於衛」，不聞長蔡於魯也。「祝佗私於萇弘」，弘以「蔡叔，康叔之兄」爲說。如蔡叔果周公之兄，則祝佗止以「何不先魯」一言折之足矣。《列子（篇）·楊朱〔篇〕》曰：「周公攝天子之政，召公不説，四國流言。居東三年，誅兄放弟。」賈、杜之説未可信也。

聃季載，杜云「毛叔聃」，又不數叔振鐸者，杜以振鐸非周公同母，故不數之。或

① 見《容齋五筆》卷二「二叔不咸」條。

杜别有所見，不以《管蔡世家》爲説。［一］

［一］此亦《左傳》定四年正義文。

【閻按】毛叔鄭見《周本紀》，杜注名聃，非。

【全云】深寧以杜注廣《史記》之異同耳。閻氏但據《史記》，將謂深寧未之見耶？

【又云】此斷當從《史記》者。

【集證】定宇惠氏曰：「按《白虎通》引《詩傳》文王十子末云『南季載』，南，采也，猶祭伯、毛伯之謂。《左傳》作『聃』，《史記》作『冉』。『冉』與『南』同音，故亦作『南』。南季未改封，世爲卿士。隱公九年『南季來聘』，其後也，司馬遷云『冉季載，其後世無所見』，未之考耳。」①

《魏世家》：「三十六年，惠王卒。」杜預《左傳後序》曰：「《古書紀年篇》『魏惠王三十六年改元，從一年始，至十六年而稱惠成王卒』，即惠王也。疑《史記》誤分惠成之世以爲後王年也。」朱文公曰：「惠、襄、哀之年，見於《竹書》明甚，《史記》蓋失其實。邵子《皇極》之書乃從《史記》而不取《竹書》。」②

① 清惠棟《九經古義》卷十五。「南季未改封」以下，惠氏原文爲小字注文。

② 宋朱熹《四書或問》卷三十四。

【閻按】余從《史記》，詳《孟子生卒年月考》。

【集證】《日知録》：「今按惠王即位三十六年稱王，改元，又十六年卒，而子襄王立，即《紀年》所謂今王，無哀王也。襄、哀字近，《史記》誤分爲二人耳。」又云：「《秦本紀》：『惠文王十四年，改元。』又與魏惠同時。此稱王改元之證。」又云：「《魏世家》：『襄王五年，予秦河西之地。七年，魏盡入上郡於秦。』今按《孟子》書，惠王自言『西喪地於秦七百里』，乃悟《史記》所書襄王之年，即惠王之『後五年』、『後七年』也，以《孟子》證之自明。」

【元圻案】《通鑑·周紀》慎靚王二年：「魏惠王薨，子襄王立。」《考異》曰：「《史記·魏世家》云：惠王三十六年卒，子襄王立。十六年卒，子哀王立。二十三年卒，子昭王立。按杜預《春秋後序》云：『太康初，汲縣有發舊冢者，得古書，其《紀年篇》起自夏、殷、周，皆三代王事，無諸國別也。惟特紀晉國，起自殤叔，次文侯、昭侯，以至曲沃莊伯，皆用夏正，編年相次。晉國滅，獨紀魏事，下至魏哀王之二十年，蓋魏國之史記也。哀王於《史記》，襄王之子，惠王之孫也。《古書紀年篇》「惠王三十六年改元，從一年始，至十六年而稱惠成王卒」，即惠王也。疑《史記》誤分惠、成之世以爲後王年也。哀王二十三年乃卒，故特不稱謚，謂之「今王」。』裴駰《魏世家》注引和嶠云『《紀年》起自黃帝，終於魏之今王』。今王者，魏惠成王子。按《太史公書》惠成王但言惠王，惠王子曰襄王，襄王子曰哀王。惠王三十六年卒，襄王十六年卒，并惠、襄爲五十二年。今按古文，惠成王立三十六年，改元稱一年，改元後十（六）〔七〕年卒。《太史公書》爲誤分惠、成之世，以爲二王之年數也。《世本》惠王生襄王而無哀王，然則今王者，魏襄王也。彼既魏史，所書魏事必得其真，今從之。」◎邵子《皇極經世》之六：周烈王五年庚戌，「魏武侯卒，公子争國，趙伐魏，立公子罃，是爲惠王」；周顯王三十四年丙戌，「魏惠王卒，子襄王繼」；周慎靚王二年，「魏襄王卒，子哀王繼」。與《史記》同。

太史公曰：「天方令秦平海内，其業未成，魏雖得阿衡之佐，曷益乎？」[一]《史通·雜説中》曰：「論成敗者，當以人事爲主，必推命而言，則其理悖矣。」

[一]【何云】此則嗟惜深痛之詞，未可輕議。

【何云】《索隱》引譙周語，已辨天之亡者由「有賢而不用」，不待《史通》也。

【方樸山云】此有激而反言，猶所云天帝醉耳，《史通》不能以意逆志，非善讀史者。

【元圻案】《史記·信陵君傳》曰：「秦聞公子死，日夜出兵東伐魏。十八年而虜魏王，屠大梁。」蓋深惜信陵君之以毁廢，而咎魏之自壞其長城也。合觀此贊，則史公之意自見。

《趙世家》：「趙朔娶晉成公姊爲夫人。」《左傳》成八年正義曰：「按《傳》，趙衰適妻是文公之女，若朔娶①成公之姊，則亦文公之女。父之從母[一]不可以爲妻；且

---

① 「娶」，元刊本、三箋本作「妻」。

文公之卒距此四十六年，莊姬此時尚少，不得爲成公姊。賈、服先儒皆以爲成公之女，故杜從之。」

［一］案，父指盾也。《爾雅·釋親》：「母之姊妹爲從母。」

【閻按】衰内子爲叔隗①，文公女則妾。

屠岸賈誅趙氏，殺趙朔、趙同、趙括。又云：公孫杵臼取他兒代武死，程嬰匿武於山中，居十五年。《左傳》成八年正義曰：「『欒書將下軍』，則於時朔已死矣，不得與同、括俱死也。晉君明，諸臣强，無容有屠岸賈輒廁其間如此專恣。」吕成公曰：「《史記》失於傳聞之差。是時晉室正盛，而云『索莊姬子於宮中』，晉宮中自有紀綱，不容如此。［二］趙朔已亡，而云『與同、括同時死』。」②以二者考之，見其誤。

［二］案，朱子説同。

【閻按】事之徵信，《史》不若《傳》，《傳》不若《經》。成公八年大書「晉殺其大夫趙同、趙括」，不聞有趙朔，蓋朔已前死矣。朔死而武生，於是年已七歲，從母畜公宮，無遺腹之説。雖收其

① 「衰内子爲叔隗」，三箋本作「叔隗爲内子」。

② 宋吕祖謙《左氏傳續説》卷八。

田，以韓厥言輒反之，冠而見卿大夫，皆歷歷訓戒，無庸有爲客匿孤之事。《趙世家》似得之傳聞。

【何云】程嬰、公孫杵臼之事最爲無據，疑戰國時任俠好奇者爲之，非其實也。馮定遠云：「太史公去春秋時不遠，晉國亦必有史，是固可信。」吾謂不盡然。自始皇焚書，列國典籍皆已蕩然，史公雖去春秋不遠，然傳聞之誤亦必已多。如王文恪，明憲宗已後人，其紀宣宗爲惠宗之子，略無足據者。事之有無，當斷之以理，不在歷年之遠近也。

【全云】洪景盧亦嘗辨之。

【元圻案】《容齋隨筆》十：「《春秋》於魯成公八年書晉殺趙同、趙括，於十年書晉景公卒，相去二年。而《史記》乃有屠岸賈欲滅趙氏，程嬰、公孫杵臼共匿趙孤，十五年景公復立趙氏之說。以年世考之，則自同、括死後，景公又卒，厲公立，八年而弒，悼公立，又五年矣，其乖妄如是。程嬰、杵臼之事，乃戰國俠士刺客所爲，春秋時風俗無此也。」◎《史通·申左篇》云：「當晉景行霸，公室方强，而云韓氏①攻趙，有程嬰、杵臼之事。」東萊之説本此。

《孔子世家》，王文公曰：「仲尼之才，帝王可也，何特公侯哉！仲尼之道，世天下可也，何特世其家哉！處之《世家》，仲尼之道不從而大，置之《列傳》，仲尼之道不從

①「韓氏」，清浦起龍《史通通釋》改爲「屠岸」，並注云：「舊誤作『韓氏』。」

而小，而遷也自亂其例。」①〔一〕淇水②李氏曰：「欲尊大聖人而反小之，其所以稱夫子者，識會稽之骨，辨墳羊之怪，道楛矢之異，測桓、釐之災。斯以爲聖而已矣，何其陋也！」③〔三〕《皇王大紀》曰：「遷載孔子言行，不得其真者尤多。」

〔一〕【何云】例不可議。

〔二〕【方樸山】（潏）〔淇〕水李氏曰「欲尊大聖人而反小之」，然《左傳》、《國語》所載亦不過此數事。

【全云】「潏水」原本作「淇水」。按，淇水乃李侍郎清臣，有集，其年輩稍前於潏水。潏水，則復也。閻氏改「淇」爲「潏」，殆以是書引潏水爲多耳。

【元圻案】歐陽公謂「三《傳》述經，欲大聖人而反小之，欲尊聖人而反卑之」④，史遷不免此病。此（潏）〔淇〕水之論所本。◎胡五峯《皇王大紀》六十五：「周敬王二十三年，孔子從而祭，膰肉不至，不脱冕而行，遂適衛。」「論曰：司馬遷載孔子墮三都之明年，由大司寇攝行相事。夫聖人之所以大過人者，無它焉，如天之生物，隨其分限，無不可爲而過者，無可爲而不及者。爲司空而

①　宋王安石《孔子世家議》。
②　「淇水」，原本作「潏水」，誤，據元刊本改回。
③　宋李清臣《史論下》。
④　宋歐陽修《春秋或問》。

正封域，則溝合昭公之墓。爲司寇而治姦亂，則誅少正卯而墮三都。及成不墮，而三家之慮變矣。聖人色斯舉矣，安有明年由大司寇攝相之事？遷載孔子言行，不得其真者尤多，未知其所以得實録之名者何故？」

《伯夷傳》，朱文公《语録》曰：「孔子謂：『求仁得仁，又何怨？』《傳》但見伯夷滿身是怨。」[一]致堂胡氏曰：「叩馬之諫，孔氏未嘗及也。」【原注】程子曰：「《史記》所載諫詞皆非也，武王伐商，即位已十一年矣，安得父死不葬之語？」

[一]【何云】此亦妄論。

【方樸山云】此皆誤讀《史記》者，余有《伯夷列傳解》，頗正之。

【程易田云】注引程子之言，閣本作「即位已十一年」，何本作「十三年」①。余檢《史記》及鄭康成説，皆作「受命七年，文王崩」，《史記》「受命十一年伐商」，《漢書》「受命九年，文王崩，十三年伐商」。余有此書，泰定元刻作「十一年」，則何本作「三」字者，據康成及《漢書》改之也。

【元圻案】原注引伊川語，見《遺書》卷十九②。

① 「十三年」，三箋本作「即位已十三年」。

② 四庫全書本《二程遺書》在卷十八。

《仲尼弟子傳》：「子貢一出，存魯、亂齊、破吴、强晉而霸越。」《通鑑外紀·周紀七》曰：「戰國之時，齊、魯交兵者數矣，一不被伐，安能存哉？田氏弱齊，一當吴兵，安能亂哉？吴不備越而亡勝齊，安能破哉？四卿擅①權，晉以衰弱，修兵休卒，安能强哉？越從吴伐齊，滅吴乃强，此安能伯哉？十年之中，魯、齊、晉未嘗有變，吴、越不爲是而存亡，遷之言華而少實哉！」

【元圻案】蘇子由《古史》三十二《子貢傳》：「蘇子曰：予觀《左氏傳》，齊之伐魯，本於悼公之怒季姬，而非陳恒；吴之伐齊，本怒悼公之反覆，而非子貢。吴、齊之戰，陳乞猶在，而恒未任事，凡太史公所記，皆非也。」◎宋黄東發《史記日抄》曰：「子貢雖曰存魯，其機辯儀、秦不及也。《史》之言未必盡然。」

「有若狀似孔子，共立爲師。」宋景文公曰：「此鄒、魯間野人語耳。觀《孟子》書，則始嘗謀之，後弗克舉，安有撤坐之論乎？」

【何云】「商瞿五丈夫」之語，其陋正與辨專車之骨相似。

【元圻案】《史通·暗惑篇》：「有若名不隸於四科，譽無偕於十哲。逮尼父既殁，方取爲師。

① 「擅」，原本誤作「檀」，據元刊本、三箋本改。

以不答所問，始令避坐。同稱達者，何見事之晚乎？且退老西河，取疑夫子，猶使喪明致罰，投杖謝愆，何肯公然自欺，詐相策奉？此乃兒童相戲，非復長老所爲。」

「宰予與田常作亂。」龜山楊氏《答胡康侯第二書》曰：「田常爲亂於齊，齊君蓋弗勝也。宰予附田常，則誰得而殺之？使其爲齊君而死，則予何罪焉？當是時，有闞止，字子我，死於田常之亂，是必傳之者誤而爲宰我也。」

【何云】此亦《索隱》之言。

【閻按】洪景盧曰：「《孟子》載三子論聖人賢於堯、舜等語，疑是夫子殁後所談，不然，師在而各出意見議之，無復質正，恐非也。然則宰我不死於田常，更可見矣。」①此虛會爲尤妙云。

【又按】因闞止字子我，與宰予字相涉而誤，亦《索隱》之言。

【全云】謂宰我死於舒州之難，亦不害其爲賢者。蓋考《吕覽》、《説苑》，則是宰我爲簡公死，非爲陳恒死，不過才未足以定亂耳，其死較子路反似過之。《史記》誤以爲陳恒之黨，故曰「孔子恥之」。而《索隱》又以爲闞止之誤，則《春秋》同時同名之人往往有之，晉有兩「士匄」，魯有二「顔高」，齊有二「賈舉」，并同姓矣，何必舒州之難死者不可有二「宰我」乎？蓋但當知宰我之

①《容齋續筆》卷十五「宰我作難」條。

所以死，不必恥，則不必諱矣。若以賢於堯、舜之語爲弟子稱頌其師，必當在身後，是則野人之言也。◎孫頤谷志祖云：「宰予之見殺於田常，乃以忠而得禍。《韓非子·難言篇》、《吕氏春秋·慎勢篇》、《淮南子·人間訓》、《説苑·正諫篇》以及李斯《上秦二世書》均可證。蓋死於田常之亂，而非與田常爲亂也。」①

【集證】張淏《雲谷雜記》：「司馬貞《索隱》、蘇子由《古史》皆據《左傳》，謂宰予爲闞止，然無確證，終不能破人惑也。考《説苑·正諫篇》：『齊簡公有臣曰諸御鞅，諫簡公曰：「田常與宰予，此二人甚相憎也。臣恐其相攻，願公去一人。」簡公曰：「非細人之所敢議也。」居無幾何，田常果攻宰予於庭，賊簡公於朝。』《説苑》所云與左氏哀十四年《傳》正同，獨以闞止爲宰予，則後人誤以闞氏之子我爲宰氏之子我，最分明。」

【元圻案】東坡史評曰：「李斯上書諫二世曰：『田常爲簡公臣，布惠施德，下得百姓，上得羣臣，陰取齊國，殺宰予於庭。』是宰予不從田常而滅其族。李斯事荀卿，去孔子不遠，宜知其實。」②

① 《家語疏證》卷五。
② 宋蘇軾《宰我不叛》。

《孟子列傳》：「梁惠王謀欲攻趙，孟軻稱大王去邠。」葛氏曰：「於《孟子》無所見，但有對滕文公之語。」

【何云】魏、趙匹也，安得以「大王去邠」之言進哉？

《刺客傳》，説齊唐氏曰：「諸侯棄甲兵之讎，爲盟會之禮，乃於登壇之後，奮匕首而劫國君，賊天下之禮者，非沫乎？[一]君臣之義，有死無隕，專諸感公子光之豢養，而親剸刃於王僚，賊天下之義者，非諸乎？父母全而生之，子全而歸之，政纔終老母之年，遂殺身以爲仲子，賊天下之仁者，非政乎？樊將軍以困窮歸燕丹，軻説取其首以濟入秦之詐，賊天下之信者，非軻乎？以賊禮、賊義、賊仁、賊信之人，並列於《傳》，又從而嗟嘆其志，不亦繆哉！豫子以不忘舊君，殺身而不悔，『抗節致忠，行出乎列士』，[二]乃引而寘諸四子之間，不亦薰蕕之共器乎？」

[一]【何云】曹沫之事，亦戰國好事者爲之，春秋初未有此風也，況魯又禮義之國哉！

[二]案，此二句《賈子》語。

【全云】高漸離卻在諸人之上，有豫讓風。豫讓之後爲高漸離，漸離之後爲留侯，是一脉，非聶政比。

【元圻案】黄氏震《史記抄》謂：「荊軻所交田光、高漸離之流，多慷慨輕生，至今讀《易水》

之歌，使人悲惋。」◎蘇子由《古史》謂：「考之《春秋》，無曹沬劫盟之事，而四人者亦皆非賢，於《春秋》法皆當書『盜』而不名。」◎胡致堂《讀史管見》謂：「豫讓真義士。」

《張叔傳》：「未嘗言案①人。」吕成公曰：「景帝誅晁錯，時丞相青翟、中尉嘉、廷尉歐〔一〕劾奏錯之大逆無道。錯當要斬，父母妻子同産無少長皆棄市。廷尉歐，即張歐也，安得爲不案人哉？則歐固謹於細而略於大也。」②

〔一〕歐，張叔之名。

【何云】此天子納袁盎之説，自示意於丞相等行之，非叔所欲劾奏也，議其不能如釋之之守法，則得矣。

【全云】鄧公能言之，而歐居其官者反不能之，良足罪矣。

《商君傳》：「趙良曰：『五羖大夫相秦六七年，而東伐鄭，三置晉君。』」吕成公

---

① 「案」，原本作「按」，據元刊本改。《史記·張叔列傳》正作「案」。

② 宋吕祖謙《讀書雜記四·讀漢史手筆》。

曰：「秦穆納晉惠在僖九年，納晉文在僖二十四年，相距十九年。」①[二]

[二]【閻按】「九」當作「六」。

《司馬相如傳贊》：「揚雄以爲勸百而風一。」江氏粢曰：「雄後於遷甚久，遷得引雄辭，何哉？蓋後人以《漢書贊》附益之。」

【何云】《索隱》言之矣。

《滑稽傳》，韓、魏處戰國之時，而云其君陪楚莊王葬馬。《史通》謂「以後爲先」。

【元圻案】《史通·申左篇》：「秦繆居春秋之始，而云其女爲荆昭②夫人；《列女傳》。韓、魏處戰國之時，而云其君陪楚莊王③葬馬。」又云：「或以先爲後，或以後爲先，日月顛倒，上下翻覆。」

《貨殖傳》「子贛④廢著鬻財」，[二]《史通·雜説》曰：「太史公述《儒林》，則不取

① 宋呂祖謙《讀書雜記一·讀易紀聞》。
② 「昭」，清浦起龍《史通通釋》改爲「平」，並注：「舊作『昭』，誤。」
③ 「王」，清浦起龍《史通通釋》注：「舊衍『王』字。」
④ 「子贛」，原本作「子貢」，據元刊本、三箋本改。《史記·貨殖列傳》正作「子贛」。按，清段玉裁《説文解字注》：「端木賜字子贛，凡作子貢者，亦皆後人所改。」

游、夏之文學；著《循吏》，則不言冉、季之政事；至於《貨殖》爲傳，獨以子貢居先。成人之美，不其缺如。」

〔一〕案《史記集解》：「徐廣曰：『《子〔貢〕〔贛〕傳》云「廢居」，廢著猶廢居也。』」《漢・貨殖傳》作「發貯鬻財」，注：「多有積貯，趣時而發。鬻，賣之〔也〕。」

【方樸山云】「貨殖」二字，本取《論語》，不得不及子贛①，所以記緣起也。

【元圻案】黄氏震《史記抄》曰：「結駟連騎，謝原憲於藜藿間，而終身恥其言之過，於是名教之樂爲不可及②矣。」

《酷吏・周陽由傳》：「與汲黯俱爲忮，司馬安之文惡，俱在二千石列，同車未嘗敢均茵伏。」**【原注】**《漢書》作「馮」。 吕成公曰：「吾觀汲黯，廷折公孫弘，質張湯，揖衛青，〔二〕所謂『眼高四海空無人』〔三〕者也。彼周陽由，孤豚腐鼠，何足以辱同車，而反謂黯不敢均茵馮？班固之陋至此。」③愚按，班史實本於《史記》。

---

① 「子贛」，原本作「子貢」，據三箋本改。
② 「及」，《黄氏日抄》作「尚」。
③ 宋吕祖謙《讀書雜記四・讀漢史手筆》。

［一］案《史記·汲鄭列傳》：「黯數質責湯於上前，曰：『公上不能褒先帝之功業，下不能抑天下之邪心，安國富民，使囹圄空虛，二者無一焉。』」又：「上方向儒術，尊公孫弘。而黯嘗毀儒，面觸弘等徒懷詐飾智以阿人主取容。」又：「大將軍青既益尊，然黯與亢禮。人或説黯，黯曰：『夫以大將軍有揖客，反不重耶？』」

［二］此東坡《題李太白真》①語。

【全云】馬、班不應顛倒至此。或者黯與陽由同列而相惡，故不得已而同車，不肯均茵耳。其曰「不敢」，則繆語也。

【方樸山云】「同車未敢均茵伏」，專承司馬安句，不關汲黯。

【元圻案】《史記》文意，蓋謂陽由與黯俱有堅忮之行，故雖以司馬安之文惡，同列而不敢均茵耳。若謂黯亦不敢均茵，則「與黯俱爲忮」句當云「汲黯文忮」矣。其誤蓋由於《索隱》「二人同載車上」之語。王(懋)〔楙〕《野客叢書》謂「黯蓋遠之，非畏之」，則司馬安又將何説？然言「與黯俱爲忮」，終是擬非其倫也。

《自序》：「桀、紂失其道而湯、武作，周失其道而《春秋》作，秦失其政而陳涉發

① 詩題當作「書丹元子所示李太白真」。

迹。」[一]夾漈鄭氏曰：「湯、武仗大義，平殘賊，《易》謂順天應人，烏可與陳涉同日而並議哉！」[二]

[一]【何云】《自序》但言失道則失國耳。

[二]【何云】無謂。

【元圻案】明陳氏子龍曰：「三代以來，從無以匹夫起兵者，自陳涉創之。太史公比之湯、武、《春秋》，雖非倫乎，著所始則一也。」◎錢氏大昕曰：《史》但言三代與秦皆以失道而亡，秦之亡，起於陳涉耳，何嘗以陳涉比湯、武哉？夾漈以譏史公，謬矣。

「獵儒、墨之遺文，明禮義之統紀，絶惠王利端，作《孟子荀卿傳》。」鄭氏曰：「孟子距楊、墨，荀卿亦非墨子，儒、墨固異矣，豈嘗獵其遺文哉？」

【閻按】何屺瞻曰「獵儒、墨之遺文」，謂附見傳中諸子也，「明禮義之統紀」謂荀，「絶惠王利端」謂孟，夾漈或讀之不詳。

「仁者有乎，義者有取焉，作《游俠傳》。」鄭氏曰：「游俠之徒，未足爲煦煦孑孑之萬一，況能當仁義之重名乎！」

【元圻案】「救人於戹，振人不贍」，「不既信，不倍言」，亦近仁近義之一端，故曰「有取焉」①，非以仁義許之也。

太史公論六家之要指，西山真氏曰：「列儒者於陰陽、墨、名、法、道家之間，是謂儒者特六家之一爾。而不知儒者之道，無所不該。五家之所長，儒者皆有之；其短者，吾道之所棄也。談之學本於黄、老，故其論如此。」②

【全云】六家要指，原歸宿於道德家，雖儒弗如，故班固譏之。

【元圻案】《太史公自序》謂儒者「博而寡要，勞而少功」；「道家使人精神專一，動合無形，贍足萬物。其爲術也，因陰陽之大順，采儒、墨之善，撮名、法之要，與時遷移，應物變化，立俗施事，無所不宜，指約而易操，事少而功多。」

《封禪書》，《皇王大紀·五帝紀論》曰：「自史遷載管仲言上古封禪之君七十有二，後世人主希慕之，以爲太平盛典。然登不遍於四岳，封非十有二山。入懷晏安，不行

① 以上引文皆見《史記·太史公自序》。
② 宋真德秀《文章正宗》卷十二《董仲舒論春秋》文後評語。

五載一巡守之制，出崇泰侈，無納言計功行賞之實。鐫文告成，明示得意，而非所以教諸侯德也。泥金檢玉，遂其侈心，而非所以教諸侯禮也。心與天道相反，事與聖賢①相悖，故太平之典方舉，而天災人禍隨至者多矣。梁許懋曰：『燧人之前，世質民淳，安得泥金檢玉？結繩而治，安得鐫文告成？』是故考《舜典》，可以知後世封禪之失；稽懋言，可以知史遷著書之謬。」

【何云】三代之金，止以爲飾玉，取其德，不貴其貨。泥金檢玉，非侈事也。

【方樸山云】此正史遷作《封禪書》之旨，細讀篇首引書處自見。

【全云】何説是卮言，三代未嘗不重金玉。

【元圻案】五峯胡氏之論甚正，然太史公作書之旨，實非司馬相如比也。一書主意全在結末「然而其效可睹矣」一句。遷在武帝時，記武帝事豈能盡言哉？班固《武帝紀》全取此書，蓋以帝所以有輪臺之悔者，皆惑於方伎神仙之説有以致之。《黄氏日抄》曰：「封禪之事，起於求神仙狂侈之心。遷作書，反覆纖悉，以著求神仙之妄。」是善讀《史記》者。

《魯世家》「開金縢書」，呂子進曰：「考之於《書》，啓金縢之書在周公未薨前，

①「聖賢」，元刊本、三箋本作「聖人」。

而無揃蚤事。此蓋一事，傳之者不同耳。」

【元圻案】《索隱》已辯之。◎吕子進，名希純。公著次子。登第，爲太常博士。哲宗朝，歷寶文閣待制，謫道州安置，後入黨籍。

《張釋之傳》：「事孝文帝，十歲不得調。」「張廷尉事景帝歲餘，爲淮南王相。」洪氏[一]《容齋續筆》二曰：「《漢·百官公卿表》：文帝即位三年，釋之爲廷尉，至十年，書廷尉昌、廷尉嘉又二人，凡歷十三年，景帝乃立，而張歐[二]爲廷尉。則是釋之未嘗十年不調，及未嘗以廷尉事景帝也。」

[一]【全云】景盧。

[二]案，《漢書》作「敺」，師古曰：「讀與驅同。」

【何云】此論審。

【元圻案】吕成公《大事記》十《解題》曰：「《漢百官表》文帝前三年，書中郎將張釋之爲廷尉。按本傳，釋之事孝文帝，十歲不得調，則拜廷尉不在前三年明矣。班固作《表》去文帝已二百年，恐簡編漫滅，誤以後三年爲前三年耳。今書於後三年之末。或曰，《表》於後元年書廷尉信，孝景元年書廷尉歐，中間無爲廷尉者，豈可置釋之爲廷尉於後三年乎？曰：《年表》後元年雖書廷尉信，而後七年又書奉常信，則既徙爲他職矣。景帝元年議刑，復書廷尉信，安知非後三年以前，信已徙他官，而釋之補其處乎？又安知非景帝元年七月以前，釋之已出爲諸侯相，然後復用信，信就職未幾，而易以張歐乎？」◎吴斗南《兩漢刊誤補遺》云：「按本傳，釋之初用，中郎將袁盎薦爲謁者。盎爲中郎將諫徙淮南厲王，事在六年，又載釋之爲中郎將從行至霸陵，事在九年，皆與《表》不合。又本傳明言釋之事文帝十年不調，自騎郎遷謁者僕射，歷公車令、中大夫、中郎將，最後乃爲廷尉。據此，則釋之所歷歲月爲甚久，其爲廷尉似是後三年，《表》誤。」又曰：「《漢紀》載釋之爲廷尉在十三年。按釋之爲公車令，劾太子、梁王共車入朝不敬。文帝子有兩梁王，此謂孝王武也。文帝十二年始徙王梁，十四年入朝，後元年、二年比年入朝，釋之之劾當在十四年以後，是時方爲公車令耳，其爲廷尉決不在十三年。」據吕、吴之説，則《漢表》未足信也。元圻更考本傳，釋之爲廷尉在文帝幸霸陵之後，文帝年二十三自代入即位，如幸霸陵在前三年，則其時帝方二十五歲，似不應遽興北山石椁之嘆。且釋之官終於廷尉，其爲淮南相在景帝初年以前，劾太子不敬而出也。如文帝十年昌已代爲廷尉，則以後十四年釋之爲何官，本傳不容不書，而猶曰「張廷尉事景帝歲餘」也。

《匈奴傳》：「夏道衰，公劉變於西戎。其後三百有餘歲，戎狄攻大王亶父。」王氏逨曰：「自后稷三傳而得公劉，自亶父三傳而武王滅商，則公劉在夏之中衰，而亶父宜在商之季世，不啻五六百年。而曰三百歲，未知何所據？」

【元圻案】周益公《王致君司業文集序》曰：「君諱逨，字致君，世家宛丘，擢進士第，官至少司成。」

「秦穆公得由余，西戎服於秦。」「後百有餘年，晉悼公使魏絳和戎翟。」以《左氏》考之，魯文公三年，秦始霸西戎。【原注】《史記》差一年。襄公四年，晉魏絳和戎，裁五十餘歲。

【閻按】魏絳和者北戎，非西戎也，王氏未及辨。

【全云】厚齋之言亦本《通典》，曰：「平王之末，渭首有狄、獂、邽、冀之戎，涇北有義渠之戎，洛川有大荔之戎，渭南有驪戎。襄王時，秦、晉自瓜州遷陸渾戎於伊川，允姓戎於渭汭。」秦穆公霸西戎及晉悼公復和西戎，即此條之説也。

【又云】考陸渾戎即陰戎，允姓戎即姜戎。秦、晉共遷之，則晉亦是通道瓜州而分其地，蓋晉自汾西逕上郡以相接，是晉未嘗不與諸戎連也，但悼公所和者北戎。

【又云】晉亦跨及西戎，如白狄之境，便亦與秦接壤。閻説似精而未確。

《田敬仲世家》：「齊人歌之曰：『嫗乎采芑，歸乎田成子！』」《史通·暗惑篇》曰：「田常見存，而遽呼以謚，此之不實，昭然可見。」【原注】蘇氏曰：「田常之時，安知其爲成子而稱之。」①

① 宋蘇軾《周公論》。

【集證】《韓子·外儲説右上》：「周秦之民相與歌之曰：『謳乎，其已乎，苞乎，其往歸田成子乎！』」遷之説本此。

【方樸山云】輿人之誦，銜口而出，本非筆記，字無定畫，既事而驗，作書者飾成之耳。此歌「田成子」，其音則云未必即此三字也，安得以呼其謚駁之？即如「鸜鵒」童謡在文、武世，所謂稠父、宋父，豈即昭、定命名本字？師己因有來巢之事，而兩公名音頗近，遂附著之，左氏又從事後實注之，不然豈有身爲魯大夫而敢名其君者乎？且即「鸜之鵒之」，亦未必是此「鸜鵒」字。

【又云】正統時，京師謡曰：「土地土地，城隍土地。」而郕王應之。可例推《史記》此條。

【繼序按】方説是矣。然滕公之銘又曷爲解？

【又按】正統時，謡云「雨滴雨滴」，蓋音如「與弟」也。

【元圻案】光武之將興也，先有「劉秀當爲天子」之謡；岳武穆之將擒楊幺也，幺自言有「除是飛來」之讖。吉凶先見，理有或然。

《周本紀》：「秦取九鼎寶器，而遷西周君於𢠸狐。」《秦始皇本紀》：「還，過彭城，齋戒禱祠，欲出周鼎泗水。使千人没水求之，弗得。」潏水李氏曰：「是時泗水在彭城，宋之分，九鼎何縁而至宋？夫取九鼎者，秦昭襄王也。始皇乃莊襄之子也，世數年歲相去不遠。始皇東遊過彭城，於泗水欲出周鼎，竟不得。兩説抵捂如此。」

《宋世家》：「襄公之時，其大夫正考父美之，故追道契、湯、高宗，殷所以興，作《商頌》。」曹氏粹中曰：「自戴公至襄公，凡一百五十有一年，正考父既佐戴公，而能至於襄公之時作《頌》，何其壽耶？」朱子曰：「太史公蓋本《韓詩》之説。《頌》皆天子之事，非宋所有。其辭古奥，亦不類周世之文。」

【何云】孟僖子之言可據以難。

【元圻案】《史記索隱》曰：「今按《毛詩·商頌序》云，正考父於周之太師『得《商頌》十二篇，以《那》爲首』。《國語》亦同此説。今五篇存，皆商家祭祀樂章，非考父追作也。又考父佐戴、武、宣，則在襄公前且百許歲，安得述而美之？斯繆説耳。」◎此條與第三卷辨證略同①。

《殷本紀》曰：「微子數諫紂，不聽，乃與太師、少師謀，遂去。比干强諫而死，箕子佯狂爲奴，而後太師、少師挾其祭樂器，以奔於周。武王乘此東伐。劉氏度曰：「以《書》考之，太師即箕子也，少師即比干也。[一]若已殺比干，囚箕子，則所謂太師、少師奔周者，又何人也？《宋世家》曰：『箕子不忍彰君之惡，乃佯狂爲奴。比干見箕子諫不聽，乃直諫而死。微子曰：「義可以去矣。」於是太師勸微子，遂行。及武王伐

① 見卷三「法言曰」條（頁四〇八）。

商，微子遂持其祭器，造於軍門，肉袒面縛，以降於周。』今以《論語》考之，微子則先去，箕子奴次之，比干死又次之。聖人之言固有次第，且微子已行矣，則武王伐商之際，何反歸於國，以自取面縛之辱也？蔡氏沈《書傳》曰：『按《左傳》，微子適周，乃在克商之後。所謂去者，特去其位而逃遁於外耳。』」

［一］【閻按】《周本紀》明著太師名疵，少師名彊，皆伶官。

【元圻案】周密《齊東野語》：「《書·微子篇》曰：『父師、少師，殷其弗或亂正四方。』孔注：『父師，太師，三公，箕子也；少師，孤卿，比干也。』《史記·殷紀》乃云：『紂淫亂不止，微子諫，不聽，與太師、少師謀，遂去。比干曰：「爲人臣者，不得不以死爭。」乃强諫。紂剖比干心，箕子懼，乃佯狂爲奴，紂又囚之。殷之太師、少師乃（特）〔持〕其祭器奔周。』《周紀》又云：『紂殺比干，囚箕子，太師疵、少師彊抱其樂器奔周。』又《宋世家》：『微子數諫，紂弗聽，欲死之，及去，未能自決，乃問於太師、少師。箕子披髮佯狂爲奴。比干諫，紂剖其心。太師、少師乃勸微子去，遂行。』注但云時比干已死，而云少師者似誤。蓋三處皆以太師、少師，非箕子、比干。獨《周紀》明言太師名疵，少師名彊。《漢·古今人物表》亦有太師疵、少師彊，殊與孔注不合。然二子同武帝時人，何以見異而言不同歟？及蘇子由作《古史》，乃用安國之説，劉道原作《通鑑外紀》，則又從《史記》之言，二公必各有所見故耳。」◎《宋詩紀事》五十一：「劉度，紹興中秘書省校書郎。」

《伯夷傳》：「『天道無親，常與善人。』若伯夷者，可謂善人非邪？」程子曰：「天道甚大，安可以一人之故，妄意窺測？如曰顔何爲而夭？跖何爲而壽？皆指一人計較天理，非知天也。」

【元圻案】此劉元承記伊川語，見《遺書》十八。

「秦廢太后，逐穰侯。」①朱文公曰：「《經世書》只言秦奪太后權，蓋實不曾廢。」

【閻按】《戰國策》亦是廢。

【何云】考之《戰國策》，則（泰）〔秦〕廢太后乃實事，《經世書》不足據。

【元圻案】邵子《皇極經世》之六：「周赧王四十（九）〔八〕年：乙未，秦罷穰侯相國及宣太后權，以客卿范雎爲相，封應侯，魏冉就國。」◎吕成公《大事記解題》五：「《范雎傳》書『廢太后，逐穰侯、高陵、華陽、涇陽君於關外』，按《本紀》明言『宣太后薨，葬芷陽酈山。九月，穰侯出之陶』，是宣太后之没，書『薨』、書『葬』，初未嘗廢。魏公子無忌諫魏王親秦之辭，止曰『太后母也，而以憂死』，亦未嘗言其廢也。穰侯雖免相，猶以太后之故未就國，及太后既葬之後，始出之陶耳。《范雎傳》所載，特辯士增飾之辭，欲誇范雎之事，而不知甚昭王之惡也。《皇極經世書》蓋得

① 《史記·范雎蔡澤列傳》。

其實。」◎《戰國策》三：「秦昭襄王時，范雎曰：『今秦，太后、穰侯用事，高陵、涇陽佐之，臣將恐後世之有秦國者，非王之子孫也。』秦王懼，於是乃廢太后，逐穰侯，出高陵，走涇陽於關外。」

《孔子世家》：「匡人拘孔子益急，孔子使從者爲甯武子臣於衞，然後得去。」致堂胡氏曰：「穆公末，武子之子相已與孫良夫將兵侵齊，[一]武子非老則卒矣。穆公卒，歷定公、獻公，凡三十七年。至靈公三十八年，而孔子來。使有兩武子則可，若猶俞也，其年當百有五六十矣，何子長之疏也？」

【閻按】甯氏滅於獻公手。

[一]案成二年《左傳》：「衛侯使孫良夫、石稷、甯相、向禽將侵齊。」注：「甯相，甯俞子。」

「三年不蜚不鳴」，《楚世家》謂伍舉進隱於莊王，《滑稽傳》謂淳于髡説齊威王。此一事而兩見，然莊王時嬖人伍參，見《左氏傳》，舉，其子也。《新序》以爲士慶，《呂氏春秋》以爲成公賈，不言伍舉。

【何云】此條重出，惟《滑稽傳》前未之及。

卷十二

考史

「三皇之書，伏羲有《易》，神農有《本草》，黄帝有《素問》。《易》以卜筮存，《本草》、《素問》以方伎存，其天乎！」新安王晦叔名炎云。【原注】程子曰：「《素問》必出於戰國之末。」①

【元圻案】《史記·秦始皇本紀》：「天下敢有藏《詩》、《書》、百家語者，悉詣守、尉雜燒之。所不去者，醫藥、卜筮、種樹之書。」◎《神農本草》不見於《漢志》，《隋志》始與黄帝《素問》俱著録於醫方家。云梁有《蔡邕本草》七卷，則此書出於東漢也。《本草經》曰：「神農問於太乙小子，乃從其嘗藥，以救人命。上藥一百二十種，爲君，主養命，以應天，本上經；中藥一百二十種，爲臣，主養性，以應人，本中經；下藥一百二十五種，爲佐使，主治病，以應地，本下經。三品合

① 見《二程遺書》卷十五，卷十八亦見。

三百六十五種，法三百六十五度。」今單行之本不傳，惟見於宋唐慎微《證類本草》中，其刊本以陰文書者，皆《本草》原文也。◎《素問注》已見卷九①。◎王晦叔《雙溪集》卷三《本草正經序》：「世莫古於上古，人莫聖於三皇。伏羲有《易》，神農有《本草》，黄帝有《素問》。醫卜在後世爲方技，古則聖人濟天下之仁術也。古書、竹簡火於秦，《易》以卜筮存，《本草》以方技存，其天乎！」

「三皇象春，五帝象夏，三王象秋，五伯象冬。」見於《王莽傳》，蓋古之遺言也，與邵子《觀物》同。

【元圻案】《漢書·王莽傳下》：「地皇三年二月，霸橋災，莽惡之，下書曰：『夫三皇象春，五帝象夏，三王象秋，五伯象冬。皇王，德運也；伯者，繼空續乏以成曆數，故其道駁。』」◎邵子《觀物内篇》十三：「三皇，春也；五帝，夏也；三王，秋也；五伯，冬也。七國，冬之餘冽也。」

司馬公《虞帝篇》詩曰：「虞舜在②倦勤，薦禹爲天子。豈有復南巡，迢迢度③湘

① 見卷九「素問太始天元册文」條注（頁一一一八）。
② 「在」，司馬光詩作「老」。
③ 「度」，司馬光詩作「渡」。

水。」張文濳詩曰：「重瞳陟方時，二妃蓋老人。安肯泣路傍，灑淚留叢筠。」①〔一〕二詩可以祛千載之惑。

〔一〕今本《柯山集》五十卷不載此詩。

【元圻案】《史記·五帝本紀》：「舜南巡狩，崩於蒼梧之野。葬於江南九疑，是爲零陵。」◎《楚辭·九歌》有《湘夫人》，王逸注：「舜二妃娥皇、女英，隨帝不（及）〔反〕，墮於湘水之渚，因爲湘夫人。」◎晉張華《博物志·史補》云：「堯之二女，舜之二妃，曰湘夫人。舜崩，二妃啼，以涕揮竹，竹盡斑。」◎司馬温公《史剡》曰：「天子之職，莫勤於巡守。而舜猶親之，卒死於外而葬焉，惡用使禹攝哉？」②◎沈存中《夢溪筆談·辨證》曰：「帝舜陟方之時，二妃之齒已百歲矣，後人詩騷所賦，皆以女子待之，語多瀆慢，皆禮義之罪人也。」◎林氏《尚書全解》曰：「堯老而舜攝，則不復以庶政自關，而舜實行巡狩之事。舜既使禹攝矣，則巡狩之事禹實行之。蒼梧在舜之時，地在要荒之外，豈復巡狩而死？以是禹率天下諸侯以會葬於要荒無人之境，此理之必不然者。司馬公詩云云，此説爲得之。」◎《路史·餘論》曰：「虞舜晚年，亦既退聽而禪禹矣，南巡之舉總之伯禹，而二妃俱過期頤，孰有從狩之事哉？」

---

① 宋張耒《斑竹》。

② 按司馬光原文，此下又有「是必不然」四字。

《天官書》云："熟五斗米頃。"李商隱《李賀小傳》"如炊五斗黍許時"，本於此。

【元圻案】《史記·天官書》："欲終日有雨①、有雲、有風、有日。〔日〕當其時者，深而多實；無云有風日，當其時，淺而多實；有雲風，無日，當其時，深而少實；有日，無雲，不風，當其時者稼有敗。〔如〕食頃，小敗；熟五斗米頃，大敗。"正義："正月旦，欲其終一日有風有日，則一歲之中五穀豐熟，無災害也。"◎李商隱《李賀小傳》曰："長吉將死，忽晝見一緋衣人，駕赤虬，持一版書若太古篆或霹靂石文者，云：『當召長吉。』長吉了不能讀，欻下榻叩頭，言『阿㜷老且病，賀不願去』。緋衣人笑曰：『帝成白玉樓，立召君爲記。天上差樂，不苦也。』少之，長吉氣絕。常所居窗中〔教教〕〔㶿㶿〕有煙氣，聞行車嘒管之聲。太夫人急止人哭，待之如炊五斗黍許時，長吉竟死。"

"趙使樂乘代廉頗，頗怒，攻樂乘"；"使趙葱、顔聚代李牧，牧不受命。"〔一〕此非爲將之法，頗、牧特戰國之將爾。《易》之《師》曰："行險而順。"

〔一〕見《史記》本傳。

【閻按】樂毅便有賢將之風。

【全云】李牧受誣而死，與廉頗微不同。

① 據中華書局校點本《史記》校，"有雨"二字爲衍文。

【元圻案】《史記·廉頗藺相如列傳》：「趙孝成王卒，子悼襄王立，使樂乘代廉頗。廉頗怒，攻樂乘，樂乘走。廉頗遂奔魏之大梁。其明年，趙乃以李牧爲將攻燕。」「趙王遷七年，秦使王翦攻趙，趙王使李牧、司馬尚禦之。秦多與趙王寵臣郭開金，爲反間，言李牧、司馬尚欲反。趙王乃使趙葱及齊將顏聚代李牧。李牧不受命，趙使人微捕得李牧，斬之。」◎《唐書·郭子儀傳贊》曰：「子儀再造王室，及大難略平，遭讒甚，詭奪兵柄，然朝聞命，夕引道，無纖介自嫌。」信非頗、牧所能及。頗、牧意在功名，汾陽志安社稷也，所謂「行險而順」者，庶幾近之。

太史公傳周陽由云：「與汲黯俱爲忮。」黯之正直，所謂仁者有勇，剛毅近仁者也，謂之「忮」，可乎？周陽由蝮鷙之靡爾，其可以與黯並言乎？汲、鄭同傳猶不可，而以由與黯俱，是鸞梟接翼也。

【全云】太史公謂汲黯好黃老而惡儒。好黃老乃當時習氣，賢者不免；至風節挺然，乃真儒也；所惡者，公孫弘輩之僞儒耳。

【又云】此條亦複。其謂汲、鄭不宜同傳，則前未之及。

【元圻案】劉孝標《辯命論》：「薰蕕不同器，梟鸞不接翼。」◎《史記·汲鄭列傳》曰「鄭莊、汲黯始列爲九卿，廉，内行修絜。此兩人中廢，家貧，賓客益落。及居郡，卒後家無餘（貨）〔貲〕財」云云，其同傳之故，子長已自言之。

賈生《弔屈原》曰「謂跖、蹻廉」，注：「楚之大盜曰莊蹻。」《韓非子·喻老篇》：「楚莊王欲伐越，杜子諫曰：『莊蹻爲盜於境內，而吏不能禁，此政之亂也。』」蹻蓋在莊王時。《漢·西南夷傳》：「莊蹻者，楚莊王苗裔也，以其衆王滇。」此又一莊蹻也。名氏與盜同，何哉？

【元圻案】《漢書·賈誼傳》：「誼既以適去，意不自得，及渡湘水，爲賦以弔屈原。其辭曰：『闒茸尊顯兮，讒諛得志；賢聖逆曳兮，方正倒植。謂隨、夷溷兮，謂跖、蹻廉。』」注：「李奇曰：『跖，秦大盜也。楚之大盜爲莊蹻。』」◎《吕氏春秋·季冬紀·介立篇》：「莊蹻之暴郢也。」高誘注：「莊蹻，楚成王之大盜。」畢氏校本載梁伯子云：「《商子·弱民篇》、《荀子·議兵篇》、《韓詩外傳》四、《補史記禮書》並有『莊蹻起而楚分』之語，皆不言在楚何時。韓非以爲在莊王時，而高氏以爲成王時，則又在前。《史》、《漢》則以蹻爲莊王苗裔，在楚威王之世，而《通典·邊防三》、《通考·南蠻二》辨其誤，以范史謂在頃襄王時爲定。獨《困學紀聞》據《韓非》、《漢書》以爲二人，此未敢信。」盧云：「案《後漢·西南夷傳》『楚頃襄王時，遣將軍莊豪伐夜郎，因留王滇池』，杜氏言即莊蹻。《華陽國志·南中志》云『楚威王遣將軍莊蹻伐夜郎，克之，會秦奪楚黔中地，無路得反，遂留王滇池』，此本非楚之境內地。今此言『暴郢』，《韓非》言『爲盜於境內』，《荀子》言『莊蹻起，楚分爲三四』，皆與言將軍事不合。《荀子》以唐蔑之死與蹻並言，案秦殺唐眜，『眜』即『蔑』，在楚懷王二十八年，則蹻當威、懷時。亦可見此注或本作『威』，因形近而誤『成』，亦未可知也。」

《淮南・人間訓》曰：「秦王利越之犀角、象齒、翡翠、珠璣，乃使尉屠睢發卒五十萬，爲五軍：一軍塞鐔城之嶺，[一]一軍守九嶷之塞，[二]一軍處番禺之都，[三]一軍守南野之界，[四]一軍結餘干之水，[五]三年不解甲弛弩①。使監禄轉餉，又以[六]卒鑿渠而通糧道，以與越人戰。殺西嘔君譯吁宋，[七]而越人皆入叢薄中，與禽獸處，莫肯爲秦虜。置桀駿以爲將，而夜攻秦人，大破之，殺尉屠睢，伏尸流血數十萬，乃發適戍以備之。於是陳勝起於大澤。」秦擊越之事，詳見於此。[八]《大事記》在始皇三十三年，《解題》不引《鴻烈書》，録此以補遺。【原注】淮南王諫伐閩越，其言略同。

[一] 高誘注：「鐔城在武陵西南，接鬱林。」

[二] 注：「九嶷在零陵。」

[三] 注：「番禺，南海。」

[四] 注：「南野在豫章。」

[五] 注：「餘干在豫章。」

[六]「以」，何本作「一」，誤。

[七] 注：「鑿通湘水、離水之渠。」「西嘔，越人；譯吁宋，西嘔（音嘔）君名也。」

① 「弩」，原本誤作「努」，據元刊本改。

［八］【全云】《史記·淮南王傳》：「伍被曰：『尉它知中國(窮)〔勞〕極，使人上書，求女無夫家者三萬人，以爲士卒衣補。秦皇帝可其請，發萬五千人。百姓瓦解，不一年，陳勝起。』」此當在屠睢既死，發謫戍備越之時。

【又云】監録者，史禄也；渠乃零渠；西嘔君乃西甌君。以《史記·南粤傳》證之，知「嘔」即「甌」。

【繼序按】古以交趾爲西甌。

【全云】嚴安上書武帝亦云：「秦皇帝使蒙恬將兵以北攻强胡，使尉屠睢將樓船之士以南攻越。是時秦禍北構於胡，南掛於越。」

【元圻案】吕成公《大事記》七：「秦始皇帝三十三年，發諸嘗逋亡人、贅婿、賈人擊(匈奴)〔南越〕，取其地置桂林、南海、象郡」◎《通鑑·秦紀》始皇三十三年：「發諸嘗逋亡人、贅壻、賈人爲兵，略取南越陸梁地，置桂林、南海、象郡；以謫徙民五十萬人戍五嶺，與越雜處。」◎淮南王《諫伐閩越書》見《漢書·嚴助傳》，嚴安書見本傳。

太史公述《楚漢春秋》，其不載於書者，《正義》云：項羽歌，美人和之①。《楚漢春

---

①「項羽歌，美人和之」爲《史記·項羽本紀》原文。

秋》云：「歌曰：『漢兵已略地，四方①［二］楚歌聲。大王意氣盡，賤妾何聊生？』」是時已爲五言矣。五言始於《五子之歌》、《行露》。

［二］【何云】《正義》作「方」。

【元圻案】《漢書·司馬遷傳》：「漢興伐秦定天下，有《楚漢春秋》。故司馬遷據《左氏》、《國語》，采《世本》、《戰國策》，述《楚漢春秋》，接其後事，訖於天漢。」◎《漢書·藝文志》：「《楚漢春秋》九篇。」班固自注曰：「陸賈所記。」◎《史記·項羽本紀》：「項王軍壁垓下，兵少食盡，漢軍及諸侯兵圍之數重。夜聞漢軍四面皆楚歌，項王乃大驚曰：『漢皆已得楚乎？是何楚人之多也！』項王則夜起，飲帳中，有美人名虞，常幸從；駿馬名騅，常騎之。於是項王乃悲歌忼慨，自爲詩曰：『力拔山兮氣蓋世，時不利兮騅不逝。騅不逝兮可奈何，虞兮虞兮奈若何！』歌數闋，美人和之。」《正義》：「《楚漢春秋》云：『歌曰「漢兵已略地，四方楚歌聲」云云』。」

《楚漢春秋》曰：「高帝初封侯者，皆賜丹書鐵券，曰：『使黃河如帶，太山如礪，漢有宗廟，爾無絶世。』」【原注】下二句不同。［一］

［一］【何云】下二句尤質厚。

① 「四方」，原本作「四面」，據元刊本改。《史記·項羽本紀》正義正作「四方」。

【元圻案】太史公曰：「漢興，功臣受封者百有餘人。至太初百年之間，見侯五，餘皆坐法隕命亡國，秏矣。罔亦少密焉。」然則漢有宗廟而功臣絶世者多矣。《高祖功臣年表序》：「封爵之誓曰：『使河如帶，泰山如礪。國以永寧，爰及苗裔。』」豈有所諱而易之與？《楚漢春秋》語見《太平御覽》五百九十八。

又曰：「惠帝崩，吕太后欲爲高墳，使從未央宫而見之。諸將諫，不許，東陽侯垂泣曰：『陛下見惠帝冢，悲哀流涕無已，是傷生也。臣竊哀之。』太后乃止。」東陽侯，張相如也。[一]又曰：「下蔡亭長詈淮南王曰：『封汝爵爲千乘，東南盡日所出，尚未足黔徒羣盜所耶！而反，何也？』」【原注】謂英布，《史》、《漢》不載。

[一] 見《太平御覽》四百五十七。

【全云】張相如見用於文帝時，太史公不立傳。然文帝稱其長者，蓋亦申屠嘉、張蒼之流。此條可以補史闕。

【元圻案】《史記·高祖功臣侯表》：東陽侯張相如「高祖六年，爲中大夫，以河間守擊陳豨力戰功，侯，千三百户」。《張釋之傳》：「問文帝曰：『東陽侯張相如何如人也？』帝曰：『長者。』」◎「下蔡亭長」條，《文選》陸機《五等論》注引之。

漢大啓九國：燕、[一]代、[二]齊、[三]趙、[四]梁、[五]楚、[六]荆吴、[七]淮南、[八]淮陽，[九]皆同姓也。長沙異姓[一〇]不與焉。《漢表》削淮陽而列長沙，當從《史記》。

[一]高祖子建，都薊。

[二]高祖子恒，都中都。

[三]高祖子肥，都臨菑。

[四]高祖子如意，都邯鄲。

[五]高祖子恢，都淮陽。

[六]高祖弟交，都彭城。

[七]高祖兄仲子濞，都吴，更爲吴國。

[八]高祖子長，都壽春。

[九]高祖子友，都趙。

[一〇]吴芮。

【集證】《玉海》百三十四：「班氏析異姓、同姓爲二《表》，則太史公之封二等之敍①，與文意不屬。蓋太史公爲異姓言也。二等爲異姓、同姓合而言之也，若二等之爵不可不載，則『唯獨長沙

①　按《史記·漢興以來諸侯王年表》小序云：「漢興，序二等。」是「敍」字以作「序」較穩。

異姓』六字不當削。遷雖於《表敍》總説，而表列淮陽。固《敍》既明言荆、吴、淮南、長沙而不言淮陽，《表》又不列梁與淮陽，又削『長沙異姓』一句，何以知淮陽爲九國之數而長沙在外也？」

【全云】《漢表》最無義，皆妄改《史記》者也。

【元圻案】《史記·漢興以來諸侯年表序》曰：「漢興，序二等。高祖末年，非劉氏而王者，若無功上所不置而侯者，天下共誅之。高祖子弟同姓爲王者九國，唯獨長沙異姓。」

「斷而敢行，鬼神避之。」「見末而知本，觀指而睹歸。」「秋霜降者草花落，水搖動者萬物作。」[一]此戰國諸子之言而趙高誦之爾，高非能爲此言也。

[一]見《史記·李斯傳》。

【方樸山云】趙高能爲《爰歷篇》，安知不能爲此言？

【元圻案】《爰歷》恐亦如《呂氏春秋》，集儒者爲之。

《樂書》「作十九章」，《索隱》云《安世房中樂》。今考之《漢志》，《安世房中歌》十七章、《郊祀歌》十九章。《索隱》誤。

【元圻案】《史記·樂書》曰：「高祖過沛詩《三侯之章》，令小兒歌之。高祖崩，令沛得以四時歌儛宗廟。孝惠、孝文、孝景無所增更，於樂府習常(隸)〔肄〕舊而已。至今上即位，作十九章，令侍中李延年次序其聲，拜爲協律都尉。」◎《漢書·禮樂志》曰：「武帝定郊祀之禮，乃立樂府，以李延年爲協律都尉，多舉司馬相如等數十人造爲詩賦，略論律吕，以合八音之調，作十九章之歌。」又曰：「《房中祠樂》，高祖唐山夫人所作也。周有《房中樂》，至秦名曰《壽人》。孝惠二年，更名曰《安世樂》。」「《安世房中歌》十七章。」

《御覽》七百十八載淳于髡《十酒説》曰：「羅襦排門，翠笄窺牖。」蓋好事者因《滑稽傳》而廣之，非戰國時語也。

【元圻案】《史記·滑稽傳》：「淳于髡曰：『若乃州閭之會，男女雜坐，行酒稽留，六博投壺，相引爲曹，握手無罰，目眙不禁，前有墮珥，後有遺簪，髡竊樂此，飲可八斗而醉二參。日暮酒闌，合尊促坐，男女同席，履舄交錯，杯盤狼藉，堂上(滅燭)〔燭滅〕，主人留髡而送客，羅襦襟解，微聞薌澤，當此之時，髡心最歡，能飲一石。』」

《鄒陽書》：「齊用越人蒙。」《漢書·鄒陽傳》云：「越人子臧。」其事未詳。

【元圻案】《史記·鄒陽傳》：「鄒陽者，齊人也。游於梁，與故人莊忌夫子、淮陰枚生之徒交。上書而介於羊勝、公孫詭之間。勝等疾鄒陽，惡之梁孝王。孝王怒，下之吏，將殺之，乃從獄中上書曰：『秦用戎人由余而霸中國，齊用越人蒙而强威、宣。』」《索隱》曰：「越人蒙，未見所出。

《漢書》作『子臧』。又張晏云『子臧，或是越人蒙字也』。」①

《李斯傳》注：「辯士隱姓名，遺秦將章邯書云云。〔一〕此書在《善文》中。」《隋志》「總集」：「《善文》五十卷，杜預撰。」

〔一〕案，《集解》駰案：「辯士隱姓名，遺秦將章邯書曰『李斯爲秦王死，廢十七兄而立今王』也。然則二世是秦始皇十八子。」

【全云】晁公武《讀書志》謂：「晉摯虞始作《文章流别》，後世祖述之，而爲『總集』，如蕭統所選是也。」據杜預撰《善文》五十卷，則薈萃文章自預始。

《滑稽傳》：「齊使淳于髡獻鵠於楚。」〔二〕《説苑·奉使篇》云：「魏文侯使舍人毋擇獻鵠於齊。」《魯連子》云：「展無所爲魯君使，遺齊君鴻。」《韓詩外傳》十云：「齊使使獻鴻於楚。」其事皆同，而四書所載異。

〔二〕案，此文褚先生所補。

【元圻案】《索隱》已言之，唯不及《魯連子》。◎徐堅《初學記·奉使類》：「《魯連子》：展無所

①「又張晏云」句，《索隱》作「又張晏云『子臧，越人』。或蒙之字也」。

爲魯君使，遺齊襄君鴻。至澠而浴鴻，鴻失，其裝在。御者曰：『鴻之毛物，可使若一，能買鴻耳。』無所曰：『吾非不能買鴻也，是上隱君，下易幣，無所不敢。』」其餘諸書與《魯連子》所載略同，不備録。

《項羽紀》説者曰：「人言楚人沐猴而冠耳。」《法言》以爲蔡生，《漢書》以爲韓生。

【元圻案】《法言·重黎篇》：「蔡生欲安項咸陽，不能移，又亨之，或者未辯與？曰：生捨其木侯而謂人木侯，亨，不亦宜乎？」◎《漢書·項羽傳》「韓生説羽曰：『關中阻山帶河，四塞之地，肥饒，可都以伯。』羽見秦宮室皆已燒殘，又懷思東歸，曰：『富貴不歸故鄉，如衣錦夜行。』韓生曰：『人謂楚人沐猴而冠，果然。』羽聞之，斬韓生。」◎晉段灼《表》亦言項羽既得而失之，其咎在烹韓生，而范增之謀不用。◎宋王益之《西漢年紀·高祖紀考異》曰：「《楚漢春秋》、揚雄《法言》以爲蔡生，班史、《通鑑》以爲韓生，未知孰是。唯《史記》以爲『説者』，今從《史記》。」

漢高祖起布衣，滅秦、楚，自後世處之，必夸大功業，以爲軼堯、舜，駕湯、武矣。其赦令曰：「兵不得休八年，萬民與苦甚。今天下事畢，其赦天下殊死以下。」[一]言甚簡而無自矜之意。此所以詒厥子孫，[二]享四百年之祚歟？

[一]案，此令《史記》不載，《漢書》載於《高帝紀》五年。

〔二〕何本作「孫子」。

【何云】論本子瞻《石鼓歌》。

【元圻案】東坡《石鼓詩》曰：「何人作頌比嵩高，萬古斯文齊岣嶁。勳勞至大不矜伐，文武未遠猶忠厚。」

「王者莫高於周文，伯者莫高於齊桓，皆待賢人而成名。」此高帝之詔也。〔一〕宣帝曰：「漢家自有制度，本以霸、王道雜之。」蓋已見於此詔矣。劉向稱賈誼，雖古之伊、管，未能遠過。伊、管豈可並言哉？林少穎論之曰：「王、霸之無辯，漢世爲尤甚。擬人之非倫，漢儒爲尤甚。尊王絀霸，言道義不言功利，一董仲舒而已。」

〔一〕案，見《漢書·高(高)〔帝〕紀》十一年。

【元圻案】《漢書·元帝紀》：「孝元皇帝，宣帝太子也。嘗侍燕從容言：『陛下持刑太深，宜用儒生。』宣帝作色曰：『漢家自有制度，本以霸、王道雜之，奈何純任德教，用周政乎！』」◎《漢書·賈誼傳贊》曰：「劉向稱『賈誼言三代與秦治亂之意，其論甚美，雖古之伊、管，未能遠過也』。」◎唐令狐德棻曰：「王任德，霸任刑。夏、殷、周純用德而王，秦專用刑而霸，至漢雜用之，魏晉以降，王、霸兩失。」

班固敍武帝名臣，李延年、桑弘羊亦與焉。若儒雅，則列董仲舒於公孫弘、兒寬之間。汲黯之直，豈卜式之儔哉！史筆之褒貶，萬世之榮辱，而薰蕕渾殽如此，謂之比良遷、董，可乎？

【何云】此紀一時所生人材，各取長者言之，張湯、趙禹又非酷吏乎？宋人讀書不細，好大言以籠罩，只是粗俗。

【元圻案】《漢書·公孫弘兒寬傳贊》曰：「漢興六十餘載，上方欲用文武，求之如弗及，始以蒲輪迎枚生，見主父而嘆息。羣士慕嚮，異人並出。儒雅則公孫弘、董仲舒、兒寬，篤行則石建、石慶，質直則汲黯、卜式，推賢則韓安國、鄭當時，定令則趙禹、張湯，文章則司馬遷、相如，滑稽則東方朔、枚皋，應對則嚴助、朱買臣，曆數則唐都、洛下閎，協律則李延年，運籌則桑弘羊，奉使則張騫、蘇武，將率則衛青、霍去病，受遺則霍光、金日磾，其餘不可勝紀。是以興造功業，制度遺文，後世莫及。」

「『爲吕氏右袒，爲劉氏左袒。』軍中皆左袒。」《吕后紀》。按，《儀禮·鄉射》疏云：「凡事無問吉凶，皆袒左。是以士喪禮及大射皆袒左，唯有受刑袒右。故《覲禮》乃云『右肉袒』，注云『刑宜施於右』是也。」以此考之，周勃誅吕氏之計，已定爲吕氏者有刑，故以右袒令之，非以覘人心之從違也。

【何云】木强老革，倉猝時未必便學叔孫太傅也。

【閻按】盧六以曰：「《國策》稱：『王孫賈入市，曰：「淖齒亂齊國，殺王，欲與我誅者，袒右！」市人從者四百人。』豈戰國時又獨以袒左爲刑乎？故知左右不必區分，但覘衆心之從違。蓋自戰國迄漢，人習爲之，故少文者亦復能爾也。」

【全云】陳涉之起亦袒右，厚齋之説未足信。◎盧月船云：「左右袒，明于文定説得最好，言所以安其反側之心，使以爲劉之迹自解，激其忠憤之志，使以爲吕之言爲辱也。」詳見《讀史漫録》。

【元圻案】《吕后紀》師古注：「袒，脱衣袖而肉袒。左右者，偏脱其一耳。」◎《猗覺寮雜記》謂周勃蓋用王孫賈之策。

「與父老約」爲句，下云「法三章耳」①。【原注】唐高祖入京師，約法十二條，蓋倣此語而失之。

【何云】厚齋亦因《紀》末有「初順民心作三章之約」，故改舊讀。

【又云】《刑法志》中稱「約法」者非一，不必好新，反爲唐人笑。後漢楊終上疏亦有「約法三

① 見《史記·高祖本紀》、《漢書·高帝紀上》。

章」之語①，終與班固同時人。

【閻按】何屺瞻曰：「《刑法志》言『約法三章』者二，似當仍以八字爲句。」余謂此上文「吾與諸侯約」，約句絶；「先入關者王之，吾當王關中。則與父老約」，亦當句絶；至「約法三章」乃班氏組織成文，於沛公語氣不相蒙。

【元圻案】宋劉昌詩《蘆浦筆記》曰：「『與父老約法三章耳』，合於『約』字斷句，則先與諸侯約，今與父老約，不惟上下貫串，而『法三章耳』方成句語。」

淮陰侯羞與樊噲伍，然噲亦未易可輕[一]：諫留居秦宮，鴻門譙項羽，排闥入見，一狗屠能之，漢廷諸公不及也。

[一]【何云】「可」字以意增。

【元圻案】《漢書·韓信傳》：「嘗過樊將軍噲，噲趨拜送迎，言稱臣，曰：『大王乃肯臨臣。』信出門，笑曰：『生乃與噲等爲伍！』」◎《張良傳》：「沛公入秦，宫室、帳帷、狗馬、重寳、婦女以千數，意欲留居之。樊噲諫，不聽。」◎《樊噲傳》：「噲，沛人也，以屠狗爲事。」又曰：「項羽在戲下，欲攻沛公。沛公從百餘騎見項羽，亞父謀欲殺沛公，噲聞事急，乃持盾入，曰：『沛公先入定

① 見《後漢書·楊終傳》。

咸陽，暴師霸上，以待大王。大王今日至，聽小人之言，與沛公有隙，臣恐天下解心疑大王也。』項羽默然。是日微樊噲奔入營誰讓項羽，沛公幾殆。」又曰：「高帝嘗病，惡見人，臥禁中，詔户者毋得入羣臣。絳、灌等莫敢入。十餘日，噲乃排闥直入，大臣隨之。上獨枕一宦者臥。噲等見上，流涕曰：『始陛下與臣等起豐沛，定天下，何其壯也！今天下已定，何其憊也！且陛下病甚，大臣震恐，不見臣等計事，顧獨與一宦者絶乎？且陛下獨不見趙高之事乎？』高帝笑而起。」◎何義門增「可」字，蓋取《漢書·韋賢傳論》「禮文缺微，古今異制，各爲一家，未易可偏定也」、《蜀志·諸葛傳》注引吴張儼默記曰「司馬懿才用兵衆，未易可輕也」句法。案，《史記》：「侯嬴曰：『人固未易知，知人亦未易。』」[①]《後漢》：「鄭太曰：『何公未易輔也。』」[②]蘇老泉《權書》：「勝負之數，存亡之理，當與秦相較，或未易量。」似不須增「可」字。

吴斗南爲《漢書刊誤補遺》，朱文公答書曰：「劉氏所斷句，如《項羽傳》『由是始爲諸侯上將軍』，《儒林傳》『出入不悖所聞』，皆與《史記》合。『爲原廟渭北』，《叔孫通傳》。見一書『廟』、『渭』之間有『於』字。劉氏所疑亦有誤，如《溝洫志》『於楚』

① 《史記·范雎列傳》。
② 《後漢書·鄭太傳》。

字，本文屬下句，下文有『於齊』、『於蜀』字，皆是句首，而劉誤讀，屬之上句。」

【元圻案】見《朱子文集》卷五十九。◎《書録解題·正史類》：「《三劉漢書標注》六卷。侍讀學士清江劉敞原父、中書舍人劉攽貢父、端明殿學士奉世仲馮撰。奉世，敞之子也。又本題《公非先生刊誤》，其實一書。公非，貢父自號也。」又：「《兩漢刊誤補遺》十七卷。國子博士吴仁傑斗南撰，補三劉之遺也。」◎宋曾絳序曰：「《兩漢刊誤補遺》，蠹隱居士吴南英之所作也。公是、公非先生與其子西樞公所著《刊誤》，若無遺恨矣。今乃據古引誼，旁搜曲取，畢釐而正之，多前聞人①所未到。」周益公曰：「吴斗南博物洽聞，今之五總龜也。」

《通鑑》不書符瑞，高帝赤帝子之事，失於删削，《綱目》因之。【原注】文公《語録》以此事爲虚。

【全云】《通鑑》不載符瑞，是聖人「不語怪」之義也，亦不可盡以爲虚。若此事，則誠誕耳。

【元圻案】劉羲(叟)〔仲〕《通鑑問疑》曰：「宋高祖射蛇於新州，明日，見青衣童子杵藥，曰：『我王爲劉寄奴所傷，然寄奴王者，不可殺。』高祖叱之，皆散。《通鑑》凡此類符讖事皆不書，而秦二世元年書高祖(射)〔斬〕蛇事，非符讖乎？《通鑑》何以書此？羲仲所疑。」

---

①「多前聞人」，疑當是「多聞前人」，或「聞」字衍。

《文章緣起》有漢惠帝《四皓碑》，今考《高士傳》：「高車山上有四皓碑及祠，漢惠帝所立。」

【集證】今本《高士傳》無之，引見《御覽》四十三。

【閻按】《金石録》：「右①《四皓神位神胙几刻石》四，在惠帝陵旁。驗其字畫，蓋東漢時書。」

【全云】《文章緣起》，任昉作。《高士傳》，皇甫謐作。

【集證】《水經·丹水注》：「水源出上洛縣西南楚山，昔四皓隱於楚山，即此山也。其水兩源，合舍於四皓廟東，又東逕(南)〔高〕車嶺南，翼帶衆流，北轉入丹水，嶺上有四皓廟。」按，上洛縣，今陝西商州。《雍勝略》云：「四皓墓，在州西四里金雞原。」

【元圻案】《書録解題·文史類》：「《文章緣起》一卷。梁太常卿樂安任昉彦昇撰。但取秦漢以來，不及《六經》。」又《傳記類》：「《高士傳》十卷。晉徵士安定皇甫謐士安撰。序稱『自堯至魏咸熙二千四百餘載，得九十餘人』，今自被衣至管寧，惟八十七人。」◎宋黄長睿《東觀餘論·跋四皓碑》云：「《三輔舊事》云『漢惠帝爲四皓碑於其所隱處』，此神坐及胙几豈亦當時所立耶？」

①「右」，原本作「有」，據三箋本改。《金石録》正作「右」。

武帝年十二，而決廷尉獄防年之疑；明帝年十二，而辨陳留吏墾①田之牘。其英明略同，而武帝之事，史策不著，僅見於《通典·刑法·雜議》。

【元圻案】《通典·刑法·雜議上》：「漢景帝時，廷尉上囚防年繼母陳論殺防年父，防年殺陳，依律，殺母以大逆論。帝疑之。武帝時年十二，爲太子，在旁，帝問之，太子答曰：『夫「繼母如母」，明不及母，緣父之故，比之於母。今繼母無狀，手殺其父，則下手之日，母恩絶矣。宜與殺人同，不宜與大逆論。』從之。」◎《太平御覽》八十八引《漢武故事》，其文同，而云「時太子年十四」。◎《東觀漢記》二：「顯宗孝明皇帝諱陽，一名莊，世祖之中子也。年十二，以皇子立爲東海公。時天下墾田皆不實，詔下州郡檢覆②，百姓嗟怨，州郡各遣使奏其事。世祖見陳留吏牘上有書曰：『潁川、弘農可問，河南、南陽不可問。』因詰吏，吏抵言於長壽街得之。世祖怒。時帝在幄後曰：『吏受郡敕，當欲以墾田相方耳。』世祖曰：『即如此，何故言河南、南陽不可問？』對曰：『河南帝城，多近臣；南陽帝鄉，多近親。田宅逾制，不可爲準。』世祖令虎賁詰問，乃首服，如帝言。世祖異焉，以爲宜承先序。」◎《通鑑·光武紀》建武十五年亦載其事。◎昭帝年十四而知燕王旦上書之詐，見《霍光傳》。

①「墾」，原本誤作「懇」，據元刊本改。
②「覆」，《太平御覽》引《東觀漢紀》作「覈」。

《武帝紀》元朔三年詔曰：「夫刑罰所以防姦也，内長文所以見愛也。」或云：「古寫本無注《漢書》作『而肆赦所以見愛也』。」

【元圻案】劉昌詩《蘆浦筆記》：「魯氏《自備》載：章子厚家藏古本《漢書》，『内長文』乃是『而肆赦』字，蓋『而』誤爲『内』，『肆赦』皆缺偏旁而爲『長文』，詔云『其赦天下』，意甚明白。自注云：魯氏字子明，自號笑塢老人，臨江鄉先生也。著書名《自備》云。」◎宋無名氏《南窗紀談》：「『内長文』之語了不可解。張晏曰：『長文，長文德也。』師古曰：『詔言有文德者，即親内而崇長之，所以見仁愛之道。見謂顯示也。』顔氏之説雖比張晏爲詳，然終不能服人意。許少伊右丞言：往年舊本乃以『内』爲『而』，『文』爲『吏』傳寫之誤。容或有此，而其義通矣。近見一士人言：前輩校正本乃以『内』爲『而』，『長』爲『肆』，『文』爲『赦』，『而肆赦所以見愛』，其於下文尤爲貫穿，但改字太多，不知果有所據否。歐公云：讀書有不通，因改易本文而傅會之，最爲改經者之蔽。此言蓋譏鄭氏也，近世學者或不免如此。」

魏丁儀《周成漢昭論》云：「成王秀而獲實，其美在終；昭帝苗而未秀，其得在始。必不得已，與夫始者。」①

---

① 「必不得已，與夫始者」，《藝文類聚》作「必不得已而論二主，余與夫始者」。

【何云】此①就一事而論，亦復引經未當。

【元圻案】《藝文類聚》十二載丁儀《周成漢昭論》曰：「成王、昭帝，俱以襁褓之幼，托於冢宰，流言讒興，此其險難相似者也。夫以發金縢然後垂泣，〔與〕計日力便覺許書，明之遲速，既有差矣。且叔父兄子，非相嫌之處；異姓君臣，非相信之地。霍光罹人謗而不（絀）〔出〕，周公賴天變而得（知）〔入〕。推此數者，齊本而論末，計重而況輕，漢昭之優周成（其）〔甚〕明者也。成王秀而獲實」云云。◎孫氏星衍曰：「魏文、陳思皆有此論。魏文與漢昭，而陳思不然。正禮此篇，蓋應教之作。」

《食貨志》：「李悝爲魏文侯作盡地力之教。」《貨殖傳》云：「當魏文侯時，李克務盡地力。」以《藝文》考之，《李克》七篇在「儒家」，【原注】子夏弟子，爲魏文侯相。《李悝》三十二篇在「法家」。【原注】相魏文侯，富國强兵。盡地力者，悝也，非克也，《貨殖傳》誤。【原注】《史記正義》云：「劉向《别録》亦云『李悝』。」

【集證】《史記·孟荀列傳》：「魏有李悝，盡地力之教。」又《貨殖傳》：「魏文侯時，李克務盡地力。」《索隱》曰：「按《漢書·食貨志》『李悝爲魏文侯作盡地力之教』，今此及《漢書·貨殖

①「此」，原本作「比」，據三箋本改。

傳》言『克』，皆誤也。」

賈誼《弔屈原賦》「見細德之險微」，顔注云：「見苛細之人，險阨之證。」則「微」當作「徵」。[一]見險證而去，色斯舉矣，見幾而作。

[一]【何云】《文選》作「徵」，宜據以刊正《漢書》。

【元圻案】《文選》六十賈誼《弔屈原文》：「鳳凰翔於千仞兮，覽德輝而下之。見細德之險徵兮，遥曾擊而去之。」注：「遥，遠也；曾，益也。《史記》『擊』字作『翮』。險徵，謂輕爲徵祥也。」

《史通·覈才篇》述傅玄之言曰：「孟堅《漢書》實命世奇作，及與陳宗、尹敏、杜撫、馬嚴撰中興紀傳，[一]其文曾不足觀。豈拘於時乎？不然，何不類之甚也！」

[一]案，此即《東觀漢記》之創始也。

【元圻案】《後漢書·班固傳》：「固除蘭臺令史，與前睢陽令陳宗、長陵令尹敏、司隸從事孟異共成《世祖本紀》。」《儒林傳》：「尹敏，字幼季，南陽堵陽人。與班彪親善。累遷諫議大夫。」「杜撫字叔和，犍爲武陽人。建中初，爲公車令。」《馬援傳》：「嚴字威卿，援兄子也。顯宗召見，嚴進對（閔）〔閑〕雅，詔留仁壽闥，與杜撫、班固等雜定《建武注記》。」

陸澄注班史，多引《史記》，此缺一言，彼摘半句，[一]皆采摘成句，標爲異説。[二]今其書不傳。前輩謂班之於馬，時有遺失，如《樊噲傳》「彘肩」之不言「生」，《田儋傳》「有以！起自布衣」，而去「也夫」二字；垓下之戰，《史》載甚詳，而孟堅略不及。

[一]案，「摘」當從《史通》作「增」。

[二]此《史通·補注篇》云。

【閻按】《高祖本紀》「五年，高祖與項羽決勝垓下」至「大敗垓下」，此韓信用兵全副伎倆也。《通鑑》本《漢》，遂忘卻《史》。

【何云】《史記》：「高祖與項羽決勝垓下。淮陰侯將三十萬自當之，孔將軍居左，費將軍居右，皇帝在後，絳侯、柴將軍在皇帝後。淮陰侯先合，不利，卻。孔將軍、費將軍縱，楚兵不利，淮陰侯①復乘之，大敗垓下。」按，項王大敵，雖兵少食盡，致死於我，勝負未可知。先合不利者，驕之使惰也；卻者，遷延徐退，誘之使疲也；縱則夾擊之，使不能前後相救，楚兵橫斷，故不利也。然後因其弊而悉衆以乘之，項王雖勇，豈能支乎？絳侯、柴將軍之兵，則遊軍也，當楚人既動，必繞出其後矣。

【全云】縱是左右夾擊，使之應接不暇，非橫斷也。絳、柴之軍最後，是備不虞，亦非乘間繞

①「侯」，原本無，據三箋本及《史記·高祖本紀》補。

出者。

【元圻案】《齊書·陸澄傳》：「澄字彦淵，吴郡吴人也。少好學，博覽無所不知。」歷官散騎常侍、秘書監、領國子祭酒。◎《隋書·經籍志》「正史類」：「《漢書注》一卷，齊金紫光禄大夫陸澄撰。」◎「前輩」以下云云，乃樓攻媿所作《婁機〈班馬字類〉序》文語。

《梁書·劉之遴傳》云：「古本《漢書》，《外戚》次《帝紀》下，諸王悉次《外戚》下，在陳、項《傳》前。《新唐書·列傳》蓋倣此。」

【何云】之遴妄語，不足信。《元后》與《外戚》相接，《王莽》與《元后》相因，豈得次《帝紀》下也？幸得班氏《敍傳》固在耳。

【元圻案】全氏《經史問答》曰：「《外戚傳》以《元后傳》與《莽》接，有深意焉，則必無升在列傳首卷之理。《外戚傳》不列於《陳》、《項》之上，則諸王傳亦不次《外戚》也，蓋陳、項是羣雄，其不爲諸王屈也，是史法也。之遴妄信而傳之。」◎《梁書·劉之遴傳》：「之遴字思貞，南陽涅陽人也。鄱陽嗣王範得班固所上《漢書》真本，獻之東宮，皇太子令之遴與張纘、到溉、陸襄等參校異同。之遴具異狀十事」云云。◎《四庫全書總目·正史類》：「《漢書》一百二十卷。漢班固(傳)〔撰〕，其妹班昭續成之。始末具《後漢書》本傳。是書歷代寶傳，咸無異論。惟《南史·劉之遴傳》云：『古本《漢書》稱永平十年五月二十一日郎班固上，而今本無上書年月日子。』案，固自永平受詔修《漢書》，至建初中乃成。又《班昭傳》云『八表并《天文志》未竟而卒，和帝詔昭就東觀藏書踵成之』，是此書之次第續成，事隔兩朝，撰非一手。之遴所見古本，既有紀、表、志、傳，乃云總於永平中表上，殆不考成書之年月也。之遴又云：『古本《敍傳》號爲《中篇》，今本爲《敍傳》』；又今本《敍傳》載班彪事行，而古本云「彪自有傳」。』夫古書敍皆載於卷末，固自述作書之意，故謂之『敍』；追溯祖父之事迹，故謂之『傳』。後代史家，皆沿其例。之遴謂原作《中篇》，文繫篇末，『中』字竟何義也？至云『彪自有傳』，語尤荒誕。彪在光武之世舉茂才，實爲東漢之人，惟附於《敍傳》，故可於況伯、(游)〔斿〕、穉之後詳其生平。若自爲一傳，列於西漢，則斷限之謂何？之遴又云：『今本紀及表、志、列傳不相合爲次，而古本相合爲次，總成三十八卷。』案，固自言『紀、表、志、傳凡百篇』，篇即卷也。是不爲三十八卷之明證。又言述記十二，述表八，述志十，述列傳七十，是各爲次第之明證。之遴又云『今本《外戚》在《西域》後，古本次《帝紀》下』，又『今本《高五子》、《文三王》、《景十三王》、《孝武六子》、《宣元六王》雜在諸傳中，古本諸王悉次《外戚》下，在陳、項《傳》上』。夫紀、表、志、傳之序，固自言之。如之遴所述，則傳次於紀，而表、志反在傳後。且諸王既以代相承，宜總題《諸王傳》，何以《敍傳》作《高五王傳第八》、《文三王傳第十七》、《景十三王傳第二十三》、《武五子傳第三十三》、《宣元六王傳第五十》耶？且《漢書》始改《史記》之《項羽本紀》、《陳勝世家》爲《列傳》，自應居列傳之首，豈得移在諸王之後？其述《外戚傳第六十七》、《元后傳第六十八》、《王莽傳第六十九》，明以王莽之勢成於元后，史家微意寓焉。若移《外戚傳》次於本紀，是惡知史法哉！又引古本述云：『淮陰毅毅，仗劍周章，邦之傑子，實惟英彭。化爲侯王，雲起龍驤。』然今『芮尹江湖』句有張晏注，是晏所見者即是今本。況《之遴傳》所云獻太子者，謂昭明太子也。《文選》載《漢書述贊》云『信惟餓隸，布實黥徒，越亦狗盜，芮尹江湖。雲起龍驤，化爲侯王』，與今本同。是昭明亦知之遴所謂古本不足信矣。自漢張霸始撰僞經，至梁人於《漢書》復有僞撰古本。然一經考證，紕繆顯然。顔師古注本冠以『指例』六條，歷述諸家，不及之遴所説，當時已灼知其僞。李延壽不訊端末，遽載於史，亦可云愛奇嗜博，茫無裁斷矣。」

錢氏大昕曰：古本《漢書》亦猶姚方興之《舜典》也。當時無識古者，故以爲真本。之遴雖録其異狀數十事，細考之，皆是後代史例，適形其妄而已。《皇后》次《帝紀》本於范蔚宗，范又本之華嶠；《諸王》次《后妃》則李延壽《南》、《北史》已然，此歐、宋所本也。

《匡衡傳》注：「今有《西京雜記》，其書淺俗，出於里巷，多妄説。」段成式《酉陽雜俎·語資篇》云：「庾信作詩，用《西京雜記》事，自追改曰：『此吴均語，恐不足用。』」今按《南史》，蕭賁著《西京雜記》六十卷。然則依托爲書，不止吴均也。

【何云】今人作詩，喜搜小説所載詭誕不根語用之，是何不知奉教於義城也！

【元圻案】《書録解題·傳記類》：「《西京雜記》六卷。晉勾漏令丹陽葛洪稚川撰。其卷末言：『洪家有劉子駿書百卷，先父傳之。歆欲撰《漢書》，雜録漢事，未及而亡。試以此《記》考校班固所作，殆是全取劉書，少有異同耳。固所不取不過二萬餘言，今鈔出爲二卷，以裨《漢書》之闕。』所謂先父者，歆之於向也，而《館閣書目》以爲洪父傳之，非是。《唐·藝文志》亦只二卷，今六卷者，後人分之也。按，洪博聞深學，江左絶倫，所著書幾五百卷，本傳具載其目，不聞有此書，而向、歆父子亦不聞其嘗作史傳於世，使班固有所因述，亦不應全没不著也。殆有可疑者，豈惟非向、歆所傳，亦未必洪作也。」◎晁氏《讀書志》云：「江左人皆以爲吴均依托。」◎《北史·文苑傳》：「庾信，字子山，南陽新野人。梁時聘於西魏，遂留長安。周孝閔帝踐阼，封義城縣侯。」◎《梁書·文學傳》：「吴均，字叔庠，吴興故（障）〔鄣〕人也。均表求撰《齊春秋》，書成，高祖以其書不實，焚之。尋使撰《通史》，起三皇，訖齊代，均草本紀、世家功已畢，唯列傳未就，卒。」◎《南史·齊竟陵王子良傳》：「子昭胄，昭胄子賁，字文奂，好學，能書善畫，於扇上圖山水，咫尺之内，便覺萬里爲遥。嘗著《西京雜記》六十卷。」卷數多寡縣殊，當另是一書。吴均有《續齊諧記》。

《刑法志》：「獄刑號爲平矣。」《酷吏傳序》：「號爲罔漏吞舟之魚。」《王温舒傳》：「廣平聲爲道不拾遺。」曰「號」，曰「聲」，謂名然而實否也，書法婉而直。

【何云】「網漏吞舟之魚」乃言文法之寬，不當並舉。

【閻按】「罔漏吞舟之魚」實言文法疏，非刺時也，不當與上下並舉。

【元圻案】真西山《大學衍義》曰：「『刑獄號爲平矣』，『號』之一辭，名然而實否之謂也。」◎《漢書·刑法志》：「宣帝選于定國爲廷尉，求明察寬恕黄霸等以爲廷平，季秋後請讞。時上常幸宣室，齋居而決事，刑獄號爲平矣。」又曰：「漢興之初，雖有約法三章，網漏吞舟之魚。然其大辟，尚有夷三族之令。」《酷吏傳序》：「漢興，破觚而爲圜，(琢)〔斲〕雕而爲樸，號爲罔漏吞舟之魚。」《王温舒傳》：「稍遷至廣平(太守)〔都尉〕，擇郡中豪敢往吏十餘人爲爪牙，縱使督盜賊，盜不敢近。廣平聲爲道不拾遺。」◎顏師古於《刑法志序》「吞舟」句下注曰「言疏闊」，於《酷吏傳序》「吞舟」句注曰「言其疏也」。

《平當傳》云：「漢興，唯韋、平父子至宰相。」愚謂周勃、亞夫父子爲相，事業過韋、平遠甚，班孟堅其忘諸乎？

【全云】昭、宣以後，大司馬是輔政者，乃真宰相。所謂丞相，則具官耳。

【元圻案】《漢書·平當傳》：「平當，字子思。哀帝即位，徵當爲御史大夫，至丞相。子晏以明經歷位大司徒，封防鄉侯。漢興，唯韋、平父子至宰相。」又《韋賢傳》：「韋賢，字長孺。宣帝本始三年，代蔡義爲丞相，封扶陽侯。少子玄成，復以明經歷位至丞相。玄成字少翁，永光中，代于定國爲丞相。」◎周勃於吕后時誅諸吕，亞夫於景帝時平吴楚。

《藝文志》：「于長《天下忠臣》九篇。」劉向《別録》云：「傳天下忠臣。」愚謂《忠臣傳》當在史記之録，而列於陰陽家何也？《七略》，劉歆所爲，班固因之。歆，漢之賊臣，其抑忠臣也則宜。

【何云】于長之書不傳，其列陰陽家也必有故，無取横加詆斥。

【全云】何氏過於左袒古人。

【集證】《隋志》「簿録篇」：「《七略別録》二十卷，劉向撰。《七略》七卷，劉歆撰。」

董公之名不聞，魯兩生之氏不著。仁義之説，如山川出雲，時雨既降，而不有其功；禮樂之言，如鳳翔千仞，非燕雀之網所能羅。古之逸民也。

【元圻案】董公注已見①。◎《漢書・叔孫通傳》：「使徵魯諸生三十餘人。魯有兩生不肯行，曰：『公所事者且十主，皆面諛親貴。今天下初定，死者未葬，傷者未起，又欲起禮樂。禮樂所由起，百年積德而後可興也。』」◎張南軒《史論》曰：「三老董公之説，以爲『順德者昌，逆德者亡』，『兵出無名，事故不成』，名其爲賊，敵乃可（復）〔服〕。三軍之衆爲義帝縞素，五十六萬之師不約而來，從義之所感也。使高帝不入彭城置酒高會，率諸侯窮羽所至而誅之，天下即定矣。惜其

① 見卷一「召平董公」條注（頁一七）。

不篤，不能遂收湯、武之功。然漢卒勝、楚卒亡者，良由於此名正義立故也。董公蓋深知其理，故其言又曰『仁不以勇，義不以力』。自留侯而下，陳謀雖多，而皆未之及。嗚呼，董公其一時之逸民與！」[①]◎王氏《通鑑問答》：「出宛、葉，掩不備，以分其力，其謀發於轅生。説行而身隱，鴻飛魚潛，脱屣圭組，遠希魯連，近慕董公，亦古之逸民歟！」

陳萬年爲三公，而教其子以諂；范滂、姜敍之母一婦人，而勵其子以義。二漢風俗，以是觀之。

【全云】西京風俗不可以此一事而盡貶之也。翟義之母知其子之有禍而不肯去，則亦賢矣。

【元圻案】《漢書·陳萬年傳》：「萬年字幼公，沛郡相人也。萬年廉平，内行修，然善事人，賂遺外戚許、史，傾家自盡，竟代定國爲御史大夫。子咸，字子康。萬年病，召咸教戒於牀下，語至夜半，咸睡，頭觸屏風。萬年大怒，欲杖之，曰：『乃公教汝，（汝）反睡，不聽吾言，何也？』咸叩頭謝曰：『具曉所言，大要教咸諂也。』萬年乃不復言。」◎《後漢書·黨錮傳》：「范滂，字孟博，汝南征羌人也。少厲清節。建寧二年，大誅黨人，詔下捕滂。其母就與之訣，曰：『汝今得與李、杜齊名，死亦何恨！既有令名，復求壽考，可兼得乎？』」◎《三國志·魏·楊阜傳》注，皇甫謐《列女

---

① 見宋張栻《史論·漢楚争戰》。

傳》曰：「姜敘母者，天水姜伯奕之母也。建安中，馬超攻冀，害涼州刺史韋康。敘爲撫夷將軍，擁兵屯歷。敘姑子楊阜，故爲康從事，陰結爲康報仇，未有閒。阜至歷，候敘母，説康被害。敘母曰：『咄！伯奕，韋使君遇難，豈一州之恥，亦汝之負，豈獨義山哉！汝無顧我，事淹變生。人誰不死？死國，忠義之大者。但當速發，我自爲汝當之，不以餘年累汝也。』因敕敘與阜參議。」◎《漢書·翟方進傳》：「少子義，字文仲。爲東郡太守。王莽居攝，義舉兵。義兄宣居長安，謂後母曰：『東郡太守文仲素俶儻，今數有惡怪，恐有妄爲而大禍至也。太夫人可歸，爲棄去宣家者以避害。』母不肯去，後數月敗。」亦賢婦人也。

一梁以折七國之鋒，一琅邪以續典午之緒，封建可以支變故。[一]安平之功，以晝邑之王蠋；南陽之興，以東郡之翟義。[二]節行可以回人心。

[一]【何云】七國獨非封建乎？

[二]翟義注見上。

【元圻案】《漢書·梁孝王傳》：「吴、楚七國反，先擊梁棘壁，殺數萬人。梁王城守睢陽，使韓安國、張羽等爲將軍以距吴、楚。吴、楚以梁爲限，不敢過而西。」◎《晉書·元帝紀》：「帝諱睿，宣帝曾孫，琅琊恭王覲之子也。年十五，嗣位琅琊王。及懷帝蒙塵於平陽，司空荀藩等推帝爲盟主。太興元年三月，愍帝崩問至，即皇帝位。」◎《三國志·蜀·譙周傳》：「典午忽兮，月酉没兮。」典午，司馬氏隱謎也。◎《史記·田單傳贊》：「燕之初入齊，聞畫邑人王蠋賢，使人謂蠋曰：『吾以子爲將，封子萬家。不聽，吾引三軍而屠畫邑。』王蠋曰：『忠臣不事二君，貞女不更二夫。與其生而無義，固不如烹！』齊亡大夫聞之曰：『王蠋，布衣也，義不北面於燕，況在位食禄者乎！』乃相聚如莒，求諸子，立爲襄王。」◎田單破燕，復齊七十餘城，齊襄王封單號曰「安平君」。◎晁無咎嘗非太史公不爲王蠋立傳①。◎胡子《知言》：「郡縣天下可以（支）〔持〕承平，而不可以支變故；封建諸侯可以（支）〔持〕承平，可以支變故。」

辛慶忌之救朱雲，張萬福之拜陽城，服儒衣冠者亦可愧矣。

【全云】慶忌先嘗救劉輔。

【元圻案】《容齋隨筆》九：「漢成帝將立趙飛燕爲皇后，怒劉輔直諫，因之掖廷獄。左將軍辛慶忌等上書救輔，遂得減死。朱雲請斬張禹，上怒，將殺之，慶忌免冠解印綬，叩頭殿下，曰：『此臣素著狂直，臣敢以死争。』叩頭流血。上意解，然後得已。慶忌此兩事，可與汲黯、王章同科。班史不書於本傳，但言其爲國虎臣，匈奴、西域敬其威信而已。方争朱雲時，公卿在前，曾無一人助之以請，爲可羞也。」◎《唐書·張萬福傳》：「萬福，魏州元城人。三世明經，止縣令、州

① 見宋晁補之《雞肋集》卷三十三《書王蠋後事》。

佐。萬福以儒業不顯，乃學騎射，以别校征遼東，有功，累遷泗州刺史，召拜右金吾將軍。陽城等詣延英門論裴延齡事，伏閼不去，帝震怒，左右懼不測。萬福大言曰：『國有直臣，天下無慮矣。吾年八十，與見盛事。』遍揖城等勞之，天下益重其名。」◎權德輿《陸宣公翰苑集序》曰：「夏旱，芻糧不給，軍校訴於上。延齡奏曰：『此皆陸贄輩怨望鼓扇軍人也。』貶公忠州别駕。上怒不可測，賴陽城、張萬福救之，獲免。」◎武帝時按道侯韓説之救（倪）〔兒〕寬，事見《劉向傳》，亦辛、張之比。

《功臣表》：「靡有孑遺，秏矣。」孟康曰：「秏，音毛。」顔師古曰：「今俗語猶謂『無』爲『秏』。」《馮衍傳》「飢者毛食」，注：「案，《衍集》『毛』字作『无』①，今俗語猶然，或古亦通乎？」

【繼序按】《文選》注引《蒼頡篇》云：「秏，消也。」②越人多謂「無」曰「秏」。

【集證】《隋書·經籍志》：「梁有《漢書》孟康音九卷。」

---

① 「无」，原本作「無」，據元刊本、三箋本改。

② 見《文選》曹植《七啓八首》「秏精神乎虚廓，廢人事之紀經」句李善注。

衛綰「以戲車爲郎」，[一]《鹽鐵論·除狹篇》：「賢良曰：戲車鼎躍，咸出補史①。累功積日，或至卿相。」鼎躍，東方朔所謂鼎官，鄒陽所謂鼎士也。

[一]師古注：「戲車，若今弄車之(役)〔技〕。」

【全云】鼎躍，或云承上文言之，猶云治躍。

【元圻案】《衛綰傳》：「綰，代大陵人也，以戲車爲郎，事文帝，醇謹無它。景帝立膠東王爲太子，召綰爲太子太傅。代桃侯舍爲丞相。」◎《東方朔傳》「夏育爲鼎官」，注：「今殿前舉鼎者也。」◎《鄒陽傳》：「夫全趙之時，武力鼎士袨服叢臺之下者一旦成市，而不能止幽王之湛患。」注：「鼎士，舉鼎之士也。」

《武紀》：元狩二年秋，匈奴昆邪王降，「置五屬國以處之」。注不載五屬國之名。

【原注】《表》云「三年」。考之《地理志》，屬國都尉，安定治三水，上郡治龜茲，[一]天水治勇士，五原治蒲澤，張掖治日勒。[二]此武帝初置也。若金城、西河、北地屬國，置於宣帝時，不在五屬國之數。

[一]注：「應劭曰：『音丘慈。』」

① 「史」，《鹽鐵論》原文作「吏」。

〔二〕案，《地理志》，三水、龜兹、勇士、蒲澤皆曰「屬國都尉治」，唯日勒只曰「都尉治」，無「屬國」字。

【閻按】日勒止注「都尉治」，不云「屬國」。其西河之美稷乎？注可見。◎胡三省注《通鑑地理》，歸太僕稱曰佳，然於五屬國此等亦不暇細析，似遜王氏。此余每悼惜其《通鑑地理考》一百卷之失傳也。

【全云】胡氏注《通鑑》，實成於吾寧之甬上，見《袁清容集》，不知何以不見深寧榷史之書？是時宋室初亡，深寧蓋杜門不接後進也。

【繼序按】胡身之，寶祐四年進士，出深寧之門。

【集證】宋錢文子《補漢兵（制）〔志〕》：「武帝征伐之餘，夷狄衰耗，於是即其歸義者，處之塞外爲屬國，置屬國都尉領之。」陳元粹注引《地理志》：天水、勇士、安定、三水、上郡、龜兹、西河、美稷、五原、蒲澤皆屬國都尉治。按，與閻説合。考《宣紀》五鳳三年始「置西河、北地屬國以處匈奴降者」，故王氏不數西河之美稷。又按，《匈奴傳》元鳳三年，張掖屬國都尉郭忠發兵擊匈奴，屬國千長義渠王騎士射殺黎汗王，忠封成安侯，自是匈奴不敢入張掖。是張掖已置屬國都尉矣。書此俟詳考。

【元圻案】《景武昭宣元成（哀）功臣表》：「成安嚴侯郭忠：以張掖屬國都尉匈奴入寇與戰，斬黎汗王，侯。昭帝元鳳三年二月癸丑封。」與《匈奴傳》合。

張良，張仲三十代孫，張老十七代孫。【原注】《張氏譜》云：仲見《詩》，老見《春秋》、《禮記》。

【閻按】《索隱》云：「王符、皇甫謐並以良爲韓之公族，姬姓也。」余謂以大父開地、父平相韓凡五世，則公族之説當信。

【又云】《張氏譜》亦從《唐·宰相世系表》來，但代數則其所撰出者。

【何云】按，《張氏譜》必唐以前相傳舊譜，故王氏引之。閻謂其從《唐書》來，恐非。然《後漢書》謂張皓出於留侯，尚不可甚信，況其絶遠者乎？班孟堅作《張湯傳》，不取馮商語，斯卓越矣。

【又云】此等語，注《漢書》者所不取，以其附會無據耳。

【元圻案】《張湯傳贊》曰：「馮商稱張湯之先與留侯同祖，而司馬遷不言，故闕焉。」◎《後漢書·張皓傳》：「皓字叔明，犍爲武陽人也。六世祖良，高祖時爲太子少傅，封留侯。」

《史通》云：「司馬相如始以《自敍》爲傳，然其所敍，但記自少及長，立身行事而已。」[一]今考之本傳，未見其爲《自敍》。又云：「相如《自敍》，記其客遊臨邛，以《春秋》所諱，持爲美談。」[二]恐未必然。意者《相如集》載本傳，如賈誼《新書》末篇，故以爲《自敍》歟？

[一]下云：「逮於祖先所出，則蔑爾無聞。」◎《序傳篇》文。

〔二〕下云：「雖事或非虛，而理無可取。載之於傳，不亦愧乎！」◎亦《序傳篇》文。

【全云】或者《相如集》原有《自序》，而其體正，不必如遷、雄所爲耳。《史通》當有所據。

【元圻案】《史通·雜説上篇》云：「馬卿爲《自敍傳》，具在其集中。子長因録斯篇，即爲列傳，班氏仍舊，曾無改奪。尋固於《馬、揚傳》末，皆云遷、雄之自敍如此。至於《相如》篇下，獨無此言。蓋止憑太史之書，未見文園之集，故使言無畫一，其例不純。」浦起龍《史通通釋》曰：「伯厚似未見此節而云然。」又《序傳篇》釋曰：「《漢書》相如本傳無《自敍》明文。證之後史，知其言固有本。《隋·劉炫傳》自爲贊曰『通儒司馬相如、揚子雲、馬季（卿）〔長〕、鄭康成等，皆自敍風徽，傳芳來葉』云云。蓋子玄之前，古人已言之矣。」

桓譚《新論》：「漢百姓賦斂，一歲爲四十餘萬萬。吏俸用其半，餘二十萬萬藏於都內，爲禁錢。少府所領園地作務八十三萬萬，以給宮室供養諸賞賜。」〔一〕漢財用之數，大略見此。

〔一〕見《太平御覽》六百二十七。

【何云】漢無養兵之費，故經賦有餘羨。

何武曰：「衛青在位，淮南寢謀。」李尋曰：「淮南王作謀之時，其所難者，獨有汲黯。」今人多以淮南寢謀稱黯，而不及青，才能不若節義也。【原注】「汲黯在朝，淮南寢謀。」其語見吴步騭疏①。

【何云】吾家汜鄉語，本伍被對淮南語。

【全云】《淮南王傳》亦嘗有謀刺殺大將軍青之語，《汲黯傳》則固有憚黯之語。◎《魏志·徐奕傳》亦有此語，不止步騭疏也。

【元圻案】《漢書·辛慶忌傳》：「丞相司直何武上封事曰：『虞有宫之奇，晉獻不寐；衛青在位，淮南寢謀。故賢人立朝，折衝厭難，勝於無形。』」又《李尋傳》：「尋字子長，平陵人也。哀帝初即位，召尋待詔黄門。上書曰：『臣聞往者淮南王作謀之時，其所難者，獨有汲黯，公孫弘等不足言也。弘，漢之名相，於今無比，而尚見輕，何況亡弘之屬乎？』」又《伍被傳》：「淮南王曰：『山東即有變，漢必使大將軍將而制山東。公以爲大將軍何如人也？』被曰：『大將軍遇士大夫以禮，與士卒有恩，衆皆樂爲用。騎（士）上下山如飛，材力絶人如此，數習將兵，未易當也。』王曰：『夫蓼太子知略不世出，非常人也，以爲漢廷公卿列侯皆如沐猴而冠耳。』被曰：『獨先刺大將軍，乃可舉事。』」又《淮南王長傳》：「王鋭意欲發，欲如伍被計，使人爲得罪而西，事大將軍、丞相；一日發兵，即刺大將軍衛青，説丞相弘下之，如發蒙耳。」◎《三國志·魏·徐奕傳》：「太祖以奕

---

① 見《三國志·吴書·步騭傳》。

爲中尉，手令曰：『昔楚有子玉，文公爲之側席而坐；汲黯在朝，淮南爲之折謀。《詩》稱「邦之司直」，君之謂與！』」又《吴·步騭傳》：「騭上疏曰：『汲黯在朝，淮南寢謀；郅都守邊，匈奴竄迹。故賢人所在，折衝萬里。』」◎蘇子由元祐元年二月上疏曰：「昔淮南王反，獨畏衛青、汲黯。」[①]實兼取二説。

西漢末，郭欽、蔣詡、栗融、禽慶、蘇章、曹竟不仕於莽。【原注】見《龔鮑傳》。卓茂與孔休、蔡勳、[一]劉宣[②]、龔勝、鮑宣同志，不仕莽時。【原注】見《卓茂傳》。王皓、王嘉並棄官。【原注】見《李業傳》。《漢史》不能表而揚之爲《清節傳》，而僅附見其名氏，然諸君子清風肅然，立懦夫之志於百世之下，不待傳而彰。

[一]邕，其玄孫也。

【何云】無他事迹，但宜於他傳中附見。《宋》、《金》二史紛煩無統，皆此等議論啓之，勸懲不在傳之有無也。

【全云】何氏但欲爲班固佞臣，故作此語。《漢史》不傳忠義，自是大闕略。事如何武、鮑宣，

---

① 宋蘇轍《乞選用執政狀》。

② 「卓茂與孔休、蔡勳、劉宣」，元刊本作「孔休、蔡勳、劉宣與卓茂」。

不附莽而死者也；彭宣、王崇、龔勝、邴漢、梅福、逢萌，不附莽而去者也；辛慶忌之五子，不附莽而死者也；翟義、賈萌、張充諸人，討莽而死者也；龔勝，不應徵而死者也；孔休、薛方、郭欽、蔣詡、栗融、禽慶、向長、蘇章、蔡勳，不附莽而隱者也；曹竟，不附莽而死於赤眉；李業、王皓、王嘉、譙玄，不仕莽而死於公孫述，其中有事迹者蓋十之六，若爲立傳，當勝於《儒林》諸公之寥落遠甚。《宋》、《金》二史之紛繁，其失豈在此哉！且班史嘗爲毫無事迹之馬宫作傳，則吾不知蒙奉之徒何以發明作者之義云？

【又云】高固不仕莽，淮陽太守殺之，見《魏志》注中所引《陳留耆舊傳》。令狐整〔遠祖邁〕①不仕莽，見《周書》。◎盧月船云：「王青之祖文翁，與崔太守起兵而死，亦義士也。見《周黼傳》。」

【元圻案】全氏《西漢節義傳題詞》曰：「《水經注》有豫章太守賈萌討莽而死，《陳留風俗傳》有淮陽高固不附莽而死，令狐德棻《北周書》及《唐史·宰相世系表》有建威將軍令狐邁豫於東郡之難而死。」◎齊氏召南《漢書考證》曰：「《鮑宣傳》特附薛方等七人，皆不仕莽世，清節著名者。據《後漢書·卓茂傳》，茂與孔休等六人同志。又申徒剛、宣秉、王丹、王良、郭丹、蔡茂及陳寵之曾祖咸，各見本傳。而《儒林傳》載高詡、包咸，《獨行傳》載譙玄、李業、王皓、王嘉、劉茂，《逸

①「遠祖邁」，原本無，據《周書·令狐整傳》「整遠祖漢建威將軍邁，不爲王莽屈」句意補。

民傳》載向長、逢萌、王君公、周黨、譚咸、殷謨、王霸、戴遵，皆立志較然，不汙新室爵命，宜與薛方諸賢牽連書之。乃莽大夫揚雄一傳，累牘連篇，而於諸賢聊表一二，此則班氏之失也。◎案《後漢書·胡廣傳》：「六世祖剛，清高有志節。王莽居攝，剛解其衣冠，懸府門而去，遂亡命交阯。」《蔡茂傳》：「郭賀祖父堅伯，父游君，並修清節，不仕王莽。」《楊震傳》：「父寶，哀、平之世，隱居教授。居攝二年，與兩龔、蔣詡俱徵，遂遁逃，不知所處。」《儒林傳》：「牟長不仕王莽。」「高詡父容，父子稱盲，逃，不仕莽世。」「洼丹字子玉，王莽時，嘗避世教授，專志不仕。」「孔僖〔曾祖〕①父子建，少遊長安，與崔篆友善。及篆仕莽爲建新大尹，嘗勸子建仕。對曰：『吾有布衣之心，子有衮冕之志，各從所好！』」《方術傳》：「郭憲字子横，王莽篡位，拜憲郎中，賜以衣服。憲受衣而焚之，逃於東海之濱。」《水經注》十一：「易水出西山寬（谷中）〔中谷〕，東逕五大夫城南，昔北平侯王譚不從王莽之政。子興，生五子，並避時亂，隱居此山，故其舊居，世以爲五大夫城。光武即位，封爲五侯，元才北平侯、益才安（熹）〔喜〕侯、顯才蒲陰侯、仲才新市侯、季才爲唐侯，所謂中山五王也。」又十七：「汧水又東南逕隃麋縣故城南。昔郭欽恥王莽之徵而遁迹於斯。」趙氏《金石録》十八《漢禮殿記跋尾》云：「《華陽國志》有文參字子奇，不從王莽、公孫述，光武嘉之。」以上諸賢皆厚齋所謂當表而揚之爲《清節傳》者，故附著於此。

① 「曾祖」，原本無，據《後漢書·儒林列傳上》補。

《論衡·别通篇》："孝明之世，讀《蘇武傳》，見武官名曰『栘中監』，以問百官，百官莫知。"

【閻按】《蘇武傳》"監"上有"廏"字。如淳曰"栘，園中有馬廏"①，武爲之監也。

【集證】按《新序·節士篇》"孝武皇帝時，以武爲栘中監使匈奴"，亦無"廏"字，疑古本《漢書》如是。又按，《論衡·别通篇》云："夫《倉頡》之章，小學之書，文字備具。至於無能對聖國之問者，是皆美命隨牒之人，多在官也。『木』旁『多』文字且不能知，其欲及若董仲舒之知重常，劉子政之知（負貳）〔貳負〕，難哉！"詳此，是百官莫知者"栘"字耳。

又《須頌篇》云："司馬長卿爲《封禪書》，文約不具。子長紀黄帝至孝武，揚子雲録宣帝至哀、平，陳平仲紀光武，班孟堅頌孝明。漢家功德，頗可觀見。"今子雲書不傳，平仲未詳其人，孟堅頌亦亡。

【閻按】《後漢·班固傳》："與陳宗、尹敏、孟異共成《世祖本紀》。"則平仲乃宗之字也，官睢陽令。

---

① "如淳曰"云云，見《漢書·昭帝紀》"栘中監蘇武前使匈奴"句注，非在《蘇武傳》。

荀爽《對策》曰：「今臣僭君服，下食上珍，宜略依古禮尊卑之差，及董仲舒制度之别。」見《本傳》。注引仲舒《對策》。愚謂制度之别，必有其書，非但「正法度」、「别上下」之對也。《春秋繁露》有《度制篇》。

【元圻案】《繁露》第二十七，一作《調均篇》。

董仲舒三年不窺園①。法真歷年不窺園②。趙昱歷年潛思③，不窺園門。[一]桓榮十五年不窺家園④。何休不窺園[二]者十七年⑤。

[一]【閻按】謝承《後漢書》作「圃」。○案，見《三國志·陶謙傳》注。

[二]【閻按】《後漢書》作「門」。

【元圻案】宋朱翌《猗覺寮雜記》云不窺園三：董仲舒，後漢桓榮、趙昱。厚齋蓋補其所未及。◎《北史·儒林傳》：「劉炫與信都劉焯閉門讀書，十年不出。」

① 見《漢書·董仲舒傳》。
② 見《太平御覽》卷一九七引《後漢書》。
③ 「思」，《三國志·魏書·陶謙傳》注引謝承《後漢書》作「志」。
④ 見《後漢書·桓榮傳》。
⑤ 見《後漢書·何休傳》。

號萬石者五家：漢石奮及四子皆二千石，號萬石君；馮揚爲弘農太守，八子皆爲二千石，亦號萬石君；嚴延年兄弟五人至大官，母號萬石嚴嫗；秦襲爲潁川太守，羣從同時爲二千石者五人，號萬石秦氏；唐張文瓘爲侍中，四子皆至三品，號萬石張家。

【閻按】南宋廖剛子四人仕，皆秉麾節，號萬石廖氏。

【方樸山云】石奮之稱「萬石君」，不獨以家有五人官二千石，直並其姓稱之，故景帝開口即曰「石家」，而武帝詔亦曰「萬石君先帝尊之」。「萬石」之號出自天子，又連姓氏爲文，故可傳後。

此諸家便少味。

【元圻案】《漢書·石奮傳》：「奮爲諸侯相。長子建，次甲，次乙，次慶，皆以馴行孝謹，官至二千石。於是景帝曰：『石君及四子皆二千石，人臣尊寵乃舉集其門。』凡號奮爲『萬石君』。」◎《後漢書·馮勤傳》：「勤字偉伯，魏郡繁陽人也。曾祖父揚，宣帝時爲弘農太守。有八子，皆爲二千石，趙魏間榮之，號曰『萬石君』焉。」◎《漢書·酷吏傳》：「嚴延年，字次卿，東海下邳人也。爲河南太守。延年母從東海來，到洛陽，適見報囚。母大驚，因數責延年，謂：『天道神明，人不可獨殺。我不意當老見壯子被刑戮也。』遂去，歸郡。後歲餘，果敗。東海莫不賢知其母。延年兄弟五人皆有吏材，至大官，東海號曰『萬石嚴嫗』。」◎《後漢書·循吏傳》：「秦彭，字伯平，扶風茂陵人也。自漢興之後，世位相承。六世祖襲，爲潁川太守，與羣從同時爲二千石者五人，故三輔號曰『萬石秦氏』。」◎唐劉肅《大唐世説新語》七：「張文瓘初爲大理卿，旬日決遣疑獄四百餘條，無一人稱屈。四子，潛、沛、洽、涉，皆至三品，時人呼爲『萬石張家』。咸以爲福善之應。」◎《唐書·張文瓘傳》：「文瓘字稚圭，貝州武城人，徙魏州之昌樂。高宗時拜侍中。四子：潛，爲魏州刺史；沛，爲同州刺史；洽，衛尉卿；涉，殿中監。父子皆至三品，時謂『萬石張家』。」◎《史記·汲黯傳》：「黯姑姊子司馬安，文深巧善宦，官四至九卿。昆弟以安故，同時至二千石者十人。」《漢書·蕭望之傳》：「望之子由爲中散大夫，家至二千石者六七人。」二家亦可號「萬石」。◎王楙《野客叢書》數萬石止及石奮、嚴延年、馮揚，而遺秦襲。趙崇絢《雞肋編》所載與此條同。

漢丞相再入二人，周勃、孔光。御史大夫再入三人，孔光、何武、王崇。[一]後漢太尉再入二人，劉矩、馬日磾；[二]三入一人，胡廣。司徒再入二人，魯恭、胡廣。[三]司空三入一人，牟融。[四]唐宰相再入五十七人，長孫無忌至裴樞；三入十二人，武承嗣至鄭畋；四入三人，韋巨源、姚元之、韋安石；五入三人，蕭瑀、裴度、崔胤。

[一]案，《公卿表》審食其亦再入爲丞相。

[二]劉寬、黄瓊、段熲、龐參亦再入爲太尉。

[三]楊賜亦再入。

[四]司空再入三人，尚有劉寵、楊賜、黄瓊。

《宋書·禮志》云：「漢文以人情季薄，國喪革三年之紀；光武以中興崇儉，七廟有共堂之制；魏祖以侈惑宜矯，終斂去襲稱之數；晉武以丘郊不異，二至并南北之祀。豈三代之典不存哉，取其應時之變而已。」愚謂四事唯喪紀、廟制先儒議其失。

【何云】南北亦有異論。

【元圻案】《漢書·文帝紀》：「後元七年遺詔曰：『當今之世，咸嘉生而惡死，厚葬以破業，重服以傷生，吾甚不取。其令天下吏民，令到出臨三日，皆釋服。殿中當臨者，皆以旦夕各十五舉音，禮畢罷。以下，服大紅十五日，小紅十五日，纖七日，釋服。』」◎《後漢書·光武紀》建武二年，注：「《漢禮制度》曰：光武都洛陽，乃合高祖至平帝爲一廟，藏十一主於其中。」《祭祀志》：「建武二十六年張純奏祖宗廟今宜以時定，上難復立廟，遂以合祭高祖廟爲常。」◎《三國志·魏武紀》注：「《魏書》曰：『太祖以送終之制，襲稱之數，繁而無益，俗又過之，故預自製終亡衣服，四篋而已。』」◎《晉書·禮志》：武帝泰始二年，「有司議奏，古者丘郊不異，宜并圓丘方丘於南北郊，更修立壇兆，其二至之祀合於二郊。帝從之」。◎荀悦《漢紀·論》曰：「《書》云『高宗諒闇，三年不言』，孔子曰『古之人皆然』。三年之喪，天下之通喪，由來者尚矣。今而廢之，以虧大化，非禮也。」胡氏《讀史管見》曰：「行而有悖於天，有累於身，雖父令，不可從也；從之，則成父之小欲，而隳父之大仁，君子不謂之孝。況三年之喪，仁人君子所以事天成身之本，非父之所得令者乎！」

揚雄《河東賦》[一]：「羲和司日，顔倫奉輿。」注：「倫，古善御者。」愚嘗考《韓詩外傳》云：「孔子云：美哉顔無父之御也，馬知後有輿而輕之，知上有人而愛之。至於顔倫，[二]少衰矣，馬知後有輿而輕之，知上有人而敬之。」此顔倫善御之事也。書此以補《漢注》之闕。

[一] 載本傳。

[二] 今《外傳》作「淪」。

秦亡於嬰，而莽立嬰以嗣平，速漢之亡也。

【元圻案】趙高弑秦二世，乃立二世之兄子公子嬰爲秦王。沛公破秦，至灞上，子嬰奉天子璽符，降軹道旁。事詳《史記·秦始皇本紀》。◎《王莽傳》：「平帝崩，元帝世絶，而宣帝曾孫有見王五人，列侯廣戚侯顯等四十八人，莽惡其長大，曰：『兄弟不相爲後。』乃選玄孫中最幼廣戚侯子嬰，年二歲，立爲皇太子，號曰孺子。」

張竦答陳遵曰：「學我者易持，效子者難將①。」陳無己爲《秦少游字序》云：

① 「難將」，原本作「難工」，據元刊本改。《漢書·陳遵傳》正作「難將」。

「行者難工，處者易持。」呂成公《書趙忠定父行實後》云：「處者易持，出者難工。」皆本張竦之意。

【元圻案】《游俠傳》：「陳遵，字孟公，杜陵人也。遵與張竦俱爲京兆吏，相親友，常謂張竦：『足下諷誦經書，苦身自約，不敢差跌；而我放意自恣，浮湛俗間，官爵功名，不減於子，而差獨樂，顧不優邪！』竦曰：『人各有性，長短自裁。子欲爲我亦不能，吾而效子亦敗矣。雖然，學我者易持，效子者難將。』」◎《陳後山集》十一《秦少游字序》云：「秦子曰：『往吾少時，如杜牧之强志盛氣，好大而見奇。讀兵家書，乃與意合，謂功譽可力致，而天下無難事。於是字以太虛，以導吾志。今吾年至而慮易，不待蹈險而悔及之，願還四方之事，歸老邑里，如馬少游，於是字以少游。常試以語公，又以爲可，於子何如？』余以爲取善於人，以成其身，君子偉之。且夫二子或進以經世，或退以存身，可與爲仁矣。然行者難工，處者易持。牧之之智，得不如少游之拙失也。」◎呂成公《遺集》六《書趙路分行實後》云：「趙侯至性馴行，隆洽飭備，蹈儒者之所難。自著作君以昌言冠大庭，世或謂隱德，待其子而發，是殆不然。侯之所以自致者，如水必寒，如火必熱，政使名不出家，於侯何損？乃若著作君忠愛敦篤之意，隱然行於政事文學之中，其所從來遠矣。處者易持，出者難工。馳騁當世，萬變錯陳。其視前人之素風淳矩，若奉槃水而涉春冰。然則著作君之紀載，豈徒顯揚爲不朽計哉，抑將泝洪源，景高山，晝誦夜思，期無忝所生云爾。」

楊盈川《隰川令誌》云：「代恭王之子郢客爲侯。」周益公刊《文苑英華校正》，以爲楚元王子郢客爲侯，今云代恭之子，未詳。愚按《漢書·王子侯表》：「土軍侯郢客，代共①王子。」此盈川所用也。②

【元圻案】楊炯《隰川縣令李公墓誌》曰：「公諱嘉，字大善，隴西成紀人也。遷隰川令。晉獻公之（子）〔胤〕，夷吾是邑；代恭王之子，郢客爲侯。」◎《唐書·文藝傳》：「楊炯，華陰人。舉神童，授校書郎。出爲梓州司法參軍，遷盈川令。」◎周必大《文苑英華跋》曰：「《文苑英華》雖秘閣有本，然舛誤不可讀。嘗屬荆帥范仲藝、筠倅丁介稍加校正。晚幸退休，求別本與士友詳議，疑則闕之，詳注逐篇之下。」案，今有彭叔夏《文苑英華辨證》十卷，《自序》云「益公退老丘園，命以校讎，考訂商確，用功爲多」云云。

「嚴延年劾奏霍光『擅廢立，無人臣禮，不道』。奏雖寢，朝廷肅焉。」見《酷吏·嚴延年傳》。呂成公謂：「大哉，延年之奏也。自夷、齊之後，一人而已。」沙隨程氏謂：延年女羅紨，爲昌邑王賀妻，生子女持轡。惟漢人風俗之厚，故不以爲嫌。〔一〕王元石〔二〕

① 「共」，原本作「恭」，據元刊本、三箋本改。《漢書》正作「共」。

② 按，「郢客」，《盈川集》及《文苑英華》皆作「郢容」，據王應麟此條所證，「郢容」當是「郢客」之誤。

曰：「宣帝時，有大議論三：延年以不道劾光，夏侯勝言武帝不宜立廟樂，有司謚故太子曰『戾』。皆後世有所不能。」【原注】劉應起時可奏疏謂：「當使近習畏輔相，輔相畏臺諫。若申屠嘉能使近習畏之，若嚴延年能使輔相畏之。」

〔一〕【全云】羅紨事，見《昌邑王傳》。

【又云】此別一嚴延年也，沙隨誤矣。

【又云】是時有二嚴延年：其劾奏霍光者，時爲侍御史，後爲太守，坐誅，《漢書》有傳，字次卿。其以女適賀者，乃執金吾也，見於《漢書·百官公卿表》，字長孫。故《昌邑王傳》特稱其長孫之字以別之。

〔二〕名介，金華人。

【元圻案】《武五子傳》：「臣敞閲至子女持轡，故王跪曰：『持轡母，嚴長孫女也。』臣敞故知執金吾嚴延年字長孫，女羅紨，前爲故王妻。」◎《夏侯勝傳》：「宣帝初即位，欲襃先帝，羣臣大議廷中，少府勝獨曰：『武帝雖有攘四夷廣土斥境之功，然多殺士衆，竭民財力，奢泰亡度，天下虚耗，亡德澤於民，不宜立廟樂。』」◎《武五子·戾太子據傳》：「太子有遺孫一人，史皇孫子，王夫人男，年十八即尊位，是爲孝宣帝。帝詔曰：『故皇太子在湖，未有謚號，歲時祠，其議謚，置園邑。』有司奏請：『親謚宜曰悼（皇），母曰悼后，故皇太子謚曰戾，史良娣曰戾夫人。』」

鼂錯對策，首云：「平陽侯臣窋等所舉賢良方正、太子家令臣錯。」[一]自言所舉之人及其官爵無所隱。漢制猶古也。自後史無所紀，唯唐張九齡對策，首云：「嗣魯王道堅所舉道侔伊吕科，行秘書省校書郎張九齡。」自糊名易書之法密，不復見此矣。道堅，魯王靈夔之孫，本傳稱其「方嚴有禮法」，是以能舉九齡。而秉史筆者不書於《傳》，僅見《九齡集》。

[一]見本傳。

【元圻案】《漢書·曹參傳》：「高祖六年，賜參爵列侯，食邑平陽萬六百三十户。參子窋嗣侯。」◎《唐書·高祖諸子傳》：「魯王靈夔子藹，藹子道堅嗣。道堅方嚴有禮法，閨門肅如也。」又《張九齡傳》：「九齡字子壽，韶州曲江人。擢進士，始調校書郎，以道侔伊吕科策高第，爲左拾遺。」又《張説傳》：「武后策賢良方正，詔吏部尚書李景（湛）〔諶〕糊名較覆，説所對第一，后署乙等。」◎元盛如梓《老學叢談》謂「宋自淳化中立糊名之法」，誤也。又云「祥符中立謄録之制」，當更考。◎《容齋續筆》十二：「張九齡以道侔伊吕策高第，以《登科記》及《會要》考之，蓋先天元年九月。」

皇甫謐《高士傳》云：「成公者，成帝時自隱姓名，常誦經，不交世利，時人號曰成公。成帝時出遊，問之，成公不屈節。上曰：『朕能富貴人，能殺人，子何能[一]逆朕哉？』成公曰：『陛下能貴人，臣能不受陛下之官；陛下能富人，臣能不受陛下之禄；陛下能殺人，臣能不犯陛下之法。』上不能折，使郎二人就受《政事》十二篇。」班史逸其事。孟堅譏太史公之「退處士」，而不爲逸民立傳，是以有目睫之論。

〔一〕何本無「能」字。

【方樸山云】士安諸書止可博異説，不得援以駁班史之闕。

【全云】此頗疑其不實。《後漢》所傳樊英語亦相類①，過於傲上，故《通鑑》删之。

《高帝紀》：「羣臣曰：『帝起細微，撥亂世反之正，平定天下，爲漢太祖，功最高。』上尊號曰高皇帝。」此謚議之始也。崔駰《章帝謚議》，見《太平御覽》。

【集證】《御覽》五百六十二《禮儀部》：「崔駰《章帝謚議》曰：『臣聞號者功之表，謚者行之迹。據德録功，各當其實。《孝經》曰：「天地明察，神明章矣。」《唐書》數堯之德曰「平章百姓」，言天之章德也。《詩》曰：「雕琢其章，金玉其相。亹亹文王，綱紀四方。」又曰：「倬彼雲漢，爲章於天。」喻文王聖德，有金玉之質，猶雲漢之在天也。舉表析義，四方德附矣。《易》曰：「先天而天不違，後天而奉天時。」臣愚以爲宜上尊號曰章。』」

①見《後漢書·樊英傳》。

歐陽子《五代史·唐六臣傳論》曰：「始爲朋黨之論者，甚於作俑。」愚考漢史《蕭望之傳》，蕭望之、周堪、劉更生同心謀議，弘恭、石顯奏望之、堪、更生朋黨，欲專擅權勢。「朋黨」二字始見於此，遂爲萬世之禍，可謂「一言喪邦」。

【何云】西漢宦者始爲朋黨之論，東漢宦者大興鉤黨之禍。

【集證】陳霆《雨山墨談》：「王厚齋謂『朋黨』二字始見班史。余按，《逸周書》載，穆王作史記以自警，云：『昔有果氏，好以新易故，新故不和，内争朋黨，陰事外權，有果氏以亡。』『朋黨』字當始於此。」

【元圻案】《管子·參患篇》：「行邪者不變，則羣臣朋黨。羣臣朋黨，則宜有内亂。」《戰國策》：「蘇秦説趙肅侯曰：『臣聞明主絶疑去讒，屏流言之迹，塞朋黨之門。』」《史記·蘇秦傳》同，亦先于班史。

何武爲沛郡太守，決富家翁之子之訟，奪女財以與子，謂翁之思慮弘遠。【原注】事見《風俗通》。① 乖崖[一]斷杭民子婿之事，其意類此。

[一]【閻按】乖崖，張詠號。

① 此段原注原在文末，今據文意移此。

【全云】張忠定公詠。

【錢氏大昕曰】今《風俗通》無此，《太平御覽》引《風俗通》有此。

【集證】《太平御覽》六百三十九引《風俗通》曰：「沛郡有富家，貲二十餘萬。小婦子年裁數歲，頃失其母，又無親近。其女不賢，翁病思念，恐爭其財，兒必不全，因呼族人爲遺令，悉以財屬女。但遺一劍云：『兒年十五，以還付之。』其後又不與。兒詣郡，自言求劍。時太守，大司空何武也。得其辭，因録女及聟，省其手書，顧謂掾吏曰：『女性强梁，聟復貪鄙。畏賊害其兒，又計兒小得此，則不能全護，故且俾與女，而實寄之。度此遺以劍者，所以決斷。限年十五者，智力足以自居。度此女聟必不復還其劍。當問縣官，縣官或能證察，得見伸展。此翁何思慮宏遠如是！』乃悉奪取財以與子，曰：『强女惡聟，温飽十歲，亦以足矣。』於是論者乃服。」◎宋景文《張忠定公行狀》：「公之牧餘杭也。富家子與婿分財不協，詣府廷辯，婿曰：『彼先子有貽命：婿七子三。』因出遺札，子不能舉其契。公索酒酹地，曰：『彼父智人也！當死之日，子方沖孺，托養於婿，苟子有七分之約，則亦死於婿手矣。今當七分歸子，三分歸婿。』於是三人號慟，以爲神明。」

【元圻案】韓魏公《張忠定行狀》、王君玉《國老談苑》亦載其事，其辭略同。

《古今人表》許繇、巢父爲二人。譙周《古史考》：「許由夏常居巢，故一號巢父。」則巢、許爲一人。應休璉又謂之山父。

【元圻案】《文選》應休璉《與從弟君苗君胄書》曰：「山父不貪天下之樂，曾參不慕晉楚之富。」李善注：「山父，即巢父也。譙周《古史考》曰：『許由夏常居巢，故一號巢父。』」厚齋蓋據此注也。案，陸士衡《演連珠》注，又引《古史考》曰：「許由，堯時人也，隱箕山，恬淡養性，無欲於世。堯禮待之，由不肯就。時人高其無欲，遂崇大之，曰：堯將以天下讓許由，由恥聞之，乃洗其耳。或曰：又有巢父與許由同志。或曰：許由夏常居巢，故一號巢父。不可知也。」是譙周亦不定以巢、許爲一人也。李善引之，文有詳略耳。◎孔稚珪《北山移文》注引皇甫謐《高士傳》曰：「巢父聞許由爲堯所讓也，以爲汙，乃臨池而洗耳。」

《儒林傳》「毛莫如少路」，[一]宋景文公《筆記》引蕭該《音義》：「案《風俗通·姓氏篇》：『混沌氏，太昊之良佐。漢有屯莫如，爲常山太守。』」[二]按，此莫如姓非毛，應作『屯』字，音徒本反。」[三]愚按《溝洫志》云：「自塞宣房後，河復北決於館陶，分爲屯氏河。」顔師古注：「屯，音大門反。」而隋室分析州縣，誤以爲毛氏河，乃置毛州，失之甚矣。[四]以此證之，則毛、屯之相混久矣。屯之爲氏，於此可考。《廣韻》云：「《後蜀録》有法部尚書屯度。」【原注】徒渾切，與蕭該音不同。

［一］【閻按】《杜欽》、《李尋》兩傳並同。

［二］今《風俗通》此篇已佚。

【全云】《儒林傳》下文止云「莫如至常山太守」。

〔三〕【何云】古人書「屯」字只作「乇」，因此致誤。

〔四〕【閻按】《隋·地理志》「館陶」下云：「舊置毛州，大業初州廢。」則非隋置。

【元圻案】《隋書·經籍志》：「《漢書音義》十二卷，國子監博士蕭該撰。」◎《北史·儒林傳下》：「蕭該，蘭陵人。梁鄱陽王恢之孫，少封攸侯。荆州平，與何妥同至長安。性篤學，《詩》、《書》、《春秋》、《禮記》並通大義，尤精《漢書》，撰《漢書》及《文選音義》，咸爲當時所貴。」

王式以《詩》授褚少孫，《褚氏家傳》云：「即《續史記》褚先生。」【原注】沛人，爲博士。〔一〕

〔一〕案，此條本陸氏《釋文敍録》。

【全云】少孫《續史記》極口諛霍大將軍，頗近於佞，蓋喪其師傳矣。

【元圻案】《漢書·儒林傳》：「王式，字翁思，東平新桃人也。山陽張長安幼君先事式，後東平唐長賓、沛褚少孫亦來事式，問經數篇。唐生、褚生應博士弟子選，由是《魯詩》有張、唐、褚氏之學。」◎《四庫全書·史記提要》曰：「據張守節《正義》引張晏之説，以褚少孫爲潁川人，元、成間爲博士。又引《褚顗家傳》以爲梁相褚大弟之孫，宣帝時爲博士，寓居沛，事大儒王式，故號先生。二説不同。然宣帝末距成帝初不過十七八年，其相去亦未遠也。」◎《隋書·經籍志》「雜傳類」：「《褚氏家傳》一卷，褚顗等撰。」

田何子裝，見《儒林傳》。《釋文序録》作「子莊」。【原注】《高士傳》云「字莊」。

【元圻案】皇甫謐《高士傳》：「田何，字子莊，齊人也。自孔子授《易》，五傳至何。惠帝時，何年老家貧，守道不仕。帝親幸其廬以受業，終爲《易》者宗。」

《樓護傳》云：「論議常依名節。」東萊《史説》謂：「居五侯之門而論名節，猶爲盜跖之徒而稱夷、齊也。」陳羣爲曹操掾，而《傳》云「雅杖名義」，其能免樓護之譏乎？

【何云】陳長文，三國名臣，未可輕議。

【元圻案】《漢書·游俠傳》：「樓護，字君卿，齊人。是時王氏方盛，賓客滿門，五侯兄弟争名，其客各有所厚，不得左右，唯護盡入其門，咸得其驩心。爲人短小精辯，論議常依名節。」◎《三國志·魏·陳羣傳》：「羣字長文，潁川許昌人也。祖寔，父紀，叔父諶，皆有盛名。羣爲侍中，領丞相東西曹掾。在朝無適無莫，雅杖名義，不以非道假人。」

《魏志》：「建安二十年，始置[①]名號侯。」裴松之謂：「今之虚封，蓋自此始。」按《漢·樊噲傳》：「賜爵封號賢成君。」顔注云：「楚、漢之際，權設寵榮，假其位號，或

---

① 「置」，原本作「制」，據元刊本改。《三國志·魏書·武帝紀》正作「置」。

得邑地，或空受爵。」則虚封非始於建安也。

【閻按】杜佑於「楚漢」字上增「戰國之際」，尤包得全。

【元圻案】《魏武帝紀》注引《魏書》曰：「置名號侯爵十八級，關中侯爵十七級，皆金印紫綬；又置關内外侯十六級，銅印龜紐墨綬；五大夫爵十五級，銅印環紐，亦墨綬，皆不食租，與舊列侯關内侯凡六等。」◎《史記·傅寬傳》：「賜寬封號共德君。」《索隱》曰：「謂美號耳，非地邑。」又《靳歙傳》：「沛公立爲漢王，賜歙爵建武侯。」至三年，始賜食邑四千二百户。則前此亦虚封也。◎《宋書·裴松之傳》：「松之字世期，河東聞喜人。博覽墳籍。上使注陳壽《三國志》，松之鳩集傳紀，增廣異聞，既成奏上。上善之。」◎程大昌《演繁露》亦引裴松之注爲虚封之始。

《崇文總目》：「《史雋》十卷。」《漢雋》之名本於此。

【元圻案】《書録解題·目録類》：「《崇文總目》一卷。景祐初，學士王堯臣同聶冠卿、郭縝、吕公綽、王洙、歐陽修等撰定，凡六十六卷。諸儒皆有論議，歐公《文集》頗見數條，今惟此六十六卷之目耳。題云紹興改定。」◎《唐書·藝文志》「雜史類」：「鄭暐《史雋》十卷。」◎《書録解題·類書類》：「《漢雋》十卷。括蒼林越撰。以《西漢書》分類爲十五篇，皆句字之古雅者。雋者，蓋取雋永之義也。」◎《漢書·蒯通傳》：「通論戰國時説士權變，亦自序其説，凡八十一首，號曰《雋永》。」注：「雋，肥肉也。言甘美而味深長也。」則《史雋》之名當取諸此。

壺關三老茂，《漢武故事》以爲鄭茂。顔師古曰：「荀悦《漢紀》云『令狐茂』。」今《漢紀》本脱「令狐茂」三字。《御覽》：「《上黨郡記》：令狐徵君隱城東山中。」

【元圻案】壺關三老茂上書言戾太子冤事，見《漢書·武五子傳》。◎《四庫全書總目·小説類》：「《漢武故事》一卷。舊本題漢班固傳。然史不云固有此書，《隋志》著録『傳記類』中，亦不云固作。晁公武《讀書志》引張柬之《洞冥記跋》，謂出於王儉。唐初去齊、梁未遠，當有所考也。」◎《太平御覽》五百六十載《上黨〔郡〕記》曰：「令狐徵君隱城東山中，令狐終即此葬焉。今俗名其山曰令狐墓，漢史所稱『壺關三老令狐茂』者是也。」◎《水經·〔濁〕漳水》「又東過壺關縣北」，注云：「漢有壺關三老公乘興訟衛太子，即邑人也。」姓名俱不同。

《張敞集》：「朱登爲東海相，遺敞蟹①，報書曰：『蘧伯玉受孔氏之賜，必以及鄉人。敞謹分斯貺於三老尊行者，曷敢獨享之？』」〔一〕其言有儒者風味。

〔一〕見《太平御覽》四百七十八。

【何云】「蟹」字未有用此者。

【元圻案】《張敞傳》：「敞字子高，本河東平陽人，隨宣帝徙杜陵。以正違忤霍光。及山、雲

---

① 「遺敞蟹」，《太平御覽》卷四百七十八作「遺敞蟹醬」。

以過歸第，上封事言『朝廷不聞直聲，而令明詔自親其文，非策之得』。」其識見似出邴、魏之上。

宣帝以刑餘爲周、召，非特弘、石也。平恩侯亦刑餘，而魏相因以奏事。[二]戚、宦之禍漢，自宣帝始也。

[一] 注見卷一①。

【何云】此等議論酷似致堂。

【又云】霍禹秉政，霍山復領尚書事，不因平恩，封事何由得達？一不密，則身危而國家從之，奈何妄議也！

【又云】宣帝起里閈，所依惟外家，舍王、史而獨因平恩，專欲發其殺后之謀也。議者讀史不熟耳。

【全云】弱翁是時爲御史大夫，何不請獨對乎？畢竟是有借助之意。

【元圻案】張南軒《史論》曰：「魏相所存不得爲正，觀其有許、史之累可見矣。夫欲其説之行而假許、史以爲重，此詭遇獲禽之心，君子不道也。」◎《漢書·蓋寬饒傳》：「宣帝時，上書曰：『方今聖道寖廢，儒術不行，以刑餘爲周、召，以法律爲《詩》、《書》。』」又《外戚傳》：「孝宣許皇

① 見卷一「魏相以昜相漢」條注（頁一二六）。

后父廣漢，從武帝上甘泉，誤取他郎鞍以被其馬，發覺，吏劾從行而盜，當死。有詔募下蠶室。」後封平恩侯。

《宣紀》：「神爵三年，益吏百石以下奉十五。」《通典·職官十七》引應劭曰：「張敞、蕭望之言：『倉廩實而知禮節，衣食足而知榮辱。今小吏奉率不足，常有憂父母妻子之心，雖欲絜身爲廉，其勢不能。可以什率增天下吏奉。』宣帝乃益天下吏奉什二。」與《漢紀》不同。

【元圻案】《漢書·宣帝紀》：「神爵三年秋八月，詔曰：『吏不廉平則治道衰。今小吏皆勤事，而奉禄薄，欲其無侵漁百姓，難矣。其益吏百石以下奉十五。』」荀悦《漢紀》云「其益吏百石以下俸五十斛」，與《漢書》合。◎杜君卿曰「應劭注《漢書》曰，宣帝益吏俸什二」，而《漢書》言「十五」，兩存其説耳。

《黄霸傳》「鶡雀」，顔氏注：「當爲『鳻』。」徐楚金考《説文》，當爲「鳻」。

【元圻案】《漢書·循吏傳》：「黄霸，字次公，淮陽陽夏人也。五鳳（五）〔三〕年，代邴吉爲丞相，京兆尹張敞舍鶡雀飛集丞相府，霸以爲神雀，議欲以聞。」注：「蘇林曰：『今虎賁所著鶡也。』師古曰：『此鶡音芬，字或作鳻，此通用耳。鳻雀大而色青，出羌中，非虎賁所著也。鶡色黑，出上黨，以其鬬死不止，故用其尾飾武臣首云。』」◎《四庫全書總目·小學類》：「《説文繫傳》四十卷。南唐徐鍇撰。鍇字楚金，廣陵人。官至右内史舍人。宋兵下江南，卒於圍城之中。事迹具《南唐書》本傳。」◎《宋景文筆記》：「師古曰：『此鶡音介。』今官本〔介〕誤作芬，鳻字作鳻，鳻亦音芬。鳻，鳥聚貌，非鳥名也。予見徐鍇本亦如此改定。」◎王汾原煦曰：「《顔氏家訓》引《説文》云『鳻雀似鶡而青，出羌中』，即小顔所本也。《玉篇》亦作鳻，《集韻》『音分』。今徐鍇《繫傳》作鳻，徐鉉本同。别有鳿字。訓爲鳥聚，非鳥名也。」

《皇極經世書》：「惠帝崩，立無名子爲帝。」【原注】王陵争非劉氏而王，而宫中已有非劉氏而帝者矣。

【何云】非側注。

【閻按】竊以國既有之，家亦宜然，此余所以痛也。詳《尚書古文疏證》卷二第十七條。

【元圻案】《漢書·外戚傳》：「孝惠張皇后無子，吕太后乃使陽爲有身，取後宫美人子名之，殺其母，立所名子爲太子。惠帝崩，太子立爲帝，四年，太后下詔廢之，更立恒山王弘爲帝。少帝恒山、淮南、濟川王，皆非孝惠子。」又《王陵傳》：「陵，沛人。封安國侯，爲右丞相。惠帝崩，高后欲立諸吕爲王，問陵。陵曰：『高皇帝刑白馬而盟曰：「非劉氏而王者，天下共擊之。」今王吕氏，非約也。』太后不説。」

賈捐之上書罷朱崖①。杜佑云：「捐之，誼之孫，[一]高見實類其祖。」

[一]《漢書》本傳云「誼之曾孫」。

【全云】可惜捐之晚節。

【元圻案】《漢書·賈捐之傳》：「捐之字君房，賈誼曾孫。元帝即位，召待詔金馬門。初元元年，珠崖又反，上與有司議大發軍，捐之建議，以爲不當擊。上乃從之。捐之後坐與楊興更相薦譽，欲得大位，漏泄省中語，竟坐棄市。」

漢之劉歆，魏之元韶，賣宗國以徼利，而身亦不免。小人可以戒矣！

【閻按】元韶事不見《魏書》列傳，見《北齊書》及《北史》。

【全云】此切齒於趙孟傳之輩也。

【元圻案】劉歆爲王莽腹心，封歆爲國師、嘉新公。後歆怨莽殺其三子，與王涉、董忠謀，泄，自殺。事詳《王莽傳》。◎《北齊書·文宣紀》：「魏帝以天人之望有歸，下詔歸帝位於齊，使彭城王元韶奉皇帝璽綬，禪代之禮一依漢魏故事。」又《元韶傳》：「韶，魏孝莊之(後)〔侄〕，襲封彭城王。齊天保元年，降爵爲公。文宣謂韶曰：『光武何故中興？』韶曰：『爲誅諸劉不盡。』於是乃

①「朱崖」，《漢書·賈捐之傳》作「珠崖」。

誅諸元以厭之。詔幽於京畿地牢，絶食，啖衣袖而死。」

張文潛《文帝論》謂：「絳侯之迹，異於韓、彭者無幾，文帝所以裁之者，乃所以深報之也。」其説太過。賈誼《陳政事疏》「體貌大臣而厲其節」，乃正論也。

【元圻案】《漢書·周勃傳》：「勃與丞相平、朱虚侯章共誅諸吕，迎立孝文。文帝即位，以勃爲右丞相，居十餘月，謝病歸相印。上許之。歲餘，復用勃爲丞相。十餘月，免相就國。歲餘，每河東守〔尉〕行縣至絳，絳侯勃自畏，恐誅，常被甲，令家人持兵以見。其後有人上書告勃欲反，下廷尉，逮捕勃治之。文帝朝，太后以冒絮提文帝，曰：『絳侯綰皇帝璽，將兵於北軍，不以此時反，今居一小縣，顧欲反耶！』文帝於是使使持節赦勃，復爵邑。」◎張氏耒《漢文帝論》：「絳侯以英雄之姿，挾立君之威，臨視其上，無異於保傅之提嬰兒。如是而不驕者，伊、周之所難也。驕則縱，縱則亂因以生。文帝豈無愛勃之心哉？視前日之誅死族滅者，皆恃功驕蹇之所致。而絳侯之迹，異於韓、彭者無幾耳。曾不如抑遠困辱，使之慊然内顧而無所恃，鋤去其驕慢之心，全其生，保其家，使其子孫長有國土之爲愈也。」

揚雄自比孟子，而《校獵賦》乃曰「羣公常伯，楊朱、墨翟之徒」。學孟子而尊楊、墨，與《法言》背馳矣。

【何云】詞賦不當如此論。

【又云】按「羣公常伯」則左右諛臣，豈有遠見，「楊、墨之徒」又異端，不知聖賢之業者也。自「方將上獵三靈」以下云云，乃雄自申其作賦以諷之意，讀者遂疑其尊楊、墨耶？

【元圻案】《法言·吾子篇》：「古者楊、墨塞路，孟子辭而闢之，廓如也。後之塞路者有矣，竊自比於孟子。」◎揚雄《羽獵賦》①曰「羣公常伯，楊朱、墨翟之徒，喟然並稱曰：『崇哉乎德，雖有唐、虞、大夏、成周之隆，何以侈茲！』上猶謙讓而未俞也，方將上獵三靈之流，下決醴泉之滋」，以至「加勞三皇，勖勤五帝。立君臣之節，崇賢聖之業，未遑苑囿之麗，游獵之靡也」云云，誠如義門之說。然義門遂以此許雄能斥楊、墨而比孟子乎？

樓護之執呂寬，小人之不義者也，不當傳於《游俠》。《法言》獨稱「朱家之不德」，以爲「長者」。樓護，朱家之罪人也。

【閻按】樓護厚於呂公而薄呂寬，豈李西涯樂府所嘆「元是五侯門下史」②者耶！

【元圻案】《漢書·游俠·樓護傳》：「莽長子宇，與妻兄呂寬謀以血塗莽第門，欲懼莽令歸

① 《羽獵賦》即《校獵賦》。

② 明李東陽《美新嘆》。

政。發覺，莽大怒，殺宇，而吕寬亡。寬父素與護相知，寬至廣漢過護，不以事實語也。到數日，名捕寬詔書至，護執寬。莽大喜，徵護入爲前煇光。」又曰：「初，護有故人吕公，無子，歸護。護身與吕公、妻與吕嫗同食，遂養吕公終身。」又《朱家傳》：「家所藏活豪士以百數，其餘庸人不可勝言。然終不伐其能。既隱脱季布將軍之厄，及布尊貴，終身不見也。」◎《法言·重黎篇》：「或問長者，曰：藺相如伸秦而屈廉頗，欒布之不塗，朱家之不德，直不疑之不校，韓安國之通使。」

讓，美德也，然當審其是非。趙充國不歸功於二將軍，君子以爲是；顔真卿歸功於賀蘭進明，君子以爲非。

【元圻案】《漢書·趙充國傳》：「充國振旅而還。所善浩星賜迎説，曰：『衆人皆以破羌、强弩出擊，多斬首獲降，虜以破壞。然有識者以爲虜勢窮困，兵雖不出，必自服矣。將軍即見，宜歸功於二將軍出擊，非愚臣所及。如此，將軍計未失也。』充國曰：『吾年老矣，爵位已極，豈嫌伐一時事以欺明主哉！兵勢，國之大事，當爲後法。老臣不以餘命壹爲陛下明言利害，卒死，誰當復言之者？』卒以其意對。上然其計。」◎《容齋五筆》曰：「顔魯公起兵平原，合衆十萬，既成魏郡〔唐〕〔堂〕邑之功矣。是時，進明爲北海太守，亦起兵，公以書召之并力，進明度河，公每事咨之，軍權始移，遂取舍任意，以得招討。」◎吕成公《雜説》曰：「顔真卿讓賀蘭進明，此是書生顧辭讓〔爲好事〕，卻是闇於事機。」

劉道原《通鑑外紀自序》曰：「歷代國史，其流出於《春秋》。劉歆敍《七略》，王儉撰《七志》，《史記》以下，皆附《春秋》。荀勗分四部，史記、舊事入丙部。阮孝緒《七録·記傳録》記史傳，由是經與史分。」

【元圻案】劉歆《七略》、王儉《七志》、阮孝緒《七録》注已見卷五三十七頁①。

《漢名臣奏》：「丞相薛宣奏：漢興以來，深考古義，惟萬變之備，於是制宮室出入之儀。故司馬殿省門闥至五六重，周衛擊刁斗，近臣侍側尚不得[一]著鈎帶入房。」

【原注】《太平御覽》。○見三百五十四卷。

[一] 閻本作「不能」。

【集證】《隋志》「刑法類」：「《漢名臣奏》三十卷。」《唐志》：「二十九卷。」

匈奴遺漢文帝書曰：「天所立匈奴大單于。」又曰：「天地所生日月所置匈奴大單于。」[二]突厥致書隋文帝曰：「從天生大突厥天下賢聖天子、伊利俱盧設莫何沙鉢略可汗。」[三]

---

① 見卷五「經解以詩爲首」條注（頁六四五）。

〔一〕見《匈奴傳》。

〔二〕【閻按】沙鉢略，《隋書》作「始波羅」。

【程易田云】伊利俱盧，所謂雙聲疊韻也。「伊」「俱」、「利」「盧」爲雙聲，「伊」「利」、「俱」「盧」爲疊韻。然以三十六字母言之，伊爲影母，屬喉；俱爲見母，屬牙。牙、喉不同，今證之以此二字，不得別爲兩聲，益信。戴東原斷以見爲喉之發聲，影爲喉之收聲，爲得自然之音位也。

【元圻案】《隋書·突厥傳》：「突厥之先，平涼雜胡也，姓阿史那氏。後魏太武滅沮渠氏，阿史那以五百家奔茹茹，世居金山，工於鐵作。金山狀如兜鍪，俗呼兜鍪爲『突厥』，因以爲號。」「高祖遣開府徐平和使於沙鉢略，沙鉢略遣使致書曰：『辰年九月十日，從天生大突厥天下賢聖天子、伊利俱盧設莫（河）〔何〕始波羅可汗致書大隋皇帝……』」◎倭王遺煬帝書曰「日出處天子致書日没處天子」①。

西山先生《跋劉深父杯水（篇）〔編〕》稱：「天台劉深父每舉史傳，數百千言。漢許后《上成帝書》，於班史爲隱僻處，學者多不道。一日，對客誦『奈何妾薄命，端遇竟寧前』及『設爲屏風張某所』等語，〔一〕無一字差。」【原注】前輩讀史精熟如此。

---

① 見《隋書·倭國列傳》。

〔一〕俱見《外戚傳》。

【方樸山云】想愛其文，蓋此書自絶妙也。

【元圻案】《漢書·外戚傳下·孝成許皇后傳》：「時上省減椒房掖庭用度，皇后乃上疏曰：『詔書言服御所造，皆如竟寧前，吏誠不能揆其意，即且令妾被服所爲不得不如前。設妾欲作某屏風張於某所，曰故事無有，或不能得，則必繩妾以詔書矣。』」又曰：「今吏甫受詔讀記，直豫言使后知之，非可復若私府有所取也。其萌牙所以約制妾者，恐失人理。今但損車駕，及毋若未央宮有所發，（遣）〔遺〕賜衣服如故事，則可矣。其餘誠太迫急，奈何？妾薄命，端遇竟寧前。竟寧前於今世而比之，豈可邪？」

李靖曰：「張良所學，《六韜》、《三略》是也。韓信所學，《穰苴》、《孫武》是也。」光武詔報臧宮、馬武，引《黄石公記》。〔一〕《隋志》「兵家」有《三略》三卷。【原注】《館閣書目》云：「恐後人依托爲之。」近世有《素書》一卷，六章：曰原始，曰正道，曰本德宗道，曰求人之志，曰遵義，曰安樂。〔二〕晁公武《讀書志》云：「厖亂無統，蓋采諸書成之。」【原注】謂晉有盜發張良冢者，於玉枕中獲此書，亦依托也。〔三〕《初學記》又引《黄石公陰謀秘法》。

〔一〕案，章懷注云：「即張良於下邳圯上所見老父出一編書者。」

［一一］今本作「安禮」。

［三］【何云】今世「玉枕蘭亭」，玉枕之義本此，亦謂其出自昭陵也。

【元圻案】《唐書·李靖傳》：「靖字藥師，京兆三原人。官司徒、并州都督，封衛國公。」◎《後漢書·臧宫傳》：建武二十七年，宫與楊虚侯馬武上書，請伐匈奴，詔報曰：「《黄石公記》曰：『柔能制剛，弱能制强。』柔者德也，剛者賊也，弱者仁之助也，强者怨之府也。」◎《四庫全書總目·兵家類》：「《素書》一卷。舊本題黄石公撰。宋張商英注。後序稱圯上老人以授張子房，晋亂，有盜發子房冢，於玉枕中得之，始傳人間。晁公武謂，商英之言，世未有信之者。」◎唐徐堅《初學記·職官部·御史大夫》下引《黄石公陰謀秘法》曰：「熒惑，火之精，御史之象。主禁令刑罰，收捕糾正。」

董仲舒在建元初對策，［一］願「興太學，置明師，以養天下之士，數考問以盡其材」。《傳》謂「立學校之官，自仲舒發之」。考之《武帝紀》，建元五年置五經博士，此所謂學校之官也。元朔［二］五年，始有禮官勸學之詔，於是丞相弘請爲博士置弟子員。《儒林傳》所載其著功令也，詳於取而略於教，不過開禄利之塗而已。明經而志青紫，教子而擬籯金，孰知古者爲己之學哉？儻以仲舒爲相，使正誼明道之學行於時，則學者興於禮義，庶幾三代之風，豈止「彬彬多文學之士」乎！

[一]案，建元，武帝初元年號也，年號自此始。仲舒對策在元年。

[二]武帝三次改元年號。

【全云】「明經而志青紫」，是夏侯勝語。「教子而擬籯金」，見《韋賢傳》。

【元圻案】《漢書·儒林傳序》：「公孫弘以治《春秋》爲丞相封侯，天下學士靡然鄉風矣。弘爲學官，悼道之鬱滯，乃請曰：『丞相、御史言：制曰「蓋聞導民以禮，風之以樂。婚姻者，居室之大倫也。今禮廢樂崩，朕甚愍焉，故詳延天下方聞之士，咸登諸朝，其令禮官勸學，講議洽聞，舉遺興禮，以爲天下先。太常議，予博士弟子，崇鄉里之化，以厲賢材焉」。謹與太常臧、博士平等議』云云。制曰：『可。』自此以來，公卿大夫士吏彬彬多文學之士矣。」◎《夏侯勝傳》：「勝每講授，常謂諸生曰：『士病不明經術；經術苟明，其取青紫如俯拾地芥耳。』」◎《韋賢傳》：「鄒、魯諺曰：『遺子黃金滿籯，不如一經。』」◎魏了翁《跋楊子謨所題趙子安一經閣詩》曰：「謂籯金不若一經，此鄒、魯諺語也。近聖人之世之居皆未遠也，其詞氣已全不類鄒、魯間語。雖當時魯之大儒如夏侯長公輩，亦不過以取青紫教授諸生。蓋自漢武設科射策，勸趨利禄，後學所志，大抵若此。況於俚諺，自無足責。(況)[至]於它邦以及後世，又從可知。」

韓信無行，不得推擇爲吏；陳湯無節，不爲州里所稱；主父偃學從横，諸儒排擯不容；李陵降匈奴，隴西士大夫以爲愧。[一]秦漢之後，鄉黨清議猶嚴也，是以禮官勸

［宋］王應麟 著
［清］翁元圻 等注
欒保羣 田松青 呂宗力 校點

全校本（修訂版）

困學紀聞

下

上海古籍出版社

舊傳》卷四《翟汝文傳》『以范蔚宗書語近詞冗，事多複見，乃合傳注，掇精要』云云，此條『注見』疑『複見』之誤。」◎《宋書·范蔚宗傳》：「蔚宗與甥侄書以自序曰：『既造《後漢》，轉得統緒，詳觀古今著述，班氏最有高名，既任情無例，唯志可推耳。吾雜傳論，皆有精意。至於《循吏》以下及《六夷》諸序論，筆勢縱放，實天下之奇作。其中合者，往往不減《過秦》篇。嘗共比方班氏所作，非但不愧之而已。』」◎《四庫全書總目·別集類九》：「《忠惠集》十卷，宋翟汝文撰。忠惠者，門人所私謚也。《宋史·藝文志》作三十卷。明以來久不復傳，今從《永樂大典》掇拾排比，編爲十卷。」

致堂《讀史管見》三論馬援曰：「光武非簡賢者，必以其女爲太子妃，逆防未然，故不授以重任。」按《馬后紀》，入太子宮在援卒之後，「防未然」之說非。[一]

[一] 何本「非」字下有「也」字。

【何云】 致堂往往爲此等無稽之言。

【元圻案】《後漢書·明德馬皇后紀》：「援卒於師，梁松、竇固等譖之，家益失勢。后兄嚴白太夫人，求進女掖廷。由是選后入宮。」◎馬伏波屢出將兵，其任重矣。其征交阯歸，賜兵車一乘，朝見位次九卿。班未崇耳。◎《馬援傳》：「顯宗圖畫建武中名臣、列將於雲臺，以椒房故，獨不及援。」致堂蓋因此而誤。

呂成公《史説》謂：「馬援還書，王昶戒子，舉可法可戒者以教之，其心固善。不知所教者本不欲其言人之過，言未脱口而已自言人之過，何其反也？」

【方樸山云】語以泄敗，自其子之過，於還書誡子者何尤？

【又云】書中言「愛之重之」，未嘗言其過，但不願其子效之耳。

【全云】裴松之注《王昶傳》中已言之。

【元圻案】《後漢書·馬援傳》：「援兄子嚴、敦並喜譏議，而通輕俠客。援在交阯，還書誡之曰：『吾欲汝曹聞人過失，如聞父母之名，耳可得聞，口不可得言也。好議論人短長，妄是非正法，此吾所大惡也。龍伯高敦厚周慎，口無擇言，謙(益)〔約〕節儉，廉公有威，吾愛之重之，願汝曹效之。杜季良豪俠好義，憂人之憂，樂人之樂，清濁無所失，父喪致客，數郡畢至，吾愛之重之，不願汝曹效也。效伯高不得，猶爲謹敕之士，所謂刻鵠不成尚類鶩者也；效季良不得，陷爲天下輕薄子，所謂畫虎不成反類狗者也。』」◎《三國志·魏·王昶傳》：「昶爲兄子及子作名字，皆依謙實，以見其意，遂書戒之曰：『潁川郭伯益，好尚通達，敏而有知。其爲人弘曠不足，輕貴有餘；得其人重之如山，不得其人忽之如草。吾以所知親之昵之，不願兒子爲之。北海徐偉長，不治(高名)〔名高〕，不求苟得，澹然自守，唯道是務。其有所是非，托古人以見意，當時無所褒貶。吾敬之重之，願兒子師之。東平劉公幹，博學有高才，誠節有大義，然性行不均，少所拘忌，得失足以相補。吾愛之重之，不願兒子慕之。樂安任昭先，淳粹履道，内敏外恕，推遜恭讓，處不避洿，怯而義勇，在朝忘身。吾友之善之，願兒子遵之。』」注：「松之以爲援稱龍伯高之善，言杜季良之惡，致使事徹時主，季良以敗。言之傷人，孰大於此？與其所誡，自相違伐。文舒復擬則文淵，顯言人之失。於舊交則違久要之義，於子孫則揚人前世之惡。於夫鄙懷，深所不取。」◎朱子曰：「馬援之言，自可爲法。削去此段，後生又如何聞而以爲戒乎？」①

《東觀漢記》：光武詔曰：「明設丹青之信，廣開束手之路。」【原注】《公孫述傳》：「帝與述書，陳言禍福，以明丹青之信。」二句見《文選》注。〔二〕

〔二〕【全云】「丹青」二字見《王莽傳》。

【元圻案】《四庫全書總目·别史類》：「《東觀漢記》二十四卷，《隋志》稱長水校尉劉珍等撰。此書創始在明帝時，不可題劉珍居首。其稱東觀者，范史《竇章（懷）傳》云『永初中，學者稱東觀爲老氏藏室，道家蓬萊山』，蓋東漢初著述在蘭臺，至章和以後，圖籍盛於東觀，修史者皆在焉，故以名書。」◎此書僅有本朝姚之駰搜集八卷，《四庫全書》從《永樂大典》所載，重爲補輯，分二十四卷。此詔載《光武紀》中，案曰：「此詔見《文選》李善注，范書不載，未知何時所下。」◎今案，《文選》阮籍《咏懷詩》注引之。◎《漢書》九十九《王莽傳下》「明告以生活丹青之信」，師

① 宋朱熹《馬援以譏議戒諸子而不免於譏議》。

古注：「生活，謂來降者不殺之也。丹青之信，言明著也。」

明帝爲太子，諫光武曰：「有禹、湯之明，而失黄、老養性之福。」夫禹、湯之道，堯、舜之道也。不以聖人之道養性而取諸黄、老，謂之「學通《尚書》」，可乎？以無逸之心，明立政之體，君道盡矣，何羨乎黄、老！

【何云】虚誇大論。

【元圻案】《光武帝紀》：「帝每旦視朝，日仄乃罷。數引公卿、郎、將講論經理，夜分乃寐。皇太子承閒諫曰：『陛下有禹、湯之明，而失黄、老養性之福，願頤愛精神，優遊自寧。』帝曰：『我自樂此，不爲疲也。』」◎《明帝紀》：「帝諱莊，十歲能通《春秋》，光武奇之。建武十九年立爲皇太子。師事博士桓榮，學通《尚書》。」◎今本《東觀漢記·帝紀一》：「帝常自細書，一札十行，報郡縣。旦聽朝，至日晏，夜講經聽誦。坐則功臣特進在側，論時政畢，道古行事，次説在家所識鄉里能吏，次第比類。又道忠臣孝子義〔夫〕節士，坐者莫不激揚悽愴，欣然和悦。羣臣争論上前，嘗連日。皇太子嘗乘閒言：『陛下有禹、湯之明，而失黄、老養性之道。今天下大安，少省思慮，養精神。』帝答曰：『我自樂此。』」

「謝承父嬰[一]爲尚書侍郎，每讀高祖及光武之後將相名臣策文通訓，條在南宮，秘於省閣，唯臺郎升複道取急，因得開覽。」【原注】謝承《後漢書》，見《文選》注。[二]漢尚書作詔文。【原注】見《周禮》注。〔三〕尚書郎，乃今中書舍人。【原注】見《通典》。

〔一〕【閻按】《三國志》：「吴主權謝夫人，山陰人。父煚，漢尚書郎、徐令。弟承，字偉平①，武陵太守。」則「嬰」當作「煚」。

【何云】今《三國志·謝夫人傳》作「煚」。

〔二〕案，陸士衡《答賈長淵詩》注引之。

〔三〕案，《春官》「御史掌贊書」，注：「王有命，當以書致之，則贊爲（書）〔辭〕，若今尚書作詔文。」

【閻按】謝承《後漢書》一百三十卷，《唐志》有，《宋志》及《文獻通考》俱不傳。錢氏曰：「有見方少師於史館攜去者，問之其後人，不可得。」陽曲傅山先生聞之，笑曰：「某家即有之，永樂間揚州刊本。初，郃陽曹全碑出，曾以謝書考證，多所裨，大勝范書。以寇亂亡失矣。惜哉！」

【何云】閻謂聞之傅山，謝承《後漢書》永樂間揚州曾有刊本。毛斧季以爲必不然。

【全云】傅青主徵君非妄語者，然即有刊本，亦必僞書。

【集證】《隋志》「正史類」：「《後漢書》一百三十卷，無帝紀，吴武陵太守謝承撰。」◎《續漢百官志》：「尚書侍郎三十六人，一曹有六人，主作文書起草。」◎《通典·職官門》：「尚書郎乃今中書舍人。自永淳以來，天下文章道盛，臺閣髦彦，無不以文章達。故中書舍人爲文士之極任，

① 按，「字偉平」爲《三國志·吴書·吴主權謝夫人傳》注引《會稽典録》之文，非傳之原文。

朝廷盛選，諸官莫比焉。」

鍾離意謂「成湯遭旱，以六事自責」，本於《荀子·大略篇》。黄瓊謂「魯僖遇旱，以六事自讓」，本於《春秋考異郵》。

【元圻案】《後漢書·鍾離意傳》：「意字子阿，會稽山陰人也。爲尚書僕射。永平三年夏旱，而大起北宫，意詣闕免冠上疏曰：『伏見陛下以天時小旱，憂念元元，降避正殿，躬自克責，而比日密雲，遂無大潤，豈政有未得應天心者邪？昔成湯遭旱，以六事自責曰：「政不節邪？使人疾邪？宫室榮邪？女謁盛邪？苞苴行邪？讒夫昌邪？」竊見北宫大作，人失農時，此所謂宫室榮也。宜且罷止，以應天心。』」又《黄瓊傳》：「瓊字世英，江夏安陸人。拜議郎，稍遷尚書僕射。順帝三年大旱，瓊上疏曰：『昔魯僖遇旱，以六事自讓，躬節儉，閉女謁，放讒佞者十三人，誅税民受貨者九人，退舍南郊，天立大雨。』」注：「《春秋考異郵》曰『僖公之時，雨澤不澍，比於九月，公大驚懼，率羣臣禱山川，以六過自讓，絀女謁，放下讒佞郭都之①等十三人，誅領人之吏受貨賂趙祝等九人。曰：「辜在寡人。方今天旱，野無生稼，寡人當死，百姓何謗，請以身塞無狀」』也。」又《郎顗傳》，顗條便宜七事，曰「魯僖遭旱，修政自飭」，注引《春秋考異郵》曰：「僖公三年春夏不雨，於是僖

① 「之」，中華書局校點本《後漢書·黄瓊傳》校爲衍字。

公憂閔，玄服避舍，釋更傜之逋，罷軍寇之誅，去苛刻峻文慘毒之政，所蠲浮令四十五事。曰：『方今天旱，野無生稼，寡人當死，百姓何謗①，不敢煩人請命，願撫萬人害，以身塞無狀。』禱已，舍齋南郊，雨大澍也。」俱引《考異郵》而文不同。◎成湯六事，章懷於《鍾離意》、《周舉傳》注俱引《帝王世紀》，故厚齋以出《荀子》正其失。

郅惲上書王莽云：「取之以天，還之以天。」莽猶能赦之，此祖伊之得全於殷紂之世也。

【元圻案】《後漢書・郅惲傳》：「惲字君章，汝南西平人也。理《韓詩》、《嚴氏春秋》，明天文曆數。王莽時，惲仰占玄象，謂『漢必再受命』。西至長安，乃上書王莽曰：『神器有命，不可虛獲。劉氏享天永命，陛下順節盛衰，取之以天，還之以天，可謂知命矣。』莽大怒，即收繫詔獄。猶以惲據經讖，難即害之，會赦得出。」

魯丕《對策》，見袁宏《紀》，而范史不載。

【元圻案】《魯恭傳》：「恭字仲康，扶風平陵人也。弟丕，字叔陵，性沈深好學，兼通《五經》。

① 「謗」，中華書局校點本《後漢書・郎顗傳》校改爲「罪」。

建初元年，肅宗詔舉賢良方正，大司農劉寬舉丕。時對策百有餘人，唯丕在高第。」◎袁宏《後漢紀》：「安帝永初三年，魯恭年八十餘，終於家。弟丕以篤學質直稱，仕至侍中、三老。章帝初，對策曰：『政莫先於從民之所欲，除民之所惡；先教後刑，先近後遠。君爲陽，臣爲陰；君子爲陽，小人爲陰；京師爲陽，諸夏爲陰；男爲陽，女爲陰；樂和爲陽，憂苦爲陰。各得其所則和調，精誠之所發，無不感浹。吏多不良，在於賤德而貴功，欲速，莫能修長久之道。古者貢士，得其人者有慶，不得其人者有讓，是以舉者務力行。選舉不實，咎在刺史二千石。《書》曰：「天工，人其代之。」觀人之道，幼則觀其孝順而好學，長則觀其慈愛而能教，設難以觀其謀，煩事以觀其治，窮則觀其所守，達則觀其所施，此所以核之也。民多貧困者急，急則致寒，寒則萬物多不成。去本就末，奢所致也。制度明則民用足，刑罰不中則於名不正。正民之道，所以明上下之稱，班爵號之制，定卿大夫之位也。獄訟不息，在爭奪之心不絶。法者，民之儀表也，法正則民慤。吏民凋弊，所從久矣。不求其本，浸以益甚。吏政多欲速，又州官秩卑而任重，競爲小功，以求進取，生凋弊之俗。救弊莫若忠，故孔子曰：「孝慈則忠。」治姦詭之道，必明慎刑罰。故孔子曰：「導之以禮樂，而民和睦。」説以犯難，民忘其死。死且忘之，況使爲禮義乎！』」◎《通鑑》亦不載此策。◎《四庫全書總目·編年類》：「《後漢紀》三十卷，晉袁宏撰。宏字彦伯，陽夏人。太元初，官至東陽太守。事迹具《晉書·文苑傳》。」

《文苑傳》自東漢始，而文始卑矣。

【何云】善論。

【全云】文之卑，亦不特以立傳故。

【元圻案】東坡《與王庠書》曰：「西漢以文設科，而文始衰。自賈誼、司馬遷，其文已不逮先秦古書，況其下者。」

漢政歸尚書，魏、晉政歸中書，後魏政歸門下，於是三省分矣。

【元圻案】《後漢書·陳忠傳》：「今之三公，雖當其名而無其實，選舉誅賞，一由尚書，尚書見任，重於三公，陵遲以來，其漸久矣。」◎《三國志·魏·蔣濟傳》：「時中書監、令號爲專任。濟上書論之。」◎《通典·職官三》：「門下省，後漢謂之侍中寺。《晉志》曰：給事黄門侍郎與侍中，俱管門下衆事，或謂之門下省。後魏尤重。」◎《唐六典》一：「初，秦變周法，天下之事皆決丞相，置尚書於禁中，有令、丞，掌通章奏而已。漢初因之。武、宣之後，稍以委任。及光武親總吏職，天下事皆上尚書，與人主參決，乃下三府，尚書令爲端揆之長。」◎明王氏鏊《震澤長語》上：「西漢以丞相總百官，而九卿分治天下之事。光武中興，身親庶務，事歸臺閣，尚書始重，而公卿稍以失職矣。魏武初建魏國，置秘書令，典尚書奏事。文帝受禪，改秘書爲中書，有令有監，中書親近而尚書疏外矣。東晉以後，天子以中常侍常在左右，多與議政事，於是又有門下，而中書權始分矣。唐初始合三省，中書主出命，門下主封駁，尚書主奉行。其後合中書、門下爲一，故有同中書門下三品、同中書門下平章事。其後又置政事堂，蓋以中書出詔令，門下封駁，日有爭論，故兩省先於政事堂議定，然後奏聞。開元中，張説改政事堂爲中書門下，自是至宋，莫之能改。」自注：「一説漢武帝游宴後庭，尚書始重。」又曰：「宣帝時，霍山領尚書。上令吏民奏事，不關尚書，其後奏封事，輒下中書令。則西漢時，中書已重於尚書矣。」

爲劉勝之居鄉，猶效張伯松、龍伯高也。爲杜密之居鄉，猶效陳孟公、杜季良也。制行者宜知所擇。

【閻按】高忠憲言：「居廟堂之上則憂其民，處江湖之遠則憂其君，此士大夫實念也。居廟堂之上，無事不爲我君；處江湖之遠，隨事必爲我民，此士大夫實事也。實念、實事在天地間，凋三光、敝萬物而常存。」此蓋《答朱平涵居鄉書》。余謂今之居鄉，爲劉勝易，爲杜密難。

【元圻案】陳遵，字孟公；張竦，字伯松。注已見上卷①。《後漢書·馬援傳》：「杜季良，名保，京兆人，時爲越騎司馬。保仇人上書，訟保『爲行浮薄，亂羣惑衆，伏波將軍萬里還書以誡兄子』。書奏，免保官。龍伯高名述，亦京兆人，爲山都長，由此擢零陵太守。」《黨錮傳》：「杜密，字周甫，潁川陽城人。爲北海相。去官還家，每謁守令，多所陳托。同郡劉勝，亦自蜀郡告歸鄉里，閉門埽軌，無所干及。太守王昱謂密曰：『劉季（林）〔陵〕，清高士，公卿多舉之者。』密知昱激己，

① 見卷十二「張竦答陳遵」條注（頁一四三五）。

對曰：『劉勝位爲大夫，見禮上賓，而知善不薦，聞惡無言，隱情惜己，自同寒蟬，此罪人也。今志義力行之賢而密達之，違道失節之士而密糾之，使明府賞刑得中，令問休揚，不亦萬分之一乎？』昱慚服。」◎胡氏《讀史管見》四：「或問劉勝、杜密所處孰賢？曰：勝賢。如密之論，軒揚激發，固非常士所及；然勝之行，深潛静退，可爲鄉里之式。如密之論，非惟犯出位之譏，亦取禍辱之道也；遇王昱賢者，故能容之耳。」

東漢有佛書，而諸臣論議，無述其言者，唯襄楷云：「浮屠不三宿桑下。」

【何云】亦因論其事而述其言爾。

【元圻案】《魏書·釋老志》：「後漢孝明帝夜夢金人，頂①有白光，飛行殿庭，乃訪羣臣，傅毅始以佛對。帝遣郎中蔡愔、博士弟子秦景等使於天竺，寫浮屠遺範。愔仍與沙門攝摩騰、竺法蘭東還洛陽。中國有沙門及跪拜之法，自此始也。愔又得佛經《四十二章》，帝緘於蘭臺石室。」◎《後漢書·襄楷傳》：「楷字公矩，平原隰陰人。上疏曰：『聞宫中立黄老、浮屠之祠。此道清虚，貴尚無爲，好生惡殺，省慾去奢。或言老子入夷狄爲浮屠。浮屠不三宿桑下，不欲久生恩愛，精之至也。天神遺以好女，浮屠曰：「此但革囊盛血。」遂不眄之。其守一如此。今陛下淫女豔婦，極

①「頂」，中華書局校點本《魏書·釋老志》據《廣弘明集》校改作「項」。

天下之麗，甘肥飲美，單天下之味，奈何欲如黃老乎？』」◎《四十二章經》曰：「沙門受道法者，日中一食，樹下一宿，慎莫再宿矣。」又曰：「天神獻玉女於其佛，佛曰：『此是革囊盛衆穢耳。』」

《班固傳》：《西都賦》云：「招白閒，下雙鵠。揄文竿，出比目。」二句爲對。白閒，猶黃閒也。注云：「弓弩之屬。」《御覽》三百四十七引《風俗通》：「白鷳①，古弓名。」《文選》以「閒」爲「鷳」。【原注】非禽名也。

【元圻案】章懷注：「弩有黃閒之名，此言白閒，蓋弓弩之屬。本或作『白鷳』，謂鳥也。」◎《文選·西都賦》注：「《西京雜記》曰：『閩越王獻高帝白鷳、黑鷳各一雙。』」何義門曰：「今以『揄文竿』例之，當以《後漢書》爲正。」②

《東都賦》「正予樂」，【原注】依讖文，改樂爲《大予》。《文選》李善注亦引「大予」，五臣乃解爲「正樂」。今本作「雅樂」，[一]亦誤。【原注】五臣本改爲「雅」。

[一]案，《五臣注》：「張銑曰：雅樂，正樂也。」

---

① 「鷳」，原本作「閒」，據元刊本改。《太平御覽》卷三百四十七正作「鷳」。

② 見清何焯《義門讀書記》卷四五「西都賦」條。

【元圻案】《文選》注：「《東觀漢記》：孝明詔曰：『《尚書璇璣鈐》曰：「有帝漢出，德洽作樂，名予。」其改郊廟樂曰《大予樂》，樂官曰大予樂官，以應圖讖。』」◎又顔延之《曲水詩序》「《大予》協樂」注：「《東觀漢記》：孝明詔曰『正大樂官曰大予樂官』。」◎案，今本《東觀漢記》此詔在永平三年八月。◎《書録解題·總集類》：「《文選》六十卷。梁昭明太子蕭統德施撰。唐崇賢館學士江都李善注，北海太守邕之父也。」又：「《六臣文選》六十卷。唐工部侍郎吕延祚開元六年表上，號『五臣集注』。五臣者，常山尉吕延濟，都水使者劉承祖，男良處士張銑，吕向、李周翰也。後人并與李善原注合爲一書，名《六臣注》。」

「范氏施御」，班固《東都賦》注引《括地圖》曰：「夏德盛，二龍降之。禹使范氏御之，以行程南方。」按《左傳》襄二十四年，范宣子曰：「昔匄之祖，在夏爲御龍氏。」《括地圖》之説本於此。然蔡墨謂「劉累學擾龍於豢龍氏，以事孔甲，賜氏曰御龍」，〔一〕非禹也。

〔一〕見昭二十九年《左傳》。

【何云】豈特非禹，晉主夏盟，始爲范氏也。

【又云】「范氏」注引《孟子》「吾爲之范氏馳驅」。

【元圻案】孫宣公《孟子音義》：「『範我』，或作『范氏』。范氏，古善御者。」

《文選》鮑昭《放歌行》注引崔元始《正論》：「永寧詔曰：『鐘鳴漏盡，洛陽城中不得有行者。』」永寧，漢安帝年號；元始，崔寔字也。《後漢紀》不載此詔。

【元圻案】《後漢書·崔寔傳》：「寔字子真，一名台，字元始。少沈静，好典籍。明於政體，吏才有餘，論當世便事數十條，名曰《政論》。仲長統曰：『凡爲人主，宜寫一通，置之座側。』」◎《東觀漢記》、袁宏《後漢紀》亦不載此詔。

崔寔《四民月令》，朱文公《答楊直方書》謂「見當時風俗及其治家整齊，即以嚴致平之意」。

【閻按】蔚宗已謂《潛夫論》「足以觀見當時風政」①。

【元圻案】《四民月令》，崔寔本傳不著其目，《隋志》「農家」：「《四民月令》一卷，後漢大尚書崔寔撰。」朱氏《經義考》附見於《禮記》之後，謂「此書雖佚，而《齊民要術》、《太平御覽》中所引特多，尚可捃拾成書」。◎寔本傳載《政論》曰：「景帝元年詔曰：『加笞與重罪無異，幸而不死，不可爲民。』乃定律，減笞輕捶。以此言之，文帝乃重刑，非輕之也；以嚴致平，非以寬致平也。」◎唐王志愔《應正論》曰：「崔寔《政論》云『爲國家者以嚴致平』，然則稱嚴者不必逾條越制，凝網

① 見《後漢書·王符傳》。

重罰，在於施隱括以矯枉，用平典以禁非，刑故有常，罰輕無赦，人不易犯，防之難越故也。」

崔寔《政論》云：「諺曰：『一歲再赦，好兒喑啞。』」見《太平御覽》四百九十六。唐太宗之言蓋出於此。【原注】「兒」與「人」同，如以「可人」爲「可兒」。[一]

[一]【全云】十一字是正文。

【閻按】《潛夫論》引諺曰：「一歲載赦，奴兒噫嗟。」「奴」恐是「好」字之訛。

【元圻案】范氏祖禹《唐鑑》三：「帝謂侍臣曰：『古語有之：赦者小人之幸，君子之不幸；一歲再赦，善人喑啞。夫養(根)〔稂〕莠者害嘉穀，赦有罪者賊良民。朕即位以來，不欲數赦，恐小人恃之輕犯憲章也。』」

剛者必仁，佞者必不仁。[一]龐萌爲人遜順，而光武以托孤期之，不惟失於知人，其惑於佞甚矣，子陵所以鴻飛冥冥也。「懷仁輔義」之言，豈特規侯霸哉？

[一]此二句用東坡《剛説》。

【元圻案】《後漢書·劉永傳》：「龐萌爲人遜順，甚見信愛。帝嘗稱曰：『可以托六尺之孤，寄百里之命者，龐萌是也。』與蓋延共擊董憲。時詔書獨下延而不及萌，萌以爲延譖己，自疑，遂反。」《逸民傳》：「嚴光，字子陵，會稽餘姚人。與光武同遊學。及光武即位，乃變姓名，隱身不見。令以物色訪之，三反而後至。司徒侯霸與光素舊，遣使奉書。光不答，口授曰：『君房位至鼎足，甚善。懷仁輔義天下悦，阿諛順旨要領絶。』除爲諫議大夫，不屈，乃耕於富春山。」◎吕成公《重修釣臺記》曰：「先生雖以巢、由自命，視一世若不足以浼之。觀與侯霸尺牘，劘切之意見於言外，豈於帝眷眷未能忘邪？」

東漢三公，無出楊震、李固之右，而始進以鄧、梁，君子以爲疵。故《易》之《漸》曰：「進以正。」

【何云】東漢三公，莫如袁安，次之者李固也，楊才識非袁、李比。

【又云】彼執國命於季桓子，孔子行之。

【閻按】鄧騭、梁商雖外戚而皆賢。史稱騭辟楊震於幕府，天下復安；商辟李固爲從事中郎，京師翕然稱良輔。未可爲二公之疵。此論太刻，吾不取。

【元圻案】《後漢書·鄧騭傳》：「騭女弟爲貴人，騭兄弟皆除郎中。及貴人立，是爲和熹皇后。」又《梁商傳》：「順帝選商女及妹入掖廷。陽嘉元年，女爲皇后，妹爲貴人，加商特進。商自以戚屬居大位，每存謙柔，虚己進賢，辟漢陽巨覽、上黨陳龜爲掾屬，李固、周舉爲從事中郎，於是京師翕然，稱爲良輔。」又《楊震傳》：「震字伯起，弘農華陰人也。少好學，明經博覽，無不窮究。諸儒爲之語曰：『關西孔子楊伯起。』年五十，乃始仕州郡。大將軍鄧騭聞其賢而辟之。永寧元年，代劉愷爲司徒。」《李固傳》：「固字子堅，漢中南鄭人，司徒郃之子也。固究覽墳籍，結交英賢。四方有志之士，多慕其風而來學。梁商請爲從事中郎。沖帝即位，以固爲太尉。」◎胡致堂《讀史管見》四謂：「安帝三公無出楊震之右者。然震以三公之尊，兩奏一乳養老婦人而不能動，即可引領而去，過是殊少（味）〔昧〕也。」朱子《綱目》取之。

《曲禮》、《少儀》之禮廢，幼不肯事長，不肖不肯事賢。東都之季，風化何其美也！魏昭請於郭泰，願在左右，供給灑掃。荀爽謁李膺，因爲其御。范滂之歸，鄉人殷陶、黄穆侍衛於旁，應對賓客。闕里氣象，不過是矣。

【全云】明末陳繼儒弟子有此氣象，見黄梨洲《思舊録》。不知繼儒何以得此？

【元圻案】袁宏《後漢紀》靈帝建寧二年：「郭泰，字林宗，太原介休人。嘗止陳國，文孝童子魏昭求入其房，供給灑掃。泰曰：『年少當精義書，曷爲求近我乎？』昭曰：『蓋聞經師易遇，人師難遭，故欲以素絲之質，附近朱藍耳。』泰美其言，聽與共止。嘗不佳，夜後命昭作粥。粥成進泰，泰一呵之曰：『爲長者作粥，不加意敬，乃不可食。』以杯擲地。昭更爲粥重進，泰復呵之，如此者三。昭姿無變容，顔色殊悦，泰善之。」◎《黨錮傳》：「李膺，字元禮，潁川襄城人。荀爽常就謁膺，因爲其御，既還，喜曰：『今日得御李君矣。』其見慕如此。」◎荀爽，淑之子，有列傳。又：「范滂，字孟博，汝南征羌人也。牢修誣言鈎黨，坐繫獄。事釋，南歸。〔汝南〕、南陽士大夫迎之者數千。兩同囚鄉人殷陶、黄穆亦免俱歸，並衛侍於(傍)〔滂〕，應對賓客。」◎黄梨洲《思舊録》：「陳繼儒，字仲醇，華亭人。以諸生有盛名，上自縉紳大夫，下至工賈倡優，經其品題，便聲價重於一時。余入京，遇之於西湖，畫船三隻：一頓襆被，一見賓客，一載門生。故友見之者雲集。余時寓太平里小巷，先生答拜，乘一小轎，門生徒步隨其後。天寒涕出，藍田叔即以袍袖拂拭之。」

中平〔一〕二年，昆陽令愍繇役之害，結單言府，收其舊直，臨時募顧，不煩居民。太守、丞爲之立約。見於《都鄉正街彈碑》。此募役之始也。

〔一〕「中平」，何本誤作「仲平」。

【元圻案】洪氏《隸釋》十五《都鄉正衛彈碑》：「靈帝中平二年立。考其文，則縣令寧陵君承昆陽喪亂之餘，愍繇役之害，結單言府，班董科例，收其舊直，臨時募顧，不煩居民。太守東郡王環、丞濟陰華林優恤民隱，爲之立約。自是之後，吏無苛擾之煩，野無愁痛之聲。」◎「衛彈」，《金石録》作「街彈」，《周禮·里宰》「以〔歲〕時合耦於耡」，注云：「耡者，里宰治處也，若今街彈之室。」《隸釋》作「衛彈」，誤。

孔子曰：「故者，毋失其爲故也。」①蘇章藉故人以立威，其流弊遂爲干禁、源懷，

①《禮記·檀弓下》。

忠厚之俗不復見。若章者，難與並爲仁矣。

【何云】長者之言。

【閻按】于禁斬平昌豨，時豨已降，源懷劾于祚、元尼須，僅罷官，亦似有別。

【元圻案】《後漢書·蘇章傳》：「章遷冀州刺史。故人爲清河太守，章行部案其姦臧。乃請太守，爲設酒肴，陳平生之好甚歡。太守喜曰：『人皆有一天，我獨有二天。』章曰：『今夕蘇孺文與故人飲者，私恩也；明日冀州刺史案事，公法也。』遂舉正其罪。州境知章無私，望風畏肅。」◎《三國志·魏·于禁傳》：「太祖破紹，冀州平。昌豨復叛，遣禁征之。禁攻豨，豨與禁有舊，詣禁降。諸將皆以爲豨已降，當送詣太祖，禁曰：『諸君不知公常令乎！圍而後降者不赦。豨雖舊友，禁可失節乎！』自臨與豨決，隕涕而斬之。」◎《魏書·源懷傳》：「時后父于勁勢傾朝野，勁兄于祚與懷宿昔通婚，時爲沃野鎮將，頗有受納。懷將入鎮，祚郊迎道左，懷不與語，即劾祚免官。懷朔鎮將元尼須與懷少舊，亦貪穢狼藉，置酒請懷，謂懷曰：『命之長短，由卿之口，豈可不相寬貸？』懷曰：『今日之集，乃是源懷與故人飲酒之坐，非(鞠)〔鞫〕獄之所也。明日公庭，始爲使人(檢)〔撿〕鎮將罪狀之處。』尼須揮涕而已，無以對之。已而表劾尼須。」◎裴松之曰：「圍而後降，法雖不赦；因而送之，未爲違命。禁曾不爲舊交希冀萬一，而肆其好殺之心，以戾衆人之議，所以卒爲降虜，死加惡謚，宜哉。」◎呂成公《史説》曰：「蘇章、源懷與故人飲酒，似乎情厚，終竟發摘情實，便見刻薄。蓋今日與故舊如此，則他日於君可知。」◎案，《于禁傳》「太祖破紹，冀州平。昌豨復叛」，似以「平」字斷句。閻氏乃以「平」爲昌豨之姓，恐誤。

精廬，見《姜肱傳》，乃講授之地，即《劉淑、包咸、檀敷傳》所謂精舍也。《文選》任彦昇《表》用「精廬」，李善注引王阜事，五臣謂寺觀，謬矣。

【集證】《華陽國志》「大江自湔堰下至犍爲有五津，始文翁立文學精舍、講堂作石室」，皆謂讀書之所。自晉武帝太元六年初奉佛法，立精舍於殿內，引諸沙門居之，因此世俗謂佛寺爲精舍。

【元圻案】《後漢書·姜肱傳》：「肱字伯淮，彭城廣戚人也。肱（與）二弟仲海、季江，俱以孝行著聞。嘗與季江謁郡，遇盜，欲殺之。肱兄弟爭相死，賊遂兩釋焉，但掠奪衣資而已。既至郡中，見肱無衣服，怪問其故，肱托以他辭，終不言盜。盜聞而感悔，後乃就精廬，求見徵君，還所掠物。肱不受。」注：「精廬，即精舍也。」又《儒林傳》「精廬暫建，羸糧動有千計」，注：「精廬，講讀之舍。」◎《文選》李善注：「劉璠《梁典》曰：任昉，字彦昇，樂安人。辭章之美，冠絶當時。爲寧朔將軍，（始）〔新〕安太守。」昉《爲范雲求立太宰碑表》曰：「精廬妄（作）〔啓〕，必窮鐫勒之盛。」善注：「《漢記》曰：王阜年十一，辭父母欲出精廬，以尚幼不許。」又《黨錮傳》：「劉淑字仲承，河閒樂成人。」「檀敷，字文有，山陽瑕丘人。」《儒林傳》：「包咸，字子良，會稽曲阿人。」◎宋吴曾《能改齋漫録》：「王觀國《學林新編》曰：『《晉書》：「孝武帝幼奉佛法，立静舍於殿內，引沙門居之，因此世俗謂佛寺爲静舍。」觀國按，古之儒者，教授生徒，其所居皆謂之精舍。故

《後漢·包咸傳》曰：「咸住東海，立精舍講授。」又《劉淑傳》曰：「隱居（之）〔立〕精舍（授講）〔講授〕。」又《檀敷傳》曰：「立精舍教授。」又《姜肱傳》曰：「盜就精廬求見。」注曰：「精廬，即精舍也。」以此觀之，精舍本爲儒士設。至晉孝武立精舍以居沙門，亦謂之精舍，非有儒釋之別也。』以上皆王説。予按，《三國志》注引《江表傳》曰：『于吉來吴，立精舍，燒香讀道書。』然則晉武以前，道士亦立精舍矣。」◎《江表傳》云云，見《吴·孫策傳》注。

孔北海答王脩教曰：「掾清身潔己，歷試諸難，謀而鮮過，惠訓不倦。余嘉乃勳，應乃懿德，用升爾於王庭，其可辭乎！」文辭温雅，有典誥之風，漢郡國之條教如此。

【原注】然「歷試諸難」，恐不可用。〔一〕

〔一〕【全云】原注是正文。

【何云】古人不拘，今在所避。

【元圻案】《後漢書·孔融傳》：「融字文舉，魯國人，孔子二十世孫也。黄巾寇數州，而北海最爲賊衝，三府同舉融爲北海相。融爲賊所圍，乃遣東萊太史慈求救於平原相劉備。備驚曰：『孔北海乃復知天下有劉備耶？』」◎《三國志·魏·王脩傳》：「脩字叔治，北海營陵人也。初平中，北海孔融舉孝廉，脩讓邴原，融不聽。」注引《融集》有答脩教云云。

孝女叔先雄，[一]《水經注》以爲光終，符縣人。又引《益部耆舊傳》：「符有光洛，【原注】疑即「終」字。僰道有張帛。」

[一]【何云】「雄」蓋「雒」字傳寫之誤，女而名「雄」，無義理。

【元圻案】《後漢書·列女傳》：「孝女叔先雄者，犍爲人也。父泥和，墮汪水物故，尸喪不歸。雄乘船於父墮處慟哭，遂自投水死。弟賢夢雄告之：『卻後六日，當共父同出。』至期伺之，果與父相持，浮於江上。」◎《水經注》三十三：「符縣長趙祉遣吏先尼和，以永建元年十二月詣巴郡，没死成湍灘。子賢求喪不得，女絡年二十五歲，有二子五歲以還，至二年二月十五日尚不得喪，絡乃乘小船至父没處，哀哭自沈，見夢告賢曰：『至二十一日與父俱出。』至日，父子果浮出江上。郡縣上言，爲之立碑，以旌孝誠也。」又引《益都耆舊傳》曰：「張真妻，黄氏女也，名帛。真乘船覆没，求尸不得，帛至没處灘頭，仰天而嘆，遂自沈淵。積十四日，帛持真手於灘下出。時人爲説曰『符有先洛，僰道有張帛』者也。」此條引《水經注》作「光終」、「光洛」，蓋古今本傳刻不同耳。

劉贛父《東漢刊誤》謂：《列傳》第七十九注最淺陋。章懷注書，分與諸臣，疑其將終篇，故特草草耳。今觀《南匈奴論》「棄蔑天公」，注引《前書》云：「『老禿翁何爲首鼠兩端』，禿翁，即天翁也。」其誤甚矣。

【元圻案】《南匈奴傳論》曰：「竇憲矜三捷之效，忽經世之規，狼戾不端，專行威惠。遂復更立北虜，反其故庭，並恩兩護，以私己福，棄蔑天公，坐樹大鯁。永言前載，何恨憤之深乎！」注曰：「言竇憲斬日逐，刊石紀功，即宜滅其北庭，以資南部。重存胤緒，滋生孽災。南北俱存，即是並恩兩護。以私己福，〔乃招其禍〕。斯則棄蔑天公之事也。天公謂天子也。《前書》云『老禿翁何爲首鼠兩端』，禿翁即天翁也。高祖云『幾敗乃公事』，乃公即汝公也。惇史直筆，時復存其質言也。」◎惠氏棟《後漢書補注》：「李殿學曰：『天公非謂天子，猶太公耳。』王懋曰：『注引老禿翁，禿翁何與乎天公？而此云爾甚不可解。』」◎《唐書·章懷太子傳》：「太子賢字明允，甫數歲，讀書一覽輒不忘。詔集諸儒：左庶子張大安，洗馬劉訥言，洛州司户參軍事格希玄，學士許叔牙、成玄一、史藏諸、周寶寧等，共注《後漢書》。」◎晁氏《讀書附志》：「《西漢刊誤》一卷，《東漢刊誤》一卷。劉攽撰。」◎攽字贛父，其書已佚，略見於吴仁傑《兩漢刊誤補遺》。

《曹娥碑》云：「盱能撫節按歌，婆娑樂神。以五月時迎伍君。」《傳》云「迎婆娑神」，誤也。

【元圻案】《古文苑》八載《曹娥碑》曰：「孝女曹娥者，上虞曹盱之女也。盱能撫節按歌，婆娑樂神。以漢安二年五月時迎伍君，逆濤而上，爲水所淹。」◎《後漢書·列女傳》：「孝女曹娥者，會稽上虞人也。父盱，能弦歌，〔爲〕巫祝。漢安二年五月五日，於縣江泝濤迎婆娑神①，溺死。娥年十四，乃沿江號哭，晝夜不絶聲，旬有七日，遂投江而死。」注：「《會稽典録》曰：『上虞長度尚弟子邯鄲淳，字子禮。時甫弱冠，而有異才。尚先使魏朗爲《曹娥碑》，文成未出，會朗見尚，尚問碑文成未，朗辭不才，因試使子禮爲之，操筆而成，無所點定。朗嗟嘆不暇，遂毁其草。』」

蔡邕文今存九十篇，而銘墓居其半，曰碑，曰銘，曰神誥，曰哀讚，其實一也。自云爲《郭有道碑》〔一〕獨無愧辭，則其他可知矣。其頌胡廣、黄瓊，幾於老、韓同傳，若繼成漢史，豈有南、董之筆？

〔一〕《文選》取此碑。

【全云】中郎之晚節如此，其言豈能不謬？但其熟知典故，則實有可采者耳。

【元圻案】《後漢書·郭太傳》：「蔡邕謂盧植曰：『吾爲碑銘多矣，皆有慚德，唯郭有道無愧色耳。』」又《胡廣傳》：「廣字伯始，南郡華容人。一履司空，再作司徒，三登太尉，又爲太傅。靈帝圖畫廣及黄瓊於省内，詔蔡邕爲其頌云。」注：「《謝承書》載其頌曰：『巖巖山岳，配天作輔。降神有周，生申及甫。允兹漢室，誕育二后。曰胡曰黄，方軌齊武。惟道之淵，惟德之藪。股肱元

① 「迎婆娑神」，中華書局校點本《后汉書·列女傳》校作「婆娑迎神」，是。

首，代作心膂。天之烝人，有(作)〔則〕有類。我胡我黄，鍾厥純懿。巍巍特進，仍踐其位。赫赫三事，七佩其紱。奕奕四牡，沃若六轡。衮職龍章，其文有蔚。參曜乾台，窮寵極貴。功加八荒，羣生以遂。超哉邈乎，莫與爲二！』」◎范蔚宗贊曰「胡公庸庸，飾情恭貌。朝章雖理，據正或(撓)〔橈〕」，又曰「瓊名夙知，累章國疵」，是瓊非廣所能幾及。邕作頌而無所軒輊，故王氏譏之。◎《蔡邕傳》：「王允收邕付廷尉，邕乞黥首刖足，繼成漢史。允曰：『方今國祚中衰，神器不固，不可令佞臣執筆在帝左右。』」

《周舉傳》：「太原舊俗，以介子推焚骸，有龍忌之禁，一月寒食。」按《淮南子·要略篇》云：「操舍開塞，各有龍忌。」注：「中國以鬼神之亡日忌，北胡、南越皆謂之請龍。」

【集證】《荆楚歲時記》注云：「後漢周舉移書及魏武《明罰令》、陸翽《鄴中記》並云寒食斷火，起於子推。據《左傳》及《史記》，並無子推被焚之事。案《周禮·司烜氏》：『仲春以木鐸巡火禁於國中。』注云：『爲季春將出火也。』今寒食準節氣是仲春之末，清明是三月之初，然則禁火蓋周之舊制。」

【元圻案】《周舉傳》：「舉字宣光，汝南汝陽人。博學洽聞，京師爲之語曰：『《五經》從横周宣光。』遷并州刺史。太原舊俗云云。」注：「《新序》曰：『晉文公反國，介子推無爵，遂去而之介山之上。文公求之不得，乃焚其山，推遂不出而死。』龍，星，木之位也，春見東方。心爲大火，懼火之盛，故爲之禁火。俗傳云子推以此日被焚而禁火。」

郭伋爲并州牧，有童兒騎竹馬。《史通·暗惑篇》云：「晉陽無竹，事不可信。」

【閻按】無論唐晉陽童子寺有竹日報平安，而騎竹馬之童兒，乃西河郡之美稷也。美稷，唐爲鄉，在隰城縣，今汾州府。

【元圻案】《後漢書·郭伋傳》：「伋字細侯，扶風茂陵人也。爲并州牧。始至行部，到西河美稷，有童兒數百，各騎竹馬，道次迎拜。伋問：『兒曹何自遠來？』對曰：『聞使君到，喜，故來奉迎。』」◎《水經注》三：「河水又左得湳水口。水出西河郡美稷〔縣〕，東南流。《東觀記》曰：郭伋爲并州牧，前在州素有恩德。行部到西河美稷，數百小兒各騎竹馬迎拜。伋問：『兒曹何自遠來？』曰：『聞使君到，喜，故迎。』伋謝而發去。」◎《史通·暗惑篇》：「《東觀漢記》曰：郭伋爲并州牧，行部到西河美稷，有童兒數百，各騎竹馬，於道次迎拜。夫以晉陽無竹，古今共知，假有傳檄它方，蓋亦事同大夏，訪知商賈，不可多得；況在童孺，彌復難求，羣戲而乘，如何克辦？」◎黄氏叔琳曰：「《史記·趙世家》『毋卹剖竹得朱書』，又《貨殖傳》『山西饒材、竹』，則晉陽未嘗無竹也。」◎《酉陽雜俎》：「衛公言：北都惟童子寺有竹一窠，纔長數尺，其寺綱維每日報竹平安。」

《光武紀》：建武二十三年，「陳留太守王況[一]爲大司徒」。【原注】二十七年薨。○亦《光武紀》文。《虞延傳》注引《謝承書》曰：「況，章和元年爲司徒。」《謝承書》誤也。

[一] 注：「王音肅。」

【何云】注：「王，姓，音宿。」

【元圻案】《後漢書·虞延傳》：「延字子大，陳留東昏人。光武二十年東巡，路過小黄，時延爲部督郵，詔呼引見。延進止從容，占拜可觀。帝善之，於是聲名遂振。二十三年，司徒王況辟焉。」注：「《謝承書》曰：『況字文伯，京兆杜陵人也。代爲三輔名族，該總《五經》，志節高亮，爲陳留太守。性聰敏，善行德教。永平十五年，蝗蟲起泰山，彌衍兗、豫，過陳留界，飛逝不集，五穀獨豐。章和元年，詔以況爲司徒。』」謝承謂永平十五年王況尚爲陳留太守，亦誤也。章懷引之而不正其誤，何歟？◎永平，明帝年號。章帝十二年改元章和，是年丁亥，上距建武二十三年丁未實四十年。◎《玉篇》金玉之「玉」點在中畫之下，音宿者點在中畫之上。

漢詔令，人主自親其文。光武詔曰：「司徒，堯也；赤眉，桀也。」明帝即位詔曰：「方今上無天子，下無方伯。」[二]豈代言者所爲哉？

[二] 案，二句本《公羊傳》文。

【元圻案】《後漢書·鄧禹傳》：「光武即位於鄗，拜禹爲司徒。帝以關中未定，而禹久不進兵，下敕曰：『司徒，堯也；亡賊，桀也。長安吏人，遑遑無所依歸。宜以時進討，鎮慰西京，繫百姓之心。』」《通鑑》載此詔，亦作「亡賊，桀也」。惟宋温革《隱窟雜志》引李漢老云：「古者詔令多矣，天子自爲之，故漢武帝詔淮南王，令相如視草；而光武詔鄧禹曰：『司徒，堯也；赤眉，桀也。』使臣下代言，其敢爲是語乎？」厚齋作「赤眉」，蓋本此。◎《明帝紀》即位詔曰：「方今上無天子，下無方伯，若涉淵水而無舟楫。夫萬（里）〔乘〕至重而壯者慮輕，實賴有聽左右小子。」◎章帝建初七年獲白鹿，帝曰：「上無明天子，下無賢方伯。『人之無良，相怨一方。』斯器亦曷爲求哉？」◎唐鄭亞《李衛公集序》云：「漢興，當秦焚書之後，侍從之臣皆不習文史，蕭、曹之輩又乏儒墨之用，每封功臣、建子弟，其辭多天子爲之。」

習鑿齒《漢晉春秋》以蜀漢爲正。朱文公《感興詩》謂「晉史自帝魏，後賢盍更張」，然晉人已有此論。

【元圻案】《晉書·習鑿齒傳》：「鑿齒字彦威，襄陽人。桓温覬覦非望，鑿齒著《漢晉春秋》以裁正之。起漢光武，終於晉愍帝。於三國之時，蜀以宗室爲正，魏雖受漢禪晉，尚爲篡逆。至文帝平蜀，乃爲漢亡而晉始興焉。」◎《世説》注：「習鑿齒著論曰：『若以魏有代王之德，則不足；有靖亂之功，則孫、劉鼎立。共王①、秦政猶不見敍於帝王，況暫制數州之衆哉！』」◎朱子《感興詩》

① 「共王」，據朱鑄禹《世説新語彙校集注》（上海古籍出版社本）當作「共工」。

第五首：「東京失其御，刑臣弄天綱。西園植姦穢，五族沈忠良。青青千里草，乘時起陸梁。當塗轉凶悖，炎精遂無光。桓桓左將軍，仗鉞西南疆。伏龍一奮躍，鳳雛亦飛翔。祀漢配彼天，出師驚四方。天意竟莫回，王圖不偏昌。晉史自帝魏，後賢盍更張。世無魯連子，千載徒悲傷。」

三國鼎峙，司馬公《通鑑》以魏爲正統，【原注】本陳壽。朱子《綱目》以蜀漢爲正統。【原注】本習鑿齒。然稽於天文，則熒惑守心，魏文帝殂，而吴、蜀無他。此黄權對魏明帝之言也，若可以魏爲正矣。月犯心大星，王者惡之，漢昭烈殂，而魏、吴無他。[一]權將何辭以對？

[一]案，此論本唐庚《三國雜事》上篇。

【何云】《宋書·天文志》曰：「案，三國史並無熒惑守心之文。黄初六年五月十六日壬戌，熒惑入太微。至二十七日癸酉，乃出。宜是入太微。」

【全云】此亦扶漢之言耳。其後月三犯心大星，而魏明帝殂，吴、蜀無他。熒惑逆行，而吴主殂，蜀、魏無他。總之均稱帝王，亦均應天象耳。

【元圻案】《三國志·蜀·黄權傳》注：「《蜀記》曰：魏明帝問權：『天下鼎立，當以何地爲正？』對曰：『當以天文爲正。往者熒惑守心而文皇帝崩，吴、蜀二主平安，此其徵也。』」《魏文帝紀》：「黄初四年三月，月犯心中央大星。」《晉書·天文志》：「占曰：心爲天王位，王者惡之。」◎昭烈以是年四月殂於永安宫。◎余兄静軒先生曰：『「有雲如衆赤鳥，夾日以飛」，卜以爲楚昭當之，是以日爲楚昭也，豈正統在楚乎？專諸刺王僚，白虹貫日，是以日爲吴僚也，豈正統在吴乎？子産曰：『天道遠，人道邇。』偶中者有之，可盡信乎？」◎蕭山王穀睦曰：「宋藝祖以受禪開基，《通鑑》自不得以魏爲簒；高宗以宗枝再造，《綱目》自不得以蜀爲僞。讀二書者當論其世。」

邵公濟[一]《謁武侯廟文》云：「公昔高卧，隱然一龍。鬼蜮亂世，其誰可從？惟明將軍，漢氏之宗。相挽以起，意氣所同。欲持尺箠，盡逐姦雄。天未悔禍，世豈能容？[二]惟史臣壽，姦言非公。惟大夫周，誤國非忠。廟食故里，羞此南充。置公左右，不堪僕童。我實鄙之，築公之宫。《春秋》之法，孰敢不恭？俾千萬年，仰其高風。」【原注】陳壽、譙周皆巴郡人，今果州。陸務觀《籌筆驛》詩：「運籌陳迹故依然，想見旌旗駐道邊。一等人間管城子，不堪譙叟作降牋。」公濟之文蓋果州作。

[一]名博，康節之孫。

[二]【何云】「世豈能容」，似人不能容武侯矣。詞不達意，老生語何足疏録。

【何云】詩欲兼具勸懲，至此二事豈復可以對言。放翁之意卑矣。且請降鄧艾，周爲之勸；其書則郤正所造也。

【閻按】降牋實出郤正之手。

【方樸山云】降牋出郤正，而定議乞降者譙周也。

【元圻案】《蜀·郤正傳》："「景耀六年，後主從譙周之計，遣使請降於鄧艾，其書正所造也。」

君子小人之壽夭①，可以占世道之否泰。諸葛孔明止五十四，法孝直纔四十五，龐士元僅三十六；而年過七十者，乃奉書乞降之譙周也。天果厭漢德哉？

【何云】温庭筠《五丈原》落句云："「象牀寶帳無言語，從此譙周是老臣。」蓋亦憾天道之不可知也。

【集證】《世説》注引《華陽國志》云龐士元卒年三十八。杭氏《諸史然疑》："「《唐子西文録》謂：『龐德公以孔明爲卧龍，以士元爲鳳雛，則士元之齒當少於孔明。孔明卒時年五十四，而士元先卒二十有二年，則士元物故尚未三十也。』此説魏鶴山采入《經外雜鈔》，蓋未審讀《統傳》也。《傳》明云統死時年三十六；先主拜統父爲議郎，亮親爲之拜，則亮實以兄事之。」

【元圻案】《三國志·蜀·法正傳》："「正字孝直，右②扶風郿人。昭烈取蜀，實用其策。昭烈

①「壽夭」，三箋本作「夭壽」。

②「右」，中華書局校點本《三國志》校爲衍字。

立爲漢中王，以正爲尚書令、護軍將軍。明年卒，時年四十五。昭烈征孫權，敗績。孔明嘆曰：『法孝直若在，則能制主上，令不東行；就復東行，必不傾危矣。』」又《龐統傳》：「統字士元，襄陽人。諸葛言之於先主，先主見與善譚，大器之，親待亞於亮，統隨入蜀。進圍洛縣，統率衆攻城，爲流矢所中，卒，時年三十六。」又《譙周傳》：「周曰：『昔孔子七十二，劉向、揚雄七十一而没，今吾年過七十，庶慕孔子遺風，可與劉向、揚雄同軌，恐不出後歲，必便長逝。』」◎唐子西説頗近理，然孔明拜士元父，未足爲齒少之證。魯肅謂吕蒙曰：「吾謂大弟但有武略耳，至於今者，學識英博，非復吴下阿蒙。」遂拜蒙母，結友而别①。是齒長亦有拜友父母之禮。◎譙周之孫登仕晉，死梓潼之難，可謂克蓋先人之愆。

諸葛武侯曰：「勢利之交，難以經遠。士之相知，温不增華，寒不改葉，貫四時而不衰，歷夷險而益固。」【原注】《太平御覽》引《要覽》云。○見四百六卷。

【集證】《隋志》「儒家」：「《要覽》十卷。晉郡儒林祭酒吕竦撰。」《唐志》「五卷」，今佚。

武侯不用魏延之計，非短於將略也，在《易·師》之「上六」曰：「小人勿用。」

① 以上見《三國志·吴書·吕蒙傳》及注引《江表傳》。

【何云】魏延雖雄猛，不可專任。且蜀兵少，分則不可以臨敵矣。若得韓信，又已定關中，固當別有用奇之時。

【元圻案】《蜀·魏延傳》注：「《魏略》曰：『夏侯楙爲安西將軍，鎮長安。亮與羣下計議，延曰：「夏侯楙怯而無謀，今假延精兵五千，負糧五千，直從褒中出，循秦嶺而東，當子午而北，不過十日可到長安。楙聞延奄至，必乘船而逃走。横門邸閣與散民之粟足周食也。比東方相聚，尚二十許日，而公從斜谷來，必足以達。如此，則一舉而咸陽以西可定矣。」亮以爲此縣危，不如安從坦道，故不用延計。』」《諸葛傳》附載陳壽奏上《亮集》表曰：「亮才於治戎爲長，奇謀爲短。理民之幹，優於將略。」◎《魏書·毛脩之傳》：「脩之謂崔浩曰：『昔在蜀中，聞長老言，陳壽爲諸葛門下書佐，得撻百下，故其論武侯云「應變將略，非其所長」。』」《史通》云「蜀老猶存，知葛亮之多枉」，蓋即謂此。

三國魏有篡弑，吴有廢立，皆受制强臣。蜀漢未亡之前，庸主尸位而國無内憂，昭烈、武侯之規模遠矣。

【閻按】後主禪謂亮曰：「政由葛氏，祭則寡人。」①又《華陽國志》云：「諸葛亮卒，後主至素服，發哀三日。李邈上疏，比之吕、霍，後主怒，下獄，誅之。」此豈他庸主所能及其毫髮。

①見《三國志·蜀書·後主傳》注引《魏略》。

【元圻案】魏司馬師廢齊王芳而立高貴鄉公髦，司馬昭弑高貴鄉公而立常道鄉公璜，至司馬炎廢陳留王奂而自立。吴孫綝廢亮爲會稽王，迎立琅邪王休，濮陽興、張布廢休太子𩅦而立孫皓。◎吕成公《史説》曰：「諸葛亮治蜀規模，死後猶足以維繫二十年。以劉禪之庸而蜀不亂，只緣當初收拾得人才在。故亮死後蔣琬代之，琬之後董允代之，允之後費禕代之，皆是賢者。此亮之規模有以維持之也。」

《水經注》引武侯《與步騭書》曰：「僕前軍在五丈原，原在武功西十里。馬冢在武功東十餘里，有高勢，攻之不便，是以留耳。」武侯《表》云：「臣遣虎步監孟琰據武功水東，司馬懿因水長攻琰營，臣作竹橋，越水射之，橋成馳去。」[一]此可以裨《武侯傳》之闕。晦翁：「欲《傳》末略載瞻及子尚死節事，[二]以見善善及子孫之義。南軒不以爲然，以爲瞻任兼將相，而不能極諫以去黄皓。諫而不聽，又不能奉身而退，以冀主之一悟，可謂不克肖矣。兵敗身死，雖能不降，僅勝於賣國者耳。以其猶能如此，故書子瞻嗣爵，以微見善善之長，以其智不足稱，故不詳其事，不足法也。此論甚精。」[三]

［一］以上《水經》十八卷「渭水又東逕武功縣北」注文。

［二］【何云】此謂南軒所論《武侯傳》。

［三］案，此朱子《答何叔京書》語，見《文集》。

【閻按】張南軒有《諸葛武侯傳》一卷。

【何云】思遠於景耀四年以尚書僕射、軍師將軍、行都護衛將軍事，與董厥並平尚書事。至六年冬，國遂亡。其任事未久，而董厥、閻宇位皆在其上，所謂「任兼將相」者，恐未悉當時勢也。姜維略言之而後主不納，逃竄沓中。思遠少爲主壻，亦蜀之宫之奇也，能必入乎武侯之克肖固難。吾所惜於思遠八歲失怙，未更軍旅，不知主客殊勢，失在以宿衛不習戰之兵攖既入死地之强寇。既不早納黄崇之言，又不能憑城持重，以挫其鋒，一敗塗地，國勢崩解，有如干寶之云。

【又云】崇屢勸瞻速行據險，無令敵得入平地。

【方樸山云】畢竟朱子所見爲是，南軒兵敗之言，絶不爲乃翁地乎？

【全云】「晦翁」以下當另爲一條。

【元圻案】《水經注》十七：「陽溪水①上承斜水，自斜谷分注綏陽溪，北屆陳倉入渭。故諸葛亮《與兄瑾書》曰：『有綏陽小谷，雖山崖絶險，溪水縱横，難用行軍，昔邏候往來要道通入，今使前軍斫治此道，以向陳倉，足以扳連賊勢，使不得分兵東行也。』」又二十七：「亮《與兄瑾書》云：『前趙子龍退軍，燒壞赤崖以北閣道，緣谷百餘里，其閣梁一頭入山腹，其一頭立柱於水中。今水大而急，不得安柱，此其窮極不可强也。』又云：『頃大水暴出，赤崖以南橋閣悉壞。時趙子龍與鄧伯

① 「陽溪水」，當作「綏陽溪水」。《四庫》本《水經注》卷十七校：「近刻脱『綏』字。」

苗，一戍赤崖屯田，一戍赤崖口，但得緣崖，與伯苗相聞而已。』」亦武侯逸事也。◎《諸葛瞻傳》：「瞻字思遠，景耀六年冬，鄧艾自陰平由景谷道旁入。瞻督諸軍至涪（亭）〔停〕住，前鋒破，退還，住綿竹。艾（遺）〔遣〕書誘瞻曰：『若降者必表爲琅邪王。』瞻怒，斬艾使。遂戰，大敗，臨陣死。瞻長子尚，與瞻俱没。」干寶曰：「諸葛瞻雖智不足以扶危，勇不足以拒敵，而能外不負國，内不改父之志，忠孝存焉。」◎《蜀・黄權傳》：「權留蜀子崇，隨諸葛瞻拒鄧艾。到涪縣，屢勸瞻宜速行據險，無令敵得入平地。」◎朱子曰：「欽夫之論，乃是以《春秋》責備賢者之法責之，於瞻不薄矣。」①◎《華陽國志》曰：「姜維惡皓恣擅，啓後主欲殺之。後主曰：『皓趨走小人耳，君何足介意！』維見皓枝附（華）〔葉〕連，懼於失言，遜詞而出。後主飭皓詣維陳謝。維説皓求沓中種麥，以避内難。」

昭烈謂：「武侯之才，十倍曹丕。」以丕之盛，終身不敢議蜀也。司馬懿畏蜀如虎，非武侯之敵。《史通・曲筆篇》云：「陸機《晉史》虛張拒葛之鋒。」又云：「蜀老猶存，知葛亮之多枉。」然則武侯事迹湮没多矣。

【元圻案】《諸葛傳》「建興九年，亮復出祁山」，注：「《漢晉春秋》曰：司馬宣王尋亮於鹵城，登山掘營，不肯戰。賈詡、魏平曰：『公畏蜀如虎，奈天下笑何！』宣王病之。」《傳》又云：「章武三年春，先

①《答何叔京》。

主於永安病篤，召亮於成都，囑以後事，謂亮曰：『君才十倍曹丕，必能安國，終定大事。』」◎陸機，字士衡，吴郡人。祖遜，父抗。吴亡入晉。事迹具《晉書》本傳。《隋書·經籍志》「古史類」：「《晉紀》四卷，陸機撰。」◎《唐書·藝文志》「雜傳記類」：「郭沖《諸葛亮隱没五事》一卷。」惜乎其書不傳。

八陣圖，薛士龍曰：「圖之可見者三：一在沔陽之高平舊壘，一在新都之八陣鄉，一在魚復永安宫南江灘水上。」蔡季通曰：「一在魚復，石磧①迄今如故。一在廣都，土壘今殘破不可考。」

【元圻案】《玉海》一百四十二《兵制·陣法門》「薛氏曰：圖之可見者，一在沔陽之高平舊壘」，注：「《郡縣志》：在興元府西縣東南十里，武侯壘石門爲圖。」「一在新都之八陣鄉」，注：「《郡縣志》：在成都府西縣北十九里。《寰宇記》：在縣北三十里彌牟鎮。」「一在魚復永安宫南江灘水上」，注：「洞當、中黄、龍騰、烏②飛、折衝、虎翼、握機、衝陣之法，本諸〔葛武〕侯方、圓、牝、牡、衝方、罘罝③、車〔倫〕〔輪〕、雁行之制。」又：「蔡氏曰『八陣圖有二，一在魚復』云云。《成都圖經》云：『八陣有

① 「磧」，原本作「蹟」，據元刊本改。
② 「烏」，一本作「鳥」。
③ 「罘罝」，原本作「置」，據《武經總要》卷七改。

三：在夔者六十有四，方陣法也；在彌牟者一百二十有八，當頭陣法也；在棊盤市者二百五十有六，下營法也。』《興元志》：『西縣亦有之。』則八陣圖有四。」◎《杜詩箋》：「《嘉話録》云：王武子曾爲夔州之西市，俯臨江岸沙石，下看八陣圖，箕張翼舒，鵝形鸛勢，象石分布，宛然尚存。峽水大時，巴蜀雪消之際，大樹十圍，枯槎百丈，破磑巨石，隨波塞川而下，水與岸齊，（雪）〔雷〕奔山裂，聚石爲堆者，斷可知也。及乎水落川平，萬物皆失故態，唯陣圖小石之堆標聚行列，依然如是者，垂六百年。劉禹錫曰：『是諸葛公誠明，一心爲玄德效死。況此法出《六韜》，是太公上智之材所構。自有此法，惟孔明行之，所以神明保持，一定而不可改也。』」◎高似孫《子略》一附《武侯八陣圖》，似孫曰：「八陣圖在沔陽者，酈道元《水經注》以爲傾而難識矣。在新都者，峙土爲魁，植以江石，四門，二首，六十四魁，八八成行，兩陣並峙，周凡四百七十二步，魁百有三十。在魚復者，隨江布勢，填石爲規，前障壁門，後倚卻月，縱八横八，魁間二丈，內面偃月，九六鱗差。江自岷來，奔怒湍激，驚雷迅馬不足以敵其雄也，徙華變滄不足以窮其力也。磊磊斯石，載轟載椿，知幾何年，曾不一仄。是非天所愛、神所儆者歟？」

君子其潛如龍，非迅雷烈風不起；其翔如鳳，非醴泉甘露不食。司馬德操、諸葛孔明俱隱於耕稼，而仕止殊；魏玄成、徐鴻客①俱隱於黄冠，而出處異。如用之，易地

① 「徐鴻客」，元刊本、三箋本作「徐洪客」。

則皆然。

【元圻案】《龐統傳》：「潁川司馬徽有知人鑑，統弱冠見徽，徽採桑於樹上，統坐在樹下，共語自晝至夜。徽甚異之。」注：《襄陽記》曰：「諸葛孔明爲卧龍，龐士元爲鳳雛，司馬德操爲水鏡，皆龐德公語也。」◎宋習鑿齒《襄陽耆舊傳》：「後漢龐德公，襄陽人，居峴山之南，未嘗入城府，躬耕田里。諸葛孔明每至公家，獨拜公於牀下，公殊不令止。司馬德操少德公十歲，以兄事之。」◎劉肅《大唐新語》曰：「魏徵有大志，不恥小節。隋末爲道士。初仕李密。密敗，歸國。」◎唐太行山人《壺關録》：「道士徐鴻客上《經天緯地策》一篇於李密，勸密乘進取之機，因士馬之鋭，沿流東指，直詣江都，執取獨夫，號令天下。密心異其言，以書招之。鴻客晦昧林野，莫知所之。」①◎《文苑英華》六百八十八載李密招徐鴻客書云：「贊我興運，今也其時。引領瞻望，拂席相待。」

鄧艾取蜀，行險以徼幸，閻伯才[一]《陰平橋》詩云：「魚貫嬴師堪坐縛，爾時可嘆蜀無人。」

[一] 爵里無考。

① 见《説郛》卷三十八下。

【何云】鄧艾之深入，固曰徼幸，然非羸師也。宋詩用字不穩類此。

【方樸山云】李特已言之，老泉亦云：「非劉禪之庸，則百萬之師可以坐縛。」

【元圻案】《魏・鄧艾傳》：「艾自陰平道行無人之地七百餘里，又糧運將（困）〔匱〕，頻於危殆。艾以氈自裹，推轉而下。將士皆攀木緣崖，魚貫而進。先登至江（由）〔油〕，蜀將馬邈降。」◎老泉語見《權書・心術篇》。◎陸放翁《望劍閣感蜀亡事》詩云：「自昔英雄有屈信，危機變化亦逡巡。陰平窮寇非難禦，如此江山坐付人。」亦閻伯才之意。

張文潛《梁父吟》曰：「永安受詔堪垂涕，手挈庸兒是天意。渭上空張復漢旂，蜀民已哭歸師至。堂堂八陣竟何爲？長安不見漢官儀。鄧艾老翁誇至計，譙周鼠子辨興衰。」其言悲壯感慨，蜀漢始終，盡於此矣。說齋云：「人心思漢，王郎假之而有餘；人心去漢，孔明扶之而不足。」

【全云】書中再引說齋此語①，豈徒感季漢也，痛崖山耳。

【元圻案】《鄧艾傳》：「艾深自矜伐，謂蜀士大夫曰：『諸君賴遭某，故得有今日耳。如遇吴漢之徒，已殄滅矣。』又曰：『姜維自一時雄兒也，與某相值，故窮耳。』」◎《晉書・段灼傳》：

① 前引見卷八「民心之得失」條（頁一〇一二）。

「灼上疏追理鄧艾曰：『七十老公，反欲何求！』」◎《蜀・譙周傳》：「鄧已入陰平，後主使羣臣會議，周上書曰：『《易》曰：「亢之爲言，知得而不知喪，知存而不知亡；知得失存亡而不失其正者，其惟聖人乎！」言聖人知命而不苟必也。故堯、舜以子不善，知天有授，而求授人；子雖不肖，禍尚未萌，而迎授與人，況禍已至乎！故微子以殷王之昆，面縛銜璧而歸武王，豈所樂哉，不得已也。』於是遂從周策。」◎唐呂温《武侯廟記》曰：「夫民無歸，德以爲歸。撫則思，虐則忘。其思也，不可使忘；其忘也，不可使思。當漢道方休，哀、平無政，王莽乃欲憑戚寵造符命，脅之以威，動之以神，使人忘漢，不可得也。及高、光舊德，與世衰遠；桓、靈流毒，在人骨髓。武侯乃欲開興國、振絶緒，諭之以本，臨之以忠，使人思漢，卒亦不可得也。」説齋之論，蓋本於此。◎《宋史紀事本末》：「端宗景炎三年四月，帝崩，年十一。陸秀夫與衆共立衛王，年八歲矣。帝遷居新會之崖山。崖山在新會縣南八十里鉅海中，張世傑以爲天險，可扼以自固。」「帝昺祥興二年正月，元張弘範至崖山，或謂張世傑曰：『北兵以舟師塞海口，則我不能進（盍）退，（盍）往據之？』世傑恐久在海中，士卒離心，動則必散，乃曰：『頻年航海，何時已乎！今須與決勝負。』乃焚行朝草市，結大舶千餘，作一字陣，碇海中，中艫外舳，貫以大索，四周起樓棚如城堞，爲死計，人皆危之。崖山北淺，舟膠不可進，弘範繇山東轉而南，入大洋，與世傑之師相遇，薄之，且出奇兵斷官軍汲路。世傑舟堅不能動，弘範乃載茅茨，沃以膏油，乘風縱火焚之。世傑戰艦皆塗泥縛長木以拒火，舟不爇，弘範無如之何。時世傑有甥韓在元軍中，弘範三使韓招世傑，世傑曰：『吾知降生且富貴，但義不可移耳！』弘範乃命文天祥爲書招世傑，天祥曰：『吾不能捍父母，乃教人叛父母乎？』固命之，天祥書所過零丁洋詩與之，其末云：『人生自古誰無死，留取丹心照汗青。』弘範復遣人語崖山士民曰：『汝陳丞相已去，文丞相已執，汝復欲何爲？』士民亦無叛者。弘範以舟師據海口。世傑兵士茹乾糧，掬海水飲之，水鹹，飲即嘔泄，兵士大困。二月，弘範乃四分其軍，令諸將曰：『宋舟西艤崖山，潮至必東①，急攻之。』世傑南北受敵，兵疲不能復戰。世傑知事去，乃抽精兵入中軍。諸軍大潰，元軍薄中軍。會日暮風雨，昏霧四塞，咫尺不相辨。世傑遣小舟至帝所，欲〔取〕帝至其舟中。秀夫恐來舟不得免，或被俘辱，執不肯赴。秀夫因帝舟大，且諸舟環結，度不得出走，乃先驅其妻子入海，謂帝曰：『國事至此，陛下當爲國死。德祐皇帝辱已甚，陛下不可再辱！』即負帝同溺。帝年九歲。世傑葬之海濱②。世傑曰：『我爲趙氏亦已至矣。一君亡，復立一君，今又亡，我未死者，庶幾敵兵退，別立趙氏以存祀耳。今若此，豈天意耶！』風濤愈甚，世傑墮水溺死。」

舜、禹有天下而不與焉。魏文喜躍於爲嗣之初，大饗於憂服之中，不但以位爲樂

①「潮至必東」下，中華書局校點本《宋史紀事本末》據《元史》等校補一「遁」字。

②「世傑葬之海濱」，《宋史紀事本末》此句前有「（楊太后）遂赴海死」句，則所葬當是楊太后，非帝昺。

而已。其篡漢也，哆然自以爲舜、禹，可以欺天下乎？【原注】曹植拜先君墓，與友人宴於松柏之下，爲詩云「樂至憂復來」，又云「可不及①娱情」，其末流至於阮籍。禮法之亡，自魏文兄弟始。

【元圻案】《魏・辛毗傳》注：《世語》曰：「毗女憲英，適太常泰山羊耽，外甥夏侯湛爲其傳曰：憲英聰明有才鑑，初文帝與陳思王爭爲太子，既而文帝得立，抱毗頸而喜曰：『辛君知我喜否？』毗以告憲英，憲英嘆曰：『太子代君主宗廟社稷者也。代君不可以不戚，主國不可以不懼，宜戚而喜，何以能久？魏氏其不昌乎！』」◎《魏文紀》：「建安二十五年改爲延康元年。七月，軍次於譙，大饗六軍及譙父老百姓於邑東。」注：「《魏書》曰：『設伎樂百戲。』孫盛曰：『處莫重之哀而設饗宴之樂，居貽厥之始而墜王化之基，及至受禪，顯納二女，忘其至恤以誣先聖之典，天心喪矣，將何以終！是以知王齡之不遐，卜世之期促也。』」◎《魏文紀》注：「《魏氏春秋》曰：帝升壇禪畢，顧謂羣臣曰：『舜、禹之事，吾知之矣。』」

晉傅玄武帝泰始元年上疏曰：「魏武好法術，而天下貴刑名；魏文慕通達，而天下賤守節。」[一]然則放曠之風，魏文實倡之。程子謂：東漢之士，知名節而不知節之以禮，遂至苦節。[二]苦節既極，故魏、晉之士變而爲曠蕩。愚謂東都之季，或附曹，羣

---

①「及」，元刊本作「極」。

忘①漢，荃蕙化爲茅矣，苦節之士安在哉？傅玄之言得之。

[一]見《晉書》本傳。

[二]蓋指黨錮諸人也。

【何云】或以争九錫建國自殺，豈可擠之附曹之列？南宋人有持論太峻而反使亂臣賊子法無可加者，此類是也。然其病皆生於讀書不詳考本末。

【閻按】竊以鍾皓之孫繇亦然。

【元圻案】《程氏遺書》十八，劉元承記伊川語曰：「秦以暴虐焚《詩》、《書》而亡，漢興，鑑其弊，必尚寬德，崇經術之士，故儒者多，宗經師古識義理者衆，故王莽之亂，多守節之士。世祖繼起，不得不襃尚名節，故東漢之士多名節。知名節而不知節之以禮，遂至於苦節。苦節既極，故魏晉之士變而爲曠蕩，尚虚無而無禮法。禮法既亡，與夷狄無異，故五胡亂華。夷狄之亂已甚，必有英雄出而平之，故隋、唐混一天下。唐有天下，如貞觀、開元間雖號治平，然三綱不正，無君臣父子夫婦，其原始於太宗也。君不君，臣不臣，故藩鎮不賓，權臣跋扈，陵夷有五代之亂。」注云：「因問『十世可知』，遂推此數端。」◎唐柳冕《與權德輿書》曰：「後漢尚章句，師其傳習，故其人守名節。」◎義門謂厚齋持論太峻，非也。案，《三國志・荀彧傳》注：「世之論者多譏彧協規魏

① 「忘」，原本作「亡」，據元刊本改。

氏，以傾漢祚；君臣易位，實彧之由。雖晚節立異，無救運移；功既違義，識亦疚焉。」是劉宋以前已有此論。彧之初見魏武也，魏武大悦，曰：「吾之子房。」是魏武固以漢高自居，而彧之説魏武亦曰：「昔高祖保關中，光武據河内，皆深固根本以制天下。兖州亦將軍之關中、河内也。」又曰：「今與公争天下者，唯袁紹耳。」此豈純於爲漢者！即其勸操奉迎獻帝，不過曰「因此時，奉主上以從民望」耳。管仲有尊周室之功，其實亦挾天子以令諸侯，假大義以强齊國。彧蓋欲爲管仲者也，惜所事非桓公耳。及代漢之勢已成，始阻九錫之議，以爲君子愛人以德，譬猶教猱升木，爲虎添翼，而後制之，豈可及哉！彧能擇人而事，委身昭烈，協心孔明，則漢室可興，不負「王佐才」之目矣。

《律》章句，馬、鄭諸儒十有餘家，魏明帝詔但用鄭氏章句。[一]范蜀公《策問》[二]曰：「《律》之例有八：以、准、皆、各、其、及、即、若。若《春秋》之凡。」[三]宋莒公[四]曰：「應從而違，堪供而闕，此《六經》之亞文也。」[五]

[一] 事見《晉書・刑法志》。

[二] 見《宋文鑑》一百二十四。

[三]【集證】《律疏》：「以者，與真犯同；准者，與真犯有間；皆者，不分首從，一等科罪；各者，彼此各同科此罪；其者，變於先意；及者，事情連後；即者，意盡而復明；若者，文雖殊而會

上意。」

［四］名庠，封莒國公。

［五］【閻按】朱子解曰：「謂子不從父不義之命，及力所不能養者，古人皆不以不孝坐之；義當從而不從，力可供而不供，然後坐以不孝之罪。」①

【元圻案】《通鑑·魏明帝紀》太和三年：「初，魏文侯師李悝著《法經》六篇，商君受之以相秦。蕭何定《漢律》，益爲九篇，後稍增至六十篇。又有《令》三百餘篇，《決事比》九百六卷，世有增損，錯糅無常，後人各爲章句，馬、鄭諸儒十有餘家，以至於魏，所當用者合二萬六千二百七十二條，七百七十三萬餘言，覽者益難。帝乃詔但用鄭氏章句。又詔陳羣、劉劭等刪約漢法，製《新律》十八篇，《州郡令》四十五篇，《尚書官令》、《軍中令》合百〔八〕十餘篇，於《正(令)〔律〕》九篇爲增，於旁章科令爲省矣。」◎宋敏求《春明退朝録》上謂：「宗衮嘗言：《律》云『可從而違，堪供而闕』，亞《六經》之文也。」◎法家書之存於今者，惟《唐律》爲最古。周顯德中，竇儀因之作《刑統》。◎宗衮，謂宋莒公也。謝朓謂謝安爲宗衮。

魏以不仁得國，而司馬氏父子世執其柄。然節義之臣，讎巨姦之鋌，若王淩以

---

①《朱子語類》卷一百二十八。

壽春欲誅懿而不克，文欽、毌丘儉以淮南欲誅師而不遂，諸葛誕又以壽春欲誅昭而不成，千載猶有生氣，魏爲有臣矣。鄭漁仲謂：「《晉史》黨晉，凡忠於魏者爲叛臣；《齊史》黨齊，凡忠於宋者爲逆黨。」《史通》亦云：「古之書事也，令亂臣賊子懼；今之書事也，使忠臣義士羞。」

【全云】以不附司馬氏而死者，尚有若李豐、張緝、夏侯玄、許允之徒，王經則死於成濟之難，其後嵇康亦以不附見殺。

【又云】王淩索灰釘之事，必出《晉史》之誣，《通鑑》亦誤采之。

【又云】隋史於尉遲迥，以其名臣，不加甚貶，然亦僅矣。

【元圻案】《魏·王淩傳》：「淩字彦雲，太原祁人。叔父允。正始初，淩都督揚州軍事，外甥令狐愚爲兗州刺史。淩、愚密協計，謂齊王不任天位，楚王彪長而才，欲迎立彪都許昌。嘉平三年春，吴塞涂水，淩欲因此發，大嚴諸軍，表求討賊，詔報不聽。淩陰謀滋甚，司馬宣王乘水道討淩，大軍掩至百尺。淩知勢窮，乃乘船單出迎宣王。宣王送淩還京都，淩飲藥死。」《毌丘儉傳》：「儉字仲恭，河東聞喜人。儉都督揚州，揚州刺史文欽，曹爽之邑人也，驍果粗猛。儉以計厚待欽，投心無二。遂矯太后詔，罪狀司馬景王，舉兵反。大將軍統兵討之，欽遁走，儉藏水邊草中。安風津部民張屬就射殺儉。欽亡入吴。」《諸葛誕傳》：「誕字公休，琅琊陽都人。誕都督揚州，以王淩、毌丘儉累見夷滅，懼不自安。朝廷微知誕有自疑心，甘露(三)(二)年徵爲司空，誕愈恐，遂反。車駕東征，大將軍胡奮斬之。」◎鄭漁仲《通志自敘》曰：「曹魏指吴、蜀爲寇，北朝指東晉爲僭，南謂北爲索虜，北謂南爲島夷。甚者桀犬吠堯，吠非其主。《晉史》黨晉而不有魏，凡忠於魏者目爲叛臣，王淩、諸葛誕、毌丘儉之徒抱屈黄壤；《齊史》黨齊而不有宋，凡忠於宋者目爲逆黨，袁粲、劉秉、沈攸之之徒含冤九原。」◎《史通·曲筆篇》云：「漢末董承、耿紀，晉初之諸葛、毌丘，齊興而有劉秉、袁粲，周滅而有王謙、尉迥，斯皆破家殉國，視死猶生。而歷代諸史，皆書之曰逆，將何以激揚名教，以勸事郡者乎！古之書事也云云。」◎《三國志·王淩傳》注：「淩自知罪重，試索棺釘，以觀太傅意，太傅給之。淩行到項，夜呼掾屬與決曰：『行年八十，身名並滅耶！』遂自殺。」《晉史》蓋出於此。

「學如牛毛，成如麟角。」出蔣子《萬機論》。[一]

[一] 見《太平御覽》四百九十六。

【集證】《北史·文苑傳序》「明皇御曆，文雅大盛，學者如牛毛，成者如麟角」，《抱朴子·極言篇》「爲者如牛毛，獲者如麟角」，皆本《萬機論》。

【元圻案】《魏·蔣濟傳》：「濟字子通，楚國平阿人。文帝踐阼，濟上《萬機論》，帝善之。歷官領軍將軍，封昌陵亭侯，遷太尉。」◎唐王棨自名其集曰《麟角集》，亦取蔣子。

司馬孚自謂「魏貞士」。孚，上不如魯叔肸，[二]下不如朱全昱，謂之「正」，[三]

可乎？

〔一〕事詳《左傳》。

〔二〕【閻按】「正」即「貞」，宋避諱故。

【元圻案】《晉書·宗室傳》：「安平獻王孚，宣帝次弟也。宣帝執政，常自退損。後逢廢立之際，未嘗預謀。及武帝受禪，陳留王就金墉城，孚拜辭，執王手，流涕曰：『臣死之日，固大魏之純臣也。』臨終，遺令曰：『有魏貞士河内温縣司馬孚，字叔達，不伊不周，不夷不惠，立身行道，終始若一。』」◎《五代史·梁家人傳》：「廣王全昱，太祖兄。太祖將受禪，有司備禮前殿，全昱視之，顧太祖曰：『朱三，爾作得否？』太祖燕居宮中，與諸王飲博，全昱酒酣，取骰子擊盆而迸之，呼太祖曰：『朱三，爾碭山一百姓，遭逢天子用汝爲四鎮節度使，於汝何負，而滅唐家三百年社稷！吾將見汝赤其族矣！』太祖不悦，全昱不樂在京師，常居碭山故里。」

魏文帝詔曰：「三世長者知被服，五世長者知飲食。」【原注】謂被服、飲食難曉也。俗語有所本。

【方樸山云】宋人謂「三世仕宦，方會著衣吃飯」，此王氏所云俗語。

【元圻案】此詔見《太平御覽》六百八十九。原注上句亦《御覽》本文。◎張文潛《明道雜志》曰：「錢穆父嘗言：『三世仕宦，方會著衣吃飯。』故錢公每饗客，致饌皆清要而不繁。」

管幼安如郭林宗，天子不得臣，諸侯不得友。蘇文定贊之曰：「少非漢人，老非魏人，何以命之？天之逸民。」

【全云】文定之贊未妥，深寧之言亦未核。林宗、幼安，使遇治世，非不臣不友者也。「少非漢人」，將别有一天地乎？

【元圻案】《魏志·管寧傳》：「寧字幼安，北海朱虚人。天下亂，聞公孫度令行於海外，遂至遼東，廬於山谷。文帝即位，徵寧，遂將家屬海浮還郡。詔以寧爲太中大夫，固辭不受。」◎皇甫謐《高士傳》曰：「凡徵命十至，輿服四賜。嘗坐一木榻上，積五十年未嘗箕股，其榻上當膝處皆穿。」◎《後漢書·郭太傳》：「或問范滂曰：『郭林宗何如人？』滂曰：『隱不違親，貞不絶俗，天子不得臣，諸侯不得友。』」◎「少非漢人」，即賢者避世之謂。

《江表傳》：「羣臣以孫權未郊祀，奏議曰：『周文、武郊酆、鄗，非必中土。』權曰：『文王未爲天子，立郊於酆，見何經典？』復奏曰：『《漢·郊祀志》匡衡奏言：文王郊於酆。』權曰：『文王德性謙讓，處諸侯之位，明未郊也。俗儒臆説，非典籍正義，不可用。』」[一]權之識見高於羣臣矣，漢儒不及也。

[一]見《孫權傳》注。

【集證】《唐志》「雜史類」：「虞溥《江表傳》三卷。」

【元圻案】《通典》四十二《禮二》注：「孫權初稱尊號於武昌，祭南郊，告天用玄牡。後自以居非土中，不修設。末年南郊，追上父堅尊號爲吴始祖，以配天。」案，陸機《辨亡論》謂權「遂躋天位，鼎峙而立。告類上帝，拱揖羣后」。孫權本傳：「太元元年，權祭南郊還，寢疾。」《通典》之説，爲得其實。

孫權破關羽，而昭烈復漢之志不遂。權稱臣於曹操，稱説天命，[一]英雄之氣安在哉？故朱子曰：「權亦漢賊也。」

[一]案，《魏略》云爾，見《魏武紀》建安二十四年注。

【何云】其論略本於裴世期。

【元圻案】《吴·諸葛瑾傳》注：「裴松之曰：關羽揚兵沔、漢，志陵上國，雖匡主定霸，功未可必，要爲聲威遠震，有其經略。孫權潛包禍心，助魏除害，是謂翦宗子勤王之師，行曹公移都之計，拯漢之規，於兹而止。」◎《朱子語類》：「學者皆知曹操之爲漢賊，而不知權之爲漢賊也。若權有意興復漢室，自當與先主協力并謀，同正曹氏之罪，如何先主纔整頓得起時，便與他壞倒，如襲取關羽之類是也。」

《諸葛恪[二]傳》注：虞喜《志林》曰：「況長寧以爲君子臨事而懼，好謀而成。」

又曰：「往聞長寧之甄文偉。」【原注】亦見《通鑑》。文偉，謂費禕也；長寧，未詳其人，蓋蜀人也。《廣韻》四十一《漾》「況」字下引何氏《姓苑》，有況姓，「廬江人」。

［一］恪字元遜，瑾之子。

【元圻案】《吳·諸葛恪傳》注：「《志林》曰：初，權病篤，召恪輔政。臨去，呂岱戒之曰：『世方多難，子每事必十思。』恪答曰：『昔季文子三思而後行，夫子曰「再思可矣」，今君令恪十思，明恪之劣也。』岱無以答。虞喜曰：昔魏人伐蜀，蜀人禦之，士馬擐甲，羽檄交馳。費禕時爲元帥，與來敏圍棋，意無厭倦。敏臨别謂禕：『君必能辦賊者也。』況長寧以爲君子臨事而懼，好謀而成者。且蜀爲蕞爾之國，而方向大敵，所規所圖，唯守與戰，何可矜己有餘，晏然無戚？斯乃性之寬簡，不防細微，卒爲降人郭脩所害，豈非兆見於彼而禍成於此哉？往聞長寧之甄文偉，今觀元遜之逆呂侯，二事體同，故並而載之，可以鏡(機)〔誡〕於後，永爲世鑑。」◎《晉書·儒林傳》：「虞喜，字仲寧，會稽餘姚人。喜少(力)〔立〕操行，屢徵不起，專心經傳，爲《志林》三十篇。」◎《唐·藝文志》：「何承天《姓苑》十卷。」

嚴畯之遜呂蒙，有鄭子皮之風；［一］陸遜之薦淳于式，有晉祁奚之風。［二］吳安得不興乎？

［一］事見襄公三十年。

［二］事見襄公二十一年。

【元圻案】《吴·嚴畯傳》：「畯字曼才，彭城人也。少耽學，善《詩》、《書》、三《禮》，又好《説文》。張昭進之於孫權，以爲騎都尉、從事中郎。及魯肅卒，權以畯代肅督兵，畯前後固辭：『樸素書生，不閑軍事，非才而據，咎悔必至。』發言慷慨，至於流涕，權乃聽焉。」《吕蒙傳》：「肅軍人馬萬餘盡以屬蒙。」◎《陸遜傳》：「會稽太守淳于式表遜枉取人民，愁擾所在。遜後詣都，言次，稱式佳吏，權曰：『式白君而君薦之，何也？』遜對曰：『式意欲養民，是以白遜。若遜復毁式以亂聖聽，不可長也。』」

孫堅與策，皆以輕敵隕其身。權出合肥之圍，亦幸而免。

【元圻案】堅單馬行峴山，爲黄祖軍士所射殺。策殺吴郡太守許貢，貢小子與客亡匿江邊；策單騎出，卒遇客，爲客所害。俱見本傳。◎《孫權傳》：「權征合肥，未下，徹軍還。兵皆就路，權與淩統、甘寧等在津北爲張遼所襲，權乘駿馬越橋得去。」

孫休之遣李衡，有漢①高帝之度；其討孫綝，有叔孫昭子之斷，［一］吴之賢君也。

①「漢」，原本無，據元刊本補。

〔一〕事見昭公五年。

【全云】其後亦一庸主耳。

【元圻案】《孫休傳》：「永安（二）〔元〕年詔曰：『丹陽太守李衡，以往事之嫌，自拘有司。夫射鈎斬袪，在君爲君，遣衡還郡，勿令自疑。』」又：「休聞綝逆謀，隱與張布圖計。十二月戊辰臘，百僚朝賀，公卿升殿，詔武士縛綝，即日伏誅。」◎休，綝所立也。◎漢高祖赦季布，見《漢書》本傳。

孫峻薦諸葛恪可付大事，而恪終死於峻之手。《易》曰：「比之无首，無所終也。」漢昭烈托孤於孔明，而權乃托孤於恪，劉、孫之優劣，於此可見。

【何云】於時吴之舊德盡矣。權之悖，尤在和霸交搆之會耳。

【元圻案】《諸葛恪傳》注：《吴書》曰：「權寢疾，議所付托。孫峻表恪器任輔政，可付大事。權嫌恪剛狠自用，峻以當今朝臣皆莫及，遂固保之，乃徵恪。見卧内，受詔牀下。」《傳》曰：「恪大發州郡二十萬衆圍新城，攻守連月，城不拔。恪恥城不下，忿形於色。由此衆庶失望，怨黷興矣。孫峻因民之多怨，搆恪欲爲變。與亮謀，置酒請恪。酒數行，亮還内，峻起如廁，出曰：『有詔收恪。』恪驚起，拔劍未得，而峻刀交下。」

吴築涂塘，赤烏十三年晉兵出涂中。《武帝紀》。涂音除，〔一〕即六合瓦梁堰，水曰滁河。〔二〕

南唐於滁水上立清流關。【原注】或以涂塘音塗，誤也。《元和郡縣志》：「滁州，即涂中。」

［一］《廣韻》：「涂，直魚切。」《集韻》：「音除，水名，與滁同。」

［二］案，《九域志》：「真州六和縣，楚之堂邑也。堂邑涂塘即此，今名瓦梁河。」

【集證】王氏《地理通釋》：「薛氏曰：滁、和州、六合間有涂塘，吴赤烏中遣兵十萬，斷涂作塘。南唐於滁水上立清流關、瓦梁堰，有東西瓦梁城，晉置秦郡，治六合。」瓦梁堰即涂塘也。◎《晉書·武帝紀》：「琅琊王伷出涂中。」

【元圻案】滁州屬淮南道，今《元和郡縣志》二十四一卷全缺，此條可補。

楚「莫敖狃於蒲騷之役，將自用也」。［一］諸葛恪東關之勝，亦以此敗，其失在於自用。

［一］此桓十(二)〔三〕年《左傳》文。

【元圻案】《魏·齊王芳紀》：「嘉平四年，詔征南大將軍王昶征吴。十二月，吴大將軍諸葛恪拒戰，大破衆軍於東關。不利而還。」《恪傳》：恪遂有輕敵之心，明年春，復出軍，圍新城，連月不拔。孫峻因民之多怨，遂殺恪。

《史通·雜説》云：「《晉史》所采多小書，若《語林》、［一］《世説》、［二］《搜神記》、[三]《幽明録》[四]是也。曹、干兩《紀》，孫、檀二《陽秋》，皆不之取。其中所載美事，遺略甚多。」【原注】曹嘉之、干寶《晉紀》，孫盛、檀道鸞《晉陽秋》。[五]又《論贊篇》云：「唐修《晉書》，作者皆詞人，遠棄史、班，近宗徐、庾。」晁子止亦謂「《晉史》叢冗最甚」。

[一] 晉裴啓撰。

[二] 宋劉義慶撰，梁劉孝標注。

[三] 晉干寶撰。

[四] 劉義慶撰。

[五] 案，知幾自注云：「劉遺民、曹(續)〔纘〕皆於檀氏《春秋》有傳，至於今《晉書》，則了無其名。」

【集證】《舊唐書·房玄齡傳》：「貞觀十八年①，玄齡與褚遂良受詔重撰《晉書》，於是奏請許敬宗、來濟、陸元(士)〔仕〕、劉子翼、令狐德棻、李義府、薛元超、上官儀等八人，分功撰述，以臧榮緒《晉書》爲主。然史官多文咏之士，好采碎事，競爲綺豔。」

【元圻案】晁公武《讀書志》曰：「歷代之史，惟晉叢冗最甚，可以無譏。然其多采《語林》、

① 「十八年」，中華書局校點本《舊唐書》據《舊唐書·太宗紀下》及《册府元龜》校改作「十七年」。

《世説》、《幽明録》、《搜神記》詭異謬妄之言，至於取沈約之説，誣元帝爲牛氏之子之類，亦不可不辨。」

李華《作蕭穎士集序》云：「君謂左思詩賦，有雅頌遺音。干寶著論，近王化根源。」【原注】謂《晉紀論》以民情風教，國家安危之本。

【元圻案】《文選》干寶《晉紀總論》曰：「基廣則難傾，根深則難拔，理節則不亂，膠結則不遷。是以昔之有天下者，所以長久也。夫豈無僻主，賴道德典刑以維持之也。故延陵季子聽樂以知〔諸侯〕存亡之數，短長之期者，蓋民情風教，國家安危之本也。」◎王化始於閨門，干寶述文王「修舊德而惟新其命」，繼及妃后「躬行四教，化天下以婦道」，蓋隱痛晉之亂由賈后始也。故蕭穎士謂「近王化根源」。◎《文選》注，何法盛《晉書》曰：「干寶，字令升，新蔡人。始以尚書郎領國史，撰《晉紀》，起宣帝迄愍，五十三年，評論切中，咸稱善之。」◎《唐書·文藝傳》：「李華，字遐叔，趙州贊皇人。累中進士、宏辭科。華文詞綿麗，少宏傑氣，穎士健爽自肆，時謂不及，而華自疑過之。」

放翁《豐城劍賦》謂：「吴亡而氣猶見，其應晉室之南遷。」愚謂豐城二劍事，出雷次宗《豫章記》。所謂孔章者，即雷焕也，蓋次宗之族。此劉知幾《史通·雜説篇》所云莊子鮒魚之對，賈生服鳥之辭，「施於寓言則可，求諸實録則否」。而唐史官之撰《晉史》者取之，後人因而信之，誤矣。顔師古注《漢書》，凡撰述方志、新異穿鑿者，皆不録。注史猶不取，況作史乎？【原注】《豫章記》見《藝文類聚》。

【元圻案】《莊子·外物篇》：「車轍有鮒魚曰：『君豈有升斗之水而活我哉？』周曰：『我且激西江之水而活子。』鮒魚忿然作色，曰：『吾失吾常，得升斗之水然活耳。君乃言此，曾不如早索我於枯魚之肆。』」◎《文選》賈誼《鵩鳥賦》：「鵩乃嘆息，舉首奮翼，口不能言，請對以臆。」◎顔師古《漢書敘例》曰：「泛説非當，蕪辭競逐，苟出異端，徒爲煩冗，秖穢篇籍，蓋無取焉。」◎《晉書·張華傳》載劍事，與《豫章記》同。

晉元帝爲牛氏子，其説始於沈約，而魏收《島夷傳》因之，唐貞觀史官修《晉書》亦取焉。王劭謂沈約喜造奇説，以誣前代。劉知幾亦以爲非，而致堂《讀史管見》乃謂元帝冒姓司馬，過矣。

【何云】休文《晉書》雖不傳，而《宋書·符瑞志》中尚存此説。

【元圻案】《宋書·符瑞志》：「宣帝有寵將牛金，屢有功，宣帝作兩口榼，一盛毒酒，一盛善酒，自飲善酒，毒酒與金，飲之即斃。景帝曰：『金名將，可大用，云何害之？』宣帝曰：『汝忘石瑞，馬後有牛乎？』元帝母夏（后）〔侯〕妃與琅邪國小史〔姓〕牛（金）私通，而生元帝。」◎《魏書·僭晉司馬叡傳》：「叡字景文，晉將牛金子也。初，晉宣帝生琅邪武王伷，伷生恭王覲。覲妃夏（后）〔侯〕氏，字銅環，與金姦通，遂生叡。」◎《晉書·后妃傳贊》曰：「呂妄變嬴，黄姬化芈。石文遠著，金行潛徙。」蓋隱指此事。◎《史通·采撰篇》曰：「沈氏著書，好誣先代，於晉則故造奇説，在宋則多出謗言，前史所載，已譏其謬矣。而魏收黨附北朝，尤苦南國，承其詭妄，重加誣語。遂云司馬叡出於牛金，劉駿上淫路氏。」自注云：「王劭曰：沈約《晉書》造奇説云，琅邪國姓牛者，與夏（后）〔侯〕妃私通，生中宗，因遠敍宣帝以毒酒殺牛金，符證其狀。收因此乃云：司馬叡，晉將牛金子也。宋孝王曰：收以叡爲金子，計其年，全不相干。」◎《舊唐書·元行沖傳》曰：「初魏明帝時，河西柳谷瑞石有牛繼馬後之象。魏收舊史以爲晉元帝是牛氏之子，冒姓司馬，以應石文。行沖推尋事迹，以後魏昭成帝名犍，繼晉受命，考校謡讖，著論以明之。」

《演蕃露》云：「晉郭展爲太僕，留心於養生，而廄馬充多。潘尼爲《太僕箴》，敍列其事，皆推養生而致之於馬。」今按，郭展事見《晉諸公贊》。潘尼爲《乘輿箴》，見《晉書》，非《太僕箴》也，蓋誤以二事爲一。

【全云】《演蕃露》，程大昌撰。

【集證】《隋志》：「《晉諸公贊》二十一卷，晉秘書監傅暢撰。」◎《御覽》（一）〔二〕百三十「職官部」引《晉諸公贊》曰：「郭展爲太僕，留心於養生，是以廄馬充（多）〔牣〕。其後征吳，得以濟事。」

【元圻案】《演繁露》四：「衛文『秉心塞淵，騋牝三千』，心何預馬，而著以爲效也？是與『思無邪，思馬斯徂』正同一理也。凡爲人上而存心審當，則遇事無不曲至。畜牧至末事，亦遂賴此心以之孳息，故馬亦蕃庶也。此由末觀本之論也。晉郭展爲太僕云云。」◎《晉書·潘尼傳》：「尼字正叔，岳從子。補尚書郎，轉著作郎。爲《乘輿箴》，其辭曰：『王者孜孜於得人，汲汲於聞過，雖廷争面折，猶將祈請而求焉。至於箴規，諫之順者，曷爲獨闕之哉？當試撰而述之。不敢斥至尊之號，故以「乘輿」目篇。』」◎箴中無序列郭展事。◎《四庫全書總目·子部·雜家類》：「《演繁露》十六卷，《續演繁露》六卷，宋程大昌撰。紹興中，《春秋繁露》初出，其本不完。大昌辨其爲僞，乃自爲一編擬之，而名之以《演繁露》。名物典故考證詳明，實有資於小學。」◎潘尼《乘輿箴》亦見《藝文類聚》十一。

《后妃傳贊》「持尺威帝」，《庾亮傳論》「牙尺垂訓，帝深念[①]於負芒」。按，殷芸《小説》：「晉成帝時，庾后臨朝，諸庾誅南頓王宗。帝問南頓何在，答曰：『黨峻作賊，已誅。』帝知非黨，曰：『言舅作賊，當復云何？』庾后以牙尺打帝頭，云：『兒何以作爾語！』帝無言，惟張目熟視諸庾，甚懼。」

① 「深念」，《晉書·庾亮傳》作「念深」。

【元圻案】《明穆庾皇后傳》：「后性仁惠，美姿儀，元帝聘爲太子妃。明帝即位，立爲皇后。成帝即位，羣臣奏：天子幼沖，宜依漢和熹皇后故事。辭讓數四，不得已而臨朝攝萬機。后兄中書令亮管詔命。及蘇峻作逆，京都傾覆，后以憂崩。」「贊曰：援筆廢王，持尺威帝。契闊終罹，殷憂以斃。」◎《庾亮傳》：「亮字元規，明穆皇后之兄也。明帝疾篤，亮受遺詔輔幼主。太后臨朝，政事一決於亮。會南頓王宗復謀廢執政，亮殺宗而廢宗兄羕。宗，帝室近屬，羕，國族元老，又先帝保傅，天下咸以亮翦削宗室。」「史臣曰：亮智小謀大，昧經邦之遠圖；才高識寡，闕安國之長算。璿蕚見誅，物議稱其拔本；尺牙垂訓，帝（深念）〔念深〕於負芒。」◎《梁書·殷芸傳》：「芸字灌蔬，陳郡長平人。性倜儻，不拘細行，然不妄交遊，門無雜賓。勵精勤學，博洽羣書。官秘書監、司徒左長史。」◎《隋志》：「《小說》十卷，梁武帝敕安右長史殷芸撰。」◎陳振孫曰：「《邯鄲書目》云或題劉餗，非也。今此書首題秦、漢、魏、晉、宋諸帝，注云齊殷芸撰，則非劉餗明矣。故其敍事止宋初，蓋於諸史傳記中鈔集。或稱商芸者，宣祖廟未祧時避諱也。」①

阮嗣宗《蘇門歌》曰：「日沒不周西，月出丹淵中。陽精蔽不見，陰光代爲雄。亭亭在須臾，厭厭將復隆。富貴俯仰間，貧賤何必終？」〔二〕其有感於師、昭之際乎？

① 宋陳振孫《直齋書録解題》卷十一《殷芸小說》解題。

然勸進之作，焉能逭《春秋》之誅？

〔一〕案，阮籍詩見《魏晉春秋》、《三國志·王粲傳》注引之。

【何云】勸進者自鄭沖，若嗣宗代草，尚未可擠之亂賊也。畏禍操筆，不得爲大丈夫耳。

【元圻案】《三國志》阮籍附見《王粲傳》，注曰：「籍字嗣宗。《魏氏春秋》曰：籍少時嘗遊蘇門山。蘇門山有隱者，莫知姓名。籍從之，與談太古無爲之道，及論五帝三王之義，蘇門生蕭然曾不經聽。籍乃對之長嘯，清韻響亮，蘇門生逌爾而笑。籍既降，蘇門生亦嘯，若鸞鳳之音焉。至是，籍乃假蘇門先生之論以寄所懷。其歌曰『日没不周西』云云。又嘆曰：『天地解兮六合開，星辰隕兮日月頹，我騰而上將何懷？』」◎《文選》阮籍《爲鄭沖勸晉王牋》注，臧榮緒《晉書》曰：「鄭沖，字文和，位至太傅。」又曰：「魏帝封晉太祖爲晉公，進位相國，備禮九錫。太祖讓不受。公卿將校皆詣府勸進，籍爲其辭。」

反鏡索照，出夏侯湛《抵疑》。湛贊閔子騫云：「聖既擬天，賢亦希聖。」周子前已有此語矣。〔一〕

〔一〕閻本云：元板「前」字上無「周子」二字。

【集證】《藝文類聚·孝類》載，夏侯湛《閔子騫贊》云：「聖既擬天，賢亦希聖。蒸蒸子騫，立體忠正。干禄辭親，事親盡敬。勉心景迹，擢辭流咏。」

【元圻案】《晉書·夏侯湛傳》：「湛字孝若，譙國人也。幼有盛才，文章宏富。泰始中拜郎中，累年不調，乃作《抵疑》以自廣。其辭曰：『子不嫌僕德之不劭，而疑其位之不到，是猶反鏡而索照，登木而下釣。』」

東坡謂劉壯輿曰：「陶威公忠義之節，橫秋霜而貫白日，《晉史》書折翼事，豈有是乎？」[一]陳忠肅[二]亦曰：「陶公被誣，以晉之刑政，不行於庾元規也。元規以筆札啗王隱，折翼化鶴之事，隱與杜延業共爲之也。」①

[一]案，壯輿名羲仲，筠州人，秘書丞恕之子也。《宋史》附見《恕傳》。

[二]名瓘，字瑩中。

【全云】折翼之説誠誣，然蘇峻之難或前或卻，則不及温忠武遠甚。《晉史》固謬，東坡公亦過許也，如陶公只是第二流人物。

【元圻案】《晉書·陶侃傳》：「侃字士行，本鄱陽人也，吴平，徙家廬江之尋陽。王敦平，遷都督荆、雍、益、梁州諸軍事。蘇峻作逆，京都不守，侃子瞻爲賊所害，温嶠要侃同赴朝廷。初，明帝崩，侃不在顧命之列，深以爲恨，答嶠曰：『吾疆（埸）〔場〕外將，不敢越局。』嶠固請之，因推爲

① 宋陳瓘《與檢討二首》。

盟主。侃乃遣督護龔登率衆赴嶠，而又追回。嶠以峻殺其子，重遣書以激怒之。侃妻龔氏亦固勸自行。於是便戎服登舟，星言兼邁，瞻喪至不臨。五月，與温嶠、庾亮俱會石頭。諸軍與峻戰陳陵東，侃督護竟陵太守李陽部將彭世斬峻於陣。初，庾亮少有高名，以明穆皇后之兄受顧命之重，蘇峻之亂，職亮是由。及石頭平，懼侃致討，亮用温嶠謀，詣侃拜謝。侃遽止之，曰：『庾元規乃拜陶士行邪！』拜大將軍，劍履上殿，入朝不趨，贊拜不名。上表固讓。咸和七年疾篤，又上表遜位曰：『臣少長孤寒，始願有限。過蒙聖朝歷世殊恩、陛下睿鑑，寵靈彌泰。有始必終，自古而然。臣年垂八十，位極人臣，啓手啓足，當復何恨！但以陛下春秋尚富，餘寇未誅，山陵未反，所以憤慨兼懷，不能已已。猶謂犬馬之齒尚可小延，欲爲陛下西平李雄，北吞石季龍，是以遣毌丘奥於巴東，授桓宣於襄陽。良圖未叙，於此長乖！此方之任，内外之要，願陛下速選臣代使，必得良才，奉宣王猷，遵成臣志，則臣死之日猶生之年。』薨時年七十六。策謚曰桓。梅陶與曹識書曰：『陶公機神明鑑似魏武，忠順勤勞如孔明，陸抗諸人不能及也。』或云，侃夢生八翼，飛而上天，見天門九重，已登其八，唯一門不得入。閽者以杖擊之，因墜地，折其左翼。及都督八州，據上流，握强兵，潛有窺窬之志，每思折翼之祥，自抑而止。」又《庾亮傳》：「先帝遺詔襃進大臣，而陶侃、祖約不在其列，侃、約疑亮删除遺詔，並流怨言。亮懼亂，出温嶠爲江州以爲聲援。蘇峻與祖約舉兵反，亮不能制，南奔温嶠，推侃爲盟主。議者咸謂侃欲誅執政以謝天下，亮甚懼。」「史論曰：幸漏吞舟，免淪昭憲，是庾宗之大幸，非晉政之不綱。」◎《朱子文集》二十《乞加封陶威公狀》：「劉羲仲所撰公贊曰：『晉太尉陶威公侃有大功於晉，讀其書，凜凜乎若見其倡義於武昌，破石頭，斬蘇峻，何其壯也！東坡嘗爲予言：「威公忠義之節，橫秋霜而貫白日。《晉史》書折翼事，豈有是乎？」』且就其説考之，威公夢生八翼，登天門九重，登其八，閽者以杖擊之，墜地，折左翼。及握强兵，居上流，潛有窺（歈）〔覦〕之志，輒思折翼之祥，自抑而止。心之所寓者爲志，神之所寓者爲夢，何自而知其然哉！」◎《晉書·王隱傳》：「隱字處叔，陳郡陳（留）人也。元帝詔隱及郭璞，令爲晉史。家貧無資用，書遂不就，乃依征西將軍庾亮於武昌，供其紙筆，書乃得成。」◎杜延業《晉書》無傳。《唐書·藝文志》「史部·編年類」：「杜延業《晉春秋略》二十卷。」

庾翼謂：「天公憒憒。」李文饒《貨殖論》曰：「昔秦得①金策，謂之天醉。豈天之常醉哉？」吁！爲天者亦難矣。《詩》云：「民今方殆，視天夢夢。既克有定，靡人弗勝。有皇上帝，伊誰云憎？」是之謂知天。【原注】「天醉」，見張衡《西京賦》、庾信《哀江南賦》。

【集證】《西京賦》：「昔者天帝②説秦穆公而覲之，饗以鈞天廣樂。帝有醉焉，乃爲金策。錫用此土，而翦諸鶉首。」注：「虞喜《志林》曰：諺曰：天帝醉，秦暴金誤隕石墜。」《哀江南賦》：

---

① 「秦得」，元刊本作「秦時」。

② 「天帝」，《文選》作「大帝」。

「以鶉首而賜秦，天何爲而此醉。」

【元圻案】《晉書·天文志》：「康帝建元二年，歲星犯天關。安西將軍庾翼與兄冰書曰：『歲星犯天關，占云「關梁當分」。比來江東無他故，江道亦不艱難，而石季龍頻年再閉關，不通信使，此復是天公憒憒，無皂白之證也。』」◎李德裕字文饒，著《貨殖論》曰：「昔秦時得金策，謂之天醉，豈天之常醉哉？故晉世惟貴於錢神，漢台不慚於銅臭，謂子文無兼日之積，顏氏樂一瓢之飲，晏平仲祀不掩豆，公儀休相以拔葵，皆爲薄命之人矣。」

何曾、荀顗之孝，論者比之曾、閔。[一]夫以孝事君則忠，不忠於魏，又不忠於晉，非孝也。顗之罪，浮於曾。曾之驕奢，禍止及家；顗之姦諛，禍及天下。

[一]案，《晉書·何曾傳》：「傅玄著論稱曾及荀顗曰：『以文王之道事其親者，其潁昌何侯乎，其荀侯乎！古稱曾、閔，今曰荀、何。』」

【元圻案】《何曾傳》：「曾字穎考，陳國陽夏人。徵拜侍中。時曹爽專政，宣帝稱疾，曾亦謝病。爽誅，乃起視事。魏帝之廢也，曾預其謀焉。武帝襲王位，以曾爲晉丞相，加侍中。與裴秀、王沈等勸進。踐阼，拜太尉，進爵爲公。性奢豪，食日萬錢，猶曰無下箸處。子劭，爲太宰。驕奢簡貴，亦有父風。一日之供，以錢二萬爲限。庶子遵，遵子綏，位至侍中尚書。自以繼世名貴，奢侈過度。劉輿、潘滔譖之於東海王越，遂誅綏。」又《荀顗傳》：「顗字景倩，魏太尉彧之第六子也。咸熙中，遷司空，進爵鄉侯。顗年逾耳順，孝養蒸蒸，以母憂去職，毁幾滅性。武帝踐阼，進爵爲公。顗明《三禮》，知朝廷大儀，而無質直之操，唯阿意苟合於荀勖、賈充之間。初，皇太子將納妃，顗上言賈充女姿德淑茂，可以參選，以此獲譏於世。」

山濤欲釋吴以爲外懼，又言不宜去州郡武備，其深識遠慮，非清談之流也。顔延之於七賢，不取山、王，然戎何足以比濤，猶碈之於玉也。

【何云】削山、王是一時狷忿之辭。

【全云】强嵇紹以出仕，則謬矣。

【元圻案】《通鑑·晉武帝紀》咸寧五年：「杜預表請伐吴，帝許之。僕射山濤退而告人曰：『自非聖人，外寧必有内憂，今釋吴以爲外懼，豈非(美)〔算〕乎！』」◎《晉書·山濤傳》：「濤字巨源，河内懷人也。吴平之後，帝詔天下罷軍役，示海内大安，州郡悉去兵，大郡置武吏百人，小郡五十人。濤因與盧欽論用兵之本，以爲不宜去州郡武備，其論甚精。於時咸以濤不學孫吴，而闇與之合。帝稱之曰：『天下名言也。』而不能用。及永寧之後，屢有變難，寇賊(焱)〔猋〕起，郡國皆以無備不能制，天下遂大亂，如濤言。」◎《文選·五君咏》注，沈約《宋書》曰：「顔延年領步兵，嗜酒疏誕，不能斟酌當時。劉湛言於彭城王義康，出爲永嘉太守。延年甚怨憤，乃作《五君咏》，以述竹林七賢。山濤、王戎以貴顯被黜。咏嵇康曰：『鸞翮有時鎩，龍性誰能馴？』咏阮籍曰：『物故不可論，途窮能無慟？』咏阮咸曰：『屢薦不入官，一麾乃出守。』咏劉伶曰：『韜精已沈飲，誰知非荒宴？』蓋自序也。」其一則向秀。◎《王戎傳》：「戎字濬沖，琅邪臨沂人。自經典選，未嘗進寒素，退虚名，但與時浮沈，户調門選而已。性好興利，每日執牙籌，晝夜計算，常若不足。」

康節邵子《西晉吟》：「有刀難剖公閭腹，無木可梟元海頭。禍在夕陽亭一語①，上東門嘯浪悠悠。」考之《晉史》，賈充納女以壬辰，劉曜陷長安以丙子，相去纔四十五年。姦臣、孽女之敗國家，吁，可畏哉！【原注】近世賈妃之册以壬辰，而宋之禍亦以丙子，悲夫！

【閻按】壬辰爲宋理宗紹定五年十二月朔，進才人賈氏爲貴妃，似道之姊也。

【元圻案】《賈充傳》：「充字公閭，父逵。任愷進説，請充鎮關中。充自以爲失職，將之鎮，百僚餞於夕陽亭，荀勖私焉。充以憂告，勖曰：『公，國之宰輔，而爲一夫所制，不亦鄙乎！然是行也，辭之實難。獨有結婚太子，不頓駕而自留矣。』充曰：『然。孰可寄懷？』對〔曰〕：『〔勖〕請〔行〕〔言〕之。』俄而侍宴，論太子婚姻事，勖因言充女才質令淑，宜配儲宮。而楊皇后及荀顗亦並稱之。帝納其言。既而皇儲當婚，遂不西行。」◎《晉書·載記》：「劉元海，新興匈奴人，冒頓之後。成都王穎拜元海爲北單于。遂攻寇蒲坂、平陽，皆陷之。元海入都蒲子。永嘉二年，僭即皇帝位。子聰

①「一語」，元刊本、三箋本作「一句」。

遷懷帝於平陽，從子曜陷長安，愍帝出降。」◎元海名淵，唐避高祖諱，故稱其字。◎《載記·石勒傳》：「勒字世龍，上黨武鄉羯人也。年十四，隨邑人行販洛陽，倚嘯上東門，王衍見而奇之。」

江默云：「唐、虞、三代，有疑赦而無大赦。漢、唐有大赦而無郊赦。故大赦始於春秋，而郊赦始於五代。」[一]愚謂，晉王彪之答簡文云：「中興以來，郊祀往往有赦，常謂非宜。」[二]則郊赦東晉有之，非始於五代也。

[一] 江默字德功，崇安人。

[二] 彪之字叔武，彬次子。語見本傳。

【集證】案，《漢書·文紀》：「十五年夏四月，上幸雍，始郊見五帝，赦天下。」則郊赦始自西漢矣。

《通鑑·晉紀》〔孝〕武帝大元八年：「秦兵既盛，謝玄入，問計於謝安，安夷然，答曰：『已別有旨。』既而寂然。玄不敢復言，乃令張玄重請。安遂命駕出遊山墅，與玄圍棋賭墅。」[一]《綱目》刪「玄不敢復言，乃令①張玄重請」二句，則圍棋爲張玄乎？謝玄乎？《世說·雅量門》注引《續晉陽秋》曰：「與兄子玄圍棋。」然二玄當如《漢書》敍

① 「令」，原本作「命」，元刊本、三箋本作「令」，前文亦作「令」，據改。

臣勝、臣夏侯勝，以姓别之。

［一］案，《通鑑》仍《晉書》謝安本傳之文。

【閻按】《綱目》删去二句，則圍棋愈是謝玄。

【方樸山云】妙。

【元圻案】《霍光傳》：光廢昌邑王，羣臣上奏，列名有「臣勝」、「臣夏侯勝」，注：「李奇曰：同官同名，故以姓别也。」

王導之孫謐，授璽於桓玄；謝安之孫澹，持册於劉裕。［二］此朱子所以嘆嗣守之難也。【原注】無忝乃祖，一陶淵明而已。

［二］【閻按】澹先已與謐齎册詣姑熟。

【閻按】兒子詠有辯一篇，附注於此，曰：「自昭明太子誤讀陶《命子》詩，其五章云『桓桓長沙，伊勳伊德』，其六章云『肅矣我祖，惠和千里。於皇仁考，淡焉虚止』，以祖與考繫於陶侃之下，遂作《淵明傳》，曰：『曾祖侃，晉大司馬。』又曰：『自以曾祖晉世宰輔，恥復屈身後代。』若以淵明高隱不出爲承其先志也者，不知其實不爾。此詩第一章，原陶姓出自唐，昌於周；二章，隱於戰國，顯於漢初功臣陶舍；三章，舍之子青爲孝景丞相；四章，則言枝分派别，直至晉有長沙公出；五章，實言長沙勳德；六章，方挽到自己祖考。細玩自明。更參以《贈長沙公詩序》云『長沙公於予爲族』，族是一句；『祖同出大司馬，昭穆既遠，已爲路人，經過潯陽，臨別贈此』，大司馬當作右司馬，即漢高時功臣舍，丞相青之父，惟誤稱大司馬，侃贈大司馬者也，昭明認作侃，以此爲淵明曾祖。果真出於侃，此襲公爵者方爲吾從祖昆弟之子，豈得曰『昭穆既遠，已爲路人』哉？詩云『同源分流，人易世疏。慨然寤嘆，念兹厥初』，『初』正指在漢初而言。且侃，廬江尋陽人，淵明，尋陽郡柴桑人，其址貫亦不同。或曰：陶氏家譜以岱爲淵明祖。按，《晉書·陶潛列傳》『祖茂，武昌太守』，與『惠和千里』之語合。岱，則侃十七子中之一子，官散騎侍郎，非太守也。家譜多不足信，余因援正史及所自著詩正之如此。或曰：朱子亦稱淵明『無忝乃祖，賢於王謝後人』，子必苦辯之與？近日傅占衡《永初甲子辯》謂：『陶十題甲子，皆是晉年，不著晉號。沈約、李延壽説並非。』此古今傳陶二段佳話，一切將抹殺乎？余曰：占衡有言：『史文本集，歲月炳然，前後可考，胸次磊落，隨意書年，陶何必藉此爲佳話乎？』余亦謂淵明自有祖，何必藉侃而後重也哉！」詠又曰：「按淵明《孟府君傳》『君諱嘉，娶大司馬長沙桓公陶侃第十女』，此豈稱其曾祖之辭耶！」

【元圻案】《王導傳》：「導孫謐，少有美名。桓玄將簒，以謐兼太保，奉册璽詣玄。玄簒，封武昌縣開國公。」◎《謝安傳》：「安孫澹，少歷顯位。桓玄簒位，以澹兼太尉，與王謐賫册到姑熟。元熙中，爲光禄大夫，復兼太保，持節奉册禪宋。」◎東坡《書陶淡傳後》曰：「淡字處静，侃之孫也。父夏，以無行被廢。陶士行諸子皆凶暴，不獨夏也。而諸孫中乃有淡，曾孫中有潛。淡高遠如此，近類得道，與潛近親，而潛無一言及之，此又未喻也。蓋亦深疑之。」◎朱子嘆嗣守之難，可知南軒先生之論諸葛瞻未免過刻。

桓玄簒逆，卞承之謂宗廟「祭不及祖，知楚德之不長」。亂臣賊子祭及其祖，可以長世乎？斯言不當汙簡牘。

【全云】此甚言亂賊之悖耳。不然新莽歷追華冑，其不能長世，亦與玄等。

【元圻案】《桓玄傳》：「玄自以曾祖以上名位不顯，故不欲序列，且以王莽九廟見譏於前世，遂以一廟矯之，郊廟齋二日而已。秘書(丞)〔監〕卞承之曰：『祭不及祖，知楚德之不長也。』」◎胡致堂《讀史管見》曰：「卞承之之言，所謂『不能三年而察緦功』，何輕重之勿審歟！」

《晉史·忠義傳》可削者三人：韋忠不見裴頠，辭張華之辟，初節亦足稱矣；而仕於劉聰，爲之討羌而死，非爲晉死也，謂之忠義，可乎？王育仕於劉淵，劉敏元仕於劉曜，舍順從逆，皆失節者也，忠義安在哉？唐之修《晉史》也，許敬宗、李義府與秉筆焉，是烏知蘭艾鸞梟之辨？〔一〕

〔一〕【全云】譙登應傳而不傳，此《晉史》之所以謬也。

【元圻案】《忠義·韋忠傳》：「忠字子節，年十二，喪父。裴秀弔之，哀慟感人。歸而命子頠造焉，托行不見。頠爲僕射，數言之張華，華辟之，辭疾不起。人問其故，忠曰：『茂先華而不實，裴頠欲而無厭，棄典禮而附賊后。若此，豈大丈夫所宜行耶！』後仕劉聰，爲平羌校尉，討叛羌，矢盡，不屈死。」又《王育傳》：「育字伯春。劉元海之爲北單于，育説穎曰：『元海今去，育請爲殿下促之，不然，懼不至也。』穎然之，以育爲破虜將軍。元海遂拘之，其後以爲太傅。」又《劉敏元傳》：「敏元字道光。永嘉之亂，自齊西奔。同縣管平年七十，隨行，爲盜所劫。敏元請以身代，盜曰：『義士也！犯之害義。』乃俱免之。後仕劉曜，爲中書侍郎、太尉長史。」

陶淵明《讀史》述夷齊云：「天人革命，絶景窮居。」述箕子云：「矧伊代謝，觸物皆非。」先儒謂：「食薇飲水」之言，「銜木填海」之喻，[一]至深痛切，讀者不之察爾。顔延年《誄淵明》曰「有晉徵士」，[二]與《通鑑綱目》所書同一意。[三]《南史》立傳，非也。[四]

[一] 案，淵明《擬古詩》云：「饑食首陽薇，渴飲易水流。」《讀山海經》云：「精衛銜微木，將以填滄海。」

[二] 誄見《文選》。案李善注：「何法盛《晉中興書》曰：延之爲始安郡，道經尋陽，常飲淵明舍，自晨達昏。及淵明卒，延之爲誄，極其思致。」

[三] 案，朱子《綱目》於宋元嘉四年十一月書「晉徵士陶潛卒」。

[四]【何云】卒於宋代，《南史》何嫌立傳？管幼安不以《魏志》有傳貶其高。

【元圻案】真西山《跋黄瀛甫擬陶詩》曰：「淵明眷眷王室，蓋有乃祖長沙公之心，獨以力不得爲，故肥遯以自絶。食薇、飲水之言，銜木填海之喻，至深痛切，顧讀者弗之察爾。」錢氏大昕曰：「淵明卒於宋時，《晉中興書》必未立傳，《宋書》入之《隱逸》，著其不仕之節，深得微顯闡幽之意。若依後儒議論，則前史既未有傳，新史又不可傳，必終於湮没無稱，豈通論乎？」又曰：「淵明立傳，昉於沈休文《宋書》《南史》特因其舊耳。」

「策扶老以流憩」，《歸去來辭》。謂扶老藤也。見《後漢·蔡順傳》注。

【元圻案】《後漢書·周磐傳》：「同郡蔡順，字君仲，亦以至孝稱。」注：「《汝南先賢傳》曰：蔡順事母至孝。井桔槔朽，在母生年上，而順憂，不敢理之。俄爾有扶老藤生，繞之，遂堅固焉。」◎《爾雅·釋木》「椐，樻」注：「腫節可以爲杖。」◎陸璣《草木疏》：「椐、樻，節中腫，可作杖以扶老，今靈壽杖是也。」①

淵明《與子儼等疏》，「潁川韓元長」謂韓融，【原注】韶子，《後漢》有傳。「濟北氾稚春」

① 此段，三國吴陸璣《毛詩草木鳥獸蟲魚疏》原文爲「椐、樻，節中腫，似扶老，今靈壽是也，今人以爲馬鞭及杖」。

謂氾毓。【原注】《晉書》有傳。集云范稚春，誤。《南史》氾幼春，蓋避唐諱「治」字之嫌。[一]

[一]【何云】《南史》似作於太宗時，至高宗時成。

【元圻案】《南史·隱逸傳》：「潛與子書以言其志，并爲訓戒曰：『汝輩雖不同生，當思四海皆兄弟之義。潁川韓元長，漢末名士，身處卿佐，八十而終，兄弟同居，至於没齒。濟北氾幼春，晉時操行人也，七世同財，家人無怨色。汝其慎哉。』」◎《後漢書·韓韶傳》：「韶字仲黄，潁川舞陽人也。爲贏長，賊聞其賢，相戒不入贏境。子融字元長，少能辯理而不爲章句學。獻帝初，至太僕。年七十卒。」◎《晉書·儒林傳》：「氾毓字稚春，濟北盧人也。奕世儒素，敦睦九族。時人號其家『兒無常父，衣無常主』。毓少履高操，安貧有志業。」◎《金樓子·戒子篇》引淵明此書作「汎稚春」。◎涼有主簿氾稱，見《通鑑·晉紀》四十。氾音凡。

朱文公《答吕伯恭書》曰：「陶公栗里，前賢題咏，獨顔魯公一篇，令人感慨。」今考魯公詩云：「張良思報韓，龔勝恥事新。狙擊苦不就，舍生悲拖紳。嗚呼陶淵明，奕葉爲晉臣。自以公相後，每懷宗國屯。題詩庚子歲，[一]自謂羲皇人。手持《山海經》，頭戴漉酒巾。[二]興與孤云遠，辯隨還鳥泯。」[三]見《廬山記》，集不載。[四]

[一]【閻按】淵明十題甲子，自庚子始。

[二]案，《宋書·潛傳》：「郡將候潛，逢其酒熟，取頭上葛巾漉酒，畢，還復著之。嘗言五六月北

窗下卧，遇涼風暫至，自謂是羲皇上人。」

［三］淵明《雜詩》曰：「山氣日夕佳，飛鳥相與還。此中有真意，欲辯已忘言。」

［四］【何云】此詩唯見陳令舉《廬山記》中，然已非全篇矣。

【元圻案】《四庫全書總目·史部·地理類》：「《廬山記》三卷，宋陳舜俞撰。舜俞字令舉，烏程人。所居曰白牛村，因自號『白牛居士』。慶曆六年進士，嘉祐四年又中制科第一。歷官都官員外郎。熙寧中，出知山陰縣，以不奉行青苗法，謫南康監税。事迹具《宋史》本傳。舜俞謫官時，與致仕劉涣遊覽廬山，嘗以六十日之力，盡南北山水之勝。而涣舊嘗雜録聞見，未暇詮次，舜俞因采其説，參以記載者舊所傳，考據精博，非後來《廬山記勝》諸書所及。雖缺四、五兩篇，猶可寶貴。」

樂廣客蛇影，與《風俗通》所載杜宣事同。

【閻按】《風俗通義》：劭祖彬爲汲令，賜主簿杜宣酒，感壁上弩影而致疾。尤詳於《晉書》。

【元圻案】宋戴埴《鼠璞》云：「大率奇事易失實，虎石、蛇杯，意義略同，皆有二出。《漢書》：李廣出獵，見虎射之，没矢，視之，石也；射，不入矣。《韓詩外傳》：熊渠子夜見虎，射之，没金飲羽；下視知石，復射，矢摧無迹。《晉書》：樂廣賜客酒，杯中有蛇，既而疾；廣意廳壁角影，復置酒，客頓愈。《風俗通》：應彬請杜宣，酒杯中如蛇，宣得疾；後於故處設酒，蛇乃弩影耳，意遂解。二事於人名俱不合，未知孰是。」◎樂廣事見本傳，應彬事見《風俗通·怪神篇》。

蒼蠅傳赦，《異苑》以爲晉明帝，與《苻堅載記》同。

【元圻案】《四庫全書總目·子部·小説類》：「《異苑》十卷。宋劉敬叔撰。敬叔，《宋書》、《南史》俱無傳。明胡震亨始采諸書補作之，稱敬叔，彭城人。起家小兵參軍，元嘉三年爲給事黄門郎，太始中卒。其書皆言神怪之事，卷數與《隋志》所載相合。」◎《異苑》三：「晉明帝嘗欲肆赦，乃屏曲室，去左右，下帷作詔。有大蒼蠅觸帳而入，萃於筆端。須臾亡去，帝竊異焉。令人尋看，即蠅所集處，輒傳有赦，喧傳已遍。」◎《晉書·苻堅載記上》：「初，堅之將爲赦也，與王猛、苻融密議於露堂。堅親爲赦文，有一大蒼蠅入自牖間，集於筆端，驅而復來。俄而長安街巷人相告曰：『官今大赦。』有司以聞。堅敕外窮推之，咸言有一小人衣黑衣，大呼於市曰：『官今大赦。』須臾不見。堅嘆曰：『其向蒼蠅乎？諺曰：「欲人弗知，莫若勿爲。」聲無細而弗聞，事未形而必彰者，其此之謂也。』」◎唐歐陽詹《暗室箴》曰：「又有苻堅，竊爲制度。神敗其類，蒼蠅以呼。」

嵇康，魏人。司馬昭惡其「非湯、武」，而死於非辜，未嘗一日事晉也。《晉史》有傳，康之羞也。後有良史，宜列於《魏書》。

【何云】韓通附建隆，其類也。

【全云】韓通又是一例，今《宋史》以周三臣目之，則不以爲宋人也。嵇康則死於晉未篡之時，萬無入《晉書》之例，《魏書》已附康於《七子傳》，《晉史》複書。

【元圻案】《晉書·嵇康傳》：「康字叔夜，譙國銍人也。其先姓奚，會稽上虞人，以避怨，徙焉。銍有嵇山，家於其側，因而命氏。」◎《通鑑·魏元帝紀》景元三年：「山濤爲吏部郎，舉康自代；康與濤書，自説不堪流俗，而非薄湯、武。昭聞而惡之。康與東平吕安親善，安兄巽誣安不孝，康爲證其不然。鍾會譖康嘗欲助毌丘儉，昭遂殺安及康。」

司馬師引二敗以爲己過，司馬昭怒王儀「責在元帥」之言。昭之惡，甚於師。

【元圻案】習鑿齒曰：「司馬大將軍引二敗以爲己過，過消而業隆，可謂智矣。」①◎《三國志·魏·齊王芳紀》嘉平（三）〔四〕年注：「《漢晉春秋》曰：毌丘儉、王昶（闢）〔聞〕東軍敗，各燒屯走。朝議欲貶黜諸將，景王曰：『我不聽公休，以至於此。此我過也，諸將何罪？』悉原之。是歲，雍州刺史陳泰求敕并州并力討恪，景王從之。未集，而雁門、新興二郡以爲遠役，遂驚反。景王又謝朝士曰：『此我過也，非玄伯之責！』」又《王脩傳》注：「王隱《晉書》曰：脩一子，名儀。司馬文王爲安東，儀爲司馬。東關之敗，文王曰：『近日之事，誰任其咎？』儀曰：『責在元帥。』文王怒曰：『司馬欲委罪於孤邪？』遂殺之。」◎胡氏《讀史管見》曰：「師引敗歸，已非自反之德，蓋悔殺王儀而爲之。誤以兩事爲一人，以前爲後。」

① 見《三國志·魏書·齊王芳紀》嘉平四年注引。

劉殷失節於劉聰，而戒子孫曰：「事君當務幾諫。」大節已虧，其言之是非不足論也。

【元圻案】《晉書·孝友傳》：「劉殷，字長盛，新興人。七歲喪父，哀毀過禮，服喪三年，不見其齒。齊王冏辟之，拜新興太守。永嘉之亂，没於劉聰。聰奇其才而擢任之，累至侍中、太(守)〔保〕、録尚書事。殷恒戒子孫曰：『事君當務幾諫，凡人尚不可面斥其過，而况萬乘乎！』」◎《讀史管見》嘗論劉殷言「事君幾諫」之非，故厚齋云爾。

干寶論「晉之創業立本，固異於先代」。後之作史者不能爲此言也，可謂直矣。

【元圻案】《文選》干寶《晉紀總論》曰：「晉之興也，功烈於百王，事捷於三代，蓋有爲以爲之矣。宣、景遭多難之時，務伐英雄、誅庶桀以便事，不及修公劉、太王之仁也。受遺輔政，屢遇廢置。故齊王不明，不獲思庸於亳；高貴沖人，不得復子明辟。二祖逼禪代之期，不暇待參分八百之會也。是其創基立本，異於先代者也。」

焚石勒之幣，江左君臣之志壯矣。僭號之國十六，而晉敗其一，【原注】苻堅。滅其三，【原注】李勢、慕容超、姚泓。不可以清談議晉。

【何云】感慨深矣。

【閻按】此王氏得毋自傷其本朝乎？

【元圻案】《晉・成帝紀》：「咸和八年，石勒遣使致幣，詔焚之。」《孝武紀》：「太元八年，苻堅率衆渡淮，遣謝石、謝玄、謝琰、桓伊等距之。及苻堅戰於淝水，大破之，俘斬數萬計。」《穆帝紀》：「永和三年三月，桓温攻成都，克之。李勢降，益州平。」《安帝紀》：「義熙六年二月，劉裕攻慕容超，克之，齊地悉平。」「義熙十三年七月，劉裕克長安，執姚泓。」◎袁絜齋《邊防質言論十事》，其《論戰》云：「晉之渡江，國非不弱，而未嘗肯與敵和。石勒來聘，輒焚其幣；祖逖出鎮，而河南復爲晉土；苻秦南牧，一戰而卻之。蓋强敵在前，晉人朝思夕慮，求勝敵之策，所以能保其國。」

晉簡文咏庾闡詩云：「志士痛朝危，忠臣憂主辱。」東魏孝静帝[一]咏謝靈運詩曰：「韓亡子房奮，秦帝魯連恥。本自江海人，忠義動君子。」至今使人流涕。

[一]閻本無「帝」字。

【全云】傷德祐之北行也。

【元圻案】《晉・簡文帝紀》：「先是，熒惑入太微，海西廢。及帝登阼，熒惑又入太微，帝甚惡焉。時中書郎郗超在直，帝乃引入，謂曰：『命之長短，本欲不計，故當無復前日事耶？』超曰：『大司馬臣温方内(顧)〔固〕社稷，外恢經略，非常之事，臣以百口保之。』及超請急省其父，帝謂之曰：『致意尊公，家國之事，遂至於此！』因咏庾闡詩云云，遂泣下霑襟。」◎《魏書·孝静帝紀》：「帝有孝文風，齊文襄王嗣事，甚忌焉。文襄嘗侍飲，舉觴曰：『臣澄勸陛下酒。』帝不悦，曰：『自古無不亡之國，朕亦何用此活！』文襄怒曰：『朕！朕！狗脚朕！』文襄使崔季舒毆帝三拳，奮衣而出。帝不堪憂辱，咏謝靈運詩云云。及禪位，下御座，步就東廊，口咏范蔚宗《後漢書·贊》云：『獻生不辰，身播國屯。終我四百，永作虞賓。』」◎《宋史紀事本末》：帝㬎德祐二年，「先是，元軍既迫，遣柳岳奉書如元軍。既還，陳宜中復〔奏〕遣岳及陸秀夫、吕師孟等，求稱侄納幣，不從則請稱侄孫，伯顔不許。至是，太后命用臣禮，陳宜中難之。太后涕泣曰：『苟存社稷，稱臣非所較也。』遂遣劉岊奉表稱臣，上尊號，歲貢銀、絹二十五萬兩、疋。二月，伯顔至臨安城，時福王亦自紹興至，太皇太后及帝欲與相見，伯顔曰：『未入朝，無相見之禮。』閏月，帝及太后隨元軍北行。元主廢帝爲瀛國公，見於大安殿。尋命帝爲僧，全太后爲尼於正智寺」。

祖逖曰：「晉室之亂，非上無道而下怨叛也，〔一〕晉之德澤淺矣。」姚弋仲曰：「亟自歸於晉。」王猛曰：「勿以晉爲圖。」人心知義，非後世所及也。

〔一〕案，此祖逖説元帝語，見本傳。◎逖字士稚，范陽遒人。爲鎮西將軍，石勒不敢窺兵河南。

【全云】亦以北宋之無失德，而致嘆於姚弋仲、王猛之不若，則隱指夏貴輩也。

【元圻案】後魏崔鴻《後秦録》：「仲有子四十二人，常誡諸子曰：『我死之後，汝歸晉家，竭盡臣節。』」又《前秦録》：「王猛寢疾，堅臨省疾，問以後事。猛曰：『晉僻陋吴越，乃正朔相承。臣没之後，願不以晉爲圖。』」◎《宋史紀事本末》：帝㬎德祐二年「正月，夏貴以淮西叛降元」。按，先是度宗時，知漢陽軍王儀以城降。權守張晏然、都統程鵬飛以州軍降；伯顔遣鵬飛至黄州招諭陳奕，以城降；又以書招蘄州管景模，景模亦降；陳奕以書誘其子巖以安東州降。德祐元年，知南康軍葉閶、知德安府來興國、知六安軍曹明，俱迎降於江州。元兵至海州，安撫丁順降。知廣德軍令狐槩以城降。元兵至常州，臨安戒嚴，同知樞密院曾淵子、左司諫潘文卿、右正言季可、兩浙轉運〔副〕使許自、浙東安撫王霖龍、侍從陳堅、何夢桂、曾希顔等數十人皆遁。岳州總制孟之紹舉城降。京湖宣撫司朱（禩）〔禩〕孫、湖北制置副使高達、提刑（清）〔青〕陽夢炎等降。獨松關守將張濡遁。泰州裨將孫貴、胡惟孝、尹端甫、李遇春開北門納元軍。潭州守將吴繼明、劉孝忠以城降。

南豐《記王右軍墨池》云：「愛人之善，雖一能不以廢。」〔一〕愚謂右軍所長，不止翰墨。其勸殷浩内外協和，然後國家可安；其止浩北伐，謂力争武功，非所當作；其遺謝萬書，謂隨事行藏，與士卒同甘苦；〔二〕謂謝安虚談廢務，浮文妨要，非當時①所宜。言論風旨，可著廊廟，江左第一流也。不可以藝掩其德，謂之「一能」，過矣。

①「時」，元刊本、三箋本作「世」。

［一］【何云】「一能」特因墨池言之。

［二］案，羲之本傳無「甘苦」二字，此從《通鑑》。

【元圻案】《王羲之傳》：「羲之字逸少，司徒導之從子。爲右軍將軍、會稽内史。時殷浩與桓温不協，羲之以國家安在内外和，因與浩書以戒之，浩不從。及浩將北（代）〔伐〕，羲之以爲必敗，以書止之，言甚切至。浩遂行，果爲姚襄所敗。復圖再舉，又遺浩書曰：『自隆中興之業，政以道勝寬和爲本，力争武功，作非所當，因循所長，以固大業，想識其由來也。若猶以前事爲未工，故復求之於分外，宇宙雖廣，自容何所！』」◎《通鑑·晉紀》穆帝（永和）〔升平〕二年：「羲之遺謝萬書曰：『以君邁往不屑之韻，而俯同羣碎，誠難爲意也。然所謂通識，正當隨事行藏耳。願君每與士卒之下者同甘苦，則盡善矣。』萬不能用，果敗。」◎《世説·言語門》：「王右軍與謝太傅共登冶城，謝悠然遠想，有高世之志。羲之謂曰：『夏禹勤王，手足胼胝；文王旰食，日不暇給。今四郊多壘，宜人人自效，而虚談廢務，浮文妨要，恐非當今所宜。』」◎曾子固《墨池記》曰：「臨川之城東，有地隱然而高，以臨於溪，曰新城。新城之上，有池窪然而方以長，曰王羲之之墨池。教授王君書於楹間以揭之①。王君豈愛人之善，雖一能不以廢，而因以及乎其迹耶？」◎《容齋四筆》：

①「教授王君書於楹間以揭之」，《南豐類稿·墨池記》作「教授王君盛恐其不章也，書『晉王右軍墨池』六字於楹間以揭之」。

「王逸少在東晉時，蓋温太真、蔡謨、謝安石一等人也，直以抗懷物外，不爲人役，故功名成就，無一可言，而其操履識見，當世亦少其比，而爲書名所蓋，後世但以翰墨稱之。則一藝之工，爲累大矣。」◎胡氏《讀史管見》曰：「逸少議論不多見，然皆有補於當時。後世顧推爲翰墨之宗，《晉史》系傳專美此事。藝成而下，足以掩德，故君子慎所尚也。」

「慕容恪尚在，憂方大耳。」如「得臣猶在，憂未歇也」①。覘國者以人爲輕重。

【元圻案】《史通·模擬篇》：「《左傳》稱楚武王欲伐隨，熊率且比曰：『季梁在，何益！』至蕭方等《三十國春秋》説朝廷聞慕容雋死，曰：『中原可圖矣！』桓温曰：『慕容恪在，其憂方大！』以此而擬《左氏》，所謂貌異而心同也。」◎《晉書·載記》：「慕容雋字宣英，皝之第二子。皝死，即位。」「慕容恪字玄恭，皝之第四子。封太原王。初，建（業）〔鄴〕聞雋死，曰：『中原可圖矣。』桓温曰：『慕容恪尚在，所憂方大耳。』」

《宣帝紀論》：「竊鐘掩耳，以衆人爲不聞。」出《淮南子》。

【元圻案】《宣帝紀》唐太宗御製《論》曰：「夫征討之策，豈東智而西愚？輔佐之心，何前忠

① 《左傳》宣公十二年。

而後亂？故晉明掩面，恥欺僞以成功；石勒肆言，笑姦回以定業。雖自隱過當年，而終見嗤後代。亦猶竊鐘掩耳，以衆人爲不聞；鋭意盜金，謂市中爲莫睹。」◎《吕氏春秋·不苟論·自知篇》：「范氏之亡也，百姓有得鐘者，欲負而走，則鐘大不可負，以椎毁之，鐘況然有音。恐人聞之而奪己也，遽掩其耳。」◎《淮南子·説山訓》：「范氏之敗，有竊其鐘負而走者，鎗然有聲。懼人聞之，遽掩其耳。憎人聞之可也，自掩其耳悖矣。」《淮南》蓋本《吕覽》。◎梁任昉《勸進箋》「惑甚盜鐘」，李善注引《吕覽》。

楊盛不改義熙[一]年號，其志如陶靖節，孰謂夷無人哉？【原注】盛，武都王。

[一]晉安帝九年改元義熙。

【何云】「王」疑作「氐」。

【又云】皆深傷宋季之無人也。

【元圻案】《宋書·氐胡傳》：「略陽清水氐楊氏，秦、漢以來，世居隴右，爲豪族。漢獻帝建安中，有楊騰者，爲部落大帥。騰子駒，始徙仇池。晉安帝以楊盛爲仇池公。高祖踐阼，進盛車騎大將軍，加侍中。永初三年，改封武都王，以長子玄爲武都王世子，武都王雖爲蕃臣，猶奉義熙之號。盛謂玄曰：『吾年已老，當爲晉臣，汝善事宋帝。』故玄奉焉。」

袁宏以伏滔比肩爲辱，似知恥矣，而失節於桓温之九錫，恥安在哉？

【全云】此指葉李輩嘗立名節而不終。

【元圻案】《文苑傳》：「袁宏，字彦伯，性强正亮直，雖被温禮遇，至於辨論，每不阿屈。」①◎《世説新語》（八）（二十六）：「袁虎、伏滔同在桓公府。桓公每遊燕，輒命袁、伏，袁甚恥之。桓嘆曰：『公之厚意，未足以榮國士，與伏滔比肩，亦何辱如之！』」虎，袁宏小字。◎《王彪之傳》：「温遇疾，諷朝廷求九錫。袁宏爲文，以示彪之。彪之謂宏曰：『卿固才大，安可以此示人！聞彼病日增，亦當不復支久，自可更（小）遲回。』宏從之。温亦尋薨。」《謝安傳》：「使袁宏具草，安見，輒改之，由是歷旬不就。會温薨，錫命遂寢。」《文苑傳》：「伏滔，字玄度，平昌安丘人。有才學，少知名。桓温引爲參軍，從伐袁真，至壽陽，以淮南屢叛，著論二篇，名曰《正淮》。」②《傳》具載其文，餘無貶詞，袁彦伯何以羞與比肩，而厚齋稱之爲知恥，當更詳考。◎《元史》一百七十三《葉李傳》：「李字太白，一字舜玉，杭州人。宋景定五年，世祖南伐，會憲宗崩，世祖班師，襄陽圍解。賈似道自詭，以爲己功，益驕恣。李乃與同舍生康棣而下八十三人，伏闕上書，攻似道。似道知書藁出於李，嗾其黨劉良貴，誣李僭用金飾齋扁，竄漳州。會宋亡，歸隱富春山。至元十四年，命御

① 見《晉書》。
② 以上俱見《晉書》。

史大夫相威行臺江南，且求遺逸，以李姓名上。即授浙西道儒學提舉。李聞命，欲遁，而使者致丞相安童書，云：『士君子當隱見隨時，其尚悉心，以報殊遇。』李乃幡然，北向再拜曰：『仕而得行其言，此臣夙心也，敢不奉詔！』」

《謝邈傳》：孝武多賜侍①臣文詔，辭義有不雅者，邈輒焚毀之。《通鑑》云：「帝好爲手詔詩章，以錫侍臣。[一]或文詞率爾，徐邈應時收斂，還省刊削，皆使可觀，經帝重覽，然後出之。」[二]此一事也，《晉書》以爲謝邈，《通鑑》以爲徐邈，必有一誤。

[一] 閻本云「錫」，元板作「賜」。

[二] 事見《孝武紀》寧康三年。

【閻按】《通鑑》亦本《晉書·儒林傳》。

【元圻案】謝邈附見《謝安傳》：「邈字茂度，性剛鯁，頗有理識。累遷侍中。時孝武帝觴樂之後多賜侍臣文詔，辭義有不雅者，邈輒焚毀之，其他侍臣被詔者或宣揚之，故論者以此多邈。」《儒林傳》「徐邈，東莞姑幕人。姿性端雅，勤行勵學，博涉多聞，以慎密自居。孝武帝招延儒學之士，謝安舉以應選。遷散騎常侍。帝好爲手詔詩章云云。」文與《通鑑》同。愚按，謝邈所焚者，乃

① 「侍」，原本作「近」，據元刊本改。

已被賜之章，故得毁之；徐邈所刊削者，似指未賜侍臣者，而言以徐邈常在西省侍帝故也。且謝性剛鯁，徐性慎密，事亦各肖其人，似非一事，不妨兩存。《晉書》兩傳同有「是時侍臣被詔者，或宣揚之，時議以此多邈」之文，故厚齋疑有一誤。

晉之伐吴，杜預曰：「孫皓或怖而生計，則明年之計，或無所及。」隋之伐陳，文帝投柹①於江，曰：「使彼懼而知改，吾又何求。」隋文之識，若優於預矣。以時考之，吴猶有死守之臣，[二]杜預所以詭形而不敢露；陳不聞力戰之將，隋文所以衡行而無所忌。預之言近乎實，文帝之言非其誠也。

[一]謂丞相張悌也。

【元圻案】《杜預傳》：「時帝密有滅吴之計。預處分既定，乃啓請伐吴之期。帝報待明年，預再上表曰：『自秋以來，討賊之形頗露。若今中止，孫皓或怖而生計，或徙都武昌，更完修江南諸城，遠其居人，城不可攻，野無所掠，積大船於夏口，則明年之計，或無所及。』」◎《南史·陳後主紀》：「禎明二年，隋文帝謂僕射高熲曰：『我爲百姓父母，豈可限一衣帶水不拯之乎？』命大作戰船。人請密之，隋文帝曰：『吾將顯行天誅，何密之有！使投（秭）〔柹〕於江，若

①「柹」，原本誤作「秭」，據元刊本、三箋本及《南史·陳後主紀》改。下翁案同。

彼能改，吾又何求。』」◎《三國志・吳・孫皓傳》「天璽三年，以軍師張悌爲丞相」，注：「《襄陽記》曰：悌字巨先，襄陽人。晉來伐吳，皓使悌督沈瑩、諸葛靚，帥衆三萬渡江迎之。至牛渚，沈瑩曰：『晉治水軍於蜀久矣，宜畜衆力，待來一戰。今渡江迎戰，若或摧喪，則大事去矣。』悌曰：『吳之將亡，賢愚所知。吾恐蜀兵來至此，衆心必駭懼，不可復整。今宜渡江決戰，若其喪敗，則同死社稷，無所復恨。若如子計，坐待敵到，君臣俱降，無復一人死難者，不亦辱乎！』遂渡江戰，吳軍大敗。悌爲晉軍所殺。」◎《隋書・韓擒傳》：「大舉伐陳，以擒爲先鋒。襲采石，守者皆醉，擒遂取之。次於新林，陳人大駭，其將樊巡、魯世真、田瑞等相繼降之。陳叔寶遣領軍蔡徵守朱雀航，聞擒將至，衆懼而潰。任蠻奴爲賀若弼所敗，棄軍降擒。入朱雀門，陳人欲戰，蠻奴撝之曰：『老夫尚降，諸君何事！』衆皆散走。遂平金陵，執陳主叔寶。」按，韓擒即韓擒虎，唐史臣避唐諱，故去「虎」字。

《文心雕龍・明詩篇》謂：「江左篇製，溺乎玄風。」《續晉陽秋》曰：「正始中，王、何好莊、老；至過江，佛理尤盛。〔一〕郭璞五言，始會合道家之言而韻之，許詢、孫綽轉相祖尚，而《詩》、《騷》之體盡矣。」愚謂東晉玄虛之習，詩體一變，觀蘭亭所賦可見矣。〔二〕

〔一〕【何云】「佛理」，疑當爲「玄理」。

〔二〕「愚謂」以下二十字，閣本作小注，今從何本①。

【何云】景純蓋始變永嘉之體，非孫、許之弊自景純始也。

【集證】蘭亭詩載宋桑世昌《蘭亭考》。

【元圻案】《宋書·謝靈運傳論》：「在晉中興，玄風獨（扇）〔振〕，爲學窮於柱下，博物止乎七篇，馳騁文辭，義殫乎此。自建武暨乎義熙，歷載將百，莫不寄言上德，托意玄珠。仲文始革孫、許之風，叔源大變太元之氣。」◎《世説新語》三「簡文稱許掾」條注：「《續晉陽秋》曰：自司馬相如、王褒、揚雄諸賢世尚賦頌，皆體則《詩》、《騷》，傍綜百家之言。正始中，王弼、何晏好莊老玄勝之談，而世遂貴焉。至過江，佛理尤盛，故郭璞五言始會合道家之言而韻之。詢及孫綽轉相祖尚，又加以三世之辭，而《詩》、《騷》之體盡矣。」◎《三國志·魏·鍾會傳》注：「王弼，字輔嗣。何劭爲其傳曰：弼幼而察慧，年十餘，好《老氏》，通（辨）〔辯〕能言。正始中，黄門侍郎缺。晏議用弼，補臺郎。」又《曹爽傳》：「晏，何進孫也。少以才秀知名，好老、莊言，作《道德論》。」◎《晉書·郭璞傳》：「璞字景純，河東聞喜人。博學有高才，而訥於言論，詞賦爲中興之冠。」◎璞作《遊仙詩》七章，載《文選》，李善注曰：「凡遊仙之篇，皆所以滓穢塵網，錙銖纓紱，餐霞倒景，餌玉玄都。」◎孫綽、許詢，《晉書》無傳，《王羲之傳》云：「羲之雅好服食養性。初度浙江，會稽有佳

① 按，此二十字元刊本亦爲小注。

山水，名士多居之，謝安未仕時亦居焉。孫綽、李充、許詢、支遁等皆以文義冠世，與羲之同好。嘗宴集於會稽山陰之蘭亭，羲之自爲之序。」◎《文選》孫綽《遊天台山賦》李善注，何法盛《晉中興書》曰：「孫綽，字興公，太原人。爲章安令，稍遷散騎常侍，領著作郎，尋轉廷尉卿。於時才筆之士，綽爲其冠。」又江淹《擬許徵君自序詩》善注，《晉中興書》曰：「高陽許詢，字（宏）〔玄〕度，寓居會稽，司徒蔡謨辟，不起。詢有才藻，善屬文，時人皆欽愛之。」

梁武帝敕羣臣，自太初終齊，撰《通史》六百二十卷。元魏濟陰王暉業起上古終宋，著《科録》二百七十卷，其書無①傳。《高氏小史》自天地未分至唐文宗，爲百二十卷，今雖存而傳者鮮。自書契以來，未有如《通鑑》者。

【閻按】王氏似以《通史》與《通鑑》同一編年體。《隋·經籍志》、《唐·藝文志》並列「正史」。《吴均傳》：「武帝使撰《通史》，起三皇，訖齊代，均草本紀、世家畢，惟列傳未就，卒。」②《史通》云：「其書以《史記》爲本，異者惟無表耳。」此豈編年體？《玉海》入「雜史類」，不入「編年

① 「無」，元刊本作「亡」。

② 見《梁書》卷四十九、《南史》卷七十二。

類」①，得之。

【元圻案】《史通·六家篇》：「梁武帝敕其羣臣，上自太初，下終齊室，撰成《通史》六百二十卷。其書自秦以上，皆以《史記》爲本，而别采他説，以廣異聞；至兩漢以還，則全録當時紀傳；又吴、蜀二主皆入世家，五胡及拓拔氏列於《夷狄傳》。大抵其體皆如《史記》，其所爲異者，唯無表而已。其後元魏濟陰王暉業，又著《科録》二百七十卷，其斷限亦起自上古，而終於宋年。其編次多依倣《通史》，而取其相似者，共爲一科，故以《科録》爲號。」黄氏叔琳《史通訓(故)〔詁〕補》：「《北史·景穆十二王傳》『濟陰王暉業撰魏藩王家世，號《辨宗録》』，非《科録》也。《常山王遵傳》：『元暉，常山王遵之後，招集儒士崔鴻等撰録百家要事，以類相從，爲《科録》，起伏羲，迄晉(宋)，凡十四代。表上之。』子玄云暉業者，誤。」◎《書録解題·别史類》：「《高氏小史》一百三十卷。唐殿中丞高峻撰。本書六十卷，其子迥分爲一百二十卷。蓋鈔節歷代史也。司馬温公常稱其書，使學者觀之。《中興書目》一百二十卷，止於文宗。今本多十卷，直至唐末。峻，元和間人，則其書當止於德、順之間。迥序但云分六十卷爲百二十，取其便易而已，初未嘗有所增加也。其止於文宗及唐末者，殆皆後人傳益之，非高氏本書。」

① 「編年類」，原本無「類」字，據三箋本補。

宋周朗有「櫝帶寶，笥著衣」之論，司馬文正公有「耳視目食」之説，皆足以儆世迷。

【元圻案】《宋書·周朗傳》：「朗字義利，汝南安成人。世祖即位，普責百官讜言，朗上書曰：一體炫金，不及(伯)〔百〕①兩，一歲美衣，不過數襲，而必收寶連櫝，集服累笥，目豈常視，身未時親，是爲櫝帶寶，笥著衣，空散國家之財，徒奔天下之貨。」◎温公《迂書》曰：「衣冠所以爲容觀也，稱體斯美矣。世人捨其所稱，聞人所尚而慕之，豈非以耳視者乎？飲食之物，所以爲味也，適口斯善矣，世人取果餌而刻鏤之、朱緑之，豈非以目食者乎？」

魏之篡漢，晉之篡魏，山陽、陳留猶獲考終，〔一〕亂賊之心猶未肆也。宋之篡晉，逾年而弒零陵，不知天道報施，還自及也。齊、梁以後，皆襲其迹，自劉裕始。

〔一〕山陽公卒於魏明帝青龍二年，陳留王卒於晉惠帝太安元年。

【元圻案】《通鑑綱目》晉恭帝元熙二年：「六月，劉裕還建康，稱皇帝，廢帝爲零陵王。永初二年，宋主裕弒零陵王於秣陵。」又宋順帝昇明三年：「四月，宋蕭道成自進爵爲齊王，遂稱皇帝，廢其主準爲汝陰王，徙之丹陽。五月，齊主蕭道成弒汝陰王，滅其族。」◎梁弒宋巴陵王，陳弒梁江

①「伯」，中華書局校點本《宋書》據《册府元龜》及《資治通鑑》校改爲「百」，今從之。

陰王，隋弑北齊介公闡。

徐羨之、傅亮、謝晦之死，猶晉之里克、衛之甯喜也，文帝不失爲叔孫昭子。

【元圻案】《通鑑綱目》宋營陽王景平二年：「徐羨之、傅亮、謝晦廢其主義符爲營陽王，遷於吳。六月，弑之，迎宜都王義隆於江陵。」是爲文帝。元嘉三年：「正月，宋討徐羨之、傅亮，誅之。謝晦舉兵反江陵，宋主自將討謝晦。二月，誅之。」

宋文帝、魏太武，佳兵者也，皆不克令終，不祥好還之戒昭昭矣。

【元圻案】宋文帝爲太子劭所弑，魏太武爲中常侍宗愛所弑。◎《宋書·文帝紀論》曰：「帝才謝光武，而遥制兵略，至於攻日戰時，莫不仰聽成旨。雖覆師喪旅，將非韓、白，而延寇蹙境，抑此之由。及至言漏衾衽，難結商豎，雖禍生非慮，蓋亦有以而然也。」◎《魏書·太武紀論》曰：「帝掃統萬，平秦隴，翦遼海，蕩河源，其功大矣。至於初則東儲不終，末乃釁成所忽。固本貽防，殆弗思乎？」◎《老子·上經》「儉武章」：「以道佐人主者，不以兵强天下。其事好還。師之所處，荆棘生焉。大軍之後，必有凶年。」又「偃武章」：「夫佳兵者，不祥之器，物或惡之，故有道者不處。」

葉少藴《石林燕語》云：「齊武帝欲爲裴后立石誌墓中，王儉以爲非古。或以爲宋元嘉中，顔延之爲王球作誌，墓有銘自宋始。唐封演援宋得《司馬越女冢銘》，隋得《王戎墓銘》，爲自晉始，亦非是。今世有崔子玉[一]書《張衡墓銘》，則墓有銘，自東漢有之。」周益公謂：銘墓三代有之。唐開元四年，偃師耕者得比干墓銅槃。東漢誌墓，初猶用磚，久方刻石。

[一]【全云】名瑗。

【元圻案】唐封演《封氏聞見記》：「王儉所著《喪禮》云：『施石誌於壙裏，禮無此制。魏侍中繆襲改葬父母，制墓下題版文。原此制，將以千載之後，陵谷遷變，欲後人有所聞知。其人若無殊才異德者，但紀姓名、歷官、祖父、姻媾而已。若有德業，則爲銘文。』案儉此説，石誌，宋、齊以來有之矣。齊時有發古冢，得銘云『青州世子，東海女郎』。河東賈昊以爲司馬越女，嫁爲苟晞子婦，檢之果然。東都殖業坊十字街有王戎墓，隋代釀家穿旁作窖，得銘曰『晉司徒尚書令安豐侯王君銘』，有數百字。然古人葬者亦有石誌，但不如今代貴賤通用耳。」◎《南齊書·文學傳》：「賈淵，字希鏡，平陽襄陵人。世傳譜學。孝武世，青州人發古冢，銘云『青州世子，東海女郎』。帝問鮑照、徐爰、蘇寶生，並不能悉。淵曰：『此是司馬越女，嫁苟晞兒。』檢訪果然。」◎歐陽公《集古録》：「張衡墓銘其刻石爲二本，一在南陽，一在向城。」又《宋文帝碑跋》云：「余家《集古》所録三代以來鐘鼎彝盤，銘刻備有，至後漢以來始有碑文，欲求前漢時碑碣，卒不可得，是則冢墓碑自後漢以來始有也。」◎周益公《跋王獻之保母碑》云：「銘墓三代有之。薛尚功《鐘鼎款識》第十六卷載：唐開元四年，偃師耕者得比干墓銅盤，篆文云：『右林左泉，後岡前道。萬世之寧，茲焉是保。』蓋古者範銅精巧，鏤以爲器，窆死皆用。自漢錢幣益重，銅禁日嚴，不宿業，於是陶土堅緻，與鐵石等。予得光武時梓橦扈居墓磚，先敍所歷之官，末云千秋之宅，模脱隸書，而非鐫也。又有章帝時范君、謝君磚銘，以四字爲句。厥後銅雀之瓦遂可作硯，字亦隱起。以此知東漢誌墓，初猶用磚，久方刻石。紹興中，予親見常州宜興邑中斸出靈帝時太尉許馘冢，有碑漫滅，惟前有百餘字可讀，大略云：夫人會稽山陰人，姓劉氏，太尉之婦也。任昉在梁撰《文章緣起》，乃謂誌墓始晉殷仲文。洪丞相适跋云：『世傳東漢墓碑皆大隸，疑昉時尚未露見。』其説良是。惜乎洪公不見漢磚也。」◎宋祝穆《事文類聚》六十載《事始》曰：「齊太子穆妃將葬，議立石誌，王儉曰：石誌不出《禮經》，起顔延之爲王彌作墓誌，以其素族無銘誄故也，遂相祖習。魏侍中繆襲製埋文父母墓下，將以千載之後，陵谷遷變，欲後人聞知。但記姓名、歷官、祖父、姻婭而已。若有德業，則爲銘文。王戎墓銘有數百字。然則魏晉以來有墓誌也。漢杜子夏臨終作文，命刊石埋墳前。厥後墓誌，恐因此始。」

張融風止詭越，齊高帝曰：「此人不可無一，不可有二。」程致道贊米元章云：「是千載人，不可無一。」

【元圻案】《南齊書·張融傳》：「融字思光，吴郡吴人也。風止詭越，坐常危膝，行則曳步，翹身仰首，意制甚多。隨列同行，常稽遲不進。太祖素奇愛融，常笑曰：『此人不可無一，不可有二。』」◎何薳《春渚紀聞》七：「上與蔡京論書艮岳，復召米芾，至，令書一大屏，指御前端硯，使就用之。芾書成，即捧硯跪請曰：『此硯經賜臣濡染，不堪復以進御。』上大笑，因以賜之。芾抱負趨出，餘墨霑漬袍袖。上曰：『顛名不虛傳也。』京奏曰：『芾人品誠高，所謂不可無一，不可有二者也。』」◎程致道名俱，衢州開化人。舉進士，試南宫第一。歷官徽猷閣待制，封新安伯。宋史入《文苑傳》。著《北山小集》四十卷。

南豐序《齊書》曰：「蕭子顯之文，喜自馳騁，其更改破析、刻雕藻繪之變尤多，而其文益下。」愚謂子顯以齊宗室仕於梁，而作《齊史》，虛美隱惡，其能直筆乎？

【元圻案】宋袁褧《楓窗小牘》曰：「曾子固《南齊書序》是一部十七史序，不可不熟看。」◎《梁書·蕭子顯傳》：「子顯字景陽，子恪第八弟也。幼聰慧，文獻王異之，愛過諸子。封寧都〔縣〕侯。梁天監初，降爵爲子。撰《齊書》六十卷。」

梁武帝曰：「應天從人。」致堂《讀史管見》十二謂：「《易》之《革》曰『順天應人』，未聞『應天』也。爲是言者，不知天之爲天矣。」愚按，梁武之父名順之，故不云「順天」，避諱也。後人「應天」之語，蓋襲其誤。【原注】蕭道成之篡奪，順之爲爪距，豈知祚移其子乎？

【何云】宋以歸德爲應天府，而明初襲之，其後又改北平爲順天，則兩京之名雷同矣。以經義取士而經亡，安得讀書人而用之？

即位，兼御史中丞。【元圻案】《南史·文學傳》：「顔協，字子和，父見遠。齊和帝鎮荆州，以爲録事參軍；及即位，兼御史中丞。梁武帝受禪，見遠不食，數日而卒。帝聞之，曰：『我自應天從人，何預天下士大夫？而顔見遠乃至於此。』」◎《易·大有·彖傳》：「應乎天而時行。」班彪《王命論》、班固《東都賦》、《漢書敍傳》俱有「應天從人」之語。後漢黄瓊疏亦曰：「昔高皇帝應天順民。」又《東都賦》注引《禮緯含文嘉》曰：「湯、武順人心，應於天。」則又在班氏父子之前。惟李善注引《革·彖傳》亦作「應乎天而順乎人」，實誤耳。◎《梁書·武帝紀》：「高祖武皇帝諱衍，字叔達，皇考諱順之，齊高帝族弟也。參預佐命，封臨湘縣侯。」

梁武帝時錢陌減，始有足陌之名。唐末以八十爲陌，漢隱帝時王章又減三錢，始有省陌之名。

【元圻案】《梁書·武帝紀》：「中大同元年詔曰：頃聞外間多用九陌錢，陌減則物貴，陌足則物賤，非物有貴賤，是心有顛倒。自今可通用足陌錢。」◎《夢溪筆談》：「今之錢數，百錢謂之『陌』者，借『陌』字用之，其實只是『百』字，如『什』與『伍』耳。唐自皇甫鎛爲墊錢法，至昭宗末，乃定八十爲陌。漢隱帝時，三司使王章每出官錢，又減三錢，以七十七爲陌，輸官仍用八十。」◎《容齋三筆》四：「用錢爲幣，本皆足陌。梁武帝時，以鐵錢之故，商賈浸以姦詐自破。嶺以東，八十爲百，名曰東錢。江、郢以上，七十爲(陌)〔百〕，名曰西錢。京師以九十爲百，名曰長錢。大同元年，詔通用足陌，詔下而人不從，錢陌益少，至於末年，遂以三十五爲百。唐之盛際，純用足陌。天祐中，以兵亂窘乏，始令以八十五爲百。後唐天成，又減其五。漢乾祐中，王章爲三司使，復減三。皇朝因漢制，其輸官者，亦用八十，或八十五，然諸州私用，猶有隨俗至於四十八錢。太平興國二年，始詔以七十七爲百。公私出納皆然，故名省錢。」◎顧氏《日知録》曰：「《抱朴子》云：『取人長錢，還人短陌。』則是晉時已有之，不始於梁也。」

後魏葛榮陷冀州，賈景興稱疾不拜，每捫膝曰：「吾不負汝。」[一]僞楚之僭，喻汝礪捫其膝曰：「此豈易屈者哉！」以「捫膝」自號，蓋本於此。

〔一〕事見《魏書·賈景興傳》。

【元圻案】岳珂《桯史》十四：「喻汝礪，三嵎人。靖康初爲祠部員外郎。僞楚之僭，集議密省，簪弁恇慴，喻獨捫其膝曰：『此豈易屈者哉！』即日挂冠去。於是以『捫膝』自號。有集十四卷，劉後溪光祖實序之焉。」

宇文泰弑君之罪，甚於高歡之逐君，乃以周公自擬，亦一莽也。

【方樸山云】具一隻眼。

錢氏大昕曰：此是公論。善見，歡所立；寶炬，泰所立；强名爲君，政之不由元氏久矣。後儒必左袒關西，非持平之論。

【元圻案】《通鑑・梁武帝紀》中大通六年：「七月，魏高歡引兵渡河，魏主西奔長安。（八月），宇文泰使趙貴、梁禦帥甲騎二千奉迎。十二月，魏孝武帝閨門無禮，從妹不嫁者三人，平原公主明月，南陽王寶炬之同産也，從帝入關，丞相泰使元氏諸王取明月殺之，帝由是與泰有隙。癸巳，帝飲酒遇酖而死。」◎《魏書・出帝紀》：「帝爲宇文黑獺所害。」◎《通鑑》梁元帝承聖三年：「正月，魏太師泰廢魏主，立其弟齊王廓。四月，泰酖殺廢帝。」又（簡文紀大寶三年）（《梁元帝紀》承聖元年）：「魏丞相泰問劉璠曰：『我於古誰比？』對曰：『璠常以公爲湯、武，今日所見，曾桓、文之不如！』泰曰：『我安敢比湯、武，庶幾望伊、周，何至不如桓、文！』」

北齊魏長賢曰：「王室板蕩，彝倫攸斁。大臣持禄而莫諫，小臣畏罪而不言，虚痛朝危，空哀主辱。匪躬之故，徒聞其語；有犯無隱，未見其人。嫠不恤緯而憂宗周之亡，女不懷歸而悲太子之少，況委質有年，安可自同於匹庶？」其言凜然，可以立懦夫之志。作史者以魏收之族與之同傳，[一]蘭艾混殽甚矣。【原注】長賢，徵之父也。

[一]【閻按】謂《北史》，非《北齊書》。○案，《北齊書》長賢無傳。

【元圻案】《北史·齊·魏長賢傳》：「長賢，收之族叔也。齊著作郎。河清中，上書譏切時政，大忤權幸。親故以長賢不相時而動，或爲書以相規責，長賢答書云云。」

高洋之惡，浮於石虎、苻生，一楊愔安能救生民之溺乎？

【元圻案】《顔氏家訓·慕賢篇》：「齊文宣帝即位數年，便沈湎縱恣，略無綱紀；尚能委政尚書令楊遵彦，内外清謐，朝野晏如，各得其所，物無異議。」◎高洋，歡之子，澄之弟。東魏主善見武定八年，廢魏主而自立，改武定八年爲齊天保元年。《北齊書·文宣紀論》曰：「帝始則存心政事，風化肅然。其後縱酒肆慾，事極猖狂，昏邪殘暴，近世未有。」◎崔鴻《後趙録》：「石虎，字季龍，勒之從子。勒父朱幼而子之，故或謂之勒弟。既廢殺弘，稱居攝趙天王，大赦改元。」又《前秦録》：「苻生，字長生，健之第三子。皇始五年，僭即皇帝位。」◎《通鑑·梁紀》敬帝太平元年：「齊文宣能委政楊愔，愔總攝機衡，百度修敕，故時人皆言主昏於上，政清於下。」《北齊書·楊愔傳》：「愔字遵彦，弘農華陰人。」

執笏，始於宇文周保定四年。[一]紫緋緑袍，始於隋大業六年。

[一]事見《周書·武帝紀》。

【元圻案】《隋書·禮儀志七》：「大業六年，詔從駕涉遠者，文武官等皆戎衣。貴賤異等，雜用五色。五品以上，通著紫袍，六品以下，兼用緋緑，胥吏以青，庶人以白，屠商以皂，士卒以黄。」◎《通鑑》注云：「自此文武官常服遂以爲品色。」◎笏制詳於《玉藻》：「凡有指畫於君前，用笏造，受命於君前，則書於笏。」此云執笏始於宇文周，蓋古祇笏於腰間，不執之於手也。

蕭方等，梁元帝子，爲《三十國春秋》，以晉爲主，附列劉淵以下二十九國。[一]《通鑑》晉安帝元興三年引方等論，《綱目》但云「蕭方」，誤削「等」字。

[一] 此《通志·藝文略》之説。

【全云】「方等」二字出佛書。

【元圻案】《通鑑》引蕭方等論曰：「夫蛟龍潛伏，魚蝦褻之。是以漢高赦雍齒，魏武免梁鵠，安可以布衣之嫌而成萬乘之隙也！」《綱目》所引蕭方論與《通鑑》同。◎《梁書·世子傳》：「忠壯世子方等字實相，世祖長子也。注《後漢書》，未就。所撰《三十國春秋》及《静住子》，行於世。」◎《顔氏家訓·風操篇》：「父母疾篤，醫雖賤雖少，則涕泣而拜之，以求哀也。梁元帝在江州，嘗有不豫，世子方等親拜中兵參軍李猷焉。」《太平御覽》六百十載方等《三十國春秋》曰：「漢大將軍東平王約，漢王聰戲之曰：『汝誦何書？味何句也？』約曰：『臣誦《孝經》，每咏「身體髮膚，受之父母，不敢毀傷」，至於「在上不驕，高而不危」，未嘗不反覆誦之。』聰大悦。」《三十國春秋》今已不傳，記此二條，其人其書猶可得其仿佛。

晉之篡魏以賈充，其亡亦以充；[一]隋之平陳以楊素，[二]其亡亦以素。【原注】立太子妃，易太子，亡之兆也。玄感之於素，猶李敬業之於勣也。煬、武之立，素、勣之力也，其子孫①[三]欲撲其燎，可乎？

[一]案，事具《晉書·賈充傳》及《賈后傳》。

[二]隋文帝開皇八年，以楊素爲行軍元帥。九年正月，滅陳。

[三]閻本無「孫」字。閻云：「敬業，勣之孫。」今從何本增。

【全云】敬業與玄感同科，深寧誤矣。

【元圻案】賈充納其女南風爲太子妃，太子即位，立爲皇后。后弑楊太后，殺太子遹，晉室遂亂。劉淵稱帝，懷、愍北狩。◎楊素譖廢太子勇，而立廣。廣弑文帝，而隋室以亡。◎《隋書·楊玄感傳》：「玄感，司徒素之子也。襲爵楚國公。見朝綱漸紊，帝又猜忌日甚，遂與諸弟潛謀廢立，誓衆曰：『我身爲上柱國，家累鉅萬金，至於富貴，無所求也。今者不顧破家滅族者，但爲天下解倒懸之急，救黎元之命耳。』」◎《唐書·李勣傳》：「帝欲立武昭儀爲后，訪於勣，答曰：『此陛下家事，無須問外人。』帝意遂定。」「勣子震，震子敬業。武后既廢中宗，又立睿宗，實亦囚之。諸武擅命，唐子孫誅戮，天下憤之。敬業起兵，傳檄州縣，疏武氏過惡，復廬陵王天子位。」

①「孫」，元刊本無。

祖君彦檄：「光武不隔於反支。」乃明帝事，見王符《潛夫論》。【原注】反支日用月朔爲正，戌亥朔一日，申酉朔二日，午未朔三日，辰巳朔四日，寅卯朔五日，子丑朔六日。

君彦，珽之子也。密移檄郡縣，數煬帝十罪，君彦之辭也。

【元圻案】《通鑑·隋紀》恭帝義寧元年：「李密襲興洛倉，前宿城令祖君彦往歸之。君彦，珽之子也。密移檄郡縣，數煬帝十罪，君彦之辭也。」◎《潛夫論·愛日篇》：「明帝時，公車以反支日不受章奏，帝聞而怪曰：『民廢農桑，遠來詣闕，而復拘以禁忌，豈爲政之意乎？』遂蠲其制。」王氏原注，即《王符傳》注文也，注云：「見《陰陽書》。」◎《文苑英華》六百四十六祖君彦《爲李密檄洛川文》曰：「大禹不重於尺璧，光武不隔於反支。」◎唐李德裕《丹扆六箴》亦云：「光武至仁，反支不忌。」

《北史》：李繪「六歲求入學，家人以偶年俗忌，不許」。偶年之忌見於此。

【元圻案】《北史·李渾傳》：「渾弟繪，字敬文。六歲便求入學，家人以偶年俗忌，不許，遂竊姊筆牘用之，未逾晦朔，遂通《急就》，内外以爲非常兒。」

梁武帝策錦被事，劉峻以疏十餘事而見忌。又問栗事，沈約以少三事而爲悦。君之於臣，争名記誦之末。「燕泥」、「庭草」，於隋煬何譏焉？

【元圻案】《南史·劉峻傳》：「峻字孝標，本名法武，平原人。梁武帝每集文士策經史事，時范雲、沈約之徒皆引短推長，帝乃悦。會策錦被事，咸言已罄，帝試呼問峻，峻請紙筆，疏十餘事，坐客皆驚，帝自是惡之，不復引見。」◎《梁書·沈約傳》：「約字休文，吴興武康人也。約嘗侍讌，值豫州獻栗，徑寸半，帝奇之，問曰：『栗事多少？』與約各疏所憶，少帝三事。出謂人曰：『此公護前，不讓即羞死。』帝以其言不遜，欲抵其罪，徐勉諫，乃止。」◎宋朱翌《猗覺寮雜記》曰：「以是知漢文自謂不及賈誼，賢矣。」◎《通鑑·隋紀》煬帝大業九年：「帝善屬文，不欲人出其右。薛道衡死，帝曰：『更能作「空梁落燕泥」否？』王胄死，帝誦其佳句曰：『「庭草無人隨意緑」，復能作此語耶？』」◎宋孝武欲擅書名，王僧虔不敢顯迹，常用拙筆書，以此見容。事正相類。

李仲信屋爲《南北史世説》，朱文公謂：《南北史》凡《通鑑》所不取者，皆小説也。

【閻按】《語類》云「《南北史》除《通鑑》所取者①，其餘只是一部好笑的小説」，洵然。然則《通鑑》果專取國家盛衰、生民休戚、善可爲法、惡可爲戒以爲書。

【繼序案】李仲信屋，仁甫長子，官著作郎。

① 「所取者」，原本作「所不取者」，據三箋本删「不」字。《朱子語類》亦無「不」字。

隋萬寳常聽樂，泣曰：「樂聲淫厲而哀，天下不久將盡。」隋之不久，不待聽樂而知也。師尚父曰：「以不仁得之，以不仁守之，必及其世。」①使隋用寳常之言，復三代之樂，其能久乎？〔一〕寳常之先見，不逮房玄齡。〔二〕

〔一〕【何云】迂鄙無謂。

〔二〕【閻按】不但房喬，其父彦謙亦具先見，見《隋書》。

【全云】聞其樂而知其德，寳常之所以泣也，豈謂用古樂而遂可久。

【元圻案】《隋書·藝術傳》：「萬寳常，不知何許人也。妙達鐘律，遍工八音。常聽太常樂，泫然而泣。人問其故，寳常曰：『樂聲淫厲而哀，天下不久相殺將盡。』大業之末，其言乃驗。」◎劉肅《大唐世説新語》七：「房玄齡開皇中隨父彦謙至長安。時天下晏安，論者以爲國祚無疆。玄齡密告彦謙曰：『隋帝盜有天下，不爲後嗣長計，混淆嫡庶，使相傾奪。今雖清平，其亡可翹足而待。』」◎《隋書·房彦謙傳》：「彦謙字孝沖。初，開皇中，平陳之後，天下一統，論者咸謂將致太平。彦謙私謂所親曰：『主上性多忌克，不納諫爭。太子卑弱，諸王擅威，在朝惟行苛酷之政，未施宏大之體。天下雖安，方憂危亂。』」

① 見《大戴禮記·武王踐阼》。

徐楚金《説文繫傳》云：「隨文帝惡『隨』字爲走，乃去『之』成『隋』字。隋，裂肉也，其不祥大焉。殊不知『隨』從『辵』，辵，安步也。而妄去之，豈非不學之故？」

【集證】羅泌《路史》：「隨文帝惡『隨』從辵，改爲『隋』。不知『隋』自音妥，隋者，尸祭鬼神之物，亦云『釁』，殺裂落肉之名，卒以隋裂終。」

陳無淮，無荆、襄，無蜀，而立國三十二年，江左猶有人也。

【全云】此有感於劉整之以蜀、吕文焕之以蜀、夏貴之以淮西並降於元，而當時中外諸臣遂不能自支也。

【集證】杭大宗《諸史然疑》：「考陳世高祖百戰而百克，後主一戰而即擒，豈異人任，（失）廟算（失）也。隋軍濟江，魯廣達、蕭摩訶、任忠、樊毅諸人，南北支離，未戰輒潰，使賀、韓之衆不血刃而入臺，有僥倖焉，固非其戰之力矣。陳廷之上，居槐衮者無納牖之忠，秉麾鉞者鮮結纓之節。上書極諫，乃一二冗散之傅縡、章華，然猶不免悻悻焉。力戰而死，又僅僅一隊主之楊孝辯父子。主憂臣辱，主辱臣死，陳之所謂柄臣、世臣者，不聞有一人可挂於忠義之傳。嗚呼，陳可謂無人矣！深寧之論，原其始造也。」

【元圻案】劉整以瀘州十五郡降元，在度宗咸淳三年。吕文焕以襄陽降，在咸淳九年。夏貴以淮西降，在帝㬎德祐二年。劉整，驍將也，賈似道行打算法於諸路，欲以軍興時支取官物爲贓私，整疑懼，遂降元。蒙古既得整，盡知國事虛實，南伐之謀益決。◎全箋謂呂文煥以蜀，當是襄陽之誤。

魏節閔帝陽瘖避禍，至於八年，[一]終身爲范粲可也。「天何言哉」之言一出諸口，遂以不免。程子曰：「節或移於晚，守或失於終。」①

[一]【閻按】《魏書》、《北史》並云「絶言將垂一紀」。○案，《通鑑》云：「帝閉口八年，至是乃言。」

【元圻案】《魏書·前廢帝紀》：「帝諱恭，廣陵〔惠〕王羽之子。帝以元叉擅權，因托瘖病，絶言將垂一紀。及莊帝崩，尒朱世隆等以王潛嘿晦身，有過人之量，乃令王所親申其意，且兼迫脅。王遂答曰：『天何言哉！』世隆等大悦，奉進璽綬。二年，齊獻武王廢帝於崇訓佛寺，而立平陽王脩。太昌初，帝殂於門下外省。」◎《晉書·隱逸傳》：「范粲，字承明，陳留外黄人。官太宰中郎。齊王芳被廢，粲因陽狂不言，寢所乘車。不言三十六載，終於所寢之車。」

「寧爲袁粲死，不作褚淵生」，宋石頭城之謡也。「寧爲王淩死，不爲賈充生」，宋

① 見宋程頤《伊川易傳》卷四。

沈攸之之言也。「悲君感義死，不作負恩生」，陳魯廣達之留名也。「與其含恥而存，孰若蹈道而死」，秦郭質之移檄也。「與其屈辱而生，不若守節而死」，燕賈堅之固守也。「寧爲南鬼，不爲北臣」，則有齊新野之劉思忌。「寧爲趙鬼，不爲賊臣」，則有趙仇池之田崧。「寧爲國家鬼，不爲賊將」，則有魏樊城之龐德。「寧爲國家鬼，不爲羌賊臣」，則有晉河南之辛恭靖。之人也，英風勁氣，如嚴霜烈日，千載如生。其視叛臣〔一〕要利者，猶犬彘也。

〔一〕案，「臣」，疑當作「君」。

【全云】龐德、賈堅似可不必。

【元圻案】《南史·袁粲傳》：「粲字景倩，洵弟子也。粲鎮石頭，時齊高帝方革命，粲自以身受顧托，不欲事二姓，密有異圖。齊高帝遣戴僧静向石頭斬粲及其子最。」又《褚彦回傳》：「彦回與袁粲受顧命，輔幼主。粲謂彦回曰：『國家所倚，惟公與劉丹陽及粲耳，願各自勉，無使竹帛所笑。』齊臺建，彦回白高帝，引何曾自魏司徒爲晉丞相，求爲齊官。高帝謙而不許。世頗以名節譏之，於時百姓語曰：『寧爲袁粲死，不作褚淵生。』」又《沈攸之傳》：「攸之字仲達。宋廢帝既殞，順帝即位，加攸之車騎大將軍。齊高帝遣攸之之子賾廢帝刳斮之具示之，攸之曰：『吾寧爲王淩死，不作賈充生。』遂起兵。兵破，與子文和自經死。」◎《陳書·魯廣達傳》：「廣達字遍覽。後主即位，徵拜侍中。賀若弼攻敗諸將，乘勝燒北掖門，廣達猶督餘兵，苦戰不息。會日暮，乃解甲，面臺再拜，痛哭曰：『我身不能救國，負罪深矣。』士卒皆涕泣，乃就執。入隋，以憤慨卒。江總題其棺頭曰：『黃泉雖抱恨，白日自留名。悲君感義死，不作負恩生。』」◎《晉書·苻登載記》：「登討姚萇，馮翊、郭質起兵廣鄉以應登，宣檄三輔曰：『姚萇窮凶肆害，毒被人神。皇天雖欲絕之，亦將假手於忠節。凡百君子，皆素漸神化，有懷義方，含恥而存，孰若蹈道而死！』」◎《載記》又稱「郭質爲鄭曜所敗，遂歸於萇，萇以爲將軍」，反顏事仇，亦一陳琳耳，似不足以廁諸公之列。◎《通鑑·晉紀》穆帝升平二年：「燕泰山太守賈堅屯山茌，荀羨引兵擊之，羨兵十倍於堅。堅戰，殺羨兵千餘人。羨進攻之，堅嘆曰：『吾自結髮，志立功名，而每值窮阨，豈非命乎！與其屈辱而生，不若守節而死。』乃謂將士曰：『今危困，計無所設，卿等可去，我將止死。』將士皆泣曰：『府君不出，衆亦俱死耳。』堅曰：『今當爲卿曹決鬭。』乃開門直出。羨兵四集，堅立馬橋上，左右射之，皆應弦而倒。羨兵從塹下斫橋，堅人馬俱陷，生擒之。堅憤惋而卒。」◎《南齊書·魏虜傳》：「沈宏大舉南寇，新野太守劉思忌拒守。永泰元年，城陷，縛思忌，問之曰：『今欲降未？』思忌曰：『寧爲南鬼，不爲北臣。』乃死。」◎《晉書·劉曜載記》：「楊難敵襲仇池，克之，執田崧。難敵曰：『子岱，吾當與子終定大事。子謂劉氏可爲盡忠，我獨不可乎？』崧厲色大言曰：『吾寧爲國家鬼，豈可爲汝臣！』爲難敵所殺。」◎《三國志·魏·龐德傳》：「德屯樊爲關羽所得，立而不跪。羽謂曰：『卿兄在漢中，我欲以卿爲將，不早降何爲？』德罵曰：『寧爲國家鬼，不爲賊將！』遂爲羽所殺。」◎《晉書·忠義傳》：「辛恭靖，隴西狄道人也。隆安中，爲河南太守。會姚興來寇，被執。興謂之曰：『朕將任卿以東南之事，可乎？』恭靖厲色曰：『寧爲國家鬼，不爲羌賊臣！』興怒，幽之。遁歸江東。」◎案，陳容曰：「今日寧與臧洪同日死，不與將軍同日生也。」爲袁紹所害①。元魏張文伯曰：「我寧死見文陵松柏，安能去忠義而從叛逆乎！」②元顯和曰：「我寧爲忠鬼，不能爲賊臣。」③俱爲元法僧所害。當增此三人。◎《宋史紀事本末》：度宗咸淳九年，「元兵陷樊城，范天順曰：『生爲宋臣，死爲宋鬼！』牛富身被重傷，赴火死，裨將王福曰：『將軍死國事，吾豈宜獨生！』亦赴火死。」咸淳十年，「元兵進至沙洋，都統邊居誼拔劍自殺，不殊，赴火死。所部三千人力戰，死焉。」帝㬎德祐元年，「元兵犯江淮，招討汪立信曰：『我生爲宋臣，死爲宋鬼，吾今日猶死於宋土也！』」「元兵犯池州，通判趙卯發謂其妻雍氏曰：『我守臣不當去，汝先出走。』雍氏曰：『君爲忠臣，我獨不能爲忠臣婦乎！』卯發書几上曰：『國不可背，城不可降。夫婦同死，節義成雙。』」「元兵略饒州，通判萬道同諷知州唐震降，震叱之曰：『我忍偷生負國耶！』」「江萬里聞襄陽城破，鑿池芝山後圃，扁其亭曰『止水』，謂其門人陳偉器曰：『我雖不在位，當與國爲存亡！』遂赴止水死，子鎬及左右相繼投池中。」「伯顔至常州，知州姚訔、通判陳炤、都統王安節（力

① 見《後漢書·臧洪傳》、《三國志·魏書·臧洪傳》。

② 見《北史·道武七王傳》。

③ 見《資治通鑑·梁紀》武帝普通六年。

戰固守〕①。城破，訔死之。或謂炤曰：『城東北未合，可走。』炤曰：『去此一步，非死所也！』伯顔執安節，不屈死。」帝㬎德祐二年，「夏貴家僮洪福，從貴積功知鎮巢軍。貴既北降，招福，不聽。貴至城下，好語語福，請單騎入城。福信之，門發而伏兵起，突入執福，福大罵，數貴不忠，請身南向死，以明不肯背國。」「初，臨安既陷，阿朮以太皇太后兩下手詔諭李庭芝使降。庭芝登城謂使者曰：『奉詔守城，未聞以詔諭降也。』發弩射死使者。幕客或勸自爲計，庭芝曰：『我惟一死而已！』阿朮復遣使持元主詔諭庭芝，庭芝開壁納使者，斬之，〔焚其詔於陴上〕②。阿朮請元主降詔，赦庭芝焚詔殺使之罪，令歸款，庭芝不納。庭芝命制置副使朱焕守揚，而自與姜才將兵赴泰州。阿朮圍之，且驅其妻子至陴下，招降。會姜才〔疽〕③發背，不能戰。庭芝投蓮池，水淺不死，與姜才俱被執。至揚州，阿朮責其不降，才曰：『不降者我也。』憤罵不已，乃皆殺之。」「元兵自德祐元年圍潭州，安撫兼知州事李芾拒守。至二年正月，阿里海〔崖〕④督戰益急，諸將請曰：『吾屬爲國死，可也，如民何！』芾罵曰：『汝第死守，復言，我先戮汝。』知衡州尹穀寓城中，乃爲二子行冠禮。或曰：『此何時，行此迂闊事。』穀曰：『正欲令兒曹冠帶見先人於地下耳！』禮畢，與家人自焚

①「力戰固守」，原本無，據《宋史紀事本末》卷一百六補。
②「焚其詔於陴上」，原本無，據《宋史紀事本末》卷一百七補。
③「疽」，原本無，據《宋史紀事本末》卷一百七補。
④「崖」，原本無，據《宋史紀事本末》卷一百七補。

死。芾命酒酬①之，因留兵佐夜飲，傳令，猶以『盡忠』二字爲號。參議楊霆赴園池死。芾坐熊湘閣，召帳下沈忠曰：『吾力竭，分當死，我家人亦不可辱於俘。汝盡殺之，而後殺我。』忠伏地辭以不能，芾固命之，忠泣而諾。取酒使其家人盡醉，乃徧刃之，芾亦引頸受刃。忠縱火焚其居，還家，殺其妻子，復至火所，慟哭，自刎。幕僚陳億孫、顔應焱皆死。潭民聞之，多舉家自盡，城無虚井，縊林木者相望。竇應通判曾如驥亦不屈而死。」厚齋此條，思古人所以弔今人也，故備録之。

韋孝寬知兵而不知義。尉遲迥之討楊堅，所以存周也。孝寬受周厚恩，乃黨堅而滅迥。堅之簒也，孝寬實成之，難以逭《春秋》之誅矣。

【元圻案】《周書·尉遲迥傳》：「迥字薄居羅，代人也。其先，魏之别種，號尉遲部，因而姓焉。封蜀，出爲相州總管。宣帝崩，隋文帝輔政，以迥望位素重，懼爲異圖，乃令迥子惇齎詔書以會葬徵迥。尋以韋孝寬代之。迥以隋文帝將圖簒奪，遂舉兵，留惇而不受代。隋文帝於是徵兵討迥，即以韋孝寬爲元帥。迥大敗，孝寬縱兵圍之，迥自殺。」又《韋孝寬傳》：「韋叔裕，字孝寬，京兆杜陵人也。少以字行。恭帝元年，以大將軍與于謹伐江陵，平之，拜尚書右僕射，賜姓宇文氏。天和五年，進爵鄖國公。」

① 「酬」，中華書局校點本《宋史紀事本末》卷一百七據《宋史》等校改爲「酹」。

楊堅以后父篡國，亦一莽也。「以不仁得之，以不仁守之，必及其世」①，堅之謂矣。莽、堅之女，皆節婦也，爲其父者，亦少愧哉！

【元圻案】《漢書·外戚傳》：「孝平王皇后，莽女也。莽即真，后年十八矣，常稱疾不朝。莽欲嫁之，更號爲黄皇室主，令成新公孫建子襐飾將醫往問疾。后大怒，笞鞭其旁侍御。因發病，不肯起。及漢兵誅莽，燔燒未央宮，后曰：『何面目以見漢家！』投火中而死。」◎《周書·皇后傳》：「宣帝楊皇后名麗華，隋文帝長女。宣帝不豫，詔后父入禁中侍疾。及大漸，劉昉等矯詔以后父受遺輔政。後知其父有異圖，意頗不平。及行禪代，憤惋逾甚。隋文帝内甚愧之。開皇六年，封后爲樂平公主。議奪其志，后誓不許，乃止。」

顏見遠死節於蕭齊，[一]其孫之儀盡忠於宇文周，常山、平原之節義，有自來矣。[二]

[一]注見本卷②。

[二]【閻按】惜有歷事梁、齊、周、隋之之推。之推，見遠之孫，之儀之弟也；父協，亦義士。

【元圻案】《北史·文苑傳》：「顏之推，字介，琅邪臨沂人。祖見遠、父協，並以義烈稱。弟之

---

①《大戴禮記·武王踐阼》。

②見本卷「梁武帝曰」條注（頁一五五八）。

之儀，字升（幼）。周宣帝即位，遷上儀同大將軍、御正中大夫，進爵爲公。帝刑政乖僻，昏縱日甚。之儀犯顔驟諫，深爲帝所忌。宣帝崩，遺詔以隋文帝輔政，之儀知非帝旨，拒而弗從。隋文帝後索符璽，之儀正色曰：『此天子之物，自有主者。宰相何故索之？』」◎《南史·顔協傳》稱協子之儀、之推，《北史·之推傳》稱弟之儀，未知孰是。◎《唐書·忠義傳》：「顔杲卿，字昕，與真卿同五世祖。假常山太守。安禄山反，攻常山，杲卿晝夜戰，井竭，粮、矢盡，六日而陷。賊脅使降，不應。至洛陽，罵禄山曰：『汝營州牧羊羯奴耳，竊荷恩寵，天子負汝何事，而乃反乎？我世唐臣，守忠義，恨不斬汝以謝上，乃從爾反耶？』禄山不勝忿，縛之天津橋柱，節解以肉噉之，罵不絶，賊鉤斷其舌，杲卿含胡而絶。」◎《顔真卿傳》：「真卿字清臣，師古五世從孫。爲平原太守。禄山反，河朔盡陷，獨平原城守。帝曰：『朕不識真卿何如人，所爲乃若此！』李希烈陷汝州，盧杞建遣真卿往諭，希烈大會其黨，召真卿，朱滔等謂希烈曰：『聞太師名德久矣，公欲建大號而太師至，求宰相孰先太師者？』真卿叱曰：『若等聞顔常山否？吾兄也。禄山反，首舉義師，後雖被執，詬賊不絶於口。吾年且八十，官太師，吾守吾節，死而後已，豈受若等脅耶！』希烈害之。」◎《儒學傳》：顔師古，字籀，祖之推，父思魯。

卷十四

考史

唐府兵之數，《兵志》云：「十道置府六百三十四，而關内二百六十一。」《百官志》：「凡六百三十三。」①陸贄云：「府兵八百所，而關中五百。」〔一〕杜牧云：「折衝果毅府五百七十四。」〔二〕《舊唐書·志》②、《六典》云：「天下之府五百九十四。」〔三〕《會要》云：「關内置府二百六十一，又置折衝府二百八十，通計舊府六百三十二。」〔四〕《通典》云：「五百七十四。」《理道要訣》云：「折衝府五百九十三。」《鄴侯家傳》云：「諸道共六百三十府。」〔五〕今以《地理志》考之，十道共有府五百六十六，關内二百七十三，餘九道二百九十三。〔六〕參以《志》、《傳》，

① 以上見《新唐書》。

② 《舊唐書·職官志》。

差互不齊。[七]神宗[八]問：「何處言府兵最備？」王文公對曰：「《李鄴侯傳》言之詳備。」[九]然府數與諸書亦不同。

［一］案，陸宣公《論關中事宜狀》云：「太宗列置府兵，分隸禁衛，大凡諸府八百餘所，而在關中者殆五百焉。舉天下不敵關中，則居重馭輕之意明矣。」◎程泰之《考古編》曰：「據《唐志》，則關中置府僅居天下三之一耳。」

［二］【集證】杜牧作《原十六衛》云：「外開折衝果毅府五百七十四。上府不越一千二百人。五百七十四府，凡有四十萬人。」①

［三］【何云】似當以《六典》爲據。○《六典》云：「凡天下之府，五百九十有四，有上、中、下。」

［四］今本《唐會要》七十二《府兵》：「關内置府三百六十一，積兵士十六萬，舉關中之衆，以臨四方。乃置十二軍，分關中諸府以隸焉。通計舊府六百三十三。」◎案，與此條所引數目互異。

［五］《鄴侯家傳》云：「玄宗時，奚、契丹兩番强盛，數寇河北。諸州不置府兵番上，以備兩蕃。諸道共六百三十府。」

［六］《唐書·地理志》：「河南道有府六十二，河東道一百四十一，河北道三十，山南道十，隴右道二十九，淮南道六，江南道二，劍南道十，嶺南道三。」

①「五百七十四府」以下，杜氏原文爲小字注文，今從之。

［七］《玉海》云：「恐《地理志》所載猶有遺缺。」

［八］《玉海》：「熙寧二年閏十一月。」

［九］朱子《跋王荆公進鄴侯遺事奏稿》云：「某不曉寫《進李鄴侯傳》於宇文泰、蘇綽事何所預，後讀《熙寧奏對日録》，乃得其説如此。」

【元圻案】《唐書·兵志》曰：「府兵之志，起自西魏、後周，而備於隋，唐興因之。太宗貞觀十年，更號統軍爲折衝都尉，别將爲果毅都尉，諸府總曰折衝府。凡天下十道，置府六百三十四，皆有名號，而關内二百六十有一，皆以隸諸衛。凡府三等：兵千二百人爲上，千人爲中，八百人爲下。」〇《初學記·州郡部》：「貞觀十三年大簿：凡州府三百五十八，依敍之爲十道。關内道者，《禹貢》雍州之域。東自同華，略河而北，西自岐隴，原會極於北垂，盡其地也。河南道者，《禹貢》豫、徐、青、兗四州之域。北距河東至海，南及淮西至荆山，盡其地也。河東道者，《禹貢》冀州之域。西南距河，北盡朔垂，悉其地。河北道者，《禹貢》冀州之域。南距河，東至海，北盡幽、營，悉其地。隴右道者，《禹貢》雍州之域。自隴而西，盡其地。山南道者，《禹貢》荆、梁二州之域。北距荆、華二山之陽，絶漢水而南至江，西距劍閣，盡其地。劍南道者，《禹貢》梁州之域。梁州自劍閣而南，分爲益州，是爲劍南道。淮南道者，《禹貢》揚州之域。又得荆州之東界，自淮以南，略江而西，盡其地也。江南道者，《禹貢》揚州之域。又得荆州之南界，北距江東際海，南至嶺，盡其地也。嶺南道者，《禹貢》揚州之南境，其地皆粤之分，自嶺而南至海，盡其地。」◎《鄴侯家傳》曰：「初置府兵於西魏大統中，周文帝與度支尚書蘇綽之謀也。自三代之後，無與爲比，雖戰國之教士、武卒技擊皆不及。」又曰：「府兵之制，史册不甚詳。臣家自西魏以來，世掌其任。臣高祖仲威從神堯入長安，爲左屯衛將軍，兼主太原從義之師於隴首，監總南北禁軍之任，所以臣家備知。」又曰：「隋謂之鷹揚府，皇朝改爲折衝府，折衝樽俎之間，旋師衽席之上也。改郎將爲都尉，又置果毅都尉二人爲之副。」◎《唐書·兵志》曰：「古者兵法，起於井田，周衰，王制不復；惟唐立府兵之制，始一寓之於農。」「居無事時畊於野，其番上者，宿衛京師而已。若四方有事，則命將以出，事解輒罷，兵歸於府，將歸於朝。故士不失業，而將帥無握兵之重，所以防微杜漸、絶禍亂之萌也。及府〔兵〕法壞而方鎮强矣。」◎《唐鑑》玄宗開元十年：「初，諸衛府兵自成丁從軍，六十而免，其家又不免徭役，浸以貧弱，逃亡略盡。張説建議，請募壯士充宿衛，不問等色，優爲之制，逋逃者必争出應募，帝從之。旬日，得精兵十三萬，分隸諸衛，更番上下。兵農之分，自此始矣。」◎唐權德輿《陸宣公翰苑集序》曰：「公諱贄，字敬輿，吴郡蘇人。年十八，登進士第，應博學宏詞科。貞元八年，拜中書侍郎同平章事。貶忠州别駕。」◎《四庫全書·唐會要題辭》（戴）〔載〕：「晁氏《讀書志》曰：『《唐會要》一百卷，宋王溥撰。』初，唐蘇冕敘高祖至德宗九廟沿革損益之制。大中七年，詔崔鉉等次德宗以來事，至宣宗大中（六）〔七〕年，以續冕書。溥又采宣宗以後事，共成百卷。建隆二年正月奏御，詔簡理備，太祖覽而嘉之，詔藏於史閣，賜物有差。」◎《唐書·李泌傳》：

「泌子蘩①下獄，知且死，恐先人功業泯滅，從吏求紙筆，著家傳十篇。」◎宋蘇頌《題鄴侯家傳後》云：「李蘩述其父泌之事迹，起天寶被召，中間遷謫，迄正元中終於相位。其所論著甚悉，然與唐史小異，文字亦有不倫次者。蓋蘩以罪繫獄，得廢紙敗筆於獄吏，以成其藁，且戒家人令求大手筆别加潤色，後亦不果，故疏略類抄節。」

了齋[一]云：「顏回配饗先聖，其初但爲立像，至開元中，始與十哲合爲一座。」按《唐志》：開元八年，「詔十哲爲坐像」②。【原注】《集古録》：「李陽冰《縉雲孔子廟記》云『換夫子之容貌，增侍立者九人』，蓋獨顏回配坐，而閔損等九人爲立像。陽冰修廟在肅宗上元二年，其不用開元之詔，何也？」

[一]【閻按】了齋，陳瓘號。

【元圻案】歐陽公《集古録跋》云：「孔子廟像之制，前史不載。開元八年，國子監司業郭瓘③奏云：『先聖孔宣父以先師顏子配，其像爲立侍，配享宜坐；弟子十哲雖得列像，而不在配

①「蘩」，今《新唐書》作「繁」是。下引文同。
②《新唐書·禮樂志》。
③「郭瓘」，據《舊唐書·禮儀志》當作「李元瓘」。

亨之位。按《祠令》，何休、范甯等二十二賢猶得從祀，十哲請列享在何休等上。』於是詔十哲皆爲坐像。據陽冰（記）《縉雲孔子廟記》云『换夫子之容貌，增侍立者九人』云云，其不用開元之詔，何也？」

《魏徵傳》：「帝謂羣臣曰：『此徵勸我行仁義，既效矣。』」《新史》潤色之語也。《貞觀政要》云：「太宗謂羣臣曰：『貞觀初，人皆異論，云當今必不可行帝道、王道，唯魏徵勸我。既從其言，不過數載，遂得華夏安寧，遠戎賓服。突厥自古以來，嘗爲中國勍敵，今酋長並帶刀宿衛，部落皆襲衣冠。使我遂至於此，皆魏徵之力。』」《新史》於《罽賓傳》又云：「惟魏徵勸我修文德，安中夏。」以《通鑑》考之，與《政要》所載同一事。【原注】或謂太宗以既效自滿，非也。〔一〕

〔一〕【全云】此注是正文。

【元圻案】《唐書·罽賓傳》：「罽賓，隋漕國也。居葱嶺南，距京師萬二千里而贏。貞觀中獻名馬，太宗語大臣曰：『朕始即位，或言天子欲耀兵，振服四夷，惟魏徵勸我修文德，安中夏；中夏安，遠人伏矣。今天下大安，四夷君長皆來獻，此徵力也。』」◎《通鑑·唐紀》太宗貞觀四年：「上謂長孫無忌曰：『貞觀之初，上書者皆云：「人主當獨運威權，不可委之臣下。」又云：「宜震耀威武，征討四夷。」唯魏徵勸朕「偃武修文，中國既安，四夷自服」。朕用其言，今頡利成擒，其酋長並帶刀宿衛，部落皆襲衣冠，徵之力也。』」◎葉水心《習學記言》卷四十：「按《舊史》言：『惟有魏徵勸朕「偃革興文，布德施惠，中國既安，遠人自服」。朕從其語，天下大寧。絶域君長，皆來朝貢，九夷重譯，相望於道，皆魏徵之力。』蓋《舊史》既已着語，而《新史》又轉易之。不知當時本説定云何也。」◎《書録解題·史部·典故類》：「《貞觀政要》十卷，唐吴兢撰。《館閣書目》云：神龍中所進。」

鄭毅夫[一]謂：「唐太宗功業雄卓，然所爲文章纖靡浮麗，嫣然婦人小兒嘻笑之聲，不與其功業稱。甚矣，淫辭之溺人也。」神宗聖訓亦云：「唐太宗英主，乃學庾信爲文。」【原注】《温泉銘》、《小山賦》之類可見。

[一]【閻按】毅夫名獬，安陸人。進士第一，官翰林學士。《宋史》有傳。

【集證】《玉海》三十一：「《金石録》有太宗《温泉銘》，《文苑英華》載太宗《小山賦》。」

【元圻案】《唐會要》六十五：「貞觀七年，上謂侍臣曰：『朕嘗戲作豔詩，世南進表諫曰：「聖作雖工，體制非雅，上之所好，下必隨之，此文一行，恐致風靡，輕薄成俗，非爲國之利。賜令繼和，請不奉詔旨。」羣臣皆若世南，天下何憂不治？』」◎東坡《書潭州石刻》云：「唐太宗作詩至多，亦有徐、庾風氣，世不傳，獨於《初學記》時時見之。」◎《續通鑑長編》二百七十五神宗熙寧九年：「五月，上諭『范仲淹欲修學校貢舉法，乃教人以唐人賦體《動静交相養賦》爲法，假使作得《動静交相養賦》，不知何用？仲淹無學術，故措置止如此而已。』安石曰：『仲淹天資明爽，但多暇日，故出人不遠。其好廣名譽，結遊士以黨助，甚壞風俗。』上曰：『所以好名譽，止爲識見無以勝流俗爾。如唐太宗亦英主也，乃學庾信爲文，此亦識見無以勝俗故也。』」

《新史》論張公謹之抵龜，曰：「投機之會，間不容穟。」鄭伯克段於鄢，《春秋》所以紀人倫之大變也，曾是以爲投機乎？晉欒書將弑厲公，召士匄、韓厥二人，皆辭。[一]太宗臨湖殿名。之變，問李靖、李勣二人，皆辭。靖、勣賢於公謹遠矣。

[一] 事見成公十八年《左傳》。

【何云】博謀英、衛，無乃機事不密，當時自府僚以外，未必參同。《新史》仍二人家傳虛辭耳。

【閻按】「鄭伯」以下乃王氏論《新史》論。

【元圻案】《唐書·張公謹傳》：「公謹字弘慎，魏州繁水人。秦王將討隱、巢亂，使卜人占之，公謹自外至，投龜於地曰：『凡卜以定猶豫，決嫌疑。今事無疑，何卜之爲？卜而不吉，其可已乎？』」「論曰：投機之會，間不容穟，此公謹所以抵龜而決也。」◎《容齋續筆》十四：「晉厲公既殺郤氏三卿，欒書、荀偃執公，召士匄，匄辭不往，召韓厥，厥辭曰：『古人有言曰「殺老牛莫之敢尸」，而況君乎？』二子竟弑公，而不敢以匄、厥爲罪，豈非畏敬其忠正乎！秦王與建成、元吉相忌害，長孫無忌、高士廉、侯君集、尉遲敬德等日夜勸王誅之，王猶豫未決。問於李靖，靖辭，問於李世勣，世勣辭，王由是重二人。及至登天位，皆任爲將相，知其有所守也。晉、唐四賢之識見略等，而無有稱述者，《唐史》至不書其事，殆非所謂發潛德之幽光也。」◎《通鑑·唐紀》高祖武德九年《考異》曰：「《統紀》云：『秦王懼，不知所爲。李靖、李勣數言大王以功高被疑，靖等請申犬馬之力。』劉餗《小説》：『太宗將誅蕭牆之惡以主社稷，謀於衛公靖，靖辭；謀於英公徐勣，勣亦辭。帝由是珍此二人。』二説未知誰得其實。然劉説近厚，有益風化，故從之。」◎案，《新唐書》靖、勣《傳》皆不及臨湖之事，蓋闕疑之意。義門謂《新史》仍家傳虚辭，誤也。其謂當時未必博謀英、衛，頗具隻眼。◎葉水心《習學記言》第四十云：「《新史》言張公謹抵龜事爲『投機之會』，不知兄弟相屠，遂攘父位，何名機會？甚矣，其無識也！」

唐太宗贈堯君素蒲州刺史詔曰：「雖桀犬吠堯，乖倒戈之志；而疾風勁草，表歲寒之心。」我藝祖贈韓通中書令制曰：「易姓受命，王者所以徇至公；臨難不苟，人臣所以明大節。」[一]大哉王言！表忠義以厲臣節，英主之識遠矣。歐陽公《五代史》不爲韓通立傳，劉原父譏之曰：「如此是第二等文字。」【原注】通附傳在《建隆實録》。齊武帝使沈約撰《宋書》，疑立《袁粲傳》，審之於帝，帝曰：「袁粲自是宋室忠臣。」惜乎歐陽子念不及此。

[一]【何云】宋制尤渾厚。○案，此制劉原父《公是集》載之，疑是誤收。

【全云】晉武帝亦能下詔稱諸葛瞻、傅僉，録其後人，免其籍没；亦稱許允之夙望，所以爲開創一統之規模也。

【元圻案】《隋書·誠節傳》：「堯君素，魏郡湯陰人也。署領河東通守。義師遣將呂紹宗、韋義節等攻之，不克。其妻至城下謂之曰：『隋室已亡，天命有屬，君何自苦，身取禍敗。』君素曰：『天下事非婦人所知。』引弓射之，應弦而倒。歲餘，糧食乏絶，爲左右所害。」◎《通鑑》貞觀十二年：「二月，詔曰：『隋故鷹擊郎將堯君素云云，可贈蒲州刺史，仍訪其子孫以聞。』」◎宋周密《齊東野語》曰：「舊傳焦千之學於歐公，一日，造劉貢父，劉問：『《五代史》成邪？』焦對『將脱稿』，劉問：『爲韓瞠眼立傳乎？』焦默然。劉笑曰：『如此，亦是第二等文字耳。』《唐餘録》者，直集賢院王皡子融所撰，寶元二年上之。時惟有薛居正《五代史》，歐陽書未出也。此書有紀、志、傳，又博采諸家之説，倣裴松之《三國志〔注〕》，附見下方。表韓通於《忠義傳》，且冠之以國初褒贈之典，新、舊《史》皆所不及焉。其後呂伯恭編《文鑑》，制、詔一類亦以褒贈通制爲首。」◎宋（孫穀祥）〔王大成〕①《野老紀聞》云：「子瞻問歐陽公曰：『《五代史》可傳否？』公曰：『修於此竊有善善惡惡之志。』蘇公曰：『韓通無傳，惡得爲善善惡惡？』公默然。通，周臣也；陳橋兵變，歸戴永昌，通擐甲誓師，出抗而死。」

---

① 孫穀祥所著爲《野老遺聞》，此條見王大成《野老紀聞》。

賢臣久於位，則其道行，房喬以之成貞觀之治。[一]姦臣久於位，則其欲肆，林甫以之成天寶之亂。[二]

[一]【何云】房二十三年。

[二]【何云】李十九年。

【閻按】房、杜並稱，而杜以貞觀二年正月相，三年十二月罷，故止及房。房相二十三年，李相十九年。

【方樸山云】秦檜相宋亦十九年。

【元圻案】《舊唐書·房杜傳》「房喬，字玄齡」，《新唐書》云「房玄齡，字喬」，二書不同。◎李德裕謂武宗曰：「開元初，輔相率三考輒去，雖姚崇、宋璟不能逾。至李林甫秉權乃十九年，遂及禍敗。」①

《唐史發潛》謂：武氏之起，袁天綱言其貴不可言，李淳風云：「當有女主王天下，已在宮中。」此必武氏僭竊之後，姦佞之徒神其事，言天之所啓，非由人事也。愚謂《左氏》載陳敬仲、畢萬之筮，太史公載趙簡子之夢，皆此類。

① 見《新唐書·李德裕傳》。

【全云】正論。

【集證】《宋・藝文志》：「張唐英《唐史發潛》六卷。」

【元圻案】《唐書・方技傳》：「袁天綱，益州成都人。武后之幼，天綱見其母曰：『夫人法生貴子。』后幼，姆抱以見，給以男，天綱視其步與目，驚曰：『龍瞳鳳頸，極貴驗也；若爲女，當作天子。』」又：「李淳風，岐州雍人。太宗得秘讖，言『唐中弱，有女武代王』。以問淳風，對曰：『其兆既成，已在宮中。又四十年而王，王而夷唐子孫且盡。』」◎《史記・趙世家》：「簡子寤，語大夫曰：『我之帝所甚樂，與百神遊於鈞天，廣樂九奏萬舞。吾見兒在帝側，帝屬我一翟犬，曰：「及而子之壯也，以賜之。」帝告我：「晉國且世衰，七世而亡，嬴姓將大敗周人於范魁之西，而亦不能有也。今余思虞舜之勳，適余將以其胄女孟姚配而七世之孫。」』」

佩魚始於唐永徽[一]二年，以李爲鯉也。武后天授元年，改佩龜，以玄武爲龜也。

[一]高宗初元。

【集證】《唐・車服志》：「高宗給五品以上隨身魚銀袋，以防召命之詐，出内必合之。三品以上金飾袋。天授二年，改佩魚皆爲龜。中宗初，罷龜，復給以魚。」

【元圻案】程泰之《演繁露》十：「張鷟《朝野僉載》：『漢發兵用銅虎符。唐初，用銀兔符，以兔爲符瑞也。又以鯉魚爲符瑞，遂爲銅魚符以佩之。至僞周，武姓也，玄武，龜也，又以銅爲龜符。』又云：『上元中，佩刀、礪、算袋，仍爲魚形，結帛作之，取魚之(衆)〔象〕鯉之强，兆也。至僞周乃絶。景雲唐復興，又準前結佩爲飾。』」

治平〔一〕末年，始鬻度牒。考之《唐史》，肅宗時，裴冕建言度僧道士，收貲濟軍興。此鬻牒之始也。

〔一〕宋英宗年號。

【閻按】出《裴冕傳》。《食貨志》則前此：「安禄山反，楊國忠遣侍御史崔衆至太原納錢度僧尼、道士。旬日，得百萬緡。明年，御史鄭叔清與宰相裴冕議，度道士、僧尼。」實不始於冕。至今祠部給僧尼牒，則天寶六載五月制也。

鍾紹京爲宰相，而稱義男於楊思勗之父。史不載也，而石刻傳於後世，人皆見之，惡之不可揜如是。臧堅以刑人之唁爲辱，〔一〕此何人哉！林甫、國忠因力士以相，其原見於此。李揆當國，以子姓事輔國，不恥也，紹京何責焉？

〔一〕事見襄公十七年《左傳》。

【閻按】紹京起家録事耳，故王氏謂不敢望第一人之李揆也。

【元圻案】趙明誠《金石録·跋尾》二十六：「右《唐楊曆碑》，題云『義男光禄大夫、前中書令、上柱國、越國公、太子右諭德』。潁川鍾紹京撰銘并書。曆，中官楊思勗之父也。紹京出於胥史，無他才能，特以夤緣附會，致位宰相，固無足道者，然屈於閹豎，至以父事之，又以著之金石，略無愧恥，亦甚矣！書之可以爲後來之戒，而新、舊《史》皆闕焉。故余詳録之於此。」◎《唐書·鍾紹京傳》：「紹京，虔州贛人。初爲司農録事，以善書直鳳閣。會討韋氏難，紹京帥户奴、丁夫從。事平，夜拜中書侍郎。明日，進中書令。以賞罰自肆，當時惡之。」《宦者傳》：「楊思勗，羅州石城人。少給事内侍省，從玄宗討内難，帝倚爲爪牙。」《高力士傳》：「力士，馮盎曾孫也。中人高延福養爲子，故冒其姓。先天中，知内侍省事。宇文融、李林甫、蓋嘉運、韋堅、楊慎矜、王鉷、楊國忠、安禄山、安思順、高仙芝等皆厚結力士，故能踵至將相。」《李輔國傳》：「輔國本名静忠，以閹奴爲閑廄小兒。肅宗任以肱膂事。李揆當國，以子姓事之，號『五父』。」《李揆傳》：「揆字端卿，系出隴西，爲冠族。開元末，擢進士第。拜中書侍郎、同中書門下平章事。揆美風儀，善奏對，帝嘆曰：『卿門地、人物、文學皆當世第一，信朝廷羽儀乎！』故時稱『三絶』。」

《鄭薰傳》云：「宦人用階請蔭子，薰卻之不肯敍。」亦庶幾有守矣。《文苑英華》九百三十二有薰所撰《仇士良神道碑》云：「孰稱全德，其仇公乎？」其敍甘露之事，謂「克殲巨孽，乃建殊庸」，以七松處士而秉此筆，乃得佳傳於《新史》，[一]豈作史者未之考歟？碑云：「大中[二]五年，念功録舊，詔詞臣撰述，不敢虚美。」以元惡爲忠賢，猶曰不虛美乎？宣宗所襃表者若此，唐之不競①有以哉！【原注】宣宗召韋澳，問：「內侍權勢何如？」對曰：「陛下威斷，非前朝比。」上閉目摇手曰：「尚畏之在。」士良之立碑，其亦畏昏椓之黨歟？

［一］案，鄭薰《舊唐書》無傳。

［二］宣宗年號。

【元圻案】《唐書·鄭薰傳》：「薰字子溥，亡鄉里世系。擢進士第，爲吏部侍郎。時數大赦，階正議光禄大夫者，得蔭一子，門施戟。於是宦人用階請蔭子，薰卻之不肯叙。薰端勁，再知禮部舉，引寒俊，士類多之。既老，號所居爲『隱巖』，蒔松於庭，號『七松處士』云。」又《宦者·仇士良傳》：「士良，循州興寧人。文宗與李訓欲殺王守澄，以士良素與守澄隙，故擢左神策軍中尉兼左街功德使，使相糜肉。已而訓謀悉逐中官，士良悟其謀，與魚弘志、宋守義挾帝還宫。王涯、舒元輿已就縛，士良肆脅辱，令自（署）〔承〕反，示牒於朝。士良因縱兵捕，無輕重悉毙。士良殺二王、一妃、四宰相，貪酷二十餘年，恩禮不衰。」◎甘露之事，參考《李訓傳》乃詳。◎韋澳，《唐書》有傳。◎「鄭薰誣鄭畋罪，不可任郎官，出之。」見《新書·鄭畋傳》。

席豫未嘗草書，曰：「細猶不謹，而況巨耶？」然豫爲黜陟使，言安禄山公直無

① 「競」，原本作「兢」，據元刊本、三箋本改。

私，其迷國之罪大矣，安在其能謹哉？《唐史》立傳褒之，未有著其罪者，何小人之多幸也？【原注】席建侯，即豫也。《唐史》避代宗諱稱字。　孔光黨王莽，則不言溫室樹不足以爲謹；席豫黨禄山，則未嘗草書不足以爲謹。

【元圻案】《舊唐書·文苑傳中》：「席豫，襄陽人，徙家河南。豫進士及第，累官至吏部侍郎。與弟晉俱以詞藻知名，而豫性尤謹，雖與子弟書及吏曹簿領，未嘗草書，謂人曰：『不敬他人，是自不敬也。』或曰：『此事甚細，卿何必介意？』豫曰：『細猶不謹，而況巨耶？』卒，謚曰文。」又《安禄山傳》：「黜陟使席建侯言其公直無私。」《新唐書·席豫傳》在《列傳》五十二，其辭略同。

《容齋續筆》[一]辯嚴武無欲殺杜甫之説。愚按《新史·嚴武傳》多取《雲溪友議》，宜其失實也。

[一]案，容齋，宋洪邁號，著《隨筆》十六卷，《續筆》十六卷，《三筆》十六卷，《四筆》十六卷，《五筆》十卷，今存。

【元圻案】《容齋續筆》六：「《新唐書·嚴武傳》云：『房琯以故相爲巡内刺史，武慢倨不爲禮，最厚杜甫，然欲殺甫數矣。』《甫傳》云：『武以世舊待甫，甫見之，或時不巾。嘗醉登武牀，瞪視曰：「嚴挺之乃有此兒。」武銜之，一日欲殺甫，冠鈎於簾三，左右白其母，奔救得止。』《舊史》但云：『甫性褊躁，嘗醉登武牀，斥其父名，武不以爲忤。』初無欲殺之説，蓋唐小説所載，而《新書》以爲然。予按，甫集中詩凡爲武作者，幾三十篇。送其還朝，曰：『江村獨歸處，寂寞養殘生。』喜其再鎮蜀，曰：『得歸茅屋赴成都，直爲文翁再剖符。』此猶是武在時語。至《哭其歸櫬》及《八哀詩》『記室得何遜，韜鈐延子荆』，蓋以自況；『空餘老賓客，身上愧簪纓』，又以自傷。若果有欲殺之怨，必不應眷眷如此。好事者但以武詩有『莫倚善題鸚鵡賦』之句，故用證前説引黄祖殺禰衡爲喻，殆是癡人前不得説夢也，武肯以黄祖自比乎！」◎《唐書·嚴挺之傳》：「挺之名（俊）〔浚〕，以字行，華州華陰人。張九齡雅知之，欲引以輔政。子武字季鷹，劍南節度使。破吐蕃七萬衆於當狗城，遂收鹽川。加檢校吏部尚書。」◎《四庫全書總目·子部·小説類》：「《雲溪友議》三卷，唐范攄撰。攄始末未詳，自號『五雲溪人』，故以名書。五雲溪者，若耶溪之别名也。」

《通鑑》載李德裕對杜悰，稱「小子聞御史大夫之命，驚喜泣下」。致堂《讀史管見》二十五謂：「德裕豈有是哉！杜悰，李宗閔之黨，故造此語以陋文饒，史掇取之。以文饒爲人大概觀焉，無此事必矣。」愚按，此事出張固所撰《幽閑鼓吹》，雜説不足信也。

【全云】胡身之亦辨之。

【元圻案】《通鑑·唐紀》文宗太和六年：「十二月，以前西川節度使李德裕爲兵部尚書。上注意甚厚，朝夕且爲相，李宗閔百方沮之不能。京兆尹杜悰，宗閔黨也，嘗詣宗閔，見其有憂色，曰：『得非大戎乎？悰有一策，可平宿憾。德裕有文學而不由科第，常用此爲慊慊，若使之知舉，必喜；不則用爲御史大夫。』宗閔曰：『此則可矣。』悰再三與約，乃詣德裕。德裕曰：『公何爲訪此寂寥？』悰曰：『靖安相公令悰達意。』即以大夫之命告之。德裕驚喜泣下，曰『此大門官，小子何足以當之！』寄謝重沓。」◎唐張固《幽閑鼓吹》曰：「朱崖李相、封川李相早相善，及位高，稍稍相傾。及封川在位，朱崖爲兵部尚書，必當大拜。封川百方阻之未效。邠公杜相，封川黨，謁封川曰：『大戎有辭學而不由科第，於今怏怏。若與知舉，則必喜矣。』封川默然良久，曰：『更思其次。』曰：『御史大夫。』曰：『此即得。』邠公乃馳詣，朱崖迎揖曰：『安得訪此寂寥？』對曰：『靖安相公有意旨，令某傳達。』遂言亞相之拜。朱崖驚喜，雙淚遽落，曰：『大門官，小子豈敢當此薦拔！』寄謝重疊。」◎李德裕，字文饒，趙人。元和宰相吉甫之子。武宗時，同中書門下平章事。本傳稱其「性孤峭，明辯有風采，善爲文章。其謀議援古爲質，袞袞可喜。常以經綸天下自爲，武宗知而能任之，言從計行，是時王室幾中興」。◎杜悰，字永裕，京兆萬年人。武宗時，同中書門下平章事。《唐書》附見其祖《佑傳》。◎《四庫全書總目·子部·小説類》：「《幽閑鼓吹》一卷。唐張固撰。固始末未詳。所載雖篇帙寥寥，而其事多關法戒。」

《李泌傳》：「加集賢殿、崇文館大學士。泌建言：『學士加「大」，始中宗時，及張説爲之，固辭，乃以學士知院事。』至崔圓復爲大學士，亦引泌爲辭而止。」愚按，崔圓相肅宗，在泌前。《會要》：貞元四年五月，泌奏「張説懇辭『大』字，衆稱達禮。至德二年，崔圓爲相，加集賢大學士，因循成例。望削去『大』字」。此乃泌引圓爲辭，《傳》誤矣。

【方樸山云】此事洪容齋已言之。

【元圻案】《唐會要》六十四：「開元十三年，改集仙殿麗正書院爲集賢院，以張説爲大學士，辭曰：『學士本無「大」稱，中宗欲以崇寵大臣，景龍中修文館有「大學士」之名。如臣，豈敢以「大」爲稱。』上從之。」又：「貞元四年，李泌奏：『伏蒙以臣爲集賢殿大學士，竊尋故事，中書令張説中朝元老，碩德鴻儒，懇辭「大」字，衆稱達禮。其後至德二載，崔圓爲相，加集賢殿大學士，其後因循，遂成恒例。望削去「大」字，崇文館大學士亦准此。』敕依。」◎宋吴縝《新唐書糾繆》三：「案《李泌傳》云云，《明皇帝》及《肅宗本紀》：天寶十五載丙申六月，劍南節度使崔圓爲中書侍郎、同中書門下平章事，至乾元元年戊戌五月罷。而崔圓本傳亦與《紀》同。其傳末云『大曆中卒』，案大曆止於十四年己未，而李泌以貞元三年丁卯方爲宰相，設若崔圓以大曆十四年卒，至李泌爲相之年，崔圓之卒亦已九年矣。」何云至崔圓復爲大學士，亦引泌爲讓而止乎？且又此乃李泌議學士不可加「大」而固辭朝命之詞，既而殊不言朝廷之聽否，乃遽述崔圓爲相之事。疑此句顛倒錯亂，其間脱字必多，全不可考。◎《容齋三筆》亦云：「崔圓乃肅宗朝宰相，泌之相也，相去三十年。」◎《唐書·宰相表》崔圓以肅宗至德元載六月相，較之《本紀》則遲一年，《會要》則早一年。李泌以德宗貞元三年六月相，與《本紀》合，較之《會要》則早一年，未知孰是。◎《猗覺寮雜記》亦云「崔圓爲大學士，引李泌爲讓而止」，蓋承《唐書》之誤。

韋濟試理人策第一。[一] 致堂《讀史管見》二十謂：「濟被識擢，不聞以循良稱，是實不副言矣。」愚考《通鑑》開元二十二年，相州刺史韋濟薦方士張果。蓋逢君之惡者，不但實不副言也。【原注】少陵《贈韋左丞詩》，即濟也。

[一] 事見《通鑑》開元四年。

【元圻案】《唐書·韋嗣立傳》：「嗣立子濟，開元初調鄄城令。或言吏部選縣令非其人，既衆謝，有詔問所以安人者，對凡二百人，惟濟居第一，擢醴泉令。天寶中，授尚書左丞。濟文雅，頗能修飾政事，所至有治稱。」◎《通鑑·唐紀》玄宗開元二十二年：「二月，方士張果自言有神仙術，誑人云堯時爲侍中，於今數千歲；多往來恒山中，則天以來，屢徵不至。恒州刺史韋濟薦之，上遣中書舍人徐嶠齎璽書迎之。肩輿入宮，恩禮甚厚。」◎唐劉肅《大唐世説新語》十：「張果老先生者，隱於恒州枝條山，往來汾晉。時人傳其長年秘術。開元二十三年，刺史韋濟以聞，詔通事舍人裴晤馳驛迎之，賜號通玄先生。」

《舊史·敬宗紀》「李翺求知制誥，面數宰相李逢吉過」。愚謂翺爲韓文公之友，此逢吉所深忌也，面數其過，可謂直矣。求知制誥，乃誣善之辭。[一] 荆公嘗辯之曰：

「世之淺者，以利心量君子。」

〔一〕案《新書》本傳：「翺性峭鯁，論議無所屈，仕不得顯官，怫鬱無所發，見宰相李逢吉，面斥其過失。」

【全云】荆公辯之亦欠透。

【元圻案】《舊唐書》十七《敬宗紀》：「寶曆元年正月辛卯，以前禮郎中李翺爲廬州刺史，以求〔知〕制誥，面數宰相李逢吉之過也。」◎王介甫《書李文公集後》曰：「文公非董子作《仕不遇賦》，惜其自待不厚。文公論高如此，及觀於史，一不得職，則詆宰相以自快。今吾於人也，聽其言而觀其行，不可獨信久矣。雖然，彼宰相者〔名〕實固有辨。彼誠小人也，則文公之發，爲不忍於小人可也，爲史者獨安取其怒之以失職耶？世之淺者，固好以利心量君子。」◎《唐書·李翺傳》：「翺字習之。始從昌黎韓愈爲文章，辭致渾厚，見推當時，故有司亦謚曰文。」《李逢吉傳》：「逢吉字虚舟。系出隴西。元和時同平章事。」《韓愈傳》：「愈轉吏部侍郎，時宰相李逢吉惡李紳，欲逐之，遂以愈爲京兆尹、兼御史大夫，特詔不臺參，而除紳中丞。紳果劾奏愈，宰相以臺、府不協，遂罷愈爲兵部侍郎，而出紳江西觀察使。」

《老學庵筆記》〔一〕云：「舊制，兩省中書在門下之上，元豐易之。」〔二〕愚觀李文簡〔三〕《歷代宰相表》云：「中書、門下，班序各因其時。代宗以前，中書在上；憲宗以後，門下在上。大曆[四]十四年，崔祐甫與楊炎皆自門下遷中書，不知何時升改。」放翁所記，蓋未考此。

[一]【全云】陸游作。

[二]見《筆記》四。

[三]名燾，字仁甫。

[四]代宗四年改元大曆。

【元圻案】《玉海》卷(二)百〔二〕十一載《神宗史志》：「元豐五年四月，更官制。左僕射兼門下侍郎，右僕射兼中書侍郎。」◎宋費衮《梁谿漫志》云：「國初，宰相凡三員，皆帶職，首相爲昭文館大學士，次(兼)〔監〕修國史，次集賢院大學士，皆平章事。其後除拜不常，至嘉祐時，始只兩相。元豐改官制，宰相始不帶職，而左僕射兼門下侍郎，右僕射兼中書侍郎。」此元豐官制，門下在中書之上也。唐李華《中書政事堂記》曰：「政事堂者，自武德已來，常於門下省議事，謂之政事堂。故長孫無忌起復授司空，房玄齡授左僕射，魏徵授太子太保，皆知門下省事。至高宗光宅元年，裴炎自侍中除中書令，執宰相筆，乃移政事堂於中書省。」與仁甫之説不合。◎《書録解題·小説家類》：「《老學庵筆記》十卷。陸游務觀撰。生識前輩，年登耄期，所記見聞，殊可觀也。」

《李靖兵法》世無全書，略見於《通典》。今《問對》出阮逸，因杜氏所載附益之。

【元圻案】《續通鑑長編》二百五十一神宗熙寧七年：「三月，知制誥王益柔言：『試將作監主簿麻皓年嘗注《孫》、《吴》二書及《李靖對問》，頗得古人意旨，欲望許進所注書，乞加試用。』從之。《李靖兵法》世無全書，略見於《通典》。今《對問》出於阮逸家。或云，逸因杜氏益之也。」◎《通考·經籍考》四十（六）〔八〕：「《李衛公問對》三卷。按，《四朝國史·兵志》：『熙寧間，詔樞密院曰：「唐《李靖兵法》世無全書，雜見《通典》，離析訛舛，又官號物名與今稱謂不同，武人將佐多不能通其意。令樞密院檢詳官與王震、曾旼等校正，分類解釋，令今可行。」』豈即此《問答》三卷耶？或別有其書也。晁公武、陳振孫以爲阮逸取《通典》所載附益之，則似即此書。然神宗詔王震校正之詔既明見於《國史》，則非逸之假托也。」◎《唐書·李靖傳》：「靖字藥師，京兆三原人。其舅韓擒虎每與論兵，輒嘆曰：『可與語孫、吴者，非斯人尚誰哉！』以功封永康縣公，進封代國公，改衛國公。卒，謚景武。」

《唐六典》太子令書畫「諾」，本朝至道初改爲「準」。〔一〕此東宫畫諾也。陸龜蒙《説鳳尾諾》云：「東宫曰『令』，諸王曰『教』，其事行則曰『諾』，猶天子肯臣下之奏曰『可』也。」晉元帝爲琅琊王，批鳳尾諾，南齊江夏王學鳳尾諾，則諸王亦畫諾矣。〔二〕《後漢書》云「南陽宗資主畫諾」，梁江州刺史陳伯之目不識書，「得文牒辭訟，惟作大諾」，則郡守、刺史亦畫諾矣。

［一］案，《續資治通鑑長編》三十八太宗至道元年：「八月，以壽王元侃爲皇太子。禮官議：『唐制，凡東宮處分論事之書，皇太子並畫諾。』詔改『諾』爲『準』。」

［二］【何云】上「事行」句本兼諸王言之。

【元圻案】《六典》二十六：「左庶子之職，凡令書下於左春坊，則與中允、司議郎等覆啓以畫諾；及覆下，以皇太子所畫者留爲案，更寫令書，印署，注令諾，送詹事府。」◎《唐書·百官志（三）〔四上〕》：東宮官：「左春坊，左庶子二人，正四品〔上〕；中允二人，正五品〔下〕。皇太子令書下，則與中允、司議郎等畫諾、覆審，留所畫以爲案，更寫印署，注令諾，送詹事府。」◎《文苑英華》三百六十二陸龜蒙《説鳳尾諾》：「或問予曰：鳳尾諾爲何等物？圖耶？書耶？對曰：余之所聞，自晉訖於（陳梁）〔梁陳〕以來，藩邸之書也，凡封子弟爲王，則開府羣僚屬，取當時士有學行才藻者中是選。其所下書，東宮則曰『令』，上書則曰『牋』，諸王下書則曰『教』，上書則曰『啓』，應和文章則曰『應令』、『應教』，下其制一等故也。其事行則曰『諾』，猶漢天子肯臣下之奏曰『可』也。鳳尾則所諾牋之文也。綷綵褵褷然，織與繪莫的知，既肯其行，必有褒異之辭，若今之批答案耳。晉元帝爲琅邪王時，帝美其才，令通習外事，常使批鳳尾諾。南齊江夏王（鐸）〔鋒〕，高帝第十二子，甚憐之，年五歲，使學鳳尾諾，下筆便工，帝大悦，以玉麒麟賜之。餘未見其出。」◎《南史·齊江夏王鋒傳》：「鋒年四歲，性方整，好學書。每晨興，不肯拂窗塵，而先畫塵上，學爲書字。五歲，高祖使學鳳尾諾，一學即工。高帝大悦，以玉麒麟賜之，曰：『麒麟（償）〔賞〕鳳尾矣。』」◎

宋王楙《野客叢書》云：「晉帝批奏，書『諾』字之尾如鳳尾之形，故謂『鳳尾諾』。」◎《後漢書・黨錮傳》：「汝南太守宗資任功曹范滂，南陽太守成瑨亦委功曹岑晊。二郡謡曰：『汝南太守范孟博，南陽宗資主畫諾。南陽太守岑公孝，弘農成瑨但坐嘯。』」◎《南史・陳伯之傳》：「伯之，濟陰睢陵人也。梁武以爲江州刺史，封豐城縣公，遣之鎮。伯之不識書，及還江州，得文牒辭訟，唯作大諾而已。」

《唐六典》、《開元禮》宣示中外，未有明詔施行，見《呂温集》。南豐《乞賜唐六典狀》謂《六典》「本原設官因革之詳，上及唐虞，以至開元。其文不煩，其實甚備，可謂善於述作者」。

【元圻案】唐呂温《代鄭相公請删定施行六典開元禮狀》云：「玄宗集儒賢於別殿，考古訓於秘文。以論材審官之法，作《六典》三十卷；以道德齊禮之方，作《開元禮》一百五十卷。亘百代以旁通，立一王之定制。草奏三復，祗令宣示中外；星周（三）〔六〕紀，未有明詔施行。」◎程泰之《考古編》九：「韋述《集賢紀注》：『開元詔修《六典》，至今在院，亦不曾行用。』據述此言，即《六典》書成而不以頒用也。然白樂天詩，陽城不進矮奴曰：『城云臣案《六典》書，任土貢有不貢無。道州水土所生者，止有矮民無矮奴。吾君感悟璽書下，歲貢矮奴宜悉罷。』是陽城嘗援《六典》爲奏得免貢矮奴，豈是成而不用耶？《桑維翰傳》：『晉天福五年詔廢翰林學士。』按《六典》，歸其職於中書舍人，而端明殿與樞密學士皆廢。則《六典》之書，五代猶遵用之，不知韋述何以言不用也。」◎晁公武曰：「《六典》蓋唐極治之書也。或以此書雖成於開元間而不行於一時，不學之言也。」◎明王氏鏊《重刻六典序》曰：「唐以中書、門下、尚書三省參領天下之務，今六部雖分，顧猶尚書省之舊，而内閣則隱然中書，通政、給事則門下之遺也；其餘寺監府院以分衆職，品職勳階以敍羣材，尚多唐舊。且非獨唐也，唐虞而下，損益沿革咸具焉。昔宋祁論唐制精密簡要，曾鞏謂《六典》得建官制理之方，文不繁而實備。蓋開元中張九齡輩爲之，其書何可以不傳！」◎《唐書·禮樂志·論》曰：「張説以謂唐《貞觀顯慶禮》儀注前後不同，宜加折衷，以爲唐禮。乃詔集賢學士徐堅、李鋭、施敬本撰述，歷年未就而鋭卒，蕭嵩代鋭爲學士，奏起居舍人王仲丘撰定，爲一百五十卷，是爲《大唐開元禮》。由是，唐之五禮之文始備，而後世用之，雖小有損益，不能過也。」◎唐李涪《刊誤》卷上：「《開元禮》：春秋二仲月，司徒、司空巡陵，春則掃除枯朽，秋則芟薙蘩蕪。掃除者，當發生之時，欲使盛茂也；芟薙者，當秋殺之時，除去擁蔽，且慮火災也。以三公之任隆位高，度力展儀，以己率衆，令巡陵公卿皆持小斧，即其義也。近代選任稍輕，不達舊禮，將及陵闕，則取縣吏持斧擊樹三發，謂之告神。其爲不經，又何甚也。」據此，則《開元禮》當時實已施行，後遂浸廢耳。

《李德裕傳》：「韋弘質建言，宰相不可兼治錢穀。」[一]嘉祐[二]六年《制策》【原

注】胡武平撰。[三]：「錢穀，大計也，韋賢之言不宜兼於宰相。」蓋「弘」字避諱，誤以「質」爲「賢」。[四]

[一]案，德裕奏曰：「弘質賤臣，豈得以非所宜言妄觸天聽！」

[二]仁宗三十四年改元嘉祐。

[三]【全云】名宿。

[四]【閻按】今《欒城集》韋賢，「賢」正作「質」。

【元圻案】胡武平名宿，常州晉陵人。天聖二年進士。官樞密副使，謚文恭。《宋史》有傳。《書録解題》載《胡文恭集》七十卷，久無傳本。《四庫全書》從《永樂大典》裒輯定爲四十卷。此條所引《策問》不見集中，蓋已佚矣。◎《宋文鑑》載此策，題作「韋賢」，東坡《對策》亦作「賢」。

劉秩爲祭酒，上疏曰：「士不知方，時無賢才，臣之罪也。」元稹守同州，《旱災自咎》詩曰：「上羞朝廷寄，下愧閭里民。」秩、稹可謂知所職矣。其言不可以人廢。

【閻按】韋應物詩云：「身多疾病思田里，邑有流亡愧俸錢。」①何讀之惻惻動人。

【元圻案】劉秩，字祚卿，知幾子也。《新唐書》附見《知幾傳》，不載是疏，亦不言其爲祭酒。

①《寄李儋元錫》。

《通鑑·唐紀》肅宗乾元元年：「六月，貶前祭酒劉秩爲閬州刺史，房琯黨也。」◎權德輿《答柳冕書》云：「嘗讀祭酒劉秩疏云：『大學設官，職在造士，士不知方，時無賢才，臣之罪也。』每讀至此，心嘗慕之。」◎《唐書·元稹傳》：「稹字微之，河南河（南）〔內〕人。元和元年舉制科，對策第一，歷同中書門下平章事，出爲同州刺史，拜武昌節度使，卒。稹始言事峭直，欲以立名，中見斥廢十年，信道不堅，乃喪所守。附宦貴得宰相，居位纔三月，罷。晚節彌沮喪，加廉節不飾云。」

《唐·宗室表》宰相十一人：林甫、回、程、石、福、勉、夷簡、宗閔、適之、峴、知柔。《傳》止云九人，蓋不數福、宗閔。宗室爲狀頭有李肱。〔一〕

〔一〕【閻按】李肱即開成元年賦《霓裳羽衣曲》仄韻長律登第者。

【元圻案】宋王明清《揮麈後録》曰：「《唐書》特立《宗室傳》，贊乃云：『宰相以宗室進者九人。林甫姦諛，幾亡天下；程、知（幾）〔柔〕在位，無所發明。』林甫在《姦臣傳》，知柔相昭宗；附《宣惠太子業傳》後。止敍適之、峴、勉、夷簡、程、石、回七人。然李麟乃懿祖後，李逢吉、李蔚俱隴西同系，李宗閔出鄭王房，李揆亦出隴西。宰相共十三人也，不同作一傳，何耶？」◎唐宗室宰相本十一人，益以李麟、李逢吉、李蔚、李揆，則十五人矣。《揮麈後録》作十三人，蓋從《宗室宰相傳贊》所稱九人而增數之也。麟、逢吉、蔚、揆《唐書》各有傳，李福即李石之弟，附見《石傳》。◎石字中玉，襄邑王神符五世孫。相文宗。停方鎮進奉，以直代百姓稅緡。惜在位不久耳。

唐制舉之名，多至八十有六，凡七十六科，至宰相者七十二人。本朝制科四十人，至宰相者，富弼一人而已。中興復制科，止得李垕一人。[一]

[一]【閻按】孝宗乾道七年十一月戊寅，賜李垕制科出身，官終著作郎。

【何云】明無制科，以一甲三人爲榮選。狀元八十六人，入相者自胡廣至魏藻德凡十七人，榜眼、探花入相者，自楊榮至傅冠凡三十人。

【集證】晁氏《讀書志》：「《唐制舉科目圖》一卷。不題撰人。凡七十六科，仕至宰相者七十二人，唯劉蕡名最高而官最不達。」◎《玉海》百十六：「本朝制策入三等者，吴育、蘇軾、范百禄、孔文仲。制科四十人，至宰相一人，富弼；執政九人，夏竦至范百禄。」又云：「乾道二年，禮部侍郎周執羔請復制科。五年，汪應辰薦李垕。七年，召試中書御集英殿親策，入第四等，賜制科出身。」◎《四朝聞見録》：「翰林汪公以垕應詔，召試中書。六論命題，一『人主有必治之道』，二『湯法三聖』，三『人者天地之心』，四『律曆更相治』，五『三家言經得失』，六『揚雄、張衡孰賢』。六論合格，惟『湯法三聖』不記所出，而能舉上下文數百字。」

【元圻案】《唐書·選舉志上》：「所謂制科者，其來遠矣。自漢以來，天子嘗稱制詔道其所欲問而親策之。唐興，自京師至州縣，有司常選之士，以時而舉。而天子又自詔四方德行、才能、文學之士，或高蹈幽隱與其不能自達者，下至軍謀將略、翹關拔山、絶藝奇伎莫不兼取。其爲名目，隨其人主臨時所欲，而列爲定科者，如賢良方正、直言極諫、博通墳典、達於教化、軍謀宏遠堪任將率、詳明政術可以理人之類，其名最著。」◎《邵氏聞見録》：「富公初遊場屋，穆伯長謂之曰：『進士不足以盡子之才，當以大科名世。』公遂以賢良方正登第。」◎宋高似孫《唐科名記》止六十三科，見《緯略》卷三。

唐宏詞之論，其傳於今者，唯韓文公《顏子不貳過》。制舉之策，其書於史者，唯劉蕡一篇。不在乎科目之得失也。

【閻按】《王應麟傳》：「初，登第，言曰：『今之事舉子業者，沽名譽，得則一切委棄，典章制度漫不省，非國家所望於通儒。』於是閉門發憤，誓以博學宏詞科自見，假館閣書讀之。寶祐四年中是科。後弟應鳳亦中是科。」此即昌黎所應之詞科也。《李燾傳》：「子垕試賢良方正直言極諫科。燾素謂唐三百年不愧此科者惟劉去華，心慕之，嘗以所著《通論》五十篇見蜀帥張燾，欲應詔，不果。其友晁公遡以書勉之，燾答以當修此學，必不從此舉。既不克躬試，命二子垕、塾習焉。至是，吏部尚書汪應辰薦垕可應詔，故有是命。」此即蕡所應之制科也，人多混而莫辨。

【何云】宏詞考文章，制科求直言，二舉不同。

【元圻案】洪興祖《昌黎年譜》：「貞元九年癸酉，公年二十六。博學宏詞試《太清宮觀紫極舞賦》、《顏子不貳過論》。」◎《唐書·劉蕡傳》：「蕡字去華，幽州昌平人。明《春秋》，能言古興亡事。沈健於謀，浩然有救世意。文宗太和二年，舉賢良方正能直言極諫，帝引諸儒百餘人於廷。

蕡對策云云。是時，第策官馮宿、賈餗、龐嚴見蕡對嗟伏，以爲過古晁、董，而畏中官眥睚，不敢取。」

李泌，父承休，聚書二萬餘卷。誡子孫不許出門，有求讀者，別院供饌。【原注】見《鄴侯家傳》。

【元圻案】韓文公《送諸葛覺往隨州讀書》詩云：「鄴侯家多書，插架三萬軸。」鄴侯家多書，有自來矣。

《藝文志》「儒家」：「員俶《太玄幽贊》十卷。開元四年，京兆府童子進書，召試，直弘文館。」《李泌傳》云：「開元十六年，員俶九歲升坐，詞辯注射，帝異之。」年歲皆不同。蓋《泌傳》所載，本《鄴侯家傳》，當以《志》爲正。

【元圻案】《唐書·李泌傳》：「泌字長源。七歲知爲文。玄宗開元十六年，悉召能言佛、道、孔子者，相答難禁中。有員俶者，九歲升坐，詞辯注射，坐人皆屈。帝異之，曰：『半千孫，固當然。』因問：『童子豈有類若者？』俶跪奏：『臣舅子李泌。』帝即馳召之。」◎吴縝《新唐書糾繆》九：「案《藝文志》『儒家』云云，《李泌傳》謂俶開元十六年而年九歲，則是俶生於開元八年也。既俶以八年始生，何緣四年已有進書乎？若以四年能進書者爲是，則至十六年之時，俶不啻九歲矣。二説必有一誤。」

韋應物，史逸其傳。沈作喆爲《應物傳》，敍其家世云：「夐之孫待價，仕隋爲左僕射，封扶陽公。」蓋據林寶《姓纂》。《唐書》韋待價乃挺之子，武后時拜文昌右相。豈二人同名歟？當考。

【閻按】晉尚清言而《晉書》無《許珣傳》，唐尚詩歌而新、舊《唐書》無《韋應物傳》。

【何云】按《新唐書·宰相世系表》：夐第七子沖①，隋户部尚書；沖生挺，象州刺史；挺生待價，相武后；待價生令儀；令儀生（鸞）〔鑾〕；（鸞）〔鑾〕生應物。蓋作喆誤也。

【元圻案】《唐書·文藝傳敍》云：「若韋應物、沈亞之、閻防、祖詠、薛能、鄭谷等，其類尚多，皆班班有文在人間，史家逸其行事，故弗得而述云。」◎宋姚寬《西溪叢語》載：吴興沈作喆作《韋應物補傳》云：「應物少遊太學。當開元、天寶間，充宿衛，扈從遊幸，頗任俠使氣。兵亂後，流落失職，乃更折節讀書。由京兆功曹累官至蘇州刺史、太僕少卿兼御史中丞，爲諸道監鐵轉運、江淮留後。年九十餘，不知其所終。」②◎《唐書·韋挺傳》：「子待價，高宗儀鳳三年檢校涼州都督，兼知鎮守兵馬〔事〕。召還，封扶陽侯。」《補傳》云仕隋，封扶陽公，亦不合。令儀生鸞，《宰相世系表》作「鑾」。◎李肇《國史補》云：「應物爲人性高潔，鮮食寡欲，所居焚香掃地而坐。其爲

① 「第七子」，原本作「第十七子」，據三箋本及《新唐書·宰相世系表四上》改。

② 以上此段實爲《四庫全書總目·韋蘇州集》之文。然《韋應物補傳》云云，當出自宋趙與旹《賓退録》，而非姚寬《西溪叢語》。可參見余嘉錫《四庫提要辨證》。

詩馳驟建安已還，各得風韻。」◎宋朱長文《吴郡圖經續記》上：「韋公以清德爲唐人所重，天下號曰『韋蘇州』。當貞元時，爲郡於此，人賴以安。又能賓儒士，招隱獨，顧況、劉長卿、丘丹、秦系、皎然之儔，類見旌引，與之酬唱。其賢於人遠矣。」◎沈作喆，字明遠，號寓山，湖州人。紹興五年進士，以左奉議郎爲江西漕司幹官。

劉闢亂於蜀，[一]其嫂庾氏棄絶不爲親。白樂天爲詩《贈樊著作》，與陽城元稹、孔戡並稱，欲其著書編爲一家言。而《唐史》於庾氏無述焉，故表而出之。

[一]案，在憲宗元年。

【元圻案】《唐書》劉闢附《韋臯傳》：「闢字太初，擢進士宏詞科，佐韋臯府。臯卒，闢主後務，諷諸將徼旄節，憲宗以給事中召之，不奉詔。時帝新即位，欲静鎮四方，即拜檢校工部尚書、劍南西川節度使。闢以兵取梓州。杜黄裳薦高崇文等將神策行營兵皆西。詔許自新，不聽，下詔奪其官爵，遂下成都，擒之。」◎樂天《贈樊著作》詩云：「陽城爲諫議，以正事其君。其手如屈軼，舉筆指佞臣。卒使不仁者，不得秉國鈞。元稹爲御史，以直立其身。其心如肺石，動必達窮民。東川八十家，冤憤一言伸。劉闢肆亂心，殺人正紛紛。其嫂曰庾氏，棄絶不爲親。從史萌逆節，隱心潛負恩。其佐曰孔戡，捨去不爲賓。凡此士與女，其道天下聞。君爲著作郎，職廢志空存。雖有良史才，直筆無所申。何不自著書，實録彼善人？編爲一家言，以備史闕文。」

《唐六典》記南内龍池，程泰之《雍録》謂「謟辭皆出李林甫，而非張九齡所得知也」。愚按，《九齡集》有《龍池聖德頌》，則夸詡符瑞，雖賢者不免。

【元圻案】《唐六典》七「興慶宫在皇城之東南」注：「此即今上龍潛舊宅也。初，上居此第，其里名協聖諱，所居宅之東有舊井，忽湧爲小池，周袤纔數尺，常有雲氣，或見黄龍出其中。至景龍中潛，復出水，其沼浸廣，時即連合爲一，未半歲而里中悉移居，遂鴻洞爲龍池焉。蓋符命之先也。」◎唐徐浩《張文獻碑銘》曰：「公諱九齡，字子壽，一名博物。曾祖君政，韶州别駕，終於官舍，因爲著姓。弱冠鄉試進士，應道侔伊吕科，對策第二等，歷官同中書門下平章事。」◎《曲江集·龍池聖德頌序》曰：「洪惟龍池，蓋天之所以祚聖，即今上卜居之舊，真京師爽塏之所。旁無竇澤，中忽濫泉。中宗采識者之議，壓王氣而來遊；聖上處或躍之時，出飛龍而合應。」◎《四庫全書簡明目録·地理類》：「《雍録》十卷，宋程大昌撰。乾道、淳熙間，關中已久爲金地，故大昌此書，惟據諸書、諸圖參考而成。於宫殿、山水、都邑，皆有圖説。」

鄭餘慶采士庶吉凶書疏之式，雜以當時家人之禮，爲《書儀》兩卷。後唐劉岳等增損其書，司馬公《書儀》本於此。

【閻按】《唐·藝文志》有王儉《弔答書儀》十卷，《皇室書儀》七卷。《書儀》之名又始於此。

【集證】按鄭樵《通志》，謝元《内外書儀》四卷，謝超《書儀》二卷，皆在鄭餘慶之前。

【元圻案】《唐書·鄭餘慶傳》：「餘慶字居業，鄭州滎陽人。少善屬文，擢進士第。貞元十四年，拜中書侍郎、同中書門下平章事。」◎《五代史·雜傳》：「劉岳，字昭輔，洛陽人也。唐明宗時，爲吏部侍郎。初，鄭餘慶嘗采唐士庶吉凶書疏之式，雜以常時家人之禮，爲《書儀》兩卷。明宗見其有起復、冥昏之制，嘆曰：『儒者所以隆孝悌而敦風俗，且無金革之事，起復可乎？婚，吉禮也，用於死者可乎？』乃詔岳選文學通知古今之士，共刪定之。」◎歐陽公《歸田録》：「劉岳《書儀》，婚禮有『女坐婿之馬鞍，父母爲之合髻』之禮，不知用何經義。據岳自敘『以時之所尚者益之』，則是當時流俗所爲耳。」◎《四庫全書簡明目録·經部·禮類》：「《書儀》十卷。宋司馬光撰。凡表奏、公文、家私書式一卷，冠儀一卷，婚儀二卷，喪儀六卷。《朱子語類》稱『二程、横渠多是古禮，温公則大抵本《儀禮》而參以今之可行者』，又稱『其中與古不甚遠，是七分好』云。」

唐開元之任將，以久任而兆亂，其權顓也。我藝祖之任將，以久任而成功，其權分也。《柳氏家學録》謂：貞觀故事，邊將連帥三年一易，收其兵權。然用得其人，御得其道，不在於數易也。

【集證】《唐志》「小説類」：《柳氏家學要録》二卷，柳珵撰。◎晁氏《志》：「《家學〔要〕録》一卷。柳珵采其〔曾〕祖彦昭、祖芳、父冕家集所記累朝典章因革、時政得失，著此録。」

【元圻案】宋錢若水陳禦敵安邊之策曰：「太祖朝制置最得其宜。以郭進在邢州，李漢超在則邊情盡知。所以十七年中，北邊、西（邊）〔蕃〕不敢犯塞。」

州，但授緣邊巡檢之名，不加行營部署之號，率皆十餘年不易其任。蓋位不高則朝廷易制，任不易

關南，何繼筠在鎮定，賀惟忠在易州，李謙溥在隰州，姚内斌在慶州，董遵誨在通遠軍，王彦昇在原

忌日行香始於唐，崔蠡奏罷之。本朝宋景文公奏云：「求於非福，則是諂祭；懺於無罪，則是誣親。」其言不行。

【元圻案】《唐六典》四：「凡國忌日，兩京定大寺、觀各二散齋，諸道士、女道士及僧、尼皆集於齋所，京文武五品以上與清官七品以上皆集，行香以退。」◎宋姚寬《西溪叢（話）〔語〕》下：「行香，起於後魏及江左齊、梁間，每燃香熏手，或以香末散行，謂之行香。唐初因之。文宗朝，崔蠡奏設齋行香，事無經據，乃罷。宣宗復釋教，行其儀。朱梁開國，大明節，百官行香祝壽。石晉天禧①中，竇正固奏，國忌行香，宰臣跪爐，百官立班，仍飯僧百人，即爲規式。國朝至今因之。」◎宋祁《論國忌疏》曰：「伏見列聖忌日，沿唐之舊。百官伏閤慰訖，咸詣寺觀，跪伏齋贊，謂之行香，仍置蔬饌。臣竊思之，禮尤不經云云。」◎程大昌《演繁露》十：「國朝自有景靈宮後，每遇國忌，不復即寺觀行香，而移其供設於景靈東西兩宮。每大忌，宰執率百僚至宮行香。其法：僧、

① 「天禧」，當爲「天福」之誤，後晉無「天禧」年號。参見中華書局校點本《西溪叢語》校記。

道皆集所忌殿廡之下，僧左道右，執事者執香盤中香圓子，隨宰執往僧道立處，人授一圓，齋已收之，不爇也。」◎崔蠡，寧之弟密之孫，《唐書》附見《寧傳》：「蠡，開成中爲户部侍郎，白罷百官忌日行香。」

誠齋《易·坎·九五傳》云：「文宗陷於宦寺之險，而未能出。惟裴度可以出之，然度自陷於程异、元稹浸潤之内。」愚謂，稹在穆宗時，异在憲宗時，非文宗事也。

【元圻案】《唐書·宦者·仇士良傳》：「帝問周（穉）〔墀〕曰：『自爾所況，朕何如主？』墀再拜對曰：『陛下堯、舜之主也。』帝曰：『所以問者，謂與周赧、漢獻孰愈？』墀惶駭曰：『陛下何自方二主哉？』帝曰：『赧、獻受制强臣，今朕受制家奴，自以不及遠矣！』因泣下。」◎穆宗，憲宗之子；文宗，穆宗之子。◎《唐書·程异傳》，异以憲宗元和十四年卒。《元稹傳》：「長慶初，禮遇益厚。魏弘簡在樞密，尤相善。裴度出屯鎮州，有所論奏，共沮卻之。」◎長慶，穆宗年號，稹卒官於武昌節度，實文宗太和時也。《裴度傳》：「文宗太和四年，數引疾。牛僧孺、李宗閔輔政，共短損之，出爲山南東道節度使。」◎《四庫全書總目·易類三》：「《誠齋易傳》二十卷。宋楊萬里撰。是書大旨本程氏，而多引史事以證之。初名《易外傳》，後乃改定今名。」

顔魯公爲《郭汾陽家廟碑》云：「端一之操，不以險夷概其懷；堅明之姿，不以雪霜易其令。」斯言也，魯公亦允蹈之。

【元圻案】魯公文見《文苑英華》八百八十卷。「端一之操」四句，頌汾陽之父敬之也。其稱汾陽云：「推赤誠而許國，蹈白刃以率先。」魯公亦當之無愧。

楊綰《贈官制》云：「歷官有素絲之節，庇家無匹帛之餘。」史臣〔一〕謂：「當時秉筆者無愧色。」

〔一〕【閻按】史臣謂劉昫《舊唐書》。

【元圻案】《舊唐書·楊綰傳》：「綰字公權，華陰人。拜中書門下平章事，詔出，朝野相賀。居職旬日，中風而斃。代宗震悼，詔曰：『頃以任非其才，毒流於政，爰登清浄之輔，庶諧至理之期。方有憑依，遽此淪謝，屏予之嘆，震悼良深。所懷莫從，長想何及。況歷官有素丝之節，居官無匹帛之餘，故飾以華衮，增其法賻，備依典策，載賁朝經。』」「史臣曰：嘗讀諸集，賞善多溢美，書罪多溢惡；如楊綰拜相之麻，贈官之制，改謚之詔，則當時秉筆者無愧色矣。」

唐時午日，揚州江心鑄鏡供進。又千秋節，進鏡。濇水李氏復收其一，乃方鏡，背鼻有篆文「五日」字，面徑八寸，重五十兩。盛露囊，千秋節戚里皆進。《華山記》云：「弘農鄧紹八月曉入華山，見童子執五彩囊，盛柏露食之。」又《荆楚風土記》：

「以五彩結眼明囊。相傳赤松子以囊盛柏露，飲之而長生。」皆八月中事。

【元圻案】《鏡龍記》：「天寶時，揚州進水心鏡一面。李守泰曰：鑄鏡時，有老人自稱姓龍名護，有小童名玄冥，謂鏡匠曰：『老人解造真龍鏡。』扃户三日，失二人所在，爐前獲一素書。鏡匠遂移爐於揚子江心，以五月五日午時鑄之。大旱，祠龍鏡即得雨。」◎唐劉餗《隋唐嘉話》：「源乾曜、張説以八月初五今上生之日，請爲千秋節。百(官)〔姓〕祭皆就此日，名爲賽白帝。羣臣上萬歲壽，王公戚里進金鏡綬帶，士庶結絲承露囊，更相遺問。」◎李肇《國史補》：「揚州舊貢江心鏡，五月五日揚州①江心所鑄也。」◎梁宗懔《荆楚歲時記》：「按《述征記》云：『八月一日作五明囊，盛取百草頭露洗眼，令眼明也。』《續齋諧記》云：『弘農鄧紹嘗以八月旦入華山採藥，見一童子執五彩囊，承柏葉上露，皆如珠，滿囊。紹問：「用此何爲？」答曰：「赤松先生取以明目。」言終便失所在。』今世人八月旦作眼明袋，此遺象也。或以金薄爲之，遞相餉焉。」◎《書録解題・地理類》：「《華山記》一卷，不知名氏。」◎《荆楚風土記》，《隋》、《唐志》及晁氏《讀書志》、陳氏《書録解題》皆不著録。此條所引，與《荆楚歲時記》略同，豈亦名《風土記》歟？當更考。◎千秋節進鏡事，《新唐書》不載，《舊唐書・玄宗紀上》：「開元十七年八月癸亥，上以降誕日，讌百寮於花萼樓下。百寮表請以每年八月五日爲千秋節，王公已下獻鏡及承露囊，天下諸州咸令讌

①「揚州」，李肇《國史補》作「揚子」。

樂，休假三日。」故厚齋入於「考史」。

《舊史·德宗紀》：「貞元六年，岐州無憂王寺有佛指骨寸餘，先是取來禁中供養，二月乙亥，詔送還本寺。」此迎佛骨之始也。《韓愈傳》云：「鳳翔法門寺有護國真身塔，內有釋迦文佛指骨一節。」【原注】寺名與前不同。貞元、德宗。元和、憲宗。咸通，懿宗。迎佛骨者三。

【閻按】癸丑冬，薄遊汧隴，經過扶風縣北之法門寺，買唐天祐碑，始知即無憂王寺，扁尚存。

【何本載閻云】今扶風縣北之法門寺，即無憂王寺，紀載非一手，故其名互異。寺有唐天祐碑可據。

【元圻案】《舊唐書》（一百）六十《韓愈傳》：「鳳翔法門寺有護國真身塔，塔內有釋迦文佛指骨一節，其書本傳法，三十年一開，開則歲豐人泰。元和十四年正月，上令中使杜英奇押宮人三十人，持香花，赴臨皋驛迎佛骨。自光順門入大內，留禁中三日，乃送諸寺。愈上疏諫云云。」◎邵博《聞見後録》八：「憲宗元和十四年迎佛骨，韓愈以諫逐。十五年，有陳弘志之禍。懿宗咸通十四年，又迎其骨入禁中。諫者以憲宗爲戒，懿宗曰：『朕生得見之，死亦無恨。』不數月，崩。」

蕭穎士《與韋述書》，欲依魯史編年，著《歷代通典》，起漢元十月，終義寧[一]二年，約而刪之，勒成百卷。於《左氏》取其文，《穀梁》師其簡，《公羊》得其核，綜三《傳》之能事，標一字以舉凡。然其書今無傳焉，[二]略見於本傳，而不著《通典》之名。

[一]隋恭帝年號。

[二]《唐書·藝文志》亦不著録。

【元圻案】《唐書·文藝傳中》：「蕭穎士，字茂挺，梁鄱陽王恢七世孫。開元二十三年舉進士，對策第一。嘗謂：『仲尼作《春秋》，爲百王不易法，而司馬遷作本紀、書、表、世家、列傳，敍事依違，失褒貶體，不足以訓。』乃起漢元年訖隋義寧編年，依《春秋》義類爲傳百篇。在魏書高貴崩，曰：『司馬昭弑帝於南闕。』在梁書陳受禪，曰：『陳霸先反。』又自以梁枝孫，而宣帝逆取順守，故武帝得血食三紀；昔曲沃簒晉，而文公爲五伯，仲尼弗貶也。乃黜陳閏隋，以唐土德承梁火德，皆自斷，諸儒不與論也。」◎蕭穎士《進續尚書表》云：「始有漢二典，次我唐二典，以續唐、虞。其餘文、景、明、章之後，(後)魏、〔晉〕、宋、齊已還，南訖有陳，北起元魏，歷周、隋洎夫高氏，以至聖朝，總一十二代。詔策章疏，頌歌符檄，忠臣之正議，武士之權謀，類而刊之；次以年代，以續夫夏、商、秦、魯之篇。」是《續尚書》已有成書。其別著《通典》，據李華《三賢論》曰：「蕭以史書爲繁，尤罪子長不編年陳事，而爲列傳。將正其失，自《春秋》三家之後，次序纘修，以迄於今。志未就而殁。」蓋實未成書也。

楊文莊公徽之[一]好言唐朝士族，閲《諱行録》，悉能記之。按《館閣書目》：《諱行録》一卷，以四聲編登科進士族系、名字、行第、官秩及父祖諱、主司名氏。【原注】起興元元年，盡大中七年。[二]宋敏求續爲《後録》五卷。

[一]【閻按】徽之字仲猷，浦城人。真宗時置侍讀學士，官之。本傳不載其謚。【何云】焯案，《東都事略》云：「其後仁宗以徽之先帝宫僚，特贈太子太師，謚曰文莊。」此書近始重開，閻丈不及見也。○案，錢氏大昕曰：文莊謚，見宋敏求《春明退朝録》。

[二]德宗五年改元興元。大中，宣宗年號。【元圻案】《東都事略·楊徽之傳》：「徽之多識典故，唐之士族人物悉能詳記。尤工吟咏，太宗、真宗嘗和其詩。仁宗時，特贈太子太師，謚曰文莊。」◎《春明退朝録》上載「文臣謚文莊」，注曰：「江陵楊公。」既不著其名，而本貫又非浦城。錢辛楣先生以爲文莊謚見《春明退朝録》，似未核也。查《長編》四十六云：「真宗三年正月，楊徽之卒。上甚嗟悼，贈兵部尚書，謚文莊。」又與《東都事略》互異，未知孰是。

《温彦博傳》「我見其不逮再稘矣」，出《説文》引《虞書》：「稘，三百有六句。」[一]《李密傳》「敖庾之藏，有時而賜」①，[二]出《詩》「王赫斯怒」鄭箋：「斯音賜，盡也。」《新史》尚奇類此。[三]

[一]【集證】《説文·禾部》：「稘，復其時也。从禾其聲。」〇案《大戴禮·小辨篇》：「夫亦固（千）〔十〕稘之變，由不可既也，而況天下之言乎！」

[二]【閻按】今本作「儩」。

【何云】儩，斯義切。

[三]【方樸山云】鄭箋但云「斯，盡也」，《釋文》乃云「斯，鄭音賜」，非箋原有此文。正義曰：『斯，盡』，《釋言》文。」今檢《爾雅·釋言》，但有「斯，離也」之文，正義亦誤。又揚子雲《方言》：「撲、鋌、斯②，盡也。南楚凡物盡生曰撲〔生〕，（空）物〔空〕盡者曰鋌。鋌，賜也。連此撲、撕皆盡也。」此子京所本，王氏失考。

【集證】《吕氏春秋·報更篇》：「宣孟謂骫桑之餓人曰：『斯食之，吾更與汝。』」高誘注：「斯，盡也。」潘岳《西征賦》：「超長懷以遐念，若循環之無賜。」張銑注：「賜，盡也。」陳振孫

①「賜」，元刊本、三箋本作「儩」。

②「斯」及下一「撕」字，《方言》作「澌」。

曰：「《新史》列傳用字多奇澀，殆類『虬户銑谿』體，識者病之。」①

【元圻案】《唐書·温彦博傳》：「彦博字大臨。貞觀十年，遷尚書右僕射，明年卒。帝嘆曰：『彦博以憂國故，耗思殫神，我見其不逮再朞矣，恨不許少閑以究其壽。』」又《李密傳》：「初，密既殺翟讓，心稍驕。民食興洛倉者，給授無檢。司倉賈潤甫諫曰：『人，國本；食，人天。敖庾之藏，有時而儩，粟竭人散，胡仰而成功？』不聽。」

馬總《通歷》所載「公子曰」、「先生曰」者，皆虞世南《帝王略論》。【原注】《略論》五卷，起太昊，訖隋，假公子問答。

【集證】《唐志》「編年類」：「馬總《通歷》十卷。」又「雜家類」：「虞世南《帝王略論》五卷。」晁氏《志》「編年類」：「馬總纂太古十七氏，中古五帝、三王，及刪取秦、漢、三國、晉、十六國、宋、齊、梁、陳、元魏、北齊、後周、隋世紀興滅，粗述其君賢否，取虞世南《略論》，分繫於末，以見義焉。」《玉海·帝王略論》：「《中興書目》云：貞觀間，太子中舍人虞世南承詔撰，起太昊訖於隋，凡帝王事迹，皆略紀載，假公子答問，以考訂云。」

① 《直齋書録解題》卷四《新唐書》解題。

李翺爲史官，請作行狀者，指事説實，直載其詞。然我朝名公秉筆，亦有誤者。歐陽公爲《范文正碑》云：「至日大會前殿，上將率百官爲太后壽。公上疏，其事遂已。」其後老泉編《太常因革禮》，有已行之明驗，質之歐公。公曰：「諫而不從，碑誤也。」東坡爲《張文定名方平。銘》云：「神宗問：『元昊初臣，何以待之？』公曰：『臣時爲學士，誓詔封册，皆臣所草。』」李微之〔一〕考《國史》，誓詔在慶曆四年十月，封册在十二月。明年二月，文定始爲學士。【原注】封册乃宋景文撰。〔二〕朱文公爲《張忠獻名浚。行狀》，其後語門人云：「向只憑欽夫〔三〕寫來事實，後看《光堯〔四〕實録》，其中多有不相應處。」以三事觀之，罔羅舊聞，可不審哉！

〔一〕【閻按】微之名心傳，井研人，舜臣之子，道傳之兄。見《儒林傳》。

〔二〕案，錢氏大昕曰：《學士年表》：慶曆五年二月，張方平以右正言知制誥拜。

〔三〕忠獻子南軒先生之字。

〔四〕【閻按】光堯，高宗尊號。

【元圻案】《唐會要》六十四：「（至德）〔元和〕十四年，史官李翺奏：『史館以記録爲職。舊例皆取行狀、謚議，以爲依據。今之作行狀者，非門生即其故吏，苟欲虛美於所受恩而已。臣今請作行狀者，但指事説實，直載其詞。若考功定謚，見行狀之不依此者，不得受謚。』」◎《東坡志林》：「歐陽公撰《范文正碑》，載章獻太后臨朝時，仁宗欲率百官朝太后，范公力争，乃罷。其後某先君奉詔編太常因革禮，求之故府，而朝正案牘具存，有已行之明驗。先君質之於文忠公，公曰：『文正公實諫而卒不從，墓碑誤也。』」◎文正此疏不載集中，釋文瑩《續湘山野録》載其略云：「屈萬乘之重，行北面之禮，此乃開後世弱人主以强母后之漸也。陛下果欲爲大宫履長之賀，於闈掖以家人承顔之禮行之可也。」云「其事遂已」，則承墓碑之誤。

唐配帝皆一后，唯睿宗二后。昭成，明皇之母，開元四年升祔。此失禮之始也。

【閻按】肅明皇后，睿宗之元妃，明皇之嫡母也。縱二后並配，當行於開元四年，不當遲至二十一年始祔，失禮之中又失禮矣。王氏析猶未精。

【元圻案】《唐書·睿宗昭成竇皇后傳》：「帝爲相王，納爲孺人；即位，進德妃。生玄宗。帝崩，追稱皇太后，與肅明祔橋陵。后以子貴，故先祔睿宗室。肅明以開元二十年乃得升祔。」◎《長編》五十八真宗景德元年：「十月，祔明德皇后於太廟。先是，詔有司詳定升祔之禮，上議以唐睿宗昭成、肅明二后並配爲證，曰：『懿德皇后久從升祔，不可中移，明德皇后繼受崇名，亦當配享。雖先後有殊，在尊親一貫，請同祔太宗室，以先後次之。』詔尚書省集官詳議，咸如禮官之請。二宫並配，自是始也。」朱子曰：「二后並配，自本朝真宗始。其初議者皆歸咎於錢惟演，後既習見爲常，亦無復有議之者矣。」厚齋此條蓋亦有感而云。

龍朔二年改左右散騎常侍曰左右侍極，《職源》誤以左史爲左侍極，而近世制詞多踵其誤。

【元圻案】《唐書·百官志》：「左右散騎常侍分隸門下中書省，皆金蟬、珥貂，左散騎與侍中爲左貂，右散騎與中書令爲右貂，謂之八貂。龍朔二年曰侍極。」◎《書録解題·職官類》：「《職源》五十卷。金華王益之行甫撰。亦簡牘應用之書，而專以今日見行官制爲主。蓋中興以後，於舊制多所省并故也。」

石林序盧鴻一《草堂圖》云：「《唐舊史·隱逸傳》鴻一，蓋二名，與《中岳劉真人碑》所書合。《新史》删去『一』字，不知何據。當以《舊史》爲正。」愚按，南齊張融曰：「昔有鴻飛天首，積遠難明，[一]越人以爲鳧，楚人以爲乙。人自楚、越，鴻常一耳。」「鴻一」之義取於此。

[一]《南史·顧歡傳》作「難亮」。

【閻按】《歷代名畫記》：「盧鴻一名浩然，高士也。」《新唐書》作盧鴻，字顥然，亦各有本。張融語出《南史·隱逸·顧歡傳》。《通鑑考異》引《中岳劉真君碑》云：「盧鴻撰，無『一』字。」

【元圻案】唐(書)段成式《酉陽雜俎》五：「一行既從釋氏，師事普寂，設食於寺，大會羣僧。時有盧鴻者，道高學富，隱於嵩山。因請鴻爲文贊嘆其會。」亦無「一」字。《通鑑·唐紀》玄宗開元六年：「三月，徵嵩山處士盧鴻入見，拜諫議大夫，鴻固辭。」《考異》曰：「《舊傳》作『盧鴻一』，《本紀》、《新傳》皆作『鴻』。按，《中岳真人劉君碑》云『盧鴻撰』，今從之。」◎唐太宗徵盧鴻一，授諫議大夫，二詔又賜還山。制皆作「鴻一」。

《考古編》以《通鑑》貞觀十三年房玄齡「請解機務」，「詔斷表」，爲今「斷來〔一〕章」之祖。愚按，《晉·山濤傳》：手詔曰：「便當攝職，令斷章表。」此斷表之始，非昉於唐也。

〔一〕「來」字，何本作「表」，誤。

【閻按】胡三省《通鑑·唐紀》注：「今之讓官者，奉表三讓，不許，敕斷來章，則閤門不復受其表，即唐制之斷表也。」

【全云】亦不始於晉，而始於漢，見《王莽傳》。

【元圻案】《漢書·王莽傳》：「加公爲宰衡，莽稽首辭讓，出奏封事。太師光曰：『宜詔尚書勿復受公之讓奏。』奏可。」◎《後漢書·和帝紀》：「七年，鄧鴻、朱徽、杜崇下獄死。」注：「時南單于安國與崇不相平，乃上書告崇。崇令斷其表①章，緣此驚叛。」據此，斷表始於漢無疑。◎今

①《後漢書·和帝紀》注無「表」字。

本程大昌《考古編》無此條所引之文，豈《考古編》固有佚文耶？

韓、柳方駕，而其行殊；元、白齊名，而其操異。【原注】管、華，嵇、阮亦然。

【元圻案】魏鶴山作《黄侍郎定勝堂文集序》曰：「唐之文人，韓、柳齊名，而所操異心；元、白方駕，而所制殊行。」◎王楙《野客叢書》九：「世稱元白，而元之所爲，視白爲甚慚；世稱韓柳，而韓之所守，非柳之所及。僕嘗求之元白、韓柳，始未嘗不同，所以異者，中道而變耳。元稹爲監察御史，動皆守正；及其召還，次敷水驛，與中使抗，略不少貶，由是獲罪。當是之時，李絳、崔羣之徒皆言其(狂)〔枉〕，是其所以與樂天同也。使稹自此確然不變，終始一節，亦何愧於樂天哉！奈何不能自守，反附其徒，平生志節，於是掃地。子厚爲文章卓偉精緻，一時輩行推仰，是其與退之同。爲監察御史，與王叔文相附，此所以與退之異也。使子厚自入仕後不附叔文黨，又何慚於退之也！」◎原注「管、華」謂管幼安、華歆，「嵇、阮」謂嵇康、阮籍。

唐亦有蔡京，【原注】咸通三年嶺南節度使，以貪虐誅。京始末見《雲溪友議》。〔一〕此姦臣名氏之同者。吳有桓彝，晉亦有桓彝，〔二〕此忠臣名氏之同者。若兩曾參、兩毛遂，則賢否分矣。【原注】兩毛遂見《西京雜記》，員半千詩用之。

〔一〕【何云】唐之蔡京嘗爲僧，李義山有「白足禪僧」之句。

［二］【何云】桓彝，魏尚書令，階之弟。見《孫綝傳》。

【閻按】名氏之同之奇者，莫過王莽之前有王莽，朱買臣之後有朱買臣。

【方樸山云】更有奇者，一王匡爲王莽守洛陽，一王匡爲更始攻洛陽。

【集證】《雲溪友議》：「唐懿宗朝，左庶子蔡京，時相以爲有吏才，奏遣制置嶺南事。爲政苛慘，闔境怨之。貶崖州司户，不肯之官，敕賜自盡。」①《西京雜記》：「昔魯有兩曾參，趙有兩毛遂。南曾參殺人見捕，人以告北曾參母。野人毛遂墜井而死，客以告平原君，平原君曰：『嗟乎，天喪予矣！』既而知野人毛遂，非平原君客也。」

【元圻案】《三國志·吴·孫綝傳》：「綝廢亮，以亮罪狀班告遠近。尚書桓彝不肯署名，綝怒殺之。」注：「《漢晉春秋》曰：『彝，魏尚書令階之弟。』《吴録》曰：『晉武帝問薛瑩吴之名臣，瑩對稱彝有忠貞之節。』」◎《晉書·桓彝傳》：「彝字茂倫，譙國龍亢人。補宣城内史。蘇峻之亂，彝以郡無堅城，遂退據廣德。尋王師敗績，彝聞而慷慨流涕，進屯涇縣。峻遣韓晃進軍攻彝，彝固守經年，勢孤力屈。城陷，爲晃所害。」◎李商隱《天平公座中呈令狐令公》詩云：「白足禪僧思敗道，青袍御史擬休官。」注云：「時蔡京在坐，京曾爲僧徒，故有第五句。」◎朱翌《猗覺寮雜

① 此條不見今三卷本《雲溪友議》。

記》：「士人曾爲僧：《南史》伏挺（之）①；唐馬嘉運、許淹、韋渠牟、蔡京、嚴礪。」◎曾參事見《史記·甘茂傳》。平原君客毛遂，爲平原君合從於楚，見《史記·平原君傳》。前王莽見《漢書·公卿表》、《劉屈氂傳》。後朱買臣見《梁書·元帝紀》，官宣猛將軍。◎《唐文粹》載員半千《隴右途中遭非語》詩云：「趙有兩毛遂，魯聞二曾參。慈母猶且惑，況在行路心。」◎宋朱弁《曲洧舊聞》六：「政和間，常子然、謝在伯、江子我同訪晁伯宇及叔用於昭德之第，因觀蕭子顯《古今同姓名録》，見有王敦四，王莽二，董卓三，叔用曰：『以此諸人聚於一時，則奈何？』伯宇曰：『無害，吾此有九張良，足以制之。』座上無不大笑。子房至有九人同其姓名，而世莫知，可見今人讀書比古人少也。」據此，則三董卓、四王敦、九張良則更奇矣；然三董卓、四王敦未必俱不肖，九張良未必皆賢也。惜無從考其所見。

顔魯公爲刑部尚書，有舉家食粥之帖。蓋自元載制禄，厚外官而薄京官，京官不能自給，常從外官乞貸。楊綰既相，奏加京官俸。魯公以綰薦，自湖州召還，意者俸雖加而猶薄歟？

【元圻案】魯公《乞米帖》云：「拙於生事，舉家食粥，來已數月，今又罄矣，實用憂煎。」◎

① 《南史》傳爲伏挺，非伏挺之。

《通鑑·唐紀》代宗大曆十二年：「元載以仕進者多樂京師，惡其逼己，乃制俸禄，厚外官而薄京官，京官不能自給，常從外官乞貸。楊綰、常衮奏京官俸太薄，詔加京官俸，歲約十五萬六千餘緡。」又曰：「楊綰、常衮薦湖州刺史顔真卿，上即日召還，以爲刑部尚書。」

李康《運命論》曰：「以一人治天下，不以天下奉一人。」《大寶箴》用之。

【元圻案】《運命論》見《文選》，李善注引《集林》曰：「李康，字蕭遠，中山人也。魏文帝異其文，遂起家爲尋陽長。政有美績。」◎《容齋五筆》七：「唐太宗初即位，直中書省張藴古上《大寶箴》，凡六百餘言，遂擢大理丞。《新史》附其姓名於《文藝·謝偃傳》末，又不載此文，但云『諷帝以民畏而未懷，其辭挺切』而已。《通鑑》僅載其略曰『聖人受命，拯溺亨屯』，『故以一人治天下，不以天下奉一人』云云，此外尚多規正之語。既不爲史所書，故學者亦罕傳誦。藴古爲丞四年，以無罪受戮，太宗尋悔之，乃有覆奏之旨，傳亦不書，而以爲坐事誅，皆失之矣。《舊唐書》全載此箴，仍專立傳，不知宋景文何爲削之也？」

李方玄曰：「沈約年八十，手寫簿書。」本杜牧所作《方玄墓誌》。本朝建隆詔亦云：「沈約爲吏，手寫簿書。」愚按《理道要訣》云：「宋光禄大夫傅隆，年過七十，手寫籍書。梁尚書令沈約，位已崇高，議請實重。」蓋誤以傅隆爲沈約也。

【閻按】《宋書·傅隆傳》：「謹於奉公，常手抄書籍。」《梁書·沈約傳》無。

【元圻案】杜牧《李方玄墓誌》：「方玄字景業，少有文學。一貢進士，舉以上第，升名解褐。出爲池州刺史，始至，創造簿籍，民被徭役者，科品高下，鱗次櫛比，一在吾手，至當役役之，其未及者，吏不得弄。方玄常嘆曰：『沈約年八十，手寫簿書，蓋爲此也。』」◎《宋書·傅隆傳》：「隆字伯祚，北地靈州人也。拜光禄大夫。歸老在家，手不釋卷，博學多通，特精《三禮》。謹於奉公，嘗手抄書籍。卒，時年八十三。」◎《通鑑·（晉）〔齊〕紀》高帝建元二年：「虞玩之〔上〕表，以爲：『元嘉中，故光禄大夫傅隆年出七十，猶手自書籍，躬加隱校。今欲求治取正，必在勤明令長。宜以元嘉二十七年籍爲正，更立明科，一聽首悔。』」

孝宗問周益公云：「唐孫樵讀《開元録》，雜報數事，内有宣政門宰相與百僚廷諍，十刻罷。遍檢新、舊《唐史》及諸書，並不載。」益公奏：「《太平御覽總目》内有《開元録》一書。祖宗朝此本尚存，近世偶不傳耳，容臣博加詢訪。」

【何云】人主勤學，又事其大者遠者，如此所以爲淳熙。

【集證】孫可之《讀開元雜報》：「樵曩於襄、漢間得數十幅書，繫日條事，不立首末，其略曰：『某日皇帝親耕籍田，行九推禮。』『某日百僚行大射禮於安福樓南。』『某日安北諸蕃君長請扈從封禪。』『某日皇帝自東封還，賞賜有差。』『某日宣政門宰相與百僚廷諍，十刻罷。』如此凡數十百條。樵後得《開元録》驗之，條條可復云。」按，《御覽》引《開元録》無雜報數事。

【元圻案】孫可之《讀雜報》文見《唐文粹》四十九。◎周益公《奉詔録》一：「臣昨蒙下詢唐孫樵《讀開元録雜報》云云，臣伏料聖意，以爲宰相與百僚争辯至於移時，必是事體甚重，故欲知其實，以古爲鑑。臣尋閱《太平御覽總目》内果有《開元録》一書，則是祖宗朝此本尚存，近世偶不傳耳。容臣博加詢訪，别具奏聞。」

蕭遘與其子三兒生日詩曰：「吾家九葉相，盡繼明時出。」《唐史》云：「自瑀逮遘，凡八葉宰相。」此云九葉，《宰相世系表》：梁貞陽侯之後有鄴，相宣宗。

【閻按】俱《表》所云「齊梁房」者也。

【集證】按《唐書·宰相世系表》，蕭氏定著二房，一皇舅房，一齊梁房，宰相凡十人。皇舅房有至忠，相中宗、睿宗。齊梁房貞陽侯之後有鄴，相宣宗。昭明太子之後有嵩，相玄宗；華，相肅宗；俛，相穆宗；倣，相僖宗；復，相德宗；寘，相懿宗；遘，相僖宗；瑀，相高祖。遘詩云「九葉」，不數至忠。《唐史》云「八葉」，不數至忠與鄴。

【元圻案】《唐書·蕭瑀傳贊》曰：「梁蕭氏興江左，實有功在民；厥終無大惡，以濅微而亡，故餘祉及其後裔。自瑀逮遘，凡八葉宰相，名德相望，與唐盛衰。世家之盛，古未有也。」◎遘字德聖，咸通中擢進士第。僖宗入蜀，次綿州，拜同中書門下平章事。

姚崇十事，見《開元升平源》，《通鑑》不取。

【閻按】《通鑑》不取，非也。明王三原應召至都，鄒智見曰：「三代而下，人臣不得見君，所以事事苟且。公勿拜官，先請見君，歷陳時政於上前，庶其有濟，一受官職，再無可見之時矣。」①説正與姚元之同。

【元圻案】《書録解題·雜史類》：「《開元升平源》一卷。唐史官吴兢撰。敍姚崇十事。」◎《唐書·姚崇傳》：「帝曰：『卿宜遂相朕。』崇知帝大度，鋭於治，乃先（説）〔設〕事以堅帝意，即陽不謝，帝怪之。崇因跪奏：『臣願以十事聞，陛下度不可行，臣敢辭。』帝曰：『試爲朕言之。』崇曰：『垂拱以來，以峻法繩下；臣願政先仁恕，可乎？朝廷覆師青海，未有牽復之悔；臣願不倖邊功，可乎？比來壬佞冒觸憲綱，皆得以寵自解；臣願法行自近，可乎？后氏臨朝，喉舌之任出閹人之口；臣願宦豎不與政，可乎？戚里貢獻以自媚於上，公卿方鎮（寖）〔寖〕亦爲之；臣願租税外盡絶之，可乎？外戚貴主更相用事，班序荒雜；臣請戚屬不任臺省，可乎？先朝褻狎大臣，虧君臣之嚴；臣願陛下接之以禮，可乎？燕欽融、韋月將以忠被罪，自是諍臣沮折；臣願〔羣〕臣皆得批逆鱗，犯忌諱，可乎？武后造福先寺，上皇造金仙、玉真二觀，費鉅百萬；臣請絶道佛營造，可乎？漢以禄、莽、閻、梁亂天下，國家爲甚；臣願推此鑑戒爲萬代法，可乎？』帝曰：『朕能行之。』崇乃頓

① 見《明史紀事本末》卷四十二。

首謝。」◎《通鑑考異》曰：「果如所言，則崇進不以正。又，當時天下之事，止此十條，須因事啓沃，豈一旦可邀！似好事者爲之，今不取。」◎呂成公《試館職策》曰：「唐玄宗欽遲姚崇之舊德夙望，起於藩維而相之。崇歷述十事，邀其諾而後就位。仇敵相交則有盟，市道相質則有券。君相聚精會神之際，而用要約焉，吁，何薄也！即温公不取之意。」

王起廣《五位圖》，《舊史》云《五運圖》。

【元圻案】《新唐書·藝文志》「史部·編年類」：「王氏《五位圖》十卷（王起），《廣五運圖》（卷亡）。」①◎《王播傳》：「播弟起，字舉之。文宗上文好古，鄭覃以經術進，起以敦博顯。詔使廣《五位圖》，俾太子知古今治亂。開成三年，入翰林爲侍講學士。擢山南西道節度使、同中書門下平章事。」◎《玉海》一百二十九《儲官門》：「《唐·藝文志》有王氏《五位圖》十卷，又有《五運圖》，蓋編年書也。《中興館閣書目》：『王氏《五位圖》三卷，唐開成初判太常卿事王起撰。自開闢至唐，以五運爲序。』」

李白上《宣唐鴻猷》一篇，即（《新書》）本傳所謂「召見金鑾殿，奏頌一篇」者也。今

①「王起」、「卷亡」，原爲大字，據《新唐書·藝文志》改爲小字注。

《集》中闕。

【元圻案】《李太白集》附録唐劉全白所撰碣記曰：「君名白，廣漢人。天寶初，玄宗辟翰林待詔，因爲和蕃書，并上《宣唐鴻猷》一篇。上重之，欲以綸誥之任委之。」

「緋衣小兒」之謡，《朝野僉載》謂裴炎也，而張權輿以譏裴度。

【元圻案】《四庫全書簡明目録·子部·小説家》：「《朝野僉載》六卷。舊本題張鷟撰。然鷟殁於玄宗時，而書中有敬宗、宣宗時事，蓋原本久佚，後人掇拾成編，與無名氏《朝野僉載補遺》并爲一書，故卷數、門目與所傳鷟書不合也。」◎宋敏求《長安志》七「晉國公裴度宅」，引《唐實録》曰：「度自興元請朝覲，宰相李逢吉之徒百計隳沮。有張權輿者，既爲嗾犬，乃上疏云：『度名應圖讖，宅據岡原，不召而來，其意可見。』蓋嘗有人與度作讖詞云：『非衣小兒坦其腹，天上有口被驅逐。』言度曾平吴元濟，又帝城東西横亘六岡，符易象乾卦之數。度永樂里（地）〔第〕偶當第五岡，故權輿以爲詞。」◎餘注已詳第八卷①。

韓文公子昶，雖有「金根車」之譏，[一]而昶子綰、衮皆擢第，衮爲狀元。君子之澤

① 見卷八「董彦遠除正字謝啓」條注（頁一〇三五）。

遠矣。

［一］注見前卷八①。

【全云】足重亦不在科第。

【集證】瞿祐《歸田詩話》：「袒登長慶四年第。袒生綰、衮。綰，咸通四年進士；衮，七年進士。」

【元圻案】宋劉昌詩《蘆浦筆記》六：「崔豹《古今注》：金根車，秦制也。秦并天下，閱三代之輿服，謂殷得瑞山車，一曰金根，故因作爲金根之車。漢因不改。《晉·輿服志》載金根車，天子親耕所乘，置耒耜於軾上，乃知是車蓋耕車也。韓袒爲集賢校理，史記②中有説金根車處，皆臆斷之曰：『豈其誤歟？必金銀車也。』悉改『根』爲『銀』。袒，文公子也。」◎康成《禮記注》：「大路，木路也。漢祭天，乘殷之路，今謂之桑根車。」《禮志》曰：「古曰桑根車，秦曰金根車。」③◎唐王定保《摭言》十三：「韓衮，咸通七年趙騭下狀元及第。」④又曰：「趙騭試《被衮以象天賦》，或爲中貴語之曰：『侍郎既試《王者被衮以象天賦》，更放韓衮狀元，得無意乎？』」◎韓袒自爲墓誌

---

① 見卷八「董彦遠除正字謝啓」條注（頁一〇三五）。

② 「史記」，中華書局校點本《蘆浦筆記》校改作「史傳」。

③ 見《宋書·禮志》。

④ 此句見《唐摭言》卷十二，下「又曰」句在卷十三。

曰：「昌黎韓昶字有之，生徐州之符離，小名曰符。有男五人：曰緯，前復州參軍，次曰綰，曰緄，曰綺，曰紈，舉進士。」◎緄，即袞也。

孔戣爲華州刺史，奏罷明州歲貢淡菜、蛤蚶之屬。【原注】見《昌黎集》。元稹爲越州，復奏罷之。【原注】見《白樂天集》。〔一〕蓋嘗罷於元和，而復貢於長慶也。

〔一〕【閻按】亦見本人《集·狀》中。

【閻按】《狀》云，海味起自元和四年，而九年以一縣令論罷，十五年①復令供進。至孔戣奏罷，則在元和二年。只當云一罷於元和二年孔戣，再罷於元和九年某縣令，三罷於長慶二年元稹也，方合鄉邦故實。

【元圻案】韓文公《孔公墓誌》曰：「孔子之後三十八世，有孫曰戣，字君嚴，事唐爲尚書左丞。年七十三，三上書去官，天子以爲禮部尚書，禄之終身。公爲華州刺史，明州歲貢海蟲、淡菜、蛤蚶可食之屬，自海抵京師，道路水陸，〔遞夫〕積功歲爲四十三萬六千人，奏疏罷之。」方崧卿云：「華州乃輸貢之途，此疏專爲『遞夫』而言也。」②◎李肇《國史補》亦載其事。◎白居易《元

① 「十五年」，原本作「十九年」，據三箋本改。唐元稹《浙東論罷進海味狀》正作「十五年」。

② 《韓集舉正》卷十。

積墓誌》曰：「公爲越州刺史。先是，明州歲進海物，其淡菜、蚶蛤非禮之味尤速壞，課其程日馳數百里。公至越，未下車，輒奏罷。自越抵京師，郵夫獲息肩者萬計，道路歌舞之。」◎元稹《論罷海味狀》曰：「淡菜等味不登於俎豆，名不載於方書，海物鹹腥，增（疾）〔痰〕損肺，俗稱補益，蓋是方言。每年常役九萬餘人，竊恐有乖陛下罷荔枝減常貢之至意。」

畢炕，天寶末爲廣平太守，拒安禄山，城陷，覆其家。《唐史》附於父《構傳》，[一]蓋取韓文公所撰《畢坰誌》，然炕之名不書於《忠義傳》，故文公謂「廣平死節，而子不荷其澤」。愚謂廣平之節如此，河北二十四郡不止一顔平原也，《通鑑》亦不書其事。

[一]《舊唐書·構傳》並不附見炕名。

【元圻案】昌黎《畢君墓誌》曰：「畢氏出東平，國朝有爲許州刺史者曰憬；憬之子構，累官至吏部尚書，是爲景公；景公生炕，爲廣平太守，抗安禄山，城陷，覆其宗，贈户部尚書；尚書生坰。家破時，坰生始四歲，與其弟增以俱小漏名籍，得不誅。坰歷尉臨涣、安邑、王屋，卒。銘曰：廣平死節，而子不荷其澤；王屋謹廉，而神不福其謙。」◎《顔真卿傳》：「禄山反，河朔盡陷，獨平原城守。玄宗始聞亂，嘆曰：『河北二十四郡，無一忠臣耶？』」◎此條，《楊升庵集》全襲其説。①

① 見明楊慎《升庵集》卷四十七「畢炕死節比顔平原」條。

廣德[一]元年十一月，太常博士柳伉上疏，[二]請斬程元振。於是削元振官爵，放歸田里。東坡《試制科對策》謂：「及其有事且急也，雖代宗之庸，程元振之用事，柳伉之賤且疏，而一言以入之，不終朝而去其腹心之疾。」愚按《登科記》：「伉，乾元[三]元年進士。」《翰林院故事》載：寶應[四]已後，伉自校書郎充學士，出鄠縣尉，改太常博士，兵部員外，諫議大夫，皆充學士。《新唐史·程元振傳》云「太常博士、翰林待詔柳伉[五]上疏」，以《翰林故事》考之，伉是時爲學士，非待詔也。[六]伉以博士在禁林，職近而親，不可謂「賤且疏」。《唐史》不爲伉立傳，故詳著其事，俾覽者知詞臣之獻替，不獨陸贄、李絳也。

[一]代宗年號。

[二]疏見《唐文粹》二十八。

[三]肅宗三年改元乾元。

[四]肅宗七年改元寶應。

[五]《通鑑》亦作「太常博士柳伉」。

[六]【何云】唐時翰林院待詔，凡山人、僧、道皆是，非官名。

【何云】對仲父而言之，則爲「賤且疏」矣。王氏特著之，以激後之爲詞臣者也。

【集證】《通志·藝文略》：「《唐登科記》二卷，李奕撰。」「《翰林故事》一卷，唐韋執誼撰。」

丁居晦《重修承旨學士廳壁記》：「寶應後，柳伉，秘書省校書郎，充累加太常博士、諫議大夫，依前充。」

【元圻案】《唐書・宦者・程元振傳》：「初，吐蕃、党項内侵，詔集天下兵，無一士奔命者。虜扣便橋，帝倉皇出居陜，京師陷賊。於是太常博士、翰林待詔柳伉上疏曰：『犬戎以數萬衆不血刃而入京師，謀臣不奮一言，武士不力一戰，天下之心，乃恨陛下遠賢臣、任宦豎，離間將相而幾於亡。必欲存宗廟社稷，獨斬元振首，馳告天下。』疏聞，帝顧公議不與，乃下詔盡削元振官爵，放歸田里。」◎裴晉公《論元稹魏弘簡姦狀》云：「代宗之朝，蕃戎侵軼直犯都城，代宗不知，蓋被程元振壅蔽。當時柳伉乃太常一博士耳，猶能抗表歸罪，爲國除害。」◎《通鑑・唐紀》玄宗天寶十三載：「上即位，始置翰林院，密邇禁廷，延文章之士，下至僧、道，書、畫、琴、棋、數術之工皆處之，謂之『待詔』。」◎《唐書・李絳傳》：「絳字深之，系本贊皇。擢進士、宏辭。元和二年，授翰林學士。拜中書侍郎、同中書門下平章事。帝謂左右曰：『絳言骨鯁，真宰相也。』」

東坡謂：「學韓退之不至，爲皇甫湜；學湜不至，爲孫樵。」《謝南省主文歐陽内翰啓》。

朱新仲曰：「樵乃過湜，如《書何易于》、《褒城驛壁》、《田將軍邊事》①、《復佛寺

①「田將軍邊事」，元刊本作「何將軍邊事」。按，孫樵《孫可之集》有《書田將軍邊事》。

奏》，[一]皆謹嚴得史法，有補治道。」

[一] 諸篇皆載於《唐文粹》。

【元圻案】《四庫全書總目·別集類》：「《皇甫持正集》六卷。唐皇甫湜撰。湜，睦州人；持正，其字也。元和元年進士，仕至工部郎中。其集《唐志》作三卷，晁公武《讀書志》作六卷。其文與李翺同出韓愈，翺得愈之醇，而湜得愈之奇崛。」又：「《孫可之集》十卷。唐孫樵撰。樵字可之，又字隱之，自稱關東人。大中九年進士，歷官職方郎中、上柱國，賜紫金魚袋。樵《與王霖秀才書》云：『某嘗得文訣於來無擇，來無擇得之於皇甫持正，皇甫持正得之於韓吏部退之。』今觀三家之文，韓愈包孕羣言，自然高古；而湜稍有意爲奇；樵則視湜益有努力爲奇之態。其彌有意於奇，是其所以不及歟？」

林寶《元和姓纂》十卷，「自皇族之外，各依四聲類集，每韻之內，以大姓爲首」。此林寶《自序》之文。鄧名世謂：稍能是正數十條，而齊、秦之屬，亦所未暇。至鉏丘、茅夷，指爲複姓，又不勝其謬。鄭樵《通志·氏族略》謂寶不知自姓所由來。

【元圻案】鄧名世《古今姓氏書辨證》卷四「齊」下云：「謹按，《春秋》：姬姓衛昭伯長子，謚曰『齊子』，齊子之孫惡，始以祖謚爲齊氏。惡孫豹，以殺孟縶，爲衛所逐，《春秋》書之曰『盜』。裔孫明，仕韓，又仕東周，以姓見於《戰國策》。姓書自應劭、何承天以來，相承一誤，如齊、晉、秦、楚，不考其由，皆謂之氏於國者，故《姓纂》、《唐表》恥齊豹盜臣之名，喜太公大賢之後，鑿空附會，皆以齊氏爲〔出〕姜姓而氏於國，不曰出姬姓而氏於謚。後人因循訛謬，遂失其本，不可以不辨正。」又卷六「秦」下云：「秦氏出自姬姓。周文公世子伯禽受封爲魯侯，裔孫以公族爲魯大夫者，食邑於秦，因以爲氏。《春秋》魯莊公三十一年書『築臺於秦』，即其地也。莊公大夫曰：秦子，乾時之戰，代君任患，而身止於齊，其家遂昌，阜於魯國。昭公時有大夫曰商，曰遄。又有堇父者，仕孟氏，爲孟僖子車右，以力聞諸侯。漢興，高祖徙大姓實關中，秦氏始自魯徙居扶風茂陵。」又卷十一「茅夷」下云：「《元和姓纂》：『邾大夫茅夷鴻之後，見《左傳》。』謹按，世無此氏，而春秋時夷鴻姓茅氏，謂之茅成子，後世子孫何至乃以茅夷爲氏，考之義理，極無依據。凡《姓纂》中誤引經傳，增收入姓，如罕夷者數十，如茅夷者又數十，皆當時門生討論者淺陋訛謬，雜之以穿鑿臆説，刊修官未嘗考按（左）〔本〕書，因而附列。今舉凡以駁之，如此類者，悉皆駁正。」◎同年王穀睉曰：「今所傳《姓纂》、《姓氏辨證》，皆從《永樂大典》録出不全之本。鉏丘一姓，兩書皆闕，鄧氏於『齊』駁《姓纂》姜姓之非，其文亦多闕佚。於『秦』明出自姬姓，而不辨《姓纂》嬴姓之説，意有佚文。所云是正數十、十條者，俱不可得而考證矣。」◎《姓纂》卷五「林」：「殷太丁之子，比干之後。比干爲紂所滅，其子堅逃難長林之山，遂姓林氏。」《通志·氏族略》謂林氏出自姬姓，「周平王庶子林開之後，開生英，英生茂、慶」，與林寶所云不同，故鄭氏譏之。◎《四庫全書總目·子部·類書類》：「《元和姓纂》十八卷。唐林寶撰。寶，濟南人，官朝議郎、太常博士。其論得姓受氏之初，多原本於《世本》、《風俗通》，其他如《世本族姓記》、《三輔決録》以及《百家譜》、《英賢傳》、《姓源韻譜》、《姓苑》諸書，不傳於今者，賴其徵引，亦皆班班可見。鄭樵作《氏族略》全祖其文，蓋亦服其該博也。」又：「《古今姓氏書辨證》四十卷。宋鄧名世撰，而其子椿裒次之。名世字元亞，臨川人。李心傳《繫年要録》稱，紹興三年十月，詔撫州進士鄧名世赴行在，以御史劉大中薦也。四年三月，上此書。長於辨論，大抵以《左傳》、《國語》爲主，自《風俗通》以下各采其是者從之，而於《元和姓纂》抉摘獨詳。《朱子語類》謂名世『學甚博，姓氏一部考證甚詳』，不虚也。」

劉允濟曰：「班生受金，陳壽求米。」【原注】受金事未詳。

【何云】文帝即王位，誅丁儀、丁廙並其男口，安得晉時猶有子在？覓米事誣。

【閻按】《文心雕龍》云：「班固述漢，遺親攘美之罪，徵賄鬻筆之愆，公理辨之究矣。」公理，仲長統之字；「辨之究」，猶上文「論之詳」，非辨其誣也。◎其實二句純用《北史·柳蚪傳》「班固致受金之名，陳壽有求米之論」。

【全云】班固《自序》不言其父之從事《漢書》，故云「遺親攘美」。

【元圻案】《唐書·文藝傳》：「劉允濟，字允濟，河南鞏人。工文辭，與王勃齊名。爲著作佐郎，修國史。常曰：『史官善惡必〔書〕，使驕主賊臣懼，此權顧輕哉？而班生受金，陳壽求米，僕乃視如浮雲耳。』」◎《晉書·陳壽傳》：「或云丁廙、丁儀有盛名於魏，陳壽謂其子曰：『可覓千斛米見與，當與尊公作佳傳。』丁不與之，竟不爲立傳。」

劉知幾領史事，言「五不可」，曰：「孫盛取嫉權門，王劭見讎貴族。」《文粹》云：「王韶直書，見讎貴族。」「宋王韶之爲晉史，序王珣貨殖，王廞作亂。珣子弘、廞子華並貴，韶之懼爲所陷，深附結徐羨之、傅亮等。」[一]當從《文粹》爲王韶。《新史》誤以「韶」爲「劭」。【原注】韶之弒君之賊也，身爲梟獍，而秉史筆，其誰服之！《傳》曰：「無瑕可以戮人。」[二]

[一] 事見《宋書》王韶之本傳。

[二]【閻按】晉安帝崩，乃劉裕使王韶之密加酖毒，故曰「弒君之賊」。

【集證】浦起龍《史通通釋》曰：「《困學紀聞》據《文粹》云『王劭』當作『王韶』，按《舊唐書》亦作『王韶』，然觀《史通》於《敍事篇》云：『裴子野《宋略》、王劭《齊志》，二家並長於敍事，無愧古人。』《曲筆篇》云：『王劭之抗詞不撓，可以方駕古人。』《雜説中篇》云：『《隋書》王劭、袁充兩《傳》，惟録其詭辭妄説，遂盈一篇。尋又申以詆訶，尤其諂惑。』累累言王劭直書犯時忌，從本文作『劭』亦合。集内評家歷詆王劭，正緣不悟此旨耳。」

【元圻案】《唐書·劉知幾傳》：「知幾領史事。時宰相韋巨源、紀處（納）〔訥〕、楊再思、宗楚客、蕭至忠皆領監修，子玄病長官多，意尚不一，因爲至忠言『五不可』。」◎《史通·忤時篇》：「今館中作者，多士如林，皆願（多）〔長〕喙，無聞齰舌。儻有五始初成，一字加貶，言未絶口而朝野具知，筆未棲毫而搢紳咸誦。夫孫盛紀實，取疾權門；王劭直言，見讎貴族。人之情也，能無畏乎？」◎《南史·王韶之傳》：「韶之字休泰，博涉多聞。初爲謝（炎）〔琰〕參軍，得父偉之舊書，因私撰《晉安帝陽秋》。除著作郎，使續後事，訖義熙九年。晉安帝之崩，宋武帝使韶之密加酖毒。武帝受命，復掌宋書。韶之爲晉史，序王珣貨殖，王廞作亂。珣子弘入相，韶之常慮爲弘所繩，夙夜勤勵。後爲吴興太守，卒。」◎《晉書·孫盛傳》：「盛字安國，太原人。累遷秘書監。撰《魏氏春秋》二十卷，《晉陽秋》三十二卷。」◎《北史·王劭傳》：「劭字君懋，太原人。北齊待詔文林館。隋文受禪，遷秘書少監。」◎《隋書·王劭傳》：「劭撰《隋書》十八卷。」◎《册府元龜·國史部·議論類》載：「劉知幾奏紀於蕭至忠云：『孫盛實録，取嫉權豪；干寶直言，受譏朝士。』」又與《文粹》不同。

李晟每戰，必錦裘繡帽自表，而晟以勝；宋殷孝祖每戰，常以鼓蓋自隨，而孝祖以敗。兵豈有定法哉？

【方樸山云】《晟傳》則其自表之故，已明言之。

【元圻案】《唐書·李晟傳》：「晟字良器，洮州臨潭人。晟每戰必錦裘繡帽自表，李懷光曰：『將務持重，豈宜自表襮，爲賊餌哉！』晟曰：『向在涇原，士頗相畏服，欲令見之，奪其心爾。』」◎《宋書·殷孝祖傳》：「孝祖與賊合戰，常以鼓蓋自隨，軍中人相謂曰：『與賊交鋒，而以羽儀自標顯，若善射者十士攢射，欲不斃，得乎？』」是日，於陣爲矢所中死。」◎宋狄青與西賊戰，每帶銅面具，被髮出入行陣，亦所至克捷。

閩俗比中州，化於善也。蔡人過夷貊，化於惡也。

【全云】「俗比中州」，謂李椅、常衮之後；「人過夷貊」，謂吴氏之後。

【元圻案】《唐書·宗室世系表》：蜀王湛六世孫椅，福建按察使。◎唐獨孤及《福州新學碑》曰：「閩中無儒家者流，成公至而俗易，家有洙、泗，户有鄒、魯，儒風濟濟，被於庶政。」又曰：「公諱椅，皇帝之諸父，宗室之才子。」◎《唐書·常衮傳》：「起爲觀察使，閩人未知學，衮至，爲設鄉校，使作爲文章，親加講導，與爲客主鈞禮，觀游燕饗，由是俗一變，歲貢士與内州等。」◎《通鑑·唐紀》憲宗十二年：「初，淮西之人劫於李希烈、吴少誠之威虐，不能自拔。久而老者衰，幼者壯，安於悖逆，以死爲賊用，雖居中土，其風俗獷戾，過於夷貊。」

漢黨錮以節義，羣而不黨之君子也；唐朋黨以權利，比而不周之小人也。漢之君子，受黨之名，故其俗清；唐之小人，行黨之實，故其俗弊。

【元圻案】《後漢書·黨錮傳敍》曰：「桓、靈之間，主荒政謬，國命委於閹寺，士子羞與爲伍，故匹夫抗憤，處士横議，遂乃激揚名聲，互相題拂，品核公卿，裁量執政，婞直之風，於斯行矣。若范滂、張儉之徒，清心忌惡，終陷黨議，不其然乎！」◎《唐書・李宗閔傳》：「長慶初，錢徽典貢舉，宗閔托所親於徽，而李德裕、李紳、元稹在翰林，有寵於帝，共白徽納干丐，取士不以實，宗閔坐貶劍州刺史。由是嫌忌顯結，樹黨相磨軋，凡四十年，搢紳之禍不能解。」又贊曰：「夫口道先王語，行如市人，其名曰『盜儒』。僧孺、宗閔以方正敢言進，既當國，反奮私昵黨，排〔擘〕所憎，是時權震天下，人指曰『牛李』，非盜謂何？」◎《唐鑑》十九：「祖禹曰：漢之黨錮，始於甘陵二部相譏，而成於太學生相譽。唐之朋黨，始於牛僧孺、李宗閔對策，而成於錢徽之貶。」又曰：「漢之黨尚風節，故政亂於上而俗清於下；及其亡也，人有畏義而有不爲。唐之黨趨勢利，勢利盡而止，故其衰季，士無操行。」又曰：「牛李之黨多小人，德裕之黨多君子，然因私以害公，挾勢以報怨，則一也。」①

姦臣唯恐其君之好學近儒，非獨仇士良也。吳張布之排韋昭、盛沖，李宗閔之排鄭覃、殷侑，亦士良之術。

【元圻案】《唐書・宦者傳》：「仇士良之老，中人舉送還第，謝曰：『天子不可令閑暇，暇必觀書，見儒臣，則又納諫，智深慮遠，減玩好，省遊幸，吾屬恩且薄而權輕矣。爲諸君計，莫若殖貨財，盛鷹馬，日以毬獵聲色蠱其心，則必斥經術，闇外事，萬機在我，恩澤權力欲焉往哉？』」◎《三

① 「牛李之黨多小人」以下，見《唐鑑》卷二十一。

國志・吴・孫休傳》：「休欲與博士祭酒韋曜、博士（鄭）〔盛〕沖講論道藝，曜、沖素皆切直，布恐入侍，發其隱失，令己（不）不得專，因妄（設）〔飾〕説以拒遏之。」◎《唐書・鄭覃傳》：「覃於經術該深，諄篤守正，帝尤重之。李宗閔、牛僧孺知政，以覃與李德裕厚，忌其親近爲助力，陽遷工部尚書，罷侍講，欲推遠之。帝雅向學，頗思覃，復召爲侍講學士。帝嘗謂殷侑善言經，其爲人鄭覃比也。宗閔猥曰：『二人誠通經，然其議論不足取。』」◎真西山《大學衍義》曰：「忠臣之心，惟欲君之務學，傅説之告高宗是也。姦臣之心，惟恐其君之好學，張布之沮吴主是也。或見仇士良教其徒毋使人主親近儒生，則以爲此術自士良始，而不知三國之世已有如張布者。」

杜佑《理道要訣》，朱文公謂非古是今之書。

【集證】《唐志》：「杜佑《理道要訣》十卷。」《玉海》五十一：「佑自序曰：隋季文博《理道集》注：「《唐志》『法家』：《治道》十卷。」多主於規諫而略於體要。臣頗探政理，窮究始終，遂假問答，方冀發明。第一至第三食貨，四選舉命官，五禮教，六封建州郡，七兵刑，八邊防，九、十古今異制議。」又注云：「權德輿以爲誕章閎議，錯綜古今，經世立言之旨備焉。朱文公謂非古是今之書。」

【元圻案】其書見《一齋書目》，明季猶存，今佚。

魏鄭公曰：「重君子也，敬而遠之；輕小人也，狎而近之。」[一]武帝之於汲黯、衛青、公孫弘，明皇之於姚崇、宋璟、李林甫，可見矣。《中庸》之尊賢，必以修身爲本。

［一］語見魏徵本傳。

【元圻案】《漢書·汲黯傳》：「大將軍青侍中，上踞廁視之。丞相弘宴見，上或時不冠。至如見黯，不冠不見也。上嘗坐武帳，黯前奏事，上不冠，望見黯，避帷中，使人可其奏。其見敬禮如此。上既數征匈奴有功，黯言益不用。坐法，免官，召爲淮陽太守，十歲而卒。」◎《唐書·姦臣·李林甫傳》：「帝之幸蜀也，給事中裴士淹以辨學得幸。時肅宗在鳳翔，每命宰相，輒啓聞。及房琯爲將，帝曰：『此非破賊才也。若姚元崇在，賊不足滅。』至宋璟，曰：『彼賣直以取名耳。』因歷評十餘人，皆當。至林甫，曰：『是子妒賢嫉能，舉無比者。』士淹因曰：『陛下誠知之，何任之久邪？』帝默不應。」

「善言不可離口，善藥不可離手」，孟詵之言也。《觀物外篇》取之。［一］

［一］【閻按】孟詵見《唐書·隱逸列傳》。

【元圻案】《唐書·隱逸傳》：「孟詵，汝州梁人。擢進士第，累遷春官侍郎，拜同州刺史。神龍初，致仕，居伊陽山。尹畢構以詵有古人風，名所居爲『子平里』，其閒居嘗語人曰：『養性者，善言不可離口，善藥不可離手。』當時傳其當。」

張文潛云：「節度之强，不起於河北之繼襲，而起於節度之有功。」愚考方鎮之强，始於僕固懷恩用賊黨田承嗣、李懷仙、李寶臣分帥河北，非有功之將也。

【全云】正謂起於懷恩之有功。

【元圻案】張文潛《唐論》上：「天寶之亂，安、史横行於中原而莫之禁，天子兵弱而不能制，則其勢不得不倚節度之兵。而節度既已有功，則雖欲變之而不可。故唐之患不起於河北之繼襲，而起於節度之有功。使吾初不倚節度之功，則河北之區區，雖欲傳襲，其可得哉！」◎《唐書·叛臣·僕固懷恩傳》：「河北平，懷恩以功遷尚書左僕射兼中書令、河北副元帥、朔方節度使。初，帝有詔但取朝義，其它一切赦之。故薛嵩、張忠志、李懷仙、田承嗣見懷恩皆叩頭，願效力行伍。懷恩自見功高，且賊平則勢輕，不能固寵，乃悉請裂河北分大鎮以授之，潛結其心以爲助，嵩等卒據以爲患云。」◎《李寶臣傳》：「寶臣善騎射。范陽將張鎖高畜爲假子，故冒其姓，名忠志。」

司空圖《房太尉》詩曰：「物望傾心久，匈渠破膽頻。」注謂：禄山初見分鎮詔書，拊膺嘆曰：「吾不得天下矣！」琯建遣諸王爲都統節度，而賀蘭進明譏於肅宗。以司空表聖之言觀之，則琯建此議，可以破逆胡之膽。《新唐書》采野史稗説，而不載此語，唯程致道著論[一]發揚之。【原注】晉以琅琊立江左之業，我宋以康王建中興之基，琯可謂善謀矣。

[一]【閻按】見程俱《房太尉傳後論》。

【元圻案】《唐書·玄宗紀》：「天寶十四載十一月，安禄山反，陷河北諸郡。」「十五載七月，房琯爲文部尚書、同中書門下平章事。皇太子爲天下兵馬元帥，都統朔方、河東、河北、平盧節度使。永王璘爲山南東路黔中江南西路節度使，盛王琦爲廣陵郡都督、江南東路淮南道節度使，豐王珙爲武威郡都督、河西隴右安西北庭節度使。」◎《房琯傳》：「賀蘭進明曰：『陛下頃爲皇太子，太子出曰撫軍，入曰監國，而琯爲聖皇建遣諸王爲都統節度，乃爲陛下爲元子而付以朔方空虚之地，永王、豐王乃統四節度。此於聖皇似忠，於陛下非忠也。琯意諸子一得天下，身不失恩，又多樹私黨，以副戎權，推此而言，豈肯盡誠於陛下乎？』帝入其語，始惡琯。」◎宋程俱，字致道，衢州開化人。舉進士，試南宫第一，廷試中甲科。歷官徽猷閣待制，封新安縣伯。事迹具《宋史·文苑傳》。著《(山)北〔山〕小集》四十卷，《四庫全書》著録。◎《晉書·元帝紀》：「帝諱睿，字景文，宣帝曾孫，琅琊恭王覲之子也。懷帝蒙塵於平陽，司空荀藩等移檄天下，推帝爲盟主。愍帝即位，加左丞相。西都不守，愍帝詔攝萬機。太興元年三月，愍帝崩問至，於是大赦，改元。」

《通鑑》：劉蕡「不得仕於朝，終於使府御史」。《唐鑑》云：「終於柳州司户。」以《新史》考之，當從《唐鑑》。【原注】宦人深嫉蕡，誣以罪，貶柳州司户。

【何云】李商隱有《哭劉司户詩》。

【元圻案】《通鑑·唐紀》文宗太和二年：「自元和之末，宦官益横，建置天子在其掌握，威權出人主之右，人莫敢言。上親策制舉人，賢良方正昌平劉蕡對策，極言其禍云云。考官畏宦官，不敢取，蕡由是不得仕於朝，終於使府御史。」◎范氏《唐鑑》二十云：「終於柳州司户。」◎《唐書・劉蕡傳》：「蕡對策七年後，有甘露之禍。令狐楚、牛僧孺節山南東西道，皆表蕡幕府，授秘書郎，以師禮禮之。而宦人深嫉蕡，誣以罪，貶柳州司户，卒。」◎《舊唐書・文苑・劉蕡傳》亦云：「終於使府御史。」昭宗時，羅衮上言，有劉蕡「遂罹(遣)〔譴〕逐，身死異土」語。《粤西文載》言蕡「卒於柳州，墓在城西五里」，與《唐鑑》合。

顔真卿、鄭畋以興復爲己任，倡義討賊，其志壯矣。真卿權移於賀蘭進明，畋見襲於李昌言，功不克就。故才與誠合，斯可以任天下之重。

【全云】王庶之見陵於曲端，亦以此。

【元圻案】《唐書・鄭畋傳》：「畋字台文，系出滎陽。父亞。畋舉進士。黄巢陷東都，帝出梁、洋，畋上謁斜谷，帝勞遣之，且曰：『公謹扼賊衝，無令得西向。』畋曰：『臣當以死報國。』遷檢校尚書右僕射、西面行營都統。乃與涇原程宗楚、秦州仇公遇、鄜延李孝恭、夏州拓拔思恭約盟，傳檄天下。遠近咸聳。巢大懼，不敢西謀。當此時，微畋，天子幾殆。」又曰：「畋以鄜、夏兵屯東渭橋。行軍司馬李昌言者屯興平，遣麾下求爲南面都統，輒引兵趨府。畋不意見襲，登城好語曰：『吾方入朝，公能戢兵愛人，爲國滅賊乎？能，則守此矣。』遂委軍去。昌言自爲留後。」「贊曰：畋、鐸皆社稷之才，當大過之世，爲天下倡。扶支王室，幾致中興。俄而爲孽豎亂宦所乘，功業無所成就。」

常袞與禮官議：「禮，爲君斬衰三年。漢文帝權制三十六日。我太宗遺詔亦三十六日，羣臣不忍，既葬而除，略盡四月。高宗如漢故事。玄宗以來，始變天子喪爲二十七日。」【原注】世多以短喪議漢文帝，而不知二十七日之制自玄宗始也。

【元圻案】此條録《唐書·崔祐甫傳》文。

韓偓自書《裴郡君祭文》，首書「甲戌歲」，銜書「前翰林學士承旨、銀青光禄大夫、行尚書户部侍郎、知制誥、昌黎縣開國男、食邑三百户韓某」。是歲朱氏篡唐已八年，爲乾化四年，猶書唐故官，而不用梁年號。[一]【原注】慶曆中，詔官其四世孫奕。

[一] 案，此條全録劉克莊語。

【閻按】王氏晚歲自撰誌銘，有「其仕其止，如偓如圖」，聞者咸以爲實録。偓即韓偓，圖則卷二十之司空表聖。丘邇①求云。◎「慶曆」當作「景祐」，蓋龐籍爲漕時，奏上偓詩，始得官其裔

① 「邇」，原本作「爾」，據三箋本改。

孫也。

【全云】歐陽公常太息於唐無節義之臣，以爲白馬清流之禍使然。然予收拾遺文，亦尚可得十餘人，可備一卷。司空圖、韓偓、孫郃、羅隱、王居巖、朱葆光、顔蕘、李濤、梁震、黄岳、張鴻、梁昊①，其人也。然則當時恐不止於此。

【又云】尚有許儒，見《荆公集》。

【集證】《夢溪筆談》：「唐韓偓詩極清麗，有手寫詩百餘篇，在其四世孫奕處。偓天復中避地泉州之南安縣，子孫遂家焉。慶曆中，予過南安，見奕出其手集，字極淳勁可愛。後數年，奕詣闕獻之。以忠臣之後，得用仕參軍，終於殿中丞。」

【元圻案】劉克莊《跋韓致光帖》云：「馮道相數姓，不以國破君辱爲戚，而以官穹年高爲樂。楊凝式諫父之語壯矣，既而歷五季，每一革命則一進官，終於太子少師。致光自癸亥去國，至甲戌悼亡，十有二年，流落久矣，而乃心唐室，始終不衰。其自書《裴郡君祭文》，首書『甲戌歲』云云，賢於楊風子輩遠矣。宋景文修《唐史》，合列於司空表聖之後，不知何以不收，豈爲《香奩集》所累耶？慶曆中，詔官其四世孫奕，足以勸忠臣之後矣。」◎《唐書·韓偓傳》：「偓字致光，京兆萬年人。擢進士第。王溥薦爲翰林學士，遷中書舍人。偓嘗與崔允定策誅劉季述，昭宗反正，爲

① 「昊」，三箋本作「炅」。

功臣。」◎《日知録》十三：「陶淵明以宋元嘉四年卒，而顔延之作誄，直云『有晉處士』。真定府《龍藏寺碑》，隋開皇六年立，其末云『齊開府（參軍）長兼行〔參軍〕九門張公禮撰』。齊亡入周，周亡入隋，而猶書齊官。」◎《韓偓傳》見《唐書》一百八〔十三〕卷，非不收也。劉克莊蓋謂其不列《卓行》耳。

僕固懷恩叛唐，李日月爲朱泚將，而其母皆知逆順之理，良心不可泯也。

【元圻案】《通鑑·唐紀》代宗廣德二年：「僕固懷恩子瑒爲焦暉、白玉所殺。僕固懷恩聞之，入告其母。母曰：『吾語汝勿反，國家待汝不薄，今衆心既變，禍必及我，將如之何！』懷恩不對而出。母提刀逐之曰：『吾爲國家殺此賊，取其心以謝三軍。』懷恩疾走，得免。」◎《唐書·逆臣·朱泚傳》：「帝使高重傑屯梁山禦賊，賊將李日月殺之。渾瑊伏兵（漢）〔漠〕谷，引數十騎跳攻長安，泚大驚，踣榻前。瑊引卻，日月尾追，遇伏鬬，射日月殺之。泚悵悵。其母不哭，駡曰：『奚奴，天子負而何事？死且晚！』」

李光弼與韋陟論戰守，曰：「辨朝廷之禮，我不如公；若夫軍旅，則公不如我。」陟無以應。[一]古者治軍，有軍禮焉，楚得臣以無禮敗，晉文公以有禮勝。禮莫大於君臣之分，光弼命召不至，愧恨以没，蓋以禮與軍旅爲二物也。

［一］光弼語見《唐書》本傳。

【元圻案】《唐書·李光弼傳》：「相州、北邙之敗，朝恩羞其策謬，故深忌光弼，而程元振尤疾之。二人用事，日謀有以中傷者。及來瑱爲元振讒死，光弼愈恐。吐蕃寇京師，代宗詔入援，光弼畏禍，遷延不敢行。」「贊曰：光弼擁袂徇國，天下風靡；一爲遷延，而田神功等皆不受約束，卒以憂死。功臣去就，可不慎邪？嗚呼，光弼雖有不釋位之誅，然讒人爲害，亦可畏矣，將時之不幸歟！」

《唐鑑》曰：「人君觀史，宰相監修，欲其直筆，不亦難乎？房、魏爲相，總史事，其父彥謙、長賢，皆得佳傳，況不如房、魏者乎？」

【何云】按第十三卷所載①，長賢非有溢美，況僅附見魏收之後耶？

【又云】《紀聞》所采，非一人之論。

【全云】彥謙不過賢其先見耳。

【元圻案】《唐會要》六十三《史館》：「武德初，因隋舊制，隸秘書省著作局。貞觀三年閏十二月，移史館於門下省北，宰相監修。」◎《唐鑑》六：「帝謂監修國史房玄齡曰：『朕欲自觀

① 見卷十三「北齊魏長賢」條（頁一五六一）。

國史，知前日之惡，爲後來之戒，公可撰次以聞。』玄齡乃與給事中許敬宗等删定爲高祖、今上《實録》，上之。」范淳夫曰「後世人君得以觀史」云云。◎房彦謙，字孝沖，玄齡之父。傳見《隋書》列傳三十一。魏長賢，徵之父，收之族叔也。傳見《北史》列傳四十四。

獨孤及《福州新學碑銘》云：「閩中無儒家流，成公至而俗易，【原注】成公，李椅也，在大曆八年。家有洙、泗，户有鄒、魯。」【原注】常衮建中初爲閩人設鄉校，李椅在其前。

【閻按】《唐·宗室世系表》：蜀王湛五世孫，爲福建觀察使椅。

【元圻案】《世系表》椅乃湛之六世孫①。◎《獨孤及傳》：「及字至之，河南洛陽人。天寶末，以道舉高第。歷司封郎中，徙常州。」◎著《毗陵集》二十卷。《福州新學碑》見《文苑英華》八百四十七。

王福畤爲博士，執許敬宗之謚不改，無忝河汾之學矣。

---

① 按，古人紀祖孫世數，以除本身數之者爲正例，亦有連本身數之者。閻氏謂「五世孫」，蓋除去蜀王湛本身；翁氏謂「六世孫」，則連蜀王湛。二氏皆不誤，然終以閻氏爲正。另參見清劉毓崧《通義堂文集》卷十二《唐摭言跋》上篇。

【元圻案】《唐書·許敬宗傳》：「博士袁思古議謚曰繆，其孫彦伯訴思古有嫌，詔更議。博士王福畤曰：『何曾忠而孝，以(日)食〔日〕萬錢謚繆醜，況敬宗忠孝兩棄，飲食男女之累過之。』執不改。有詔尚書省雜議，更謚曰恭。」◎袁思古議曰：「敬宗棄長子於荒徼，嫁少女於夷落。聞《詩》學《禮》，事絶於(家)〔趨〕庭；納采問名，惟聞於黷貨。謚法『名與實爽曰繆』，請謚爲繆。」王福畤覆議曰：「福畤忝當官守，匪躬之故。若順風阿意，背直從曲，更是甲令虚設，將謂禮院無人。請依思古議爲定。」

許敬宗謚繆，而更曰恭；陳執中謚榮靈，而更曰恭。二事相類。

【集證】《宋史·張洞傳》：「陳執中將葬，洞與同列議謚爲榮靈，其孫訴之，詔孫抃等復議，改曰恭。洞奏：『執中位宰相，無功德而罪戾多，生不能正法，死猶當正名。』竟從抃等議。」《夢溪筆談補》：「故相陳岐公，有司謚榮靈。太常議之，以榮靈爲甚，請謚恭。以恭易榮靈，雖差美，乃是用唐許敬宗事，適足以爲累耳。」

武德初，以隋張衡死非其罪，謚曰忠，是奬弑君之賊也。高祖相封德彝，宜其以逆爲忠也。漢大綱正，見於戮丁公；唐無三綱，見於贈張衡。

【閻按】贈張衡乃高祖於義寧中事。太宗貞觀二年，以裴虔通弑煬帝，猶削爵流驩州。父子刑賞，判若天淵，故曰：「唐之天下，太宗之天下也。」

【全云】裴虔通止以流削處之，尚未蔽辜。

【元圻案】《隋書·張衡傳》：「煬帝欲大汾陽宮，衡進諫，帝意甚不平，嘗目衡謂侍臣曰：『張衡自謂由其計畫，令我有天下也。』衡妾言衡怨望，謗訕朝政，竟賜盡於家。臨死大言曰：『我爲人作何物事，而望久活！』義寧中，以死非其罪，贈大將軍、南陽郡公，謚曰忠。」◎《唐書·封倫傳》：「倫字德彝，以字顯。隋内史舍人。宇文化及亂，持帝出宮，使倫數帝罪，帝曰：『卿，士人，何至是！』倫羞縮去。」◎《高祖紀》：「武德三年，封德彝兼中書令。」

《朝野雜記[一]·甲集》十七「本朝視漢唐户多丁少之弊」曰：「西漢户口至盛之時，率以十户爲四十八口有奇，東漢户口率以十户爲五十二口，可準周之下農夫。唐人户口至盛之時，率以十户爲五十八口有奇，可準周之中次。」【原注】其説本程沙隨。

[一]【全云】李心傳作。

【元圻案】《雜記》又曰：「自本朝元豐至紹興，户口率以十户爲二十一口。以一家止於二口，則無是理，蓋詭名子户漏口者衆也。」◎《書録解題·雜史類》：「《建炎以來朝野雜記甲乙集》共四十卷。李心傳撰。上自帝系、帝德、朝政、國典，下及見聞瑣碎，皆録之。蓋南渡以後野史之最詳者。」

歐陽子書「唐六臣」於唐亡之後，貶其惡也；朱子書「晉處士」於晉亡之後，表其節也。一字之懲勸深矣。

【元圻案】《五代史·唐六臣傳敍》曰：「嗚呼！唐之亡也，賢人君子既與之共盡，其餘在者皆庸懦不肖、傾險獪猾、趨利賣國之徒也。不然，安能蒙恥忍辱於梁廷如此哉！作《唐六臣傳》。」◎六臣：張文蔚、楊涉、張策、趙光逢、薛貽矩、蘇循也。◎《綱目》宋文帝元嘉四年：「冬，晉徵士陶潛卒。」《考異》云：「《提要》作『處士』。」

《五代史·周本紀論》：「周世宗嘗夜讀書，見唐元稹《均田圖》，嘆曰：『此致治之本也。』詔頒其圖法，使吏民先習知之，期以一歲大均天下之田。」[一]考之《五代會要》「租税」類，世宗見元稹在同州時所上《均田表》①，因製素爲圖，賜諸道。《崔頌傳》云：「世宗讀唐元稹《均田疏》，命頌寫爲圖，賜近臣，遣使均諸道租賦。」史謂「元稹圖」，誤也。《稹集》有《同州奏均田》。《續通歷》云：「唐同州刺史元稹奏均租賦，帝覽文集而善之，寫其辭爲圖以賜。」

[一]【何云】八條，閣得抄本補完。考之南雍元板，乃自「田」字以下脱一葉。

①「均田表」，原本作「均田奏」，據三箋本改。《五代會要》正作「均田表」。

【元圻案】「續通曆」以下廿九字，閣本作小注，今從何本①。◎《通鑑·唐紀》穆宗長慶二年：「六月，裴度及元稹皆罷相，稹爲同州刺史。」◎《後周紀》世宗顯德五年：「帝欲均田租，以元稹《均田圖》遍賜諸道。」注：「時詔曰：『近覽《元稹長慶集》，見在同州時所上《均田表》，較當時之利病，曲盡其情，俾一境之生靈咸受其賜，傳於方册，可得披尋，因令製素成圖，直書其事。』」◎元稹《均田奏》曰：「因農務稍暇，令百姓自通乎實狀，又令里正書手等傍爲穩審，並不遺官擅到村鄉，略無欺隱。除去逃荒，其餘頃畝取兩税(充)〔元〕額，計七縣沃瘠，一例作分抽税。」◎《四庫全書總目·史部·政書類》：「《五代會要》三十卷。宋王溥撰。五代干戈俶擾，百度淩夷，故府遺規，多未暇修舉。然五十年間，法制典章，尚略具於累朝《實録》。溥因檢尋舊史，條分件繫，類輯成編。建隆二年，與《唐會要》並進，詔藏史館。」又曰：「《祖税類》中載周世宗讀《長慶集》，見元微之所上《均田表》，因令製素成圖，頒賜諸道。而歐史乃云周世宗見元微之《均田圖》，是直以圖爲元微之作。微溥是編，亦無由訂歐史之謬也。」◎晁氏《讀書志·編年類》：「《續通歷》十卷。荆南孫光憲撰。輯唐洎五代事，以續馬總《通歷》，參以黄巢、李茂貞、劉守光、阿保機、吴、唐、閩、廣、(胡)〔湖〕②、越、兩蜀事迹。太祖朝詔毁其書，以其所紀多非實也。」

---

① 按，此廿九字，元刊本亦作小注。

② 「胡」，清袁廷檮録何焯批校本《郡齋讀書志》作「湖」，何焯校語云：「按『湖』是，湖南馬殷也。」

歐陽子之論篤矣，而「不以天參人」之說，或議①其失；司馬公之學粹矣，而「王霸無異道」之說，或指其疵。信乎，立言之難也！

【元圻案】《五代史·司天考第二敍》曰：「自堯、舜、三代以來，莫不稱天以舉事，孔子删《詩》、《書》不去也。蓋聖人不絶天於人，亦不以天參人。絶天於人則天道廢，以天參人則人事惑，故常存而不究也。」◎司馬公《迂書》曰：「自孟、荀氏以下，皆曰由王道而王，由霸道而霸。道豈有二哉？得之有淺深，成功有小大耳。」◎胡氏《讀史管見》二十九：「夫天人無二道，心迹不可判，此孔孟心學也。於《司天考》而見歐陽氏之分天於人，於論爲人後而見歐陽氏之别心於迹。使其概乎有聞，則其論不至若是(偵)〔傎〕，而使天下之爲父子者不定也。」

歐陽子謂：「五代禮壞，寒食野祭而焚紙錢。」按，紙錢始於開元二十六年，王璵爲祠祭使，祈禱或焚紙錢，類巫覡，非自五代始也。古不墓祭，漢明帝以後有上陵之禮，蔡邕議以爲「禮有煩而不可省者」。《舊唐書·玄宗本紀》開元二十年，寒食上墓，編入五禮，永爲常式。寒食野祭，蓋起於此。朱文公《語録》謂：「漢祭河，用寓龍寓馬，以木爲之，已是紙錢之漸。《唐·禮書》載范傳正謂『唯顔魯公、張司業〔一〕家祭不用紙

① 「議」，原本作「譏」，據元刊本、三箋本改。

錢』。本朝錢鄧州[二]不燒楮鏹，呂南公爲文頌之。」

[一]【全云】名參。

[二]【閻按】鄧州乃錢若水。

【全云】漢祭五時及山川，皆有寓龍、寓馬，其後遂以代駒。

【元圻案】《五代史・晉家人傳論》曰：「五代，干戈賊亂之世也，禮樂崩壞，三綱五常之道絕，而先王之制度文章掃地而盡。如寒食野祭而焚紙錢，天子而爲閭閻鄙俚之事者多矣！」◎《通鑑・唐紀》玄宗開元二十五年：「太常博士王璵上疏請立青帝壇以迎春，從之。冬，十月，辛丑，制自今立春親迎春於東郊。時上頗好祀神鬼，故璵專習祠祭之禮以干時。上悅之，以爲侍御史，領祠祭使。璵祈禱或焚紙錢，類巫覡。習禮者羞之。」◎此云「二十六年」，「六」當作「五」。◎《後漢書・明帝紀》：「永平元年春正月，帝率公卿已下朝於原陵。」注：「《漢官儀》曰：古不墓祭。秦始皇起寢於墓側，漢因而不改。諸陵寢皆以晦、望、二十四氣、三伏、社、臘及四時上飯。其親陵所宮人，隨鼓漏理枕被，具盥水，陳莊具。天子以正月上原陵，公卿百官及諸侯王、郡國計吏皆當軒下，占其郡國穀價，四方改易，欲先帝魂魄聞之也。」又《禮（樂）〔儀〕志》劉昭補注：《謝承書》曰：「建寧五年正月，車駕上原陵，蔡邕從，見其儀，愾然謂同坐者曰：『聞古不墓祭。朝廷有上陵之禮，始謂可損。今見威儀，察其本意，乃知孝明皇帝至孝惻隱，不可易舊。』或曰：『本意云何？』『昔京師在長安時，其禮不可盡得聞也。光武即世，始葬於此。明帝嗣位踰年，乃帥公卿百寮，就園陵而創焉。明帝聖孝之心，親服三年，久在園陵，初興此儀，仰察几筵，下顧羣臣，悲切之心，必不可堪。』邕見太傅胡廣曰：『國家禮有煩而不可省者，不知先帝用心周密之至於此也。』廣曰：『然。子宜載之，以示學者。』」◎《漢書·郊祀志下》：「有司言雍五時無牢孰具，芬芳不備。乃令祠官進時犢牢具，色食所勝，以木寓馬代駒云。及諸名山川用駒者，悉以木寓馬代。」◎《史記·封禪書》：「秦時駒四匹，木禺龍欒車一駟，木禺車〔馬〕一駟，各如其帝色。」據此則禺龍馬實倣於秦也。◎《唐書·范傳正傳》：「字西老，鄧州順陽人。舉進士、宏辭，皆高第。官光禄卿。」◎張參著《五經文字》三卷，自序題「大曆十一年六月」，結銜稱司業，蓋代宗時人。◎吕南公，字次儒，南城人。《宋史》入《文苑傳》。著《灌園集》二十卷，《四庫全書》著録。其《錢鄧公不燒楮鏹頌》，《宋文鑑》取之。◎邵伯温《聞見前録》曰：「康節先生春秋祭祀，約古今禮行之，亦焚楮錢。程伊川怪問之，則曰：『明器之義也。脱有一非，豈孝子之心乎？』」◎宋葉大慶《愛日齋叢抄》：「《事林廣記》考論寓錢之始云：『今楮鏹也，《唐書·王璵傳》曰：「玄宗時，璵爲祠祭使，以漢以來葬者皆有瘞錢，後世里俗稍以紙寓錢爲鬼事，至是璵乃用之」。則是喪祭之焚紙錢起於漢世之瘞錢也；其禱神而用寓錢，則自王璵始耳。』《法苑珠林》云紙錢起於殷長史，則非創於璵矣。吕南公有《錢鄧公不燒楮鏹頌》云：『古用幣以禮神祇，後之罪士爲多，則假之以請禳祈禱；假之不已，則翻楮代焉而不支，是故罪者滿世而莫救其非，大抵深惡夫寓錢以徼福者也。』予觀洪慶善《杜詩辯證》載《文宗備問》云：「南齊廢帝東昏侯好鬼神之術，剪紙爲錢，以代束帛。

至唐盛行其事，云有益幽冥。」又牛僧孺云：「楮錢，唐初翦紙爲之。」』此足以補《事林廣記》之未及。」◎宋徐度《卻掃編》：「近世士大夫家祭祀，多苟且不經。惟杜正獻公家用其遠祖叔廉書儀，四時之享以分至日。不設倚卓，唯用平面席褥，不焚紙幣。以子弟執事，不雜以婢僕。先事致齋之類，頗爲近古。」

《兔園册府》[1]三十卷，唐蔣王惲令僚佐杜嗣先倣應科目策，自設問對，引經史爲訓注。惲，太宗子，故用梁王兔園名其書。馮道《兔園册》[2]，謂此也。

【閻按】《宋史·藝文志》亦云杜嗣先，晁公武以爲虞世南，何也？

【全云】世南《兔園册子》即今《北堂書抄》也。

【集證】晁氏《讀書志》：「《兔園册》[3]十卷。唐虞世南撰。奉王命，纂古今事爲四十八門，皆偶儷之語。至五代時，行於民間，村塾以授學童，故有『遺下兔園册』之誚。」

【元圻案】《文選》謝惠連《雪賦》「梁王不悦，遊於兔園」，注：「《漢書》曰：『梁孝王，文帝

① 「兔園册府」，元刊本作「兔園策府」，《宋史·藝文志》亦作「兔園策府」。
② 「兔園册」，元刊本作「兔園策」。
③ 「兔園册」，宋晁公武《郡齋讀書志》作「兔園策」。

子也。』《西京雜記》曰：『梁孝王好宫室苑囿，築兔園也。』」案，今《西京雜記》無此語。◎《五代史·劉岳傳》：「馮道世本田家，狀貌質野。旦入朝，兵部侍郎任贊與岳在其後，道行數反顧，贊問岳：『道反顧何爲？』岳曰：『遺下《兔園册》耳。』《兔園册》者，教田夫牧子之所誦也，故岳舉以誚道。」

天子之廢置出於士卒，自唐明宗始也。明宗以此得之，而反爾之報，在其後人。

【全云】明宗之報亦烈矣。從榮、從益、從厚皆以不良死，并從珂亦不得全。嗚呼，是殺繼岌之續也！

【元圻案】《五代史·唐紀》：「明宗世本夷狄，太祖養以爲子，賜名嗣源。趙在禮反於魏，大臣請遣嗣源討賊。嗣源至魏，兵變，嗣源入於魏，與在禮合，以其兵南。莊宗崩，入洛陽，即位。」「長興四年十一月，秦王從榮以兵入興聖宫，不克，伏誅。」「愍帝，明宗第五子從厚也。封宋王。從榮誅死，明宗病甚，召王於鄴。而明宗崩，即位於柩前。」「廢帝本姓王氏，明宗養以爲子，名曰從珂。封潞王。愍帝即位，潞王益自疑，遂據城反。愍帝出居於衛州，以太后令降爲鄂王。潞王即位，弒鄂王。」「清泰三年十一月，契丹立晉。閏月，帝崩。」注曰：「帝自焚死。」《唐家人傳》：「莊宗五子，長曰繼岌，封魏王。明宗兵反，入京師。李從襲勸繼岌馳趨京師，以救内難。行至渭河，西都留守張籛斷浮橋，繼岌不得渡，乃循河而東，至渭南，左右皆潰。繼岌縊死。」案，明宗四子：從璟、從榮、從厚、從益。從榮誅死；從厚即愍帝，爲廢帝從珂所弒；從益爲漢高祖所殺，從璟爲元行欽所殺。

後唐天成元年，吏部侍郎劉岳奏罷告身綾軸錢。本朝復納綾紙錢，淳熙元年始免。

【元圻案】《通鑑·後唐紀》明宗天成元年：「舊制，吏部給告身，先責其人輸朱膠綾軸錢。喪亂以來，貧者但受敕牒，多不取告身。十一月，甲戌，吏部侍郎劉岳上言：『告身有襃貶訓戒之辭，豈可使其人初不之睹！』敕文班丞、郎、給、諫，武班大將軍以上，宜賜告身。其後執政議，以爲朱膠綾軸，厥費無多，朝廷受以官禄，何惜小費！乃奏：『凡除官者更不輸錢，皆賜告身。』」據此，劉岳但請給告身，而執政議罷納錢耳。《五代史·劉岳傳》：「岳建言，以爲『制辭或任其材能，或襃其功行，或申以訓誡，而受官者既不給告身，皆不知受命之所以然，非王言所以告詔也。請一切賜之。』由是百官皆賜告身，自岳始也。」亦不載奏罷綾軸錢。厚齋之説，當别有所據。

周顯德六年，始去符契，專以印章爲驗。

【元圻案】吴仁傑《兩漢刊誤補遺》十：「按，銅虎、竹使符始於文帝，本於《周官》所謂『鎮圭以召守，牙璋以起軍旅』者。至唐，易其制爲銅魚，大事則兼敕書，謂都督、刺史改替追唤及軍發後更添兵馬之類。至周顯德六年，詔以特降制書，何假符契，遂廢之。建隆初，白重贊在鎮，有僞造制書者，乃知古以符契與璽書並行，其慮患遠矣。是時，去顯德廢銅符纔一歲，其弊立見，惜無以是爲言者。其後宋景文公始請復其制，曰：『今詔書單下，恐細人摹寫，無以察知。願復符節，與詔書雙下，合而後遣。』康定初，乃鑄造銅兵符云。」

歐陽子、司馬公之貶馮道，《春秋》之法也。我朝太宗謂范質欠世[一]宗一死，所以立萬世爲臣者之訓。

［一］【何云】「世」字已上明刻脱。

【閻按】王蠋「忠臣不事二君，貞女不更二夫」之言，直至宋代而明：一明於太宗責范質以死，一明於程伊川謂「餓死事小，失節事大」。而後爲人臣、爲人婦者之防始嚴，故宋大有功於綱常。余聞諸前輩先生云。

【元圻案】《通鑑·後周紀》太祖顯德元年：「四月，馮道卒。」「臣光曰：道尊寵則冠三師，權任則首諸相，國存則依違拱嘿，竊位素餐，國亡則圖全苟免，迎謁勸進。君則興亡接踵，道則富貴自如。茲乃姦臣之尤。」◎《東都事略·范質傳》：「質字文素，大名宗城人也。周廣順初，拜中書侍郎、同中書門下平章事。世宗累加司徒。太祖即位，仍以爲相。太宗嘗言：『近世輔弼循規矩，惜名器，持廉節，無與質比者。但欠世宗一死爲可惜耳。』」

唐後主不肯和親而亡，石晉父事契丹而興。晉之興也，乃其所以亡也。桑維翰之興晉，即所以亡晉也。

【全云】論本張魏公。

【元圻案】《五代史·吕琦傳》：「晉高祖鎮河東，有二志，廢帝患之，琦言：『太原之患，必引契丹爲助，不如先事制之。如漢故事，歲給金帛，妻之以女。』帝以問薛文遇，文遇大以爲非，因誦戎昱『社稷依明主，安危托婦人』之詩，以誚琦等。帝怒，急召琦等曰：『朕一女尚幼，欲棄之夷狄，金帛所以養士而捍國也，又輸以資虜，可乎？』其議遂寢。其後晉高祖起太原，果引契丹爲助，遂以亡唐。」《桑維翰傳》：「高祖自太原徙天平，不受命，而有異謀，因使維翰求援於契丹，邪律德光許諾。卒以滅唐而興晉，維翰之力也。」◎《通鑑·後晉紀》高祖天福元年：「石敬瑭令維翰草表稱臣於契丹主，且請以父禮事之，約事捷之日，割盧龍一道及雁門關以北諸州與之。」◎《五代史·景延廣傳》：「初，出帝立，晉大臣議告契丹，致表稱臣，延廣獨不肯，但致書稱孫而已。契丹果怒，數以責晉。」◎《晉出帝本紀》：「開運三年，契丹滅晉。」

朱温之兄全昱，楊涉之子凝式，人心之公是非，在其家者如此，况天下千萬人之心乎！

【閻按】凝式亦歷事梁、唐、晉、漢、周，法書中所稱「楊風子」也。

【全云】凝式雖歷仕，然嘗稱疾不豫事，或尚不欲盡負初心乎？

【元圻案】朱全昱事注已見前①。◎《通鑑·後梁紀》太祖開平元年：「三月，唐昭宣帝禪位於梁，攝侍中楊涉爲押傳國寶使。涉子直史館凝式言於涉曰：『大人爲唐宰相，而國至此，不可謂之無過。況手持天子璽綬與人，雖保富貴，奈千載何！盍辭之！』涉大駭曰：『汝滅吾族！』神色爲之不寧者數日。」《考異》曰：「陶岳《五代史補》曰：凝式恐事泄，即日佯狂，時謂之『風子』。」◎《五代史·唐六臣傳》：「楊涉子凝式，有文詞，善筆札，歷事梁、唐、晉、漢、周，常以心疾致仕，居於洛陽，官至太子太保。」◎宋袁文《甕牖閒評》曰：「凝式能出此言，亦可謂賢矣。《五代史》略不之及，何哉？《五代史》又謂凝式歷事五代，以心疾致仕，亦非也，彼殆托此以全身遠害而已；使果有心疾，其能爲此言乎？」

梁太祖幸河北，至内黄，顧李珽曰：「何謂内黄？」珽曰：「河南有外黄、下黄，故此名内黄。」曰：「外黄、下黄何在？」珽曰：「秦有外黄都尉，今在雍丘。下黄爲北齊所廢，今在陳留。」〔一〕按《五代通録》李珽曰：「河南有外黄、小黄。」《漢·地理志》：陳留有外黄、小黄縣。【原注】《五代史記》改「小黄」爲「下黄」，誤也。當從《通録》。

① 見卷十三「司馬孚自謂」條注（頁一五〇九）。

［一一］案珽，李琪之兄也。事見《五代史·李琪傳》。「今在」，原文俱作「在今」。

【元圻案】《書録解題·史部·編年類》：「《五代通録》六十五卷。宰相昭文館大學士大名范質文素撰。亦以實録繁冗，節略而成此書。」◎《漢書·地理志上》「陳留郡：小黄、外黄」注：「都尉治①。張晏曰：『魏郡有内黄，故加外。』臣瓚曰：『縣有黄溝，故氏之也。』師古曰：『《左氏傳》「惠公敗宋師於黄」，杜預以爲外黄縣東有黄城，即此地也。』」《後漢書·光武紀》「二年，幸内黄」，注：「縣名，屬魏郡，今相州縣。」又《郡國志》三「兖州陳留郡小黄」，注：「《漢舊儀》曰：『高祖母起兵時死縣北，爲作陵廟於小黄。』」

①「都尉治」，《漢書·地理志上》爲「外黄」小注。

卷十五

考史

《孟子》曰：「天下可運於掌。」又曰：「以齊王由反手也。」豈儒者之空言哉？自唐肅宗之後，紀綱不正①，叛兵逐帥，叛將脅君，習以爲常；極於五季，君如逆旅，民墜塗炭。我藝祖[一]受天明命，澡宇宙而新之。一階一級，全歸伏事之儀，發於聖訓，著於令甲。於是上下之分定，朝廷之體尊，數百年陵犯之習，片言而革。至若餓狼餒虎，肉視吾民而咀啖之，藝祖用儒臣爲郡守，以收節度之權；選文臣爲縣令，以去鎮將之貪。一詔令之下，而四海之内改視易聽。「運掌」、「反手」之言，於是驗矣。

［一］宋太祖廟號。

【元圻案】張舜民《畫墁録》曰：「階級條，太祖制也，若曰一階一級全歸伏事之儀，至今樞司

① 「正」，元刊本、三箋本作「立」。

以匣藏之也。」◎《演繁露續集》一：「階級法，本文曰『一階一級，全歸伏事之儀』，世傳太祖聖語，故著諸令。今《長編》則遂於真宗時登載。案，司馬光嘉祐七年上疏論禮法曰：『太祖申明軍法，自押官以上各有階級，小有違犯罪皆殊死。』然則其制不起真宗時，恐《長編》不審也。」◎《長編》載於真宗景德元年四月。◎《通鑑·唐紀》肅宗乾元元年：「六月，史思明表求誅李光弼，爲表云：『陛下不爲臣誅光弼，臣當自引兵就太原誅之。』」「十二月，平盧節度使王玄志薨。李懷玉爲裨將，殺玄志之子，推侯希逸爲平盧軍使。」「司馬公曰：肅宗遭唐中衰，幸而復國，是宜正上下之禮以綱紀四方；而偷取一時之安，不思永久之患。彼命將帥，統藩維，國之大事也，乃委一介之使，徇行伍之情，無問賢不肖，惟其所欲與者則授之。自是之後，積習爲常，君臣循守，以爲得策，謂之姑息。乃至偏裨士卒，殺逐主帥，亦不治其罪，因以其位任授之。然則爵禄、廢置、殺生、予奪，皆不出於上而出於下，如是而求天下之安，其可得乎？迹其厲階，肇於此矣。由是禍亂繼起，兵革不息，民墜塗炭，無所控訴，凡二百餘年，然後大宋受命。太祖始制軍法，使以階級相承，小有違犯，咸伏斧質。是以上下有敍，令行禁止，四征不庭，無思不服，豈非（貽）〔詒〕謀之遠哉！」◎《唐書·肅宗紀》：「乾元二年，（袁）〔襄〕州防禦將康楚元、張嘉延反，逐其刺史王政。」◎王氏《地理通釋》：「吕氏曰：藝祖肇造區夏，監觀四方，求民之莫。藩方强大，犬牙相錯，異姓封王及帶將印者，不下數十人。雖用趙普之謀，制其錢穀，收其精兵，斂威福之柄，歸之公上，而舉是大柄付之縉紳、學士無所疑。間命廷臣爲知州、通判，以散節度使之權；命朝臣奚嶼等爲縣令，以勤恤民隱。此運量宇宙之大略，出於獨見，而非普所能及也。」

高宗紹興三年正月之詔曰：「廷尉，天下之平也。[一]高柔不以明帝喜怒而毀法，游肇不以宣武敕命而曲筆，況可觀望臣庶而容心者乎？曹劌謂『小大之獄，雖不能察，必以情。爲忠之屬也，可以一戰』，[二]不其然乎？布告中外，爲吾士師者，各務仁平，濟以哀矜。天高聽卑，福善禍淫，莫遂爾情，罰及爾身。置此座右，永以爲訓。」大哉王言，幾於典誥矣！

[一]案，此用張釋之語，見《史記》本傳。

[二]見《左傳》莊公十年。

【何云】此詔乃南渡偏安之本。

【元圻案】《三國志·魏·高柔傳》：「柔字文惠。明帝即位，時獵法甚峻。宜陽典農劉龜竊於苑中射兔，其功曹張京詣校事言之。帝匿京名，收龜付獄。柔表請告者名，帝大怒曰：『龜獵吾禁地，便當拷掠，何復請告者名，吾豈妄收耶？』柔曰：『廷尉，天下之平也，安得以至尊喜怒而毀法乎？』重復爲奏，帝意悟，乃下京名。即還奏，各當其罪。」◎《北史·游明根傳》：「子肇，字伯始。爲廷尉時，宣武嘗敕肇有所降恕，執而不從，曰：『陛下自能恕之，豈可令臣曲筆也。』」

崔伯易《感山賦》[一]：「以皇祐[二]之版書，較景德[三]之圖録，雖增田三十四萬餘頃，反減賦七十一萬餘斛。」會計有録，非以增賦也。陳君舉赴桂陽軍擬奏疏云：「自建隆[四]至景德四十五年，南征北伐，未嘗無事，而金銀錢帛、糧草雜物七千一百四十八萬，計在州郡不會。」藏富於州縣，所以培護本根也。

[一]【閻按】亡友顧景范以《通鑑地理通釋》載《感山賦》，來問崔何時人。余取《宋史·崔公度傳》以覆曰：伯易，其字也。高郵人。歐陽修得其所作《感山賦》，示韓琦，琦上之英宗，即宣付史館。曲輶先生賦全載《宋文鑑》卷之六，以伯易爲其名。《感山賦》原名《太行山賦》，以太行近時忌，故改。曲輶先生作。見《孫公談圃》。

[二] 仁宗二十九年改元皇祐。

[三] 真宗七年改元景德。

[四] 太祖初元年號。

【閻按】有天下者，上之藏富於民，次之藏富於州縣，至藏富於國，斯下矣。宋祖宗時可謂得中策。

【元圻案】孫君孚《談圃》：「崔公度伯易，自號曲輶先生，作《太行山賦》，以太行近時忌，改作《感山賦》。永叔題其後曰：『司馬子長之流也。』韓魏公薦其文，(神)〔英〕廟授伯易潁川防禦推官、國子監直講。」◎葉水心《習學記言》四十七云：「自與敵通和，太行皆爲禁山，坐失地利，故此賦感之。」◎《續通鑑長編》二百二十六神宗熙寧四年：「九月，光禄寺丞崔公度爲崇文院校書。公度再除彰德府推官、國子監直講，辭不赴。作《一法百利論》萬餘言，論久任衆職之事，以進。召對，擢光禄寺丞，知陽武縣。故事：京官令初謁尹，拜庭下。公度上疏抗議，謂京官，天子省侍官屬，豈宜北面拜伏如見君之禮。自是罷。上嘉其節，復召對，命以館職。」

真文忠公嘉定四年兼禮部郎，上疏言本朝治體，曰：「立國不以力勝仁，理財不以利傷義，御民不以權易信，用人不以才勝德。恩結乎人心，富藏乎天下。君民相孚而猜忌不作，材智不足而忠信有餘。」

【元圻案】疏見《文忠集》卷三。

袁機仲由提舉江東常平茶鹽，改知處州，入對言於孝宗曰：「威權在下則主勢弱，故大臣逐臺諫以蔽人主之聰明；威權在上則主勢强，故大臣結臺諫以遏天下之公議。」機仲之言未盡也。臺諫爲宰相私人，權在下則助其搏噬，以張其威；權在上則共爲蔽蒙，以掩其姦。劉時可【原注】[1]應起。謂：「臺諫之議論，廟堂之風旨，頗或參同。夾

---

①「原注」，原本缺標，今據文例補。

袋之欲汰，白簡之所收，率多暗合。」[一]此猶婉而言之也。開慶初，[二]邊事孔棘，御史有疏云：「虜雖强，而必亡之勢已見。」咸淳初，[三]召洪君疇長臺端，御史自造謗詩，以尼其來。罔上誣善至此，豈但參同暗合而已哉！是以天子之耳目，勿用憸人，其惟端士。

[一]案，《名臣言行録》：「吕蒙正爲相，夾袋有册，謁見者必問人才，客去即疏之以奏。」《晉書·傅休奕傳》：「每有奏劾，或值日暮，捧白簡，竦踊不寐，坐而待旦。於是貴遊懾伏，臺閣生風。」

[二]【閻按】理宗在位三十五年，己未改元。

[三]【閻按】度宗初即位，乙丑改元。

【閻按】機仲名樞，建安人，即作《通鑑紀事本末》者。君疇名天錫，晉江人。以侍御史召，在道，爲監察御史張桂劾罷。後官端明殿學士，謚文毅。

漢高帝三章之約，我藝祖陳橋之誓，所謂「若時雨降，民大悦」①者也。

【元圻案】《宋史·太祖紀》：「次陳橋驛，軍士集驛門，宣言策點檢爲天子。未及對，有以黄衣加太祖身，即掖太祖乘馬。太祖攬轡誓諸將曰：『太后、主上，我北面事之，不得驚犯；大臣皆

①《孟子·梁惠王下》。

我比肩，不得侵陵；朝廷府庫、士庶之家，不得侵掠。』諸將皆再拜。」

周益公《跋范太史藏帖》云：「《續通鑑長編》多采近世士大夫所著，如曾子宣《日記》之偏，王定國《甲申録》之妄，咸有取焉。」然李微之《舊聞證誤》「執政不坐奏事」，以王定國《聞見録》爲證，與王沂公《筆録》不同。修《長編》時，未見定國書，故專用《筆録》。然則《長編》所采摭，猶有遺也。

【閻按】李仁父《長編》用力四十年而成，明正、嘉間人猶見全書。天啓中，錢牧齋只於内閣鈔卷初五大本，絳雲樓①災，遽歸天上。近四十年前，無錫顧孝廉始從嘉興高氏購得之，凡三易主，而歸傳是樓。余假館樓下，且讀且鈔，窮日夜不少休，然止及治平，餘仍放失。有勸主人宜集衆以續此編者，余亟搖手以戒，主人笑以爲知言云。◎《李燾傳》：「乾道四年上《續通鑑長編》，自建隆至治平，凡一百八卷。今卷數正合。」

【元圻案】《續通鑑長編》一太祖乾德二年：「先是，宰相見天子必命坐，有大政事則面議之，常從容賜茶而退。自餘號令除拜，刑賞廢置，但入熟狀，畫可降出即行之，猶有坐而論道之遺意焉。范質等自以先朝舊臣，稍存形迹，且憚上英武，每事輒具劄子進呈，退即批所得聖旨，而同列署

① 「絳雲樓」，原本誤作「絳雪樓」，據三箋本改。

字以志之。嘗言於上曰：『如此，則正稟承之方，免妄談之失矣。』上從之。後遂爲定式，蓋自質等始也。」◎《宋史·范質傳》云：「由是奏御寖多，始廢坐論之禮。」蓋從《王沂公筆録》。◎王定國《聞見近録》曰：「故事：執政奏事，坐論殿上。太祖皇帝即位之明日，執政登殿，上曰：『朕目昏，持文字近前。』執政至榻前，密遣中使徹其坐。執政立奏事自此始也。」◎李心傳《朝野雜記·甲集》四：「《續通鑑長編》者，李文簡燾所修也。其書倣司馬氏《通鑑》爲之，然文簡謙，不敢名《續通鑑》，故但謂之《續長編》。自建隆至靖康，凡九百八十卷，舉要六十八卷。」◎《四庫全書總目·史部·編年類》：「《續資治通鑑長編》五百二十卷。宋李燾撰。本朝康熙初，崑山徐乾學始獲其本於泰興季氏，凡一百七十五卷。嘗具疏進之於朝。然所載僅至英宗治平而止，神宗以後仍屬闕如。檢《永樂大典》『宋』字韻中，備録斯編，以與徐氏本相較，其前五朝雖大概相合，而分注考異往往加詳。至熙寧迄元符三十餘年事迹，徐氏所闕而朱彝尊以爲失傳者，今皆粲然具存。惟徽、欽二紀，原本不載，又佚去熙寧、紹聖間七年之事，（頗）爲可惜。」又《子部·小説家類》：「《王文正筆録》一卷。宋王曾撰。曾字孝先，青州益都人。封沂國公。謚文正。事迹具《宋史》本傳。所記皆太祖、太宗時事，其下及仁宗初者，僅一二條而已。曾練習掌故，所言多確鑿有據，故李燾《長編》往往全采其文。」又：「《甲申雜記》一卷，《聞見近録》一卷，《隨手雜録》一卷。宋王鞏撰。鞏字定國，自號青虚先生。莘縣人。旦之孫，素之子。所記皆東都舊聞。甲申者，徽宗崇寧三年也。」◎周煇《清波雜志》六：「向於呂申公之後大虬家得曾文肅子宣日記數巨帙，時屬淮上用兵，擾擾不暇録，歸之。後未見有此書。」◎李心傳，字微之，井研人。《宋史》入《儒林傳》。

晁景迂謂：「今賦役幾十倍於漢。」林勳謂：「租增唐七倍，又加夏税錢，通計無慮十倍。」李微之謂：「布縷之征三，穀粟之征三，力役之征四，蓋用其十矣。」

【何云】此宋之所以弱。

【集證】晁説之《元符三年應詔對事》曰：「本朝因唐楊炎并租庸調之二税以爲税矣，近又納義倉，是再租也。五等之民，歲納役錢，是再庸也。歲有常役則調春夫，非春時則調急夫，否則納夫錢，是或再或三以調也。其征於民者，固已悉矣，又復爲舉放利息之術，曰常平錢，曰預買錢，曰蠶鹽錢；又復廣設名目，悉籠遺利，曰課利錢，曰浄利錢，曰過月錢，曰施利錢。其征尚多，有司且難於條對也。」

【元圻案】《宋史·食貨志一》：「建炎（五）〔三〕年，廣州教授林勳獻《本政書》十三篇，謂：『本朝二税之數，視唐增至七倍。』」◎本傳：「勳，賀州人。」◎李心傳《朝野雜記·甲集》十五：「唐之庸錢，楊炎已均入二税矣，後世差役復不免焉，是力役之征，既取其二也。本朝王安石令民輸錢以免役，而紹興以後所謂耆户長、保正（催）〔雇〕錢復不給焉，是取其三也。合丁錢而論之，力役之征蓋取其四矣。而一有邊事，則免夫之令又不得免焉，是取其五也。今布縷之征，有折税，有和預（四）〔買〕，川路有激賞，而東南有丁絹，是布縷之征三也。穀粟之征，有税米，有義倉，有和糴，而斗面、加耗之輸不與，是穀粟之征亦三也。通力役之征而論之，蓋用其十矣。」◎陳君舉因輪對，言曰：「太祖垂裕後人，以愛惜民力爲本。熙寧以來，用事者始取太祖約束，一切紛更之。諸路上供歲額，增於祥符一倍；崇寧重修上供格，頒之天下，率增至十數倍。其它雜斂，則熙寧以常平寬剩、禁軍(關)〔闕〕額之類別項封樁，而無額上供起於元豐，經制起於宣和，總制、月樁起於紹興，皆迄今爲額，折帛、和(買)〔賈〕之類又不與焉。茶引盡歸於都茶場，鹽鈔盡歸於榷貨務，秋苗斗斛十八九歸於綱運，皆不在州縣。州縣無以供，則豪奪於民，於是取之斛面、折變、科敷、抑配、贓罰，而民困極矣。」①

止齋謂：本朝名節自范文正公，議論文章自歐陽子，道學自周子。三君子皆萃於東南，殆有天意。

【閻按】王元美論從祀，欲進仲淹而黜修，蓋原知其以濮議祀，非以功同昌黎。

【元圻案】陳止齋《溫州學田記》曰：「宋興，士大夫之學無慮三變，起建隆，至天聖、明道間，一洗五季之陋，而守故蹈常之習未化。范子始與其徒抗之以名節，天下靡然從之，人人恥無以自見也。歐陽子出，而議論文章粹然爾雅，軼乎晉魏之上。久而周子出，又落其華，一本於六藝，學者經術庶幾於三代，何其盛哉！則本朝人物之所由衆多也。余嘗求其故，三君子皆萃於東南，若

① 見《宋史·陳傅良傳》。

相次第，然殆有天意云云。」

《兩朝國史》非寇準而是丁謂，托之神宗聖訓，蓋蒲宗孟之筆也。王允謂「不可令佞臣執筆」，諒哉！

【何云】丁、寇之相惡，止於南人、北人分朋報復，不可獨以寇公爲是也。平心録其實，斯得之矣。

【全云】寇公誠有祖北之病，然其與丁謂牴牾，則君子、小人之是非較矣。何説謬。

【元圻案】晁氏《讀書後志·史類》：「《仁宗英宗兩朝國史》①一百二十卷。王珪等撰。元豐五年六月奏御。比之《實録》，事迹頗多，但非寇準而是丁謂，托之神宗詔旨。」◎《宋史·蒲宗孟傳》：「帝稱其有史才，命同修兩朝國史。」又稱宗孟附吕惠卿而非司馬光，則其是非之變亂可知矣。◎《後漢書·蔡邕傳》：「馬日磾謂允曰：『伯喈曠世逸才，多識漢事，當續成漢史，爲一代大典。且忠孝素著，而所坐無名，誅之無乃失人望乎？』允曰：『昔武帝不殺司馬遷，使作謗書，流於後〔世〕。方今國祚中衰，神器不固，不可令佞臣執筆在幼主左右。』」

紹興〔一〕重修《哲宗實録》，獨元祐八年事皆無存者，至參取《玉牒》、《日曆》諸

---

① 「仁宗英宗兩朝國史」，《郡齋讀書志》作《兩朝國史》，下云「右皇朝仁宗、英宗兩朝國史也」。

書以足之，僅得成書。中興後事，紹興八年至二十五年最爲疏略。鶴山謂：「小人爲不善，於傳世詒後之書，必遏絶之，自唐許、李至近世，莫不然。」

[二一]【閻按】高宗在位五年，辛亥改元。

【元圻案】魏鶴山《跋李文簡公手記李棁等十事》曰：「李文簡所記，多京、檜時事，雖得諸所聞者適若此，大抵平世事罕所佚遺。惟在柄臣，則未有不憚史官而嫉記者，故是非毁譽，鮮不失實，率閲歲歷時而後其事寖白。自唐許、李以至近世王、蔡、秦、韓，皆莫不然也。且裕陵一朝，大典既爲羣小所淟汩，雖紹興更定，差勝諸本，而其詆媢謾讕之詞，終有刊落未盡。其後紹述之議雖行於紹聖，其實昉乎元祐之末。至紹興重修泰陵《實録》，獨元祐八年事皆無存者，至參取《玉牒》、《日曆》諸書以足之，僅得成書。中興後事，亦是紹興八年至二十五年最爲疏略，小人終日爲不善，(皇)〔遑〕恤乎人言？惟於傳世詒後之書，則必求以遏絶而竄移之云云。」◎《書録解題·起居注類》：「《哲宗實録》一百五十卷。監修趙鼎、史官范沖等重修。紹興四年(二)〔三〕月，思陵嘗謂宰臣朱勝非等曰：『神宗、哲宗史録，事多失實，當別修定。范祖禹之子沖已有詔命，可趣來令兼史職。』頃歲①昭慈誕辰，宮中置酒，從容語及前朝事，曰：『吾逮事宣

① 按，《直齋書録解題》於「頃歲」前尚有「沖至，以宗正少卿兼直史館。辭，不許。上謂勝非曰：此事朕何敢私？』」之語，與下文連讀，文意方順。

仁，求之古今，母后之賢，未見其比，姦臣私憤誣謗，雖嘗下詔辨明，而史録未經删改。朕每念及此，惕然於懷，欲降一詔，具載昭慈遺旨，庶使中外知朕修史之本意。』於是以聖語繫之《哲録》之末。」

錢氏大昕曰：元祐八年，吕大防、范純仁在相位。其明年，改元紹聖，而章惇獨相矣。自紹興八年至二十五年，宰相秦檜也。

李常寧曰：「天下至大，宗社至重，百年成之而不足，一日壞之而有餘。」【原注】元祐中對策。[一] 劉行簡曰：「天下之治，衆君子成之而不足，一小人敗之而有餘。」【原注】紹興中奏疏。皆至論也。

[一] 案，蔣芾嘗舉此四語以告孝宗，孝宗以爲名言。

【元圻案】林少潁《尚書伊訓解》曰：「本朝元豐中，李常寧以進士對策爲第一，其言曰：『天下之大，社稷之重，百年成之而不足，一日毁敗之而有餘。』某嘗三復斯言，以爲得伊尹所以訓太甲之意，雖晁、董、公孫之策，皆不及也。」案，秦少游《李狀元墓誌》曰：「元祐三年春三月，上始臨軒策士，而廩延李君爲第一。君諱常寧，字安邦。君於斯時，年逾知命，釋褐授宣義郎，簽書鎮海軍節度判官。是歲，以疾卒。」與王氏原注合。林氏以爲元豐對策，誤也。◎劉行簡語，乃

《上殿論用君子小人》之説，與第一卷所引「《夬》以五君子決一小人」①云云同一疏。陳振孫稱其「居瑣闥僅百餘日，忤秦檜罷去」②。著《非有齋類稾》五十卷，今本作《苕溪集》五十五卷。

太祖在位十七年，四行郊禮。太宗二十有三年，五講郊禮。真宗東封西祀，率三年一行。仁宗後，三歲一郊爲定制。

【元圻案】《玉海》九十三：「吕源曰：三歲之郊，非祖宗制也。太祖在位十七年，四行大禮：乾德中，歷六年方一講；開寶四年，南郊；之後更五歲，因平江南，祭天地於洛京，伸告謝之敬而已。太宗自雍熙以來，五年乃親耕，又六年，至淳化六年再行郊禋之禮，是十年而一郊也。太宗二十三年五講郊禮。真宗率三年而一行。仁宗明道元年，恭謝天地於天安殿，又謁太廟，明年，又親耕，最爲煩數。自是三歲一郊，遂爲定制。」

《元城語録》藝祖造熏籠事，[二]周益公謂：誤以元豐後官制爲藝祖時官制。

① 見卷二「苕溪劉氏」條（頁三九）。
② 見《直齋書録解題》卷十八。

〔一〕注見卷四①。

【元圻案】周益公《蘇文定遺言後序》曰：「劉忠定公於本朝故事洞達該貫，無毫釐差。而馬永卿録造熏籠語，猶以元豐後官制爲太祖時官制。」◎《書録解題·儒家類》：「《元城語録》三卷。右朝散郎維揚馬永卿大年撰。永卿初任亳州永城主簿，從寓公劉安世器之學，記其所聞之語。」

呂正獻公書坐右曰：「不善加己，直爲受之。」本後漢張霸戒子之語。〔二〕呂居仁《雜録》曰：「少年毋輕議人，毋輕説事。」本魏李秉《家誡》。

〔二〕案正獻，呂公著之謚，《宋史》有傳。其事見《呂氏家塾記》。

【元圻案】《書録解題·儒家類》：「《師友雜志》一卷、《雜説》一卷。中書舍人東萊呂本中居仁撰。」◎《後漢書·張霸傳》：「霸字伯饒，成都人。鄉人號爲『張曾子』。遺敕諸子曰：『人生一世，但當敬畏於人。若不善加己，直爲受之。』」◎《三國志·魏·李通傳》「通子緒」注：「王隱《晉書》曰：緒子秉，字元胄。爲《家誡》曰：『凡人行事，年少立身，不可不慎，勿輕論人，勿輕説事。如此，則悔吝何由而生，患禍無從而至矣。』」

① 見卷四「嬪御奄寺」條注（頁四七〇）。

呂氏《童蒙訓》[一]云：「前輩有《編類國朝名臣行狀墓誌》，取其行事之善者，別録出之，以自警戒。亦樂取諸人以爲善之義。」[二]朱文公亦云：「籍溪胡先生[三]教諸生於功課餘暇，以片紙書古人懿行或詩文銘贊之有補於人者，粘置壁間，俾往來誦之，咸令精熟。」此二事可以爲法。

[一]亦呂本中著，共三卷。

[二]【何云】《自警編》之名本此。○案，呂氏語在《童蒙訓》下卷。

[三]【全云】胡原仲憲，文定從子①。

【元圻案】周益公《籍溪胡先生墓表》曰：「先生名憲，字原仲。崇安人。紹興庚辰與余同爲秘書省正字。原仲自言，少從其叔父文定公傳《論語》學，以爲入道之要。」◎胡文定三子：寅、宏、寧。籍溪，其侄也。謝山以爲文定子，偶誤記耳。

周元公濂溪先生生於道州，二程子生於明道[一]元、二間，天所以續斯道之緒也。

[一]仁宗十年壬申改元。

【何云】若是，則孔子不當生於闕里。

① 「從子」，原本作「仲子」，據三箋本改。

元祐之黨，劉元城謂止七十八人，後來附益者非也。慶元[一]之黨，黃勉齋[二]謂本非黨者甚多，羣小欲擠之，借此以爲名耳。

[一]【閻按】寧宗初即位，乙卯改元。

[二]名榦，朱子弟子。

【元圻案】宋費衮《梁溪漫志》三：「吾州蒼梧先生胡德輝珵①，嘗對劉元城嘆息張天覺之亡，元城無語，蒼梧疑而問之，元城云：『元祐黨人只是七十八人，後來附益者不是。』又云：『今七十七人都不存，惟某在耳。』元城爲此言時，實宣和六年十月六日也。」◎王明清《揮麈後録》：「蔡元長使其徒再行編類黨人，刊之於石，名之云『元祐姦黨』，播告天下。但與元長異意者，人無賢否，官無大小，悉列其中，殆三百餘人。有前日力闢元祐之政者，亦饕廁名。」◎洪景盧疏云：「龔敦頤念元祐黨籍諸臣及建中上書邪等人，多表表立名節，經崇寧禁錮，靖康流離，子孫不能盡存，平生施爲，漫不可考，訪求闕遺，遂成列傳譜述一百卷。凡名在兩籍者三百九人，而書於編者三百五，其不可得而詳者四人而已。」與劉元城之説不同。◎真西山《跋蜀人游監簿慶元黨人家乘》曰：「慶元初，衆賢盈庭，人稱爲小元祐，而侂冑以區區鶡弁，乃欲祖章、蔡故智，一罔而空之，於是姦黨之名以立。」◎《四庫全書目録・史部・傳記類》：「《慶元黨禁》一卷。滄洲樵叟撰。序

①「珵」，原本作正文大字，《梁溪漫志》爲小字注文，今從之。

稱淳祐乙巳，則作於理宗十八年也。考黨禁起於寧宗慶元二年八月，弛於嘉泰二年二月。是書之作，蓋距弛禁時又四十四年矣。書中所録僞黨共五十九人，如楊萬里嘗以黨禁罷官，而顧未入籍。薛叔似晚歲改節，依附權姦。皇甫斌猥瑣梯榮，僨軍辱國。侂胄既敗之後，復列名韓黨，與張巖、許及之諸人並遭貶謫，其姓名亦並見此書。豈非趨附者繁，梟鸞並集之一證哉？」

歐陽公爲《周君墓表》云：「篤行君子，孝於其親，友於其兄弟。」而《集》缺其名與字。周益公考之《春陵志》，乃周堯卿，字子俞。《東都事略》有傳，其行事與墓表合，而字子餘。未知《事略》據何書而立傳也。荆公爲《征君墓表》云：「淮之南有善士三人。」杜嬰、徐仲堅，而征君之名字《集》亦缺焉。三人皆居真之揚子，當求郡志而補之。【原注】二表皆載於《文鑑》。

【元圻案】周益公《平園續稾·彭孝子千里墓表》曰：「予聞仁宗朝有太常博士周君居父母喪，倚廬三年，不飲酒食肉，言必戚，哭必哀。歐陽公極論古今喪禮之廢，推爲篤行君子。而京、浙、閩、蜀所刻公《集》，概書曰『名厶字厶』，豈公表於金石、垂勸來世之意耶？予嘆息於斯。及考誌文，知其爲天聖進士。又考其宦遊多在湖廣，而墓在道州之永明，竊意爲道之賢者也。亟求《春陵志》視之，本郡果有周堯卿，字子俞，行義與公所書合。於是刻之定本，使其名字昭昭於無窮。」◎王荆公《處士征君墓表》：「淮之南有善士三人，皆居於真州之揚子。杜君者寓於豎，徐君寓於筮，故多爲賢士大夫所知，而征君獨不聞於世。征君諱某，字某，事其母至孝。於鄉里恂恂恭謹，樂振人之窮急，而未嘗與人校曲直。好蓄書，能爲詩。」◎《東都事略·儒學傳》：「周堯卿，字子餘，其先汝陰人也，後徙居荆州之南。舉進士，積官至太常博士。堯卿年十二喪父，憂戚如成人，見母氏則抑情忍哀，不欲傷其意。其於昆弟尤篤友愛。」◎《書録解題·地理類》：「《春陵圖志》十卷。教授臨江章穎茂憲撰。」又《别史類》：「《東都事略》一百五十卷。眉山王偁季平撰。」

宗廟樂有舞。建隆初，竇儼定太廟四舞，僖祖曰《大善》，順祖曰《大寧》，翼祖曰《大順》，宣祖曰《大慶》。列聖皆以「大」爲名。中興後，自僖祖《基命》至欽宗《端慶》，以原廟殿名爲舞名，禮官之失也。

【集證】《玉海》一百七：「建隆九年五月，判太常竇儼上新定太廟室舞曲名及登歌辭，自僖至宣凡四舞四曲，僖曰《大善》，順曰《大寧》，翼曰《大順》，宣曰《大慶》。列聖皆以『大』爲名：太祖《大定》，太宗《大盛》，真宗《大明》，仁宗《大仁》，英宗《大英》，神宗《大神》，哲宗《大成》。中興饗廟樂舞：太祖酌獻《皇武》，太宗《大定》，真宗《熙文》，仁宗《美成》，英宗《治隆》，神宗《大明》，哲宗《重光》，徽宗《承元》，欽宗《端慶》。自《皇武》至《端慶》，皆原廟殿名以爲舞名，非也。」

《長編》宣和五年，求石晉故疆，不思營、平、灤三州，乃劉仁恭遺虜，虜不肯割。〔一〕

按《五代史》，劉仁恭無割地遺虜之事。《四夷附録》云：「契丹當莊宗、明宗時，攻陷營、平二州。」【原注】唐無灤州。《武經總要》：「石晉割賂燕、薊、易、定，帥王都驅其民入契丹，因以烏灤河爲名以居之。案賈耽説，西北渡灤河，至盧龍鎮。」《唐・賈循傳》：「張守珪北伐，次灤河。」《薛訥傳》：「師至灤河。」

［一］案，今本《長編》缺徽、欽兩朝事。

【全云】胡身之《通鑑注》中較此爲詳。近時顧氏《日知録》本之《武經總要》，最謬。石晉時安得尚有王都？

【元圻案】《通鑑・後晉紀》高祖天福元年：「十一月，契丹主作册書，命石敬（塘）〔瑭〕爲大晉皇帝，割幽、薊、瀛、莫、涿、檀、順、新、嬀、儒、武、雲、應、寰、朔、蔚十六州以與契丹。」胡三省注：「人皆以石晉割十六州爲北方自撤藩籬之始，余謂雁門以北諸州，棄之猶有關隘可守。漢建安喪亂，棄陘北之地，不害爲魏、晉之强是也。若割燕、薊、順等州，則爲失地險。然盧龍之險在營、平二州界，自劉守光僭竊，周德威攻取，契丹遂據營、平。自同光以來，契丹南牧，直抵涿、易，其失險久矣。」◎宋陳均《九朝編年備要》二十九：「關内之地平、灤、營三州，自後唐爲契丹陷之後，改平州爲遼興府。以營、灤二州隸之，號爲平州路。至石晉之初，阿保機、耶律德光又得檀、順、景、薊、涿、易六郡，建燕山爲燕京，以轄六郡，號爲燕京路，與平州自成兩路。始朝廷自海上議割地，但云燕、雲兩路而已，蓋初謂燕山之路盡得關内之地，殊不知關内之地，平州與燕山異路也。」

仁宗時制科十五人：天聖，何泳、富弼；景祐，蘇紳、吴育、張方平、田況；[一]慶曆，錢明逸、彦遠；皇祐，吴奎；嘉祐，夏噩、陳舜俞、錢藻、蘇軾、轍、王介。東坡《同年王中甫挽詞》詩「先帝親收十五人」，[二]注者多誤。

[一]案，田況之舉，《長編》載在寶元元年。

[二]案自注云：「仁宗朝賢良十五人，今惟富鄭公、張宣徽、錢純老及余與舍弟在耳。」

【閻按】《仁宗本紀》：書策制舉人，見天聖八年，景祐元年，寶元元年，慶曆二年、六年，皇祐元年、五年，嘉祐二年、四年、六年。與此亦不甚合。惟《玉海·科舉》所載合。

【又云】父子則錢易、明逸、彦遠，兄弟則二蘇、二錢，再舉制科則張方平。仁皇親擢十五人，蓋錢易在前故。

【元圻案】《長編》一百九仁宗天聖(九)〔八〕年：「七月，御崇政殿試賢良方正能直言極諫太常博士成都何泳、茂才異等富弼。泳、弼所對策，並入第四等。以泳爲祠部員外郎，同判永興軍，賜五品服；弼爲將作監丞，知長水縣。」自注云：「泳邑里據《登科記》，當考。」又一百十四景祐元年：「六月，策試賢良方正能直言極諫太常博士蘇紳、才識兼茂明於體用大理寺丞吴育、茂才異等張方平。育策不及三千字，特擢之，以育爲著作佐郎、直集賢院，通判湖州。紳爲祠部員外郎，通判洪州。方平爲校書郎，知崑山縣。」又一百二十二寶元元年：「七月，策試賢良方正能直言極諫著作佐郎田況、大理評事張方平，茂才異等邵亢。況所對策入第四等，方平四等次。亢與宰相張士遜聯姻，報罷。況遷太常丞，方平著作佐郎，通判江寧府及睦州。況，信都人；亢，丹陽人也。」又一百三十七慶曆二年：「八月，策試才識兼茂明〔於〕體〔達〕用科。殿中丞錢明逸，明逸所對策入第四等次，以爲太常博士，通判廬州。明逸，易子也。」又一百五十九慶曆六年：「七月，策試賢良方正能直言極諫太常博士錢彦遠。彦遠策入第四等，擢祠部員外郎、知潤州。彦遠，易之子，明逸之兄也。宋興以來，父子兄弟制策登科者，錢氏一家而已。」又一百六十七皇祐元年：「八月，策試賢良方正能直言極諫殿中丞吴奎，奎所對入第四等，以奎爲太常博士、通判陳州。奎，北海人。」又一百八十六嘉祐二年：「七月，策試賢良方正能直言極諫秘書丞王彰、材識兼茂明於體用明州觀察推官夏噩。彰所對不入等，噩入第四等，授光禄寺丞。噩，越州人也。」自注：「噩，越州人，據《登科記》。」又一百九十嘉祐四年：「八月，策試應才識兼茂明於體用科明州觀察推官陳舜俞，賢良方正真言極諫旌德縣尉錢藻、汪輔之。舜俞、藻所對策並入等，授舜俞著作佐郎、簽書忠正軍節度判官〔事〕，藻試校書郎、無爲軍判官。輔之亦入等，御史沈起言其無行，罷之。舜俞，烏程人。藻，鏐五世孫也。」又一百九十四嘉祐六年：「〔七〕〔八〕月，策試賢良方正能直言極諫著作佐郎王介、福昌縣主簿蘇軾、澠池縣主簿蘇轍。軾策三等，介四等，轍四等次。以軾爲大理評事、簽書鳳翔府判官事，介爲秘書丞、知静海縣，轍爲商州軍事推官。介，衢州人也。」◎《石林燕語》五：「仁宗初復制科，立等甚嚴，惟吴春卿、蘇子瞻入第三等。故子瞻《謝啓》云：『誤占久虚之等。』」◎蘇紳，字儀甫，泉州晉江人。頌之父。吴育，字春卿，建安人。充之兄。謚正肅。張方平，字安道，南京人。舉茂材異等，又中賢良方正。田況，字元均，冀州信都人。錢明逸，字子飛，謚修懿。彦遠字子高。吴奎，字長文，謚文肅。陳舜俞，字令舉，自號白牛居士。錢藻，字醇老，明逸從子。《宋史》俱有傳。舜俞附《張問傳》，藻附《明逸傳》。◎《長編》一百九十四嘉祐六年：「七月，知長洲縣夏噩，坐私貸民錢，特勒停。噩中制科，本路提點刑獄王道古惡其輕傲，捃其事而廢之。」◎施宿《蘇東坡〈王中甫挽（詩）〔詞〕〉注》：「王中甫名介，三衢人。官止祠部郎中。」

乾道[一]元年，《郊赦文》云：「前事俱捐，弗念乎薄物細故；烝民咸乂，靡分乎爾界此疆。」洪文惠所草也。朱文公《與陳正獻[二]書》曰：「卑辭厚禮，乞憐於仇讎之戎狄。幸而得之，肆然以令於天下，曰：『凡前日之薄物細故，吾既捐之矣。』孰有大於祖宗陵廟之讎者，而忍以薄物細故捐之哉！」

[一]【閻按】孝宗在位三年，乙酉改元。

[二]【全云】名俊卿。

【何云】但失辭耳，錯引典故，不至見絶也。

【元圻案】《漢書·匈奴傳》：「孝文帝後二年，遺匈奴書曰：『朕追念前事，薄物細故，謀臣計失，皆不〔足〕以離兄弟之驩。朕與單于皆捐往細故，俱蹈大道，墮壞前惡，以圖長久，使兩國之民若一家。』」◎洪适，初名造，後更今名，字景伯，鄱陽人。皓長子。相孝宗，謚文惠。著《盤洲集》，《宋史》有傳。◎朱子《書》見《文集》二十四。

孝皇獨運萬幾，頗以近習察大臣。《中庸或問》「敬大臣」之說，《大事記》[一]「大臣從臣」之說，皆以寓箴諷之意。《文鑑》所取，如徐鼎臣名鉉。《君臣論》、文潞公《晁錯論》、蘇明允《任相論》、秦少游《石慶論》之類，皆諫書也。

[一]呂成公祖謙撰。

【全云】《文鑑》所以可貴在此。

【元圻案】朱子《中庸或問》曰：「夫勞於求賢而逸於得人，任則不疑而疑則不任。如置之大臣之位，而又恃小臣之察以防之，吾恐上之所以猜防畏備者愈密，下之所以欺罔蒙蔽者益深。所謂偏聽獨任、御下蔽上之姦，將不在於大臣，而移於左右，其爲國家之禍，尤不可勝言者矣。」◎呂成公《大事記》曰：「周赧王五年，客卿謂秦武王曰：『張儀之貴不得議公孫郝，則從臣不事大臣矣；公孫郝之貴不得議甘茂，則大臣不事近臣矣。』」《解題》曰：「大臣、從臣之名，始見於此。所謂大臣者，張儀、甘茂也；所謂從臣者，公孫郝也。韓客謂向壽曰：『今王之愛習（公）也，（公）不如公孫郝。』然則當時所謂從臣者，愛習而侍從者也。文、武、成、康之際，侍御、僕從罔非正人，列之於六官之屬，曷嘗有内外之閒哉？秦乃用其愛習爲人主私人，其權至與大臣相抗，古無是也。遇昏弱之主，則大臣、從臣表裏締結，合爲欺罔；遇英武之主，如秦武之流，不過防其交通，使之互相伺察而已。雖自以爲得駕馭之術，不知體統舛雜，中外痞隔，致亂之道也。」◎徐鼎臣《君臣論》曰：「人臣者，在貧賤之中，處疏遠之地，有上下之隔，有左右之蔽。自媒則有暗投之患，因人則無苟合之譽。禮秩之不足則不肯進也，況不禮之哉！」◎文潞公《晁錯論》曰：「臣讀《漢史》晁錯之策云：『五帝神聖，其臣不能及，故自親事。』臣謂錯之言乖謬頗甚。若後之人君謂錯言爲是，乃以一身、一心、兩耳、兩目獨任自用，以周天下之萬務，豈不殆哉？又將使厥后自聖，無復察邇言好問之裕。」◎蘇明允《任相論》曰：「任相之道，接之以禮，然後可以重其責而無怨言；責之重，然後接之以禮而不爲過。禮薄而責重，彼將曰：主上遇我以何禮，而重我以此責也，甚矣。責輕而禮重，彼將遂弛然不肯自飭。故厚禮以維其心，而重責以勉其忠，而後爲相者，莫不盡忠於朝廷而不恤其私。」◎秦觀《石慶論》曰：「慶爲相時，九卿更進用事，不關決於慶。慶醇謹而已，在位九歲，無能有所正言。嘗欲治上近臣，反受其過，上書乞骸骨，詔報反室，自以爲得計。既而不知所爲，復起視事。嗚呼，此其所以見容於武帝者歟？」◎《書録解題·總集類》：「《皇朝文鑑》一百五十卷。吕祖謙編。孝廟賜名《文鑑》，朱晦庵晚歲嘗語學者曰：『此書編次，篇篇有意，每〔卷〕首必取一大文字作壓卷，如賦取《五鳳樓》之類；其所載奏議，亦繫一時政治大節，祖宗二百年規模與後來中變之意，盡在其中，非《選》、《粹》比也。』」◎朱子淳熙八年召對摺子云：「士大夫之進見有時，而近習之從容無間。士大夫之禮貌既莊而難親，其議論又苦而難入，近習便辟側媚之態，既足以蠱心志，其胥吏狡獪之術，又足以眩聰明，恐陛下未及施駕馭之策，而先已墮其數中矣。」孝宗之失，朱子嘗顯規之。

真文忠公奏疏曰：「乾道、淳熙間，有位於朝者，以饋遺及門爲恥；受任於外者，以苞苴入都爲羞。」①〔一〕然朱文公封事，言浙中風俗之弊，甚者「以金珠爲脯醢，以契券爲詩文」，〔二〕則此習猶未革也。

〔一〕理宗召德秀擢禮部侍郎、直學士院，上第二疏。

〔二〕淳熙十五年戊(午)〔申〕②，朱子以直寶文閣奉祠去，十二月，投匭進封事。見本集。

高宗廟號未定，有議爲「光宗」、「寧宗」者，見周益公《思陵録》。其後兩朝用之。高宗陵名，嘗擬「永阜」，其後孝宗用之。

【元圻案】周益公《思陵録》上：「太上廟號，衆以『高宗』爲允，上曰：『太后以武后之故，深不欲用。』(留)〔劉〕參欲稱『光宗』，上曰：『無謂。』臺諫謝諤等六人乞用寧考之『寧』，禮官再

① 見《續資治通鑑·宋紀》理宗寶慶元年。

② 按，宋孝宗淳熙十五年當爲戊申。正文所引「以金珠爲脯醢」云云，出朱熹《晦庵集》卷十一《戊申封事》。

乞用『高』字，上顧予：『如何？』予曰：『以高大爲義，則高宗亦可。』上乃令就初議。」又：「王相擬太上陵名凡五：永紹、永興、永阜、永壽、永思。上點永思。」

淳熙十四年皇太子[一]參決庶務手詔，洪景盧所草也。禮部太常官堂白手詔，用貞觀、天禧[二]事，皆非所宜。

[一] 即光宗也。

[二] 真宗二十年丁巳改元。

胡文定名安國。言：崇寧以來，奄寺「用王承宗故事而建節旄」。[一]「宗」字誤，當云「承休」。《五代史·前蜀世家·王衍》乾德六年：蜀王衍以宦者王承休爲天雄軍節度使。

【原注】致堂《原亂賦》「建承宗之旄纛」，亦誤。

[一] 徽宗崇寧四年（十一）（正）月①，擢童貫經略安撫制置使；大觀二年正月，加童貫武康軍節度使，仍宣撫。

① 按，《宋史·徽宗本紀二》：（崇寧）四年春正月，「以内侍童貫爲熙禾蘭湟、秦鳳路經略安撫制置使」。據改。

【元圻案】宋高宗即位，胡文定上疏曰：「崇寧以來，奄寺得志，用王承宗故事而建節旄，用李輔國故事而封王爵，用田令孜故事而主兵權，用龔澄樞故事而爲師傅。」◎胡致堂《原亂賦》曰：「悼崇觀之已還兮，乃卒踐於往躅。班輔國之王爵兮，建承宗之旄纛。踵澄樞師傅於南漢兮，晞令孜總兵於西蜀。」本全用文定疏語，故仍其誤。

李微之問勉齋云：「南軒賜章服，兩爲胡忠簡銓繳還，而不聞引避；東萊除職，既遭陳叔進行詞醜詆，乃復受之而不辭。皆所未曉。」勉齋答云：「先輩非後學所敢輕議，然辭受合尚嚴，今當嚴者反寬，是以不免爲具眼者勘破，學者所當戒也。」

【何云】若皆悻悻而去，誰與事君？南軒、東萊必非苟容者也，勉齋亦爲後學立此防維耳。

【全云】陳叔進名騤。

【又云】南軒受孝宗知遇最深，自不應以人言遽去，東萊則似不必。

【元圻案】周益公《省齋文稿·胡忠憲神道碑》曰：「公雖與張忠獻善，及其子賜金紫，則謂不當如勳臣子，繳奏之。」◎楊誠齋《跋澹庵先生繳張欽夫賜章服答詔》詩云：「紫綬當時賜兩人，一爲乳臭一名臣。老韓不要令同傳，誰會先生此意真？」自注云：「是日，欽夫與一吴氏子同賜命〔服〕，獨繳欽夫。」然則忠簡有深意焉，誠齋必有所據。◎葉紹翁《四朝聞見録·乙集》：「呂成公集《皇朝文鑑》成，孝宗除公直秘閣，暨賜御府金帛。陳騤時爲中書舍人，執奏以爲此特編類之勞，恐賞太厚。成公遂力辭貼職，上不從。」案，《宋史》吕成公本傳載孝宗批旨云：「館閣之職，文史爲先。祖謙所進，采取精詳，有益治道，故以寵之。」成公實辭而不獲也。◎黄勉齋名榦，字直卿，朱子弟子。陳騤，台州臨海人，官知樞密院兼參知政事。《宋史》俱有傳。

微之又云：「東萊之學甚正，而優柔細密之中，似有和光同塵之弊；象山之學雖偏，而猛厲粗略之外，卻無枉尺直尋之意。」

【何云】惟事關君德者不可不争，至於處衆，和而不同可也。

【全云】此以二公學術言之，謂吕學深穩而稍不同，陸學則自成其是也。觀鵝湖之會，可見何説謬。

【元圻案】陸九淵，字子静，撫州金谿人。學者稱象山先生，謚文安。事迹具《宋史·儒林傳》。

《演蕃露》：「明道二年，奉安莊獻神御於慈孝寺彰德殿，則莊獻不入景靈。」按景靈宫建於祥符五年，以奉聖祖。其爲原廟，自元豐五年始。前此帝后館御，寓佛、老之祠者多矣，非止莊獻也。

【元圻案】程大昌《演繁露續集》一：「明道二年，奉安莊獻明肅神御於慈孝寺彰德殿，莊懿太后於景靈宫廣孝殿。然則莊獻不入景靈耶？」◎《長編》七十九真宗大中祥符五年：「十二月，先是，詔丁謂等於京城擇地建宫，以奉聖祖。謂等奏：『司天少監王熙元言，按《天文志》，太微宫南有天廟星，乃帝王祖廟也，宜就大内之丙地。』乃得錫慶院吉地，即令謂等與内侍鄧守恩修建。戊辰，詔上新宫名曰景靈。」又三百三十神宗元豐五年：「十月乙丑，詔景靈宫奉真廣孝孝嚴英德殿、慈孝寺崇真彰德殿、普安禪院隆福殿御容。十月丁丑，告遷入内。奉先資福禪院慶基殿，太平興國寺開先殿、啓聖院永隆殿、崇先觀永崇殿、普安禪院重徽殿御容。十一月壬子，告遷入内。」又三百三十一元豐五年：「十一月癸未，上朝享景靈宫。先是，祖宗神御殿分建於諸寺觀。上以爲未足以稱嚴奉之義，乃酌原廟之制，即景靈宫建十一殿，每歲孟月朝享，以盡時王之禮。」◎《玉海》卷一百《郊祀·祠宫門》：「元豐五年，詔有司度宫之東而建六殿，爲原廟奉祖宗像設。又爲别殿五於其北，以奉母后。宣祖曰天原，藝祖曰皇武，太宗曰大定，真宗曰熙文，仁宗曰美成，英宗曰治隆。昭憲后曰太始，孝明后曰儷極，懿德、明德、元德后〔曰〕輝德，章穆、章獻、章懿后曰衍慶，慈聖后曰繼仁。」◎莊獻明肅，真宗后，姓劉氏。莊懿，仁宗生母，姓李氏，仁宗追尊爲皇太后。

攻媿《跋曹子方書》，以爲祐陵時上書論時事，靖康欽宗。至樞筦。愚謂有兩曹輔，其一字子方，與蘇、黄遊；若論事爲樞筦者，字載德。龜山爲銘，見《龜山集》三十七。合爲一人，非也。〔二〕又《淮海樓記》考《國史傳》，秦少游調定海主簿，而《文集》無一語及之。愚謂少游爲蔡州教授時，選人七階未改，主簿乃初階，非歷此官也。

［一］【全云】曹子方，海陵人。東坡有送之赴閩漕詩。其爲樞筦者，則與龜山同里。

【元圻案】樓大防《攻媿集·跋曹子方書》云：「祐陵盛時，曹公上書，極論時事。廟堂質責之，問所從知，對曰：『天下皆知之，而相公不知，所謂「焉用彼相」。』遂貶去。京尹不忍辱之，引頸荷校而行。吏卒問何以爲路費，曰：『少俟吾子。』已而一介草履，負擔而至，即其子也。問所攜，前則草履，後則乾糧。卒憤然欲加捽辱，子奮曰：『我父得罪朝廷，爾曹敢無禮我，當殺爾！』愕不敢動。靖康初，召還，寖至樞筦。又閩人也，宜乎遊了翁之門。」◎楊龜山《曹公墓銘》曰：「曹輔，字載德，南劍州沙縣人。元符三年中進士第。靖康圍城中，簽書樞密院事。高宗初卒。」◎東坡有《送曹輔赴閩漕》詩，注：「輔字子方，海陵人。元豐間爲鄜延路經略司勾當公事，後提點廣西刑獄。先生在惠數年，數有往來書帖。元祐黨禍。諸賢多在巡內，子方周恤備至，士論與之。」◎《山谷集》有《送曹子方福建路運判》詩。◎《宋史·曹輔傳》：「輔，南劍州人。自政和後，蔡京導帝微行，外置行幸局，民間猶未知。以京謝表有『輕車小輦，七賜臨幸』之言，自是傳聞四方。輔知言必獲罪，義不可止，召子紳付以家事，乃上疏。編管郴州①。靖康改元，歷延康殿學士、簽書樞密院事。」◎《攻媿

① 此處翁氏節略有誤。按《宋史·曹輔傳》：「及蔡京謝表有『輕車小輦，七賜臨幸』，自是邸報聞四方，而臣僚阿順，莫敢言。輔上疏略曰云云。退，待罪於家。（王）黼奏不重責輔，無以息浮言，遂編管郴州。輔將言，知必獲罪，召子紳來，付以家事，乃閉户草疏。」

集・定海縣淮海樓記》曰：「問樓何以名，曰：秦少游初筮之地也。退而考之國史，傳云元祐初調定海主簿，信矣！又求於《文集》，則絶無一語及之。訪諸父老，相去百餘年間，耳目所不接，不可得而考矣。」◎《宋史・職官志一》：「崇寧初，以議者有請，自承直至將仕郎，凡換選人七階。」

《律疏》與《刑統》不同，《疏》依律生文，《刑統》参用後敕，雖引《疏》義，頗有增損。天聖[一]中，孫奭校定《律文》及《疏》爲《音義》。

[一]仁宗即位初元。

【何云】宋初士大夫留意實事。

【元圻案】高承《事物紀原》：「唐宣宗時，以刑律分類爲《大中刑律統類》，故五代以來又有《刑統》。」◎《唐志》：「《律疏》三十卷。長孫無忌奉詔撰。」◎《書録解題・法令類》：「《律文》十二卷，《音義》一卷。自魏李悝、漢蕭何以來，更三國、六朝、隋、唐，因革損益備矣。本朝天聖中，孫奭等始撰《音義》，自名例至斷獄，歷代異名皆著之。」又：「《刑統》三十卷。判大理寺燕山竇儀可象詳定。初，范質既相周，建議律條繁廣，輕重無據，特詔詳定，號《大周刑統》，凡二十一卷。至是重加詳定，建隆四年頒行。」又：「《慶元敕》、《令》、《格》、《式》一百二十二卷。丞相京鏜等表上。國朝自建隆以來，世有編敕，每更修定，號爲『新書』。其有續降指揮，謂之『後敕』，以待他時修入云。」◎釋文瑩《玉壺清話》：「范質議刑典，疏曰：『先王所恤，莫重於刑。今繁苛失中，輕重無準，民罹横刑，吏得侮法，願陛下留神刑典，深軫無告。』周世宗命公與臺官劇可久、知雜張湜詳修刊定，五年書成，目曰《刑統》。」

江休復《嘉祐雜志》：「駕頭，初即祚所坐。王原叔曰：『此坐傳四世矣。』」按《國史·輿服志》：「駕頭，七寶牀也，覆以緋羅繡帕，内臣馬上捧之。」【原注】嘉祐六年，幸睦親宅，内侍墮馬，駕頭壞。遂以閤門祗候、内侍各二員，挾駕頭①左右，次扇筤，又以皇城親從兵二十人從其後。

【全云】江休復，名鄰幾。王原叔，名洙。

【集證】《江鄰幾雜志》三卷，晁氏曰：「皇朝江休復撰。休復，歐陽永叔之執友。其所紀精博，絶人遠甚。鄰幾，其字也。」又名《嘉祐雜志》。按，今存一卷。◎《夢溪筆談》：「正衙法座，香木爲之，加金飾，四足，墮角，其前小偃，織藤冒之。若車駕出幸，則使老内臣馬上抱之，曰『駕頭』。輦後曲蓋謂之『筤』，兩扇夾心，通謂之『扇筤』。皆繡，亦有銷金者，即古之華蓋也。」

【元圻案】《續通鑑長編》一百九十四仁宗嘉祐六年：「太常禮院及整肅禁衛所並言，請自今駕出，以閤門祗候并内臣各二員挾駕頭，左右次扇筤，仍以親從兵二十人從其後。先是，幸睦親宅，内侍抱駕頭墮馬，駕頭壞。御史中丞韓絳乞增乘輿出入儀衛之禁，事下太常禮院等處參議，而定此制。」注：「江休復《雜志》云：韓維問李淑駕頭何物，曰：百講坐之一。劉敞訪之王洙，

①「駕頭」，原本脱「頭」字，據元刊本、三箋本補。

云：御座，傳四世矣，乃初即位所坐。」◎《老學庵筆記》：「駕頭，舊一老宦者抱繡裹兀子於馬上。高廟時猶然，今乃代以閤門官。」◎葉大慶《愛日齋叢抄》：「舊制：駕頭，未詳所始，相傳更一朝即加覆黄帽一重。《孔氏談苑》云：『駕頭者，祖宗即位時所坐也，相傳寶之。』」

景祐二年，郊赦，梁適上疏，論「朱全忠唐之賊臣，今録其後，不可以爲勸」。仁皇是其言，記姓名禁中。石介亦論「赦書不當求朱梁、劉漢後」，遂罷不召。其言一也，而黜陟異焉，豈遇不遇有命乎？

【元圻案】《石林燕語》七：「梁莊肅公景祐中監在京倉。南郊赦，録朱全忠之後，莊肅上疏曰：『全忠，叛臣也，何以爲勸？』仁宗善之，擢審刑院詳議官，記其姓名禁中，自是遂見進用。」◎宋王珪《華陽集》三十七《梁莊肅墓誌》曰：「公諱適，字仲賢，世鄆人。景祐中，進士及第。南郊赦書，録朱全忠之後，公曰：『全忠，畔臣也，何足以爲勸？』仁宗是其言，記姓名禁中。」◎歐陽公《上杜中丞書》曰：「伏見舉南京留守推官石介爲主簿，聞介以上書論赦被罷，修獨以爲不然。不知介果指何事而言也？傳者皆云介之所論，謂朱梁、劉漢不當求其後裔爾。若止此一事，則介不爲過也。」◎《長編》一百十七，此二事同載於景祐二年，同時而用舍不同如此。

乾道中，張説、王之奇簽書樞密院事，辭免，降詔，直學士院周必大奏：「唐元和間，白居易在翰林，奉宣草嚴綬江陵節度使、孟元陽右羽林統軍制，皆奏請裁量，未敢便撰。元祐中，師臣避免拜之禮，執政辭遷秩之命，蘇軾當撰答詔，言其不可，卒如所請。今除用執政，非節度統軍、免拜遷秩比，二人辭免不允詔書，臣未敢具草。」〔一〕紹熙〔二〕中，譙熙載自遥郡觀察使除正任，辭免，降詔，倪思封還詞頭，亦引蘇軾論不當撰，辭免不允詔者凡三。嘉定〔三〕中，師睪〔四〕知臨安府，辭免，蔡幼學〔五〕當草詔，奏曰：「不允必有褒語，臣無辭以草。」淳祐〔六〕中，別之傑〔七〕參知政事，尤焴〔八〕不草答詔。此禁林繳奏故事也。唐末，韋貽範起復，〔九〕命韓偓草制，偓曰：「腕可斷，麻不可草。」上疏論之。明日，百官至而麻不出。此非盛世事，故前輩不以爲故實。

〔一〕案白居易事，《唐書》本傳不載。《孟元陽傳》：「憲宗五年，入爲右羽林統軍。」蓋諫而不從也。◎東坡《乞允文彦博等辭免拜劄子》云：「臣近奉聖旨，撰賜文彦博、呂公著今後入朝免拜詔書，今又（降）准内降指揮，撰不允彦博辭避免拜批答。臣謹按祖宗舊例，如呂端之流，以老病進對，亦止於臨時傳宣不拜。臣是有司，合守典禮，兼恐彦博、公著終不敢當。以臣愚見，不若允其所請。若聖恩優閔老臣，眷眷不已，遇其朝見，間或傳宣不拜，足以爲非常之恩。所有不允批答，臣未敢撰。」又《乞允安燾辭免轉官劄子》云：「臣今准内批安燾辭免右〔轉〕光禄大夫，降詔不允。臣竊謂朝廷豈以執政六人，五人進用，故加遷秩，以慰其心。燾位冠西樞，委寄至重。豈有見人擢用，即以介懷？今燾力辭，正爲知義。臣欲奉命草詔，不知所以爲詞。伏望聖慈，從其所請。」◎《宋史·周必大傳》：「張說再除簽書樞密院，給事中莫濟封還録黄，必大奏曰：『昨舉朝以爲不可，陛下亦自知其誤而止。曾未周歲，此命復出。貴戚預政，公私兩失，臣不敢具草。』上批：『王曮疾速撰入。濟、必大予宫觀。』」

〔二〕【閻按】光宗初即位，庚戌改元。

〔三〕寧宗在位十四年，戊辰改元嘉定。

〔四〕【全云】宋宗室。

〔五〕【全云】字行之，止齋弟子。以師羿附柄臣，故不肯草詔。

〔六〕【閻按】理宗在位十七年，辛丑改元。

〔七〕之傑字宋才，郢州人。淳祐七年，參知政事。《宋史》有傳。

〔八〕【全云】號木石先生。○熇，延之之孫，官禮部尚書。

〔九〕在昭宗天復二年。

【元圻案】《唐書·韓偓傳》：「宰相韋貽範母喪，詔還位，偓當草制，上言：『陛下誠惜貽範(未)〔才〕，俟變縗而召可也，何必使出峨冠廟堂，入泣血柩側，毁瘠則廢務，勤恪則(廢)〔忘〕哀，此非人情可處也。』學士使馬從皓逼偓求草，偓曰：『腕可斷，麻不可草！』從皓曰：『君求死耶？』偓曰：『吾職内署，可默默乎？』明日，百官至，而麻不出。」◎葉水心《蔡行之墓誌》曰：「公温州瑞安新城里蔡氏，名幼學，字行之。乾道八年進士。直學士院時，趙師羿知臨安府，公當不允詔，奏：『師羿之爲人與其行事，衆耳目素具也。於是四典京邑，非臣所知。不允，當有褒詔，臣無辭以草。』遂止。」

蔣希魯居姑蘇，延盧仲甫【原注】①秉。後圃。希魯曰：「亭沼粗適，恨林木未就。」仲甫曰：「亭沼譬爵位，時來則有之；林木譬名節，非素修弗成。」

【何云】東坡先生嘗云：「臺榭如富貴，時至即有；草木如名節，久而後成。」

【元圻案】《東都事略》六十《蔣堂傳》：「堂字希魯，常州宜興人。舉進士，官禮部侍郎。爲人修潔，遇事不稍屈，延譽後進如不及。」◎《宋史·盧秉傳》：「秉字仲甫，湖州德清人。未冠有雋譽。嘗謁蔣堂，坐池亭，堂曰：『池沼粗適，恨林木未就耳。』秉曰：『亭沼如爵位，時來或有之；林木非培植根株弗成，大似士大夫立名節也。』堂賞味其言，曰：『吾子必爲佳器。』中進士甲科，官龍圖閣直學士。元祐中，知荆南。劉安世論其行鹽法虐民，降待制。」

歐陽公《辨尹師魯誌》曰：「若作古文自師魯始，則前有穆修、鄭條輩，及有宋②[一]先達甚多，[二]不敢斷自師魯始也。」[三]條之名不著，《館閣書目》有《鄭條集》一卷。條，蜀人，自號金斗先生，名其文《金斗集》。

[一]閣本脱「宋」字，從何本增。

---

①「原注」，原本缺標，今據文例補。

②「宋」，元刊本無。

［二］【何云】如王元之文，亦自有古意，所謂「先達甚多」也。

［三］案，歐陽公作《尹師魯墓誌》，當時有議其文太簡者，故作論以附誌文之後云云。又曰：「師魯之誌用意特深而語簡，蓋謂師魯文簡而意深。又思平生作文，惟師魯一見，展卷疾讀，五行俱下，便曉文深處。因謂死者有知，必愛此文，所以慰亡友爾，豈恤小子輩哉！」

【元圻案】歐陽公《尹洙墓誌》曰：「師魯，河南人，姓尹氏，諱洙。少舉進士及第，官至起居舍人、直龍圖閣。」◎穆修，字伯長，鄆州人。擢進士第，初授泰州司理參軍。集三卷。《宋史》入《文苑傳》。◎朱子《名臣言行録》稱洙學古文於修，陳振孫亦云尹洙兄弟從修學古文①。范文正《尹師魯集序》曰：「五代文體卑弱，皇朝柳仲塗起而麾之，洎楊大年專事藻飾，謂古道不適於用，廢而弗學者久之。師魯與穆伯長力爲古文，歐陽永叔從而振之，由是天下之文一變而古。」◎《柳河東集》載沈晦後序曰：「國初文章，承唐末五代之弊，卑弱不振。至天聖間，穆修、鄭條之徒唱之，歐陽文忠、尹師魯和之，格力始回，天下乃知有韓、柳。」◎《書録解題·目録類》：「《中興館閣書目》三十卷。秘書監臨海陳騤叔進等撰。淳熙五年上之。著録四萬四千四百八十六卷。」◎國朝王士禛《居易録》二十一：「宋古文始於柳開、穆修、鄭條三人。柳、穆今有集，人多知之。條，蘇州人，天聖八年王拱辰榜第三甲進士。咸平三年，陳堯咨榜進士，爲之子也。兄修，景祐三年王

① 見《直齋書録解題》卷十七《穆參軍集》解題。

整榜進士及第，見《姑蘇科第表》。」與《館閣書目》云蜀人不同。

祁寬問和靜尹先生曰：「伊川謂歐陽永叔如何？」先生曰：「前輩不言人短，每見人論前輩，則曰：『汝輩且取他長處。』」呂成公《與朱文公論胡子〈知言〉書》曰：「孟子論孟施舍、北宮黝曰：『二子之勇，未知其孰賢，然而孟施舍守約也。』所以委曲如此者，以其似曾子、子夏而已。若使正言聖門先達，其敢輕剖判乎？」文公答曰：「和靜之言，當表而出之。」

【元圻案】《書録解題・儒家類》：「《尹和靖語録》四卷。馮忠恕、祁寬居之、呂堅中崇實所録尹焞彦明語。」◎朱子《答呂成公別紙》云：「養忠厚、革澆浮之論甚善，要當以此爲主，而剖析精微之功自不相妨耳。和靖《録》中謂伊川未嘗言前輩之短，此意甚善。和靖之言，當表而出之。」

劉應起時可，淳祐[一]初爲太學博士，言定大計曰：「謀之而臧，則文子文孫，宜君宜王；謀之不臧，則生天王家，以爲大慼。」此人所難言也。

[一] 理宗十七年辛丑改元。

建炎，[一]李綱去而潛善、伯彦相。[二]紹興，趙鼎、張浚去而檜相。[三]檜死，其黨迭爲相。[四]隆興[五]至淳熙，萬幾獨運而大臣充位。[六]慶元後，政在侂胄。嘉定後，政在彌遠。端平[七]訖景定，更一相則曰更化，然姦臣弄權之日常多。陽淑消而陰慝長，危亡之證，所由來漸矣。陰凝冰堅，極於似道。邵子謂「禍在夕陽亭一語」，[八]遂與西晉同轍，哀哉！

［一］【閻按】高宗初即位，丁未改元。

［二］案，黄潛善、汪伯彦力主幸東南避敵，上意已決。綱謂：「國之存亡，於是焉分，吾當以去就争之。」疏上，留中。遷左僕射。汪、黄當國。

［三］檜主和議，鼎力求去位。浚論彗星之變，檜怒，令臺諫交論。浚奉祠，居永州。

［四］謂万俟卨、湯思退。

［五］【閻按】孝宗初即位，癸未改元。

［六］吕成公《淳熙四年輪對劄子》有「陛下聖躬獨勞，而無羣臣之助」之語。

［七］【閻按】理宗在位十年，甲午改元。

［八］【何云】見第十三卷①。

【全云】黄東發《兩朝政要》言之最詳。

① 見「康節邵子西晉吟」條（頁一五二九）。

【元圻案】賈似道少落魄，爲遊博，不事操行，以父涉蔭補嘉興司倉曹。會其姊入宫，有寵於理宗，爲貴妃，遂赴廷對，寖致柄用。西晉之亡由賈充，賈后之父也，故曰「與西晉同轍」。

蘇紳、梁適，謂之「草頭木脚」，其害在士大夫。薛極、胡榘，謂之「草頭古，天下苦」，其害在民。

【元圻案】《碧雲騢》：「梁適始與蘇紳有姦邪之迹，時號『草頭木脚』，隱寓其姓也。既同附中官得秉政，豪視朝士，自三司使楊察而下，皆受其慢駡。」◎葉紹翁《四朝聞見録·丙集》：「薛會之極、胡仲方榘，皆史所任也。諸人伏闕言事，以民謡謂胡、薛爲『草頭古，天下苦』，象其姓也；謂『虐我生民，莫非爾極』，象其名也。」◎薛極、胡榘、聶子述、趙汝述四人，諂附史彌遠，當時又謂之「四木」。

《朝野雜記》載開禧〔一〕貪濁之事詳矣，繼其後者又甚焉。當時謂侍從之臣「無論思，有獻納」，他可知矣。以陰召陰，極於「天下無邦」①。

〔一〕【閻按】寧宗在位十一年，乙丑改元。

① 見《易·否》彖辭。

【全云】此魏公鶴山語，以譏史相之苞苴也。見天台吴子良《木筆雜鈔》。

【元圻案】周密《癸辛雜志·後集》：「《朝野雜記》所載韓平原送壽禮物，各列之天慶觀廊間，觀者爲之駭然。以近世觀之，每有饋遺，惟恐外人窺，何肯張皇以眩衆目哉？嘗聞有閫師饋師憲三十皮籠，扃鐍甚嚴。其承受人不過齎書函及魚鑰小匣投納而已，籠中之物雖承受人亦所不知也。其視平原之事，何翅萬萬！」

仁宗閱審刑奏案，有「次公」，而梁適對以「黄霸、蓋寬饒字」。高宗閱刑部奏案，有「生人婦」，而湯思退對以「見《魏志·杜畿傳》」。皆簡上知，至輔相。然以記問取人，則許敬宗賢於竇德玄矣。

【元圻案】宋釋文瑩《玉壺清話》：「梁丞相適始任詳刑，一旦，隨判院盧南金進劄子，奏案中有臣僚名次公者，仁宗問曰：『因何名次公？』判院明法登仕，不能即對，時梁代對曰：『臣聞漢黄霸字次公，必以霸字而名也。』由是不十年至台輔。」◎沈存中《夢溪筆談》云：「景祐中，有使臣何次公具獄，主判官方進呈，上忽問此人名『次公』何義，主判官不能對。龐莊敏越次對曰：『前漢黄霸字次公，蓋以霸次王也。』上頷之。」《宋史·梁適傳》載其事，《龐籍傳》不載。◎漢桓寬亦字次公。《酷吏·義縱傳》之張次公則名也。◎湯思退，字進之，處州人。《宋史》本傳不載此事。◎《三國·魏·杜畿傳》注：「臣前所録皆亡者妻，今儼送生人婦也。」◎《唐書·姦臣傳》：「許敬宗，字延族，杭州新城人。帝東封泰山，以敬宗領使。次濮陽，帝問竇德玄：『此謂帝丘，何也？』德玄不對。敬宗儳曰：『臣能知之。昔帝顓頊始居此地，以王天下。其後夏后相因之，爲寒浞所滅。后緡方娠，逃出自竇，在此地也。後昆吾氏因之，而爲夏伯。昆吾既衰，湯滅之。其頌曰「韋、顧既伐，昆吾、夏桀」是也。至春秋時，衛成公自楚丘徙居之，《左氏》稱「相奪予享」，以舊地也。由顓頊所居，故曰帝丘。』」◎竇德玄，威從孫，高宗麟德初進左相。本傳稱其勤職（納）〔約〕己而寡學術。

四瀆，濟水獨絶。朱全忠篡唐，降昭宣帝爲濟陰王。嘉定末濟王之封，豈權臣亦取濟水之絶乎？又蕭衍篡齊，降和帝爲巴陵王，而濟王亦降封巴陵公，非令典也。爲大臣者，不知則不學，知之則何以示後？

【閻按】《宗室·鎮王竑傳》：「德祐元年，試禮部侍郎兼中書舍人王應麟請更封大國，表墓錫謚。議者謂迎善氣、銷惡運，莫先於此。陞封鎮王，謚昭肅。以田萬畝賜其家，遣應麟致祭。」

【元圻案】《後漢書·郡國志》：「河内郡：有邘城①。温，蘇子所都。濟水出，王莽時大旱，遂枯絶。」◎鎮王竑，希瞿之子也。初，沂靖惠王薨，無嗣，以竑爲之後，賜名均，尋〔改〕賜名貴和。

① 「有邘城」三字，屬前文「野王：有太行山，有射犬聚，有邘城」，與下文無涉，爲翁氏誤引。另，「邘」，原本誤作「刊」。

太子詢蕘，乃立爲皇子，賜名竑，封濟國公。竑宫壁有輿地圖，竑指瓊厓曰：「吾他日得志，置史彌遠於此。」又嘗呼彌遠爲「新恩」，以他日非新州則恩州也。彌遠聞之，大懼。時沂王猶未有後，選宗室希瓐之子昀繼之。彌遠獨與鄭清之議曰：「皇子不堪負荷，聞後沂邸者甚賢，今欲擇講官，君其善訓迪之。事成，彌遠之坐即君坐也。」寧宗崩，彌遠召昀即位，竑封濟王。寶慶元年正月，湖州人潘壬與其弟丙謀立竑，事平，逼竑縊於州治。追奪王爵，降封巴陵縣公。①

紹興建儲，欲更名煒②，周益公謂與唐昭宗同，[一]而亟改之。景定[二]建儲，更名乃與蜀漢後主太子同。咸淳末，命嗣君之名，又與唐中宗同，而當時無言者。

[一]【閻按】《孝宗本紀》。漏「音」字，蓋唐昭宗名曄。

[二] 理宗在位三十六年，庚申改元。

【元圻案】周益公《紹興淳熙兩朝内禪詔跋》曰：「高宗以壬午五月甲子降旨立儲，禮部侍郎吕廣問語臣：『皇太子改名從火從華。』臣謂：『與唐昭宗曄字同音，可乎？』廣問亟告丞相，取旨別擬定，乃用今名。宣布而初札不復改矣。」◎錢氏大昕《養新録》七：「《宋史》：度宗本名孟啓，淳祐十一年

---

① 見《宋史・宗室三・鎮王竑傳》。

② 「煒」，元刊本作「曄」，查《宋史・孝宗本紀》，當作「煒」。

賜名孜，寶祐元年立爲皇子，改賜名禥，景定元年立爲皇太子，賜字長源。若蜀後主太子名璿，與度宗名不同。厚齋仕於景定朝，不當有誤，豈《宋史》轉不足信耶？抑厚齋誤記《三國志》耶？」◎理宗咸淳十年七月，嘉國公㬎即位。㬎，《説文》作「㬎」，从日中視絲。古文以爲「顯」字。唐中宗名顯。

范正獻公《唐鑑》曰：「後世人君觀史，而宰相監修，欲其直筆，不亦難乎？」其論正矣。然自唐姦臣爲《時政記》，而史益誣，近世尤甚。余嘗觀《寶慶日曆》，欺誣之言，所謂以一手掩天下之目。所恃人心公議不泯耳。

【元圻案】《通鑑·唐紀》太宗貞觀十七年：「初，上謂監修國史房玄齡曰：『前世史官所記，皆不令人主見之，何也？』對曰：『史官不虚美隱惡，人主見之必怒，故不敢獻。』上曰：『朕欲自觀國史，知前日之惡，爲後來之戒，公可撰次以聞。』」◎《册府元龜·國史部·記注類》：「姚璹，則天長壽初爲文昌左丞、同鳳閣鸞臺平章事，表請仗下所言軍國政要，即宰相一人專知撰録，號爲《時政記》，每月封送史館。宰相撰《時政記》，自璹始也。」◎宋費衮《梁谿漫志》：「唐故事：宰臣每於閤内及延英奏論政事，退，歸中書，維知印宰臣得書其日德音及凡宰臣奏事，付史館，名《時政記》。其後，議者謂：『所奏事非一端，移數刻之久，或但記出己之辭，而忘同列之對，恐有遺漏，乞令宰臣人自爲記。』國初，以扈蒙之言，詔盧多遜録時政，月送史館，然迄不能成書。太平興國末，直史館胡旦言：『五代自唐以來，中書、樞密皆置《時政記》。周顯德中，密院置《内廷日曆》。

望令樞密院依舊置《内廷日曆》。』詔：『自今軍國政要，並委參知政事李昉撰録；樞密院令副使一人纂集，每季送史館。』昉因請每月先奏御，後付所司。《時政記》奏御自昉始。」

葛文康【原注】①勝仲。《與王黼書》曰：「天下無事則宰相安，宰相生事則天下危。」

【元圻案】《宋史·文苑傳七》：「葛勝仲，字魯卿，丹陽人。紹聖四年進士。再知湖州，丐祠歸，卒。謚文康。」◎《東都事略》一百六《王黼傳》：「黼，開封祥符人。舉進士。宣和二年，拜少宰，由通議大夫超八官，爲特進。自國朝以來命相未有也。遼人李良嗣不得志於其國，亡來歸我，言遼可取，若結女真共圖之，則石晉所割燕雲之地可復。徽宗以問大臣，皆以爲不可。黼曰：『中國與遼雖爲兄弟之邦，然彼之所開釁慢我者多矣，且兼弱攻昧，武之善經也。今置弗取，則女真獨强，吾不免事之，中原地恐非我有也。』已而童貫伐燕，無功，厚賂女真，得其空城。」《九朝編年備要·徽宗宣和九年》：「顯謨閣待制知湖州葛勝仲與王黼聯姻，與書曰：『天下無事則宰相安，宰相生事則天下危。願公享宰相之安，無使天下至於危也。』」

①「原注」，原本缺標，今據文例補。

胡文定公自登第逮休致，凡四十年，實歷不登六載。[一]朱文公五十年間歷事四朝，仕於外者僅九考，立於朝者四十日。[二]道義重而爵位輕，所以立言不朽。

[一]此胡致堂《先公行狀》語。

[二]此黄勉齋《朱子行狀》語。

【元圻案】胡文定公於哲宗紹聖四年丁丑中進士第，高宗紹興二年壬子以論朱勝非罷職。朱子於高宗紹興十八年戊辰中進士第，寧宗慶元二年以御史沈繼祖誣朱子十罪落職罷祠，四年戊午乞致仕。◎宋劉時舉《續資治通鑑》寧宗（廣）〔慶〕元六年：「三月甲子，朱熹卒。朱子平居惓惓，無一念不在於國。然謹難進之禮，厲易退之節，故其與世動輒齟齬。自筮仕以至屬纊，五十年間，歷事四朝，仕於外者僅九考，立於朝者四十日。道之難行也如此。」◎無名氏《宋史全文》二十八：「光宗紹興五年閏十月戊寅，侍講朱熹以上疏忤韓侂胄罷。朱子以十月辛卯入見，中間進講者七，内引留身奏事者再，面對賜食者一，在朝甫四十六日。」

邵公濟[一]築室犍爲之西山，《告家廟文》曰：「少時得大父平生之言於汝潁大夫士，曰：『世行亂，蜀安，可避居焉。』大父學通天人，足以前知矣。宣和國亂，先人載家使蜀，免焉。」【原注】大父，康節；先人，伯温也。

[一]【何云】博。

梁世榮録南軒語云：「温公作相，夫人聞其終夜長吁，問之。曰：『某所奏盜賊，某所又奏某事。吾爲宰相，使天下如此，所以長吁也。』」按《温公集》張夫人終於元豐五年，此記録之誤也。

【元圻案】温公《敍清河郡君文》曰：「清河郡君張氏，冀州信都人。禮部尚書致仕存之女，端明殿學士司馬光之妻也。年十六，適司馬氏。夫登朝，封清河縣君。及爲學士，改郡君。年六十，元豐五年正月壬子晦終於洛陽。」◎東坡《温公神道碑》曰：「公以端明殿學士出知永興軍，退居於洛十有五年。及上即位，太皇太后攝政，起公爲門下侍郎，遷正議大夫，遂拜左僕射。而公卧病，以元祐元年九月丙辰朔薨。」計距張夫人之殁已五年矣。

乾道壬辰，黄定《對策》謂：「以大有爲之時，爲改過之日月。」又云：「雖有無我之量，而累於自喜；雖有知人之明，而累於自恃。」又云：「欲比迹太宗，而操其所不用之術。顧眄周行，類不適用，則曰腐儒，曰好名，曰是黨耳。於是始有棄文尚武、親内疏外之心。何不因羣情之所共違，而察一己之獨嚮？」[①]其言皆剴切。孝皇擢之

---

① 按，以上所引文字，今見宋陳傅良《止齋集》（《四庫全書》本）卷二十九《廷對策》。明楊士奇等編《歷代名臣奏議》收此文，亦作「陳傅良對策曰」。按，陳傅良與黄定爲同時人，亦是乾道壬辰进士及第。

第一，有以見容直之盛德，而秉史筆者未之紀焉。

【元圻案】《書録解題·歌詞類》：「《鳳城詞》一卷。三山黄定泰之撰。乾道壬辰榜首。」

徐景説【原注】①霖。以《書》義冠南宫。上書言時宰姦深之狀曰：「不與天下之公義争，而與陛下之明德爲仇，每潛沮其發見之端，周防其增益之漸，使陛下之明德不得滋長廣充，以窺見其姦而或覺之也。其先也奪陛下之心，其次奪士大夫之心，而其甚也奪豪傑之心。」景説由是著直聲。

【何云】真腐儒。

【元圻案】《宋史·徐霖傳》：「霖字景説，西安人。有志聖賢之道。淳祐四年，試禮部第一。授沅州教授。時史嵩之挾邊功要君，植黨顓國。霖上疏歷言其姦深之狀，見者吐舌。」◎霖書又云：「其術非章章然號於人使之爲小人也，恒於善類之中擇其質柔氣弱易以摇奪者，親任一二，其或稍有異己，則潛棄而擯遠之，以風其餘。彼持名節之心不足以勝其富貴之欲，義利之辨終暗於妻妾宫室之私，則亦從之而已。」其後賈似道以權術牢籠有名士，不愛官爵以小利啗之，使言路斷絶，威福肆行，皆是術也。義門以腐儒目之，過矣。◎趙汝騰《庸齋集》有《贊徑坂使君講席之盛》

① 「原注」，原本缺標，今據全書體例補。

詩云：「立天地心鳴道鐸，開生靈眼識師儒。」其推挹如此。徑坂，霖別字。

唐及國初，策題甚簡，蓋舉子寫題於試卷故也。慶曆後不復寫題，寖失之繁。今有數千言者，問乎其不足疑。

【閻按】《蔣之奇傳》：「英宗時，舉賢良方正，及對策，失書問目，報罷。」則謂「慶曆後」云云者，恐誤。

【集證】慶曆不復寫全題，疑仍書「策問某事」，若今「第幾問」然。《蔣之奇傳》「失書問目」，當謂此。

【元圻案】《續通鑑長編》一（六）百（三）十（五）《仁宗慶曆二年》：「賈昌朝請罷舉人試院所寫策題，從之。」閻氏不得見《長編》，故以爲誤。

《嘉祐制策》曰：「治當先内，或曰：『何以爲京師？』」此晉謝安之言也。「命秩之差，虛實之相養」，此唐陸贄之言也。二蘇公之對，不能無所遺。〔一〕

〔一〕**【閻按】**「二」當作「大」。東坡止對「不可擾獄市」爲曹參，不及謝安；止對「錢貨輕重之相權」爲召穆公，不及陸贄，故曰有遺。且此乃景王時單穆公，非厲王時召穆公虎也，尤誤。

【元圻案】陸宣公《論進瓜果人擬官第二狀》：「謹按命秩之載於甲令者，有職事官，有散官，有勳官，有爵號。其流有四，然其掌務而校俸者，唯繫於職事之一官，以序才能，以位賢德，此所謂施實利而寓之虛名者也。其勳、散、爵號三者，所繫大抵止於服色、資蔭而已，以馭崇貴，以甄功勞，此所謂假虛名以佐其實利者也。虛實交相養，故人不瀆賞；輕重互相制，故國不廢權。」◎《通鑑·齊紀》高帝建元元年：「帝以建康居民錯雜，多姦盜，欲立符伍以相檢括，王儉諫曰：『京師之地，四方輻湊，必欲持符，於事既煩，理成不曠；謝安所謂「不爾何以爲京師」也。』乃止。」此語《晉書·謝安傳》不載。◎東坡《對策》曰：「惟制策有『治當先內，或曰：「何以爲京師？」政在擿姦，或曰：「不可撓獄市。」』此皆一偏之說，不可以不察也。夫見其一偏而輒舉以爲說，則天下之說不可以勝舉矣。自通人而言之，則曰『治內所以爲京師也，不撓獄市所以爲擿姦也』。如使不撓獄市而害其爲擿姦，則夫曹參者是爲逋逃主也。」「伏惟制策有『錢貨之制，輕重之相權；命秩之差，虛實之相養』。昔召穆公曰：『民患輕，則多作重以行之。若不堪重，則多作輕以行之。亦不廢重。』輕可改而重不可廢。不幸而過，寧失於重。此制錢貨之本意也。命者，人君之所擅，出於口而無窮。秩者，民力之所供，取於府而有限。以無窮養有限，此虛實之相養也。」◎司馬温公《論制策等第狀》曰：「近蒙差遣覆考應制舉人，試卷內回、毡兩號所對策，辭理俱高，絶出倫輩。然毡所對命秩之差、虛實之相養者一兩事，與所出差舛，臣遂與范鎮同議，以回爲第三等，毡爲第四等。」注云：「狀既上，而執政以毡所試進呈，欲黜之。上曰：『其言切直，不可棄也。』乃降一等收之，即蘇轍也。」回、毡，蓋當時彌封之號，即今科場之紅號也。圓即東坡之卷。然則王氏所云「二蘇公」，乃兼指東坡、潁濱耳，閻氏所云似未詳核。

龜山誌游執中曰：「嘗以晝驗之妻子，以觀其行之篤與否也；夜考之夢寐，以卜其志之定與未也。」

【全云】沈端憲（叔）晦自厲之言本此。◎《龜山集》第三十卷《游執中墓誌》曰：「其學以中庸爲宗，以誠意爲主，以閑邪寡欲爲入德之門。嘗以晝驗之妻子云云。」◎呂成公《雜説》引此四語謂：「須於此等處常常體察，最可驗學力。」①◎執中名復，游定夫先生之族父也。

紹興、隆興，主和者皆小人；開禧，主戰者皆小人。

【閻按】時辛棄疾亦主戰。余謂此即《西涯樂府》云：「議和生，議戰死；生國讎，死國恥。兩太師，竟誰是？」②潘辰評：「都無一是者也。」

【全云】趙忠簡是且戰且和，未肯降心者也，與史文惠不同。文惠以力不足爲言，是其審量而

① 此條不見今本《紫微雜説》，見《麗澤論説集録》（呂祖謙門人輯）所引。

② 明李東陽《兩太師》。

行，又與湯思退不同。

【又云】世多咎辛稼軒和開禧之議，然開禧未嘗能用稼軒也，水心則辭詔矣。

【何云】趙忠簡亦主和議，史直翁持論老成，不容以小大概之。

【元圻案】《宋史・趙鼎傳》：「鼎再相，或議其無所設施，鼎聞之曰：『今日之事如人患羸，當静以養之。若復加攻砭，必傷元氣矣。』金人遣使議和，朝論以爲不可信，上怒。鼎曰：『陛下於金人有不共戴天之讎，今屈己請和，不憚爲之者，以梓宫及母后耳。羣臣憤懣之辭，出於愛君，不可以爲罪。』」◎《史浩傳》：「張浚將圖恢復，上以問浩，浩奏：『先爲備禦，是謂良規。儻聽淺謀之士，興不教之師，寇去則論賞以邀功，寇至則斂兵而遁迹，謂之恢復得乎？』」◎宋葉紹翁《四朝聞見録・丙集》：「孝宗奮志於恢復，史公浩以爲『不先自治，安可圖遠』，與張公浚詰難於天子，凡五日。浚乃見上曰：『史浩之意已不可奪，惟陛下英斷。』於是不由三省、樞密院而命將出師。浩力請罷歸。」◎趙鼎，字元鎮，解州聞喜人。相高宗。謚忠簡。史浩，字直翁，明州鄞縣人。相高宗、孝宗。謚文惠。嘉定十四年，追封越王，改謚忠定。◎隆興主和者，又有李椿、陳敏、韓元吉、唐文若、陳俊卿。事詳《齊東野語》第二卷。◎朱子《垂拱奏劄》曰：「今日論國計者，大抵有三，曰戰、守、和。戰誠進取之勢，而亦有輕舉之失；守固自治之術，而亦有持久之難；至於和之策則下矣。今日所當爲者，非戰無以復讎，非守無以制勝。」則南渡後圖維之要，盡於此矣。◎開禧主戰者，韓侂胄、蘇師旦、鄧友龍、皇甫斌等。

呂文靖夷簡爲相，非無一疵可議；子公著爲名相，而揚其父之美。史直翁浩爲相，非無一善可稱；[一]子彌遠爲權臣，而掩其父之美。《易》曰：「有子考无咎。」

[一]【何云】豈直一善！

【全云】直翁固是良相，其薦朱、陸、陳、楊、葉諸公，乾、淳大儒，一舉盡之矣。呂申公所不及。

【元圻案】史稱夷簡爲相，「深謀遠慮，有古大臣之度焉。在位日久，頗務收恩避怨，以固權利。郭后之廢，成其君之過舉，咎莫大焉」①。

嘉定癸未，禮闈策士云：「發德音，下明制。」寧皇[一]遺詔，下謂之「遺誥」，蓋避時宰家諱也。[二]蔣良貴簽判安吉州，時水災後修城，郡守趙希觀屬良貴作《記》，用「浩浩」字，希觀欲改，良貴不可，曰：「以宗室而避宰相父名，此非藝祖皇帝所望於金枝玉葉也。」聞者壯之。

[一]【閻按】「皇」當作「宗」。

[二]【全云】時宰乃史彌遠，其曾祖八行徵士，名詔。

【元圻案】《宋史·蔣重珍傳》：「重珍字良貴，無錫人。嘉定十六年進士第一，官刑部侍郎。

---

① 見《宋史·呂夷簡傳論》。

謚忠文。」作《記》事，本傳不載，此條可補《宋史》之闕。◎張俊爲樞密使，其父名密，紹興十一年四月甲午，得旨以「樞使」稱之。

胡文定父子奏疏，以《春秋》之義扶世道，正人心，可以立懦夫之志。此義不明，人欲横流，始也不知邪正，[一]終也不知逆順。[二]

[一]【全云】陳賈、傅伯壽、胡紘之徒也。

[二]【全云】留、黄之徒也。

唐内殿《無逸圖》代以山水，開元、天寶治亂所以分也。仁宗寶元初，圖農家耕織於延春閣，[一]哲宗元符間，亦更以山水，勤怠判焉。徽宗宣取秘書省圖畫進覽，陳師錫奏曰：「《六經》載道，諸子談理，歷代史籍，祖宗圖書，天人之藴，性命之妙，治亂安危之機，善惡邪正之迹在焉。以此爲圖，天地在心，流出萬物；以此爲畫，日月在目，光宅四海。觀心於此，則天地沖氣生焉；注目於此，則日月祥光麗焉。心以道觀則正，目以德視則明。」[二]噫，使徽宗能置其言於坐右，則必能鑑①成敗、别淑

① 「鑑」，原本作「監」，據元刊本改。

慝矣。以規爲瑱，聽之藐藐，而畫學設焉。《黍離》、《麥秀》之風景，其可畫乎？

［一］【何云】虞伯生《題樓攻媿耕織圖詩序》云：「前代郡縣所治，大門東西壁皆畫《耕織圖》，使民得而觀之。」蓋兼以勸牧民者，不獨延春也。

【全云】南渡之初，樓璹以《耕織圖》進，攻媿之世父也。璹官至揚州安撫。

［二］疏載本傳。

【集證】《唐書·崔植傳》：「長慶初，穆宗問貞觀、開元治道，植曰：『玄宗即位得姚、宋，納君於道。璟嘗手寫《無逸》，爲圖以獻，勸帝出入觀省以自戒。其後朽暗，乃易以山水圖，稍怠於勤。今願陛下以《無逸》爲元龜。』」◎《玉海》百六十三：「寶元元年十月，改萬春閣爲延春閣。兩壁畫農家蠶織圖，見於紹興五年三月甲午之聖訓。」◎樓鑰《耕織圖後序》：「高宗皇帝紹開中興，備知民瘼。伯父璹時爲於潛令，念農夫、蠶婦之作苦，究訪始末，爲《耕》、《織》二圖：《耕》自浸種以至入倉，凡二十一事；《織》自浴蠶以至剪帛，凡二十四事。事爲一圖，係以五言詩。賜對之日，遂以進呈。玉音嘉獎，宣示後宮。」

【元圻案】紹興五年三月甲午，趙鼎奏：「近久雨，恐傷苗稼，欲下臨安府祈請。」孟庾、沈與求曰：「多雨，天氣久寒，蠶損甚衆。」帝曰：「朕見令禁中養蠶，庶使知稼穡艱難。祖宗時於延春閣兩壁畫農家養蠶、織絹甚詳，元符間因改山水。」① ◎《宋史·陳師錫傳》：「師錫字伯修，建州

① 見《續資治通鑑》卷一百一十五。

建陽人。熙寧中，遊太學，有儁聲。及廷試，神宗擢爲第三。蘇軾薦其學術淵源，行己潔素，議論剛正，器識靖深，德行(退)〔追〕蹤於古人，文章冠絶於當世。官考功郎中，出知潁、(瀘)〔盧〕、滑三州。師錫始與陳瓘同論京、卞，時號『二陳』。」◎宋俞元德《螢雪叢説》：「徽宗政和中，建設畫學，用太學法補試四方畫工，以古人詩句命題，不知掄選幾許人也。」◎《宋史·張去華傳》：「去華嘗獻所著《元元論》，大旨以養民務穡爲急，真宗深所嘉賞，命寫縑素爲十八軸，列置龍圖閣之四壁。」《孫奭傳》：「仁宗即位，畫《無逸圖》上之，帝命張於講讀閣。」

紹興間，李誼言：「《漢·循吏傳》六人，而五人出於宣帝；《酷吏傳》十二人①，而八人出於武帝。《唐·循吏傳》十五人，而出於武德、貞觀之時者半；《酷吏傳》十二人，而出於武后之時者亦半。吏治視上之趨嚮。」

【閻按】《舊唐書·良吏上、下》四十一人，《酷吏上、下》十八人。

【集證】《漢書·循吏傳》六人，文翁在景、武時，王成、黄霸、朱邑、龔遂、召信臣皆出於宣帝。《酷吏傳》十(二)〔三〕人，郅都在文、景時，甯成、趙禹、義縱、王温舒、尹齊、楊僕、咸宣、田廣明皆出

① 按，《漢書·酷吏傳》列郅都、甯成、周陽由、趙禹、義縱、王温舒、尹齊、楊僕、咸宣、田廣明、田延年、嚴延年、尹賞十三人。後「集證」漏周陽由。

於武帝，田延年、嚴延年在成、昭、宣時，尹賞在成帝時。

【元圻案】漢之張湯、杜周，《史記》列之《酷吏》，班書以其子孫貴盛，別傳，二人亦在武帝時。

富文忠公使虜還，遷翰林學士、樞密副使，皆力辭，願思夷狄輕侮之恥，坐薪嘗膽，不忘修政。嘉定初，講解使還，中書議表賀，又有以和戎爲二府功，欲差次遷秩。倪文節公思曰：「澶淵之役，捷而班師，天子下詔罪己，中書樞密待罪。今屈己盟戎，奈何君相反以爲慶？」乃止。

【何云】寇公真大臣。

【元圻案】東坡《富鄭公神道碑》曰：「公使契丹還，除吏部郎中、樞密直學士，懇辭不受。尋遷翰林學士。公見上力辭，曰：『增歲幣，非臣本志也，特以朝廷方討元昊，未暇與虜角，故不敢以死争，其敢受乎？』」慶曆三年三月，遂命公爲樞密副使，辭之愈力。改授資政殿學士兼翰林侍讀學士。七月，復除樞密副使。公言：『虜既通好，議者便謂無事，邊備漸弛。虜萬一敗盟，臣死且有罪。非獨臣不敢受，亦願陛下思夷狄輕侮中原之恥，坐薪嘗膽，不忘修政。』因以告納上前而罷。」◎《宋史·倪思傳》：「思字正甫，湖州歸安人。乾道二年進士，中博學宏辭科。官禮部尚書。謚文節。」此事本傳不載。

延平先生[一]論治道，必以明天理、正人心、崇節義、厲廉恥爲先。

［一一］【全云】名侗。

【元圻案】《宋名臣言行録·外集》十一：「李侗早歲聞道，即棄場屋，超然遠引，若無意於當世，然憂時論事，感激動人。其語治道，必以明天理云云。本末備具，可舉而行，非特空言而已。」◎《宋史·道學傳》：「李侗，字愿中，南劍州劍浦人。年二十四，聞郡人羅從彥得河、洛之學，從之累年，授《春秋》、《中庸》、《語》、《孟》之説。退居山田，謝絶世故餘四十年，食飲或不充，而怡然自適。」

王時雍、徐秉哲等爲賣國牙郎，而不忍以宋宗族交與虜人者，開封捉事使臣竇鑒也。李鄴以越守降虜，而袖石擊虜僞守者，親事官唐琦也。

【集證】《宋史》：王時雍，蜀人，爲開封尹。徐秉哲，溜人，爲少尹。一切搜括逼遷等事，皆吴幵、莫儔將命，而時雍、秉哲行之，人稱時雍爲賣國牙郎，因目幵、儔爲販國吴牙。開封府捉事使竇鑒不忍奉行，嘆息自縊死。《唐琦傳》：「琦本衛士。建炎間，高宗航海，琦病留越州。李鄴以城降，金人（琵）〔琶〕八守之，琦袖石伏道旁，伺其出，擊之不中，被執。乃顧鄴曰：『我月給才石五斗米，不肯背其主，爾享國厚恩乃若此，豈復齒人類哉！』詬駡不少屈，（琵）〔琶八〕趨殺之。」

【元圻案】《宋史·梅執禮傳》：「車駕再出，執禮與宗室子昉謀集兵奪萬勝門，夜搗金營，迎二帝以歸。而王時雍、徐秉哲使范瓊泄其謀，故不克。」

朱文公謂蔡季通曰：「身勞而心安者爲之，利少而義多者爲之。」【原注】出《荀子·修身篇》。李誠之[一]嘗語真希元曰：「『篤信好學，守死善道。』此吾輩八字箴。」

[一]【全云】東萊弟子。

【元圻案】《宋史·儒林傳》：「蔡元定，字季通，建州建陽人。聞朱熹名，往師之。築室西山，將爲終焉之計。時韓侂胄擅政，設僞學之禁，沈繼祖、劉三傑連疏詆熹，并及元定，謫道州。聞命不辭家，即就道。侂胄誅，贈迪功郎，賜謚文節。」◎真西山《蘄州使君正節李侯墓表》：「嘉定十四年，女真犯蘄水縣，公出兵迎敵，前後逾再旬，卒不能得（之）〔志〕於我。不幸援師不至，城陷，公與其子士允猶率衆力戰，不克，死之。開禧中，某與公爲僚，公嘗慨然見語曰：『「篤信好學，守死善道」，此吾輩八字箴，特患立志非堅耳。』」◎《宋史·忠義傳》：「李誠之，字茂欽，婺州東陽人。受學呂祖謙。慶元初，釋褐，歷知蘄州。金人犯淮南，誠之激厲將士，勉以忠義。城陷，子士允力戰死，誠之妻許及婦若孫皆赴水死。事聞，贈朝散大夫、秘閣修撰，封正節侯，立廟於蘄，賜名褒忠。」

元祐中，李常寧[一]對策曰：「天下至大，宗社至重。百年成之不足，一日壞之有餘。」擢爲第一。景定中，有擢倫魁者，[二]其破題云：「運一心之乾，開三才之泰，可以觀世道之消長矣。」

〔一〕注見本卷①。

〔二〕理宗景定三年狀元方山京。

先儒論本朝治體云：「文治可觀而武績未振，名勝相望而幹略未優。」〔一〕然考之史策，宋與契丹八十一戰，其一勝者，張齊賢太原之役也，〔二〕非儒乎？一韓一范使西賊骨寒膽破者，儒也。宗汝霖、李伯紀不見沮②於耿、汪、黄三姦，則中原可復，讎恥可雪。采石卻敵，乃眇然幅巾緩帶一參贊之功。〔三〕儒豈無益於國哉？搢紳不知兵，介冑不知義，而天下之禍變極矣。〔四〕

〔一〕【閻按】出《吕祖謙傳》，所謂「視前代有未備者」。

〔二〕【何云】張方平所言於仁宗者，見東坡所作《墓誌》。○案，東坡《張文定誌》無此語，陳后山《談叢》三：「故事：歲賜契丹金繒服器，召二府觀焉。熙寧中，張文定公以宣徽使與召，衆謂：『天子修貢爲辱，而陛下神武，可一戰勝也。』公獨曰：『陛下謂宋與契丹凡幾戰？勝負幾何？』兩府諸公皆莫知也。神宗以問公，公曰：『宋與契丹大小八十一戰，惟張齊賢太原之戰才一勝爾，陛下視和與

① 見本卷「李常寧曰」條注（頁一六八三）。

② 「沮」，原本作「阻」，據元刊本、三箋本改。

戰孰便？』上善之。」

［三］【何云】虞允文。

［四］【全云】横渠弟子有种忠憲，南軒弟子有趙方。

【元圻案】東萊先生《淳熙四年輪對第二劄子》曰：「國家治體有遠過前代者，有視前代有未備者。以寛大忠厚建立規模，以禮遜節義成就風俗，此所謂遠過前代者也。文治可觀而武績未振，名勝相望而幹略未優。如元昊之難，范仲淹、韓琦皆一時選，莫能平殄，則事功不競可知矣。」◎《東都事略·張齊賢傳》：「雍熙三年，大舉北伐。齊賢請行，即授給事中，知代州。是時，虜騎自湖谷入寇，薄城下，神衛都監馬正以所部列南門外，衆寡不敵。齊賢選廂軍二千出正之右，誓衆慷慨，一以當百，虜遂卻。先是，約潘美以并州來會戰，無何間使爲虜所得。齊賢以師期既漏，且懼美之衆爲虜所乘；俄而美有使至，云師出并州，行四十里，至柏井，忽有密詔，東路之師敗績於君子館，并之全軍不得出戰，已還州矣。齊賢曰：『虜知美之來，而未知美之退。』乃閉其使密室中。夜發兵二百，人人持一幟，負一束芻，距州城西南三十里，列幟燃芻。虜遥見火光，中有旗幟，意謂并州師至矣，駭而北走。齊賢先伏步兵二千於土磴砦，掩擊，大敗之，擒其北大王之子一人，帳前舍利一人，斬數百級，獲馬二千，器甲甚衆。」◎《宋名臣言行録》：「范仲淹與韓琦協謀，必欲收復靈夏横山之地。邊上謡曰：『軍中有一韓，西賊聞之心骨寒。軍中有一范，西賊聞之驚破膽。』元昊大懼，遂稱臣。」◎《宋史·宗澤傳》：「澤字汝霖，婺州義烏人。元祐〔元〕〔六〕年進士。除延康殿學士、京城留守。威聲日著，北方聞其名，常尊憚之，對南人言，必曰『宗爺爺』。澤前後請上還京二十餘奏，每爲潛善等所抑，憂憤成疾，疽發於背。嘆曰：『「出師未捷身先死，長使英雄淚滿襟。」』翌日，風雨晝晦，無一語及家事，但連呼『過河』者三而薨。謚忠簡。」◎《李綱傳》：「綱字伯紀，邵武人。政和二年進士。高宗即位，綱奏言：『車駕巡幸之所，關中爲上，襄陽次之，建〔武〕〔康〕爲下。陛下縱未能行上策，猶當且適襄、鄧，示不忘故都，以係天下之心。』上乃許幸南陽，黄潛善、汪伯彦實陰〔上〕〔主〕巡幸東南之議。綱以去就争之，留中不報。」又《耿南仲傳》：「南仲自謂事帝東宫，首當柄用，而吴敏、李綱越次進，位居己上，不能平。因每事異議，綱等謂不可和。而南仲力沮之，爲主和議，故戰守之備皆罷。」◎宋劉氏時舉《續宋編年資治通鑑》七高宗紹興三十一年：「十一月，金主亮爲内變所撓，於是親統細軍，駐和州之雞籠山，臨江築壇，刑馬祭天，必欲由采石而渡。朝廷詔王權詣行在，以李顯忠代之，命虞允文趣顯忠交權兵。時顯忠未至，王權所留水軍軍船咸在，而諸將未有統屬。允文自建康來，因使人督之。敵舟漸近，我軍用海鰍船擊之，士皆死鬭，敵舟多沈溺，遂不能濟，縱火自焚其舟，走瓜〔州〕〔洲〕渡。」◎《宋史·劉錡傳》：「允文過鎮江，謁錡，錡曰：『朝廷養兵三十年，一技不施，而大功乃出一儒生，吾輩愧死矣！』」

元祐諸賢不和，是以爲紹聖小人所乘。元符、建中韓、曾不和，是以爲崇寧小人所陷。紹興趙、張不和，是以爲秦氏所擠。古之建官曰三公，公則無私矣；曰三孤，孤則無朋矣。無私無朋，所以和也。

【元圻案】真西山《召除户書内引第三劄子》云：「元祐中，凜凜向治矣。惟羣賢自爲矛盾，小人得以乘之，稔成紹聖之禍。」◎《宋史·曾布傳》：「布字子宣，學於兄鞏，同登第。拜右僕射。韓忠彦雖居上，然柔懦，事多決於布，布猶不能容。時議以元祐、紹聖均爲有失，欲以大公至正消釋朋黨。明年，乃改元建中靖國，邪正雜用，忠彦遂罷去，布獨當國。明年，又改元崇寧，召蔡京爲左丞，京與布異。罷布爲觀文殿大學士、知潤州。」◎鶴山《跋任諫議伯雨帖》云：「徽考始初清明，登籲衆正。凡一時元凶鉅慝，如章、蔡諸人，悉從竄徙，天下以爲小仁宗。此徽考初志也。曾布與韓師朴並相，布挾私患失，一爲趙挺之所誤，稍與韓異，而鄧洵武愛莫助之。圖進孽京，由是復用。布將援京以助己排韓，不知京進而布亦斥去矣。」◎《趙鼎傳》：「張浚在江上，嘗遣吕祉入奏事，所言誇大，鼎每抑之。上謂鼎曰：『他日張浚與卿不和，必吕祉也。』後浚因論事，語意微侵鼎。浚嘗奏乞幸建康，而鼎與折彦質請回蹕臨安。暨浚還，乞乘勝攻河南，且罷劉光世軍政。鼎言：『擒豫固易耳，然得河南，能保金人不内侵乎？光世累世爲將，無故而罷之，恐人心不安。』浚滋不悦。鼎嘗鬬和議，與檜意不合，檜乘間擠鼎。」

蔡京之惡極矣，曾布、張商英是以竊君子之名。

【全云】二人終不得爲君子。

【元圻案】錢氏大昕曰：「曾布與蔡京立異，故當時有君子之名，且其柄國不久，《宋史》列之《姦臣》，似過當矣。史彌遠之姦甚於侂胄，而反不在姦臣之列，何以爲信史乎？」◎宋曾敏行《獨醒雜志》云：「唐子西《内前行》，爲張天覺作也。天覺自中書侍郎除右僕射，蔡京以少保致仕，四海歡呼，善類增氣。時彗星見遽没，旱甚而雨，人皆以爲天覺拜相感召所致。上大喜，書『商霖』二字以賜之。」◎《容齋隨筆》十五：「張天覺爲人賢否，士大夫或不詳知。方大觀、政和間，時名甚著，多以忠直許之。蓋其作相適承蔡京之後，京弄國爲姦，天下共疾，小變其政，便足以致譽，故蒙賢者之名。靖康初，遂與司馬公、范文正同被褒典。予以其實考之，彼直姦人之雄爾。爲諫官，首攻内侍陳衍以摇宣仁，至比之於吕、武；乞追奪司馬公、吕申公贈謚，仆碑毁樓；論文潞公背負國恩，吕汲公動摇先烈；辯吕惠卿、蔡確無罪。元符末，除中書舍人，謝表歷詆元祐諸賢，云：『當元祐之八九年，擢黨人之二十輩。』平生言行如此，而得美譽，則以蔡京不相能之故。然皆章子厚門下客，其始非不同也。京拜相之詞，天覺所作，是以得執政云。」◎天覺，商英之字，蜀郡新津人，《宋史》有傳。

止齋曰：「國初以科舉誘致偏方之士，而聚之中都。由是家不尚譜牒，身不重鄉貫。」

【全云】宋人多輕去其鄉，賢者不免，譜牒之學亦至宋而衰。

【元圻案】陳止齋《與林宗簡書》曰：「國初以科舉誘致偏方之士，而聚之中都。向之爲閩、蜀、唐、漢僞官者，往往慕化從順，願仕於本朝。由是家不尚譜牒，身不重鄉貫，以此得人，而流弊則在今日。又自熙、豐變役法，而鄉邑之豪無以自見；鬻度牒，而隱逸之路塞；罷學究，而椎魯之徒無所入。若此類不可遍舉。於是舉世悉由於進士，合四瀆之流爲一而歸之海，其不放而被原野乎？」

《夬》「揚於王庭」，以正小人之罪；「孚號，有厲」，以危小人之復。元祐諸賢，似未知「其危乃光」之義。

胡文定公曰：「宰相時來則爲，不可擅爲己有。」余謂：宰相非久居之地也。仁以爲己任，死而後已，元祐司馬公是也；[一]夸者死權，[二]紹興之秦、紹定[三]之史是也。

[一]【何云】司馬公非久位。

[二]案，《賈子》語。

[三]【閻按】理宗在位四年，戊子改元。

陳恕定茶法，以中等爲可行。張方平論鹽法，以再榷爲不可。

【閻按】《陳恕傳》：「將立茶法，召茶商數十人，俾各條利害，恕閲之第爲三等，曰：『吾觀下等固滅裂無取。上等取利太深，此可行於商賈，不可行於朝廷。唯中等公私皆濟，吾裁損之，可以經久。』於是始爲三法行之，貨財流通。」《張方平傳》：「初，王拱辰議榷河北鹽，方平見曰：『河北再榷鹽，何也？』帝曰：『始立法耳。』方平曰：『昔周世宗以鹽課均之稅中，今兩稅鹽錢是也。豈非再榷乎？』帝驚悟，方平請直降手詔罷之。」

【元圻案】陳恕，字仲言，南昌人。太宗深器重之，題殿柱曰「真鹽鐵」。

王仲山以撫州降，仲嶷以袁州降，禹玉〔一〕之子也。綦叔厚〔二〕行責詞云：「昔唐天寶之亂，河北列郡並陷，獨常山、平原能爲國守者，蓋杲卿、真卿二顔①在焉。爾等頃以家聲，屢塵仕版，未聞虧失，浸預使令，爲郡江西，惟兄及弟。力誠不支，死猶有説，臨川先降，宜春繼屈，〔三〕魯、衛之政，若循一途。雖爾無恥，不愧當時之公議；顧亦何施面目，見爾先人於地下哉！」②【原注】秦檜，仲山之壻。

①「顔」，原本作「賢」，據元刊本、三箋本改。綦崇禮《可先次落職放罷制》正作「顔」。

②《可先次落職放罷制》。

［一］【全云】元豐故相王珪字。

［二］【全云】綦北海崇禮。

［三］案撫州，三國吴曰臨川。袁州，漢曰宜春。

【元圻案】王明清《揮麈餘録》云：「王仲嶷，字豐父，岐公暮子。建炎初，知袁州，虜人寇江西，坐失守削籍。兄仲山同時牧臨川，以城降坐廢。後秦會之再入相。會之，仲山壻也。豐父以啓懇之云：『黄紙除書，久無心於夢寐；青氈舊物，尚有意於陶鎔。』會之爲開陳，詔復元官，奉祠放行。」◎王珪，字禹玉，華陽人。相神宗。史稱其「自執政至宰輔十六年，無所建明，當時目爲『三旨相公』，以其上殿進呈，云『取聖旨』；上可否訖，云『領聖旨』；退諭稟事者，云『已得聖旨』也。」①◎綦崇禮，字叔厚，高密人。著《北海集》四十六卷。此詞見集中。

虞公以玉失國，楚子常以佩喪邦。近歲［一］襄陽之事，亦起於榷場之玉帶。［二］

［一］【閻按】爲理宗景定四年癸亥。

［二］【閻按】《唐書》：「王佖爲武靈節度使，吐蕃欲成烏蘭橋以過師，知佖貪，先厚遺之，然後并役成橋，仍築月城以守之。」與襄陽事絶類。

① 見《宋史·王珪傳》。

【元圻案】《宋季三朝政要》云：「理宗景定四年，瀘州太守劉整叛。吕文德復瀘州。文德號黑炭團，整叛，遂獻言曰：『南人惟恃一黑炭團，可以利誘也。』乃遣使獻玉帶於文德，求置榷場於襄城外，文德許之。使曰：『南人無信，安豐等處榷場，每爲盜所掠，願築土牆以護貨物。』文德爲請於朝，開榷場於樊城外，築土牆於鹿門山，外通互市。」又云：「度宗咸淳二年，襄陽自開互市以來，北兵築城置堡江心，起萬人臺，立撒星橋，以遏南兵之援。時出師哨掠襄、樊城外，兵威漸振。」

淳祐甲辰，宰相起復。太學諸生黄愷伯等上書曰：「彌遠奔喪而後起復，嵩之起復而後奔喪。」徐仁伯【原注】元杰。① 兼説書，對經幄，其言當帝心。臺諫劉晉之、王瓚、胡清獻、龔基先聯章論仁伯，上震怒，夜出御筆，逐四人。遂寢起復之命，而相范、杜。明年，仁伯卒，人以爲毒也。[一] 然其事竟不明白。庸齋趙茂實誌之，徐景説銘之。

[一]【全云】嵩之從子璟卿，上嵩之書，諫其不宜戀位，亦暴卒。奉化應文煒者，其人慷慨，喜言事，與璟卿善。嵩之疑所上書出其手，令吏取文煒榜掠，文煒抗辭不屈而止。見《袁清容集》。則置毒事無可疑者。

【元圻案】《宋史·史嵩之傳》：嵩之字子由，彌遠從弟彌忠之子。丁父憂，起復右丞相。時以彌遠罪惡公論不容，不欲嵩之再相，於是太學生黄愷伯、武學生翁日善、京學生劉時舉、宗學生與寰、

① 「元杰」，原本脱，據元刊本、三箋本补。「原注」，原本缺標，據文例補。

建昌軍學教授盧鉞等二百五十餘人，皆上書論不當起復，不報。又《徐元杰傳》：「元杰字仁伯，上饒人。史嵩之起復，元杰適輪對，言：『大臣讀聖賢書，畏天命，畏人言。士論所以凜凜者，實以陛下爲四海綱常之主，大臣尤當身任道揆，扶翊綱常者也。自聞起復之命，凡有父母之心者，莫不失聲。興言及此，非可使聞於鄰國也。』起復之命遂寢。」又云：「元杰疏出，朝野傳誦，帝亦察其忠亮，每從容訪天下事，經筵益申前議。未幾，夜降御筆逐四不才臺諫。」◎《宋季三朝政要》二：「淳祐四年，史嵩之丁父彌忠憂，詔起復右丞相。侍郎徐元杰上書，令其終喪，上不聽。太學生黄愷伯等百四十人上疏曰：『嵩之敢於無忌憚，而經營起復，爲有彌遠故智，可以效尤。然彌遠所喪者庶母也，嵩之所喪者父也。彌遠奔喪而後起復，嵩之起復之後而後奔喪。以彌遠貪黷固位，猶有顧藉，丁艱於嘉定改元十一月之戊午，起復於次年五月之丙申，未有如嵩之之匿喪罔上，殄滅天常，如此其慘也。』」又：「淳祐五年，杜範再入相，薨於位；劉漢弼以腫疾死；徐元杰暴卒。時謂諸公皆中毒，堂食無敢下箸。」◎宋周密《癸辛雜識·别集》：「史嵩之之起復也，徐元杰攻之甚力，遂除起居舍人、國子祭酒，仍攝行西掖。未幾暴亡，或以爲嵩之毒之而死，〔俾〕其妻申省。遂將醫官、人從、廚子置獄，令侍御鄭寀督之，竟不得其情。徐霖上書，力詆寀不能明此獄之冤，不報，去。」◎范鍾，字仲和，蘭溪人。杜範，字成之，黄巖人。史稱鍾「爲相直清守法，重惜名器，清德雅量，與杜範、李宗勉齊名」①。鍾謚

① 見《宋史·范鍾傳》。

文肅，范謚清獻。趙汝騰，字茂實，太宗七世孫，居福州。《宋史》有傳。著《庸齋集》。

自荊舒之學行，爲之徒者，請禁讀史書。其後經筵不讀《國風》，而《湯誓》、《泰誓》亦不進講。人君不知危亡之事，其效可睹矣。

【元圻案】王安石封荊國公，又封舒王。

小人之毀君子，亦多術矣。唐左拾遺侯昌業①上疏，極言時病，而田令孜之黨僞作諫疏，有「明祈五道，暗祝冥官」，「於殿内立揭諦道場」。本朝鄒浩諫立劉后，而章厚之黨僞作諫疏，有「取他人之子」之語。其誣善醜正，不謀而同；然不可泯者，千萬世之清議也。

【元圻案】《唐書·宦者·田令孜傳》：「令孜販鬻官爵，除拜不待旨，假賜緋〔紫〕不以聞。左拾遺侯昌業②不勝憤，指言豎尹用權亂天下，疏入，賜死。」◎《通鑑·唐紀》僖宗廣明元年《考異》曰：「《續寶運録》云，侯昌業上疏，其略曰：『臣乃明祈五道，暗祝冥官，悚息於班列之中，願早過於閻浮之世。』又曰：『莫是唐家合盡之歲，復是陛下壽足之年。』又曰：『陛下暫停戲

---

①「侯昌業」，《新唐書·田令孜傳》作「侯昌蒙」，《資治通鑑》、《北夢瑣言》皆作「侯昌業」。

② 參見前校記。

賞，救接蒼生，於殿内立揭諦道場，以無私財帛供養諸佛，用資世禄，共力禳災。』云云。」◎《北夢瑣言》曰：「侯昌業上疏，極言時病，留中不出，命於仗内戮之。後有傳昌業疏詞不合事體，其末云：『請開揭諦道場，以銷兵厲。』似爲庸僧僞作也。」◎《東都事略·鄒浩傳》：「浩字志完，常州晉陵人。舉進士，除右正言。時章惇用事，既已廢孟后，遂立劉氏爲皇后。浩上疏諫曰：『孟氏罪廢之初，天下孰不疑賢妃所爲。及讀詔書，有「別選賢族」之語，於是天下釋然不疑陛下立后之意在賢妃也。今果立之，則天下之所期陛下，皆莫之信矣。乞賜開納，追停策禮，别選賢族，如初詔施行。』哲宗怒，除名新州羈管，章留中不下。時蔡京之徒惡其害己也，相與協力擠之，乃僞爲浩奏，有『陛下廢孟氏之賢后，立劉氏之賤妾』，又有『取他人子而殺其母』等語，流布中外，使天下聞之，真謂浩爲有罪者。」◎《宋史·鄒浩傳》：「徽宗立，召還，遷左司諫。初，浩還朝，帝首及諫立后事，獎嘆再三，詢諫草安在。對曰：『焚之矣。』退告陳瓘，瓘曰：『禍其在此乎。異時姦人妄出一緘，則不可辨矣。』蔡京素忌浩，乃使其黨爲僞疏，言劉后殺卓氏而奪其子。遂再謫衡州別駕。」

鄧志宏【原注】肅①。〔一〕謂：崇寧以來，蔡京羣天下學者，納之黌舍，校其文藝，等爲

① 「原注」，原文缺標，據文例補。「肅」，原本脱，據元刊本補。

三品。飲食之給，因而有差。[一]旌别人才，止付於魚肉銖兩間。學者不以爲羞，且逐逐然貪之。部使者以學宫成壞爲州縣殿最。學校之興，雖自崇寧，而學校之廢，政由崇寧。蓋設教之意，專以禄養爲輕重，則率教之士，豈復顧義哉？[三]【原注】崇寧學校之事，概見於此。昔之所謂率教者猶若此，今之所謂率教者又可見矣。

[一]【閻按】肅，沙縣人，欽宗時官左正言。

[二]案，當時黄裳上書謂：「宜近不宜遠，宜少不宜老，宜富不宜貧，不如遵祖宗科舉之制。」

[三]此條皆鄧志宏《沙縣重修縣學記》文，見《文集》十六。

【何云】此嘆似道之以利啖三學也。

【元圻案】《宋史·蔡京傳》：「京罷科舉法，悉倣太學三舍考選，建辟雍外學於城南，以待四方之士。」◎王明清《揮麈後録》曰：「太學生鄧肅上十詩，備述花石之擾，其末句云：『但願君王安萬姓，圃中何日不春風。』詔屏逐之。靖康初，李伯紀啓其事，召對，賜進士出身，後爲右正言，著亮直之名。有文集號《栟櫚遺文》，三十卷。」◎周密《癸辛雜誌·後集》曰：「三學之横，盛於景定、淳祐之際。凡其所欲出者，雖宰相臺諫，亦直攻之，使必去權。乃與人主抗衡，一時權相如史嵩之、丁大全，不卹行之，亦未如之何也。賈似道作相，度其不可以力勝，遂以術籠絡。每重其恩數，豐其饋給，增撥學田，種種加厚。於是諸生啖其利而畏其威，雖目擊似道之罪，而噤不敢發一語。及賈邀君去國，則上書贊美，極意挽留，今日曰『師相』，明日曰『元老』，今日曰『周公』，明日曰『魏公』，無一人敢少指其非。直至魯港潰師之後，始聲其罪，無乃晚乎！」◎《齊東野語》十七：「賈似道欲優學舍以邀譽，乃以校尉告身、錢帛等俾京庠擬試。時黃文昌方自江閫入爲京尹，益增賞格，雖末綴，猶獲數百千，於是羣四方之士紛然就試。時襄、郢已失，江淮日以遽告，有無名子作詩，揭之試所云：『鼙鼓驚天動地來，九州赤子哭哀哀。廟堂不問平戎策，多把金錢媚秀才。』」

大觀[一]八行，因《周禮》之六行，附以六德之忠、和。姦臣不學如此。

[一] 徽宗在位七年，辛巳改元。

【集證】《玉海》百十六：「大觀元年三月十八日甲辰，詔士有孝、悌、睦、婣、任、恤、忠、和八行貢入太學，大司成考驗，取旨釋褐。」又云：「《書目》有《御製八行八刑條》一卷。刊石立之學宮。士以其行之多寡，視三舍選，而犯八刑者不齒，能改過又有二行，乃聽入學。」①

【元圻案】大觀八年②立八行取士科，知台州李諤文以徐中行薦。中行聞之，盡毀其所爲文，入委羽山以避之。或問之，中行曰：「人而無行，與禽獸等。使吾得以八行應科目，則彼之不被舉者非人類歟？」

① 「刊石」以下，《玉海》爲小字注文。
② 「八年」，當爲「元年」之誤。

真文忠公《自箴》曰：「學未若臨邛之邃，量未若南海之寬，制行劣於莆田之懿，居貧愧於義烏之安。」【原注】臨邛，魏鶴山了翁；南海，崔菊坡與之；莆田，陳宓；義烏，徐僑。

【集證】《宋史》：「魏了翁，字華父。史彌遠專國，築室於白鶴山下，以所聞於輔廣、李燔者開門教授，士争負笈從之。嘉定十七年，遷秘書監，直學士院。卒，謚文靖。」「崔與之，字正（字）〔之〕，廣州人。紹熙四年進士。開禧中，授廣西提刑。俄授廣（西）〔東〕經略安撫使。拜右丞相，力辭，乃得致仕。卒，謚清獻。」「陳宓，字師復，興化人，丞相俊卿之子。官至直秘閣。宓天性剛毅，信道尤篤，常爲《朱墨銘》，謂朱屬陽，墨屬陰，以驗理欲分寸之多寡。自言居官必如顔真卿，居家必如陶潛，而深愛諸葛亮身死家無餘財，庫無餘帛。庶乎能蹈其語者。」「徐僑，字（榮）〔崇〕甫，義烏人。淳熙進士，入爲秘書正字。端平初，與諸賢俱被召。帝見衣履垢敝，愀然曰：『卿可謂清貧。』」

【元圻案】此真文忠《跋陳復齋詩》語。

上蔡先生初造程子，程子以客肅之，辭曰：「爲求師而來，願執弟子禮。」程子受之，館於門側。上漏旁穿，天大風雪，宵無燭，晝無炭，市飯不得温，程子弗問，謝處安焉。如是逾月，豁然有省，然後程子與之語。

【元圻案】朱子《謝上蔡語録後序》曰：「先生姓謝氏，名良佐，字顯道。學於程夫子昆弟之門，篤志力行，於從事諸公間所見最爲超越。」

吕子約[一]曰：「讀《明道行狀》，可以觀聖賢氣象。」

[一]【全云】大愚先生吕祖儉，東萊之弟。

【元圻案】《明道行狀》，伊川所作，載《二程遺書》。◎《宋史·忠義傳》：「吕祖儉以鄭僑、張杓、羅點、諸葛庭瑞薦，召除籍田令。遷太府丞。以上書訟趙汝愚，安置韶州。嘗言：『因世變有所摧折，失其素履者，固不足言矣；因世變而意氣有所加者，亦私心也。』所爲文有《大愚集》。」

譙天授【原注】①定。之學，得於蜀曩氏夷族；袁道潔【原注】②溉。之學，得於富順監賣香薛翁。故曰：「學無常師。」

【閻按】《宋史》「曩氏」上有「郭」字；「世家南平」，非夷族；「溉」作「滋」，閩人；「香」作「醬」；遇於眉、邛間。二程子所見，則成都治篾箍桶叟③。郭曩氏、篾叟、醬翁，皆蜀之隱君子也，

① 「原注」，原本缺標，據文例補。
② 同前。
③ 「叟」，原本脱，據三箋本補。

故伊川曰：「《易》學在蜀。」

【元圻案】《宋史·隱逸傳》：「譙定學《易》於郭曩氏，自『見乃謂之象』一語以入。郭曩氏者，世家南平，始祖在漢爲嚴君平之師，世傳《易》學，蓋象數之學也。靖康初，吕好問薦定，召爲崇政殿説書，不就。愛青城大面之勝，棲遁其中，蜀人指其地曰譙巖，稱之曰譙夫子。」◎《經義考》二十一：「譙氏定①《易傳》。佚。程迥曰：定，涪州人。嘗受《易》於羌中郭載，載告以『見乃謂之象』與『擬議以成變化』之義。郭本蜀人，其學傳自嚴君平。定見伊川於涪，伊川欲與同修《易》書。後和國許公薦於朝，授通直郎。」

① 「定」，原本作正文大字，《經義考》爲小字注文，今從之。

卷十六

考史

漢河渠考

美哉禹功，萬世永賴，云何漢世，河決爲害？蓋自戰國，壅川壑鄰，決通隄防，重以暴秦。水失其行，故瀆遂改，碣石九河，皆淪於海。微禹其魚，遺黎之思，披圖案諜，用綴軼遺。

【閻按】齊桓公時，九河既同爲一。桓卒於襄王九年戊寅，至定王五年己未四十二年。而《周譜》云：「定王五年，河徙。」《水經注》：「周定王五年，河徙故瀆。」蓋下流既壅，水行不快，上流乃決，理所當然。河之患始此，恐不待戰國也。

【何云】此敘全以賈讓、王横之語爲據。齊桓塞河之説，出自緯書，在班固後，不足徵信。閻子引之，以爲定王河徙之由，未必然也。

【全云】緯書固不足信，然謂其出班氏後，何氏之謬也。

【繼序按】《周譜》所云「定王五年」，乃周之後定王，一作貞王，而合稱貞定王者也。使是前之定王，則五年當魯宣公之七年，《春秋》書「大旱」而不書「河徙」，有是理哉！

【元圻案】《書》正義引《春秋緯·寶乾圖》云：「移河爲界在齊吕，填遏八流以自廣。」《公羊》疏引《尚書中候》云：「齊桓之霸，遏八流以自廣。」《漢書·溝洫志》：成帝初，賈讓奏言：「隄防之作，近起戰國，雍防百川，各以自利。」王莽時，大司空掾王横言：「《周譜》云『定王五年河徙』，則今所行，非禹之所穿也。」

孝文十二年，河決酸棗東，潰金隄。

【元圻案】此《史記·河渠書》、《漢書·溝洫志》文。

陳留郡酸棗縣，【原注】今屬開封府。[一]秦拔魏置縣。【原注】地多酸棗，因以爲名。金隄河隄在東郡白馬[二]界。《括地志》：「一名千里隄，在滑州白馬縣東五里。」《郡縣志》：「在酸棗縣南二十三里。」【原注】《輿地廣記》：酸棗縣有金隄，「漢文時河決金隄，即此」。王尊爲東郡太守，請以身填金隄。程子曰：「漢火德，多水災；唐土德，少河患。」

[一]【集證】今屬河南衛輝府延津縣。

[二]【全云】脱「縣」字。

【閻按】宋敏求曰：「唐河朔地，天寶後久屬藩臣，縱有河事，不聞朝廷。故一部《唐書》僅載者薛平爲鄭滑節度使河決瓠子一事耳。」余謂仍有一事，《蕭倣傳》：「爲義成軍節度使，滑州瀕河，累歲水壞西北防。倣徙其流遠去，樹隄自固，人得以安。」

【何云】《册府元龜》：「開元十年六月，博州黄河隄壞，湍悍洋溢，不可禁止。今博、冀、趙三州刺史乘傳旁午分理，按察使蕭嵩總其事。」

【元圻案】《漢書·溝洫志》賈讓言：「金隄高一丈。自是東，地稍下，隄稍高，至遮害亭，高四五丈。」又《王尊傳》：「尊字子贛，涿郡高陽人。遷東郡太守。河水盛溢，泛浸瓠子金隄。尊躬率吏民，投沉白馬，祀水神河伯。尊親執圭璧，使巫策祝，請以身填金隄，因止宿，廬居隄上。吏民數千萬人皆叩頭救止尊，尊終不肯去。及水盛隄壞，吏民皆奔走，唯一主簿泣在尊旁，立不動。而水波稍卻回（環）〔還〕。吏民嘉壯尊之勇節。」

孝武元光三年，河水徙，從頓丘東南流入勃海，復決濮陽瓠子，注鉅野，通淮、泗。鄃居河北。【原注】鄃音輸。《後漢》注：音俞。

【閻按】文當於「東南」二字截住作句，下「流入勃海」另讀。勃海，今天津衛，《漢·地理志》所謂「至章武入海」是也。

【元圻案】《史記·河渠書》：「今天子元光之中，而河決於瓠子，東南注鉅野。」《漢書·武紀》：元光三年，「春，河水徙，從頓丘東南流入勃海。夏五月，河水決濮陽，泛郡十六」。《溝洫志》：「元光中，河決於瓠子，東南注鉅野，通於淮、泗。」《溝洫志》又云：「是時武安侯田蚡爲丞相，其奉邑食鄃。鄃居河北。河決而南，則鄃無水災，邑收入多。蚡言於上曰：『江、河之決皆天事，未易以人力强塞。强塞之，未必應天。』是以久不復塞也。」◎案，鄃非河決之地，史特終言不塞之故耳。「鄃居河北」四字，似無庸并引。

東郡頓丘縣，【原注】今澶州開德府濮陽、清豐兩縣。[一] 漢勃海郡，在勃海之濱。【原注】今滄、棣、霸、濱諸州之地。[二]《水經注》：「《禹貢》曰：『夾右碣石，入於河。』《山海經》：『碣石之山，繩水出焉，東流注於河。』河之入海，舊在碣石，今川流所導，非禹瀆也。周定王五年，河徙故瀆。班固曰：『商竭周移。』」以上皆《水經注》第五卷文。瓠子，今開德府濮陽縣西有瓠子口。瓠子，河名也。[三] 濟州鉅野縣東北有大野澤，即鉅野也。[四]《禹貢》：「大野既豬。」清河郡鄃縣，《通典·州郡十》「德州平原縣」注：鄃故城在德州平原縣西南。【原注】大名府夏津縣，本鄃縣。程氏曰：周時河徙砱礫，至漢又改向頓丘東南流。[五]

[一]【集證】濮陽，洪武初省入開州。清豐、開州，今並屬直隸大名府。

[二]【全云】原注是正文。

[三]【集證】今開州城南有瓠子渠。

［四］【集證】今屬山東曹州府縣東北有鉅野澤。

［五］【閻按】程大昌《禹貢論》本是「周定王時河徙故瀆」，非「硂礫」字面。硂礫者，蔡氏所竄，繆妄甚矣。詳辨見胡朏明《禹貢錐指》，余實助之。

【何本載閻云】硂礫，人都不曉，余以《漢書》有滎陽漕渠，如淳曰：「今礫溪口是也。」滎陽在今縣西五十里，河何嘗徙此！大昌亦本非硂字，而蔡《傳》妄加，王氏誤襲用之耳。

【何云】胡渭生曰：「程大昌《禹貢論》本是『周定王時河徙故瀆』，非『硂礫』字面。硂礫者，蔡氏妄竄。」

【元圻案】《春秋》襄二十年「公與晉侯、齊侯盟於澶淵」，杜注在頓丘東南①。《水經注》五：「大河故瀆又東，逕鄃縣故城東。」今山東臨清州夏津縣東北有故鄃縣城。◎《溝洫志》注，師古曰：「礫溪，溪名，即《水經》所云泲水又東過礫溪者。」

元封二年，自泰山還至瓠子，自臨塞決河，築宣防宮。

【元圻案】《史記·河渠書》：「於是天子已用事萬里沙，則還自臨決河，沈白馬玉璧於河。於是卒塞瓠子，築宮其上，名曰宣房。」◎《漢書·武紀》：「元封二年，夏四月，還祠泰山，至瓠子臨

① 按，《左傳》杜注僅云「澶淵在頓上縣南」。

決河。」◎《溝洫志》：「上既封禪，巡祭山川，其明年，乾封少雨。上乃使汲仁、郭昌發卒數萬人塞瓠子決河。於是上以用事萬里沙，則還自臨決河，沈白馬玉璧，令羣臣從官自將軍以下皆負薪置決河。於是卒塞瓠子，築宮其上，名曰宣防。」

《水經》二十四：「瓠子河出東郡濮陽縣北河。」【原注】注：「縣北十里爲瓠河口，亦謂瓠子堰、宣房堰。」《括地志》：「故龍淵宮，俗名瓠子宮，亦名宣房宮，[一]在濮陽縣北十里。」決河，在鄄城[二]以南，濮陽以北，廣百步，深五丈。【原注】《通典》：「秦始皇二十二年，攻魏，決河，灌其都。決處遂大，不可復補。」漢王橫云。《九域志》：「濮州雷澤縣有瓠子河。」澶州濮陽縣有瓠子口。萬里沙在萊州掖縣。濟州東阿縣有魚山，一名吾山。《瓠子歌》曰：「吾山平〔兮〕鉅野溢。」東阿，今屬鄆州。

[一]【何云】「防」、「房」古字通。

[二]【集證】今山東曹州府濮州東二十里舊城集，故鄄城也。

【元圻案】「在鄄城以南」以下十五字，是《武紀》蘇林注文。《溝洫志》：「上既臨河決，悼功之不成，乃作歌曰：『功無已時兮吾山平，吾山平兮鉅野溢。』」

【集證曰】今山東泰安府東阿縣之西北有魚山。

導河北行二渠，復禹舊迹。

【元圻案】此《河渠書》、《溝洫志》文，「導」俱作「道」。

《河渠書》：「禹乃廝二渠以引其河，[一]北載之高地，過降水，至於大陸，播爲九河，同爲逆河，入於勃海。」【原注】孟康曰：「二渠：其一出貝丘西南南折者也，其一則漯川也。」臣瓚曰：「河入海乃在碣石，元光二年更注勃海，禹時不注也。」[二]貝丘，貝州清陽縣。【原注】熙寧四年省入清河縣。[三]漯水，出東郡東武陽，【原注】省入大名府莘縣、澶州朝城縣。[四]至千乘【原注】青州千乘縣。[五]入海。降水故瀆，在冀州南宮縣東南六里。《大事記》：「周威烈王十三年，晉河岸傾，壅龍門，至於底柱。」春秋後河患見史傳始於此。[六]

[一]案，《溝洫志》「廝」作「灑」。孟康曰：「分也。」

[二]【全云】此行原注是正文。

[三]【集證】今山東東昌府清平縣地置貝丘。

[四]【集證】今山東東昌府莘縣東有武陽故城，曹州府朝城縣東南有東武陽城，西南有故漯河。

[五]【集證】今青州府樂安縣，漢之千乘。

[六]【閻按】《春秋》成公五年，「夏梁山崩」，《公羊傳》：「壅河三日不流。」《穀梁傳》：「梁山崩，壅遏河三日不流。」又先於威烈王十三年。

【元圻案】《史記》正義曰：「大陸澤在邢州及趙州界，一名廣河澤，一名鉅鹿澤也。」◎

《水經注》五：「《風俗通》曰：『河播也，播爲九河，自此始也。』『同爲逆河』，鄭玄曰：『下尾合曰逆河，言相逆受矣。』」又曰：「大河故瀆又東，逕貝丘故城南，即司馬彪《郡國志》所謂貝中聚也。」又曰：「《風俗記》曰：漯水東北，至千乘入海。」

自塞宣房後，河復北決於館陶，分爲屯氏河。

【元圻案】此《溝洫志》文。

《地理志》：「魏郡館陶縣，河水別出爲屯氏河，東北至章武入海。」【原注】館陶，今屬大名府。《通典》：「魏州貴鄉縣有屯氏河，大河故瀆，俗曰王莽河。章武縣，滄州魯城縣，周省入清池縣。」《九域志》：「大名府館陶縣、夏津縣有屯氏河。南樂縣有大河故瀆。」

【集證】今山東東昌府館陶縣西有衛河，自直隸元城縣流入，即漢時屯氏河舊渠也。東魏貴鄉縣，今直隸大名府大名縣，東南有屯氏故河。元城縣有屯氏故河，一名王莽河。明洪武初，以清池縣省入滄州，今屬直隸天津府。州西南有古屯氏河，一名毛河。山東臨清州夏津縣北有屯氏枯河。南樂縣，今屬直隸大名府。

【元圻案】《水經注》五：「屯氏河逕繹幕縣南，分爲二瀆。屯氏別河北瀆，至陽信縣故城北，《地理志》『勃海之屬縣也』，東注於海。屯氏別河南瀆，自平原城北首受大河故瀆東出，亦通謂之篤馬河，即《地理志》所謂『平原縣有篤馬河，東北入海，行五百六十里』者也。」

元帝永光五年，河決清河靈鳴犢口，而屯氏河絕。

【元圻案】此《溝洫志》文。

清河之靈縣鳴犢河口。〔一〕《地理志》：「清河郡靈縣，河水別出爲鳴犢河，東北至蓨，入屯氏河。」【原注】靈縣，隋省入博州博平縣。蓨音條，縣屬德州，後屬冀州。

〔一〕案，此師古注文。

【集證】今山東東昌府博平縣東北有廢靈縣，又東北有故黄河。蓨，春秋時晉條邑，漢脩縣，隋改爲蓨縣。元屬河間路，今直隸河間府景州。

【元圻案】《水經注》五：「大河故瀆又東北逕靈縣南。〔《地理志》曰：〕『河水於縣別出爲鳴犢河。』」◎《地理志》「蓨」作「脩」，師古音同，屬信都國。

成帝建始四年，河決東郡金隄。河隄成，以五年爲河平元年。三年，河復決平原，流入濟南、千乘。

【元圻案】《成帝紀》：「建始四年，秋，河決東郡金隄。河平元年，春三月，詔曰：『河決東郡，（漂流）〔流漂〕二州，校尉王延世隄塞輒平。其改元爲河平。』」《溝洫志》：「後二歲，河復決平原，流入濟南、千乘，所壞敗者半建始時。復遣王延世治之。」

平原，德棣州。〔一〕濟南，齊淄州。〔二〕千乘故城，在淄州高苑縣北。〔三〕

[一]【集證】今山東濟南府平原縣西南，有平原故城，大河故瀆在西北。

[二]【集證】今山東濟南府淄川等縣。

[三]【集證】今山東青州府高苑縣北，有故千乘城。

鴻嘉四年，勃海、清河、信都河水溢。李尋等言：「議者常欲求索九河故迹而穿之，今因其自決，可且勿塞，以觀水勢。」

【元圻案】此《溝洫志》文。《李尋傳》：「尋字子長，平陵人也。治《尚書》，好《洪範》災異，又學天文、月令、陰陽。哀帝初，遷黄門侍郎、騎都尉。」

信都，冀州信都縣，禹導河，北過降水，即此。亦曰枯洚①渠，西南自南宫縣界入。②[一]《禹貢》「九河既道」，《爾雅》：「一曰徒駭，二曰太史，三曰馬頰，四曰覆鬴，五曰胡蘇，六曰簡絜，七曰鈎盤，八曰鬲津，其一河之經流。」【原注】先儒不知「河之經流」，遂分簡絜爲二。[二]徒駭，【原注】《寰宇記》在滄州清池。許商云在成平。[三]馬頰，【原注】《郡縣志》在德州安德。《寰宇記》在棣州滴河北。《輿地記》即篤馬河也。[四]覆鬴，【原注】《通典》在德

①「洚」，元刊本作「降」。

②自「信都縣」至「界入」共二十五字，元刊本爲小注。

州安德。[五]胡蘇，【原注】《寰宇記》在滄州饒安、臨津、無棣三縣。許商云在東光。[六]簡絜，【原注】《輿地記》在臨津。[七]鉤盤，【原注】《通典》、《寰宇記》在滄州樂陵東南，從德州平昌來。《輿地記》在樂陵。[八]鬲津，【原注】《寰宇記》在樂陵東，西北流入饒安。《通典》在饒安。許商曰在鬲縣。《輿地記》在無棣。[九]太史。【原注】不知所在。[一〇]漢世近古，止得其三，唐人遂得其六，歐陽忞《輿地記》又得其一。或新河載以舊名，或一地互爲兩説，皆似是而非，無所依據。[一一]鄭氏以爲齊桓塞其八流以自廣。夫曲防，齊之所禁，塞河非桓公所爲也。程氏大昌《禹貢論》以爲九河之地，已淪於海，謂今滄州之地，北與平州接境，相去五百餘里，禹之九河當在其地。酈道元亦謂：「九河碣石，苞淪於海。」【原注】篤馬河在平原縣，今德州。樂史以爲馬頰，誤矣。[一二]

[一]閻本自「信都縣」以下二十五字作小注，今從何本。

[二]元圻案：林之奇《尚書解》七：「曾氏旼曰：『自徒駭至於鬲津，皆是複名。先儒以簡、絜爲單名，固不倫矣。《爾雅》所載，但有八名，其一不名者，河之經流也。先儒不知河之經流不爲異名，故分簡絜而爲二。』漢許商曰：『徒駭是河本道，東出，分爲八支。』審如許商所言，則河自徒駭，乃分爲八；審如曾氏之言，則是其一爲經流，而其八者皆其支派也。然據下文曰：『又北，播爲九河，同爲逆河，入於海。』九者並列支派，則其勢均也，安得以其一爲經流，以其八爲支派哉！九河之地在漢平原郡以北。許商曰：『徒駭、胡蘇、鬲津，今在成平、東光、鬲縣界中。』唐孔氏云：『上言

三河，下言三縣，則徒駭在成平，胡蘇在東光，鬲津在鬲縣，其餘不復知也。』《爾雅》九河之次，從北而南。既知三河之處，則其餘六者，太史、馬頰、覆鬴在東光之北、成平之南，以簡絜、鉤盤在東光之南、鬲縣之北，理或然也。」

［三］【何云】《地理志》「勃海郡成平」下注云：「虖沱河①，民曰徒駭河。」○案，邵氏《爾雅正義》曰：「今河間府交河縣東有漢成平故城。」

［四］【集證】《地理今釋》：「山東濟南府平原縣北有篤馬河，東北經陵縣、德平、商河、樂陵諸縣界，其流或斷或續，相傳即馬頰河也。」

［五］【集證】《地理今釋》：「濟南郡德州有覆釜河。」○案鬴，一作釜。郭氏音云：鬴，古釜字。

［六］【集證】饒安，今滄州。臨津，今南皮縣。無棣，今慶雲縣。並屬河間府。○案，邵氏《爾雅正義》曰：「今河間府東光縣有漢東光故城。」

［七］【集證】《地理今釋》：「河間府南皮縣，城外有簡河、絜河，二河相去最近。」○案，《爾雅》郭注云：「簡水道簡易，絜水多約絜。」是分簡絜爲二也。邵氏《正義》曰：「《史記》正義云：簡河在貝州歷亭縣界。《金史·地理志》：南皮縣有潔河。」

［八］【集證】《地理今釋》：「濟南府樂陵縣東南有鉤盤河，自平原、德平二縣界流入，至海豐

---

①「虖沱河」，三箋本作「虖池河」。

縣東入海。」○案盤，《爾雅》作「般」。陸氏《釋文》云：「本又作盤。李本作股，云水曲如鉤，折如人股，故曰鉤股。」今案《禹貢》正義引李巡云：「鉤盤，言河水曲如鉤，屈折如盤也。」與陸氏所見本不同。

［九］【集證】《地理今釋》：「德州西南有鬲津河，東經吴橋、寧津、德平、樂陵、慶雲諸縣界，至海豐縣大沽口入海。」○案，邵氏《爾雅正義》曰：「《詩》疏云：『徒駭是九河之最北者，鬲津是九河之最南者。』《爾雅》之文，從此而説也。太史、馬頰、鉤盤，文在胡蘇之上，則三者在成平之南、東光之北也。簡、絜、覆釜，文在胡蘇之下，則三者在東光之南、鬲縣之北也。鬲縣故城在今德州北。」

［一〇］案，《爾雅》郭注云：「今所在未詳。」邵氏《正義》曰：「《書》疏引李巡云：『太史，禹大使徒衆，通其水道，故曰太史。』《詩》疏引孫叔然云：『太史者，大使徒衆，故依名云。』《釋文》引『或云太史者，史官記事之處。』《導河書》云：『太史，在德州安德縣東南，經滄州臨津縣西，未之詳也。』」

［一一］案，程大昌《禹貢山川地理圖·敍説》曰：「自漢至唐，講求九河甚悉。漢世近古，止得三派。唐人集累世積傳之語，乃説九得其六，近古而采獲者少，遠古而采獲者多，已不可信。至其顯然訛誤者，班固明以滹沱爲徒駭，而不悟滹沱不與古河相涉。樂史所説馬頰，乃以漢世篤馬河當之。此類皆其明不可據者也。」

［一二］【閻按】九河淪於海，乃王莽時王横一家之言，未詳考驗者。辨見《尚書古文疏證》。

【方樸山云】先儒謂徒駭即河之經流也，蔡氏無所因承，苟出胸臆，何庸述而志之，上誣《爾雅》？

【三箋盛柚堂百二云】「九河」以下，全本蔡九峯《書傳》。原注皆當作正文。

【程易田云】九河據《爾雅》之次，五曰胡蘇，居九者之中。邢昺疏云：「《溝洫志》許商曰：徒駭、胡蘇、鬲津，蓋舉首中尾之三河以包其六，是以下文即著其地，曰今見在成平、東光、鬲縣界中。然則徒駭在成平，胡蘇在東光，鬲津在鬲縣矣。九河之次，從北而南，則太史、馬頰、覆鬴三河在東光之北，居成平之南，簡絜、鉤盤二河在東光之南，居鬲縣之北。」胡蘇爲九河之中出者無疑矣。其名曰「扶蘇」者何也？言九河分布派流胡蘇然，舉其中者象形名之，得包其九也。扶蘇曷爲其象？分布派流之形也。胡蘇猶扶蘇。《七發》曰「龍門之桐根扶蘇」①，注引《説文》：「扶蘇，四布也。」《史記》《上林賦》「垂條扶於」，郭璞曰：「猶扶蘇也。」扶蘇、扶於，轉之皆得爲胡蘇。而胡蘇之命名，居九河之中，餘河則四布於其外，故得象分布派流之形也。孫炎曰：「胡蘇水流多散，胡蘇然。」説義最精，然指一河言，而不知其爲象九河之形，猶皮傅也。閒嘗博覽而證明之。《周官》司戈盾職云「及舍，設藩盾」，注云：「盾可爲藩衛者，如今之

① 按，《七發》原文作「龍門之桐，高百尺而無枝。中鬱結之輪菌，根扶疏以分離」。

扶蘇與？」據鄭義，扶蘇，漢時見有之物也。《詩·山有扶蘇》毛傳云：「扶蘇，扶胥小木也。」曰小木，則非木名可知。蓋扶蘇疊韻字，蘇胥又雙聲相轉。

【元圻案】《水經注》五：「齊桓霸世，塞廣田居，同爲一河，故自堰以北，館陶、廮陶、貝丘、鬲、般、廣川、信都、東光、河間、樂成以東，城地並存，川瀆多亡。」◎案堰，謂沙丘堰。◎程大昌《禹貢論》上：「唐之平、滄二郡，隅海而立，其側出而在海北者平也，其横海而在海西者滄也。以古九州言之，平純爲冀，滄則中分其地，南當爲兗，北當爲冀者也。九河之播在大陸北，大陸於唐爲深州。深與滄東西相距，則九河入滄，當趨北斜行，是既以平爲鄉矣。斜北之極，又有逆河承之，乃入於海，則逆河之地當距平不遠矣。合滄境南北言之，以里數，地蓋五百而遥，以北五百里海水爲九河逆河故地，而取其北傍驪城之碣石以爲冀境，對東之碣石則正逆河注海之地也。逆河當於此地注海，而碣石正直其地，其不真爲禹河碣石也乎？張揖嘗言碣石已在海中，而酈道元引其言以主王横九河淪海之論，豈亦有見於此耶？」

平當使領河隄，奏：「按經義治水，有決河深川，無隄防壅塞之文。」

【元圻案】此《溝洫志》文，事在哀帝初年，賈讓於是陳治河上中下三策。

程子曰：「河北見鯀隄，無禹隄。鯀堙洪水，故無功，禹則導之而已。」

【閻按】《玉海》曰：「以《禹貢》行河，以《春秋》斷獄，以《三百五篇》當諫書，六經之用，果止於是歟？是自夫子既成六經後，尚爲未試之書也。」痛心哉斯言！◎或有以「九澤既陂，陂亦堤也」解者，然陂水所鍾處非川也。

賈讓言：「禹鑿龍門，辟伊闕，析底柱，破碣石。」

【元圻案】見《溝洫志》。

《水經》四：「河水南過河東北屈縣【原注】唐慈州吉昌。〔一〕西，【原注】注：「《呂氏春秋》曰：龍門未闢，呂梁未鑿①，河出孟門，大溢逆流，名曰鴻水。大禹疏通，謂之孟門。孟門即龍門之上口也。」〔二〕河水又南過皮氏縣【原注】河中府龍門。〔三〕西，又南出龍門口。」【原注】注：「大禹導河積石，疏決梁山，即《經》所謂龍門也。」「崩浪千尋，懸流萬丈②，迄於下口。《慎子》曰：下龍門，非駟馬之追也。」潏水李氏曰：「同州韓城北有安國嶺，東臨大河，有禹廟，在山斷河出處。禹鑿龍門，起於唐張仁愿所築東受降城之東，自北而南，至此山盡。兩岸石壁峭立，大河盤束於山峽間，至此山開岸闊，豁然奔放，聲如萬雷。」〔四〕《通典》：「絳州龍門縣，【原注】今屬河中府。有龍門山，即大禹所鑿。《三秦記》云：『魚

---

①「鑿」，元刊本作「發」。

②「崩浪千尋，縣流萬丈」，元刊本作「崩浪萬尋，懸流萬丈」。按《水經注》原文作「崩浪萬尋，縣流千丈」。

鱉上之即爲龍，否則點額而還。』」《通典·州郡七》。黄河北去縣二十五里，乃龍門口。《輿地記》十三：「同州韓城縣有龍門山。顏氏曰：『龍門山，其東在今龍門縣北，其西在今韓城縣北，而河從其中下流。』」《水經注》：「砥柱，山名。禹治洪水，破山以通河，河水分流，包山而過，山見水中，若柱然，故曰砥柱。三穿既決，水流疏分，亦謂之三門山。」《水經》「河水又東過砥柱間」注。伊闕、碣石，見前。[五]

[一]【集證】今山西平陽府吉州。

[二]元圻案：今本《水經注》四作「《淮南子》曰：『龍門未辟，呂梁未鑿，河出孟門之上，大溢逆流，無有丘陵高阜滅之，名曰洪水。大禹疏通，謂之孟門。故《穆天子傳》曰：北登孟門九河之隥。孟門即龍門之上口也，實爲河之巨阨，兼孟門津之名矣。』」然《淮南子》實無此文。《呂氏春秋·開春論·愛類篇》曰：「昔上古龍門未開，呂梁未發，河出孟門，大溢逆流，無有丘陵沃衍平原高阜盡皆滅之，名曰鴻水。禹於是疏河決江，爲彭蠡之障。」故厚齋改《淮南子》爲《呂氏春秋》與？抑今本《水經注》誤作《淮南子》與？厚齋當日蓋必有所據。

[三]【集證】今山西絳州河津縣。

[四]【閻按】東受降城，在今朔州北三百五十里。本漢定襄郡之成樂縣，去《禹貢》龍門一千五百餘里，禹輕百姓力竟至此乎！真正妄談，不足與辯。

【何云】按如此則自東而西矣。

［五］【閻按】伊闕並未見前。《宋地理志補注》云：「熙寧五年，廢伊闕縣爲鎮，入河南。六年，改隸伊陽。」

【元圻案】《水經注》四：「北屈縣，即夷吾所奔邑，王莽之朕北也。《汲郡古文》曰：翟章救鄭，次於南屈。應劭曰：有南，故加北。《國語》曰：蒲與二屈，君之疆也。」又「河水又南過皮氏縣西」注：「皮氏縣，王莽之延平也。故城在龍門東南，不得延逕皮氏，方届龍門也。」又十五「洛水又東北過伊闕中」注：「京相璠曰：今洛陽西南五十里，伊闕外前亭矣。服虔曰：前讀爲泉。周地也。伊水又北，入伊闕。昔大禹疏以通水，兩山相對，望之若闕，伊水歷其間北流，故謂之伊闕矣。《春秋》之闕塞也，昭公二十六年，趙鞅使女寬守闕塞是也。陸機云：洛有四闕，斯其一焉。」又曰：「《爾雅》曰：鱣，鮪也。出鞏穴，三月則上渡龍門，得渡爲龍矣，否則點額而還。」又：「《魏土地記》曰：梁山北有龍門山，大禹所鑿，通孟津河口，廣八十步。巖際鐫斷，遺功尚存。」①

淇口以東。

【元圻案】《溝洫志》：賈讓奏言：「臣竊按視遮害亭西十八里，至淇水口，乃有金隄，高一

① 以上兩節見《水經注》卷四。

丈。自是東，地稍下，隄稍高，至遮害亭，高四五丈。往五六歲，河水大盛，增丈七尺，壞黎陽南郭門，入至隄下，水未逾隄二尺所。從隄上北望，河高出民屋，百姓皆走山上。水留十三日，隄潰〔二所〕，吏民塞之。臣循隄上，行視水勢，南七十餘里，至淇（水）口，〔水〕適至隄半，計出地上五尺所。今可從淇口以東爲石隄，多張水門。」

《通典·州郡八》：「淇水出共山，東至衛州衛縣界入河，謂之淇水口。」

【集證】今衛輝府淇縣西北有淇水，下流入衛河。

新莽始建國三年，河決魏郡，泛清河以東數郡。

【元圻案】此《漢書·王莽傳》文。

魏郡，相州大名府。清河，恩州。〔一〕

〔一〕【集證】今山東東昌府恩縣。

明帝永平十三年，王景修汴渠成。

【元圻案】此《後漢書·明帝紀》文。

詔曰：「自汴渠決敗，六十餘歲。【原注】平帝時。今既築隄理渠，絶水立門，河、汴分流，復其舊迹。」見《明帝紀》。《郡縣志·河南道一》：「汴渠在河南府河陰縣【原

注】漢滎陽縣，唐屬孟州。〔一〕南二百五十步，亦名莨蕩渠。禹塞滎澤，開渠以通淮、泗。漢命王景修渠。」【原注】《漢書》有滎陽漕渠，如淳曰：「今礫溪口是也。」①《水經注》：「王景即滎水故瀆東注浚儀，謂之浚儀渠。」〔二〕

〔一〕【集證】今河南開封府滎澤縣。

〔二〕【閻按】如淳曰「今礫溪口」，歷來漢注本皆然，不知蔡氏當日何緣讀「今」作「砱」，遽生出「砱礫」地名，謂河徙此，兩見其《書傳》。虞翻曰：「立乎學校，臣竊恥之。」【全云】胡東樵《水經注·濟水篇》欲攻蔡九峯「砱礫」之失，而自造爲北礫溪、南礫溪，則分一水爲二水矣。

【元圻案】《後漢書·循吏·王景傳》：「永平十二年，議修汴渠，乃引見景，問以理水形便。遂發卒數十萬，遣景與王吳修渠築隄，自滎陽東至千乘海口千餘里。景乃商度地勢，鑿山阜，破砥績，直截溝澗，防遏衝要，疏決壅積，十里立一水門，令更相洄注，無復潰漏之患。明年渠成。」又曰：「時有薦景能理水者，顯宗詔與將作謁者王吳共修作浚儀渠。吳用景墕(水)〔流〕法，水乃不復爲害。」◎《水經注》(四)〔五〕：「河水又東過滎陽縣北，莨蕩渠出焉。」注：「大禹塞滎澤，開之以通淮、泗，即《經》所謂莨蕩渠也。漢平帝之世，河、汴決壞，未及得修，汴

① 「今」，元刊本作「砱」。參見下「全云」。

渠東侵，日月彌廣。明帝永平十二年，議治汴渠，上乃引樂浪人王景，與將作謁者王吴治渠。明年渠成。順帝陽嘉中，又自汴口以東，緣河積石爲堰，通渠，咸曰金隄。靈帝建寧中，又增修石門，以遏渠口，水盛則通注，津耗則輟流。河水又東，逕八激隄北。漢安帝永初七年，令謁者太山于岑，於石門東，積石八所，皆如小山，以捍衝波，謂之八激隄。」又七，《經》文：「濟水與河合流，東至北礫溪南，東出過滎陽北。」顧氏震曰：「『北』字後人所加。《漢書·溝洫志》顔師古引《水經》『汳水東過礫溪』，無『北』字，可辨證。」酈注：「濟水又東，礫石溪水注之。」顧氏震曰：「此十字及近刻並訛作《經》，『礫石溪』上又加『南』字。胡渭《禹貢錐指》云：『上有北礫溪，故以此爲南礫溪，「石」字衍。』考下云『世謂之礫石澗』，則『石』字非衍明矣。《經》言礫溪於滎陽縣下，此亦言於滎陽縣下，豈有兩滎陽縣乎？後人不察前屬經文，後屬注文，故妄加南北字耳。」據此，則胡東樵南北礫溪之説蓋承《水經注》俗本之訛，非自造也。

章帝建初三年，罷虖沱、石臼河。

【元圻案】《後漢書·章帝紀》：「建初三年，四月乙巳，罷常山虖沱、石臼河漕。」注：「石臼，河名也，在今定州唐縣東北。漕，水運也。」◎正文疑脱「漕」字。

虖沱，出代州繁畤縣東南，流經五臺山北，東南流過定州入海。鄧訓治虖沱、石臼河，從都慮至羊腸倉。石臼河在定州唐昌縣東北。【原注】本漢苦陘縣，今省入安喜縣。[一]《通典·州郡九》：「嵐州宜芳縣，[二]即漢汾陽縣。積粟所在，謂之羊腸倉，石磴縈委，若羊腸焉。」【原注】《水經注》：「按《郡國志》，常山南行唐縣有石臼谷。」[三]

[一]案，「石臼河」以下十一字，述章懷注文。考《後漢》注無「昌」字。《唐書·地理志》定州有唐縣，《宋史·地理志》中山府本定州，政和三年升爲府，改賜郡名曰中山，縣七，有安喜，有唐，無唐昌，亦無并入安喜之文，當更考。

[二]【集證】今太原府嵐縣。

[三]【集證】今直隸正定府行唐縣，漢南行唐，後魏行唐，西有磁河。

【元圻案】《後漢書·鄧訓傳》：「訓字平叔，禹第六子也。永平中，理虖沱、石臼河，從都慮至羊腸倉，欲令通漕。太原吏人苦役，連年無成，轉運所經三百八十九隘，前後没溺死者不可勝算。建初三年，拜訓謁者，使監領其事。訓考量隱括，知大功難立，具以上言。肅宗從之，遂罷其役，更用驢輦，歲省費億萬計，全活徒士數千人。」◎此條疑當入後《漕運考》。

《張騫傳》：「天子案古圖書，名河所出山曰崑崙。」

【元圻案】《漢書·張騫傳》：「騫，漢中人也。」「崑崙」作「昆侖」。

漢武帝以于闐[一]山出玉，因名河所出曰崑崙。《博雅》[二]曰：「崑崙虚，赤水出其東南陬，河水出其東北陬，洋水出其西北陬，弱水出其西南陬。河水入東海，三水入南海。」見《釋水》。《後漢書·明帝紀》永平十七年注云：「崑崙山在肅州酒泉縣西南。山有崑崙之體，故名之。」【原注】朱文公曰：「二書之語似得其實。《水經》言崑崙去嵩高五萬里，恐不能若是之遠。」《通典》以下皆《州郡四》「議曰」之文。：「今吐蕃中河，從西南數千里向東北流，見與積石山下河相連。聘使涉歷，無不言之。吐蕃自云：『崑崙山在國中西南，則河之所出也。』《尚書》云：『織皮崑崙、析支、渠搜，[三]西戎即敘。』《後漢書》云：『西羌在漢金城郡之西南，濱於賜支。』[四]《續漢書》：『河關【原注】縣，屬金城郡，今積石軍。西可千餘里，有羌，謂之賜支，蓋析支也。』然則析支在積石之西，[五]是河之上流明矣。崑崙在吐蕃中，當亦非謬。」【原注】《楚辭》注：「《爾雅》：『河出崑崙虛，色白，所渠并千七百一川，色黃。百里一小曲，千里一曲一直。』」《離騷》：「邅吾道夫崑崙。」①《九歌》：「登崑崙兮四望。」

［一］案于闐，即今之和闐，在葉爾羌東南，多玉石。

［二］即《廣雅》。

［三］案，應劭曰：《禹貢》析支，屬雍州，在河關之西千餘里。羌人所居，謂之河曲羌。◎《水經注》三：「河水自朔方東轉，逕渠搜縣故城北。」

［四］案《後漢書·西羌傳》：「西羌之本，出自三苗，姜姓之別也。其國近南岳。及舜流四

① 「邅」，原本作「遭」，據元刊本、三箋本改。《離騷》正作「邅」。

凶，徙之三危，河關之西南羌地是也。濱于賜支，《禹貢》所謂析支者也。」注：「河關，縣，屬金城郡。」羌地是也。

［五］案《漢書・地理志》：「金城郡河關，積石山在西南羌中。河水行塞外，東北入塞内，至章武入海，過郡十六，行九千四百里。」◎酈道元曰：「積石山在西羌之中，燒當所居也。」

【閻按】《通典》疑所謂「古圖書」即《禹本紀》，最是。◎《唐・藝文志》有《吐蕃黄河録》四卷。

【全云】此條乃附見，不應置章帝之下、靈帝之上。

【元圻案】《水經注》二：「《涼土異物志》曰：葱嶺之水，分流東西，西入大海。東爲河源。《禹記》所謂崑崙者焉。張騫使大宛而窮河源，謂極於此，而不達於崑崙也。」《水經・河水》：「其一源出于闐國南山，北流，與葱嶺所出河合。」《漢書・西域傳》云：「河有兩源，一出葱嶺山，一出于闐。于闐在南山下，其河北流，與葱嶺河合，東注蒲昌海。蒲昌海，一名鹽澤者也，去玉門、陽關三百餘里，廣袤三百里。其水亭居，冬夏不增減，皆以爲潛行地下，南出於積石，爲中國河云。」顧氏震曰：「蒲昌海即羅布淖爾，在闢展西南。積石山在青海境，積石之西五六百里即星宿海，今呼鄂敦搭拉，朱思本所謂『從地湧出如井，其井百餘』者也。酈道元言河之所潛出於積石，宜即指星宿海。」◎邵氏《爾雅・釋水》正義曰：「河源所出之山，唐人謂之紫山。《新唐書・吐蕃傳》：『劉元鼎使吐蕃還，記其經見曰：由洪濟梁西南行二千里，水益狹，春可涉，秋夏乃勝舟。其南三百里三山，中高而四下，直〔犬〕〔大〕羊同國，古所謂崑崙者也。東距長安五千里，河源其間，流澄緩〔下〕。東北直莫賀延磧尾殆五百里，〔磧〕廣五十里，北自沙州，西南入吐谷渾寖狹，故號磧尾。隱測其地，蓋劍南之西。』今西寧府界西南千四百餘里有大山，厥色紫黑，是産金銀，唐人所謂紫山，稱斯名矣。自紫山以西，又南迤西連諸山，綿亘二千里，其即古崑崙之虚與？」

靈帝光和六年，金城河溢。

【元圻案】此《靈帝紀》文。

金城郡，今蘭會西寧湟州積石軍。〔一〕

〔一〕【集證】今甘肅西寧府。

【元圻案】《水經·河水》「又東過金城允吾縣北」，注：「水逕其南，不在其北。南有湟水，出塞外。」

歷代田制考

秦廢井田，開阡陌。【原注】周顯王十九年。

【集證】《漢·地理志》:「秦孝公用商君制轅田,開阡陌。」師古曰:「南北曰阡,東西曰陌。」《史記·六國表》:周顯王之十九年,爲秦孝公之十二年,「初(改)〔聚〕小邑爲三十一縣,令,爲田開阡陌。」

《通典·州郡四》議曰:「按周制,步百爲畒,畒百給一夫。商鞅佐秦,以一夫力餘,地利不盡,於是改制,二百四十步爲畒,百畒給一夫。又以秦地曠而人寡,晉地狹而人稠,誘三晉人發秦地利,優其田宅,復及子孫,而使秦人應敵於外。大率百人,則五十人爲農,五十人習戰。兵强國富,職此之由。」朱文公《開阡陌辨》曰:「説者之意,皆以『開』爲『開置』之『開』,言秦廢井田而始置阡陌也。按阡陌者,舊説以爲田間之道,蓋因田之疆畔,制其廣狹,辨其横從,以通人物之往來,即《周禮》所謂遂上之徑,溝上之畛,洫上之涂,澮上之道也。然《風俗通》云:『南北曰阡,東西曰陌。』又云:『河南以東西爲阡,南北爲陌。』二説不同。今以《遂人》田畒夫家之數考之,當以後説爲正。蓋陌之爲言百也,遂、洫從而徑、涂亦從,則遂間百畒,洫間百夫,而徑、涂爲陌矣。阡之爲言千也,溝、澮横而畛、道亦横,則溝間千畒,澮間千夫,而畛、道爲阡矣。阡陌之名,由此而得。至於萬夫有川,而川上之路周於其外,與夫《匠人》井田之制,遂、溝、洫、澮亦皆四周,則阡陌之名,疑亦因横從而命之也。然遂廣二尺,溝四尺,洫八尺,澮二尋,則丈有六尺矣。徑容牛馬,畛容大車，涂容乘車，[一]一軌道，二軌路，三軌則幾二丈矣。此其水陸占地不得爲田者頗多，所以正經界，止侵争，時蓄①洩，備水旱，爲永久之計。商君以急刻之心，行苟且之政，但見田爲阡陌所束，而耕者限於百畝，則病其人力之不盡；但見阡陌之占地太廣，而不得爲田者多，則病其地利之有遺。又當世衰法壞之時，歸授之際，必有煩擾欺隱之姦，而阡陌之地切近民田，又必有陰據自私而税不入於公上者，是以盡開阡陌，悉除禁限，而聽民兼并買賣以盡人力，墾闢棄地，悉爲田疇，不使有尺寸之遺以盡地利，使民有田即爲永業，而不復歸授，以絶煩擾欺隱之姦；使地皆爲田，田皆出税，以覈陰據自私之幸。此其爲計，正猶楊炎疾浮户之弊，破租庸以爲兩税，[二]蓋一時之害雖除，而千古聖賢傳授精微之意於此盡矣。故《秦紀》、《鞅傳》皆云：『爲田開阡陌封疆，而賦税平。』蔡澤亦曰：『決裂阡陌，以静生民之業，而一其俗。』[三]所謂『開』者，乃破壞剗削之意，而非創置建立之名。所謂『阡陌』，乃三代井田之舊，而非秦之所置矣。所謂『賦税平』者，以無欺隱竊據之姦也。所謂『静生民之業』者，以無歸授取予之煩也。」《大事記解題》[三]曰：「決裂云者，唐、虞、三代井田之制，分畫堅明，封表深固，非大用力以決裂之，不能遽掃滅

①「蓄」，元刊本作「畜」。

其迹也。秦始皇三十一年，使黔首自實田。[四]使井田不廢，何患田之不實乎！」

［一］案《地官・遂人》賈疏曰：「鄭知『徑容牛馬』之等義如此者，此從川上有路差之，凡道皆有三塗，川上之路則容三軌，道容二軌，塗容一軌，軌皆廣八尺。其畛差小，可容大車一軌，軌廣八尺。自然徑不容車軌，而容牛馬及人之步徑，是以《春秋》有牽牛蹊，蹊即徑也。」

［二］《唐書・食貨志》：「凡授田者，丁歲輸粟二斛，稻三斛，謂之租。丁隨鄉所出，歲輸絹二匹，綾、絁二丈，布加五之一，綿三兩，麻三斤，非蠶鄉則輸銀十四兩，謂之調。用人之力，歲二十日，閏加二日，不役者日爲絹三尺，謂之庸。自開元以後，户籍久不更造，丁口轉死，田畝賣易，貧富升降不實，而租〔庸〕調法弊壞。至德宗相楊炎，遂作兩税法，夏輸無過六月，秋輸無過十一月，置兩税使以總之。」

［三］語見《史記》本傳。

［四］事見《史記・秦始皇本紀》。

【程易田云】應劭《風俗通》之言見於《秦本紀》索隱，所引者作「河東以東西爲阡，南北爲陌」。朱子《開阡陌辨》引《風俗通》之言見於戴侗《六書故》者，亦作「河東以東西爲阡，南北爲陌」。今《風俗通》及此載朱子之所引者，並訛「河東」爲「河南」，蓋不知「南東其畝」之制，而轉寫者妄改之也。夫阡陌之名，自從《遂人》百畝千畝、百夫千夫生義。但畝有南東，則阡陌各有縱横。其曰遂、洫縱而溝、澮横者，乃鄭康成氏以南畝圖之以曉人者，非謂天下之田盡遂、洫縱而溝、澮横也。若東其畝，則又遂、洫横而溝、澮縱矣，胡可以南畝之圖概遂人之制哉！畝有東南，故應氏具兩説以别之，不可以偏廢也。至於《匠人》阡陌，則因乎《遂人》而名之，義不繫乎畝與夫之千百，而不妨襲其阡陌。而阡陌之所謂不可典要，惟變所適也，余曾作《阡陌考圖》而詳辨之矣。

漢董仲舒請限民名田。

【元圻案】《漢書·食貨志》董仲舒曰：「秦用商鞅之法，改帝王之制，除井田，民得賣買，富者田連仟佰，貧者無立錐之地。漢興，循而未改。古井田法雖難卒行，宜少近古，限民名田，以澹不足。」名田，占田也。各爲立限，不使富者過制，貧弱之家可足也。**【原注】**武帝時，賈人有市籍者及家屬，皆無得名田。[一] 胡氏曰：「限田終不能行者，以人主自爲兼并，無以使民興於廉也。」

［一］案，正文是師古注文，小注是《史記·平準書》文。「名田」上有「籍」字。

【元圻案】胡致堂《讀史管見》云：「董仲舒欲以限田漸復古制，其意甚美，而終不能行者，以人主自爲兼并，無異於秦也。」

趙過教民爲代田。

【程易田云】趙過爲代田，見《漢書·食貨志》：「一畝〔二〕〔三〕甽，歲代處。一夫三百甽，而播種於甽中。」蓋一夫百畝，甽以彊畝，本百畝也。今於畝中更爲三甽以播種，於是一夫三百甽矣。甽壟相間，三百甽亦三百壟。代田者，更易播種之名。甽播則壟休，歲歲易之，以甽處壟，以壟處甽，故曰「歲代處」也。

「代，易也。」師古注文。《周官·大司徒》：不易、一易、再易之地，有三等。【原注】《公羊傳》注：「司空謹別田之高下善惡，分爲三品。上田一歲一墾，中田二歲一墾，下田三歲一墾。」《左傳》：「晉作爰田。」《晉語》云：「作轅田。」轅，易也。賈逵注文。《漢·地理志》：「秦商君制轅田。」【原注】「轅」與「爰」同，易也。《食貨志》：「歲耕種者爲不易上田，休一歲者爲一易中田，休二歲者爲再易下田。三歲更耕之，自爰其處。」〔一〕《鹽鐵論·未通篇》：御史曰：「古者制田，百步爲畝，民井田而耕，什而籍一。先帝哀憐百姓之愁苦，衣食不足，制田二百四十步而一畝，率三十而稅一。」

〔一〕案《司馬法》曰：「歲受耕之，爰自其處。」

師丹建言限名田。

【元圻案】《漢書·食貨志》：「哀帝即位，師丹輔政，建言云云。天子下其議，丞相孔光、大司空何武奏請：『諸侯王、列侯皆得名田國中。列侯在長安，公主名田縣道，及關內侯、吏民名田皆毋過三十頃。』丁、傅用事，董賢隆貴，皆不便也，遂寢不行。」

王嘉奏曰：「詔書罷苑，而以賜董賢二千餘頃。均田之制，從此墮壞。」

【元圻案】《漢書·王嘉傳》：「嘉字公仲，平陵人也。建平三年代平當爲丞相，奏封事云云。」「苑」作「菀」。師古曰：「菀，古苑字。」

新莽更名天下田曰王田，不得買賣。

【元圻案】此《食貨志》文。《志》又曰：「後三年，莽知民愁，下詔諸食王田得賣買。」

建武十五年，詔州郡檢覈墾田户口。

【集證】《後漢書·光武紀》：「建武十五年，六月庚午，詔下州郡，檢覈墾田頃畝及户口年紀。」《百官志》注，胡廣曰：「秋冬歲盡，各計户口墾田、錢穀入出，上其集簿。丞尉以下，歲詣郡課校。」

《通典·食貨一》曰：「自秦孝公隳經界，立阡陌，雖獲一時之利，而兼并逾僭興矣。阡陌既弊，又爲隱覈。隱覈之法，憑乎簿書；[一]簿書既廣，必藉衆功。藉衆功，則政由羣吏；政由羣吏，則人無所信矣。」

［一］今本《通典》作「又謂隱覈在乎權宜，權宜憑乎簿書」。

後魏孝文太和九年，詔均田：「男夫十五以上，受露田[一]四十畝。婦人二十畝。」

[一]【集證】不栽樹者謂之露田。

【集證】《通典·食貨門》：「孝文太和元年，三月詔：『一夫制田四十畝，男三十畝，無令人有餘力，地有遺利。』時李安世上疏曰：『今雖桑井難復，宜更均量，審其徑術，令細人獲資生之利，豪右靡餘地之盈。』帝深納之，由是始議均田。九年，冬十月丁未，詔：『均給天下人田，諸男夫十五以上受露田四十畝，婦人二十畝，奴婢依良丁。牛一頭受田三十畝。身没則還田。諸宰民之官，各隨遠近給公田。』有差職分田始於此。」

劉氏【原注】①恕。曰：「後魏均田制度，似今世佃官田及絶户田出租税，非如三代井田也。魏、齊、周、隋兵革不息，農民少而曠土多，故均田之制存。至唐承平日久，丁口滋衆，官無閒田，不復給授，故田制爲空文。《唐志》云『口分、世業之田壞而爲兼并』，似指以爲井田之比，失之遠矣。」

【元圻案】《唐書·食貨志》曰：「口分、世業之田壞而爲兼并，租、庸、調之法壞而爲兩税。」

北齊河清三年，令民一夫受露田八十畝，婦人四十畝。

① 「原注」，原本缺標，據文例補。

【集證】《通典》：「北齊河清三年，令男子十八受輸調，二十充兵，六十免力役，六十六退田免租調。職事及百姓請墾田者，名爲永業田。一夫受露田八十畝，婦人四十畝。每丁給永業二十畝爲桑田，不在還受之限。土不宜桑者給麻田。」

隋文帝開皇十二年，京輔三河地少人衆，發使四出，均天下之田。其狹鄉每丁纔至二十畝。

【集證】《通典·食貨門》：「隋文帝令自諸王以下至都督，皆給永業田各有差，多至百頃，少至三十頃。其丁男、中男永業、露田皆遵後齊之制，並課植以桑、榆及棗。其田宅率三口給一畝。開皇九年，墾田千九百四十萬四千二百六十頃，每户二頃餘。十二年，文帝以天下户口歲增，京輔及三河地少而人衆，議者咸欲徙就寬鄉。帝乃發使四出，均天下之田，其狹鄉每丁才至二十畝，老小又少焉。」

【元圻案】《唐書·食貨志》曰：「田多可以足其人者爲寬鄉，少者爲狹鄉。」

唐武德七年，初定均田。丁、中之民，給田一頃。篤疾減十之六，寡妻妾減七。皆以什之二爲世業，八爲口分。

【元圻案】此《通鑑·唐高祖紀》文。《唐書·食貨志》曰：「唐制：度田以步，其闊一步，其長二百四十步爲畝，百畝爲頃。凡民始生爲黄，四歲爲小，十六爲中，二十一爲丁，六十爲老。授田之制，丁及男年十八以上者，人一頃，其八十畝爲口分，二十畝爲永業。老及篤疾廢者，人四十畝，寡妻妾三十畝，當户者增二十畝，皆以二十畝爲永業，其餘爲口分。」

范氏①曰：「唐初定均田，有給田之制，蓋由有在官之田也。其後給田之制不復見，蓋官田益少矣。」林氏【原注】②勳。曰：「周制步百爲畝，百畝僅得唐之四十餘畝。唐之口分，人八十畝，幾倍於古。蓋貞觀之盛，户不及三百萬，永徽唯增十五萬。若周則王畿千里，已有三百萬家之田，列國不與焉。是以唐制受田倍於周，而地亦足以容之。狹鄉雖裁其半，猶可以當成周之制。然按一時户口，而不爲異日計，則後守法難矣。」【原注】既無振貧之術，乃許之賣田，後魏以來弊法也，是以啓兼并之漸。〔一〕永徽中，洛多豪右，占田逾制，賈敦頤舉没三千餘頃，賦貧民。

〔一〕案，小注亦林勳語。

【元圻案】《唐書·食貨志》曰：「貞觀初，户不及三百萬。四年，米斗四五錢，外户不閉者數月，人行數千里不齎糧，號稱太平。高宗承之，海内艾安。長孫無忌等輔政，天下未見失德。

① 范氏，指范祖禹，文见所著《唐鑑》。

② 「原注」，原本缺標，據文例補。

即位之歲，增户十五萬。」又《循吏傳》：「賈敦頤，曹州冤句人。貞觀中，數歷州刺史。永徽中遷洛州。」「洛多豪右」以下皆本傳文。

開元九年，宇文融爲勸農使，括逃户及籍外田。

【元圻案】《通鑑·唐紀》玄宗開元九年：「正月，監察御史宇文融上言：『天下户口逃移，巧僞甚衆，請加檢括。』丁亥，制：『州縣逃亡户口，聽百日自首，或於所在附籍，或牒歸故鄉，各從所欲。過期不首，即加檢括，謫徙邊州。公私敢容庇者抵罪。』以宇文融充使，括逃移户口及籍外田。融奏置勸農判官十人，分行天下。州縣希旨，務於獲多，虛張其數，或以實户爲客，凡得户八十餘萬，田亦稱是。」

陸贄論兼并之家，私斂重於公税，請爲占田條限。

【元圻案】《唐書·食貨志》：「贄疏曰：『有田之家，坐食租税。京畿田畝税五升，而私家收租畝一石。官取一，私取十，穡者安得足食？宜爲占田條限，裁租價，損有餘，優不足。』贄以讒逐，事無施行者。」

後周世宗以元稹《均田圖》賜諸道，詔艾穎等分行諸州，均定田租。【原注】《會要》云：「見元稹在同州時所上《均田表》，因製素爲圖。」

【元圻案】《通鑑·後周紀》世宗顯德五年：「〔六〕〔七〕月，帝欲均田租。丁亥，以元稹《均田圖》遍賜諸道。」「十月，詔左散騎常侍須城艾潁等三十四人分行諸州，均定田租。」注：「時詔曰：『近覽元稹《長慶集》，見在同州時所上《均田表》，較當時之利病，曲盡其情，俾一境之生靈，咸受其賜，傳於方册，可得披尋，因令製素成圖，直書其事。』」①

今按元稹《同州奏均田》曰：「因農務稍暇，令百姓自通手實狀，又令里正書手等傍爲穩審，並不遣官吏擅到村鄉，略無欺隱。除去逃荒，其餘頃畝，取兩税元額，通計七縣沃瘠，一例作分抽税。」蘇氏②曰：「三代之君，開井田，畫溝洫，謹步畝，嚴版圖，因口之衆寡以授田，因田之厚薄以制賦。經界既定，仁政自成，下及隋、唐，風流已遠。然其授民田有口分、世業，皆取之於官。其斂民財有租、庸、調，皆計之於口。其後變爲兩税，户無客主，以見居爲簿；人無丁中，以貧富爲差。貧者急於售田，則田多而税少；富者利於避役，則田少而税多。僥倖一興，税役皆弊。嘉祐中，薛向、孫琳始議方田，量步畝，審肥瘠，以定賦税之入。〔二〕熙寧中，吕惠卿復建手實，

① 按，此注「七月」句。

② 蘇氏，指蘇轍，文見所著《民賦敍》。

抉私隱，崇告訐，以實貧富之等。元豐中，李琮追究逃絶，均虛數，虐編户，以補失陷之税。此三者，皆爲國斂怨，所得不補所失。昔宇文融括諸道客户，州縣觀望，虛張其數，以實户爲客，雖得户八十餘萬，歲得錢數百萬，而百姓困弊，實召天寶之亂。均税之害，何以異此！」張子曰：「治天下不由井地，終無由得平。周道止是均平。」[二]

[一]【何云】今之丈量銷圩，正①方田法也。

[二]【集證】張子語載見呂大臨所作行狀。

【元圻案】《玉海》百七十六：「嘉祐四年，八月二十七日，命孫琳、林之純、席與言、李鳳、高本等相度均税，又令分往均田。五年，四月丙戌，詔三司置局詳定。三司使包拯、諫議吕居簡、户部副使吴中復領其事。熙寧五年，重修定方田法，推行自京都始。元豐八年，十月丙戌，罷之。崇寧四年，二月十六日，尚書省言：『神宗詔講方田，以土色肥磽別田美惡，定賦調多寡。今以熙寧方田敕可行者爲方田法。』宣和二年，六月十六日，罷方田。」

南唐烈祖分遣使者按行民田，以肥瘠定其税。

【元圻案】《通鑑·後晉紀》高祖天福六年：「唐王分遣使者按行民田，以肥瘠定其税，民間稱

①「正」，三箋本作「止」。

其平允。自是江淮調兵興役及他賦斂，皆以税錢爲率，至今用之。」

歷代漕運考

漢

渭渠。

【元圻案】《漢書·武紀》：「元光六年，春，穿漕渠通渭。」《溝洫志》：「時鄭當時爲大司農，言『異時關東漕粟從渭上，度六月罷，而渭水道九百餘里，時有難處。引渭穿渠起長安，傍南山下，至河三百餘里，徑，易漕，度可令三月罷。』上以爲然，令齊人水工徐伯表，發卒數萬人穿漕渠，三歲而通。以漕，大便利。」

渭水，出熙州狄道縣東北，至華州華陰入河。劉仲馮曰：「今渭汭至長安僅三百里，固無九百餘里，而云『穿渠起長安，旁南山至河』，中間隔灞、滻數大川，無緣山成渠之理。此説可疑，今亦無其迹。」《西都賦》[一]：「通溝大漕，潰渭洞河。」

[一] 後漢班固著，見本傳、《文選》。

【元圻案】《水經注》十九：「其渠自昆明池南傍山原，東至於河，且田且漕，大以爲便。今無水。」又曰：「《左傳》閔公二年，『虢公敗犬戎於渭隊』。服虔曰：隊，謂汭也。杜預曰：水之隈曲曰汭，即船司空所在矣。」◎劉仲馮，名奉世，清江人。父敞原父，叔父攽貢父，同著《兩漢刊誤》，號「三劉《漢書》」。陳振孫曰：「《漢書》自顔監之後，舉世宗之，未有異其説者。至劉氏兄弟，始爲此書，多所辨正發明。」[1]案其書今已佚，吴仁傑《兩漢刊誤補遺》中頗存其説，仲馮此條蓋亦《刊誤》中之一則也。

襃斜道，故道。

【元圻案】《漢書·溝洫志》曰：「人有上書欲通襃斜道及漕，事下御史大夫張湯。湯問之，言『抵蜀從故道，故道多阪，回遠。今穿襃斜道，少阪，近四百里。而襃水通沔，斜水通渭，皆可以行船漕。漕從南陽上沔入襃，襃絶水至斜，間百餘里，以車轉，從斜下渭。如此，漢中穀可致，而山東從沔無限，便於底柱之漕。』上以爲然，拜湯子卬爲漢中守，發數萬人作襃斜道五百餘里。道果便近，而水多湍石，不可漕。」師古注：「故道屬武都，有蠻夷，故曰道，即今鳳州界也。」

襃水通沔，在興元府襃城縣。【原注】出衙領山至南鄭入沔。斜水通渭，在京兆府武功

① 見《直齋書録解題》卷四《三劉漢書標注》解題。

縣。【原注】出衙領山北流至郿入渭。故道，今鳳州梁泉縣。

【元圻案】《水經注》二十七：「沔水一名沮水。庾仲雍云：是水南至關城，合西漢水。漢水又東北，合沮口，同爲漢水之源也。故如淳曰：此方人謂漢水爲沔水。是互相通稱矣。漢水又東合褒水，水西北出衙領山，東南逕大石門，歷故棧道下谷，俗謂千梁無柱也。褒水又東南歷褒口，即褒谷之南口也。北口曰斜，所謂北出褒斜。褒水又南逕褒縣故城東，褒中縣也，本褒國矣。」

【集證】《明·地理志》：「陝西漢中府褒城縣，東北有褒谷，亦曰商谷。自此出連雲棧，北抵斜谷之道也。南有沔水，又城東有褒水，亦曰黑龍江，下流入沔水。鳳翔府郿縣西有衙領山，褒水出其南，流入沔；斜水出其北，流入渭。又西南有斜谷，南入漢中，有斜谷關。」

河内。懷、衛二州之地。

【元圻案】《漢書·地理志》：「河内郡，高祖元年爲殷國，二年更名。」◎《後漢書·寇恂傳》：「光武南定河内，拜恂河内太守。時軍食急乏，恂以輦車驪駕轉輸，前後不絕。」

【集證】今河南懷慶、衛輝二府。

東冶，零陵、桂陽嶠道。

【元圻案】《後漢書·鄭弘傳》：「弘建初八年代鄭衆爲大司農。舊交阯七郡貢獻轉運，皆從東冶泛海而至，風波艱阻，沈溺相係。弘奏開零陵、桂陽嶠道，於是夷通，至今遂爲常路。」

東冶，福州閩縣。零陵郡，南臨源嶺。【原注】永州。桂陽郡，臘嶺。【原注】郴州。

【閻按】臨源嶺即越城嶺，第五。臘嶺即騎田嶺，第二。

沮、下辨。

【元圻案】《後漢書·虞詡傳》：「羌寇武都，鄧太后以詡有將帥之略，遷武都太守。先是運道艱險，舟車不通，驢馬負(戴)〔載〕，僦五致一。詡乃自將吏士，案行川谷，自沮至下辨，數十里中，皆燒石翦木，開漕船道，以人僦直雇借庸者。於是水運通利，歲省四十餘萬。」注：「沮，今興州順政縣。下辨，今成州同谷縣。」

沮縣，漢屬武都，隋爲興州順政。【原注】沔水發源於此，一名沮水。今沔州。下辨縣，漢下辨道屬武都，西魏改同谷，唐爲成州同谷。【原注】《續志》①：「下辨東三十餘里有峽，中當水泉，生大石，障塞流水，至春夏輒溢。虞詡使人燒石，以水漑之，石皆裂，因鐫去石，遂無泛溺之患。」〔一〕

① 以下文字見於《後漢書·虞詡傳》注引《續漢書》。

［一］【閻按】《新唐書·地理志》：「嚴礪自長舉縣西疏嘉陵江二百里，焚巨石，沃醯以碎之，通漕以饋成州戍兵。」「醯」字尤妙。

【集證】《地理今釋》：沮縣，即今陝西漢中府略陽縣。東南至沔縣，西南入漢水，名曰沮口。◎成州，今甘肅階州成縣。

斜谷。

【元圻案】《三國志·蜀·後主傳》：「建興十年，亮休士勸農，於黄沙作流馬木牛畢，教民講武。十一年，冬，亮使諸軍運米集於斜谷口，治斜谷邸閣。十二年，春二月，亮由斜谷出，始以流馬運。」

《郡國志》一：「右扶風武功縣有斜谷。」注：「褒斜谷在長安西南，南口褒，北口斜，長百七十里，其水南流。」【原注】武功，今鳳翔府郿縣。

【元圻案】杜佑《通典·食貨門·漕運》紀漢漕，不及「河内」以下四事，此可以補其略。

魏

陳項、壽春。

【元圻案】《三國志·魏·鄧艾傳》：「艾遷尚書郎。時欲廣田畜穀爲滅賊資，使艾行陳、項已東至壽春。艾以爲田良水少，不足以盡地利，宜開河渠，可以引水澆溉，大積軍糧，又通運漕之道，乃著《濟河論》以喻其指。」

《通典·州郡七》：「潁州，魏汝陰郡，鄧艾屯田於此。」陳、項，陳州宛丘、項城縣。壽春，見前。《晉志》：「修廣淮陽、百尺二渠，上引河流，下通淮、潁。」【原注】《通典》陳州宛丘縣有百尺堰。《隋志》潁川郡北舞縣有百尺溝。《郡縣志》百尺堰在潁州汝陰縣西北一百里。

【集證】宛丘，今河南陳州府之淮寧縣。壽春，今江南鳳陽府之壽州。《明·地理志》：「河南陳州治東有百尺溝，即沙水下流也。」

晉

滍、淯水，楊口。

【集證】《晉書·杜預傳》：「預都督荊州，吴平，還鎮。修召信臣遺迹，激用滍、淯諸水，以浸原田萬餘頃。分疆刊石，使有定分。開楊口，起夏水達巴陵千餘里，內瀉長江之險，外通零、桂之漕。」

《漢·地理志上》「南陽郡」：「滍水出魯陽縣魯山，東北至定陵入汝。【原注】魯陽，汝州魯山縣。定陵故城在蔡州郾城縣西北。淯水出酈縣西北，南入漢。」【原注】酈故城在鄧州臨湍縣。《通典·州郡十三》：「復州沔陽縣，漢雲杜縣。杜預爲荆州刺史，開楊口達巴陵徑千餘里。內避長江之險，通零、桂之漕，即此也。」【原注】零陵、桂陽。

【集證】《明・地理志》：「河南汝州魯山縣，東北有魯山，西有堯山。南有滍水，源出堯山，流入葉縣界，合昆水、沙河水入汝。」「南陽府南陽縣，東有淯水，一名白河，下流至湖廣襄陽縣界入漢水。」「湖廣沔陽州景陵縣，今改天門。西北有雲杜廢縣，南有沔水，西南有楊水，北注沔，亦曰楊口，亦曰中夏口，又爲楊林口。」

【元圻案】《水經》曰：「滍水出南陽魯陽縣西之堯山。」注云：「滍水又東逕魯陽縣故城南，城即劉累之故邑也，有魯山，縣居其陽，故因名焉。」案堯山、魯山同在魯陽縣，故滍水所出，班史以爲魯山，《水經》以爲堯山。《水經》又曰：「滍水又東北過潁川定陵縣西北，又東過郾縣〔南〕，東（南）入於汝。」注云：「滍水東逕西不羹亭南。亭背汝水，於定陵城北，東入汝。郾縣在南，不得過。」《水經》又曰：「淯水出弘農盧氏縣（支）〔攻〕離山。」注云：「淯水導源，東流酈縣故城北。郭仲産曰：酈縣故城在（支）〔攻〕離山東南。」

石門。

【集證】《晉書・桓温傳》：「温使（預）〔豫〕州刺史袁真攻譙梁，開石門以通水運。真克譙梁，而不能開石門，水運路塞。」

《水經注》七：「滎瀆水受河水，有石門，謂爲滎口石門。」

【集證】《明・地理志》：「河南鄭州河陰縣西有石門渠，即古滎口也。亦曰汴口。又西有河口倉，唐時置。」◎「河陰縣，今并入開封府滎澤縣。」

【元圻案】《水經注》七又曰：「靈帝建寧四年，於敖城西北壘石爲門，以遏渠口，謂之石門。故世亦謂之石門水。門廣十餘丈，西去河三里。」

千金堨。

永嘉元年①，修千金堨於許昌，以通運。《晉書·懷帝紀》文。《水經注》十六：「河南縣城東十五里，有千金堨。《洛陽記》曰：千金堨，舊堰穀水，魏時更修，積石爲堨。開溝渠五所，謂之五龍渠。渠上立堨。【原注】堨是都水使者陳協造。水歷堨東注，謂之千金渠。」【原注】許昌許州，今潁昌府許田鎮。劉曜攻石生於金墉，決千金堨以灌之。

【元圻案】《水經注》又曰：「張方入洛，破千金堨。永嘉初，汝陰太守李矩、汝南太守袁孚修之，以利漕運，公私賴之。」

隋

蒲，陝，衛，汴，黎陽，汾，晉，渭水，廣通渠，大興城，潼關。

① 「永嘉元年」，原本作「永嘉九年」，據元刊本、三箋本改。《晉書·孝懷帝紀》正作「永嘉元年」。

【集證】《隋書·食貨志》：「開皇三年，以京師倉廩尚虚，詔於蒲、陝、虢、熊、伊、洛、鄭、懷、邠、衛、汴、許、汝等水次十三州，置募運米丁。又於衛州置黎陽倉，洛州置河陽倉，陝州置常平倉，華州置廣通倉，轉相灌注，漕關東及汾、晉之粟，以給京師。四年，又詔宇文愷鑿渠引渭水，自大興城東至潼關三百餘里，名曰廣通渠。」

蒲州。【原注】河中府。汴州。【原注】開封府。黎陽。【原注】今濬州。汾州。【原注】唐爲慈州。晉州。【原注】平陽。京兆府萬年縣，隋改爲大興縣。廣通渠，在華州，置廣通倉。【原注】《隋·紀》：「幸霸水，觀漕渠。」①潼關，在華州華陰縣。渭水，在萬年縣北五十里，東流二百四十里，至華陰縣，東北流三十五里，自永豐倉入河，謂之渭口。

【集證】河中府，今山西蒲州府。濬州，今河南衛輝府濬縣。慈州，今山西汾州府。大興縣，今陝西西安府咸寧縣，縣東有灞水，又有灞橋。華州，今屬陝西同州府，華陰亦屬同州府。潼關，在華陰縣東。永豐倉，亦曰渭口倉。

【元圻案】《元和郡縣志》二：「華州華陰縣永豐倉，在縣東北三十五里渭河口，隋置，義寧元年，因倉又置監。」

① 「霸水」，原本作「灞州」，據元刊本、三箋本改。《隋書·高祖紀上》正作「霸水」。

山陽瀆。

【集證】《隋書·文紀》：「開皇七年，四月庚戌，於揚州開山陽瀆，以通漕運。」

楚州山陽縣。【原注】今淮安州。

【集證】今江蘇淮安府治山陽縣。山陽瀆，即邗溝也。

砥柱。

【集證】《隋書·食貨志》：「開皇三年，遣倉部侍郎韋瓚，向蒲陝以東募人，能於洛陽運米四十石，經砥柱之險達於常平者，免其征戍。」

陝州硤石縣，【原注】今省入陝縣。有底柱山，俗名三門山，在縣東北五十里。河水分流包山，山見水中若柱然。又以禹治河水①，山陵當水者破之，三穿既決，河出其間，有似於門，故亦謂三門。唐太宗勒銘。

【元圻案】《水經》曰：「河水又東過陝縣北。又東過大陽縣南。又東過砥柱間。」注云：「砥柱，山名也。昔禹治洪水，山陵當水者鑿之，故破山以通河。河水分流，包山而過，山見水中若柱然，故曰砥柱也。三穿既決，水流疏分，指狀表目，亦謂之三門矣。山在（穀）〔虢〕城東北，

① 「河水」，元刊本、三箋本作「洪水」。

大陽城東也。」◎太宗銘辭見《唐文粹》。

通濟渠，穀、洛水，板渚，邗溝。

【集證】《隋書·煬帝紀》：「大業元年，發河南諸郡男女百餘萬，開通濟渠，自〔西〕苑引穀、洛水達於河，自板渚引河通於淮。」◎《通鑑》曰：「又發淮南民十餘萬，開邗溝，自山陽至楊子入江。」《通典·州郡七》：「汴渠在河南府河陰縣南二百五十步，今名通濟渠。隋煬帝開導，西通河、洛，南達江、淮。【原注】河陰後屬孟州。汴州有通濟渠，隋煬帝開引黃河水以通江、淮漕運，兼引汴水，即浪宕【原注】與「莨蕩」同。〔一〕渠也。」【原注】《隋志》在浚儀縣。《九域志》：「汴水，古通濟渠也，在開封縣。」《周語》「穀、洛鬬」，注云：「洛在王城之南，穀在王城之北，東入於瀍。至靈王時，穀水盛出於王城之西，而南流合於洛水。」【原注】《山海經》：「澗水西北流，注於穀水。」《通典》：「穀水本澗水，經苑中入於洛。」板渚，《水經》：「河水又東合汜水，又東逕板城北。」〔二〕注云：「有津，謂之板城渚口。」【原注】在孟州汜水。《左傳》哀公九年：「吳城邗溝，通江、淮。」注云：「於邗江築城穿溝，東北通射陽湖，西北至末口入淮，通糧道也，今廣陵韓江是。」【原注】隋開邗溝，自山陽至揚子入江，渠廣四十步，自楚州寶應縣北流入淮。〔三〕

〔一〕案，何本「莨」作「蒗」，《水經》作「蒗蕩」，注同。《元和郡縣志》作「莨宕」。

〔二〕顧氏震曰：此十三字皆注文，原本及近刻俱誤作《經》。

〔三〕【閻按】王氏引杜注「末口」與《水經注》合，足證今注疏作「宋口」者非。又「自楚州寶應縣」十字宜衍，蓋上文是淮入江，不應旋云江入淮也。

【集證】浚儀，今河南開封府祥符縣。縣東有開封廢縣。汜水，今開封府汜水，縣東有板渚。寶應縣，今屬揚州府。

【元圻案】《水經注》三十：「昔吴將伐齊，北霸中國，自廣陵城東南築邗城，城下掘深溝，謂之韓江，亦曰邗溟溝，自江東北通射陽湖，《地理志》所謂渠水也。西北至末口入淮。」

永濟渠。

【元圻案】《元和郡縣志》十六：「貝州永濟縣永濟渠，在縣西郭内。漢武時河決館陶，分爲屯氏河，東北經貝(川)〔州〕、冀州而入渤海。此渠蓋屯氏古瀆，隋氏修之，因名永濟。」《國史志》：「大名府永濟縣有永濟渠。」【原注】今省爲鎮，入臨清縣。

【全云】隋大業四年，正月，詔穿永濟渠，引沁水南達於河北，通涿郡。《通鑑考異》曰：「《雜記》以爲引汾水者，謬也。」

【元圻案】《隋書·煬帝紀》亦作沁水。《通鑑》注：「班《志》：『沁水出上黨穀遠縣羊頭山世靡谷。』師古曰：『今至懷州武陟縣界入河。』穀遠，隋爲沁源縣。」《考異》曰：「永濟渠，即今御河，未嘗通汾水。」

東萊海口。

東萊郡萊州，西至海二十九里，北至海五十里，東南至海二百五十里。

【全云】 此征遼之運道也。大業八年，敕運黎陽、洛口、太原等倉穀，向望海頓。胡三省曰：「當在遼西。」①

【集證】《隋·地理志》：「東萊郡，舊置光州，開皇五年改曰萊州。」

唐

三門，河陰，柏崖，集津倉，**【原注】** 鹽倉。含嘉倉，太原倉。

【元圻案】《唐書·食貨志》：「玄宗〔開元〕二十一年，裴耀卿爲京兆尹，請『罷陝陸運，而置倉河口，使江南漕舟至河口者，輸粟於倉而去，縣官雇舟以分入河、洛。置倉三門東西，漕舟輸其東倉，而陸運以輸西倉，復以舟漕，以避三門之水險』。玄宗以爲然，乃於河陰置河陰倉，河（西）〔清〕置柏崖倉，三門東置集津倉，西置鹽倉。鑿山十八里以陸運。自江、淮漕者皆輸河陰倉，自河

---

① 「當在遼西」，是指望海頓。

陰西至太原倉，謂之北運，自太原倉浮渭，以實關中。」

裴耀卿於三門東西置倉，開山十八里，爲陸運以避其險，卒泝河而入渭。【原注】三門山見前「砥柱」。《地理志》：「河南府河陰縣，開元二十二年置領河陰倉。【原注】會昌三年屬孟州。[一] 河清縣，咸亨四年置柏崖縣，尋省，有柏崖倉。[二] 陝州平陸縣，三門西有鹽倉，東有集津倉。陝縣有太原倉。」[三]《六典》：「東都曰含嘉倉。自含嘉倉轉運，以實京之太倉。自洛至陝運於陸，自陝至京運於水。」【原注】楊慎名爲含嘉倉出納使。[四] 劉晏移書曰：「陝郊見三門、集津遺迹。」【原注】曾子固曰：「宋興，承周制，置集津之運，轉關中之粟以給大梁。」李泌自集津至三門，鑿山開車道，以避底柱之險。【原注】《九域志》：「陝州平陸縣三門集津鎮。」

[一] 案《地理志》「河北道」：「孟州河陰縣，開元二十二年析汜水、滎澤、武陟置，隸河南府，領河陰倉。會昌三年來屬。有梁公堰在河、汴間。開元二年，河南尹李傑因故渠浚之，以便漕運。」

[二]「河南道」：「河南府河清，本大基，武德二年置，隸懷州，八年省。咸亨四年析河南、洛陽、新安、王屋、濟源、河陽復置，並置柏崖縣，尋省柏崖。先天元年更名。會昌三年隸孟州，尋還屬，後廢。咸通三年復置。有柏崖倉。」①

① 此亦《新唐書·地理志》文。

［三］河南道陝州。

［四］【何云】慎名，閻改慎矜，非。按《通鑑》，慎矜知太府出納，慎名知含嘉倉也。

【元圻案】《唐書·楊慎矜傳》：「父隆禮，罷太府。玄宗訪其子可代父任者，宰相以慎餘、慎矜、慎名皆得父清白。帝擢慎矜監察御史，知太府出納；慎餘太子舍人，主長安倉；慎名大理評事，爲含嘉倉出納使。」又《劉晏傳》：「晏字士安，曹州南華人。領東都、河南、江淮轉運、租庸、鹽鐵、常平使。乃自按行，浮淮、泗，達於汴，入於河。右循底柱、硤石，觀三門遺迹。至河陰、鞏、洛，見宇文愷梁公堰，廝河爲通濟渠，視李傑新（渠）〔隄〕，盡得其利病。然畏爲人牽制，乃移書於宰相元載。」◎曾子固語見本集《政要策》「漕運」條。◎《唐書·李泌傳》：「泌，貞元元年拜陝虢觀察使。泌始鑿山開道至三門，以便饟漕。」《食貨志》：「泌益鑿集津倉山西逕爲運道，屬於三門倉。」◎《通鑑·唐紀》德宗貞元二年：「二月，李泌奏自集津至三門鑿山開車道十八里，以避底柱之險，是月道成。」

【集證】河清縣，今河南孟津縣。河南陝州與山西解州平陸縣接境，州西南有故太原倉。

滻水，望春樓，廣運潭。

【集證】《唐·食貨志》：「韋堅兼水陸運使。堅治漢、隋運渠，起關門，抵長安，通山東租賦。乃絶灞、滻，並渭而東，至永豐倉與渭合。又於長樂坡瀕苑牆鑿潭於望春樓下，以聚漕舟。」《玉海》一百八十二：「《會要》：天寶元年，三月，陝郡太守韋堅引滻水，開廣運潭於望春東，自華陰永豐倉以通河、渭。至二年三月二十六日，名潭曰廣運。」《地理志》作天寶三載。

春宫，宫東有廣運潭。華州華陰縣有漕渠，自苑西引渭水，因石渠，會灞、滻，經廣

《地理志》《唐志》「關内道」。：「京兆府萬年縣有南望春宫，臨滻水，西岸有北望

運潭至縣入渭。天寶三載，韋堅開。」【原注】《會要》：「自華陰永豐倉以通河、渭。」望春樓在

禁苑東南高原之上。姚南仲曰：「王者必據高明，燭幽隱，所以因龍首而建望春。」

【元圻案】《元和郡縣志》二：「華州華陰縣，天寶三年，左常侍兼陝州刺史韋堅開漕河，自

苑西引渭水，因古渠至華陰入渭，運永豐倉及三門倉米以給京師，名曰廣運潭。以堅爲水陸轉

運使。天寶中，每歲水陸運米二百五十萬石入關。大曆後，每歲運米四十萬石。」◎《唐書·姚

南仲傳》：「南仲，華州下邽人。乾元初，擢制科，遷累右補闕。大曆十年上疏云云。」

上津，扶風，洋川。

【元圻案】《通鑑·唐紀》肅宗至德元載：「江淮奏請貢獻之蜀、之靈武者，皆自襄陽取上津路

抵扶風，道路無壅，皆薛景仙之功也。」二載，上至鳳翔旬日，隴右、河西、安西、西域之兵皆會，江、

淮庸調亦至洋川、漢中。」胡三省注：「江、淮庸調泝漢而上洋、梁。」

商州上津縣。【原注】漢長利縣。扶風郡鳳翔府。【原注】自襄陽取上津路抵扶風，德宗治上

津道置館。洋川郡洋州。【原注】泝江、漢而上至洋川，陸運至扶風。汴水堙，廢漕運，自江、漢抵

梁、洋。【原注】梁州興元府。

【集證】今湖北鄖陽府鄖縣西有廢長利縣。洋州，今陝西漢中府洋縣。隋梁州，唐改爲興元府，今爲漢中府。

汴水，梁公堰。

劉晏疏浚汴水，見宇文愷梁公堰。《通典·州郡七》：「汴口堰，在河陰縣西二十里，又名梁公堰。隋開皇七年，使梁睿增築漢古堰，遏河入汴。」【原注】《會要》：「開元二年，李傑奏汴州東有梁公堰，堰破漕梗，發汴、鄭丁夫浚之，省功速就，刻石水濱紀其績。」

甬橋，渦口，蔡水。

【元圻案】《通鑑·唐紀》德宗建中二年：「六月，李正己遣兵扼徐州甬橋、渦口，梁崇義阻兵襄陽，運路皆絶，人心震恐。江、淮進奉船千餘艘，泊渦口不敢進。上以和州刺史張萬福爲濠州刺史。萬福馳至渦口，立馬岸上，發進奉船，淄青將士停岸睥睨不敢動。」胡三省注：「甬橋，在徐州南界汴水上，後置宿州於此。渦口，渦水入淮之口。」《唐書·食貨志》：「李納、田悦兵守渦口，梁崇義搤襄、鄧，南北漕引皆絶，京師大恐。江淮水陸轉運使杜佑，以秦、漢運路出浚儀十里入琵琶溝，絶蔡河，至陳州而合。自隋鑿汴河，官漕不通，若導流培岸，功用甚寡。疏雞鳴岡首尾，可以通舟，陸行纔四十里，則江、湖、黔中、嶺南、蜀、漢之粟可方舟而下，繇白沙趣東關，歷潁、蔡，涉汴抵東都，無濁河泝淮之阻，減故道二千餘里。會李納將李洧以徐州歸命，淮路通而止。」

甬橋，在宿州符離縣。渦口，在濠州鍾離縣九十里。杜佑以漢運路出浚儀十里入琵琶溝，絶蔡河，至陳州而合。【原注】李勉治蔡渠引東南饋。《通典·州郡七》：「汴州浚儀縣有蔡水。」【原注】《九域志》祥符縣有蔡河。建隆[一]元年，浚蔡河，設斗門。二年，導閔水，[二]自新鄭與蔡水合，貫京師，南歷陳、潁，達壽春，以通淮右之漕。以西南爲閔河，東南爲蔡河。開寶[三]六年，改閔河爲惠民河。【原注】與蔡河一水。[四]李泌曰：「江、淮漕運，自淮入汴，以甬橋爲咽喉。」

[一]宋太祖受禪，庚申建元。

[二]案《玉海》二十二，命右領軍上將軍陳承昭督其役。

[三]宋太祖九年戊辰改元。

[四]案，自「導閔水」以下及注，俱見《通鑑》周世宗顯德六年注。

【集證】《明·地理志》：「安徽鳳陽府宿州漢符離縣埇橋在北，亦名符離橋。懷遠縣東北有渦口，渦水自河南鹿邑縣流入境，至縣東入淮，故謂之渦口。」◎《舊圖經》：「琵琶溝，形似琵琶，故名，在開封城南。西從中牟界入通濟渠。煬帝欲幸江都，始鑿此溝。」

【元圻案】《玉海》二十二：《輿地廣記》：「汴河，蓋古莨蕩渠也。首受黄河水，隋開浚以通江、淮漕運，兼引汴水，亦曰通濟渠。元豐中，導洛通入，謂之清汴。蔡河，蓋古琵琶溝也。」◎《通鑑·唐紀》四十三胡三省注，宋白曰：「建中初，杜佑改漕路，自浚儀西十里（路）〔疏〕其南涯，引流入琵琶溝，經蔡河至陳州合潁。是秦漢故道，自隋開汴河，利涉揚楚，故官漕不復由此道。佑始開之。」◎《唐書·李勉傳》：「勉字元卿，鄭惠王元懿曾孫。代宗詔勉節度汴、宋。德宗立，就加同中書門下平章事。」

金、商運路。

【元圻案】《通鑑·唐紀》德宗建中四年：「侍御史萬俟著開金商運路。重圍既解，諸道貢賦繼至，用度始振。」胡三省注：「萬當作万，万俟，複姓也。開金商運路，轉江淮財賦以至奉天。」案德宗因涇原兵變幸奉天，朱泚進兵圍之。

《通典·州郡五》：金州，[一]去西京九百九十一里。商州，[二]去西京三百里。

[一]【集證】今陝西興安府。

[二]今陝西商州。

渭橋，東渭橋。

【元圻案】《通鑑·唐紀》四十二胡三省注，宋白曰：「武德、永徽之後，姜行本、薛大鼎、褚朗皆言漕運未能通濟。後監察御史王師順請運晉、絳之粟於河、渭之間，始置渭橋倉。」◎《唐書·食貨志》：「貞元初，詔浙江東西節度使韓滉、淮南節度使杜亞，運米至東、西渭橋倉。」

渭橋，《三輔故事》：「秦昭王作，長三百八十步。」《郡縣志》：「中渭橋，在咸陽縣東南二十二里。」「關内道二」。渭水南，去縣三里東渭橋，在萬年縣東。《後漢》注：「渭橋本名橫橋，在咸陽縣東南。」

【元圻案】《通鑑·唐紀》四十五胡三省注：「宋敏求《長安志》引『《三輔黃圖》曰「渭水貫都，以象天漢；橫橋南度，以象牽牛」，蓋指此之中橋而爲若言也。橋之廣至及六丈，其柱之多至於七百五十，約其地望，即唐太極宮之西而太倉之北也。』程大昌曰：『此橋舊止單名渭橋，《水經》敍渭曰「水之上有梁謂之橋」者是也。後世加中以冠橋上者，爲長安之西別有便門橋度渭，萬年縣之東更有東渭橋，不得不以中別之也。』」

揚子院，淮陰，項城，潁，溵。

【元圻案】《玉海》百八十二：「《會要》：『元和十一年十二月，始置淮潁水運，以饋封淮西諸軍。揚子等諸院米自淮陰泝流，至壽州西四十里入潁口，又泝流至潁州沈丘界五百里，至於陳州項城，又泝流五百里入於溵河，又三百里輸於堰城，得米五千萬石，附之以茭一千五百萬束，計其功省汴運七萬六千貫。』舊紀長慶二年八月丁丑，轉運使王播進《開潁口圖》。」

揚州揚子縣，【原注】今屬真州。[一]廣明[二]元年，高駢奏改揚子院爲發運使。淮陰縣，楚州。[三]項城縣，陳州。[四]潁水出陽城縣[五]陽乾山，東至下蔡，[六]入淮。溵水，《唐志·地理志》「河南道」：「陳州溵水縣，【原注】今改商水縣。[七]水出潁川①陽城少室山，東入潁。」

[一]【集證】今揚州府儀徵縣。

[二]僖宗七年庚子改元。

[三]【集證】今淮安府山陽縣。

[四]今河南陳州項城縣東有潁水，西有溵水流入焉。

[五]今河南府登封縣東。

[六]今安徽鳳陽府壽州西北有下蔡城。

[七]商水縣今屬河南陳州府。

後　周

汴水埇橋，【原注】見前。泗上。

①「潁川」，原本作「潁州」，據元刊本、三箋本改。

【元圻案】《通鑑·後周紀》世宗顯德二年：「汴水自唐末潰決，自埇橋東南悉爲汙澤。上謀擊唐，先命武寧節度使武行德發民夫，因故隄疏導之，東至泗上。議者皆以爲難成。上曰：『數年之後，必獲其利。』」胡三省注謂「淮南既平，藉以通漕也」。

《漢·地理志》有兩泗水，其一自乘氏至睢陵入淮，又一水卞縣至方與入沛。泗上，今招信軍相對泗口也。

【全云】汴縣之泗水是也，乘氏乃菏氏之誤，酈道元已糾之，厚齋誤矣。

【元圻案】《漢書·地理志上》：「濟陰郡乘氏：泗水東南至睢陵入淮，過郡六，行一千一百一十里。」《地理志下》：「魯國卞：泗水西南至方與入沛，過郡三，行五百里，青州川。」◎《水經》：「泗水出魯卞縣北山。」注：「《地理志》曰：出濟陰乘氏縣，又云出卞縣北，《經》言北山，皆爲非矣。《山海經》曰：泗水出魯東北。余昔沿歷徐、沇，路經洙、泗，因令尋其源流。水出卞縣故城東南，桃墟西北。墟有漏澤，澤西際阜，俗謂之嬀亭山。阜側有三石穴。自此連岡通阜，西北四十里許，岡之西際，便得泗水之源矣。《博物志》曰：泗出陪尾。蓋斯阜者矣。泗水又西南流，逕魯縣，分爲二流。」《水經》：「泗水又南過方與縣東，菏水從西來注之。」注：「泗水又東逕角城北，而東南流注於淮。考諸地説，或言泗水於睢陵入淮，亦云於下相入淮，皆非實録也。」

【集證】今山東曹州府曹縣東北有乘氏廢縣。安徽泗州府盱眙縣西有睢陵廢縣。卞縣，今山東兗州府泗水縣。方與，今山東濟寧州魚臺縣。泗口，今江蘇淮安府清河縣。

五丈河。

【元圻案】《通鑑·後周紀》世宗顯德四年：「詔疏汴水北入五丈河，由是齊、魯舟楫皆達於大梁。六年，命袁彥浚五丈渠，東過曹、濟、梁山泊，以通青、鄆之漕。」

五丈河，開寶六年改爲廣濟河。自都城北歷曹、濟及鄆，其廣五丈，以通東方之漕。[一]建隆二年，浚五丈河，【原注】命陳承昭於京城之西，夾汴河造斗門，自滎陽鑿渠百餘里，引京、索二水通城濠，入斗門，架流於汴，東匯於五丈河，以便東北漕運。以京、索河爲源。《禹貢》之菏澤。【原注】《九域志》在祥符縣東明縣。[二]

[一]此《通鑑》胡三省注文。又引薛《史》曰：「浚五丈河東流於定陶，入於濟，以通齊、魯運路。」

[二]【集證】今開封府蘭陽縣，宋東明縣也。

蔡水。【原注】見前。

【元圻案】《通鑑·後周紀》世宗顯德六年：「命馬軍都指揮使韓令坤，自大梁城東導汴水入於蔡水，以通陳、潁之漕。」胡三省注：「魏收《地形志》曰：汴水在大梁城東分爲蔡渠。《九域志》曰：浚儀縣之琵琶溝，即蔡河也。」

蔡河貫京師，兼閔水、洧水、溵水以通陳、潁之漕，蓋古琵琶溝也。元祐四年，知陳州胡宗愈，議古八丈溝可開浚，分蔡河之水自爲一支，由潁、壽入淮。楊侃《皇畿賦》：「天設二渠，曰蔡曰汴。通江會海，縈畿帶甸。千倉是興，萬庾是建。」

【元圻案】《水經》：「洧水出河南密縣西南馬領山。」注：「水出山下，亦言出潁川陽城山，山在陽城縣之東北，蓋馬領之統目焉。」《水經》：「溵水出河南密縣大騩山。」注：「大騩即具茨山也。黄帝登具茨之山，升於洪隄上，受《神芝圖》於華蓋童子，即是山也。」

原武。

【元圻案】《通鑑·後周紀》世宗顯德六年：「六月，鄭州奏河決原武，命宣徽南院使吴廷祚，發近縣二萬餘夫塞之。」胡三省注：「原武縣屬鄭州。《九域志》：在州北六十里。」

原武縣，屬鄭州。〔一〕

〔一〕今屬河南懷慶府。

【元圻案】《文獻通考·國用門》載東萊吕氏之言曰：「古者天子中千里而爲都，公侯中百里而爲都。天子之都，漕運東西南北所貢入者不過五百里；諸侯之都，漕運所貢入者不過五十里。所以三代之前，漕運之法不備。雖如《禹貢》所載『入於渭，亂於河』之類，所載者不過是朝廷之路，所輸者不過幣帛九貢之法，所以三代之時，漕運之法未甚講論。到春秋之末、戰國之初，諸侯交相侵（代）〔伐〕，争事攻戰，是時稍稍講論漕運〔之法〕。然所論者，尚只是行運之漕，至於國都之漕，亦未甚論。且如《管子》所論『粟行三百里則無一年之積，粟行四百里則無二年之積，粟行五百里則衆有饑色』，如孫武所謂『千里饋糧，士有饑色』，皆是出征轉輸。至其所以輸國都不出五百里、五十里，國都所在，各有分故，當時亦尚未講論。惟是後來秦并諸侯，罷五等，置郡，然後漕運之法自此方詳。秦運天下之粟，輸之北河，是時蓋有三十鍾致一石者，地里之遠，運粟之多，故講論之詳方自此始。後來歷代最盛①無如漢、唐。在漢初高后、文、景時，中都所用者省，歲計不過數十萬石而足，是時漕運之法亦未講。到得武帝，官多（徒）役衆，在關中之粟四十萬猶不足給之。所以鄭當時開漕渠、六輔渠之類，蓋緣當時用粟之多，漕法②不得不講。然當漢之漕在武帝時，諸侯王尚未盡輸天下之粟，至武、宣以後，諸侯王削弱，方盡輸天下之粟，漢之東南漕運至此始詳。當高帝之初，天子之州郡與諸侯封疆相間雜，諸侯各據其利，粟不及於天子。是時所謂淮南東道皆天子奉地，如賈生説，是漢初如此，至漢武帝時，亦大概有名而無實。其發運粟入關，當時尚未論江、淮。到得唐時方論江淮，何故？漢會稽之地，去中國封疆遼遠，開墾者多，粟不入京師，以京師之粟尚不自全，何況諸侯自封殖？且如吴王濞作亂，枚乘之説，言京都之倉不如吴

① 「最盛」，宋吕祖謙《歷代制度詳説》原文作「全備」。
② 「法」，《歷代制度詳説》作「運」。

之富，以此知當時〔諸侯〕殖利自豐，不（是）〔足〕運江淮之粟。到唐時，全倚辦江淮之粟。唐太宗以前，府兵之制未壞，有征行便出兵，兵不征行，各自歸散於田野，未盡仰給大農。所以唐高祖、太宗運粟於關中，不過十萬。後來明皇府兵之法漸壞，兵漸多，所以漕粟自此多。且唐睿宗、明皇以後，府兵之法已壞，是故用粟乃多。向前府兵之法未壞，所用粟不多，唐漕運時，李傑、裴耀卿之徒未甚講論。到二子講論，自是府兵之法既壞，用粟既多，不得不講論。且如漢漕，係鄭當時之議，都①不曾見於高、惠、文、景之世。唐之李傑、裴耀卿之議，都②不曾見於高祖、太宗之世，但只見於中、睿、明皇之時。正緣漢武官多役衆，唐中、睿以後府兵之法壞，聚兵既多，所以漕運不得不詳。大抵這兩事常相爲消長，兵與漕運常相關，所謂宗廟社饗之類，十分不費一分，所費廣者全在用兵，所謂漕運全視兵多少。且唐肅宗、代宗之後，如河北諸鎮皆强，租賦不領於度支，當時有如吐蕃、回紇爲亂，所用猶③多，鎮武、天德④之間，歲遣兩河諸鎮，所以全倚辦江淮之粟。議論漕運，其大略自江入淮，自淮入汴，自洛入河，自河入渭，各自征輸，水次各自置倉，如集津倉、洛口倉、含嘉倉、河陰倉、渭橋。轉相般運，道途之遠，此法遂壞自當時劉晏再整頓漕運之

① 「都」，《歷代制度詳説》作「卻」。
② 「都」，《歷代制度詳説》作「卻」。
③ 「猶」，《歷代制度詳説》作「尤」。
④ 「鎮武、天德」，《歷代制度詳説》同。《羣書考索·後集》卷五十五引此文，作「寶應、至德」。

法，江淮之道各自置船，淮船不入汴，汴船不入河，河船不入渭。水之曲折，各自便習，其操舟者所以無傾覆之患，國計於是足。所以唐人議論之多，惟江淮爲最急。德宗時緣江淮米不至，六軍之士脱巾呼於道，韓滉運米（歲）至，德宗太子置酒相慶，可見唐人倚辦於此如此其急。唐時漕運，大率三節，江、淮是一節，河南是一節，陝西到長安是一節。所以當時漕運之臣，所謂無如此三節最重者京口。初，京口濟江淮之粟，（所）〔並〕會於京口，京口是諸郡咽喉處。初時潤州、江、淮之粟至於京口，到得中間河南、陝西互相轉輸，然而三處惟是江淮最切。何故？皆自江淮發足。所以韓滉由漕運致位宰相，李錡因漕運飛揚跋扈，以致作亂，以此三節，惟是京口最重。所謂漢漕一時所運，臨時制宜，不足深論。到得（宋）〔本〕朝，定都於汴，是時漕運之法分爲四路。東南之粟，自淮入汴至京師；若是陝西之粟，便自三門、白波轉黄河入汴至京師；若是陳、蔡一路粟，自惠民河至京師；京東〔之〕粟，自廣濟河至京師。四方之粟有四路四條河至京師，當時最重者，惟是汴河最重。何故？河西之粟江無阻及入汴，大計皆在汴。其次北方之粟，自三門、白河入關，自河入汴入京師，雖①惠民、廣濟來處不多，其勢也輕。本朝置發漕兩處，最重者是江淮至真州陸路轉輸之勞，其次北〔方〕之粟，底柱之門，舟楫之利。若其他置發運，如惠民河、廣濟河，雖嘗立官，然不如兩處之重。此（宋）〔本〕朝之大略如此。然而（宋）〔本〕朝所謂歲漕六百萬石，所

①「雖」，《歷代制度詳説》作「惟」。

專倚辦江淮，其所謂三門、白波之類，非大農仰給之所，惟是江淮最重。在祖宗時，陸路之粟至真州入轉般倉，自真方入船，即下貯發運司，入汴方至京師。諸州回船卻自①真州請鹽散於諸州，諸州雖有費，亦有鹽以償之，此是（宋）〔本〕朝良法。凡以江淮往來，遲速必視風勢。本朝發運使相風旗有官專主管，相風旗合則無罪，如不合便是姦弊。夫船之遲速何故以風爲旗？蓋緣風動四方，萬里只是一等，所以使得相風旗。真州便是唐時揚子江，後來本朝改號曰真州。運法未壞，諸州船只到真州請鹽回，其次入汴入京師。後來發運歲造船，謂之發運官船，與諸州載米發運中明汴船不出江。諸州又自造船，雖有此約束，諸州船終不應（付）〔副〕，因此漕法漸壞。惟發綱發運未罷，及②蔡京爲相，不學無術，不能明考祖宗立法深意，遂廢改鹽法，置直達（江）〔法〕，無水處③不如此。是時姦吏多，雖有漕運之官，不過催督起發，其官亦有名而無實。大抵用官船逐處漕運時，便都無姦計；若用直達（江）〔法〕，經涉歲月長遠，故得爲姦，所費甚多，東南入京之粟亦少，故太倉之粟少（似），東南蓄積發運有名無實，此召亂之道也。本朝漕運之法壞自蔡京，東京發運本原大略如此。」◎漕運源流、因革、利弊，備於此矣，故附録於後。

①「自」，《歷代制度詳説》作「是」。
②「及」，《歷代制度詳説》作「乃」。
③「處」，《歷代制度詳説》作「次」。

兩漢崇儒考

漢高祖十二年，過魯，以太牢祠孔子。

【元圻案】《漢書·高祖紀》：「十二年十一月，自淮南還過魯，以太牢祠孔子。」《史記·世家》：「孔子葬魯城北泗上，弟子及魯人往從冢而家者百有餘室，因命曰孔里。魯世世相傳以歲時奉祠孔子冢，而諸儒亦講禮鄉飲大射於孔子冢。孔子冢大一頃。故所居堂弟子內，[一]後世因廟藏孔子衣冠琴車書，至於漢二百餘年不絕。高皇帝過魯，以太牢祠焉。諸侯卿相至，常先謁然後從政。」《皇覽》曰：「孔子①冢去城一里，冢塋百畝，冢南北廣十步，東西十三步，高一丈二尺。冢前以瓴甓爲祠壇，方六尺，與地平。本無祠堂，冢塋中樹以百數，皆異種，魯人世世無能名其樹者。民傳言，孔子弟子異國人，各持其方樹來種之。」[二]《水經注》二十五云：「《從征記》曰：洙、泗二水，交於魯城東北十七里。闕里背洙泗牆，[三]南北一百二十步，東西六十步，四門各有石閫，北門去洙水百餘步。《孔叢》曰：夫子墓塋方一里。」魯人藏孔子所乘車於廟中，是顔路所請[四]者也。獻帝時，廟遇火燒

① 「子」，原本作「氏」，據元刊本、三箋本改。

之。《儒林傳》：「高帝誅項籍，舉兵圍魯。魯中諸儒尚講誦習禮樂，弦歌之音不絶。豈非聖人之道[五]化，好禮樂之國哉！」

［一］【何云】「故所居堂弟子内」七字疑有脱誤。

【全云】當云「弟子所居堂内」。

［二］案，此裴駰《史記集解》所引，又云：「孔子塋中不生荆棘及刺人草。」

［三］【閻按】以《正義》引伍緝之《從征記》校，「泗牆」二字當作「面泗」。

［四］【全云】四字附會。

［五］今本《史記》「道」作「遺」。

武帝建元五年，置五經博士。元朔五年，爲博士置弟子。

【元圻案】此《漢書·武帝紀》文。

晋灼曰：「西京無太學。」《漢·藝文志》「《曲臺后倉》九篇」下注。公孫弘曰：「請因舊官而興焉。其肄習之地，則太常也。傳授之師，則五經博士也。」《漢書·儒林傳》。《三輔黄圖》五：「漢太學，在長安西北七里。」《關中記》：「在安門①之東，杜門之

①「安門」，原本作「長安」，據元刊本、三箋本改。《長安志》引《關中記》正作「安門」。

西。」[一]何武歌太學下，王咸舉幡太學下，則有太學矣。或曰：晉灼以漢初言，《黃圖》記武帝時。

[一]【集證云】宋敏求《長安志》引。

【閻按】《漢書·武帝紀贊》曰「興太學」。

【全云】觀《韓延壽傳》，則其時郡邑已有學宮，不獨文翁所倡設也，但不能皆備耳。

【元圻案】《唐書·藝文志》「乙部地理類」：「潘岳《關中記》一卷。」◎《漢書·王褒傳》：「益州刺史王襄使褒作《中和》、《樂職》、《宣布》詩，選好事者令依《鹿鳴》之聲習而歌之。時汜鄉侯何武爲僮子，選在歌中，久之，武等學長安，歌太學下，轉而上聞。」◎《鮑宣傳》：「宣下廷尉獄，博士弟子王咸舉幡太學下，曰：『欲救鮑司隸者會此下。』諸生會者千人。」◎吴仁傑《兩漢刊誤補遺》五：「《曲臺后倉》九篇。晉灼曰：『西京無太學。』仁傑曰：太學興於元朔三年。按《儒林傳》詔太常議，予博士弟子，太常請『因舊官而興焉，爲博士官置弟子員』是也。先是董仲舒對策，『願興太學，以養天下之士』。史謂立學校之官，自仲舒發之。故《武紀》以是列之贊語，宣帝以是載於議尊號語文，是太學興於武帝時明甚。賈誼曰：學者，所學之官也。韓延壽『修治學官』，注謂『庠序之舍』。文翁『修起學官』，招『學官弟子』，注謂『學之官舍』。然則《儒林傳》所云興舊官及博士官，非太學而何？下文『郡國縣官有好文學者，與計偕』，故《文翁傳》云：『武帝時，令天下郡國皆立學校官』，烏有天下皆立學，而天子之都乃反無太學之理。《紀》於元朔五年書『丞相公孫弘請爲博士置弟子員』，按太常議本文爲『博士』下有『官』字，《紀》脱之耳。《通鑑》知其誤，故《武紀》書曰『博士官』，蓋取《儒林》文足之也。且史載何武等習歌詩太學下，博士弟子王咸舉幡太學下，孰謂西京無太學也哉！王尊事師郡文學官，此郡文學之官舍如博士官也。師古曰：『郡有文學官，而尊事之以爲師。』豈忘前注耶？官當讀作館。《易》『官有渝』，九家作『官』，蜀作『館』，古官、館通。」◎何武爲揚州刺史，行部必先即學官見諸生，試其誦讀，問以得失。注：學官，學舍也。

宣帝甘露三年，詔諸儒講《五經》同異於石渠閣。

【元圻案】《漢書·宣帝紀》：「甘露三年，詔諸儒講《五經》同異，太子太傅蕭望之等平奏其議，上親稱制臨決焉。」《儒林·施讎傳》：「詔拜讎爲博士，甘露中，與五經諸儒雜論同異於石渠閣。」

《三輔故事》：「石渠閣，在未央宫殿北，藏秘書之府。」[一]《黄圖》云：「蕭何造，其下礱石爲渠以導水。[二]所藏入關所得秦之圖籍。」

[一]《施讎傳》師古注引。○案《文選》班固《兩都賦敍》李善注，引《三輔故事》曰：「石渠閣在太秘殿北，以閣秘書。」與師古所引文不同。

［二］【何云】盧浥爛也。

【全云】古人藏圖籍之地，必穿池沼，蓋亦以五行之運爲制火也。

【元圻案】元帝時，孔霸以帝師賜爵，號褒成君，奉孔子後。

成帝綏和元年二月，封孔吉爲殷紹嘉侯。【原注】匡衡、梅福以爲宜封孔子世爲湯後。劉向說上宜興辟雍，設庠序。【原注】未作而罷。○見《禮樂志》。

【元圻案】《漢書·梅福傳》：「成帝久無繼嗣。福以爲宜建三統，封孔子之世，以爲湯後。福孤遠，又譏切王氏，故終不見納。元帝時，匡衡議，以爲『王者存二王後，所以尊其先王而通三統也。《禮記》孔子曰：「某，殷人也。」先師所共傳。宜以孔子世爲湯後。』上以其語不經，遂見寢。至成帝時，梅福復言宜封孔子後以奉湯後。綏和元年，遂下詔封孔子世爲殷紹嘉公。」◎《成帝紀》：「綏和元年二月，封孔吉爲殷紹嘉侯。三月，進爵爲公。」

平帝元始元年，封孔均爲褒成侯。

【元圻案】此《平帝紀》文。

《漢表》：殷紹嘉侯在沛郡，［一］褒成侯在瑕丘。【原注】今兖州瑕丘縣。《後漢·孔僖傳》：「平帝時，封孔均，追謚孔子爲褒成宣尼公。［二］建武十三年，［三］復封均子志爲褒成侯，子損嗣。永元[四]四年①，徙封褒亭侯。」

[一]案《外戚恩澤侯表》，元始二年更爲宋公。

[二]事在《平紀》。

[三]《光武紀》在十四年四月。

[四]和帝元年己丑改元。

【元圻案】孔均本名莽，避王莽更名均。◎《文獻通考·學校四》：「按西漢時，孔氏之裔侯者二人：紹嘉侯，奉殷後也；褒成侯，奉孔子之後也。建武中興，襲爵如故。紹嘉之後，不知所終。褒成之後，至和帝永元四年徙封褒亭侯。」◎錢氏大昕曰：「按《孔龢碑》載，『元嘉三年，司徒雄等奉稱褒成侯四時來祠』，又《韓勑碑》立於永壽二年，其陰有褒成侯孔建壽名。洪氏《隸釋》據《安帝紀》延光三年賜褒成侯帛，及此二碑俱稱褒成，以證損未嘗徙封，其説當矣。考《郡國志》無褒成侯國，則褒成之封當是亭侯，非縣侯，史例當書褒成亭侯，或舊史偶脱『成』字，蔚宗不察，誤以爲徙封褒亭爾。魏文帝黄初二年，詔稱『褒成之後，絶而莫繼』，可證漢世無改封褒亭之事也。」

①「四年」，原本脱，據元刊本、三箋本及《後漢書·孔僖傳》補。

世祖建武五年，初起太學，帝還，視之。十九年，又幸太學。中元元年，起辟雍。

差。中元元年，初起明堂、靈臺、辟雍。」◎《東觀漢記》一：「《光武紀》建武五年初起太學，諸生吏子弟及民以義助作。帝自齊歸，幸太學，賜博士弟子有差。」◎又：「十四年，封孔子後孔志爲褒成侯。」◎又：「中元元年，初起明堂、靈臺、辟雍。」◎《桓榮傳》：「建武十九年，拜爲博士。車駕幸太學，會博士論難於前。」

【元圻案】《後漢書·光武紀》：「建武五年，初起太學。車駕還宫，幸太學，賜博士弟子各有

明帝永平二年，臨辟雍，行大射養老禮。十五年，至魯，詣孔子宅。

【元圻案】《後漢書·明帝紀》：「永平二年，三月，臨辟雍，初行大射禮。十月，幸辟雍，初行養老禮。十五年，幸彭城，還，幸孔子宅，祠仲尼及七十二弟子。親御講堂，命皇太子諸王講經。」◎《東觀漢紀》二：「明帝永平八年，上臨辟雍，行養三老五更禮。」

章帝建初四年，詔諸儒會白虎觀，議《五經》同異。元和二年，至魯，祠孔子及七十二弟子於闕里，作六代之樂，會①孔氏男子六十二人。

①「會」，元刊本、三箋本前有「大」字。

【元圻案】《後漢書·章帝紀》：「建初四年，十一月，詔下太常，將、大夫、博士、議郎、郎官及諸生、諸儒，會白虎觀，講議《五經》同異，使五官中郎將魏應承制問，侍中淳于恭奏，帝親稱制臨決，如孝宣甘露石渠故事，作《白虎〔議〕奏（議）》。元和二年，三月，幸魯，祠孔子於（闕）〔闕〕里，及七十二弟子，賜褒成侯及諸孔男女帛。」

安帝延光三年，祀①孔子及七十二子於闕里，還幸太學。

【元圻案】《後漢書·安帝紀》：「延光三年，三月，祀孔子及七十二弟子於闕里。自魯相、令、丞、尉及孔氏親屬、婦女、諸生悉會，賜褒成侯以下帛各有差。車駕還京師，幸太學。」

《洛陽記》〔一〕：「太學在洛陽城故開陽門外，去宮八里。講堂長十丈，廣三丈。」《光武紀》注引。《述征記》：「在國子學東二百步。」見《太平御覽》五百三十四。《漢官儀》：「辟雍去明堂三百步，車駕臨辟雍，從北門入。三月、九日〔二〕於中行大射禮。」【原注】永平四年、八年，和帝永元十四年，順帝陽嘉元年、二年②，靈帝熹平六年，並臨辟雍。「孔子宅，在兗州曲阜縣，故魯城中歸德門內，闕里之中，背洙面泗，矍相圃之東北也。」「孔子

①「祀」，原本作「祠」，據元刊本、三箋本改。

②「二年」，原本作「二月」，據元刊本、三箋本改。

宅」以下皆《明帝紀》注文。梅福曰：「今仲尼之廟，不出闕里。」《請封孔子之世爲殷後書》，載本傳。永平二年，郡縣學校行鄉飲，祀孔子，見《禮儀志》。猶未立廟也。梁天監四年，初立孔子廟。見《梁書·武帝紀》。唐武德二年，始詔國子學立廟。貞觀四年，詔州縣學皆作孔子廟。北宫白虎門，於門立觀。

〔一〕陸機撰。

〔二〕案，今本《光武紀》注引《漢官儀》「九日」作「九月」。又《儒林傳》注引《漢官儀》作「春三月、秋九月習鄉射禮」。王氏此條及《玉海》引皆作「九日」，誤也。

【元圻案】《唐書·禮樂志五》：「武德二年，始詔國子學立周公、孔子廟。七年，高祖釋奠焉，以周公爲先聖，孔子配。貞觀二年，左僕射房玄齡、博士朱子奢建言：『周公、尼父俱聖人，然釋奠於學，以夫子也。大業以前，皆孔子爲先聖，顔回爲先師。』乃罷周公，升孔子爲先聖，以顔回配。四年，詔州縣皆作孔子廟。」◎《後漢書·丁鴻傳》注：「白虎，門名。於門立觀，因以名之。」

順帝永建六年，修繕太學，凡造二百四十房，千八百五十室。

【元圻案】《後漢書·順帝紀》：「永建六年，九月，繕起太學。」《儒林傳敘》曰：「順帝感翟酺之言，乃更修黌宇。凡所造構二百四十房，千八百五十室。試明經下第補弟子，增甲乙之科員各十人，除郡國耆儒皆補郎、舍人。」

《水經注》十六：「漢置太學於國子堂東。石經東有一碑，陽嘉八年立，[一]文云：『建武二十七年，造太學，年積毀壞。永建六年九月，詔修太學，用作工徒十一萬二千人。陽嘉元年，[二]作畢，碑南面刻頌。』」【原注】獻帝初平四年①，太學行禮，幸永福城門臨觀其儀。光和五年，幸太學。[三]

[一]【閻按】陽嘉止四年，「八」當作「元」，「作畢」，即立碑也。

[二]今本《水經注》有「八月」字。

[三]【何云】光和五年靈帝事。

【閻按】光和幸太學爲靈帝事，初平四年則獻帝也。

靈帝熹平四年，詔諸儒正《五經》文字，刻石立太②學門外。

【元圻案】此《後漢書·靈帝紀》文。

①「獻帝」，元刊本作「靈帝」。按靈帝無初平，初平本獻帝年號。而王氏此注本述靈帝事，下云光和五年亦靈帝事，似無把獻帝置於靈帝前之理。查《後漢書·獻帝紀》，幸永福城門臨觀事，正在獻帝初平四年，是王氏誤置獻帝事於此，而閻氏改「靈帝」爲「獻帝」，極是。

②「太」，原本脱，據元刊本、三箋本補。

《水經注》十六：「光和六年，刻石鏤碑，載《五經》，立於太學講堂前東側。蔡邕自書丹於碑。《洛陽記》：高一丈許，廣四尺。」

【閻按】洪氏《隸釋》曰：「蓋諸儒受詔在熹平，而碑成則光和年也。」余故以杜詩「苦縣光和尚骨立」①，光和指石經言，下即承以「蔡不復得」，益明。

【元圻案】熹平四年乙卯至光和六年癸亥，凡九年。

魏文帝黄初二年，封孔羨爲宗聖侯。

【元圻案】《三國志·魏·文帝紀》：「黄初二年，詔以議郎孔羨爲宗聖侯，邑百户，奉孔子祀。令魯郡修起舊廟，置百户吏卒以守衛之。又於外廣爲室屋，以居學者。」

晉武帝泰始三年封二十三世孫震爲奉聖亭侯。後魏高祖延興三年，封二十七世孫乘爲崇聖大夫。太和十九年，孝文幸魯，親祠孔子廟，改封二十八世孫珍爲崇聖侯。北齊顯祖天保元年封三十一世孫長爲恭聖侯。周武帝大象二年改封鄒國公。隋文帝仍舊封，煬帝大業四年改封紹聖侯。唐貞觀十一年，封裔孫德倫爲褒聖侯。案，以上俱《後漢書·儒林·孔僖傳》注文。開元二十七年，以孔子後爲文宣公。宋太平興國二

①《李潮八法小篆歌》。

年，孔宜襲封文宣公。至和〔一〕二年，祖無擇言不可以祖謚加後嗣，詔封宗愿〔二〕爲衍聖公，今世襲。後魏高祖太和十六年，謚孔子曰文聖尼父。唐貞觀二年，升孔子爲先聖；十一年，尊爲宣父。武后天授元年封隆道公。開元二十七年，謚爲文宣王。宋祥符元年，幸曲阜，謁文宣王廟，謚玄聖文宣王；五年，改謚至聖。

〔一〕仁宗三十二年甲午改元。

〔二〕據劉原父覆議，宗愿乃孔子四十世孫。

【元圻案】宋王林《燕翼貽謀録》四：「先聖後自先聖封文宣王，而襲爵者稱文宣公。仁宗至和二年，三月，用太常博士祖無擇議，改爲衍聖公，蓋取襲封之義。」◎《宋史·祖無擇傳》：「無擇字擇之。上蔡人。進士高第，直集賢院。時封孔子後爲文宣公，無擇言：『前代所封曰宗聖，曰奉聖，曰崇聖，曰恭聖，曰褒聖。唐開元中尊孔子爲文宣王，遂以祖謚而加後嗣，非禮也。』於是下近臣議，改爲衍聖公。」◎王明清《揮麈前録》曰：「避聖祖諱，易爲至聖。熙寧中欲加謚至神元聖帝，李邦直以爲不可，卒從其議。」◎《猗覺寮雜記》曰：「國學立孔子廟，始武德二年。以孔子爲先聖，顔子爲先師，始貞觀中。以孔子爲文宣王，顔子爲兗公，十哲爲侯，文宣王南面，十哲夾坐，曾參等爲伯，始開元二十七年。孟子配享，則始於元祐元年。」◎《通鑑·後周紀》太祖廣順二年：「六月，帝如曲阜，謁孔子祠。既奠將拜，左右曰：『孔子陪臣也，不當以天子拜之。』帝曰：『孔子百世帝王之師，敢不敬乎？』遂拜之。又拜孔子墓，命葺孔子祠，禁孔林樵採。訪孔子、顔淵後，以爲曲阜令及主簿。」◎明世宗時禮部議曰：「人以聖人爲至，聖人以孔子爲至。宋真宗稱孔子爲至聖，其意已備。今宜於孔子神位題『至聖先師孔子』，去其王號及『大成文宣』之稱，改大成殿爲先師廟，大成門爲廟門。其四配稱復聖顔子、宗聖曾子、述聖子思子、亞聖孟子，十哲以下，凡及門弟子皆稱先賢某子，左丘明以下皆稱先儒某子，不復稱公、侯、伯。」

卷十七

評文

汪彦章[一]曰：「左氏、屈原始以文章自爲一家，而稍與經分。」

[一]【全云】龍溪汪氏藻。

【元圻案】汪藻，字彦章，鄱陽德興人。崇寧二年進士。歷官顯謨閣學士、左大中大夫，封新安郡侯。《宋史》入《文苑傳》。著《浮溪集》，《四庫全書》著録三十二卷。其《爲鮑吏部欽止集序》曰：「左氏傳《春秋》，屈原作《離騷》，始以文自成爲一家，而稍與經分。漢公孫弘、董仲舒、蕭望之、匡衡，以經術顯者也，司馬遷、相如、枚乘、王褒，以文章著者也。當是時，已不能合而爲一，況陵夷至於後世，流別而爲六七，靡靡然入於流連光景之文哉！其去經也遠矣。」

《離騷》曰：「閨中既以邃遠兮，哲王又不寤。」以楚君之闇，而猶曰「哲王」，蓋屈子以堯、舜之耿介，湯、禹之祇敬望其君，[一]不敢謂之不明也。太史公《列傳》曰：

「王之不明，豈足福哉。」此非屈子之意。

[一]《離騷》曰：「彼堯舜之耿介兮，既遵道而得路。」又：「(禹湯)〔湯禹〕儼而祇敬兮，周論道而莫差。」

【全云】《左氏》猶附經以爲文，《離騷》則孤行矣，二者不當例論。

【元圻案】全氏此注似當在上條之下，三箋本誤入於此。

夾漈《通志·草木略》，以蘭、蕙爲一物，皆今之零陵香也。然《離騷》「滋蘭」、「樹蕙」，[一]《招魂》「轉蕙」、「氾蘭」，[二]是爲二草，不可合爲一。

[一]「余既滋蘭之九畹兮，又樹蕙之百畝。」

[二]「光風轉蕙，氾崇蘭些。」

【閻按】蘭茝與蕙各自爲類。黄山谷：「一榦一花，而香有餘者，蘭；一榦數花，而香不足者，蕙。」說亦未必然。

【元圻案】《通志·草木略》曰：「蘭即蕙，蕙即薰，薰即零陵香。《楚辭》云『滋蘭九畹』，『植蕙百畝』，互言也。古方謂之薰草，近方謂之零陵香。《神農本經》謂之蘭。」◎《離騷》曰：「秋蘭兮青青，緑葉兮紫莖。」《廣雅》云：「蕙草緑葉紫花。」蓋二草本相似。◎黄山谷《書幽芳亭》曰：「蘭薰叢生，初不殊也。至其發華，一榦一花，而香有餘者，蘭；一榦五七華，而香不足者，蕙。」◎吴仁傑《離騷草木疏》曰：「山谷謂：蘭蕙叢出，蒔以沙石則茂，沃以湯茗則芳，是所同也。至其發花，一榦一花，而香有餘者，蘭也；一榦五七華，而香不足者，蕙也。蕙雖不若蘭，其視椒榝則遠矣。然則蘭、蕙蓋略相似，但以著花多少爲别耳。」◎陸佃《埤雅》、羅願《爾雅翼》、張淏《雲谷雜記》俱從山谷之説。

江離，《史記·司馬相如列傳索隱》①引《吴録》曰：「臨海海水中生，正青，似亂髮。」《廣志》爲「赤葉紅華」。今芎藭苗曰江離，緑葉白華，又不同。[一]《藥對》以爲麋蕪，一名江離。【原注】芎藭、藁本、江離、蘪蕪並相似，非是一物也。②《淮南子》云：「亂人者若芎藭與藁本。」顔師古曰：「郭璞云：江離似水薺，今無識之者，然非麋蕪也，《藥對》誤耳。」《楚辭補注》、《集注》皆缺，《讀詩記》：「董氏曰：『《古今注》謂「芍藥，可離」，《唐本草》「可離，江離」，然則芍藥，江離也。』」

［一］案《後漢書·張衡傳》注：「《本草經》曰：蘪蕪一名江蘺，即芎藭苗也。」

【集證】《唐志》：張勃《吴地記》一卷，郭義恭《廣志》二卷，徐之才《雷公藥對》二卷。

【元圻案】吴仁傑《離騷草木疏》曰：「『扈江離與薜芷』，王逸注：『江離，香草名。』洪慶善

① 以下俱見《史記·司馬相如列傳》「江離麋蕪，諸蔗猼且」句《索隱》。
② 以上亦見《史記·司馬相如列傳》「江離麋蕪，諸蔗猼且」句《索隱》。

云：『司馬相如賦「被以江離，糅以蘪蕪」，乃二物也。《本草》：蘪蕪，一名江離。江離非蘪蕪也。猶杜若一名杜蘅，杜蘅非杜若也。』顔師古注引郭璞云：『江離似水薺。張勃云江離出海水中，正青，似亂髮，郭義恭云江離赤葉，未知孰是。今無識之者。』仁傑案：《説文》：『江離，蘪蕪也。』郭璞《山海經注》：『芎藭，一名江離。』則芎藭也，江離也，蘼蕪也，三者異名而同實。慶善以相如賦疑之。按《淮南子》云『夫亂人者，若芎藭之與藁本，蛇牀之與蘼蕪』，亦以芎藭與蘼蕪並稱。相如賦又云『芎藭昌蒲，江離蘼蕪』，泥此則芎藭、蘼蕪亦不得爲一物矣。」◎《爾雅·釋草》：「蘄茝，蘼蕪。」邵氏《爾雅正義》曰：「蘼蕪，一名蘄茝。《史記索隱》引樊光云：『藁本一名蘪蕪，根名蘄茝。』案，蘪蕪非藁本也。《索隱》又引《藥對》云：『蘪蕪，一名江離，芎藭苗也。』《離騷》云『扈江離與薜芷兮』，江離爲芎藭之苗，則亦非蘪蕪也。《本草》云『芎藭生山谷』，『蘪蕪一名薇蕪，生川澤』，自分二種。今以大葉者爲芎藭，小葉者爲蘼蕪。《管子·地員篇》云『五沃之土生蘼蕪』是也。」

屈原，楚人，而《涉江》《九章》之二。曰：「哀南夷之莫吾知。」是以楚俗爲夷也。陰邪之類，讒害君子，變於夷矣。

【全云】屈子豈肯以楚爲夷？曰「南夷」者，指放逐之地言之也，蓋近於苗疆矣，故曰「夷」。

「忠湛湛而願進兮，妒披離而鄣①之」，《九章・哀郢》。壅蔽之患也。元帝似之，故周堪、劉更生不能決一石顯。「聲有隱而相感兮，物有純而不可爲」，《悲回風》。偏聽之害也。德宗似之，故陸贄、陽城不能攻一延齡。

【元圻案】《通鑑・漢紀》元帝初元二年：「中書令弘恭、僕射石顯，自宣帝時久典樞機，明習文法；帝即位，多疾，以顯中人無外黨，遂委以政事。望之等疾恭、顯擅權，建白以爲：『中書政本，宜以通明公正處之。宜罷中書宦官，應古不近刑人之義。』由是大與恭、顯忤。（恭、顯）奏望之、堪、更生朋黨。」又《唐紀》德宗貞元十年：「裴延齡每奏對，恣爲詭譎，上亦頗知其誕妄，但以其好詆毁人，冀聞外事，故親厚之。陸贄上書，極陳延齡姦詐，上不悦，待延齡益厚。十一年，貶贄爲（中）〔忠〕州别駕。初，陽城自處士徵爲諫議大夫，及陸贄等坐貶，上書論延齡姦佞，贄等無罪。上大怒，欲加城罪。太子爲之營救，上意乃解。」◎漢元帝優游不斷，故易於壅蔽；唐德宗猜忌，故易於偏聽。

宋玉《釣賦》：「宋玉與登徒子偕受釣於玄淵。」【原注】《淮南子・原道訓》②作「蜎蠉」。

---

① 「鄣」，原本作「障」，據元刊本、三箋本改。《楚辭・九章・哀郢》正作「鄣」。

② 「原道訓」，元刊本、三箋本無，疑爲翁氏注文。

《七略》：蜎子名淵，楚人。唐人避諱，[一]改「淵」爲「泉」，《古文苑》又誤爲「洲」。宋玉《對問》「陽春白雪」，《集》云「陵陽白雪」，見《文選·琴賦》注。[二]

[一] 唐高祖名淵。

[二]【集證】《漢藝文志考》：「《蜎子》十三篇。名淵，楚人①。《史記·孟荀列傳》：『環淵，楚人。學黃老道德之術，著上下二篇。』《文選》枚乘《七發》『便蜎、詹何之倫』注云：『《淮南子》：雖有鉤鍼芳餌，加以詹何、蜎蠉之數，猶不能與罔罟争得也。』」應璩《與從弟書》又作「便(蠉)〔嬛〕」。

【元圻案】《文選·琴賦》注引《列仙傳》：「涓子者，齊人，好餌朮，著《天地人經》三十八篇。釣於澤，得符鯉魚中，隱於宕山，能致風雨。」◎《古文苑》一宋玉《釣賦》曰：「宋玉與登徒子偕受釣於玄洲，止而並見於楚襄王。登徒子曰：『夫玄洲，天下之善釣者也，欲王觀焉。』」◎《文選·琴賦》注兩引宋玉《對問》，於「揚白雪」句則作「陽春白雪」，於「紹陵陽」句則作「陵陽白雪」。李善自云：「《集》所載與《文選》不同，各隨所用而引之。」宋韓元吉《古文苑後記》曰：「《古文苑》九卷，世傳孫巨源於佛寺經龕中得唐人所藏文章一編，莫知誰氏録也，皆史傳所不載，《文選》所未取，而間見於諸集及樂府，好事者因以《古文苑》目之。」

---

① 「名淵楚人」，王應麟《漢藝文志考證》作小字注文，今從之。

劉勰《辨騷》：班固以爲「羿、澆、二姚，與《左氏》不合」。洪慶善《補注》曰：「《離騷》用羿、澆等事，正與《左氏》合。孟堅所云，謂劉安説耳。」〔一〕

〔一〕【閻云】此條已見《左氏》。

【全云】慶善名興祖。

《藝文類聚·鑑誡類》多格言法語，如曹植《矯志詩》曰：「道遠知驥，世僞知賢。」荀爽《女誡》曰：「七歲之男，王母不抱。七歲之女，王父不持。親非父母，不與同車。親非兄弟，不與同筵。非禮不動，非義不行。」程曉《女典》曰：「麗色妖容，高才美辭，〔一〕此乃蘭形棘心，玉曜瓦質。」姚信《誡子》曰：「古人行善者，非名之務，非人之爲，險易不虧，終始如一。」諸葛武侯《誡子》曰：「非學無以廣才，非志無以成學。」顔延之《庭誥》曰：「性明者欲簡，嗜繁者氣昏。」卞蘭《座右銘》曰：「求高反墜，務厚更貧。閉情①塞欲，老氏所珍。周廟之銘，仲尼是遵。〔二〕無謂幽冥，處獨若羣。不爲福先，不與禍鄰。」司馬德操《誡子》曰：「論德則吾薄，説居則吾貧。勿以薄而志不壯，貧而行不高。」王修《誡子》曰：「時過不可還，若年大，不可少也。

① 「閉情」，原本作「閑情」，據元刊本、三箋本改。《藝文類聚》正作「閉情」。

言思乃出，行詳乃動。」羊祜《誡子》曰：「恭爲德首，謹爲行基。無傳不經之談，無聽毀譽之語。」[三]徐勉《與子山松書》曰：「見賢思齊，不宜忽略以棄日。非徒棄日，乃是棄身。」王粲《安身論》曰：「君子不妄動也，必適於道；不徒語也，必經於理；不苟求也，必造於義；不虛行也，必由於正。憂患之接，必生於自私，而興於有欲。自私者不能成其私，有欲者不能濟其欲。」[四]凡此，皆可爲治心齊家之法。若馬援、王昶之誡，[五]張茂先之詩，崔子玉之銘，[六]見於史傳、《文選》者，不復紀。

[一] 案，句下有「貌足傾城，言以亂國」八字，應補入。

[二] 句下有「無謂冥漠，人不汝聞」八字，應補入。

[三] 孫氏星衍曰：案《晉書》本傳：祜無子，兄發長子倫，次暨，次伊，次篇。當題《誡兄子》也。《藝文類聚》脱「兄」字耳。

[四] 《晉書·潘尼傳》載尼著《安身論》，與此文同。《類聚》作王粲著，未知孰是。

[五] 馬①《誡兄子書》、王昶《誡子書》俱載《後漢書》、《三國志》本傳。

[六] 張華《勵志詩》、崔瑗《坐右銘》皆載《文選》。

【元圻案】《藝文類聚》一百卷，唐歐陽詢等奉勅撰。◎《鑑誡類》又載吴陸景《誡盈》曰：

①「馬」，下似脱「援」字。

「居高畏其危，處滿懼其盈。富貴榮勢，本非禍始，而多以凶終者，持之失德，守之背道，道德喪而身隨之矣。」晉戴逵《申三復贊》曰：「嗜好深則天機淺，名利集則純名離。」亦名言也。

《文心雕龍》謂英華出於性情①：「賈生俊發，則文潔而體清；子政簡易，則趣昭而事博；子雲沈寂，則志隱而味深；平子淹通，則慮周而藻密。」

【全云】以簡易稱中壘，亦未確。

【又云】子雲沈寂，其如「清浄符命」之謠何？

【元圻案】《文心雕龍·體性篇》云：「八體屢遷，功以學成。才力居中，肇自血氣。氣以實志，志以定言。吐納英華，莫非性情。」此云「英華出於性情」，蓋節取其意。

李善注《文選》，詳且博矣，然猶有遺缺。嘗觀《楊荆州誄》[一]「謂督勤勞」，[二]不引《左氏》「謂督不忘」；「執友之心」，[三]不引《曲禮》「執友稱其仁」。【原注】「謂督不忘」，即《微子之命》「曰篤不忘」也。古字「督」與「篤」通用，以「督」爲察，非也。

[一]潘岳作。楊荆州名肇。

① 「性情」，元刊本、三箋本作「情性」。

［二］注引《説文》曰：「督，察也。」

［三］注引《禮記》曰：「見父之執，不謂之進不敢進，不謂之退不敢退。」

【元圻案】《唐書·文藝傳》：「李邕，字泰和，揚州江都人。父善，有雅行，淹貫古今，不能屬辭，故人號『書簏』。顯慶中，累擢崇賢館直學士。爲《文選注》，敷析淵洽，表上之。諸生四遠至，傳其業，號『文選學』。」

瓊，赤玉也。《説文》。《雪賦》謝惠連作。「林挺瓊樹」，注以爲誤。

【閻按】毛傳：「瓊，玉之美者。」《廣韻》：「瓊，玉名。」皆不與《説文》同。

【元圻案】《演繁露》十：「《説文》：『瓊，赤玉也。』《詩》有『瓊琚玉佩』，《左氏》『楚子玉爲瓊弁玉纓』，『玉』與『瓊』皆對别言之，若等爲一玉，不分言也。今人用瓊比梅、雪，皆誤。」◎「注」，謂五臣注。善注引《莊子》曰：「南方積石千里，樹名瓊枝。」

韓文公《曹王皋碑》云：「王親教之搏力、句卒、嬴越之法。」《考異》謂：「《秦紀》、《越語》、《世家》皆無『搏力句卒』之文。」愚按，《左傳》哀十七年：三月，「越子爲左右句卒」。注云：「鈎伍相著，别爲左右屯。」此即謂句卒也。搏力，必秦法，未見所出，《新唐書》作「團」。

【閻按】姚令威《集注》「句卒」已引《左傳》，又引《商子·農戰篇》：「凡治國者，患民之散不可摶也，是以聖人作壹摶之。」又曰：「摶民力以待外事，然後患可以去，而王可致。故明君修政作壹，去無用，止浮學事〔之〕淫民，壹之農，然後國家可富，而民力可摶也。」「摶力」出此。令威，名寬，剡州人。

【元圻案】《新唐書·曹王皋傳》：「自將五百人，教以秦兵團力法，聯其賞罰，弛張如一。」◎韓文公碑云：「王字子蘭，謚曰成。其先王明，以太宗子國曹；絶復封，傳五王至成王。成王嗣封在玄宗世。」◎朱子原本《韓文考異》但摘正文一二字大書，而所考夾注於下。至宋末，王伯大始取而散附句下。今《四庫全書》二本皆著於録。

「十抽一推」，或謂「推」當爲「椎」，未冠之稱。按《史記·秦始皇紀》：王翦「什推二人從軍」。《索隱》云：「什中推[①]擇二人。」文公語出於此，不必改爲「椎」。

【元圻案】《考異》曰：「《後山談叢》云：『唐令：民二十成丁，以下爲推。』宋次道云：推者，椎也，避高宗諱而用『推』耳。吕縉叔云：推者，椎也，獨髻爲椎。蓋傳寫誤耳。唐人初不諱嫌名也，陳以吕説爲是。按，《史記》、《漢書》《陸賈傳》有『魋結』字，注：讀爲椎髻。故唐令以椎

---

① 「推」，元刊本作「唯」。按，此句《史記索隱》作「什中唯推擇二人令從軍耳」。

爲未冠之稱。此云『十抽一推』者，十推而取其一以爲兵，即杜詩所謂無丁而選中男者也。然《唐志》但云『十六爲中』，而無『椎』字，《會要》亦然，未詳其說。」

【集證】按，仲長統《昌言·損益篇》云：「向者，天下户過千萬，除其老弱，但户一丁壯，則千萬人也。丁壯十人之中，必有堪爲其十人之長，推什長已上，則百萬人也。」「十抽一推」當是用此。

《原道》：「佛者曰：孔子，吾師之弟子也。」蓋用佛書「三聖弟子」之説，謂老子、仲尼、顔子也。《緯文瑣語》云。

【集證】陳耀文《天中記》引唐釋法琳《破邪論》云：「佛遣三弟子震旦教化，儒童菩薩彼稱孔子，光浄菩薩彼稱顔回，摩訶迦葉彼稱老子。」

曹子建《詰咎文》：假天帝之命，以詰風伯雨師①。韓文公《訟風伯》蓋本於此。

【元圻案】《藝文類聚》卷一百曹植《詰咎文序》曰：「五行致災，先史以爲應政而作。天地之氣，自有變動，未必政治之所興致也。於是大風發屋拔木，意有感焉。聊假天帝之命，以詰咎祈福。其辭曰：上帝有命，風伯雨師云云。」

① 以上二「詰」字，《藝文類聚》卷一百作「誥」（一本作「告」）。下翁注同。

《送窮文》「小黠大癡」，按《張敏集·奇士劉披賦》：「古語有之，小癡爲大黠，小黠爲大癡。」

【集證】《隋志》「晉尚書郎《張敏集》二卷」，《玉海》云一卷。《抱朴子·道意篇》：「凡人多以小黠而大愚。」

【元圻案】朱翌《猗覺寮雜記》曰：「唐人以正月下旬送窮，韓退之有文，姚合有詩云：『萬户千門看，無人不送窮。』」◎段成式亦有《送窮文》，見《唐文粹》。◎張敏，《晉書》無傳。《容齋五筆》載其《頭責子羽文》一篇，云：「敏者，太原人。仕歷平南參軍、太子舍人、濟北長史。」◎黃山谷《跋送窮文》曰：「退之《送窮文》蓋出於揚子雲《逐貧賦》，制度始終極相似，而《逐貧賦》文類俳，至退之亦諧戲而語稍莊，文采過《逐貧》矣。」

《歐陽生哀辭》：「閩人舉進士由詹始。」[一]史因之。黃璞《閩川名士傳》：其前有薛令之、林藻。考之《登科記》，信然。【原注】歐陽詹之行，獲稱於昌黎，而見毁於黃璞記太原伎。黃介、喻良能爲文以辨。

[一]詹舉在貞元八年。

【元圻案】韓昌黎《哀辭》曰：「詹事父母盡孝道，仁於妻子，於朋友義以誠。氣醇以方，容貌嶷嶷然。其燕私善謔以和，其文章切深喜往復，善自道。讀其書，知其於慈孝最隆也。」◎王（保定〕〔定保〕《摭言》十五：「薛令之，閩中長溪人。神龍二年及第，累遷左庶子。」◎《書録解題·傳記類》：「《閩川名士傳》一卷。唐崇文館校書郎黄璞〔撰〕。所記人物，自薛令之而下，凡五十四人。」又：「《唐登科記》十五卷。丞相鄱陽洪适景伯編。按《唐·藝文志》有崔氏《顯慶登科記》五卷，姚康《科第録》十六卷，李奕《登科記》二卷，丞相乃以三本輯爲一書。」又《別集類》：「《歐陽行周集》五卷。唐國子四門助教莆田歐陽詹行周撰。詹之爲人，有《哀辭》可信矣。黄璞何人斯，乃有太原函髻之謗。好事者喜得之，不信愈而信璞，異哉！然『高城不可見』之詩，題云《途中寄太原所思》，蓋亦有以召其疑也。昔人以曖昧受謗，傳之千古，尚未能明，孰謂今人行己而可不謹哉！」又：「《林藻集》一卷。唐嶺南節度副使莆田林藻緯乾撰。藻，貞元七年進士。」◎黄璞《名士傳》曰：「貞元中，杜黄裳知舉，試《珠還合浦賦》。進士林藻賦成，憑几假寐，夢人謂之曰：『君賦甚佳，但恨未敍珠去來之意耳。』藻寤，視其草，乃足四句。其年擢第，謝恩，黄裳謂曰：『唯林生敍珠來去之意，若有神助。』」「詹溺太原之妓，未及迎歸，而有京師之行。既愆期，而妓疾革，將死，割髻付女妓以授詹。詹一見，大痛，亦卒。」◎《唐文粹》李貽孫《歐陽詹文集序》稱詹「服聖人之教，慕愷悌之化，達君臣父子之節，忠孝之際，唯恐不及。常衮爲福之觀察，比君爲芝英。每燕饗，必召同席。君動不逾節，時人謂常公能識真。尋而陸相贄知貢舉，得士之盛，前無其倫，故君名在榜中。常與君同道而相上下者，有韓侍郎愈、李校書觀，洎君並數百歲傑出，人到於今伏之」。◎真西山《跋歐陽四門集》曰：「嘉定己卯，郡士林彬之爲余言：四門之文之行，昌黎亟稱之。至黄璞爲《閩川名士傳》，乃紀其太原妓一節，説者疑焉。近歲黄君介、喻君良能皆爲文以辨，謂宜登載編末，以澡千載之誣。余曰：四門之行，獲稱於昌黎，而見毁於黄璞。後之君子，惟昌黎是信乎？抑惟璞之惑乎？二君雖無言，可也；不載之編末，亦可也。」

「太行之陽有盤谷」，在孟州濟源縣。

【閻按】《昌黎年譜》：「貞元十七年辛巳，在京師。有《送李愿歸盤谷序》。」《舊唐書·李愿傳》「父晟，立大勳，即拜太子賓客、上柱國」，爲興元元年甲子，此豈終身官不挂朝籍者。《新唐書·李晟傳》「貞元七年，以臨洮未復，請附貫萬年，詔可」，是愿又當爲長安人，於盤谷不得曰「歸」，蓋送者乃别一人爾。

【何云】按，《元和御覽詩》中有李愿二首，疑即其人。

【集證】濟源縣，隋置，今屬河南懷慶府。

韓、柳並稱而道不同。韓作《師説》，而柳不肯爲師；韓闢佛，而柳謂佛與聖人合；韓謂史有人禍天刑，而柳謂刑禍非所恐。【原注】柳以封禪爲非，而韓以封泰山、鏤玉牒勸憲宗。**【全云】**一作《師説》，一不肯爲師，是各量其力。闢佛是韓勝，非封禪是柳勝。作史之説，亦柳爲長。然韓子大本大原處勝，而柳不逮也。

【元圻案】歐陽公《集古録·般舟和尚碑跋》曰：「子厚與退之皆以文章名一時，而後世稱爲韓柳者，蓋流俗之相傳也，其爲道不同，猶夷、夏也。」◎昌黎《師説》曰：「李氏子蟠，年十七，好古文，六藝經傳皆通習之，不拘於時，學於余。余嘉其能行古道，作《師説》以貽之。」《原道》曰：「人其人，火其書，廬其居，明先王之道以道之。」《諫佛骨表》曰：「事佛求福，乃更得禍。」《答劉秀才論史書》曰：「夫爲史者，不有人禍，則有天刑，豈可不畏懼而輕爲之哉！」《潮州謝上表》曰：「臣於當時之文，亦未有過人者。至於論述陛下功德，與《詩》、《書》相表裏，紀泰山之封，鏤白玉之牒，雖使古人復生，臣亦未肯多讓。」又曰：「宜定樂章，以告神明，東巡泰山，奏功皇天，具著顯庸，明示得意。」◎柳子厚《與韋中立論師道書》曰：「孟子稱『人之患在好爲人師』，由魏晉氏以下，人益不事師。今之世不聞有師，有輒嘩笑之，以爲狂。獨韓愈奮不顧流俗，犯笑侮，收召後學，作《師説》，因抗顏而爲師。世果羣怪聚罵，指目牽引，而增與爲言辭。愈以是得狂名。僕材不足，而又畏前所陳者，其爲不敢也決矣。」《送僧浩初序》曰：「退之嘗病余嗜浮圖言，訾余與浮圖遊。寓書罪余，且曰：『見《送元生序》，不斥浮圖。』浮圖誠不可斥，往往與《易》、《論語》合，誠樂之，其於性情奭然，不與孔子異道。」《與韓論史官書》曰：「退之言：『不有人禍，則有天刑。』若以罪夫前古之爲史者，然亦甚惑。凡居其位，思直其道。道苟直，雖死不可回也。退之之恐，唯在不直、不得中道，刑禍非所恐也。」《貞符序》曰：「吴武陵爲臣言：『董仲舒對三代受命之符，誠然非耶？』臣曰：『非也。何獨仲舒爾，自司馬相如、劉向、揚雄、班彪、彪子固，皆沿襲嗤嗤，推古瑞物以配天命。其言類淫巫瞽史，誑亂後代，不足以知聖人立極之本。』」◎柳子云作史貴直道，不顧刑禍，其論甚正。然韓子云：「後之作者，在據事迹實録，則善惡自見。」①實得夫子作《春秋》之法。其撰《順宗實録》，褒貶不阿，非真畏人禍天刑者。柳子之不肯爲師，乃有激而然。

柳文多有非子厚之文者。《馬退山茅亭記》，[一]見於《獨孤及集》；[二]《百官請復尊號表》六首，皆崔元翰作；【原注】貞元五年，子厚方十七歲。[三]《爲裴令公舉裴冕表》，邵説作；【原注】冕大曆四年薨，八年，子厚始生。[四]《請聽政第三表》，《文苑英華》乃林逢；《第四表》云「兩河之寇盜雖除，百姓之瘡痍未合」，乃穆宗、敬宗時事；[五]《代裴行立謝移鎮表》，行立移鎮在後，亦他人之文；[六]《柳州謝上表》，其一乃李吉甫《郴州謝上表》也。[七]《舜禹之事》、《謗譽》、《咸宜》三篇，晏元獻云：「恐是博士韋籌作。」《愈膏肓疾賦》，晏公亦云：「膚淺不類柳文。」宋景文公謂：《集外文》一卷，其中多後人妄取他人之文，冒柳州之名者。[八]然非特《外集》也，劉夢得《答子厚書》曰：「獲新文二篇，且戲余曰：將子爲巨衡，以揣其鈞石銖黍。」此書不見於集。《食蝦蟆詩》，韓文公有答，今亦不傳，則遺文散軼多矣。[九]

① 見《答劉秀才論史書》。

〔一〕【何云】嘗細考文中「歲在辛卯」句，此篇實子厚作。辛卯是憲宗元和六年，前此辛卯則玄宗天寶十載。○案《記》云：「歲在辛卯，我仲兄以方牧之命，試於是邦。」明蔣之翹注云：「子厚從兄名寬，字存諒。集中有祭文云『從事諸侯，假於郡藩』，即謂此也。」又注云：「邕州，今南寧府，屬廣西。馬退山在府城北十五里。」

〔二〕《文苑英華》亦作獨孤及。◎崔祐甫《獨孤公神道碑》曰：「獨孤常州諱及，字至之，河南洛陽人。天寶末，以洞曉玄經對策上第，歷官濠州、常州刺史。」不言其官於粵也。◎《四庫全書總目·別集類》：「獨孤及《毘陵集》二十卷。」《提要》云：「《馬退山茅亭記》乃柳宗元作，後人誤入。」

〔三〕宋彭叔夏《文苑英華辨證》五：「《爲百官請復尊號表》載柳宗元集中，而《唐類表》作崔元翰。《文苑總目》作《類表》，而本卷乃作常袞。按，唐德宗興元元年幸奉天，削去徽號。貞元五年六月，百官請復舊。即此六表是也。是時，崔元翰爲禮部員外郎，歷知制誥。《唐書》稱其詔令温雅，則《類表》云元翰作是矣。柳文收此表，或入正集，或入外集。按《宗元年譜》，貞元五年方十七歲，八年始貢京師。其誤可知。」

〔四〕案宋淳熙中，臨邛韓醇《柳集(記後)〔後記〕》曰：「《代令公舉裴冕狀》，時柳州未生。」

〔五〕《文苑英華辨證》五：「林逢《請聽政表》七首，第三表載柳宗元集中，作第二表。晏元獻〔云〕：柳集第二表，據《文苑》乃林逢第三表，而柳集又別自有第二表。第四表亦載柳集，作第三表。詳表文云『兩河之寇盜雖除，百姓之瘡痍未合』，又云『成先帝之大功，繼中興之盛業』，乃穆宗、敬宗時事，宗元當憲宗元和十四年已卒，此二表柳集誤收何疑？」

〔六〕《通鑑·唐紀》憲宗元和十五年：「閏正月，穆宗即位。二月，以桂管觀察使裴行立爲安南都護。」子厚已前一年卒。

〔七〕《文苑英華辨證》五：「按《新史·李吉甫傳》，改郴移饒，《舊史》乃以『郴』爲『柳』，是致柳集誤收。況宗元自有《柳州謝表》，其題作『謝除』，云：『奉三月十三日制』，『六月二十七日上訖』。今此表題作『謝上』，又云『今月二日上訖』。考其月日、文理，皆非宗元事，其爲吉甫何疑？」◎宋沈作喆《寓簡》云：「子厚文集多假妄。如《柳州謝上表》稱于頔在襄陽相留。予按元和八年，頔以罪貶爲恩王傅，而子厚詔追赴都乃是元和十年，頔之去襄陽久矣。」

〔八〕陸放翁《跋柳柳州集》曰：「『此一卷集外文，其中多後人妄取他人之文冒柳州之名者，〔聊〕且裒類於此。子京。』此三十一字，宋景文公手書，藏其從孫晸家。然所謂集外文者，今往往分入卷中矣。」

〔九〕【何云】《八愚詩》至南宋時石刻亦亡。

【元圻案】劉夢得《答柳子厚書》曰：「獲新文二篇云云，余吟而繹之，顧其詞甚約，而味（大淵）〔奫〕然以長。氣爲幹，文爲支。跨躒古今，鼓行乘空。附離不以鑿（柄）〔枘〕，咀嚼不有文字。端而曼，苦而腴。佶然以生，癯然以清。余之衡誠懸於心，其揣也如是。子之戲余，果何如哉！夫矢發乎羿彀，而中微存乎他人。子無曰必我之師而能我衡，苟然則譽羿者皆羿也，可乎？」◎沈作喆曰：「《柳集·代劉禹錫同州謝上表》，子厚以元和十四年十月死，禹錫至文宗太和九年始遷同州，距子厚之卒十七年矣。又有《上大理崔卿啓》等，亦塵俗凡陋，非子厚文。」①

《答元饒州論春秋》，又《論政理》，按《鄱陽志》，元藇也。艾軒《策問》以爲元次山。〔一〕次山不與子厚同時，亦未嘗爲饒州。〔二〕

〔一〕案，今本《艾軒集》無此《策問》。

〔二〕【全云】次山是杜公同時。

【集證】按白居易《冷泉亭記》：「先是領郡者有相里（尹）〔君〕造作虛白亭，有韓僕射（高）〔皋〕作候仙亭，有裴庶子棠棣作觀風亭，有盧給事元輔作見山亭，及右司郎中河南元藇作此亭。」是藇爲河南人，又嘗領餘杭郡。

《平淮夷雅》②「其佐多賢」，出《説苑》：「『渙其羣，元吉』者，其佐多賢矣。」〔一〕

〔一〕【閻按】《説苑》襲《吕覽·召類篇》。

【元圻案】《召類篇》曰：「《易》曰：『渙其羣，元吉。』渙者，賢也；羣者，衆也；元者，吉之

① 《寓簡》卷四。

② 「平淮夷雅」，原本作「平淮西雅」，據元刊本、三箋本改。《柳河东集》卷一作「平淮夷雅」。

始也。『渙其羣，元吉』者，其佐多賢也。」

《饒娥碑》，按魏仲兕【原注】大曆間樂平令。作《饒孝女碣》，旌其里閭，不言娥死。子厚失於傳聞，而史承其誤。

【元圻案】仲兕或作仲犀，其《饒娥碣》云：「彼饒者勳，没於長江。幼女號怨，激於穹蒼。匪類伊蛟，爰構其殃。上帝懷之，雷霆交作。火焚長川，風擾巨壑，煙雨冥晦，雲龍騰搏。邦人大恐，水物殄瘁，魚鱉蛟螭，曾無噍類。滅以湯瀾，僨於江汜，所貴者男，所賤者女。緹縈投身，黄香搤虎，古有其儔，今得其侶。」◎柳碑云：「饒娥，饒人，饒姓娥名，世漁鄱水。娥父醉漁，風卒起，不能舟，遂以溺死，求屍不得。娥聞父死，走哭水上，三日不食，耳鼻流血，氣盡伏死。明日屍出。」◎《唐書·列女傳》云：「娥字瓊真，父勳。」娥死時年十四。又云：「縣令魏仲兕①碣其墓。建中初，黜陟使鄭叔則表旌其閭。河東柳宗元爲立碑云。」

《游黄溪記》[二]倣太史公《西南夷傳》；皇甫湜《悲汝南子桑》倣《莊子·天運》，皆奇作也。

①「魏仲兕」，《新唐書·列女傳》作「魏仲光」。

［一］《記》云：「溪（拒）〔距〕永州治七十里。」

【何云】《游黃溪記》乃柳文之未能自成家者，胡云奇作？

【元圻案】柳子厚《游黃溪記》曰：「北之晉，西適豳，東極吳，南至楚越之交，其間名山水而州者以百數，永最善。環永之治百里，北至於浯溪，西至〔於〕湘之源，南至於瀧泉，東至於黃溪東屯，其間名山水而村者以百數，黃溪最善。」◎《史記・西南夷傳》曰：「西南夷君長以什數，夜郎最大；其西靡莫之屬以什數，滇最大；自滇以北君長以什數，邛都最大。」◎皇甫湜《悲汝南子桑文》曰：「渾沌無端，誰開闢之？善惡未形，誰分白之？善其福之，惡其禍之。謂善之福，夷死何饑？謂惡之禍，跖死何肥？何闔閭之死，金玉其墓？何黔婁之死，手足不覆？孰主張其事，而顛倒其數？天且高，地且遼。鬼神之形幽，敢問何故？巫咸招曰云云。」◎《莊子・天運》曰：「天其運乎？地其處乎？日月其爭於所乎？孰主張是？孰綱維是？孰居無事推而行是？意者其有機緘而不得已邪？意者其運轉而不能自止邪？雲者爲雨乎？雨者爲雲乎？孰隆施是？孰居無事淫樂而勸是？風起北方，一西一東，有上彷徨。孰噓吸是？孰居無事而披拂是？敢問何故？巫咸祒曰云云。」◎《四庫全書總目・別集類三》：「《皇甫持正集》六卷。皇甫湜撰。湜，睦州人，持正，其字也。元和元年進士，仕至工部郎中。其文與李翱同出韓愈。翱得愈之醇，湜得愈之奇崛。」

《王參元書》［二］云：「家有積貨，士之好廉名者，皆畏忌，不敢道足下之善。」嘗考李商隱《樊南四六》，有《代王茂元遺表》[二]云：「與季弟參元①，俱以詞場就貢，久而不調。」茂元，栖曜之子也。商隱《誌王仲元》云：「第五兄參元教之學。」

[一] 參元家失火，子厚作書賀之。

[二] 案《舊唐書・王茂元傳》：「河北諸軍討劉稹，茂元亦以本軍屯天井，賊未平而卒。」

【元圻案】《王仲元誌》，今《樊南文集》已佚，而參元之名再見於《李賀小傳》云：「所與遊者王參元。」◎《唐書・王栖曜傳》：「栖曜，濮州濮陽人。貞元初，拜左龍武大將軍，出爲鄜坊節度使。」子茂元附傳，而不及參元、仲元。

沈亞之《送韓静略序》②曰：「文之病煩久矣，聞之韓祭酒之言曰：『善藝樹者，必壅以美壤，以時沃灌。』」【原注】祭酒即文公也。白樂天《老戒》詩「我有白頭戒，聞於韓侍郎」，皆文公緒言也。

【元圻案】沈亞之《送韓静略序》曰：「裁經綴史，補之如疣，是文之病煩久矣。聞之韓祭酒之言曰：『善藝樹者，必壅以美壤，以時沃濯，其柯萌之鋒，由是而鋭也。』」◎《四庫全書總目・別

① 「季弟參元」，元刊本、三箋本作「弟季參元」。按，李商隱《代僕射濮陽公遺表》作「季弟參元」。

② 「序」，原本作「敍」，據元刊本改。

集類三》：「《沈下賢集》十二卷。唐沈亞之撰。下賢，亞之字也。〔本〕長安人。李賀《送沈亞之》詩曰『吴興才人怨春風』，則似吴興人。元和十年進士，官南康尉。」◎晁公武曰：「沈亞之常游韓愈門，李賀、杜牧、李商隱俱有擬沈下賢詩。」①

《驢九錫》封廬山公，《雞九錫》封浚雞〔一〕山子。〔二〕《毛穎傳》韓文公作。本於此。

〔一〕閣本作「稽」。

〔二〕【何云】浚稽山，疑誤爲「雞」。

【元圻案】宋袁淑《俳諧集·封驢廬山公九錫文》曰：「爾有濟師旅之勳，而加之以衆能，是用遣中大夫閭丘騾，加爾使銜勒大鴻臚、班脚大將軍、宫亭侯，以揚州之廬江、江州之廬陵、吴國之桐廬、合浦之珠廬，封爾爲廬山公。」又《雞九錫文》曰：「咨爾浚稽山子，天姿英茂，秉機晨鳴。雖風雨之如晦，抗不已之奇聲。今以揚州之會稽，封君爲會稽公，以前(後)〔浚〕稽山爲君湯沐邑。」◎宋張端義《貴耳集》：「歐陽詢《藝文類聚》有爲禽獸九錫，以雞爲稽山子，以驢爲廬山公者。吴越毛勝撰《水族加恩簿》，以海龍爲君，各有詞令，祖歐陽之遺意也。」

① 見《郡齋讀書志》(衢本)卷十八《沈亞之集》。

劉夢得文不及詩，《祭韓退之文》乃謂：「子長在筆，予長在論。持矛舉楯，卒莫能困。」可笑不自量也。

【全云】此亦如文昌之自謂「韓張並稱」也。

【元圻案】劉夢得《祭韓昌黎文》曰：「昔遇夫子，聰明勇奮，常操利刃，開我混沌。子長在筆，予長在論，持矛刺盾，卒莫能困。時惟子厚，竄言其間，贊詞愉愉，固非顔顔。磅礴上下，羲農以還，會於有極，服之無言。」◎昌黎《調張籍》詩云：「蚍蜉撼大樹，可笑不自量。」◎晁氏《讀書志・別集類》：「劉禹錫《夢得集》三十卷，《外集》十卷。禹錫，中山人。貞元（元）〔九〕年進士，登博學宏詞科。早與柳宗元爲文章之友，稱『劉柳』；晚與白居易爲詩友，號『劉白』。雖詩文稍不及，然能抗衡二人間，信天下之奇才也。」

鄭亞《會昌一品集敍》云：「周勃、霍光雖有勳伐，而不知儒術；枚皋、嚴忌善爲文章，而不至巖廊。」歐陽公《薛簡肅公文集序》曰：「劉、柳無稱於事業，姚、宋不見於文章。」[一]其言簡而明，非唐人所及也。

[一]【方樸山云】此語未確。

【閻按】陸儼山謂：先有「隨、陸無武，絳、灌無文」之言。

【元圻案】《舊唐書・鄭畋傳》：「父亞，字子佐。聰悟絶倫，文章秀發。李德裕在翰林，以文干謁，深知之。」◎《文苑英華辨證》：「《李德裕集序》二首，蓋鄭亞先委李商隱代作，亞後改定，故有異同。今德裕集用鄭作。案鄭序曰：『合武宗一朝，册命典誥，奏議碑贊，軍機羽檄，凡二十卷，輒署曰《會昌一品制集》。紀年，追聖德也；書位，旌官業也。』」◎周、霍皆有定策功，而《史記》謂周勃「厚重少文」，《漢書》譏霍光「不學無術」。◎《漢書·枚乘傳》：「孽子皋字少孺。至長安，上書自陳枚乘之子，召入見待詔，拜爲郎。爲文疾，受詔即成。」◎《史記·鄒陽傳》：「陽遊於梁，與故吴人莊忌夫子、淮陰枚生之徒交。」莊忌即嚴忌也，避諱改「莊」之字曰「嚴」。◎《晉書·載記一》：「劉元海嘗謂同門生朱紀、范隆曰：『吾常鄙隨、陸無武，絳、灌無文。道由人弘，一物之不知者，固君子之所恥也。二生遇高皇而不能建封侯之業，兩公屬太宗而不能開庠序之美，惜哉！』」

魏鄭公《砥柱銘》：「挂冠莫顧，過門不息。」《淮南子·原道訓》云：「禹之趨時，冠挂而不顧，履遺而不取。」《鹽鐵論·相刺篇》云：「簪墮不掇，冠挂不顧。」

【集證】《玉海》三十一：「司馬公曰：唐太宗刻銘底柱之陰，魏鄭公撰。字幾没，然殘缺僅可讀。」

【元圻案】《吴越春秋》亦云：「禹傷父功不成，循江泝河，盡濟甄淮，乃勞身焦思以行。七年聞樂不聽，過門不入，冠挂不顧，履遺不緝。」◎《輿地廣記》十三：「陝縣有《禹貢》底柱山，山有三門，河所經，唐太宗勒銘於此。」

梁簡文《誡子當陽公大心書》曰：「立身之道，與文章異。立身先須謹重，文章且須放蕩。」見《藝文類聚·鑑誡類》。斯言非也。文中子謂「文士之行可見」，放蕩其文，豈能謹重其行乎？

【全云】六朝之文所以無當於道。

【元圻案】《梁書·簡文帝紀》：「太宗簡文皇帝，諱綱，高祖第三子，昭明太子母弟也。太清三年五月即位。」「史臣曰：太宗天才縱逸，冠於今古，文則時以輕華爲累，君子所不取焉。」◎《中説·事君篇》：「子謂：文士之行可見。謝靈運小人哉！其文傲，君子則謹。沈休文小人哉！其文冶，君子則典。」

又《大同哀辭》序曰：大同字仁治，予之第十九子也。生於仲秋，殞於冬末。客有謂予曰：「陳蕃所憩之家，久記玄録之歲；華歆所聞之語，已定北陵之期。」按，《搜神記》陳仲舉宿黃申家，《列異傳》華子魚宿人門外，皆因所宿之家生子，而夜有扣門者言所與歲數。

【集證】按，仲舉事今本《搜神記》無之。《太平御覽》三百六十(三)〔一〕引《搜神記》：「陳仲舉微時，嘗宿黃申家，婦方産，夜有扣門者。須臾，門裏有言：『客堂下不可進。』曰：『當從後門往。』有頃還，留者問之曰：『何等？名（可）〔何〕？〔當〕與幾歲？應以何死？』答曰：『男也，名奴，得十五歲，當以兵死。』仲舉告其家，父母不使執寸刃。年十五，有置鑿於梁上，其末出，奴以爲木，自下鉤之，鑿墮，陷腦而死。」◎《三國志·華歆傳》注引《列異傳》：「歆爲諸生時，嘗宿人門外。主人婦夜産。有頃，兩吏詣門，便辟易卻，相謂曰：『公在此。』躊躇良久，一吏曰：『籍當定，奈何得住？』乃前向歆拜，相將入。出並行，共語曰：『當與幾歲？』一人曰：『當三歲。』天明，歆去。後欲驗其事，至三歲，故往問兒消息，果已死。歆乃自知當爲公。」

【元圻案】《文苑英華》九百九十九載《大同哀辭》云「陳蕃所憩之家，久傳紀録之歲」云云，今作「久記玄録之歲」，蓋從《藝文類聚》。陳蕃事亦見《幽明録》。《太平廣記》三百十六卷載之云：「阿奴十五歲爲人作屋，落地死。」

庾信《三月三日華林園馬射賦》云：「落花①與芝蓋齊飛，〔一〕楊柳共春旗一色。」〔二〕王勃倣②其語，江左卑弱之風也。

〔一〕案《文選·甘泉賦》「登鳳凰而翳華芝」，注：「服虔曰：華芝，華蓋也。」

①「花」，元刊本作「霞」，誤。按，庾信《三月三日華林園馬射賦》正作「花」。

②「倣」，元刊本、三箋本作「傚」。

〔一二〕《月令》：「季春之月，天子載青旂。」

【元圻案】王勃《（騰）〔滕〕王閣序》曰：「落霞與孤鶩齊飛，秋水共長天一色。」◎《邵氏聞見後録》十五：「王勃『落霞孤鶩』之句，一時之人共稱之，歐陽公以爲類俳。」宋陳善《捫虱新語》曰：「子安語句調雄傑，比舊爲勝。及觀《集古録·隋德州長壽寺碑》云『浮雲共嶺松張蓋，明月與巖桂分叢』，則又淺陋，與初造語者相去遠甚。」◎梁簡文帝《南郊頌序》云「朝葉與密露齊鮮，晚花與薰風俱落」，蓋倣齊王儉《褚淵碑》「風儀與秋月齊明，音徽與春雲等潤」，而子山又倣之也。◎《周書·庾信傳》：「信字子山，南陽新野人。父肩吾，梁中書令。東海徐摛子陵及信並爲抄（選）〔撰〕學士，文並綺豔，故世號爲『徐庾體』。」◎王勃，字子安，有《子安集》十六卷。《四庫全書》著録。

岑文本《擬劇秦美新》，雖不作可也。班孟堅《典引》師其意，南豐説非異〔一〕師其辭。

〔一〕【閻按】「説非異」三字疑有誤。

【元圻案】《唐書·岑文本傳》：「文本字景仁，鄧州棘陽人。善文辭，多所綜貫。貞觀元年，除秘書郎。時顔師古爲侍郎，自武德以來，詔誥或大事皆所草定。及得文本，號善職，而敏速過之。師古以（遣）〔譴〕罷，乃授文本侍郎，專典機要。」◎揚雄《劇秦美新》、班固《典引》俱載《文選》。◎岑文本《擬劇秦美新》載《欽定全唐文》一百五十卷。

李善精於《文選》，爲注解，因以講授，謂之「文選學」。〔一〕少陵有詩云「續兒誦《文選》」，又訓其子「熟精《文選》理」，蓋選學自成一家。江南進士試《天雞弄和風詩》，以《爾雅》「天雞」有二，問之主司。〔二〕其精如此。故曰：「《文選》爛，秀才半。」熙、豐之後，士以穿鑿談經，而選學廢矣。

〔一〕案，此晏元獻《答范樞密書》語。

〔二〕【閻按】主司爲張佖。○注已見前「小學」①。

【閻按】《蕭至忠傳》：「嘗出太平公主第，遇宋璟，璟戲曰：『非所望於蕭傅。』」此用潘安仁《西征賦》語。司馬公作《通鑑》，改曰「非所望於蕭君也」，便是不知出《文選》。宋景文則自言手抄《文選》三過矣②。◎《舊唐書·儒學傳》：「初，江淮間爲文選學者，本於曹憲，而同邑李善等繼之。」

【何云】《文選》不足名學，不如熟精《詩正義》也。荆公本不陋，末流之失耳。

【元圻案】陸游《老學庵筆記》云：「國初尚《文選》，當時文人專意此書，故草必稱『王孫』，梅必稱『驛使』，月必稱『望舒』，山必稱『清暉』。至慶曆後，惡其陳腐，諸作者始一洗之。方其盛時，士子至爲之語曰：『《文選》爛，秀才半。』」◎熙寧八年，頒王安石《三經新義》於學官，主司

① 「天雞」注見卷八「終軍之對鼮鼠」條注（頁一〇三一）。

② 事見宋王得臣《麈史》卷二。

純用以取士，先儒傳注一切廢而不用。安石又以字學久不講，後退居金陵，作《字説》二十四卷以進，多穿鑿附會，其流入於佛、老。

元次山《惡圓》曰：「寧方爲皁，不圓爲卿。」范文正《靈烏賦》曰[①]：「寧鳴而死，不默而生。」其言可以立懦。

【元圻案】元結《惡圓》曰：「元子家有乳母，爲圜轉之器，以悦嬰兒。友人公植者，聞有戲兒之器，請見之。及見之，趨焚之，責元子曰：『吾聞古之惡圓之士歌曰：「寧方爲皁，不圓爲卿；寧方爲汙辱，不圓爲顯榮。」』」◎范仲淹《靈烏賦序》曰：「梅君聖俞作是賦，曾不我鄙，而寄以爲好，因勉而和之，庶幾感物之意同歸而殊途矣。」◎葉石林《燕語》曰：「范文正公始以獻《百官圖》譏切吕申公，坐貶饒州。梅聖俞作《靈烏賦》以寄，所謂『事將兆而獻忠，人反謂爾多凶』，蓋爲公設也。故公亦作賦報之。」◎《北齊書·元景安傳》：「天保時，諸元帝室親近者多被誅戮。疏宗如景安之徒議欲請姓高氏，景皓曰：『豈得棄本宗，逐他姓！大丈夫寧可玉碎，不能瓦全。』」次山之言，不愧其宗人矣。◎《四庫全書簡明目録·别集類》：「《次山集》十二卷。唐元結撰。所著《元子》十卷、《文編》十卷、《猗玗子》一卷，今皆不傳。此本蓋後人掇拾也。」

---

① 「曰」，原本無，據元刊本、三箋本補。

李義山賦怪物，言佞魖、讒䰩、貪魃，曲盡小人之情狀，螭魅之夏鼎也。

【元圻案】李商隱，字義山，懷州河内人。開成二年進士。著《樊南甲乙集》、《玉谿生詩集》。事迹具《唐書·藝文傳》。此三賦今《樊南文集》不載。◎《漁樵閑話》曰：「李義山賦三怪物，述其情狀，真所謂得體物之精要也。其一物曰：『臣姓猾狐氏，帝名臣曰巧彰，字臣曰九規，而官臣爲佞魖焉。佞魖之狀，領佩水漩，手貫風輪，其能以烏爲鶴，以鼠爲虎，以蚩尤爲誠臣，以共工爲賢主，以夏姬爲廉，以祝鮀爲魯，誦節義於寒浞，贊韶曼於嫫母。』其一物曰：『臣姓潛弩氏，帝名臣曰攜人，字臣曰銜骨，而官臣爲讒䰩焉。讒䰩之狀，能使親爲疏，同爲殊，使父膾其子，妻羹其夫。又持一物，狀若豐石，得人一惡，乃劊乃刻。又持一物，大如長篲，得人一善，掃掠蓋蔽。諂啼僞泣，以就其事。』其一物曰：『臣姓狼浮氏，帝名臣曰欲得，字臣曰善覆，而官臣爲貪魃焉。貪魃之狀，頂有千眼，亦有千口，鼠牙蠶喙，通臂衆手。常居於倉，亦居於囊。頫鈎骨箕，環聯琅璫。或時敗累，因於牢狴，拳梏履校，藂棘死灰，僥倖得釋，他日復爲。』」

白樂天云：「富於黔婁①，[一]壽於顔回，飽於伯夷，樂於榮啓期，健於衛叔寶。」[二]達人之言也。

---

①「富於黔婁」，元刊本無。

〔一〕閻本脱此四字。

〔二〕【閻按】出《醉吟先生傳》。

【元圻案】《唐書·白居易傳》：「居易字樂天，〔其先〕太原人，徙下邽。以刑部尚書致仕。東都所居履道里，疏沼種樹，搆石樓香山，鑿八節灘，自號醉吟先生，爲之傳。」◎《高士傳》：「黔婁先生者，齊人也。魯恭公遣使致禮，賜粟三千鍾，欲以爲相，辭不受。齊王又禮之以黄金百斤，聘爲卿，又不就。著書四篇，言道德之務。」◎《(莊)〔列〕子》：「孔子遊泰山，見榮啓期鼓琴而歌。孔子曰：『先生何以爲樂？』曰：『天生萬物，惟人爲貴。吾得爲人，一樂也。男貴女賤，吾得爲男，二樂也。生有不見日月、不免襁褓者，吾年九十，是三樂也。』」《家語》所載略同。◎《晉書·衛瓘傳》：「瓘孫玠，字叔寶。好言玄理。其後體病多羸，母恒禁其語。」◎樂天《浩歌行》「顏回短命伯夷餓，我今所得亦已多」，亦此意。

劉夢得《口兵戒》：「可以多食，勿以多言。」本《鬼谷子·權篇》：「口可以食，不可以言。」

【元圻案】劉禹錫《口兵誡》曰：「我誡於口，惟心之門。無爲我兵，當爲我藩。以慎爲鍵，以忍爲閽。可以多食，勿以多言。」

《文選》沈休文《安陸王碑》云：「弈思之微，秋儲無以競巧。」弈秋，見《孟子》。儲字未詳，蓋亦善弈之人，注謂「儲蓄精思」，非也。

【元圻案】《安陸王碑》：「弈思之微，秋儲無以競巧；取睽之妙，流睇未足稱奇。」李善注：「《周易》曰：『弧矢之利，以威天下，蓋取諸睽。』《幽通賦》曰：『養流睇而猿號，李虎發而石開。』」養謂養由基也。古人用事隱奥，難以猝解，秋儲未必定是二人。

秦少游、張文潛學於東坡，東坡以爲「秦得吾工，張得吾易」。

【元圻案】晁公武曰：「元祐中，蘇氏兄弟以文倡天下，號長公、少公。其門人號『四學士』。」①陳後山曰：「黄、晁、秦則長公客也，張文潛則少公客也。」②◎葉石林作《張文潛柯山集序》曰：「文潛與少游同學於蘇子瞻，子瞻以爲『秦得吾工，張得吾易』。而世謂工可致，易不可致，以君爲難云。」

荆公《潭州新學詩》「仲庶氏吴」，本《詩》「摯仲氏任」。吕太史《釣臺記》「姓

① 《郡齋讀書志》（衢本）卷十九「張文潛《柯山集》」條。
② 宋陳師道《答李端叔書》。

是州曰嚴」，本柳子厚《愚溪詩序》「姓是溪曰冉溪」。子厚之語，又出於《水經注》「豫章以木氏郡」。司馬公「保業」云「懷璽未煖」，本元次山《出規》「豈無印綬，懷之未煖」。[一]

[一]【閻按】今《水經注》：「豫章以樹氏都。」

【何云】此「都」字乃傳寫之誤，「樹」爲「木」則宋人避諱也。

【元圻案】王荆公《潭州新學詩》曰：「有嘉新學，潭守所作。守者誰歟？仲庶氏吴。」◎呂成公《重修釣臺記》：「顧野王《輿地志》曰『桐廬縣南有嚴子陵釣魚處，石上可坐十人，名爲釣壇』，即今之釣臺也。明道二年，范文正守是邦，始築屋祠先生而爲之記。歲祀浸遠，此意弗嗣。淳熙五年，侍郎蕭公出鎮，道祠下，慨然曰：『國家稽用唐武德舊典，姓是州曰嚴，則先生之祠乃名教之首，頹圮若是，可乎？』」◎柳子厚《愚溪詩序》曰：「灌水之陽有溪焉，東流入於瀟水。或曰：冉氏嘗居也，故姓是溪爲冉溪。或曰：可以染也，名之以其能，故謂之染溪。」◎《水經注》八引圈稱曰：「昔天子建國名都，或以令名，或以山林，故豫章以樹氏郡，酸棗以棘名邦。」◎司馬温公於嘉祐六年奏進《五規》，曰保業、惜時、遠謀、重微、務實。其「保業」曰：「陵夷衰微，至於五代，懷璽未煖，處宫未安，朝成夕敗，有如逆旅。」◎元次山《出規》見《唐文粹》四十三，其辭曰：「豈不裂封，疆土未識。豈無印綬，懷之未煖。」

張文潛《送李端叔名之儀。赴定州序》：「梟鴟不鳴，要非祥也；豺狼不噬，要非仁也。」本於唐呂向上疏《諫玄宗不令突厥入仗馳射疏》：「鴟梟不鳴，未爲瑞鳥；猛虎雖伏，豈齊仁獸？」

【元圻案】張文潛《送李端叔赴定州序》曰：「祖宗芟夷僭亂，天下聽順，無復偃蹇。而久之元昊叛於羌，自是以來又數十年矣。某聞今北邊要郡，有城隍不修，器械苦惡，屯戍單寡，雖跬步强敵而人不懼者，誠信之也。梟鴟不鳴，要非祥也；豺狼不噬，要非仁也。見其不鳴，謂之孔鸞；見其不噬，待以犬馬。吁，亦過矣！」◎呂向字子回，注《文選》五臣之一也，《唐書》入《文藝傳》。本傳作「弗曰仁獸」，此從《唐文粹》。

晁無咎《求志賦》：「訊黄石以吉凶兮，棋十二而星羅；曰由小基大兮，何有顛沛？」[一]謂《靈棋經》也。《異苑》云：「十二棋卜，出自張文成，受法於黄石公，行師用兵，萬不失一，東方朔密以占衆事。」

[一] 此賦《宋文鑑》取之。

【元圻案】劉敬叔《異苑》五：「十二棋卜出自張文成，受法於黄石公。行師用兵，萬不失一。逮至東方朔，密以占衆事，自此以後，秘而不傳。晉寧康時，襄城寺法味道人忽遇一老公，著黄皮衣，竹筒盛此書，以授法味。無何失所在，遂傳於世云。」◎唐李遠《靈棋經序》曰：「《靈棋經》者，不知其所起。或云，漢武帝命東方朔使之占兆，無不中者，朔之術用此書也。或云，黄石公以此書授張子房。又有客述淮南〔王〕神秘之書，亦此書也。蓋好事者倚聲借價，以成其術。其書以十二棋子三分之，上中下各四，一擲而成卦，即考書批詞，盡得其理。意者上爲天，中爲人，下爲地，三才之象也。十二棋子皆有文，其辭猶《周易》之辭也。」◎《四庫全書總目·子部·術數類》：「《靈棋經》二卷。舊本題東方朔撰。或又以爲張良，本黄石公所授，朔傳其術。或又謂淮南王劉安所撰。其説紛紜不一，大抵皆術士依托之詞。惟考《隋志》，即有《十二靈棋卜經》一卷。而《南史》所載『客從南來，遺我良材，寶貨珠璣，金盌玉盃』之謡①，實爲今經中第三十七卦象詞。則是書本出自六朝以前，其由來亦已古矣。卦凡一百二十有四，合以純陰鏝卦十二棋皆覆者爲混沌未明，而不在此數。晁公武《讀書志》僅載一百二十繇，殆不及檢而偶遺之也。」◎晁無咎名補之，鉅野人。著《雞肋集》。

荆公爲《外祖母墓表》云：「女婦居不識廳屏，笑言不聞鄰里，是職然也。」唐岐陽公主[二]不識刺史廳屏，見杜牧之文。薛巽妻崔氏言笑不聞於鄰，見柳子厚文。荆公爲文，字字不苟如此，讀者不知其用事。

---

① 《南史·孫謐傳》云：「以弈棋占卦云：『有客南來，金碗玉杯。』」與所引不同。

［一一］案憲宗之女，下嫁於杜悰。

【何云】事非厚齋不能詳其出處耳，下云「聞人傳焉以美之」，聞人即指杜與柳也，有不知爲用事耶？

【元圻案】杜牧之、柳子厚文注見卷五二十九頁①。◎王介甫《外祖母墓表》曰：「自公卿大夫無完德，豈曰女婦然？或者女婦居不識屏廳，笑言不聞鄰里，是職然也，置則悖矣。然其死也，聞人傳焉以美之。」

《大樂十二均圖》，楊次公作也，編於《老蘇集》；《蠶對織婦文》，宋元憲作也，編於《米元章集》；《三先生論事録序》，陳同甫作也，編於《朱文公集》，皆誤。

【元圻案】楊次公《無爲集》第八卷《大樂十二均圖序》曰：「大樂十二律，律各有均，均有七聲，更相爲用。聲協本均則其樂調，聲非本均則其樂悖。非獨雅樂若此，至於燕樂，亦莫不然，惟工師之明於聲者，則能知之。工師能知其聲而不能知其本，因聲以求本，窮本以知變，儒者之事也。今黄鍾爲宫，則太蔟、姑洗、林鍾、南吕、應鍾、蕤賓七聲相應，謂之黄鍾之均。餘律爲宫者倣此。」又曰：「今著《大樂十二均圖》一卷，既備載律吕宫調，又各取一章附於篇，按圖考聲，下可

---

①見卷五「孟母曰」條（頁六二七）。

以辨工師之能否；窮本知變，上足以贊聖明之述作云爾。」◎今《老蘇集》無此文。◎《宋元憲集》第三十《蠶説》曰：「里有織婦，喟然而讓於蠶曰：『余女工也，世受蠶事，以蓄天財。今天下文繡被牆屋，余卒歲無褐；緹帛嬰犬馬，余終身恤緯。寧我未究其術，將爾忘力於我耶？』蠶應之曰：『上世寢皮食肉，未知爲冠冕衣裳之等也，未知禦雪霜風雨之具也。自先蠶氏利我之生，蓄我以術，因絲以代毳，因帛以易韋，幼者不寒，老者不病，自是民患弭而余生殘矣。然自五帝以降，每歲命元日，親率嬪御，祀於北郊，築宫臨川，獻繭成服。女子無貴賤，皆盡心於蠶。是以四海之大，億民之衆，無遊手而有餘帛矣。秦漢以下，雲錦霧縠之巧歲變，霜紈冰綃之名日出，倡人孽妾被后節而納閑中者以千計，桀民大賈僭君服以遊天下者非百數。一室御績而千屋垂繪，十人漂絮而萬夫挾纊；雖使蠶被於野，繭盈於車，朝收暮成，猶不能給。今欲以一己之勞而讓我，過矣。』」◎陳同甫《龍川集》卷十四《三先生論事録序》曰：「昔顧子敦嘗爲人言：欲就山間，與程正叔讀《通典》十年。世之以是病先生之學者，蓋不獨今日也。夫法度不正，則人極不立；人極不立，則仁義禮樂無所措，聖人之用息矣。先生之學，非求子敦之知者，而爲先生之徒者，吾懼子敦之言遂得行乎其間。因取先生兄弟與横渠相與講明法度者，録之篇首，而集其平居議論附之，目曰《三先生論事録》。夫豈以爲有補於先生之學，顧其自警者不得不然耳。」◎《書録解題・别集類》：「《無爲集》十五卷，《别集》十卷。禮郎濡須楊傑次公撰。嘉祐四年進士，元祐中爲郎。」◎明刻《朱子大全集》目録中尚有《三先生論事録序》，其文已不存矣。

丘宗卿謂：「場屋之文，如校人之魚，與濠上之得意異矣。」慈湖楊簡號。謂：「文士之文，止可謂之巧言。」

【全云】引宗卿語，見場屋之文不足觀；引慈湖語，見凡爲詞章之學無所得。是兩層。

【元圻案】《書録解題》：「《丘文定集》十卷，《拾遺》一卷。樞密江陰丘崈宗卿撰。隆興癸未進士第三人。其文慷慨有氣，而以吏能顯，故其文不彰。」◎《四庫全書》不著於録，蓋已佚矣。◎《慈湖遺書·家記九》：「孔子謂巧言鮮仁，又謂辭達而已矣。而後世文士之爲辭也異哉，琢切雕鏤，無所不用其巧。夫言惟其當，謬用其心，陷溺至此，欲其近道，豈不大難？雖曰無斧鑿痕，如太羹、玄酒，乃巧之極功，心外起意，益深益苦，去道愈遠。是安知孔子曰『天下何思何慮』？是安知文王『不識不知，順帝之則』？如堯之文章，孔子之文章，由道心而達，始可以言文章；若文士之言，止可謂之巧言，非文章。」

景德[一]二年，命王欽若、楊億修歷代君臣事迹。六年上之，凡千卷，詔題曰《册府元龜》。周益公記《文苑英華》云：「太宗詔修三大書：曰《太平御覽》，曰《册府元龜》，曰《文苑英華》，各一千卷。」今按，《御覽》修於太平興國二年，《英華》修於七年，皆太宗時。若《元龜》乃真宗時修，益公考之未詳也。《太宗實録》：雍熙三年十二月，宋白等進《文苑英華》，有表，有答詔，當載於首卷。真宗景德四年八月，詔館閣分校。又以前編次未允，令擇古賢文章，重加編録。芟繁補闕，換易之，卷數如舊。祥符二年，命覆校。皆當備載於纂修事始之後。【原注】太宗修三大書，其一乃《太平廣記》五百卷。

［一］真宗七年甲辰改元。

【元圻案】王明清《揮麈録》：朱希真曰「太平興國中，諸降王死，其舊臣或宣怨言。太宗盡收用之，寘之館閣，使修《册府元龜》、《文苑英華》、《太平廣記》。廣其卷帙，厚其廩禄，以役其心」云云。遺《太平御覽》，而首《册府元龜》，亦誤也。惟宋敏求《春明退朝録》云：「太宗詔諸儒編故事一千卷，曰《太平總類》。文章一千卷，曰《文苑英華》。小説五百卷，曰《太平廣記》。《總類》成，帝日覽三卷，賜名曰《太平御覽》。真宗詔諸儒編君臣事迹一千卷，曰《册府元龜》。」爲得其實。

班孟堅《兩都賦序》，迂齋樓昉號。謂：唐説齋《中興賦序》得此意。按《中興賦序》云：「雖詞有工拙，學有博陋，氣有强弱，思有淺深，要皆變化馳騖，不失古人之法度。」蓋用班《序》「道有夷隆，學有粗密」之意，然所取乃律賦，非《兩都》比也。

【何云】此直蹈襲脱塹爾。仲友文止此，何得高自標置？

【全云】迂齋特取其序爾，非謂其賦與《兩京》比也。

澹庵胡忠簡公銓。云：「韓安國不能《几賦》，[一]罰酒三升；王子敬詩不成，亦飲三觥。一詩一賦，豈足以盡豪傑之士？」

[一]【何云】韓安國作《几賦》不成，鄒陽代作。事見《西京雜記》。

【集證】桑世昌《蘭亭考》：「修禊之會，人各賦詩。王右軍、謝安石而下十一人，各成四言、五言詩一首；郄曇、王豐之而下十五人，一篇成；謝瑰、卞迪、印丘髦、王獻之而下十六人，詩不成，罰酒三巨觥。」

【元圻案】《西京雜記》四：「梁孝王遊於忘憂之館，集諸遊士，各使爲賦。韓安國作《几賦》不成，鄒陽代作，其辭曰：『高樹淩雲，蟠紆煩冤，旁生附枝。王爾公輸之徒，荷斧斤，援葛藟，攀喬枝，上不測之絕頂，伐之以歸。眇者督直，聾者磨礱，齊貢金斧，楚入良工。乃成新几，離奇髣髴，似龍盤馬回，鳳去鸞歸。君王憑之，聖德日躋。』」

「天下不可以無此人，亦不可以無此書，而後足以當君子之論。」《揚雄度越諸子論》。又曰：「天下大勢之所趨，天地鬼神不能易，而易之者人也。」[一]此龍川[二]科舉之文，列於古之作者而無愧。

[一]【何云】壯語。○案，今《龍川集》無此文，惟《上孝宗第三書》有「天下大勢之所趨，非人力之所能移也」二句，下云「臣之所以爲大臣論者如此」。同甫方以大有爲望孝宗，不應作此語，此必

爲俗本所節删也，當以厚齋所引補而正之①。

［二］【閻按】龍川，陳亮號。

【全云】同甫「一月四朝」之語則可恥矣。

【元圻案】陳亮，字同甫。光宗時，亮對策曰：「陛下之於壽皇，問安視寢，察辭觀色，因此而得彼，亦既得其機要以見諸施行矣，豈徒一月四朝而以爲京邑之美觀也哉！」時光宗不朝重華宫，羣臣更進迭諫，皆不聽，得亮策，乃大喜，以爲善處父子之間。奏名第三，御筆擢第一。授僉書建康府判官廳公事。未至官，一夕而卒②。

《集古録跋》謂《樂毅論》與《文選》所載時時不同，《文章正宗》謂崔寔③《政論》列於《選》。今考《文選》，無此二篇，皆筆誤也。

【程易田云】按《史記·樂毅列傳》裴駰集解引《樂毅論》，自「觀樂生遺燕惠王書」起至篇末，止與今所傳王右軍書不同者數十字：多十九字，少十字，易十二字。《集古録》或指謂此，而偶然訛記之也。

---

① 按，陳亮此句見於鄧廣銘校注《陳亮集》卷十一《人法》一文。

② 見《宋史·陳亮傳》。

③ 「崔寔」，原本作「崔實」，據元刊本、三箋本改。

然兩本相較，王優裴劣，如「機合乎道」作「知機合道」，「以終始」作「以禮終始」，「極道之量」「道」下增「德」字，「千載一遇」下增「夫千載一遇之世」，「苟得」作「苟利」，「不諜」作「不謀」，「牧民」作「收民」，「顧飢」作「願飢」，「願釋」作「儀釋」，「之施」作「施之」，「任窮」作「仕窮」，「通者」作「勇者」，「賢者」作「賢智」，「攻取」上刪「則」字，「之間」作「之下」，「四國」作「四海」，「濟弱」作「濟溺」。孰優孰劣，讀者能辨之。至通篇虛字，增所不必增，刪所不可刪，文章生死之道，全係於此。

【元圻案】《文章正宗》，真德秀撰。注見卷六第廿九頁①。

誠齋楊文節公萬里。爲《章熹墓銘》云：「今日士師，非禾絹士師也。」《宋明帝紀》：胡毋顥專權，奏無不可。時人語曰：「禾絹閉眼諾，胡毋大張橐。」禾絹，謂上也。蓋謂秦檜顓政，士師非主上之士師也。

【元圻案】陳振孫曰：「楊萬里，字廷秀，廬陵人。當淳熙末爲大蓬，論思陵配饗不合，去。及韓侂冑用事，召之，卒不至。自次對遷至學士，聞開禧出師，不食而死。」②著《誠齋集》一百三十三卷。◎今本《誠齋集》不載《章熹墓銘》。

---

① 見卷六「宣之於仲遂」條注（頁七七二）。

② 見《直齋書録解題》卷十六《誠齋集》解題。

南豐序《禮閣新儀》則指新法，[一]記襄州長渠則指水利，《兵間詩》則指徐德占，名禧。《論交詩》則指呂吉甫。名惠卿。此孫仲益名覿。之言也。[二]

[一]【何云】南豐不附新法。《禮閣新儀序》皆發明禮之當變，殆不指新法也。

【全云】其中亦有指新法者，何氏讀之未詳耳。

[二]【何云】二詩則如孫言。

【閻按】仲益語見其所與曾端伯書。①

【元圻案】曾鞏《禮閣新儀目録序》曰：「古今之變不同，而俗之便習亦異，則亦屢變其法以宜之。其要在乎養民之性，防民之欲，本末先後，能合乎先王之意而已，此制作之方也。有聖人作而爲後世之禮者，必貴俎豆，而今之器固不廢也，先弁冕，而今之衣服不禁也，其推之皆然。然後其所改易更革，不至於拂天下之勢，駭天下之情，而固已合乎先王之意矣。」《襄州宜城縣長渠記》曰：「後世欲行水溉田者，往往務躡古人之遺迹，不考夫山川形勢古今之同異，用力多而收功少，是亦其不思也歟？」《兵間》詩曰：「大義缺絶久未圖，小人輕險何不至。世上固自有百爲，兵間乃獨求一試。趙括敢將亦已危，李平請守那復議？吁嗟忍易萬人生，冀幸將徼一身利。」《論交》詩曰：「德操龐公林下時，入門豈復知客主。夷吾鮑叔貧賤間，分財亦不辭多取。

① 此條三箋本作「何云」。

相傾頓使形迹空，素定已各肝膽許。世間未信亦論交，得失秋毫有乖忤。」◎司馬温公《乞罷條例司常平使疏》曰：「朝廷更遣使者四十餘人，分行天下，以提舉勾當常平廣惠倉相度差役農田水利爲名。」又曰：「使者争獻謀畫，掊斂財産，以希恩寵，至欲決汴水以種稻及澆溉民田，欲泄三十六陂水募人耕佃，若此之類，不可悉數。」◎魏泰《東軒筆録》十：「嘉祐初，李仲昌議開六漯河，王荆公時爲館職，頗佑之。既而功不成。」◎《東都事略·徐禧傳》：「禧字德占，洪州人。爲人狂疏而有膽氣，好言兵。沈括、种諤請城永樂，神宗遣禧經畫之。既入賊境，略不爲備，寡謀輕敵，以至於敗。」◎《宋史·王安石傳》：「安石罷爲觀文殿學士、知江陵府，汲引吕惠卿爲參知政事。惠卿實欲自得政，忌安石復來，因鄭俠獄陷其弟安國，又起李士寧獄以傾安石。」◎孫仲益《書讀臨川集》曰：「荆公自謂知經明道，與曾子固等發六藝之藴於千載絶學之後。荆公當國，便當引而進之，乃擯棄不用。余觀《南豐集》，序《禮閣新儀》則指新法，記襄州長渠則指水利，《兵間》詩則指徐德占，《論交》詩則指吕吉甫，而二人者如水火矣。」伯厚所引蓋此條。若《與曾端伯書》則云：「秦少游云：曾子固文章妙絶古今，而有韻者輒不工。此語一出，天下遂以爲口實。南豐《兵間》一詩指徐德占，《論交》一詩指吕吉甫，又有《黄金》、《顔揚》諸詩，皆卓然有濟世之用，而世人便謂不能詩，某所以不喻其言也。」止論詩，未及文，非伯厚所引也，閻氏偶未詳考耳。◎《書録解題·别集類下》：「《鴻慶居士集》四十二卷。户部尚書晉陵孫覿仲益撰。」

宋景文云：「賈生思周鬼神，不能救鄧通之譖。」考之《漢史》，無鄧通譖賈生之事，蓋誤。【原注】景文謂：因撰《唐書》，盡見前世論著，乃悟文章之難。

【閻按】《風俗通義》：「孝文帝時，誼與鄧通同位侍中①，惡通爲人，數廷譏之，由是遷長沙王太傅。渡湘水，投書以弔屈原罹讒邪之咎，亦因自傷爲鄧通所愬也。」

【元圻案】宋景文《回鄭資政書》曰：「當伯氏貳政之日，明公升樞之辰，一心獨行，側身休景，未嘗争先於當路，失意於貴人。然虺螫不觸而來，機牙未蹈而發。乃知李廣誠感金石，無以喻衛青之仇；賈生思周鬼神，不能救鄧通之謗。」

張説爲《廣州宋璟頌》曰：「犦牛牲兮菌雞卜，神降福兮公壽考。」東坡《韓文公碑》用此四字。

【元圻案】張説《廣州都督嶺南按察五府經略使宋公遺愛碑頌序》曰：「天子念窮鄉之僻陋，徼道之修阻，吏或不率不馴，人或不康不若，乃命舊相廣平公宋璟，鎮茲裔壤，式是南州，(駕)〔篤〕五管之政教，總三軍之旗鼓。幅員萬里，馴致九譯，詔書下日，靡然順風。曷由臻斯，威名之先路也云云。頌曰：金鼓愁兮旌旆好，來何暮兮去何早？犦牛牲兮菌雞卜，神降福兮公壽考。」◎東坡

①「同位侍中」，三箋本作「侍中同位」，《风俗通義》亦作「侍中同位」。

《潮州韓文公廟碑》詩曰：「爆牛雞卜羞我觴，於粲荔丹與蕉黃。」

周益公《雜誌》辨楮幣，謂「俗人創二字，通上下皆用，猶紙錢也」。按范淳父爲《郭子臯誌》，言交子云：「紙幣之設，本與錢相權。」元祐間已有此語矣。

【元圻案】周益公《二老堂雜誌》三：「古有三幣，珠玉爲上，金次之，錢爲下。自秦漢專以錢爲幣。近歲用會子，蓋四川交子法，特官券耳。不知何人目爲楮幣，自以爲雅通上下，皆效之，遂入殿試御題。乾道中，試賢良李垕，時相葉夢錫委密院編修官樓鍔代撰策題，其中亦用此二字。幣者，可用之物，俗人創『楮幣』二字，已而通上下皆用。若正言之，猶紙錢也，乃以爲文，何耶？其後丙戌策士，辛卯試賢良，亦復通用，《壽皇聖政録》亦循例用之矣。」◎范淳父，名祖禹，即作《唐鑑》者。所著《范太史集》中，有《朝奉郎郭君墓誌》曰：「君諱子臯，字德臣。其先京兆人，六世祖甫從禧宗入蜀，因家焉。監成都交子務。紙幣之設，本與錢相權，至是大壞，價賤不售，法幾爲廢。君講究其病，錢幣復稱，官民利之。元祐二年卒。」

東坡得文法於《檀弓》，後山陳師道號。得文法於《伯夷傳》。

【元圻案】黄山谷《與王觀復書》曰：「嘗問東坡先生作文章之法，東坡云：『但熟讀《禮記·檀弓》，當得之。』既而取《檀弓》二篇，讀數百過，然後知後世作文章不及古人之病，如觀日月也。」◎晁公武曰：「陳師道爲文至多，少不中意則焚之，存者甚少。」[1]著《後山集》二十卷。

楊植《許由廟碣》云「堯而許之，日而月之」，見《唐文粹》五十二。獨孤及《仙掌銘序》[2]云「月而日之，星而辰之」，見《唐文粹》六十六。同一句法。

【方樸山云】其原出於《莊子》之「尸而祝之，社而稷之」。

【程易田云】《史記·孔子世家》：「君子能修道，綱而紀之，統而理之，而不能爲容。」

【繼序按】《管子·小問》有「五而六之，九而十之」二句，《吳子·治兵》有「圓而方之，坐而起之」等句，而《子張問入官篇》有「優而柔之」、「揆而度之」[3]，東方朔、杜預用之。

【元圻案】《莊子》語，東坡《書張乖崖書後》用之。◎唐獨孤及，字至之，洛陽人。官常州刺史，當時稱爲「獨孤常州」。

《文心雕龍·論説篇》云：「《論語》已前，經無『論』字。」晁子止云：「不知《書》

---

①見《郡齋讀書志》（袁本）前志卷四「陳無己《後山集》」條。

②「序」，元刊本、三箋本無。

③見《大戴禮記》。

有『論道經邦』。」

【閻按】「論道經邦」乃晚出《書·周官篇》，本《考工記》「或坐而論道」來。

【何云】「論道經邦」出於《古文尚書》，未可以詆彦和也。

【又云】劉彦和或不讀《古文尚書》。

【又云】書中《議對篇》即引「議事以制」。

【全云】閻氏必欲以《古文尚書》爲僞，而謂《考工記》在前，誤矣。

【集證】定宇惠氏曰：「《易·屯卦·象辭》『君子以經綸』，陸氏《釋文》、吕氏《音訓》俱作『經論』，鄭氏讀如字，荀氏讀爲『倫』，姚信釋爲『經緯』，字後人始改爲『綸』。」《文心雕龍》曰「《論語》以前，經無『論』字」，蓋漢以前「論」字皆讀爲「倫」，後人改爲「綸」也。

【又云】《中庸》「經綸天下之大經」，本作「經論」，見《釋文》。

【元圻案】晁公武子止《讀書志·別集類》：「《文心雕龍》。晉劉勰撰。余嘗題其後曰：世之詞人，刻意文藻，讀書多滅裂。杜牧之以龍星爲真龍，王摩詰以去病爲衛青，昔人譏之。今勰著書垂世，自謂嘗夢執丹漆器，隨仲尼南行，其自負不淺矣。觀其《論説篇》，稱『《論語》以前，經無「論」字；《六韜》三[①]論，後人追題。』是殊不知《書》有『論道經邦』之言也，其疏略殆過於王、

① 「三」，據《文心雕龙·論説篇》當作「二」。

杜矣。」

和凝爲文，以多爲富，有集百餘卷，自鏤板行於世，識者多非之。[一]此顔之推所謂「詅癡符」也。【原注】詅，力正反。楊綰有論著，未始一①示人，可以爲法。《易》曰：「白賁无咎。」[二]

[一] 案，此歐陽公《五代史》凝本傳文。

[二]【閻按】《舊書·綰傳》：「每屬文，恥於自白，非知己不可得見。」

【何云】《癸辛雜識》有「詅粉」之語，蓋賣粉聲也。

【集證】《夢溪筆談》曰：「凝生平著述，分爲《演綸》、《遊藝》、《孝悌》、《疑獄》、《香奩》、《贏金》六集，今不載。」又云：「《香奩集》嫁名韓偓，今世所傳韓偓《香奩集》，乃凝所爲也。」

【元圻案】樓攻媿《詅癡符序》曰：「赤城李公所爲詩文名曰《詅癡符》。公亡矣，莫曉其名書之意，余曰：公於書無不讀，此名殆不苟也。海邦貨魚於市者，誇詡其美，謂之『詅』，字書以爲『詅，衒賣也』，顔之推《家訓》曰：『吾見世人，至無才思，自謂清華，流布醜拙，亦已衆矣，江南號爲「詅癡符」。』公之意蓋出於此，特謙詞耳。公諱庚，子長其字也。」◎和凝，字成績，鄆州須昌人。

① 「一」，元刊本無。

相晉高祖，漢封魯國公。

崔駰《西巡頌表》曰：「唐、虞之世，樵夫牧豎，擊轅中韶，感於和也。」《班固集》：「擊轅相杵，亦足樂也。」曹子建書「擊轅之歌，有應風雅」，柳子厚《答人求文章書》云「擊轅拊缶」，宋景文《明堂頌》云「壤翁轅童」，皆本於崔、班。

【元圻案】《文選》四十二曹子建《與楊德祖書》曰：「夫街談巷説，必有可采，擊轅之歌，有應風雅，匹夫之思，未易輕棄也。」李善注：「崔駰曰：『竊作頌一篇，以當野人擊轅之歌。』《班固集》曰：『擊轅相杵，亦足樂也。』」◎宋景文《上明堂頌序》云：「辭淺義直，可使户曉，壤翁轅童，皆得謳歌。」

劉夢得《嘆牛》云：「員能霸吴屬鏤賜，[一]斯既帝秦五刑具。長平威振杜郵死，[二]垓下禽敵①鍾室誅。」[三]《傚舟》云：「越子膝行吴君忽，[四]晉宣尸居魏臣怠。[五]白公厲劍子西哂，[六]李園養士春申易。」[七]文法傚《漢書》蒯通等《傳贊》。

【原注】《唐書·姦臣傳贊》亦然。

[一]案，事見《左傳》哀公十一年。

---

①「禽敵」，元刊本、三箋本作「敵禽」。

〔二〕《秦策》曰：「白起攻趙長平，北抗馬服，誅屠四十餘萬，楚、趙懾服。功已成矣，賜死於杜郵。」

〔三〕謂韓信也，事見《史記》本傳。

〔四〕《史記·越世家》：「越王以餘兵五千人保於會稽，令大夫種行成於吳，膝行頓首。」

〔五〕【閻按】《晉·宣帝紀》：「李勝來候疾，退告曹爽曰：『司馬公尸居餘氣，形神已離，不足慮也。』故爽等不復設備。」

【何云】晉宣於時亦魏臣也，韓、柳必無此。

【全云】馬懿尸居，曹爽怠。

〔六〕事見《左傳》哀十六年。

〔七〕《戰國策》：「李園既入其女弟爲王后，子爲太子，恐春申君語泄，陰養死士，欲殺春申君以滅口。朱英謂春申君：『李園不治國，王之舅也。不爲兵將，而陰養死士之日久矣。』春申君曰：『李園軟弱人也，僕又善之，又何至此？』」

【閻按】楊升庵則謂：文法皆祖《韓非》「門人捐水而夷射誅」六句；東坡賀朱壽昌詩又用此法，奇矣果然。①

① 見明楊慎《丹鉛餘録》卷十四。「東坡賀朱壽昌詩」指蘇軾《朱壽昌郎中少不知母所在刺血寫經求之五十年去歲得之蜀中以詩賀之》。

【元圻案】《容齋四筆》九：「作文旨意句法，固有規倣前人，而音節鏘亮不嫌於同者。如《前漢書·贊》云『豎牛奔仲叔孫卒，郈伯毁季昭公逐』云云，《新唐書》效之，云：『三宰嘯凶牝奪辰，林甫將蕃黄屋奔，鬼質敗謀興元蹙，崔柳倒持李宗覆。』劉夢得《論儆舟篇》亦效班史語也。然其模範本自《荀子·成相篇》。」◎《論語比考讖》「紂惑妲己玉馬走」，《隨巢子》「夏桀德衰岱淵沸」，句法亦同。

張文潛《論文詩》曰：「文以意爲車，意以文爲馬。理强意乃勝，氣盛文如駕。理文當[一]即止①，妄説即虚假。氣如決江河，勢順乃傾寫。」

[一]【閻按】宜作「當文」。

【馬氏校云】「理文」，元板作「理維」。

【元圻案】杜牧《與莊充書》曰：「凡爲文，以意爲主，以氣爲輔，以辭彩章句爲之兵衛。苟意不先立，止以文彩辭句繞前捧後，是辭愈多而理愈亂，如入闤闠，紛紛然莫知其誰，暮散而已。」文潛詩意似本於此。《韓非子·難勢篇》：「今以國位爲車，以勢爲馬，以號令爲轡，以刑罰爲鞭策。」牧之又從此脱胎。

① 「文」，元刊本作「維」，宋張耒《柯山集》作「惟」。三箋本此句作「理當文即止」。

山谷《與王觀復書》曰：「劉勰嘗論文章之難云：『意翻空而易奇，文徵實而難工。』此語亦是沈、謝輩爲儒林宗主時，好作奇語，故後生立論如此。[一]好作奇語，自是文章病。但當以理爲主，理得而辭順，文章自然出羣拔萃。」張文潛《答李推官書》可以參觀。【原注】《文鑑》取此二書。

[一]【何云】彦和乃謂手爲心使之難，山谷錯會也。

【閻按】何屺瞻謂山谷引用劉語亦失其本旨，蓋劉云：「方其搦翰，氣倍辭前，暨乎篇成，半折心始。何則？意翻空而易奇，言徵實而難巧也。」①此乃謂爲文者言不能足其志。

【元圻案】張文潛《答李推官書》曰：「足下之文，可謂奇矣，捐去文字常體，力爲瑰奇險怪，務欲使人讀之如見數千載之前蝌蚪鳥迹所記弦匏之歌、鐘鼎之文也。抑某之所聞所謂能文者，豈謂其能奇哉？自《六經》以下，至於諸子百氏、騷人辨士論述，大抵皆將以爲寓理之具也。是故理勝者文不期工而工，理詘者巧爲粉澤而隙間百出。故學文之端，急於明理。夫不知文者，無所復道，如知文而不務理，求文之工，世未嘗有是也。」

迂齋《太學策問》言宣和事云：「夷門之植，植於燕雲。」【原注】夷門在大梁。用《樂

①《文心雕龍·神思》。

毅書》文法。

【元圻案】樂毅書云：「薊丘之植，植於汶篁。」

柳下惠見飴曰「可以養老」，盜跖見飴曰「可以黏牡」，見物同而用之異。【原注】出《淮南子》。牡，門户籥牡。○案，見《説林訓》。《左氏博議》用此。《吕氏春秋·孟冬紀·異用篇》：「仁人得飴，以養疾侍老也；跖、蹻得飴，以開閉取楗也。」

司馬公序顔太初醇之文曰：「觀其《後車》詩，則不忘鑑戒矣。觀其《逸黨》詩，則禮義不壞矣。觀其《哭友人》詩，則酷吏愧心矣。觀其《同州題名記》，則守長知弊政矣。觀其《望仙驛記》，則守長不事廚傳矣。」《文鑑》惟載《逸黨》、《許希》二詩。

【元圻案】司馬温公《顔太初雜文序》曰：「魯人顔太初，字醇之。讀書不治章句，必求其理；既得其理，不徒誦之以誇誑於人，必也蹈而行之在其身。與鄉黨無餘，於其外則不光，不光先(生)〔王〕之道，猶翳如也。乃求天下國家政理之得失，爲詩歌洎文以宣暢之。景祐初，青州牧有以荒淫放蕩爲事，慕嵇康、阮籍之爲人，當時四方士大夫樂其無名教之拘，翕然效之，寖以成風。太初惡其爲大亂風俗之本，作《東州逸黨》詩以刺之。詩遂上聞，天子亟治牧罪。又有鄆州牧怒屬令之清直與己異者，誣以罪，榜掠死獄中。太初素與令善，憐其冤死，作《哭友人》之詩，牧亦坐是廢。」又曰：「世人見太初官職不能動人，又其文多指訐，有疵病者所惡聞，雖得其文，不甚重之，故所棄失居多。余止得其兩卷，在同州又得其所爲《題名記》，今集而序之。異日有見之者，觀其《後車詩》，則不忘鑑戒矣云云。」◎《宋文鑑》十六顔太初《許希詩序》曰：「針工許希，下蔡人。天聖中，皇躬違裕，有内戚達其姓名，上召見，三進針而疾平，賜與不可勝紀。謝恩畢，西向而拜，上詢其故，曰：『臣拜本師扁鵲也。』上惜其用心不忘本，給錢五十萬，爲立祠，封曰靈應侯。或曰：人生乎世，慎乎習。希失其習者也，使希不習醫而習儒，其遇主之日，不忘先師明矣。若然，則讀書爲儒，乘時取富貴，高冠長劍，昂昂廟堂之上，自負自得，不知素王之力者，許希之罪人也。」◎《續通鑑長編》一百十七真宗天禧五年：「孔子四十七代孫聖祐襲封文宣公。聖佑卒且十年，無子，遂除襲封。彭城顔太初因許希請立扁鵲廟，作詩指襲封事，諷在位者得路反忘先師。又致書參政蔡齊，齊言於上。景祐二年，詔聖祐弟宗愿襲封。」◎《儒林公議》：「范諷性疏誕，嘗忤外計，求監舒州靈仙觀。莊獻太后臨朝，聞其俊邁，召拜諫官。好朋飲，高歌激呼，或不冠幘，禮法之士甚疾之。顔太初作《東州逸黨》詩以識之。」◎《續通鑑長編》一百十四仁宗景祐元年：「三月，濟人黎德潤者，性剛介廉平。嘗知衛真縣，州吏受賕，德潤告之，坐決勒者十餘人。吏因共誣德潤，以罪繫獄，自縊。彭城顔太初賦詩發其冤。范仲淹前使江淮，請加追卹，於是賜德潤家錢三萬。」◎《鼂繹集》，陳氏《書録解題》、晁氏《讀書志》皆不著録，豈南宋時已佚耶？◎《東都事略·儒學傳》：「顔復，字長道，先師兖公四十八世孫。父太初，爲東魯名儒，嘗爲國子監直講，出爲臨晉簿，再後掌南京學，以卒。」

絜齋先生袁燮號。爲樓，名以「是亦」，曰：「直不高大爾，是亦樓也。」以至山石花木、衣服飲食、貨財隸役，亦莫不然。「至於宦情亦薄，曰：『直不高顯爾，是亦仕也。』凡身外之物，皆可以寡求而易足，惟此身與天地並廣大高明，我固有之，朝夕磨厲，必欲追古人而與俱①。若徒儕於凡庸，而曰『是亦人爾』，則吾所不取②也。」

【元圻案】此節録袁絜齋《是亦樓記》文也。絜齋表其父質甫先生之墓曰：「有園數畝，日涉成趣。屋苟可以居，食苟可以飽，衣裘苟可以禦寒，如是足矣。」蓋得於庭訓。絜齋又有《是亦園記》。

鄧志宏《與胡丞公[一]書》曰：「熙、豐間，如司馬温公與王荆公之所争者，曰是與非。崇寧間，陳了翁與蔡長沙[二]之所争者，曰治與亂。靖康間，李丞相與耿門下之所争者，又不特是非、治亂、安危而已，其存亡所繫乎？」

① 「俱」，原本作「居」，據元刊本、三箋本改。
② 「取」，元刊本、三箋本作「敢」。

〔一〕【閻按】丞公，《宋史》作承，名世將，晉陵人。官資政殿學士。

〔二〕何本載閻云：蔡京貶官，行至潭州死，故曰「長沙」。

【元圻案】熙寧、元豐間，温公與荆公所争者，新法也。◎《東都事略・陳瓘傳》：「瓘字瑩中，崇寧間官右司諫，以言事罷監揚州糧料院，改知無爲軍。瓘責之日，方袖疏論蔡京而命下，於門外繳四奏，并明宣仁誣謗、修《實録》、建西京等事。瓘嘗言京不可用，用之必爲心腹患。」◎《續通鑑》欽宗靖康元年：「(四)〔六〕月，京師自金兵退，遂置邊事於不問。李綱獨以爲憂，數上備邊禦敵之策，輒爲耿南仲所阻。」◎《事文類聚新集》十三載《中興繫年録》曰：「禮部侍郎曾開知婺州。先是，秦檜語和議，曰：『此事大，係安危。』開於坐中抗聲曰：『丞相今日不當説安危，止合論存亡耳！』檜矍然驚其言，遂令出守。」◎陳振孫曰：胡承公名世將，文恭公宿之曾孫。著《胡忠獻集》六十卷①。

唐五代之際，以文紀事者多用故事，而作史者因而舛誤。回鶻烏介可汗走保黑車子族，李德裕《紀聖功碑》云：「烏介并丁令以圖安，依康居而求活。」所謂康居，用《漢書》郅支事也。〔一〕而《舊史》云：「烏介依康居求活。」〔二〕北漢鄭珙卒於契

① 見《直齋書録解題》卷十八《胡忠獻集》解題。

丹，王保衡《晉陽見聞録》：「虜俗雖不飲酒，如韋曜者，亦加灌注。」韋曜，即吴孫皓時韋昭也。而路振《九國志》云：「高祖鎮河東，命韋曜北使。曜不能飲酒，虜人强之。」此殆類癡人説夢也。

〔一〕案《漢書·陳湯傳》：「宣帝時，五單于争立，呼韓耶單于與郅支單于俱遣子入侍。後郅支西破呼偈、堅昆、丁令，兼三國而都之。殺漢使谷吉等，遂西奔康居。」

〔二〕【何云】以下皆本温公《考異》。

【元圻案】《通鑑·唐紀》武宗會昌三年：「正月，回鶻烏介可汗帥衆侵逼振武，劉沔遣麟州〔刺史〕石雄、都知兵馬使王逢帥沙陀朱邪赤心三部及契苾、拓跋三千騎襲其牙帳，沔自以大軍繼之。雄乃鑿城爲十餘穴，引兵夜出，直攻可汗牙帳，至其帳下，虜乃覺之。可汗大驚，棄輜重走，雄追擊，大破回鶻於殺胡山。烏介可汗走保黑居子族。」胡三省注：「胡嶠曰：轄戛之北單于突厥，又北黑車子，善作車帳。詳考新、舊《書》，黑車子即室韋之一種。按是時賜黠戛斯詔云，黑車子去漢界一千餘里。《考異》曰：『《舊·回鶻傳》云：『烏介驚走東北約四百里外，依和解室韋下營，嫁妹與室韋，依附之。』今從《伐叛記》、《實録》、《新傳》。《舊·張仲武傳》又云：『烏介既敗，乃依康居求活，盡徙餘種寄托黑(居)〔車〕子。』蓋以李德裕《紀聖功碑》云：『烏介并丁令以圖安，依康居而求活，盡徙餘種，屈意黑車。』彼所謂康居，用郅支故事耳；致此誤也。」又《後周紀》太祖廣順元年：「五月，北漢禮部侍郎、同平章事鄭珙卒於契丹。」《考異》曰：「《晉陽見聞録》：『鄭珙既達虜庭，虜君恩禮周厚。虜俗以酒池肉林爲名，雖不飲酒如韋曜輩者，亦加灌注。珙魁岸善飲，罹無量之逼，一夕腐脅於穹廬之氈堵間，輿尸而覆命。』《九國志》：『契丹晏犒漢使，必厚具酒食，以示夸大。高祖鎮河東，嘗命韋曜北使，曜羸瘠不能飲酒，虜人强之，遂卒。』按韋曜，孫皓時人韋（曜）〔昭〕也，不能飲酒，王保衡引以爲文章。而路振云高祖時人，誤也。」

卷十八

評詩

陶淵明《飲酒》詩：「羲農去我久，舉世少復真。汲汲魯中叟，彌縫使其淳。」又曰：「此中有真意，欲辯已忘言。」東坡《書李簡夫詩集後》云：「淵明欲仕則仕，不以求之爲嫌；欲隱則隱，不以去之爲高。飢則扣門而求食，飽則具雞黍以迎客。古今賢之，貴其真也。」葛魯卿爲贊，羅端良爲記，〔一〕皆發此意。蕭統疵其《閑情》，杜子美譏其《責子》，王摩詰議其乞食，何傷於日月乎？《述酒》一篇之意，惟韓子蒼知之。

〔一〕【閻按】羅端良，名願，歙縣人。淳熙中知鄂州，卒。有《鄂州小集》。論者謂南渡後文字有先秦、西漢風，惟願一人而已。朱文公、周益公視爲畏友。作《陶令祠堂記》，見集中。〇案樓攻媿云：「端良嘗以《陶令祠堂記》見寄，亦其最得意者。」①

① 宋樓鑰《又題所書羅端良文三篇》。

【集證】昭明太子《淵明集序》：「白璧微瑕，惟在《閑情》一賦。」杜工部《遣興》詩：「陶潛避俗翁，未必能達道。觀其著詩集，頗亦恨枯槁。達生豈是足，默識蓋不早。有子賢與愚，何其挂懷抱。」王右丞《偶然作》詩：「傾倒强行行，酣歌歸五柳。生事不曾問，肯愧家中婦。」黄山谷云：「《述酒》一篇，似是讀異書所作，其中多不可解。」韓子蒼云：「余反覆之，見『山陽歸下國』之句，蓋用山陽公事，疑是義熙以後有所感而作也，故有『流淚抱中嘆，平王去舊京』之語。淵明忠義如此。今人或謂淵明所題甲子不必皆義熙後，此亦豈足論淵明哉！惟其高舉遠蹈，不受世紛，而至於躬耕乞食，其忠義亦足見矣。」① 湯東澗云：「按晉元熙二年六月，劉裕廢恭帝爲零陵王。明年，以毒酒一罌授張褘，使酖王。褘自飲而卒。繼又令兵人逾垣進藥，王不肯飲，遂掩殺之。此詩所爲作，故以『述酒』名篇。詩詞盡隱語，故觀者弗得，獨韓子蒼以『山陽下國』一語疑是義熙後有感而作。余反覆詳考，而後知决爲零陵哀詩也。」②

【元圻案】羅端良《陶令祠堂記》曰：「《易》之《彖》，天地萬物皆以其情見，而《禮經》大順之世然後『人不愛其情』，乃知真情之閟爲日已久。又自東漢之末矯枉既過，正始以來始爲通曠，本欲稍返情實，然以此相矜，末流之弊，愈不勝其僞。若淵明生百代之後，獨頽然任實。雖清

① 以上黄山谷、韓子蒼語見宋胡仔《苕溪漁隱叢話》前集卷三。
② 見《陶淵明集》《述酒》詩湯漢注語。湯漢字伯紀，有《東澗遺集》。

風高節，邈然難嗣，而言論所表，篇什所寄，率書生之素業，或老農之常務。仕不曰行志，聊資三徑而已；去不曰爲高，情在駿奔而已。飢則求食，醉便遣客。不藉琴以爲雅，故無弦亦可；不因酒以爲達，故把菊自足。真風所播，直掃魏晉澆習。嘗有詩云：『羲農去我久，滿世少復真。汲汲魯中叟，彌縫使其淳。』嗚呼！自頃諸人祖莊生餘論，皆言淳漓朴散，（翳）〔繄〕周、孔禮訓使然，孰知魯叟爲此將以淳之邪？蓋淵明之志及此，則其處己已審矣。」◎元曹涇有《鄂州太守存齋先生羅公傳》附集中，閣注「論者謂南渡後文字」云云，即曹涇《傳》文也。◎東坡《題文選》云：「淵明《閑情賦》正所謂《國風》好色而不淫，正使不及《周南》，與屈原所陳何異？而統乃譏之，此乃小兒强作解事者。」◎黄山谷曰：「杜子美詩『陶潛避俗翁』云云，夫子美困頓於山川，蓋爲不知者詬病，以爲拙於生事。又往往譏議宗文、宗武失學，故聊解嘲耳。其詩名曰《遣興》，可解也，俗人便謂譏病淵明，所謂癡人前説不得夢也。」①◎葛魯卿，名勝仲，丹陽人。紹聖四年進士。官至華文閣待制，知湖州，乞祠，卒，謚文康。《宋史》入《文苑傳》。著《丹陽集》二十四卷，《四庫全書》著録。◎韓子蒼，名駒，蜀仙井監人。政和中召試賜進士出身。南渡初知江州。《宋史》入《文苑傳》。著《陵陽集》四卷，《四庫全書》著録。

① 《詩話總龜》卷九、《苕溪漁隱叢話》前集卷三引。

《咏貧士》詩云：「昔在黄子廉，彈冠佐名州。一朝辭吏歸，清貧略難儔。」愚按《風俗通》曰：「潁川黄子廉，每飲馬輒投錢於水，其清可見矣。」《吴志·黄蓋傳》注引《吴書》曰：「故南陽太守黄子廉之後。」

【元圻案】元黄溍《筆記》①曰：「陶詩『昔在黄子廉，彈冠佐名州』，湯伯紀注云：『《三國志·黄蓋傳》曰：南陽太守子廉之後。』劉潛夫《詩話》亦云：『子廉之名僅見《蓋傳》。』按後漢尚書令黄香之孫守亮，字子廉，爲南陽太守。注及《詩話》舉其孫而遺其祖，豈弗深考耶？子廉乃守亮之字，亦非名也。」◎《風俗通·愆禮篇》載太原郝子廉一介不取諸人，曾過姊飯，留十五錢，默置席下去，每行飲水，常投一錢井中事，而譏其飯姊留錢爲傷恩薄禮。《太平御覽》四百二十六《清廉下》引《風俗通》，則以飲水投錢爲潁川黄子廉事，「飲水」作「飲馬」；分飯留姊錢爲郝子廉事，「飯」作「飲」。豈古本《風俗通》固兩人耶？

《古辭》：「雞鳴高樹巔，狗吠深宫中。」見《宋書·樂志三》。陶淵明《歸田園》詩二句傚此，唯改「高」爲「桑」、「宫」爲「巷」。

【全云】改「巷」字句便佳。

---

①《日損齋筆記》。

少陵《和嚴武軍城早秋》詩：「已收滴博雲間戍，更奪蓬婆雪外城。」的博嶺，在維州；【原注】見《韋皋傳》。蓬婆山，在柘州。【原注】見《元和郡縣志》。

【集證】《唐書·韋皋傳》：「出西山、靈關，破峨和、通鶴、定廉城，逾的博嶺，遂圍維州，搏(雞棲)〔棲雞〕，攻下(洋)〔羊溪〕等三城，取劍山屯焚之。」《元和郡縣志·劍南道中》：「柘州城四面險阻，易於固守。有安戎江、蓬婆水，在州南三十里。」「大雪山，一名蓬婆山，在柘縣西北一百里。」按，今四川茂州雜谷廳西北有的博嶺。龍安府松潘廳，唐柘、霸等州地，東有雪欄山，一名雪嶺。

【元圻案】《唐書·吐蕃傳》：開元〔二〕十六年，王昱率劍南兵攻安戎頓兵於蒲婆嶺①，蓋即蓬婆嶺也。

《飲中八仙》，其名氏皆見於《唐史》，唯焦遂事迹僅見於《甘澤謠》。

【元圻案】《甘澤謠》曰：「陶峴者，彭澤之子孫也。開元中，家於崑山，富有田業。擇家人不欺而了事者悉付之，身則泛漕江湖，遍遊煙水。自製(二)〔三〕舟，一舟自載，一舟致賓客，一舟貯飲饌。客有前進士孟彥深、進士孟雲卿、布衣焦遂，各置僕妾共載。而峴有女樂一部，奏清商曲。逢奇遇興，則窮其景物，興盡而行。焦遂，天寶中爲長安飲徒，時好事者爲《飲中八仙歌》云云。」◎《四庫全書

①「蒲婆嶺」，中華書局校點本、清殿本《新唐書》俱作「蓬婆嶺」。

總目·小説類》：「《甘澤謡》一卷。唐袁郊撰。晁氏《讀書志》云：『載譎異事九章，咸通中久雨卧疾所著。』陳氏《書録》述其自序云：『以春雨澤應，故有甘澤成謡之語，以名其書。』《新唐書·宰相世系表》：『郊字子乾，官至虢州刺史。』」◎葉石林《避暑録話》云「焦遂事迹不見他書」，偶未考也。◎錢氏《養新録》十六：「范傳正撰《李太白墓碑》云：『時人以公及賀監、汝陽王、崔宗之、裴周南等八人爲酒中八仙。』子美《飲中八仙歌》無周南名，蓋傳聞異詞。」◎《康熙字典·口部》「吃」字下引《唐史拾遺》曰：「焦遂口吃，對客不出一言，醉後則酬答如注射，當時目爲醉吃。」①

《石壕吏》，蓋陝州陝縣石壕鎮也。【原注】見《九域志》、《輿地廣記》。本崤縣，唐改爲硤石，熙寧六年省爲鎮。

【閻按】新、舊《唐書》「硤」並從「山」，惟《通典》從「石」。

【元圻案】王存《九域志》三「陝西路」：「大都督府，陝州，陝郡，保平軍節度。治陝縣。陝，六鄉。石壕、乾壕、故縣三鎮。有虢山、硯頭山、二崤山、底柱山、黄河、槖水。」◎歐陽忞《輿地廣記》十(三)：「陝縣，故虢國，所謂上陽也。石壕鎮本崤縣，後魏置。唐貞觀十四年改爲硤石縣，姚

---

①《唐音癸籤》卷二十二：「舊注僞造醉吃一則，云出《唐史拾遺》。近《天中記》亦誤收入酒部，不可不辨。」

崇，其邑人也。熙寧六年省爲鎮。」◎《通典·州郡七》：「陝州，周、召分陝之所，領縣五，二曰陝石縣，西南有莘原，《左傳》有『神降於莘』，即此。」「陝」不從「石」，蓋傳刻之異。

《新安吏》「僕射如父兄」，《汝墳》之詩曰：「雖則如燬，父母孔邇。」此詩近之。山谷所謂「論詩未覺《國風》遠」。

【元圻案】《杜詩箋》曰：「《舊書》：『乾元二年三月，九節度之師敗於安陽河北。』《通鑑》：『子儀以朔方軍斷河陽橋，保東京，築南北兩城守之。』汾陽初敗於滆水，詣闕請貶，降爲左僕射。已而加司徒中書令。此復稱僕射者，本相州之潰，舉其初貶之官，亦《春秋》之書法也。《洗兵馬》則目之曰『郭相』。」◎山谷《老杜浣花溪圖引》：「探道欲度羲皇前，論詩未覺《國風》遠。」

少陵善房次律，房琯字。而《悲陳陶》一詩不爲之隱；昌黎善柳子厚，而《永貞行》一詩不爲之諱。公議之不可掩也如是。

【何云】作《永貞行》之時，劉、柳之怨未平也。

【全云】昌黎山陽之貶[①]，由於王、韋，而并疑漏言之爲劉、柳，見《寄三學士》詩。按，子厚雖

① 「山陽之貶」，當是「陽山之貶」之訛。韓愈貶陽山令，事見二《唐書》本傳。

昧於知人而附依王、韋，謂其下石昌黎，則未必然也。昌黎晚年亦不復致疑矣。

【元圻案】《通鑑・唐肅宗紀》至德元載：「十月，房琯請自將兵復兩京，上許之。琯以中軍、北軍爲前鋒，至便橋，遇賊將安守忠於咸陽之陳濤斜。時琯依古之車戰法，以牛車二千乘，馬步夾之。賊順風鼓譟，牛皆震駭，縱火焚之，人畜大亂，官軍死傷者四萬餘人，存者數千而已。」◎少陵《悲陳陶》詩云：「孟冬十郡良家子，血作陳陶澤中水。野曠天清無戰聲，四萬義軍同日死。」◎東坡云：「陳陶，《唐書》作『陳濤邪』，不知孰是。時琯臨敗，猶欲持重，而中人邢延（德）〔恩〕促戰，遂大敗。故次篇《悲青坂》云：『焉得附書與我軍，留待明年莫倉卒。』」①◎《通鑑・唐順宗紀》永貞元年：「正月，德宗崩，太子即皇帝位。時順宗失音，不能決事。」「二月，以王伾爲左散騎常侍，依前翰林待詔，王叔文爲起居舍人、翰林學士。每事先下翰林，使叔文可否，然後宣於中書，韋執誼承而行之。外黨則韓泰、柳宗元等主采聽外事，謀議唱和，榮辱進退，生於造次。」「八月，太子即皇帝位，改元永貞，貶王伾爲開州司馬，王叔文爲渝州司户。」「九月，貶韓泰撫州刺史，韓曄池州，柳宗元邵州，劉禹錫連州。」注：「皆王伾、王叔文之黨也。」◎昌黎《永貞行》云「君不見太皇亮陰未出令，小人乘時偷國柄」，指伾、叔文也；「狐鳴梟噪爭署置，（賜睒）〔睗睒〕跳踉相嫵媚」，指其黨也；「郎官清要爲世稱，荒郡迫野嗟可矜」，指劉、柳諸人之貶也。◎《蔡寬夫詩話》：「子

① 見（明商濬刻本）《東坡志林》卷一。

厚、禹錫於退之最厚善，然退之之貶陽山，不能無疑。《赴江陵途中寄三學士》云：『同官盡才俊，偏善柳與劉。或慮語言泄，傳之落冤讎。二子不宜爾，將疑斷還否。』」①

《贈嚴閣老詩》：「扈聖登黃閤，明公獨妙年。」②《舊史·嚴武傳》：「遷給事中，時年三十二。」給事中屬門下省，開元曰黃門省，故云黃閤。少陵爲左拾遺，亦東省之屬，故云「官曹可接聯」。近世用此詩爲宰輔事，[二]誤矣。《通鑑》：「王涯謂給事中鄭肅、韓佽曰：『二閣老不用封敕。』」此唐人稱給事中爲閣老也。

[二]【何云】王絅四六見《隨筆》。

【集證】《唐書·楊綰傳》：「中書舍人年久者爲閣老。」《容齋三筆》：「蔣子禮拜右相，王絅賀啓曰：『早登黃閤，獨見明公之妙年；今得舊儒，何憂左轄之虛位。』」誤也。歐陽公《答子華學士安撫江南》詩云：「相公黃閤老，與國爲長城。」永叔似亦誤用。

【元圻案】《杜詩箋》云：「《宋志》曰：『三公黃閤，前史無其義。按《禮記》曰，士韠與天子同，公侯大夫則異。鄭注云：「士賤，與君同，不嫌也。」夫朱門洞啓，三公之與天子禮秩相亞，故

① 見《苕溪漁隱叢話》前集卷十七引。

② 《奉贈嚴八閣老》。

黄其閤，以示嫌疑，是漢來制也。』《緗素雜記》：『《漢舊儀》曰：「丞相聽事門曰黄閤。」又《王瑩傳》云：「既爲公，須開黄閤。」張敬兒謂其妻嫂「我拜後，府開黄閤」是也。』」◎《通鑑·唐紀》文宗太和八年：「八月，以王仲言爲四門助教，給事中鄭肅、韓佽封還敕書。李德裕將出中書，謂王涯曰：『且喜給事中封敕。』涯即召肅、佽謂曰：『李公適留語，令二閣老不用封敕。』二人即行下，明日，以白德裕，德裕驚曰：『德裕不欲封還，當面聞，何必使人傳言！且有司封駁，豈復稟宰相意耶！』」◎唐李肇《國史補》：「宰相相呼爲堂老，兩省相呼爲閣老。」

《公安送李晉肅入蜀》，蓋即李賀之父。

【閻按】《李賀傳》系出鄭王後。鄭王名亮，太祖第八子，非高祖之子名元懿者。元懿則稱小鄭王，或曰惠鄭王矣。

【元圻案】李賀以父名晉肅，不得舉進士，韓文公爲作《諱辨》。

王無功《三月三日賦》：「聚三都之麗人。」《麗人行》「長安水邊多麗人」語本此。

【元圻案】王無功名績，太原祁人。隋大業中授秘書省正字，出爲六合丞。歸隱北山東皋，自號東皋子。《唐書》入《隱逸傳》。著《東皋子集》三卷。◎《三月三日賦》曰：「年去年來已復春，三月三日倚河濱。正是地名，爲禊飲辰。傾兩京之貴族，聚三都之麗人。」

「土門壁甚堅，杏園度亦難。」《垂老別》。土門口在鎮州獲鹿縣，即井陘關也。郭子儀自杏園渡河，圍衛州。董秦爲濮州刺史，移鎮杏園渡。地蓋在衛州汲縣，非長安曲江池之杏園也。

【何云】顏魯公帖有「土門既開，凶威大蹙」①語。

【元圻案】《元和郡縣志·河北道二》：恒州有井陘縣，「井陘口，今名土門口，在獲鹿縣西南十里，即太行八陘之第五陘也。四面高，中央下，如井，故名之」。◎《述征記》曰：「其山首自河内有八陘，井陘第五。」◎令狐峘《顏真卿墓誌》②：「河朔一十七郡，同日嚮順，連兵二十萬，横集燕趙，旁貫井陘，啓土門，通太原。李光弼、郭子儀得横行河朔，復常山、趙二郡。」◎《唐書·叛臣傳》：「李忠臣，本董秦也。從郭子儀圍相州。未幾，授濮州刺史，屯杏園渡。」◎《通鑑·唐紀》肅宗乾元元年：「十月，郭子儀自杏園濟河東，至（嘉獲）〔獲嘉〕，破安太清。太清走保衛州，子儀進圍之。」注：「《九域志》：衛州汲縣有杏園鎮。」

《杜位宅守歲》，按《李林甫傳》，杜位，林甫諸壻也。「四十明朝過」，《年譜》謂：天

① 《祭侄文稿帖》。

② 「墓誌」，當作「神道碑」。

寶十載，時林甫在相位，盍簪列炬之盛，[一]其炙手之徒歟？又《寄杜位》詩：「近聞寬法離新州，想①見懷歸尚百憂。逐客雖皆萬里去，悲君已是十年流。」其流貶蓋以林甫故。

【閻按】《李林甫傳》「諸壻若杜位等皆貶官」，已明著之。

[一]《守歲》詩：「盍簪喧櫪馬，列炬散林鴉。」

《示獠奴阿段》，《北史·蠻獠傳》：「獠無名字，以長幼次第呼之。丈夫稱阿謩、阿段，婦人稱阿夷、阿等之類，皆語之次第稱謂也。」

李尚書之芳，考諸《唐史·太宗九王蔣王惲傳》：之芳，蔣王惲之曾孫。「廣德初，[一]詔兼御史大夫使吐蕃，被留二歲乃得歸。拜禮部尚書」。故少陵詩有「修文將管輅，奉使失張騫，史閣行人在，詩家秀句傳」之句。

[一]廣德，代宗初元。

【集證】《唐書·宗室世系表》：太宗子蔣王惲生蔡國公煜，煜生左武衛將軍承祖，承祖生太子賓客之芳。

---

①「想」，原本作「相」，據元刊本、三箋本改。

楊綰謚文正，[一]比部郎中蘇端持異議。《雨過蘇端》，豈即斯人歟？然少陵稱其「文章有神交有道」①，而端終爲憸人，豈晚謬乎？

[一] 案，綰謚文貞，王氏避仁宗諱，故作正。

【閻按】《舊唐書·楊綰傳》：「謚曰文簡。比部郎中蘇端性疏狂，嫉其賢，乃肆毁黷，異同其議。上怒，貶端爲廣州員外司馬。」自即其人。詩人溢美，詎足與辯？

【元圻案】蘇端，肅宗朝官比部郎中。太常謚楊綰曰文貞，端駁之曰：「綰不慈不惠，何以謂之文？有隱有毒，何以謂之貞？」梁肅復駁之曰：「端謂公與元載交遊，嘗爲載薦引，載之咎惡，悉歸於公。斯乃昧於觀行定謚之義，且非君子成人之美也。」二議俱見《文苑英華》八百四十卷。◎蘇端之議謚，謂楊綰不應謚文貞也，《舊唐書·綰傳》載賜謚文簡之詔於前，而繫蘇端之毁黷於後，誤也。《新唐書·綰傳》謂「太常謚曰文貞。蘇端，憸人也，持異議，帝以其言醜險不實，貶端，猶賜謚曰文簡」，爲得其實。閻氏乃引《舊唐書》，何歟？

《可嘆行》云：「丈夫正色動引經，豐城客子王季友。羣書萬卷常暗誦，《孝經》一通看在手。豫章太守高帝孫，引爲賓客敬頗久。」季友，肅、代間詩人也。殷璠謂其

① 《蘇端薛復筵簡薛華醉歌》。

詩放蕩，愛奇務險，然而白首短褐。錢起有《贈季友赴洪州幕下詩》云：「列郡皆用武，南征所從誰？諸侯重才略，見子如瓊枝。」此即豫章賓客之事也。少陵謂「王也論道阻江湖」，期以「致君堯舜」，季友不但工詩而已。【原注】太守，宗室。少陵謂「邦人思之比父母」。鮑欽止云：「江西觀察使李勉，時季友兼監察御史，爲副使。」

【閻按】王季友兼監察御史以入勉幕下，故猶李義山掌王茂元書記得侍御史也，非爲副使。于邵《送王季友赴洪州序》但云爲副車。

【集證】朱鶴齡曰：「潘淳《詩話》載《唐江西新幢子記題名》云『使兼御史中丞李勉、兼監察御史王季友』。蓋勉罷河南尹，以御史中丞歸西臺，出爲江西觀察使，故結銜如此。于邵《送王司議季友赴洪州序》云：『洪州之爲連率舊矣。朝廷重於鎮定，咨爾宗支勉，移獨坐之權，專方面之寄，是以王司議得爲副車。』」

【元圻案】《唐書·宗室宰相傳》：「李勉，字玄卿，鄭惠王元懿曾孫。肅宗素重其正，欲遂柄用。李輔國諷使下己，勉不肯，乃出爲汾州刺史。歷河南尹，徙江西觀察使。」◎《書録解題·別集類》：「《王季友詩》一卷。元結《篋中集》有季友詩二首，今此集中有七篇，而《篋中》二首不在焉。」又《總集類》：「《河嶽英靈集》二卷。唐進士殷璠集常建等詩二百三十四首。」

《出瞿唐峽》詩：「五雲高太甲，六月曠摶扶。」注不解「五雲」之義。嘗觀王勃

《益州夫子廟碑》云：「帝車南指，遁七曜於中階；華蓋西臨，藏五雲於太甲。」《酉陽雜俎》第十二謂：「燕公讀碑，自『帝車』至『太甲』四句悉不解，訪之一公，一公言：北斗建午，七曜在南方。有是之祥，無位聖人當出。『華蓋』以下，卒不可悉。」[一]愚謂老杜讀書破萬卷，必自有所據，或入蜀見此碑而用其語也。《晉·天文志》：「華蓋杠旁六星曰六甲，分陰陽而配節候。」太甲恐是六甲一星之名，然未有考證。以一行之邃於星曆，張燕公、段柯古之殫見洽聞，而猶未知焉，姑闕疑以俟博識。

［一］案，以上節録張邦基《墨莊漫録》語。

【閻按】以《隋書·天文志》「天子欲有所遊，往其地先發天子氣，或如華蓋在霧氣中，或有五色，蒼帝起青雲扶日，赤帝起赤雲扶日，黄帝起黄雲扶日，白帝起白雲扶日，黑帝起黑雲扶日」，以證「華蓋」、「五雲」，亦一解。而「太甲」終當闕疑。

【集證】嚴羽《滄浪詩話》曰：「太甲之義殆不可曉，得非高太乙耶？乙爲甲蓋亦相近，以星對風，亦從其類也。」張石虹太史《格物外編》：「太甲，楊升庵疑爲六甲之訛，非也。《漢武内傳》『帝受六甲、靈飛於（六）〔太〕甲中元，凡十二事』，太甲當與太乙爲上天最貴之神。」

【元圻案】王氏此條，《楊升庵集》全襲爲己説①。

① 見《升庵集》卷五十八「五雲太甲」條。另見其《丹鉛總録》卷二十三。

《贈閭丘師太常博士均之孫》①謂：「鳳藏丹霄暮，龍去白水渾。」蓋稱均之文也。考之《舊史》，成都閭丘均，景龍[一]中爲安樂公主武后女。所薦，起家拜太常博士。公主誅，貶循州司倉。進不以道，其文不足觀也已。

[一] 中宗神龍三年改元景龍。

【元圻案】《舊唐書·文苑傳中·陳子昂傳》云：「子昂卒後，成都人閭丘均亦以文章著稱。景龍中，爲安樂公主所薦云云。」

「終始任[二]安義」之句，蕭使君之賢可見矣。少陵自注其事，足以砥薄俗，惜其名不傳也。

[二] 平聲。

【元圻案】少陵《贈蕭十二使君》詩云：「終始任安義，荒蕪孟母鄰。」自注云：「嚴公既沒，老母在堂，使君温清之(間)〔問〕，甘脆之禮，名數若己之庭幃焉。及太夫人頃逝，喪事又首諸孫，主典撫孤之情，不減骨肉，則膠漆之契可知矣。」

① 詩題當作《贈蜀僧閭丘師兄》，「太常博士均之孫」乃杜甫題下自注。

「陳倉石鼓又[一]已訛」，[二]按陳倉，在唐爲鳳翔寶雞縣。石鼓，在天興縣南，[三]乃雍縣也。魏太武自東平趣鄒山，見始皇石刻，使人排而仆之。《宋書·索虜傳》云。「嶧山之碑野火焚」，蓋此時也。

[一]【何云】一作「文」。

[二]案，此句及下「嶧山之碑」句，皆少陵《李潮八分小篆歌》句。

[三]【閻按】《元和郡縣志》實云。

【何云】好名而不韻，莫甚於佛貍此事，後世俗儒多祖之。

【閻按】野火焚，唐封演謂「魏太武排倒，然而歷代摸拓以爲楷則，邑人疲於奔命，聚薪其下，因野火焚之，由是殘缺」云。

【集證】《元和郡縣志》：「石鼓文在鳳翔天興縣南二十許里，石形如鼓，其數有十，蓋紀周宣王田獵之事，即史籀大篆也。」

【元圻案】王氏《石鼓文考正》云：「石鼓文，其初散在陳倉野中，韓吏部爲博士時請於祭酒，欲以數橐駞輿致太學，不從。鄭餘慶始遷之鳳翔孔子廟。」封演《(見聞)(聞見)記》又曰：「有縣宰取舊文勒於石碑之上，凡成數片。今間有嶧山碑，皆新刻之碑也。」《集古録》曰：「《嶧山碑》，秦二世詔，李斯篆①。今俗謂之《嶧山碑》，《史記》不載。其字特大，不類泰山存者。其本出於徐鉉，又有別本，出於夏竦家。自唐封演已言《嶧山碑》非真，而杜甫直謂『棗木傳刻』耳。」

《遺興》云「門户有旌節」，注引楊國忠以劍南旌節導駕。二字出《周禮》，少陵豈用《新唐史》語哉！

【元圻案】《周禮·地官·掌節》「道路用旌節」，注：「旌節，今使者所擁節是也。將送者執此節以送行者。」又《鄉大夫》：「以旌節輔令則達之。」

《金華山》詩：「上有蔚藍天，垂光抱瓊臺。」放翁云：「蔚藍乃隱語天名。」按《度人經》作「鬱藍」。〔一〕

〔一〕【馬氏校云】「鬱藍」，元板作「鬱繿」。

【元圻案】《老學庵筆記》曰：「蔚藍乃隱語天名，非可以義理解也。杜子美《金華山》詩猶未有害，韓子蒼乃云『水色天光共蔚藍』，直謂天與水之色俱如藍耳，恐又因杜詩而失之。」（韓

① 「秦二世詔，李斯篆」指秦泰山刻石，非嶧山碑。其卷一「秦嶧山刻石」條云：「《秦嶧山碑》者，始皇帝東巡，羣臣頌德之辭，至二世時丞相李斯始以刻石。今嶧山實無此碑，而人家多有傳者，各有所自來。」

子蒼云：「水色天光共蔚藍。」）[①]《四庫全書提要》曰：「蔚藍，天名，别無所出，惟杜田注引《度人經》。然《度人經》所載三十二天，有東方太黄皇曾天，其帝曰鬱鑑玉明，則是帝名鬱鑑，非天名鬱鑑也。陸游説反誤。」◎韓子蒼《夜泊寧陵》落句云：「茫然不悟身何處，水色天光共蔚藍。」

《成都》詩：「初月出不高，衆星尚争光。」謂肅宗初立，盜賊未息也。胡文定《通鑑舉要補遺序》：「日轂冥濛，衆星争耀。」語本於此。

【元圻案】胡文定《通鑑舉要補遺》，《四庫全書》不著於録，考晁氏《讀書志》、《直齋書録解題》亦不載其名，豈當時已無傳本耶？

鮮于京兆，仲通也；張太常、博士[②]，均、垍也。所美非美然，[一]昌黎之於于頔、李實類此。杜、韓二公晚節所守，如孤松勁柏，學者不必師法其少作也。

[一]【繼序按】「然」字屬上。

【元圻案】《唐書·楊國忠傳》：「南詔質子閤羅鳳亡去，國忠薦鮮于仲通爲蜀郡長史，率兵

① 此句爲錯簡，據《老學庵筆記》移於上。
② 「博士」，元刊本作「學士」。

討之。戰瀘川，舉軍没。國忠素德仲通，爲匿其敗，更敍戰功。國忠以宰相領選，仲通諷選者鄭昚願立碑省户下以頌德，詔仲通爲頌。」◎《通鑑·唐紀》肅宗至德二載：「十二月，議陷賊官以六等定罪。上欲免張均、張垍死，上皇曰：『均、垍事賊，皆任權要。均仍爲賊毁吾家事，罪不可赦。』上叩頭再拜曰：『臣非張説父子，無有今日。』上皇曰：『張垍爲汝長流嶺表，張均必不可活。』上泣而從命。」◎《唐書·張説傳》：「子均，亦能文。禄山盗國，爲僞中書令。肅宗反正，顧説有舊，免死，流合浦。垍尚寧親公主。垍與希烈皆相禄山，垍死賊中。」與《通鑑》不同。又《于頔傳》：「頔爲陝虢觀察使，峻罰苛懲，官吏惴恐。拜山南東道節度使，請升襄州爲大都督府，廣募戰士，儲良械，儼然有專漢南意。公斂私輸，持下益急，而慢於奉上。」又《李實傳》：「實拜京兆尹，專以殘忍爲政。順宗在諒闇，不逾月，實殺數千人於府。」◎韓文公《寄襄陽于相公書》稱頔「負超卓之奇材，蓄雄剛之峻德，渾然天成，無有畔岸。文章言語，與事相侔，信乎其有德且有言也。」又《上李尚書書》稱實「赤心事上，憂國如家。今年已來，不雨者百有餘日，種不入土，野無青草，而盜賊不敢起，穀價不敢貴，非閤下條理鎮服，宣布天子威德，其何能及此？」◎或謂杜贈鮮于詩美其文章而不及其武略，贈太常張卿「氣得神仙迥，恩承雨露低」①，諷均之以求仙得幸，似亦不得竟謂之美也。◎趙明誠《鮮于仲通碑跋尾》云：「顔魯公爲此碑，稱述甚盛。」雖魯

①《奉贈太常張卿均二十韻》。

公猶爾，況他人乎？

《野望詩》：「西山白雪三奇戍，南浦清江萬里橋。」按《唐·地理志》，彭州導江縣有三奇戍。《韋皋傳》：「遣大將陳洎等出三奇。」《西南備邊録》所謂三奇營也。一本作「三年」，趙氏本作「三城」，當從舊本「三奇」爲是。[一]濬水李氏云：「老杜讀書多，不曾盡見其所讀之書，則不能盡注。其間又用方言，如『岸潩』、『土銼』，乃黔蜀人語，須是博問多讀。」①

[一]【何云】當作「三城」，地理不可好新奇也。

【集證】仇滄柱《杜詩詳注》：「唐氏云：『西山在成都府西，一名雪嶺。三城戍即松維堡三城。』」又《杜集箋》云：「西山三城，界於吐蕃，爲蜀邊要害，屢見杜詩，正不必作三奇也。」

《八哀詩》，將相、[一]宗室[二]之外，名士有三焉：蘇源明不汙僞爵，其最優乎；李邕細行弗飭，次也；鄭虔大節已虧，下矣。

[一]王思禮、李光弼、嚴武、張九齡。

① 宋李復《與侯謨秀才書》。

[二] 汝陽王(璉)〔璡〕。

【何云】名士如珠玉象犀，雖無用而不可少。

【全云】有實始有名，豈有無用者？若有名而無用，則如殷浩輩是也，亦何不可少之有？

【元圻案】《唐書·文藝傳》：「蘇源明，京兆武功人。工文詞，有名。天寶間及第進士。累遷太子諭德，出爲東平太守，召爲國子司業。禄山陷京師，以病不受僞署。」「李邕，揚州江都人。邕豪放，不能治細行，所在賄謝，畋遊自肆，終以敗云。」「鄭虔，鄭州滎陽人。遷著作郎。安禄山反，遣張通儒劫百官置東都。僞授虔水部郎中，因稱風緩，求攝市令，潛以密章達靈武。」

「借問懸車守，何如儉德臨？」《提封》。「不過行儉德，盜賊本王臣。」《有感》第三首。明皇以侈致亂，故少陵以儉爲救時之砭劑。

《别李義》詩：「丈人嗣王業。」[一]又云：「道國繼德業，丈人領宗卿。」按《唐書·宗室表、傳》：「道孝王元慶次子詢之子微，嗣王，終宗正卿。」李義，蓋微之子也。

[一] 案，「王業」，一本作「三葉」。

【集證】王道俊《博議》曰：「《舊書》：『道王元慶，麟德元年薨。子臨淮王誘嗣。次子詢，詢子微，神龍初封爲嗣道王，景雲元年官宗正卿，卒。子鍊，開元二十五年襲封；廣德中，官宗正卿。』《新書·宗室表》於道孝王元慶之下首書『嗣王誘』，次書『嗣王、宗正卿微』、『嗣王、宗正卿鍊』、『嗣王、京兆尹實』。王伯厚云：『義蓋微之子。』以予考之，不然。義乃鍊之諸子，而實之弟耳。詩云：『憶昔初見時，小襦繡芳蓀。長成忽會面，慰我久客魂。』又云：『少年早歸來，梅花已飛翻。王子自愛惜，老夫困石根。』皆前輩諄勉之詞，若令義爲微之子，則微卒於景雲中，去大曆二年且五十六七載，義之齒當長於公，安得目爲少年而自居老夫乎？」

《送顧八分文學》，趙氏《金石録》以爲前太子文學、翰林院待詔顧誡奢。《醉歌行》云「東吴顧文學」，即誡奢也。注謂顧況，誤。

【元圻案】《東觀餘論·跋顧誡奢〈吕肅公碑〉後》云：「杜詩『顧八分文學』，謂誡奢也。觀其遺迹，乃知子美弗虚稱之。碑首倒薤，亦自奇古。」◎趙明誠《金石録·跋尾十七》：「《唐吕公表》，元結撰，前太子文學、翰林院待詔顧誡奢書。杜甫集有《贈顧八分文學》詩，即誡奢也。甫詩稱其最工小字，而此《表》字畫甚大，尤壯偉可喜。」

《李潮八分小篆歌》：「潮也奄有二子成三人。」[一]《金石録·跋尾十七》云：潮惟《慧義寺彌勒像碑》與《彭元曜誌》，「其筆法亦不絶工，非韓、蔡比也」。

[一] 本詩上句云「尚書韓擇木，騎曹蔡有鄰，開元以來數八分」。

【元圻案】杜詩注：「《宣和書譜》：『韓擇木，昌黎人。官至工部尚書、散騎常侍。工隸，兼作八分字。隸學之妙，唯蔡邕一人而已，擇木能追其遺法，世謂邕中興焉。』」◎韓愈《科斗書後記》：「愈叔父雲卿，當大曆世，文辭獨行中朝。於時李陽冰獨能篆書，而配叔父擇木善八分。」◎竇臮《述書賦》：「衛包、蔡鄰，功夫亦到，出於人意，乃近天造。」注：「有鄰，濟陽人。」《書史會要》：「邕十八代孫，官至右衛率府兵曹參軍。工八分書，書法瘦勁，驅使筆墨盡得如意。」又注曰：吾衍《學古編》云：「陽冰名潮，杜甫之甥，後以字行，遂別字少溫。《海賦》云：『陽冰不冶，陰火潛然。』則知名潮有理。」案陽冰，趙郡人，太白之從叔也，寶應元年已爲當塗宰。吾子行以《海賦》二語想像其名字，宜爾初無引據，矯亂後學，斯亦妄人也已矣。

《鄭駙馬宅宴洞中》，今考少陵作《皇甫德儀[二]碑》云：「有女臨晉公主，出降代國長公子滎陽潛曜。」又曰：「忝鄭莊之賓客，遊竇主之山林。」鄭潛曜，見《孝友傳》。

[二] 玄宗妃也。

【元圻案】《唐書·公主傳》：「代國長公主，睿宗女，下嫁鄭萬鈞。」「臨晉公主，玄宗女，皇甫淑妃所生，下嫁鄭潛曜。」①《孝友傳》：「代國長公主寢疾，潛曜侍左右，累三月不靧面。」◎《史記·鄭當時傳》：「當時字莊，任俠自喜，每五日洗沐，常置驛馬長安諸郊，存諸故人，請謝賓客，夜以繼日。山東士諸公以此翕然稱鄭莊。」◎《漢書·東方朔傳》：「帝姑館陶公主號竇太主。」注：「竇太后之女，故曰〔竇〕太主。」◎宋吴鎮《新唐書糾繆》引《孝友傳》以訂《公主傳》作郭潛曜之誤，不如引少陵碑。◎《文苑英華》載獨孤及《鄭駙馬孝行記》曰：「滎陽鄭曥，潛曜其字，睿宗外孫，玄宗之甥，代國長公主之子也，尚玄宗第十二女臨晉長公主。」據此則潛曜名曥，豈以字行與？◎宋錢易《南部新書》甲集：「鄭潛曜母寢疾，刺血書奏章，請以身代。及焚章，獨『神道許』三字不化。翌日主疾間。至哉孝子也！」

《橋陵詩》：「石門霧露白，玉殿莓苔青。」《舊史》鄭顥夢爲聯句，與此同。

【元圻案】開元四年十月，葬睿宗於橋陵，以同州蒲城縣爲奉先縣。◎《舊唐書》列傳一百五〔十九〕《鄭絪傳》：「絪孫顥，登進士第，尚宣宗女。大中十三年，檢校禮部尚書。及宣宗棄代，追感恩遇，嘗爲詩序曰：『去年壽昌節，赴麟德殿上壽，回憩於長興里第。昏然晝寢，夢與十數人納涼聯句，予爲數聯，同遊甚稱賞。既寤，唯省十字云：「石門霧露白，玉殿莓苔青。」私怪語不祥。

① 《新唐書》誤作「郭潛曜」。參見中華書局校點本《新唐書》卷八十三校勘記。

不數日，宣宗上僊，方悟其事。追維顧遇，續石門之句爲十韻云。』」

《得房公池鵝》詩：「鳳凰池上應回首，爲報籠隨王右軍。」宋元憲以鵝贈梅聖俞，聖俞以詩謝曰：「昔居鳳池上，曾食鳳池萍。乞與江湖客，從教養素翎。」宋得詩不悅。[一]聖俞之意，本於少陵。

[一]【何云】房已卒故也。

【元圻案】宋元憲贈鵝事見魏泰《東軒筆録》十一。◎程泰之《演繁露》四①：「晏丞相嘗籠生鵝餉梅聖俞，聖俞以詩謝之曰：『昔居鳳池上，曾食鳳池萍。乞與江湖客，從教養素翎。』丞相得詩不悅。其後有宣州司理者以鵝餉梅，蓋蒸而致之，故梅詩曰：『昔年相國籠之贈，今日參軍餉以蒸。一咀肥甘酬短句，定應無復謗言興。』詳其意趣，是先一詩去時有摘語以間者，故追言興謗也。」一云宋元憲，一云晏丞相，未知孰是。

陶靖節之《讀山海經》，猶屈子之賦《遠遊》也。「精衛銜微木，將以填滄海。刑天舞干戚，猛志故常在。」悲痛之深，可爲流涕。

①《續集》卷四。

【何云】公蓋自況。

【全云】《深寧集》一百二十卷不傳，然如《哭袁進士鏞》詩，老淚可掬，悲痛爲尤深矣。

【方樸山云】於此見厚齋之忠。

【元圻案】真西山《跋黄瀛甫擬陶詩》曰：「淵明眷眷王室，蓋有乃祖長沙公之心，獨以力不得爲，故肥遁以自絶。食薇飲水之言，銜木填海之喻，至深痛切。」◎《山海經》云：「發鳩之山有鳥焉，名曰精衛，其名自詨。是炎帝之女，名曰女娃，游於東海，溺而不反，故爲精衛，常銜西山之木石以堙東海。」又《海外西經》：「刑天與帝争神，帝斷其首，葬之常羊之山。乃以乳爲目，以臍爲口，操干戚以舞。」◎周益公《跋邵康節手寫陶詩》云：「宣和末，臨漢曾紘謂舊本《讀山海經》詩『形夭無千歲』當作『刑天舞干戚』，某初喜其援證甚明，已而再味前篇專咏夸父事，次篇亦當專咏精衛，不當旁及他獸。今觀康節只從舊本，則紘言未可憑。」◎《甬上耆舊詩》載厚齋《挽袁進士鏞》詩云：「天柱不可折，柱折勢莫撑。九鼎不可覆，鼎覆人莫扛。袁公烈丈夫，獨立東南方。欲以一己力，代國相頡頏。適遭宋祚移，恥爲不義戕。奮然抱志起，誓欲掃攙槍。拔劍突前麾，手回日月光。賊勢愈猖獗，山摧失忠良。嗚呼絶倫志，不得騁才長。妻孥悉從溺，枯骨誰爲襄。忠烈動天地，遊魂爲國殤。山水倍堪悲，抱恨徹穹蒼。穹蒼幸一息，庶幾紀星霜。西風白楊路，哀猿號崇岡。解劍挂墓柏，泣下沾衣裳。惜哉時不利，抽毫述悲傷。」

真文忠公《襲德莊咏古詩序》曰：「杜牧之、王介甫賦息嬀、留侯等作，足以訂千古是非。」

【元圻案】杜牧之《題桃花夫人廟》詩云：「細腰宮裏露桃新，脉脉無言幾度春。至竟息亡緣底事，可憐金谷墮樓人。」息嬀事見莊十四年《左傳》。◎《列女傳》曰：「息夫人者，息君夫人也。楚滅息，虜其君，使守門，妻其夫人而納之於宮。楚王出遊，夫人送出，見息君，謂之曰：『人生要一死而已，何至自苦，終不以身更貳醮？』遂自殺。」◎王介甫《咏張良》詩曰：「留侯美好如婦人，五世相韓韓入秦。傾家爲主合壯士，博浪沙中擊秦帝。脱身下邳世不知，舉國大索何能爲。素書一卷天與之，穀城黄石非吾師。固陵解鞍聊出口，捕取項羽如嬰兒。從來四皓招不得，爲我立棄商山芝。洛陽賈誼才能薄，擾擾空令絳灌疑。」

《文選》注：「五言自李陵始。」《文心雕龍·明詩篇》云：「《召南·行露》，始肇半章；孺子《滄浪》，亦有全曲；《暇豫》優歌，遠見春秋；《邪徑》童謡，近在成世。則五言久矣。」

【全云】虞姬之和項王亦五言也。

【元圻案】《國語》：驪姬通於優施，欲害申生而難里克，「優施乃飲里克酒，中飲，優施起舞，曰：『暇豫之吾吾，不如鳥烏。人皆集於苑，己獨集於枯。』」◎《漢書·五行志》：成帝時歌謡曰：「邪徑敗良田，讒口害善人。桂樹華不實，黄雀巢其顛。故爲人所羡，今爲人所憐。」◎獨孤及作《皇甫冉集序》云：「五言詩之源，生於《國風》，廣於《離騷》，著於蘇、李，盛於劉、曹。」與劉彦和説合。

《古詩十九首》，或云枚乘，疑不能明也。《驅馬上東門》、《遊戲宛與洛》，辭兼東都，非盡是乘作。《文心雕龍·明詩》云：「《孤竹》一篇，傅毅之詞。」

【閻按】《玉臺新咏》以《西北有高樓》、《東城高且長》、《行行重行行》、《涉江采芙蓉》、《青青河畔草》、《庭中有奇樹》、《迢迢牽牛星》、《明月何皎皎》八首爲枚乘作，《凜凜歲云暮》、《冉冉孤生竹》、《孟冬寒氣至》、《客從遠方來》四首爲古詩。

【元圻案】《文選·古詩十九首》注：「五言。並云古詩，蓋不知作者，或云枚乘，疑不能明也。詩云『驅馬上東門』，又云『遊戲宛與洛』，此則辭兼東都，非盡是乘明矣。昭明以失其姓氏，故編在李陵之上。」

鶴山《鄧公立注黄詩外集序》云：「《禮》於生子曰詩負，於祝嘏曰詩懷。詩之爲言，承也，情動於中，而言以承之，故曰詩。」

【集證】《禮記·内則》：「國君世子生，三日，卜士負之，吉者宿（齋）〔齊〕，朝服寢門外，詩負之。」注：「詩之言承也。」《儀禮・特牲饋食禮》：「主人左執角，再拜稽首受，復位，詩懷之。」注：「詩猶（存）〔承〕也。」

《列女傳》：《式微》，二人之作。〔一〕聯句始此。【原注】皮日休云：「柏梁七言，聯句興焉。」①《文心雕龍》云：「聯句共韻，柏梁餘製。」

〔一〕注見卷三②。

【何云】皋陶賡歌③，非聯句之始乎？

【集證】《古文苑》：「漢武帝元封三年作柏梁臺，詔羣臣二千石有能爲七言詩者乃得上座。帝曰『日月星辰和四時』，自梁王以下作詩者二十五人。」④

【元圻案】宋方勺《泊宅編》亦謂聯句始於《式微》，引劉向之説爲證。◎吴兢《樂府古題》：「聯句起漢武柏梁晏作。」◎林少穎《書説》謂《夏書》《五子之歌》聯句之始。

---

① 見《雜體詩序》。

② 見卷三「南豐謂列女傳」條注（頁三二七）。

③ 見《尚書・益稷》。

④ 此《玉海》卷一百六十二所引，與今本《古文苑》不同。

《左傳》有《虞殯》，《莊子》有《紼謳》，挽歌非始於田横之客。

【閻按】此本《世説新語》注，《酉陽雜俎續(説)〔集〕》中亦及之。

【何云】本劉峻《世説》注，段柯古《(砭)〔貶〕誤》中已襲爲己説。

【集證】《世説·任誕門》注：「《譙子法訓》曰：『挽歌者，高帝召田横，至千户鄉亭，自刎奉首，從者不敢哭而不勝哀，故爲此歌以寄哀者，彼則一時之爲也。鄰有喪，舂不相引，挽人銜枚，孰樂喪者耶？』按《莊子》：『紼謳所生，必於斥苦。』司馬彪注曰：『紼，引柩索也。引紼所以有謳歌者，爲人有用力不齊，故促急之也。』《左傳》哀十一年：『公會吴伐齊，其將公孫夏命歌《虞殯》。』杜預曰：『《虞殯》，送葬歌。』《史記·絳侯世家》：『周勃以吹簫樂喪。』然則挽歌之來久矣，非始起於田横也。然譙周引《禮》之文頗有明據，非固陋者所能詳。聞疑以傳疑，以俟通博。」

【元圻案】段成式《酉陽雜俎》曰：「世説挽歌起於田横。摯虞《初禮議》曰：『挽歌出於漢武帝，役人勞苦，歌聲哀切，遂以送終，非古制也。』工部郎中嚴厚本云：『挽歌其來久矣，據《左傳》，公會吴子伐齊，將戰，公孫夏命其徒歌《虞殯》，示必死也。』予近讀《莊子》曰：『紼謳所生，必於斥苦。』司馬彪注：『紼讀曰拂，引柩索。謳，挽歌。斥，疏緩。苦，急促。言引紼謳者，爲人用力也。』」◎干寶《搜神記》：田横門人挽歌二章：「薤上露，何易晞。露晞明朝更復落，人死一去何時歸。」「蒿里誰家地，聚斂魂魄無賢愚。鬼伯一何相催促，人命不得少踟躕。」①崔豹《古今注》曰：「李延年分二章爲二曲，《薤露》送王公貴人，《蒿里》送士大夫庶人。」

韋孟在鄒詩曰：「我既蓍逝，心存我舊，夢我瀆上，立於王朝。其夢如何？夢争王室。其争如何？夢王我弼。」吕成公曰：「孟既致爲臣而歸，拳拳之意猶如此。」

【全云】 玄成父子有愧厥祖。

【元圻案】 韋孟詩見《漢書·韋賢傳》。班氏曰：「或曰其子孫好事，述先人之志而作是詩也。」

《吴語》：「越王告吴王曰：『民生於地上，寓也。』」老萊子曰：「人生於天地之間，寄也。寄者固歸。」〔一〕《古詩十九首》「人生忽如寄」本於此。

〔一〕案，此《尸子》引老萊子語，見《文選》魏文帝《善（者）〔哉〕行》注②。又陸士衡《弔魏武帝文》注亦引之，「固歸」作「同歸」。

---

①《搜神記》卷十六只録田横作挽歌事，未録其辭。《初學記》卷十四引《搜神記》，其小字注引二章歌辭。

②《文選·善哉行》注「寄者固歸」作「寄者固也」，清胡克家《文選考異》云：「陳云『固』下脱『歸』字，是也。各本皆脱。餘屢引可證。」

【元圻案】《淮南子・精神訓》：「禹曰：『我受命於天，竭力而勞萬民。生寄也，死歸也，何足以滑和？』」◎《猗覺寮雜記》乃謂：「『人生如寄』出《高僧傳》。南齊劉善明云：『人生如寄，來會幾何？』樂天《感時》云：『人生詎幾何，在世猶如寄。』《秋山》云：『人生無幾何，如寄天地間。』東坡云：『人生如寄爾，嶺海亦閒遊。』多用此事云。」豈偶未考耶？

東方朔有八言、七言。[一] 考之《風》、《雅》：「尚之以瓊華乎而」，七言也；「我不敢傚我友自逸」，八言也。

[一] 案《漢書》本傳注，晉灼曰：「八言、七言詩各有上下二篇。」

【閻按】「送我乎淇之上矣」、「十月蟋蟀入我牀下」①又在前。

【元圻案】左思《蜀都賦》注引東方朔六言曰：「合樽促席相娛。」◎《詩・關雎》鄭箋曰：「《關雎》五章，章四句。」正義曰：「《詩》之見句少不減二，即『祈父』、『肇禋』之類是也。三字者，『綏萬邦』、『屢豐年』之類也。四字者，『關關雎鳩』、『窈窕淑女』之類也。五字者，『誰謂雀無角，何以穿我屋』之類也。六字者，『昔者先王受命』、『有如召公之臣』之類也。七字者，『如彼築室於道謀』、『尚之以瓊華乎而』之類也。八字者，『十月蟋蟀入我牀下』、『我不敢效我友自逸』是也。摯虞《流(外)

① 兩句分見《詩・鄘風・桑中》及《豳風・七月》。

〔別〕論》云：『詩有九言者，「洞酌彼行潦挹彼注兹」是也。』檢諸本，皆云『《洞酌》三章，章五句』，則以爲二句也。顔延之云：『《詩》體本無九言，將由聲度闡緩，不協金石。仲治之言未可據也。』」

《雕龍·明詩》云：「張衡《怨篇》，清典可味。」〔一〕《御覽》九百八十三載衡《怨詩》曰：「秋蘭，嘉美人也。猗猗秋蘭，植彼中阿。有馥其芳，有黄其葩。雖曰幽深，厥美彌嘉。之子之遠，我勞如何？」

〔一〕【何云】「典」，閣作「曲」，此以新刻校古書之弊。

【元圻案】《太平御覽》載張衡《怨詩序》曰：「秋蘭，嘉美人也，嘉而不獲用，故作是詩也。」

陳思王《靈芝篇》曰：「伯瑜年七十，彩衣以娛親。」今人但知老萊子之事，而不知伯瑜。

【元圻案】汪氏師韓《韓門綴學》五：「陳思王《靈芝篇》曰：『伯瑜年七十，彩衣以娛親。慈母笞不痛，歔欷涕霑巾。』《晉書》載左貴嬪《離思賦》云『昔伯瑜之婉孌兮，每彩衣以娛親』，正用陳思語。按伯瑜，《説苑》作伯俞。伯俞有過，其母笞之，泣。母曰：『他日笞子未嘗泣，今泣何也？』對曰：『俞得罪笞嘗痛，今母之力不能使痛，是以泣也。』伯俞姓韓。」◎《隋書·循吏傳》：「梁彦(先)〔光〕爲相州刺史，有滏陽人焦通，性酗酒，事親闕禮，爲從弟所訟。彦(先)〔光〕弗之罪，將至學，今觀於孔子廟。於時廟中有韓伯瑜母杖不痛，哀母力弱，對母悲泣之像。通遂感悟，卒爲善士。」◎宋節士林同子真有《孝詩》一卷，咏韓伯瑜云：「母力今衰矣，悲啼得杖輕。流風在繪像，猶足感焦生。」詩乃用《隋書》事，而彩衣之事究無可考。豈陳思誤牽老萊子爲一人耶？

陸務觀《跋吕成叔和東坡尖叉韻詩》云：「古詩有倡有和，有雜擬、追和之類，而無和韻者。唐始有用韻，謂同用此韻。後有依韻，然不以次。最後有次韻，自元、白至皮、陸，其體乃成。」

【元圻案】趙耘菘《陔餘叢考》二十三：「按《洛陽伽藍記》載：『王肅入魏，舍江南故妻謝氏，而娶魏元帝女。其故妻寄以詩曰：「本爲箔下蠶，今爲機上絲。得路遂騰去，頗憶纏綿時。」其繼室代答，亦用絲、時二韻。』葉石林《玉澗雜書》謂：『《類文》有梁文帝《同王筠和太子懺悔詩》，云仍取筠韻。』則六朝已有此體。」◎晁氏《讀書志》：「《松陵集》十卷。唐皮日休與陸龜蒙唱酬詩凡六百五十八首，龜蒙編次，日休爲序。松陵者，平江地名也。」

《詩苑類格》謂回文出於竇滔妻所作。[一]《文心雕龍·明詩》云：「回文所興，則道原爲始。」[二]又傅咸有回文反復詩，温嶠有回文詩，皆在竇妻前。【原注】皮日休曰：「傅咸反復興焉，温嶠回文興焉。」[三]

［一］案，嚴羽《滄浪詩話》從之。

［二］【閻按】此不可考。

［三］【集證】《玉海》五十四：「竇元《詩苑類格》三卷，學士李淑承詔編。」

【元圻案】《四庫全書總目·總集類》：「宋桑世昌《回文類聚》四卷。考劉勰曰：『回文所興，則道原爲始』，梅庚注謂『原』當作『慶』，宋賀道慶也。蓋其時《璇璣圖》詩未出，故勰云然。世昌以蘇蕙時代在前，故用爲托始。然《藝文類聚》載曹植《鏡銘》八字，回環讀之，無不成文，實在蘇蕙以前。」◎《晉書·列女傳》：「竇滔妻蘇氏，名蕙，字若蘭。滔被徙流沙，蘇氏思之，織錦爲《回文璇璣圖詩》以贈滔，宛轉循環以讀之，詞甚淒惋，凡八百四十字。」◎皮日休語見所作《雜體詩序》。◎吴競《古樂府題》云：「盤中詩，右盤屈書之，傅休奕云『當從中央周四角』是也。回文詩，右回復讀之，皆歌而成文也。」

左思《白髮賦》：「星星白髮，生於鬢垂。」［一］詩用「星星」字，出於此。

［一］【集證】賦載《藝文類聚·髮類》。

【集證】謝靈運詩：「戚戚感物嘆，星星白髮垂。」①劉禹錫詩：「爲報儒林文士道，如今從此

①《遊南亭》。

鬢星星。」①

韓子蒼曰：「《柏梁》作而詩之體壞，《河梁》②作而詩之意乖。」

【閻按】韓子蒼此論大言無當，此摹擬王仲淹之弊也。柏梁雖依托，然《三百篇》中已有七言，安在其壞體耶？③

【元圻案】文中子曰：「九師興而《易》道微，三《傳》作而《春秋》散。」④

李義山《韓碑詩》謂昌黎文「若元氣」，[一]荆公謂少陵詩「與元氣侔」。[二]唯韓、杜足以當之。

[一]「公之斯文若元氣，先時已入人肝脾。」

[二]荆公《杜子美畫像》詩：「吾觀少陵詩，謂與元氣侔。」

---

① 《聞韓賓擢第》。「文士」，一本作「丈人」。

② 《河梁》，指李陵與蘇武詩「携手上河梁」一首。

③ 「柏梁雖依托」云云，三箋本爲「全云」。

④ 《中説》卷二。

山谷《與趙伯充書》云：「學老杜詩，所謂刻鵠不成猶類鶩也。」後山謂：「山谷得法於少陵。」朱文公《跋劉病翁詩後》云：「李、杜、韓、柳，初亦學《選》詩，然杜、韓變多，而柳、李變少。變不可學，而不變可學。」

【元圻案】下文云：「故自其變者而學之，不若自其不變者而學之，乃魯男子學柳下惠之意也。」◎《陳後山集》九《答秦覯書》曰：「僕之詩，豫章之詩也。豫章之學博矣，而得法於杜少陵，其學少陵而不爲者也，故其詩近之，而其進則未也。」◎宋魏衍《陳後山集記》：「先生諱師道，字履常，一字無己，彭城人。初，先生學於曾公，譽望甚偉。及見豫章黄公庭堅詩，愛不捨手，卒從其學。」

朱文公編《小學》書，其《答劉子澄》[一]謂：「《古樂府》及杜子美詩可取者多，令其喜諷咏，易入心，最爲有益。」今本《樂府》及詩皆不取，豈修改而删之歟？【原注】子澄著《訓蒙新書》、《外書》。

[一]【全云】名清之，號静春。

韓文公《城南聯句》「禮鼠拱而立」，出《關尹子》「聖人師拱鼠制禮」。《遠遊聯句》「開弓射鵰吺」，《古文尚書》「驩兜」字也。《管子·短語·侈靡篇》云：「鵰然若謞之静。」即「驩」字。又《雨中聯句》「高居限參拜」，《戰國策》：「頓弱曰：臣之義不參拜。」二字本此。

【閻按】陳第季立曰：「相鼠，似鼠，頗大，能人立，見人則立，舉其前兩足若拱揖然。曾於薊門山寺見之，僧曰：『此相鼠也。』及檢《埤雅》，已有載矣。蓋見人若拱，似有禮儀，《詩》之所以起興也。今解曰：『相，視也。鼠，蟲之可賤惡者。』意義索然。按《說文》引此詩，亦以相爲視，誤也久矣。」①余讀《毛傳》已云然。

【集證】《關尹子·三極篇》：「聖人師蜂立君臣，師蜘蛛立網罟，師拱鼠制禮，師戰蟻置兵。」《廣韻·二十六桓》「鼳」字下曰：「鼳，鼳兜，四凶名，《古文尚書》作『鼳』。」《說文·口部》「吺」字徐鍇注曰：「《古文尚書》驩兜字作吺。」《廣韻》「鼳」當是「䳺」字之誤。《管子·侈靡篇》：「藹然若夏之靜雲，乃及人之體，䳺然若謞之靜。」注：「䳺然，和順貌。」

【元圻案】《埤雅》：「今一種鼠，見人則交其前足而拱，謂之禮鼠。」◎《爾雅翼》：「今河東有大鼠，能人立，交兩脚於頸上，或謂之雀鼠。」◎《尚書大傳》「四岳八伯」，康成注曰：「堯時得羲、和，命爲六卿，主其春夏秋冬者，並掌方岳之事，是爲四岳，出則爲伯，其後稍死，䳺吺、共工求代，乃分置八伯。」

① 明陳第《毛詩古音考》卷一。

送廣帥詩：「上日馬人來。」[1]《唐書·環王傳》：「西屠夷，蓋馬援還，留不去者，才十户，隋末孳衍至三百，皆姓馬，俗以其寓，故號馬留人，與林邑分唐南境。」《演繁露》引《傳燈録》「中印度，乃在西域」，其説誤矣。

【元圻案】《水經注》三十六：俞益期牋曰：「馬文淵立兩銅柱於林邑岸北，有遺兵十餘家，不反，居壽泠岸南而對銅柱，悉姓馬，自相婚姻，今有二百户。交州以其流寓，號曰馬流。《林邑記》曰：『建武十九年，馬援樹兩銅柱於象林南界，與西屠國分漢之南疆也。土人以其流寓，號曰馬流，世稱漢子孫也。』」《酉陽雜俎》説同。◎《演繁露》七：「退之上廣帥詩曰：『上日馬人來。』《傳燈録》曰：『富那夜奢昔爲毗舍利國王，其國有一類人，如馬倮露，王運神力，分身爲蠶，彼乃得衣。王後復生中印度，馬人感戀悲鳴，因號馬鳴大士。』中印度在西域，地與廣近，豈唐時嘗有中印度人來至廣境耶？」◎朱新仲《猗覺寮雜記》亦引《傳燈録》，其誤與程泰之同。

《抱朴子》曰：「俗士多云：今月不如古月之朗。」李太白詩有《古朗月行》，又《把酒問月》云：「今人不見古時月，今月曾經照古人。」

【集證】《抱朴子·尚博篇》：「俗士多云今山不及古山之高，今海不及古海之廣，今日不及古

---

① 《送鄭尚書赴南海》。

日之熱，今月不及古月之朗。」

王胄以「庭草」一句，爲隋煬所忌。《初學記》二載胄《雨晴》詩「風度蟬聲遠，雲開[一]雁路長」，亦佳句也。

［一］案「開」，何本作「開」，誤。今從閣本。

【元圻案】唐劉餗《隋唐嘉話》：「煬帝善屬文，而不欲人出其右。司隸薛道衡由是得罪，後因事誅之，曰：『更能作「空梁落燕泥」否？』」又曰：「煬帝爲《燕歌行》，文士皆和，著作郎王胄獨不下帝，帝每銜之。胄坐此見害，而誦其警句曰：『「庭草無人隨意緑」，復能作此語耶？』」◎司馬公采此二事入《通鑑》，見煬帝大業九年。

「忍過事堪喜」，杜牧之《遣興》詩也。吕居仁《官箴》引此，誤以爲少陵。俗言「忍事敵災星」，司空表聖詩也。

【閻按】《論衡》引成語曰「力勝貧，慎勝禍」，亦表聖之意。

【元圻案】吕居仁《官箴》曰：「忍之一字，衆妙之門，當官處事，尤是先務。若能於清、慎、勤之外更行一忍，何事不辦？《書》曰：『必有忍，其乃有濟。』此處事之本也。諺曰：『忍事敵災星。』少陵詩曰『忍過事堪喜』，此皆切於事理，非空言也。王沂公常言：『喫得三斗釅醋，方做得宰相』，蓋言忍受得事。」◎石林《避暑録話》：「俗言『忍事敵災星』，此司空表聖詩也。表聖《休休亭記》自言嘗爲匪人所辱，直以耐辱自警，故號耐辱居士。蓋指柳璨。豈白馬之禍，璨將爲不利，有不得已而忍辱以免者，故爲是言耶？」◎《避暑録話》又載裴晉公詩云：「灰心緣忍事，霜鬢爲論兵。」

韋處厚《盛山十二詩》，韓文公爲序，今見於《唐詩紀事》。十二詩謂《隱月岫》、《流杯渠》、《竹嵓》、《繡衣石榻》、《宿雲亭》、《梅谿》、《桃塢》、《胡蘆沼》、《茶嶺》、《磐石磴》、《琵琶臺》、《上士瓶泉》也。

【何云】張文昌集中有十二詩，其和又在作序之後。他人即元、白，亦不傳矣。

【元圻案】朱子《韓文考異》曰：「侍講處厚字德載。盛山，郡名。」◎昌黎《序》曰：「有以韋侯所爲十二詩遺予者，於是應而和者十人。及此年，韋侯爲中書舍人，侍講六經禁中，和者通州元司馬爲宰相，洋州許使君爲京兆，通州①白使君爲中書舍人，李使君爲諫議大夫，黔府嚴中丞爲

① 「通州」，東雅堂本《昌黎先生集》作「忠州」，注云：「元和十三年十二月，居易爲忠州刺史。長慶元年十二月，爲中書舍人。」

秘書監，温司馬爲起居舍人，皆集闕下。」方崧卿曰：「樊云和者十人，而時集闕下者六人耳。」①◎朱翌《猗覺寮雜記》曰：「退之《盛山十二詩序》，盛山，今之開州也。《唐·地理志》云：『古巴東郡之朐䏰縣也。』」◎孫覿《書劉宗林泉山贈言後》曰：「昔韓吏部序盛山韋處厚十二詩，應而和者十人，如元稹、許康佐、白居易、李景儉、嚴武、温造之儔，亦在江淮巴蜀，殊州異縣之間。未幾，韋侯召還，侍讀六經禁中，而十人者位宰相，尹京兆，進諫垣，登詞掖，典中秘，侍殿坳，皆集闕下，而《盛山十二詩》行於時。」◎《唐詩紀事》八十一卷，宋計有功撰。

伊川曰：「凡人家法，須月爲一會以合族。古人有『花樹韋家宗會法』，可取也。」「宗會法」今不傳，岑參有《韋員外家花樹歌》：「君家兄弟不可當，列卿太史[二]尚書郎。朝回花底常會客，花撲玉缸春酒香。」韋員外失其名，此詩見一門華鄂之盛。

[二]【何云】今作「御史」，荆公《百家選》作「太史」。

【元圻案】《二程遺書》一李籲《伊川語録》：「凡人家法，須令每有族人遠來，則爲一會以合族。雖無事，亦當每月一爲之，古人有『花樹韋家宗會法』，可取也。」然族人每吉凶嫁娶之類，更須

① 方崧卿《韓集舉正》「凡十人」下注：「杭、蜀本皆作十人。樊云，考下文只六人也。一曰和者十人，而時集闕下只六人。」樊注本曰：「序止見六人，與處厚爲七，今作十人，疑字誤也。」是「集闕下六人」云云是方説而非樊説。

相與爲禮，使骨肉之意常相通。骨肉日疏者，只(不爲)〔爲不〕相見，情不相接爾。」

《墨子·親士篇》謂「西施之沈，其美也」，豈亦如隋之於張麗華乎？「一舸逐鴟夷」，特見於杜牧詩，未必然也。

【集證】《丹鉛録》曰：「《修文御覽》引《吴越春秋》逸篇云：吴亡後，越浮西施於江，令隨鴟夷以終。事與《墨子》正合。隨鴟夷者，子胥譖死，西施有力焉。胥死，盛以鴟夷。今沈西施，所以報子胥之忠，故云隨鴟夷以終。范蠡去越，亦號鴟夷子，杜牧未精審，遂以子胥之鴟夷爲范蠡之鴟夷，影撰此事。」

【元圻案】杜牧《杜秋娘》詩曰：「西子下姑蘇，一舸逐鴟夷。」◎《通鑑·陳紀》長城公至德二年：「張貴妃名麗華，髮長七尺，其光可鑑，性敏慧，有神彩，善候人主顔色。」《隋紀》文帝開皇九年：「陳主自投於井，軍人以繩引之，及出，乃與張貴妃、孔貴嬪同束而上。高熲入建康，晉王廣使熲子德弘馳令熲留張麗華。熲曰：『昔太公蒙面以斬妲己，今豈可留麗華！』乃斬之。」

張碧，字太碧；黄居難，字樂地，慕太白、樂天也。亦李赤之類歟？

【何云】張碧歌詩尚可觀，難與李赤、黄居難同論。

【集證】《唐志》：「張碧《歌行集》二卷。」◎《御定全唐詩》第九册：「張碧，字太碧，貞元時人。孟郊讀其集詩云：『天寶太白(末)〔殁〕，六(藝)〔義〕已消歇。先生今復生，斯文信難缺。下筆證興亡，陳辭備風骨。高秋數奏琴，澄潭一輪月。』推之者至矣。」柳宗元《李赤傳》：「赤，江湖浪人也。嘗曰『吾善爲歌詩，類李白』，故自號曰李赤。」

【元圻案】《容齋五筆》載張碧《農夫》詩云：「運鋤耕斸侵晨起，隴畔豐盈滿家喜。到頭禾黍屬他人，不知何處抛妻子。」◎東坡《書李白十咏》云：「過姑孰堂下，讀李白十咏，疑其淺近。見孫邈云：『聞之王安國，此乃李赤詩，秘閣下有赤集，此詩在焉。白集中無此。』赤見《柳子厚集》，卒爲廁鬼所惑而死。」① ◎《姑孰雜咏》十首，載《全唐詩》第九册。◎南唐劉崇遠《金華子》云：「有舉子能爲詩，每通名刺，云『鄉貢進士黃居難字樂地』，欲比白居易字樂天也。」②

陸魯望《雜諷》云「紅蠶緣枯桑」、「童麇來觸犀」、「鶡鵝慘於冰」、「赤舌可燒城」，皆用《太玄》語。又《南征詩》「繞帳生犀一萬株」，宋元憲詩「帳犀森別校」、〔一〕「犀株衛帳并兒勇」，景文詩「合宴傳餐帳繞犀」，皆用此。〔二〕

〔一〕此詩今集已佚。

① 此條見商濬刻本《東坡志林》(收入《稗海》)卷二，五卷本《東坡志林》無。
② 此條不見今本《金華子》。

［二］【集證】《太玄·將》上九：「紅蠶緣於枯桑，其繭不黃。」《童》上九：「童麋觸犀，灰其首。」《裝》次二：「鴚鵝慘於冰，翼彼南風，内懷其乘。」《干》次八：「赤舌燒城，吐水於瓶。」【元圻案】《唐文粹》載陸龜蒙《雜諷》九首，其一云：「紅蠶緣枯桑，青繭大如甕。」其二云：「童麋來觸犀，德力不相及。」其三云：「鴚鵝慘於冰，陸力懷所適。」其四云：「赤舌可燒城，讒邪易爲(互)〔伍〕。」◎《方言》八：「雁自關而東謂之鴚鵝」郭璞注：「鴚音加。」《漢書·司馬相如傳》：「弋白鵠，連駕鵝。」《玉篇·鳥部》：「鴚，古俄切。雁屬。鴚、駕，並同〔上〕。」◎宋元憲《送孫刑部領漕并部》詩云：「犀株衛帳并兒勇，鵠髮迎塗絳老賢。」◎宋景文《漢南州按行江涘以詩見寄》詩云：「前驅夾道旗開隼，合宴傳飧帳繞犀。」又《早夏集公會亭餞別》詩有「行帳繞犀株」之句，二宋俱兼用陸語。

毛澤民［一］詩「不須買絲繡平原，不用黃金鑄子期」，本李賀、貫休詩。［二］

［一］【全云】名滂，號東堂。

［二］【集證】李賀《浩歌》詩：「買絲繡作平原君，有酒惟澆趙州土。」釋貫休《古意》詩：「幾擬以黃金，鑄作鍾子期。」【元圻案】毛澤民《上曾樞密(布)》詩云：「燕齊日暮客不歸，新豐主人豈相知。不須買絲繡平原，不用黃金鑄子期。會當酸鹹有同好，主簿且須歸祭灶。請見臨川太尉公，此語難爲俗人道」

云云。◎毛澤民，名滂，衢州江山人。官至祠部員外郎，知秀州。陳振孫曰：「滂爲杭州法曹，以樂府詞有佳句，受知於東坡，遂有名。」著《東堂集》六卷，詩四卷。①◎李賀，字長吉。七歲能辭章。仕爲協律郎。卒，年二十七。◎釋貫休，字德隱，姓姜氏，婺州蘭溪人。王建禮之，署號禪月大師。

李義山咏賈生云「可憐夜半虛前席，不問蒼生問鬼神」，馬子才咏文帝云「可憐一覺登天夢，不夢商巖夢櫂郎」，雖同一律，皆有新意。[一]

[一]【何云】李《賈生》詩本之詩人「召彼故老，訊之占夢」②。

【元圻案】《漢書・賈誼傳》：「文帝思誼，徵之，入見，上方受釐，坐宣室。上因感鬼神事，而問鬼神之本，誼具道所以然之故。至夜半，文帝前席。」又《佞倖傳》：「鄧通以櫂船爲黄頭郎。文帝嘗夢欲上天，不能，有一黄頭郎推上天，顧見其衣尻帶後穿。覺而之漸臺，以夢中陰目求推者郎，見鄧通，其衣後穿，夢中所見也。召問其名姓，姓鄧，名通。鄧猶登也，文帝甚悦，尊異之。」◎國朝厲樊榭鶚《宋詩紀事》三十二：「馬存，字子才，鄱陽人。因慕徐節孝道德，寓楚州，卒業於其門。元祐三年進士。爲越州觀察推官。有集。」

① 見《直齋書録解題》卷十七《東堂集》解題。
② 《詩・小雅・正月》。

唐以詩取士，錢起之《鼓瑟》、李肱之《霓裳》是也，故詩人多①。韓文公薦劉述古，謂舉於禮部者，其詩無與爲比。〔一〕【原注】錢起名在第六，《豹烏賦》。

〔一〕【閻按】李肱名在第一，《琴瑟合奏賦》。

【何云】錢起第六，可與杜牧第五並用。

【集證】《容齋四筆》考《登科記》云：「永貞元年，權德輿以禮部侍郎放二十九人，劉述古登第。」

【元圻案】唐范攄《雲溪友議》（二）〔上〕：「文宗元年秋，詔禮部（尚書）高侍郎鍇復司貢籍，試《琴瑟合奏賦》、《霓裳羽衣曲》詩，主試先進五人，（一）詩最佳者則李肱也。乃以榜元及第，然止於岳、齊二牧，未登大任。」◎高鍇進五人詩賦，奏曰：「李肱《霓裳羽衣曲》詩最爲迥出，臣與狀頭第一人；其次張棠詩亦絶好，與第二；其次沈黄中《琴瑟合奏賦》與第三；王牧第四；柳棠第五。」②◎錢起、李肱詩俱見《文苑英華》一百八十四。李肱詩曰：「開元太平時，萬國賀豐歲。梨園獻舊曲，玉座流新製。鳳管遞參差，霞衣競摇曳。宴罷水殿空，輦餘春草細。蓬壺事已久，仙樂工無替。詎肯聽遺音，聖明知善繼。」◎錢起《湘靈鼓瑟》詩落句云：「曲中人不見，江上數峯

① 「詩人多」，三箋本作「詩多」。
② 見《唐詩紀事》卷五十二。

青。」至今盛傳。◎錢起《豹鳥》二篇以兩遍用四聲爲韻，見《英華》一百十三卷。◎唐王定保《摭言·公薦篇》：「崔郾侍郎既拜命，於東都試舉人。吳武陵曰：『向者偶見太學生十數輩，揚眉抵掌，讀一卷書，就而觀之，乃進士杜牧《阿房宫賦》。』於是搢笏朗宣一遍，曰：『請侍郎與狀頭。』郾曰：『已有人。』曰：『不得已，即第五人。』郾應聲曰：『敬依所教。』」又《通牓篇》：「貞元十八年，權德輿主文，陸傪員外通牓帖，韓文公薦十人於傪，其上四人曰侯喜、侯雲長、劉述古、韋紓。」

羅昭諫《咏松》曰：「陵遷谷變須高節，莫向人間作大夫。」其志亦可悲矣。「唐六臣」①，彼何人哉！昭諫説錢鏐舉兵討梁，見《通鑑》，其忠義可見，眎奴事朱温之杜荀鶴猶糞土也。

【方樸山云】厚齋所以自況。

【元圻案】《通鑑·後梁紀》太祖開平元年：「(二)〔三〕月甲辰，唐昭宣帝降御札禪位於梁。以攝中書令張文蔚爲册禮使，禮部尚書蘇循副之；攝侍中楊涉爲押傳國寶使，翰林學士張策副之；御史大夫薛貽矩爲押金寶使，尚書(左丞)趙光逢副之。帥百官備法駕詣大梁。」又：「鎮海節度判官羅隱説吳王錢鏐舉兵討梁，曰：『縱無成功，猶可退保杭、越，自爲東帝；奈何交臂事賊，爲

①《五代史》有《唐六臣傳》，六臣爲張文蔚、楊涉、張策、趙光逢、薛貽矩、蘇循。

終古之羞乎！』鏐始以隱不遇於唐，必有怨心，及聞其言，雖不能用，心甚義之。」◎宋張齊賢《洛陽搢紳舊聞記》一：「進士杜荀鶴以所業謁梁祖，恐懼流汗，再拜敍謝。梁祖令賦《無雲雨》詩，杜絶句云：『同是乾坤事不同，雨絲飛灑日輪中。若教陰朗都相似，争表梁王造化功。』由是見知。杜既歸，驚懼成疾，幾不能起。明晨促召者五七輩，杜趨進遲緩。梁祖大聲曰：『杜秀才，争表梁王造化功！』杜頓忘其病，趨步如飛，連拜敍謝數四。」◎晁氏《讀書志·別集類》中：「羅隱《甲乙集》十卷。隱字昭諫，餘杭人。唐乾符中舉進士不第。梁祖以諫議大夫召，不行。自號江東生。」「杜荀鶴《唐風集》十卷。荀鶴，池州人。大順二年進士。梁祖薦爲翰林學士、主客員外郎。恃勢侮易縉紳，衆怒，欲殺之而未及，天祐初病卒。自號九華山人。」

《宋書·樂志》，《陌上桑》曰「楚辭鈔」，以《九歌》、《山鬼》篇增損爲之。東坡因《歸去來》爲詞，亦此類也。

【集證】《宋書·樂志》：《陌上桑·楚辭鈔》云：「今有人，山之阿，被服薜荔帶女蘿。既含睇，又宜笑，子戀慕予善窈窕。乘赤豹，從文貍，新夷車駕結桂旗。被石蘭，帶杜蘅，折芳拔荃遺所思。處幽室，終不見，天路險艱獨後來。表獨立，山之上，雲何容容而在下。杳冥冥，羌晝晦，東風飄(飄)〔飆〕神靈雨。風瑟瑟，木搜搜，思念公子徒以憂。」

【元圻案】東坡有《歸去來集字》十首，自序云：「余喜淵明《歸去來詞》，因集字爲十首。」

又《陶子駿佚老堂》詩，東坡自注云：「余增損淵明《歸去來》以就聲律，謂之《歸來引》。」

詩一字至七字，張南史《花》、《竹》、《草》是也。一字至十字，文與可《竹》、《石》是也。

【元圻案】《文苑英華》三百二十三張南史《咏花》一字至七字詩：「花，花。深淺，芬葩。凝爲雪，錯爲霞。鶯和蝶到，苑占宮遮。已迷金谷路，頻駐玉人車。芳草欲陵芳樹，東家半落西家。願得春風相伴去，一攀一折向天涯。」三百二十五《咏竹》詩：「竹，竹。被山，連谷。出東南，殊草木。葉細枝勁，霜停露宿。成林處處雲，抽筍年年玉。天風作起爭韻，池水相涵更緑。卻尋庾信小園中，閑對數竿心自足。」三百二十七《咏草》詩：「草，草。折宜，看好。滿地生，催人老。金殿玉砌，荒城古道。青青千里遥，悵悵三春早。每逢南北別離，乍逐東西傾倒。一身本是山中人，聊與王孫慰懷抱。」◎文與可二詩，《宋文鑑》取之。◎計敏夫《唐詩紀事》曰：「白樂天分司東洛，朝賢悉會興化池亭送別，酒酣，各請賦一字至七字詩，以題爲韻。」後遂沿爲詞調，名《一七令》。◎白樂天詩云：「詩，綺美，瑰奇。明月夜，落花時。能助歡笑，亦傷別離。調清金石怨，吟苦鬼神悲。天下只應我愛，世間惟有君知。自從都尉別蘇句，便到司空送白辭。」①

① 《一字至七字詩·賦詩》。

「一叢深色花，十户中人賦」，白樂天謂牡丹也。「豈知兩片雲，戴卻數鄉税」，鄭雲叟[一]謂珠翠也。侈靡之蠹甚矣。

[一]【何云】遨。

【元圻案】白樂天《秦中吟·買花》云：「帝城春欲暮，諠諠車馬度。共道牡丹時，相隨買花去。貴賤無常價，酬直看花數。灼灼百朵紅，戔戔五束素。」又云：「有一田舍翁，偶來買花處。低頭獨長嘆，此嘆無人喻。一叢深色花，十户中人賦。」◎鄭雲叟《富貴曲》云：「美人梳洗時，滿頭間珠翠。豈知兩片雲，載卻數鄉税。」見後蜀何光遠《鑑誡録》「高尚士」條。尤延之《全唐詩話》取之。

韓文公《題臨瀧寺》詩「離家已五千」，注引沈休文《安陸王碑》「平塗不過七百」，而不知「弼成五服，至於五千」，本《書》語也，奚以泛引爲？

【元圻案】《老學庵筆記》云：「退之詩云『夕貶潮陽路八千』，歐公云『夷陵此去更三千』，或以爲歇後語，非也。《書》『弼成五服，至於五千』，注云『五千里』也。《論語》『方六七十，如五六十』，注云『六七十里』、『五六十里』也。」◎顧氏嗣立《韓詩集注》引某云「《漢·高帝紀》『提三尺取天下』及《韓安國傳》本無『劍』字，古有如此造語者。」何不引此以正之？◎唐彦謙《長陵》詩云：「耳聞明主提三尺，眼看愚民盜一抔。」

唐彥謙《送樊琯司業歸朝》詩：「啗螯譏《爾雅》，[一]賣餅斥《公羊》。」[二]事出《晉書》、《魏志》。[三]

[一] 注見前「小學」①。

[二] 注見前「《公》、《穀》」②。

[三]【全云】《晉書》、《魏志》蔡謨、鍾繇事。

【元圻案】彥謙詩見《文苑英華》二百八十三。◎晁氏《讀書志》：唐彥謙，字茂鄴，并州人。咸通末進士。著《鹿門詩》一卷。

白樂天《迂叟》詩：「初時被目爲迂叟，近日蒙呼作隱人。」又云：「自哂此迂叟，小迂老更迂。」則迂叟之名，不獨司馬公也。

【元圻案】《邵氏聞見後録》：「司馬公在洛陽自號迂叟，謂其園曰獨樂園。」◎宋黄徹《䂬溪詩話》云：「司馬公豈慕其居洛有閑適之樂耶？」◎《芥隱筆記》：「醉翁、迂叟、東坡之名，皆出於白樂天詩云。」

① 見卷五「説苑引子思」條注（頁六七八）。非在卷九「小學」中。

② 見卷六「公羊疏」條注（頁八二四）。非在卷七中。

「堯韭舜榮」，梁元帝《玄覽賦》始用之。〔一〕李羣玉《蒲澗寺》詩〔二〕：「澗有堯時韭，山餘禹代糧。」〔三〕

〔一〕賦載《文苑英華》一百二十六。

〔二〕「蒲」，何本作「浦」，誤。

〔三〕【閻按】蒲澗寺在廣州府治東北二十里。

【元圻案】《英華》二百三十八李羣玉《蒲澗寺》詩云：「五仙騎五羊，何代降兹鄉。澗有堯時韭，山餘禹代糧。樓臺籠海色，草樹發天香。吟嘯秋光裏，浮溟興甚長。」◎宋〔施〕青臣《繼古藁編》曰：「周益公《校正文苑英華序》云：『以「堯韭」對「舜華」，非讀《本草》注，安知其爲菖蒲？按梁元帝《玄覽賦》「金鹽玉豉，堯韭舜華」謂此也。』余讀他書，亦有用者，如《〔顔〕〔類〕聚》載梁太子《賚河南菜啓》則云『堯韭未儔，姬歜非喻』，又以『堯韭』對『姬歜』矣。固曰堯韭出於《本草》，而不知所以名之之義。後見《典術》曰『聖王之仁，功濟天下者，堯也。天星降精於庭爲韭，感百物爲菖蒲』，今菖蒲是也。」◎郭璞詩：「蕣榮不終朝，蜉蝣豈見夕。」①「蕣」亦作「舜」。◎《後漢書·郡國志》注：「《博物記》曰：扶海洲上有草名蒒，其實食之如大麥，從七月稔熟，民斂穫，至冬乃訖，名曰自然穀，或曰禹餘糧。」案《廣州記》曰：「甘溪澗，水味極甘冷，旁有石，名禹餘糧。」或草或石，未詳

①《遊仙詩》。

孰是。◎《文選》張衡《南都賦》「太一餘糧」注：「《本草經》曰：太乙禹餘糧，一名石腦，生山谷。」

致堂云：「古樂府者①，詩之旁行也；[一]詞曲者，古樂府之末造也。」[二]陸務觀云：「倚聲製詞，起於唐之季世。」

[一]【何云】詩之有關勸誡，可被管弦，爲樂府所采者，後人因以「古樂府」名之。樂府乃官名，非别有古樂府詩體也。致堂未嘗學問，往往有此等臆説。

[二]【何云】此句不差。

【全云】致堂亦就後人所云古樂府而言，未必不知漢之有樂府也，何氏詆之太過。

【集證】《漢書·禮樂志》曰：「武帝定郊祀之禮，乃立樂府，采詩夜誦，有趙、代、秦、楚之謳。以李延年爲協律都尉，多舉司馬相如等數十人造爲詩賦，略論律吕，以合八音之調。」師古注：「樂府之名蓋起於此。」

【元圻案】胡致堂作《向薌林酒邊集後序》曰：「詞曲者，古樂府之末造也。古樂府者，詩之旁行也。詩出於《離騷》、《楚詞》，而《離騷》者，變風、變雅之音，怨而迫，哀而傷者也。其發乎情則同，而止乎禮義則異。名之曰曲，以其曲盡人情耳。方之曲藝，猶不逮焉，其去曲禮則益遠

①「者」，原本脱，據元刊本、三箋本補。

矣。」◎放翁《渭南集》十四《長短句序》：「風雅頌之後爲騷，爲賦，爲曲，爲引，爲行，爲謡，爲歌，千餘年後乃有倚聲製辭，起於唐之季世，則其變愈薄，可勝嘆哉！」

寒山子詩，[一]如施家兩兒，[二]事出《列子》；羊公鶴，[三]事出《世説》。如子張、卜商，[四]如侏儒、方朔，[五]涉獵廣博，非但釋子語也。[六]對偶之工者：青蠅、白鶴，[七]黄籍、白丁，[八]青蚨、黄絹，[九]黄口、白頭，[一〇]七札、五行，[一一]緑熊席、青鳳裘。[一二]而《楚辭》尤超出筆墨畦徑，曰：「有人兮山陘，雲卷兮[一三]霞纓。秉芳兮欲寄，路漫兮難征。心惆悵兮狐疑，蹇獨立兮忠貞。」[一四]

[一]【何云】樂天多效之。《荆公集》中有《擬寒山詩》十二首。

[二]案詩云：「施家有兩兒，以藝干齊楚。文武各自備，托身爲得所。孟公問其術，我子親教汝。秦（魏）〔衛〕兩不成，失時成齟齬。」

[三]「恰似羊公鶴，可憐生懵懂①。」

[四]「他賢君即受，不賢君莫與。君賢他見容，不賢他亦拒。憐善矜不能，仁徒方得所。勸逐子張言，抛卻卜商語。」

①「懵懂」，四庫本《寒山詩集》作「懂懵」，《全唐詩》作「氃氋」。

［五］「只取侏儒飽，不憐方朔餓。」

［六］【何云】酒壚猛狗出《韓非子》，枕流事出《世説》，如一道一德、言有枝葉、雲梯棘刺、亡羊補牢之類尤多。○詩云：「赫赫誰壚肆，其酒甚濃厚。可憐高幡幟，極(自)〔目〕平升斗。何意訝不售，其家多猛狗。童子若來沽，狗咬便是走。」「今日歸寒山，枕流兼洗耳。」「手把兩卷書，一道將一德。」「從生不往來，至死無仁義。言既有枝葉，心懷更險詖。若其開小道，緣此生大僞。詐説造雲梯，削之成棘刺。」「亡羊(能)〔罷〕補牢，失意終無極。」

［七］「死將餵青蠅，弔不勞白鶴。」

［八］「(消)〔洎〕老檢黄籍，依前注白丁。」

［九］「囊裏無青蚨，篋中有黄卷。」◎據本詩「絹」當作「卷」。

［一〇］「不用從黄口，何須厭白頭。」

［一一］「能射穿七札，讀書覽五行。」

［一二］「膝坐緑熊席，身披青鳳裘。」

【何云】六極、九維，東岱、北邙，衛氏兒、鍾家女，三端、六藝，黄腸、白骨，獼猴心、獅子吼，待鶴、乘魚，亦工。○「六極常嬰困，九維徒自論。」「移向東岱居，配守北邙宅。」「衛氏兒可憐，鍾家女極醜。」「三端自孤立，六藝越諸君。」「冢破壓黄腸，棺穿露白骨。」「欲伏獼猴心，須聽獅子吼。」「守死待鶴來，皆道乘魚去。」

［一三］【何云】「卷」，集作「衮」。

［一四］【何云】《楚辭》則爲人竄爲五言，第七句云「衆喔咿嚅嚘」，可爲失笑也。放翁曾寄書天封明老，囑爲正之。

【又云】「苔滑非關雨，松鳴不假風。」真佳句也。

【元圻案】《唐書・藝文志》：「《寒山子詩》七卷。寒山子隱唐興縣寒山巖，於國清寺與隱者拾得往還。」◎《太平廣記》引《仙傳拾遺》曰：「寒山子者，不知其名氏。大曆中，隱居天台翠屏山。其山深邃，當暑有雪，亦名寒巖，因自號寒山子。好爲詩。」◎《列子・説符篇》：「魯施氏有二子，其一好學，其一好兵。好學者以術干齊侯，爲公子之傅。好兵者以法干楚王，以爲軍正。施氏之鄰孟氏同有二子，所業亦同，而窘於貧。羨施氏之有，因從請進趣之方，二子以實告。孟氏之一子以術干秦王，秦王曰：『當今諸侯力爭，所務兵食而已，若用仁義治吾國，是滅亡之道也。』遂宫而放之。其一子以法干衛侯，衛侯曰：『吾弱國也，而攝乎大國之間，大國吾事之，小國吾撫之，是求安之道。若賴兵權，滅亡可待矣。若全而歸之，適於他國，爲吾之患不輕矣。』遂刖之，而還諸魯。」◎《世説・排調類》：「劉遵祖少爲殷中軍所知，稱之於庾公，遂名之爲『羊公鶴』。昔羊叔子有鶴善舞，客試驅來，氃氋而不肯舞，故稱比之。」◎《漢書・東方朔傳》：「侏儒長三尺，奉一囊粟。臣朔長九尺，亦奉一囊粟。侏儒飽欲死，臣朔飢欲死。」◎《三國志・吳・虞翻傳》注，《虞翻別傳》曰：「翻放逐南方，云『自恨犯上獲罪，當長没海隅，生無可與語，死以青蠅爲弔客，使天下一人知己者，足以不恨』。」

◎《太平御覽》九百十六：《陶侃別傳》曰：「侃丁母憂，在墓下，忽有二客來弔，不哭而退，儀形鮮異。知非常人，遣看之，但見雙鶴飛而沖天。」◎《通鑑·齊紀》高帝建元二年：「宋自孝建以來，政綱弛紊，簿籍訛謬。上詔虞玩之等更加檢定，曰：『黄籍，民之大紀，國之治端。自頃巧僞日甚，何以釐乎？』」注，杜佑曰：「黄籍者，户口版籍也。」◎《漢書·鄒陽傳》注：「白徒，言素非軍旅之人，若今言白丁矣。」◎《搜神記》：「青蚨蟲如蟬，殺其母子，各塗八十一錢，凡(布)〔市〕，或〔先〕用子，〔或〕先用母，皆飛歸，循環無已，故《淮南子(術)》名錢曰青蚨。」◎《會稽典録》：「上虞長度尚弟子邯鄲淳，字子禮。甫弱冠而有異才。尚使作《曹娥碑》，操筆而成，無所點定。其後蔡邕題八字曰：『黄絹幼婦，外孫齏臼。』」①◎《淮南子》：「古之伐國，不殺黄口，不獲二毛。」◎《史記·鄒陽傳》：「白頭如新，傾蓋如故。」◎《左傳》：「晉楚遇於鄢陵，潘尫之黨與養由基蹲甲而射之，穿七札焉。」◎《後漢書·應奉傳》：「奉讀書五行並下。」◎《西京雜記》：「趙飛燕女弟居昭陽殿中，設玉几、玉牀、白象牙簟、緑熊席。」◎《拾遺記》：「周昭王時，塗修國獻青鳳、丹雀各一雌一雄，昭王綴鳳毛爲裘。」◎《晏子》：「人有酤酒者，酒酸不售。問之里人其故，里人云：『公之猛狗。人挈器而入，且酤公酒，狗迎而噬之。此酒所以酸而不售也。』」《韓非子》記管仲對齊桓公語與《晏子》同。◎《世説》：「孫子荆曰：『所以枕流，欲洗其耳；所以漱石，欲礪其齒。』」◎《戰國策》：「公輸

①《後漢書·列女傳·曹娥》注引。

般爲楚設機，將以攻宋。墨子曰：『聞公爲雲梯，將以攻宋，宋亦何罪之有？』」◎《列子》：「紀昌謀殺飛衛，二人交射於路①。飛衛之矢先窮，紀昌遺一矢。既發，飛衛以棘刺之端扞之而無差焉。」◎《韓非子》：「燕王徵巧術，人請以棘刺之端爲母猴，母猴成，巧人曰：『人主欲觀之，必半歲不入宮，不飲酒食肉，雨霽日出，視之晏陰之間，而棘刺之母猴乃可見也。』」◎《戰國策》：「見兔而顧犬，未爲遲也；亡羊而補牢，未爲晚也。」◎《語林》：「衛洗馬穎識通達，論者以爲〔出〕王眉子、平子、武子之右，世人爲之語曰：『諸王三子，不如衛家一兒。』」◎劉向《列女傳》：「齊鍾離春者，齊無鹽邑之女，其爲人極醜，(行)〔銜〕嫁不售。」◎《韓詩外傳》：「君子宜避三端：文士筆端，武士鋒端，辯士舌端。」◎《漢書·霍光傳》：「賜黄腸題湊各一具。」注，蘇林曰：「以柏木黄心致累棺外，故曰黄腸；木頭皆向内，故曰題湊。」◎《後漢書·郅惲傳》：「昔文王不忍露白骨，武王不以天下易一人之命。」◎宋知覺禪師《宗鏡録》三引「《大涅槃經》曰：『云何現喻，如經中説，衆生心性，有如獮猴。獮猴之性，捨一取一。衆生心性，亦復如是，取著色聲香味觸法，無暫住時。是名現喻。』可驗，即今衆生之心，如猿猴之處高樹，上下不停。」◎《楞嚴經》：「富樓那云：世尊知我有大辨才，以音聲輪教我發揚，我於佛前助佛轉輪，因獅子吼成阿羅漢。」◎《太平御覽》九百十六：《列仙傳》曰：「王子喬見桓良曰：『待我緱氏山頭。』至期，果乘白鶴住山顛，望之不可到。」陶弘景《本草》曰：

① 「二人交射於路」，《列子》原文作「相遇於野，二人交射」。

「鯉最爲魚中之主，形既可愛，又能神變，乃至飛越山湖，所以琴高乘之。」①◎宋《許彦周詩話》載寒山子《楚辭》，首句作「若有人兮坐山楹」，第五句「心」字作「獨」字，謂「雖屈、宋復生，不能過也」。

司空表聖[一]云：「戴容州【原注】②叔倫。謂：詩家之景，如藍田日暖，良玉生煙，可望而不可置於眉睫之前也。」③李義山「玉生煙」之句，蓋本於此。

[一]司空圖，字表聖。

【元圻案】《漢書·地理志》：「京兆藍田縣。」◎《初學記》二十七：《京兆記》曰：「藍田出美玉如藍，故曰藍田。」◎李商隱《錦瑟》詩：「滄海月明珠有淚，藍田日暖玉生煙。」◎《唐書·戴叔倫傳》：「叔倫字幼公，潤州金壇人。師事蕭穎士，爲門人冠。官容管經略使。」

《古詩十九首》「何能待來茲」，《文選》注：「茲，年也。」《左傳》僖公十六年「今茲」，注云：「此歲。」《呂氏春秋·任地篇》：「今茲美禾，來茲美麥。」

---

① 《初學記》卷三十引。
② 「原注」，原本缺標，據文例補。
③ 《與極浦書》。

【閻按】趙注《孟子》「今兹未能」爲「今年未能盡去」，是亦以兹爲年。《集注》闕，故嘗曰《集注》至《孟子》，朱子似以餘力爲之。

【元圻案】《孟子》下句云「以待來年」，則「今兹」之爲今年也明矣。◎王氏此條本宋龔氏《芥隱筆記》。◎《鶴林玉露·補遺》：「《公羊傳》『諸侯有疾曰負兹』，注云：『兹，新生草也。一年草生一番，故以兹爲年。』」

梁元帝《賦得蘭澤多芳草》詩。【原注】古詩爲題見於此。[一]

[一]【何云】「古詩爲題見於此」七字亦大字正文。

【元圻案】《古詩十九首》：「涉江采芙蓉，蘭澤多芳草。」◎《初學記》二十七載梁元帝詩云：「春蘭本無豔，春澤最葳蕤。燕姬得夢罷，尚書奏事歸。臨池影入浪，從風香入衣。當門已芬馥，入室更芳菲。蘭生不擇徑，十步豈難稀。」

韓文公《記夢》詩云：「六字常語一字難。」《文心雕龍·諫字篇》謂：「善爲文者，富於萬篇，貧於一字。」

【閻按】《雕龍》又謂「易字艱於代句」①。

王儉四言，頗有子建、淵明餘風。其《侍太子九日玄圃宴》云：「秋日在房，鴻雁來翔。寥寥清景，[一]藹藹微霜。草木揺落，幽蘭獨芳。眷言淄苑，尚想濠梁。既暢旨酒，亦飽徽猷。有來斯悦，無遠不柔。」

[一]閻本作「青景」，今從何本。

【元圻案】王儉詩，《藝文類聚》四載其全篇，云「明明儲后，沖默其量。徘徊禮樂，優遊風尚。微言外融，幾神内王。就日齊暉，儀雲等望。本茂條榮，源澄流潔。漢稱間平，周云魯衛。咨我藩華，方軌前軼。秋日在房，鴻雁來翔」云云。王氏所引從《初學記》四，録其六韻。◎《南史》二十二：「齊王儉，字仲寶。幼篤學，手不釋卷。僧虔曰：『不患此兒無名，政恐名太盛耳。』」

劉苞《九日侍宴樂游苑正陽堂》詩：「曲終高宴罷，景落樹陰移。」【原注】陸務觀：「夕陽頻見樹陰移。」

【何云】段成式詩：「坐對當窗木，看移三面陰。」

① 《文心雕龍·附會篇》。

【元圻案】劉苞詩見《藝文類聚》四、《初學記》四。◎陸放翁《小園》詩云：「晨露每看花蕾（拆）〔坼〕，夕陽頻見樹陰移。」自注云：「此二事非閑寂不知也。」◎《梁書·文學傳》：「劉苞，字孝嘗，彭城人也。少好學，能屬文。爲太子洗馬。與從兄孝綽、同郡到溉等並以文藻見知。」段成式句乃《（花閒好）〔閒中好〕》詞，非詩也。

吴會，謂吴、會稽二郡也。【原注】石湖辨之甚詳。魏文帝《雜詩》：「適與飄風會。」又曰：「行行至吴會。」〔一〕

〔一〕【何云】放翁《老學庵筆記》亦辨之。

【錢氏大昕曰】石湖説見《吴郡志》。

【元圻案】《文選》二十九魏文帝《雜詩》曰：「西北有浮雲，亭亭如車蓋。惜哉時不遇，適與飄風會。吹我東南行，南行至吴會。吴會非吾鄉，安能久留滯。棄置勿復陳，客子常畏人。」◎宋錢康功《植杖閑談》①曰：「平江府州署之南名吴會坊。按《蔡邕傳》『亡命江海，退迹吴會』，注引會稽高遷亭椽爲笛事。又諸葛孔明説荆州形勢曰『東連吴會』。王羲之爲會稽内史時，賦役繁重，吴會尤甚。石崇論伐吴之功曰『吴會僭逆』，指言孫氏。則吴會當是吴郡與會稽，不獨爲姑蘇。今坊名

① 收在《説郛》。

吳會，未知何據而然。《前漢・吳王濞傳》『上患吳會輕悍』，即吳會也。」◎國朝趙氏翼《陔餘叢考》二十一：「西漢(前)〔時〕會稽郡治本在吳縣，項梁殺會稽守，舉吳中兵渡江而西。守所治在吳，故殺守即起吳兵。朱買臣本吳人，出爲會稽守，即其鄉郡也。時俗以郡縣連稱，故云吳會。東漢分吳與會稽爲兩郡，故《三國志》所謂吳會皆指兩郡言，如《孫策傳》『策自領會稽太守，以朱治爲吳郡太守』，《孫賁傳》『策已平吳、會二郡』，《朱桓傳》『權授桓兵，使部伍吳、會二郡』是也。」◎今《老學庵筆記》無辨吳會之說。

應璩《百一詩》：「室廣致凝陰，臺高來積陽。」出《呂氏春秋》。

【集證】《太平御覽》百七十四：「《尸子》曰：『厚積不登，高臺不處。高室多陽，大室多陰，故皆不居。』」此又《呂氏春秋》所本也。《春秋繁露・循天之道篇》「高臺多陽，廣室多陰」，亦本《尸子》。

【元圻案】《呂氏春秋・孟春紀・重己篇》：「室大則多陰，臺高則多陽。」◎《文選》二十(二)〔一〕有應休璉《百一詩》一首，無此條所引二句①。李善注：「張方賢《楚國先賢傳》曰：『汝南應休璉作《百一篇詩》，譏切時事。』意以有百一篇，故曰百一。李充《翰林論》曰：『應休

① 此詩見《初學記》卷十八。

璉五言詩百數十篇，以風規治道，蓋有詩人之旨。』又孫盛《晉陽秋》曰：『應璩作五言詩百三十篇，言時事頗有補益，世多傳之。』據此二文，不得以一百一篇而稱『百一』也。《今書七志》曰：『《應璩集》謂之新詩，以百言爲一篇，或謂之百一篇。』然以字名詩，義無所取。據《百一詩序》云：『時謂曹爽曰，公今聞周公巍巍之稱，安知百慮有一失乎？』『百一』之名，蓋興於此也。」◎明張氏溥《漢魏百三名家・應休璉集》有《百一詩》八首，其二云：「室廣致凝陰，臺高來積陽。奈何季世人，侈靡在宮牆。飾巧無窮極，土木被朱光。徵求傾四海，雅意猶未康。」

李虛己初與曾致堯倡酬，致堯謂曰：「子之詩雖工，而音韻猶啞。」虛己初未悟，既而得沈休文所謂「前有浮聲，後須切響」，遂精於格律。

【元圻案】宋周煇《清波雜志》十二：「李公受虛己爲天聖從官，喜爲詩，與同年曾致堯倡酬。曾謂曰：『子之詩雖工，而音韻猶啞爾。』李初未悟，後得沈休文所謂『前有浮聲，後須切響』，遂精於格律。煇在建康，識北客杜師顏，嘗言少陵《麗人行》『坐中八姨真貴人』，數目中『八』字最響。覓句下字，當以此類求之。杜早從陳子高學，此說蓋得於陳云。」◎《老學庵筆記》五：「李虛己侍郎，字公受，少從江南先達學作詩，後與曾致堯倡酬。曾每曰：『公受之詩雖工，恨啞耳。』虛己初未悟，久乃造入。以其法授晏元獻，元獻以授二宋，自是遂不傳。然江西諸人每謂五言第三字、七言第五字要響，亦此意也。」◎致堯，子固之祖，字正臣。虛己，建安人，晏元獻之婦翁也。◎朱子謂：「吕本中論詩欲字字響，而暮年詩多啞。」①

詩言志。「秀幹終成棟，精鋼不作鈎」，包孝肅之志也；「人心正畏暑，水面獨摇風」，豐清敏之志也。〔一〕

〔一〕【閻按】清敏名稷，字相之，鄞人。官樞密直學士。文彦博嘗品稷爲人似趙抃，及賜謚，皆以清得名。◎詩要句中有人，此條合後司馬公、東坡公之詩，可謂四公在焉，呼之欲出。

【集證】《宋詩紀事》十一：「《廬州府志》載包孝肅〔書〕端州郡齋壁詩云：『清心爲治本，直道是身謀。秀幹終成棟，精鋼不作鈎。倉充鼠雀喜，草盡兔狐愁。史册有遺訓，毋貽來者羞。』」◎《絜齋集·樓鑰行狀》：「豐清敏公，鄉之先達也。賦荷花詩，有『人心正畏暑，水面獨摇風』之句。蔡元長見之曰：『此人豈肯受我籠絡！』」

【元圻案】宋釋文瑩《玉壺清話》載王化基《感懷》有「美璞未成終是寶，精鋼寧折不爲鈎」之句，與包孝肅同意。化基，興國二年於吕蒙正榜及第，後參大政。◎包拯，字希仁，廬州合肥人。謚孝肅。官樞密副使。◎宋曾敏行《獨醒雜志》云：「豐中丞相之，名稷，紹聖間數任言責，有正直之聲。與章質夫友善，而不樂章子厚；與曾子固友善，而不樂曾子宣。其論子厚、子宣章疏，皆

① 見劉克莊《江西詩派小序》。

指陳不稍恕，初不以質夫、子固之故，而爲之掩覆也。」

張文饒曰：「處心不可著，著則偏；作事不可盡，盡則窮。先天之學，止是此二語，天之道也。」① 愚謂邵子《重九日登石閭（詩）》詩「夏去休言暑，冬來始講寒」，則心不著矣。《安樂窩》詩「美酒飲教微醉後，好花看到半開時」，[一]則事不盡矣。

[一]【何云】真安樂，太打乖。

【又云】堯夫只是不犯手。

【元圻案】康節有《安樂吟》、《打乖吟》，故義門云爾。

杜正獻公[一]詩：「因念古聖賢，名爲千古垂。何嘗廣居室，儉爲後人師。亞聖樂簞食，寢丘無立錐。文終防勢奪，景威[二]恥家爲。文園四壁立，鄭公小殿移。」[三]陳正獻公俊卿《示二子》詩：「遺汝子孫清白在，不須廈屋太渠渠。」二賢相之清風，可以愧木妖之習。

[一]【全云】衍。

① 見《易通變》卷十一。

〔二〕【何云】景威即景桓。○案錢氏大昕曰：「霍去病謚景桓，王氏避諱改桓爲威。」

〔三〕此杜祁公《睢水卜居》詩。

【元圻案】《史記·滑稽傳》：「莊王置酒，優孟前爲壽。莊王大驚，以爲孫叔敖復生也，欲以爲相。優孟曰：『孫叔敖爲楚相，盡忠爲廉以治楚。今死，其子無立錐之地。』於是莊王召孫叔敖子，封之寢丘。」又《蕭相國世家》：「何置田宅必居窮處，爲家不治垣屋。曰：『後世賢，師我儉；不賢，毋爲勢家所奪。』孝惠二年，相國何卒，謚爲文終侯。」◎《漢書·霍去病傳》：「霍去病，大將軍青姊少兒子也。上爲治第，令視之，對曰：『匈奴不滅，何以家爲？』謚曰景桓侯。」◎《史記·司馬相如傳》：「文君夜亡奔相如，相如乃與馳歸，家居徒四壁立。」又曰：「嘗從上過宜春宫，相如奏賦以哀二世失行也。相如拜爲孝文園令。」◎《舊唐書·魏徵傳》：「徵宅先無正寢，太宗欲爲小殿，輟其材爲徵營構，五日而成。」◎《後漢書·楊震傳》：「震性公廉，不受私謁。子孫常蔬食步行，故舊長者或欲令爲開産業，震不肯，曰：『使後世稱爲清白吏子孫，以此遺之，不亦厚乎？』」◎《南部新書》：「唐内臣戎帥競治亭館第宅，時號木妖。」◎真西山《跋陳正獻詩集》云：「舊傳公築第既成，有訝其門太卑者。公曰：『異時使灶婢乳媪可開，乃佳爾。』薦紳傳頌，以配太祝齋郎廳事語。今觀其《示二子》詩曰『興來文字三杯酒，老去生涯萬卷書』云云，此正落成時所賦也。」

雁湖〔一〕注荆公詩，於《明妃曲》「漢恩自淺胡自深，人間樂在相知心」，則引范元長之語，以致其譏。[二]《日出堂上飲》之詩「爲客當酌酒，何預主人謀」，則引鄭氏《考槃》之誤，以寓其貶。[三]《君難托》之詩曰：「世事反覆那得知，讒言入耳須臾離」，則明君臣始終之義，以返諸正。愚按，楊元素繪謂：介甫詩「今人未可輕商鞅，商鞅能令政必行」，今睹其行事，已頗類之矣。言，心聲也，其可掩乎？

[一]【閻按】雁湖，李壁號。

【何云】李璧。

【繼序按】李仁甫四子，垕、塾、壁、𡒊俱有名，則「璧」當作「壁」。壁字季章，號雁湖居士，登進士第，官參知政事，附和侂胄以致喪師辱國，其人不足重。

[二]案，羅大經《鶴林玉露》謂其悖理傷道，又曰：「苟心不相知，臣可以叛其君，妻可以棄其夫矣。」

[三]【閻按】賀黃公則謂《日出堂上飲》之詩摹寫怡堂之習，真堪痛心疾首。末數語即《魏風·園有桃》篇「彼人是哉，子曰何其」意也，此風雅正傳。

【元圻案】魏鶴山作《李石林臨川詩注序》曰：「石林於其丰容有餘之辭、簡婉不迫之趣，既各隨義發明，若博文强志，(瘦)〔廋〕詞險韻，則又爲之證辨鈎研，俾覽者得以開卷瞭然。然公之學亦時有專己之癖焉，石林於此蓋未始隨聲是非也。如《明妃曲》『漢恩自淺胡自深』云云，以返諸正，自餘類此者尚衆，姑摘其一二以明之。」◎王介甫《明妃曲》第二首李壁注曰：「范沖對高宗嘗云：『臣嘗於言語文字之間得安石之心，然不敢與人言。且如詩人多作《明妃曲》，以失身胡虜爲無窮之恨，安石則曰「漢恩自淺胡自深，人生樂在相知心」。然則劉豫不是罪過，漢恩淺而虜恩深也。今之背君父之恩，投拜而爲盜賊者，皆合於安石之意。此所謂壞天下人心術。孟子曰：「無父無君，是禽獸也。」以胡虜有恩而遂忘君父，非禽獸而何？』公語意固非，然詩人務一時爲新奇，求出前人所未道而不知其言之失也。然范公傳致亦深矣。」又《日出堂上飲》詩云：「日出堂上飲，日西未之休。主人笑而歌，客子嘆以愀。指此堂上柱，始生在巖幽。雨露飽所滋，淩雲亦千秋。所托願永久，何年值君收。乃令卑濕地，百蟻上窮鎪。丹青空外好，鎮壓已堪憂。爲君重去之，不使一蟻留。蟻力雖云小，能生萬（蛒）（蚍）蜉。又能高其礎，不爾繼者稠。語客且勿然，百年等浮漚。爲客當酌酒，何豫主人謀。」注曰：「此詩主以喻君，客以喻臣；堂以喻君，柱以喻臣。堂上主人居安而忘危，爲客者視其蠹壞已甚，將有鎮壓之憂，爲主人圖所以弭患。此而不忘君卷卷之義，更張之念，疑始於此。」案，李注無引鄭氏《考槃》之誤語，豈今本有所刪節耶？又《君難托》詩云：「人事反覆那能知？讒言入耳須臾離。」注曰：「或言此詩恐作於神考眷遇稍衰時，詞意殆不類平日所爲，兼神考遇公終始不替，況大臣宜知事君之義，必不爲此怨尤也。」◎介甫集有《兼并》詩，注引蘇文定公云：「能使富民安其富而不横，貧民安其貧而不匱，貧富相持以爲長久，而天下定矣。王介甫，小丈夫也，不忍貧民而深疾富民以惠貧民，不知其不可也。方其未得志也，爲《兼并》之詩；及其得志，專以此爲事，設青苗法以奪富民之利，民無貧富，兩税之外皆出重息，公私皆病矣。」又《寓言》十五首，其三云：「後世不務此，區區挫兼并。」注曰：「余嘗見楊龜山誌譚勣墓云：『公雅不喜王氏。或問其故，曰：說多而善變，無不易之論也。世之爲奸者，借其一說可以自解，伏節死誼之士始鮮矣。』始余以勣言爲過，今觀此詩，不能無疑。」又曰：「公詩嘗云：『俗儒不知變，兼并無可摧。』而此詩乃復以挫兼并爲非。」◎楊繪，字元素，漢州綿竹人。皇祐初進士第二人。官終天章閣待制，知杭州。嘗居無爲山，號無爲子。

東坡文章好譏刺，文與可戒以詩云：「北客若來休問事，西湖雖好莫吟詩。」晚年，郭功父[一]寄詩云：「莫向沙邊弄明月，夜深無數採珠人。」饒德操、黎介然、汪信民寓宿州，作詩有略詆及時事者，吕滎陽[二]聞之，作《麥熟》、《繰絲》等四詩[三]以諷止之。自此不復有前作。

[一]【全云】祥正。

[二]【全云】希哲。○吕希哲，字原明，公著之子。

[三]案「四」字似當從《童蒙訓》作「曲」。

【何云】事見《童蒙訓》。

【方樸山云】郭更醖藉有味。

【元圻案】羅大經《鶴林玉露》十：「東坡文章妙絕古今，而其病在於好譏刺。文與可戒以詩云云，蓋深恐其賈禍也。烏臺之勘，赤壁之貶，卒於不免。觀其《獄中》詩云『夢繞雲山心似鹿，魂飛湯火命如雞』，亦可哀矣。然纔出獄便賦詩云『卻對酒杯渾似夢，試拈詩筆已如神』，略無懲艾之意，何也？晚年自朱厓量移合浦，郭功甫寄詩云『君恩浩蕩似陽春，海外移來住海濱』云云，其意亦深矣。」◎葉石林《詩話》：「與可與子瞻中表兄弟，子瞻出爲杭州通判，與可送行詩有『北客西湖』之句。」◎吕氏《童蒙訓》下：「崇寧間，饒德操節、黎介然確、汪信民革同寓宿州，論文會課，時時作詩，亦有略詆及時事者。滎陽公聞之，深不以爲然。時公疾病方愈，作《麥熟》、《繅絲》等曲詩歌咏當世，以諷止饒、黎諸公。諸公得詩慚懼，遽詣公謝，且和公詩，如公之意，自此不復有前作矣。」◎張文潛《明道雜志》：「蘇惠州出守錢塘，來別潞公。公曰：『願君至杭少作詩，恐爲不相喜者誣謗。』再三言之，臨別上馬，笑曰：『若還興也，但有箋云。』時有吴處厚者，取蔡安州詩作注，蔡遂遇禍。故有『箋云』之戲。」①◎畢仲游《與東坡書》亦有「知畏於口，未畏於文」之語。◎郭祥正，字功甫，當塗人。熙寧中舉進士，官至汀州通判。著《青山集》三十卷。《宋史》有傳。◎饒節，字德操，撫州人。嘗爲曾布客，與語新法不合，乃祝髮（法）爲浮圖，更名如璧。嘗作偈云「閑攜經卷倚松立，試問客從何處來」，遂號倚松道人。《宋·藝文志》載《倚松集》十四卷。◎汪革，字信民，臨川人。紹聖四年試禮部第一，登甲科。蔡京當國，召爲宗子博士，力辭不就。年

---

① 見元陶宗儀《説郛》卷四十三下。

四十，卒，吕原明誌其墓。著《清溪集》十卷。◎《伊洛淵源録》：「滎陽公晚居宿州、真陽間十餘年，衣食不給，處之宴然。」◎今本《東萊詩集》二十卷，無《麥熟》等詩。

後山《答李端叔書》云：「蘇公之門有客四人：黄魯直、秦少游、晁无咎，則長公之客也；張文潛，則少公之客也。」魯直《以團茶洮州緑石硯贈无咎文潛》詩云：「晁子智囊可以括四海，張子筆端可以回萬牛。」文潛《贈李德載》詩云：「長公波濤萬頃陂，少公巉秀千尋麓。黄郎蕭蕭日下鶴，陳子峭峭霜中竹。秦文倩麗舒桃李，晁論峥嶸走珠玉。」可以見一時文獻之盛。

【元圻案】《陳後山集》九《答李端叔書》曰：「足下謂僕之文似兩蘇，人情喜於自伸，蔽於自知，至於擬之非其倫，譽之非其情，亦知避矣。兩公之門有客四人：黄魯直、秦少游、晁无咎，長公之客也；張文潛，少公之客也。僕自念不敢齒四士，而足下遽進僕於兩公之間，不亦怵乎？」◎晁補之，字无咎，鉅野人。事迹具《宋史·文苑傳》。◎陳氏《書録題解·别集類》中有《豫章》、《宛丘》、《後山》、《淮海》、《濟北》、《濟南》集各若干卷，云蜀刊本，號《蘇門六君子集》。案，濟北則晁无咎，濟南則李廌方叔。◎宋汪藻《浮溪集·書張文潛集後》云：「文潛名耒，譙郡人。元祐中，兩蘇公以文倡天下，從之遊者，公與黄魯直、秦少游、晁无咎，號『四學士』。而文潛之年爲最少，兩蘇公諸學士既相繼以殁，公巋然獨存，故詩文傳於世者尤多。」

「衣上六花非所好，畝間盈尺是吾心。」[一]「何由更得齊民暖，恨不偏於宿麥深。」[二]《雪詩》無出晏元獻殊、韓持國[三]之右。

[一] 晏元獻詩，《宋文鑑》取之。

[二] 韓持國詩。

[三] 【全云】維。

【何云】徑直少味，以詩論，非佳句。

【元圻案】《韓詩外傳》：「凡草木花多五出，雪花獨六出。六出者，陰數之極。」◎《宋書·符瑞志》：「大明五年正月元日，花雪降殿庭。右衛將軍謝莊下殿，雪集衣。還白，上以爲瑞，於是公卿並作花雪詩。」◎韓維，字持國，絳之弟。元祐初拜門下侍郎。有《南陽集》。

晏元獻詩：「二龍驂夏服，雙鶴記堯年。」宋元憲庠詩：「軒野龍催馭，堯宮鶴厭寒。」劉敬叔《異苑》：「太康[一]二年冬，大寒，南州人見二白鶴[二]於橋下，曰：『今茲寒，不減堯崩年。』」故山陵挽章用之。

[一] 晉元帝年號。

[二] 《異苑》原文「鶴」字下有「語」字。

【閻按】《蘇秦傳》：「今茲效之，明年又復求割地。」《後漢·明帝紀》：「昔歲五穀登衍，今兹蠶麥善收。」《左傳》多以「今兹」、「明年」或「昔歲」與「往年」相對言。

【元圻案】《山海經》：「大樂之野，夏后啓於此儛九代，乘兩龍。」◎《博物志》：「夏德之盛，二龍降之。禹使范承光御之行域外，既周而還。」◎《史記·封禪書》：「黄帝采首山銅，鑄鼎於荆山下。鼎既成，有龍垂胡髯下迎黄帝，黄帝上騎，羣臣後宮從上者七十餘人。」◎《四庫全書簡明目録·小説家類》：「《異苑》十卷。宋劉敬叔撰。所記皆神怪之事。」

《符瑞圖》：「日二黄人守者，外國人來降。」見《太平御覽》八百七十(三)〔二〕。宋景文《皇帝閣春帖子詞》云：「青帝回風還習習，黄人捧日故遲遲。」翟公巽云：「青女霜如失，黄人日故遲。」〔一〕

〔一〕【何云】拙。

【元圻案】翟汝文，字公巽，潤州丹陽人。登進士第，歷官參知政事，以伉直忤秦檜，罷歸。謚忠惠。《宋史》有傳。◎《文苑英華》二載唐人《二黄人守日賦》三篇。

司馬公《早朝》詩「太白明如李」，出《漢·天文志》孝成建始四年七月「熒惑逾歲星，居其東北半寸所如連李」。又《即事》云「雨不成遊布路歸」，〔二〕出《左傳》襄三十年「自朝布路而罷」。今《集》中皆注云「恐誤」，蓋未考也。

〔一〕今《傳家集》作「半路」。

【集證】《續漢天文志》：「安帝永初四年六月丙子，客星大如李。」

【元圻案】《金樓子》：「星如玉李，月上金波。」

「更無柳絮隨風舞，〔一〕惟有葵花向日傾」，〔二〕可以①見司馬公之心；〔三〕「浮雲世事改，孤月此心明」，見東坡公之心。

〔一〕【馬氏校云】「風舞」，元板作「風起」。

〔二〕案，此詩今《傳家集》不載。

〔三〕【何云】戴唐器云：「温公詩作於四月清和，則蜀葵花，非傾葉向日以庇其根者，似微於體物有誤。」

【元圻案】此坡公《次韻江晦叔》詩。

東坡《次韻朱公掞初夏》詩：「諫苑君方續承業，醉鄉我欲訪無功。」隋樂運，字承業，録夏、殷以來諫争事，名《諫苑》，文帝覽而嘉焉。注謂《南史》李承業作《諫

① 「可以」，元刊本、三箋本無。

苑》。誤矣。[一]

［一］【閻按】《南史》無所謂李承業。

【集證】《周書·顔之儀傳》:「樂運,字承業,南陽淯陽人,晉尚書令廣之八世孫。録夏、殷以來諫争事凡六百三十餘事,爲四十一卷,名曰《諫苑》。奏上之,文帝覽而嘉焉。」

【元圻案】國朝邵長蘅《蘇詩補注》尚仍施注之誤,豈偶未檢此條歟?◎《唐書·王績傳》:「績字無功。著《醉鄉記》以次劉伶《酒德頌》。」

《答王定國》詩:「謹勿怨謗讒,乃我得道資。淤泥生蓮花,糞土[一]出菌芝。賴此善知識,使我枯生荑。」此尹和静所謂「困窮拂鬱能堅人之志而熟人之仁」也。《詩》曰:「它山之石,可以攻玉。」

［一］何本作「糞壤」,今從閻本。

【元圻案】《維摩經》:「卑濕淤泥乃生蓮花。」◎柳宗元《與蕭俛書》:「雖朽枿腐敗,不能生植,猶足蒸出菌芝,以爲瑞物。」

「浮雲世事改,孤月此心明」,[一]坡公晚年所造深矣。

〔一〕【何云】再舉此二句①，亡國遺臣以自喻也。

夏均父詩：「欒城去聲色，老坡但稱快。嗚呼二法門，近古絶倫輩。」嘗觀欒城爲《歐陽公碑》云：「公之於文，雍容俯仰，不大聲色而義理自勝。」欒城評品文章至佳者，獨云「不帶聲色」，蓋得於公也。〔一〕歐陽公《與梅聖俞書》云：「快哉，快哉！老夫當避路，放他出一頭地。」〔二〕東坡看人文字，於所酷愛者但稱快而已，亦得於公也。〔三〕

〔一〕【何云】不帶聲色則有得於經矣，均父與「稱快」連類言之，非知文者也。

〔二〕即指東坡也。

〔三〕【何云】先王父選科舉之文，目曰《快編》，蓋用坡語，然但施之小題也。

【元圻案】吕紫微《序夏均父集》云：「吾友夏均父，賢而有文章，其於詩蓋得所謂『規矩備具而出於規矩之外』，所謂『無意於文之文而非有意於文之文』也。」◎《書録解題·别集類》：「《遠遊堂集》三卷。知江州蘄春夏倪均父撰。」◎劉後村曰：「均父，竦之諸孫，集中如擬陶、韋五

① 前舉見本卷「更無柳絮」條（頁一九六五）。

言，亹亹逼真，律詩用事琢句超出繩墨，言近旨遠，可以諷味。」①

陸務觀記東坡詩「翠欲流」，謂「蜀語鮮翠，猶言鮮明也」。愚按，嵇叔夜《琴賦》云「新衣翠粲」，李周翰注：「翠粲，鮮色。」李善注引《子虛賦》：「翕呷翠粲。」張揖曰：「翠粲，衣聲。」[一]《漢書》作「萃蔡」。【原注】萃音翠。[二]班倢伃賦見《漢書·外戚傳》。「紛綷縩兮紈素聲」，其義一也。[三]以鮮明爲翠，乃古語。

[一]以上皆李注。

[二]案，此王氏謂《司馬相如傳》與善注所引異字也。《集證》云「檢今本善注，無此語」，誤。「萃音翠」，引師古注。

[三]師古注：「綷縩，衣聲也。綷音于賄反，縩音蔡。」◎《琴賦》善注：「班婕伃《自傷賦》：『紛翠粲兮紈素聲。』《洛神賦》曰：『按羅衣之璀粲。』字雖不同，其義一也。」

【集證】《老學庵筆記》：「東坡《牡丹》詩：『一朵妖紅翠欲流。』初不曉爲何語。及遊成都木行街，大署市肆曰『郭家鮮翠紅紫鋪』，乃知蜀人『鮮翠』言鮮明也。」

【方樸山云】非坡公詩意。

① 《江西詩派小序》。

【程易田云】要知翠粲以爲鮮色確是色，以爲衣聲確是聲，蓋雙聲疊韻，兩文相合，大致形容之詞，以聲求之，不可典要，惟變所適，無庸箋注，聞其聲未有不知其解者矣。

錢氏《養新録》十九：「《説文》：『滜，新也。』七罪反。與翠同音。故謂鮮新爲鮮翠。」

後山云：「少好詩，老而不厭。及一見黄豫章，盡焚其稾而學焉。豫章以謂譬之弈焉，弟子高師一著，僅能及之，争先則後之。」此可爲學文之法。

【方樸山云】即外氏所云：「智過其師，方可傳授。」

【元圻案】《陳後山集》九《答秦覯書》云：「僕於詩初無師法，然少好之，老而不厭，數以千計。及一見黄豫章，盡焚其稾而學焉。豫章以謂譬之弈焉，弟子高師一著，僅能及之，争先則後矣。僕之詩，豫章之詩也。豫章之學博矣，而得法於杜少陵，其學少陵而不爲者也，故其詩近之，而其進則未也。故僕嘗謂豫章之詩如其人，近不可親，遠不可疏，非其好莫聞其聲。而僕負戴道上，人得易之，故談者謂僕詩過於豫章，足下觀之，則僕之所有從可知矣。」

東坡與歐陽晦夫詩三首。晦夫，名闢，桂州人。梅聖俞有詩送之云：「我家無梧桐，安可久留鳳？」東坡南遷至合浦，晦夫時爲石康令，出其詩稾數十幅，事見《桂林志》。注坡詩者以爲文忠之族，非也。

【元圻案】《東坡集》載爲歐陽晦夫賦詩三首，其一題云《梅聖俞之客歐陽晦夫使工畫茅庵，己居其中，一琴横牀而已。曹子方作詩四韻，僕和之云》。◎黄山谷《跋梅聖俞贈歐陽晦夫詩》曰：「歐陽君學詩於聖俞，又得贈行詩，今當爲掾龔州，待歲月於桂林里中。桂林主人今甚好文，晦夫行矣，往遊幕府，作嘉客，不獨過家上冢爲可樂也。」◎曾敏行《獨醒雜志》：「梅聖俞送歐陽闢晦夫詩有曰：『我家無梧桐，安可久棲鳳。鳳巢在桂林，烏哺不得共。』晦夫，桂林人，嘗從聖俞學，及其南歸，故以是詩贈之。蘇明允初在京師時，東坡與子由年甚少，人鮮有知者，聖俞獨奇之，故贈明允詩有云：『歲月不知老，家有雛鳳凰。百鳥戢羽翼，不敢呈文章。』後東坡謫海南，過合浦，始識晦夫，談論累日。晦夫因出聖俞贈行之詩，東坡讀畢，執晦夫手笑曰：『君年六十六，余雖少一，而白髮蒼顔，大略相似，困窮亦不甚相遠，聖俞所謂鳳，例如此。天下皆言聖俞以詩窮，吾二人又窮於聖俞之詩，可不大笑乎？』」◎《宋詩紀事》三十二：「歐陽闢，元祐六年進士，任石康令。」

《夏小正》：「九月榮鞠。」東坡《贈朱遜之》詩云：「黄花候秋節，遠自《夏小正》。」注止引《月令》，非也。【原注】司馬公《春帖子》「候雁來歸北，寒魚陟負冰」，亦用《夏小正》。

【元圻案】《夏小正》：「正月，雁北鄉。先言雁而後言鄉者何也？見雁而後數其鄉也。鄉者何也？鄉其居也。雁以北爲居，生且長焉耳。」又：「魚陟負冰。陟，升也。負冰云者，言解蟄也。」

山谷詩晚歲所得尤深，鶴山稱其「以草木文章發帝機杼，以花竹和氣驗人安樂」。[一]

[一]【何云】此即山谷詩中語。

【元圻案】山谷《次韻雨絲雲鶴》詩：「風光錯綜天經緯，草木文章帝機杼。」又《次韻答斌老病起獨遊東園》詩：「主人心安樂，（草木）〔花竹〕有和氣。時從物外賞，自益酒中味。」◎魏鶴山《黄太史集序》曰：「公黔戎之役，鼪狖之所嘷，木石之與居，間關百罹。然自今誦其遺文，則慮淡氣夷，無一毫憔悴隕穫之態。以草木文章發帝機杼，以花竹和氣驗人安樂。雖百歲之相後，猶使人躍躍興起也。」

《題蘇若蘭回文錦詩圖》云：「亦有英靈蘇蕙子，[一]只無悔過竇連波。」連波，竇滔字也。《武后記》云：「因述若蘭之多才，復美連波之悔過。」

[一]【馬氏校云】「子」，元板作「手」。

【元圻案】唐武后《蘇氏織錦回文記》曰：「朕聽政之暇，留心墳典，偶見此圖，因述若蘭之多才，復美連波之悔過，遂製此記，聊示將來。」見《文苑英華》八百三十（三）〔四〕。

《物理論》[一]云：「虛無之談，無異春蛙秋蟬，聒耳而已。」[二]山谷《演雅》「春

蛙夏蜩更嘈雜」，本於此。[三]

[一]【全云】楊泉作。

[二] 見《太平御覽》六百十七。

[三]【集證】《抱朴子·外篇·刺驕》云：「效上林喋喋之嗇夫，爲春鼃夏蜩①之聒耳。」又《廣譬》云：「春蛙長譁，而醜音見患於聒耳。」

【元圻案】陸佃《埤雅》二引《物理論》云：「虚無之談，尚其華藻，此猶春蛙秋蟬，聒耳而已。」

《題王黃州禹偁墨迹》：「掘地與斷木，智不如機舂。聖人懷餘巧，故爲萬物宗。」注不言所出。嘗觀孔融《肉刑論》云：「賢者所制，或逾聖人。水碓之巧，勝於斷木掘地。」[二] 此詩意本於此。機舂，即水碓也。

[一] 見《太平御覽》七百六十二。

【方樸山云】其意總取《莊子》所稱漢陰丈人。

【元圻案】《莊子·天地篇》：「子貢過漢陰，見一丈人爲圃畦，鑿隧而入井，抱甕而出灌，用力

---

① 「春鼃夏蜩」，《抱朴子》原文作「春蜩夏蠅」。

甚多而見功寡。子貢曰：『有械於此，一日浸百畦，夫子不欲乎？』丈人曰：『奈何？』曰：『鑿木爲機，後重前輕，挈水若抽，數如（沃）〔泆〕湯，其名桔橰。』爲圃者忿然作色而笑曰：『有機械者必有機事，有機事者必有機心。機心存乎胸中，則純白不備；純白不備，則神生不定；神生不定者，道之所不載也。吾非不知，羞而不爲也。』」

《立春》詩「看鏡道如咫」，出《汲冢周書·太子晉解》：「王子曰：遠人來驩，視道如尺。」

《呈吉老縣丞》詩：「觟𧣾今無種，蒲盧教未形。」注云：「觟𧣾，此兩姓，今無人。」按《太玄·難》上九①云：「角觟𧣾，終以直，其有犯。」二字與「解豸」同。亦見王充《論衡》，云：「一角之羊也。」注誤矣。〔一〕

〔一〕【何云】吉老，陳氏，時山谷爲太和令。詩在《外集》。

【又云】今本《太玄》作「其有施」，疑温公本與之不同。觟𧣾，今本作「解豸」。

【方樸山云】今本《太玄·難》上九：「角解豸，終以直，其有施。」不作觟𧣾。「有犯」字不可

① 「上九」，原本誤作「十九」，據元刊本、三箋本改。《太玄》正作「上九」。後方注亦據三箋本改。

解。今本作「其有施」者，注云：「終爲人别曲直，故可施行也。」則此「犯」字或誤。

【集證】《論衡·是應篇》：「觟䚦者，一角之羊也，性知有罪，皋陶治獄，其罪疑者令羊觸之。」《淮南子·主術訓》「楚文王好服觟冠」，注：「御史法冠也。」觟即獬字。《説文》：「觟，牝牂羊生角者。」「䚦，角傾也。」《漢書·司馬相如傳》：「推蜚廉，弄獬廌。」張揖曰：「獬廌似鹿而一角。」又作貐狣，見《廣雅·釋器》「貐狣，冠也」，音義並同。

【元圻案】今《廣雅》本亦有作「解豸」者。

「八百老彭嗟杖晚」，《以虎臂杖送李任道》詩。出《莊子釋文》：「彭祖至七百歲，猶曰悔不壽，恨杖晚而唾遠。」《逍遥遊釋文》引王逸注。「醇朴乃器師」，《次韻奉送公定》詩。二字出《荀子》。〔一〕

〔一〕【全云】此末二句另是一條。

【元圻案】《楚辭》王逸注：「彭祖至八百歲，猶悔不壽，恨枕高而眠遠也。」◎《荀子·解蔽篇》：「工精於器，而不可以爲器師。」

《江西道院賦》「堂密有美樅」，出《爾雅》注：「《尸子》謂松柏之鼠，不知堂密之有美樅。」

【集證】《爾雅·釋山》："山如堂者密。"《釋木》："樅，松葉柏身。"注凡兩引《尸子》。《藝文類聚》八十九及《爾雅》疏引作《尸子·綽子篇》。

後山挽司馬公云："輟耕扶日月，起廢極吹噓。"與老杜《屏迹》詩"桑麻深雨露，燕雀半生成"相似。生成、吹噓，字若輕而實重。

【元圻案】宋任淵《陳後山詩注》，《丞相温公挽詞》第三首注云："公既執政，士大夫得罪於熙、豐者，極力薦引而用之。『日月』、『吹噓』，字雖不對，而事勢氣象實相等，此詩人之妙也。《魏志》：『鄭渾曰：孔公緒能清談高論，噓枯吹生。』杜詩：『惟待吹噓送上天。』"◎《鶴林玉露》十三謂："生爲造，成爲化；吹爲陰，噓爲陽。氣勢力量與『日月』字正相配也。"◎姚令威《西溪叢語》："山谷稱後山《温公挽詞》云：『政雖隨日化，身已要人扶』一聯，其才不可敵。"

張文潛《咏孔光》云："試問不言温室木，[一]何如休望董賢車。"[二]仲彌性《咏韋執誼不看嶺南圖》云："政恐崖州如有北，卻應未肯受讒夫。"二詩誅姦諛之蕭斧也。

[一]案錢氏大昕曰："改樹爲木，避英宗嫌名。"

[二]【何云】文潛句亦未工，況此本人人所能道。

【元圻案】《漢書·孔光傳》：「光典樞機十餘年，沐日歸休，兄弟妻子燕語，終不及朝省政事。或問光：『温室省中樹皆何木也？』光嘿不應，更答以它語，其不泄如是。」《佞倖傳》：「董賢與光並爲三公，上故令賢私過光。光雅恭敬，知上欲尊寵賢，及聞賢當來也，光警戒衣冠出門待，望見賢車乃卻入。賢至中門，光入閤，既下車，乃出拜謁，送迎甚謹，不敢以賓客均敵之禮。賢繇是權與人主侔矣。」◎《唐書·韋執誼傳》：「順宗立，以疾不親政，叔文用事，乃擢執誼爲尚書左丞、同中書門下平章政事。憲宗受内禪，流叔文、伾，貶執誼爲崖州司户參軍。執誼未顯時，不喜人言嶺南州縣。既爲郎，嘗詣職方觀圖，至嶺南輒瞑目，命撤去。及爲相，所坐堂有圖，不就省。既易旬，試觀之，崖州圖也，以爲不祥，惡之。果貶死。」◎《四庫全書總目·別集類》：「《浮山集》十卷。宋仲并撰。并字彌性，江都人。周必大《平園集》有所作并集序，稱并『以紹興壬子擢進士。甲寅以丞相朱勝非論薦，改京秩，尋補外去。丁巳，復以張浚薦，召至闕。爲秦檜所阻，改倅京口，自是閒退者二十年。孝宗即位，擢光禄丞，出知蘄州』。」◎桓譚《新論》：「雍門周説孟嘗君曰：『以强秦之勢伐弱韓，譬猶磨蕭斧以伐朝菌也。』」◎李泰伯《咏孔光》云：「王莽欲爲先與草，董賢將過自迎門。省中樹木何閑事，卻對妻孥不肯言。」與文潛詩同意。

朱雲爲槐里令，上書求見，而即得對，成帝時言路猶未塞也。張文潛詩曰：「直言請劍斬安昌，勿謂朱游只素狂。君看漢家文景業，張侯能以一言亡。」①

【元圻案】《韻語陽秋》載宋子京一絶云：「朱游英氣凜生風，濱死危言動帝聽。殿檻不修旌直諫，安昌依舊漢三公。」似更藴藉。

南豐《麻姑山》詩送南城羅尉，倣《廬山高》而不逮，絶唱寡和也。

【元圻案】《黄氏日抄》六十三《讀曾子固文集五》：「《麻姑山送南城羅尉》詩可與歐公《廬山高》爲對。」厚齋蓋不以爲然也，故云爾。◎歐陽公《廬山高》，贈同年劉中允歸南康作也，詩在《文忠集·古詩二》。南豐《麻姑山送南城尉羅君》詩在《元豐類稿》八《歌行》中。又卷二有《遊麻姑山》詩，亦七言古，非厚齋所指。◎《石林詩話》記歐公語曰：「吾詩《廬山高》，今人莫能，惟太白能之。」◎《王直方詩話》：「郭功父過梅聖俞，爲誦永叔《廬山高》詩，聖俞擊節嘆賞曰：『使吾更作詩三十年，亦不能道其一句。』」

唐子西《湖上》詩「佳月明作哲，好風聖之清」，[一]本於李誠之「山如仁者静，風似聖之清。」[二]朱新仲翌「無人馬爲二，對飲月成三」，[三]本於秦少游《寧浦書事》「身與

① 《朱雲》。

杖藜爲二，影將明月成三。」[四]陸務觀《自東涇度小嶺聞有地可卜庵喜而有賦》「誰其云者兩黄鵠，[五]何以報之雙玉盤」，本於新仲《東津送方務德》詩「何以報之青玉案，我姑酌彼黄金罍」。[六]葉少藴「逸人舊住子午谷，詩客獨尋丁卯橋」，務觀用之。程致道俱「明知計出柏馬下，正擬身全木雁中」，[七]敖器之陶孫用之。

［一］【何云】以詩論總不佳。

［二］此二句楊誠齋《詩話》取之。

［三］【何云】上句出《沈慶之傳》。○今本《灊山集》此詩已佚。

［四］案，《淮海集》作「對月和影成三」，誤也，當據此正之。

【何云】「馬爲二」、「月成三」作對，仍不類，唐人必無是也。秦句勝。

［五］【何云】添「其」字。

［六］此二句《後村詩話》取之。

［七］【何云】句太板。○此程致道《葺蝸廬吴下用葉翰林見寄詩韻作》也，見《北山集》卷十。鄭虎臣《吴都文粹》亦載其全篇。

【元圻案】《江湖集》有敖器之《臞翁集》二卷，不載用程致道「柏馬木雁」之句，蓋已佚矣。◎《唐子西集》二十四卷，《四庫書》著録。子西名庚，眉山人。◎《劉後村詩話》：「子西詩文皆高，其出稍晚，使及坡門，當不在秦、晁之下。」◎晁氏《讀書志》：「《李誠之集》三卷。李師中，字誠之。唐子方貶春州，誠之嘗有詩送行，盛傳一時。」◎朱翌新仲《灊山集》三卷，《四庫書》從《永樂大典》録出。◎《南史·沈慶之傳》：「慶之加三望車，謂人曰：『我每遊履田間，有人時與馬成三，無人與馬成二。今乘此車，安所之乎？』」◎李太白詩：「舉杯邀明月，對影成三人。」①◎《漢書·翟方進傳》：「方進，字子威。初，汝南有鴻隙大陂，郡以爲饒。方進爲相，奏罷之。王莽時常(楛)〔枯〕旱，(鄉)〔郡〕中追怨，謡曰：『壞陂誰，翟子威。飯我豆食羹芋魁。反乎覆，陂當復。誰云者，兩黄鵠。』」◎張衡詩：「美人贈我青琅玕，何以報之雙玉盤。」又：「美人贈我錦繡段，何以報之青玉案。」②◎《三秦記》：「長安正南名秦嶺，谷名子午。」③杜子美《玄都壇歌》：「故人今居子午谷，獨在陰崖結茅屋。」◎《一統志》：「鎮江丁卯橋在府城南，晉元帝子裒鎮廣陵，運糧出京口，因水涸，奏請立埭，用丁卯日。後人建橋，遂名。唐許渾築别業於橋側，有《夜歸丁卯橋村舍》詩。」◎韓退之《招揚之罘》詩：「柏生兩石間，萬歲終不大。野馬不識人，難以駕車蓋。柏移就平地，馬羈入廄中。馬思自由悲，柏有傷根容。傷根柏不死，千丈日以至。馬悲罷還樂，振迅矜鞍轡。之罘南山來，文字得我驚。館置使讀書，日有求歸聲。我令之罘歸，失得柏與

①《月下獨酌》。
②《四愁詩》。
③見《史記·樊噲列傳索隱》引。

馬。之罘别我去，計出柏馬下。」後之工畫者遂作爲《柏石圖》，東坡作詩爲之銘。◎《莊子·外篇·山木》：「莊子行於山中，見大木枝葉盛茂，伐木者止其旁而不取也。問其故，曰：『無所可用。』莊子曰：『此木以不材得終其天年。』夫子出於山，舍於故人之家，故人喜，命豎子殺雁而烹之。豎子請曰：『其一能鳴，其一不能鳴。請奚殺？』主人曰：『殺不能鳴者。』明日，弟子問於莊子曰：『山中之木以不材得終其天年，今主人之雁以不材死，先生將何處？』莊子笑曰：『周將處夫材與不材之間。』」◎敖器之，名陶孫，長樂人，有《臞翁集》。慶元初，韓侂胄既逐趙忠定，器之題詩於三元樓壁，落句云：「九泉若遇韓忠獻，休道如今有末孫。」捕者至，易服而免。事見葉紹翁《四朝聞見録》。◎朱新仲，名翌，桐鄉人。政和進士。周益公爲作集序，以比杜牧之。

或問崔德符作詩之要，曰：「但多讀而勿使，斯爲善。」張芸叟《晚作樂府百餘篇自序》云：「年逾耳順，方敢言詩。」【原注】「未窺六甲，先製五言」者，觀此可以戒。

【何云】高適五十始爲詩。

【又云】「博觀而約取，厚積而薄發」[①]，東坡教也。

【又云】山谷《與秦少章》云：「二十年來，學士大夫有功於翰墨者爲不少，卓爾名家者則未

① 《稼説》。

多，蓋嘗深求其故，病在欲速成耳。夫四時之運，天德也，不能即春而爲冬，斷可識矣。」

【元圻案】宋徐度《卻掃編》中：「陳參政去非，少學詩於崔鶠德符，嘗請問作詩之要。崔曰：『凡作詩，工拙所未論，大要忌俗而已。天下書雖不可不讀，然愼不可有意於用事。』」◎《書録解題·別集類》：「《婆娑集》三十卷。右正言陽翟崔鶠撰。鶠坐元符上書邪等，廢於家，治圃號婆娑。靖康初，召爲諫官，力論馮澥之罪。忽得攣疾，卒。」◎隋李諤《上隋高祖書》曰：「閭里童昏，貴遊總丱。未窺六甲，先製五言。」①

曾文昭公[一]《河間》詩云：「南北車書久混同，河間今有楚人風。獨慚太守非何武，已見州閭出兩龔。」謂彥和兄弟也。《童蒙訓》以爲曾子宣布作，恐誤。

[一]【全云】肇，字子開。

【元圻案】肇，鞏、布之弟。治平四年進士，官至中書舍人、龍圖閣學士，以元祐黨籍貶濮州團練副使。紹興初，追謚文昭。《宋史》有傳。著《曲阜集》四卷，《四庫全書》著録。◎呂居仁《童蒙訓》上：「龔殿（浣）〔院〕彥和夬，清介自立，少有重名。元祐間僉判瀛州，與弟大壯同行。大壯尤特立不羣，曾子宣帥瀛，欲見，不可得。一日，徑過彥和，邀其弟出，不可辭也，

① 見《隋書·李諤傳》。

遂出相見，即爲置酒，從容終日，乃去。因題詩壁間，其兩句云：『自慚太守非何武，得向河間見兩龔。』紹聖中，彦和爲御史，大壯力勸其兄早退，彦和遂去。大壯不幸早卒。」◎曾子宣、子開先後知瀛州，吕氏蓋因此而誤。《東都事略·龔夬傳》：「夬，瀛州人。」吕氏謂夬僉判瀛州，亦恐未確。◎《漢書·兩龔傳》：「兩龔皆楚人也，勝字君賓，舍字君倩。二人相友，並著名節，故世謂之楚兩龔。」又《何武傳》：「武好進士，獎稱人之善。爲楚内史，厚兩龔；在沛郡，厚兩唐。」

徐師川[一]以諫議召，程致道在西垣，封還除書，言與中貴人唱和「魚須」[二]之句，爲人所傳。[三]朱文公《語録》云：「師川遊廬山，遇宦者鄭諶，與之詩。」後村[四]謂：「徐集不載『魚須』之篇。」愚考集中有《次韻鄭本然居士》云：「頗知鶴脛緣詩瘦，早棄魚須伴我閑。」本然居士，豈即鄭諶歟？[五]【原注】魚須，笏也。

[一]【全云】名俯，山谷甥。

[二]【何云】音須。

[三]此劄見《北山集》中。

[四]【閻按】劉克莊號。

[五]【何云】《與鄭諶》詩云：「平生不善劉蕡策，色色門中皆有人。」朱子云：「後入樞府，鄭時

適用事，模樣似有力焉。」①

【又云】師川得至兩府，亦緣其不汙邦昌僞命，其父又死事耳。當時士大夫持論亦似刻。

【全云】《中興聖政記》：「紹興七年四月戊戌，御批鄭（湛）〔諶〕帶御器械。翌日，上諭宰相曰：『昨召用徐俯，外議謂湛所薦，朕何嘗容内侍薦人？止緣黄庭堅文集有云徐甥者，後因胡直孺薦俯自代，朕問之，知其爲人。今湛新命，又恐外間紛紛，不若止與在外宫祠。』」則師川之謗，高宗已自辯之矣。

【又云】《揮麈録》：紹興十四年，以徐琛提點浙西刑獄。②琛者，秦檜之中表，而俯族弟也。時俯已卒，檜知上眷俯未衰，乃曰：「徐俯身後伶俜可憐，有弟琛，能嗣俯業，願陛下用之。」故有是命。其後至貳卿。然則師川之獨結主知，不由湛薦明矣。

【又云】思陵好山谷詩，而師川在山谷諸甥中最有名，故用之，不以其父死事及師川之不汙僞命也。當時不汙僞命者尚有喻汝礪，亦竟不用。至死事之孤，淪落更多。何氏之説非也。

【元圻案】《書録解題·詩集類》：「《東湖集》三卷。樞密豫章徐俯師川撰。禧之子，亦魯直

---

① 《朱子語類》卷一百三十二。

② 「紹興」云云，不在《揮麈録》中，見《建炎以來繫年要録》卷一百五十三。又，「十四年」當爲「十五年」。

諸甥也。思陵以黄庭堅故召用之，丞相吕頤浩作書，具道上旨，而一時或言其由中人以進。其初除大坡也，程俱在西掖，繳奏不行，奉祠去，其然乎否耶？然俯在位，亦不聞有所建明也。」

朱新仲《咏顔魯公畫像》云：「千五百年如烈日，二十四州唯一人。」[一]又《咏昭君》云：「當時夫死若求歸，凛然義動單于府。[二]不知出此肯隨俗，顔色如花心糞土。」[三]

[一]此二句《後村詩話續集》取之。

[二]【何云】「府」字用不得，此西漢人，不得如後來有單于府也。

[三]【閻按】《後漢書·南匈奴傳》：「呼韓邪死，前閼氏子欲妻之，昭君上書求歸，成帝敕令從其俗。」

【何云】昭君只當惜其淪落，無容更求備也。欲論高而至不近情，文章所戒。

【又云】新仲不知《後漢書》中本有求歸事，未深諒其曲折，豈不蒙冤哉！

【程易田云】新仲詩正是藍本《後漢書》，觀詩中一「肯」字，言敕令從俗即肯隨之也。

【元圻案】《昭君》詩，今本《灊山集》佚。

《本草》：「菊，一名傅延年。」朱新仲詩：「三徑誰從陶靖節？重陽惟有傅延年。」【原注】前未有用者。

【何云】句法卻不佳。

【元圻案】此詩今本佚。

梁文靖公【原注】克家。《梅花》詩云：「九鼎燮調終有待，百花羞澀敢言芳。」用王沂公之意，亦魁天下，位宰相。[一]然梁公之句，失於雕琢。[二]

[一]【何云】偶然耳。

[二]【何云】村俗有之。

【元圻案】《楊文公談苑》：「王曾布衣時，以《梅花》詩獻呂蒙正云：『而今未問和羹事，且向百花頭上開。』呂云：『此生已安排狀元宰相也。』」葉石林《燕語》亦載此事，以爲王沂公以行參見薛簡肅。◎《梅磵詩話》：「梁鄭公克家未第時，爲潮州揭陽宰館客，寓縣治東齋。齋前有梅一株，忽於九月中盛開，邑人殊以爲異。公賦詩云云。明年廷對魁天下，孝宗朝拜相。」◎梁克家，字叔子，晉江人。紹興三十年進士第一。孝宗朝拜右丞相，封儀國公，謚文靖。

誠齋始學江西，既而學五字律於後山，學七字絶句於半山，[一]最後學絶句於唐人。

[一]【閻按】半山，王安石號。

【元圻案】誠齋《江湖集自序》云：「予少作有詩千餘篇，至紹興壬午七月，皆焚之，大概江西體也。今所存《江湖集》者，蓋學後山、半山及唐人者也。」又《荆溪集自序》曰：「予之詩始學江西諸君子，既又學後山五字律，既又學半山老人七字絶句，晚乃學絶句於唐人。」

誠齋《讀貞觀政要》云：「拔士新豐逆旅中，懷賢鴨緑水波東。酒傾一斗鳶肩客，醋設三杯羊鼻公。」【原注】羊鼻公謂魏鄭公，見《龍城録》。

【元圻案】《唐書·馬周傳》：「周字賓王，博州茌平人。周舍新豐，逆旅主人不之顧。周命酒一斗八升，悠然獨酌，衆異之。至長安，舍中郎將常何家。貞觀五年，詔百官言得失，何，武人，不涉學，周爲條二十餘事，皆當世所切。太宗怪問何，何曰：『家臣馬周教臣言之。』帝召見，與語，大悦，詔直門下省。岑文本曰：『馬君鳶肩火色，騰上必速，恐不能久。』」《魏徵傳》：「遼東之役，高麗靺鞨犯陳，李勣等力戰，破之。軍還，悵然曰：『魏徵若在，吾有此行耶？』即召其家到行在，賜勞妻子，以少牢祠其墓。」又《東夷傳》：「高麗馬訾水出靺鞨之白山，色若鴨頭，名曰鴨緑江。」◎《龍城録》：「魏左相忠言讜論，贊襄萬機。有日退朝，太宗笑謂侍臣曰：『此羊鼻公，不知遺何好而能動其情？』侍臣曰：『魏徵好嗜醋芹，每食之，欣然稱快。此見其真態也。』明日召賜食，有醋芹三杯，公見之，欣喜翼然，食未竟而芹已盡。」

攻媿記張武子之語，水禽有名信天公者。按《晁景迂集》：「黄河有信天緣，常開口待魚。」[二]

［二］【全云】張武子名良臣，號雪窗。

【又云】此朱灊山語，非雪窗。灊山則本之景迂。

【元圻案】樓鑰《攻媿集·書張武子詩集後》曰：「武子，拱人也，家於四明。隆興初，與余爲同年生。閉門讀書，室中無一物。或謂：『君不爲歲晚計？』君曰：『水禽有名信天翁者，食魚而不能捕，兀立沙上，俟他禽偶墜魚於前，乃拾之，然未聞有餓死者。』其夷澹雅謔類此。」劉應時良佐《寄張武子》詩云：「霽月耿東南，流光淨如洗。幽人懷夜光，掬水弄清泚。春雲多態度，蒸藴出山麓。舒卷無定蹤，形容勞遠目。可人古錦囊，多乎斯二者。造物發天藏，筆端妙陶冶。」其平生高致可以想見。◎周益公《張良臣雪窗集序》曰：「襄邑張良臣，字武子，家於四明。擢隆興進士第，日從魏南夫、史直翁二丞相游。他人朱紫，君困青衫；他人鍾鼎，君樂簞瓢。淳熙末，始管庫行都，朝士稍稍知而愛之，謂宜掌故六曹，馴致館學，而君病不可爲。」又曰：「君之弟堯臣亦工詩。」◎《景迂生集》卷四《黄河多淘河之屬，有曰漫畫者，常以觜畫水求魚；有曰信天緣者，常開口待魚。感之，賦三詩》：「淘河復淘河，后土激浪沙分波，大石羽轉雜龍鼉，汝欲澄清力幾多。官家費盡水衡錢，萬夫政待汝漪漣，天上有河鵲以填，可增汝漫髡其巔。虚名贋何常，休譏汝在梁。」右《淘河》。「漫畫復漫畫，河尾沙軟喙一尺，天生剛啄不解禿，倦魚薄淺幸有脱。謀拙力百費，何處有金翅，饑腸倚暮煙，慚愧信天緣。」右《漫畫》。「信天緣，何爲者？非達亦非賢，終朝開口不敢仰，待魚落味急下咽。大魚變化小魚黠，誰肯效命於爾前。皇天日月高，無心憐爾曹。幾欲强求索，豈不鑑漫畫。」右《信天緣》。

蘇雲卿，廣漢人，隱東湖。張魏公爲相，使帥漕挽其來。一夕遁去，不知所之。真文忠爲詩曰：「魏公孤忠如孔明，赤手能支天柱傾。蘇公高節如子陵，寸膠解使黄河清。等是世間少不得，問津耦耕各其適。後人未可輕雌黄，兩翁之心秋月白。」

【元圻案】文忠此詩題曰《題隱者蘇翁事迹》，此條首數語即本詩小序也。又自注云：「卷中有詩譏魏公不足與有爲者，故云。」◎宋劉子翬《蘇雲卿傳》曰：「蘇雲卿，廣漢人。紹興間，來豫章東湖，結廬獨居，人稱曰蘇翁。少與張浚爲布衣交，浚後爲相，屬豫章帥及漕致之。帥、漕密物色，獨有灌園蘇公，無雲卿也。屏騎從，易服爲遊士，入其圃，翁連鋤不顧。進揖之，延入室，叩其鄉里，曰：『廣漢。』客曰：『張德遠，廣漢人，翁當識之。』曰：『然。』客曰：『德遠何如人？』曰：『賢人也。第長於知君子，短於知小人。德有餘而才不足。』二客因出書幣，請共載，辭不可，期以詰朝上謁。遣使迎問，則扃户闃然，竟不知所終。」張世南《遊宦紀聞》載宋自適記蘇翁本末，其詞略同。◎蘇翁《還張魏公書幣題詩蔬圃壁間》云：「多年別作一番風，誰料聲名達帝聰。自有時人求富貴，莫將富貴汙蘇公。」

南塘[一]挽趙忠定公汝愚云：「空令考亭老，垂白注《離騷》。」楊楫《跋楚辭集注》云：「慶元乙卯，治黨人方急，趙公謫死於道。先生憂時之意，屢形於色。一日，示學者以所釋《楚辭》一篇。」

[一]【閻按】南塘，趙汝談號。

【元圻案】《慶元黨禁》：「寧宗慶元元年十一月，御史胡紘奏趙汝愚唱引僞徒，深爲不軌，責授寧遠軍節度副使，永州安置。朱子時家居，草封事數萬言，極陳姦邪蔽主之禍，以明汝愚之冤。子弟諸生更進迭諫，以爲必至賈禍，不聽。蔡元定請以蓍決之，遇《遯》之《同人》。朱子默然，取奏稿焚之，因更號遯翁，遂以疾乞休致。汝愚既責零陵，過衡陽而病，又爲守臣錢鍪所窘，遂服藥而卒，天下冤之。」◎周密《齊東野語》記紹熙内禪事曰：「趙汝愚永州安置，至衡州而卒。朱元晦爲之注《離騷》以寄意焉。」◎趙汝談，字履常，號南塘，太宗八世孫。

孫燭湖[一]《讀通鑑》詩：「簿書流汗走君房，那得狂奴故意降？努力諸公了臺閣，不煩魚雁到桐江。」又曰①：「清濁無心陳仲弓，圓機聊救漢諸公。末流不料兒孫誤，千古黄初佐命功。」朱文公謂：「二絶甚佳。」

---

① 「曰」，原本無，據元刊本、三箋本補。

［二］【閻按】燭湖名應時，餘姚孫氏祖之。

【何云】詩不工。

【元圻案】《後漢書・逸民・嚴光傳》：「光字子陵，一名遵，會稽餘姚人也。少有高名，與光武同遊學。及光武即位，遣使聘之，三反而後至。司徒侯霸與光素舊，遣使奉書。光曰：『君房足下：位至鼎足，甚善。懷仁輔義天下悦，阿諛順旨要領絶。』霸得書，封奏之，帝笑曰：『狂奴故態也。』車駕即日臨其館，光卧不起。除爲諫議大夫，不屈，乃耕於富春山。」注，顧野王《輿地志》曰：「七里瀨在東陽江下，與嚴陵瀨相接，有嚴山。桐廬縣南有嚴子陵釣魚處。」又《陳寔傳》：「寔字仲弓，潁川許人也。時中常侍張讓權傾天下，讓父死，歸葬潁川，雖一郡畢至，而名士無往者，讓甚恥之，寔乃獨弔焉。及後復誅黨人，讓以寔故，多所全宥。」寔子紀，紀子羣，爲魏司空。」◎朱子《答孫季和書》云：「子陵、仲弓二絶甚佳。嘗觀荀淑能譏刺梁氏，而爽已不敢忤董卓，至彧遂爲唐衡之壻、曹操之臣。人家祖父壁立千仞，子孫猶自〔倒〕東來西，況〔況〕太丘制行如此，其末流之弊，爲賊佐命，亦何足怪哉？」◎孫應時，字季和，自號燭湖居士，餘姚人。從學朱子之門。有《燭湖集》二十二卷，《四庫全書》著録。

平園周益公號。詩「生戎馬」、「死佛貍」，荆公詩①「生白」、「殺青」，皆佳對。

① 「詩」，原本脱，據元刊本、三箋本補。

【何云】皆不工。

【元圻案】周益公《省齋文稿》二《送湯相守紹興》詩：「漢辟蕭居守，周興畢保釐。安危元注相，中外自隨宜。憶昨生戎馬，誰知死佛貍。天其永我命，王乃大巡師」云云。◎王荆公《和楊樂道見寄》詩：「殺青滿架書新繕，生白當窗室久虛。」李壁注：「劉向《戰國策序》曰：『皆定以殺青，書（書）〔畫〕可繕寫。』《列子釋文》謂汗簡刮去青皮也。應劭《風俗通》：『殺青，作簡書之新竹有汗，後皆蠹。故作簡者於火上炙乾之。』《莊子》：『虛室生白，吉祥攸止。』」◎老子《道德經》四十六章：「天下無道，戎馬生於郊。」◎杜詩：「不謂生戎馬，何知共酒杯。」①◎《宋書》七十四《臧質傳》，質答魏太武書曰：「省示，具悉姦懷。爾自恃四脚，屢犯國疆，諸如此事，不可具說。王玄謨退於東，梁坦散於西，爾謂何以不聞童謡言邪：『虜馬飲江水，佛貍死卯年。』此期未至，以二軍開飲江之徑爾。」◎《史通》：「佛貍飲馬長江，宋之武功不競。」◎佛貍，魏太武小字。◎元張雨《題孫叔明雪齋》詩云：「生白定知虛室妙，殺青唯積古書多。」本於荆公。

鶴山詩：「只期玉女是用諫，肯爲金夫不有躬。」本於「玉汝」、「金吾」之對。

【何云】惡對。

① 《鄭駙馬池臺喜遇鄭廣文同飲》。

【元圻案】魏鶴山《李微之心傳聞其弟貫之道傳西歸，以詩迓之，劉左史光祖和韻，屬余同賦》第二首云：「只期玉女是用諫，肯爲金夫不有躬。想見江西兩膚使，天涯顛頷鬢成翁。」自注云：「并謂真景元也。」◎朱翌《猗覺寮雜記》曰：「世傳『不逢韓玉汝』，有應聲對曰：『可怕李金吾。』唐有孫玉汝，則玉汝爲名字不始於韓。」◎《容齋隨筆》：「韓莊敏公縝，字玉汝。按唐《登科記》，會昌四年及第進士有孫玉汝。《李景讓傳》『劾罷御史孫玉汝』，蓋其人也。」◎《全唐文》載孫玉汝《金機賦》一篇。◎《漢書·百官公卿表》：「中尉，秦官。武帝太初(三)〔元〕年更名執金吾。」師古注：「金吾，鳥名，主辟不祥。」◎《苕溪漁隱叢話》：「東坡云：韓縝爲秦州，酷暴少恩，以賊殺不辜去官。秦人語云：『寧逢乳虎，莫逢韓玉汝。』孫臨善滑稽，尤善對，或曰『不逢韓玉汝』當以何對？臨應聲曰：『可怕李金吾。』天下以爲口實。『可怕李金吾』乃杜子美詩也。」◎杜詩：「醉歸應犯夜，可怕李金吾。」①

林和靖詩「怪書披月看銅牆」，放翁文有「銅牆鬼炊」之語，出東方朔《神異經》。〔一〕

〔一〕【閻按】天隨子《四明山詩序》中有此，誤以爲放翁也②。

① 《陪李金吾花下飲》。
② 宋陸游《祭曾原伯大卿文》：「冢書壁簡，銅牆鬼炊，不足以名其博。」閻氏失檢。

【元圻案】林和靖《寄玉梁施道士》詩：「子雲遺搆住丹房，天鼓時聞數叩霜。真景截波尋鐵柱，怪書披月看銅牆。」◎唐陸（羽）〔龜蒙〕《甫里集》六《四明山詩序》曰：「謝遺塵者，有道之士也，嘗隱於四明之南雷。一旦訪予來，語不及世務，且曰：『吾得於玉泉生，知子性誕逸，樂神僊中書，探海岳遺事，以期方外之交，雖銅牆鬼炊、虎獄劍餌，無不窺也。』」◎《神異經·中荒經》：「西南裔外老壽山，以黄銅爲牆。東北有鬼星石室，三百户共一門，石牓，題曰『鬼門』。鬼門晝日不開，至暮即有人語，有火，青色。」

「田園圖史分貧富，鼎鼐樓臺辨有無。」洪舜俞詩，用龐穎公、寇萊公事。〔一〕

〔一〕【閻按】龐籍作《退老》詩：「田園貧宰相，圖史富書生。」①

【何本載閻云】不如云「論貧富」、「説有無」。

【何又云】「辨」字拙，然對甚的。

【集證】吴處厚《青箱雜記》：「夏文莊公謫守黄州時，龐公爲郡掾。龐嘗有疾，文莊親臨之，曰：『異日管爲貧宰相，亦有年壽。』故龐公晚年退老，作詩述其事。」

【元圻案】孔平仲《續世説》曰：「寇萊公出入將相，不營私第。魏野贈詩曰：『有官居鼎

① 此條注三箋本爲「何云」。

鼐，無地起樓臺。』」◎洪舜俞，名咨夔，於潛人。嘉定元年進士，理宗朝累官刑部尚書、翰林學士、知制誥，謚忠文。有《平齋集》三十二卷，《四庫全書》著録。

本朝絶句，有夾漈鄭樵《咏漢高祖》五言，乃唐于季子詩。又荆公絶句《咏叔孫通》，亦見《宋景文公集》。

【元圻案】王荆公《嘲叔孫通》云：「馬上功成不喜文，叔孫綿蕝共經綸。諸君可笑貪君賜，便許當時作聖人。」李壁注：「或云此詩宋景文作。」

《演蕃露》云：「摶黍爲鶯，不知何出。」蓋未考《詩·葛覃》注也。《緗素雜記》不知「麥秋」出《月令》，亦此類。《能改齋漫録》考古語所出，詳且博矣，然「首如飛蓬」見於《詩》，乃以左思賦爲始；「樹桃李者夏得休息」，見於《説苑》，乃以狄梁公事爲始。若此者非一，是以君子無輕立論。

【元圻案】《演繁露》六：「或論仁人明道不計功，曰：『人有能輕摶黍者，不能無意於百金；有能輕百金者，不能無意於拱璧。』數以『摶黍』問人，人無知者。《吕氏春秋》曰：『今以百金與摶黍以示兒子，兒子必取摶黍也；以和氏之璧與百金以示鄙人，鄙人必取百金矣。』論蓋取此語以爲之據也。禰衡在黄祖坐上，黍臛至，衡先自飽食畢，摶以戲弄。祖怒其戲謾。此即摶黍也。並見《御覽》八百四十一。或以爲搏黍，黄鳥也。王介甫詩：『蕭蕭搏黍聲中日，漠漠春鋤影外天。』説春鋤，白鷺也，以鷺對鶯也。但不知搏黍之爲黄鶯何出耳。」◎《詩·葛覃》注：「黄鳥，搏黍也。」正義曰：「《釋鳥》云：『皇，黄鳥。』舍人云：『皇名黄鳥。』郭璞曰：『俗呼黄離流，亦云搏黍。』陸璣《疏》云：『黄鳥，黄鸝留也，或謂之黄栗留。幽州人謂之黄鶯。一名倉庚，一名鴽黄，一名楚雀。齊人謂之搏黍。』」◎《演繁露》三「緗素雜記」：「靖康間閩人黄朝俊所作也，辨正世傳名物音義，多有歸宿，而時有闕疑者。至釋宋子京《刈麥》詩，以四月而曰爲麥秋，按《北史·蘇綽傳》『麥秋在野』，其名遠矣，是未嘗讀《月令》也。以此見博記之難。」按黄朝俊，今本《緗素雜記》作朝英。◎宋葉大慶《考古質疑》四：「前輩稱李絢和杜祁公詩：『收得桑榆歸物外，種成桃李滿人間。』桑榆事見《淮南子》。至若『種成桃李』，本狄仁傑與裴耀卿事爾。按仁傑《家傳》：『仁傑薦張柬之、袁恕己、桓彦範、崔元暐、敬暉，五公咸出門下，皆州縣官拔至顯位。』以爲五公一代之盛桃李也。又《談藪》：王泠然《上裴耀卿書》曰：『拾遺補闕，寧有種乎？僕不佞，亦相公一株桃李也。』《通鑑》載仁傑事：『或曰：「天下桃李，悉在公門矣。」仁傑曰：「薦賢爲國，非爲私也。」』又唐人詩譏李德裕曰：『閒園不解栽桃李，滿地惟聞種蒺藜。』楊汝士詩曰：『文章舊價留鸞掖，桃李新陰在鯉庭。』用桃李事者多矣。竊謂事之所本，其來自古，非起於唐。按《韓詩外傳》云：『子質事魏文侯，獲罪而北游，謂簡主曰：「從今已後，不復樹德於人矣。」簡主曰：「夫春樹桃李，夏得蔭其下，秋得食其實；春樹蒺藜，夏不可采其葉，秋得其刺焉。由此觀之，在所樹也。

今子所樹，非其人也，故君子擇而後種。」』又《説苑·復恩篇》：『簡子謂陽貨曰：「夫樹桃李者，夏得休息，秋得食焉；樹蒺蔾者，夏不得休息，秋得刺焉。」』桃李事當本於此。」◎《四庫全書總目·子部·雜家類》：「《靖康緗素雜記》十卷。宋黄朝英撰。晁公武《讀書志》曰：『朝英，建州人。紹聖後舉子。』又曰：『所記凡二百事，今本只有九十事。』」◎《書録解題·小説家類》：「《能改齋漫録》十三卷。太常寺主簿臨川吴曾虎臣撰。」

《方言》云：「斟，益也。[一]凡病少愈而加劇，謂之不斟，或謂之何斟。」[二]吕居仁《答曾吉父》詩「記我今年病不斟」[三]，蓋用此，而不知者改爲「不禁」。[四]《韋玄成傳》「五世壙僚」，[五]言五世無官也。[六]吕成公銘湯烈母云：「湯世壙僚，委祉於後。」[七]而婺本改爲「曠遼」。東坡《春帖》用「翠管銀罌」，[八]出老杜《臘日》詩，[九]而注者改爲「銀鈎」。此邢子才所以有「日思誤書」之語也。

[一]案郭璞注：「言斟酌益之。」

[二]注云：「言雖少損，無所益也。」

[三]詩見卷十七。

[四]【何云】此本李孟傳《書方言後》。○孟傳，字文授，上虞人，李光子。《宋史》有傳。

[五]【全云】即曠僚。

［六］《韋玄成傳》注，應劭曰：「自孟至賢五世無官也。壙，空也。」

［七］此成公代其父倉部公作也。銘曰：「湯世壙僚，委社於後。徂相我初，内德之茂。」

［八］東坡作《皇太后閤春帖子詞》曰：「仙家日月本長閑，送臘迎春豈偶然。翠管銀罌傳故事，金花彩勝作新年。」

［九］「翠管銀罌下九霄。」

【元圻案】李孟傳《方言後序》曰：「曾文清嘗以三詩答吕治先，有云：『傷心昨夜杯中物，不對王郎對影斟。』紫薇吕居仁次韻云：『書來肯際銅魚使，記我今年病不斟。』自注云：『出子雲《方言》。』今所在鏤版輒誤作『病不禁』。」◎《北史·邢邵傳》：「邵字子才，河間（鄚）〔鄚〕人。有書甚多，而不甚讐校。見人校書，常笑曰：『天下書至死讀不遍，焉能始復校此。日思誤書，更是一適。』」◎吕本中，字居仁，壽春人，徙婺州。希哲之孫，好問之子，祖謙之祖。宣和中爲樞密院編修，紹興初特賜進士，累官侍講中書省。號紫薇省，故稱紫薇舍人。著《東萊詩集》二十卷，《四庫全書》著録。◎曾幾，字吉甫，贛人，徙居河南。官浙西提刑，忤秦檜，去，僑寓上饒茶山寺，自號茶山居士。謚文清。

吕居仁詩：「弱水不勝舟，有此積立鐵。」［一］又云：「何知若人胸，中有積立鐵。」出老杜《鐵堂峽》詩：「壁色立積鐵。」又云「準擬春來大①出遊」，出《漢書·田叔傳》。又云「日月已秋罷」，出《元帝紀》。〔二〕

〔一〕案，今《東萊詩集》不載此詩②。

〔二〕【閻按】《漢書·帝紀》無此語。

【集證】按《漢書·元帝紀》：「永光元年三月，隕霜傷麥稼，秋罷。」師古注曰：「秋罷者，言至秋時無所收也。」

【元圻案】《吕東萊詩集》卷三《與才仲弟相别於白沙東門之外，悵然久之，因成八詩奉寄》，其第三首云：「盛欲與子談，乃復爲此别。忽忽得餘歡，把酒到耳熱。人生不如意，肝膽有楚越。何知若人胸，中有積立鐵。」又卷十四《春日紀事》第二首云：「自聞賊報離揚州，準擬春來大出遊。所恨溪山最佳處，不容老子便歸休。」又卷七《去年試院中作詩云云今年復入試再次前韻》：「誰令君作官，袞袞簿書下。誰令君不學，陷阱乃欲跨。緬懷北窗翁，斯人益多暇。田疇望家遠，日月已秋罷。尚蒙諸公憐，未至官長駡。何時歸來乎，更作一段畫。」◎《漢書·田叔傳》：「叔爲魯相。

①「大」，元刊本作「泰」。

②此詩在卷十九。《和伯少穎迂仲將歸福唐偶成數詩欲奉寄無便未果也辰叔常季南還因以奉送》之第三首曰：「閩山固多奇，閩士亦多傑。弱水不勝舟，有此積立鐵。胡劉守節意，亦豈待言説。堂堂混衆流，此固不得折。」

魯王好獵，相嘗從入苑中，暴坐苑外，終不休，曰：『吾王暴露，獨何爲舍？』王以故不大出遊。」

趙紫芝[一]《秋夜偶書》詩謂：「輔嗣《易》行無漢學，玄暉詩變有唐風。」[二]

[一]【閻按】紫芝名師秀，爲永嘉四靈之一，故一稱趙靈秀。

[二]【閻按】下句本唐庚語。

【何云】唐子西云：「三謝詩至玄暉語益工，然蕭散自然之趣亦少減，漸有唐風矣。」紫芝詩本其語。

【元圻案】紫芝，宋太祖八世孫。紹熙庚戌進士。著《天樂堂清苑齋集》。◎唐子西語見《書三謝詩後》。

潘庭堅《題嶽麓寺道鄉臺》曰：「坡仙不謫黄，黄應無雪堂。道鄉不如新，此臺無道鄉。青山非其人，山靈能頡頏。一落名勝手，境與人俱香。悲吟倚空寂，臨眺生慨慷。道鄉不可作，承君[一]不可忘。」【原注】陳樞密宗禮，景定間持節廣東，有詩云：「山川只謂①蠻

---

① 「謂」，元刊本作「爲」。

烟累，姓字①多因謫籍香。」御史虞慮劾之，陳坐謫。其後陳召入，慮②鐫官。〔二〕

〔一〕【何云】田晝字。

〔二〕【全云】「只謂」，原本作「只爲」，「爲」是。

【又云】宗禮，絜齋弟子。

【元圻案】東坡《雪堂記》曰：「蘇子得廢園於東坡之脅，築而垣之，作堂焉，號其正曰雪堂。堂以雪中爲，因繪雪於四壁之間，無容隙也。」時東坡謫居黃州。◎《名勝志》：「道鄉臺在嶽麓山。宋鄒浩號道鄉，謫衡州經此，守臣温益下逐客令，風雨夜渡湘江。張栻爲浩築臺，朱子刻石曰『道鄉』。」◎陳振孫曰：「田晝，字承君，樞密況之侄也。與鄒道鄉善。鄒之貶，晝曰：『願毋以此舉自滿，士所當爲者未止此也。』」③◎《齊東野語》四：「庭堅，富沙人。初名公筠，以乞靈南臺神，夢有持方牛首與之，遂易名爲牥。殿試第三人。年六七歲時和人詩云：『竹纔生便直，梅到死猶香。』識者知其不永。劉潛夫誌其墓。」◎庭堅有《紫巖集》，今佚。

---

①「字」，原本作「氏」，據元刊本、三箋本改。

②「慮」，原本作「虞」，據元刊本、三箋本改。

③《直齋書録解題》卷十七《田承君集》解題。

吴吉甫以晚科試漕闈，《搗藥兔長生》詩云：「真水黄芽長，香風玉杵鳴。不爲三窟計，[一]永伴一輪明。」省試《聖人之道猶日中賦》，用「闕摶之月，見沬之星」。[二]第七聯云：「桑榆已晚，尚期一戰之收。」

[一]【何云】東坡詩：「平生不作兔三窟，今古何殊貉一丘。」①

[二]【何云】「月闕其摶」，見《太玄》。

【元圻案】此下似有佚文。◎《後漢書·馮異傳》：「降②璽書勞異曰：『赤眉破平，士吏勞苦，始雖垂翅回溪，終能奮翼黽池，可謂失之東隅，收之桑榆。』」◎吴吉甫，仕履未詳。厲樊榭《宋詩紀事》據此條載其詩四句。

湯伯紀[一]《自儆》云：「《春秋》責備賢者，造物計校好人。一點莫留餘滓，十分成就全身。」此老晚節，庶幾踐斯言也。

[一]【閻按】湯伯紀已見卷一③。名漢，安仁人。官華文閣④學士。謚文清。

---

①《過嶺》。

② 按，「降」字依中華書局校點本，當爲上讀。原文爲：「餘衆尚十餘萬，東走宜陽降。」

③ 見卷一「城復於隍」條（頁九六）。

④「閣」，原本作「殿」，據三箋本改。

【閻按】王氏遷著作佐郎，湯爲少卿，與王氏居鄰牆，晨夕過從。王氏論關、洛、濂、閩、江西之同異，永嘉制度，沙隨古《易》，蔡氏圖書經緯，西蜀史學，通貫精微，剖析幽眇。湯嘆曰：「吾閲士甚多，惟伯厚甫爲真儒。使真文忠在，願同居弟子列。」會湯年耄，力引去，遂薦王於朝云①。

【全云】深寧蓋以自儆。

薛士龍《讀三國志》詩：「左角蠻攻觸，南柯檀伐槐。」的對也。

【何云】偷蘇。

【又云】此等語工而無味，即自己出，尚非佳處。

【方樸山云】余嘗有詩云：「蝸角觸蠻争左右，鴻溝楚漢畫東西。」

【元圻案】《莊子·則陽篇》：「戴晉人曰：『有國於蝸之左角曰觸氏，有國於蝸之右角曰蠻氏，時相與争地而戰，伏尸〔數萬〕，逐北旬有五日而後返。』」◎唐李公佐《南柯記》記東平淳于(芬)〔棼〕夢中就婚於槐安國，出爲南柯太守，征檀蘿國事。皆寓言也。◎王介甫《讀蜀志》詩云：「(十)〔千〕載(分)〔紛〕争共一毛，可憐身世兩徒勞。無人語與劉玄德，問舍求田意最高。」李雁湖注云：「亦蠻觸之意。」◎東坡《次韻定慧欽長老見寄》詩：「左角看破楚，南柯聞長滕。」

---

① 見《延祐四明志》卷四王應麟傳(「王先生」條)。

徐淵子[一]詩：「植杞必植梓，藝蘭仍藝蓀。過庭遺訓在，鑿楹故書存。」蓋以「梓蓀」喻「子孫」也。鑿楹，出《晏子春秋》。【原注】李義山詩：「經出宣尼壁，書留晏子楹。」①

[一]【全云】徐淵子亦四靈之一。

【元圻案】《晏子春秋》：「晏子將死，鑿楹納書，謂妻曰：『子壯而示之。』」◎葉水心《徐道暉墓誌》曰：「徐照，字道暉，永嘉人，自號山民。有詩數百，發今人未悟之機，回百年已廢之學，使後復言唐詩自君始，惜其不尚以年，不及臻乎開元、元和之盛。而君既死，同爲唐詩者徐璣字文淵、翁卷字靈舒、趙師秀字紫芝。」◎徐淵子，名似道，號竹隱，黄巖人。乾道二年進士，歷官權直院，遷秘書少監，終提點江西刑獄。其人在四靈之前，謝山蓋誤以徐文淵爲徐淵子也。

任元受《七夕》詩：「切勿填河漢，須留洗甲兵。」意亦新。

【何云】意自佳，但恐與上文難膠附。

【元圻案】《老學庵筆記》：「任元受，名盡言，張魏公作都督，欲聘之入幕，元受力辭曰：『盡言方養親，使得一神丹可以長年，必持以遺老母，不以獻公，況能捨母而與公軍事耶？』魏公太息而

① 《五言述德抒情詩一首四十韻獻上杜七兄僕射相公》。

許之。」◎陳直齋曰：「盡言，元符諫官，伯雨之孫，紹興從官申先之子。」①

伊川先生不作詩，唯《寄王子真》詩云：「我亦有丹君信否，用時還解壽斯民。」先生入嵩山，子真已候於松下。問何以知之，曰：「去年已有消息來矣。」蓋先生前一年欲往，以事而止。子真名筌，岐下陽平人。元豐中，賜號沖熙處士。張芸叟爲《功行碑》，謂超世之資，與陳圖南侔。

【元圻案】吕本中《紫薇詩話》以爲：「邢和叔尚書嘗以丹遺伊川先生，先生以詩謝之云：『至神通化藥通神，遠寄衰翁救病身。我亦有丹君信否，用時還解壽斯民。』」與此條不同。◎《宋詩紀事》二十七：龔原，字深之。有《贈王筌》七言絶句，序云：「筌字子真，富鄭公客，元豐中賜號沖照處士。元符三年，從劉先生受《上清籙》。華陽洞便門一夕忽開，自左慈得進，洞宫旋閉，且千載矣。」此作沖熙，未知孰是。◎今《畫墁集》不載《王筌功行碑》。

建隆初，詔五代時命官，投狀敘理，復命之。郭昭先詩云：「爲逢末劫歸依佛，不就新恩敘理官。」〔二〕飛龍在天，利見大人，而猶不屈其志如此。

---

① 見《直齋書録解題》卷十八《小醜集》解題。

〔一〕此詩全篇已佚。

【何云】此亦自喻也。

【全云】郭恕先歷仕諸朝，非《一行傳》中人物也，深寧特有慨於仕元之徒耳。末劫歸佛，遂爲近日虞山口實①。

【元圻案】東坡《郭忠恕畫像〔贊〕敍》曰：「忠恕字恕先，以字行，洛陽人。少善屬文，及史書、小學，通九經。七歲舉童子。漢湘陰公辟從事，與記室董裔争事，謝去。周祖召爲《周易》博士。國初，與監察御史符昭文争忿朝堂，貶乾州司户。秩滿，遂不仕。太宗聞其名，召除國子監主簿。益縱酒肆言時政。語聞，流登州。」◎《宣和畫譜》：「忠恕作篆隸，淩轢晉魏。喜畫樓觀臺榭，皆高古。謫官江都，逾旬，失其所在。後閲數歲，與陳摶會於華山，而後不復聞，蓋亦仙去矣。」

《文鑑》取蔡確《送將歸賦》，猶《楚辭後語》之取息夫躬也。

【元圻案】朱子撰《楚辭集注》，又刊定晁補之《續楚辭》、《變離騷》二書，録荀卿至吕大臨凡五十二篇，爲《楚辭後語》，自爲之序曰：「息夫躬、柳宗元之不棄，則晁氏已言之矣。至於揚雄，則未有議其罪者，而余獨以爲是其失節，亦蔡文姬之儔耳。今皆取之，豈不以文姬之母子無絶道，

① 「實」，原本作「舌」，據三箋本改。

而於雄則欲因《反離騷》而著蘇氏、洪氏之貶詞，以明天下之大戒也。」◎《東都事略》：「蔡確，字持正，泉州晉江人。爲人有智數，少舉進士，神宗朝拜尚書右僕射兼中書侍郎。時富弼在西京，上言蔡確小人，不宜大用。確既相，屢興羅織之獄，搢紳士大夫重足而立矣。」

浮溪[一]詩：「人間何事非戲劇，鶴有乘軒蛙給廩。」《水經注》引《晉中州記》：「惠帝爲太子，令曰：『若官蝦蟆，可給廩。』」[二]【原注】《晉書》無此語。

[一]【閻按】浮溪，汪藻號。

[二]【集證】《水經·穀水下》注，《晉中州記》曰：「惠帝爲太子，聞蝦蟆聲，問人爲是官蝦蟆、私蝦蟆。侍臣賈充對曰：『在官地爲官蝦蟆，在私地爲私蝦蟆。』令曰：『若是官蝦蟆，可給廩。』」【元圻案】汪藻，字彦章，饒州德興人。崇寧二年進士，歷官顯謨閣學士，封新安郡侯。《宋史》入《文苑傳》。著《浮溪集》，《四庫全書》著録。此詩題曰《何子應少卿作金華書院要老夫賦詩因成長句一首》。

張芸叟曰：「岐山石鼓，是《車攻》詩也。『我車既攻，我馬既同』，則所取也；『其魚維何，維魴及鱮。何以貫之，維以楊柳』，則所不取者也。先儒凡今《詩》所無者，盡目爲逸詩，誤矣。」[一]【原注】見致堂《論語説》。

〔一〕【全云】張芸叟，名舜民，新平人。其説謬甚。

朱文公曰：「顧況詩有集，皆不及見《韋應物集》者之勝。」今按，韋集有顧況《奉同郡齋雨中宴集》詩云：「好鳥依嘉樹，飛雨灑高城。況與數君子，列坐分兩楹。文雅一何麗，林堂含餘清。我公未歸朝，遊子不待晴。白雲帝鄉遠，滄江楓葉鳴。拜手欲無言，零淚如酒傾。寸心已摧折，別離方骨驚。安得淩風翰，肅肅賓天京。」

【何云】韓、孟聯句，孟便類韓；韋、顧唱酬，顧便類韋。古人無體不學，所向如意，然各自成家，不肯雷同也。晦翁拘於一偏，伸此抑彼耳。

【元圻案】唐顧況，字逋翁，海鹽人。至德二年進士。德宗時官著作郎，貶饒州司户參軍。晚年退居茅山，自號華陽真逸。著《華陽集》，《四庫全書》著録。

程可久【原注】沙隨先生。《自題昞怡齋》〔一〕云：「乞得膠膠擾擾身，霜筠露菊便相親。勸君莫厭羹藜藿，違己由來更病人。」「六月松風萬籟寒，笙竽頻到枕屏間。夜深夢繞匡廬阜，瀑布濺珠過藥欄。」「葵花已過菊花開，萬里西風拂面來。問字今朝幾人至，〔二〕細看屐齒破蒼苔。」

〔一〕案，陶靖節《歸去來辭》「眄庭柯以怡顔」，義取於此。

［二］《漢書·揚雄傳》："時有好事者載酒問奇字。"

朱新仲云："唐之詩人，達者唯高適。"［一］適位不過常侍。本朝歐、王、蘇、黄出，徐、［二］陳、［三］韓、［四］吕［五］繼之，八人：一相、三執政、［六］三從官，［七］何其盛也！

［一］【何云】陋語。

【又云】王維亦達官矣。

［二］【閻按】徐謂師川，名俯。

［三］【閻按】陳謂簡齋，名與義。

［四］【閻按】韓謂子蒼，名駒。

［五］【閻按】吕謂居仁，名本中。

［六］【閻按】三謂歐、徐、陳。

［七］【閻按】"三"當作"四"，謂蘇、黄、韓、吕①。

【何云】高適官不達於山谷乎？無論蘇、李、燕公、曲江，大曆以還，權德輿、元稹、李紳、令狐楚，非宰相乎？白居易、劉禹錫，非尚書乎？韓愈非侍郎乎？薛能非節鎮乎？杜牧、吴融、韓偓，非

① 此條及以上四條案語，原本爲翁氏案語，三箋本皆爲"閻按"，今據改。

學士乎？韋莊、徐鉉顯於一隅，又無論矣。

【方樸山云】「達者唯高適」，此語本《舊唐書》適傳。

【全云】燕許而外，如曲江諸公不可勝數，即賀知章、賈至亦清班也。

【元圻案】《唐書·高適傳》：「字達夫，滄州渤海人。舉有道科中第。官刑部侍郎、左散騎常侍，封渤海縣侯。年五十始爲詩，即工。」◎葉水心《習學記言》四十二：「《舊史》言唐以來詩人之達者惟有高適，唐世能詩之達者甚衆，何必高適？豈待之在甫、白、郊、島之間耶？」◎《舊唐書·高適傳》末言唐詩人達者唯高適。①

山谷《胡逸老致虚庵》詩云：「能與貧人共年穀，必有明月生蚌胎。」爲富不仁者可以警。

【全云】其説甚淺，深寧或有感而言。

【元圻案】王鞏《甲申雜記》曰：「庚寅歲，湖州孔目官朱氏以米八百石作粥散貧，是歲生子服。服爲從官。」◎真西山《跋曹唐弼通濟倉記》曰：「太史黄公之詩曰『能與貧人共年穀』云云。」

---

① 按，《舊唐書·崔顥傳》前曰：「開元、天寶間文士知名者，汴州崔顥、京兆王昌齡、高適、襄陽孟浩然皆名位不振，唯高適官達。」《高適傳》曰：「有唐已來，詩人之達者，唯適而已。」

云，世知誦其言而未必深信之也。撫之宜黄曹君堯咨，即其家立庾六，計所有之田歲收畝六升以入之，遇年饑則發以糶，量必寬，價必平，全活者甚衆。其子錫是年舉進士，明年擢奉常第。紹定二年冬，盜發鄰封，宜黄人亦隨和而起，過君之居，獨曰『是家能平糶以惠鄉里』，相戒勿犯。謹書其後，以警世之爲富不仁者。」觀此二事，施濟之報，理有必然。

少陵《夔州歌》詩：「東屯稻田①一百頃，北有澗水通青苗。」東屯，乃公孫述留屯之所，距白帝城②五里，[一]稻米爲蜀第一。郡給諸官俸廩，以高下爲差，帥漕月得九斗。王龜齡《東屯》詩云：「少陵别業古東屯，一飯遺忠畎畝存。我輩月叨官九斗，須知粒粒是君恩。」【原注】東屯有青苗陂。

[一]案，《杜詩箋》引此條此句下有「東屯之田可百許頃」八字。

【元圻案】祝穆《方輿勝覽》「東屯有青苗陂，杜詩云：『東屯稻田一百頃，北有澗水通青苗。』又云：『東屯復瀼西，一種住青溪。』東屯之田可得百許頃，稻米爲蜀第一」云云，與此條略同。

---

①「田」，諸本杜集俱作「畦」。

②「城」，元刊本無。

有問「心遠」之義於胡文定公者，公舉上蔡語曰：「莫爲嬰兒之態，而有大人之器；莫爲一身之謀，而有天下之志；莫爲終身之計，而有後世之慮。[二]此之謂『心遠』。」

[二]此上蔡《論語解自序》文。

【何云】此豈可以説詩。

【方樸山云】朱子取上蔡語以注《詩》「訏謨定命」二句。

【全云】若以杜詩言，則上蔡所云皆備之，但陶詩「心遠」二字則不如此耳。何説亦未得要領也。

【元圻案】真西山《跋龔尉少仙全氏心遠室記》曰：「昔有問『心遠』之義於胡文定公者，公舉上蔡先生語以告云云。嗚呼！今人局迫樊籠中，所見不逾尋丈，所志不過錐刀，焉足以語此！欲學淵明者，當即胡公之言求之。」

宋正甫《和人》詩：「三聖傳心惟主一，六經載道不言真。」

【元圻案】真西山跋此詩云：「非嘗從事於學者不能道也。」◎《劉元城先生語録》曰：「六經之中絶無『真』字，所謂誠即真也。」◎錢氏《養新録》曰：「正甫爵里未詳。按虞伯生《鶴山書院記》序其大父講學諸人，有唐安宋正仲德之，未審即正甫否，當考。」

攻媿先生書桃符云：「門前莫約頻來客，坐上同觀未見書。」

【元圻案】《風俗通義》：「東海朔山有大桃樹，有二神，一曰神荼，一曰鬱壘，主閲領衆鬼之出入者，執以銅虎。黄帝法而象之，因立桃板於户，門上書二名以禦凶鬼。」◎《六帖》：「正月一日造桃符著户，謂之仙木，百鬼所畏。」◎陸放翁晚年《歲暮書懷》云：「嚴寒例謝常來客，老病猶貪未見書。」

葛魯卿名勝仲。《借書》詩：「大勝揚雄辭子駿，更殊班嗣阻君山。」

【元圻案】《方言》後附録劉歆《與揚雄取方言書》，雄答書曰：「雄言辭博覽，翰墨爲事，誠欲崇而就之，不可以遺，不可以怠。即君必欲脅之以威，陵之以武，欲令入之於此，此又未定，未可以見；令君又終之，則縊死以從命也」云云。《容齋三筆》極辨此書之僞①。◎班嗣事，見《漢書·敍傳》。◎《藝文類聚·隱逸類》載魏隸《高士傳》曰：「班嗣世在京師，家有賜書，父黨揚子雲以下莫不造門。桓君山從借《莊子》，嗣報曰：『今吾子貫仁義之羈絆，繫聲名之韁繅，伏孔氏之軌躅，馳顔閔之極摯，何用大道爲自眩曜？昔有學步邯鄲者，匍匐而歸耳。』其行己持論如此。」

朱希真避地廣中，作《小盡行》，云：「藤州三月作小盡，梧州三月作大盡。哀哉官

① 見卷十五「别國方言」條。

曆今不頒，憶昔升平淚成陣。我今何異桃源人，落葉爲秋花作春。但恨未能與世隔，時聞喪亂空傷神。」【原注】唐李益《問路侍御六月大小》云：「野性迷堯曆，松窗有道經。故人爲柱史，爲我數階蓂。」

【元圻案】宋周紫芝少隱《竹(破)〔坡〕詩話》曰：「頃歲朝廷多事，郡縣不頒曆，朱希真作《小盡行》云云，與夫『山中無曆日，寒盡不知年』無間然矣。」◎葉紹翁《四朝聞見録》：「希真有詞名，以隱德著。思陵必欲見之，累詔始至，上面授以鴻臚卿。希真下殿拜訖，請致其事，上改容而許之。」◎周益公《二老堂詩話》上：「朱敦儒，字希真，洛陽人。賜出身，歷館職、郎官，出爲浙東提刑。致仕，居嘉禾。秦丞相晚用其子某爲删定官，欲令希真教秦伯陽詩，遂落致仕，除鴻臚少卿。或作詩云：『少室山人久挂冠，不知何事到長安。如今縱插梅花醉，未必王侯着眼看。』蓋希真嘗有《鷓鴣天》云：『我是清都山水郎，天教懶慢帶疏狂。曾批給露支風敕，累奏留雲借月章。詩萬首，醉千場，幾曾着眼看侯王。玉樓金闕慵歸去，且插梅花住洛陽。』最膾炙人口，故以此譏之。」◎希真著有《巖壑老人詩文集》一卷，又有《獵較集》，《四庫全書》不著録，豈已佚耶？

山谷《和楊明叔》詩「金石在波中，仰看萬物流」，出《孟子注》〔一〕：「萬物皆流，而金石獨止。」〔二〕

〔一〕【何云】「公行子」章。

［二］【何云】荆公詩："波瀾吹九州，金石安得止。"①山谷《龍眠操》云："金石兮水波。"《頤軒詩》云："金石不隨波。"

【又云】李義山《爲渤海公舉人自代狀》："稟松筠四序之榮，包金石一定之調。"唐人已用之。

【又云】李語自謂樂器。

【又云】吾家仲言②《别沈助教》云："道遒若波瀾，人生異金石。"又在唐人之先。

【方樸山云】《孟子注》趙岐《章指》，此注唯宋槧本有之，今注疏無。

【元圻案】宋槧本《孟子》"公行子有子之喪章"，趙氏《章指》言："循理而動，不合時人。阿意事貴，脅肩所尊，俗之情也。是以萬物皆流，而金石獨止。"

野處［一］《雪》詩："天上長留滕六住，人間③會有葛三來"，葛三事出《太平廣記》。【原注】葛仙公第三子。

① 《即事六首》之五。
② 即何遜。
③ "人間"，元刊本、三箋本作"人中"。

〔一〕【閻按】洪邁號。

【何云】此之謂點鬼簿。

【元圻案】《事文類聚·前集·雪類》載《幽怪録》曰：「晉州蕭刺史至忠，將以臘日畋遊。有樵者於霍山見一老麋哀請黃冠，黃冠曰：『若令滕六隆雪、巽二起風，即蕭君不復獵矣。』」◎《太平廣記》三十九載《原化記》曰：「大曆（中）初，鍾陵客崔希真見一老人避雪門下。崔異之，請入，獻松花酒。老父取一丸藥投酒中，則頓甘美。老父於帷幄前所挂素上如有所塗，崔後入内，出，已去矣。遂踐雪尋迹，至江蘆洲中，見一船，船中數人，狀貌皆奇，而樵客在側。其人顧笑曰：『葛三乃見逼於伊人。』歸視幄中，得圖，有三人、一樹、一白鹿、一藥笈。後將圖詣茅山，問李涵光天師，曰：『此真人葛洪第三子所畫也。』」◎《宋史·藝文志》載洪邁《野處猥藁》一百四卷，《瓊野録》三卷，而陳氏《書録》只載《野處類稿》二卷，云「全集未見」，則當時傳播已稀。

王逢原《採蓮示王聖美葛子明》詩：「退之昔裁詩，頗以豪横恃。暮年意氣得，金玉多自慰。買居紀廂榮，顧影樂冠佩。喜將閭巷好，持與妻子議。彼哉何足道，進退茲焉係。安知九列榮，顧是德所累。」謂《南内朝賀歸》及《示兒》詩也。朱子曰：「此篇所誇，乃《感二鳥》。〔一〕《符讀書》之成效極致，而《上宰相書》所謂行道憂世者，已不復言矣。」①鄧志宏亦謂：「愛子之情則至矣，導子之志則陋也。」

［一］退之有《感二鳥賦》。

【何云】亦隨其子之高下而語之耳。王、朱之論，吾所不取，須觀公鎮州事。

【全云】昌黎固不以此貶其大概，然此等責備之語亦不可不存，何氏只知偏袒韓公耳。

【又云】王荆公頗不服退之，而與逢原甚契，觀此詩，知其意見議論之合矣。

【方樸山云】論高而不切事情。

【又云】《禮·學記》云「宵雅肄三，官其始也」，鄭注：「爲始學者習之，所以勸之以官。」此正韓子《符讀書城南》之義。

【元圻案】鄧志宏《文集》十九《跋陳了翁書邵堯夫誡子文》曰：「昔韓愈氏示符古風，用玉帶金魚之説以激之，愛子之情則至矣，而導子之志則陋也。方以陳、邵過庭之訓，毋乃相萬乎？」◎黄山谷嘗書退之《符讀書城南》詩，跋其後曰：「或謂韓公當開後生以性命之學，不當誘之以富貴榮顯。涪翁曰：熙寧、元豐之間大儒之過也，又何學焉？孔子曰：齊景公有馬千駟，死之日，民無得而稱焉。伯夷、叔齊餓於首陽之下，民到於今稱之。韓公之言，其於奬勸之功，異趨而同歸也。」◎王令，廣陵人，初字欽美，後王苹字之曰逢原。王荆公以其妻吴氏之妹妻之。著

① 見《別本韓文考異》卷三。

《廣陵集》，《四庫全書》著録。◎皇甫湜《退之墓誌》：「王庭湊反，圍牛元翼於深，救兵十萬，望不敢前。詔擇庭臣往諭，衆慄縮，先生勇行。元稹言於上曰：『韓愈可惜！』穆宗悔，馳詔無徑入。先生曰：『止，君之仁；死，臣之義。』遂至賊營，麾其衆責之，賊恇汗伏地，乃出元翼。」◎李習之作《韓昌黎行狀》曰：「鎮州亂，殺其帥田弘正，征之不克，遂以王庭湊爲節度使，詔公往宣撫。既行，衆皆危之，元稹奏曰：『韓愈可惜！』穆宗亦悔，有詔令至境觀事勢，無必於入。公曰：『安有受君命而留滯自顧？』遂疾驅入。庭湊嚴兵拔刃，弦弓矢以逆。及館，甲士羅於庭。既坐，庭湊言曰：『所以紛紛者，乃此士卒所爲，非庭湊心。』公大聲曰：『天子以爲尚書有將帥材，故賜之以節，實不知公共健兒語，未（得乃）〔嘗及〕大錯。』甲士前奮言曰：『先太史爲國打朱滔，滔遂敗，奔走，血衣皆在。此軍何負朝廷，乃以爲賊乎！』公告曰：『兒郎等且勿語，聽愈言。愈特謂兒郎已不記先太史之功與忠矣。若猶記得，乃大好，且爲逆與順，利與病，不能遠引古事，但以天寶來禍福爲兒郎等明之。安禄山、史思明、李希烈、梁崇義、朱滔、朱泚、吴元濟、李師道，復有若子若孫在乎？亦有居官者乎？』衆皆曰：『無。』又曰：『田令公以魏博六州歸朝廷，爲節度使，後至中書令，父子皆授旄節，子與孫雖在童幼者以爲好官，窮富極貴，寵榮耀天下，劉悟、李祐皆居大鎮，王承元年雖十七亦仗節，皆三軍耳所聞也。』衆曰：『田弘正刻此軍，故軍不安。』公曰：『然汝三軍亦害田令公身，又殘其家矣，復何道？』衆乃讙曰：『侍郎語是，侍郎語是！』庭湊恐衆心動，遽麾衆散出，因泣謂公曰：『侍郎來，欲庭湊何所爲？』公曰：『神策六軍之將，如牛元翼者不少，但朝廷顧大體，不可以棄之耳。而尚書久圍之，何也？』庭湊曰：『即出之。』公曰：『若真，則無事矣。』因與之宴而歸之。牛元翼果出，王武俊贈太師。呼太史者，燕趙人語也。」

致堂曰：「韓退之賦石鼓曰『孔子西行不到秦』，故不見録。孔子編《詩》，豈必身歷而後及哉？信斯言也，《車鄰》、《駟驖》，胡爲而收之也？」

【何云】囈語！不容作詩者生一波頭耶？

【元圻案】《老學庵筆記》曰：「胡基仲嘗言：退之《石鼓歌》『羲之俗書趁姿媚』狂肆甚矣。予對曰：此詩至云『陋儒編詩不收入，二雅褊迫無委蛇』，其言『羲之俗書』，未可駭也。」

荆公《傷杜醇》曰：「隱約不外求，耕桑有妻子。藜杖牧雞豚，筠筒釣魴鯉。」《弔王致》曰：「老妻稻下收遺秉，稚子松間拾墮樵。」二人，四明鄉先生也。固窮守道如此，今人知者鮮矣。利欲滔滔，廉恥寥寥，孰能景慕前賢①哉！

【全云】四明慶曆五先生，曰大隱楊先生適、石臺杜先生醇、西湖樓先生郁、鄞江王先生致、鄞江猶子桃源先生説也。荆公令鄞時，皆所尊禮。其講學在濂、洛未起之先，亦泰山、安定、徂徠之流

① 「前賢」，元刊本、三箋本作「前修」。

亞也。

【元圻案】荆公《傷杜醇》詩，李壁注曰：「公爲鄞縣，常有書請醇入縣學；及在朝，又數從越人問其安否。公厚醇如此，其退之所稱董召南之流乎？讀公詩，可想見其人。」◎《弔王致》詩曰：「處士生涯水一瓢，行年七十更蕭條。老妻稻下收遺秉，稚子松間拾墮樵。雖有聲名高後世，且無饘粥永今朝。窮魂散漫知何處，甬水東西不可招。」

唐子西[一]《内前行》云：「宅家喜得調元手。」唐時宮中謂天子爲宅家。《通鑑》唐昭宗乾寧四年：韓建發兵圍十六宅，諸王呼曰：「宅家救兒！」唐昭宗光化三年：劉季述等至思政殿，皇后趨至，拜曰：「軍容勿驚宅家。」

[一]【全云】庚。

【元圻案】蔡邕《獨斷》：「天家，百官小吏之所稱。天子無外，以天下爲家，故稱天家。又親近侍從官稱曰大家。」◎《晉書·五行志》：「義熙初，童謡曰：『官家養蘆化成荻，蘆生不止自成積。』」◎《湘山野録》：「『五帝官天下，三王家天下』，故曰官家。」◎《資暇録》：「官家又稱宅家，言以天下爲宅，四海爲家。」◎唐子西《内前行》，爲張商英入相而作也。子西嘗受知於商英，故云然。

文宋瑞《指南録·爲或人賦》云：[一]「悠悠成敗百年中，笑看柯山局未終。金馬勝遊成舊雨，銅駝遺恨付西風。[二]黑頭爾自誇江總，冷齒人能説褚公。龍首黃扉真一夢，夢回何面見江東！」【原注】《南齊》樂預謂徐孝嗣曰：「人笑褚公，至今齒冷。」謂褚淵也。

[一]【何云】此詩殆謂留夢炎。

[二]【何云】「西風」疑作「先風」。

【又云】非也，「西」有「先」音，故借對。

【閻按】《王應麟傳》：「寶祐四年，帝御集英殿策士，召應麟覆考。考第既上，帝欲易第七卷置其首。應麟讀之，乃頓首曰：『是卷古誼若龜鑑，忠肝如鐵石，臣敢爲得士賀。』遂以第七卷爲首選。及唱名，乃文天祥。」此即詩所謂龍首也。「龍首黃扉」二句，則指留夢炎一輩言。

【集證】按文天祥《紀年録》：「理宗覽對策，見其名曰：『此天之祥，乃宋之瑞也。』朋友遂字之曰宋瑞。」蔣正子《山房隨筆》曰：「三衢留中齋甲辰大魁，文山文宋瑞丙辰大魁。中齋作相，身享富貴三十年，仕北爲尚書。文山纔登第，丁父憂，仕途亦坎壈。乙亥糾義兵勤王，終以罔功，患難中倚之爲重，雖名爲相，黃扉之貴、萬鍾之奉無有也。江西羅壺秋詩云：『嚙雪蘇卿受苦辛，庾公老作北朝臣。當年龍首黃扉客，猶是衡門一樣人。』中齋物色將羅織之，亟歸而免。」

【元圻案】顔師古《匡繆正俗》八：「今俗呼東西之西音或爲先。按王延壽《靈光殿賦》云：『朱柱黝儵於南北，蘭芝婀娜於東西。祥風翕習以颯灑，激芳香而常芬。神靈扶其棟宇，歷千載而彌堅。』晉灼《漢書音義》反西爲灑，是知西有先音也。」◎元盛如梓《庶齋老學叢談》載何夢桂

《送留夢炎》詩曰：「昆明灰劫化塵緇，夢覺功名黍一炊。鍾子未甘南操改，庾公空作北朝悲。歸來眼裏吴山在，别後心期浙水知。白髮門生羞未死，青衫留得裏遺屍。」夢桂字巖叟，淳安人。咸淳元年進士，爲夢炎所取士。此詩亦王炎午生祭文文山意。文山大節千古，中齋之富貴真黍一炊矣。◎文文山有《指南》、《吟嘯》等集。

翁與可《上徐直翁清叟》詩：「六丈謀謨同輩服，二郎官職乃翁知。」〔一〕

〔一〕【閻按】上謂范文正仲淹，下謂王文正旦。

【元圻案】蘇子由《龍川别志》曰：「慶曆中，劫盜張海過高郵，知軍姚仲約度不能禦，使人迎勞，且厚遺之。海去，不爲暴。富鄭公欲誅仲約，范公曰：『高郵無兵與械，戮之恐非法意。』仁宗從之。既而富公愠曰：『方今患法不舉，而多方沮之，何以整衆？』范公密告之曰：『輕導人主以誅戮臣下，它日手滑，雖吾輩亦未敢自保也。』富公不以爲然。及二公迹不自安，范出撫陝西，富出按河北。范因自乞守邊。富自河北還，及國門，不許入，未測朝廷意，比夜彷徨不能寐，繞牀嘆曰：『范六丈，聖人也！』」《童蒙訓》亦載此事。姚仲約作晁仲約。◎邵伯温《聞見前録》：「王晉公祐爲知制誥，太祖遣使魏州，以便宜付之，曰：『使還，與卿王溥官職。』時溥爲相也。蓋魏州節度使符彦卿，太宗夫人之父，有飛語聞於上。及還朝，太祖問曰：『汝敢保符彦卿無異志乎？』祐曰：『臣與彦卿家各百口，願以臣之家保彦卿家。』又曰：『五代之君多因猜忌殺無辜，故享國不長，願陛下以爲戒。』帝怒其言直，貶護國行軍司馬，葉州安置。太宗即位，以兵部侍郎召，不及見而薨。初，祐笑曰：『某不做，兒子二郎必做。』二郎者，文正公旦也。」◎徐清叟，字直翁，浦城人。嘉定七年進士。理宗朝參知政事。謚忠簡。

鄭得言[一]【原注】偪。爲國子博士，私試策問師道，祭酒不悦，臺評及之。李艮翁【原注】丑父。爲詩餞之曰：「諸生幸不笑韓愈，官長何因罵鄭虔。」

[一]【馬氏校云】「鄭得言」，元板作「鄭德言」。

【何云】宋人句法，然博士切事也。

【全云】此本荆公詩「跨馬時遭官長罵，登堂早被學生嘲」，然俱宋人句法。

【元圻案】韓退之《進學解》曰：「國子先生晨入太學，招諸生立館下，誨之，言未既，有笑於列者。」◎杜少陵《戲簡鄭廣文》詩曰：「廣文到官舍，繫馬堂階下。醉則騎馬歸，頗遭官長罵。」◎《福建通志》：「李丑父，字艮翁，莆田人。端平二年進士。除大學博士，遷諸王宮教授。丁大全當軸，丑父忤其意，遂罷於祠。」

柳文《王氏伯仲唱和詩序》云：「王氏子著論，非班超不能讀父兄之書，而力儆狂疾之功以爲名。」先君子嘗爲《投筆》詩，其末云：「蘭臺舊家學，胡不紹箕裘。」

【閻按】王氏與弟應鳳同日生，少稟家學。父撝性嚴急，每授題，設高座，命兄弟坐堂下，晝燭爲期，少緩輒怒呵之。由是兄弟文並敏疾。

【全云】王温州撝以不附史嵩之而罷，即深寧父也。理宗嘗御書「汲古傳忠」及「竹林」二字賜之。

【元圻案】《後漢書·班彪傳》：「彪既才高而好述作，遂專心史籍。子固以父所續前史未詳，乃潛精研思，欲顯其業。顯宗召除蘭臺令史，使終成前書。」《班超傳》：「超家貧，爲官傭書，嘗輟業投筆嘆曰：『大丈夫無他志略，猶效傅介子、張騫立功異域，以取封侯，安能久事筆硯間乎！』」

鄧志宏曰：「詩有四忌：學白樂天者忌平易，學李長吉者忌奇僻，學李太白者忌怪誕，學舉子詩者忌説功名。」

【元圻案】鄧志宏《栟櫚集》二十五《詩評》：「或人問詩於鄧子，鄧子曰：『詩有四忌』云云。平易之過如抄録帳目，了無精采；奇僻之過如作隱語，專以罔人；怪誕之過有類乞丐道人作飛仙無根語；説功名之過如諂諛卦影詩，不説青紫則必説旌麾，此尤可羞也。」

卷十九

評文

《穀梁》隱四年《傳》注云：「立君非以尚賢，所以明有統；建儲非以私親，所以定名分。」鄧潤甫《草東宫制》云：「建儲非以私親，蓋明萬世之統；主器莫若長子，兹本百王之謀。」[一]蓋出於此。

[一]案，此神宗立哲宗爲皇太子制，《宋文鑑》取之。

【全云】鄧潤甫與曾南豐皆盱江先生弟子，其文亦有足觀，以附麗荆公，遂無稱道之者。

【元圻案】唐賈曾草玄宗册文云：「堯之禪舜，惟能是與；舜以命禹，匪私其親。」亦用《穀梁》注。◎鄧潤甫，名温伯，以字行，别字聖求，建昌人。官尚書左丞。謚安惠。

晏元獻《謝昇王記室表》云：「衣存缺衽，式贊於謙沖；饌去邪蒿，不忘於規諫。」[一]《韓詩外傳》周公誡伯禽曰：「衣成則必缺衽，宫成則必缺隅。」

［一］【閻按】去邪蒿，北齊邢峙傳太子事。

【元圻案】《北齊書·邢峙傳》：「峙遷國子助教，以經入授皇太子。廚宰進太子食，有菜曰邪蒿，峙去之，曰：『此菜有不正之名，非殿下所宜食。』顯祖聞而嘉之。」◎周公語亦見《說苑·敬慎篇》。

《九章算術》：「五雀六燕，飛集於衡，衡適平。一雀一燕，飛而易處，則雀重而燕輕。」［一］陸農師［二］《謝吏部尚書表》：「六燕相亭，試銓平其輕重。」蓋用此。［三］

［一］《藝文類聚》九十二引之。

【方心醰云】五雀六燕適平者，雀重燕輕也，則雀燕易處，宜作燕重雀輕，抑易處不在衡耶？

［二］名佃，放翁之祖。

［三］【集證】按陸表云：「六燕相亭，試銓平其輕重；一鴻遼遠，欲審別其飛翔。」對語用張融《門律》，見《南史·顧歡傳》。

【元圻案】錢氏《養新録》十七：「按《九章·方程篇》云：『今有五雀六燕，集稱之衡，雀俱重，燕俱輕；一雀一燕交而易處，衡適平。』王氏所引，不特文句有異，以算求之亦不合。」今案，厚齋蓋從《藝文類聚》九十二引《九章》之誤文也。◎陸農師《謝二府啓》云：「五雲長潤，共知巖穴之虚；六燕適均，咸仰權衡之正。」①又云：「尺蠖徐動，敢言士路之屈伸；隻燕小飛，安繫台衡之輕重？」②蓋屢用之。◎陸農師《陶山集》十四卷，原本久佚，今《四庫書》從《永樂大典》録出。

《周書·王會》東越海蛤，或誤爲「侮食」，而王元長《曲水詩序》用之，其「別風淮雨」之類乎？[一]

〔一〕【集證】按《文選》王融《曲水詩序》：「侮食來王，左言入侍。」注引《周書》：「東越侮食。」

【元圻案】《説文·虫部》：「蛤，古沓切。」注：「蜃屬，有三，皆生於海，千歲化爲蛤。」◎蛤，古合切，亦作蛤。◎《文心雕龍·鍊字篇》：「《尚書大傳》有『別風淮雨』，《帝王世紀》有『列風淫雨』。『別』、『列』，『淮』、『淫』，字似潛移。『淫』、『列』義當而不奇，『淮』、『別』理乖而新異。傅毅制誄，已用『淮雨』，固知愛奇之心，古今一也。」

駱賓王《螢火賦序》云：「類同心異者，龍蹲歸而宋樹伐；質殊聲合者，魚形出而

---

①《除中書舍人謝二府啓》。

②《潁州到任謝二府啓》。

吴石鳴。」龍蹲，謂孔子。《春秋演孔圖》：孔子「坐如蹲龍，立如牽牛」。[一]

[一]《演孔圖》語見《太平御覽》三百七十七。

【元圻案】《舊唐書》載釋奠樂章曰：「隼集龜開昭聖列，龍蹲鳳(峙)〔跱〕肅神儀。」王勃《夫子廟堂碑》：「珠衡玉斗，徵象緯於天經；贊據龍蹲，集風雲於地紀。」盧照鄰《南陽公集序》：「龍蹲東魯，陳禮樂而救蒼生；虎據西秦，焚《詩》、《書》而愚黔首。」初唐人蓋慣用之。◎《史記·孔子世家》：「孔子去曹適宋，與弟子習禮大樹下。宋司馬桓魋欲殺孔子，拔其樹。孔子去。」◎劉敬叔《異苑》：「晉武帝時，吴郡臨平岸崩，出一石鼓，打之無聲。帝問張華，華曰：『取蜀中桐材，刻魚形，扣之。』後如其言，聲聞十里。」

楊盈川敍郡守云：「代臨本州，則元賓之父喜形於色；繼爲本守，則張翕之子迎者如雲。」《桓州刺史建昌公王公神道碑》。敍縣令曰：「仁之所懷，幼童不能擊將雛之雉；[一]明之所斷，老父不能争食粟之雞。」[二]對的語工。

[一]案，余友王汾原曰：「《禮記》『父没而不能讀父之書』，『母没而桮棬不能飲焉』。鄭訓『能』爲『忍』。盈川蓋本於此。」

[二]此聯不知見何文，當考。

【元圻案】《北史·畢衆敬傳》：「衆敬小(字奈)〔名奈〕，東平須昌人也。子元賓，拜兖州刺史。父子相代爲本州，當世榮之。時衆敬以老還鄉，常呼元賓爲使君。每元賓聽政時，乘板輿出至元賓所，先遣左右敕不聽起，觀其斷決，忻忻然喜見顔色。」◎《後漢書·邛都夷傳》：「太守巴郡張翕政化清平，得夷人和。天子以張翕有遺愛，乃拜其子湍爲太守。夷人歡喜，奉迎道路。曰：『郎君儀貌類我府君。』」◎《華陽國志·序志》曰：「越巂太守張翕，字叔陽，安漢人。太守張璊，翕子。」璊，《後漢書》作「湍」，未知孰是。◎今本《東觀漢記》十九：「魯恭，字仲康，扶風人。拜中牟令。時郡國螟傷稼，犬牙緣界，不入中牟。河南尹袁安聞之，疑其不實，使仁恕掾肥親往察之。恭隨行阡陌，俱坐桑下，有雉過止其旁，旁有兒童。親曰：『何不捕之？』兒曰：『雉方將雛。』親默然有頃，與恭訣曰：『所以來者，欲察君治迹耳。今蟲不犯境，此一異也。化及鳥獸，此二異也。豎子有仁心，此三異也。因還府，具以狀白安。」《後漢書·魯恭傳》文同。◎《南史·循吏傳》：「傅（炎）〔琰〕，字季珪，北地靈州人也。爲山陰令。有二野父争雞，季珪各問何以食雞，一人云粟，一人云豆。乃破雞，得粟，罪言豆者。縣内稱神明，無敢爲偷。」◎《讀書志》：《楊盈川集》二十卷。晁氏曰：「唐楊炯也。華陰人。顯慶六年舉神童。授校書郎，終盈川令。炯博學，善屬文，與王勃、盧照鄰、駱賓王以文辭齊名，稱王、楊、盧、駱『四才子』，亦曰『四傑』。炯自謂：『吾愧在盧前，恥居王後。』張説曰：『盈川文如懸河，酌之不竭。恥王後，信〔然〕；愧盧前，謙也。』」今存十卷，《四庫全書》著録。

蘇許公《授齊澣紫微舍人制》：「右掖司言，佇光於五字。」常袞表：「五字非工。」張南史詩：「唯有[一]五字表。」《魏志》：司馬景王命中書令虞松作表，再呈輒不可意。中書侍郎鍾會取視，爲定五字，松悦服。[二]西掖用「五字」本於此。

[一]《英華》作「看」。

[二]【閻按】本出郭頒《世語》。【何云】《鍾會傳》注引《世語》耳，云《魏志》誤。○案《世語》云：「松悦服，以呈景王。王曰：『誰所定也？』松曰：『鍾會。』王曰：『如此可大用。』」【元圻案】蘇許公《求改職表》云：「乏鍾會五字之敏，多王濛四年之任。」已明用其事。沈佺期詩「五字擢英才」①，又在蘇許公之前。◎張南史《早春書事寄中書舍人李》詩云：「惟看五字表，不記八行書。」見《文苑英華》二百五十六。◎常袞《謝除制誥表》云：「得以文墨，侍於軒墀，五字非工，四年待罪。」見《英華》五百八十八。◎蘇頲，字廷碩，武功人。開元中，同平章事，封許國公。與燕國公張説以文章顯，時號「燕許」。《讀書志》載《蘇許公集》二十卷。《欽定全唐文》録其文九卷。

張文定[一]慶曆中草兩制，《薦舉敕》云：「蓋舉類之來舊矣，三代之盛王，其必由

①《同韋舍人早朝》。

之。如聞外之議云：『是且啓私謁告請之弊也。』予不以是待士大夫，何士大夫自待之淺邪！」又《察舉守令敕》云：「夫天下之大，官吏之衆，獨不聞循良尤異者之達予聽，外臺之職，豈非闕歟？抑朝廷未有以導之也？其視守令，能以仁政得民，民心愛之，如古循吏然者，宜以名上，予得以褒慰之；亦以使四方之民，知予不專寵健吏，所貴仁者爾。」尤延之[二]謂二詔：大哉言乎！簡而盡，直而婉，丁寧惻怛之意，見於言外。至今誦之，盎然如在春風中。豈特公之文足以導上之德意志慮，亦當時善治足以起其文也。

［一］【全云】樂全先生張方平。

［二］【全云】尤文簡公袤。

【何云】二詔有文景風。

【又云】向使不出於仁宗之世，則爲巧言耳。

【元圻案】《四庫全書簡明目録》十五《别集類》：「《樂全集》四十卷。宋張方平撰。《宋文鑑》所載方平諸制詞，今皆不在集中，蓋方平别有《玉堂集》二十卷，今已佚矣。」◎《書録解題·别集類》：「《梁谿集》五十卷。禮部尚書錫山尤袤延之撰。」今僅存《梁谿遺稿》一卷，乃康熙中尤侗所搜輯。

文定又行《范文正公參政制》云：「大恩之下難爲報，大名之下難爲處。矧兼二者，可無勉哉！爾尚朝夕以交修，予允迪前人勤教，邦其永孚於休。」訓辭温雅，可以見太平之象。

【元圻案】《史記・越世家》：「范蠡曰：大名之下，難以久居。」◎文定此制及前二敕詔，《宋文鑑》俱未收。

端平元年[一]九月，真文忠公除翰林學士，洪舜俞[二]命詞曰：「迪惟仁祖，有若臣修。朝京師於甲午之元，拜内相於季秋之月。」歐陽公之除，在至和元年[三]九月，歲皆甲午。用事切當如此。

[一]理宗十年甲午改元端平。

[二]【全云】咨夔。○案，錢氏大昕曰：舜俞時爲中書舍人。

[三]仁宗三十二年甲午改元。

【元圻案】張端義《貴耳集》曰：「李大異爲廣西憲，庚申年《謝曆日表》云：『歲次庚申，乃藝祖開基之日；朔臨戊子，是我皇誕聖之辰。』當年正月一日戊子，即茂陵元命，用得親切。旋召入舍人院。」◎《書録解題・别集類》：「《平齋集》三十二卷。翰林學士於潛洪咨夔舜俞撰。」今《四庫全書》著録。

慶元寧宗年號。初，嗣秀王辭中書令，賜贊拜不名。鄭溥之草制云：「天下之達尊三，德兼爵齒以倶茂；人臣之不名五，老與親賢而並隆。」《公羊桓四年傳》注：「禮，君於臣不名者有五：諸父兄不名，上大夫不名，盛德之士不名，老臣不名。」《説苑·臣術篇》：伊尹曰：「君之所不名臣者四：諸父臣而不名，諸兄臣而不名，先王之臣臣而不名，盛德之士臣而不名。」咸淳度宗年號。初，嗣榮王賜詔書不名，余草制，用《説苑》事。

【全云】鄭文肅公湜，一字補之，慶元黨人。

【元圻案】厚齋此制載《四明文獻集》第四卷，詞曰：「孔子稱達孝之繼志，敬其所尊；伊尹言諸父之不名，是謂大順。」鄞人陳朝輔注云：「榮王，度宗生父，理宗弟。德祐元年，議建藩屏，以强王室。」◎慶元黨禁，鄭湜草《趙汝愚罷右相制》，略曰：「頃我家之多難，賴碩輔之精忠。持危定傾，安社稷以爲悦；任公竭節，利國家無不爲。既隆翊戴之勳，尚期啓沃之助。力陳忱悃，祈避煩言。」以無貶辭免，兼學士院，未幾罷去。

開禧[一]追貶秦檜。周南仲[二]代草制云：「兵於五材，誰能去之，[三]首弛邊疆之禁；臣無二心，天之制也，[四]忍忘君父之讎。」又云：「一日縱敵，遂貽數世之憂；[五]百年爲墟，誰任諸人之責！」【原注】《金虜①南遷録》載孫大鼎疏言：遣檜〔間我〕以就

① 「虜」，原本作「人」，據元刊本改。

和①。檜之姦狀著矣。嘉定之牽復，幾於失刑。

[一] 寧宗十一年乙丑改元開禧。

[二]【全云】周南。

[三]《左傳》襄二十七年：「宋子罕曰：『天生五材，民並用之，廢一不可，誰能去兵？』」

[四] 莊十四年鄭原繁語。

[五] 僖三十三年：「晉先軫曰：『一日縱敵，數世之患也。』」

【閻按】《南遷録》，《賓退録》駁之，近《漁洋文略》駁之，信多子虛亡是之辭，然載遣秦檜事卻可信。余取以補《續通鑑》，置傳是樓云。

【何云】慷慨精當。

【又云】「諸人之責」句法未穩，宋人使事多如此，易以「陸沈」，借對「數世」自得也。

【全云】開禧之敕雖草而未行，會侂胄已誅，非牽復也。《宋史》亦誤。

【集證】《南遷録》：「天會八年，諸臣慮宋君臣復讎，思有以止之。魯王曰：『惟遣彼臣先歸，使其臣順，我佯不從，而勉以聽，或可以定。』忠烈王曰：『惟張孝純可。』忠獻王曰：『只有一秦檜可用。我喜其人，置之軍中，試之以事，外雖拒而中常委曲順從。而檜始終言南自南，北自

① 原本作「遣檜以就和」，「間我」二字據元刊本、三箋本補。

北，因説許某著手時，只依這規模分別。今若縱之歸國，彼喜慷慨説事，必是得志。」

【元圻案】《書録解題·僞史類》：「《金人南遷録》一卷。稱僞著作郎張師顔撰。頃初見此書，疑非北人語，其間有曉然傅會者，或曰華岳所爲也。近扣之汴人張總管翼，則云歲月皆牴牾不合，益證其妄。」◎吴子良《荆溪林下偶談》曰：「開禧用兵，韓侂胄欲以葉適直學士院草詔，適謝不能。既而衛涇被命草詔云云。涇見適舉似，誤『爲墟』爲『成墟』。他日周南至，適告以涇文字近頗長進，然『成墟』字可疑。南愕然曰：『本「爲墟」字，何改也？』適方知南實代作。」◎周南，字南仲，吴郡人。官秘書省正字，以葉適薦入詞館。著《周氏山房集》。此詞見集載《秦檜降爵易謚敕》中。衛涇，字清叔，華亭人，徙昆山，南仲姻家也。淳熙十一年進士第一。官參知政事，封秦國公。謚文節。著《後樂集》，《四庫全書》皆著録。◎何氏欲改「諸人」爲「陸沈」，按原詞上聯云「神州自此陸沈，鄰國因之坐大」，「陸沈」字已見。

韓文公《王仲舒銘》云：「敷文帝階，擢列侍從。」野處《謝敷文閣直學士表》云：「宣布中和，方歌盛德之事；擢列侍從，遽復敷文之階。」雖借用而切當。〔一〕

〔一〕【何云】「敷文」句用「帝乃誕敷文德，舞干羽於兩階」①，恐不可借。

① 《書·大禹謨》。

【元圻案】《漢書·王褒傳》:「褒作《中和》、《樂職》、《宣布》詩,轉而上聞。宣帝曰:『此盛德事,吾何足以當之!』」◎野處,洪邁號。陳振孫云:「未見其全集。」①今僅存《野處類稿》二卷。

「王輔嗣吐金聲於中朝,此子復玉振於江表。微言之緒,絶而復續。不意永嘉之末,復聞正始之音。」[一]晉人之稱衛玠,蓋所尚者清談也。正始,魏齊王芳年號。胡武平啓,以「正始之遺音」對「奪朱之亂雅」,[二]陸務觀嘗摘其誤。王季海行《東坡贈太師制》云:「博觀載籍之傳,幾海涵而地負;遠追正始之作,殆玉振而金聲。」恐亦襲武平之誤也。若正始之清談,非所以稱坡公。

[一]此王敦語,見《晉書·衛玠傳》。

[二]案,「雅」當作「色」,今《胡文恭集·書啓》中無此二語。惟《上知府劉學士啓》有「敢紆正始之音,更重屈尊之禮」句。

【何云】武平啓自用《關雎》正始之道,若王淮則真誤矣。

【元圻案】《老學庵筆記》曰:「晉人所謂『不意永嘉之末,復聞正始之音』,永嘉、正始乃魏、

---

①見《直齋書録解題》卷十八《野處類稿》解題。

晉年名。胡武平《上吕丞相啓》云『手提天鐸，鏘正始之遺音；夢授神椽，擯奪朱之亂色』，蓋不悟正始爲年名也。」◎胡宿，字武平，常州晉陵人。官樞密副使。謚文恭。《宋史》有傳。著《文恭集》五十卷，《補遺》一卷。

胡文定《以親辭成都學事》云：「矧當喜懼之年，深計短長之日。」[一]曾文清[二]《求歸侍》云：「朝則倚門，暮則倚閭，常恐失望；父曰嗟子，母曰嗟季，曷敢弭忘？」

[一]案「短長」字，用晉李密《陳情表》中語。

[二]【全云】茶山先生幾，字吉甫。

【元圻案】《書録解題·别集類下》：「《胡文定武夷集》十五卷。崇安胡安國康侯撰。其辭召試，曰：『少習藝文，不稱語妙；晚捐華藻，纔取理明。既覺昨非，更無餘習。』故其文集止此。」《四庫書》不著録。◎曾吉甫《茶山集》八卷，原本已佚，《四庫全書》從《永樂大典》録出，皆其詩也，文集未見。

上官儀《册周王文》：「識表魏舟之象，詞掩漢臺之駕。」上句用曹蒼舒事，下句用《柏梁臺》詩，梁王曰「驂駕駟馬從梁來」。或以「駕」爲「卦」，引沛獻王占雨事，非也。

【集證】《魏志·鄧哀王沖傳》：「沖字蒼舒。時孫權曾致巨象，太祖欲知其斤重，訪之羣下，咸莫能出其理。沖曰：『置象大船之上，而刻其水痕所至，稱物以載之，則校可知矣。』太祖大悦，即施行焉。」

【元圻案】《藝文類聚》二：「《東觀漢記》曰：沛獻王輔善《京氏易》。永平五年，京師少雨，上御雲臺自卦，以《周易林》占之，其繇曰：『蟻封穴居，大雨將至。』上以問輔，輔曰：『蹇，艮下坎上。艮爲山，坎爲水，山出雲爲雨。蟻穴居，知雨將至，故以蟻爲興居。』」◎《唐書·上官儀傳》：「儀字游韶。太宗每屬文，遣儀視草。工詩，時人效之，謂之『上官體』。」◎《文苑英華》四百四十四載上官儀《册周王爲并州都督文》，作「識表魏舟之象，詞掩蘭臺之駕」。

洪景盧《周茂振入館謝啓》雖不若董彦遠之博，如「桃、萊難悟，[一]栜、邜本同」；[二]「幼婦外孫之義，女郎世子之名」，[三]亦儷語之工者。[四]

[一]【閻按】《馮衍傳》注云：「『萊』字似『棗』，文又連『桃』，後學者輒改『萊』爲『棗』，以『桃棗』易明，『桃萊』難悟也。」《啓》用章懷太子注成句。

[二]【何云】案《虞翻傳》注：「翻奏鄭康成解《尚書》違失云：『古大篆①「邜」字讀當爲

① 「篆」，原本作「傳」，據三箋本改。《三國志·吴書·虞翻傳》注正作「篆」。

「柳」，古「栁」、「丣」同字，而以爲昧。』」「臣松之謂翻言爲然。故『劉』、『留』、『聊』、『柳』同用此字，以從聲故也，與日辰『卯』字字同音異。」

［三］【閻按】《南史·賈希鏡傳》：「古冢①有銘云：『青州世子，東海女郎。』帝問希鏡，對曰：『此是晉司馬越女，嫁苟晞兒。』」

［四］【何云】閻校作「挑②菜」，恐是用周益公《校劉賓客詩》「挑菜」語。

【元圻案】《後漢書·馮衍傳》：「衍遺田邑書曰：『晏嬰臨盟，擬以曲戟，不易其辭；謝息守郕，脅以晉、魯，不喪其邑。由是言之，内無鈎頸之禍，外無桃、萊之利，而被畔人之聲，蒙降城之恥，竊爲左右羞之。』」注：「《左傳》，孟孫之家臣謝息。孟孫從魯昭公如楚，謝息爲孟孫守郕邑。晉人來理杞田，季孫將以郕邑與之。謝息不可，曰：『夫子從君而守臣喪邑，雖吾子亦有猜焉。』季孫曰：『君之在楚，於晉罪也。又不聽晉，魯罪重矣。晉師必至，吾無以待之。』謝息曰：『古人有言：「挈瓶之智，守不假器。」』季孫曰：『吾與子桃。』辭以無山，與之萊、柞。」「臣賢案：謝息得桃邑萊山，故言『無桃、萊之利』也。且爲『萊』字似『棗』，文又連『桃』，後學者以『桃棗』易明，『桃萊』難悟，不究始終，輒改『萊』爲『棗』。」◎《古文苑》載邯鄲淳《曹娥碑》，後云：「漢議

---

① 「古冢」，三箋本前有「青州人發」四字。

② 「挑」，三箋本作「桃」。

郎蔡邕聞之來觀。邕題文云：『黄絹幼婦，外孫齏臼。』『二百年後碑冢當墮江中，當墮不墮逢王叵。』」◎周茂振，名麟之，海陵人。紹興十五年進士，中宏詞科。官知樞密院事。著有《海陵集》。◎周益公《二老堂詩話》上：「劉禹錫《淮陰行》：『何物令儂羨，羨郎船尾燕。銜泥趁檣竿，宿食長相見。隔浦望行船，頭昂尾幰幰。無奈脱莱時，清淮春浪軟。』黄魯直云：『《淮陰行》情調殊麗，語氣尤穩切。元微之、白樂天爲之，皆不入此律也。唯「無奈脱莱時」不可解，當待博物洽聞者説也。』予見古本作『挑菜時』，東坡惠州《新年》詩云『水生挑菜渚』，恐用此字。」

野處草《梁叔子[二]制》云：「鼎學士之大稱。」蓋用劉禹錫《天平軍壁記》「以牙璋玉節鼎右僕射官稱」之語。又草《葉顒左相制》云：「學聖人之道」，「高天下以聲」。或云：「葉語聲①高，故以戲之。」然「矜人臣以能，高天下以聲」，《史記》謂殷紂也，不當用之王言。

[二]【全云】克家。

【元圻案】劉禹錫《天平軍節度使廳壁記》曰：「上方注意治本，乃以牙璋玉節鼎右僕射官稱，賜東都留守令狐公曰：『予擇文武惟汝兼，前年鎮汴州有顯庸，往年弼憲宗有素貴。徒得君

① 「聲」，元刊本、三箋本作「音」。

重，剛我四支。』」◎《史記·殷本紀》：「帝紂資辨捷疾，聞見甚敏；智足以距諫，言足以飾非；矜人臣以能，高天下以聲，以爲皆出己下。」◎《書録解題·別集類上》：「《劉賓客集》三十卷，《外集》十卷。唐檢校禮部尚書兼太子賓客中山劉禹錫夢得撰。」《四庫全書》著録。

徐淵子《上梁文》云：「林木翳然，便有濠濮間想；清風颯至，自謂羲皇上人。」[一]初寮《賀唐秘校及第啓》云：「得知千載，上賴古書。作吏一行，便廢此事。」[二]皆全句。

[一]【何云】自然故佳。

[二]【何云】下句妙在倒用，北宋人猶能剪裁。

【元圻案】《世説·言語門》：「簡文入華林園，顧謂左右曰：『會心處不必在遠，翳然林木，便自有濠濮間想，覺鳥獸禽魚，自來親人。』」◎《晉書·隱逸·陶潛傳》：「潛自言夏月虚閑，高卧北窗之下，清風颯至，自謂羲皇上人。」淵明詩云：「得知千載事，上賴古人書。」①◎《文選》嵇康《與山巨源絶交書》曰：「又聞道士遺言，餌朮、黄精，令人久壽，意甚信之。遊山澤，觀魚鳥，心甚樂之。一行作吏，此事便廢。」◎王安中，字履道，中山曲陽人。登進士第。歷官大名尹兼北京留

① 《贈羊長史》。

守司公事。著《初寮集》，今存十卷，《四庫全書》著録。◎徐淵子，已見「評詩」①。

李宗道《春秋十賦》，屬對之工，如：「越椒熊虎之狀，弗殺必滅若敖；宣四年。伯石豺狼之聲，非是莫喪羊舌。昭二十八年。」「王子争囚，而州犁上下；襄二十六年。伯輿合要，而范宣左右。襄十年。」[一]「魯昭之馬將爲櫝，昭二十九年。衛懿之鶴有乘軒。閔二年。」[二]「于奚辭邑，而衛人假之器；成二年。晉侯請隧，而襄王與之田。僖二十五年。」「星已一終，魯君之歲；襄九年。亥有二首，絳老之年。襄三十年。」「作楚宫，見襄公之欲楚；襄三十一年。效夷言，知衛侯之死夷。哀十二年。」「雞憚犧而斷其尾，昭二十二年。象有齒而焚其身。襄二十四年。」[三]「虞不臘矣，僖五年。吴其沼乎。哀二年②。」「好魯以弓，請謹守寶；昭七年。賜鄭以金，盟無鑄兵。僖十八年。」「蛇出泉臺聲姜薨，文十六年。鳥鳴亳社伯姬卒。襄十三年③。」

[一]【何云】此未穩。

[二]【何云】此聯去「將」、「有」二字爲佳。

---

① 見卷十八「徐淵子詩」條注（頁二一〇〇三）。

② 「二年」，當是「元年」。

③ 「十三年」，當是「三十年」。

[三]【何云】二句工矣，而事不類。

【閻按】《歐陽公年譜》：「年十七，舉隨州，試《左氏失之誣論》，中云：『石言於晉，神降於莘。外蛇鬥而内蛇傷，新鬼大而故鬼小。』雖不中，人猶傳誦之。」但「誣」原本定作「巫」，出范甯《穀梁傳序》「巫者，謂多敍鬼神之事也」①。

【元圻案】葉石林《避暑録話》下謂：「歐陽公爲舉子時，客隨州，秋試《左氏失之誣論》云云，主文以爲一場警策，遂擢爲冠。」與《年譜》異。

晏元獻《進兩制三館牡丹歌詩表》云：「永平[一]神爵之頌，孝明稱美者五人；貞元重九之篇，德宗考第於三等。」[二]按《論衡·佚文篇》云：「永平中，神雀羣集，詔上《神雀頌》。百官上頌，文比瓦石，唯班固、賈逵、傅毅、楊終、侯諷[三]五頌金玉，孝明覽焉。」貞元事，見《劉太真傳》。[四]

[一]後漢明帝年號。

[二]【全云】見《宋文鑑》六十三。

[三]【何云】侯諷當考。

---

①「巫者」云云，爲《穀梁傳序》楊士勳疏文。

［四］【閻按】「見《劉太真傳》」謂《新唐書》，若《舊唐書》則見《德宗紀》：「貞元四年九月癸丑，賜百寮宴於曲江亭，仍作《重陽賜宴詩》六韻賜之。羣臣畢和，上品其優劣，以劉太真、李紓爲上等，鮑防、于召爲次等，張濛、殷亮等二十人又次之，唯李晟、馬燧、李泌三宰相之詩不加優劣。」【元圻案】《新唐書·劉太真傳》文同，于召作「邵」。◎晏元獻《臨川集》三十卷，《二府》二十卷，皆不傳。今但存《元獻遺文》一卷，《四庫全書》著録。

寧［一］皇《服藥赦文》，陳［二］正父所草也。「雖不明不敏，有辜四海望治之心；然無怠無荒，未始一毫從己之欲。」天下誦之，謂寫出寧皇心事。

［一］【閻按】「寧」當作「壽」，下同。

［二］【閻按】「陳」當作「倪」。

【全云】閻改亦未可據，俟考。

【元圻案】羅大經《鶴林玉露》十三①載此一聯，亦謂陳正甫之辭。◎葉紹翁《四朝聞見録·乙集》：「陳正甫諱貴誼，以詞學中等。」◎盛如梓《庶齋老學叢談》下謂：「程學士坰《寧宗

① 十八卷本《鶴林玉露》在甲集卷三。此聯作「雖不明不敏，有慚四海望治之心；然無怠無荒，未始縱一毫從己之欲」。

遺詔》云：『雖不明不敏，有慚四海望治之心；然無怠無荒，未嘗一日縱己之欲。』人以爲畫就一寧宗云云。」故謝山云閣改未可據。

盧思道《在齊爲百官賀甘露》云：「神漿可挹，流味①九户之前；天酒自零，凝照玉階之下。」[一]常衮《中書門下賀雪》云：「重陰益固，應水澤腹堅之時；積潤潛通，迎土膏脉起之候。」[二]皆儷語之工者。

[一]全文見《初學記》二。

[二]全文見《文苑英華》五百六十一。

【元圻案】《文選》張衡《西京賦》：「大廈②眈眈，九户開闢。」注：「《大戴禮》曰：『明堂，古有之，凡九室。』鄭注曰：『天子路寢，制如明堂。』然則既有九室，室有一户也。」◎虞荔《鼎録》：「宣帝甘露元年，於華山仙掌鑄一鼎，擬承甘露，刻其文曰：『萬國伏，貽長久。』鑄神鼎，承天酒。」」◎東方朔《神異經》曰：「西北海外有人長二千里，日飲天酒五斗。」張華注：「天酒，甘露也。」◎《管子》：「立三階之上，南面而受要。」注：「君之路寢前有三階。」◎張衡《東京賦》：

① 「味」，《初學記》卷二作「珠」。

② 「廈」，《文選》作「夏」。

「農祥晨正，土膏脉起。」注，《國語》：「虢文公曰：『太史順時視土，農祥晨正，土乃脉發。太史告稷曰：土膏其動。』」韋昭曰：「脉，理也。膏，土潤也。」◎盧思道，字子行，范陽人。《隋書》有傳。

俗語皆有所本。如「利市」，出《易·說卦》、[一]《左傳》。[二]「難爲人」，出《表記》。[三]「擔負」，出《詩·玄鳥》箋。[四]「折閱」，出《荀子》。[五]「生活」，出《孟子》①。「家數」，出《墨子》。[六]「服事」，出《周禮·大司徒》。[七]「伏事」，出陸士衡詩。[八]「分付」，出《漢·游俠·原涉傳》。[九]「交代」，出《蓋寬饒傳》。[一〇]「區處」，出《黄霸傳》。[一一]「多謝」，出《趙廣漢傳》。[一二]「丁寧」，出《詩·采薇》箋。[一三]「什物」，出《後漢·宣秉傳》。[一四]「自由」，出《五行志》。[一五]「曉示」，出《循吏·童恢傳》。[一六]「主者」，出《劉陶傳》。[一七]「意智」，出《鮮卑傳》。[一八]「卑末」，出《欒巴傳》。[一九]「告示」，出《荀子·榮辱篇》。【原注】「仁者好告示人。」[二〇]「布施」，出《周語》。【原注】「布施優裕。」[二一]「比校」，出《齊語》。[二二]「行頭」，出《吴語》。[二三]「當日」，出《晉語》。[二四]「地主」，出《左傳》、《越語》。[二五]「相於」，出《晉·后妃傳》。[二六]「料理」，出《王徽之傳》。[二七]「長進」，出《和嶠傳》。[二八]「消息」，出《魏·少帝紀》。[二九]「功夫」，

① 《孟子·盡心上》。

出《王肅傳》。[三〇]「手下」，出《太史慈傳》。[三一]「牢固」，出《陸抗傳》。[三二]「鄭重」，出《吴①・吕蒙傳》。[三三]「分外」，出魏程曉上疏。[三四]「小郤」，出《宋紀》。[三五]「間介」，出馬融《長笛賦》。【原注】「間介無蹊。」○見《文選》。[三六]「婁羅」，出《南史・顧歡傳》。[三七]「本分」，出《荀子・非相篇》。【原注】「見端不如見本分。」[三八]「措大」，出《五代・東漢世家》。[三九]「假開」，出《王峻傳》。[四〇]「本色」，出《唐・劉仁恭傳》。[四一]「古老」，出《書・無逸》注。[四二]「商量」，出《易》「商兑」注。[四三]「不宣備」，出楊德祖《答臨淄侯》。【原注】「不能宣備。」○見《文選》。「生人婦」，出《魏・杜畿傳》。[四四]「私名」，出《列子》。[四五]「家公」，出《莊子》。【原注】「主人公也。」[四六]「致意」，出《晉・簡文紀》。[四七]「傳語」，出《後漢・清河王慶傳》。[四八]「收拾」，出《光武紀》。[四九]「尋思」，出《循吏・劉矩傳》。[五〇]「不審」，出《韓詩外傳》。[五一]「世情」，出《纏子》。【原注】「不識世情。」[五二]「爾來」，出孔明《出師表》。[五三]「朅來」，出《思玄賦》。[五四]「和買」，出《左傳》正義。[五五]「阿誰」，出《蜀・龐統傳》。[五六]「罷休」，出《史記・孫武傳》。[五七]「慚愧」，出《齊語》。[五八]「安排」，出《莊子》。[五九]「比數」，出《周禮・大司馬》注。[六〇]「見在」，出《夏官・稾人》注。[六一]「孩兒」，出《書・康誥》注。[六二]「老境」，出《曲禮》正義。[六三]「牽帥」，出《左

① 「吴」，原本脱，據元刊本、三箋本補。

傳》。[六三]「先輩」，出《詩・采薇》箋。[六四]「如今」，出《杕杜》箋。[六五]「居士」，出《玉藻》。[六六]「可人」，出《雜記》。[六七]「道人」，出《漢・京房傳》。[六八]「寄居」，出《息夫躬傳》。[六九]「某甲」，出《周禮・天官・職内》注。[七〇]「道士」，出《新序》。【原注】介子推云。[七一]「主人公」①，出《史記・范睢傳》。[七二]「小家子」，出《漢・霍光傳》。[七三]「不中用」，出《史記・外戚世家・王尊傳》。[七四]「我輩人」，出《晉・石苞傳》。[七五]「對岸」，出《樂志》。[七六]「十八九」，出《漢・丙吉傳》。【原注】「至今十八九矣。」「浩大」，出《後漢・馬廖傳》。[七七]「兩兩相視」，出《周嘉傳》。[七八]「年紀」，出《光武紀》。[七九]「雜碎」，出《仲長統傳》。[八〇]「細碎事手下」，出《吴・吕範傳》。[八一]「合少成多」，出《中庸》注。[八二]「若干」，出《禮記・曲禮・投壺》。[八三]「如干」，出《陳・文學・何之元傳》。[八四]「膠加」，出《九辯》。【原注】膠音豪。加，丘加反。[八五]「牢愁」，出《揚雄傳》。【原注】「畔牢愁。」《集韻》：「愁音曹。」[八六]「墨杘」，出《列子》。【原注】音眉癡。[八七]「冗長」，出陸士衡《文賦》。[八八]「無狀」，出《史記・夏本紀》。[八九]「擘畫」，出《淮南子》。[九〇]「前定」，出《中庸》。「細作」，出《左傳釋文》。[九一]「敍致」，出《世説》。[九二]「留連」，出《後漢・劉陶傳》。[九三]「問息耗」，出《竇后紀》。[九四]「已分」，出魏文帝書。[九五]「物色」，出《淮南子》。[九六]「本

① 「公」，元刊本、三箋本作「翁」。

師」，出《史記・樂毅傳》。[九七]「祖師」，出《漢・外戚・丁姬傳》。[九八]「生熟」，出《莊子》。[九九]「有瓜葛」，出《後漢・禮儀志一》注。[一〇〇]「發遣」，出《陳寔傳》。[一〇一]「天然」，出《賈逵傳》。[一〇二]「新鮮」，出《太玄》。[一〇三]「鈍悶」，出《淮南子》。[一〇四]「誇張」，出《列子》。[一〇五]「慞惶」，出王褒《洞簫賦》。[一〇六]「近局」，出陶淵明詩。[一〇七]「提撕」，出《詩・抑》箋。[一〇八]「本貫」，出晉江統論。[一〇九]「十字街」，出《北史・李庶傳》。[一一〇]「見錢」，出《漢書・王嘉傳》。[一一一]

[一]「爲近利市三賠。」

【方樸山云】《玉篇》載《説卦》作「近市利三倍」。

[二] 昭十六年：「爾有利市寶賄。」

[三]「君子以義度人，則難爲人。」

[四]「百禄是荷」箋：「謂擔負天之多福。」

[五]《修身篇》：「良賈不爲，折閲不市。」

[六]《尚同篇》：「天下爲家數也甚多。」

[七]「十有二曰服事。」

[八]《爲吴王郎中時從陳梁作》：「誰謂伏事淺，契闊逾三年。」

[九]「分付諸客。」

［一〇］「及歲盡交代。」◎又《白虎通義》：「封禪必於泰山，何？萬物之始，交代之處。」

［一一］「鄉部書言，霸具爲區處。」◎又《張敞傳》：「敞以耳目發起賊〔主〕名區處。」師古注：「區謂居止之所也。」

［一二］「至府，爲我多謝問趙君。」

［一三］「丁寧歸期，定其心也。」

【方樸山云】「丁寧」字義本借用《左傳》「著于丁寧」語。○案《後漢·楊賜傳》，賜上書有「災異屢見，前後丁寧」之語。

［一四］「即賜布帛帳帷什物。」注：「軍法，五人爲伍，二五爲什，則共其器物，故通謂生生之具爲什物。」

［一五］「一切①事自由，初不恤録。」

［一六］「吏人有違犯禁法，輒隨方曉示。」◎《前漢·班超傳》：「令曉示康居王。」

［一七］「事付主者。」又：「主者旦夕迫促。」

【閻按】亦見《劉陶傳》前《欒巴傳》。

【方樸山云】已見《陳丞相世家》。○《欒巴傳》：「主者欲有所侵毁。」《史記·陳丞相世

① 「一切」，《後漢書·五行志一》作「百」。

家》：「各有主者。」

〔一八〕蔡邕《諫伐鮮卑議》：「意智益生，才力勁健。」

〔一九〕「雖幹吏卑末，皆課令習讀程式。」①

〔二〇〕【闇按】今「仁」作「人」。

〔二一〕《淮南子·主術訓》：「爲惠者，尚布施也。」

〔二二〕「合羣叟，比較民之有道者。」

〔二三〕「百行，行頭皆官師。」②

〔二四〕史黯曰：「主將適螻而麓不聞，臣敢煩當日。」

〔二五〕【闇按】《左傳》止有「東道主」。

【繼序按】「地主歸餼。」見哀十二年。○《越語》：「四鄉地主正之。」

〔二六〕左貴嬪《離思賦》：「況骨肉之相於兮，永緬邈而兩絶。」◎又孔融書：「閈僻疾動，不得與足下岸幘廣坐，舉杯相於，以爲怡怡。」③

---

① 「程式」，《後漢書·欒巴傳》作「程試」，全句作「雖幹吏卑末，皆課令習讀，程試殿最，隨能升授」。

② 此句《國語·吴語》作「陳士卒百人，以爲徹行百行，行頭皆官師，擁鐸拱稽」。

③ 《藝文類聚》卷五十三引孔融《與韋林甫書》。

〔二七〕「卿在府日久，比當相料理。」

〔二八〕「太子近入朝，差長進，卿可俱詣之。」《三國志・吳・張昭傳》：「長子承勤於長進。」

〔二九〕齊王芳嘉平六年，毌丘儉上言，昔諸葛恪圍合肥新城，城中遣士劉整出圍傳消息，爲賊所得。」

【方心醇云】《易・豐卦・象傳》曰：「天地盈虛，與時消息。」

〔三〇〕【閻按】《王肅傳》無，亦出《少帝紀》。○案《魏志・王肅傳》：「治道功夫，戰士悉作。」又：「泰極已前，功夫尚（少）〔大〕。」「功夫」字凡再見。《三少帝紀》：「齊王芳正始七年，詔曰：『吾乃當以十九日親祠。而昨出已見治道，得雨當復更治，徒棄功夫。』」

〔三一〕「孤普請諸將咨問所宜。」

〔三二〕注：「《江表傳》：策謂慈曰：『先君手下兵數千餘人，盡在公路許。』又曰：『卿手下兵，宜將多少，自由意。』」

〔三三〕「吾寧棄江陵而赴西陵，況江陵牢固乎？」◎《焦氏易林》：「金梁鐵柱，十年牢固。」

〔三四〕「非皇天所以鄭重降符命之意。」

〔三五〕《程曉傳》：「上不責非職之功，下不務分外之賞。」

〔三六〕【閻按】出《武帝紀》。○《武紀下》：「小郤，可以會稽、江州處之。」

〔三七〕「蹲夷之儀，婁羅之辯。」

【閻按】《日知録》：「婁羅，蓋聰明才敏之意。」○婁羅，一作「樓羅」。蘇鶚《演義》曰：「樓羅者，幹辦集事之人」。

〔三八〕「老措大，毋妄沮吾軍！」

【閻按】已見《通鑑·唐文宗·考異》。

【何云】寒山詩已有「措大」字。

【集證】寒山子詩：「個是何措大，時來省南院。」○《通鑑·唐紀·文宗太和九年·考異》曰：「皮光業《見聞録》曰：『崔慎由寓直，有中使引至一小殿，見文宗坐於殿上，二廣徑登階，（而）〔面〕疏文宗過惡，上唯俛首。又曰：「不爲此拗木枕措大，不合更在此坐矣！」街談以好拗爲「拗木枕」。仍戒慎由曰：「事泄即是此措大也！」慎由歸，遂金縢其事。』」

〔三九〕「俟假開，當爲卿行。」

〔四〇〕「旄節吾自可爲，要假長安本色耳。」◎《晉書·天文志》：「凡五星不失其本色而應四時者，吉。」又《唐·柳仲郢傳》：「醫有本色官。」

〔四一〕「古老之人無所聞知。」◎崔融《請封中岳表》曰：「宣太平之風化，聽古老之謳謡。」

〔四二〕「商量裁制之謂。」

〔四三〕注：「臣前所録皆亡者妻，今儠送生人婦也。」

〔四四〕《黄帝篇》：「晉范氏有子曰子華，善養私名，舉國服之。」

〔四五〕《寓言篇》：「家公執席，妻執巾櫛。」李頤集解云：「主人公也。」◎《顏氏家訓·風操篇》：「昔侯霸之子孫，稱其祖父曰家公；陳思王稱其父曰家父，母曰家母；潘尼稱其祖曰家祖。」

〔四六〕【閻按】亦出《孫綽傳》。○《簡文紀》：「帝謂郗超曰：『致意尊公。』」《孫綽傳》：「桓温曰：『致意興公，何不尋君《遂初賦》，知人家國事耶！』」興公，孫綽之字。

〔四七〕「令慶傳語中常侍。」

〔四八〕「吏人死亡，或在壞垣毁屋之下，而家羸弱不能收拾者。」

〔四九〕「以爲忿恚可忍，縣官不可入，使歸更尋思，訟者感之。」

〔五〇〕【閻按】「不審」爲晏子語。○《外傳》八：「晏子仰而問曰：『古者明王聖主，其肢解人，不審從何肢解始也？』」《晏子春秋》作「堯、舜支解人，從何軀始」，無「不審」二字。

〔五一〕《文選》陸機《文賦》注引《纏子》：「董無心曰：罕得事君子，不識世情。」

〔五二〕「爾來二十有一年矣。」

〔五三〕【閻按】李善注引劉向《七言》曰：「朅來歸耕永自疏。」○《文選》張衡《思玄賦》：「回志朅來從玄謀。」◎《呂氏春秋》：「膠鬲見武王於洧水，曰：『西伯朅來①？無我欺也！』武王曰：『不子欺，將伐殷也。』膠鬲曰：『朅至？』武王曰：『將以甲子日至。』」注：「朅，何也。」司馬相如《大

---

①「西伯朅來」，今諸本《呂氏春秋·慎大訓》作「西伯將何之」。

人賦》：「回車朅來兮，絶道不周。」

［五四］昭十六年正義：「買諸賈人，則是和買。」

［五五］「向者之論，阿誰爲失？」

［五六］「將軍罷休就舍，寡人不願下觀。」

［五七］「大國慚愧，小國附協。」

［五八］《大宗師》：「安排而化去，乃入於寥天一。」

［五九］「簡稽鄉民」注：「簡，謂比數之。」

［六〇］「亡者闕之」注：「闕，猶除也。弓弩矢箙棄亡者除之，計今見在者。」◎「見在」先見《列子·仲尼篇》，又《後漢·楊震傳》：「護同産弟威，今猶見在。」

［六一］「愛養人如安孩兒赤子。」

［六二］「『七十曰老，而傳』者，六十至老境而未全老，七十其老已全，故言老也。」

［六三］襄十年：「牽帥老夫，以至於此。」

［六四］「今薇生矣，先輩可以行也。」

［六五］「征夫如今已閑暇可歸也。」

［六六］「居士錦帶」注：「居士，道藝處士也。」

［六七］「子曰：『管仲遇盜，取二人焉，上以爲公臣，曰：其所與遊辟也，可人也。』」注：「言此

人可也。」◎《大戴禮·立孝篇》：「子曰：『可人也，吾任其過；不可人也，吾辭其罪。』」

〔六八〕「道人始去，寒，涌水爲災。」◎《漢·地理志》「代郡道人縣」注：「本有仙人遊其地，因以爲名。」

〔六九〕「歸國未有第宅，寄居丘亭。」

〔七〇〕「若言某月某日某甲，詔書出某物若干，給某官某事。」◎嵇康《家誡》曰：「某甲（者）〔昔〕知我事。」

〔七一〕《新序·節士篇》：「介子推曰：『謁而得位，道士不居也；争而得財，廉士不受也。』」◎《王莽傳》：「王涉素養道士西門君惠。」兩「道士」義似異。

〔七二〕【閻按】《范雎傳》作「翁」。○「主人翁習知之。」

〔七三〕「使樂成小家子得幸將軍。」

〔七四〕【閻按】《秦始皇本紀》：「吾前收天下書不中用者。」○《外戚世家》：「武帝擇宮人不中用者，斥出歸之。」《王尊傳》：「其不中用，趣自避退，毋久妨賢。」

〔七五〕「苞見吏部郎中許允，求爲小吏。允曰：『卿是我輩人，當相引在朝廷。』」

〔七六〕【閻按】出顧臻表曰：「今夷狄對岸。」「對岸」二字用於敵國，奇。○《吴志·周魴傳》：「魴誘曹休曰：『今使君若從皖道進住江上，魴當從南對岸歷口爲應。』」

〔七七〕【方樸山云】前漢匡衡疏已有「廣心浩大」語①。○《馬廖傳》：「浩大之福，莫尚於此。」

〔七八〕【閻按】毛板脱一「兩」字。○《獨行・周嘉傳》：「羣賊入汝陽城，嘉從太守何敞討賊，白刃交集，嘉乃擁敞，以身扞之，請以死贖。羣賊於是兩兩相視，曰：『此義士也！』」

〔七九〕「建武十五年，詔下州郡檢核墾田頃畝及户口年紀。」◎班固《兩都賦序》：「神爵、五鳳、甘露、黄龍之瑞，以爲年紀。」二義不同。

〔八〇〕「百家雜碎，請用從火。」

〔八一〕【閻按】兩「手下」皆出注引《江表傳》孫策語②。

【何云】手下前已出「太史慈」一條。○《吕範傳》注，《江表傳》：「策曰：『子衡，卿既上大夫，加手下已有大衆，豈宜復屈小職，知軍中細碎事乎？』」

〔八二〕【閻按】《中庸》注無。

【方心醇云】「今夫天斯昭昭之多」節，注：「言天地山川，皆合少成多，積小致大。」今本注疏脱去五字耳。○案，衛湜《禮記集説》一百三十四「今夫天」節，引鄭注正有「皆合少成多」五字。

〔八三〕【方樸山云】《禮記》出於漢儒。按《漢・賈誼傳》，《陳政事疏》已有「若干」二字。○

---

① 見《漢書・匡衡傳》。

② 此條「閻按」，三箋本爲「何云」。

《曲禮》：「問天子之年，對曰：『聞之，始服衣若干尺矣。』」《投壺》：「某賢於某若干純。」又《儀禮》數射算數曰「若干純」。賈誼《政事疏》：「割地定制，令齊、趙、楚各爲若干國。」

〔八四〕見之元所作《梁典自序》「如干」二字凡六見。

〔八五〕宋玉《九辯》：「何況一國之事（矣）〔兮〕，亦多端而膠加。」

〔八六〕《漢書·揚雄傳》：「旁《惜誦》以下至《懷沙》一卷，名曰《畔牢愁》。」注，李奇曰：「畔，離也。牢，聊也。與君相離，愁而無聊也。」

〔八七〕《力命篇》：「墨杘、單至、嘽咺、（憋）〔憋〕懯四人相與遊於世。」殷敬順《釋文》：「音眉癡。《方言》：『墨杘，江淮之間謂之無賴。』《廣雅》云：『墨音目，杘作欺。』自此二十人智巧才行兩兩相背，而能相與和同終年者，各任其真性故也。」

〔八八〕「故無取乎冗長。」

〔八九〕「鯀之治水無狀。」

〔九〇〕《要略篇》：「擘畫人事之終始。」

〔九一〕宣八年陸氏《釋文》：「諜，（反）間也。①今謂之細作。」◎《爾雅·釋言》：「間，俔也。」郭注：「《左傳》謂之諜，今謂之細作。」

---

①「諜，反間也」，《經典釋文》作「諜，徒協反，間也」，則「反」屬上讀。

［九二］《識鑑門》：「王夷甫敍致既快，事加有理。」

［九三］「留連至今，莫肯求問。」

［九四］「數呼相工問息耗，見后者皆言當大尊貴。」

［九五］《魏志·王粲傳》注，太子《與質書》謂：「百年已分，可長共相保。」

［九六］【閻按】何不云出《月令》？〇《淮南·時則訓》：「仲秋之月，察物色，課比類。」《月令》：「仲秋之月，察物色，必比類。」

［九七］《贊》曰：「樂臣公學黄帝、老子，其本師號曰河上丈人。」

［九八］「易祖師丁將軍之玄孫。」注：「《儒林傳》：丁寬，易家之始師。」

［九九］《天道篇》：「生熟不盡於前，而積斂無涯。」

［一〇〇］【閻按】出《禮儀志》注引蔡邕《獨斷》曰：「凡與先后有瓜葛者。」

［一〇一］「鄰縣人户歸附者，寔輒訓導譬解發遣。」◎《明帝紀》：「發遣邊人在内郡者。」

［一〇二］「陛下通天然之明，建大聖之本。」◎《前書·徐樂傳》：「陛下天然之聖，寬仁之資。」

［一〇三］《務》次二：「新鮮自求珍。」

［一〇四］《覽冥訓》：「純温以淪，鈍悶以終。若未始出其宗，是謂大通。」高誘注：「鈍悶，無情也。」

［一〇五］《天瑞篇》：「誇張於世。」

［一〇六］「惝怳瀾漫，亡耦失疇。」注，《埤蒼》曰：「啅嘐，寂静也。啅嘐與惝怳音義同。」

[一〇七]《歸田園居》詩：「漉我新熟酒，隻雞招近局。」◎劉熙《釋名》〔十〕二《釋言語篇》：「曲，局也，相近局也。」

[一〇八]「親提撕其耳。」

[一〇九]【閻按】止有「本種」，無「本貫」。○《晉書·江統傳》，《徙戎論》曰：「各附本種，反其舊土。」又曰：「申諭發遣，還其本域。」

[一一〇]【閻按】庶附《李諧傳》。○「劉家在七帝坊十字街。」◎庶，諧之子也。

[一一一]「賞賜節約，外戚貲千萬者少，故少府見錢多也。」

梁簡文《爲子大心辭封當陽公表》云：「日蝕之餘，無黃童之對；荷戟入榛，異子烏之辯。」〔二〕又《爲長子大器讓宣城王表》云：「熙祖流聰慧之稱，方建臨淮之國；元仲表岐嶷之資，乃啓平原之封。」【原注】荷戟入榛，揚雄童烏事①。熙祖，晉太子遹字。元仲，魏明帝字。元豐末，《皇弟似封普②寧郡王制》，全用熙祖、元仲一聯，然熙祖非美事也。

---

① 「荷戟入榛，異子烏之辨」句，王氏原注只言「揚雄童烏事」，未詳其事，翁氏亦失注。按，《太平御覽》卷三八五引《劉向別傳》云：「揚信，字子烏，雄第二子。幼而聰慧。……雄又疑《易》『羝羊觸藩』，彌日不就，子烏曰：『大人何不曰「荷戟入榛」？』」

② 「普」字，原本作「晉」，據元刊本改。《東都事略》卷十七及《宋史·楚王似傳》正作「普寧郡王」。

［一］【何云】二語未工。

【何云】在元帝用之則可。元仲事在今日藩臣亦當避，古人不拘。

【元圻案】《後漢書·黄琬傳》：「祖父瓊，初爲魏郡太守。建和元年正月日食，京師不見，而瓊以狀聞。太后問所食多少，瓊思其對而未知所況。琬年七歲，在傍，曰：『何不言日食之餘，如月之初？』」◎《晉書·愍懷太子傳》：「遹字熙祖，惠帝長子。幼而聰慧，武帝愛之。時望氣者言廣陵有天子氣，故封爲廣陵王。惠帝即位，立爲皇太子。九年廢，賈后矯詔使黄門孫慮害之。」◎《魏志·明帝紀》：「諱叡，字元仲，文帝太子也。黄初三年爲平原王。」注：「《魏書》曰：帝生數歲而有岐嶷之姿。」

【集證】《東都事略》：「楚王似，神宗之第十三子。元豐間封和國公。哲宗即位，封(晉)〔普〕寧郡王。」

王元之禹偁《到黄州謝上表》：「風摧霜敗，芝蘭之性終香；日遠天高，葵藿之心未死。」劉元城安世《元符末自貶所起帥鄆當過闕謝表》云：「志存許國，如萬折而必東；忠以事君，雖三已而無慍。」［二］斯言可以立懦志。

［二］公坐是，遂不得入見。

【閻按】趙元鎮《移吉陽軍表》云：「白首何歸，悵餘生之無幾；丹心未泯，誓九死以不移。」

尤以此言，致不食卒，可悲也。

【元圻案】《説苑・雜言》：「孔子曰：『夫水不清以入，鮮潔以出，似善化；至量必平，似正；盈不求概，似度；其萬折必東，似意。』」◎曹植表：「葵藿之傾葉，太陽雖不爲之回光，然向之者誠也。」①◎宋費衮《梁溪漫志》謂元城此語，與陳了翁《表進尊堯集序》云：「愚公老矣，益堅平險之心；精衛眇然，未捨填波之願。」皆氣節凜然如嚴霜烈日。◎劉跂爲其父摯辯冤啓云：「晚歲《離騷》，魂竟招於異域；平生精爽，夢猶托於故人。」語亦悲壯。◎《書録解題・別集類》：「《小畜集》三十卷，《外集》二十卷。知制誥濟陽王禹偁元之撰。自序曰：平生所爲文，類而聚之，得三十卷。將名其集，以《易》自筮，遇《乾》之《小畜》，象曰『君子以懿文德』，未能行其施，但可懿文而已。」

「驢非驢，馬非馬」，【原注】《漢・西域傳》。「烏不烏，鵲不鵲」，【原注】《戰國策》。[一]可以爲對。[二]傅景仁伯壽云：「烹羊炰羔，唯『帶牛佩犢』可對。」[三]

[一]【何云】見「史疾爲韓使楚」，言失其職也。

[二]【閻按】後魏宣武孝明民間謡曰：「狐非狐，貉非貉。」

①《求通親親表》。

〔三〕【何本載閻云】上句實，下句虛，似非一類。

【元圻案】《漢·西域傳》：「外國胡人皆曰：『驢非驢，馬非馬，若龜兹王，所謂（贏）〔嬴〕也。』」◎《戰國策》：「史疾爲韓使楚，有鵲止於屋上者，曰：『請問楚人謂之何？』王曰：『謂之鵲。』『謂之烏，可乎？』曰：『不可。』曰：『今王之國有柱國、令尹、司馬、典令，其令官置吏，必曰廉潔勝任。今盜賊公行，而弗能禁也，此烏不爲烏，鵲不爲鵲也。』」◎《漢書·龔遂傳》：「爲渤海太守，民有帶持刀劍者，使賣劍買牛，賣刀買犢，曰：『何爲帶牛佩犢！』」◎王汾原曰：「《國語》『黍不黍，稷不稷』，《爾雅》『組似組，綸似綸』，亦可對。」◎傅伯壽，晉江人。隆興元年進士，紹熙中官浙西提刑。

嘉定受寶璽，南塘賀表云：「函封遠致，不知何國之白環；瑑刻孔章，咸曰寧王之大寶。」【原注】宗室入翰苑者三人：彦中、汝談、汝騰。

【元圻案】《竹書紀年》：「帝舜九年，西王母來朝，獻白環、玉玦。」◎《後漢書·馬融傳》：《廣成頌》「納僬僥之珍羽，受王母之白環」，注引《帝王（記）〔紀〕》曰：「堯時，僬僥氏來貢没羽。西王母慕舜之德，來獻白環。」杜詩《洗兵馬》云：「不知何國致白環，復道諸山得銀甕。」

王岐公〔一〕《答韓魏公詔》：「豈朕鬱於大道，未昭治亂之原；將卿保其成功，自潔進退之分。」崔大雅名敦詩。《答周益公詔》：「豈朕不德，未達好賢之誠；將卿既明，自全引退之節。」蓋倣其意。

［一］【全云】珪，字禹玉。

【何云】「既明」句六朝有之，四六當行語也，且文義無傷。

【集證】按張九齡《處分十道朝集使敕》云：「豈朕之不德，感致所然；爲庶尹所能，已極於此。」唐人筆徑已如是。

【元圻案】真文忠《雷孝友乞祠不允詔》云：「而卿何嫌何疑，亟求於引去？豈朕不明不敏，弗足以有爲？」又倒用其法。◎《四庫全書簡明目録·别集類》：「《華陽集》六十卷，《附録》十卷。宋王珪撰。原本久佚，今從《永樂大典》録出。其文多臺閣之體，其詩善言富貴，當時謂之『至寶丹』。」

鄭安晚再相，［一］應之道［二］草制云：「彦博重入中書，特令納節；王曾再登揆席，俛就集賢。」

［一］【閻按】安晚，清之號。再相於淳祐七年四月。

［二］【全云】應參政繇，號葦芷。

【元圻案】李燾《續通鑑長編》三百七十六哲宗元祐元年：「四月，司馬光曰：『臣蒙恩擢爲首相，自知智力淺薄，歷事未多，故乞陛下用文彦博以太師兼侍中行左僕射，而臣佐之。今范純仁、朱光庭以爲彦博元老師臣，不可煩以吏事，此在陛下裁度。若以正太師平章軍國重事，令五日或六日一入朝，因至門下中書都堂，與諸執政商量重事，令執政就宅咨謀，其餘常程文書，只委僕射以下簽書發遣，如此亦足以尊大臣、優老臣矣。』」「平章軍國重事」句下注云：「彦博今以節度使守太師，猶是使相，若解節去守，則爲正太師，位冠百僚，在宰相上。元祐元年五月詔：『太師平章軍國重事文彦博，已降旨令獨班起居，自今赴經筵都堂，凡同三省、樞密院奏事，並序位在宰相之上。』」◎宋敏求《春明退朝録》中：「唐節使除僕射、尚書、侍郎謂之『納節』。」◎《長編》一百十六仁宗景祐二年：「二月，樞密使、吏部尚書、同平章事王曾爲右僕射兼門下侍郎、平章事、集賢殿大學士。」◎《春明退朝録》上：「本朝置二相，昭文、修(文)〔史〕，首相領焉；集賢，次相領焉。」

黄伯庸[一]爲《賀雪表》云：「招徠衆俊，無晝卧洛陽之人；獎勵三軍，有夜入蔡州之志。」語工而健。【原注】「上天同雲，平地尺雪」，范蜀公表也，周益公用之。

[一] 名疇若，豐城人。

【元圻案】「招來衆俊」、「獎勵三軍」，或作「列賢才於庶位」、「激士氣於三軍」。◎《後漢書·袁安傳》注，《汝南先賢傳》曰：「時大雪積地丈餘，洛陽令自出案行，見人家皆除雪出。至袁安門，無有行路。謂安已死。令人除雪入户，見安僵卧。問何以不出，安曰：『大雪人皆餓，不宜干人。』」◎韓退之《平淮西碑》曰：「十月壬申，愬用所得賊將，自文城因天大雪疾馳百二十里，用夜半到蔡，破其門，取元濟以獻。」◎《鶴林玉露》六謂：「黄伯庸代宰相《賀雪表》云云，詞意壯切，真宰相事。李公甫表云：『漢使嚙氈，未必得匈奴之要領；楚軍挾纊，惟當堅祈父之爪牙。』語雖巧，頗牽强。」◎周益公《送黃伯庸疇若序》曰：「豐城黃君伯庸爲廬陵宰，示予古律詩二百篇，用意高遠，屬辭清新，摹寫物象，莫能遁形。繼出雜文一編，議論正大，古賦恢閎，碑誌詳雅，四六温淳。是可争文士之衡矣。」

耿直之守京口，復陳少陽東之後，曰：「如可贖兮百身，猶將宥之十世。」

【元圻案】厚齋擬《舉廉吏詔》云：「朕灼知有俊，誕保受民。惟前代迪厥官，不肩好貨；凡正人羞其行，庶幾成風。」又：「克正罔敢弗正，既昭德以塞違；進良以率不良，與勵精以更始。」又：「人之有猷有守，具以實言；予其懋賞懋官，亦克用勸。」亦用全句。耿直之，名秉。

「億載萬年，爲父爲母；韓退之《元和聖德詩》。四海九州，悉主悉臣。退之《平淮西碑》。」迂齋樓昉。對。

李顯忠復節鉞，汪聖錫[一]草制云：「念秦伯用孟明之意，與馮唐面文帝之言。」又云：「與人之周，庶幾得頗、牧而能用；共武之服，爾其繼英、衛之善兵。」

[一]【全云】玉山先生汪應辰。

【元圻案】《左傳》文三年：「秦伯伐晉，濟河焚舟，取王官及郊。遂霸西戎，用孟明也。君子是以知秦穆公之爲君也，舉人之周也，與人之壹也。」◎《史記·馮唐傳》：「『陛下法太明，賞太輕，罰太重。且雲中守魏尚坐上功〔首〕虜差六級，陛下下之吏，削其爵，罰作之。由此言之，陛下雖得廉頗、李牧，弗能用也。』文帝説。是日令馮唐持節赦魏尚，復以爲雲中守。」◎唐太宗封李勣英國公，李靖衛國公。◎汪藻《草張俊除兩鎮節度使制》：「執干戈而衛社稷，居存蹇蹇之忠；安邊境而立功名，躬履堂堂之陣。」又韓世忠《除兩鎮節度使制》：「豈惟蹇蹇而匪躬，每見多多而益善。」又：「迎敵鼓行，靡待前茅之偵；擒凶歸報，遂成獨柳之誅。」又：「見無禮於君，爾既殫於忠藎；歸飲至於廟，我何愛於寵褒。」朱子稱玉山制誥「温雅典實，得王言體，爲近世第一」。浮溪蓋道夫先路也。◎《四庫全書總目》：「《文定集》二十四卷。宋汪應辰撰。應辰字聖錫，信州玉山人。初名洋，紹興五年登進士第一，高宗爲改此名。官至敷文閣學士、四川制置使，知成都府。《宋史·藝文志》載其集五十卷。」

倪正父思草《壽皇尊號詔》云：「率百官若帝之初，〔一〕丕講非常之禮；於萬年受天之祜，聿迎滋至之休。」周益公《辭免表》云：「遜於殳斨、伯與，敢忘稽首；有若虢叔、閎夭，尚助迪威。」正父答詔云：「殳斨、伯與固可遜，未聞虞帝之必從；虢叔、閎夭雖曰賢，蓋視周公而不及。」〔二〕

[一]【何云】此宋人笨句法。

[二]【何云】不如但作「雖遜」、「固賢」。

真文忠爲《原貸盜賊詔》[一]云：「弄潢池之兵，諒非爾志；烈崑岡之火，亦豈予心？」又云：「自有宇宙至於今日，未聞盜賊得以全軀。」[二]其言足以感動人心。

[一]案，葉紹翁《四朝聞見録》謂是《撫諭江西寇曲赦詔》。

[二]陶侃説王貢曰：「天下寧有白頭賊乎？」①

【元圻案】《漢書·循吏·龔遂傳》：「海濱遐遠，不霑聖化，其民困於饑寒而不恤，故使陛下赤子盜弄陛下之兵於潢池中耳。」◎岳珂《桯史》載此二聯，云：「上稱其得體。」②

王卿月爲《澹庵制》云：「吾寧身蹈東海，[一]獨仲連不肯帝秦；至今名重泰山，微相如何以强趙？」

[一]【何云】此句即是封事末句，所以尤工。

---

①《晉書·陶侃傳》。

②《桯史》無此二聯及「上稱其得體」句，實出宋人《隨隱漫録》卷三。

【集證】胡銓疏①曰：「欲屈萬乘之尊，下穹廬之拜，三軍之士不戰而氣已索。此魯仲連所以義不帝秦也。」又云：「願斬秦檜、王倫、孫近三人頭，竿之藁街，羈留金使，責以無禮，徐興問罪之師，則三軍之士不戰而氣自倍。不然，臣有赴東海而死，寧能處小朝廷求活耶！」

【元圻案】《史記·魯仲連傳》：「彼秦者，棄禮義而上首功之國也。彼即肆然而爲帝，過而爲政於天下，則連有蹈東海而死耳。」又《廉頗藺相如傳》：「太史公曰：方藺相如引璧睨柱，及叱秦王左右，勢不過誅，然士或怯懦而不敢發。相如一奮其氣，威信敵國；退而讓頗，名重太山。其處智勇，可謂兼之矣。」◎樓攻媿《太府卿王公墓誌》曰：「公諱卿月，字清叔，台州人。乾道五年進士，擢用爲文字官。嘗草胡公銓詞云云，人多稱之。」

盧肇《海潮賦後序》「馬褐」、「牛衣」，古未有對者②。［一］

［一］【何云】「馬褐」出《左傳》。

【元圻案】《唐文粹》五盧肇《海潮賦後序》曰：「爛額焦頭，方思馬褐；捉襟見肘，久困牛

①《戊午上高宗封事》。

②「古未有對者」五字，諸本皆爲小字原注。原本及三箋本下有「【全云】原注是正文」，今據改爲正文，如此語意方完足。

衣。」◎《左傳》定八年：「公侵齊，攻廩丘之郛。主人焚衝，或濡馬褐以救之。」注：「馬褐，馬衣。」◎《漢書·王章傳》：「章爲諸生學長安，獨與妻居。章疾病，無被，卧牛衣中。」注：「牛衣，編亂麻爲之，即今俗呼爲龍具者。」◎程大昌《演繁露》二：「龍具之制，不知何若。案《食貨志》，董仲舒曰：『貧民常衣牛馬之衣，而食犬彘之食。』然則牛衣，編草使暖，以被牛體，蓋蓑衣之類也。」

崔大雅草《史直翁制》云：「皇祐之詔二老，設几以須；熙寧之遇四臣，齎書而訪。尚有斯禮，勿遐爾心。」【原注】二老：杜衍、任布。四臣：韓、富、文、曾。

【閻按】《杜衍傳》：「皇祐元年，召陪祀明堂，都亭驛設帳具几杖待之，稱疾固辭。」《任布傳》並同，而《仁宗本紀》不載。

【元圻案】《長編》二百六十二神宗熙寧八年：「四月，契丹使臣蕭禧之再來，上賜韓琦、富弼、文彥博、曾公亮手詔，詢以待遇之禮，禦備之方。」

呂成公代其父倉部《自黃州易守池州謝宰執啓》云：「爰考唐朝，有杜牧把麾之舊；其臨秋浦，亦齊安解組之餘。雖後先遷徙之偶同，顧今昔風流之非匹。」

【元圻案】此啓全篇在《東萊遺集》卷二。◎《唐書·杜牧傳》：牧歷黃、池、睦、湖四州刺史。

◎杜牧《登樂（樂）游原》詩：「欲把一麾江海去，樂游原上望昭陵。」◎《元和郡縣志》二十七：「黄州本春秋楚地，後又爲黄國之境。蕭齊於此置齊安郡。開皇三年罷郡，置黄州，因古黄國爲名也。」又二十八：「池州本漢鄣郡之域，吴於此置石城縣。梁昭明太子以其水魚美，故封其水爲貴池。開皇中於此置秋浦縣。永泰二年，江西觀察使李勉奏置池州，取貴池以爲州號也。」

端平初，濟王夫人吴氏復舊封，其父與蔣右史良貴有連，良貴托先君代爲《謝丞相啓》，其末聯云：「孤忠未泯，敢忘漆室之憂葵；厚德難酬，願效老人之結草。」良貴稱賞。

【元圻案】《列女傳》：「魯漆室女倚柱而嘯，曰：『吾憂君老而太子少也。』鄰婦曰：『此魯大夫之憂。』女曰：『昔晉客舍吾家，繫馬於園，馬佚，踐吾園葵，使吾終歲不厭葵味。魯國有難，獨安所避乎！』」◎蔣良貴，名重珍，無錫人。嘉定十六年進士第一。理宗朝歷官集英殿修撰、刑部侍郎。謚忠文。

真文忠除參政，辭以疾。趙南塘草詔曰：「漢御史大夫吉當封，病，上憂之。夏侯勝謂必痛，果然，後遂至相。朕之賢卿，甚於宣帝之德吉也。卿其親醫藥自厚，且先即舍拜命，少間可就車。朕遣黄門召見卿矣。」此詔有西漢風。

【元圻案】《漢書·丙吉傳》：「宣帝詔曰：『朕微眇時，御史大夫吉與朕有舊恩，厥德茂焉。《詩》不云虖？「無德不報。」其封吉爲博陽侯。』臨當封，吉疾病，上憂吉疾不起，太子太傅夏侯勝曰：『臣聞有陰德者，必饗其樂以及子孫。今吉未獲報〔而疾甚〕，非其死疾也。』後果病瘉。後五年，代魏相爲丞相。」◎《説苑·復恩篇》：「邴吉有陰德於孝宣皇帝微時。孝宣即位，衆莫知，吉亦不言。帝聞，將封之。會吉病甚，太子太傅夏侯勝曰：『此未死也。臣聞之，有陰德者，必饗其樂以及其子孫。今此未獲其樂而病甚，非其死病也。』後病果愈。封爲博陽侯。」◎《三國志》十二《魏·何夔》：「文帝踐阼，封成陽亭侯，邑三百户。疾病，屢乞遜位。詔報曰：『蓋禮賢親舊，帝王之常務也。以親則君有輔弼之勳焉，以賢則君有醇固之茂焉。夫有陰德者必有陽報，今君疾雖未瘳，神明聽之矣。君其即安，以順朕意。』」此詔則隱取夏侯勝之語。◎南塘名汝談，著《庸齋集》。原本久佚，《四庫全書》從《永樂大典》録出，僅存六卷。

鄭威愍公【原注】①驤。《新除謝上章》云：「關陝六七任，不挂權臣之横恩；崇觀[一]二十秋，靡沾故相之餘潤。」公之大節如此。馮翊之死義，其處之有素矣。

[一] 崇寧、大觀，徽宗年號。

① 「原注」，原本缺標，據文例補。

【元圻案】楊誠齋《跋鄭威滑公事》曰：「公玉山人。擢進士第。靖康間，守同州，城破死難。公名驤，字潛公。」

傅至樂[一]《上周益公啓》云：「東門之柳自凋，玄都之桃何在？彼刀頭之舐蜜，得末錙銖；況井眉之居瓶，怳如夢寐。」蓋指張説也。

[一]名自得，已見卷三①。

【元圻案】《全唐詩話》：「《鄴侯家傳》云：『賦詩曰：「青青東門柳，歲晏復憔悴。」楊國忠訴於明皇，上曰：「賦柳爲譏卿，則賦李爲譏朕，可乎？」』」◎宋王得臣《麈史》：「劉禹錫遊玄都觀，舊無桃花。貞元末至京師，則有道士植桃，滿觀如紅霞，賦詩曰：『紫陌紅塵拂面來，無人不道看花回。玄都觀裏桃千樹，盡是劉郎去後栽。』太和初，重遊玄都觀，已蕩然無一枝，再題詩曰：『百畝庭中半是苔，桃花淨盡菜花開。種桃道士歸何處，前度劉郎今又來。』」②◎《四十二章經》：「佛言：財色於人，人之不捨；譬如刀刃有蜜，不足一餐之美，小兒(甜)〔舔〕之，則有割舌之害。」◎《漢書·游俠·陳遵傳》：「揚雄作《酒箴》，其文爲酒客難法度士，譬之於物，曰：

① 見卷三「艾軒云」條注(頁三三六)。

② 此條不見今本《麈史》，《淵鑑類函》卷三百九十九《果部·桃》引。

『子猶瓶矣。觀瓶之居，居井之眉，處高臨深，動常近危。』」◎張說，開封人。以父任爲右職，娶壽聖皇后女弟。乾道七年三月，除簽書樞密院事。張栻在經筵力爭之，范成大不草詞，遂罷說，（出栻）①知袁州。八年，復簽書樞密院事，李衡、王希呂交章論之，莫濟不書録黄，周必大不草詔，皆被斥予祠。自此聲勢赫然，無敢攖之者。九年，仍拜同知樞密院事。淳熙元年，帝廉知説欺罔數事，命范仲芑究之。湯邦彦又劾其姦贓，責居撫州。三年，許自便。卒於湖州。

或上朱文公啓云：「行藏勳業，銷倚樓看鏡之懷；窈窕崎嶇，寄尋壑經丘之趣。」

【閻按】何屺瞻曰：「此《免解張克明啓》中自敍語。朱子謂：『此老子心事也。』此公方求試南宮，而輒以自與，何哉？』有跋載《大全集》中，時爲庚子至前一夕，方知南康軍屢請祠而未允。明年閏三月，遂去郡東歸。今但云上朱子，似小誤。」

【何云】記是其人自述語，朱文公謂其人方就省解，未宜遽及此，於吾今日所處卻合。厚齋似偶誤，俟假《大全集》考之。

【又云】《跋免解張克明啓》。

---

①「出栻」，據《宋史·張栻傳》補，《宋史·張説傳》脱「栻」字。參見中華書局校點本《宋史·張説傳》校。

【元圻案】朱子《跋免解張克明啓》曰：「行藏勳業云云，此老子心事也。此公方欲求試南宮，而輒以自與，何哉？然予亦濡滯於此，而未得遂其所懷也。三復其言，爲之太息。」◎杜詩：「勳業頻看鏡，行藏獨倚樓。」①陶淵明《歸去來詞》：「既窈窕以尋壑，亦崎嶇而經丘。」

宋正甫詩：「三甲未全，一丁不識。」

【方樸山云】余嘗以「未窺六甲」對「不識一丁」。

【元圻案】真西山《跋》謂正甫詩「新奇工緻，人所共喜」。◎《魏志·管輅傳》：「吾額上無生骨，眼中無守精，鼻無梁柱，脚無天根，背無三甲，腹無三壬，皆不壽之徵。」◎《唐書·張弘靖傳》：「其詬責士嘗曰：『天下無事，而輩挽兩石弓，不如識一丁字。』」

或試縣學見黜，後預鄉薦，以啓謝縣令，有不平之意。令答云：「大敵勇，小敵怯，昔固有之；今日是，前日非，吾無愧矣。」

【閻按】宋處州士子終場者六人，三人與選，謝主司啓云：「同矍圃之觀人，去者半，存者半；類孔門之取友，益者三，損者三。」

①《江上》。

【元圻案】袁宏《後漢紀·光武紀一》：「王尋、王邑將四十萬兵，號百萬衆，至潁川。世主將步騎千餘人合戰，斬首數十級。諸將喜曰：『劉將軍平生見小敵怯，今見大敵勇，甚可怪。』」◎《東觀漢記·光武紀》：「尋、邑兵五六萬，環昆陽城作營，且圍之數十重。帝將步騎千餘合戰，斬首數十級。諸部將喜曰：『劉將軍平生見小敵怯，今見大敵勇，甚奇怪也。』」

毛憲守長沙，《謝韓平原》云：「湖南之地二千里，序詩幸托於昌黎；平原之客十九人，脱穎願同於毛遂。」

【元圻案】韓昌黎《荆潭倡和詩序》曰：「今僕射裴公開鎮蠻荆，統郡維九；常侍楊公領湖之南壤地二千里。存志乎詩書，寓辭乎咏歌，往復循環，有唱斯和，苟在編者咸可觀也。」◎《史記·平原君傳》曰：「平原君合從於楚，約與門下有勇力文武備具者二十人偕。得十九人，毛遂願備員而行。平原君曰：『夫賢士之處世也，譬如錐之處囊中，其末立見。』毛遂曰：『臣乃今日請處囊中耳。使遂蚤得處囊中，乃穎脱而出，非時其末見而已。』」◎韓侂胄封平原郡王。◎《通考·選舉五》：「開禧元年，檢詳毛憲爲考官，其子自知以迎合用兵冠多士。韓侂胄既敗，乃用言者奏，奪憲次對，而降自知爲第五甲末。」

毛澤民啓云：「揚子雲貌寢官卑，經雖玄而謂白；九方堙機深識妙，馬本驪而爲黄。」李清卿啓云：「斯風未泯，則朝取温造而暮拔石洪；吾道不行，則近舍皇甫而遠求居易。」

【何云】不切。

【元圻案】《漢書·揚雄傳下》：「哀帝時，丁、傅、董賢用事，諸附離之者或起家至二千石。時雄方草《太玄》，有以自守，泊如也。或嘲雄以玄尚白，而雄解之，號曰《解嘲》。王邑、嚴尤謂桓譚曰：『揚雄書豈能傳於後世乎？』譚曰：『必傳。凡人賤近而貴遠，親見揚子雲禄位、容貌不能動人，故輕其書。』」◎《列子·説符篇》：「伯樂曰：『臣有所與九方皋，其相馬非臣之比也。』秦穆公見之，使行求馬。三月而反曰：『已得之，在沙丘。』穆公曰：『何馬？』曰：『牝而黄。』使人往取之，牡而驪。公不悦，伯樂曰：『若皋之所觀天機也，得其精而忘其粗，在其内而忘其外。』馬至，果天下之良馬也。」◎韓文公《送温處士赴河陽軍序》曰：「恃才能，深藏而不市者，洛之北涯曰石生，其南涯曰温生。大夫以石生爲才，羅而致之幕下。未數月也，以温生爲才，又羅而致之幕下。朝取一人焉，拔其尤；暮取一人焉，拔其尤。」◎參寥子《唐闕史》上：「皇甫郎中湜恃才傲物。裴晉公再修福先佛寺，將致書白樂天，請爲刻珉之詞，值正郎在坐，發怒曰：『近捨某而遠徵白，信獲戾於門下矣！』」◎蔡絛《鐵圍山叢談》曰：「魯公遭逢聖主，立政建事以致康泰。有毛滂澤民者有時名，上一詞甚偉麗，而驟得進用。」◎毛澤民，江山人，存《東堂集》十卷，《四庫全書》從《永樂大典》録出。◎《書録解題·别集類》：「《李忠愍集》十二卷。吏部侍郎臨洺李若水清卿撰。」今存三卷，《四庫全書》從《永樂大典》録出。

洪舜俞薦於鄉，鞏嶸監試。後鞏爲江東憲使，舜俞分教番陽，啓云：「東坡倅錢唐，曾在門外鵠袍之列；半山憲江左，亦賞梁間燕語之詩。」[一]

[一]【何云】劉季孫事見《石林詩話》。

【元圻案】東坡以熙寧辛亥通判杭州，壬子，有監試呈諸試官作。又《催試官考較戲作》云：「願君聞此添蠟燭，門外白袍如立鵠。」◎葉石林《詩話》曰：「劉季孫初以左班殿直監饒州酒，王荆公爲江東提刑，巡歷至饒廳事，見屏間有題小詩曰：『呢喃燕子語梁間，底事來驚夢裏閑？說與傍人應不解，杖藜攜酒看芝山。』大稱賞之。」

徐淵子爲越教，《答項平甫安世》云：「正恐異時風舞雩之流，不無或者月離畢之問。」[一]或《答洪舜俞》云：「魯直大名，有皎潔江梅之句；少游下蔡，無丁東玉佩之詞。」

[一]【何云】對似新，然不爲工。

【元圻案】黄山谷《上蘇東坡古風二首》其一云：「江梅有佳實，托根桃李場。桃李終不言，朝露借恩光。孤芳忌皎潔，冰雪空自香。古來和鼎實，此物升廟廊。歲月坐成晚，煙雨青已黄。

得升桃李盤，以遠初見嘗。終然不可口，擲置官道傍。但使本根在，棄捐果何傷。」◎秦少游贈妓婁東玉《水龍吟》詞云：「玉珮丁東别後。悵佳期，參差難又。名韁利鎖，天還知道，和天也瘦。花下重門，柳邊深巷，不堪回首。念多情、但有當時皓月，向人依舊。」

有郡守招士人教子辭曰：「士而托於諸侯，非其義也；師不賢於弟子，將焉用之？」

張宣公《答教官》云：「識其大者，豈誦説云乎哉；何以告之，亦①仁義而已矣。」【元圻案】楊誠齋《詩話》：「四六有一聯而用四古人語者，張欽夫《答一教官啓》云『職其大者』云云，四人語乃如一人語。」

真文忠爲江東轉運，有民困於買鳩之役，來訴。公判云：「詔捕鵁鶄，若水尚還其使；歲貢蚶蛤，孔戣猶疏於朝。況爲州縣之官，可恣口腹之欲！」【元圻案】《唐書·倪若水傳》：「爲汴州刺史，會遣中人於南方捕鵁鶄、鸂鶒，上言：『農

①「亦」，元刊本作「曰」。

方田，婦方蠶，輒於此時捕奇禽怪羽，下民争以賤人貴鳥爲訾。』帝手詔褒答，悉放所玩，譴謫内使。」◎倪若水《諫江南採捕諸鳥表》云：「方今九扈時忙，三農作苦，田夫擁耒，蠶婦持桑。而以此時採捕奇禽異鳥，遠自江、嶺，達於京師，水備舟船，陸倦擔負，道路觀者，豈不以陛下賤人貴鳥也！陛下方當以鳳凰爲凡鳥，麒麟爲凡獸，即鵁鶄、鸂鶒，曷足貴也？」◎孔戣事見前「考史」四①。

攻媿《爲姜氏慶七十致語》云：「今日王孫，猶有承平之故態；舊時竹馬，得見會昌之新春。」承平、王孫，見柳文《姜崿誌》。

【元圻案】柳宗元《姜君誌》曰：「秘書郎姜崿，字某，開元皇帝外孫也。好遊嗜音，以生富貴，畜妓，能傳宫中聲，賢豪大夫多與連歡。後加老風病，手足奇右可用，不能就官。士有載酒來，則出妓摶髀笑戲，觀者尚識承平王孫故態。」◎白樂天《喜入新年自咏》云：「大曆年中騎竹馬，幾人得見會昌春。」自注：「時年七十一。」◎大曆，唐代宗年號；會昌，唐武宗年號。◎樓大防《攻媿集·跋姜氏上梁文藁》云：「宣奉公慶七十，時丞相壽春魏公見委以樂語，有云：『生長東都，親見開元之盛際，從遊諸老，及聞正始之遺音。』又云：『今日王孫，猶有承平之故態；當年竹馬，得見會昌者幾人？』」此條引作「得見會昌之新春」，當别有據。

---

① 見卷十四「孔戣爲華州刺史」條注（頁一六三五）。

衢州稽古閣書《皋陶謨》於屏，其《上梁文》云：「皋陶若稽古，事三朝稽古之君；孔子與斯文，爲萬國①斯文之主。」

【何云】宋人句法。

王相【原注】爚。嘉熙[一]間，以親老辭督府辟，其書曰：「昔温太真絶衿違母以奉廣武之檄，心雖忠而人議其失性；徐元直指心戀母以辭豫州之命，情雖窘而人予其順天。」

[一]【閻按】理宗在位十三年，丁酉改元。

【何云】稍節冗字即佳。

【元圻案】《晉書·温嶠傳》：「嶠字太真。元帝初鎮江左，劉琨以嶠爲左長史，檄告華夷，奉表勸進。初，嶠欲將命，其母崔氏固止之，嶠絶裾而去。」◎《劉琨傳》：琨封廣武侯。◎《蜀志·諸葛傳》：「劉琮聞曹公來征，遣使請降。先主在樊聞之，率其衆南行，亮與徐庶並從，爲曹公所追破，獲庶母。庶辭先主而指其心曰：『本欲與將軍共圖王霸之業者，以此方寸之地也。今已失老母，方寸亂矣，無益於事，請從此別。』」◎《先主傳》：「陶謙表先主爲豫州刺史。」◎張南軒《史論》曰：「温太真忠義慷慨，足爲晉室名臣。然吾獨有所恨者，絶裾之事也。昔之人不以窮達

①「萬國」，元刊本、三箋本作「萬世」。

得失累其心，聽天所命，而行其性命之正，故或仕或不仕，皆非有所爲也。自後世功名之俗興，而遷就趨避之説起，雖豪傑之士，失其性者多矣。獨不見徐元直之事乎？元直所謂『方寸亂矣』，蓋其天性不可已者也，而太真獨忍於此乎？」王𤋮此聯全本於此。

吕倚《謝王岐公饋錢酒》，用「白水真人」、「青州從事」，岐公稱之。〔一〕

〔一〕【何云】唐韋莊詩：「青州從事來偏熟，泉布先生老漸慳。」①

【集證】《復齋漫録》：「《潘子真詩話》記王禹玉元豐間以錢一萬、酒二壺餉吕夢得，夢得作啓謝之，有『白水真人』，『青州從事』，禹玉嘆賞，爲其切題。東坡得章質夫書，遺酒六瓶，書至而酒亡，因作詩寄之云：『豈意青州六從事，化爲烏有一先生。』二句渾然一意，無斧鑿痕，更覺警切。」②◎《後漢·光武紀論》曰：「王莽忌惡劉氏，以錢文有『金』、『刀』，故改爲『貨泉』。或以『貨泉』字爲『白水真人』。」◎《世説·術解門》：「桓公有主簿善别酒，輒令先嘗，好者謂『青州從事』，惡者爲『平原督郵』。青州有齊郡，平原有鬲縣。從事，言到臍；督郵，言在膈上住。」

① 《江上題所居》。

② 宋胡仔《苕溪漁隱叢話》卷二十一、宋魏慶之《詩人玉屑》卷十引。亦見宋吴曾《能改齋漫録》卷十「文貴自然」條。

夏文莊竦表云：「詩會餘蚳之文，簡凝含酖之墨。」餘蚳，見《詩》「貝錦」箋。「筆鋭干將，墨含淳酖」，出《文心雕龍·奏啓篇贊》。

【何云】餘錢①，貝甲白爲質，黄爲文彩；餘蚳，黄爲質，白爲文彩。

【元圻案】陸璣《詩疏》曰：「貝，龜鱉之屬，其文彩之異、大小之殊甚衆。古者貨貝是也。餘蚳，黄爲質，以白爲文；餘泉，白爲質，〔以〕黄爲文。又有紫貝，其白質如玉，紫點爲文，皆行列相當。其大者常有徑一尺，小者七八寸。」

「獨孤《馴象》，世以爲工。子雲《甘泉》，晚而悔作。」晏元獻謂賦也。獨孤綬《放馴象賦》云：「返諸林邑之野，歸爾梁山之隅。時在偃兵，豈嬰乎燧尾？上惟賤賄，寧恤乎焚軀？」

【集證】唐獨孤綬、獨孤良器皆有《放馴象賦》，載《文苑英華》一百〔二十六〕〔三十一〕，並以「珍異禽獸無育國家」爲韻。

【元圻案】《晉書·成帝紀》：「咸康六年冬十月，林邑獻馴象。」◎《南史·林邑國傳》：「林邑，本漢日南郡象林縣，古越裳界。」◎《爾雅·釋地》：「南方之美者，有梁山之犀象焉。」◎《左

①「餘錢」，三箋本作「餘泉」。

傳》定四年：「楚人執燧象以奔吴師。」注：「燒火燧繫象尾，使赴吴師，驚卻之。」襄二十四年《傳》：「象有齒以焚其身，賄也。」

唐律賦《雞鳴度關》云：「念秦關之百二，難逞狼心；笑齊客之三千，不如雞口。」【何云】「雞口」亦借，宋人學唐，專法此種。【元圻案】《史記·孟嘗君傳》：「秦昭王悔出孟嘗君，使人馳傳逐之。孟嘗君至關，關法雞鳴而出客，客有能爲雞鳴，而雞盡鳴，遂發傳出。出如食頃，秦追果至關，已後。」又《高祖本紀》：「秦，形勝之國，帶河山之險，縣隔千里，持戟百萬，秦得百二焉。」又《項羽本紀》：「夫秦王有虎狼之心。」又《孟嘗君傳》：「封萬户於薛，其食客三千人。」又《蘇秦傳》：「寧爲雞口，毋爲牛後。」◎此宋言《敫雞鳴度關賦》，見《文苑英華》一百(二)〔三〕十八。◎宋言，字表文，初名嶽。大中三年及第。

紹興中，省試《高祖能用三傑賦》，第四韻用「運籌帷帳」。考官謂《漢書》乃「帷幄」，非「帳」字，不敢取。徹棘，以語周益公，益公曰：「《史記》云『運籌帷帳之中』，非誤也。」[一]淳熙中，省試《人主之勢重萬鈞賦》，第一聯有用「洪鐘」二字者，考官哂之。洪文敏邁典舉，聞之曰：「張平子《西京賦》『洪鐘萬鈞』，此必該洽之士。」遂預選。紹熙[二]中，四明試《航琛越水》詩，有用東坡「舶趠」二字而黜者。決得失於一夫之目，其幸不幸若此。

[一]【何云】安得遇如周益公者！葉少藴且議唐彦謙「耳聞明主提三尺」之句矣。①

[二]光宗年號。

【元圻案】《史記·高祖本紀》：「夫運籌帷帳之中，決勝於千里之外，吾不如子房。」◎《漢書·賈山傳》：「雷霆之所擊，無不摧折者；萬鈞之所壓，無不糜滅者。今人主之威，非特雷霆也；勢重，非特萬鈞也。」◎《文選》顔延之《應詔讌曲水詩》：「航琛越水，輦賮逾嶂。」東坡詩：「三旬已過黄梅雨，萬里初來舶趠風。」②葉石林《避暑録話》卷上：「常歲五六月之間，梅雨時必有大風，連晝夕，逾旬乃止。吴人謂之舶趠風，以爲風自海外來，禱於海神而得之。」

「東都之季，清議扶之而有餘；强秦之末，壯士守之而不足。」【原注】前輩作《風俗萬世之基》末韻。「亶聰明而有作，無作聰明；由仁義以安③行，非行仁義。」【原注】舜由仁義行。

① 見宋葉夢得《石林詩話》。
② 《舶趠風》。
③ 「安」，原本作「而」，據元刊本改。

「非刀匕是供①，膳宰舉席間之觶；《禮記·檀弓》。釋椎鑿而上，輪人議堂上之書。《莊子》。」此工執藝事以諫賦聯也。

【全云】鄭千之謂：「誥命之體，南渡以來，龍谿汪公、平園周公號爲冠冕，若厚齋王公尤所謂傑然者也。咸熙、德祐間，社稷傾危，近在旦夕，而公四入中書，遍行諸房，詞命、除目填委他舍，人閣筆不下，公獨從容授之，若行雲流水，泠然悠然，而莫知紀極。蓋會集羣言，而以己意發之，信所謂博極羣書者也。」②按，千之跋深寧兩制文字之言如此。今讀《困學紀聞》第十九卷，足以見深寧平日從事於此者，果非一日矣。◎千之又云：「公詞命激厲奮發，足以感泣三軍。」③按，清容《輓詩》亦有「丹詔三軍泣」之語，然則深寧之忠悃，其寄之代言之文思，以挽既去之人心，而扶不支之天命者，良可傷矣。

【元圻案】鄭千之名真，謝山所引千之語，乃《四明文獻集》第五卷制詞跋語也。又「公詞命激厲奮發」二語，亦第四卷跋語。

---

① 「供」，元刊本、三箋本作「共」，《禮記·檀弓》亦作「共」。按，「共」、「供」通。

② 《讀王厚齋掖垣類藁》。

③ 《讀玉堂類藁》。

卷二十

雜識

南豐《跋西狹頌》謂：「所畫龍、鹿、承露人、嘉禾、連理之木，漢畫始見於今。」

邵公濟《聞見後録》二十七謂：「漢李翕、王稚子、高貫方墓碑，刻山林人物，乃知顧愷之、陸探微、宗處士輩，尚有其遺法。至吴道玄絶藝入神，然始用巧思，而古意少減矣。今於盤洲所集《隸圖》見之。」

【何云】《隸續·劉寬碑》頗載圖畫。

【全云】《隸續》中有圖五卷，即當日《隸圖》也，不知何以誤入《隸續》中，予爲别出之。

【集證】洪适《隸續》載李翕五瑞碑：「黄龍、白鹿、連理、嘉禾，有一人承甘露於喬木之下。」王稚子二闕：「其右則騎而西者二人，其左則乘車而東者二人，挽之者橐佗也。王君平生官簿互見於兩闕之上。」高頤碑：「兩螭蟠其首，文在穿下，凡十八行，行二十一字。」◎沈作喆《寓簡》：「南豐《跋漢武都太守西狹頌》謂得此圖然後始見漢畫。然予見王逸少帖云：『成都學有文翁高朕石室及漢太守張收畫三皇五帝、三代君臣與仲尼七十弟子畫，皆精妙可觀。』予後因從蜀人求臨本，晚乃得石刻，信如逸少言。然則石室之畫又先於武都矣，子固蓋未之見。」

【元圻案】曾子固《金石録跋尾·漢武都太守李翕西狹頌》云：「近世士大夫喜藏畫，而漢畫未有能得之者。此圖所畫龍、鹿、承露人、嘉禾、連理之木，然後漢畫始見於今。又皆出於石刻，可知其非僞也。」◎歐陽公《集古録》載後漢《析里橋郙閣頌》，即《西狹頌》也，李翕作李會。◎明楊升庵曰：「慎按，王象之《輿地紀勝·碑目》載，夔州臨江市丁房雙闕，高二丈餘，上爲層觀飛簷，車馬人物，又刻雙扉微啓，有美人出半面而立，巧妙動人。又《雲陽縣漢處士金延廣母子碑》初無文字，但有人物。漢畫之在碑刻者，不止如應麟所云也。」①◎《水經注》八：「黄水南有漢荆州刺史李剛墓。剛字毅叔，山陽高平人。熹平元年卒。見於碑。有石闕祠堂，石室三間，四壁隱起，雕刻爲君臣官屬、龜龍麟鳳之文、飛禽走獸之象，作製工麗。」亦漢畫之一。◎唐張彦遠《歷代名畫記》：「晉顧愷之，字長康，小字虎頭，晉陵無錫人。多才藝，尤工丹青。常畫中興帝相列像，妙極一時。」「宋陸探微，吴人也。明帝之時常在侍從，丹青之妙最推工者。」「宋宗炳，字少文，南陽（沮）〔涅〕陽人。善書畫。好山水，結宇衡山，嘆曰：『老病俱至，名山恐難遍遊，唯當澄懷觀道，卧以遊之。』凡所遊歷，皆圖於壁，坐卧向之。其高情如此。」「唐吴道玄，陽翟人。工畫。初名道

① 見《丹鉛續録》卷六「漢畫」條。

子，玄宗召入禁中，改名道玄，因授内教博士。張懷瓘云：吴生之畫，下筆有神。」

曹操夫人《與楊彪夫人書》：「送房子官綿百斤。」《古文苑》誤爲「官錦」，而注者妄解。按《魏都賦》：「綿纊房子。」[一]《晉陽秋》：「有司奏調房子、睢陽綿，武帝不許。」見《太平御覽》八百十九。《水經注》：「房子城西出白土，可用濯綿。」[二]

[一]【何云】注：「房子出御綿。」

[二]案，此條今本《水經注》所無。

【集證】《太平御覽》八百十九引《水經注》：「房子城西出白土，細滑如膏，可用濯綿，霜鮮雪曜，異於常綿也，俗言房子之綿也，亦類蜀江之錦得江津矣。故歲貢其綿，以充御府。」又引盧毓《冀州論》曰：「房子好綿，地産不爲無珍也。」

【元圻案】《古文苑》五曹公卞夫人《與楊太尉夫人袁氏書》：「賢郎盛德熙妙，有蓋世文才，闔門欽敬。方今騷擾，戎馬屢動。主簿股肱近臣，征伐之計，事須敬咨。官立金鼓之節，而聞命違制，明公性急忿，然在外輒行軍法。聞之驚愕，情不自勝。夫人多容，即見垂恕。故送衣服一籠，文絹百匹，房子官錦百斤，私所乘香車一乘，牛一頭。誠知細微，以達往意。」◎《元和郡縣志》十七：「趙州臨城縣，本戰國時趙房子邑也。泜水在縣南二里，出白土，細滑如膏，以之濯綿，色若霜雪。」◎《書録解題·總集類》：「《古文苑》九卷。不知何人集。皆漢以來遺文，史傳及《文選》

所無者。世傳孫洙巨源於佛寺經龕中得之，唐人所藏也。韓無咎類次爲九卷，刻之婺州。」案今本二十一卷，蓋紹興中章樵作注時所分。◎《隋書·經籍志》：「《晉陽秋》三十二卷，訖哀帝。孫盛撰。」

善惡以熟言，若《孟子》「仁在乎熟」、《漢·五行志》董仲舒《廟災對》「季氏之惡已熟」是也。佛者曰【原注】《成實論》。：「行惡見樂，爲惡未熟，至其惡熟，自見受苦。行善見苦，爲善未熟。至其善熟，自見受樂。」其言善惡之熟，亦名言也。

【集證】《隋書·經籍志》：「鳩摩羅什譯《維摩》、《法華》、《成實論》諸經，及曇無懺所譯《金光明》、曇摩羅懺所譯《泥洹》等經，並爲大乘之學。」

【元圻案】宋俞成元德《螢雪叢説》引《大藏經》云：「善若無報，其善未熟，其善熟時，必受其福。惡若無報，其惡未熟，其惡熟時，必受其苦。」

仁宗摹太宗御書大相國寺額於石，即寺爲殿而藏之，御飛白名曰「寶奎殿」。紹興庚辰，宏辭以《寶奎殿太宗皇帝御書贊》命題，唐説齋中選。但云慶曆二載，而不紀月日，以《實録》考之，乃二年正月辛未也。蘇子美作《寶奎殿頌》，[二]周益公題其後云：「『上宰宗工，更爲辭章』者，謂吕夷簡作記，章得象題額之類。」《實録》云：

「命夷簡撰記。」而説齋謂「焕乎堯章，親加記述」，亦誤。

〔一〕此頌今子美集不載。

【集證】《玉海》三十四「（實録）（御書）」：「至道元年（正）（五）月重修大相國寺，廣殿庭門廊樓閣凡四百五十五區。①寺額，太宗御書也。慶曆元年八月甲申，上謂輔臣曰，近創一小殿禁中，而有司過爲侈麗，不欲毁其成功，今大相國寺方營殿藏太宗親書寺額，可遷置之。呂夷簡因言：『陛下孝以奉先，儉以率下，聖人之盛德也。』二年正月辛未，詔以大相國寺新修太宗御書殿爲寶奎殿，摹太宗御書寺額於石上，飛白題之，命宰臣呂夷簡撰記，章得象篆額。樞密使晏殊撰《御飛白書記》，云②：『翔鸞結字，液金填畫。騰虬龍於螭首，潤雲霧於翠珉。』」

【元圻案】周益公必大《跋蘇子美寶奎殿頌》曰：「舜欽此頌是召試館職所作，年方三十餘也。其云『上宰宗工，更爲辭章』者，謂呂夷簡作記，章得象題額之類。」◎王欽臣《王氏談録》曰：「章郇公受詔書相國寺寶奎殿太宗、真宗詩，額亦公代之。」◎章得象，字希言，浦城人。慶曆五年，拜同平章事，封郇國公。謚文簡。《宋史》有傳。

① 「至道元年」至「五十五區」二十六字，《玉海》卷三十四在「寺額，太宗御書也」句後，作小字注文。

② 《玉海》卷三十四無「云」字，以下所引晏文爲小字注文。

舊制，麻三道以上，雙宣學士分撰。元豐末，鄧潤甫爲學士，一夕鎖麻二十二通。靖康元年，麻六道，權直院莫儔獨宿。

【集證】宋周煇《清波别志》：「故事，鎖學士院，有四制，則並命學士分草，謂之雙鎖。劉原父立馬而草九制，人固已服其敏。鄧温伯爲内相，當元豐末建儲親王及内外將相進恩，一夕獨草制二十二道，益敏而工。其有腹稾耶？」

【元圻案】莫儔，字壽朋，湖州人。政和二年進士第一。靖康初，爲翰林學士，使金，留仕僞楚。建炎初，竄全州。◎劉原父立馬而草九制，見歐陽公所作墓誌。◎王震《曾南豐集序》云：「公一日草數十制，午漏盡，授草院吏而去。」

翰苑未嘗草追贈制。紹定六年[一]十月，史彌遠贈中書令，追封衛王，令學士院降制。學士言非典故，詔特與降制。

[一] 理宗四年改元紹定。

太一宫四立月祝文，舊用定本，紹定二年十二月，始命學士院撰述。

【集證】《玉海》一百：「太平興國六年，司天楚芝蘭奏立太一宫，每歲四立日祭祀，命近臣攝事，用幣册祝，無牲祭，命道士行醮禮，又命廷臣、内侍各一人掌之，三歲一易，以兵衛守。雍熙元年二月丙子，立夏致享，祠臣咸集，甘露降祠庭。八月丙申，先遣學士賈黄中致祭。丁酉，帝親祠。」按雍熙元年所撰祝文載《玉海》。

【元圻案】《史記·封禪書》：「亳人謬忌奏祠太一方，曰：『天神貴者太一，太一佐曰五帝。古者天子以春秋祭太一東南郊，用太牢，七日，爲壇開八通之鬼道。』」◎蔡邕《封事》：「明堂月令，天子以四立，及季夏之節，迎五帝於郊。」

親王初除，有布政牓，首云「應某軍管内」，尾云「牓某軍」，仍散下。管内，謂所領節鎮也。前輩制集皆可考。淳熙十六年，皇子封嘉王，布政牓乃云「嘉州管内」，蓋草制者失之。開禧[一]元年，皇子封榮王，牓威武軍，合舊典矣。蓋節鉞初除，以敕書示諭本鎮，亦唐朝隃領之制也。[二]若封王，或以國如周、魯，或以州如兖、雍之類，未嘗有所領之國。咸淳二年，余草福王制，院吏欲以布政牓下福州，余引故事牓所領兩鎮。

[一]寧宗十一年改元開禧。

[二]【集證】「隃」即「遥」字，唐蕭嵩遥領河南節度。

陳自明晦紹熙光宗。初宏辭已入等，同試者摘《周五射記》用「襄尺」字，以爲犯濮安懿王諱。【原注】襄音讓。慶元四年，從臣薦之，謂「襄」字雖同音，嫌名不當避，乃賜同進士出身。[一]徐子儀嘉定[二]中試，宏辭《甘石巫咸三家星圖序》，引《周禮·簭人》「巫咸」，本注「巫」當爲「筮」，非殷巫咸。主司黜之，而薦於朝。[三]不數年，入館掌制。

[一]【集證】王氏《詞學指南》云：「侍從言，記問文采迥出流輩，既單用『襄』字，初不從『言』，自不應避。詔與下等推恩。」

[二]寧宗十四年改元嘉定。

[三]【集證】《詞學指南》云：「貢院言引《周禮》是旁證，即非本處有差，未敢取放，開院日，知舉請與升擢。」

【閻按】王氏父撝，字謙父。嘉定進士第。同年俞天錫參知政事，屬教其子弟，歲終致束脩以謝，堅卻不受，曰：「吾二兒習詞學，鄉里無完書，願從公求尺牘，丐借周益公、傅内翰、番陽三洪公暨其餘習詞學者凡二十餘家所藏書。」俞欣然應之。後二子皆中詞科由此。

【集證】《周禮·地官·保氏》注：「五射，白矢、參連、剡注、襄尺、井儀也。」疏：「襄尺者，臣與君射，不與君並立，襄君一尺而退也。」《釋文》「襄」本作「讓」，《春官·簭人》注：「此九巫皆當爲『筮』字之誤也，巫咸謂筮衆心歡否。」

【元圻案】宋葉紹翁《四朝聞見録·甲集》：「徐鳳子儀試《三家星經序》，備記甘公、巫咸、石申夫歲星順逆與今紅黃黑所圖，主司驚異，已置異等，而末篇贅用《周禮》巫咸爲證，遂中都臺付國子監看詳（徐真本）①。徐後寓直玉堂。」◎濮安懿王名允讓，神宗本生父也。

《易·觀》初六注：「處於觀時而最遠朝美。」湯邦彥字朝美本此。《列子》曰：「務外游，不如[一]務內觀。」《仲尼篇》。陸游字務觀本此。【原注】魏傅嘏字蘭石，本《淮南子·說林訓》「蘭生而芳，石生而堅」。唐皇甫湜字持正，本《詩》「湜湜其沚」箋。黃魯直之字本柳子《先友記》「王紓有學術魯直」。[二]

[一]《列子》作「知」。

[二]【方樸山云】按「朝廷之美，濟濟翔翔」，《禮記·少儀》文。邦彥字或取此文，與命名相配。若謂取諸《易》，則「初六，童觀」，小人道也，豈當迂取王注以爲斷章之求乎？

【又云】鄭注讀《少儀》「美」字爲「儀」，然字則仍「美」字也。

【集證】《邶·谷風》箋：「湜湜，持正貌。」

【元圻案】唐李鼎祚《周易集解·觀》六二小象解：「侯果曰：得位居中，上應於五，闚觀朝

① 按，此處翁氏節略有誤，「徐真本」三字當爲下讀，原文爲：「徐、真本共習此科，且同硯席，文忠已中異等，爲玉堂寓直，徐始三試有司中。」

美，不能大觀。」◎葉紹翁《四朝聞見録・乙集》謂：「放翁母夢秦少游而生公，故以秦名爲字而字其名。」◎《列子・仲尼篇》：「務外游不知務内觀。外游者求備於物，内觀者取足於身。」◎《項氏家説》八：「黄庭堅字魯直，馬永卿《嬾真録》以爲史克，魯人也，嘗引十六相以卻莒僕，故曰魯直。此説非也，魯直二字出柳文《先友記》。按《爾雅》：『庭，直也。』直而且堅，故曰魯直。」

朱文公門人旻淵。旻，音緩。晉有旻清。〔一〕

〔一〕【閻按】旻淵即《大全集》之旻亞夫。

【全云】旻氏之學傳於陽氏，陽氏之學傳於吾鄉史氏，即静清也。

【集證】《通志・氏族略》五：「晉有西中郎將旻清，又寧州刺史旻静。」《經義考》：「旻淵《孟子注》，佚。」曹學佺曰：「旻淵，字亞夫，號蓮蕩，晉中郎將旻清之後。世居襄陽，後徙居蜀，家（培）〔涪〕坪山，受學於晦庵。」①

西王母，《山海經》云：「狀如人，狗尾，蓬頭戴勝，善嘯，居洵水之涯。」《穆天子傳》注云：「虎齒蓬髮。」

① 見《蜀中廣記》卷九十一。

【集證】《西山經》：「玉山是西王母所居也。西王母，其狀如人，豹尾虎齒而善嘯，蓬髮戴勝，是司天之(屬)〔厲〕及五殘。」《大荒西經》：「炎火之山，有人戴勝，虎齒，有豹尾，穴處，名曰西王母。」《穆天子傳》：「吉日甲子，天子賓於西王母。」郭璞注曰：「西王母如人，虎齒，蓬髮戴勝，善嘯。」

《漢·天文志》：「天暒而見景星。」注：「暒，精明也。」《集韻》云：「晴字。」

【集證】《史記·天官書》：「天晴①而見景星。」按《説文》無暒、晴二字，夕部有𡖅字，云：「雨而夜除星見也，从夕生聲。」鉉曰：「今俗別作晴，非是。」

【元圻案】唐人有《天晴景星見賦》。◎彭叔夏《文苑英華辨證》一：「凡字有兩存，於義亦通者，如『天晴景星見』，《漢·天文志》『晴』當作『暒』。暒，精明也。」

《易緯是類謀》曰：「民衣霧，主吸霜，間可倚杵於何藏？」《河圖挺佐一〔一〕輔》曰：「百世之後，地高天下；千歲之後，天可倚杵。」【原注】楊文公詩有「倚杵碧天」之句。

〔一〕叢書樓校：元板無「一」字。

① 「晴」，《史記·天官書》作「精」。

【集證】《是類謀》鄭注曰：「民衣霧，主吸霜，卑奪尊之服。間可倚杵者，言相近。於何藏，無所自逃藏。」徐堅《初學記·天部》引《河圖挺佐輔》曰：「百世之後，地高天下，不風不雨，不寒不暑，民復食土，皆知其母，不知其父。如此千歲之後而天可倚杵，洶洶隆隆，曾莫知其終始。」

【元圻案】《通考》：「《易是類謀》一卷，鄭玄注。」或作《筮謀類》。

《士冠禮》「眉壽萬年」，鄭注：古文「眉」作「麋」。《博古圖·雝公緘鼎銘》：「用乞麋壽，萬年無疆。」

《集韻》：「吳人謂赤子曰孲㺯。」音鴉牙。《雜記》注：「嬰，猶鷖彌也。」「中路嬰兒」句注。《孟子音義》：「俔，謂緊。俔，小兒也。」

《周禮·輈人》注：「鮻，魚字。」以魚名爲字，亦奇語也。

【閻按】楊升庵廣之曰：「《大戴禮記》『蘭氏之根、懷氏之苞』，王褒《洞簫賦》『幸得謚爲洞簫兮』。夫魚名而稱字，草名而稱氏，簫名而稱謚，皆奇之又奇。」①

①《丹鉛續録》卷五「蘭氏」條。

【元圻案】《小雅·鶴鳴·傳》：「良魚在淵，小魚在渚。」正義曰：「不云大魚而云良魚者，以其喻善人，故變文稱良也。良魚字亦新。」

《石鼓文》：「帛魚鱳鱳。」又云：「有鱄[一]有鮊。」即白魚也。

[一]「鱄」，閻本作「鰒」。

【元圻案】《古文苑》一載《石鼓文》第二云：「帛魚鱳鱳，其簉氏鮮。黃帛其鯿，又鮊又鱄。」其文不同。

馬氏叢書樓校云：「有鱄」，元板作「有尃」。

《春秋》正義：手五指之名曰：「巨指、[一]【原注】《儀禮·大射》。《孟子》云「巨擘」。食指、【原注】《左傳》。將指、[二]【原注】《儀禮·鄉射大射》注。無名指、【原注】《孟子》。小指。」【原注】《儀禮·特牲饋食》、《少牢饋食》云季指。

[一]【閻按】《國語》云「拇」。

[二]【閻按】《既夕記》亦名中指。

【何云】疏：「足以大指爲將指，手以中指爲將指。」

【元圻案】宣四年正義曰：「《大射禮》云：『右巨指鈎弦。』鄭玄云『右巨指，右手大擘』也。

又曰：『設決朱極三。』鄭玄云：『極，猶放也。所以韜指，利放弦也，以朱韋爲之。三者，食指、將指、無名指。小指短，不用。』然則手之五指之名，曰巨指、食指、將指、無名指、小指也。◎定十四年《左傳》：『闔閭傷將指，取其一屨。』注云：『其足大指見斬，遂失屨。』謂大指爲將指者，將者，言其將領諸指也。足之用力，大指爲多，手之取物，中指最長，故足以大指爲將指，手以中指爲將指。其食指者，食所偏用。服虔云：『俗所謂啑鹽指也。』」◎《特牲饋食》、《少牢饋食禮》「實於左袂，挂於季指」注：「季，猶小也。」◎李氏《周易集解》：「《咸·初六》『咸其母。』虞翻曰：『母，足大指也。』」◎《莊子·駢拇》：「枝指出乎性哉？」注：「駢拇，足拇指連二指也。《三倉》云：『枝指，手有六指也。』」◎余兄靜軒曰：「無名指又可謂之四指，枝指又可謂之六指。《公羊》文十四年《傳》云：『子以其指，則接菑也四，䦍且也六。』疏云：『子以其指者，言凡立子之法，以其手指相似，則接菑猶人之四指，䦍且猶人之六指。』」

《館閣書目》：「《蠶書》一卷，南唐秦處度撰。以九州蠶事，獨兗州爲最。」按《蠶書》見秦少游《淮海後集》。少游子湛，字處度。以爲南唐人，誤矣。

【元圻案】陳氏《書録·農家類》：「秦少游《蠶書》一卷。見少游《淮海集》第六卷。序略曰：予閑居，婦善蠶，從婦論蠶，作《蠶書》。考之《禹貢》：揚、梁、幽、雍不貢繭物，兗篚織文，徐篚玄纖縞，荆篚玄纁璣組，豫篚纖纊，青篚檿絲，皆繭物也。而桑土既蠶，獨言於兗，然則九州蠶事，兗爲最乎？今予所書，有與吴中蠶家不同者，皆得之兗人也。」陳氏不言是書出於處度，考《宋史·藝文志》：「《蠶書》一卷，秦湛撰。」後人附刻於陳旉《農書》之後。《四庫書目》著録同《宋史》。

「水母目蝦」，見郭景純《江賦》。欒城《次韻王鞏見寄》詩云：「去住由人真水母，篳瓢粗足似[一]山雌。」[二]

[一] 叢書樓校：「似」，元板作「亦」。

[二]【何云】用《法言》。

【元圻案】《文選·江賦》注引《南越志》曰：「海岸間頗有水母，東海謂之蛇，正白，濛濛如沫，生物有智識，無耳目，故不知避人。常有蝦依隨之，蝦見人則驚，此物亦隨之而没。」◎《揚子法言·修身篇》曰：「山雌之肥，其意得乎？或曰：回之篳瓢，臞如之何？曰：明明在上，百官牛羊，亦山雌也；闇闇在下，篳瓢捽茹，亦山雌也。何其臞！」

殷芸《小説》：「蔡司徒[一]説在洛見陸機兄弟，住參佐廨[二]中，三間瓦屋，士龍住東頭，士衡住西頭。」東坡詩：「自甘茅屋老三間。」①簡齋《咏懷》詩：「士龍同此

① 《次韻答滿思復》。

屋三間。」又《寓居劉倉廨中晚步》詩云：「士衡去國三間屋。」[三]

[一]案《晉書·蔡謨傳》：字道明。康帝時領司徒。

[二]閻本脱「廨」字，今從何本補。

[三]【閻按】簡齋，陳與義號。

【元圻案】《世説·賞譽門》：「蔡司徒在洛，見陸機兄弟住參佐廨中三間瓦屋，士龍住東頭，士衡住西頭。士龍爲人文弱可愛，士衡長七尺餘，聲作鐘聲，言多忼慨。」◎陳與義，字去非，號簡齋，洛陽人。登政和三年上舍甲第。紹興中，官至參知政事。事迹具《宋史》本傳。《簡齋集》又有《寄弟》詩云：「三間瓦屋亦易求，著子東頭我西頭。」《書事》云：「瓦屋三間寬有餘，可憐小（屋）〔陸〕不同居。」

《唐·西域傳》：末禄有軍達，泥婆羅獻波稜。皆菜名也。【原注】張文潛謂波稜自坡陵國來。

【集證曰】《唐·西域傳》：「末禄在大食之東，蔬有顆葱、葛藍、軍達、芨薙。」又：「泥婆羅，貞觀二十一年遣使入獻波稜酢菜、渾提葱。」《唐會要》：「太宗時，尼波羅國獻波稜菜，類紅藍〔花〕，實如蒺藜，火熟之，能益食。」唐韋絢《劉賓客嘉話録》：「菠薐種自西域，有僧將其子來，云本是頗陵國之種，語誤爲波稜耳。」

呂成公曰：「秦多良醫。醫緩、醫和，皆秦人。」見《左傳》。《尸子》亦云：「醫竘[一]者，秦之良醫。」

[一] 案原注：「竘音叩。」

【閻按】刺殺扁鵲者，亦秦太醫令李醯也①，《韓非》亦有「秦醫善除」之諺。

【集證】《太平御覽》三百七十一：「《尸子》曰：有醫竘者，秦之良醫也，爲宣王割痤，爲惠王治痔，皆愈。張子背腫，謂竘曰：『背非吾背也，任子製焉。』治之，遂愈，竘誠善治疾也，張子委製焉。夫爲身與國亦猶此也，必有所委製，然後治矣。」

巫彭作醫。【原注】《呂氏春秋》。岐伯祖世之師曰僦貸季。【原注】《素問》。上古醫曰苗父。【原注】《說苑》。

【閻按】《漢·藝文志》：「太古醫有岐伯、俞拊。」應劭曰：「黄帝時醫。」

【集證曰】《呂覽·勿躬篇》曰：「太撓作甲子，黔如作虜首，容成作曆，羲和作占日，尚儀作占月，后益作占歲，胡曹作衣，夷羿作弓，祝融作市，儀狄作酒，高元作室，虞姁作舟，伯益作井，赤冀作臼，乘雅作駕，寒哀作御，王冰作服牛，史皇作圖，巫彭作醫，巫咸作筮。此二十官者，聖人之

① 見《史記·扁鵲列傳》。

所以治天下也。」《素問》：「上古使僦貸季理色（貸季理色）脉而通神明。」王冰注：「岐伯祖世之師。」《説苑・辨物篇》：「中庶子難扁鵲曰：『吾聞上古之醫曰苗父，中古之醫曰俞柎，子之方能如此乎？』」《淮南・人間訓》「扁鵲、俞跗之巧」，注：「俞跗，黄帝時醫。」郭璞《巫咸山賦序》：「巫咸以鴻術爲帝堯醫。」

【元圻案】《韓詩外傳》十《扁鵲過虢侯篇》：上古醫曰弟父①，中古之爲醫者曰踰跗。

黄石圯老教授福州，聞李葵、李枏、林之奇爲衆推服，即走其家，備禮延致。吕太史《祭林宗丞少潁文》所謂「二李伯仲」，蓋葵之子枏、樗也。【原注】葵字襄明。子枏，字和伯；樗，字迂仲。「里居之良，若方若陸；旁郡之士，若胡若劉。」【原注】方德順、陸亦顔、胡原仲、劉致中。見吕居仁《寄和伯少潁迂仲》詩。

【元圻案】《吕伯恭集・祭林少潁文》曰：「昔我伯祖西垣公躬受中原文獻之傳，載而之南。裴回顧瞻，未得所付，逾嶺入閩，而先生與二李伯仲實來一見，意合，遂定師生之分。」又曰：「里居之良，若方若陸云云。」◎《周益公集・直顯謨閣黄公墓誌》曰：「公諱石，字圯老，温州平陽人。中進士第，改福州教授。聞李葵、李枏、林之奇爲衆推服云云。」◎今《東萊詩集》無《寄和伯迂

---

①「弟父」，一本作「茅父」，是。清趙懷玉校云：「『弟』當是『茅』之訛。」

仲》詩，惟有《送林之奇少潁秀才往行朝》五古一首、《病中寄胡原仲劉致中》五古一首，又《送謙上人回建州》第二首云「平生苦節胡原仲，老大多才劉致中」云云。其方德順、陸亦顔，集中不見其名，厚齋所據，蓋另有善本[1]。◎胡原仲，名憲文，定公兄子，朱子所稱籍溪先生也。林少潁《祭劉致中文》曰：「嗟嗟先生，久居隱淪。採芝食菊，若將終身。短檠萬卷，精義入神，氣溢六合，力輕千鈞。藉使逢辰，素志獲伸，成康其俗，堯舜其君。天胡不弔，忍使邅迍，百不一試，老死荆榛。」又《祭陸亦顔文》曰「嗟嗟先生，仕則不達，壽則不永，亦有以是爲先生之恨者，是皆淺〔淺〕之爲丈夫也。先生之志，尚友古人於千載之上，蓋已得夫顔、曾之遺風。義理是非之分，辭受進退之節，皎然明白於世，而處常得終以死，在先生無一恨」云云，亦足以見其人之大概矣。◎《少潁文集》附載李迂仲從弟櫚作《少潁哀辭》曰：「支離先生陸亦顔，歸自湖南宣幕，門户簡峻，士鮮知向。櫚先君子於少潁爲舅，而與支離友善，謂少潁曰：支離、紫微一也，盍往焉。遂從之。」而少潁《祭亦顔文》亦有「念疇昔摳衣函丈之間，有琢磨切磋之益」之語，然則陸亦顔亦少潁之師也。

---

① 《東萊詩集》卷十九有《和伯少潁迂仲將歸福唐偶成數詩欲奉寄無便未果也辰叔常季南還因以奉送五首》，其二曰：「方子獨立士（自注：德順。），歲暮亦深居。林李從之遊，欲出更躊躇。紛華晚不顧，浮湛同里閭。時從陸丈人，共此一篇書。（自注：諸公皆從陸亦顔遊。）」又其三：「胡劉守節意，亦豈待言説。（自注：原仲、致中。）」翁氏失檢。

齊齋倪公思《三戒》：不妄出入，不妄言語①，不妄憂慮。

【元圻案】同年王轂睦曰：《三戒》見《經鉏堂雜志》第八卷。

吕成公謂：「争校是非，不如斂藏持養。」

【全云】此名言也。深寧其有感於晦翁、同甫、黄中、子静之事乎？

【元圻案】朱子與林黄中論《易》、《西銘》不合，黄中遂論朱子無學術。朱子又與陸子壽、子静兄弟辨無極、太極，往復論難，當時輯有專書。陳同甫嘗有「義利可以雙行，王霸可以並用」之説，朱子與同甫辯論諸書俱載《大全集》中。

李猷護陳東之喪，黄子游賙歐陽（徹）〔澈〕之葬，皆義烈士也。李，明人，黄亦寓居焉。志吾鄉人物者，宜特書之，以厲澆俗。〔一〕

〔一〕【全云】黄子游，莆田人，後移居吾鄉奉化。

【元圻案】陸放翁《跋臨汝志》曰：「歐陽澈，字德明，撫州臨川人，徙崇仁。金人犯闕，上書請身使北庭，馭親王以歸，不報。建炎初，伏闕上書，論大臣誤國。太學生陳東亦上書，所言略同，

① 「言語」，元刊本作「語言」。

遂並誅。紹興初，贈朝奉郎秘閣修撰，官其三子。」◎周益公《跋歐陽澈遺事》曰：「韓文公銘死事之臣張徹云：『嗚呼徹也！世慕顧以行，子揭揭也；噎喑以爲生，子獨割也；爲彼不清，作玉雪也。』德明生而命名與之同，爲國捐軀又同，是真能希顔慕藺者。先是，郡庠繪晏元獻、曾子固、汪信民、謝無逸於講堂，德明與焉。」又《黄子游墓誌》曰：「公諱子游，字叔言，系出浦城黄氏。建炎初，客南京，歐陽澈以上書忤宰相，棄市。公適同邸，收而葬之。其子飛，英年十四，公傾囊輟所乘馬贈其歸。晚卜居明州奉化縣。」

淳祐[一]丙午，衢士柴望上《丙丁龜鑑》，其表云：「今來古往，治日少而亂日多；主聖臣賢，前車覆而後車誡。」

[一] 理宗十七年辛丑改元。

【全云】丙丁顛末見《容齋隨筆》。

【元圻案】《容齋五筆》十謂「丙午、丁未之歲，中國遇此輒有變」，故泝自漢高十二年丙午至宋孝宗二十五年丁未，凡一千三百二十二年，著其事變。又謂「大抵丁未之災，又慘於丙午，昭昭天象，見於運行，非人力之所能爲也」。◎柴望，字仲山，衢州江山人。自宋亡遁迹深山，至元十七年乃卒。謝皋羽《天地間集》録宋末故臣文天祥、家鉉翁等十七人詩，望其一也。宋亡後，與其弟隨(享)〔亨〕、元亨、元彪隱於櫸林九磜之間。有《柴氏四隱集》。

張鷟自號浮休子，李白有《贈參寥子》詩，張芸叟、僧道潛復以自號。

【元圻案】《唐書·張薦傳》：「薦，深州陸澤人。祖鷟，字文成。員半千稱『鷟文辭猶青銅錢，萬選萬中』，時號青錢學士。」◎晁氏《讀書志》曰：「鷟自號浮休子。」又曰：「張舜民芸叟，邠州人，仕至吏部尚書，自號浮休先生。」又曰：「僧道潛自號參寥子，與蘇子瞻、秦少游爲詩友。」《莊子·外篇·刻意》：「其生也浮，其死也休。」《内篇·大宗師》：「玄冥聞之參寥，參寥聞之疑始。」◎唐有高彦休亦號參寥子，即著《唐闕史》者。彦休，僖宗時人，在張鷟之後。

近世記録多誤，《無垢心傳録》以王叔文之黨「陸質」爲「陸贄」。【原注】質即陸淳，非贄也。

【元圻案】趙希弁《讀書附志·語録類》：「《無垢先生心傳録》十二卷，張文忠九成字子韶之説，甥于恕編。公以紹興二年狀元及第，歷禮部侍郎兼侍講，謫居南安十四年。」

《磨衲集》，王公庭秀〔一〕作於紹興壬子。考其論議，以鄭介夫爲妄言，陳少陽爲鼓變，是熙、豐之法度，非元祐之紛更，謂黨人子孫爲謬賞，謂蘇、黄文章爲末藝。甚者擬程子之學於墨、釋氏，而以《易傳》爲謝、楊删潤成書，其反理詭道甚矣，詆趙、張二相尤力。蓋自紹聖以來，姦憸茂惡，家以荆、舒爲師，人以章、蔡爲賢，邪説詖行，沈酣入骨髓。更中天之禍，蕭艾不薅，士習熟見聞。至紹興間，邪説①猶肆行，筆之簡牘，不恥也。是故人心不正，其害烈於洪水猛獸。吁，風俗移人，可畏哉！

〔一〕【閻按】庭秀，慈溪人，爲王氏鄉先輩，故稱公。

【全云】宋有兩王庭秀，皆吾鄉人，又同時。其一問學楊文静公，又學詩於山谷，《宋史》有傳，乃慈溪人。其一著《磨衲集》者爲鄞人，袁清容《延祐四明志》竟合爲一人，非也。

【元圻案】《宋史·鄭穀傳附王庭秀傳》云：「王庭秀，字彦穎，慈溪人。與黄庭堅、楊時遊。登政和二年上舍第，李光薦爲御史臺檢法官。」此蓋全氏所謂慈溪之王庭秀也。《宋詩紀事》云：「王庭秀，字彦穎，明州鄞人。登政和上舍第。建炎中，御史臺檢法官，直秘閣，主管崇道觀。有《磨衲集》。」此蓋全氏所云鄞之王庭秀也。然同字彦穎，同登上舍第，同爲御史臺檢法官，仍有可疑。◎趙希弁《讀書附志》曰：「鄭俠，字介夫。熙寧中，監安上門，時久不雨，公以本門所見飢民及新法之不便者，爲圖狀，發馬遞投進，且曰：『如行臣之言，十日不雨，乞斬臣宣德門外。』神宗觀圖長嘘，命馮京等體量新法，而寢罷之，大開倉庾，以賑飢民，下詔責躬。三日，大雨，荆公率百僚入賀，上出奏疏并圖以示之。附麗新法者争言公詆毁良法，直奏驚御，遂得罪云。中興初，贈朝奉郎，官其孫一人。」

---

① 「邪説」，元刊本作「邪詖」。

發漢陵者，樊崇、董卓也。[一]發唐陵者，温韜也。[二]惡復誅臻，天道昭昭矣。

[一]案，樊崇事見《後漢書·劉盆子傳》，董卓事見《後漢書》本傳。

[二]温韜事見《五代史》本傳，當時謂之「發陵賊」。

【閻按】此其有感楊璉真伽之事乎？王氏有靈，應首肯我。

【元圻案】明程敏政《宋遺民録》載元羅靈卿《唐義士傳》曰：「唐君名珏，字玉潛，會稽山陰人。家貧，聚徒授經，以養其母。歲戊寅，有總江南浮圖者楊璉真伽，帥徒役頓蕭山，發趙氏諸陵寢，至斷殘支體，攫珠襦玉柙，焚其胔，棄骨草莽間。唐時年二十三歲，聞之痛憤，乃邀里中少年若干輩，收遺骸，斲文木爲匱，複黄絹爲囊，各署其表曰某陵某陵，分委而散遺之，蕝（城）〔地〕以藏，爲文而告。越七日，總浮屠下令裒陵骨，雜置牛馬枯骼中，築一塔壓之，名曰鎮南，了不知陵骨之猶存也①。禍淫不爽，流傳京師，上達四聰，天怒赫赫，飛風雷號令，捽首禍北焉。唐葬骨後，又於宋常朝殿掘冬青樹，植於所函土堆上，作《冬青行》二首。」②◎易陵骨者，尚有林德暘，字景曦，號霽山，温州平陽人；王英孫，號修竹，會稽人，即林霽山之友。周公謹《癸辛雜（志）〔識〕》有陵使羅銑，黄梨洲以爲尚有鄭朴翁、謝皋羽。全謝山謂：是役也，王修竹爲謀主，羅陵使則攢宫之地主，

① 「了不知」，原文前有「杭民悲戚，不忍仰視」八字，不應略去。

② 此文先見於元陶宗儀《南村輟耕録》卷四「發宋陵寢」條。

唐林鄭則身主其事，而皋羽則特聞其事而歌咏以發之者也。

成湯、周公，皆坐以待旦。康王晚朝，宣王晏起，則《關雎》作諷，姜后請愆，[一]況朝而受業，爲士之職。《書》曰：「夙夜浚明有家。」《孝經》言卿大夫之孝，引《詩》云「夙夜匪懈」；言士之孝，引《詩》云「夙興夜寐」。《讒鼎之銘》曰：「昧旦丕顯，後世猶怠。」叔向所以戒也。《左傳》昭三年。「三晨晏起，一朝科頭」，管幼安所以懼也。[二]「在家常早起」①，杜子美所謂質樸古人風者也。「雞鳴咸盥櫛，問訊謹暄涼」②，朱子之詔童蒙也。「觀起之朝晏③，知家之興廢」，呂子成公《雜説》之訓門人也。「起不待雞鳴」，陸務觀《示兒》之詩也。「雞鳴率家人同起，不可早晏無常」，葉少蘊與子之書也。「雞鳴而起，決擇於善利之間」，爲舜而已矣。

[一]案，康王事注見卷三④。《列女傳》曰：「周宣姜后賢而有德，宣王常早卧晏起，姜后脱簪珥，待罪於永巷。」

① 《吾宗》。
② 《齋居感興二十首》之十八。
③ 「朝晏」，元刊本作「早晏」。
④ 見卷三「近世説詩者」條注（頁三一七）。

［二］《事文類聚》：「管寧避難遼東，還，泛海遭風，船垂傾没，寧思愆曰：『吾嘗一朝科頭，三晨晏起，今天怒猥集，過恐在此。』」

晉殷仲堪父師病積年，衣不解帶，躬學醫術，究其精妙。［一］北齊李元忠母多病，專心醫藥，研習積年，遂善方技。見《北齊書》本傳。李密母患積年，精習經方，洞閑針藥，母疾得除。［二］隋許智藏祖道幼，以母疾，究極醫方，誡諸子曰：「爲人子者，嘗膳視藥，不知方術，豈謂孝乎？」見《隋書·藝術·許智藏傳》。文中子母銅川夫人好藥，子始述方。見《中説·天地篇》。唐王勃謂：「人子不可不知醫。」時長安曹元有秘術，勃從之遊，盡得其要。見《唐書·文藝傳上》。甄權以母病，與弟立言究習方書。見《唐書·方技傳》。王燾母有疾，視絮湯劑，數從高醫遊，遂窮其術。見《唐書·王珪傳》。燾，珪之孫也。李逢吉父顔有錮疾，自料醫劑，遂通方書。［三］杜鵬舉母疾，與崔沔同授醫藺亮，遂窮其術。［四］程子曰：「事親者不可不知醫。」

［一］案，見《晉書》本傳。◎《世説》七注，《中興書》曰：「仲堪父疾，衣不解帶數年，自分劑湯藥，誤以藥手拭淚，遂眇一目。」

［二］密字希邕，元忠族弟也，即附見《元忠傳》。

［三］《唐書·李逢吉傳》「逢吉字虚舟，曾祖玄道，祖顔，父歸期。有錮疾」云云。「父顔」，當作

「父歸期」。

［四］見《唐書·杜鴻漸傳》。鵬舉，鴻漸之父也。「同授」，今本《鴻漸傳》作「因授」，可證其誤。

康節邵子之先，世家於燕，父伊川丈人間道奔本朝。［一］舍世禄爲寠士，乃絶口不言。［二］【原注】伯温子溥，自禮部郎使燕，道涿州良鄉拜墓。洪業寺石刻，蓋統和十年伯温高大父所建。統和十年，歲在壬辰，本朝淳化三年也，至宣和六年壬辰適百二十年，伯温記其異。今案宣和六年乃甲辰，非壬辰也。

［一］【何云】堯夫墓誌乃明道所作，但云：「系出召公，故世爲燕人。大王父諱令進，以軍職逮事藝祖，始家衡漳。祖諱德新，父諱古，皆隱德不仕。」安得有其父間道來奔之事？大抵出自其後人誣妄耳。

［二］【何云】令進既逮事藝祖，安得淳化三年尚建寺於遼之境内耶？

蘇魏公頌《書帙銘》曰：「非學何立？非書何習？終以不倦，聖賢可及。」蒲傳正《戒子弟》曰：「寒可無衣，饑可無食，至於書，不可一日失。」

【何云】程子《書銘》云：「含其英，茹其實。精於思，貫於一。」語簡而盡。

【元圻案】吕成公《入越記》曰：「蘇仁仲，子容丞相孫，出舊書數種。《管子》後子容手書紙尾云：『惟蘇氏世官學以儒，何以遺後？其在此書，非學何立，非書何習？』」云云。◎晁氏《讀書志·別集類下》："《蒲左丞集》十卷。蒲宗孟傳正，閬州新井人。皇祐五年進士。〔除〕尚書左丞。爲人酷暴奢侈。蘇子瞻嘗規之云：『一曰慈，二曰儉。』世以爲中其膏肓之疾云。"

《太史公素王妙論》曰："諸稱富者，非貴其身得志也，乃貴恩覆子孫、澤及鄉里也。黄帝設五法，布之天下，用之無窮，蓋世有能知者，莫不尊親，如范子可謂曉之矣。管子設輕重九府，行伊尹之術，則桓公以霸。范蠡行十術之計，二十一年之間，三致千萬，再散與貧。"【原注】《史記正義》："《七略》云：司馬遷撰。"○見《越世家》注。利者，夫子所罕言。又曰："如不可求，從吾所好。"太史公著論，以素王名而言求富之術，豈以家貧無財賂，有激而云，如《貨殖傳》之意歟？然何足以爲"妙論"？

【何云】妙論，意者猶云戲論也。

【閻按】《隋書·經籍志》"子部"五行有《太史公素王妙義》二卷，亡。王氏所引則見《太平御覽》者。《素王妙論》又有"范蠡本南陽人"一語，見《越世家》注。

【集證】《太平御覽》四百四引《素王妙論》曰："計然者，葵丘濮上人。其先晉國公子也，姓辛氏，字文子，嘗南遊越，范蠡師事之。"又四百七〔十二〕引"諸稱富者"云云。

先聖冕服。祥符二年，賜曲阜文宣王廟冕九旒，服九章。熙寧八年，國子監言唐開元中尊孔子爲文宣王，内出王者衮冕之服以衣之，宜用天子之制。禮院議依官品衣服，令用九旒。崇寧二[二]年，改用冕十二旒，服九章。

[二]【閻按】「二」當作「四」。

《禮記》於禮之變，皆曰「始」：「孔氏之不喪出母，自子思始也」；「士之有誄，自此[一]始也」；[二]「邾婁復之以矢，蓋自戰於升陘始也」；「魯婦人之髽而弔也，自敗於臺駘①始也」；[三]「帷殯，非古也，自敬姜之哭穆伯始也」；[四]「廟有二主，自桓公始也」；[五]「喪慈母，自魯昭公始也」；[六]「下殤用棺衣，[七]自史佚始也」；[八]「庭燎之百，由齊桓公始也」；[九]「大夫之奏《肆夏》，由趙文子始也」；[一〇]「大夫彊而君殺之，義也，[一一]由三桓始也」；[一二]「公廟之設於私家，非禮也，由三桓始也」；[一三]「玄冠紫緌，自魯桓公始也」[一四]；「朝服之縞也，自季康子始也」[一五]「夫人之不命於天子，自魯昭公始也」[一六]；「宦於大夫者之爲之服也，自管仲始也」。[一七]《左氏傳》「始用六佾」，《左傳》隱五年。「晉於是始墨」，[一八]僖三十三年。「始厚葬」，成二年。「始用殉」，成二年。「魯於是乎始髽」，襄四年。「魏絳於是乎始有金石之樂」，襄十一年。「始用人於亳社」，昭十

---

① 「臺駘」，元刊本作「臺鮐」。

年。「魯於是始尚羔」，定八年。亦記禮之始變也。孔子惡始作俑者，始之不謹，末流不勝其弊①。劉懋撰器物造作之始爲《物祖》。劉孝孫、房德懋集經史爲《事始》。【原注】馮鑒續《事始》，朱繪撰《事原》，高承增益爲《事物紀原》。然所載乃事物之始，不足以垂訓戒。司馬文正公《論董淑妃謚議策禮》言：「唐始令妃主葬日皆給鼓吹。[一九]非令典，不足法。」蘇文忠公熙寧三年《上神宗書》言：「《春秋》書作丘甲，襄十一年。用田賦，哀十二年。皆重其始爲民患也。《國史》記之曰『青苗錢自陛下始』，豈不惜哉？」皆得謹始之義。

[一]【閻按】「此」字當作「縣賁父卜國」。

[二]案《檀弓》：「魯莊公及宋人戰於乘丘，縣賁父御，卜國爲右。馬驚，敗績，公隊，佐車授綏。公曰：『末之，卜也。』縣賁父曰：『他日不敗績，而今敗績，是無勇也。』遂死之。圉人浴馬，有流矢在白肉。公曰：『非其罪也。』遂誄之。士之有誄，自此始也。」注：「周雖以士爲爵，猶無謚也。」閻氏因王氏未引《禮記》全文，故云當作「自縣賁父卜國始」。陸佃曰：「士之有誄，自魯莊公始也」，與閻氏同意。

[三]【何云】當作「狐駘」，非「臺」也。【又云】《檀弓》作「臺」，音狐。○鄭注曰：「戰於升陘，魯僖公二十二年秋也。時師雖勝，

①「弊」，元刊本作「敝」。

死傷亦甚，無衣可以招魂。」正義曰：「無衣可以招魂，故用矢招之也。時邾人志在勝敵，矢是心之所好，故用所好招魂，冀其復反。」又注曰：「敗於臺駘，魯襄四年秋也。『臺』當爲『壺』字之誤也。時家家有喪，髽而相弔。去纚而紒曰髽。《禮》：婦人弔服，大夫之妻錫衰，士之妻則疑衰與？皆吉笄無首素總。」正義曰：「《士冠禮》『纚廣終幅，長六尺』，所以韜髮。今以凶事，故去之，但露紒而已。《周禮·司服》有錫衰、緦衰、疑衰。『皆吉笄無首素總』，《大戴禮》文。」

［四］鄭注曰：「穆伯，魯大夫，季悼子之子公甫靖也。敬姜，穆伯妻，文伯歜之母也。《禮》：『朝夕哭，不帷。』」

［五］《曾子問》：「昔者齊桓公亟舉兵，作僞主以行。及反，（葬）〔藏〕諸祖廟。廟有二主，自桓公始也。」注：「舉兵以遷廟主行，無則主命。爲假主，非也。」

［六］孔子曰：「古者男子外有傅，内有慈母，君命所使教子也，何服之有？」

［七］【閻按】衣下脱「棺」字。

［八］正義曰：「下殤謂八歲至十一也。」

［九］《郊特牲》注曰：「僭天子也。庭燎之差，公蓋五十，侯、伯、子、男皆三十。」

［一〇］注曰：「僭諸侯。趙文子，晉大夫，名武。」

［一一］【閻按】「彊而君殺之義也」七字當作「而饗君」。

［一二］【方樸山云】「大夫彊而君殺之，義也，由三桓始也。」此《郊特牲》正文，其上文云「大夫

而饗君，非禮也」，不指三桓。潛丘駁之何故？○《禮記集説》：「黄氏曰：『大夫無饗君之禮，而今可饗君者，由三桓勢强始。』」是舊説亦有以饗君指三桓者。又引山陰陸氏曰：「古者殺大夫非義也。後世大夫世執國政，君由是弱矣，有殺之者，更以爲義，則若三家者有以啓之也。」

〔一三〕【閻按】此三句從初刊本增補。

【何云】初刊本自有此三句。○注曰：「言仲孫、叔孫、季孫氏皆立桓公廟。魯以周公之故，立文王廟，三家見而僭焉。」

〔一四〕《玉藻》注曰：「蓋僭宋王者之後服也。」

〔一五〕注曰：「亦僭宋王者之後。」正義曰：「《王制》云，殷人『縞衣以養老』。宋是殷後，故朝衣以縞。」

〔一六〕《雜記》注曰：「周之制，同姓，百世婚姻不通。吴，大伯之後，魯同姓，昭公娶於吴，謂之吴孟子，不告於天子。自此後娶者遂不告於天子，天子亦不命之。」

〔一七〕注曰：「仕於大夫，更升於公，與違大夫之諸侯同爾，禮不反服。」◎自「孔氏之不喪出母」以下皆陸農師之説，見衛湜《禮記集説》。其「帷殯」及「宦於大夫者之爲之服」四句則王氏所補。

〔一八〕【閻按】此下脱「始用葛茀」。

〔一九〕【何云】給鼓吹僅可一用之，平陽昭公主耳。

【閻按】顧仲恭以《通鑑》不詳及垓下戰，謂古人讀書亦未必精審勝吾輩。初怪其言之太過，今王氏於《左傳》、《禮記》尚爾，余不勝慨嘆，仲恭言端有味哉！

【集證】《後魏書·劉芳傳》："芳仲子懋，字仲華。撰諸器物造作之祖十五卷，名曰《物祖》。"《北史》同。《唐志》"小説家"："《事始》三卷，劉孝孫、房德懋撰。"《玉海》："唐吴王諮議劉存與、長史房德懋等集經史諸書，以類分門，爲《事始》三卷。"

【元圻案】(晁氏)(趙希弁)《讀書附志·類書類》："《事物紀原》十卷。高承編。自天地生植與夫禮樂、政刑、經籍、器用，下至博弈嬉戲之微，蟲魚飛走之類，無不考其所自來。承，開封人。雙溪項彬序。"◎《書録解題·雜家類》："《事物紀原》二十卷。不著人名氏。較高承書多十卷，當是後人廣之耳。"◎晁氏《讀書志·雜家類》："《續事始》五卷。僞蜀馮鑑廣劉孝孫所著。"又："《事原録》，皇朝朱繪撰。其書《事始》之類也。"◎司馬温公《論董妃謚議策禮劄子》曰："鹵簿本以賞軍功，未嘗施於婦人，唯唐平陽公主有舉兵佐高祖定天下之功，方給鼓吹。後至中宗時，韋后建議始令妃主葬日皆給鼓吹。非明主之令典，不足法也。"◎唐唐紹《論婦人葬禮用鼓吹疏》曰："竊聞鼓吹之作，本爲軍容。昔黄帝涿鹿有功，以爲警衛，故掆鼓曲有《靈夔吼》、《雕鶚争》、《石墜崖》、《壯士怒》之類。自昔功臣備禮，適得用之。丈夫有四方之功，所以恩加寵錫。假如郊祀天地，誠是重儀，惟有宫懸，本無案架。故知軍樂所備，尚不接於神祇，鉦鼓之音，豈得接於閨闈？准式，公主、王妃已下葬禮加鼓吹，歷代未聞。"

《周易集林·雜占》曰：「占天雨否，外卦得陰爲雨，得陽不雨。其爻發變，得坎爲雨，得離不雨。巽化爲坎，先風後雨；坎化爲巽，先雨後風。」見《太平御覽》十。

【集證】《隋書·經籍志》「子部」五行類：「《周易集林》十二卷，京房撰。《七録》云伏萬壽撰。」

江總詩：「聊以著書情，暫遣他鄉日。」①元城劉公晚歲②閑居，或問先生何以遣日，公正色曰：「君子進德修業，惟日不足，而可遣乎？」

【何云】總詩是詩人常語，元城則聖門事也。程子曰：「人不學則老而衰。」

【元圻案】江總，字總持，濟陽考城人。後主狎客之一也。《陳書》本傳云：「有集三十卷。」◎元城先生語見徐度《卻掃編》中。袁絜齋作《元城横浦二先生祠堂記》。

陳正獻公疏曰：「懲羹者必吹於齏，傷桃者或戒於李。」《楚辭·惜誦》云：「懲熱羹而吹韲。」《北夢瑣言》：「唐明宗不豫，馮道入問曰：『寢膳之間，宜思調衛。』

①《衡州九日》。
②「晚歲」，元刊本作「歲晚」。

指果實曰：『如食桃不康，他日見李思戒。』」

【元圻案】晁氏《讀書志·小説類》：「《北夢瑣言》二十卷。荆南孫光憲撰，記唐至五代及十國雜事。」◎唐傅奕《請革隋制疏》云：「懲沸羹者吹冷齏，傷弓之鳥驚曲木。」

尹和静謂「動静一理」。伊川曰：「試喻之。」適聞寺鐘聲，曰：「譬如此寺鐘，方其未撞時，聲固在也。」伊川喜曰：「且更涵養。」見《語録》。朱文公在同安，夜聞鐘鼓聲，[一]聽其一聲未絶，而此心已自走作，因此警懼，乃知爲學須專心致志。先儒於鐘聲之入耳，體察如此。

[一]今本《大全集》無「鼓」字。

【元圻案】《朱子文集》五十八：「張敬夫問曰：『頃蒙見教，云往在同安，因聞鐘聲，遂悟收心之法。顯父不揆，驗之信然。』答曰：『當時所説聞鐘聲者，本意不謂如此，但言人心出入無時，鐘之一聲未息，而吾心已屢變矣。』」

東坡《策別》「均户口」曰：「當成、康刑措之後，其民極盛之時，九州之籍，不過千三[二]萬四千有餘。夫地以十倍，而民居其一。」按《晉書·地理志》：「民口千三百七十一萬四千九百三[三]十三，蓋周之盛也。」【原注】見《帝王世紀》。

四千九百二十三。」

［一］【何云】「千三」下脱一「百」字。

［二］【閻按】《郡國志》引「三」作「二」。

【集證】《續郡國志》注引《帝王世紀》云：「周公相成王致治刑措，民口千三百七十一萬

吴仁傑《鹽石新論》取《潛夫論》：「洗金以鹽，攻玉以石。」［一］

［一］【閻按】《潛夫論》「洗」本作「治」。○何屺瞻曰：「治」仍作「洗」，妙盡物情。

【元圻案】《後漢書·王符傳》：「符字節信。隱居著書，不欲章顯其名，號曰《潛夫論》。」其《實貢篇》曰：「攻玉以石，洗金以鹽，濯錦以魚，浣布以灰。夫物固有以賤理貴、以醜化好者。」注：「《詩·小雅》曰：『他山之石，可以攻玉。』今之金工發金色者，皆淬之以鹽水焉。」

土牛之法，以歲之幹色爲首，支色爲身，納音色爲腹。以立春日幹色爲角耳尾，支色爲脛，納音色爲蹄。景祐元年，以《土牛經》四篇頒示［一］天下，丁度爲序。

［一］閣本無「示」字。

【集證】《宋志》：「丁度《土牛經》一卷。」《六經天文編》：「陳氏曰：土勝水，牛善耕。勝水，故可勝寒氣；善耕，故可示農耕之早晚。土牛之法，如甲子歲，甲爲幹，色青，爲牛首；子爲

支，色黑，爲身；納音金，色白，爲腹。又如丙寅日立春，丙爲幹，色赤，爲角耳尾；寅爲支，色青，爲脛；納音火，色赤，爲蹄。餘放此。」

【元圻案】《説郛》載《土牛經》一弓：《釋春牛顔色》第一，《釋策牛人衣服》第二，《釋策牛人前後》第三，《釋籠頭韁索》第四。當即景祐所頒之書，惟不載丁度序而題宋向孟撰，不知何據。《宋史·藝文志》「農家類」有丁度《土牛經》一卷，當是因作序而誤屬之也。丁度，仁宗時翰林學士，即撰《集韻》者。

《黄石公記》云：「黄石，鎮星之精也。黄者，鎮星色也。石者，星質也。」見《太平御覽》六。東坡以圯上老人爲隱君子。

【何云】秦水德，子房自謂師黄石，殆托意於土能克水耳。厚齋其亦寓報韓之志乎？

【集證】《通志》：「《黄石記》三卷，不著撰人名字。」

【元圻案】東坡《留侯論》曰：「子房受書於圯上之老人也，其事甚怪，然亦安知其非秦之世有隱君子出而試之，觀其所以微見其意者？皆聖賢相與警戒之義，世人不察，以爲鬼物，亦已過矣。」

成都石經，孟蜀所刻。於唐高祖、太宗之諱皆缺畫。范魯公相本朝，其《誡子侄詩》曰：「堯舜理日，深泉薄冰。」猶不忘唐也。

【何云】乃相承以熟，未可爲不忘唐之證也。厚齋特望人不遽忘宋耳。

【集證】《容齋隨筆》：「蜀本石《九經》皆孟昶時所刻，其書淵、世、民皆缺畫，蓋爲唐高祖、太宗諱也。昶父知祥，嘗爲莊宗、明宗臣，然於存、勖、嗣、源字乃不諱。前蜀王氏已稱帝，而其所立龍興寺碑，言及唐諸帝亦皆半闕，乃知唐之澤遠矣。」

劉夢得《上杜司徒書》曰：「於竊鈇而知心目之可亂，於掇蜂而知父子之可間，於拾煤而知聖賢之可疑。」東坡《辯策問奏劄》引之，而改「掇蜂」一句云：「於投杼而知母子之可疑，於拾煤而知聖賢之可惑。」

【元圻案】《列子·説符篇》曰：「人有亡鈇者，意其鄰之子。視其行步，竊鈇也；顔色，竊鈇也；言語，竊鈇也；動作態度，無爲而不竊鈇也。俄而(相)〔扣〕其谷而得其鈇。」◎《吕氏春秋·任數篇》：「孔子窮乎陳、蔡之間，七日不嘗粒。顔回索米，得而爨之。孔子望見顔回攫其甑中而食之。選間進食，孔子起曰：『今者夢見先君，食潔而後饋。』顔回對曰：『不可，嚮者煤炱入甑中，棄食不祥，回攫而飯之。』孔子嘆曰：『所信者目也，而目猶不可信；所恃者心也，而心猶不足恃。弟子記之，知人固不易矣。』」◎白香山詩云：「曾家機上聞投杼，尹氏園中見掇蜂。但以恩情生鏬隙，何人不解作江充。」①

①《思子臺有感二首》其一。

晁文元[一]公平生不喜術數之説，術者嘗以三命語之，公曰：「自然之分，天命也；樂天不憂，知命也；推理安常，委命也。何必逆計未然乎？」[二]慈湖先生謂真文忠公曰：「希元有志於學，顧未能忘富貴利達，何也？」公莫知所謂，先生曰：「子嘗以命訊日者，故知之。夫必去是心，而後可以語道。」[三]

[一]【全云】名迥。

[二]案，文元語見《東都事略》本傳、李仁甫《長編》一百十五。

[三]此真西山《書慈湖先生行狀後》語。

【元圻案】晁文元《昭德新編》上卷：「必然之期、素定之分謂之命，其理自然謂之天命，知識此理謂之知命，委順此理謂之委命。命與情兩不相制，而於命中起一切之情，徒自苦耳。能不爾者，謂之達人。」◎晁公武曰：「五世祖文元公諱迥，字明遠，澶州人。自父始徙家彭門。太平興國五年進士。以太子少保致仕。文元，謚也。李獻臣言：公服膺墳典，耆年不倦，少遇異人指導心要，不喜術數之説。」①◎唐趙璘《因話録》：「裴晉公不信術數，不喜服食，每語人曰：『雞豬魚蒜，遇著即食；生老病死，時至則行。』」皆達人之言也。◎慈湖語見西山《慈湖先生行述》。

① 《郡齋讀書志》（衢本）卷十九。

張文潛《寓陳雜詩》言顔平原事，誤以盧杞爲元相國。

【元圻案】張文潛《寓陳雜詩》十首之四云：「唐有元相國，實殺顔平原。平原腹有丹，尸解神已仙。顔公死已矣，人見如生前。致令遺其像，委曲與人言。相國死倉卒，穢襪塞其咽。家門隨手破，但怪椒斛千。顔公黄塵外，風節猶凜然。元子墮九幽，遺臭萬世傳。」◎《唐書》百五十三《顔真卿傳》：「李希烈陷汝州，杞乃建遣真卿：『四方所信，若往諭之，可不勞師而定。』詔可。希烈僭稱帝，使問儀式，對曰：『老夫耄矣，曾掌國禮，所記諸侯朝覲耳。』希烈怒，縊殺之。」◎《元載傳》見《唐書》一百四十五，傳云：「大曆十二年三月，賜載自盡。籍其家，胡椒至八百石，他物稱是。」◎盧杞見《姦臣傳下》，傳云：「李希烈反，杞素惡真卿，即令宣慰其軍，卒爲賊害。」

李長吉有《春歸昌谷》詩，張文潛《春遊昌谷訪長吉故居》云：「惆悵錦囊生，遺居無復處。」【原注】在河南福昌縣三鄉東。

【集證】河南府宜陽縣，唐宋之福昌縣也。縣西有昌谷水，與甘水俱流注於洛水。

【元圻案】《唐書·文（苑）〔藝〕·李賀傳》：「賀字長吉。每出，騎弱馬，從小奚奴，背古錦囊，遇所得，書投囊中。先未立題，及暮歸，足成之，日率如此。其母探囊中，見所書多，即怒曰：『是兒要嘔出心血乃已耳！』」

《唐六典》十四「按摩博士一人，從九品下」注：「崔寔《正論》云：『熊經鳥伸，延年之術，故華佗有六禽之戲，魏文有五搥之鍛。』」《後漢・華佗傳》云「五禽」。

【元圻案】華佗語吴普曰：「吾有一術，名五禽之戲：一曰虎，二曰鹿，三曰熊，四曰猿，五曰鳥。」◎《淮南子・精神訓》曰：「是故真人之游若吹嘘呼吸，吐故納新，熊經鳥伸，鳧浴蝯躩，鴟視虎顧。」卻是六禽。又《繆稱訓》：「熊之好經。」高誘注：「經動導引。」

《詩釋文》：「《草木疏》云：『葑，蕪菁也。』郭璞云：『今菘菜也。』案，江南有葑，[一]江北有蔓菁，相似而異。」以上《邶・谷風・釋文》。張文潛《郭園送蕪菁感成長句》詩：「蕪菁至南皆變菘，菘美在上根不食。瑶簪玉笋不可見，使我每食思故國。」

[一] 案葑，《釋文》作「菘」，作「葑」似誤。

【集證】嵇含《草木狀》：「蕪菁，嶺嶠以南俱無之，偶有士人因官攜種，就彼種之，出地則變爲芥，亦橘種江北爲枳之義也。至曲江方有菘，彼人謂之蓁菘。」

司空表聖《題東漢傳後》有取於陳太丘之容衆，郭有道之誘人。此表聖所以自處也。

【閻按】元求江南人才至矣，而王氏以博學雄文名，弓旌獨不及焉，當時必有所以自處者。

【元圻案】《唐文粹》九十九載司空圖《題東漢傳後》曰：「君子之救時也，亦必相時度力以致其用，不可則静而鎮之，以道訓服。苟厲鋒氣，果於擊搏，道不能化，力不能制，是將濟時重困，故元禮之徒終致鈎黨之禍。陳太丘之容衆，郭有道之誘人，其意未嘗沮物而彼亦不厚其毒，利害可見矣。」◎《唐書·司空圖傳》：圖字表聖。景福中擢諫議大夫。見朝政日壞，自惟出不如處，稱疾不赴。昭宗遷洛陽，轉兵部侍郎，懼柳璨誣陷，不得已赴之，入見，墮笏失儀，遂得罪，罷去。卜居中條山王官谷，名亭曰休休。又號忍辱居士，思以警省保全終始。聞哀帝弑，不食而卒。①◎《文選》蔡邕《陳太丘碑序》曰：「先生諱寔，字仲弓，潁川許人也。仁而愛人，使夫少長咸安懷之。辛太丘一年，德務中庸，教敦不肅。」又《郭有道碑文序》曰：「先生諱泰，字林宗，太原介休人也。潛德衡門，收朋勤誨，童蒙賴焉，用祛其蔽。辭曰：棲遲（秘）〔泌〕丘，善誘能教。赫赫三事，幾行其招。」

《化書》曰：「奢者富不足，儉者貧有餘。奢者心常貧，儉者心常富。」見《儉化篇》。

季元衡〔二〕《儉説》曰：「貪饕以招辱，不若儉而守廉。干請以犯義，不若儉而全節。侵牟以聚仇，不若儉而養福。放肆以逐欲，不若儉而安性。」皆要言也。

① 以上乃綜合兩《唐書·司空圖傳》而節略之。

〔一〕【集證曰】名壽南，紹興十八年宏詞科。

【閻按】《炳燭齋隨筆》：「嗇於己不嗇於人謂之儉，嗇於人不嗇於己謂之吝，嗇於己並嗇於人謂之愛。儉者君子之德也，吝與愛小人之事也。斯言出《晏子》，如晏子者，真能儉者也。」

【元圻案】《四庫書簡明目録・子部・雜家》：《化書》六卷。南唐譚峭撰，宋齊丘攘爲己作，故亦謂之《齊丘子》。「凡六篇，曰《道化》、《術化》、《德化》、《仁化》、《食化》、《儉化》。」峭本道士，故大旨多出於黄老而附合於儒言。◎《文中子》曰：「廉者常樂無求，貪者常憂不足。」◎姚合《新昌里》詩曰：「近貧日益廉，近富日益貪。」◎《顔氏家訓》曰：「儉者，省約爲禮之謂也；吝者，窮急不恤之謂也。今有奢則施，儉則吝；如能施而不奢，儉而不吝，可矣。」

荀悦《申鑒・政體篇》曰：「睹孺子之驅雞，而見御民之術。〔一〕孺子之驅雞，急則驚，緩則滯，馴則安。」〔二〕許渾詩：「遁迹驅雞吏。」

〔一〕「術」，今本作「方」。

〔二〕今本脱此三字。

司馬公時至獨樂園，危坐讀書堂，〔一〕嘗云：「草妨步則薙之，木礙冠則芟之，其他任其自然，相與同生天地間，亦各欲遂其生耳。」張文潛《庭草》詩云：「人生羣動中，一氣本不殊。奈何欲自私，害彼安其軀。」亦此意也。觀此則知①周子窗前草不除之意②。

［一］案，《温公集》有《獨樂園七咏》，《讀書堂》其一也。

【元圻案】温公作《邵興宗南園草盛不翦》詩云：「謂言彼草木，於我何疏親。於間置取捨，豈得見天真。不若任其然，同受雨露恩。」

王涣之曰：「乘車常以顛墜處之，乘舟常以覆溺處之，仕宦常以不遇處之，無事矣。」［二］此言近於達者。

［二］語見宋徐度《卻掃編》下。

【元圻案】王涣之，字彦舟，衢州常山人。徽宗時知中山府，加寶文閣直學士。《宋史》附見其兄王漢之傳。◎涣之，滕元發婿，見東坡代張方平作《滕公墓誌》。

「民不可與慮始」，商鞅之變法也；「百姓何足與議」，董卓之遷都也。咈百姓以

①「知」，元刊本作「見」。

②「周子窗前草不除之意」，翁氏失注，按周敦頤不鋤窗前草，云與自家意思一般。

從己欲，其效可睹矣。

【元圻案】《商子·更法篇》：「愚者昧於成事，智者見於未萌。民不可與慮始，可與樂成功。」◎《三國志·董卓傳》注，《續漢書》曰：「卓言宜復還都長安，楊彪曰：『恐百姓驚愕，麋沸蟻聚以致擾亂。』卓正色曰：『公欲沮國家耶？百姓小民，何足與議！』」

後魏温子昇《閶闔門上梁祝文》云：「惟王建國，配彼太微。大君有命，高門啓扉。良辰是簡，枚卜無違。雕梁乃架，綺翼斯飛。八龍杳杳，九重巍巍。居辰①納祜，就日垂衣。一人有慶，四海爰歸。」此上梁文之始也。【原注】兒郎偉，猶言兒郎懣，攻媿嘗辨之。

【元圻案】此條本吴曾《能改齋漫録》。◎樓攻媿《跋姜氏上梁文》云：「上梁文必言兒郎偉，舊不曉其義，或以爲『唯諾』之『唯』，或以爲『奇偉』之『偉』，皆所未安。在敕局時，見元豐中獲盜推賞刑部，例皆節元案，不改俗語，有陳棘云『我部領你懣廝逐去深州』，邊吉云『我隨你懣去。』懣音悶，俗音門，猶言輩也。獨秦州李德一案云：『自家偉不如今夜去。』余啞然笑曰：『得之矣。』所謂『兒郎偉』者，猶言兒郎懣，蓋呼而告之，此關中方言也，上梁有文尚矣，唐都長安，循襲之。嘗以語尤尚書延之、沈侍郎虞卿、汪司業季路諸公，皆博洽之士，皆以爲前所未聞。或有云

① 「辰」，元刊本作「宸」。

用相兒郎之偉者，殆誤矣。」◎宋葉大慶《愛日齋叢抄》亦載《能改齋漫録》及樓攻媿之説，又曰：「予記《吕氏春秋·月令》『舉大木者前呼與謣，後亦應之』，高誘注爲：『舉重勸力之歌聲也。』與謣』，注或作『邪謣』。《淮南子》曰『邪許豈偉』，亦古者舉木隱和之音。」

真文忠公《送陳端父宰武義序》曰：「仁義足以包寬嚴，而寬嚴不足以盡仁義。」

【元圻案】司馬温公曰「寬而疾惡，嚴而原情」①，則寬嚴即仁義矣。

傅玄《席銘》，左端曰：「閑居勿極其歡。」右端曰：「寢處毋忘其患。」左後曰：「居其安，無忘其危。」右後曰：「惑生於邪色，禍成於多言。」《冠銘》曰：「居高無忘危，在上無忘敬。懼則安，敬則正。」《被銘》曰：「被雖温，無忘人之寒。無厚於己，無薄於人。」

【元圻案】《四庫全書總目·子部·儒家》：「《傅子》一卷。晉司隸校尉鶉觚子北地傅玄撰。《晉書》本傳稱有內、外、中篇，凡四部六録，合百四十首，數十萬言。《隋》、《唐志》皆載《傅子》一百二十卷，《宋志》僅載五卷，傳本久佚。今檢《永樂大典》中得文義完具者十有二篇，其《大典》失載篇目及他書所徵

①見《迂書·寬猛》。

引者，復搜輯得四十餘條。」◎此條所引諸銘今不載於本書，見《藝文類聚·服飾部》中，蓋本書外別傳也。

梁元帝《孝德傳·天性贊》曰：「欲報之德，不可方思；涓塵之孝，河海之慈。」見《藝文類聚·孝部》。即孟東野「寸草報春」之意。

【元圻案】周密公謹《浩然齋雅談》曰：「東坡詩云：『微生真草木，無處謝天力。慈顏如春風，不見李桃實。古今抱此恨，有志俯仰失。』其言尤悲。東萊子《蓼莪》云：『莪蒿不能報天地之生育，猶人子不能報父母之劬勞。』皆祖郊之意也。」◎孟東野，名郊，武康人。年五十始成進士，爲溧陽尉。嘗作《遊子吟》云：「慈母手中綫，遊子身上衣。臨行密密縫，意恐遲遲歸。誰言寸草心，報得三春暉。」◎《隋書·經籍志》「雜傳類」：「《孝德傳》三十卷，梁元帝撰。」

蘇子由記杉謂：「求之於人，蓋所謂不待文王而興者。」陳同甫之言梅也亦然。

【元圻案】蘇子由《南康直節堂記》曰：「杉不扶而直，其生能傲冰雪，而死能利棟宇者，與竹柏同，而以直過之。求之於人，蓋所謂不待文王而興者耶。」◎今《陳龍川集》無言梅之文，當考。①

① 陳亮有《梅花》詩云：「一朵忽先變，百花皆後香。欲傳春信息，不怕雪埋藏。」見《錦綉萬花谷》後集卷三十八，不在《龍川集》中。

漢桓永壽二年，户一千六百〔一〕七萬七千九百六十，〔二〕至晉武太康元年平吴，户止二百四十五萬九千八百四①。〔三〕隋文開皇中，户八百七十萬，至唐高祖武德初，户止二百餘萬，高宗永徽初，户僅及三百八十萬。玄宗天寶末，户八百九十一萬四千七百九，至肅宗乾元三年，户止一百九十三萬三千一百三十四。〔四〕兵禍之慘如此。

〔一〕【閻按】本作「十」。

〔二〕案，《後漢書·郡國志》注引《帝王世紀》曰：「漢桓永壽二年，户一千六百七萬九百六，口五千六萬六千八百五十六人。」案每户以五口爲率，則五千餘萬人止一千餘萬户，今云「二千」，當是《世紀》之誤，故王氏不據《後漢志》而據《晉書·地志》。

〔三〕【閻按】漏「十」字。○何本有「十」字。○以上皆《晉書·地理志》文。

〔四〕以上皆《會要》載永徽三年民部尚書高履行奏疏中文，見《玉海》二十。

【閻按】孝平元始二年，户千三百二十三萬三千六百一十二，至光武中元二年，户止四百二十七萬千六百三十四。

【元圻案】孝平户數，《晉書·地志》「三百」作「二百」，《隋志》同。光武户數見《後漢書·郡

①「九千八百四」，元刊本作「九千八百四十」，是。另參見注〔三〕。

國志》。

劉夢得《何卜賦》云：「同涉於川，[一]其時在風，沿者之吉，泝者之凶。同藝於野，[二]其時在澤，伊穜之利，[三]乃穋之厄。」東坡《泗州僧伽塔》詩：「耕田欲雨刈欲晴，去得順風來者怨。」本此意。

[一]《芥隱筆記》引作「同舟於江」。

[二]「野」，《筆記》作「陸」。

[三]「利」，《筆記》作「喜」。

【元圻案】此條本龔頤正《芥隱筆記》。◎宋史繩祖《學齋佔畢》曰：「東坡以一聯十四字而包盡劉禹錫四對三十二字之義，蓋奪胎換骨之妙也。」

隋煬帝謂蕭后曰：「儂不失爲長城公，卿不失爲沈后。」長城公，謂陳後主；沈后者，後主之沈后也。《通鑑釋文》以「沈」音「沉」，謂沉湎之后，誤矣。

【全云】胡身之已辨之。

【元圻案】《通鑑·唐紀》高祖武德元年：「隋煬帝至江都，荒淫益甚，見天下危亂，意亦不自安，常夜置酒，仰視天文，謂蕭后曰：『外間大有人圖儂，然儂不失爲長城公，卿不失爲沈后，且共樂飲耳。』」胡三省注曰：「長城公，陳叔寶。叔寶后沈氏。」◎《陳書·後主紀》：「隋仁壽四年十一月薨於洛陽，追贈大將軍，封長城縣公，謚曰煬。」《沈后傳》：「后與後主俱入長安，隋煬帝每所巡幸，（每）〔恒〕令從駕。」《隋書·蕭后傳》：「后没於竇建德，突厥處羅可汗遣使迎之，遂入於虜庭。」煬帝之言驗矣。◎《四庫全書總目·史部·編年類》：「《通鑑釋文辨誤》十二卷。元胡三省撰。《釋文》本南宋時蜀人史炤所作，淺陋特甚，三省因作此書以刊正之。」

曾旼，字彦和，爲《書解》，朱文公、吕成公皆取之。《館閣書目》：「《書講義》，博士曾肢等解。」蓋誤以「旼」爲「肢」。

【集證】朱子云：「曾彦和，熙、豐後人。解《禹貢》，林少穎、吴才老甚取之。」①

【元圻案】旼，音民。

「伐吴之役，利獲二俊」，張華之稱陸機、雲也；「平齊之利，唯在於爾」，周高祖之諭李德林也。機、雲於河橋之役，與王師爲敵，其不忠大矣；德林願以死奉楊堅，復以所以事齊者事周矣，二國何利焉？是以持國必崇名節，持身必守行誼。

---

① 見《朱子語類》卷七十八。

【全云】感慨系之。

【元圻案】《水經注》十六：「《晉後略》曰，成都王穎使吴人陸機爲前鋒都督，伐京師，輕進，爲洛軍所乘，大敗於鹿苑。」◎《晉書·陸機傳》：「太康末，機與弟雲俱入洛。張華素重其名，如舊相識，曰：『伐吴之役，利獲二俊。』成都王穎與河間王起兵討長沙王乂，假機大都督，自朝歌至於河橋，鼓聲聞數百里。長沙王乂奉天子與機戰於鹿苑，機軍大敗。」又《雲傳》：「張昌爲亂，穎上雲爲使持節、大都督、前鋒將軍以討昌。會伐長沙王，乃止。機之敗也，穎并收雲。」◎《隋書·李德林傳》：「德林字公輔，博陵安平人也。齊承光中，授儀同三司。及周武帝克齊，入鄴之日，敕唐道和宣旨慰諭，云：『平齊之利，唯在於爾。』大象初，賜爵成安縣男。宣帝大漸，屬高祖初受顧命，邗國公楊惠謂德林曰：『朝廷賜令總文武事，非羣才輔佐，無以克成大業。今欲與公共事，必不得辭。』德林聞之甚喜，乃答云：『德林雖庸懦，微誠亦有所在。若曲相提獎，必望以死奉公。』高祖大悦，即召與語。」

《録異傳》曰：「周時尹氏貴盛，五葉不别，會食數千人。遭饑荒，羅鼎作粥。」案，見《初學記·食物部·粥類》。《春秋》書尹氏，譏世卿，然能與周同盛衰者，亦有家法維持之也。近世紀輿地者，謂尹吉甫蜀人，爲作清風堂，其謬妄甚矣。「物則秉彝」之詩，吉甫庶幾知道者，而不能察掇蜂之讒，能知而不能行也。

【集證】《録異傳》、《隋》、《唐志》不著録。《藝文類聚》、《初學記》、《御覽》屢引之，《通志·氏族略》：「尹氏，少昊之子，封於尹城，因以爲氏。子孫世爲周卿士，食采於尹。今汾州有尹吉甫墓。」

《王羲之傳論》[一]：「師宜懸帳之奇。」以衛恒《四體書序》考之，懸帳乃梁鵠書，非師宜官書也。

[一]案，《晉書》陸機、王羲之二傳論乃唐太宗御製。

【元圻案】《三國志·魏武紀》注，衛恒《四體書勢序》曰：「上谷王次仲善隸書，始爲楷法。至靈帝好書，世多能者，而師宜官爲最，甚矜其能，每書，輒焚削其(札)〔柎〕。梁鵠乃益爲板而飲之酒，俟其醉而竊其(札)〔柎〕，鵠卒以攻書至選部尚書，於是公欲爲洛陽令，鵠以爲北部尉。鵠後依劉表，及荆州平，公募求鵠，鵠懼，自縛詣門，署軍假司馬，使在秘書，以勤書自效。公嘗懸著帳中，及以釘壁玩之，謂勝宜官。鵠字孟黄，安定人，魏宫殿題署皆鵠書也。」◎《水經注》十六：「魏太祖平荆州，漢吏部尚書安定梁孟黄，善師宜官八分體，求以贖死。太祖善其法，常仰繫帳中愛玩之，以爲勝宜官。」◎衛恒，字巨山，《晉書》有傳。其《四體書序》全載本傳及唐張彦遠《法書要録》中。

《説文》：「朋」及「鵬」皆古文「鳳」字。宋玉曰：「鳥有鳳而魚有鯤。」《莊子音義》崔譔云：「鵬，音鳳。」

【全云】詳見《爾雅翼》。

【元圻案】陸氏《釋文序録》曰：「崔撰《莊子注》十卷二十七篇。清河人，晉議郎。」又《莊子·逍遥遊·釋文》曰：「鵬，步登反。徐音朋。郭甫登反。崔音鳳，云鵬即古鳳字，非來儀之鳳也。《説文》云，『朋』及『鵬』皆古文鳳字也，『朋鳥象形，鳳飛，羣鳥從以萬數，故以鵬爲朋黨字』。《字林》云：『鵬，朋黨（字）〔也〕』。古以爲鳳字。』」◎宋玉曰「鳥有鳳而魚有鯤」，即《莊子·逍遥遊》所説之鵬、鯤也，莊子作「鵬」，而宋玉作「鳳」，引之以證「鵬」之即「鳳」字。

王巾，字簡棲，作《頭陀寺碑》，《説文通釋》以爲「王屮」。[一]

[一]【何云】屮，古「左」字。

【程易田云】《焦氏筆乘·續集》：「王簡棲，楊用修辨其名爲屮，音徹，不爲巾，亦非也。《説文》竹从兩『个』，个亦作箇。據字，簡棲知其爲个耳。」余謂簡棲於巾字、屮字並難通，於个字亦費解，姑從其説，然此等處斷宜闕疑。

【元圻案】李善《文選注》引《姓氏英賢録》曰：「王屮，字簡棲，琅琊臨沂人也。有學業，爲《頭陀寺碑》，文詞巧麗，爲世所重。碑在鄂州，題云『齊國録事參軍琅琊王屮製』。」石刻作「屮」，當以爲據。◎余兄静軒曰：《説文》無「个」字，「朩」即「个」也，且「𥫗」从倒艸，以爲竹从兩

「个」，亦非。

封禪七十二家，管夷吾所記者十有二；案，見《史記·封禪書》。孟獻子友五人，孟子所忘者三。記誦之學，勿强其所不知。

《集古録·李陽冰記》云：「城隍神，《祀典》無之，吴越有爾。」按，北齊慕容儼鎮郢城，城中先有神祠①，俗號城隍神，見《北齊書》本傳。則唐以前已有之。

【閻按】《隋·五行志》：「梁武陵王紀祭城隍神，將烹牛，有赤蛇繞牛口。」紀與儼同時。《經籍志》：鮑至撰《南雍州記》。記云「南陽城有蕭相國廟，相傳謂爲城隍神。」記文則見《通典》引者。

【何云】宋以後城隍之祀遍天下，且各立名字，趙與旹《賓退録》有二條，言之頗詳。

【元圻案】李陽冰《縉雲縣城隍神記》，見《唐文粹》七十一。

唐子西《採藤曲》：「魯人酒薄邯鄲圍，西河渡橋南越悲。」【原注】下一句未見所出。

---

① 「祠」，原本作「祀」，據元刊本改。

【何云】若此錦鎬爲對尚未工。

【又云】予作一句云：「魯壺爲王室之鎮，而酒薄終以被圍。」思下句對未得。

【元圻案】唐子西《採藤曲效王建體》：「魯人酒薄邯鄲圍，西河渡橋南越悲。歲調紅藤百萬計，此貢一作無窮時。去年採藤藤已乏，今年採藤藤轉竭。入山十日脱身歸，新藤出土拳如蕨。淇園取竹況有年，越山採藤輸不前。今年輸藤指黄犢，明年輸藤波及屋。吾皇養民如養兒，鑿空爲此謀者誰。」

《集古録·漢袁良碑》云：「當秦之亂，隱居河洛。高祖破項，實從其册。天下既定，還宅扶樂。」歐陽公云：「蓋不知爲何人也。」愚按《高祖紀》：三年，漢王自成皋入關，收兵欲復東。轅生説漢王曰：「漢與楚相距滎陽數歲，漢常困。願君王出武關，項王必引兵南走，王深壁，令滎陽、成皋間且得休息。使韓信等得輯河北趙地，連燕、齊，君王乃復走滎陽。如此則楚所備者多，力分。漢得休息，復與之戰，破之必矣。」漢王從其計，出軍宛、葉間。即此[一]轅生也。【原注】「轅」與「袁」同。

【閻按】引《高祖紀》證即轅生，已見洪氏《隸釋》。楊升庵載此碑，繫以王應麟曰：「轅生説

[一]閻本作「此即」。

行而身隱，鴻飛魚潛，脱屣圭組，遠希魯連，近慕董公，亦古之逸民，不可與辨士説客並論也。」①今刊本、鈔本俱無知屬楊氏假托，所謂英雄欺人，亦時有之者。或訝曰：王子充引辨《水經》語，子信其爲王氏，而升庵明引王氏語，子反削正之，何居？余笑曰：觀人於其素。

【元圻案】洪氏《隸釋》考證語與王氏此條及《急就篇》注略同。◎《集古録》載《袁良碑》云：「厥先舜苗，世爲封君。周興，虞閼父自此而滅。」又云：「滿爲陳侯，至玄孫濤塗，以(氏)〔字〕立姓曰袁。」◎王氏《急就篇注》曰：「爰氏之先，本與陳同姓。陳申公生靜伯甫，伯甫八世孫爰諸生濤塗，因而命氏，其後或爲轅字，又作袁字，本一族也。漢有袁盎。」《北史》：「李繪與梁人泛言氏族，袁狎曰：『未若我本出自黄帝，在十四姓之限。』繪曰：『兄所出雖遠，當是共車千秋分一字耳。』」可爲轅、袁一族之證。

《漢華山廟碑》：「武帝立，宫曰集靈，殿曰存仙，門曰望仙。」歐陽公《集古録跋尾》云：「集靈宫，他書皆不見，惟見此碑。」按《漢・地理志》：「京兆華陰縣太華山，在南有祠集靈宫，武帝起。」公偶未之考耳。

【閻按】余嘗謂蓋世文人無過歐公，而學殖之陋亦無過公。傅山先生聞之曰：「子得毋以劉

①《升庵集》卷四七「袁生」條。

原父有『好個歐九』之云從而和之乎？」余曰：「非敢。然實親驗之《集古録跋尾》。」

【元圻案】歐陽《集古録》附載黄伯思云①《東觀餘論》：「《漢書·地理志》：『太華山在華陽南，有祠；集靈宫，武帝起。』又桓譚《仙賦》敍華山有集靈宫，不獨見於此碑也。」◎《三輔黄圖》曰：「集靈宫、集仙宫、存仙殿、望仙臺、望仙觀俱在華陰縣界，皆武帝宫觀名也。」◎宋董逌《廣川書跋》曰：「漢武集靈宫見於《漢志》，桓譚嘗賦之。酈道元曰：『敷水北逕集靈宫。』其事甚備，永叔惜不得見也。張（旭）〔昶〕序曰：『岱山石立，中宗繼統。太華授璧，秦胡絶緒。白魚入舟，姬武建業。寶珪出水，子（胡）〔朝〕喪位。布五方則處其西，列三條則居其中。世宗又經集靈之宫於其下，想松喬之儔。』然則集靈亦其盛哉。《三輔黄圖》書其制度，《類聚》亦書其名，劉勰蓋嘗言之矣。予因得考之信。」

《容齋五筆》「石尤風」引陳子昂、戴叔倫、司空文明詩，意其爲「打頭逆風」也。李義山詩作「石郵」，【原注】「來風貯石郵。」楊文公詩亦作「郵」。【原注】「石郵風惡客

① 《集古録》成書於黄伯思生前，無由附載其文，當是黄伯思《東觀餘論》引歐陽修之文。《東觀餘論》卷下「跋西岳華山廟碑後」條有「歐陽文忠《集古録》云：『所謂集靈，他書皆不見，惟見此碑。』某按，《漢書·地理志》」云云。又，「黄伯思」後「云」字似當移置「《東觀餘論》」之後。

心愁。」

【元圻案】《容齋五筆》三：「石尤風，不知其義，意其爲打頭逆風也。唐人詩好用之。陳子昂《入峽苦風》云：『故鄉今日友，歡會坐應同。寧知巴峽路，辛苦石尤風。』戴叔倫《送裴明州》云：『瀟水連湘水，千波萬浪中。知君未得去，慚愧石尤風。』司空文明《留盧秦卿》云：『知有前期在，難分此夜中。無將故人意，不及石尤風。』計南朝篇咏必多用之，不暇憶也。」◎元陰時夫《韻府羣玉》引《江湖紀聞》①云：「石尤風者，傳聞石氏女嫁爲尤郎婦，情好甚篤。尤出不歸，妻臨亡，嘆曰：『吾恨不能阻其行，以至於此。今凡有商賈遠行，吾當作大風，爲天下婦人阻之。』自後商旅發船，值打頭逆風，則曰此石尤風也。婦人以夫姓爲名，故曰石尤。又《丁都護歌》：『願作石尤風，四面斷行旅。』」◎《丁督護歌》，宋武帝製。見《通典·樂五》。

古者，有常心曰士，無常心曰民，爲己曰君子儒，爲人曰小人儒。善利之間而舜、跖分焉，服言行而堯、桀異焉，仁義之心存與不存而人禽别焉，懍乎其可懼也。夫尚志謂之士，行己有恥謂之士，否則何以異乎工商？特立獨行謂之儒，通天地人謂之儒，否則何以異乎老、釋？困而不學則下民爾，待文王而興則凡民爾。無其實而竊其

① 此當爲《佩文韻府》所引，《韻府羣玉》無。

名，可以欺其心，不可以欺其鄉。

【元圻案】真西山曰：「士有爵位顯於朝而名不見齒於鄉，事業彰於世而行不足以服其家。暫立者易能，素積者難掩。」①

古者重長幼之序。齒幼位卑而名韋、楊二君，李翶所以戒朱載言也。後生不稱前輩字，劉元城所以稱馬永卿也。

【元圻案】《唐文粹》李翶《答進士王載言書》曰：「師之於門人則名之，於朋友則字而不名。足下之書曰『韋君詞』、『楊君潛』，足下之德與二君未知前後也，而足下齒幼而位卑，而皆名之，傳曰『吾見其與先生並行也』，竊恐足下不思，乃陷於此。」王氏引作朱載言，未知孰是。◎馬永卿記《劉元城語録》曰：「僕初見先生，問曰：『王鞏安否？』僕對曰：『王學士安樂，來赴任時嘗往別之。』後兩日，詹承議輔語僕曰：『適見劉待制云，新主簿可教。』因問何以得之，公曰：『後生不稱前輩表德，此爲得體。』」◎《晉書·劉兆傳》：「嘗有人著韡騎驢至門外，曰：『吾欲見劉延世。』兆儒德道業，青州無稱其字者，門人大怒。」

① 見《建昌三傅君行狀》。

李希烈之黨有韓霜露，朱泚之黨有李日月，逆儔之無天甚矣。

【何云】小人不學故耳，不得以此爲罪也。

【元圻案】《唐書·李希烈傳》：「希烈建僞號，遣董待名、韓霜露等分掠州縣。江西節度使曹王皋擊〔之〕，拔蘄、黄，敗李良、韓霜露，走之。」《朱泚傳》：「泚僭即僞位，國號大秦。賊將李日月鋭甚，燒陵廟，鹵(簿)御物，自謂無前。渾瑊射殺之。」

柳芳論氏族曰：「氏於事，則巫、乙、匠、陶。」按《風俗通》，「乙」當作「卜」。

【閻按】今《風俗通義》無，則王氏所見猶全本。

【集證】柳芳論載《文苑英華》。《風俗通》語見《太平御覽》三百六十四。《廣韻》「巫」字下引《風俗通》云：「氏於事則巫、卜、陶、匠是也。」《通志·氏族略》兩引《風俗通》，皆作「巫卜匠陶」。夾漈又云：「乙氏子姓，商湯字天乙，支孫因以王父字爲氏。」

明州，開元二十六年置，訖於唐末，凡五亂。寶應〔一〕元年，袁晁陷明州，一也；貞元〔二〕十四年，明州將栗鍠殺其刺史盧雲以反，二也；乾符〔三〕四年，王郢陷明州，三也；中和〔四〕元年，鄮賊鍾季文陷明州，四也；景福〔五〕元年，明州將黄晟自稱刺史，五也。

〔一〕肅宗七年改元。

〔二〕德宗六年改元。

〔三〕僖宗即位初元。

〔四〕僖宗八年改元。

〔五〕昭宗四年改元。

【全云】明州八亂，天寶中吴令老是首禍，栗鍠之後有裘甫，王郢之後有劉文。深寧之言猶未備。

【元圻案】《元和郡縣志》二十〔六〕〔七〕：「明州本會稽之鄮縣，漢句章縣地也。武德四年於縣立鄞州，八年廢。開元二十六年，采訪使齊澣奏分越州之鄮縣置明州，以境内四明山爲名。」◎吴令老，《唐書·玄宗紀》、《通鑑》並作吴令光。

《通鑑》：浙西節度使裴璩敗王郢，在乾符四年閏二月。《紀》乃謂三年七月，當從《通鑑》。璩，字挺秀，見《世系表》。

【元圻案】《通鑑》：裴璩，諝之從曾孫也。

《孟子》曰：「舜、跖之分，利與善之間也。」蕭望之曰：「堯、桀之分，在於義利而已。」

【元圻案】《漢書·蕭望之傳》：「張敞上書言：『令諸有罪，非盜受財殺人及犯法不得赦者，皆得以差入穀。』望之與少府李彊議，以爲『堯在上，不能去民欲利之心，而能令其欲利不勝其好義也。

雖桀在上，不能去民好義之心，而能令其好義不勝其欲利也。故堯、桀之分，在於義利而已矣』。」

范文正公《李衛公浙西述夢詩序》謂：「劉禹錫、柳宗元、呂温數人坐王叔文黨，貶廢不用。」案，下云：「覽數君子之述，而禮意精密，涉道非淺，如叔文狂甚，義必不交。叔文以藝進東宮，人望素輕。然《傳》稱叔文知書，好論理道，爲太子所信。順宗即位，遂見用。引禹錫等決事禁中。[一]及議罷中人兵權，牾俱文珍輩，又絶韋皋私請，欲斬劉闢，其意非忠乎？皋銜之，會順宗病篤，皋揣太子意，請監國而誅叔文，憲宗納皋之謀而行内禪。故當朝左右謂之黨人者，豈復見雪。《唐書》蕪駁，因其成敗而書之，無所裁正。《孟子》曰：『盡信書，不如無書。』吾聞夫子褒貶，不以一疵而廢其人之業也，因刻三君子之詩而傷焉。至於柳、呂文章，皆非常之士，亦不幸之甚也。韓退之欲作唐一經，『誅姦諛於既死，發潛德之幽光』，[二]豈有意於諸君子乎？」[三]

[一]【全云】禹錫等安能在禁中？

[二] 此昌黎《答崔立之書》。

[三] 以上皆范文正公語。

【閻按】比之匪人，何潛德之有？不讀《永貞行》耶！

【何云】伾文、訓、注，其爲小人一也，南蒯以費叛，雖得「黃裳元吉」之占，終歸於敗，豈有枉己而能正人者乎？

【又云】柳子厚亦佳士，失在未能立而遽用權，以爲可以借叔文以伸其意志，不知比之匪人，所傷已多，安能有爲也？

【又云】范公豈未讀《永貞行》耶？前之伾、文，後之訓、注，皆憸邪小人托正義以行其私者也。

【方樸山云】至論。余並謂鄭注、李訓亦有心人。

【又云】柳、劉輩坐不知人耳，其意則何可厚非？司馬公亦受欺蔡元長。

【全云】王叔文亦志在收宦官兵柄，其輔順宗，實能革除夙弊，特進身不以正，故一貶而下流歸之。

【元圻案】柳子厚《與許孟容書》云：「年少氣鋭，不識幾微，不知當否，但欲一心直遂，果陷刑法，皆自所求取得之，又何怪也？」◎韓文公作《柳子厚墓誌》曰：「子厚前時少年，勇於爲人，不自貴重顧藉，謂功業可立就，故坐廢退。使子厚在臺省時，自持其身已能如司馬、刺史時，亦自不斥，斥時有人力能舉之。」皆實録也。

《淮南子·繆稱訓》：「老子學商容，見舌而知守柔。」《文子·上德篇》云學常樅。【原注】《淮南》誤。《說苑》亦云「常樅」。

【集證】《漢·藝文志》「天文家」：「常從《日月星氣》二十一卷。」師古曰：「常從，人姓名，老子師之，又作常樅。」《呂氏春秋·審應覽·離謂篇》「箕子、商容以此窮」，高誘注：「商容，紂時賢人，老子所從學者。」

《唐·百官志》：「守宫令。席壽三年，氈壽五年，褥壽七年。」【原注】語本《考工記》。

【元圻案】宋龔頤正《芥隱筆記》曰：「《唐書·百官志》『席壽』，謂器用經久謂之壽。《考工記》『犀甲壽百年』，起於此。」

北齊擇盧思道之詩得八首，[一]人稱八米盧郎。事見《北齊書》①本傳。或謂「米」當爲「采」。徐鍇云：「八米，以稻喻之，若言十稻之中得八粒米也。」[二]

[一]【閻按】各作《挽歌》十首。

[二]【何云】「米」當爲「采」，見《猗覺寮記》。

【元圻案】朱翌《猗覺寮雜記》曰：「魯直《與高子勉》云：『尊前八米句，窗下十年書。』徐師川《與潘邠老》云：『字直千金師智永，句稱八米繼盧郎。』文士各作齊文宣挽詩十首，擇其善者用之，每不過一二首，唯盧思道獨得八首，時人稱爲『八采盧郎』。『米』字蓋『采』字之誤也，十首中采擇八首耳；若作『米』字，無義理。詩人不之考，相襲以爲八米，蓋言精鑿，失之甚矣。元

① 「《北齊書》」，當是「《北史》」。

微之《酬樂天》云『八采詩成未伏盧』，可證『采』字爲是。」◎姚令威《西溪叢語》曰：「八米，關中語歲以六米、七米、八米分上中下，言在穀取八米，取數之多也。」

《燕丹子》：「荆軻曰：高欲令四三王，下欲令六五霸。」【原注】四三王、六五帝、四三墳、六五典、三二曜、六五緯，皆本於此。

【元圻案】《文選》何晏《景福殿賦》：「方四三皇而六五帝，曾何周夏之足言。」李善注：「《燕丹子》：『夏扶謂荆軻曰：何以教太子？軻曰：高欲令四三王，下欲令六五霸，於君何如也。』」◎《戰國策》楚黄歇説秦王曰：「王若能持功守威，使無復後患，三王不足四，五伯不足六也。」◎張説《封禪頌》曰：「四皇墳而六帝典。」◎蘇頲《封東岳頌》曰：「墳作四而籍言七也。」◎《隋書·藝文志》「小説家」：「《燕丹子》一卷。」

《陸機傳》云：「弟雲嘗與書曰：『君苗見兄文，輒欲焚其筆硯。』」君苗，未知姓氏①。考之雲集，有《與平原書》，云：「前登城門，意有懷，作《登臺賦》②，極未能成

① 「姓氏」，元刊本作「氏姓」。
② 「登臺賦」，原本作「登樓賦」，據元刊本改。《陸士龍集》正作「登臺賦」。

而崔君苗作之，聊復成前意。」始知其爲崔君苗也。

【元圻案】《文選》有應璩《與從弟君苗君胄書》，此又一君苗也。

《文心雕龍·鎔裁篇》云：「士衡才優而綴辭尤煩，士龍思劣而雅好清省。」今觀士龍《與兄書》曰：「往日論文，先辭而後情，尚絜而不取色澤。〔一〕兄文章高遠絶異，然猶皆欲微多，但清新相接，不以此爲病耳。若復令小省，恐其妙欲不見。雲今意視文，乃好清省，欲無以尚，意之至此，乃出自然。」

〔一〕案「色」，何本作「悦」，宋板《陸士龍集》本作「悦」。

【元圻案】張茂先謂陸士衡有才多之患①。

車永茂安外甥石季甫見使爲鄮令，〔一〕便道之職。茂安《與陸士龍書》曰：「老人及姊自聞此問，不能復食。姊晝夜號泣，舉家慘蹙。昨全伯始有一將來，是句章人，具説此縣既有短狐之疾，〔二〕又有沙蝨【原注】《玉篇》：「蝨穴也，房中切。」害人。聞此消息，倍益憂慮。足下可具示土地之宜，企望來報。」士龍《答

① 見《世説新語·政事》劉孝標注引《文章傳》。

書》曰：「縣去郡治，不出三日，直東而出，水陸並通。西有大湖，廣縱千頃；北有名山，南有林澤；東臨巨海，往往無涯，泛船長驅，一舉千里。北接青、齊，東洞交、廣，[三]海物惟錯，不可稱名。遏長川以爲陂，燔茂草以爲田，火耕水種，不煩人力。決泄任意，高下在心，舉鍤[四]成雲，下鍤成雨，[五]既浸既潤，隨時代序。官無逋滯之穀，民無飢乏之慮，衣食常充，倉庫恒實。榮辱既明，禮節甚備，爲君甚簡，爲民亦易。季冬之月，牧[六]既畢，嚴霜隕而蒹葭萎，林鳥祭而罻羅設，[七]因民所欲，順時遊獵。結罝繞岡，[八]密罔彌山，[九]放鷹走犬，弓弩亂發，鳥不得飛，獸不得逸。[一〇]真光赫之觀，[一一]盤戲之至樂也。[一二]若乃斷遏海浦，隔絶①曲隈，隨潮進退，采蚌捕魚，鱣鮪赤尾，鯢齒比目，[一三]不可紀名。鱠鰡鰒，炙鬻鯸，烝石首，[一四]臛鯊鮆，[一五]真東海之俊味，肴膳之至妙也。及其蚌蛤之屬，[一六]目所希見，耳所不聞，品類數百，難可盡言也。昔秦始皇至尊至貴，前臨終南，退燕阿房，離宮別館，隨意所居，沈淪涇渭，[一七]飲馬昆明，四方奇麗，天下珍玩，無所不有，猶以不如吴會也。鄉東觀滄海，遂御六軍南巡狩，登稽嶽，刻文石，身在鄮縣三十餘日。[一八]夫以帝王之尊，不憚爾行，季甫年少，受命牧民，武城之歌，足以興化，桑弧蓬

①「絶」，元刊本作「截」。

矢，丈夫之志，經營四方，古人所嘆，何足憂乎？且彼吏民，恭謹篤慎，敬愛官長，鞭朴不施，聲教風靡，漢、吴以來，臨此縣者，無不遷變。尊大人賢姊，上下當爲喜慶，歌舞相送，勿爲慮也。」茂安又答曰：「於母前伏讀三周，舉家大小豁然忘愁。足下此書，足爲典誥，雖《山海經》、《異物志》、《二京》、《南都》殆不復過也。[一九]恐有其言能[二〇]無其事耳。」愚謂士龍之書，筆勢縱放，真奇作也，可以補四明郡乘之闕遺，故詳著之。

[一]案《晉書·地理志》：會稽郡縣十，有句章、鄞、鄮。

[二]《博雅·釋魚》：「射工、短狐，蜮也。」

[三]木華《海賦》：「南瀹朱崖，北灑天墟，東演析木，西薄青齊。」海在青徐之東南，故或曰西薄，或曰北接也。

[四]【何云】「鍤」一作「鈒」。

[五]《士龍集》「下鍤成雨」，「鍤」作「鈒」，何注當移在此句之下。◎《史記·河渠書》：「田於何所？池陽谷口。鄭國在前，白渠起後。舉插爲雲，決渠爲雨。」①◎班固《西都賦》：「決渠降雨，荷鍤成雲。」

①《史記·河渠書》僅《索隱》引「田於何所？池陽谷口」兩句，全文見《漢書·溝洫志》。

〔六〕【何云】疑是「田收」。○《士龍集》「牧」字下原脱一字。

〔七〕《禮記·月令》：「孟秋之月，鷹乃祭鳥。」《王制》：「鳩化爲鷹，乃設罻羅。」

〔八〕何本旁注：「作堁。」

〔九〕班固《西都賦》：「罘網連紘，籠山絡野。」注：「《方言》曰：絡，繞也。」◎張衡《西京賦》：「結罝百里，迒杜（塞蹊）〔蹊塞〕。」司馬相如《子虚賦》：「（罝）〔罘〕罔彌山。」

〔一〇〕【何云】「獸」一作「狩」。○張衡《西京賦》「鳥不暇舉，獸不得發。」注：「舉，飛也。」

〔一一〕左思《魏都賦》：「應期運而光赫。」

〔一二〕後漢張衡《歸田賦》曰：「極盤遊之至樂，雖日夕而忘劬。」

〔一三〕《爾雅·釋魚》「鱣」郭注：「鱣，大魚，似鱏而短鼻，口在頷下，體有邪行甲，無鱗，肉黃。大者長二三丈。今江東呼爲黃魚。」又「鮥鮛鮪」注：「鮪，鱣屬。大者名王鮪，小者名鮛鮪。今宜都郡自京門以上，江中通出鱏、鱣之魚，有一魚狀似鱣而小，建平人呼（絡）〔鮥〕子，即此魚也。」◎《詩》「魴魚赬尾」傳：「赬，赤也，魚勞則尾赤。」◎《七命》：「赤①尾丹鰓，紫翼青鬐。」◎《論衡》：「魚之哆唇鋸齒者，鱗族畏之；人之利口讒諂者，人共畏之。」②◎《廣韻》：「鋸，音據，魚名。」◎《物性志》：

①「赤」，《文選》作「赬」。
②所引不見《論衡》，《劉子·傷讒》有引。

「鯸形似石首魚，三牙似鐵鋸。」◎《爾雅・釋地》：「東方有比目魚，不比不行，其名謂之鰈。」

〔一四〕【何云】古人石首本用烝食。

〔一五〕《干禄字書》：「膾」通「鱠」。◎《廣韻》：「鰡，力求切，魚名。」◎《説文》：「鰒，海魚名。」《漢書・王莽傳》：「啖鰒魚。」◎鯯音制，《異魚圖贊》：「鯯魚之味，其美在額。」◎《文選・吴都賦》注：「《異物志》：『鯸鮐，魚狀，如科斗，大者尺餘，腹下白，背上青黑，有黄文。性有毒，雖小，獺及大魚不敢餤之。烝煮餤之肥美。』」案，即河鲀也。◎郭璞《江賦》注：「《字林》曰：『鰺魚出南海，頭上有石，一名石首。』」《廣雅・釋魚》：「石首，鰺也。」◎《山海經》：「濫水西流，注於漢水，多(鴽)〔鴽〕魮之魚，其狀如覆銚，鳥首而魚翼，音如磬石之聲。」◎「臛」一作「膗」。陸璣《詩疏》云：「鱣可烝爲臛。」

〔一六〕《江賦》曰：「紫蚢如渠，洪蚶專車。瓊蚌晞曜以瑩珠，石蚨應節而揚葩。」注：「《臨海水土物志》曰：『蚶則徑四尺，背似瓦壟，有文。』」「《異物志》曰：『蚌似車螯，潔白如玉。』」

〔一七〕【何云】「淪」疑作「綸」。○集本作「綸」。

〔一八〕《史記・秦始皇本紀》：「三十七年，至錢唐，臨浙江，水波惡，乃西百二十里，從狹中渡，上會稽，祭大禹，望於南海，而立石頌秦德。」又《封禪書》：「始皇南至湘山，遂登會稽，並海上，冀遇三神山之奇藥。」

〔一九〕《隋書・經籍志》「地理類」：「《山海經》二十三卷，郭璞注。」「《異物志》一卷，後漢議郎楊孚撰。」「《南州異物志》，吴丹陽太守萬震撰。」

［二〇］【全云】「能」字疑衍。○錢氏大昕曰：「能」即「而」字。

【元圻案】陸士龍書見宋慶元六年朱奎、孫垓、范衮校刊《二俊文集》中。二俊謂機、雲兄弟也。車茂安二書亦附見《士龍集》。

《荀子·非十二子篇》曰：「正其衣冠，齊其顔色，嗛然而終日不言，是子夏氏之賤儒也。」荀卿之譏毁過矣，然因其言可以見子夏門人之氣象。

【全云】六朝之文放蕩，開於荀子，不特斯、非之爲害也。

秦之破楚也，王翦至蘄南，殺其將軍項燕。楚之滅秦也，陳涉起於蘄大澤中。同此地也，出爾反爾，天道昭昭矣。

【何云】此憤宋之滅而有爲言之。

【元圻案】《史記·王翦傳》：「荆聞王翦益軍而來，乃悉國中兵以拒秦。王翦至，堅壁而守之，不肯戰。荆乃引而東，翦因舉兵追之，令壯士擊，大破荆軍。至蘄南，殺其將軍項燕。」◎《漢書·地理志》沛郡有蘄縣。◎《史記·陳涉世家》：「陳勝自立爲將軍，吴廣爲都尉。攻大澤鄉，收而攻蘄，蘄下。」

東坡《觀棋詩》「誰與棋者」，《墨君堂記》「雖微與可，天下其孰不賢之」，皆用《檀弓》文法。

《論語》「迅雷風烈必變」，錯綜成文。「春與猿吟兮，秋鶴與飛」本於此，非始於「吉日辰良」。

【何云】東坡先生《書羅池》詩作「秋與鶴飛」。

【全云】此追過沈存中一層。

【元圻案】宋陳善《捫蝨新話》曰：「《楚詞》以『日吉』對『良辰』，以『蕙殽蒸』對『奠桂酒』。存中云，此是古人欲錯綜其語以爲矯健故耳。予謂此法本自《春秋》。《春秋》書『隕石於宋五，是日六鷁退飛，過宋都』，説者皆以『石』『鷁』、『五』『六』先後爲義，殊不知聖人文字之法正當如此，既曰隕石於宋五，又曰退飛鷁於宋六，豈成文理？故不得不錯綜其語，因以爲健也。《楚詞》正用此法。其後韓退之作《羅池碑》云『春與猿吟兮，秋鶴與飛』，以『與』字上下言之，蓋亦欲語反而辭健耳。今《羅池碑》石刻古本如此，而歐陽公以所得李生《昌黎集》較之，只作『秋與鶴飛』，遂疑古本爲誤，惟存中爲始得古文意，然不知其自《春秋》出。」

徐仲車積。◎《書鄭綮傳》謂：「尊官重禄，人之所好也，安肯曰『吾不才，吾辱其位』？甚者亡人之國、危人之天下不顧也。鄭綮可謂知其量矣。」後村劉克莊號。詩謂：「未必朱三能跋扈，只因鄭五欠經綸。」朱温之篡，崔、柳諸人之罪也，於鄭綮何譏焉？

【方樸山云】只取朱三、鄭五好對耳。

【集證】黄震東發《歇後鄭五贊》云：「歇後鄭五作宰相，搔頭不敢當，自知蓋審也。使人人如鄭五，則居其官者皆其人，豈有欺君誤國、貪權固寵之患？愚故三嘆三咏於五而贊之曰：『自知其必能相而相之者，古今一伊尹也；自知其必不能相而不相之者，古今一鄭五也。人皆曰必不能相，己獨曰必能相而汲汲於相者，滔滔皆鄭五罪人也。嗚呼！伊尹吾不得而見之矣，得見鄭五者，斯可矣。』」

【元圻案】《唐書·鄭綮傳》：「綮字蘊武，本善詩，其語俳諧，故使落調，世共號『鄭五歇後體』。聞詔同中書門下平章事，搔首曰：『歇後鄭五作宰相，事可知矣。』固讓，不聽。三月，以疾乞骸。」◎徐仲車《節孝集》二十八《書鄭綮傳》曰：「尊官重禄，人之所好也。不如是，不足充其好、快其欲，彼安肯曰『吾不才也』、『吾辱其位』者耶？『有禍敗隨之』耶？『取天下之笑』耶？『爲萬世之羞』耶？甚者亡人之國、危人之天下不顧也，豈予所謂不知量者耶？安得知量者見之乎？予讀《陳平傳》，嘉平知其任；讀《鄭君傳》，愛君知其量。嗚呼，如君者豈易得哉！豈易得哉！」◎（吴泳）（《羅大經》）《鶴林玉露》①：「渡江以來，詩禍殆絶，唯寶祐間《中興江湖集》出，

① 《鶴林玉露》作者爲羅大經，吴泳著有《鶴林集》。所引見《鶴林玉露》乙集卷四。

劉潛夫詩：『不是朱三能跋扈，只緣鄭五欠經綸。』又云：『東風謬掌花權柄，卻忌孤高不主張。』敖器之云：『梧桐秋雨何王府，楊柳春風彼相橋。』曾〔景〕建云：『九十日春晴景少，一千年事亂時多。』當國者見而惡之，並行貶斥。」◎「朱三」、「鄭五」句，《齊東野語》又以爲曾極《咏黄巢戰場》詩①。

寧宗閣名曰「寶章」。至和[一]二年，五臺山真容院太宗御書閣已曰「寶章」矣。

[一] 仁宗三十二年甲午改元。

【集證】《玉海》百六十三：「至和二年六月丙申，以五臺山真容院新修太宗、真宗御書閣爲寶章閣。」又云：「寶慶二年，建寶章閣，藏寧宗聖製。」

《水經注》三十一「南陽葉邑」：「方城西有黄城山，是長沮、桀溺耦耕之所。有東流水，則子路問津處。《尸子》曰：『楚狂接輿耕於方城。』」[一]【原注】方城在葉縣，《郡國志》曰：「葉縣有長城曰方城，楚邑也。」楚狂接輿、並耕沮溺、荷蓧丈人，一時在野之賢萃於楚國，聖人晚年眷眷於楚，有以也。胡明仲曰：「沮溺耦耕之地，史謂蔡也。」[二]

① 《齊東野語》卷十六言此詩作者爲劉潛夫，非曾極。

［一］以上皆《水經注》文。

［二］【閻按】史謂孔子去葉，反乎蔡，途次經有長沮桀溺事，非謂其地即蔡。

【何云】葉公之將討白公勝也，方城之外皆曰可以入矣。

【又云】《史》云：「孔子遷於蔡三歲。」

善讀書者，或曰「此法當失」，或曰「一卷足矣，奚以多爲」，或不求甚解，或務知大義。不善讀者，蕭繹以萬卷自累，崔儦以五千卷自矜，房法乘之不治事，盧殷之資爲詩。

【元圻案】《晉書·載記》：「石勒雅好文學，常令儒生讀書史而聽之，每以其意論古帝王善惡。嘗使人讀《漢書》，聞酈食其勸立六國後，大驚曰：『此法當失，何得遂成天下！』至留侯諫，乃曰：『賴有此耳！』」◎《北史·何妥傳》：「納言蘇威嘗言於上曰：『臣先人每戒臣云，唯讀《孝經》一卷，足可立身經國，何用多爲？』」◎《宋書·隱逸·陶潛傳》：「潛嘗著《五柳先生傳》以自況，曰：『閑静少言，不慕榮利，好讀書，不求甚解，每有會意，欣然忘食。』」◎《南史·梁元帝紀》：「帝諱繹。魏軍入，乃聚圖書十餘萬卷，盡燒之。」「論曰：口誦《六經》，心通百氏。有仲尼之學，有公旦之才，適足以益其驕矜，增其禍患，何補金陵之覆没，救江陵之滅亡哉？」◎《北史·崔儦傳》：「儦字岐叔。少與范陽盧思道、隴西辛德源同志友善。負恃才地，大署其户曰『不讀五千卷書者無得入此門』。」◎《通鑑·齊武帝紀》永(平)〔明〕八年：「交州刺史房法乘專好讀書，常屬疾不治事。由是長史伏登之得擅權，改易將吏，不令法乘知。」◎韓昌黎誌盧殷墓曰：「君能爲詩，自少至老，詩可録傳者在紙凡千餘篇。殷於書無不讀，止用爲詩資。」

「廟堂」二字，見《漢·徐樂傳》，云：「修之廟堂之上，而銷未形之患。」《梅福傳》云：「廟堂之議，非草茅所當言也。」劉向《九嘆》云：「始結言於廟堂。」王逸注：「言人君爲政舉事，必告宗廟，議於明堂。」【原注】皆謂人君，今以爲宰相，誤矣。〔一〕

〔一〕【全云】此注是正文。

【閻按】《淮南·主術訓》「在卿相人君，揄策於廟堂之上」，亦兼君相言之。

歐陽公記醉翁亭，用「也」字；荆公誌葛源，亦終篇用「也」字，蓋本於《易》之《雜卦》。韓文公銘張徹亦然。

【元圻案】王楙《野客叢書》二十七：「歐公《醉翁亭記》多用『也』字，人謂此體前此未聞。又觀錢公輔作《越州井儀堂記》，亦是此體。如其末云：『問其辦之歲月，則嘉祐五年二月十七日也。問其作之主人，則太守刁公景純也。問其常所往來而共樂者，通判沈君興宗也。誰其文之，晉陵錢公輔也。』其機杼與歐記同。此體蓋出於《周易·雜卦》一篇。」

東坡《鍾子翼哀詞》，以四言間七言，學《荀子·成相》。

【元圻案】《猗覺寮雜記》曰：「東坡作《鍾子翼哀辭》，用四字、七字爲句，『崆峒摩天，章貢潄石致兩碓』，《荀子·成相篇》格也，句皆協韻，如『人主無賢，如瞽無相何倀倀』。王文考《靈光殿賦》『彤彤靈宮，巋嶵穹崇，紛厖鴻兮』，其下皆協韻，但加『兮』字。」◎宋費衮《梁谿漫志》曰：「東坡歸自海南，遇其甥柳展如，出文一卷示之，曰：『此吾在嶺南所作也，甥試次第之。』展如曰：『《天慶觀乳泉賦》詞意高妙，當在第一；《鍾子翼哀辭》别出新格，次之；他文稱是。』坡嘆息以爲知言。」

《詩·伐檀》毛氏傳云：「風行水成文曰漣。」老泉謂「『風行水上，涣』」，此天下之至文也」，本於此。

【元圻案】《初學記·水·總載》：「風吹水湧曰波，大波曰濤，小波曰淪，平波曰瀾，直波曰徑，水朝夕而至曰潮，風行水成文曰漣，水波如錦文曰漪。」◎劉熙《釋名》曰：「風吹水波成文曰瀾。」◎蘇老泉《仲兄字文甫説》曰：「今夫風水之相，遭乎大澤之陂也，紆餘委虵，蜿蜒淪漣，安而相推，怒而相淩，紆而如雲，蹙而如鱗，疾而如馳，徐而如徊，故曰『風行水上，涣』，此天下之至文也。」◎宋黄徹《䂬溪詩話》載東坡曰：「辨才詩如風吹水，自成文理，吾輩與參寥如巧婦織錦耳。」

南豐詩稱昌黎之文云：「並驅六經中，獨立千載後。」①

周恭叔[一]《跋薛唐卿秦璽文》曰：「嗚呼斯乎！是嘗去《詩》、《書》以愚百姓者乎？是嘗聽趙高以立胡亥者乎？是嘗殺公子扶蘇與蒙恬者乎？是嘗教其君嚴督責而安恣睢者乎？使其璽不得傳者斯人也，而其刻畫，吾忍觀之哉！」[二]李微之《朝野雜記·乙集》五曰：「秦璽者，李斯之魚蟲篆也，其圍四寸。至漢謂之傳國璽，迄於獻帝所寶用者，秦璽也。歷代皆用其名。永嘉[三]之亂没於劉石，永和[四]之世復歸江左者，晉璽也。太元[五]之末得自西燕，更涉六朝至於隋代者，慕容燕璽也。【原注】隋謂之神璽。[六]劉裕北伐，得之關中，歷晉暨陳，復爲隋有者，姚秦璽也。開運[七]之亂，没於耶律，女真獲之以爲大寶者，石晉璽也。蓋在當時，皆誤以爲秦璽，而秦璽之亡則已久矣。」以上皆《雜記》文。

[一]【全云】周博士行己，程子弟子。

[二]案陳後山《叢談》：「前世鄙儒謂秦璽所在爲正統，故契丹自謂得傳國璽，欲以歸太祖，太祖不受，曰：『吾無秦璽，不害爲國。且亡國之餘，又何足貴乎？』契丹畏服。」

① 宋曾鞏《雜詩五首》之三。

［三］晉懷帝元年丁卯改元。

［四］晉穆帝元年乙巳改元。

［五］晉孝武帝四年丙子改元。

［六］《北史·魏文帝紀》：「大統三年春二月槐理獲神璽，大赦。」

［七］五代晉高祖八年甲辰改元。

【元圻案】《後漢·光武紀》注，《玉璽譜》曰：「傳國璽是秦始皇初定天下所刻，其玉出藍田山，丞相李斯所書，其文曰『受命於天，既壽永昌』。高祖至霸上，秦王子嬰獻之。至王莽篡位，就元后求璽，不與，以威逼之，乃出璽投地，璽上螭一角缺。及莽敗，李松持璽詣宛上更始；更始敗，入赤眉；劉盆子既敗，以奉光武。」◎《史記·李斯列傳》：「斯請諸有文學《詩》、《書》百家語者蠲除之。令到滿三十日弗去，黥爲城旦。始皇可其議，收去《詩》、《書》百家之語以愚百姓。」又：「趙高乃謂斯曰：『上崩，賜長子書，與喪會咸陽而立爲嗣。書未行，今上崩，未有知者也。所賜長子書及符璽皆在胡亥所，定太子在君侯與高之口耳。』於是斯乃聽高，相與謀，詐爲受始皇詔丞相，立子胡亥爲太子。更爲書賜長子扶蘇，曰：『扶蘇以不得罷歸爲太子，日夜怨望，爲人子不孝，其賜劍以自裁。將軍恬與扶蘇居外，不匡正，宜知其謀。爲人臣不忠，其賜死。』」又：「二世責問李斯，對曰：『夫賢主者，必且能全道而行督責之術者也，故申子曰『有天下而不恣睢，命之曰以天下爲桎梏』者，無他焉，不能督責，而顧以身勞於天下之民，若堯、禹然，故謂之『桎梏』也。」◎《三國志·吴·孫堅傳》注，《吴書》曰：「堅入洛，軍城南，甄官井上有五色氣，堅令人入井，探得漢傳國璽，文曰『受命於天，既壽永昌』，方圜四寸，上紐交五龍，上一角缺。初，黄門張讓等作亂，劫天子出奔，掌璽者以投井中。」又引《山陽公載記》曰：「袁術將僭號，聞堅得傳國璽，乃拘堅夫人而奪之。」◎《晉書·輿服志》：「懷帝没胡，傳國璽没於劉聰，後又没於石勒。及石季龍死，胡亂，穆帝世乃還江南。」◎《晉陽秋》：「孝武帝太元十九年，西燕慕容永遣子宏求救於雍州刺史郄恢，獻玉璽一紐，送建業。」自晉至梁相傳，謂之鎮國璽。◎周益公《題五代應順年堂檢臨本》云：「本朝紹聖三年十二月，長安村民段義掘地得玉璽，玉緑色，以獻於朝。蹇序辰、安惇皆言此秦璽，漢以爲傳國璽，自五代亡之，今爲時出。尋詔禮部、御史臺、學士院、秘書省、太常寺講求定驗。於是蔡京等奏：考之璽文，『皇帝壽昌』，晉璽也；『受命於天』，後魏璽也；『有德者昌』，唐璽也；『惟德允昌』，石晉璽也。今云『受命於天，既壽永昌』，其爲秦璽無疑。哲宗遂以五月朔御大慶殿，行朝會禮，改紹聖五年爲元符元年云。」◎周恭叔，名行己。元祐六年進士。著《浮沚集》。《跋秦璽文》見第六卷。陳直齋曰：「永嘉學問所從出也。」①

受寶之禮，始於元符，再行於嘉定。皇帝恭膺天命之寶，至道[一]三年，真宗即位製之。其後凡嗣位，則更製。乾興[二]元年仁宗即位，嘉祐[三]八年英宗即位，至神、

① 見《直齋書録解題》卷十七《浮沚先生集》解題。

哲、徽，皆製是寶。嘉定[四]十四年，京東河北節度使賈涉，繳進皇帝恭膺天命之寶，及元符三年御命之寶，及元符三年[五]御府寶圖一册。鎮江都統翟朝宗以玉檢來上，其文若合符契。又得「受命於天，既壽永昌」玉璽。於是禮官奏受寶之禮，獻之宗廟。明年正月朔旦，御大慶殿，受寶奉安天章閣。【原注】元符三年玉璽蓋徽宗即位所製。

[一] 太宗二十年乙未改元。

[二] 真宗二十五年壬戌改元。

[三] 仁宗三十四年丙申改元。

[四] 寧宗十四年戊辰改元。

[五] 《玉海》無「御命」以下九字。

【元圻案】《建炎以來朝野雜記·乙集》五：「皇帝恭膺天命之寶者，至道三年，真宗嗣位時所製也，後從葬定陵。乾興元年，仁宗即位，更製之。天聖元年，爲火所燔，又製焉，後從葬昭陵。嘉祐八年六月，英宗又製焉。神宗、哲宗皆循此制。靖康之難，金人取玉寶十四，蓋八寶之外，餘寶凡六，而皇帝恭膺天命之寶居其二焉，徽宗元符三年、欽宗靖康元年所製也。高宗渡江，庶事草創，不復製矣。」◎周密《齊東野語》：「賈涉遣都統司計議官趙珙往河北蒙古軍前議事，歸，得其大將撲鹿花所獻皇帝恭膺天命之寶。」◎宋王栐《燕翼貽謀録》：「徽宗大觀元年，詔求美玉製八寶以易六璽。十一月壬戌詔曰：『永惟受命之符，宜有一代之製，而尚循秦舊。六璽之用，自天申命，地不愛寶，獲金玉於異域，得妙工於編氓。八寶既成，夐無前比，可以來年正月朔日御大慶殿恭受八寶。』是舉恩數特厚。」據此，受寶之禮再行於大觀也。◎宋袁褧《楓（窗）小牘》：「道君皇帝以于闐玉益八寶爲九寶，其文云：『範圍天地，幽贊神明。保合太和，萬壽無疆。』王初寮草詔曰：『太極函三，運神功於八索；乾元用九，增寶曆於萬年。』」

璽也而更爲寶，匭也而更爲檢。古者太史「奉諱惡」，豈有是哉？

【元圻案】《左傳》襄二十九年正義曰：「衛宏云：『秦以前，民皆以金玉爲印，唯其所好。自秦以來，唯天子之印獨稱璽，又以玉，羣臣莫敢用也。』案《周禮·掌節》『貨賄用璽節』，鄭康成云：『今之印章也。』則周時印已名璽，但上下通用。」◎《唐書·玄宗紀》：「開元六年，改傳國璽曰寶。」◎唐梁肅《受命寶賦序》：「受命寶，在昔曰傳國璽，自秦始皇有焉，蓋取夫一世、二世，傳於無窮，故有傳國之號。歷兩漢，至陳、隋。武德中，太宗一戎衣而天下大定，是器也，與璽同歸，國家用之，以受命所承，更名大寶。」注：「《唐·車服志》：『天寶十載，改傳國寶曰承天大寶。』」◎《唐書·百官志（一）〔二〕》：「武后垂拱二年，有魚保宗者，上書請置匭以受四方之書。乃鑄銅匭四，塗以方色，列於朝堂：青匭曰『延恩』，在東，告養人勸農之事者投之；丹匭曰『招諫』，在南，論時政得失者投之；白匭曰『申冤』，在西，陳抑屈者投之；黑匭曰『通玄』，在北，告天文、秘謀者投之。以御史中丞、侍御史一人爲理匭使。天寶九載，玄宗以『匭』聲近『鬼』，改理匭使爲獻納使。至德元年復舊。」◎《續通鑑長編》二十五太宗雍熙元年：「改匭院爲登聞檢院，東延恩匭爲崇仁檢，南招諫匭爲思諫檢，西申冤匭爲申明檢，北通(恩)〔玄〕匭爲招賢檢。」

祖宗之制，不以武人爲大帥專制一道，必以文臣爲經略以總制之。咸淳末、度宗。德祐初，[一]賣降恐後者，多武人也，其後文臣亦賣降矣。

[一]【閻按】瀛國公初即位，乙亥改元。

【全云】明季重武臣，然唐通、姜瓖之流終降流賊。若寧武、靖南，則宋末張順、姜才一輩人。

後漢應劭有《漢官·鹵簿圖》，【原注】《漢官儀·鹵簿篇》。晉有《鹵簿圖》、《鹵簿儀》，齊有《鹵簿儀》，陳有《鹵簿圖》，[一]唐有《大駕鹵簿》一卷，王象畫《鹵簿圖》。[二]景德[三]二年，王欽若上《鹵簿記》三卷。天聖[四]六年，宋綬上《鹵簿記》十卷。景祐[五]五年，[六]綬取舊編，益新制，上《鹵簿圖記》①十卷。政和[七]七年，詔改修，宣和元年己亥書成，三十三卷，飾以丹采，益詳備矣。

[一]案，《隋書·經籍志》俱著録。

①「鹵簿圖記」，原本脱「圖」字，據元刊本補。

［二］《唐書·藝文志》俱著録。

［三］真宗七年甲辰改元。

［四］仁宗元年癸亥改元。

［五］仁宗十二年甲戌改元。

［六］案景祐無五年，似誤。《長編》仁宗寶元元年：「十一月乙巳南郊，禮儀使宋綬上《鹵簿圖》十卷。」自注：「《鹵簿圖記》以天聖六年上，至是又增飾之耳。」

［七］徽宗十一年辛卯改元。

【何云】 禮樂刑政即天子之鹵簿也，是之不圖，而屑屑焉三十三卷爲哉！

【元圻案】 唐封演《聞見録》曰：「輿駕行幸，羽儀導從，謂之鹵簿。自秦漢以來，始有其名。蔡邕《獨斷》載鹵簿有小駕、大駕、法駕之異，而不詳其義。按字書：『鹵，大楯也。』字亦作『櫓』，又作『樐』，音義皆同。鹵以甲爲之，所以扞敵。甲楯有先後部伍之次，皆著之簿籍，天子出入，則案次導從，故謂之鹵簿。南朝御史中丞、建康令俱有鹵簿，人臣儀衛亦皆同於君上，則鹵簿之名不容别有他義。」◎葉石林《燕語》四：「今有《鹵簿記》，宋宣獻公所修。」

趙安仁字樂道。作《戴斗懷柔録》，王晦叔作《戴斗奉使録》。戴斗，謂北方。**【原注】**《爾雅》：「北戴斗極爲空桐。」

【集證】《玉海》五十八：「景德元年盟好之議，翰林學士趙安仁多所參預撰答書。又記太祖朝書問規式及接伴，乃裁定覲見儀制。安仁又録和好以來事宜，及采古事可附於今爲豫備者，作《戴斗懷柔録》以獻。」

【元圻案】晁氏《讀書志·地理類》：「《戴斗奉使録》二卷。皇朝王曙撰。景德三年爲契丹主生辰使、祥符（二）〔三〕年爲弔慰使所録也。」

擊壤，周處《風土記》云：「以木爲之，前廣後鋭，長尺三寸，其形如履。【原注】古兒童所戲之器，非土壤也。先側一壤於地，遥於三十四步，以手中壤擊之，中者爲上。」

【集證曰】引見《文選》謝靈運《初去郡》詩注。《御覽》五百八十四引《風土記》作「壤尺三四寸」。張淏《雲谷雜記》云：「《選》注云『長四尺三寸』恐是傳寫之誤，蓋其形如履，使長四尺三寸，不復有履形矣。《御覽》所載爲是。」

象山先生曰：「古者無流品之分，而賢不肖之辨嚴。後世有流品之分，而賢不肖之辨略。」

【元圻案】袁絜齋《象山先生文集序》曰：「先生諱九淵，字子静，撫州金谿人。嘗講學於象山，學者尊之爲象山先生。」◎晁景迂《儒言》：「或謂先王用人無流品之别，不知皋陶陳九德而俊乂在官，則流品已著矣。」

司馬相如《諭巴蜀檄》曰：「父兄之教不先，子弟之率不謹，寡廉鮮恥，而俗不長厚也。」漢時有此議論，三代之流風遺俗猶存也。

【何云】以得已之役病民，而又責以寡廉鮮恥，此相如所以爲佞夫也。

【又云】斷章取之。

【元圻案】《漢書·司馬相如傳》：「相如爲郎數歲，會唐蒙使略通夜郎、僰中，發巴蜀吏卒千人，郡又多爲發轉萬餘人，用軍興法誅其渠率，巴蜀民大驚恐。上聞之，乃遣相如責唐蒙等，因諭巴蜀民以非上意。」

羣居終日，言不及義，而險薄之習成焉；飽食終日，無所用心，而非僻之心生焉。故曰：「民勞則思，思則善心生。」痦寐無爲，《澤陂》之詩所以刺也。

【方樸山云】顧寧人先生云：「飽食終日，無所用心，難矣哉，北方之强也；羣居終日，言不及義，好行小慧，南方之强也。」①本此。

① 見《日知録》卷十三「南北學者之病」條。

劉之道煇《上李肅之納拜書》曰：「古之君子，一語默[一]而禮義明，一施設而風俗厚。如釋之進王生之韈，而漢世重名；如裴度當李愬之謁，而蔡人知禮。」

[一]閣本作「言語」。

【元圻案】《史記·張釋之傳》：「王生者，善爲黄老言，處士也。嘗召居廷中，三公九卿盡會立，王生老人，曰：『吾韈解。』顧謂張廷尉：『爲我結韈。』釋之跪而結之。既已，人或謂王生曰：『獨奈何廷辱張廷尉，使跪結韈？』王生曰：『吾老且賤，自度終無益於張廷尉。張廷尉方今天下名臣，吾故聊辱廷尉，使跪結韈，欲以重之。』諸公聞之，賢王生而重張廷尉。」◎《唐書·李愬傳》：「愬屯兵鞠場以俟裴度。至，愬以櫜鞬見，度將避之，愬曰：『此方廢上下分久矣，請因示之。』度以宰相禮受愬謁。蔡人聳觀。」◎《書録解題·别集類》中：「《劉狀元東歸集》十卷。大理評事鉛山劉煇之道撰。煇，嘉祐四年進士第一人，《堯舜性仁賦》至今人所傳誦。始在場屋有聲，文體奇澀，歐公惡之，下第。及是在殿廬得其賦，大喜，既唱名，乃煇也，公爲之愕然。」

晁景迂曰：「博之以《五經》而約之以《孝經》、《論語》；博之以太史公、歐陽公史記而約之以《資治通鑑》。」康節先生《勸學》曰：「二十歲之後，三十歲之前，朝經暮史，晝子夜集。」學者當以此爲法。

【元圻案】景迂語見《答李大同書》。

夫子雅言《詩》、《書》、執《禮》，而性與天道，高弟不得聞。程子教人《大學》、《中庸》，而「無極」、「太極」一語未嘗及。[一]

[一]馬氏校云：「高弟」，元板作「高第」。

「巧言」爲「辯」，「文子」爲「學」，[二]宋景文云：「此後魏、北齊里俗訛字也。」

[二]【閻按】見《顔氏家訓》。

【集證】《宋景文筆記·考古篇》：「後魏、北齊時里俗作僞字最多，如巧言爲辯、文子爲學之比。隋有《柳䛒傳》，又䛒之訛，以『巩』易『巧』矣。予見佛書所言辯字多作䛒，世人不復辯詰。」◎《北史·江式傳》：「式表曰：『世易風移，文字改變，篆形謬錯，隸體失真。俗學鄙習，復加虛造，巧辯談士，以意爲疑。乃曰：追來爲歸，巧言爲辯，小兔爲䨲，神蟲爲蠶，如斯甚衆，皆不合孔氏古書、史籀《大篆》、許氏《説文》、《石經》三字也。』」

【元圻案】「巧言爲辯」八字，閻、何並云見《顔氏家訓》，今本《家訓》無此二語。

有夙[二]繇者，智伯欲攻之，鑄大鐘，方車二軌以遺之。夙繇之君將迎鐘。赤章蔓枝諫，不用，斷轂而行，至衞七日，而夙繇亡。

庾信《哀江南賦》：「章蔓支以轂走，宫之奇以族行。」《呂氏春秋》：「中山之國有夙繇者，智伯欲攻之，鑄大鐘，方車二軌以遺之。夙繇之君將迎鐘。赤章蔓枝諫，不用，斷轂而行，至衞七日，而夙繇亡。」【原注】《文苑英華》作「慢支」，《藝文類聚》作「曼友」，皆誤。

〔一〕【何云】「夙」當作「厹」。

【元圻案】《呂氏春秋·慎大覽·權勳篇》：「中山之國有厹繇者，智伯欲攻之而無道也。爲鑄大鐘方車二軌以遺之，厹繇之君將斬岸堙溪以迎鐘，赤章蔓枝諫曰：『詩云「唯則定國」，我胡〔則〕以得是於智伯？夫智伯之爲人也，貪而無信，必欲攻我而無道也，故（爲）〔鑄〕大鐘方車二軌以遺君，君因斬岸堙谿以迎鐘，師必隨之。』弗聽，有頃諫之。君曰：『大國爲歡而子逆之，不祥。子釋之。』赤章蔓枝曰：『爲人臣不忠貞，罪也；忠貞不用，遠身可也。』斷轂而行，至衛七日而厹繇亡。」畢氏校本曰：「厹，舊本作夙。梁仲子云：『《韓非子·說林下》作仇由。』《戰國·西周策》作厹由，《史記·樗里子傳》作仇猶，高誘注《國策》以仇猶爲厹由，《說文繫傳·口部》『㕣』云：『《呂氏春秋》有㕣猶國，智伯欲伐者也。』」

宋次道《春明退朝録》，晁子止昭德《讀書志》〔二〕考之《東京記》：朱雀門外天街東第六春明坊，宋宣獻公宅，本王延德宅。宣德門前天街東第四昭德坊，晁文元公宅。致政後闢小園，號養素園，多閱佛書，起密嚴堂。

〔二〕注見卷六第三十八頁①。

① 見卷七「當不義」條（頁九六六九），非在卷六。

【閻按】當時春明宅子僦直比他處常高一倍，以便借次道家書也。

【元圻案】《書録解題·典故類》：「《春明退朝録》三卷。龍圖閣直學士常山宋敏求次道撰。所記多故實。其父宣獻公綬，居第在春明坊，如晁氏稱昭德也。」晁公武《讀書志自序》曰：「宋宣獻公得畢文簡、楊文莊家書，故藏書之富，與秘閣等，而常山公以贍博聞於時。余家自文元公來，以翰墨顯者七世，故家多書。至於是正之功，世無與讓云云。」◎昭德《讀書志·地理類》：「《東京記》三卷。宋敏求編。開封坊巷、寺觀、官廨、私地所在及諸故實極其精博。」◎晁迥謚文元，著《昭德新編》二卷，其後序曰：「東魯之書文而雅，西域之書質而備，放此五説，酌中而作。」陳直齋曰：「昭德者，京師居第坊名也，晁氏子孫皆以爲稱。」①◎宋朱弁《曲洧舊聞》四：「宋次道龍圖云：『校書如掃塵，隨掃隨有。』其家藏書皆校三五遍者。世之蓄書，以宋爲善本，居春明坊。昭陵時，士大夫喜讀書者多居其側，以便於借讀故也。當時春明坊宅子比他處僦直常高一倍。」

《吕氏春秋·慎大覽》：伊尹奔夏，三年，反報於亳曰：「桀迷惑於末嬉，好彼琬琰。」注云：「琬，當作婉，婉順阿意之人。或云美玉。」按《紀年》卷上云：「桀伐岷

① 見《直齋書録解題》卷十《昭德新編》解題。

山①，得二女，曰琬，曰琰。斲其名於苕華之玉，苕是琬，華是琰。」【原注】注非。

【何云】注誠誤，然《紀年》要是僞書，或因《呂覽》之語而誤撰也。

《新序·節士篇》介子推曰：「謁而得位，道士不居也。」蓋謂有道之士。《漢·京房傳》「道人」，亦謂有道之人。《元和郡縣志》：「樓觀，本周康王大夫尹喜宅也。穆王爲召幽逸之人，置爲道士。」《太霄經》以尹喜爲尹軌。又謂：「平王東遷洛邑，置道士七人。」按《漢·郊祀志》注：漢宮閣疏云：「神明臺，高五十丈，上有九室，嘗置九天道士百人。」蓋自武帝始也。穆王、平王事不可考。

【何云】《後漢書》有史道人②。

【全云】又何足考。

【集證】《太平御覽》六百六十六「道部」引《太霄經》曰：「人行大道，謂之道士。」又云：「道士從道爲事，故稱也。周穆王因尹軌真人制樓觀，遂召幽逸之人，置爲道士。平王東遷洛邑，置道士七人。漢明帝永平五年，置二十人。魏武帝爲九州，置三十五人。魏文帝幸雍謁，陳熾法

① 「岷山」，原本作「珉山」，據元刊本改。

② 見《後漢書·何皇后紀》。

師置道士五十人。晉惠帝度四十九人，給户三百。」

【元圻案】《元和郡縣志·京兆·盩厔縣》：「樓觀，在縣東三十七里，本周康王大夫尹喜宅也。穆王爲召幽逸之人置爲道（士）〔院〕。相承至秦漢，皆有道士居之。晉惠帝時重置其地。舊有尹先生樓，因名樓觀，武德初改名宗聖觀。」又《京兆·長安縣》：「神明臺，在縣西北二十里長安故城西，上有承露盤。」

道書有「赤明上皇無極永壽」之號。後周甄鸞著《笑道論》曰：「古先帝王，立年無號，至漢武帝始建元，後王因之。上皇之號，可笑之深。」【原注】《隋志》又有「延康」、「龍漢」、「開皇」。

【閻按】《後魏書·釋老志》以延康、龍漢、赤明、開皇爲劫數。

【集證】《元始天尊度人經》：「元洞玉律，龍漢延康，眇眇億劫，混沌之中。溟涬大梵，寥廓無光，赤明開圖，運度自然。」上陽子注云：「東方得九氣以分天境，劫號龍漢；南方得三氣以分天境，劫號赤明；中央得十二氣以分天境，劫號上皇；西方得七氣以分天境，劫號延康；北方得五氣以分天境，劫號開皇。」

【元圻案】《隋書·經籍志四》：「道經者，云有元始天尊，生於太元之先。所説天地淪壞、劫數終盡，略與佛經同。天尊之體常存不滅，每至天地初開，授以秘道，謂之開劫度人。然其開劫非一度矣，故有延康、赤明、龍漢、開皇，是其年號，其間相去經四十一億萬載。」◎《魏書·釋老志》曰：「道家稱劫數頗類佛經，其延康、龍漢、赤明、開皇之屬，皆其名也。」◎東坡《上清儲祥宫碑》曰：「臣謹按，道家者流本出於黄帝、老子，其道以清静無爲爲宗，以虚無應物爲用，以慈儉不争爲行，如是而已。自秦漢以來，始用方士言，乃有飛升變化之術，《黄庭》、《大洞》之法，太上、天真、木公、金母之號，延康、赤明、龍漢、開皇之紀，天皇、太一、紫微、北極之祀，下至於丹藥、奇技、符録、小數，皆歸於道家，學者不能必其有無。然臣竊論之，黄帝、老子〔道之〕〔之道〕，本也；方士之言，末也。」

林靈素作《神霄籙》，自公卿以下，羣造其廬拜受，獨李綱、傅崧卿、曾幾移疾不行。【原注】宣政間，道教興行，至有號爲「女真」者，當時以爲先兆。

傅奕排釋氏，謂：中國幻夫，模象莊、老，以文飾之。宋景文作《李蔚傳贊》亦云：「華人之譎誕者，又攘莊周、列禦寇之説佐其高。」然則釋氏用老、莊之説也，非老、莊與釋氏合也。朱文公謂：「佛家竊老子好處，道家竊佛家不好處。」愚嘗觀姚崇《誡子孫》曰：「道士本以玄牝爲宗，而無識者慕僧家之有利，約佛教而無〔二〕業。」斯言當矣。致堂謂：「經論科儀依倣佛氏而不及者，自杜光庭爲之。」考諸姚崇之言，則非始於光庭也。

［一二］【閻按】《舊唐書·姚崇傳》作「爲」，初刊本果然。

【閻按】《舊唐書·方伎傳》，道士葉法善、僧玄奘、神秀並列，而《新書》則削去玄奘等，意殆見於《李蔚傳贊》中耶？

【何云】此論《魏書》中已有之，范蔚宗《西域傳論》亦設爲疑辭以示其意。

【元圻案】《唐書·傅奕傳》：「奕，相州鄴人。太宗嘗問：『卿拒佛法，奈何？』奕曰：『佛，西胡黠人爾，欺訹夷狄以自神。至入中國，而孅兒幻夫模象莊、老，以文飾之，有害國家，而無補百姓也。』帝異之。」又《李蔚傳》：「蔚字茂林，系本隴西。懿宗惑浮屠，常飯萬僧，禁中自爲贊唄。蔚上疏切諫，引狄仁傑、姚元崇、辛替否所言譏病時弊，帝不聽，但以虛禮褒答。」「贊曰：佛者之言，大抵與黄老相出入，以耳目不際爲奇，以不可知爲神，以物理之外爲畏，以變化無方爲聖，以生而死、死復生、回復償報、歆豔其間爲或然，以賤近貴遠爲熹。鞮譯差殊，不可研詰。華人之譎誕者，又攘莊周、列禦寇之説佐其高，層累架騰，直出其表，以無上不可加爲勝，妄相夸脅而倡其風。於是自天子逮庶人，皆震動而祠奉之。」◎朱子曰：「宋景文説甚好，如歐陽公只説個禮法，程子又只説自家義理，皆不見他正贓。卻是景文捉得他正贓，佛家先偷列子，列子説耳目口鼻心體處有六件，佛家便有六根，又三之爲十八戒。又曰，《楞嚴》所謂自聞即莊子之意，而《圓覺》所謂四大各離，今者妄身當在何處，即列子所謂『精神入其門，骨骸反其根，我尚何存』者也。又曰：道書有《真誥》，末後有《道授篇》，卻是竊《四十二章經》之意爲之。非特此也，至如地獄之説皆是竊他佛教至鄙至陋者爲之。」①◎陶岳《五代史補》：「杜光庭，長安人。僖宗時，應九經舉不第。嘗從道士潘尊師遊，會僖宗求可領蜀中道教者，潘薦光庭，遂奉詔披戴，賜號廣成先生。」◎東坡《跋柳子厚大覽禪師碑後》曰：「釋迦以文教，其譯於中國，必托於儒之能言者，然後傳遠。故《大乘》諸經至《楞嚴》，則委曲精盡、勝妙獨出者，以房融筆授故也。」◎《魏書·釋老志》：「魏世祖詔曰：『自今以後，敢有事胡神及造形像泥人、銅人者，門誅。雖言胡神，問今胡人，共云無有。皆是前世漢人無賴子弟劉元真、吕伯强之徒乞胡之誕言，用老莊之虛假，附而益之，皆非真實。至使王道廢而不行，蓋大姦之魁也。』」◎《後漢·西域傳論》曰：「漢自楚英始盛齋戒之祀，桓帝又修華蓋之飾，將微意未譯，而但神明之邪？詳其清心釋累之訓，空有兼遣之宗，道書之流也。」◎胡致堂之説蓋因武宗道門先生之命而言之。《文獻通考·經籍五十二》鄧自和《道藏書目》下載其全篇。

《北斗經》引「居其所而衆星拱②之」，誤以北辰爲北斗，蓋近世依托爲之。

① 上引見《朱子語類》卷一百二十六。

② 「拱」，元刊本作「共」。

【何云】異端之書，孰非依托，何獨此經耶？

【元圻案】李壁《四十九章經序》曰：「道家之書，真者絶少，而俗師附益假托者多。如世所傳《北斗經》，乃以北辰爲北斗，豈有天人至尊不辨星文，誤引《論語》者乎？」

鶴山云：「旁行敷落之教。」旁行，見《漢·西域傳》。敷落，見《度人經》。

【元圻案】魏鶴山《跋楊文公真迹》云：「公博極羣書，自經史百氏以及於《凡將》、《急就》之文，稗官虞初之説，旁行敷落之義，靡不該覽。」◎《漢書·西域傳》：「安息國臨嬀水，商賈車船行旁國。書革，旁行爲書記。」注：「書皆横行，不直下也。革爲皮之不柔者。」◎《水經注》二：「安息國畫革旁行爲書記也。」◎《度人經》曰：「敷落神真，普度天人。」注：「敷，散也；落，布也。乃散真文布置諸天，令其執持，普度天人，皆成妙道。」

《漢·罽賓傳》「塞種分散」，顔師古注：「即所謂釋種。」按《增一阿含經》：「四河入海，無復河名。四姓爲沙門，皆稱釋種。」[二]石林葉氏《避暑録話》下云：「晉、宋間，佛學初行，其徒猶未有僧稱，通曰道人。其姓皆從所授學，如支遁本姓關，學於支謙爲支；帛道猷本姓馮，學於帛户梨密爲帛是也。至道安始言佛氏釋迦，今爲佛子宜從佛氏，乃請皆姓釋。」

〔一一〕案，見《太平御覽》六百五十五。◎姜夔堯章《跋王獻之保母帖》引《阿含經》云：「四(海)〔河〕入(河)〔海〕，與海同鹹。四姓出家，與佛同姓。」與此文異。

【集證】《太平御覽》六百五十五引《支遁傳》云：「本姓關氏，陳留人，或云河東林慮人。幼有神理，聰明秀徹。初至京師，太原王濛甚重之，曰：『造微之功，不減輔嗣。』」又引《高僧傳》云：「帛(户)〔尸〕梨密多羅，此云吉支，西域人呼爲高座。傳云國王之子，當承繼世，而以國讓弟，遂爲沙門。晉永嘉初始到中國，值亂，仍過江。丞相王導見而奇之。」又引《高僧傳》云：「釋道安，姓衛氏，常山扶柳人也。七歲讀書，再覽能誦。年十二出家。」又引《道安傳》云：「初，魏晉沙門依師爲姓，姓各不同。安以爲大師之本，莫尊釋迦，乃以釋命氏。後見《增一阿含經》果稱『四河入海，無復河名』，既與經符，遂爲永式。」

【元圻案】《廣弘明集》載梁荀濟《論佛教表》曰：「《漢書·西域傳》：塞種本允姓之戎，世居燉煌，爲月氏迫逐，遂住蔥嶺南奔。又謂懸度、賢豆、身毒、天毒，仍訛轉以塞種爲釋種，其實一也。」◎《水經注》一：「《外國事》曰：迦維羅越國，今無復王也。城池荒穢，惟有空處有優婆塞姓釋，可二十餘家，是(昔)〔白〕浄王之苗裔，故爲四姓，住在故城中，爲優婆塞，故尚精進，猶有古風。」◎《四十二章經》：「佛言辭親出家，識心達本，解無爲法，名曰沙門。」◎《魏書·釋老志》曰：「服其道者，治心修浄，行乞以自給。謂之沙門，或曰桑門，亦聲相近，總謂之僧，皆胡言也。僧，譯爲和命衆，桑門爲息心，比丘爲行乞。俗人之信憑道法者，男曰優婆塞，女曰優婆夷。」

又曰：「所謂佛者，本號釋迦文者，譯言能仁，謂德充道備、堪濟萬物也。釋迦即天竺迦維衛國王之子。天竺其總稱，迦維别名也。」◎《晉書·佛圖澄傳》：「石勒稱澄爲道人。」◎《高僧傳》：「釋道猷，吴人。生公弟子，宋孝武敕(住)〔往〕新安，爲鎮寺法(王)〔主〕。」◎錢氏《養新録》十九：「六朝以道人爲沙門之稱，不通於羽士。《南齊書·顧歡傳》：『道士與道人戰儒墨，道人與道士辨是非。』《南史·陶貞白傳》：『道人、道士並在門中，道人左，道士右。』又《宋宗室傳》前稱慧琳道人，後稱沙門慧琳，是道人即沙門。」

《唐·回鶻傳》：「元和初，始以摩尼至。其法日晏食，飲水茹葷，屏湩酪，可汗常與共國。」

【何云】蓋至於今不絶也。

說齋謂：「老、莊之學，盛於魏、晉，以召五胡之亂。而道、釋之徒，皆自胡人崇尚，遂盛於中國。」【原注】釋氏至姚興而盛，道家至寇謙之而盛。誠齋謂：「伊川之民，被髮以祭，君子已憂其戎。漢之君志荒而妖夢是踐。吾民始夷乎言，祝乎首[一]以爲好。此五胡、耶律之先驅也。」朱黼[二]曰：「三代以上，不過曰天而止。春秋以來，一變而爲諸侯之盟詛，再變而爲燕、秦之仙怪，三變而爲文、景之黄、老，四變而爲巫蠱，五變而

爲災祥，六變而爲符讖。人心泛然，無所底止，而後西方異説乘其虚而誘惑之。」[三]

［一］【何云】祝謂祝髮。

［二］【全云】止齋弟子。

［三］【何云】詛盟始於三苗，舜竄之於三危，正在西域。三代之盛，聖王繼作，故不行於中國而獨存西域，至後漢而復至。

【又云】前乎吾有爲此言者，荀濟也。刑餘之民，恨入骨髓。

【元圻案】《晉書·載記·姚興傳》：「興托意於佛道，公卿已下莫不欽附，沙門自遠而至者五千餘人。起浮圖於永貴里，立波若臺於中宫，事佛者十至而九矣。」《魏書·釋老志》：「世祖時，道士寇謙之，字輔真，南雍州刺史讚之弟。早好仙道，有絶俗之心。崔浩師事之，受其法術，於是上疏，贊明其事。世祖欣然，於是崇奉天師，顯揚新法，宣布天下，道業大行。」◎《水經注》十六：「昔漢明帝夢見大人，金色，頂佩白光。以問羣臣，或對曰：『西方有神名曰佛，形如陛下所夢，得無是乎？』於是發使天竺，寫致經像，始以榆欓盛經，白馬負圖，表之中夏，故以白馬爲寺名。」◎《書·吕刑》：「民興胥漸，泯泯棼棼，罔中於信，以覆詛盟。」◎《穀梁傳》：「誥誓不及五帝，盟詛不及三王，交質子不及五霸。」◎《史記·封禪書》：「自齊威、宣之時，騶子之徒論著終始五德之運，及秦帝而齊人奏之，故始皇采用之。而宋毋忌、正伯僑、充尚、羨門子高、最後皆燕人，爲方仙道，形解銷化，依於鬼神之事。騶衍以陰陽主運顯於諸侯，而燕齊海上之方士傳其説不能通，然則怪迂阿諛苟合之徒自此興，不可勝數也。」◎《漢書·外戚傳》：「孝文竇皇后，景帝母也。好黄帝、老子言，景帝及諸竇不得不讀《老子》尊其術。」又《公孫賀傳》：「巫蠱之禍起自朱安世，成於江充，遂及公主、皇后、太子，皆敗。語在《江充》、《戾園傳》。」又《眭兩夏侯京翼李傳贊》：「漢興，推陰陽災異者，孝武時有董仲舒、夏侯始昌，昭、宣則眭孟、夏侯勝，元、成則京房、翼奉、劉向、谷永，哀、平則李尋、田終術，此其納説時君著明者也。」又《王莽傳》：「前煇光謝囂奏武功長孟通浚井得白石，有丹書著石，文曰：『告安漢公莽爲皇帝。』符命之起，自此始矣。」◎《後漢·光武紀》：「中元（二）〔元〕年，初起明堂、靈臺、辟雍，及北郊兆域。宣布圖讖於天下。」

《晉語》：「西方之書有之曰：『懷與安，實疚大事。』」注：「《詩》云『西方之人』，謂周也。」愚謂「西方之書」，蓋《周志》之類。《列子·仲尼篇》「西方之人有聖者」，李知幾謂：意其説佛也。《皇王大紀論》曰：「當周昭王時，西方有桀戎，窮幻駕空説。」《通曆》云：「孝王元年，佛入涅槃。」《唐六典》「祠部郎中、員外郎掌祠祀享祭」注謂釋迦生當周莊王九年，魯莊公七年。二説不同。

【何云】即此見其多妄。

【元圻案】周孝王乃懿王之弟，孝王元年，歲在壬子，歷夷、厲、宣、幽、平、桓六王而後莊王立。莊王九年，歲在癸巳，相距二百二十二年。◎宋邢凱《坦齋通編》：「《列子》述孔子曰『西方有聖人』，佞佛者以爲指釋氏而言，皆妄也。《國語》：『姜氏曰：西方之書有之曰：「懷與安，實疚大事。」』注云：『（周）《詩》「誰將西歸」、「西方之人」，皆謂周也。』予謂孔子果有是言，謂昔文王也，於佛何與？至王通直指佛爲西方聖人，其學可知矣。」◎胡五峯《皇王大紀》一：「論曰：當周昭王時，西方有傑戎，厭苦世累，欲求超脱之道，遂捐君叛親，棄婦入山，刻私意窮，幻見駕空，説曰：『我能得心法，變現萬端，出生入死，願欲必從，而非一世事理之所能嬰也。』」

王簡棲《頭陀寺碑》：「周、魯二莊，親昭夜景之鑑。」注云：「魯莊七年，夜明，佛生之日也。《瑞應經》：四月八日夜，明星出時，佛從右脅墜地，即行七步。」《文選》李善注。按《春秋》莊公七年：「夏四月辛卯夜，恒星不見。」正義曰：「於是時周之四月，則夏之仲春。杜氏以《長曆》較之，知辛卯是四月五日也。」以是考之，夜明星不見，乃二月五日，非四月八日也。蓋陋儒之佞佛者傅會爲此説。

【元圻案】《水經注》一：「《法顯傳》曰：『恒水又東南逕迦羅衛城北，故浄王宫也。城東王園，園有池水，夫人入水洗浴，出北岸二十步，東向舉手扳樹，生太子。太子墮地，行七步，二龍吐水浴太子，遂成井池。』」俗傳四月八日爲浴佛日。

濇水云：「梵書有修多羅讖，言釋氏之教興廢。」則讖書其來遠矣。

【何云】東漢尚讖緯，此妖書所由乘之以興。

【方樸山云】《史記·趙世家》載扁鵲語，云「秦讖於是出矣」。當秦穆公時，公孫支受而藏之，則讖所從來久矣。

【全云】此「讖」字不可即指漢人讖緯之書，何氏亦因濡水而附會之。

【元圻案】張平子曰：「圖讖成於哀、平之際。」①

梁觀國有《議蘇文》五卷，駁其羽翼異端者。或問地獄之事於真文忠公，公曰：「天道至仁，必無慘酷之刑；神理至公，必無賄賂之獄。」

【全云】「或問」以下當另爲一條。

【集證】陳善《捫蝨新話》：「傅奕與蕭瑀論佛，瑀曰：『地獄正爲是人設耳。』張唐英著《唐史發潛》遂曰：『蒼天之上，何人見其有堂？黄泉之下，何人見其有獄？』然予觀李肇《國史補》云：『天堂無則已，有則賢者登；地獄無則已，有則小人入。』如此，則又何必較其有無哉！」

【元圻案】梁觀國，字賓卿，番禺人。胡致堂爲作墓誌，稱爲海濱奇士。著《議蘇文》五卷，駁其羽翼異端者。

① 見《後漢書·張衡傳》。

李壽翁曰：「性命之理，死生之故，鬼神之情狀，《易》盡之矣，曷爲求之他？」

【何云】李壽翁語似當接上爲一條。

【元圻案】李壽翁名椿，洺州永年人。官敷文閣直學士。朱子爲作墓銘，稱其「行身無一事之不合於理，論事無一言之不適於用。」

《通典》：唐有符祆正，謂之視流内。【原注】祆，呼烟切。胡神也。

【元圻案】《通典·職官一》：「隋置九品，品各有從。自四品以下，每品分爲上下，凡三十階，謂之流内。又置視正二品至九品，品各有從，謂之視流内。唐因隋制，又置視正五品、視從七品以署薩寶及正祓，謂之視流内。又置勳品九品，謂之流外。」又《職官二十二》「唐視流内」：「視正五品：薩寶。視從七品：薩寶符祆正。」自注：「祆，呼朝反。祆者，西域國天神，佛經所謂摩醯首羅也。武德四年，置祆祠及官，常有羣胡奉事，取火咒詛。」◎宋敏求《長安志》九《唐京城》「朱雀街東第五街·次南靖恭坊」：「街南之祆祠。」又十「朱雀街之第三街·次南布政坊」：「西南隅胡祆祠。」自注：「武德四年，立西域胡祆神也。祠内有薩寶府官，主祠祆神，亦以胡祝充其職。」◎《説文·示部》：「祆，胡神也。从示天聲。火千切。」《通典》作呼朝反，則字當從「夭」。深寧引《通典》而不從其音。

永嘉張淳忠甫曰：「今之仕，皆非古之道，是以雖貧而不願禄。」問其説，曰：「始至則朝拜，遇國忌則引緇黄而薦在天之靈，皆古所無也。」〔一〕

【元圻案】張忠甫語見樓攻媿《書陳止齋所作忠甫墓誌後》。

道家云：「真人之心，若珠在淵；衆人之心，若瓢在水。」真文忠《講筵卷子》云：「此心當如明鏡止水，不可如槁木死灰。」

【元圻案】文忠又云：「鑑明水止，其體雖静而可以鑑物，是静中涵動，體中藏用。若槁木之不可生，死灰之不可然，是乃無用之物。」見《文集》十八。◎《東坡志林》作「如泡在水」。

東魏檄梁曰：「毒螫滿懷，妄敦戒業；躁競盈胸，謬治清淨。」〔二〕可謂切中其膏肓矣。誠齋詩云：「梵王豈是無甘露，不爲君王致蜜來。」①曾景建云：「此身已屬侯丞相，誰辦金錢贖帝歸？」②

〔二〕見《通鑑·梁紀》武帝太清元年杜弼之辭也。

①《讀梁武帝事》。
②《金陵百咏·同泰寺》。

【元圻案】《梁書·侯景傳》：「臺城既陷，高祖雖外迹已屈，而意猶忿憤。景遣軍人直殿省內，高祖問制局監周石珍曰：『是何物人？』對曰：『丞相。』高祖乃謬曰：『何物丞相？』對曰：『侯丞相。』高祖怒曰：『是名景，何謂丞相？』」又《武帝紀》：「中大通元年幸同泰寺，設四部無遮大會，因捨身，公卿以下以錢一億萬奉贖。」◎《南史·梁武帝紀》：「帝雖在蒙塵，齋戒不發。及疾久〔口〕苦，索蜜不得，再曰荷荷，遂崩。」◎狄梁公曰：「列剎盈衢，無救危亡之禍；緇黃蔽路，豈有勤王之師？」①足爲深省。

唐有代宗，即世宗也，本朝有真宗，即玄宗也，皆因避諱而爲此號。祥符中，以聖祖名改玄武爲真武，玄枵爲真枵。《崇文總目》謂《太玄經》曰《太真經》。若迎真、奉真、崇真之類，在祠宫者非一。其末也，目女冠爲女真，遂爲亂華之兆。

【集證】《宋史》：「祥符五年，真宗夢神人傳玉皇之命云：『令汝祖趙玄朗授汝天書。』遂尊號曰聖祖，以爲趙之始祖，改玄聖曰至聖。」

張文潛云：「嘗讀《宣律師傳》，有一天人，説周穆王時，佛至中國。與《列子》

---

① 見《舊唐書》本傳。

所載西極化人之事略同。不知寓言耶？抑實事也？」愚謂，此釋氏剽襲《列子》之言，非實事也。[一]

[一]【集證】宣律和尚，唐初僧。

【元圻案】《列子·周穆王篇》：「周穆王時，西極之國有化人來，入水火，貫金石，反山川，移城邑，乘虛不墜，觸石不硋，千變萬化，不可窮極。既已變物之形，又且易人之慮。穆王敬之若神，事之若君，推路寢以居之。居亡幾何，謁王同遊，王執化人之袪，騰而上者，中天乃止。暨及化人之宮。化人之宮構以金銀，絡以珠玉，出雲雨之上，而不知下之據，望之若雲屯焉。王自以居數十年不思其國也。化人復謁王同遊，所及之處，仰不見日月，俯不見河海。意迷精喪，請化人求還。化人移之，王若磒虛焉。既寤，所坐猶嚮者之處，視其前，則酒未清，肴未昲。穆王復更問化人，化人曰：『吾與王神游也，形奚動哉？』」◎文潛語見所書《香山傳後文》。又曰：「佛自東漢明帝以來，其書與教始大行於震旦，亦安知其不已嘗見神於中國乎？書之不見録於史册者有何限？其偶遺此，或以爲怪而不録，不足怪也。不然，明帝夢金人飛行於庭中，當時何從知其爲佛哉？」文潛蓋謂列子非寓言也，故厚齋因其疑而決之。

「垂老抱佛脚」，孟東野《讀經》詩也。

【何云】今里語「抱佛脚」本此。

【集證】《中山詩話》：「王丞相嗜諧謔。一日論沙門道，因曰：『「投老欲依僧。」』客遽對曰：『急則抱佛脚。』王曰：『「投老欲依僧」是古詩一句。』客曰：『「急則抱佛脚」是俗諺全語。上去「投」，下去「脚」，豈不的對也？』王大笑。」

東坡《宸奎閣碑銘》：「神耀得道，非有師傳。」出《八師子經》：「佛在舍衛國祇樹給孤獨園，時有梵志來詣佛所，質疑曰：『佛所事者何師？』佛曰：『吾前世師，其名難數。吾今自然神耀得道，非有師也。』」【原注】「惟佛與佛」，出《法華經》。

【元圻案】東坡《宸奎閣銘序》曰：「廬山僧懷璉住京師十方淨因院。仁宗與璉問答，親書頌詩以賜之，凡十有七篇。璉歸老於四明之阿育王山廣利寺，建大閣，藏所賜頌詩，榜之曰宸奎。銘曰：巍巍仁皇，體合自然。神耀得道，非有師傳。維道人璉，逍遥自在。禪律並行，不相留礙。於穆頌詩，我既其文。惟佛與佛，乃識其真。咨爾東南，山君海王。時節來朝，以謹其藏。」◎此條本龔頤正《芥隱筆記》、姚令威《西溪叢語》。

放翁載長蘆宗賾師頌云：「天生三武禍吾宗，釋子還家塔寺空。應是昔年崇奉日，不能清儉守真風。」三武，謂魏太武、周武帝、唐武宗也。愚嘗觀山谷《開先院修造記》曰：「夫沙門法者，不住[一]資生，行乞取足，日中受供，林下托宿。故趙州以斷薪續禪牀，宴坐三十年；藥山以三篾繞腹，一日不作則不食。今也，毁中民十〔一〕家之産而成一屋，奪農夫十口之飯而飯一僧，不已泰乎！夫不耕者燕居而玉食，所在常千〔二〕數百，是以有會昌之籍没。窮土木之妖，龍蛇虎豹①之區化爲金碧，是以有廣明之除蕩。」山谷之言至矣。宗賾以浮屠氏而能爲此言，其墨名而儒行者歟？

〔一〕今《山谷集》作「不任」，當從之。

〔二〕今《山谷集》作「百」。

〔三〕今《山谷集》無「千」字。

【元圻案】《魏書·太武紀》：「太平真君七年三月，詔諸州坑沙門，毁諸佛像。四月，鄴城毁五層浮圖。」◎《周書·武帝紀》：「建德三年五月，初斷佛、道二教，經像悉毁，罷沙門、道士，並令還民。」◎《唐書·武宗紀》：「會昌五年七月，并省天下佛寺，上州留寺一所，僧十人；下州寺並廢，合遇行香日期，於道觀行禮。計拆天下寺四千六百餘所，招提、蘭若四萬餘區，〔還俗〕僧尼二十六萬五百人，充兩税。」②◎唐僖宗七年庚子改元廣明，「除蕩」蓋指黄巢之亂。◎《藥山惟儼禪師語録》：「師侍奉馬祖三年。一日，祖問：『子近日見處作麽生？』師曰：『皮膚脱落盡，惟有

①「豹」，原本作「蛇」，據元刊本、三箋本改。

②《舊唐書》。

一真實。』祖曰：『子之所得可謂協於心體，布於四支。既然如此，將三條篾束取肚皮，隨處住山去。』」◎昌黎《送浮屠文暢序》：「人固有儒名而墨行者，問其名則是，校其行則非，可以與之遊乎？如有墨名而儒行者，問其名則非，校其行則是，可以與之遊乎？」

儒之教以萬法爲實，釋之教以萬法爲空。

【元圻案】此真西山《送高上人序》。

北齊文宣敕道士剃髮爲沙門，徽宗令沙門冠簪爲德士。其相反如此。

【元圻案】邵公濟《聞見後録》二十九：「北齊敕道士剃髮爲沙門，宣和中敕沙門著冠爲道士。古今事不同如此。」◎《梁谿漫志》曰：「宣和庚子，改僧爲德士，一時浮屠有以違命被罪者。獨一長老上表乞入道，其辭有『習蠻夷之風教，忘父母之髮膚。儻得回心而向道，便更合掌而擎拳』等語，彼方外之人，乃隨時迎合如此，亦可怪也。」

《世説》：王丞相導拜揚州，因過胡人前，彈指云：「蘭闍，蘭闍。」【原注】此即蘭若也。

【集證】《釋氏要覽》：「梵言阿蘭若，唐言無諍，《四分律》云空浄處。」◎宋吴曾《能改齋漫録》：「蘭若，白樂天詩作『惹』字押，爾（雅於操）（者）切，上官儀《酬薛舍人萬年宫晚景寓直懷友》詩云：『東望安仁署，西臨子雲閣。長嘯求煙霞，高步尋蘭若。』此又作日灼切也。」

後周武帝廢佛、道教，〔一〕其子天元復之。唐高祖廢浮屠、老子法，其子太宗復之。天元不足論也，太宗亦爲之，何哉？〔二〕

〔一〕注見前。①

〔二〕【何云】馮定遠云：「唐以老子爲祖，那得廢其法？當時只是沙汰僧尼、道士耳。」

【元圻案】《周書·宣帝紀》：「帝諱贇，高祖長子也。自稱天元皇帝，所居稱天臺。大象二年初，復佛及天尊像。至是，帝與二像俱南面而坐，大陳雜戲，令京城士民縱觀。」◎《唐書·高祖紀》：「武德三年，詔晉州立老子廟以爲唐始祖。八年四月，沙汰僧道，廢浮屠、老子法。」又《太宗紀贊》曰：「太宗功德兼隆，由漢以來未之有也。至其牽於多愛，復立浮圖，好大喜功，勤兵於遠。《春秋》責備賢者，莫不嘆息於斯焉。」

西山先生《題楊文公所書遺教經》曰：「學佛者，不繇持戒而欲至定慧，亦猶吾儒舍離經辨志而急於大成，去灑掃應對而語性與天道之妙。」見《文集》三十五。《跋楊

① 見本卷「放翁載長蘆宗賾師頌」條注（頁二一九三）。

和父印施普門品》曰：「此佛氏之寓言也。昔唐李文公問藥山禪師曰：『如何是黑風吹船，飄落鬼國？』師曰：『李翱小子，問此何爲！』文公怫然，怒形於色。師笑曰：『發此瞋恚心，便是黑風吹船，飄落鬼國也。』藥山可謂善啓發人矣。[二]以此推之，則知利欲熾然，即是火坑；貪愛沈溺，便爲苦海；一念清浄，烈焰成池；一念警覺，船到彼岸；災患纏縛，隨處而安，我無怖畏，如械自脱；惡人侵凌，待以横逆，我無忿嫉，如獸自奔。讀是經者，作如是觀，則知補陀大士真實爲人，非浪語者。」見《文集》三十四。

[二]【何云】操竿影草，早爲所奪，山中無所得也。

【全云】李習之不應有此。

【全云】以大顛誣韓，以藥山誣李，皆釋氏之徒借二公以重其師也。

【元圻案】真西山《跋遺教經》曰：「此經以端心正念爲首，而深言持戒爲禪定智慧之本，至謂制心之道如牧牛，如馭馬，不使縱逸。去瞋止妄，息欲寡求，然後由遠離以至精進，由禪定以造智慧，具有漸次梯級，非如今之談者，以爲一超可到如來地位也。學佛者，不由持戒而欲至定慧云云。」◎《楞嚴經》：「攝心爲戒，因戒生定，因定發慧，名三無漏學。」◎《傳燈録》：「唐宣宗問弘辨禪師何名戒、定、慧，師曰：『防非止惡謂之戒；六根涉境、心不隨緣謂之定；心境俱空、照覽無礙謂之慧。』」◎白香山云：「定爲慧因，戒爲定根。」①◎《法苑珠林》：「佛變火坑，作蓮花池，滿中浄水，皆甘而(冷)〔泠〕，種種蓮花，遍覆水上。」◎《楞嚴經》：「引諸沈冥，出於苦海。」又云：「既行布施，然後越生死此岸，到菩提彼岸。」◎徐陵《雙林寺碑》：「濟是沈舟，能升彼岸。」◎《北史・盧景裕傳》：「景裕之敗也，繫晉陽獄，至心誦經，枷鎖自脱。」◎樓攻媿《跋可壽上人所藏史文惠公帖》云：「于襄陽問紫玉：『如何是黑風吹其船舫，漂墮羅刹鬼國？』玉云：『于頔，你者漢，問恁麽事作麽？』于當時失色。玉云：『秖者個便是漂墮羅刹鬼國。』于於是有省。」問答之人俱不同，即此可證釋氏之誣。◎《文獻通考・經籍五十三》《普門品》下載西山此文，「補陀大士」作「彌陀大士」。

錢文季《維摩庵記》云：「維摩詰非有位者也，而能視人之病爲己之病。今吾徒奉君命，食君禄，乃不能以民病爲己責，是詰之罪人也。」

【元圻案】真西山取其語以榜維摩室。◎晁氏《讀書志・釋書類》：「《維摩詰所説經》三卷。右姚秦鳩摩羅什譯。」◎《華嚴經》注：「維摩詰，華言浄名也。」◎《文苑英華》(四)〔八〕百五十七元黄之《潤州江寧縣瓦棺寺維摩詰畫像碑》：「維摩詰者，華言浄名居士也，没於妙善之國，生於毗耶之城，大仙那提之子，常修梵行，世號白衣居士焉。」又曰：「智總大雄，心行菩薩，雖人我無相，以拯

---

①《唐撫州景雲寺故律大德上弘和尚石塔碑銘》。

救爲懷。憂本無憂，憂凡俗之憂；病本無病，病衆生之病。」◎魏鶴山作《錢文子白石詩傳序》曰：「錢公名文子，字文季，永嘉人。蚤以明經勵志，有聲庠序。仕至宗正少卿。學術行誼爲士宗仰云。」

鄧志宏《南劍天寧塑象記》曰：「丹霞禦寒，則燒木佛；德山説法，則撤塑像。禪教之判，其來已久。」余謂浮屠氏之有識者，猶不以是爲事，而學校乃以土木爲先，吾儒之道其然乎？〔一〕

【元圻案】《傳燈録》：「丹霞禪師過慧林寺，遇天大寒，師取木佛燒火。院主訶之，師以杖子撥灰曰：『吾燒取舍利。』主曰：『木佛何有舍利？』師曰：『既無舍利，更取兩尊來燒。』」

《通鑑·唐武宗紀考異》云：「《會要》：元和二年，薛平奏請賜中條山蘭若額爲太和寺。蓋官賜額者爲寺，私造者爲招提、蘭若，杜牧所謂山臺野邑是也。」【原注】《杭州南亭記》：「武帝去山臺野邑四萬所。」

【元圻案】此條全録《考異》之文。原注明杜牧之文，見《南亭記》也。◎《通鑑》會昌五年：「五月，祠部奏括天下寺四千六百，蘭若四萬。」注：「若，人者翻。《釋氏要覽》曰：『蘭若者，梵言阿蘭若，唐言無諍也。』」注又云：「釋書曰：『招提、菩薩皆佛名，故號寺或謂之招提。』《增輝記》曰：招提者，梵言拓鬪提奢，唐言四方僧物。後人傳寫之誤，以『拓』爲『招』，又省去

『鬬耆』二字，只作『招提』，即今十方寺院是也。」◎《舊唐書》一百二十四《薛嵩傳》：「嵩，絳州萬泉人。子平，元和七年，淮西用兵，自左龍武大將軍授兼御史大夫、滑州刺史、鄭滑節度觀察等使。」又《良吏傳》下：「薛苹，河東寶鼎人。」《新唐書》一百六十四《薛苹傳》：「苹父順爲奉天尉。」非一人也。今本《會要》四十八《議釋教下》：「太和二年，河中觀察使薛苹奏：『中條山蘭若營建之初，有兩泉湧出，請賜額爲太和寺。』從之。」温公《通鑑考異》引之，似誤「太和」爲「元和」，「薛苹」爲「薛平」。

【何云】丙戌春日，重閱一過，其中徵引之書仍有未能盡悉者，甚滋學荒記疏之懼。七月二十六日以病在告，漫記卷尾。

【方粹然心醰云】何先生於前輩一話一言，奉爲格人元龜之訓。故丹黄點勘至於再四，與閻先生校本合之爲兩美。承學之士不可以一日不讀也。

潛丘、義門、謝山三先生皆篤嗜此書，考訂釋箋不遺餘力，而潛丘又三屬人入鄞訪求深寧之行狀、神道碑、墓誌，欲附之卷尾，求其畫像，欲摹之卷首，而皆不可得。即以其自題三十八字勒諸目次之前，其風味更不可及已。前輩讀書，真實如此，後學胡可忽諸？

又案，謝山《同谷書院記》云：「深寧生平大節自擬於司空圖、韓偓之間，良無所愧，而其學術獨得吕學之大成。或曰：深寧之學得之王氏埜、徐氏幾，王、徐本之西山真氏，實自詹公元善之門，爲朱子再傳派系，而深寧又頗疑吕學，未免和光同塵之失，則子之推爲吕氏世嫡也，何與？曰：深寧論學蓋亦兼取建安、江右、永嘉諸家，然其綜羅文獻，實師法東萊。況深寧少師迂齋，則固明招之傳也。」因讎校三箋而節録此記，溯其學統所由來云。嘉慶七年二月古堇後學屠繼序識於粵東海陽縣署中。

附録

王應麟傳

王應麟，字伯厚，慶元府人。九歲通《六經》，淳祐元年舉進士，從王埜受學。調西安主簿，民以年少易視之，輸賦後時。應麟白郡守，繩以法，遂立辨。諸校欲爲亂，知縣事翁甫倉皇計不知所出，應麟以禮諭服之。差監平江百萬東倉。調浙西提舉常平茶鹽主管帳司，部使者鄭霖異待之。丁父憂，服除，調揚州教授。

初，應麟登第，言曰：「今之事舉子業者，沽名譽，得則一切委棄，制度典故漫不省，非國家所望於通儒。」於是閉門發憤，誓以博學宏辭科自見，假館閣書讀之。寶祐四年中是科。應麟與弟應鳳同日生，開慶元年亦中是科，詔褒諭之，添差浙西安撫司幹辦公事。

帝御集英殿策士，召應麟覆考。考第既上，帝欲易第七卷置其首。應麟讀之，乃頓首曰：「是卷古誼若龜鏡，忠肝如鐵石，臣敢爲得士賀。」遂以第七卷爲首選。及唱名，乃文天祥也。遷主管三省、樞密院架閣文字。

遷國子録，進武學博士。疏言：「陛下閲理多，願治久。當事勢之艱，輿圖蹙於外患，人才乏而民力殫，宜强爲善，增修德，無自沮怠；恢弘士氣，下情畢達，操綱紀而明委任，謹左右而防壅蔽，求哲人以輔後嗣。」既對，帝問其父名，曰：「爾父以陳善爲忠，可謂繼美。」

丁大全欲致應麟，不可得。遷太常寺主簿，面對，言：「淮戍方警，蜀道孔艱，海表上流皆有藩籬脣齒之憂。軍功未集而吝賞，民力既困而重斂，非修攘計也。陛下勿以宴安自逸，勿以容悦之言自寬。」帝愀然曰：「邊事甚可憂。」應麟言：「無事深憂，臨事不懼。願汲汲預防，毋爲壅蔽所欺。」時大全諱言邊事，於是應麟罷。

未幾，大全敗，起應麟通判台州。召爲太常博士，擢秘書郎，俄兼沂靖惠王府教授。彗星見，應詔極論執政、侍從、臺諫之罪，積私財、行公田之害。又言：「應天變莫先回人心，回人心莫先受直言。箝天下之口，沮直臣之氣，如應天何？」時直言者多迕權臣意，故應麟及之。遷著作佐郎。

度宗即位，攝禮部郎官，草百官表。舊制，請聽政，四表已上；一夕入臨，宰臣諭旨增撰三表，應麟操筆立就。丞相總護還，辭位表三道，使者立以俟，應麟從容授之。丞相驚服，即授兼禮部郎官、兼直學士院。

馬廷鸞知貢舉，詔應麟兼權直，俄兼崇政殿説書。遷著作郎，守軍器少監。經筵值人日雪，帝問有何故事，應麟以唐李嶠、李乂等應制詩對。因奏：「春雪過多，民生飢寒，方寸仁愛，宜謹感召。」遷將作監。

帝視朝，謂應麟曰：「爲學要灼見古人之心。」應麟對曰：「嚴恭寅畏，不敢怠皇，克勤克儉，無自縱逸，强以馭下，制事以斷，此古人之心。然操舍易忽於眇綿，兢業每忘於游衍。」帝嘉納之。既而轉對，言：「人君防未萌之欲，存不已之誠。」擢兼侍立修注官，升權直學士院，遷秘書少監兼侍講。上疏論市舶，不報。

會賈似道拜平章事，葉夢鼎、江萬里各求去，似道亦求去。應麟奏，孝宗朝闕相者亦逾年，帝亟取以諭之。似道聞應麟言，大惡之，語包恢曰：「我去朝士若王伯厚者多矣，但此人素著文學名，不欲使天下謂我棄士。彼盍思少自貶！」恢以告，應麟笑曰：「迕相之患小，負君之罪大。」遷起居舍人，兼權中書舍人。冬雷，應麟言：「十月之雷，惟東漢數見。命令不專，姦袤並進，卑逾尊，外陵内之象。當清天君，謹天命，體天德，以回天心。守成必法祖宗，御治必總威福。」似道聞之，斥逐之意決矣。

應麟牒閤門直前奏對，謂用人莫先察君子小人。方袖疏待班，臺臣亟疏駁之，由是二史直前之制遂廢。以秘閣修撰主管崇禧觀。

久之，起知徽州。其父撝嘗守是郡，父老皆曰：「此清白太守子也。」摧豪右，省租賦，民大悅。

召爲秘書監，權中書舍人，力辭，不許。兼國史編修、實録檢討兼侍講。遷起居郎兼權吏部侍郎，指陳成敗逆順之説，且曰：「國家所恃者大江，襄、樊其喉舌，議不容緩。朝廷方從容如常時，事幾一失，豈能自安？」朝臣無以邊事言者，帝不懌。似道復謀斥逐，適應麟以母憂去。

及似道潰師江上，授中書舍人兼直學士院，即引疏陳十事，急征討、明政刑、厲廉恥、通下情、求將材、練軍實、備糧餉、舉實材、擇牧守、防海道，其目也。且言：「圖大患者必略細故，求實效者必去虚文。」因請集諸路勤王之師，有能率先而至者，宜厚賞以作勇敢之氣，并力進戰，惟能戰斯可守。進兼同修國史、實録院同修撰兼侍讀，遷禮部侍郎兼中書舍人。日食，應詔論答天戒五事，陳備禦十策，皆不及用。

尋轉尚書兼給事中。左丞相留夢炎用徐囊爲御史，擢江西制置使黄萬石等，應麟繳奏曰：「囊與夢炎同鄉，有私人之嫌；萬石麤戾無學，南昌失守，誤國罪大。今方欲引以自助，善類爲所搏噬者，必攜持而去。吴浚貪墨輕躁，豈宜用之？况夢炎舛令慢諫，讜言弗敢告，今之賣降者，多其任用之士。」疏再上，不報。出關俟命，再奏曰：「因危急而紊紀綱，以偏見而咈公議，臣封駁不行，與大臣異論，勢不當留。」疏入，又不報，遂東歸。

詔中使譚純德以翰林學士召，識者以爲奪其要路，寵以清秩，非所以待賢者。應麟亦力辭，後二十年卒。

所著有《深寧集》一百卷、《玉堂類藁》二十三卷、《掖垣類藁》二十二卷、《詩考》五卷、《詩地理考》五卷、《漢藝文志考證》十卷、《通鑑地理考》一百卷、《通鑑地理通釋》十六卷、《通鑑答問》四卷、《困學紀聞》二十卷、《蒙訓》七十卷、《集解踐阼篇》、《補注急就篇》六卷、《補注王會篇》、《小學紺珠》十卷、《玉海》二百卷、《詞學指南》四卷、《詞學題苑》四十卷、《筆海》四十卷、《姓氏急就篇》六卷、《漢制考》四卷、《六經天文編》六卷、《小學諷詠》四卷。

（《宋史》卷四百三十八）

王應麟傳

王先生應麟，字伯厚。年十九，登進士第。父撝，性嚴急，每授題，設巍坐，命先生與其弟應鳳坐堂下，刻燭以俟，少緩輒叱怒，繇是先生爲文稱敏疾。調衢州西安簿，習博學宏詞。

初，真文忠德秀從傅伯壽爲詞科，後金華王器之與文忠相後先，源緒精密，先生得其傳。寶祐四年，就試銓選，遷太常寺主簿。丞相丁大全以會計得幸於上，擅奏擬，臺諫承風旨。大全招先生，諭意將拜爲御史。先生即上疏，言邊事方警，重斂必失軍民心。大全怒，臺疏論先生，遂得補外，通判台州。大全敗，一時附和者皆禁錮，而先生訖召爲太常博士。

湯文清公漢爲少卿，與先生隣牆居，朝夕講道，言關、洛、建上、江西之同異，永嘉制度、沙隨古《易》、蔡氏圖書經緯、西蜀史學，通貫精微，剖析幽眇。湯公作而言曰：「吾閲士良廣，惟伯厚甫爲真儒。使真文忠在，願同在弟子列。」會文清耄年，力祈去，遂薦先生於丞相賈似道。

理宗崩，度宗嗣位。先生爲禮部郎，掌丞相箋表。故事，聽政御正殿，丞相上四表即允。一夕，百官會臨宫中，丞相命省吏致命於臨次，曰：「嗣君入纂大統，讓禮宜加多，願郎中增多三表。」即臨次具以進。丞相護山陵事畢，復命作辭表三通，吏拱立以請，先生復旨，授之。丞相大驚，始命入翰林，復掌外制，侍經筵。

於時丞相專拜平章，左右相葉夢鼎、江萬里皆畏避去，缺相數月。侍從在經筵，唯唯不敢言事。似道且數求去邀上，上懦恐，不知所以。先生言：「孝宗時亦缺相者逾年。」上如先生所言，慰諭之。似道大疑上語安所從得，後知從經筵所授，深忌之。授右史，直前奏事，相益怒，即斥去。

出知徽州，爲政仁厚。而先生父亦嘗守徽，咸曰：「吾清白太守子也。」

劉克莊、湯漢死，衆論掌制，以先生、陳合、馮夢得三人爲首。馮、陳適以故去，先生守徽方逾年，似道始曰：「非伯厚不可。」召爲秘書監，遷吏部侍郎，仍兼中書舍人。先生以憂去。德祐元年，似道潰師，先生復除舍人兼給事中。於時朱禩孫降江陵，黄萬石降江西，丞相留夢炎猶除拜二帥不止，先生疏駁之，并言夢炎。疏入不報，即引歸。

先生晚歲自號深寧老人，自爲誌銘，有曰：「其仕其止，如偓如圖。」年七十四，終於家。官至翰林學士、禮部尚書。所著書有《詩考》、《詩地理考》、《集解踐阼篇》、《補注急就章》、《王會篇》、《姓氏急就篇》、《通鑑地理考》、《地理通釋》、《漢藝文志考》、《漢制考》、《蒙訓》、《困學紀聞》、《小學紺珠》、《文集》八十卷，内外制四十五卷。學者尊之曰深寧先生。

（《延祐四明志》卷四「王先生」條）

深寧學案

黃宗羲原本　黃百家纂輯　全祖望補定

深寧學案表

王應麟

謙父子。王潛齋、徐進齋門人。迂齋、節齋、真西山再傳。晦翁、東萊、慈湖、詹氏、蔡西山三傳。元城、龜山、譙氏、武夷、橫浦、白水、籍溪、屏山、延平、玉山、芮氏、象山四傳。

- 子良學
- 子昌世
  - 孫厚孫
  - 孫寧孫
- 胡三省
  - 子幼文
- 史蒙卿別爲《靜清學案》。
- 戴表元
  - 袁桷
- 黃叔雅別見《東發學案》。
- 鄭芳叔
  - 子覺民
    - 孫駒
    - 孫真
- 袁桷見下《剡源門人》。
- 王惟賢附弟惟義。

王應鳳

韓性別見《潛庵學案》。

並深寧學侶。

黄震別爲《東發學案》。

深寧同調。

深寧學案序録

祖望謹案：四明之學多陸氏，深寧之父亦師史獨善以接陸學。而深寧紹其家訓，又從王子文以接朱氏，從樓迂齋以接吕氏。又嘗與湯東澗遊，東澗亦兼治朱、吕、陸之學者也。和齊斟酌，不名一師。《宋史》但夸其辭業之盛，予之微嫌于深寧者，正以其辭科習氣未盡耳！若區區以其《玉海》之少作爲足盡其底緼，陋矣！述《深寧學案》。梓材案：深寧原傳本附《真西山學案》，謝山始別立學案。謝山文集以深寧爲吕學大宗，故標以樓氏之傳，而推原于吕氏。

王徐門人樓、真再傳。

尚書王厚齋先生應麟

王應麟，字伯厚，慶元府鄞縣人。與弟應鳳同日生。九歲通《六經》，從王子文埜受學。淳祐元年第進士。先生曰：「今之事舉子業者，一切委棄，制度典故漫不省，非國家所望於通儒。」於是閉門發憤，誓以博學宏辭科自見，假館閣書讀之。寶祐四年中是科。其弟應鳳，開慶元年亦中是科。詔褒諭之，添差浙西安撫使幹辦公事。帝御集英殿策士，召先生覆考。帝欲易第七卷置其首，先生讀之，乃頓首爲得士賀，遂爲首選。及唱名，乃文天祥也。歷太常寺主簿，面對，定修攘至計。時丁大全諱言邊事，於是先生罷。未幾，起通判台州，遷至著作佐郎，守軍器少監。又累遷起居舍人，兼權中書舍人。忤賈似道，以秘閣修撰奉祠。起知徽州，召爲秘書監，兼史職，兼侍講。遷起居郎兼權吏部侍郎。時朝臣無以邊事言者，先生指陳成敗順逆之説，帝不懌。似道復謀逐之，適以憂去。及似道潰師江上，授中書舍人兼直學士院，即引疏陳十事。進兼同修國史、實録院同修撰兼侍讀，遷禮部侍郎兼中書舍人。日食，應詔論消弭及備禦之策，皆不及用。尋轉禮部尚書兼給事中。丞相留夢炎用徐囊爲御史，擢江西制置使黄萬石等，先生繳奏。疏再上，不報。出關俟命，再奏，又不報，遂東歸。詔中使以翰林學士召，力辭。入元，不出。學者稱爲厚齋先生。後二十年卒。所著有《深寧集》、《困學紀聞》、《玉海》等書。修。雲濠案：《宋史》本傳，先生著有《深寧集》一百卷、《玉堂類稾》二十三卷、《詩考》五卷、《詩地理考》五卷、《漢藝文志考證》十卷、《通鑑地理考》一百卷、《通鑑地理通釋》十六卷：《通鑑答問》四卷、《困學紀聞》二十卷、《蒙訓》七十卷、《集解踐阼篇》、《補注急就篇》六卷、《補注王會篇》、《小學紺珠》十卷、《玉海》二百卷、《詞學指南》四卷、《詞學題苑》四十卷、《筆海》四十卷、《姓氏急就篇》六卷、《漢制考》四卷、《六經天文編》六卷、《小學諷詠》四卷。）

百家謹案：清江貝瓊言：「自厚齋尚書倡學者以考亭朱子之説，一時從之而變，故今粹然皆出於正，無陸氏偏駁之弊。然則，四明之學以朱而變陸者，同時凡三人矣：史果齋也，黄東發也，王伯厚也。三人學術既同歸矣，而其倡和之言不可得聞，何也？厚齋著書之法，則在西山真爲肖子矣。」謝山《同谷三先生書院記》曰：「王尚書深寧獨得吕學之大宗。或曰：『深寧之學得之王氏埜、徐氏鳳。王、徐得之西山真氏，實自詹公元善之門，而又頗疑吕學未免和光同塵之失，則子之推爲吕氏世嫡也，何歟？』曰：『深寧論學，蓋亦兼取諸家，然其綜羅文獻，實師法東萊，況深寧少師迂齋，則固明招之傳也。』」梓材案：深寧少師迂齋，蓋因温州而誤。説詳《麗澤諸儒學案》。

困學紀聞補。

「修辭立其誠。」修其内則爲誠，修其外則爲巧言。《易》以辭爲重，《上繫》終於「默而成之」，養其誠也。《下繫》終於六「辭」，驗其誠不誠也。辭非止言語，今之「文」，古所謂「辭」也。

「潛龍以不見成德」，管寧所以箴邴原也；全身以待時，杜襲所以戒繁欽也。《易》曰：「括囊无咎无譽。」

《同人》之「初」曰「出門」，《隨》之「初」曰「出門」，謹於出門之初，則不苟同，不詭隨。冥於《豫》而勉其有渝，開遷善之門也；冥於《升》而勉其不息，回進善之機也。

召平、董公、四皓、魯兩生之流，士不以秦而賤也。伏生、浮丘伯之徒，經不以秦而亡也。萬石君之家，俗不以秦而壞也。《剥》之終曰「碩果不食」，陽非陰之所能剥。

《易》於《蠱》「終則有始」，於《剥》「消息盈虛」，於《復》「反復其道」，皆曰「天行也」。然則無豫於人事與？曰：聖人以天自處，扶陽抑陰，盡人事以回天運，而天在我矣。

言行可以欺於人，而不可以欺於家，故《家人》之《象》曰：「君子以言有物而行有恒。」「致命遂志」，「命可致而志不可奪」；「行法俟命」，命可俟而法不可變。

龜靈而焦，雉文而翳，是以「衣錦尚絅」；蘭薰而摧，玉剛而折，是以「危行言孫」。「白賁」、「素履」，所以无咎。

知止而后有定，故觀身於《艮》；惻隱之心，仁之端也，故觀心於《復》。

君子無斯須不學也，黄霸之受《尚書》，趙岐之注《孟子》，皆在患難顛沛中，況優遊暇豫之時乎？《易》曰：「困而不失其所亨。」

《頤》初九，王輔嗣注云：「安身莫若不競，修己莫若自保。守道則福至，求禄則辱來。」至哉斯言，可書諸紳。

充善端於「蒙泉」之始，絶惡念於「履霜」之萌。

《大畜》爲學，《賁》爲文。「能止健」而後可以爲學，「文明以止」而後可以爲文。止者，篤實而已。不以篤實爲本，則學不足以成德，文不足以明理。

天地未嘗一日無陽，亦未嘗一日無君子，故十月爲陽，純坤稱龍。

《蒙》之養正，察乎微；《頤》之養正，先乎近。以上《易》。

梓材謹案：謝山所録《易説》十九條，今移入《南軒學案》一條，移入《東萊學案》一條，移入《滄洲諸儒學案》一條。

禹之告舜曰：「安汝止。」盡天理而無人欲，得至善而止也。尹之告太甲曰：「欽厥止。」去人欲而復天理，求至善而止也。

學，立志而後成，遜志而後得。立志剛也，遜志柔也。

《無逸》多言「不敢」，《孝經》亦多言「不敢」。堯、舜之兢業，曾子之戰兢，皆所以存此心也。

「式和民則」，「順帝之則」，「有物有則」，「動作禮義威儀之則」，皆天理之自然，有一定之成法。聖賢傳心之學，唯一「則」字。

「乃命三后。」先儒曰：「人心不正則入於禽獸，雖有土不得而居，雖有穀不得而食，故先伯夷而後及禹、稷。」此説得孔子「去食」、孟子「正人心」之意。《小雅》盡廢，其禍烈於洚水；四維不張，其害憯于阻飢。

「有言遜於汝志」，《艮》之「不拯其隨」也；「惟學遜志」，《謙》之「卑以自牧」也。遜一也，而善惡異。

舜之「克艱」，文之「無逸」，心也。後之勤政者，事爲而已。

「我生不有命在天」，「得之不得曰有命」，一爲獨夫之言，一爲聖人之言。以上《書》。

梓材謹案：謝山所録《書説》十一條，今移入《滄洲諸儒學案》一條，移入《西山真氏》一條。

「凡百君子，各敬爾身。胡不相畏，不畏于天？」「宗周既滅」，哀痛深矣，猶以敬畏相戒。聖賢心學，守而弗失。中夏雖亡，而義理未嘗亡，世道雖壞，而本心未嘗壞，君子修身以俟命而已。

「不愧於人，不畏於天。」天人一也，不愧則不畏。

「神之聽之，終和且平」，朋友之信，可質於神明。「神之聽之，式穀以女」，正直之道，無愧於幽隱。

《孝經》「非先王之法服不敢服」，《孟子》「服堯之服」，聖賢之訓，皆以服在言行之先，蓋服之不衷，則言必不忠信，行必不恭敬。《中庸》修身，亦先以「齊明盛服」，《都人士》之「狐裘黄黄」，所以「出言有章，行歸于周」也。

「不顯亦臨。」慎獨者，齊家之本。

古之君子，剛中而柔外，仲山甫「柔嘉維則」，衛武公「無不柔嘉」，隨會「柔而不犯。」以上《詩》。

梓材謹案：謝山所録《詩説》七條，今移入《横浦學案》一條。

禮學不可不講。

《曾子問》於變禮無不講，《天圓篇》言天地萬物之理。曾子之學，博而約者也。

《夏時》、《坤乾》何以見夏、殷之禮？《易象》、《魯春秋》何以見周禮？此三代損益大綱領也，學者宜切磋究之。

人者，天地之心也。仁，人心也。人而不仁，則天地之心不立矣。爲天地立心，仁也。

「四十始仕，道合則服從，不可則去。」古人始仕已然。「色斯舉矣」，去之速也；「翔而後集」，就之遲也。故曰：「以道事君，不可則止。」

《學記》以「發慮憲」爲第一義，謂所發之志慮合于法式也。「一年視離經辨志」，一年者，學之始，分别其心所趨向也，慮之所發必謹，志之所趨必辨；爲善不爲利，爲己不爲人；爲君子儒，不爲小人儒，此學之本也。

「天理」二字始見於《樂記》。如《孟子》「性善」、「養氣」，前聖所未發也。

哀公之問，非切問也，故孔子于問舜冠則不對，於問儒服則不知。

古者無一民不學也。二十五家爲閭，閭同一巷，巷有門，門有兩塾。上老坐於右塾，爲右師；庶老坐于左塾，爲左師。出入則里胥坐右塾，鄰長坐左塾，察其長幼揖遜之序。餘子皆入學，距冬至四十五日始出學，所謂家有塾也。古道何時而復乎？以上《禮》。

梓材謹案：謝山所録《禮説》十一條，今移入《安定學案》一條，移入《晦翁學案》一條。

古者以德爲才，十六才子是也。如狄之酆舒、晉之智伯、齊之盆成括，以才稱者，古所謂「不才子」也。

氣志有交勝之理，治亂有可易之道，故君相不可以言命。多福自我求，哲命自我貽，故聖賢可以言天。

郩文公之知命，楚昭王之知道，惠王之知志，其所知有在于卜祝史巫之外者。

漢士習於諂諛，而以汲長孺爲戇，朱游爲狂。晉士惑于曠達，而以卞望之爲鄙。君子之所守，不以習俗移。

叔向爲平公傅，而不能諫四姬之惑，何也？曰：正己可以格君。叔向娶於申公巫臣氏，自反而不縮矣。先儒有言：「寡欲之臣，然後可以言王佐。」以上《左氏傳》。

梓材謹案：謝山所録《春秋傳説》六條，今移入《紫微學案》一條。

思欲近，近則精；慮欲遠，遠則周。

沮、溺、荷篠之行，雖未能合乎中，陳仲子之操，雖未能充其類，然惟孔、孟可以議之。斯人清風遠韻，如鸞鵠之高翔，玉雪之不汙，視世俗徇利亡恥、饕榮苟得者，猶腐鼠糞壤也。小人無忌憚，自以爲中庸，而逸民清士乃在譏評之列，學者其審諸！

君子不因小人而求福，孔子之於彌子也。不因小人而避禍，叔向之於欒王鮒也。朱博之黨丁、傅，福可求乎？賈捐之之諂石顯，禍可避乎？故曰：「不知命，無以爲君子。」

去惡不力，則爲善不勇，故克己改過，皆斷以勿。以上《論語》。

梓材椎案：謝山所録《論語説》六條，今移入《絜齋學案》一條，移入《新學略》一條。

楊之學似老，墨之學似佛。

「仁，人心也」，「求其放心」，此孟子直指本心處。但禪學有體無用。

何德將嘆習曰：「入時愈深，則趨正愈遠。」

「夫道一而已矣。」爲善而雜於利者，非善也；爲儒而雜於異端者，非儒也。

楊肩吾曰：「天下雖不治平，而吾國未嘗不治且平者，岐周是也。一國雖不治平，而吾家未嘗不治且平者，曾、閔是也。一家雖不治平，而吾身吾心未嘗不治且平者，舜與周公是也。」

「求在我者」，盡性於己；「求在外者」，聽命於天。以上《孟子》。

梓材謹案：謝山所録《孟子說》九條，今移入《南軒學案》一條，移入《水心學案》一條，移入《西山真氏》一條。

虞溥《厲學》曰：「聖人之道，淡而寡味，故學者不好也。及至期月，所觀彌博，所習彌多，日聞所不聞，日見所不知，然後心開意朗，敬業樂羣，忽然不覺大化之陶己，至道之入神也。學者不患才不及，而患志不立。」任子曰：「學所以治己，教所以治人。不勤學無以爲智，不勤教無以爲仁。」《說經》。

楊倞注《荀子》曰：「天無實形，地之上空虛者，盡皆天也。」其說本於張湛《列子注》，謂：「自地而上，則皆天矣，故俯仰喘息，未始離天。」《天道》。

《世說》，其言清以浮，有天下分裂之象。《中說》，其言閎以實，有天下將治之象。

「吏者，民之本綱也。聖人治吏不治民。」斯言不可以韓非廢。《諸子》。

剛者必仁，佞者必不仁。龐萌爲人遜順，而光武以託孤期之，其惑於佞甚矣，子陵所以鴻飛冥冥也。

《曲禮》、《少儀》之教廢，幼不肯事長，不肖不肯事賢。東都之季，風化何其美也！魏昭灑埽於郭泰，荀爽御於李膺，殷陶、黄穆侍衛於范滂，闕里氣象，不過是矣。以上《考史》。

梓材謹案：謝山所録《深寧考史》十二條，今移入《涑水學案》一條，移入《明道學案》一條，移入《上蔡學案》一條，移入《龜山學案》一條，移入《紫微學案》一條，移入《豫章學案》一條，移入《趙張諸儒》一條，移入《西山蔡氏》一條，移入《勉齋學案》一條。又一條云：「李誠之語真希元曰：『篤信好學，守死善道，此吾輩八字箴。』」已入《麗澤諸儒學案·李傳》中，删之。）

梓材又案：謝山又録《評文》二條，今歸入《慈湖學案》一條，《絜齋學案》一條。又録《評詩》五條，今歸入《范吕諸儒》一條，《張祝諸儒》一條，《蜀學略》二條。其一條曰：「湯伯紀自警云：『《春秋》責備賢者，造物計較好人，一點莫留餘滓，十分成就全身。』此老晚節，庶幾踐斯言也。」已入《三湯學案·伯紀傳》中，删之。

王涣之曰：「乘車常以顛墜處之，乘舟常以覆溺處之，仕宦常以不遇處之，無事矣。」此言近於達者。

尚志謂之士，行已有恥謂之士，否則何以異乎工商？特立獨行謂之儒，通天地人謂之儒，否則何以異乎老、釋？困而不學則下民爾，待文王而興則凡民爾。

羣居終日，言不及義，而險薄之習成焉；飽食終日，無所用心，而非僻之心生焉，故曰：「民勞則思，思則善心生。」

儒之教以萬事爲實，釋之教以萬法爲空。以上《雜識》。

梓材謹案：謝山所録《雜識》八條，今移入《元城學案》一條，移入《横浦學案》一條，移入《東萊學案》一條，移入《止齋學案》一條。

深寧文集補。

萬古一道，萬化一心。仁，人心也。人者，天地之心也。天有四時，風雨霜露，地載神氣，風霆流形，無一物而非仁。仁則清明虛静，與天地同流。《慈湖書院記》。

以仁存心，以心合天。《醫學記》。

爲政之本，自相在爾室始。千室之邑易治也，一室之自治爲難，亦惟暗室之不欺而已。常上一笑嚬，堂下萬休戚繫焉。《重修鄞縣治記》。

漢之經生守家法，唐之世族重宗譜，子弟彬彬，三代之流風猶存。然金籯之諺，城南之詩，識者謂誘以利禄，非天爵之貴。《廣平書塾記》。

庸敬在心，斯須之敬在祭。《奉化社稷壇記》。

三陳九卦，此涉變處難之法。《履》以澤爲德之基，《井》以水爲德之地，基者德之積，地者德之厚，積則涵養爲淵泉之溥，厚則和順爲時雨之化。《德潤齋記》。

納鼎有諫，觀社有諫，申繻名子之對，里革斷罟之規，御孫别男女之贄，管仲辭上卿之饗，柳下季之述祀典，單襄公之述夏令，魏絳之陳訓箴，郯子能言紀官，州鳩能言七律，子革倚相能誦祈招懿戒，觀射父之言祭祀，閔馬父之稱《商頌》，格言猷訓，粲然可睹，故齊虞人能守官，魯宗人能守禮。而劉子所云：「天地之中」，子産所云「天地之經」，胥臣敬德之聚，晏子禮之善物，皆能識其大者。此三代之禮所以扶持于未墜，豈一人之力哉！《漢制考序》。

人之心與天地山川流通，發于聲，見于辭，莫不繫水土之風，而屬三光五嶽之氣，稽風俗之薄厚，見政化之盛衰，匪徒辨疆域也。《詩地理考序》。

梓材謹案：謝山所録《深寧文集》九條，今移入《存齋晦静息庵學案》一條。

附録

咸淳元年七月，除著作郎。時湯文清公爲太常少卿，與先生鄰牆居，朝夕講道，言關、洛、濂、閩、江西之同異，永嘉制度、沙隨古《易》、蔡氏圖書經緯、西蜀史學，通貫精微，剖析幽渺，湯公曰：「吾閲士良廣，惟伯厚乃真儒也。」

謝山《宋王尚書畫像記》曰：「先生之學，私淑東萊，而兼綜建安、江右、永嘉之傳。生平大節，自擬于司空圖、韓偓之間，良無所愧。顧所當發明者有二：其一則《宋史》之書法也。先生于德祐之末，拜疏出關，此與曾淵子輩之潛竄者不同。先生既不與軍師之任，國事已去，而所言不用，不去何待？必俟元師入城，親見百官署名降表之辱乎？試觀先生在兩制時，晨夕所草辭命，猶思挽既涣之人心，讀之令人淚下，則先生非肯恝然而去者。今與淵子輩同書曰遁，妄矣！其一則明儒所議，先生入元，曾爲山長一節也。先生應元人山長之請，史傳家傳志乘諸傳皆無之，不知其所出。然即令曾應之，則山長非命官，無所屈也。箕子且應武王之訪，而況山長乎！

予謂先生之拜疏而歸，蓋與馬丞相碧梧同科；即爲山長，亦與家參政之教授同科，而先生之大節如清天白日，不可掩也。嗚呼！先生《困學紀聞》中有取于姚弋仲、王猛之徒，與楊盛之不改晉朔，并謝靈運臨難之詩，其亦悲矣。而謂士不以秦賤，經不以秦亡，俗不以秦壞，何其壯也！罵李德林之以事周者事隋，更足爲興王用人之戒。今觀先生之像，鬚眉惆悵，端居不樂，其當杜門謝客之際乎？」

深寧學侶

常博王默齋先生應鳳

王應鳳，字仲儀，深寧之弟。相與講學矻矻，忘寢食，劇心文囿，根柢左氏、班、馬。寶祐間，登文文山榜進士。廷對，披腹盡言，中甲科第九，賜第。或謂曰：「此麗澤先生名第也，盍以異科自見？」開慶元年，中博學宏辭科，歷淮西制置司參議官。未幾，文山薦其學宜在翰墨之選，除太常博士以終。所著有《默齋稾》及《訂正三輔黄圖》諸書。參《成化四明志》。

莊節韓先生性別見《潛庵學案》。

深寧同調

文潔黄於越先生震別爲《東萊學案》。

深寧家學樓、真三傳。

王先生良學

王良學，厚齋尚書長子，嘗從三江李氏遊。

承務王静學先生昌世

王昌世，字昭甫，深寧次子也。恩補承務郎，未及禄而宋社已墟。深寧杜門不出，朝夕取經史諸書講解論辯，先生甫十歲，聽受無倦。深寧所著述，先生蒐輯考訂，贊助爲多。蓄書萬餘卷，燬于火，露鈔雪纂，至忘寢食，書以復完。尤精于《易》筮，占驗如神。參《黄文獻集》。

教授王遂初先生厚孫

隱君王先生寧孫合傳。

王厚孫，字叔載，深寧之孫。少侍大父左右，聞見充積，由是熟于職官典故、世胄譜牒，凡鄉里欲述其先世者，多諮問之。袁清容桷自翰林歸里，問所學，對曰：「世之學者，涉獵朱子書，自謂得其真傳，輒譏乾、淳諸老，不知諸老與朱子同時，博聞實踐，爲朱子所推許。今人耳目有所不及，乃藉口性理，以自文其寡陋，恐漸成虚誕之風。」清容心折之。以黄文獻溍薦，爲郡學訓導，後改授象山教諭，調浦江。甫閲月，即解官歸。李國鳳經略江南，以便宜舉用遺逸，有司以先生名上，李曰：「此危太樸所深敬者。」署衢州儒學教授。中書復有薦者，除邵武路教授福建分省，又陞爲副提舉，皆不赴。嘗誡其子曰：「承家不在名位，而在不失身。其有同流合污爲通，患得患失以終其身者，吾所深惡也。」晚號遂初老人。弟寧孫，字叔遠。初治《詩》。後治《春秋》，訂正各傳異同，必格其終始而止。其于文章制度，尤致意焉。未嘗一造場屋。僉憲戴東皐按浙東，民安其政，適被誣，叔遠奮然直之。戴復職，將薦，剡謝不與通，遂不仕而終。參《寧波府志》。

深寧門人

朝奉胡梅礀先生三省

胡三省，字身之，天台人。雲濠案：一作寧海人。博學能文章，尤篤于史學。宋寶祐進士。德祐元年，以賈似道辟，從軍蕪湖，言輒不用。及師潰，間道歸。宋亡，隱居不仕。著《資治通鑑音注》及《釋文辯誤》百餘卷。史失其傳，不知卒于何時。據先生《自序》，德祐丙子，浙東始騷，避地越之新昌，遭亂失其書。是年宋亡。先生亂定反室，復購得他本爲之注，以乙酉徹編，蓋至元二十二年也。從黃氏補本録人。

梓材謹案：是傳從黃氏補本增入，原列《胡熊諸儒學案》。考《深寧年譜》，弟子著名者：胡三省、戴表元、袁桷、黃叔雅、史晏卿、史蒙卿、趙孟僳、楊湲、王惟賢。知先生爲王門首座云。又案：《台州府志》載先生終朝奉郎。

（《宋元學案》卷八十五）